21, rue du Montparnasse
75283 Paris Cedex 06, France
www.larousse-bilingues.com

ISBN 2-03-540044-9
Larousse/VUEF, Paris
Distributeur exclusif au Québec : Messageries ADP,
1751 Richardson, Montréal (Québec)

ISBN 84-8016-122-1
SPES Editorial, S.L.,
Aribau, 197-199, 3ª planta, 08021 Barcelona
Tel.: 93-241 35 05 Fax: 93-241 35 07
larousse@larousse.es / www.larousse.es

LAROUSSE

DICCIONARIO POCKET

ESPAÑOL FRANCÉS

FRANCÉS ESPAÑOL

LAROUSSE

LAROUSSE

DICTIONNAIRE DE POCHE

**ESPAGNOL
FRANÇAIS**

**FRANÇAIS
ESPAGNOL**

LAROUSSE

A nuestros lectores

La gama POCKET LAROUSSE es ideal para todas las situaciones lingüísticas, desde el aprendizaje de idiomas en la escuela y en casa hasta los viajes al extranjero.

EL POCKET español/francés resulta muy manejable y está pensado para responder de manera práctica y rápida a los diferentes problemas que plantea la lectura del francés actual. Con sus más de 55.000 palabras y expresiones y por encima de las 80.000 traducciones, este diccionario permitirá al lector comprender con claridad un amplio espectro de textos y realizar traducciones del francés de uso corriente con rapidez y corrección.

De entre las características de esta obra, nueva en su totalidad, cabe destacar el tratamiento totalmente al día de las siglas y abreviaturas, nombres propios y términos comerciales e informáticos más comunes.

A través de un tratamiento claro y detallado del vocabulario básico, así como de los indicadores de sentido que guían hacia la traducción más adecuada, se permite al usuario escribir en francés con precisión y seguridad.

Se ha puesto especial cuidado en la presentación de las entradas, tanto desde el punto de vista de su estructura como de la tipografía empleada. Para aquellos lectores que todavía están en un nivel básico o intermedio en su aprendizaje del francés, el POCKET es el diccionario ideal.

Le invitamos a que se ponga en contacto con nosotros si tiene cualquier observación o crítica que hacer; entre todos podemos hacer del POCKET un diccionario aún mejor.

El Editor

Au lecteur

La gamme LAROUSSE DE POCHE offre un outil de travail idéal pour le travail scolaire, l'auto-apprentissage ou le voyage.

Le POCHE espagnol/français apporte une réponse directe et pratique au plus grand nombre des questions posées par la lecture de l'espagnol d'aujourd'hui. Avec plus de 55 000 mots et expressions éclairés par plus de 80 000 traductions, il permet d'avoir accès à un large éventail de textes, et de traduire l'espagnol courant rapidement et avec précision. De nombreux sigles et noms propres, les termes les plus courants du lexique économique et informatique en font une référence des plus actuelles.

Par le traitement clair et détaillé du vocabulaire fondamental, les exemples de constructions grammaticales, les tournures idiomatiques, les indications de sens soulignant la ou les traductions appropriées, le POCHE permet de s'exprimer dans une langue simple sans risque de contresens et sans hésitation.

Une présentation, une typographie et un format très étudiés concourent à rendre sa consultation plus aisée. Pour tous ceux qui apprennent l'espagnol, qu'ils soient débutants ou d'un niveau déjà plus avancé, ce nouveau dictionnaire constitue un précieux support.

N'hésitez pas à nous faire part de vos observations, questions ou critiques éventuelles, vous contribuerez ainsi à rendre cet ouvrage encore meilleur.

L'Éditeur

Abreviaturas / Abréviations

abreviatura	*abrev/abr*	abréviation
adjetivo	*adj*	adjectif
adjetivo femenino	*adj f*	adjectif féminin
adjetivo numeral	*adj num*	adjectif numéral
administración	ADMIN	administration
adverbio	*adv*	adverbe
aeronáutica, aviación	AERON/AÉRON	aéronautique, aviation
agricultura	AGR(IC)	agriculture
americanismo	*Amer/Amér*	américanisme
anatomía	ANAT	anatomie
arquitectura	ARQUIT/ARCHIT	architecture
argot	*arg*	argot
artículo	*art*	article
astrología	ASTROL	astrologie
astronomía	ASTRON	astronomie
automovilismo	AUTOM	automobile
francés belga	*Belg*	belgicisme
biología	BIOL	biologie
botánica	BOT	botanique
francés canadiense	*Can*	canadianisme
química	CHIM	chimie
cine	CIN	cinéma
comercio	COM(M)	commerce
comparativo	*compar*	comparatif
conjunción	*conj*	conjonction
construcción	CONSTR	construction
costura	COUT	couture
cocina	CULIN	art culinaire
definido	*def/déf*	défini
demostrativo	*dem/dém*	démonstratif
deportes	DEP	sports
derecho	DER	droit
despectivo	*despec*	péjoratif
desusado	*desus*	vieilli
economía	ECON/ÉCON	économie
educación	EDUC	éducation
electricidad	ELECTR/ÉLECTR	électricité
español de España	*Esp*	espagnol d'Espagne
sustantivo femenino	*f*	nom féminin
familiar	*fam*	familier
figurado	*fig*	figuré
ferrocarril	FERROC	rail
finanzas	FIN	finances
física	FÍS	physique
fotografía	FOT	photographie
sustantivo femenino plural	*fpl*	nom féminin pluriel
generalmente	*gen/gén*	généralement
geografía	GEOGR/GÉOGR	géographie
geología	GEOL/GÉOL	géologie

Abreviaturas — Abréviations

Abreviaturas		Abréviations
geometría	GEOM/GÉOM	géométrie
gramática	GRAM	grammaire
francés suizo	*Helv*	helvétisme
historia	HIST	histoire
humorístico	*hum*	humoristique
impersonal	*impers*	impersonnel
indefinido	*indef/indéf*	indéfini
informática	INFORM	informatique
infinitivo	*infin*	infinitif
interjección	*interj*	interjection
interrogativo	*interr*	interrogatif
invariable	*inv*	invariable
irónico	*irón/iron*	ironique
jurídico	JUR	juridique
lingüística	LING	linguistique
literal	*lit/litt*	littéral
literatura	LITER	littérature
locución, locuciones	*loc*	locution(s)
locución adjetiva	*loc adj*	locution adjectivale
locución adverbial	*loc adv*	locution adverbiale
locución conjuntiva	*loc conj*	locution conjonctive
locución preposicional	*loc prép*	locution prépositionnelle
sustantivo masculino	*m*	nom masculin
matemáticas	MAT(HS)	mathématiques
medicina	MED/MÉD	médecine
meteorología	METEOR/ MÉTÉOR	météorologie
muy familiar	*mfam*	très familier
sustantivo masculino y femenino	*mf*	nom masculin et féminin
— (con una desinencia femenina)	*m, f*	— (avec une désinence féminine)
militar	MIL	domaine militaire
mitología	MITOL	mythologie
sustantivo masculino plural	*mpl*	nom masculin pluriel
música	MÚS/MUS	musique
mitología	MYTH	mythologie
sustantivo	*n*	nom
náutica	NÁUT/NAVIG	navigation
sustantivo femenino	*nf*	nom féminin
sustantivo femenino plural	*nfpl*	nom féminin pluriel
sustantivo masculino	*nm*	nom masculin
sustantivo masculino y femenino	*nmf*	nom masculin et féminin
— (con una desinencia femenina)	*nm, f*	— (avec une désinence féminine)
sustantivo masculino plural	*nmpl*	nom masculin pluriel
numeral	*num*	numéral

Abreviaturas — Abréviations

despectivo	*péj*	péjoratif
personal	*pers*	personnel
fotografía	PHOT	photographie
física	PHYS	physique
plural	*pl*	pluriel
política	POLÍT/POLIT	politique
posesivo	*poses/poss*	possessif
participio pasado	*pp*	participe passé
preposicíon	*prep/prép*	préposition
pronombre	*pron*	pronom
psicología	PSICOL/ PSYCHOL	psychologie
algo	*qqch*	quelque chose
alguien	*qqn*	quelqu'un
química	QUÍM	chimie
marcas registradas	®	noms de marque
El símbolo ® indica que la palabra en cuestión se considera marca registrada. Hay que tener en cuenta, sin embargo, que ni la presencia ni la ausencia de dicho símbolo afectan a la situación legal de ninguna marca.		Les noms de marque sont désignés dans ce dictionnaire par le symbole ®. Néanmoins, ni ce symbole ni son absence éventuelle ne peuvent être considérés comme susceptibles d'avoir une incidence quelconque sur le statut légal d'une marque.
religión	RELIG	religion
educación	SCOL	domaine scolaire
singular	*sg*	singulier
culto	*sout*	soutenu
sujeto	*suj*	sujet
superlativo	*superl*	superlatif
sustantivo	*sust*	substantif
tauromaquia	TAUROM	tauromachie
teatro	TEATR	théâtre
tecnología	TECNOL/ TECHNOL	technologie
televisión	TÉLÉ	télévision
telecomunicaciones	TELECOM/ TÉLÉCOM	télécommunications
muy familiar	*tfam*	très familier
televisión	TV	télévision
universidad	UNIV	université
verbo	*v*	verbe
verbo copulativo	*v attr*	verbe suivi d'un attribut
verbo auxiliar	*v aux*	verbe auxiliaire
verbo intransitivo	*vi*	verbe intransitif
verbo impersonal	*v impers*	verbe impersonnel
verbo pronominal	*vp*	verbe pronominal
verbo transitivo	*vt*	verbe transitif
vulgar	*vulg*	vulgaire
zoología	ZOOL	zoologie
equivalente cultural	≃	équivalent culturel

Transcripción fonética

Vocales españolas

[i]	p**i**so, **i**magen
[e]	t**e**la, **e**so
[a]	p**a**ta, **a**migo
[o]	b**o**la, **otro**
[u]	l**u**z, **u**na

Diptongos españoles

[ei]	l**ey**, p**ei**ne
[ai]	**ai**re, ca**i**ga
[oi]	s**oy** , b**oi**na
[əʊ]	c**au**sa, **au**rora
[eʊ]	**Eu**ropa, f**eu**dal

Transcription phonétique

Voyelles françaises

[i]	f**i**lle, **î**le
[e]	pa**y**s, ann**ée**
[ε]	b**e**c, **ai**me
[a]	l**a**c, p**a**pillon
[o]	dr**ô**le, **au**be
[ɔ]	b**o**tte, aut**o**mne
[u]	**ou**til, g**oû**t
[y]	**u**sage, l**u**ne
[ø]	av**eu**, j**eu**
[œ]	p**eu**ple, b**œu**f
[ə]	l**e**, j**e**

Nasales françaises

[ε̃]	t**im**bre, m**ain**
[ɑ̃]	ch**am**p, **en**nui
[ɔ̃]	**on**gle, m**on**
[œ̃]	parf**um**, br**un**

Semivocales / Semi-voyelles

Semivocales		Semi-voyelles
h**i**erba, m**i**edo	[j]	**y**eux, l**i**eu
ag**u**a, **hu**eso	[w]	**ou**est, **ou**i
	[ɥ]	l**u**i, n**u**it

Consonantes / Consonnes

Consonantes		Consonnes
pa**p**á, cam**p**o	[p]	**p**rendre, gri**pp**e
vaca, **b**om**b**a	[b]	**b**ateau, ro**b**e
cur**v**o, ca**b**allo	[ß]	
toro, pa**t**o	[t]	**th**éâtre, **t**emps
don**d**e, cal**d**o	[d]	**d**alle, ron**d**e
que, **c**osa	[k]	co**q**, **qu**atre
grande, **gu**erra	[g]	**g**arder, épilo**gue**
a**gu**ijón	[ɣ]	
o**ch**o, **ch**usma	[tʃ]	
fui, a**f**able	[f]	**ph**ysique, **f**ort
	[v]	**v**oir, ri**v**e
cera, pa**z**	[θ]	
ca**d**a, par**d**o	[ð]	
solo, pa**s**o	[s]	**c**ela, **s**avant
	[z]	frai**s**e, **z**éro
	[ʃ]	**ch**arrue, **sch**éma
	[ʒ]	rou**ge**, **j**abot
gema, **j**amón	[x]	
madre, ca**m**a	[m]	**m**ât, dra**m**e
no, pe**n**a	[n]	**n**ager, trô**ne**
ca**ñ**a	[ɲ]	a**gn**eau, pei**gn**e
	[ŋ]	lifti**ng**, parki**ng**
a**l**a, **l**uz	[l]	ha**ll**e, **l**it
alta**r**, pa**r**o	[r]	a**rr**acher, sab**re**
pe**rr**o, **r**osa	[rr]	
llave, co**ll**ar	[ʎ]	

El símbolo ['] representa la "h aspirada" francesa, por ejemplo **hacher** ['aʃe].

Le symbole ['] représente le "h aspiré" français, par exemple **hacher** ['aʃe].

Ya que la pronunciación del español no presenta irregularidades, las palabras españolas no llevan transcripción fonética en este diccionario. En cambio, todas las palabras francescas llevan transcripción fonética. En el caso de los compuestos franceses (ya sea cuando lleven guiones o no) se proporciona la transcripción fonética de todo aquel elemento que no aparezca en el diccionario como entrada en sí misma.

La prononciation de l'espagnol ne présentant pas d'irrégularités, les mots espagnols ne portent pas de transcription phonétique dans ce dictionnaire. En revanche, tous les mots français sont suivis d'une phonétique. Pour les mots composés français (avec ou sans trait d'union), la transcription phonétique est présente pour ceux des éléments qui n'apparaissent pas dans le dictionnaire en tant que libellé (terme-vedette de l'entrée) à part entière.

La ordenación alfabética en español

En este diccionario se ha seguido la ordenación alfabética internacional; por lo tanto, las consonantes **ch** y **ll** no se consideran letras aparte. Esto significa que las entradas con **ch** aparecerán después de **cg** y no al final de **c**; del mismo modo las entradas con **ll** vendrán después de **lk** y no al final de **l**. Adviértase, sin embargo, que la letra **ñ** sí se considera letra aparte y sigue a la **n** en orden alfabético.

L'ordre alphabétique en espagnol

Ce dictionnaire respectant l'ordre alphabétique international, les lettres espagnoles **ch** et **ll** ne sont pas traitées comme des lettres à part entière. Le lecteur trouvera donc les entrées comprenant les consonnes **ch** dans l'ordre alphabétique strict c'est-à-dire après celles comprenant **cg** et non plus à la fin de la lettre **c**. De la même façon, les mots comprenant un **ll** figurent après ceux comprenant **lk** et non à la fin de la lettre **l**. Notons cependant que le **ñ** reste une lettre à part entière et figure donc après le **n** dans l'ordre alphabétique.

Conjugaciones

Abreviaturas: *pres ind* = presente indicativo, *imperf ind* = imperfecto indicativo, *pret perf sim* = pretérito perfecto simple, *fut* = futuro, *cond* = condicional, *pres subj* = presente subjuntivo, *imperf indic* = imperfecto indicativo, *imperf subj* = imperfecto subjuntivo, *imperat* = imperativo, *ger* = gerundio, *partic* = participio

N.B. Todas las formas del *imperf subj* pueden conjugarse con las terminaciones: -se, -ses, -se, -semos, -seis, -sen

acertar: *pres ind* acierto, acertamos, etc., *pres subj* acierte, acertemos, etc., *imperat* acierta, acertemos, acertad, etc.

adquirir: *pres ind* adquiero, adquirimos, etc., *pres subj* adquiera, adquiramos, etc., *imperat* adquiere, adquiramos, adquirid, etc.

AMAR: *pres ind* amo, amas, ama, amamos, amáis, aman, *imperf ind* amaba, amabas, amaba, amábamos, amabais, amaban, *pret perf sim* amé, amaste, amó, amamos, amasteis, amaron, *fut* amaré, amarás, amará, amaremos, amaréis, amarán, *cond* amaría, amarías, amaría, amaríamos, amaríais, amarían, *pres subj* ame, ames, ame, amemos, améis, amen, *imperf subj* amara, amaras, amara, amáramos, amarais, amaran, *imperat* ama, ame, amemos, amad, amen, *ger* amando, *partic* amado, -da

andar: *pret perf sim* anduve, anduvimos, etc., *imperf subj* anduviera, anduviéramos, etc.

asir: *pres ind* asgo, ase, asimos, etc., *pres subj* asga, asgamos, etc., *imperat* ase, asga, asgamos, asid, etc.

avergonzar: *pres ind* avergüenzo, avergonzamos, etc., *pret perf sim* avergoncé, avergonzó, avergonzamos, etc., *pres subj* avergüence, avergoncemos, etc., *imperat* avergüenza, avergüence, avergoncemos, avergonzad, etc.

caber: *pres ind* quepo, cabe, cabemos, etc., *pret perf sim* cupe, cupimos, etc., *fut* cabré, cabremos, etc., *cond* cabría, cabríamos, etc., *pres subj* quepa, quepamos, etc., *imperf subj* cupiera, cupiéramos, etc., *imperat* cabe, quepa, quepamos, cabed, etc.

caer: *pres ind* caigo, cae, caemos, etc., *pret perf sim* cayó, caímos, cayeron, etc., *pres subj* caiga, caigamos, etc., *imperf subj* cayera, cayéramos, etc., *imperat* cae, caiga, caigamos, caed, etc., *ger* cayendo

conducir: *pres ind* conduzco, conduce, conducimos, etc., *pret perf sim* conduje, condujimos, etc., *pres subj* conduzca, conduzcamos, etc., *imperf subj* condujera, condujéramos, etc., *imperat* conduce, conduzca, conduzcamos, conducid, etc.

conocer: *pres ind* conozco, conoce, conocemos, etc., *pres subj* conozca, conozcamos, etc., *imperat* conoce, conozca, conozcamos, etc.

dar: *pres ind* doy, da, damos, etc., *pret perf sim* di, dio, dimos, etc., *pres subj* dé, demos, etc., *imperf subj* diera, diéramos, etc., *imperat* da, dé, demos, dad, etc.

decir: *pres ind* digo, dice, decimos, etc., *pret perf sim* dije, dijimos, etc., *fut* diré, diremos, etc., *cond* diría, diríamos, etc., *pres subj* diga, digamos, etc., *imperf subj* dijera, dijéramos, etc., *imperat* di, diga, digamos, decid, etc., *ger* diciendo, *partic* dicho, -cha.

discernir: *pres ind* discierno, discernimos, etc., *pres subj* discierna, discernamos, etc., *imperat* discierne, discierna, discernamos, discernid, etc.

dormir: *pres ind* duermo, dormimos, etc., *pret perf sim* durmió, dormimos, durmieron, etc., *pres subj* duerma, durmamos, etc., *imperf subj* durmiera, durmiéramos, etc., *imperat* duerme, duerma, durmamos, dormid, etc., *ger* durmiendo

errar: *pres ind* yerro, erramos, etc., *pres subj* yerre, erremos, etc., *imperat* yerra, yerre, erremos, errad, etc.

estar: *pres ind* estoy, está, estamos, etc., *pret perf sim* estuve, estuvimos, etc., *pres subj* esté, estemos, etc., *imperf subj* estuviera, estuviéramos, etc., *imperat* está, esté, estemos, estad, etc.,

HABER: *pres ind* he, has, ha, hemos, habéis, han, *imperf ind* había, habías, había, habíamos, habíais, habían, *pret perf sim* hube, hubiste, hubo, hubimos, hubisteis, hubieron, *fut* habré, habrás, habrá, habremos, habréis, habrán, *cond* habría, habrías, habría, habríamos, habríais, habrían, *pres subj* haya, hayas, haya, hayamos, hayáis, hayan, *imperf subj* hubiera, hubieras, hubiera, hubiéramos, hubierais, hubieran, *imperat* he, haya, hayamos, habed, hayan, *ger* habiendo, *partic* habido, -da

hacer: *pres ind* hago, hace, hacemos, etc., *pret perf sim* hice, hizo, hicimos, etc., *fut* haré, haremos, etc., *cond* haría, haríamos, etc., *pres subj* haga, hagamos, etc., *imperf subj* hiciera, hiciéramos, etc., *imperat* haz, haga, hagamos, haced, etc., *partic* hecho, -cha

huir: *pres ind* huyo, huimos, etc., *pret perf sim* huyó, huimos, huyeron, etc., *pres subj* huya, huyamos, etc., *imperf subj* huyera, huyéramos, etc., *imperat* huye, huya, huyamos, huid, etc., *ger* huyendo

ir: *pres ind* voy, va, vamos, etc., *pret perf sim* fui, fue, fuimos, etc., *pres subj* vaya, vayamos, etc., *imperf subj* fuera, fuéramos, etc., *imperat* ve, vaya, vayamos, id, etc., *ger* yendo

leer: *pret perf sim* leyó, leímos, leyeron, etc., *imperf subj* leyera, leyéramos, etc., *ger* leyendo

lucir: *pres ind* luzco, luce, lucimos, etc., *pres subj* luzca, luzcamos, etc., *imperat* luce, luzca, luzcamos, lucid, etc.

mover: *pres ind* muevo, movemos, etc., *pres subj* mueva, movamos, etc., *imperat* mueve, mueva, movamos, moved, etc.

nacer: *pres ind* nazco, nace, nacemos, etc., *pres subj* nazca, nazcamos, etc., *imperat* nace, nazca, nazcamos, naced, etc.

oír: *pres ind* oigo, oye, oímos, etc., *pret perf sim* oyó, oímos, oyeron, etc., *pres subj* oiga, oigamos, etc., *imperf subj* oyera, oyéramos, etc., *imperat* oye, oiga, oigamos, oíd, etc., *ger* oyendo

oler: *pres ind* huelo, olemos, etc., *pres subj* huela, olamos, etc., *imperat* huele, huela, olamos, oled, etc.

parecer: *pres ind* parezco, parece, parecemos, etc., *pres subj* parezca, parezcamos, etc., *imperat* parece, parezca, parezcamos, pareced, etc.,

PARTIR: *pres ind* parto, partes, parte, partimos, partís, parten, *imperf ind* partía, partías, partía, partíamos, partíais, partían, *pret perf sim* partí, partiste, partió, partimos, partisteis, partieron, *fut* partiré, partirás, partirá, partiremos, partiréis, partirán, *cond* partiría, partirías, partiría, partiríamos, partiríais, partirían, *pres subj* parta, partas, parta, partamos, partáis, partan, *imperf subj* partiera, partieras, partiera, partiéramos, partierais, partieran, *imperat* parte, parta, partamos, partid, partan, *ger* partiendo, *partic* partido, -da

pedir: *pres ind* pido, pedimos, etc., *pret perf sim* pidió, pedimos, pidieron, etc., *pres subj* pida, pidamos, etc., *imperf subj* pidiera, pidiéramos, etc., *imperat* pide, pida, pidamos, pedid, etc., *ger* pidiendo

poder: *pres ind* puedo, podemos, etc., *pret perf sim* pude, pudimos, etc., *fut* podré, podremos, etc., *cond* podría, podríamos, etc., *pres subj* pueda, podamos, etc., *imperf subj* pudiera, pudiéramos, etc., *imperat* puede, pueda, podamos, poded, etc., *ger* pudiendo

poner: *pres ind* pongo, pone, ponemos, etc., *pret perf sim* puse, pusimos, etc., *fut* pondré, pondremos, etc., *cond* pondría, pondríamos, etc., *pres subj* ponga, pongamos, etc., *imperf subj* pusiera, pusiéramos, etc., *imperat* pon, ponga, pongamos, poned, etc., *partic* puesto, -ta

predecir: se conjuga como **decir** excepto en la segunda persona del singular del *imperat* predice

querer: *pres ind* quiero, queremos, etc., *pret perf sim* quise, quisimos, etc., *fut* querré, querremos, etc., *cond* querría, querríamos, etc., *pres subj* quiera, queramos, etc., *imperf subj* quisiera, quisiéramos, etc., *imperat* quiere, quiera, queramos, quered, etc.

reír: *pres ind* río, reímos, etc., *pret perf sim* rió, reímos, rieron, etc., *pres subj* ría, riamos, etc., *imperf subj* riera, riéramos, etc., *imperat* ríe, ría, riamos, reíd, etc., *ger* riendo

saber: *pres ind* sé, sabe, sabemos, etc., *pret perf sim* supe, supimos, etc., *fut* sabré, sabremos, etc., *cond* sabría, sabríamos, etc., *pres subj* sepa, sepamos, etc., *imperf subj* supiera, supiéramos, etc., *imperat* sabe, sepa, sepamos, sabed, etc.

salir: *pres ind* salgo, sale, salimos, etc., *fut* saldré, saldremos, etc., *cond* saldría, saldríamos, etc., *pres subj* salga, salgamos, etc., *imperat* sal, salga, salgamos, salid, etc.

sentir: *pres ind* siento, sentimos, etc., *pret perf sim* sintió, sentimos, sintieron, etc., *pres subj* sienta, sintamos, etc., *imperf subj* sintiera, sintiéramos, etc., *imperat* siente, sienta, sintamos, sentid, etc., *ger* sintiendo

SER: *pres ind* soy, eres, es, somos, sois, son, *imperf ind* era, eras, era, éramos, erais, eran, *pret perf sim* fui, fuiste, fue, fuimos, fuisteis, fueron, *fut* seré, serás, será, seremos, seréis, serán, *cond* sería, serías, sería, seríamos, seríais, serían, *pres subj* sea, seas, sea, seamos, seáis, sean, *imperf subj* fuera, fueras, fuera, fuéramos, fuerais, fueran, *imperat* sé, sea, seamos, sed, sean, *ger* siendo, *partic* sido, -da

sonar: *pres ind* sueno, sonamos, etc., *pres subj* suene, sonemos, etc., *imperat* suena, suene, sonemos, sonad, etc.

TEMER: *pres ind* temo, temes, teme, tememos, teméis, temen, *imperf ind* temía, temías, temía, temíamos, temíais, temían, *pret perf sim* temí, temiste, temió, temimos, temisteis, temieron, *fut* temeré, temerás, temerá, temeremos, temeréis, temerán, *cond* temería, temerías, temería, temeríamos, temeríais, temerían, *pres subj* tema, temas, tema, temamos, temáis, teman, *imperf subj* temiera, temieras, temiera, temiéramos, temierais, temieran, *imperat* teme, tema, temamos, temed, teman, *ger* temiendo, *partic* temido, -da

tender: *pres ind* tiendo, tendemos, etc., *pres subj* tienda, tendamos, etc., *imperat* tiende, tendamos, etc.

tener: *pres ind* tengo, tiene, tenemos, etc., *pret perf sim* tuve, tuvimos, etc., *fut* tendré, tendremos, etc., *cond* tendría, tendríamos, etc., *pres subj* tenga, tengamos, etc., *imperf subj* tuviera, tuviéramos, etc., *imperat* ten, tenga, tengamos, tened, etc.

traer: *pres ind* traigo, trae, traemos, etc., *pret perf sim* traje, trajimos, etc., *pres subj* traiga, traigamos, etc., *imperf subj* trajera, trajéramos, etc., *imperat* trae, traiga, traigamos, traed, etc., *ger* trayendo

valer: *pres ind* valgo, vale, valemos, etc., *fut* valdré, valdremos, etc., *cond* valdría, valdríamos, etc., *pres subj* valga, valgamos, etc., *imperat* vale, valga, valgamos, valed, etc.
venir: *pres ind* vengo, viene, venimos, etc., *pret perf sim* vine, vinimos, etc., *fut* vendré, vendremos, etc., *cond* vendría, vendríamos, etc., *pres subj* venga, vengamos, etc., *imperf subj* viniera, viniéramos, etc., *imperat* ven, venga, vengamos, venid, etc., *ger* viniendo
ver: *pres ind* veo, ve, vemos, etc., *pret perf sim* vi, vio, vimos, etc., *imperf subj* viera, viéramos, etc., *imperat* ve, vea, veamos, ved, etc., *ger* viendo, etc., *partic* visto, -ta

Conjugaisons

Abréviations: *ppr* = participe présent, *pp* = participe passé, *pr ind* = présent de l'indicatif, *imp* = imparfait, *fut* = futur, *cond* = conditionnel, *pr subj* = présent du subjonctif

acquérir: *pp* acquis, *pr ind* acquiers, acquérons, acquièrent, *imp* acquérais, *fut* acquerrai, *pr subj* acquière

aller: *pp* allé, *pr ind* vais, vas, va, allons, allez, vont, *imp* allais, *fut* irai, *cond* irais, *pr subj* aille

asseoir: *ppr* asseyant, *pp* assis, *pr ind* assieds, asseyons, *imp* asseyais, *fut* assiérai, *pr subj* asseye

atteindre: *ppr* atteignant, *pp* atteint, *pr ind* atteins, atteignons, *imp* atteignais, *pr subj* atteigne

avoir: *ppr* ayant, *pp* eu, *pr ind* ai, as, a, avons, avez, ont, *imp* avais, *fut* aurai, *cond* aurais, *pr subj* aie, aies, ait, ayons, ayez, aient

boire: *ppr* buvant, *pp* bu, *pr ind* bois, buvons, boivent, *imp* buvais, *pr subj* boive

conduire: *ppr* conduisant, *pp* conduit, *pr ind* conduis, conduisons, *imp* conduisais, *pr subj* conduise

connaître: *ppr* connaissant, *pp* connu, *pr ind* connais, connaît, connaissons, *imp* connaissais, *pr subj* connaisse

coudre: *ppr* cousant, *pp* cousu, *pr ind* couds, cousons, *imp* cousais, *pr subj* couse

courir: *pp* couru, *pr ind* cours, courons, *imp* courais, *fut* courrai, *pr subj* coure

couvrir: *pp* couvert, *pr ind* couvre, couvrons, *imp* couvrais, *pr subj* couvre

craindre: *ppr* craignant, *pp* craint, *pr ind* crains, craignons, *imp* craignais, *pr subj* craigne

croire: *ppr* croyant, *pp* cru, *pr ind* crois, croyons, croient, *imp* croyais, *pr subj* croie

cueillir: *pp* cueilli, *pr ind* cueille, cueillons, *imp* cueillais, *fut* cueillerai, *pr subj* cueille

devoir: *pp* dû, due, *pr ind* dois, devons, doivent, *imp* devais, *fut* devrai, *pr subj* doive

dire: *ppr* disant, *pp* dit, *pr ind* dis, disons, dites, disent, *imp* disais, *pr subj* dise

dormir: *pp* dormi, *pr ind* dors, dormons, *imp* dormais, *pr subj* dorme

écrire: *ppr* écrivant, *pp* écrit, *pr ind* écris, écrivons, *imp* écrivais, *pr subj* écrive

essuyer: *pp* essuyé, *pr ind* essuie, essuyons, essuient, *imp* essuyais, *fut* essuierai, *pr subj* essuie

être: *ppr* étant, *pp* été, *pr ind* suis, es, est, sommes, êtes, sont, *imp* étais, *fut* serai, *cond* serais, *pr subj* sois, sois, soit, soyons, soyez, soient

faire: *ppr* faisant, *pp* fait, *pr ind* fais, fais, fait, faisons, faites, font, *imp* faisais, *fut* ferai, *cond* ferais, *pr subj* fasse

falloir: *pp* fallu, *pr ind* faut, *imp* fallait, *fut* faudra, *pr subj* faille

FINIR: *ppr* finissant, *pp* fini, *pr ind* finis, finis, finit, finissons, finissez, finissent, *imp* finissais, finissais, finissait, finissions, finissiez, finissaient, *fut* finirai, finiras, finira, finirons, finirez, finiront, *cond* finirais, finirais, finirait, finirions, finiriez, finiraient, *pr subj* finisse, finisses, finisse, finissions, finissiez, finissent

fuir: *ppr* fuyant, *pp* fui, *pr ind* fuis, fuyons, fuient, *imp* fuyais, *pr subj* fuie

haïr: *ppr* haïssant, *pp* haï, *pr ind* hais, haïssons, *imp* haïssais, *pr subj* haïsse

joindre: *comme* **atteindre**

lire: *ppr* lisant, *pp* lu, *pr ind* lis, lisons, *imp* lisais, *pr subj* lise
mentir: *pp* menti, *pr ind* mens, mentons, *imp* mentais, *pr subj* mente
mettre: *ppr* mettant, *pp* mis, *pr ind* mets, mettons, *imp* mettais, *pr subj* mette
mourir: *pp* mort, *pr ind* meurs, mourons, meurent, *imp* mourais, *fut* mourrai, *pr subj* meure
naître: *ppr* naissant, *pp* né, *pr ind* nais, naît, naissons, *imp* naissais, *pr subj* naisse
offrir: *pp* offert, *pr ind* offre, offrons, *imp* offrais, *pr subj* offre
paraître: *comme* **connaître**
PARLER: *ppr* parlant, *pp* parlé, *pr ind* parle, parles, parle, parlons, parlez, parlent, *imp* parlais, parlais, parlait, parlions, parliez, parlaient, *fut* parlerai, parleras, parlera, parlerons, parlerez, parleront, *cond* parlerais, parlerais, parlerait, parlerions, parleriez, parleraient, *pr subj* parle, parles, parle, parlions, parliez, parlent
partir: *pp* parti, *pr ind* pars, partons, *imp* partais, *pr subj* parte
plaire: *ppr* plaisant, *pp* plu, *pr ind* plais, plaît, plaisons, *imp* plaisais, *pr subj* plaise
pleuvoir: *pp* plu, *pr ind* pleut, *imp* pleuvait, *fut* pleuvra, *pr subj* pleuve
pouvoir: *pp* pu, *pr ind* peux, peux, peut, pouvons, pouvez, peuvent, *imp* pouvais, *fut* pourrai, *pr subj* puisse
prendre: *ppr* prenant, *pp* pris, *pr ind* prends, prenons, prennent, *imp* prenais, *pr subj* prenne
prévoir: *ppr* prévoyant, *pp* prévu, *pr ind* prévois, prévoyons, prévoient, *imp* prévoyais, *fut* prévoirai, *pr subj* prévoie
recevoir: *pp* reçu, *pr ind* reçois, recevons, reçoivent, *imp* recevais, *fut* recevrai, *pr subj* reçoive
RENDRE: *ppr* rendant, *pp* rendu, *pr ind* rends, rends, rend, rendons, rendez, rendent, *imp* rendais, rendais, rendait, rendions, rendiez, rendaient, *fut* rendrai, rendras, rendra, rendrons, rendrez, rendront, *cond* rendrais, rendrais, rendrait, rendrions, rendriez, rendraient, *pr subj* rende, rendes, rende, rendions, rendiez, rendent
résoudre: *ppr* résolvant, *pp* résolu, *pr ind* résous, résolvons, *imp* résolvais, *pr subj* résolve
rire: *ppr* riant, *pp* ri, *pr ind* ris, rions, *imp* riais, *pr subj* rie
savoir: *ppr* sachant, *pp* su, *pr ind* sais, savons, *imp* savais, *fut* saurai, *pr subj* sache
servir: *pp* servi, *pr ind* sers, servons, *imp* servais, *pr subj* serve
sortir: *comme* **partir**
suffire: *ppr* suffisant, *pp* suffi, *pr ind* suffis, suffisons, *imp* suffisais, *pr subj* suffise
suivre: *ppr* suivant, *pp* suivi, *pr ind* suis, suivons, *imp* suivais, *pr subj* suive
taire: *ppr* taisant, *pp* tu, *pr ind* tais, taisons, *imp* taisais, *pr subj* taise
tenir: *pp* tenu, *pr ind* tiens, tenons, tiennent, *imp* tenais, *fut* tiendrai, *pr subj* tienne
vaincre: *ppr* vainquant, *pp* vaincu, *pr ind* vaincs, vainc, vainquons, *imp* vainquais, *pr subj* vainque
valoir: *pp* valu, *pr ind* vaux, valons, *imp* valais, *fut* vaudrai, *pr subj* vaille
venir: *comme* **tenir**
vivre: *ppr* vivant, *pp* vécu, *pr ind* vis, vivons, *imp* vivais, *pr subj* vive
voir: *ppr* voyant, *pp* vu, *pr ind* vois, voyons, voient, *imp* voyais, *fut* verrai, *pr subj* voie
vouloir: *pp* voulu, *pr ind* veux, veux, veut, voulons, voulez, veulent, *imp* voulais, *fut* voudrai, *pr subj* veuille

ESPAÑOL-FRANCÉS

ESPAGNOL-FRANÇAIS

A

a[1] (*pl* **aes**), **A** (*pl* **Aes**) [a] *f* [letra] a *m inv*, A *m inv*.

a[2] *prep (a + el = al)* **- 1.** [gen] à ; **voy a Sevilla/África/Japón** je vais à Séville/en Afrique/au Japon ; **llegó a Barcelona/la fiesta** il est arrivé à Barcelone/la fête ; **a la salida del cine** à la sortie du cinéma ; **está a más de cien kilómetros** c'est à plus de cent kilomètres ; **está a la derecha/izquierda** c'est à droite/gauche ; **a las siete/los once años** à sept heures/onze ans ; **dáselo a Juan** donne-le à Juan ; **¿a cuánto están las peras?** à combien sont les poires? ; **vende las peras a cien pesetas** elle vend les poires à cent pesetas ; **ganaron por tres a cero** ils ont gagné trois à zéro ; **escribir a máquina/mano** écrire à la machine/la main ; **sueldo a convenir** salaire à négocier **- 2.** [cuando] : **al oír la noticia se desmayó** en apprenant la nouvelle il s'est évanoui **- 3.** [período de tiempo] : **a las pocas semanas** quelques semaines après ; **al mes de casados** au bout d'un mois de mariage **- 4.** [frecuencia, cantidad] par ; **cuarenta horas a la semana** quarante heures par semaine ; **a cientos/miles** par centaines/milliers **- 5.** [con complemento directo] : **quiere a su hijo/gato** il aime son fils/chat **- 6.** [modo] à, en ; **a la antigua** à l'ancienne ; **a lo grande** en grand ; **a escondidas** en cachette **- 7.** *(después de verbo y antes de infin)* [finalidad] : **entró a pagar** il entra pour payer ; **aprender a nadar** apprendre à nager ; **vino a buscar un libro** il est venu chercher un livre **- 8.** *(antes de infin)* [condición] : **a no ser por mí, hubieses fracasado** si je n'avais pas été là, tu aurais échoué **- 9.** [en oraciones imperativas] : **¡a comer!** à table! ; **¡niños, a callar!** les enfants, taisez-vous! **- 10.** *(antes de 'por')* [en busca de] : **ir a por pan** aller chercher du pain **- 11.** [indica desafío] : **a que** je parie que ; **¿a que no lo haces?** je parie que tu ne le fais pas ; **¡a que te caes!** tu vas tomber!

abad, desa *m, f* abbé *m*, abbesse *f*.

abadía *f* abbaye *f*.

abajo ◇ *adv* **- 1.** [posición] dessous ; **vive ~** il habite en dessous ; **~ del todo** tout en bas ; **más ~** plus bas **- 2.** [dirección] en bas, vers le bas ; **mirar hacia ~** regarder en bas ; **ir para ~** descendre ; **correr escaleras ~** dévaler l'escalier ; **calle ~** en descendant la rue ; **río ~** en aval **- 3.** [en un texto] ci-dessous. ◇ *interj* : **¡~ la dictadura!** à bas la dictature! ◆ **de abajo** *loc adj* : **el piso de ~** l'étage en dessous ; **la vecina de ~** la voisine du dessous ; **el estante de ~** l'étagère du bas ; **la tienda de ~** le magasin d'en bas.

abalanzarse *vpr* se ruer.

abalear *vt Amer* tirer sur.

abalorio *m* [cuenta] perle *f* de verre ; [bisutería] verroterie *f*.

abanderado *m lit & fig* porte-drapeau *m*.

abandonado, da *adj* **- 1.** [desierto, desamparado] abandonné(e) **- 2.** [descuidado - persona] négligé(e) ; [- jardín, casa] laissé(e) à l'abandon, mal entretenu(e).

abandonar *vt* **- 1.** [gen] abandonner ; [lugar, profesión, cónyuge] quitter **- 2.** [obligaciones, estudios] négliger. ◆ **abandonarse** *vpr* **- 1.** [de aspecto] se négliger, se laisser aller **- 2.** : **~se a** [desesperación, dolor] s'abandonner à, succomber à ; [vicio] sombrer dans.

abandono *m* **- 1.** [acción] abandon *m* **- 2.** [estado] laisser-aller *m inv*.

abanicar *vt* éventer. ◆ **abanicarse** *vpr* s'éventer.

abanico *m lit & fig* éventail *m*.

abaratar *vt* baisser le prix de. ◆ **abaratarse** *vpr* [precio] baisser ; [producto] coûter moins cher.

abarcar *vt* **- 1.** [gen] embrasser ; [espacio]

comprendre ; [temas] recouvrir **- 2.** [con los brazos] encercler **- 3.** [con la vista] embrasser du regard.
abarrotado, da *adj* plein(e) à craquer, bondé(e) ; [sala] comble ; **~ (de)** [desván, baúl] bourré (de).
abarrotar *vt* : **~ algo (de** o **con)** remplir qqch (de) ; [desván, baúl] bourrer qqch (de).
abarrote *m Amer* épicerie *f*.
abarrotería *f Amer* épicerie *f*.
abarrotero, ra *m, f Amer* épicier *m*, -ère *f*.
abastecer *vt* approvisionner, ravitailler. ◆ **abastecerse** *vpr* : **~se (de)** s'approvisionner (de o en).
abasto *m* : **no dar ~** *fig* ne pas s'en sortir, être débordé(e).
abatible *adj* [asiento] inclinable ; [mesa] à abattants.
abatido, da *adj* abattu(e).
abatir *vt* abattre. ◆ **abatirse** *vpr* : **~se (sobre)** s'abattre (sur).
abdicación *f* abdication *f*.
abdicar *vi* abdiquer ; **~ de algo** *fig* renoncer à qqch.
abdomen *m* abdomen *m*.
abdominal *adj* abdominal(e). ◆ **abdominales** *mpl* abdominaux *mpl* ; **hacer ~es** faire des abdominaux.
abecé *m* **- 1.** [abecedario] alphabet *m* **- 2.** *fig* [primeras nociones] b.a.-ba *m inv*.
abecedario *m* **- 1.** [alfabeto] alphabet *m* **- 2.** [libro] abécédaire *m*.
abedul *m* bouleau *m*.
abeja *f* abeille *f*.
abejorro *m* ZOOL bourdon *m*.
aberración *f* aberration *f*.
abertura *f* ouverture *f*.
abertzale [aβer'tsale] *adj* & *mf* nationaliste basque.
abeto *m* sapin *m*.
abierto, ta ◇ *pp irreg* ▷ **abrir**. ◇ *adj* **- 1.** [gen] ouvert(e) ; **estar ~ a** être ouvert à ; **~ de par en par** grand ouvert **- 2.** *fig* [liberal] à l'esprit ouvert.
abigarrado, da *adj lit* & *fig* bigarré(e).
abismal *adj* abyssal(e).
abismo *m* abîme *m*.
ablandar *vt* **- 1.** [material] ramollir **- 2.** *fig* [persona] attendrir ; [carácter] adoucir ; [rigor] assouplir ; [ira] apaiser. ◆ **ablandarse** *vpr* **- 1.** [material] se ramollir **- 2.** *fig* [persona] s'attendrir ; [carácter] s'adoucir ; [rigor] s'assouplir ; [ira] s'apaiser.
ablativo *m* GRAM ablatif *m*.
abnegación *f* dévouement *m*.
abnegarse *vpr* se dévouer, se sacrifier.
abochornar *vt* vexer, faire honte à. ◆ **abochornarse** *vpr* rougir de honte.
abofetear *vt* gifler.
abogacía *f* barreau *m*.
abogado, da *m, f* avocat *m*, -e *f* ; **~ defensor** défenseur *m* ; **~ del estado** avocat représentant les intérêts de l'État ; **~ de oficio** avocat commis d'office ; **~ laboralista** avocat spécialisé en droit du travail ; **hacer de ~ del diablo** se faire l'avocat du diable.
abogar *vi* [interceder] : **~ por algo/alguien** plaider pour qqch/qqn.
abolición *f* abolition *f*.
abolir *vt* abolir.
abolladura *f* bosse *f*.
abollar *vt* bosseler, cabosser. ◆ **abollarse** *vpr* se bosseler, se cabosser.
abombado, da *adj* bombé(e).
abominable *adj* abominable.
abominar *vt* **- 1.** [condenar] condamner **- 2.** [aborrecer] avoir en horreur.
abonado, da *m, f* abonné *m*, -e *f*.
abonar *vt* **- 1.** [factura, deuda] régler ; **~ en cuenta** créditer un compte ; **~ algo en la cuenta de alguien** verser qqch sur le compte de qqn **- 2.** [tierra] amender. ◆ **abonarse** *vpr* : **~se (a)** [revista] s'abonner (à) ; [piscina, teatro] prendre un abonnement (à).
abonero, ra *m, f Amer* colporteur *m*, -euse *f*.
abono *m* **- 1.** [pase] abonnement *m*, carte *f* d'abonnement **- 2.** [fertilizante] engrais *m* **- 3.** [pago] règlement *m* **- 4.** COM crédit *m* **- 5.** *Amer* [plazo] crédit *m* ; **pagar en ~s** payer par versements échelonnés.
abordar *vt* aborder.
aborigen *adj* aborigène. ◆ **aborígenes** *mfpl* aborigènes *mfpl*.
aborrecer *vt* avoir en horreur, détester.
abortar ◇ *vi* **- 1.** [intencionadamente] avorter, se faire avorter ; [espontáneamente] faire une fausse couche **- 2.** *fig* [fracasar] échouer. ◇ *vt fig* [hacer fracasar] faire avorter.
aborto *m* **- 1.** [intencionado] avortement *m* ; [espontáneo] fausse couche *f* **- 2.** *fam despec* [persona fea] avorton *m* **- 3.** *fam* [cosa mal hecha] : **te ha salido hecho un ~** tu l'as complètement raté.
abotonar *vt* boutonner. ◆ **abotonarse** *vpr* se boutonner.

abovedado, da *adj* ARQUIT voûté(e).
abr. *abrev de* **abril.**
abrasar ◇ *vt* - **1.** [gen] brûler - **2.** *fig* [suj : calor, pasión] embraser ; [suj : sed, deseo] torturer ; [suj : odio, celos] ronger. ◇ *vi* [café etc] être brûlant(e). ◆ **abrasarse** *vpr* brûler ; [persona] se brûler ; [plantas] griller.
abrazadera *f* anneau *m*.
abrazar *vt* - **1.** [con los brazos] serrer dans ses bras - **2.** *fig* [doctrina] épouser ; [profesión] entrer dans.
abrazo *m* accolade *f* ; **dar un ~ a alguien** embrasser qqn ; **un (fuerte) ~** [en cartas] (très) affectueusement.
abrebotellas *m inv* ouvre-bouteille *m*.
abrecartas *m inv* coupe-papier *m*.
abrelatas *m inv* ouvre-boîte *m*.
abrevadero *m* [construido] abreuvoir *m* ; [natural] point *m* d'eau.
abreviar *vt* abréger ; [texto] réduire ; [viaje, estancia] écourter ; [trámites] accélérer.
abreviatura *f* abréviation *f*.
abridor *m* - **1.** [abrebotellas] décapsuleur *m* - **2.** [abrelatas] ouvre-boîte *m*.
abrigar *vt* - **1.** [arropar - suj : persona] couvrir ; [- suj : ropa] tenir chaud - **2.** *fig* [albergar] nourrir. ◆ **abrigarse** *vpr* - **1.** [arroparse] se couvrir - **2.** [resguardarse] : **~se de** [lluvia, viento] s'abriter de ; [frío] se protéger de.
abrigo *m* - **1.** [prenda] manteau *m* - **2.** [refugio] abri *m* ; **al ~ de** à l'abri de.
abril *m* avril *m* ; *ver también* **septiembre.** ◆ **abriles** *mpl* [años] : **tiene 14 ~es** elle a 14 printemps.
abrillantar *vt* faire briller.
abrir ◇ *vt* - **1.** [gen] ouvrir ; [alas] déployer ; [melón] découper - **2.** [luz] allumer - **3.** [agujero, camino, túnel] percer ; [canal] creuser ; [surco] tracer - **4.** [piernas] écarter. ◇ *vi* [establecimiento] ouvrir. ◆ **abrirse** *vpr* - **1.** [sincerarse] : **~se a alguien** s'ouvrir o se confier à qqn - **2.** [comunicarse] : **~se (con alguien)** être ouvert(e) (avec qqn) - **3.** [cielo] se dégager - **4.** *mfam* [irse] se casser.
abrochar *vt* fermer ; [cinturón, cordones] attacher. ◆ **abrocharse** *vpr* [ropa] se fermer ; [cinturón] s'attacher ; **abróchense los cinturones** attachez vos ceintures.
abroncar *vt fam* - **1.** [reprender] passer un savon à - **2.** [abuchear] huer.
abrumar *vt* - **1.** [agobiar] accabler ; **el trabajo me abruma** je suis accablé de travail - **2.** [fastidiar] épuiser.
abrupto, ta *adj* abrupt(e).
absceso *m* MED abcès *m*.
absentismo *m* absentéisme *m* ; **~ laboral** absentéisme.
ábside *m* o *f* abside *f*.
absolución *f* - **1.** DER acquittement *m* - **2.** RELIG absolution *f*.
absolutismo *m* absolutisme *m*.
absoluto, ta *adj* absolu(e). ◆ **en absoluto** *loc adv* [en negativas] certainement pas ; [tras pregunta] : **¿te gusta? -- en ~** ça te plaît? -- pas du tout ; **nada en ~** rien du tout.
absolver *vt* - **1.** DER acquitter ; **absolvieron al acusado del delito** ils ont acquitté l'accusé - **2.** RELIG : **~ (a alguien de algo)** absoudre (qqn de qqch).
absorbente *adj* - **1.** [material] absorbant(e) - **2.** [persona, carácter] accaparant(e) - **3.** [actividad] prenant(e).
absorber *vt* absorber ; **el trabajo lo absorbe** il est accaparé par son travail.
absorción *f* absorption *f*.
absorto, ta *adj* absorbé(e) ; **~ en** plongé dans.
abstemio, mia *adj* : **es ~** il ne boit pas d'alcool.
abstención *f* abstention *f*.
abstenerse *vpr* : **~ (de algo/de hacer algo)** s'abstenir (de qqch /de faire qqch).
abstinencia *f* abstinence *f*.
abstracción *f* abstraction *f*.
abstracto, ta *adj* abstrait(e) ; **en ~** dans l'abstrait.
abstraer *vt* abstraire ; **~ conceptos** conceptualiser.
abstraído, da *adj* absorbé(e).
absuelto, ta *pp irreg* ▷ **absolver.**
absurdo, da *adj* absurde. ◆ **absurdo** *m* absurde *m*.
abuchear *vt* huer.
abuelo, la *m, f* grand-père *m*, grand-mère *f* ; [en lenguaje infantil] papy *m*, mamie *f* ; **¡cuéntaselo a tu abuela!** *fam* à d'autres!
abulia *f* veulerie *f*.
abúlico, ca *adj* veule.
abultado, da *adj* volumineux(euse).
abultar ◇ *vt* - **1.** [hinchar - mejillas] gonfler ; [- suj : hinchazón] faire enfler - **2.** [aumentar, exagerar] grossir. ◇ *vi* - **1.** [ser difícil de manejar] prendre de la place - **2.** [tener forma de bulto] faire une bosse.

abundancia *f* abondance *f*; **en ~** en abondance.
abundante *adj* abondant(e).
abundar *vi* [haber mucho] abonder ; **la región abunda en riquezas** la région regorge de richesses.
aburguesarse *vpr* s'embourgeoiser.
aburrido, da ◇ *adj* - **1.** [harto, fastidiado] : **estar ~** s'ennuyer ; **estar ~ de hacer algo** en avoir assez de faire qqch - **2.** [que aburre] ennuyeux(euse). ◇ *m, f* : **es un ~** il est ennuyeux, il n'est pas drôle.
aburrimiento *m* ennui *m*.
aburrir *vt* ennuyer. ◆ **aburrirse** *vpr* s'ennuyer.
abusado, da *adj Amer* rusé(e).
abusar *vi* abuser ; **~ de algo/de alguien** abuser de qqch/de qqn.
abusivo, va *adj* [gen] abusif(ive).
abuso *m* [mal uso] : **~ (de)** abus *m* (de).
abusón, ona *adj* & *m, f* égoïste.
abyecto, ta *adj culto* abject(e).
a/c (*abrev de* **a cuenta**) ≃ au numéro du compte ...
a. C. (*abrev de* **antes de Cristo**) av. J.-C.
acá *adv* - **1.** [lugar] ici ; **de ~ para allá** ici et là - **2.** [tiempo] : **de una semana ~** depuis une semaine - **3.** *Amer* [aquí] ici.
acabado, da *adj* - **1.** [completo] poussé(e), approfondi(e) ; [perfecto] parfait(e) - **2.** [fracasado] fini(e). ◆ **acabado** *m* finition *f*.
acabar ◇ *vt* finir ; [provisiones] épuiser. ◇ *vi* - **1.** [gen] finir ; **~ bien/mal** finir bien/mal ; **~ por hacer** o **haciendo algo** finir par faire qqch ; **~ con** [violencia, crimen] venir à bout de, en finir avec ; [salud] détruire, ruiner ; [juguete, máquina] casser ; **~ con la paciencia de alguien** faire perdre patience à qqn, pousser qqn à bout ; **~ con alguien** en finir avec o se débarrasser de qqn ; *fig* achever qqn ; **~ en** finir en ; **las palabras que acaban en n** les mots qui finissent en n ; **de nunca ~** [cuento, historia] à n'en plus finir, sans fin - **2.** [haber hecho recientemente] : **~ de hacer algo** venir de faire qqch ; **acabo de llegar ahora mismo** je viens juste d'arriver - **3.** [volverse] devenir ; **~ loco** devenir fou - **4.** (*en frase negativa antes de infin*) : **no acabo de entender su reacción** je n'arrive pas à comprendre sa réaction. ◆ **acabarse** *vpr* - **1.** [agotarse] : **se nos ha acabado la gasolina** nous n'avons plus d'essence ; **se ha acabado la comida** il ne reste plus rien à manger ; **las vacaciones se han acabado** les vacances sont finies - **2.** [comida, bebida] : **acábate la sopa** finis ta soupe - **3.** *loc* : **¡se acabó!** [¡basta ya!, se terminó] c'est fini! ; [no hay más] c'est tout!, un point c'est tout!
acacia *f* acacia *m*.
academia *f* - **1.** [gen] école *f* - **2.** [sociedad] académie *f*. ◆ **Academia** *f* : **Real Academia Española** *académie de la langue espagnole*, ≃ Académie *f* française.
académico, ca ◇ *adj* - **1.** [año, diploma - escolar] scolaire ; [- universitario] universitaire - **2.** [estilo] académique. ◇ *m, f* académicien *m*, -enne *f*.
acaecer *v impers culto* avoir lieu.
acalorado, da *adj* - **1.** [con calor] : **estar ~** avoir chaud - **2.** [apasionado - persona] emporté(e) ; [- defensor] ardent(e) ; [- debate] passionné(e) ; [- tema] brûlant(e) - **3.** [excitado] échauffé(e).
acalorar *vt* - **1.** [dar calor] donner chaud - **2.** [excitar] échauffer. ◆ **acalorarse** *vpr* - **1.** [coger calor] avoir chaud - **2.** [excitarse] s'échauffer.
acampada *f* camping *m* ; **hacer ~ libre** faire du camping sauvage.
acampar *vi* camper.
acanalar *vt* - **1.** [terreno] sillonner - **2.** [madera, metal] canneler.
acantilado *m* falaise *f*.
acaparar *vt lit* & *fig* accaparer, monopoliser.
acápite *m Amer* paragraphe *m*.
acaramelado, da *adj* - **1.** [con caramelo] caramélisé(e) - **2.** *fig* [afectado] tout sucre tout miel - **3.** [novios] : **estar ~s** *fig* roucouler.
acariciar *vt* caresser. ◆ **acariciarse** *vpr* se caresser.
acarrear *vt* - **1.** [transportar] emporter ; [suj : agua] charrier - **2.** *fig* [ocasionar] entraîner ; [disgustos] amener ; [problemas] poser.
acartonarse *vpr fam* se ratatiner.
acaso *adv* peut-être ; **~ venga** peut-être viendra-t-il ; **vendrá ~** il viendra peut-être ; **¿~ no lo sabías?** comme si tu ne le savais pas ; **por si ~** au cas où. ◆ **si acaso** ◇ *loc adv* [en todo caso] à la rigueur ; **hoy no puedo, si ~ mañana** aujourd'hui je ne peux pas, demain à la rigueur. ◇ *loc conj* [en caso de que] si jamais ; **si ~ llama** si jamais il appelle.
acatar *vt* observer, respecter.
acatarrarse *vpr* s'enrhumer.
acaudalado, da *adj* fortuné(e).
acaudillar *vt* - **1.** [capitanear] comman-

der, diriger - **2.** *fig* [liderar] prendre la tête de.

acceder *vi* - **1.** [consentir] : **~ (a algo/a hacer algo)** consentir (à qqch/à faire qqch) - **2.** [tener acceso, alcanzar] : **~ a** accéder à.

accesible *adj* accessible.

acceso *m* - **1.** [entrada, paso] : **~ (a)** accès (à) - **2.** [trato] abord *m* - **3.** *fig* [ataque - de fiebre] accès *m* ; [- de tos] quinte *f*.

accesorio, ria *adj* accessoire, secondaire. ◆ **accesorio** *m (gen pl)* [del automóvil, de vestir] accessoire *m* ; **~s de cocina** ustensiles *mpl* de cuisine.

accidentado, da ◇ *adj* - **1.** [vida, viaje] mouvementé(e) - **2.** [terreno, camino] accidenté(e). ◇ *m, f* accidenté *m*, -e *f*.

accidental *adj* - **1.** [asunto] secondaire, accessoire - **2.** [muerte, choque] accidentel(elle) ; [encuentro] fortuit(e).

accidentarse *vpr* avoir un accident.

accidente *m* - **1.** [gen & GEOGR] accident *m* ; **~ laboral/de tráfico** accident du travail/de la route ; **~ del terreno** accident de terrain - **2.** GRAM flexion *f*.

acción *f* - **1.** [gen] action *f* ; **poner en ~** mettre en route - **2.** [hecho] acte ; **unir la ~ a la palabra** joindre le geste à la parole.

accionar *vt* actionner.

accionista *mf* actionnaire *mf*.

acechar *vt* guetter.

acecho *m* guet *m* ; **escapar al ~ de** échapper au regard de ; **estar al ~ (de)** *lit* & *fig* être à l'affût (de).

aceite *m* huile *f*.

aceitera *f* burette *f* d'huile. ◆ **aceiteras** *fpl* huilier *m*.

aceitoso, sa *adj* huileux(euse), gras (grasse).

aceituna *f* olive *f* ; **~ rellena** olive farcie.

aceleración *f* accélération *f*.

acelerador, ra *adj* d'accélération. ◆ **acelerador** *m* accélérateur *m*.

acelerar *vt* & *vi* accélérer. ◆ **acelerarse** *vpr* [persona] s'activer ; [motor] s'emballer ; **¡no te aceleres!** *fam fig* du calme!

acelga *f* bette *f*.

acento *m* accent *m*.

acentuación *f* accentuation *f*.

acentuar *vt lit* & *fig* accentuer. ◆ **acentuarse** *vpr lit* & *fig* s'accentuer.

acepción *f* acception *f*.

aceptable *adj* acceptable.

aceptación *f* - **1.** [aprobación] acceptation *f* - **2.** [éxito] succès *m* ; **tener buena ~** être bien reçu(e).

aceptar *vt* accepter.

acequia *f* canal *m* d'irrigation.

acera *f* - **1.** [de la calle] trottoir *m* - **2.** [lado] côté *m* de la rue - **3.** *loc* : **de la otra ~, de la ~ de enfrente** *fam despec* de la jaquette.

acerbo, ba *adj culto* acerbe.

acerca ◆ **acerca de** *loc prep* au sujet de.

acercar *vt* rapprocher ; **¡acércame el pan!** passe-moi le pain. ◆ **acercarse** *vpr* - **1.** [aproximarse] se rapprocher, s'approcher - **2.** [ir, venir] passer - **3.** [avecinarse] approcher.

acero *m* [aleación] acier *m* ; **~ inoxidable** acier inoxydable.

acérrimo, ma *adj* [defensor] acharné(e) ; [enemigo] juré(e).

acertado, da *adj* [respuesta, idea] bon (bonne) ; [disparo] dans le mille ; [observación] judicieux(euse).

acertar ◇ *vt* - **1.** [dar en el blanco] mettre dans le mille - **2.** [adivinar] deviner - **3.** [elegir bien] bien choisir. ◇ *vi* - **1.** [atinar] bien faire ; **acertaste al decírselo** tu as bien fait de le lui dire - **2.** [conseguir] : **~ a hacer algo** arriver à faire qqch - **3.** [hallar] : **~ con** trouver.

acertijo *m* [enigma] devinette *f*.

acetona *f* acétone *f*.

achacar *vt* : **~ algo a alguien** [responsabilidad, error] faire retomber qqch sur qqn.

achantar *vt fam* [acobardar] flanquer la trouille à. ◆ **achantarse** *vpr fam* [acobardarse] se dégonfler.

achaque *m* problème *m* de santé.

achatado, da *adj* écrasé(e).

achicar *vt* - **1.** [tamaño] rétrécir - **2.** [agua - de barco] écoper ; [- de terreno] drainer - **3.** *fig* [acobardar] intimider. ◆ **achicarse** *vpr* [acobardarse] se laisser intimider ; **~se ante alguien** s'aplatir devant qqn.

achicharrar ◇ *vt* - **1.** [chamuscar] griller, faire brûler - **2.** *fig* [molestar] : **~ (a)** harceler o accabler(de). ◇ *vi* [sol] être de plomb ; [calor] être torride. ◆ **achicharrarse** *vpr* - **1.** *fig* [de calor] cuire - **2.** [chamuscarse] griller, brûler.

achicoria *f* chicorée *f*.

achinado, da *adj* - **1.** [ojos] bridé(e) - **2.** [persona] oriental(e) - **3.** *Amer* [persona] d'origine indienne.

achuchado, da *adj fam* - **1.** [difícil] dur(e) - **2.** [escaso] juste.

achuchar *vt fam* - **1.** [abrazar] serrer très fort dans ses bras ; [estrujar] écraser - **2.** *fig* [presionar] tanner.

achuchón *m fam* - **1.** [abrazo] gros câlin *m* - **2.** [indisposición] malaise *m* ; **le dio un ~** il s'est senti mal.

acicalar *vt* pomponner. ◆ **acicalarse** *vpr* se faire beau (belle) ; [mujer] se pomponner.

acicate *m fig* [incentivo] stimulant *m*.

acidez *f* - **1.** [cualidad] acidité *f* - **2.** MED : **~ (de estómago)** aigreurs *fpl* (d'estomac).

ácido, da *adj* acide. ◆ **ácido** *m* - **1.** QUÍM acide *m* ; **~ desoxirribonucleico/ribonucleico** acide désoxyribonucléique/ribonucléique - **2.** *fam* [droga] acide *m*.

acierto *m* - **1.** [a pregunta] bonne réponse *f* ; [en quinielas] combinaison *f* gagnante - **2.** [habilidad, tino] discernement *m* ; **tuviste mucho ~** tu as vu juste - **3.** [éxito] succès *m*, réussite *f*.

aclamación *f* acclamation *f* ; **por ~** *fig* par acclamation.

aclamar *vt* - **1.** [ovacionar] acclamer - **2.** [elegir] proclamer.

aclaración *f* éclaircissement *m*.

aclarar ◇ *vt* - **1.** [gen] éclaircir ; [cabello] désépaissir ; [salsa] allonger ; **~ la voz** s'éclaircir la voix - **2.** [ropa] rincer. ◇ *v impers* - **1.** [amanecer, escampar] : **está aclarando** [día] le jour se lève ; [tiempo] ça se lève - **2.** [despejarse] s'éclaircir. ◆ **aclararse** *vpr fam* - **1.** [explicarse] être clair(e) - **2.** [entender] : **ya me aclaro** je vois ; **no me aclaro** je n'y comprends rien - **3.** [organizarse] s'y retrouver.

aclaratorio, ria *adj* explicatif(ive).

aclimatación *f* acclimatation *f*.

aclimatar *vt* - **1.** [gen] acclimater - **2.** *fig* [a ambiente] habituer. ◆ **aclimatarse** *vpr* - **1.** [al clima] : **~se (a)** s'acclimater (à) - **2.** [a ambiente] : **~se (a)** s'adapter (à).

acné *m* o *f* acné *f*.

acobardar *vt* faire peur à. ◆ **acobardarse** *vpr* avoir peur ; **~se ante** se laisser impressionner par.

acogedor, ra *adj* accueillant(e).

acoger *vt* accueillir, recevoir. ◆ **acogerse** *vpr* : **~se a** [ley, protección institucional] se retrancher derrière, recourir à.

acojonar *vt vulg* - **1.** [asustar] foutre les jetons à - **2.** [impresionar] scier. ◆ **acojonarse** *vpr vulg* avoir les jetons.

acolchar *vt* [ropa] matelasser ; [pared] capitonner.

acometer ◇ *vt* - **1.** [atacar] attaquer - **2.** [emprender] se lancer dans. ◇ *vi* [embestir] : **~ contra** foncer dans o sur.

acometida *f* - **1.** [ataque] assaut *m* - **2.** [enlace de tuberías] raccordement *m*.

acomodado, da *adj* - **1.** [rico] aisé(e) - **2.** [instalado] calé(e).

acomodador, ra *m, f* ouvreur *m*, -euse *f*.

acomodar *vt* - **1.** [colocar, instalar] placer, faire asseoir - **2.** [disponer] arranger. ◆ **acomodarse** *vpr* [instalarse] se mettre à l'aise ; **~se en** s'installer dans.

acomodaticio, cia *adj* [complaciente] accommodant(e), arrangeant(e).

acompañamiento *m* - **1.** [comitiva - en entierro] cortège *m* ; [- de rey] escorte *f* - **2.** MÚS accompagnement *m* - **3.** CULIN garniture *f*.

acompañante *mf* compagnon *m*, compagne *f* ; **no tengo ~ para la fiesta** je n'ai personne pour m'accompagner à la fête.

acompañar ◇ *vt* - **1.** [gen] accompagner ; **~ a alguien** [ir con] accompagner qqn ; [a casa] raccompagner qqn - **2.** : **~ a alguien** [estar con] tenir compagnie à qqn - **3.** [compartir emociones con] : **~ en algo a alguien** partager qqch avec qqn ; **~ en el sentimiento** présenter ses condoléances - **4.** [adjuntar] joindre. ◇ *vi* [hacer compañía] tenir compagnie ; **la desgracia le acompaña** la malchance le poursuit.

acompasar *vt* rythmer ; **~ algo (a)** régler qqch (sur).

acomplejar *vt* : **~ a alguien** donner des complexes à qqn. ◆ **acomplejarse** *vpr* avoir des complexes.

acondicionado, da *adj* aménagé(e) ; [con material] équipé(e).

acondicionador *m* - **1.** [cosmético] après-shampoing *m* - **2.** [aparato] climatiseur *m*.

acondicionar *vt* aménager ; [con material] équiper.

acongojar *vt* [angustiar] angoisser. ◆ **acongojarse** *vpr* [angustiarse] s'affoler ; [atemorizarse] être terrorisé(e).

aconsejar *vt* conseiller ; **~ a alguien que haga algo** conseiller à qqn de faire qqch.

aconstitucional *adj* anticonstitutionnel(elle).

acontecer *v impers* arriver.

acontecimiento *m* événement *m* ; **adelantarse** o **anticiparse a los ~s** devancer les événements.

acopio *m* surabondance *f* ; **hacer ~ de** [comestibles] faire provision de ; [valor, paciencia] s'armer de.

acoplar *vt* - **1.** [encajar] ajuster, raccorder - **2.** *fig* [adaptar] adapter ; [horario] aménager. ◆ **acoplarse** *vpr* - **1.** [adaptarse] s'entendre - **2.** [encajar] s'ajuster.

acorazado, da *adj* blindé(e). ◆ **acorazado** *m* cuirassé *m*.

acordar *vt* : ~ **algo** décider qqch, convenir de qqch, se mettre d'accord sur qqch ; ~ **hacer algo** décider o convenir de faire qqch, se mettre d'accord pour faire qqch ; **según lo acordado** comme convenu. ◆ **acordarse** *vpr* : **~se de algo** se souvenir de qqch, se rappeler qqch ; **~se de hacer algo** penser à faire qqch.

acorde ◇ *adj* : ~ **(con)** en accord (avec). ◇ *m* MÚS accord *m*.

acordeón *m* accordéon *m*.

acordonar *vt* - **1.** [atar] lacer - **2.** [cercar] encercler.

acorralar *vt* [perseguir] traquer ; *fig* [en una discusión] acculer.

acortar *vt* - **1.** [longitud] raccourcir - **2.** [tiempo] écourter. ◆ **acortarse** *vpr* [días] raccourcir ; [reunión] être écourté(e).

acosar *vt* - **1.** [perseguir] traquer - **2.** [importunar] harceler.

acoso *m* - **1.** [persecución] poursuite *f* - **2.** [hostigamiento] harcèlement *m* ; ~ **sexual** harcèlement sexuel.

acostar *vt* [en la cama] coucher. ◆ **acostarse** *vpr* - **1.** [irse a la cama, tumbarse] se coucher - **2.** *fam* [copular] : **~se con alguien** coucher avec qqn.

acostumbrado, da *adj* - **1.** [habitual] habituel(elle) - **2.** [habituado] : **estar ~ (a)** être habitué (à).

acostumbrar ◇ *vt* [habituar] habituer ; ~ **a alguien a algo/a hacer algo** habituer qqn à qqch/à faire qqch. ◇ *vi* [soler] : ~ **a hacer algo** avoir l'habitude de faire qqch. ◆ **acostumbrarse** *vpr* - **1.** [habituarse] : **~se a algo/a hacer algo** s'habituer à qqch/à faire qqch - **2.** [adquirir hábito] : **~se a hacer algo** prendre l'habitude de faire qqch.

acotación *f* - **1.** [nota] annotation *f* - **2.** TEATR indication *f* scénique.

acotamiento *m Amer* bas-côté *m*.

acotar *vt* - **1.** [terreno, campo] délimiter - **2.** [texto] annoter.

acrecentar *vt* accroître.

acreditado, da *adj* - **1.** [médico, abogado etc] reconnu(e) ; [marca] réputé(e) - **2.** [embajador, enviado] accrédité(e).

acreditar *vt* - **1.** [certificar] certifier ; [autorizar] autoriser - **2.** [confirmar] attester - **3.** [embajador, enviado] accréditer.

acreedor, ra ◇ *adj* : **hacerse ~ de** se montrer digne de. ◇ *m, f* créancier *m*, -ère *f*.

acribillar *vt* - **1.** [agujerear, herir] cribler ; **me han acribillado los mosquitos** je me suis fait dévorer par les moustiques - **2.** *fam fig* [molestar] : ~ **a alguien a preguntas** bombarder qqn de questions.

acrílico, ca *adj* acrylique.

acristalar *vt* vitrer.

acrobacia *f* acrobatie *f*.

acróbata *mf* acrobate *mf*.

acromático, ca *adj* achromatique.

acrópolis *f inv* acropole *f*.

acta *f (el)* - **1.** [de junta, reunión] procès-verbal *m* ; **levantar ~** dresser un procès-verbal - **2.** [de defunción etc] acte *m* ◆ **actas** *fpl* actes *mpl*.

actitud *f* attitude *f*.

activar *vt* - **1.** [gen & QUÍM] activer - **2.** [explosivo, mecanismo] déclencher.

actividad *f* activité *f*.

activismo *m* POLÍT action *f* directe.

activo, va *adj* actif(ive) ; **volcán ~** volcan en activité ; **en ~** [en funciones] en activité. ◆ **activo** *m* ECON actif *m*.

acto *m* - **1.** [acción & TEATR] acte *m* ; **hacer ~ de presencia** faire acte de présence ; ~ **sexual** acte sexuel - **2.** [ceremonia] cérémonie *f*. ◆ **en el acto** *loc adv* sur-le-champ ; **fotos de carné en el ~** photos d'identité minute.

actor, triz *m, f* acteur *m*, -trice *f*.

actuación *f* - **1.** [proceder] conduite *f*, façon *f* d'agir - **2.** [papel] rôle *m* ; [de la policía etc] intervention *f* - **3.** [interpretación] jeu *m* - **4.** DER : **las actuaciones del juez** la procédure.

actual *adj* actuel(elle).

actualidad *f* actualité *f* ; **de ~** d'actualité ; **en la ~** actuellement, à l'heure actuelle ; **ser ~** faire la une de l'actualité.

actualizar *vt* actualiser ; [datos] mettre à jour ; [repertorio] renouveler.

actualmente *adv* actuellement.

actuar *vi* - **1.** [gen] agir ; ~ **de** [ejercer función] remplir la fonction de - **2.** [representar] jouer - **3.** DER instruire un procès.

acuarela *f* aquarelle *f*. ◆ **acuarelas** *fpl* aquarelles *fpl*.

acuario *m* aquarium *m*. ◆ **Acuario** ◇ *m inv* [zodiaco] Verseau *m inv*. ◇ *mf inv* [persona] verseau *m inv*.

acuartelar *vt* MIL [alojar] caserner ; [retener] consigner.
acuático, ca *adj* aquatique.
acuchillar *vt* - **1.** [apuñalar] poignarder - **2.** [mueble, parqué] poncer.
acuciar *vt culto* presser ; ~ **con preguntas** presser de questions.
acuclillarse *vpr* s'accroupir.
acudir *vi* - **1.** [ir] : ~ **a** [cita] se rendre à ; [escuela, iglesia] aller à - **2.** [venir] arriver ; ~ **en auxilio de** venir en aide à - **3.** [recurrir] : ~ **a** faire appel à.
acueducto *m* aqueduc *m*.
acuerdo *m* accord *m* ; **de** ~ d'accord ; **de** ~ **con** [conforme a] en accord avec ; **estar de** ~ être d'accord ; **llegar a un** ~ parvenir à un accord ; **ponerse de** ~ se mettre d'accord ; ~ **marco** accord-cadre *m*.
acumular *vt* accumuler. ◆ **acumularse** *vpr* s'accumuler.
acunar *vt* bercer.
acuñar *vt* [monedas, medallas] frapper ; ~ **moneda** battre monnaie.
acuoso, sa *adj* aqueux(euse) ; [jugoso] juteux(euse).
acupuntura *f* acupuncture *f*.
acurrucarse *vpr* se blottir.
acusación *f* [inculpación] accusation *f*.
acusado, da *adj* & *m, f* accusé(e).
acusar *vt* accuser ; ~ **(a alguien de algo)** accuser (qqn de qqch) ; **acuso recibo de su carta** j'ai bien reçu votre lettre.
acusativo *m* GRAM accusatif *m*.
acuse de recibo *m* accusé *m* de réception.
acusica *adj* & *mf fam* rapporteur(euse).
acústico, ca *adj* acoustique. ◆ **acústica** *f* acoustique *f*.
a.D. (*abrev de* **anno Domini**) A.D.
adagio *m* - **1.** [sentencia breve] adage *m* - **2.** MÚS adagio *m*.
adaptación *f* : ~ **(a)** adaptation (à).
adaptar *vt* adapter. ◆ **adaptarse** *vpr* : ~**se (a)** s'adapter (à).
adecuado, da *adj* adéquat(e) ; ~ **para niños** qui convient parfaitement aux enfants.
adecuar *vt* adapter. ◆ **adecuarse** *vpr* : ~**se a** s'adapter à.
adefesio *m fam* horreur *f* ; **estar** o **ir hecho un** ~ être fringué comme l'as de pique.
a. de JC., a. JC. (*abrev de* **antes de Jesucristo**) av. J.-C.
adelantado, da *adj* avancé(e), en avance ; **por** ~ d'avance.
adelantamiento *m* AUTOM dépassement *m*.
adelantar ◇ *vt* - **1.** [gen] avancer ; ~ **con** [conseguir] : **¿qué adelantas con eso?** à quoi ça t'avance? - **2.** [dejar atrás] dépasser ; [coche] doubler. ◇ *vi* - **1.** [progresar] faire des progrès - **2.** [reloj] avancer. ◆ **adelantarse** *vpr* - **1.** [en el tiempo] être en avance ; ~**se para hacer algo** s'y prendre à l'avance pour faire qqch ; **adelantársele a alguien** devancer qqn - **2.** [reloj] avancer - **3.** [en el espacio] s'avancer, avancer.
adelante ◇ *adv* en avant ; **de ahora en** ~ dorénavant, à l'avenir ; **más** ~ [en el tiempo] plus tard ; [en el espacio] plus loin ; [en un texto] plus bas ; **ir** ~ *fig* aller de l'avant ; **salir** ~ *fig* s'en sortir ; **seguir** ~ suivre son cours. ◇ *interj* : **¡~!** [¡siga!] en avant! ; [¡pase!] entrez!
adelanto *m* - **1.** [anticipo] avance *f* - **2.** [progreso] progrès *m*.
adelgazar ◇ *vi* maigrir. ◇ *vt* [kilos] perdre.
ademán *m* [gesto] geste *m* ; **hacer ~ de** faire mine de. ◆ **ademanes** *mpl* [modales] manières *fpl*.
además *adv* en plus, de plus, en outre ; ~ **de** non seulement, outre que ; ~ **de ser caro es malo** non seulement c'est cher, mais en plus c'est mauvais.
adentrarse *vpr* : ~ **en** [selva etc] s'enfoncer dans ; [tema etc] pénétrer plus avant dans.
adentro *adv* à l'intérieur, dedans ; **tierra** ~ à l'intérieur des terres ; **mar** ~ au large.
adentros *mpl* : **para mis/tus** *etc* ~ dans mon/ton *etc* for intérieur, en moi-même/toi-même etc.
adepto, ta ◇ *adj* [partidario] adepte ; **ser ~ a** [doctrina, religión] être un adepte de ; [partido, política] être partisan de. ◇ *m, f* : ~ **(a)** [doctrina, religión] adepte *mf* (de) ; [partido, política] partisan *m* (de).
aderezar *vt* - **1.** [sazonar] assaisonner - **2.** [adornar] parer.
aderezo *m* - **1.** [aliño] assaisonnement *m* - **2.** [adorno] parure *f*.
adeudar *vt* - **1.** [deber dinero] devoir - **2.** COM débiter.
adherir *vt* coller. ◆ **adherirse** *vpr* [pegarse] coller.
adhesión *f* adhésion *f*.
adhesivo, va *adj* adhésif(ive). ◆ **adhesivo** *m* - **1.** [pegatina] autocollant *m* - **2.** [sustancia] adhésif *m*.

adicción *f* : **~ (a)** dépendance *f* (par rapport à).

adición *f* **- 1.** [añadidura] ajout *m* **- 2.** [suma] addition *f*.

adicional *adj* supplémentaire ; [cláusula etc] additionnel(elle).

adicto, ta ◇ *adj* : **~ (a)** dépendant (de). ◇ *m, f* fidèle *mf* ; **un ~ al alcohol/al tabaco** un alcoolique/fumeur.

adiestrar *vt* [animal] dresser ; [persona] entraîner ; [soldado] exercer.

adinerado, da *adj* nanti(e).

adiós ◇ *m* adieu *m*. ◇ *interj* : **¡adiós!** au revoir!

adiposo, sa *adj* adipeux(euse).

aditivo *m* additif *m*.

adivinanza *f* devinette *f*.

adivinar *vt* deviner. ◆ **adivinarse** *vpr* se deviner.

adivino, na *m, f* devin *m*, devineresse *f*.

adjetivo, va *adj* adjectival(e). ◆ **adjetivo** *m* adjectif *m*.

adjudicación *f* **- 1.** [de premio etc] attribution *f* **- 2.** DER adjudication *f*.

adjudicar *vt* **- 1.** [gen] attribuer ; [premio] décerner ; [pensión] allouer **- 2.** DER adjuger. ◆ **adjudicarse** *vpr* [apropiarse] s'attribuer.

adjuntar *vt* joindre.

adjunto, ta ◇ *adj* **- 1.** [unido] ci-joint(e) ; **~ le remito ...** veuillez trouver ci-joint ... **- 2.** [auxiliar] adjoint(e). ◇ *m, f* [auxiliar] adjoint *m*, -e *f*.

administración *f* administration *f*. ◆ **Administración** *f* [gobierno] Administration *f* ; **Administración pública** service *m* public.

administrador, ra *adj* & *m, f* administrateur(trice), gestionnaire.

administrar *vt* **- 1.** [gen] administrer ; [empresa, paga etc] gérer **- 2.** [justicia] rendre **- 3.** [racionar - fuerzas] économiser ; [- alimentos] rationner. ◆ **administrarse** *vpr* [emplear dinero] gérer son budget.

administrativo, va ◇ *adj* administratif(ive). ◇ *m, f* employé *m*, -e *f* de bureau.

admirable *adj* admirable.

admiración *f* **- 1.** [valoración] admiration *f* **- 2.** [sorpresa] étonnement *m* **- 3.** [signo ortográfico] point *m* d'exclamation.

admirador, ra *m, f* admirateur *m*, -trice *f*.

admirar *vt* **- 1.** [gen] admirer **- 2.** [sorprender] étonner. ◆ **admirarse** *vpr* : **~se (de)** [sorprenderse] s'étonner (de) ; [maravillarse] être en admiration (devant).

admisible *adj* acceptable.

admisión *f* **- 1.** [de persona] admission *f* **- 2.** [de solicitudes etc] acceptation *f*.

admitir *vt* **- 1.** [gen] admettre ; **~ a alguien en** admettre qqn à *o* dans **- 2.** [aceptar] accepter.

admón. *abrev de* **administración.**

ADN (*abrev de* **ácido desoxirribonucleico**) *m* ADN *m*.

adobar *vt* faire mariner.

adobe *m* pisé *m (brique)*.

adobo *m* **- 1.** [acción] marinage *m* **- 2.** [salsa] marinade *f*.

adoctrinar *vt* endoctriner.

adolecer ◆ **adolecer** *vi* : **~ de** [enfermedad] souffrir de ; [defecto] pécher par.

adolescencia *f* adolescence *f*.

adolescente *adj* & *mf* adolescent(e).

adonde *adv* où ; **la ciudad ~ vamos** la ville où nous allons.

adónde *adv* où ; **¿~ vas?** où vas-tu?

adondequiera *adv* n'importe où ; **~ que vaya** où que j'aille.

adonis *m inv fig* adonis *m*.

adopción *f* adoption *f*.

adoptar *vt* adopter.

adoptivo, va *adj* adoptif(ive).

adoquín *m* **- 1.** [piedra] pavé *m* **- 2.** *fam* [zoquete] cruche *f*.

adorable *adj* [persona] adorable ; [ambiente etc] merveilleux(euse), délicieux(euse).

adoración *f* adoration *f*.

adorar *vt* adorer.

adormecer *vt* **- 1.** [producir sueño] endormir **- 2.** *fig* [aplacar] calmer **- 3.** [entumecer - miembros] engourdir ; [- encía] insensibiliser. ◆ **adormecerse** *vpr* s'endormir.

adormidera *f* pavot *m*.

adormilarse *vpr* s'assoupir.

adornar ◇ *vt* [habitación, tienda etc] décorer ; [vestido etc] orner. ◇ *vi* être décoratif(ive).

adorno *m* ornement *m*, décoration *f* ; **de ~** [árbol, figura] décoratif(ive), pour décorer ; [persona] inutile.

adosado, da *adj* [casa, chalet] jumeau(elle) ; [pared] mitoyen(enne) ; **un garage ~ a la casa** un garage attenant à la maison.

adquirir *vt* acquérir ; [éxito] remporter ; [enfermedad, vicio] contracter.
adquisición *f* acquisition *f*.
adquisitivo, va *adj* : **el poder ~** le pouvoir d'achat.
adrede *adv* exprès ; **lo hizo ~** il l'a fait exprès.
adrenalina *f* adrénaline *f*.
adscribir *vt* - **1.** [asignar] attribuer ; [horario] fixer - **2.** [destinar] rattacher. ◆ **adscribirse** *vpr* : **~se (a)** [grupo, partido] adhérer (à) ; [ideología] souscrire (à).
adscrito, ta ◇ *pp irreg* ▷ **adscribir**. ◇ *adj* rattaché(e).
aduana *f* douane *f*.
adueñarse *vpr* : **~ de algo** [apoderarse] s'approprier qqch ; *fig* [invadir] s'emparer de qqch.
adulación *f* flatterie *f*.
adulador, ra *adj* & *m, f* flatteur(euse).
adular *vt* flatter.
adulterar *vt* [alimento, hechos] dénaturer, falsifier ; [vino] frelater ; [verdad] déformer.
adulterio *m* adultère *m*.
adúltero, ra *adj* & *m, f* adultère.
adulto, ta *adj* & *m, f* adulte.
advenedizo, za *adj* & *m, f* [a un lugar] étranger(ère) ; [a una posición etc] parvenu(e).
advenimiento *m* avènement *m*.
adverbio *m* adverbe *m*.
adversario, ria *m, f* adversaire *mf*.
adversidad *f* adversité *f*.
adverso, sa *adj* adverse ; [circunstancias] défavorable ; [destino, viento] contraire.
advertencia *f* avertissement *m* ; **servir de ~** servir de leçon.
advertir *vt* - **1.** [notar] remarquer - **2.** [prevenir] signaler, faire remarquer - **3.** [avisar] avertir, prévenir.
adviento *m* Avent *m*.
adyacente *adj* adjacent(e).
aéreo, a *adj* aérien(enne).
aerobic [ae'roβik] *m* aérobic *m*.
aeroclub (*pl* **aeroclubs**) *m* aéro-club *m*.
aerodeslizador *m* aéroglisseur *m*.
aerodinámico, ca *adj* aérodynamique. ◆ **aerodinámica** *f* aérodynamique *f*.
aeródromo *m* aérodrome *m*.
aeroespacial, aerospacial *adj* aérospatial(e).
aerofagia *f* aérophagie *f*.
aerofaro *m* balise *f* lumineuse *(d'aéroport)*.
aerolínea *f* ligne *f* aérienne.
aerolito *m* aérolithe *m*.
aeromodelismo *m* aéromodélisme *m*.
aeromoza *f Amer* hôtesse *f* de l'air.
aeronauta *mf* aéronaute *mf*.
aeronáutico, ca *adj* aéronautique. ◆ **aeronáutica** *f* aéronautique *f*.
aeronaval *adj* aéronaval(e).
aeronave *f* aéronef *m*.
aeroplano *m* aéroplane *m*.
aeropuerto *m* aéroport *m*.
aerosol *m* aérosol *m*.
aerospacial = **aeroespacial**.
aerostático, ca *adj* aérostatique.
aeróstato *m* aérostat *m*.
aerotaxi *m* avion-taxi *m*.
aerotransportado, da *adj* aéroporté(e).
aerotrén *m* Aérotrain® *m*.
afabilidad *f* affabilité *f*.
afable *adj* affable, avenant(e).
afamado, da *adj* renommé(e).
afán *m* - **1.** [en el trabajo] ardeur *f* - **2.** [de aventuras] soif *f* ; [por aprender] désir *m*.
afanador, ra *m, f Amer agent de service dans un établissement public.*
afanar *vt fam* [robar] piquer. ◆ **afanarse** *vpr* [esforzarse] : **~se (por hacer algo)** s'efforcer (de faire qqch).
afanoso, sa *adj* - **1.** [penoso] laborieux(euse) - **2.** [deseoso] : **~ por** avide de.
afear *vt* enlaidir.
afección *f* affection *f*.
afectación *f* affectation *f*.
afectado, da ◇ *adj* - **1.** [gen] affecté(e) ; **~ por** affecté par - **2.** [por enfermedad] atteint(e) ; **~ de** atteint de. ◇ *m, f* [de accidente] victime *f* ; [de siniestro] sinistré *m*, -e *f* ; [de enfermedad] malade *mf*.
afectar *vt* - **1.** [afligir, fingir] affecter - **2.** [atañer, perjudicar] toucher ; [suj : enfermedad, desastre] frapper ; [suj : decisión, discusión] porter tort à.
afectísimo, ma *adj* [en cartas] : **suyo ~** bien à vous.
afectivo, va *adj* - **1.** [emocional] affectif(ive) - **2.** [sensible] sensible.
afecto *m* affection *f* ; **sentir ~ por alguien, tenerle ~ a alguien** avoir de l'affection pour qqn.
afectuoso, sa *adj* affectueux(euse).
afeitar *vt* [pelo] raser. ◆ **afeitarse** *vpr* se raser.
afelpado, da *adj* : **un tejido ~** un tissu peluché.

afeminado, da *adj* efféminé(e). ◆ **afeminado** *m* efféminé *m.*

afeminarse *vpr* être efféminé.

aferrarse *vpr* : **~ (a)** *lit* & *fig* s'accrocher (à).

affaire [a'fer] *m* [negocio] affaire *f.*

afianzar *vt* **- 1.** [idea] cautionner ; [teoría] étayer ; [pedido] appuyer ; [sospechas] renforcer **- 2.** [pared etc] consolider, renforcer. ◆ **afianzarse** *vpr* se cramponner ; **~se con** se raccrocher à ; **~se en** [una opinión] être conforté(e) dans.

afiche *m Amer* affiche *f.*

afición *f* **- 1.** [inclinación] penchant *m* ; **por ~** par goût, pour le plaisir ; **tener ~ a algo** aimer bien qqch **- 2.** [conjunto de aficionados] fans *mpl* ; [al fútbol] supporters *mpl* ; [al arte] amateurs *mpl.*

aficionado, da ◇ *adj* : **ser ~ a algo** être un grand amateur de qqch. ◇ *m, f* amateur *mf* ; **para ser un ~ pinta bien** pour un amateur, il ne peint pas mal.

aficionar *vt* : **~ a alguien a algo** faire aimer qqch à qqn. ◆ **aficionarse** *vpr* : **~se a algo** prendre goût à qqch, se passionner pour qqch.

afilado, da *adj* **- 1.** [fino] effilé(e) ; [cuchillo] aiguisé(e) ; [lápiz] taillé(e) **- 2.** *fig* [mordaz] incisif(ive).

afilador, ra ◇ *adj* à aiguiser. ◇ *m, f* rémouleur *m.* ◆ **afiladora** *f* affûteuse *f.*

afilalápices *m inv* taille-crayon *m.*

afilar *vt* [cuchillo, tijeras] aiguiser ; [lápiz] tailler.

afiliado, da *m, f* affilié *m*, -e *f* ; [a un partido etc] adhérent *m*, -e *f.*

afiliarse *vpr* : **~ a** [asociación] s'affilier à ; [partido] adhérer à.

afín *adj* voisin(e) ; [gustos] commun(e) ; [materias] similaire.

afinar *vt* **- 1.** MÚS [instrumento] accorder ; [voz] poser **- 2.** [trabajo] peaufiner ; [tiro] ajuster **- 3.** [metal] affiner.

afinidad *f* affinité *f* ; **por ~** [parentesco] par alliance.

afirmación *f* affirmation *f.*

afirmar *vt* **- 1.** [decir] affirmer **- 2.** [afianzar] conforter **- 3.** CONSTR renforcer. ◆ **afirmarse** *vpr* **- 1.** [asegurarse] se confirmer **- 2.** [ratificarse] : **~se en lo dicho** maintenir ce que l'on a dit.

afirmativo, va *adj* affirmatif(ive) ; **en caso ~** dans l'affirmative.

aflicción *f* peine *f* profonde.

afligir *vt* affliger. ◆ **afligirse** *vpr* être affligé(e).

aflojar ◇ *vt* **- 1.** [cinturón, nudo] desserrer ; [cuerda] donner du mou **- 2.** *fam* [dinero] filer. ◇ *vi* **- 1.** [fiebre] baisser ; [viento] tomber ; [tormenta] se calmer **- 2.** *fig* [ceder] lâcher du lest.

aflorar *vi lit* & *fig* affleurer.

afluencia *f* affluence *f*, flot *m.*

afluente *m* affluent *m.*

afluir *vi* **- 1.** [gente, fluido] : **~ a** affluer à **- 2.** [río] : **~ a** se jeter dans.

afonía *f* extinction *f* de voix.

afónico, ca *adj* aphone.

aforo *m* capacité *f (d'accueil)* ; **el teatro tiene un ~ de 1.000 plazas** le théâtre a 1 000 places ; **'~ completo'** TEATR 'complet'.

afortunado, da ◇ *adj* **- 1.** [agraciado] chanceux(euse) ; **es muy ~** il a beaucoup de chance **- 2.** [feliz] heureux(euse). ◇ *m, f* [en lotería] gagnant *m*, -e *f.*

afrancesado, da ◇ *adj* très français(e) ; **tiene un estilo ~** il a un style très français. ◇ *m, f* HIST *partisan de Napoléon pendant la guerre d'Espagne.*

afrenta *f* **- 1.** [vergüenza] déshonneur *m* **- 2.** [agravio] affront *m.*

África Afrique *f.*

africano, na ◇ *adj* africain(e). ◇ *m, f* Africain *m*, -e *f.*

afro *adj inv* [peinado] afro *inv* ; [música] africain(e).

afroamericano, na *adj* afro-américain(e).

afrodisíaco, ca, afrodisiaco, ca *adj* aphrodisiaque. ◆ **afrodisíaco, afrodisiaco** *m* aphrodisiaque *m.*

afrontar *vt* **- 1.** [hacer frente] affronter **- 2.** [carear] confronter.

afuera *adv* dehors, à l'extérieur. ◆ **afueras** *fpl* : **las ~s** la banlieue, les environs *mpl.*

afuerita *adv Amer fam* dehors.

afusilar *vt Amer fam* fusiller.

agachar *vt* baisser *(la tête etc).* ◆ **agacharse** *vpr* se baisser.

agalla *f (gen pl)* ZOOL ouïe *f.* ◆ **agallas** *fpl fig* cran *m* ; **tener ~s** avoir du cran.

agarrada *f* ▻ **agarrado.**

agarrado, da *adj* **- 1.** [asido] accroché(e) ; **~ de** accroché à ; **~s del brazo** bras dessus bras dessous ; **~s de la mano** main dans la main **- 2.** *fam* [tacaño] radin(e). ◆ **agarrado** *m* slow *m.* ◆ **agarrada** *f fam* prise *f* de bec.

agarrar ◇ *vt* **- 1.** [asir] saisir **- 2.** [ladrón, enfermedad] attraper ; **~la** *fam* prendre une cuite - **3.** *Amer* [coger] prendre ; ~ **a alguien por el brazo** prendre quelqu'un par le bras ; ~ **un taxi** prendre un taxi. ◇ *vi* [planta] prendre. ◆ **agarrarse** *vpr* - **1.** [sujetarse] s'accrocher ; **~se de** o **a algo** se raccrocher à qqch ; **~se fuerte** se cramponner - **2.** CULIN [pegarse] attacher - **3.** *fam fig* [pelearse] s'accrocher - **4.** [poner pretexto] : **~se a algo** prendre qqch pour excuse.

agarrón *m* - **1.** [tirón] : **dar un ~ a alguien** empoigner qqn - **2.** [altercado] empoignade *f*.

agarrotar *vt* [apretar - cuello] serrer ; [- garganta] comprimer. ◆ **agarrotarse** *vpr* - **1.** [entumecerse] s'engourdir - **2.** [atascarse] s'enrayer.

agasajar *vt* traiter comme un roi (une reine) ; ~ **a alguien con algo** offrir qqch à qqn.

ágata *f (el)* agate *f*.

agazaparse *vpr* - **1.** [esconderse] se tapir - **2.** [agacharse] se pelotonner.

agencia *f* - **1.** [empresa, organismo administrativo] agence *f* ; ~ **de aduanas** bureau *m* de douane ; ~ **de viajes/de publicidad** agence de voyages/de publicité ; ~ **inmobiliaria/matrimonial** agence immobilière/matrimoniale - **2.** ECON succursale *f*.

agenda *f* - **1.** [gen] agenda *m* ; ~ **de direcciones** carnet *m* d'adresses ; ~ **de teléfonos** répertoire *m* téléphonique - **2.** [de trabajo] programme *m*.

agente ◇ *mf* agent *m* ; ~ **comercial** commercial *m*, -e *f* ; ~ **de aduanas** douanier *m* ; ~ **de cambio (y bolsa)** agent de change ; ~ **secreto** agent secret. ◇ *m* [causa activa] agent *m*.

ágil *adj* - **1.** [movimiento, persona] agile - **2.** [estilo] enlevé(e) ; [mente] alerte.

agilidad *f* agilité *f*.

agilizar *vt* faciliter.

agitación *f* agitation *f*.

agitador, ra ◇ *adj* violent(e). ◇ *m, f* agitateur *m*, -trice *f*.

agitar *vt* - **1.** [mover - botella etc] secouer ; [- líquido] remuer ; [- brazos] agiter - **2.** [inquietar] agiter - **3.** [alterar, perturbar] semer le trouble.

aglomeración *f* agglomération *f* ; [de gente] attroupement *m*.

aglomerar *vt* agglomérer ; [datos, pruebas] accumuler. ◆ **aglomerarse** *vpr* s'amasser.

aglutinar *vt* - **1.** [pegar] agglutiner - **2.** *fig* [reunir] regrouper ; [esfuerzos] conjuguer ; [ideas] rassembler.

agnóstico, ca *adj* & *m, f* agnostique.

ago. *abrev de* **agosto**.

agobiar *vt* accabler, submerger ; **estoy agobiado** [por el trabajo etc] je suis débordé ; [deprimido] je n'en peux plus. ◆ **agobiarse** *vpr* : **no te agobies** ne t'en fais pas.

agobio *m* [físico] étouffement *m* ; [psíquico] accablement *m* ; **¡qué ~!** quel cauchemar!

agolparse *vpr* - **1.** [gente] s'attrouper ; [sangre] affluer - **2.** *fig* [problemas] s'accumuler.

agonía *f* - **1.** [gen] agonie *f* - **2.** *fig* [angustia] angoisse *f*.

agonizante *adj* agonisant(e).

agonizar *vi* - **1.** [expirar, extinguirse] agoniser, être à l'agonie - **2.** *fig* [sufrir] souffrir le martyre.

agorafobia *f* agoraphobie *f*.

agosto *m* - **1.** [mes] août *m* ; *ver también* **septiembre** - **2.** *fig* [cosecha] temps *m* des moissons - **3.** *loc* : **hacer su ~** faire son beurre.

agotado, da *adj* épuisé(e) ; ~ **de trabajar** épuisé par le travail.

agotador, ra *adj* épuisant(e).

agotamiento *m* épuisement *m*.

agotar *vt* épuiser.

agraciado, da ◇ *adj* - **1.** [atractivo] ravissant(e) - **2.** [afortunado] : **~ con algo** qui a la chance de gagner qqch. ◇ *m, f* [afortunado] heureux gagnant *m*, heureuse gagnante *f*.

agraciar *vt* - **1.** [embellecer] embellir - **2.** [conceder] accorder - **3.** *culto* [premiar] : **~ con** gratifier de.

agradable *adj* agréable.

agradar *vi* être agréable.

agradecer *vt* - **1.** [suj : persona] : **~ algo a alguien** [dar las gracias] remercier qqn de qqch ; [estar agradecido] être reconnaissant(e) à qqn de qqch - **2.** [suj : cosas] apprécier.

agradecido, da *adj* reconnaissant(e).

agradecimiento *m* reconnaissance *f*.

agrado *m* - **1.** [gusto] plaisir *m* - **2.** [afabilidad] complaisance *f*.

agrandar *vt* agrandir.

agrario, ria *adj* [reforma] agraire ; [explotación, política] agricole.

agravante ◇ *adj* aggravant(e). ◇ *m* circonstance *f* aggravante.

agravar *vt* - **1.** [empeorar] aggraver

- 2. [aumentar] augmenter (le poids de). ◆ **agravarse** *vpr* s'aggraver.
agraviar *vt* offenser.
agravio *m* - 1. [ofensa] offense *f* - 2. [perjuicio] injustice *f* ; **no puedo pagarte más a ti que a los demás porque sería un agravio comparativo** je ne peux pas te payer plus que les autres, ce serait avoir deux poids, deux mesures.
agredir *vt* agresser.
agregado, da ◇ *adj* [añadido] ajouté(e). ◇ *m, f* - 1. EDUC maître *m* auxiliaire - 2. [de embajada] attaché *m*, -e *f* ; ~ **cultural** attaché culturel. ◆ **agregado** *m* - 1. [añadido] ajout *m* - 2. ECON agrégat *m*.
agregar *vt* : ~ **(algo a algo)** ajouter (qqch à qqch). ◆ **agregarse** *vpr* : **~se (a algo)** rejoindre (qqch).
agresión *f* [ataque] agression *f*.
agresividad *f* agressivité *f*.
agresivo, va *adj* - 1. [ofensivo, provocativo] agressif(ive) - 2. *fig* [emprendedor] dynamique.
agresor, ra *m, f* agresseur *m*.
agreste *adj* - 1. [rural] agreste ; [paisaje] champêtre - 2. [animal, vegetación] sauvage - 3. *fig* [basto, rudo] fruste.
agriar *vt* - 1. [alimento] rendre aigre - 2. *fig* [carácter] aigrir. ◆ **agriarse** *vpr* - 1. [leche] tourner ; [vino] devenir aigre - 2. *fig* [carácter] s'aigrir.
agrícola *adj* agricole.
agricultor, ra *m, f* agriculteur *m*, -trice *f*.
agricultura *f* agriculture *f*.
agridulce *adj* aigre-doux (aigre-douce).
agrietar *vt* [muro] lézarder ; [tierra] crevasser ; [labios, manos] gercer. ◆ **agrietarse** *vpr* [labios, manos] se gercer.
agrio, gria *adj* - 1. [ácido] aigre - 2. *fig* [desagradable] âpre. ◆ **agrios** *mpl* agrumes *mpl*.
agronomía *f* agronomie *f*.
agropecuario, ria *adj* agricole.
agroturismo *m* tourisme *m* vert.
agrupación *f* - 1. [asociación] groupe *m* - 2. [agrupamiento] regroupement *m*.
agrupamiento *m* [concentración] regroupement *m*.
agrupar *vt* grouper, regrouper.
agua *f (el)* eau *f* ; ~ **bendita/destilada/dulce/potable** eau bénite/distillée/douce/potable ; ~ **mineral** eau minérale ; ~ **(mineral) con gas/sin gas** eau gazeuse/plate ; **hacer** ~ NÁUT faire eau ; *fig* couler. ◆ **aguas** *fpl* - 1. [manantial, de río, mar] eaux *fpl* ; **~s territoriales** o **jurisdiccionales** eaux territoriales - 2. [de tejado] pente *f* - 3. [de diamante] eau *f*. ◆ **agua de Colonia** *f* eau *f* de Cologne. ◆ **agua oxigenada** *f* eau *f* oxygénée.
aguacate *m* - 1. [fruto] avocat *m* - 2. [árbol] avocatier *m*.
aguacero *m* averse *f*.
aguachirle *m* [café] lavasse *f*.
aguado, da *adj* - 1. [vino etc] coupé(e) ; [sopa] trop liquide - 2. *fig* [estropeado] gâché(e). ◆ **aguada** *f* ARTE gouache *f*.
aguafiestas *mf inv* rabat-joie *mf inv*.
aguafuerte *m* o *f* eau-forte *f*.
aguamarina *f* aigue-marine *f*.
aguamiel *f Amer* CULIN *eau mélangée avec du sucre de canne.*
aguanieve *f* neige *f* fondue.
aguantar ◇ *vt* - 1. [gen] tenir - 2. [resistir, tolerar] supporter - 3. [contener] retenir. ◇ *vi* résister. ◆ **aguantarse** *vpr* - 1. [contenerse] se retenir - 2. [resignarse] faire avec.
aguante *m* - 1. [paciencia] patience *f* - 2. [resistencia] résistance *f* ; **tener** ~ être résistant(e).
aguar *vt* - 1. [mezclar con agua] couper *(avec de l'eau)* - 2. *fig* [estropear] gâcher. ◆ **aguarse** *vpr* être gâché(e).
aguardar *vt* être dans l'attente de.
aguardiente *m* eau-de-vie *f*.
aguarrás *m* white-spirit *m*.
agudeza *f* - 1. [delgadez] finesse *f* - 2. *fig* [de los sentidos, del ingenio] acuité *f* - 3. [dicho ingenioso] mot *m* d'esprit.
agudizar *vt* - 1. [afilar] aiguiser - 2. *fig* [acentuar] accentuer. ◆ **agudizarse** *vpr* - 1. [crisis] devenir plus aigu(uë) - 2. [ingenio] devenir plus subtil(e).
agudo, da *adj* - 1. [gen] pointu(e) ; [crisis, voz, nota] aigu(uë) ; [problema, enfermedad] grave ; [olor, sabor] fort(e) - 2. *fig* [perspicaz - mente] vif (vive) ; [- oído] fin(e) ; [- vista] perçant(e) - 3. *fig* [ingenioso] spirituel(elle) - 4. GRAM : **palabra aguda** mot accentué sur la dernière syllabe.
agüero *m* : **de buen/mal** ~ de bon/mauvais augure.
aguijón *m* - 1. [de insecto] dard *m* - 2. [de planta] épine *f* - 3. *fig* [estímulo] motivation *f*.
aguijonear *vt* - 1. [espolear - buey] aiguillonner ; [- caballo] éperonner - 2. *fig* [estimular] titiller.
águila *f (el)* - 1. [ave] aigle *m* - 2. *fig* [persona] lumière *f*.

aguileño, ña *adj* aquilin ; **una nariz aguileña** un nez aquilin.

aguilucho *m* aiglon *m*.

aguinaldo *m* étrennes *fpl*.

aguja *f* aiguille *f* ; **~ hipodérmica** seringue *f* hypodermique. ◆ **agujas** *fpl* **- 1.** [de res] aiguillettes *fpl* **- 2.** [de ferrocarril] aiguillage *m*.

agujerear *vt* percer un trou dans. ◆ **agujerearse** *vpr* trouer ; **~se los calcetines** trouer ses chaussettes.

agujero *m* trou *m* ; **~ negro** ASTRON trou noir ; **~ de ozono** trou d'ozone.

agujetas *fpl* courbatures *fpl*.

aguzar *vt* **- 1.** [cuchillo, apetito] aiguiser **- 2.** *fig* [sentido] stimuler ▷ **ingenio, oído**.

ah *interj* : **¡ah!** ah!

ahí *adv* là ; **la solución está ~** c'est là qu'est la solution ; **¡~ tienes!** voilà! ; **está por ~** [en un lugar indefinido] il est quelque part par là ; [fuera] il est sorti ; **de ~ que** [por eso] d'où le fait que ; **por ~, por ~** à peu près ; **por ~ va la cosa** c'est à peu près ça.

ahijado, da *m, f* **- 1.** [de padrinos] filleul *m*, -e *f* **- 2.** *fig* [protegido] protégé *m*, -e *f*.

ahínco *m* acharnement *m*.

ahogar *vt* **- 1.** [asfixiar - en el agua] noyer ; [- cubriendo boca y nariz] étouffer **- 2.** [estrangular] étrangler **- 3.** [extinguir, dominar] étouffer. ◆ **ahogarse** *vpr* **- 1.** [en el agua] se noyer **- 2.** [asfixiarse] s'étouffer **- 3.** *fig* [sofocarse] étouffer.

ahogo *m* **- 1.** [asfixia] étouffement *m* **- 2.** *fig* [angustia] oppression *f*.

ahondar *vi* : **~ (en algo)** [penetrar] s'enfoncer (dans qqch) ; *fig* [profundizar] approfondir (qqch).

ahora ◇ *adv* maintenant ; **~ vive en México** maintenant il vit au Mexique ; **~ nos vemos** on se voit tout à l'heure ; **~ mismo** [enseguida] tout de suite ; [hace poco] à l'instant ; **ha salido ~ mismo** il vient juste de sortir, il est sorti à l'instant ; **ven ~ mismo** viens tout de suite ; **por ~** pour le moment. ◇ *conj* **- 1.** [ya ... ya] : **~ haga frío, ~ calor siempre viste igual** qu'il fasse froid ou qu'il fasse chaud, il s'habille toujours de la même façon **- 2.** [pero] mais ; **dámelo, ~ no me hago responsable** donne-le-moi, mais je n'en prends pas la responsabilité ; **~ bien** cela dit.

ahorcado, da *m, f* pendu *m*, -e *f*.

ahorcar *vt* pendre. ◆ **ahorcarse** *vpr* se pendre.

ahorita, ahoritita *adv Amer fam* tout de suite.

ahorrar *vt* économiser ; [en el banco] épargner. ◆ **ahorrarse** *vpr* [esfuerzos] s'épargner ; [problemas] s'éviter.

ahorro *m* **- 1.** [gen] épargne *f* **- 2.** *(gen pl)* [cantidad ahorrada] économies *fpl* **- 3.** *fig* [de tiempo] gain *m*.

ahuecar ◇ *vt* **- 1.** [poner hueco] creuser ; [tronco] évider ; **~ las manos** tendre le creux de la main **- 2.** [mullir - almohada] retaper ; [- vestido] faire bouffer ; [- tierra] ameublir. ◇ *vi fam* [irse] mettre les voiles. ◆ **ahuecarse** *vpr fam fig* boire du petit-lait.

ahuevado, da *adj Amer fam* abruti(e).

ahumado, da *adj* fumé(e). ◆ **ahumado** *m* fumage *m*.

ahumar *vt* **- 1.** [secar al humo] fumer **- 2.** [llenar de humo] enfumer. ◆ **ahumarse** *vpr* **- 1.** [saber a humo] prendre un goût de fumée **- 2.** [ennegrecerse de humo] noircir.

ahuyentar *vt* **- 1.** [espantar, asustar] faire fuir **- 2.** *fig* [apartar] chasser.

airado, da *adj* irrité(e).

airar *vt* exaspérer.

aire *m* **- 1.** [gen] air *m* ; **al ~** [al descubierto] à l'air ; **al ~ libre** [en el exterior] en plein air ; **estar algo en el ~** [idea] être dans l'air ; [proyecto] être encore vague ; [rumor] circuler ; **tomar el ~** prendre l'air **- 2.** [garbo] allure *f* ; [bailarina] grâce *f* **- 3.** *loc* : **a mi/tu etc ~** à ma/ta etc guise. ◆ **aires** *mpl* [vanidad] airs *mpl* ; **darse ~s** *fig* se donner de grands airs. ◆ **aire acondicionado** *m* air *m* conditionné.

airear *vt* **- 1.** [ventilar] aérer **- 2.** *fig* [contar] ébruiter. ◆ **airearse** *vpr* s'aérer.

airoso, sa *adj* **- 1.** [garboso] gracieux(euse) **- 2.** [triunfante] : **salir ~ de algo** s'en tirer brillamment.

aislado, da *adj* isolé(e).

aislar *vt* isoler.

aizkolari *m* DEP *bûcheron participant à des compétitions sportives au Pays basque*.

ajá *interj* : **¡ajá!** [sorpresa] ha! ; [aprobación] *fam* voilà!

ajardinado, da *adj* aménagé(e) en espaces verts.

ajedrez *m* échecs *mpl*.

ajeno, na *adj* **- 1.** [de otro] d'autrui **- 2.** [extraño] : **~ a** [negocio] étranger(ère) à ; [carácter] contraire à ; [voluntad] indépendant(e) de **- 3.** *fig* [libre] : **~ de** libre de.

ajetreo *m* - **1.** [tarea] agitation *f* - **2.** [animación] effervescence *f*.

ají *m Amer* piment *m* rouge, chili *m*.

ajiaco *m Amer* CULIN *ragoût aux piments*.

ajillo ◆ **al ajillo** *loc adj* CULIN *avec une sauce à base d'huile, d'ail et de piment*.

ajo *m* ail *m* ; **andar** o **estar en el ~** *fig* être dans le coup.

ajuar *m* trousseau *m (de mariée)*.

ajuntarse *vpr fam* se mettre ensemble.

ajustado, da *adj* - **1.** [ceñido - ropa] moulant(e) ; [- tuerca, resultado] serré(e) - **2.** [justo] correct(e) ; [precio] raisonnable. ◆ **ajustado** *m* ajustage *m*.

ajustar *vt* - **1.** [arreglar, encajar] ajuster ; [conducta] adapter ; [horario] aménager - **2.** [apretar] serrer - **3.** [piezas] façonner ; [ventana] calfeutrer - **4.** [pactar - matrimonio] arranger ; [- precio, paz] négocier ; [- pleito] conclure. ◆ **ajustarse** *vpr* : **~se a** [adaptarse a] s'adapter à ; [conformarse con] cadrer avec.

ajuste *m* ajustage *m* ; [de piezas] façonnage *m* ; [de mecanismo] réglage *m* ; [de salario] ajustement *m* ; **~ de cuentas** *fig* règlement *m* de comptes.

al ▷ **a, el.**

ala *f (el)* - **1.** [gen] aile *f* ; [de tejado] pente *f* ; [de sombrero] bord *m* ; [de mesa] abattant *m* - **2.** DEP ailier *m* - **3.** *loc* : **dar ~s a alguien** donner des ailes à qqn. ◆ **ala delta** *f* DEP deltaplane *m*.

alabanza *f* louange *f*.

alabar *vt* vanter ; **~ algo** faire les louanges de qqch.

alabastro *m* albâtre *m*.

alacena *f* placard *m* à provisions.

alacrán *m* ZOOL scorpion *m*.

alado, da *adj* [con alas] ailé(e).

alambique *m* alambic *m*.

alambrada *f* grillage *m*.

alambre *m* - **1.** [hilo] fil *m* de fer - **2.** *Amer* CULIN brochette *f*.

alameda *f* - **1.** [sitio con álamos] peupleraie *f* - **2.** [paseo] promenade *f (bordée d'arbres)*.

álamo *m* peuplier *m*.

alarde *m* : **~ (de)** déploiement *m* (de) ; **hacer ~ de** faire étalage de.

alardear *vi* : **~ de** se targuer de.

alargador, ra *adj* : **un cable ~** un prolongateur. ◆ **alargador** *m* ELECTR rallonge *f*.

alargar *vt* - **1.** [mangas, falda etc] rallonger - **2.** [viaje, plazo, conversación] prolonger - **3.** [pasar] : **~ algo a alguien** passer qqch à qqn - **4.** *fig* [ampliar - ración] augmenter ; [- territorio] étendre. ◆ **alargarse** *vpr* - **1.** [hacerse más largo - días] rallonger ; [- reunión] se prolonger - **2.** *fig* [en comentarios] se répandre.

alarido *m* hurlement *m*.

alarma *f* - **1.** [aviso] alarme *f* ; **señal de ~** signal *m* d'alarme ; **dar la ~** sonner l'alarme - **2.** *fig* [inquietud] inquiétude *f* ; **~ social** climat *m* d'inquiétude - **3.** MIL alerte *f*.

alarmante *adj* alarmant(e).

alarmar *vt* - **1.** [dar la alarma] alerter - **2.** *fig* [asustar] alarmer. ◆ **alarmarse** *vpr* [asustarse] s'alarmer.

alazán, ana *adj* alezan(e).

alba *f (el)* aube *f*.

albacea *mf* exécuteur *m*, -trice *f* testamentaire.

albahaca *f* basilic *m*.

albaicín *m quartier d'une ville construit à flanc de colline, en particulier à Grenade (el Albaicín)*.

Albania Albanie *f*.

albañil *m* maçon *m*.

albañilería *f* maçonnerie *f*.

albarán *m* bon *m* de livraison.

albaricoque *m* - **1.** [fruto] abricot *m* - **2.** [árbol] abricotier *m*.

albatros *m inv* albatros *m*.

albedrío *m* [antojo, elección] guise *f* ; **libre ~** libre arbitre *m*.

alberca *f* - **1.** [gen] bassin *m* ; [artificial] réservoir *m* d'eau - **2.** *Amer* [piscina] piscine *f*.

albergar *vt* - **1.** [personas] héberger - **2.** [sentimientos] nourrir ; [esperanzas] caresser. ◆ **albergarse** *vpr* loger.

albergue *m* hébergement *m* ; [de montaña] refuge *m* ; **~ de juventud** o **juvenil** auberge *f* de jeunesse.

albino, na *adj* & *m, f* albinos.

albis ◆ **in albis** *loc adv* : **estar/quedarse in ~** [ignorancia] ne rien entendre ; [distracción] avoir la tête ailleurs.

albóndiga *f* boulette *f* (de viande).

albor *m* - **1.** [blancura] blancheur *f* - **2.** [luz del alba] lueur *f* du jour - **3.** *(gen pl) fig* [principio] aube *f*.

alborada *f* - **1.** [amanecer] petit matin *m* - **2.** LITER & MÚS aubade *f*.

alborear *v impers* poindre *(le jour)*.

albornoz *m* peignoir *m* (de bain).

alborotar ◇ *vi* chahuter. ◇ *vt* - **1.** [perturbar] mettre en émoi - **2.** [amotinar] ameuter - **3.** [desordenar] mettre sens

dessus dessous. ◆ **alborotarse** *vpr* [perturbarse] s'affoler.
alboroto *m* - **1.** [ruido] tapage *m*, vacarme *m* - **2.** [jaleo] agitation *f* - **3.** [desorden] bazar *m*.
alborozar *vt* transporter de joie.
alborozo *m* débordement *m* de joie.
albufera *f* marécage *m (du Levant espagnol)*.
álbum *m* album *m*.
albúmina *f* albumine *f*.
alcachofa *f* - **1.** BOT artichaut *m* - **2.** [de ducha, regadera] pomme *f* ; [de tubo] crépine *f*.
alcahuete, ta *m*, *f* - **1.** [mediador] entremetteur *m*, -euse *f* - **2.** [chismoso] commère *f*.
alcalde, desa *m*, *f* maire *m* ; **la alcaldesa** [mujer alcalde] Madame le maire ; [mujer del alcalde] la femme du maire.
alcaldía *f* - **1.** [cargo, lugar] mairie *f* - **2.** [jurisdicción] commune *f*.
alcance *m* portée *f* ; **al ~ de** à portée de ; **al ~ de la mano** à la portée de la main ; **a mi/a tu etc ~** à ma/à ta etc portée ; **dar ~ a alguien** rattraper qqn ; **de corto/largo ~** [arma] à faible/longue portée ; **de gran ~** [discurso, reforma etc] d'une grande portée ; **de pocos ~s** [persona] limité(e) intellectuellement ; **fuera de ~** hors d'atteinte, hors de portée.
alcanfor *m* camphre *m*.
alcantarilla *f* égout *m*.
alcantarillado *m* : **el ~** les égouts *mpl*.
alcanzar ◇ *vt* - **1.** [llegar a, dar en] atteindre - **2.** [igualarse con] rattraper - **3.** [coger, agarrar] attraper - **4.** [entregar] passer - **5.** [lograr] obtenir - **6.** [afectar] toucher, frapper. ◇ *vi* - **1.** [ser suficiente] : **~ para algo/hacer algo** suffire pour qqch/faire qqch - **2.** [poder] : **~ a hacer algo** arriver à faire qqch.
alcaparra *f* câpre *f*.
alcayata *f* [clavo] piton *m*.
alcázar *m* alcazar *m*.
alce *m* ZOOL élan *m*.
alcoba *f* chambre *f* à coucher.
alcohol *m* alcool *m*.
alcoholemia *f* taux *m* d'alcool dans le sang, alcoolémie *f*.
alcohólico, ca ◇ *adj* - **1.** [bebida] alcoolisé(e) - **2.** [persona] alcoolique. ◇ *m*, *f* alcoolique *mf*.
alcoholímetro *m* - **1.** [para bebida] alcoomètre *m* - **2.** [para la sangre] Alcootest® *m*.
alcoholismo *m* alcoolisme *m*.
alcohotest *m* Alcootest® *m*.
alcornoque *m* - **1.** [árbol, madera] chêne-liège *m* - **2.** *fig* [persona] empoté(e).
aldaba *f* - **1.** [llamador] marteau *m* - **2.** [pestillo] loquet *m*.
aldea *f* petit village *m*, hameau *m*.
aldeano, na *m*, *f* villageois *m*, -e *f*.
ale *interj* : **¡ale!** allez!
aleación *f* alliage *m*.
aleatorio, ria *adj* aléatoire.
alebrestarse *vpr Amer* - **1.** [ponerse nervioso] s'énerver - **2.** [enojarse] se mettre en colère.
aleccionar *vt* - **1.** [enseñar] : **~ algo a alguien** apprendre qqch à qqn - **2.** [corregir] : **~ a alguien** faire la leçon à qqn.
alegación *f* argument *m*.
alegar *vt* [motivos] alléguer, prétexter ; [pruebas, argumentos] avancer.
alegato *m* plaidoyer *m*.
alegoría *f* allégorie *f*.
alegórico, ca *adj* allégorique.
alegrar *vt* - **1.** [persona] : **~ a alguien** faire plaisir à qqn - **2.** *fig* [habitación etc] égayer - **3.** *fig* [achispar] griser. ◆ **alegrarse** *vpr* - **1.** [sentir alegría] se réjouir, être content(e) - **2.** *fig* [achisparse] être un peu gai(e).
alegre *adj* - **1.** [gen] gai(e), joyeux(euse) ; [cara] réjoui(e) ; [noticia] heureux(euse) - **2.** [que da alegría] réjouissant(e) - **3.** *fig* [irreflexivo] insouciant(e) - **4.** *fam* [achispado] éméché(e) - **5.** *fig* [deshonesto - vida] dissolu(e) ; [- moral] léger(ère) ; [- mujer] facile.
alegría *f* - **1.** [sentimiento] joie *f* ; **me da mucha ~ verte** ça me fait très plaisir de te voir - **2.** [calidad] gaieté *f* - **3.** *fig* [irresponsabilidad] légèreté *f*, insouciance *f*.
alejamiento *m* éloignement *m*.
alejar *vt* - **1.** [poner más lejos] éloigner, écarter - **2.** *fig* [ahuyentar] chasser. ◆ **alejarse** *vpr* s'éloigner, s'écarter.
aleluya ◇ *m* o *f* alléluia *m*. ◇ *interj* : **¡aleluya!** alléluia!
alemán, ana ◇ *adj* allemand(e). ◇ *m*, *f* [persona] Allemand *m*, -e *f*. ◆ **alemán** *m* [lengua] allemand *m*.
Alemania Allemagne *f*.
alentador, ra *adj* encourageant(e).
alentar *vt* encourager.
alergia *f lit* & *fig* allergie *f* ; **tener ~ a algo** être allergique à qqch ; **él me da ~** *fam* il me donne des boutons.

- **2.** [excitación] agitation *f* - **3.** [alboroto] trouble *m*.
alterar *vt* - **1.** [cambiar] modifier - **2.** [perturbar - orden] troubler ; [- persona] perturber - **3.** [estropear] altérer, détériorer ; [alimentos] gâter. ◆ **alterarse** *vpr* - **1.** [perturbarse] se troubler - **2.** [estropearse] se détériorer ; [alimentos] se gâter.
altercado *m* altercation *f*.
alternador *m* alternateur *m*.
alternar ◇ *vt* faire alterner. ◇ *vi* - **1.** [relacionarse] nouer des relations ; ~ **con alguien** fréquenter qqn - **2.** [sucederse] : ~ **con** alterner avec. ◆ **alternarse** *vpr* - **1.** [en el tiempo] se relayer - **2.** [en el espacio] alterner.
alternativo, va *adj* alternatif(ive). ◆ **alternativa** *f* [gen & TAUROM] alternative *f*.
alterne *m* : **un bar de ~** un bar à entraîneuses.
alterno, na *adj* - **1.** [corriente] alternatif(ive) - **2.** GEOM alterne.
alteza *f fig* [de sentimientos] grandeur *f* d'âme. ◆ **Alteza** *f* [tratamiento] Altesse *f* ; **Su Alteza Real** Son Altesse Royale.
altibajos *mpl* - **1.** [del terreno] irrégularités *fpl* - **2.** *fig* [cambios] : **tener ~** avoir o connaître des hauts et des bas.
altillo *m* - **1.** [armario] *placard situé en hauteur dans une niche* - **2.** [cerro] mamelon *m*.
altiplano *m* haut plateau *m*.
altísimo, ma *adj* très haut(e).
altisonante *adj* pompeux(euse).
altitud *f* altitude *f*.
altivez *f* morgue *f*, suffisance *f*.
altivo, va *adj* hautain(e).
alto, ta *adj* - **1.** [gen] haut(e) ; [persona, árbol] grand(e) ; [precio] élevé(e) ; [calidad] supérieur(e) - **2.** [música, voz] fort(e) - **3.** [hora] avancé(e). ◆ **alto** ◇ *m* - **1.** [altura, lugar elevado] hauteur *f* - **2.** [interrupción] halte *f* - **3.** MÚS alto *m* - **4.** *loc* : **pasar por ~** passer sous silence ; **por todo lo ~** en grand. ◇ *adv* - **1.** [arriba] haut - **2.** [en voz fuerte] fort. ◇ *interj* : **¡alto!** halte! ◆ **alta** *f (el)* - **1.** [de enfermedad] *fin de l'arrêt maladie* ; **dar de alta** o **el alta** *donner l'autorisation de reprendre le travail* - **2.** [documento] autorisation *f* de sortie - **3.** [en organismo] inscription *f*.
altoparlante *m Amer* haut-parleur *m*.
altramuz *m* lupin *m*.
altruismo *m* altruisme *m*.
altura *f* - **1.** [gen] hauteur *f* ; **tener dos metros de ~** avoir deux mètres de haut ; [persona] mesurer deux mètres ; **~ de espíritu** grandeur *f* d'âme - **2.** [en el mar] haute mer *f* ; [altitud] altitude *f* - **3.** [nivel, valor] niveau *m* ; **a la ~ de** au niveau de. ◆ **alturas** *fpl* [el cielo] cieux *mpl* ; **a estas ~s** *fig* maintenant ; **a estas ~s del año, ya no hay nieve** l'année est trop avancée pour qu'il y ait de la neige ; **a estas ~s del partido me pides ...** *fam* c'est maintenant que tu me demandes ...
alubia *f* haricot *m* blanc.
alucinación *f* hallucination *f*.
alucinado, da *adj* - **1.** [que tiene alucinaciones] halluciné(e) - **2.** *fam fig* [sorprendido] épaté(e) ; **estoy ~** je n'en reviens pas.
alucinante *adj lit & fig* hallucinant(e).
alucinar ◇ *vi* - **1.** [desvariar] avoir des hallucinations, délirer - **2.** *fam* [equivocarse] rêver, halluciner. ◇ *vt fam fig* [seducir] épater.
alucinógeno, na *adj* hallucinogène. ◆ **alucinógeno** *m* hallucinogène *m*.
alud *m lit & fig* avalanche *f*.
aludido, da *m, f* personne *f* visée ; **darse por ~** se sentir visé.
aludir *vi* : **~ a** [sin mencionar] faire allusion à ; [mencionar] évoquer.
alumbrado *m* éclairage *m*.
alumbramiento *m* - **1.** [mediante luz] éclairage *m* - **2.** [parto] mise *f* au monde.
alumbrar ◇ *vt* - **1.** [iluminar, instruir] éclairer - **2.** [dar a luz] mettre au monde. ◇ *vi* [iluminar] éclairer.
aluminio *m* aluminium *m*.
alumnado *m* effectif *m* scolaire.
alumno, na *m, f* élève *mf*.
alunizar *vi* atterrir sur la Lune, alunir.
alusión *f* allusion *f* ; **hacer ~ a** faire allusion à.
alusivo, va *adj* allusif(ive) ; **~ a** faisant allusion à.
aluvión *m* - **1.** [inundación] crue *f* - **2.** [depósito] alluvion *f* - **3.** *fig* [gran cantidad] flot *m*.
alvéolo, alveolo *m* alvéole m o *f*.
alza *f (el)* hausse *f* ; **en ~** en hausse.
alzamiento *m* soulèvement *m*.
alzar *vt* - **1.** [levantar] lever ; [voz] élever ; [tono] hausser - **2.** [aumentar, enderezar] relever ; [edificio] élever - **3.** [sublevar] soulever. ◆ **alzarse** *vpr* - **1.** [levantarse] se lever - **2.** [sublevarse] se soulever.
a.m. (*abrev de* **ante meridiem**) a.m.
ama *f* ▷ **amo.**
amabilidad *f* amabilité *f*.

amabilísimo, ma *superl* ▷ **amable.**
amable *adj* aimable.
amaestrado, da *adj* dressé(e).
amaestrar *vt* dresser.
amagar ◇ *vt* - **1.** [dar indicios de] annoncer - **2.** [mostrar intención] esquisser. ◇ *vi* [ser inminente] menacer.
amago *m* - **1.** [indicio] signe *m* avant-coureur - **2.** [amenaza] menace *f*.
amainar *vi* - **1.** [temporal] se calmer ; [viento] faiblir - **2.** *fig* [enfado] passer.
amalgama *f* amalgame *m*.
amalgamar *vt* amalgamer.
amamantar *vt* allaiter.
amanecer ◇ *m* lever *m* du jour. ◇ *v impers* commencer à faire jour. ◇ *vi* [en un lugar] arriver au lever du jour.
amanerado, da *adj* - **1.** [afeminado] efféminé(e) - **2.** [afectado] maniéré(e).
amansar *vt* - **1.** [animal, pasiones] dompter - **2.** *fig* [persona] calmer. ◆ **amansarse** *vpr* se calmer.
amante *mf* - **1.** [querido] amant *m*, maîtresse *f* - **2.** *fig* [aficionado] : **ser (un) ~ de algo** être un amoureux de qqch, avoir le goût de qqch.
amañar *vt* [falsear] truquer ; [resultado] fausser ; [documento] falsifier.
amaño *m (gen pl)* [treta] ruse *f*.
amapola *f* - **1.** [flor] coquelicot *m* - **2.** [semilla] pavot *m*.
amar *vt* aimer.
amaranto *m* amarante *f*.
amargado, da *adj* & *m, f* aigri(e).
amargar *vt* - **1.** [alimento] donner un goût amer à - **2.** *fig* [comida, día] gâcher ; **~ la vida** gâcher la vie. ◆ **amargarse** *vpr* - **1.** [alimento] devenir aigre - **2.** *fig* [persona] s'aigrir.
amargo, ga *adj lit* & *fig* amer(ère).
amargor *m* [sabor] amertume *f*.
amargoso, sa *adj Amer* amer(ère).
amargura *f* [sentimiento] amertume *f*.
amarillento, ta *adj* jaunâtre.
amarillo, lla *adj* - **1.** [color] jaune - **2.** PRENSA à sensation. ◆ **amarillo** *m* [color] jaune *m*.
amarilloso, sa *adj Amer* jaunâtre.
amarra *f* amarre *f*.
amarrar *vt* - **1.** NÁUT amarrer - **2.** [sujetar] : **~ algo/a alguien (a algo)** attacher qqch/qqn (à qqch).
amarre *m* amarrage *m*.
amarrete *adj fam Amer despec* rapiat(e).
amasar *vt* - **1.** [masa] pétrir - **2.** *fam fig* [riquezas] amasser.
amasia *f Amer* [amante] maîtresse *f*.
amasiato *m Amer* concubinage *m*.
amasijo *m* - **1.** [masa] tas *m* - **2.** *fam fig* [mezcla] ramassis *m*.
amateur [ama'ter] *adj* & *mf* amateur.
amazona *f* - **1.** MITOL amazone *f* - **2.** *fig* [jinete] cavalière *f*.
Amazonas *m* : **el ~** l'Amazone.
Amazonia Amazonie *f*.
amazónico, ca ◇ *adj* amazonien(enne). ◇ *m, f* Amazonien *m*, -enne *f*.
ámbar *m* ambre *m*.
ambición *f* ambition *f*.
ambicionar *vt* avoir l'ambition de, désirer.
ambicioso, sa *adj* & *m, f* ambitieux(euse).
ambidextro, tra *adj* & *m, f* ambidextre.
ambientación *f* - **1.** [de una obra] atmosphère *f* - **2.** [preparación] décoration *f* - **3.** [adaptación] adaptation *f* - **4.** RADIO, CIN & TEATR bruitage *m*.
ambientador *m* désodorisant *m*.
ambiental *adj* - **1.** [música] d'ambiance ; [físico, atmosférico] ambiant(e) - **2.** [ecológico] de l'environnement, environnemental(e).
ambiente ◇ *adj* ambiant(e). ◇ *m* - **1.** [aire] air *m*, atmosphère *f* - **2.** [circunstancias] environnement *m* - **3.** [ámbito] milieu *m* - **4.** [animación] ambiance *f* - **5.** *Amer* [habitación] pièce *f (d'appartement)*.
ambigüedad *f* ambiguïté *f*.
ambiguo, gua *adj* ambigu(uë).
ámbito *m* - **1.** [espacio, límites] enceinte *f* ; [de una ley] portée *f* - **2.** [ambiente] milieu *m*.
ambivalente *adj* ambivalent(e).
ambos, bas ◇ *pron pl* tous les deux (toutes les deux). ◇ *adj pl* les deux.
ambulancia *f* ambulance *f*.
ambulante *adj* ambulant(e).
ambulatorio *m* dispensaire *m* ; [hospital] hôpital *m* de jour.
ameba, amiba *f* amibe *f*.
amedrentar *vt* : **~ a** effrayer, faire peur à. ◆ **amedrentarse** *vpr* s'effrayer, avoir peur.
amén *adv* [en plegaria] amen ; **en un decir ~** *fig* en moins de temps qu'il n'en faut pour le dire.
amenaza *f* - **1.** [peligro] menace *f* ; **~ de muerte** menace de mort - **2.** [aviso] alerte *f* ; **~ de bomba** alerte à la bombe.

amenazar *vt* menacer ; **amenaza lluvia** la pluie menace ; **~ a alguien con algo/con hacer algo** menacer qqn de qqch/de faire qqch ; **~ a alguien de algo** menacer qqn de qqch.
amenidad *f* [entretenimiento] entrain *m* ; [agrado] agrément *m*, charme *m*.
amenizar *vt fig* égayer.
ameno, na *adj* agréable.
América Amérique *f* ; **~ Central/del Norte/del Sur** Amérique centrale/du Nord/du Sud.
americana *f* ⊳ **americano.**
americanismo *m* américanisme *m*.
americano, na ◇ *adj* américain(e). ◇ *m, f* Américain *m*, -e *f*. ◆ **americana** *f* [chaqueta] veste *f*.
ameritar *vt Amer* mériter.
amerizar *vi* amerrir.
ametralladora *f* mitrailleuse *f*.
ametrallar *vt* mitrailler.
amianto *m* amiante *m*.
amiba = **ameba.**
amígdala *f* amygdale *f*.
amigdalitis *f inv* amygdalite *f*.
amigo, ga ◇ *adj* **- 1.** [gen] ami(e) ; **hacerse ~ de** devenir ami avec ; **hacerse ~s** devenir amis **- 2.** [aficionado] : **ser ~ de algo** être amateur de qqch. ◇ *m, f* **- 1.** [gen] ami *m*, -e *f* ; **~ invisible** *tradition qui consiste à offrir un cadeau à une personne que l'on connaît bien sans que celle-ci sache de qui il provient* **- 2.** *fam* [novio] petit ami *m*, petite amie *f*.
amigote, amiguete *m fam* copain *m*, pote *m*.
amiguismo *m* copinage *m*.
aminoácido *m* acide *m* aminé.
aminorar ◇ *vt* réduire ; [paso etc] ralentir. ◇ *vi* diminuer.
amistad *f lit* & *fig* amitié *f* ; **hacer** o **trabar ~ (con)** lier amitié (avec), se lier d'amitié (avec). ◆ **amistades** *fpl* amis *mpl*, relations *fpl*.
amistoso, sa *adj* amical(e) ; **consejo ~** conseil d'ami.
amnesia *f* amnésie *f*.
amnistía *f* amnistie *f*.
amnistiar *vt* amnistier.
amo, ama *m, f* **- 1.** [dueño] maître *m*, maîtresse *f* **- 2.** [propietario] propriétaire *mf* **- 3.** [jefe] patron *m*, -onne *f*. ◆ **ama de casa** *f* maîtresse *f* de maison. ◆ **ama de cría** *f* nourrice *f*. ◆ **ama de llaves** *f* gouvernante *f*.
amodorrarse *vpr* s'assoupir.
amoldar *vt* : **~ algo (a)** adapter o ajuster qqch (à). ◆ **amoldarse** *vpr* [adaptarse] : **~se a** s'adapter à.
amonestación *f* **- 1.** [reprimenda] réprimande *f* **- 2.** DEP avertissement *m*. ◆ **amonestaciones** *fpl* [de boda] bans *mpl*.
amonestar *vt* **- 1.** [reprender] réprimander **- 2.** DEP donner un avertissement à **- 3.** [anunciar boda] publier les bans de.
amoníaco, amoniaco *m* **- 1.** [gas] ammoniac *m* **- 2.** [disolución] ammoniaque *f*.
amontonar *vt* **- 1.** [apilar] entasser **- 2.** [reunir - pruebas, recuerdos] accumuler ; [- riqueza] amasser. ◆ **amontonarse** *vpr* **- 1.** [personas] se masser **- 2.** [problemas, trabajo] s'accumuler ; [ideas, solicitudes] se bousculer.
amor *m* amour *m* ; **hacer el ~** faire l'amour ; **por ~ al arte** pour l'amour de l'art ; **¡por el ~ de Dios!** pour l'amour de Dieu! ◆ **amor propio** *m* amour-propre *m*.
amoral *adj* amoral(e).
amoratado, da *adj* violacé(e).
amoratar *vt* [suj : el frío] rendre violacé(e) ; [suj : persona] contusionner. ◆ **amoratarse** *vpr* [por el frío] violacer ; [por golpes] bleuir.
amordazar *vt* [persona] bâillonner ; [animal] museler.
amorfo, fa *adj lit* & *fig* amorphe.
amorío *m fam* [romance] flirt *m* ; **los ~s de su juventud** ses amours de jeunesse.
amoroso, sa *adj* [persona] aimant(e), affectueux(euse) ; [ademán, relación] amoureux(euse) ; [carta] d'amour *(después de sust)*.
amortajar *vt* [difunto] ensevelir.
amortiguador, ra *adj* qui amortit. ◆ **amortiguador** *m* AUTOM amortisseur *m*.
amortiguar *vt* [ruido, golpe] amortir ; [luz, colores] atténuer.
amortización *f* ECON amortissement *m*.
amortizar *vt* ECON amortir.
amotinar *vt* soulever ; [muchedumbre] ameuter. ◆ **amotinarse** *vpr* [pueblo] se soulever ; [presos, soldados] se mutiner.
amparar *vt* protéger. ◆ **ampararse** *vpr* **- 1.** *fig* [apoyarse] : **~se en** [ley] s'abriter derrière ; [excusas] se retrancher derrière **- 2.** [cobijarse] : **~se de** o **contra** se protéger de o contre.
amparo *m* **- 1.** [protección] protection *f*

- 2. [refugio] abri *m* ; **al ~ de** [persona, ley] sous la protection de ; [caridad, fortuna] à l'aide de ; [lluvia, desastre] à l'abri de.

amperio *m* ampère *m*.

ampliación *f* - 1. [de foto, local] agrandissement *m* ; [de carretera] élargissement *m* ; [de plazo] prolongation *f*, [de negocio] développement *m* - 2. [de número] augmentation *f* ; **~ de capital** ECON augmentation de capital.

ampliar *vt* - 1. [foto, local] agrandir ; [poderes, carretera] élargir ; [plazo] prolonger ; [negocio] développer - 2. [capital] augmenter - 3. [estudios] poursuivre.

amplificación *f* amplification *f*.

amplificador, ra *adj* amplificateur(trice). ◆ **amplificador** *m* amplificateur *m*.

amplificar *vt* amplifier.

amplio, plia *adj* - 1. [sala, casa] grand(e) ; [mundo] vaste - 2. [mayoría, ropa etc] large - 3. [poderes, conocimientos] étendu(e) ; [exposición, estudio] approfondi(e).

amplitud *f* - 1. [gen] largeur *f* ; [de sala, casa] grandeur *f* - 2. *fig* [extensión - de conocimientos] étendue *f* ; [- de catástrofe] ampleur *f* - 3. FÍS amplitude *f*.

ampolla *f* [en la piel, medicamento] ampoule *f*.

amputar *vt* amputer.

Amsterdam Amsterdam.

amueblar *vt* meubler.

amuleto *m* amulette *f*.

amurallar *vt* entourer de murailles.

anacronismo *m* anachronisme *m*.

anagrama *m* anagramme *f*.

anal *adj* ANAT anal(e). ◆ **anales** *mpl lit* & *fig* annales *fpl*.

analfabetismo *m* analphabétisme *m*, illettrisme *m*.

analfabeto, ta *adj* & *m, f* analphabète, illettré(e).

analgésico, ca *adj* analgésique. ◆ **analgésico** *m* analgésique *m*.

análisis *m inv* analyse *f* ; **~ gramatical** analyse grammaticale.

analista *mf* MED, INFORM & FIN analyste *mf* ; **~ programador** analyste-programmeur *m*.

analizar *vt* analyser.

analogía *f* analogie *f* ; **por ~** par analogie ; **presentar ~s** présenter des similitudes.

analógico, ca *adj* - 1. [análogo] analogue - 2. INFORM & TECNOL analogique.

análogo, ga *adj* analogue ; **~ a** semblable à.

anaranjado, da *adj* orangé(e).

anarquía *f lit* & *fig* anarchie *f*.

anárquico, ca *adj lit* & *fig* anarchique.

anarquista *adj* & *mf* anarchiste.

anatomía *f* anatomie *f*.

anatómico, ca *adj* anatomique.

anca *f (el)* [de caballo] croupe *f* ; **~s de rana** cuisses *fpl* de grenouille.

ancestral *adj* ancestral(e).

ancho, cha *adj* large ; **a mis/tus/sus etc anchas** *fig* à mon/ton/son etc aise ; **quedarse tan ~** ne pas être gêné pour autant. ◆ **ancho** *m* largeur *f* ; **cinco metros de ~** cinq mètres de large ; **a lo ~ (de)** sur (toute) la largeur (de). ◆ **ancho de tela** *m* lé *m*.

anchoa *f* anchois *m*.

anchura *f* largeur *f*.

anciano, na ◇ *adj* âgé(e). ◇ *m, f* personne *f* âgée, vieux monsieur *m*, vieille dame *f*.

ancla *f (el)* ancre *f*.

anclar *vi* jeter l'ancre.

andadas *fpl* : **volver a las ~** *fam fig* rechuter.

andaderas *fpl* [para niños] trotteur *m*.

andadura *f* marche *f*.

ándale, ándele *Amer interj fam* : **¡ándale!** allez!

Andalucía Andalousie *f*.

andalucismo *m* - 1. [doctrina] *doctrine défendant les valeurs politiques, économiques et culturelles de l'Andalousie* - 2. LING *mot ou expression propre aux Andalous*.

andaluz, za ◇ *adj* andalou(se). ◇ *m, f* Andalou *m*, -se *f*.

andamio *m* échafaudage *m*.

andando *interj* : **¡andando!** en route!

andante ◇ *adj* [caballero etc] errant(e) ; [cadáver] ambulant(e). ◇ *adv* MÚS andante.

andanza *f (gen pl)* [aventura] aventure *f (gen pl)* ; **mala ~** mauvaise fortune *f*.

andar[1] ◇ *vi* - 1. [caminar, funcionar] marcher ; **hemos venido andando** nous sommes venus à pied - 2. [estar] être ; **~ preocupado** être inquiet ; **~ mal de dinero** être à court d'argent ; **las cosas andan mal** les choses vont mal ; **creo que anda por ahí** je crois qu'il est quelque part par là ; **~ haciendo algo** être en train de faire qqch ; **~ tras algo/alguien** [buscar] être à la recherche de qqch/qqn ; [perseguir] courir après qqch/qqn ; **~ en**

[papeleos, negocios] être dans ; [asuntos, líos] être mêlé(e) à ; [pleitos] être en - **3.** [hurgar] : **~ en** fouiller dans - **4.** *(antes de 'a' y de sust pl)* [expresa acción] : **andaban a puñetazos** ils se battaient à coups de poing ; **andaban a gritos** ils se criaient dessus - **5.** [alcanzar, rondar] : **andará por los sesenta años** il doit avoir dans les soixante ans ; **andamos por los mil números vendidos** nous avons vendu dans les mille numéros - **6.** *loc* : **quien mal anda mal acaba** on récolte ce que l'on a semé. ◇ *vt* parcourir ; **anduvieron tres kilómetros** ils ont fait trois kilomètres (à pied). ◆ **andarse** *vpr* [obrar] : **~se con cuidado/misterios** faire attention/des mystères. ◆ **anda** *interj* : **¡anda!** [¡vamos!, ¡por favor!] allez! ; [sorpresa, desilusión] non!, sans blague! ; **¡anda ya!** [incredulidad] c'est pas vrai!

andar² *m* démarche *f*, allure *f*. ◆ **andares** *mpl* démarche *f* ; **tener ~es de** avoir une démarche de, marcher comme.

andas *fpl* brancard *m* ; **llevar a alguien en ~** *fig* être aux petits soins pour qqn.

ándele = **ándale**.

andén *m* - **1.** FERROC quai *m (de gare)* - **2.** *Amer* [acera] trottoir *m* - **3.** *Amer* [bancal de tierra] terrasse *f*.

Andes *mpl* : **los ~** les Andes *fpl*.

andinismo *m Amer alpinisme pratiqué dans les Andes.*

andinista *mf Amer alpiniste, dans les Andes.*

andino, na ◇ *adj* andin(e) ; [cordillera] des Andes. ◇ *m, f* Andin *m*, -e *f*.

Andorra : (el principado de) ~ (la principauté d') Andorre *f*.

andorrano, na ◇ *adj* andorran(e). ◇ *m, f* Andorran *m*, -e *f*.

andrajo *m lit & fig* loque *f*.

andrajoso, sa ◇ *adj* déguenillé(e). ◇ *m, f* gueux *m*, gueuse *f*.

andrógino, na *adj* androgyne. ◆ **andrógino** *m* androgyne *m*.

androide *m* [autómata] androïde *m*.

andurriales *mpl* coin *m* perdu.

anécdota *f* anecdote *f*.

anecdótico, ca *adj* anecdotique.

anegar *vt* - **1.** [inundar] inonder - **2.** [ahogar] noyer. ◆ **anegarse** *vpr* - **1.** [inundarse] s'inonder ; **sus ojos se anegaron en lágrimas** ses yeux se sont baignés de larmes - **2.** [ahogarse] se noyer.

anemia *f* anémie *f*.

anémona *f* anémone *f*.

anestesia *f* anesthésie *f*.

anestésico, ca *adj* anesthésique, anesthésiant(e). ◆ **anestésico** *m* anesthésique *m*, anesthésiant *m*.

anestesista *mf* anesthésiste *mf*.

anexar *vt* [documento] joindre.

anexión *f* annexion *f*.

anexionar *vt* [tierras] annexer.

anexo, xa *adj* [edificio] annexe ; [documento] joint(e). ◆ **anexo** *m* annexe *f*.

anfetamina *f* amphétamine *f*.

anfibio, bia *adj lit & fig* amphibie. ◆ **anfibios** *mpl* amphibiens *mpl*.

anfiteatro *m* amphithéâtre *m*.

anfitrión, ona ◇ *adj* d'accueil *(después de sust)*. ◇ *m, f* hôte *m*, hôtesse *f*.

ánfora *f (el)* amphore *f*.

ángel *m lit & fig* ange *m* ; **~ custodio** o **de la guarda** ange gardien ; **tener ~** avoir du charme.

angelical *adj* angélique.

angina *f (gen pl)* angine *f* ; **tener ~s** avoir une angine. ◆ **angina de pecho** *f* angine *f* de poitrine.

anglicano, na *adj & m, f* anglican(e).

anglicismo *m* anglicisme *m*.

angloamericano, na ◇ *adj* anglo-américain(e). ◇ *m, f* Anglo-Américain *m*, -e *f*.

anglosajón, ona ◇ *adj* anglo-saxon(onne). ◇ *m, f* Anglo-Saxon *m*, -onne *f*.

Angola Angola *m*.

angora *f* angora *m* ; **de ~** [de gato, conejo] en angora ; [de cabra] en mohair.

angosto, ta *adj culto* étroit(e).

angostura *f* - **1.** [de lugar] étroitesse *f* - **2.** [alcohol] angustura *f*.

anguila *f* anguille *f*.

angula *f* alevin *m* d'anguille.

angular *adj* angulaire. ◆ **gran angular** *m* FOT objectif *m* grand-angle, grand-angle *m*.

ángulo *m* angle *m*.

anguloso, sa *adj* anguleux(euse).

angustia *f* angoisse *f*.

angustiar *vt* angoisser. ◆ **angustiarse** *vpr* s'angoisser.

angustioso, sa *adj* angoissant(e).

anhelante *adj* : **~ (por algo/por hacer algo)** désireux(euse) (de qqch /de faire qqch).

anhelar *vt* [dignidades] briguer ; [gloria] aspirer à ; **~ hacer algo** rêver de faire qqch.

anhelo *m* aspiration *f*, désir *m*.

anhídrido *m* anhydride *m* ; ~ **carbónico** dioxyde *m* de carbone.
anidar *vi* - **1.** [pájaro] faire son nid, nicher - **2.** *fig* [sentimiento] : ~ **en** habiter.
anilla *f* anneau *m.* ◆ **anillas** *fpl* DEP anneaux *mpl*.
anillo *m* - **1.** [gen & ASTRON] anneau *m* - **2.** [sortija] bague *f* ; ~ **de boda** alliance *f*.
animación *f* animation *f*.
animado, da *adj* - **1.** [gen] animé(e) - **2.** [persona - con buen ánimo] en pleine forme ; [- divertida] drôle.
animador, ra *m, f* animateur *m*, -trice *f*.
animadversión *f* antipathie *f*.
animal ◇ *adj* - **1.** [especie] animal(e) - **2.** *fam fig* [persona - ignorante] bête ; [- basta] : **ser** ~ être une brute. ◇ *mf fam fig* [persona] brute *f*. ◇ *m* animal *m* ; ~ **doméstico** o **de compañía** animal domestique o de compagnie.
animalada *f fam fig* ânerie *f*.
animar *vt* - **1.** [estimular] encourager - **2.** [alegrar] : ~ **a alguien** remonter le moral à qqn - **3.** [avivar - diálogo, fiesta] animer ; [- fuego] activer. ◆ **animarse** *vpr* - **1.** [alegrarse - fiesta, reunión] s'animer ; [- persona] se réjouir - **2.** [atreverse] : **~se (a hacer algo)** se décider (à faire qqch).
ánimo ◇ *m* - **1.** [energía, valor] courage *m* - **2.** [aliento] encouragement *m* ; **dar ~s a alguien** encourager qqn - **3.** [intención] : **con ~ de** avec l'intention de ; **sin ~ de** sans intention de - **4.** [talante] humeur *f* ; **tener el ~ dispuesto para** être d'humeur à. ◇ *interj* [para alentar] : **¡ánimo!** courage!
animoso, sa *adj* [valiente] courageux(euse) ; [decidido] résolu(e).
aniñado, da *adj* [comportamiento] enfantin(e) ; [voz, rostro] d'enfant.
aniquilar *vt* anéantir, exterminer.
anís (*pl* **anises**) *m* - **1.** BOT anis *m* - **2.** [licor] ≃ pastis *m*.
aniversario *m* anniversaire *m*.
ano *m* anus *m*.
anoche *adv* hier soir, la nuit dernière ; **antes de** ~ avant-hier soir.
anochecer ◇ *m* : **al** ~ à la tombée de la nuit. ◇ *v impers* faire nuit ; **ya empieza a** ~ la nuit commence à tomber. ◇ *vi* arriver quelque part de nuit.
anodino, na *adj* - **1.** [sin gracia] quelconque, insipide - **2.** [insubstancial] inconsistant(e).
ánodo *m* anode *f*.
anomalía *f* anomalie *f*.
anómalo, la *adj* anormal(e).
anonadado, da *adj* - **1.** [sorprendido] abasourdi(e) - **2.** [abatido] anéanti(e).
anonimato *m* anonymat *m*.
anónimo, ma *adj* anonyme. ◆ **anónimo** *m* lettre *f* anonyme.
anorak, anorac *m* anorak *m*.
anorexia *f* anorexie *f*.
anormal *adj* & *mf* anormal(e).
anotación *f* note *f*, annotation *f*.
anotar *vt* [apuntar] noter ; [un libro] annoter.
anquilosamiento *m* - **1.** [estancamiento - de la economía etc] stagnation *f* ; [- de un partido etc] sclérose *f* - **2.** MED ankylose *f*.
anquilosarse *vpr* - **1.** [estancarse - economía etc] stagner ; [- ideas etc] se scléroser - **2.** MED s'ankyloser.
ansia *f (el)* - **1.** [afán] : ~ **de** soif *f* de ; **hacer algo con** ~ faire qqch avec avidité - **2.** [ansiedad] anxiété *f* ; [angustia] angoisse *f*.
ansiar *vt* : ~ **hacer algo** mourir d'envie de faire qqch ; **ansío llegar a casa** il me tarde d'arriver à la maison.
ansiedad *f* anxiété *f*.
ansioso, sa *adj* - **1.** [impaciente] impatient(e) ; **estar ~ por** o **de hacer algo** mourir d'impatience de faire qqch - **2.** [angustiado] anxieux(euse).
antagónico, ca *adj* antagonique ; [opiniones] opposé(e).
antagonista *mf* : ~ **de** opposant *m*, -e *f* à.
antaño *adv* autrefois, jadis.
antártico, ca *adj* antarctique. ◆ **Antártico** *m* : **el Antártico** l'Antarctique *m (océan)*.
Antártida *f* : **la** ~ l'Antarctique *m (continent)*.
ante[1] *m* - **1.** [piel curtida] daim *m* - **2.** [animal] élan *m*.
ante[2] *prep* - **1.** [gen] devant ; ~ **las circunstancias** vu les circonstances ; ~ **el juez** par-devant le juge ; ~ **notario** par-devant notaire ; ~ **los ojos** sous les yeux - **2.** [respecto de] : **su opinión prevaleció ~ la mía** son opinion a prévalu sur la mienne. ◆ **ante todo** *loc adv* avant tout.
anteanoche *adv* avant-hier soir.
anteayer *adv* avant-hier.
antebrazo *m* avant-bras *m*.
antecedente ◇ *adj* précédent(e). ◇ *m* - **1.** [precedente] précédent *m* - **2.** *(gen pl)* [de persona - pasado] antécédents *mpl* ; [- experiencia] bagage *m* ; [de

asunto] précédents *mpl* ; **poner en ~s** [informar] aviser.

anteceder *vt* précéder.

antecesor, ra *m, f* [predecesor] prédécesseur *m.*

antedicho, cha *adj* [cosa] susdit(e), susmentionné(e) ; [persona] susnommé(e).

antediluviano, na *adj lit & fig* antédiluvien(enne).

antelación *f* : **con ~** à l'avance ; **con una hora de ~** avec une heure d'avance.

antemano ◆ **de antemano** *loc adv* d'avance.

antena *f* RADIO, TELE & ZOOL antenne *f.*

anteojos *mpl* **- 1.** [prismáticos] jumelles *fpl* **- 2.** *desus* [gafas] lunettes *fpl* **- 3.** *Amer* lunettes *fpl.*

antepasado, da *m, f* ancêtre *mf.*

antepenúltimo, ma *adj & m, f* antépénultième, avant avant-dernier(ère).

anteponer *vt* **- 1.** [poner delante] : **~ algo a algo** mettre qqch devant qqch **- 2.** [dar preferencia] faire passer avant. ◆ **anteponerse** *vpr* : **~se a** passer avant.

anterior *adj* **- 1.** [previo] d'avant, précédent(e) ; **la parada ~** l'arrêt d'avant ; **la noche ~** la nuit précédente ; **~ a** antérieur à **- 2.** [delantero - miembro, fachada] antérieur(e) ; [- fila etc] de devant.

anterioridad *f* : **con ~** à l'avance ; **con ~ a** avant.

antes ◇ *adv* **- 1.** [gen] avant ; **puede inscribirse si lo desea pero ~ deberá rellenar el cuestionario** vous pouvez vous inscrire si vous le désirez mais auparavant vous devrez remplir ce questionnaire ; **mucho/poco ~** longtemps/peu de temps avant ; **lo ~ posible** dès que possible **- 2.** [expresa preferencia] : **~ ... que** plutôt ... que ; **prefiero el mar ~ que la sierra** je préfère de beaucoup la mer à la montagne ; **iría a la cárcel ~ que mentir** j'irais en prison plutôt que de mentir. ◇ *adj* [anterior] d'avant *(después de sust)*, précédent(e) ; **el mes ~** le mois d'avant o précédent. ◆ **antes de** *loc prep* : **~ de hacer algo** avant de faire qqch. ◆ **antes (de) que** *loc conj* avant que ; **~ (de) que llegarais** avant que vous n'arriviez.

antesala *f* hall *m* ; **estar en la ~ de** *fig* être au seuil de.

antiadherente *adj* antiadhésif(ive).

antiaéreo, a *adj* antiaérien(enne).

antiarrugas *adj inv* antirides.

antibala, antibalas *adj inv* pare-balles.

antibiótico, ca *adj* antibiotique. ◆ **antibiótico** *m* antibiotique *m.*

anticiclón *m* anticyclone *m.*

anticipación *f* avance *f* ; **con ~ a** avant ; **con ~** à l'avance ; **con un mes de ~** avec un mois d'avance.

anticipado, da *adj* anticipé(e) ; **por ~** par anticipation, d'avance.

anticipar *vt* **- 1.** [adelantar] avancer **- 2.** [prever] anticiper **- 3.** [información] : **no te puedo ~ nada** je ne peux encore rien te dire. ◆ **anticiparse** *vpr* **- 1.** [suceder antes - estación] être en avance ; [- fecha] être avancé(e) ; **~se a su tiempo** être en avance sur son temps **- 2.** [adelantarse] : **~se a alguien** précéder qqn, devancer qqn ; **~se a hacer algo** faire qqch plus tôt que prévu.

anticipo *m* **- 1.** [de dinero] avance *f*, acompte *m* **- 2.** [presagio] signe *m.*

anticlerical *adj* anticlérical(e).

anticonceptivo, va *adj* [pastilla etc] contraceptif(ive) ; [métodos] de contraception. ◆ **anticonceptivo** *m* contraceptif *m.*

anticongelante ◇ *adj* antigivrant(e). ◇ *m* AUTOM antigel *m.*

anticonstitucional *adj* anticonstitutionnel(elle).

anticorrosivo, va *adj* anticorrosion *inv.* ◆ **anticorrosivo** *m* antirouille *m.*

anticorrupción *adj inv* anticorruption *inv.*

anticuado, da *adj* [objetos, música] démodé(e) ; [palabras] vieilli(e) ; [persona] vieux jeu ; [ideas] vieillot(otte).

anticuario, ria *m, f* antiquaire *mf* ; **en un ~** chez un antiquaire.

anticuerpo *m* anticorps *m.*

antidepresivo, va *adj* antidépresseur. ◆ **antidepresivo** *m* antidépresseur *m.*

antideslizante *adj* antidérapant(e).

antidisturbios *adj inv* ▷ **brigada.**

antidoping [anti'ðopin] *adj* antidopage, antidoping *(inv).*

antídoto *m* antidote *m.*

antier *adv Amer fam* l'autre jour.

antiespasmódico, ca *adj* antispasmodique. ◆ **antiespasmódico** *m* antispasmodique *m.*

antiestético, ca *adj* inesthétique.

antifaz *m* [de cara] masque *m* ; [de ojos] loup *m.*

antigás *adj inv* à gaz ; **una careta ~** un masque à gaz.

antigualla *f despec* [cosa] vieillerie *f* ; [persona] vieux fossile *m*.
antigubernamental *adj* contre le o opposé(e) au gouvernement.
antigüedad *f* - **1.** [pasado] antiquité *f* - **2.** [vejez, veteranía] ancienneté *f*. ◆ **antigüedades** *fpl* [objetos] antiquités *fpl*.
antiguo, gua *adj* - **1.** [gen] ancien(enne) ; [viejo] vieux (vieille) - **2.** [pasado de moda] dépassé(e) ; **a la antigua** à l'ancienne.
antihéroe *m* antihéros *m*.
antihigiénico, ca *adj* antihygiénique.
antihistamínico, ca *adj* antihistaminique. ◆ **antihistamínico** *m* antihistaminique *m*.
antiinflacionista *adj* anti-inflationniste.
antiinflamatorio, ria *adj* anti-inflammatoire. ◆ **antiinflamatorio** *m* anti-inflammatoire *m*.
antílope *m* [animal] antilope *f*.
antimilitarista *adj* & *mf* antimilitariste.
antinatural *adj* contre nature.
antiniebla *adj inv* AUTOM antibrouillard *inv*.
antioxidante *adj* & *m* antirouille.
antipatía *f* [por una persona] antipathie *f* ; [por una cosa] répugnance *f* ; **tener ~ a alguien** avoir de l'antipathie pour qqn.
antipático, ca ◇ *adj* antipathique. ◇ *m, f* personne *f* désagréable.
antípodas *fpl* : **las ~** les antipodes *mpl*.
antiquísimo, ma *adj* très ancien(enne).
antirreflectante *adj* antireflet *inv*.
antirrobo ◇ *adj inv* antivol *inv*. ◇ *m* [en coche] antivol *m*.
antisemita *adj* & *mf* antisémite.
antiséptico, ca *adj* antiseptique. ◆ **antiséptico** *m* antiseptique *m*.
antiterrorista *adj* antiterroriste.
antítesis *f inv* antithèse *f*.
antitetánico, ca *adj* [vacuna] antitétanique.
antivirus *m inv* - **1.** MED antiviral *m* - **2.** INFORM antivirus *m*.
antojarse *v impers* - **1.** [capricho] : **antojársele a alguien algo/hacer algo** avoir envie de qqch/de faire qqch - **2.** [posibilidad] : **se me antoja que ...** j'ai le sentiment que ...
antojitos *mpl Amer* amuse-gueule *mpl*.
antojo *m* envie *f* ; **a mi/tu *etc*~** à ma/ta *etc* guise.
antología *f* anthologie *f*.
antónimo *m* antonyme *m*.
antonomasia *f* : **por ~** par excellence.
antorcha *f* torche *f* ; **~ olímpica** flambeau *m* olympique.
antracita *f* anthracite *m*.
antro *m despec* boui-boui *m*.
antropófago, ga *adj* & *m, f* anthropophage.
antropología *f* anthropologie *f*.
anual *adj* annuel(elle).
anualidad *f* annuité *f*.
anuario *m* annuaire *m*.
anudar *vt lit* & *fig* nouer. ◆ **anudarse** *vpr lit* & *fig* se nouer ; **se le anudó la voz** sa gorge se noua.
anulación *f* [gen] annulation *f* ; [de ley] abrogation *f*.
anular[1] ◇ *adj* [en forma de anillo] annulaire. ◇ *m* ▷ **dedo**.
anular[2] *vt* - **1.** [cancelar] annuler ; [compromiso] décommander ; [ley] abroger - **2.** [reprimir - personalidad] étouffer. ◆ **anularse** *vp* [cancelarse] être annulé(e).
anunciación *f* annonce *f*. ◆ **Anunciación** *f* RELIG Annonciation *f*.
anunciante ◇ *adj* : **la empresa ~** l'annonceur *m*. ◇ *mf* annonceur *m*, -euse *f*.
anunciar *vt* - **1.** [notificar, presagiar] annoncer - **2.** [hacer publicidad de] : **~ algo** faire de la publicité pour qqch. ◆ **anunciarse** *vpr* : **~se en** [solicitud] passer une annonce dans ; [publicidad] faire de la publicité dans.
anuncio *m* - **1.** [gen] annonce *f* - **2.** [publicidad] publicité *f* ; **~ (publicitario)** message *m* publicitaire ; [en televisión] spot *m* publicitaire ; [en revista] encart *m* publicitaire ; [cartel] affiche *f* (publicitaire) ; **~ por palabras** petites annonces.
anverso *m* [de moneda] face *f* ; [de hoja] recto *m*.
anzuelo *m* - **1.** [para pescar] hameçon *m* - **2.** *fam* [señuelo] appât *m*.
añadido, da *adj* : **~ (a)** ajouté (à). ◆ **añadido** *m* ajout *m*.
añadidura *f* complément *m* ; **por ~** en plus, qui plus est.
añadir *vt* ajouter.
añejo, ja *adj* - **1.** [vino, licor] vieux (vieille) - **2.** [costumbre] ancien(enne).
añicos *mpl* : **hacer ~** [cosa] mettre en pièces ; [persona] démolir.

añil *m* [color] indigo *m*.
año *m* - **1.** [gen] année *f*, an *m* ; **en el ~ 1939** en 1939 ; **los ~s 30** les années 30 ; **desde hace tres ~s** depuis trois ans ; **¡Feliz ~ nuevo!** Bonne année! ; **~ académico** o **escolar** année scolaire ; **~ bisiesto** année bissextile ; **~ nuevo** nouvel an - **2.** ECON : **~ (fiscal)** exercice *m* (annuel). ◆ **años** *mpl* [edad] âge *m* ; **¿cuántos ~s tienes? -- tengo 17 (~s)** quel âge as-tu? -- j'ai 17 ans ; **cumplir ~s** fêter son anniversaire. ◆ **año luz** (*pl* **años luz**) *m* FÍS année-lumière *f* ; **estar a ~s luz de** *fig* être à des années-lumière de.
añoranza *f* [del pasado] nostalgie *f* ; [de una persona] regret *m* ; [de un país] mal *m* du pays.
añorar *vt* [pasado] avoir la nostalgie de ; **añora su país natal** il a le mal du pays ; **añoro a mi hermana** ma sœur me manque.
aorta *f* ANAT aorte *f*.
apabullar *vt* troubler. ◆ **apabullarse** *vpr* se laisser dépasser par les événements.
apacentar *vt* [suj : pastor] faire paître.
apache ◇ *adj* apache. ◇ *mf* Apache *mf*.
apacible *adj* - **1.** [agradable] paisible - **2.** [pacífico] doux (douce).
apaciguar *vt* apaiser, calmer. ◆ **apaciguarse** *vpr* s'apaiser, se calmer.
apadrinar *vt* - **1.** [niño] être le parrain de - **2.** [artista etc] parrainer.
apagado, da *adj* - **1.** [luz, fuego] éteint(e) - **2.** [persona, color] terne - **3.** [sonido] étouffé(e) ; [voz] faible, petit(e).
apagar *vt* - **1.** [extinguir, desconectar] éteindre - **2.** [aplacar - dolor etc] calmer ; [- sed] étancher ; [- ilusiones] faire perdre - **3.** [rebajar - color] atténuer ; [- sonido] étouffer - **4.** *loc* : **apaga y vámonos** *fig* n'en parlons plus. ◆ **apagarse** *vpr* [gen] s'éteindre ; [ilusiones] s'envoler.
apagón *m* coupure *f* o panne *f* de courant.
apaisado, da *adj* oblong(ongue).
apalabrar *vt* convenir verbalement de.
apalancamiento *m fam* flemmardise *f*.
apalancar *vt* [para abrir] forcer *(avec un pied-de-biche)* ; [para mover] soulever *(avec un levier)*. ◆ **apalancarse** *vpr mfam* [apoltronarse] : **se apalancó** il est resté planté là.
apalear *vt* rouer de coups.
apañado, da *adj fam* [hábil, mañoso] débrouillard(e).
apañar *vt fam* - **1.** [reparar] retaper, rafistoler, raccommoder - **2.** [amañar] goupiller. ◆ **apañarse** *vpr fam* se débrouiller ; **apañárselas (para hacer algo)** *fig* se débrouiller (pour faire qqch).
apaño *m fam* - **1.** [reparación] rafistolage *m* ; [de ropa] reprise *f* - **2.** [chanchullo] magouille *f*.
aparador *m* - **1.** [mueble] buffet *m* - **2.** [escaparate] vitrine *f*.
aparato *m* - **1.** [gen] appareil *m* ; [de radio, televisión] poste *m* - **2.** [ostentación] apparat *m*, pompe *f*.
aparatoso, sa *adj* - **1.** [ostentoso] tape-à-l'œil - **2.** [espectacular] spectaculaire.
aparcamiento *m* - **1.** [acción] créneau *m* ; [resultado] stationnement *m* - **2.** [parking] parking *m* ; [hueco] place *f* (de parking).
aparcar ◇ *vt* - **1.** [estacionar] garer - **2.** [posponer] suspendre. ◇ *vi* [estacionar] se garer ; '**prohibido ~**' 'défense de stationner'.
aparear *vt* - **1.** [animales] accoupler - **2.** [de dos en dos] rassembler par paires ; [niños] mettre deux par deux. ◆ **aparearse** *vpr* [animales] s'accoupler.
aparecer *vi* - **1.** [gen] apparaître ; [en una lista] figurer - **2.** [acudir] arriver - **3.** [encontrarse] être retrouvé(e) - **4.** [publicarse] paraître. ◆ **aparecerse** *vpr* [Virgen etc] apparaître.
aparejador, ra *m, f* [de arquitecto] métreur *m*, -euse *f*.
aparejo *m* - **1.** [de caballerías] harnais *m* - **2.** TECNOL palan *m* - **3.** NÁUT gréement *m*. ◆ **aparejos** *mpl* matériel *m*.
aparentar ◇ *vt* - **1.** [fingir] : **~ algo** feindre o simuler qqch ; **~ hacer algo** faire semblant de faire qqch - **2.** [edad] faire ; **no aparenta los años que tiene** il ne fait pas son âge. ◇ *vi* [presumir] se faire remarquer.
aparente *adj* - **1.** [gen] apparent(e) - **2.** [llamativo] voyant(e).
aparición *f* - **1.** [gen] apparition *f* - **2.** [publicación] parution *f*.
apariencia *f* - **1.** [aspecto exterior] apparence *f* ; **guardar las ~s** sauver les apparences ; **las ~s engañan** les apparences sont trompeuses - **2.** [falsedad] frime *f*.
apartado, da *adj* - **1.** [separado] écarté(e) - **2.** [alejado] retiré(e). ◆ **apartado** *m* - **1.** [de texto] alinéa *m* - **2.** [de oficina] section *f*. ◆ **apartado de correos** *m* boîte *f* postale.
apartamento *m* appartement *m*.

apartar *vt* - **1.** [quitar, alejar] écarter ; **~ la vista** détourner les yeux ; **no ~ la vista de algo/alguien** ne pas quitter qqch/qqn des yeux - **2.** [separar] séparer - **3.** [escoger] mettre de côté. ◆ **apartarse** *vpr* se pousser ; **~se de** [la gente] s'éloigner de ; [un tema, camino] s'écarter de ; [el mundo] se retirer de.

aparte ◇ *adv* - **1.** [gen] à part - **2.** [con omisión de] : **~ de** mis à part - **3.** [además de] : **~ de** en plus de ; **~ de fea ...** non seulement elle est laide ... ◇ *adj inv* à part. ◇ *m* - **1.** [párrafo] alinéa *m* - **2.** TEATR aparté *m*.

apartheid [apar'teid] *m* apartheid *m*.

apasionado, da *adj* & *m, f* passionné(e).

apasionante *adj* passionnant(e).

apasionar *vt* [entusiasmar] passionner. ◆ **apasionarse** *vpr* [entusiasmarse] s'enthousiasmer ; [ponerse nervioso] s'emporter ; **~se por** o **con** se passionner pour, être passionné(e) de.

apatía *f* apathie *f*.

apático, ca ◇ *adj* apathique. ◇ *m, f* mou *m*, molle *f*.

apátrida *adj* & *mf* apatride.

apdo. (*abrev de* **apartado**) BP.

apeadero *m* [de tren] halte *f*.

apear *vt* - **1.** [bajar] faire descendre - **2.** *fam* [disuadir] : **~ a alguien de algo** faire démordre qqn de qqch ; **no conseguimos ~le de sus ideas** nous n'avons pas réussi à le faire démordre de ses idées. ◆ **apearse** *vpr* [bajarse] : **~se (de)** descendre (de).

apechugar *vi fam* : **~ con** [trabajo] se coltiner, s'appuyer ; [consecuencias] subir.

apedrear ◇ *vt* lapider. ◇ *v impers* grêler.

apegarse *vpr* : **~se (a)** s'attacher (à).

apego *m* [afecto] attachement *m* ; **tener ~ a** être attaché(e) à ; **tomar ~ a** se prendre d'affection pour.

apelación *f* DER appel *m*.

apelar *vi* - **1.** DER faire appel ; **~ ante/contra** se pourvoir en/contre - **2.** [recurrir] : **~ a** [persona, violencia etc] avoir recours à ; [sentido común, bondad] en appeler à.

apelativo, va *adj* GRAM appellatif(ive). ◆ **apelativo** *m* surnom *m*.

apellidar *vt* [dar por nombre] baptiser, surnommer. ◆ **apellidarse** *vpr* se nommer, s'appeler.

apellido *m* nom *m* (de famille).

apelmazar *vt* [jersey] feutrer ; [arroz] faire coller ; [bizcocho] alourdir. ◆ **apelmazarse** *vpr* [jersey] se feutrer ; [arroz] coller ; [bizcocho] être lourd(e).

apelotonar *vt* [ropa] mettre en boule ; [lana] mettre en pelote. ◆ **apelotonarse** *vpr* s'agglutiner.

apenado, da *adj Amer* gêné(e).

apenar *vt* faire de la peine. ◆ **apenarse** *vpr* avoir de la peine.

apenas *adv* - **1.** [casi no] à peine ; **~ me puedo mover** je peux à peine bouger ; **~ si** c'est à peine si - **2.** [tan sólo] à peine, tout juste ; **hace ~ dos minutos** ça fait à peine o tout juste deux minutes - **3.** [tan pronto como] à peine, dès que ; **~ llegó, le dieron la mala noticia** il était à peine arrivé qu'on lui annonça la mauvaise nouvelle ; **~ se fueron, me acosté** je me suis couché dès qu'ils sont partis.

apéndice *m* - **1.** [gen & ANAT] appendice *m* - **2.** [de documento] annexe *f*.

apendicitis *f inv* appendicite *f*.

apercibir *vt* - **1.** [amonestar] mettre en garde - **2.** [avisar] prévenir. ◆ **apercibirse** *vpr* : **~se de algo** remarquer qqch.

aperitivo *m* [bebida] apéritif *m* ; [comida] amuse-gueule *m*.

apertura *f* - **1.** [gen] ouverture *f* ; [de calle etc] percement *m* ; [de exposición] vernissage *m* - **2.** DEP [en rugby] coup *m* d'envoi - **3.** [en ajedrez] entrée *f* de jeu - **4.** POLÍT *politique d'ouverture*.

aperturista ◇ *adj* [política] d'ouverture ; [tendencia] à l'ouverture. ◇ *mf* partisan *m* de l'ouverture.

apesadumbrar *vt* accabler. ◆ **apesadumbrarse** *vpr* être accablé(e).

apestar ◇ *vi* [oler mal] : **~ (a algo)** puer (qqch) ; **este cuarto apesta a tabaco** cette chambre pue le tabac. ◇ *vt* - **1.** [hacer que huela mal] empester - **2.** [contagiar peste] transmettre la peste.

apetecer ◇ *vi* : **¿te apetece un café?** tu as envie d'un café? ; **me apetece salir** j'ai envie de sortir. ◇ *vt* : **tenían todo cuanto apetecían** ils avaient tout ce dont ils avaient envie.

apetecible *adj* [comida] appétissant(e) ; [vacaciones etc] tentant(e).

apetito *m* appétit *m* ; **abrir el ~** ouvrir l'appétit ; **tener ~** avoir faim.

apetitoso, sa *adj* - **1.** [sabroso] délicieux(euse) - **2.** [deseable - comida] appétissant(e) ; [- empleo, propuesta] alléchant(e).

apiadar *vt* apitoyer. ◆ **apiadarse** *vpr* : **~se (de)** s'apitoyer (sur).
ápice *m* - **1.** [pizca] iota *m* ; **no ceder ni un ~** ne pas céder d'un pouce - **2.** [vértice - de montaña] sommet *m* ; [- de edificio, hoja] haut *m* ; [- de la lengua] bout *m* - **3.** *fig* sommet *m*.
apicultura *f* apiculture *f*.
apilable *adj* empilable, superposable.
apilar *vt* empiler. ◆ **apilarse** *vpr* s'empiler.
apiñar *vt* entasser. ◆ **apiñarse** *vpr* s'entasser, se serrer les uns contre les autres.
apio *m* céleri *m*.
apisonadora *f* rouleau *m* compresseur.
aplacar *vt* calmer. ◆ **aplacarse** *vpr* se calmer.
aplastante *adj* [mayoría etc] écrasant(e) ; [lógica] implacable.
aplastar *vt* écraser.
aplatanar *vt fam* [calor] abrutir ; [gripe] sonner. ◆ **aplatanarse** *vpr fam* se ramollir.
aplaudir *vt lit* & *fig* applaudir.
aplauso *m* - **1.** [con manos] applaudissement *m* - **2.** *fig* [alabanza] éloge *m*.
aplazamiento *m* report *m*.
aplazar *vt* reporter.
aplicación *f* application *f*.
aplicado, da *adj* appliqué(e).
aplicar *vt* appliquer. ◆ **aplicarse** *vpr* - **1.** [esmerarse] : **~se en (hacer) algo** s'appliquer à (faire) qqch - **2.** [concernir] : **~se a alguien/a algo** s'appliquer à qqn/à qqch.
aplomo *m* aplomb *m* ; **perder el ~** perdre son aplomb.
apocado, da *adj* timide.
apocalipsis *m inv* o *f inv* apocalypse *f*. ◆ **Apocalipsis** *m inv* o *f inv* Apocalypse *f*.
apocarse *vpr* - **1.** [intimidarse] s'effrayer - **2.** [rebajarse] se rabaisser.
apócope *f* apocope *f*.
apodar *vt* surnommer. ◆ **apodarse** *vpr* être surnommé(e).
apoderado, da *m, f* - **1.** [representante] fondé *m*, -e *f* de pouvoir - **2.** TAUROM manager *m*, fondé *m* de pouvoir.
apoderar *vt* [dar poderes] déléguer ses pouvoirs à. ◆ **apoderarse** *vpr* : **~se de** s'emparer de.
apodo *m* surnom *m*.
apogeo *m* apogée *m* ; **estar en (pleno) ~** être à l'apogée.
apolillar *vt* [polillas] faire des trous. ◆ **apolillarse** *vpr* être mité(e), se miter.
apolítico, ca *adj* apolitique.
apología *f* apologie *f*.
apoplejía *f* apoplexie *f*.
apoquinar *vt* & *vi* casquer.
aporrear *vt* [golpear] taper.
aportación *f* apport *m* ; **hacer una ~ a una causa** contribuer à une cause.
aportar *vt* [gen] apporter ; [datos, pruebas] fournir ; [dinero] faire un apport de.
aposentar *vt* loger. ◆ **aposentarse** *vpr* se loger.
aposento *m* - **1.** [habitación] chambre *f* - **2.** [alojamiento] : **dar ~, tomar ~** loger.
aposición *f* apposition *f*.
aposta *adv* exprès.
apostante *mf* parieur *m*, -euse *f*.
apostar[1] ◇ *vt* [jugarse] parier. ◇ *vi* [en juego] : **~ (por)** parier o miser (sur). ◆ **apostarse** *vpr* [jugarse] : **~se algo con alguien** parier qqch avec qqn ; **~se algo a que** parier qqch que.
apostar[2] *vt* [emplazar] poster. ◆ **apostarse** *vpr* [colocarse] se poster.
apostilla *f* annotation *f*.
apóstol *m lit* & *fig* apôtre *m*.
apostólico, ca *adj* apostolique.
apóstrofo *m* GRAM apostrophe *f*.
apoteósico, ca *adj* triomphal(e).
apoyar *vt* - **1.** [gen] appuyer - **2.** *fig* [defender] soutenir. ◆ **apoyarse** *vpr* - **1.** [sostenerse] : **~se en** s'appuyer sur - **2.** *fig* [basarse] : **~se en** reposer sur - **3.** [respaldarse] se soutenir.
apoyo *m* - **1.** [físico] support *m*, appui *m* - **2.** *fig* [moral] soutien *m*.
apreciable *adj* - **1.** [perceptible] sensible - **2.** *fig* [estimable] remarquable.
apreciación *f* appréciation *f*.
apreciar *vt* - **1.** [gen] apprécier - **2.** [percibir] distinguer - **3.** [opinar] estimer ; **~ que es necesario hacer algo** juger nécessaire de faire qqch.
aprecio *m* estime *f*.
aprehender *vt* [coger - persona] appréhender ; [- mercancía, sentido] saisir.
aprehensión *f* [de persona] capture *f* ; [de mercancía] saisie *f*.
apremiante *adj* pressant(e), urgent(e).
apremiar ◇ *vt* - **1.** [meter prisa] presser, bousculer - **2.** [obligar] : **~ a alguien a hacer algo** contraindre qqn à faire qqch. ◇ *vi* [ser urgente] presser.
apremio *m* [urgencia] urgence *f*.

aprender *vt* **- 1.** [gen] apprendre **- 2.** [memorizar] retenir. ◆ **aprenderse** *vpr* apprendre.

aprendiz, za *m, f* **- 1.** [principiante] apprenti *m*, -e *f* **- 2.** [novato] débutant *m*, -e *f*.

aprendizaje *m* apprentissage *m*.

aprensión *f* : **~ (por)** [miedo] appréhension *f* (de) ; [escrúpulo] dégoût *m* (pour).

aprensivo, va *adj* **- 1.** [miedoso] craintif(ive) **- 2.** [escrupuloso] délicat(e) **- 3.** [hipocondríaco] alarmiste.

apresar *vt* **- 1.** [suj : animal] saisir **- 2.** [suj : persona] capturer.

apresurado, da *adj* pressé(e) ; [huida, partida] précipité(e).

apresurar *vt* [trámites etc] activer ; [persona] presser. ◆ **apresurarse** *vpr* se dépêcher.

apretado, da *adj* **- 1.** [comprimido] serré(e) **- 2.** *fig* [apurado] critique **- 3.** *fig* [programa] chargé(e).

apretar ◇ *vt* **- 1.** [gen] serrer ; **estos zapatos me aprietan** ces chaussures me serrent **- 2.** [gatillo, botón] appuyer sur **- 3.** *fig* [paso, marcha] presser **- 4.** [ropa, objetos] tasser **- 5.** [labios] pincer **- 6.** *fig* [presionar] : **~ a alguien** harceler qqn, faire pression sur qqn. ◇ *vi* [lluvia, tormenta] redoubler. ◆ **apretarse** *vpr* se serrer ; **~se el cinturón** se serrer la ceinture.

apretón *m* bousculade *f* ; **~ de manos** poignée *f* de main.

apretujar *vt* [objetos] tasser ; [persona] écraser. ◆ **apretujarse** *vpr* [gen] se masser ; [por frío, miedo] se blottir, se pelotonner.

apretujón *m fam* : **dar un ~ a alguien** [abrazo] serrer qqn très fort ; [empujón] bousculer qqn.

aprieto *m fig* situation *f* difficile ; **poner en un ~ a alguien** mettre qqn dans l'embarras ; **verse en un ~** être très ennuyé(e).

aprisa *adv* vite.

aprisionar *vt* **- 1.** [gen] emprisonner **- 2.** [atar] immobiliser.

aprobación *f* approbation *f*.

aprobado, da *adj* approuvé(e) ; [candidato] reçu(e). ◆ **aprobado** *m* mention *f* passable.

aprobar *vt* **- 1.** [gen] approuver ; [ley] adopter **- 2.** [examen, asignatura] réussir.

apropiación *f* appropriation *f*.

apropiado, da *adj* approprié(e).

apropiar *vt* : **~ (a)** adapter (à). ◆ **apropiarse** *vpr* : **~se de algo** s'approprier qqch.

aprovechable *adj* [objeto] utilisable ; [prenda] mettable.

aprovechado, da ◇ *adj* **- 1.** [persona] : **es muy ~** c'est un profiteur **- 2.** [tiempo] bien employé(e) ; [espacio] bien conçu(e) ; **un día bien ~** une journée bien remplie **- 3.** [alumno] appliqué(e). ◇ *m, f* [sinvergüenza] profiteur *m*, -euse *f*.

aprovechamiento *m* **- 1.** [buen uso] utilisation *f*, exploitation *f* **- 2.** [en el estudio] assimilation *f*.

aprovechar ◇ *vt* **- 1.** [gen] : **~ algo** profiter de qqch **- 2.** [lo inservible] récupérer, se servir de. ◇ *vi* [ser provechoso] profiter, être profitable ; [mejorar] progresser, faire des progrès ; **¡que aproveche!** bon appétit! ◆ **aprovecharse** *vpr* : **~se (de)** profiter (de), tirer parti (de).

aprovisionamiento *m* approvisionnement *m*.

aproximación *f* **- 1.** [gen] rapprochement *m* **- 2.** [mediante cálculo] approximation *f* ; **con ~** approximativement **- 3.** [en lotería] lot *m* de consolation.

aproximadamente *adv* approximativement.

aproximado, da *adj* approximatif(ive).

aproximar *vt* approcher, rapprocher. ◆ **aproximarse** *vpr* **- 1.** [fecha] approcher **- 2.** [persona] s'approcher.

aptitud *f* aptitude *f* ; **tener ~ para algo** être doué(e) pour qqch.

apto, ta *adj* **- 1.** [capaz] : **~ (para)** apte (à) **- 2.** [adecuado] bon (bonne) ; **~ para el servicio militar** bon pour le service **- 3.** CIN : **película no apta para menores** film interdit aux moins de dix-huit ans.

apuesta ◇ *v* ▷ **apostar**. ◇ *f* pari *m*.

apuesto, ta *adj* fringant(e).

apuntador, ra *m, f* TEATR souffleur *m*, -euse *f*.

apuntalar *vt lit & fig* étayer.

apuntar ◇ *vt* **- 1.** [anotar] noter ; **~ a alguien** [en lista] inscrire qqn ; **apúntamelo (en la cuenta)** mets-le sur mon compte **- 2.** [dirigir - arma, dedo] pointer ; **~ a alguien (con el dedo)** montrer qqn du doigt ; **~ a alguien (con un arma)** viser qqn **- 3.** TEATR souffler **- 4.** *fig* [sugerir] évoquer **- 5.** *fig* [indicar] signaler ; [importancia] souligner. ◇ *vi* [empezar a salir] poindre. ◆ **apuntarse** *vpr* **- 1.** [en lista, curso] s'inscrire **- 2.** [participar] être partant(e) ; **~se (a hacer algo)** se joindre à qqn (pour faire qqch) ; **yo me apunto** je viens avec vous.

apunte *m* **- 1.** [nota escrita] note *f* **- 2.** [boceto] esquisse *f* - **3.** COM écriture *f* (comptable). ◆ **apuntes** *mpl* EDUC notes *fpl*, cours *mpl*.

apuñalar *vt* poignarder.

apurado, da *adj* - **1.** [necesitado] dans le besoin ; **~ de** à court de - **2.** [avergonzado] gêné(e) - **3.** [difícil] délicat(e).

apurar *vt* - **1.** [botella, cigarrillo] finir ; [existencias] épuiser - **2.** [meter prisa] bousculer - **3.** [preocupar] inquiéter - **4.** [avergonzar] gêner. ◆ **apurarse** *vpr* - **1.** [preocuparse] s'inquiéter - **2.** [darse prisa] se dépêcher.

apuro *m* - **1.** [dificultad] gros ennui *m* ; **estar en ~s** avoir des problèmes ; **sacar de un ~ a alguien** tirer qqn d'affaire - **2.** [escasez] manque *m* (d'argent) - **3.** [vergüenza] gêne *f* ; **me da ~ decírtelo** ça me gêne o ça m'ennuie de te le dire.

aquejado, da *adj* : **~ de** atteint de.

aquel, aquella (*mpl* **aquellos**, *fpl* **aquellas**) *adj demos* ce, cette ; **dame aquellos libros** donne-moi les livres qui sont là-bas ; **~ edificio que se ve a lo lejos es nuevo** le bâtiment qu'on voit là-bas, au loin, est neuf ; **en aquella época** à cette époque-là.

aquél, aquélla (*mpl* **aquéllos**, *fpl* **aquéllas**) *pron demos* celui-là, celle-là ; **este cuadro me gusta pero ~ del fondo no** ce tableau(-ci) me plaît mais pas celui du fond ; **~ fue mi último día en Londres** ce fut mon dernier jour à Londres ; **aquéllos que quieran hablar que levanten la mano** que ceux qui veulent parler lèvent la main.

aquelarre *m* [de brujas] sabbat *m*.

aquella ▷ aquel.

aquélla ▷ aquél.

aquello *pron demos (neutro)* cela ; **~ que se ve al fondo es el mar** c'est la mer que l'on voit dans le fond ; **no sé si ~ lo dijo en serio** je ne sais pas s'il a dit cela sérieusement.

aquellos, aquellas ▷ aquel.

aquéllos, aquéllas ▷ aquél.

aquí *adv* - **1.** [gen] ici ; **~ arriba/abajo** en haut/bas ; **~ cerca** près d'ici ; **~ dentro** dedans ; **~ fuera** dehors ; **~ mismo** ici même ; **por ~** par ici ; **de ~ a mañana** d'ici demain - **2.** [en tiempo pasado] : **~ empezaron los problemas** c'est là que les problèmes ont commencé.

ara *f (el) culto* - **1.** [piedra] pierre *f* d'autel - **2.** [altar] autel *m*. ◆ **en aras de** *loc prep* au nom de.

árabe ◇ *adj* arabe. ◇ *mf* Arabe *mf*. ◇ *m* [lengua] arabe *m*.

Arabia Saudí Arabie saoudite *f*.

arábigo, ga *adj* - **1.** [de Arabia] arabique - **2.** [numeración] arabe.

arado *m* charrue *f*.

Aragón Aragon *m*.

aragonés, esa ◇ *adj* aragonais(e). ◇ *m, f* Aragonais *m*, -e *f*.

arancel *m* - **1.** [tarifa] tarif *m* douanier - **2.** [tasa] droit *m* de douane, taxe *f*.

arancelario, ria *adj* [reforma etc] douanier(ère) ; [tasa, derechos] de douane.

arándano *m* - **1.** [fruto rojo] airelle *f* - **2.** [fruto azul] myrtille *f*.

arandela *f* TECNOL rondelle *f*.

araña *f* - **1.** [animal] araignée *f* - **2.** [lámpara] lustre *m*.

arañar *vt* - **1.** [con las uñas] griffer - **2.** [raspar] égratigner, érafler - **3.** *fig* [reunir] grappiller.

arañazo *m* égratignure *f*, éraflure *f*.

arar *vt* labourer.

arbitraje *m* arbitrage *m*.

arbitrar *vt* - **1.** DEP & DER arbitrer - **2.** [disponer - medidas] prendre ; [- recursos] employer.

arbitrariedad *f* - **1.** [cualidad] arbitraire *m* - **2.** [acción] acte *m* arbitraire ; **con ~** de façon arbitraire.

arbitrario, ria *adj* arbitraire.

arbitrio *m* volonté *f*.

árbitro *m* DEP & DER arbitre *m*.

árbol *m* - **1.** [gen] arbre *m* ; **~ de Navidad** sapin *m* de Noël - **2.** NÁUT [palos] mât *m*. ◆ **árbol genealógico** *m* arbre *m* généalogique.

arbolar *vt* - **1.** [barco] mâter - **2.** [bandera] arborer ; **~ la bandera** hisser le pavillon - **3.** [mar] déchaîner.

arboleda *f* bois *m*.

arbusto *m* arbuste *m*.

arca *f (el)* coffre *m* ; **~ de Noé** arche *f* de Noé. ◆ **arcas** *fpl* caisses *fpl* ; **~s públicas** caisses de l'État.

arcada *f* - **1.** *(gen pl)* [de estómago] haut-le-cœur *m inv* - **2.** ARQUIT [arco] arcade *f* - **3.** [de puente] arche *f*.

arcaico, ca *adj* archaïque.

arcángel *m* archange *m*.

arce *m* érable *m*.

arcén *m* bas-côté *m*.

archiconocido, da *adj fam* archiconnu(e).

archiduque, quesa *m, f* archiduc *m*, archiduchesse *f*.

archipiélago *m* archipel *m*.

archivador, ra *m, f* archiviste *mf*. ◆ **archivador** *m* classeur *m*.

archivar *vt* - **1.** [cosas] classer - **2.** *fig* [pensamientos] enfouir - **3.** INFORM [fichero] archiver.

archivo *m* - **1.** [gen] archives *fpl* - **2.** INFORM fichier *m*.

arcilla *f* argile *f*.

arcipreste *m* RELIG archiprêtre *m*.

arco *m* - **1.** [gen & GEOM] arc *m* - **2.** ARQUIT arche *f* ; ~ **de herradura** arc *m* en fer à cheval ; ~ **triunfal** o **de triunfo** arc *m* de triomphe - **3.** MÚS archet *m* - **4.** *Amer* DEP [portería] buts *mpl*. ◆ **arco iris** *m inv* arc-en-ciel *m*.

arcón *m* grand coffre *m*.

arder *vi lit & fig* brûler ; **está que arde** [lugar o reunión] ça chauffe, ça barde ; [persona] il bout de colère.

ardid *m* ruse *f*.

ardiente *adj* brûlant(e) ; [deseo, defensor, brasa] ardent(e) ; [admirador] fervent(e).

ardilla *f* écureuil *m*.

ardor *m* - **1.** *lit & fig* ardeur *f* - **2.** [quemazón] brûlure *f*.

arduo, dua *adj* ardu(e).

área *f (el)* - **1.** [gen] zone *f* ; ~ **de servicio** aire *f* de service - **2.** GEOM surface *f* - **3.** [medida] are *m* - **4.** DEP : ~ **(de castigo** o **penalti)** surface *f* (de réparation).

arena *f* - **1.** [partícula] sable *m* ; ~**s movedizas** sables mouvants - **2.** HIST & TAUROM arène *f*.

arenal *m* grève *f (rivage)*.

arenga *f* harangue *f*.

arenilla *f* sable *m* fin ; [en el ojo] poussière *f*.

arenoso, sa *adj* sablonneux(euse) ; [playa] de sable.

arenque *m* hareng *m*.

aretes *mpl Amer* boucles *fpl* d'oreille.

argamasa *f* CONSTR mortier *m*.

Argel Alger.

Argelia Algérie *f*.

argelino, na ◇ *adj* algérien(enne). ◇ *m, f* Algérien *m*, -enne *f*.

Argentina *f* : **(la)** ~ (l') Argentine *f*.

argentino, na ◇ *adj* argentin(e). ◇ *m, f* Argentin *m*, -e *f*.

argolla *f* - **1.** [gen] anneau *m* - **2.** *Amer* [anillo] alliance *f*.

argot (*pl* **argots**) *m* - **1.** [jerga popular] argot *m* - **2.** [jerga técnica] jargon *m*.

argucia *f* sophisme *m*.

argumentación *f* argumentation *f*.

argumentar *vt* - **1.** [teoría, opinión] argumenter - **2.** [razones, excusas] invoquer.

argumento *m* - **1.** [razonamiento, resumen] argument *m* - **2.** [trama] thème *m*.

aridez *f lit & fig* aridité *f*.

árido, da *adj* [gen] aride ; [aburrido] rébarbatif(ive). ◆ **áridos** *mpl céréales et légumes secs.*

Aries ◇ *m inv* [zodiaco] Bélier *m*. ◇ *mf inv* [persona] bélier *m inv*.

ariete *m* - **1.** HIST & MIL bélier *m* - **2.** DEP avant-centre *m*.

arisco, ca *adj* [huidizo] farouche ; [insociable] bourru(e), revêche.

arista *f* ARQUIT arête *f*.

aristocracia *f* aristocratie *f*.

aristócrata *mf* aristocrate *mf*.

aritmético, ca *adj* arithmétique. ◆ **aritmética** *f* arithmétique *f*.

arlequín *m* arlequin *m*.

arma *f (el)* arme *f* ; ~ **blanca/de fuego** arme blanche/à feu ; ~ **homicida** arme du crime ; **una mujer de ~s tomar** une maîtresse femme. ◆ **armas** *fpl* MIL armes *fpl*.

armada *f* ▷ **armado.**

armadillo *m* tatou *m*.

armado, da *adj* armé(e). ◆ **armada** *f* [marina] marine *f* ; [escuadra] flotte *f*.

armador, ra *m, f* armateur *m*.

armadura *f* - **1.** [de gafas] monture *f* ; [de tejado] charpente *f* ; [de barco] carcasse *f* - **2.** [de guerrero] armure *f*.

armamentista *adj* de l'armement ▷ **carrera.**

armamento *m* armement *m*.

armar *vt* - **1.** [arma, personas] armer - **2.** [mueble, tienda de campaña] monter - **3.** *fam fig* [provocar] faire ; ~ **un escándalo** faire un scandale ; ~**la** *fam* faire des histoires. ◆ **armarse** *vpr* [con armas] s'armer ; ~**se de** [de paciencia etc] s'armer de ; **se armó la gorda** o **la de San Quintín** o **la de Dios es Cristo** *fam* ça a bardé.

armario *m* armoire *f* ; ~ **(empotrado)** placard *m*.

armatoste *m* [mueble] mastodonte *m* ; [máquina] engin *m*.

armazón *m* o *f* armature *f* ; ARQUIT ossature *f*.

armería *f* - **1.** [depósito] arsenal *m* - **2.** [museo] musée *m* de l'armée - **3.** [tienda, arte] armurerie *f*.

armiño *m* hermine *f*.

armisticio *m* armistice *m*.
armonía *f* harmonie *f*.
armónico, ca *adj* harmonique. ◆ **armónico** *m* harmonique *m*. ◆ **armónica** *f* harmonica *m*.
armonioso, sa *adj* harmonieux(euse).
armonizar ◇ *vt* [gen & MÚS] harmoniser. ◇ *vi* [concordar] : ~ **con** être en harmonie avec.
arnés *m* armure *f*. ◆ **arneses** *mpl* - **1.** [de animal] harnais *m* - **2.** [instrumentos] matériel *m*.
aro *m* - **1.** [círculo] cercle *m* ; TECNOL bague *f* - **2.** [pendiente, anillo] anneau *m* ; **los ~s olímpicos** les anneaux olympiques - **3.** [servilletero] rond *m* de serviette - **4.** *loc* : **entrar** o **pasar por el ~** céder, s'incliner.
aroma *m* arôme *m*.
aromaterapia *f* aromathérapie *f*.
aromático, ca *adj* aromatique.
aromatizar *vt* aromatiser.
aros *mpl Amer* boucles *fpl* d'oreille.
arpa *f (el)* harpe *f*.
arpía *f* MITOL & *fig* harpie *f*.
arpillera *f* toile *f* à sac, toile *f* de jute.
arpón *m* harpon *m*.
arquear *vt* arquer ; [cejas] hausser ; [espalda] courber ; ~ **el lomo** [un gato] faire le gros dos. ◆ **arquearse** *vpr* [por el peso] ployer.
arqueo *m* - **1.** [curvamiento] courbure *f* - **2.** COM caisse *f* ; ~ **de caja** contrôle *m* o vérification *f* de caisse.
arqueología *f* archéologie *f*.
arqueólogo, ga *m, f* archéologue *mf*.
arquero *m* - **1.** DEP & MIL archer *m* - **2.** DEP [portero] gardien *m* de but.
arquetipo *m* archétype *m*.
arquitecto, ta *m, f* architecte *mf*.
arquitectura *f* architecture *f*.
arrabal *m* : **los ~es** les faubourgs, les quartiers populaires.
arrabalero, ra ◇ *adj* - **1.** [del arrabal] des faubourgs, des quartiers populaires - **2.** [barriobajero] populacier(ère) ; [lenguaje] de charretier. ◇ *m, f* [barriobajero] zonard *m*, -e *f*.
arraigar ◇ *vt* enraciner. ◇ *vi* - **1.** [en un lugar] prendre racine, pousser - **2.** *fig* [en un tiempo] s'enraciner. ◆ **arraigarse** *vpr* [establecerse] se fixer ; **~se a** s'attacher à.
arraigo *m* enracinement *m* ; **tener mucho ~** [una tradición etc] être bien ancré(e).
arrancar ◇ *vt* - **1.** [gen] arracher ; [árbol] déraciner - **2.** [coche] faire démarrer ; [máquina] mettre en marche - **3.** INFORM [programa] lancer. ◇ *vi* - **1.** [coche, máquina] démarrer - **2.** [provenir] : ~ **de** remonter à - **3.** [partir] partir. ◆ **arrancarse** *vpr* : **~se a hacer algo** se mettre à faire qqch.
arranque *m* - **1.** [comienzo] point *m* de départ, début *m* - **2.** AUTOM démarreur *m* - **3.** *fig* [arrebato] accès *m* ; **en un ~ de generosidad** dans un élan de générosité.
arras *fpl* - **1.** [fianza] arrhes *fpl* - **2.** [en boda] *les treize pièces de monnaie ou autre cadeau que le jeune marié offre à sa femme pendant la cérémonie du mariage.*
arrasar *vt* ravager, dévaster.
arrastrar ◇ *vt* - **1.** [gen] traîner ; [carro, vagón] remorquer ; [suj : corriente, aire] emporter - **2.** *fig* [convencer] rallier - **3.** *fig* [producir] entraîner ; ~ **a alguien a algo/a hacer algo** [impulsar a] pousser qqn à qqch/à faire qqch. ◇ *vi* traîner (par terre). ◆ **arrastrarse** *vpr* - **1.** [por el suelo] se traîner ; [reptil] ramper - **2.** *fig* [humillarse] ramper.
arrastre *m* - **1.** [acarreo] déplacement *m* - **2.** [pesca] : **pesca de ~** pêche *f* au chalut o à la traîne - **3.** *loc* : **estar para el ~** *fam* être au bout du rouleau.
arre *interj* : **¡arre!** hue!
arrear *vt* - **1.** [azuzar - animal] stimuler ; [- persona] presser - **2.** *fam* [un golpe etc] flanquer - **3.** [poner arreos] harnacher.
arrebatado, da *adj* - **1.** [impetuoso] emporté(e) - **2.** [ruborizado] tout rouge (toute rouge) - **3.** [iracundo] furieux(euse).
arrebatar *vt* - **1.** [arrancar] arracher - **2.** *fig* [cautivar] fasciner. ◆ **arrebatarse** *vpr* s'emporter.
arrebato *m* [arranque] emportement *m* ; [de pasión] extase *f* ; ~ **de amor** transport *m* amoureux ; ~ **de ira** accès *m* de colère.
arrebujar *vt* - **1.** [sin orden] mettre en vrac - **2.** [arropar] emmitoufler. ◆ **arrebujarse** *vpr* [arroparse] s'emmitoufler.
arreciar *vi lit* & *fig* redoubler.
arreglado, da *adj* - **1.** [reparado] réparé(e) ; [ropa] retouché(e) - **2.** [ordenado] rangé(e) - **3.** [persona] arrangé(e), soigné(e) - **4.** *fig* [solucionado] réglé(e) - **5.** *fig* [precio] raisonnable.
arreglar *vt* - **1.** [gen & MÚS] arranger ; [curar] remettre d'aplomb - **2.** [ordenar] ranger - **3.** [solucionar] régler - **4.** [acicalar] préparer ; [mujer] pomponner - **5.** *fam* [como amenaza] : **¡ya te arreglaré!** tu vas voir! ◆ **arreglarse** *vpr* - **1.** [apañarse]

s'arranger ; **saber arreglárselas** savoir s'y prendre - **2.** [acicalarse] se préparer ; [una mujer] se pomponner.
arreglo *m* arrangement *m* ; [de ropa] retouche *f* ; **no tiene ~** cela ne peut pas s'arranger, il n'y a pas de solution ; **con ~ a** conformément à.
arremangar *vt* retrousser. ◆ **arremangarse** *vpr* retrousser ses manches.
arremeter *vi* : **~ contra** se jeter sur ; *fig* s'en prendre à.
arremetida *f* bourrade *f*.
arremolinarse *vpr* - **1.** *fig* [personas] se bousculer - **2.** [cosas] tourbillonner.
arrendamiento *m*, **arriendo** *m* - **1.** [acción] location *f* - **2.** [precio] loyer *m*.
arrendar *vt* louer.
arrendatario, ria ◇ *adj* de location. ◇ *m, f* locataire *mf* ; [agrícola] exploitant *m*, -e *f*.
arrepentido, da ◇ *adj* repenti(e), repentant(e) ; **estar ~ de algo** regretter qqch. ◇ *m, f* repenti *m*, -e *f*.
arrepentimiento *m* repentir *m*.
arrepentirse *vpr* : **~ (de algo)** se repentir (de qqch), regretter (qqch).
arrestar *vt* arrêter.
arresto *m* arrestation *f*.
arriar *vt* [velas] amener ; [bandera] baisser.
arriba ◇ *adv* - **1.** [posición] au-dessus ; **vive (en el piso de) ~** il habite au-dessus ; **~ del todo** tout en haut ; **más ~** plus haut, au-dessus - **2.** [dirección] en haut ; **mirar hacia ~** regarder en l'air ; **ir para ~** monter ; **calle ~** en remontant la rue ; **río ~** en amont - **3.** [en un texto] ci-dessus - **4.** *loc* : **de ~ abajo** [cosa] du début à la fin ; [persona] de la tête aux pieds ; **mirar a alguien de ~ abajo** [con desdén] regarder qqn de haut en bas. ◇ *interj* : **¡arriba!** courage! ; **¡~ la República!** vive la République! ; **¡~ las manos!** haut les mains! ◆ **arriba de** *loc prep* plus de ; *Amer* [encima de] sur. ◆ **de arriba** *loc adj* : **la vecina de ~** la voisine du dessus ; **el estante de ~** l'étagère du haut.
arribar *vi* [por tierra] parvenir ; [por mar] toucher au port.
arribeño, ña *m, f Amer fam* habitant *m*, -e *f* des hauts plateaux.
arribista *adj* & *mf* arriviste.
arriendo = **arrendamiento**.
arriesgado, da *adj* - **1.** [peligroso] risqué(e) - **2.** [temerario] audacieux(euse).
arriesgar *vt* risquer. ◆ **arriesgarse** *vpr* s'exposer, prendre des risques ; **~se a** se risquer à.
arrimar *vt* - **1.** [acercar] approcher, rapprocher - **2.** *fig* [arrinconar] mettre dans un coin. ◆ **arrimarse** *vpr* - **1.** [en el espacio] s'approcher, se rapprocher ; **~se a algo** s'appuyer sur - **2.** *fig* [ampararse] : **~se a alguien** s'en remettre à qqn.
arrinconar *vt* - **1.** [apartar, abandonar] mettre dans un coin - **2.** *fig* [persona - acorralar] mettre au pied du mur ; [- dejar de lado] délaisser, mettre à l'écart.
arrodillarse *vpr* [ponerse de rodillas] s'agenouiller.
arrogancia *f* arrogance *f*.
arrogante *adj* arrogant(e).
arrojado, da *adj* courageux(euse), intrépide.
arrojar *vt* - **1.** [lanzar] jeter - **2.** [despedir - humo, lava] cracher ; [- olor] dégager - **3.** [echar] chasser - **4.** [resultado] faire apparaître, mettre en évidence - **5.** [vomitar] rendre. ◆ **arrojarse** *vpr* se jeter.
arrojo *m* courage *m*.
arrollador, ra *adj* [fuerza] irrésistible ; [éxito] retentissant(e) ; [belleza] éblouissant(e).
arrollar *vt* - **1.** [enrollar] enrouler - **2.** [atropellar] renverser - **3.** [suj : agua, viento] emporter - **4.** [vencer] mettre en déroute.
arropar *vt* - **1.** [con ropa] couvrir - **2.** *fig* [con protección] protéger. ◆ **arroparse** *vpr* se couvrir.
arroyo *m* - **1.** [riachuelo] ruisseau *m* - **2.** [de la calle] caniveau *m*.
arroz *m* riz *m* ; **~ blanco** riz nature ; **~ con leche** riz au lait.
arruga *f* - **1.** [de ropa] pli *m* - **2.** [de piel] ride *f*.
arruinar *vt lit* & *fig* ruiner. ◆ **arruinarse** *vpr* se ruiner.
arrullar *vt* chanter une berceuse à, bercer. ◆ **arrullarse** *vpr lit* & *fig* roucouler.
arrullo *m* - **1.** [de palomas] roucoulement *m* - **2.** [nana] berceuse *f* - **3.** *fig* [susurro] murmure *m*.
arrumar *vt Amer* empiler.
arrume *m Amer* pile *f*.
arsenal *m* - **1.** [de barcos, armas] arsenal *m* - **2.** [de cosas] stock *m*.
arsénico *m* arsenic *m*.
art. (*abrev de* **artículo**) art.
arte *m* o *f* - **1.** [gen] art *m* - **2.** [astucia] ruse

f ; **por** o **con malas ~s** par des moyens pas très catholiques. ◆ **artes** *fpl* arts *mpl* ; **~s gráficas/plásticas** arts graphiques/ plastiques ; **bellas ~s** beaux-arts *mpl*.

artefacto *m* engin *m*.

arteria *f* artère *f*.

artesanal *adj* artisanal(e).

artesanía *f* artisanat *m*.

artesano, na *m, f* artisan *m*, -e *f*.

Ártico *m* : **el ~** l'Arctique *m*.

articulación *f* [gen & ANAT] articulation *f*.

articulado, da *adj* articulé(e).

articular *vt* - **1.** [gen] articuler - **2.** [plan, proyecto] élaborer.

artículo *m* article *m* ; **~ de fondo** PRENSA article de fond.

artífice *mf* artisan *m*, -e *f*.

artificial *adj lit* & *fig* artificiel(elle).

artificio *m* - **1.** [aparato] engin *m* - **2.** *fig* [artimaña] artifice *m*.

artificioso, sa *adj fig* [engañoso] trompeur(euse).

artillería *f* artillerie *f*.

artillero *m* artilleur *m*.

artilugio *m* - **1.** [mecanismo] engin *m* - **2.** *fig* [maña] stratagème *m*.

artimaña *f (gen pl)* ruse *f*, subterfuge *m*, artifice *m*.

artista *mf lit* & *fig* artiste *mf*.

artístico, ca *adj* artistique.

artritis *f inv* arthrite *f*.

artrosis *f inv* arthrose *f*.

arz. *abrev de* **arzobispo**.

arzobispo *m* archevêque *m*.

as *m* as *m*.

asa *f (el)* anse *f (poignée)*.

asado *m* rôti *m*.

asador *m* - **1.** [aparato] rôtissoire *f* - **2.** [varilla] broche *f* - **3.** [restaurante] grill *m*.

asaduras *fpl* abats *mpl*.

asalariado, da *m, f* salarié *m*, -e *f*.

asalmonado, da *adj* [color] saumon *(inv)*.

asaltante *mf* assaillant *m*, -e *f*.

asaltar *vt* - **1.** [gen] assaillir ; [castillo, ciudad] prendre d'assaut - **2.** [banco, persona, tren] attaquer ; **~ con** *fig* assaillir de - **3.** *fig* [suj : duda] assaillir ; [suj : idea] venir à.

asalto *m* - **1.** [de castillo, ciudad] assaut *m* ; [de banco] hold-up *m* ; [de persona] attaque *f*, agression *f* - **2.** DEP round *m*.

asamblea *f* [reunión] assemblée *f*.

asar *vt* - **1.** [al horno] rôtir ; [a la parrilla] griller - **2.** *fig* [importunar] : **~ a alguien a preguntas** harceler qqn de questions. ◆ **asarse** *vpr fig* cuire, étouffer.

ascendencia *f* - **1.** [linaje] ascendance *f* - **2.** [origen, clase social] : **es de baja/alta ~** il est de basse/haute extraction - **3.** *fig* [influencia] ascendant *m*.

ascendente ◇ *adj* ascendant(e). ◇ *m* ASTROL ascendant *m*.

ascender ◇ *vi* - **1.** [subir] monter - **2.** [incrementarse] augmenter - **3.** [progresar - en empleo] être promu(e) ; [- en deportes] monter dans le classement ; **~ a primera división** monter en première division - **4.** [factura, cuenta] : **~ a** s'élever à. ◇ *vt* : **~ a alguien (a algo)** promouvoir qqn (à qqch).

ascendiente *mf* [antepasado] ancêtre *mf*.

ascensión *f* ascension *f*. ◆ **Ascensión** *f* RELIG Ascension *f*.

ascenso *m* - **1.** [en empleo] avancement *m*, promotion *f* ; [en deportes] : **el equipo lucha por el ~ a primera** l'équipe fait tout pour monter en première division - **2.** [a un monte] ascension *f*.

ascensor *m* ascenseur *m*.

ascético, ca *adj* ascétique.

asco *m* [sensación] dégoût *m* ; **¡qué ~ de tiempo!** quel sale temps!, quel temps pourri! ; **¡qué ~!** c'est dégoûtant o répugnant! ; **dar ~** dégoûter ; **hacer ~s a algo** faire la fine bouche devant qqch ; **estar hecho un ~** *fam* être vraiment dégoûtant(e) ; **ser un ~** *fam* [cosa mala] être nul (nulle) ; [cosa fea] être une horreur ; [cosa sucia] être vraiment dégoûtant(e).

ascua *f (el)* charbon *m* ardent ; **arrimar el ~ a su sardina** tirer la couverture à soi.

aseado, da *adj* - **1.** [limpio - persona] net (nette) ; [- animal] propre - **2.** [arreglado] soigné(e).

asear *vt* nettoyer. ◆ **asearse** *vpr* - **1.** [lavarse] faire sa toilette - **2.** [arreglarse] se préparer.

asediar *vt* assiéger ; *fig* harceler.

asedio *m* siège *m* ; *fig* harcèlement *m*.

asegurado, da *m, f* assuré *m*, -e *f*.

asegurador, ra *m, f* assureur *m*.

asegurar *vt* - **1.** [fijar] assujettir ; [tuerca] resserrer - **2.** [garantizar] assurer. ◆ **asegurarse** *vpr* - **1.** [cerciorarse] : **~se de que** s'assurer que ; **asegúrate de cerrar la puerta** n'oublie pas de fermer la porte - **2.** [hacer un seguro] : **~se (contra)** s'assurer (contre).

asentamiento *m* - **1.** [de edificio] assise *f* - **2.** [de personas] colonie *f*.
asentar *vt* - **1.** [instalar - empresa] implanter ; [- campamento, pueblo] installer - **2.** [asegurar - cimientos] asseoir ; [- conocimientos] parfaire. ◆ **asentarse** *vpr* - **1.** [instalarse] s'établir, se fixer - **2.** [posarse] se déposer.
asentir *vi* - **1.** [estar conforme] : ~ **(a algo)** admettre (qqch) - **2.** [afirmar con la cabeza] acquiescer.
aseo *m* - **1.** [acción] toilette *f* ; [cualidad] propreté *f* - **2.** [habitación] salle *f* d'eau. ◆ **aseos** *mpl* toilettes *fpl*.
aséptico, ca *adj* - **1.** MED aseptique - **2.** *fig* [discurso] aseptisé(e).
asequible *adj* accessible.
aserradero *m* scierie *f*.
asesinar *vt* assassiner.
asesinato *m* assassinat *m*.
asesino, na ◇ *adj* [mano, mirada] assassin(e) ; [arma, tendencias] meurtrier(ère). ◇ *m, f* assassin *m*, meurtrier *m*, -ère *f*.
asesor, ra *m, f* - **1.** [gen] conseiller *m*, -ère *f* ; DER assesseur *m* ; ~ **de imagen** conseiller en communication ; ~ **fiscal** conseiller fiscal - **2.** ECON consultant *m*, -e *f*.
asesorar *vt* conseiller. ◆ **asesorarse** *vpr* : **~se (en algo)** se faire conseiller (sur qqch) ; **~se de** o **con alguien** prendre conseil auprès de qqn.
asesoría *f* - **1.** [oficio] conseil *m* - **2.** [oficina] cabinet-conseil *m* ; ~ **jurídica** cabinet juridique.
asestar *vt* [golpe, puñalada] asséner ; [tiro] tirer.
asexuado, da *adj* asexué(e).
asfaltado *m* [acción] goudronnage *m*, asphaltage *m* ; [asfalto] chaussée *f*.
asfaltar *vt* goudronner, asphalter.
asfalto *m* asphalte *m*.
asfixia *f* asphyxie *f*.
asfixiante *adj* [gas] asphyxiant(e) ; [calor] étouffant(e).
asfixiar *vt* - **1.** [ahogar] asphyxier - **2.** *fig* [agobiar] étouffer, oppresser. ◆ **asfixiarse** *vpr* - **1.** [ahogarse] s'asphyxier - **2.** *fam* [de calor] crever de chaleur - **3.** *fig* [agobiarse] étouffer.
así ◇ *adv* ainsi ; [de este modo] comme ceci ; [de ese modo] comme cela ; **era ~ de largo** il était long comme ça ; ~ **es/era/fue como** voilà comment, c'est ainsi que ; ~, ~ comme ci comme ça, couci couça ; **algo ~** qqch comme ça ; ~ **como** [igual que] de même que, ainsi que ; [del mismo modo] comme ; ~ **es** c'est ça ; **y ~ todos los días** et c'est comme ça tous les jours ; **y ~ sucesivamente** et ainsi de suite. ◇ *conj* - **1.** [de modo que] ainsi ; ~ **(es) que** alors ; **estoy enferma ~ que no voy** je suis malade, alors je n'y vais pas - **2.** [aunque] : **no lo haré ~ me paguen** je ne le ferai pas même pour de l'argent. ◇ *adj inv* [como éste] pareil(eille). ◆ **así no más** *loc adv Amer fam* - **1.** [regular] comme ci comme ça - **2.** [de repente] sans prévenir. ◆ **así pues** *loc adv* donc, par conséquent. ◆ **así y todo** *loc adv* malgré tout.
Asia Asie *f*.
asiático, ca ◇ *adj* asiatique. ◇ *m, f* Asiatique *mf*.
asidero *m* - **1.** [agarradero] manche *m* - **2.** *fig* [apoyo] soutien *m*.
asiduidad *f* assiduité *f*.
asiduo, dua ◇ *adj* assidu(e). ◇ *m, f* habitué *m*, -e *f*.
asiento *m* - **1.** [mueble] siège *m* ; **tomar ~** prendre place - **2.** [localidad] place *f* - **3.** [base] assise *f* - **4.** [emplazamiento] site *m* - **5.** COM écriture *f* ; ~ **contable** écriture comptable.
asignación *f* - **1.** [a una persona] attribution *f* ; [a un grupo] répartition *f* ; [de fondos, vacante] affectation *f* - **2.** [sueldo] appointements *mpl* ; [de funcionario] traitement *m*.
asignar *vt* - **1.** [atribuir] : ~ **algo a alguien** assigner o attribuer qqch à qqn - **2.** [destinar] : ~ **a alguien a** affecter qqn à.
asignatura *f* EDUC matière *f*.
asilado, da *m, f* réfugié *m*, -e *f*.
asilo *m lit* & *fig* asile *m* ; ~ **político** asile politique.
asimilación *f* - **1.** [gen & LING] assimilation *f* - **2.** [comparación] confrontation *f*.
asimilar *vt* - **1.** [gen] assimiler - **2.** [comparar] confronter. ◆ **asimilarse** *vpr* s'assimiler.
asimismo *adv* aussi, de même ; **es ~ necesario que ...** de même, il est nécessaire que ...
asistencia *f* - **1.** [presencia] présence *f* - **2.** [ayuda, público] assistance *f* ; ~ **médica** soins *mpl* ; ~ **técnica** assistance technique - **3.** [afluencia] fréquentation *f* - **4.** DEP passe *f*.
asistenta *f* femme *f* de ménage.
asistente *mf* - **1.** [ayudante] assistant *m*, -e *f* ; **una ~ social** une assistante sociale

- **2.** [presentes] : **los ~s** les personnes présentes.
asistido, da *adj* AUTOM & INFORM assisté(e).
asistir ◇ *vt* - **1.** [acompañar] assister - **2.** [ayudar - a heridos, necesitados] secourir ; [- a enfermos] soigner. ◇ *vi* [presenciar] : **~ a** assister à.
asma *f (el)* asthme *m*.
asno *m lit* & *fig* âne *m*.
asociación *f* association *f* ; **~ de consumidores** association de (défense des) consommateurs ; **~ de ideas** association d'idées.
asociado, da ◇ *adj* associé(e). ◇ *m, f* - **1.** [miembro] associé *m*, -e *f* - **2.** EDUC maître *m* de conférences.
asociar *vt* associer. ◆ **asociarse** *vpr* s'associer.
asolar *vt* dévaster.
asomar ◇ *vi* [gen] apparaître ; [pañuelo, camisa etc] sortir, dépasser ; [sol] poindre. ◇ *vt* passer ; **~ la cabeza por la ventana** passer la tête par la fenêtre. ◆ **asomarse** *vpr* : **~se a** se pencher à.
asombrar *vt* [causar admiración] stupéfier ; [causar sorpresa] étonner. ◆ **asombrarse** *vpr* : **~se (de)** [sentir sorpresa] s'étonner (de).
asombro *m* [admiración] stupéfaction *f* ; [sorpresa] étonnement *m*.
asombroso, sa *adj* [sensacional] stupéfiant(e), ahurissant(e) ; [sorprendente] étonnant(e).
asomo *m* [gen] pointe *f* ; [de duda] ombre *f* ; [de esperanza] lueur *f* ; **ni por ~** pas le moins du monde ; **no creer algo ni por ~** ne pas croire une seconde à qqch.
aspa *f (el)* [de molino] aile *f* ; [de hélice] pale *f*.
aspaviento *m (gen pl)* simagrée *f* ; **hacer ~s** faire des simagrées.
aspecto *m* [gen] aspect *m*, apparence *f* ; [de persona - presencia, pinta] allure *f* ; [- cara, estado físico] mine *f* ; **tener buen/mal ~** avoir bonne/mauvaise mine ; **bajo este ~** sous cet angle ; **en todos los ~s** à tous points de vue.
aspereza *f* - **1.** [de piel etc] rugosité *f* ; [de terreno] aspérité *f* ; [de sabor] âpreté *f* - **2.** *fig* [de carácter] rudesse *f* ; **limar ~s** arrondir les angles.
áspero, ra *adj* - **1.** [al tacto - piel] rugueux(euse) ; [- tejido] rêche - **2.** [al gusto] âpre - **3.** [terreno] raboteux(euse) - **4.** *fig* [carácter] revêche.
aspersión *f* aspersion *f*.
aspersor *m* [para jardín] asperseur *m* ; [para cultivos] pulvérisateur *m*.
aspiración *f* aspiration *f*.
aspirador *m*, **aspiradora** *f* aspirateur *m*.
aspirante ◇ *adj* aspirant(e). ◇ *mf* candidat *m*, -e *f*.
aspirar ◇ *vt* aspirer. ◇ *vi* : **~ a algo** [ansiar] aspirer à qqch.
aspirina® *f* aspirine *f*.
asquear *vt* dégoûter.
asquerosidad *f* [cosa mala] nullité *f* ; [cosa fea] horreur *f* ; [cosa sucia] : **es una ~** c'est vraiment répugnant.
asqueroso, sa *adj* répugnant(e).
asta *f (el)* - **1.** [de bandera, lanza] hampe *f* - **2.** [de pincel] manche *m* - **3.** [de toro] corne *f*.
asterisco *m* astérisque *m*.
astigmatismo *m* astigmatisme *m*.
astilla *f* [de piedra, madera] éclat *m* ; [en el dedo] écharde *f*.
astillero *m* chantier *m* naval.
astracán *m* astrakan *m*.
astringente *adj* astringent(e).
astro *m* - **1.** [cuerpo celeste] astre *m* - **2.** *fig* [persona] vedette *f*, star *f*.
astrofísica *f* astrophysique *f*.
astrología *f* astrologie *f*.
astrólogo, ga *m, f* astrologue *mf*.
astronauta *mf* astronaute *mf*.
astronomía *f* astronomie *f*.
astrónomo, ma *m, f* astronome *mf*.
astucia *f* - **1.** [picardía] astuce *f* - **2.** *(gen pl)* [treta] ruse *f*.
astuto, ta *adj* [listo, sagaz] astucieux(euse) ; [taimado] rusé(e).
asumir *vt* assumer.
Asunción GEOGR Asunción.
asunto *m* - **1.** [gen] sujet *m* - **2.** [negocio] affaire *f* - **3.** *fam* [romance] liaison *f*. ◆ **Asuntos Exteriores** *mpl* Affaires *fpl* étrangères.
asustado, da *adj* effrayé(e).
asustar *vt* effrayer, faire peur à. ◆ **asustarse** *vpr* : **~se (de)** avoir peur (de) ; **no se asusta de** o **por nada** il n'a peur de rien.
atacante ◇ *adj* attaquant(e). ◇ *mf* assaillant *m*, -e *f*.
atacar *vt* - **1.** [gen] attaquer ; **me ataca los nervios** *fig* il me tape sur les nerfs - **2.** [sobrevenir] être surpris(e) par ; **me atacó el sueño** j'ai été surpris par le sommeil ; **le atacó la fiebre** il a eu une poussée de fièvre ; **me atacó la risa** j'ai été pris

d'un fou rire - **3.** *fig* [combatir - idea] critiquer, s'en prendre à ; [- suj : medicamento] combattre.

atadura *f* - **1.** [ligadura] attache *f* ; [sentimental] lien *m* - **2.** *fig* [obligación] astreinte *f*, [económica] contrainte *f*.

atajar ◇ *vi* [acortar] couper, prendre un raccourci. ◇ *vt* - **1.** *fig* [interrumpir] : **~ a alguien** couper la parole à qqn - **2.** [contener - hemorragia, ofensiva] stopper ; [- incendio] maîtriser ; [- proceso, epidemia] enrayer.

atajo *m* - **1.** [camino, medio] raccourci *m* - **2.** *despec* [panda] bande *f*, ramassis *m*.

atañer *vi* concerner ; [asunto] regarder.

ataque ◇ *v* ▷ **atacar**. ◇ *m* - **1.** [gen & DEP] attaque *f* - **2.** *fig* [de nervios, llanto] crise *f* ; **~ cardíaco** o **al corazón** crise cardiaque ; **~ de tos** quinte *f* de toux ; **~ de risa** fou rire *m*.

atar *vt* - **1.** [unir] attacher - **2.** *fig* [relacionar] relier - **3.** *fig* [constreñir] astreindre. ◆ **atarse** *vpr* - **1.** [anudar] : **~se los cordones** nouer ses lacets - **2.** [comprometerse] prendre des engagements.

atardecer ◇ *m* tombée *f* du jour. ◇ *v impers* : **atardece** le jour tombe.

atareado, da *adj* occupé(e), pris(e).

atascar *vt* boucher. ◆ **atascarse** *vpr* - **1.** [obstruirse] se boucher - **2.** *fig* [detenerse] s'embourber, s'enliser ; [al hablar] bafouiller.

atasco *m* - **1.** [obstrucción] engorgement *m* - **2.** AUTOM embouteillage *m* - **3.** [impedimento] entrave *f*.

ataúd *m* cercueil *m*.

ataviar *vt* parer. ◆ **ataviarse** *vpr* : **~se (con)** se parer (de).

ate *m Amer* gelée *f* de coing.

atemorizar *vt* effrayer. ◆ **atemorizarse** *vpr* s'effrayer, prendre peur.

Atenas Athènes.

atención ◇ *f* - **1.** [interés] attention *f* ; **llamar la ~** [atraer] attirer l'attention ; [amonestar] rappeler à l'ordre ; **poner** o **prestar ~** prêter attention - **2.** [cortesía] prévenance *f*, égard *m*. ◇ *interj* : **¡atención!** votre attention s'il vous plaît! ◆ **atenciones** *fpl* attentions *fpl*.

atender ◇ *vt* - **1.** [aceptar - petición, ruego] répondre à, accéder à ; [- consejo, instrucciones] faire cas de - **2.** [cuidar de] s'occuper de ; [enfermo] soigner ; [cliente] servir ; **¿le atienden?** on s'occupe de vous? ◇ *vi* - **1.** [estar atento] être attentif(ive) ; **~ (a algo)** écouter (qqch) - **2.** [responder] répondre ; **~ por** répondre au nom de.

ateneo *m* [asociación] cercle *m*.

atenerse *vpr* : **~ a** [orden, instrucciones] s'en tenir à ; [ley] observer ; **atente a las consecuencias** tu l'auras voulu.

atentado *m* attentat *m*.

atentamente *adv* - **1.** [con atención] attentivement - **2.** [con cortesía] poliment - **3.** [en cartas] : **le saluda muy ~** veuillez agréer, Madame/Monsieur, mes salutations distinguées.

atentar *vi* : **~ contra** attenter à.

atento, ta *adj* - **1.** [pendiente] attentif(ive) ; **~ a** attentif à - **2.** [cortés] attentionné(e).

atenuante *m* DER circonstance *f* atténuante.

atenuar *vt* atténuer.

ateo, a *adj* & *m, f* athée.

aterrador, ra *adj* terrifiant(e).

aterrar *vt* terrifier.

aterrizaje *m* atterrissage *m* ; **~ forzoso** atterrissage forcé.

aterrizar *vi* - **1.** [avión] atterrir - **2.** *fig* [persona] débarquer.

aterrorizar *vt* terroriser. ◆ **aterrorizarse** *vpr* paniquer.

atesorar *vt* - **1.** [riquezas] amasser - **2.** *fig* [conocimientos] accumuler ; [virtudes] réunir.

atestado *m* constat *m*.

atestar *vt* - **1.** [llenar por completo] remplir, bourrer - **2.** DER attester.

atestiguar *vt* : **~ algo** témoigner de qqch.

atiborrar *vt* bourrer. ◆ **atiborrarse** *vpr fam fig* : **~se (de)** s'empiffrer (de).

ático *m* [piso] *appartement situé au dernier étage d'un immeuble*.

atinar *vi* - **1.** [adivinar] voir juste ; **~ con** [respuesta, camino] trouver - **2.** [dar en el blanco] viser juste - **3.** [acertar] : **~ a hacer algo** réussir à faire qqch.

atingencia *f Amer* - **1.** [relación] rapport *m* - **2.** [observación] remarque *f*.

atípico, ca *adj* atypique.

atisbar *vt* entrevoir.

atisbo *m (gen pl)* soupçon *m* ; [de esperanza] lueur *f*.

atizar *vt* - **1.** [fuego, sentimientos] attiser ; [sospechas] éveiller - **2.** *fam* [bofetada] flanquer. ◆ **atizarse** *vpr fam* [comida, bebida] s'envoyer.

atlántico, ca *adj* atlantique. ◆ **Atlántico** *m* : **el Atlántico** l'Atlantique *m*.

atlas *m* atlas *m*.
atleta *mf lit* & *fig* athlète *mf*.
atlético, ca *adj* athlétique.
atletismo *m* athlétisme *m*.
atmósfera *f lit* & *fig* atmosphère *f*.
atmosférico, ca *adj* atmosphérique.
atolladero *m fig* [apuro] pétrin *m*, impasse *f* ; **sacar del ~** tirer d'affaire.
atolondrado, da *adj* & *m, f* étourdi(e).
atolondramiento *m* étourderie *f*.
atómico, ca *adj* atomique.
atomizador *m* atomiseur *m*.
átomo *m lit* & *fig* atome *m*.
atónito, ta *adj* sans voix ; **mirar con ojos ~s** regarder avec des yeux ronds.
átono, na *adj* GRAM atone.
atontado, da *adj* **- 1.** [aturdido] étourdi(e) **- 2.** [tonto] abruti(e).
atontar *vt* **- 1.** [aturdir] étourdir **- 2.** [alelar] abrutir.
atormentar *vt lit* & *fig* torturer.
atornillar *vt* visser.
atorón *m Amer* embouteillage *m*.
atorrante *Amer* ◇ *adj* **- 1.** [holgazán] feignant(e) **- 2.** [mal vestido] : **ella iba ~** elle était habillée comme une pauvresse. ◇ *mf* [vagabundo] clochard *m*, -e *f*.
atosigar *vt fig* harceler.
atracador, ra *m, f* voleur *m*, -euse *f (à main armée)*.
atracar ◇ *vi* NÁUT : **~ (en)** accoster (à). ◇ *vt* [banco] attaquer ; [persona] agresser. ◆ **atracarse** *vpr* : **~se de** se gaver de.
atracción *f* **- 1.** [gen] attraction *f* **- 2.** *fig* [atractivo] attrait *m* ; [de persona] charme *m* ; **sentir ~ por** être attiré(e) par.
atraco *m* hold-up *m inv*.
atracón *m fam* : **darse un ~ (de)** se goinfrer (de).
atractivo, va *adj* attirant(e). ◆ **atractivo** *m* attrait *m* ; [de persona] charme *m*.
atraer *vt* FÍS & *fig* attirer.
atragantarse *vpr* : **~ (con)** s'étrangler (avec) ; **se me ha atragantado** *fig* je ne peux plus le voir en peinture.
atrancar *vt* **- 1.** [puerta] barricader ; [cerradura] bloquer **- 2.** [obturar] boucher. ◆ **atrancarse** *vpr* **- 1.** [encerrarse] s'enfermer à double tour **- 2.** [atascarse] se boucher **- 3.** *fig* [al hablar] bafouiller.
atrapar *vt* **- 1.** [coger, alcanzar] attraper **- 2.** *fam* [conseguir] décrocher **- 3.** *fam* [engañar] rouler.
atrás *adv* **- 1.** [detrás - posición] derrière, à l'arrière ; **los niños suben ~** les enfants montent derrière o à l'arrière ; [- movimiento] arrière, en arrière ; **hacer marcha ~** faire marche arrière ; **dar un paso ~** faire un pas en arrière **- 2.** [antes] plus tôt, avant ; **(pocos) días ~** quelques jours plus tôt, il y a quelques jours.
atrasado, da *adj* [gen] en retard ; [pago] arriéré(e) ; **mi reloj está ~** ma montre retarde.
atrasar ◇ *vt* [reloj] retarder ; [acontecimiento] reporter ; **~ el reloj una hora** retarder sa montre d'une heure. ◇ *vi* retarder ; **mi reloj atrasa** ma montre retarde. ◆ **atrasarse** *vpr* **- 1.** [reloj] retarder **- 2.** [quedarse atrás] prendre du retard.
atraso *m* retard *m*. ◆ **atrasos** *mpl* arriérés *mpl*.
atravesar *vt* **- 1.** [cruzar, vivir] traverser **- 2.** [interponer] mettre en travers **- 3.** [traspasar - agua] traverser, passer à travers ; [- bala, clavo] transpercer. ◆ **atravesarse** *vpr* [interponerse] se mettre en travers ; **se me ha atravesado** *fig* je ne peux plus le voir.
atrayente *adj* attrayant(e), séduisant(e).
atreverse *vpr* : **~ (a algo/hacer algo)** oser (qqch/faire qqch).
atrevido, da ◇ *adj* **- 1.** [descarado] effronté(e) ; [valiente] intrépide **- 2.** [hecho, dicho] osé(e). ◇ *m, f* effronté *m*, -e *f*.
atrevimiento *m* **- 1.** [osadía] hardiesse *f* **- 2.** [insolencia] écart *m*.
atribución *f* attribution *f*.
atribuir *vt* [imputar] : **~ algo a** attribuer qqch à. ◆ **atribuirse** *vpr* s'attribuer.
atributo *m* [gen & INFORM] attribut *m*.
atrio *m* **- 1.** [de iglesia] parvis *m* **- 2.** [de casa] cour *f* intérieure.
atrocidad *f* **- 1.** [crueldad] atrocité *f* **- 2.** *fig* [necedad] énormité *f*.
atropellado, da *adj* précipité(e).
atropellar *vt* **- 1.** [suj : vehículo] renverser **- 2.** *fig* [suj : persona] piétiner, marcher sur. ◆ **atropellarse** *vpr* [al hablar] bredouiller.
atropello *m* **- 1.** [por vehículo] accident *m* ; **fue víctima de un ~** il a été renversé par une voiture **- 2.** *fig* [moral] violation *f*.
atroz *adj* atroce ; [comida] infâme.
ATS (*abrev de* **ayudante técnico sanitario**) *mf* infirmier *m*, -ère *f*.
atte. *abrev de* **atentamente**.
atuendo *m* toilette *f*, tenue *f*.
atún *m* thon *m*.

aturdido, da *adj* abasourdi(e).

aturdimiento *m* - **1.** [desconcierto] confusion *f* - **2.** [irreflexión] étourderie *f*.

aturdir *vt* - **1.** [suj : hecho físico] étourdir - **2.** *fig* [suj : hecho moral] abasourdir. ◆ **aturdirse** *vpr* - **1.** [por un hecho físico] être étourdi(e) - **2.** *fig* [por un hecho moral] être abasourdi(e).

audacia *f* audace *f*.

audaz *adj* audacieux(euse).

audición *f* audition *f*.

audiencia *f* - **1.** [acto de recibir] audience *f* ; **conceder una ~** accorder un entretien - **2.** [en conferencia etc] auditoire *m* - **3.** [en radio, TV] audience *f* ; **de máxima ~** à très forte audience, à très fort indice d'écoute - **4.** [tribunal] cour *f* ; [edificio] palais *m* de justice ; **~ pública** audience *f* publique.

audífono *m* audiophone *m*, appareil *m* acoustique.

audio *m* son *m*.

audiovisual *adj* audiovisuel(elle).

auditivo, va *adj* auditif(ive).

auditor, ra *m, f* - **1.** [oyente] auditeur *m*, -trice *f* - **2.** FIN audit *m*.

auditoría *f* - **1.** [profesión, balance] audit *m* - **2.** [despacho] cabinet *m* d'audit.

auditorio *m* - **1.** [público] auditoire *m* - **2.** [lugar] auditorium *m*.

auge *m* essor *m*.

augurar *vt* [suj : persona] prédire ; [suj : suceso] présager.

augurio *m* augure *m*.

aula *f (el)* [de escuela] salle *f* de classe ; [de universidad] salle *f* de cours.

aullar *vi* hurler.

aullido *m* hurlement *m*.

aumentar ◇ *vt* - **1.** [gen] augmenter ; **~ de peso** prendre du poids - **2.** [en óptica] grossir - **3.** [sonido] monter. ◇ *vi* augmenter.

aumentativo, va *adj* augmentatif(ive). ◆ **aumentativo** *m* GRAM augmentatif *m*.

aumento *m* - **1.** [de sueldo, tarifas] augmentation *f* ; **ir en ~** augmenter ; [tensión] monter - **2.** [en óptica] grossissement *m* ; **de ~** grossissant(e).

aun ◇ *adv* [hasta, incluso] même ; **~ en pleno invierno ...** même en plein hiver ... ◇ *conj* [aunque] bien que ; **~ estando malo, vendrá** il viendra, bien qu'il soit malade ; **ni ~ puesto de puntillas logra ver** même sur la pointe des pieds, il ne voit pas. ◆ **aun cuando** *loc conj* [aunque] quand bien même, même si ; **no mentiría ~ cuando le fuera en ello la vida** elle ne mentirait pas même si elle devait en mourir.

aún *adv* [todavía] encore ; **~ no ha llamado** il n'a pas encore appelé.

aunar *vt* [ideas, voluntades] rassembler ; [esfuerzos] conjuguer, unir. ◆ **aunarse** *vpr* [aliarse] s'unir.

aunque *conj* - **1.** [a pesar de que] bien que *(+ subjuntivo)* ; **~ está enfermo, sigue viniendo** bien qu'il soit malade, il continue à venir - **2.** [incluso si] même si *(+ indicativo)* ; **~ esté enfermo seguirá viniendo** même s'il est malade il continuera à venir.

aúpa *interj fam* : **¡aúpa!** hop là! ; [¡levántate!] debout là-dedans! ; **¡~ el Atlético!** allez l'Atlético! ◆ **de aúpa** *loc adj fam* du tonnerre ; **un miedo de ~** une peur bleue ; **un frío de ~** un froid de canard.

aupar *vt* - **1.** [persona] hisser ; **~ a alguien** faire la courte échelle à qqn - **2.** *fig* [animar] encourager. ◆ **auparse** *vpr* [ascender] : **~se en** s'élever à.

aureola *f lit* & *fig* auréole *f*.

auricular ◇ *adj* auriculaire. ◇ *m* [de teléfono] écouteur *m*. ◆ **auriculares** *mpl* [de equipo de música] casque *m*.

aurora *f* aurore *f*.

auscultar *vt* ausculter.

ausencia *f* [gen] absence ; [de glucosa etc] carence *f* ; [de aire] manque *m*.

ausentarse *vpr* s'absenter.

ausente *adj* & *mf* absent(e).

austeridad *f* austérité *f*.

austero, ra *adj* austère ; **ser ~ en la comida** manger avec modération.

austral *adj* austral(e).

Australia Australie *f*.

australiano, na ◇ *adj* australien(enne). ◇ *m, f* Australien *m*, -enne *f*.

Austria Autriche *f*.

austríaco, ca ◇ *adj* autrichien(enne). ◇ *m, f* Autrichien *m*, -enne *f*.

autarquía *f* autarcie *f*.

auténtico, ca *adj* - **1.** [veraz] authentique - **2.** [no falsificado, verdadero] vrai(e) ; [piel] véritable ; **son brillantes ~s** ce sont de vrais diamants ; **es un ~ cretino** c'est un vrai crétin.

auto *m* - **1.** *fam* [coche] auto *f* - **2.** DER ordonnance *f*, arrêt *m* - **3.** LITER ≃ mystère *m (drame religieux des XVIe et XVIIe siècles espagnols)*.

autoadhesivo, va *adj* autocollant(e).

autobiografía *f* autobiographie *f*.

autobús *m* autobus *m*.

autocar *m* autocar *m*.
autocine *m* drive-in *m inv*.
autocontrol *m* self-control *m*.
autóctono, na *adj* & *m, f* autochtone.
autodefensa *f* autodéfense *f* ; DEP self-défense *f*.
autodeterminación *f* autodétermination *f*.
autodidacta *adj* & *mf* autodidacte.
autoedición *f* INFORM publication *f* assistée par ordinateur, PAO *f*.
autoescuela *f* auto-école *f*.
autoestop, autostop *m* auto-stop *m* ; **hacer ~** faire de l'auto-stop.
autoestopista, autostopista *mf* auto-stoppeur *m*, -euse *f*.
autógrafo *m* autographe *m*.
autómata *m lit* & *fig* automate *m*.
automático, ca *adj* automatique ; [gesto] mécanique.
automatización *f* automatisation *f* ; **~ de fábricas** robotisation *f*.
automatizar *vt* automatiser.
automedicarse *vpr prendre des médicaments sans avis médical*.
automóvil *m* automobile *f*.
automovilismo *m* automobilisme *m*.
automovilista *mf* automobiliste *mf*.
automovilístico, ca *adj* automobile.
autonomía *f* **- 1.** [gen] autonomie *f* **- 2.** POLÍT Communauté *f* autonome.
autonómico, ca *adj* **- 1.** [gen] autonome **- 2.** POLÍT d'une Communauté autonome.
autónomo, ma ◇ *adj* **- 1.** [gen] autonome **- 2.** [trabajador] indépendant(e), à son compte. ◇ *m, f* travailleur *m* indépendant.
autopista *f* autoroute *f* ; **~ de la información** *fig* & INFORM autoroute de l'information.
autopsia *f* autopsie *f*.
autor, ra *m, f* auteur *m*.
autoría *f* **- 1.** [de obra] paternité *f* littéraire **- 2.** [de crimen] perpétration *f*.
autoridad *f* **- 1.** [gen] autorité *f* ; **ser una ~ en** faire autorité en matière de **- 2.** [ley] : **la ~** les autorités *fpl*.
autoritario, ria *adj* & *m, f* autoritaire.
autorización *f* autorisation *f* ; **dar ~ a alguien (para hacer algo)** donner l'autorisation à qqn (de faire qqch).
autorizado, da *adj* autorisé(e).
autorizar *vt* autoriser.
autorretrato *m* autoportrait *m*.
autoservicio *m* **- 1.** [tienda] libre-service *m* **- 2.** [restaurante] self-service *m*.
autostop = autoestop.
autostopista = autoestopista.
autosuficiencia *f* autosuffisance *f*.
autosugestión *f* autosuggestion *f*.
autovía *f* route *f* à quatre voies, quatre-voies *f*.
auxiliar[1] ◇ *adj* [gen & GRAM] auxiliaire ; [mueble] d'appoint. ◇ *mf* [ayudante] assistant *m*, -e *f* ; **~ administrativo** employé *m* de bureau ; **~ técnico sanitario** infirmier *m*, -ère *f*.
auxiliar[2] *vt* assister, aider.
auxilio *m* aide *f*, secours *m*, assistance *f* ; **pedir ~** demander de l'aide, appeler au secours ; **primeros ~s** premiers secours.
av., avda. (*abrev de* **avenida**) av.
aval *m* **- 1.** [persona] caution *f*, garant *m* **- 2.** [banca] aval *m*.
avalancha *f lit* & *fig* avalanche *f*.
avalar *vt* **- 1.** [garantizar] avaliser, donner son aval à **- 2.** [responder de] se porter garant de.
avalista *mf* caution *f*, garant *m*, -e *f*.
avance ◇ *v* ▷ **avanzar**. ◇ *m* **- 1.** [de dinero] avance *f* ; [de tropas] avancée *f* **- 2.** [de la ciencia etc] progrès *m* **- 3.** RADIO & TELE présentation *f* des programmes ; **~ informativo** flash *m* d'informations ; **~ meteorológico** prévisions *fpl* météo.
avanzadilla *f* MIL avant-garde *f*.
avanzado, da *adj* avancé(e) ; [alumno] en avance. ◆ **avanzada** *f* MIL avant-garde *f*.
avanzar ◇ *vi* avancer. ◇ *vt* **- 1.** [adelantar] avancer **- 2.** [anticipar] annoncer.
avaricia *f* avarice *f*.
avaricioso, sa *adj* & *m, f* intéressé(e).
avaro, ra *adj* & *m, f* avare.
avasallar *vt* **- 1.** [arrollar] écraser ; **no te dejes ~** ne te laisse pas faire **- 2.** [someter] asservir.
avatar *m (gen pl)* avatar *m* ; **los ~es de la vida** les surprises de la vie.
ave *f (el)* **- 1.** [gen] oiseau *m* ; **~ de rapiña** oiseau de proie ; **~ rapaz** rapace *m* **- 2.** *Amer* [pollo] poulet *m*.
AVE (*abrev de* **alta velocidad española**) *m train à grande vitesse espagnol*, ≃ TGV *m*.
avecinarse *vpr* [acercarse] approcher, être proche.
avellana *f* noisette *f*.
avemaría *f (el)* [oración] Ave Maria *m inv*, Ave *m inv*.

avena *f* avoine *f*.
avenencia *f* [acuerdo] entente *f*.
avenida *f* avenue *f*.
avenido, da *adj* : **bien/mal ~s** en bons/mauvais termes.
avenirse *vpr* s'entendre ; **~ a algo** s'entendre sur qqch ; **~ a hacer algo** consentir o se résoudre à faire qqch.
aventajado, da *adj* [adelantado] remarquable.
aventajar *vt* [superar] dépasser, devancer ; **~ a alguien en algo** surpasser qqn en qqch, l'emporter sur qqn en qqch.
aventón *m Amer* : **dar un ~ a alguien** déposer qqn *(en voiture)*.
aventura *f* aventure *f*.
aventurado, da *adj* risqué(e) ; [proyecto, afirmación] hasardeux(euse).
aventurarse *vpr* s'aventurer.
aventurero, ra ◇ *adj* [persona, espíritu] d'aventure. ◇ *m, f* aventurier *m*, -ère *f*.
avergonzar *vt* faire honte. ◆ **avergonzarse** *vpr* : **~se (de algo/de alguien)** avoir honte (de qqch/de qqn).
avería *f* panne *f* ; [de barco] avarie *f*.
averiado, da *adj* en panne.
averiar *vt* endommager. ◆ **averiarse** *vpr* tomber en panne.
averiguación *f* recherche *f*, enquête *f*.
averiguar *vt* [indagar] rechercher, chercher à savoir ; [enterarse] arriver à savoir, découvrir.
aversión *f* aversion *f*.
avestruz *m* autruche *f*.
aviación *f* aviation *f*.
aviador, ra *m, f* aviateur *m*, -trice *f*.
aviar *vt* **- 1.** [maleta] faire ; [habitación] mettre en ordre **- 2.** [comida] préparer.
avícola *adj* avicole.
avicultura *f* aviculture *f*.
avidez *f* avidité *f*.
ávido, da *adj* : **~ (de)** avide (de).
avinagrado, da *adj* **- 1.** [sabor, vino] aigre **- 2.** *fig* [persona, carácter] aigri(e) ; [expresión] renfrogné(e).
avinagrarse *vpr* **- 1.** [vino] tourner au vinaigre **- 2.** *fig* [persona] s'aigrir.
avío *m* **- 1.** [preparativo] : **el ~** les préparatifs *mpl* **- 2.** [víveres] : **el ~** les provisions *fpl*. ◆ **avíos** *mpl fam* attirail *m* ; **~s de coser** nécessaire *m* de couture.
avión *m* avion *m* ; **en ~** en avion ; **por ~** par avion ; **~ a reacción** avion à réaction.
avioneta *f* avion *m* de tourisme.
avisar *vt* **- 1.** [informar, advertir] prévenir **- 2.** [llamar] appeler.
aviso *m* **- 1.** [gen] avertissement *m* ; **poner sobre ~ a alguien** mettre qqn sur ses gardes ; **sin previo ~** sans préavis **- 2.** [notificación] avis *m* ; [en aeropuertos] appel *m* ; **hasta nuevo ~** jusqu'à nouvel ordre.
avispa *f* guêpe *f*.
avispado, da *adj fam fig* futé(e).
avispero *m* guêpier *m* ; *fig* [muchedumbre] fourmilière *f* ; [enredo] sac *m* de nœuds.
avituallar *vt* ravitailler.
avivar *vt* raviver.
axila *f* aisselle *f*.
axioma *m* axiome *m*.
ay ◇ *m* plainte *f*. ◇ *interj* : **¡ay!** [dolor físico] aïe! ; [sorpresa, pena] oh! ; **¡~ de ti!** gare à toi!
ayer ◇ *adv lit* & *fig* hier ; **~ noche** hier soir ; **~ por la mañana** hier matin. ◇ *m fig* : **del ~** d'antan, du temps jadis.
ayo, ya *m, f* [preceptor] précepteur *m*, -trice *f* ; [educadora] gouvernante *f*.
ayuda *f* aide *f*.
ayudante *adj* & *mf* assistant(e).
ayudar *vt* aider. ◆ **ayudarse** *vpr* : **~se (de o con)** s'aider (de) ; **hacer algo ayudándose de alguien** faire qqch avec l'aide de qqn.
ayunar *vi* jeûner.
ayunas *fpl* : **en ~** [para análisis] à jeun ; **estar en ~** [sin comer] jeûner ; *fig* [sin enterarse] ne rien savoir de qqch.
ayuno *m* jeûne *m* ; **hacer ~** faire maigre.
ayuntamiento *m* **- 1.** [corporación] municipalité *f* **- 2.** [edificio] mairie *f*.
azabache *m* jais *m*.
azada *f* houe *f*.
azafata *f* hôtesse *f*.
azafate *m Amer* [bandeja] plateau *m*.
azafrán *m* safran *m*.
azahar *m* fleur *f* d'oranger.
azar *m* hasard *m* ; **al ~** au hasard ; **por (puro) ~** par (pur) hasard.
azotaina *f fam* raclée *f* ; [en el trasero] fessée *f*.
azotar *vt* **- 1.** [suj : persona] frapper ; [con látigo] fouetter ; [en el trasero] : **~ a alguien** donner une fessée à qqn **- 2.** *fig* [suj : calamidad] s'abattre sur.
azote *m* **- 1.** [golpe] coup *m* ; [con la mano] gifle *f* ; [en el trasero] fessée *f* ; [con látigo] coup *m* de fouet **- 2.** *fig* [calamidad] fléau *m*.

azotea *f* - **1.** [de edificio] terrasse *f* - **2.** *fam fig* [de persona] ciboulot *m*.
azteca ◇ *adj* & *m* aztèque. ◇ *mf* Aztèque *mf*.
azúcar *m* o *f* sucre *m* ; ~ **moreno** sucre roux.
azucarado, da *adj* sucré(e).
azucarero, ra *adj* sucrier(ère). ◆ **azucarero** *m* sucrier *m*.
azucena *f* lis *m*, lys *m*.
azufre *m* soufre *m*.
azul ◇ *adj* bleu(e). ◇ *m* bleu *m*.
azulejo *m* azulejo *m*, carreau *m* de faïence.
azulgrana *adj inv* du football-club de Barcelone.

B

b, B [be] *f* [letra] b *m inv*, B *m inv*.
baba *f* bave *f*.
babear *vi* baver.
babero *m* bavoir *m*.
babi *m* tablier *m (d'écolier)*.
babilónico, ca *adj* - **1.** HIST babylonien(enne) - **2.** [fastuoso] somptueux(euse).
bable *m dialecte asturien.*
babor *m* bâbord *m* ; **a ~** à bâbord.
babosada *f Amer fam* bêtise *f*.
baboso, sa ◇ *adj* - **1.** [gen] baveux(euse) - **2.** *Amer fam* [tonto] crétin(e). ◇ *m, f Amer fam* [tonto] crétin *m*, -e *f*. ◆ **babosa** *f* ZOOL limace *f*.
babucha *f* babouche *f*.
baca *f* galerie *f (de voiture)*.
bacalao *m* morue *f* ; ~ **a la vizcaína** *spécialité basque de morue salée à l'oignon et à la tomate* ; ~ **al pil-pil** *spécialité basque de morue salée à l'huile et à l'ail* ; **partir** o **cortar el ~** *fam fig* mener la barque.
bacanal *f* orgie *f*.
bacarrá, bacará *m* baccara *m*.
bache *m* - **1.** [en carretera] cassis *m* ; [socavón] nid-de-poule *m* - **2.** *fig* [para los negocios, las personas] mauvaise passe *f*, moment *m* difficile - **3.** [en un vuelo] trou *m* d'air.
bachiller *mf* bachelier *m*, -ère *f*.
bachillerato *m ancien cycle d'études secondaires en Espagne.*
bacilo *m* bacille *m*.
bacilón = vacilón.
bacinica *f Amer* pot *m* de chambre.
bacon ['beikon] *m inv* bacon *m*.
bacteria *f* bactérie *f*.
bacteriológico, ca *adj* bactériologique.
báculo *m* [de obispo] crosse *f*.
badén *m* - **1.** [en carretera] cassis *m* - **2.** [cauce] rigole *f*.
bádminton *m inv* badminton *m*.
bagaje *m* [cultural etc] bagage *m*.
bagatela *f* bagatelle *f*.
bahía *f* baie *f*.
bailaor, ra *m, f* danseur *m*, -euse *f* de flamenco.
bailar ◇ *vt* danser ; **que me quiten lo bailado** *fam* c'est toujours ça de pris. ◇ *vi* - **1.** [danzar] danser - **2.** *fig* [no encajar] jouer ; **~le a alguien algo** [ropa] être trop grand(e) ; **los pies me bailan en los zapatos** je nage dans mes chaussures.
bailarín, ina *m, f* danseur *m*, -euse *f*.
baile *m* - **1.** [gen] danse *f* - **2.** [fiesta] bal *m*. ◆ **baile de San Vito** *m* danse *f* de Saint-Guy.
bailotear *vi fam* se trémousser.
baja *f* ▷ **bajo**.
bajada *f* - **1.** [descenso] descente *f* - **2.** [pendiente] pente *f* - **3.** [de aguas, precios etc] baisse *f*. ◆ **bajada de bandera** *f* [en taxi] prise *f* en charge.
bajamar *f* marée *f* basse.
bajar ◇ *vt* - **1.** [gen] baisser ; ~ **los precios/el telón/el volumen** baisser les prix/le rideau/le son ; ~ **la cabeza** baisser la tête - **2.** [descender, poner abajo] descendre ; ~ **las escaleras** descendre l'escalier ; ~ **las maletas del armario** descendre les valises de l'armoire. ◇ *vi* - **1.** [disminuir - fiebre, precio etc] baisser ; [- hinchazón] dégonfler - **2.** [descender] descendre. ◆ **bajarse** *vpr* - **1.** [inclinarse] se baisser - **2.** [apearse] : **~se (de)** descendre (de) ; **se bajó a la calle para comprar pan** il est descendu acheter du pain.
bajero, ra *adj* de dessous ; **una sábana bajera** un drap de dessous.
bajeza *f* bassesse *f*.
bajial *m Amer* plaine *f*.
bajo, ja *adj* - **1.** [gen] bas (basse) ; [persona, estatura] petit(e) - **2.** [sonido - grave] grave ; [- flojo] faible ; **en voz baja** à voix basse - **3.** [calidad, inclinación] mau-

vais(e) ; [instintos] primaire ; [dichos] ignoble - 4. [lenguaje] vulgaire. ◆ **bajo** ◇ *m* - 1. *(gen pl)* [dobladillo] ourlet *m* - 2. [piso] rez-de-chaussée *m inv* - 3. MÚS [instrumento, cantante] basse *f* ; [instrumentista] bassiste *mf*. ◇ *adv* bas ; **hablar ~** parler tout bas. ◇ *prep* - 1. [gen] sous ; **~ el sol/el puente** sous le soleil/le pont ; **~ los Austrias** sous les Habsbourg ; **~ pena de** sous peine de ; **~ palabra** sur parole - 2. [con temperaturas] : **estamos a dos grados ~ cero** il fait moins deux. ◆ **baja** *f* - 1. [descenso] baisse *f* - 2. [cese] : **dar de baja a alguien** [en una empresa] licencier qqn ; [en un club, sindicato] exclure qqn ; **darse de baja (de)** [dimitir] quitter, donner sa démission (de) ; [salirse] se retirer (de) - 3. [por enfermedad - permiso] congé *m* maladie ; [- documento] arrêt *m* maladie ; **estar de baja** être arrêté(e) o en congé maladie - 4. MIL perte *f*, mort *m*. ◆ **bajos** *mpl* [de una casa] rez-de-chaussée *m inv*.

bajón *m* chute *f* ; **dar un ~** [temperaturas etc] chuter ; [salud] se dégrader.

bajura *f* ▷ **pesca**.

bala *f* balle *f*.

balacear *vt Amer* [tirotear] blesser par balle.

balacera *f Amer* fusillade *f*.

balada *f* - 1. LITER & MÚS ballade *f* - 2. [canción lenta] slow *m*.

balance *m* [gen & COM] bilan *m* ; [de discusión, reunión] résultat *m* ; **hacer el ~ (de)** faire le point (de).

balancear *vt* balancer. ◆ **balancearse** *vpr* se balancer ; [un barco] rouler.

balanceo *m* balancement *m* ; [de barco] roulis *m* ; [del péndulo] oscillation *f*.

balancín *m* - 1. [mecedora] fauteuil *m* à bascule, rocking-chair *m* ; [en el jardín] balancelle *f* - 2. [columpio] bascule *f* - 3. AUTOM culbuteur *m*.

balanza *f* [gen & COM] balance *f* ; **~ comercial/de pagos** balance commerciale/des paiements ; **se inclinó la ~ a nuestro favor** la balance a penché de notre côté.

balar *vi* bêler.

balaustrada *f* balustrade *f*.

balazo *m* [disparo] balle *f* ; [herida] blessure *f* par balle.

balbucear, balbucir *vt & vi* balbutier.

balbuceo *m* balbutiement *m*.

balbucir = **balbucear**.

Balcanes *mpl* : **los ~** les Balkans *mpl*.

balcón *m* - 1. [terraza] balcon *m* - 2. [mirador] belvédère *m*.

baldado, da *adj* [tullido] impotent(e) ; [exhausto] éreinté(e).

balde *m* seau *m*. ◆ **en balde** *loc adv* en vain.

baldeo *m* lavage *m* à grande eau.

baldosa *f* [en casa] carreau *m* ; [en acera] dalle *f*.

baldosín *m* petit carreau *m*.

balear[1] *vt Amer* blesser par balle.

balear[2] *adj* des Baléares.

Baleares *fpl* : **(las) ~** les Baléares *fpl*.

baleárico, ca *adj* des Baléares.

baleo *m Amer* coup *m* de feu.

balido *m* bêlement *m*.

balín *m* balle *f* de petit calibre.

baliza *f* balise *f*.

ballena *f* baleine *f*.

ballesta *f* - 1. [arma antigua] arbalète *f* - 2. AUTOM ressort *m* de suspension.

ballet [ba'le] (*pl* **ballets**) *m* ballet *m*.

balneario *m* station *f* thermale, ville *f* d'eaux.

balompié *m* football *m*.

balón *m* - 1. [pelota, recipiente] ballon *m* - 2. [en tebeos] bulle *f*.

baloncesto *m* basket-ball *m*.

balonmano *m* hand-ball *m*.

balonvolea *m* volley-ball *m*.

balsa *f* - 1. [embarcación] radeau *m* - 2. [estanque] étang *m* - 3. *loc* : **ser una ~ de aceite** *fig* être d'un calme plat.

balsámico, ca *adj* apaisant(e) ; **una pastilla balsámica** une pastille qui adoucit la gorge.

bálsamo *m lit & fig* baume *m*.

Báltico *m* : **el ~** la Baltique.

Bálticos *adj* ▷ **países Bálticos**.

baluarte *m lit & fig* bastion *m*.

bamba *f* [baile] bamba *f*. ◆ **bambas** *fpl* [calzado] tennis *mpl*.

bambalina *f* TEATR frise *f* ; **entre ~s** *fig* sur les planches.

bambú (*pl* **bambúes** o **bambús**) *m* bambou *m*.

banal *adj* banal(e).

banana *f* banane *f*.

banca *f* - 1. [gen] banque *f*, secteur *m* bancaire ; **~ telefónica** télébanque *f* - 2. [asiento] banc *m*.

bancario, ria *adj* bancaire.

bancarrota *f* faillite *f* ; **en ~** en faillite.

banco *m* - 1. [asiento, concentración] banc *m* ; **~ de peces** banc de poissons ;

~ **de arena** banc de sable - **2.** FIN, INFORM & MED banque *f* ; ~ **de sangre** banque du sang - **3.** [de carpintero] établi *m.* ◆ **Banco Mundial** *m* Banque *f* mondiale.

banda *f* - **1.** [gen & RADIO] bande *f* ; ~ **armada** bande armée ; ~ **magnética** bande magnétique - **2.** MÚS fanfare *f* - **3.** [faja] écharpe *f* - **4.** [cinta] ruban *m* - **5.** DEP [en fútbol] ligne *f* de touche - **6.** *loc* : **se cerró en** ~ il n'a rien voulu savoir. ◆ **banda sonora** *f* CIN bande-son *f*, bande *f* originale.

bandada *f* [de aves] volée *f* ; [de peces] banc *m* ; [de niños] groupe *m.*

bandazo *m* embardée *f* ; **dar ~s** [barco] gîter ; [borracho] tituber ; [persona] *fig* être une vraie girouette.

bandeja *f* plateau *m* ; **servir** O **dar algo a alguien en** ~ *fig* amener qqch à qqn sur un plateau.

bandera *f* drapeau *m* ; **jurar** ~ prêter serment au drapeau ; ~ **blanca** drapeau blanc.

banderilla *f* - **1.** TAUROM banderille *f* - **2.** [aperitivo] mini-brochette *f (amuse-gueule).*

banderín *m* - **1.** [bandera] fanion *m* - **2.** MIL porte-drapeau *m.*

bandido, da *m, f* - **1.** [delincuente] bandit *m* - **2.** [granuja] coquin *m*, -e *f.*

bando *m* - **1.** [facción] camp *m* - **2.** [de alcalde] arrêté *m (municipal).*

bandolero, ra *m, f* brigand *m.* ◆ **bandolera** *f* [correa] bandoulière *f* ; **en bandolera** en bandoulière.

bandurria *f* mandoline *f* espagnole.

banjo ['bandʒo] *m* banjo *m.*

banquero, ra *m, f* banquier *m*, -ère *f.*

banqueta *f* - **1.** [gen] banquette *f* - **2.** *Amer* [acera] trottoir *m.*

banquete *m* banquet *m* ; **darse un** ~ *fig* faire un festin.

banquillo *m* - **1.** [asiento] petit banc *m* - **2.** DEP banc *m* - **3.** DER : ~ **(de los acusados)** banc *m* des accusés.

bañadera *f Amer* [bañera] baignoire *f* ; [autobús] bus *m.*

bañador *m* maillot *m* de bain.

bañar *vt* - **1.** [gen] baigner - **2.** [cubrir] : ~ **con** O **de** CULIN enrober de ; [con oro] recouvrir de - **3.** [mojar] : ~ **en** tremper dans. ◆ **bañarse** *vpr* - **1.** [gen] se baigner - **2.** *Amer* [ducharse] prendre une douche.

bañera *f* baignoire *f.*

bañista *mf* baigneur *m*, -euse *f.*

baño *m* - **1.** [gen] bain *m* ; [en el mar] baignade *f* ; **darse un** ~ prendre un bain - **2.** [pila] baignoire *f* - **3.** [cuarto de aseo] salle *f* de bains - **4.** [capa] couche *f.* ◆ **baños** *mpl* eaux *fpl*, bains *mpl.* ◆ **baño María** *m* bain-marie *m.*

baobab (*pl* **baobabs**) *m* baobab *m.*

baquetas *fpl* [palillos de tambor] baguettes *fpl.*

bar *m* bar *m* ; ~ **musical** *bar avec une ambiance de discothèque.*

barahúnda *f* [ruido] foire *f* ; [desorden] chantier *m.*

baraja *f* jeu *m* de cartes ; ~ **española** jeu de cartes espagnoles.

barajar *vt* - **1.** [mezclar cartas] battre (les cartes) - **2.** [considerar] brasser ; [ideas] mettre en avant ; [posibilidades] envisager. ◆ **barajarse** *vpr* [nombres, posibilidades] être envisagé(e) ; [datos, cifras] être examiné(e).

baranda, barandilla *f* [de escalera] rampe *f* ; [de balcón] balustrade *f.*

baratija *f* babiole *f.*

baratillo *m* brocanteur *m.*

barato, ta *adj* bon marché, pas cher(ère). ◆ **barato** *adv* (à) bon marché ; **comprar** ~ acheter à bas prix ; **salir** ~ ne pas revenir cher.

barba *f* barbe *f* ; **dejarse** ~ se laisser pousser la barbe ; **por** ~ par tête.

barbacoa *f* barbecue *m.*

barbaridad *f* - **1.** [cualidad] atrocité *f* ; **¡qué ~!** quelle horreur! - **2.** [disparate] ineptie *f* - **3.** [montón] : **una ~ (de)** des tonnes (de) ; **comer una** ~ manger comme quatre ; **gastar una** ~ dépenser une fortune.

barbarie *f* barbarie *f.*

barbarismo *m* barbarisme *m.*

bárbaro, ra ◇ *adj* - **1.** [gen & HIST] barbare ; **¡qué ~!** [arrojado] quelle brute!, quel sauvage! - **2.** [basto] grossier(ère) - **3.** *fam* [extraordinario] super. ◇ *m, f* HIST Barbare *mf.* ◆ **bárbaro** *adv fam* : **pasarlo** ~ [magníficamente] s'éclater.

barbecho *m* jachère *f.*

barbería *f* coiffeur *m* (pour hommes) *(salon).*

barbero *m* coiffeur *m* (pour hommes).

barbilampiño ◇ *adj* imberbe. ◇ *m* jeunot *m.*

barbilla *f* menton *m.*

barbo *m* barbeau *m.*

barbudo, da *adj* & *m, f* barbu(e).

barca *f* barque *f.*

barcaza *f* [fluvial] péniche *f* ; **~ de desembarque** allège *f*.
Barcelona Barcelone.
barcelonés, esa ◇ *adj* barcelonais(e). ◇ *m, f* Barcelonais *m*, -e *f*.
barco *m* bateau *m* ; **~ de vela/de motor** bateau à voile/à moteur ; **~ mercante** cargo *m*.
baremo *m* [escala] barème *m*.
bario *m* baryum *m*.
barítono *m* baryton *m*.
barman (*pl* **barmans**) *m* barman *m*.
Barna *abrev de* **Barcelona**.
barniz *m* vernis *m*.
barnizar *vt* vernir.
barómetro *m* baromètre *m*.
barón, onesa *m, f* baron *m*, -onne *f*.
barquero, ra *m, f* passeur *m*, -euse *f*.
barquillo *m* gaufrette *f*.
barra *f* **- 1.** [gen] barre *f* ; [de oro] lingot *m* ; [de hielo] pain *m* ; [para cortinas] tringle *f* ; **~ de labios** rouge *m* à lèvres ; **~ de pan** ≃ baguette *f* **- 2.** [de bar] comptoir *m*, bar *m* ; **~ americana** bar à hôtesses ; **~ libre** *boisson à volonté* **- 3.** INFORM barre *f* ; **~ de desplazamiento** ascenseur *m* ; **~ de herramientas** barre d'outils ; **~ de menús** barre de menu ; **~ de espaciadora** barre d'espacement.
barrabasada *f fam* **- 1.** [tontería] belle bêtise *f* **- 2.** [jugarreta] vacherie *f*.
barraca *f* **- 1.** [chabola] baraque *f* **- 2.** [caseta de feria] stand *m* **- 3.** [en Valencia y Murcia] chaumière *f*.
barracón *m* baraquement *m*.
barranco *m* **- 1.** [precipicio] précipice *m* **- 2.** [cauce] ravin *m*.
barraquismo *m* : **el ~** la prolifération des bidonvilles.
barrena *f* mèche *f* ; **~ de mano** vrille *f*.
barrenar *vt* **- 1.** [taladrar] forer, perforer **- 2.** [frustrar - leyes] enfreindre ; [- principios] manquer à ; [- esfuerzos] saboter.
barrendero, ra *m, f* balayeur *m*, -euse *f*.
barreno *m* **- 1.** [instrumento] foret *m* **- 2.** [agujero] trou *m* de mine.
barreño *m* bassine *f*.
barrer *vt* balayer ; *fam* [derrotar] battre à plate couture.
barrera *f* **- 1.** [gen] barrière *f* ; **~s arancelarias** barrières douanières **- 2.** DEP [de jugadores] mur *m*.
barriada *f* quartier *m*.
barricada *f* barricade *f*.
barrido *m* [gen & TECNOL] balayage *m* ; **dar un ~** donner un coup de balai.
barriga *f* ventre *m* ; **echar ~** prendre du ventre.
barrigón, ona *adj* [hombre] bedonnant ; [mujer] qui a du ventre. ◆ **barrigón** *m* [vientre] (gros) ventre *m* ; [persona] gros père *m*.
barril *m* baril *m* ; [de madera] tonneau *m* ; **de ~** [cerveza] (à la) pression.
barrio *m* **- 1.** [vecindario] quartier *m* ; **mandar a alguien al otro ~** *fam fig* achever qqn **- 2.** *Amer* [arrabal] bidonvilles *mpl*.
barriobajero, ra *despec* ◇ *adj* peuple. ◇ *m, f* zonard *m*, -e *f*.
barrizal *m* bourbier *m*.
barro *m* **- 1.** [del campo] boue *f* **- 2.** [de alfarero] argile *f* **- 3.** [de la piel] acné *f*.
barroco, ca *adj* **- 1.** ARTE baroque **- 2.** *fig* [lenguaje, estilo] ampoulé(e) ; [persona, peinado etc] extravagant(e). ◆ **barroco** *m* ARTE baroque *m*.
barrote *m* barreau *m*.
bartola ◆ **a la bartola** *loc adv fam* : **tumbarse a la ~** flemmarder ; **tomar algo a la ~** prendre qqch à la rigolade.
bártulos *mpl* affaires *fpl* ; **liar los ~** *fam fig* prendre ses cliques et ses claques.
barullo *m fam* **- 1.** [ruido] boucan *m* ; **armar ~** faire du boucan **- 2.** [desorden] bazar *m*.
basalto *m* basalte *m*.
basar *vt* [fundamentar] baser. ◆ **basarse** *vpr* : **~se en** se baser sur.
basca *f* **- 1.** *fam* [de amigos] potes *mpl* **- 2.** [náusea] mal *m* au cœur.
báscula *f* bascule *f*. ◆ **báscula de baño** *f* pèse-personne *m*.
bascular *vi* basculer.
base *f* base *f* ; **a ~ de** [alimento] à base de ; [medicamento] à coup de ; **a ~ de bien** *fam* drôlement bien ; **sentar las ~s** poser les jalons. ◆ **base de datos** *f* INFORM base *f* de données.
baseball ['beisβol] *m inv* base-ball *m*.
básico, ca *adj* [fundamental] de base, essentiel(elle), basique.
basílica *f* basilique *f*.
basilisco *m* : **ponerse hecho un ~** *fam fig* se mettre en rogne.
basta *interj* : **¡basta!** ça suffit! ; **¡~ de caprichos!** finis les caprices! ; **¡~ de bromas!** trêve de plaisanteries.
bastante ◇ *adv* assez ; **no come ~** il ne mange pas assez ; **es lo ~ lista para ...** elle est assez futée pour ... ; **gana ~** il gagne bien sa vie. ◇ *adj* assez ; **no tengo ~ dinero** je n'ai pas assez d'argent ; **tengo**

~ frío j'ai plutôt froid ; **éramos ~s** nous étions assez nombreux ; **gana ~ dinero** il gagne pas mal d'argent.

bastar *vi* suffire ; **basta con decirlo** il suffit de le dire ; **basta con que se lo digas** il suffit que tu le lui dises. ◆ **bastarse** *vpr* se débrouiller tout seul (toute seule) ; **él solo se basta y sobra para llevar la empresa** il est tout à fait capable de gérer l'entreprise tout seul.

bastardo, da ◇ *adj* - 1. [gen] bâtard(e) - 2. *despec* [innoble] infâme. ◇ *m, f* [descendiente] bâtard *m*, -e *f*.

bastidor *m* [armazón & AUTOM] châssis *m*. ◆ **bastidores** *mpl* TEATR coulisses *fpl* ; **entre ~es** *fig* dans les coulisses.

basto, ta *adj* - 1. [tosco, grosero] grossier(ère) - 2. [áspero] rugueux(euse). ◆ **bastos** *mpl l'une des quatre couleurs du jeu de cartes espagnol.*

bastón *m* [para andar] canne *f* ; [para esquiar] bâton *m*. ◆ **bastón de mando** *m* MIL bâton *m* de commandement.

basura *f* - 1. [desperdicios] ordures *fpl* - 2. *fig* [de mala calidad] saleté *f*.

basurero *m* - 1. [persona] éboueur *m* - 2. [vertedero] décharge *f*.

bata *f* - 1. [de casa] robe *f* de chambre - 2. [de trabajo] blouse *f*.

batacazo *m* [caída] : **darse** o **pegarse un ~** se casser la figure.

batalla *f* - 1. [entre ejércitos] bataille *f* ; **~ campal** MIL bataille rangée ; *fig* foire *f* d'empoigne - 2. *fig* [lucha interior] lutte *f* - 3. *loc* : **de ~** [de uso diario] de tous les jours.

batallar *vi lit* & *fig* batailler.

batallón, ona *adj* - 1. [peleón] bagarreur(euse) - 2. [revoltoso] turbulent(e) - 3. *fam* [peliagudo] épineux(euse). ◆ **batallón** *m* MIL & *fig* bataillon *m*.

batata *f* patate *f* douce.

bate *m* DEP batte *f*.

batear DEP ◇ *vt* frapper. ◇ *vi* être à la batte.

batería ◇ *f* - 1. [gen, MÚS & MIL] batterie *f* ; **~ de cocina** batterie de cuisine - 2. TEATR rampe *f* - 3. *loc* : **aparcar en ~** se garer en épi. ◇ *mf* MÚS batteur *m*, -euse *f*.

batido, da *adj* - 1. [nata] fouetté(e) - 2. [claras, camino] battu(e). ◆ **batido** *m* - 1. [acción] battage *m* - 2. [bebida] milkshake *m*. ◆ **batida** *f* - 1. [de caza] battue *f* - 2. [de policía] : **dar una batida** ratisser.

batidor *m* - 1. CULIN fouet *m* - 2. [en la caza] rabatteur *m* - 3. MIL éclaireur *m*.

batidora *f* CULIN : **~ (eléctrica)** [para batir] batteur *m* ; [para triturar] mixer *m*.

batiente *m* - 1. [de puerta, ventana] battant *m* - 2. [de puerto] brise-lames *m* ; [natural] brisant *m*.

batín *m* veste *f* d'intérieur.

batir ◇ *vt* - 1. [gen] battre ; [nata] fouetter - 2. [zona - suj : policía] ratisser. ◇ *vi* [lluvia] battre. ◆ **batirse** *vpr* [luchar] se battre.

baturro, rra ◇ *adj* aragonais(e). ◇ *m, f* - 1. [campesino aragonés] paysan *m* aragonais, paysanne *f* aragonaise - 2. [terco] : **es un ~** il est buté.

batuta *f* MÚS baguette *f* de chef d'orchestre ; **llevar uno la ~** *fig* faire la loi.

baúl *m* - 1. [gen] malle *f* - 2. *Amer* [maletero] coffre *m (de voiture)*.

bautismo *m* baptême *m (sacrement)*.

bautizar *vt lit* & *fig* baptiser.

bautizo *m* baptême *m (cérémonie)*.

baya *f* BOT baie *f*.

bayeta *f* - 1. [tejido] flanelle *f* - 2. [para fregar] lavette *f (carré de tissu-éponge)*.

bayoneta *f* MIL baïonnette *f*.

baza *f* - 1. [en naipes] pli *m* - 2. [ventaja] atout *m* - 3. *loc* : **meter ~ en** mettre son nez dans.

bazar *m* bazar *m*.

bazo, za *adj* bis(e). ◆ **bazo** *m* ANAT rate *f*.

bazofia *f lit* & *fig* cochonnerie *f*.

bazuca, bazooka *m* bazooka *m*.

be *f* : **~ larga** o **grande** *Amer* b *m inv*, lettre *f* b.

beatificar *vt* - 1. RELIG béatifier - 2. *fig* [hacer venerable] ennoblir.

beato, ta *adj* & *m, f* - 1. [beatificado] bienheureux(euse) - 2. [piadoso] dévot(e) - 3. *fig* [santurrón] bigot(e).

beba *f Amer fam* bébé *m*, petite fille *f*.

bebe *m Amer fam* bébé *m*, petit garçon *m*.

bebé *m* bébé *m* ; **~ probeta** bébé-éprouvette.

bebedero *m* - 1. [de jaula] auget *m* - 2. [abrevadero] abreuvoir *m*.

bebedor, ra *m, f* buveur *m*, -euse *f*.

beber ◇ *vt* - 1. [gen] boire - 2. *fig* [conocimientos] puiser. ◇ *vi* boire ; **~ a** o **por** [brindar] boire à.

bebida *f* boisson *f*.

bebido, da *adj* gris(e) *(ivre)*.

beca *f* [subvención] bourse *f*.

becar *vt* : **~ a alguien** attribuer une bourse à qqn.

becario, ria *m, f* boursier *m*, -ère *f*.

becerro, rra *m, f* veau *m*, génisse *f*.
bechamel [betʃa'mel], **besamel** *f* béchamel *f*.
bedel *m* appariteur *m*.
begonia *f* bégonia *m*.
beige ['beis] *adj* & *m inv* beige.
béisbol *m* base-ball *m*.
bejuco *m Amer* liane *f*.
belén *m* - **1.** [de Navidad] crèche *f* - **2.** *fam* [desorden] foutoir *m* - **3.** *(gen pl) fig* [embrollo] histoire *f*.
belga ◇ *adj* belge. ◇ *mf* Belge *mf*.
Bélgica Belgique *f*.
Belgrado Belgrade.
bélico, ca *adj* de guerre ; [actitud] guerrier(ère).
belicoso, sa *adj* belliqueux(euse).
beligerante *adj* & *mf* belligérant(e).
bellaco, ca *m, f* scélérat *m*, -e *f*.
belleza *f* beauté *f*.
bello, lla *adj* beau (belle).
bellota *f* gland *m*.
bemol ◇ *adj* bémol. ◇ *m* MÚS bémol *m* ; **tiene (muchos) ~es** [es difícil] ce n'est pas de la tarte ; [tiene valor] il en a dans le ventre ; [es un abuso] c'est un peu fort.
bendecir *vt* bénir ; [capilla] consacrer.
bendición *f* bénédiction *f*.
bendito, ta ◇ *adj* - **1.** [santo] bénit(e) - **2.** [dichoso] bienheureux(euse) - **3.** [para enfatizar] sacré(e). ◇ *m, f* simple *m* d'esprit.
benedictino, na *adj* & *m, f* bénédictin(e).
benefactor, ra ◇ *adj* bienfaisant(e). ◇ *m, f* bienfaiteur *m*, -trice *f*.
beneficencia *f* bienfaisance *f*.
beneficiar *vt* [favorecer] profiter à ; **esta actitud no te beneficia** cette attitude te fait du tort. ◆ **beneficiarse** *vpr* gagner ; **no se beneficia nadie** personne n'y gagne ; **~se de algo** profiter de qqch.
beneficiario, ria *m, f* bénéficiaire *mf*.
beneficio *m* - **1.** [bien] bienfait *m* ; **a ~ de** [gala, concierto] au profit de ; **en ~ de todos** dans l'intérêt de tous ; **en ~ propio** dans son propre intérêt - **2.** [ganancia] bénéfice *m*.
beneficioso, sa *adj* bienfaisant(e).
benéfico, ca *adj* - **1.** [favorable] bienfaisant(e) - **2.** [función, institución] de bienfaisance.
Benelux : el ~ le Benelux.
beneplácito *m* consentement *m*.
benevolencia *f* bienveillance *f*.
benévolo, la, benevolente *adj* bienveillant(e).
bengala *f* - **1.** [para pedir ayuda] fusée *f* de détresse - **2.** [para fiestas] feu *m* de Bengale.
benigno, na *adj* - **1.** MED bénin(igne) - **2.** [clima, temperatura] doux (douce).
benjamín, ina *m, f* benjamin *m*, -e *f*.
berberecho *m* coque *f (coquillage)*.
berenjena *f* aubergine *f*.
berenjenal *m fam* [caos] pagaille *f* ; **meterse en un ~** se mettre dans de beaux draps.
Berlín Berlin.
berlinés, esa ◇ *adj* berlinois(e). ◇ *m, f* Berlinois *m*, -e *f*.
bermejo, ja *adj* vermeil(eille).
bermudas *fpl* bermuda *m*.
Berna Berne.
berrear *vi* beugler ; [niño] brailler.
berrido *m* beuglement *m* ; [de niño] braillement *m*.
berrinche *m fam* : **coger un ~** piquer une crise.
berro *m* cresson *m*.
berza *f* chou *m*.
berzotas *mf inv fam* : **ser un ~** être bouché.
besamel = **bechamel**.
besar *vt* embrasser. ◆ **besarse** *vpr* s'embrasser.
beso *m* baiser *m* ; **comer a ~s** couvrir de baisers.
bestia ◇ *adj fig* : **es muy ~** c'est une vraie brute. ◇ *mf fig* [persona] brute *f*. ◇ *f* [animal] bête *f* ; **~ de carga** bête de somme.
bestial *adj* - **1.** [brutal] bestial(e) - **2.** *fam* [tremendo] terrible - **3.** *fam* [formidable] super.
bestialidad *f* - **1.** [brutalidad] brutalité *f* - **2.** *fam* [tontería] énormité *f* - **3.** *fam* [montón] : **una ~ de** des tonnes de.
best seller [bes'seler] (*pl* **best sellers**) *m* best-seller *m*.
besucón, ona ◇ *adj* : **es muy ~** il a la manie d'embrasser. ◇ *m, f* : **es un ~** il a la manie d'embrasser.
besugo *m* - **1.** [pescado] daurade *f* - **2.** *fam* [persona] andouille *f*.
besuquear *vt fam* bécoter. ◆ **besuquearse** *vpr fam* se bécoter.
bético, ca *adj* [andaluz] de la Bétique *(ancien nom de l'Andalousie)*.
betún *m* - **1.** [para el calzado] cirage *m* - **2.** QUÍM bitume *m*.

bianual *adj* **- 1.** [cada dos años] bisannuel(elle) **- 2.** [dos veces al año] semestriel(elle).
biberón *m* biberon *m*.
biblia *f* bible *f*. ◆ **Biblia** *f* : **la ~** la Bible.
bibliografía *f* bibliographie *f*.
biblioteca *f* bibliothèque *f*.
bibliotecario, ria *m, f* bibliothécaire *mf*.
bicarbonato *m* **- 1.** QUÍM bicarbonate *m* **- 2.** FARMACIA bicarbonate *m* (de soude).
bicentenario *m* bicentenaire *m*.
bíceps *m inv* biceps *m*.
bicharraco *m fam* **- 1.** [animal] bestiole *f* **- 2.** [persona] sale type *m*.
bicho *m* **- 1.** [animal] bête *f* ; [insecto] bestiole *f* **- 2.** [persona mala] : **~ raro** drôle d'oiseau *m* **- 3.** [pillo] peste *f*.
bici *f fam* vélo *m*.
bicicleta *f* bicyclette *f*.
bicoca *f fam* : **ser algo una ~** être une bonne affaire ; **una ~ de trabajo** une bonne planque.
bicolor *adj* bicolore.
bidé *m* bidet *m*.
bidimensional *adj* en deux dimensions.
bidón *m* bidon *m*.
biela *f* bielle *f*.
Bielorrusia Biélorussie *f*.
bien ◇ *adv* **- 1.** [gen] bien ; **has hecho ~** tu as bien fait ; **habla ~ el inglés** il parle bien l'anglais ; **~ que vendría pero no puede** il viendrait bien O volontiers mais il ne peut pas ; **encontrarse ~** se sentir bien ; **estar ~** [de salud] aller bien, se porter bien ; [de aspecto, de calidad, de comodidad] être bien ; [ser suficiente] suffire ; **está ~ que te vayas pero antes despídete de todos** tu peux t'en aller mais avant dis au revoir à tout le monde ; **pasarlo ~** bien s'amuser ; **¡~ por el campeón!** bravo pour le champion! ; **como ~ le parezca** comme bon vous semble ; **¡muy ~!** très bien! ; **tener a ~ hacer algo** *culto* bien vouloir faire qqch ; **¡ya está ~!** ça suffit! **- 2.** [de manera agradable] bon ; **oler ~** sentir bon **- 3.** [de acuerdo] d'accord ; **¿nos vamos? – ~** on y va? – d'accord ; **¡está ~!** d'accord! ◇ *adj inv* bien. ◇ *m* **- 1.** [gen] bien *m* ; **el ~ y el mal** le bien et le mal ; **es por tu ~** c'est pour ton bien ; **hacer el ~** faire le bien **- 2.** EDUC ≃ mention *f* assez bien. ◇ *conj* : **(o) ~ ... (o) ~** soit ... soit ; **puede pagar (o) ~ al contado (o) ~ en cuotas** il peut payer soit au comptant soit par versements échelonnés. ◆ **bienes** *mpl* biens *mpl* ; **~es gananciales** DER acquêts *mpl* ; **~es inmuebles** biens immobiliers ; **~es muebles** biens mobiliers. ◆ **más bien** *loc adv* plutôt.
bienal ◇ *adj* biennal(e), bisannuel(elle). ◇ *f* biennale *f*.
bienaventurado, da *m, f* bienheureux *m*, -euse *f*.
bienestar *m* **- 1.** [placidez] bien-être *m* **- 2.** [confort económico] confort *m*.
bienhechor, ra *m, f* bienfaiteur *m*, -trice *f*.
bienio *m* **- 1.** [período] *espace de deux ans* **- 2.** [aumento de sueldo] *prime d'ancienneté accordée au bout de deux ans d'activité*.
bienvenido, da *adj* bienvenu(e) ; **¡bienvenido!** soyez le bienvenu! ◆ **bienvenida** *f* bienvenue *f* ; **dar la bienvenida** souhaiter la bienvenue.
bies *m inv* biais *m* ; **al ~** [costura] en biais ; [sombrero etc] de biais.
bife *m Amer* bifteck *m*.
bífido, da *adj* bifide.
biftec = **bisté**.
bifurcación *f* bifurcation *f*.
bifurcarse *vpr* bifurquer ; [tronco, rama] se diviser en deux.
bigamia *f* bigamie *f*.
bígamo, ma *adj* & *m, f* bigame.
bigote *m* moustache *f*.
bigotudo, da *adj* moustachu(e).
bikini = **biquini**.
bilateral *adj* bilatéral(e).
biliar *adj* biliaire.
bilingüe *adj* bilingue.
bilingüismo *m* bilinguisme *m*.
bilis *f inv* bile *f*.
billar *m* billard *m*.
billete *m* billet *m* ; **sacar un ~** prendre un billet ; **~ de ida y vuelta** aller-retour *m* ; **~ sencillo** aller *m* simple.
billetera *f*, **billetero** *m* portefeuille *m*.
billón *m* billion *m*.
bingo *m* **- 1.** [juego, premio] bingo *m* **- 2.** [sala] salle *f* de bingo.
binóculo *m* binocle *m*.
biodegradable *adj* biodégradable.
biografía *f* biographie *f*.
biográfico, ca *adj* biographique.
biógrafo, fa *m, f* biographe *mf*.
biología *f* biologie *f*.
biológico, ca *adj* biologique.
biólogo, ga *m, f* biologiste *mf*.

biombo *m* paravent *m*.
biopsia *f* biopsie *f*.
bioquímico, ca ◇ *adj* biochimique. ◇ *m, f* biochimiste *mf*. ◆ **bioquímica** *f* biochimie *f*.
biorritmo *m* biorythme *m*.
biosfera *f* biosphère *f*.
bipartidismo *m* bipartisme *m*.
bipartito, ta *adj* bipartite, biparti(e).
biplaza *adj m* & *m* biplace.
biquini, bikini *m* bikini *m*, deux-pièces *m*.
birlar *vt fam* [robar] faucher.
birra *f mfam* [cerveza] mousse *f*.
birrete *m* - **1.** [de clérigo] barrette *f* - **2.** [de catedrático, abogado] bonnet *m* ; [de juez] toque *f*.
birria *f* - **1.** *fam* [cosa, persona fea] horreur *f* ; [cuadro] croûte *f* - **2.** *fam* [cosa sin valor] camelote *f* - **3.** *Amer* CULIN *viande grillée typique de certaines régions du Mexique*.
bis ◇ *adj inv* bis ; **viven en el 15 ~** ils habitent au 15 bis. ◇ *m* bis *m* ; **pedir un ~** bisser. ◇ *adv* MÚS [para repetir] bis.
bisabuelo, la *m, f* arrière-grand-père *m*, arrière-grand-mère *f*.
bisagra *f* charnière *f*.
biscuit *m* biscuit *m (porcelaine)*.
bisección *f* bissection *f*.
bisector, triz *adj* bissecteur(trice). ◆ **bisectriz** *f* bissectrice *f*.
biselar *vt* biseauter.
bisexual *adj* & *mf* bisexuel(elle).
bisiesto *adj* ▷ **año**.
bisnieto, ta *m, f* arrière-petit-fils *m*, arrière-petite-fille *f*.
bisonte *m* bison *m*.
bisoño, ña ◇ *adj* novice. ◇ *m, f* [principiante] débutant *m*, -e *f* ; MIL jeune recrue *f*.
bisturí (*pl* **bisturís**) *m* bistouri *m*.
bisutería *f* bijoux *mpl* fantaisie.
bit (*pl* **bits**) *m* INFORM bit *m*.
bíter, bitter *m* bitter *m*.
bizco, ca ◇ *adj* : **es ~** il louche. ◇ *m, f* loucheur *m*, -euse *f*.
bizcocho *m* - **1.** [postre] gâteau *m* - **2.** [pan ácimo] biscuit *m*.
bizquear *vi* - **1.** [quedarse bizco] loucher - **2.** *fam fig* [asombrarse] être épaté(e).
blablablá *m fam* bla-bla *m*.
blanco, ca ◇ *adj* blanc (blanche). ◇ *m, f* Blanc *m*, Blanche *f*. ◆ **blanco** *m* - **1.** [color, espacio] blanc *m* - **2.** [de disparo] cible *f* ; **dar en el ~** mettre dans le mille ; **fue el ~ de todas las miradas** tous les regards se sont portés sur lui - **3.** *fig* [objetivo] but *m*. ◆ **blanca** *f* MÚS blanche *f* ; **estar** o **quedarse sin blanca** *fig* ne pas avoir un sou. ◆ **blanco del ojo** *m* blanc *m* de l'œil. ◆ **en blanco** *loc adv* - **1.** [vacío] : **dejar su hoja en ~** rendre copie blanche - **2.** [sin saber] : **quedarse con la mente en ~** avoir un trou de mémoire - **3.** [sin dormir] : **pasar la noche en ~** passer une nuit blanche.
blancura *f* blancheur *f*.
blandengue ◇ *adj lit* & *fig* mollasse. ◇ *mf* lavette *f*.
blando, da *adj* - **1.** [gen] mou (molle) ; [carne] tendre - **2.** *fig* [de carácter] faible ; **es demasiado ~ con los alumnos** il n'est pas assez sévère avec les élèves.
blandura *f* - **1.** [gen] mollesse *f* - **2.** *fig* [de carácter] faiblesse *f*.
blanquear *vt* [dinero] blanchir.
blanquecino, na *adj* blanchâtre ; [tez, luz] blafard(e).
blanqueo *m* - **1.** [de ropa] blanchissage *m* - **2.** [de pared, dinero] blanchiment *m*.
blanquillo *m Amer* - **1.** [huevo] œuf *m* - **2.** [melocotón] pêche *f*.
blasfemar *vi* - **1.** RELIG blasphémer - **2.** [maldecir] jurer.
blasfemia *f* - **1.** [contra Dios] blasphème *m* - **2.** [palabrota] juron *m* - **3.** *fig* [injuria] sacrilège *m*.
blasfemo, ma ◇ *adj* blasphématoire ; [persona] blasphémateur(trice). ◇ *m, f* blasphémateur *m*, -trice *f*.
blazer ['bleiser] (*pl* **blazers**) *m* blazer *m*.
bledo *m* : **me importa un ~** *fam* je m'en fiche comme de l'an quarante.
blindado, da *adj* blindé(e).
blindar *vt* blinder.
bloc (*pl* **blocs**) *m* bloc-notes *m*.
bloque ◇ *v* ▷ **blocar**. ◇ *m* - **1.** [gen & INFORM] bloc *m* - **2.** [edificio] immeuble *m*. ◆ **bloque del motor** *m* bloc-moteur *m*.
bloquear *vt* - **1.** [gen] bloquer - **2.** [bienes] saisir ; [cheque] faire opposition à ; [cuenta, créditos] geler. ◆ **bloquearse** *vpr* [gen] se bloquer ; [persona] faire un blocage.
bloqueo *m* - **1.** [gen] blocage *m* - **2.** [de país, ciudad] blocus *m* ; [de mercancías] embargo *m* ; **~ económico** embargo économique - **3.** [de bienes] saisie *f* ; [de cuenta, créditos] gel *m*.
blues ['blus] *m inv* MÚS blues *m*.

blusa *f* chemisier *m*.
blusón *m* chemise *f* ample.
bluyín *m*, **bluyines** *mpl Amer* jean *m*.
boa *f* [animal] boa *m*.
bobada *f fam* bêtise *f*; **decir/hacer ~s** dire/faire des bêtises.
bobería *f fam* bêtise *f*.
bobina *f* bobine *f*.
bobo, ba *adj* & *m, f* - **1.** [tonto] idiot(e) - **2.** [ingenuo] niais(e).
boca *f* bouche *f*; **mantener seis ~s** avoir six bouches à nourrir ; **~ de metro** bouche de métro ; **abrir** o **hacer ~** mettre en appétit ; **se me hace la ~ agua** j'en ai l'eau à la bouche ; **quitar de la ~** ôter de la bouche. ◆ **boca arriba** *loc adv* sur le dos. ◆ **boca abajo** *loc adv* sur le ventre, à plat ventre. ◆ **boca a boca** *m* bouche-à-bouche *m inv*.
bocacalle *f* rue *f*; **gire a la izquierda en la tercera ~** prenez la troisième rue à gauche.
bocadillo *m* - **1.** [para comer] sandwich *m* - **2.** [en cómic] bulle *f*.
bocado *m* - **1.** [gen] bouchée *f*; [un poco] morceau *m* ; **no probar ~** ne rien avaler - **2.** [mordisco] : **dar un ~** mordre.
bocajarro ◆ **a bocajarro** *loc adv* - **1.** [decir] à brûle-pourpoint - **2.** [disparar] à bout portant.
bocanada *f* [de líquido] gorgée *f*; [de humo, aire] bouffée *f*.
bocata *m fam* sandwich *m*.
bocazas *mf inv fam despec* grande gueule *f*.
boceto *m* ébauche *f*, esquisse *f*.
bochorno *m* - **1.** [calor] chaleur *f* étouffante - **2.** [vergüenza] : **pasó un ~** il est devenu tout rouge.
bochornoso, sa *adj* - **1.** [tiempo] étouffant(e) - **2.** [vergonzoso] honteux(euse).
bocina *f* - **1.** [de coche] Klaxon® *m* - **2.** [megáfono] porte-voix *m*.
bocinazo *m* coup *m* de Klaxon.
boda *f* mariage *m* ; **~s de diamantes/oro/plata** noces *fpl* de diamants/d'or/d'argent.
bodega *f* - **1.** [gen] cave *f* à vin ; [bar] bar *m* à vin - **2.** [en buque] cale *f*; [en avión] soute *f* à bagages.
bodegón *m* - **1.** ARTE nature *f* morte - **2.** [taberna] taverne *f*.
bodrio *m fam despec* : **es un ~** [película, cosa etc] ça ne vaut rien ; [comida] c'est infâme.
body (*pl* **bodies** o **bodys**) *m* body *m*.
BOE (*abrev de* **Boletín Oficial del Estado**) *m Journal officiel espagnol*.
bofetada *f* gifle *f*; **darse de ~s con** *fig* [no pegar] ne pas aller du tout avec ; [colores] jurer avec.
bofetón *m* claque *f*.
bofia *f fam* : **la ~** les poulets *mpl*, les flics *mpl*.
boga *f* [remo] nage *f*; **estar en ~** être en vogue.
bogavante *m* homard *m*.
Bogotá Bogota.
bogotano, na ◇ *adj* de Bogota. ◇ *m, f* habitant *m*, -e *f* de Bogota.
bohemio, mia ◇ *adj* - **1.** [artista] bohème ; [vida] de bohème - **2.** [de Bohemia] bohémien(enne). ◇ *m, f* - **1.** [artista] bohème *m* - **2.** [de Bohemia] Bohémien *m*, -enne *f*.
boicot (*pl* **boicots**), **boycot** (*pl* **boycots**) *m* boycott *m*.
boicotear, boycotear *vt* boycotter.
boina *f* béret *m*.
bol *m* bol *m*.
bola *f* - **1.** [gen] boule *f* - **2.** [canica] bille *f* - **3.** *fam* [mentira] : **contar ~s** raconter des bobards - **4.** *loc* : **en ~s** *fam* à poil.
bolada *f Amer fam* occase *f*.
bolardo *m* plot *m (empêchant le stationnement sur les trottoirs)*.
bolea *f* DEP volée *f*.
bolear *vt Amer* - **1.** [embetunar] cirer - **2.** *fig* [enredar] embrouiller.
bolera *f* bowling *m*.
bolería *f Amer* cireur *m* de chaussures *(boutique)*.
bolero *m* - **1.** MÚS boléro *m* - **2.** *Amer* cireur *m* de chaussures.
boletería *f Amer* guichet *m*.
boletero, ra *m, f Amer* - **1.** [taquillero] guichetier *m*, -ère *f* - **2.** [mentiroso] menteur *m*, -euse *f*.
boletín *m* bulletin *m* ; **~ de noticias** o **informativo** bulletin d'informations ; **~ de prensa** communiqué *m* de presse ; **~ meteorológico** bulletin météorologique.
boleto *m* [de lotería, rifa] billet *m* ; [de quinielas] bulletin *m*.
boli *m fam* stylo *m*, Bic® *m*.
boliche *m* - **1.** [en la petanca] cochonnet *m* - **2.** [bolera] boulodrome *m*.
bólido *m* bolide *m*.
bolígrafo *m* stylo-bille *m*.
bolillo *m Amer* [panecillo] petit pain *m*.
bolívar *m* [moneda] bolivar *m*.

Bolivia Bolivie *f*.

boliviano, na ◇ *adj* bolivien(enne). ◇ *m, f* Bolivien *m*, -enne *f*.

bollo *m* - **1.** [de pan] pain *m* au lait ; [dulce] : **los ~s** la viennoiserie - **2.** [abolladura] bosse *f*.

bolo *m* - **1.** [de juego] quille *f* - **2.** *Amer fam* [borracho] poivrot *m*. ◆ **bolos** *mpl* [juego] quilles *fpl*.

bolsa *f* - **1.** [gen] sac *m* ; **~ de basura** sac-poubelle *m* ; **~ de viaje** sac de voyage - **2.** FIN Bourse *f* ; **la ~ baja/sube** la Bourse est en baisse/en hausse ; **jugar en ~** jouer en Bourse - **3.** [cavidad] poche *f* - **4.** *Amer* [bolsillo] poche *f* ; **~ de dormir** sac *m* de couchage. ◆ **bolsa de agua caliente** *f* bouillotte *f*.

bolsillo *m* poche *f* ; **de ~** [libro etc] de poche ; **meterse a alguien en el ~** mettre qqn dans sa poche.

bolso *m* sac *m* (à main).

boludo, da *m, f Amer mfam* con *m*, conne *f*.

bomba *f* - **1.** [explosivo] bombe *f* ; **~ atómica** bombe atomique ; **~ de mano** grenade *f* - **2.** [máquina] pompe *f* - **3.** *Amer* [surtidor de gasolina] pompe *f* à essence - **4.** *loc* : **pasarlo ~** *fam* s'éclater.

bombachos *mpl* culotte *f* bouffante.

bombardear *vt lit & fig* bombarder.

bombardeo *m* bombardement *m*.

bombardero, ra *adj* de bombardement. ◆ **bombardero** *m* bombardier *m*.

bombazo *m* - **1.** [bomba] bombardement *m* - **2.** *fig* [noticia] : **ser un ~** faire l'effet d'une bombe.

bombear *vt* pomper.

bombero, ra *m, f* pompier *m*.

bombilla *f* ampoule *f* (électrique).

bombillo *m Amer* ampoule *f* (électrique).

bombín *m* chapeau *m* melon.

bombo *m* - **1.** [tambor] grosse caisse *f* - **2.** [elogio] : **dar mucho ~ a** [algo] faire beaucoup de bruit autour de ; [alguien] ne pas tarir d'éloges sur - **3.** *fig* [ruido] : **con mucho ~, a ~ y platillo** en fanfare.

bombón *m* - **1.** [golosina] chocolat *m* *(bonbon)* - **2.** [helado] Esquimau® *m* - **3.** *fam fig* [mujer] : **ser un ~** être jolie comme un cœur.

bombona *f* bonbonne *f* ; **~ de butano** bouteille *f* de gaz.

bonachón, ona *fam* ◇ *adj* bonhomme. ◇ *m, f* brave homme *m*, brave femme *f*.

bonanza *f* - **1.** [de tiempo, mar] calme *m* plat - **2.** [prosperidad] prospérité *f*.

bondad *f* bonté *f* ; **tener la ~ de hacer algo** avoir la bonté de faire qqch.

bondadoso, sa *adj* bon (bonne) ; **es ~** il respire la bonté.

bonete *m* [de eclesiástico] barrette *f*.

boniato *m* patate *f* douce.

bonificar *vt* - **1.** COM faire un rabais de - **2.** [el suelo] bonifier.

bonito, ta *adj* joli(e) ; [bueno] gentil(ille). ◆ **bonito** *m* [pez] thon *m*.

bono *m* - **1.** [vale] bon *m* d'achat - **2.** COM [título] obligation *f* ; [del Tesoro] bon *m* ; **~ basura** obligation de pacotille.

bonobús *m coupon d'autobus valable pour 10 trajets.*

bonoloto *f* ≃ loto *m*.

bonotrén *m* (carte *f* d') abonnement *m* de train.

bonsai *m* bonsaï *m*.

boñiga *f* bouse *f*.

boom *m* boom *m*.

boomerang = **bumerán**.

boquerón *m* anchois *m (frais)*.

boquete *m* [rotura] brèche *f*.

boquiabierto, ta *adj* : **estar ~** avoir la bouche ouverte ; **quedarse ~** *fig* rester bouche bée.

boquilla *f* - **1.** [para fumar] fume-cigarette *m inv* - **2.** [de pipa, aparato] tuyau *m* - **3.** [de flauta] bec *m*. ◆ **de boquilla** *loc adj fam* [promesas etc] en l'air.

borbotear, borbotar *vi* bouillonner.

borbotón ◆ **a borbotones** *loc adv* à gros bouillons.

borda *f* NÁUT : **por la ~** par-dessus bord. ◆ **fuera borda** *m* hors-bord *m*.

bordado, da *adj* brodé(e). ◆ **bordado** *m* broderie *f*.

bordar *vt* - **1.** [gen] broder - **2.** [hacer bien] fignoler.

borde ◇ *adj mfam* [antipático] emmerdant(e). ◇ *mf mfam* [antipático] emmerdeur *m*, -euse *f*. ◇ *m* bord *m* ; **al ~ de** *fig* au bord de.

bordear *vt* - **1.** [estar alrededor de] border ; [moverse alrededor de] longer - **2.** *fig* [rozar - años] friser ; [- éxito] frôler.

bordillo *m* bord *m* ; [de acera, andén] bordure *f*.

bordo *m* NÁUT bord *m*. ◆ **a bordo** *loc adv* à bord.

borla *f* - **1.** [adorno] pompon *m* - **2.** [de licenciado] *pompon du bonnet des diplômés universitaires dont la couleur varie suivant la faculté.*

borrachera *f* **- 1.** [embriaguez] : **coger una ~** se soûler **- 2.** *fig* [emoción] ivresse *f.*

borrachín, ina *m, f fam* poivrot *m,* -e *f.*

borracho, cha ◇ *adj* **- 1.** [ebrio] soûl(e) **- 2.** *fig* [emocionado] : **~ de** ivre de. ◇ *m, f* [persona] ivrogne *mf.* ◆ **borracho** *m* [bizcocho] baba *m* au rhum.

borrador *m* **- 1.** [escrito] brouillon *m* **- 2.** [de lápiz] gomme *f* ; [en pizarra] tampon *m* **- 3.** [cuaderno] cahier *m* de brouillon.

borrar *vt* **- 1.** [gen] effacer ; [con goma] gommer **- 2.** [tachar] rayer. ◆ **borrarse** *vpr* **- 1.** [desaparecer] s'effacer **- 2.** [olvidarse] : **se me ha borrado su cara** je ne me souviens plus de son visage.

borrasca *f* tempête *f.*

borrego, ga *m, f* **- 1.** [animal] agneau *m,* agnelle *f* **- 2.** *fam despec* [persona] plouc *mf.*

borrón *m* **- 1.** [mancha] pâté *m* **- 2.** *loc* : **hacer ~ y cuenta nueva** faire table rase.

borroso, sa *adj* [visión, fotografía] flou(e) ; [escritura, texto] à moitié effacé(e).

Bosnia Bosnie *f.*

bosnio, nia ◇ *adj* bosniaque. ◇ *m, f* Bosniaque *mf.*

bosque *m* [pequeño] bois *m* ; [grande] forêt *f.*

bosquejar *vt* ébaucher, esquisser.

bosquejo *m* **- 1.** [esbozo] ébauche *f,* esquisse *f* **- 2.** *fig* [de tema, situación] : **hacer un ~ de algo** peindre qqch à grands traits.

bostezar *vi* bâiller.

bostezo *m* bâillement *m.*

bota *f* **- 1.** [calzado] botte *f* ; **~ de agua** o **de goma** o **de lluvia** botte en caoutchouc **- 2.** [de vino] outre *f.*

botafumeiro *m* encensoir *m.*

botana *f Amer* amuse-gueule *m.*

botánico, ca ◇ *adj* botanique. ◇ *m, f* botaniste *mf.* ◆ **botánica** *f* botanique *f.*

botar ◇ *vt* **- 1.** NÁUT lancer **- 2.** *fam* [despedir] virer **- 3.** [pelota] faire rebondir **- 4.** DEP : **~ el córner** tirer un corner **- 5.** *Amer* [tirar] jeter. ◇ *vi* **- 1.** [gen] sauter ; [coche] cahoter **- 2.** [pelota] rebondir.

bote *m* **- 1.** [tarro] pot *m* **- 2.** [recipiente - lata] boîte *f* ; [- de plástico] bouteille *f* **- 3.** [barca] canot *m* ; **~ salvavidas** canot de sauvetage **- 4.** [propina] pourboire *m* **- 5.** [salto] bond *m* ; **dar ~s de alegría** sauter de joie **- 6.** [de pelota] rebond *m* ; **dar ~s** rebondir **- 7.** *loc fam* : **chupar del ~** s'en mettre plein les poches ; **tener en el ~ a alguien** avoir qqn dans la poche. ◆ **a bote pronto** *loc adv* au rebond ; *fig* [responder] du tac au tac.

botella *f* bouteille *f* ; **~ de oxígeno** MED bouteille d'oxygène ; [de submarinista] bouteille de plongée.

botellín *m* canette *f.*

boticario, ria *m, f desus* apothicaire *m.*

botijo *m* cruche *f.*

botín *m* **- 1.** [de guerra, atraco] butin *m* **- 2.** [calzado] bottine *f.*

botiquín *m* [mueble] armoire *f* à pharmacie ; [maletín] trousse *f* à pharmacie.

botón *m* bouton *m (de fleur, vêtement).* ◆ **botones** *m inv* [de hotel] groom *m* ; [de oficinas] garçon *m* de courses.

boutique [bu'tik] *f* boutique *f (de vêtements).*

bóveda *f* voûte *f.*

bovino, na *adj* bovin(e). ◆ **bovinos** *mpl* bovins *mpl.*

boxeador, ra *m, f* DEP boxeur *m,* -euse *f.*

boxear *vi* boxer.

boxeo *m* boxe *f.*

bóxer (*pl* **bóxers**) *m* [perro] boxer *m.*

boya *f* **- 1.** [en el mar] bouée *f* **- 2.** [de red] flotteur *m.*

boyante *adj* [gen] heureux(euse) ; [negocio, economía] prospère, florissant(e) ; [situación, posición] brillant(e).

boycot = **boicot.**

boycotear = **boicotear.**

boy scout ['bojes'kaut] (*pl* **boy scouts**) *m* boy-scout *m.*

bozal *m* **- 1.** [de perro] muselière *f* **- 2.** *Amer* [de caballo] licol *m.*

bracear *vi* **- 1.** [mover los brazos] remuer o agiter les bras **- 2.** [nadar] nager la brasse.

braga *f (gen pl)* culotte *f.*

bragueta *f* braguette *f.*

braille ['braile] *m* braille *m.*

bramar *vi* **- 1.** [animal, viento] mugir **- 2.** [persona - de dolor] hurler ; [- de ira] rugir.

bramido *m* **- 1.** [de animal] mugissement *m* **- 2.** [de dolor] hurlement *m* ; [de ira] rugissement *m.*

brandy, brandi *m* brandy *m.*

branquia *f (gen pl)* branchie *f.*

brasa *f* braise *f* ; **a la ~** CULIN sur la braise.

brasero *m* brasero *m.*

brasier, brassier *m Amer* soutien-gorge *m.*

Brasil : (el) ~ (le) Brésil.

brasileño, ña ◇ *adj* brésilien(enne). ◇ *m, f* Brésilien *m*, -enne *f*.

brasilero, ra ◇ *adj Amer* brésilien(enne). ◇ *m, f* Brésilien *m*, -enne *f*.

braveza *f* bravoure *f*.

bravío, a *adj* [animal] sauvage ; [persona] indomptable.

bravo, va *adj* **- 1.** [persona] brave **- 2.** [animal] sauvage **- 3.** [mar] démonté(e). ◆ **bravo** ◇ *m* [aplauso] bravo *m*. ◇ *interj* : **¡bravo!** bravo! ◆ **por las bravas** *loc adv* de force.

bravuconear *vi despec* fanfaronner.

bravura *f* **- 1.** [de persona] bravoure *f* **- 2.** [de animal] férocité *f*.

braza *f* [medida & DEP] brasse *f*.

brazada *f* brassée *f*, brasse *f*.

brazalete *m* **- 1.** [en la muñeca] bracelet *m* **- 2.** [en el brazo] brassard *m*.

brazo *m* **- 1.** [gen] bras *m* ; **cogidos del ~** bras dessus bras dessous ; **llevar en ~s** porter dans ses bras **- 2.** [de animal] patte *f* avant ; [de caballo] jambe *f* **- 3.** *loc* : **quedarse** o **estarse con los ~s cruzados** rester les bras croisés ; **ser el ~ derecho de alguien** être le bras droit de qqn. ◆ **brazo de gitano** *m* CULIN ≃ gâteau *m* roulé ; [para Navidad] ≃ bûche *f* de Noël glacée. ◆ **brazo de mar** *m* bras *m* de mer.

brebaje *m* breuvage *m*.

brecha *f* **- 1.** [abertura] brèche *f* **- 2.** *fig* [impresión] : **hacer ~ en alguien** ébranler qqn.

bregar *vi* **- 1.** [reñir] se battre **- 2.** [trabajar] trimer **- 3.** *fig* [luchar] se démener.

breva *f* **- 1.** [fruta] figue *f* **- 2.** [cigarro] cigare *m* aplati **- 3.** [suerte] veine *f* ; **¡no caerá esa ~!** *fam* je n'aurai pas cette veine o chance!

breve *adj* bref (brève) ; **en ~** [pronto] d'ici peu.

brevedad *f* brièveté *f* ; **a** o **con la mayor ~** dans les plus brefs délais.

bribón, ona *m, f* vaurien *m*, -enne *f*.

bricolaje, bricolage *m* bricolage *m*.

brida *f* bride *f*.

bridge *m* bridge *m (jeu)*.

brigada ◇ *m* MIL ≃ adjudant *m*. ◇ *f* brigade *f* ; **~ antidisturbios** ≃ CRS *mpl* ; **~ antidroga** brigade des stupéfiants.

brillante ◇ *adj* **- 1.** [gen] brillant(e) **- 2.** [sonrisa] radieux(euse). ◇ *m* brillant *m (diamant)*.

brillantez *f fig* splendeur *f*.

brillantina *f* brillantine *f*.

brillar *vi lit* & *fig* briller.

brillo *m* éclat *m*.

brilloso, sa *adj Amer* brillant(e).

brincar *vi* sauter ; **~ de alegría** sauter de joie.

brinco *m* [salto] bond *m*.

brindar ◇ *vi* trinquer ; **~ por algo/alguien** porter un toast à qqch/qqn ; **~ a la salud de alguien** boire à la santé de qqn. ◇ *vt* offrir. ◆ **brindarse** *vpr* : **~se a hacer algo** offrir de faire qqch.

brindis *m inv* toast *m*.

brío *m* [al andar] allant *m* ; [al trabajar] entrain *m*.

brioche [brioʃ, bri'otʃe] *m* brioche *f*.

brisa *f* brise *f*.

británico, ca ◇ *adj* britannique. ◇ *m, f* Britannique *mf*.

brizna *f* [gen] brin *m* ; [de aire] souffle *m*.

broca *f* mèche *f (outil)*.

brocha *f* brosse *f (de peintre)* ; **~ de afeitar** blaireau *m*.

brochazo *m* coup *m* de pinceau.

broche *m* **- 1.** [cierre - de ropa] agrafe *f* ; [- de joya] fermoir *m* **- 2.** [joya] broche *f*.

broker ['broker] (*pl* **brokers**) *m* FIN agent *m* de change.

broma *f* [ocurrencia, chiste] plaisanterie *f* ; [jugarreta] farce *f* ; **en ~** pour rire ; **gastar una ~ a alguien** faire une farce à qqn ; **ni en ~** *fig* jamais de la vie.

bromear *vi* plaisanter.

bromista *adj* & *mf* farceur(euse).

bromuro *m* bromure *m*.

bronca *f* ▷ **bronco**.

bronce *m* bronze *m*.

bronceado, da *adj* bronzé(e). ◆ **bronceado** *m* bronzage *m*.

bronceador, ra *adj* bronzant(e). ◆ **bronceador** *m* crème *f* solaire.

bronco, ca *adj* **- 1.** [material] grossier(ère) **- 2.** [voz, sonido, tos] rauque **- 3.** *fig* [persona, modales] rustre. ◆ **bronca** *f* **- 1.** [riña] bagarre *f* ; **buscar bronca** chercher la bagarre **- 2.** [regañina] : **echar una bronca a alguien** passer un savon à qqn **- 3.** [abucheo] huées *fpl*.

bronquio *m* bronche *f*.

bronquitis *f inv* bronchite *f*.

brotar *vi* **- 1.** [planta] pousser **- 2.** [líquido] jaillir **- 3.** *fig* [sentimiento] naître **- 4.** [granos etc] sortir.

brote *m* **- 1.** [yema] bourgeon *m* **- 2.** *fig* [inicios] premiers signes *mpl*.

bruces ◆ **de bruces** *loc adv* à plat ventre ; **caerse de ~** s'étaler de tout son long.
bruja *f* ▷ **brujo.**
brujería *f* sorcellerie *f.*
brujo, ja ◇ *adj* ensorceleur(euse). ◇ *m, f* sorcier *m*, -ère *f.* ◆ **bruja** ◇ *f* **- 1.** [mujer fea] laideron *m* ; **estar hecha una bruja** être épouvantable **- 2.** [mujer mala] mégère *f.* ◇ *adj inv Amer fam* à sec *(sans argent).*
brújula *f* boussole *f.*
bruma *f* [niebla] brume *f.*
bruñido *m* brunissage *m.*
brusco, ca *adj* brusque.
Bruselas Bruxelles.
brusquedad *f* **- 1.** [imprevisión] soudaineté *f* **- 2.** [grosería] brusquerie *f* ; **con ~** brusquement.
brut *adj inv* [champán] brut.
brutal *adj* **- 1.** [violento] brutal(e) **- 2.** *fam* [extraordinario] super.
brutalidad *f* **- 1.** [brusquedad] brutalité *f* **- 2.** [estupidez] ânerie *f.*
bruto, ta ◇ *adj* **- 1.** [torpe, bestia] lourdaud(e) ; [mal educado] rustre **- 2.** [petróleo, sueldo etc] brut(e) ; **en ~** brut. ◇ *m, f* [torpe, bestia] brute *f.*
bubónica *adj* ▷ **peste.**
bucal *adj* buccal(e).
Bucarest Bucarest.
bucear *vi* faire de la plongée sous-marine ; **~ en** *fig* [asunto, cuestión] se plonger dans ; [pasado] fouiller dans.
buceo *m* plongée *f* (sous-marine).
buche *m* **- 1.** [gen] jabot *m* **- 2.** *fam* [de persona] panse *f.*
bucle *m* **- 1.** [gen & INFORM] boucle *f* **- 2.** [de carretera] virage *m* en épingle à cheveux.
bucólico, ca *adj* **- 1.** [campestre] champêtre **- 2.** LITER bucolique.
Budapest Budapest.
budismo *m* bouddhisme *m.*
buen = **bueno.**
buenaventura *f* **- 1.** [adivinación] bonne aventure *f* **- 2.** [suerte] destin *m.*
bueno, na (*compar* **mejor**, *superl* **el mejor, la mejor**) *adj* (*antes de sust masculino :* **buen**) **- 1.** [gen] bon (bonne) ; **un hombre ~** un homme bon ; **un buen cuchillo** un bon couteau ; **una buena siesta** une bonne sieste ; **ser ~ con alguien** être gentil avec qqn **- 2.** [tranquilo] sage ; **un niño ~** un enfant sage **- 3.** [curado, sano] : **estar ~** être en bonne santé **- 4.** [tiempo, clima] : **hace buen día** o **tiempo** il fait beau **- 5.** *fam* [atractivo] : **está ~** il est canon **- 6.** [uso enfático] : **ese buen hombre** ce brave homme ; **un buen día** un beau jour **- 7.** *loc* : **de buenas a primeras** [de repente] tout à coup ; [a primera vista] de prime abord ; **estar de buenas** être de bonne humeur ; **lo ~ es que ...** la meilleure c'est que ... ; **ser de buen ver** être bien de sa personne. ◆ **bueno** ◇ *adv* bon. ◇ *interj Amer* : **¿bueno?** [al teléfono] allô? ◆ **buenas** *interj* : **¡buenas!** bonjour!
Buenos Aires Buenos Aires.
buey *m* bœuf *m.*
búfalo *m* buffle *m.*
bufanda *f* écharpe *f.*
bufar *vi* **- 1.** [toro] souffler ; [caballo] s'ébrouer **- 2.** *fig* [persona] fulminer.
bufé, buffet (*pl* **buffets**) *m* buffet *m (de réception).*
bufete *m* cabinet *m* (d'avocats).
buffet = **bufé.**
bufido *m* **- 1.** [de animal] soufflement *m* **- 2.** *fam* [de persona] gueulante *f* ; **lanzar un ~** pousser une gueulante.
bufón, ona *adj* bouffon(onne). ◆ **bufón** *m* bouffon *m.*
bufonada *f* bouffonnerie *f.*
buhardilla *f* **- 1.** [desván] mansarde *f* **- 2.** [ventana] lucarne *f.*
búho *m* hibou *m.*
buitre *m* **- 1.** [ave] vautour *m* **- 2.** *fig* [persona] requin *m.*
bujía *f* AUTOM bougie *f.*
bulbo *m* BOT & ANAT bulbe *m.*
buldozer (*pl* **buldozers**), **bulldozer** [bul'doθer] (*pl* **bulldozers**) *m* bulldozer *m.*
bulevar (*pl* **bulevares**) *m* boulevard *m.*
Bulgaria Bulgarie *f.*
búlgaro, ra ◇ *adj* bulgare. ◇ *m, f* Bulgare *mf.* ◆ **búlgaro** *m* [lengua] bulgare *m.*
bulín *m Amer* garçonnière *f.*
bulla *f* [jaleo] raffut *m* ; **armar ~** faire du raffut.
bulldozer = **buldozer.**
bullicio *m* [ruido] brouhaha *m* ; [multitud] agitation *f.*
bullicioso, sa ◇ *adj* **- 1.** [ruidoso, agitado] animé(e) **- 2.** [inquieto] turbulent(e). ◇ *m, f* nerveux *m*, -euse *f.*
bullir *vi* **- 1.** [hervir] bouillir ; [burbujear] bouillonner **- 2.** *fig* [multitud] grouiller, fourmiller.
bulto *m* **- 1.** [gen] bosse *f* ; **hacer mucho ~** prendre beaucoup de place **- 2.** [forma imprecisa] masse *f* ; [de persona] silhouet-

te *f* - **3.** [equipaje] paquet *m* ; **~ de mano** bagage *m* à main - **4.** *loc* : **escurrir el ~** [trabajo] se dérober ; [cuestión] éluder la question.

bumerán (*pl* **bumerans**), **bumerang** [bume'ran] (*pl* **bumerangs**) *m* boomerang *m*.

bungalow [buŋga'lo] (*pl* **bungalows**) *m* bungalow *m*.

búnquer (*pl* **búnquers**), **bunker** (*pl* **bunkers**) *m* - **1.** [refugio] bunker *m* - **2.** *fig* & POLÍT *faction conservatrice d'un parti*.

buñuelo *m* - **1.** CULIN beignet *m* ; **~ de viento** pet-de-nonne *m* - **2.** *fig* [cosa mal hecha] horreur *f*.

BUP (*abrev de* **Bachillerato Unificado Polivalente**) *m* EDUC *cycle d'enseignement pour les élèves de 14 à 17 ans en Espagne, équivalent aux classes de troisième, seconde et première.*

buque *m* navire *m*.

burbuja *f* bulle *f*.

burbujear *vi* faire des bulles, pétiller.

burdel *m* bordel *m*.

burdo, da *adj* grossier(ère).

burgués, esa *adj* & *m, f* bourgeois(e).

burguesía *f* bourgeoisie *f*.

burla *f* - **1.** [mofa] moquerie *f* ; **hacer ~ de algo/alguien** se moquer de qqch/qqn - **2.** [broma] plaisanterie *f* - **3.** [engaño] escroquerie *f*.

burlar *vt* - **1.** [engañar] tromper - **2.** [esquivar - vigilancia] déjouer ; [- ley] contourner. ◆ **burlarse** *vpr* : **~se de** se moquer de.

burlesco, ca *adj* LITER burlesque ; [tono] moqueur(euse).

burlón, ona *adj* moqueur(euse).

buró *m Amer* [mesilla de noche] table *f* de nuit.

burocracia *f* bureaucratie *f*.

burócrata *mf* bureaucrate *mf*.

burofax® *m service de télécopie disponible dans les bureaux de poste.*

burrada *f* - **1.** [dicho, hecho] ânerie *f* - **2.** *fam* [cantidad] : **hay una ~ de gente** il y a vachement de monde.

burro, rra ◇ *adj* [necio] bête. ◇ *m, f* - **1.** [animal] âne *m*, ânesse *f* - **2.** [necio] âne *m* - **3.** *fig* [trabajador] : **ser un ~ para el trabajo** travailler comme une bête - **4.** *loc* : **no ver tres en un ~** *fam* être myope comme une taupe.

bursátil *adj* boursier(ère).

bus *m* AUTOM & INFORM bus *m*.

busca ◇ *f* recherche *f* ; **en ~ de** [algo] en quête de ; [alguien] à la recherche de. ◇ *m inv* = **buscapersonas.**

buscapersonas, busca *m inv* bip *m*.

buscar ◇ *vt* - **1.** [gen] chercher - **2.** INFORM rechercher. ◇ *vi* : **ir/venir/pasar a ~ a alguien/algo** aller/venir/passer chercher qqn/qqch.

buscavidas *mf inv fam* - **1.** [ambicioso] débrouillard(e) - **2.** [entrometido] fouinard(e).

buscón, ona *m, f* : **es un ~** il vit d'expédients.

búsqueda *f* recherche *f*.

busto *m* buste *m*.

butaca *f* - **1.** [mueble] fauteuil *m* - **2.** [localidad] place *f* ; **~ (de patio)** fauteuil *m* d'orchestre.

butano *m* gaz *m* (butane).

butifarra *f* saucisse *f* ; **~ catalana** ≃ boudin *m*.

buzo *m* - **1.** [buceador] plongeur *m* - **2.** [ropa] bleu *m* de travail.

buzón *m* boîte *f* aux lettres ; **~ electrónico** boîte aux lettres électronique ; **~ de voz** boîte vocale.

buzoneo *m dépôt de matériel publicitaire dans les boîtes aux lettres.*

byte ['bait] (*pl* **bytes**) *m* INFORM octet *m*.

C

c, C [θe] *f* [letra] c *m inv*, C *m inv*.

c., c/ (*abrev de* **calle**) r.

c/ *abrev de* **cuenta.**

cabal *adj* [persona] accompli(e). ◆ **cabales** *mpl* : **no estar en sus ~es** *fig* ne pas avoir toute sa tête.

cabalgar *vi* chevaucher.

cabalgata *f* chevauchée *f*. ◆ **cabalgata de los Reyes Magos** *f défilé de chars et de cavaliers déguisés en Rois mages pour l'Épiphanie.*

caballa *f* ZOOL maquereau *m*.

caballería *f* - **1.** [animal] monture *f* - **2.** MIL cavalerie *f* - **3.** [nobleza] chevalerie *f*.

caballero ◇ *adj* [cortés] galant(e). ◇ *m* - **1.** [hombre cortés] gentleman *m* ; **ser todo un ~** être un vrai gentleman

- 2. [señor] monsieur *m* ; **'caballeros'** [en aseos] 'messieurs' ; **de ~** [ropa] pour homme - 3. [noble] chevalier *m*.

caballete *m* - 1. [de mesa] tréteau *m* - 2. [de lienzo] chevalet *m* - 3. [de nariz] arête *f*.

caballito *m* petit cheval *m*. ◆ **caballitos** *mpl* manège *m* (de chevaux de bois). ◆ **caballito de mar** *m* hippocampe *m*.

caballo *m* - 1. [animal] cheval *m* ; **montar a ~** faire du cheval - 2. [de ajedrez] cavalier *m* - 3. [naipe] *l'une des cartes du jeu espagnol*, ≃ dame *f* ; [tarot] cavalier *m* - 4. *mfam* [heroína] héro *f* - 5. *loc* : **estar a ~ entre** être à cheval sur.

cabaña *f* - 1. [choza] cabane *f* - 2. [ganado] cheptel *m*.

cabaret (*pl* **cabarets**) *m* cabaret *m*.

cabecear *vi* - 1. [con la cabeza] hocher la tête - 2. [dormir] dodeliner de la tête - 3. [en fútbol] faire une tête - 4. [vehículo] bringuebaler ; [barco] tanguer.

cabecera *f* - 1. [de cama] chevet *m* - 2. [lugar de preferencia] place *f* d'honneur - 3. [de texto] tête *f* de chapitre ; [de periódico] manchette *f* - 4. [de río] source *f*.

cabecilla *mf* meneur *m*, -euse *f*.

cabellera *f* chevelure *f*.

cabello *m* - 1. [pelo] cheveu *m* - 2. [cabellera] cheveux *mpl*. ◆ **cabello de ángel** *m* [dulce] *confiture de citrouille utilisée en pâtisserie* ; [fideo] cheveu *m* d'ange.

caber *vi* - 1. [gen] rentrer, tenir ; **no cabe nadie más** il n'y a plus de place - 2. [ser bastante ancho] aller ; **no me caben los pantalones** ce pantalon est trop petit pour moi - 3. [ser posible] : **cabe la posibilidad de que ...** il est possible que ... ; **cabe preguntarse si ...** on peut se demander si ... - 4. MAT : **diez entre dos caben a cinco** dix divisé par deux égale cinq - 5. *loc* : **dentro de lo que cabe** [dentro de lo posible] autant que possible ; [después de todo] l'un dans l'autre.

cabestrillo ◆ **en cabestrillo** *loc adj* en écharpe.

cabestro *m* - 1. [cuerda] licou *m* - 2. [animal] sonnailler *m*.

cabeza *f* - 1. [gen] tête *f* ; **actuar con ~** agir avec discernement ; **a la** o **en ~** à la o en tête ; **de ~** la tête la première ; **tirarse de ~ (a)** plonger (dans) ; **~ lectora** tête de lecture - 2. [jefe] chef *m* ; **~ de familia** chef de famille - 3. [ciudad] ville *f* principale ; [de distrito] chef-lieu *m* - 4. *loc* : **alzar** o **levantar ~** s'en sortir ; **anda de ~ por ganar dinero** il ne sait plus quoi faire pour gagner de l'argent ; **andar** o **estar mal de la ~** ne pas tourner rond ; **no se le pasó por la cabeza que ...** ça ne lui est pas venu à l'esprit que ... ; **sentar la ~** se ranger ; **se le subió a la ~** ça lui est monté à la tête ; **traer de ~** rendre fou (folle) o malade. ◆ **cabeza de ajo** *f* tête *f* d'ail. ◆ **cabeza de turco** *f* tête *f* de Turc.

cabezada *f* - 1. [de sueño] dodelinement *m* ; **dar ~s** dodeliner de la tête - 2. [de cortesía] signe *m* de (la) tête - 3. [golpe] coup *m* de tête.

cabezal *m* - 1. [de aparato] tête *f* de lecture - 2. [almohada] traversin *m*.

cabezón, ona ◇ *adj* - 1. [de cabeza grande] qui a une grosse tête - 2. [terco] têtu(e). ◇ *m, f* [terco] entêté *m*, -e *f*.

cabezota *fam* ◇ *adj* têtu(e) comme une mule. ◇ *mf* tête *f* de mule.

cabezudo, da *adj* & *m, f* cabochard(e). ◆ **cabezudo** *m déguisement de carnaval en forme de tête géante*.

cabida *f* [de depósito] contenance *f* ; [de lugar etc] capacité *f*.

cabina *f* cabine *f* ; [en piscina] cabine *f* de bain ; **~ telefónica** cabine téléphonique.

cabinera *f Amer* hôtesse *f* de l'air.

cabizbajo, ja *adj* tête basse ; **miraba el suelo, ~** il regardait par terre, la tête basse.

cable *m* câble *m* ; **echar un ~** *fam* filer un coup de main.

cabo *m* - 1. GEOGR cap *m* - 2. NÁUT cordage *m* - 3. MIL ≃ brigadier *m* ; [de escuadra] ≃ caporal *m* - 4. [trozo, punta] bout *m* ; [de lápiz] pointe *f* - 5. *loc* : **atar ~s** faire des recoupements ; **llevar algo a ~** mener qqch à bien, réaliser qqch. ◆ **al cabo de** *loc prep* au bout de. ◆ **cabo suelto** *m* [laguna] point *m* d'interrogation ; **no dejar ningún ~ suelto** ne rien laisser au hasard.

cabra *f* chèvre *f* ; **está como una ~** *fam* [chiflado] il est complètement taré ; [nervioso] il est excité comme une puce.

cabrales *m inv fromage bleu des Asturies au goût très fort*.

cabré ▷ **caber**.

cabrear *vt mfam* emmerder. ◆ **cabrearse** *vpr mfam* se foutre en rogne.

cabreo *m mfam* rogne *f* ; **cogerse** o **coger un ~** se foutre en rogne.

cabría ▷ **caber**.

cabriola *f* - 1. [de caballo] : **lanzar una ~** caracoler - 2. [de niño] cabriole *f*.

cabrito *m* - 1. [animal] chevreau *m* - 2. *mfam* [cabrón] petite ordure *f*.

cabro, bra *m, f Amer fam* gamin *m*, -e *f*.
cabrón, ona *adj* & *m, f vulg* enfoiré(e). ◆ **cabrón** *m vulg* [cornudo] cocu *m*.
cabuya *f Amer* corde *f*.
caca *f fam* - **1.** [excremento] crotte *f* ; [lenguaje infantil] caca *m* - **2.** [cosa sucia] : **es ~** c'est crade - **3.** *fig* [cosa mala] : **es una ~** c'est de la cochonnerie.
cacahuate *m Amer* cacahouète *f*.
cacahuete *m* - **1.** [fruto] cacahouète *f* - **2.** [planta] arachide *f*.
cacao *m* - **1.** [gen] cacao *m* - **2.** [árbol] cacaoyer *m* - **3.** *fam* [follón] pagaille *f* ; **tener un ~ mental** s'emmêler les pinceaux.
cacarear ◇ *vt fam* [pregonar] crier sur les toits. ◇ *vi* [gallina] caqueter, glousser.
cacatúa *f* - **1.** [ave] cacatoès *m* - **2.** *fam* [mujer vieja] vieille sorcière *f*.
cacería *f* partie *f* de chasse.
cacerola *f* fait-tout *m inv*.
cacha *f fam* [muslo] cuisse *f*. ◆ **cachas** *adj inv* & *m inv fam* [persona fuerte] : **está ~s** il est baraqué.
cachalote *m* cachalot *m*.
cacharrazo *m* grand coup *m* ; **dar ~s** taper comme une brute.
cacharro *m* - **1.** [recipiente] pot *m* ; [de cocina] ustensile *m* ; **fregar los ~s** faire la vaisselle - **2.** *fam* [trasto] truc *m* - **3.** [coche] guimbarde *f*.
cachaza *f* : **tener ~** *fam* être cool.
cachear *vt* fouiller *(une personne)*.
cachemir *m*, **cachemira** *f* cachemire *m*.
cacheo *m* fouille *f*.
cachet [ka'tʃe] (*pl* **cachets**) *m* - **1.** [distinción] style *m* - **2.** [cotización de artista] cachet *m*.
cachetada *f Amer fam* baffe *f*.
cachete *m* - **1.** [moflete] joue *f* - **2.** [bofetada] gifle *f* ; **dar un ~** donner une gifle.
cachirulo *m* - **1.** *fam* [chisme] bidule *m* - **2.** [de licor etc] flacon *m* - **3.** [pañuelo] *foulard du costume traditionnel aragonais que les hommes se mettent sur la tête*.
cachivache *m fam* truc *m*.
cacho *m* - **1.** *fam* [pedazo] bout *m* - **2.** *Amer* [asta] corne *f*.
cachondearse *vpr fam* se marrer ; **~ de** se ficher de.
cachondeo *m fam* [cosa poco seria] rigolade *f*.
cachondo, da *fam* ◇ *adj* - **1.** [divertido] marrant(e) - **2.** [salido] excité(e). ◇ *m, f* - **1.** [gracioso] rigolo *m*, -ote *f* - **2.** [excitado] chaud lapin *m*.
cachorro, rra *m, f* - **1.** [de perro] chiot *m* - **2.** [de mamífero] petit *m*.
cacique *m* - **1.** [de partido político] éléphant *m* - **2.** *fig* & *despec* [déspota] tyran *m* - **3.** [jefe indio] cacique *m*.
caco *m fam* voleur *m*.
cacto *m*, **cactus** *m inv* cactus *m*.
cada *adj inv* - **1.** [gen] chaque ; **a ~ rato** à chaque instant ; **~ cual** chacun ; **~ uno (de)** chacun (de) ; **una de ~ diez personas** une personne sur dix - **2.** [con regularidad] tous les, toutes les ; **~ dos días** tous les deux jours - **3.** [valor progresivo] : **~ vez** o **día más** de plus en plus ; **~ vez más largo** de plus en plus long - **4.** [valor enfático] : **¡se pone ~ sombrero!** elle met de ces chapeaux!
cadáver *m* cadavre *m*.
cadavérico, ca *adj* cadavérique.
cadena *f* - **1.** [gen] chaîne *f* ; **en ~** en chaîne ; [trabajo] à la chaîne ; **~ de montaje** chaîne de montage - **2.** [de inodoro] chasse *f* (d'eau) - **3.** [emisora de radio] station *f* - **4.** [sucesión] enchaînement *m*. ◆ **cadenas** *fpl* AUTOM chaînes *fpl*. ◆ **cadena perpetua** *f* : **a ~ perpetua** à perpétuité.
cadencia *f* cadence *f*.
cadera *f* hanche *f*.
cadete *m* MIL cadet *m*.
Cádiz Cadix.
caducar *vi* - **1.** [carnet, pasaporte, ley] expirer - **2.** [alimento, medicamento] être périmé(e).
caducidad *f* - **1.** [de carnet, pasaporte, ley] expiration *f* - **2.** [de alimento, medicamento] ▷ **fecha**.
caduco, ca *adj* - **1.** [gen] périmé(e) ; [persona] décati(e) - **2.** [fama, belleza] éphémère - **3.** [ley & BOT] caduc (caduque).
caer *vi* - **1.** [gen] tomber ; **~ en domingo** tomber un dimanche - **2.** [entender] saisir ; **¿no caes?** tu ne vois pas? - **3.** *fig* [recordar] : **~ en algo** se rappeler qqch ; **¡ya caigo!** j'y suis! - **4.** *fig* [aparecer] : **dejarse ~ por casa de alguien** passer chez qqn - **5.** *fig* [sentar] : **su cumplido me cayó bien** son compliment m'a fait plaisir ; **el comentario le cayó mal** la remarque ne lui a pas plu ; **me cae bien** je l'aime bien ; **me cae mal, no me cae bien** je ne l'aime pas, il ne me revient pas - **6.** *fig* [estar situado] se trouver ; **~ lejos** être loin - **7.** *loc* : **~ bajo** tomber bien bas ; **estar al ~** [persona] être sur le point d'arriver ; [noche] être sur le point de tomber. ◆ **caerse** *vpr* tomber ; **~se de** [procedencia] tomber de ; [manera] tomber sur ; **~se del árbol** tom-

ber de l'arbre ; **~se de lado** tomber sur le côté ; **~se de espaldas** tomber à la renverse.

café ◇ *m* - **1.** [fruto, bebida] café *m* ; **~ con leche** café au lait ; **~ descafeinado** café décaféiné ; **~ instantáneo** O **soluble** café instantané O soluble ; **~ solo** café noir - **2.** [establecimiento] café *m* ; **~ teatro** café-théâtre *m* - **3.** [planta] caféier *m*. ◇ *adj inv* [color] couleur café.

cafeína *f* caféine *f*.

cafetera *f* ▷ **cafetero.**

cafetería *f* snack-bar *m*.

cafetero, ra *adj* - **1.** [país] producteur(trice) de café - **2.** [aficionado] amateur de café. ◆ **cafetera** *f* - **1.** [aparato] cafetière *f* - **2.** *fam* [aparato viejo] vieux machin *m* ; [coche] guimbarde *f*.

cafiche *m Amer fam* maquereau *m*.

cafre ◇ *adj* grossier(ère). ◇ *mf* grossier personnage *m*.

cagada *f* ▷ **cagado.**

cagado, da *m, f vulg* [cobarde] trouillard *m*, -e *f*. ◆ **cagada** *f vulg* - **1.** [equivocación] connerie *f* - **2.** [excremento] merde *f* ; [de mosca] chiure *f*.

cagar *vulg* ◇ *vi* [defecar] chier. ◇ *vt* [estropear] foutre en l'air ; **la has cagado** *fig* tu t'es foutu dedans. ◆ **cagarse** *vpr vulg* - **1.** [defecar] chier dans sa culotte - **2.** *fig* [insultar] : **¡me cago en tu madre!** putain de ta mère! - **3.** [acobardarse] chier dans son froc.

caído, da *adj fig* [decaído - persona] abattu(e) ; [moral] bas (basse). ◆ **caído** *m (gen pl)* : **los ~s** les morts *(pour la patrie)*. ◆ **caída** *f* - **1.** [gen] chute *f* - **2.** [de precios, paro etc] baisse *f* - **3.** [de la noche] tombée *f* - **4.** [de terreno] pente *f*.

caimán *m* - **1.** [animal] caïman *m* - **2.** *fig* [persona] vieux renard *m*.

caja *f* - **1.** [gen] boîte *f* ; **~ de herramientas** boîte à outils - **2.** [para transporte, de dinero] caisse *f* ; **~ de ahorros** caisse d'épargne ; **~ registradora** caisse enregistreuse - **3.** [de mecanismos] boîtier *m* - **4.** [de muerto] cercueil *m* - **5.** [de dinero] coffre *m* ; **~ fuerte** O **de caudales** coffre-fort *m* - **6.** [hueco - de escalera, ascensor] cage *f* ; [- de chimenea] conduit *m* ; **~ torácica** cage thoracique - **7.** MÚS caisse *f* de résonance. ◆ **caja de música** *f* boîte *f* à musique. ◆ **caja negra** *f* boîte *f* noire.

cajero, ra *m, f* caissier *m*, -ère *f*. ◆ **cajero** *m* : **~ (automático)** distributeur *m* (automatique de billets).

cajetilla *f* - **1.** [de cerillas] boîte *f* - **2.** [de cigarrillos] paquet *m*.

cajón *m* - **1.** [compartimento] tiroir *m* - **2.** [recipiente] caisse *f*. ◆ **cajón de sastre** *m* fourre-tout *m inv*.

cajuela *f Amer* AUTOM coffre *m*.

cal *f* chaux *f*.

cala *f* - **1.** [bahía pequeña] crique *f* - **2.** [del barco] cale *f* - **3.** [de fruta] morceau *m (pour goûter)* - **4.** [planta, flor] arum *m*.

calabacín *m* courgette *f*.

calabaza *f* courge *f* ; [grande] potiron *m*, citrouille *f* ; [planta, recipiente] calebasse *f* ; **dar ~s a alguien** *fam fig* [pretendiente] envoyer promener qqn ; [en un examen] recaler qqn ; **recibir ~s** *fam fig* [en un examen] se faire recaler ; [pretendiente] se faire jeter.

calabozo *m* cachot *m* ; [en comisaría] dépôt *m*.

calada *f* ▷ **calado.**

calado, da *adj* trempé(e). ◆ **calado** *m* - **1.** NÁUT [de barco] tirant *m* d'eau ; [de puerto] profondeur *f* - **2.** [bordado] broderie *f* ajourée. ◆ **calada** *f* - **1.** [inmersión] trempage *m* - **2.** [de cigarrillo] bouffée *f*.

calamar *m* calmar *m*, calamar *m*.

calambre *m* - **1.** [descarga eléctrica] décharge *f* électrique - **2.** [contracción muscular] crampe *f*.

calamidad *f* [desgracia] calamité *f* ; **es una ~** c'est une catastrophe. ◆ **calamidades** *fpl* malheurs *mpl*.

calamitoso, sa *adj* désastreux(euse).

calaña *f despec* : **de esa ~** de cet acabit.

calar ◇ *vt* - **1.** [empapar] transpercer, passer au travers de - **2.** *fig* [persona] percer à jour - **3.** [tela] ajourer - **4.** [gorro, sombrero] enfoncer - **5.** [fruta] entamer - **6.** [pared, tabla] percer, perforer. ◇ *vi* - **1.** NÁUT avoir un tirant d'eau - **2.** *fig* [ideas, palabras, moda] prendre ; **~ en** avoir un impact sur - **3.** *fig* [en el conocimiento] : **~ en lo más hondo** aller au fond des choses. ◆ **calarse** *vpr* - **1.** [persona etc] se faire tremper - **2.** [motor] caler.

calavera ◇ *f* tête *f* de mort. ◇ *m fig* tête *f* brûlée.

calaveras *fpl Amer* AUTOM feux *mpl* arrière.

calcar *vt* - **1.** [dibujo] décalquer ; [original] calquer - **2.** *fig* [imitar - movimientos] reproduire ; [- escena] reprendre.

calceta *f* bas *m* (de laine) ; **hacer ~** tricoter.

calcetín *m* chaussette *f* ; **calcetines rojos** des chaussettes rouges.

calcificarse *vpr* se calcifier.

calcinar *vt* calciner.

calcio *m* calcium *m*.

calco *m lit* & *fig* calque *m* ; **ser un ~ de** être calqué(e) sur.

calcomanía *f* décalcomanie *f*.

calculador, ra *adj lit* & *fig* calculateur(trice). ◆ **calculadora** *f* calculatrice *f*.

calcular *vt* - **1.** [cantidades] calculer - **2.** [suponer] croire ; **calculo que estaremos de vuelta temprano** je crois que nous serons rentrés tôt ; **le calculo sesenta años** je lui donne soixante ans.

cálculo *m* MAT & MED calcul *m*.

caldear *vt* chauffer ; [ánimos] échauffer.

caldera *f* - **1.** [recipiente] fait-tout *m inv* - **2.** [máquina] chaudière *f*.

calderilla *f* petite monnaie *f*.

caldero *m* chaudron *m*.

caldo *m* - **1.** [sopa] bouillon *m* - **2.** *(gen pl)* [vino, aceite] cru *m*.

calefacción *f* chauffage *m* ; **~ central** chauffage central.

calefactor *m* radiateur *m*.

calendario *m* calendrier *m* ; **~ de trabajo** planning *m* ; **~ escolar** calendrier scolaire ; **~ laboral** année *f* de travail.

calentador, ra *adj* chauffant(e). ◆ **calentador** *m* [de agua] chauffe-eau *m inv* ; [media] guêtre *f*.

calentar *vt* - **1.** [comida] faire chauffer ; **~ agua** faire chauffer de l'eau - **2.** *fig* [público etc] chauffer - **3.** *fig* [pegar] frapper. ◆ **calentarse** *vpr* - **1.** [suj : persona] se réchauffer ; [suj : comida] chauffer - **2.** [suj : ánimos, deportista] s'échauffer - **3.** *mfam fig* [sexualmente] bander.

calentura *f* - **1.** [fiebre] température *f* ; **tener ~** avoir de la fièvre - **2.** [pústula] bouton *m* de fièvre.

calenturiento, ta *adj* - **1.** [con fiebre] fiévreux(euse) - **2.** *fig* [febril] : **una mente calenturienta** une âme exaltée ; **una imaginación calenturienta** une imagination débridée.

calesitas *fpl Amer* manège *m* (de chevaux de bois).

calibrado *m*, **calibración** *f* calibrage *m*.

calibrar *vt* - **1.** [medir, dar calibre] calibrer - **2.** *fig* [juzgar] mesurer.

calibre *m* - **1.** [diámetro, instrumento] calibre *m* ; [de alambre] jauge *f* - **2.** *fig* [tamaño, importancia] taille *f*, importance *f* ; **de mucho ~** de taille.

calidad *f* qualité *f* ; **la ~ humana** les qualités humaines ; **de ~** de qualité ; **en ~ de** en qualité de, en tant que.

cálido, da *adj* - **1.** [temperatura, colores] chaud(e) - **2.** [afectuoso] chaleureux(euse).

caliente *adj* - **1.** [gen] chaud(e) ; **en ~** *fig* à chaud - **2.** *fig* [acalorado] passionné(e) - **3.** *mfam* [excitado] : **ponerse ~** bander.

calificación *f* - **1.** [atributo] qualification *f* - **2.** EDUC note *f*.

calificar *vt* - **1.** [gen] qualifier - **2.** EDUC noter.

calificativo, va *adj* qualificatif(ive). ◆ **calificativo** *m* : **no encuentro ~s para describir su generosidad** je ne trouve pas de mots pour décrire sa générosité ; **le aplicamos el ~ de imbécil** on le qualifie d'imbécile.

caligrafía *f* - **1.** [arte] calligraphie *f* - **2.** [rasgos] écriture *f*.

cáliz *m* calice *m*.

calizo, za *adj* calcaire. ◆ **caliza** *f* calcaire *m*.

callado, da *adj* - **1.** [que no habla] réservé(e) - **2.** [en silencio] silencieux(euse).

callar ◇ *vi* se taire. ◇ *vt* [ocultar] taire, passer sous silence ; [secreto] garder. ◆ **callarse** *vpr* se taire.

calle *f* - **1.** [gen] rue *f* ; **~ peatonal** rue piétonnière o piétonne - **2.** DEP couloir *m* - **3.** *loc* : **dejar a alguien en la ~**, **echar a alguien a la ~** mettre qqn sur le pavé, mettre qqn à la porte.

callejear *vi* flâner.

callejero, ra *adj* - **1.** [escena etc] de la rue ; [venta] ambulant(e) ; **un perro ~** un chien errant - **2.** [persona] : **es muy callejera** elle est tout le temps dehors. ◆ **callejero** *m* [guía] répertoire *m* des rues.

callejón *m* ruelle *f* ; **~ sin salida** *lit* & *fig* impasse *f*.

callejuela *f* ruelle *f*.

callista *mf* pédicure *mf*.

callo *m* - **1.** [dureza] durillon *m* ; [en el pie] cor *m* - **2.** *fam fig* [persona fea] : **es un ~** il est laid comme un pou. ◆ **callos** *mpl* CULIN tripes *fpl*.

calma *f* calme *m* ; **estar en ~** être calme.

calmante ◇ *adj* calmant(e). ◇ *m* calmant *m*.

calmar *vt* calmer. ◆ **calmarse** *vpr* se calmer.

caló *m parler gitan repris dans la langue familière.*

calor *m* chaleur *f* ; **entrar en ~** [persona] se réchauffer ; [deportista] s'échauffer ; **tener ~** avoir chaud.

caloría *f* calorie *f*.

calote *m Amer* escroquerie *f*.

calumnia *f* calomnie *f*.

calumniar *vt* calomnier.

calumnioso, sa *adj* calomnieux(euse).

caluroso, sa *adj* **- 1.** [con calor] chaud(e) **- 2.** *fig* [afectuoso] chaleureux(euse).

calva *f* ▻ **calvo**.

calvario *m* **- 1.** [vía crucis] chemin *m* de croix **- 2.** *fig* [sufrimiento] calvaire *m*.

calvicie *f* calvitie *f*.

calvo, va *adj* & *m, f* chauve. ◆ **calva** *f* [en la cabeza] crâne *m* dégarni.

calzada *f* chaussée *f*.

calzado, da *adj* **- 1.** [con zapatos] chaussé(e) **- 2.** [ave] pattu(e) ◆ **calzado** *m* chaussure *f*.

calzador *m* chausse-pied *m inv*.

calzar *vt* **- 1.** [gen] chausser ; [guantes] mettre **- 2.** [llevar un calzado] porter ; **¿qué número calza?** quelle est votre pointure? **- 3.** [poner cuña a] caler. ◆ **calzarse** *vpr* se chausser ; **~se unas sandalias** mettre des sandales.

calzo *m* [cuña] cale *f*.

calzón *m (gen pl)* **- 1.** *desus* [pantalón] culotte *f* **- 2.** *Amer* [calzoncillos] slip *m*.

calzoncillos *mpl* [slip] slip *m* ; [short] caleçon *m*.

cama *f* lit *m* ; **estar en** o **guardar ~** rester au lit, garder le lit ; **hacer la ~** faire son lit ; **~ nido** lit gigogne.

camada *f* [crías] portée *f*.

camafeo *m* camée *m*.

camaleón *m lit* & *fig* caméléon *m*.

cámara ◇ *f* **- 1.** [gen & TECNOL] chambre *f* ; **~ de gas** chambre à gaz ; **~ frigorífica** chambre froide **- 2.** CIN & TELE caméra *f* ; **a ~ lenta** au ralenti **- 3.** FOT : **~ (fotográfica)** appareil *m* photo **- 4.** [de barco] carré *m* (des officiers) **- 5.** [de balón, neumático] chambre *f* à air. ◇ *mf* [persona] cameraman *m*.

camarada *mf* camarade *mf*.

camaradería *f* camaraderie *f*.

camarero, ra *m, f* **- 1.** [de bar, restaurante] serveur *m*, -euse *f*, garçon *m* ; [de hotel] garçon d'étage *m*, femme de chambre *f* **- 2.** [de rey etc] chambellan *m*, dame *f* d'honneur.

camarilla *f* bande *f (groupe)*.

camarón *m* crevette *f*.

camarote *m* cabine *f*.

cambalache *m Amer* [tienda] *boutique d'articles d'occasion*.

cambiador *m* table *f* à langer.

cambiante *adj* changeant(e).

cambiar ◇ *vt* changer ; **~ algo (por)** échanger qqch (contre). ◇ *vi* **- 1.** [gen] : **~ (de)** changer (de) ; **~ de parecer** changer d'avis **- 2.** AUTOM : **~ (de velocidades)** changer de vitesse. ◆ **cambiarse** *vpr* [de ropa] se changer ; **~se de zapatos** changer de chaussures ; **~se de casa** déménager.

cambio *m* **- 1.** [variación] changement *m* ; **~ climático** changement climatique ; **a las primeras de ~** *fig* tout d'un coup **- 2.** [trueque] échange *m* ; **a ~** en échange **- 3.** [suelto, dinero devuelto] monnaie *f* **- 4.** [de acciones, divisas] change *m* **- 5.** AUTOM : **~ (de marchas** o **velocidades)** changement *m* de vitesse. ◆ **en cambio** *loc adv* **- 1.** [por otra parte] en revanche *(lenguaje escrito)*, par contre *(lenguaje hablado)* **- 2.** [en su lugar] à la place, en échange. ◆ **cambio de rasante** *m* sommet *m* de côte. ◆ **libre cambio** *m* libre-échange *m*.

cambista *mf* cambiste *mf*.

cambujo, ja *adj Amer* métis(isse) *(d'Indien et de Noir)*.

camelar *vt fam* embobiner.

camelia *f* camélia *m*.

camello, lla *m, f* [animal] chameau *m*, chamelle *f*. ◆ **camello** *m mfam* [traficante] dealer *m*.

camellón *m Amer* terre-plein *m* central.

camelo *m fam* baratin *m*.

camerino *m* TEATR loge *f*.

camilla ◇ *f* [de ambulancia etc] brancard *m*. ◇ *adj* ▻ **mesa**.

camillero, ra *m, f* brancardier *m*.

caminante *mf* marcheur *m*, -euse *f*.

caminar ◇ *vi* **- 1.** [gen] marcher **- 2.** *fig* [ir] : **~ (hacia)** aller (au-devant de) ; **~ hacia su ruina** courir à sa perte. ◇ *vt* [una distancia] parcourir.

caminata *f* trotte *f*.

camino *m* **- 1.** [gen] chemin *m* ; **de ~** en chemin ; **nos pilla de ~** c'est sur le chemin ; **abrirse alguien ~** *fig* faire son chemin ; **andar por mal ~** *fig* être sur la mauvaise pente ; **quedarse alguien a medio ~** *fig* s'arrêter en chemin **- 2.** [viaje] route *f*.

camión *m* **- 1.** [gen] camion *m* ; **~ cisterna** camion-citerne *m* **- 2.** *Amer* [bus] bus *m*.

camionero, ra *m, f* camionneur *m*, routier *m*.

camioneta *f* camionnette *f*.

camisa *f* - **1.** [prenda] chemise *f* - **2.** TECNOL manchon *m* - **3.** ZOOL mue *f* - **4.** BOT peau *f* - **5.** *loc* : **se mete en ~ de once varas** il se mêle de ce qui ne le regarde pas ; **mudar** o **cambiar de ~** retourner sa veste. ◆ **camisa de fuerza** *f* camisole *f* de force.

camiseta *f* - **1.** [ropa interior] tricot *m* de corps - **2.** [de verano] tee-shirt *m* - **3.** [de deporte] maillot *m*.

camisola *f* - **1.** [camisón] nuisette *f* - **2.** *Amer* [prenda femenina] chemise *f* ; [camisón] chemise *f* de nuit.

camisón *m* chemise *f* de nuit.

camorra *f* bagarre *f* ; **buscar ~** chercher la bagarre.

campal *adj* ⊳ **batalla**.

campamento *m* - **1.** [lugar] campement *m* - **2.** [personas] troupe *f*.

campana *f* - **1.** cloche *f* ; [de chimenea] hotte *f* ; **doblar las ~s** sonner les cloches ; [en entierro] sonner le glas ; **~ extractora de humos** hotte *f* aspirante - **2.** *loc* : **oír ~s y no saber dónde** ne comprendre qu'à moitié.

campanada *f* - **1.** [de campana, reloj] sonnerie *f* - **2.** *fig* [suceso] : **la ~ del siglo** l'événement *m* du siècle ; **ser la ~** faire sensation.

campanario *m* clocher *m*.

campanilla *f* [instrumento, flor] clochette *f* ; [de puerta] sonnette *f*.

campanilleo *m* tintement *m*.

campante *adj* - **1.** *fam* [tranquilo] cool ; **estar** o **quedarse tan ~** *fig* ne pas broncher - **2.** [contento] fier (fière).

campaña *f* campagne *f (électorale, publicitaire)*.

campechano, na *adj* [sin complicaciones] simple ; **es un hombre ~** [bondadoso] c'est un chic type.

campeón, ona *m, f* champion *m*, -onne *f*.

campeonato *m* championnat *m* ; **de ~** *fam fig* d'enfer.

campero, ra *adj* de campagne. ◆ **campera** *f* - **1.** *(gen pl)* [bota] ≃ camarguaise *f* - **2.** *Amer* [chaqueta] blouson *m*.

campesino, na *adj* & *m, f* paysan(anne).

campestre *adj* champêtre.

camping ['kampin] *m* camping *m*.

campo *m* - **1.** [gen] champ *m* ; **~ de batalla/de tiro** champ de bataille/de tir ; **dejar el ~ libre** *fig* laisser le champ libre - **2.** [campiña] campagne *f* - **3.** DEP & AERON terrain *m* ; [de tenis] court *m* - **4.** *fig* [ámbito] domaine *m*. ◆ **campo de concentración** *m* camp *m* de concentration. ◆ **campo de trabajo** *m* [de vacaciones] chantier *m* de jeunesse ; [para prisioneros] camp *m* de travail. ◆ **campo visual** *m* champ *m* visuel.

Campsa (*abrev de* **Compañía Arrendataria del Monopolio de Petróleos, SA**) *f compagnie pétrolière espagnole semi-publique*.

campus *m inv* campus *m*.

camuflaje *m* camouflage *m*.

camuflar *vt* camoufler.

cana *f* ⊳ **cano**.

Canadá : (el) ~ (le) Canada.

canadiense ◇ *adj* canadien(enne). ◇ *mf* Canadien *m*, -enne *f*.

canal ◇ *m* - **1.** [gen, GEOGR & ANAT] canal *m* - **2.** [res] carcasse *f* - **3.** RADIO & TELE chaîne *f* ; **~ temático** chaîne thématique - **4.** [de agua, gas] conduite *f*. ◇ *m* o *f* [de tejado] gouttière *f*.

canalé *m* côtes *fpl (d'un tricot)*.

canalizar *vt lit* & *fig* canaliser.

canalla *mf* canaille *f*.

canalón *m* - **1.** [de tejado] gouttière *f* - **2.** CULIN = **canelón**.

canapé *m* CULIN [sofá] canapé *m*.

Canarias *fpl* : **(las) ~** (les) Canaries *fpl*.

canario, ria ◇ *adj* canarien(enne). ◇ *m, f* Canarien *m*, -enne *f*. ◆ **canario** *m* [pájaro] canari *m*.

canasta *f* - **1.** [de mimbre] corbeille *f* - **2.** [juego de naipes] canasta *f* - **3.** DEP panier *m*.

canastilla *f* - **1.** [de costura, pan] corbeille *f* - **2.** [de bebé] layette *f*.

canasto *m* grande corbeille *f*.

cancela *f* grille *f*.

cancelación *f* annulation *f*.

cancelar *vt* - **1.** [gen] annuler ; [contrato, suscripción] résilier - **2.** [deuda] solder ; [hipoteca] lever.

cáncer *m* MED & *fig* cancer *m*. ◆ **Cáncer** ◇ *m inv* [zodiaco] Cancer *m inv*. ◇ *mf inv* [persona] cancer *m inv*.

cancerígeno, na *adj* cancérigène.

canceroso, sa *adj* & *m, f* cancéreux(euse).

cancha *f* [de fútbol, golf] terrain *m* ; [de tenis] court *m*.

canciller *m* - **1.** [de gobierno, embajada]

chancelier *m* - **2.** [de asuntos exteriores] ministre *m* des Affaires étrangères.
canción *f* chanson *f* ; ~ **de cuna** berceuse *f*.
cancionero *m* [de canciones] recueil *m* de chansons ; [de poesías] recueil *m* de poésies.
candado *m* cadenas *m*.
candela *f* - **1.** [vela] chandelle *f* - **2.** *fam fig* [lumbre] : **dar** ~ donner du feu.
candelabro *m* candélabre *m*.
candelero *m* chandelier *m* ; **estar en el** ~ *fig* être très en vue.
candente *adj* - **1.** [incandescente] incandescent(e) - **2.** *fig* [tema] brûlant(e).
candidato, ta *m, f* candidat *m*, -e *f*.
candidatura *f* - **1.** [para un cargo] candidature *f* - **2.** [lista] liste *f (de candidats)*.
candidez *f* candeur *f*.
cándido, da *adj* candide.
candil *m* - **1.** [gen] lampe *f* à huile - **2.** *Amer* [araña] lustre *m*.
candilejas *fpl* feux *mpl* de la rampe ; *fig* théâtre *m*.
canelo, la *adj* cannelle *(inv)* ◆ **canela** *f* cannelle *f*.
canelón, canalón *m* CULIN cannelloni *m*.
cangrejo *m* crabe *m*.
canguro ◇ *m* [animal] kangourou *m*. ◇ *mf fam* [persona] baby-sitter *mf* ; **hacer de** ~ faire du baby-sitting.
caníbal *adj* & *mf* cannibale.
canibalismo *m* cannibalisme *m*.
canica *f* [pieza] bille *f*. ◆ **canicas** *fpl* [juego] billes *fpl*.
caniche *m* caniche *m*.
canícula *f* canicule *f*.
canijo, ja ◇ *adj despec* rachitique. ◇ *m, f* nabot *m*, -e *f*.
canilla *f* - **1.** ANAT tibia *m* - **2.** [bobina] cannette *f* - **3.** *Amer* [grifo] robinet *m* - **4.** *Amer fam* [pierna] canne *f*.
canillita *m Amer fam* crieur *m* de journaux.
canino, na *adj* canin(e). ◆ **canino** *m* [diente] canine *f*.
canjear *vt* échanger.
cano, na *adj* [pelo, barba] blanc (blanche). ◆ **cana** *f* cheveu *m* blanc.
canoa *f* canot *m* ; [de deporte] canoë *m*.
canódromo *m* cynodrome *m*.
canon *m* - **1.** [norma & MÚS] canon *m* - **2.** [modelo] idéal *m* - **3.** [impuesto] redevance *f*.
canónigo *m* chanoine *m*.
canonizar *vt* RELIG canoniser.
canoso, sa *adj* grisonnant(e).
cansado, da *adj* - **1.** [gen] fatigué(e) ; **estar ~ de algo** *fig* être fatigué de qqch - **2.** [pesado, cargante] fatigant(e).
cansador, ra *adj Amer* - **1.** [que cansa] fatigant(e) - **2.** [que aburre] ennuyeux(euse).
cansancio *m* fatigue *f*.
cansar *vt* & *vi* fatiguer. ◆ **cansarse** *vpr* - **1.** [agotarse] : **~se (de)** se fatiguer (de) - **2.** *fig* [hartarse] : **~se (de algo/de hacer algo)** se lasser de qqch/de faire qqch.
Cantabria Cantabrique.
cantábrico, ca *adj* de Cantabrique. ◆ **Cantábrico** *m* : **el Cantábrico** le golfe de Gascogne.
cántabro, bra ◇ *adj* cantabre. ◇ *m, f* Cantabre *mf*.
cantaleta *f Amer* - **1.** [estribillo] rengaine *f* - **2.** *fig* [regaño] sermon *m*.
cantamañanas *mf inv* baratineur *m*, -euse *f*.
cantante *adj* & *mf* chanteur(euse).
cantaor, ra *m, f* chanteur *m*, -euse *f* de flamenco.
cantar ◇ *vt* - **1.** [canción] chanter - **2.** [bingo, el gordo] annoncer ; [horas] sonner. ◇ *vi* - **1.** [gen] chanter - **2.** *fam fig* [confesar] : ~ **(de plano)** lâcher le morceau - **3.** *fam fig* [apestar] puer. ◇ *m culto* chanson *f*.
cántaro *m* cruche *f*.
cante *m fam* [error] bourde *f*. ◆ **cante jondo** *m âme du chant flamenco*.
cantera *f* - **1.** [de piedra] carrière *f* - **2.** *fig* [de profesionales] vivier *m*.
cantero *m Amer* [de flores] parterre *m*.
cantidad ◇ *f* - **1.** [número, medida] quantité *f* - **2.** [abundancia] : ~ **de** beaucoup de ; **hay ~ de gente** il y a beaucoup de monde - **3.** [de dinero] somme *f*. ◇ *adv fam* vachement ; ~ **de bien** vachement bien.
cantilena, cantinela *f* rengaine *f*, couplet *m*.
cantimplora *f* gourde *f*.
cantina *f* [de cuartel] popote *f* ; [de estación] buffet *m* de la gare ; [de escuela] cafétéria *f* ; [de fábrica] cantine *f*.
cantinela = **cantilena**.
canto *m* - **1.** [gen] chant *m* - **2.** [borde - de mesa etc] arête *f* ; [- de moneda, libro] tranche *f* ; **de** ~ sur le côté ; [libro] sur la tranche - **3.** [de cuchillo] dos *m* - **4.** [piedra] caillou *m* ; ~ **rodado** galet *m*.

cantor, ra *adj* & *m, f* chanteur(euse).
canturrear, canturriar *vt* & *vi* chantonner.
canutas *fpl fam* : **pasarlas ~** en baver.
canuto *m* - **1.** [tubo] tube *m* - **2.** *fam* [porro] pétard *m*.
caña *f* - **1.** [de planta, bota] tige *f* ; **~ de azúcar** canne *f* à sucre - **2.** [de cerveza] demi *m* - **3.** *loc* : **darle** o **meterle ~ a algo** *fam* se défoncer pour qqch. ◆ **caña (de pescar)** *f* canne *f* à pêche ; **pescar con ~** pêcher à la ligne.
cáñamo *m* chanvre *m*.
cañería *f* canalisation *f*.
caño *m* [gen] tuyau *m*.
cañón *m* - **1.** [gen] canon *m* ; [de chimenea] conduit *m* ; [de órgano] tuyau *m* - **2.** GEOGR cañon *m*, canyon *m*.
caoba *f* acajou *m*.
caos *m inv* chaos *m*.
caótico, ca *adj* chaotique.
cap. (*abrev de* **capítulo**) chap.
capa *f* - **1.** [manto & TAUROM] cape *f* - **2.** [baño, estrato, grupo social] couche *f* ; **~ de ozono** couche d'ozone - **3.** *loc* : **andar de ~ caída** [negocio] battre de l'aile ; [persona] être dans une mauvaise passe.
capacidad *f* capacité *f*.
capacitación *f* formation *f*.
capacitar *vt* - **1.** [formar] : **~ a alguien para algo** former qqn à qqch - **2.** [habilitar] : **~ a alguien para hacer algo** habiliter qqn à faire qqch.
capar *vt* châtrer.
caparazón *m* - **1.** [concha] carapace *f* - **2.** *fig* [coraza] : **meterse en su ~** rentrer dans sa coquille.
capataz *m* - **1.** [de finca] chef *m* d'exploitation - **2.** [de obra] chef *m* de chantier.
capaz *adj* : **~ (de algo/de hacer algo)** capable (de qqch/de faire qqch).
capazo *m* cabas *m*.
capear *vt fig* - **1.** [eludir - dificultades] contourner ; [- compromisos] se dérober à ; [- trabajo] fuir - **2.** TAUROM *faire des passes avec la cape*.
capellán *m* aumônier *m*.
caperuza *f* capuchon *m*.
capicúa ◇ *adj inv* palindrome. ◇ *m inv* nombre *m* palindrome.
capilar *adj* & *m* capillaire.
capilla *f* chapelle *f* ; **~ ardiente** chapelle ardente.
cápita ◆ **per cápita** *loc adj* par personne ; [renta] par habitant.
capital ◇ *adj* capital(e) ; **lo ~ es ...** l'essentiel, c'est ... ◇ *m* ECON capital *m*. ◇ *f* [ciudad] capitale *f*.
capitalismo *m* capitalisme *m*.
capitalista *adj* & *mf* capitaliste.
capitalizar *vt* - **1.** ECON capitaliser - **2.** *fig* [sacar provecho] : **~ algo** tirer profit de qqch.
capitán, ana *m, f* capitaine *m*.
capitanear *vt* - **1.** MIL commander - **2.** [dirigir] mener - **3.** [equipo deportivo] être le capitaine de.
capitanía *f* état-major *m*.
capitel *m* ARQUIT chapiteau *m*.
capitoste *mf despec* caïd *m*.
capitulación *f* capitulation *f*.
capitular *vi* capituler.
capítulo *m* chapitre *m*.
capó, capot [ka'po] *m* capot *m*.
caporal *m* caporal *m*.
capot = **capó**.
capota *f* AUTOM capote *f*.
capote *m* - **1.** [militar etc] capote *f* - **2.** TAUROM cape *f*.
capricho *m* caprice *m* ; **darse un ~** se faire un petit plaisir ; **por puro ~** par pur caprice.
caprichoso, sa *adj* capricieux(euse).
Capricornio ◇ *m inv* [zodiaco] Capricorne *m inv*. ◇ *mf inv* [persona] capricorne *m inv*.
cápsula *f* - **1.** [gen] capsule *f* - **2.** [pastilla] gélule *f*.
captar *vt* - **1.** [atraer - simpatía] gagner ; [- atención] capter - **2.** [entender] saisir - **3.** [sintonizar] capter.
captura *f* capture *f*.
capturar *vt* capturer.
capucha *f* [de impermeable etc] capuche *f* ; [de bolígrafo] capuchon *m*.
capuchón *m* capuchon *m*.
capullo, lla *adj* & *m, f vulg* con (conne). ◆ **capullo** *m* - **1.** [de flor] bouton *m* - **2.** [de gusano] cocon *m* - **3.** *fam* [prepucio] gland *m*.
caqui, kaki ◇ *adj inv* [color] kaki *(inv)*. ◇ *m* - **1.** [planta] plaqueminier *m* - **2.** [fruto, color] kaki *m*.
cara *f* - **1.** [rostro] visage *m*, figure *f* ; **~ a ~** face à face ; **de ~** [sol] dans les yeux - **2.** [aspecto] tête *f* ; **tener buena/mala ~** avoir bonne/mauvaise mine ; **tener ~ de enfado/sueño** avoir l'air fâché(e)/fatigué(e) ; **tiene ~ de ponerse a llover** on dirait qu'il va pleuvoir - **3.** [lado, superficie, anverso de moneda] face *f* ; **a ~ o cruz** à pile ou face - **4.** *fam* [osadía] culot *m* ; **tener**

(mucha) ~, tener la ~ muy dura avoir un sacré culot **- 5.** [de edificio] façade *f* **- 6.** *loc* : **cruzar la ~ a alguien** gifler qqn ; **de ~ a** en vue de ; **de ~ al futuro** face à l'avenir ; **decir algo a alguien a la** o **en ~** dire qqch en face à qqn ; **echar en ~** jeter à la figure ; **romper** o **partir la ~ a alguien** casser la figure à qqn ; **nos veremos las ~s** on se retrouvera.

carabela *f* caravelle *f*.

carabina *f* **- 1.** [arma] carabine *f* **- 2.** *fam fig* [mujer] chaperon *m*.

Caracas Caracas.

caracol *m* **- 1.** ZOOL escargot *m* ; **~ de mar** bigorneau *m* **- 2.** [concha] coquillage *m* **- 3.** ANAT limaçon *m* **- 4.** [rizo] accroche-cœur *m*.

caracola *f* conque *f*.

carácter (*pl* **caracteres**) *m* caractère *m* ; **(tener) buen/mal ~** (avoir) bon/mauvais caractère.

característico, ca *adj* caractéristique. ◆ **característica** *f* caractéristique *f*.

caracterización *f* **- 1.** [gen] caractérisation *f* **- 2.** [maquillaje] grimage *m*.

caracterizar *vt* **- 1.** [definir] caractériser **- 2.** [representar] incarner **- 3.** [maquillar] grimer. ◆ **caracterizarse** *vpr* : **~se por** se caractériser par.

caradura *adj* & *mf fam* gonflé(e) ; **es un ~** il est gonflé.

carajillo *m café arrosé de rhum ou de cognac.*

carajo *m mfam* : **¡qué ~!** bordel!

caramba *interj* : **¡caramba!** [sorpresa] ça alors! ; [enfado] zut alors!

carambola *f* [en billar] carambolage *m*. ◆ **carambolas** *interj Amer fam* : **¡carambolas!** zut!

caramelizar *vt* caraméliser.

caramelo *m* **- 1.** [golosina] bonbon *m* **- 2.** [azúcar fundido] caramel *m*.

carantoñas *fpl* : **hacer ~** faire des mamours ; *fig* faire patte de velours.

cárate = **kárate**.

carátula *f* **- 1.** [de libro] couverture *f* ; [de disco] pochette *f* **- 2.** [careta] masque *m*.

caravana *f* **- 1.** [gen] caravane *f* ; [de bohemios] roulotte *f* **- 2.** [de coches] bouchon *m*. ◆ **caravanas** *fpl Amer* [pendientes] pendants *mpl* d'oreilles ; [cortesía afectada] courbettes *fpl*.

caray *interj* : **¡caray!** mince!

carbón *m* **- 1.** [para quemar] charbon *m* **- 2.** [para dibujar] fusain *m*.

carboncillo *m* fusain *m*.

carbonero, ra *adj* & *m, f* charbonnier(ère). ◆ **carbonera** *f* **- 1.** [de carbón] cave *f* à charbon **- 2.** [de leña] pile *f* de bois.

carbonilla *f* **- 1.** [ceniza] escarbille *f* **- 2.** [resto de carbón] poussier *m*.

carbonizar *vt* carboniser. ◆ **carbonizarse** *vpr* être carbonisé(e).

carbono *m* carbone *m*.

carburador *m* carburateur *m*.

carburante *m* carburant *m*.

carburar ◇ *vt* TECNOL carburer. ◇ *vi fam* gazer.

carca *adj* & *mf despec* réac.

carcajada *f* éclat *m* de rire ; **reír a ~s** rire aux éclats.

carcajearse *vpr* rire aux éclats ; **~ de** se moquer de.

carcamal *mf fam despec* [hombre] vieux croulant *m* ; [mujer] vieille peau *f*.

cárcel *f* prison *f*.

carcelero, ra *m, f* gardien *m*, -enne *f* de prison.

carcoma *f* **- 1.** [insecto] ver *m* à bois **- 2.** [polvo] vermoulure *f*.

carcomer *vt* ronger ; [salud] miner.

cardar *vt* **- 1.** [lana] carder **- 2.** [pelo] crêper.

cardenal *m* **- 1.** RELIG cardinal *m* **- 2.** [hematoma] bleu *m*.

cardiaco, ca, cardíaco, ca *adj* cardiaque.

cárdigan, cardigán *m* cardigan *m*.

cardinal *adj* cardinal(e).

cardiólogo, ga *m, f* cardiologue *mf*.

cardiovascular *adj* cardio-vasculaire.

cardo *m* **- 1.** [planta] chardon *m* **- 2.** *fam fig* [persona] : **es un ~** il est aimable comme une porte de prison.

carecer *vi* : **~ de algo** manquer de qqch.

carena *f* NÁUT carénage *m*.

carencia *f* [escasez] manque *m* ; MED carence *f*.

carente *adj* dépourvu(e) ; **~ de** dépourvu de ; **~ de interés** sans intérêt.

carestía *f* **- 1.** [escasez] manque *m* **- 2.** [encarecimiento] cherté *f*.

careta *f* **- 1.** [máscara] masque *m* ; **~ antigás** masque à gaz **- 2.** *fig* [engaño] façade *f*.

carey *m* **- 1.** [tortuga] caret *m* **- 2.** [material] écaille *f*.

carga *f* **- 1.** [gen, MIL & ELECTR] charge *f* ; **volver a la ~** *fig* revenir à la charge **- 2.** [acción] chargement *m* **- 3.** [cargamento] cargaison *f* ; **de ~** ▷ **buque, tren** ; **de ~ y descarga** [zona] de livraisons **- 4.** [repuesto] recharge *f*.

cargado, da *adj* **- 1.** [gen] chargé(e) **- 2.** [bebida alcohólica] tassé(e) ; **un café ~** un café serré **- 3.** [tiempo, atmósfera] lourd(e) ; **un cielo ~** un ciel couvert ; **¡qué habitación más cargada!** on étouffe dans cette pièce!

cargador, ra *adj* chargeur(euse). ◆ **cargador** *m* **- 1.** [de arma] chargeur *m* **- 2.** [persona] débardeur *m*.

cargamento *m* chargement *m*, cargaison *f*.

cargante *adj fam fig* assommant(e).

cargar ◇ *vt* **- 1.** [gen, MIL & ELECTR] charger **- 2.** [pluma, mechero] recharger **- 3.** [importe, factura, deuda] faire payer ; [precio] faire monter **- 4.** [anotar] : **~ algo en cuenta** mettre qqch sur un compte **- 5.** *fig* [de obligaciones] donner ; **lo cargaron de trabajo/de responsabilidades** ils lui ont donné beaucoup de travail/de responsabilités **- 6.** *fam fig* [molestar] assommer **- 7.** [suj : humo] : **~ la cabeza** donner mal à la tête ; **~ el ambiente** enfumer l'atmosphère. ◇ *vi* **- 1.** [recaer] : **~ algo sobre alguien** retomber sur qqn **- 2.** : **~ con** [paquete] porter ; [costes] prendre à sa charge ; *fig* [responsabilidad, culpa] assumer ; *fig* [consecuencias] accepter. ◆ **cargarse** *vpr* **- 1.** *fam* [romper] bousiller **- 2.** *fam* [suspender] recaler **- 3.** *fam* [matar] dégommer **- 4.** [por el humo] : **se me carga el pecho** j'ai les poumons tout encrassés.

cargo *m* **- 1.** [gen & DER] charge *f* ; **correr a ~ de** être à la charge de ; **hacerse ~ de** [ocuparse de] se charger de ; [asumir el control de] prendre en charge ; [comprender] se rendre compte de **- 2.** [empleo] poste *m* **- 3.** ECON débit *m*.

cargosear *vt Amer* agacer.

cargoso, sa *adj Amer* agaçant(e).

carguero *m* cargo *m*.

Caribe *m* : **el ~** la mer des Caraïbes.

caricatura *f* caricature *f*.

caricaturizar, caricaturar *vt* caricaturer.

caricia *f lit & fig* caresse *f*.

caridad *f* charité *f*.

caries *f inv* carie *f*.

carillón *m* carillon *m*.

cariño *m* **- 1.** [afecto] affection *f*, tendresse *f* ; **tomar ~ a alguien** prendre qqn en affection **- 2.** [cuidado] soin *m* **- 3.** [apelativo] chéri *m*, -e *f*.

cariñoso, sa *adj* affectueux(euse).

carisma *m* charisme *m*.

carismático, ca *adj* charismatique.

Cáritas *f* Caritas Internationalis *(œuvre de charité)*.

caritativo, va *adj* [persona] charitable ; [asociación] caritatif(ive).

cariz *m (sin pl)* [de asunto, acontecimiento] tournure *f*.

carlista *adj & mf* carliste.

carmesí (*pl* **carmesíes**) ◇ *adj* cramoisi(e). ◇ *m* rouge *m* cramoisi.

carmín ◇ *adj* [color] carmin *(inv)*. ◇ *m* **- 1.** [color] carmin *m* **- 2.** [lápiz de labios] rouge *m* à lèvres.

carnada *f lit & fig* appât *m*.

carnal *adj* **- 1.** [de la carne] charnel(elle) **- 2.** [tío, sobrino] au premier degré ; [primo] germain(e).

carnaval *m* carnaval *m*.

carnaza *f lit & fig* appât *m*.

carne *f* **- 1.** [de persona, fruta] chair *f* ; **en ~ viva** à vif ; **ser alguien de ~ y hueso** *fig* être qqn d'humain **- 2.** [alimento] viande *f* ; **~ de cerdo** viande de porc ; **~ de cordero** mouton *m* ; [lechal] agneau *m* ; **~ de ternera** veau *m* ; **~ picada** viande hachée. ◆ **carne de gallina** *f* chair *f* de poule.

carné (*pl* **carnés**), **carnet** (*pl* **carnets**) *m* **- 1.** [documento] carte *f* ; **~ de conducir** permis *m* de conduire ; **~ de identidad** carte d'identité **- 2.** [agenda] agenda *m*.

carnicería *f* **- 1.** [tienda] boucherie *f* **- 2.** *fig* [destrozo, masacre] carnage *m*.

carnicero, ra ◇ *adj* [animal] carnassier(ère). ◇ *m, f lit & fig* [persona] boucher *m*, -ère *f*.

cárnico, ca *adj* [industria] de la viande ; [producto] de boucherie.

carnívoro, ra *adj* carnivore ; [ave] carnassier(ère). ◆ **carnívoros** *mpl* carnivores *mpl*.

carnoso, sa *adj* charnu(e).

caro, ra *adj* cher (chère). ◆ **caro** *adv* : **costar/vender ~** coûter/vendre cher ; **esta tienda vende ~** ce magasin est cher.

carozo *m Amer* noyau *m (de fruit)*.

carpa *f* **- 1.** [pez] carpe *f* **- 2.** [de circo] chapiteau *m* ; [para fiestas etc] tente *f*.

carpeta *f* **- 1.** [portapapeles] chemise *f (de bureau)* **- 2.** INFORM dossier *m*.

carpintería *f* **- 1.** [de muebles] menuiserie *f* **- 2.** [de tejado - técnica] charpenterie *f* ; [- obra] charpente *f*.

carpintero, ra *m, f* [de muebles] menuisier *m* ; [de tejado] charpentier *m*.

carraca *f* **- 1.** [instrumento] crécelle *f* **- 2.** *fig* [cosa vieja] épave *f*.

carraspear *vi* **- 1.** [hablar ronco] parler

d'une voix rauque - **2.** [toser] se racler la gorge.

carraspera *f* : **tener ~** être enroué(e).

carrera *f* - **1.** [gen & DEP] course *f* ; **en una ~** en courant ; **tomar ~** prendre de l'élan ; **~ armamentista** o **de armamentos** course aux armements - **2.** [trayecto] parcours *m* - **3.** [estudios] cursus *m* (universitaire) ; **hacer la ~ de derecho** faire des études de droit - **4.** [profesión] carrière *f* - **5.** [calle] *nom de certaines rues en Espagne.*

carrerilla *f* : **coger** o **tomar ~** prendre de l'élan. ◆ **de carrerilla** *loc adv* [de corrido] d'une seule traite ; [de memoria] de A à Z.

carreta *f* charrette *f*.

carretada *f* - **1.** [carga de carreta] charretée *f* - **2.** *fam* [gran cantidad] tonne *f*.

carrete *m* - **1.** [de hilo, alambre] bobine *f* - **2.** FOT pellicule *f* - **3.** [para pescar] moulinet *m* - **4.** [de máquina de escribir] ruban *m*.

carretera *f* route *f* ; **~ comarcal/nacional** route départementale/nationale ; **~ de cuota** *Amer* autoroute *f*.

carretero, ra *m, f* [conductor] charretier *m*, -ère *f*. ◆ **carretero** *m Amer* [carretera] route *f*.

carretilla *f* [carro de mano] brouette *f*.

carril *m* - **1.** [de carretera] voie *f* ; **~ bici** voie cyclable ; **~ bus** couloir *m* d'autobus - **2.** [de ferrocarril] rail *m* - **3.** [huella] ornière *f*.

carrillo *m* joue *f* ; **comer a dos ~s** *fig* manger comme quatre.

carro *m* - **1.** [gen] chariot *m* ; **~ de combate** char *m* d'assaut ; **¡para el ~!** *fam* [¡basta ya!] eh, mollo! - **2.** *Amer* [coche] voiture *f* ; **~ comedor** wagon-restaurant *m*.

carrocería *f* - **1.** [de automóvil] carrosserie *f* - **2.** [taller] atelier *m* de carrosserie.

carromato *m* - **1.** [carro] roulotte *f* - **2.** [coche viejo] guimbarde *f*.

carroña *f* charogne *f*.

carroza ◇ *f* [coche] carrosse *m*. ◇ *mf* [viejo] *fam* ringard *m*, -e *f*.

carruaje *m* voiture *f*.

carrusel *m* - **1.** [tiovivo] manège *m* - **2.** [de caballos] carrousel *m*.

carta *f* - **1.** [escrito] lettre *f* ; **echar una ~** poster une lettre ; **~ de recomendación** lettre de recommandation - **2.** [naipe, menú, mapa] carte *f* ; **a la ~** à la carte ; **echar las ~s a alguien** tirer les cartes à qqn ; **~ verde** *carte verte (délivrée par les assurances automobiles)* - **3.** [documento] charte *f* - **4.** *loc* : **jugarse todo a una ~** *fig* mettre tous ses œufs dans le même panier. ◆ **carta de ajuste** *f* TELE mire *f*. ◆ **carta blanca** *f* : **tener ~ blanca** avoir carte blanche.

cartabón *m* équerre *f*.

cartapacio *m* - **1.** [carpeta] cartable *m* - **2.** [cuaderno] cahier *m*.

cartearse *vpr* s'écrire, échanger des lettres.

cartel *m* - **1.** [anuncio] affiche *f* ; **'prohibido fijar ~es'** 'défense d'afficher' - **2.** *fig* [fama] : **de ~** de renom.

cártel *m* cartel *m*.

cárter *m* AUTOM carter *m*.

cartera *f* - **1.** [gen] portefeuille *m* ; **~ de clientes** fichier *m* (de) clients ; **~ de pedidos** carnet *m* de commandes - **2.** [para documentos] porte-documents *m* ; [sin asa] serviette *f* ; [de colegial] cartable *m*.

carterista *mf* pickpocket *m*.

cartero, ra *m, f* facteur *m*, -trice *f*.

cartílago *m* cartilage *m*.

cartilla *f* - **1.** [documento] livret *m* ; **~ de ahorros** livret de caisse d'épargne ; **~ de la seguridad social** carte *f* de sécurité sociale ; **~ militar** livret matricule - **2.** [para aprender a leer] *premier livre de lecture.*

cartografía *f* cartographie *f*.

cartomancia *f* cartomancie *f*.

cartón *m* - **1.** [material] carton *m* ; **~ piedra** carton-pâte *m* - **2.** [de cigarrillos] cartouche *f*.

cartuchera *f* cartouchière *f*.

cartucho *m* - **1.** [de arma] cartouche *f* - **2.** [de avellanas etc] cornet *m* ; [de monedas] rouleau *m*.

cartujo, ja *adj* chartreux(euse). ◆ **cartujo** *m* - **1.** [religioso] chartreux *m* - **2.** *fig* [persona retraída] ermite *m*. ◆ **cartuja** *f* chartreuse *f*.

cartulina *f* bristol *m*.

casa *f* - **1.** [gen] maison *f* ; **~ adosada/unifamiliar** maison jumelle/individuelle ; **~ Consistorial** hôtel *m* de ville ; **~ de campo** maison de campagne ; **~ de huéspedes** pension *f* de famille ; **~ de socorro** poste *m* de secours - **2.** [vivienda] logement *m* - **3.** [familia] famille *f* - **4.** *loc* : **caérsele a uno la ~ encima** [estar a disgusto] ne plus se supporter chez soi ; [tener problemas] avoir le moral à zéro ; **echar** o **tirar la ~ por la ventana** [derrochar] jeter l'argent par les fenêtres ; **ser de andar por ~** ne pas être génial(e).

casaca *f* casaque *f*.

casado, da ◇ *adj* marié(e) ; **estar ~ con**

alguien être marié avec qqn. ◇ *m, f* marié *m*, -e *f*.
casamiento *m* mariage *m*.
casar ◇ *vt* - **1.** [gen] marier - **2.** [cuentas] enfiler ; [trozos] recoller. ◇ *vi* aller ensemble. ◆ **casarse** *vpr* : **~se (con)** se marier (avec).
cascabel *m* grelot *m*.
cascada *f* cascade *f*.
cascado, da *adj* - **1.** *fam* [estropeado] nase - **2.** [ronco] éraillé(e).
cascanueces *m inv* casse-noix *m inv*.
cascar ◇ *vt* - **1.** [huevo, nuez, voz] casser ; [vasija, plato] fêler - **2.** *fam* [suj : enfermedad] amocher - **3.** *fam* [pegar] cogner. ◇ *vi fam* [hablar] papoter.
cáscara *f* - **1.** [de huevo, nuez etc] coquille *f* - **2.** [de limón, naranja] écorce *f* ; CULIN zeste *m* ; [de plátano] peau *f*.
cascarilla *f* [de arroz, maíz] enveloppe *f* ; [de cacao] coque *f*.
cascarón *m* coquille *f (d'œuf)*.
cascarrabias *mf inv* grincheux *m*, -euse *f*.
casco *m* - **1.** [para la cabeza] casque *m* - **2.** [de barco] coque *f* - **3.** [de ciudad] : **~ antiguo** vieille ville *f* ; **~ urbano** centre-ville *m* - **4.** [de caballo] sabot *m* - **5.** [envase] bouteille *f* vide - **6.** [pedazo] éclat *m*. ◆ **cascos** *mpl fam* [cabeza] tête *f* ; **ser alegre** o **ligero de ~s** être tête en l'air. ◆ **cascos azules** *mpl* : **los ~s azules** les casques bleus.
caserío *m* - **1.** [pueblecito] hameau *m* - **2.** [casa de campo] ferme *f* - **3.** [chalet] maison *f* de campagne.
caserna *f* caserne *f*.
casero, ra ◇ *adj* - **1.** [de casa - comida] maison *(inv)* ; [- trabajos] ménager(ère) ; [- fiesta, velada] familial(e), de famille - **2.** [hogareño] casanier(ère). ◇ *m, f* - **1.** [propietario] propriétaire *mf* - **2.** [encargado] intendant *m*, -e *f*.
caserón *m* bâtisse *f*.
caseta *f* - **1.** [casa pequeña] maisonnette *f* - **2.** [en la playa] cabine *f* - **3.** [de tiro] stand *m* ; [de feria] *tente installée dans les foires pour danser le flamenco* - **4.** [para perro] niche *f*.
casete, cassette [ka'sete] ◇ *m* o *f* [cinta] cassette *f*. ◇ *m* [magnetófono] magnétophone *m*.
casi *adv* presque ; **~ no dormí** je n'ai presque pas dormi ; **~ se cae** il a failli tomber ; **~ nunca** presque jamais.
casilla *f* - **1.** [de teatro, circo] guichet *m* - **2.** [de caja, armario] casier *m* - **3.** [de impreso, ajedrez etc] case *f* ; **~ de correos** *Amer* boîte *f* postale.
casillero *m* casier *m*.
casino *m* - **1.** [para jugar] casino *m* - **2.** [asociación] cercle *m*.
caso *m* - **1.** [gen & GRAM] cas *m* ; **el ~ es que ...** le fait est que ... ; **en el mejor/peor de los ~s** dans le meilleur/pire des cas ; **~ que, dado el ~ que, en ~ de que** au cas où ; **en todo** o **cualquier ~** en tout cas - **2.** DER affaire *f* - **3.** *loc* : **hacer ~ a** prêter attention à ; **no hacer** o **venir al ~** *fam* être hors de propos ; **ser un ~** *fam* être un cas.
caspa *f* pellicules *fpl (de cheveux)*.
casquete *m* calotte *f*.
casquillo *m* - **1.** [de bala] douille *f* - **2.** [de bombilla] culot *m* - **3.** [de bastón] manche *m*.
cassette = **casete**.
casta *f* - **1.** [linaje] lignée *f* - **2.** [especie, calidad] race *f* - **3.** [en la India] caste *f*.
castaña *f* ▻ **castaño**.
castañetear ◇ *vt* : **~ los dedos** faire claquer ses doigts. ◇ *vi* claquer des dents.
castaño, ña *adj* [color] marron *(inv)* ; [pelo] châtain. ◆ **castaño** *m* - **1.** [color] marron *m inv* ; [pelo] châtain *m* - **2.** [árbol, madera] châtaignier *m*. ◆ **castaña** *f* - **1.** [fruto] châtaigne *f* ; **castañas asadas** marrons *mpl* chauds - **2.** *fam* [puñetazo] châtaigne *f* - **3.** *fam* [borrachera] cuite *f* ; **agarrarse una castaña** prendre une cuite.
castañuela *f* castagnette *f*.
castellanizar *vt* hispaniser.
castellano, na ◇ *adj* castillan(e). ◇ *m, f* [persona] Castillan *m*, -e *f*. ◆ **castellano** *m* [lengua] castillan *m*, espagnol *m*.
castellanoparlante ◇ *adj* de langue castillane, hispanophone. ◇ *mf* [persona] hispanophone *mf*.
castidad *f* chasteté *f*.
castigador, ra *fam* ◇ *adj* de séducteur(trice). ◇ *m, f* tombeur *m*, -euse *f*.
castigar *vt* - **1.** [imponer castigo] punir ; **le han castigado sin postre** il a été privé de dessert - **2.** DEP pénaliser - **3.** [maltratar] endommager, frapper ; [el cuerpo] mortifier - **4.** *fig* [enamorar] séduire.
castigo *m* - **1.** [sanción] punition *f* ; **quedar sin ~** rester impuni(e) - **2.** [sufrimiento] épreuve *f* - **3.** DEP pénalité *f*.
Castilla Castille *f*.
Castilla-La Mancha Castille-La Manche.

Castilla-León Castille-León.
castillo *m* - **1.** [gen] château *m* - **2.** NÁUT : **~ de popa/de proa** gaillard *m* d'arrière/d'avant.
castizo, za *adj* pur(e) ; [autor] puriste.
casto, ta *adj* chaste.
castor *m* castor *m*.
castrar *vt* - **1.** [animal, persona] castrer - **2.** *fig* [debilitar] : **~ el entendimiento** ramollir le cerveau.
castrense *adj* militaire.
casual *adj* fortuit(e).
casualidad *f* hasard *m* ; **dio la ~ de que** ... il s'est trouvé que ... ; **por ~** par hasard ; **¡qué ~!** quelle coïncidence!
casulla *f* chasuble *f*.
cataclismo *m lit* & *fig* cataclysme *m*.
catacumbas *fpl* catacombes *fpl*.
catador, ra *m, f* dégustateur *m*, -trice *f* ; **~ de vinos** taste-vin *m inv*.
catalán, ana ◇ *adj* catalan(e). ◇ *m, f* Catalan *m*, -e *f*. ◆ **catalán** *m* [lengua] catalan *m*.
catalanismo *m* - **1.** [doctrina] *doctrine défendant les valeurs politiques, économiques et culturelles de la Catalogne* - **2.** LING catalanisme *m*.
catalejo *m* longue-vue *f*.
catalizador, ra *adj* - **1.** QUÍM catalytique - **2.** *fig* [impulsor] : **ser el elemento ~ de** être le détonateur de. ◆ **catalizador** *m lit* & *fig* catalyseur *m*.
catalogar *vt* cataloguer ; **se le cataloga entre los mejores especialistas** on le classe parmi les meilleurs spécialistes ; **~ a alguien de algo** taxer qqn de qqch.
catálogo *m* catalogue *m*.
Cataluña Catalogne *f*.
catamarán *m* catamaran *m*.
cataplasma *f* - **1.** MED cataplasme *m* - **2.** *fam fig* [pesado] pot *m* de colle.
catapulta *f* catapulte *f*.
catar *vt* - **1.** [probar] goûter - **2.** [saborear] déguster.
catarata *f* - **1.** [de agua] chute *f* - **2.** *(gen pl)* MED cataracte *f*.
catarro *m* rhume *m*.
catarsis *f* catharsis *f*.
catastro *m* cadastre *m*.
catástrofe *f* catastrophe *f*.
catastrófico, ca *adj* catastrophique.
catch ['katʃ] (*pl* **catchs**) *m* DEP catch *m*.
cátcher ['katʃer] (*pl* **catchers**) *m* [béisbol] catcher *m inv*.
catchup ['ketʃup], **ketchup** *m inv* ketchup *m*.
cate *m fam* : **dar un ~ a alguien** [golpe] flanquer une baffe à qqn ; **sacar un ~** [en examen] prendre une gamelle.
catear *vt fam* coller, recaler.
catecismo *m* catéchisme *m*.
cátedra *f* chaire *f*.
catedral *f* cathédrale *f*.
catedrático, ca *m, f* professeur *m* d'université, ≃ professeur *m* agrégé .
categoría *f* - **1.** [gen] catégorie *f* - **2.** [posición social] rang *m* ; **de ~** [persona] de haut rang ; [artista] grand(e) ; [producto] de qualité ; [hotel] bon (bonne) - **3.** [calidad] : **de primera ~** de premier choix, de qualité supérieure.
categórico, ca *adj* catégorique.
catequesis *f inv* catéchèse *f*.
catering ['katerin] *m* catering *m*.
cateto, ta *adj* & *m, f despec* [palurdo] plouc.
cátodo *m* cathode *f*.
catolicismo *m* catholicisme *m*.
católico, ca ◇ *adj* catholique. ◇ *m, f* catholique *mf*.
catolizar *vt* convertir au catholicisme.
catorce *adj num inv* & *m inv* quatorze ; *ver también* **seis**.
catorceavo, va, catorzavo, va *adj num* quatorzième.
catre *m* - **1.** [cama ligera] lit *m* de camp - **2.** *fam* [cama] pieu *m*.
catrín, trina *adj Amer fam* bêcheur(euse).
cauce *m* - **1.** [procedimiento] cours *m* - **2.** [de río] lit *m* - **3.** [de riego] canal *m*.
caucho *m* caoutchouc *m*.
caudal *m* - **1.** [cantidad de agua] débit *m* - **2.** [capital] fortune *f* - **3.** [abundancia] mine *f* ; **tiene un ~ de conocimientos** c'est un puits de science.
caudaloso, sa *adj* - **1.** [río] à fort débit - **2.** [persona] fortuné(e).
caudillo *m* - **1.** [en la guerra] caudillo *m*, chef *m* militaire - **2.** [en una comunidad] chef *m* de file.
causa *f* cause *f* ; **a ~ de** à cause de.
causalidad *f* causalité *f*.
causante ◇ *adj* : **la razón ~ de** la cause de. ◇ *mf* - **1.** [causa] : **ser el ~ de** être à l'origine de - **2.** *Amer* [contribuyente] contribuable *mf*.
causar *vt* causer ; [placer, víctimas] faire ; [enfermedad] provoquer ; [perjuicio] porter.
cáustico, ca *adj lit* & *fig* caustique.

cautela *f* précaution *f* ; **con ~** avec précaution.

cauteloso, sa *adj* & *m, f* prudent(e).

cautivador, ra ◇ *adj* captivant(e) ; **una mirada cautivadora** un regard charmeur. ◇ *m, f* charmeur *m*, -euse *f*.

cautivar *vt* - **1.** [apresar] capturer - **2.** [seducir] captiver.

cautiverio *m*, **cautividad** *f* captivité *f*.

cautivo, va *adj* & *m, f* captif(ive).

cauto, ta *adj* prudent(e).

cava ◇ *adj* ANAT cave. ◇ *m vin catalan fabriqué selon la méthode champenoise.* ◇ *f* - **1.** [bodega] cave *f* - **2.** AGRIC bêchage *m*.

cavar ◇ *vt* creuser. ◇ *vi* [con laya] bêcher ; [con azada] biner.

caverna *f* caverne *f*.

cavernícola ◇ *adj* [animales] cavernicole ; [personas] des cavernes. ◇ *mf* - **1.** HIST homme *m* des cavernes - **2.** *fig* ours *m*.

caviar *m* caviar *m*.

cavidad *f* cavité *f*.

cavilar *vi* réfléchir.

cayado *m* - **1.** [de pastor] houlette *f* - **2.** [de obispo] crosse *f*.

cayo *m îlot bas et sablonneux.*

caza ◇ *f* - **1.** [acción de cazar] chasse *f* ; **salir** o **ir de ~** aller à la chasse - **2.** [animales, carne] gibier *m*. ◇ *m* avion *m* de chasse.

cazabombardero *m* chasseur *m* bombardier.

cazador, ra ◇ *adj* [perro etc] de chasse. ◇ *m, f lit* & *fig* chasseur *m*, -euse *f*. ◆ **cazadora** *f* [prenda] blouson *m*.

cazadotes *m inv* coureur *m* de dot.

cazalla *f eau-de-vie anisée.*

cazar *vt* - **1.** [animales] chasser - **2.** *fig* [sorprender] attraper ; **lo cazaron con las manos en la masa** ils l'ont pris la main dans le sac - **3.** *fam* [conseguir] dégoter.

cazo *m* - **1.** [recipiente] casserole *f* - **2.** [utensilio] louche *f*.

cazoleta *f* - **1.** [recipiente] cassolette *f* - **2.** [de pipa] fourneau *m*.

cazuela *f* - **1.** [recipiente] *casserole en terre cuite* - **2.** [guiso] ragoût *m* ; **a la ~** à la casserole.

cazurro, rra ◇ *adj* - **1.** [bruto] abruti(e) - **2.** [obstinado] têtu(e) - **3.** [huraño] renfrogné(e). ◇ *m, f* [bruto] brute *f*.

c/c *abrev de* **cuenta corriente**.

CC OO (*abrev de* **Comisiones Obreras**) *fpl syndicat espagnol proche du parti communiste.*

CD *m* - **1.** (*abrev de* **cuerpo diplomático**) CD *m* - **2.** (*abrev de* **compact disc**) CD *m*.

CD-I (*abrev de* **Compact Disc Interactivo**) *m* CD-I *m*.

CDS (*abrev de* **Centro Democrático y Social**) *m parti politique espagnol de tendance libérale.*

ce *f* c *m inv* ; **~ cedilla** c cédille.

CE ◇ *m* (*abrev de* **Consejo de Europa**) CE *m*. ◇ *f* - **1.** (*abrev de* **Comunidad Europea**) CE *f* - **2.** (*abrev de* **constitución española**) Constitution *f* espagnole.

cebada *f* orge *f*.

cebar *vt* - **1.** [sobrealimentar] gaver - **2.** [máquina] mettre en marche ; [arma, anzuelo] amorcer - **3.** [fuego, horno] alimenter. ◆ **cebarse** *vpr* : **~se en** s'acharner sur.

cebo *m* - **1.** [para cazar, atraer] appât *m* - **2.** [para alimentar] pâtée *f*.

cebolla *f* - **1.** BOT oignon *m* - **2.** [pieza] filtre *m* ; [de cañería, tubo] crapaudine *f*.

cebolleta *f* [tallo] ciboulette *f* ; [bulbo] petit oignon *m (frais)*.

cebollino *m* - **1.** [planta] ciboule *f* - **2.** *fam* [necio] crétin *m*, -e *f*.

cebra *f* zèbre *m*.

cecear *vi* zézayer.

ceceo *m* zézaiement *m (prononciation propre à certains parlers andalous et latino-américains).*

cecina *f viande séchée et salée.*

cedazo *m* tamis *m*.

ceder ◇ *vt* céder. ◇ *vi* - **1.** [gen] céder ; **~ a** céder à ; **~ en** céder sur ; **~ a una propuesta** accepter une proposition ; **~ en sus pretensiones** en rabattre - **2.** [destensarse] se détendre - **3.** [disminuir - dolor] s'apaiser ; [- tiempo] s'adoucir ; [- temperatura] baisser.

cedro *m* cèdre *m*.

cédula *f* - **1.** [gen] certificat *m* ; **~ de habitabilidad** *certificat garantissant l'habitabilité d'un logement* - **2.** *Amer* [carné] : **~ (de identidad)** carte *f* d'identité.

CEE (*abrev de* **Comunidad Económica Europea**) *f* CEE *f*.

cegar ◇ *vt* - **1.** [gen] aveugler - **2.** [tapar - tubo etc] boucher ; [- ventana, puerta] murer. ◇ *vi* être aveuglant(e). ◆ **cegarse** *vpr lit* & *fig* être aveuglé(e).

cegato, ta *adj* & *m, f fam* bigleux(euse).

ceguera *m* - **1.** [de visión] cécité *f* - **2.** *fig* [de razón] aveuglement *m*.

ceja *f* - **1.** ANAT sourcil *m* - **2.** [borde] rebord *m* - **3.** MÚS sillet *m* ; [abragadera] capodastre *m* - **4.** *loc* : **meterse algo entre ~ y ~** *fam fig* se mettre qqch dans la tête.

cejar *vi* : **~ en** renoncer à, abandonner ; **no ~ en su empeño** ne pas abandonner la partie.

celar *vt* - **1.** [vigilar] surveiller - **2.** [ocultar] dissimuler ; [ilusión, esperanza] nourrir secrètement.

celda *f* cellule *f*.

celebración *f* - **1.** [festejo] célébration *f* - **2.** [realización] tenue *f*.

celebrar *vt* - **1.** [centenario, misa etc] célébrer ; [cumpleaños, buena noticia etc] fêter - **2.** [reunión, junta] tenir ; [partido deportivo] disputer ; [elecciones] organiser - **3.** [alegrarse de] se réjouir de, se féliciter de ; [alabar] louer, faire l'éloge de. ◆ **celebrarse** *vpr* - **1.** [gen] avoir lieu - **2.** [centenario, misa etc] être célébré(e).

célebre *adj* [con fama] célèbre.

celebridad *f* célébrité *f*.

celeridad *f* promptitude *f*.

celeste *adj* [bóveda, cuerpos] céleste.

celestial *adj* - **1.** [del cielo] céleste ; [gloria] de Dieu - **2.** *fig* [placer etc] divin(e) ; [música] céleste.

celestina *f* entremetteuse *f*.

celibato *m* célibat *m*.

célibe *adj* & *mf* célibataire.

celo *m* - **1.** [esmero] zèle *m* - **2.** [devoción] ferveur *f* - **3.** [de animal] amours *fpl* ; **en ~** [hembra] en chaleur ; [macho] en rut - **4.** [cinta adhesiva] Scotch® *m*. ◆ **celos** *mpl* jalousie *f* ; **dar ~s** rendre jaloux(ouse) ; **tener ~s de alguien** être jaloux(ouse) de qqn.

celofán *m* Cellophane® *f*.

celosía *f* jalousie *f (de fenêtre)*.

celoso, sa ◇ *adj* - **1.** [con celos] jaloux(ouse) - **2.** [cumplidor] : **~ en su trabajo** exigeant dans son travail. ◇ *m, f* [con celos] jaloux *m*, -ouse *f*.

celta ◇ *adj* celte. ◇ *mf* Celte *mf*. ◇ *m* [lengua] celtique *m*.

celtíbero, ra, celtibero, ra ◇ *adj* celtibère. ◇ *m, f* Celtibère *mf*.

céltico, ca *adj* celtique.

célula *f* cellule *f*. ◆ **célula fotoeléctrica** *f* cellule *f* photoélectrique.

celular *adj* cellulaire.

celulitis *f inv* cellulite *f*.

celulosa *f* cellulose *f*.

cementar *vt* cémenter.

cementerio *m* - **1.** [de muertos] cimetière *m* - **2.** [de cosas inutilizables] dépotoir *m* ; **~ de automóviles** o **coches** casse *f*.

cemento *m* - **1.** [de construcción] ciment *m* ; **~ armado** béton *m* armé - **2.** [de dientes] cément *m*.

cena *f* dîner *m* ; **dar una ~** avoir du monde à dîner.

cenagal *m* - **1.** [lugar] bourbier *m* - **2.** *fig* [apuro] : **estar metido en un ~** être en mauvaise posture.

cenagoso, sa *adj* bourbeux(euse).

cenar ◇ *vt* manger au dîner ; **cenó huevos** il a mangé des œufs au dîner. ◇ *vi* dîner.

cencerro *m* sonnaille *f* ; **estar como un ~** *fam fig* avoir un grain.

cenefa *f* - **1.** [de tela] liseré *m* - **2.** [de pared - abajo] plinthe *f* ; [- arriba] frise *f*.

cenicero *m* cendrier *m*.

cenit = **zenit.**

cenizo, za *adj* cendré(e) ; [tez] cendreux(euse). ◆ **cenizo** *m* - **1.** [mala suerte] poisse *f* - **2.** [gafe] : **ser un ~** porter la poisse - **3.** [en la vid] oïdium *m*. ◆ **ceniza** *f* cendre *f*. ◆ **cenizas** *fpl* [de cadáver] cendres *fpl*.

censar *vt* recenser.

censo *m* - **1.** [de población] recensement *m* ; **~ (electoral)** listes *fpl* électorales - **2.** [tributo] ≃ taxe *f* d'habitation.

censor, ra *m, f* censeur *m*. ◆ **censor de cuentas** *m* expert-comptable *m*.

censura *f* - **1.** [gen] censure *f* ; [de local] fermeture *f* ; [de actividad] interdiction *f* - **2.** [reprobación] condamnation *f* ; **ha sido objeto de ~ por ...** il a été condamné pour ...

censurar *vt* - **1.** [gen] censurer - **2.** [reprobar] blâmer.

centauro *m* centaure *m*.

centavo, va *adj num* centième.

centella *f* - **1.** [rayo] éclair *m* - **2.** [chispa] étincelle *f* - **3.** *fig* [cosa, persona] : **ser una ~** être plus rapide que l'éclair ; **como una ~** comme l'éclair.

centellear *vi* scintiller.

centelleo *m* scintillement *m*.

centena *f* centaine *f*.

centenar *m* centaine *f*.

centenario, ria *adj* centenaire. ◆ **centenario** *m* centenaire *m* ; **quinto ~** cinq centième anniversaire.

centeno *m* seigle *m*.

centésimo, ma *adj num* centième.

centígrado, da *adj* centigrade. ◆ **centígrado** *m* degré *m* centigrade.

centigramo *m* centigramme *m*.

centilitro *m* centilitre *m*.

centímetro *m* centimètre *m*.
céntimo *m* [moneda] centime *m*.
centinela *m* sentinelle *f*.
centollo *m* araignée *f* de mer.
centrado, da *adj* - **1.** [gen] centré(e) ; **~ en** centré o basé sur - **2.** [persona] équilibré(e).
central ◇ *adj* central(e). ◇ *m* DEP arrière *m* centre. ◇ *f* - **1.** [oficina] maison *f* mère - **2.** [de energía] centrale *f* ; **~ nuclear/térmica** centrale nucléaire/thermique.
centralismo *m* centralisme *m*.
centralista *adj* & *mf* centraliste.
centralita *f* standard *m* (téléphonique).
centralización *f* centralisation *f*.
centralizar *vt* centraliser.
centrar *vt* - **1.** [gen & DEP] centrer ; **~ una novela en cuestiones sociales** axer un roman sur des problèmes sociaux - **2.** [arma] pointer ; [foto] cadrer - **3.** [persona] stabiliser - **4.** [mirada, atención] attirer ; **~ la atención/la mirada en algo** fixer son attention/son regard sur qqch. ◆ **centrarse** *vpr* - **1.** [concentrarse] : **~se en** se concentrer sur - **2.** [equilibrarse] se stabiliser.
céntrico, ca *adj* central(e) ; **un piso ~** un appartement situé en plein centre-ville.
centrifugar *vt* centrifuger.
centrífugo, ga *adj* centrifuge.
centrista *adj* & *mf* centriste.
centro *m* - **1.** [gen] centre *m* ; **me voy al ~** [de ciudad] je vais en ville - **2.** [de rebelión etc] foyer *m* ; [católico etc] institution *f* ; [de estudios, investigación] institut *m* - **3.** [de las miradas] cible *f* ; [de curiosidad] objet *m* - **4.** [de problema] cœur *m*. ◆ **centro comercial** *m* centre *m* commercial. ◆ **centro de gravedad** *m* centre *m* de gravité. ◆ **centro de mesa** *m* centre *m* de table.
centrocampista *mf* DEP demi *m*.
céntuplo, pla *adj* centuple ; **la céntupla parte** le centième. ◆ **céntuplo** *m* centuple *m*.
centuria *f* - **1.** *culto* [siglo] siècle *m* - **2.** [división militar] centurie *f*.
centurión *m* centurion *m*.
ceñir *vt* - **1.** [apretar - ropa] mouler ; [- cinturón] serrer - **2.** [abrazar] : **~ por la cintura** prendre par la taille - **3.** *fig* [amoldar] : **~ a** limiter à, borner à. ◆ **ceñirse** *vpr* - **1.** [apretarse] serrer ; **se ciñó el cinturón** il serra sa ceinture - **2.** [amoldarse, limitarse] : **~se a** s'en tenir à.
ceño *m* : **fruncir el ~** froncer les sourcils.
CEOE (*abrev de* **Confederación Española de Organizaciones Empresariales**) *f confédération des organisations patronales en Espagne,* ≃ CNPF *m*.
cepa *f* - **1.** [de vid] cep *m* - **2.** [de árbol, familia] souche *f* ; **un sevillano de pura ~** *fig* un Sévillan de souche.
cepillar *vt* - **1.** [gen] brosser ; [caballo] bouchonner - **2.** [madera] raboter - **3.** *fam* [adular] : **~ a alguien** cirer les pompes à qqn. ◆ **cepillarse** *vpr* - **1.** [pelo] se brosser ; **~se los dientes** se brosser les dents - **2.** *fam* [comida] s'envoyer ; [trabajo] expédier - **3.** *fam* [robar] dévaliser - **4.** *fam* [suspender] étendre - **5.** *vulg* [matar] butter.
cepillo *m* - **1.** [para limpiar] brosse *f* - **2.** [de carpintero] rabot *m* - **3.** [de donativos] tronc *m*.
cepo *m* - **1.** [para cazar] piège *m* - **2.** [para vehículos] sabot *m* - **3.** [para sujetar] attache *f* - **4.** [para presos] cep *m*.
CEPSA (*abrev de* **Compañía Española de Petróleos, SA**) *f groupe pétrolier espagnol.*
cera *f* - **1.** [gen] cire *f* ; **~ depilatoria/virgen** cire dépilatoire/vierge - **2.** [para esquíes] fart *m*.
cerámica *f* céramique *f*.
ceramista *mf* céramiste *mf*.
cerca ◇ *f* [valla] clôture *f*. ◇ *adv* - **1.** [en el espacio] près ; **vive muy ~** il habite tout près ; **por aquí ~** tout près ; **de ~** de près - **2.** [en el tiempo] proche ; **la Navidad ya está ~** Noël est proche. ◆ **cerca de** *loc prep* près de ; **vive ~ de aquí** il habite près d'ici ; **ganó ~ de tres millones** il a gagné près de trois millions.
cercado *m* - **1.** [valla] clôture *f* - **2.** [lugar] enclos *m*.
cercanía *f* proximité *f*. ◆ **cercanías** *fpl* - **1.** [afueras] banlieue *f* - **2.** [alrededores] environs *mpl*.
cercano, na *adj* : **~ (a)** proche (de) ; **vive en un pueblo ~** il habite un village voisin.
cercar *vt* - **1.** [vallar] clôturer - **2.** [rodear, acorralar] encercler.
cerciorar *vt* assurer. ◆ **cerciorarse** *vpr* : **~se (de)** s'assurer (de) ; **me cercioré de que no había nadie** je me suis assuré qu'il n'y avait personne.
cerco *m* - **1.** [gen] cercle *m* ; [de herida] cerne *m* ; [de mancha] auréole *f* - **2.** [de puerta, ventana] encadrement *m* - **3.** [de astro, luz] halo *m* - **4.** [de soldados] haie *f* ; [de policías] cordon *m*.
cerda *f* ▷ **cerdo**.

Cerdeña Sardaigne *f*.

cerdo, da *m, f* - **1.** [animal] porc *m*, truie *f* - **2.** *fam fig* [persona] porc *m*. ◆ **cerdo** *m* [carne] porc *m*. ◆ **cerda** *f* [pelo - de cerdo] soie *f* ; [- de caballo] crin *m*.

cereal *m* céréale *f*.

cerebelo *m* cervelet *m*.

cerebral *adj* cérébral(e).

cerebro *m* - **1.** [cabecilla & ANAT] cerveau *m* - **2.** [inteligencia] cervelle *f* ; **utilizar el ~** faire fonctionner sa cervelle ; **tiene ~** il est loin d'être bête - **3.** *fig* [eminencia] tête *f*.

ceremonia *f* cérémonie *f*.

ceremonial ◇ *adj* cérémoniel(elle) ; [traje] de cérémonie. ◇ *m* cérémonial *m*.

ceremonioso, sa *adj* [persona] cérémonieux(euse) ; [acogida, saludo etc] solennel(elle).

cereza *f* cerise *f*.

cerezo *m* - **1.** [árbol] cerisier *m* - **2.** [madera] merisier *m*.

cerilla *f* allumette *f*.

cerillo *m* *Amer* allumette *f*.

cerner, cernir *vt* [cribar] tamiser. ◆ **cernerse** *vpr lit & fig* planer.

cernícalo *m* - **1.** [ave] buse *f* - **2.** *fam* [bruto] mufle *m*.

cernir = **cerner**.

cero *m* zéro *m* ; **hace cinco grados bajo ~** il fait moins cinq ; **ser un ~ a la izquierda** *fam* être un zéro ; *ver también* **seis**.

cerrado, da *adj* - **1.** [gen] fermé(e) - **2.** [tiempo, cielo] couvert(e) ; [vegetación, lluvia] dru(e) ; **hace una noche cerrada** il fait nuit noire - **3.** [persona - poco comunicativa] réservé(e) ; [- poco receptiva] : **ser muy ~** avoir des idées bien arrêtées - **4.** [sentido, mensaje] caché(e) - **5.** [acento, deje] prononcé(e) - **6.** [corriente, circuito] coupé(e).

cerradura *f* serrure *f*.

cerrajería *f* serrurerie *f*.

cerrajero, ra *m, f* serrurier *m*.

cerrar ◇ *vt* - **1.** [gen] fermer ; [agua, gas] couper ; [paso, carretera] barrer - **2.** [agujero, bote etc] boucher - **3.** *fig* [conversación, contrato etc] clore ; [trato] conclure - **4.** [ir último] : **~ el desfile** fermer la marche - **5.** [herida] refermer. ◇ *vi* fermer ; **~ con llave** fermer à clé ; **~ con candado** cadenasser ; **~ con cerrojo** verrouiller. ◆ **cerrarse** *vpr* - **1.** [gen] se fermer ; **~se a** être fermé(e) à - **2.** [herida] se refermer - **3.** [debate, acto etc] être clos(e).

cerrazón *f* - **1.** [obscuridad] : **había una gran ~** le ciel s'obscurcissait - **2.** *fig* [obstinación] entêtement *m*.

cerro *m* colline *f* ; **irse por los ~s de Úbeda** *fig* s'écarter du sujet.

cerrojo *m* verrou *m* ; **echar el ~** mettre le verrou.

certamen *m* concours *m (de poésie etc)*.

certero, ra *adj* - **1.** [tiro] précis(e) - **2.** [opinión, juicio etc] sûr(e) ; [respuesta] juste.

certeza *f* certitude *f* ; **tener la ~ de que ...** être certain(e) que ...

certidumbre *f* certitude *f*.

certificación *f* - **1.** [hecho] attestation *f* - **2.** [documento] certificat *m*.

certificado, da *adj* [carta, paquete] recommandé(e). ◆ **certificado** *m* certificat *m* ; **~ médico** certificat médical.

certificar *vt* - **1.** [gen] certifier - **2.** *fig* [inocencia] prouver ; [sospechas etc] confirmer - **3.** [carta, paquete] envoyer en recommandé.

cerumen *m* cérumen *m*.

cervato *m* faon *m*.

cervecería *f* brasserie *f*.

cervecero, ra ◇ *adj* [industria etc] de la bière ; [ciudad etc] producteur(trice) de bière. ◇ *m, f* brasseur *m*, -euse *f*.

cerveza *f* bière *f* ; **~ de barril** bière (à la) pression ; **~ negra** bière brune.

cervical ◇ *adj* cervical(e). ◇ *f (gen pl)* vertèbres *fpl* cervicales.

cesante ◇ *adj* - **1.** [gen] sans emploi - **2.** *Amer* [en paro] au chômage. ◇ *mf* sans-emploi *mf inv*.

cesantear *vt* *Amer* renvoyer.

cesar ◇ *vt* [destituir] démettre de ses fonctions ; [funcionario] révoquer. ◇ *vi* - **1.** [parar] : **~ (de hacer algo)** cesser (de faire qqch) ; **sin ~** sans cesse, sans arrêt - **2.** [dimitir] : **~ (de** o **en)** démissionner (de).

cesárea *f* césarienne *f* ; **practicar una ~** faire une césarienne.

cese *m* - **1.** [gen] arrêt *m* ; [de la actividad, las hostilidades] cessation *f* - **2.** [destitución] renvoi *m* ; [de funcionario] révocation *f* - **3.** [documento] ordre *m* de cessation de paiements.

cesión *f* cession *f*.

césped *m* pelouse *f*, gazon *m* ; **'prohibido pisar el ~'** 'pelouse interdite'.

cesta *f* panier *m* ; [de bebé] couffin *m*. ◆ **cesta de la compra** *f* panier *m* de la ménagère.

cesto *m* **- 1.** [cesta grande] corbeille *f* **- 2.** DEP [baloncesto] panier *m*.

cetro *m* **- 1.** [vara, reinado] sceptre *m* **- 2.** *fig* [superioridad] : **ostentar el ~ de** tenir le sceptre de.

cf., cfr. (*abrev de* **confróntese**) cf.

cg (*abrev de* **centigramo**) cg.

ch, Ch [tʃe] *f* [letra] ch, Ch.

ch/ *abrev de* **cheque**.

chabacano, na *adj* vulgaire. ◆ **chabacano** *m Amer* [árbol] abricotier *m* ; [fruto] abricot *m*.

chabola *f* baraque *f* ; **los barrios de ~s** les bidonvilles.

chacal *m* chacal *m*.

chacarero, ra *m, f Amer* **- 1.** [agricultor] fermier *m*, -ère *f* **- 2.** [hablador] bavard *m*, -e *f*.

chacha *f fam* bonne *f*.

chachachá *m* cha-cha-cha *m inv*.

cháchara *f fam* papotage *m* ; **estar de ~** papoter.

chacra *f Amer* ferme *f*.

chafar *vt* **- 1.** [gen] écraser ; [peinado] aplatir **- 2.** [ropa] froisser **- 3.** *fig* [plan, proyecto etc] bouleverser **- 4.** [suj : enfermedad] mettre à plat ; **~ la moral** saper le moral. ◆ **chafarse** *vpr* [plan, proyecto etc] tomber à l'eau.

chaflán *m* **- 1.** [de edificio] pan *m* coupé ; **hacer ~** faire l'angle **- 2.** GEOM chanfrein *m*.

chagra *Amer* ◇ *mf* paysan *m*, -anne *f*. ◇ *f* ferme *f*.

chal *m* châle *m*.

chalado, da ◇ *adj fam* dingue. ◇ *m, f* dingue *mf*.

chaladura *f fam* **- 1.** [locura] lubie *f* **- 2.** [enamoramiento] béguin *m*.

chalar *vt* rendre fou (folle). ◆ **chalarse** *vpr* perdre la tête ; **~se por alguien** s'enticher de qqn.

chalé (*pl* **chalés**), **chalet** (*pl* **chalets**) *m* pavillon *m* ; [en el campo] maison *f* de campagne ; [de alta montaña] chalet *m*.

chaleco *m* gilet *m* ; **~ salvavidas** gilet de sauvetage.

chalet = **chalé**.

chalupa *f* NÁUT chaloupe *f*.

chamaco, ca *m, f Amer fam* gamin *m*, -e *f*.

chamarra *f* blouson *m*.

chamba *f fam* **- 1.** [suerte] : **tener ~** avoir du pot **- 2.** *Amer* [trabajo] boulot *m*.

chamiza *f* **- 1.** [hierba] chaume *m* **- 2.** [leña] petit bois *m*.

chamizo *m* **- 1.** [leña] tison *m* **- 2.** [casa] cahute *f* **- 3.** *fam despec* [lugar] bouge *m*.

champán, champaña *m* champagne *m*.

champiñón *m* champignon *m (de Paris)*.

champú (*pl* **champús**) *m* shampooing *m*.

chamuscar *vt* CULIN flamber. ◆ **chamuscarse** *vpr* [el bigote] se griller ; [el pelo] se brûler.

chamusquina *f* : **oler a ~** *fam fig* sentir le roussi.

chance *f Amer* possibilité *f*, occasion *f*.

chanchada *f Amer* [suciedad] saleté *f* ; [trastada] sale coup *m*.

chancho *m Amer* cochon *m*.

chanchullo *m fam* magouille *f*.

chancla *f* **- 1.** *despec* [calzado viejo] savate *f* **- 2.** [sandalia] tong *f*.

chancleta *f* [sandalia] tong *f*.

chándal (*pl* **chándals**), **chandal** (*pl* **chandals**) *m* survêtement *m*.

changarro *m Amer* petit magasin *m*.

chanquete *m alevin d'anchois préparé en friture*.

chantaje *m* chantage *m*.

chantajear *vt* faire chanter.

chantajista *mf* maître-chanteur *m*.

chanza *f* plaisanterie *f*.

chao *interj fam* : **¡chao!** ciao!, tchao!

chapa *f* **- 1.** [gen] plaque *f* **- 2.** [tapón] capsule *f* **- 3.** [insignia] badge *m* **- 4.** [del guardarropa] jeton *m* **- 5.** *Amer* [cerradura] serrure *f*. ◆ **chapas** *fpl* : **jugar a las ~s** jouer à pile ou face.

chapado, da *adj* plaqué(e) ; **~ en oro** plaqué or ; **~ a la antigua** *fig* vieux jeu.

chaparro, rra ◇ *adj* boulot(otte). ◇ *m, f* petit gros *m*, petite boulotte *f*. ◆ **chaparro** *m* buisson *m* d'yeuses.

chaparrón *m* **- 1.** [de agua] averse *f* **- 2.** *fam fig* [gran cantidad] : **un ~ de** une pluie de **- 3.** *fam* [bronca] : **dar un ~ a alguien** passer un savon à qqn.

chapeado, da *adj* plaqué(e).

chapear *vt Amer* [escardar] débroussailler.

chapela *f* béret *m*.

chapista *adj* & *mf* tôlier *m*.

chapopote *m Amer* goudron *m*.

chapotear *vi* barboter.

chapucear *vt* [motor etc] bricoler ; [trabajo] bâcler.

chapucería *f* : **es una ~** ce n'est ni fait ni à faire.

chapucero, ra ◇ *adj* [trabajo] bâclé(e). ◇ *m, f* : **ser ~** bâcler son travail.

chapulín *m Amer* sauterelle *f*.
chapurrear, chapurrar *vt* baragouiner.
chapuza *f* **- 1.** [trabajo mal hecho] travail *m* de cochon **- 2.** [trabajo ocasional] bricole *f*.
chapuzón *m* : **darse un ~** piquer une tête.
chaqué *m* jaquette *f*.
chaqueta *f* **- 1.** [de traje] veste *f* **- 2.** [de punto] cardigan *m*.
chaquetón *m* trois-quarts *m*.
charada *f* charade *f*.
charanga *f* **- 1.** [banda] fanfare *f* **- 2.** *fam* [fiesta] bamboula *f*.
charca *f* mare *f*.
charco *m* flaque *f* (d'eau).
charcutería *f* charcuterie *f*.
charla *f* **- 1.** [conversación] discussion *f* **- 2.** [conferencia] : **dar una ~ sobre** faire un exposé sur.
charlar *vi* discuter, bavarder.
charlatán, ana ◇ *adj* bavard(e). ◇ *m, f* **- 1.** [parlanchín] bavard *m*, -e *f* **- 2.** [embaucador] baratineur *m*, -euse *f* **- 3.** [vendedor] camelot *m*.
charlestón *m* charleston *m*.
charlotada *f* **- 1.** [payasada] bouffonnerie *f* **- 2.** TAUROM corrida *f* bouffonne.
charlotear *vi* papoter.
charnego, ga *m, f despec en Catalogne, immigrant venant d'une autre région d'Espagne.*
charol *m* **- 1.** [piel] cuir *m* verni ; **de ~** [zapatos] verni(e) **- 2.** [barniz] vernis *m* **- 3.** *Amer* [bandeja] plateau *m*.
charola *f Amer* plateau *m*.
chárter *adj inv* & *m inv* charter.
chasca *f Amer* [de persona] tignasse *f*.
chascar ◇ *vt* [lengua, dedos] faire claquer. ◇ *vi* **- 1.** [lengua] claquer **- 2.** [madera] craquer.
chasco *m* **- 1.** [decepción] déception *f* ; **llevarse un ~** être très déçu(e) **- 2.** [burla] tour *m*.
chasis *m inv* **- 1.** AUTOM & FOT châssis *m* **- 2.** *fam* [de persona] : **quedarse en el ~** *fig* n'avoir que la peau sur les os.
chasquear ◇ *vt* **- 1.** [látigo, lengua] faire claquer **- 2.** *fig* [engañar] jouer un tour. ◇ *vi* [madera] craquer.
chasquido *m* **- 1.** [de lengua, látigo] claquement *m* ; [de arma] détonation *f* **- 2.** [de madera] craquement *m*.
chatarra *f* **- 1.** [metal, piezas] ferraille *f* **- 2.** *fam despec* [bisutería] camelote *f* **- 3.** *fam* [monedas] ferraille *f*, mitraille *f*.
chatarrero, ra *m, f* ferrailleur *m*.
chateo *m* : **ir de ~** faire la tournée des bars.
chato, ta ◇ *adj* **- 1.** [nariz] aplati(e) ; [persona] au nez camus **- 2.** [aplanado] plat(e). ◇ *m, f fam* [apelativo] mon coco *m*, ma cocotte *f* ; **¡chata!** [piropo] ma poule! ◆ **chato** *m* [de vino] petit verre *m*.
chau, chaucito *interj Amer fam* : **¡chau!** salut!
chauvinista = **chovinista**.
chava *f Amer fam* nana *f*.
chaval, la *m, f fam* jeune *mf*.
chaveta *f* **- 1.** [clavija] clavette *f* **- 2.** *fam* [cabeza] boule *f* ; **perder la ~** perdre la boule **- 3.** *Amer* [navaja] canif *m*.
chavo *m fam* **- 1.** [dinero] : **no tener un ~** ne pas avoir un radis **- 2.** *Amer* [hombre] mec *m*.
che, ché *interj Amer fam* : **¡che!** eh!
chef ['tʃef] (*pl* **chefs**) *m* chef *m*, chef *m* cuisinier.
chelo, la *adj Amer* blond(e).
chepa *f fam* bosse *f*.
cheque *m* chèque *m* ; **extender un ~** faire un chèque ; **~ al portador** chèque au porteur ; **~ cruzado** o **barrado/nominativo** chèque barré/nominatif o à ordre ; **~ (de) gasolina** chèque *m* essence ; **~ de viaje** chèque de voyage, traveller's cheque.
chequear *vt* **- 1.** MED : **~ a alguien** faire un bilan de santé à qqn **- 2.** [comprobar] vérifier.
chequeo *m* **- 1.** MED bilan *m* de santé **- 2.** [comprobación] vérification *f*.
chequera *f* carnet *m* de chèques.
chévere *adj Amer fam* super.
chic *adj inv* chic.
chica *f* ▷ **chico**.
chicano, na ◇ *adj* chicano. ◇ *m, f* Chicano *mf*. ◆ **chicano** *m* [lengua] *langue des Mexicains émigrés aux États-Unis.*
chicarrón, ona *m, f* grand garçon *m*, grande fille *f*.
chicha *f fam* **- 1.** [para comer] viande *f* **- 2.** [de persona] graisse *f* **- 3.** *Amer* [bebida] *boisson alcoolisée à base de maïs fermenté.*
chícharo *m Amer* petit pois *m*.
chicharra *f* **- 1.** [insecto] cigale *f* **- 2.** *Amer* [timbre] sonnette *f*.
chicharro *m* [pez] chinchard *m*.
chicharrón *m* charbon *m (viande carbonisée).* ◆ **chicharrones** *mpl* rillons *mpl*.

chiche *m Amer* - **1.** *fam* [chuchería] babiole *f* - **2.** *mfam* [pecho] néné *m*.

chichón *m* bosse *f*.

chicle *m* chewing-gum *m*.

chiclé, chicler *m* AUTOM gicleur *m*.

chico, ca ◇ *adj* [pequeño] petit(e). ◇ *m, f* - **1.** [joven] garçon *m*, fille *f* - **2.** [tratamiento] : **¡mira, ~!** *fam* écoute, mon vieux! ◆ **chico** *m* [recadero] garçon *m* de courses. ◆ **chica** *f* [criada] bonne *f*.

chicote *m Amer* - **1.** [látigo] fouet *m* - **2.** [colilla] mégot *m*.

chifla *f* - **1.** [burla] : **hacer ~ a alguien** se moquer de qqn - **2.** [silbido] sifflement *m*.

chiflado, da *fam* ◇ *adj* - **1.** [loco] cinglé(e) - **2.** [apasionado] : **~ por** [afición, persona] dingue de. ◇ *m, f* [loco] cinglé *m*, -e *f*.

chiflar ◇ *vt fam* [encantar] raffoler de, adorer ; **me chiflan las patatas fritas** j'adore les chips. ◇ *vi* [silbar] siffler. ◆ **chiflarse** *vpr* : **~se por algo** s'emballer pour qqch ; **~se por alguien** s'enticher de qqn.

chiflido *m Amer* sifflement *m*.

chilaba *f* djellaba *f*.

chile *m* piment *m*.

Chile Chili *m*.

chileno, na ◇ *adj* chilien(enne). ◇ *m, f* Chilien *m*, -enne *f*.

chillar *vi* - **1.** [gritar] crier ; [bebé, niño] brailler - **2.** [chirriar] grincer - **3.** *fam* [reñir] : **le chilló** il lui a crié dessus.

chillido *m* - **1.** [grito] cri *m* - **2.** [chirrido] grincement *m*.

chillón, ona ◇ *adj* - **1.** [voz, color] criard(e) - **2.** [niños] braillard(e). ◇ *m, f* braillard *m*, -e *f*.

chimenea *f* cheminée *f*.

chimpancé *m* chimpanzé *m*.

china *f* ▷ **chino**.

China : (la) ~ (la) Chine.

chinchar *vt fam* taquiner. ◆ **chincharse** *vpr fam* : **ahora te chinchas** maintenant, tant pis pour toi.

chinche ◇ *f* punaise *f (insecte)*. ◇ *adj* & *mf fam fig* enquiquineur *m*, -euse *f*.

chincheta *f* punaise *f (clou)*.

chinchilla *f* chinchilla *m*.

chinchín *m* - **1.** [ruido] flonflon *m* - **2.** *fam* [brindis] toast *m* ; **¡chinchín!** tchin-tchin!

chinchón *m* alcool *m* d'anis.

chingado, da *adj Amer vulg* [jodido] foutu(e). ◆ **chingada** *f Amer vulg* : **¡vete a la chingada!** va te faire foutre!

chingar ◇ *vt* - **1.** *mfam* [molestar] emmerder - **2.** *mfam* [estropear] foutre en l'air - **3.** *Amer vulg* [joder] baiser. ◇ *vi vulg* [fornicar] baiser. ◆ **chingarse** *vpr vulg* [beberse] se bourrer la gueule.

chingón, ona *adj Amer fam* super.

chino, na ◇ *adj* chinois(e). ◇ *m, f* - **1.** [de la China] Chinois *m*, -e *f* - **2.** *Amer* [mestizo] métis *m*, -isse *f*. ◆ **chino** *m* - **1.** [lengua] chinois *m* - **2.** *Amer* [rizo] boucle *f*. ◆ **china** *f* - **1.** [piedra] caillou *m* - **2.** *fam* [droga] boulette *f*. ◆ **chinos** *mpl* *jeu qui consiste à deviner combien de pièces ou de cailloux l'autre joueur cache dans sa main*.

chip (*pl* **chips**) *m* INFORM puce *f*.

chipirón *m* petit calmar *m*.

Chipre Chypre.

chiquillada *f* gaminerie *f*.

chiquillo, lla *m, f* gamin *m*, -e *f*.

chiquito, ta *adj* tout petit (toute petite). ◆ **chiquito** *m* [de vino] petit verre *m*.

chiribita *f* étincelle *f*. ◆ **chiribitas** *fpl fam* : **los ojos le hacían ~s** *fig* ses yeux jetaient des étincelles.

chirimbolo *m fam* truc *m*.

chirimoya *f* anone *f*.

chiringuito *m* - **1.** *fam* [bar] buvette *f* - **2.** [negocio] affaire *f* ; **montarse un ~** monter une petite affaire.

chiripa *f fam fig* : **tener ~** avoir du bol ; **de** O **por ~** par miracle.

chirla *f* petite coque *f (coquillage)*.

chirona *f fam* : **en ~** en taule.

chirriar *vi* grincer.

chirrido *m* grincement *m*.

chis = **chist**.

chisme *m* - **1.** [cuento] commérage *m* - **2.** *fam* [cosa] truc *m*.

chismear, chismorrear *vi* faire des commérages, cancaner.

chismoso, sa *adj* & *m, f* cancanier(ère).

chispa *f* - **1.** [de fuego, electricidad] étincelle *f* ; **echa ~s** *fam* il n'est pas à prendre avec des pincettes - **2.** [de lluvia] gouttelette *f* - **3.** *fig* [cantidad pequeña] pincée *f* - **4.** *fig* [agudeza] esprit *m*.

chispazo *m* - **1.** [salto de la chispa] étincelle *f* - **2.** *fig* [suceso detonante] détonateur *m*.

chispear ◇ *vi* - **1.** [gen] étinceler - **2.** *fig* [ojos - de alegría, malicia] pétiller ; [- por enfado, rabia] jeter des étincelles. ◇ *v impers* [llover] pleuvoter ; **apenas chispeaba** il ne tombait que quelques gouttes.

chisporrotear *vi* [leña] craquer ; [fuego] crépiter ; [aceite] grésiller.
chist, chis *interj* : **¡chist!** chut!
chistar *vi* : **sin ~** sans broncher.
chiste *m* histoire *f* drôle, blague *f* ; **contar ~s** raconter des histoires drôles o des blagues ; **~ verde** blague cochonne.
chistera *f* chapeau *m* haut de forme.
chistorra *f saucisson typique d'Aragon et de Navarre.*
chistoso, sa ◇ *adj* **- 1.** [persona] blagueur(euse) **- 2.** [suceso] drôle. ◇ *m, f* blagueur *m*, -euse *f*.
chita ◆ **a la chita callando** *loc adv fam* [en silencio] doucement ; [con disimulo] en douce.
chitón *interj* : **¡chitón!** chut!
chivar *vt fam* souffler *(la réponse)*. ◆ **chivarse** *vpr fam* [niños] cafter ; [delincuentes] moucharder.
chivatazo *m fam* mouchardage *m* ; **dar el ~** moucharder.
chivato, ta *adj* & *m, f fam* mouchard(e). ◆ **chivato** *m* **- 1.** [luz] voyant *m* lumineux **- 2.** [alarma] sonnerie *f* **- 3.** *Amer fam* [hombre valioso] ponte *m*.
chivo, va *m, f* chevreau *m*, chevrette *f* ; **ser el ~ expiatorio** *fig* être le bouc émissaire.
choc, shock [ʃok, tʃok] *m* choc *m (psychologique)*.
chocante *adj* choquant(e).
chocar ◇ *vi* **- 1.** [colisionar] heurter ; **~ contra** rentrer dans **- 2.** *fig* [discutir] s'accrocher ; [pelear] se battre **- 3.** *fig* [extrañar] choquer. ◇ *vt* **- 1.** [manos] taper dans ; **¡choca esa mano** o **los cinco!, ¡chócala!** tope là! **- 2.** [copas, vasos] : **chocaron sus copas** ils ont trinqué.
chochear *vi* **- 1.** [de viejo] être gâteux(euse) **- 2.** *fam fig* [chiflarse] : **~ por alguien** être gaga devant qqn ; **~ por algo** être dingue de qqch.
chocho, cha *adj* **- 1.** [viejo] gâteux(euse) **- 2.** *fam fig* [encariñado] gaga.
choclo *m Amer* maïs *m*.
chocolate *m* **- 1.** [para comer, beber] chocolat *m* ; **~ a la taza** chocolat à cuire ; **~ blanco/con leche** chocolat blanc/au lait **- 2.** *fam* [para fumar] shit *m*.
chocolatina *f* barre *f* chocolatée.
chófer, chofer *mf* chauffeur *m*.
chollo *m fam* [trabajo, situación] bon plan *m* ; [producto, compra] occase *f*.
chomba, chompa *f Amer* pull *m*.
chompipe *m Amer* dindon *m*.
chongo *m Amer* chignon *m*.
chopo *m* peuplier *m* noir.
choque ◇ *v* ▻ **chocar.** ◇ *m* **- 1.** [impacto] choc *m* ; [de coche, tren etc] collision *f* **- 2.** *fig* [disputa] accrochage *m*.
chorizar *vt fam* chourer.
chorizo *m* **- 1.** CULIN [embutido] chorizo *m* **- 2.** *fam* [ladrón] voleur *m*.
choro *m Amer* moule *f*.
chorra ◇ *mf mfam* [tonto] : **es un ~** il est nase. ◇ *f mfam* [suerte] : **tener ~** avoir du pot.
chorrada *f fam* **- 1.** [regalo] bricole *f* **- 2.** [palabras] bêtise *f*.
chorrear ◇ *vi* **- 1.** [gotear] goutter **- 2.** [brotar] couler. ◇ *vt* ruisseler de ; **~ sudor** ruisseler de sueur.
chorro *m* **- 1.** [de líquido] jet *m* ; **salir a ~s** couler à flots **- 2.** [hilo] filet *m* **- 3.** *fig* [de luz, gente, dinero] flot *m*.
choteo *m fam* blague *f* ; **tomar a ~** prendre à la rigolade.
chotis *m inv danse, musique et chanson typiques de Madrid à la mode au début du siècle.*
choto, ta *m, f* **- 1.** [cabrito] chevreau *m*, chevrette *f* **- 2.** [ternero] veau *m*.
chovinista, chauvinista [tʃoβi'nista] *adj* & *mf* chauvin(e).
choza *f* hutte *f*.
christmas = **crismas.**
chubasco *m* averse *f*.
chubasquero *m* ciré *m*.
chúcaro, ra *adj Amer fam* sauvage.
chuchería *f* **- 1.** [golosina] friandise *f* **- 2.** [baratija] babiole *f*.
chucho *m fam* cabot *m (chien)*.
chufa *f* souchet *m (tubercule avec lequel on fait la « horchata »)*.
chulada *f* **- 1.** [bravuconada] vantardise *f* **- 2.** *fam* [preciosidad] bijou *m* ; **¡qué ~ de coche tienes!** t'en as une belle voiture!
chulear *fam* ◇ *vt* : **~ a alguien** se faire entretenir par qqn. ◇ *vi* frimer ; **~ de** se vanter de.
chulería *f* **- 1.** [descaro] insolence *f* ; [valentonería] vantardise *f* **- 2.** [salero] charme *m*.
chuleta ◇ *f* **- 1.** [de ternera] côtelette *f* ; [de cerdo] côte *f* **- 2.** [en exámenes] antisèche *f*. ◇ *adj* & *mf fam* [chulo] frimeur(euse).
chulo, la ◇ *adj* **- 1.** [insolente] : **ponerse ~** la ramener **- 2.** [presumido] crâneur(euse) **- 3.** *fam* [bonito] chouette **- 4.** [del Madrid castizo] typique de Madrid. ◇ *m, f* **- 1.** [presumido] crâneur *m*,

-euse *f* - **2.** [madrileño] *figure typique des quartiers populaires de Madrid.* ◆ **chulo** *m* [proxeneta] maquereau *m*.
chumbera *f* figuier *m* de Barbarie.
chumbo *adj* ▷ **higo.**
chungo, ga *adj fam* craignos. ◆ **chunga** *f fam* : **tomarse algo a chunga** prendre qqch à la rigolade.
chupa *f fam* cuir *m (blouson).*
chupachup® (*pl* **chupachups**) *m* sucette *f* ronde.
chupado, da *adj* - **1.** [delgado] squelettique - **2.** *fam* [fácil] : **está ~** c'est du tout cuit. ◆ **chupada** *f* [al fumar] taffe *f*.
chupar *vt* - **1.** [succionar] sucer ; [al fumar] tirer sur - **2.** [absorber] absorber - **3.** [arruinar] soutirer. ◆ **chuparse** *vpr* - **1.** [adelgazar] devenir squelettique - **2.** *fam* [aguantar] se taper ; **se ha chupado siete kilómetros andando** il s'est tapé sept kilomètres à pied.
chupatintas *mf inv despec* gratte-papier *m inv*.
chupe *m Amer* ragoût *m*.
chupete *m* [para bebés] tétine *f*.
chupetón *m fam* suçon *m*.
chupi *adj fam* génial(e).
chupinazo *m* - **1.** [disparo] coup *m* de feu ; [cañonazo] coup *m* de canon ; [en fiestas] *coup d'envoi d'une fête* - **2.** [en fútbol] shoot *m* ; **dar un ~** shooter.
chupón, ona *adj* - **1.** [bebé] qui tète beaucoup - **2.** *fam fig* [gorrón] parasite. ◆ **chupón** *m Amer* [chupete] tétine *f*.
churrería *f commerce de « churros ».*
churro *m* - **1.** CULIN *long beignet cylindrique* - **2.** *fam* [fracaso] bide *m* ; [cosa mal hecha] truc *m* mal foutu - **3.** *fam* [suerte] pot *m*.
churrusco *m morceau de pain roussi.*
churumbel *m fam* chérubin *m*.
chusco, ca *adj* cocasse. ◆ **chusco** *m fam* quignon *m* (de pain).
chusma *f* racaille *f*.
chut *m* DEP shoot *m*.
chutar *vi* - **1.** [lanzar] shooter - **2.** *fam* [funcionar] marcher ; **esto va que chuta** ça marche comme sur des roulettes. ◆ **chutarse** *vpr mfam* se shooter.
chute *m mfam* [de heroína] shoot *m*.
CIA (*abrev de* **Central Intelligence Agency**) *f* CIA *f*.
cía., Cía. (*abrev de* **compañía**) Cie.
cianuro *m* cyanure *m*.
ciático, ca *adj* sciatique. ◆ **ciática** *f* sciatique *f*.
cicatero, ra *adj* & *mf* pingre.
cicatriz *f lit* & *fig* cicatrice *f*.
cicatrizar *vt* & *vi* cicatriser.
cicerone *mf* guide *mf*.
cíclico, ca *adj* cyclique ; [enseñanza, aprendizaje] progressif(ive).
ciclismo *m* cyclisme *m*.
ciclista *adj* & *mf* cycliste.
ciclo *m* cycle *m*.
ciclocrós *m* cyclo-cross *m inv*.
ciclomotor *m* cyclomoteur *m*.
ciclón *m* cyclone *m*.
ciclostil, ciclostilo *m* [técnica] polycopie *f* ; [máquina] machine *f* à polycopier.
cicuta *f* ciguë *f*.
Cid : el ~ Campeador le Cid Campeador.
ciego, ga ◇ *adj* - **1.** [gen] aveugle ; **a ciegas** à l'aveuglette - **2.** *fig* [de ira, amor] aveuglé(e) ; **~ de** aveuglé par, fou de - **3.** [pozo, tubería] obstrué(e) - **4.** *mfam* [drogado] défoncé(e). ◇ *m, f* [invidente] aveugle *mf*. ◆ **ciego** *m mfam* [borrachera de droga] défonce *f*.
cielo *m* - **1.** [gen] ciel *m* - **2.** [nombre cariñoso] : **(mi) ~** mon ange ; **ser un ~** être un ange - **3.** [parte superior] plafond *m* ; **~ raso** faux plafond - **4.** *loc* : **como llovido** o **caído del ~** [oportunamente] à pic ; [inesperadamente] comme par miracle. ◆ **cielos** *interj* : **¡cielos!** ciel!
ciempiés, cienpiés *m inv* mille-pattes *m inv*.
cien *adj num inv* & *m inv* cent ; **~ mil** cent mille ; **al ~ por ~** à cent pour cent ; **pura lana al ~ por ~** cent pour cent pure laine ; *ver también* **seis.** ◆ **todo a cien**® *m chaîne de magasins proposant des articles pour la maison à prix très réduits.*
ciénaga *f* marécage *m*.
ciencia *f* science *f*. ◆ **ciencias** *fpl* sciences *fpl*. ◆ **a ciencia cierta** *loc adv* avec certitude. ◆ **ciencia ficción** *f* science-fiction *f*.
cieno *m* - **1.** [fango] vase *f* - **2.** *fig* [deshonra] boue *f*.
cienpiés = **ciempiés.**
científico, ca *adj* & *m, f* scientifique.
ciento *adj num* & *m* cent ; **~ cincuenta** cent cinquante ; **~s de miles de pesetas** des centaines de milliers de pesetas ; **por ~** pour cent ; **al ~ por ~** *Amer* à cent pour cent.
cierne ◆ **en cierne(s)** *loc adj* en herbe.
cierre *m* - **1.** [gen] fermeture *f* - **2.** [mecanismo] fermeture *f* Éclair®.
cierto, ta *adj* certain(e) ; **cierta tristeza**

une certaine tristesse ; **estar en lo ~** être dans le vrai ; **lo ~ es que ...** c'est un fait que ... ◆ **cierto** *adv* certainement. ◆ **por cierto** *loc adv* au fait.

ciervo, va *m, f* cerf *m*, biche *f*.

CIF *m abrev de* **código de identificación fiscal.**

cifra *f* [gen] chiffre *m*.

cifrado, da *adj* codé(e).

cifrar *vt* **- 1.** [codificar] coder **- 2.** *fig* [centrar] : **~ en** fonder sur, placer dans. ◆ **cifrarse** *vpr* : **~se en** se chiffrer par o en.

cigala *f* langoustine *f*.

cigarra *f* cigale *f*.

cigarrillo *m* cigarette *f*.

cigarro *m* **- 1.** [cigarrillo] cigarette *f* **- 2.** [habano] cigare *m*.

cigüeña *f* cigogne *f*.

cigüeñal *m* vilebrequin *m*.

cilicio *m* cilice *m*.

cilindrada *f* cylindrée *f*.

cilíndrico, ca *adj* cylindrique.

cilindro *m* cylindre *m*.

cima *f* **- 1.** [punta] cime *f* **- 2.** *fig* [apogeo] sommet *m*.

cimbrear *vt* **- 1.** [vara, junco etc] faire vibrer **- 2.** [caderas] balancer.

cimentar *vt* **- 1.** [edificio] creuser les fondations de ; [ciudad] fonder **- 2.** *fig* [paz, unión] cimenter.

cimiento *m (gen pl)* **- 1.** CONSTR assises *fpl* ; **los ~s** les fondations *fpl* **- 2.** *fig* [principio] : **echar los ~s de algo** jeter les bases de qqch.

cinc, zinc *m* zinc *m*.

cincel *m* ciseau *m (outil)*.

cincelar *vt* ciseler.

cincha *f* sangle *f*.

cincho *m* **- 1.** [cinturón] *ceinture en tissu* **- 2.** [de tonel] cerceau *m*.

cinco ◇ *adj num inv* cinq. ◇ *m inv* cinq *m inv* ; **¡choca esos ~!** *fig* tope là! ; *ver también* **seis.**

cincuenta *adj num inv* & *m inv* cinquante ; *ver también* **sesenta.**

cincuentón, ona *m, f* quinquagénaire *mf*.

cine, cinema *m* cinéma *m* ; **~ de terror** films *mpl* d'horreur ; **~ fantástico** cinéma fantastique.

cineasta *mf* cinéaste *mf*.

cineclub *m* ciné-club *m*.

cinéfilo, la ◇ *adj* de cinéphile. ◇ *m, f* cinéphile *mf*.

cinema = **cine.**

cinemascope *m* CinémaScope® *m*.

cinematografía *f* cinématographie *f*.

cinematográfico, ca *adj* cinématographique.

cinematógrafo *m* cinématographe *m*.

cinerama *m* Cinérama® *m*.

cíngaro, ra, zíngaro, ra ◇ *adj* tsigane. ◇ *m, f* Tsigane *mf*.

cínico, ca *adj* & *m, f* cynique.

cinismo *m* cynisme *m*.

cinta *f* **- 1.** [gen] ruban *m* ; **~ adhesiva** o **autoadhesiva** ruban adhésif ; **~ métrica** mètre *m* ruban **- 2.** [de imagen, sonido] cassette *f* ; **~ de vídeo** cassette vidéo ; **~ magnética** o **magnetofónica** bande *f* magnétique **- 3.** [mecanismo] : **~ (transportadora)** transporteur *m* à bande ; [de mercancías, personas] tapis *m* roulant **- 4.** INFORM bande *f*. ◆ **cinta de lomo** *f* rôti *m* de porc.

cintura *f* **- 1.** [de persona] taille *f* **- 2.** [de traje] ceinture *f*.

cinturilla *f* gros grain *m*.

cinturón *m* **- 1.** [gen & DEP] ceinture *f* **- 2.** [tipo de vía] périphérique *m*. ◆ **cinturón de seguridad** *m* ceinture *f* (de sécurité).

ciprés *m* cyprès *m*.

circense *adj* de cirque.

circo *m* cirque *m*.

circuito *m* **- 1.** [gen, DEP & ELECTR] circuit *m* ; [de bicicletas] piste *f* **- 2.** [contorno] périmètre *m*. ◆ **corto circuito** *m* court-circuit *m*.

circulación *f* circulation *f*.

circular[1] *adj* & *f* circulaire.

circular[2] *vi* **- 1.** [gen] circuler ; **~ por** [persona, líquido] circuler dans ; [vehículos] circuler sur **- 2.** [monedas] être en circulation.

circulatorio, ria *adj* circulatoire.

círculo *m* **- 1.** [gen & GEOM] cercle *m* **- 2.** [corro] attroupement *m*. ◆ **círculo vicioso** *m* cercle *m* vicieux. ◆ **círculos** *mpl* [medios] milieux *mpl*.

circuncisión *f* circoncision *f*.

circundante *adj* environnant(e).

circundar *vt* entourer.

circunferencia *f* GEOM circonférence *f*.

circunscribir *vt* circonscrire. ◆ **circunscribirse** *vpr* : **~se a** s'en tenir à.

circunscripción *f* **- 1.** [limitación] étroitesse *f* **- 2.** [distrito] circonscription *f*.

circunscrito, ta ◇ *pp irreg* ▷ **circunscribir.** ◇ *adj* circonscrit(e).

circunstancia *f* - **1.** [gen & DER] circonstance *f* - **2.** [requisito] condition *f*.
circunstancial *adj* [accidental] fortuit(e).
circunvalar *vt* faire le tour de.
cirio *m* cierge *m* ; **ser/montar un ~** *fig* être/faire toute une histoire.
cirrosis *f inv* cirrhose *f*.
ciruela *f* prune *f* ; **~ pasa** pruneau *m*.
cirugía *f* chirurgie *f* ; **~ estética** o **plástica** chirurgie esthétique o plastique.
cirujano, na *m, f* chirurgien *m*, -enne *f*.
cisco *m* - **1.** [carbón] poussier *m* - **2.** *fam* [alboroto] grabuge *m* - **3.** *loc* : **hecho ~** [persona] démoli ; [cosa] déglingué ; **tener los pies hechos ~** avoir les pieds en compote.
cisma *m* schisme *m*.
cisne *m* cygne *m*.
cisterna *f* - **1.** [de retrete] chasse *f* d'eau - **2.** [aljibe, tanque] citerne *f*.
cistitis *f inv* cystite *f*.
cisura *f* fissure *f*.
cita *f* - **1.** [entrevista] rendez-vous *m* ; **tener una ~** avoir rendez-vous - **2.** [referencia] citation *f*.
citación *f* citation *f*.
citar *vt* citer. ◆ **citarse** *vpr* se donner rendez-vous.
cítara *f* cithare *f*.
citología *f* - **1.** BIOL cytologie *f* - **2.** [prueba] frottis *m*.
cítrico, ca *adj* [ácido] citrique ; **un fruto ~** un agrume. ◆ **cítricos** *mpl* agrumes *mpl*.
CiU (*abrev de* **Convergència i Unió**) *f coalition nationaliste catalane*.
ciudad *f* ville *f*.
ciudadanía *f* - **1.** [nacionalidad] citoyenneté *f* - **2.** [población] : **la ~** les habitants *mpl*.
ciudadano, na ◇ *adj* citadin(e). ◇ *m, f* - **1.** [habitante] citadin *m*, -e *f* - **2.** [súbdito] citoyen *m*, -enne *f*.
Ciudad de México, Ciudad de Méjico Mexico.
cívico, ca *adj* civique.
civil ◇ *adj lit* & *fig* courtois(e) ; **tener un comportamiento ~** se comporter correctement. ◇ *m* - **1.** [no militar] civil *m* - **2.** *fam* [Guardia Civil] *membre de la Guardia Civil*.
civilización *f* civilisation *f*.
civilizado, da *adj* civilisé(e).
civilizar *vt* civiliser. ◆ **civilizarse** *vpr* apprendre les bonnes manières.
civismo *m* - **1.** [urbanidad] civisme *m* - **2.** [cortesía] civilité *f*.
cizaña *f* ivraie *f* ; **meter** o **sembrar ~** *fig* semer la zizanie.
cl (*abrev de* **centilitro**) cl.
clamar ◇ *vt* clamer, crier ; **~ justicia** demander justice. ◇ *vi* - **1.** [implorar] : **~ a** en appeler à - **2.** [protestar] : **~ contra** crier à ; **~ contra la injusticia** crier à l'injustice.
clamor *m* clameur *f*.
clamoroso, sa *adj* retentissant(e).
clan *m* clan *m*.
clandestino, na *adj* clandestin(e).
claqué *m* : **el ~** les claquettes *fpl*.
claqueta *f* CIN clap *m*.
clara *f* ▷ **claro**.
claraboya *f* lucarne *f*.
clarear ◇ *vt* éclairer. ◇ *v impers* - **1.** [amanecer] poindre ; **al ~ el día** au point du jour - **2.** [despejarse] s'éclaircir. ◆ **clarearse** *vpr* - **1.** [transparentarse] être transparent(e) - **2.** *fig* [descubrirse] se trahir ; **su maldad se clarea en sus palabras** sa méchanceté transparaît dans ses paroles.
claridad *f* - **1.** [gen] clarté *f* ; [de agua, diamante] pureté *f* ; **me lo dijo con una ~ meridiana** il me l'a dit très clairement - **2.** [lucidez] lucidité *f*.
clarificar *vt* clarifier ; [tema, misterio] éclaircir.
clarín *m* clairon *m*.
clarinete ◇ *m* [instrumento] clarinette *f*. ◇ *mf* [persona] clarinettiste *mf*.
clarividencia *f* clairvoyance *f*.
claro, ra *adj* - **1.** [gen] clair(e) ; [imagen] net (nette) ; **tener la mente clara** avoir les idées claires ; **una clara victoria** une franche victoire ; **~ está que ...** il est clair que ... ; **dejar ~ que ...** faire comprendre que ... ; **a las claras** clairement ; **poner** o **sacar en ~** tirer au clair ; **pasar una noche en ~** passer une nuit blanche - **2.** [diluido] léger(ère) - **3.** [poco tupido] clairsemé(e). ◆ **claro** ◇ *m* - **1.** [en multitud] vide *m* ; [en bosque] clairière *f* - **2.** METEOR éclaircie *f* - **3.** [en pintura] clair *m*. ◇ *adv* clairement. ◇ *interj* : **¡~ (está)!** bien sûr! ◆ **clara** *f* - **1.** [de huevo] blanc *m* - **2.** [bebida] panaché *m* - **3.** [calvicie] : **tiene unas claras** il se dégarnit.
clase *f* - **1.** [gen] classe *f* ; **~ media/obrera** o **trabajadora** classe moyenne/ouvrière ; **~ preferente/turista** classe affaires/loisirs ; **las ~s pasivas** les retraités *mpl* ; **primera ~** première classe - **2.** [tipo] : **toda ~ de** toutes sortes de - **3.** [manera de ser] genre *m* - **4.** [asignatura] cours *m* ; **dar ~s** [profesor] donner des cours ; [alumno]

suivre des cours ; **~s particulares** cours particuliers.

clásico, ca ◇ *adj* - **1.** [gen] classique - **2.** [peculiar] : **~ de** typique de. ◇ *m, f* classique *m.*

clasificación *f* classement *m.*

clasificar *vt* classer. ◆ **clasificarse** *vpr* se classer ; **se clasificó para la final** il s'est qualifié pour la finale.

clasista *adj* & *mf* élitiste.

claudicar *vi* - **1.** [someterse] abandonner - **2.** [renunciar] : **~ de** [deberes, principios] manquer à ; [promesa, compromiso] faillir à.

claustro *m* - **1.** ARQUIT & RELIG cloître *m* - **2.** [asamblea] réunion *f* ; **~ de profesores** conseil *m* de classe.

claustrofobia *f* claustrophobie *f.*

cláusula *f* - **1.** [artículo] clause *f* - **2.** GRAM proposition *f.*

clausura *f* - **1.** [gen & RELIG] clôture *f* - **2.** [de local] fermeture *f.*

clausurar *vt* - **1.** [acto] clôturer - **2.** [local] fermer.

clavadista *mf Amer* plongeur *m*, -euse *f.*

clavado, da *adj* - **1.** [con clavos] cloué(e) - **2.** [en punto] sonnant(e) - **3.** [a la medida] : **ir ~** aller comme un gant - **4.** [parecido] : **ser ~ a alguien** être la copie conforme de qqn - **5.** *fam* [inmóvil] planté(e) ; **permanecer ~ en la puerta** rester planté devant la porte - **6.** *fam* [pasmado] : **me dejó ~** il m'a scié.

clavar *vt* - **1.** [gen] planter ; [con clavos] clouer - **2.** *fig* [fijar] : **~ la mirada/la atención en** fixer son regard/son attention sur - **3.** *fam fig* [dejar pasmado] : **~ en el suelo** clouer sur place - **4.** *mfam* [cobrar] faire casquer. ◆ **clavarse** *vpr* - **1.** [hincarse] : **me clavé un cristal en el pie** je me suis planté un bout de verre dans le pied - **2.** *Amer* : **clavársela** *fam* prendre une cuite.

clave ◇ *adj inv* clef ; **es el punto ~** c'est l'élément clef. ◇ *m* MÚS clavecin *m.* ◇ *f* - **1.** [código] code *m* ; **en ~** codé(e) - **2.** [solución & MÚS] clef *f.*

clavel *m* œillet *m.*

clavetear *vt* - **1.** [adornar con clavos] clouter - **2.** [poner clavos] clouer grossièrement.

clavicémbalo *m* clavecin *m.*

clavicordio *m* clavecin *m.*

clavícula *f* clavicule *f.*

clavija *f* - **1.** TECNOL & MÚS cheville *f* - **2.** ELECTR fiche *f.*

clavo *m* - **1.** [pieza metálica] clou *m* - **2.** BOT & CULIN clou *m* de girofle - **3.** MED broche *f* - **4.** *loc* : **agarrarse a un ~ ardiendo** être prêt(e) à tout *(pour s'en sortir)* ; **como un ~** pile à l'heure ; **dar en el ~** mettre dans le mille.

claxon *m* Klaxon® *m.*

clemencia *f* clémence *f.*

clemente *adj lit* & *fig* clément(e).

cleptómano, na *m, f* kleptomane *mf.*

clerical *adj* & *mf* clérical(e).

clérigo *m* prêtre *m.*

clero *m* clergé *m.*

cliché, clisé *m lit* & *fig* cliché *m.*

cliente, ta *m, f* client *m*, -e *f.*

clientela *f* clientèle *f.*

clima *m lit* & *fig* climat *m.*

climatizado, da *adj* climatisé(e).

climatizar *vt* climatiser.

climatología *f* climatologie *f.*

clímax *m inv* point *m* culminant.

clínico, ca *adj* clinique ; [informe, material etc] médical(e). ◆ **clínica** *f* clinique *f.*

clip *m* - **1.** [para papel] trombone *m* - **2.** [para cabello] pince *f* - **3.** [pendiente, videoclip] clip *m.*

clisé = **cliché.**

clítoris *m inv* clitoris *m.*

cloaca *f* égout *m.*

cloquear *vi* glousser.

cloro *m* chlore *m.*

clorofila *f* chlorophylle *f.*

cloroformo *m* chloroforme *m.*

clown *m* clown *m.*

club (*pl* **clubs** o **clubes**) *m* club *m* ; **~ de fans** fan-club *m* ; **~ náutico** yacht-club *m.*

cm (*abrev de* **centímetro**) cm.

CNT (*abrev de* **Confederación Nacional del Trabajo**) *f syndicat espagnol anarchiste.*

Co. (*abrev de* **compañía**) Cie.

coacción *f* pression *f.*

coaccionar *vt* : **~ a alguien a** o **para hacer algo** faire pression sur qqn pour lui faire faire qqch.

coagular *vt* coaguler ; [leche] cailler. ◆ **coagularse** *vpr* (se) coaguler ; [leche] (se) cailler.

coágulo *m* caillot *m.*

coalición *f* coalition *f.*

coaligar = **coligar.**

coartada *f* alibi *m.*

coartar *vt* entraver ; [sentimiento] brider.

coautor, ra *m, f* coauteur *m.*

coba *f fam* [halago] lèche *f*; **dar ~ a alguien** passer de la pommade à qqn.
cobalto *m* cobalt *m*.
cobarde *adj* & *mf* lâche.
cobardía *f* lâcheté *f*.
cobertizo *m* appentis *m*.
cobertura *f* couverture *f* ; **~ informativa** PRENSA couverture d'un événement.
cobija *f Amer* [manta] couverture *f*.
cobijar *vt* abriter. ◆ **cobijarse** *vpr* **- 1.** [gen] se réfugier **- 2.** [de las intemperies] s'abriter.
cobijo *m* refuge *m* ; [contra las intemperies] abri *m* ; **dar ~ a alguien** héberger qqn.
cobra *f* [serpiente] cobra *m*.
cobrador, ra *m, f* [del autobus] receveur *m*, -euse *f* ; [de facturas, recibos] encaisseur *m*.
cobrar ◇ *vt* **- 1.** [deuda, cheque] encaisser ; [sueldo] toucher ; **¿me cobra, por favor?** je vous dois combien s'il vous plaît? ; **me han cobrado muy caro** on m'a pris très cher **- 2.** [adquirir] : **~ importancia** prendre de l'importance **- 3.** [sentir] : **~ afecto a alguien** prendre qqn en affection. ◇ *vi* **- 1.** [en el trabajo] être payé(e) **- 2.** *fam* [recibir paliza] : **¡vas a ~!** tu vas t'en ramasser une! ◆ **cobrarse** *vpr* [suj : accidente etc] se solder par.
cobre *m* **- 1.** [gen] cuivre *m* **- 2.** *Amer* sou *m* ; **no tener un ~** ne pas avoir un sou.
cobrizo, za *adj* **- 1.** [color, piel] cuivré(e) **- 2.** [metal] cuivreux(euse).
cobro *m* encaissement *m*.
coca *f* **- 1.** [planta] coca *f* **- 2.** *fam* [cocaína] coke *f*.
cocaína *f* cocaïne *f*.
cocción *f* cuisson *f*.
cóccix, coxis *m inv* coccyx *m*.
cocear *vi* ruer.
cocer *vt* cuire. ◆ **cocerse** *vpr* **- 1.** [comida] cuire ; **a medio ~se** à mi-cuisson **- 2.** *fig* [plan] se tramer.
coche *m* voiture *f* ; **~ cama** [de tren] wagon-lit *m* ; **~ celular** fourgon *m* cellulaire ; **~ de alquiler/de bomberos/de carreras** voiture de location/de pompiers/de course ; **~ familiar** break *m* ; **~ restaurante** [de tren] wagon-restaurant *m* ; **ir en el ~ de san Fernando** *fam* aller à pinces. ◆ **coche bomba** *m* voiture *f* piégée.
cochera *f* [de coches] garage *m* ; [de autobuses, tranvías] dépôt *m*.
cochinada *f fam fig* [porquería, grosería] cochonnerie *f* ; [mala jugada] vacherie *f*.
cochinilla *f* **- 1.** [crustáceo] cloporte *m* **- 2.** [insecto] cochenille *f*.
cochinillo *m* cochon *m* de lait.
cochino, na ◇ *adj* **- 1.** [persona] dégoûtant(e) **- 2.** [tiempo] de cochon ; [dinero] : **¡este ~ dinero!** l'argent, toujours l'argent! ◇ *m, f* [animal] cochon *m*, truie *f*.
cocido *m* : **~ (madrileño)** ≃ pot-au-feu *m*.
cociente *m* quotient *m*.
cocina *f* **- 1.** [habitación, arte] cuisine *f* ; **~ de mercado** cuisine du marché **- 2.** [electrodoméstico] cuisinière *f*.
cocinar ◇ *vt* cuisiner. ◇ *vi* faire la cuisine, cuisiner.
cocinero, ra *m, f* cuisinier *m*, -ère *f*.
cocker *m* cocker *m*.
coco *m* **- 1.** [árbol] cocotier *m* ; [fruto] noix *f* de coco **- 2.** *fam* [cabeza] caboche *f* ; **comerse el ~** se prendre la tête **- 3.** *fam* [fantasma] Père *m* fouettard.
cocodrilo *m* crocodile *m*.
cocotero *m* cocotier *m*.
cóctel, coctel *m* cocktail *m*. ◆ **cóctel molotov** *m* cocktail *m* Molotov.
coctelera *f* shaker *m*.
codazo *m* coup *m* de coude ; **abrirse paso a ~s** jouer des coudes.
codear *vt* pousser du coude. ◆ **codearse** *vpr* : **~se (con)** fréquenter.
codera *f* **- 1.** [gen] coude *m* *(pièce de cuir)* **- 2.** DEP coudière *f*.
codicia *f* **- 1.** [de riqueza] cupidité *f* ; **mirar con ~** convoiter du regard **- 2.** *fig* [de aprender, saber] : **~ (de)** soif *f* (de).
codiciar *vt* convoiter.
codicioso, sa *adj* avide.
codificar *vt* **- 1.** [gen & INFORM] coder **- 2.** [ley] codifier.
código *m* code *m* ; **~ civil/penal** code civil/pénal ; **~ de barras** code-barres *m* ; **~ de circulación** code de la route ; **~ de identificación fiscal** code d'identification fiscale *(attribué à toute personne physique ou morale payant des impôts en Espagne)* ; **~ máquina** INFORM langage *m* machine ; **~ postal** code postal.
codillo *m* **- 1.** [gen & CULIN] épaule *f* **- 2.** [de tubería] coude *m*.
codo *m* **- 1.** [en brazo, tubería] coude *m* ; **estaba de ~s sobre la mesa** il était accoudé à la table **- 2.** [medida] coudée *f* **- 3.** *loc* : **~ con ~, ~ a ~** coude à coude ; **empinar el ~** *fam* lever le coude ; **hablar por los ~s** *fam* être un moulin à paroles.
codorniz *f* caille *f*.

COE (*abrev de* **Compañías de Operaciones Especiales**) *fpl corps d'élite de l'armée espagnole.*

coeficiente *m* **- 1.** [gen] coefficient *m* **- 2.** [grado, índice] taux *m* ; **~ intelectual** o **de inteligencia** quotient *m* intellectuel.

coercer *vt* limiter.

coetáneo, a *adj* contemporain(e).

coexistir *vi* coexister.

cofia *f* coiffe *f*.

cofradía *f* **- 1.** [religiosa] confrérie *f* **- 2.** [no religiosa] corporation *f*.

cofre *m* **- 1.** [para joyas] coffret *m* **- 2.** [arca] coffre *m*.

coger ◇ *vt* **- 1.** [gen] prendre ; **~ el avión** prendre l'avion ; **~ a alguien de** o **por la mano** prendre qqn par la main ; **le fui cogiendo cariño** je me suis pris d'affection pour lui **- 2.** [ladrón, pez, gripe etc] attraper **- 3.** [vehículo, persona] rattraper **- 4.** [frutos, flores] cueillir **- 5.** [suj : coche] renverser ; [suj : toro] encorner **- 6.** [entender] saisir ; **no cogió el chiste** il n'a pas compris la plaisanterie **- 7.** [sorprender] : **me cogió la lluvia** la pluie m'a surpris **- 8.** [encontrar] : **lo cogí de buen humor** je suis bien tombé, il était de bonne humeur **- 9.** [emisora] capter **- 10.** *Amer vulg* [fornicar] baiser. ◇ *vi* **- 1.** [situarse] : **~ cerca/lejos (de)** être près/loin (de) **- 2.** [dirigirse] : **~ a la derecha/a la izquierda** prendre à droite/à gauche **- 3.** *loc* : **cogió y se fue** il est parti sans faire ni une ni deux. ◆ **cogerse** *vpr* **- 1.** [agarrarse] s'accrocher ; **~se de** o **a algo** s'accrocher à qqch **- 2.** [pillarse, tomarse] se prendre ; **~se los dedos en la puerta** se prendre les doigts dans la porte.

cogida *f* **- 1.** [de torero] coup *m* de corne **- 2.** [de frutos] cueillette *f*.

cognac = **coñá**.

cogollo *m* **- 1.** [de lechuga, col etc] cœur *m* **- 2.** [de árbol, planta] bourgeon *m*.

cogorza *f fam* cuite *f*.

cogote *m fam* [nuca] colback *m*.

cohabitar *vi* vivre ensemble ; **~ con alguien** vivre avec qqn.

cohecho *m* corruption *f*.

coherencia *f* cohérence *f*.

coherente *adj* cohérent(e).

cohesión *f* cohésion *f*.

cohete *m* fusée *f*.

cohibido, da *adj* intimidé(e).

cohibir *vt* intimider. ◆ **cohibirse** *vpr* se laisser intimider.

COI (*abrev de* **Comité Olímpico Internacional**) *m* CIO *m*.

coima *f Amer fam* pot-de-vin *m*.

coincidencia *f* coïncidence *f*.

coincidir *vi* **- 1.** [gen] coïncider ; [versiones] se recouper ; [fechas] concorder **- 2.** [dos personas] se retrouver **- 3.** [estar de acuerdo] être d'accord ; **todos coinciden en que ...** tout le monde s'accorde à dire que ... ; **todos coinciden en los gustos** ils ont tous les mêmes goûts.

coito *m* coït *m*.

cojear *vi* **- 1.** [persona] boiter **- 2.** [mueble] être bancal(e) **- 3.** *fig* [negocio etc] battre de l'aile ; **~ de** se ressentir de.

cojera *f* boiterie *f*.

cojín *m* coussin *m*.

cojinete *m* [en un eje] palier *m* ; [en un riel del ferrocarril] coussinet *m* ; **~ de bolas** roulement *m* à billes.

cojo, ja ◇ *adj* **- 1.** [persona] boiteux(euse) **- 2.** [mueble, razonamiento, frase] bancal(e). ◇ *m, f* boiteux *m*, -euse *f*.

cojón *m (gen pl) vulg* couille *f*. ◆ **cojones** *interj vulg* : **¡cojones!** [enfado] bordel!

cojonudo, da *adj vulg* super.

cojudez *f Amer mfam* connerie *f*.

cojudo, da *adj Amer mfam* con *m*, conne *f*.

col *f* chou *m* ; **~ de Bruselas** chou de Bruxelles.

cola *f* **- 1.** [gen] queue *f* ; **hacer ~** faire la queue ; **~ de caballo** [peinado] queue de cheval **- 2.** [de vestido] traîne *f* **- 3.** [pegamento] colle *f* **- 4.** [bebida] Coca®*m* **- 5.** *loc* : **tener** o **traer ~** avoir des répercussions.

colaboración *f* collaboration *f*.

colaborador, ra ◇ *adj* coopératif(ive). ◇ *m, f* collaborateur *m*, -trice *f*.

colaborar *vi* **- 1.** [gen] : **~ (en/con)** collaborer (à/avec) **- 2.** [contribuir] : **~ a que** contribuer à ce que.

colación *f* [para comer] collation *f* ; **sacar** o **traer a ~** *fig* faire mention de.

colado, da *adj* **- 1.** [líquido] filtré(e) **- 2.** *fig* [enamorado] : **estar ~ por alguien** *fam* en pincer pour qqn. ◆ **colada** *f* [ropa] lessive *f* ; **hacer la colada** faire la lessive.

colador *m* passoire *f*.

colapsar ◇ *vt* paralyser. ◇ *vi* s'effondrer.

colapso *m* **- 1.** MED chute *f* de tension **- 2.** [de tráfico] : **provocar el ~ del tráfico** paralyser la circulation **- 3.** [de actividad] effondrement *m*.

colar ◇ *vt* - **1.** [líquido] filtrer ; [leche] passer - **2.** [dinero falso] écouler ; [mentira] faire croire à - **3.** [por sitio estrecho] glisser, introduire. ◇ *vi* [cosa falsa] prendre ; **su mentira no cuela** son mensonge ne prend pas ; **esto no cuela** c'est louche. ◆ **colarse** *vpr* - **1.** [líquido] : **~se (por** o **en)** s'infiltrer (dans) - **2.** [en un sitio] se faufiler ; [en una fiesta etc] s'incruster ; **~se en una cola** resquiller - **3.** *fam* [por error] se planter.
colateral *adj* collatéral(e).
colcha *f* couvre-lit *m*.
colchón *m* - **1.** [de cama] matelas *m* - **2.** INFORM mémoire *f* tampon.
colchoneta *f* [para playa] matelas *m* pneumatique ; [en gimnasio] tapis *m* de sol.
cole *m fam* bahut *m (collège)*.
colear *vi* - **1.** [animal] remuer la queue - **2.** *fig* [asunto, problema] : **el asunto todavía colea** l'affaire n'est pas close.
colección *f lit* & *fig* collection *f*.
coleccionable ◇ *adj* détachable. ◇ *m* supplément *m* détachable.
coleccionar *vt* collectionner.
coleccionista *mf* collectionneur *m*, -euse *f*.
colecta *f* collecte *f*.
colectividad *f* collectivité *f* ; **la ~ agrícola** l'ensemble *m* des agriculteurs.
colectivo, va *adj* collectif(ive). ◆ **colectivo** *m* - **1.** [gen] ensemble *m* ; **~ médico** profession *f* médicale - **2.** [de investigación] groupe *m* d'étude, comité *m*.
colector, ra ◇ *adj* collecteur(trice). ◇ *m, f* receveur *m*, -euse *f* ; **~ de contribuciones** receveur des contributions. ◆ **colector** *m* collecteur *m* ; **~ de basuras** vide-ordures *m inv*.
colega *mf* - **1.** [compañero profesional] collègue *mf* ; [abogado, médico etc] confrère *m*, consœur *f* - **2.** *fam* [amigo] pote *m*.
colegiado, da *adj* inscrit(e) (à un ordre professionnel). ◆ **colegiado** *m* DEP arbitre *m*.
colegial, la *m, f* collégien *m*, -enne *f*. ◆ **colegial** *adj* scolaire.
colegio *m* - **1.** [de niños] école *f* - **2.** [de profesionales] corporation *f* ; [de arquitectos, médicos] ordre *m* ; **~ de abogados** barreau *m*.
cólera ◇ *m* MED choléra *m*. ◇ *f* [ira] colère *f* ; **montar en ~** prendre une colère.
colérico, ca *adj* - **1.** [carácter] coléreux(euse) - **2.** MED cholérique.
colesterol *m* cholestérol *m*.
coleta *f* [de pelo] couette *f*.
coletilla *f* [en una carta] petite note *f*.
colgado, da ◇ *adj* - **1.** [gen] : **~ (de)** pendu (à) - **2.** [teléfono] raccroché(e) - **3.** *fam fig* [abandonado] : **dejar ~ a alguien** *fam* laisser qqn en rade ; **estar ~** *fam* être taré. ◇ *m, f fam* camé *m*, -e *f* ; **ser un ~** être paumé.
colgador *m* [para secar la ropa] étendoir *m*.
colgante ◇ *adj* suspendu(e). ◇ *m* [de pulsera, broche etc] breloque *f* ; [de cadena, collar] pendentif *m*.
colgar ◇ *vt* - **1.** [gen] pendre ; [cuadro] accrocher ; [ropa] étendre ; **~ el teléfono** raccrocher - **2.** [imputar] : **~ algo a alguien** mettre qqch sur le dos de qqn - **3.** [ocupación, profesión] laisser tomber - **4.** [suspender en examen] coller. ◇ *vi* - **1.** [gen] : **~ (de)** pendre (à) - **2.** [hablando por teléfono] raccrocher. ◆ **colgarse** *vpr* : **~se (de)** se suspendre (à), se pendre (à).
colibrí (*pl* **colibríes**) *m* colibri *m*.
cólico *m* colique *f*.
coliflor *f* chou-fleur *m*.
coligar, coaligar *vt* allier ; **~ dos países** resserrer les liens entre deux pays.
colilla *f* mégot *m*.
colimba *f Amer fam* service *m* (militaire).
colina *f* colline *f*.
colindante *adj* [país, pueblo etc] limitrophe ; [casa] voisin(e).
colisión *f* - **1.** [de vehículos] collision *f* - **2.** *fig* [de ideas, personas] affrontement *m*.
colisionar *vi lit* & *fig* : **~ contra** heurter.
collage *m* collage *m*.
collar *m* collier *m*.
collarín *m* minerve *f*.
colmado, da *adj* plein(e), rempli(e). ◆ **colmado** *m* épicerie *f*.
colmar *vt* - **1.** [recipiente] remplir à ras bord - **2.** *fig* [aspiración, deseo] combler.
colmena *f* ruche *f*.
colmillo *m* - **1.** [de una persona] canine *f* - **2.** [de animal] croc *m* - **3.** [de elefante] défense *f*.
colmo *m* comble *m*.
colocación *f* - **1.** [gen] emplacement *m* - **2.** *fig* [contratación] placement *m* - **3.** [empleo] place *f*.
colocado, da *adj* - **1.** [gen] placé(e) ; **estar muy bien ~** [en empresa etc] avoir une bonne place - **2.** *fam* [de alcohol, drogas] fait(e).

colocar *vt* - **1.** [gen] placer ; **~ a alguien en ...** [dar empleo] placer qqn chez ... - **2.** [en una posición] mettre ; **~ algo al revés** mettre qqch à l'envers. ◆ **colocarse** *vpr* - **1.** [en un trabajo] trouver une place - **2.** *fam* [con drogas] se défoncer ; [con alcohol] prendre une cuite.

colofón *m* - **1.** [de carrera etc] couronnement *m* - **2.** [de libro] achevé *m* d'imprimer.

Colombia Colombie *f*.

colombiano, na ◇ *adj* colombien(enne). ◇ *m, f* Colombien *m*, -enne *f*.

colon *m* côlon *m*.

colonia *f* - **1.** [gen] colonie *f* - **2.** [de niños] : **~s (de verano)** colonie *f* de vacances - **3.** [perfume] eau *f* de Cologne - **4.** *Amer* quartier *m*, ≃ arrondissement *m* ; **~ proletaria** bidonville *m*.

colonial *adj* colonial(e).

colonización *f* colonisation *f*.

colonizador, ra *adj* & *m, f* colonisateur(trice).

colonizar *vt* coloniser.

colono *m* colon *m*.

coloquial *adj* parlé(e) *(langue)*.

coloquio *m* - **1.** [conversación] discussion *f* - **2.** [debate] colloque *m*.

color *m* - **1.** [gen] couleur *f* ; **de ~** de couleur ; **en ~** en couleurs ; **lleno de ~** *fig* [escena] coloré(e) - **2.** [aspecto] jour *m*.

colorado, da *adj* [rojo] rouge ; **poner ~ a alguien** faire rougir qqn ; **ponerse ~** rougir. ◆ **colorado** *m* [color] rouge *m*.

colorante ◇ *adj* colorant(e). ◇ *m* [para teñir] colorant *m*.

colorear *vt* colorier.

colorete *m* blush *m*, fard *m* à joues.

colorido *m* [de dibujo etc] coloris *m* ; [de paisaje] couleur *f*.

colorista *adj* [gen] varié(e).

colosal *adj* colossal(e).

coloso *m* - **1.** [estatua] colosse *m* - **2.** *fig* [cosa, persona] géant *m*, -e *f*.

columna *f* - **1.** [gen & ARQUIT] colonne *f* - **2.** *fig* [pilar] pilier *m*. ◆ **columna vertebral** *f* colonne *f* vertébrale.

columnista *mf* chroniqueur *m*, -euse *f*.

columpiar *vt* balancer. ◆ **columpiarse** *vpr* se balancer.

columpio *m* balançoire *f*.

coma ◇ *m* MED coma *m* ; **en ~** dans le coma. ◇ *f* GRAM virgule *f*.

comadreja *f* belette *f*.

comadrona *f* sage-femme *f*.

comandancia *f* - **1.** [rango] grade *m* de commandant ; [cargo] charge *f* de commandant - **2.** [edificio] bureau *m* du commandant.

comandante *m* commandant *m*.

comandar *vt* MIL commander.

comando *m* MIL commando *m*.

comarca *f* région *f*.

comba *f* corde *f* à sauter ; **jugar a la ~** sauter à la corde.

combar *vt* faire ployer. ◆ **combarse** *vpr* ployer.

combate *m* combat *m*.

combatiente *mf* combattant *m*, -e *f*.

combatir ◇ *vi* : **~ (contra)** combattre (contre). ◇ *vt* combattre.

combativo, va *adj* combatif(ive).

combi *m* [frigorífico] réfrigérateur-congélateur *m*.

combinación *f* - **1.** [gen, QUÍM & MAT] combinaison *f* - **2.** [bebida] cocktail *m* - **3.** [plan] manœuvre *f* - **4.** [de enlace] : **tener buena ~** ne pas avoir beaucoup de changements *(en métro etc)*.

combinado *m* - **1.** [bebida] cocktail *m* ; [helado] assortiment *m* de glaces - **2.** DEP équipe *f* de sélection.

combinar *vt* - **1.** [mezclar] combiner - **2.** [armonizar] assortir - **3.** [planificar] organiser.

combustible *adj* & *m* combustible.

combustión *f* combustion *f*.

comecocos *m inv fam* - **1.** [convincente] : **ser un ~** prendre la tête - **2.** [difícil de comprender] casse-tête *m*.

comedia *f* - **1.** [gen] comédie *f* ; [género] comique *m* - **2.** *fig* [engaño] farce *f*.

comediante, ta *m, f lit* & *fig* comédien *m*, -enne *f*.

comedido, da *adj* réservé(e).

comedirse *vpr* être réservé(e).

comedor *m* salle *f* à manger ; **~ de empresa** restaurant *m* d'entreprise.

comensal *mf* convive *mf*.

comentar *vt* commenter ; **se lo comentaré** je lui en parlerai.

comentario *m* commentaire *m*. ◆ **comentarios** *mpl* [murmuraciones] commentaires *mpl* (malveillants).

comentarista *mf* commentateur *m*, -trice *f*.

comenzar ◇ *vt* commencer ; **~ a hacer algo** commencer à faire qqch ; **~ haciendo algo** commencer par faire qqch. ◇ *vi* commencer.

comer ◇ *vi* manger ; [al mediodía] déjeuner. ◇ *vt* - **1.** [gen] manger - **2.** [energía etc] consommer ; [colores] ternir - **3.** [en juegos de tablero] prendre - **4.** *fig* [suj : celos etc] dévorer. ◆ **comerse** *vpr* - **1.** [gen] manger - **2.** [gastar - metal] ronger ; [- fortuna] engloutir - **3.** [en juegos de tablero] prendre - **4.** *fig* [palabras de alguien] boire - **5.** *fam* [letras, sílabas] avaler ; [líneas, palabras] sauter.

comercial *adj* commercial(e) ; [zona, calle] commerçant(e).

comercializar *vt* commercialiser.

comerciante *mf* commerçant *m*, -e *f*.

comerciar *vi* commercer ; **~ con** [persona, país, empresa] faire du commerce avec.

comercio *m* commerce *m* ; **~ electrónico** commerce électronique ; **~ exterior/interior** commerce extérieur/intérieur ; **libre ~** libre-échange *m*.

comestible *adj* comestible. ◆ **comestibles** *mpl* alimentation *f*.

cometa ◇ *m* ASTRON comète *f*. ◇ *f* cerf-volant *m*.

cometer *vt* commettre.

cometido *m* - **1.** [objetivo] objectif *m* - **2.** [deber] devoir *m*.

comezón *f* - **1.** [picor] démangeaison *f* - **2.** *fig* [sentimiento] : **sentir la ~ de algo** être torturé(e) par qqch ; **sentía ~ por hablar** ça le démangeait de parler.

cómic (*pl* **cómics**), **comic** (*pl* **comics**) *m* bande *f* dessinée.

comicidad *f* comique *m*.

comicios *mpl* élections *fpl*.

cómico, ca ◇ *adj* comique. ◇ *m, f* [actor] comique *mf*.

comida ◇ *v* ▻ **comedirse**. ◇ *f* - **1.** [alimento] nourriture *f* ; **~ rápida** restauration *f* rapide - **2.** [almuerzo, cena etc] repas *m* ; [al mediodía] déjeuner *m*.

comidilla *f fam* : **ser la ~** être l'objet de tous les potins.

comienzo *m* commencement *m*, début *m*.

comillas *fpl* guillemets *mpl* ; **entre ~** entre guillemets.

comino *m* [planta] cumin *m* ; **me importa un ~** *fam fig* je m'en fiche complètement.

comisaría *f* commissariat *m*.

comisario, ria *m, f* - **1.** [delegado] commissaire *m* ; **~ europeo** commissaire européen - **2.** [de exposición artística] commissaire *mf*.

comisión *f* - **1.** [recargo, delegación] commission *f* ; **(trabajar) a ~** (travailler) à la commission ; **~ investigadora** commission d'enquête - **2.** [acción] : **acusado de la ~ de delitos** accusé d'avoir commis des délits.

comisura *f* commissure *f*.

comité *m* comité *m*.

comitiva *f* cortège *m*.

como ◇ *adv* - **1.** [gen] comme ; **vive ~ un rey** il vit comme un roi ; **lo he hecho ~ es debido** je l'ai fait comme il faut ; **~ te lo decía ayer** comme je te le disais hier ; **es (tan) negro ~ el carbón** il est noir comme du charbon ; **es tan alto ~ yo** il est aussi grand que moi - **2.** [en calidad de] comme, en tant que ; **asiste a las clases ~ oyente** il assiste aux cours comme auditeur libre ; **~ periodista tengo una opinión muy diferente sobre el tema** en tant que journaliste j'ai un avis très différent sur le sujet - **3.** [aproximadamente] à peu près, environ ; **me quedan ~ mil pesetas** il me reste à peu près mille pesetas. ◇ *conj* - **1.** [ya que] comme ; **~ no llegabas, nos fuimos** comme tu n'arrivais pas, nous sommes partis - **2.** [si] si ; **¡~ vuelvas a hacerlo!** si jamais tu recommences! - **3.** [que] que ; **verás ~ vas a ganar** tu vas voir que tu vas gagner. ◆ **como que** *loc conj* [que] que ; **le pareció ~ que lloraban** il lui sembla qu'ils pleuraient. ◆ **como quiera que** *loc conj* [de cualquier modo que] de quelque façon que ; **~ quiera que se vista, siempre va bien** quoi qu'elle mette, elle est toujours bien habillée ; **~ quiera que sea** quoi qu'il en soit. ◆ **como si** *loc conj* comme si.

cómo ◇ *adv* - **1.** [de qué modo, por qué motivo] comment ; **¿~ lo has hecho?** comment l'as-tu fait? ; **¿~ te llamas?** comment t'appelles-tu? ; **no sé ~ has podido decir eso** je ne sais pas comment tu as pu dire ça ; **¿a ~ están los tomates?** à combien sont les tomates? ; **¿cómo?** [qué dices] comment? - **2.** [exclamativo] comme ; **¡~ pasan los años!** comme les années passent! ; **¡~ no!** bien sûr! ◇ *m* : **el ~ y el porqué** le comment et le pourquoi. ◇ *interj* : **¡cómo!** comment!

cómoda *f* commode *f*.

comodidad *f* : **es una gran ~** c'est très pratique. ◆ **comodidades** *fpl* confort *m*.

comodín *m* - **1.** [naipe] joker *m* - **2.** [cosa] passe-partout *m* ; [persona] homme *m* à tout faire.

cómodo, da *adj* - **1.** [confortable] confortable - **2.** [fácil, oportuno] pratique - **3.** [a gusto] : **sentirse ~** être à l'aise.

comodón, ona *adj* & *m, f fam* flemmard(e).

comoquiera *adv* [de cualquier manera] n'importe comment ; **~ que ...** de quelque façon que ...

compa *mf Amer fam* copain *m*, copine *f*.

compactar *vt* **- 1.** [gen] réduire **- 2.** [lana] faire rétrécir.

compact disk, compact disc *m* [disco] Compact Disc® *m*, disque *m* laser ; [aparato] platine *f* laser.

compacto, ta *adj* **- 1.** [gen] compact(e) **- 2.** *fig* [escritura] serré(e).

compadecer *vt* avoir pitié de ; **te compadezco** je compatis. ◆ **compadecerse** *vpr* : **~se de alguien** plaindre qqn.

compadrear *vi Amer fam* crâner.

compadreo *m fam* [amistad] : **hay un buen ambiente de ~** il y a une bonne ambiance entre copains.

compaginar *vt* **- 1.** [combinar] concilier **- 2.** [en imprenta] mettre en page. ◆ **compaginarse** *vpr* : **~se con** aller de pair avec.

compañerismo *m* camaraderie *f*.

compañero, ra *m, f* **- 1.** [pareja, acompañante] compagnon *m*, compagne *f* ; **~ sentimental** ami *m* **- 2.** [de trabajo] collègue *mf* ; [de estudios] camarade *mf* **- 3.** [par] pendant *m* ; **he perdido el ~ de este guante** j'ai perdu l'autre gant.

compañía *f* **- 1.** [gen] compagnie *f* ; **en ~ de** en compagnie de ; **hacer ~ a alguien** tenir compagnie à qqn **- 2.** [empresa] société *f* ; **~ de seguros** compagnie *f* d'assurances ; **~ multinacional** société multinationale.

comparación *f* comparaison *f* ; **en ~ con** par rapport à ; **sin ~** de loin ; **es el más fuerte sin ~** il est de loin le plus fort.

comparar *vt* : **~ (con)** comparer (à).

comparativo, va *adj* comparatif(ive).

comparecer *vi* **- 1.** DER comparaître **- 2.** [aparecer] se présenter.

comparsa ◇ *f* **- 1.** TEATR figurants *mpl* **- 2.** [en carnaval] *troupe de compagnons qui chantent pour critiquer les notables de leur ville ou de leur village.* ◇ *mf* **- 1.** TEATR figurant *m*, -e *f* **- 2.** *fig* [persona] subalterne *mf*.

compartimento, compartimiento *m* compartiment *m*.

compartir *vt* partager.

compás *m* **- 1.** [gen & NÁUT] compas *m* **- 2.** [período & MÚS] mesure *f* ; [ritmo] rythme *m* ; **al ~** en rythme ; **llevar/perder el ~** tenir/perdre le rythme ; **marcar el ~** battre la mesure.

compasión *f* compassion *f*.

compasivo, va *adj* compatissant(e).

compatibilizar *vt* rendre compatible.

compatible *adj* [gen & INFORM] compatible.

compatriota *mf* compatriote *mf*.

compendiar *vt* résumer.

compendio *m* **- 1.** [libro] précis *m* **- 2.** *fig* [síntesis] : **se considera como un ~ de virtudes** à l'entendre, c'est la vertu personnifiée.

compenetración *f* entente *f*.

compenetrarse *vpr* se compléter.

compensación *f* **- 1.** [contrapartida & FIN] compensation *f* ; **en ~ (por)** en échange (de) **- 2.** [indemnización] dédommagement *m*.

compensar *vt* **- 1.** [valer la pena] : **no me compensa (perder tanto tiempo)** ça ne vaut pas la peine (que je perde tant de temps) ; **ver a sus hijos sanos le compensaba de tantos sacrificios** voir ses enfants en bonne santé le récompensait de tous ses sacrifices **- 2.** [indemnizar] : **~ a alguien (de** o **por)** dédommager qqn (de).

competencia *f* **- 1.** [gen & ECON] concurrence *f* ; **libre ~** libre concurrence **- 2.** [incumbencia] : **no es de mi ~** cela n'est pas de mon ressort **- 3.** [aptitud] compétence *f* **- 4.** [atribuciones] attribution *f*.

competente *adj* compétent(e).

competer *vi* : **~ a** incomber à.

competición *f* **- 1.** [lucha] lutte *f* **- 2.** DEP compétition *f*.

competidor, ra *adj* & *m, f* concurrent(e).

competir *vi* **- 1.** [entre personas] : **~ (por/con)** concourir (pour/avec), être en compétition (pour/avec) **- 2.** [entre empresas, productos] : **~ (con)** faire concurrence (à).

competitividad *f* compétitivité *f*.

competitivo, va *adj* **- 1.** [capaz de competir] compétitif(ive) ; [donde hay competencias] concurrentiel(elle) **- 2.** [de la competición] de compétition.

compilar *vt* [gen & INFORM] compiler ; [información] rassembler.

compinche *mf fam* acolyte *m*.

complacencia *f* **- 1.** [agrado] plaisir *m*, satisfaction *f* **- 2.** [indulgencia] complaisance *f*.

complacer *vt* **- 1.** [dar satisfacción] rendre heureux(euse) ; **me complace verlo** je suis heureuse de le voir - **2.** [acceder a los deseos] : **~ a alguien** faire plaisir à qqn.

complaciente *adj* - **1.** [amable] prévenant(e) - **2.** [indulgente] complaisant(e).

complejo, ja *adj* complexe. ◆ **complejo** *m* complexe *m* ; **~ (industrial)** complexe industriel.

complementar *vt* compléter. ◆ **complementarse** *vpr* se compléter.

complementario, ria *adj* complémentaire.

complemento *m* complément *m*.

completar *vt* compléter.

completo, ta *adj* complet(ète) ; **por ~** complètement, en entier.

complexión *f* constitution *f*.

complicación *f* - **1.** [gen] complication *f* - **2.** [complejidad] complexité *f*.

complicado, da *adj* - **1.** [difícil] compliqué(e) - **2.** [comprometido] : **~ (en)** impliqué (dans).

complicar *vt* - **1.** [dificultar] compliquer - **2.** [comprometer] : **~ (en)** impliquer (dans). ◆ **complicarse** *vpr* se compliquer.

cómplice *mf* complice *mf*.

complicidad *f* complicité *f* ; **de ~** [mirada] complice.

compló, complot (*pl* **complots**) *m* complot *m*.

componente ◇ *adj* composant(e). ◇ *m* - **1.** [gen] composant *m* - **2.** [persona] membre *m*.

componer *vt* - **1.** [gen] composer - **2.** [arreglar] arranger ; [algo roto] réparer - **3.** [adornar - cosa] décorer ; [- persona] parer. ◆ **componerse** *vpr* - **1.** [estar formado] : **~se de** se composer de - **2.** [engalanarse] se parer.

comportamiento *m* comportement *m*.

comportar *vt* impliquer. ◆ **comportarse** *vpr* se conduire.

composición *f* composition *f*.

compositor, ra *m, f* compositeur *m*, -trice *f*.

compostura *f* - **1.** [de algo roto] réparation *f* ; [de algo descosido] raccommodage *m* - **2.** [de persona] maintien *m* ; [de rostro] expression *f* - **3.** [en el comportamiento] circonspection *f*.

compota *f* CULIN compote *f*.

compra *f* - **1.** [gen] achat *m* ; **ir de ~s** aller faire des courses ; **~ a plazos** COM achat à tempérament - **2.** [de comestibles] : **hacer la ~** faire son marché ; **ir a la ~** aller au marché.

comprador, ra *adj* & *m, f* acheteur(euse).

comprar *vt* acheter.

compraventa *f* achat *m* et vente.

comprender *vt* comprendre. ◆ **comprenderse** *vpr* [entre personas] se comprendre.

comprensión *f* compréhension *f*.

comprensivo, va *adj* compréhensif(ive).

compresa *f* - **1.** [para herida] compresse *f* - **2.** [para menstruación] serviette *f* hygiénique.

comprimido, da *adj* comprimé(e). ◆ **comprimido** *m* comprimé *m*.

comprimir *vt* comprimer.

comprobante *m* - **1.** [documento] pièce *f* justificative - **2.** [recibo] reçu *m*.

comprobar *vt* vérifier.

comprometer *vt* - **1.** [poner en peligro] compromettre - **2.** [avergonzar] faire honte à - **3.** [hacer responsable] impliquer ; **~ a alguien (a hacer algo)** engager qqn (à faire qqch). ◆ **comprometerse** *vpr* - **1.** [gen] : **~se (a hacer algo/en algo)** s'engager (à faire qqch /dans qqch) - **2.** [novios] se fiancer.

comprometido, da *adj* - **1.** [con una idea] engagé(e) - **2.** [difícil] délicat(e).

compromiso *m* - **1.** [obligación] engagement *m* ; **~ matrimonial** promesse *f* de mariage - **2.** [cita] : **tengo un ~** je suis pris, je ne suis pas libre - **3.** [acuerdo] compromis *m* - **4.** [dificultad] embarras *m*.

compuerta *f* vanne *f*.

compuesto, ta ◇ *pp irreg* ▷ **componer.** ◇ *adj* - **1.** [gen] composé(e) ; **~ de** composé de - **2.** [persona] paré(e).

compulsar *vt* - **1.** [cotejar] confronter avec l'original - **2.** [hacer una copia] faire une copie conforme de.

compungido, da *adj* contrit(e).

computador *m*, **computadora** *f* ordinateur *m*.

computar *vt* - **1.** [calcular] calculer - **2.** [considerar] prendre en compte.

cómputo *m* calcul *m*.

comulgar *vi* - **1.** RELIG communier - **2.** *fig* [con ideas etc] : **~ con algo** partager qqch.

común *adj* - **1.** [gen] commun(e) ; **hacer algo en ~** faire qqch ensemble ; **tener algo en ~** avoir qqch en commun ; **por lo ~** en général - **2.** [frecuente] courant(e) - **3.** [ordinario] ordinaire.

comuna *f* communauté *f*.

comunicación *f* - **1.** [gen] communication *f* ; **ponerse en ~ con alguien** se mettre en rapport avec qqn - **2.** [oficial] allocution *f*. ◆ **comunicaciones** *fpl* moyens *mpl* de communication.

comunicado, da *adj* desservi(e) ; **bien ~** [lugar] bien desservi. ◆ **comunicado** *m* communiqué *m*.

comunicar ◇ *vt* - **1.** [gen] communiquer - **2.** [movimiento, virus] transmettre. ◇ *vi* - **1.** [persona] : **~ con alguien** contacter qqn - **2.** [dos cosas] communiquer ; **~ con algo** communiquer avec qqch ; [dos regiones, ciudades etc] être relié(e) à qqch - **3.** [teléfono, línea] être occupé(e). ◆ **comunicarse** *vpr* - **1.** [persona - hablarse] communiquer ; [- relacionarse] se voir - **2.** [dos habitaciones] communiquer ; [dos regiones, ciudades etc] : **Sevilla se comunica con Jerez por autopista** Séville est reliée à Jerez par l'autoroute - **3.** [el fuego] se propager.

comunicativo, va *adj* communicatif(ive).

comunidad *f* communauté *f* ; **~ autónoma** communauté autonome. ◆ **Comunidad Europea** *f* Communauté *f* européenne. ◆ **Comunidad Valenciana** communauté *f* autonome de Valence.

comunión *f lit* & *fig* communion *f*.

comunismo *m* communisme *m*.

comunista *adj* & *mf* communiste.

comunitario, ria *adj* communautaire.

con *prep* - **1.** [gen] avec ; **lo ha conseguido ~ su esfuerzo** il y est parvenu grâce à son effort ; **una cartera ~ varios documentos** un attaché-case contenant plusieurs documents ; **para ~** avec ; **es amable para ~ todos** il est aimable avec tout le monde - **2.** [a pesar de] bien que ; **~ todo** malgré tout ; **~ todo lo estudioso que es le suspendieron** bien qu'il soit très studieux, il n'a pas été reçu - **3.** [para introducir una condición] *(+ infin)* si *(+ verbe)* ; **~ salir a las diez vale** si nous partons à dix heures, ça va - **4.** [expresa condición] : **~ (tal) que** *(+ subjuntivo)* du moment que ; **~ que llegue a tiempo me conformo** du moment qu'il arrive à l'heure, je ne me plains pas - **5.** [para expresar queja o decepción] : **¡mira que perder ~ lo bien que jugaste!** quel dommage que tu aies perdu, tu avais pourtant si bien joué!

conato *m* - **1.** [intento] tentative *f* ; **~ de robo** tentative de vol - **2.** [comienzo] début *m* ; **~ de incendio** début d'incendie.

concadenar = concatenar.

concatenar, concadenar *vt* enchaîner.

concavidad *f* - **1.** [cualidad] concavité *f* - **2.** [lugar] anfractuosité *f*.

cóncavo, va *adj* concave.

concebir *vt* & *vi* concevoir.

conceder *vt* - **1.** [dar] accorder ; [premio] décerner - **2.** [asentir] admettre.

concejal, la *m, f* conseiller municipal *m*, conseillère municipale *f*.

concentración *f* - **1.** [gen] concentration *f* ; **~ parcelaria** ECON remembrement *m* - **2.** [de gente] rassemblement *m* - **3.** DEP entraînement *m*.

concentrado *m* concentré *m*.

concentrar *vt* - **1.** [gen] rassembler - **2.** QUÍM & MIL concentrer. ◆ **concentrarse** *vpr* - **1.** [fijar la atención] se concentrer - **2.** [reunirse] se rassembler.

concéntrico, ca *adj* concentrique.

concepción *f* conception *f*.

concepto *m* - **1.** [idea] concept *m* - **2.** [opinión] : **tener un gran ~ de alguien** avoir une haute idée de qqn - **3.** [motivo] : **bajo ningún ~** en aucun cas ; **en ~ de** au titre de - **4.** [de cuenta] chapitre *m*.

concernir *v impers* concerner ; **en lo que concierne a ...** en ce qui concerne ... ; **por lo que a mí me concierne** en ce qui me concerne.

concertar ◇ *vt* [precio] convenir de ; [entrevista, cita] fixer ; [pacto etc] conclure. ◇ *vi* [concordar] : **~ (con)** concorder (avec).

concertina *f* concertina *m*.

concertista *mf* concertiste *mf*.

concesión *f* [gen & COM] concession *f* ; [de un premio] remise *f*.

concesionario, ria *adj* & *m, f* concessionnaire.

concha *f* - **1.** [de animales] coquille *f* ; [de tortuga] carapace *f* - **2.** [material] écaille *f* - **3.** *Amer vulg* [genital] chatte *f*. ◆ **concha de su madre** *mf Amer vulg* salaud *m*, salope *f*.

conchabarse *vpr fam* s'acoquiner.

conchudo, da *adj Amer vulg* con (conne).

conciencia, consciencia *f* conscience *f* ; **a ~** consciencieusement ; **remorderle a alguien la ~** avoir mauvaise conscience.

concienciar *vt* faire prendre conscience. ◆ **concienciarse** *vpr* prendre conscience.

concierto *m* - **1.** MÚS [obra] concerto *m* ;

[función] concert *m* - **2.** [acuerdo] accord *m* - **3.** [orden] ordre *m*.

conciliar *vt* - **1.** [enemigos] réconcilier - **2.** [varias actividades, cosas etc] concilier ; **~ el sueño** trouver le sommeil.

concilio *m* concile *m*.

concisión *f* concision *f*.

conciso, sa *adj* concis(e).

conciudadano, na *m, f* concitoyen *m*, -enne *f*.

cónclave, conclave *m* - **1.** RELIG conclave *m* - **2.** [familiar, entre amigos etc] réunion *f*.

concluir ◇ *vt* - **1.** [finalizar] terminer, finir - **2.** [sacar conclusión] conclure. ◇ *vi* finir ; **~ haciendo** o **por hacer algo** finir par faire qqch.

conclusión *f* - **1.** [gen] conclusion *f* ; **en ~** pour conclure - **2.** [acuerdo] accord *m* ; **llegar a una ~** parvenir à un accord.

concluyente *adj* concluant(e).

concordancia *f* [gen & GRAM] concordance *f* ; [entre palabras] accord *m*.

concordar ◇ *vt* [personas] mettre d'accord ; [cosas] accorder. ◇ *vi* - **1.** [coincidir] concorder - **2.** GRAM s'accorder ; **~ en número y persona** s'accorder en genre et en nombre.

concorde *adj* : **estar ~** être d'accord.

concordia *f* entente *f*.

concretar *vt* - **1.** [precisar] préciser ; **~ una fecha** convenir d'une date - **2.** [concretizar] : **~ un acuerdo** conclure un accord - **3.** [reducir a lo esencial] résumer. ◆ **concretarse** *vpr* - **1.** [limitarse] : **~se a hacer algo** se borner à faire qqch - **2.** [materializarse] se concrétiser.

concreto, ta *adj* concret(ète) ; [determinado] précis(e) ; **en ~** [en resumen] en bref ; [específicamente] précisément ; **nada en ~** rien de précis. ◆ **concreto armado** *m* béton *m* armé.

concurrencia *f* - **1.** [asistencia] assistance *f* - **2.** [de sucesos] coïncidence *f* ; [de circunstancias] concours *m* - **3.** ECON concurrence *f*.

concurrido, da *adj* [lugar] fréquenté(e) ; [espectáculo] couru(e).

concurrir *vi* - **1.** [asistir] : **~ a** assister à - **2.** [influir] : **~ a** contribuer à - **3.** [participar] : **~ a** participer à.

concursante *mf* participant *m*, -e *f (à un concours)*.

concursar *vi* concourir.

concurso *m* - **1.** [gen] concours *m* ; **~ de televisión** jeu *m* télévisé - **2.** [para una obra] adjudication *f* ; **salir a ~** être mis(e) en adjudication - **3.** [licitación] appel *m* d'offres ; **~ público** adjudication *f*.

condado *m* [territorio] comté *m*.

condal *adj* comtal(e) ; **la Ciudad ~** Barcelone.

conde, desa *m, f* comte *m*, comtesse *f*.

condecoración *f* - **1.** [insignia] décoration *f* - **2.** [acto] remise *f* de décoration.

condecorar *vt* décorer *(d'une médaille)*.

condena *f* peine *f*.

condenado, da ◇ *adj* - **1.** [a una pena] condamné(e) - **2.** RELIG damné(e) - **3.** *fam fig* [maldito] satané(e). ◇ *m, f* - **1.** [a una pena] condamné *m*, -e *f* - **2.** RELIG damné *m*, -e *f*.

condenar *vt* - **1.** [gen] condamner ; **~ a alguien a algo/a hacer algo** condamner qqn à qqch/à faire qqch - **2.** [al fracaso, silencio etc] : **~ a** vouer à.

condensar *vt lit* & *fig* condenser.

condescendencia *f* - **1.** [benevolencia] complaisance *f* - **2.** [altivez] condescendance *f*.

condescender *vi* : **~ a** [con amabilidad] consentir à ; [con desprecio] condescendre à.

condescendiente *adj* complaisant(e).

condición *f* - **1.** [gen] condition *f* ; **de ~ humilde** de condition modeste ; **con una sola ~** à une seule condition - **2.** [carácter] caractère *m*. ◆ **condiciones** *fpl* - **1.** [aptitud] dispositions *fpl* - **2.** [circunstancias] conditions *fpl* ; **condiciones atmosféricas/de vida** conditions atmosphériques/de vie - **3.** [estado] état *m* ; **estar en condiciones (de** o **para hacer algo)** être en état (de faire qqch) ; **no estar en condiciones, estar en malas condiciones** [alimento] être avarié(e).

condicionado, da *adj* conditionné(e).

condicional ◇ *adj* - **1.** [gen & GRAM] conditionnel(elle) - **2.** [con condiciones] sous condition. ◇ *m* GRAM conditionnel *m*.

condicionar *vt* : **~ (algo a algo)** faire dépendre (qqch de qqch) ; **condicionará su respuesta al resultado** il donnera sa réponse en fonction du résultat.

condimentar *vt* assaisonner.

condimento *m* condiment *m*.

condolencia *f* condoléances *fpl* ; **expresar su ~ a alguien** présenter ses condoléances à qqn.

condolerse *vpr* : **~ (de)** compatir (à).

condón *m fam* capote *f*, préservatif *m*.

cóndor *m* condor *m*.

conducción *f* - **1.** [de vehículo, negocio] conduite *f* - **2.** FÍS conduction *f*.

conducir <> *vt* - **1.** [gen] conduire ; **~ una investigación** mener une enquête - **2.** [líquido] amener. <> *vi* conduire ; **tu decisión no nos condujo a nada** ta décision ne nous a menés à rien.

conducta *f* conduite *f (comportement)*.

conducto *m* - **1.** [de fluido & ANAT] conduit *m* - **2.** *fig* [camino] voie *f*.

conductor, ra <> *adj* FÍS conducteur(trice). <> *m, f* [de automóvil] conducteur *m*, -trice *f* ; [de camión, autobús] chauffeur *m*. ◆ **conductor** *m* FÍS conducteur *m*.

conectado, da *adj* - **1.** ELECTR branché(e) - **2.** INFORM connecté(e).

conectar <> *vt* - **1.** ELECTR : **~ algo (a)** brancher qqch (sur) - **2.** [unir] : **~ algo (con)** raccorder qqch (à). <> *vi* - **1.** RADIO & TELE prendre l'antenne - **2.** [persona] : **~ con** entrer en contact avec.

conejo, ja *m, f* lapin *m*, -e *f*.

conexión *f* - **1.** [entre dos cosas] lien *m* - **2.** ELECTR branchement *m* - **3.** RADIO & TELE liaison *f*.

conexo, xa *adj* connexe.

confabular *vi* deviser. ◆ **confabularse** *vpr* : **~se para hacer algo** comploter de faire qqch.

confección *f* - **1.** [de ropa] confection *f*, prêt-à-porter *m* - **2.** [de comida, medicamento] préparation *f* ; [de lista] établissement *m*.

confeccionar *vt* - **1.** [gen] confectionner - **2.** [bebida, preparación] préparer ; [lista] dresser, établir.

confederación *f* confédération *f*.

confederado, da *adj* confédéré(e).

confederarse *vpr* se confédérer.

conferencia *f* - **1.** [gen] conférence *f* ; **dar una ~** faire une conférence - **2.** [por teléfono] communication *f* (longue distance) ; **poner una ~** téléphoner (à l'étranger).

conferir *vt* [gen] : **~ algo a alguien** conférer qqch à qqn ; [responsabilidades] confier qqch à qqn.

confesar *vt* - **1.** [gen] avouer ; **~ su ignorancia** confesser son ignorance - **2.** RELIG : **~ a alguien** confesser qqn ; **~ algo** confesser qqch. ◆ **confesarse** *vpr* RELIG : **~se (de algo)** se confesser (de qqch).

confesión *f* - **1.** [de culpa, secreto] aveu *m* - **2.** RELIG confession *f*.

confesionario *m* confessionnal *m*.

confesor *m* confesseur *m*.

confeti *mpl* confetti *m*.

confiado, da *adj* confiant(e).

confianza *f* - **1.** [fe, seguridad] : **~ (en algo/alguien)** confiance (en qqch /qqn) ; **tengo ~ en que se arreglarán las cosas** j'ai bon espoir que les choses s'arrangent ; **de ~** de confiance - **2.** [familiaridad] : **tengo mucha ~ con él** nous sommes très intimes ; **nos tratamos con mucha ~** nous sommes très proches ; **conmigo hay ~** nous sommes entre amis ; **en ~** entre nous. ◆ **confianzas** *fpl* : **tomar ~s con alguien** prendre des libertés avec qqn.

confiar <> *vt* : **~ algo a alguien** confier qqch à qqn. <> *vi* - **1.** [tener fe] : **~ en** avoir confiance en o dans, compter sur - **2.** [esperar] : **~ en/en que** avoir bon espoir de/que ; **confío en verle mañana** j'espère le voir demain. ◆ **confiarse** *vpr* [despreocuparse] être sûr(e) de soi.

confidencia *f* confidence *f*.

confidencial *adj* confidentiel(elle).

confidente *mf* - **1.** [amigo] confident *m*, -e *f* - **2.** [soplón] indicateur *m*, -trice *f*.

configurar *vt* - **1.** [formar] donner forme à - **2.** INFORM configurer.

confín *m (gen pl)* confins *mpl*.

confinar *vt* - **1.** [detener] interner ; **~ en el domicilio** assigner à résidence - **2.** [desterrar] exiler.

confirmación *f* confirmation *f*.

confirmar *vt* - **1.** [gen] confirmer - **2.** [idea] : **confirma la idea que tenía de que ...** cela me conforte dans l'idée que ...

confiscar *vt* confisquer.

confitado, da *adj* confit(e).

confite *m* sucrerie *f*.

confitería *f* - **1.** [tienda] confiserie *f* - **2.** *Amer* [café] café *m*.

confitura *f* confiture *f*.

conflagración *f* conflagration *f*.

conflictivo, va *adj* [situación] conflictuel(elle) ; [tema, asunto] polémique ; [persona] contestataire.

conflicto *m* conflit *m*.

confluir *vi* - **1.** [ríos] confluer ; [calles] converger - **2.** [personas] se rejoindre.

conformar *vt* [configurar] adapter. ◆ **conformarse** *vpr* : **~se con** se contenter de ; [suerte, destino] se résigner à.

conforme <> *adj* - **1.** : [acorde] **~ a** conforme à ; [adaptado] **~ a** adapté(e) à - **2.** : [de acuerdo] **~ con** d'accord avec ; [contento] **~ con** heureux(euse) de. <> *adv*

- **1.** [igual, según] tel que (telle que) ; **te lo cuento ~ lo he vivido** je te le raconte tel que je l'ai vécu - **2.** [a medida que] à mesure que ; **~ envejecía** à mesure qu'il vieillissait - **3.** [en cuanto] dès que ; **~ amanezca, iré** j'irai dès qu'il fera jour ; **~ a** conformément à.

conformidad *f* - **1.** [aprobación] consentement *m* ; **~ con** consentement à - **2.** [resignación] résignation *f*.

conformista *adj* & *mf* conformiste.

confort *m* confort *m*.

confortable *adj* confortable.

confortar *vt* réconforter.

confrontar *vt* confronter ; **~ a los testigos** confronter les témoins.

confundir *vt* - **1.** [gen] : **~ una cosa con otra** confondre une chose avec une autre ; **~ algo** [letras, números etc] mélanger qqch ; **confundí la receta** je me suis trompé de recette - **2.** [liar] embrouiller. ◆ **confundirse** *vpr* - **1.** [equivocarse] se tromper ; **se ha confundido** [al teléfono] vous faites erreur - **2.** [liarse] s'embrouiller - **3.** [no distinguirse] : **~se en** o **entre** se fondre dans.

confusión *f* - **1.** [gen] confusion *f* - **2.** [error] erreur *f*.

confuso, sa *adj* confus(e).

congelación *f* - **1.** [de alimentos] congélation *f* - **2.** [de precios, salarios] gel *m*.

congelador *m* congélateur *m*.

congelados *mpl* surgelés *mpl*.

congelar *vt* - **1.** [alimento] congeler ; [a temperatura baja] surgeler - **2.** [precios, salarios etc] geler. ◆ **congelarse** *vpr lit* & *fig* geler.

congeniar *vi* : **~ (con)** sympathiser (avec).

congénito, ta *adj* - **1.** [malformación] congénital(e) ; [enfermedad] héréditaire - **2.** [talento etc] inné(e).

congestión *f* - **1.** MED congestion *f* - **2.** [atasco] : **la ~ del tráfico** les encombrements *mpl*.

congestionar *vt* bloquer. ◆ **congestionarse** *vpr* - **1.** MED être congestionné(e) ; **se le congestionó la cara de rabia** son visage est devenu rouge de colère - **2.** [atascarse] être bloqué(e).

conglomerado *m* - **1.** GEOL & ECON conglomérat *m* - **2.** TECNOL aggloméré *m* - **3.** *fig* [mezcla] groupement *m* ; **~ urbano** conurbation *f*.

congoja *f* angoisse *f*.

congraciarse *vpr* : **~ con alguien** s'attirer la sympathie de qqn.

congratular *vt* : **~ a alguien por algo** féliciter qqn de o pour qqch. ◆ **congratularse** *vpr* : **~se por algo** se féliciter de qqch ; **~se de que** o **que** se féliciter que.

congregación *f* congrégation *f*.

congregar *vt* réunir.

congresista *mf* - **1.** [en congreso] congressiste *mf* - **2.** [político] membre *m* du Congrès.

congreso *m* - **1.** [reunión] congrès *m* - **2.** POLÍT : **~ de diputados** [en España] ≃ Chambre *f* des députés. ◆ **Congreso** *m* : **el Congreso** [en Estados Unidos] le Congrès.

congrio *m* congre *m*.

congruente *adj* : **ser ~ (con)** avoir un rapport logique (avec).

cónico, ca *adj* - **1.** GEOM conique - **2.** [bonete] pointu(e).

conjetura *f* conjecture *f* ; **hacerse una ~** se livrer à des conjectures ; **hacer ~s** se perdre en conjectures.

conjugación *f* - **1.** [GRAM - de un verbo] conjugaison *f* ; [- clase de verbos] groupe *m* - **2.** [de cosas] ensemble *m*.

conjugar *vt* - **1.** [gen & GRAM] conjuguer - **2.** [ideas, opiniones] rassembler.

conjunción *f lit* & *fig* conjonction *f*.

conjuntar *vt* - **1.** [gen] assortir - **2.** DEP [equipo] souder.

conjuntivo, va *adj* conjonctif(ive).

conjunto, ta *adj* conjoint(e) ; [hechos, acontecimientos] simultané(e). ◆ **conjunto** *m* - **1.** [gen, MAT & MÚS] ensemble *m* ; [de rock] groupe *m* ; **en ~** dans l'ensemble ; **un ~ de circunstancias** un concours de circonstances - **2.** [de deporte] tenue *f*.

conjurar ◇ *vi* [conspirar] conspirer. ◇ *vt* - **1.** [exorcizar] conjurer - **2.** [evitar] parer à.

conjuro *m* [exorcismo] conjuration *f* ; [súplica] exhortation *f*.

conllevar *vt* - **1.** [implicar] impliquer ; **~ riesgos** comporter des risques - **2.** [soportar] supporter, endurer.

conmemoración *f* commémoration *f*.

conmemorar *vt* commémorer.

conmigo *pron pers* avec moi ; **llevo/tengo algo ~** je porte/j'ai qqch sur moi.

conmoción *f* - **1.** [física, psíquica] commotion *f* ; **~ cerebral** commotion cérébrale - **2.** [política, social] bouleversement *m*.

conmocionar *vt* - **1.** [física o psíquica-

mente] commotionner - **2.** [política o socialmente] bouleverser.
conmovedor, ra *adj* émouvant(e).
conmover *vt* - **1.** [enternecer] émouvoir - **2.** [sacudir] ébranler. ◆ **conmoverse** *vpr* - **1.** [enternecerse] s'émouvoir - **2.** [sacudirse] s'ébranler.
conmutador *m* - **1.** ELECTR commutateur *m* - **2.** [centralita] standard *m* téléphonique.
connotación *f* connotation *f*.
cono *m* cône *m*.
conocedor, ra *m, f* connaisseur *m*, -euse *f* ; **ser un buen ~ de ...** être un fin connaisseur en ...
conocer *vt* - **1.** [gen] connaître ; **~ a alguien de oídas** avoir entendu parler de qqn ; **~ a alguien de vista** connaître qqn de vue ; **darse a ~** se faire connaître - **2.** [por primera vez] : **~ a alguien** faire la connaissance de qqn - **3.** [reconocer] : **~ a alguien (por algo)** reconnaître qqn (à qqch). ◆ **conocerse** ◇ *vpr* - **1.** [gen] se connaître ; **~se de toda la vida** se connaître depuis toujours - **2.** [por primera vez] faire connaissance. ◇ *v impers* [parecer] : **se conoce que ...** apparemment ...
conocido, da ◇ *adj* connu(e). ◇ *m, f* connaissance *f*.
conocimiento *m* connaissance *f* ; **perder/recobrar el ~** perdre/reprendre connaissance. ◆ **conocimientos** *mpl* connaissances *fpl* ; **tener muchos ~s** savoir beaucoup de choses.
conque *conj* alors ; **está de mal humor, ~ trátale con cuidado** il est de mauvaise humeur, alors sois gentil avec lui ; **¿~ nos vamos o nos quedamos?** alors, on reste ou on s'en va?
conquista *f lit & fig* conquête *f*.
conquistador, ra ◇ *adj* [seductor] séducteur(trice). ◇ *m, f* - **1.** [de tierras] conquérant *m*, -e *f* - **2.** HIST conquistador *m* - **3.** *fig* [persona seductora] séducteur *m*, -trice *f*.
conquistar *vt lit & fig* conquérir.
consabido, da *adj* [broma etc] classique ; [costumbre, paseo] traditionnel(elle).
consagración *f* consécration *f* ; [de obispo, rey] sacre *m*.
consagrar *vt* consacrer ; [obispo, rey] sacrer ; **~ algo a algo/a alguien** consacrer qqch à qqch/à qqn. ◆ **consagrarse** *vpr* - **1.** [dedicarse] : **~se a** se consacrer à - **2.** [alcanzar fama] obtenir la consécration.
consciencia = **conciencia.**
consciente *adj* conscient(e) ; **ser ~ de algo** être conscient(e) de qqch ; **estar ~** être conscient(e) *(éveillé)*.
consecución *f* [de un deseo, objetivo] réalisation *f* ; [de un premio] obtention *f* ; [de un proyecto] réussite *f*.
consecuencia *f* conséquence *f* ; **a** o **como ~ de** à la suite de ; **tener ~s** avoir des conséquences.
consecuente *adj* [coherente] conséquent(e).
consecutivo, va *adj* consécutif(ive) ; **el número dos es el ~ al uno** le chiffre deux vient immédiatement après le un.
conseguir *vt* obtenir ; [un objetivo] atteindre ; **~ hacer algo** réussir à faire qqch.
consejero, ra *m, f* - **1.** [asesor] conseiller *m*, -ère *f* ; **Juan es un buen ~** Juan est de bon conseil - **2.** POLÍT ministre *m (d'un gouvernement autonome)*.
consejo *m* conseil *m* ; **dar un ~** donner un conseil. ◆ **Consejo de Europa** *m* Conseil *m* de l'Europe.
consenso *m* [acuerdo] consensus *m* ; [consentimiento] consentement *m* ; **de mutuo ~** d'un commun accord.
consensuar *vt* approuver à la majorité.
consentimiento *m* consentement *m*.
consentir ◇ *vt* - **1.** [gen] permettre ; [el mal, el alboroto] tolérer ; **no te consiento que me repliques así** je ne te permets pas de me répondre de cette façon - **2.** [mimar] gâter ; **le consentía todos los caprichos** elle lui passait tous ses caprices. ◇ *vi* : **~ en algo/en hacer algo** consentir à qqch/à faire qqch.
conserje *mf* gardien *m*, -enne *f*.
conserjería *f* - **1.** [de hotel] réception *f* - **2.** [de edificio] loge *f* ; [de tribunal etc] conciergerie *f*.
conserva *f* conserve *f* ; **en ~** en conserve.
conservación *f* - **1.** [gen] conservation *f* - **2.** [mantenimiento] entretien *m*.
conservador, ra *adj & m, f* conservateur(trice).
conservante *m* conservateur *m (produit)*.
conservar *vt* [gen & CULIN] conserver ; [cartas, secreto, salud] garder. ◆ **conservarse** *vpr* [persona] être bien conservé(e) ; **se conserva joven** il reste jeune.
conservatorio *m* conservatoire *m*.
considerable *adj* [enorme] considérable ; [importante, eminente] remarquable.

consideración *f* - **1.** [valoración] examen *m* ; **en ~ a algo** compte tenu de qqch - **2.** [respeto] considération *f*; **en ~ a alguien** par égard pour qqn ; **tratar a alguien con ~** avoir beaucoup d'égards pour qqn - **3.** [importancia] : **de ~** grave ; **hubo varios heridos de ~** plusieurs personnes ont été grièvement blessées.
considerado, da *adj* [atento] attentionné(e) ; [respetado] apprécié(e).
considerar *vt* considérer ; **~ las consecuencias** mesurer les conséquences.
consigna *f* consigne *f*.
consignar *vt* - **1.** [gen] consigner - **2.** [cantidad] allouer - **3.** [paquete - enviar] envoyer ; [- depositar] laisser à la consigne.
consigo ◇ *v* ▷ **conseguir**. ◇ *pron pers* [con uno mismo] avec soi ; [con él, ella] avec lui, avec elle ; [con usted] avec vous ; **llevar mucho dinero ~ no es prudente** il n'est pas prudent d'avoir beaucoup d'argent sur soi ; **lleva siempre la pistola ~** il a toujours son pistolet sur lui.
consiguiente *adj* résultant(e) ; **recibimos la noticia con la ~ pena** nous avons appris la nouvelle et en avons été peinés ; **por ~** par conséquent.
consistencia *f* consistance *f*.
consistente *adj* consistant(e).
consistir *vi* - **1.** [gen] : **~ en** consister en - **2.** [deberse a] : **~ en** reposer sur.
consola *f* [tablero de mandos & INFORM] console *f* ; **~ de videojuegos** console de jeux (vidéo).
consolación *f* consolation *f*.
consolar *vt* consoler. ◆ **consolarse** *vpr* se consoler.
consolidar *vt* consolider.
consomé *m* consommé *m*.
consonancia *f* harmonie *f* ; **en ~ con** en accord avec.
consonante *f* consonne *f*.
consorcio *m* pool *m*, consortium *m*.
conspiración *f* conspiration *f*.
conspirador, ra *m, f* conspirateur *m*, -trice *f*.
conspirar *vi* conspirer.
constancia *f* - **1.** [perseverancia - en una empresa] persévérance *f* ; [- en las ideas, opiniones] constance *f* - **2.** [testimonio] preuve *f* ; **dejar ~ de algo** [probar] prouver qqch ; [dejar testimonio] laisser un témoignage de qqch ; [registrar] inscrire qqch.
constante ◇ *adj* constant(e). ◇ *f* constante *f*.
constar *vi* - **1.** [información] : **~ (en)** figurer (dans) ; **me consta que ha llegado** je suis sûr qu'il est arrivé ; **hacer ~** faire observer ; **que conste que ...** note que ..., notez que ... - **2.** [estar constituido por] : **~ de** se composer de.
constatar *vt* [observar] constater ; [comprobar] vérifier.
constelación *f* constellation *f*.
consternación *f* consternation *f*.
consternar *vt* consterner.
constipado, da ◇ *adj* : **estar ~** être enrhumé. ◇ *m* rhume *m*.
constiparse *vpr* s'enrhumer.
constitución *f* - **1.** [gen] constitution *f* - **2.** [composición] composition *f*. ◆ **Constitución** *f* [de un Estado] : **la Constitución** la Constitution.
constitucional *adj* constitutionnel(elle).
constituir *vt* constituer ; **constituye para nosotros un honor ...** c'est pour nous un honneur de ...
constituyente ◇ *adj* constituant(e). ◇ *m* constituant *m*.
constreñir *vt* - **1.** [obligar] : **~ a alguien a hacer algo** contraindre qqn à faire qqch - **2.** [oprimir] étouffer.
construcción *f* - **1.** [gen] construction *f* - **2.** [arte] bâtiment *m*.
constructivo, va *adj* constructif(ive).
constructor, ra *adj* constructeur(trice). ◆ **constructor** *m* [de edificios] constructeur *m*. ◆ **constructora** *f* entreprise *f* de o en bâtiment.
construir *vt* construire.
consuegro, gra *m, f* : **mis ~s** les beaux-parents de mon fils/ma fille.
consuelo *m* consolation *f*, réconfort *m*.
cónsul *m* consul *m*.
consulado *m* consulat *m*.
consulta *f* - **1.** [petición de parecer] consultation *f* ; **hacer una ~ a alguien** consulter qqn - **2.** [de médico] consultation *f* ; [despacho] cabinet *m* (médical).
consultar ◇ *vt* [libro, persona] consulter ; [dato, fecha] vérifier. ◇ *vi* : **~ con alguien** consulter qqn.
consultorio *m* - **1.** [de médico] cabinet *m* (de consultation) - **2.** PRENSA courrier *m* des lecteurs - **3.** RADIO *émission durant laquelle un spécialiste répond aux questions des auditeurs* - **4.** [oficina] bureau *m* ; **~ jurídico** cabinet *m* juridique.
consumar *vt* consommer *(le mariage)*.
consumición *f* consommation *f*.

consumidor, ra *m, f* consommateur *m*, -trice *f*.
consumir ◇ *vt* - **1.** [gen] consommer - **2.** [suj : fuego, enfermedad etc] consumer. ◇ *vi* consommer. ◆ **consumirse** *vpr* - **1.** [con la enfermedad] être rongé(e) - **2.** [con el fuego] être consumé(e).
consumismo *m* surconsommation *f*.
consumo *m* consommation *f*.
contabilidad *f* comptabilité *f* ; **llevar la ~** tenir la comptabilité.
contabilizar *vt* comptabiliser.
contable *mf* comptable *mf*.
contactar *vi* : **~ con alguien** contacter qqn.
contacto *m* contact *m* ; **perder el ~ con alguien** perdre (le) contact avec qqn.
contado, da *adj* - **1.** [raro] rare ; **contadas veces, en contadas ocasiones** rarement - **2.** [enumerado] compté(e). ◆ **al contado** *loc adv* : **pagar al ~** payer comptant.
contagiar *vt* [enfermedad] transmettre ; [persona] contaminer. ◆ **contagiarse** *vpr* [enfermedad] se transmettre ; [persona] être contaminé(e) ; [risa] se communiquer ; **~se con algo** attraper qqch.
contagio *m* contagion *f*.
contagioso, sa *adj* contagieux(euse) ; [risa] communicatif(ive).
container = **contenedor**.
contaminación *f* - **1.** [del medio ambiente] pollution *f* - **2.** [contagio] contamination *f*.
contaminar *vt* - **1.** [el medio ambiente] polluer ; [contagiar] contaminer - **2.** *fig* [pervertir] donner le mauvais exemple à.
contar ◇ *vt* - **1.** [enumerar, incluir] compter ; **~ a alguien entre** compter qqn parmi - **2.** [narrar] raconter. ◇ *vi* - **1.** [gen] compter ; **~ con algo/alguien** [confiar en] compter sur qqch/qqn ; **no contaba con esto** je ne m'attendais pas à ça - **2.** [tener] avoir, disposer de ; **cuenta con dos horas para hacerlo** il a deux heures pour le faire.
contemplación *f* contemplation *f*. ◆ **contemplaciones** *fpl* égards *mpl* ; **no andarse con contemplaciones** ne pas y aller par quatre chemins.
contemplar *vt* - **1.** [mirar] contempler - **2.** [considerar] envisager.
contemplativo, va *adj* contemplatif(ive).
contemporáneo, a *adj* contemporain(e).
contención *f* - **1.** CONSTR soutènement *m* - **2.** [moderación] retenue *f*.
contenedor, ra *adj* qui contient. ◆ **contenedor** *m* container *m* ; **~ de basura** benne *f* à ordures.
contener *vt* contenir ; [respiración, risa] retenir. ◆ **contenerse** *vpr* se retenir.
contenido *m* contenu *m*.
contentar *vt* faire plaisir à. ◆ **contentarse** *vpr* : **~se con algo** se contenter de qqch.
contento, ta *adj* content(e) ; **~ con** content de. ◆ **contento** *m* joie *f*.
contestación *f* réponse *f*.
contestador ◆ **contestador (automático)** *m* répondeur *m* (automatique).
contestar *vt* [dar respuesta] répondre.
contestatario, ria *adj* contestataire.
contexto *m* contexte *m*.
contextualizar *vt* replacer dans son contexte.
contienda ◇ *v* ▷ **contender**. ◇ *f* [competición, combate] combat *m* ; [guerra] conflit *m*.
contigo *pron pers* avec toi.
contiguo, gua *adj* contigu(ë) ; [casa, habitación] voisin(e).
continencia *f* [abstinencia] abstinence *f* ; [moderación] modération *f*.
continental *adj* continental(e).
continente *m* - **1.** GEOGR continent *m* - **2.** [recipiente] contenant *m*.
contingente ◇ *adj* imprévisible. ◇ *m* MIL contingent *m*.
continuación *f* suite *f* ; **a ~** ensuite.
continuar ◇ *vt* continuer. ◇ *vi* continuer ; **~ haciendo algo** continuer à faire qqch.
continuidad *f* continuité *f* ; [permanencia] maintien *m*.
continuo, nua *adj* - **1.** [gen & ELECTR] continu(e) ; [movimiento] perpétuel(elle) - **2.** [constante] continuel(elle) - **3.** [persona] persévérant(e).
contonearse *vpr* se dandiner.
contorno *m* - **1.** [línea] contour *m* - **2.** *(gen pl)* [territorio] alentours *mpl*.
contorsionarse *vpr* se contorsionner ; [de dolor] se tordre.
contorsionista *mf* contorsionniste *mf*.
contra ◇ *prep* contre ; **en ~** [opuesto] contre ; **estar en ~ de algo** être contre qqch ; **en ~ de** [a diferencia de] contrairement à. ◇ *m* : **el pro y el ~** le pour et le contre.
contraataque *m* contre-attaque *f*.

contrabajo ◇ *m* **- 1.** [instrumento] contrebasse *f* **- 2.** [voz, cantante] basse *f*. ◇ *mf* [instrumentista] contrebassiste *mf*.
contrabandista *mf* contrebandier *m*, -ère *f*.
contrabando *m* contrebande *f*.
contracción *f* contraction *f*.
contraceptivo, va *adj* contraceptif(ive). ◆ **contraceptivo** *m* contraceptif *m*.
contrachapado, da *adj* contreplaqué(e). ◆ **contrachapado** *m* [madera] contreplaqué *m*.
contracorriente *f* contre-courant *m* ; **ir a ~** *fig* aller à contre-courant.
contradecir *vt* contredire. ◆ **contradecirse** *vpr* se contredire.
contradicción *f* contradiction *f*.
contradicho, cha *pp irreg* ▷ **contradecir**.
contradictorio, ria *adj* contradictoire.
contraer *vt* **- 1.** [reducir el volumen] contracter **- 2.** [coger - acento, deje] prendre ; [- enfermedad] attraper. ◆ **contraerse** *vpr* se contracter.
contraespionaje *m* contre-espionnage *m*.
contraindicación *f* contre-indication *f*.
contralor *m Amer* inspecteur *m* des Finances.
contraloría *f Amer* inspection *f* des Finances.
contralto ◇ *m* [voz] contralto *m*. ◇ *mf* [cantante] contralto *mf*.
contraluz *m* contre-jour *m* ; **a ~** à contre-jour.
contramaestre *m* **- 1.** NÁUT maître *m* d'équipage **- 2.** [capataz] contremaître *m*, -esse *f*.
contrapartida *f* contrepartie *f* ; **como ~** en contrepartie.
contrapelo ◆ **a contrapelo** *loc adv* **- 1.** [acariciar] à rebrousse-poil **- 2.** *fig* [actuar] à contrecœur.
contrapesar *vt lit & fig* contrebalancer.
contrapeso *m* contrepoids *m* ; **servir de ~** faire contrepoids.
contraponer *vt* **- 1.** [oponer] opposer **- 2.** [cotejar] confronter. ◆ **contraponerse** *vpr* s'opposer.
contraportada *f* [de revista, libro] quatrième *f* de couverture ; [de periódico] dernière page *f*.
contraproducente *adj* contre-productif(ive).
contrapuesto, ta *pp irreg* ▷ **contraponer**.
contrapunto *m* **- 1.** MÚS contrepoint *m* **- 2.** *fig* [entre cosas, personas] note *f* d'originalité.
contrariar *vt* contrarier.
contrariedad *f* **- 1.** [dificultad] ennui *m* **- 2.** [disgusto] contrariété *f* **- 3.** [oposición] contradiction *f*.
contrario, ria *adj* contraire ; [parte] adverse ; **ser ~ a algo** [persona] être opposé à qqch ; **llevar la contraria** [en lo dicho] contredire ; [en lo hecho] contrarier. ◆ **contrario** *m* **- 1.** [rival] adversaire *m* **- 2.** [opuesto] contraire *m* ; **al** o **por el ~** au contraire ; **al ~ de lo que pensaba** contrairement à ce que je pensais ; **de lo ~** sinon ; **todo lo ~** bien au contraire.
contrarreembolso = **contrarrembolso**.
contrarreloj *adj* DEP contre la montre.
contrarrembolso, contrarreembolso *m* livraison *f* contre remboursement.
contrarrestar *vt* **- 1.** [paliar] neutraliser ; [contrapesar] compenser **- 2.** DEP [pelota] retourner.
contrasentido *m* [interpretación] contresens *m* ; [absurdidad] non-sens *m inv*.
contraseña *f* [palabra] mot *m* de passe.
contrastar ◇ *vi* contraster. ◇ *vt* **- 1.** [comprobar] éprouver **- 2.** [hacer frente] résister à.
contraste *m* contraste *m* ; [de caracteres etc] différence *f*.
contratar *vt* **- 1.** [personal] embaucher ; [detective, deportista] engager **- 2.** [servicio, obra] : **~ algo con alguien** passer un contrat pour qqch avec qqn.
contratiempo *m* contretemps *m* ; **tener un ~** avoir un empêchement ; **a ~** MÚS à contretemps ; [demasiado tarde] trop tard.
contratista *mf* entrepreneur *m*, -euse *f*.
contrato *m* contrat *m* ; **~ de aprendizaje** contrat d'apprentissage ; **~ basura** *contrat de travail dont les conditions sont très désavantageuses pour l'employé* ; **~ a tiempo parcial** contrat à temps partiel.
contribución *f* contribution *f*.
contribuir *vi* **- 1.** [gen] contribuer **- 2.** [tomar parte] : **~ a** participer à **- 3.** [pagar impuestos] payer des impôts.
contribuyente *mf* contribuable *mf*.
contrincante *mf* adversaire *mf*.
control *m* **- 1.** [gen] contrôle *m* **- 2.** [dispositivo de funcionamiento] commande *f*.

controlador, ra *m, f* contrôleur *m*, -euse *f* ; ~ **aéreo** aiguilleur *m* du ciel. ◆ **controlador** *m* INFORM contrôleur *m* ; ~ **de disco** contrôleur de disque.

controlar *vt* - **1.** [vigilar, dominar] surveiller - **2.** [comprobar] contrôler - **3.** [regular] régler. ◆ **controlarse** *vpr* se contrôler.

controversia *f* controverse *f*.

contundencia *f* - **1.** [física] force *f* - **2.** *fig* [en el ánimo] : **con** ~ d'un ton tranchant.

contundente *adj* - **1.** [arma, objeto] contondant(e) - **2.** *fig* [razonamiento, argumento] convaincant(e) ; [lógica] implacable ; [prueba] indiscutable.

contusión *f* contusion *f*.

convalecencia *f* convalescence *f*.

convaleciente *adj* convalescent(e).

convalidar *vt* - **1.** [diploma] valider ; **le convalidaron muchas asignaturas** il a obtenu l'équivalence dans beaucoup de matières - **2.** [decisión etc] confirmer.

convencer *vt* : ~ **a alguien (de algo)** convaincre qqn (de qqch). ◆ **convencerse** *vpr* : ~**se de algo** se convaincre de qqch.

convencimiento *m* conviction *f*.

convención *f* convention *f*.

convencional *adj* conventionnel(elle).

conveniencia *f* - **1.** [pertinencia - de medida, oferta] opportunité *f* ; [- de respuesta] à-propos *m inv* - **2.** [interés] convenance *f* ; **por su propia** ~ dans son propre intérêt. ◆ **conveniencias** *fpl* convenances *fpl*.

conveniente *adj* [beneficioso] bon (bonne) ; [pertinente] opportun(e) ; [correcto] convenable ; **sería ~ asistir a la reunión** il vaudrait mieux aller à la réunion.

convenio *m* convention *f*.

convenir ◇ *vi* - **1.** [gen] convenir ; **conviene analizar la situación** il serait bon d'analyser la situation ; **no te conviene hacerlo** tu ne devrais pas le faire ; ~ **en que** [acordar que] convenir que ; **convenimos en reunirnos** nous avons convenu de nous réunir ; ~ **en** [un precio etc] convenir de - **2.** [asentir] : ~ **en que** admettre que. ◇ *vt* : ~ **algo** convenir de qqch.

convento *m* couvent *m*.

convergencia *f* - **1.** [de caminos] croisement *m* - **2.** *fig* [de intereses etc] convergence *f*.

converger *vi* - **1.** [físicamente] converger - **2.** [dos ideas, dos opiniones] : ~ **en** tendre vers.

conversación *f* conversation *f*. ◆ **conversaciones** *fpl* [negociaciones] pourparlers *mpl*.

conversada *f Amer* conversation *f*.

conversador, ra ◇ *adj* bavard(e). ◇ *m, f* : **ser un gran** ~ être très volubile.

conversar *vi* : ~ **con alguien** avoir une conversation avec qqn.

conversión *f* conversion *f*.

converso, sa *adj* & *m, f* converti(e).

convertir *vt* - **1.** [dinero, persona] convertir ; ~ **a alguien a algo** RELIG convertir qqn à qqch - **2.** [transformar] : ~ **algo en** transformer qqch en ; **convirtió a su hijo en una estrella** il a fait de son fils une vedette. ◆ **convertirse** *vpr* - **1.** RELIG : ~**se (a)** se convertir (à) - **2.** [transformarse] : ~**se en** devenir.

convexo, xa *adj* convexe.

convicción *f* conviction *f* ; **tener la ~ de que ...** être convaincu(e) que ... ◆ **convicciones** *fpl* convictions *fpl*.

convicto, ta *adj* DER : ~ **de** convaincu de.

convidar ◇ *vt* inviter ; ~ **a alguien a tomar algo** offrir un verre à qqn. ◇ *vi* : ~ **a** [incitar] inviter à.

convincente *adj* convaincant(e).

convite *m* - **1.** [invitación] invitation *f* - **2.** [fiesta] banquet *m*.

convivencia *f* vie *f* en commun.

convivir *vi* : ~ **con** vivre avec ; **convive con sus hermanos** il vit avec ses frères.

convocar *vt* [asamblea, elecciones] convoquer ; [huelga] appeler à.

convocatoria *f* - **1.** [anuncio, escrito] convocation *f* ; [de huelga] appel *m* - **2.** [de examen] session *f*.

convoy (*pl* **convoyes**) *m* convoi *m*.

convulsión *f* - **1.** [de músculos] convulsion *f* - **2.** [política, social] agitation *f* - **3.** [de tierra, mar] secousse *f*.

convulsionar *vt* convulsionner, convulser.

conyugal *adj* conjugal(e).

cónyuge *mf* conjoint *m*, -e *f*.

coña *f mfam* - **1.** [guasa] connerie *f* ; **estar de** ~ déconner - **2.** [molestia] galère *f* ; **dar la** ~ emmerder.

coñá, coñac (*pl* **coñacs**), **cognac** (*pl* **cognacs**) *m* cognac *m*.

coñazo *m mfam* : **ser un** ~ [persona, libro etc] être chiant(e).

coño *vulg* ◇ *m* - **1.** [genital] con *m* - **2.** [para enfatizar] : **¿dónde ~ está el jersey?** où est le pull, bordel? ; **¿qué ~ estás haciendo?** qu'est-ce que tu fais, bordel?

◇ *interj* : **¡coño!** [enfado] bordel! ; [asombro] putain!

cooperación *f* coopération *f* ; **~ internacional** coopération *(aide aux pays en développement)*.

cooperar *vi* : **~ (en algo)** coopérer (à qqch).

cooperativa *f* ▷ **cooperativo.**

cooperativo, va *adj* coopératif(ive). ◆ **cooperativa** *f* coopérative *f* ; **cooperativa agrícola** coopérative agricole.

coordinador, ra *adj* & *m, f* coordinateur(trice).

coordinar *vt* coordonner ; [palabras] aligner.

copa *f* - **1.** [vaso] verre *m* (à pied) - **2.** [contenido] verre *m* ; **ir de ~s** sortir prendre un verre - **3.** [de árbol] cime *f* - **4.** [de sombrero] calotte *f* ; **de ~ (alta)** haut de forme - **5.** DEP coupe *f*. ◆ **copas** *fpl* [naipes] *l'une des quatre couleurs du jeu de cartes espagnol.*

copar *vt* - **1.** [puestos] accaparer - **2.** MIL prendre par surprise.

Copenhague Copenhague.

copeo *m* : **ir de ~** faire la tournée des bars.

copete *m* - **1.** [de ave] huppe *f* - **2.** [de pelo] houppe *f* - **3.** *loc* : **de alto ~** huppé(e).

copia *f* - **1.** [reproducción, acción] copie *f* ; [de foto] épreuve *f* ; **~ de seguridad** copie de sauvegarde - **2.** [persona] : **ser una ~ de alguien** être tout le portrait de qqn.

copiar ◇ *vt* copier. ◇ *vi* [en examen] copier.

copiloto *mf* copilote *mf*.

copión, ona *m, f* copieur *m*, -euse *f*.

copioso, sa *adj* [comida] copieux(euse) ; [lluvia, cabellera] abondant(e).

copla *f* - **1.** [canción] chanson *f* populaire - **2.** [estrofa] couplet *m*.

copo *m* flocon *m*.

copropiedad *f* copropriété *f*.

copropietario, ria *m, f* copropriétaire *mf*.

copular *vi* copuler.

copulativo, va *adj* copulatif(ive).

coquetear *vi* [tratar de agradar] minauder ; [flirtear] aguicher.

coqueto, ta *adj* - **1.** [gen] coquet(ette) - **2.** [que flirtea] aguicheur(euse).

coraje *m* - **1.** [valor] courage *m* - **2.** [rabia] : **dar ~** mettre en colère.

coral ◇ *adj* MÚS choral(e). ◇ *m* [de mar] corail *m*. ◇ *f* - **1.** [coro] chorale *f* - **2.** [composición] choral *m*.

Corán *m* : **el ~** le Coran.

coraza *f* - **1.** [gen] carapace *f* - **2.** [de soldado] cuirasse *f*.

corazón *m* - **1.** [gen] cœur *m* ; **no tener ~** ne pas avoir de cœur, être sans cœur ; **ser de buen ~** avoir bon cœur - **2.** [valor, energía] courage *m* - **3.** ▷ **dedo** - **4.** *loc* : **de (todo) ~** de tout cœur.

corazonada *f* - **1.** [intuición] pressentiment *m* - **2.** [impulso] coup *m* de tête.

corbata *f* cravate *f*.

corbeta *f* NÁUT corvette *f*.

Córcega Corse *f*.

corchea *f* croche *f*.

corchete *m* - **1.** [de broche] agrafe *f* ; [a presión] bouton-pression *m* - **2.** [signo ortográfico] crochet *m*.

corcho *m* - **1.** [material] liège *m* - **2.** [tapón] bouchon *m*.

córcholis *interj* : **¡córcholis!** nom d'une pipe!

cordel *m* ficelle *f*.

cordero, ra *m, f lit* & *fig* agneau *m*, agnelle *f*.

cordial *adj* cordial(e).

cordialidad *f* cordialité *f*.

cordillera *f* chaîne *f* (de montagnes) ; [andina] cordillère *f*. ◆ **cordillera Cantábrica** *f* : **la ~ Cantábrica** les monts *mpl* Cantabriques.

Córdoba Cordoue.

cordón *m* - **1.** [gen] cordon *m* ; [de zapatos] lacet *m* ; **~ umbilical** cordon ombilical - **2.** [cable eléctrico] fil *m* - **3.** *Amer* [de la acera] bord *m* du trottoir.

cordura *f* [juicio] raison *f* ; [prudencia] sagesse *f*.

Corea Corée *f* ; **~ del Norte/Sur** Corée du Nord/Sud.

corear *vt* - **1.** [canción] reprendre en chœur - **2.** [decisiones etc] approuver.

coreografía *f* chorégraphie *f*.

coreógrafo, fa *m, f* chorégraphe *mf*.

corista ◇ *mf* choriste *mf*. ◇ *f* [bailarina] girl *f*.

cornada *f* coup *m* de corne.

cornamenta *f* - **1.** [de toro] cornes *fpl* ; [de ciervo] bois *mpl* - **2.** *fam* [del cónyuge engañado] cornes *fpl*.

córnea *f* cornée *f*.

córner (*pl* **córners**) *m* corner *m*.

corneta ◇ *f* [instrumento] cornet *m*. ◇ *mf* [instrumentista] cornettiste *mf*.

cornete *m* cornet *m*.

cornetín ◇ *m* cornet *m* à piston. ◇ *mf* [instrumentista] cornettiste *mf*.

cornisa *f* corniche *f*.

cornudo, da ◇ *adj* - **1.** [animal] à cornes - **2.** *fam fig* [cónyuge] cocu(e). ◇ *m, f fam fig* cocu *m*, -e *f*.

coro *m* chœur *m* ; **a ~** en chœur ; **hablar a ~** parler tous en même temps.

corona *f* - **1.** [gen] couronne *f* ; **~ fúnebre/de laurel** couronne mortuaire/de lauriers - **2.** [de santos] auréole *f*.

coronación *f lit* & *fig* couronnement *m*.

coronar *vt* - **1.** [gen] couronner - **2.** *fig* [concluir] achever - **3.** *fig* [alcanzar] atteindre.

coronel *m* colonel *m*.

coronilla *f* sommet *m* du crâne ; **estar hasta la ~** *fig* en avoir par-dessus la tête.

corpiño *m* bustier *m*.

corporación *f* corporation *f*.

corporal *adj* corporel(elle).

corporativo *adj* corporatif(ive).

corpóreo, a *adj* corporel(elle).

corpulencia *f* corpulence *f*.

corpulento, ta *adj* corpulent(e).

corral *m* - **1.** [para los animales] cour *f* (de ferme) ; [para aves] basse-cour *f* - **2.** [para teatro] *ancien théâtre en plein air*.

correa *f* - **1.** [tira & TECNOL] courroie *f* ; [de reloj] bracelet *m* ; [de perro] laisse *f* ; [de bolso] anse *f* - **2.** [cinturón] ceinture *f*.

corrección *f* correction *f* ; **con toda ~** parfaitement.

correccional *m* maison *f* de redressement.

correctivo, va *adj* correctif(ive). ◆ **correctivo** *m* correction *f*.

correcto, ta *adj* correct(e) ; **políticamente ~** politiquement correct.

corrector, ra ◇ *adj* correcteur(trice). ◇ *m, f* : **~ de estilo** lecteur-correcteur *m* ; **~ tipográfico** correcteur typographique.

corredor, ra *m, f* - **1.** [deportista] coureur *m*, -euse *f* - **2.** [intermediario] courtier *m*, -ère *f* ; **~ de comercio** ≃ agent *m* de change. ◆ **corredor** *m* corridor *m*.

corregir *vt* corriger. ◆ **corregirse** *vpr* se corriger.

correlación *f* corrélation *f*.

correlativo, va *adj* - **1.** [en relación] corrélatif(ive) - **2.** [en consecución] consécutif(ive).

correo ◇ *m* - **1.** [correspondencia] courrier *m* ; **a vuelta de ~** par retour du courrier ; **echar al ~** poster ; **~ certificado** courrier recommandé ; **~ comercial** prospectus *m* ; **~ electrónico** courrier électronique - **2.** [servicio] poste *f*. ◇ *adj* postal(e). ◆ **Correos** *mpl* poste *f*.

correoso, sa *adj* [sustancia] caoutchouteux(euse) ; [pan] mou (molle) ; [carne, persona] coriace.

correr ◇ *vi* - **1.** [andar deprisa] courir ; **a todo ~** à toute vitesse - **2.** [ir deprisa] aller vite ; [coche] rouler vite - **3.** [pasar por - río, agua del grifo] couler ; [- camino] passer - **4.** [tiempo, horas] passer - **5.** [propagarse - suceso, noticia] se propager ; [- rumor] courir - **6.** [moneda] avoir cours - **7.** [pagar] : **~ con** [gastos] prendre à sa charge ; [cuenta] régler ; **~ a cargo de** être à la charge de - **8.** [cantidad, sueldo etc] être dû (due). ◇ *vt* - **1.** [recorrer - distancia] courir ; [- lugar] parcourir - **2.** [deslizar - mesa, silla etc] pousser ; [- cortinas] tirer - **3.** [experimentar - aventuras, vicisitudes] connaître ; [- riesgo] courir - **4.** *Amer* [despedir] renvoyer. ◆ **correrse** *vpr* - **1.** [desplazarse - persona] se pousser ; [- cosa] glisser - **2.** [pintura, colores] couler - **3.** *vulg* [tener un orgasmo] jouir.

correría *f* escapade *f*.

correspondencia *f* - **1.** [entre hechos] rapport *m* - **2.** [entre estaciones, personas] correspondance *f* ; **mantener una ~ con alguien** entretenir une correspondance avec qqn - **3.** [correo] courrier *m*.

corresponder *vi* - **1.** [pagar, compensar] : **~ a algo** remercier de qqch ; **me lo ofreció para ~me** il me l'a offert pour me remercier - **2.** [pertenecer, coincidir] : **~ (con)** correspondre (à) - **3.** [tocar] : **te corresponde a ti hacerlo** c'est à toi de le faire ; **le corresponde la herencia** l'héritage lui revient - **4.** [a un sentimiento, favor] rendre ; **él la quiere y ella le corresponde** il l'aime et elle le lui rend bien. ◆ **corresponderse** *vpr* - **1.** [escribirse] : **~se con alguien** correspondre avec qqn - **2.** [amarse] : **~se en el amor** s'aimer mutuellement - **3.** [habitaciones] communiquer.

correspondiente *adj* correspondant(e).

corresponsal *mf* - **1.** PRENSA correspondant *m*, -e *f* - **2.** COM représentant *m*, -e *f*.

corretear *vi* - **1.** [correr - niños] galoper ; [- ratones] trotter - **2.** *fam* [vagar] traîner.

correveidile *mf* rapporteur *m*, -euse *f*.

corrido, da *adj* - **1.** [pasado] bon (bonne) ; **un kilo ~ de ...** un bon kilo de ... - **2.** [avergonzado] gêné(e). ◆ **corrida** *f* - **1.** TAUROM corrida *f* - **2.** [acción] : **dar una**

~ courir. ◆ **de corrido** *loc adv* [de memoria] par cœur ; [de una vez] d'un trait.

corriente ◇ *adj* - **1.** [gen] courant(e) - **2.** [nada excepcional] ordinaire. ◇ *f* courant *m* ; **estar al ~ de** [pagos] être à jour pour ; [noticias] être au courant de ; **ir contra ~** aller à contre-courant.

corro *m* - **1.** [círculo] cercle *m* ; [baile] ronde *f* ; **en ~** en rond - **2.** FIN [en Bolsa] corbeille *f*.

corroborar *vt* corroborer.

corroer *vt* - **1.** [gen] corroder ; GEOL éroder - **2.** *fig* [consumir] ronger.

corromper *vt* corrompre. ◆ **corromperse** *vpr* - **1.** [pudrirse] pourrir - **2.** [pervertirse] se corrompre.

corrosivo, va *adj* - **1.** [que desgasta] corrosif(ive) - **2.** [mordaz] décapant(e).

corrupción *f* corruption *f*.

corrusco *m* quignon *m* de pain.

corsario, ria *adj* pirate ; **una nave corsaria** un bateau pirate ; **un capitán ~** un corsaire. ◆ **corsario** *m* corsaire *m*.

corsé *m* corset *m*.

cortacésped *m* tondeuse *f* à gazon.

cortado, da *adj* - **1.** [labios, manos] gercé(e) - **2.** [nata, leche] tourné(e) - **3.** *fig* [avergonzado] timide ; [remilgado] coincé(e) ; **quedarse ~** être décontenancé - **4.** [estilo] haché(e). ◆ **cortado** *m* noisette *f (café)*.

cortafuego *m* coupe-feu *m inv*.

cortante *adj* - **1.** [afilado] coupant(e) - **2.** *fig* [tajante] cassant(e) ; [viento] cinglant(e) ; [frío] glacial(e).

cortapisa *f* entrave *f* ; **poner ~s** mettre des bâtons dans les roues.

cortar ◇ *vt* - **1.** [gen] couper ; [el césped] tondre - **2.** [interrumpir - abusos, hemorragia] arrêter ; [- conversación] interrompre - **3.** [dar forma - papel] découper ; [- tela] tailler - **4.** [labios, piel] gercer - **5.** [alterar - leche] faire tourner ; [- mayonesa] faire tomber - **6.** [gastos] réduire - **7.** [poner fin a - beca, subvención] retirer ; [- abusos] couper court à - **8.** [aire, olas] fendre - **9.** *fig* [molestar] gêner ; **me corta su seriedad** sa gravité me met mal à l'aise. ◇ *vi* - **1.** [gen] couper - **2.** *fam* [cesar una relación] rompre. ◆ **cortarse** *vpr* - **1.** [gen] se couper - **2.** [labios, piel] se gercer - **3.** [alimento - leche] tourner ; [- mayonesa] ne pas prendre - **4.** *fig* [turbarse] se troubler.

cortaúñas *m inv* coupe-ongles *m inv*.

corte ◇ *m* - **1.** [raja - en papel, tela] déchirure *f* ; [- en la piel] entaille *f* - **2.** [de pelo, prenda, esquema] coupe *f* ; **~ y confección** confection *f* - **3.** [herida, pausa, interrupción] coupure *f* - **4.** [de tela] coupon *m* - **5.** [estilo de una obra] ton *m* - **6.** [del cuchillo] fil *m* - **7.** *fam* [respuesta ingeniosa] gifle *f (remarque humiliante)* - **8.** *fam* [vergüenza] honte *f* ; **me da ~ salir a la calle** j'ai honte de sortir. ◇ *f* [palacio] cour *f*. ◆ **Cortes** *fpl* : **las Cortes** *le Parlement espagnol*.

cortejar *vt* courtiser.

cortejo *m* cortège *m*.

cortés *adj* courtois(e).

cortesía *f* - **1.** [modales] politesse *f* ; **de ~** de politesse - **2.** [favor] gentillesse *f* - **3.** [regalo] : **el aperitivo es ~ de la casa** l'apéritif vous est offert par la maison.

corteza *f* - **1.** [del árbol] écorce *f* - **2.** [de pan, queso etc] croûte *f* ; [naranja etc] peau *f* ; **~ terrestre** croûte terrestre - **3.** ANAT cortex *m*.

cortijo *m* ferme *f* (andalouse).

cortina *f* rideau *m*.

cortisona *f* cortisone *f*.

corto, ta *adj* - **1.** [en extensión, tiempo] court(e) ; **una corta espera** une brève attente - **2.** *fig* [bobo] : **~ (de alcances)** simplet - **3.** *loc* : **quedarse ~** [al calcular] voir trop juste ; [al relatar] être en deçà de la vérité.

cortocircuito *m* court-circuit *m*.

cortometraje *m* court-métrage *m*.

cosa *f* - **1.** [gen] chose *f* ; **poca ~** pas grand-chose - **2.** [pertenencias] *(gen pl)* affaires *fpl* - **3.** [instrumentos] *(gen pl)* matériel *m* ; **~s de coser** nécessaire *m* de couture - **4.** [ocurrencia] *(gen pl)* truc *m* ; **¡qué ~s tienes!** tu as de ces idées! - **5.** [manías] *(gen pl)* manie *f* - **6.** *loc* : **como quien no quiere la ~** mine de rien ; **como si tal ~** comme si de rien n'était ; **eso es ~ mía** c'est moi que ça regarde. ◆ **cosa de** *loc prep* environ ; **tuvimos que esperar ~ de 10 minutos** on a dû attendre quelque chose comme 10 minutes.

coscorrón *m* coup *m* sur la tête.

cosecha *f* récolte *f* ; [de cereales] moisson *f* ; **de su (propia) ~** *fig* [poemas etc] de son cru.

cosechar ◇ *vt* - **1.** AGRIC récolter ; [cereales] moissonner - **2.** *fig* [ganar] obtenir. ◇ *vi* faire la récolte ; [de cereales] moissonner.

coseno *m* cosinus *m*.

coser ◇ *vt* - **1.** [con hilo] coudre - **2.** [con grapas] agrafer - **3.** *loc* : **ser cosa de ~ y can-**

tar être simple comme bonjour. ◇ *vi* coudre.

cosido *m* couture *f (action)*.

cosmético, ca *adj* cosmétique. ◆ **cosmético** *m* cosmétique *m*. ◆ **cosmética** *f* cosmétique *f*.

cósmico, ca *adj* cosmique.

cosmopolita *adj* cosmopolite.

cosmos *m* cosmos *m*.

coso *m Amer* [chisme] truc *m*.

cosquillas *fpl* chatouilles *fpl* ; **hacer ~** chatouiller, faire des chatouilles ; **tengo ~** ça me chatouille.

cosquilleo *m* **- 1.** [agradable] chatouillement *m* **- 2.** *fig* [desagradable] frisson *m*.

costa *f* côte *f*. ◆ **Costa Brava** *f* : **la Costa Brava** la Costa Brava. ◆ **Costa del Sol** *f* : **la Costa del Sol** la Costa del Sol. ◆ **a costa de** *loc prep* **- 1.** [a expensas de] aux dépens de **- 2.** [a fuerza de] au prix de. ◆ **a toda costa** *loc adv* à tout prix.

costado *m* flanc *m* ; **dormir de ~** dormir sur le côté ; **en ambos ~s de la calle** des deux côtés de la rue.

costal *m* sac *m (de jute)*.

costanera *f Amer* bord *m* de mer.

costar ◇ *vt* **- 1.** [gen] coûter **- 2.** [tiempo] prendre. ◇ *vi* coûter.

Costa Rica Costa Rica *m*.

costarricense, costarriqueño, ña ◇ *adj* costaricien(enne). ◇ *mf* o *m, f* Costaricien *m*, -enne *f*.

coste *m* coût *m* ; **~ de la vida** coût de la vie.

costear *vt* **- 1.** [pagar] payer, financer ; [rentabilizar] couvrir **- 2.** NÁUT longer, côtoyer.

costero, ra ◇ *adj* côtier(ère). ◇ *m, f* habitant *m*, -e *f* du littoral.

costilla *f* **- 1.** [de persona] côte *f* **- 2.** [de animal] côtelette *f* **- 3.** [de silla] barreau *m* ; [de barco] membrure *f* **- 4.** *fam fig* [cónyuge] moitié *f*.

costo *m* **- 1.** [gen] coût *m* **- 2.** *fam* [hachís] hasch *m*.

costoso, sa *adj* **- 1.** [precio] coûteux(euse) **- 2.** *fig* [trabajo] pénible ; [triunfo] difficile.

costra *f* croûte *f*.

costumbre *f* **- 1.** [hábito] habitude *f* **- 2.** [práctica] coutume *f*.

costumbrismo *m* peinture *f* des mœurs.

costura *f* couture *f* ; **alta ~** haute couture.

costurera *f* couturière *f*.

costurero *m* **- 1.** [objeto] corbeille *f* à ouvrage **- 2.** [oficio] couturier *m*.

cota *f* **- 1.** [altura, nivel] cote *f* **- 2.** [jubón] cotte *f* ; **~ de mallas** cotte de mailles.

cotarro *m* : **alborotar el ~** mettre la pagaille ; **dirigir el ~** faire la loi.

cotejar *vt* confronter *(comparer)*.

cotejo *m* confrontation *f*.

cotidiano, na *adj* quotidien(enne).

cotilla *mf fam* commère *f*.

cotillear *vi fam* faire des ragots.

cotilleo *m fam* potin *m*.

cotillón *m* cotillon *m* ; **artículos de ~** cotillons *mpl*.

cotización *f* **- 1.** [de producto] prix *m* **- 2.** [en Bolsa - precio] cours *m* ; [- actividad] cotation *f*.

cotizar ◇ *vt* [valorar] estimer ; [en Bolsa] coter. ◇ *vi* [pagar] cotiser, verser une cotisation. ◆ **cotizarse** *vpr* **- 1.** [bonos, valores etc] : **~se (a)** être coté(e) (à) **- 2.** [valorarse] être apprécié(e).

coto *m* **- 1.** [terreno] réserve *f* ; **~ de caza** chasse *f* gardée **- 2.** *loc* : **poner ~ a** [impedir algo] mettre le holà à.

cotorra *f* **- 1.** [ave] perruche *f* **- 2.** *fam fig* [persona] pie *f* ; **hablar como una ~** être un moulin à paroles.

COU (*abrev de* **curso de orientación universitaria**) *m* EDUC *année de préparation à l'entrée à l'université*, ≃ terminale *f*.

cowboy ['kauboi] (*pl* **cowboys**) *m* cowboy *m*.

coxis = **cóccix**.

coyote *m* coyote *m*.

coyuntura *f* **- 1.** [situación] conjoncture *f* ; [oportunidad] occasion *f* **- 2.** [unión] jointure *f*.

coz *f* **- 1.** [del animal] ruade *f* ; [patada] coup *m* de sabot **- 2.** [de arma] recul *m*.

crac (*pl* **cracs**), **crack** (*pl* **cracks**) *m* **- 1.** [figura] star *f* **- 2.** FIN krach *m*.

crack *m inv* **- 1.** [droga] crack *m* **- 2.** = **crac**.

cráneo *m* crâne *m*.

crápula ◇ *m* débauché *m*. ◇ *f* débauche *f*.

cráter *m* cratère *m*.

crawl = **crol**.

creación *f* création *f*.

creador, ra *adj* & *m, f* créateur(trice).

crear *vt* **- 1.** [gen] créer **- 2.** [desorden, descontento etc] provoquer ; [rumores] répandre.

creatividad *f* créativité *f*.

creativo, va *adj* & *m, f* créatif *m*, -ive *f*.

crecer *vi* **- 1.** [niños, sentimientos] gran-

dir ; [plantas, cabello] pousser **- 2.** [días, noches] allonger **- 3.** [río] grossir ; [marea] monter ; [luna] croître **- 4.** [interés, gusto, afición] être croissant(e). ◆ **crecerse** *vpr* prendre de l'assurance.
creces ◆ **con creces** *loc adv* largement.
crecido, da *adj* [cantidad, niño] grand(e). ◆ **crecida** *f* crue *f*.
creciente ◇ *adj* croissant(e). ◇ *m* phase *f* ascendante (de la Lune).
crecimiento *m* croissance *f* ; [de precios] augmentation *f*.
credencial *f* [pase] laissez-passer *m*. ◆ **credenciales** *fpl* lettres *fpl* de créance.
credibilidad *f* crédibilité *f*.
crédito *m* **- 1.** [gen] crédit *m* ; **a ~** à crédit ; **~ al consumo** crédit à la consommation **- 2.** [confianza] confiance *f* ; **dar ~ a algo** croire qqch **- 3.** [en universidad] ≃ unité *f* de valeur.
credo *m lit* & *fig* credo *m*.
crédulo, la *adj* crédule.
creencia *f* **- 1.** [de fe] croyance *f* **- 2.** [de opinión] conviction *f*.
creer ◇ *vt* croire. ◇ *vi* : **~ en** croire en. ◆ **creerse** *vpr* **- 1.** [considerarse] se croire ; **¿quién se cree que es?** pour qui se prend-il? **- 2.** [dar por cierto] croire.
creíble *adj* crédible.
creído, da *m, f* prétentieux *m*, -euse *f*.
crema ◇ *f* **- 1.** [gen] crème *f* **- 2.** [betún] cirage *m*. ◇ *adj inv* crème.
cremallera *f* **- 1.** [para cerrar] fermeture *f* Éclair® **- 2.** TECNOL crémaillère *f*.
crematístico, ca *adj* financier(ère).
crematorio, ria *adj* crématoire. ◆ **crematorio** *m* crématorium *m*.
cremoso, sa *adj* crémeux(euse).
crepe ['krep] *f* crêpe *f*.
crepitar *vi* crépiter.
crepúsculo *m lit* & *fig* crépuscule *m*.
crespo, pa *adj* crépu(e).
cresta *f* **- 1.** [gen] crête *f* ; **dar a alguien en la ~** *fig* rabattre le caquet à qqn **- 2.** [penacho] huppe *f*.
Creta Crète *f*.
cretino, na *m, f* crétin *m*, -e *f*.
cretona *f* cretonne *f*.
creyente *mf* croyant *m*, -e *f*.
cría *f* ▷ **crío**.
criadero *m* **- 1.** [de plantas] pépinière *f* ; [de animales] élevage *m* **- 2.** [de mineral] gisement *m*.
criadilla *f testicules d'animal (taureau par exemple) utilisés en cuisine*.
criado, da ◇ *adj* élevé(e) ; **bien ~** bien élevé. ◇ *m, f* domestique *mf*.
criador, ra ◇ *adj* producteur(trice). ◇ *m, f* éleveur *m*, -euse *f* ; **~ de vino** viticulteur *m*.
crianza *f* **- 1.** [de bebé] allaitement *m* **- 2.** [de animales, del vino] élevage *m* **- 3.** [educación] éducation *f*.
criar *vt* **- 1.** [amamantar] allaiter **- 2.** [cuidar - animales, niños] élever **- 3.** [plantas] cultiver. ◆ **criarse** *vpr* **- 1.** [crecer] grandir **- 2.** [reproducirse] se reproduire.
criatura *f* **- 1.** [niño] enfant *m* ; [bebé] nourrisson *m* **- 2.** [ser vivo] créature *f*.
criba *f* **- 1.** [tamiz] crible *m* **- 2.** [selección] passage *m* au crible.
cricket = **críquet**.
crimen *m* crime *m*.
criminal *adj* & *mf* criminel(elle).
crin *f* **- 1.** [material] crin *m* **- 2.** [pelos] *(gen pl)* crinière *f*.
crío, a *m, f* gamin *m*, -e *f*. ◆ **cría** *f* **- 1.** [hijo del animal] petit *m* **- 2.** [crianza - de animales] élevage *m* ; [- de plantas] culture *f*.
criollo, lla ◇ *adj* créole. ◇ *m, f* Créole *mf*.
cripta *f* crypte *f*.
críquet, cricket ['kriket] *m* cricket *m*.
crisantemo *m* chrysanthème *m*.
crisis *f inv* **- 1.** [gen] crise *f* **- 2.** [escasez] pénurie *f*.
crisma *f fam* [cabeza] : **romperle la ~ a alguien** casser la figure à qqn.
crismas, christmas, crisma *m* carte *f* de vœux.
crisol *m* **- 1.** [gen] creuset *m* **- 2.** [prueba] révélateur *m*.
crispar *vt* crisper ; **~ los nervios** taper sur les nerfs. ◆ **crisparse** *vpr* se crisper.
cristal *m* **- 1.** [gen] verre *m* ; [vidrio fino] cristal *m* **- 2.** [de ventana] vitre *f*, carreau *m* **- 3.** *fig* [espejo] glace *f*.
cristalera *f* [techo] verrière *f* ; [puerta] porte *f* vitrée ; [armario] armoire *f* à glace.
cristalería *f* **- 1.** [objetos] verrerie *f* **- 2.** [fábrica, tienda] vitrerie *f* ; **pasar por la ~** aller chez le vitrier.
cristalino, na *adj* cristallin(e). ◆ **cristalino** *m* cristallin *m*.
cristalizar *vt* cristalliser. ◆ **cristalizarse** *vpr* [sustancia, sentimiento] se cristalliser ; [asunto] se concrétiser ; **~se en** *fig* aboutir à.

cristiandad *f* chrétienté *f*.
cristianismo *m* - **1.** [religión] christianisme *m* - **2.** [fieles] chrétienté *f*.
cristiano, na *adj* & *m, f* chrétien(enne).
cristo *m* christ *m*. ◆ **Cristo** *m* Christ *m*.
criterio *m* - **1.** [norma] critère *m* - **2.** [juicio] discernement *m* - **3.** [opinión] avis *m*.
crítica *f* ▷ **crítico**.
criticar *vt* critiquer.
crítico, ca *adj* & *m, f* critique. ◆ **crítica** *f* critique *f*.
criticón, ona ◇ *adj* qui a la critique facile. ◇ *m, f* critiqueur *m*, -euse *f*.
Croacia Croatie *f*.
croar *vi* coasser.
croata ◇ *adj* croate. ◇ *mf* Croate *mf*.
croissant [krwa'san] (*pl* **croissants**) *m* croissant *m (pâtisserie)*.
crol, crawl ['krol] *m* crawl *m*.
cromado *m* chromes *mpl*.
cromatismo *m* chromatisme *m*.
cromo *m* - **1.** [metal] chrome *m* - **2.** [estampa] image *f*.
cromosoma *m* chromosome *m*.
crónico, ca *adj* chronique. ◆ **crónica** *f* - **1.** [gen] chronique *f* - **2.** [de televisión] magazine *m* d'information.
cronista *mf* chroniqueur *m*, -euse *f*.
cronología *f* chronologie *f*.
cronometrar *vt* chronométrer.
cronómetro *m* chronomètre *m*.
croqueta *f* CULIN croquette *f*.
croquis *m inv* croquis *m*.
cross *m inv* cross *m inv*.
cruce ◇ *v* ▷ **cruzar**. ◇ *m* - **1.** [de caminos & BIOL] croisement *m* ; [de carreteras, calles] carrefour *m* - **2.** [de teléfono] interférence *f* - **3.** [de electricidad] court-circuit *m*.
crucero *m* - **1.** [viaje] croisière *f* - **2.** [de iglesia] croisée *f* du transept.
crucial *adj* crucial(e).
crucificar *vt* crucifier ; *fig* [atormentar] tourmenter.
crucifijo *m* crucifix *m*.
crucifixión *f* crucifixion *f*.
crucigrama *m* mots croisés *mpl*.
crudeza *f* - **1.** [del tiempo] rigueur *f* - **2.** [de descripción] crudité *f* - **3.** [de comportamiento] rudesse *f* ; [de la verdad, realidad] dureté *f*.
crudo, da *adj* - **1.** [gen] cru(e) ; **es la cruda realidad** c'est la dure réalité ; **de forma cruda** crûment - **2.** [tiempo] rude, rigoureux(euse) - **3.** [color] écru(e). ◆ **crudo** *m* pétrole *m* brut, brut *m*.
cruel *adj* cruel(elle).
crueldad *f* cruauté *f*.
cruento, ta *adj* sanglant(e).
crujido *m* craquement *m* ; [de dientes] grincement *m* ; [de la seda] crissement *m*.
crujiente *adj* craquant(e) ; [pan, patatas fritas] croustillant(e).
crujir *vi* craquer ; [dientes] grincer ; [seda] crisser.
cruz *f* - **1.** [gen] croix *f* - **2.** [de moneda] pile *f* - **3.** [de ramas] fourche *f* - **4.** *fig* [aflicción - persona] poids *m* ; [- actividad etc] calvaire *m* - **5.** *loc* : **hacer ~ y raya** [con un asunto] tourner la page ; [con una persona] couper les ponts. ◆ **Cruz Roja** *f* : **la Cruz Roja** la Croix-Rouge.
cruza *f Amer* croisement *m*.
cruzado, da *adj* - **1.** [gen & BIOL] croisé(e) - **2.** [atravesado] : **~ (en)** en travers (de).
cruzar *vt* - **1.** [poner en cruz, emparejar] croiser - **2.** [poner de través] mettre en travers - **3.** [calle] traverser - **4.** [palabras] échanger. ◆ **cruzarse** *vpr* : **~se con alguien** croiser qqn ; **me crucé con ella** je l'ai croisée ; **~se de brazos/piernas** croiser les bras/les jambes.
CSIC (*abrev de* **Consejo Superior de Investigaciones Científicas**) *m conseil supérieur de la recherche scientifique en Espagne*, ≃ CNRS *m*.
cta. *abrev de* **cuenta**.
cte. *abrev de* **corriente**.
CTNE (*abrev de* **Compañía Telefónica Nacional de España**) *f compagnie espagnole des télécommunications*, ≃ France Télécom.
cuaderno *m* cahier *m*.
cuadra *f* - **1.** [de caballos] écurie *f* - **2.** *Amer* [manzana] pâté *m* de maisons.
cuadrado, da *adj* - **1.** [gen & MAT] carré(e) - **2.** [persona] : **estar cuadrada** *fam* être un pot à tabac. ◆ **cuadrado** *m* carré *m*.
cuadrangular *adj* quadrangulaire.
cuadrante *m* - **1.** GEOGR & GEOM quadrant *m* - **2.** [reloj] cadran *m*.
cuadrar *vi* - **1.** [información, hechos] concorder ; [caracteres, ropa] s'accorder ; **su confesión no cuadra con la declaración** ses aveux ne concordent pas avec sa déclaration - **2.** [números, cuentas] tomber juste - **3.** [venir a medida] convenir ; **le cuadra ese trabajo** ce travail lui convient parfaitement. ◆ **cuadrarse** *vpr* - **1.** MIL se mettre au garde-à-vous - **2.** [mostrar firmeza] durcir le ton.

cuadrícula *f* quadrillage *m*.

cuadrilátero *m* - **1.** GEOM quadrilatère *m* - **2.** DEP ring *m*.

cuadrilla *f* - **1.** [de amigos, maleantes] bande *f* ; [de trabajadores] équipe *f* - **2.** [de torero] *équipe qui assiste le matador*.

cuadro *m* - **1.** [gen & TEATR] tableau *m* ; **~ de costumbres** étude *f* de mœurs ; **~ sinóptico** tableau synoptique - **2.** [escena] spectacle *m* - **3.** GEOM carré *m* ; **a ~s** [tela] à carreaux - **4.** [de personas] équipe *f* ; **el ~ de dirigentes** la direction - **5.** [de bicicleta] cadre *m*.

cuajar ◇ *vt* - **1.** [leche] cailler ; [sangre] coaguler - **2.** [de adornos] couvrir. ◇ *vi* - **1.** [lograrse - proyecto, acción] aboutir ; [- acuerdo] être conclu(e) - **2.** [gustar - persona] être adopté(e) ; [- moda] prendre ; [- nieve] tenir. ◆ **cuajarse** *vpr* - **1.** [leche] cailler ; [flan, hielo] prendre ; [sangre] coaguler - **2.** [llenarse] se remplir ; **se le cuajaron los ojos de lágrimas** ses yeux se sont emplis de larmes.

cuajo *m* - **1.** [fermento] présure *f* - **2.** *fig* [calma] nonchalance *f*. ◆ **de cuajo** *loc adv* complètement ; **arrancar de ~** [árbol] déraciner ; [pie, mano] arracher.

cual *pron relat* : **el/la ~** lequel/laquelle ; **llamé a Juan, el ~ dormía** j'ai appelé Juan, qui dormait ; **al/a la ~** auquel/à laquelle ; **la película a la ~ hago referencia** le film auquel je fais référence ; **Ana, a la ~ veo a menudo ...** Ana, que je vois souvent ... ; **del/de la ~** dont ; **el libro/el amigo del ~ te hablé** le livre/l'ami dont je t'ai parlé ; **lo ~** [sujeto] ce qui ; [complemento] ce que ; **está muy enfadada, lo ~ es comprensible/entiendo perfectamente** elle est très fâchée, ce qui est compréhensible/ce que je comprends parfaitement ; **sea ~ sea** quel que soit, quelle que soit ; **sea ~ sea el resultado** quel que soit le résultat.

cuál *pron* - **1.** [interrogativo] quel, quelle ; [especificando] lequel, laquelle ; **¿~ es la diferencia?** quelle est la différence? ; **¿~ prefieres?** laquelle préfères-tu? ; **no sé ~es son mejores** je ne sais pas lesquels sont les meilleurs - **2.** *(en oraciones distributivas)* : **todos han contribuido, ~ más, ~ menos** ils ont tous participé, certains plus que d'autres.

cualidad *f* qualité *f*.

cualificado, da *adj* qualifié(e).

cualitativo, va *adj* qualitatif(ive).

cualquiera (*pl* **cualesquiera**) ◇ *adj* (*antes de sust* : **cualquier**) - **1.** [gen] *(antes de sust)* n'importe quel, n'importe quelle ; **cualquier día vendré a visitarte** un de ces jours, je viendrai te rendre visite ; **en cualquier momento** n'importe quand ; **en cualquier lugar** n'importe où - **2.** [ordinario] *(después de sust)* quelconque ; **un sitio ~** un endroit quelconque. ◇ *pron* n'importe qui ; **~ te lo dirá** n'importe qui te le dira ; **~ que** [persona] quiconque ; [cosa] quel que (quelle que) ; **~ que te viera se reiría** quiconque te verrait rirait ; **~ que sea la razón** quelle que soit la raison. ◇ *mf* moins que rien *mf*. ◇ *f fam* traînée *f*.

cuan *adv* [todo lo que] : **se desplomó ~ largo era** il est tombé de tout son long.

cuando ◇ *adv* : **mañana es ~ me voy de vacaciones** c'est demain que je pars en vacances ; **de ~ en ~, de vez en ~** de temps en temps. ◇ *conj* - **1.** [de tiempo] quand, lorsque ; **~ llegué a París** quand o lorsque je suis arrivé à Paris - **2.** [si] si ; **~ tú lo dices será verdad** si c'est toi qui le dis, ça doit être vrai.

cuándo ◇ *adv* quand ; **¿~ vienes?** quand viens-tu? ; **le pregunté ~ se iba** je lui ai demandé quand il partait. ◇ *m* : **ignora el cómo y el ~ de la operación** il ignore comment et quand se déroulera l'opération.

cuantía *f* quantité *f* ; [importe] montant *m*.

cuantificar *vt* quantifier.

cuantitativo, va *adj* quantitatif(ive).

cuanto, ta ◇ *adj* - **1.** [todo] tout le, toute la ; **despilfarra ~ dinero gana** il gaspille tout l'argent qu'il gagne - **2.** *(antes de adv)* [compara cantidades] : **cuantas más mentiras digas, menos te creerán** plus tu raconteras de mensonges, moins on te croira. ◇ *pron relat (gen pl)* [sujeto] tous ceux qui, toutes celles qui ; [complemento] tous ceux que, toutes celles que ; **dio las gracias a todos ~s le ayudaron** il remercia tous ceux qui l'avaient aidé ; **me gustaron cuantas vi** toutes celles que j'ai vues m'ont plu. ◆ **cuanto** ◇ *pron relat (neutro)* - **1.** [todo lo que] tout ce que ; **comprendo ~ dice** je comprends tout ce qu'il dit ; **come ~ quieras** mange autant que tu voudras - **2.** [compara cantidades] : **~ más se tiene, más se quiere** plus on en a, plus on en veut. ◇ *adv* [compara cantidades] : **~ más gordo está, más come** plus il est gros, plus il mange. ◆ **cuanto antes** *loc adv* le plus vite possible, dès que possible ; **~ antes empecemos, antes**

acabaremos plus vite nous commencerons, plus vite nous finirons. ◆ **en cuanto** *loc conj* dès que. ◆ **en cuanto a** *loc prep* en ce qui concerne ; **en ~ a tu petición** en ce qui concerne ta demande.

cuánto, ta ◇ *adj* **- 1.** [interrogativo] combien de ; **¿~ pan quieres?** combien de pain veux-tu? ; **no sé ~s invitados había** je ne sais pas combien il y avait d'invités **- 2.** [exclamativo] que de ; **¡cuánta gente había!** que de gens il y avait là! ; **¡~s libros tienes!** tu en as des livres! ◇ *pron (gen pl)* combien ; **¿~s son?** combien sont-ils? ; **dime cuántas quieres** dis-moi combien tu en veux ; **¡~s quisieran conocerte!** combien aimeraient te connaître! ◆ **cuánto** *pron (neutro)* **- 1.** [interrogativo] combien ; **¿~ quieres?** combien en veux-tu? ; **me gustaría saber ~ te costará** j'aimerais savoir combien ça va te coûter **- 2.** [exclamativo] : **¡~ han cambiado las cosas!** comme les choses ont changé! ; **¡~ me gusta este cuadro!** que j'aime ce tableau!

cuarenta *m inv* quarante *m inv*.

cuarentena *f* quarantaine *f* ; **poner en ~** [enfermo] mettre en quarantaine ; [noticia] attendre pour divulguer.

cuaresma *f* carême *m*.

cuartear *vt* [fruta] couper en quartiers ; [res] dépecer.

cuartel *m* **- 1.** MIL caserne *f* **- 2.** *fig* [piedad] : **¡guerra sin ~!** pas de quartier!

cuartelazo *m Amer* putsch *m*.

cuartelillo *m* [de policía] poste *m*.

cuarteto *m* **- 1.** MÚS quatuor *m* ; [de jazz] quartette *m* **- 2.** [poema] quatrain *m* **- 3.** [cuatro cosas] ensemble *m* de quatre (éléments).

cuartilla *f* feuille *f* (de papier).

cuarto, ta *adj num* quatrième ; **una cuarta parte** un quart ; *ver también* **sexto.** ◆ **cuarto** *m* **- 1.** [parte] quart *m* ; **ser tres ~s de lo mismo** *fig* être du pareil au même **- 2.** [sala] pièce *f* ; [de dormir] chambre *f* ; **~ de baño** salle *f* de bains ; **~ de estar** salle *f* de séjour **- 3.** [dinero] *(gen pl)* sou *m* ; [de Luna] quartier *m* ; **~ creciente/menguante** premier/dernier quartier.

cuarzo *m* quartz *m*.

cuate, ta *m, f Amer fam* copain *m*, copine *f*.

cuatrimestral *adj* **- 1.** [en frecuencia] : **una revista ~** un magazine qui sort tous les quatre mois **- 2.** [en duración] de quatre mois.

cuatro ◇ *adj num* quatre ; *fig* [poco] : **~ fresones** une poignée de fraises ; **parece que pasó hace ~ días** on dirait que c'était hier. ◇ *m inv* quatre *m inv* ; *ver también* **seis.**

cuatrocientos, tas *adj num inv* quatre cents ; *ver también* **seiscientos.**

cuba *f* tonneau *m* ; **estar como una ~** *fig* être complètement rond(e).

Cuba Cuba.

cubalibre *m* rhum-Coca *m*, Cuba-libre *m*.

cubano, na ◇ *adj* cubain(e). ◇ *m, f* Cubain *m*, -e *f*.

cubertería *f* ménagère *f (couverts)*.

cubeta *f* **- 1.** [cuba pequeña] petit tonneau *m* ; [de barómetro] cuvette *f* **- 2.** FOT bac *m* **- 3.** *Amer* [cubo] seau *m*.

cúbico, ca *adj* **- 1.** [gen & MAT] cubique **- 2.** [para volúmenes] : **metro ~** mètre cube.

cubierto, ta ◇ *pp irreg* ▷ **cubrir.** ◇ *adj* couvert(e) ; **estar/ponerse a ~** être/se mettre à l'abri. ◆ **cubierto** *m* **- 1.** [para comer] couvert *m* **- 2.** [comida] menu *m*. ◆ **cubierta** *f* **- 1.** [para tapar - libro] couverture *f* ; [- cama] couvre-lit *m* ; [- mueble] housse *f* **- 2.** [de neumático] enveloppe *f* **- 3.** [de barco] pont *m*.

cubilete *m* gobelet *m*.

cubismo *m* cubisme *m*.

cubito *m* [de hielo] glaçon *m*.

cubo *m* **- 1.** [recipiente] seau *m* ; **~ de la basura** poubelle *f* **- 2.** GEOM & MAT cube *m*.

cubrecama *m* couvre-lit *m*.

cubrir *vt* **- 1.** [gen] couvrir **- 2.** [disimular] cacher **- 3.** [puesto, vacante] pourvoir ; **~ sus necesidades** pourvoir à ses besoins. ◆ **cubrirse** *vpr* : **~se (de)** se couvrir (de) ; **~se de gloria** se couvrir de gloire.

cucaña *f* mât *m* de cocagne.

cucaracha *f* ZOOL cafard *m*.

cuchara *f* **- 1.** [para comer] cuillère *f*, cuiller *f* **- 2.** [instrumento] benne *f*.

cucharada *f* cuillerée *f*.

cucharilla *f* petite cuillère *f* ; [en recetas de cocina] cuillère *f* à café.

cucharón *m* louche *f*.

cuchichear *vi* chuchoter.

cuchilla *f* [hoja] lame *f*.

cuchillo *m* couteau *m*.

cuchitril *m* [vivienda] taudis *m* ; [bar] boui-boui *m*.

cuclillo *m* coucou *m (oiseau)*.

cuco, ca *adj fam* **- 1.** [bonito] mignon(onne) - **2.** [astuto] futé(e). ◆ **cuco** *m* coucou *m (oiseau)*.

cucú (*pl* **cucúes**) *m* coucou *m (chant, pendule)*.

cucurucho *m* - **1.** [papel] cornet *m* - **2.** [gorro] cagoule *f (de pénitent)*.

cuello *m* - **1.** [del cuerpo] cou *m* - **2.** [de objeto, prenda] col *m* ; **~ de botella** goulot *m* ; *fig* [en carretera] goulet *m*.

cuenca *f* - **1.** [de río, región minera] bassin *m* - **2.** [del ojo] orbite *f*.

cuenco *m* [recipiente - grande] terrine *f* ; [- redondo] jatte *f* ; [- pequeño] ramequin *m*.

cuenta ◇ *v* ▷ **contar**. ◇ *f* - **1.** [acción de contar] compte *m* ; **echar ~s** faire les comptes ; **he perdido la ~** je ne sais plus où j'en suis ; **me lo dijo tantas veces que perdí la ~** il me l'a dit je ne sais combien de fois ; **~ atrás** compte à rebours - **2.** FIN & COM compte *m* ; **abrir una ~** ouvrir un compte ; **pagar a ~** verser un acompte ; **~ corriente** compte courant ; **~ de ahorros** compte (d') épargne - **3.** [suma, división etc] opération *f* - **4.** [factura] note *f* ; [de restaurante] addition *f* - **5.** [obligación, cuidado] charge *f* ; **los gastos corren de mi ~** je prends les frais à ma charge ; **déjalo de mi ~** laisse-moi m'en occuper ; **lo haré por mi ~** je le ferai moi-même - **6.** [bolita - de collar] perle *f* ; [- de rosario] grain *m* - **7.** *loc* : **a fin de ~s** en fin de compte, tout compte fait ; **ajustarle a alguien las ~s** régler son compte à qqn ; **caer en la ~** comprendre ; **darse ~ de** se rendre compte de ; **más de la ~** un peu trop ; **tener en ~ algo** tenir compte de qqch.

cuentarrevoluciones *m inv* compte-tours *m inv*.

cuentista *mf* - **1.** [escritor] conteur *m*, -euse *f* - **2.** [mentiroso] menteur *m*, -euse *f*.

cuento *m* - **1.** [fábula, narración] conte *m* - **2.** [mentira] histoire *f* ; **lo que me dices es un ~** tu me racontes des histoires ; **~ chino** histoire à dormir debout - **3.** *loc* : **eso no viene a ~** cela n'a rien à voir ; **tener (mucho) ~** jouer la comédie.

cuerda *f* - **1.** [gen & GEOM] corde *f* - **2.** [de reloj] ressort *m* ; **dar ~ a un reloj** remonter une montre ; **habla como si le hubieran dado cuerda** il ne peut plus s'arrêter de parler - **3.** *loc* : **tener mucha ~, tener ~ para rato** en avoir pour un moment. ◆ **cuerdas vocales** *fpl* cordes *fpl* vocales.

cuerdo, da ◇ *adj* - **1.** [sano de juicio] : **no estás muy ~** tu ne vas pas bien - **2.** [sensato] raisonnable, sage. ◇ *m, f* sage *mf*.

cueriza *f Amer fam* trempe *f*.

cuerno *m* - **1.** [gen] corne *f* - **2.** MÚS trompe *f*. ◆ **cuernos** *mpl fam* cornes *fpl*.

cuero *m* cuir *m* ; **~ cabelludo** cuir chevelu ; **en ~s, en ~s vivos** nu(e) comme un ver.

cuerpo *m* corps *m* ; **de ~ entero** [retrato] en pied ; **de ~ presente** sur son lit de mort ; **en ~ y alma** *fig* corps et âme ; **luchar ~ a ~** lutter corps à corps ; **tomar ~** prendre corps.

cuervo *m* corbeau *m*.

cuesta ◇ *v* ▷ **costar**. ◇ *f* [pendiente] côte *f* ; **ir ~ abajo** descendre (la côte) ; **ir ~ arriba** monter (la côte) ; **llevar a ~s** porter sur le dos ; **se le hizo ~ arriba hacer este trabajo** *fig* ça lui a été pénible de faire ce travail.

cuestión *f* - **1.** [pregunta, asunto] question *f* - **2.** [problema] problème *m*.

cuestionar *vt* remettre en question.

cuestionario *m* questionnaire *m*.

cueva *f* grotte *f*.

cuicos *mpl Amer fam* flics *mpl*.

cuidado ◇ *m* - **1.** [vigilancia] attention *f* ; **un genio de ~** un sacré caractère ; **tener ~ con** faire attention à - **2.** [esmero & MED] soin *m* ; **~s intensivos** soins intensifs ; **eso me trae sin ~** *fig* je n'en ai rien à faire. ◇ *interj* : **¡cuidado!** attention!

cuidadoso, sa *adj* soigneux(euse).

cuidar ◇ *vt* - **1.** [gen] soigner - **2.** [cosa] prendre soin de. ◇ *vi* : **~ de** s'occuper de. ◆ **cuidarse** *vpr* se ménager ; **~se de** s'occuper de.

culata *f* - **1.** [de arma] culasse *f* - **2.** [de animal] croupe *f*.

culé (*pl* **culés**) *adj* DEP *fam du football-club de Barcelone*.

culebra *f* couleuvre *f*.

culebrón *m* TELE feuilleton *m* mélo.

culinario, ria *adj* culinaire.

culminación *f* point *m* culminant.

culminar ◇ *vt* : **~ (con)** mettre le point final (à). ◇ *vi* culminer ; **~ (con)** *fig* s'achever (par).

culo *m* - **1.** [de personas] derrière *m* - **2.** [de objetos, líquido] fond *m* ; [de botella] cul *m*.

culpa *f* faute *f* ; **tiene la ~** c'est de sa faute ; **echar la ~ a alguien** rejeter la faute sur qqn ; **por ~ de** à cause de.

culpabilidad *f* culpabilité *f*.

culpable <> *adj* : **~ (de)** coupable (de) ; **declarar ~ a alguien** déclarer qqn coupable ; **declararse ~** plaider coupable. <> *mf* coupable *mf* ; **tú eres el ~** c'est de ta faute.

culpar *vt* : **~ a alguien de algo** [atribuir la culpa] reprocher qqch à qqn ; [acusar] accuser qqn de qqch.

cultismo *m* mot *m* savant.

cultivar *vt* cultiver. ◆ **cultivarse** *vpr* se cultiver.

cultivo *m* culture *f (des terres)*.

culto, ta *adj* [persona] cultivé(e) ; [lengua] soutenu(e). ◆ **culto** *m* culte *m*.

cultura *f* culture *f*.

cultural *adj* culturel(elle).

culturismo *m* DEP musculation *f*, culturisme *m*.

cumbre *f* [de montaña, punto culminante] sommet *m* ; POLÍT conférence *f* au sommet ; **en el momento ~ de su carrera** au faîte de sa carrière.

cumpleaños *m inv* anniversaire *m*.

cumplido, da *adj* **- 1.** [completo, amplio] bon (bonne) ; **un ~ vaso de ...** un bon verre de ... ; **una cumplida recompensa** une bonne récompense ; **cinco años ~s** cinq ans révolus **- 2.** [perfecto] parfait(e) ; **es un ~ galán** c'est un parfait séducteur **- 3.** [cortés] poli(e). ◆ **cumplido** *m* **- 1.** [alabanza] compliment *m* **- 2.** [cortesía] : **sin ~s** sans façons.

cumplidor, ra <> *adj* sûr(e), digne de confiance. <> *m, f* personne *f* de confiance.

cumplimentar *vt* **- 1.** [saludar] accueillir **- 2.** [felicitar] féliciter **- 3.** [cumplir] exécuter.

cumplimiento *m* [de un deber] accomplissement *m* ; [de orden, contrato] exécution *f* ; [de ley, promesa] respect *m* ; [de plazo] échéance *f*.

cumplir <> *vt* **- 1.** [deber, misión] accomplir ; [orden, contrato] exécuter ; [promesa, palabra] tenir ; [ley] respecter **- 2.** [años] avoir ; **ha cumplido 40 años** il a fêté ses 40 ans **- 3.** [condena] purger ; [servicio militar] faire. <> *vi* **- 1.** [plazo, garantía] expirer **- 2.** [persona] faire son devoir ; **~ con alguien** s'acquitter de ses obligations envers qqn ; **para** o **por ~** par courtoisie ; **~ con el deber** remplir son devoir ; **~ con la palabra** tenir parole.

cúmulo *m* **- 1.** [de papeles, ropa etc] tas *m* **- 2.** [nube] cumulus *m* **- 3.** *fig* [de asuntos, acontecimientos] série *f*.

cuna *f lit* & *fig* berceau *m*.

cundir *vi* **- 1.** [propagarse] se répandre ; **cunde la voz de que ...** le bruit court que ... **- 2.** [dar de sí] : **esta semana me ha cundido mucho** j'ai bien rempli ma semaine ; **este jamón nos ha cundido mucho** avec ce jambon, nous avons eu largement de quoi manger ; **me cunde más cuando estudio por la mañana** c'est le matin que je travaille le mieux.

cuneta *f* [de calle] caniveau *m* ; [de carretera] fossé *m*.

cuña *f* **- 1.** [para sujetar] cale *f* ; [para hender] coin *m* ; **hacer la ~** [en esquí] faire du chasse-neige **- 2.** [orinal] urinal *m* **- 3.** *Amer fam* [enchufe] : **tener ~** avoir du piston.

cuñado, da *m, f* beau-frère *m*, belle-sœur *f*.

cuño *m* poinçon *m*.

cuota *f* **- 1.** [contribución - a entidad, club] cotisation *f* ; [- a Hacienda] contribution *f* **- 2.** [precio, gasto] frais *mpl* **- 3.** [cupo] quote-part *f* ; **~ de mercado** part *f* de marché.

cupé *m* coupé *m*.

cupido *m fig* coureur *m* de jupons.

cupiera *etc* ▷ **caber**.

cuplé *m chanson populaire espagnole légèrement satirique et licencieuse*.

cupo <> *v* ▷ **caber**. <> *m* **- 1.** [cantidad máxima - de reclutas] contingent *m* ; [- de mercancías] quota *m* **- 2.** [cantidad proporcional] quote-part *f*.

cupón *m* **- 1.** [de pedido, compra] bon *m* **- 2.** [de lotería] billet *m* **- 3.** [de acciones] coupon *m*.

cúpula *f* **- 1.** ARQUIT coupole *f* ; [techo] dôme *m* **- 2.** *fig* [mandos] : **la ~** les dirigeants *mpl*.

cura <> *m* curé *m*. <> *f* **- 1.** [curación] guérison *f* **- 2.** [tratamiento] soin *m*.

curación *f* guérison *f*.

curado, da *adj* [alimento] sec (sèche) ; [pescado] salé(e) ; [carne] séché(e) ; **estoy ~ de espanto** j'en ai vu d'autres. ◆ **curado** *m* séchage *m* ; [de pescado] salage *m*.

curandero, ra *m, f* guérisseur *m*, -euse *f*.

curar <> *vt* **- 1.** [gen] soigner **- 2.** [alimento, material] faire sécher. <> *vi* guérir. ◆ **curarse** *vpr* **- 1.** [gen] se soigner ; [sanar] : **~se (de)** guérir (de) **- 2.** [material, alimento] sécher **- 3.** *loc* : **~se en salud** prendre ses précautions ; *fig* parer à toute éventualité.

curativo, va *adj* curatif(ive).

curcuncho, cha *adj Amer* [jorobado] bossu(e). ◆ **curcuncho** *m Amer* **- 1.** [joroba] bosse *f* **- 2.** [jorobado] bossu *m*.

curdo, da ◇ *adj* kurde. ◇ *m, f* Kurde *mf*.

curiosear ◇ *vi* [fisgonear] épier ; [por una tienda] fouiner. ◇ *vt* [libros, revistas] parcourir.

curiosidad *f* **- 1.** [gen] curiosité *f* **- 2.** [aseo] soin *m*.

curioso, sa ◇ *adj* **- 1.** [gen] curieux(euse) **- 2.** [cuidadoso] soigneux(euse) **- 3.** [aseado] soigné(e). ◇ *m, f* curieux *m*, -euse *f*.

curita *f Amer* pansement *m* adhésif.

currante *adj* & *mf fam* bosseur(euse).

currar, currelar *vi fam* bosser.

curre = curro.

currelar = currar.

currículum [ku'rrikulum], **currículo** *m* CV *m*, curriculum *m* ; ~ **vitae** curriculum vitae *m*.

curro, curre *m fam* boulot *m*.

cursar *vt* **- 1.** [estudiar] faire des études de ; ~ **leyes** faire son droit **- 2.** [enviar] envoyer **- 3.** [órdenes, instrucciones] donner **- 4.** [petición, solicitud] présenter.

cursi ◇ *adj fam* [persona, modales] snob ; [objeto, vestido] cucul (la praline). ◇ *mf* bêcheur *m*, -euse *f*.

cursilería *f* **- 1.** [objeto] objet *m* de mauvais goût **- 2.** [de objeto] mauvais goût *m* ; [de persona] manières *fpl*.

cursillo *m* **- 1.** [curso] stage *m* **- 2.** [conferencias] cycle *m* de conférences.

cursiva *f* ▷ **letra**.

curso *m* **- 1.** [gen & ECON] cours *m* ; **de ~ legal** [moneda] ayant cours légal ; **seguir su ~** suivre son cours ; **en ~** en cours ; **dar ~ a algo** [dar rienda suelta] donner libre cours à qqch **- 2.** [año académico] année *f* scolaire **- 3.** [conjunto de estudiantes] promotion *f*.

cursor *m* INFORM curseur *m*.

curtido, da *adj* tanné(e). ◆ **curtido** *m* tannage *m*.

curtir *vt* **- 1.** [piel] tanner **- 2.** *fig* [persona] aguerrir. ◆ **curtirse** *vpr* **- 1.** [pieles] sécher **- 2.** [persona] s'aguerrir.

curva *f* ▷ curvo.

curvatura *f* courbure *f*.

curvo, va *adj* courbe. ◆ **curva** *f* **- 1.** [gen] courbe *f* ; [de carretera] virage *m* **- 2.** [del cuerpo] : **las curvas** les formes *fpl*, les rondeurs *fpl*.

cúspide *f lit* & *fig* sommet *m*.

custodia *f* **- 1.** [vigilancia] garde *f* **- 2.** RELIG ostensoir *m*.

custodiar *vt* **- 1.** [vigilar] garder **- 2.** [proteger] veiller sur.

custodio ◇ *adj* ▷ **ángel**. ◇ *m* gardien *m*.

cutáneo, a *adj* cutané(e).

cutícula *f* cuticule *f*.

cutis *m inv* peau *f* (du visage).

cutre *adj fam* **- 1.** [gen] miteux(euse), minable **- 2.** [tacaño] radin(e).

cutter (*pl* **cutters**) *m* cutter *m*.

cuyo, ya *adj* dont le, dont la ; **ése es el señor ~ hijo viste ayer** c'est le monsieur dont tu as vu le fils hier ; **un equipo cuya principal estrella ...** une équipe dont la vedette ... ; **el libro en cuya portada ...** le livre sur la couverture duquel ... ; **ésos son los amigos en cuya casa nos hospedamos** ce sont les amis chez qui nous avons logé.

CV (*abrev de* **currículum vitae**) *m* CV *m*.

D

d, D [de] *f* [letra] d *m inv*, D *m inv*.

D. *abrev de* **don**.

dactilar *adj* ▷ **huella**.

dádiva *f* [regalo] présent *m* ; [donativo] don *m*.

dado, da *adj* donné(e) ; **en un momento ~** à un moment donné ; **ser ~ a** [sentir afición] être féru de ; [sentir inclinación] être enclin à. ◆ **dado** *m* dé *m*. ◆ **dado que** *loc conj* étant donné que.

daga *f* dague *f*.

daguerrotipo *m* daguerréotype *m*.

dale *interj* : **¡dale!** allez!, vas-y!

dalia *f* dahlia *m*.

dálmata *mf* [perro] dalmatien *m*, -enne *f*.

daltónico, ca *adj* & *m, f* daltonien(enne).

daltonismo *m* daltonisme *m*.

dama *f* dame *f*. ◆ **dama de honor** *f* [de novia] demoiselle *f* d'honneur ; [de reina] dame *f* d'honneur. ◆ **damas** *fpl* dames *fpl (jeux)*.

damisela *f despec* & *irón* [señorita] donzelle *f*.

damnificado, da *adj* & *m, f* sinistré(e).

damnificar *vt* endommager.

dandi, dandy *m* dandy *m*.

danés, esa ◇ *adj* danois(e). ◇ *m, f* Danois *m*, -e *f*. ◆ **danés** *m* [lengua] danois *m*.

danza *f* danse *f*.

danzar *vi* danser ; *fig* [ir de un sitio a otro] avoir la bougeotte.

dañar *vt* - **1.** [gen - cosechas etc] endommager ; [- vista etc] abîmer - **2.** *fig* [reputación] porter tort à. ◆ **dañarse** *vpr* [persona] se faire mal ; [cosa] s'abîmer.

dañino, na *adj* [tabaco, alcohol etc] nocif(ive) ; [animal] nuisible.

daño *m* - **1.** [dolor] mal *m* ; **hacer(se) ~** (se) faire mal - **2.** [perjuicio] dégât *m*, dommage *m* ; **~s y perjuicios** dommages et intérêts.

dar ◇ *vt* - **1.** [gen] donner ; **~ algo a alguien** donner qqch à qqn ; **dame un caramelo** donne-moi un bonbon ; **me dio un consejo/permiso para ...** il m'a donné un conseil/la permission de ... ; **¿podrías ~me un ejemplo?** pourrais-tu me donner un exemple? ; **¿te gusta? te lo doy** ça te plaît? je te le donne ; **esta fuente ya no da agua** cette source ne donne plus d'eau - **2.** [producir - beneficios, intereses] rapporter - **3.** [suj : reloj] sonner ; **el reloj ha dado las dos** l'horloge a sonné deux heures - **4.** [suministrar] : **todavía no nos han dado la luz/el agua** nous n'avons pas encore l'électricité/l'eau - **5.** [encender] allumer ; **da la luz de la cocina** allume la lumière de la cuisine - **6.** CIN & TELE passer ; TEATR donner - **7.** [provocar] : **~ gusto/miedo/pena** faire plaisir/peur/de la peine ; **me da risa** ça me fait rire ; **~ escalofríos** donner des frissons - **8.** [decir] dire ; **~ los buenos días** dire bonjour ; **~ las gracias** dire merci, remercier - **9.** [expresa acción] : **voy a ~ un paseo** je vais me promener ; **~ un grito** pousser un cri ; **~ un empujón a alguien** bousculer qqn - **10.** *fam* [fastidiar] : **me dio la tarde con sus preguntas** il m'a enquiquinée tout l'après-midi avec ses questions - **11.** [considerar] : **~ algo por** considérer qqch comme ; **lo doy por hecho** c'est comme si c'était fait ; **lo dieron por muerto** on l'a tenu pour mort. ◇ *vi* - **1.** [repartir - en naipes] donner - **2.** [horas] sonner ; **acaban de ~ las tres** trois heures viennent juste de sonner - **3.** [golpear] : **la piedra dio contra el cristal** la pierre a heurté la vitre - **4.** [suceder] : **le dio un mareo/un ataque de nervios** il a eu un malaise/une crise de nerfs - **5.** [accionar] : **~ a** [llave de paso] tourner ; [botón, timbre] appuyer sur - **6.** [estar orientado] : **~ a** [ventana, balcón] donner sur ; [puerta] ouvrir sur ; [fachada, casa] être orienté(e) à - **7.** : **~ con** [encontrar] trouver ; **he dado con la solución** j'ai trouvé la solution ; **di con él al salir de aquí** je l'ai rencontré en sortant d'ici - **8.** : **~ de** *(+ infin)* [proporcionar] donner à ; **~le de comer a alguien** donner à manger à qqn ; **le da de mamar a su hijo** elle allaite son fils ; **~ de** *(+ sust)* [expresa repetición] donner ; **~ de golpes** donner des coups et des coups - **9.** [coger costumbre] : **le ha dado por dejarse la barba** il s'est mis dans la tête de se laisser pousser la barbe - **10.** : **~ para** [ser suficiente] : **esa tela no da para una falda** il n'y a pas assez de tissu pour faire une jupe - **11.** : **~ que** [motivar] : **~ que pensar** donner à penser ; **esa historia dio mucho que hablar** cette histoire a fait beaucoup parler les gens - **12.** *loc* : **~ de sí** [ropa] se détendre ; [calzado] se faire ; **esta tarjeta de teléfono no da para más** il n'y a plus d'unités sur cette carte de téléphone ; **no doy para más** je suis épuisé ; **te digo que pares y tú ¡dale (que dale)!** je te dis d'arrêter et toi tu continues! ◆ **darse** *vpr* - **1.** [suceder] arriver ; **se ha dado el caso de ...** il est arrivé que ... - **2.** [entregarse] : **~se a** se mettre à ; **~se a la bebida** s'adonner à la boisson - **3.** [golpearse] : **~se contra** se cogner contre - **4.** [tener aptitud] : **se me dan bien las matemáticas** je suis bon en mathématiques - **5.** [considerarse] : **puedes ~te por suspendido** tu peux considérer que tu as échoué - **6.** *loc* : **dársela a alguien** [engañar] rouler qqn ; **se las da de listo** il se croit très intelligent ; **se las da de valiente** il joue les durs.

dardo *m* - **1.** [de juego] fléchette *f* - **2.** *fig* [comentario] pique *f*.

dársena *f* NÁUT bassin *m* ; [de atraque] dock *m*.

datar ◇ *vt* dater. ◇ *vi* : **~ de** dater de, remonter à.

dátil *m* datte *f*. ◆ **dátil (de mar)** *m* datte *f* de mer.

dato *m* - **1.** [gen, INFORM & MAT] donnée *f* - **2.** [información] renseignement *m* ; **~s personales** *noms, prénoms, adresse etc*.

dcha. (*abrev de* **derecha**) dr., dte.

d. de JC., d. JC. (*abrev de* **después de Jesucristo**) apr. J.-C.

de[1] *f* d *m inv*.

de[2] *prep (de + el =del)* - **1.** [gen] de ; **el coche ~ mi padre** la voiture de mon père ; **be-**

bió un vaso ~ agua il a bu un verre d'eau ; **los libros ~ historia** les livres d'histoire ; **una bici ~ carreras** un vélo de course ; **vengo ~ mi casa** je viens de chez moi ; **soy ~ Bilbao** je suis de Bilbao ; **llorar ~ alegría** pleurer de joie ; **es ~ buena familia** elle est de bonne famille ; **~ una sola vez** d'un trait ; **el mejor ~ todos** le meilleur de tous ; **más/menos ~** plus/moins de ; **~ nueve a cinco** de neuf heures à cinq heures ; **a las tres ~ la tarde** à trois heures de l'après-midi **- 2.** [materia] en ; **un reloj ~ oro** une montre en or **- 3.** [en descripciones] : **~ fácil manejo** facile à utiliser ; **la señora ~ verde** la dame en vert ; **un sello ~ cincuenta pesetas** un timbre à cinquante pesetas **- 4.** [en calidad de] : **trabaja ~ bombero** il est pompier ; **trabaja ~ camarero en un hotel** il travaille comme serveur dans un hôtel **- 5.** [durante] : **trabaja ~ noche y duerme ~ día** il travaille la nuit et dort le jour ; **llegamos ~ madrugada** nous sommes arrivés à l'aube **- 6.** *(antes de infin)* [condición] si ; **~ querer ayudarme, lo haría** s'il voulait m'aider, il le ferait **- 7.** [enfatiza la cualidad] : **el idiota ~ tu hermano** ton idiot de frère.

dé ▷ **dar.**

deambular *vi* déambuler.

deán *m* doyen *m (ecclésiastique).*

debajo *adv* dessous ; **por ~ de** en dessous de, au-dessous de ; **por ~ de la rodilla** au-dessous du genou ; **por ~ del puente** sous le pont ; **~ de** sous ; **~ de la cama** sous le lit.

debate *m* débat *m.*

debatir *vt* : **~ algo** débattre de qqch. ◆ **debatirse** *vpr* [luchar] se débattre.

debe *m* débit *m* ; **~ y haber** débit et crédit.

deber[1] ◇ *vt* devoir ; **debo hacerlo** je dois le faire ; **debes dominar tus impulsos** tu dois maîtriser tes impulsions ; **deberían abolir esa ley** cette loi devrait être abolie ; **~ algo a alguien** devoir qqch à qqn ; **¿cuánto** O **qué le debo?** combien je vous dois? ◇ *vi* : **~ de** devoir ; **deben de ser las siete** il doit être sept heures ; **no debe de haber nadie en casa** il ne doit y avoir personne à la maison ; **debe de tener más de sesenta años** elle doit avoir plus de soixante ans. ◆ **deberse** *vpr* : **~se a** [ser consecuencia de] être dû (due) à ; [dedicarse a] se devoir à ; **el retraso se debe a la huelga** le retard est dû à la grève ; **dice que se debe a sus hijos** elle dit qu'elle se doit à ses enfants.

deber[2] *m* devoir *m.* ◆ **deberes** *mpl* [trabajo escolar] devoirs *mpl* ; **hacer los ~es** faire ses devoirs.

debido, da *adj* **- 1.** [adeudado] dû (due) **- 2.** [justo, conveniente] nécessaire ; **como es ~** [como está mandado] comme il se doit ; [correctamente] comme il faut, correctement. ◆ **debido a** *loc prep* du fait de, en raison de.

débil ◇ *adj* faible ; [tras una enfermedad] affaibli(e). ◇ *mf* faible *mf.*

debilidad *f* **- 1.** [gen] faiblesse *f* **- 2.** [afición, cariño] : **tener** O **sentir ~ por** avoir un faible pour.

debilitar *vt* affaiblir. ◆ **debilitarse** *vpr* s'affaiblir.

debut (*pl* **debuts**) *m* **- 1.** [de artista] débuts *mpl* **- 2.** [de película] sortie *f* ; [de obra de teatro] première *f.*

debutar *vi* débuter, faire ses débuts.

década *f* **- 1.** [años] décennie *f* **- 2.** [días] décade *f.*

decadencia *f* décadence *f.*

decadente *adj* décadent(e) ; [edificio] dégradé(e).

decaer *vi* décliner ; [enfermo] s'affaiblir ; [estado de salud] s'aggraver ; [calidad] baisser ; [entusiasmo] tomber.

decaído, da *adj* **- 1.** [desalentado] abattu(e) **- 2.** [debilitado] affaibli(e).

decaimiento *m* **- 1.** [desaliento] abattement *m* **- 2.** [falta de fuerzas] faiblesse *f.*

decálogo *m* **- 1.** RELIG décalogue *m* **- 2.** *fig* [normas] règles *fpl* d'or.

decano, na *m, f* doyen *m*, -enne *f.*

decapitar *vt* décapiter.

decena *f* dizaine *f.*

decencia *f* décence *f* ; **con ~** décemment.

decenio *m* décennie *f.*

decente *adj* décent(e) ; [precio, propina] correct(e) ; **una mujer ~** une femme qui se respecte.

decepción *f* déception *f.*

decepcionar *vt* décevoir.

decibelio *m* décibel *m.*

decidido, da *adj* décidé(e).

decidir *vt* décider ; **~ hacer algo** décider de faire qqch ; **~ algo** [determinar] décider de qqch.

décima *f* ▷ **décimo.**

decimal ◇ *adj* [sistema] décimal(e) ; **la parte ~** le dixième. ◇ *m* décimale *f.*

décimo, ma *adj num* dixième. ◆ **décimo** *m* [fracción, lotería] dixième *m.* ◆ **décima** *f* [en medidas] dixième *m* ; **una décima de segundo** un dixième de seconde ; **tiene unas décimas (de fiebre)** il a un peu de fièvre.

decimoctavo, va *adj num* dix-huitième.

decimocuarto, ta *adj num* quatorzième.

decimonoveno, na *adj num* dix-neuvième.

decimoquinto, ta *adj num* quinzième.

decimoséptimo, ma *adj num* dix-septième.

decimosexto, ta *adj num* seizième.

decimotercero, ra *adj num* treizième.

decir *vt* **- 1.** [gen] dire ; **¿cómo se dice?** comment dit-on? ; **~ a alguien que haga algo** dire à qqn de faire qqch ; **~ mucho de algo** en dire long sur qqch ; **se dice que ...** il paraît que ... ; **~ que sí/no** dire oui/non ; **¿diga?, ¿dígame?** [al teléfono] allô! **- 2.** [lección] réciter **- 3.** *loc* : **~ para sí** se dire ; **... y dijo para sí : « ya veremos »** ... et il s'est dit : « on verra bien » ; **el qué dirán** le qu'en-dira-t-on ; **es ~** c'est-à-dire ; **no me dice nada el tenis** le tennis ne me dit rien.

decisión *f* décision *f*.

decisivo, va *adj* décisif(ive).

declamar *vt* déclamer.

declaración *f* **- 1.** [gen] déclaration *f* ; **~ del impuesto sobre la renta, ~ de renta** déclaration d'impôts sur le revenu, déclaration de revenus **- 2.** [de testigo, reo] déposition *f*.

declarar ◇ *vt* déclarer. ◇ *vi* DER [ante el juez] déposer ; [en un juicio] témoigner. ◆ **declararse** *vpr* se déclarer ; **~se a favor/en contra de algo** se déclarer pour/contre qqch ; **~se culpable/inocente** plaider coupable/non coupable.

declinar *vt* & *vi* décliner.

declive *m* **- 1.** [decadencia] déclin *m* **- 2.** [cuesta] pente *f* ; **en ~** en pente ; *fig* en déclin.

decodificador = **descodificador**.

decoración *f* **- 1.** [gen] décoration *f* **- 2.** TEATR décor *m*.

decorado *m* décor *m* ; **el ~** CIN & TEATR les décors.

decorar *vt* décorer.

decorativo, va *adj* décoratif(ive).

decoro *m* **- 1.** [pudor] décence *f* ; **vestir con (mucho) ~** s'habiller (très) convenablement **- 2.** [dignidad] dignité *f* ; **vivir con ~** vivre décemment.

decoroso, sa *adj* convenable.

decrecer *vi* décroître.

decrépito, ta *adj despec* [persona] décrépit(e) ; [civilización] décadent(e).

decretar *vt* décréter.

decreto *m* décret *m* ; **~ ley** décret-loi *m*.

dedal *m* dé *m* (à coudre).

dedicación *f* **- 1.** [de tiempo] dévouement *m* ; **de ~ en exclusiva** [actividad] à plein temps, à temps complet **- 2.** [de fondos etc] attribution *f* **- 3.** [de monumento etc] consécration *f*.

dedicar *vt* **- 1.** [tiempo, dinero, energía] consacrer ; [palabras] adresser **- 2.** [obra, monumento] dédier **- 3.** [firmar] dédicacer. ◆ **dedicarse** *vpr* : **~se a** [a una profesión] faire ; **se dedica a la fotografía** il fait de la photo ; [a una actividad, persona] se consacrer à ; **¿a qué te dedicas?** qu'est-ce que tu fais dans la vie? ; **me dedico a la enseñanza** je suis enseignant.

dedicatoria *f* dédicace *f*.

dedo *m* **- 1.** [gen] doigt *m* ; **a ~** au hasard ; **elegir a alguien a ~** désigner qqn ; **hacer ~** *fam* faire du stop ; **(~) anular** annulaire *m* ; **(~) corazón** majeur *m* ; **(~) índice** index *m* ; **(~) meñique** petit doigt **- 2.** [del pie] orteil *m* **- 3.** *loc* : **pillarse** o **cogerse los ~s** *fig* se brûler les doigts ; **poner el ~ en la llaga** mettre le doigt sur la plaie.

deducción *f* déduction *f*.

deducir *vt* déduire.

defecar *vi* déféquer.

defecto *m* défaut *m*. ◆ **por defecto** *loc adv* par défaut.

defectuoso, sa *adj* [mercancía] défectueux(euse) ; [trabajo] mal fait(e).

defender *vt* **- 1.** [gen & DER] défendre **- 2.** [resguardar] : **~ a alguien (de)** protéger qqn (de). ◆ **defenderse** *vpr* **- 1.** [gen] se défendre **- 2.** [resguardarse] : **~se (de)** se protéger (de) ; **se defiende del frío** il se protège du froid ; **se defiende en el trabajo** *fig* il se défend bien dans son travail.

defensa ◇ *f* **- 1.** [gen, MIL & DEP] défense *f* ; **en ~ propia** pour se défendre **- 2.** DER [argumentos] plaidoyer *m*. ◇ *mf* DEP arrière *m*. ◆ **defensas** *fpl* MED défenses *fpl*.

defensivo, va *adj* défensif(ive) ; [línea] de défense. ◆ **defensiva** *f* : **ponerse/estar a la defensiva** se mettre/être sur la défensive.

defensor, ra ◇ *adj* ▷ **abogado**. ◇ *m, f* [persona] défenseur *m*. ◆ **defensor del pueblo** *m* ≃ médiateur *m* (de la République).

deferencia *f* déférence *f* ; **por ~ a** par respect pour.

deficiencia *f* - **1.** [defecto] défaillance *f* - **2.** [insuficiencia & MED] insuffisance *f*.

deficiente *adj* - **1.** [gen] déficient(e) ; [alimento] pauvre - **2.** [alumno] médiocre. ◆ **deficiente (mental)** *mf* arriéré *m*, -e *f*.

déficit *m* - **1.** ECON déficit *m* - **2.** [falta] manque *m*.

deficitario, ria *adj* déficitaire.

definición *f* - **1.** [gen & TECNOL] définition *f* - **2.** [descripción] description *f* - **3.** [resolución] position *f (idéologique)*.

definir *vt* définir. ◆ **definirse** *vpr* se définir ; [en política etc] prendre position.

definitivo, va *adj* définitif(ive) ; **en definitiva** en définitive.

deforestación *f* déboisement *m*, déforestation *f*.

deformación *f* déformation *f*.

deformar *vt lit & fig* déformer. ◆ **deformarse** *vpr* se déformer.

deforme *adj* difforme.

defraudar *vt* - **1.** [decepcionar] décevoir - **2.** [estafar] frauder ; **~ a Hacienda** frauder le fisc.

defunción *f* décès *m*.

degeneración *f* - **1.** [moral] décadence *f* - **2.** [física] dégénérescence *f*.

degenerado, da ◇ *adj* décadent(e). ◇ *m, f* dégénéré *m*, -e *f*.

degenerar *vi* : **~ (en)** dégénérer (en).

deglutir *vt & vi* déglutir.

degollar *vt* égorger.

degradar *vt* [moralmente & MIL] dégrader ; [de un cargo] rétrograder. ◆ **degradarse** *vpr* - **1.** [gen] se dégrader - **2.** [caer bajo] se rabaisser.

degustación *f* dégustation *f*.

dehesa *f* pâturage *m*.

dejadez *f* laisser-aller *m*.

dejado, da ◇ *adj* négligent(e) ; [aspecto] négligé(e). ◇ *m, f* souillon *mf*.

dejar ◇ *vt* - **1.** [gen] laisser ; **deja el libro en la mesa** laisse le livre sur la table ; **he dejado el abrigo en el guardarropa** j'ai laissé mon manteau au vestiaire ; **deja un poco de café para mí** laisse-moi un peu de café ; **dejaré la llave a la portera** je laisserai la clef à la concierge ; **su abuelo le dejó mucho dinero** son grand-père lui a laissé beaucoup d'argent ; **déjalo, no importa** laisse (tomber), ce n'est pas grave ; **¡déjame!, que tengo trabajo** laisse-moi (tranquille), j'ai du travail ; **deja que tu hijo venga con nosotros** laisse ton fils venir avec nous ; **~ a alguien en algún sitio** [con el coche] déposer qqn quelque part ; **más vale ~lo correr** il vaut mieux laisser courir - **2.** [prestar] : **~ algo a alguien** prêter qqch à qqn - **3.** [abandonar - familia, trabajo, país] quitter ; [- estudios] arrêter, abandonner ; **ha dejado la bebida** il a arrêté de boire - **4.** [causar - efecto] : **me ha dejado los zapatos como nuevos** il a remis mes chaussures à neuf ; **me dejaste preocupado** j'étais inquiet pour toi - **5.** : **no ~** [impedir] empêcher ; **sus gritos no me dejaron dormir** ses cris m'ont empêché de dormir - **6.** [omitir] oublier ; **lo copió todo, sin ~ una coma** il a tout recopié à la virgule près ; **~ algo por** o **sin hacer** ne pas faire qqch ; **dejó la cama sin hacer** il n'a pas fait son lit ; **ha dejado por resolver ...** il a laissé en suspens ... - **7.** [aplazar] : **dejaremos la fiesta para cuando se encuentre bien** nous attendrons qu'il aille mieux pour faire cette fête - **8.** [esperar] : **~ que** attendre que ; **dejó que terminara de llover para salir** il a attendu qu'il cesse de pleuvoir pour sortir. ◇ *vi* - **1.** [parar] : **~ de hacer algo** arrêter o cesser de faire qqch ; **deja de gritar** arrête de crier - **2.** [expresa promesa] : **no dejaremos de venir a verte** nous ne manquerons pas de venir te voir ; **¡no dejes de escribirme!** n'oublie pas de m'écrire! - **3.** *loc* : **~ (mucho** o **bastante) que desear** laisser (beaucoup) à désirer. ◆ **dejarse** *vpr* - **1.** [olvidar] : **~se algo en algún sitio** laisser o oublier qqch quelque part - **2.** [cesar] : **¡déjate de tonterías!** arrête de raconter des bêtises! - **3.** [descuidarse] se laisser aller ; **se dejó mucho después del accidente** il s'est beaucoup laissé aller après l'accident - **4.** *loc* : **~se llevar (por)** [lo que uno lee, oye etc] se laisser influencer (par) ; [por la cólera] se laisser emporter (par).

deje *m* - **1.** [tonillo] accent *m* - **2.** *fig* [sensación] arrière-goût *m*.

del ▷ **de**.

delantal *m* tablier *m*.

delante *adv* devant ; **pasar ~** passer devant ; **el de ~** celui de devant. ◆ **delante de** *loc prep* devant ; **~ de la ventana** devant la fenêtre ; **~ de él** devant lui ; **~ de mi casa** devant chez moi ; **por ~ de todos** devant tout le monde.

delantero, ra ◇ *adj* avant, de devant ; **las ruedas delanteras** les roues avant. ◇ *m, f* DEP avant *m*. ◆ **delantera** *f* - **1.** DEP ligne *f* d'attaque - **2.** *fam* [de mujer] : **¡vaya delantera!** il y a du monde au

balcon! - **3.** *loc* : **llevar la delantera a alguien** avoir de l'avance sur qqn.
delatar *vt* dénoncer ; *fig* [suj : ojos, sonrisa etc] trahir. ◆ **delatarse** *vpr* se trahir.
delator, ra *m, f* délateur *m*, -trice *f*.
delegación *f* - **1.** [autorización, personas] délégation *f* - **2.** [de empresa privada] filiale *f* - **3.** [de organismo público] office *m* régional ; ~ **de Hacienda** centre *m* des impôts - **4.** [oficina] agence *f*.
delegado, da *m, f* - **1.** [gen] délégué *m*, -e *f* - **2.** COM représentant *m*, -e *f*.
delegar *vt* : ~ **algo (en** o **a alguien)** déléguer qqch (à qqn).
deleite *m* délice *m*.
deletrear *vt* épeler.
deleznable *adj fig* [clima, libro, actuación] exécrable ; [razón, excusa] minable.
delfín *m* dauphin *m*.
delgado, da *adj* - **1.** [persona - esbelta] mince ; [- flaca] maigre - **2.** [cosa] fin(e).
deliberación *f* délibération *f*.
deliberar *vi* délibérer.
delicadeza *f* délicatesse *f*.
delicado, da *adj* délicat(e) ; [educado] attentionné(e) ; [debilitado] affaibli(e) ; **estar ~ de salud/del estómago** avoir la santé/l'estomac fragile.
delicia *f* délice *m* ; **¡qué ~!** quel plaisir! ; **estar contigo es una ~** c'est un vrai plaisir d'être avec toi.
delicioso, sa *adj* [comida] délicieux(euse) ; [persona] charmant(e).
delimitar *vt* délimiter.
delincuencia *f* délinquance *f*.
delincuente *mf* délinquant *m*, -e *f*.
delineante *mf* dessinateur *m*, -trice *f*.
delinquir *vi* commettre un délit.
delirante *adj* délirant(e).
delirar *vi* délirer.
delirio *m* délire *m*.
delito *m* délit *m* ; ~ **ecológico** délit à l'encontre de l'environnement ; **cometer un ~** commettre un délit.
delta *m* delta *m*.
demacrado, da *adj* [rostro] émacié(e) ; [cuerpo] décharné(e).
demagogo, ga *m, f* démagogue *mf*.
demanda *f* - **1.** [gen & ECON] demande *f* ; ~ **salarial** revendication *f* salariale - **2.** DER action *f* en justice ; **presentar una ~ contra alguien** poursuivre qqn en justice.
demandante *mf* demandeur *m*, -eresse *f*.
demandar *vt* DER : ~ **a alguien (por difamación)** poursuivre qqn (en diffamation).
demarcación *f* - **1.** [señalización] démarcation *f* - **2.** [territorio] zone *f* ; ~ **territorial** [jurisdicción] circonscription *f*.
demás ◇ *adj inv* autre ; **la ~ gente** les autres gens. ◇ *pron inv* : **las/los ~** les autres ; **lo ~** le reste ; **por lo ~** à part ça ; **y ~** et autres.
demasiado, da *adj* trop de ; ~ **pan** trop de pain ; **demasiada comida** trop à manger. ◆ **demasiado** *adv* trop ; **habla ~** il parle trop ; **va ~ rápido** il va trop vite.
demencia *f* démence *f*.
demencial *adj* démentiel(elle).
demente *adj* & *mf* dément(e).
democracia *f* démocratie *f*.
demócrata *adj* & *mf* démocrate.
democrático, ca *adj* démocratique.
demografía *f* démographie *f*.
demoler *vt* démolir.
demolición *f* démolition *f*.
demonio *m* - **1.** RELIG démon *m* - **2.** *fig* diable *m* - **3.** [para dar énfasis] : **¿dónde/qué ~s ...?** bon sang, où/qui ...? ◆ **demonios** *interj* : **¡demonios!** flûte!
demora *f* retard *m*.
demorar *vt* retarder. ◆ **demorarse** *vpr* - **1.** [ir despacio] s'attarder - **2.** [llegar tarde] être en retard.
demostración *f* - **1.** [gen] démonstration *f* - **2.** [prueba] preuve *f* ; [de dolor, alegría] manifestation *f* - **3.** [exhibición - deportiva] exhibition *f* ; [- de poder, riqueza] étalage *m*.
demostrar *vt* - **1.** [teoría, hipótesis, verdad] démontrer - **2.** [alegría, impaciencia, dolor] manifester ; [poder, riqueza] faire étalage de - **3.** [funcionamiento, procedimiento] montrer.
denegar *vt* rejeter.
denigrante *adj* [acusación, pena] infamant(e) ; [trabajo, actividad] dégradant(e) ; [trato etc] humiliant(e).
denigrar *vt* [humillar] humilier.
denominación *f* dénomination *f* ; ~ **de origen** appellation *f* d'origine.
denominador *m* dénominateur *m* ; ~ **común** dénominateur commun.
denotar *vt* témoigner de ; **un lenguaje que denota mucha cultura** un langage qui témoigne d'une grande culture.
densidad *f* [gen & INFORM] densité *f* ; **alta/doble ~** [disquete] haute/double densité ; ~ **de población** densité de population.

denso, sa *adj* **- 1.** [gen & FÍS] dense **- 2.** [líquido] épais(aisse).

dentadura *f* denture *f* ; **la higiene de la ~** l'hygiène des dents ; **~ postiza** dentier *m*.

dentera *f* : **dar ~** faire grincer des dents ; *fig* faire envie.

dentífrico, ca *adj* dentifrice. ◆ **dentífrico** *m* dentifrice *m*.

dentista *mf* dentiste *mf*.

dentro *adv* dedans, à l'intérieur ; **quedarse ~** rester à l'intérieur ; **ahí ~** là-dedans ; **el bolsillo de ~** la poche intérieure ; **por ~** à l'intérieur ; *fig* intérieurement ; **hay que lavar el coche por ~** il faut laver l'intérieur de la voiture. ◆ **dentro de** *loc prep* **- 1.** [gen] dans ; **~ del sobre** dans l'enveloppe ; **~ de un año** dans un an ; **~ de lo posible** dans la mesure du possible ; **~ de poco** d'ici peu **- 2.** [de un espacio imaginario] : **~ de mi/tu etc alma** en moi/toi etc.

denuncia *f* **- 1.** [a la autoridad] plainte *f* ; **presentar una ~ (contra)** déposer une plainte (contre) **- 2.** [de delito] dénonciation *f*.

denunciar *vt* **- 1.** [a la autoridad] signaler **- 2.** [delito] dénoncer.

deparar *vt* [sorpresa] causer ; [placer] procurer ; [oportunidad] offrir ; **lo que nos depara la vida** ce que la vie nous réserve.

departamento *m* **- 1.** [gen] département *m* **- 2.** [en grandes almacenes] rayon *m* **- 3.** [en escuela, universidad] section *f* **- 4.** [en empresa] service *m* **- 5.** [de cajón, maleta] compartiment *m*.

departir *vi* converser.

dependencia *f* **- 1.** [gen] dépendance *f* **- 2.** [departamento] service *m*. ◆ **dependencias** *fpl* [habitaciones] pièces *fpl* ; [edificios] dépendances *fpl*.

depender *vi* dépendre ; **~ de algo/de alguien** dépendre de qqch/de qqn.

dependienta *f* vendeuse *f*.

dependiente ◇ *adj* dépendant(e). ◇ *m* vendeur *m*.

depilar *vt* épiler. ◆ **depilarse** *vpr* s'épiler.

depilatorio, ria *adj* dépilatoire. ◆ **depilatorio** *m* dépilatoire *m*.

deplorable *adj* déplorable ; [persona] lamentable.

deportar *vt* déporter ; [inmigrante] expulser.

deporte *m* sport *m* ; **~s de riesgo** sports *mpl* à haut risque ; **hacer ~** faire du sport ; **practicar un ~** pratiquer un sport.

deportista *adj* & *mf* sportif(ive).

deportivo, va *adj* **- 1.** [gen] sportif(ive) ; **la ropa deportiva** les vêtements de sport **- 2.** [conducta, comportamiento] sport, fair-play **- 3.** NÁUT [barco, puerto] de plaisance. ◆ **deportivo** *m* voiture *f* de sport.

deposición *f* **- 1.** [destitución - de ministro, secretario] destitution *f* ; [- de rey] déposition *f* **- 2.** [defecación] selles *fpl*.

depositar *vt* **- 1.** [objetos, dinero] déposer **- 2.** *fig* [sentimientos] : **~ su confianza en alguien** placer sa confiance en qqn ; **~ ilusiones en alguien** entretenir des illusions sur qqn ; **~ cariño en alguien** donner son affection à qqn. ◆ **depositarse** *vpr* [asentarse] se déposer.

depositario, ria *adj* & *m, f* dépositaire.

depósito *m* **- 1.** [gen & COM] dépôt *m* ; **~ de cadáveres** morgue *f* ; **~ de muebles** garde-meuble *m* ; **~ legal** dépôt légal **- 2.** [recipiente] réservoir *m* ; **~ de gasolina** réservoir d'essence.

depravado, da *adj* & *m, f* dépravé(e).

depravar *vt* dépraver.

depreciar *vt* déprécier. ◆ **depreciarse** *vpr* se déprécier.

depredador, ra *adj* **- 1.** [animal] prédateur(trice) **- 2.** *fig* [persona] rapace. ◆ **depredador** *m* prédateur *m*.

depresión *f* dépression *f* ; **~ atmosférica** dépression atmosphérique.

depresivo, va ◇ *adj* [deprimido] dépressif(ive) ; [deprimente] déprimant(e). ◇ *m, f* dépressif *m*, -ive *f*.

deprimido, da *adj* déprimé(e).

deprimir *vt* **- 1.** [desanimar] déprimer **- 2.** *fig* [empobrecer] appauvrir. ◆ **deprimirse** *vpr* être déprimé(e).

deprisa, de prisa *adv* vite.

depuración *f* **- 1.** [de agua, metal, gas] épuration *f* **- 2.** *fig* [de organismo, corporación etc] purge *f*.

depurar *vt* **- 1.** [gen] épurer **- 2.** *fig* [organismo, corporación etc] purger **- 3.** [gusto] affiner.

derby (*pl* **derbys**) *m* derby *m*.

derecha *f* ▷ **derecho**.

derecho, cha ◇ *adj* droit(e) ; **en la fila derecha** dans la file de droite. ◇ *adv* droit ; **andar ~** se tenir droit ; **me fui ~ a la cama** je suis allé (tout) droit au lit ; **ir ~ al grano** aller droit au but. ◆ **derecho** *m* **- 1.** [gen & DER] droit *m* ; **¡no hay ~!** ce n'est pas juste! ; **'reservado el ~ de admisión'** 'droit d'entrée réservé' ; **~ civil/penal** droit civil/pénal ; **~s humanos** droits de l'homme **- 2.** [de tela, prenda] endroit *m* ; **del ~** à l'endroit. ◆ **derecha** *f* droite *f* ; **a la derecha** à droite ; **ser de derechas** être de droite. ◆ **derechos** *mpl* [tasas] droits *mpl* ; **~s de aduana** droits de douane ; **~s de autor** droits d'auteur.

deriva *f* dérive *f* ; **a la ~** à la dérive.

derivación *f* dérivation *f*.

derivado, da *adj* GRAM dérivé(e). ◆ **derivado** *m* QUÍM dérivé *m*.

derivar ◇ *vt* dériver ; [carretera] dévier ; [conversación] détourner. ◇ *vi* **- 1.** [desviarse] dériver ; [conversación] détourner **- 2.** [proceder & GRAM] : **~ de** dériver de.

dermatólogo, ga *m, f* dermatologue *mf*.

dermis *f inv* derme *m*.

derogación *f* dérogation *f*.

derramamiento *m* écoulement *m* ; **~ de sangre** effusion *f* de sang.

derramar *vt* répandre ; [por accidente] renverser ; **~ lágrimas** verser des larmes. ◆ **derramarse** *vpr* se répandre.

derrame *m* **- 1.** MED épanchement *m* ; **~ sinovial** épanchement de synovie **- 2.** [de líquido] déversement *m* ; [de sangre] écoulement *m*.

derrapar *vi* déraper.

derretir *vt* fondre. ◆ **derretirse** *vpr* **- 1.** [gen] fondre **- 2.** *fam fig* [enamorarse] : **~se (por alguien)** être fou (folle) (de qqn).

derribar *vt* **- 1.** [edificio] démolir **- 2.** [árbol, avión] abattre **- 3.** *fig* [gobierno, gobernante] renverser.

derribo *m* **- 1.** [de edificio] démolition *f* ; [de árbol] abattage *m* **- 2.** [material] gravats *mpl*.

derrocar *vt* POLÍT renverser.

derrochar *vt* **- 1.** [malgastar] gaspiller **- 2.** [rebosar de] déborder de ; **derrocha energía** il déborde d'énergie.

derroche *m* **- 1.** [malgasto] gaspillage *m* **- 2.** [abundancia] profusion *f* ; [de alegría] explosion *f*.

derrota *f* **- 1.** [fracaso] échec *m* **- 2.** MIL & DEP défaite *f* **- 3.** NÁUT route *f*.

derrotar *vt* **- 1.** [gen & DEP] battre ; MIL vaincre **- 2.** *fig* [desmoralizar] accabler.

derrotero *m* **- 1.** [camino] chemin *m* **- 2.** NÁUT route *f*.

derrotista *adj* & *mf* défaitiste.

derrumbamiento *m lit* & *fig* effondrement *m*.

derrumbar *vt* **- 1.** [físicamente] démolir **- 2.** [moralmente] abattre. ◆ **derrumbarse** *vpr lit* & *fig* s'effondrer.

desaborido, da *fam* ◇ *adj* rasoir. ◇ *m, f* raseur *m*, -euse *f*.

desabotonar *vt* déboutonner. ◆ **desabotonarse** *vpr* se déboutonner ; **~se el abrigo** déboutonner son manteau.

desabrochar *vt* **- 1.** [ropa - con botones] déboutonner ; [- con corchetes, broches] dégrafer **- 2.** [cinturón] défaire. ◆ **desabrocharse** *vpr* se déboutonner ; **~se el abrigo** déboutonner son manteau.

desacato *m* **- 1.** [desobediencia] désobéissance *f* **- 2.** [insolencia] manque *m* de respect **- 3.** DER outrage *m*.

desacierto *m* maladresse *f*.

desaconsejar *vt* déconseiller.

desacorde *adj* [opiniones] discordant(e) ; **estar ~ con algo** [personas] être en désaccord avec qqch.

desacreditar *vt* discréditer.

desactivar *vt* [bomba] désamorcer.

desacuerdo *m* désaccord *m*.

desafiante *adj* provocant(e).

desafinar *vi* [cantante] chanter faux ; [instrumento, instrumentista] jouer faux.

desafío *m* défi *m*.

desaforado, da *adj* **- 1.** [apetito, ambición] démesuré(e) **- 2.** [gritos] épouvantable.

desafortunado, da ◇ *adj* **- 1.** [persona] malchanceux(euse) ; **ser ~** ne pas avoir de chance **- 2.** [accidente, declaraciones] malheureux(euse). ◇ *m, f* : **es un ~ con las mujeres/los coches** il n'a pas de chance avec les femmes/les voitures.

desagradable *adj* désagréable ; [aspecto] déplaisant(e).

desagradar *vi* déplaire.

desagradecido, da *m, f* ingrat *m*, -e *f*.

desagrado *m* mécontentement *m*.

desagraviar *vt* : **~ a alguien por algo** [ofensa] se faire pardonner qqch par qqn ; [perjuicio] dédommager qqn de qqch.

desagravio *m* [por un perjuicio] dédommagement *m*.

desagüe *m* **- 1.** [cañería] tuyau *m* d'écoulement **- 2.** [vaciado] écoulement *m*.

desaguisado *m* [destrozo] dégâts *mpl*.

desahogado, da *adj* **- 1.** [amplio] spacieux(euse) ; [vaciado] dégagé(e) **- 2.** [persona] aisé(e) ; [posición, situación] confortable.

desahogar *vt* [pena] soulager ; [ira] décharger ; [pasiones] donner libre cours à. ◆ **desahogarse** *vpr* - **1.** [contar] s'épancher - **2.** [liquidar] se libérer *(d'une dette)*.

desahogo *m* - **1.** [moral] soulagement *m* - **2.** [de espacio] : **tener un mayor ~** avoir plus de place - **3.** [económico] aisance *f* ; **vivir con ~** vivre confortablement.

desahuciar *vt* - **1.** [inquilino] expulser - **2.** [enfermo] condamner.

desahucio *m* expulsion *f*.

desaire *m* affront *m* ; **hacer un ~ a alguien** faire un affront à qqn.

desajuste *m* - **1.** [de pieza] jeu *m* ; [de máquina, conducta] dérèglement *m* - **2.** [entre declaraciones] discordance *f* - **3.** [económico etc] déséquilibre *m*.

desalentar *vt* décourager. ◆ **desalentarse** *vpr* se décourager.

desaliento *m* découragement *m*.

desaliñado, da *adj* [aspecto] négligé(e) ; [pelo] ébouriffé(e).

desaliño *m* négligé *m* ; **un cierto aire de ~** un petit air négligé.

desalmado, da ◇ *adj* sans-cœur. ◇ *m, f* : **es un ~** il n'a pas de cœur.

desalojar *vt* - **1.** [por fuerza, emergencia] (faire) évacuer - **2.** [residentes] déloger - **3.** [por propia voluntad] quitter.

desambientado, da *adj* [persona] mal à l'aise ; [cosa] déplacé(e).

desamor *m* - **1.** [falta - de cariño] manque *m* d'affection ; [- de amor] indifférence *f* - **2.** [odio] aversion *f*.

desamparado, da ◇ *adj* abandonné(e), délaissé(e). ◇ *m, f* laissé-pour-compte *m*, laissée-pour-compte *f*.

desamparar *vt* abandonner, délaisser.

desamparo *m* - **1.** [abandono] abandon *m* - **2.** [aflicción] détresse *f*.

desangrar *vt* saigner ; *fig* ruiner. ◆ **desangrarse** *vpr* [mucho] saigner abondamment ; [totalmente] perdre tout son sang.

desanimado, da *adj* - **1.** [persona] découragé(e) - **2.** [fiesta, lugar] : **la fiesta estaba muy desanimada** il n'y avait pas d'ambiance à la fête.

desanimar *vt* décourager. ◆ **desanimarse** *vpr* se décourager.

desánimo *m* découragement *m*.

desapacible *adj* désagréable ; [tiempo, día etc] vilain(e).

desaparecer *vi* disparaître.

desaparecido, da *m, f* disparu *m*, -e *f*.

desaparición *f* disparition *f*.

desapego *m* indifférence *f*.

desapercibido, da *adj* : **pasar ~** passer inaperçu.

desaprensivo, va *m, f* : **es un ~** il est sans scrupules.

desaprobar *vt* désapprouver.

desaprovechar *vt* - **1.** [gen] ne pas profiter de ; **he desaprovechado las vacaciones** je n'ai pas profité des vacances - **2.** [tiempo, ocasión] perdre - **3.** [tela, agua etc] gaspiller.

desarmador *m Amer* tournevis *m*.

desarmar *vt* - **1.** [gen] désarmer - **2.** [desmontar] démonter.

desarme *m* - **1.** MIL & POLIT désarmement *m* - **2.** [desarticulación] démontage *m*.

desarraigar *vt* - **1.** déraciner - **2.** [vicio, costumbre] éradiquer.

desarraigo *m lit* & *fig* déracinement *m*.

desarreglar *vt* - **1.** [desordenar] déranger - **2.** [estropear] dérégler.

desarreglo *m* - **1.** [gen] désordre *m* - **2.** [de mecanismo] dérèglement *m*.

desarrollado, da *adj* - **1.** [persona] épanoui(e) - **2.** [país] développé(e).

desarrollar *vt* - **1.** [gen] développer ; [planta] faire pousser - **2.** [cosa enrollada] dérouler - **3.** [actividades, experiencias] avoir. ◆ **desarrollarse** *vpr* - **1.** [crecer - niño] grandir ; [- planta] pousser - **2.** [mejorar] se développer - **3.** [suceder] se dérouler.

desarrollo *m* - **1.** [gen] développement *m* - **2.** [de niño, planta] croissance *f*.

desarticular *vt* - **1.** [huesos] déboîter - **2.** [mecanismo] démonter - **3.** *fig* [organización, banda] démanteler ; [plan] déjouer.

desasirse *vpr* [librarse] se dégager ; **~ de** [costumbre, vicio] se défaire de.

desasosegar *vt* troubler ; [inquietar] inquiéter.

desasosiego *m* trouble *m*.

desastre *m* - **1.** [catástrofe, fracaso] désastre *m* ; **~ aéreo** catastrophe *f* aérienne - **2.** *fig* [persona inútil] calamité *f*.

desastroso, sa *adj* - **1.** [devastador] désastreux(euse) - **2.** *fam* [inepto] nul (nulle).

desatar *vt* - **1.** [gen] détacher - **2.** *fig* [tormenta, ira, pasiones] déchaîner ; [lengua] délier. ◆ **desatarse** *vpr* - **1.** [gen] se détacher - **2.** *fig* [tormenta, violencia] éclater ; [ira, pasiones] se déchaîner.

desatascar *vt* - **1.** [lavabo] déboucher - **2.** [coche, carreta] désembourber.

desatender *vt* - **1.** [obligación, trabajo] négliger - **2.** [consejos] ne pas écouter ; [ruegos] rester sourd à - **3.** [persona] : **~ a alguien** ne pas s'occuper de qqn ; **le procesaron por ~ a una persona** il a été condamné pour non-assistance à personne en danger.

desatino *m* - **1.** [locura] folie *f* - **2.** [desacierto] bêtise *f*.

desautorizar *vt* - **1.** [rechazar - persona] désavouer ; [- noticia, declaración] démentir ; [- huelga, manifestación] interdire - **2.** [desacreditar] discréditer.

desavenencia *f* [desacuerdo] désaccord *m* ; [riña] brouille *f*.

desavenirse *vpr* : **~ (con)** se brouiller (avec).

desayunar ◇ *vi* déjeuner, prendre son petit déjeuner. ◇ *vt* : **~ algo** prendre qqch au petit déjeuner.

desayuno *m* petit déjeuner *m*.

desazón *f* - **1.** [falta de sabor] fadeur *f* - **2.** [desasosiego] inquiétude *f* ; **causar ~** chagriner.

desazonar *vt* causer du chagrin à.

desbancar *vt fig* [ocupar el puesto de] supplanter.

desbandada *f* dispersion *f* ; **a la ~** à la débandade.

desbarajuste *m* désordre *m*.

desbaratar *vt* - **1.** [mecanismo] détraquer - **2.** [conspiración, planes] faire échouer - **3.** [fortuna] dilapider.

desbloquear *vt* débloquer ; [país] lever le blocus de.

desbocado, da *adj* - **1.** [caballo] emballé(e) - **2.** [ropa] : **un jersey ~** un pull au col qui bâille.

desbocarse *vpr* [caballo] s'emballer.

desbordamiento *m lit & fig* débordement *m*.

desbordar *vt* - **1.** [cauce, ribera] sortir de ; **el agua desborda el lavabo** l'eau déborde du lavabo - **2.** [límites, línea] dépasser ; [paciencia] pousser à bout. ◆ **desbordarse** *vpr* - **1.** [líquido, río] : **~se (de)** déborder (de) - **2.** *fig* [sentimiento] se déchaîner.

descabalgar *vi* descendre de cheval.

descabellado, da *adj* insensé(e).

descabezar *vt* - **1.** [persona] décapiter - **2.** [planta, árbol] étêter.

descafeinado, da *adj* - **1.** [sin cafeína] décaféiné(e) - **2.** *fig* [sin fuerza] édulcoré(e). ◆ **descafeinado** *m* décaféiné *m*.

descalabrar *vt* - **1.** [herir] blesser à la tête - **2.** *fam fig* [perjudicar] malmener.

descalabro *m* revers *m*.

descalcificar *vt* décalcifier.

descalificar *vt* disqualifier.

descalzar *vt* déchausser. ◆ **descalzarse** *vpr* se déchausser.

descalzo, za *adj* - **1.** [pies] pieds nus, nu-pieds - **2.** RELIG déchaux, déchaussé.

descampado *m* terrain *m* vague.

descansar *vi* - **1.** [reposar, dormir] se reposer ; **¡que descanses!** dors bien! - **2.** [cadáver, viga, teoría] : **~ (en)** reposer (sur).

descansillo *m* palier *m (d'escalier)*.

descanso *m* - **1.** [reposo] repos *m* ; **tomarse un ~** se reposer ; **¡descanso!** MIL repos! - **2.** [alivio] soulagement *m* - **3.** [pausa] pause *f* - **4.** CIN & TEATR entracte *m* - **5.** DEP mi-temps *f*.

descapotable ◇ *adj* décapotable. ◇ *m* décapotable *f*.

descarado, da ◇ *adj* effronté(e) ; [flagrante] éhonté(e). ◇ *m, f* effronté *m*, -e *f*.

descarga *f* - **1.** [de mercancías] déchargement *m* - **2.** [de electricidad, arma] décharge *f*.

descargar ◇ *vt* décharger. ◇ *vi* [tormenta] s'abattre. ◆ **descargarse** *vpr* - **1.** [desahogarse] : **~se con alguien** se défouler sur qqn - **2.** DER prouver son innocence - **3.** [batería] se décharger.

descargo *m* - **1.** [de camión, barco] déchargement *m* - **2.** [excusa] excuse *f* ; DER décharge *f* ; **en ~ de mi/tu etc conciencia** par acquit de conscience - **3.** [de deuda] acquittement *m* ; [recibo] reçu *m*.

descarnado, da *adj* - **1.** [persona, animal] décharné(e) - **2.** [descripción] cru(e).

descaro *m* effronterie *f*.

descarriarse *vpr* - **1.** [ovejas, ganado] s'égarer - **2.** *fig* [pervertirse] s'écarter du droit chemin.

descarrilamiento *m* déraillement *m*.

descarrilar *vi* dérailler.

descartar *vt* écarter ; [ayuda, propuesta] rejeter.

descastado, da *m, f* ingrat *m*, -e *f*.

descendencia *f* - **1.** [hijos] descendants *mpl* ; **tener ~** avoir des enfants - **2.** [linaje] origine *f*.

descender *vi* - **1.** [en categoría] descendre ; **~ de** [de tren, avión, linaje] descendre

de ; [derivarse de] découler de - **2.** [cantidad, valor, nivel] baisser.
descenso *m* - **1.** [gen & DEP] descente *f* - **2.** [de cantidad, valor, nivel] baisse *f*.
descentrado, da *adj* - **1.** [geométricamente] décentré(e) - **2.** [mentalmente] désaxé(e) ; [distraído] déconcentré(e).
descentralizar *vt* décentraliser.
descentrar *vt* - **1.** [geométricamente] décentrer - **2.** [mentalmente] désaxer.
descifrar *vt* déchiffrer ; [misterio] élucider ; [problema] démêler.
descodificador, ra, decodificador, ra *adj* de décodage. ◆ **descodificador, decodificador** *m* décodeur *m*.
descolgar *vt* décrocher. ◆ **descolgarse** *vpr* - **1.** [caer] se décrocher ; **~se (por algo)** se laisser glisser (le long de qqch) - **2.** DEP : **~se de** se détacher de.
descolonización *f* décolonisation *f*.
descolorido, da *adj* décoloré(e).
descompasado, da *adj* excessif(ive).
descomponer *vt* - **1.** [pudrir, dividir] décomposer - **2.** [estropear] détraquer - **3.** [desordenar] mettre en désordre ; [peinado] défaire - **4.** *fig* [enojar] : **eso le descompuso** ça l'a mis hors de lui - **5.** *fig* [afectar] bouleverser. ◆ **descomponerse** *vpr* - **1.** [pudrirse] se décomposer - **2.** [irritarse] : **se descompuso** il s'est mis dans tous ses états - **3.** *Amer* [averiarse] tomber en panne.
descomposición *f* décomposition *f* ; **~ de vientre** diarrhée *f*.
descompostura *f* - **1.** [de vestimenta] laisser-aller *m* - **2.** [de comportamiento] grossièreté *f* - **3.** *Amer* [avería] panne *f*.
descompuesto, ta *pp irreg* ▷ **descomponer**.
descomunal *adj* énorme.
desconcentrar *vt* déconcentrer.
desconcertante *adj* déconcertant(e).
desconcertar *vt* déconcerter. ◆ **desconcertarse** *vpr* être déconcerté(e).
desconchado *m* écaillure *f (de peinture)*.
desconcierto *m* [desorden] désordre *m* ; [desorientación, confusión] confusion *f*.
desconectar *vt* [aparato] débrancher ; [línea] couper. ◆ **desconectarse** *vpr* se détacher ; **~se de algo** se couper de qqch.
desconfianza *f* méfiance *f*.
desconfiar *vi* : **~ de** [sospechar de] se méfier de ; [no confiar en] ne pas avoir confiance en.
descongelar *vt* - **1.** [producto] décongeler ; [nevera] dégivrer - **2.** *fig* [créditos] dégeler ; [cuenta] débloquer ; [salarios, precios] libérer.
descongestionar *vt* - **1.** [gen & MED] décongestionner - **2.** *fig* [dejar libre] débloquer.
desconocer *vt* [ignorar] ne pas connaître ; **desconozco sus planes** je ne connais pas ses projets.
desconocido, da ◇ *adj* - **1.** [no conocido] inconnu(e) - **2.** [muy cambiado] méconnaissable. ◇ *m, f* inconnu *m*, -e *f*.
desconocimiento *m* méconnaissance *f*.
desconsiderado, da *m, f* malotru *m*, -e *f*.
desconsolar *vt* affliger.
desconsuelo *m* peine *f*, douleur *f*.
descontado, da *adj* déduit(e). ◆ **por descontado** *loc adv* : **dar por ~ que** être convaincu(e) que.
descontar *vt* - **1.** [cantidad] : **~ algo de** déduire qqch de - **2.** COM [letra, pagaré] escompter.
descontentar *vt* : **~ a alguien** [medidas, noticias] mécontenter qqn ; [actitud] déplaire à qqn.
descontento, ta *adj* mécontent(e). ◆ **descontento** *m* mécontentement *m*, grogne *f (fam)*.
descontrol *m fam* pagaille *f*.
desconvocar *vt* : **~ una huelga** annuler un ordre de grève.
descorazonador, ra *adj* décourageant(e).
descorazonar *vt* décourager.
descorchar *vt* [botella] déboucher.
descorrer *vt* tirer *(rideaux, verrou etc)*.
descoser *vt* découdre.
descosido, da *adj* [tela, ropa] décousu(e). ◆ **descosido** *m* : **como un ~** [beber] comme un trou ; [comer] comme quatre ; [correr] comme un dératé ; [gritar] comme un putois ; [reír] comme un bossu ; **hablar como un ~** être un moulin à paroles.
descoyuntar *vt* déboîter. ◆ **descoyuntarse** *vpr* se déboîter ; **se descoyuntó el hombro** il s'est déboîté l'épaule.
descrédito *m* discrédit *m*.
descreído, da *m, f* incroyant *m*, -e *f*.
descremado, da *adj* écrémé(e).
describir *vt* décrire.
descripción *f* description *f*.
descrito, ta *pp irreg* ▷ **describir**.
descuartizar *vt* dépecer.

descubierto, ta ◇ *pp irreg* ▷ **descubrir.** ◇ *adj* découvert(e). ◆ **descubierto** *m* [de cuenta bancaria] découvert *m* ; [de empresa] déficit *m.* ◆ **al descubierto** *loc adv* - **1.** [al raso] en plein air ; [sin protección] à découvert ; [sin disfraz] ouvertement - **2.** FIN à découvert.

descubridor, ra *m, f* découvreur *m*, -euse *f*.

descubrimiento *m* - **1.** [gen] découverte *f* ; [de máquina, artefacto] invention *f* - **2.** [estatua, placa] inauguration *f*.

descubrir *vt* - **1.** [gen] découvrir ; [máquina, artefacto] inventer - **2.** [estatua, placa] inaugurer - **3.** [vislumbrar] apercevoir - **4.** [intenciones, secreto] dévoiler ; [culpable] démasquer. ◆ **descubrirse** *vpr* se découvrir ; **~se ante algo** *fig* être en admiration devant qqch.

descuento *m* - **1.** [de precio] remise *f*, réduction *f* - **2.** FIN escompte *m*.

descuidado, da *adj* - **1.** [abandonado - persona] négligé(e) ; [- jardín, plantas] mal entretenu(e) - **2.** [despistado] distrait(e).

descuidar ◇ *vt* [desatender] négliger. ◇ *vi* [no preocuparse] ne pas s'inquiéter ; **descuida, que yo me encargo** ne t'inquiète pas, je m'en occupe. ◆ **descuidarse** *vpr* - **1.** [abandonarse] se négliger, se laisser aller - **2.** [despistarse] ne pas faire attention.

descuido *m* négligence *f* ; [falta de atención] inattention *f*.

desde *prep* - **1.** [tiempo] depuis ; **~ el lunes hasta el viernes** du lundi au vendredi ; **~ hace mucho/un mes** depuis longtemps/un mois ; **no lo veo ~ el mes pasado** je ne l'ai pas vu depuis un mois ; **~ ahora** dès à présent ; **~ entonces** depuis ; **~ entonces no lo he vuelto a ver** je ne l'ai plus revu depuis ; **~ que** depuis que ; **~ que murió mi madre** depuis que ma mère est morte - **2.** [espacio] de ; **~ aquí hasta el centro** d'ici au centre-ville. ◆ **desde luego** *loc adv* - **1.** [para confirmar] bien sûr - **2.** [para reprochar] décidément ; **¡~ luego tienes cada idea!** décidément, tu as de ces idées!

desdecir *vi* : **~ de** [desmerecer de] être indigne de ; [desentonar con] ne pas aller avec. ◆ **desdecirse** *vpr* se dédire ; **~se de** revenir sur.

desdén *m* dédain *m*.

desdentado, da *adj* édenté(e).

desdeñar *vt* dédaigner.

desdeñoso, sa *adj* dédaigneux(euse).

desdibujarse *vpr* s'estomper.

desdicha *f* [desgracia] malheur *m*.

desdichado, da *adj* & *m, f* malheureux(euse).

desdicho, cha *pp irreg* ▷ **desdecir.**

desdoblar *vt* déplier ; [duplicar] dédoubler.

desear *vt* - **1.** [gen] désirer ; **desearía estar allí** je voudrais y être ; **¿qué desea?** [en tienda] vous désirez? - **2.** [esperar, felicitar por] souhaiter ; **te deseo un feliz Año Nuevo** je te souhaite une bonne année.

desecar *vt* dessécher ; [pantano, río] assécher. ◆ **desecarse** *vpr* se dessécher ; [pantano, río] s'assécher.

desechable *adj* jetable.

desechar *vt* - **1.** [gen] se débarrasser de - **2.** [oferta, ayuda] rejeter ; [críticas] passer outre - **3.** [idea] chasser ; [sospecha] écarter.

desecho *m* déchet *m*.

desembalar *vt* déballer.

desembarazar *vt* débarrasser ; **~ el paso** dégager le passage. ◆ **desembarazarse** *vpr* : **~se de** se débarrasser de.

desembarcar *vt* & *vi* débarquer. ◆ **desembarcarse** *vpr Amer* descendre.

desembarco *m* [de pasajeros & MIL] débarquement *m*.

desembarque *m* [de mercancías] débarquement *m*.

desembocadura *f* [de río] embouchure *f*.

desembocar *vi* : **~ en** [río] se jeter dans ; [calle] déboucher sur ; **la disputa desembocó en drama** la dispute a tourné au drame.

desembolso *m* [de dinero] versement *m* ; **~ inicial** acompte *m*.

desembuchar ◇ *vt* [ave] dégorger. ◇ *vi fam fig* vider son sac.

desempañar *vt* [con trapo] enlever la buée de ; [electrónicamente] désembuer.

desempaquetar *vt* [paquete] défaire ; [caja] déballer.

desempatar *vi* départager ; **jugar para ~** faire la belle.

desempate *m* résultat *m* final ; **el partido de ~** la belle.

desempeñar *vt* - **1.** [cargo, misión] remplir ; [función] exercer - **2.** [papel] jouer - **3.** [objetos] *récupérer un objet mis en gage.* ◆ **desempeñarse** *vpr* se libérer de ses dettes.

desempeño *m* **- 1.** [de cargo, misión, función] exercice *m* **- 2.** [de papel] interprétation *f*.
desempleado, da *m, f* chômeur *m*, -euse *f*.
desempleo *m* chômage *m*.
desempolvar *vt* **- 1.** [muebles] épousseter **- 2.** *fig* [recuerdos] remuer.
desencadenar *vt* **- 1.** [preso, perro] détacher **- 2.** *fig* [pasiones, furia] déchaîner ; [guerra, conflicto] déclencher ; [polémica] engager. ◆ **desencadenarse** *vpr* se déchaîner ; [guerra, conflicto] se déclencher.
desencajar *vt* déboîter. ◆ **desencajarse** *vpr* se déboîter ; [rostro] se décomposer.
desencantar *vt* **- 1.** [decepcionar] décevoir **- 2.** [romper el hechizo] désenchanter. ◆ **desencantarse** *vpr* déchanter.
desencanto *m* désenchantement *m*.
desenchufar *vt* débrancher.
desenfadado, da *adj* [persona, conducta] décontracté(e) ; [comedia, programa de TV] léger(ère).
desenfado *m* décontraction *f*.
desenfocado, da *adj* [imagen] flou(e) ; [visión] trouble.
desenfrenado, da *adj* **- 1.** [ritmo, carrera] effréné(e) ; **un baile ~** une danse endiablée **- 2.** [comportamiento, estilo] débridé(e) ; [apetito] insatiable.
desenfreno *m* **- 1.** [exceso] frénésie *f* **- 2.** [vicio] débordement *m*.
desenfundar *vt* **- 1.** [mueble, traje] enlever la housse de **- 2.** [pistola] dégainer.
desenganchar *vt* **- 1.** [vagón] décrocher **- 2.** [caballo] dételer. ◆ **desengancharse** *vpr* **- 1.** [soltarse] se décrocher, se dégager **- 2.** *fam* [de un vicio] décrocher.
desengañar *vt* **- 1.** [a una persona equivocada] : **~ a alguien** ouvrir les yeux à qqn **- 2.** [a una persona esperanzada] : **~ a alguien** faire perdre ses illusions à qqn. ◆ **desengañarse** *vpr* : **desengáñate** détrompe-toi.
desengaño *m* déception *f* ; **llevarse un ~ con alguien** être déçu(e) par qqn.
desengrasar *vt* dégraisser.
desenlace *m* dénouement *m*.
desenmarañar *vt lit* & *fig* démêler.
desenmascarar *vt* démasquer.
desenredar *vt lit* & *fig* démêler. ◆ **desenredarse** *vpr* : **~se de algo** bien se tirer de qqch ; **~se el pelo** se démêler les cheveux.
desenrollar *vt* dérouler.
desenroscar *vt* [tornillo, tuerca] dévisser.
desentenderse *vpr* [hacerse el desentendido] faire la sourde oreille.
desenterrar *vt lit* & *fig* déterrer.
desentonar *vi* **- 1.** MÚS [cantante] chanter faux ; [instrumento] jouer faux **- 2.** *fig* [color] détonner ; [persona, modales] être déplacé(e).
desentrenado, da *adj* rouillé(e) ; **estar ~** manquer d'entraînement.
desentumecer *vt* dégourdir. ◆ **desentumecerse** *vpr* se dégourdir.
desenvoltura *f* aisance *f*.
desenvolver *vt* défaire *(un paquet)*. ◆ **desenvolverse** *vpr* **- 1.** [asunto, proceso] se dérouler **- 2.** [persona] s'en tirer.
desenvuelto, ta ◇ *pp irreg* ⊳ **desenvolver.** ◇ *adj* à l'aise ; [para arreglárselas] débrouillard(e).
deseo *m* **- 1.** [gen] désir *m* **- 2.** [voto] souhait *m* ; **buenos ~s** meilleurs vœux.
deseoso, sa *adj* : **estar ~ de algo/de hacer algo** avoir envie de qqch/de faire qqch.
desequilibrado, da *adj* & *m, f* déséquilibré(e).
desequilibrio *m* déséquilibre *m*.
desertar *vi* déserter.
desértico, ca *adj* désertique ; [despoblado] désert(e).
desertización *f* désertification *f*.
desertor *m* déserteur *m*.
desesperación *f* désespoir *m* ; **causar ~** désespérer ; **con ~** désespérément ; **ser una ~** être désespérant(e).
desesperado, da *adj* désespéré(e) ; **actuar a la desesperada** tenter le tout pour le tout.
desesperante *adj* désespérant(e).
desesperar *vt* désespérer. ◆ **desesperarse** *vpr* se désespérer ; [irritarse, enojarse] s'arracher les cheveux.
desestabilizar *vt* déstabiliser.
desestimar *vt* **- 1.** [despreciar] sous-estimer **- 2.** [rechazar] rejeter.
desfachatez *f fam* toupet *m*.
desfalco *m* détournement *m* de fonds.
desfallecer *vi* **- 1.** [debilitarse] défaillir ; **~ de** [hambre, miedo] mourir de ; [cansancio] tomber de **- 2.** [desmayarse] s'évanouir.
desfallecimiento *m* **- 1.** [desmayo] évanouissement *m* **- 2.** [debilidad] malaise *m*.
desfase *m* **- 1.** [desacuerdo] décalage *m* **- 2.** [desajuste] déphasage *m*.

desfavorable *adj* défavorable.

desfigurar *vt* [rostro] défigurer ; [cuerpo, verdad] déformer.

desfiladero *m* défilé *m (en montagne)*.

desfilar *vi* **- 1.** MIL défiler **- 2.** *fig* [marcharse] se retirer.

desfile *m* défilé *m*.

desfogar *vt* [irritación, mal humor] décharger ; [pasiones] donner libre cours à. ◆ **desfogarse** *vpr* se défouler.

desgajar *vt* arracher ; [naranja] couper en quartiers. ◆ **desgajarse** *vpr* **- 1.** [gen] être arraché(e) ; [hojas de un libro] se détacher **- 2.** [abandonar] : **~se de** s'arracher à.

desgana *f* **- 1.** [falta de hambre] : **tener ~** manquer d'appétit **- 2.** [falta de ánimo] : **hacer algo con ~** faire qqch à contrecœur.

desganado, da *adj* : **estoy ~** [sin apetito] je n'ai pas faim ; [sin ganas] je n'ai envie de rien.

desgarbado, da *adj* dégingandé(e).

desgarrador, ra *adj* déchirant(e).

desgarrar *vt lit* & *fig* déchirer. ◆ **desgarrarse** *vpr* se déchirer ; **se me desgarra el corazón** ça me fend le cœur.

desgarro *m* déchirure *f*.

desgastar *vt* user. ◆ **desgastarse** *vpr* s'user ; *fig* [persona] être fatigué(e).

desgaste *m* usure *f*.

desglosar *vt* **- 1.** [gen] découper **- 2.** [impreso] détacher **- 3.** [gastos] ventiler.

desglose *m* découpage *m* ; [de gastos] ventilation *f*.

desgracia *f* **- 1.** [gen] malheur *m* **- 2.** [mala suerte] malchance *f* ; **por ~** malheureusement **- 3.** *loc* : **caer en ~** tomber en disgrâce.

desgraciado, da ◇ *adj* **- 1.** [gen] malheureux(euse) ; [suceso] funeste **- 2.** [sin suerte] : **ser ~** ne pas avoir de chance. ◇ *m, f* **- 1.** [gen] malheureux *m*, -euse *f* **- 2.** *fig* [persona insignificante] pauvre homme *m*, pauvre femme *f*.

desgraciar *vt* **- 1.** [arruinar] abîmer ; [afear] gâcher **- 2.** [herir] esquinter **- 3.** *fig* [malograr] faire échouer.

desgranar *vt* **- 1.** [maíz, uva] égrener **- 2.** [insultos, frases] débiter ; [ventajas etc] énumérer.

desgravar *vt* dégrever.

desgreñado, da *adj* échevelé(e).

desguace *m* [de coches] casse *f*.

deshabitado, da *adj* inhabité(e).

deshabituar *vt* déshabituer. ◆ **deshabituarse** *vpr* se déshabituer.

deshacer *vt* **- 1.** [gen] défaire **- 2.** [derretir] faire fondre **- 3.** [poner fin a - pacto, contrato] rompre ; [- negocio] annuler ; [- plan] déjouer ; [- organización] dissoudre **- 4.** [destruir - casa] détruire ; [- matrimonio] briser **- 5.** *fig* [afligir] abattre **- 6.** [despedazar - libro] déchirer ; [- res] dépecer. ◆ **deshacerse** *vpr* **- 1.** [desvanecerse] disparaître **- 2.** [afligirse] se désespérer **- 3.** *fig* [librarse] : **~se de** se débarrasser de **- 4.** *fig* [decir] : **~se en** [cumplidos] se répandre en ; [elogios] ne pas tarir de ; [insultos] couvrir de ; [excusas] se confondre en **- 5.** *fig* : **~se por** [desvivirse] se mettre en quatre pour ; [estar enamorado] être fou (folle) de.

desharrapado, da ◇ *adj* déguenillé(e). ◇ *m, f* clochard *m*, -e *f*.

deshecho, cha ◇ *pp irreg* ▷ **deshacer**. ◇ *adj* **- 1.** [gen] défait(e) **- 2.** [derretido] fondu(e) **- 3.** [motor, máquina] mort(e) **- 4.** *fig* [afligido] abattu(e).

desheredar *vt* déshériter.

deshidratar *vt* déshydrater. ◆ **deshidratarse** *vpr* se déshydrater.

deshielo *m* dégel *m*.

deshilachar *vt* effilocher.

deshilvanado, da *adj fig* [discurso, guión] décousu(e).

deshinchar *vt* **- 1.** [globo, neumático] dégonfler **- 2.** [hinchazón] désenfler. ◆ **deshincharse** *vpr* **- 1.** [hinchazón] désenfler **- 2.** [globo, neumático] se dégonfler **- 3.** *fam fig* [pedante, presumido] s'écraser.

deshojar *vt* [árbol, flor] effeuiller ; [libro] arracher les pages de. ◆ **deshojarse** *vpr* s'effeuiller.

deshollinar *vt* ramoner.

deshonesto, ta *adj* **- 1.** [sin honradez] malhonnête **- 2.** [sin pudor] indécent(e).

deshonra *f* déshonneur *m*.

deshonrar *vt* déshonorer.

deshora ◆ **a deshora, a deshoras** *loc adv* [en momento inoportuno] au mauvais moment ; [en horas poco habituales] à n'importe quelle heure ; **llegar a ~** rentrer à une heure indue.

deshuesar *vt* [carne] désosser ; [fruta] dénoyauter.

deshumanizar *vt* déshumaniser. ◆ **deshumanizarse** *vpr* devenir inhumain(e).

desidia *f* laisser-aller *m inv*.

desierto, ta *adj* **- 1.** [gen] désert(e)

- 2. [libre] : **la vacante queda desierta** le poste reste à pourvoir ; **el premio ha quedado ~** le prix n'a pas été attribué. ◆ **desierto** *m* désert *m*.

designar *vt* - 1. [nombrar] désigner - 2. [fijar, determinar] choisir ; [fecha] fixer.

designio *m* dessein *m*.

desigual *adj* - 1. [gen] inégal(e) ; [distinto] dépareillé(e) ; **un terreno ~** un terrain accidenté - 2. [carácter, tiempo] changeant(e).

desilusión *f* désillusion *f* ; **llevarse una ~ con** être très déçu(e) par.

desilusionar *vt* - 1. [decepcionar] décevoir - 2. [desengañar] désillusionner. ◆ **desilusionarse** *vpr* - 1. [decepcionarse] être déçu(e) - 2. [desengañarse] : **¡desilusiónate!** ne te fais pas d'illusions!

desincrustar *vt* [cañerías] détartrer.

desinfección *f* désinfection *f*.

desinfectar *vt* désinfecter.

desinflamar *vt* désenflammer.

desinflar *vt* - 1. [quitar aire] dégonfler - 2. *fig* [quitar importancia] minimiser - 3. [desanimar] démoraliser. ◆ **desinflarse** *vpr* - 1. [perder aire] se dégonfler - 2. [desanimarse] se démoraliser.

desintegración *f* - 1. [gen] désintégration *f* - 2. [de grupos, organizaciones] éclatement *m*.

desintegrar *vt* désintégrer. ◆ **desintegrarse** *vpr* se désintégrer.

desinterés *m* - 1. [indiferencia] manque *m* d'intérêt, indifférence *f* - 2. [generosidad] désintéressement *m*.

desinteresado, da *adj* désintéressé(e).

desinteresarse *vpr* : **~ de** o **por algo** se désintéresser de qqch.

desintoxicar *vt* désintoxiquer.

desistir *vi* : **~ (de hacer algo)** renoncer (à faire qqch).

desleal *adj* déloyal(e).

deslealtad *f* déloyauté *f*.

desleír *vt* délayer.

desligar *vt* - 1. [desatar] détacher - 2. *fig* [separar] : **~ algo (de)** dissocier qqch (de). ◆ **desligarse** *vpr* - 1. [desatarse] se détacher ; [de una obligación] se dégager - 2. *fig* [separarse] : **~se de** se dissocier de ; **~se de un grupo** prendre ses distances à l'égard d'un groupe.

deslindar *vt* - 1. [limitar] délimiter - 2. *fig* [separar] cerner.

desliz *m* faux pas *m* ; *fig* dérapage *m* ; **cometer un ~** commettre un impair ; **un ~ de juventud** une erreur de jeunesse.

deslizar *vt* glisser. ◆ **deslizarse** *vpr* - 1. [gen] glisser ; [serpiente] ramper ; [lágrimas] couler - 2. [introducirse] se glisser - 3. [tiempo] passer.

deslomar *vt* esquinter. ◆ **deslomarse** *vpr fam* s'esquinter.

deslucido, da *adj* - 1. [sin brillo] terni(e) - 2. [sin gracia] terne.

deslumbrar *vt lit* & *fig* éblouir.

desmadejar *vt fig* affaiblir.

desmadrarse *vpr fam* délirer.

desmadre *m fam* bazar *m*.

desmán *m* - 1. [abuso] excès *m*, abus *m* - 2. *(gen pl)* [desgracia] malheur *m*.

desmandarse *vpr* - 1. [desobedecer] n'en faire qu'à sa tête - 2. [insubordinarse] se rebeller.

desmantelar *vt* démanteler ; [fábrica] désaffecter ; [nave] démâter.

desmaquillador, ra *adj* démaquillant(e).

desmayar *vi* faiblir. ◆ **desmayarse** *vpr* s'évanouir.

desmayo *m* - 1. [físico] évanouissement *m* - 2. [moral] défaillance *f* ; **sin ~** sans relâche.

desmedido, da *adj* démesuré(e).

desmelenado, da *adj* - 1. [persona] déchaîné(e) - 2. [cabello] décoiffé(e).

desmembrar *vt* démembrer ; [disgregar] faire éclater.

desmemoriado, da ◇ *adj* distrait(e) ; **ser ~** ne pas avoir de mémoire. ◇ *m, f* ingrat *m*, -e *f*.

desmentir *vt* démentir.

desmenuzar *vt* - 1. [trocear] déchiqueter, réduire en charpie ; [pan] émietter - 2. *fig* [examinar, analizar] éplucher.

desmerecer ◇ *vt* être indigne de, ne pas mériter ; **desmerece la recompensa** il ne mérite pas la récompense. ◇ *vi* - 1. [decaer] perdre - 2. [ser inferior] : **~ de alguien en algo** être inférieur(e) à qqn en qqch.

desmesurado, da *adj* démesuré(e).

desmitificar *vt* démythifier.

desmontar *vt* démonter.

desmoralizar *vt* démoraliser. ◆ **desmoralizarse** *vpr* se démoraliser.

desmoronamiento *m* éboulement *m*.

desmoronar *vt* - 1. [edificio] abattre ; [rocas] faire s'ébouler - 2. *fig* [a una persona] décourager. ◆ **desmoronarse** *vpr*

- 1. [edificio] s'écrouler ; [rocas] s'ébouler - 2. *fig* [persona, imperio] s'effondrer.
desnatado, da *adj* écrémé(e).
desnaturalizado, da *adj* dénaturé(e).
desnivel *m* - 1. [cultural, social] clivage *m*, déséquilibre *m* - 2. [de terreno] dénivellation *f*.
desnivelar *vt* - 1. [gen] déséquilibrer ; [balanza] dérégler - 2. [terreno] déniveler. ◆ **desnivelarse** *vpr* - 1. [gen] être dénivelé(e) - 2. *fig* [desequilibrarse] basculer.
desnucar *vt* briser la nuque. ◆ **desnucarse** *vpr* se rompre le cou.
desnudar *vt* - 1. [persona] déshabiller - 2. *fig* [cosa] dépouiller. ◆ **desnudarse** *vpr* se déshabiller.
desnudez *f* nudité *f*.
desnudo, da *adj* nu(e) ; [árbol, hombro, paisaje] dénudé(e) ; [decorado] dépouillé(e). ◆ **desnudo** *m* nu *m*.
desnutrición *f* malnutrition *f*.
desobedecer *vt* désobéir.
desobediencia *f* désobéissance *f*.
desobediente *adj* désobéissant(e).
desocupado, da *adj* - 1. [ocioso, vacío] inoccupé(e) - 2. [sin empleo] au chômage.
desocupar *vt* [local - abandonar] évacuer ; [- dejar libre] libérer.
desodorante *m* [corporal] déodorant *m* ; [de un local] désodorisant *m*.
desolación *f* - 1. [destrucción] dévastation *f* ; **causar ~** dévaster - 2. [desconsuelo] désolation *f*.
desolador, ra *adj* [noticia] désolant(e) ; [espectáculo] affligeant(e).
desolar *vt* - 1. [destruir] dévaster - 2. [afligir] désoler.
desorbitado, da *adj* exorbitant(e) ; **con los ojos ~s** les yeux exorbités.
desorden *m* désordre *m*.
desordenado, da *adj* - 1. [persona] désordonné(e) ; [armario, habitación etc] en désordre - 2. *fig* [vida] déréglé(e).
desordenar *vt* mettre en désordre, déranger ; [pelo] décoiffer.
desorganización *f* désorganisation *f*.
desorganizar *vt* désorganiser.
desorientar *vt lit* & *fig* désorienter. ◆ **desorientarse** *vpr* être désorienté(e).
despabilar = **espabilar**.
despachar ◇ *vt* - 1. [mercancía, entradas] vendre - 2. [cliente] servir - 3. *fam fig* [trabajo, discurso] expédier ; [comida] engloutir ; [bebida] descendre - 4. [asunto] traiter ; [negocio] régler. ◇ *vi* - 1. [sobre un asunto] : **~ con alguien** avoir un entretien avec qqn *fam* [hacer deprisa] activer. ◆ **despacharse** *vpr* [hablar francamente] : **~se (con alguien)** se soulager (auprès de qqn).
despacho *m* - 1. [gen] bureau *m* - 2. [venta] vente *f* ; [local de venta] : **~ de localidades** [en teatro] guichet *m* ; [quiosco] ≃ bureau *m* de location ; **~ de pan** dépôt *m* de pain - 3. [comunicación oficial] dépêche *f* ; [del juez] mandat *m*.
despacio *adv* lentement.
despampanante *adj fam* [chica] canon.
desparejar *vt* dépareiller.
desparpajo *m fam* sans-gêne *m inv*.
desparramar *vt* - 1. [líquido] répandre - 2. *fig* [dinero] dilapider. ◆ **desparramarse** *vpr* [líquido] se répandre ; [personas, ganado] se disperser.
despecho *m* dépit *m*.
despectivo, va *adj* - 1. [despreciativo] méprisant(e) ; **de manera despectiva** avec mépris - 2. GRAM péjoratif(ive). ◆ **despectivo** *m* GRAM forme *f* péjorative.
despedazar *vt* - 1. [físicamente] dépecer - 2. *fig* [moralmente] briser.
despedida *f* - 1. [adiós] : **la ~** les adieux - 2. [fiesta] soirée *f* d'adieux.
despedir *vt* - 1. [decir adiós] faire ses adieux à ; **fuimos a ~le a la estación** nous sommes allés lui dire au revoir à la gare - 2. [echar - de un club etc] renvoyer ; [- de un empleo] licencier - 3. [lanzar, arrojar] jeter ; [suj : volcán] cracher - 4. *fig* [difundir, desprender] dégager. ◆ **despedirse** *vpr* : **~se (de)** [una persona] dire au revoir (à) ; [una cosa] dire adieu (à).
despegado, da *adj fig* distant(e).
despegar *vt* & *vi* décoller. ◆ **despegarse** *vpr* - 1. [etiqueta, pegatina, sello] se décoller - 2. [alejarse] : **~se de alguien** se détacher de qqn.
despegue *m* décollage *m*.
despeinar *vt* décoiffer. ◆ **despeinarse** *vpr* se décoiffer.
despejado, da *adj* dégagé(e) ; **tener la mente despejada** *fig* avoir les idées claires.
despejar *vt* - 1. [gen] dégager ; [mesa] débarrasser - 2. MAT [incógnita] déterminer. ◆ **despejarse** *vpr* - 1. [espabilarse] s'éclaircir les idées ; [despertarse] se réveiller - 2. [tiempo] s'éclaircir ; [cielo] se dégager.
despeje *m* DEP dégagement *m*.
despellejar *vt* - 1. [animal] dépouiller

- 2. *fig* [criticar] : **~ a alguien** casser du sucre sur le dos de qqn.
despelotarse *vpr fam* - 1. [desnudarse] se mettre à poil - 2. [mondarse] : **~ (de risa)** se tordre de rire.
despensa *f* garde-manger *m*.
despeñadero *m* précipice *m*.
despeñar *vt* précipiter, jeter. ◆ **despeñarse** *vpr* se précipiter.
desperdiciar *vt* gaspiller ; [ocasión] perdre.
desperdicio *m* - 1. [gen] gaspillage *m* ; [de tiempo] perte *f* - 2. [residuo] : **los ~s** les déchets.
desperdigar *vt* disperser.
desperezarse *vpr* s'étirer.
desperfecto *m* [deterioro] dégât *m* ; [imperfección] défaut *m* ; **sufrir ~s** être endommagé(e).
despertador *m* réveil *m (objet)*.
despertar ◇ *vt* - 1. [gen] réveiller - 2. [interés] éveiller ; [admiración] provoquer. ◇ *vi* se réveiller. ◇ *m* réveil *m (action)*. ◆ **despertarse** *vpr* se réveiller.
despiadado, da *adj* impitoyable.
despido *m* licenciement *m*.
despiece *m* dépeçage *m*.
despierto, ta *adj lit* & *fig* éveillé(e).
despilfarrar *vt* gaspiller.
despilfarro *m* gaspillage *m*.
despintar *vt* délaver.
despistado, da ◇ *adj* - 1. [distraído] tête en l'air - 2. [confundido] : **estar ~** être désorienté. ◇ *m, f* tête *f* en l'air.
despistar *vt* - 1. [perder] égarer ; [a la policía etc] semer - 2. *fig* [confundir] désorienter, dérouter. ◆ **despistarse** *vpr* - 1. [perderse] s'égarer - 2. *fig* [distraerse] avoir un moment d'inattention.
despiste *m* [distracción] étourderie *f* ; [error] faute *f* d'étourderie.
desplante *m* insolence *f (remarque etc)*.
desplazado, da *adj fig* : **encontrarse ~** ne pas se sentir à sa place.
desplazamiento *m* déplacement *m*.
desplazar *vt* - 1. [gen] déplacer - 2. *fig* [desbancar] : **~ a alguien/algo** supplanter qqn/qqch. ◆ **desplazarse** *vpr* [viajar] se déplacer ; **tiene que ~se cinco kilómetros** il doit faire cinq kilomètres.
desplegar *vt* - 1. [gen & MIL] déployer - 2. [tela, periódico etc] déplier.
despliegue *m* déploiement *m*.
desplomarse *vpr lit* & *fig* s'effondrer.
desplumar *vt lit* & *fig* plumer.
despoblado, da *adj* dépeuplé(e).
despojar *vt* : **~ a alguien de algo** dépouiller qqn de qqch. ◆ **despojarse** *vpr* : **~se de** [bienes, ropa] se dépouiller de ; [comida] se priver de.
despojo *m* [acción] dépouillement *m*. ◆ **despojos** *mpl* - 1. [sobras, residuos] restes *mpl* - 2. [de animales] abats *mpl* ; [de aves] abattis *mpl* - 3. [restos mortales] dépouille *f* (mortelle).
desposar *vt* marier. ◆ **desposarse** *vpr* se marier.
desposeer *vt* : **~ a alguien de algo** déposséder qqn de qqch.
déspota *mf lit* & *fig* despote *m*.
despotricar *vi* : **~ (contra)** *fam* pester (contre).
despreciar *vt* - 1. [desdeñar] mépriser - 2. [rechazar] rejeter.
desprecio *m* mépris *m*.
desprender *vt* - 1. [soltar] détacher ; [despegar] décoller - 2. [olor] dégager ; [luz] diffuser. ◆ **desprenderse** *vpr* - 1. [soltarse] se détacher ; [despegarse] se décoller - 2. *fig* [deducirse] : **de sus palabras se desprende que ...** ses paroles laissent entendre que ... - 3. [librarse, renunciar] : **~se de** se défaire de.
desprendido, da *adj* [generoso] généreux(euse), désintéressé(e).
desprendimiento *m* - 1. [separación] détachement *m* ; **~ de retina** décollement *m* de la rétine - 2. *fig* [generosidad] générosité *f*.
despreocupado, da ◇ *adj* [sin preocupaciones] insouciant(e). ◇ *m, f* [sin preocupaciones] insouciant *m*, -e *f* ; **es un ~ en el vestir** il s'habille n'importe comment.
despreocuparse *vpr* : **~ de** [un asunto] ne plus penser à ; [una persona, un negocio] négliger.
desprestigiar *vt* discréditer.
desprevenido, da *adj* : **coger** o **pillar ~** prendre au dépourvu ; **estar ~** ne pas s'attendre à qqch.
desproporcionado, da *adj* disproportionné(e).
despropósito *m* absurdité *f*, bêtise *f*.
desprovisto, ta *adj* : **~ de** dépourvu de.
después *adv* - 1. [gen] après ; **poco ~** peu après ; **años ~** des années après ; **el año ~** l'année d'après - 2. [más adelante - en el tiempo] plus tard ; **dos días ~** deux jours plus tard ; [- en el espacio] plus loin ; **dos filas ~** deux rangs plus loin ; [- en una lista] plus bas - 3. [entonces] ensuite, puis ; **llamé primero y ~ entré** j'ai sonné, puis je

suis entré. ◆ **después de** *loc prep* après ; **llegó ~ de ti** il est arrivé après toi ; **~ de comer** après le déjeuner. ◆ **después de que** *loc conj* après que ; **~ de que lo hice** après que je l'ai fait ; **~ de que hubiese hablado** après qu'il eut parlé. ◆ **después de todo** *loc adv* tout compte fait.

despuntar ◇ *vt* [lápiz etc] épointer. ◇ *vi* - **1.** [planta] bourgeonner ; [flor, capullo] éclore - **2.** *fig* [persona] : **~ entre/por** se distinguer de/par ; **no despunta por su inteligencia** il ne brille pas par son intelligence - **3.** [día] poindre.

desquiciar *vt* - **1.** [puerta, ventana] dégonder - **2.** *fig* [desequilibrar] détraquer, perturber ; [sacar de quicio] rendre fou (folle), faire sortir de ses gonds.

desquitarse *vpr* : **~ de** [ofensa, derrota] se venger de, prendre sa revanche sur.

desquite *m* revanche *f*.

destacamento *m* MIL détachement *m*.

destacar ◇ *vt* - **1.** [poner de relieve] souligner, faire remarquer ; **cabe ~ que ...** il convient de souligner que ... - **2.** MIL détacher. ◇ *vi* [sobresalir] ressortir. ◆ **destacarse** *vpr* : **~se (de/por)** se distinguer (de/par).

destajo *m* forfait *m (contrat)* ; **a ~** à la pièce ; [por un tanto] au forfait ; *fig* [sin descanso] d'arrache-pied.

destapar *vt* - **1.** [quitar la tapa] ouvrir - **2.** [quitar la cubierta] découvrir. ◆ **destaparse** *vpr* - **1.** [desarroparse] se découvrir - **2.** *fig* [revelarse] se montrer sous son vrai jour.

destartalado, da *adj* - **1.** [casa, mueble] délabré(e) ; [coche, aparato] déglingué(e) - **2.** [desparejado] dépareillé(e).

destello *m* - **1.** [de luz, brillo] éclat *m* ; [de estrella] scintillement *m* - **2.** *fig* [de lucidez, esperanza] lueur *f*.

destemplado, da *adj* - **1.** [enfermo] fiévreux(euse) - **2.** [instrumento] désaccordé(e) - **3.** [tiempo] maussade - **4.** [carácter etc] emporté(e) - **5.** [voz, tono] aigre.

desteñir ◇ *vt* : **~ algo** déteindre sur qqch. ◇ *vi* [despintar] déteindre ; [descolorarse] ternir.

desternillarse *vpr* : **~ de risa** se tordre de rire.

desterrar *vt* - **1.** [persona] exiler - **2.** *fig* [idea] chasser - **3.** *fig* [costumbre, hábito] bannir.

destetar *vt* sevrer.

destiempo ◆ **a destiempo** *loc adv* à contretemps.

destierro *m* exil *m*.

destilación *f* distillation *f*.

destilar ◇ *vt* - **1.** [gen] distiller - **2.** [pus, sangre] suinter. ◇ *vi* suinter, goutter.

destilería *f* distillerie *f*.

destinar *vt* - **1.** [gen] destiner ; [cartas] adresser ; [cargo, empleo] affecter - **2.** [designar] : **~ a alguien a** [cargo, empleo] affecter qqn à ; [lugar] envoyer qqn à.

destinatario, ria *m, f* destinataire *mf*.

destino *m* - **1.** [sino] destin *m* - **2.** [rumbo, finalidad] destination *f* ; **con ~ a** à destination de - **3.** [plaza, empleo] affectation *f*, poste *m*.

destitución *f* destitution *f*.

destituir *vt* destituer.

destornillador *m* - **1.** [herramienta] tournevis *m* - **2.** [bebida] vodka-orange *f*.

destornillar *vt* dévisser.

destreza *f* adresse *f*.

destronar *vt lit* & *fig* détrôner.

destrozar *vt* - **1.** [romper] mettre en pièces ; [estropear] abîmer, détériorer ; [destruir] détruire - **2.** *fig* [persona, carrera] briser.

destrozo *m* dégât *m* ; **ocasionar grandes ~s** faire de gros dégâts.

destrucción *f* destruction *f*.

destruir *vt* détruire ; [argumento, proyecto] démolir.

desvaído, da *adj* - **1.** [color] pâle, passé(e) - **2.** [mirada] vague ; [forma, contorno] flou(e).

desvalido, da *adj* & *m, f* démuni(e).

desvalijar *vt* dévaliser.

desván *m* grenier *m*.

desvanecer *vt* dissiper. ◆ **desvanecerse** *vpr* - **1.** [gen] se dissiper - **2.** [persona] s'évanouir.

desvanecimiento *m* évanouissement *m*.

desvariar *vi* délirer, divaguer.

desvarío *m* - **1.** [dicho] absurdité *f* ; [hecho] folie *f* - **2.** [estado] délire *m*.

desvelar *vt* - **1.** [persona] empêcher de dormir - **2.** [noticia, secreto etc] dévoiler. ◆ **desvelarse** *vpr* - **1.** [esmerarse] : **~se por hacer algo** se donner du mal pour faire qqch - **2.** *Amer* [acostarse tarde] se coucher tard.

desvelo *m* - **1.** [insomnio] insomnie *f* - **2.** [esfuerzo] effort *m*.

desventaja *f* désavantage *m*.

desventura *f* malheur *m*.

desvergonzado, da *adj* & *m, f* effronté(e).

desvergüenza *f* - **1.** [atrevimiento, frescura] effronterie *f* - **2.** [dicho, hecho] insolence *f*.

desvestir *vt* dévêtir. ◆ **desvestirse** *vpr* se dévêtir.

desviación *f* déviation *f*.

desviar *vt* - **1.** [gen] détourner ; [pelota, disparo, tráfico] dévier ; [barco] dérouter - **2.** [pregunta] éluder. ◆ **desviarse** *vpr* - **1.** [cambiar de dirección - conductor] dévier ; [- avión, barco] changer de route - **2.** [cambiar] : **~se de tema** faire une digression ; **~se de propósito** changer de cap.

desvincular *vt* : **~ a alguien de una obligación** dégager qqn d'une obligation. ◆ **desvincularse** *vpr* : **~se de** [amigos] se détacher de ; [responsabilidad] se dégager de.

desvío *m* - **1.** [vía] déviation *f* - **2.** *fig* désaffection *f*, froideur *f*.

desvirtuar *vt* dénaturer.

desvivirse *vpr* : **~ (por alguien/algo)** se dépenser sans compter pour qqn/qqch ; **~ por hacer algo** mourir d'envie de faire qqch.

detallar *vt* détailler.

detalle *m* - **1.** [gen] détail *m* ; **con ~** en détail ; **entrar en ~s** entrer dans les détails - **2.** [amabilidad] attention *f* ; **tener un ~** avoir une délicate attention. ◆ **al detalle** *loc adv* COM au détail.

detallista ◇ *adj* pointilleux(euse). ◇ *mf* COM détaillant *m*, -e *f*.

detectar *vt* détecter.

detective *mf* détective *mf*.

detener *vt* - **1.** [arrestar, parar] arrêter - **2.** [retrasar] retenir. ◆ **detenerse** *vpr* - **1.** [pararse] s'arrêter - **2.** [demorarse] s'attarder.

detenidamente *adv* attentivement.

detenido, da ◇ *adj* - **1.** [detallado] approfondi(e) - **2.** [arrestado] : **estar ~** être en état d'arrestation. ◇ *m, f* détenu *m*, -e *f*.

detenimiento ◆ **con detenimiento** *loc adv* avec attention.

detergente *m* [para la ropa] lessive *f* ; [para el suelo etc] détergent *m*.

deteriorar *vt* détériorer. ◆ **deteriorarse** *vpr fig* [empeorar] se détériorer, se dégrader.

deterioro *m* détérioration *f*.

determinación *f* détermination *f* ; **tomar una ~** prendre une résolution.

determinado, da *adj* - **1.** [concreto] certain(e) ; **en ~s casos** dans certains cas - **2.** [resuelto] déterminé(e).

determinar *vt* - **1.** [gen] déterminer ; [fecha] fixer - **2.** [causar, motivar] être à l'origine de - **3.** [decidir] : **~ algo/hacer algo** décider qqch/de faire qqch. ◆ **determinarse** *vpr* : **~se a hacer algo** se résoudre à faire qqch.

detestar *vt* détester.

detractor, ra *adj* & *m, f* détracteur(trice).

detrás *adv* - **1.** [en el espacio] derrière ; **siéntate ~** assieds-toi derrière ; **tus amigos vienen ~** tes amis nous suivent - **2.** [en el orden] après, ensuite ; **primero entró él y ~ ella** il est entré le premier et elle après lui. ◆ **detrás de** *loc prep* - **1.** [gen] derrière ; **~ de la puerta** derrière la porte ; **estar ~ de algo** être derrière qqch - **2.** [a espaldas de] par-derrière ; **decir algo ~ de alguien** dire qqch dans le dos de qqn. ◆ **por detrás** *loc adv* à l'arrière ; **hablar de alguien por ~** parler de qqn par-derrière.

detrimento *m* : **causar ~** faire des dégâts ; **en ~ de** au détriment de.

detrito *m* détritus *m*. ◆ **detritos** *mpl* [residuos] détritus *mpl*.

deuda *f* dette *f* ; **~ pública** dette publique.

deudor, ra *adj* & *m, f* débiteur(trice).

devaluación *f* dévaluation *f*.

devaluar *vt* dévaluer.

devanar *vt* dévider.

devaneos *mpl* - **1.** [distracción] divagations *fpl* - **2.** [amoríos] amourettes *fpl*.

devastar *vt* dévaster.

devoción *f* RELIG & *fig* dévotion *f*.

devocionario *m* missel *m*.

devolución *f* [gen] retour *m* ; [de correo] restitution *f*, retour *m* à l'expéditeur ; [de importe] remboursement *m*.

devolver ◇ *vt* - **1.** [gen] rendre ; [importe] rembourser ; [carta, paquete] renvoyer, retourner ; [brillo] redonner - **2.** [colocar en su sitio] remettre. ◇ *vi* [vomitar] rendre.

devorar *vt lit* & *fig* dévorer.

devoto, ta ◇ *adj* - **1.** [beato] dévot(e) - **2.** [admirador] : **ser muy ~ (de alguien)** être un fervent admirateur (de qqn) - **3.** [lugar] de dévotion ; **una imagen devota** une image pieuse. ◇ *m, f* - **1.** [gen] adepte *mf* - **2.** [beato] dévot *m*, -e *f*.

devuelto, ta *pp irreg* ▷ **devolver**.

dg (*abrev de* **decigramo**) dg.

di *etc* - **1.** ▷ **dar** - **2.** ▷ **decir.**

día *m* - **1.** [gen] jour *m* ; **me voy el ~ ocho** je pars le huit ; **¿a qué ~ estamos?** quel jour sommes-nous ? ; **al ~ siguiente** le lendemain ; **a plena luz del ~** en plein jour ; **~ y noche** jour et nuit ; **a 60 ~s vista** à 60 jours de vue ; **el ~ de hoy/de mañana** aujourd'hui/demain ; **hoy en ~** de nos jours ; **todos los ~s** tous les jours ; **un ~ sí y otro no** un jour sur deux ; **~ de pago** [de sueldo] jour de paie ; **~ festivo** jour férié ; **~ hábil** o **laborable** o **de trabajo** jour ouvrable ; **de ~ en ~** de jour en jour ; **del ~** du jour ; **menú del ~** plat du jour ; **pan del ~** du pain frais - **2.** [tiempo, espacio de tiempo] journée *f* ; **un ~ lluvioso** une journée pluvieuse ; **todo el (santo) ~** toute la (sainte) journée - **3.** [conmemoración] fête *f* ; **~ de los Inocentes** ≃ 1er avril ; **el ~ de la madre** la fête des Mères ; **el ~ de San Juan** la Saint-Jean - **4.** *loc* : **mañana será otro ~** demain, il fera jour ; **poner algo al ~** mettre qqch à jour ; **poner alguien al ~** mettre qqn au courant ; **un ~ es un ~** une fois n'est pas coutume ; **vivir al ~** vivre au jour le jour. ◆ **días** *mpl* - **1.** [vida] vie *f* ; **pasar sus ~s haciendo algo** passer sa vie à faire qqch - **2.** [época] époque *f* ; **en mis ~s** à mon époque, de mon temps. ◆ **buen día** *interj Amer* : **¡buen ~!** bonjour! ◆ **buenos días** *interj* : **¡buenos ~s!** bonjour!

diabético, ca *adj* & *m, f* diabétique.

diablo *m* diable *m*. ◆ **diablos** *fam* ◇ *mpl* [para dar énfasis] : **¿dónde/cómo ~s ...?** où/comment diable ...? ◇ *interj* : **¡diablos!** diable!

diablura *f* diablerie *f*.

diabólico, ca *adj lit* & *fig* diabolique.

diadema *f* serre-tête *m* ; [joya] diadème *m*.

diáfano, na *adj* - **1.** [transparente] diaphane - **2.** *fig* [claro] limpide.

diafragma *m* diaphragme *m*.

diagnosticar *vt* diagnostiquer.

diagnóstico *m* diagnostic *m*.

diagonal ◇ *adj* diagonal(e). ◇ *f* diagonale *f*.

diagrama *m* diagramme *m*.

dial *m* [de teléfono] cadran *m*.

dialecto *m* dialecte *m*.

diálisis *f inv* dialyse *f*.

dialogar *vi* dialoguer.

diálogo *m* dialogue *m*.

diamante *m* diamant *m*. ◆ **diamantes** *mpl* [palo de baraja] carreau *m*.

diámetro *m* diamètre *m*.

diana *f* - **1.** [en blanco de tiro] : **hacer ~** faire mouche - **2.** [en cuartel] réveil *m*.

diapasón *m* diapason *m*.

diapositiva *f* diapositive *f*.

diario, ria *adj* quotidien(enne) ; [actividad] journalier(ère) ; **a ~** tous les jours ; **ropa de ~** vêtements de tous les jours. ◆ **diario** *m* journal *m*.

diarrea *f* diarrhée *f*.

dibujante *mf* dessinateur *m*, -trice *f*.

dibujar *vt* & *vi* dessiner.

dibujo *m* dessin *m* ; **~ lineal** o **técnico** dessin industriel ; **~s animados** dessins animés.

diccionario *m* dictionnaire *m*.

dice ▷ **decir.**

dicha *f* - **1.** [felicidad] bonheur *m* - **2.** [suerte] chance *f*.

dicho, cha ◇ *pp irreg* ▷ **decir.** ◇ *adj* ce, cette ; **o mejor ~** ou plutôt ; **~ y hecho** aussitôt dit aussitôt fait. ◆ **dicho** *m* dicton *m*.

dichoso, sa *adj* - **1.** [feliz, afortunado] heureux(euse) - **2.** [para enfatizar] maudit(e).

diciembre *m* décembre *m* ; *ver también* **septiembre.**

dicotomía *f* dichotomie *f*.

dictado *m* dictée *f*.

dictador, ra *m, f* dictateur *m*.

dictadura *f* dictature *f*.

dictáfono *m* Dictaphone® *m*.

dictamen *m* - **1.** [opinión] opinion *f* ; **dar un ~** donner un avis - **2.** [informe] rapport *m*.

dictar *vt* - **1.** [gen] dicter - **2.** [sentencia, fallo] prononcer ; [ley, decreto] promulguer.

dictatorial *adj* dictatorial(e).

didáctico, ca *adj* didactique.

diecinueve ◇ *adj num inv* dix-neuf ; **el siglo ~** le dix-neuvième siècle. ◇ *m inv* dix-neuf *m inv* ; *ver también* **seis.**

dieciocho ◇ *adj num inv* dix-huit ; **el siglo ~** le dix-huitième siècle. ◇ *m inv* dix-huit *m inv* ; *ver también* **seis.**

dieciséis ◇ *adj num inv* seize ; **el siglo ~** le seizième siècle. ◇ *m inv* seize *m inv* ; *ver también* **seis.**

diecisiete ◇ *adj num inv* dix-sept ; **el siglo ~** le dix-septième siècle. ◇ *m inv* dix-sept *m inv* ; *ver también* **seis.**

diente *m* dent *f* ; **~ de leche** dent de lait ; **hablar entre ~s** parler entre ses dents. ◆ **diente de ajo** *m* gousse *f* d'ail.

diera ▷ **dar.**

diéresis *f inv* tréma *m*.
dieron *etc* ▻ **dar**.
diesel, diésel *adj* diesel.
diestro, tra *adj* [hábil] adroit(e) ; [que usa la mano derecha] droitier(ère) ; **a ~ y siniestro** *fig* à tort et à travers.
dieta *f* régime *m*. ◆ **dietas** *fpl* indemnités *fpl* ; **~s por desplazamiento** frais *mpl* de déplacement.
dietario *m* livre *m* de comptes.
dietético, ca *adj* diététique. ◆ **dietética** *f* diététique *f*.
dietista *mf Amer* nutritionniste *mf*.
diez *adj num inv* & *m inv* dix ; *ver también* seis.
difamar *vt* diffamer.
diferencia *f* - **1.** [gen] différence *f* - **2.** [de opiniones, punto de vista] différend *m*.
diferencial ◇ *adj* [gen & MAT] différentiel(elle) ; [rasgo] distinctif(ive). ◇ *m* TECNOL différentiel *m*.
diferenciar *vt* différencier ; [los colores, las letras] reconnaître ; **~ lo bueno de lo malo** distinguer le bien et le mal. ◆ **diferenciarse** *vpr* - **1.** [ser distinto] : **~se (de)** se différencier (de) - **2.** [descollar] se distinguer.
diferente ◇ *adj* différent(e) ; **~ de** o **a** différent de. ◇ *adv* différemment.
diferido ◆ **en diferido** *loc adv* en différé.
diferir ◇ *vt* [posponer] différer. ◇ *vi* [diferenciarse] : **~ (de)** différer (de) ; **difiero de ti en opiniones** nous n'avons pas les mêmes opinions.
difícil *adj* difficile ; **~ de hacer** difficile à faire.
dificultad *f* difficulté *f* ; **con ~es** [empresa etc] en difficulté ; **pasar ~es** connaître des moments difficiles.
dificultar *vt* rendre difficile.
difuminar *vt* [color] estomper ; [olor] dissiper ; [sonido] assourdir.
difundir *vt* diffuser ; [noticia] répandre. ◆ **difundirse** *vpr* - **1.** [gen] se diffuser ; [noticia] se répandre ; [epidemia] se propager - **2.** [publicación] être diffusé(e).
difunto, ta *adj* & *m, f* défunt(e).
difusión *f* diffusion *f*.
diga ▻ **decir**.
digerir *vt lit* & *fig* digérer.
digestión *f* digestion *f*.
digestivo, va *adj* digestif(ive).
digital *adj* - **1.** [gen] digital(e) - **2.** INFORM numérique.
dígito *m* chiffre *m*.
dignarse *vpr* : **~ hacer algo** daigner faire qqch.
dignidad *f* dignité *f*.
dignificar *vt* rendre digne.
digno, na *adj* : **~ (de)** digne (de).
digo ▻ **decir**.
digresión *f* digression *f*.
dijera *etc* ▻ **decir**.
dilapidar *vt* dilapider.
dilatar *vt* - **1.** [gen] dilater - **2.** [prolongar] faire durer.
dilema *m* dilemme *m*.
diligencia *f* - **1.** [esmero, cuidado] application *f* - **2.** [prontitud] : **con ~** rapidement - **3.** [trámite, gestión] démarche *f* - **4.** [vehículo] diligence *f*.
diligente *adj* appliqué(e).
diluir *vt* diluer. ◆ **diluirse** *vpr* se diluer.
diluviar *v impers* pleuvoir à torrents.
diluvio *m* déluge *m*.
dimensión *f* dimension *f*.
diminutivo *m* diminutif *m*.
diminuto, ta *adj* tout petit (toute petite), minuscule.
dimisión *f* démission *f* ; **presentar la ~** présenter sa démission.
dimitir *vi* : **~ (de)** démissionner (de).
dimos ▻ **dar**.
Dinamarca Danemark *m*.
dinámico, ca *adj* dynamique.
dinamismo *m* dynamisme *m*.
dinamita *f* dynamite *f*.
dinamo, dínamo *f* dynamo *f*.
dinastía *f* dynastie *f*.
dineral *m fam* fortune *f*.
dinero *m* argent *m* ; **~ negro** o **sucio** argent sale ; **~ público** fonds *mpl* publics ; **andar bien de ~** être en fonds ; **un hombre de ~** un homme riche.
dinosaurio *m* dinosaure *m*.
dintel *m* linteau *m*.
dio ▻ **dar**.
diócesis *f inv* diocèse *m*.
dioptría *f* dioptrie *f*.
dios, sa *m, f* dieu *m*, déesse *f* ; **todo ~** *mfam* tout le monde. ◆ **Dios** *m* Dieu ; **a Dios gracias** grâce à Dieu ; **a la buena de Dios** au petit bonheur la chance ; **¡Dios mío!** mon Dieu! ; **¡por Dios!** je t'en/vous en prie! ; **¡vaya por Dios!** nous voilà bien!
diploma *m* diplôme *m*.
diplomacia *f* diplomatie *f*.
diplomado, da *adj* & *m, f* diplômé(e).

diplomático, ca ◇ *adj* diplomatique. ◇ *m, f* diplomate *mf*.
diptongo *m* diphtongue *f*.
diputación *f* - **1.** [corporación] conseil *m* - **2.** [cargo] députation *f* ; ~ **provincial** ≃ conseil *m* général.
diputado, da *m, f* député *m*, -e *f*.
dique *m* - **1.** [en río] digue *f* - **2.** [en puerto] dock *m*.
dirá ▷ **decir.**
dirección *f* - **1.** [gen & COM] direction *f* ; [de calle, de las agujas del reloj] sens *m* ; ~ **prohibida** sens interdit ; ~ **única** sens unique ; ~ **asistida** AUTOM direction assistée ; ~ **comercial/general** direction commerciale/générale ; **en** ~ **a** en direction de - **2.** [señas] adresse *f*. ◆ **Dirección General de Tráfico** *f organisme chargé de la circulation routière, dépendant du ministère de l'Intérieur espagnol.*
directivo, va ◇ *adj* directeur(trice) ; [personal] de direction. ◇ *m, f* dirigeant *m*, -e *f*. ◆ **directiva** *f* - **1.** [junta] direction *f* - **2.** [norma] directive *f*.
directo, ta *adj* direct(e). ◆ **directo** ◇ *m* [tren] direct *m*. ◇ *adv* tout droit, directement. ◆ **directa** *f* AUTOM cinquième vitesse *f (dernière vitesse)*. ◆ **en directo** *loc adv* en direct.
director, ra *m, f* directeur *m*, -trice *f* ; ~ **de cine** réalisateur *m* ; ~ **de escena** o **teatro** metteur *m* en scène ; ~ **de orquesta** chef *m* d'orchestre ; ~ **general** president-directeur *m* général.
directorio *m* [gen & INFORM] répertoire *m*.
directriz *f* GEOM directrice *f*. ◆ **directrices** *fpl* [normas] directives *fpl*.
diría ▷ **decir.**
dirigente *adj* & *mf* dirigeant(e).
dirigir *vt* - **1.** [gen] diriger - **2.** [obra de teatro] mettre en scène ; [película] réaliser - **3.** [palabra, carta] adresser - **4.** [asesorar] guider - **5.** [dedicar] : ~ **algo a** consacrer qqch à. ◆ **dirigirse** *vpr* - **1.** [encaminarse] : ~**se a** o **hacia** se diriger vers - **2.** [hablar, escribir] : ~**se a alguien** s'adresser à qqn.
discar *vt Amer* composer *(un numéro de téléphone)*.
discernir *vt* discerner.
disciplina *f* discipline *f*.
discípulo, la *m, f* disciple *mf*.
disc-jockey [dis'jokei] (*pl* **disc-jockeys**) *mf* disc-jockey *mf*.
disco *m* - **1.** [gen, DEP & INFORM] disque *m* ; ~ **compacto** disque compact ; ~ **de larga duración** trente-trois-tours *m* ; ~ **duro/flexible** disque dur/souple - **2.** [semáforo] feu *m* ; ~ **rojo** feu rouge.
discografía *f* discographie *f*.
disconforme *adj* : **estar** ~ **con** ne pas être d'accord avec, être en désaccord avec.
disconformidad *f* désaccord *m*.
discontinuo, nua *adj* discontinu(e).
discordante *adj* discordant(e).
discordia *f* discorde *f*.
discoteca *f* discothèque *f*.
discreción *f* discrétion *f*. ◆ **a discreción** *loc adv* à volonté.
discrecional *adj* [servicio de transporte] spécial(e).
discrepancia *f* divergence *f*.
discrepar *vi* diverger ; ~ **de** être en désaccord avec.
discreto, ta *adj* - **1.** [gen] discret(ète) - **2.** [cantidad] modéré(e).
discriminación *f* discrimination *f*.
discriminar *vt* discriminer.
disculpa *f* excuse *f* ; **pedir** ~**s** présenter ses excuses.
disculpar *vt* excuser.
discurrir *vi* - **1.** [tiempo, vida] s'écouler ; [acto, sesión] se dérouler - **2.** [pensar] réfléchir.
discurso *m* discours *m*.
discusión *f* discussion *f*.
discutible *adj* discutable.
discutir ◇ *vi* - **1.** [pelearse] se disputer - **2.** [conversar] : ~ **de** o **sobre** discuter de. ◇ *vt* : ~ **algo** discuter de qqch.
disecar *vt* disséquer.
disección *f* dissection *f*.
diseminar *vt* disséminer.
disentir *vi* ne pas être d'accord.
diseñador, ra *m, f* [de muebles, tejidos] dessinateur *m*, -trice *f*, designer *m* ; ~ **de modas** créateur *m* ; ~ **gráfico** concepteur *m* graphique.
diseñar *vt* - **1.** [gen] dessiner - **2.** [crear] concevoir.
diseño *m* - **1.** [gen] dessin *m* - **2.** [concepción] conception *f* ; **de** ~ [muebles etc] design ; ~ **asistido por ordenador** conception assistée par ordinateur, CAO *f* ; ~ **gráfico** conception graphique.
disertación *f* dissertation *f*.
disfraz *m* déguisement *m* ; **de disfraces** [baile, fiesta] costumé(e).
disfrazar *vt* déguiser. ◆ **disfrazarse** *vpr* : ~**se (de)** se déguiser (en).

disfrutar ◇ *vi* - **1.** [sentir placer] s'amuser - **2.** [disponer de] : ~ **de** [comodidades etc] bénéficier de ; [buena salud, favor etc] jouir de. ◇ *vt* : ~ **algo** profiter de qqch.

disgregar *vt* - **1.** [multitud, manifestación] disperser - **2.** [roca] désagréger. ◆ **disgregarse** *vpr* - **1.** [familia, manifestación] se disperser - **2.** [roca] se désagréger - **3.** [imperio] se morceler.

disgustar *vt* déplaire. ◆ **disgustarse** *vpr* se fâcher.

disgusto *m* - **1.** [tristeza, pesar] contrariété *f* ; **dar un ~** contrarier ; **llevarse un ~** être contrarié(e) - **2.** [desinterés, incomodidad] ennui *m* ; **estar a ~** être mal à l'aise - **3.** [pelea] : **tener un ~ con alguien** s'accrocher avec qqn.

disidente *adj* & *mf* dissident(e).

disimular ◇ *vt* dissimuler, cacher. ◇ *vi* [culpable] faire l'innocent(e) ; [fingir desconocimiento] faire comme si de rien n'était.

disimulo *m* dissimulation *f* ; **con ~** en cachette.

disipar *vt* dissiper. ◆ **disiparse** *vpr* se dissiper.

diskette = **disquete.**

dislexia *f* dyslexie *f*.

dislocar *vt* démettre. ◆ **dislocarse** *vpr* se démettre.

disminución *f* diminution *f* ; [de temperatura, paga etc] baisse *f*.

disminuir *vt* & *vi* diminuer.

disolución *f* - **1.** [gen] dissolution *f* - **2.** [mezcla] solution *f*.

disolvente ◇ *adj* dissolvant(e). ◇ *m* dissolvant *m*.

disolver *vt* dissoudre. ◆ **disolverse** *vpr* se dissoudre ; [manifestación] se disperser.

disparar ◇ *vt* [flecha, dardo] lancer. ◇ *vi* tirer. ◆ **dispararse** *vpr* - **1.** [arma de fuego] partir - **2.** [persona] s'emporter - **3.** [precios] s'envoler.

disparatado, da *adj* [ilógico] absurde ; [raro] extravagant(e) ; **¡qué ideas más disparatadas!** quelles drôles d'idées!

disparate *m* - **1.** [comentario, acción] bêtise *f* ; [idea] drôle d'idée *f* - **2.** [dineral] fortune *f* ; **costar un ~** coûter une fortune.

disparidad *f* disparité *f*.

disparo *m* - **1.** [de bala] coup *m* de feu - **2.** [de pelota, flecha] tir *m*.

dispensar ◇ *vt* - **1.** [disculpar] excuser - **2.** [honores] rendre ; [bienvenida] réserver ; [ayuda] donner. ◇ *vi* [eximir] : ~ **de** dispenser de.

dispensario *m* dispensaire *m*.

dispersar *vt* disperser. ◆ **dispersarse** *vpr* se disperser.

dispersión *f* - **1.** [gen & FÍS] dispersion *f* - **2.** [de objetos] désordre *m*.

disperso, sa *adj* dispersé(e).

disponer ◇ *vt* - **1.** [gen] disposer ; **~ lo necesario para** prendre ses dispositions pour - **2.** [preceptuar] : ~ **algo** [suj : persona] décider de qqch ; [suj : ley] stipuler qqch. ◇ *vi* : ~ **de** disposer de. ◆ **disponerse** *vpr* : **~se a** s'apprêter à.

disponibilidad *f* disponibilité *f*.

disponible *adj* disponible.

disposición *f* - **1.** [gen] disposition *f* ; **a ~ de** à la disposition de ; **tener ~ para** avoir des dispositions pour - **2.** [estado] : **estar** o **hallarse en ~ de** être en état de.

dispositivo *m* dispositif *m* ; **~ intrauterino** stérilet *m*.

dispuesto, ta ◇ *pp irreg* ▷ **disponer.** ◇ *adj* - **1.** [listo] prêt(e) ; **estar ~ a algo/a hacer algo** être prêt à qqch/à faire qqch - **2.** [capaz] : **ser muy ~** avoir de bonnes dispositions.

disputa *f* dispute *f*.

disputar *vt* - **1.** [competir] : ~ **algo** se disputer qqch - **2.** [debatir] : ~ **algo** discuter de qqch.

disquete, diskette [dis'kete] *m* INFORM disquette *f*.

disquetera *f* INFORM unité *f* de disquette.

distancia *f* distance *f* ; **a ~** à distance ; **se saludaron a ~** ils se sont salués de loin ; **de larga ~** [llamada] international(e).

distanciar *vt* éloigner ; [en competición] distancer. ◆ **distanciarse** *vpr* s'éloigner, prendre ses distances.

distante *adj* - **1.** [espacio] éloigné(e) ; **no está muy ~** ce n'est pas très loin - **2.** [trato] distant(e).

distar *vi* - **1.** [hallarse a] : **ese sitio dista varios kilómetros de aquí** cet endroit est à plusieurs kilomètres d'ici - **2.** *fig* [diferir] : ~ **de** être loin de.

diste *etc* ▷ **dar.**

distender *vt* distendre ; [ambiente, cuerda] détendre.

distendido, da *adj* [informal] décontracté(e).

distinción *f* distinction *f* ; **a ~ de** à la différence de.

distinguido, da *adj* **- 1.** [destacado] éminent(e) **- 2.** [elegante] distingué(e).
distinguir *vt* **- 1.** [gen] distinguer **- 2.** [galardonar] : **~ con** décorer de. ◆ **distinguirse** *vpr* se distinguer.
distintivo, va *adj* distinctif(ive). ◆ **distintivo** *m* **- 1.** [insignia] badge *m* **- 2.** [característica] signe *m* distinctif.
distinto, ta *adj* [diferente] différent(e). ◆ **distintos, tas** *adj pl* [varios] plusieurs.
distorsión *f* **- 1.** [de tobillo, rodilla] entorse *f* **- 2.** [de imágenes, sonidos] distorsion *f*.
distracción *f* distraction *f*.
distraer *vt* distraire. ◆ **distraerse** *vpr* **- 1.** [entretenerse] se distraire **- 2.** [despistarse] être distrait(e) ; [del trabajo] se déconcentrer ; **~se un momento** avoir un moment d'inattention.
distraído, da ◇ *adj* **- 1.** [entretenido] amusant(e) **- 2.** [despistado] distrait(e). ◇ *m, f* étourdi *m*, -e *f*.
distribución *f* distribution *f*.
distribuidor, ra ◇ *adj* [entidad] qui distribue ; [red] de distribution. ◇ *m, f* [persona] distributeur *m*, -trice *f* ; **~ exclusivo** représentant *m* exclusif. ◆ **distribuidor** *m* [aparato] distributeur *m*.
distribuir *vt* distribuer.
distrito *m* district *m* ; EDUC académie *f* ; **~ postal** secteur *m* postal.
disturbio *m* troubles *mpl*, émeute *f*.
disuadir *vt* dissuader.
disuasión *f* dissuasion *f*.
disuasivo, va *adj* dissuasif(ive).
disuelto, ta *pp irreg* ▷ **disolver**.
DIU (*abrev de* **dispositivo intrauterino**) *m* stérilet *m*.
diurético, ca *adj* diurétique. ◆ **diurético** *m* FARMACIA diurétique *m*.
diurno, na *adj* diurne.
divagar *vi* **- 1.** [desviarse] : **~ sobre** se perdre en considérations sur **- 2.** [deambular] errer **- 3.** [delirar] divaguer.
diván *m* divan *m*.
divergencia *f lit & fig* divergence *f*.
divergir *vi lit & fig* diverger.
diversidad *f* diversité *f*.
diversificar *vt* diversifier. ◆ **diversificarse** *vpr* se diversifier.
diversión *f* distraction *f*.
diverso, sa *adj* [diferente] différent(e) ; [variado] divers(e). ◆ **diversos, sas** *adj pl* [varios] plusieurs.
divertido, da *adj* amusant(e), drôle.
divertir *vt* amuser. ◆ **divertirse** *vpr* s'amuser ; [con pasatiempos] se divertir.
dividendo *m* FIN & MAT dividende *m*.
dividir *vt* **- 1.** [gen & MAT] diviser **- 2.** [trocear] couper en morceaux **- 3.** [repartir] partager.
divinidad *f* divinité *f*.
divino, na *adj* **- 1.** [de dioses] divin(e) **- 2.** *fig* [excelente] merveilleux(euse) ; [gusto, comida] exquis(e).
divisa *f (gen pl)* **- 1.** [moneda extranjera] devise *f* (étrangère) **- 2.** [distintivo] insigne *m*.
divisar *vt* apercevoir.
división *f* **- 1.** [gen, MIL & DEP] division *f* **- 2.** *fig* [de opinión] discorde *f* ; **hubo ~ de opiniones** les avis ont été partagés.
divisor *m* MAT diviseur *m*.
divo, va *m, f* **- 1.** MÚS chanteur *m* d'opéra, diva *f* **- 2.** *fig* [figura] vedette *f*.
divorciado, da *adj & m, f* divorcé(e).
divorciar *vt* **- 1.** [personas] prononcer le divorce de **- 2.** *fig* [cosas] séparer. ◆ **divorciarse** *vpr* divorcer.
divorcio *m lit & fig* divorce *m*.
divulgación *f* **- 1.** [de noticia, secreto] divulgation *f* **- 2.** [de cultura, ciencia] vulgarisation *f*.
divulgar *vt* **- 1.** [difundir - noticia, secreto] divulguer ; [- rumor] propager **- 2.** [cultura, ciencia] vulgariser.
dl (*abrev de* **decilitro**) dl.
dm (*abrev de* **decímetro**) dm.
DNI (*abrev de* **documento nacional de identidad**) *m carte d'identité espagnole.*
do *m* do *m*.
dobladillo *m* ourlet *m*.
doblado, da *adj* **- 1.** [papel, camisa] plié(e) **- 2.** [voz, película] doublé(e).
doblaje *m* doublage *m*.
doblar ◇ *vt* **- 1.** [gen, NÁUT & CIN] doubler **- 2.** [plegar] plier **- 3.** [torcer] tordre **- 4.** [girar a] : **~ la esquina** tourner au coin de la rue **- 5.** *fig* [castigar] : **~ a alguien a palos** rouer qqn de coups. ◇ *vi* **- 1.** [girar] tourner **- 2.** [campanas] : **~ (a muerto)** sonner le glas. ◆ **doblarse** *vpr* [someterse] : **~se a** O **ante algo** plier sous O se soumettre à qqch ; [a una petición] accéder à qqch.
doble ◇ *adj* **- 1.** [gen] double ; **de ~ sentido** à double sens ; **~ « l »** deux « l » **- 2.** [cantidad] : **tiene ~ número de habitantes** elle a deux fois plus d'habitants ; **~ de ancho que ...** deux fois plus large que ... ◇ *mf* **- 1.** [persona] double *m*, sosie *m*

- **2.** CIN doublure *f.* ◇ *m* [duplo, copia] double *m* ; **gana el ~ que yo** elle gagne deux fois plus que moi. ◇ *adv* double ; **ver ~** voir double ; **trabajar ~** travailler deux fois plus. ◆ **dobles** *m inv* [en tenis] double *m*.

doblegar *vt* - **1.** [torcer] plier - **2.** [someter] faire fléchir. ◆ **doblegarse** *vpr* [someterse] : **~se a** se plier à ; **~se ante/bajo** fléchir devant/sous.

doblez ◇ *m* [pliegue] pli *m.* ◇ *m* o *f fig* [falsedad] duplicité *f.*

doce ◇ *adj num inv* douze ; **las ~** [de la mañana] midi ; [de la noche] minuit. ◇ *m inv* douze *m inv* ; *ver también* **seis**.

doceavo, va *adj num* douzième.

docena *f* douzaine *f* ; **por ~s** [doce a doce] à la douzaine ; [en cantidad] beaucoup.

docencia *f* enseignement *m*.

docente ◇ *adj* [personal] enseignant(e) ; [centro] d'enseignement. ◇ *mf* enseignant *m*, -e *f*.

dócil *adj* [manso] docile ; [niño] facile.

docto, ta *adj* & *m, f* savant(e).

doctor, ra *m, f* docteur *m* ; **~ en** [en derecho, medicina] docteur en ; [en ciencias, letras] docteur ès.

doctorar *vt* : **~ a alguien** délivrer un doctorat à qqn.

doctrina *f* doctrine *f*.

documentación *f* - **1.** [en archivos] documentation *f* - **2.** [identificación personal] papiers *mpl*.

documentado, da *adj* - **1.** [informado] documenté(e) - **2.** [con papeles encima] : **ir ~** avoir ses papiers sur soi.

documental *adj* & *m* documentaire.

documentar *vt* - **1.** [evidenciar] documenter ; [petición] fournir des documents à l'appui de - **2.** [informar] informer. ◆ **documentarse** *vpr* se documenter.

documento *m* - **1.** [escrito] document *m* ; **~ nacional de identidad** carte *f* nationale d'identité - **2.** [testimonio] témoignage *m*.

dogma *m* dogme *m*.

dogmático, ca *adj* dogmatique.

dólar *m* dollar *m*.

dolencia *f* douleur *f*.

doler *vi* - **1.** [físicamente] faire mal ; **me duele la pierna** ma jambe me fait mal ; **me duele la cabeza** j'ai mal à la tête - **2.** [moralmente] faire de la peine, faire du mal ; **me duele verte llorar** ça me fait de la peine de te voir pleurer. ◆ **dolerse** *vpr* : **~se de** o **por** [quejarse] se plaindre de ; [arrepentirse] regretter de ; [apenarse] être affligé(e) par.

dolido, da *adj* meurtri(e).

dolmen *m* dolmen *m*.

dolor *m* douleur *f* ; **~ de muelas** rage *f* de dents ; **tener ~ de cabeza/de estómago** avoir des maux de tête/d'estomac ; **tener ~ de barriga/de riñones** avoir mal au ventre/aux reins.

dolorido, da *adj* - **1.** [físicamente] endolori(e) - **2.** [moralmente] peiné(e).

doloroso, sa *adj* douloureux(euse).

domador, ra *m, f* dompteur *m*, -euse *f*.

domar *vt* - **1.** [fieras, pasiones] dompter - **2.** [persona, animal] dresser.

domesticar *vt* - **1.** [animal] domestiquer - **2.** [persona] apprivoiser.

doméstico, ca *adj* - **1.** [de casa] ménager(ère) - **2.** [animal] domestique.

domiciliación *f* domiciliation *f* ; **~ bancaria** domiciliation (bancaire).

domiciliar *vt* [pago] payer par virement bancaire.

domicilio *m* domicile *m* ; **~ social** siège *m* social.

dominante *adj* dominant(e) ; [persona] dominateur(trice).

dominar *vt* dominer ; [conocer, controlar] maîtriser. ◆ **dominarse** *vpr* [contenerse] se dominer, se maîtriser.

domingo *m* dimanche *m*.

dominguero, ra *fam* ◇ *adj* du dimanche. ◇ *m, f* : **es un ~** c'est un conducteur du dimanche.

dominical *adj* dominical(e).

dominicano, na ◇ *adj* dominicain(e). ◇ *m, f* Dominicain *m*, -e *f*.

dominio *m* - **1.** [control] domination *f* ; **el ~ de los Austrias** l'empire d'Autriche - **2.** [autoridad] pouvoir *m* ; **el ~ de la Iglesia** le pouvoir de l'Église - **3.** [territorio, ámbito] domaine *m* - **4.** [conocimiento] maîtrise *f.* ◆ **dominios** *mpl* territoires *mpl*.

dominó *m* - **1.** [juego] dominos *mpl* - **2.** [ficha] domino *m*.

domótica *f* domotique *f*.

don *m* - **1.** [tratamiento] : **~ Luis García, ~ Luis** monsieur Luis García, monsieur García - **2.** [habilidad] don *m* ; **tener el ~ de los idiomas** avoir le don des langues ; **tener el ~ de los negocios** avoir le sens des affaires.

donaire *m* - **1.** [gen] grâce *f* ; [al andar] al-

lure *f* ; [al expresarse] esprit *m* - **2.** [dicho] mot *m* d'esprit.
donante *mf* [de cuadros, bienes] donateur *m*, -trice *f* ; [de sangre, órganos] donneur *m*, -euse *f*.
donar *vt* faire don de.
donativo *m* don *m*.
doncella *f* - **1.** LITER damoiselle *f* - **2.** [criada] bonne *f*.
donde ◇ *adv* où ; **el bolso está ~ lo dejaste** le sac est là où tu l'as laissé ; **de** o **desde ~** d'où ; **pasaré por ~ me manden** je passerai par où on me dira de passer. ◇ *pron* où ; **ésa es la casa ~ nací** c'est la maison où je suis né ; **de ~** d'où ; **la ciudad de ~ viene** la ville d'où il vient ; **ése es el camino por ~ pasamos** c'est le chemin par lequel nous sommes passés. ◆ **de donde** *loc adv* d'où.
dónde *adv (interrogativo)* où ; **¿~ estás?** où es-tu? ; **no sé ~ está** je ne sais pas où il est ; **¿a ~ vas?** où vas-tu? ; **¿de ~ eres?** d'où es-tu? ; **¿por ~ se va al teatro?** par où va-t-on au théâtre?
dondequiera ◆ **dondequiera que** *loc adv* où que ; **~ que estés** où que tu sois.
doña *f* : **~ Luisa García, ~ Luisa** madame Luisa García, madame García.
dopado, da *adj* dopé(e).
dopaje = **doping**.
dopar *vt* doper.
doping ['dopin], **dopaje** *m* dopage *m*.
doquier ◆ **por doquier** *loc adv* partout.
dorado, da *adj* - **1.** [color, época] doré(e) - **2.** *fig* [edad, siglo] d'or. ◆ **dorada** *f* [pez] daurade *f*.
dorar *vt* - **1.** [gen] dorer - **2.** [alimento - en la sartén] faire revenir ; [- en el horno] faire dorer - **3.** [verdad, mala noticia] enjoliver. ◆ **dorarse** *vpr* dorer.
dormilón, ona *fam* ◇ *adj* : **es un niño ~** c'est un enfant qui dort beaucoup. ◇ *m, f* [persona] marmotte *f*. ◆ **dormilona** *f Amer* [prenda] chemise *f* de nuit.
dormir ◇ *vt* endormir ; **~ la siesta** faire la sieste. ◇ *vi* dormir. ◆ **dormirse** *vpr* - **1.** [persona] s'endormir ; **~se en los laureles** s'endormir sur ses lauriers - **2.** [mano, pierna] s'engourdir ; **se me ha dormido la mano** j'ai la main tout engourdie.
dormitar *vi* somnoler.
dormitorio *m* chambre *f* (à coucher) ; [de colegio] dortoir *m*.
dorsal ◇ *adj* dorsal(e). ◇ *m* DEP dossard *m*.
dorso *m* dos *m* ; **'véase al ~'** 'voir au dos'.
dos ◇ *adj num inv* deux ; **cada ~ por tres** à tout bout de champ. ◇ *m inv* deux *m*.
DOS (*abrev de* **disk operating system**) *m* DOS *m*.
doscientos, tas *adj num inv* deux cents ; *ver también* **seiscientos**.
dosificar *vt* - **1.** [gen & QUÍM] doser - **2.** *fig* [palabras] peser.
dosis *f inv lit* & *fig* dose *f*.
dossier [do'sjer] *m inv* dossier *m*.
dotación *f* - **1.** [gen] dotation *f* - **2.** [plantilla] personnel *m*.
dotado, da *adj* : **~ para** [persona] doué pour ; **~ de** [instalación, aparato] équipé de.
dotar *vt* - **1.** [gen] doter ; **~ algo de** [de material] équiper qqch de ; [personas] fournir le personnel nécessaire à - **2.** *fig* [suj : naturaleza] : **~ a alguien de** douer qqn de.
dote *m* o *f* [en boda] dot *f*. ◆ **dotes** *fpl* [dones] qualités *fpl* ; **tener ~s de** être doué(e) pour.
Dr. (*abrev de* **doctor**) Dr.
Dra. (*abrev de* **doctora**) Dr.
dragar *vt* draguer.
dragón *m* dragon *m*.
drama *m* drame *m* ; **hacer un ~** *fig* faire tout un cirque ; **hacer un ~ de algo** *fig* faire un drame de qqch.
dramático, ca *adj lit* & *fig* dramatique.
dramatizar *vt* dramatiser ; [obra, poema] adapter.
dramaturgo, ga *m, f* dramaturge *m*.
drástico, ca *adj* - **1.** [efecto, cambio] radical(e) - **2.** [medida] draconien(enne), drastique.
drenar *vt* drainer.
driblar *vt* dribbler.
droga *f* drogue *f*.
drogadicto, ta *adj* & *m, f* toxicomane.
drogar *vt* droguer. ◆ **drogarse** *vpr* se droguer.
droguería *f* droguerie *f*.
dromedario *m* dromadaire *m*.
drugstore [droɣes'tor] (*pl* **drugstores**) *m* drugstore *m*.
dto. *abrev de* **descuento**.
dual *adj* dual(e).
dualidad *f* dualité *f*.
Dublín Dublin.
ducado *m* - **1.** [tierras] duché *m* - **2.** [moneda] ducat *m*.
ducha *f* douche *f* ; **tomar** o **darse una ~** prendre une douche.

duchar *vt* doucher. ◆ **ducharse** *vpr* se doucher.
duda *f* doute *m* ; **no cabe ~** il n'y a pas de doute ; **salir de ~s** en avoir le cœur net ; **sin ~** sans doute.
dudar ◇ *vi* - **1.** [desconfiar] : **~ de** douter de - **2.** [no estar seguro] : **~ sobre** avoir des doutes sur - **3.** [vacilar] hésiter. ◇ *vt* douter ; **dudo que venga** je doute qu'il vienne ; **lo dudo** j'en doute.
dudoso, sa *adj* - **1.** [improbable] : **es ~ que ...** il n'est pas certain que ... - **2.** [vacilante] hésitant(e) - **3.** [sospechoso] douteux(euse).
duelo *m* - **1.** [combate] duel *m* - **2.** [sentimiento] deuil *m*.
duende *m* - **1.** [personaje] lutin *m* - **2.** *fig* [encanto] charme *m*.
dueño, ña *m, f* propriétaire *mf*.
Duero *m* : **el ~** le Douro.
dulce ◇ *adj* doux (douce) ; [con azúcar] sucré(e). ◇ *m* [pastel] gâteau *m* ; [caramelo] bonbon *m* ; **~ de membrillo** pâte *f* de coings. ◆ **dulces** *mpl* sucreries *fpl*, friandises *fpl*.
dulcificar *vt* - **1.** [endulzar] sucrer - **2.** *fig* [suavizar] adoucir.
dulzura *f* douceur *f*.
duna *f* dune *f*.
dúo *m* duo *m* ; **a ~** en duo.
duodécimo, ma *adj num* douzième.
duodeno *m* duodénum *m*.
dúplex, duplex *m inv* duplex *m*.
duplicado, da *adj* [documento] en double exemplaire. ◆ **duplicado** *m* duplicata *m* ; **por ~** en double exemplaire.
duplicar *vt* - **1.** [cantidad] doubler - **2.** [documento] faire un double de. ◆ **duplicarse** *vpr* doubler ; **se ha duplicado el precio** le prix a doublé.
duque, sa *m, f* duc *m*, duchesse *f*.
duración *f* durée *f*.
duradero, ra *adj* durable.
durante *prep* pendant ; **~ las vacaciones** pendant les vacances ; **~ toda la semana** toute la semaine.
durar *vi* durer ; [quedarse, subsistir] persister.
durazno *m Amer* [melocotón] pêche *f*.
dureza *f* - **1.** [gen] dureté *f* - **2.** [callosidad] durillon *m*.
duro, ra *adj* dur(e) ; **ser ~ de pelar** être un dur à cuire. ◆ **duro** ◇ *m* - **1.** [moneda] : **un ~** cinq pesetas - **2.** [persona] dur *m*. ◇ *adv* dur ; **trabajar ~** travailler dur ; **pegar ~** frapper fort.
d/v *abrev de* **días vista**.

E

e¹, E [e] *f* [letra] e *m inv*, E *m inv*.
e² *conj (en lugar de "y" ante palabras que empiecen por "i" o "hi")* et.
EA (*abrev de* **Eusko Alkartasuna**) *f parti politique basque né d'une scission du PNV*.
ebanista *mf* ébéniste *mf*.
ebanistería *f* - **1.** [oficio] ébénisterie *f* - **2.** [taller] atelier *m* d'ébéniste.
ébano *m* [madera] ébène *f*.
ebrio, bria *adj lit* & *fig* ivre.
Ebro *m* : **el ~** l'Èbre *m*.
ebullición *f* ébullition *f*.
eccema *m* eczéma *m*.
echar ◇ *vt* - **1.** [tirar] lancer ; [basura, red etc] jeter - **2.** [añadir, accionar] mettre ; **~ azúcar en el café** mettre du sucre dans son café ; **~ el freno de mano** mettre le frein à main ; **~ la llave** fermer à clef - **3.** [dar] : **~ comida** [a animales] donner à manger ; **~ de comer** [a personas] servir à manger - **4.** [salir] : **los rosales echan flores** les rosiers fleurissent ; **~ los dientes** faire ses dents - **5.** [vapor, chispas] faire ; **~ humo** fumer - **6.** [carta, postal] poster - **7.** [expulsar] mettre à la porte - **8.** [condena] : **~ diez años de prisión** condamner à dix ans de prison - **9.** [adivinar] donner ; **¿cuántos años le echas?** quel âge tu lui donnes? - **10.** [en televisión, cine] passer ; **¿qué echan en el cine de al lado?** qu'est-ce qu'on joue au cinéma d'à côté? - **11.** *loc* : **~ abajo** [derrumbar] abattre ; **~ cuentas** faire des comptes ; **~ a perder** [estropear] abîmer ; [plan, día] gâcher ; **~ de menos** regretter ; **echo de menos a mis hijos** mes enfants me manquent ; **~ las cartas** tirer les cartes. ◇ *vi* - **1.** [empezar] : **~ a hacer algo** se mettre à faire qqch - **2.** *fam* [dirigirse] prendre ; **~ por el camino** prendre le chemin. ◆ **echarse** *vpr* - **1.** [lanzarse] se jeter - **2.** [acostarse] s'allonger - **3.** [apartarse] : **~se a un lado** se pousser ; **~se atrás** [retroceder] reculer ; *fig* se raviser - **4.** *loc* : **~se a perder** [comida] s'abîmer ; [plan, fiesta] mal tourner.
echarpe *m* écharpe *f*.
eclesiástico, ca *adj* ecclésiastique. ◆ **eclesiástico** *m* ecclésiastique *m*.

eclipsar *vt* - **1.** [suj : astro] éclipser - **2.** *fig* faire de l'ombre à.
eclipse *m* éclipse *f*.
eco *m* écho *m* ; **hacerse ~ de** se faire l'écho de. ◆ **eco del radar** *m* écho-radar *m*.
ecografía *f* échographie *f*.
ecología *f* écologie *f*.
ecológico, ca *adj* écologique.
ecologista *adj* & *mf* écologiste.
economato *m* économat *m*.
economía *f* économie *f* ; **~ sumergida** économie parallèle.
económico, ca *adj* - **1.** [gen] économique ; **sirven comidas económicas** on sert des repas à bas prix - **2.** [persona] économe. ◆ **económicas** *fpl* [estudios] sciences *fpl* économiques.
economista *mf* économiste *mf*.
economizar *vt lit* & *fig* économiser.
ecosistema *m* écosystème *m*.
ecu (*abrev de* **unidad de cuenta europea**) *m* ECU *m*, écu *m*.
ecuación *f* équation *f*.
ecuador *m* équateur *m*.
Ecuador : (el) ~ l'Équateur *m*.
ecuánime *adj* - **1.** [en el juicio] impartial(e) - **2.** [en el ánimo] d'humeur égale.
ecuatoriano, na ◇ *adj* équatorien(enne). ◇ *m, f* Équatorien *m*, - enne *f*.
ecuestre *adj* équestre.
edad *f* âge *m* ; **¿qué ~ tienes?** quel âge as-tu? ; **una persona de ~** une personne âgée ; **~ del pavo** âge ingrat ; **~ escolar** âge scolaire ; **Edad Media** Moyen Âge ; **tercera ~** troisième âge.
edelweiss [eðel'βais] *m inv* edelweiss *m*.
edén *m lit* & *fig* éden *m*.
edición *f* édition *f* ; **~ de bolsillo** édition de poche ; **~ electrónica** édition électronique.
edicto *m* édit *m*.
edificante *adj* édifiant(e).
edificar *vt* - **1.** [construir] construire - **2.** [aleccionar] édifier.
edificio *m* bâtiment *m* ; [bloque] immeuble *m*.
edil *m* [concejal] conseiller *m* municipal, conseillère *f* municipale.
Edimburgo Édimbourg.
editar *vt* éditer.
editor, ra ◇ *adj* éditeur(trice). ◇ *m, f* - **1.** [de publicación, disco] éditeur *m*, -trice *f* - **2.** [de programa de radio, televisión] réalisateur *m*, -trice *f*. ◆ **editor** *m* INFORM éditeur *m* de textes.
editorial ◇ *adj* éditorial(e). ◇ *m* éditorial *m*. ◇ *f* maison *f* d'édition.
edredón *m* édredon *m* ; **~ (nórdico)** couette *f*.
educación *f* éducation *f* ; **recibió una buena ~ en esa escuela** il a reçu une bonne éducation dans cette école ; **¡qué poca ~!** qu'il est mal élevé! ; **~ física** éducation physique.
educado, da *adj* bien élevé(e) ; **mal ~** mal élevé.
educador, ra *m, f* éducateur *m*, -trice *f*.
educar *vt* éduquer ; [criar] élever.
edulcorante ◇ *adj* édulcorant(e). ◇ *m* édulcorant *m*.
edulcorar *vt* édulcorer.
EE (*abrev de* **Euskadiko Ezkerra**) *m parti politique basque de gauche*.
EE UU (*abrev de* **Estados Unidos**) *mpl* USA *mpl*.
efectivamente *adv* effectivement.
efectividad *f* effet *m*.
efectivo, va *adj* - **1.** [eficaz] positif(ive) - **2.** [real] réel(elle) - **3.** *loc* : **hacer ~** [promesa, amenaza, plan] mettre à exécution ; [sueño] réaliser ; [deseo] exaucer ; [dinero, crédito] payer. ◆ **efectivo** *m* [dinero] liquidités *fpl*, avoirs *mpl* en liquide ; **no tengo ~** je n'ai pas de liquide ; **en ~** en espèces. ◆ **efectivos** *mpl* effectifs *mpl*.
efecto *m* - **1.** [gen] effet *m* ; **~ invernadero** effet de serre ; **~ óptico** illusion *f* d'optique ; **~s especiales** effets spéciaux ; **~s secundarios** effets secondaires ; **~ 2000** INFORM bogue *m* de l'an 2000 - **2.** [artificio] trucage *m* - **3.** [finalidad] but *m* ; **a ~ de** dans le but de ; **a ~s de, para los ~s de** pour. ◆ **en efecto** *loc adv* en effet.
efectuar *vt* effectuer. ◆ **efectuarse** *vpr* avoir lieu.
efeméride *f* [suceso notable] date *f* anniversaire. ◆ **efemérides** *fpl* [notas, libro de sucesos] éphéméride *f*.
efervescencia *f lit* & *fig* effervescence *f*.
efervescente *adj* effervescent(e).
eficacia *f* efficacité *f*.
eficaz *adj* efficace.
eficiencia *f* efficacité *f*.
eficiente *adj* efficace.
efímero, ra *adj* éphémère.
efusión *f* effusion *f*.
efusivo, va *adj* expansif(ive).
EGB (*abrev de* **enseñanza general básica**) *f* EDUC *cycle d'enseignement comprenant l'école*

primaire et les trois premières années du secondaire, ≃ scolarité *f* du cours préparatoire à la quatrième.

egipcio, cia ◇ *adj* égyptien(enne). ◇ *m, f* Égyptien *m*, -enne *f*.

Egipto Égypte *f* ; **el ~ antiguo** l'Égypte ancienne.

egocéntrico, ca *adj* & *m, f* égocentrique.

egoísmo *m* égoïsme *m*.

egoísta *adj* & *mf* égoïste.

ególatra *adj* égotiste.

egresado, da *m, f Amer* diplômé *m*, -e *f*.

egresar *vi Amer* obtenir son diplôme.

egreso *m Amer* diplôme *m*.

eh *interj* : **¡eh!** hé!

ej. *abrev de* **ejemplar**.

eje *m* [gen] axe *m* ; [de rotación] arbre *m* ; [de coche] essieu *m*.

ejecución *f* [gen & INFORM] exécution *f*.

ejecutar *vt* [gen & INFORM] exécuter.

ejecutivo, va ◇ *adj* exécutif(ive) ; **la secretaría ejecutiva** le secrétariat de direction. ◇ *m, f* [profesional] cadre *mf* ; **~ agresivo** jeune cadre dynamique. ◆ **ejecutivo** *m* exécutif *m*.

ejem *interj* : **¡ejem!** hum!

ejemplar *adj* & *m* exemplaire.

ejemplificar *vt* [ilustrar] illustrer (par des exemples) ; [dar ejemplos de] donner des exemples de.

ejemplo *m* exemple *m* ; **por ~** par exemple.

ejercer ◇ *vt* exercer. ◇ *vi* exercer ; **~ de** exercer la profession de.

ejercicio *m* exercice *m*.

ejercitar *vt* [un derecho] exercer. ◆ **ejercitarse** *vpr* : **~se (en algo)** s'exercer (à qqch).

ejército *m lit* & *fig* armée *f*.

ejote *m Amer* haricot *m* vert.

el, la (*mpl* **los**, *fpl* **las**) *art ("el" antes de sust femenino que empiece por "a" o "ha" tónica ; a + el = al ; de + el = del)* **- 1.** [gen] le, la ; **~ libro/la casa** le livre/la maison ; **~ amor/la vida** l'amour/la vie ; **~ agua/hacha/águila** l'eau/la hache/l'aigle ; **los niños imitan a los adultos** les enfants imitent les adultes ; **~ Sena/Everest** la Seine/l'Everest ; **¡ahora con ustedes, ~ inigualable Pérez!** et voici l'inégalable Pérez! ; **prefiero ~ grande** je préfère le grand **- 2.** [indica pertenencia] : **se rompió la pierna** il s'est cassé la jambe ; **se quitó los zapatos** il a enlevé ses chaussures **- 3.** [con días de la semana] : **vuelven ~ sábado** ils reviennent samedi prochain **- 4.** *(con complemento de nombre, especificativo y posesivo)* : **~ de** celui de, celle de ; **he perdido ~ tren, cogeré ~ de las doce** j'ai raté mon train, je prendrai celui de midi ; **mi hermano y ~ de Juan** mon frère et celui de Juan **- 5.** *(antes de frase)* : **~ que** [sujeto] celui qui, celle qui ; [complemento] celui que, celle que ; **~ que primero llegue ...** celui qui arrivera le premier ... ; **coge ~ que quieras** prends celui que tu voudras.

él, ella *pron pers* [sujeto] il, elle ; [predicado y complemento] lui, elle ; **~ se llama Juan** il s'appelle Juan ; **el culpable es ~** c'est lui le coupable ; **díselo a ~/ella** dis-le-lui ; **voy con ella** je vais avec elle ; **le hablé de ~** je lui ai parlé de lui ; **de ~/ella** [posesivo] à lui/elle.

elaborar *vt* **- 1.** [gen] élaborer, mettre au point **- 2.** [confeccionar] fabriquer.

elasticidad *f* **- 1.** [de músculo, tejido] élasticité *f* **- 2.** [en deporte, en el carácter] souplesse *f*.

elástico, ca *adj lit* & *fig* élastique. ◆ **elástico** *m* élastique *m*. ◆ **elásticos** *mpl* bretelles *fpl*.

elección *f* **- 1.** [nombramiento] élection *f* **- 2.** [opción] choix *m*. ◆ **elecciones** *fpl* élections *fpl*.

electo, ta *adj* élu(e).

elector, ra *m, f* électeur *m*, -trice *f*.

electorado *m* électorat *m*.

electoral *adj* électoral(e).

electricidad *f* électricité *f*.

electricista ◇ *adj* : **un ingeniero ~** un ingénieur électricien. ◇ *mf* électricien *m*, -enne *f*.

eléctrico, ca *adj* électrique.

electrificar *vt* électrifier.

electrizar *vt lit* & *fig* électriser.

electrocutar *vt* électrocuter. ◆ **electrocutarse** *vpr* s'électrocuter.

electrodoméstico *m (gen pl)* appareil *m* électroménager ; **los ~s** l'électroménager *m*.

electromagnético, ca *adj* électromagnétique.

electrón *m* électron *m*.

electrónico, ca *adj* électronique. ◆ **electrónica** *f* électronique *f*.

elefante, ta *m, f* éléphant *m*. ◆ **elefante marino** *m* éléphant *m* de mer.

elegancia *f* élégance *f*.

elegante *adj* élégant(e).

elegantoso, sa *adj Amer* chic.

elegía *f* élégie *f*.
elegir *vt* - **1.** [escoger] choisir - **2.** [por votación] élire.
elemental *adj* - **1.** [básico] élémentaire - **2.** [obvio] évident(e).
elemento *m* - **1.** [gen] élément *m* - **2.** *fam* [persona] numéro *m* ; **¡vaya ~!** quel numéro!
elenco *m* - **1.** [de artistas - conjunto] troupe *f* ; [- reparto] distribution *f* - **2.** [catálogo] liste *f*.
elepé *m* 33 tours *m inv*.
elevación *f* - **1.** [gen] élévation *f* - **2.** TECNOL levage *m* ; **de ~** [aparatos] de levage.
elevado, da *adj* - **1.** [alto] élevé(e) - **2.** *fig* [sublime] noble.
elevador, ra *adj* élévateur(trice). ◆ **elevador** *m* - **1.** [gen] élévateur *m* - **2.** [ascensor] ascenseur *m*.
elevalunas *m inv* lève-glace *m*.
elevar *vt* - **1.** [gen] élever ; **~ al cuadrado/al cubo** élever au carré/au cube - **2.** [material, mercancía] monter. ◆ **elevarse** *vpr* : **~se (a)** s'élever (à).
elidir *vt* élider.
eliminar *vt* éliminer.
elipse *f* GEOM ellipse *f*.
élite, elite *f* élite *f*.
elitista *adj* & *mf* élitiste.
elixir, elíxir *m lit* & *fig* élixir *m*.
ella ▭ **él**.
ellas ▭ **ellos**.
ello *pron pers (neutro)* - **1.** [sujeto] cela ; **me es antipático, pero ~ no impide que le hable** il m'est antipathique, mais cela ne m'empêche pas de lui parler - **2.** *(después de prep)* [complemento] : **de ~** en, de cela ; **no quiero hablar de ~** je ne veux pas en parler ; **en ~** y ; **no quiero pensar en ~** je ne veux pas y penser ; **para ~** pour cela ; **para ~ tendremos que ...** pour cela nous devrons ...
ellos, ellas *pron pers* [sujeto] ils, elles ; [predicado y complemento] eux, elles ; **~ se llaman Juan y Pepito** ils s'appellent Juan et Pepito ; **los culpables son ~** ce sont eux les coupables ; **díselo a ~** dis-le-leur ; **voy con ellas** je vais avec elles ; **le hablé de ~** je lui ai parlé d'eux ; **de ~/ellas** [posesivo] à eux/elles.
elocuencia *f* éloquence *f*.
elocuente *adj* éloquent(e).
elogiar *vt* : **~ algo/a alguien** faire l'éloge de qqch/qqn.
elogio *m* éloge *m*.
El Salvador (le) Salvador.
elucidar *vt* élucider.
elucubración *f* élucubration *f*.
elucubrar *vt* - **1.** [reflexionar] : **~ sobre** méditer sur - **2.** *despec* [imaginar] échafauder.
eludir *vt* éviter ; [pregunta] éluder ; [dificultad] contourner ; [perseguidores] échapper à.
e-mail [imeil] *m* - **1.** [mensaje] e-mail *m*, mél *m* ; **enviar un ~** envoyer un e-mail o mél ; **recibir un ~** recevoir un e-mail o mél - **2.** [sistema de correo] courrier *m* électronique, e-mail *m*.
emanar *vi* : **~ de** émaner de.
emancipación *f* - **1.** [gen] émancipation *f* ; [de esclavo] affranchissement *m* - **2.** [de territorio] indépendance *f*.
emancipar *vt* [gen] émanciper ; [esclavo] affranchir. ◆ **emanciparse** *vpr* s'émanciper.
embadurnar *vt* : **~ (de algo)** barbouiller (de qqch). ◆ **embadurnarse** *vpr* : **~se (de algo)** se barbouiller (de qqch).
embajada *f* ambassade *f*.
embajador, ra *m, f* ambassadeur *m*, -drice *f*.
embalaje *m* emballage *m*.
embalar *vt* emballer. ◆ **embalarse** *vpr lit* & *fig* s'emballer.
embalsamar *vt* embaumer.
embalse *m* [construcción] barrage *m* ; [lago] réservoir *m*.
embarazada ◇ *adj f* enceinte ; **dejar ~** mettre enceinte ; **(estar) ~ de** (être) enceinte de ; **quedarse ~** tomber enceinte. ◇ *f* femme *f* enceinte.
embarazar *vt* - **1.** [preñar] faire un enfant à - **2.** [impedir, molestar] gêner.
embarazo *m* grossesse *f*.
embarazoso, sa *adj* embarrassant(e).
embarcación *f* - **1.** [barco] embarcation *f* - **2.** [embarque] embarquement *m*.
embarcadero *m* embarcadère *m*.
embarcar ◇ *vt* - **1.** [para viajar] embarquer - **2.** *fig* : **~ a alguien en algo** entraîner qqn dans qqch. ◇ *vi* embarquer. ◆ **embarcarse** *vpr* - **1.** [para viajar] s'embarquer - **2.** *fig* : **~se en algo** se lancer dans qqch.
embargar *vt* - **1.** DER saisir - **2.** [suj : sentimiento] paralyser, saisir.
embargo *m* - **1.** DER saisie *f* - **2.** ECON embargo *m*.
embarque *m* embarquement *m*.
embarrancar *vi* s'échouer. ◆ **embarrancarse** *vpr* s'embourber.

embarullar *vt fam* embrouiller. ◆ **embarullarse** *vpr fam* s'embrouiller.

embate *m* - **1.** [de ira, celos] accès *m* - **2.** [golpe] coup *m* ; ~ **de mar** coup de mer.

embaucar *vt* embobiner.

embeber *vt* absorber *(un liquide).* ◆ **embeberse** *vpr* - **1.** [ensimismarse] s'absorber - **2.** *fig* [empaparse] s'imprégner.

embellecedor *m* enjoliveur *m.*

embellecer *vt* embellir.

embestida *f* charge *f (attaque).*

embestir *vt* charger *(attaquer).*

emblema *m* emblème *m.*

emblemático, ca *adj* emblématique.

embobar *vt* ébahir. ◆ **embobarse** *vpr* rester bouche bée.

embocadura *f* embouchure *f.*

embolado *m fam* - **1.** [mentira, engaño] bobard *m* - **2.** [lío, follón] pétrin *m.*

embolia *f* embolie *f.*

émbolo *m* piston *m.*

embolsar *vt* mettre dans un sac. ◆ **embolsarse** *vpr* empocher.

embonar *vt Amer fam* aller comme un gant à.

emborrachar *vt* soûler. ◆ **emborracharse** *vpr* se soûler.

emborronar *vt* - **1.** [garabatear] gribouiller sur - **2.** [escribir de prisa] griffonner.

emboscada *f lit* & *fig* embuscade *f.*

embotellado, da *adj* en bouteille. ◆ **embotellado** *m* mise *f* en bouteilles.

embotellamiento *m* - **1.** [de tráfico] embouteillage *m* - **2.** [de líquidos] mise *f* en bouteilles.

embotellar *vt* - **1.** [tráfico] embouteiller - **2.** [líquido] mettre en bouteilles.

embozar *vt* - **1.** [conducto] boucher - **2.** *fig* [disfrazar, encubrir] déguiser. ◆ **embozarse** *vpr* - **1.** [persona] se couvrir le visage - **2.** [conducto] se boucher.

embragar *vi* embrayer.

embrague *m* embrayage *m.*

embriagar *vt* enivrer. ◆ **embriagarse** *vpr* s'enivrer.

embriaguez *f* ivresse *f.*

embrión *m lit* & *fig* embryon *m.*

embrollo *m* - **1.** [enredo] embrouillement *m* - **2.** *fig* [lío] imbroglio *m* ; [embuste] mensonge *m.*

embromado, da *adj Amer fam* casse-pieds.

embromar *vt Amer fam* [fastidiar] casser les pieds à.

embrujar *vt* ensorceler, envoûter.

embrujo *m* - **1.** [encantamiento] ensorcellement *m* - **2.** [encanto] charme *m.*

embrutecer *vt* abrutir. ◆ **embrutecerse** *vpr* s'abrutir.

embuchado, da *adj* : **carne embuchada** *viande préparée en boyaux.*

embuchar *vt* - **1.** *fam* [comer] engloutir - **2.** [embutir] farcir *(avec de la viande).*

embudo *m* entonnoir *m.*

embuste *m* mensonge *m.*

embustero, ra *adj* & *m, f* menteur(euse).

embutido *m* [comida] charcuterie *f.*

embutir *vt* - **1.** [rellenar con carne] farcir - **2.** *fig* [introducir] bourrer.

emergencia *f* urgence *f.*

emerger *vi* émerger.

emigración *f* - **1.** [de personas] émigration *f* - **2.** [de aves] migration *f.*

emigrante *adj* & *mf* émigrant(e).

emigrar *vi* - **1.** [persona] émigrer - **2.** [ave] migrer.

eminencia *f* [persona] sommité *f.* ◆ **Eminencia** *f* : **Su Eminencia** Son Éminence.

eminente *adj* - **1.** [distinguido] éminent(e) - **2.** [elevado] élevé(e).

emir *m* émir *m.*

emirato *m* émirat *m.*

Emiratos Árabes Unidos : los ~ les Émirats arabes unis.

emisión *f* émission *f.*

emitir *vt* & *vi* émettre.

emoción *f* émotion *f.*

emocionante *adj* - **1.** [conmovedor] émouvant(e), touchant(e) - **2.** [apasionante] palpitant(e).

emocionar *vt* - **1.** [conmover] émouvoir, toucher - **2.** [apasionar] enflammer. ◆ **emocionarse** *vpr* - **1.** [conmoverse] être ému(e), être touché(e) - **2.** [apasionarse] s'enflammer.

emotivo, va *adj* - **1.** [persona] émotif(ive) - **2.** [escena, palabras] émouvant(e).

empachar *vt* donner une indigestion à. ◆ **empacharse** *vpr* avoir une indigestion.

empacho *m* indigestion *f.*

empadronar *vt* recenser ; **estoy empadronado en Madrid** je suis inscrit sur les listes électorales de Madrid. ◆ **empadronarse** *vpr* se faire recenser.

empalagar *vt* écœurer.

empalagoso, sa *adj* écœurant(e).

empalizada *f* palissade *f*.

empalmar ◇ *vt* **- 1.** [cables, tubos] raccorder **- 2.** [planes, ideas] enchaîner **- 3.** [en fútbol] reprendre de volée. ◇ *vi* **- 1.** [medios de transporte] : **~ (con)** assurer la correspondance (avec) **- 2.** [autopistas, carreteras] se rejoindre **- 3.** [sucederse] s'enchaîner ; **un chiste empalmaba con otro** les blagues s'enchaînaient.

empalme *m* **- 1.** [entre cables, tubos] raccordement *m* **- 2.** [de carreteras] embranchement *m*.

empanada *f chausson fourré à la viande ou autre ingrédient salé.*

empanadilla *f petit chausson fourré à la viande ou autre ingrédient salé.*

empanar *vt* CULIN paner.

empantanar *vt* embourber. ◆ **empantanarse** *vpr* s'embourber.

empañar *vt* **- 1.** [cristal] embuer **- 2.** *fig* [reputación] ternir. ◆ **empañarse** *vpr* être embué(e).

empapar *vt* tremper ; [tierra] détremper. ◆ **empaparse** *vpr* **- 1.** [mojarse] être trempé(e) ; [persona] se faire tremper **- 2.** [enterarse bien] : **~se de** s'imprégner de.

empapelar *vt* **- 1.** [pared] tapisser **- 2.** *fam fig* [procesar] traîner en justice.

empaquetar *vt* emballer.

emparedado, da *adj* enfermé(e) entre quatre murs, claquemuré(e). ◆ **emparedado** *m sandwich de pain de mie.*

emparedar *vt* **- 1.** [ocultar en la pared] emmurer **- 2.** *fam* [encarcelar] coffrer.

emparejar *vt* **- 1.** [aparejar] assembler par paires ; [personas] mettre deux par deux **- 2.** [nivelar] mettre au même niveau. ◆ **emparejarse** *vpr* se mettre en couple.

emparentar *vi* : **~ con** s'apparenter à.

emparrar *vt* faire grimper *(une plante)*.

empastar *vt* [muela] plomber.

empaste *m* [de muela] plombage *m*.

empatar ◇ *vi* **- 1.** DEP égaliser ; **~ a dos** faire deux partout ; **~ a cero** faire match nul zéro partout **- 2.** [en elecciones] être en ballottage. ◇ *vt Amer* [empalmar] emboîter.

empate *m* **- 1.** DEP : **~ a dos** deux partout ; **~ a cero** match *m* nul zéro à zéro **- 2.** [en elecciones] ballottage *m* **- 3.** *Amer* [empalme] emboîtement *m*.

empecinarse *vpr* se buter ; **~ en una idea** avoir une idée en tête.

empedernido, da *adj* invétéré(e) ; **es un fumador ~** c'est un fumeur invétéré.

empedrado *m* pavement *m*.

empedrar *vt* paver.

empeine *m* **- 1.** ANAT cou-de-pied *m* **- 2.** [de zapato] empeigne *f*.

empeñado, da *adj* **- 1.** [en préstamo] gagé(e) **- 2.** [obstinado] : **estar ~ en hacer algo** s'obstiner à faire qqch.

empeñar *vt* **- 1.** [joyas etc] mettre en gage **- 2.** [palabra] donner ; [honor] engager. ◆ **empeñarse** *vpr* **- 1.** [obstinarse] : **~se en hacer algo** [insistir] s'obstiner à faire qqch ; [persistir] s'efforcer de faire qqch **- 2.** [endeudarse] s'endetter.

empeño *m* **- 1.** [de joyas etc] mise *f* en gage **- 2.** [obstinación] acharnement *m* ; **tener ~ en hacer algo** tenir absolument à faire qqch.

empeorar *vi* empirer.

empequeñecer *vt* **- 1.** [reducir de tamaño] rapetisser **- 2.** *fig* [quitar importancia] minimiser.

emperador, triz *m, f* empereur *m*, impératrice *f*. ◆ **emperador** *m* [pez] espadon *m*.

emperifollar *vt fam* pomponner. ◆ **emperifollarse** *vpr fam* se mettre sur son trente et un ; [una mujer] se pomponner.

emperrarse *vpr* : **~ (en hacer algo)** s'entêter (à faire qqch).

empezar ◇ *vt* commencer. ◇ *vi* : **~ a/por hacer algo** commencer à/par faire qqch ; **para ~** pour commencer.

empinado, da *adj* [en pendiente] escarpé(e).

empinar *vt* **- 1.** [vasija, jarro etc] incliner *(pour boire)* ; **~ el codo** lever le coude **- 2.** [levantar] dresser. ◆ **empinarse** *vpr* **- 1.** [animal] se dresser sur ses pattes de derrière **- 2.** [persona] se mettre sur la pointe des pieds **- 3.** *mfam* [miembro viril] : **se le empina** il bande.

empírico, ca ◇ *adj* empirique. ◇ *m, f* empiriste *mf*.

emplasto *m* emplâtre *m*.

emplazamiento *m* **- 1.** [ubicación] emplacement *m* **- 2.** DER assignation *f*, mise *f* en demeure.

emplazar *vt* **- 1.** [situar] installer **- 2.** DER assigner en justice.

empleado, da *m, f* employé *m*, -e *f*.

emplear *vt* employer ; [tiempo] mettre ;

empleó mucho tiempo en hacerlo il a mis beaucoup de temps à le faire. ◆ **emplearse** *vpr* s'employer, s'utiliser.

empleo *m* emploi *m* ; **tener un buen ~** avoir une bonne situation.

emplomadura *f Amer* [de diente] plombage *m*.

emplomar *vt* plomber.

empobrecer *vt* appauvrir. ◆ **empobrecerse** *vpr* s'appauvrir.

empollar ◇ *vt* **- 1.** [huevo] couver **- 2.** *fam* [estudiar] potasser. ◇ *vi fam* bûcher. ◆ **empollarse** *vpr fam* : **~se las matemáticas** bûcher les maths.

empollón, ona *adj* & *m, f fam* polard(e).

empolvarse *vpr* se poudrer.

emporrarse *vpr fam* se défoncer *(con hachís)*.

empotrado, da *adj* encastré(e).

empotrar *vt* encastrer.

emprendedor, ra *adj* entreprenant(e) ; **tener espíritu ~** être entreprenant(e).

emprender *vt* entreprendre ; **~ el vuelo** s'envoler.

empresa *f* [sociedad comercial] entreprise *f* ; **~ de seguridad** société *f* de gardiennage ; **~ privada** entreprise privée ; **pequeña y mediana ~** PME *f*.

empresarial *adj* patronal(e). ◆ **empresariales** *fpl* études *fpl* de commerce.

empresario, ria *m, f* chef *m* d'entreprise.

empréstito *m* emprunt *m*.

empujar *vt* pousser ; **~ a alguien a que haga algo** pousser qqn à faire qqch.

empuje *m* **- 1.** [impulso] poussée *f* **- 2.** [energía] entrain *m*.

empujón *m* **- 1.** [empellón] grand coup *m* ; **abrirse paso a empujones** se frayer un chemin en bousculant tout le monde **- 2.** *fig* [impulso] effort *m*.

empuñadura *f* poignée *f* ; [de espada] pommeau *m*.

empuñar *vt* empoigner ; [arma] braquer.

emular *vt* **- 1.** [una persona] : **~ a alguien** [rivalizar] rivaliser avec qqn ; [imitar] imiter qqn **- 2.** INFORM émuler.

emulsión *f* émulsion *f*.

en *prep* **- 1.** [lugar - en el interior de] dans ; [- sobre la superficie de] sur ; [- en un punto concreto de] à ; **entraron ~ la habitación** ils sont entrés dans la pièce ; **~ el plato/la mesa** dans l'assiette/sur la table ; **viven ~ París** ils vivent à Paris ; **~ casa** à la maison ; **~ el trabajo** au travail **- 2.** [tiempo - momento preciso] en, à ; [- duración] en ; **llegará ~ mayo** il arrivera en mai ; **nació ~ 1940** il est né en 1940 ; **~ Navidades/invierno** à Noël/en hiver ; **~ la antigüedad** dans l'Antiquité ; **lo hizo ~ dos días** il l'a fait en deux jours **- 3.** [medio de transporte] en ; **ir ~ tren/coche/avión/barco** aller en train/voiture/avion/bateau **- 4.** [modo] en, à ; **pagar ~ metálico** payer en liquide ; **todo se lo gasta ~ ropa** elle dépense tout son argent en vêtements ; **~ voz baja** à voix basse ; **lo conocí ~ su forma de hablar** je l'ai reconnu à sa façon de parler **- 5.** [seguido de cifra] : **las ganancias se calculan ~ millones** les gains se chiffrent en millions ; **te lo dejo ~ 5.000** je te le laisse à 5 000 **- 6.** [tema, cualidad] en ; **es un experto ~ la materia** c'est un expert en la matière ; **es doctor ~ medicina** il est docteur en médecine ; **le supera ~ inteligencia** elle est plus intelligente que lui.

enagua *f (gen pl)* jupon *m*.

enajenación *f*, **enajenamiento** *m* aliénation *f*.

enajenar *vt* **- 1.** [enloquecer] rendre fou (folle) **- 2.** [extasiar] ravir ; [propiedad] aliéner.

enaltecer *vt* exalter.

enamoradizo, za *adj* : **ser ~** avoir un cœur d'artichaut.

enamorado, da *adj* & *m, f* amoureux(euse).

enamorar *vt* séduire. ◆ **enamorarse** *vpr* : **~se (de)** tomber amoureux(euse)(de).

enano, na *adj* & *m, f* nain(e).

enarbolar *vt* arborer.

enardecer *vt* enflammer ; [ánimos] échauffer.

encabezamiento *m* [de carta, escrito] en-tête *m* ; [preámbulo] avant-propos *m inv*.

encabezar *vt* **- 1.** [lista, clasificación] être en tête de **- 2.** [texto] mettre l'en-tête à **- 3.** [marcha, expedición] être à la tête de.

encabritarse *vpr* **- 1.** [caballo, vehículo] se cabrer **- 2.** *fam* [persona] se mettre en boule.

encadenar *vt* enchaîner.

encajar ◇ *vt* **- 1.** [meter] emboîter, faire entrer ; [meter ajustando] ajuster **- 2.** [hueso dislocado] remettre **- 3.** [soltar - golpe] assener ; [- insultos] lancer **- 4.** [recibir]

encaisser. ◇ *vi* **- 1.** [piezas, objetos] s'emboîter, s'ajuster **- 2.** [declaraciones, hechos, datos] : **~ (con)** cadrer (avec) **- 3.** [ir bien] : **~ (bien) en/con** aller (bien) dans/avec.

encaje *m* **- 1.** [tejido] dentelle *f* **- 2.** [ajuste] emboîtement *m*, ajustement *m*.

encalar *vt* blanchir à la chaux.

encallar *vi* [barco] échouer. ◆ **encallarse** *vpr fig* [solicitud] rester lettre morte.

encaminar *vt fig* [conducta, educación] orienter. ◆ **encaminarse** *vpr* : **~se a** o **hacia** se diriger vers.

encamotarse *vpr Amer fam* : **~ de** s'amouracher (de).

encandilar *vt* éblouir. ◆ **encandilarse** *vpr* être ébloui(e).

encantado, da *adj* **- 1.** [contento] enchanté(e) ; **~ de conocerle** enchanté de faire votre connaissance **- 2.** [hechizado - casa, lugar] hanté(e) ; [- persona] ensorcelé(e).

encantador, ra *adj* charmant(e).

encantar *vt* **- 1.** [gustar] : **~le a alguien algo/hacer algo** adorer qqch/faire qqch **- 2.** [embrujar] jeter un sort à.

encanto *m* **- 1.** [atractivo] charme *m* ; **ser un ~** être adorable **- 2.** [apelativo cariñoso] : **oye, ~** écoute, mon trésor. ◆ **encantos** *mpl* charmes *mpl*.

encañonar *vt* viser.

encapotado, da *adj* couvert(e) *(ciel)*.

encapotarse *vpr* se couvrir *(le ciel)*.

encapricharse *vpr* **- 1.** [obstinarse] : **~ con hacer algo** se mettre en tête de faire qqch ; **encaprichársele algo a alguien** se mettre qqch en tête **- 2.** [enamorarse] : **~ con algo** s'emballer pour qqch ; **~ con alguien** s'enticher de qqn.

encapuchado, da ◇ *adj* masqué(e). ◇ *m, f* homme *m* masqué, femme *f* masquée.

encapuchar *vt* encapuchonner.

encaramar *vt* jucher. ◆ **encaramarse** *vpr* : **~se a** o **en** se jucher o se percher sur.

encarar *vt* **- 1.** [gen & DER] confronter **- 2.** [hacer frente a] affronter, faire face à. ◆ **encararse** *vpr* [enfrentarse] : **~se a** o **con** tenir tête à.

encarcelar *vt* emprisonner, écrouer, incarcérer.

encarecer *vt* **- 1.** [producto] faire monter les prix de **- 2.** [rogar] : **~ a alguien que haga algo** supplier qqn de faire qqch. ◆ **encarecerse** *vpr* [precio, producto] augmenter.

encarecimiento *m* [de precio, producto] augmentation *f*, hausse *f* ; **con ~** instamment ; **~ de la vida** hausse du coût de la vie.

encargado, da ◇ *adj* : **~ de algo** responsable de qqch ; **~ de hacer algo** chargé de faire qqch. ◇ *m, f* responsable *mf* ; [de negocio] gérant *m*, -e *f*.

encargar *vt* **- 1.** [poner al cargo] : **~ a alguien de algo/que haga algo** charger qqn de qqch/de faire qqch **- 2.** [pedir] commander. ◆ **encargarse** *vpr* [ocuparse] : **~se de algo/de hacer algo** se charger de qqch/de faire qqch.

encargo *m* **- 1.** [pedido] commande *f* ; **hacer un ~** passer une commande ; **por ~** sur commande **- 2.** [recado] commission *f*.

encariñar *vt* attendrir. ◆ **encariñarse** *vpr* : **~se con** s'attacher à.

encarnación *f* [personificación] incarnation *f*.

encarnado, da *adj* **- 1.** [personificado] incarné(e) **- 2.** [color] incarnat(e) ; [de la piel] rouge. ◆ **encarnado** *m* incarnat *m*.

encarnar *vt* incarner.

encarnizado, da *adj* acharné(e).

encarnizarse *vpr* : **~ (con)** s'acharner (sur).

encarrilar *vt* **- 1.** [tren] remettre sur les rails **- 2.** *fig* [hacer ir bien] mettre sur la bonne voie.

encasillar *vt* **- 1.** [clasificar] cataloguer **- 2.** [poner en casillas] inscrire sur du papier quadrillé.

encasquetar *vt* **- 1.** *fam* [imponer] : **~ algo a alguien** [idea, teoría] enfoncer qqch dans le crâne de qqn ; [discurso, lección] assener qqch à qqn ; [trabajo, bultos] refiler qqch à qqn **- 2.** [sombrero] enfoncer sur la tête. ◆ **encasquetarse** *vpr* **- 1.** [sombrero] : **se encasquetó la boina** il a enfoncé son béret sur sa tête **- 2.** [empeñarse] : **encasquetársele a alguien hacer algo** se mettre en tête de faire qqch.

encasquillarse *vpr* [arma de fuego] s'enrayer.

encauzar *vt* **- 1.** [corriente] canaliser **- 2.** [orientar] mener.

encender *vt* **- 1.** [gen] allumer ; **~ la chimenea** faire du feu dans la cheminée **- 2.** *fig* [avivar - corazón, discusión] enflammer ; [- ira] provoquer. ◆ **encenderse** *vpr* s'allumer.

encendido, da *adj* - **1.** [gen] allumé(e) - **2.** *fig* [deseos, mirada] enflammé(e) - **3.** [mejillas] en feu. ◆ **encendido** *m* allumage *m*.

encerado, da *adj* ciré(e). ◆ **encerado** *m* - **1.** [acción] cirage *m* - **2.** [pizarra] tableau *m* noir.

encerar *vt* cirer.

encerrar *vt* - **1.** [recluir] enfermer - **2.** [contener] renfermer. ◆ **encerrarse** *vpr* s'enfermer ; **~se en sí mismo** se renfermer o se replier sur soi-même.

encerrona *f* - **1.** [trampa] piège *m* - **2.** TAUROM corrida *f* privée.

encestar *vi* DEP marquer un panier.

enceste *m* DEP panier *m*.

encharcar *vt* inonder, détremper. ◆ **encharcarse** *vpr* - **1.** [terreno] s'inonder, être détrempé(e) - **2.** *fig* [hundirse] : **~se en** [bebida, droga] sombrer dans.

enchilarse *vpr Amer fam fig* [enfadarse] se mettre en pétard.

enchironar *vt fam* coffrer.

enchufado, da *adj* & *m, f fam* pistonné(e).

enchufar *vt* - **1.** [aparato] brancher - **2.** *fam* [a una persona] pistonner.

enchufe *m* - **1.** ELECTR prise *f* (de courant) - **2.** *fam* [recomendación] piston *m*.

encía *f* gencive *f*.

encíclica *f* encyclique *f*.

enciclopedia *f* encyclopédie *f*.

encierro *m* - **1.** [acción] : **su ~ duró dos días** il s'est enfermé pendant deux jours - **2.** [aislamiento] réclusion *f* - **3.** TAUROM mise *f* au toril *(tradition selon laquelle les taureaux sont conduits à travers la ville jusqu'au toril)* ; [toril] toril *m*.

encima *adv* - **1.** [arriba] dessus ; **ponlo ~** mets-le dessus ; **yo vivo ~** je vis au-dessus ; **por ~** par-dessus, au-dessus ; *fig* superficiellement ; **leer por ~** lire en diagonale - **2.** [además] en plus - **3.** [sobre sí] : **llevar un abrigo ~** porter un manteau ; **llevar dinero ~** avoir de l'argent sur soi. ◆ **encima de** *loc prep* - **1.** [gen] sur ; **~ de la mesa** sur la table ; **~ de tu casa** au-dessus de chez toi ; **estar ~ de alguien** être sur le dos de qqn - **2.** [además] : **~ de ser guapo es gracioso** non seulement il est beau, mais en plus il est drôle. ◆ **por encima de** *loc prep* - **1.** [gen] au-dessus de ; **por ~ de la ciudad** au-dessus de la ville ; **por ~ de sus posibilidades** au-dessus de ses moyens - **2.** *fig* [más que] plus que ; **por ~ de todo** plus que tout.

encina *f* chêne *m* vert.

encinta *adj f* : **estar ~** être enceinte.

enclaustrar *vt* cloîtrer. ◆ **enclaustrarse** *vpr* se cloîtrer.

enclave *m* enclave *f*.

enclenque *adj* malingre.

encoger ◇ *vt* - **1.** [ropa] faire rétrécir - **2.** [miembro] contracter. ◇ *vi* rétrécir. ◆ **encogerse** *vpr* [ropa] rétrécir ; [miembro] se contracter ; **~se de hombros** hausser les épaules.

encogido, da *adj* timoré(e) ; **tener el corazón ~** avoir le cœur serré.

encolar *vt* coller ; [pared] encoller.

encolerizar *vt* mettre en colère. ◆ **encolerizarse** *vpr* se mettre en colère.

encomendar *vt* confier ; **le encomiendo a Ud mi hijo** je vous confie mon fils. ◆ **encomendarse** *vpr* : **~se a** s'en remettre à.

encomienda *f* - **1.** [encargo] service *m* - **2.** HIST encomienda *f (dans l'Amérique espagnole, territoire soumis à l'autorité d'un conquistador)* - **3.** *Amer* [paquete] colis *m*.

encontrado, da *adj* opposé(e).

encontrar *vt* trouver ; [persona, dificultades] rencontrer. ◆ **encontrarse** *vpr* - **1.** [gen] se trouver - **2.** [coincidir] : **~se con alguien** rencontrer qqn, tomber sur qqn - **3.** *fig* [de ánimo] se sentir ; **~se mal de salud** être en mauvaise santé.

encorvar *vt* courber. ◆ **encorvarse** *vpr* [por la edad] se voûter ; [por la carga] se courber.

encrespar *vt* - **1.** [ánimo] irriter - **2.** [mar] déchaîner - **3.** [pelo] friser.

encrucijada *f* croisement *m* ; *fig* carrefour *m*.

encuadernación *f* reliure *f*.

encuadernador, ra *m, f* relieur *m*, -euse *f*.

encuadernar *vt* relier ; **~ en rústica** brocher.

encuadrar *vt* - **1.** [enmarcar] encadrer - **2.** [enfocar] cadrer.

encubierto, ta ◇ *pp irreg* ▷ **encubrir**. ◇ *adj* [significado etc] caché(e) ; [palabras etc] couvert(e) ; [intento, intenciones] secret(ète).

encubridor, ra ◇ *adj* complice. ◇ *m, f* complice *mf* ; JUR receleur *m*, -euse *f*.

encubrir *vt* - **1.** [delincuente] cacher ;

[delito] être complice de ; JUR receler - **2.** [intenciones etc] dissimuler.

encuentro *m* - **1.** [gen & DEP] rencontre *f* - **2.** [hallazgo] trouvaille *f*.

encuesta *f* - **1.** [de opinión] sondage *m* - **2.** [investigación] enquête *f*.

encuestador, ra *m, f* enquêteur *m*, -trice *f*.

encuestar *vt* : **~ a alguien** interroger qqn.

endeble *adj* faible.

endémico, ca *adj* MED & *fig* endémique.

endemoniado, da ◇ *adj* - **1.** *fam fig* [niño, vida etc] infernal(e) ; **un trabajo ~** un travail ingrat - **2.** [tiempo, olor] épouvantable - **3.** [poseído] possédé(e). ◇ *m, f* possédé *m*, -e *f* du démon.

endenantes *adv Amer fam* - **1.** [hace poco] l'autre jour - **2.** [antes] avant.

enderezar *vt lit* & *fig* redresser. ◆ **enderezarse** *vpr* se redresser.

endeudamiento *m* endettement *m*.

endeudarse *vpr* s'endetter.

endiablado, da *adj* épouvantable.

endibia = **endivia**.

endiñar *vt fam* [golpe] flanquer ; [trabajo] refiler.

endivia, endibia *f* endive *f*.

endomingado, da *adj* endimanché(e).

endomingar *vt* endimancher. ◆ **endomingarse** *vpr* s'endimancher.

endosar *vt* - **1.** *fig* [tarea, carga] repasser ; **me endosó sus maletas** il m'a repassé ses valises - **2.** COM endosser.

endulzar *vt* - **1.** [con azúcar] sucrer - **2.** *fig* [con dulzura] adoucir.

endurecer *vt* - **1.** [gen] durcir - **2.** [músculos etc] raffermir - **3.** *fig* [persona] endurcir.

ene. *abrev de* **enero**.

enemigo, ga *adj* & *m, f* ennemi(e) ; **ser ~ de algo** détester qqch. ◆ **enemigo** *m* MIL ennemi *m*.

enemistad *f* inimitié *f*.

enemistar *vt* brouiller. ◆ **enemistarse** *vpr* se brouiller.

energético, ca *adj* énergétique.

energía *f* - **1.** FÍS & *fig* énergie *f* - **2.** [fuerza] force *f*.

enérgico, ca *adj* énergique.

energúmeno, na *m, f fig* énergumène *mf*.

enero *m* janvier *m* ; *ver también* **septiembre**.

enervar *vt* - **1.** [debilitar] affaiblir - **2.** [poner nervioso] énerver.

enésimo, ma *adj* - **1.** *fig* [que se ha repetido] énième ; **por enésima vez** pour la énième fois - **2.** MAT : **enésima potencia** puissance n.

enfadar *vt* fâcher, mettre en colère. ◆ **enfadarse** *vpr* se fâcher, se mettre en colère.

enfado *m* colère *f*.

enfangar *vt* couvrir de boue. ◆ **enfangarse** *vpr* - **1.** [con barro] se couvrir de boue - **2.** *fam fig* [en un asunto sucio] tremper.

énfasis *m inv* emphase *f*.

enfático, ca *adj* emphatique.

enfatizar *vt* souligner, mettre l'accent sur.

enfermar ◇ *vt* - **1.** [contagiar] contaminer - **2.** *fig* [irritar] rendre malade. ◇ *vi* [ponerse enfermo] tomber malade. ◆ **enfermarse** *vpr Amer* [ponerse enfermo] tomber malade.

enfermedad *f* maladie *f* ; [de la sociedad etc] mal *m*.

enfermería *f* infirmerie *f*.

enfermero, ra *m, f* infirmier *m*, -ère *f*.

enfermizo, za *adj* - **1.** [gen] maladif(ive) - **2.** [clima] insalubre ; [alimento, curiosidad] malsain(e).

enfermo, ma *adj* & *m, f* malade.

enfilar ◇ *vt* - **1.** [dirección] prendre - **2.** [arma] pointer. ◇ *vi* : **~ hacia** aller tout droit vers ; **enfiló hacia su casa** il est allé directement chez lui.

enflaquecer ◇ *vt* amaigrir, faire maigrir. ◇ *vi* maigrir.

enfocar *vt* - **1.** [imagen, objetivo] faire la mise au point de - **2.** [luz, focos] braquer, diriger - **3.** *fig* [tema, cuestión] aborder.

enfoque *m* - **1.** [de imagen] mise *f* au point - **2.** *fig* [de asunto] approche *f*.

enfrascado, da *adj* : **~ en** absorbé dans.

enfrascar *vt* [mermelada, café etc] mettre en pot ; [perfume, solución etc] mettre en flacon. ◆ **enfrascarse** *vpr* : **~se en** [trabajo, lectura] se plonger dans.

enfrentar *vt* - **1.** [hacer frente a] affronter - **2.** [poner frente a frente] mettre face à face - **3.** [oponer] opposer. ◆ **enfrentarse** *vpr* - **1.** [luchar] s'affronter - **2.** DEP se rencontrer - **3.** [hacer frente a] affronter, faire face à ; **~se a alguien** tenir tête à qqn ; **~se con alguien** affronter qqn.

enfrente *adv* en face ; **la tienda de ~** le

magasin d'en face ; ~ **de mi casa** en face de chez moi.

enfriamiento *m* refroidissement *m*.

enfriar *vt* refroidir. ◆ **enfriarse** *vpr* - **1.** [sentimientos, tiempo] se refroidir - **2.** [café etc] refroidir - **3.** [acatarrarse] attraper froid.

enfundar *vt* [arma] rengainer. ◆ **enfundarse** *vpr* : **~se el abrigo** endosser son manteau.

enfurecer *vt* rendre furieux(euse). ◆ **enfurecerse** *vpr* s'emporter.

enfurruñarse *vpr fam* [gruñir] ronchonner ; [poner mala cara] bouder.

engalanar *vt* décorer. ◆ **engalanarse** *vpr* se faire beau (belle).

enganchar *vt* - **1.** [sujetar - remolque, vagones] accrocher ; [- caballos] atteler - **2.** *fam fig* [atrapar] : ~ **a alguien** [atraer] mettre le grappin sur qqn ; [apresar] mettre la main sur qqn - **3.** *fam* [pillar - borrachera] prendre ; [- empleo] décrocher ; [- marido etc] dégoter. ◆ **engancharse** *vpr* - **1.** [prenderse] s'accrocher - **2.** MIL s'engager - **3.** *fam* [hacerse adicto] : **~se a** devenir accro à.

enganche *m* - **1.** [gen] accrochaje *m* [de caballos] attelage *m* - **2.** *Amer* [depósito] acompte *m*.

engañabobos *m inv* - **1.** [cosa] attrape-nigaud *m* - **2.** [persona] charlatan *m*.

engañar *vt* tromper ; ~ **el hambre** tromper la faim ; **las apariencias engañan** les apparences sont trompeuses. ◆ **engañarse** *vpr* - **1.** [ilusionarse] se leurrer - **2.** [confundirse] se tromper.

engañifa *f fam* : **hacerle una ~ a alguien** mener qqn en bateau.

engaño *m* tromperie *f*.

engañoso, sa *adj* trompeur(euse).

engarzar *vt* - **1.** [perlas, abalorios] enfiler - **2.** [piedra] sertir - **3.** *fig* [ideas, palabras] enchaîner.

engatusar *vt fam* embobiner.

engendrar *vt lit* & *fig* engendrer.

engendro *m* - **1.** [obra] horreur *f* - **2.** [ser deforme] monstre *m*.

englobar *vt* englober.

engomar *vt* - **1.** [pegar] encoller - **2.** [dar apresto] apprêter.

engordar ◇ *vt* - **1.** [animal] engraisser ; [aves] gaver - **2.** *fig* [arcas] remplir ; [cuenta] faire fructifier. ◇ *vi* [persona] grossir ; [alimento] faire grossir.

engorro *m* embêtement *m* ; **¡vaya un ~!** tu parles d'une partie de plaisir!

engorroso, sa *adj* pénible ; [situación] délicat(e).

engranaje *m* - **1.** [gen] engrenage *m* - **2.** *fig* [de ideas] enchaînement *m* - **3.** *fig* [funcionamiento] rouages *mpl*.

engranar *vt* - **1.** [piezas] engrener - **2.** *fig* [ideas, palabras] enchaîner.

engrandecer *vt* - **1.** *fig* [enaltecer] exalter - **2.** [aumentar] agrandir.

engrasar *vt* graisser.

engreído, da *adj* & *m, f* suffisant(e) *(prétentieux)*.

engrescar *vt* : ~ **a alguien con** monter qqn contre. ◆ **engrescarse** *vpr* se quereller.

engrosar *vt* - **1.** [engordar - persona] faire grossir ; [- texto] augmenter - **2.** *fig* [aguas, listas] grossir ; **diez personas engrosaron nuestras filas** dix personnes sont venues grossir nos rangs.

engullir *vt* engloutir *(nourriture)*.

enhebrar *vt* enfiler.

enhorabuena ◇ *f* félicitations *fpl*. ◇ *adv* [afortunadamente] heureusement ; ~ **lo hiciste** tu as eu raison de le faire ; **¡~ (por ...)!** félicitations (pour ...)!

enigma *m* énigme *f*.

enigmático, ca *adj* énigmatique.

enjabonar *vt* savonner ; *fig* [dar coba] passer de la pommade à.

enjambre *m* - **1.** [de abejas] essaim *m* - **2.** *fig* [de personas] foule *f*.

enjaular *vt* - **1.** [en jaula] mettre en cage - **2.** *fam fig* [en prisión] coffrer.

enjoyar *vt* parer de bijoux. ◆ **enjoyarse** *vpr* se parer de bijoux.

enjuagar *vt* rincer. ◆ **enjuagarse** *vpr* se rincer.

enjuague *m* [de ropa] rinçage *m* ; [de boca] bain *m* de bouche.

enjugar *vt* - **1.** [lágrimas] sécher - **2.** *fig* [deudas, déficit] éponger.

enjuiciar *vt* - **1.** [opinar] porter un jugement sur - **2.** DER [persona] juger ; [causa] instruire.

enjuto, ta *adj* [delgado] décharné(e).

enlace ◇ *v* ▷ **enlazar**. ◇ *m* - **1.** [gen & QUÍM] liaison *f* - **2.** [persona] délégué *m*, -e *f*, responsable *mf* ; **servir de ~ entre** servir d'intermédiaire entre - **3.** [casamiento] : ~ **(matrimonial)** mariage *m* - **4.** [de trenes, autocares] correspondance *f* ; **vía de ~** voie *f* de raccordement.

enlatar *vt* mettre en boîte ; [conservas caseras] mettre en conserve.

enlazar ◇ *vt* : ~ **algo a** o **con** [atar] lier

qqch à ; [trabar, relacionar] relier qqch à. ◇ *vi* : **~ (con)** [medios de transporte] assurer la correspondance (avec). ◆ **enlazarse** *vpr* s'unir *(par les liens du mariage)*.

enloquecer ◇ *vt* - **1.** [volver loco] rendre fou (folle) - **2.** *fig* [gustar mucho] adorer ; **me enloquece comer** j'adore manger. ◇ *vi* devenir fou (folle).

enlutado, da *adj* en deuil.

enmarañar *vt* - **1.** [desordenar] emmêler - **2.** [complicar] embrouiller.

enmarcar *vt* encadrer.

enmascarado, da ◇ *adj* masqué(e). ◇ *m, f* homme *m* masqué, femme *f* masquée.

enmascarar *vt lit & fig* masquer.

enmendar *vt* - **1.** [gen] corriger ; [daño] réparer - **2.** [ley, dictamen] amender. ◆ **enmendarse** *vpr* se corriger.

enmicado *m Amer* film *m* plastique.

enmienda *f* - **1.** [gen & POLÍT] amendement *m* ; **hacer propósito de ~** prendre de bonnes résolutions - **2.** [en escritos] correction *f*.

enmohecer *vt* [alimentos etc] laisser moisir ; [metal] rouiller, faire rouiller. ◆ **enmohecerse** *vpr* moisir ; *fig* [cuerpo, conocimientos] se rouiller.

enmoquetar *vt* moquetter ; **~ una habitación** poser de la moquette dans une pièce.

enmudecer ◇ *vt* faire taire. ◇ *vi* - **1.** [perder el habla] rester muet(ette) - **2.** [callarse] se taire.

ennegrecer *vt* noircir ; [suj : nubes] assombrir. ◆ **ennegrecerse** *vpr* se noircir ; [nublarse] s'assombrir.

ennoblecer *vt* - **1.** [dar un título a] anoblir - **2.** *fig* [dignificar] ennoblir.

enojar *vt* irriter, mettre en colère. ◆ **enojarse** *vpr* se mettre en colère.

enojo *m* colère *f* ; **causar ~** [enfadar] irriter ; [molestar] agacer, ennuyer.

enojoso, sa *adj* irritant(e) ; [palabra] déplaisant(e).

enorgullecer *vt* enorgueillir. ◆ **enorgullecerse** *vpr* : **~se de** s'enorgueillir de.

enorme *adj lit & fig* énorme.

enormidad *f lit & fig* énormité *f*.

enrabiar *vt* faire enrager. ◆ **enrabiarse** *vpr* se mettre en colère.

enraizar *vi* s'enraciner.

enramada *f* - **1.** [ramaje] ramure *f* - **2.** [cobertizo] tonnelle *f*.

enrarecer *vt* raréfier. ◆ **enrarecerse** *vpr* se raréfier.

enredadera ◇ *adj* grimpant(e). ◇ *f* [gen] plante *f* grimpante ; [planta] liseron *m*.

enredar ◇ *vt* - **1.** [gen] emmêler ; [situación, asunto] embrouiller - **2.** *fig* [implicar] : **~ a alguien en** entraîner qqn dans. ◇ *vi* - **1.** [hacer travesuras] faire des bêtises - **2.** [hurgar] trafiquer - **3.** [meter cizaña] intriguer. ◆ **enredarse** *vpr* - **1.** [gen] s'emmêler ; [asunto] s'embrouiller - **2.** [suj : plantas] grimper - **3.** [empezar] : **~se en algo** se lancer dans qqch - **4.** *fam* [amancebarse] : **~se con alguien** se mettre en ménage avec qqn.

enredo *m* - **1.** [maraña] enchevêtrement *m* ; [en el pelo] nœud *m* - **2.** [asunto] imbroglio *m* - **3.** [amoríos] liaison *f*. ◆ **enredos** *mpl* [trastos] attirail *m*.

enrejado *m* - **1.** [de rejas] grille *f* - **2.** [de cañas] treillage *m*.

enrevesado, da *adj* compliqué(e).

enriquecer *vt* enrichir. ◆ **enriquecerse** *vpr* s'enrichir.

enrojecer ◇ *vt* rougir ; [persona] faire rougir. ◇ *vi* rougir. ◆ **enrojecerse** *vpr* [persona] rougir ; [rostro, mejillas] s'empourprer.

enrolar *vt* enrôler. ◆ **enrolarse** *vpr* : **~se (en)** s'enrôler (dans).

enrollar *vt* - **1.** [arrollar] enrouler - **2.** *fam* [gustar] brancher - **3.** *fam* [liar] embobiner. ◆ **enrollarse** *vpr fam* - **1.** [ligar] : **~se con** sortir avec - **2.** [hablar] avoir la langue bien pendue ; **~se por teléfono** rester des heures au téléphone ; **~se con alguien** tenir la jambe à qqn - **3.** [portarse bien] être sympa ; **¡enróllate!** sois sympa!

enroscar *vt* - **1.** [atornillar] visser - **2.** [enrollar] enrouler.

ensaimada *f gâteau brioché typique de Majorque*.

ensalada *f lit & fig* salade *f*.

ensaladilla *f* macédoine *f* ; **~ rusa** salade *f* russe.

ensalzar *vt* porter aux nues.

ensambladura *f*, **ensamblaje** *m* assemblage *m*.

ensanchar *vt* élargir ; [ampliar] agrandir.

ensanche *m* - **1.** [de calle etc] élargissement *m* - **2.** [en la ciudad] zone *f* d'extension urbaine, quartiers *mpl* neufs.

ensangrentar *vt* ensanglanter.

ensañarse *vpr* : **~ con** s'acharner contre o sur.
ensartar *vt* **- 1.** [perlas, aguja] enfiler **- 2.** [puñal, aguja] planter.
ensayar *vt* **- 1.** [gen] tester **- 2.** TEATR répéter.
ensayista *mf* essayiste *mf*.
ensayo *m* **- 1.** [de espectáculo] répétition *f* **- 2.** [prueba] test *m* **- 3.** LITER & DEP essai *m*.
enseguida *adv* **- 1.** [pronto, inmediatamente] tout de suite ; **~ vamos** on arrive tout de suite **- 2.** [acto continuo] aussitôt ; **la reconoció ~** il la reconnut aussitôt.
ensenada *f* anse *f (de mer)*.
enseña *f* enseigne *f*.
enseñante *mf* enseignant *m*, -e *f*.
enseñanza *f* enseignement *m* ; **~ a distancia** enseignement à distance ; **~ superior/universitaria** enseignement supérieur/universitaire ; **primera ~, ~ primaria** enseignement primaire ; **segunda ~, ~ media** enseignement secondaire.
enseñar *vt* **- 1.** [gen] apprendre ; [dar clases] enseigner **- 2.** [mostrar, indicar] montrer **- 3.** [dejar ver] laisser voir.
enseres *mpl* **- 1.** [personales] effets *mpl* **- 2.** [de trabajador] matériel *m*.
ensillar *vt* seller.
ensimismarse *vpr* **- 1.** [enfrascarse] : **~ en** se plonger dans **- 2.** [abstraerse] se replier sur soi-même.
ensombrecer *vt* assombrir. ◆ **ensombrecerse** *vpr* s'assombrir.
ensoñación *f* rêverie *f*.
ensopar *vt Amer* tremper.
ensordecer ◇ *vt* **- 1.** [causar sordera] rendre sourd(e) **- 2.** [suj : sonido] assourdir. ◇ *vi* devenir sourd(e).
ensortijar *vt* [cabello] boucler.
ensuciar *vt lit & fig* salir. ◆ **ensuciarse** *vpr* se salir.
ensueño *m* rêve *m*.
entablado *m* [armazón] estrade *f* ; [suelo] plancher *m*.
entablar *vt* **- 1.** [suelo] poser un plancher sur **- 2.** [conversación] engager ; [negociaciones] entamer ; [amistad] nouer **- 3.** MED mettre une attelle à.
entallar *vt* **- 1.** [prenda] ajuster **- 2.** [madera] sculpter.
entarimado *m* **- 1.** [suelo] plancher *m* ; [parqué] parquet *m* **- 2.** [plataforma] estrade *f*.
ente *m* **- 1.** [ser] être *m* **- 2.** [corporación] organisme *m*, société *f* ; **~ público** TELE service *m* public **- 3.** *fam* [persona ridícula] phénomène *m*.
entelequia *f* **- 1.** FILOSOFÍA entéléchie *f* **- 2.** [fantasía] vue *f* de l'esprit.
entendederas *fpl fam* jugeote *f* ; **ser duro** o **corto de ~** ne pas avoir la comprenette facile.
entender ◇ *vt* **- 1.** [gen] comprendre ; **¿qué entiendes tú por amistad?** qu'est-ce que tu entends par amitié? **- 2.** [opinar, juzgar] penser ; **yo no entiendo las cosas así** je ne vois pas les choses de cette façon-là. ◇ *vi* [saber] : **~ de** o **en algo** s'y connaître en qqch. ◇ *m* : **a mi ~** à mon sens. ◆ **entenderse** *vpr* **- 1.** [gen] se comprendre **- 2.** [comunicarse] communiquer **- 3.** [llevarse bien, ponerse de acuerdo] s'entendre **- 4.** [tener amores] avoir une liaison.
entendido, da ◇ *adj* **- 1.** [comprendido] compris(e) ; **¡entendido!** entendu! ; **no se da por ~** il fait comme s'il n'était pas au courant **- 2.** [experto] : **ser ~ en** s'y connaître en. ◇ *m, f* connaisseur *m*, -euse *f*. ◆ **bien entendido que** *loc adv* qu'il soit clair que.
entendimiento *m* jugement *m* ; **con mucho ~** avec une grande présence d'esprit.
entente *f* entente *f (commerciale, industrielle)*.
enterado, da *adj* averti(e) ; **~ en** informé sur ; **estar ~ de** être au courant de ; **no se da por ~** il fait comme s'il n'était pas au courant.
enterar *vi* : **~ a alguien de algo** informer qqn de qqch. ◆ **enterarse** *vpr* **- 1.** [saber, descubrir] : **~se de algo** apprendre qqch ; **me enteré de que te habías mudado** j'ai appris que tu avais déménagé **- 2.** *fam* [aclararse] piger ; **no me entero** je n'y comprends rien **- 3.** [informarse] : **~se de algo** se renseigner sur qqch **- 4.** [percatarse] : **~se (de)** se rendre compte (de).
entereza *f* [firmeza] fermeté *f* ; [serenidad] force *f* de caractère ; [honradez] intégrité *f*.
enternecer *vt* attendrir. ◆ **enternecerse** *vpr* s'attendrir.
entero, ra *adj* **- 1.** [completo] entier(ère) ; **el pueblo ~** tout le village ; **la casa entera** toute la maison **- 2.** [sereno] fort(e) **- 3.** [sin daño] intact(e).
enterrador, ra *m, f* fossoyeur *m*, -euse *f*.
enterrar *vt* enterrer ; *fig* [olvidar] enfouir. ◆ **enterrarse** *vpr fig* s'enterrer.
entibiar *vt* **- 1.** [bebida etc] faire tiédir

- **2.** [ánimos, entusiasmo] freiner ; [cariño, amistad] affaiblir. ◆ **entibiarse** *vpr* - **1.** [bebida etc] tiédir ; [atmósfera, habitación] se réchauffer - **2.** [sentimiento] s'affaiblir.

entidad *f* - **1.** [organismo] organisme *m* ; **~ deportiva** club *m* sportif ; **~ local** collectivité *f* locale - **2.** [empresa] société *f* ; **una ~ privada** une société privée ; **~ bancaria** établissement *m* bancaire - **3.** FILOSOFÍA entité *f* - **4.** [importancia] envergure *f*.

entierro *m* enterrement *m*.

entlo. *abrev de* **entresuelo**.

entoldado *m* [carpa] tente *f*.

entonación *f* intonation *f* ; **cantar con buena ~** chanter dans le ton.

entonar ◇ *vt* - **1.** [cantar] entonner - **2.** [tonificar] revigorer. ◇ *vi* - **1.** [al cantar] chanter juste - **2.** [armonizar] : **~ con** être assorti(e) à.

entonces *adv* alors ; **en** o **por aquel ~** en ce temps-là ; **desde ~** depuis.

entornar *vt* [puerta] entrebâiller ; [ojos, ventana] entrouvrir ; **ojos entornados** yeux mi-clos.

entorno *m* environnement *m* ; **~ informático** environnement.

entorpecer *vt* - **1.** [debilitar - miembros, mente] engourdir ; [- movimientos] entraver - **2.** [dificultar - tráfico] gêner ; [- proceso, evolución] retarder ; [- camino, carretera] encombrer.

entrada *f* - **1.** [gen] entrée *f* ; [de hotel] hall *m* ; [de gas, agua] arrivée *f* - **2.** [billete] place *f* ; **sacar una ~** prendre une place - **3.** [pago] apport *m* initial - **4.** [ingreso] recette *f* ; **~ de dinero** rentrée *f* d'argent - **5.** [en la frente] : **tener ~s** avoir les tempes dégarnies.

entrante ◇ *adj* [año, mes] prochain(e) ; [presidente, gobierno] nouveau(elle). ◇ *m* - **1.** [plato] entrée *f* - **2.** [hueco] renfoncement *m*.

entraña *f (gen pl)* - **1.** [de persona, animal, Tierra] entrailles *fpl* - **2.** [de asunto, cuestión] cœur *m*.

entrañable *adj* [amigo, recuerdos] cher (chère) ; [amistad] profond(e) ; [carta, persona, escena etc] attendrissant(e).

entrañar *vt* comporter.

entrar ◇ *vi* - **1.** [gen] : **~ (en)** entrer (dans) ; **entró en la casa** il entra dans la maison ; **entré por la ventana** je suis entré par la fenêtre ; **~ en el ejército** entrer dans l'armée ; **entramos en un período de ...** nous entrons dans une période de ... ; **esto no entraba en mis cálculos** ceci n'entrait pas dans mes calculs ; **~ de** être embauché(e) comme ; **entró de telefonista y ahora es director** il a débuté comme standardiste et maintenant il est directeur - **2.** [caber] : **este anillo no te entra** cette bague est trop petite pour toi ; **no entramos todos en tu coche** nous ne tenons pas tous dans ta voiture - **3.** [empezar] : **~ a hacer algo** commencer à faire qqch ; **entró a trabajar aquí el mes pasado** il a commencé à travailler ici le mois dernier - **4.** [estado físico o de ánimo] : **le entraron ganas de hablar** il a eu envie de parler ; **me está entrando frío** je commence à avoir froid ; **le entró pánico** il fut pris de panique - **5.** [período de tiempo] commencer ; **entró el año con buen tiempo** l'année a commencé avec du beau temps - **6.** [cantidad] : **¿cuántas entran en un kilo?** il y en a combien dans un kilo? - **7.** *fam* [concepto, asignatura etc] : **no le entra la geometría** la géométrie, ça ne rentre pas - **8.** AUTOM passer ; **no entra la tercera** la troisième ne passe pas. ◇ *vt* - **1.** [meter] rentrer ; **entra las sillas porque está lloviendo** rentre les chaises parce qu'il pleut - **2.** [prenda de vestir] reprendre - **3.** [abordar] aborder ; **a ése no sé por dónde ~le** celui-là, je ne sais pas comment l'aborder.

entre *prep* - **1.** [gen] entre ; **~ Barcelona y Madrid** entre Barcelone et Madrid ; **~ la vida y la muerte** entre la vie et la mort ; **~ nosotros** [en confianza] entre nous - **2.** [en medio de - muchos] parmi ; [- cosas] dans, au milieu de ; **~ los mejores** parmi les meilleurs ; **~ los papeles** dans les papiers ; **entre los rosales** au milieu des rosiers - **3.** [adición] : **~ tú y yo lo conseguiremos** à nous deux nous y arriverons ; **~ una cosa y otra, nos salió carísimo** au total, ça nous est revenu très cher.

entreabierto, ta *pp irreg* ▷ **entreabrir**.

entreabrir *vt* entrouvrir.

entreacto *m* entracte *m*.

entrecejo *m* : **fruncir el ~** froncer les sourcils.

entrecomillado, da *adj* entre guillemets. ◆ **entrecomillado** *m* citation *f*.

entrecortado, da *adj* entrecoupé(e).

entrecot, entrecote *m* entrecôte *f*.

entredicho *m* : **estar en ~** être mis(e) en doute ; **poner en ~** mettre en doute.

entrega *f* - **1.** [de llaves, dinero, premio] remise *f* ; [de pedido, paquete] livraison *f*

- **2.** [dedicación] dévouement *m* - **3.** [fascículo] fascicule *m*.

entregar *vt* - **1.** [llaves, dinero, premio] remettre - **2.** [pedido, paquete, persona] livrer. ◆ **entregarse** *vpr* - **1.** [rendirse] se rendre - **2.** : **~se a** [familia, amigos, trabajo] se consacrer à ; [vicio, bebida] s'adonner à ; [pasión, hombre] s'abandonner à.

entreguerras ◆ **de entreguerras** *loc adj* de l'entre-deux-guerres.

entrelazar *vt* entrecroiser.

entremés *m (gen pl)* CULIN hors-d'œuvre *m inv*.

entremeter *vt* insérer. ◆ **entremeterse** *vpr* [inmiscuirse] : **~se en** se mêler de.

entremezclar *vt* mélanger. ◆ **entremezclarse** *vpr* se mêler.

entrenador, ra *m, f* entraîneur *m*, -euse *f*.

entrenamiento *m* entraînement *m*.

entrenar ◇ *vt* entraîner. ◇ *vi* s'entraîner. ◆ **entrenarse** *vpr* s'entraîner.

entrepierna *f* entrejambe *m*.

entresacar *vt* - **1.** [escoger] sélectionner ; [de un texto] tirer - **2.** [cortar - cabello] désépaissir ; [- monte] éclaircir.

entresijos *mpl* [de asunto] dessous *mpl* ; [de negocio] ficelles *fpl* ; [del poder] arcanes *mpl*.

entresuelo *m* [piso] entresol *m*.

entretanto *adv* pendant ce temps, entre-temps.

entretención *f Amer* distraction *f*.

entretener *vt* - **1.** [divertir] distraire - **2.** [retrasar - persona] retarder, retenir ; [- fecha, resolución] repousser - **3.** [mantener] entretenir - **4.** [hacer olvidar - hambre] tromper ; [- dolor] calmer. ◆ **entretenerse** *vpr* - **1.** [distraerse] : **~se (con)** être distrait(e) (par) - **2.** [divertirse] se distraire - **3.** [retrasarse] s'attarder.

entretenido, da *adj* [divertido] distrayant(e) ; [trabajoso] prenant(e).

entretenimiento *m* - **1.** [diversión, pasatiempo] distraction *f* - **2.** [mantenimiento] entretien *m*.

entretiempo *m* : **de ~** [ropa] de demi-saison.

entrever *vt lit* & *fig* entrevoir.

entrevero *m Amer* enchevêtrement *m*.

entrevista *f* - **1.** [de trabajo etc] entretien *m* - **2.** [de periodista] interview *f* ; **hacer una ~ a alguien** interviewer qqn.

entrevistar *vt* interviewer. ◆ **entrevistarse** *vpr* : **~se (con)** avoir un entretien (avec).

entrevisto, ta *pp irreg* ▷ **entrever**.

entristecer *vt* [persona] attrister ; [cosa] rendre triste. ◆ **entristecerse** *vpr* : **~se (por** o **con algo)** s'attrister (de qqch).

entrometerse *vpr* : **~ en** se mêler de ; [conversación] s'immiscer dans.

entrometido, da *adj* & *m, f* indiscret(ète).

entroncar *vi* : **~ con** [familia] être apparenté(e) à ; [tren etc] assurer la correspondance avec.

entronizar *vt* - **1.** [en el trono] introniser - **2.** *fig* [en una posición] élever.

entubar *vt* - **1.** [cosa] tuber - **2.** [persona] intuber.

entuerto *m* tort *m* ; **deshacer ~s** jouer les redresseurs de torts.

entumecer *vt* engourdir. ◆ **entumecerse** *vpr* s'engourdir.

entumecido, da *adj* engourdi(e) ; **los dedos ~s** les doigts gourds.

enturbiar *vt lit* & *fig* troubler. ◆ **enturbiarse** *vpr lit* & *fig* se troubler.

entusiasmar *vt* - **1.** [animar] enthousiasmer, emballer - **2.** [gustar] : **me entusiasma la música** j'adore la musique. ◆ **entusiasmarse** *vpr* : **~se (con)** s'enthousiasmer (pour), s'emballer (pour).

entusiasmo *m* enthousiasme *m*.

entusiasta ◇ *adj* enthousiaste. ◇ *mf* passionné *m*, -e *f*.

enumeración *f* énumération *f*.

enumerar *vt* énumérer.

enunciación *f* énonciation *f*.

enunciado *m* [gen & LING] énoncé *m*.

enunciar *vt* énoncer.

envainar *vt* rengainer.

envalentonar *vt* : **~ a alguien** donner du courage à qqn. ◆ **envalentonarse** *vpr* s'enhardir.

envanecer *vt* gonfler d'orgueil. ◆ **envanecerse** *vpr* : **~se de algo** être fier (fière) de qqch ; **~se de hacer algo** s'enorgueillir de faire qqch.

envanecimiento *m* vanité *f*.

envasado *m* [en botellas, paquetes] conditionnement *m* ; **~ en latas** mise *f* en conserve.

envasar *vt* [en botellas, paquetes] conditionner.

envase *m* - **1.** [gen] conditionnement *m* - **2.** [envoltorio] emballage *m* ; [botella] bouteille *f* ; [lata] boîte *f* ; **~ desechable**

emballage jetable ; '~ **sin retorno**' 'bouteille non consignée'.
envejecer *vt* & *vi* vieillir.
envejecimiento *m* vieillissement *m*.
envenenamiento *m* empoisonnement *m*.
envenenar *vt* empoisonner.
envergadura *f* envergure *f*.
envés *m* envers *m*.
enviado, da *m, f* envoyé *m*, -e *f* ; ~ **especial** envoyé spécial.
enviar *vt* envoyer ; ~ **a alguien por algo/a hacer algo** envoyer qqn chercher qqch/faire qqch ; ~ **algo por correo** poster qqch.
envidia *f* - **1.** [admiración] envie *f* - **2.** [celos] jalousie *f* ; **me da ~ tu nuevo vestido** je suis jalouse de ta nouvelle robe ; **tener ~ de** être jaloux(ouse) de.
envidiar *vt* - **1.** [sentir admiración] envier - **2.** [sentir celos] être jaloux(ouse) de.
envidioso, sa *adj* & *m, f* envieux(euse).
envilecer *vt* avilir.
envío *m* - **1.** [gen] envoi *m* ; **el paquete se perdió en el ~** le paquet s'est perdu pendant le transport - **2.** [paquete] colis *m*.
envite *m* - **1.** [en el juego] mise *f* - **2.** *fig* [ofrecimiento] offre *f*.
enviudar *vi* devenir veuf (veuve).
envoltorio *m* [papel, cartón etc] emballage *m*.
envoltura *f* enveloppe *f* ; **poner una ~** emballer.
envolver *vt* - **1.** [gen] envelopper ; **le envuelve el cariño de su familia** sa famille l'entoure de tendresse - **2.** [enrollar] enrouler - **3.** [implicar] : ~ **a alguien en** mêler qqn à - **4.** [engatusar] enjôler. ◆ **envolverse** *vpr* s'envelopper.
envuelto, ta *pp irreg* ▷ **envolver**.
enyesar *vt* plâtrer ; **tiene un brazo enyesado** il a un bras dans le plâtre.
enzarzar *vt* envenimer ; ~ **a alguien en** [discusión, pelea] entraîner qqn dans. ◆ **enzarzarse** *vpr* : **~se en** [pelea, negocio] s'empêtrer dans.
enzima *f* enzyme *f*.
epatar *vt* épater.
e.p.d. (*abrev de* **en paz descanse**) RIP.
épica *f* ▷ **épico**.
epicentro *m* épicentre *m*.
épico, ca *adj* épique. ◆ **épica** *f* poésie *f* épique.
epicúreo, a *adj* & *m, f* épicurien(enne).
epidemia *f* épidémie *f*.
epidermis *f inv* épiderme *m*.
epiglotis *f inv* épiglotte *f*.
epígrafe *m* épigraphe *f*.
epilepsia *f* épilepsie *f*.
epílogo *m lit* & *fig* épilogue *m*.
episcopado *m* épiscopat *m*.
episodio *m* épisode *m*.
epístola *f* épître *f*.
epitafio *m* épitaphe *f*.
epíteto *m* épithète *f*.
época *f* époque *f* ; [estación] saison *f* ; **de ~** [traje, coche] d'époque ; [película] historique.
epopeya *f lit* & *fig* épopée *f*.
equidad *f* équité *f*.
equidistante *adj* équidistant(e).
equilátero, ra *adj* équilatéral(e).
equilibrado, da *adj* équilibré(e). ◆ **equilibrado** *m* équilibrage *m*.
equilibrar *vt* équilibrer.
equilibrio *m* équilibre *m* ; **perder el ~** perdre l'équilibre ; **hacer ~s** *fig* ménager la chèvre et le chou.
equilibrista *mf* équilibriste *mf*.
equino, na *adj* chevalin(e).
equinoccio *m* équinoxe *m*.
equipaje *m* bagages *mpl* ; ~ **de mano** bagage *m* à main.
equipar *vt* : ~ **(con** o **de)** équiper (en o de). ◆ **equiparse** *vpr* s'équiper.
equiparar *vt* : ~ **a** o **con** comparer à. ◆ **equipararse** *vpr* se comparer.
equipo *m* - **1.** [de objetos] matériel *m* - **2.** [de novia] trousseau *m* ; [de soldado] paquetage *m* - **3.** [de personas, jugadores] équipe *f* ; ~ **de rescate** équipe de secours - **4.** [de música] : ~ **(de sonido)** chaîne *f* (hi-fi).
equis ◇ *adj inv* x, X ; **un número ~ de personas** un nombre x de personnes. ◇ *f inv* x *m inv*.
equitación *f* équitation *f*.
equitativo, va *adj* équitable.
equivalente ◇ *adj* équivalent(e). ◇ *m* équivalent *m*.
equivaler *vi* : ~ **a** équivaloir à.
equivocación *f* erreur *f*.
equivocado, da *adj* erroné(e).
equivocar *vt* : ~ **algo con algo** confondre qqch avec qqch. ◆ **equivocarse** *vpr* : **~se (de)** se tromper (de) ; **~se con alguien** se tromper sur qqn.
equívoco, ca *adj* équivoque. ◆ **equívoco** *m* [error] malentendu *m*.
era ◇ *v* ▷ **ser**. ◇ *f* - **1.** [gen & HIST]

ère *f* ; [napoleónica, gótica etc] époque *f* ; **~ cristiana** ère chrétienne **- 2.** [para trillar] aire *f*.
erario *m* budget *m*.
ERASMUS (*abrev de* **European Action Scheme for the Mobility of University Students**) Erasmus.
ERC (*abrev de* **Esquerra Republicana de Catalunya**) *f parti nationaliste catalan de gauche*.
erección *f* érection *f*.
erecto, ta *adj* dressé(e) ; [pene] en érection.
eres ▷ **ser**.
erguido, da *adj* dressé(e).
erguir *vt* dresser. ◆ **erguirse** *vpr* se dresser.
erigir *vt* **- 1.** [construir] ériger **- 2.** [nombrar] nommer.
erizado, da *adj lit & fig* hérissé(e).
erizar *vt* hérisser. ◆ **erizarse** *vpr* se hérisser.
erizo *m* [mamífero] hérisson *m*. ◆ **erizo de mar** *m* oursin *m*.
ermita *f* ermitage *m*.
ermitaño, ña *m, f* ermite *m*. ◆ **ermitaño** *m* bernard-l'ermite *m*.
eros *m inv* éros *m*.
erosionar *vt* éroder. ◆ **erosionarse** *vpr* être érodé(e).
erótico, ca *adj* érotique.
erotismo *m* érotisme *m*.
erradicación *f* éradication *f* ; [de locales] suppression *f*.
erradicar *vt* éradiquer.
errante *adj* errant(e) ; [mendigo] vagabond(e).
errar ◇ *vt* **- 1.** [camino, rumbo etc] se tromper de ; **~ la vocación** rater sa vocation **- 2.** [tiro, golpe] manquer. ◇ *vi* **- 1.** [equivocarse] faire erreur, se tromper **- 2.** [al disparar] manquer son coup **- 3.** [vagar] errer.
errata *f* erratum *m*, coquille *f*.
erre *f* [letra] r *m inv* ; **~ que ~** obstinément.
erróneo, a *adj* erroné(e).
error *m* erreur *f* ; **estar en un ~** être dans l'erreur ; **salvo ~ u omisión** sauf erreur ou omission ; **~ de bulto** grossière erreur.
Ertzaintza *f police autonome basque*.
eructar *vi* faire un rot.
eructo *m* rot *m*.
erudito, ta *adj & m, f* érudit(e).
erupción *f* [de volcán] éruption *f* ; **en ~** en éruption.
es ▷ **ser**.
esa ▷ **ese**.
ésa ▷ **ése**.
esbelto, ta *adj* svelte.
esbozar *vt lit & fig* ébaucher.
esbozo *m* ébauche *f*.
escabechado, da *adj* CULIN mariné(e). ◆ **escabechado** *m* CULIN [proceso] marinage *m* ; [salsa] marinade *f*.
escabeche *m* marinade *f* ; [de pescado] escabèche *f* ; **~ de sardina/perdiz** sardines/perdrix marinées.
escabechina *f* massacre *m*.
escabroso, sa *adj* **- 1.** [superficie] inégal(e) ; **un terreno ~** un terrain accidenté **- 2.** [obsceno] scabreux(euse) **- 3.** [espinoso] délicat(e).
escabullirse *vpr* **- 1.** [escurrirse] filer **- 2.** [escaparse] s'éclipser **- 3.** [escaquearse] se défiler.
escacharrar, descacharrar *vt fam* bousiller ; [día, plan] ficher en l'air. ◆ **escacharrarse** *vpr fam* se détraquer ; [plan] cafouiller.
escafandra *f* scaphandre *m*.
escala *f* **- 1.** [gen & FÍS] échelle *f* ; **a ~ 1:50.000** à l'échelle de 1/50 000 ; **a ~ internacional** à l'échelle internationale ; **a gran ~** à grande échelle **- 2.** [MÚS & de colores] gamme *f* ; **~ musical** gamme **- 3.** [en un viaje] escale *f* ; **hacer ~** faire escale **- 4.** [grado] cote *f* ; **~ de popularidad** cote de popularité.
escalada *f lit & fig* escalade *f*.
escalador, ra ◇ *adj* qui fait de l'alpinisme. ◇ *m, f* **- 1.** [que escala] grimpeur *m*, -euse *f* ; [alpinista] alpiniste *mf* **- 2.** *fam* [de puestos] jeune loup *m*, carriériste *mf*.
escalafón *m* hiérarchie *f* ; [en el trabajo] tableau *m* d'avancement.
escalar *vt* **- 1.** [gen] escalader **- 2.** *fam fig* [socialmente] : **~ puestos** grimper dans l'échelle sociale.
escaldado, da *adj* **- 1.** CULIN blanchi(e) **- 2.** *fig* [persona] échaudé(e).
escaldar *vt* **- 1.** CULIN blanchir **- 2.** [metal] chauffer à blanc **- 3.** *fig* [ofender] blesser à vif. ◆ **escaldarse** *vpr* [con agua] s'ébouillanter ; [con fuego, por el sol] se brûler.
escalera *f* **- 1.** [gen] escalier *m* ; **~ de caracol** escalier en colimaçon ; **~ mecánica** o **automática** Escalator® *m* **- 2.** [en naipes] quinte *f* ; **~ de color** quinte flush.
escaléxtric *m* **- 1.** [juego] circuit *m* miniature **- 2.** [de carreteras] échangeur *m*.

escalfar *vt* [huevo] pocher.
escalinata *f* perron *m*.
escalofriante *adj* terrifiant(e).
escalofrío *m (gen pl)* frisson *m*.
escalón *m* - **1.** [peldaño] marche *f* - **2.** *fig* [grado] échelon *m*.
escalonar *vt* échelonner.
escalope *m* escalope *f*.
escama *f* - **1.** [de pez, reptil, cebolla] écaille *f* - **2.** [de jabón] paillette *f* - **3.** [en la piel] squame *f*.
escamar *vt* - **1.** [quitar escamas] écailler - **2.** *fam fig* [mosquear] mettre la puce à l'oreille.
escamotear *vt* [estafar] escroquer ; [hurtar] subtiliser.
escampar *v impers* cesser de pleuvoir.
escandalizar *vt* [indignar] scandaliser ; [alborotar] faire du tapage dans. ◆ **escandalizarse** *vpr* se scandaliser ; **~se de** être scandalisé(e) par.
escándalo *m* - **1.** [gen] scandale *m* - **2.** [alboroto] tapage *m* ; [en clase] chahut *m*.
escandaloso, sa ◇ *adj* - **1.** [gen] scandaleux(euse) - **2.** [ruidoso] tapageur(euse) ; [niños] bruyant(e). ◇ *m, f* : **es un ~** il est très bruyant.
escáner (*pl* **escáners**), **scanner** [es'kaner] (*pl* **scanners**) *m* scanner *m*.
escaño *m* siège *m (au Parlement)*.
escapada *f* - **1.** [salida rápida] escapade *f* - **2.** DEP échappée *f*.
escapar *vi* - **1.** [huir] : **~ (de)** [lugar] s'échapper (de) - **2.** [librarse, quedar fuera del alcance] : **~ de algo/a alguien** échapper à qqch/à qqn. ◆ **escaparse** *vpr* - **1.** [huir] : **~se (de algo)** s'échapper (de qqch) - **2.** [involuntariamente] : **se le escapó la risa/un taco** un rire/un gros mot lui a échappé ; **se le escapó el tren/la ocasión** il a manqué son train/l'occasion - **3.** [líquido, gas] fuir.
escaparate *m* vitrine *f*.
escapatoria *f* - **1.** [fuga] évasion *f* ; [escapada] escapade *f* ; **no tener ~** [persona] être au pied du mur - **2.** *fam* [pretexto] échappatoire *f*.
escape *m* [de agua, gas etc] fuite *f* ; [de coche] échappement *m* ; **a ~** à toute vitesse.
escapulario *m* scapulaire *m*.
escaquearse *vpr fam* se défiler ; **~ de hacer algo** s'arranger pour ne pas faire qqch.
escarabajo *m* - **1.** ZOOL scarabée *m* - **2.** *fam* [coche] coccinelle *f*.
escaramuza *f* escarmouche *f*.
escarbar *vt* [tierra] gratter ; *fig* [vida, pasado] fouiller.
escarceos *mpl* - **1.** [tentativas] incursions *fpl* - **2.** [rodeos] divagations *fpl*.
escarcha *f* givre *m*.
escarlata *adj* & *f* écarlate.
escarlatina *f* scarlatine *f*.
escarmentar *vi* tirer la leçon *(d'une expérience)*.
escarmiento *m* leçon *f (avertissement)*.
escarnio *m* raillerie *f*.
escarola *f* frisée *f*.
escarpado, da *adj* escarpé(e).
escasear *vi* manquer.
escasez *f* - **1.** [carestía] pénurie *f* - **2.** [pobreza] indigence *f*.
escaso, sa *adj* - **1.** [insuficiente - recursos, comida] maigre ; [- número, cantidad] faible ; **andar ~ de dinero** être à court d'argent - **2.** [poco frecuente] rare - **3.** [casi completo] : **un metro/kilo ~** à peine un mètre/kilo ; **media hora escasa** une petite demi-heure.
escatimar *vt* [comida, medios] rogner sur ; [esfuerzos] ménager ; **no ~ algo** ne pas lésiner sur qqch.
escay, scai [es'kai] *m* Skaï® *m*.
escayola *f* plâtre *m*.
escena *f* scène *f* ; **poner en ~** mettre en scène ; **hacer una ~** *fig* faire une scène.
escenario *m* - **1.** [tablas] scène *f* - **2.** CIN & TEATR [lugar de la acción] cadre *m* - **3.** *fig* [de suceso] théâtre *m* ; **el ~ del crimen** le lieu du crime.
escenificar *vt* mettre en scène.
escenografía *f* - **1.** [arte] scénographie *f* - **2.** [decorados] mise *f* en scène.
escepticismo *m* scepticisme *m*.
escéptico, ca *adj* & *m, f* sceptique.
escindir *vt* scinder. ◆ **escindirse** *vpr* : **~se (en)** [partido político etc] se scinder (en) ; [átomo] se diviser (en).
escisión *f* [de partido político etc] scission *f* ; [del núcleo] fission *f*.
esclarecer *vt* [asunto] tirer au clair, élucider.
esclarecimiento *m* élucidation *f*.
esclava *f* ▷ **esclavo**.
esclavitud *f lit* & *fig* esclavage *m*.
esclavizar *vt* réduire en esclavage ; **el vino/su trabajo le esclaviza** il est esclave du vin/de son travail.

esclavo, va *adj* & *m, f lit* & *fig* esclave. ◆ **esclava** *f* [pulsera] gourmette *f*.

esclerosis *f inv* sclérose *f*.

esclusa *f* écluse *f*.

escoba *f* balai *m*.

escobilla *f* **- 1.** [escoba] balayette *f* **- 2.** ELECTR balai *m* **- 3.** *Amer* [cepillo] brosse *f*.

escocedura *f* **- 1.** [quemadura, escozor] brûlure *f* **- 2.** [rojez] irritation *f*.

escocer *vi* **- 1.** [herida, condimento] brûler **- 2.** *fig* [reprimenda] blesser. ◆ **escocerse** *vpr* [piel] être meurtri(e).

escocés, esa ◇ *adj* écossais(e). ◇ *m, f* Écossais *m*, -e *f*. ◆ **escocés** *m* [lengua] écossais *m*.

Escocia Écosse *f*.

escoger *vt* choisir.

escogido, da *adj* choisi(e).

escolar ◇ *adj* scolaire. ◇ *mf* écolier *m*, -ère *f*.

escolarizar *vt* scolariser.

escoliosis *f inv* scoliose *f*.

escollo *m lit* & *fig* écueil *m*.

escolta *f* escorte *f*.

escoltar *vt* escorter.

escombro *m (gen pl)* décombres *mpl* ; CONSTR gravats *mpl*.

esconder *vt lit* & *fig* cacher. ◆ **esconderse** *vpr* se cacher ; **~se de** [mirada, vista] se dérober à ; [gente etc] fuir.

escondido, da *adj* caché(e) ; [lugar] retiré(e). ◆ **a escondidas** *loc adv* en cachette.

escondite *m* **- 1.** [lugar] cachette *f* **- 2.** [juego] cache-cache *m inv*.

escondrijo *m* cachette *f*.

escopeta *f* fusil *m* (de chasse).

escoria *f* scorie *f* ; *fig* rebut *m*.

Escorpio, Escorpión ◇ *m inv* [zodiaco] Scorpion *m inv*. ◇ *mf inv* [persona] scorpion *m inv*.

escorpión *m* scorpion *m*. ◆ **Escorpión** = **Escorpio**.

escotado, da *adj* décolleté(e).

escotar *vt* décolleter.

escote *m* **- 1.** [de prendas] encolure *f* **- 2.** [de persona] décolleté *m* **- 3.** *loc* : **pagar a ~** partager les frais ; **pagamos a ~** chacun paie sa part.

escotilla *f* écoutille *f*.

escozor *m* brûlure *f* ; [de ortiga] piqûre *f*.

escribiente *mf* employé *m*, -e *f* aux écritures.

escribir *vt* écrire. ◆ **escribirse** *vpr* s'écrire.

escrito, ta ◇ *pp irreg* ▷ **escribir**. ◇ *adj* écrit(e) ; **por ~** par écrit. ◆ **escrito** *m* écrit *m* ; [texto] texte *m*.

escritor, ra *m, f* écrivain *m*.

escritorio *m* **- 1.** [mueble] secrétaire *m* **- 2.** [habitación] bureau *m*.

escritura *f* **- 1.** [gen] écriture *f* **- 2.** DER acte *m*. ◆ **Sagrada Escritura** *f (gen pl)* : **la Sagrada Escritura** l'Écriture *f* sainte.

escrúpulo *m* **- 1.** [duda, recelo] scrupule *m* **- 2.** [cuidado] méticulosité *f* **- 3.** [aprensión] dégoût *m*.

escrupuloso, sa *adj* scrupuleux(euse) ; [aprensivo] délicat(e).

escrutar *vt* **- 1.** [mirar] scruter **- 2.** [computar] : **~ los votos** dépouiller le scrutin.

escrutinio *m* dépouillement *m* du scrutin.

escuadra *f* **- 1.** GEOM équerre *f* **- 2.** NÁUT escadre *f* **- 3.** MIL escouade *f*.

escuadrilla *f* escadrille *f*.

escuadrón *m* escadron *m*.

escuálido, da *adj culto* [persona] décharné(e) ; **un rostro ~** un visage émacié.

escucha *f* écoute *f* ; **~s telefónicas** écoutes téléphoniques.

escuchar *vt lit* & *fig* écouter. ◆ **escucharse** *vpr* s'écouter parler.

escudería *f* DEP écurie *f*.

escudo *m* **- 1.** [arma] bouclier *m* **- 2.** [emblema] blason *m* ; [de ciudad, familia] armes *fpl* **- 3.** [moneda] écu *m* ; [moneda portuguesa] escudo *m*.

escudriñar *vt* [mirar] scruter ; [investigar] fouiller dans.

escuela *f* école *f* ; **~ privada/pública** école privée/publique ; **~ universitaria** institut *m* universitaire ; **ser de la vieja ~** être de la vieille école.

escueto, ta *adj* [estilo, imagen] sobre ; [respuesta, presentación] succinct(e).

escuincle, cla *m, f Amer* [muchacho] gamin *m*, -e *f*.

esculpir *vt* sculpter.

escultismo, scoutismo *m* scoutisme *m*.

escultor, ra *m, f* sculpteur *m*.

escultura *f* sculpture *f*.

escupidera *f* crachoir *m*.

escupir *vt* & *vi* cracher.

escupitajo *m* crachat *m*.

escurreplatos *m inv* égouttoir *m* (à vaisselle).

escurridizo, za *adj* **- 1.** [suelo] glissant(e) **- 2.** *fig* [persona] fuyant(e) ; [respuesta] évasif(ive).

escurridor *m* [colador] passoire *f*.

escurrir ◇ *vt* **- 1.** [gen] égoutter ; [colada] essorer **- 2.** [vaciar] vider jusqu'à la dernière goutte. ◇ *vi* **- 1.** [cosa mojada, líquido] goutter **- 2.** [suelo] glisser. ◆ **escurrirse** *vpr* **- 1.** [cosa mojada] s'égoutter **- 2.** [cosa resbaladiza] glisser.

ese[1] *f* s *m inv* ; **hacer ~s** [persona] tituber ; [coche] zigzaguer.

ese[2], **esa** (*mpl* **esos**, *fpl* **esas**) *adj demos* **- 1.** [gen] ce, cette, ce ...-là, cette ...-là ; **¿qué es ~ ruido?** qu'est-ce que c'est que ce bruit? ; **esa corbata que llevas hoy es muy bonita** la cravate que tu portes aujourd'hui est très belle ; **busco precisamente ~ libro** c'est précisément ce livre que je cherche ; **prefiero esa casa a ésta** je préfère cette maison-là à celle-ci **- 2.** *(después de sust) despec* ce ...-là, cette ...-là ; **el hombre ~ no me inspira confianza** cet homme-là ne m'inspire pas confiance.

ése, ésa (*mpl* **ésos**, *fpl* **ésas**) *pron demos* **- 1.** [gen] celui-là, celle-là ; **no cojas este diccionario, coge ~** ne prends pas ce dictionnaire-ci, prends celui-là ; **dame un vaso – ¿cuál? – ~ que está en la mesa** donne-moi un verre – lequel? – celui qui est sur la table ; **ésa es mi idea de ...** c'est l'idée que je me fais de ... **- 2.** [mencionado antes] : **entraron Ana y María, ésa con un vestido rojo** Ana et María sont entrées, la première portait une robe rouge **- 3.** *fam* [despectivo] : **¿qué se ha creído ésa?** qu'est-ce qu'elle croit, celle-là? ; **~ me ha querido timar** ce type-là a essayé de me rouler.

esencia *f* essence *f* ; [lo principal] essentiel *m* ; **quinta ~** quintessence *f*.

esencial *adj* essentiel(elle).

esfera *f* **- 1.** [globo] sphère *f* ; [de reloj] cadran *m* ; **las altas ~s de** *fig* les hautes sphères de **- 2.** *fig* [ámbito] domaine *m*.

esférico, ca *adj* sphérique. ◆ **esférico** *m* DEP ballon *m*.

esfinge *f* sphinx *m*.

esfínter *m* sphincter *m*.

esforzar *vt* [voz, vista] forcer. ◆ **esforzarse** *vpr* faire des efforts ; **~se en** o **por hacer algo** s'efforcer de faire qqch.

esfuerzo *m* effort *m*.

esfumar *vt* estomper. ◆ **esfumarse** *vpr fig* se volatiliser.

esgrima *f* escrime *f*.

esgrimir *vt* **- 1.** [arma blanca] manier ; [amenazando] brandir **- 2.** *fig* [argumento, hecho, idea] invoquer.

esguince *m* foulure *f* ; [con desgarro] entorse *f*.

eslabón *m* maillon *m*, chaînon *m* ; **~ perdido** chaînon manquant.

eslip (*pl* **eslips**), **slip** [es'lip] (*pl* **slips**) *m* slip *m*.

eslogan (*pl* **eslóganes**), **slogan** [es'loɣan] (*pl* **slogans**) *m* slogan *m*.

eslora *f* longueur *f (d'un bateau)*.

Eslovaquia Slovaquie *f*.

Eslovenia Slovénie *f*.

esmaltar *vt* émailler.

esmalte *m* émail *m* ; [arte] émaillerie *f*. ◆ **esmalte (de uñas)** *m* vernis *m* à ongles.

esmerado, da *adj* [persona] soigneux(euse) ; [trabajo, pronunciación etc] soigné(e).

esmeralda ◇ *f* émeraude *f*. ◇ *adj inv* (vert) émeraude. ◇ *m* vert *m* émeraude.

esmerarse *vpr* : **~ (en algo/en hacer algo)** s'appliquer (dans qqch /à faire qqch).

esmeril *m* émeri *m*.

esmerilar *vt* [pulir] polir à l'émeri.

esmero *m* soin *m*, application *f*.

esmirriado, da *adj* chétif(ive).

esmoquin (*pl* **esmóquines**), **smoking** [es'mokin] (*pl* **smokings**) *m* smoking *m*.

esnifar *vt fam* sniffer.

esnob (*pl* **esnobs**), **snob** (*pl* **snobs**) *adj* & *mf* snob.

eso *pron demos (neutro)* cela, ça ; **¿le habló usted de ~ en particular?** lui avez-vous parlé de cela en particulier? ; **~ me interesa** ça m'intéresse ; **~ es la Torre Eiffel** ça, c'est la tour Eiffel ; **~ es lo que yo pienso** c'est ce que je pense ; **~ de vivir solo no me gusta** je n'aime pas l'idée de vivre seul ; **¡~, ~!** c'est ça, c'est ça! ; **¿cómo es ~?** comment ça se fait? ; **¡~ es!** c'est ça! ◆ **a eso de** *loc prep* vers. ◆ **en eso** *loc adv* sur ce. ◆ **y eso que** *loc conj* et pourtant.

esófago *m* œsophage *m*.

esos, esas ▷ **ese**.

ésos, ésas ▷ **ése**.

esotérico, ca *adj* ésotérique.

espabilado, da, despabilado, da *adj* vif (vive).

espabilar *vt* **- 1.** [despertar] réveiller

- **2.** [avispar] : **~ a alguien** dégourdir qqn - **3.** [despachar] expédier. ◆ **espabilarse** *vpr* - **1.** [despertarse] se réveiller - **2.** *fam* [darse prisa] se remuer - **3.** [avisparse] se dégourdir.

espachurrar = **despachurrar.**

espacial *adj* spatial(e).

espaciar *vt* espacer.

espacio *m* - **1.** [gen] espace *m* ; **no tengo mucho ~** je n'ai pas beaucoup de place ; **por ~ de dos años** pendant deux ans ; **~ aéreo** espace aérien ; **~ de tiempo** laps *m* de temps - **2.** RADIO & TELE émission *f* ; **~ musical** plage *f* musicale - **3.** [entre líneas] interligne *m* ; **a doble ~** à double interligne.

espacioso, sa *adj* spacieux(euse).

espada ◇ *f* épée *f* ; **estar entre la ~ y la pared** être pris entre deux feux. ◇ *m* TAUROM matador *m*. ◆ **espadas** *fpl* [naipes] *l'une des quatre couleurs du jeu de cartes espagnol.*

espagueti, spaguetti *m (gen pl)* spaghetti *m*.

espalda *f* - **1.** [gen] dos *m* ; **caerse de ~s** tomber à la renverse ; **tumbarse de ~s** s'allonger sur le dos ; **por la ~** par-derrière - **2.** DEP dos *m* crawlé - **3.** *loc* : **cubrirse las ~s** protéger ses arrières ; **hablar de uno a sus ~s** parler de qqn dans son dos ; **volver la ~ a alguien** tourner le dos à qqn.

espaldarazo *m* : **dar un ~** donner une tape dans le dos ; **se pegó un ~** il est tombé sur le dos.

espalderas *fpl* espalier *m (de gymnastique).*

espantadizo, za *adj* craintif(ive).

espantajo *m* épouvantail *m* ; [para amenazar a niños] croque-mitaine *m*.

espantapájaros *m inv* épouvantail *m*.

espantar *vt* - **1.** [ahuyentar] faire fuir - **2.** [asustar] épouvanter. ◆ **espantarse** *vpr* s'affoler ; **~se de** o **por** être épouvanté(e) de o par.

espanto *m* épouvante *f* ; **¡qué ~!** quelle horreur! ; **estoy curado de ~s** *fig* j'en ai vu d'autres.

espantoso, sa *adj* - **1.** [aterrador] épouvantable - **2.** *fig* [enorme] terrible - **3.** [feísimo] horrible.

España Espagne *f* ; **la ~ del siglo de oro** l'Espagne du siècle d'or.

español, la ◇ *adj* espagnol(e). ◇ *m, f* Espagnol *m*, -e *f*. ◆ **español** *m* [lengua] espagnol *m*.

españolada *f despec qui présente un caractère hispanique exagéré.*

españolizar *vt* hispaniser. ◆ **españolizarse** *vpr* [persona] prendre des habitudes espagnoles ; [palabra] s'hispaniser.

esparadrapo *m* sparadrap *m*.

esparcido, da *adj* éparpillé(e).

esparcir *vt* [aceite, noticia etc] répandre ; [papeles, objetos] éparpiller. ◆ **esparcirse** *vpr* se répandre.

espárrago *m* asperge *f*.

esparto *m* BOT alfa *m*.

espasmo *m* spasme *m*.

espasmódico, ca *adj* spasmodique.

espatarrarse *vpr fam* [en sillón, sofá] s'affaler.

espátula *f* spatule *f*.

especia *f* épice *f*.

especial *adj* spécial(e) ; [trato] de faveur ; **en ~** [sobre todo] particulièrement ; **uno en ~** un en particulier.

especialidad *f* spécialité *f*.

especialista ◇ *adj* spécialiste ; **un médico ~** un spécialiste. ◇ *mf* - **1.** [experto] spécialiste *mf* - **2.** CIN cascadeur *m*, -euse *f*.

especializado, da *adj* spécialisé(e).

especializar *vt* spécialiser.

especie *f* - **1.** [gen] espèce *f* - **2.** [tipo, clase] genre *m* - **3.** [variedad] sorte *f* ; **pagar en ~** o **~s** payer en nature.

especificar *vt* : **~ algo** spécifier qqch ; **~ algo a alguien** préciser qqch à qqn.

específico, ca *adj* spécifique. ◆ **específicos** *mpl* FARMACIA spécialités *fpl*.

espécimen (*pl* **especímenes**) *m* spécimen *m*.

espectacular *adj* spectaculaire.

espectáculo *m* spectacle *m* ; **dar el ~** *fig* se donner en spectacle.

espectador, ra *m, f* spectateur *m*, -trice *f*. ◆ **espectadores** *mpl* public *m*.

espectral *adj* spectral(e).

espectro *m* spectre *m*.

especulación *f* spéculation *f*.

especular *vi* - **1.** [mentalmente] : **~ (sobre)** spéculer (sur) - **2.** [comercialmente] : **~ (con** o **en)** spéculer (sur).

espejismo *m lit* & *fig* mirage *m*.

espejo *m* - **1.** [para mirarse] glace *f*, miroir *m* ; **(~) retrovisor** rétroviseur *m* - **2.** *fig* [imagen] : **ser el ~ de algo** [sociedad, época etc] refléter qqch ; [alma] être le miroir de qqch - **3.** *fig* [dechado] modèle *m*.

espeleología *f* spéléologie *f*.

espeluznante *adj* à donner la chair de poule.
espera *f* - **1.** [acción] attente *f* ; **a la ~ de** [acontecimiento] dans l'espoir de ; **en ~ de** [carta, paquete etc] dans l'attente de - **2.** [calma] patience *f*.
esperanto *m* espéranto *m*.
esperanza *f* espoir *m* ; **perder la ~** perdre l'espoir ; **tener ~ de hacer algo** avoir l'espoir de faire qqch ; **~ de vida** espérance *f* de vie.
esperanzar *vt* donner de l'espoir.
esperar *vt* - **1.** [gen] : **~ (algo/a alguien)** attendre (qqch/qqn) ; **~ algo de alguien** attendre qqch de qqn ; **era algo de ~** c'était à prévoir ; **como era de ~** comme il fallait s'y attendre - **2.** [desear] : **~ que** espérer que ; **espero que sí** j'espère bien ; **~ hacer algo** espérer faire qqch. ◆ **esperarse** *vpr* - **1.** [imaginarse] s'attendre à ; **no se lo esperaba** il ne s'y attendait pas - **2.** [aguardar] attendre ; **se esperó durante una hora** il a attendu une heure.
esperma *m* o *f* sperme *m*.
espermatozoide *m* spermatozoïde *m*.
esperpento *m* - **1.** [persona] épouvantail *m* - **2.** [cosa] horreur *f*.
espeso, sa *adj* - **1.** [gen] épais(aisse) - **2.** [tupido - vegetación] dense ; [- bosque] touffu(e) - **3.** [difícil de entender] impénétrable.
espesor *m* épaisseur *f*.
espesura *f* - **1.** [vegetación] fourré *m* - **2.** [espesor] épaisseur *f*.
espía *mf* espion *m*, -onne *f*.
espiar *vt* épier.
espiga *f* - **1.** [de trigo etc] épi *m* - **2.** [en telas] chevron *m* - **3.** [de madera, hierro] cheville *f*.
espigado, da *adj* - **1.** *fig* [persona] : **es ~** il est grand et mince - **2.** [planta] monté(e) en graine.
espigón *m* jetée *f*.
espina *f* - **1.** [pez] arête *f* - **2.** [de planta] épine *f* - **3.** *fig* [pena] : **tiene una ~ clavada** il en a gros sur le cœur ; **me da mala ~** cela ne me dit rien qui vaille. ◆ **espina dorsal** *f* épine *f* dorsale.
espinaca *f (gen pl)* épinard *m*.
espinazo *m* échine *f*.
espinilla *f* - **1.** ANAT tibia *m* - **2.** [grano] point *m* noir.
espinoso, sa *adj lit & fig* épineux(euse).
espionaje *m* espionnage *m*.
espiral *f* spirale *f* ; **en ~** en spirale.
espirar ◇ *vi* expirer. ◇ *vt* exhaler.
espiritista ◇ *adj* spirite. ◇ *mf* médium *mf*.
espíritu *m* - **1.** [gen & RELIG] esprit *m* - **2.** *fig* [ánimo] force *f*. ◆ **Espíritu Santo** *m* Saint-Esprit *m*.
espiritual ◇ *adj* spirituel(elle). ◇ *m* MÚS : **~ (negro)** negro spiritual *m*.
espléndido, da *adj* - **1.** [magnífico] splendide - **2.** [generoso] prodigue.
esplendor *m* splendeur *f*.
espliego *m* lavande *f*.
espoleta *f* [de proyectil] détonateur *m*.
espolio = **expolio.**
espolvorear *vt* saupoudrer.
esponja *f* éponge *f*.
esponjoso, sa *adj* spongieux(euse).
espontaneidad *f* spontanéité *f*.
espontáneo, a ◇ *adj* spontané(e). ◇ *m, f spectateur qui saute dans l'arène pour toréer.*
esporádico, ca *adj* sporadique.
esport, sport *adj inv* sport ; **un traje ~** un costume sport.
esposar *vt* passer les menottes à.
esposo, sa *m, f* époux *m*, -ouse *f*. ◆ **esposas** *fpl* menottes *fpl*.
espot (*pl* **espots**), **spot** (*pl* **spots**) *m* spot *m*.
espray (*pl* **esprays**), **spray** (*pl* **sprays**) *m* spray *m*, aérosol *m*.
esprint (*pl* **esprints**), **sprint** (*pl* **sprints**) *m* sprint *m*.
espuela *f* - **1.** [de jinete] éperon *m* - **2.** *fig* [estímulo] aiguillon *m* - **3.** *fam fig* [última copa] coup *m* de l'étrier.
espuma *f* - **1.** [de cerveza, jabón] mousse *f* - **2.** [para pelo] mousse *f* coiffante o de coiffage - **3.** [de olas, caldo] écume *f*.
espumadera *f* écumoire *f*.
espumarajo *m* écume *f (bave)*.
espumoso, sa *adj* [mar, olas] écumeux(euse) ; [vino] mousseux(euse) ; [jabón] moussant(e). ◆ **espumoso** *m* [vino] mousseux *m*.
esputo *m* expectoration *f*.
esquech (*pl* **esquechs**), **esquetch** (*pl* **esquetchs**) *m* sketch *m*.
esqueje *m* bouture *f*.
esquela *f* faire-part *m* de décès.
esquelético, ca *adj* squelettique.
esqueleto *m* squelette *m* ; **menear** o **mover el ~** *fam* guincher.
esquema *m* schéma *m*.
esquemático, ca *adj* schématique.

esquematizar *vt* schématiser.

esquetch = esquech.

esquí (*pl* **esquíes** o **esquís**) *m* ski *m* ; **~ náutico** o **acuático** ski nautique.

esquiador, ra *m, f* skieur *m*, -euse *f*.

esquiar *vi* skier.

esquilar *vt* tondre *(les moutons)*.

esquimal ◇ *adj* esquimau(aude). ◇ *mf* [persona] Esquimau *m*, -aude *f*. ◇ *m* [lengua] esquimau *m*.

esquina *f* coin *m* ; **a la vuelta de la ~** au coin de la rue ; **al doblar la ~** en tournant au coin de la rue.

esquirol *m fam* jaune *mf (briseur de grève)*.

esquivar *vt* éviter ; [golpe] esquiver.

esquivo, va *adj* farouche.

esquizofrenia *f* schizophrénie *f*.

esta ▷ **este**.

ésta ▷ **éste**.

estabilidad *f* stabilité *f*.

estabilizar *vt* stabiliser. ◆ **estabilizarse** *vpr* se stabiliser.

estable *adj* stable.

establecer *vt* établir. ◆ **establecerse** *vpr* s'établir.

establecimiento *m* établissement *m*.

establo *m* étable *f*.

estaca *f* **- 1.** [palo puntiagudo] pieu *m* **- 2.** [garrote] gourdin *m*.

estacada *f* [cerco] palissade *f* ; **dejar a alguien en la ~** laisser tomber qqn ; **quedar** o **quedarse alguien en la ~** être abandonné(e) à son triste sort.

estación *f* **- 1.** [gen & INFORM] station *f* ; **~ de esquí** station de ski ; **~ de gasolina** station-service *f*, pompe *f* à essence ; **~ de metro** station de métro ; **~ de trabajo** poste *m* de travail ; **~ emisora/meteorológica** station de radio/météo **- 2.** [de tren] gare *f* ; **~ de autocares** gare routière **- 3.** [del año, temporada] saison *f*. ◆ **estación de servicio** *f* station-service *f*.

estacionamiento *m* stationnement *m* ; '**~ indebido**' 'stationnement interdit'.

estacionar *vt* garer. ◆ **estacionarse** *vpr* se garer, stationner.

estacionario, ria *adj* stationnaire.

estadio *m* stade *m*.

estadista *mf* homme *m* d'État.

estadístico, ca *adj* statistique. ◆ **estadística** *f* statistique *f*.

estado *m* état *m* ; **estar en buen/mal ~** être en bon/mauvais état ; **la carne está en mal ~** la viande est avariée ; **~ civil** état civil ; **~ de ánimo** humeur *f* ; **~ de excepción** o **emergencia** état d'urgence ; **~ de sitio** état de siège ; **estar en ~ (de esperanza** o **buena esperanza)** *fig* attendre un heureux événement. ◆ **Estado** *m* [gobierno] État *m* ; **Estado Mayor** MIL état-major *m*.

Estados Unidos (de América) les États-Unis (d'Amérique) ; **~ salió vencedor** les États-Unis ont gagné.

estadounidense ◇ *adj* américain(e) *(des États-Unis)*. ◇ *mf* Américain *m*, -e *f*.

estaf (*pl* **estafs**), **staff** (*pl* **staffs**) *m* [de empresa] staff *m* ; [de profesores] équipe *f*.

estafa *f* escroquerie *f*.

estafador, ra *m, f* escroc *m*.

estafar *vt* escroquer.

estafeta *f* bureau *m* de poste.

estalactita *f* stalactite *f*.

estalagmita *f* stalagmite *f*.

estallar *vi* éclater ; [bomba] exploser ; [cristal] voler en éclats ; **~ en sollozos/en una carcajada** éclater en sanglots/de rire.

estallido *m* explosion *f* ; [de guerra, neumático] éclatement *m*.

estambre *m* **- 1.** [hilo] fil *m* de laine **- 2.** [de flor] étamine *f*.

Estambul Istanbul.

estamento *m* classe *f (de la société)*.

estampa *f* **- 1.** [imagen impresa] estampe *f* **- 2.** [tarjeta, retrato] image *f* ; **este niño es la ~ de su padre** cet enfant est l'image de son père **- 3.** [aspecto] allure *f*.

estampado, da *adj* **- 1.** [tela] imprimé(e) **- 2.** [firma etc] apposé(e). ◆ **estampado** *m* imprimé *m*.

estampar *vt* **- 1.** [imprimir - metal] estamper ; [- tela] imprimer **- 2.** [escribir] : **~ su firma** apposer sa signature **- 3.** *fig* [arrojar] : **~ algo contra** fracasser qqch contre ; **~ a alguien contra** précipiter qqn contre **- 4.** *fam fig* [dar] flanquer.

estampida *f* fuite *f*, débandade *f*.

estampido *m* fracas *m*.

estampilla *f* **- 1.** [sello - con firma] cachet *m* ; [- con letrero] estampille *f* **- 2.** *Amer* [de correos] timbre *m* **- 3.** *Amer* [cromo] image *f*.

estancarse *vpr* **- 1.** [líquido] stagner **- 2.** [situación, proyecto] rester en suspens.

estancia *f* **- 1.** [tiempo] séjour *m* **- 2.** [habitación] pièce *f* **- 3.** *Amer* [hacienda] ferme *f* d'élevage.

estanciero *m Amer* fermier *m*.

estanco, ca *adj* étanche. ◆ **estanco** *m* bureau *m* de tabac.
estand (*pl* **estands**), **stand** (*pl* **stands**) *m* stand *m*.
estándar (*pl* **estándares**) *adj* & *m* standard.
estandarizar *vt* standardiser.
estandarte *m* étendard *m*.
estanding (*pl* **estandings**), **standing** *m* standing *m*.
estanque *m* [alberca] étang *m*.
estanquero, ra *m, f* buraliste *mf*.
estante *m* étagère *f (planche)*.
estantería *f* étagère *f (meuble)*.
estaño *m* étain *m*.
estar ◇ *vi* - **1.** [gen] être ; **la llave está en la cerradura** la clef est dans la serrure ; **¿está María?** est-ce que María est là? ; **¿a qué estamos hoy?** le combien sommes-nous aujourd'hui? ; **hoy estamos a 13 de julio** aujourd'hui nous sommes le 13 juillet ; **el dólar está a 95 pesetas** le dollar est à 95 pesetas - **2.** [quedarse] rester ; **estaré un par de horas y me iré** je resterai une heure ou deux et je m'en irai ; **estuvo toda la tarde en casa** il est resté chez lui tout l'après-midi - **3.** [hallarse listo] être prêt(e) ; **el almuerzo estará a las tres** le déjeuner sera prêt à trois heures ; ~ **para** [de humor] être d'humeur à, être disposé(e) à ; [en condiciones] être en état de ; **no estoy para bromas** je ne suis pas d'humeur à plaisanter ; **no estoy para jugar** je ne suis pas en état de jouer ; **para eso están los amigos** les amis sont là pour ça ; ~ **por** [quedar] être à, rester à ; [a punto de] être sur le point de ; [con ganas de] être tenté(e) de ; **esto está por hacer** ceci est à faire ; **eso está por ver** ça reste à voir ; **estaba por irme cuando llegaste** j'étais sur le point de partir quand tu es arrivé ; **estuve por pegarle** j'ai failli le frapper ; **estoy por llamarlo** je suis tenté de l'appeler. ◇ *v aux* - **1.** *(antes de gerundio)* [expresa duración] : **estoy pintando** je suis en train de peindre, je peins ; **estuvieron trabajando día y noche** ils ont travaillé jour et nuit - **2.** *(antes de participio, en construcción pasiva)* être ; **la exposición está organizada por el ayuntamiento** l'exposition est organisée par la mairie. ◇ *v copulativo* - **1.** [gen] être ; **¿cómo estás?** comment vas-tu? ; **esta calle está sucia** cette rue est sale ; **estoy a régimen** je suis au régime ; **está de** o **como director de la agencia** il est directeur de l'agence ; **están de viaje** ils sont en voyage ; **hoy estoy de buen humor** aujourd'hui je suis de bonne humeur ; **está que muerde porque ha suspendido** il n'est pas à prendre avec des pincettes parce qu'il a échoué - **2.** [consistir] : **el problema está en la fecha** c'est la date qui pose problème - **3.** [sentar] aller ; **este traje te está muy bien** cette robe te va très bien - **4.** : ~ **en que** [creer que] penser que, croire que ; **estoy en que no vendrá** je pense qu'il ne viendra pas. ◆ **estarse** *vpr* [permanecer] rester ; **estate quieto** reste tranquille ; **puedes ~te unos días aquí** tu peux rester quelques jours ici.
estárter (*pl* **estárters**), **starter** (*pl* **starters**) *m* starter *m*.
estatal *adj* de l'État ; **un representante ~** un représentant de l'État ; **un organismo ~** un organisme d'État ; **una empresa ~** une entreprise publique.
estático, ca *adj* - **1.** FÍS [inmóvil] statique - **2.** [pasmado] : **se quedó ~ del pavor** il a été saisi d'effroi. ◆ **estática** *f* statique *f*.
estatismo *m* - **1.** POLÍT étatisme *m* - **2.** [inmovilidad] statisme *m*.
estatua *f* statue *f*.
estatura *f* stature *f*.
estatus, status *m inv* statut *m* social.
estatutario, ria *adj* statutaire.
estatuto *m* statut *m* ; **~ de autonomía** *loi définissant le fonctionnement d'une communauté autonome espagnole*.
este[1] ◇ *m* est *m* ; **el ~ de Europa** l'est de l'Europe. ◇ *adj* [zona, frontera] est *(inv)* ; [viento] d'est. ◆ **Este** *m* [punto cardinal] : **el Este** l'Est ; **los países del Este** les pays de l'Est.
este[2], **esta** (*mpl* **estos**, *fpl* **estas**) *adj demos* ce, cette, ce ...-ci, cette ...-ci ; **~ hombre** cet homme ; **me regaló estos libros** elle m'a offert ces livres ; **me gusta más esta casa que ésa** cette maison-ci me plaît plus que celle-là ; **esta mañana ha llovido** ce matin il a plu ; **no soporto a la niña esta** cette fille, je ne la supporte pas.
éste, ésta (*mpl* **éstos**, *fpl* **éstas**) *pron demos* - **1.** [cercano en el espacio] celui-ci, celle-ci ; **aquellos cuadros están bien, aunque éstos me gustan más** ces tableaux-là sont bien mais je préfère ceux-ci ; **~ es el modelo más barato** c'est o voici le modèle le moins cher ; **~ ha sido el día más feliz de mi vida** ça a été le plus beau jour de ma vie - **2.** *fam despec* : **¿qué hace aquí ~?** qu'est-ce qu'il fait ici lui? ;

~ **es el que me pegó** c'est lui qui m'a frappé.
estela *f* - **1.** [de barco] sillage *m* ; [de estrella fugaz] traînée *f* - **2.** *fig* [rastro] : **dejar ~** laisser des traces.
estelar *adj* - **1.** ASTRON stellaire - **2.** *fig* [más importante] marquant(e) ; **la figura ~** la vedette ; **el momento ~** le moment clé.
estepa *f* steppe *f*.
estera *f* natte *f (en paille)*.
estercolero *m* tas *m* de fumier ; *fig* [lugar sucio] porcherie *f*.
estéreo ◇ *adj inv* stéréo. ◇ *m* [aparato] chaîne *f* stéréo.
estereofónico, ca *adj* stéréophonique.
estereotipado, da *adj* stéréotypé(e).
estereotipo *m* stéréotype *m*.
estéril *adj lit* & *fig* stérile.
esterilete *m* stérilet *m*.
esterilizar *vt* stériliser.
esterilla *f* natte *f (de plage)*.
esterlina ▻ **libra**.
esternón *m* sternum *m*.
esteta *mf* esthète *mf*.
esteticista, esthéticienne [esteti'θjen] *f* esthéticienne *f*.
estético, ca *adj* esthétique. ◆ **estética** *f* esthétique *f*.
esthéticienne = **esteticista**.
estiércol *m* fumier *m*.
estigma *m lit* & *fig* stigmate *m*.
estilarse *vpr fam* se faire, se porter, être à la mode ; **ya no se estila ese tipo de pantalones** ce type de pantalon ne se fait plus.
estilete *m* stylet *m*.
estilista *mf* styliste *mf*.
estilístico, ca *adj* stylistique.
estilizar *vt* styliser ; **~ la figura** [un vestido] mettre les formes en valeur.
estilo *m* - **1.** [gen & GRAM] style *m* ; **por el ~ de** dans le genre de ; **~ de vida** style de vie ; **~ directo/indirecto** style direct/indirect - **2.** DEP : **~ libre** nage *f* libre ; **~ mariposa** nage *f* papillon - **3.** *loc* : **algo por el ~** quelque chose comme ça.
estilográfica *f* ▻ **pluma**.
estima *f* estime *f* ; **tener a alguien en mucha ~** tenir qqn en grande estime.
estimación *f* - **1.** [aprecio] estime *f* - **2.** [valoración] estimation *f*.
estimar *vt* estimer.
estimulante ◇ *adj* stimulant(e). ◇ *m* stimulant *m*.
estimular *vt* stimuler.
estímulo *m* - **1.** [aliciente] stimulant *m* ; [ánimo] stimulation *f* - **2.** [de órgano] stimulus *m*.
estío *m culto* été *m*.
estipendio *m* rétribution *f*.
estipulación *f* - **1.** [de precios etc] fixation *f* - **2.** DER stipulation *f*.
estipular *vt* stipuler.
estirado, da *adj* [afectado] guindé(e) ; [arrogante] hautain(e).
estirar ◇ *vt* - **1.** [alargar] étirer - **2.** [desarrugar, poner tenso] tendre - **3.** *fig* [dinero, conversación] faire durer. ◇ *vi* : **~ de** tirer sur. ◆ **estirarse** *vpr* - **1.** [desperezarse] s'étirer - **2.** [tumbarse] s'étendre - **3.** [crecer] pousser.
estirón *m* - **1.** [acción] saccade *f* ; **dar un ~ a algo** tirer sur qqch - **2.** [al crecer] : **¡vaya ~ que ha dado este niño!** qu'est-ce qu'il a poussé ce petit!
estirpe *f* souche *f (lignée)*.
estival *adj* estival(e).
esto *pron demos (neutro)* ceci, ça ; **~ es un nuevo producto** ceci est un nouveau produit ; **~ no puede ser** ça n'est pas possible ; **~ que acabas de decir no tiene sentido** ce que tu viens de dire n'a pas de sens ; **~ de trabajar de noche no me gusta** je n'aime pas travailler la nuit ; **~ es** c'est-à-dire ; **el precio neto, ~ es libre de impuestos, es ...** le prix net, c'est-à-dire hors taxe, est de ...
estoc (*pl* **estocs**), **stock** (*pl* **stocks**) *m* stock *m*.
Estocolmo Stockholm.
estofa *f* espèce *f*, sorte *f* ; **de baja ~** [gente] de condition modeste.
estofado *m* estouffade *f*.
estofar *vt* CULIN cuire à l'étouffée.
estoicismo *m* stoïcisme *m*.
estoico, ca *adj* stoïque.
estomacal ◇ *adj* - **1.** [del estómago] stomacal(e) ; **dolencias ~es** maux d'estomac - **2.** [bebida] digestif(ive). ◇ *m* digestif *m*.
estómago *m* estomac *m*.
Estonia Estonie *f*.
estop = **stop**.
estorbar ◇ *vt* [obstaculizar, molestar] gêner ; **el ruido le estorba** le bruit le gêne ; **no quiero ~** je ne veux pas vous déranger. ◇ *vi* [estar en medio] bloquer le passage.
estorbo *m* gêne *f*.
estornudar *vi* éternuer.

estornudo *m* éternuement *m*.
estos, estas ▷ este.
éstos, éstas ▷ éste.
estoy ▷ estar.
estrabismo *m* strabisme *m*.
estrado *m* estrade *f* ; [en actos solemnes] tribune *f*.
estrafalario *adj* saugrenu(e).
estragón *m* estragon *m*.
estragos *mpl* : **causar** o **hacer ~** faire des ravages.
estrambótico, ca *adj* farfelu(e).
estrangulador, ra *m, f* étrangleur *m*, -euse *f*.
estrangulamiento *m* étranglement *m*.
estrangular *vt* **- 1.** [ahogar] étrangler **- 2.** MED ligaturer **- 3.** [proyecto] étouffer dans l'œuf.
estraperlo *m* marché *m* noir.
estratagema *f* stratagème *m*.
estratega *mf* stratège *m*.
estrategia *f* stratégie *f*.
estratégico, ca *adj* stratégique.
estratificar *vt* stratifier.
estrato *m* **- 1.** GEOL strate *f* **- 2.** *fig* [social] couche *f*.
estratosfera *f* stratosphère *f*.
estrechamiento *m* **- 1.** [de tamaño] rétrécissement *m* **- 2.** *fig* [en las relaciones] resserrement *m*.
estrechar *vt* **- 1.** [hacer estrecho] rétrécir **- 2.** *fig* [relaciones] resserrer **- 3.** [apretar] serrer ; **~ entre sus brazos** serrer dans ses bras ; **~ la mano a alguien** serrer la main à qqn. ◆ **estrecharse** *vpr* **- 1.** [hacerse estrecho] se rétrécir **- 2.** [abrazarse] s'étreindre **- 3.** [apretarse] se serrer.
estrechez *f* **- 1.** [gen] étroitesse *f* ; **~ de miras** étroitesse d'esprit **- 2.** *fig* [falta de dinero] : **pasar estrecheces** être dans la gêne.
estrecho, cha ◇ *adj* **- 1.** [gen] étroit(e) ; **estar muy ~** être très serré **- 2.** *fig* [rígido] strict(e). ◇ *m, f fam* bégueule *mf* ; **hacerse el ~** jouer les prudes ; **ser una estrecha** être une sainte-nitouche. ◆ **estrecho** *m* GEOGR détroit *m*.
estrella ◇ *adj inv* [presentador] vedette ; [producto] phare. ◇ *f* **- 1.** [gen] étoile *f* **- 2.** *fig* [celebridad] vedette *f*, star *f* **- 3.** *loc* : **tener buena/mala ~** être né(e) sous une bonne/mauvaise étoile. ◆ **estrella de mar** *f* étoile *f* de mer.
estrellado, da *adj* étoilé(e).
estrellar *vt* [arrojar] fracasser ; [vaso, plato] briser. ◆ **estrellarse** *vpr* **- 1.** [chocar] : **~se (contra)** se fracasser (contre) ; [coche, avión] s'écraser (contre) **- 2.** *fig* [fracasar] s'effondrer.
estrellón *m Amer* collision *f*.
estremecer *vt* **- 1.** [sacudir] ébranler, faire trembler **- 2.** *fig* [suj : amenazas etc] faire frémir. ◆ **estremecerse** *vpr* : **~se (de)** [horror] frémir (de) ; [miedo, frío] trembler de.
estremecimiento *m* frémissement *m*.
estrenar *vt* **- 1.** [gen] étrenner **- 2.** TEATR donner la première de ; CIN projeter pour la première fois. ◆ **estrenarse** *vpr* **- 1.** [persona] débuter **- 2.** [película] sortir.
estreno *m* **- 1.** [de espectáculo] première *f* ; [de película] sortie *f* **- 2.** [en un empleo] débuts *mpl*.
estreñido, da *adj* constipé(e).
estreñimiento *m* constipation *f*.
estrépito *m* **- 1.** [ruido] fracas *m* **- 2.** *fig* [ostentación] : **con gran ~** à grand bruit.
estrepitoso, sa *adj* retentissant(e).
estrés, stress *m inv* stress *m inv*.
estresar *vt* stresser.
estría *f* vergeture *f*.
estribar *vi* : **~ en** reposer sur.
estribillo *m* **- 1.** MÚS & LITER refrain *m* **- 2.** *fam* [coletilla] tic *m* de langage.
estribo *m* **- 1.** [de montura] étrier *m* **- 2.** [de coche, tren] marchepied *m* **- 3.** *loc* : **perder los ~s** perdre les pédales.
estribor *m* tribord *m*.
estricto, ta *adj* strict(e).
estridente *adj* **- 1.** [ruido] strident(e) **- 2.** *fig* [color etc] voyant(e).
estrofa *f* strophe *f*.
estropajo *m* tampon *m* à récurer.
estropear *vt* **- 1.** [averiar] abîmer **- 2.** [planes, proyecto] faire échouer. ◆ **estropearse** *vpr* **- 1.** [averiarse] tomber en panne **- 2.** [dañarse] s'abîmer **- 3.** [planes, proyecto] échouer.
estropicio *m* casse *f (dégâts)*.
estructura *f* structure *f*.
estructurar *vt* structurer.
estruendo *m* **- 1.** [ruido] vacarme *m* ; [de trueno] grondement *m* ; [de aplauso] tonnerre *m* **- 2.** [confusión] tumulte *m*.
estrujar *vt* **- 1.** [limón, naranja] presser **- 2.** [papel] froisser ; [caja, mano] écraser **- 3.** *fig* [sacar partido] exploiter ; [sacar dinero] saigner. ◆ **estrujarse** *vpr* [apretujarse] se serrer ; **~se la cabeza** se creuser la tête.

estuario *m* estuaire *m*.
estucar *vt* stuquer.
estuche *m* [de gafas, instrumento] étui *m* ; [de joyas] coffret *m*. ◆ **estuche de aseo** *m* trousse *f* de toilette.
estuco *m* stuc *m*.
estudiante *mf* étudiant *m*, -e *f*.
estudiantil *adj* estudiantin(e) ; [equipo, asociación] d'étudiants.
estudiar ◇ *vt* étudier ; [lección, idioma] apprendre ; ~ **derecho** faire des études de droit. ◇ *vi* étudier ; ~ **para médico** faire médecine ; **tengo que ~ para aprobar** je dois travailler pour être reçu.
estudio *m* - **1.** [trabajo, análisis] étude *f* ; **estar en ~** être à l'étude ; ~ **de mercado** étude de marché - **2.** [local de pintor] atelier *m* - **3.** [apartamento, local de fotógrafo] studio *m* - **4.** *(gen pl)* CIN, TELE & RADIO studio *m*. ◆ **estudios** *mpl* études *fpl* ; **tener ~s** avoir fait des études ; **~s primarios/secundarios** études primaires/secondaires.
estudioso, sa ◇ *adj* studieux(euse). ◇ *m, f* spécialiste *mf*.
estufa *f* [para calentar] poêle *m*.
estupefaciente *m* stupéfiant *m*.
estupefacto, ta *adj* stupéfait(e).
estupendamente *adv* merveilleusement bien ; **encontrarse ~** être en pleine forme.
estupendo, da *adj* formidable, magnifique.
estupidez *f* stupidité *f* ; **decir/hacer una ~** dire/faire une bêtise.
estúpido, da ◇ *adj* stupide. ◇ *m, f* idiot *m*, -e *f*.
estupor *m* stupeur *f*.
esturión *m* esturgeon *m*.
estuviera *etc* ⊳ **estar**.
esvástica, svástica *f* croix *f* gammée, svastika *m*.
ETA (*abrev de* **Euskadi ta Askatasuna**) *f* ETA *f*.
etapa *f* étape *f* ; **por ~s** par étapes.
etarra ◇ *adj* de l'ETA. ◇ *mf* membre *m* de l'ETA.
ETB (*abrev de* **Euskal Telebista**) *f télévision autonome basque*.
etc. (*abrev de* **etcétera**) etc.
etcétera ◇ *m* : **... y un largo ~** ... et j'en passe. ◇ *adv* et cetera.
éter *m* éther *m*.
etéreo, a *adj* éthéré(e) ; [vapores] d'éther.
eternidad *f lit & fig* éternité *f*.
eterno, na *adj* éternel(elle) ; *fig* [larguísimo] interminable.
ético, ca *adj* éthique. ◆ **ética** *f* - **1.** FILOSOFÍA éthique *f* - **2.** [educación] morale *f* ; **ética profesional** conscience *f* professionnelle.
etílico, ca *adj* éthylique ; **en estado ~** en état d'ivresse.
etimología *f* étymologie *f*.
Etiopía Éthiopie *f*.
etiqueta *f* - **1.** [gen] étiquette *f* ; **de ~** [cena, traje] habillé(e) ; [visita, recibimiento] officiel(elle) ; [traje] de soirée - **2.** INFORM label *m*.
etiquetar *vt* étiqueter ; ~ **a alguien de** *fig* étiqueter qqn comme.
etnia *f* ethnie *f*.
étnico, ca *adj* ethnique.
ETT (*abrev de* **Empresa de Trabajo Temporal**) *f* agence *f* d'intérim.
eucalipto *m* eucalyptus *m*.
eucaristía *f* eucharistie *f*.
eufemismo *m* euphémisme *m*.
euforia *f* euphorie *f*.
eufórico, ca *adj* euphorique.
eunuco *m* eunuque *m*.
eureka *interj* : **¡eureka!** eurêka!
euro *m* euro *m*.
eurocheque *m* eurochèque *m*.
eurocomunismo *m* eurocommunisme *m*.
euroconector *m* prise *f* Péritel®.
eurócrata *mf* eurocrate *mf*.
eurodiputado, da *m, f* député *m* européen, députée *f* européenne, eurodéputé *m*, -e *f*.
Europa Europe *f*.
europarlamentario, ria ◇ *adj* du Parlement européen. ◇ *m, f* parlementaire *m* européen, parlementaire *f* européenne.
europeizar *vt* européaniser.
europeo, a ◇ *adj* européen(enne). ◇ *m, f* Européen *m*, -enne *f*.
eurovisión *f* Eurovision® *f*.
Euskadi Euskadi *(Pays basque espagnol)*.
euskera ◇ *adj* euskarien(enne). ◇ *mf* Euskarien *m*, -enne *f*. ◇ *m* [lengua] euskera *m*.
eutanasia *f* euthanasie *f*.
evacuación *f* évacuation *f*.
evacuado, da *adj & m, f* évacué(e).
evacuar *vt* - **1.** [desalojar] évacuer - **2.** [defecar] : ~ **(el vientre)** aller à la selle.

evadir *vt* **- 1.** [gen] : **~ (hacer algo)** éviter (de faire qqch) **- 2.** [responsabilidades] fuir ; [pregunta] éluder. ◆ **evadirse** *vpr* s'évader.

evaluación *f* **- 1.** [gen] évaluation *f* **- 2.** EDUC [examen] contrôle *m* des connaissances ; [período] trimestre *m*.

evaluar *vt* évaluer ; EDUC contrôler les connaissances de.

evangélico, ca *adj* & *m, f* évangélique.

evangelio *m* évangile *m* ; [doctrina] Évangile *m*.

evaporar *vt* évaporer. ◆ **evaporarse** *vpr lit* & *fig* s'évaporer.

evasión *f* **- 1.** [gen] évasion *f* **- 2.** ECON fuite *f* ; **~ de capitales** o **divisas** fuite des capitaux.

evasivo, va *adj* évasif(ive). ◆ **evasiva** *f* échappatoire *f* ; **responder con evasivas** se dérober à une question.

evento *m* événement *m*.

eventual *adj* **- 1.** [no fijo] temporaire **- 2.** [posible] éventuel(elle).

eventualidad *f* **- 1.** [temporalidad] précarité *f* d'une situation **- 2.** [posibilidad] éventualité *f*.

evidencia *f* **- 1.** [claridad] évidence *f* ; **poner algo en ~** mettre qqch en évidence ; **poner a alguien en ~** tourner qqn en ridicule **- 2.** [prueba] preuve *f*.

evidenciar *vt* mettre en évidence. ◆ **evidenciarse** *vpr* être évident(e).

evidente *adj* évident(e).

evitar *vt* éviter.

evocación *f* évocation *f*.

evocar *vt* évoquer.

evolución *f* évolution *f*.

evolucionar *vi* évoluer.

evolucionismo *m* évolutionnisme *m*.

evolutivo, va *adj* évolutif(ive).

ex ◇ *mf fam* [cónyuge] ex *mf*. ◇ *adj* ex ; **un ~ ministro** un ex-ministre, un ancien ministre.

exacerbar *vt* **- 1.** [agudizar] exacerber **- 2.** [irritar] excéder.

exactitud *f* exactitude *f*.

exacto, ta *adj* exact(e) ; **tres metros ~s** exactement trois mètres. ◆ **exacto** *interj* : **¡exacto!** exactement!

exageración *f* exagération *f* ; **contar exageraciones** exagérer ; **ser una ~** être exagéré(e).

exagerado, da *adj* exagéré(e) ; [precio, persona] excessif(ive).

exagerar *vt* & *vi* exagérer.

exaltado, da *adj* & *m, f* exalté(e).

exaltar *vt* **- 1.** [encumbrar] élever **- 2.** [glorificar] exalter. ◆ **exaltarse** *vpr* s'exalter.

examen *m* examen *m* ; **hacer un ~ de algo** examiner qqch ; **presentarse a un ~** se présenter à un examen ; **~ final** examen final ; **~ oral** épreuve *f* orale, oral *m* ; **~ parcial** partiel *m*.

examinar *vt* **- 1.** [observar] examiner **- 2.** [evaluar, interrogar] faire passer un examen à ; **~ a alguien sobre algo** interroger qqn sur qqch. ◆ **examinarse** *vpr* passer un examen.

exánime *adj* **- 1.** [muerto, desmayado] inanimé(e) **- 2.** *fig* [agotado] éreinté(e) ; **dejar a alguien ~** épuiser qqn.

exasperante *adj* exaspérant(e).

exasperar *vt* exaspérer. ◆ **exasperarse** *vpr* être exaspéré(e).

excavación *f* excavation *f* ; [arqueológica] fouille *f*.

excavador, ra *m, f* fouilleur *m*, -euse *f* *(archéologique)*. ◆ **excavadora** *f* [máquina] pelleteuse *f*.

excavar *vt* creuser ; [zona arqueológica] fouiller.

excedencia *f* [de empleados, embarazadas] congé *m* ; [de funcionarios] disponibilité *f*.

excedente ◇ *adj* **- 1.** [producción, dinero etc] excédentaire **- 2.** [empleado, embarazada] en congé ; [funcionario] en disponibilité. ◇ *m* excédent *m*. ◇ *mf* [empleado] employé *m*, -e *f* en congé ; [funcionario] fonctionnaire *mf* en disponibilité.

exceder ◇ *vt* dépasser ; **~ a alguien** surpasser qqn. ◇ *vi* : **~ (a** o **de algo)** dépasser (qqch). ◆ **excederse** *vpr* **- 1.** [pasarse de la raya] dépasser les bornes **- 2.** [exagerar] : **~se (en algo)** exagérer (dans qqch) ; **~se en el peso** peser trop lourd.

excelencia *f* [cualidad] excellence *f* ; **por ~** par excellence. ◆ **Excelencia** *mf* : **Su Excelencia** Son Excellence.

excelente *adj* excellent(e).

excelso, sa *adj culto* **- 1.** [poeta, director] éminent(e) **- 2.** [montes] élevé(e).

excentricidad *f* excentricité *f*.

excéntrico, ca *adj* & *m, f* excentrique.

excepción *f* exception *f* ; **a** o **con ~ de** à l'exception de. ◆ **de excepción** *loc adj* d'exception.

excepcional *adj* exceptionnel(elle).

excepto *adv* excepté, hormis.
exceptuar *vt* - **1.** [excluir] exclure ; **no exceptúo a nadie** je n'exclus personne ; **exceptuando a los chicos** les garçons exceptés - **2.** [eximir] : **~ a alguien (de)** [obligación, tarea] dispenser qqn (de).
excesivo, va *adj* excessif(ive).
exceso *m* - **1.** [gen] excès *m* ; **habla en ~** il parle trop ; **~ de peso** [obesidad] excès de poids ; [carga de más] surcharge *f* ; **~ de poder** abus *m* de pouvoir - **2.** [excedente] excédent *m* ; **~ de equipaje** excédent de bagages ; **~ de natalidad** excédent des naissances.
excipiente *m* excipient *m*.
excisión *f* excision *f*.
excitación *f* excitation *f*.
excitado, da *adj* excité(e).
excitante ◇ *adj* excitant(e), palpitant(e). ◇ *m* excitant *m*.
excitar *vt* - **1.** [inquietar] exciter - **2.** [incitar] : **~ a alguien a algo/a hacer algo** pousser qqn à qqch/à faire qqch - **3.** [activar - apetito] aiguiser ; [- deseos] éveiller ; [- nervios] taper sur. ◆ **excitarse** *vpr* s'exciter.
exclamación *f* exclamation *f*.
exclamar ◇ *vt* proférer. ◇ *vi* s'exclamer.
excluir *vt* exclure ; **~ a alguien de** exclure qqn de.
exclusión *f* exclusion *f*.
exclusiva *f* ▷ **exclusivo.**
exclusivo, va *adj* - **1.** [único] seul(e) - **2.** [privilegiado] exclusif(ive). ◆ **exclusiva** *f* exclusivité *f*.
Excma. *abrev de* **Excelentísima.**
Excmo. *abrev de* **Excelentísimo.**
excombatiente *mf* ancien combattant *m*.
excomulgar *vt* excommunier.
excomunión *f* excommunication *f*.
excremento *m (gen pl)* excrément *m*.
exculpar *vt* : **~ a alguien de algo** disculper qqn de qqch ; DER acquitter qqn de qqch.
excursión *f* - **1.** [viaje] excursion *f* ; **ir de ~** partir en excursion - **2.** *fam* [paseo] : **darse una ~** faire un tour.
excursionista *mf* excursionniste *mf*.
excusa *f* excuse *f*.
excusar *vt* - **1.** [justificar] excuser - **2.** [evitar] : **~ hacer algo** s'abstenir de faire qqch. ◆ **excusarse** *vpr* : **~se (con alguien por algo)** s'excuser (de qqch auprès de qqn).
exégesis *f inv* exégèse *f*.
exento, ta *adj* : **~ (de)** [curiosidad, errores] exempt(e) (de) ; [responsabilidades, obligaciones] libéré(e) (de) ; [servicio militar] exempté(e) (de) ; [impuestos] exonéré(e) (de) ; [clase] dispensé(e) (de).
exequias *fpl* obsèques *fpl*.
exhalación *f* - **1.** [emanación] exhalaison *f* ; [suspiro] exhalation *f* - **2.** [rapidez] : **como una ~** comme l'éclair.
exhalar *vt* - **1.** [emanar] exhaler - **2.** *fig* [suspiros] pousser ; [reproches] proférer.
exhaustivo, va *adj* exhaustif(ive).
exhausto, ta *adj* [cansado] épuisé(e).
exhibición *f* - **1.** [de cuadros] exposition *f* - **2.** [de danza, karate etc] exhibition *f* - **3.** [de película] projection *f* - **4.** [de modelos] présentation *f* - **5.** [de fuerza] démonstration *f*.
exhibicionismo *m lit & fig* exhibitionnisme *m*.
exhibir *vt* - **1.** [cuadros, fotografías] exposer - **2.** [película] projeter - **3.** [modelos, productos] présenter. ◆ **exhibirse** *vpr* s'exhiber.
exhortación *f* exhortation *f*.
exhortar *vt* : **~ a alguien a algo/a hacer algo** exhorter qqn à qqch/à faire qqch.
exhumar *vt lit & fig* exhumer.
exigencia *f* exigence *f* ; **~s del trabajo** obligations *fpl* professionnelles.
exigente ◇ *adj* exigeant(e). ◇ *mf* : **es un ~** il est exigeant.
exigir ◇ *vt* exiger. ◇ *vi* [pedir] être exigeant(e).
exiguo, gua *adj* minime ; [salario] maigre ; [habitación] exigu(ë).
exiliado, da *adj & m, f* exilé(e).
exiliar *vt* exiler. ◆ **exiliarse** *vpr* s'exiler.
exilio *m* exil *m*.
eximir *vt* : **~ de** exempter de.
existencia *f* existence *f*. ◆ **existencias** *fpl* COM stocks *mpl*.
existencialismo *m* existentialisme *m*.
existir *vi* - **1.** [gen] exister - **2.** [haber] : **existe ...** il y a ... ; **existen varias posibilidades** il y a plusieurs possibilités.
éxito *m* - **1.** [gen] succès *m* ; [libro] best-seller *m* ; [canción] tube *m* ; **tener ~** avoir du succès - **2.** [de empresa, persona] réussite *f*.
exitoso, sa *adj* à succès.
éxodo *m* exode *m*.
exorbitante *adj* exorbitant(e).

exorbitar *vt* exagérer.
exorcismo *m* exorcisme *m*.
exorcizar *vt* exorciser.
exótico, ca *adj* exotique.
expandir *vt* - **1.** FÍS dilater - **2.** [noticia, rumor] répandre. ◆ **expandirse** *vpr* [rumor] se répandre.
expansión *f* - **1.** [gen, FÍS & ECON] expansion *f* - **2.** *fig* [de noticia] propagation *f* - **3.** [recreo] détente *f*.
expansionarse *vpr* - **1.** FÍS se dilater - **2.** [divertirse] se détendre - **3.** [desahogarse] : ~ **con alguien** s'épancher auprès de qqn - **4.** ECON se développer.
expansionismo *m* expansionnisme *m*.
expansivo, va *adj lit & fig* expansif(ive).
expatriar *vt* expatrier. ◆ **expatriarse** *vpr* s'expatrier.
expectación *f* - **1.** [espera] attente *f* - **2.** [interés] curiosité *f* - **3.** [ansias] impatience *f* générale.
expectativa *f* - **1.** [espera] expectative *f* ; **estar a la ~** être dans l'expectative ; **estar a la ~ de** être dans l'attente de - **2.** [posibilidad] perspective *f*.
expedición *f* expédition *f*.
expedicionario, ria ◇ *adj* expéditionnaire. ◇ *m, f* membre *m* d'une expédition.
expediente *m* - **1.** [documentación, historial] dossier *m* - **2.** [investigación] enquête *f* ; **abrir ~ a alguien** [castigar] prendre des sanctions contre qqn ; [investigar] ouvrir une enquête administrative sur qqn ; **cubrir el ~** *fig* faire acte de présence.
expedir *vt* - **1.** [carta, paquete] expédier - **2.** [pasaporte, certificado] délivrer - **3.** [contrato] dresser.
expeditivo, va *adj* expéditif(ive).
expedito, ta *adj* [vía, camino etc] dégagé(e).
expeler *vt* expulser ; [humo, calor] dégager.
expendedor, ra ◇ *adj* distributeur(trice) ; **una máquina expendedora de ...** un distributeur automatique de ... ◇ *m, f* vendeur *m*, -euse *f* ; **~ de tabaco** buraliste *mf*. ◆ **expendedor** *m* [máquina] : **~ automático** distributeur *m* (automatique).
expendeduría *f* bureau *m* de tabac.
expensas *fpl* frais *mpl*. ◆ **a expensas de** *loc prep* aux dépens de, aux frais de.
experiencia *f* expérience *f*.
experimentado, da *adj* [persona] expérimenté(e) ; [método] éprouvé(e).
experimentar *vt* - **1.** [probar] expérimenter - **2.** [vivir, sentir] connaître ; **~ lo que es el miedo** savoir ce qu'est la peur.
experimento *m* expérience *f* *(expérimentation)*.
experto, ta ◇ *adj* expert(e). ◇ *m, f* expert *m*.
expiar *vt* expier.
expirar *vi* expirer.
explanada *f* terrain *m* découvert.
explanar *vt* - **1.** [terreno] aplanir - **2.** *fig* [asunto] préciser.
explayar *vt* étendre. ◆ **explayarse** *vpr* - **1.** [divertirse] se distraire - **2.** [desahogarse] : **~se con alguien** s'ouvrir à qqn.
explicación *f* explication *f*.
explicar *vt* expliquer ; [asignatura] enseigner. ◆ **explicarse** *vpr* s'expliquer.
explicitar *vt* expliciter.
explícito, ta *adj* explicite.
exploración *f* - **1.** [gen] exploration *f* ; [de yacimientos] prospection *f* - **2.** MED examen *m*.
explorador, ra ◇ *adj* de reconnaissance. ◇ *m, f* explorateur *m*, -trice *f* ; [scout] scout *m*, -e *f*.
explorar *vt* - **1.** [gen] explorer ; [en yacimientos] prospecter - **2.** MED examiner.
explosión *f* explosion *f* ; **hacer ~** exploser.
explosionar ◇ *vt* faire exploser. ◇ *vi* exploser.
explosivo, va *adj* explosif(ive). ◆ **explosivo** *m* explosif *m*.
explotación *f* [negocio] exploitation *f* ; **~ agrícola** exploitation agricole.
explotar ◇ *vt* exploiter. ◇ *vi* exploser.
expoliar *vt* spolier.
expolio, espolio *m culto* spoliation *f*.
exponente *m* - **1.** MAT exposant *m* - **2.** *fig* [representante] représentant *m*, -e *f*.
exponer *vt* exposer. ◆ **exponerse** *vpr* - **1.** [ponerse a la vista] s'exhiber - **2.** [arriesgarse] prendre des risques ; **~se a** courir le risque de.
exportación *f* exportation *f*.
exportar *vt* COM & INFORM exporter.
exposición *f* - **1.** [gen] exposition *f* - **2.** [explicación] exposé *m* - **3.** [riesgo] risque *m*.
expósito, ta ◇ *adj* [niño] trouvé(e). ◇ *m, f* enfant *m* trouvé, enfant *f* trouvée.

expositor, ra <> *adj* [principio] fondamental(e). <> *m, f* [que exhibe] exposant *m*, -e *f* ; *fig* [que explica] avocat *m*, -e *f*.
exprés <> *adj inv* [tren, café] express. <> *m inv* = **expreso**.
expresar *vt* exprimer. ◆ **expresarse** *vpr* s'exprimer.
expresión *f* expression *f* ; **reducir a la mínima ~** réduire à sa plus simple expression.
expresionismo *m* expressionnisme *m*.
expresivo, va *adj* **- 1.** [palabras, mirada] expressif(ive) **- 2.** [padre, novio] affectueux(euse).
expreso, sa *adj* [explícito] formel(elle). ◆ **expreso** <> *m* [tren, café] express *m*. <> *adv* [intencionadamente] exprès.
exprimidor *m* presse-agrume *m*.
exprimir *vt* **- 1.** [cítrico] presser **- 2.** *fig* [persona, noticia] exploiter.
expropiación *f* **- 1.** [acción] expropriation *f* **- 2.** [terreno] terrain *m* exproprié.
expropiar *vt* exproprier.
expuesto, ta <> *pp irreg* ▷ **exponer**. <> *adj* exposé(e) ; [arriesgado] dangereux(euse).
expulsar *vt* expulser ; [humos, gases] rejeter.
expulsión *f* expulsion *f* ; [de gases de coche] échappement *m*.
exquisitez *f* **- 1.** [cualidad] délicatesse *f* **- 2.** [comida] délice *m*.
exquisito, ta *adj* exquis(e).
extasiarse *vpr* : **~ (ante/con)** s'extasier (devant/sur).
éxtasis *m inv* **- 1.** [estado] extase *f* **- 2.** *fam* [droga] ecstasy *m*.
extender *vt* **- 1.** [gen] étendre **- 2.** [semillas, azúcar etc] répandre **- 3.** [certificado] délivrer ; [cheque] libeller. ◆ **extenderse** *vpr* : **~se (en/por)** s'étendre (sur/à).
extensión *f* **- 1.** [superficie] étendue *f* **- 2.** [duración] durée *f* **- 3.** [acción & INFORM] extension *f* ; **en toda la ~ de la palabra** dans tous les sens du terme **- 4.** TELECOM poste *m*.
extensivo, va *adj* extensif(ive) ; **haz ~s mis saludos a ...** transmets mes salutations à ...
extenso, sa *adj* **- 1.** [llanura, miembro] étendu(e) **- 2.** [discurso, conversación etc] long (longue).
extenuar *vt* exténuer. ◆ **extenuarse** *vpr* s'exténuer.
exterior <> *adj* extérieur(e) ; POLÍT étranger(ère). <> *m* extérieur *m* ; [aspecto] apparence *f*. ◆ **exteriores** *mpl* extérieurs *mpl*.
exteriorizar *vt* extérioriser.
exterminar *vt* **- 1.** [aniquilar] exterminer **- 2.** [devastar] dévaster.
exterminio *m* extermination *f*.
externo, na *adj* externe ; [signo, aspecto] extérieur(e).
extinción *f* extinction *f*.
extinguir *vt* éteindre ; [raza] exterminer ; [afecto, entusiasmo] tuer. ◆ **extinguirse** *vpr* s'éteindre ; [afecto, entusiasmo, ruido] cesser.
extintor, ra *adj* extincteur(trice). ◆ **extintor** *m* extincteur *m*.
extirpación *f* extirpation *f* ; [de órgano, quiste] ablation *f* ; *fig* [de un mal] éradication *f*.
extirpar *vt* extirper ; [muela] arracher ; *fig* [mal] éradiquer.
extorsión *f* **- 1.** [molestia] désagrément *m*, dérangement *m* **- 2.** [delito] racket *m (de fonds)*, extorsion *f*.
extorsionar *vt* **- 1.** [molestar] déranger **- 2.** [delinquir] extorquer.
extorsionista *mf* escroc *m*, extorqueur *m*, -euse *f (de fonds)*.
extra <> *adj* [calidad, producto] supérieur(e) ; [horas, trabajo, paga, gastos] supplémentaire. <> *mf* CIN [actor - de relleno] figurant *m*, -e *f* ; [- substituto] doublure *f*. <> *m* [regalo] extra *m* ; [plato] supplément *m*. <> *f* ▷ **paga**.
extracción *f* extraction *f*.
extracelular *adj* extracellulaire.
extracto *m* extrait *m* ; **~ de cuentas** relevé *m* de compte.
extractor, ra *adj* d'extraction ; [industria] de l'extraction. ◆ **extractor** *m* extracteur *m* ; **~ (de humos)** hotte *f* (aspirante).
extraditar *vt* extrader.
extraer *vt* **- 1.** [sacar] extraire ; [muela] arracher **- 2.** [conclusiones] tirer.
extralimitarse *vpr fig* aller trop loin ; **~ en sus funciones** outrepasser ses fonctions.
extranjería *f* extranéité *f*.
extranjero, ra *adj* & *m, f* étranger(ère). ◆ **extranjero** *m* : **vivir en el ~** vivre à l'étranger.
extrañar *vt* **- 1.** [sorprender] étonner ; **me extrañó verte aquí** j'ai été étonné de te voir ici **- 2.** [echar de menos] : **extraña a sus padres** ses parents lui manquent **- 3.** [desterrar] exiler. ◆ **extrañarse**

vpr : **~se de** [sorprenderse de] s'étonner de.
extrañeza *f* - **1.** [sorpresa] étonnement *m* - **2.** [rareza] extravagance *f*.
extraño, ña *adj* - **1.** [raro] étrange - **2.** [desconocido, ajeno] étranger(ère) - **3.** [sorprendente] étonnant(e).
extraoficial *adj* officieux(euse).
extraordinario, ria *adj* extraordinaire ; [hora, trabajo] supplémentaire ; [edición, suplemento] spécial(e). ◆ **extraordinario** *m* - **1.** CULIN extra *m* - **2.** PRENSA número *m* hors série - **3.** [correo] pli *m* urgent. ◆ **extraordinaria** *f* ▷ **paga.**
extraparlamentario, ria *adj* extraparlementaire.
extraplano, na *adj* extra-plat(e).
extrapolar *vt* [sacar conclusión] déduire.
extrarradio *m* banlieue *f*, périphérie *f*.
extraterrestre *adj* & *mf* extraterrestre.
extravagancia *f* extravagance *f*.
extravagante *adj* extravagant(e).
extraversión = **extroversión.**
extravertido, da = **extrovertido.**
extraviado, da *adj* - **1.** [perdido] perdu(e) - **2.** [de vida airada] débauché(e).
extraviar *vt* [perder] égarer ; **le extraviaba la mirada** il avait le regard égaré. ◆ **extraviarse** *vpr* - **1.** [perderse] s'égarer - **2.** [desenfrenarse] se débaucher.
extravío *m* - **1.** [pérdida] perte *f* - **2.** [desenfreno] débauche *f* ; **~ de juventud** écart *m* de jeunesse.
extremado, da *adj* extrême ; [vestido] extravagant(e).
Extremadura Estrémadure *f*.
extremar *vt* pousser à l'extrême ; [vigilancia] renforcer. ◆ **extremarse** *vpr* donner le meilleur de soi-même.
extremaunción *f* extrême-onction *f*.
extremidad *f* extrémité *f*. ◆ **extremidades** *fpl* [manos, pies] extrémités *fpl*.
extremista *adj* & *mf* extrémiste.
extremo, ma *adj* extrême ; [ideología] extrémiste. ◆ **extremo** *m* - **1.** [en el espacio] extrémité *f* - **2.** [límite] extrême *m* ; **en último ~** en dernier recours ; **llegar al ~ de hacer algo** en arriver à faire qqch - **3.** DEP ailier *m* - **4.** [en un texto] point *m*.
extrínseco, ca *adj* extrinsèque.
extroversión, extraversión *f* extraversion *f*.
extrovertido, da, extravertido, da *adj* & *m, f* extraverti(e).
exuberancia *f lit* & *fig* exubérance *f*.
exuberante *adj* exubérant(e).
exultante *adj* débordant(e).
exvoto *m* ex-voto *m inv*.
eyaculación *f* éjaculation *f*.
eyacular *vi* éjaculer.

F

f, F [efe] *f* [letra] f *m inv*, F *m inv*. ◆ **23 F** *m date de la tentative de coup d'État perpétrée le 23 février 1981 en Espagne.*
fa *m* MÚS fa *m inv*.
fa. *abrev de* **factura.**
fabada *f* CULIN *plat asturien comparable au cassoulet.*
fábrica *f* - **1.** [establecimiento] usine *f* - **2.** [fabricación] fabrication *f* - **3.** *fig* : **es una ~ de mentiras** il ment comme il respire - **4.** [obra] maçonnerie *f*.
fabricación *f* fabrication *f* ; **~ en serie** fabrication en série.
fabricante ◇ *adj* qui fabrique. ◇ *mf* fabricant *m*, -e *f*.
fabricar *vt* - **1.** [producir, elucubrar] fabriquer - **2.** [construir] construire.
fábula *f* fable *f*.
fabuloso, sa *adj* fabuleux(euse).
facción *f* POLÍT faction *f*. ◆ **facciones** *fpl* traits *mpl* (du visage) ; **tiene las facciones finas** il a les traits fins.
faccioso, sa *adj* & *m, f* rebelle.
faceta *f* facette *f*.
facha ◇ *f* allure *f*. ◇ *mf fam* facho *mf*.
fachada *f lit* & *fig* façade *f*.
facial *adj* facial(e).
fácil *adj* - **1.** [gen] facile ; **ser una persona ~** être facile à vivre - **2.** [probable] : **es ~ que ...** il est probable que ...
facilidad *f* facilité *f*. ◆ **facilidades** *fpl* facilités *fpl* ; **~es de pago** facilités de paiement.
facilitar *vt* - **1.** [simplificar, posibilitar] faciliter ; **~ la vida** faciliter la vie - **2.** [proporcionar] fournir ; **le facilitó la información** il lui a fourni le renseignement.
facsímil, facsímile *m* fac-similé *m*.
factible *adj* faisable.
factor *m* facteur *m*.

factoría *f* - **1.** [fábrica] usine *f* - **2.** [colonia] comptoir *m*.
factótum (*pl* **factotums**) *mf* factotum *m*.
factura *f* facture *f* ; **~ pro forma** O **proforma** facture pro forma.
facturar *vt* - **1.** [cobrar] facturer - **2.** [vender] enregistrer un chiffre d'affaires de - **3.** [consignar] enregistrer.
facultad *f* faculté *f* ; **tener ~ para** être habilité(e) à.
facultar *vt* autoriser ; [legalmente] habiliter.
facultativo, va ◇ *adj* - **1.** [opcional] facultatif(ive) - **2.** [médico] médical(e) ; [parte] de santé - **3.** [de facultad universitaria] universitaire. ◇ *m, f* médecin *m*.
faena *f* travail *m* ; **~s del campo** travaux des champs ; **hacerle una (mala) ~ a alguien** *fig* jouer un (mauvais) tour à qqn.
faenar *vi* pêcher *(en mer)*.
fagot ◇ *m* [instrumento] basson *m*. ◇ *mf* [músico] basson *m*.
faisán *m* faisan *m*.
faja *f* - **1.** [para la cintura] ceinture *f* - **2.** [de mujer, terapéutica] gaine *f* - **3.** [de libro, terreno] bande *f*.
fajo *m* [de billetes] liasse *f* ; [de leña, cañas] fagot *m*.
fakir = **faquir**.
falacia *f* supercherie *f*.
falangista *adj* & *mf* phalangiste.
falaz *adj* fallacieux(euse).
falda *f* - **1.** [prenda] jupe *f* ; **~ pantalón** jupe-culotte *f* - **2.** [de montaña] flanc *m* - **3.** [regazo] : **en la ~ de alguien** sur les genoux de qqn ; **en la ~ materna** dans les jupes de sa mère - **4.** [de mesa camilla] tapis *m* de table ; [de mantel] pan *m*.
faldero, ra *adj* - **1.** [perro] de compagnie - **2.** [mujeriego] : **un hombre ~** un coureur de jupons.
faldón *m* - **1.** [de chaqueta, frac] basque *f* ; [de camisa] pan *m* - **2.** [de tejado] pan *m*.
falla *f* - **1.** GEOL faille *f* - **2.** [defecto, fallo] défaut *m* - **3.** [en Valencia] *grande figure en carton-pâte brûlée à Valence lors des fêtes de la Saint-Joseph.* ◆ **fallas** *fpl fêtes de la Saint-Joseph à Valence.*
fallar ◇ *vt* - **1.** [sentenciar] prononcer ; [premio] décerner - **2.** [equivocar] : **~ el tiro** manquer son coup. ◇ *vi* - **1.** [fracasar] échouer ; **falló en el examen** il a échoué à l'examen - **2.** [flaquear - memoria] défaillir ; [- corazón, nervios] lâcher - **3.** [decepcionar] : **~le a alguien** laisser tomber qqn ; **no me falles** je compte sur toi - **4.** [errar] rater - **5.** [ceder] céder - **6.** [sentenciar] rendre un jugement ; **~ a favor/en contra** se prononcer pour/contre.
fallecer *vi* décéder.
fallecimiento *m* décès *m*.
fallo *m* - **1.** [equivocación] erreur *f* - **2.** [sentencia] jugement *m* ; [de concurso] résultat *m* - **3.** [deficiencia] défaillance *f*.
falo *m* phallus *m*.
falsear *vt* [resultado] fausser ; [hecho, palabra] dénaturer.
falsedad *f* fausseté *f* ; [mentira] mensonge *m*.
falsete *m* fausset *m*.
falsificación *f* - **1.** [acción] falsification *f* - **2.** [objeto falso] faux *m*.
falsificar *vt* falsifier ; [firma] contrefaire.
falso, sa *adj* faux (fausse). ◆ **en falso** *loc adv* : **dar un paso en ~** faire un faux pas ; **declarar en ~** faire une fausse déclaration.
falta *f* - **1.** [gen] manque *m* ; **hace ~ pan** il faut du pain ; **me haces ~** tu me manques ; **~ de educación** manque d'éducation - **2.** [ausencia] absence *f* ; **echar en ~ algo** remarquer l'absence de qqch ; **echar en ~ a alguien** regretter qqn - **3.** [imperfección] défaut *m* - **4.** [error & DEP] faute *f* ; **~ de ortografía** faute d'orthographe. ◆ **a falta de** *loc prep* faute de.
faltar *vi* - **1.** [gen] manquer ; **~ a su palabra** manquer à sa parole ; **~ a la confianza de** trahir la confiance de ; **~ (el respeto) a alguien** manquer de respect à qqn - **2.** [estar ausente] être absent(e) ; **Pedro falta, creo que está enfermo** Pedro n'est pas là, je crois qu'il est malade ; **faltó a la cita** il n'est pas venu au rendez-vous - **3.** [quedar] rester ; **falta un mes para las vacaciones** il reste un mois jusqu'aux vacances ; **sólo te falta firmar** il ne te reste plus qu'à signer ; **falta mucho por hacer** il y a encore beaucoup à faire ; **falta poco para que llegue** il ne va pas tarder à arriver ; **faltó poco para que le matase** il s'en est fallu de peu qu'il le tue - **4.** [morir] disparaître ; **cuando sus padres falten** quand ses parents auront disparu - **5.** *loc* : **¡no faltaba** O **faltaría más!** [agradecimiento] je vous en prie! ; [rechazo] il ne manquait O manquerait plus que ça!
falto, ta *adj* dépourvu(e).
fama *f* - **1.** [popularidad] célébrité *f* - **2.** [reputación] réputation *f*.
famélico, ca *adj* famélique.

familia *f* famille *f* ; **acaba de tener ~** elle vient d'être mère ; **en ~** en famille.
familiar ◇ *adj* **- 1.** [gen & LING] familier(ère) **- 2.** [de familia] familial(e). ◇ *m* parent *m*, -e *f*.
familiaridad *f* familiarité *f*.
familiarizar *vt* familiariser. ◆ **familiarizarse** *vpr* se familiariser.
famoso, sa ◇ *adj* **- 1.** [conocido] célèbre **- 2.** *fam* [bueno, excelente] fameux(euse). ◇ *m, f* célébrité *f*.
fan (*pl* **fans**) *mf* fan *mf*.
fanático, ca *adj* & *m, f* fanatique.
fanatismo *m* fanatisme *m*.
fandango *m* **- 1.** [baile, música] fandango *m* **- 2.** *fam* [lío, jaleo] chambard *m*.
fanfarria *f* **- 1.** *fam* [jactancia] fanfaronnade *f* **- 2.** [de música] fanfare *f*.
fanfarrón, ona *adj* & *m, f* fanfaron(onne).
fango *m* boue *f*.
fantasear ◇ *vi* rêvasser. ◇ *vt* rêver de ; **fantasea grandes éxitos** il rêve de grands succès.
fantasía *f* **- 1.** [imaginación] imagination *f* ; **una joya de ~** un bijou fantaisie **- 2.** [sueño] chimères *fpl* **- 3.** MÚS fantaisie *f*.
fantasma ◇ *m* [espectro] fantôme *m*. ◇ *mf fam* [fanfarrón] frimeur *m*, -euse *f*.
fantástico, ca *adj* fantastique.
fantoche *m* **- 1.** [títere] fantoche *m* **- 2.** [mamarracho] : **estar hecho un ~** avoir l'air ridicule **- 3.** [persona vanidosa] vantard *m*, -e *f*.
FAO (*abrev de* **Food and Agriculture Organization**) *f* FAO *f*.
faquir, fakir *m* fakir *m*.
faraón *m* pharaon *m*.
fardar *vi fam* frimer.
fardo *m* ballot *m*.
farfullar *vt* & *vi* bredouiller.
faringe *f* pharynx *m*.
faringitis *f inv* pharyngite *f*.
farmacéutico, ca ◇ *adj* pharmaceutique. ◇ *m, f* pharmacien *m*, -enne *f*.
farmacia *f* pharmacie *f* ; **~ de turno** o **de guardia** pharmacie de garde.
fármaco *m* médicament *m*.
faro *m* phare *m* ; **~ antiniebla** phare antibrouillard ; **~ halógeno** phare halogène.
farol *m* **- 1.** [farola] réverbère *m* ; [linterna] lanterne *f* **- 2.** *fam* [mentira] bluff *m*.
farola *f* réverbère *m*.
farra *f fam* bringue *f*.
farragoso, sa *adj* embrouillé(e).
farsa *f* farce *f*.
farsante *adj* & *mf* comédien(enne) (*simulateur*).
fascículo *m* fascicule *m*.
fascinante *adj* fascinant(e).
fascinar *vt* fasciner ; **me fascinan los coches deportivos** j'adore les voitures de sport.
fascismo *m* fascisme *m*.
fascista *adj* & *mf* fasciste.
fase *f* phase *f*.
fastidiado, da *adj* [de salud] : **estar ~** *fam* être mal fichu ; **estar ~ del estómago** avoir l'estomac barbouillé.
fastidiar *vt* **- 1.** [estropear - fiesta, plan etc] gâcher ; [- máquina, objeto etc] casser **- 2.** [molestar] ennuyer ; **¡no (me) fastidies!** *fam* fiche-moi la paix! ◆ **fastidiarse** *vpr* **- 1.** [estropearse] rater ; [plan] tomber à l'eau ; [máquina] se casser **- 2.** [aguantarse] : **te fastidias, fastídiate** tant pis pour toi.
fastidio *m* ennui *m* ; **ser un ~** être ennuyeux(euse).
fastidioso, sa *adj* ennuyeux(euse).
fastuoso, sa *adj* fastueux(euse).
fatal ◇ *adj* **- 1.** [inevitable, seductor] fatal(e) **- 2.** [muy malo] très mauvais(e). ◇ *adv* très mal.
fatalidad *f* **- 1.** [desgracia] malchance *f* **- 2.** [destino] fatalité *f*.
fatalismo *m* fatalisme *m*.
fatídico, ca *adj* fatidique.
fatiga *f* fatigue *f*. ◆ **fatigas** *fpl* difficultés *fpl*.
fatigar *vt* fatiguer. ◆ **fatigarse** *vpr* se fatiguer.
fatigoso, sa *adj* fatigant(e).
fatuo, tua *adj* **- 1.** [tonto] niais(e) **- 2.** [presuntuoso] prétentieux(euse).
fauna *f* faune *f*.
favor *m* **- 1.** [gen] faveur *f* ; **a ~ de** en faveur de ; **de ~** de faveur ; **tener a** o **en su ~** avoir en sa faveur **- 2.** [ayuda] service *m* ; **hacer un ~ a alguien** [ayuda] rendre un service à qqn ; *fam* [acostarse con] se faire qqn ; **por ~** s'il vous plaît.
favorable *adj* : **~ (para)** favorable (à) ; **~ para la salud** bon pour la santé ; **ser ~ a algo** être en faveur de qqch.
favorecer *vt* favoriser ; [sentar bien] avantager.
favoritismo *m* favoritisme *m*.
favorito, ta *adj* & *m, f* favori(ite).
fax *m inv* fax *m* ; **mandar por ~** faxer.

fayuquero, ra *m, f Amer* contrebandier *m*, -ère *f*.

faz *f* face *f*.

FBI (*abrev de* **Federal Bureau of Investigation**) *m* FBI *m*.

fe *f* - **1.** [gen] foi *f* ; **de buena ~** de bonne foi - **2.** [confianza] confiance *f* ; **digno de ~** digne de foi - **3.** [documento] certificat *m* ; **~ de erratas** errata *m inv* ; **~ de vida** fiche *f* d'état civil ; **dar ~ de que** certifier que.

fealdad *f lit* & *fig* laideur *f*.

feb., febr. (*abrev de* **febrero**) fév.

febrero *m* février *m* ; *ver también* **septiembre**.

febril *adj lit* & *fig* fébrile.

fecha *f* date *f* ; **~ de caducidad** [de alimentos] date limite de consommation ; [de medicamento] date limite d'utilisation ; [de pasaporte] date d'expiration ; **~ tope** o **límite** date limite.

fechar *vt* dater.

fechoría *f* méfait *m*.

fécula *f* fécule *f*.

fecundación *f* fécondation *f* ; **~ artificial/in vitro** fécondation artificielle/in vitro.

fecundar *vt* - **1.** [fertilizar] féconder - **2.** [hacer productivo] fertiliser.

fecundo, da *adj* fécond(e).

federación *f* fédération *f*.

federal ◇ *adj* - **1.** [de federación] fédéral(e) - **2.** [federalista] fédéraliste. ◇ *mf* fédéraliste *mf*.

federar *vt* fédérer. ◆ **federarse** *vpr* se fédérer.

federativo, va *m, f* membre *m* d'une fédération.

feedback ['fidbak] (*pl* **feedbacks**) *m* feed-back *m*.

fehaciente *adj* [documento] qui fait foi ; [prueba] irréfutable.

felicidad *f* bonheur *m*. ◆ **felicidades** *interj* : **¡felicidades!** félicitations! ; [en cumpleaños] joyeux anniversaire! ; [en santo] bonne fête! ; [en Año Nuevo] meilleurs vœux!

felicitación *f* - **1.** (*gen pl*) [congratulación] félicitations *fpl* - **2.** [deseo] vœux *mpl* - **3.** [postal] carte *f* de vœux.

felicitar *vt* - **1.** [congratular] féliciter - **2.** [desear] : **~ el cumpleaños/el Año Nuevo/las Navidades** souhaiter un joyeux anniversaire/une bonne année/un joyeux Noël.

feligrés, esa *m, f* paroissien *m*, -enne *f*.

felino, na *adj* félin(e). ◆ **felinos** *mpl* félins *mpl*.

feliz *adj* heureux(euse) ; [cumpleaños, Navidades] joyeux(euse) ; [Año Nuevo] bon (bonne).

felpa *f* peluche *f* ; [de toalla] tissu-éponge *m*.

felpudo *m* paillasson *m*.

femenino, na *adj* - **1.** [gen & GRAM] féminin(e) - **2.** [de hembra] femelle. ◆ **femenino** *m* GRAM féminin *m*.

fémina *f* femme *f*.

feminismo *m* féminisme *m*.

feminista *adj* & *mf* féministe.

fémur (*pl* **fémures**) *m* fémur *m*.

fénix *m inv* [ave] phénix *m*.

fenomenal *adj* - **1.** [magnífico] superbe - **2.** [de fenómeno] phénoménal(e).

fenómeno ◇ *m* phénomène *m*. ◇ *adv fam* vachement bien ; **lo pasamos ~** c'était vachement bien.

feo, a ◇ *adj* - **1.** [gen] laid(e) ; [nariz, tiempo, acción] vilain(e) - **2.** [asunto] sale ; **ponerse ~** *fig* mal tourner. ◇ *m, f* : **es un ~** il est laid comme un pou ; **una fea** un laideron. ◆ **feo** *m* [desaire] affront *m* ; **hacer un ~** faire un affront.

féretro *m* cercueil *m*.

feria *f* - **1.** [mercado] foire *f* - **2.** COM : **~ (de muestras)** salon *m* ; **~ del automóvil/libro** salon de l'automobile/du livre - **3.** [fiesta popular] fête *f* foraine.

feriante *mf* [de fiesta popular] forain *m* ; [de feria de muestras] exposant *m*, -e *f*.

fermentación *f* fermentation *f*.

fermentar ◇ *vi* fermenter. ◇ *vt* faire fermenter.

ferocidad *f* férocité *f*.

feroz *adj* - **1.** [animal, bestia] féroce ; **el lobo ~** le grand méchant loup - **2.** *fig* [mirada] terrible ; [crimen, enfermedad, sufrimiento] atroce ; [hambre] de loup.

férreo, a *adj* - **1.** [línea, vía] ferré(e) - **2.** *fig* [voluntad, disciplina] de fer.

ferretería *f* quincaillerie *f*.

ferrocarril *m* chemin *m* de fer.

ferroviario, ria ◇ *adj* ferroviaire. ◇ *m, f* cheminot *m*.

ferry (*pl* **ferries**) *m* ferry-boat *m*.

fértil *adj* fertile.

fertilidad *f* fertilité *f*.

fertilizante ◇ *adj* fertilisant(e). ◇ *m* engrais *m*.

fertilizar *vt* fertiliser.

ferviente *adj* fervent(e).

fervor *m* ferveur *f*.

festejar *vt* - **1.** [agasajar] : **~ a alguien** être aux petits soins pour qqn - **2.** [celebrar] fêter ; **el 10 se festeja el santo patrón** le 10, nous fêtons le patron de notre ville.
festejo *m* [agasajo] petites attentions *fpl*. ◆ **festejos** *mpl* [fiestas] festivités *fpl*.
festín *m* festin *m*.
festival *m* festival *m*.
festividad *f* fête *f*.
festivo, va *adj* - **1.** [de fiesta] de fête ; [día] férié(e) - **2.** [alegre] enjoué(e) ; [chistoso] badin(e).
fetal *adj* fœtal(e).
fetiche *m* fétiche *m*.
fetichista *adj* & *mf* fétichiste.
fétido, da *adj* fétide ; **una bomba fétida** une boule puante.
feto *m* fœtus *m* ; **ser un ~** *fam* être laid(e) comme un pou.
feudal *adj* féodal(e).
feudalismo *m* féodalisme *m*.
FF AA (*abrev de* **Fuerzas Armadas**) *fpl forces armées espagnoles*.
fiable *adj* fiable.
fiador, ra *m, f* garant *m*, -e *f* ; **salir ~** se porter garant.
fiambre *m* - **1.** [comida] charcuterie *f* - **2.** *fam* [cadáver] macchabée *m*.
fiambrera *f* [de metal] gamelle *f* ; [de plástico] ≃ Tupperware® *m*.
fianza *f* caution *f*.
fiar ◇ *vt* - **1.** [vender a crédito] faire crédit de - **2.** [hacerse responsable] se porter garant(e) de. ◇ *vi* : **~ en** avoir confiance en ; **ser de ~** être quelqu'un de confiance. ◆ **fiarse** *vpr* : **~se de algo/alguien** avoir confiance en qqch/qqn, se fier à qqch/qqn ; **¡no te fíes!** méfie-toi! ; **se fía demasiado** il est trop naïf.
fiasco *m* fiasco *m*.
FIBA (*abrev de* **Federación Internacional de Baloncesto Amateur**) *f* FIBA *f*.
fibra *f* fibre *f* ; **~ de vidrio** fibre de verre ; **~ sensible** *fig* corde *f* sensible.
fibroma *m* fibrome *m*.
ficción *f* - **1.** [simulación] comédie *f* - **2.** [invención] fiction *f*.
ficha *f* - **1.** [para clasificar] fiche *f* - **2.** [contraseña] ticket *m* - **3.** [de juego, teléfono] jeton *m* ; [del dominó] domino *m* ; [de ajedrez] pièce *f* - **4.** DEP licence *f*.
fichar ◇ *vt* - **1.** [archivar] mettre sur fiche - **2.** [suj : policía] ficher - **3.** DEP engager - **4.** *fam* [calar] classer, repérer. ◇ *vi* - **1.** [trabajador] pointer - **2.** DEP : **~ (por)** signer un contrat (avec).
fichero *m* fichier *m*.
ficticio, cia *adj* fictif(ive).
ficus *m inv* ficus *m*.
fidedigno, na *adj* digne de foi ; **según fuentes fidedignas ...** de source sûre ...
fidelidad *f* fidélité *f*.
fideo *m* vermicelle *m*.
fiebre *f* fièvre *f* ; **~ amarilla** fièvre jaune ; **~ del heno** rhume *m* des foins.
fiel *adj* & *mf* fidèle.
fieltro *m* feutre *m (tissu)*.
fiero, ra *adj lit* & *fig* féroce. ◆ **fiera** ◇ *f* [animal] fauve *m*. ◇ *mf* - **1.** [persona] brute *f* - **2.** *fam* [genio] bête *f* ; **es un fiera en física** c'est une bête en physique.
fierro *m Amer* [hierro] fer *m*.
fiesta *f* - **1.** [gen] fête *f* - **2.** [día] jour *m* férié ; **hacer ~** être en congé ; **~ mayor** *fête du saint patron dans une localité* ; **la ~ nacional** les courses *fpl* de taureaux. ◆ **fiestas** *fpl* fêtes *fpl*.
FIFA (*abrev de* **Federación Internacional de Fútbol Asociación**) *f* FIFA *f*.
figura *f* - **1.** [gen] figure *f* - **2.** [tipo, físico] silhouette *f*.
figuraciones *fpl* idées *fpl* ; **son ~ tuyas** tu te fais des idées.
figurado, da *adj* figuré(e).
figurar ◇ *vi* - **1.** [aparecer] figurer - **2.** [ser importante] être en vue. ◇ *vt* - **1.** [representar] figurer - **2.** [simular] feindre. ◆ **figurarse** *vpr* [imaginarse] se figurer, s'imaginer ; **¡ya me lo figuraba yo!** c'est bien ce que je pensais!
figurín *m* dessin *m* de mode.
fijación *f* - **1.** [gen] fixation *f* - **2.** FOT fixage *m*. ◆ **fijaciones** *fpl* [de esquí] fixations *fpl*.
fijador, ra *adj* fixateur(trice). ◆ **fijador** *m* [líquido] fixateur *m* ; **~ de pelo** [espray] laque *f* ; [crema] gel *m*.
fijar *vt* fixer ; **~ carteles** afficher ; **~ (el) domicilio** se fixer ; **~ la mirada/la atención en** fixer son regard/son attention sur. ◆ **fijarse** *vpr* faire attention ; **no se fijó y se equivocó** il n'a pas fait attention et il s'est trompé ; **~se en algo** [darse cuenta] remarquer qqch ; [prestar atención] faire attention à qqch ; **fíjate lo que me dijo** tu te rends compte de ce qu'elle m'a dit.
fijo, ja *adj* fixe ; [cliente] fidèle. ◆ **fijo** *adv fam* sûr ; **mañana voy ~** j'irai demain sûr.
fila *f* [hilera] rang *m* ; [cola] file *f* ; **en ~** à la file, en file ; **aparcar en doble ~** se garer

en double file ; **ponerse en ~** se mettre en rang ; **en ~ india** en file indienne. ◆ **filas** *fpl* [bando, partido] rangs *mpl* ; **cerrar ~s** serrer les rangs.
filamento *m* filament *m*.
filántropo, pa *m, f* philanthrope *mf*.
filarmónico, ca *adj* philharmonique.
filatelia *f* philatélie *f*.
filete *m* bifteck *m*.
filiación *f* **- 1.** [parentesco] filiation *f* **- 2.** POLÍT appartenance *f*.
filial ◇ *adj* **- 1.** [de hijo] filial(e) **- 2.** [de empresa] : **una compañía ~** une filiale. ◇ *f* COM filiale *f*.
filigrana *f* **- 1.** [en orfebrería, billetes] filigrane *m* **- 2.** *fig* [acción] prouesse *f* ; [objeto] bijou *m*, merveille *f*.
Filipinas : (las) ~ (les) Philippines *fpl*.
film = **filme**.
filmar *vt* filmer ; **~ una película** tourner un film.
filme (*pl* **filmes**), **film** (*pl* **films**) *m* film *m*.
filmoteca *f* cinémathèque *f*.
filo *m* fil *m* ; **de doble ~, de dos ~s** *lit* & *fig* à double tranchant. ◆ **al filo de** *loc prep* sur le coup de.
filología *f* philologie *f* ; **estudiar ~ inglesa** faire des études d'anglais.
filón *m lit* & *fig* filon *m*.
filoso, sa *adj Amer* aiguisé(e).
filosofía *f* philosophie *f*.
filósofo, fa *m, f* philosophe *mf*.
filtración *f* **- 1.** [de agua] filtrage *m* **- 2.** [de noticia etc] fuite *f*.
filtrar *vt* filtrer. ◆ **filtrarse** *vpr* [dato, luz] filtrer ; [agua] s'infiltrer.
filtro *m* **- 1.** [gen & FOT] filtre *m* **- 2.** [pócima] philtre *m*.
fimosis *f inv* phimosis *m*.
fin *m* **- 1.** [gen] fin *f* ; **dar** o **poner ~ a algo** mettre fin à qqch ; **~ de semana** week-end *m* ; **a ~es de** [semana, año etc] à la fin de ; **al** o **por ~** enfin ; **a ~ de cuentas, al ~ y al cabo** en fin de compte **- 2.** [objetivo] but *m*. ◆ **a fin de** *loc prep* afin de. ◆ **en fin** *loc adv* enfin.
final ◇ *adj* final(e). ◇ *m* **- 1.** [término, muerte] fin *f* ; **~ feliz** happy end *m* **- 2.** [cabo extremo] bout *m* ; **a ~es de** [semana, mes etc] à la fin de ; **al ~** finalement. ◇ *f* DEP finale *f*.
finalidad *f* but *m*, finalité *f sout*.
finalista *adj* & *mf* finaliste.
finalizar ◇ *vt* terminer, achever. ◇ *vi* se terminer, prendre fin.
financiación *f* financement *m*.
financiar *vt* financer.
financiero, ra ◇ *adj* financier(ère). ◇ *m, f* financier *m*. ◆ **financiera** *f* société *f* financière.
financista *mf Amer* financier *m*.
finanzas *fpl* finance *f* ; **el mundo de las ~** le monde de la finance ; **mis ~ están por los suelos** mes finances sont au plus bas.
finca *f* **- 1.** [de campo] propriété *f* **- 2.** [de ciudad] immeuble *m*.
fingir ◇ *vt* feindre. ◇ *vi* faire semblant.
finiquito *m* solde *m* (de tout compte).
finito, ta *adj* fini(e).
finlandés, esa ◇ *adj* finlandais(e). ◇ *m, f* Finlandais *m*, -e *f*. ◆ **finlandés** *m* [lengua] finnois *m*.
Finlandia Finlande *f*.
fino[1], na *adj* **- 1.** [gen] fin(e) ; **tiene el oído ~** elle a l'ouïe fine ; **una manta fina** une couverture légère **- 2.** [gusto, modales] raffiné(e) ; [lenguaje] châtié(e) **- 3.** [persona] poli(e).
fino[2] *m xérès très sec.*
finura *f* finesse *f*.
firma *f* **- 1.** [gen] signature *f* ; **estampar una ~** apposer une signature **- 2.** [empresa] firme *f*.
firmamento *m* firmament *m*.
firmar *vt* signer.
firme ◇ *adj* **- 1.** [gen] ferme ; **se mantuvo ~ en su posición** il est resté sur ses positions **- 2.** [estable] stable **- 3.** [sólido] solide ; **un argumento ~** un argument de poids. ◇ *m* [de carretera] revêtement *m*. ◇ *adv* ferme.
firmeza *f* fermeté *f* ; [solidez] solidité *f*.
fiscal ◇ *adj* fiscal(e). ◇ *mf* procureur *m* (de la République).
fiscalizar *vt* **- 1.** [los impuestos] soumettre à un contrôle fiscal **- 2.** *fig* [controlar] : **¡deja de ~ mi vida!** arrête de te mêler de mes affaires!
fisco *m* fisc *m*.
fisgar, fisgonear *vi* fouiner ; **~ en** fouiller dans.
fisgón, ona *adj* & *m, f* fouineur(euse).
fisgonear = **fisgar**.
físico, ca ◇ *adj* physique. ◇ *m, f* physicien *m*, -enne *f*. ◆ **físico** *m* [complexión] physique *m*. ◆ **física** *f* [ciencia] physique *f*.
fisiológico, ca *adj* physiologique.
fisionomía, fisonomía *f* physionomie *f*.

fisioterapeuta *mf* physiothérapeute *mf*.
fisonomía = fisionomía.
fístula *f* fistule *f*.
fisura *f* - **1.** [grieta] fissure *f* - **2.** *fig* [defecto] faille *f*.
flacidez, flaccidez *f* flaccidité *f*.
flácido, da, fláccido, da *adj* flasque.
flaco, ca ◇ *adj* maigre. ◇ *m, f Amer* [palabra cariñosa] mon coco *m*, ma cocotte *f*.
flagelar *vt* flageller.
flagelo *m* - **1.** [instrumento] fouet *m* - **2.** BIOL flagelle *m*.
flagrante *adj* flagrant(e).
flamante *adj* - **1.** [nuevo] flambant neuf - **2.** [vistoso] resplendissant(e).
flambear *vt* CULIN flamber.
flamenco, ca ◇ *adj* - **1.** MÚS flamenco(ca) - **2.** [de Flandes] flamand(e). ◇ *m, f* - **1.** MÚS [bailarín] danseur *m*, -euse *f* de flamenco ; [cantante] chanteur *m*, -euse *f* de flamenco - **2.** [de Flandes] Flamand *m*, -e *f*.
◆ **flamenco** *m* - **1.** MÚS flamenco *m* - **2.** [ave] flamant *m* - **3.** [lengua] flamand *m*.
flan *m* flan *m* ; **estar hecho** o **como un ~** *fig* trembler comme une feuille.
flanco *m* flanc *m*.
flanquear *vt* flanquer.
flaquear *vi* [piernas] flageoler ; [fuerzas, entusiasmo] faiblir.
flaqueza *f* faiblesse *f*.
flash [flaʃ] (*pl* **flashes**) *m* - **1.** [gen & FOT] flash *m* ; **tener un ~** *fam* avoir un flash - **2.** *fam* [impresión fuerte] : **¡qué ~!** c'est dingue!
flato *m* gaz ; **tener ~s** avoir des gaz.
flatulento, ta *adj* [alimento] flatulent(e) ; [persona] : **es ~** il est ballonné.
flauta *f* flûte *f*.
flecha *f* flèche *f*.
flechazo *m* - **1.** [disparo] coup *m* de flèche ; [herida] blessure *f* par flèche - **2.** *fam* [de amor] coup *m* de foudre.
fleco *m* frange *f (textile)*.
flema *f* - **1.** [mucosidad] lymphe *f* - **2.** [tranquilidad] flegme *m*.
flemático, ca *adj* flegmatique.
flemón *m* phlegmon *m*.
flequillo *m* frange *f (de cheveux)*.
flete *m* fret *m*.
flexibilidad *f* flexibilité *f* ; [de persona] souplesse *f*.
flexible *adj* flexible ; [persona] souple.
flexión *f* flexion *f*.
flipar *fam* ◇ *vi* - **1.** [disfrutar] : **~ (cantidad)** s'éclater (un max) - **2.** [asombrarse] être scié(e) - **3.** [con droga] planer. ◇ *vt* botter.
flirtear *vi* flirter.
flojear *vi* - **1.** [decaer - fuerzas] faiblir ; [- memoria] flancher ; [disminuir - calor, ventas] baisser - **2.** [no ser muy apto] : **~ en algo** être faible en qqch.
flojera *f fam* flemme *f*.
flojo, ja *adj* - **1.** [nudo, vendaje] lâche - **2.** [bebida, sonido, viento] léger(ère) - **3.** [malo] faible ; [trabajo] médiocre ; **~ en inglés** faible en anglais - **4.** *fam* [persona] mou (molle), flemmard(e).
flor *f* fleur *f* ; **la ~ (y nata)** la fine fleur ; **en ~ de la edad** o **de la vida** dans la fleur de l'âge. ◆ **a flor de** *loc prep* à fleur de.
flora *f* flore *f*.
florecer *vi* - **1.** [planta] fleurir - **2.** [prosperar] être florissant(e).
floreciente *adj* florissant(e).
Florencia Florence.
florero *m* vase *m*.
florido, da *adj* fleuri(e).
florista *mf* fleuriste *mf*.
floristería *f* : **voy a la ~** je vais chez le fleuriste.
flota *f* flotte *f*.
flotación *f* - **1.** [en el agua] flottaison *f* - **2.** ECON flottement *m*.
flotador *m* flotteur *m* ; [para nadar] bouée *f*.
flotar *vi* flotter.
flote ◆ **a flote** *loc adv* [en el mar] à flot ; **sacar a ~** remettre à flot, renflouer ; **salir a ~** se remettre à flot, se renflouer.
flotilla *f* flottille *f*.
fluctuar *vi* - **1.** [variar] fluctuer - **2.** [vacilar] hésiter.
fluidez *f* - **1.** [gen & ECON] fluidité *f* ; [de relaciones] harmonie *f* - **2.** *fig* [en el lenguaje] aisance *f*.
fluido, da *adj* fluide. ◆ **fluido** *m* fluide *m* ; **~ (eléctrico)** courant *m* (électrique).
fluir *vi* couler.
flujo *m* [gen & ECON] flux *m* ; **un ~ de palabras** un flot de paroles ; **~ de caja** marge *f* brute d'autofinancement ; **~ de lava** coulée *f* de lave.
flúor *m* fluor *m*.
fluorescente ◇ *adj* fluorescent(e). ◇ *m* néon *m*.
fluvial *adj* fluvial(e).
FM (*abrev de* **frecuencia modulada**) *f* FM *f*.

FMI (*abrev de* **Fondo Monetario Internacional**) *m* FMI *m*.
fobia *f* phobie *f*.
foca *f* - **1.** [animal] phoque *m* - **2.** *fam fig* [persona] grosse vache *f*.
foco *m* - **1.** [gen & FÍS] foyer *m* - **2.** [lámpara] projecteur *m* - **3.** *Amer* [bombilla] ampoule *f*.
fofo, fa *adj* flasque.
fogata *f* flambée *f*.
fogón *m* - **1.** [para cocinar] fourneau *m* - **2.** [de máquina de vapor] chaudière *f*.
fogoso, sa *adj* fougueux(euse).
fogueo *m* : **de ~** [munición, tiro] à blanc.
foie-gras [fwa'ɣras] *m inv* pâté *m* (de foie) ; [en Francia] foie gras *m*.
folclore, folclor, folklor *m* folklore *m*.
folículo *m* follicule *m*.
folio *m* [hoja] feuille *f* (de papier) ; [tamaño] in-folio *m*.
folklor = **folclore**.
follaje *m* feuillage *m*.
folletín *m* feuilleton *m*.
folleto *m* brochure *f* ; [suelto] prospectus *m* ; [plegable] dépliant *m* ; [explicativo] notice *f*.
follón *m fam* - **1.** [alboroto] chahut *m* ; [desorden] bazar *m* ; **se armó un ~** ça a fait du chahut ; **¡vaya ~!** quel bazar! - **2.** [lío] : **tener follones** avoir des histoires - **3.** [pelea] grabuge *m*.
fomentar *vt* encourager, développer ; [odio, guerra] susciter.
fomento *m* [de producción, industria etc] développement *m*.
fonda *f* auberge *f*.
fondear *vi* NÁUT mouiller. ◆ **fondear** *vt* fouiller.
fondo *m* - **1.** [gen] fond *m* ; **al ~ de** au fond de ; **tener buen ~** avoir un bon fond ; **tocar ~** toucher le fond ; **doble ~** double fond - **2.** [de dinero, biblioteca, archivo] fonds *m inv* ; **a ~ perdido** [pago] à fonds perdu ; **~ común** caisse *f* commune ; **~ de inversión** fonds commun de placement ; **~ de pensiones** caisse *f* de retraite ; **~s reservados** fonds secrets - **3.** DEP [resistencia] endurance *f*. ◆ **a fondo** *loc adv* à fond. ◆ **en el fondo** *loc adv* au fond.
fonema *m* phonème *m*.
fonético, ca *adj* phonétique. ◆ **fonética** *f* phonétique *f*.
fontanería *f* plomberie *f*.
fontanero, ra *m, f* plombier *m*.
football = **fútbol**.
footing ['futin] *m* footing *m*.
forajido, da *m, f* hors-la-loi *m inv*.
foráneo, a *adj* étranger(ère).
forastero, ra *m, f* étranger *m*, -ère *f*.
forcejear *vi* - **1.** [para soltarse] se débattre - **2.** [luchar] se démener.
fórceps *m inv* forceps *m*.
forense *mf* médecin *m* légiste.
forestal *adj* forestier(ère).
forfait [for'fe] (*pl* **forfaits**) *m* forfait *m*.
forja *f* - **1.** [fragua] forge *f* - **2.** [forjadura] forgeage *m*.
forjar *vt lit & fig* forger. ◆ **forjarse** *vpr fig* [labrarse] se forger.
forma *f* - **1.** [gen] forme *f* ; **estar en ~** être en forme - **2.** [manera] façon *f* ; **de cualquier ~, de todas ~s** de toute façon ; **de ~ que** de façon que ; **~ de pago** modalité *f* de paiement - **3.** RELIG hostie *f*. ◆ **formas** *fpl* [silueta, modales] formes *fpl*.
formación *f* formation *f* ; **~ de personal** formation interne ; **~ profesional** *enseignement technique en Espagne*.
formal *adj* - **1.** [educado] bien élevé(e) ; [de confianza] sérieux(euse) - **2.** [acusación, compromiso] formel(elle) ; [lenguaje] soutenu(e).
formalidad *f* - **1.** [gen] formalité *f* - **2.** [seriedad] sérieux *m*.
formalizar *vt* [situación] régulariser ; [acuerdo, relaciones] officialiser.
formar *vt* former. ◆ **formarse** *vpr* se former ; **~se una idea** se faire une idée.
formatear *vt* formater.
formato *m* [gen & INFORM] format *m*.
fórmica® *f* Formica® *m*.
formidable *adj* formidable.
formol *m* formol *m*.
fórmula *f* formule *f*.
formular ◇ *vt* formuler. ◇ *vi* QUÍM rédiger des formules.
formulario *m* formulaire *m*.
formulismo *m* formalisme *m*.
fornido, da *adj* robuste.
foro *m* - **1.** [tribunal] barreau *m* - **2.** TEATR fond *m* de la scène - **3.** [debate] forum *m*.
forofo, fa *m, f fam* DEP supporter *m*.
forraje *m* fourrage *m*.
forrar *vt* [libro, mueble] couvrir ; [ropa] doubler. ◆ **forrarse** *vpr fam* se remplir les poches.
forro *m* [de libro] couverture *f* ; [de mueble] housse *f* ; [de ropa] doublure *f* ; **~ polar** laine *f* polaire.
fortalecer *vt* renforcer ; [físicamente] fortifier ; [moralmente] réconforter.

fortaleza *f* - **1.** [gen] force *f* - **2.** [recinto] forteresse *f*.
fortificación *f* fortification *f*.
fortuito, ta *adj* fortuit(e).
fortuna *f* - **1.** [suerte] chance *f*; **por ~** heureusement, par chance - **2.** [destino] sort *m* - **3.** [riqueza] fortune *f*.
forúnculo, furúnculo *m* furoncle *m*.
forzado, da *adj* forcé(e).
forzar *vt* - **1.** [gen] forcer - **2.** [violar] abuser de.
forzoso, sa *adj* [obligatorio] obligatoire ; [inevitable] inévitable ; **es ~ que ...** il est nécessaire que ...
forzudo, da *adj* & *m, f* costaud.
fosa *f* fosse *f* ; **~ común** fosse commune ; **~s nasales** fosses nasales.
fosfato *m* phosphate *m*.
fosforescente *adj* phosphorescent(e).
fósforo *m* - **1.** QUÍM phosphore *m* - **2.** [cerilla] allumette *f*.
fósil ◇ *adj* fossile. ◇ *m* - **1.** CIENCIA fossile *m* - **2.** *fam* [viejo] vieux fossile *m*.
foso *m* - **1.** [gen & DEP] fosse *f* - **2.** [de fortaleza] fossé *m* - **3.** [de obras] tranchée *f* - **4.** TEATR fosse *f* d'orchestre.
foto *f* photo *f* ; **sacar una ~** faire une photo.
fotocomponer *vt* photocomposer.
fotocopia *f* photocopie *f*.
fotocopiadora *f* photocopieuse *f*.
fotocopiar *vt* photocopier.
fotoeléctrico, ca *adj* photoélectrique.
fotogénico, ca *adj* photogénique.
fotografía *f* photographie *f*.
fotografiar *vt* photographier.
fotógrafo, fa *m, f* photographe *mf*.
fotomatón *m* Photomaton® *m*.
fotonovela *f* roman-photo *m*.
fotorrobot (*pl* **fotorrobots**) *f* portrait-robot *m*.
fotosíntesis *f inv* photosynthèse *f*.
FP (*abrev de* **formación profesional**) *f enseignement technique en Espagne*.
fra. *abrev de* **factura**.
frac (*pl* **fracs** o **fraques**) *m* habit *m*, frac *m*.
fracasar *vi* échouer.
fracaso *m* échec *m* ; **~ escolar** échec scolaire.
fracción *f* fraction *f*.
fraccionario, ria *adj* MAT fractionnaire ; **la moneda fraccionaria** la petite monnaie.
fractura *f* - **1.** MED fracture *f* - **2.** DER effraction *f*.
fracturarse *vpr* se fracturer.
fragancia *f* parfum *m*, senteur *f*.
fraganti ◆ **in fraganti** *loc adv* en flagrant délit.
fragata *f* frégate *f*.
frágil *adj* fragile ; **una memoria ~** une mauvaise mémoire.
fragilidad *f* fragilité *f*.
fragmentar *vt* fragmenter.
fragmento *m* fragment *m*.
fragor *m* fracas *m* ; [de trueno] grondement *m*.
fragua *f* forge *f*.
fraguar ◇ *vt* - **1.** [hierro] forger - **2.** *fig* [idea, plan] tramer. ◇ *vi* [cemento, cal] prendre. ◆ **fraguarse** *vpr* se tramer.
fraile *m* frère *m (religieux)*.
frambuesa *f* framboise *f*.
francés, esa ◇ *adj* français(e). ◇ *m, f* Français *m*, -e *f*. ◆ **francés** *m* [lengua] français *m*.
Francia France *f*.
franciscano, na *adj* & *m, f* franciscain(e).
francmasonería = **masonería**.
franco, ca ◇ *adj* - **1.** [gen] franc (franche) ; **~ de porte** franco de port - **2.** [indudable] net (nette) ; **una franca mejoría** une nette amélioration - **3.** HIST franc (franque). ◇ *m, f* HIST Franc *m*, Franque *f*. ◆ **franco** *m* [moneda] franc *m*.
francotirador, ra *m, f* franc-tireur *m*.
franela *f* flanelle *f*.
franja *f* [adorno] frange *f* ; [de tierra] bande *f* ; [de luz] rai *m*.
franquear *vt* - **1.** [paso, camino] dégager - **2.** [río, obstáculo] franchir - **3.** [carta, postal] affranchir.
franqueo *m* affranchissement *m*.
franqueza *f* - **1.** [sinceridad] franchise *f* - **2.** [confianza] : **tener ~ con alguien** être en confiance avec qqn.
franquicia *f* franchise *f (commerciale)*.
franquismo *m* franquisme *m*.
frasco *m* flacon *m*.
frase *f* phrase *f* ; **~ hecha** phrase toute faite.
fraternidad *f* fraternité *f*.
fraterno, na *adj* fraternel(elle).
fratricida *adj* & *mf* fratricide.
fraude *m* fraude *f* ; **~ fiscal** fraude fiscale.
fraudulento, ta *adj* frauduleux(euse).
fray *m* : **~ Luis** frère Luis.
frazada *f Amer* couverture *f* ; **~ eléctrica** couverture chauffante.

frecuencia *f* fréquence *f* ; **~ modulada** modulation *f* de fréquence ; **con ~** fréquemment.
frecuentar *vt* fréquenter.
frecuente *adj* fréquent(e).
fregadero *m* évier *m*.
fregado, da *adj Amer fam* **- 1.** [molesto] enquiquinant(e) **- 2.** [fastidiado] estar ~ s'enquiquiner ◆ **fregado** *m* **- 1.** [lavado] lavage *m* ; [de ollas] récurage *m* **- 2.** *fam* [lío] sac *m* de nœuds **- 3.** *fam* [pelea] grabuge *m*.
fregar *vt* **- 1.** [limpiar] laver ; [ollas] récurer ; **~ los platos** faire la vaisselle **- 2.** [frotar] frotter **- 3.** *Amer fam* [molestar] enquiquiner.
fregona *f* **- 1.** *despec* [criada] bonniche *f* **- 2.** *despec* [verdulera] poissarde *f* **- 3.** [utensilio] balai-serpillière *m*.
freidora *f* friteuse *f*.
freír *vt* **- 1.** CULIN faire frire **- 2.** *fam* [molestar] enquiquiner ; **~ a preguntas** bombarder de questions **- 3.** *fam* [matar] refroidir. ◆ **freírse** *vpr* frire ; **se fríen las patatas** les pommes de terre sont en train de frire.
frenar ◇ *vt* freiner ; [impulso, ira] réfréner ; **~ el coche** freiner. ◇ *vi* freiner.
frenazo *m* **- 1.** AUTOM coup *m* de frein **- 2.** *fig* [parón] coup *m* d'arrêt.
frenesí (*pl* **frenesíes**) *m* **- 1.** [exaltación] frénésie *f* **- 2.** [locura] folie *f* furieuse.
frenético, ca *adj* **- 1.** [exaltado] frénétique **- 2.** [furioso] fou furieux (folle furieuse).
freno *m* **- 1.** [gen & AUTOM] frein *m* **- 2.** [de caballerías] mors *m*.
frente ◇ *f* ANAT front *m*. ◇ *m* **- 1.** [gen, METEOR & POLÍT] front *m* ; **hacer ~ a** [problema etc] faire face à ; [persona] tenir tête à ; **~ frío** front froid **- 2.** [parte delantera] devant *m* ; **estar al ~ (de)** être à la tête (de). ◆ **de frente** *loc adv* **- 1.** [foto] de face ; [encuentro] nez à nez ; [accidente] de plein fouet **- 2.** [sin rodeos] de front. ◆ **frente a** *loc prep* **- 1.** [enfrente de] en face de ; **~ a su casa** en face de chez lui **- 2.** [con relación a] par rapport à ; [ante] devant. ◆ **frente a frente** *loc adv* face à face.
fresa *f* **- 1.** [fruto & TECNOL] fraise *f* **- 2.** [planta] fraisier *m*.
fresco, ca ◇ *adj* **- 1.** [gen] frais (fraîche) ; **su recuerdo permanece ~ en mi memoria** je garde son souvenir intact **- 2.** [caradura] sans gêne. ◇ *m, f* : **ser un ~** être sans gêne. ◆ **fresco** *m* **- 1.** ARTE fresque *f* ; **al ~** à fresque **- 2.** [frío moderado] fraîcheur *f* ; **tomar el ~** prendre le frais.
frescor *m* fraîcheur *f*.
frescura *f* **- 1.** [gen] fraîcheur *f* **- 2.** [descaro] sans-gêne *m*.
fresno *m* frêne *m*.
fresón *m* fraise *f*.
frialdad *f* **- 1.** [falta de calor] froid *m* **- 2.** *fig* [indiferencia] froideur *f*.
fricandó *m* fricandeau *m*.
fricción *f* friction *f* ; **hacerse una ~ con** se frictionner à.
friega ◇ *v* ▷ **fregar**. ◇ *f* friction *f* *(massage)*.
frigidez *f* frigidité *f*.
frigorífico, ca *adj* frigorifique. ◆ **frigorífico** *m* réfrigérateur *m*.
frijol, fríjol *m Amer* haricot *m*.
frío, a *adj* froid(e). ◆ **frío** *m* froid *m* ; **en ~** à froid ; **la noticia me cogió en ~** la nouvelle m'a pris de court ; **hace un ~ que pela** *fam* il fait un froid de canard.
friolero, ra *adj & m, f* frileux(euse). ◆ **friolera** *f fam* : **costar la friolera de ...** coûter la bagatelle de ...
frisar *vt* friser ; **~ los cincuenta años** friser la cinquantaine.
frito, ta ◇ *pp irreg* ▷ **freír**. ◇ *adj* **- 1.** [cocido] frit(e) **- 2.** *fig* [exasperado] : **me tiene ~** il me tape sur les nerfs. ◆ **frito** *m (gen pl)* friture *f*.
frívolo, la *adj* frivole.
frondoso, sa *adj* touffu(e).
frontal ◇ *adj* frontal(e). ◇ *m* ANAT frontal *m*.
frontera *f* **- 1.** [entre países] frontière *f* **- 2.** *fig* [límite] limite *f*.
fronterizo, za *adj* frontalier(ère).
frontispicio *m* **- 1.** ARQUIT [fachada] façade *f* ; [remate] fronton *m* **- 2.** [de libro] frontispice *m*.
frontón *m* **- 1.** [cancha & ARQUIT] fronton *m* **- 2.** [pelota vasca] pelote *f* basque.
frotar *vt* frotter. ◆ **frotarse** *vpr* se frotter.
fructífero, ra *adj* [esfuerzos, resultados] fructueux(euse).
frugal *adj* frugal(e).
fruncir *vt* froncer ; **~ el ceño** froncer les sourcils ; **~ la boca** faire la moue.
fruslería *f* broutille *f*.
frustración *f* frustration *f* ; [desilusión] déception *f*.
frustrar *vt* **- 1.** [insaciar] frustrer **- 2.** [desilusionar] décevoir ; **me frustra ver que no mejoro** ça me déçoit de voir que je ne

progresse pas - **3.** [posibilidades, planes] faire échouer. ◆ **frustrarse** *vpr* - **1.** [estar insaciado] être frustré(e) ; [desilusionarse] être déçu(e) - **2.** [planes, proyectos] tomber à l'eau ; [intento] échouer.

fruta *f* fruit *m* ; **le gusta mucho la ~** il aime beaucoup les fruits. ◆ **fruta de sartén** *f* beignet *m*.

frutal ◇ *adj* fruitier(ère). ◇ *m* arbre *m* fruitier.

frutería *f* : **ir a la ~** aller chez le marchand de fruits.

frutero, ra ◇ *adj* fruitier(ère). ◇ *m, f* [vendedor] marchand *m*, -e *f* de fruits. ◆ **frutero** *m* [recipiente] coupe *f* à fruits.

frutilla *f Amer* fraise *f*.

fruto *m* fruit *m* ; **dar ~** *fig* porter ses fruits ; **sacar ~ de algo** tirer profit de qqch. ◆ **frutos secos** *mpl* fruits *mpl* secs.

FSLN (*abrev de* **Frente Sandinista de Liberación Nacional**) *m* Front *m* sandiniste *(mouvement nicaraguayen de gauche qui a renversé la dictature de Somoza en 1979)*.

fucsia ◇ *f* [planta] fuchsia *m*. ◇ *adj inv* & *m inv* [color] fuchsia.

fue - **1.** ▷ **ir** - **2.** ▷ **ser**.

fuego *m* feu *m* ; **pegar ~ a** mettre le feu à ; **~s artificiales** feu d'artifice.

fuelle *m* soufflet *m*.

fuente *f* - **1.** [gen] source *f* ; **~ de alimentación** source d'alimentation, alimentation *f* - **2.** [construcción] fontaine *f* ; **~ bautismal** fonts *mpl* baptismaux - **3.** [de vajilla] plat *m*.

fuera ◇ *v* - **1.** ▷ **ir** - **2.** ▷ **ser**. ◇ *adv* - **1.** [en el exterior] dehors ; **hacia ~** vers l'extérieur ; **por ~** à l'extérieur ; **pintamos la casa por ~** on a peint l'extérieur de la maison - **2.** [en otro lugar] ailleurs ; **esta semana estaré ~** cette semaine je ne serai pas là ; **de ~** [extranjero] étranger(ère) ; [de otro lugar] d'ailleurs - **3.** *fig* [alejado] : **~ de** hors de ; **eso está ~ de mis cálculos** je n'avais pas prévu ça ; **estar ~ de sí** être hors de soi ; **~ de plazo** hors délai. ◇ *interj* : **¡fuera!** dehors! ◆ **fuera de** *loc prep* [excepto] en dehors de ; **~ de eso, me puedes pedir lo que quieras** à part ça, tu peux me demander ce que tu veux. ◆ **fuera de juego** *m* DEP hors-jeu *m inv*. ◆ **fuera de serie** ◇ *adj* [publicación] hors série ; *fig* [persona] hors pair. ◇ *mf* : **ser un ~ de serie** être exceptionnel(elle).

fueraborda *m inv* hors-bord *m inv*.

fuero *m* - **1.** [ley especial] privilège *m* ; [en la Edad Media] charte *f* ; **los ~s** *anciennes chartes espagnoles d'origine médiévale garantissant les privilèges, les libertés et les traditions d'une ville ou d'une région, encore en vigueur en Navarre par exemple* - **2.** [jurisdicción] tribunal *m*.

fuerte ◇ *adj* - **1.** [gen] fort(e) ; [material, pared, nudo] solide ; [frío, calor, color] intense ; [pelea, combate] dur(e) - **2.** [malsonante] grossier(ère). ◇ *adv* - **1.** [gen] fort ; **trabaja ~** il travaille dur - **2.** [en abundancia] beaucoup ; **come ~** il mange beaucoup. ◇ *m* [fortaleza] fort *m* ; **ser algo el ~ de alguien** être le point fort de qqn.

fuerza ◇ *v* ▷ **forzar**. ◇ *f* - **1.** [gen & FÍS] force *f* ; **tener ~s para** être assez fort(e) pour ; **tiene que irse por ~** il doit absolument partir ; **~s del orden público** forces de l'ordre ; **a ~ de** à force de ; **a la ~** [contra la voluntad] de force ; [por necesidad] forcément ; **por la ~** par la force - **2.** [electricidad] courant *m*. ◆ **fuerzas** *fpl* [grupo de personas] forces *fpl*.

fuese - **1.** ▷ **ir** - **2.** ▷ **ser**.

fuga *f* - **1.** [gen] fuite *f* ; [de presos] évasion *f* - **2.** MÚS fugue *f*.

fugarse *vpr* [de cárcel] s'évader ; **su marido se fugó con otra** son mari est parti avec une autre.

fugaz *adj* fugace.

fugitivo, va ◇ *adj* - **1.** [que huye] en fuite ; **~ de la ley** o **justicia** qui fuit la justice - **2.** *fig* [que dura poco] fugitif(ive). ◇ *m, f* fugitif *m*, -ive *f*.

fui - **1.** ▷ **ir** - **2.** ▷ **ser**.

fulano, na *m, f* Machin *m*, -e *f* ; **~ de tal** M. Untel ; **un ~** un type. ◆ **fulana** *f* [prostituta] prostituée *f*.

fulgor *m* éclat *m*.

fullero, ra *adj* & *m, f* tricheur(euse).

fulminante *adj* - **1.** [enfermedad, mirada] foudroyant(e) ; [despido, cese] immédiat(e) - **2.** [explosivo] détonant(e).

fulminar *vt* foudroyer ; **~ a alguien con la mirada** foudroyer qqn du regard.

fumador, ra *m, f* fumeur *m*, -euse *f* ; **~ pasivo** fumeur passif.

fumar *vt* & *vi* fumer.

fumigar *vt* désinfecter (par fumigation).

función *f* - **1.** [gen] fonction *f* - **2.** CIN séance *f* ; TEATR représentation *f* ; **~ de tarde** matinée *f*.

funcional *adj* fonctionnel(elle).

funcionalidad *f* fonctionnalité *f*.
funcionamiento *m* fonctionnement *m*.
funcionar *vi* **- 1.** [aparato, máquina] fonctionner ; **~ con gasolina** marcher à l'essence ; **'no funciona'** 'en panne' **- 2.** [plan, actividad] marcher.
funcionario, ria *m, f* fonctionnaire *mf*.
funda *f* [gen] étui *m* ; [de almohada] taie *f* ; [de mueble, máquina] housse *f* ; [de disco] pochette *f*.
fundación *f* fondation *f*.
fundador, ra *adj* & *m, f* fondateur(trice).
fundamental *adj* fondamental(e).
fundamentar *vt* : **~ algo (en)** CONSTR asseoir qqch (sur) ; *fig* [teoría etc] fonder qqch (sur). ◆ **fundamentarse** *vpr* : **~se (en)** CONSTR être assis(e) (sur) ; *fig* [teoría etc] se fonder (sur).
fundamento *m* **- 1.** *fig* [base] fondement *m* **- 2.** *fig* [motivo] raison *f* ; **sin ~** sans fondement. ◆ **fundamentos** *mpl* [cimientos] fondations *fpl*.
fundar *vt* fonder. ◆ **fundarse** *vpr* [teoría, razones etc] : **~se (en)** se fonder (sur).
fundición *f* **- 1.** [fusión] fonte *f* **- 2.** [taller] fonderie *f*.
fundir *vt* **- 1.** [gen] fondre ; **fundieron sus intereses** ils ont uni leurs intérêts **- 2.** ELECTR [bombilla, aparato] griller ; [fusible] faire sauter. ◆ **fundirse** *vpr* **- 1.** ELECTR [bombilla, aparato] griller ; [fusible] sauter **- 2.** [derretirse] fondre **- 3.** *fig* [unirse] se fondre.
fúnebre *adj* funèbre.
funeral *m (gen pl)* funérailles *fpl*.
funerario, ria *adj* funéraire ; **una empresa funeraria** une entreprise de pompes funèbres. ◆ **funeraria** *f* pompes *fpl* funèbres.
funesto, ta *adj* funeste.
fungicida *adj* & *m* fongicide.
fungir *vi Amer* : **~ de** faire office de.
funicular ◇ *adj* funiculaire. ◇ *m* **- 1.** [por tierra] funiculaire *m* **- 2.** [por aire] téléphérique *m*.
furgón *m* fourgon *m*.
furgoneta *f* fourgonnette *f*.
furia *f* fureur *f* ; **ponerse hecho una ~** devenir fou furieux.
furioso, sa *adj* furieux(euse).
furor *m* fureur *f* ; **hacer ~** *fig* faire fureur.
furtivo, va *adj* furtif(ive) ; **un cazador ~** un braconnier.
furúnculo = **forúnculo**.
fusible ◇ *adj* fusible. ◇ *m* ELECTR fusible *m* ; **se han quemado los ~s** les plombs ont sauté.
fusil *m* fusil *m (de guerre)*.
fusilar *vt* **- 1.** [ejecutar] fusiller **- 2.** *fam* [plagiar] plagier.
fusión *f* fusion *f*.
fusionar *vt* & *vi* fusionner. ◆ **fusionarse** *vpr* ECON fusionner.
fusta *f* cravache *f*.
fustán *m Amer* [enaguas] jupon *m*.
fuste *m* [de columna] fût *m*.
fútbol, futbol, football ['fudbol] *m* football *m*.
futbolín *m* baby-foot *m inv*.
futbolista *mf* footballeur *m*, -euse *f*.
fútil *adj* futile.
futilidad *f* futilité *f*.
futón *m* futon *m*.
futuro, ra *adj* futur(e). ◆ **futuro** *m* **- 1.** [porvenir] avenir *m* **- 2.** GRAM futur. ◆ **futuros** *mpl* ECON opérations *fpl* à terme.
futurología *f* futurologie *f*.

G

g[1], G [xe] *f* [letra] g *m inv*, G *m inv*.
g[2] (*abrev de* **gramo**) g.
gabacho, cha *fam despec* ◇ *adj* [francés] franchouillard(e). ◇ *m, f* : **no me gustan los ~s** je n'aime pas les Français.
gabán *m* pardessus *m*.
gabardina *f* gabardine *f*.
gabinete *m* **- 1.** [gen] cabinet *m* ; **~ de estudios** bureau *m* d'études **- 2.** [de dama] boudoir *m*.
gacela *f* gazelle *f*.
gaceta *f* gazette *f*.
gacho, cha *adj* : **con la cabeza gacha** la tête basse.
gafar *vt fam* porter la poisse à ; **nos has gafado el viaje** tu nous as gâché le voyage.
gafas *fpl* lunettes *fpl* ; **~ de sol** lunettes de soleil ; **~ progresivas** lunettes à verres progressifs.
gafe *fam* ◇ *adj* : **ser ~** porter la poisse. ◇ *mf* oiseau *m* de malheur.

gag (*pl* **gags**) *m* gag *m*.

gaita *f* **- 1.** MÚS cornemuse *f* **- 2.** *fam* [pesadez] galère *f*.

gajes *mpl* primes *fpl* ; **~ del oficio** risques *mpl* du métier.

gajo *m* **- 1.** [trozo de fruta] quartier *m* **- 2.** [racimo - de uvas] grappillon *m* ; [- de cerezas] bouquet *m* **- 3.** [rama] rameau *m*.

gala *f* **- 1.** [gen] gala *m* ; **una fiesta de ~** une soirée de gala ; **un vestido de ~** une tenue de soirée **- 2.** [ropa] : **con sus mejores ~s** dans ses plus beaux atours **- 3.** *loc* : **hacer ~ de algo** [demostrar] faire étalage de qqch ; [preciarse de] être fier(ère) de qqch.

galáctico, ca *adj* galactique.

galán *m* **- 1.** [hombre atractivo] bel homme *m* **- 2.** TEATR jeune premier *m*. ◆ **galán de noche** *m* [perchero] valet *m* de nuit.

galante *adj* galant(e) ; **tiene fama de ~** il a une réputation de galant homme.

galantear *vt* : **~ a una mujer** faire la cour à une femme.

galantería *f* galanterie *f*.

galápago *m* tortue *f* d'eau douce.

galardón *m* prix *m* *(récompense)*.

galaxia *f* galaxie *f*.

galera *f* galère *f*.

galería *f* **- 1.** [gen] galerie *f* **- 2.** [para cortinas] tringle *f* ; **hacer algo para la ~** *fig* faire qqch pour la galerie. ◆ **galerías (comerciales)** *fpl* galerie *f* marchande.

Gales pays *m* de Galles.

galés, esa ◇ *adj* gallois(e). ◇ *m, f* Gallois *m*, -e *f*. ◆ **galés** *m* [lengua] gallois *m*.

Galicia Galice *f*.

galicismo *m* gallicisme *m*.

galimatías *m inv* galimatias *m*.

gallardía *f* **- 1.** [valor] bravoure *f* **- 2.** [elegancia] prestance *f*.

gallego, ga ◇ *adj* galicien(enne). ◇ *m, f* Galicien *m*, -enne *f*. ◆ **gallego** *m* [lengua] galicien *m*.

galleta *f* biscuit *m*.

gallina ◇ *f* [ave] poule *f* ; **~ ciega** colin-maillard *m* ; **~ clueca** couveuse *f*. ◇ *mf fam fig* [persona] poule *f* mouillée.

gallinero *m* poulailler *m*.

gallito *m fig* [de un grupo] petit chef *m* ; **hacerse el ~ con alguien** jouer les durs avec qqn.

gallo *m* **- 1.** [ave] coq *m* **- 2.** *fig* [cabecilla] chef *m* **- 3.** [nota chillona] couac *m* **- 4.** [pez] limande *f*.

galo, la ◇ *adj* HIST gaulois(e) ; [francés] français(e). ◇ *m, f* HIST Gaulois *m*, -e *f* ; [francés] Français *m*, -e *f*.

galón *m* **- 1.** [distintivo] galon *m* **- 2.** [medida] gallon *m*.

galopar *vi* galoper.

galope *m* galop *m*.

galpón *m Amer* hangar *m*.

gama *f* gamme *f*.

gamba *f* crevette *f*.

gamberrada *f* acte *m* de vandalisme ; **hacer ~s** faire des bêtises.

gamberro, rra ◇ *adj* : **un niño ~** un garnement. ◇ *m, f* voyou *m*.

gammaglobulina *f* gammaglobuline *f*.

gamo *m* daim *m*.

gamonal *m Amer* cacique *m*.

gamuza *f* **- 1.** [animal, piel] chamois *m* **- 2.** [paño] peau *f* de chamois.

gana *f* : **~ (de)** envie *f* (de) ; **lo hago porque me da la (real) ~** je le fais parce que ça me plaît ; **no me da la ~ de hacerlo** je n'ai pas envie de le faire ; **de buena ~** volontiers ; **de mala ~** à contrecœur. ◆ **ganas** *fpl* **- 1.** [deseo] envie *f* ; **darle a alguien ~s de** avoir envie de ; **tener ~s de algo/de hacer algo** avoir envie de qqch/de faire qqch ; **quedarse con las ~s** rester sur sa faim **- 2.** [hambre] appétit *m* ; **comer con ~s** manger avec appétit.

ganadería *f* **- 1.** [gen] élevage *m* **- 2.** [de país, región etc] cheptel *m*.

ganado *m* bétail *m*.

ganador, ra *adj* & *m, f* gagnant(e).

ganancial *adj* ▷ **bien**.

ganancias *fpl* bénéfices *mpl*.

ganar ◇ *vt* **- 1.** [gen] gagner ; [gloria, fama] atteindre **- 2.** [ciudad, castillo] conquérir **- 3.** [ser superior] : **me ganas en astucia** tu es plus astucieux que moi. ◇ *vi* gagner ; **gana con el trato** il gagne à être connu ; **gana para vivir** il gagne juste de quoi vivre ; **hemos ganado con el cambio** nous avons gagné au change ; **ganamos en espacio** nous y avons gagné en place. ◆ **ganarse** *vpr* : **~se algo** gagner qqch ; [merecer] bien mériter qqch ; [recibir] recevoir qqch ; **~se a alguien** gagner la faveur de qqn.

ganchillo *m* crochet *m* *(ouvrage)* ; **hacer ~** faire du crochet.

gancho *m* **- 1.** [gen & DEP] crochet *m* **- 2.** [cómplice - de vendedor] rabatteur *m* ; [- de jugador] compère *m* **- 3.** *Amer* [percha] portemanteau *m* **- 4.** *loc* : **tener ~** *fam*

[mujer] avoir du chien ; [vendedor, título etc] être accrocheur(euse).
gandul, la *adj* & *m, f fam* flemmard(e).
ganga *f fam* affaire *f* (en or).
ganglio *m* ganglion *m*.
gangrena *f* gangrène *f*.
gángster (*pl* **gángsters**) *m* gangster *m*.
ganso, sa *m, f* **- 1.** [ave] jars *m*, oie *f* **- 2.** *fam* [persona] abruti *m*, -e *f*.
garabatear *vt* & *vi* gribouiller.
garabato *m* gribouillage *m*.
garaje *m* garage *m*.
garante *mf* garant *m*, -e *f*.
garantía *f* garantie *f* ; **este libro es una ~ de éxito** ce livre, c'est le succès assuré ; **con ~** sous garantie.
garantizar *vt* garantir ; **~ algo a alguien** assurer qqch à qqn.
garapiñar = **garrapiñar**.
garbanzo *m* pois *m* chiche.
garbeo *m fam* balade *f* ; **dar un ~** faire une balade.
garbo *m* [de persona] allure *f* ; [de escritura] talent *m*.
gardenia *f* gardénia *m*.
garete *m* : **ir** o **irse al ~** *fam fig* se casser la figure.
garfio *m* crochet *m*.
gargajo *m* crachat *m*.
garganta *f* gorge *f*.
gargantilla *f* ras-du-cou *m (collier)*.
gárgara *f (gen pl)* gargarisme *m* ; **hacer ~s** faire des gargarismes.
gargarismo *m* gargarisme *m*.
garita *f* MIL guérite *f*.
garito *m* **- 1.** [casa de juego] tripot *m* **- 2.** *despec* [establecimiento] boui-boui *m*.
garra *f* griffe *f* ; [de ave de rapiña] serre *f* ; **caer en las ~s de alguien** tomber entre les griffes de qqn ; **tener ~** être accrocheur(euse).
garrafa *f* carafe *f*.
garrafal *adj* [error, equivocación] monumental(e).
garrapata *f* tique *f*.
garrapiñar, garapiñar *vt* praliner.
garrote *m* **- 1.** [palo] gourdin *m* **- 2.** [ligadura] garrot *m*.
garúa *f Amer* bruine *f*.
garza *f* héron *m*.
gas *m* gaz *m* ; **~ butano** gaz butane ; **~ lacrimógeno** gaz lacrymogène ; **~ natural** gaz naturel. ◆ **gases** *mpl* [en el estómago] gaz *mpl*. ◆ **a todo gas** *loc adv* à toute allure.
gasa *f* gaze *f*.
gaseoducto *m* gazoduc *m*, pipeline *m*.
gaseoso, sa *adj* gazeux(euse). ◆ **gaseosa** *f* limonade *f*.
gasóleo *m* gazole *m*.
gasolina *f* essence *f* ; **poner ~** prendre de l'essence ; **~ normal** essence ordinaire ; **~ sin plomo** essence sans plomb, sans-plomb *m* ; **(~) súper** super *m*.
gasolinera *f* pompe *f* à essence.
gastado, da *adj* usé(e).
gastar ◇ *vt* **- 1.** [gen] dépenser **- 2.** [desgastar] user **- 3.** [ponerse] porter ; **¿qué número de zapatos gastas?** quelle est ta pointure? **- 4.** [hacer] : **~ una broma/cumplidos a alguien** faire une blague/des compliments à qqn. ◇ *vi* **- 1.** [dinero] dépenser **- 2.** [persona] user. ◆ **gastarse** *vpr* **- 1.** [por el uso] s'user ; [vela] se consumer **- 2.** [dinero] dépenser.
gasto *m* dépense *f* ; **cubrir ~s** couvrir les frais ; **~ público** dépenses *fpl* publiques.
gastritis *f inv* gastrite *f*.
gastronomía *f* gastronomie *f*.
gastrónomo, ma *m, f* gastronome *mf*.
gatas ◆ **a gatas** *loc adv* à quatre pattes.
gatear *vi* marcher à quatre pattes.
gatillo *m* gâchette *f*.
gato, ta *m, f* chat *m*, chatte *f* ; **dar ~ por liebre a alguien** *fam* rouler qqn ; **buscar tres pies al ~** chercher midi à quatorze heures ; **hay ~ encerrado** il y a anguille sous roche. ◆ **gato** *m* AUTOM cric *m*.
gauchada *f Amer fig* [favor] service *m*.
gaucho, cha *m, f* gaucho *m*.
gavilán *m* épervier *m*.
gavilla *f* **- 1.** [de espigas] gerbe *f* **- 2.** [de sarmientos] fagot *m*.
gaviota *f* mouette *f*.
gay *adj inv* & *m* gay.
gazapo *m* **- 1.** [animal] lapereau *m* **- 2.** [error] lapsus *m* ; [imprenta] coquille *f*.
gazpacho *m* CULIN gaspacho *m*.
GB (*abrev de* **Gran Bretaña**) *f* GB *f*.
géiser, géyser (*pl* **géyseres**) *m* geyser *m*.
gel *m* gel *m*.
gelatina *f* [de carne etc] gelée *f* ; [ingrediente] gélatine *f*.
gema *f* gemme *f*.
gemelo, la *adj* & *m, f* jumeau(elle). ◆ **gemelo** *m* mollet *m*. ◆ **gemelos** *mpl* **- 1.** [de camisa] boutons *mpl* de manchette **- 2.** [prismáticos] jumelles *fpl*.
gemido *m* gémissement *m*.

Géminis ◇ *m inv* [zodiaco] Gémeaux *mpl.* ◇ *mf inv* [persona] gémeaux *m inv.*
gemir *vi* gémir.
gen = **gene**.
gendarme *mf* gendarme *m.*
gene, gen *m* gène *m.*
genealogía *f* généalogie *f.*
generación *f* génération *f.*
generador, ra *adj* générateur(trice). ◆ **generador** *m* ELECTR générateur *m.*
general ◇ *adj* général(e) ; **en ~, por lo ~** en général ; **hablar de algo en términos ~es** parler de qqch en général. ◇ *m* MIL général *m.*
generalidad *f* - **1.** [mayoría] majorité *f* - **2.** [vaguedad] généralité *f.*
generalísimo *m* généralissime *m.*
Generalitat [ʒenerali'tat] *f* POLÍT *nom du gouvernement de Catalogne et de celui de la communauté de Valence.*
generalizar *vt* & *vi* généraliser. ◆ **generalizarse** *vpr* se généraliser.
generar *vt* générer.
genérico, ca *adj* générique.
género *m* - **1.** [gen & GRAM] genre *m* ; **el ~ humano** le genre humain - **2.** [productos] article *m,* marchandise *f* - **3.** [tejido] tissu *m.* ◆ **géneros de punto** *mpl* tricots *mpl.*
generosidad *f* générosité *f.*
generoso, sa *adj* généreux(euse) ; [comida] copieux(euse).
génesis *f inv* genèse *f.*
genético, ca *adj* génétique. ◆ **genética** *f* génétique *f.*
genial *adj* génial(e).
genio *m* - **1.** [temperamento] caractère *m* - **2.** [mal carácter] mauvais caractère *m* - **3.** [estado de ánimo] humeur *f* ; **estar de buen/mal ~** être de bonne/mauvaise humeur - **4.** [ser sobrenatural, persona de talento] génie *m.*
genital *adj* génital(e). ◆ **genitales** *mpl* organes *mpl* génitaux.
genocidio *m* génocide *m.*
gente *f* - **1.** [gen] gens *mpl* ; **hay poca ~** il n'y a pas beaucoup de monde ; **es buena ~** *fam* il est sympa ; **la ~ bien** *fam* les gens comme il faut ; **la ~ de bien** les gens bien ; **la ~ menuda** les petits *mpl (les enfants)* - **2.** *fam* [familia] : **mi ~** les miens.
gentil *adj* [educado] courtois(e) ; [amable] aimable.
gentileza *f* - **1.** [educación] courtoisie *f* ; [amabilidad] amabilité *f* - **2.** [regalo] attention *f,* cadeau *m.*
gentío *m* foule *f.*
gentuza *f despec* [mala gente] racaille *f* ; [muchedumbre] populace *f.*
genuflexión *f* génuflexion *f.*
genuino, na *adj* authentique ; [piel] véritable.
GEO (*abrev de* **Grupo Especial de Operaciones**) *m brigade d'intervention spéciale de la police nationale espagnole,* ≃ GIGN *m.*
geografía *f* géographie *f.*
geográfico, ca *adj* géographique.
geógrafo, fa *m, f* géographe *mf.*
geología *f* géologie *f.*
geólogo, ga *m, f* géologue *mf.*
geometría *f* géométrie *f.*
geranio *m* géranium *m.*
gerencia *f* gérance *f.*
gerente *mf* gérant *m,* -e *f.*
geriatría *f* gériatrie *f.*
germánico, ca ◇ *adj* HIST germain(e) ; [alemán] germanique. ◇ *m, f* HIST Germain *m,* -e *f* ; [alemán] Allemand *m,* -e *f.* ◆ **germánico** *m* [lengua] germanique *m.*
germen *m lit* & *fig* germe *m.*
germinar *vi lit* & *fig* germer.
gerundio *m* gérondif *m.*
gestar *vi* être en gestation. ◆ **gestarse** *vpr* [proyecto] être en gestation ; [cambio] se préparer ; [revolución] couver.
gesticulación *f* gesticulation *f* ; *(gen pl)* [gestos] gestes *mpl.*
gesticular *vi* gesticuler.
gestión *f* - **1.** [diligencia] démarche *f* - **2.** [administración] gestion *f* ; **~ de cartera** gestion de portefeuille.
gestionar *vt* - **1.** [tramitar] faire des démarches pour ; **tengo que ~ mis vacaciones** il faut que j'organise mes vacances - **2.** [administrar] gérer.
gesto *m* - **1.** [gen] geste *m* - **2.** [expresión] mimique *f* - **3.** [mueca] grimace *f.*
gestor, ra ◇ *adj* gestionnaire. ◇ *m, f personne faisant des démarches administratives pour le compte d'un particulier ou d'une entreprise.*
gestoría *f* cabinet *m* d'affaires.
géyser = **géiser**.
ghetto = **gueto**.
giba *f* bosse *f.*
Gibraltar Gibraltar.
gigabyte [xiɣa'βait] *m* gigaoctet *m.*
gigante, ta *m, f* géant *m,* -e *f.* ◆ **gigante** *adj* géant(e).
gigantesco, ca *adj* gigantesque.
gigoló [jiɣo'lo] *m* gigolo *m.*

gil, la *m, f Amer fam* empoté *m*, -e *f*.
gilipollada, jilipollada *f mfam* connerie *f*.
gilipollas, jilipollas *adj inv* & *mf inv mfam* con (conne).
gimnasia *f* gymnastique *f* ; **confundir la ~ con la magnesia** prendre des vessies pour des lanternes.
gimnasio *m* gymnase *m*.
gimnasta *mf* gymnaste *mf*.
gimotear *vi* pleurnicher.
gin = **ginebra**.
gincana, gymkhana [jin'kana] *f* gymkhana *m*.
ginebra, gin ['ʒin] *f* gin *m*.
Ginebra Genève.
ginecología *f* gynécologie *f*.
ginecólogo, ga *m, f* gynécologue *mf*.
gira *f* tournée *f* ; **estar de ~** être en tournée.
girar ◇ *vi* - **1.** [gen] tourner ; **~ en torno a** o **alrededor de** *fig* tourner autour de - **2.** COM : **~ a sesenta días** payer à soixante jours. ◇ *vt* - **1.** [gen] tourner ; [peonza] faire tourner ; **~ (el volante)** braquer - **2.** [dinero] virer - **3.** COM [letra] tirer.
girasol *m* tournesol *m*.
giratorio, ria *adj* [movimiento] giratoire ; [mueble, silla] pivotant(e) ; [placa] tournant(e) ; [puerta] à tambour.
giro *m* - **1.** [movimiento] tour *m* - **2.** [de conversación, asunto, frase] tournure *f* - **3.** COM traite *f* ; [envío] virement *m* ; **~ postal** virement postal, ≃ mandat *m*.
gis *m Amer* craie *f*.
gitano, na ◇ *adj* - **1.** [del pueblo gitano] gitan(e) - **2.** *fam* [estafador] roublard(e) ; **¡si será ~ el tío este!** quel arnaqueur ce type! ◇ *m, f* Gitan *m*, -e *f*.
glacial *adj* glaciaire ; [viento, acogida] glacial(e).
glaciar ◇ *m* glacier *m*. ◇ *adj* glaciaire.
gladiador *m* gladiateur *m*.
gladiolo, gladíolo *m* glaïeul *m*.
glándula *f* glande *f*.
glasé *adj* glacé(e).
glicerina *f* glycérine *f*.
global *adj* global(e).
globo *m* - **1.** [gen] globe *m* - **2.** [aeróstato, juguete] ballon *m*.
glóbulo *m* globule *m* ; **~ blanco/rojo** globule blanc/rouge.
gloria ◇ *f* - **1.** [gen] gloire *f* - **2.** [placer] plaisir *m* ; **es una ~ verte** c'est un plaisir de te voir! - **3.** *loc* : **saber a ~** être exquis(e). ◇ *m* gloria *m*.
glorieta *f* - **1.** [plaza] rond-point *m* - **2.** [de casa, jardín] tonnelle *f*.
glorificar *vt* glorifier. ◆ **glorificarse** *vpr* : **~se de** se glorifier de.
glorioso, sa *adj* - **1.** [importante] glorieux(euse) - **2.** RELIG bienheureux(euse).
glosa *f* glose *f*.
glosar *vt* gloser.
glosario *m* glossaire *m*.
glotón, ona *adj* & *m, f* glouton(onne).
glotonería *f* gloutonnerie *f*.
glúcido *m* glucide *m*.
glucosa *f* glucose *m*.
gluten *m* gluten *m*.
gnomo, nomo *m* gnome *m*.
gobernación *f* gouvernement *m (direction)*.
gobernador, ra ◇ *adj* gouvernant(e). ◇ *m, f* gouverneur *m*.
gobernanta *f* gouvernante *f*.
gobernante ◇ *adj* gouvernant(e) ; [partido, persona] au pouvoir. ◇ *mf* gouvernant *m*.
gobernar *vt* - **1.** [gen & NÁUT] gouverner - **2.** [casa] tenir ; [negocios] mener, gérer.
gobierno *m* - **1.** [gen] gouvernement *m* - **2.** [forma política] régime *m* ; **~ parlamentario** régime parlementaire - **3.** [edificio] : **~ civil** préfecture *f* - **4.** NÁUT gouverne *f* ; [timón] barre *f*.
goce ◇ *v* ▷ **gozar**. ◇ *m* jouissance *f*, plaisir *m*.
godo, da ◇ *adj* des Goths. ◇ *m, f* : **los ~s** les Goths *mpl*.
gol *m* DEP but *m*.
goleada *f* carton *m*.
goleador, ra *m, f* buteur *m* , -euse *f*.
golear *vt* marquer de nombreux buts contre ; **~ al equipo contrario** écraser l'adversaire.
golf *m* golf *m*.
golfear *vi fam* [vaguear] glandouiller.
golfista *mf* golfeur *m*, -euse *f*.
golfo, fa *adj* & *m, f* voyou. ◆ **golfo** *m* GEOGR golfe *m* ; **el ~ de León** le golfe du Lion ; **el ~ de Vizcaya** le golfe de Gascogne ; **el ~ Pérsico** le golfe Persique.
golondrina *f* - **1.** [ave] hirondelle *f* - **2.** [barco] vedette *f*.
golondrino *m* ZOOL hirondeau *m*.
golosina *f* friandise *f*.
goloso, sa *adj* & *m, f* gourmand(e).
golpe *m* - **1.** [gen] coup *m* ; [entre coches] accrochage *m* ; **~ bajo** *lit* & *fig* coup bas ; **~ franco** DEP coup franc - **2.** *fam* [ocurrencia] : **¡tiene cada ~!** [persona] il en sort de

belles! ; [película] il y a de ces gags! - 3. *loc* : **no dar** o **pegar ~** *fam* ne pas en ficher une rame. ◆ **de golpe** *loc adv* [de una vez] d'un seul coup ; [con brusquedad] brusquement. ◆ **de golpe y porrazo** *loc adv* sans crier gare. ◆ **golpe de Estado** *m* coup *m* d'État. ◆ **golpe de suerte** *m* coup *m* de chance. ◆ **golpe de vista** *m* coup *m* d'œil.

golpear *vt* & *vi* frapper.

golpista *adj* & *mf* putschiste.

golpiza *f Amer* volée *f*.

goma *f* - 1. [gen] gomme *f* - 2. [tira] : **~ (elástica)** élastique *m* - 3. [caucho] caoutchouc *m* ; **~ espuma** Caoutchouc Mousse®*m* - 4. *fam* [preservativo] capote *f*. ◆ **Goma-2** *f* plastic *m*.

gomina *f* gomina *f*.

góndola *f* - 1. [barco] gondole *f* - 2. *Amer* [autobús] autobus *m*.

gondolero *m* gondolier *m*.

gong *m* gong *m*.

gordinflón, ona *fam* ◇ *adj* grassouillet(ette). ◇ *m, f* gros bonhomme *m*, grosse bonne femme *f*.

gordo, da ◇ *adj* gros (grosse) ; **me cae ~** *fam* je ne peux pas le sentir. ◇ *m, f* - 1. [gen] gros *m*, grosse *f* ; **armar la gorda** *fam fig* faire une scène - 2. *Amer* [palabra cariñosa] mon coco *m*, ma cocotte *f*. ◆ **gordo** *m* [en lotería] gros lot *m* ; **tocarle a alguien el ~** *fig fam* toucher le gros lot.

gordura *f* embonpoint *m*.

gorgorito *m* MÚS roulade *f*.

gorila *m* - 1. ZOOL gorille *m* - 2. *fam* [guardaespaldas] gorille *m* ; [en discoteca] videur *m*.

gorjear *vi* [pájaros] gazouiller.

gorra ◇ *f* casquette *f* ; **de ~** *fam* à l'œil. ◇ *m fam* parasite *m* ; [para la comida] pique-assiette *mf*.

gorrear *fam* ◇ *vt* taper. ◇ *vi* vivre en parasite.

gorrinada, gorrinería *f* cochonnerie *f* ; [acción] vacherie *f*.

gorrino, na *m, f* - 1. [animal] goret *m* - 2. *fig* [persona] cochon *m*, -onne *f*.

gorrión *m* moineau *m*.

gorro *m* bonnet *m* ; **estar hasta el ~ (de)** *fig* en avoir par-dessus la tête (de).

gorrón, ona *fam* ◇ *adj* : **ser ~** être un parasite. ◇ *m, f* parasite *m* ; [para la comida] pique-assiette *mf*.

gorronear *fam* ◇ *vt* taper ; **~ cigarros** taper des cigarettes. ◇ *vi* vivre aux crochets des autres.

gota *f* - 1. [gen & MED] goutte *f* ; **es la ~ que colma el vaso** c'est la goutte d'eau qui fait déborder le vase ; **sudar la ~ gorda** *fam* suer à grosses gouttes ; *fig* suer sang et eau - 2. [pizca - de aire] souffle *m* ; [- de sensatez etc] once *f* ; **no me queda ni ~ de harina** il ne me reste pas un gramme de farine. ◆ **gota a gota** *m* goutte-à-goutte *m inv*. ◆ **gota fría** *f* METEOR orage *m* de chaleur.

gotear ◇ *vi* - 1. [líquido] goutter - 2. *fig* [beneficios, ingresos etc] arriver au compte-gouttes. ◇ *v impers* [chispear] tomber des gouttes.

gotera *f* - 1. [filtración] gouttière *f* - 2. [grieta] fuite *f* - 3. [mancha] tache *f* d'humidité.

gótico, ca *adj* gothique. ◆ **gótico** *m* [arte] gothique *m*.

gourmet = **gurmet**.

goyesco, ca *adj* de Goya.

gozada *f fam* : **¡es una ~!** c'est le pied!

gozar *vi* - 1. [disfrutar] éprouver du plaisir ; **~ con** se réjouir de ; [buena comida] se régaler avec ; **~ de** jouir de - 2. [sexualmente] jouir.

gozne *m* gond *m*.

gozo *m* plaisir *m* ; **ser motivo de ~** être une occasion de réjouissance ; **¡mi ~ en un pozo!** *fig* c'est bien ma chance!

gr *abrev de* **grado**.

grabación *f* enregistrement *m*.

grabado *m* gravure *f*.

grabador, ra *m, f* graveur *m*, -euse *f*. ◆ **grabadora** *f* magnétophone *m*.

grabar *vt* - 1. [gen] graver - 2. [sonido & INFORM] enregistrer. ◆ **grabarse** *vpr* : **~se en** [recuerdos] se graver dans.

gracia *f* - 1. [gen] grâce *f* ; **no es guapo pero tiene ~** il n'est pas beau mais il a du charme ; **goza de la ~ del rey** il jouit de la faveur du roi - 2. [humor, chiste] drôlerie *f* ; **déjate de ~s** assez plaisanté ; **caer en ~** plaire ; **hacer ~ a alguien** faire rire qqn ; **(no) tener ~** (ne pas) être drôle ; **tiene ~** *irón* c'est drôle - 3. [arte] goût *m* ; [habilidad] talent *m*. ◆ **gracias** *fpl* merci *m* ; **dar las ~s** remercier ; **~s a** grâce à ; **muchas ~s** merci beaucoup.

gracioso, sa ◇ *adj* drôle. ◇ *m, f* - 1. [persona divertida] comique *m* ; **algún ~** un petit plaisantin - 2. TEATR bouffon *m*.

grada *f* - 1. [peldaño] marche *f* - 2. [graderío] tribune *f* ; TEATR rangée *f*. ◆ **gradas** *fpl* [de estadio, ruedo] gradins *mpl*.

gradación *f* - 1. [en retórica] gradation *f* - 2. [de colores] dégradé *m*.

gradería *f*, **graderío** *m* tribune *f*.
grado *m* - **1.** [gen, GRAM & GEOM] degré *m* - **2.** MIL & EDUC grade *m* ; **tener el ~ de doctor** avoir le titre de docteur - **3.** [curso escolar] année *f* - **4.** [voluntad] gré *m* ; **de buen/mal ~** de bon/mauvais gré.
graduación *f* - **1.** [acción] graduation *f* ; [de vino, licor etc] titre *m* ; **~ de la vista** mesure *f* de l'acuité visuelle - **2.** [título - MIL] grade *m* ; [- EDUC] diplôme *m*.
graduado, da ◇ *adj* - **1.** [gafas, termómetro] gradué(e) - **2.** [universitario] diplômé(e). ◇ *m, f* [persona] diplômé *m*, -e *f*. ◆ **graduado** *m* [título] diplôme *m* ; **~ escolar** certificat *m* d'études.
gradual *adj* graduel(elle).
graduar *vt* - **1.** [medir] mesurer ; [vino, licor etc] titrer - **2.** [regular] régler - **3.** [escalonar - pago] échelonner ; [- termómetro] graduer - **4.** [licenciar - MIL] promouvoir ; [- EDUC] diplômer. ◆ **graduarse** *vpr* : **~se (en)** EDUC obtenir son diplôme (de) ; **~se la vista** se faire vérifier la vue.
grafía *f* graphie *f*.
gráfico, ca *adj* - **1.** [gen] graphique - **2.** *fig* [expresivo] parlant(e). ◆ **gráfico** *m* graphique *m*. ◆ **gráfica** *f* courbe *f* *(graphique)*.
grafito *m* graphite *m*.
grafología *f* graphologie *f*.
grafólogo, ga *m, f* graphologue *mf*.
gragea *f* dragée *f*.
grajo *m* freux *m (corbeau)*.
gral. (*abrev de* **general**) gal.
gramática *f* ▷ **gramático**.
gramatical *adj* grammatical(e).
gramático, ca ◇ *adj* grammatical(e). ◇ *m, f* [persona] grammairien *m*, -enne *f*. ◆ **gramática** *f* grammaire *f*.
gramo *m* gramme *m*.
gramófono *m* gramophone *m*.
gramola *f* [portátil] phonographe *m*.
gran *adj* ▷ **grande**.
granada *f* grenade *f*.
Granada - **1.** [en España] Grenade - **2.** [en las Antillas] (la) Grenade.
granar *vi* grener.
granate *adj inv* & *m* grenat.
Gran Bretaña Grande-Bretagne *f*.
grande ◇ *adj* (*antes de sust* : **gran**) - **1.** [gen] grand(e) - **2.** *fig* & *irón* : **es ~ que ...** [enojoso] c'est un peu fort que ... ◇ *m* [noble] grand *m*. ◆ **a lo grande** *loc adv* en grande pompe ; **vivir a lo ~** mener grand train. ◆ **grandes** *mpl* [adultos] grands *mpl*.
grandeza *f* - **1.** [gen] grandeur *f* - **2.** [dignidad] grandesse *f* ; **toda la ~ de España** tous les grands d'Espagne.
grandioso, sa *adj* grandiose.
grandullón, ona ◇ *adj* dégingandé(e). ◇ *m, f despec* grande perche *f*.
granel ◆ **a granel** *loc adv* - **1.** [gen] en vrac ; [líquido] au litre - **2.** [en abundancia] à foison.
granero *m* grenier *m*.
granito *m* granit *m*.
granizada *f* - **1.** METEOR grêle *f* - **2.** *fig* [abundancia] pluie *f* ; **una ~ de golpes** une volée de coups.
granizado *m* CULIN granité *m*.
granizar *v impers* grêler.
granizo *m* grêle *f*.
granja *f* ferme *f* ; **~ de vacas** ferme d'élevage bovin.
granjearse *vpr* [admiración, amistad] s'attirer.
granjero, ra *m, f* fermier *m*, -ère *f*.
grano *m* - **1.** [gen] grain *m* - **2.** [en la piel] bouton *m* ; **ir al ~** *fig* en venir au fait, aller droit au but.
granuja *mf* canaille *f* ; [niño] garnement *m*.
granulado, da *adj* granulé(e) ; **el azúcar ~** le sucre cristallisé. ◆ **granulado** *m* granulés *mpl*.
grapa *f* agrafe *f*.
grapadora *f* agrafeuse *f*.
grapar *vt* agrafer.
GRAPO (*abrev de* **Grupos de Resistencia Antifascista Primero de Octubre**) *mpl* *groupes terroristes espagnols d'extrême gauche*.
grasa *f* ▷ **graso**.
grasiento, ta *adj* graisseux(euse).
graso, sa *adj* gras (grasse). ◆ **grasa** *f* graisse *f*.
gratén *m* gratin *m* ; **macarrones/patatas al ~** gratin de macaroni/de pommes de terre.
gratificación *f* gratification *f*.
gratificante *adj* gratifiant(e).
gratificar *vt* [complacer] récompenser.
gratinado, da *adj* gratiné(e).
gratinar *vt* gratiner.
gratis *adv* - **1.** [sin pagar] gratuitement - **2.** [sin esfuerzo] sans peine.
gratitud *f* gratitude *f*.
grato, ta *adj* agréable ; **nos es ~ comunicarle que ...** nous avons le plaisir de vous informer que ...
gratuito, ta *adj* gratuit(e).

grava *f* gravier *m*.
gravamen (*pl* **gravámenes**) *m* - **1.** ECON [impuesto] taxe *f* ; [carga] charge *f* - **2.** *fig* [deber] obligation *f*.
gravar *vt* - **1.** ECON grever ; [con impuestos] taxer - **2.** *fig* [empeorar] aggraver.
grave *adj* - **1.** [gen] grave - **2.** GRAM : **una palabra ~** un mot accentué sur l'avant-dernière syllabe.
gravedad *f* gravité *f*.
gravilla *f* gravillon *m*.
gravitar *vi* - **1.** FÍS graviter - **2.** *fig* [suj : amenaza, peligro] : **~ sobre** peser sur.
gravoso, sa *adj* - **1.** [caro] onéreux(euse) - **2.** [molesto] pesant(e).
graznar *vi* [cuervo, grajo] croasser.
graznido *m* - **1.** [cuervo, grajo] croassement *m* - **2.** *fig* [de personas] cri *m* d'orfraie.
Grecia Grèce *f*.
grecorromano, na *adj* gréco-romain(e).
gregoriano, na *adj* grégorien(enne).
gremio *m* - **1.** [de un oficio] corporation *f* - **2.** *fam* [grupo] camp *m*.
greña *f (gen pl)* tignasse *f* ; **andar a la ~** *fam fig* se crêper le chignon.
gres *m* grès *m*.
gresca *f* - **1.** [ruido, jaleo] chahut *m* - **2.** [pelea] bagarre *f*.
griego, ga <> *adj* grec (grecque). <> *m, f* Grec *m*, Grecque *f*. ◆ **griego** *m* [lengua] grec *m*.
grieta *f* fissure *f* ; [en la piel] gerçure *f*.
grifa *f fam* marijuana *f*.
grifería *f* robinetterie *f*.
grifo *m* - **1.** [llave] robinet *m* ; **~ monobloque** robinet monobloc - **2.** *Amer* [gasolinera] station-service *f*.
grill ['gril] (*pl* **grills**) *m* gril *m*.
grillado, da *adj* & *m, f fam* cinglé(e).
grillete *m* fers *mpl (de prisonnier)*.
grillo *m* grillon *m*.
grima *f* : **dar ~** [irritar] écœurer ; [dar dentera] faire grincer les dents.
gringo, ga *despec* <> *adj* yankee. <> *m, f* amerloque *mf*.
gripa *f Amer* grippe *f*.
gripe *f* grippe *f*.
griposo, sa *adj* grippé(e).
gris <> *adj* - **1.** [color] gris(e) - **2.** *fig* [triste] morne ; **sentirse ~** être morose. <> *m* gris *m*.
gritar <> *vi* crier. <> *vt* : **~ a alguien** crier après qqn ; [a un actor etc] huer qqn.
griterío *m* cris *mpl*.
grito *m* cri *m* ; **dar** o **pegar un ~** pousser un cri.
Groenlandia Groenland *m*.
grogui *adj* groggy ; **la noticia lo dejó ~** *fam fig* la nouvelle l'a scié.
grosella *f* groseille *f*.
grosería *f* grossièreté *f*.
grosero, ra <> *adj* grossier(ère). <> *m, f* malotru *m*, -e *f*.
grosor *m* épaisseur *f*.
grosso ◆ **grosso modo** *loc adv* grosso modo.
grotesco, ca *adj* grotesque.
grúa *f* - **1.** CONSTR grue *f* - **2.** AUTOM dépanneuse *f* ; **~ (municipal)** (camion de) la fourrière.
grueso, sa *adj* gros (grosse) ; [tela, tabla] épais(aisse). ◆ **grueso** *m* - **1.** [grosor] épaisseur *f* - **2.** [la mayor parte] : **el ~ de** le gros de.
grulla *f* ZOOL grue *f*.
grumete *m* mousse *m*.
grumo *m* grumeau *m*.
grunge [gruntʃ] *adj* grunge.
gruñido *m* grognement *m* ; **soltar un ~ a alguien** *fig* gronder qqn.
gruñir *vi* grogner ; *fam* râler.
gruñón, ona *fam* <> *adj* grognon. <> *m, f* râleur *m*, -euse *f*.
grupa *f* croupe *f*.
grupo *m* groupe *m* ; **~ de empresas** groupement *m* d'entreprises ; **~ profesional** équipe *f*. ◆ **grupo sanguíneo** *m* groupe *m* sanguin.
gruta *f* grotte *m*.
guacal, huacal *m Amer* - **1.** [calabaza] calebasse *f* - **2.** [jaula] cage *f* - **3.** [caja] cageot *m*.
guacamol, guacamole *m* guacamole *m (purée d'avocat épicée typique du Mexique)*.
guachada *f Amer fam* vacherie *f*.
guachimán *m Amer* gardien *m*.
guacho, cha *m, f Amer fam* bâtard *m*, -e *f (enfant)*.
Guadalquivir *m* : **el ~** le Guadalquivir.
guadaña *f* faux *f*.
guagua *f Amer* - **1.** [autobús] bus *m* - **2.** [niño] bébé *m*.
guajolote *m Amer* - **1.** [pavo] dindon *m* - **2.** *fig* [tonto] âne *m*.
gualdo, da *adj* jaune d'or.
guampa *f Amer* corne *f*.
guampudo, da *adj Amer* à cornes.
guanajo *m Amer* dindon *m*.
guantazo *m fam* baffe *f*.

guante *m* gant *m* ; **echarle el ~ a algo/a alguien** mettre le grappin sur qqch/qqn.
guantera *f* boîte *f* à gants.
guapo, pa ◇ *adj* [persona] beau (belle) ; *fam* [cosa] super *inv*, génial(e). ◇ *m, f* - **1.** [valiente] : **¿quién es el ~ que ...?** qui a le courage de ...? - **2.** [fanfarrón] vantard *m*, -e *f* ; **se cree el ~ del pueblo** il se prend pour le coq du village.
guarangada *f Amer* grossièreté *f*.
guarda ◇ *mf* gardien *m*, -enne *f* ; **~ de caza** garde-chasse *m* ; **~ jurado** agent *m* de sécurité privé. ◇ *f* garde *f*.
guardabarrera *mf* garde-barrière *mf*.
guardabarros *m inv* garde-boue *m inv*.
guardabosque *mf* garde *m* forestier.
guardacoches *mf inv* gardien *m*, -enne *f* de parking.
guardacostas *m inv* garde-côte *m*.
guardador, ra *m, f* gardien *m*, -enne *f*.
guardaespaldas *mf inv* garde *m* du corps.
guardameta *mf* gardien *m* de but.
guardapolvo *m* [bata] blouse *f*.
guardar *vt* - **1.** [gen] garder ; **~ cama/silencio** garder le lit/le silence ; **~ la palabra** tenir parole ; **~ las formas** *fig* sauver les apparences ; **~ las leyes** observer les lois - **2.** [proteger] : **~ (de)** protéger (de) - **3.** [colocar] ranger. ◆ **guardarse** *vpr* : **~se de** se garder de ; **guardársela a alguien** *fig* garder à qqn un chien de sa chienne.
guardarropa ◇ *mf* employé *m*, -e *f* de vestiaire. ◇ *m* - **1.** [armario - público] vestiaire *m* ; [- particular] penderie *f* - **2.** [prendas] garde-robe *f*.
guardarropía *f* TEATR [prendas] costumes *mpl* ; [lugar] magasin *m* des accessoires.
guardería *f* crèche *f (établissement)*.
guardia ◇ *f* garde *f* ; **estar de ~** être de garde ; **montar (la) ~** monter la garde ; **~ montada** police *f* montée ; **~ municipal** o **urbana** police *f* municipale ; **la vieja ~** la vieille garde. ◇ *mf* agent *m* ; **~ de tráfico** agent de police. ◆ **Guardia Civil** *f* Garde *f* civile, ≃ gendarmerie *f*.
guardián, ana *m, f* gardien *m*, -enne *f (vigile)*.
guarecer *vt* : **~ (de)** abriter (de), protéger (de). ◆ **guarecerse** *vpr* : **~se (de)** s'abriter (de).
guarida *f* - **1.** [de animales] tanière *f* - **2.** *fig* [de malhechores] repaire *m*.
guarnecer *vt* [adornar & CULIN] : **~ (con)** garnir (de).
guarnición *m* - **1.** [adorno & CULIN] garniture *f* - **2.** MIL garnison *f*.
guarrada *f fam* cochonnerie *f* ; [mala jugada] tour *m* de cochon.
guarrería *f fam* - **1.** [suciedad] cochonnerie *f* - **2.** *fig* [mala acción] crasse *f*.
guarro, rra ◇ *adj* dégoûtant(e). ◇ *m, f* - **1.** [animal] cochon *m*, truie *f* - **2.** *fam* [persona - sucia] cochon *m*, -onne *f* ; [- mala] pourriture *f*.
guarura *m Amer fam* gorille *m (garde du corps)*.
guasa *f fam* - **1.** [gracia] : **déjate de ~s** arrête de rigoler ; **estar de ~** être d'humeur à rigoler - **2.** [pesadez] : **¡ese tío tiene una ~!** quel raseur ce type! ; **¡tiene ~ la cosa!** elle est forte, celle-là!
guasearse *vpr fam* : **~ (de alguien)** mettre (qqn) en boîte.
guasón, ona *adj* & *m, f* blagueur *m*, -euse *f*.
Guatemala Guatemala *m*.
guatemalteco, ca ◇ *adj* guatémaltèque. ◇ *m, f* Guatémaltèque *mf*.
guateque *m* surprise-partie *f*, fête *f*.
guau *m* ouah *m*.
guay *adj fam* super ; **muy ~** génial(e).
guayabo, ba *m, f Amer fam* beau gosse *m*, belle fille *f*. ◆ **guayabo** *m* [árbol] goyavier *m*. ◆ **guayaba** *f* [fruta] goyave *f*.
Guayana Guyane *f*.
guayín *m Amer* camionnette *f*.
gubernativo, va *adj* du gouvernement ; **una orden gubernativa** ≃ un arrêté préfectoral.
guepardo *m* guépard *m*.
güero, ra *adj Amer fam* blond(e).
guerra *f* guerre *f* ; [de intereses, ideas, opiniones] conflit *m* ; **declarar la ~** déclarer la guerre ; **~ bacteriológica** guerre bactériologique ; **~ civil** guerre civile ; **~ fría** guerre froide ; **~ relámpago** guerre éclair ; **dar ~ a alguien** *fam fig* donner du fil à retordre à qqn ; **¡mira que das ~!** *fam* ce que tu es casse-pieds!
guerrear *vi* faire la guerre ; **los dos pueblos guerrean** les deux peuples se font la guerre.
guerrero, ra ◇ *adj* guerrier(ère). ◇ *m, f* guerrier *m*. ◆ **guerrera** *f* [prenda] vareuse *f*.
guerrilla *f* MIL [grupo] groupe *m* de guérilleros ; [estrategia] guérilla *f*.
guerrillero, ra *m, f* guérillero *m*.
gueto, ghetto ['geto] *m* ghetto *m*.

güevón *m Amer vulg* connard *m*.

guía ◇ *mf* [persona] guide *mf* ; **~ turístico** guide *(personne)*. ◇ *f* **- 1.** [gen] guide *m* ; **~ de ferrocarriles** indicateur *m* des chemins de fer ; **~ telefónica** annuaire *m* (du téléphone) ; **~ turística** guide touristique *(livre)* **- 2.** [para cortinas] tringle *f* à glissière.

guiar *vt* **- 1.** [gen] guider ; **el profesor guió el estudio** le professeur a dirigé l'étude **- 2.** AUTOM conduire **- 3.** [plantas, ramas] tuteurer. ◆ **guiarse** *vpr* : **~se (de** o **por)** se guider (sur).

guijarro *m* caillou *m*.

guillado, da *adj fam* timbré(e).

guillotina *f* **- 1.** [para decapitar] guillotine *f* **- 2.** [para cortar] massicot *m*.

guillotinar *vt* **- 1.** [decapitar] guillotiner **- 2.** [cortar] massicoter.

guinda *f* griotte *f*.

guindilla *f* piment *m* rouge.

Guinea Guinée *f*.

guiñapo *m* loque *f*.

guiñar *vt* : **~ el ojo** faire un clin d'œil.

guiño *m* clin *m* d'œil.

guiñol *m* guignol *m*.

guión *m* **- 1.** [esquema] plan *m* **- 2.** CIN & TELE scénario *m* **- 3.** GRAM [signo] trait *m* d'union.

guionista *mf* scénariste *mf*.

guiri *mf fam despec* métèque *m*.

guirigay *m* **- 1.** *fam* [jaleo] brouhaha *m* **- 2.** [lenguaje ininteligible] charabia *m*.

guirlache *m amandes grillées et caramélisées*.

guirnalda *f* guirlande *f*.

guisa *f* : **a ~ de** en guise de ; **de esta ~** de cette façon.

guisado *m* ragoût *m*.

guisante *m* **- 1.** [planta] pois *m* **- 2.** [fruto] petit pois *m*.

guisar ◇ *vt fig* cuisiner, mijoter. ◇ *vi* cuisiner.

guiso *m* ragoût *m*.

güisqui, whisky *m* whisky *m*.

guita *f fam* pognon *m*.

guitarra *f* guitare *f*.

guitarrista *mf* guitariste *mf*.

gula *f* gloutonnerie *f* ; **con (tanta) ~** (si) goulûment.

gurí, isa *m, f Amer fam* gamin *m*, -e *f*.

guripa *m fam* [guardia municipal] poulet *m*.

gurmet (*pl* **gurmets**), **gourmet** [gur'met] (*pl* **gourmets**) *mf* gourmet *m*.

guru, gurú *m* gourou *m*.

gusanillo *m fam* : **sentir un ~ en el estómago** [por el miedo] avoir les tripes nouées ; [por el hambre] avoir un petit creux ; **tener el ~ de la conciencia** avoir quelque chose sur la conscience ; **matar el ~** manger un petit quelque chose.

gusano *m* **- 1.** [animal] ver *m* **- 2.** *fig* [persona] moins-que-rien *mf*.

gustar ◇ *vi* [agradar] plaire ; **me gusta esa chica** cette fille me plaît ; **me gusta el deporte/ir al cine** j'aime le sport/aller au cinéma. ◇ *vt* [probar] goûter.

gustazo *m fam* : **darse el ~ de** se payer le luxe de ; **¡es un ~!** c'est le pied!

gusto *m* **- 1.** [gen] goût *m* ; **tener buen/mal ~** avoir bon/mauvais goût ; **tomar ~ a algo** prendre goût à qqch **- 2.** [agrado] plaisir *m* ; **con mucho ~** avec plaisir ; **da ~ estar aquí** ça fait plaisir d'être ici ; **mucho** o **tanto ~** enchanté(e). ◆ **a gusto** *loc adv* : **estar a ~** être à son aise ; **hacer algo a ~** [de buena gana] prendre plaisir à faire qqch ; [cómodamente] être à son aise pour faire qqch.

gustoso, sa *adj* **- 1.** [sabroso] savoureux(euse) **- 2.** [con placer] : **hacer algo ~** faire qqch avec plaisir.

gutural *adj* guttural(e).

gymkhana = **gincana**.

H

h[1], **H** [atʃe] *f* [letra] h *m inv*, H *m inv* ; **por h o por b** *fig* pour une raison ou pour une autre.

h[2], **h.** (*abrev de* **hora**) h.

ha ◇ *v* ▷ **haber**. ◇ (*abrev de* **hectárea**) ha.

haba *f* fève *f*.

habano, na *adj* havanais(e). ◆ **habano** *m* [cigarro] havane *m*.

haber[1] ◇ *v aux* **- 1.** *(antes de verbos transitivos)* avoir ; **lo he/había hecho** je l'ai/l'avais fait ; **los niños ya han comido** les enfants ont déjà mangé **- 2.** *(antes de verbos de movimiento, de estado o permanencia)* être ; **ha salido** il est sorti ; **nos hemos quedado en casa** nous sommes restés à la maison **- 3.** [expresa reproche] : **~ venido a la reunión** tu n'avais qu'à venir à la réunion

- **4.** [expresa obligación] : **~ de hacer algo** devoir faire qqch ; **has de trabajar más** tu dois travailler davantage - **5.** [expresa probabilidad] : **ha de ser su hermano** ce doit être son frère. ◇ *vt* [ocurrir] se produire ; **los accidentes habidos este verano** les accidents qui se sont produits cet été. ◇ *v impers* - **1.** [existir, estar] : **hay mucha gente en la calle** il y a beaucoup de monde dans la rue ; **había/hubo problemas** il y avait/il y a eu des problèmes ; **habrá dos mil personas** [expresa futuro] il y aura deux mille personnes ; [expresa hipótesis] il doit y avoir deux mille personnes - **2.** [expresa obligación] : **~ que hacer algo** falloir faire qqch ; **habrá que ir a por ella** il faudra aller la chercher - **3.** [expresa probabilidad] : **han de ser las tres** il doit être trois heures - **4.** *loc* : **como hay pocos** comme il y en a peu ; **¡hay que ver qué malo es!** qu'est-ce qu'il est méchant! ; **¡hay que ver cómo lo trata!** il faut voir comment il le traite! ; **no hay de qué** il n'y a pas de quoi ; **¿qué hay?** *fam* ça va? ◆ **haberse** *vpr* : **habérselas con alguien** avoir affaire à qqn.

haber² *m* [en cuentas, contabilidad] crédit *m* ; **tener en su ~** avoir à son crédit ; *fig* avoir à son actif. ◆ **haberes** *mpl* - **1.** [bienes] avoir *m* - **2.** [sueldo] appointements *mpl*.

habichuela *f* haricot *m*.

hábil *adj* - **1.** [diestro] habile - **2.** DER : **~ para** apte à ; **días ~es** jours ouvrables ; **en tiempo ~** dans le délai requis.

habilidad *f* [destreza] habileté *f* ; [aptitud] don *m* ; **tener ~ para algo** être doué(e) pour qqch.

habilitar *vt* - **1.** [acondicionar] aménager - **2.** DER [autorizar] habiliter.

habiloso, sa *adj Amer* intelligent(e).

habitación *f* pièce *f* ; [dormitorio] chambre *f* ; **~ doble/simple** chambre double/individuelle.

habitáculo *m* réduit *m* ; [de coche] habitacle *m*.

habitante *m* habitant *m*, -e *f*.

habitar *vt* & *vi* habiter.

hábitat (*pl* **hábitats**) *m* habitat *m*.

hábito *m* - **1.** [costumbre] habitude *f* - **2.** [traje] habit *m*.

habitual *adj* habituel(elle) ; [cliente, lector] fidèle.

habituar *vt* : **~ a alguien a** habituer qqn à. ◆ **habituarse** *vpr* : **~se a** s'habituer à ; [drogas etc] s'accoutumer à.

habla *f (el)* - **1.** [idioma] langue *f* - **2.** [facultad] parole *f* ; **quedarse sin ~** rester sans voix - **3.** LING parler *m*. ◆ **al habla** *loc adv* : **estar al ~ con alguien** être en communication avec qqn.

hablador, ra *adj* & *m, f* bavard(e).

habladurías *fpl* cancans *mpl*, commérages *mpl*.

hablar ◇ *vi* : **~ (con)** parler (à o avec) ; **~ bien/mal de alguien** dire du bien/du mal de qqn ; **~ de tú/de usted a alguien** tutoyer/vouvoyer qqn ; **~ en voz alta/baja** parler à voix haute/basse ; **¡ni ~!** pas question! ◇ *vt* - **1.** [idioma] parler - **2.** [asunto] : **~ algo con alguien** discuter de qqch avec qqn. ◆ **hablarse** *vpr* se parler ; **no ~se con alguien** ne pas se parler ; **hace un año que no se hablan** ils ne se parlent plus depuis un an.

habrá *etc* ▷ **haber**.

hacendado, da *m, f* propriétaire *m* terrien.

hacer ◇ *vt* - **1.** [gen] faire ; **hizo un vestido/pastel** elle a fait une robe/un gâteau ; **~ planes** faire des projets ; **~ un crucigrama/una fotocopia** faire des mots croisés/une photocopie ; **el árbol hace sombra** l'arbre fait de l'ombre ; **le hice señas** je lui ai fait des signes ; **no hagas ruido/el tonto** ne fais pas de bruit/l'idiot ; **debes ~ deporte** tu dois faire du sport ; **he hecho la cama** j'ai fait le lit ; **me hizo daño/reír** il m'a fait mal/rire ; **hizo de ella una buena cantante** il a fait d'elle une bonne chanteuse ; **voy a ~ teñir este traje** je vais faire teindre cette robe - **2.** [dar aspecto] : **este espejo te hace gordo** cette glace te grossit ; **este peinado la hace más joven** cette coiffure la rajeunit - **3.** [convertir] rendre ; **te hará feliz** il te rendra heureuse - **4.** [representar] : **~ el papel de** jouer le rôle de - **5.** [suponer] croire ; **yo te hacía en París** je te croyais à Paris. ◇ *vi* - **1.** [intervenir] faire ; **déjame ~ a mí** laisse-moi faire - **2.** [actuar] : **~ de** CIN & TEATR jouer le rôle de ; [reemplazar] faire office de - **3.** [aparentar] : **~ como si** o **como que** faire comme si ; **hace como si no nos viera** il fait comme s'il ne nous voyait pas ; **hace como que no entiende** il fait semblant de ne pas comprendre - **4.** *loc* : **¿hace?** *fam* d'accord? ; **vamos al cine ¿te hace?** on va au cinéma, ça te dit? ◇ *v impers* - **1.** [tiempo meteorológico] faire ; **hace frío** il fait froid ; **hace buen tiempo** il fait beau - **2.** [tiempo transcurrido] : **hace una semana** il y a une semaine ; **hace mucho** il y a longtemps ; **maña-**

na hará un mes que estoy aquí demain ça fera un mois que je suis ici. ◆ **hacerse** *vpr* - **1.** [guisarse, cocerse] cuire - **2.** [convertirse] devenir ; **se hizo monja** elle est devenue bonne sœur ; **se hizo rico** il est devenu riche ; **~se viejo** se faire vieux - **3.** [resultar] : **se está haciendo tarde** il se fait tard - **4.** [imaginar] se faire ; **no te hagas ilusiones** ne te fais pas d'illusions - **5.** [simular] : **se hace el gracioso** il fait le malin ; **se hace la atrevida** elle joue les courageuses ; **se hace el distraído para no saludar** il fait celui qui ne nous a pas vus pour ne pas nous dire bonjour - **6.** [obligar a] : **le gusta ~se (de) rogar** elle aime se faire prier - **7.** [creer] : **se me hace que ...** il me semble que ..., je crois que ... - **8.** : **~se con algo** [ganar] obtenir qqch ; [proveerse en] se procurer ; [controlar] maîtriser.

hacha *f (el)* hache *f* ; **ser un ~** *fam fig* être un as.

hachís [xa'tʃis], **haschich** [xa'ʃis], **hash** [xaʃ] *m* haschisch *m*.

hacia *prep* vers ; **~ abajo/arriba** vers le bas/le haut ; **~ aquí/allí** par ici/là ; **~ atrás/adelante** en arrière/avant ; **~ las diez** vers dix heures.

hacienda *f* - **1.** [finca] exploitation *f* agricole - **2.** [bienes] fortune *f*. ◆ **Hacienda** *f* : **la Hacienda Pública** les Finances.

hackear [xake'ar] *vi* faire du piratage informatique.

hacker ['xaker] *mf* pirate *m* informatique.

hada *f (el)* fée *f*.

haga *etc* ▻ **hacer**.

Haití Haïti.

hala *interj* : **¡hala!** [para animar] allez! ; [para expresar sorpresa] hou la!, ça alors!

halagador, ra *adj* & *m, f* flatteur(euse).

halagar *vt* flatter.

halago *m* flatterie *f*.

halagüeño, ña *adj* [noticia, perspectiva] encourageant(e).

halcón *m* faucon *m*.

hale *interj* : **¡hale!** allez!

hálito *m lit* & *fig* souffle *m*.

hall ['xol] (*pl* **halls**) *m* hall *m*.

hallar *vt* trouver. ◆ **hallarse** *vpr* se trouver ; **se halla enfermo/en reunión** il est malade/en réunion.

hallazgo *m* trouvaille *f* ; [descubrimiento] découverte *f*.

halo *m* - **1.** [de astros, objetos etc] halo *m* - **2.** [de santos] auréole *f* - **3.** *fig* [fama] auréole *f*, aura *f*.

halógeno, na *adj* halogène.

halterofilia *f* haltérophilie *f*.

hamaca *f* - **1.** [para colgar] hamac *m* - **2.** [tumbona] chaise *f* longue.

hambre *f* faim *f* ; **tener ~** avoir faim ; **matar el ~** calmer sa faim.

hambriento, ta *adj* affamé(e).

hamburguesa *f* hamburger *m*.

hamburguesería *f* fast-food *m*.

hampa *f* : **el ~** le milieu *(la pègre)*.

hámster ['xamster] (*pl* **hámsters**) *m* hamster *m*.

hándicap ['xandikap] (*pl* **hándicaps**) *m* handicap *m*.

hangar *m* hangar *m*.

hará *etc* ▻ **hacer**.

harapiento, ta *adj* en haillons.

harapo *m* haillon *m*.

hardware ['xarwar] *m* hardware *m*, matériel *m*.

harén *m* harem *m*.

harina *f* farine *f*.

harinoso, sa *adj* farineux(euse).

harmonía = **armonía**.

hartar *vt* - **1.** [atiborrar] gaver - **2.** *fam* [fastidiar] fatiguer. ◆ **hartarse** *vpr* - **1.** [atiborrarse] se gaver - **2.** *fam* [cansarse] en avoir marre - **3.** [excederse] : **~se de hacer algo** faire qqch du matin au soir.

harto, ta *adj* - **1.** [de comida] repu(e) - **2.** *fam* [cansado] fatigué(e) ; **estar ~ de** en avoir marre de. ◆ **harto** *adv* on ne peut plus ; **es ~ evidente** c'est on ne peut plus évident.

hartón *m* indigestion *f* ; **darse un ~ de llorar** pleurer toutes les larmes de son corps.

haschich = **hachís**.

hash = **hachís**.

hasta ◇ *prep* jusqu'à ; **desde aquí ~ allí** d'ici jusque-là ; **~ ahora** à tout de suite ; **~ la vista** au revoir ; **~ luego** à tout à l'heure, à plus tard ; [adiós] au revoir ; **~ mañana** à demain ; **~ otra** à la prochaine ; **~ pronto** à bientôt. ◇ *adv* même. ◆ **hasta que** *loc conj* jusqu'à ce que.

hastiar *vt* lasser, excéder. ◆ **hastiarse** *vpr* : **~se de** se lasser de.

hastío *m* lassitude *f* ; [por la comida] dégoût *m*.

hatajo *m* : **~ (de)** ramassis *m* (de).

hatillo *m* balluchon *m*.

haya ◇ *v* ▻ **haber**. ◇ *f* hêtre *m*.

haz ◇ *v* ▻ **hacer**. ◇ *m* faisceau *m* ;

[de mieses] gerbe *f* ; [de leña] fagot *m* ; [de paja, heno] botte *f* ; **~ de rayos luminosos** faisceau lumineux.
hazaña *f* exploit *m*.
hazmerreír *m* risée *f*.
HB (*abrev de* **Herri Batasuna**) *f parti indépendantiste basque*.
he ▻ **haber**.
hebilla *f* boucle *f (de ceinture, de chaussure)*.
hebra *f* - **1.** [hilo, tabaco] brin *m* ; **de ~** [tabaco] à rouler - **2.** [de hortalizas] fil *m*.
hebreo, a ◇ *adj* hébreu (hébraïque). ◇ *m, f* : **los ~s** les Hébreux. ◆ **hebreo** *m* [lengua] hébreu *m*.
hechicero, ra ◇ *adj* ensorcelant(e), envoûtant(e). ◇ *m, f* sorcier *m*, -ère *f*.
hechizar *vt lit* & *fig* envoûter.
hechizo *m lit* & *fig* envoûtement *m*.
hecho, cha ◇ *pp irreg* ▻ **hacer**. ◇ *adj* - **1.** [gen] fait(e) ; **es un trabajo mal ~** c'est un travail mal fait ; **está muy bien hecha** *fam* elle est très bien faite ; **está ~ todo un padrazo** c'est le père idéal ; **ya es un hombre ~ y derecho** il est devenu un homme - **2.** [comida] cuit(e) ; **el pastel está muy ~** le gâteau est trop cuit ; **un filete bien/muy/poco ~** un steak à point/bien cuit/saignant. ◆ **hecho** ◇ *m* fait *m* ; **~ diferencial** trait *m* distinctif. ◇ *interj* : **¡hecho!** d'accord! ◆ **de hecho** *loc adv* de fait.
hechura *f* façon *f (forme)*.
hectárea *f* hectare *m*.
heder *vi* [oler mal] empester.
hedor *m* puanteur *f*.
hegemonía *f* hégémonie *f*.
hegemónico, ca *adj* hégémonique.
helada *f* ▻ **helado**.
heladería *f* : **lo compré en la ~** je l'ai acheté chez le marchand de glaces.
helado, da *adj* - **1.** [gen] gelé(e) ; [postre] glacé(e) - **2.** *fig* [asombrado] : **quedarse ~** avoir un choc. ◆ **helado** *m* glace *f*. ◆ **helada** *f* gelée *f*.
helar ◇ *vt* - **1.** [convertir en hielo] geler - **2.** *fig* [dejar atónito] glacer. ◇ *v impers* geler ; **ayer por la noche heló** il a gelé cette nuit. ◆ **helarse** *vpr* geler ; **se han helado las plantas** les plantes ont gelé ; **¡me estoy helando!** je gèle!
helecho *m* fougère *f*.
hélice *f* hélice *f*.
helicóptero *m* hélicoptère *m*.
helio *m* hélium *m*.
helipuerto *m* héliport *m*.
Helsinki Helsinki.
helvético, ca ◇ *adj* helvétique. ◇ *m, f* Helvète *mf*.
hematoma *m* hématome *m*.
hembra *f* - **1.** [animal] femelle *f* - **2.** [mujer] femme *f* ; [niña] fille *f* - **3.** ELECTR prise *f* femelle.
hemeroteca *f* bibliothèque *f* de périodiques.
hemiciclo *m* hémicycle *m*.
hemisferio *m* hémisphère *m*.
hemofilia *f* hémophilie *f*.
hemorragia *f* hémorragie *f* ; **~ nasal** saignement *m* de nez.
hemorroides *fpl* hémorroïdes *fpl*.
henchir *vt* remplir ; **~ el pecho de aire** remplir ses poumons d'air.
hender, hendir *vt* fendre.
hendidura *f* fente *f*.
hendir = **hender**.
heno *m* foin *m*.
hepatitis *f inv* hépatite *f*.
heptágono *m* heptagone *m*.
herbicida *m* désherbant *m*.
herbívoro, ra ◇ *adj* herbivore. ◇ *m, f* herbivore *m*.
herbolario, ria *m, f* herboriste *mf*. ◆ **herbolario** *m* herboristerie *f*.
herboristería *f* herboristerie *f*.
hercio, ['erθjo] *m* hertz *m*.
heredar *vt* hériter ; **heredó un piso** il a hérité d'un appartement ; **heredó una casa de su padre** il a hérité une maison de son père ; **ha heredado la nariz de su madre** il a hérité du nez de sa mère.
heredero, ra ◇ *adj* : **el príncipe ~** le prince héritier. ◇ *m, f* héritier *m*, -ère *f*.
hereditario, ria *adj* héréditaire.
hereje *mf* - **1.** RELIG hérétique *mf* - **2.** *fig* [malhablado] blasphémateur *m*, -trice *f*.
herejía *f* [doctrina, postura] hérésie *f*.
herencia *f* héritage *m*.
herido, da *adj* & *m, f* blessé(e). ◆ **herida** *f lit* & *fig* blessure *f*.
herir *vt lit* & *fig* blesser.
hermafrodita *adj* & *mf* hermaphrodite.
hermanado, da *adj* [personas] proche ; [ciudades] jumelé(e).
hermanar *vt* - **1.** [esfuerzos] conjuguer - **2.** [personas] rapprocher - **3.** [ciudades] jumeler. ◆ **hermanarse** *vpr* - **1.** [ciudades] être jumelé(e) - **2.** [ideas, tendencias etc] s'associer.
hermanastro, tra *m, f* demi-frère *m*, demi-sœur *f*.

hermandad *f* - **1.** [asociación] amicale *f* ; [RELIG - de hombres] confrérie *f* ; [- de mujeres] communauté *f* - **2.** [amistad] fraternité *f.*

hermano, na ◇ *adj* frère (sœur). ◇ *m, f* frère *m,* sœur *f.*

hermético, ca *adj lit* & *fig* hermétique.

hermoso, sa *adj* beau (belle).

hermosura *f* beauté *f.*

hernia *f* hernie *f.*

herniarse *vpr* - **1.** MED développer une hernie - **2.** *fam* [esforzarse] : **se hernia a trabajar** il se tue au travail.

héroe *m* héros *m.*

heroico, ca *adj* héroïque.

heroína *f* héroïne *f.*

heroinómano, na *m, f* héroïnomane *mf.*

heroísmo *m* héroïsme *m.*

herpes *m* herpès *m.*

herradura *f* fer *m* à cheval.

herramienta *f* outil *m.*

herrería *f* - **1.** [taller] forge *f* ; **en la ~** chez le forgeron - **2.** [oficio] forgeage *m.*

herrero *m* forgeron *m.*

herrumbre *f* rouille *f.*

hertz = **hercio.**

hervidero *m* - **1.** [de sentimientos] bouillonnement *m* ; **un ~ de intrigas** un foyer d'intrigues - **2.** [de gente] fourmilière *f.*

hervir ◇ *vt* faire bouillir. ◇ *vi* bouillir.

hervor *m* ébullition *f* ; **dar un ~ a algo** CULIN blanchir qqch.

heterodoxo *adj* & *mf* hétérodoxe.

heterogéneo, a *adj* hétérogène.

heterosexual *adj* & *mf* hétérosexuel(elle).

hexágono *m* hexagone *m.*

hez *f lit* & *fig* lie *f.* ◆ **heces** *fpl* [excrementos] selles *fpl.*

hibernal *adj* hivernal(e).

hibernar *vi* hiberner.

híbrido, da *adj* hybride. ◆ **híbrido** *m* hybride *m.*

hice *etc* ▻ **hacer.**

hidalgo, ga ◇ *adj* noble. ◇ *m, f* hidalgo *m.*

hidratación *f* hydratation *f.*

hidratante ◇ *adj* hydratant(e). ◇ *m* hydratant *m.*

hidratar *vt* hydrater.

hidrato *m* hydrate *m.*

hidráulico, ca *adj* hydraulique.

hidroavión *m* hydravion *m.*

hidroeléctrico, ca *adj* hydroélectrique.

hidrógeno *m* hydrogène *m.*

hidrografía *f* hydrographie *f.*

hidroplano *m* - **1.** [barco] hydroglisseur *m* - **2.** [avión] hydravion *m.*

hidrostático, ca *adj* hydrostatique.

hiedra, yedra *f* lierre *m.*

hiel *f* fiel *m.*

hielo *m* glace *f* ; [en carretera] verglas *m* ; **romper el ~** *fig* rompre la glace.

hiena *f* hyène *f.*

hierático, ca *adj* hiératique.

hierba, yerba *f* herbe *f* ; **este tipo es mala ~** ce type c'est de la mauvaise graine ; **mala ~ nunca muere** mauvaise herbe croît toujours.

hierbabuena *f* menthe *f.*

hierro *m* - **1.** [gen] fer *m* ; **de ~** [salud, voluntad etc] de fer ; **~ forjado** fer forgé - **2.** [de puñal, cuchillo] lame *f.*

HI-FI (*abrev de* **high fidelity**) *f* hi-fi *f.*

hígado *m* foie *m.*

higiene *f* hygiène *f.*

higiénico, ca *adj* hygiénique.

higienizar *vt* désinfecter.

higo *m* figue *f* ; **~ chumbo** figue de Barbarie.

higuera *f* figuier *m.*

hijastro, tra *m, f* beau-fils *m,* belle-fille *f (enfants d'un premier mariage).*

hijo, ja *m, f* - **1.** [descendiente] fils *m,* fille *f* ; **~ de papá** *fam* fils à papa - **2.** [de una tierra] enfant *mf* - **3.** [vocativo] : **¡ay, hija, qué mala suerte!** ma pauvre, c'est vraiment pas de chance! ; **¡pues ~, podrías haber avisado!** dis donc, tu aurais pu prévenir! ; **~ mío** mon fils ; **¡~ mío, qué tonto eres!** qu'est-ce que tu es bête mon pauvre! ◆ **hijo** *m* [hijo o hija] enfant *m* ; **tiene dos ~s** elle a deux enfants. ◆ **hijo político** *m* gendre *m.* ◆ **hija política** *f* belle-fille *f (bru).*

hilacha *f* fil *m (qui dépasse).*

hilada *f* rangée *f.*

hilar *vt* filer.

hilaridad *f* hilarité *f.*

hilatura *f* filature *f.*

hilera *f* rangée *f.*

hilo *m* - **1.** [gen] fil *m* - **2.** *fig* [de agua, sangre etc] filet *m* ; **~ de voz** filet de voix - **3.** *loc* : **colgar** o **pender de un ~** ne tenir qu'à un fil ; **mover los ~s** tirer les ficelles ; **perder/seguir el ~** perdre/suivre le fil. ◆ **hilo musical** *m* fond *m* musical.

hilván *m* faufil *m.*

hilvanar *vt* **- 1.** [ropa] faufiler, bâtir **- 2.** *fig* [ideas] relier **- 3.** *fig* [discurso] improviser.
himen *m* ANAT hymen *m*.
himno *m* hymne *m*.
hincapié *m* : **hacer ~ en** mettre l'accent sur.
hincar *vt* planter.
hincha <> *mf* DEP supporter *m*. <> *f* haine *f* ; **tenerle ~ a alguien** avoir une dent contre qqn.
hinchado, da *adj* [de aire] gonflé(e) ; [inflamado] enflé(e) ; **~ de orgullo** bouffi d'orgueil.
hinchar *vt* **- 1.** [inflar] gonfler **- 2.** [exagerar] grossir. ◆ **hincharse** *vpr* **- 1.** [aumentar de volumen] enfler **- 2.** *fig* [persona] : **~se de orgullo** se gonfler d'orgueil **- 3.** [excederse - en comida] se gaver ; [- en trabajo etc] se tuer.
hinchazón *f* enflure *f*.
hindú (*pl* **hindúes**) <> *adj* **- 1.** [de la India] indien(enne) **- 2.** RELIG hindou(e). <> *mf* **- 1.** [de la India] Indien *m*, -enne *f* **- 2.** RELIG hindou *m*, -e *f*.
hinduismo *m* hindouisme *m*.
hinojo *m* fenouil *m*.
hipar *vi* hoqueter.
hiper *m fam* hypermarché *m*.
hiperactividad *f* hyperactivité *f*.
hipérbaton (*pl* **hipérbatos** o **hiperbatones**) *m* hyperbate *f*.
hipérbola *f* GEOM hyperbole *f*.
hipermercado *m* hypermarché *m*.
hípico, ca *adj* hippique. ◆ **hípica** *f* hippisme *m*.
hipnosis *f inv* hypnose *f*.
hipnótico, ca *adj* hypnotique.
hipnotismo *m* hypnotisme *m*.
hipnotizador, ra <> *adj* **- 1.** [de hipnosis] hypnotique **- 2.** *fig* [fascinador] envoûtant(e). <> *m, f* hypnotiseur *m*, -euse *f*.
hipnotizar *vt lit* & *fig* hypnotiser.
hipo *m* hoquet *m* ; **quitar el ~** *fig* couper le souffle.
hipocondriaco, ca *adj* & *m, f* hypocondriaque.
hipocresía *f* hypocrisie *f*.
hipócrita *adj* & *mf* hypocrite.
hipodérmico, ca *adj* hypodermique.
hipodermis *f inv* hypoderme *m*.
hipódromo *m* hippodrome *m*.
hipopótamo *m* hippopotame *m*.
hipoteca *f* hypothèque *f*.
hipotecar *vt lit* & *fig* hypothéquer.
hipotecario, ria *adj* hypothécaire.
hipotenusa *f* GEOM hypoténuse *f*.
hipótesis *f inv* hypothèse *f*.
hipotético, ca *adj* hypothétique.
hippy ['xipi] (*pl* **hippys**), **hippie** ['xipi] (*pl* **hippies**) *adj* & *mf* hippie.
hiriente *adj* blessant(e).
hirsuto, ta *adj* **- 1.** [cabello] hirsute **- 2.** *fig* [persona] revêche.
hispánico, ca <> *adj* hispanique. <> *m, f* [de un país de habla hispana] Hispanique *mf* ; [español] Espagnol *m*, -e *f*.
hispanidad *f* [cultura] hispanité *f* ; [pueblos] monde *m* hispanique.
hispanismo *m* **- 1.** [palabra] hispanisme *m* **- 2.** [estudio] *étude de la culture espagnole*.
hispanizar *vt* hispaniser.
hispano, na <> *adj* **- 1.** [de la lengua] espagnol(e) **- 2.** [en Estados Unidos] latino, hispanique. <> *m, f* [en Estados Unidos] Latino *mf*, Hispanique *mf*.
Hispanoamérica Amérique *f* latine.
hispanoamericanismo *m* hispano-américanisme *m*.
hispanoamericano, na <> *adj* hispano-américain(e). <> *m, f* Hispano-Américain *m*, -e *f*.
hispanófono, na *adj* & *m, f* hispanophone.
hispanohablante *adj* & *mf* hispanophone.
histeria *f* hystérie *f*.
histérico, ca *adj* & *m, f* hystérique.
histerismo *m* hystérie *f*.
historia *f* histoire *f* ; **~ del arte** histoire de l'art ; **dejarse de ~s** arrêter de raconter des histoires ; **pasar algo a la ~** entrer dans l'histoire ; **pasar alguien a la ~** laisser son nom dans l'histoire.
historiador, ra *m, f* historien *m*, -enne *f*.
historial *m* **- 1.** [gen] parcours *m* ; **~ médico** o **clínico** antécédents *mpl* médicaux ; **~ profesional** parcours professionnel **- 2.** DEP palmarès *m*.
histórico, ca *adj* **- 1.** [gen] historique **- 2.** [verdadero] véridique.
historieta *f* **- 1.** [chiste] histoire *f* drôle **- 2.** [cómic] bande *f* dessinée.
hit ['xit] (*pl* **hits**) *m* tube *m*.
hitleriano, na [xitle'rjano, na] *adj* & *m, f* hitlérien(enne).
hito *m* **- 1.** [mojón] borne *f* **- 2.** *fig* [hecho importante] événement *m* marquant **- 3.** *loc* : **mirar de ~ en ~** regarder fixement.
hizo ▷ **hacer**.
hl (*abrev de* **hectolitro**) hl.
hmnos. *abrev de* **hermanos**.

hobby ['xoβi] (*pl* **hobbys** o **hobbies**) *m* hobby *m*.
hocico *m* - **1.** [gen] museau *m* ; [de puerco, de jabalí] groin *m* - **2.** *despec* [de persona] gueule *f* ; **romper los ~s a alguien** casser la gueule à qqn ; **te vas a romper el ~** o **los ~s** tu vas te casser la gueule.
hockey ['xokei] *m* DEP hockey *m* ; **~ sobre hielo/hierba/patines** hockey sur glace/gazon/patins.
hogar *m* foyer *m* ; *culto* [chimenea] âtre *m*.
hogareño, ña *adj* casanier(ère).
hogaza *f* miche *f*.
hoguera *f* bûcher *m* ; [de fiesta] feu *m* de joie.
hoja *f* - **1.** [de plantas, papel] feuille *f* - **2.** [de metal] lame *f* ; **~ de afeitar** lame de rasoir - **3.** [de puerta, ventana] battant *m*. ◆ **hoja de cálculo** *f* INFORM feuille *f* de calcul, tableur *m*.
hojalata *f* fer-blanc *m*.
hojaldre *m* pâte *f* feuilletée.
hojarasca *f* - **1.** [hojas secas] feuilles *fpl* mortes - **2.** [frondosidad] feuillage *m* épais.
hojear *vt* jeter un coup d'œil à ; [libro] feuilleter.
hola *interj* : **¡hola!** bonjour! ; *fam* salut!
Holanda Hollande *f*.
holandés, sa ◇ *adj* hollandais(e). ◇ *m, f* Hollandais *m*, -e *f*. ◆ **holandés** *m* [lengua] hollandais *m*.
holding ['xoldin] *m* holding *m* o *f*.
holgado, da *adj* - **1.** [ancho] ample - **2.** [situación económica] aisé(e) ; [victoria] facile.
holgar *vi* être inutile ; **huelga decir que ...** inutile de dire que ...
holgazán, ana *adj* & *m, f* fainéant(e).
holgazanear *vi* traîner *(paresser)*.
holgura *f* - **1.** [anchura] ampleur *f* ; [distancia] espace *m* - **2.** [entre piezas] jeu *m* - **3.** [bienestar] aisance *f*.
hollar *vt* fouler.
hollín *m* suie *f*.
holocausto *m* holocauste *m*.
hombre ◇ *m* homme *m* ; **el ~ de la calle** o **de a pie** l'homme de la rue ; **el ~ del saco** *fam* le croque-mitaine ; **un buen ~** un brave homme ; **~ de mundo** homme du monde ; **~ de palabra** homme de parole ; **pobre ~** pauvre homme ; **de ~ a ~** d'homme à homme. ◇ *interj* : **¡hombre!** [sorpresa] tiens! ; [admiración] ça alors! ; [evidencia] et comment! ; **ven aquí ~, no llores** viens ici, va, ne pleure pas. ◆ **hombre orquesta** *m* homme-orchestre *m*. ◆ **hombre rana** *m* homme-grenouille *m*.
hombrear *vi* jouer les hommes mûrs.
hombrera *f* épaulette *f*.
hombría *f* virilité *f*.
hombro *m* épaule *f* ; **a ~s** sur les épaules ; **encogerse de ~s** hausser les épaules ; **arrimar el ~** *fig* donner un coup de main.
hombruno, na *adj* hommasse.
homenaje *m* hommage *m* ; **en ~ a** en hommage à ; **rendir ~ a alguien** rendre hommage à qqn.
homenajeado, da ◇ *adj* honoré(e). ◇ *m, f* personne *f* à laquelle il est rendu hommage.
homenajear *vt* honorer.
homeopatía *f* homéopathie *f*.
homicida *adj* & *mf* meurtrier(ère).
homicidio *m* homicide *m*.
homilía *f* homélie *f*.
homogéneo, a *adj* homogène.
homologar *vt* - **1.** [autorizar & DEP] homologuer - **2.** [equiparar] : **~ con** aligner sur.
homólogo, ga *adj* & *m, f* homologue.
homónimo, ma *adj* homonyme. ◆ **homónimo** *m* homonyme *m*.
homosexual *adj* & *mf* homosexuel(elle).
homosexualidad *f* homosexualité *f*.
hondo, da *adj* profond(e) ; **en lo más ~ de** au plus profond de. ◆ **honda** *f* fronde *f*.
hondonada *f* dépression *f (du terrain)*.
hondura *f* profondeur *f*.
Honduras Honduras *m*.
hondureño, ña ◇ *adj* hondurien(enne). ◇ *m, f* Hondurien *m*, -enne *f*.
honestidad *f* honnêteté *f*.
honesto, ta *adj* honnête.
Hong Kong Hongkong, Hong Kong.
hongo *m* - **1.** BIOL & MED champignon *m* - **2.** [sombrero] chapeau *m* melon.
honor *m* honneur *m* ; **en ~ a la verdad** pour être franc (franche) ; **hacer ~ a** faire honneur à. ◆ **honores** *mpl* [ceremonial] honneurs *mpl*.
honorabilidad *f* honorabilité *f*.
honorable *adj* honorable. ◆ **Honorable** *adj* : **el Honorable Alcalde** monsieur le maire.
honorar *vt* honorer.
honorario, ria *adj* honoraire. ◆ **honorarios** *mpl* honoraires *mpl*.

honorífico, ca *adj* honorifique.

honra *f* honneur *m* ; **tener a mucha ~ algo** se flatter de qqch ; **¡claro que soy ecologista, y a mucha ~!** bien sûr que je suis écologiste, et fier de l'être! ◆ **honras fúnebres** *fpl* honneurs *mpl* funèbres o suprêmes.

honradez *f* honnêteté *f*.

honrado, da *adj* honnête.

honrar *vt* : **~ (con)** honorer (de). ◆ **honrarse** *vpr* : **~se (con** o **de** o **en)** s'honorer (de).

honroso, sa *adj* honorable.

hora *f* - **1.** [gen] heure *f* ; **a la ~** à l'heure ; **a primera ~** à la première heure ; **a primera/última ~ de** en début/fin de ; **a última ~** au dernier moment ; **dar la ~** sonner l'heure ; **de última ~** de dernière heure ; [noticia, información] de dernière minute ; **en su ~** le moment venu ; **¿éstas son ~s de llegar?** c'est à cette heure-ci qu'on rentre? ; **¿qué ~ es?** quelle heure est-il? ; **trabajar/pagar por ~s** travailler/payer à l'heure ; **¡ya era ~!** il était temps! ; **~ oficial** heure légale ; **~ punta** heure de pointe ; **~s de oficina/de trabajo** heures de bureau/de travail ; **~s de visita** heures de consultation ; **~s extraordinarias** heures supplémentaires ; **media ~** demi-heure *f* - **2.** [cita] rendez-vous *m* ; **dar/pedir ~** donner/prendre rendez-vous ; **tener ~ en el dentista** avoir rendez-vous chez le dentiste - **3.** [muerte] : **llegó su ~** son heure a sonné - **4.** *loc* : **a buena ~ me lo dices/lo traes etc** c'est maintenant que tu me le dis/tu me l'apportes etc ; **en mala ~ lo creí** mal m'en a pris de le croire ; **la ~ de la verdad** la minute de vérité.

horario, ria *adj* horaire ; **tener problemas ~s** avoir des problèmes d'horaire. ◆ **horario** *m* horaire *m* ; [escolar] emploi *m* du temps ; **~ comercial** heures *fpl* d'ouverture ; **~ intensivo** journée *f* continue ; **~ laboral** horaire de travail.

horca *f* - **1.** [patíbulo] potence *f* - **2.** AGRIC fourche *f*.

horcajadas ◆ **a horcajadas** *loc adv* à califourchon.

horchata *f* orgeat *m (de souchet)*.

horizontal *adj* horizontal(e).

horizonte *m* - **1.** [gen] horizon *m* - **2.** *(gen pl)* [pensamiento] : **tener amplitud de ~s** avoir l'esprit ouvert.

horma *f* [molde] forme *f* ; [utensilio] embauchoir *m*.

hormiga *f* fourmi *f*.

hormigón *m* béton *m* ; **~ armado** béton armé.

hormigonera *f* bétonnière *f*.

hormigueo *m* : **sentir ~ en ...** avoir des fourmis dans ...

hormiguero ◇ *adj* ▷ **oso**. ◇ *m lit* & *fig* fourmilière *f*.

hormiguita *f* : **su mujer es una ~** sa femme est une vraie petite fourmi.

hormona *f* hormone *f*.

hornada *f* fournée *f*.

hornear *vt* enfourner.

hornillo *m* réchaud *m* ; [de laboratorio] fourneau *m*.

horno *m* four *m* ; **alto ~** haut-fourneau *m* ; **~ eléctrico/microondas** four électrique/à micro-ondes.

horóscopo *m* - **1.** [signo] signe *m* (du zodiaque) - **2.** [predicción] horoscope *m*.

horquilla *f* - **1.** [para el pelo] épingle *f* à cheveux - **2.** [de bicicleta etc] fourche *f*.

horrendo, da *adj* - **1.** [espantoso] horrible - **2.** *fam* [muy malo, feo] atroce.

hórreo *m silo en bois sur pilotis en Galice et dans les Asturies*.

horrible *adj* horrible.

horripilante *adj* - **1.** *fam* [muy malo, feo] atroce - **2.** [espeluznante] terrifiant(e).

horripilar *vt* terrifier.

horror *m* : **los ~es de la guerra** les horreurs de la guerre. ◆ **horrores** *adv fam* : **me gusta ~es el chocolate** j'adore le chocolat.

horrorizado, da *adj* épouvanté(e).

horrorizar *vt* épouvanter. ◆ **horrorizarse** *vpr* être épouvanté(e).

horroroso, sa *adj* - **1.** [gen] horrible - **2.** *fam* [enorme] atroce.

hortaliza *f* légume *m*.

hortelano, na *adj* & *m, f* maraîcher(ère).

hortensia *f* hortensia *m*.

hortera *adj* & *mf fam* beauf.

horterada *f fam* : **¡es una ~!** c'est d'un beauf!

horticultor, ra *m, f* horticulteur *m*, -trice *f*.

hosco, ca *adj* - **1.** [persona] bourru(e) - **2.** [lugar] sauvage.

hospedar *vt* héberger. ◆ **hospedarse** *vpr* loger ; [en un hotel] descendre ; **se hospedó en el hotel Miramar** il est descendu à l'hôtel Miramar.

hospicio *m* [para niños] orphelinat *m* ; [para pobres] foyer *m* d'accueil.

hospital *m* hôpital *m*.

hospitalario, ria *adj* hospitalier(ère).
hospitalidad *f* hospitalité *f*.
hospitalizar *vt* hospitaliser.
hosquedad *f* antipathie *f*.
hostal *m* hôtel *m*.
hostelería *f* hôtellerie *f*.
hostia *f* - **1.** RELIG ostie *f* - **2.** *vulg* [bofetada] : **dar una ~ a alguien** foutre son poing dans la gueule à qqn - **3.** *vulg* [accidente] : **pegarse una ~** se foutre en l'air. ◆ **hostia** *interj vulg* : **¡hostia!, ¡hostias!** putain!
hostiar *vt vulg* : **~ a alguien** péter la gueule à qqn.
hostigar *vt* harceler.
hostil *adj* hostile.
hostilidad *f* hostilité *f*.
hotel *m* hôtel *m*.
hoy *adv* aujourd'hui ; **de ~ en adelante** dorénavant ; **~ día, ~ en día, ~ por ~** de nos jours.
hoyo *m* - **1.** [gen & DEP] trou *m* - **2.** *fam* [sepultura] tombe *f*.
hoyuelo *m* fossette *f*.
hoz *f* faucille *f*.
huacal = **guacal**.
hubiera *etc* ▷ **haber**.
hucha *f* tirelire *f*.
hueco, ca *adj* creux(euse). ◆ **hueco** *m* - **1.** [gen] creux *m* - **2.** [espacio vacío] place *f*.
huelga ◇ *v* ▷ **holgar**. ◇ *f* grève *f* ; **declararse/estar en ~** se mettre/être en grève ; **~ de hambre** grève de la faim ; **~ general** grève générale.
huelguista *adj* & *mf* gréviste.
huella ◇ *v* ▷ **hollar**. ◇ *f* - **1.** [gen] trace *f* ; **~ digital** o **dactilar** empreinte *f* digitale - **2.** *fig* [impresión profunda] marque *f* ; **dejar ~** marquer.
huérfano, na *adj* & *m, f* orphelin(e).
huerta *f* - **1.** [de verduras] plaine *f* maraîchère ; [de árboles frutales] verger *m* - **2.** [tierra de regadío] *plaines maraîchères irriguées de Valence et de Murcie.*
huerto *m* [de verduras] jardin *m* potager, potager *m*.
hueso *m* - **1.** [del cuerpo] os *m* - **2.** [de fruta] noyau *m* - **3.** *fam* [persona] peau *f* de vache - **4.** *fam* [asignatura] bête *f* noire - **5.** *Amer fam* sinécure *f*.
huésped, da *m, f* hôte *m*, hôtesse *f* ; [de un hotel] client *m*, -e *f*.
huesudo, da *adj* osseux(euse).
hueva *f* œufs *mpl (de poisson).*
huevada *f Amer mfam* connerie *f*.
huevo *m* - **1.** [gen & CULIN] œuf *m* ; **~ a la copa** o **tibio** *Amer* œuf à la coque ; **~ duro** œuf dur ; **~ frito** œuf sur le plat *(frit)* ; **~ pasado por agua** œuf à la coque ; **~s al plato** *œufs sur le plat accompagnés de chorizo* ; **~s revueltos** œufs brouillés - **2.** *(gen pl) vulg* [testículos] couilles *fpl* ; **¡y un ~!** mon cul!
huevón, ona *m, f Amer vulg* flemmard *m*, -e *f*. ◆ **huevón** *m Amer vulg* connard *m*.
huida *f* fuite *f* ; [de preso] évasion *f*.
huidizo, za *adj* fuyant(e) ; [animal] farouche.
huir ◇ *vi* - **1.** [escapar] s'enfuir - **2.** [evitar] fuir ; **~ de algo/alguien** fuir qqch/qqn. ◇ *vt* fuir.
hule *m* toile *f* cirée ; [de bebé] alaise *f*.
humanidad *f* humanité *f*. ◆ **humanidades** *fpl* sciences *fpl* humaines.
humanismo *m* humanisme *m*.
humanitario, ria *adj* humanitaire.
humanizar *vt* humaniser. ◆ **humanizarse** *vpr* s'humaniser.
humano, na *adj* humain(e). ◆ **humano** *m (gen pl)* homme *m*.
humareda *f* nuage *m* de fumée.
humear *vi* fumer.
humedad *f* humidité *f*.
humedecer *vt* humecter ; [ropa para planchar] humidifier. ◆ **humedecerse** *vpr* s'humecter.
húmedo, da *adj* humide.
humidificar *vt* humidifier.
humildad *f* humilité *f*.
humilde *adj* humble.
humillación *f* humiliation *f*.
humillado, da *adj* humilié(e).
humillante *adj* humiliant(e).
humillar *vt* humilier. ◆ **humillarse** *vpr* s'humilier.
humo *m* fumée *f*. ◆ **humos** *mpl fig* : **tener (unos) ~s** prendre de grands airs ; **se le han subido los ~s** ça lui est monté à la tête.
humor *m* - **1.** [gen & ANAT] humeur *f* ; **buen/mal ~** bonne/mauvaise humeur - **2.** [gracia] humour *m* ; **un programa de ~** une émission humoristique ; **~ negro** humour noir.
humorismo *m* humour *m* ; **el mundo del ~** le monde des comiques.
humorista *mf* [cómico] comique *mf* ; [dibujante, autor] humoriste *mf*.
humorístico, ca *adj* humoristique.
hundimiento *m* - **1.** [naufragio] naufrage *m* - **2.** [ruina] effondrement *m*.
hundir *vt* - **1.** [gen] plonger ; [barco] cou-

ler ; [garras, uñas] planter - **2.** [terreno] provoquer l'effondrement de - **3.** *fig* [persona] anéantir. ◆ **hundirse** *vpr* - **1.** [objeto] couler ; [submarino] plonger - **2.** [techo, persona] s'effondrer.
Hungría Hongrie *f*.
huracán *m* ouragan *m*.
huraño, ña *adj* farouche.
hurgar *vi* fouiller. ◆ **hurgarse** *vpr* : **~se la nariz** se mettre les doigts dans le nez.
hurón *m* - **1.** [animal] furet *m* - **2.** *fig* [persona] ours *m*.
hurra *interj* : **¡hurra!** hourra!
hurtadillas ◆ **a hurtadillas** *loc adv* en cachette.
hurtar *vt* dérober.
hurto *m* larcin *m*.
husmear ◇ *vt* [olfatear] flairer. ◇ *vi* [curiosear] fureter.
huso *m* fuseau *m*. ◆ **huso horario** *m* fuseau *m* horaire.
huy *interj* : **¡huy!** [dolor] aïe! ; [sorpresa] oh là là!

I

i, I [i] *f* [letra] i *m inv*, I *m inv*.
IAE (*abrev de* **Impuesto sobre Actividades Económicas**) *m impôt des travailleurs indépendants en Espagne*.
iba ▷ **ir**.
ibérico, ca *adj* ibérique.
íbero, ra ◇ *adj* ibère. ◇ *m, f* [habitante] Ibère *mf*. ◆ **íbero, ibero** *m* [lengua] ibère *m*.
iberoamericano, na ◇ *adj* latino-américain(e). ◇ *m, f* Latino-Américain *m*, -e *f*.
IBI (*abrev de* **Impuesto de Bienes Inmuebles**) *m impôt foncier*.
Ibiza Ibiza.
IC (*abrev de* **Iniciativa per Catalunya**) *f parti politique catalan*.
iceberg (*pl* **icebergs**) *m* iceberg *m*.
Icona (*abrev de* **Instituto Nacional para la Conservación de la Naturaleza**) *m organisme espagnol pour la défense de la nature*, ≃ SNPN *f*.
icono *m* [gen & INFORM] icône *f*.
iconoclasta *adj* & *mf* iconoclaste.
id ▷ **ir**.
ida *f* aller *m* ; **un billete de ~ y vuelta** un billet aller-retour.
idea *f* - **1.** [gen] idée *f* ; **~ fija** idée fixe - **2.** [propósito, plan] intention *f* ; **cambiar de ~** changer d'avis ; **con la ~ de** avec l'intention de - **3.** [conocimiento] notion *f* ; **no tener ni ~ de algo** [suceso] ne pas avoir la moindre idée de qqch ; [asignatura, tema] ne rien connaître en qqch.
ideal ◇ *adj* idéal(e). ◇ *m* idéal *m*. ◆ **ideales** *mpl* idéaux *mpl*.
idealista *adj* & *mf* idéaliste.
idealizar *vt* idéaliser.
idear *vt* concevoir.
ideario *m* idéologie *f*.
ídem *adv* idem ; **~ de ~** *fam* kif-kif.
idéntico, ca *adj* identique ; **~ a** identique à.
identidad *f* identité *f*.
identificación *f* identification *f*.
identificar *vt* [reconocer] identifier. ◆ **identificarse** *vpr* : **~se (con)** [personaje] s'identifier (avec).
ideología *f* idéologie *f*.
ideólogo, ga *m, f* idéologue *mf*.
idílico, ca *adj* idyllique.
idilio *m* idylle *f*.
idioma *m* langue *f*.
idiosincrasia *f* particularité *f* ; *culto* idiosyncrasie *f*.
idiota *adj* & *mf* idiot(e).
idiotez *f* idiotie *f*.
ido, ida *adj* [loco] fou (folle) ; [abstraído] distrait(e).
idolatrar *vt* idolâtrer.
ídolo *m* idole *f*.
idóneo, a *adj* idéal(e) ; [persona] indiqué(e) ; [palabra, respuesta] bon (bonne).
iglesia *f* église *f*. ◆ **Iglesia** *f* : **la Iglesia** l'Église *f*.
iglú (*pl* **iglúes**) *m* igloo *m*.
ignorancia *f* ignorance *f*.
ignorante *adj* & *mf* ignorant(e).
ignorar *vt* ignorer.
igual ◇ *adj* - **1.** [idéntico, parecido] pareil(eille) ; **dos libros ~es** deux livres pareils ; **llevan jerseys ~es** ils portent le même pull ; **~ que** le même que ; **mi lápiz es ~ que el tuyo** j'ai le même crayon que toi ; **su hija es ~ que ella** sa fille est comme elle - **2.** [liso, constante] égal(e) - **3.** MAT : **A más B es ~ a C** A plus B égale C. ◇ *mf* égal *m*, -e *f* ; **sin ~** sans égal(e). ◇ *adv*

- **1.** [de la misma manera] de la même façon ; **al ~ que** de la même façon que ; **por ~** de la même façon ; **repartió el dinero por ~** il a distribué l'argent à parts égales - **2.** [posiblemente] peut-être ; **~ viene** il viendra peut-être - **3.** *loc* : **me da ~ salir o quedarme** ça m'est égal de sortir ou de rester là ; **es ~ a la hora que vengas** tu peux venir à l'heure que tu veux.

igualado, da *adj* : **estar ~** être à égalité ; **están muy ~s** ils sont quasiment à égalité.

igualar ◇ *vt* - **1.** [sueldos, terreno etc] égaliser ; **~ algo/a alguien a** o **con** mettre qqch/qqn sur le même plan que - **2.** [persona] : **~ a alguien en** égaler qqn en ; **nadie le iguala en generosidad** personne n'est aussi généreux que lui. ◇ *vi* DEP égaliser. ◆ **igualarse** *vpr* - **1.** [gen] être égal(e) - **2.** [a otra persona] : **~se a** o **con alguien** se comparer à qqn.

igualdad *f* égalité *f* ; **en ~ de condiciones** à conditions égales ; **~ de oportunidades** égalité des chances.

igualitario, ria *adj* égalitaire.

igualmente *adv* - **1.** [también] également - **2.** [fórmula de cortesía] : **recuerdos a tus padres – gracias, ~** mon bon souvenir à tes parents – merci, pareillement ; **¡que te diviertas mucho! – ~** amuse-toi bien! — toi aussi.

iguana *f* iguane *m*.

ikurriña *f drapeau officiel du Pays basque espagnol.*

ilegal *adj* illégal(e).

ilegible *adj* illisible.

ilegítimo, ma *adj* illégitime.

ileso, sa *adj* indemne ; **el conductor salió** o **resultó ~** le conducteur est sorti indemne de l'accident.

ilícito, ta *adj* illicite.

ilimitado, da *adj* illimité(e).

iluminación *f* - **1.** [gen] éclairage *m* ; **esta calle tiene poca ~** cette rue est peu éclairée ; [en fiestas] illuminations *fpl* - **2.** RELIG illumination *f*.

iluminar *vt* [gen] illuminer ; [dar luz, clarificar] éclairer. ◆ **iluminarse** *vpr* [calle] être éclairé(e) ; [monumento] être illuminé(e) ; [rostro, mirada etc] s'illuminer, s'éclairer.

ilusión *f* - **1.** [gen] illusion *f* ; **hacerse** o **forjarse ilusiones** se faire des illusions ; **~ óptica** illusion d'optique - **2.** [esperanza] rêve *m* - **3.** [confianza] espoir *m* - **4.** [emoción] joie *f* ; **¡qué ~ verte!** quel plaisir de te voir! ; **me hace (mucha) ~ que vengas** ça me fait (très) plaisir que tu viennes.

ilusionar *vt* - **1.** [esperanzar] : **~ a alguien** donner de faux espoirs à qqn - **2.** [emocionar] ravir ; **me ilusiona verte** je suis ravi de te voir. ◆ **ilusionarse** *vpr* - **1.** [esperanzarse] : **~se (con)** se faire des illusions (sur) - **2.** [emocionarse] : **~se (con)** se réjouir (de).

ilusionista *mf* illusionniste *mf*.

iluso, sa *adj* & *m, f* naïf(ïve).

ilusorio, ria *adj* illusoire.

ilustración *f* - **1.** [estampa] illustration *f* - **2.** [cultura] instruction *f*.

ilustrado, da *adj* - **1.** [publicación] illustré(e) - **2.** [persona] instruit(e) - **3.** HIST éclairé(e).

ilustrador, ra *m, f* illustrateur *m*, -trice *f*.

ilustrar *vt* - **1.** [gen] illustrer - **2.** [educar] instruire.

ilustrativo, va *adj* illustratif(ive).

ilustre *adj* - **1.** [gen] illustre - **2.** [título] : **el ~ señor alcalde** monsieur le maire.

imagen *f* image *f* ; **ser la viva ~ de alguien** être tout le portrait de qqn.

imaginación *f* - **1.** [facultad] imagination *f* ; **pasar por la ~ de alguien** venir à l'esprit o à l'idée de qqn - **2.** *(gen pl)* [idea falsa] idées *fpl* ; **son imaginaciones tuyas** tu te fais des idées.

imaginar *vt* imaginer. ◆ **imaginarse** *vpr* s'imaginer.

imaginario, ria *adj* imaginaire.

imaginativo, va *adj* imaginatif(ive).

imán *m* - **1.** [para atraer] aimant *m* - **2.** RELIG imam *m*.

imbécil *adj* & *mf* imbécile.

imbecilidad *f* imbécillité *f*.

imberbe *adj* imberbe.

imborrable *adj fig* ineffaçable, indélébile.

imbuir *vt* inculquer ; **~ a alguien ideas falsas** inculquer des idées fausses à qqn.

imitación *f* imitation *f* ; [de obra literaria] plagiat *m* ; **joya de ~** bijou fantaisie ; **piel de ~** imitation cuir.

imitador, ra *m, f* imitateur *m*, -trice *f* ; **es una imitadora de ...** elle imite ...

imitar *vt* imiter.

impaciencia *f* impatience *f*.

impacientar *vt* impatienter. ◆ **impacientarse** *vpr* s'impatienter.

impaciente *adj* : **~ (por hacer algo)** impatient(e) (de faire qqch).

impactar *vt* - **1.** [golpear] frapper - **2.** *fig* [afectar] toucher.

impacto *m* [choque] impact *m* ; [emocional] choc *m*.

impagado, da *adj* impayé(e). ◆ **impagado** *m* impayé *m*.
impar *adj* - **1.** MAT impair(e) - **2.** [sin igual] sans pareil(eille).
imparable *adj* imparable.
imparcial *adj* impartial(e).
imparcialidad *f* impartialité *f*.
impartir *vt* donner.
impase, impasse [im'pas] *m* impasse *f*.
impasible *adj* impassible.
impávido, da *adj* - **1.** [impasible] impassible - **2.** *culto* [valiente] impavide.
impecable *adj* impeccable.
impedido, da ◇ *adj* handicapé(e) ; **estar ~ de** avoir perdu l'usage de. ◇ *m, f* handicapé *m*, -e *f*.
impedimento *m* empêchement *m*.
impedir *vt* - **1.** [imposibilitar] empêcher ; **~ a alguien hacer algo** empêcher qqn de faire qqch - **2.** [dificultar] gêner.
impenetrable *adj lit* & *fig* impénétrable.
impensable *adj* impensable.
impepinable *adj fam* indiscutable.
imperante *adj* dominant(e).
imperar *vi* régner, dominer.
imperativo, va *adj* impératif(ive). ◆ **imperativo** *m* [gen & GRAM] impératif *m*.
imperceptible *adj* imperceptible.
imperdible *m* épingle *f* de nourrice.
imperdonable *adj* impardonnable.
imperfección *f* imperfection *f*.
imperfecto, ta *adj* imparfait(e). ◆ **imperfecto** *m* GRAM imparfait *m*.
imperial *adj* impérial(e).
imperialismo *m* impérialisme *m*.
impericia *f* inexpérience *f*.
imperio *m* - **1.** [gen] empire *m* - **2.** [mandato] règne *m*.
imperioso, sa *adj* impérieux(euse).
impermeabilizar *vt* imperméabiliser.
impermeable *adj* & *m* imperméable.
impersonal *adj* impersonnel(elle).
impertinencia *f* impertinence *f*.
impertinente *adj* & *mf* impertinent(e). ◆ **impertinentes** *mpl* face-à-main *m*.
imperturbable *adj* imperturbable.
ímpetu *m* - **1.** [empuje] force *f* - **2.** [energía] énergie *f*.
impetuoso, sa ◇ *adj* - **1.** [olas, viento, ataque] violent(e) - **2.** [ritmo] soutenu(e) - **3.** [persona] impulsif(ive), impétueux(euse). ◇ *m, f* impulsif *m*, -ive *f*.
impío, a *adj* impie.
implacable *adj* implacable.
implantar *vt* [gen & MED] implanter ; [prótesis] poser. ◆ **implantarse** *vpr* s'implanter.
implicación *f* implication *f*.
implicar *vt* impliquer. ◆ **implicarse** *vpr* : **~se en** intervenir dans, se mêler de.
implícito, ta *adj* implicite.
implorar *vt* implorer.
imponente *adj* [edificio, montaña etc] imposant(e) ; [obra, espectáculo] impressionnant(e) ; **¡estás ~ con ese abrigo!** tu es superbe dans ce manteau!
imponer ◇ *vt* imposer ; **~ respeto/silencio** imposer le respect/le silence. ◇ *vi* en imposer. ◆ **imponerse** *vpr* s'imposer.
impopular *adj* impopulaire.
importación *f* importation *f*.
importador, ra *adj* & *m, f* importateur(trice).
importancia *f* importance *f* ; **dar ~ a algo** accorder de l'importance à qqch ; **quitar ~ a algo** relativiser qqch ; **darse ~** *fig* faire l'important(e).
importante *adj* important(e).
importar ◇ *vt* - **1.** [gen & INFORM] importer - **2.** [suj : factura] s'élever à ; [suj : artículo, mercancía] valoir. ◇ *vi* - **1.** [preocupar] importer ; **eso a ti no te importa** ça ne te regarde pas ; **me importas mucho** tu comptes beaucoup pour moi ; **no me importa** ça m'est égal ; **nos importa saber ...** il est important pour nous de savoir ... ; **¿y a ti qué te importa?** qu'est-ce que ça peut te faire? - **2.** [en interrogación] ennuyer ; **¿te importa que venga contigo?** ça t'ennuie si je viens avec toi? ◇ *v impers* avoir de l'importance ; **no importa** ça ne fait rien ; **¡qué importa si llueve!** ça ne fait rien s'il pleut!
importe *m* [de factura etc] montant *m* ; [de mercancía] prix *m*.
importunar ◇ *vt* importuner. ◇ *vi* être importun(e).
importuno, na = **inoportuno**.
imposibilidad *f* impossibilité *f*.
imposibilitado, da *adj* paralysé(e) ; **estar ~ para hacer algo** être inapte à faire qqch ; **verse ~ para** o **de hacer algo** se voir dans l'impossibilité de faire qqch.
imposibilitar *vt* : **~ a alguien para hacer algo** empêcher qqn de faire qqch, mettre qqn dans l'impossibilité de faire qqch.
imposible *adj* impossible.
imposición *f* - **1.** [acción de imponer] fait

m d'imposer - 2. [obligación] contrainte *f* - 3. [tributo] imposition *f* - 4. [banca] dépôt *m*.

impostor, ra ◇ *adj* [suplantador] : **una persona impostora** une personne qui se fait passer pour quelqu'un d'autre. ◇ *m, f* - 1. [suplantador] imposteur *m* - 2. [calumniador] calomniateur *m*, -trice *f*.

impotencia *f* impuissance *f*.

impotente ◇ *adj* impuissant(e). ◇ *m* impuissant *m*.

impracticable *adj* - 1. [irrealizable] irréalisable ; **el buceo es ~ sin aletas** on ne peut pas faire de plongée sans palmes - 2. [intransitable] impraticable.

imprecisión *f* imprécision *f*.

impreciso, sa *adj* imprécis(e).

impregnar *vt* imprégner. ◆ **impregnarse** *vpr* : **~se (de)** s'imprégner (de).

imprenta *f* imprimerie *f*.

imprescindible *adj* indispensable.

impresentable *adj* : **estás ~** tu n'es pas présentable.

impresión *f* - 1. [gen] impression *f* ; **cambiar impresiones** échanger des impressions ; **causar (una) buena/mala ~** faire bonne/mauvaise impression ; **dar la ~ de** donner l'impression de ; **tener la ~ de que** o **que** avoir l'impression que - 2. [huella] marque *f* ; [en barro] empreinte *f* ; **~ digital** o **dactilar** empreinte digitale.

impresionable *adj* impressionnable.

impresionante *adj* impressionnant(e).

impresionar ◇ *vt* - 1. [gen & FOT] impressionner - 2. [sonidos, discurso etc] enregistrer. ◇ *vi* : **esta película impresiona mucho** ce film est très impressionnant. ◆ **impresionarse** *vpr* être impressionné(e).

impresionismo *m* impressionnisme *m*.

impreso, sa ◇ *pp irreg* ▷ **imprimir**. ◇ *adj* imprimé(e). ◆ **impreso** *m* [formulario] imprimé *m*.

impresor, ra ◇ *adj* imprimant(e), imprimeur(euse). ◇ *m, f* imprimeur *m*. ◆ **impresora** *f* INFORM imprimante *f* ; **impresora de chorro de tinta** imprimante à jet d'encre ; **impresora láser** imprimante laser.

imprevisible *adj* imprévisible.

imprevisto, ta *adj* imprévu(e). ◆ **imprevisto** *m* imprévu *m* ; **salvo ~s** sauf imprévu. ◆ **imprevistos** *mpl* [gastos] faux frais *mpl*.

imprimir *vt & vi* imprimer.

improbable *adj* improbable.

improcedente *adj* - 1. [fuera de lugar] inopportun(e) ; [comentario] hors de propos ; [petición, reclamación] irrecevable - 2. DER irrégulier(ère).

improperio *m* injure *f*.

impropio, pia *adj* - 1. [inadecuado] inapproprié(e) ; [vocabulario] impropre - 2. [extraño] inhabituel(elle).

improvisación *f* improvisation *f*.

improvisar *vt* improviser.

improviso ◆ **de improviso** *loc adv* à l'improviste.

imprudencia *f* imprudence *f*.

imprudente *adj & mf* imprudent(e).

impúdico, ca *adj* impudique.

impuesto, ta *pp irreg* ▷ **imponer**. ◆ **impuesto** *m* impôt *m*, taxe *f* ; **~ sobre el valor añadido** taxe sur la valeur ajoutée ; **~ sobre la renta** impôt sur le revenu.

impugnar *vt* contester.

impulsar *vt* - 1. [gen] pousser - 2. [promocionar] stimuler, développer.

impulsivo, va *adj & m, f* impulsif(ive).

impulso *m* - 1. [gen] impulsion *f* ; **obedecer a sus ~s** obéir à ses impulsions - 2. [fuerza, arrebato] élan *m* ; **tener un ~ de generosidad** avoir un élan de générosité ; **tomar ~** prendre de l'élan.

impulsor, ra ◇ *adj* moteur(trice). ◇ *m, f* promoteur *m*, -trice *f*.

impune *adj* impuni(e) ; **quedar ~** rester impuni(e).

impunidad *f* impunité *f* ; **con la más absoluta ~** en toute impunité.

impureza *f (gen pl)* impureté *f*.

impuro, ra *adj* impur(e).

imputación *f* imputation *f*.

imputar *vt* imputer.

inabarcable *adj* trop vaste.

inacabable *adj* interminable.

inaccesible *adj* inaccessible.

inaceptable *adj* inacceptable.

inactividad *f* inactivité *f*.

inactivo, va *adj* inactif(ive).

inadaptación *f* inadaptation *f*.

inadaptado, da *adj & m, f* inadapté(e).

inadecuado, da *adj* inadéquat(e).

inadmisible *adj* inadmissible.

inadvertido, da *adj* inaperçu(e) ; **pasar ~** passer inaperçu.

inagotable *adj* inépuisable.

inaguantable *adj* insupportable.

inalámbrico *adj* ▷ **teléfono**.

inalcanzable *adj* inaccessible.

inalterable *adj* inaltérable ; [carácter] imperturbable.
inamovible *adj* inamovible.
inanimado, da *adj* inanimé(e).
inánime *adj* inanimé(e), sans vie.
inapetencia *f* inappétence *f*.
inapreciable *adj* - **1.** [incalculable] inappréciable, inestimable - **2.** [nimio] insignifiant(e) ; [diferencia] imperceptible.
inapropiado, da *adj* inapproprié(e) ; [comportamiento, actitud] déplacé(e).
inasequible *adj* - **1.** [por el precio] inabordable - **2.** [inalcanzable] inaccessible.
inaudible *adj* inaudible.
inaudito, ta *adj* inouï(e).
inauguración *f* inauguration *f* ; [de congreso etc] cérémonie *f* d'ouverture ; [de carretera] mise *f* en service.
inaugurar *vt* inaugurer.
inca ◇ *adj* inca. ◇ *mf* Inca *mf*.
incaico, ca *adj* inca.
incalculable *adj* incalculable.
incalificable *adj* inqualifiable.
incandescente *adj* incandescent(e).
incansable *adj* infatigable.
incapacidad *f* incapacité *f*.
incapacitado, da *adj* & *m, f* DER incapable.
incapacitar *vt* : ~ **para** empêcher de ; [para trabajar etc] rendre inapte à.
incapaz *adj* - **1.** [gen & DER] : ~ **(de)** incapable (de) ; **es ~ de matar una mosca** il ne ferait pas de mal à une mouche ; **declarar ~ a alguien** DER frapper qqn d'incapacité - **2.** [sin talento] : **ser ~ para** ne pas être doué pour.
incautación *f* DER saisie *f*.
incautarse *vpr* : ~ **de** DER saisir ; [apoderarse de] s'emparer de.
incauto, ta *adj* & *m, f* naïf(ïve).
incendiar *vt* incendier. ◆ **incendiarse** *vpr* prendre feu.
incendiario, ria *adj* & *m, f* incendiaire.
incendio *m* incendie *m*.
incentivar *vt* stimuler.
incentivo *m* incitation *f* ; **un trabajo sin ~s** un travail peu motivant.
incertidumbre *f* incertitude *f*.
incesto *m* inceste *m*.
incidencia *f* - **1.** [repercusión] incidence *f* - **2.** [suceso] incident *m*.
incidente *m* incident *m*.
incidir *vi* - **1.** [incurrir] : ~ **en** [error] tomber dans ; ~ **en repeticiones** se répéter - **2.** [insistir] : ~ **en** [tema] mettre l'accent sur - **3.** [influir] : ~ **en** avoir une incidence sur - **4.** [suj : cirujano] : ~ **en** faire une incision dans.
incienso *m* encens *m*.
incierto, ta *adj* - **1.** [dudoso] incertain(e) - **2.** [falso] faux (fausse).
incineración *f* incinération *f*.
incinerar *vt* incinérer.
incipiente *adj* naissant(e).
incisión *f* incision *f*.
incisivo, va *adj lit* & *fig* incisif(ive). ◆ **incisivo** *m* [diente] incisive *f*.
inciso, sa *adj* : **un estilo ~** un style incisif. ◆ **inciso** *m* - **1.** [en un discurso] parenthèse *f* - **2.** GRAM incise *f*.
incitar *vt* : ~ **a alguien a algo/a hacer algo** inciter qqn à qqch/à faire qqch.
inclemencia *f* - **1.** [del clima] rigueur *f* - **2.** [de persona] dureté *f*.
inclinación *f* - **1.** [desviación] inclinaison *f* ; [de terreno] pente *f* - **2.** [afición, saludo] inclination *f* ; **sentir ~ por algo/alguien** avoir un penchant pour qqch/qqn.
inclinar *vt* - **1.** [gen] incliner ; ~ **la cabeza** [para saludar] incliner la tête ; [para leer] pencher la tête ; [por vergüenza] baisser la tête - **2.** [influir] : ~ **a alguien a hacer algo** pousser qqn à faire qqch. ◆ **inclinarse** *vpr* - **1.** [doblarse] se pencher - **2.** [para saludar] : **~se (ante)** s'incliner (devant) - **3.** *fig* : **~se por** [preferir] pencher pour - **4.** *fig* : **~se a** [tender a] être enclin(e) à.
incluir *vt* - **1.** [poner dentro] inclure - **2.** [contener] comprendre.
inclusive *adv* y compris ; **hasta la página 9 ~** jusqu'à la page 9 incluse.
incluso, sa *adj* inclus(e). ◆ **incluso** *adv* même ; **invitó a todos, ~ a tu hermano** il a invité tout le monde, même ton frère ; **~ nos invitó a cenar** il nous a même invités à dîner.
incógnito, ta *adj* inconnu(e). ◆ **de incógnito** *loc adv* incognito. ◆ **incógnita** *f* - **1.** MAT inconnue *f* - **2.** [enigma] mystère *m*.
incoherencia *f* incohérence *f*.
incoherente *adj* incohérent(e).
incoloro, ra *adj* incolore.
incomible *adj* immangeable.
incomodar *vt* [molestar] gêner ; [suj : visita, llamada etc] déranger ; [suj : situación] mettre mal à l'aise. ◆ **incomodarse** *vpr* [enojarse] : **~se (por)** se fâcher (à cause de).
incomodidad *f* : **ser una ~** [no ser con-

fortable] ne pas être confortable ; [no ser adecuado] ne pas être pratique.
incómodo, da *adj* - **1.** [sin comodidad] : **ser ~** [no confortable] ne pas être confortable ; [inadecuado] ne pas être pratique - **2.** [molesto] gênant(e) ; **sentirse ~** se sentir mal à l'aise.
incomparable *adj* incomparable.
incompatible *adj* incompatible.
incompetencia *f* incompétence *f*.
incompetente *adj* incompétent(e).
incomprendido, da <> *adj* - **1.** [mal comprendido] : **su discurso fue ~** son discours n'a pas été compris - **2.** [persona] incompris(e). <> *m, f* incompris *m*, -e *f*.
incomprensible *adj* incompréhensible.
incomprensión *f* incompréhension *f*.
incomunicado, da *adj* isolé(e).
inconcebible *adj* inconcevable.
inconcluso, sa *adj* inachevé(e).
incondicional *adj* & *mf* inconditionnel(elle).
inconexo, xa *adj* décousu(e).
inconformismo *m* non-conformisme *m*.
inconfundible *adj* caractéristique, reconnaissable entre tous (toutes).
incongruente *adj* incongru(e) ; [relato] incohérent(e).
inconsciencia *f lit* & *fig* inconscience *f*.
inconsciente <> *adj* & *mf* inconscient(e). <> *m* PSICOL : **el ~** l'inconscient *m*.
inconsecuente <> *adj* inconséquent(e). <> *mf* : **ser un ~** être inconséquent.
inconsistente *adj* inconsistant(e).
inconstancia *f* inconstance *f*.
inconstante *adj* inconstant(e).
inconstitucional *adj* inconstitutionnel(elle).
incontable *adj* - **1.** [cantidad] innombrable ; **un número ~ de** un nombre incalculable de - **2.** [hecho, suceso] inracontable.
incontinencia *f* incontinence *f*.
incontrolable *adj* incontrôlable.
inconveniencia *f* - **1.** [falta de conveniencia] : **ser una ~** être un inconvénient - **2.** [despropósito] inconvenance *f*.
inconveniente <> *adj* [dicho, conducta] déplacé(e) ; [ropa, estilo] inconvenant(e). <> *m* - **1.** [desventaja] inconvénient *m* - **2.** [pega, obstáculo] problème *m* ; **poner ~s** faire des difficultés.
incordiar *vt fam* casser les pieds.
incordio *m fam* - **1.** [persona] casse-pieds *mf inv* - **2.** [situación] corvée *f*.
incorporación *f* incorporation *f*.
incorporar *vt* - **1.** [gen] incorporer ; **~ los huevos a la masa** incorporer les œufs à la pâte - **2.** [levantar] redresser. ◆ **incorporarse** *vpr* - **1.** [gen] : **~se a algo** [equipo, grupo] intégrer qqch ; [trabajo] commencer qqch - **2.** [levantarse] se redresser.
incorrección *f* incorrection *f*.
incorrecto, ta *adj* incorrect(e).
incorregible *adj* incorrigible.
incorrupto, ta *adj* - **1.** [cadáver] intact(e) - **2.** *fig* [persona] non corrompu(e).
incredulidad *f* incrédulité *f*.
incrédulo, la *adj* & *m, f* incrédule, sceptique.
increíble *adj* incroyable.
incrementar *vt* accroître. ◆ **incrementarse** *vpr* s'accroître, augmenter.
incremento *m* accroissement *m* ; [de temperaturas] hausse *f*.
increpar *vt* - **1.** [reprender] blâmer - **2.** [insultar] injurier.
incriminar *vt* incriminer.
incrustar *vt* incruster. ◆ **incrustarse** *vpr* - **1.** [adherirse] s'incruster ; [dos objetos, coches etc] s'encastrer - **2.** *fig* [en la mente] se graver ; **aquella imagen se le incrustó en la memoria** cette image s'est gravée dans sa mémoire.
incubadora *f* couveuse *f*.
incubar *vt* couver.
inculcar *vt* : **~ algo a alguien** inculquer qqch à qqn.
inculpar *vt* : **~ a alguien (de)** inculper qqn (de).
inculto, ta <> *adj* inculte. <> *m, f* ignorant *m*, -e *f*.
incultura *f* inculture *f*.
incumbencia *f* ressort *m* ; **no es de mi ~** ce n'est pas de mon ressort ; **eso no es asunto de tu ~** cela ne te regarde pas.
incumbir *vi* : **~ (a)** incomber (à).
incumplimiento *m* [de ley, contrato] non-respect *m* ; [de orden] non-exécution *f* ; **~ de su palabra/su deber** manquement *m* à sa parole/son devoir.
incumplir *vt* [ley, contrato] ne pas respecter ; [orden] ne pas exécuter ; [deber, palabra] manquer à ; [promesa] ne pas tenir.
incurable *adj* incurable.
incurrir *vi* : **~ en** [falta, delito] commettre ; [desprecio, odio, ira] encourir, s'exposer à.

incursión *f* incursion *f*.
indagación *f* investigation *f*.
indagar ◇ *vt* [orígenes, causas] rechercher. ◇ *vi* investiguer, procéder à des investigations.
indecencia *f* indécence *f*.
indecente *adj* **- 1.** [impúdico] indécent(e) **- 2.** [indigno] infect(e).
indecible *adj* indicible, inexprimable.
indecisión *f* indécision *f*.
indeciso, sa *adj* indécis(e).
indefenso, sa *adj* sans défense.
indefinido, da *adj* indéfini(e) ; **un contrato ~** un contrat à durée indéterminée.
indeleble *adj culto* indélébile.
indemne *adj* indemne.
indemnización *f* indemnisation *f* ; [compensación] indemnité *f*.
indemnizar *vt* : **~ a alguien (por)** indemniser qqn (de).
independencia *f* indépendance *f*.
independentista *adj* & *mf* indépendantiste.
independiente *adj* indépendant(e).
independizar *vt* rendre indépendant(e) ; **~ a un país** accorder son indépendance à un pays. ◆ **independizarse** *vpr* [persona] s'émanciper ; [país] accéder à l'indépendance ; **~se de** devenir indépendant(e) de.
indeseable *adj* indésirable.
indeterminación *f* indétermination *f*.
indeterminado, da *adj* **- 1.** [gen] indéterminé(e) ; **por un tiempo ~** pour une durée indéterminée **- 2.** GRAM : **un artículo ~** un article indéfini.
indexar *vt* INFORM indexer.
India : (la) ~ (l') Inde *f*.
indiano, na ◇ *adj* indien(enne). ◇ *m, f* **- 1.** [indígena] Indien *m*, -enne *f* **- 2.** [emigrante] *Espagnol rentré en Espagne après avoir fait fortune en Amérique*.
indicación *f* **- 1.** [gen] indication *f* **- 2.** [señal, gesto] signe *m*.
indicador, ra *adj* indicateur(trice), qui indique. ◆ **indicador** *m* indicateur *m* ; **~ de velocidad** compteur *m* de vitesse.
indicar *vt* **- 1.** [gen] indiquer ; **~ algo con la mirada** faire signe du regard **- 2.** [suj : médico] prescrire.
indicativo, va *adj* indicatif(ive). ◆ **indicativo** *m* GRAM indicatif *m*.
índice *m* **- 1.** [gen & MAT] indice *m* ; [de natalidad, alcohol, incremento] taux *m* ; **~ de precios al consumo** indice des prix à la consommation **- 2.** [alfabético, de autores, obras] index *m* ; [de temas, capítulos] table *f* des matières ; [de una biblioteca] catalogue *m* **- 3.** ▷ **dedo**.
indicio *m* indice *m (signe)*.
Índico *m* : **el ~** l'océan Indien.
indiferencia *f* indifférence *f*.
indiferente *adj* indifférent(e).
indígena *adj* & *mf* indigène.
indigencia *f culto* indigence *f*, dénuement *m*.
indigente *adj* & *mf* indigent(e).
indigestarse *vpr* **- 1.** [de comida] avoir une indigestion ; **~ de** se donner une indigestion de **- 2.** *fam fig* : **se me ha indigestado esa chica** je ne peux plus encaisser cette fille ; **se me ha indigestado la novela** ce roman me sort par les yeux.
indigestión *f* indigestion *f*.
indigesto, ta *adj lit* & *fig* indigeste.
indignación *f* indignation *f*.
indignar *vt* indigner. ◆ **indignarse** *vpr* : **~se (por algo/con alguien)** s'indigner (devant qqch /contre qqn).
indigno, na *adj* : **~ (de)** indigne (de).
indio, dia ◇ *adj* indien(enne). ◇ *m, f* Indien *m*, -enne *f* ; **hacer el ~** *fig* faire le pitre.
indirecto, ta *adj* indirect(e). ◆ **indirecta** *f* sous-entendu *m* ; **lanzar una indirecta** [criticar] lancer une pique ; [insinuar] glisser une allusion.
indisciplina *f* indiscipline *f*.
indiscreción *f* indiscrétion *f* ; **si no es ~** si cela n'est pas indiscret.
indiscreto, ta *adj* indiscret(ète).
indiscriminado, da *adj* indistinct(e) ; **de modo ~** indistinctement.
indiscutible *adj* indiscutable.
indispensable *adj* indispensable.
indisponer *vt* **- 1.** [enfermar] indisposer **- 2.** [enemistar] brouiller.
indisposición *f* **- 1.** [trastorno] indisposition *f* **- 2.** [reticencia] : **su ~ para trabajar era manifiesta** manifestement, il n'était pas disposé à travailler.
indispuesto, ta ◇ *pp irreg* ▷ **indisponer**. ◇ *adj* souffrant(e).
indistinto, ta *adj* **- 1.** [gen] indistinct(e) **- 2.** [indiferente] : **es ~** peu importe ; **una cuenta indistinta** un compte joint o commun.
individual *adj* **- 1.** [personal] individuel(elle) ; [habitación] simple, pour une personne ; [cama] à une place **- 2.** [prueba, competición] simple. ◆ **individuales**

mpl DEP simple *m* ; **~es masculinos/femeninos** simple messieurs/dames.

individualismo *m* individualisme *m*.

individualizar *vi* individualiser ; **no quiero ~** je ne veux nommer personne.

individuo, dua *m, f* individu *m* ; *despec* type *m*, bonne femme *f*.

indocumentado, da ◇ *adj* **- 1.** [sin documentación] : **salió ~** il est sorti sans ses papiers **- 2.** [ignorante] ignare. ◇ *m, f* [ignorante] ignare *mf*.

índole *f* nature *f* ; **ser de ~ pacífica** être d'un naturel pacifique.

indolencia *f* indolence *f*.

indoloro, ra *adj* indolore.

indómito, ta *adj* **- 1.** [animal] indompté(e) **- 2.** *fig* [persona, carácter] indomptable.

Indonesia Indonésie *f*.

inducir *vt* **- 1.** [gen & FÍS] induire ; **~ a error** induire en erreur **- 2.** [incitar] : **~ a alguien a algo/a hacer algo** inciter qqn à qqch/à faire qqch.

inductor, ra ◇ *adj* inducteur(trice). ◇ *m, f* instigateur(trice). ◆ **inductor** *m* inducteur *m*.

indudable *adj* indubitable.

indulgencia *f* indulgence *f*.

indultar *vt* gracier.

indulto *m* [total] grâce *f* ; [parcial] remise *f* de peine.

indumentaria *f* costume *m*.

industria *f* industrie *f*.

industrial ◇ *adj* industriel(elle). ◇ *mf* industriel *m*.

industrializar *vt* industrialiser. ◆ **industrializarse** *vpr* s'industrialiser.

inédito, ta *adj* inédit(e).

INEF (*abrev de* **Instituto Nacional de Educación Física**) *m institut national espagnol de formation des professeurs d'éducation physique*, ≃ INSEP *m*.

inefable *adj* ineffable.

ineficaz *adj* inefficace.

ineficiente *adj* inefficace.

ineludible *adj* inévitable, incontournable.

INEM (*abrev de* **Instituto Nacional de Empleo**) *m institut national espagnol pour l'emploi*, ≃ ANPE *f*.

ineptitud *f* inaptitude *f*.

inepto, ta ◇ *adj* inepte. ◇ *m, f* incapable *mf*.

inequívoco, ca *adj* évident(e), manifeste.

inercia *f* inertie *f* ; **hacer algo por ~** *fig* faire qqch par habitude.

inerme *adj* [sin armas, defensa] désarmé(e).

inerte *adj* inerte.

inesperado, da *adj* inespéré(e), inattendu(e).

inestable *adj* instable.

inevitable *adj* inévitable.

inexacto, ta *adj* inexact(e).

inexistencia *f* inexistence *f*.

inexperiencia *f* inexpérience *f*.

inexperto, ta *adj* inexpérimenté(e).

inexpresivo, va *adj* inexpressif(ive).

infalible *adj* infaillible.

infame *adj* infâme.

infamia *f* infamie *f*.

infancia *f* enfance *f*.

infante, ta *m, f* **- 1.** [niño] enfant *mf* **- 2.** [hijo del rey] infant *m*, -e *f*. ◆ **infante** *m* [soldado] fantassin *m*.

infantería *f* infanterie *f*.

infanticidio *m* infanticide *m*.

infantil *adj* **- 1.** [medicina, comportamiento] infantile **- 2.** [lenguaje, juego] enfantin(e) ; [programa, libro, calzado] pour enfants.

infarto *m* infarctus *m*.

infatigable *adj* infatigable.

infección *f* infection *f*.

infeccioso, sa *adj* infectieux(euse).

infectar *vt* infecter. ◆ **infectarse** *vpr* s'infecter.

infeliz ◇ *adj* **- 1.** [desgraciado] malheureux(euse) **- 2.** *fig* [ingenuo] brave. ◇ *mf* [ingenuo] : **¡pobre ~!** il est bien brave!

inferior *adj* & *mf* inférieur(e).

inferioridad *f* infériorité *f*.

inferir *vt* **- 1.** [deducir] conclure ; **infiero que es hora de marcharse** j'en conclus qu'il est temps de partir **- 2.** [ocasionar] faire, causer ; **~ una herida** blesser.

infernal *adj* infernal(e).

infestar *vt* **- 1.** [corromper] contaminer **- 2.** [suj : animales dañinos] infester **- 3.** *fig* [suj : anuncios, carteles etc] envahir.

infidelidad *f* infidélité *f*.

infiel *adj* & *mf* infidèle.

infiernillo *m* réchaud *m*.

infierno *m* enfer *m* ; **en el quinto ~** au diable (vauvert) ; **¡vete al ~!** va au diable!

infiltrado, da ◇ *adj* infiltré(e). ◇ *m, f* : **los ~s** les espions.

infiltrar *vt* **- 1.** [gen & MED] infiltrer

- 2. *fig* [ideas] inculquer. ◆ **infiltrarse** *vpr* : **~se (en)** s'infiltrer (dans).

ínfimo, ma *adj* infime.

infinidad *f* : **una ~ de** une infinité de ; **en ~ de ocasiones** à maintes reprises.

infinitivo, va *adj* infinitif(ive). ◆ **infinitivo** *m* infinitif *m*.

infinito, ta *adj* infini(e) ; **infinitas cartas** un nombre infini de lettres. ◆ **infinito** *m* infini *m*.

inflación *f* inflation *f*.

inflamable *adj* inflammable.

inflamación *f* inflammation *f*.

inflamar *vt lit* & *fig* enflammer. ◆ **inflamarse** *vpr* s'enflammer.

inflamatorio, ria *adj* inflammatoire.

inflar *vt* - 1. [con aire] gonfler - 2. *fig* [exagerar] grossir. ◆ **inflarse** *vpr* : **~se (de)** [hartarse] se gaver (de).

inflexible *adj* - 1. [material] rigide - 2. *fig* [carácter, actitud etc] inflexible.

inflexión *f* inflexion *f*.

infligir *vt* infliger.

influencia *f* influence *f* ; **de ~** [persona] influent(e).

influenciar *vt* influencer.

influir *vi* : **~ en** influer sur, avoir de l'influence sur.

influjo *m* influence *f*.

influyente *adj* influent(e).

información *f* - 1. [conocimiento] information *f*, renseignement *m* - 2. [noticia] information *f* ; **~ meteorológica** bulletin *m* météorologique - 3. [oficina] bureau *m* d'information ; [en aeropuerto] comptoir *m* information ; [en tienda] accueil *m* - 4. [telefónica] renseignements *mpl*.

informal *adj* - 1. [irresponsable] peu sérieux(euse) - 2. [reunión etc] informel(elle) ; [ropa etc] décontracté(e).

informante *mf* informateur *m*, -trice *f*.

informar *vt* informer ; **~ a alguien de algo** informer qqn de qqch. ◆ **informarse** *vpr* : **~se (de)** s'informer (de) ; **~se (sobre)** se renseigner (sur).

informático, ca ◇ *adj* informatique. ◇ *m, f* [persona] informaticien *m*, -enne *f*. ◆ **informática** *f* [ciencia] informatique *f*.

informativo, va *adj* [publicidad] informatif(ive) ; [boletín, revista] d'information. ◆ **informativo** *m* RADIO & TELE journal *m*, informations *fpl*.

informatizar *vt* INFORM informatiser.

informe ◇ *adj* informe. ◇ *m* rapport *m*. ◆ **informes** *mpl* renseignements *mpl* ; [de un empleado] références *fpl*.

infortunio *m* infortune *f*.

infracción *f* infraction *f*.

infraestructura *f* infrastructure *f*.

infrahumano, na *adj* inhumain(e).

infranqueable *adj* infranchissable.

infrarrojo, ja *adj* infrarouge.

infravalorar *vt* sous-estimer.

infringir *vt* enfreindre.

infundado, da *adj* infondé(e).

infundir *vt* [miedo, temor etc] inspirer ; [valor, ánimos] insuffler.

infusión *f* infusion *f*, tisane *f*.

infuso, sa *adj* infus(e).

ingeniar *vt* inventer. ◆ **ingeniarse** *vpr* : **ingeniárselas (para)** s'arranger (pour).

ingeniería *f* - 1. [ciencia] génie *m* - 2. [estudios] : **estudia ~** il fait des études d'ingénieur.

ingeniero, ra *m, f* ingénieur *m* ; **~ de caminos, canales y puertos** ingénieur des ponts et chaussées.

ingenio *m* - 1. [inteligencia] esprit *m*, ingéniosité *f* - 2. [máquina] engin *m*.

ingenioso, sa *adj* ingénieux(euse).

ingenuidad *f* ingénuité *f*.

ingenuo, nua *adj* & *m, f* ingénu(e).

ingerencia = **injerencia**.

ingerir *vt* ingérer.

Inglaterra Angleterre *f*.

ingle *f* aine *f*.

inglés, esa ◇ *adj* anglais(e). ◇ *m, f* Anglais *m*, -e *f*. ◆ **inglés** *m* [lengua] anglais *m*.

ingratitud *f* ingratitude *f*.

ingrato, ta *adj* ingrat(e).

ingrávido, da *adj* [sin gravedad] léger(e) ; *fig* aérien(enne) ; **en estado ~** en apesanteur.

ingrediente *m* ingrédient *m*.

ingresar ◇ *vt* [cheque] déposer, remettre ; [dinero líquido] déposer, verser. ◇ *vi* : **~ (en)** être admis(e) (dans o à).

ingreso *m* - 1. [en un lugar] admission *f* - 2. [de dinero] dépôt *m*, versement *m* ; [de cheque] remise *f*. ◆ **ingresos** *mpl* [personales] revenus *mpl* ; [comerciales] recettes *fpl*.

inhabilitar *vt* - 1. [incapacitar] déclarer inapte - 2. [prohibir] interdire.

inhabitable *adj* inhabitable.

inhabitado, da *adj* inhabité(e).

inhalador *m* inhalateur *m*.

inhalar *vt* inhaler.
inherente *adj* inhérent(e).
inhibir *vt* - **1.** [gen & MED] inhiber - **2.** DER dessaisir. ◆ **inhibirse** *vpr* se refréner ; **~se de** [responsabilidades, compromisos] se dérober à.
inhóspito, ta *adj* inhospitalier(ère).
inhumano, na *adj* inhumain(e).
INI (*abrev de* **Instituto Nacional de Industria**) *m organisme gouvernemental espagnol pour la promotion de l'industrie.*
iniciación *f* - **1.** [gen] initiation *f* - **2.** [de suceso, curso] début *m*.
inicial ◇ *adj* initial(e). ◇ *f* [letra] initiale *f*.
inicializar *vt* INFORM initialiser.
iniciar *vt* [empezar] commencer.
iniciativa *f* initiative *f*.
inicio *m* début *m*.
inigualable *adj* inégalable.
ininteligible *adj* inintelligible.
ininterrumpido, da *adj* ininterrompu(e).
injerencia, ingerencia *f* ingérence *f*.
injerir *vt* [introducir] insérer. ◆ **injerirse** *vpr* [entrometerse]: ~se (en) s'ingérer (dans).
injertar *vt* greffer.
injerto *m* greffe *f*.
injuria *f* injure *f*.
injuriar *vt* injurier.
injurioso, sa *adj* injurieux(euse).
injusticia *f* injustice *f*.
injustificado, da *adj* injustifié(e).
injusto, ta *adj* injuste.
inmadurez *f* immaturité *f*.
inmaduro, ra *adj* - **1.** [fruta] pas mûr(e) - **2.** [persona] immature.
inmediaciones *fpl* abords *mpl*.
inmediatamente *adv* immédiatement.
inmediato, ta *adj* - **1.** [contiguo] adjacent(e) ; [cercano] voisin(e) - **2.** [instantáneo] immédiat(e) ; **de ~** immédiatement.
inmejorable *adj* exceptionnel(elle).
inmensidad *f* immensité *f* ; *fig* multitude *f*.
inmenso, sa *adj* immense.
inmersión *f* immersion *f*.
inmerso, sa *adj* [en líquido] immergé(e) ; [en lectura] plongé(e).
inmigración *f* immigration *f*.
inmigrante *mf* [establecido] immigré *m*, -e *f* ; [recién llegado] immigrant *m*, -e *f*.
inmigrar *vi* immigrer.
inminente *adj* imminent(e).
inmiscuirse *vpr* : **~ (en)** s'immiscer (dans).
inmobiliario, ria *adj* immobilier(ère). ◆ **inmobiliaria** *f* société *f* immobilière.
inmoral *adj* immoral(e).
inmortal *adj* immortel(elle).
inmortalizar *vt* immortaliser.
inmóvil *adj* immobile.
inmovilizar *vt* immobiliser.
inmueble *adj* & *m* immeuble.
inmundicia *f* saleté *f*, crasse *f*. ◆ **inmundicias** *fpl* immondices *fpl*.
inmundo, da *adj* immonde.
inmune *adj* - **1.** MED immunisé(e) - **2.** [exento] exempt(e).
inmunidad *f* immunité *f*.
inmunizar *vt* immuniser.
inmutar *vt* impressionner. ◆ **inmutarse** *vpr* : **no ~se** rester imperturbable.
innato, ta *adj* inné(e).
innecesario, ria *adj* inutile.
innovación *f* innovation *f*.
innovador, ra *adj* & *m, f* innovateur(trice), novateur(trice).
innovar *vt* innover.
innumerable *adj* innombrable.
inocencia *f* innocence *f*.
inocentada *f plaisanterie traditionnelle faite le 28 décembre, jour des saints Innocents,* ≃ poisson *m* d'avril.
inocente *adj* & *mf* innocent(e).
inodoro, ra *adj* inodore. ◆ **inodoro** *m* toilettes *fpl*.
inofensivo, va *adj* inoffensif(ive).
inolvidable *adj* inoubliable.
inoperante *adj* [medida] inopérant(e) ; [persona] inefficace.
inoportuno, na, importuno, na *adj* inopportun(e).
inoxidable *adj* inoxydable.
inquebrantable *adj* inébranlable.
inquietar *vt* inquiéter. ◆ **inquietarse** *vpr* s'inquiéter.
inquieto, ta *adj* - **1.** [preocupado] inquiet(ète) - **2.** [agitado] agité(e).
inquietud *f* inquiétude *f*. ◆ **inquietudes** *fpl* préoccupations *fpl*.
inquilino, na *m, f* locataire *mf*.
inquirir *vt culto* s'enquérir de.
inquisición *f* [indagación] enquête *f*. ◆ **Inquisición** *f* : **la Inquisición** l'Inquisition *f*.
inquisidor, ra *adj* inquisiteur(trice). ◆ **inquisidor** *m* inquisiteur *m*.

inri *m* : **para más ~** *fam fig* pour couronner le tout.
insaciable *adj* insatiable.
insalubre *adj* insalubre.
Insalud (*abrev de* **Instituto Nacional de la Salud**) *m organisme gouvernemental espagnol de santé*, ≃ CPAM *f*.
insatisfacción *f* insatisfaction *f*.
insatisfecho, cha *adj* **- 1.** [descontento] insatisfait(e) **- 2.** [no saciado] : **está ~ con la comida** il n'est pas rassasié.
inscribir *vt* inscrire ; **~ a alguien en** [escuela, curso etc] inscrire qqn à ; [registro civil, lista etc] faire inscrire sur. ◆ **inscribirse** *vpr* s'inscrire ; **~se en** [lista, registro] s'inscrire sur ; [escuela, curso] s'inscrire à ; [club, asociación] s'inscrire dans.
inscripción *f* inscription *f*.
inscrito, ta ◇ *pp irreg* ▻ **inscribir**. ◇ *adj* inscrit(e).
insecticida *adj* & *m* insecticide.
insecto *m* insecte *m*.
inseguridad *f* insécurité *f*.
inseguro, ra *adj* **- 1.** [persona] : **es ~** il n'est pas sûr de lui **- 2.** [proyecto, resultado etc] incertain(e) **- 3.** [lugar, artefacto] dangereux(euse).
inseminación *f* insémination *f* ; **~ artificial** insémination artificielle.
insensatez *f* stupidité *f*.
insensato, ta *adj* ridicule.
insensibilidad *f* insensibilité *f*.
insensible *adj* insensible.
inseparable *adj* inséparable.
insertar *vt* [gen & INFORM] insérer.
inservible *adj* inutilisable.
insidioso, sa *adj* insidieux(euse).
insigne *adj* éminent(e).
insignia *f* **- 1.** [distintivo] insigne *m* **- 2.** [bandera] pavillon *m*.
insignificante *adj* insignifiant(e).
insinuar *vt* insinuer. ◆ **insinuarse** *vpr* **- 1.** [declararse] faire des avances **- 2.** [dejarse ver] poindre.
insípido, da *adj lit* & *fig* insipide.
insistencia *f* insistance *f*.
insistir *vi* : **~ (en)** insister (sur).
insociable *adj* insociable.
insolación *f* insolation *f*.
insolencia *f* insolence *f*.
insolente *adj* & *mf* insolent(e).
insolidario, ria *adj* non solidaire.
insólito, ta *adj* insolite.
insoluble *adj* insoluble.
insolvencia *f* insolvabilité *f*.
insolvente *adj* insolvable.
insomnio *m* insomnie *f*.
insondable *adj* insondable.
insonorizar *vt* insonoriser.
insoportable *adj* insupportable.
insostenible *adj* insoutenable.
inspección *f* inspection *f*.
inspeccionar *vt* inspecter.
inspector, ra *m, f* inspecteur *m*, -trice *f* ; **~ de Hacienda** inspecteur des impôts.
inspiración *f* inspiration *f*.
inspirar *vt* inspirer. ◆ **inspirarse** *vpr* être inspiré(e) ; **no escribe si no se inspira** il n'écrit pas s'il n'est pas inspiré ; **~se en** s'inspirer de.
instalación *f* installation *f*. ◆ **instalaciones** *fpl* équipements *mpl*.
instalar *vt* installer. ◆ **instalarse** *vpr* : **~se (en)** s'installer (dans).
instancia *f* **- 1.** [solicitud] requête *f* ; **a ~s de** sur la requête de ; **en última ~** *fig* en dernier ressort **- 2.** DER instance *f*.
instantáneo, a *adj* instantané(e). ◆ **instantánea** *f* FOT instantané *m*.
instante *m* instant *m* ; **a cada ~** à chaque instant ; **al ~** à l'instant ; **en un ~** en un instant.
instar *vt* : **~ a** o **para** prier instamment de.
instaurar *vt* instaurer.
instigar *vt* inciter.
instintivo, va *adj* instinctif(ive).
instinto *m* instinct *m*.
institución *f* institution *f*. ◆ **instituciones** *fpl* institutions *fpl*.
institucionalizar *vt* institutionnaliser.
instituir *vt* instituer.
instituto *m* **- 1.** [corporación] institut *m* **- 2.** EDUC lycée *m* ; **~ de Bachillerato** o **Enseñanza Media** établissement *m* d'enseignement secondaire ; **~ de Formación Profesional** ≃ lycée technique. ◆ **instituto de belleza** *m* institut *m* de beauté.
institutriz *f* institutrice *f*.
instrucción *f* instruction *f*. ◆ **instrucciones** *fpl* [de uso] mode *m* d'emploi.
instructivo, va *adj* instructif(ive).
instructor, ra ◇ *adj* DER & MIL instructeur. ◇ *m, f* moniteur *m*, -trice *f* ; MIL instructeur *m*.
instruido, da *adj* instruit(e).
instruir *vt* instruire.
instrumental ◇ *adj* instrumental(e). ◇ *m* instruments *mpl*.

instrumentista *mf* instrumentiste *mf*.
instrumento *m* instrument *m*.
insubordinado, da <> *adj* insubordonné(e) ; [niño, actitud] rebelle. <> *m, f* rebelle *mf*.
insubordinar *vt* soulever. ◆ **insubordinarse** *vpr* se soulever, se rebeller.
insubstancial = **insustancial**.
insuficiencia *f* insuffisance *f*.
insuficiente <> *adj* insuffisant(e). <> *m* [nota] mention *f* insuffisant.
insufrible *adj fig* insupportable.
insular *adj* & *mf* insulaire.
insulina *f* insuline *f*.
insulso, sa *adj lit* & *fig* fade, insipide.
insultar *vt* insulter.
insulto *m* insulte *f*.
insumiso, sa <> *adj* insoumis(e). <> *m, f* [gen] rebelle *mf* ; MIL insoumis *m*.
insuperable *adj* **- 1.** [inmejorable] imbattable **- 2.** [sin solución] insurmontable.
insurrección *f* insurrection *f*.
insustancial, insubstancial *adj* **- 1.** [insípido] fade **- 2.** *fig* [sin interés] creux (creuse).
intachable *adj* irréprochable.
intacto, ta *adj* intact(e).
integral <> *adj* [total, sin refinar] intégral(e) ; [pan, arroz] complet(ète). <> *f* MAT intégrale *f*.
integrante <> *adj* intégrant(e) ; **los países ~s de la OTAN** les pays membres de l'OTAN. <> *mf* membre *m*.
integrar *vt* **- 1.** [gen & MAT] intégrer **- 2.** [componer] composer ; **los capítulos que integran el libro** les chapitres qui composent le livre. ◆ **integrarse** *vpr* : **~se (en)** s'intégrer (dans).
integridad *f lit* & *fig* intégrité *f*.
íntegro, gra *adj* **- 1.** [completo] intégral(e) **- 2.** *fig* [honrado] intègre.
intelecto *m* intellect *m*.
intelectual *adj* & *mf* intellectuel(elle).
inteligencia *f* **- 1.** [entendimiento] intelligence *f* ; **~ artificial** intelligence artificielle **- 2.** MIL : **los servicios de ~** les services secrets.
inteligente *adj* [gen & INFORM] intelligent(e).
inteligible *adj* intelligible.
intemperancia *f* [intransigencia] intolérance *f* ; [falta de moderación] intempérance *f*.
intemperie *f* : **a la ~** à la belle étoile ; [fuera] dehors.
intempestivo, va *adj* [llegada, intervención] intempestif(ive) ; [proposición, visita] inopportun(e) ; [comentario] déplacé(e) ; **a horas intempestivas** à des heures indues.
intemporal *adj* intemporel(elle).
intención *f* intention *f* ; **con buena/mala ~** dans une bonne/mauvaise intention.
intencionado, da *adj* intentionné(e).
intendencia *f* intendance *f*.
intensidad *f* [gen & ELECTR] intensité *f*.
intensificar *vt* intensifier. ◆ **intensificarse** *vpr* s'intensifier.
intensivo, va *adj* intensif(ive) ; **la jornada intensiva** la journée continue.
intenso, sa *adj* intense.
intentar *vt* : **~ hacer algo** essayer o tenter de faire qqch.
intento *m* **- 1.** [gen] tentative *f* **- 2.** DEP essai *m*.
interactivo, va *adj* INFORM interactif(ive).
intercalar *vt* **- 1.** [fichas, hojas] intercaler **- 2.** [capítulos, episodios etc] insérer.
intercambio *m* échange *m*.
interceder *vi* intercéder ; **~ por alguien** intercéder en faveur de qqn.
interceptar *vt* **- 1.** [carta, conversación etc] intercepter **- 2.** [carretera] barrer.
interés *m* [gen & FIN] intérêt *m* ; **tener ~ en algo** tenir à qqch ; **tiene ~ en que vengamos** il tient à ce que nous venions ; **tener ~ por algo** être intéressé(e) par qqch ; **tiene ~ por comprar el cuadro** il est intéressé par l'achat du tableau ; **intereses creados** intérêts communs.
interesado, da <> *adj* intéressé(e). <> *m, f* personne *f* intéressée.
interesante *adj* intéressant(e).
interesar <> *vi* être intéressant(e) ; **el asunto no interesa** le sujet n'est pas intéressant. <> *vt* : **~ a alguien en algo** intéresser qqn à qqch. ◆ **interesarse** *vpr* : **~se (por)** s'intéresser (à) ; **se interesó por tu salud** il s'est inquiété de ta santé.
interfaz, interface (*pl* **interfaces**) *m* o *f* INFORM interface *f*.
interferencia *f* FÍS interférence *f*.
interferir <> *vt* **- 1.** RADIO, TELECOM & TELE brouiller **- 2.** *fig* [interponerse] interrompre. <> *vi* interférer ; **~ en** interférer dans ; [asuntos, problemas etc] se mêler de ; [conversación] intervenir dans.
interfono *m* interphone *m*.
interino, na <> *adj* intérimaire ; **el presidente ~** le président par intérim.

◇ *m, f* intérimaire *mf.* ◆ **interina** *f* femme *f* de ménage.

interior ◇ *adj* intérieur(e) ; **la ropa ~** les sous-vêtements. ◇ *m* - **1.** [gen] intérieur *m* - **2.** [de persona] : **en mi ~** au fond de moi.

interiorismo *m* architecture *f* d'intérieur.

interiorizar *vt* intérioriser.

interjección *f* interjection *f.*

interlineado *m* interligne *m.*

interlocutor, ra *m, f* interlocuteur *m,* -trice *f.*

intermediario, ria *adj* & *m, f* intermédiaire.

intermedio, dia *adj* intermédiaire. ◆ **intermedio** *m* intermède *m* ; **la película tuvo tres ~s** il y a eu trois coupures publicitaires pendant le film.

interminable *adj* interminable.

intermitente ◇ *adj* intermittent(e). ◇ *m* clignotant *m.*

internacional *adj* international(e).

internado, da *adj* & *m, f* interné(e) ; [en colegio] interne. ◆ **internado** *m* internat *m.*

internar *vt* interner ; [en colegio] mettre en pension ; [en hospital] hospitaliser. ◆ **internarse** *vpr* : **~se en** [un lugar] s'enfoncer dans ; [un tema] se plonger dans.

internauta *mf* internaute *mf.*

Internet *m o f* Internet *m.*

interno, na ◇ *adj* - **1.** [gen & MED] interne ; POLÍT intérieur(e) - **2.** [en colegio] : **los alumnos ~s** les internes. ◇ *m, f* - **1.** [alumno] interne *mf* - **2.** [preso] interné *m,* -e *f.*

interparlamentario, ria *adj* interparlementaire.

interpelación *f* interpellation *f.*

interplanetario, ria *adj* interplanétaire.

Interpol (*abrev de* **International Criminal Police Organization**) *f* Interpol *m.*

interpolar *vt* intercaler.

interponer *vt* - **1.** [gen] interposer - **2.** DER : **~ un recurso** interjeter appel. ◆ **interponerse** *vpr* [entre dos] s'interposer ; **~se en** [asuntos, vida] se mêler de.

interpretación *f* interprétation *f.*

interpretar *vt* interpréter.

intérprete *mf* interprète *mf.* ◆ **intérprete** *m* INFORM interpréteur *m.*

interpuesto, ta *pp irreg* ▷ **interponer.**

interrail *m* carte *f* Inter Rail.

interrogación *f* interrogation *f.*

interrogante *m* - **1.** [incógnita] interrogation *f* - **2.** GRAM point *m* d'interrogation.

interrogar *vt* interroger.

interrogatorio *m* interrogatoire *m.*

interrumpir *vt* interrompre. ◆ **interrumpirse** *vpr* s'interrompre ; **la programación se interrumpió** le programme a été interrompu.

interrupción *f* interruption *f* ; **~ voluntaria del embarazo** interruption volontaire de grossesse.

interruptor *m* interrupteur *m.*

intersección *f* intersection *f.*

interurbano, na *adj* interurbain(e).

intervalo *m* intervalle *m.*

intervención *f* intervention *f* ; **~ quirúrgica** intervention chirurgicale.

intervencionista *adj* & *mf* interventionniste.

intervenir ◇ *vi* : **~ (en)** intervenir (dans) ; **~ en un debate** participer à un débat. ◇ *vt* - **1.** MED opérer - **2.** TELECOM mettre sur écoutes - **3.** DER [armas, droga etc] saisir ; [cuentas] contrôler.

interventor, ra *m, f* - **1.** [contable] contrôleur *m,* -euse *f* de gestion - **2.** [revisor] contrôleur *m,* -euse *f* - **3.** [en elecciones] scrutateur *m,* -trice *f.*

interviú (*pl* **interviús**) *f* interview *m* o *f.*

intestino, na *adj* intestin(e). ◆ **intestino** *m* intestin *m* ; **~ delgado** intestin grêle ; **~ grueso** gros intestin.

intimar *vi* : **~ (con)** sympathiser (avec).

intimidación *f* intimidation *f.*

intimidad *f* intimité *f* ; **en la ~** dans l'intimité.

intimista *adj* intimiste.

íntimo, ma ◇ *adj* intime. ◇ *m, f* intime *mf.*

intolerable *adj* intolérable.

intolerancia *f* intolérance *f.*

intoxicación *f* intoxication *f* ; **~ alimenticia** intoxication alimentaire.

intoxicar *vt* intoxiquer. ◆ **intoxicarse** *vpr* s'intoxiquer.

intranquilizar *vt* inquiéter. ◆ **intranquilizarse** *vpr* s'inquiéter.

intranquilo, la *adj* - **1.** [preocupado] inquiet(ète) - **2.** [nervioso] agité(e).

intranscendente = **intrascendente.**

intransferible *adj* [derecho, cargo] intransmissible ; [cuenta] non transférable.

intransigente *adj* intransigeant(e).

intransitable *adj* impraticable.

intrascendente, intranscendente *adj* insignifiant(e).
intrauterino, na *adj* intra-utérin(e).
intrépido, da *adj* intrépide.
intriga *f* - **1.** [curiosidad] curiosité *f* ; **tener ~ por** être curieux(euse) de - **2.** [género] suspense *m* ; **de ~** à suspense - **3.** [trama, maquinación] intrigue *f*.
intrigar *vt* & *vi* intriguer.
intrincado, da *adj* inextricable ; [asunto, problema] compliqué(e) ; **un camino ~** un chemin tortueux.
intríngulis *m inv fam* hic *m* ; **el ~ de la historia** le fin mot de l'histoire.
intrínseco, ca *adj* intrinsèque.
introducción *f* introduction *f*.
introducir *vt* : **~ (en)** introduire (dans). ◆ **introducirse** *vpr* : **~se (en)** s'introduire (dans).
intromisión *f* intrusion *f*.
introspectivo, va *adj* introspectif(ive).
introvertido, da *adj* & *m, f* introverti(e).
intruso, sa *adj* & *m, f* intrus(e).
intuición *f* intuition *f*.
intuir *vt* avoir l'intuition de, pressentir.
intuitivo, va *adj* intuitif(ive).
inundación *f* inondation *f*.
inundar *vt* inonder ; *fig* envahir. ◆ **inundarse** *vpr* : **~se (de)** être inondé(e) (de) ; *fig* être envahi(e) (par).
inusitado, da *adj* [palabra, lenguaje] inusité(e) ; [frío, comportamiento etc] inhabituel(elle).
inútil ◇ *adj* - **1.** [cosa, acción] inutile - **2.** [persona - incapaz] maladroit(e) ; [- incapacitada] invalide. ◇ *mf* [incapaz] incapable *mf* ; [incapacitado] invalide *mf*.
inutilidad *f* - **1.** [cualidad] inutilité *f* - **2.** [objeto inservible] : **esta máquina es una ~** cette machine ne sert à rien - **3.** [incapacidad] invalidité *f*.
inutilizar *vt* : **~ algo** rendre qqch inutilisable.
invadir *vt lit* & *fig* envahir.
invalidez *f* [incapacidad] invalidité *f* ; **~ permanente/temporal** incapacité *f* permanente/temporaire.
inválido, da *adj* & *m, f* invalide.
invariable *adj* invariable.
invasión *f* invasion *f*.
invasor, ra ◇ *adj* : **el país ~ fue sancionado** le pays agresseur a été sanctionné. ◇ *m, f* envahisseur *m*.
invectiva *f* invective *f*.
invención *f* invention *f*.
inventar *vt* inventer. ◆ **inventarse** *vpr* inventer ; **se inventó una excusa** il a inventé une excuse.
inventario *m* inventaire *m*.
inventiva *f* imagination *f*.
invento *m* invention *f*.
inventor, ra *m, f* inventeur *m*, -trice *f*.
invernadero, invernáculo *m* serre *f*.
invernar *vi* [hibernar] hiberner ; [pasar el invierno] hiverner.
inverosímil *adj* invraisemblable.
inversión *f* - **1.** [del orden] inversion *f* - **2.** [de dinero, tiempo] investissement *m* ; **una mala ~** un mauvais placement.
inverso, sa *adj* inverse. ◆ **a la inversa** *loc adv* à l'inverse.
inversor, ra *adj* & *m, f* investisseur(euse).
invertebrado, da *adj* - **1.** ZOOL invertébré(e) - **2.** *fig* [sin organización] non structuré(e). ◆ **invertebrados** *mpl* invertébrés *mpl*.
invertido, da *adj* & *m, f* [homosexual] homosexuel(elle).
invertir *vt* - **1.** [orden] inverser - **2.** [dinero] investir - **3.** [tiempo] mettre ; **invierto mucho tiempo en ir a tu casa** je mets beaucoup de temps pour aller chez toi.
investidura *f* investiture *f*.
investigación *f* - **1.** [estudio] recherche *f* ; [seguimiento] investigation *f* ; **~ y desarrollo** recherche-développement *f* - **2.** [indagación] enquête *f*.
investigador, ra ◇ *adj* - **1.** [que estudia] : **un centro ~** un centre de recherche - **2.** [que indaga] : **una comisión investigadora** une commission d'enquête. ◇ *m, f* - **1.** [estudioso] chercheur *m*, -euse *f* - **2.** [detective] enquêteur *m*, -euse *f*.
investigar ◇ *vt* - **1.** [estudiar] faire des recherches sur - **2.** [indagar] rechercher, enquêter sur. ◇ *vi* - **1.** [estudiar] faire de la recherche - **2.** [indagar] enquêter.
investir *vt* : **~ a alguien con algo** [cargo] investir qqn de qqch ; [grado, título] décerner qqch à qqn ; [medalla] décorer qqn de qqch.
inveterado, da *adj* [costumbre] ancré(e).
inviable *adj* infaisable.
invidente ◇ *adj* aveugle. ◇ *mf* non-voyant *m*, -e *f*.
invierno *m* hiver *m*.
invisible *adj* invisible.
invitación *f* invitation *f*.
invitado, da *adj* & *m, f* invité(e).

invitar *vt* inviter ; **~ a alguien a (hacer) algo** inviter qqn à (faire) qqch ; **lo invitó a una copa** il lui a offert un verre ; **~ a** *fig* [incitar] inviter à ; **el sol invita a pasear** le soleil invite à la promenade.
in vitro *loc adv* in vitro.
invocar *vt* invoquer.
involución *f fig* [de situación] régression *f*.
involucrar *vt* : **~ en** impliquer dans. ◆ **involucrarse** *vpr* : **~se en** être impliqué(e) dans.
involuntario, ria *adj* involontaire.
invulnerable *adj* invulnérable.
inyección *f* **- 1.** [acción] injection *f* **- 2.** [medicamento] piqûre *f*.
inyectar *vt* injecter. ◆ **inyectarse** *vpr* [con drogas] se piquer ; [con medicamentos] se faire une piqûre de.
iodo = **yodo**.
ion *m* ion *m*.
IPC (*abrev de* **índice de precios al consumo**) *m* IPC *m*.
ir *vi* **- 1.** [gen] aller ; **voy a Madrid/al cine** je vais à Madrid/au cinéma ; **iremos en coche/en tren/andando** nous irons en voiture/en train/à pied ; **todavía va al colegio** il va encore à l'école ; **nuestra parcela va de aquí hasta el mar** notre terrain va d'ici à la mer ; **sus negocios van mal** ses affaires vont mal ; **¡vamos!** on y va! ; **~ a mejor/a peor** aller mieux/moins bien **- 2.** *(antes de gerundio)* [expresa duración gradual] : **voy mejorando mi estilo** j'améliore mon style ; **su estado va empeorando** son état se dégrade **- 3.** [expresa intención, opinión] : **~ a hacer algo** aller faire qqch ; **voy a llamarlo ahora mismo** je vais l'appeler tout de suite **- 4.** [funcionar] marcher, fonctionner ; **tu coche va muy bien** ta voiture marche très bien **- 5.** [vestir] être ; **~ de azul/en camiseta/con corbata** être en bleu/en tee-shirt/en cravate **- 6.** [estar] : **iba hecho un pordiosero** on aurait dit un mendiant ; **iba muy borracho** il était complètement soûl **- 7.** [vacaciones, tratamiento] : **~le bien a alguien** faire du bien à qqn **- 8.** [ropa] : **~le (bien) a alguien** aller (bien) à qqn ; **le va fatal el color negro** le noir ne lui va pas du tout **- 9.** [referirse] : **lo que he dicho no va con o por nadie en particular** ce que je viens de dire ne vise personne en particulier **- 10.** [ser correspondiente] : **eso va por lo que tú me hiciste** ça c'est en retour de ce que tu m'as fait **- 11.** [buscar] : **~ por algo/alguien** aller chercher qqch/qqn **- 12.** [alcanzar] : **~ por** en être à ; **ya va por el cuarto vaso de vino** il en est à son quatrième verre de vin **- 13.** [con valor enfático] : **~ y hacer algo** aller faire qqch, se mettre à ; **fue y se lo contó todo** il est allé tout lui raconter ; **fue y se puso a llorar** alors il s'est mis à pleurer **- 14.** [tratar] : **~ de** être sur ; **¿de qué va la película?** de quoi parle le film? **- 15.** [presumir] : **~ de** faire le (la) ; **va de intelectual cuando en verdad no sabe nada** il fait l'intello alors qu'en réalité il ne sait rien **- 16.** *(en presente)* [apostar] : **van mil pesetas que no lo haces** je te parie mille pesetas que tu ne le fais pas **- 17.** *loc* : **¡qué va!** tu parles! ; **es el no va más** c'est le nec plus ultra. ◆ **irse** *vpr* s'en aller, partir ; **se ha ido de viaje/a comer** il est parti en voyage/manger ; **como sigas me voy** si tu continues je m'en vais ; **esta mancha no se va** cette tache ne part pas ; **¡vete!** va-t'en!
ira *f* colère *f*.
IRA (*abrev de* **Irish Republican Army**) *m* IRA *f*.
iracundo, da *adj* coléreux(euse) ; **se puso ~** il est devenu furieux.
Irak : (el) ~ (l') Irak *m*.
Irán : (el) ~ (l') Iran *m*.
iraquí (*pl* **iraquíes**) ◇ *adj* irakien(enne). ◇ *mf* Irakien *m*, -enne *f*.
irascible *adj* irascible.
iris *m inv* iris *m*.
Irlanda Irlande *f* ; **~ del Norte** Irlande du Nord.
irlandés, esa ◇ *adj* irlandais(e). ◇ *m, f* Irlandais *m*, -e *f*. ◆ **irlandés** *m* [lengua] irlandais *m*.
ironía *f* ironie *f* ; **por una curiosa ~, ...** par une curieuse ironie du sort, ...
irónico, ca *adj* ironique.
ironizar ◇ *vt* tourner en dérision. ◇ *vi* : **~ (sobre)** ironiser (sur).
IRPF (*abrev de* **Impuesto sobre la Renta de las Personas Físicas**) *m impôt sur le revenu des personnes physiques en Espagne*.
irracional *adj* irrationnel(elle).
irradiar *vt* **- 1.** [luz, energía] irradier **- 2.** *fig* [alegría, felicidad] rayonner de ; [simpatía] déborder de.
irreal *adj* irréel(elle).
irreconocible *adj* méconnaissable.
irrecuperable *adj* irrécupérable.
irreflexión *f* irréflexion *f*.
irreflexivo, va *adj* irréfléchi(e).
irrefutable *adj* irréfutable.
irregular *adj* irrégulier(ère).

irregularidad *f* irrégularité *f*.
irrelevante *adj* [sin importancia] insignifiant(e) ; [sin significado] qui n'est pas pertinent(e).
irremediable *adj* irrémédiable.
irreparable *adj* irréparable.
irresistible *adj* irrésistible.
irresoluto, ta *adj* & *m, f culto* irrésolu(e).
irrespetuoso, sa *adj* irrespectueux(euse).
irrespirable *adj* irrespirable.
irresponsable *adj* & *mf* irresponsable.
irreverente *adj* irrévérencieux(euse).
irreversible *adj* irréversible.
irrevocable *adj* irrévocable.
irrigar *vt* irriguer.
irrisorio, ria *adj* dérisoire.
irritable *adj* irritable.
irritar *vt* irriter. ◆ **irritarse** *vpr* s'irriter.
irrompible *adj* incassable.
irrupción *f* irruption *f*.
isla *f* île *f* ; **las ~s Baleares** les Baléares *fpl* ; **las ~s Canarias** les îles Canaries ; **las ~s Fidji** les îles Fidji ; **las ~s Malvinas** les îles Malouines.
islam *m* RELIG islam *m*. ◆ **Islam** *m* : **el Islam** l'Islam *m*.
islamismo *m* **- 1.** [religión] islam *m* **- 2.** [movimiento] islamisme *m*.
islandés, esa ◇ *adj* islandais(e). ◇ *m, f* Islandais *m*, -e *f*. ◆ **islandés** *m* [lengua] islandais *m*.
Islandia Islande *f*.
isleño, ña *adj* & *m, f* insulaire.
islote *m* îlot *m*.
isósceles ◇ *adj inv* isocèle. ◇ *m inv* triangle *m* isocèle.
isótopo ◇ *adj* isotopique. ◇ *m* QUÍM isotope *m*.
Israel Israël.
israelí (*pl* **israelíes**) ◇ *adj* israélien(enne). ◇ *mf* Israélien *m*, -enne *f*.
istmo *m* isthme *m*.
Italia Italie *f*.
italiano, na ◇ *adj* italien(enne). ◇ *m, f* Italien *m*, -enne *f*. ◆ **italiano** *m* [lengua] italien *m*.
item, ítem *m* **- 1.** [cosa] objet *m* **- 2.** DER article *m* **- 3.** INFORM élément *m* (d'information).
itinerante *adj* itinérant(e).
itinerario *m* itinéraire *m*.
ITV (*abrev de* **inspección técnica de vehículos**) *f contrôle technique des véhicules en Espagne.*
i/v (*abrev de* **ida y vuelta**) A/R.
IVA (*abrev de* **impuesto sobre el valor añadido**) *m* TVA *f*.
izar *vt* hisser.
izda (*abrev de* **izquierda**) gche.
izquierdo, da *adj* gauche ; [fila, botón, carril] de gauche. ◆ **izquierda** *f* **- 1.** [gen & POLÍT] gauche *f* ; **a la izquierda** à gauche ; **de izquierdas** de gauche **- 2.** [mano] main *f* gauche ; DEP [pie] gauche *m*.

J

j, J [xota] *f* [letra] j *m inv*, J *m inv*.
ja *interj* : **¡ja!** ha!
jabalí, ina *m, f* sanglier *m*, laie *f*.
jabalina *f* DEP javelot *m*.
jabón *m* savon *m*.
jabonero, ra *adj* savonnier(ère). ◆ **jabonera** *f* porte-savon *m*.
jaca *f* **- 1.** [caballo] bidet *m* **- 2.** [yegua] jument *f*.
jacal *m Amer* hutte *f*.
jacinto *m* jacinthe *f*.
jacquard *m inv* jacquard *m*.
jactarse *vpr* : **~ de** se vanter de.
jacuzzi (*pl* **jacuzzis**) *m* Jacuzzi® *m*.
jadeante *adj* haletant(e).
jadear *vi* haleter.
jadeo *m* halètement *m*.
jaguar (*pl* **jaguars**) *m* jaguar *m*.
jaiba *f Amer* crabe *m*.
jalea *f* gelée *f* ; **~ real** gelée royale.
jalear *vt* encourager *(par des cris, des applaudissements)*.
jaleo *m fam* **- 1.** [alboroto] raffut *m* **- 2.** [lío] histoire *f* ; **se ha metido en un ~ muy gordo** il s'est embarqué dans une sale histoire **- 3.** [desorden] pagaille *f*.
jalonar *vt lit* & *fig* jalonner.
Jamaica Jamaïque *f*.
jamás *adv* jamais ; **~ de los jamases** *fig* jamais, au grand jamais.
jamón *m* jambon *m* ; **~ (de) York** jambon

blanc ; ~ **(en) dulce** jambon cuit ; ~ **serrano** jambon de montagne o cru, ≃ jambon de Bayonne.

Japón : (el) ~ (le) Japon.

japonés, esa ◇ *adj* japonais(e). ◇ *m, f* Japonais *m*, -e *f*. ◆ **japonés** *m* [lengua] japonais *m*.

jaque *m* échec *m* ; ~ **mate** échec et mat.

jaqueca *f* migraine *f*.

jarabe *m* sirop *m*.

jarana *f* - **1.** [juerga] java *f* ; **estar** o **irse de** ~ faire la java - **2.** [alboroto] bagarre *f*.

jaranero, ra ◇ *adj* : **es tan ~ que sale todas las noches** il aime tellement faire la fête qu'il sort tous les soirs. ◇ *m, f* noceur *m*, -euse *f*.

jardín *m* jardin *m* ; ~ **botánico** jardin botanique. ◆ **jardín de infancia** *m* jardin *m* d'enfants.

jardinera *f* ▻ **jardinero**.

jardinería *f* jardinage *m*.

jardinero, ra *m, f* jardinier *m*, -ère *f*. ◆ **jardinera** *f* jardinière *f*.

jarra *f* [para servir] carafe *f* ; [de cerveza] chope *f* ; **de** o **en ~s** les poings sur les hanches. ◆ **jarra de cerveza** *f* [para beber] chope *f*.

jarro *m* pichet *m*.

jarrón *m* vase *m*.

jaspeado, da *adj* jaspé(e).

jauja *f fam* pays *m* de cocagne ; **¡esto es ~!** c'est Byzance!

jaula *f* cage *f*.

jauría *f* meute *f*.

jazmín *m* jasmin *m*.

jazz [jas] *m* jazz *m*.

JC (*abrev de* **Jesucristo**) J-C.

je *interj* : **¡je!** ha!

jeep ['ʒip] (*pl* **jeeps**) *m* Jeep® *f*.

jefatura *f* direction *f*.

jefe, fa *m, f* chef *m* ; ~ **de estación** chef de gare ; ~ **de Estado** chef d'État ; ~ **de estudios** conseiller *m* d'éducation ; ~ **de gobierno** chef de gouvernement.

jengibre *m* gingembre *m*.

jerarquía *f* hiérarchie *f* ; **la alta** ~ les hauts dignitaires.

jerárquico, ca *adj* hiérarchique.

jerez *m* xérès *m*.

jerga *f* jargon *m*.

jerigonza *f* - **1.** [galimatías] charabia *m* - **2.** [jerga] jargon *m*.

jeringuilla *f* seringue *f* ; ~ **hipodérmica** seringue hypodermique.

jeroglífico, ca *adj* hiéroglyphique. ◆ **jeroglífico** *m* - **1.** [carácter] hiéroglyphe *m* - **2.** [juego] rébus *m*.

jerséi (*pl* **jerséis**), **jersey** (*pl* **jerseys**) *m* pull-over *m*.

Jerusalén Jérusalem.

jesuita *adj* & *m* jésuite.

jesús *interj* : **¡jesús!** [tras estornudo] à tes/vos souhaits! ; [sorpresa] ça alors!

jet ['ʒet] (*pl* **jets**) ◇ *m* jet *m*. ◇ *f* = **jet-set**.

jeta *mfam* ◇ *f* [cara] gueule *f* ; **tener (mucha) ~** être gonflé(e). ◇ *mf* : **¡es un ~!** il a un culot monstre!

jet-set ['jetset], **jet** *f* jet-set *f*.

jijona *m* touron *m* (de Jijona).

jilguero *m* chardonneret *m*.

jilipollada = **gilipollada**.

jilipollas = **gilipollas**.

jinete *mf* cavalier *m*, -ère *f*.

jirafa *f* girafe *f*.

jirón *m* - **1.** [andrajo] lambeau *m* ; **hecho jirones** en lambeaux - **2.** *Amer* avenue *f*.

jitomate *m Amer* tomate *f*.

JJ OO (*abrev de* **juegos olímpicos**) *mpl* JO *mpl*.

jockey = **yoquey**.

jocoso, sa *adj* cocasse.

joder *vulg* ◇ *vi* - **1.** [copular] baiser - **2.** [fastidiar] faire chier ; **¡no jodas!** [incredulidad] tu déconnes! ◇ *vt* - **1.** [fastidiar] emmerder - **2.** [estropear] niquer.

jofaina *f* bassine *f*.

jogging ['joɣin] *m* jogging *m*.

jolgorio *m* fête *f*.

jolín, jolines *interj fam* : **¡jolín!** [asombro] la vache! ; [fastidio] mince!

jondo *adj* ▻ **cante**.

Jordania Jordanie *f*.

jornada *f* journée *f* ; ~ **de trabajo** journée o temps *m* de travail ; ~ **intensiva** journée continue ; **media ~** mi-temps *m*.

jornal *m* salaire *m* journalier.

jornalero, ra *m, f* journalier *m*, -ère *f*.

joroba *f* bosse *f*.

jorobado, da ◇ *adj* - **1.** *fam* [fastidiado] mal fichu(e) ; **tengo el estómago ~** j'ai mal à l'estomac - **2.** [con joroba] bossu(e). ◇ *m, f* bossu *m*, -e *f*.

jorongo *m Amer* - **1.** [manta] couverture *f* - **2.** [poncho] poncho *m* (mexicain).

jota *f* - **1.** [letra] j *m inv* - **2.** [baile, música] jota *f*, *chanson et danse populaires espagnoles avec accompagnement de castagnettes* - **3.** *loc* :

no entiendo ni ~ o una ~ de inglés *fam* je ne comprends pas un mot d'anglais.

joto *m Amer vulg* pédé *m*.

joven ◇ *adj* jeune. ◇ *mf* jeune homme *m*, jeune fille *f*; **¡joven!** garçon!

jovenzuelo, la *m, f* gamin *m*, -e *f*.

jovialidad *f* jovialité *f*.

joya *f* - **1.** [adorno] bijou *m* - **2.** *fig* [persona] perle *f*; [cosa] bijou *m*.

joyería *f* bijouterie *f*, joaillerie *f*.

joyero, ra *m, f* bijoutier *m*, -ère *f*, joaillier *m*, -ère *f*. ◆ **joyero** *m* coffret *m* à bijoux.

Jr. (*abrev de* **junior**) jr.

juanete *m* MED oignon *m*.

jubilación *f* retraite *f*; ~ **anticipada** retraite anticipée.

jubilado, da *adj* & *m, f* retraité(e).

jubilar *vt* mettre à la retraite; *fig* [empleado, ropa] mettre au placard. ◆ **jubilarse** *vpr* prendre sa retraite.

jubileo *m* RELIG jubilé *m*; **su casa es un** ~ *fam fig* sa maison est un vrai moulin.

júbilo *m* jubilation *f*.

judía *f* haricot *m*; ~ **verde** o **tierna** haricot vert.

judicial *adj* judiciaire.

judío, a ◇ *adj* juif(ive). ◇ *m, f* Juif *m*, -ive *f*.

judo = **yudo**.

judoka = **yudoka**.

juego *m* - **1.** [gen & DEP] jeu *m*; **estar/poner en** ~ être/mettre en jeu; **estar (en) fuera de** ~ DEP être hors jeu; *fig* être hors circuit; ~ **de azar** jeu de hasard; ~ **de manos** tour *m* de passe-passe; ~ **de palabras** jeu de mots; **~s olímpicos** jeux *mpl* Olympiques - **2.** [conjunto] : **hacer** ~ aller avec; **zapatos a ~ con ...** des chaussures assorties à ...; ~ **de café/de té** service *m* à café/à thé.

juerga *f fam* bringue *f*; **irse** o **estar de** ~ faire la bringue.

juerguista *fam* ◇ *adj* : **es muy** ~ il aime bien faire la fête. ◇ *mf* fêtard *m*, -e *f*.

jueves *m inv* jeudi *m*; **no es nada del otro** ~ *fig* ça n'a rien d'extraordinaire; *ver también* **sábado**. ◆ **Jueves Santo** *m* jeudi *m* saint.

juez, za *m, f* juge *m*; ~ **de línea** [fútbol, rugby] juge de touche; [tenis] juge de ligne; ~ **de paz** ≃ juge d'instance; ~ **de silla** arbitre *m (au tennis etc)*.

jugada *f* DEP coup *m*, action *f*; **ha sido una buena ~ de ...** quelle belle action de ...!; **hacer una mala ~ a alguien** *fig* jouer un mauvais tour à qqn.

jugador, ra *adj* & *m, f* joueur(euse).

jugar ◇ *vi* jouer; ~ **al balón/a la pelota** jouer au ballon/à la balle. ◇ *vt* - **1.** [partido] faire; ~ **un partido de fútbol** faire un match de foot - **2.** [dinero, carta] jouer. ◆ **jugarse** *vpr* - **1.** [echar a suertes] parier - **2.** [arriesgar] jouer; **te estás jugando el puesto** tu es en train de jouer ton poste; **se jugó la vida para salvarla** il a risqué sa vie pour la sauver.

jugarreta *f fam* sale coup *m*.

juglar *m* jongleur *m (poète-musicien du Moyen Âge)*, ménestrel *m*.

jugo *m* - **1.** [gen] jus *m* - **2.** ANAT suc *m* - **3.** *fig* [interés] : **un artículo con mucho** ~ un article très fouillé; **sacar ~ a algo/alguien** tirer parti de qqch/qqn.

jugoso, sa *adj* - **1.** [con jugo] juteux(euse) - **2.** *fig* [interesante] fouillé(e).

juguete *m* jouet *m*; **un coche de** ~ une petite voiture; **una vajilla de** ~ une dînette.

juguetear *vi* jouer; **deja de ~ con las llaves** arrête de t'amuser avec les clefs.

juguetería *f* magasin *m* de jouets.

juguetón, ona *adj* joueur(euse).

juicio *m* jugement *m*; **(no) estar en su (sano)** ~ (ne pas) avoir toute sa tête; **perder el** ~ perdre la raison. ◆ **Juicio Final** *m* : **el Juicio Final** le Jugement *m* dernier.

juicioso, sa *adj* - **1.** [persona] sensé(e) - **2.** [acción] judicieux(euse).

jul. (*abrev de* **julio**) juil.

julio *m* - **1.** [mes] juillet *m* - **2.** FÍS joule *m*; *ver también* **septiembre**.

jumbo *m* jumbo-jet *m*.

jun. *abrev de* **junio**.

junco *m* - **1.** [planta] jonc *m* - **2.** [embarcación] jonque *f*.

jungla *f* jungle *f*.

junio *m* juin *m*; *ver también* **septiembre**.

júnior (*pl* **juniors**) ◇ *adj* junior. ◇ *mf* DEP junior *mf*.

junta *f* - **1.** [reunión, órgano] assemblée *f*; ~ **(general) de accionistas** assemblée (générale) des actionnaires; ~ **directiva** comité *m* directeur; ~ **militar** junte *f* (militaire) - **2.** [unión] joint *m*; ~ **de culata** joint de culasse.

juntar *vt* - **1.** [unir] réunir; [manos] joindre - **2.** [personas, fondos] rassembler. ◆ **juntarse** *vpr* - **1.** [reunirse - personas] s'assembler; [- ríos, caminos] se rejoindre - **2.** [convivir] vivre ensemble - **3.** [arrimarse] : **~se a** se rapprocher de.

junto, ta *adj* - **1.** [reunido] ensemble ; **nunca había visto tanta gente junta** je n'avais jamais vu autant de gens réunis ; **rezaba con las manos juntas** elle priait les mains jointes - **2.** [próximo] côte à côte ; **tenía los ojos ~s** il avait les yeux rapprochés. ◆ **junto a** *loc prep* à côté de, près de. ◆ **junto con** *loc prep* avec.

juntura *f* jointure *f*.

jurado, da *adj* - **1.** [declaración etc] juré(e) - **2.** [traductor] assermenté(e) - **3.** ▷ **guarda.** ◆ **jurado** *m* [tribunal] jury *m* ; [miembro] juré *m*.

juramento *m* - **1.** [promesa] serment *m* ; **~ hipocrático** serment d'Hippocrate - **2.** [blasfemia] juron *m*.

jurar ◇ *vt* - **1.** [prometer] jurer ; **~ por ... que** jurer sur ... que ; **~ por Dios que** jurer devant Dieu que ; **jurársela** O **jurárselas a alguien** *fam* jurer de se venger de qqn - **2.** [acatar] prêter serment à. ◇ *vi* [blasfemar] jurer.

jurel *m* chinchard *m*.

jurídico, ca *adj* juridique.

jurisdicción *f* - **1.** [poder, autoridad] autorité *f* ; **estar fuera de la ~ de alguien** ne pas être de la compétence de qqn - **2.** DER juridiction *f*.

jurisdiccional *adj* - **1.** [gen] juridictionnel(elle) - **2.** ▷ **agua.**

jurisprudencia *f* jurisprudence *f*.

jurista *mf* juriste *mf*.

justa *f* HIST joute *f*.

justamente *adv* justement ; **tienen ~ la misma edad** ils ont exactement le même âge.

justicia *f* justice *f* ; **hacer ~ a** faire O rendre justice à ; **es de ~ que** c'est justice que ; **tomarse alguien la ~ por su mano** se faire justice.

justiciero, ra *adj* & *m, f* justicier(ère).

justificación *f* [gen & INFORM] justification *f*.

justificante *m* justificatif *m*.

justificar *vt* justifier ; **~ a alguien** [excusar] justifier qqn. ◆ **justificarse** *vpr* se justifier.

justo, ta *adj* juste ; **tendremos la luz justa para ...** nous aurons juste assez de lumière pour ... ; **estar** O **venir ~** être juste. ◆ **justo** ◇ *m* RELIG : **los ~s** les justes. ◇ *adv* juste ; **~ ahora iba a llamarte** j'allais justement t'appeler.

juvenil ◇ *adj* - **1.** [de jóvenes] juvénile - **2.** DEP ≃ cadet. ◇ *mf (gen pl)* DEP ≃ cadet *m*, -ette *f*.

juventud *f* - **1.** [gen] jeunesse *f* - **2.** [conjunto] : **la ~** les jeunes.

juzgado *m* - **1.** [gen] tribunal *m* ; **~ de guardia** *tribunal où une permanence est assurée* - **2.** [territorio] juridiction *f*.

juzgar *vt* juger ; **a ~ por (como)** à en juger par (la façon dont).

K

k, K [ka] *f* [letra] k *m inv*, K *m inv*.

kafkiano, na *adj* kafkaïen(enne).

kaki = **caqui.**

kárate, cárate *m* karaté *m*.

kart (*pl* **karts**) *m* kart *m*.

katiusca, katiuska *f* botte *f* en caoutchouc.

Kenia Kenya *m*.

ketchup ['ketʃup] *m* ketchup *m*.

kg (*abrev de* **kilogramo**) kg.

KGB (*abrev de* **Komitet Gosudárstvennoy Bezopásnosti**) *m* KGB *m*.

kibutz = **quibutz.**

kilo, quilo *m* - **1.** [peso] kilo *m* - **2.** *fam* [millón] million *m* de pesetas.

kilobit *m* INFORM kilobit *m*.

kilogramo, quilogramo *m* kilogramme *m*.

kilometraje, quilometraje *m* kilométrage *m*.

kilométrico, ca, quilométrico, ca *adj* - **1.** [distancia, billete] kilométrique - **2.** *fig* [largo] interminable.

kilómetro, quilómetro *m* kilomètre *m* ; **~s por hora** kilomètres à l'heure ; **~ cuadrado** kilomètre carré.

kimono = **quimono.**

kiosco = **quiosco.**

kit (*pl* **kits**) *m* kit *m*.

kiwi (*pl* **kiwis**) *m* kiwi *m*.

km (*abrev de* **kilómetro**) km.

km² (*abrev de* **kilómetro cuadrado**) km².

km/h (*abrev de* **kilómetro por hora**) km/h.

KO (*abrev de* **knock-out**) *m* KO *m*.

Kuwait [ku'βait] - **1.** [país] Koweït *m* - **2.** [ciudad] Koweït.

L

l¹, L [ele] *f* [letra] l *m inv*, L *m inv*.
l² (*abrev de* **litro**) l.
la¹ *m* MÚS la *m*.
la² ◇ *art* ▷ **el.** ◇ *pron* ▷ **lo.**
laberinto *m* labyrinthe *m*.
labia *f fam* bagou *m*.
labial ◇ *adj* labial(e). ◇ *f* labiale *f*.
labio *m (gen pl)* **- 1.** [gen] lèvre *f* **- 2.** *fig* [habla] bouche *f*.
labor *f* **- 1.** [trabajo] travail *m* ; **profesión : sus ~es** profession : femme au foyer **- 2.** [de costura, punto etc] ouvrages *mpl* ; **~ de aguja** travaux *mpl* d'aiguille.
laborable *adj* ▷ **día.**
laboral *adj* [jornada, condiciones] de travail ; [accidente, derecho] du travail.
laboratorio *m* laboratoire *m* ; **~ de idiomas** o **lenguas** laboratoire de langues.
laborioso, sa *adj* **- 1.** [difícil] laborieux(euse) **- 2.** [trabajador] travailleur(euse).
laborista *adj* & *mf* travailliste.
labrador, ra *m, f* cultivateur *m*, -trice *f*.
labranza *f* culture *f* ; **una casa de ~** une ferme.
labrar *vt* **- 1.** [cultivar] cultiver **- 2.** [arar] labourer **- 3.** [grabar] travailler **- 4.** *fig* [hacer - fortuna] bâtir ; [- futuro, porvenir] se préparer ; [- desgracia] faire. ◆ **labrarse** *vpr* [fortuna] bâtir ; [futuro, porvenir] se préparer.
labriego, ga *m, f* cultivateur *m*, -trice *f*.
laca *f* **- 1.** [gen] laque *f* **- 2.** [de uñas] vernis *m* **- 3.** [objeto] laque *m*.
lacar *vt* laquer.
lacayo *m* laquais *m*.
lacerar *vt* **- 1.** [cuerpo, rostro etc] lacérer **- 2.** *fig* [persona] blesser, meurtrir ; [honor, reputación] salir ; [corazón] déchirer.
lacio, cia *adj* **- 1.** [cabello] raide **- 2.** [piel, planta] flétri(e) **- 3.** *fig* [sin fuerza] abattu(e).
lacón *m* *épaule de porc salée*.
lacónico, ca *adj* laconique.
lacra *f* fléau *m* ; **las ~s de la sociedad** les plaies de la société.
lacrar *vt* cacheter à la cire.
lacre *m* cire *f* à cacheter.
lacrimógeno, na *adj* [gas] lacrymogène ; *fig* [película, novela etc] à l'eau de rose.
lacrimoso, sa *adj* **- 1.** [con lágrimas] larmoyant(e) **- 2.** [triste] mélodramatique.
lactancia *f* allaitement *m*.
lactante *mf* nourrisson *m*.
lácteo, a *adj* **- 1.** [producto, industria] laitier(ère) ; [dieta] lacté(e) **- 2.** *fig* [piel] laiteux(euse).
lactosa *f* lactose *m*.
ladear *vt* : **~ la cabeza** pencher la tête.
ladera *f* versant *m*.
ladino, na *adj* rusé(e). ◆ **ladino** *m* [dialecto] ladino *m*, judéo-espagnol *m*.
lado *m* **- 1.** [gen] côté *m* ; **a ambos ~s** des deux côtés ; **de ~** de côté ; **dormir de ~** dormir sur le côté ; **por un ~ ..., por otro ~ ...** d'un côté ..., d'un autre côté ... ; **en el ~ (de)** sur le côté (de) ; **en el ~ de abajo/arriba** en bas/haut **- 2.** [lugar] endroit *m* ; **en algún ~** quelque part ; **en algún otro ~** ailleurs **- 3.** *loc* : **dejar de ~, dejar a un ~** [prescindir] laisser de côté. ◆ **al lado** *loc adv* [cerca] à côté. ◆ **al lado de** *loc prep* [junto a] à côté de. ◆ **de al lado** *loc adj* d'à côté ; **la casa de al ~** la maison d'à côté.
ladrar *vi* **- 1.** [suj : perro] aboyer **- 2.** *fig* [suj : persona] brailler.
ladrido *m* **- 1.** [de perro] aboiement *m* **- 2.** *fig* [de persona] braillement *m*.
ladrillo *m* **- 1.** [de arcilla] brique *f* **- 2.** *fam fig* [novela etc] : **es un ~** c'est ennuyeux comme la pluie.
ladrón, ona *adj* & *m, f* voleur(euse). ◆ **ladrón** *m* ELECTR prise *f* multiple.
lagartija *f* petit lézard *m*.
lagarto, ta *m, f* lézard *m*.
lago *m* lac *m*.
lágrima *f* larme *f* ; **llorar a ~ viva** pleurer à chaudes larmes.
lagrimal ◇ *adj* lacrymal(e). ◇ *m* larmier *m*.
laguna *f* **- 1.** [de agua] lagune *f* **- 2.** *fig* [omisión, olvido] lacune *f*.
La Habana La Havane.
La Haya La Haye.
laico, ca *adj* & *m, f* laïque.
lama *m* lama *m*.
La Mancha (la) Manche *(région d'Espagne)*.
lamber *vt Amer* **- 1.** [lamer] lécher **- 2.** *fam fig* [adular] lécher les bottes.
lamentable *adj* **- 1.** [triste, penoso] regrettable **- 2.** [malo] lamentable.

lamentar *vt* regretter ; [víctimas, desgracias etc] déplorer ; **lamentamos comunicarle ...** nous sommes au regret de vous informer ... ◆ **lamentarse** *vpr* se lamenter ; **~se de** o **por algo** se lamenter sur qqch.

lamento *m* lamentation *f*.

lamer *vt* lécher. ◆ **lamerse** *vpr* se lécher.

lamido, da *adj* [flaco] décharné(e). ◆ **lamido** *m* coup *m* de langue.

lámina *f* **- 1.** [plancha] lame *f* **- 2.** [rodaja] tranche *f* **- 3.** ARTE planche *f*.

laminar[1] *adj* laminaire.

laminar[2] *vt* **- 1.** [hacer láminas] laminer **- 2.** [cubrir con láminas] stratifier.

lámpara *f* **- 1.** [gen] lampe *f* **- 2.** *fig* [mancha] tache *f*.

lamparón *m* grosse tache *f*.

lampiño, ña *adj* **- 1.** [sin barba] imberbe **- 2.** [sin vello] lisse.

lamprea *f* lamproie *f*.

lana ◇ *f* laine *f* ; **de ~** en laine. ◇ *m* *Amer fam* fric *m*.

lance ◇ *v* ⊳ **lanzar**. ◇ *m* **- 1.** [en juego] coup *m* ; [en fútbol] phase *f* de jeu **- 2.** [acontecimiento] circonstance *f* ; **un ~ difícil** un moment difficile **- 3.** [riña] altercation *f*.

lanceta *f* *Amer* dard *m*.

lancha *f* **- 1.** [embarcación - grande] chaloupe *f* ; [- pequeña] barque *f* ; **~ salvavidas** canot *m* de sauvetage **- 2.** [piedra] pierre *f* plate.

landó *m* landau *m*.

lanero, ra *adj* lainier(ère).

langosta *f* **- 1.** [crustáceo] langouste *f* **- 2.** [insecto] criquet *m*.

langostino *m* bouquet *m* *(grosse crevette)*.

languidecer *vi* languir.

languidez *f* **- 1.** [debilidad] fragilité *f* **- 2.** [falta de ánimo] langueur *f*.

lánguido, da *adj* **- 1.** [débil] fragile **- 2.** [falto de ánimo] alangui(e).

lanilla *f* **- 1.** [pelillo] poil *m* *(d'un lainage qui bouloche)* **- 2.** [tejido] lainage *m* fin.

lanolina *f* lanoline *f*.

lanza *f* **- 1.** [arma] lance *f* **- 2.** [de carruaje] timon *m*.

lanzado, da *adj* **- 1.** [atrevido] : **ser ~** ne pas avoir froid aux yeux **- 2.** [rápido] : **ir ~** *fig* foncer.

lanzagranadas *m inv* lance-grenade *m*.

lanzamiento *m* **- 1.** [gen] lancement *m* **- 2.** DEP lancer *m* ; **~ de peso** lancer du poids **- 3.** [de objeto] jet *m*.

lanzar *vt* lancer ; [suspiro, grito, queja] pousser. ◆ **lanzarse** *vpr* **- 1.** [tirarse] se jeter **- 2.** [empezar] se lancer **- 3.** [abalanzarse] : **~se sobre alguien** se précipiter sur qqn.

lapa *f* **- 1.** [molusco] patelle *f* **- 2.** *fam* [persona] pot *m* de colle ; **pegarse como una ~** être collant(e).

La Paz La Paz.

lapicera *f* *Amer* stylo *m*.

lapicero *m* [lápiz] crayon *m*.

lápida ◆ **lápida mortuoria** *f* pierre *f* tombale.

lapidar *vt* lapider.

lapidario, ria *adj* lapidaire.

lápiz *m* crayon *m* ; **~ de labios** crayon à lèvres ; **~ de ojos** crayon pour les yeux ; **~ óptico** crayon optique.

lapso *m* laps *m* ; **en el ~ de ...** en l'espace de ...

lapsus *m inv* [al hablar] lapsus *m* ; [al actuar] impair *m*.

larga *f* ⊳ **largo**.

largar *vt* **- 1.** [aflojar] larguer **- 2.** *fam* [dinero, cosa] filer ; [bofetada etc] flanquer **- 3.** *fam* [discurso, sermón] débiter ; **el acusado lo largó todo** l'accusé a lâché le morceau. ◆ **largarse** *vpr fam* ficher le camp, se tirer.

largavistas *m inv Amer* jumelles *fpl*.

largo, ga *adj* **- 1.** [gen] long (longue) **- 2.** [y pico] et quelques ; **una hora larga** une bonne heure **- 3.** [alto] grand(e) **- 4.** *fam* [astuto] futé(e). ◆ **largo** ◇ *m* longueur *f* ; **siete metros de ~** sept mètres de long ; **pasar de ~** [en el espacio] passer sans s'arrêter ; **a lo ~ de** [en el espacio] le long de ; [en el tiempo] tout au long de. ◇ *adv* [extensamente] longuement ; **hablar ~ y tendido de algo** parler en long et en large de qqch. ◇ *interj* : **¡~ (de aquí)!** hors d'ici! ◆ **larga** *f* **- 1.** TAUROM passe *f* de cape **- 2.** *loc* : **a la larga** à la longue ; **está aprendiendo y, a la larga, piensa trabajar** pour le moment il apprend et, à long terme, il pense travailler ; **dar largas a algo** faire traîner qqch (en longueur).

largometraje *m* long-métrage *m*.

larguero *m* **- 1.** [de cama, puerta etc] montant *m* **- 2.** [de portería] barre *f* transversale.

largura *f* longueur *f*.

laringe *f* larynx *m*.

laringitis *f inv* laryngite *f*.

La Rioja la Rioja.

larva *f* larve *f*.
las ◇ *art* ▷ **el**. ◇ *pron* ▷ **lo**.
lasaña *f* lasagnes *fpl*.
lascivo, va ◇ *adj* lascif(ive). ◇ *m, f* : **ser un ~** être sensuel.
láser ◇ *adj inv* ▷ **rayo**. ◇ *m inv* laser *m*.
lástex *m inv* Lastex® *m*.
lástima *f* - **1.** [compasión] pitié *f*, peine *f* ; **dar ~** faire de la peine - **2.** [disgusto] dommage *m* ; **¡qué ~!** quel dommage! ; **hecho una ~** en piteux état.
lastimar *vt* - **1.** [herir] faire mal à - **2.** *fig* [ofender] blesser. ◆ **lastimarse** *vpr* : **~se (la pierna/el brazo)** se faire mal (à la jambe /au bras).
lastimoso, sa *adj* déplorable.
lastre *m* - **1.** [peso] lest *m* - **2.** *fig* [estorbo] fardeau *m* ; **su pasado es un ~ para su carrera** son passé fait obstacle à sa carrière.
lata *f* - **1.** [envase] boîte *f* (de conserve) ; **una ~ de aceite** un bidon d'huile - **2.** *fam* [fastidio] : **es una ~** [cosa] c'est casse-pieds ; [persona] c'est un casse-pieds ; **¡qué ~!** quelle barbe! ; **dar la ~** casser les pieds.
latente *adj* latent(e).
lateral ◇ *adj* - **1.** [gen] latéral(e) - **2.** DER [sucesión, línea] collatéral(e). ◇ *m* - **1.** [lado] côté *m* - **2.** DEP latéral *m*.
latido *m* [palpitación] battement *m* ; [dolor] élancement *m*.
latifundio *m* latifundium *m* *(grand domaine agricole)*.
latifundista *mf* latifundiste *m* *(grand propriétaire foncier)*.
latigazo *m* - **1.** [golpe] coup *m* de fouet - **2.** [chasquido] claquement *m* de fouet - **3.** *fam* [trago] : **pegarse un ~** s'en jeter un (derrière la cravate).
látigo *m* [para pegar] fouet *m*.
latín *m* latin *m* ; **sabe (mucho) ~** *fig* il est malin comme un singe.
latinajo *m fam* latin *m* de cuisine.
latinismo *m* latinisme *m*.
latino, na ◇ *adj* latin(e). ◇ *m, f* Latin *m*, -e *f*.
latinoamericano, na ◇ *adj* latino-américain(e). ◇ *m, f* Latino-Américain *m*, -e *f*.
latir *vi* - **1.** [palpitar] battre - **2.** [estar latente] être latent(e).
latitud *f* - **1.** GEOGR latitude *f* - **2.** [extensión] étendue *f*.
latón *m* laiton *m*.
latoso, sa *fam* ◇ *adj* barbant(e). ◇ *m, f* raseur *m*, -euse *f*.
laúd *m* luth *m*.
laureado, da *adj* lauréat(e).
laurel *m* laurier *m*. ◆ **laureles** *mpl* lauriers *mpl* ; **dormirse en los ~es** *fig* s'endormir sur ses lauriers.
lava *f* lave *f*.
lavabo *m* - **1.** [objeto] lavabo *m* - **2.** [habitación] toilettes *fpl*.
lavadero *m* lavoir *m*.
lavado *m* lavage *m* ; **~ de cerebro** lavage de cerveau ; **~ de estómago** lavage d'estomac.
lavadora *f* lave-linge *m*.
lavamanos *m inv* lave-mains *m inv*.
lavanda *f* lavande *f*.
lavandería *f* blanchisserie *f*.
lavaplatos ◇ *mf inv* [persona] plongeur *m*, -euse *f*. ◇ *m inv* [máquina] lave-vaisselle *m inv*.
lavar *vt* laver ; **~ y marcar** un shampooing et un brushing ; **~ su honor** sauver son honneur. ◆ **lavarse** *vpr* se laver.
lavativa *f* - **1.** [utensilio] poire *f* à lavement - **2.** [acción] lavement *m*.
lavavajillas *m inv* lave-vaisselle *m*.
laxante ◇ *adj* - **1.** MED laxatif(ive) - **2.** [relajante] relaxant(e). ◇ *m* laxatif *m*.
laxar *vt* [vientre] purger.
lazada *f* nœud *m*.
lazarillo *m* - **1.** [persona] guide *m* d'aveugle - **2.** [perro] chien *m* d'aveugle.
lazo *m* - **1.** [atadura] nœud *m* ; [para el pelo] ruban *m* - **2.** [de vaquero] lasso *m* - **3.** *(gen pl) fig* [vínculo] lien *m*.
Lda. *abrev de* **licenciada**.
Ldo. *abrev de* **licenciado**.
le *pron pers* - **1.** *(complemento indirecto)* [a él, ella] lui ; [a usted, ustedes] vous ; **~ di una manzana** je lui ai donné une pomme ; **~ tengo miedo** j'ai peur de lui/d'elle ; **~ dije que no** [a usted] je vous ai dit non ; **~ gusta leer** il/elle aime lire ; **añádele sal a las patatas** rajoute du sel dans les pommes de terre - **2.** ▷ **se**.
leader = **líder**.
leal ◇ *adj* loyal(e). ◇ *mf* loyaliste *mf*.
lealtad *f* loyauté *f*.
leasing ['lisin] *m* leasing *m*.
lección *f* leçon *f* ; **dar a alguien una ~ de algo** donner une leçon de qqch à qqn.
lechal ◇ *adj* de lait *(agneau, cochon)*. ◇ *m* agneau *m* de lait.
leche *f* - **1.** [gen] lait *m* ; **~ condensada** lait concentré ; **~ descremada** o **desnatada**

lait écrémé ; ~ **merengada** *boisson sucrée à base de lait, de blanc d'œuf et de cannelle* - **2.** *vulg* [semen] foutre *m* ; **¡una ~!** mon cul! ; **¡eres la ~!** tu te fais pas chier, toi! - **3.** *vulg* [bofetada] : **pegar una ~ a alguien** péter la gueule à qqn - **4.** *vulg* [accidente] : **pegarse** o **darse una ~** se foutre en l'air - **5.** *vulg* [malhumor] : **estar de mala ~** être d'une humeur de cochon ; **tener mala ~** avoir un foutu caractère.

lechera *f* ▷ **lechero.**

lechería *f desus* laiterie *f*, crémerie *f*.

lechero, ra *adj* & *m, f* laitier(ère). ◆ **lechera** *f* [para transportar] bidon *m* de lait ; [para servir] pot *m* à lait.

lecho *m* - **1.** [gen] lit *m* ; [de mar, lago, canal] fond *m* - **2.** [capa] couche *f*.

lechón *m* cochon *m* de lait.

lechuga *f* - **1.** [planta] laitue *f* - **2.** *fam* [billete] *billet de mille pesetas.*

lechuza *f* chouette *f*.

lectivo, va *adj* [día, jornada] de classe ; [año] scolaire.

lector, ra *m, f* lecteur *m*, -trice *f* ; ~ **óptico** lecteur optique. ◆ **lector** *m* lecteur *m*.

lectorado *m* poste *m* de lecteur.

lectura *f* lecture *f* ; [de tesis] soutenance *f* ; [de contador] relevé *m* ; ~ **óptica** lecture optique.

leer ◇ *vt* [gen & INFORM] lire. ◇ *vi* lire ; ~ **de corrido** lire couramment.

legado *m* - **1.** DER legs *m* - **2.** *fig* [de una generación] héritage *m* - **3.** [persona] légat *m* - **4.** [cargo diplomático] légation *f*.

legajo *m* dossier *m*.

legal *adj* - **1.** [gen] légal(e) ; **un médico ~** un médecin légiste - **2.** *fam* [persona] réglo.

legalidad *f* légalité *f*.

legalizar *vt* légaliser.

legaña *f (gen pl)* chassie *f*.

legañoso, sa *adj* chassieux(euse).

legar *vt* - **1.** [gen] léguer - **2.** [delegar] déléguer.

legendario, ria *adj* légendaire.

legible *adj* lisible.

legión *f* légion *f*. ◆ **Legión** *f* : **la Legión** la Légion. ◆ **Legión de Honor** *f* **la Legión de Honor** la Légion d'honneur.

legionario, ria *adj* de la Légion. ◆ **legionario** *m* légionnaire *m*.

legislación *f* législation *f*.

legislar *vi* légiférer.

legislatura *f* [periodo] législature *f*.

legitimar *vt* - **1.** [hacer legal] légitimer - **2.** [certificar] authentifier.

legítimo, ma *adj* - **1.** [gen] légitime - **2.** [oro, cuero etc] véritable ; [obra] authentique.

lego, ga ◇ *adj* - **1.** [ignorante] profane - **2.** [seglar] laïque. ◇ *m, f* - **1.** [ignorante] profane *mf* - **2.** [seglar] laïc *m*, laïque *f*.

legua *f* lieue *f* ; ~ **marina** lieue marine ; **se ve a la ~** *fig* ça saute aux yeux.

legumbre *f (gen pl)* légume *m*.

lehendakari, lendakari *m président du gouvernement autonome du Pays basque espagnol.*

leído, da *adj* - **1.** [obra] lu(e) - **2.** [persona] lettré(e). ◆ **leída** *f* lecture *f*.

leitmotiv ['leitmo'tif] *m* leitmotiv *m*.

lejanía *f* éloignement *m* ; **en la ~** dans le lointain.

lejano, na *adj* - **1.** [gen] lointain(e) ; **estar ~** être loin ; **no está tan ~ el día en que me hartará** je ne vais pas tarder à en avoir marre de lui - **2.** *fig* [ausente] distrait(e).

lejía *f* eau *f* de Javel.

lejos *adv* loin ; **a lo ~** au loin ; **de** o **desde ~** de loin. ◆ **lejos de** *loc prep* loin de ; **~ de mejorar ...** loin de s'améliorer ...

lelo, la *adj* & *m, f* niais(e).

lema *m* - **1.** [norma] devise *f* - **2.** [en diccionario] entrée *f* - **3.** MAT lemme *m*.

lencería *f* - **1.** [de hogar] linge *m* ; [de mujer] lingerie *f* - **2.** [tienda - de ropa de hogar] magasin *m* de blanc ; [- de ropa interior] boutique *f* de lingerie.

lendakari = **lehendakari.**

lengua *f* langue *f* ; ~ **de víbora** o **viperina** *fig* langue de vipère ; ~ **materna** langue maternelle ; **írsele a alguien la ~, irse de la ~** *fig* ne pas tenir sa langue ; **morderse la ~** *fig* se mordre la langue ; **tirar a alguien de la ~** *fig* tirer les vers du nez à qqn.

lenguado *m* sole *f*.

lenguaje *m* langage *m* ; ~ **cifrado** langage codé ; ~ **coloquial** langue *f* parlée ; ~ **corporel** langage du corps ; ~ **de programación** langage de programmation ; ~ **máquina** langage machine.

lengüeta *f* languette *f*.

lengüetazo *m*, **lengüetada** *f* coup *m* de langue.

lente *f* lentille *f* ; **~s de contacto** verres *mpl* de contact. ◆ **lentes** *mpl* [gafas] lunettes *fpl*.

lenteja *f (gen pl)* lentille *f*.

lentejuela *f (gen pl)* paillette *f*.

lenticular *adj* lenticulaire.

lentilla *f (gen pl)* lentille *f* (de contact).
lentitud *f* lenteur *f* ; **con ~** lentement.
lento, ta *adj* lent(e) ; **a fuego ~** à feu doux.
leña *f* - **1.** [madera] bois *m (de chauffage)* - **2.** *fam fig* [golpe] : **dar ~ a alguien** flanquer une volée à qqn - **3.** *loc* : **echar ~ al fuego** jeter de l'huile sur le feu.
leñador, ra *m, f* bûcheron *m*, -onne *f*.
leño *m* bûche *f* ; **dormir como un ~** dormir comme une souche.
Leo ◇ *m inv* [zodiaco] Lion *m*. ◇ *mf inv* [persona] lion *m inv*.
león, ona *m, f* - **1.** [animal] lion *m*, lionne *f* - **2.** *fig* [persona] : **ser una leona** être une tigresse. ◆ **león marino** *m* otarie *f*.
leonera *f* - **1.** [jaula] cage *f* aux lions - **2.** *fam fig* [habitación] bazar *m*.
leonino, na *adj* léonin(e) ; [piel] de lion.
leopardo *m* léopard *m*.
leotardo *m* - **1.** *(gen pl)* [medias] collant *m (épais)* - **2.** [de gimnasta] justaucorps *m*.
lépero, ra *adj Amer fam* - **1.** [vulgar] grossier(ère) - **2.** [astuto] rusé(e).
lepra *f* lèpre *f*.
leproso, sa *adj* & *m, f* lépreux(euse).
lerdo, da *adj* & *m, f* empoté(e).
les *pron pers pl* - **1.** *(complemento indirecto)* [a ellos, ellas] leur ; [a ustedes] vous ; **~ he mandado un regalo** je leur ai envoyé un cadeau ; **~ he dicho lo que sé** je vous ai dit ce que je sais ; **~ tengo miedo** j'ai peur d'eux/de vous - **2.** ▷ **se**.
lesbiano, na *adj* lesbien(enne). ◆ **lesbiana** *f* lesbienne *f*.
lesión *f* - **1.** [herida & DER] lésion *f* - **2.** *fig* [perjuicio] dommage *m* ; [a la honradez] atteinte *f*.
lesionado, da *adj* & *m, f* blessé(e).
lesionar *vt* - **1.** [cuerpo] blesser ; **el alcoholismo lesiona el hígado** l'alcoolisme détériore le foie - **2.** *fig* [perjudicar] léser. ◆ **lesionarse** *vpr* : **~se el brazo** se blesser au bras.
letal *adj* mortel(elle).
letanía *f (gen pl)* litanie *f*.
letargo *m* - **1.** [gen & MED] léthargie *f* - **2.** [de animales] hibernation *f*.
Letonia Lettonie *f*.
letra *f* - **1.** [signo, sentido] lettre *f* ; **dice mucho más de lo que la ~ expresa** cela en dit plus long qu'il n'est écrit - **2.** [manera de escribir] écriture *f* - **3.** [estilo] caractère *m* ; **~ de imprenta** o **de molde** caractère d'imprimerie ; **~ mayúscula** capitale *f* ; **~ negrita** o **negrilla** caractère gras ; **a la ~, al pie de la ~** *fig* à la lettre, au pied de la lettre - **4.** [de una canción] paroles *fpl* - **5.** COM : **~ (de cambio)** traite *f*, lettre *f* de change. ◆ **letras** *fpl* EDUC lettres *fpl*.
letrado, da ◇ *adj* lettré(e). ◇ *m, f* avocat *m*, -e *f*.
letrero *m* écriteau *m*.
letrina *f* latrines *fpl*.
leucemia *f* leucémie *f*.
leucocito *m (gen pl)* leucocyte *m*.
leva *f* - **1.** MIL levée *f* - **2.** NÁUT appareillage *m* - **3.** TECNOL came *f*.
levadura *f* levure *f* ; **~ de cerveza** levure de bière.
levantamiento *m* - **1.** [gen] soulèvement *m* ; **~ de pesas** haltérophilie *f* - **2.** [supresión] levée *f*.
levantar *vt* - **1.** [gen] lever ; [peso, polvareda] soulever ; **~ el campamento** lever le camp - **2.** [retirar - pintura, cal etc] arracher - **3.** [desmontar - tienda de campaña, caseta etc] démonter - **4.** [erigir, alzar] élever ; **~ el tono** hausser le ton - **5.** [empujar - poste, barrera etc] relever ; **~ el ánimo** remonter le moral - **6.** [sublevar] : **~ a alguien contra** monter qqn contre - **7.** [redactar - acta, plano] dresser. ◆ **levantarse** *vpr* - **1.** [gen] se lever - **2.** [subir, erguirse] s'élever - **3.** [sublevarse] se soulever.
levante *m* - **1.** [este] levant *m* - **2.** [viento] vent *m* d'est. ◆ **Levante** *m* Levant *m (région d'Espagne)*.
levantino, na ◇ *adj* levantin(e). ◇ *m, f* Levantin *m*, -e *f*.
levar *vt* : **~ anclas** lever l'ancre.
leve *adj* léger(ère) ; [enfermedad] bénin(igne) ; [delito, pecado] petit(e).
levedad *f* légèreté *f* ; [de enfermedad] bénignité *f* ; [de delito, pecado] petitesse *f*.
levita *f* redingote *f*.
levitar *vi* léviter.
léxico, ca *adj* lexical(e). ◆ **léxico** *m* lexique *m*.
lexicografía *f* lexicographie *f*.
lexicón *m* lexique *m*.
ley *f* - **1.** [gen] loi *f* ; **las ~es del juego** les règles du jeu ; **ser de buena ~** être digne de confiance ; **~ de incompatibilidades** loi d'incompatibilité *(réglementant le cumul des fonctions)* ; **~ de la oferta y de la demanda** loi de l'offre et de la demande ; **con todas las de la ~** en bonne et due forme ; **regirse por la ~ del embudo** avoir deux poids, deux mesures - **2.** [de un me-

tal] titre *m*. ◆ **leyes** *fpl* [derecho] droit *m*.

leyenda *f* légende *f* ; **la ~ negra** la légende noire *(vision de la conquête de l'Amérique hostile aux colonisateurs espagnols)*.

liar *vt* **- 1.** [atar] lier ; [paquete] ficeler **- 2.** [envolver] envelopper ; [cigarrillo] rouler **- 3.** *fam fig* [enredar] embrouiller ; **~ a alguien en un asunto** mêler qqn à une histoire. ◆ **liarse** *vpr* **- 1.** [enredarse] s'embrouiller **- 2.** [empezar] : **~se en** [una discusión etc] se lancer dans **- 3.** *fam* [sexualmente] : **~se (con alguien)** coucher (avec qqn).

Líbano : el ~ le Liban.

libélula *f* libellule *f*.

liberación *f* **- 1.** [gen] libération *f* **- 2.** [de hipoteca] levée *f*.

liberado, da *adj* libéré(e).

liberal ◇ *adj* libéral(e). ◇ *mf* libéral *m*, -e *f*.

liberalismo *m* libéralisme *m*.

liberar *vt* **- 1.** [gen] libérer **- 2.** [eximir] : **~ (de algo a alguien)** dispenser (qqn de qqch). ◆ **liberarse** *vpr* : **~se (de algo)** se libérer (de qqch).

libertad *f* liberté *f* ; **dejar** o **poner a alguien en ~** laisser o mettre qqn en liberté ; **tener ~ para hacer algo** être libre de faire qqch ; **tomarse la ~ de hacer algo** prendre la liberté de faire qqch ; **~ bajo fianza** liberté sous caution ; **~ condicional** liberté conditionnelle ; **~ de expresión** liberté d'expression ; **~ de imprenta** o **prensa** liberté de la presse.

libertar *vt* libérer.

libertino, na *adj* & *m, f* libertin(e).

Libia Libye *f*.

libido *f* libido *f*.

libio, bia ◇ *adj* libyen(enne). ◇ *m, f* Libyen *m*, -enne *f*.

libra *f* livre *f* ; **~ esterlina/irlandesa** livre sterling/irlandaise.

Libra ◇ *f inv* [zodiaco] Balance *f*. ◇ *mf inv* [persona] balance *f inv*.

librador, ra *m, f* COM tireur *m*.

libramiento *m*, **libranza** *f* COM tirage *m*.

librar ◇ *vt* **- 1.** [eximir] dispenser **- 2.** [entablar] livrer **- 3.** COM tirer. ◇ *vi* [no trabajar] être en congé. ◆ **librarse** *vpr* : **~se de algo** [obligación] se dispenser de qqch ; **como tú fuiste a la reunión, él se libró** comme tu as été à la réunion, lui s'en est dispensé ; **~se de alguien** se débarrasser de qqn ; **de buena te libraste** tu l'as échappé belle.

libre *adj* libre ; **~ de** libre de ; [impuestos] exonéré(e) de ; **~ de franqueo** franc de port ; **~ de hipotecas** non hypothéqué(e) ; **~ del servicio militar** dégagé des obligations militaires ; **estudiar por ~** être candidat(e) libre.

librecambio *m* libre-échange *m*.

librepensador, ra ◇ *adj* libre-penseur ; **una persona librepensadora** un libre-penseur. ◇ *m, f* libre-penseur *m*.

librería *f* **- 1.** [gen] librairie *f* **- 2.** [mueble] bibliothèque *f*.

librero, ra ◇ *adj* du livre. ◇ *m, f* libraire *mf*. ◆ **librero** *m Amer* [mueble] bibliothèque *f*.

libreta *f* **- 1.** [para escribir] carnet *m* **- 2.** COM livre *m* de comptes. ◆ **libreta de ahorros** *f* livret *m* de caisse d'épargne.

libreto *m* **- 1.** MÚS livret *m* **- 2.** *Amer* [guión] scénario *m*.

libro *m* livre *m* ; **llevar los ~s** tenir les livres ; **~ de bolsillo** livre de poche ; **~ de escolaridad/de familia** livret *m* scolaire/de famille ; **~ de reclamaciones** livre des réclamations ; **~ de texto** manuel *m* scolaire.

Lic. *abrev de* **licenciado**.

licencia *f* **- 1.** [autorización] permission *f* ; COM & DEP licence *f* ; **~ de armas** permis *m* de port d'armes ; **~ de obras** permis *m* de construire **- 2.** [confianza] liberté *f*.

licenciado, da *adj* & *m, f* EDUC : **~ en** diplômé(e) en.

licenciar *vt* EDUC *décerner le diplôme de fin de second cycle* ; MIL libérer. ◆ **licenciarse** *vpr* **- 1.** EDUC : **~se (en)** *obtenir son diplôme de fin de second cycle (en)* **- 2.** MIL être libéré.

licenciatura *f* EDUC *diplôme sanctionnant cinq années d'études supérieures en Espagne*, ≃ DESS *m*.

licencioso, sa *adj* licencieux(euse).

liceo *m* **- 1.** EDUC lycée *m* **- 2.** [de recreo] club *m*.

lícito, ta *adj* licite.

licor *m* liqueur *f*.

licuadora *f* mixer *m*.

licuar *vt* : **~ (algo)** passer (qqch) au mixer.

licuefacción *f* liquéfaction *f*.

líder, leader ◇ *adj* qui occupe la première place. ◇ *mf* leader *m*.

liderato, liderazgo *m* - **1.** DEP première place *f* - **2.** [dirección] leadership *m*.
lidia *f* combat *m*.
lidiar ◇ *vi* [luchar] : ~ **(con)** lutter (contre). ◇ *vt* combattre (le taureau).
liebre *f* lièvre *m*.
lienzo *m* toile *f*.
lifting ['liftin] *m* lifting *m*.
liga *f* - **1.** [de medias] jarretière *f* - **2.** [de estados, personas] ligue *f* - **3.** DEP [de fútbol etc] championnat *m*.
ligadura *f* - **1.** [acción & MED] ligature *f* - **2.** [atadura, vínculo] lien *m* - **3.** MÚS liaison *f*.
ligamento *m* ANAT ligament *m*.
ligar ◇ *vt* - **1.** [gen, CULIN & MÚS] lier ; [paquete] ficeler - **2.** MED ligaturer. ◇ *vi* - **1.** [coincidir] : ~ **con** s'accorder avec - **2.** *fam* [conquistar] : ~ **(con alguien)** draguer (qqn).
ligazón *f* liaison *f*; [entre dos hechos] rapport *m*.
ligereza *f* - **1.** [gen] légèreté *f* - **2.** [error] erreur *f*.
ligero, ra *adj* léger(ère) ; **a la ligera** à la légère.
light *adj inv* [comida] allégé(e) ; [refresco, tabaco] light.
ligón, ona *adj* & *m, f fam* dragueur(euse).
liguero, ra *adj* DEP du championnat. ◆ **liguero** *m* porte-jarretelles *m*.
lija *f* - **1.** [pez] roussette *f* - **2.** [papel] papier *m* de verre.
lila ◇ *f* [planta] lilas *m*. ◇ *adj inv* [color] lilas. ◇ *m* [color] couleur *f* lilas.
liliputiense *adj* & *mf fam* lilliputien(enne).
lima *f* - **1.** [utensilio] lime *f* - **2.** BOT [planta] limettier *m* ; [fruto] lime *f*.
Lima Lima.
limar *vt* - **1.** [pulir] limer - **2.** [perfeccionar] polir.
limitación *f* - **1.** [restricción] restriction *f* ; ~ **de edad** limite *f* d'âge - **2.** [distrito] limite *f*.
limitado, da *adj* limité(e).
limitar ◇ *vt* - **1.** [gen] limiter ; [terreno] délimiter - **2.** [definir] délimiter. ◇ *vi* confiner. ◆ **limitarse** *vpr* : **~se a** se borner à.
límite ◇ *adj inv* limite. ◇ *m* limite *f*.
limítrofe *adj* limitrophe.
limón *m* citron *m*.
limonada *f* citronnade *f* ; [refresco] rafraîchissement *m*.
limonero, ra *adj* : **la exportación limonera** les exportations de citrons. ◆ **limonero** *m* citronnier *m*.
limosna *f* aumône *f*.
limpia *f Amer* - **1.** [escarda] défrichage *m* - **2.** [limpieza] nettoyage *m*.
limpiabotas *mf inv* cireur *m* de chaussures.
limpiacristales *m inv* produit *m* pour les vitres.
limpiador, ra *m, f* nettoyeur *m*, -euse *f*.
limpiamente *adv* - **1.** [con destreza] adroitement - **2.** [honradamente] proprement.
limpiaparabrisas *m inv* essuie-glace *m*.
limpiar *vt* - **1.** [gen] nettoyer - **2.** *fam* [robar] faucher.
limpieza *f* - **1.** [cualidad] propreté *f* - **2.** [acción] nettoyage *m* - **3.** *fig* [destreza] adresse *f* - **4.** *fig* [honradez] honnêteté *f*.
limpio, pia *adj* - **1.** [sin suciedad, pulcro] propre ; **un cielo** ~ un ciel dégagé - **2.** [neto, claro] net (nette) - **3.** [honrado] honnête ; **un asunto** ~ une affaire claire - **4.** [sin culpa] : **estar** ~ avoir la conscience tranquille - **5.** *fam* [sin dinero] : **dejar** ~ **a alguien** dépouiller qqn - **6.** [sin mezcla] pur(e) ; **a grito** ~ *fig* à grands cris ; **a puñetazo** ~ *fig* à grands coups de poing. ◆ **limpio** *adv* [jugar] franc jeu. ◆ **en limpio** *loc adv* : **poner en** ~ mettre au propre ; **sacar en** ~ tirer au clair.
linaje *m* lignage *m*.
linaza *f* linette *f*.
lince *m* lynx *m* ; **ser un ~ para algo** *fig* avoir le génie de qqch.
linchar *vt* lyncher.
lindar *vi* : ~ **con algo** [espacio] être contigu(ë) à qqch ; [conceptos] rejoindre qqch ; ~ **con el ridículo** friser le ridicule.
linde *m* o *f* limite *f*.
lindero, ra *adj* contigu(ë). ◆ **lindero** *m* limite *f*.
lindo, da *adj* joli(e) ; **de lo** ~ *fig* joliment.
línea *f* - **1.** [gen, DEP & MIL] ligne *f* ; **cortar la ~ (telefónica)** couper la ligne (téléphonique) ; **guardar la** ~ garder la ligne ; ~ **continua** ligne blanche ; ~ **de puntos** pointillé *m*, ligne de la gamme ; **~s aéreas** lignes aériennes - **2.** [fila] rangée *f* ; [de personas] file *f* - **3.** [categoría] rang *m* ; **en la misma** ~ sur le même plan - **4.** [relación familiar] lignée *f* - **5.** *loc* : **en ~s generales** en gros ; **leer entre ~s** lire entre les lignes.
linfático, ca *adj* & *m, f* lymphatique.
lingote *m* lingot *m*.

lingüista *mf* linguiste *mf*.
lingüístico, ca *adj* linguistique. ◆ **lingüística** *f* linguistique *f*.
linier [li'njer] (*pl* **liniers**) *m* DEP juge *m* de touche.
linimento *m* liniment *m*.
lino *m* lin *m*.
linterna *f* [de pilas] lampe *f* de poche.
lío *m* **- 1.** [paquete] ballot *m* **- 2.** *fam fig* [enredo] embrouillamini *m* ; **hacerse un ~** s'emmêler les pinceaux ; **meterse en un ~** se mettre dans une sale histoire **- 3.** *fam fig* [jaleo] vacarme *m* **- 4.** *fam fig* [amorío] aventure *f*.
lipotimia *f* lipothymie *f*.
liquen *m* lichen *m*.
liquidación *f* COM [de factura] règlement *m* ; [de existencias] liquidation *f* ; [de inversión] réalisation *f*.
liquidar *vt* **- 1.** [gen] liquider ; [cuenta] solder *(fermer)* **- 2.** [gastar rápidamente] engloutir **- 3.** [zanjar] résoudre.
liquidez *f* liquidité *f*.
líquido, da *adj* **- 1.** [gen & FÍS] liquide **- 2.** ECON [disponible] liquide ; [neto] net (nette). ◆ **líquido** *m* **- 1.** [gen, FÍS & MED] liquide *m* **- 2.** ECON [capital] liquidité *f*.
lira *f* **- 1.** MÚS lyre *f* **- 2.** [moneda] lire *f* **- 3.** [en poesía] *strophe de cinq ou six vers*.
lírico, ca ◇ *adj* lyrique. ◇ *m, f* lyrique *m*. ◆ **lírica** *f* lyrique *f*.
lirio *m* iris *m*.
lirón *m* ZOOL loir *m* ; **dormir como un ~** *fig* dormir comme un loir.
lis *f* iris *m*.
Lisboa Lisbonne.
lisboeta ◇ *adj* lisbonnais(e). ◇ *mf* Lisbonnais *m*, -e *f*.
lisiado, da *adj* & *m, f* estropié(e).
liso, sa ◇ *adj* **- 1.** [gen] lisse ; [terreno] plat(e) **- 2.** [no estampado] uni(e) **- 3.** DEP : **200 metros ~s** 200 mètres plat. ◇ *m, f Amer* effronté *m*, -e *f*.
lisonja *f* flatterie *f*.
lisonjear *vt* flatter.
lista *f* **- 1.** [enumeración] liste *f* ; **pasar ~** faire l'appel ; **~ de boda/de espera** liste de mariage/d'attente ; **~ de precios** tarifs *mpl* ; [en restaurante] carte *f* **- 2.** [de tela, papel] bande *f* ; [de madera] latte *f* **- 3.** [de color] rayure *f*. ◆ **lista de correos** *f* poste *f* restante.
listado, da *adj* à rayures.
listín *m* [de teléfonos] annuaire *m*.
listo, ta *adj* **- 1.** [astuto] malin(igne) ; [despabilado] dégourdi(e) ; **pasarse de ~** vouloir faire le malin **- 2.** [preparado] prêt(e).
listón *m* [para marcos] baguette *f*.
litera *f* **- 1.** [cama] lit *m* (superposé) ; [de tren, barco] couchette *f* **- 2.** [vehículo] litière *f*.
literal *adj* littéral(e).
literario, ria *adj* littéraire.
literato, ta *m, f* écrivain *m*.
literatura *f* littérature *f*.
litigar *vi* être en litige.
litigio *m* litige *m*.
litografía *f* **- 1.** [gen] lithographie *f* **- 2.** [taller] atelier *m* de lithographie.
litoral ◇ *adj* littoral(e). ◇ *m* littoral *m*.
litro *m* litre *m*.
Lituania Lituanie *f*.
liturgia *f* liturgie *f*.
liviano, na *adj* léger(ère).
lívido, da *adj* livide.
ll, Ll [eʎe] *f* [letra] l *m* mouillé.
llaga *f* plaie *f*.
llagar *vt* faire une plaie à. ◆ **llagarse** *vpr* se couvrir de plaies.
llama *f* **- 1.** [gen] flamme *f* **- 2.** ZOOL lama *m*.
llamada *f* **- 1.** [gen & TELECOM] appel *m* ; **hacer una ~** téléphoner ; **~ a cobro revertido** appel en PCV ; **~ a larga distancia** communication *f* vers l'étranger ; **~ interurbana** communication *f* interurbaine ; **~ urbana** communication *f* locale **- 2.** [en un libro] renvoi *m*.
llamado *m Amer* [de teléfono] appel *m*.
llamamiento *m* appel *m*.
llamar ◇ *vt* **- 1.** [gen] appeler ; **~ (por teléfono) a alguien** téléphoner à qqn ; **~ de tú/usted a alguien** tutoyer/vouvoyer qqn **- 2.** DER citer ; **~ a alguien a juicio** appeler qqn à comparaître. ◇ *vi* **- 1.** [a la puerta] frapper ; [con timbre] sonner **- 2.** [por teléfono] téléphoner. ◆ **llamarse** *vpr* [tener por nombre] s'appeler.
llamarada *f* **- 1.** [llama] flambée *f* **- 2.** [rubor] rougeur *f*.
llamativo, va *adj* voyant(e).
llamear *vi* flamber.
llaneza *f* simplicité *f*.
llano, na *adj* **- 1.** [liso] plat(e) **- 2.** [natural, sencillo] simple **- 3.** [sin rango] modeste ; **el pueblo ~** le petit peuple **- 4.** GRAM : **una palabra llana** un paroxyton **- 5.** GEOM plan(e). ◆ **llano** *m* [llanura] plaine *f*.
llanta *f* **- 1.** AUTOM jante *f* **- 2.** *Amer* [rueda] roue *f*.
llanto *m* pleurs *mpl*, larmes *fpl*.

llanura *f* plaine *f*.

llave *f* - **1.** [gen & DEP] clef *f* ; **echar la ~** fermer à clef ; **~ en mano** COM clefs en main ; **~ de contacto** clef de contact ; **~ inglesa** clef anglaise ; **~ maestra** passe-partout *m* - **2.** [del gas, agua] robinet *m* ; [de la electricidad] interrupteur *m* ; **~ de paso** robinet d'arrêt - **3.** [signo ortográfico] accolade *f*.

llavero *m* porte-clefs *m*.

llavín *m* petite clef *f*.

llegada *f* arrivée *f*.

llegar *vi* - **1.** [acudir] arriver ; **~ de viaje** rentrer de voyage - **2.** [sobrevenir] venir ; **al ~ la noche** à la nuit tombante - **3.** [durar, alcanzar] : **~ a** o **hasta algo** atteindre qqch, arriver à qqch ; **no llegó a la cima** il n'a pas atteint le sommet ; **el abrigo le llega hasta la rodilla** son manteau lui arrive au genou ; **no llegará a mañana** il ne passera pas la nuit - **4.** [bastar] suffire ; **no me llega para pagar** je n'ai pas assez pour payer - **5.** [lograr] : **~ a (ser) algo** devenir qqch ; **llegarás a ser presidente** tu deviendras président ; **¡si llego a saberlo!** si j'avais su! - **6.** [atreverse] : **~ a hacer algo** en arriver à faire qqch. ◆ **llegarse** *vpr* : **~se a** passer par.

llenar *vt* - **1.** : **~ algo (de)** [ocupar, rellenar] remplir qqch (de) ; [tapizar] couvrir qqch (de) - **2.** [satisfacer] combler - **3.** [colmar] : **~ a alguien de** [indignación, alegría etc] remplir qqn de ; [consejos, alabanzas] abreuver qqn de ; [favores] combler qqn de. ◆ **llenarse** *vpr* - **1.** : **~se (de algo)** [colmarse] se remplir (de qqch) ; [cubrirse] se couvrir (de qqch) - **2.** [saciarse] : **ya me he llenado** je n'ai plus faim.

lleno, na *adj* - **1.** [gen] plein(e) ; **tener la casa llena** avoir beaucoup de monde chez soi ; **~ de** [colmado con] plein de ; [cubierto con] couvert de - **2.** [saciado] repu(e) - **3.** *fam* [regordete] potelé(e). ◆ **de lleno** *loc adv* en plein.

llevadero, ra *adj* supportable.

llevar ◇ *vt* - **1.** [peso, prenda] porter ; [carga] transporter ; **llevaba un saco en las espaldas** il portait un sac sur le dos ; **lleva un traje nuevo/gafas** elle porte une nouvelle robe/des lunettes ; **el avión llevaba carga** l'avion transportait des marchandises - **2.** [acompañar] emmener ; **llevo a Juan a su casa** j'emmène Juan chez lui ; **nos llevó al teatro** il nous a emmenés au théâtre ; **llévenos al hospital** conduisez-nous à l'hôpital - **3.** [depositar, causar] apporter ; **le llevé un regalo** je lui ai apporté un cadeau - **4.** [coche, caballo] conduire - **5.** [inducir] : **~ a alguien a algo/a hacer algo** conduire o amener qqn à qqch/à faire qqch ; **lo llevaron a la victoria/a dejar la carrera** ils l'ont conduit à la victoire/à abandonner ses études - **6.** [ocuparse de - cuentas, casa] tenir ; [- negocio] diriger, mener - **7.** [cobrar] prendre ; **lleva bastante caro** il prend assez cher - **8.** [tener] avoir ; **llevas las manos sucias** tu as les mains sales ; **no llevo dinero** je n'ai pas d'argent sur moi - **9.** [soportar] supporter ; **lleva su enfermedad con resignación** elle supporte sa maladie avec résignation ; **lleva mal la soltería** il vit mal le célibat - **10.** [mantener] : **~ el paso** marcher au pas - **11.** [haber pasado tiempo] : **lleva dos años aquí** ça fait deux ans qu'il est là ; **llevo una hora esperándote** ça fait une heure que je t'attends - **12.** [ocupar tiempo] prendre ; **me llevó un día hacer esta tarta** ça m'a pris une journée de faire ce gâteau - **13.** [sobrepasar en] : **se llevan dos años** ils ont deux ans d'écart ; **mi hijo me lleva dos centímetros** mon fils me dépasse de deux centimètres. ◇ *vi* - **1.** [conducir] : **~ a** mener à - **2.** *(antes de participio)* [tener] : **lleva leída media novela** il en est à la moitié du roman - **3.** *(antes de gerundio)* [estar] : **lleva mucho tiempo saliendo con él** ça fait longtemps qu'elle sort avec lui. ◆ **llevarse** *vpr* - **1.** [coger] emporter, prendre ; [arrastrar] emporter ; **los ladrones se llevaron todo** les voleurs ont tout emporté ; **alguien se ha llevado mi bolso** quelqu'un a pris mon sac ; **la riada se ha llevado la carretera** la crue a emporté la route - **2.** [premio] remporter - **3.** [acercar] porter ; **se llevó la copa a los labios** elle porta le verre à ses lèvres - **4.** [recibir] avoir ; **¡me llevé un susto!** j'ai eu une de ces peurs! - **5.** [entenderse] : **~se bien/mal (con alguien)** s'entendre bien/mal (avec qqn) - **6.** [estar de moda] se porter - **7.** MAT retenir.

llorar ◇ *vi* - **1.** [con lágrimas] pleurer - **2.** *fam* [quejarse] : **~le a alguien** supplier qqn. ◇ *vt* pleurer.

lloriquear *vi* pleurnicher.

lloro *m* pleurs *mpl*.

llorón, ona ◇ *adj* pleurnicheur(euse) ; [bebé] qui pleure beaucoup. ◇ *m, f* pleurnicheur *m*, -euse *f*.

lloroso, sa *adj* [persona] en pleurs ; [ojos, voz] larmoyant(e).

llover ◇ *v impers* pleuvoir. ◇ *vi fig*

pleuvoir ; **le llueve el trabajo** il a du travail à ne plus savoir qu'en faire.

llovizna *f* bruine *f*.

lloviznar *v impers* bruiner.

lluvia *f* pluie *f* ; **~ ácida** pluies *fpl* acides.

lluvioso, sa *adj* pluvieux(euse).

lo, la (*pl* **los, las**) *pron pers (complemento directo)* [persona, cosa] le, la, l' *(delante de vocal)* ; [fórmula de cortesía] vous ; **no ~/la conozco** je ne le/la connais pas ; **la quiere** il l'aime ; **los vi** je les ai vus ; **la invito a mi fiesta** je vous invite à ma soirée. ◆ **lo** ◇ *pron pers (neutro) (predicado)* le, l' *(delante de vocal)* ; **su hermana es muy guapa pero él no ~ es** sa sœur est très belle mais lui ne l'est pas ; **es muy bueno aunque no ~ parezca** il est très gentil même s'il n'en a pas l'air. ◇ *art det (neutro)* : **~ antiguo tiene más valor que lo moderno** les choses anciennes ont plus de valeur que les modernes ; **~ mejor/peor** le mieux/pire ; **~ más gracioso es que ...** le plus drôle c'est que ... ◆ **lo de** *loc prep* : **siento ~ de ayer** je regrette ce qui s'est passé hier. ◆ **lo que** *loc conj* ce que ; **acepté ~ que me ofrecieron** j'ai accepté ce qu'on m'a offert.

loa *f* **- 1.** [alabanza] louange *f* **- 2.** LITER éloge *m*.

loable *adj* louable.

loar *vt* louer.

lobato = **lobezno.**

lobby ['loβi] (*pl* **lobbies**) *m* lobby *m*.

lobezno, lobato *m* louveteau *m*.

lobo, ba *m, f* loup *m*, louve *f*. ◆ **lobo de mar** *m* loup *m* de mer.

lóbrego, ga *adj* lugubre.

lóbulo *m* lobe *m*.

local ◇ *adj* local(e). ◇ *m* **- 1.** [edificio] local *m* **- 2.** [sede] siège *m*.

localidad *f* **- 1.** [población] localité *f* **- 2.** [asiento, billete] place *f*.

localismo *m* **- 1.** [sentimiento] esprit *m* de clocher **- 2.** LING régionalisme *m*.

localizar *vt* localiser ; [persona, objeto] trouver ; [por teléfono] joindre. ◆ **localizarse** *vpr* être localisé(e).

loción *f* **- 1.** [líquido] lotion *f* **- 2.** [masaje] friction *f*.

loco, ca ◇ *adj* fou (folle) ; **estar ~ de** o **por** o **con** être fou de ; **~ de atar** o **de remate** fou à lier ; **a lo ~** [conducir] comme un fou ; [responder, trabajar etc] n'importe comment. ◇ *m, f* fou *m*, folle *f*.

locomoción *f* locomotion *f* ; **los gastos de ~** les frais de transport.

locomotor, ra o **triz** *adj* locomoteur(trice). ◆ **locomotora** *f* locomotive *f*.

locuaz *adj* loquace.

locución *f* locution *f*.

locura *f* folie *f* ; **con ~** à la folie.

locutor, ra *m, f* présentateur *m*, -trice *f*.

locutorio *m* **- 1.** [en convento, cárcel] parloir *m* **- 2.** TELECOM : **~ (telefónico)** cabines *fpl* téléphoniques **- 3.** RADIO studio *m*.

lodo *m* boue *f*.

logaritmo *m* logarithme *m*.

lógico, ca ◇ *adj* **- 1.** [gen] logique **- 2.** [normal] : **es ~ que ...** c'est normal que ... ◇ *m, f* logicien *m*, -enne *f*. ◆ **lógica** *f* logique *f*.

logístico, ca *adj* logistique. ◆ **logística** *f* logistique *f*.

logopeda *mf* orthophoniste *mf*.

logotipo *m* logo *m*.

logrado, da *adj* réussi(e) ; [premio, medalla] obtenu(e).

lograr *vt* : **~ algo** obtenir qqch ; **~ su objetivo** atteindre ses objectifs ; **~ hacer algo** réussir à faire qqch.

logro *m* réussite *f*.

LOGSE (*abrev de* **Ley Orgánica de Ordenación General del Sistema Educativo**) *f réforme de l'enseignement secondaire en Espagne.*

loma *f* colline *f*.

lombriz *f* : **~ (de tierra)** ver *m* de terre.

lomo *m* **- 1.** [gen] dos *m* **- 2.** [carne - de cerdo] échine *f* ; [- de vaca] : **~ bajo** bavette *f*.

lona *f* **- 1.** [tela] toile *f* de bâche **- 2.** DEP tapis *m*.

loncha *f* tranche *f*.

londinense ◇ *adj* londonien(enne). ◇ *mf* Londonien *m*, -enne *f*.

Londres Londres.

longaniza *f* saucisse *f* sèche.

longitud *f* **- 1.** [dimensión] longueur *f* ; **de diez metros de ~** de dix mètres de long ; **~ de onda** longueur d'onde **- 2.** GEOGR & ASTRON longitude *f*.

longitudinal *adj* longitudinal(e).

lonja *f* **- 1.** [loncha] tranche *f* **- 2.** [edificio oficial] bourse *f* de commerce ; **~ de pescado** halle *f* aux poissons **- 3.** ARQUIT parvis *m*.

loro *m* **- 1.** [animal] perroquet *m* **- 2.** *fam* [mujer fea] laideron *m* **- 3.** *fam fig* [charlatán] moulin *m* à paroles.

los ◇ *art* ▷ **el.** ◇ *pron* ▷ **lo.**

losa *f* dalle *f*.

loseta *f* carreau *m (de céramique)*.

lote *m* - **1.** [gen] lot *m* ; [de una herencia] part *f* ; **~ de Navidad** *cadeau de Noël offert par les entreprises à leurs employés* - **2.** *fam* [magreo] : **darse** o **pegarse el ~** se peloter.

lotería *f* - **1.** [gen] loterie *f* ; **jugar a la ~** jouer à la loterie ; **tocarle a alguien la ~** gagner à la loterie - **2.** [tienda] *kiosque de billets de loterie.*

loza *f* - **1.** [material] faïence *f* - **2.** [objetos] vaisselle *f*.

lozanía *f* vigueur *f*, fraîcheur *f*.

lozano, na *adj* vigoureux(euse) ; [persona] qui respire la santé.

LSD (*abrev de* **lysergic diethylamide**) *m* LSD *m*.

Ltd., ltda. (*abrev de* **limitada**) SARL.

lubina *f* bar *m*, loup *m* de mer.

lubricante, lubrificante <> *adj* lubrifiant(e). <> *m* lubrifiant *m*.

lubricar, lubrificar *vt* lubrifier.

lucero *m* - **1.** [astro] étoile *f* (brillante) - **2.** *fig* [lustre] éclat *m* ; **como un ~** propre comme un sou neuf.

lucha *f* lutte *f* ; **~ libre** lutte libre ; **~ de clases** lutte des classes.

luchar *vi* lutter, se battre ; **~ contra/por** lutter contre/pour.

lucidez *f* lucidité *f*.

lúcido, da *adj* lucide.

luciérnaga *f* ver *m* luisant.

lucimiento *m* éclat *m*.

lucir <> *vi* - **1.** [gen] briller ; [estrellas] luire - **2.** [compensar] profiter ; **trabajé mucho pero no me ha lucido** j'ai beaucoup travaillé pour rien - **3.** [dar prestigio] faire de l'effet. <> *vt* - **1.** [valor, ingenio] faire preuve de - **2.** [joyas, ropa] porter ; **~ las piernas** montrer ses jambes. ◆ **lucirse** *vpr* - **1.** [sobresalir] : **~se (en)** briller (à) - **2.** *fam fig* & *irón* [quedar mal] : **¡te has lucido!** tu as bonne mine!

lucrativo, va *adj* lucratif(ive).

lucro *m* gain *m* ; **el afán de ~** l'appât du gain.

lucubrar *vt* - **1.** [reflexionar] : **~ sobre** méditer sur - **2.** *despec* [imaginar] échafauder.

lúdico, ca *adj* ludique.

ludopatía *f* dépendance *f* aux jeux.

luego <> *adv* - **1.** [justo después] ensuite ; **primero aquí y ~ allí** d'abord ici et ensuite là-bas ; **primero dijo que no, pero ~ aceptó** il a d'abord dit non et puis il a accepté ; **cenamos y ~ nos acostamos** on a dîné et on s'est couchés tout de suite après - **2.** [más tarde] : **hazlo ~** fais-le plus tard ; **vendré ~** je viendrai tout à l'heure - **3.** *Amer* [pronto] rapidement ; **lueguito vuelvo** je reviens dans une minute. <> *conj* [así que] donc ; **pienso, ~ existo** je pense donc je suis. ◆ **luego luego** *loc adv Amer fam* [inmediatamente] tout de suite ; [de vez en cuando] de temps en temps.

lugar *m* - **1.** [gen] lieu *m* ; **en el ~ del crimen** sur les lieux du crime ; **dar ~ a** donner lieu à ; **fuera de ~** hors de propos ; **no deja ~ a dudas** cela ne fait aucun doute ; **si ha ~** s'il y a lieu ; **tener ~** avoir lieu - **2.** [sitio, emplazamiento] endroit *m* ; **en un ~ apartado** dans un endroit retiré ; **en este ~ había una iglesia** à cet endroit, il y avait une église ; **la gente del ~** les gens du coin - **3.** [posición, puesto] place *f* ; **ocupar el segundo ~** être à la deuxième place ; **dejar las cosas en su ~** laisser les choses à leur place ; **en tu ~, no lo haría** à ta place, je ne le ferais pas. ◆ **en lugar de** *loc prep* au lieu de. ◆ **lugar común** *m* lieu *m* commun.

lugareño, ña *adj* & *m, f* villageois(e).

lúgubre *adj* lugubre.

lujo *m* luxe *m* ; **con todo ~ de detalles** avec un grand luxe de détails ; **un artículo de ~** un produit de luxe ; **un piso de ~** *fig* un splendide appartement.

lujoso, sa *adj* luxueux(euse).

lujuria *f* luxure *f*.

lumbago *m* lumbago *m*.

lumbar *adj* lombaire.

lumbre *f* - **1.** [fuego] feu *m* - **2.** *fig* [resplandor] éclat *m*.

lumbrera *f fam* : **no ser ninguna ~** ne pas être une lumière.

luminoso, sa *adj lit* & *fig* lumineux(euse).

luna *f* - **1.** [astro] Lune *f* ; **~ llena** pleine lune ; **~ nueva** nouvelle lune - **2.** [espejo, cristal] glace *f* - **3.** *loc* : **estar en la ~** être dans la lune. ◆ **luna de miel** *f* lune *f* de miel.

lunar <> *adj* lunaire. <> *m* - **1.** [en la piel] grain *m* de beauté - **2.** [en telas] pois *m* ; **de** o **con ~es** à pois.

lunático, ca *adj* & *m, f* désaxé(e).

lunes *m inv* lundi *m* ; *ver también* **sábado**.

lupa *f* loupe *f*.

lustrabotas *m inv*, **lustrador** *m Amer* cireur *m* de chaussures.

lustrar *vt* astiquer ; [zapatos] faire briller.

lustre *m lit* & *fig* éclat *m*.

lustro *m* lustre *m* ; **hace ~s que no lo veo** il y a des lustres que je ne l'ai pas vu.

lustroso, sa *adj* brillant(e).

luto *m* deuil *m* ; **vestir de ~** porter le deuil.

luxación *f* luxation *f*.

Luxemburgo Luxembourg *m*.

luxemburgués, esa ◇ *adj* luxembourgeois(e). ◇ *m, f* Luxembourgeois *m*, - e *f*.

luz *f* - **1.** [gen] lumière *f* ; [electricidad] électricité *f* ; **pagar el recibo de la ~** payer la facture d'électricité ; **se ha ido la ~** il y a une panne de courant ; **cortar la ~** couper le courant ; **encender/apagar la ~** allumer/éteindre la lumière - **2.** AUTOM phare *m* ; **darle luces a alguien** faire un appel de phares à qqn ; **luces de carretera** o **largas** feux *mpl* de route, phares ; **luces de cruce** o **cortas** feux *mpl* de croisement, codes *mpl* ; **luces de posición** o **situación** feux *mpl* de position, veilleuses *fpl* - **3.** [destello] scintillement *m* ; **despedir luces** étinceler - **4.** ARQUIT ouverture *f* - **5.** *loc* : **dar a ~** accoucher ; **sacar a ~** révéler ; [libro] publier.

lycra® *f* Lycra® *m*.

M

m^{1}, **M** [eme] *f* [letra] m *m inv*, M *m inv*.

m^{2} (*abrev de* **metro**) m.

m^{2} (*abrev de* **metro cuadrado**) m^{2}.

m^{3} (*abrev de* **metro cúbico**) m^{3}.

macabro, bra *adj* macabre.

macana *f Amer* - **1.** [garrote] gourdin *m* - **2.** *fam fig* [disparate] bêtise *f* - **3.** [mentira] mensonge *m* - **4.** [contrariedad] : **¡qué ~!** quel dommage!

macarra *m fam* [granuja] loubard *m* ; [de prostitutas] maquereau *m*.

macarrón *m (gen pl)* macaroni *m*.

macedonia *f* macédoine *f*.

macerar *vt* CULIN faire macérer.

maceta *f* - **1.** [tiesto] pot *m* ; [con planta] pot *m* de fleurs - **2.** [herramienta] petit maillet *m*.

macetero *m* cache-pot *m*.

machaca *mf fam* - **1.** [pesado] casse-pieds *mf inv* - **2.** [currante] homme *m* à tout faire.

machacar ◇ *vt* - **1.** [triturar] piler - **2.** *fam fig* [insistir] rabâcher - **3.** *fam fig* [empollar] potasser. ◇ *vi fig* [insistir] insister ; [sobre un tema] rabâcher ; [vencer] écraser.

machete *m* machette *f*.

machista *adj* & *mf* machiste.

macho ◇ *adj* - **1.** [gen] mâle - **2.** *fig* [hombre] macho. ◇ *m* - **1.** [gen] mâle *m* - **2.** *fig* [hombre] macho *m* - **3.** TECNOL pièce *f* mâle ; ELECTR prise *f* mâle. ◇ *interj fam* : **¡oye, ~!** eh, mon vieux!

macizo, za *adj* - **1.** [oro, madera] massif(ive) - **2.** *fam fig* [persona] : **estar ~** être baraqué. ◆ **macizo** *m* GEOGR & BOT massif *m*.

macramé *m* macramé *m*.

macro *f* INFORM macro-instruction *f*.

macrobiótico, ca *adj* macrobiotique. ◆ **macrobiótica** *f* macrobiotique *f*.

mácula *f* - **1.** [gen & ASTRON] tache *f* - **2.** *fig* [engaño] tromperie *f*.

macuto *m* sac *m* à dos.

madeja *f* pelote *f* ; **~ de lana** pelote de laine.

madera *f* - **1.** [gen] bois *m* ; [tabla] planche *f* ; **de ~** en bois - **2.** *fig* [disposición] : **tener ~ de** avoir l'étoffe de.

madero *m* - **1.** [tabla] madrier *m* - **2.** *fig* [necio] bûche *f* - **3.** *mfam* [policía] flic *m*.

madrastra *f* belle-mère *f (marâtre)*.

madre *f* - **1.** [gen] mère *f* ; **~ de alquiler** mère porteuse ; **~ política** belle-mère *f* ; **~ soltera** mère célibataire ; **me vale ~** *Amer fig mfam* je m'en fous complètement - **2.** [del vino] lie *f* - **3.** [de río] lit *m*. ◆ **madre mía** *interj* : **¡~ mía!** mon Dieu!

Madrid Madrid.

madriguera *f* tanière *f* ; [de conejo] terrier *m*.

madrileño, ña ◇ *adj* madrilène. ◇ *m, f* Madrilène *mf*.

madrina *f lit* & *fig* marraine *f*.

madroño *m* - **1.** [árbol] arbousier *m* - **2.** [fruto] arbouse *f*.

madrugada *f* matin *m* ; **la una de la ~** une heure du matin.

madrugador, ra ◇ *adj* matinal(e). ◇ *m, f* : **es un ~** il est matinal.

madrugar *vi* - **1.** [levantarse] se lever tôt - **2.** *fig* [anticiparse] prendre les devants.

madrugón, ona *adj* matinal(e).

◆ **madrugón** *m* : **darse** o **pegarse un ~** *fam* se lever aux aurores.
madurar *vt* & *vi* mûrir.
madurez *f* maturité *f*.
maduro, ra *adj* **-1.** [gen] mûr(e) **-2.** [idea, proyecto, solución] mûrement réfléchi(e).
maestría *f* [habilidad] maîtrise *f*.
maestro, tra ◇ *adj* maître (maîtresse) ; **una viga maestra** une poutre maîtresse ; **una pared maestra** un mur porteur ; **un golpe ~** un coup de maître. ◇ *m, f* [de escuela] maître *m*, maîtresse *f*. ◆ **maestro** *m* **-1.** [sabio, director] maître *m* ; **~ de ceremonias** maître de cérémonie ; **~ de cocina** chef *m* cuisinier **-2.** [compositor, director] maestro *m* ; **~ (de orquesta)** chef *m* d'orchestre **-3.** TAUROM matador *m*.
mafia *f* mafia *f*.
mafioso, sa ◇ *adj* mafieux(euse). ◇ *m, f* mafioso *m*.
magdalena *f* madeleine *f*.
magia *f* magie *f* ; [de persona] charme *m*.
mágico, ca *adj* magique.
magisterio *m* **-1.** [título] *diplôme d'instituteur* **-2.** [enseñanza] enseignement *m* primaire **-3.** [profesión] corps *m* des instituteurs.
magistrado, da *m, f* magistrat *m*.
magistral *adj* magistral(e).
magistratura *f* magistrature *f* ; **~ de trabajo** ≃ conseil *m* de prud'hommes.
magma *m* magma *m*.
magnánimo, ma *adj* magnanime.
magnate *m* magnat *m*.
magnesia *f* magnésie *f*.
magnético, ca *adj* magnétique.
magnetismo *m* magnétisme *m*.
magnetizar *vt* magnétiser.
magnetófono *m* magnétophone *m*.
magnicidio *m* assassinat *m (d'une personne haut placée)*.
magnificencia *f* magnificence *f*.
magnífico, ca *adj* magnifique.
magnitud *f* **-1.** [medida] grandeur *f* **-2.** ASTRON magnitude *f* **-3.** [importancia] ampleur *f*.
magnolia *f* magnolia *m*.
mago, ga *m, f* **-1.** [prestidigitador] magicien *m*, -enne *f* **-2.** [en cuentos] enchanteur *m*, -eresse *f*.
magrebí (*pl* **magrebíes**) ◇ *adj* maghrébin(e). ◇ *mf* Maghrébin *m*, -e *f*.
magro, gra *adj* maigre. ◆ **magro** *m* [carne] maigre *m*.
magulladura *f* meurtrissure *f*.
magullar *vt* [la piel] meurtrir ; [la fruta] taler.
maharajá = **marajá**.
mahonesa *f* ⊳ **salsa**.
maicena *f* Maïzena® *f*.
mailing ['meilin] *m* mailing *m*.
maillot [ma'jot] (*pl* **maillots**) *m* DEP maillot *m* ; [de ballet] justaucorps *m* ; [de gimnasia] body *m* ; **~ amarillo** maillot jaune.
maître ['metre] *m* maître *m* d'hôtel.
maíz *m* maïs *m*.
majadero, ra *m, f* idiot *m*, -e *f*.
majareta *adj* & *mf fam* cinglé(e).
majestad *f* majesté *f*.
majestuoso, sa *adj* majestueux(euse).
majo, ja ◇ *adj* **-1.** [simpático] gentil(ille) **-2.** [bonito] mignon(onne). ◇ *m, f* HIST *nom donné au XVIII*[e] *siècle à un certain type populaire madrilène*.
mal ◇ *adj* ⊳ **malo**. ◇ *m* mal *m* ; **el ~** le mal ; **el ~ de ojo** le mauvais œil ; **no hay ~ que por bien no venga** à quelque chose malheur est bon. ◇ *adv* **-1.** [gen] mal ; **encontrarse ~** se sentir mal ; **oír/ver ~** entendre/voir mal ; **oler ~** sentir mauvais ; *fam fig* sembler louche ; **saber ~** avoir mauvais goût ; *fig* déplaire ; **sentar ~ a alguien** [ropa] aller mal à qqn ; [comida] ne pas réussir à qqn ; [comentario, actitud] ne pas plaire à qqn **-2.** *loc* : **ir de ~ en peor** aller de mal en pis ; **no estaría ~ que ...** ça serait bien que ...
malabarismo *m* : **hacer ~s** *lit* & *fig* jongler.
malabarista *mf* jongleur *m*, -euse *f*.
malacostumbrado, da *adj* gâté(e) *(enfant)*.
malacostumbrar *vt* donner de mauvaises habitudes à ; [niño] gâter.
Málaga Malaga.
malaleche *f fam* [estado] humeur *f* de cochon ; [genio] foutu caractère *m* ; **tener ~** être une peau de vache.
malapata *f fam* poisse *f* ; **has tenido ~** tu n'as pas eu de pot.
malaria *f* malaria *f*.
malasangre *f* [mala intención] mauvais esprit *m* ; **hacerse ~** *fam* se faire un sang d'encre.
Malasia Malaisie *f*.
malasombra *f fam* [mala suerte] : **tener ~** avoir la poisse.
malcriado, da *adj* & *m, f* mal élevé(e).
maldad *f* méchanceté *f*.
maldecir ◇ *vt* maudire. ◇ *vi* médire.

maldición *f* malédiction *f*.

maldito, ta *adj* maudit(e).

maleable *adj* malléable.

maleante *adj* & *mf* délinquant(e).

malecón *m* jetée *f*.

maleducado, da *adj* & *m, f* mal élevé(e).

maleficio *m* maléfice *m*.

malentendido *m* malentendu *m*.

malestar *m* **- 1.** [dolor físico] douleur *f* ; **sentir ~ general** avoir mal partout **- 2.** *fig* [molestia] malaise *m*.

maleta *f* valise *f*.

maletero *m* AUTOM coffre *m*.

maletín *m* mallette *f* ; [portafolios] attaché-case *m*.

malévolo, la *adj* malveillant(e).

maleza *f* [yerbajos] mauvaises herbes *fpl* ; [espesura] broussailles *fpl*.

malformación *f* malformation *f*.

malgastar *vt* gaspiller.

malhablado, da ◇ *adj* grossier(ère). ◇ *m, f* : **es un ~** il parle comme un charretier.

malhechor, ra ◇ *adj* malfaisant(e). ◇ *m, f* malfaiteur *m*.

malhumorado, da *adj* de mauvaise humeur.

malicia *f* **- 1.** [maldad] méchanceté *f* **- 2.** [picardía] malice *f*.

malicioso, sa *adj* **- 1.** [malo, malintencionado] mauvais(e) **- 2.** [pícaro] malicieux(euse).

maligno, na *adj* **- 1.** [persona] malveillant(e) **- 2.** MED malin(igne) ; **un tumor ~** une tumeur maligne.

malla *f* **- 1.** [tejido] maille *f* **- 2.** [red] filet *m*. ◆ **mallas** *fpl* caleçon *m (de fille)*.

Mallorca Majorque.

mallorquín, ina ◇ *adj* majorquin(e). ◇ *m, f* Majorquin *m*, -e *f*.

malo, la ◇ *adj* (*compar* **peor**, *superl* **el peor**) (*antes de sust masculino* : **mal**) **- 1.** [gen] mauvais(e) ; **una comida mala** un mauvais repas ; **un resultado ~** un mauvais résultat ; **pasar un mal rato** passer un mauvais quart d'heure ; **es ~ para los idiomas** il est mauvais en langues ; **ser ~ para la salud** être mauvais pour la santé **- 2.** [malicioso] méchant(e) ; **ser ~ con alguien** être méchant avec qqn **- 3.** [difícil] dur(e) ; **lo ~ es que ...** le problème, c'est que ... **- 4.** [enfermo] malade, souffrant(e) ; **estar ~** être malade ; **ponerse ~** tomber malade **- 5.** [travieso] vilain(e) **- 6.** *loc* : **estar de malas** être de mauvaise humeur ; **por las malas** [a la fuerza] de force. ◇ *m, f* [de película etc] méchant *m*, -e *f*.

malograr *vt* **- 1.** [desaprovechar] gâcher ; [oportunidad] rater **- 2.** [estropear] endommager **- 3.** *Amer* [romper] casser. ◆ **malograrse** *vpr* **- 1.** [fracasar] tourner court **- 2.** [morir] mourir prématurément **- 3.** [estropearse] être endommagé(e) **- 4.** *Amer* [romperse] se casser ; [coche, máquina] tomber en panne.

malparado, da *adj* mal en point ; **salió ~ de ...** il ne s'est pas bien tiré de ...

malpensado, da *m, f* : **ser un ~** avoir l'esprit mal tourné.

malsonante *adj* grossier(ère).

malta *m* malt *m*.

Malta Malte.

maltratar *vt* **- 1.** [pegar, insultar] maltraiter **- 2.** [estropear] abîmer.

maltrato *m* mauvais traitements *mpl*.

maltrecho, cha *adj* en piteux état.

malva ◇ *f* BOT mauve *f*. ◇ *adj inv* mauve. ◇ *m* [color] mauve *m*.

malvado, da *adj* & *m, f* méchant(e).

malversación *f* malversation *f* ; **~ de fondos** détournement *m* de fonds.

malversar *vt* détourner *(de l'argent)*.

Malvinas *fpl* : **las ~** les Malouines *fpl*.

malvivir *vi* vivre pauvrement.

mama *f* **- 1.** [órgano - de animal] mamelle *f* ; [- de mujer] sein *m* **- 2.** *fam* [madre] maman *f*.

mamá (*pl* **mamás**) *f fam* maman *f* ; **~ grande** *Amer fam* mamie *f*.

mamadera *f Amer* **- 1.** [biberón] biberon *m* **- 2.** [tetina] tétine *f*.

mamar ◇ *vt* **- 1.** [gen] téter **- 2.** *fig* [aprender] apprendre au berceau. ◇ *vi* téter.

mamarracho *m* **- 1.** [fantoche] : **estar hecho un ~** être ridicule **- 2.** [imbécil] pauvre type *m* **- 3.** [película] navet *m* ; [cuadro] croûte *f*.

mambo *m* mambo *m*.

mamífero, ra *adj* mammifère. ◆ **mamífero** *m* mammifère *m*.

mamografía *f* mammographie *f*.

mamotreto *m despec* [libro] pavé *m* ; [mueble etc] mastodonte *m*.

mampara *f* [de bañera] pare-douche *m*.

mamporro *m fam* gnon *m* ; **darse un ~** se cogner.

mamut (*pl* **mamuts**) *m* mammouth *m*.

manada *f* **- 1.** [de caballos, vacas] troupeau *m* ; [de lobos] bande *f* ; [de ciervos] harde *f* - **2.** [de gente] horde *f*.

manager (*pl* **managers**) *m* manager *m*.

Managua Managua.

manantial *m* source *f*.

manazas *adj inv* & *mf inv* empoté(e).

mancha *f* tache *f*.

manchar *vt fig* [deshonrar] souiller. ◆ **mancharse** *vpr* [ensuciarse] se tacher.

manchego, ga *adj* de la Manche *(région d'Espagne)*. ◆ **manchego** *m* ▷ **queso.**

mancillar *vt* [el honor etc] souiller.

manco, ca ◇ *adj* - **1.** [sin brazo, mano] manchot(e) - **2.** *fig* [incompleto] boiteux(euse). ◇ *m, f* manchot *m*, -e *f*.

mancomunidad *f* association *f* ; [de municipios, provincias etc] fédération *f*.

mancorna, mancuerna *f Amer* bouton *m* de manchette.

mandado, da *m, f* envoyé *m*, -e *f*. ◆ **mandado** *m* [recado] commission *f*.

mandamás *mf* - **1.** [jefe] grand patron *m* - **2.** [persona influyente] grand manitou *m*.

mandamiento *m* commandement *m*.

mandar ◇ *vt* - **1.** [dar órdenes] ordonner ; **el profesor mandó un trabajo para casa** le professeur nous a donné un travail à faire à la maison ; **~ hacer algo** faire faire qqch - **2.** [enviar, encargar] envoyer ; **~ a alguien a paseo** O **a la porra** *fam* envoyer balader qqn - **3.** [dirigir - ejército] commander ; [- país] diriger. ◇ *vi despec* [dar órdenes] commander ; **¿mande?** *fam* pardon?

mandarín *m* mandarin *m*.

mandarina *f* mandarine *f*.

mandatario, ria *m, f* mandataire *mf*.

mandato *m* - **1.** [gen] mandat *m* ; **~ judicial** mandat (de justice) - **2.** [mandamiento] ordre *m*.

mandíbula *f* mâchoire *f*.

mandil *m* tablier *m*.

mando *m* - **1.** [gen & MIL] commandement *m* ; **estar al ~ de** diriger, commander ; **los ~s** les dirigeants - **2.** [jefe] cadre *m* ; **~s intermedios** cadres moyens - **3.** [dispositivo] commande *f* ; **~ a distancia** télécommande *f*.

mandolina *f* mandoline *f*.

mandón, ona ◇ *adj* autoritaire. ◇ *m, f* petit chef *m* ; **es una mandona** elle veut mener tout le monde à la baguette.

mandril *m* - **1.** ZOOL mandrill *m* - **2.** [pieza] mandrin *m*.

manecilla *f* - **1.** [del reloj] aiguille *f* - **2.** [cierre] fermoir *m*.

manejable *adj* maniable.

manejar *vt* - **1.** [gen] manier - **2.** *fig* [dirigir] mener ; [negocios] gérer ; **~ a alguien a su antojo** mener qqn par le bout du nez - **3.** *Amer* [coche] conduire. ◆ **manejarse** *vpr* - **1.** [moverse] se déplacer - **2.** [desenvolverse] se débrouiller.

manejo *m* - **1.** [gen] maniement *m* - **2.** *(gen pl) fig* [intriga] manigances *fpl* - **3.** *fig* [dirección] conduite *f* ; [de negocio, empresa] gestion *f*.

manera *f* - **1.** [modo] manière *f* ; **de cualquier ~** [sin cuidado] n'importe comment ; [sea como sea] de toute façon ; **de ninguna ~, en ~ alguna** [refuerza una negación] en aucune façon ; [respuesta exclamativa] jamais de la vie ; **de todas ~s** de toute façon ; **en cierta ~** d'une certaine manière ; **de ~ que** de telle sorte que ; **no hay ~** il n'y a pas moyen - **2.** *(gen pl)* [modales] manières *fpl*.

manga *f* - **1.** [de prenda & DEP] manche *f* ; **en ~s de camisa** en manches de chemise ; **~ corta/larga** manche courte/longue - **2.** [filtro] chausse *f* - **3.** [medidor de viento] manche *f* à air - **4.** [de pastelería] poche *f* à douille - **5.** [manguera] tuyau *m* - **6.** *loc* : **ser de ~ ancha, tener ~ ancha** avoir les idées larges.

mangar *vt fam* piquer.

mango *m* - **1.** [asa] manche *m* - **2.** [árbol] manguier *m* - **3.** [fruta] mangue *f*.

mangonear *vi fam* - **1.** [entrometerse] fourrer son nez partout - **2.** [mandar] mener tout le monde à la baguette.

mangosta *f* mangouste *f*.

manguera *f* tuyau *m* d'arrosage ; [de bombero] lance *f* d'incendie.

manía *f* - **1.** [gen] manie *f* - **2.** [afición exagerada] folie *f* ; **la ~ de los videojuegos** la folie des jeux vidéo - **3.** *fam* [ojeriza] : **coger ~ a alguien** prendre qqn en grippe.

maniaco, ca, maníaco, ca *adj* & *m, f* maniaque *(malade)*.

maniatar *vt* attacher les mains de.

maniático, ca *adj* & *m, f* maniaque ; **un ~ del fútbol** *fig* un fou de football.

manicomio *m* asile *m (d'aliénés)*.

manicuro, ra *m, f* manucure *mf*. ◆ **manicura** *f* manucure *f*.

manido, da *adj* [tema etc] rebattu(e).

manifestación *f* manifestation *f*.

manifestar *vt* - **1.** [gen] manifester - **2.** [decir] déclarer. ◆ **manifestarse**

vpr **- 1.** [por la calle] manifester **- 2.** [hacerse evidente] se manifester.

manifiesto, ta *adj* [evidente] manifeste ; **poner de ~** mettre en évidence. ◆ **manifiesto** *m* [escrito] manifeste *m*.

manillar *m* guidon *m*.

maniobra *f* manœuvre *f*.

maniobrar *vi* manœuvrer.

manipulación *f* manipulation *f*.

manipular *vt* manipuler ; [información, resultado] trafiquer.

maniquí (*pl* **maniquíes**) ◇ *m* [de sastre] mannequin *m*. ◇ *mf* **- 1.** [modelo] mannequin *m* **- 2.** *fig* [títere] pantin *m*.

manirroto, ta ◇ *adj* dépensier(ère). ◇ *m, f* panier *m* percé.

manitas ◇ *adj inv* : **es muy ~** il est très habile de ses mains. ◇ *mf inv* bricoleur *m*, -euse *f* ; **ser un ~** être bricoleur ; **hacer ~** se faire des caresses.

manito, mano *m Amer fam* pote *m*.

manivela *f* manivelle *f*.

manjar *m* mets *m*.

mano *f* **- 1.** [gen] main *f* ; **a ~** [cerca] sous la main ; [sin máquina] à la main ; **a ~ armada** à main armée ; **dar** o **estrechar la ~ a alguien** serrer la main à qqn **- 2.** ZOOL patte *f* de devant ; [de cerdo] pied *m* **- 3.** [lado] : **a ~ derecha/izquierda** à droite/gauche **- 4.** [de pintura etc] couche *f* **- 5.** [destreza] : **tiene buenas ~s para bricolar** c'est un bon bricoleur **- 6.** [capacidad de trabajo] : **necesitamos ~s para descargar** on a besoin de bras pour décharger ; **~ de obra** main-d'œuvre *f* **- 7.** [influencia] : **tiene ~ en el ministerio** il a le bras long au ministère **- 8.** [ayuda, intervención] coup *m* de main ; **echar** o **tender una ~ a alguien** donner un coup de main à qqn **- 9.** [almirez] pilon *m* **- 10.** [de juegos] partie *f* **- 11.** *fig* [de golpes] volée *f* **- 12.** *loc* : **bajo ~** en sous-main ; **caer en ~s de alguien** tomber entre les mains de qqn ; **con las ~s cruzadas, ~ sobre ~** les bras croisés ; **con las ~s en la masa** la main dans le sac ; **de primera ~** de première main ; **de segunda ~** d'occasion ; **~ a ~** en tête à tête ; **¡~s a la obra!** au travail! ; **¡~s arriba!, ¡arriba las ~s!** haut les mains! ; **tener ~ izquierda** savoir y faire.

manojo *m* [de espárragos, rábanos] botte *f* ; [de flores] bouquet *m* ; [de pelo] touffe *f* ; [de llaves] trousseau *m*.

manoletina *f* **- 1.** TAUROM *passe inventée par le torero espagnol Manolete* **- 2.** [zapato] ballerine *f*.

manómetro *m* manomètre *m*.

manopla *f* **- 1.** [guante] moufle *f* **- 2.** [de aseo] gant *m* de toilette.

manosear *vt* tripoter.

manotazo *m* claque *f*.

mansalva ◆ **a mansalva** *loc adv* [en abundancia] en quantité.

mansedumbre *f* douceur *f* ; [de animal] docilité *f*.

mansión *f* demeure *f*.

manso, sa *adj* **- 1.** [apacible] paisible, doux (douce) **- 2.** [domesticado] docile **- 3.** *Amer* [enorme] énorme.

manta ◇ *f* [abrigo] couverture *f* ; **liarse la ~ a la cabeza** *fig* sauter le pas, se jeter à l'eau. ◇ *mf fam* [persona] bon *m* à rien, bonne *f* à rien.

manteca *f* **- 1.** [grasa animal] graisse *f* ; **~ de cerdo** saindoux *m* **- 2.** [mantequilla] beurre *m* ; **~ de cacao** beurre de cacao.

mantecado *m* [de Navidad] gâteau *m* au saindoux ; [helado] glace *f* à la vanille.

mantel *m* nappe *f*.

mantelería *f* linge *m* de table.

mantener *vt* **- 1.** [gen] maintenir ; **mantengo que ...** je maintiens o je soutiens que ... ; **~ la cabeza alta** garder la tête haute ; **~ a distancia** o **a raya** tenir à distance **- 2.** [sustentar, tener] entretenir ; **~ a una familia** entretenir une famille ; **~ relaciones/una conversación** entretenir des relations/une conversation ; **~ en buen estado** entretenir **- 3.** [aguantar] soutenir ; **~ un edificio** soutenir un bâtiment. ◆ **mantenerse** *vpr* **- 1.** [sustentarse] : **~se con** o **de** vivre de **- 2.** [permanecer] : **~se derecho/en pie** se tenir droit/debout ; **~se joven** rester jeune ; **~se en el poder** rester au pouvoir.

mantenimiento *m* entretien *m* ; [de material] maintenance *f*.

mantequilla *f* beurre *m*.

mantilla *f* **- 1.** [de mujer] mantille *f* **- 2.** [de bebé] lange *m*.

manto *m* **- 1.** [prenda] grande cape *f* ; **el ~ de la Virgen** le manteau de la Vierge **- 2.** *fig* [que oculta] voile *m* **- 3.** [terrestre] manteau *m*.

mantón *m* châle *m*.

manual ◇ *adj* manuel(elle). ◇ *m* [libro] manuel *m*.

manualidad *f (gen pl)* travaux *mpl* manuels.

manubrio *m* manivelle *f*.

manufacturar *vt* manufacturer.

manuscrito, ta *adj* manuscrit(e). ◆ **manuscrito** *m* manuscrit *m*.

manutención *f* [sustento] entretien *m* ; [alimento] nourriture *f*; **tener para su ~** avoir de quoi se nourrir.

manzana *f* - **1.** [fruta] pomme *f* - **2.** [grupo de casas] pâté *m* de maisons.

manzanilla *f* - **1.** [planta, infusión] camomille *f* - **2.** [vino] manzanilla *m (vin doux)* - **3.** [aceituna] *type de petites olives.*

manzano *m* pommier *m*.

maña *f* - **1.** [destreza] habileté *f*; **darse ~ para** être doué(e) pour ; **más vale ~ que fuerza** plus fait douceur que violence - **2.** *(gen pl)* [astucia] ruse *f*; **darse ~ para** faire tout ce que l'on peut pour.

mañana <> *f* - **1.** [gen] matin *m* ; **a las dos de la ~** à deux heures du matin ; **a la ~ siguiente** le lendemain matin ; **por la ~** le matin - **2.** [período de tiempo] matinée *f*; **toda la ~** toute la matinée. <> *m* [futuro] lendemain *m*, avenir *m*. <> *adv* demain ; **¡hasta ~!** à demain! ; **~ por la ~** demain matin ; **pasado ~** après-demain.

mañanitas *fpl Amer chanson d'anniversaire mexicaine.*

mañoso, sa *adj* adroit(e) de ses mains.

mapa *m* carte *f*; **borrar del ~** rayer de la carte ; **desaparecer del ~** disparaître de la circulation.

mapamundi *m* mappemonde *f*.

maqueta *f* maquette *f*.

maquillaje *m* maquillage *m*.

maquillar *vt lit* & *fig* maquiller. ◆ **maquillarse** *vpr* se maquiller.

máquina *f* - **1.** [gen] machine *f*; **hecho a ~** fait à la machine ; **escribir** o **pasar a ~** taper à la machine ; **a toda ~** à fond de train ; **~ de coser** machine à coudre ; **~ de escribir** machine à écrire ; **~ de vapor** machine à vapeur ; **~ fotográfica** appareil *m* photo ; **~ traganíqueles** *Amer* machine à sous ; **(~) tragaperras** machine à sous - **2.** *Amer* [coche] voiture *f*.

maquinación *f* machination *f*.

maquinal *adj* machinal(e).

maquinar *vt* manigancer ; **~ algo contra alguien** tramer qqch contre qqn.

maquinaria *f* - **1.** [gen] machinerie *f*; [de reloj] mécanisme *m* ; **~ agrícola** matériel *m* agricole - **2.** *fig* [organismo] machine *f*.

maquinilla *f* : **~ (de afeitar)** rasoir *m* ; **~ eléctrica** rasoir électrique.

maquinista *mf* [de tren] mécanicien *m*.

mar *m* o *f* mer *f*; **alta ~** haute mer ; **el ~ Báltico** la mer Baltique ; **el ~ Cantábrico** le golfe de Gascogne *(partie sud)* ; **el ~ Caribe** la mer des Caraïbes ; **el ~ Mediterráneo** la mer Méditerranée ; **la ~ de** drôlement ; **es la ~ de inteligente** il est drôlement intelligent.

mar. *abrev de* **marzo**.

marabunta *f* - **1.** [de hormigas] invasion *f* de fourmis - **2.** *fig* [muchedumbre] foule *f*.

maraca *f* MÚS maraca *f*.

marajá, maharajá [mara'xa] *m* maharaja *m*.

maraña *f* - **1.** [maleza] broussaille *f* - **2.** *fig* [enredo] enchevêtrement *m*.

maratón *m* marathon *m*.

maravilla *f* - **1.** [objeto extraordinario] merveille *f* - **2.** [asombro] émerveillement *m* - **3.** [planta] souci *m* - **4.** *loc* : **a las mil ~s, de ~** à merveille ; **venir de ~** tomber à pic.

maravillar *vt* - **1.** [gustar] émerveiller - **2.** [asombrar] stupéfier. ◆ **maravillarse** *vpr* - **1.** [admirarse] s'émerveiller - **2.** [asombrarse] être stupéfait(e).

maravilloso, sa *adj* merveilleux(euse).

marca *f* - **1.** [señal] trace *f* - **2.** [distintivo] marque *f*; **de ~** de marque ; **~ de fábrica** marque ; **~ registrada** marque déposée - **3.** DEP score *m* ; **batir una ~** battre un record.

marcado, da *adj* - **1.** [gen] marqué(e) - **2.** [animales] marqué(e) au fer rouge. ◆ **marcado** *m* - **1.** [peinado] mise *f* en plis - **2.** [señalado] marquage *m*.

marcador, ra *adj* marqueur(euse). ◆ **marcador** *m* tableau *m* d'affichage.

marcaje *m* DEP marquage *m*.

marcapasos *m inv* pacemaker *m*.

marcar <> *vt* - **1.** [gen] marquer ; [indicar] indiquer - **2.** [resaltar] faire ressortir ; **la falda le marca las caderas** sa jupe lui moule les hanches ; **~ la diferencia** faire la différence - **3.** [número de teléfono] composer - **4.** [cabello] faire une mise en plis. <> *vi* marquer.

marcha *f* - **1.** [gen] marche *f*; **en ~** [máquina] en marche ; [asuntos] en cours ; **poner en ~** [máquina] mettre en marche ; [negocio] mettre en route ; **sobre la ~** au fur et à mesure ; **dar ~ atrás** *fig* faire marche arrière - **2.** [salida, abandono] départ *m* - **3.** AUTOM vitesse *f*; **~ atrás** marche *f* arrière - **4.** *fam* [animación] ambiance *f*; **hay mucha ~** il y a beaucoup d'ambiance ; **ir de ~** faire la bringue.

marchar *vi* - **1.** [andar, funcionar] marcher - **2.** [irse] partir. ◆ **marcharse** *vpr* s'en aller ; **se marchó** il est parti.

marchitar *vt* faner. ◆ **marchitarse** *vpr* se faner ; [perder fuerza] s'étioler.

marchito, ta *adj* fané(e) ; [debilitado] étiolé(e).
marcial *adj* martial(e).
marco *m* - **1.** [gen] cadre *m* ; [de puerta, ventana] encadrement *m* - **2.** [moneda] mark *m* - **3.** DEP [portería] buts *mpl*.
mar del Norte *m* mer *f* du Nord.
marea *f* marée *f* ; ~ **alta/baja** marée haute/basse ; ~ **negra** marée noire.
marear *vt* - **1.** [causar mareo] faire tourner la tête à - **2.** *fam* [fastidiar] assommer. ◆ **marearse** *vpr* [sentir mareo] avoir la tête qui tourne ; [en barco] avoir le mal de mer ; [en coche, avión] avoir mal au cœur.
marejada *f* - **1.** [en el mar] houle *f* ; **hay** ~ la mer est houleuse - **2.** *fig* [agitación] effervescence *f*.
maremoto *m* raz *m* de marée.
mareo *m* - **1.** [malestar] mal *m* au cœur ; [en barco] mal *m* de mer - **2.** *fam* [fastidio] plaie *f*.
marfil *m* ivoire *m*.
margarina *f* margarine *f*.
margarita *f* marguerite *f* ; **deshojar la** ~ effeuiller la marguerite ; *fig* tergiverser.
margen *m* o *f* - **1.** *(gen m)* [gen & COM] marge *f* ; **al** ~ en marge ; ~ **de error** marge d'erreur - **2.** *(gen f)* [orilla] rive *f* - **3.** *(gen m)* [ocasión] : **dar ~ a alguien para hacer algo** donner à qqn l'occasion de faire qqch.
marginación *f* marginalisation *f*.
marginado, da ◇ *adj* marginalisé(e). ◇ *m, f* marginal *m*, -e *f*.
marica *m mfam despec* pédale *f*.
maricón *m mfam despec* pédé *m*.
mariconera *f fam* sac *m* d'homme.
marido *m* mari *m*.
marihuana *f* marijuana *f*.
marimacho *m fam despec* virago *f*.
marina *f* ▷ **marino**.
marinero, ra *adj* - **1.** [barrio, pueblo] de marins - **2.** [buque] marin(e). ◆ **marinero** *m* marin *m*.
marino, na *adj* [del mar] marin(e). ◆ **marino** *m* marin *m*. ◆ **marina** *f* marine *f* ; **marina mercante** marine marchande.
marioneta *f* marionnette *f*. ◆ **marionetas** *fpl* [teatro] marionnettes *fpl*.
mariposa *f* - **1.** [gen] papillon *m* - **2.** [candela, luz] veilleuse *f*.
mariposear *vi* papillonner.
mariquita ◇ *f* [insecto] coccinelle *f*. ◇ *m mfam despec* [homosexual] tante *f*.
marisco *m* : **el** ~, **los** ~**s** les fruits *mpl* de mer.
marisma *f* marais *m (du littoral)*.
marisquería *f* [restaurante] restaurant *m* de poissons.
marítimo, ma *adj* maritime.
marketing ['marketin] *m* marketing *m*.
mármol *m* marbre *m* ; **de** ~ *fig* de marbre.
marmota *f* marmotte *f*.
mar Muerto *m* mer *f* Morte.
mar Negro *m* mer *f* Noire.
marqués, esa *m, f* marquis *m*, -e *f*.
marquesina *f* marquise *f (auvent)* ; [de autobús] Abribus® *m*.
marranada *f fam* - **1.** [porquería] cochonnerie *f* - **2.** [mala jugada] saloperie *f*.
marrano, na *m, f* - **1.** [animal] cochon *m*, truie *f* - **2.** *fam* [sucio] cochon *m*, -onne *f* - **3.** *fam* [sin escrúpulos] sagouin *m*, -e *f*.
mar Rojo *m* mer *f* Rouge.
marrón *adj* & *m* marron.
marroquí (*pl* **marroquíes**) ◇ *adj* marocain(e). ◇ *mf* Marocain *m*, -e *f*.
Marruecos Maroc *m*.
Marte ASTRON & MITOL Mars.
martes *m* mardi *m* ; ~ **y trece** ≃ vendredi *m* treize ; *ver también* **sábado**.
martillear, martillar *vt* marteler.
martillo *m* marteau *m*.
mártir *mf* martyr *m*, -e *f*.
martirio *m* martyre *m*.
martirizar *vt lit* & *fig* martyriser.
maruja *f fam* bobonne *f*.
marxismo *m* marxisme *m*.
marxista *adj* & *mf* marxiste.
marzo *m* mars *m* ; *ver también* **septiembre**.
mas *conj* mais ; **hace mucho tiempo de eso, ~ todavía lo recuerdo** il y a bien longtemps de cela, mais je m'en souviens encore.
más ◇ *adv* - **1.** *(comparativo)* plus ; **Juan es ~ alto** Juan est plus grand ; **necesito ~ tiempo** j'ai besoin de plus de temps ; ~ **de** plus de ; **tengo ~ de cien pesetas** j'ai plus de cent pesetas ; ~ **... que ...** plus ... que ... ; **Ana es ~ joven que tú** Ana est plus jeune que toi ; **tiene dos años ~ que yo** elle a deux ans de plus que moi ; **de ~** de o en trop ; **hay mil pesetas de ~** il y a mille pesetas de o en trop - **2.** *(superlativo)* : **el/la/lo ~** le/la/le plus ; **es la ~ lista de la clase** c'est la plus intelligente de la classe - **3.** *(en frases negativas)* : **no quiero ~** je n'en veux plus ; **ni un vaso ~** pas un verre de plus - **4.** *(con pron interrogativo e indefinido)* : **¿qué/quién ~?** quoi/qui d'autre? ; **no vendrá nadie ~** personne d'autre ne vien-

dra - **5.** [indica repetición] encore ; **quiero ~ pastel** je veux encore du gâteau - **6.** [indica preferencia] mieux ; **~ vale que nos vayamos** il vaut mieux que nous partions - **7.** [indica intensidad] : **¡es ~ tonto!** il est tellement bête! ; **¡qué día ~ bonito!** quelle belle journée! - **8.** MAT plus - **9.** *loc* : **el que ~ y el que menos** tout un chacun ; **no estaba contento, es ~, estaba furioso** il n'était pas content, je dirais même qu'il était furieux ; **no trabaja bien, es ~, ahora mismo se lo digo** il ne travaille pas bien, d'ailleurs je vais le lui dire tout de suite ; **~ bien** plutôt ; **~ o menos** plus ou moins ; **~ y ~** de plus en plus, toujours plus ; **¿qué ~ da?** qu'est-ce que ça peut faire? ; **sin ~ (ni ~)** comme ça, sans raison. ◇ *m inv* [MAT & máximo] plus *m* ; **es lo ~ que puedo hacer** c'est tout ce que je peux faire. ◆ **por más que** *loc conj* avoir beau ; **por ~ que insistas no te lo diré** tu auras beau insister, je ne te le dirai pas.

masa *f* - **1.** [gen] masse *f* - **2.** CULIN pâte *f* - **3.** *Amer* [pastelillo] petit gâteau *m* ; [pasta] *pâte à base de maïs.* ◆ **masas** *fpl* [pueblo] : **las ~s** les masses *fpl*.

masacre *f* massacre *m*.

masaje *m* massage *m*.

masajista *mf* masseur *m*, -euse *f*.

mascar *vt* mâcher.

máscara *f* masque *m* ; **~ antigás** masque à gaz.

mascarilla *f* masque *m*.

mascota *f* mascotte *f*.

masculino, na *adj* masculin(e).

mascullar *vt* marmonner.

masificación *f* massification *f* ; **la ~ de las aulas** les classes surchargées.

masilla *f* mastic *m*.

masivo, va *adj* massif(ive).

masón, ona *m, f* franc-maçon(onne).

masonería *f* franc-maçonnerie *f*.

masoquista *adj* & *mf* masochiste.

mass media, mass-media *mpl* mass media *mpl*.

máster (*pl* **másters**) *m* mastère *m*.

masticar *vt* mâcher ; *fig* ruminer.

mástil *m* - **1.** [NÁUT & palo] mât *m* - **2.** [de instrumentos de cuerda] manche *m*.

mastodonte *m* mastodonte *m*.

masturbación *f* masturbation *f*.

masturbar *vt* masturber. ◆ **masturbarse** *vpr* se masturber.

mata *f* [arbusto] buisson *m* ; [matojo] touffe *f*. ◆ **mata de pelo** *f* touffe *f* de cheveux.

matadero *m* abattoir *m*.

matador, ra *adj fam* - **1.** [feo] monstrueux(euse) - **2.** [agotador] tuant(e). ◆ **matador** *m* TAUROM matador *m*.

matamoscas *m inv* [raqueta] tapette *f* (à mouches) ; [papel] papier *m* tue-mouches.

matanza *f* - **1.** [masacre] tuerie *f* - **2.** [del cerdo] abattage *m*.

matar *vt* - **1.** [gen] tuer - **2.** [apagar - cal] éteindre ; [- esperanzas etc] briser ; [color] adoucir - **3.** [sello] oblitérer - **4.** [redondear] arrondir - **5.** *loc* : **~las callando** agir en douce. ◆ **matarse** *vpr* se tuer ; [unos a otros] s'entre-tuer.

matarratas *m inv* - **1.** [veneno] mort-aux-rats *f* - **2.** *fig* [bebida] tord-boyaux *m*.

matasellos *m inv* cachet *m*.

mate ◇ *adj inv* mat(e). ◇ *m* - **1.** [ajedrez] mat *m* - **2.** DEP [baloncesto] smash *m* - **3.** [planta, bebida] maté *m*.

matemático, ca ◇ *adj* mathématique. ◇ *m, f* mathématicien *m*, -enne *f*. ◆ **matemáticas** *fpl* mathématiques *fpl*.

materia *f* matière *f* ; **~ prima, primera ~** matière première.

material ◇ *adj* - **1.** [gen] matériel(elle) - **2.** [real] véritable. ◇ *m* - **1.** [materia] matière *f* ; [de fabricación, construcción] matériau *m* - **2.** [instrumentos] matériel *m*.

materialismo *m* matérialisme *m*.

materialista *adj* & *mf* matérialiste.

materializar *vt* matérialiser. ◆ **materializarse** *vpr* se matérialiser.

maternal *adj* maternel(elle).

maternidad *f* maternité *f*.

materno, na *adj* maternel(elle).

matinal *adj* matinal(e).

matiz *m* nuance *f*.

matizar *vt* - **1.** [gen] nuancer - **2.** *fig* [distinguir] détailler - **3.** *fig* [dar tono especial] : **~ con** teinter de.

matojo *m* buisson *m*.

matón, ona *m, f fam* gros dur *m*, brute *f*. ◆ **matón** *m fam* gorille *m*.

matorral *m* fourré *m*.

matraca *f* [instrumento] crécelle *f*.

matriarcado *m* matriarcat *m*.

matrícula *f* - **1.** [inscripción] inscription *f* - **2.** [documento] certificat *m* d'inscription - **3.** [del coche] plaque *f* d'immatriculation. ◆ **matrícula de honor** *f* ≃ félicitations *fpl* du jury.

matricular *vt* - **1.** [alumno] inscrire

- 2. [coche] immatriculer. ◆ **matricularse** *vpr* s'inscrire.

matrimonial *adj* matrimonial(e).

matrimonio *m* - 1. [unión] mariage *m* ; **contraer ~** se marier - 2. [pareja] couple *m*.

matriz ◇ *f* - 1. [gen & MAT] matrice *f* - 2. [de talonario] souche *f*. ◇ *adj* mère ; **la casa ~** la maison mère.

matrona *f* - 1. [madre] matrone *f* - 2. [comadrona] sage-femme *f* - 3. [de aduanas, cárceles] fouilleuse *f*.

matutino, na *adj* matinal(e) ; [prensa] du matin.

maullar *vi* miauler.

maullido *m* miaulement *m*.

mausoleo *m* mausolée *m*.

maxilar *adj* & *m* maxillaire.

máxima *f* ▷ **máximo**.

máxime *adv* à plus forte raison.

máximo, ma ◇ *superl* ▷ **grande**. ◇ *adj* maximal(e) ; **el ~ responsable** le plus haut responsable. ◆ **máximo** *m* maximum *m* ; **como ~** au maximum. ◆ **máxima** *f* - 1. [sentencia, principio] maxime *f* - 2. [temperatura] température *f* maximale.

mayo *m* mai *m* ; *ver también* **septiembre**.

mayonesa *f* ▷ **salsa**.

mayor ◇ *adj* - 1. [comparativo] : **~ (que)** [de tamaño, importancia] plus grand(e) (que) ; [de edad] plus âgé(e) (que) ; [de número] supérieur(e) (à) ; **su hermano es dos años ~** son frère a deux ans de plus - 2. [superlativo] : **el/la ~ ...** [de tamaño, importancia] le plus grand .../la plus grande ... ; **el ~ de sus hermanos** le plus âgé de ses frères ; **el ~ número de pasajeros** le plus grand nombre de passagers - 3. [gran] : **de ~ importancia** de la plus haute importance - 4. [adulto] grand(e) ; **~ de edad** majeur(e) - 5. [anciano] âgé(e) - 6. MÚS : **en do ~** en do majeur - 7. *loc* : **al por ~** [compra, venta] en gros ; [comercio, precios] de gros. ◇ *mf* : **el/la ~** l'aîné/l'aînée. ◇ *m* MIL major *m*. ◆ **mayores** *mpl* [adultos] grandes personnes *fpl*.

mayoral *m* - 1. [pastor] *berger responsable de plusieurs troupeaux* - 2. [capataz] contremaître *m*.

mayordomo *m* majordome *m*.

mayoreo *m Amer* gros *m* ; **al ~** [compra, venta] en gros ; [comercio, precios] en gros.

mayoría *f* majorité *f* ; **la ~ de** la plupart de. ◆ **mayoría de edad** *f* majorité *f*.

mayorista ◇ *adj* de gros. ◇ *mf* grossiste *mf*.

mayoritario, ria *adj* majoritaire.

mayúsculo, la *adj* [error] monumental(e) ; [esfuerzo, sorpresa] énorme. ◆ **mayúscula** *f* majuscule *f*.

maza *f* massue *f*.

mazapán *m* massepain *m*.

mazazo *m* coup *m* de massue.

mazmorra *f* : **las ~s** les oubliettes *fpl*.

mazo *m* - 1. [martillo] maillet *m* - 2. [conjunto] paquet *m* ; [de billetes, papeles] liasse *f*.

me *pron pers* [gen] me, m' *(delante de vocal)* ; [en imperativo] moi, me ; **viene a verme** il vient me voir ; **~ quiere** il m'aime ; **~ lo dio** il me l'a donné ; **~ tiene miedo** il a peur de moi ; **¡mírame!** regarde-moi! ; **¡no ~ digas que no!** ne me dis pas non! ; **~ gusta leer** j'aime lire ; **~ encuentro mal** je me sens mal.

meandro *m* méandre *m*.

mear *vi vulg* pisser. ◆ **mearse** *vpr vulg* pisser.

MEC (*abrev de* **Ministerio de Educación y Ciencia**) *m ministère espagnol de l'Éducation*.

mecachis *interj fam* : **¡mecachis!** zut!

mecánica *f* ▷ **mecánico**.

mecánico, ca ◇ *adj* mécanique. ◇ *m, f* mécanicien *m*, -enne *f*. ◆ **mecánica** *f* mécanique *f*.

mecanismo *m* mécanisme *m*.

mecanizar *vt* mécaniser ; [pieza] usiner.

mecanografía *f* dactylographie *f*.

mecanógrafo, fa *m, f* dactylo *mf*.

mecapal *m Amer* sangle *f* de porteur.

mecedora *f* fauteuil *m* à bascule.

mecenas *mf inv* mécène *m*.

mecer *vt* bercer. ◆ **mecerse** *vpr* se balancer.

mecha *f* mèche *f* ; **aguantar ~** *fam* encaisser ; **a toda ~** *fam* à fond la caisse.

mechero *m* briquet *m*.

mechón *m* mèche *f*.

medalla ◇ *f* médaille *f*. ◇ *mf* médaillé *m*, -e *f* ; **fue ~ de oro** il a eu la médaille d'or.

medallón *m* médaillon *m*.

media *f* ▷ **medio**.

mediación *f* médiation *f* ; **por ~ de** par l'intermédiaire de.

mediado, da *adj* [recipiente] à moitié plein(e) o vide ; [obra, trabajo, noche] au milieu de ; **mediada la noche** au milieu de la nuit ; **a ~s de** vers le milieu de ; **a ~s de enero** vers la mi-janvier.

mediana *f* ▷ **mediano.**

mediano, na *adj* moyen(enne). ◆ **mediana** *f* **- 1.** GEOM médiane *f* **- 2.** [de una carretera] ligne *f* blanche.

medianoche (*pl* **mediasnoches**) *f* **- 1.** [hora] minuit *m* ; **a ~** au milieu de la nuit **- 2.** [bollo] *petit sandwich rond.*

mediante *prep* grâce à.

mediar *vi* **- 1.** [llegar a la mitad] : **mediaba el mes de julio** c'était la mi-juillet ; **mediaba la tarde cuando empezó a llover** il a commencé à pleuvoir en plein après-midi **- 2.** [existir] : **media un kilómetro entre las dos casas** il y a un kilomètre entre les deux maisons ; **entre los dos edificios media un jardín** un jardin sépare les deux maisons **- 3.** [interceder] : **~ en favor de alguien** intercéder en faveur de qqn **- 4.** [transcurrir] s'écouler.

mediatizar *vt* avoir une influence sur.

medicación *f* **- 1.** [indicación] prescription *f* (médicale) ; [administración] administration *f* (de médicaments) **- 2.** [medicamentos] traitement *m*.

medicamento *m* médicament *m* ; **~ genérico** (médicament) générique *m*.

medicar *vt* donner des médicaments à. ◆ **medicarse** *vpr* prendre des médicaments.

medicina *f* **- 1.** [ciencia] médecine *f* **- 2.** [medicamento] médicament *m*.

medicinal *adj* médicinal(e).

medición *f* mesure *f (action).*

médico, ca ◇ *adj* médical(e). ◇ *m, f* médecin *m* ; **~ de cabecera** o **familia** médecin de famille.

medida *f* mesure *f* ; **a (la) ~** [ropa] sur mesure ; **a la ~ de** à la mesure de ; **en cierta ~** dans une certaine mesure ; **tomar la ~ de algo** mesurer qqch ; **tomar ~s** [disposiciones] prendre des mesures ; **a ~ que** au fur et à mesure que. ◆ **medidas** *fpl* [del cuerpo] mensurations *fpl*.

medieval *adj* médiéval(e).

medievo, medioevo *m* Moyen Âge *m*.

medio, dia *adj* **- 1.** [mitad de] demi(e) ; **media docena** une demi-douzaine ; **un kilo y ~** un kilo et demi **- 2.** [mediano] moyen(enne) ; **el español ~** l'Espagnol moyen **- 3.** *fig* [mucho] : **~ pueblo estaba allí** presque tous les habitants du village étaient là **- 4.** *fig* [incompleto] : **a media luz** dans la pénombre. ◆ **medio** ◇ *adv* à moitié ; **~ borracha** à moitié soûle ; **a ~ hacer** à moitié fait(e). ◇ *m* **- 1.** [mitad] moitié *f* **- 2.** [centro, ambiente social & QUÍM] milieu *m* ; **en ~s bien informados** dans les milieux bien informés ; **en ~ de** au milieu de ; **ponerse por (en) ~** *fig* s'interposer **- 3.** [sistema, manera] moyen *m* ; **por ~ de** [persona] par l'intermédiaire de **- 4.** DEP demi *m* **- 5.** *loc* : **quitar de en ~ a alguien** [apartar] écarter qqn ; [matar] se débarrasser de qqn. ◆ **medios** *mpl* moyens *mpl* ; **~s de comunicación** o **de información** médias *mpl* ; **~s de transporte** moyens de transport. ◆ **media** *f* **- 1.** [promedio] moyenne *f* **- 2.** [hora] : **al dar la media** à la demie **- 3.** *(gen pl)* [prenda] bas *m* **- 4.** DEP demis *mpl*. ◆ **a medias** *loc adv* [pagar] moitié moitié ; [hacer, creer] à moitié. ◆ **medio ambiente** *m* environnement *m*.

medioambiental *adj* environnemental(e), de l'environnement.

mediocre *adj* médiocre.

mediodía (*pl* **mediodías**) *m* [hora, sur] midi *m* ; **al ~** à midi.

medioevo, va = **medievo.**

medir *vt* **- 1.** [gen] mesurer **- 2.** *fig* [sopesar] peser. ◆ **medirse** *vpr* se mesurer ; **~se al hablar** mesurer ses paroles.

meditar ◇ *vi* : **~ (sobre)** méditer (sur). ◇ *vt* méditer.

mediterráneo, a ◇ *adj* méditerranéen(enne). ◇ *m, f* Méditerranéen *m*, - enne *f*. ◆ **Mediterráneo** *m* : **el Mediterráneo** la Méditerranée.

médium *mf inv* médium *mf*.

médula *f* **- 1.** ANAT moelle *f* ; **~ espinal** moelle épinière **- 2.** [de problema, cosa] cœur *m*.

medusa *f* méduse *f*.

megafonía *f* **- 1.** [técnica] sonorisation *f* **- 2.** [aparatos] haut-parleurs *mpl*.

megáfono *m* haut-parleur *m*.

megavatio *m* mégawatt *m*.

mejicano = **mexicano.**

Méjico = **México.**

mejilla *f* joue *f*.

mejillón *m* moule *f*.

mejor ◇ *adj* **- 1.** *(compar y superl)* meilleur(e) ; **el ~ pianista** le meilleur pianiste ; **la ~ alumna** la meilleure élève ; **~ que** meilleur(e) que ; **estar ~** aller mieux **- 2.** [preferible] : **(es) ~ que ...** il vaut mieux que ... ◇ *mf* : **el ~** le meilleur ; **la ~** la meilleure ; **lo ~ es que ...** la meilleure c'est que ... ◇ *adv (compar y superl)* mieux ; **ahora veo ~ (que antes)** je vois mieux maintenant (qu'avant) ; **el que la conoce ~** celui qui la connaît le mieux ; **¡~ para ella!** tant mieux pour elle! ◆ **a lo mejor** *loc adv* peut-être ; **a lo ~ viene** il viendra peut-être. ◆ **mejor dicho** *loc adv* plus exactement ; **tiene dos primos o ~ dicho un primo y una prima** il a deux cousins ou, plus exactement, un cousin et une cousine.

mejora *f* - **1.** [progreso] amélioration *f* - **2.** [aumento] augmentation *f*.

mejorar ◇ *vt* - **1.** [gen] améliorer ; **esta película mejora a las demás** ce film est meilleur que les autres - **2.** [enfermo] : **este medicamento lo mejoró** ce médicament lui a fait du bien - **3.** [sueldo etc] augmenter. ◇ *vi* - **1.** [enfermo] aller mieux - **2.** [tiempo] s'améliorer - **3.** [situación, país] évoluer ; **el país ha mejorado mucho** la situation économique du pays s'est beaucoup améliorée. ◆ **mejorarse** *vpr* - **1.** [gen] s'améliorer - **2.** [enfermo] aller mieux ; **¡que te mejores!** meilleure santé!

mejoría *f* amélioration *f*.

mejunje *m lit* & *fig* mixture *f*.

melancolía *f* mélancolie *f*.

melancólico, ca *adj* & *m, f* mélancolique.

melaza *f* mélasse *f*.

melena *f* - **1.** [de persona] longue chevelure *f* - **2.** [de león] crinière *f*.

melenudo, da *adj* & *m, f despec* chevelu(e).

melindre *m* CULIN *beignet au miel*.

mellado, da *adj* - **1.** [cuchillo, plato] ébréché(e) - **2.** [boca] édenté(e).

mellizos, zas *m, f pl* faux jumeaux *mpl*, fausses jumelles *fpl*.

melocotón *m* pêche *f*.

melodía *f* mélodie *f*.

melódico, ca *adj* mélodique.

melodioso, sa *adj* mélodieux(euse).

melodrama *m* - **1.** TEATR & CIN mélodrame *m* - **2.** *fig* drame *m* ; **montar un ~** faire un drame.

melómano, na *m, f* mélomane *mf*.

melón *m* - **1.** [fruto] melon *m* - **2.** *fam fig* [persona] cruche *f*.

melopea *f fam* cuite *f*.

meloso, sa *adj* - **1.** [dulce] sucré(e) - **2.** *fig* [empalagoso] mielleux(euse).

membrana *f* membrane *f*.

membrete *m* en-tête *m*.

membrillo *m* coing *m*.

memo, ma *adj* & *m, f* niais(e).

memorable *adj* mémorable.

memorándum (*pl* **memorándums**) *m* - **1.** [cuaderno] agenda *m* - **2.** [nota diplomática] mémorandum *m*.

memoria *f* - **1.** [gen & INFORM] mémoire *f* ; **de ~** par cœur ; **hacer ~ (de algo)** essayer de se rappeler (qqch) ; **traer algo a la ~** rappeler qqch ; **~ RAM/ROM** mémoire RAM/ROM - **2.** [disertación, informe] mémoire *m* ; [de empresa] rapport *m* - **3.** [lista] inventaire *m*. ◆ **memorias** *fpl* [biografía] Mémoires *mpl*.

memorizar *vt* mémoriser.

menaje *m* articles *mpl* pour la maison ; **~ de cocina** ustensiles *mpl* de cuisine.

mención *f* mention *f*.

mencionar *vt* mentionner.

menda *fam* ◇ *pron* [el que habla] bibi. ◇ *m* [uno cualquiera] type *m*.

mendicidad *f* mendicité *f*.

mendigar *vt* & *vi* mendier.

mendigo, ga *m, f* mendiant *m*, -e *f*.

mendrugo *m* quignon *m* (de pain).

menear *vt* - **1.** [mover] remuer ; [cabeza] hocher ; [caderas] balancer - **2.** *fig* [activar] relancer. ◆ **menearse** *vpr* - **1.** [moverse] bouger - **2.** [darse prisa, espabilarse] se remuer ; **se va a llevar un disgusto de no te menees** *fam* je ne te dis pas la déception qu'il va avoir.

meneo *m* mouvement *m* ; [de cabeza] hochement *m* ; [de caderas] balancement *m*.

menester *m desus* : **es ~ que** il faut que. ◆ **menesteres** *mpl* [asuntos] occupations *fpl*.

menestra *f* jardinière *f (de légumes)*.

mengano, na *m, f* untel *m*, unetelle *f*.

menguante *adj* [gen] décroissant(e).

menguar ◇ *vi* diminuer ; [luna] décroître. ◇ *vt* diminuer.

menisco *m* ménisque *m*.

menopausia *f* ménopause *f*.

menor ◇ *adj* - **1.** *(comparativo)* : **~ (que)** [de tamaño] plus petit(e) (que) ; [de edad] plus jeune (que) ; [de número] inférieur(e) (à) ; **mi hermano ~** mon petit frère ; **de ~ importancia** de moindre importance - **2.** *(superlativo)* : **el ~/la ~** [de tamaño, número] le plus petit/la plus petite ; [de edad] le/la plus jeune ; [de importancia] le/la moindre - **3.** [joven, de poca importancia & MÚS] mineur(e) ; **ser ~ de edad** être mineur(e) ; **un problema ~** un problème mineur ; **en do ~** en do mineur - **4.** *loc* : **al por ~** au détail. ◇ *mf* - **1.** *(superlativo)* : **el ~** [hijo, hermano] le cadet ; **la ~** [hija, hermana] la cadette - **2.** [de edad] mineur *m*, -e *f*.

Menorca Minorque.

menos ◇ *adv* **- 1.** *(comparativo)* [cualidad, intensidad] moins ; [cantidad] moins de ; **~ gordo** moins gros ; **hace ~ frío** il fait moins froid ; **~ manzanas** moins de pommes ; **~ de** moins de ; **~ de diez** moins de dix ; **~ ... que ...** [cualidad, intensidad] moins ... que ... ; [cantidad] moins de ... que ... ; **hace ~ calor que ayer** il fait moins chaud qu'hier ; **tiene ~ libros que tú** elle a moins de livres que toi ; **tengo dos años ~ que tú** j'ai deux ans de moins que toi ; **de ~** en moins ; **hay cien pesetas de ~** il y a cent pesetas en moins **- 2.** *(superlativo)* : **el/la/lo ~** le/la/le moins ; **lo ~ posible** le moins possible **- 3.** [excepto] sauf ; **todo ~ eso** tout sauf ça **- 4.** [MAT & en horas] moins ; **tres ~ dos igual a uno** trois moins deux égale un ; **son las dos ~ diez** il est deux heures moins dix **- 5.** *fam* [peor] moins bien ; **éste es ~ coche que el mío** cette voiture est moins bien que la mienne **- 6.** *loc* : **es lo de ~** ce n'est pas le plus important ; **¡~ mal!** heureusement! ; **venir a ~** déchoir. ◇ *m inv* [MAT & mínimo] moins *m* ; **es lo ~ que puedo hacer** c'est la moindre des choses que je puisse faire. ◆ **al menos, por lo menos** *loc adv* au moins. ◆ **a menos que** *loc conj* à moins que.

menoscabar *vt* [fama, honra] entamer ; [derechos, intereses] porter atteinte à.

menospreciar *vt* [despreciar] mépriser ; [infravalorar] sous-estimer.

mensaje *m* message *m*.

mensajero, ra ◇ *adj* avant-coureur. ◇ *m, f* **- 1.** [de mensajes] messager *m*, -ère *f* **- 2.** [de paquetes] coursier *m*, -ère *f*.

menstruación *f* menstruation *f*.

menstruar *vi* avoir ses règles.

mensual *adj* mensuel(elle).

mensualidad *f* **- 1.** [sueldo] mois *m* de salaire **- 2.** [pago] mensualité *f*.

menta *f* menthe *f* ; **de ~** à la menthe.

mental *adj* mental(e).

mentalidad *f* mentalité *f*.

mentalizar *vt* : **~ a alguien (de que)** faire prendre conscience à qqn que ; [persuadir] convaincre qqn (que). ◆ **mentalizarse** *vpr* se préparer *(psychologiquement)* ; **~se de que** se faire à l'idée que.

mentar *vt* mentionner.

mente *f* **- 1.** [inteligencia] esprit *m* **- 2.** [propósito] intention *f*.

mentecato, ta *m, f* sot *m*, sotte *f*.

mentir *vi* mentir.

mentira *f* [falsedad] mensonge *m* ; **aunque parezca ~** aussi étrange que cela puisse paraître ; **de ~** faux (fausse) ; **un reloj de ~** une fausse montre ; **parece ~ que ...** c'est incroyable que ... ; **parece ~ cómo pasa el tiempo** c'est fou comme le temps passe.

mentirijillas ◆ **de mentirijillas** *loc adv fam* pour rire.

mentiroso, sa *adj* & *m, f* menteur(euse).

mentón *m* menton *m*.

menú (*pl* **menús**) *m* menu *m* ; **~ del día** menu du jour.

menudencia *f* broutille *f*.

menudeo *m Amer* vente *f* au détail.

menudillos *mpl* [de ave] abattis *mpl*.

menudo, da *adj* **- 1.** [pequeño, insignificante] menu(e) **- 2.** *(antes de sust)* [para enfatizar] : **¡menuda suerte he tenido!** j'ai eu une de ces chances! ; **¡~ lío!** tu parles d'un pétrin! ; **¡~ artista!** quel grand artiste! ◆ **a menudo** *loc adv* souvent.

meñique *m* ▷ **dedo**.

meollo *m* cœur *m* ; **el ~ del asunto** le cœur du problème.

mercader *mf* marchand *m*, -e *f*.

mercadería *f* marchandise *f*.

mercadillo *m* petit marché *m* aux puces.

mercado *m* marché *m* ; **~ bursátil** marché financier ; **~ común** marché commun ; **~ de abastos** marché de gros.

mercancía *f* marchandise *f*.

mercante *adj* marchand(e).

mercantil *adj* commercial(e).

mercenario, ria ◇ *adj* mercenaire. ◇ *m, f* mercenaire *m*.

mercería *f* mercerie *f*.

mercurio *m* mercure *m*.

merecedor, ra *adj* méritant(e) ; **ser ~ de algo** mériter qqch.

merecer ◇ *vt* mériter ; **merece la pena ...** ça vaut la peine de ... ◇ *vi* faire reconnaître ses mérites.

merecido *m* : **recibirá su ~** il aura ce qu'il mérite *(punition)*.

merendar ◇ *vi* goûter *(l'après-midi)*. ◇ *vt* : **~ algo** [bebida] boire qqch au goûter ; [comida] manger qqch au goûter.

merendero *m* buvette *f*.

merengue ◇ *m* **- 1.** CULIN meringue *f* **- 2.** [baile] merengue *m*. ◇ *mf* DEP *fam supporter du football-club du Real Madrid*.

meretriz *f* péripatéticienne *f*.

meridiano, na *adj* **- 1.** [gen] méridien(enne) ; [exposición] au midi **- 2.** *fig* [claro] : **una verdad meridiana** une vérité éclatante. ◆ **meridiano** *m* méridien *m*.

merienda ◇ *v* ▷ **merendar.** ◇ *f* goûter *m.*
mérito *m* mérite *m* ; **de ~** de valeur ; **hacer ~s para** tout faire pour.
merluza *f* **- 1.** [pez] merlu *m,* colin *m* **- 2.** *fam* [borrachera] cuite *f.*
merma *f* diminution *f.*
mermar ◇ *vi* diminuer. ◇ *vt* réduire ; [fortuna] entamer.
mermelada *f* confiture *f.*
mero, ra *adj (antes de sust)* seul(e) ; **el ~ hecho de ...** le simple fait de ... ; **por ~ placer** par pur plaisir. ◆ **mero** *m* [pez] mérou *m.*
merodear *vi* rôder.
mes *m* mois *m* ; **tener el ~** *fig* avoir ses règles.
mesa *f* table *f* ; **bendecir la ~** bénir le repas ; **poner/quitar la ~** mettre/débarrasser la table ; **~ camilla** *petite table ronde équipée d'un brasero* ; **~ de despacho** o **oficina** bureau *m* ; **~ de edad** *collège électoral réduit appelé à élire un maire ou un chef de gouvernement, comprenant entre autres le membre le plus jeune et le membre le plus âgé du collège entier* ; **~ de mezclas** table de mixage ; **~ directiva** conseil *m* d'administration. ◆ **mesa redonda** *f* [coloquio] table *f* ronde.
mesero, ra *m, f Amer* serveur *m,* -euse *f.*
meseta *f* GEOGR plateau *m.*
mesías *m* messie *m.* ◆ **Mesías** *m* : **el Mesías** le Messie.
mesilla *f* petite table *f* ; **~ de noche** table de nuit.
mesón *m* auberge *f.*
mestizo, za ◇ *adj* métis(isse) ; [animal, planta] hybride. ◇ *m, f* métis *m,* -isse *f* ; [animal, planta] hybride *m.*
mesura *f* mesure *f* ; **con ~** [moderación] avec mesure.
meta *f* **- 1.** [gen] but *m* ; **fijarse una ~** se fixer un but **- 2.** DEP [llegada] ligne *f* d'arrivée.
metabolismo *m* métabolisme *m.*
metacrilato *m* méthacrylate *m.*
metáfora *f* métaphore *f.*
metal *m* **- 1.** [material] métal *m* **- 2.** MÚS cuivres *mpl.*
metálico, ca *adj* métallique. ◆ **metálico** *m* : **pagar en ~** payer en liquide.
metalurgia *f* métallurgie *f.*
metamorfosis *f inv* métamorphose *f.*
metedura ◆ **metedura de pata** *f fam* gaffe *f.*
meteorito *m* météorite *f.*
meteoro *m* météore *m.*
meteorología *f* météorologie *f.*
meteorológico, ca *adj* météorologique.
meteorólogo, ga *m, f* météorologue *mf.*
meter *vt* **- 1.** [gen] mettre ; **~ algo/a alguien en algo** mettre qqch/qqn dans qqch ; **~ la llave en la cerradura** mettre la clef dans la serrure ; **~ dinero en el banco** mettre de l'argent à la banque ; **¡en menudo lío nos ha metido!** il nous a mis dans un beau pétrin! ; **lo metieron en la cárcel** on l'a mis en prison **- 2.** [hacer participar] : **me metió en la asociación** il m'a fait entrer dans l'association **- 3.** [causar] : **¡no me metas prisa!** ne me bouscule pas! ; **~ miedo a alguien** faire peur à qqn ; **no metáis tanto ruido** ne faites pas tant de bruit **- 4.** [obligar] : **~ a alguien a hacer algo** obliger qqn à faire qqch **- 5.** *fam* [decir] : **nos metió el mismo rollo** il nous a sorti le même baratin **- 6.** *fam* [imponer] : **le han metido diez años de cárcel** il en a pris pour dix ans **- 7.** *fam* [asestar] flanquer ; **le metió un puñetazo** il lui a flanqué un coup de poing **- 8.** *fam* [echar] : **~ una bronca a alguien** engueuler qqn. ◆ **meterse** *vpr* **- 1.** [ponerse] se mettre ; **no sabía dónde ~me** je ne savais plus où me mettre ; **me metí en la cama a las diez** je me suis mis au lit à dix heures **- 2.** [entrar] entrer ; **se metió en el cine** il entra dans le cinéma **- 3.** *(en frase interrogativa)* [estar] passer ; **¿dónde se ha metido?** où est-il passé? **- 4.** [dedicarse a] : **~se a** devenir ; **se metió a periodista** il est devenu journaliste **- 5.** [entrometerse] : **~se en** se mêler de ; **¡no te metas (por medio)!** mêle-toi de ce qui te regarde! **- 6.** [empezar] : **~se a hacer algo** se mettre à faire qqch **- 7.** : **~se con alguien** [atacar] s'en prendre à qqn ; [incordiar] taquiner qqn.
meterete, metete *adj Amer fam* fouineur(euse).
meticuloso, sa *adj* méticuleux(euse).
metido, da *adj* **- 1.** [envuelto] : **andar** o **estar ~ en** [asuntos] être mêlé à ; [trabajo] être pris par **- 2.** [abundante] : **~ en años** d'un âge avancé ; **~ en carnes** bien en chair.
metódico, ca *adj* méthodique.
método *m* méthode *f.*
metodología *f* méthodologie *f.*
metomentodo *mf fam* : **ser un ~** fourrer son nez partout.

metralla *f* mitraille *f*.
metralleta *f* mitraillette *f*.
métrico, ca *adj* métrique.
metro *m* - **1.** [gen] mètre *m* - **2.** [transporte] métro *m*.
metrópoli *f*, **metrópolis** *f inv* métropole *f*.
metropolitano, na *adj* métropolitain(e).
mexicano, na, mejicano, na ◇ *adj* mexicain(e). ◇ *m, f* Mexicain *m*, -e *f*.
México, Méjico Mexique *m* ; **~ (distrito federal)** Mexico (DF).
mezcla *f* - **1.** [gen] mélange *m* - **2.** [de sonido] mixage *m*.
mezclar *vt* - **1.** [gen] : **~ (con)** mélanger (à) - **2.** *fig* [implicar] : **~ a alguien en algo** mêler qqn à qqch. ◆ **mezclarse** *vpr* - **1.** [gen] : **~se con** o **entre** se mêler à - **2.** [intervenir] : **~se en** se mêler de - **3.** [combinarse] : **~se (con)** se mélanger (à).
mezquino, na *adj* mesquin(e).
mezquita *f* mosquée *f*.
mg (*abrev de* **miligramo**) mg.
mi[1] *m* MÚS mi *m*.
mi[2] (*pl* **mis**) *adj poses* mon, ma ; **~s libros** mes livres.
mí *pron pers (después de prep)* moi ; **no se fía de ~** il n'a pas confiance en moi ; **¡a ~ qué!** et alors! ; **para ~ que ...** [yo creo que] à mon avis ; **para ~ que no viene** je pense qu'il ne viendra pas ; **por ~** s'il ne tient qu'à moi ; **por ~ no hay inconveniente** en ce qui me concerne, je n'y vois pas d'inconvénient.
mía ▷ **mío**.
miaja *f* miette *f*.
miau *m* miaou *m*.
michelines *mpl fam* bourrelets *mpl*.
mico *m* - **1.** [mono] ouistiti *m* - **2.** *fam* [persona] macaque *m*.
micro *m fam* [micrófono] micro *m*.
microbio *m* microbe *m*.
microbús *f* minibus *m*.
microfilm (*pl* **microfilms**), **microfilme** *m* microfilm *m*.
micrófono *m* microphone *m* ; **~ inalámbrico** micro *m* sans fil.
microondas *m inv* micro-ondes *m inv*.
microscópico, ca *adj* microscopique.
microscopio *m* microscope *m*.
miedo *m* peur *f* ; **dar ~** faire peur ; **le da ~ la oscuridad** il a peur du noir ; **temblar de ~** trembler de peur ; **tener ~ a algo/a hacer algo** [asustarse] avoir peur de qqch/de faire qqch ; **tener ~ de** *fig* avoir peur de ; **tengo ~ de que se entere** j'ai peur qu'il ne l'apprenne ; **de ~** *fam fig* [estupendo] super.
miedoso, sa *adj* & *m, f* peureux(euse).
miel *f* miel *m*.
miembro *m* membre *m* ; **~ (viril)** membre (viril).
mientras ◇ *conj* - **1.** [al tiempo que] pendant que ; **puedo leer ~ escucho música** je peux lire pendant que j'écoute de la musique ; **~ más ando más sudo** plus je marche plus je transpire - **2.** [hasta que] : **~ no se pruebe lo contrario** jusqu'à preuve du contraire ; **~ esté aquí** tant que je serai là - **3.** [por el contrario] : **~ que** alors que. ◇ *adv* : **~ (tanto)** pendant ce temps ; **arréglate, ~ (tanto), hago las maletas** prépare-toi, pendant ce temps, je fais les valises.
miércoles *m inv* mercredi *m*.
mierda *f vulg* - **1.** [gen] merde *f* - **2.** [suciedad] : **hay mucha ~ aquí** c'est franchement dégueulasse ici - **3.** *loc* : **irse a la ~** [para rechazar] aller se faire foutre ; [arruinarse] partir en couilles ; **mandar a la ~** envoyer se faire foutre.
mies *f* moisson *f* ; **segar la ~** moissonner. ◆ **mieses** *fpl* moissons *fpl*.
miga *f* - **1.** [de pan] mie *f* - **2.** *(gen pl)* [restos] miettes *fpl*. ◆ **migas** *fpl* CULIN *pain émietté, imbibé de lait et frit* ; **hacer buenas/malas ~s** *fam* faire bon/mauvais ménage.
migración *f* migration *f*.
migraña *f* migraine *f*.
migrar *vi* migrer.
migratorio, ria *adj* migratoire ; **un ave migratoria** un oiseau migrateur.
mijo *m* millet *m*.
mil ◇ *adj num* mille ; **~ gracias** mille fois merci ; **~ excusas** mille excuses. ◇ *m* mille *m inv* ; *ver también* **seis.** ◆ **miles** *mpl* [gran cantidad] milliers *mpl*.
milagro *m* miracle *m* ; **de ~** par miracle.
milagroso, sa *adj* miraculeux(euse).
milenario, ria *adj* millénaire. ◆ **milenario** *m* millénaire *m*.
milenio *m* millénaire *m*.
milésimo, ma *adj num* millième. ◆ **milésima** *f* millième *m*.
mili *f fam* service *m (militaire)* ; **hacer la ~** faire son service.
milicia *f* - **1.** [profesión] carrière *f* des armes - **2.** *(gen pl)* [grupo armado] milice *f*.
miliciano, na ◇ *adj* de l'armée. ◇ *m, f* milicien *m*, -enne *f*.

miligramo *m* milligramme *m*.

milímetro *m* millimètre *m*.

militante ◇ *adj* militant(e) ; *fig* engagé(e). ◇ *mf* militant *m*, -e *f*.

militar[1] *adj* & *mf* militaire.

militar[2] *vi* militer.

militarizar *vt* militariser.

milla *f* : **~ (marina)** mille *m* (marin).

millar *m* millier *m*.

millón *m* million *m* ; **un ~ de** un million de ; *fig* des milliers de ; **un ~ de gracias** mille fois merci. ◆ **millones** *mpl* : **costar/ganar millones** coûter/gagner des millions ; **tener millones** être riche à millions.

millonario, ria *adj* & *m, f* millionnaire.

millonésimo, ma *adj num* millionième ; **es la millonésima vez que ...** c'est la énième fois que ... ◆ **millonésima** *f* millionième *m*.

mimado, da *adj* [niño etc] gâté(e).

mimar *vt* gâter.

mimbre *m* osier *m*.

mímico, ca *adj* mimique ; **un actor ~** un mime. ◆ **mímica** *f* [gestos, señas] geste *m* ; TEATR mime *m*.

mimo *m* **- 1.** [cariño] câlin *m* **- 2.** [malcrianza] : **con tanto ~, este niño está maleducado** on a tellement gâté cet enfant qu'il est mal élevé **- 3.** TEATR mime *m*.

mimosa *f* mimosa *m*.

mimoso, sa *adj* câlin(e).

min (*abrev de* **minuto**) min.

mina *f* mine *f* ; *fig* [persona] perle *f* ; **~ de oro** *lit* & *fig* mine d'or.

minar *vt* miner.

mineral ◇ *adj* **- 1.** [de la tierra] minéral(e) **- 2.** ▷ **agua**. ◇ *m* minerai *m*.

minería *f* **- 1.** [técnica] extraction *f* minière **- 2.** [sector] industrie *f* minière.

minero, ra ◇ *adj* minier(ère). ◇ *m, f* mineur *m*.

miniatura *f* **- 1.** [gen] miniature *f* ; **en ~** en miniature **- 2.** [reproducción] modèle *m* réduit.

minibar *m* minibar *m*.

minicadena *f* minichaîne *f*.

minifalda *f* minijupe *f*.

minigolf (*pl* **minigolfs**) *m* minigolf *m*.

mínima *f* ▷ **mínimo**.

mínimo, ma *adj* [muy pequeño] minime ; [menor] moindre ; **la temperatura mínima** la température minimale ; **no tengo la más mínima idea** je n'en ai pas la moindre idée ; **como ~** au minimum ; **como ~ podrías haber ...** tu aurais pu au moins ... ; **en lo más ~** le moins du monde. ◆ **mínimo** *m* [límite] minimum *m*. ◆ **mínima** *f* METEOR température *f* minimale.

miniserie *f* mini-série *f*.

ministerio *m* ministère *m*. ◆ **Ministerio** *m* ministère *m* ; **el Ministerio de Asuntos Exteriores** le ministère des Affaires étrangères.

ministro, tra *m, f* ministre *m* ; **el ~ de Asuntos Exteriores** le ministre des Affaires étrangères ; **primer ~** Premier ministre.

minoría *f* minorité *f*.

minorista ◇ *adj* au détail. ◇ *mf* détaillant *m*, -e *f*.

minoritario, ria *adj* minoritaire.

minucia *f* [pequeñez] vétille *f* ; [detalle] détail *m* ; **reparar en ~s** se perdre dans les détails.

minuciosidad *f* minutie *f*.

minucioso, sa *adj* minutieux(euse).

minúsculo, la *adj* minuscule. ◆ **minúscula** *f* minuscule *f*.

minusvalía *f* **- 1.** ECON moins-value *f* **- 2.** [física] handicap *m*.

minusválido, da *adj* & *m, f* handicapé(e) (*physique*).

minuta *f* **- 1.** [factura] honoraires *mpl* **- 2.** [menú] carte *f*.

minutero *m* aiguille *f* des minutes.

minuto *m* minute *f*.

mío, mía (*mpl* **míos**, *fpl* **mías**) ◇ *adj poses* à moi ; **este libro es ~** ce livre est à moi ; **un amigo ~** un de mes amis ; **no es asunto ~** ça ne me regarde pas ; **no es culpa mía** ce n'est pas (de) ma faute. ◇ *pron poses* **- 1.** (*después de art*) : **el ~** le mien ; **la mía** la mienne ; **aquí guardo lo ~** c'est là que je range mes affaires **- 2.** *loc* : **ésta es la mía** *fam* à moi de jouer ; **lo ~ es el teatro** *fam* mon truc c'est le théâtre ; **los ~s** [mi familia] les miens.

miope *adj* & *mf* myope.

miopía *f* myopie *f*.

mira *f* mire *f* ; **con ~s a** *fig* en vue de ; **tener altas ~s** viser haut.

mirado, da *adj* [prudente] réfléchi(e) ; **ser ~ en algo** faire attention à qqch ; **bien ~** tout bien considéré. ◆ **mirada** *f* regard *m* ; **apartar la mirada** détourner les yeux ; **dirigir** o **lanzar la mirada** jeter un regard ; **fulminar con la mirada** foudroyer du regard ; **levantar la mirada** lever les yeux.

mirador *m* **- 1.** [balcón] bow-window *m* **- 2.** [para ver un paisaje] belvédère *m*.

miramiento *m* égard *m* ; **sin ~s** sans égards.

mirar <> *vt* **- 1.** [gen] regarder ; **¡mira!** regarde! ; **~ de cerca/de lejos** regarder de près/de loin ; **~ algo por encima** *fig* jeter un coup d'œil à qqch ; **de mírame y no me toques** très fragile ; **si bien se mira** *fig* si l'on y regarde de près **- 2.** [considerar] penser ; **mira bien lo que haces** fais attention à ce que tu fais ; **mira si vale la pena** vois si cela vaut la peine ; **~ bien/mal a alguien** penser du bien/du mal de qqn **- 3.** *(en imperativo)* [explicación] : **mira, yo creo que ...** écoute, je crois que ... ; **mira, mira** [sorpresa] tiens, tiens. <> *vi* **- 1.** [gen] regarder **- 2.** [orientarse] : **~ a** [norte, sur etc] être orienté(e) au ; [calle, patio etc] donner sur **- 3.** [cuidar] : **~ por alguien/por algo** veiller sur qqn/à qqch. ◆ **mirarse** *vpr* se regarder.

mirilla *f* judas *m (de porte)*.

mirlo *m* merle *m*.

mirón, ona <> *adj fam* curieux(euse) ; **un tío ~** un voyeur. <> *m, f* [voyeur] voyeur *m*, -euse *f* ; [curioso] curieux *m*, -euse *f* ; [en la calle] badaud *m*, -e *f*.

mirra *f* myrrhe *f*.

misa *f* messe *f* ; **oír** o **ir a ~** aller à la messe ; **esto va a ~** *fam fig* c'est tout vu ; **no sabe de la ~ la mitad** *fam fig* il n'en sait rien de rien.

misal *m* **- 1.** [de fiel] missel *m* **- 2.** [del sacerdote] bréviaire *m*.

misántropo, pa *m, f* misanthrope *mf*.

miscelánea *f* mélange *m*.

miserable <> *adj* misérable ; **una cantidad ~** une misère ; **un sueldo ~** un salaire de misère. <> *mf* **- 1.** [tacaño] avare *mf* **- 2.** [ruin] misérable *mf*.

miseria *f* **- 1.** [gen] misère *f* **- 2.** [tacañería] avarice *f*.

misericordia *f* miséricorde *f* ; **pedir ~** demander miséricorde.

mísero, ra *adj* [pobre] misérable ; **no nos ofreció ni un ~ café** il ne nous a même pas offert un malheureux café.

misil *m* missile *m*.

misión *f* mission *f*. ◆ **misiones** *fpl* RELIG missions *fpl*.

misionero, ra *adj* & *m, f* missionnaire.

misiva *f culto* missive *f*.

mismo, ma <> *adj* même ; **el ~ piso** le même appartement ; **del ~ color** de la même couleur ; **en este ~ cuarto** dans cette même chambre ; **en su misma calle** dans sa propre rue ; **el rey ~** le roi lui-même ; **mí/ti etc ~** moi-/toi- etc même ; **¡tú ~!** à toi de voir! <> *pron* : **el ~** le même ; **se prohibe la entrada al edificio al personal ajeno al ~** accès interdit aux personnes étrangères à l'établissement ; **lo ~ (que)** la même chose (que) ; **dar** o **ser lo ~** être du pareil au même ; **me da lo ~** cela m'est égal ; **estamos en las mismas** *fig* on n'est pas plus avancés. ◆ **mismo** *adv (después de sust)* : **hoy ~** aujourd'hui même ; **ahora ~** tout de suite ; **encima/detrás ~** juste au-dessus/derrière ; **mañana ~** dès demain.

misógino, na *adj* & *m, f* misogyne.

misterio *m* mystère *m*.

misterioso, sa *adj* mystérieux(euse).

mística *f* ⊳ **místico**.

místico, ca *adj* & *m, f* mystique. ◆ **mística** *f* mystique *f*.

mitad *f* **- 1.** [gen] moitié *f* ; **a ~ de precio** à moitié prix ; **a ~ del camino** à mi-chemin ; **~ hombre, ~ animal** mi-homme, mi-bête ; **cortar/partir por la ~** couper/partager en deux ; **~ y ~** moitié moitié **- 2.** [medio] milieu *m* ; **en ~ de la reunión** au milieu de la réunion.

mítico, ca *adj* mythique.

mitificar *vt* mythifier ; *fig* idéaliser.

mitigar *vt* [dolor, ansiedad] calmer.

mitin (*pl* **mítines**) *m* meeting *m*.

mito *m* **- 1.** [gen] mythe *m* ; **¡es puro ~!** c'est un mythe! ; **es un ~ que se ha creado** c'est une invention de toutes pièces **- 2.** [personaje - fabuloso] personnage *m* mythique ; [- famoso] figure *f* ; **un ~ de la Historia** une figure de l'Histoire.

mitología *f* mythologie *f*.

mitote *m Amer fam* [bulla] grabuge *m*.

mixto, ta *adj* mixte.

ml (*abrev de* **mililitro**) ml.

mm (*abrev de* **milímetro**) mm.

mobiliario *m* mobilier *m*.

mocasín *m* mocassin *m*.

mochila *f* sac *m* à dos.

mocho, cha *adj* [punta] émoussé(e) ; [árbol] étêté(e) ; [animal] écorné(e).

mochuelo *m* **- 1.** [ave] hibou *m* **- 2.** *fam* [trabajo] corvée *f*.

moción *f* **- 1.** [proposición] motion *f* **- 2.** [acción] mouvement *m*.

moco *m* morve *f* ; **limpiarse los ~s** se moucher.

mocoso, sa <> *adj* : **estar ~** avoir le nez qui coule. <> *m, f fam despec* morveux *m*, -euse *f*.

moda *f* mode *f* ; **estar de ~** être à la mode ; **estar pasado de ~** être démodé.

modal *adj* modal(e). ◆ **modales** *mpl* manières *fpl*.

modalidad *f* [tipo] forme *f*.

modelar *vt* **- 1.** [figura, adorno] modeler **- 2.** *fig* [carácter] former.

modelo ◇ *adj* modèle. ◇ *m* modèle *m*. ◇ *mf* **- 1.** [de artista] modèle *m* **- 2.** [de moda, publicidad] mannequin *m*.

moderación *f* modération *f*.

moderado, da *adj* & *m, f* modéré(e).

moderador, ra ◇ *adj* modérateur(trice). ◇ *m, f* [de debate, reunión] animateur *m*, -trice *f*.

moderar *vt* **- 1.** [velocidad, aspiraciones etc] modérer **- 2.** [debate, reunión] animer. ◆ **moderarse** *vpr* se modérer.

modernismo *m* **- 1.** [gen & LITER] modernisme *m* **- 2.** ARQUIT & ARTE modern style *m inv*, ≃ Art *m* nouveau.

modernizar *vt* moderniser. ◆ **modernizarse** *vpr* se moderniser.

moderno, na *adj* moderne.

modestia *f* modestie *f*.

modesto, ta ◇ *adj* modeste. ◇ *m, f* : **los ~s** les gens modestes.

módico, ca *adj* modique.

modificar *vt* modifier.

modista *mf* **- 1.** [que diseña] couturier *m* **- 2.** [que cose] tailleur *m*, couturière *f*.

modisto *m* **- 1.** [diseñador] couturier *m* **- 2.** [que cose] tailleur *m*.

modo *m* **- 1.** [gen] façon *f*, manière *f* ; **el ~ que tienes de comer** ta façon de manger ; **hazlo del ~ que quieras** fais-le comme tu veux ; **a ~ de** [a manera de] en guise de ; **de todos ~s** de toute façon o manière ; **en cierto ~** d'une certaine façon o manière ; **de ~ que** [de manera que] de façon que ; [así que] alors ; **lo hizo de ~ que ...** il a fait en sorte que ... **- 2.** [estilo & GRAM] mode *m* ; **~ de empleo** mode d'emploi ; **~ de vida** mode de vie. ◆ **modos** *mpl* manières *fpl* ; **buenos/malos ~s** bonnes/mauvaises manières.

modorra *f fam* : **me entra la ~** je ferais bien un petit somme.

modoso, sa *adj* sage.

modular *vt* moduler.

módulo *m* module *m*.

mofa *f* moquerie *f*.

moflete *m* grosse joue *f*.

mogollón ◇ *m* **- 1.** *fam* [muchos] : **un ~ de** un tas de **- 2.** *mfam* [lío] bordel *m*. ◇ *adv fam* vachement ; **me gustó ~** ça m'a vachement plus.

mohair [mo'er] *m* mohair *m*.

moho *m* **- 1.** [hongo] moisi *m* **- 2.** [herrumbre] rouille *f*.

mohoso, sa *adj* **- 1.** [con hongo] moisi(e) **- 2.** [oxidado] rouillé(e).

mojado, da *adj* mouillé(e).

mojar *vt* mouiller ; [pan] tremper. ◆ **mojarse** *vpr* se mouiller ; **el traje no puede ~se** ce costume n'est pas lavable.

mojigato, ta ◇ *adj* **- 1.** [beato] prude **- 2.** [hipócrita] faux (fausse). ◇ *m, f* **- 1.** [beato] prude *mf* **- 2.** [hipócrita] petit saint *m*, petite sainte *f*.

mojón *m* borne *f*.

molar[1] *m* molaire *f*.

molar[2] *mfam* ◇ *vt* brancher ; **¿te molaría ir al cine?** ça te brancherait d'aller au ciné? **¡cómo me mola ese chico!** ce garçon me plaît vachement. ◇ *vi* être vachement classe.

molcajete *m Amer* mortier *m*.

molde *m* moule *m*.

moldeado *m* **- 1.** [de pelo] mise *f* en plis **- 2.** [de figura, cerámica] moulage *m*.

moldear *vt* **- 1.** [con molde] mouler **- 2.** [escultura, carácter] modeler **- 3.** [cabello] faire une mise en plis.

mole *f* masse *f*.

molécula *f* molécule *f*.

moler *vt* **- 1.** [grano] moudre **- 2.** *fam* [cansar] crever.

molestar *vt* **- 1.** [fastidiar] gêner ; [distraer] déranger ; **me molesta hacer ...** ça m'ennuie de faire ... **- 2.** [doler] faire mal **- 3.** [ofender] vexer. ◆ **molestarse** *vpr* **- 1.** [incomodarse] se déranger ; **~se por alguien/algo** se déranger pour qqn/qqch ; **~se en hacer algo** prendre la peine de faire qqch **- 2.** [ofenderse] se vexer.

molestia *f* **- 1.** [incomodidad] gêne *f*, dérangement *m* ; **si no es demasiada ~** si cela ne vous dérange pas trop **- 2.** [malestar] ennui *m*.

molesto, ta *adj* **- 1.** [incordiante] : **ser ~** être gênant **- 2.** [irritado] : **estar ~** être fâché **- 3.** [incómodo] gêné(e).

molido, da *adj* moulu(e) ; **estar ~** *fam* être crevé.

molinero, ra *adj* & *m, f* meunier(ère).

molinillo *m* moulin *m* *(à café)*.

molino *m* moulin *m*.

molla *f* **- 1.** [parte blanda] chair *f* **- 2.** [gordura] graisse *f*.

molleja *f* [de res] ris *m* ; [de ave] gésier *m*.

mollera *f* - **1.** *fam fig* [juicio] : **no le cabe en la ~ que ...** il n'arrive pas à se mettre dans le crâne que ... - **2.** ANAT fontanelle *f*.
moluscos *mpl* mollusques *mpl*.
momentáneo, a *adj* momentané(e).
momento *m* moment *m* ; **no para ni un ~** il n'arrête pas un instant ; **a cada ~** tout le temps ; **al ~** à l'instant ; **de ~, por el ~** pour le moment ; **desde el ~ (en) que** [tiempo] dès l'instant où ; [causa] du moment que ; **de un ~ a otro** d'un moment à l'autre.
momia *f* momie *f*.
mona *f* ▻ **mono.**
Mónaco : (el principado de) ~ (la principauté de) Monaco.
monada *f* - **1.** [preciosidad] : **es una ~** [persona] elle est mignonne ; [cosa] c'est mignon - **2.** [gracia] pitrerie *f*.
monaguillo *m* enfant *m* de chœur.
monarca *m* monarque *m*.
monarquía *f* monarchie *f*.
monárquico, ca ◇ *adj* monarchique ; [partidario] monarchiste. ◇ *m, f* monarchiste *mf*.
monasterio *m* monastère *m*.
Moncloa *f* : **la ~** *résidence du chef du gouvernement espagnol.*
monda *f* [acción] épluchage *m* ; [piel] épluchure *f* ; **ser la ~** *fam* [gracioso] être tordant(e) ; [desvergonzado] ne pas s'embêter.
mondadientes *m inv* cure-dents *m*.
mondadura *f* - **1.** [acción] épluchage *m* - **2.** [piel] épluchure *f*.
mondar *vt* éplucher, peler.
moneda *f* - **1.** [pieza] pièce *f* (de monnaie) - **2.** [divisa] monnaie *f* ; **~ extranjera** monnaie étrangère.
monedero, ra *m, f* monnayeur *m*. ◆ **monedero** *m* porte-monnaie *m*.
monegasco, ca ◇ *adj* monégasque. ◇ *m, f* Monégasque *mf*.
monería *f* [de niño] pitrerie *f* ; [de mono, payaso] singerie *f*.
monetario, ria *adj* monétaire.
mongólico, ca ◇ *adj* - **1.** [enfermo] mongolien(enne) - **2.** [de Mongolia] mongol(e). ◇ *m, f* - **1.** [enfermo] mongolien *m*, -enne *f* - **2.** [de Mongolia] Mongol *m*, -e *f*.
mongolismo *m* mongolisme *m*.
monigote *m* - **1.** [muñeco, persona] pantin *m* - **2.** [dibujo] bonhomme *m*.
monitor, ra *m, f* moniteur *m*, -trice *f*. ◆ **monitor** *m* INFORM moniteur *m*.
monja *f* religieuse *f*.
monje *m* moine *m*.
mono, na ◇ *adj* mignon(onne). ◇ *m, f* singe *m*, guenon *f* ; **ser el último ~** *fig* être la cinquième roue du carrosse. ◆ **mono** *m* - **1.** [prenda - con peto] salopette *f* ; [- con mangas] bleu *m* de travail ; [de esquí] combinaison *f* - **2.** *fam* [de drogadicto] manque *m*. ◆ **mona** *f* - **1.** *fam* [borrachera] cuite *f* - **2.** [dulce] : **mona (de Pascua)** *gâteau vendu à Pâques en Espagne, comme on vend les œufs de Pâques en France.*
monóculo *m* monocle *m*.
monogamia *f* monogamie *f*.
monografía *f* monographie *f*.
monolingüe ◇ *adj* monolingue. ◇ *m* dictionnaire *m* monolingue.
monólogo *m* monologue *m*.
monoparental *adj* monoparental(e).
monopatín *m* skateboard *m*, planche *f* à roulettes.
monopolio *m* monopole *m*.
monopolizar *vt* monopoliser.
monosílabo, ba *adj* monosyllabe. ◆ **monosílabo** *m* monosyllabe *m*.
monoteísmo *m* monothéisme *m*.
monotonía *f* monotonie *f*.
monótono, na *adj* monotone.
monovolumen *m* monospace *m*.
monseñor *m* monseigneur *m*.
monserga *f fam* : **no me vengas con ~s** ne me raconte pas d'histoires ; **no son más que ~s** ce ne sont que des balivernes.
monstruo ◇ *adj inv* - **1.** [grande] énorme - **2.** [prodigioso] phénoménal(e). ◇ *m* monstre *m* ; *fig* [prodigio] dieu *m*, génie *m*.
monstruosidad *f* monstruosité *f*.
monstruoso, sa *adj* monstrueux(euse).
monta *f* - **1.** [suma] montant *m* - **2.** [importancia] importance *f* - **3.** [en un caballo] monte *f*.
montacargas *m inv* monte-charge *m*.
montaje *m* - **1.** [gen] montage *m* - **2.** TEATR réalisation *f* - **3.** [farsa] coup *m* monté.
montante *m* montant *m* ; **~s compensatorios** COM montants compensatoires.
montaña *f* montagne *f* ; **~ rusa** montagnes *fpl* russes.
montañés, esa *adj* & *m, f* - **1.** [gen] montagnard(e) - **2.** [santanderino] de la région de Santander.
montañismo *m* alpinisme *m*.
montañoso, sa *adj* montagneux(euse).
montar ◇ *vt* - **1.** [gen, TEATR & CIN]

monter ; ~ **el piso** monter son ménage - **2.** [mayonesa, clara] monter ; [nata] fouetter. ◇ *vi* - **1.** [gen] : ~ **(a)** monter (à) ; ~ **en** [bicicleta] monter à ; [avión] monter en - **2.** [sumar] : ~ **a** s'élever à. ◆ **montarse** *vpr* : **~se en** [caballo, bicicleta] monter sur ; [avión] monter dans ; **montárselo** *fam* se débrouiller.

montaraz *adj* sauvage.

monte *m* - **1.** [elevación] mont *m*, montagne *f* - **2.** [bosque] bois *mpl*. ◆ **monte de piedad** *m* mont-de-piété *m*.

montepío *m* caisse *f* de secours.

montés, esa *adj* sauvage.

Montevideo Montevideo.

montículo *m* monticule *m*.

monto *m* montant *m*.

montón *m* tas *m* ; **a** o **de** o **en** ~ en bloc ; **hay de eso a montones** il y en a des tas ; **ganar a montones** gagner des mille et des cents ; **un hombre del** ~ monsieur Tout-le-Monde.

montura *f* - **1.** [gen] monture *f* - **2.** [arreos] harnais *m* ; [silla] selle *f*.

monumental *adj* monumental(e).

monumento *m* monument *m*.

monzón *m* mousson *f*.

moña ◇ *f* - **1.** *fam* [borrachera] cuite *f* - **2.** [adorno] ruban *m*. ◇ *m mfam* pédé *m*.

moño *m* chignon *m* ; **estar hasta el** ~ *fig* en avoir ras le bol.

MOPU (*abrev de* **Ministerio de Obras Públicas y Urbanismo**) *m ministère espagnol des Travaux publics et de l'Urbanisme*.

moquear *vi* [persona] avoir le nez qui coule.

moqueta *f* moquette *f*.

mora *f* mûre *f*.

morada *f culto* demeure *f*.

morado, da *adj* violet(ette) ; **pasarlas moradas** *fam fig* en voir de toutes les couleurs ; **ponerse** ~ *fam fig* s'empiffrer. ◆ **morado** *m* - **1.** [color] violet *m* - **2.** [cardenal] bleu *m*.

moral ◇ *adj* moral(e) ; **un ejemplo** ~ un exemple de moralité. ◇ *f* - **1.** [ética] morale *f* - **2.** [ánimo] moral *m* ; **levantar la** ~ remonter le moral. ◇ *m* mûrier *m* noir.

moraleja *f* morale *f (d'une fable)*.

moralizar *vi* moraliser.

morbo *m* - **1.** *fam* [placer malsano] : **tener** ~ avoir une curiosité malsaine - **2.** MED maladie *f*.

morboso, sa *adj* morbide ; **detalles ~s** détails scabreux.

morcilla *f* CULIN boudin *m* noir ; **¡que te/le** *etc* **den ~!** *mfam fig* va te/allez vous *etc* faire voir!

mordaz *adj* acerbe.

mordaza *f* bâillon *m*.

mordedura *f* morsure *f*.

morder ◇ *vt* mordre ; [fruta] croquer ; **estar alguien que muerde** être d'une humeur de chien. ◇ *vi* mordre. ◆ **morderse** *vpr* se mordre.

mordida *f Amer fam* bakchich *m*.

mordisco *m* - **1.** [mordedura] morsure *f* ; **dar un ~ en algo** mordre dans qqch ; [fruta] croquer qqch - **2.** [trozo] morceau *m*.

mordisquear *vt* [objeto] mordiller ; [refrigerio] grignoter.

moreno, na ◇ *adj* - **1.** [pelo, piel] brun(e) - **2.** [por el sol] bronzé(e) ; **ponerse** ~ bronzer - **3.** [pan, arroz etc] complet(ète) ; **el azúcar** ~ le sucre roux ; **el trigo** ~ le blé noir. ◇ *m, f* brun *m*, -e *f*.

morera *f* mûrier *m* blanc.

moretón *m* bleu *m (hématome)*.

morfina *f* morphine *f*.

moribundo, da *adj* & *m, f* moribond(e).

morir *vi* mourir. ◆ **morirse** *vpr* : **~se (de)** mourir (de).

mormón, ona *adj* & *m, f* mormon(e).

moro, ra ◇ *adj* - **1.** HIST maure - **2.** *despec* [árabe] arabe - **3.** *fam* [machista] macho. ◇ *m, f* - **1.** HIST Maure *mf* - **2.** *despec* [árabe] Arabe *mf* ; **bajarse al** ~ *fam aller acheter du haschisch en Afrique du Nord* ; **hay ~s en la costa** les murs ont des oreilles. ◆ **moro** *m fam* [machista] macho *m*. ◆ **Moros y Cristianos** *fête traditionnelle du Levant*.

moroso, sa ◇ *adj* : **es un cliente** ~ ce client a un arriéré. ◇ *m, f* mauvais payeur *m*.

morrear *vt* & *vi mfam* se bécoter. ◆ **morrearse** *vpr mfam* se bécoter.

morriña *f* mal *m* du pays.

morro *m* - **1.** [hocico] museau *m* - **2.** *(gen pl) fam* [labios] lèvres *fpl* ; **estar de ~s** bouder - **3.** *fam* [de coche] avant *m* ; [de avión] nez *m* - **4.** *fam* [caradura] culot *m* ; **¡qué ~ tiene!** il a un de ces culots!

morsa *f* ZOOL morse *m*.

morse *m (en aposición inv)* morse *m (code)*.

mortadela *f* mortadelle *f*.

mortaja *f* linceul *m*.

mortal *adj* & *mf* mortel(elle).

mortalidad *f* mortalité *f*.

mortandad *f* : **causar** ~ causer des pertes.

mortero *m* mortier *m*.
mortífero, ra *adj* mortel(elle) ; [epidemia etc] meurtrier(ère).
mortificar *vt* mortifier ; *fig* [torturar] tourmenter. ◆ **mortificarse** *vpr* se mortifier ; [torturarse] se tourmenter.
mortuorio, ria *adj* mortuaire ; [cortejo] funèbre.
mosaico, ca *adj* [de Moisés] mosaïque. ◆ **mosaico** *m* mosaïque *f*.
mosca *f* mouche *f* ; **estar ~** *fam* [enfadado] faire la tête ; **por si las ~s** au cas où ; **¿qué ~ me/te etc ha picado?** quelle mouche m'a/t'a etc piqué? ◆ **mosca muerta** *f* sainte-nitouche *f*.
moscardón *m* **- 1.** ZOOL mouche *f* bleue **- 2.** *fam fig* [persona] casse-pieds *m inv*.
moscatel *m* muscat *m (vin doux)*.
moscón *m* **- 1.** [insecto] grosse mouche *f* **- 2.** *fam fig* [persona] casse-pieds *m inv*.
moscovita ◇ *adj* moscovite. ◇ *mf* Moscovite *mf*.
Moscú Moscou.
mosquearse *vpr fam* [enfadarse] prendre la mouche, se vexer.
mosquete *m* mousquet *m*.
mosquetero *m* mousquetaire *m*.
mosquetón *m* mousqueton *m*.
mosquitero *m* moustiquaire *f*.
mosquito *m* moustique *m*.
mosso d'esquadra *m membre de la police autonome catalane*.
mostacho *m* moustache *f*.
mostaza *f* moutarde *f*.
mosto *m* [zumo] jus *m* de raisin ; [residuo] moût *m*.
mostrador *m* comptoir *m*.
mostrar *vt* montrer ; [inteligencia, liberalidad] faire preuve de. ◆ **mostrarse** *vpr* se montrer.
mota *f* [partícula] poussière *f* ; **tener ~s** [jersey] pelucher.
mote *m* surnom *m*.
motel *m* motel *m*.
motín *m* émeute *f* ; [de soldados, presos] mutinerie *f*.
motivación *f* motivation *f*.
motivar *vt* motiver.
motivo *m* **- 1.** [causa] raison *f*, motif *m* ; **con ~ de** [para celebrar] à l'occasion de ; [a causa de] en raison de ; **por este ~** pour cette raison **- 2.** [de obra literaria] sujet *m* **- 3.** [MÚS & dibujo] motif *m*.
moto *f* moto *f* ; **~ de agua** scooter *m* des mers.
motocicleta *f* motocyclette *f*.
motociclismo *m* motocyclisme *m*.
motociclista *mf* motocycliste *mf*.
motocross *m inv* motocross *m*.
motonáutico, ca *adj* motonautique. ◆ **motonáutica** *f* motonautisme *m*.
motoneta *f Amer* Scooter *m*.
motor, ra o **triz** *adj* moteur(trice). ◆ **motor** *m* moteur *m* ; **~ de reacción** moteur à réaction. ◆ **motora** *f* bateau *m* à moteur.
motorismo *m* motocyclisme *m*.
motorista *mf* motocycliste *mf*.
motricidad *f* motricité *f*.
motriz *f* ▷ **motor**.
mountain bike (*pl* **mountain bikes**) *m* mountain bike *m*, VTT *m*.
mousse *m inv* o *f inv* CULIN mousse *f*.
movedizo, za *adj* **- 1.** [pieza, panelete] amovible **- 2.** [arena, terreno] mouvant(e).
mover *vt* **- 1.** [accionar] faire marcher **- 2.** [cambiar de sitio] déplacer **- 3.** [agitar] remuer ; **~ las masas** remuer les foules **- 4.** [suscitar] provoquer ; **~ la curiosidad** provoquer la curiosité ; **~ a piedad/risa** faire pitié/rire **- 5.** *fig* [incitar] : **~ a alguien a algo/a hacer algo** pousser qqn à qqch/à faire qqch. ◆ **moverse** *vpr* **- 1.** [ponerse en movimiento, agitarse] bouger **- 2.** [trasladarse] se déplacer **- 3.** [relacionarse] : **~se en/entre** évoluer dans/parmi **- 4.** [darse prisa] se secouer.
movido, da *adj* **- 1.** [gen] agité(e) ; [conversación, viaje] mouvementé(e) **- 2.** [foto, imagen] flou(e). ◆ **movida** *f fam* [ambiente] : **aquí hay movida** il y a de l'ambiance ici ; **movida (madrileña)** *mouvement de renouveau culturel*.
móvil *adj* & *m* mobile.
movilidad *f* mobilité *f*.
movilizar *vt* mobiliser.
movimiento *m* mouvement *m*.
moviola *f* visionneuse *f*.
moza *f* ▷ **mozo**.
mozárabe *adj* & *mf* mozarabe.
mozo, za ◇ *adj* jeune. ◇ *m, f* **- 1.** [joven] jeune homme *m*, jeune fille *f* ; **es buen ~** il est beau garçon **- 2.** *Amer* [camarero] serveur *m*, -euse *f*. ◆ **mozo** *m* **- 1.** [camarero] garçon *m* ; [criado] domestique *m* **- 2.** MIL appelé *m*.
mu *m* [mugido] meuh *m* ; **no decir ni ~** *fig* ne pas piper mot.
mucamo, ma *m, f Amer* domestique *mf*.
muchachada *f Amer* marmaille *f*.
muchacho, cha *m, f* garçon *m*, fille *f*.
muchedumbre *f* foule *f*.

mucho, cha ◇ *adj* - **1.** [gen] beaucoup de ; **mucha gente** beaucoup de gens ; **~s meses** plusieurs mois ; **~ tiempo** longtemps - **2.** [sueño, hambre, frío etc] très ; **hace ~ calor** il fait très chaud. ◇ *pron* : **~s piensan que ...** beaucoup de gens pensent que ... ; **tener ~ que contar** avoir beaucoup de choses à raconter. ◆ **mucho** *adv* - **1.** [gen] beaucoup ; **trabaja ~** il travaille beaucoup ; **se divierte ~** il s'amuse bien - **2.** *(indica comparación)* bien ; **~ antes/después** bien avant/après ; **~ más/menos** beaucoup plus/moins ; **~ mejor** bien mieux - **3.** [largo tiempo] longtemps ; **lo sé desde hace ~** je le sais depuis longtemps - **4.** [frecuentemente] souvent ; **viene ~ por aquí** il vient souvent par ici - **5.** *loc* : **como ~** [como máximo] (tout) au plus ; [en todo caso] à la limite ; **con ~** de loin ; **ni ~ menos** loin de là. ◆ **por mucho que** *loc conj* : **por ~ que insistas ...** tu auras beau insister ...

mucosidad *f* mucosité *f*.

muda *f* - **1.** [de plumas, piel, voz] mue *f* - **2.** [ropa] linge *m* de rechange.

mudanza *f* - **1.** [gen] changement *m* ; [de plumas, piel] mue *f* - **2.** [de casa] déménagement *m* ; **estar** o **andar de ~** déménager.

mudar ◇ *vt* changer. ◇ *vi* [cambiar] : **~ de** changer de ; **~ de casa** déménager ; **~ de plumas/piel/voz** muer. ◆ **mudarse** *vpr* : **~se (de casa)** déménager ; **~se (de ropa)** se changer.

mudéjar *adj* & *mf* mudéjar(e).

mudo, da *adj* & *m, f* muet(ette).

mueble ◇ *m* meuble *m* ; **~ bar** bar *m*. ◇ *adj* ▷ **bien.**

mueca *f* grimace *f* ; [de disgusto] moue *f*.

muela ◇ *v* ▷ **moler.** ◇ *f* - **1.** [diente] dent *f* ; [molar] molaire *f* ; **tener dolor de ~s** avoir mal aux dents - **2.** [piedra] meule *f*.

muelle *m* - **1.** [de colchón, reloj] ressort *m* - **2.** [de puerto] quai *m*.

muérdago *m* gui *m*.

muermo *m fam* [cosa, situación] barbe *f*, bagne *m* ; [persona] casse-pieds *mf inv* ; **tener ~** être ramollo.

muerte *f* - **1.** [gen] mort *f* ; **de mala ~** minable ; **~ súbita (del lactante)** mort subite du nourrisson - **2.** [homicidio] meurtre *m*.

muerto, ta ◇ *pp irreg* ▷ **morir.** ◇ *adj* - **1.** [gen] mort(e) ; **estar ~ de miedo/de frío/de hambre** être mort de peur/de froid/de faim - **2.** [color] terne. ◇ *m, f* mort *m*, -e *f* ; **hacer el ~** faire la planche.

muesca *f* - **1.** [gen] encoche *f* - **2.** [corte] entaille *f*.

muesli *m* muesli *m*.

muestra ◇ *v* ▷ **mostrar.** ◇ *f* - **1.** [pequeña cantidad] échantillon *m* ; **para ~ (basta) un botón** un exemple suffit - **2.** [señal, prueba] : **dar ~s de** [inteligencia, prudencia etc] faire preuve de ; [cariño, simpatía] donner des marques de ; [cansancio] donner des signes de - **3.** [modelo] modèle *m* ; **piso de ~** appartement *m* témoin - **4.** [exposición] exposition *f*.

muestrario *m* échantillonnage *m* ; [de colores] nuancier *m*.

muestreo *m* [para encuesta] échantillonnage *m*.

mugido *m* mugissement *m*.

mugir *vi* mugir ; [vaca] meugler.

mugre *f* crasse *f*.

mujer *f* femme *f* ; **~ de la limpieza** femme de ménage.

mujeriego *m* coureur *m* de jupons.

mujerzuela *f despec* grue *f*.

mulato, ta *adj* & *m, f* mulâtre.

muleta *f* - **1.** [para andar] béquille *f* ; *fig* soutien *m* - **2.** TAUROM muleta *f*.

mullido, da *adj* moelleux(euse).

mulo, la *m, f* mulet *m*, mule *f*. ◆ **mula** *f fam fig* [bruto] brute *f* ; [testarudo] tête *f* de mule.

multa *f* amende *f*.

multar *vt* condamner à une amende.

multicine *m inv (después de sust)* cinéma *m* o complexe *m* multisalles.

multicopista *f* machine *f* à polycopier.

multimedia *adj inv* multimédia.

multimillonario, ria *adj* & *m, f* multimillionnaire.

multinacional *f* multinationale *f*.

múltiple *adj* multiple.

multiplicación *f* multiplication *f*.

multiplicar *vt* & *vi* multiplier. ◆ **multiplicarse** *vpr* - **1.** [gen] se multiplier - **2.** [esforzarse] être partout à la fois.

múltiplo, pla *adj* : **un número ~** un multiple. ◆ **múltiplo** *m* multiple *m*.

multitud *f* multitude *f*.

multitudinario, ria *adj* : **una manifestación multitudinaria** une manifestation de masse.

multiuso *adj inv* à usages multiples.

mundanal *adj* de ce monde.

mundano, na *adj* mondain(e) ; [del mundo] de ce monde.

mundial ◇ *adj* mondial(e). ◇ *m* coupe *f* du monde.
mundo *m* - **1.** [gen] monde *m* ; **el cuarto ~** le quart-monde ; **el tercer ~** le tiers-monde ; **todo el ~** tout le monde - **2.** [experiencia] expérience *f* ; **hombre/mujer de ~** homme/femme du monde.
munición *f* munition *f*.
municipal ◇ *adj* municipal(e). ◇ *mf* ▷ **guardia**.
municipio *m* - **1.** [división territorial] commune *f* - **2.** [habitantes] : **el ~** les administrés *mpl* - **3.** [ayuntamiento] municipalité *f*.
muñeco, ca *m, f* [juguete] poupée *f*. ◆ **muñeco** *m fig* marionnette *f*. ◆ **muñeca** *f* - **1.** ANAT poignet *m* - **2.** *Amer fam* [enchufe] piston *m*. ◆ **muñeco de nieve** *m* bonhomme *m* de neige.
muñequera *f* DEP poignet *m*.
muñón *m* moignon *m*.
mural ◇ *adj* mural(e). ◇ *m* peinture *f* murale.
muralla *f* muraille *f* ; [defensiva] rempart *m*.
murciélago *m* chauve-souris *f*.
murmullo *m* murmure *m*.
murmuración *f* médisance *f*.
murmurador, ra ◇ *adj* médisant(e). ◇ *m, f* mauvaise langue *f*.
murmurar ◇ *vt* murmurer. ◇ *vi* - **1.** [gen] murmurer - **2.** [criticar] : **~ de** o **sobre** dire du mal de - **3.** *fig* [quejarse] marmonner.
muro *m* mur *m*. ◆ **Muro de las lamentaciones** *m* el Muro de las lamentaciones le mur des Lamentations.
mus *m inv jeu de cartes espagnol*.
musa *f* muse *f*.
musaraña *f* musaraigne *f* ; **mirar a las ~s** *fig* être dans la lune.
muscular *adj* musculaire.
musculatura *f* musculature *f*.
músculo *m* muscle *m*.
musculoso, sa *adj* - **1.** ANAT musculeux(euse) - **2.** [fuerte] musclé(e).
museo *m* musée *m*.
musgo *m* BOT mousse *f*.
música *f* ▷ **músico**.
musical *adj* musical(e) ; **un instrumento ~** un instrument de musique.
music-hall ['mjusik'xol] (*pl* **music-halls**) *m* music-hall *m*.
músico, ca ◇ *adj* musical(e). ◇ *m, f* musicien *m*, -enne *f*. ◆ **música** *f* musique *f* ; **¡vete con la música a otra parte!** *fam* va voir ailleurs si j'y suis!
musicoterapia *f* musicothérapie *f*.
musitar *vt* murmurer.
muslo *m* cuisse *f*.
mustio, tia *adj* - **1.** [marchito] fané(e) - **2.** [triste] morne.
musulmán, ana *adj* & *m, f* musulman(e).
mutación *f* mutation *f* ; **~ de temperaturas** changement *m* de température.
mutante ◇ *adj* mutant(e). ◇ *m* BIOL mutant *m*.
mutar *vt* [funcionarios] muter.
mutilado, da *adj* & *m, f* mutilé(e).
mutilar *vt* mutiler.
mutismo *m* mutisme *m*.
mutua *f* ▷ **mutuo**.
mutualidad *f* [asociación] mutuelle *f*.
mutuo, tua *adj* mutuel(elle). ◆ **mutua** *f* mutuelle *f* ; **mutua de seguros** société *f* d'assurance mutuelle.
muy *adv* très ; **~ cerca/lejos** très près/loin ; **~ de mañana** de très bon matin ; **eso es ~ de ella** c'est tout elle ; **¡el ~ tonto!** quel idiot! ; **por ~ cansado que esté ...** il a beau être fatigué ...

N

n, N ['ene] *f* [letra] n *m inv*, N *m inv*. ◆ **20 N** *m 20 novembre 1975, date de la mort du général Franco*.
n° (*abrev de* **número**) n °.
n/ *abrev de* **nuestro**.
nabo *m* navet *m*.
nácar *m* nacre *f*.
nacer *vi* - **1.** [gen] naître ; **nació en Granada** il est né à Grenade ; **ha nacido cantante** c'est un chanteur-né ; **ha nacido para trabajar** il est fait pour le travail - **2.** [surgir - río] prendre sa source ; [- sol] se lever.
nacido, da ◇ *adj* né(e). ◇ *m, f* : **los ~s en enero/en Valencia** les personnes nées en janvier/à Valence ; **un recién ~** un nouveau-né ; **ser un mal ~** *fig* être un odieux personnage.
naciente *adj* - **1.** [gen] naissant(e) ; **el sol ~** le soleil levant - **2.** [nuevo] jeune ; **la república ~** la jeune république.
nacimiento *m* - **1.** [gen] naissance *f* ; [de

río] source *f* ; **de ~** de naissance **- 2.** [belén] crèche *f*.

nación *f* nation *f* ; [territorio] pays *m*. ◆ **Naciones Unidas** *fpl* : **las Naciones Unidas** les Nations *fpl* unies.

nacional ◇ *adj* national(e). ◇ *mf* HIST : **los ~es** les nationalistes *(partisans de Franco)*.

nacionalidad *f* nationalité *f*.

nacionalismo *m* nationalisme *m*.

nacionalista *adj* & *mf* nationaliste.

nacionalizar *vt* **- 1.** ECON nationaliser **- 2.** [persona] naturaliser.

nada ◇ *pron* rien ; **no quiero ~** je ne veux rien ; **antes de ~** avant tout ; **de ~** [respuesta a « gracias »] de rien, je t'en/vous en prie ; **un regalito de ~** un petit cadeau de rien du tout ; **no dijo ~ de ~** il n'a rien dit du tout ; **~ más** c'est tout ; **no quiero ~ más** je ne veux rien d'autre ; **como si ~** comme si de rien n'était ; **¡de eso ~!** pas question! ◇ *adv* **- 1.** [en absoluto] du tout ; **no me gusta ~** ça ne me plaît pas du tout **- 2.** [poco] peu ; **no hace ~ que salió** il est sorti à l'instant même. ◇ *f* : **la ~** le néant. ◆ **nada más** *loc adv* à peine ; **~ más irte llamó tu padre** tu étais à peine parti que ton père a appelé.

nadador, ra *adj* & *m, f* nageur(euse).

nadar *vi* nager ; **~ en deudas** être criblé(e) de dettes ; **~ en dinero** rouler sur l'or ; **~ en la opulencia** nager dans l'opulence.

nadería *f* rien *m* ; **se enfada por ~s** un rien l'irrite.

nadie ◇ *pron* personne ; **~ más** plus personne ; **~ me lo ha dicho** personne ne me l'a dit ; **no ha llamado ~** personne n'a téléphoné. ◇ *m* : **ser un ~** être un minable.

nado ◆ **a nado** *loc adv* à la nage.

nafta *f* naphte *m*.

naftalina *f* naphtaline *f*.

naïf [na'if] *adj inv* ARTE naïf(ïve).

nailon, nilón, nylon® ['nailon] *m* Nylon® *m*.

naipe *m* carte *f* (à jouer). ◆ **naipes** *mpl* cartes *fpl* (à jouer).

nalga *f* fesse *f*.

nana *f* **- 1.** [canción] berceuse *f* **- 2.** *fam* [abuela] mamie *f*.

nanómetro *m* nanomètre *m*.

nanosegundo *m* nanoseconde *f*.

nanotecnología *f* nanotechnologie *f*.

napa *f* cuir *m* souple.

naranja ◇ *adj inv* orange. ◇ *m* [color] orange *m*. ◇ *f* [fruto] orange *f*. ◆ **media naranja** *f fam fig* moitié *f (épouse)*.

naranjada *f* orangeade *f*.

naranjo *m* oranger *m*.

narciso *m* BOT narcisse *m* ; **es un ~** il est narcissique.

narcótico, ca *adj* narcotique. ◆ **narcótico** *m* narcotique *m*.

narcotizar *vt* administrer des narcotiques à.

narcotraficante *mf* trafiquant *m*, -e *f* de drogue, narcotrafiquant *m*, -e *f*.

narcotráfico *m* trafic *m* de stupéfiants.

nardo *m* nard *m*.

narigudo, da *adj* : **¡es tan ~!** il a un si grand nez!

nariz *f* nez *m* ; **estar hasta las narices** *fig* en avoir par-dessus la tête ; **lo harás por narices** *fam* tu vas le faire, il n'y a pas à tortiller ; **meter las narices en algo** *fig* fourrer son nez dans qqch.

narración *f* narration *f* ; [cuento, relato] récit *m*.

narrador, ra *m, f* narrateur *m*, -trice *f*.

narrar *vt* raconter.

narrativo, va *adj* narratif(ive). ◆ **narrativa** *f* [género literario] roman *m*.

NASA (*abrev de* **National Aeronautics and Space Administration**) *f* NASA *f*.

nasal *adj* **- 1.** [gen & GRAM] nasal(e) **- 2.** [voz] nasillard(e).

nata *f* crème *f* ; **~ batida** o **montada** crème fouettée ; **la (flor y) ~ de ...** *fig* la fine fleur de ...

natación *f* natation *f*.

natal *adj* natal(e).

natalicio *m* **- 1.** [día] jour *m* de naissance **- 2.** [cumpleaños] anniversaire *m*.

natalidad *f* natalité *f*.

natillas *fpl* crème *f* renversée.

nativo, va ◇ *adj* **- 1.** [gen] natif(ive) ; **ser ~ de** être originaire de ; **un profesor de inglés ~** un professeur d'anglais de langue maternelle anglaise **- 2.** [país, ciudad, pueblo] natal(e). ◇ *m, f* natif *m*, -ive *f*.

nato, ta *adj* **- 1.** [de nacimiento] né(e) ; **es un músico ~** c'est un musicien-né **- 2.** [cargo, título] de plein droit.

natural ◇ *adj* **- 1.** [gen] naturel(elle) ; [luz] du jour ; **esa reacción es ~ en él** cette réaction est naturelle chez lui **- 2.** [nativo] : **ser ~ de** être originaire de. ◇ *mf* [persona] natif *m*, -ive *f*. ◇ *m* [índole] naturel *m* ; **al ~** au naturel.

naturaleza *f* nature *f* ; **por ~** par nature.

naturalidad *f* naturel *m* ; **con toda ~** tout naturellement.

naturalización *f* naturalisation *f*.
naturalizar *vt* naturaliser. ◆ **naturalizarse** *vpr* se faire naturaliser.
naturista *mf* naturiste *mf*.
naufragar *vi* - **1.** [barco, persona] faire naufrage - **2.** *fig* [negocio] couler ; [asunto, proyecto] échouer.
naufragio *m lit & fig* naufrage *m*.
náufrago, ga *adj & m, f* naufragé(e).
náusea *f (gen pl)* nausée *f* ; **tener ~s** avoir la nausée ; **me da ~s** ça me donne la nausée.
nauseabundo, da *adj* [olor] nauséabond(e) ; [comportamiento, actitud] écœurant(e).
náutico, ca *adj* nautique. ◆ **náutica** *f* navigation *f*.
navaja *f* - **1.** [cuchillo] couteau *m* (à lame pliante) ; [pequeño] canif *m* - **2.** ZOOL couteau *m*.
navajero, ra *m, f agresseur armé d'un couteau*.
naval *adj* naval(e).
Navarra Navarre *f*.
navarro, rra ◇ *adj* navarrais(e). ◇ *m, f* Navarrais *m*, -e *f*.
nave *f* - **1.** [barco] navire *m* - **2.** [vehículo] vaisseau *m* ; **~ espacial** vaisseau spatial - **3.** [de iglesia] nef *f* - **4.** [almacén] hangar *m*.
navegación *f* navigation *f*.
navegador, ra *m, f* internaute *mf*.
navegante ◇ *adj* navigant(e) ; **un pueblo ~** un peuple de navigateurs. ◇ *mf* navigateur *m*, -trice *f*.
navegar *vi* naviguer.
Navidad *f* Noël *m* ; **¡Feliz ~!** joyeux Noël! ; **las ~es** les fêtes de Noël.
navideño, ña *adj* de Noël.
naviero, ra *adj* [compañía, empresa] de navigation. ◆ **naviero** *m* [armador] armateur *m*. ◆ **naviera** *f* [compañía] compagnie *f* maritime.
navío *m* vaisseau *m*.
nazi *adj & mf* nazi(e).
nazismo *m* nazisme *m*.
neblina *f* brume *f*.
nebulosa *f* ▷ **nebuloso**.
nebulosidad *f* nébulosité *f*.
nebuloso, sa *adj* nébuleux(euse). ◆ **nebulosa** *f* ASTRON nébuleuse *f*.
necedad *f* sottise *f*.
necesario, ria *adj* nécessaire ; **no es ~ que venga** il n'est pas nécessaire qu'il vienne ; **es ~ hacerlo** il faut le faire ; **es ~ que le ayudes** il faut que tu l'aides.
neceser *m* nécessaire *m* (de toilette).
necesidad *f* - **1.** [menester] besoin *m* ; **en caso de ~** en cas de besoin ; **sentir la ~ de** éprouver le besoin de - **2.** [imperativo] nécessité *f* ; **por ~** par nécessité. ◆ **necesidades** *fpl* - **1.** [fisiológicas] : **hacer sus ~es** faire ses besoins - **2.** [estrecheces] : **pasar ~es** être dans le besoin.
necesitado, da *adj & m, f* nécessiteux(euse).
necesitar *vt* avoir besoin de ; **necesito ayuda/verte** j'ai besoin d'aide/de te voir ; **necesito que me digas ...** j'ai besoin que tu me dises ... ; **'se necesita empleada'** 'on demande une employée'.
necio, cia *adj & m, f* idiot(e).
necrología *f* nécrologie *f*.
néctar *m* nectar *m*.
nectarina *f* nectarine *f*.
neerlandés, esa ◇ *adj* néerlandais(e). ◇ *m, f* Néerlandais *m*, - e *f*. ◆ **neerlandés** *m* [lengua] néerlandais *m*.
nefasto, ta *adj* néfaste.
negación *f* - **1.** [gen & GRAM] négation *f* - **2.** [negativa] refus *m*.
negado, da ◇ *adj* : **soy ~ para el latín** je suis nul en latin. ◇ *m, f* incapable *mf*.
negar *vt* - **1.** [desmentir] nier - **2.** [denegar] refuser ; **~ el saludo/la palabra a alguien** refuser de saluer qqn/de parler à qqn. ◆ **negarse** *vpr* refuser ; **no me pude ~** je n'ai pas pu refuser ; **~se a hacer algo** refuser de O se refuser à faire qqch.
negativo, va *adj* négatif(ive). ◆ **negativo** *m* FOT négatif *m*. ◆ **negativa** *f* - **1.** [rechazo] refus *m* - **2.** [mentís] : **contestar con la negativa** répondre par la négative.
negligencia *f* négligence *f*.
negligente *adj* négligent(e).
negociable *adj* négociable.
negociación *f* négociation *f*.
negociante ◇ *adj* commerçant(e). ◇ *mf* - **1.** [comerciante] commerçant *m*, -e *f* - **2.** *fig* [interesado] : **ser un ~** être âpre au gain.
negociar ◇ *vi* - **1.** [comerciar] faire du commerce - **2.** [discutir] : **~ (con)** négocier (avec). ◇ *vt* négocier.
negocio *m* - **1.** [gen] affaire *f* ; **hacer ~** gagner de l'argent ; **~ sucio** affaire louche - **2.** [establecimiento] commerce *m*.
negra *f* ▷ **negro**.
negrero, ra ◇ *adj* - **1.** [de esclavos] négrier(ère) - **2.** *fig* [déspota] tyrannique. ◇ *m, f lit & fig* négrier *m*.
negrita, negrilla *f* ▷ **letra**.
negro, gra ◇ *adj* - **1.** [gen, CIN & LITER]

noir(e) ; [tabaco, cerveza] brun(e) ; **el mercado ~** le marché noir - **2.** [futuro, porvenir] sombre - **3.** *fam* [furioso] furax - **4.** *loc* : **me pone ~** ça me tape sur les nerfs ; **pasarlas negras** *fam* en baver. ◇ *m, f* Noir *m*, -e *f*. ◆ **negro** *m* - **1.** [color] noir *m* - **2.** *fig* [trabajador anónimo] larbin *m* ; [de escritor] nègre *m*. ◆ **negra** *f* MÚS noire *f* ; **tener la negra** *fig fam* avoir la poisse.
negrura *f* noirceur *f*.
nene, na *m, f fam* bébé *m*.
nenúfar *m* nénuphar *m*.
neocelandés, esa, neozelandés, esa ◇ *adj* néo-zélandais(e). ◇ *m, f* Néo-Zélandais *m*, -e *f*.
neoclasicismo *m* néoclassicisme *m*.
neolítico, ca *adj* néolithique. ◆ **neolítico** *m* néolithique *m*.
neologismo *m* néologisme *m*.
neón *m* néon *m*.
neopreno® *m* Néoprène® *m*.
neoyorquino, na ◇ *adj* new-yorkais(e). ◇ *m, f* New-Yorkais *m*, -e *f*.
neozelandés, esa = neocelandés.
Nepal : el ~ le Népal.
nervio *m* - **1.** [gen & ANAT] nerf *m* ; **hacer algo con ~** faire qqch avec énergie ; **tener ~** avoir du nerf - **2.** BOT & ARQUIT nervure *f*. ◆ **nervios** *mpl* [nerviosismo] nerfs *mpl* ; **tener ~s** être nerveux(euse) ; **tener un ataque de ~s** avoir une crise de nerfs ; **poner los ~s de punta** taper sur les nerfs ; **tener los ~s de punta** avoir les nerfs à vif.
nerviosismo *m* nervosité *f*.
nervioso, sa *adj* - **1.** [gen & ANAT] nerveux(euse) - **2.** [irritado] énervé(e) ; **ponerse ~** s'énerver.
nervudo, da *adj* [cuello, manos] nerveux(euse).
neto, ta *adj* net (nette).
neumático, ca *adj* pneumatique ; [cámara] à air. ◆ **neumático** *m* pneu *m*.
neumonía *f* pneumonie *f*.
neurálgico, ca *adj* névralgique.
neurastenia *f* neurasthénie *f*.
neurología *f* neurologie *f*.
neurólogo, ga *m, f* neurologue *mf*.
neurona *f* neurone *m*.
neurosis *f inv* névrose *f*.
neurótico, ca ◇ *adj* [trastorno, comportamiento] névrotique ; [persona] névrosé(e). ◇ *m, f* névrosé *m*, -e *f*.
neutral ◇ *adj* neutre. ◇ *mf* : **los ~es** les pays neutres.
neutralidad *f* neutralité *f*.
neutralizar *vt* neutraliser.
neutro, tra *adj* neutre.
neutrón *m* neutron *m*.
nevado, da *adj* enneigé(e). ◆ **nevada** *f* chute *f* de neige.
nevar *v impers* neiger.
nevera *f* réfrigérateur *m* ; [portátil] glacière *f*.
nevisca *f* légère chute *f* de neige.
nexo *m* lien *m (rapport)*.
ni ◇ *conj* ni ; **~ ... ~ ...** ni ... ni ... ; **~ de día ~ de noche** ni le jour ni la nuit ; **no canto ~ bailo** je ne chante pas et ne danse pas non plus ; **~ uno ~ otro** ni l'un ni l'autre ; **~ un/una ...** même pas un/une ... ; **no comió ni una manzana** il n'a même pas mangé une pomme ; **no dijo ~ una palabra** il n'a pas dit un traître mot ; **~ que ...** comme si ... ; **¡~ que lo conocieras!** comme si tu le connaissais! ; **¡~ pensarlo!, ~ hablar!** pas question! ◇ *adv* même pas ; **~ tiene tiempo para comer** il n'a même pas le temps de manger ; **no quiero ~ pensarlo** je ne veux même pas y penser.
Nicaragua Nicaragua *m*.
nicaragüense ◇ *adj* nicaraguayen(enne). ◇ *mf* Nicaraguayen *m*, - enne *f*.
nicho *m* niche *f (dans un mur)*.
nicky = niqui.
nicotina *f* nicotine *f*.
nido *m* nid *m*.
niebla *f lit & fig* brouillard *m*.
nieto, ta *m, f* petit-fils *m*, petite-fille *f*. ◆ **nietos** *mpl* petits-enfants *mpl*.
nieve *f* neige *f*. ◆ **nieves** *fpl* [nevada] chutes *fpl* de neige.
NIF (*abrev de* **número de identificación fiscal**) *m numéro d'identification, attribué à toute personne physique en Espagne*.
night-club ['naitklub] (*pl* **night-clubs**) *m* night-club *m*.
Nilo *m* : **el ~** le Nil.
nilón = nailon.
nimiedad *f* - **1.** [cualidad] insignifiance *f* - **2.** [dicho, hecho] vétille *f*.
nimio, mia *adj* insignifiant(e).
ninfa *f* nymphe *f*.
ninfómana *adj* & *f* nymphomane.
ninguno, na ◇ *adj (antes de sust masculino :* **ningún)** - **1.** [ni uno] aucun(e) ; **en ningún lugar** nulle part ; **ningún libro** aucun livre ; **ninguna mujer** aucune femme ; **no tiene ningunas ganas de estudiar** il n'a aucune envie de travailler ; **no tiene ninguna gracia** ce n'est pas drôle du tout - **2.** [valor enfático] : **no es ningún especialista** ce n'est vraiment pas un spé-

cialiste. ◇ *pron* : ~ **(de)** aucun (de) ; ~ **funciona** aucun ne marche ; **no vino** ~ personne n'est venu ; ~ **de ellos lo vio** aucun d'eux ne l'a vu ; **ninguna de las calles** aucune des rues.

niña *f* ▷ niño.

niñería *f* enfantillage *m*.

niñero, ra *adj* : **es muy** ~ il aime beaucoup les enfants. ◆ **niñera** *f* nourrice *f*.

niñez *f* - **1.** [infancia] enfance *f* - **2.** *fig* [pequeñez] enfantillage *m*.

niño, ña ◇ *adj* - **1.** [crío] petit(e) - **2.** [joven] : **ser muy** ~ être très jeune. ◇ *m, f* - **1.** [crío] enfant *mf*, petit garçon *m*, petite fille *f* ; [bebé] bébé *m* ; **de** ~ quand j'étais petit ; **los ~s** les enfants ; ~ **bien** enfant de bonne famille ; ~ **bonito** *fig* chouchou *m* ; ~ **prodigio** enfant prodige ; **estar como un** ~ **con zapatos nuevos** être heureux comme un roi ; **si no escribes a máquina, ¿qué ordenador ni qué** ~ **muerto te voy a regalar?** tu ne sais même pas taper à la machine, comment veux-tu que je t'offre un ordinateur? - **2.** [joven] gamin *m*, -e *f*. ◆ **niña** *f* [del ojo] pupille *f* ; **la niña de sus ojos** *fig* la prunelle de ses yeux.

nipón, ona ◇ *adj* nippon(onne). ◇ *m, f* Nippon *m*, -onne *f*.

níquel *m* nickel *m*.

niquelar *vt* nickeler.

niqui, nicky *m* tee-shirt *m*.

níspero *m* - **1.** [fruto] nèfle *f* - **2.** [árbol] néflier *m*.

nitidez *f* netteté *f*.

nítido, da *adj* net (nette) ; [agua, explicación] clair(e).

nitrato *m* nitrate *m*.

nitrógeno *m* azote *m*.

nivel *m* niveau *m* ; **a** ~ **europeo** au niveau européen ; **al** ~ **de** à la hauteur de ; **al** ~ **del mar** au niveau de la mer ; ~ **de vida** niveau de vie.

nivelación *f* nivellement *m*.

nivelar *vt* niveler ; [balanza] équilibrer.

no (*pl* **noes**) ◇ *m* non *m* ; **un** ~ **rotundo** un non catégorique. ◇ *adv* - **1.** [gen] non ; **¿te gusta?** – ~ ça te plaît? – non ; **estás de acuerdo ¿~?** tu es d'accord, non? - **2.** [en forma negativa] ne ... pas ; ~ **tengo hambre** je n'ai pas faim ; **¿~ vienes?** tu ne viens pas? ; **creo que** ~ je ne crois pas ; ~ **quiero nada** je ne veux rien ; ~ **hemos visto a nadie** nous n'avons vu personne ; ~ **fumadores** non-fumeurs ; **¿por qué ~?** pourquoi pas? ; **todavía** ~ pas encore - **3.** *loc* : **¡a que** ~ **te atreves!** je parie que tu ne le fais pas! ; **¡cómo ~!** bien sûr! ; ~ **sólo ... sino que** non seulement ... mais ... ; ~ **sólo se equivoca, sino que encima es testarudo** non seulement il a tort mais en plus il s'entête ; **¡pues ~!**, **¡que ~!**, **¡eso sí que ~!** certainement pas!

nobiliario, ria *adj* nobiliaire.

noble *adj* & *mf* noble.

nobleza *f* noblesse *f*.

noche *f* [gen] nuit *f* ; [atardecer] soir *m* ; **esta** ~ **ceno en casa** ce soir je dîne à la maison ; **de** ~ la nuit ; [trabajo] de nuit ; **es de** ~ il fait nuit ; **hacer** ~ **en** passer la nuit à ; **por la** ~ la nuit ; **ayer por la** ~ hier soir ; **se ha hecho de** ~ la nuit est tombée ; **de la** ~ **a la mañana** du jour au lendemain. ◆ **buenas noches** *interj* : **¡buenas ~s!** [despedida] bonne nuit! ; [saludo] bonsoir!

Nochebuena *f* nuit *f* de Noël.

nochero *m Amer* - **1.** [vigilante] veilleur *m* de nuit - **2.** [mesita] table *f* de nuit.

Nochevieja *f* nuit *f* de la Saint-Sylvestre.

noción *f* notion *f*. ◆ **nociones** *fpl* : **tener nociones de ...** avoir des notions de ...

nocivo, va *adj* nocif(ive).

noctámbulo, la *adj* & *m, f* noctambule.

nocturno, na *adj* nocturne ; [clase] du soir ; [tren, trabajo etc] de nuit.

nodriza *f* nourrice *f* ▷ **avión**.

nogal *m* noyer *m*.

nómada *adj* & *mf* nomade.

nombramiento *m* nomination *f*.

nombrar *vt* nommer.

nombre *m* - **1.** [gen] nom *m* ; **en** ~ **de** au nom de ; ~ **artístico** [de actor] nom de scène ; [de escritor] nom de plume ; ~ **completo**, ~ **y apellido** noms et prénoms ; ~ **de soltera** nom de jeune fille - **2.** [antes de apellido] : ~ **(de pila)** prénom *m* - **3.** *fig* [fama] renom *m*.

nomenclatura *f* nomenclature *f*.

nómina *f* - **1.** [registro] liste *f* du personnel ; **estar en** ~ faire partie du personnel - **2.** [hoja] feuille *f* de paie - **3.** [pago] paie *f*.

nominal *adj* nominal(e).

nominar *vt* nommer.

nomo = **gnomo**.

non ◇ *adj* impair(e). ◇ *m* nombre *m* impair. ◆ **nones** *mpl* : **decir que ~es** dire que non.

nonagésimo, ma *adj num* quatre-vingt-dixième.

nordeste = **noreste**.

nórdico, ca ◇ *adj* - **1.** [del norte] nord - **2.** [escandinavo] nordique. ◇ *m, f* Nordique *mf*.

noreste, nordeste *adj* & *m* nord-est.

noria *f* **- 1.** [para agua] noria *f* **- 2.** [de feria] grande roue *f*.

norma *f* **- 1.** [reglamento] règle *f* ; **~ de conducta** ligne *f* de conduite **- 2.** [industrial] norme *f*.

normal *adj* normal(e) ; [gasolina] ordinaire.

normalidad *f* normalité *f* ; **volver a la ~** revenir à la normale.

normalizar *vt* normaliser. ◆ **normalizarse** *vpr* redevenir normal(e).

normativo, va *adj* normatif(ive). ◆ **normativa** *f* réglementation *f*.

noroeste *adj* & *m* nord-ouest.

norte ◇ *m* nord *m inv* ; **el ~ de Europa** le nord de l'Europe. ◇ *adj* [zona, frontera] nord *(inv)* ◆ **Norte** *m* [punto cardinal] : **el Norte** le Nord.

Norteamérica Amérique *f* (du Nord).

norteamericano, na ◇ *adj* nord-américain(e), américain(e). ◇ *m, f* Américain *m*, -e *f*.

Noruega Norvège *f*.

noruego, ga ◇ *adj* norvégien(enne). ◇ *m, f* Norvégien *m*, -enne *f*. ◆ **noruego** *m* [lengua] norvégien *m*.

nos *pron pers* nous ; **viene a vernos** il vient nous voir ; **~ lo dio** il nous l'a donné ; **vistámonos** habillons-nous ; **~ queremos** nous nous aimons.

nosotros, tras *pron pers* nous ; **~ mismos** nous-mêmes ; **entre ~** entre nous.

nostalgia *f* nostalgie *f*.

nota *f* [gen & MÚS] note *f* ; **sacar buenas ~s** avoir de bonnes notes ; **tomar ~ de algo** prendre note de qqch ; **dar la ~** se faire remarquer.

notable ◇ *adj* [meritorio] remarquable ; [considerable] notable. ◇ *m* **- 1.** EDUC mention *f* bien **- 2.** *(gen pl)* [persona] notable *m*.

notar *vt* **- 1.** [advertir] remarquer **- 2.** [percibir] sentir, trouver ; **la noto molesta** je la sens gênée ; **~ calor/frío** trouver qu'il fait chaud/froid. ◆ **notarse** *vpr* se voir.

notaría *f* **- 1.** [profesión] notariat *m* **- 2.** [oficina] étude *f* (de notaire).

notario, ria *m, f* notaire *m*.

noticia *f* nouvelle *f*. ◆ **noticias** *fpl* RADIO & TELE : **las ~s** les informations.

notificación *f* notification *f*.

notificar *vt* notifier.

notoriedad *f* notoriété *f*.

notorio, ria *adj* notoire.

nov., novbre. *(abrev de* **noviembre***)* nov.

novatada *f* **- 1.** [broma] bizutage *m* **- 2.** [inexperiencia] erreur *f* de débutant ; **pagar la ~** faire les frais de son inexpérience.

novato, ta *adj* & *m, f* débutant(e).

novecientos, tas *adj num* neuf cents ; *ver también* **seiscientos**.

novedad *f* nouveauté *f* ; [cambio] nouveau *m* ; **sin ~** rien de nouveau. ◆ **novedades** *fpl* COM nouveautés *fpl*.

novel *adj* débutant(e).

novela *f* roman *m* ; **~ policíaca** roman policier.

novelar *vt* romancer.

novelesco, ca *adj* romanesque.

novelista *mf* romancier *m*, -ère *f*.

noveno, na *adj num* neuvième.

noventa *adj num inv* & *m inv* quatre-vingt-dix ; *ver también* **sesenta**.

noviazgo *m* fiançailles *fpl*.

noviembre *m* novembre *m* ; *ver también* **septiembre**.

novillada *f* TAUROM *course de jeunes taureaux*.

novillo, lla *m, f* jeune taureau *m*, génisse *f* ; **hacer ~s** *fam fig* faire l'école buissonnière.

novio, via *m, f* **- 1.** [amante] copain *m*, copine *f* ; [prometido] fiancé *m*, -e *f* **- 2.** [recién casados] jeune marié *m*, jeune mariée *f* ; **los ~s** les mariés.

nubarrón *m* gros nuage *m*.

nube *f* **- 1.** [gen] nuage *m* **- 2.** *fig* [multitud] nuée *f* **- 3.** *loc* : **estar en las ~s** être dans les nuages ; **poner algo/a alguien por las ~s** porter qqch/qqn aux nues ; **vivir en las ~s** ne pas avoir les pieds sur terre.

nublado, da *adj* **- 1.** [cielo] nuageux(euse) **- 2.** *fig* [mirada] brouillé(e).

nublar *vt* **- 1.** [cielo] assombrir **- 2.** *fig* [mente] obscurcir. ◆ **nublarse** *vpr* **- 1.** [tiempo] se couvrir **- 2.** [ojos] se voiler **- 3.** *fig* [persona] : **se le nubló la razón** il a perdu son sang-froid.

nuca *f* nuque *f*.

nuclear *adj* nucléaire.

núcleo *m* noyau *m*.

nudillo *m* jointure *f (des doigts)*.

nudismo *m* nudisme *m*.

nudo *m* **- 1.** [gen] nœud *m* ; **hacérsele a alguien un ~ en la garganta** avoir la gorge nouée **- 2.** *fig* [de amistad] lien *m*.

nudoso, sa *adj* noueux(euse).

nuera *f* belle-fille *f*.

nuestro, tra ◇ *adj poses* notre ; **~ padre** notre père ; **~s libros** nos livres ; **este libro es ~** ce livre est à nous ; **un amigo ~** un de nos amis ; **no es asunto ~** ça ne

nous regarde pas ; **no es culpa nuestra** ce n'est pas (de) notre faute. ◇ *pron poses* : **el ~** le nôtre ; **la nuestra** la nôtre ; **ésta es la nuestra** *fam* à nous de jouer ; **lo ~ es el teatro** *fam* notre truc c'est le théâtre ; **los ~s** [nuestra familia] les nôtres.
nueva *f* ▷ **nuevo.**
Nueva York New York.
Nueva Zelanda Nouvelle-Zélande *f.*
nueve *adj num inv & m inv* neuf ; *ver también* **seis.**
nuevo, va ◇ *adj* - **1.** [gen] nouveau(elle) ; **el año ~** le nouvel an - **2.** [no usado] neuf (neuve). ◇ *m, f* nouveau *m*, -elle *f.* ◆ **buena nueva** *f* bonne nouvelle *f.* ◆ **de nuevo** *loc adv* de o à nouveau.
nuez *f* - **1.** [fruto] noix *f* - **2.** ANAT pomme *f* d'Adam. ◆ **nuez moscada** *f* noix *f* (de) muscade.
nulidad *f* nullité *f.*
nulo, la *adj* nul (nulle) ; **es ~ para la música** il est nul en musique.
núm. (*abrev de* **número**) n°.
numeración *f* - **1.** [acción] numérotation *f* - **2.** [sistema] chiffres *mpl*, numération *f.*
numeral *adj* numéral(e).
numerar *vt* numéroter ; [contar] compter. ◆ **numerarse** *vpr* [personas] se compter.
numérico, ca *adj* numérique.
número *m* - **1.** [cantidad, MAT & GRAM] nombre *m* ; **un gran ~ de ...** un grand nombre de ... - **2.** [en serie, espectáculo, publicación] numéro *m* ; **~ de matrícula** numéro d'immatriculation ; **~ de teléfono** numéro de téléphone - **3.** [cifra] chiffre *m* ; **~ redondo** chiffre rond - **4.** [talla - de ropa] taille *f* ; [- de zapatos] pointure *f* - **5.** [billete] billet *m (de loterie)* - **6.** MIL membre *m (de la garde civile etc)* - **7.** *loc* : **en ~s rojos** en rouge, à découvert ; **hacer ~s** faire les comptes ; **montar el ~** faire son numéro.
numerología *f* numérologie *f.*
numeroso, sa *adj* nombreux(euse).
nunca *adv* jamais ; **~ me hablas** tu ne me parles jamais ; **no llama ~** il n'appelle jamais ; **~ jamás** o **más** jamais plus.
nuncio *m* nonce *m.*
nupcial *adj* nuptial(e).
nupcias *fpl* noces *fpl.*
nurse ['nurs] *f* nurse *f.*
nutria *f* loutre *f.*
nutrición *f* nutrition *f.*
nutrido, da *adj* - **1.** [alimentado] nourri(e) - **2.** *fig* [numeroso] nombreux(euse) ; **~ de** truffé de.
nutrir *vt* - **1.** [gen] : **~ (de** o **con)** nourrir (de) - **2.** *fig* [agua etc] : **~ (de)** alimenter (en). ◆ **nutrirse** *vpr* - **1.** [alimentarse] : **~se de** o **con** se nourrir de - **2.** *fig* [proveerse] : **~se de** o **con** se fournir en.
nutritivo, va *adj* nutritif(ive).
nylon® = **nailon.**

Ñ

ñ, Ñ [eɲe] *f* [letra] ñ *m inv*, Ñ *m inv (lettre de l'alphabet espagnol).*
ñoñería, ñoñez *f* niaiserie *f.*
ñoño, ña *adj* - **1.** [recatado] timoré(e) - **2.** [soso - estilo] mièvre ; [- apariencia] cucul.
ñudo *Amer* ◆ **al ñudo** *loc adv fam* en vain.

O

o¹ (*pl* **oes**) , **O** (*pl* **Oes**) [o] *f* [letra] o *m inv*, O *m inv.*
o² *conj ('u' en vez de 'o' antes de palabras que empiezan por 'o' u 'ho')* ou ; **rojo o verde** rouge ou vert ; **25 o 30** 25 ou 30 ; **uno u otro** l'un ou l'autre ; **10 ó 30** 10 ou 30. ◆ **o sea (que)** *loc conj* autrement dit.
o/ *abrev de* **orden.**
oasis *m inv lit & fig* oasis *f.*
obcecar *vt* aveugler. ◆ **obcecarse** *vpr* - **1.** [empeñarse] : **~se en** s'obstiner à - **2.** [cegarse] : **~se con** o **por** être aveuglé(e) par.
obedecer ◇ *vt* obéir à. ◇ *vi* obéir ; **calla y obedece** tais-toi et obéis ; **~ a** [estar motivado por] être dû (due) à.
obediencia *f* obéissance *f.*
obediente *adj* obéissant(e).
obertura *f* MÚS ouverture *f.*
obesidad *f* obésité *f.*

obeso, sa *adj* & *m, f* obèse.
obispo *m* évêque *m*.
objeción *f* objection *f* ; ~ **de conciencia** objection de conscience.
objetar <> *vt* objecter ; **si no tiene nada que** ~ si vous n'y voyez pas d'inconvénient. <> *vi* être objecteur de conscience.
objetividad *f* objectivité *f*.
objetivo, va *adj* objectif(ive). ◆ **objetivo** *m* objectif *m*.
objeto *m* objet *m* ; **ser** ~ **de** faire l'objet de. ◆ **objetos perdidos** *mpl* objets *mpl* trouvés.
objetor, ra *m, f* : ~ **(de conciencia)** objecteur *m* de conscience ; **fue el único** ~ **a mi solicitud** c'est le seul qui se soit opposé à ma demande.
oblicuo, cua *adj* oblique.
obligación *f* [gen & COM] obligation *f*.
obligado, da *adj* obligatoire ; **es** ~ **llevar corbata** le port de la cravate est obligatoire.
obligar *vt* : ~ **a alguien a hacer algo** obliger qqn à faire qqch. ◆ **obligarse** *vpr* : **~se a hacer algo** s'engager à faire qqch.
obligatorio, ria *adj* obligatoire.
oboe <> *m* [instrumento] hautbois *m*. <> *mf* [persona] hautboïste *mf*.
obra *f* - **1.** [gen] œuvre *f* ; ~ **de arte** œuvre d'art ; ~ **de caridad** œuvre de charité ; ~ **de consulta** ouvrage *m* de référence ; ~ **de teatro** pièce *f* de théâtre ; **~s completas** œuvres complètes ; ~ **maestra** chef-d'œuvre *m* ; **por** ~ **de**, **por** ~ **y gracia de** grâce à ; **por** ~ **y gracia del Espíritu Santo** par l'opération du Saint-Esprit - **2.** CONSTR [lugar] chantier *m* ; [reforma] travaux *mpl* ; **~s públicas** travaux publics.
obrar *vi* - **1.** [gen] agir - **2.** [estar en poder] : **el documento obra en poder del notario** le notaire est en possession du document.
obrero, ra *adj* & *m, f* ouvrier(ère).
obscenidad *f* obscénité *f*.
obsceno, na *adj* obscène.
obscurecer = **oscurecer**.
obscuridad = **oscuridad**.
obscuro = **oscuro**.
obsequiar *vt* offrir ; ~ **a alguien con algo** offrir qqch à qqn.
obsequio *m* cadeau *m*.
observación *f* observation *f* ; [advertencia] remarque *f*.
observador, ra *adj* & *m, f* observateur(trice).
observancia *f* observance *f*.
observar *vt* observer ; [advertir] remarquer ; **se observa una cierta mejora** on observe une légère amélioration.
observatorio *m* observatoire *m*.
obsesión *f* obsession *f*.
obsesionar *vt* obséder. ◆ **obsesionarse** *vpr* : **~se con** être obsédé(e) par.
obsesivo, va *adj* obsédant(e), obsessionnel(elle).
obseso, sa *adj* & *m, f* obsédé(e).
obstaculizar *vt* - **1.** [obstruir] gêner - **2.** *fig* [impedir] faire obstacle à.
obstáculo *m* obstacle *m*.
obstante ◆ **no obstante** *loc adv* néanmoins.
obstetricia *f* obstétrique *f*.
obstinado, da *adj* obstiné(e).
obstinarse *vpr* s'obstiner ; ~ **en** [idea etc] s'obstiner (dans) ; ~ **en hacer algo** s'obstiner à faire qqch.
obstrucción *f* obstruction *f*.
obstruir *vt* - **1.** [bloquear] obstruer - **2.** *fig* [obstaculizar] empêcher. ◆ **obstruirse** *vpr* s'obstruer, se boucher.
obtener *vt* obtenir. ◆ **obtenerse** *vpr* s'obtenir.
obturar *vt* obturer.
obtuso, sa <> *adj* - **1.** [gen] obtus(e) - **2.** [sin punta] émoussé(e). <> *m, f fig* : **es un** ~ il est obtus.
obús (*pl* **obuses**) *m* - **1.** [cañón] obusier *m* - **2.** [proyectil] obus *m*.
obviar *vt* [inconveniente, problema] parer à ; [dificultad, obstáculo] contourner.
obvio, via *adj* évident(e).
oca *f* - **1.** [animal] oie *f* - **2.** [juego] jeu *m* de l'oie.
ocasión *f* occasion *f* ; **con** ~ **de** à l'occasion de ; **de** ~ d'occasion ; **en alguna** o **cierta** ~ une fois ; **en algunas ocasiones** parfois.
ocasional *adj* occasionnel(elle).
ocasionar *vt* causer.
ocaso *m* - **1.** [anochecer] crépuscule *m* - **2.** *fig* [decadencia] déclin *m*.
occidental <> *adj* occidental(e). <> *mf* Occidental *m*, -e *f*.
occidente *m* occident *m* ; **el sol se pone por** ~ le soleil se couche à l'ouest. ◆ **Occidente** *m* : **(el) Occidente** (l')Occident *m*.
OCDE (*abrev de* **Organización para la Cooperación y el Desarrollo Económico**) *f* OCDE *f*.
Oceanía Océanie *f*.

oceánico, ca *adj* **- 1.** [del océano] océanique **- 2.** [de Oceanía] océanien(enne).
océano *m* océan *m* ; **el ~ (Glacial) Antártico** l'océan Antarctique ; **el ~ Atlántico** l'océan Atlantique ; **el ~ (Glacial) Ártico** l'océan Arctique ; **el ~ Índico** l'océan Indien ; **el ~ Pacífico** l'océan Pacifique.
ochenta ◇ *adj num inv* quatre-vingts ; **~ hombres** quatre-vingts hommes ; **~ y dos** quatre-vingt-deux ; **página ~** page quatre-vingt. ◇ *m inv* quatre-vingts *m inv* ; *ver también* **sesenta.**
ocho *adj num inv* & *m inv* huit ; *ver también* **seis.**
ochocientos, tas *adj num* huit cents ; *ver también* **seiscientos.**
ocio *m* loisirs *mpl* ; **el tiempo de ~** le temps libre.
ocioso, sa *adj* oisif(ive) ; [inútil] oiseux(euse) ; **el miércoles es un día ~** le mercredi, repos.
oclusión *f* occlusion *f.*
ocre ◇ *m* **- 1.** [color] ocre *m* **- 2.** [mineral] ocre *f.* ◇ *adj inv* [color] ocre.
octágono, na *adj* octogonal(e). ◆ **octágono** *m* octogone *m.*
octano *m* octane *m.*
octava *f* ▷ **octavo.**
octavilla *f* **- 1.** [de propaganda] tract *m* **- 2.** [tamaño] in-octavo *m inv.*
octavo, va *adj num* huitième. ◆ **octavo** *m* huitième *m* ; **~s de final** DEP huitièmes de finale. ◆ **octava** *f* MÚS octave *f.*
octeto *m* INFORM octet *m.*
octogenario, ria *adj* & *m, f* octogénaire.
octubre *m* octobre *m* ; *ver también* **septiembre.**
ocular *adj* oculaire.
oculista *mf* oculiste *mf.*
ocultar *vt* cacher. ◆ **ocultarse** *vpr* se cacher.
ocultismo *m* occultisme *m.*
oculto, ta *adj* **- 1.** [gen] caché(e) **- 2.** *fig* [poderes, ciencias] occulte.
ocupación *f* **- 1.** [gen] occupation *f* **- 2.** [empleo] profession *f.*
ocupado, da *adj* occupé(e).
ocupante *adj* & *mf* occupant(e).
ocupar *vt* **- 1.** [gen] occuper **- 2.** [dar trabajo] employer.
ocurrencia *f* **- 1.** [idea] idée *f* **- 2.** [dicho gracioso] trait *m* d'esprit.
ocurrente *adj* spirituel(elle) *(drôle).*
ocurrir *vi* arriver ; **aquí ocurre algo extraño** il se passe quelque chose de bizarre ici ; **¿qué te ocurre?** qu'est-ce qui t'arrive? ◆ **ocurrirse** *vpr* [venir a la cabeza] : **no se me ocurre ninguna solución** je ne vois aucune solution ; **¡ni se te ocurra!** tu n'as pas intérêt ; **¿se te ocurre algo?** tu as une idée? ; **se me ocurre que podríamos salir** et si on sortait?
oda *f* ode *f.*
odiar *vt* haïr ; [comida] détester.
odio *m* haine *f* ; **tener ~ a algo/alguien** haïr qqch/qqn.
odioso, sa *adj* odieux(euse) ; [lugar, tiempo] détestable.
odisea *f* odyssée *f* ; *fig* épopée *f.*
odontología *f* odontologie *f.*
oeste ◇ *m* **- 1.** [zona] ouest *m inv* ; **el ~ de Europa** l'ouest de l'Europe **- 2.** [viento] vent *m* d'ouest. ◇ *adj* [zona, frontera] ouest *(inv)* ; [viento] d'ouest. ◆ **Oeste** *m* [punto cardinal] : **el Oeste** l'Ouest.
ofender ◇ *vt* offenser. ◇ *vi* faire offense. ◆ **ofenderse** *vpr* se vexer.
ofensa *f* **- 1.** [gen] offense *f* **- 2.** DER outrage *m.*
ofensivo, va *adj* **- 1.** [injurioso] offensant(e) **- 2.** [de ataque] offensif(ive). ◆ **ofensiva** *f* offensive *f.*
oferta *f* **- 1.** [gen & ECON] offre *f* ; **~ pública de adquisición** offre publique d'achat ; **~s de trabajo** offres d'emploi **- 2.** [rebaja] promotion *f* ; **de** o **en ~** en promotion.
ofertar *vt* faire une promotion sur.
office ['ofis] *m inv* office *m (d'une cuisine).*
oficial, la *m, f* apprenti *m* qualifié, apprentie *f* qualifiée. ◆ **oficial** ◇ *adj* officiel(elle). ◇ *m* **- 1.** MIL officier *m* **- 2.** [funcionario] : **~ (administrativo)** employé *m* (administratif).
oficialismo *m Amer soutien inconditionnel du parti au pouvoir.*
oficiar ◇ *vt* [misa, ceremonia] célébrer. ◇ *vi* **- 1.** [sacerdote] officier **- 2.** [actuar de] : **~ de** faire office de.
oficina *f* bureau *m* ; **~ de empleo** agence *f* pour l'emploi, ≃ ANPE *f* ; **~ de turismo** office *m* du tourisme.
oficinista *mf* employé *m*, -e *f* de bureau.
oficio *m* **- 1.** [gen] métier *m* ; **ser del ~** être du métier ; **no tener ~ ni beneficio** être un bon à rien **- 2.** RELIG office *m* **- 3.** [función] fonction *f.*
oficioso, sa *adj* officieux(euse).
ofimática *f* bureautique *f.*
ofrecer *vt* offrir ; [fiesta, posibilidad] donner ; [perspectivas] ouvrir ; [particula-

ridad, aspecto] présenter. ◆ **ofrecerse** *vpr* : **~se a** o **para hacer algo** s'offrir pour faire qqch.

ofrecimiento *m* offre *f* ; **~ de** o **para** offre de.

ofrenda *f* offrande *f*.

ofrendar *vt* : **~ algo a alguien** faire offrande de qqch à qqn.

oftalmología *f* ophtalmologie *f*.

ofuscar *vt lit & fig* aveugler. ◆ **ofuscarse** *vpr* se troubler ; **~se con** être obnubilé(e) par.

ogro *m* ogre *m* ; *fig* monstre *m*.

oh *interj* : **¡oh!** oh!

oída ◆ **de oídas** *loc adv* par ouï-dire.

oído *m* **- 1.** [órgano] oreille *f* **- 2.** [sentido] ouïe *f* **- 3.** *loc* : **aguzar el ~** tendre l'oreille ; **de ~** d'oreille ; **hacer ~s sordos** faire la sourde oreille ; **prestar ~s a algo** [creer] prêter foi à qqch ; **ser duro de ~** être dur d'oreille ; **ser todo ~s** être tout ouïe ; **tener (buen) ~** avoir de l'oreille ; **tener mal ~, no tener ~** ne pas avoir d'oreille.

oír *vt* **- 1.** [gen] entendre **- 2.** [atender] écouter ; **¡oiga, por favor!** votre attention s'il vous plaît! ; **¡oiga!** allô! (qui est à l'appareil?) ; **¡oye!** *fam* écoute!

OIT *f* **- 1.** (*abrev de* **Organización Internacional del Trabajo**) OIT *f* **- 2.** (*abrev de* **Oficina Internacional del Trabajo**) BIT *m*.

ojal *m* boutonnière *f*.

ojalá *interj* **- 1.** [esperanza] : **¡~ lo haga!** pourvu qu'il le fasse **- 2.** [añoranza] : **¡~ estuviera aquí!** si seulement il était là!

ojeada *f* coup *m* d'œil ; **echar** o **dar una ~ (a)** jeter un coup d'œil (à).

ojear *vt* regarder.

ojera *f (gen pl)* cerne *m* ; **tener ~s** avoir des cernes o les yeux cernés.

ojeriza *f fam* : **tener ~ a alguien** avoir une dent contre qqn.

ojeroso, sa *adj* : **estar ~** avoir les yeux cernés.

ojete *m* **- 1.** [para cordones] œillet *m* **- 2.** *vulg* [ano] trou *m* de balle.

ojo ◇ *m* **- 1.** [órgano] œil *m* **- 2.** [de aguja] chas *m* ; [de cerradura] trou *m* **- 3.** *loc* : **andar con (mucho) ~** faire (bien) attention ; **a ~ (de buen cubero)** au jugé ; **a ~s vistas** à vue d'œil ; **comerse con los ~s a alguien** *fam* dévorer qqn des yeux ; **echar el ~ a alguien/algo** jeter son dévolu sur qqn/qqch ; **en un abrir y cerrar de ~s** en un clin d'œil ; **mirar** o **ver con buenos/malos ~s** voir d'un bon/mauvais œil ; **no pegar ~** ne pas fermer l'œil ; **~s que no ven, corazón que no siente** loin des yeux, loin du cœur ; **tener (buen) ~** avoir le coup d'œil. ◇ *interj* : **¡ojo!** attention! ◆ **ojo de buey** *m* œil-de-bœuf *m*.

OK [o'kei] *interj* : **¡OK!** OK!

okupa *mf mfam* squatter *m*.

ola *f* vague *f* ; **la nueva ~** la nouvelle vague.

ole, olé *interj* : **¡ole!** olé!

oleada *f lit & fig* vague *f*.

oleaje *m* houle *f*.

óleo *m* ARTE huile *f*.

oleoducto *m* oléoduc *m*, pipeline *m*.

oler ◇ *vt* sentir. ◇ *vi* sentir ; **huele bien/mal** ça sent bon/mauvais ; **huele a lavanda/tabaco** ça sent la lavande/le tabac ; **huele a mentira** ça sent le mensonge. ◆ **olerse** *vpr* [sospechar] : **~se algo** flairer qqch.

olfatear *vt lit & fig* flairer.

olfato *m* **- 1.** [sentido] odorat *m* **- 2.** *fig* [sagacidad] flair *m*.

oligarquía *f* oligarchie *f*.

olimpiada, olimpíada *f* olympiade *f* ; **las ~s** les JO *mpl*.

olímpicamente *adv fam* : **pasar ~ de algo** se ficher royalement de qqch.

olisquear *vt* renifler.

oliva *f* olive *f*.

olivar *m* oliveraie *f*.

olivo *m* olivier *m*.

olla *f* marmite *f* ; **~ a presión** o **exprés** autocuiseur *m*, Cocotte-Minute® *f* ; **~ podrida** CULIN ragoût *m*.

olmo *m* orme *m*.

olor *m* odeur *f* ; **~ a** odeur de.

oloroso, sa *adj* odorant(e). ◆ **oloroso** *m grand cru de Jerez*.

OLP (*abrev de* **Organización para la Liberación de Palestina**) *f* OLP *f*.

olvidadizo, za *adj* tête en l'air *(inv)*.

olvidar *vt* oublier. ◆ **olvidarse** *vpr* : **~se (algo/de hacer algo)** oublier (qqch/de faire qqch).

olvido *m* oubli *m* ; **caer en el ~** tomber dans l'oubli.

ombligo *m* nombril *m*.

omisión *f* omission *f*.

omitir *vt* omettre.

ómnibus *m inv* omnibus *m (autobus)*.

omnipotente *adj* omnipotent(e) ; **se cree ~** il se croit tout-puissant.

omnipresente *adj* omniprésent(e).

omnívoro, ra *adj & m, f* omnivore.

omoplato, omóplato *m* omoplate *f*.

OMS (*abrev de* **Organización Mundial de la Salud**) *f* OMS *f*.
once *adj num inv* & *m inv* onze ; *ver también* **seis**.
ONCE (*abrev de* **Organización Nacional de Ciegos Españoles**) *f association nationale espagnole d'aide aux aveugles et aux handicapés qui organise notamment une loterie*.
onceavo, va *adj num* onzième ; **onceava parte** onzième *m* ; *ver también* **sexto**.
onda *f* - **1.** FÍS & RADIO onde *f* ; ~ **corta** ondes courtes ; ~ **larga** grandes ondes ; ~ **media** ondes moyennes - **2.** [del pelo, tela etc] ondulation *f*.
ondear *vi* ondoyer.
ondulación *f* ondulation *f*.
ondulado, da *adj* ondulé(e).
ondular *vt* & *vi* onduler.
ONG (*abrev de* **Organización No Gubernamental**) *f* ONG *f*.
ónice, ónix *m* o *f* onyx *m*.
ónix = **ónice**.
on-line *adj inv* INFORM en ligne.
onomástico, ca *adj culto* onomastique. ◆ **onomástica** *f culto* [día del santo] fête *f* ; [ciencia] onomastique *f*.
onomatopeya *f* onomatopée *f*.
ONU (*abrev de* **Organización de las Naciones Unidas**) *f* ONU *f*.
onza *f* - **1.** [unidad de peso] once *f* - **2.** [de chocolate] carré *m*.
OPA (*abrev de* **oferta pública de adquisición**) *f* OPA *f*.
opaco, ca *adj* opaque.
ópalo *m* opale *f*.
opción *f* - **1.** [elección] choix *m* - **2.** [derecho] : **dar ~ a algo** donner droit à qqch ; **tener ~ a algo** avoir droit à qqch - **3.** COM option *f* ; ~ **de compra/de venta** option d'achat/de vente.
opcional *adj* optionnel(elle), facultatif(ive) ; **la radio es ~** la radio est en option.
OPEP (*abrev de* **Organización de Países Exportadores de Petróleo**) *f* OPEP *f*.
ópera *f* opéra *m*.
operación *f* opération *f* ; ~ **retorno** *opération de régulation de la circulation routière en période de retour de vacances*.
operador, ra *m, f* - **1.** MED chirurgien *m*, -enne *f* - **2.** [de máquina] opérateur *m*, -trice *f* - **3.** CIN projectionniste *mf* ; ~ **de cámara** opérateur *m* de prises de vues. ◆ **operador turístico** *m* tour-opérateur *m*.
operar ◇ *vt* opérer ; ~ **a alguien de algo** opérer qqn de qqch. ◇ *vi* - **1.** [gen] opérer - **2.** COM réaliser une opération - **3.** MAT faire une opération. ◆ **operarse** *vpr* - **1.** [gen] : **~se (de)** se faire opérer (de) - **2.** [producirse] s'opérer.
operario, ria *m, f* ouvrier *m*, -ère *f*.
operativo, va *adj* opérationnel(elle).
opereta *f* opérette *f*.
opinar ◇ *vt* penser. ◇ *vi* donner son avis o son opinion ; ~ **bien de** penser du bien de.
opinión *f* - **1.** [parecer] opinion *f*, avis *m* ; **expresar** o **dar su ~** donner son avis o son opinion ; ~ **pública** opinion publique - **2.** [reputación] réputation *f*.
opio *m* opium *m*.
opíparo, ra *adj* copieux(euse) ; **una comida opípara** un festin.
oponente *mf* opposant *m*, -e *f* ; DEP adversaire *mf*.
oponer *vt* opposer. ◆ **oponerse** *vpr* : **~se (a)** s'opposer (à).
oporto *m* porto *m*.
oportunidad *f* - **1.** [ocasión] occasion *f* ; **aprovechar la ~** profiter de l'occasion - **2.** [conveniencia] opportunité *f* - **3.** [posibilidad] chance *f* ; **dar otra ~** redonner une chance. ◆ **oportunidades** *fpl* COM promotions *fpl*.
oportunismo *m* opportunisme *m*.
oportunista *adj* & *mf* opportuniste.
oportuno, na *adj* opportun(e) ; **es ~ decírselo ahora** il convient de le lui dire maintenant.
oposición *f* - **1.** [gen & POLÍT] opposition *f* - **2.** [obstáculo] résistance *f* - **3.** *(gen pl)* concours *m* ; ~ **a** concours de recrutement de ; ~ **a cátedra** ≃ concours de l'agrégation.
opositor, ra *m, f* [a un cargo] candidat *m*, -e *f (à un concours)*.
opresión *f* - **1.** [represión, ahogo] oppression *f* - **2.** [de un botón] pression *f*.
opresivo, va *adj* oppressif(ive).
opresor, ra ◇ *adj* oppresseur ; **una política opresora** une politique d'oppression. ◇ *m, f* oppresseur *m*.
oprimir *vt* - **1.** [botón] presser - **2.** [reprimir] opprimer - **3.** *fig* [ahogar] oppresser.
optar *vi* - **1.** [escoger] : ~ **por algo** choisir qqch ; ~ **por hacer algo** choisir de faire qqch - **2.** [aspirar] : ~ **a** aspirer à.
optativo, va *adj* optionnel(elle).
óptico, ca ◇ *adj* optique. ◇ *m, f* opticien *m*, -enne *f*. ◆ **óptica** *f* - **1.** [gen] optique *f* - **2.** [tienda] : **en la óptica** chez l'opticien.

optimismo *m* optimisme *m*.
optimista *adj* & *mf* optimiste.
óptimo, ma ◇ *superl* ⊳ **bueno**. ◇ *adj* optimal(e) ; [temperatura] optimum.
opuesto, ta ◇ *pp irreg* ⊳ **oponer**. ◇ *adj* opposé(e).
opulencia *f* opulence *f*.
opulento, ta *adj* opulent(e).
oración *f* - **1.** [rezo] prière *f* - **2.** GRAM proposition *f*.
oráculo *m* oracle *m*.
orador, ra *m, f* orateur *m*, -trice *f*.
oral ◇ *adj* oral(e). ◇ *m* ⊳ **examen**.
órale *interj Amer fam* : **¡órale!** [de acuerdo] d'accord! ; [¡venga!] allez!
orangután *m* orang-outan *m*.
orar *vi* prier.
oratorio, ria *adj* oratoire. ◆ **oratoria** *f* art *m* oratoire.
órbita *f* - **1.** [gen] orbite *f* - **2.** *fig* [ámbito] sphère *f* d'influence.
orca *f* orque *f*.
orden (*pl* **órdenes**) ◇ *m* ordre *m* ; **en ~** en ordre ; **por ~** par ordre ; **~ público** ordre public. ◇ *f* [RELIG & mandato] ordre *m* ; **¡a la ~!** MIL à vos ordres! ; **por ~ de** par ordre de ; **~ de arresto** mandat *m* d'arrêt ; **estar a la ~ del día** être monnaie courante. ◆ **del orden de** *loc prep* de l'ordre de. ◆ **orden del día** *m* ordre *m* du jour.
ordenado, da *adj* ordonné(e).
ordenador *m* ordinateur *m* ; **~ personal** ordinateur personnel ; **~ portátil** ordinateur portable.
ordenanza ◇ *m* - **1.** [empleado] employé *m* de bureau - **2.** MIL ordonnance *f*. ◇ *f* (*gen pl*) règlement *m*.
ordenar *vt* - **1.** [poner en orden] ranger ; [ideas, cifras] ordonner ; **~ alfabéticamente** classer par ordre alphabétique - **2.** [mandar & RELIG] ordonner. ◆ **ordenarse** *vpr* RELIG : **~se sacerdote** être ordonné prêtre.
ordeñar *vt* traire.
ordinal *adj* ordinal(e).
ordinariez *f* [cualidad] vulgarité *f* ; [acción, expresión] grossièreté *f*.
ordinario, ria ◇ *adj* - **1.** [gen] ordinaire - **2.** [vulgar] grossier(ère), vulgaire. ◇ *m, f* : **ser un ~** être vulgaire.
orégano *m* origan *m*.
oreja *f* oreille *f* ; **con las ~s gachas** la queue entre les jambes.
orejera *f* oreillette *f*.
orfanato, orfelinato *m* orphelinat *m*.
orfandad *f* - **1.** [estado] : **estar en ~** être orphelin(e) - **2.** [internado] orphelinat *m* - **3.** *fig* [desamparo] désarroi *m*.
orfebre *mf* orfèvre *mf*.
orfebrería *f* orfèvrerie *f*.
orfelinato = **orfanato**.
orgánico, ca *adj* organique.
organigrama *m* organigramme *m*.
organillo *m* orgue *m* de Barbarie.
organismo *m* organisme *m*.
organista *mf* organiste *mf*.
organización *f* organisation *f*.
organizar *vt* organiser. ◆ **organizarse** *vpr* s'organiser.
órgano *m* - **1.** [gen] organe *m* - **2.** MÚS orgue *m*.
orgasmo *m* orgasme *m*.
orgía *f* orgie *f*.
orgullo *m* - **1.** [satisfacción] fierté *f* - **2.** [soberbia] orgueil *m*.
orgulloso, sa ◇ *adj* - **1.** [satisfecho] fier (fière) ; **estar ~ de** être fier de - **2.** [soberbio] orgueilleux(euse). ◇ *m, f* orgueilleux *m*, -euse *f*.
orientación *f* - **1.** [gen] orientation *f* - **2.** *fig* [información] indication *f*.
oriental ◇ *adj* oriental(e). ◇ *mf* Oriental *m*, -e *f*.
orientar *vt* orienter. ◆ **orientarse** *vpr* s'orienter.
oriente *m* orient *m*, est *m* ; **el sol sale por ~** le soleil se lève à l'est. ◆ **Oriente** *m* : **(el) Oriente** l'Orient *m* ; **Oriente Medio** Moyen-Orient *m* ; **Oriente Próximo** Proche-Orient *m* ; **Lejano** o **Extremo Oriente** Extrême-Orient *m*.
orificio *m* orifice *m*.
origen *m* origine *f* ; **de ~ español** d'origine espagnole.
original ◇ *adj* - **1.** [gen] original(e) - **2.** [del origen] originel(elle) ; **el pecado ~** le péché originel. ◇ *m* original *m*.
originalidad *f* originalité *f*.
originar *vt* provoquer, être à l'origine de. ◆ **originarse** *vpr* [incendio] se déclarer ; [tormenta] éclater.
originario, ria *adj* - **1.** [procedente] : **ser ~ de** être originaire de - **2.** [inicial, primitivo] original(e).
orilla *f* - **1.** [gen] bord *m* - **2.** [de campo, bosque] lisière *f*.
orín *m* rouille *f*. ◆ **orines** *mpl* urines *fpl*.
orina *f* urine *f*.
orinal *m* pot *m* de chambre.
orinar *vt* & *vi* uriner. ◆ **orinarse** *vpr* :

~se en la cama/encima faire pipi au lit/ dans sa culotte.

oriundo, da ◇ *adj* : **~ de** originaire de. ◇ *m, f* DEP *sportif dont l'un des parents est espagnol.*

orla *f* - **1.** [gen] bordure *f*; [de cuadro] passe-partout *m* - **2.** [fotografía] *tableau comportant les photos des étudiants et des professeurs d'une même promotion.*

ornamentación *f* ornementation *f*.

ornamento *m* ornement *m*.

ornar *vt* orner, ornementer.

ornitología *f* ornithologie *f*.

ornitólogo, ga *m, f* ornithologue *mf*.

oro *m* or *m* ; **de ~** en or ; **un reloj de ~** une montre en or ; **un corazón de ~** un cœur d'or ; **un marido de ~** un mari en or ; **estar cargado de ~** *fig* être riche comme Crésus ; **hacerse de ~** faire fortune ; **prometer el ~ y el moro** promettre monts et merveilles. ◆ **oros** *mpl l'une des quatre couleurs du jeu de cartes espagnol.* ◆ **oro negro** *m* [petróleo] or *m* noir.

orografía *f* orographie *f*.

orquesta *f* orchestre *m*.

orquestar *vt lit & fig* orchestrer.

orquestina *f* orchestre *m* de danse.

orquídea *f* orchidée *f*.

ortiga *f* ortie *f*.

ortodoncia *f* orthodontie *f*.

ortodoxia *f* orthodoxie *f*.

ortodoxo, xa *adj & m, f* orthodoxe.

ortografía *f* orthographe *f*.

ortopedia *f* orthopédie *f*.

ortopédico, ca *adj* orthopédique.

oruga *f* ZOOL [cadena] chenille *f*.

orujo *m* marc *m (de raisin, d'olives).*

orzuelo *m* orgelet *m*.

os *pron pers* vous ; **viene a veros** il vient vous voir ; **~ lo dio** il vous l'a donné ; **levantaos** levez-vous ; **no ~ peleéis** ne vous disputez pas.

osa *f* ▷ **oso.**

osadía *f* audace *f*.

osado, da *adj* audacieux(euse).

osamenta *f* [esqueleto] ossature *f* ; [huesos] ossements *mpl*.

osar *vi* oser.

oscilación *f* oscillation *f* ; [de temperaturas] fluctuation *f*.

oscilar *vi* osciller.

oscurecer, obscurecer ◇ *vt* - **1.** [gen] obscurcir, assombrir - **2.** *fig* [mente] troubler - **3.** *fig* [deslucir] faire de l'ombre à. ◇ *v impers* [anochecer] commencer à faire nuit. ◆ **oscurecerse** *vpr* s'obscurcir, s'assombrir.

oscuridad, obscuridad *f* obscurité *f*.

oscuro, ra, obscuro, ra *adj* - **1.** [gen] obscur(e) ; **a oscuras** dans le noir - **2.** [color] foncé(e) - **3.** [cielo, futuro] sombre.

óseo, a *adj* osseux(euse).

Oslo Oslo.

oso, osa *m, f* ours *m*, ourse *f* ; **~ de felpa** o **de peluche** ours en peluche ; **~ hormiguero** fourmilier *m* ; **(~) panda** panda *m* ; **~ polar** ours polaire.

ostensible *adj* ostensible ; **hicieron ~ su desacuerdo** ils ont manifesté leur désaccord.

ostentación *f* ostentation *f*.

ostentar *vt* - **1.** [poseer - récord] détenir ; [- título] porter - **2.** [exhibir] arborer.

ostentoso, sa *adj* somptueux(euse).

ostra *f* huître *f* ; **aburrirse como una ~** *fam fig* s'ennuyer comme un rat mort. ◆ **ostras** *interj fam* : **¡ostras!** la vache!

OTAN (*abrev de* **Organización del Tratado del Atlántico Norte**) *f* OTAN *f*.

OTI (*abrev de* **Organización de Televisiones Iberoamericanas**) *f association regroupant toutes les chaînes de télévision de langue espagnole.*

otitis *f inv* otite *f*.

otoñal *adj* automnal(e).

otoño *m lit & fig* automne *m*.

otorgamiento *m* - **1.** [de privilegio] octroi *m* ; [de premio] attribution *f* - **2.** DER [de contrato] passation *f*.

otorgar *vt* [privilegio] octroyer ; [premio] attribuer ; [poderes] conférer ; **~ su apoyo/el perdón** accorder son soutien/ son pardon.

otorrino, na *m, f fam* oto-rhino *mf*.

otorrinolaringología *f* oto-rhino-laryngologie *f*.

otro, tra ◇ *adj* autre ; **~ chico** un autre garçon ; **la otra calle** l'autre rue ; **~s tres goles** trois autres buts ; **el ~ día** l'autre jour. ◇ *pron* un autre, une autre ; **dame ~** donne-m'en un autre ; **el ~, la otra** l'autre ; **no fui yo, fue ~** ce n'était pas moi, c'était quelqu'un d'autre ; **~s habrían abandonado** d'autres auraient abandonné.

output ['autput] (*pl* **outputs**) *m* INFORM sortie *f*.

ovación *f* ovation *f*.

ovacionar *vt* ovationner, faire une ovation à.

oval *adj* ovale.

ovalado, da *adj* ovale.

ovario *m* ovaire *m*.

oveja *f* brebis *f*. ◆ **oveja negra** *f* brebis *f* galeuse.

overbooking [oβer'βukin] *m* surréservation *f* ; [en aviones] surbooking *m*.

ovillo *m* pelote *f* ; **hacerse un ~** *fig* se pelotonner.

ovino, na ◇ *adj* ovin(e). ◇ *m, f* : **los ~s** les ovins *mpl*.

ovíparo, ra *adj* & *m, f* ovipare.

ovni ['ofni] (*abrev de* **objeto volador no identificado**) *m* ovni *m*.

ovulación *f* ovulation *f*.

ovular¹ *adj* ovulaire.

ovular² *vi* ovuler.

óvulo *m* ovule *m*.

oxidación *f* oxydation *f*.

oxidar *vt* rouiller ; QUÍM oxyder. ◆ **oxidarse** *vpr* rouiller, se rouiller ; QUÍM s'oxyder.

óxido *m* - **1.** QUÍM oxyde *m* - **2.** [herrumbre] rouille *f*.

oxigenado, da *adj* oxygéné(e) ; [pelo] décoloré(e).

oxigenar *vt* oxygéner. ◆ **oxigenarse** *vpr* s'oxygéner.

oxígeno *m* oxygène *m*.

oyente *mf* - **1.** RADIO auditeur *m*, -trice *f* - **2.** [alumno] auditeur *m* libre.

ozono *m* ozone *m*.

P

p, P [pe] *f* [letra] p *m inv*, P *m inv*.

p. = **pág.**

pabellón *m* [gen] pavillon *m*.

pacer *vi* paître.

pachá (*pl* **pachás**) *m* pacha *m* ; **vivir como un ~** *fam fig* vivre comme un pacha.

pachanga *f fam* java *f*.

pacharán *m* prunelle *f (liqueur)*.

pachorra *f fam* : **tener ~** être pépère.

pachucho, cha *adj fam* : **estar ~** être mal fichu.

paciencia *f* patience *f* ; **perder la ~** perdre patience.

paciente *adj* & *mf* patient(e).

pacificación *f* pacification *f*.

pacificar *vt* pacifier.

pacífico, ca *adj* - **1.** [gen] pacifique - **2.** [tranquilo] paisible. ◆ **Pacífico** *m* : **el Pacífico** le Pacifique.

pacifismo *m* pacifisme *m*.

pacifista *adj* & *mf* pacifiste.

pack (*pl* **packs**) *m* pack *m*.

paco, ca *m, f Amer fam* flic *m*.

pacotilla *f* pacotille *f* ; **de ~** de pacotille.

pactar ◇ *vt* négocier. ◇ *vi* : **~ con el enemigo/el diablo** pactiser avec l'ennemi/le diable.

pacto *m* pacte *m* ; **hacer/romper un ~** conclure/rompre un pacte.

padecer ◇ *vt* - **1.** [sufrir - enfermedad, frío etc] souffrir de ; [injusticias, abusos] subir ; **~ un cáncer** souffrir d'un cancer ; **ha padecido un infarto** il a eu un infarctus - **2.** [aguantar] supporter ; **padeció todas sus impertinencias** elle a supporté toutes ses impertinences. ◇ *vi* souffrir ; **~ de** [enfermedad] souffrir de.

padecimiento *m* souffrance *f*.

padrastro *m* - **1.** [pariente] beau-père *m (second mari de la mère)* - **2.** [pellejo] envies *fpl (autour des ongles)*.

padrazo *m fam* papa *m* gâteau.

padre ◇ *m* père *m* ; **de ~ y muy señor mío** *fam* de tous les diables. ◇ *adj* - **1.** *fam* [grande] terrible ; **un susto ~** une peur bleue - **2.** *Amer* [estupendo] génial(e). ◆ **padres** *mpl* - **1.** [padre y madre] parents *mpl* - **2.** [antepasados] pères *mpl*.

padrenuestro *m* Notre Père *m*.

padrino *m* - **1.** [de bautismo] parrain *m* - **2.** [en acto solemne] témoin *m* - **3.** *fig* [protector] protecteur *m*. ◆ **padrinos** *mpl* [padrino y madrina] parrains *mpl*.

padrísimo *adj Amer fam* génial(e).

padrón *m* [censo] recensement *m* ; [para votar] registre *m* électoral.

padrote *m Amer fam* maquereau *m*.

paella *f* paella *f*.

paellera *f* poêle *f* à paella.

pág., p. (*abrev de* **página**) p.

paga *f* paie *f* ; **~ extra** o **extraordinaria** ≃ treizième mois *m*.

pagadero, ra *adj* payable.

pagano, na ◇ *adj* païen(enne). ◇ *m, f* - **1.** [no cristiano] païen *m*, -enne *f* - **2.** *fam* [pagador] : **siempre soy yo el ~** [de factura, cuenta etc] c'est toujours pour ma pomme ; [de culpas ajenas] c'est toujours moi le dindon de la farce.

pagar ◇ *vt* - **1.** [gen] payer ; **~ con su vi-**

da payer de sa vie **- 2.** *fig* [corresponder] rendre, payer de retour **- 3.** *loc* : **me las pagarás** *fam* tu me le paieras ; **el que la hace la paga** qui casse les verres les paie. ◇ *vi* payer. ◆ **pagarse** *vpr* se payer ; **~se unas vacaciones** se payer des vacances.

pagaré *m* COM billet *m* à ordre ; **~ del Tesoro** bon *m* du Trésor.

página *f* page *f* ; **las ~s amarillas** ≃ les pages jaunes ; **~ web** page Web.

pago *m* **- 1.** [dinero] paiement *m* ; **de ~** payant(e) **- 2.** *fig* [recompensa] : **¿éste es el ~ que me das?** c'est comme ça que tu me remercies? ; **en ~ de** en remerciement de. ◆ **pagos** *mpl* [lugar] : **por estos ~s** par ici.

pagoda *f* pagode *f*.

paila *f* *Amer* [sartén] poêle *f* ; **a la ~** [huevos] au plat.

paipai (*pl* **paipais**), **paipay** (*pl* **paipays**) *m* éventail *m* en palme.

pair ◆ **au pair** [o'per] *f* jeune fille *f* au pair.

país *m* pays *m* ; **~es desarrollados/subdesarrollados** pays développés/sous-développés. ◆ **países Bálticos** *mpl* : **los ~es Bálticos** les pays *mpl* Baltes.

paisaje *m* paysage *m*.

paisajista *adj* & *mf* paysagiste.

paisano, na ◇ *adj* [de país] du même pays. ◇ *m, f* compatriote *mf*. ◆ **paisano** *m* civil *m* ; **de ~** en civil.

Países Bajos *mpl* : **los ~** les Pays-Bas *mpl*.

País Vasco *m* : **el ~** le Pays basque.

paja *f* **- 1.** [gen] paille *f* **- 2.** *fig* [relleno] remplissage *m* **- 3.** *vulg* [masturbación] : **hacerse una ~** se branler.

pajar *m* grenier *m* à foin.

pájara *f* *fig* garce *f*.

pajarería *f* oisellerie *f* ; **en la ~** chez l'oiselier.

pajarita *f* **- 1.** [de tela] nœud *m* papillon **- 2.** [de papel] cocotte *f* en papier.

pájaro *m* **- 1.** [ave] oiseau *m* ; **~ bobo** manchot *m* ; **~ carpintero** pivert *m* **- 2.** *fig* [hombre astuto] vieux renard *m*.

paje *m* page *m*.

pajilla, pajita *f* paille *f* *(pour boire)*.

Pakistán, Paquistán Pakistan *m*.

pala *f* **- 1.** [herramienta] pelle *f* ; **~ mecánica** o **excavadora** pelle mécanique **- 2.** [raqueta - de ping-pong] raquette *f* ; [- de béisbol] batte *f* **- 3.** [de remo, hélice] pale *f* **- 4.** [de calzado] empeigne *f*.

palabra *f* **- 1.** [gen] mot *m* ; **de ~** de vive voix ; **tomar** o **coger la ~ a alguien** prendre qqn au mot **- 2.** [aptitud, derecho, promesa] parole *f* ; **dar/quitar la ~ a alguien** donner/couper la parole à qqn ; **no tener ~** ne pas avoir de parole ; **~ de honor** parole d'honneur **- 3.** *loc* : **en una ~** en un mot.

palabrería *f* bavardage *m*.

palabrota *f* gros mot *m*.

palacete *m* petit palais *m* ; [en ciudad] hôtel *m* particulier.

palacio *m* palais *m* ; **~ de congresos** palais des congrès.

palada *f* **- 1.** [cantidad] pelletée *f* **- 2.** [movimiento - de pala] coup *m* de pelle ; [- de hélice] tour *m* d'hélice ; [- de remo] coup *m* de rame.

paladar *m* palais *m*.

paladear *vt* savourer.

palanca *f* **- 1.** [barra, mando] levier *m* ; **~ de cambio** levier de (changement de) vitesse(s) ; **~ de mando** manche *m* à balai **- 2.** [trampolín] plongeoir *m*.

palangana *f* cuvette *f*.

palangre *m* palangre *f*.

palco *m* TEATR loge *f*.

paleografía *f* paléographie *f*.

paleolítico, ca *adj* paléolithique. ◆ **paleolítico** *m* paléolithique *m*.

Palestina Palestine *f*.

palestino, na ◇ *adj* palestinien(enne). ◇ *m, f* Palestinien *m*, -enne *f*.

paleta *f* **- 1.** [instrumento] petite pelle *f* ; [de albañil] truelle *f* **- 2.** CULIN spatule *f* **- 3.** ARTE palette *f* **- 4.** [de hélice, remo] pale *f*.

paletilla *f* **- 1.** ANAT omoplate *f* **- 2.** CULIN [de cordero] épaule *f* ; [de cerdo] palette *f*.

paleto, ta *adj* & *m, f* plouc.

paliar *vt* **- 1.** [dolor, pena] apaiser **- 2.** [error, problema] pallier.

palidecer *vi* pâlir.

palidez *f* pâleur *f*.

pálido, da *adj* pâle.

palillero *m* porte-cure-dents *m*.

palillo *m* **- 1.** [mondadientes] : **~ (de dientes)** cure-dents *m inv* **- 2.** [para tambor, arroz] baguette *f* **- 3.** *fig* [persona delgada] : **estar hecho un ~** être maigre comme un clou.

palique *m* *fam* causette *f* ; **estar de ~** papoter ; **tener ~** avoir la langue bien pendue.

paliza *f* *fam* **- 1.** [golpes, derrota] raclée *f* **- 2.** *fig* [esfuerzo] : **el viaje en coche fue**

una ~ le voyage en voiture a été crevant - **3.** [rollo] plaie *f*.

palma *f* - **1.** [de mano] paume *f* - **2.** [palmera] palmier *m* - **3.** [hoja, triunfo] palme *f*. ◆ **palmas** *fpl* [aplausos] applaudissements *mpl* ; **batir ~s** applaudir.

palmada *f* - **1.** [golpe] tape *f (de la main)* - **2.** [aplauso] applaudissement *m* ; **dar ~s** frapper dans ses mains.

Palma de Mallorca Palma (de Majorque).

palmar[1] ◇ *adj* [de mano] palmaire. ◇ *m* palmeraie *f*.

palmar[2] *vt* & *vi fam* : **~(la)** crever *(mourir)*.

palmarés *m* palmarès *m*.

palmear ◇ *vt* - **1.** [representación] applaudir - **2.** [persona] : **~ en la espalda** donner des tapes amicales dans le dos de. ◇ *vi* applaudir ; [en flamenco] battre des mains.

palmera *f* palmier *m*.

palmito *m* - **1.** [árbol] palmier *m* nain - **2.** CULIN cœur *m* de palmier - **3.** *fam fig* [rostro] minois *m* ; **tener ~** [atractivo] avoir du charme.

palmo *m* [medida] empan *m* ; **un ~ de** un bout de ; **estamos a un ~ de casa** nous sommes à deux pas de la maison ; **~ a ~** point par point, minutieusement ; **dejar a alguien/quedarse con un ~ de narices** laisser qqn/rester le bec dans l'eau.

palmotear *vi* battre des mains.

palmoteo *m* applaudissement *m*.

palo *m* - **1.** [gen] bâton *m* ; [de escoba] manche *m* - **2.** [DEP - de portería] poteau *m* ; [- de golf] club *m* - **3.** [madera & BOT] bois *m* - **4.** [golpe] coup *m* (de bâton) - **5.** *fam* [decepción] : **dar un ~ a alguien** [decepcionar] décevoir qqn ; [criticar] descendre qqn ; **llevarse un ~** [en examen] se ramasser ; [con alguien] se prendre une baffe - **6.** [mástil] mât *m* - **7.** [de baraja] couleur *f* - **8.** [de letra] jambage *m* - **9.** *fam fig* [pesadez] galère *f* ; **es un ~** c'est la galère - **10.** *loc* : **a ~ seco** [bebida] sec ; [comida] sans rien, tout seul (toute seule).

paloma *f* ▷ **palomo.**

palomar *m* pigeonnier *m*.

palomilla *f* - **1.** [insecto] teigne *f* - **2.** [tornillo] papillon *m* - **3.** [armazón] équerre *f*.

palomita *f* : **~ (de maíz)** pop-corn *m inv*.

palomo, ma *m, f* pigeon *m*, pigeonne *f* ; **paloma mensajera** pigeon voyageur. ◆ **paloma** *f* colombe *f*.

palote *m* [trazo] bâton *m (pour apprendre à écrire)*.

palpable *adj lit* & *fig* palpable.

palpar ◇ *vt* - **1.** [tocar] palper - **2.** *fig* [percibir] sentir. ◇ *vi* tâtonner.

palpitación *f* palpitation *f*.

palpitante *adj* palpitant(e).

palpitar *vi* - **1.** [corazón] palpiter - **2.** *fig* [emoción, nerviosismo etc] : **en sus palabras palpitaba su emoción** ses paroles trahissaient son émotion.

palta *f Amer* avocat *m (fruit)*.

paludismo *m* paludisme *m*.

palurdo, da *adj* & *m, f fam* balourd(e).

pamela *f* capeline *f*.

pampa *f* pampa *f*.

Pampa *f* : **la ~** la Pampa.

pamplina *f (gen pl) fam fig* balivernes *fpl*, bêtises *fpl* ; **no hace más que contar ~s** il ne raconte que des bêtises.

pan *m* - **1.** [gen] pain *m* ; **~ de molde** o **inglés** pain de mie ; **~ integral** pain complet ; **~ rallado** chapelure *f* - **2.** [de oro, plata] feuille *f* - **3.** *loc* : **a ~ y agua** au pain sec et à l'eau ; **contigo ~ y cebolla** avec toi jusqu'au bout du monde ; **es ~ comido** c'est du gâteau ; **estar a ~ y agua de dinero** *fig* être à court d'argent ; **estar a ~ y cuchillo** être logé(e) et nourri(e) ; **llamar al ~~ y al vino vino** appeler un chat un chat ; **ser el ~ nuestro de cada día** être monnaie courante ; **ser más bueno que el ~** être la bonté même.

pana *f* velours *m* côtelé.

panacea *f* panacée *f*.

panadería *f* boulangerie *f*.

panadero, ra *m, f* boulanger *m*, -ère *f*.

panal *m* rayon *m (d'une ruche)*.

Panamá Panama *m*.

panameño, ña ◇ *adj* panaméen(enne). ◇ *m, f* Panaméen *m*, -enne *f*.

pancarta *f* pancarte *f*.

panceta *f* lard *m*, poitrine *f* de porc.

pancho, cha *adj fam* pépère, peinard(e) ; **se quedó tan ~** ça ne lui a fait ni chaud ni froid.

páncreas *m inv* pancréas *m*.

panda ◇ *m* ▷ **oso**. ◇ *f* bande *f (d'amis)*.

pandereta *f* tambour *m* de basque.

pandero *m* - **1.** MÚS tambour *m* de basque - **2.** *fam* [trasero] popotin *m*.

pandilla *f* bande *f (d'amis)*.

panecillo *m* petit pain *m*.

panegírico, ca *adj* : **un discurso ~** un panégyrique *m*. ◆ **panegírico** *m* panégyrique *m*.

panel *m* panneau *m* ; ~ **de mandos** tableau de commandes.
panera *f* corbeille *f* à pain.
pánfilo, la ◇ *adj* niais(e). ◇ *m, f* idiot *m*, -e *f*.
panfleto *m* pamphlet *m* ; [propaganda] tract *m*.
pánico *m* panique *f*.
panificadora *f* boulangerie *f* (industrielle).
panocha *f* épi *m (de maïs)*.
panorama *m* panorama *m*.
panorámico, ca *adj* panoramique. ◆ **panorámica** *f* - **1.** [vista] vue *f* panoramique - **2.** CIN panoramique *m*.
pantaletas *fpl Amer* [bragas] culotte *f*.
pantalla *f* - **1.** [gen & INFORM] écran *m* ; **la pequeña** ~ le petit écran ; ~ **de cristal líquido** écran à cristaux liquides - **2.** [de lámpara] abat-jour *m*. ◆ **pantalla acústica** *f* enceinte *f* acoustique.
pantalón *m (gen pl)* pantalon *m* ; **llevar pantalones azules** porter un pantalon bleu ; **pantalones cortos** culottes *fpl* courtes ; ~ **pitillo** fuseau *m* ; ~ **tejano** o **vaquero** jean *m*.
pantano *m* - **1.** [ciénaga] marais *m* - **2.** [embalse] retenue *f* d'eau.
pantanoso, sa *adj* - **1.** [con pantanos] marécageux(euse) - **2.** *fig* [difícil] épineux(euse).
panteísmo *m* panthéisme *m*.
panteón *m* panthéon *m*.
pantera *f* panthère *f*.
pantimedias *fpl Amer* collants *mpl*.
pantorrilla *f* mollet *m*.
pantufla *f (gen pl)* pantoufle *f*.
panty (*pl* **pantys**) *m* collant *m*.
panza *f* panse *f*.
panzada *f* - **1.** [golpe] : **darse una** ~ s'étaler de tout son long ; [en el agua] faire un plat - **2.** *fam* [hartura] : **darse una** ~ **de comer** s'en mettre plein la panse ; **darse una** ~ **de reír** mourir de rire.
pañal *m* couche *f*. ◆ **pañales** *mpl* - **1.** [de niño] langes *mpl* - **2.** *fig* [inicios] : **en ~es** à ses débuts ; **aún estoy en ~es** je suis encore débutant ; **el proyecto está en ~es** le projet en est à ses débuts.
pañería *f* draperie *f* ; **ir a la** ~ aller chez le drapier.
paño *m* - **1.** [tela] drap *m* - **2.** [trapo] chiffon *m* ; ~ **de cocina** torchon *m* (de cuisine). ◆ **paños** *mpl* - **1.** [ropaje] drapé *m* - **2.** MED compresse *f* - **3.** *loc* : **venir con ~s calientes** *fig* prendre des gants ; **estar en ~s menores** être en petite tenue.
pañoleta *f* fichu *m*.
pañuelo *m* - **1.** [de nariz] mouchoir *m* ; ~ **de papel** mouchoir en papier - **2.** [de adorno] foulard *m*.
papa *f* pomme de terre *f* ; **ni** ~ *fam fig* rien du tout ; **no sé ni** ~ **de cocina** je n'y connais rien en cuisine. ◆ **Papa** *m* pape *m*.
papá (*pl* **papás**) *m fam* papa *m*. ◆ **papás** *mpl* parents *mpl*. ◆ **Papá Noel** *m* père *m* Noël.
papachador, ra *adj Amer* câlin(e).
papachar *vt Amer* cajoler.
papada *f* [de persona] double menton *m*.
papagayo *m* perroquet *m*.
papalote *m Amer* cerf-volant *m*.
papamoscas *m inv* gobe-mouches *m inv*.
papanatas *m inv* o *f inv fam* ballot *m*.
papaya *f* [fruta] papaye *f*.
papel *m* - **1.** [material, documento] papier *m* ; ~ **carbón** papier carbone ; ~ **celofán** Cellophane® *f* ; ~ **continuo** INFORM papier continu ; ~ **de aluminio** o **de plata** papier (d')aluminium ; ~ **de embalar** o **de embalaje** papier d'emballage ; ~ **de fumar** papier à cigarettes ; ~ **de lija** papier de verre ; ~ **higiénico** papier toilette ; ~ **pintado** papier peint ; ~ **secante** papier buvard - **2.** CIN & TEATR rôle *m* ; **desempeñar** o **hacer el** ~ **de** jouer le rôle de - **3.** FIN valeur *f* ; ~ **moneda** papier-monnaie *m*. ◆ **papeles** *mpl* [documentos] papiers *mpl*.
papela *f mfam* [de heroína] dose *f*.
papeleo *m* paperasserie *f*.
papelera *f* ▷ **papelero**.
papelería *f* papeterie *f*.
papelero, ra *adj* papetier(ère). ◆ **papelera** *f* - **1.** [cesto, cubo] corbeille *f* à papier - **2.** [fábrica] papeterie *f*.
papeleta *f* - **1.** [boleto] billet *m* ; [de votación] bulletin *m* de vote - **2.** EDUC bulletin *m* de notes - **3.** *fig* [situación engorrosa] : **¡vaya ~!** quelle tuile!
papera *f* [bocio] goitre *m*. ◆ **paperas** *fpl* oreillons *mpl*.
papi *m fam* papa *m*.
papilla *f* [alimento] bouillie *f* ; **hecho** ~ [cansado] à ramasser à la petite cuillère ; [destrozado] réduit(e) en bouillie.
papiro *m* papyrus *m*.
paquete *m* - **1.** [gen] paquet *m* ; ~ **bomba** colis *m* piégé ; ~ **postal** colis *m* postal - **2.** INFORM : ~ **(de programas** o **de software)** progiciel *m* - **3.** [en moto] : **ir de** ~ mon-

ter derrière - **4.** [conjunto] : **un ~ de medidas** un train de mesures ; **~ turístico** voyage *m* organisé - **5.** *fam* [pañales] couches *fpl* - **6.** *fam* [no apto] : **ser un ~** être nul (nulle) - **7.** *fam* [cosa fastidiosa] : **me ha tocado el ~ de ...** c'est moi qui me suis tapé la corvée de ...

paquidermo *m* pachyderme *m*.

Paquistán = **Pakistán**.

par ◇ *adj* - **1.** [gen] pair(e) - **2.** [igual] égal(e) ; **sin ~** hors pair. ◇ *m* - **1.** [de zapatos, guantes] paire *f* ; **dentro de un ~ de días** dans deux jours ; **lo hizo un ~ de veces** il l'a fait deux ou trois fois - **2.** [unos cuantos] : **tomar un ~ de copas** prendre un ou deux verres - **3.** [título] pair *m*. ◆ **a la par** *loc adv* - **1.** [simultáneamente] en même temps - **2.** [a igual nivel] au même niveau - **3.** FIN au pair. ◆ **de par en par** *loc adv* : **abierto de ~ en ~** grand ouvert.

PAR (*abrev de* **Partido Aragonés Regionalista**) *m parti régionaliste aragonais*.

para *prep* - **1.** [gen] pour ; **es ~ ti** c'est pour toi ; **es malo ~ la salud** c'est mauvais pour la santé ; **sale ~ distraerse** elle sort pour se distraire ; **te lo digo ~ que lo sepas** je te le dis pour que tu le saches ; **está muy espabilado ~ su edad** il est très éveillé pour son âge ; **¿~ qué?** pourquoi? ; **lo he hecho ~ agradarte** je l'ai fait pour te faire plaisir - **2.** [dirección] : **vete ~ casa** rentre à la maison ; **salir ~ Madrid** partir pour Madrid ; **échate ~ el lado** mets-toi sur le côté - **3.** [tiempo] : **tiene que estar hecho ~ mañana** ça doit être fait pour demain ; **queda leche ~ dos días** il reste du lait pour deux jours - **4.** *(después de adj y antes de infin)* [inminencia] : **la cena está lista ~ servir** le dîner est prêt à être servi.

parabién (*pl* **parabienes**) *m* félicitations *fpl*.

parábola *f* parabole *f*.

parabólico, ca *adj* parabolique.

parabrisas *m inv* pare-brise *m inv*.

paracaídas *m inv* parachute *m*.

paracaidista *mf* parachutiste *mf*.

parachoques *m inv* pare-chocs *m inv*.

parada *f* ▷ **parado**.

paradero *m* - **1.** [de persona] point *m* de chute ; **desconozco su ~** j'ignore où il se trouve ; **dieron con su ~** ils ont trouvé où il était - **2.** *Amer* [parada de autobús] arrêt *m*.

paradisiaco, ca, paradisíaco, ca *adj* paradisiaque.

parado, da ◇ *adj* - **1.** [inmóvil] arrêté(e) - **2.** [indeciso] timide - **3.** *fam* [sin empleo] au chômage - **4.** *loc* : **salió bien/mal ~** il s'en est bien/mal tiré ; **quedarse ~** rester interdit. ◇ *m, f fam* [desempleado] chômeur *m*, -euse *f*. ◆ **parada** *f* - **1.** [gen] arrêt *m* ; **parada de autobús** arrêt d'autobus ; **parada de taxis** station *f* de taxis ; **parada discrecional** arrêt facultatif - **2.** MIL parade *f*.

paradoja *f* paradoxe *m*.

paradójico, ca *adj* paradoxal(e).

parador *m* [mesón] relais *m*. ◆ **Parador Nacional** *m grand hôtel géré par l'État*.

parafernalia *f* [de persona] attirail *m* ; [de acto, ceremonia] tralala *m*.

parafrasear *vt* paraphraser.

paráfrasis *f inv* paraphrase *f*.

paraguas *m inv* parapluie *m*.

Paraguay : (el) ~ le Paraguay.

paraguayo, ya ◇ *adj* paraguayen(enne). ◇ *m, f* Paraguayen *m*, -enne *f*.

paragüero *m* porte-parapluie *m*.

paraíso *m* paradis *m*.

paraje *m* endroit *m* ; [región] contrée *f*.

paralela ▷ **paralelo**.

paralelismo *m* parallélisme *m*.

paralelo, la *adj* parallèle. ◆ **paralelo** *m* parallèle *m* ; **en ~** ELECTR en parallèle. ◆ **paralela** *f* GEOM parallèle *f*. ◆ **paralelas** *fpl* barres *fpl* parallèles.

parálisis *f inv* paralysie *f*.

paralítico, ca *adj* & *m, f* paralytique.

paralizar *vt* paralyser. ◆ **paralizarse** *vpr* [extremidades] être paralysé(e) ; [obra] être arrêté(e).

parámetro *m* paramètre *m*.

páramo *m* - **1.** [terreno yermo] plateau *m* dénudé - **2.** [lugar solitario] endroit *m* isolé.

parangón *m* comparaison *f* ; **sin ~** sans pareil(eille).

paranoia *f* paranoïa *f*.

paranormal *adj* paranormal(e).

parapente *m* DEP parapente *m*.

parapetarse *vpr* : **~ (tras)** se retrancher (derrière).

parapeto *m* - **1.** [gen] parapet *m* - **2.** [barricada] barricade *f*.

parapléjico, ca *adj* & *m, f* paraplégique.

parapsicología, parasicología *f* parapsychologie *f*.

parar ◇ *vi* - **1.** [gen] arrêter ; [tren etc] s'arrêter ; **no para de llover** il n'arrête pas de pleuvoir ; **sin ~** sans arrêt - **2.** [acabar] finir ; **¿en qué parará todo esto?** comment tout cela va-t-il finir? ; **fue a ~ a la cárcel** il a atterri en prison ; **¿dónde iremos a ~?** où en arrivera-t-on? ; **ir a ~ a manos de** tomber entre les mains de - **3.** [alojarse] descendre. ◇ *vt Amer* [levantar] lever. ◆ **pararse** *vpr* - **1.** [gen] s'arrêter - **2.** *Amer* [ponerse de pie] se lever.

pararrayos *m inv* paratonnerre *m*.

parasicología = **parapsicología**.

parásito, ta *adj* parasite. ◆ **parásito** *m* parasite *m*. ◆ **parásitos** *mpl* [interferencias] parasites *mpl*.

parasol *m* parasol *m*.

parcela *f* parcelle *f*.

parche *m* - **1.** [para tapar - en tejido] pièce *f* ; [- en neumático] Rustine®*f* - **2.** [para curar] : **~ de nicotina** patch *m* antitabac - **3.** [retoque] : **ser un ~ en el panorama** faire tache dans le paysage - **4.** [chapuza] rafistolage *m* - **5.** [arreglo provisional] pis-aller *m inv*.

parchís *m inv* ≃ petits chevaux *mpl*.

parcial ◇ *adj* - **1.** [no total] partiel(elle) - **2.** [no ecuánime] partial(e). ◇ *m* [examen] partiel *m*.

parcialidad *f* partialité *f*.

parco, ca *adj* - **1.** [persona] sobre ; **~ en** avare de - **2.** [sueldo, comida etc] maigre.

pardillo, lla *adj* & *m, f* [ingenuo] poire.

pardo, da *adj* brun(e) ; **nubes pardas** des nuages sombres. ◆ **pardo** *m* brun *m*.

parecer ◇ *m* - **1.** [opinión] avis *m* - **2.** [apariencia] allure *f* ; **es de buen ~** elle a un physique agréable. ◇ *vi* ressembler à ; **un perro que parece un lobo** un chien qui ressemble à un loup. ◇ *v copulativo* avoir l'air, paraître ; **pareces cansado** tu as l'air fatigué ; **parece más grande** elle paraît plus grande. ◇ *v impers* - **1.** [opinar, creer] : **me/te etc parece** il me/te etc semble ; **¿qué te parece?** qu'en penses-tu? ; **me parece que ...** j'ai l'impression que ... ; **me parece muy bien** je trouve ça très bien ; **¿te parece?** ça te va? - **2.** [ser posible] : **parece que ...** on dirait que ... ; **al ~** apparemment. ◆ **parecerse** *vpr* se ressembler ; **se parecen en los ojos** ils ont les mêmes yeux.

parecido, da *adj* [semejante] : **~ (a)** semblable (à) ; **los gemelos son ~s** les jumeaux se ressemblent ; **ser mal ~** être laid. ◆ **parecido** *m* ressemblance *f*.

pared *f* - **1.** [gen & DEP] mur *m* - **2.** [ANAT & montaña etc] paroi *f*.

paredón *m* gros mur *m* ; [de fusilamiento] mur *m* des fusillés.

parejo, ja *adj* pareil(eille) ; **estar ~** être quitte. ◆ **pareja** *f* - **1.** [par] paire *f* - **2.** [de novios] couple *m* ; **pareja de hecho** couple vivant en concubinage - **3.** [miembro del par] partenaire *mf* ; [en baile] cavalier *m*, -ère *f* ; [ropa] : **la pareja de este calcetín** la deuxième chaussette.

parentela *f* parenté *f (famille)*.

parentesco *m* lien *m* de parenté.

paréntesis *m inv* parenthèse *f* ; **entre ~** entre parenthèses.

pareo *m* pareo *m*.

paria *mf lit* & *fig* paria *m*.

parida *f fam* : **no dice más que ~s** il ne raconte que des bêtises.

pariente, ta *m, f* - **1.** [familiar] parent *m*, -e *f* - **2.** *fam* [cónyuge] moitié *f (la femme pour son mari)*, homme *m (le mari pour sa femme)*.

parietal *m* pariétal *m*.

parir ◇ *vi* [animal] mettre bas ; [mujer] accoucher. ◇ *vt* [animal] mettre bas ; [mujer] accoucher de.

París Paris.

parisino, na ◇ *adj* parisien(enne). ◇ *m, f* Parisien *m*, -enne *f*.

parking ['parkin] *m* parking *m*.

parlamentar *vi* parlementer.

parlamentario, ria *adj* & *m, f* parlementaire.

parlamento *m* - **1.** [gen] parlement *m* - **2.** TEATR tirade *f*.

parlanchín, ina *adj* & *m, f* bavard(e).

parlante *adj* parlant(e).

parlotear *vi fam* papoter, bavasser.

parmesano *m* ▷ **queso**.

paro *m* - **1.** [gen] chômage *m* - **2.** [parada] arrêt *m* ; **~ cardiaco** arrêt cardiaque ; **~ de imagen** arrêt sur image.

parodia *f* parodie *f*.

parodiar *vt* parodier.

parpadear *vi* - **1.** [pestañear] cligner des yeux, battre des paupières - **2.** [centellear - luz] vaciller ; [- intermitente] clignoter ; [- estrella] scintiller.

párpado *m* paupière *f*.

parque *m* parc *m* ; **~ acuático** parc aquatique ; **~ de atracciones** parc d'attractions ; **~ de bomberos** caserne *f* de pompiers ; **~ nacional** parc national ; **~ temático** parc à thème ; **~ zoológico** parc zoologique.

parqué, parquet [par'ke] (*pl* **parquets**) *m* parquet *m*.

parqueadero *m Amer* parking *m*.

parquear *vt Amer* garer.

parquet = **parqué**.

parquímetro *m* parcmètre *m*.

parra *f* treille *f*.

parrafada *f* - **1.** [charla] : **echar una ~ con alguien** discuter avec qqn - **2.** [monólogo] laïus *m*.

párrafo *m* paragraphe *m*.

parranda *f* - **1.** *fam* [juerga] virée *f* - **2.** [banda] *petit orchestre de village*.

parricidio *m* parricide *m*.

parrilla *f* - **1.** [utensilio] gril *m* ; **a la ~** au gril - **2.** [sala de restaurante] grill *m* - **3.** DEP : **~ (de salida)** grille *f* de départ - **4.** *Amer* AUTOM galerie *f*.

parrillada *f* CULIN *assortiment de viandes ou de poissons grillés*.

párroco *m* curé *m* (de la paroisse).

parroquia *f* - **1.** [gen] paroisse *f* - **2.** [clientela] clientèle *f*.

parroquiano, na *m, f* - **1.** [feligrés] paroissien *m*, -enne *f* - **2.** [cliente] client *m*, -e *f*.

parsimonia *f* - **1.** [calma] lenteur *f* - **2.** [moderación] parcimonie *f*.

parte ◇ *m* [informe] rapport *m* ; **dar ~** informer ; **~ facultativo** O **médico** bulletin *m* de santé ; **~ meteorológico** bulletin *m* météorologique. ◇ *f* - **1.** [trozo & DER] partie *f* ; **en ~** en partie ; **por ~s** peu à peu ; **vayamos por ~s** procédons par ordre - **2.** [porción, lugar] part *f* ; **la mayor ~ de la gente** la plupart des gens ; **en alguna ~** quelque part ; **por ninguna ~** nulle part ; **por todas ~s** partout - **3.** [lado] côté *m* ; **estar** O **ponerse de ~ de alguien** être O se mettre du côté de qqn ; **los tengo de mi ~** *fig* ils sont de mon côté ; **por ~ de madre/padre** du côté maternel/paternel - **4.** TEATR rôle *m* - **5.** *loc* : **de ~ de** de la part de ; **¿de ~ de quién?** c'est de la part de qui? ; **por mi ~** pour ma part ; **por otra ~** d'autre part ; **tener** O **tomar ~ en algo** prendre part à qqch. ◆ **partes** *fpl* [genitales] parties *fpl* intimes.

partera *f* sage-femme *f*.

parterre *m* parterre *m*.

partición *f* partage *m* ; [de territorio] partition *f*.

participación *f* - **1.** [colaboración] participation *f* ; ECON intéressement *m* - **2.** [de lotería] billet *m* - **3.** [comunicación] faire-part *m*.

participante *adj* & *mf* participant(e).

participar ◇ *vi* - **1.** [colaborar] : **~ (en)** participer (à) - **2.** [beneficiar] : **~ de** O **en** prendre part à - **3.** [compartir] : **~ de algo** partager qqch ; **participo de tus ideas** je partage tes idées. ◇ *vt* : **~ algo a alguien** faire part de qqch à qqn.

partícipe ◇ *adj* : **hacer ~ de algo a alguien** [comunicar] faire part de qqch à qqn. ◇ *mf* participant *m*, -e *f*.

partícula *f* particule *f*.

particular ◇ *adj* - **1.** [gen] particulier(ère) ; **en ~** en particulier - **2.** [no público] privé(e). ◇ *mf* particulier *m*. ◇ *m* [asunto] sujet *m*.

particularizar ◇ *vt* [caracterizar] particulariser ; [pormenorizar] détailler. ◇ *vi* - **1.** [pormenorizar] entrer dans les détails - **2.** [personalizar] : **~ en alguien** viser qqn en particulier.

partida *f* ▷ **partido**.

partidario, ria ◇ *adj* partisan ; **es partidaria de ...** elle est partisan de ... ; **es ~ de cerrar la fábrica** il est pour la fermeture de l'usine. ◇ *m, f* partisan *m*.

partidista *adj* partisan(e).

partido, da *adj* - **1.** [roto] cassé(e) - **2.** [rajado] fendu(e). ◆ **partido** *m* - **1.** [gen] parti *m* ; **buen/mal ~** [novio] bon/mauvais parti ; **~ político** parti politique - **2.** DEP match *m* ; **~ amistoso** match amical - **3.** *loc* : **sacar ~ de** tirer parti de ; **tomar ~ por** prendre parti pour. ◆ **partida** *f* - **1.** [marcha] départ *m* - **2.** [en juego] partie *f* - **3.** [documento] acte *m* - **4.** COM [mercancía] lot *m* ; [de factura] poste *m*.

partir ◇ *vt* - **1.** [romper] casser - **2.** [cortar] couper - **3.** [repartir] partager. ◇ *vi* - **1.** [marchar] : **~ (hacia)** partir (pour) - **2.** [basarse en] : **~ de** partir de. ◆ **partirse** *vpr* se casser. ◆ **a partir de** *loc prep* à partir de.

partitura *f* partition *f*.

parto *m* [animal] mise *f* bas ; [humano] accouchement *m* ; **estar de ~** être en travail.

parvulario *m* école *f* maternelle.

pasa *f* [fruta] raisin *m* sec.

pasable *adj* acceptable.

pasacalle *m* MÚS marche *f*.

pasada *f* ▷ **pasado**.

pasadizo *m* passage *m*.

pasado, da *adj* - **1.** [anterior] dernier(ère) ; **el año ~** l'année dernière ; **~ un año** un an plus tard ; **lo ~, ~ está** le passé c'est le passé - **2.** [podrido] périmé(e) ; [fruta] blet(ette). ◆ **pasado** *m* passé *m*. ◆ **pasada** *f* - **1.** [mano] : **dar una pasada de pintura** donner un coup de peinture - **2.** *fam* [cosa extraordinaria] : **tu coche nuevo es una pasada** ta nouvelle voiture est vraiment géniale. ◆ **de pasada** *loc* *adv* en passant. ◆ **mala pasada** *f* mauvais tour *m*.

pasador *m* - **1.** CONSTR goupille *f* - **2.** [para el pelo] barrette *f*.

pasaje *m* - **1.** [gen] passage *m* - **2.** [pasajeros] passagers *mpl* - **3.** [de barco, avión] billet *m*.

pasajero, ra *adj* & *m, f* passager(ère).

pasamano *f*, **pasamanos** *f inv* - **1.** [adorno] galon *m* - **2.** [barandilla] main *f* courante.

pasamontañas *m inv* passe-montagne *m*.

pasaporte *m* passeport *m*.

pasapuré, pasapurés *m inv* presse-purée *m*.

pasar ◇ *vt* - **1.** [gen] passer ; **pásame la sal** passe-moi le sel ; **~ la frontera** passer la frontière ; **me ha pasado su catarro** il m'a passé son rhume ; **pasó dos años en Roma** elle a passé deux années à Rome ; **lo pasó muy mal** il a passé un mauvais moment ; **~ droga** passer de la drogue ; **~ una película** passer un film ; **~ la harina por el tamiz** passer la farine au tamis ; **ya hemos pasado las Navidades** Noël est déjà passé - **2.** [llevar adentro] : **~ a alguien** faire entrer qqn - **3.** [cruzar] traverser - **4.** [trasladar] : **~ algo de un sitio a otro** déménager qqch d'un endroit à un autre - **5.** [admitir] tolérer - **6.** [consentir] : **~ algo a alguien** passer qqch à qqn ; **le pasa todos sus caprichos** elle lui passe tous ses caprices - **7.** [padecer] : **está pasando una depresión** elle fait une dépression ; **están pasando problemas económicos** ils ont des problèmes financiers en ce moment ; **~ frío/hambre** avoir froid/faim - **8.** [aprobar] réussir - **9.** [sobrepasar] : **ya ha pasado los treinta** il a plus de trente ans - **10.** [coche] dépasser. ◇ *vi* - **1.** [gen] passer ; **pasé por la oficina** je suis passé au bureau ; **pasan los días y ...** les jours passent et ... ; **pasó el frío** le froid est passé ; **~ de ... a ...** passer de ... à ... ; **pasó de la alegría a la tristeza** il est passé de la joie à la tristesse ; **ha pasado de presidente a secretario** de président, il est passé secrétaire ; **~ a** passer à ; **pasemos a otra cosa** passons à autre chose ; **~ de largo** passer sans s'arrêter - **2.** [entrar] entrer ; **¡pase!** entrez! - **3.** [suceder] se passer, arriver ; **cuéntame lo que pasó** raconte-moi ce qui s'est passé ; **¿cómo pasó?** comment est-ce arrivé? ; **pase lo que pase** quoi qu'il arrive - **4.** [conformarse] : **~ sin algo** se passer de qqch - **5.** *fam* [prescindir] : **paso de ir al cine** je n'ai aucune envie d'aller au cinéma ; **paso de política** la politique, je n'en ai rien à faire ; **pasa de él** elle ne l'aime pas - **6.** [tolerar] : **~ por algo** supporter qqch. ◆ **pasarse** *vpr* - **1.** [acabarse, emplear tiempo] passer ; **¿se te ha pasado el dolor?** est-ce que la douleur est passée? ; **se pasaron el día hablando** ils ont passé la journée à parler - **2.** [oportunidad, ocasión] laisser passer - **3.** [estropearse - comida natural] se gâter ; [- comida envasada, medicamentos] être périmé(e) - **4.** [cambiar de bando] : **~se a** passer à ; **~se al otro bando** changer de camp - **5.** [olvidar] oublier ; **se me pasó decirle que ...** j'ai oublié de lui dire que ... - **6.** [no fijarse] : **no se le pasa nada** rien ne lui échappe - **7.** *fam* [propasarse] aller trop loin - **8.** [divertirse o aburrirse] : **¿qué tal te lo estás pasando?** alors, tu t'amuses? ; **pasárselo bien** bien s'amuser ; **se lo pasó muy mal en la fiesta** elle ne s'est pas amusée du tout à la soirée.

pasarela *f* - **1.** [de embarque] passerelle *f* - **2.** [de desfile] podium *m*.

pasatiempo *m* passe-temps *m*. ◆ **pasatiempos** *mpl* PRENSA rubrique *f* jeux.

Pascal *m* INFORM pascal *m*.

Pascua *f* - **1.** [de judíos] Pâque *f* - **2.** [de cristianos] Pâques *m* ; **y santas ~s ...** un point c'est tout ▷ **isla.** ◆ **Pascuas** *fpl* [Navidad] Noël *m* ; **¡felices Pascuas!** joyeux Noël! ; **de ~s a Ramos** tous les trente-six du mois.

pase *m* - **1.** [permiso] laissez-passer *m* - **2.** [de película, diapositivas etc] projection *f* - **3.** [de modelos] défilé *m* - **4.** DEP passe *f*.

pasear ◇ *vi* se promener. ◇ *vt* promener. ◆ **pasearse** *vpr* se promener.

paseo *m* promenade *f* ; **dar un ~, ir de ~** faire une promenade, aller se promener.

pasillo *m* couloir *m*.

pasión *f* passion *f*. ◆ **Pasión** *f* RELIG Passion *f*.

pasividad *f* passivité *f*.

pasivo, va *adj* passif(ive). ◆ **pasivo** *m* passif *m*.

pasmado, da ◇ *adj* - **1.** [asombrado] ébahi(e) - **2.** [atontado] hébété(e). ◇ *m, f* : **¡no te quedes como un ~!** ne reste pas là à gober les mouches!

pasmar *vt* ébahir. ◆ **pasmarse** *vpr* s'ébahir.

pasmo *m* stupéfaction *f*.

pasmoso, sa *adj* stupéfiant(e).

paso *m* - **1.** [gen] passage *m* ; **abrir** o **abrir-**

se ~ se frayer un chemin ; **¡abran ~!** laissez passer! ; **ceder el ~** céder le passage ; '**prohibido el ~**' 'défense d'entrer' ; **~ a nivel** passage à niveau ; **~ (de) cebra** passage clouté ; **~ elevado** CONSTR passerelle *f* ; **~ obligado** *fig* passage obligé ; **~ peatonal** o **de peatones** passage (pour) piétons **- 2.** [forma de andar] pas *m* **- 3.** *(gen pl)* [gestión] démarche *f* **- 4.** [mal momento] : **(mal) ~** mauvaise passe *f* **- 5.** [en procesiones] char *m* **- 6.** *loc* : **a cada ~** à tout moment ; **a dos** o **cuatro ~s** à deux pas ; **~ a ~** pas à pas ; **salir del ~** se tirer d'affaire. ◆ **de paso** *loc adv* au passage.

pasodoble *m* paso doble *m inv*.

pasota *adj* & *mf fam* je-m'en-foutiste.

pasta *f* **- 1.** [masa] pâte *f* ; **~ dentífrica** o **de dientes** dentifrice *m* ; **ser de buena ~** *fam* être bonne pâte **- 2.** [CULIN - espagueti etc] pâtes *fpl* ; [- pastelillo] petit gâteau *m* sec **- 3.** *fam* [dinero] fric *m*.

pastar *vi* paître.

pastel *m* CULIN [dulce] gâteau *m* ; [salado - de carne, verduras] tourte *f* ; [- de pescado] pain *m*, terrine *f* ; **repartirse el ~** *fig* se partager le gâteau.

pastelería *f* pâtisserie *f*.

pasteurizado, da [pasteuri'θaðo, ða] *adj* pasteurisé(e).

pastiche *m* pastiche *m*.

pastilla *f* **- 1.** [gen] pastille *f* ; [de chocolate] tablette *f* ; MED pilule *f* ; **~ de jabón** savonnette *f* **- 2.** AUTOM plaquette *f* **- 3.** INFORM puce *f* **- 4.** *loc* : **a toda ~** *fam* à toute pompe.

pasto *m* **- 1.** [acción, lugar] pâturage *m* **- 2.** [alimento] pâture *f* **- 3.** [motivo] : **ser ~ para la crítica** alimenter la critique.

pastón *m mfam* : **valer un ~** valoir un fric fou.

pastor, ra *m, f* berger *m*, -ère *f*. ◆ **pastor** *m* **- 1.** [sacerdote] pasteur *m* **- 2.** [perro] chien *m* de berger.

pastoso, sa *adj* pâteux(euse).

pata ◇ *f* **- 1.** [de animal, persona] patte *f* ; **a cuatro ~s** à quatre pattes ; **a la ~ coja** *fam* à cloche-pied **- 2.** [de mueble] pied *m* **- 3.** *loc* : **meter la ~** faire une gaffe ; **poner/estar ~s arriba** mettre/être sens dessus dessous ; **tener mala ~** avoir la poisse. ◇ *m Amer* [amigo] copain *m*. ◆ **pata de gallo** *f* **- 1.** [arrugas] patte-d'oie *f* **- 2.** [tejido] pied-de-poule *m*. ◆ **pata negra** *m jambon de pays de première qualité*.

patada *f* coup *m* de pied ; **tratar a alguien a ~s** *fam fig* traiter qqn à coups de pied dans le derrière.

patalear *vi* gigoter ; [en el suelo] trépigner.

pataleo *m* **- 1.** [movimiento] gesticulation *f* **- 2.** [en el suelo] trépignement *m*.

pataleta *f fam* cirque *m* ; **armó una ~** il a fait tout un cirque.

patán *adj m* & *m* **- 1.** [ignorante] plouc **- 2.** [grosero] goujat.

patata *f* pomme de terre *f* ; **~s fritas** frites *fpl* ; [de bolsa] chips *fpl*.

patatús *m inv fam* : **le dio un ~** ça lui a fichu un coup.

paté *m* pâté *m*.

patear ◇ *vt* **- 1.** [dar un puntapié a] donner un coup de pied à **- 2.** [pisotear] piétiner **- 3.** [recorrer - ciudad] faire à pied. ◇ *vi* **- 1.** [patalear] trépigner **- 2.** *fam fig* [andar] se démener. ◆ **patearse** *vpr* **- 1.** [recorrer] : **se ha pateado la ciudad** il a fait toute la ville à pied **- 2.** *fam* [malgastar] claquer.

patentado, da *adj* breveté(e).

patente ◇ *adj* manifeste. ◇ *f* **- 1.** [de invento] brevet *m* **- 2.** [autorización] patente *f*.

paternal *adj* paternel(elle).

paternalismo *m* paternalisme *m*.

paternidad *f* paternité *f*.

paterno, na *adj* paternel(elle).

patético, ca *adj* pathétique.

patetismo *m* pathétisme *m* ; **escenas de gran ~** des scènes d'un grand pathétique.

patidifuso, sa *adj fam* soufflé(e).

patilla *f* **- 1.** [de pelo] patte *f* ; [de barba] favoris *mpl* **- 2.** [de gafas] branche *f*.

patín *m* **- 1.** [calzado] patin *m* ; **~ de cuchilla** patin à glace ; **~ de ruedas** patin à roulettes **- 2.** [juguete] trottinette *f* **- 3.** [embarcación] pédalo *m*.

pátina *f* patine *f*.

patinaje *m* patinage *m*.

patinar *vi* **- 1.** [gen] patiner **- 2.** *fam fig* [equivocarse] se planter.

patinazo *m* **- 1.** [resbalón] glissade *f* ; [de coche] dérapage *m* **- 2.** *fam fig* [error] bourde *f*.

patinete *m* trottinette *f*.

patio *m* **- 1.** [gen] cour *f* ; [de casa española] patio *m* ; **~ interior** cour intérieure ; **~ de recreo** cour de récréation **- 2.** TEATR : **~ (de butacas)** orchestre *m*.

patitieso, sa *adj fam* **- 1.** [de frío] frigorifié(e) **- 2.** [de sorpresa] baba.

pato, ta *m, f* canard *m*, cane *f* ; **pagar el ~** *fig* payer les pots cassés.

patológico, ca *adj* pathologique.

patoso, sa *adj & m, f fam* pataud(e).
patria *f* ▷ **patrio**.
patriarca *m* patriarche *m*.
patrimonio *m* patrimoine *m* ; **declarar algo ~ histórico** déclarer qqch monument historique.
patrio, tria *adj* de la patrie. ◆ **patria** *f* patrie *f*.
patriota *adj & mf* patriote.
patriotismo *m* patriotisme *m*.
patrocinador, ra ◇ *adj* : **la empresa patrocinadora** le sponsor. ◇ *m, f* sponsor *m*.
patrocinar *vt* **- 1.** [en publicidad] sponsoriser **- 2.** [respaldar - proyecto] parrainer ; [- candidatura] appuyer.
patrocinio *m* **- 1.** [en publicidad] parrainage *m* ; **bajo el ~ de** sous le patronage de **- 2.** [respaldo] appui *m*.
patrón, ona *m, f* patron *m*, -onne *f*. ◆ **patrón** *m* **- 1.** [de barco, costurera] patron *m* **- 2.** [referencia] étalon *m* ; **~ monetario** étalon monétaire ; **~ oro** étalon-or *m*.
patronal ◇ *adj* patronal(e). ◇ *f* **- 1.** [de empresa] direction *f* **- 2.** [de país] patronat *m*.
patronato *m* patronage *m* ; [de beneficiencia] fondation *f*.
patrono, na *m, f* patron *m*, -onne *f*.
patrulla *f* patrouille *f* ; **~ urbana** ≃ îlotiers *mpl*.
patrullar ◇ *vt* patrouiller dans. ◇ *vi* patrouiller.
patuco *m (gen pl)* chausson *m (de bébé)*.
paulatino, na *adj* **- 1.** [lento] lent(e) **- 2.** [gradual] progressif(ive).
pausa *f* pause *f*.
pausado, da *adj* calme ; [modales, voz] posé(e).
pauta *f* **- 1.** [gen] règle *f* **- 2.** [en papel] ligne *f*.
pavimentación *f* revêtement *m*.
pavimento *m* revêtement *m* ; [con ladrillos] pavé *m*.
pavo, va ◇ *adj fam despec* godiche. ◇ *m, f* **- 1.** [ave] dindon *m*, dinde *f* ; **~ real** paon *m* **- 2.** *fam despec* [tonto] âne *m*.
pavonearse *vpr despec* prendre de grands airs ; **~de** se vanter de.
pavor *m* épouvante *f* ; [colectivo] panique *f*.
paya *f Amer poème accompagné à la guitare*.
payasada *f* [de payaso] clownerie *f* ; [de niño etc] pitrerie *f* ; **hacer ~s** faire le pitre.
payaso, sa ◇ *adj* : **ser ~** faire le clown. ◇ *m, f* clown *m*.
payés, esa *m, f* paysan *m*, -anne *f (en Catalogne et aux Baléares)*.
payo, ya *m, f* gadjo *mf*.
paz *f* paix *f* ; **¡déjame en ~!** laisse-moi tranquille! ; **estar** o **quedar en ~** être quitte ; **hacer las paces** faire la paix ; **que en ~ descanse, que descanse en ~** qu' il/elle repose en paix ; **tu hermana, que en ~ descanse, era ...** ta sœur, paix à son âme, était ...
pazo *m* manoir *m (en Galice)*.
PC *m* **- 1.** (*abrev de* **personal computer**) PC *m* **- 2.** (*abrev de* **Partido Carlista**) parti *m* carliste *(parti espagnol catholique de droite)*.
p/cta *abrev de* **por cuenta**.
PD, PS (*abrev de* **posdata**) PS.
pdo. *abrev de* **pasado**.
peaje *m* péage *m*.
peana *f* socle *m*.
peatón *m* piéton *m*, -onne *f*.
peca *f* tache *f* de rousseur.
pecado *m* péché *m* ; **sería un ~ tirar toda esa comida** ce serait un crime de jeter toute cette nourriture.
pecador, ra ◇ *adj* : **los hombres ~es** les pécheurs. ◇ *m, f* pécheur *m*, -eresse *f*.
pecaminoso, sa *adj* condamnable.
pecar *vi* pécher ; **pecó de prudente** il a péché par excès de prudence.
pecera *f* aquarium *m* ; [redonda] bocal *m* (à poissons).
pecho *m* **- 1.** [gen] poitrine *f* **- 2.** [de animal] poitrail *m* **- 3.** [mama] sein *m* ; **dar el ~** donner le sein **- 4.** *fig* [interior] cœur *m* **- 5.** *loc* : **a lo hecho, ~** ce qui est fait est fait ; **tomarse algo a ~** prendre qqch à cœur.
pechuga *f* **- 1.** [de ave] blanc *m* **- 2.** *mfam* [de mujer] nichons *mpl*.
pecoso, sa *adj* : **ser ~** avoir des taches de rousseur.
pectoral ◇ *adj* pectoral(e). ◇ *m* sirop *m* pectoral.
peculiar *adj* particulier(ère).
peculiaridad *f* particularité *f*.
pedagogía *f* pédagogie *f*.
pedagogo, ga *m, f* pédagogue *mf*.
pedal *m* pédale *f*.
pedalear *vi* pédaler.
pedante *adj & mf* pédant(e).
pedantería *f* pédanterie *f*.
pedazo *m* morceau *m* ; **hacer ~s** mettre en morceaux ; *fig* briser.
pedestal *m* [base] piédestal *m*.

pedestre *adj* pédestre.
pediatra *mf* pédiatre *mf*.
pedicuro, ra *m, f* pédicure *mf*.
pedido *m* commande *f* ; **hacer un ~** passer une commande.
pedigrí (*pl* **pedigríes** o **pedigrís**), **pedigree** [peði'ɣri] (*pl* **pedigrees**) *m* pedigree *m*.
pedir ◇ *vt* - **1.** [solicitar] demander ; **~ a alguien que haga algo** demander à qqn de faire qqch ; **~ a alguien (en matrimonio)** demander qqn en mariage ; **~ prestado** emprunter - **2.** [requerir] avoir besoin de ; **esta planta pide sol** cette plante a besoin de soleil. ◇ *vi* [mendigar] mendier.
pedo ◇ *m* - **1.** [ventosidad] pet *m* ; **tirarse un ~** *vulg* péter - **2.** *mfam* [borrachera] cuite *f* ; **cogerse un ~** prendre une cuite. ◇ *adj inv mfam* : **estar ~** être bourré(e).
pedrada *f* - **1.** *loc* : **a ~s** à coups de pierres - **2.** [granizada] grêle *f*.
pedrea *f* - **1.** [premio menor] *plus petit prix de la loterie nationale espagnole* - **2.** [granizada] grêle *f* - **3.** [lucha] bataille *f* à coups de pierres.
pedregullo *m Amer* gravier *m*.
pedrería *f* pierres *fpl* précieuses.
pedrusco *m* grosse pierre *f*.
peeling ['pilin] *m* peeling *m*.
pega *f* - **1.** [obstáculo] difficulté *f* ; **poner ~s (a)** mettre des obstacles (à) - **2.** [pegamento] colle *f*.
pegadizo, za *adj* - **1.** [música] chantant(e) - **2.** *fig* [contagioso] contagieux(euse).
pegajoso, sa *adj lit* & *fig* collant(e).
pegamento *m* colle *f*.
pegar ◇ *vt* - **1.** [gen & INFORM] coller ; **~ un botón** coudre un bouton - **2.** [golpear] frapper ; [dar una paliza] battre - **3.** [dar - golpe, bofetada] donner ; [- grito] pousser ; **~ un susto** faire peur ; **~ saltos** faire des bonds ; **~ tiros** tirer des coups de feu - **4.** [contagiar - enfermedad] : **~ algo a alguien** passer qqch à qqn. ◇ *vi* - **1.** [adherir] coller - **2.** [golpear] frapper contre - **3.** [armonizar] : **~ con algo** aller avec qqch ; **el verde y el rosa no pegan** le vert et le rose ne vont pas ensemble - **4.** [sol] taper. ◆ **pegarse** *vpr* - **1.** [adherirse] coller ; [arroz, guiso etc] attacher - **2.** [chocar] : **~se (un golpe) con/contra algo** se cogner à contre qqch - **3.** [pelearse] se battre - **4.** [darse - golpes, puñetazos etc] se donner - **5.** *fig* [contagiarse] s'attraper ; **se me pegó su acento** j'ai attrapé son accent ; **esta música se pega muy fácilmente** c'est un air que l'on retient très facilement - **6.** *despec* [engancharse] : **~se a alguien** coller qqn, se coller à qqn.
pegatina *f* autocollant *m*.
pegote *m* - **1.** *fam* [añadido] fioritures *fpl* - **2.** *fam* [chapuza] bricolage *m* - **3.** *fam* [mentira] blague *f* - **4.** [masa pegajosa] emplâtre *m* ; **venir de ~** venir comme un cheveu sur la soupe.
peinado *m* coiffure *f*.
peinar *vt* - **1.** [desenredar] peigner ; [arreglar] coiffer - **2.** [registrar] ratisser. ◆ **peinarse** *vpr* [desenredarse] se peigner ; [arreglarse] se coiffer.
peine *m* peigne *m*.
peineta *f* peigne *m* (de mantille).
p.ej. (*abrev de* **por ejemplo**) p. ex.
Pekín Pékin.
pela *f fam* [dinero] peseta *f* ; **no tengo ni una ~** je n'ai pas un rond.
peladilla *f* dragée *f*.
pelado, da *adj* - **1.** [cabeza] tondu(e) - **2.** [montaña, fruta] pelé(e) ; [verdura, patata] épluché(e) ; **tengo la espalda pelada** j'ai le dos qui pèle - **3.** [árbol, habitación, campo] dénudé(e) - **4.** *fam* [sin dinero] fauché(e) - **5.** [número] : **quinientos ~s** cinq cents tout rond. ◆ **pelado** *m* coupe *f* de cheveux.
pelagatos *mf inv fam despec* pauvre type *m*, pauvre fille *f*.
pelaje *m* pelage *m*.
pelar *vt* - **1.** [pelo] tondre - **2.** [fruta] peler ; [verduras, patatas] éplucher - **3.** [aves] plumer - **4.** *fam fig* [dejar sin dinero] plumer. ◆ **pelarse** *vpr* - **1.** [piel] peler - **2.** [persona] se faire couper les cheveux.
peldaño *m* marche *f* ; [de escalera de mano] échelon *m*.
pelea *f* - **1.** [a golpes] bagarre *f* ; [en boxeo] combat *m* - **2.** [riña] dispute *f*.
pelear *vi* - **1.** [gen] se battre - **2.** [reñir] se disputer. ◆ **pelearse** *vpr* - **1.** [a golpes] se battre - **2.** [reñir] se disputer.
pelele *m* - **1.** *fam despec* [persona] marionnette *f* - **2.** [prenda de bebé] grenouillère *f* - **3.** [muñeco] pantin *m*.
peletería *f* - **1.** [oficio] pelleterie *f* - **2.** [tienda] : **en la ~** chez le fourreur.
peliagudo, da *adj fig* épineux(euse).
pelicano, pelícano *m* pélican *m*.
película *f* - **1.** CIN film *m* ; **~ del Oeste** western *m* ; **~ de terror** o **miedo** film d'épouvante ; **~ de vídeo** cassette *f* vidéo *(film)* ; **de ~** *fig* du tonnerre - **2.** [capa fi-

na & FOT] pellicule *f* - **3.** *fam* [historia increíble] roman *m*.

peligro *m* danger *m* ; **correr ~** courir un danger ; **correr ~ de** courir le risque de ; **fuera de ~** hors de danger ; '**~ de muerte**' 'danger de mort'.

peligroso, sa *adj* dangereux(euse).

pelín *m fam* : **un ~** un tantinet ; **es un ~ largo** c'est un poil trop long.

pelirrojo, ja *adj* & *m, f* roux (rousse).

pellejo *m* - **1.** [gen] peau *f* ; **expuso su ~** *fam* il a risqué sa peau - **2.** [padrastro] envie *f (des ongles)*.

pellizcar *vt* - **1.** [gen] pincer - **2.** [pan etc] grignoter.

pellizco *m* - **1.** [en la piel - acción] pincement *m* ; [- marca] pinçon *m* - **2.** [un poco] : **un ~ de sal** une pincée de sel.

pelma, pelmazo, za *fam despec* ◇ *adj* lourd(e). ◇ *mf* casse-pieds *mf inv*.

pelo *m* poil *m* ; [cabello] cheveu *m* ; **el ~** [de persona] les cheveux ; [de animal] le pelage ; **con ~s y señales** dans les moindres détails ; **montar a caballo a ~** monter à cru ; **no tener ~s en la lengua** *fam* ne pas mâcher ses mots ; **no verle el ~ a alguien** *fam* ne plus voir qqn ; **se le pusieron los ~s de punta** *fam* ses cheveux se sont dressés sur sa tête ; **por los ~s** de justesse ; **no se mató por un ~** il s'en est fallu d'un cheveu qu'il ne se tue ; **ser (un) hombre de ~ en pecho** être un homme, un vrai ; **tomar el ~ a alguien** *fam* [burlarse de] se payer la tête de qqn ; [dar a creer] faire marcher qqn. ◆ **a contra pelo** *loc adv* à rebrousse-poil.

pelota ◇ *f* - **1.** [gen] ballon *m* ; [pequeña] balle *f* ; **~ vasca** pelote *f* basque - **2.** [esfera] boule *f* - **3.** *loc* : **hacer la ~ (a alguien)** *fam* cirer les pompes (à qqn). ◇ *mf fam* lèche-bottes *mf inv*.

pelotera *f fam* engueulade *f*.

pelotón *m* - **1.** MIL & DEP peloton *m* - **2.** [de gente] horde *f*.

pelotudo, da *adj Amer fam* crétin(e).

peluca *f* perruque *f*.

peluche *m* peluche *f*.

peludo, da *adj* poilu(e).

peluquería *f* - **1.** [establecimiento] salon *m* de coiffure ; **ir a la ~** aller chez le coiffeur - **2.** [oficio] coiffure *f*.

peluquero, ra *m, f* coiffeur *m*, -euse *f*.

peluquín *m* postiche *m*.

pelusa *f* - **1.** [vello] duvet *m* - **2.** [de tela] peluche *f* - **3.** [de polvo] mouton *m*.

pelvis *f inv* bassin *m*.

pena *f* - **1.** [gen] peine *f* ; **dar ~** faire de la peine ; **(no) valer** o **merecer la ~ (hacer algo)** (ne pas) valoir la peine (de faire qqch) ; **no vale la ~ molestarse** ce n'est pas la peine de se déranger ; **~ capital** o **de muerte** peine capitale o de mort - **2.** [lástima] : **es una ~** c'est dommage ; **¡qué ~!** quel dommage! - **3.** *Amer* [vergüenza] honte *f* ; **me da ~** j'ai honte.

penacho *m* - **1.** [de pájaro] huppe *f* - **2.** [adorno] aigrette *f*.

penal ◇ *adj* pénal(e). ◇ *m* maison *f* d'arrêt.

penalidad *f (gen pl)* peine *f*.

penalización *f* pénalité *f*.

penalti, penalty *m* penalty *m* ; **se casó de ~** *fam* elle s'est mariée en cloque.

penar ◇ *vt* [suj : la ley] punir. ◇ *vi* [sufrir] peiner.

pender *vi* - **1.** [colgar] : **~ (de)** pendre (à) - **2.** *fig* [amenaza etc] : **~ sobre** peser sur - **3.** *fig* [sentencia etc] être en suspens.

pendiente ◇ *adj* - **1.** [sin hacer] en suspens ; **tener una asignatura ~** avoir une matière à rattraper ; **tener una cuenta ~** *fig* avoir une affaire à régler ; **estar ~ de** [juicio, respuesta etc] être dans l'attente de - **2.** [atento] : **está muy ~ de sus hijos** elle s'occupe beaucoup de ses enfants. ◇ *m* boucle *f* d'oreille. ◇ *f* pente *f*.

pendón, ona *m, f fam* [vago] glandeur *m*, -euse *f* ; **estar hecho un ~** passer sa vie dehors. ◆ **pendón** *m* [bandera] bannière *f* ; *fam* [mujer] traînée *f*.

péndulo *m* pendule *m* ; [de reloj] balancier *m*.

pene *m* pénis *m*.

penene *mf* ≃ maître *m* auxiliaire.

penetración *f* pénétration *f*.

penetrante *adj* pénétrant(e) ; [voz, grito] perçant(e) ; **un dolor ~** une douleur aiguë.

penetrar ◇ *vi* : **~ (en)** pénétrer (dans) ; **el frío penetra en los huesos** le froid pénètre les os. ◇ *vt* pénétrer.

penicilina *f* pénicilline *f*.

península *f* péninsule *f* ; [pequeña] presqu'île *f* ; **la ~ Ibérica** la péninsule Ibérique.

peninsular ◇ *adj* péninsulaire. ◇ *mf* : **los ~es** les Espagnols du continent.

penitencia *f* pénitence *f*.

penitenciaría *f* pénitencier *m*.

penoso, sa *adj* - **1.** [trabajo] pénible - **2.** [acontecimiento] douloureux(euse)

- **3.** [espectáculo] affligeant(e) **- 4.** *Amer* [vergonzoso] timide.

pensador, ra *m, f* penseur *m*, -euse *f*.

pensamiento *m* **- 1.** [gen & BOT] pensée *f* **- 2.** [mente] esprit *m*.

pensar ◇ *vi* penser ; [reflexionar] réfléchir ; **~ en** penser à ; **dar que ~** donner à réfléchir. ◇ *vt* **- 1.** [gen] penser **- 2.** [reflexionar] réfléchir à ; **piensa lo que te he dicho** réfléchis à ce que je t'ai dit. ◆ **pensarse** *vpr* : **tengo que pensármelo** je dois y réfléchir.

pensativo, va *adj* pensif(ive).

pensión *f* pension *f* ; **media ~** demi-pension *f* ; **~ completa** pension complète ; **~ (de jubilación)** retraite *f*.

pensionista *mf* **- 1.** [minusválido] pensionné *m*, -e *f* ; [jubilado] retraité *m*, -e *f* **- 2.** [en pensión, colegio] pensionnaire *mf*.

pentágono *m* pentagone *m*.

pentagrama *m* MÚS portée *f*.

penúltimo, ma *adj & m, f* avant-dernier(ère).

penumbra *f* pénombre *f* ; **en ~** dans la pénombre.

penuria *f* pénurie *f*.

peña *f* **- 1.** [roca] rocher *m* **- 2.** [grupo de personas] bande *f* (d'amis) ; [asociación] club *m*.

peñasco *m* rocher *m*.

peñón *m* rocher *m*. ◆ **Peñón** *m* : **el Peñón (de Gibraltar)** le rocher de Gibraltar.

peón *m* **- 1.** [obrero] manœuvre *m*, ouvrier *m* agricole **- 2.** [en ajedrez] pion *m* **- 3.** [juguete] toupie *f*.

peonza *f* toupie *f*.

peor ◇ *adj (equivale a "más malo")* **- 1.** *(comparativo)* : **~ (que)** pire (que) ; **tú eres malo pero él es ~** tu es méchant mais il est pire ; **su letra es ~ que la tuya** son écriture est pire que la tienne ; **soy ~ alumno que mi hermano** je suis plus mauvais élève que mon frère **- 2.** *(superlativo seguido de substantivo)* : **el ~** le plus mauvais ; **la ~** la plus mauvaise ; **el ~ alumno de la clase** le plus mauvais élève de la classe ; **los ~es recuerdos de su vida** les plus mauvais souvenirs de sa vie. ◇ *mf* : **el/la ~** le/la pire ; **lo ~ es que ...** le pire c'est que ... ; **Juan es el ~ del equipo** Juan est le plus mauvais de l'équipe. ◇ *adv (compar y superl)* : **es ~ todavía** c'est encore pire ; **es cada vez ~** c'est de pire en pire ; **cada día escribe ~** il écrit de plus en plus mal ; **hoy ha dormido ~ que ayer** aujourd'hui il a dormi moins bien qu'hier ; **si se lo dices será mucho ~** si tu le lui dis ce sera bien pire ; **estar ~** [enfermo] aller plus mal ; **~ que nunca** pire que jamais ; **¡~ para él!** tant pis pour lui!

pepinillo *m* cornichon *m*.

pepino *m* **- 1.** BOT concombre *m* **- 2.** *loc* : **importarle algo a alguien un ~** *fam* se ficher de qqch comme de l'an quarante.

pepita *f* **- 1.** [de fruta] pépin *m* **- 2.** [de oro] pépite *f*.

peppermint = **pipermín**.

pequeñez *f* **- 1.** [cualidad] petitesse *f* **- 2.** *fig* [insignificancia] broutille *f*.

pequeño, ña ◇ *adj* petit(e). ◇ *m, f* [niño] petit *m*, -e *f* ; **de ~ no comía nada** quand j'étais petit, je ne mangeais rien. ◆ **pequeños** *mpl* : **los ~s** les petits.

pequinés *m* [perro] pékinois *m*.

pera ◇ *f* poire *f* ; **pedir ~s al olmo** *fig* demander la lune ; **¡este tío es la ~!** *fam fig* c'est quelque chose ce type! ◇ *adj inv fam* [pijo] snobinard(e) ; **un niño ~** un fils à papa.

peral *m* poirier *m*.

percance *m* incident *m*.

percatarse *vpr* : **~ (de algo)** s'apercevoir (de qqch).

percebe *m* **- 1.** ZOOL pouce-pied *m* **- 2.** *fam* [persona] cloche *f*.

percepción *f* perception *f*.

perceptible *adj* **- 1.** [por los sentidos] perceptible **- 2.** COM recouvrable.

percha *f* **- 1.** [de armario] cintre *m* **- 2.** [de pared, perchero] portemanteau *m* **- 3.** [para pájaros] perchoir *m*.

perchero *m* portemanteau *m*.

percibir *vt* percevoir.

percusión *f* percussion *f*.

percutor, percusor *m* percuteur *m*.

perdedor, ra *adj & m, f* perdant(e).

perder ◇ *vt* **- 1.** [gen] perdre ; **~ el conocimiento** perdre connaissance ; **~ el juicio** perdre la tête ; **~ el tiempo** perdre son temps ; **~ la esperanza** perdre espoir ; **sus malas compañías le perderán** ses mauvaises fréquentations le perdront **- 2.** [tren, autobús, ocasión] rater, manquer. ◇ *vi* **- 1.** [gen] perdre **- 2.** [decaer] baisser **- 3.** [dejar escapar aire, agua] fuir. ◆ **perderse** *vpr* **- 1.** [gen] se perdre ; **se me han perdido las gafas** j'ai perdu mes lunettes **- 2.** [desorientarse] s'y perdre **- 3.** [desaprovechar] : **¡tú te lo pierdes!** tant pis pour toi! **- 4.** [anhelar] : **se pierde por ella** il ferait n'importe quoi pour elle.

perdición *f* perte *f* ; **eso fue su ~** ça l'a mené à sa perte.

pérdida *f* - **1.** [gen] perte *f* - **2.** [escape] fuite *f*. ◆ **pérdidas** *fpl* - **1.** MIL, FIN & MED pertes *fpl* ; **~s y ganancias** pertes et profits - **2.** [daños] dégâts *mpl*.

perdidamente *adv* éperdument.

perdido, da ◇ *adj* - **1.** [gen] perdu(e) - **2.** *fam* [sucio] : **me he puesto ~** je me suis tout sali ; **~ de barro** couvert de boue - **3.** *fam* [de remate] : **loco ~** fou à lier ; **tonto ~** bête comme ses pieds. ◇ *m, f* débauché *m*, -e *f*.

perdigón *m* - **1.** [munición] plomb *m* (de chasse) - **2.** [pájaro] perdreau *m* - **3.** [de saliva] postillon *m*.

perdiz *f* perdrix *f*.

perdón *m* pardon *m* ; **es, con ~, un pedazo de imbécil** c'est, si vous me permettez l'expression, un bel imbécile ; **no tener ~** être impardonnable ; **¡perdón!** pardon!

perdonar *vt* - **1.** [gen] pardonner ; **te perdono tus críticas** je te pardonne tes critiques ; **¡perdona!** excuse-moi!, pardon! ; **perdone que le moleste** excusez-moi o pardon de vous déranger - **2.** [eximir de] : **~ algo a alguien** faire grâce de qqch à qqn ; [deuda, obligación] libérer qqn de qqch.

perdonavidas *mf inv fam* : **ir de ~** faire le matamore.

perdurable *adj* - **1.** [que dura siempre] éternel(elle) - **2.** [que dura mucho] durable.

perdurar *vi* - **1.** [durar mucho - tiempo, efecto] durer ; [- recuerdo, idea, tradición] persister - **2.** [perseverar] : **~ en** persister dans.

perecedero, ra *adj* périssable.

perecer *vi* périr.

peregrinación *f* - **1.** RELIG pèlerinage *m* - **2.** *fig* [con idas y venidas] pérégrination *f*.

peregrino, na ◇ *adj* - **1.** [ave] migrateur(trice) - **2.** *fig* [extraño, extraordinario] bizarre, étonnant(e). ◇ *m, f* [persona] pèlerin *m*.

perejil *m* persil *m*.

perenne *adj* - **1.** [gen] vivace ; [follaje, hoja] persistant(e) ; **una planta ~** une plante vivace - **2.** [continuo] perpétuel(elle).

pereza *f* paresse *f*.

perezoso, sa *adj* & *m, f* paresseux(euse).

perfección *f* perfection *f*.

perfeccionar *vt* perfectionner. ◆ **perfeccionarse** *vpr* se perfectionner.

perfeccionista *adj* & *mf* perfectionniste.

perfecto, ta *adj* parfait(e).

perfidia *f* perfidie *f*.

perfil *m* - **1.** [gen & GEOM] profil *m* ; **de ~** de profil - **2.** [característica] trait *m*.

perfilar *vt* - **1.** [dibujar] profiler - **2.** *fig* [detallar] affiner. ◆ **perfilarse** *vpr* se profiler.

perforación *f* - **1.** [gen & MED] perforation *f* - **2.** [de pozo] forage *m*.

perforar *vt* perforer ; [pozo] forer.

perfume *m* parfum *m*.

perfumería *f* parfumerie *f*.

pergamino *m* parchemin *m*. ◆ **pergaminos** *mpl* titres *mpl* de noblesse.

pérgola *f* pergola *f*.

pericia *f* habileté *f*.

periferia *f* périphérie *f*.

periférico, ca *adj* périphérique.

perifollos *mpl fam* fanfreluches *fpl*.

perífrasis *f inv* périphrase *f*.

perilla *f* [barba] bouc *m*.

perímetro *m* périmètre *m*.

periódico, ca *adj* périodique. ◆ **periódico** *m* journal *m*.

periodismo *m* journalisme *m*.

periodista *mf* journaliste *mf*.

periodo, período *m* - **1.** [gen & MAT] période *f* - **2.** [menstrual] règles *fpl*.

peripecia *f* péripétie *f*.

peripuesto, ta *adj fam* tiré(e) à quatre épingles.

periquete *m* : **en un ~** *fam* en un clin d'œil.

periquito *m* perruche *f*.

peritaje *m* expertise *f*.

peritar *vt* expertiser.

perito *m* - **1.** [experto] expert *m* ; **~ mercantil** expert-comptable *m* ; **~ tasador** commissaire-priseur *m* - **2.** [ingeniero técnico] ingénieur *m* technique.

perjudicar *vt* nuire à ; [moralmente] porter préjudice à ; **~ la salud** nuire à la santé.

perjudicial *adj* : **~ (para)** nuisible (à).

perjuicio *m* [moral] préjudice *m* ; [material] dégât *m* ; **ir en ~ de** porter préjudice à.

perjurar *vi* - **1.** [jurar mucho] : **jurar y ~** jurer ses grands dieux - **2.** [jurar en falso] se parjurer.

perla *f* perle *f* ; **venir de ~s** *fig* bien tomber.

perlado, da *adj* - **1.** [con perlas] perlé(e) - **2.** [con gotas] : **tenía la frente perlada de**

sudor des gouttes de sueur perlaient sur son front.

perlé *m* coton *m* perlé.

permanecer *vi* rester, demeurer ; **~ despierto/mudo** rester éveillé/muet.

permanencia *f* - **1.** [en un lugar] : **su ~ en el país ...** votre séjour dans le pays ... ; **la ~ de las tropas en ...** le maintien des troupes dans ... - **2.** [duración] permanence *f*.

permanente ◇ *adj* permanent(e). ◇ *f* permanente *f*.

permeable *adj* perméable.

permisible *adj* tolérable ; **el rechazo es ~** il est permis de refuser.

permisivo, va *adj* permissif(ive).

permiso *m* - **1.** [gen & MIL] permission *f* ; **con ~, ¿me deja pasar?** pardon, pouvez-vous me laisser passer? - **2.** [documento] permis *m* ; **~ de conducir** permis de conduire.

permitir *vt* permettre ; **¿me permite?** vous permettez? ◆ **permitirse** *vpr* se permettre ; **no poder ~se algo** ne pas pouvoir se permettre qqch.

permuta, permutación *f* permutation *f*.

pernicioso, sa *adj* pernicieux(euse).

pero ◇ *conj* mais ; **un alumno inteligente ~ vago** un élève intelligent mais paresseux ; **~ ¿cómo quieres que yo lo sepa?** mais comment veux-tu que je le sache? ◇ *m* mais *m* ; **no hay ~ que valga** il n'y a pas de mais qui tienne ; **poner ~s a** trouver à redire à.

perol *m* marmite *f*.

peroné *m* péroné *m*.

perorata *f* laïus *m*.

perpendicular *adj* & *f* perpendiculaire.

perpetrar *vt* perpétrer.

perpetuar *vt* perpétuer. ◆ **perpetuarse** *vpr* se perpétuer.

perpetuo, tua *adj* perpétuel(elle) ; [amor, nieves] éternel(elle).

perplejo, ja *adj* perplexe.

perra *f* - **1.** ▷ **perro** - **2.** *fam* [rabieta] colère *f* ; **coger una ~** faire une colère - **3.** *fam* [dinero] : **no tener (ni) una ~** ne pas avoir un rond - **4.** *fam* [idea fija] : **está con la ~ de irse** il n'a qu'une idée en tête, c'est de partir.

perrera *f* ▷ **perrero.**

perrería *f fam* : **¡no le hagas ~s al niño!** n'embête pas le petit! ; **¡han hecho una ~ contigo!** ils t'ont bien arrangé!

perrero, ra *m, f* [persona] employé *m*, -e *f* de la fourrière *(pour chiens)*. ◆ **perrera** *f* - **1.** [lugar] chenil *m* - **2.** [vehículo] fourgon *m* de la fourrière *(pour chiens)*.

perro, rra ◇ *m, f* - **1.** ZOOL chien *m*, chienne *f* ; **~ callejero** chient errant ; **~ lazarillo** chien d'aveugle ; **~ lobo** chien-loup *m* ; **~ pastor** chien de berger ; **~ policía** chien policier - **2.** *fam despec* [malvado] peau *f* de vache - **3.** *loc* : **andar como el ~ y el gato** s'entendre comme chien et chat ; **ser ~ viejo** être un vieux renard. ◇ *adj fam* [muy malo] de chien ; **¡qué vida más perra!** quelle chienne de vie! ◆ **perro caliente** *m* hot dog *m*.

perruno, na *adj* canin(e).

persecución *f* - **1.** [seguimiento] poursuite *f* - **2.** [acoso] persécution *f*.

perseguir *vt* - **1.** [gen] poursuivre ; *fig* [felicidad etc] rechercher - **2.** [atormentar] : **~ a alguien** persécuter qqn.

perseverante *adj* persévérant(e).

perseverar *vi* : **~ (en)** persévérer (dans).

persiana *f* store *m* ; [postigo] persienne *f*.

persistente *adj* persistant(e) ; [persona] tenace.

persistir *vi* : **~ (en algo)** persister (dans qqch) ; **~ en hacer algo** persister à faire qqch.

persona *f* personne *f* ; **en ~** en personne ; **~ mayor** grande personne.

personaje *m* personnage *m*.

personal ◇ *adj* personnel(elle). ◇ *m* - **1.** [trabajadores] personnel *m* - **2.** *fam* [gente] : **¡cuánto ~!** quel peuple! ◇ *f* DEP faute *f* personnelle.

personalidad *f* personnalité *f*.

personalizar *vi* viser quelqu'un en particulier ; **sin ~** sans citer de nom.

personarse *vpr* se présenter.

personificar *vt* personnifier.

perspectiva *f* [gen] perspective *f* ; **en ~** en perspective.

perspicacia *f* perspicacité *f*.

perspicaz *adj* perspicace.

persuadir *vt* persuader ; **~ a alguien para que haga algo** persuader qqn de faire qqch. ◆ **persuadirse** *vpr* : **~se (de/de que)** se persuader(de/que).

persuasión *f* persuasion *f*.

persuasivo, va *adj* persuasif(ive). ◆ **persuasiva** *f* pouvoir *m* de persuasion.

pertenecer *vi* : **~ a** appartenir à ; **no me pertenece hacerlo** il ne m'appartient pas de le faire.

perteneciente *adj* : ~ **a** appartenant à ; **ser** ~ **a** appartenir à.

pertenencia *f* appartenance *f*. ◆ **pertenencias** *fpl* [enseres] biens *mpl*.

pértiga *f* - **1.** [vara] perche *f* - **2.** DEP saut *m* à la perche.

pertinaz *adj* - **1.** [terco] obstiné(e) - **2.** [persistente] persistant(e).

pertinente *adj* - **1.** [adecuado] pertinent(e) - **2.** [relativo] approprié(e).

pertrechos *mpl* - **1.** MIL équipement *m* - **2.** *fig* [utensilios] attirail *m*.

perturbación *f* - **1.** [gen & METEOR] perturbation *f* - **2.** [emoción, alteración] trouble *m* ; **perturbaciones respiratorias** troubles respiratoires.

perturbado, da *adj* & *m, f* déséquilibré(e).

perturbador, ra *adj* & *m, f* perturbateur(trice).

perturbar *vt* - **1.** [gen] perturber - **2.** [impresionar, conmover, alterar] troubler ; ~ **el orden público** troubler l'ordre public.

Perú : (el) ~ (le) Pérou.

peruano, na ◇ *adj* péruvien(enne). ◇ *m, f* Péruvien *m*, -enne *f*.

perversión *f* perversion *f*.

perverso, sa *adj* pervers(e).

pervertido, da *m, f* pervers *m*, -e *f*.

pervertir *vt* pervertir. ◆ **pervertirse** *vpr* se pervertir.

pesa *f* - **1.** [gen] poids *m* - **2.** *(gen pl)* DEP haltère *m*.

pesadez *f* - **1.** [gen] lourdeur *f* - **2.** [aburrimiento, fastidio] ennui *m* ; **¡qué** ~ **de película!** quel ennui ce film! ; **es una** ~ c'est pénible.

pesadilla *f* cauchemar *m* ; **tener ~s** faire des cauchemars.

pesado, da ◇ *adj* - **1.** [gen] lourd(e) - **2.** [trabajoso] pénible - **3.** [aburrido] ennuyeux(euse) - **4.** [molesto] assommant(e). ◇ *m, f* casse-pieds *mf inv*.

pesadumbre *f* chagrin *m*.

pésame *m* condoléances *fpl* ; **dar el** ~ présenter ses condoléances.

pesar ◇ *m* - **1.** [tristeza] chagrin *m* - **2.** [arrepentimiento] regret *m*. ◇ *vt* peser. ◇ *vi* - **1.** [gen] peser ; **este paquete pesa** ce paquet pèse lourd ; **le pesa tanta responsabilidad** toutes ces responsabilités lui pèsent - **2.** [causar tristeza] causer du chagrin ; [causar arrepentimiento] regretter ; **me pesa haberlo hecho** je regrette de l'avoir fait - **3.** *loc* : **mal que le pese** qu'il le veuille ou non. ◆ **pesarse** *vpr* se peser. ◆ **a pesar de** *loc prep* malgré ; **a** ~ **de todo** malgré tout ; **a** ~ **mío** malgré moi. ◆ **a pesar de que** *loc conj* bien que ; **saldré a** ~ **de que llueve** je sortirai bien qu'il pleuve. ◆ **pese a** *loc prep* malgré ; **es muy activo pese a su edad** il est très actif malgré son âge.

pesca *f* pêche *f* ; **ir de** ~ aller à la pêche ; ~ **de altura/de bajura** pêche hauturière/côtière.

pescadería *f* poissonnerie *f*.

pescadilla *f* merlan *m*.

pescado *m* poisson *m* ; ~ **azul/blanco** poisson gras/maigre.

pescador, ra *m, f* pêcheur *m*, -euse *f*.

pescar *vt* - **1.** [peces] pêcher - **2.** *fam fig* [enfermedad] choper - **3.** *fam fig* [empleo] dégoter - **4.** *fam fig* [ladrón] cueillir - **5.** *fam fig* [entender] piger.

pescuezo *m* cou *m*.

pesebre *m* - **1.** [para animales] mangeoire *f* - **2.** [de Navidad] crèche *f*.

pesero *m Amer* taxi *m* collectif.

peseta *f* [unidad] peseta *f*. ◆ **pesetas** *fpl* [dinero] argent *m*.

pesetero, ra *adj* rapiat(e).

pesimismo *m* pessimisme *m*.

pesimista *adj* & *mf* pessimiste.

pésimo, ma ◇ *superl* ▷ **malo**. ◇ *adj* très mauvais(e).

peso *m* - **1.** [gen & DEP] poids *m* ; **tiene un kilo de** ~ ça pèse un kilo ; **campeón en diferentes ~s** champion dans différentes catégories ; **de** ~ [importante] de poids ; ~ **bruto/neto** poids brut/net ; ~ **muerto** poids mort - **2.** [moneda] peso *m* - **3.** [balanza] balance *f* - **4.** *loc* : **pagar algo a** ~ **de oro** payer qqch à prix d'or.

pespunte *m* point *m* arrière.

pesquero, ra *adj* [barco etc] de pêche ; [industria] de la pêche. ◆ **pesquero** *m* bateau *m* de pêche.

pesquisa *f* recherche *f*, enquête *f*.

pestaña *f* - **1.** [de párpado] cil *m* - **2.** [saliente] bord *m* ; [de papel] languette *f*.

pestañear *vi* cligner des yeux ; **sin** ~ *fig* sans sourciller.

peste *f* - **1.** [enfermedad] peste *f* - **2.** *fam* [mal olor] infection *f* - **3.** [plaga] invasion *f* - **4.** [molestia] : **ser la** ~ être infernal(e).

pesticida *adj* & *m* pesticide.

pestilencia *f* [mal olor] odeur *f* pestilentielle.

pestillo *m* verrou *m* ; **correr** o **echar el** ~ mettre le verrou.

petaca *f* - **1.** [para tabaco] blague *f* (à tabac) - **2.** [para bebidas] flasque *f* - **3.** *Amer* [maleta] valise *f* ; [joroba] bosse *f*. ◆ **petacas** *fpl Amer fam* fesses *fpl*.

pétalo *m* pétale *m*.

petanca *f* pétanque *f*.

petardo ◇ *m* - **1.** [cohete] pétard *m* - **2.** *fam* [aburrimiento] : **un ~ de película** un film rasoir - **3.** *fam* [porro] pétard *m*. ◇ *mf fam* [persona fea] : **ser un ~** être moche comme un pou.

petate *m* balluchon *m* ; MIL paquetage *m*.

petición *f* - **1.** [acción] demande *f* ; **a ~ de** à la demande de - **2.** [escrito] pétition *f*.

petiso, sa, petizo, za *adj Amer fam* court(e) sur pattes.

peto *m* - **1.** [gen] plastron *m* - **2.** [prenda] salopette *f* - **3.** [de prenda] bavette *f*.

petrificar *vt lit & fig* pétrifier.

petrodólar *m* pétrodollar *m*.

petróleo *m* pétrole *m*.

petrolero, ra *adj* pétrolier(ère). ◆ **petrolero** *m* pétrolier *m*.

petrolífero, ra *adj* pétrolifère.

petulante *adj* arrogant(e).

peúco *m (gen pl)* chausson *m (de bébé)*.

peyorativo, va *adj* péjoratif(ive).

pez ◇ *m* poisson *m* ; **~ espada** espadon *m* ; **estar ~ (en algo)** *fig* être nul (nulle) (en qqch), nager complètement (en qqch). ◇ *f* poix *f*. ◆ **pez gordo** *m fam fig* gros bonnet *m*.

pezón *m* - **1.** [de pecho] mamelon *m* - **2.** BOT queue *f*.

pezuña *f* - **1.** [de animal] sabot *m* - **2.** *fam* [pie] panard *m*.

piadoso, sa *adj* - **1.** [compasivo] : **ser ~** avoir bon cœur - **2.** [religioso] pieux(euse).

pianista *mf* pianiste *mf*.

piano *m* piano *m* ; **~ de cola** piano à queue.

pianola *f* piano *m* mécanique.

piar *vi* piailler.

PIB (*abrev de* **producto interior bruto**) *m* PIB *m*.

pibe, ba *m, f Amer fam* gosse *mf*.

pica *f* [lanza & TAUROM] pique *f*. ◆ **picas** *fpl* [palo de baraja] pique *m*.

picadero *m* [de caballos] manège *m*.

picadillo *m* [de carne] hachis *m* ; [de verdura] julienne *f*.

picado, da *adj* - **1.** [gen] piqué(e) ; **un cutis ~ de ...** un visage marqué par ... ; **~ de polilla** mangé aux mites - **2.** [triturado - carne, verdura] haché(e) ; [- hielo] pilé(e) - **3.** [muela] carié(e) - **4.** *fig* [enfadado] vexé(e). ◆ **picado** *m* - **1.** AERON : **descender en ~** descendre en piqué ; **caer en ~** *fig* [ventas, precios] chuter - **2.** CULIN hachis *m*.

picador, ra *m, f* - **1.** TAUROM picador *m* - **2.** [domador] dresseur *m*, -euse *f* de chevaux - **3.** [minero] piqueur *m*.

picadora *f* hachoir *m*.

picadura *f* - **1.** [gen] piqûre *f* - **2.** [marca] marque *f* - **3.** [de diente] : **tener una ~ en un diente** avoir une dent cariée - **4.** [de tabaco] tabac *m* haché.

picante ◇ *adj* - **1.** [comida] piquant(e) - **2.** *fig* [chiste, historia] grivois(e). ◇ *m* cuisine *f* épicée.

picantería *f Amer* petit restaurant *m*.

picapica *m* o *f bonbon pétillant* ; **polvos de ~** poil *m* à gratter.

picaporte *m* [aldaba] heurtoir *m* ; [manivela] poignée *f*.

picar ◇ *vt* - **1.** [gen & TAUROM] piquer ; **me picó una avispa** une guêpe m'a piqué ; **~ la curiosidad** piquer la curiosité - **2.** [escocer] gratter - **3.** CULIN hacher - **4.** [comer - suj : ave] picorer ; [- suj : persona] grignoter - **5.** [piedra] concasser ; [hielo] piler - **6.** *fig* [enojar] titiller ; [ofender] vexer - **7.** [billete - suj : revisor] poinçonner ; [- en el aparato] composter - **8.** [texto] saisir. ◇ *vi* - **1.** [gen] piquer - **2.** [pez] mordre ; **¿pican?** ça mord? - **3.** [escocer] gratter - **4.** [comer - ave] picorer ; [- persona] grignoter - **5.** [sol] brûler - **6.** *fig* [dejarse engañar] se faire avoir - **7.** *loc* : **~ (muy) alto** viser (très) haut. ◆ **picarse** *vpr* - **1.** [ropa] se miter - **2.** [vino] se piquer - **3.** *fig* [enfadarse] se fâcher ; [ofenderse] se vexer - **4.** [el mar] s'agiter - **5.** [oxidarse] se rouiller - **6.** [cariarse] : **se me ha picado una muela** j'ai une dent gâtée - **7.** *fam* [inyectarse droga] se piquer.

picardía *f* - **1.** [astucia] malice *f* - **2.** [travesura] espièglerie *f* - **3.** [atrevimiento] effronterie *f*. ◆ **picardías** *m inv* [prenda] nuisette *f*.

pícaro, ra *m, f* - **1.** [astuto] malin *m*, -igne *f* - **2.** [travieso] coquin *m*, -e *f* - **3.** [obsceno] : **ser un ~** être grivois ◆ **pícaro** *m* LITER *héros de la littérature espagnole des XVIe et XVIIe siècles caractérisé par son espièglerie*.

picatoste *m* croûton *m (pour la soupe etc)*.

pichichi *mf* DEP *meilleur buteur d'un championnat de football*.

pichincha *f Amer fam* occase *f*.

pichón *m* - **1.** [paloma joven] pigeonneau

m - **2.** *fam fig* [apelativo cariñoso] : **oye, ~** dis, mon lapin.

picnic (*pl* **picnics**) *m* pique-nique *m*.

pico *m* - **1.** [gen] bec *m* - **2.** [saliente] coin *m* ; [punta] pointe *f* - **3.** [herramienta, montaña] pic *m* - **4.** *fam* [boca] caquet *m* ; **cerrar el ~** fermer son caquet, la fermer - **5.** [cantidad indeterminada] : **y ~** et quelques ; **a las cinco y ~** à cinq heures et quelques.

picor *m* démangeaison *f*.

picoso, sa *adj Amer* piquant(e).

picotear *vt* - **1.** [suj : ave] picorer - **2.** *fig* [comer] grignoter.

pictórico, ca *adj* pictural(e).

pie *m* - **1.** [gen] pied *m* ; **a ~** à pied ; **de** O **en ~** debout ; **de ~s a cabeza** des pieds à la tête - **2.** [de escrito] bas *m* ; **al ~ de la página** au bas de la page - **3.** TEATR : **dar ~** donner la réplique - **4.** *loc* : **al ~ de la letra** au pied de la lettre ; **andar con ~s de plomo** y aller doucement ; **buscarle (los) tres ~s al gato** chercher midi à quatorze heures ; **con buen ~** du bon pied ; **dar ~ a alguien para que haga algo** donner l'occasion à qqn de faire qqch ; **en ~ de guerra** sur le pied de guerre ; **levantarse con el ~ izquierdo** se lever du pied gauche ; **no tener ni ~s ni cabeza** n'avoir ni queue ni tête ; **pararle los ~s a alguien** remettre qqn à sa place ; **seguir en ~** [oferta, proposición] être encore valable ; [edificio] être toujours debout.

piedad *f* - **1.** [compasión] pitié *f* - **2.** [religiosidad] piété *f*.

piedra *f* pierre *f* ; **~ pómez** pierre ponce ; **~ preciosa** pierre précieuse ; **quedarse de ~** tomber de haut, ne pas en revenir.

piel *f* - **1.** [gen] peau *f* ; **~ roja** Peau-Rouge *mf* ; **la ~ de toro** *fig* l'Espagne *f* - **2.** [cuero] cuir *m* ; **una cazadora de ~** un blouson en cuir - **3.** [pelo] fourrure *f* ; **un abrigo de ~es** un manteau de fourrure.

piercing ['pirsiŋ] *m* piercing *m*.

pierna *f* - **1.** [de persona] jambe *f* - **2.** [de ave, perro etc] patte *f* - **3.** CULIN [de cordero] gigot *m*.

pieza *f* [gen] pièce *f* ; **~ de recambio** O **repuesto** pièce détachée ; **dejar/quedarse de una ~** *fig* laisser/rester sans voix.

pifiar *vt* : **~la** *fam* gaffer.

pigmentación *f* pigmentation *f*.

pigmento *m* pigment *m*.

pijama *m* pyjama *m*.

pijo, ja *fam* ◇ *adj* bon chic bon genre. ◇ *m, f* minet *m*, -ette *f*.

pila *f* - **1.** [gen & ARQUIT] pile *f* - **2.** [fregadero] évier *m* - **3.** *fam* [montón] montagne *f* ; **tiene una ~ de deudas** il a une montagne de dettes.

pilar *m lit* & *fig* pilier *m*.

píldora *f* pilule *f* ; **tomar la ~** prendre la pilule ; **dorar la ~ a alguien** dorer la pilule à qqn.

pileta *f Amer* - **1.** [fregadero] évier *m* - **2.** [piscina] piscine *f*.

pillaje *m* pillage *m*.

pillar ◇ *vt* - **1.** [gen] attraper - **2.** [atropellar] renverser - **3.** *fam* [sorprender] surprendre ; **me pilló en pijama** il m'a surpris en pyjama - **4.** [aprisionar] coincer ; [dedos] pincer - **5.** [chiste, explicación] saisir. ◇ *vi* [hallarse] : **me pilla de paso** c'est sur mon chemin ; **me pilla lejos** c'est loin de chez moi. ◆ **pillarse** *vpr* se coincer ; [un dedo] se pincer.

pillo, lla *adj* & *m, f fam* coquin(e).

pilotar *vt* piloter.

piloto ◇ *m* - **1.** [conductor] pilote *m* ; **~ automático** pilote automatique - **2.** [indicador luminoso - de aparato] voyant *m* lumineux ; [- de vehículo] feu *m*. ◇ *adj inv* [granja, instituto etc] pilote ; [piso] témoin.

piltrafa *f* - **1.** *(gen pl)* [resto] restes *mpl* - **2.** *fam* [persona débil] loque *f*.

pimentón *m* piment *m* rouge moulu.

pimienta *f* poivre *m*.

pimiento *m* piment *m* ; **~ morrón** poivron *m*.

pimpollo *m* - **1.** [de planta] rejeton *m* ; [de flor] bouton *m* ; [de rosa] bouton *m* de rose - **2.** *fam fig* [persona atractiva] : **¡vaya ~!** quel beau brin de fille! ; **está hecho un ~** il est devenu beau gosse.

pinacoteca *f* - **1.** [museo] pinacothèque *f* - **2.** [galería] galerie *f (de peinture)*.

pinar *m* pinède *f*.

pinaza *f* aiguille *f (de pin)*.

pincel *m* - **1.** [instrumento] pinceau *m* - **2.** *fig* [estilo] touche *f*.

pinchadiscos *mf inv* disc-jockey *mf*.

pinchar ◇ *vt* - **1.** [gen] piquer - **2.** [rueda, globo] crever - **3.** [fijar] : **~ algo en la pared** accrocher qqch au mur - **4.** *fam fig* [irritar] asticoter - **5.** *fam fig* [incitar] tanner - **6.** *fam* [teléfono] mettre sur écoutes. ◇ *vi* - **1.** [rueda] crever - **2.** [barba] gratter. ◆ **pincharse** *vpr* - **1.** [gen] se piquer - **2.** [rueda] crever - **3.** [inyectarse] se faire faire une piqûre - **4.** *fam* [droga] se piquer.

pinchazo *m* - **1.** [gen] piqûre *f* - **2.** [de neumático] crevaison *f*.

pinche <> *mf* marmiton *m.* <> *adj Amer fam* satané(e).

pinchito *m mini-brochette de viande servie comme « tapa ».*

pincho *m* - **1.** [espina] épine *f* - **2.** [varilla] pique *f* - **3.** CULIN *portion servie comme « tapa » dans les bars* ; ~ **moruno** *brochette de viande de porc.*

pinga *f Amer vulg* quéquette *f.*

pingajo *m fam despec* : **ir hecho un ~** être tout déguenillé.

pingo *m despec fam* [persona despreciable] : **estar hecho un ~** mener une vie de bâton de chaise ; **estar de ~** [viajar continuamente] être toujours par monts et par vaux ; [salir de fiesta] être de sortie.

ping-pong [pin'pon] *m* DEP ping-pong *m.*

pingüino *m* pingouin *m.*

pinitos *mpl* : **hacer sus ~** *lit & fig* faire ses premiers pas.

pino *m* pin *m* ; **en el quinto ~** *fam fig* à perpète.

pinta *f* ▷ **pinto.**

pintado, da *adj* - **1.** [coloreado] peint(e) ; **'recién ~'** 'peinture fraîche' - **2.** [moteado] tacheté(e) - **3.** [maquillado] maquillé(e). ◆ **pintada** *f* - **1.** [escrito] graffiti *m* - **2.** [ave] pintade *f.*

pintalabios *m inv* rouge *m* à lèvres.

pintar <> *vt* - **1.** [gen] peindre - **2.** *fig* [describir] dépeindre. <> *vi* - **1.** [significar, importar] : **aquí no pinto nada** je n'ai rien à faire ici ; **¿qué pinto yo en este asunto?** qu'est-ce que j'ai à voir là-dedans? - **2.** [bolígrafo, rotulador] : **~ bien/mal** écrire bien/mal. ◆ **pintarse** *vpr* - **1.** [maquillarse] se maquiller - **2.** [manifestarse] se voir ; **el miedo se pintaba en su cara** la peur se lisait sur son visage - **3.** *loc* : **pintárselas uno solo para algo** ne pas avoir son pareil pour qqch.

pinto, ta *adj* tacheté(e). ◆ **pinta** *f* - **1.** [lunar] : **con pintas blancas** tacheté de blanc - **2.** *fig* [aspecto] air *m* ; **la comida tiene buena pinta** le repas a l'air bon ; **¡vaya pintas que lleva!** il a une de ces allures! - **3.** [unidad de medida] pinte *f.* ◆ **pintas** *mf fam* : **estar hecho un pintas** avoir une de ces touches.

pintor, ra *m, f* peintre *m* ; **~ colorista** coloriste *mf.*

pintoresco, ca *adj* pittoresque ; *fig* [extravagante] haut(e) en couleur.

pintura *f* - **1.** [gen & ARTE] peinture *f* ; **~ al óleo** peinture à l'huile - **2.** *fig* [descripción] tableau *m.*

pinza *f (gen pl)* pince *f* ; [para tender la ropa] pince *f* à linge.

piña *f* - **1.** [tropical] ananas *m* - **2.** [del pino] pomme *f* de pin - **3.** *fig* [conjunto de gente] : **reaccionar en ~** faire bloc - **4.** *fam* [golpe] : **dar una ~ a alguien** flanquer un coup à qqn.

piñata *f récipient suspendu que des enfants aux yeux bandés brisent à coups de bâton pour y récupérer des friandises.*

piñón *m* pignon *m* ; **están a partir un ~** ils sont comme les deux doigts de la main.

pío, a *adj* pieux(euse) ; [obra] pie. ◆ **pío** *m* pépiement *m* ; **no decir ni ~** *fig* ne pas piper.

piojo *m* pou *m.*

piola *adj Amer fam* [astuto] malin(igne).

pionero, ra *m, f* pionnier *m*, -ère *f.*

pipa *f* - **1.** [para fumar] pipe *f* - **2.** [semilla] pépin *m* - **3.** [de girasol] graine *f* de tournesol - **4.** [tonel] tonneau *m* - **5.** *loc* : **pasarlo** o **pasárselo ~** *fam* s'éclater.

pipermín, peppermint [piper'min] *m* peppermint *m*, menthe *f.*

pipí *m fam* pipi *m* ; **hacer ~** faire pipi.

pique *m* - **1.** [enfado] : **tener un ~ con alguien** être en froid avec qqn - **2.** [rivalidad] concurrence *f* ; **irse a ~** *lit & fig* couler.

piquete *m* - **1.** [gen] piquet *m* - **2.** [grupo armado] peloton *m* ; **~ de ejecución** peloton d'exécution.

pirado, da *adj fam* cinglé(e).

piragua *f* pirogue *f* ; DEP canoë *m.*

piragüismo *m* canoë-kayak *m (discipline).*

pirámide *f* pyramide *f.*

piraña *f* piranha *m.*

pirarse *vpr fam* se casser.

pirata <> *adj lit & fig* pirate. <> *mf* pirate *m.*

piratear *vt & vi* pirater.

pírex, pyrex *m* Pyrex® *m.*

pirindolo *m* machin *m.*

Pirineos *mpl* : **los ~** les Pyrénées *fpl.*

piripi *adj fam* pompette.

piro *m* : **darse el ~** *fam* se barrer.

pirómano, na *m, f* pyromane *mf.*

piropear *vt fam* : **~ a alguien** faire du plat à qqn.

piropo *m fam* compliment *m.*

pirotecnia *f* pyrotechnie *f.*

pirrarse *vpr fam* : **~ por algo** être fana de qqch ; **~ por alguien** s'enticher de qqn.

pirueta *f* pirouette *f* ; *fig* [esfuerzo] : **hacer ~s con** jongler avec.
piruleta *f* sucette *f (plate et ronde)*.
pirulí (*pl* **pirulís**) *m* sucette *f*.
pis *m fam* pipi *m*.
pisada *f* pas *m*.
pisapapeles *m inv* presse-papiers *m inv*.
pisar *vt* - **1.** [con el pie] marcher sur ; [pedal, acelerador] appuyer sur ; **~ a alguien** *lit & fig* marcher sur les pieds de qqn - **2.** [uvas] fouler - **3.** *fig* [ir a] mettre les pieds à - **4.** *fig* [anticiparse] : **~ una idea a alguien** couper l'herbe sous le pied de qqn.
piscina *f* piscine *f*.
Piscis ◇ *m inv* [zodiaco] Poissons *mpl*. ◇ *mf inv* [persona] poissons *m inv*.
piscolabis *m inv fam* : **tomarse un ~** casser une petite croûte.
piso *m* - **1.** [vivienda] appartement *m* - **2.** [planta] étage *m* - **3.** [suelo] revêtement *m* - **4.** [capa] couche *f* - **5.** *Amer* [suelo] sol *m*.
pisotear *vt* - **1.** [con el pie] piétiner - **2.** *fig* [humillar] bafouer ; **~ a alguien** rabaisser qqn.
pisotón *m fam* : **me dieron un ~** quelqu'un m'a marché dessus.
pista *f* piste *f* ; **~ de esquí** piste de ski ; **~ de tenis** court *m* de tennis.
pistacho *m* pistache *f*.
pisto *m* CULIN ≃ ratatouille *f*.
pistola *f* - **1.** [arma, pulverizador] pistolet *m* - **2.** [herramienta] : **~ (de grapas)** agrafeuse *f*.
pistolero, ra *m, f* tueur *m*, -euse *f*.
◆ **pistolera** *f* étui *m* de revolver.
pistón *m* piston *m*.
pitada *f Amer fam* taffe *f*.
pitar ◇ *vt* siffler. ◇ *vi* - **1.** [tocar el pito] siffler ; [del coche] klaxonner - **2.** *fam* [funcionar] rouler - **3.** *Amer fam* [fumar] fumer - **4.** *loc* : **salir/irse/venir pitando** sortir/partir/venir en quatrième vitesse.
pitido *m* coup *m* de sifflet ; [del coche] coup *m* de klaxon.
pitillera *f* porte-cigarette *m*.
pitillo *m* - **1.** [cigarro] cigarette *f* - **2.** *Amer* [para beber] paille *f*.
pito *m* - **1.** [silbato] sifflet *m* ; [del coche] Klaxon® *m* - **2.** *fam* [cigarrillo] clope *f* - **3.** *fam* [pene] zizi *m*.
pitón *m* - **1.** [cuerno] corne *f* - **2.** [pitorro] bec *m* (verseur).
pitonisa *f* voyante *f*.
pitorrearse *vpr fam* : **~ (de algo/alguien)** se ficher (de qqch/qqn).
pitorreo *m fam* rigolade *f*.
pitorro *f* bec *m* (verseur).
pívot = **pivote**.
pivote (*pl* **pivotes**), **pívot** (*pl* **pivots**) *mf* DEP pivot *m*.
pizarra *f* - **1.** [gen] ardoise *f* - **2.** [encerado] tableau *m*.
pizca *f* - **1.** [gen] *fam* : **una ~ de** un petit peu de ; **una ~ de sal** une pincée de sel ; **no veo ni ~** je n'y vois que dalle ; **no me gusta ni ~** je n'aime pas ça du tout - **2.** *Amer* [cosecha] récolte *f*.
pizza ['pitsa] *f* pizza *f*.
pizzería [pitse'ria] *f* pizzeria *f*.
placa *f* - **1.** [gen] plaque *f* ; **~ solar** panneau *m* solaire - **2.** [electrónica] carte *f*.
placenta *f* placenta *m*.
placentero, ra *adj* plaisant(e).
placer *m* plaisir *m*.
plácido, da *adj* placide.
plafón *m* [lámpara] plafonnier *m*.
plaga *f* - **1.** [gen] fléau *m* - **2.** [de peste etc] épidémie *f* - **3.** *fig* [gran cantidad] invasion *f*.
plagado, da *adj* rempli(e) ; **~ de deudas** criblé de dettes.
plagar *vt* : **~ de** remplir de ; [paredes] couvrir de.
plagiar *vt* - **1.** [copiar] plagier - **2.** *Amer* [secuestrar] kidnapper.
plagio *m* plagiat *m*.
plan *m* - **1.** [gen] plan *m* - **2.** [para pasar el tiempo] : **¿que ~es tienes?** qu'est-ce que tu comptes faire? - **3.** *fam* [ligue] : **salirle un ~ a alguien** se faire draguer - **4.** *fam* [modo, forma] : **lo dijo en ~ serio** il a dit ça sérieusement ; **lo dijo en ~ (de) broma** il a dit ça pour rire - **5.** *loc* : **¡menudo ~!** *fam* tu parles d'un amusement!
plancha *f* - **1.** [para planchar] fer *m* à repasser ; [acción] repassage *m* - **2.** [para cocinar] gril *m* ; **a la ~** grillé(e) - **3.** [placa] plaque *f* ; [de madera] planche *f* - **4.** *fam* [metedura de pata] gaffe *f* - **5.** DEP [fútbol] tacle *m* - **6.** [carrocería] tôle *f* - **7.** IMPRENTA planche *f*.
planchado *m* repassage *m*.
planchar *vt* repasser.
planchista *mf* tôlier *m*.
plancton *m* plancton *m*.
planeador *m* planeur *m*.
planear ◇ *vt* [hacer planes] projeter ; [preparar] planifier. ◇ *vi* - **1.** [hacer planes] faire des projets - **2.** [en el aire] planer.

planeta *m* planète *f.*

planetario, ria *adj* planétaire.

planicie *f* plaine *f.*

planificación *f* planification *f* ; **~ familiar** planning *m* familial.

planificar *vt* planifier.

planilla *f Amer* formulaire *m.*

planisferio *m* planisphère *m.*

plano, na *adj* **- 1.** GEOM plan(e) **- 2.** [llano] plat(e). ◆ **plano** *m* plan *m* ; **primer ~** premier plan ; **de ~** *fig* en plein ; **el sol da de ~ en la terraza** le soleil donne en plein sur la terrasse ; **caerse de ~** tomber de tout son long. ◆ **plana** *f* **- 1.** [página] page *f* ; **una ilustración a toda plana** une illustration pleine page **- 2.** [llanura] plaine *f.*

planta *f* **- 1.** [BOT & del pie] plante *f* **- 2.** [piso] étage *m* ; **~ baja** rez-de-chaussée *m inv* **- 3.** [fábrica] usine *f* ; **~ depuradora** station *f* d'épuration ; **~ incineradora** usine d'incinération.

plantación *f* plantation *f.*

plantado, da *adj* planté(e) ; **dejar ~ a alguien** *fam fig* laisser tomber qqn ; **ser bien ~** *fig* être bien de sa personne.

plantar *vt* **- 1.** [gen] planter **- 2.** *fam* [asestar, poner] flanquer **- 3.** *fam* [decir con brusquedad] : **le plantó cuatro frescas** il lui a sorti ses quatre vérités **- 4.** *fam* [despedir] flanquer dehors **- 5.** *fam* [abandonar] plaquer. ◆ **plantarse** *vpr* **- 1.** [gen] se planter **- 2.** [llegar] : **en cinco minutos te plantas ahí** tu y es en cinq minutes **- 3.** [en una actitud] : **~se en algo** ne pas démordre de qqch **- 4.** [en naipes] : **me planto** servi(e).

planteamiento *m* [enfoque] approche *f* ; [exposición] exposé *m.*

plantear *vt* [problema, cuestión etc] poser ; [posibilidad, cambio] envisager. ◆ **plantearse** *vpr* [problema, cuestión etc] se poser ; [posibilidad, cambio] envisager.

plantel *m* **- 1.** [criadero] pépinière *f* **- 2.** *fig* [conjunto] groupe *m.*

plantilla *f* **- 1.** [de una empresa] personnel *m* **- 2.** [suela interior] semelle *f* **- 3.** [modelo] patron *m.*

plantón *m fam* : **dar un ~** poser un lapin ; **estar de ~** poireauter.

plañidero, ra *adj fam* geignard(e).

plañir ◇ *vt* [pérdida] pleurer. ◇ *vi* gémir.

plaqueta *f* plaquette *f.*

plasmar *vt* **- 1.** *fig* [reflejar] exprimer **- 2.** [modelar] façonner. ◆ **plasmarse** *vpr* se concrétiser.

plasta ◇ *adj* & *mf* enquiquineur(euse). ◇ *f* [cosa blanda] bouillie *f.*

plástica *f* ▻ **plástico.**

plástico, ca *adj* **- 1.** [gen] plastique **- 2.** [expresivo] parlant(e). ◆ **plástico** *m* **- 1.** [material] plastique *m* **- 2.** *fam* [tarjetas de crédito] cartes *fpl* de crédit. ◆ **plástica** *f* plastique *f.*

plastificar *vt* plastifier.

plastilina *f* pâte *f* à modeler.

plata *f* **- 1.** [metal] argent *m* ; **~ de ley** argent titré ; **hablar en ~** *fam* parler franchement **- 2.** [objetos de plata] argenterie *f* **- 3.** *Amer fam* [dinero] argent *m.*

plataforma *f* **- 1.** [gen] plate-forme *f* ; **~ del 0,7%** *en Espagne, mouvement en faveur de l'aide au tiers-monde* **- 2.** *fig* [punto de partida] tremplin *m.*

platal *m Amer fam* : **un ~** une fortune.

plátano *m* **- 1.** [fruta] banane *f* **- 2.** [árbol - tropical] bananier *m* ; [- de sombra] platane *m.*

platea *f* TEATR parterre *m.*

plateado, da *adj* argenté(e).

plática *f Amer* conversation *f.*

platicar *Amer* ◇ *vi* discuter. ◇ *vt* [decir] dire ; **te lo platico mañana** je t'en parlerai demain.

platillo *m* **- 1.** [plato pequeño] soucoupe *f* **- 2.** [de balanza] plateau *m* **- 3.** *(gen pl)* MÚS cymbale *f.* ◆ **platillo volante** *m* soucoupe *f* volante.

platina *f* platine *f.*

platino *m* platine *m.* ◆ **platinos** *mpl* vis *fpl* platinées.

plato *m* **- 1.** [gen] assiette *f* ; **lavar los ~s** faire la vaisselle ; **pagar los ~s rotos** payer les pots cassés **- 2.** [comida] plat *m* ; **el ~ fuerte de la historia es que ...** *fig* le meilleur c'est que ... ; **~ combinado** plat garni ; **primer ~** entrée *f* ; **segundo ~, ~ fuerte** plat de résistance **- 3.** [de tocadiscos] platine *f* **- 4.** [de balanza, bicicleta etc] plateau *m.*

plató *m* CIN plateau *m.*

platónico, ca *adj* platonique.

platudo, da *adj Amer fam* friqué(e).

plausible *adj* plausible.

playa *f* **- 1.** [gen] plage *f* **- 2.** *Amer* [aparcamiento] : **~ de estacionamiento** parking *m.*

play-back ['pleiβak] (*pl* **play-backs**) *m* play-back *m.*

play-boy [plei'βoi] (*pl* **play-boys**) *m* play-boy *m*.
playero, ra *adj* de plage. ◆ **playera** *f* *(gen pl)* chaussures *fpl* en toile.
plaza *f* - **1.** [gen] place *f* - **2.** [puesto de trabajo] poste *m* - **3.** [mercado] marché *m* - **4.** TAUROM arène *f* ; ~ **de toros** arènes *fpl* - **5.** COM [zona, población] zone *f* - **6.** [fortificación] place *f* forte.
plazo *m* - **1.** [de tiempo & COM] délai *m* ; **a corto/largo ~** à court/long terme - **2.** [de dinero] versement *m* ; **a ~s** à crédit.
plazoleta *f* petite place *f*.
plebe *f* plèbe *f*.
plebeyo, ya *adj* & *m, f* plébéien(enne).
plebiscito *m* plébiscite *m*.
plegable *adj* pliant(e).
plegar *vt* plier.
plegaria *f* prière *f*.
pleito *m* DER procès *m*.
plenario, ria *adj* plénier(ère).
plenilunio *m* pleine lune *f*.
plenitud *f* plénitude *f*.
pleno, na *adj* plein(e) ; **en ~** [en medio de] en plein ; [en su totalidad] au grand complet ; **en ~ día** en plein jour ; **en plena forma** en pleine forme. ◆ **pleno** *m* - **1.** [reunión] séance *f* plénière ; **~ de accionistas** assemblée *f* générale des actionnaires ; **~ del congreso/ayuntamiento** séance plénière du congrès/du conseil municipal - **2.** [en juego de azar] : **acertar el ~** avoir tous les bons numéros.
pletórico, ca *adj* : **~ de** plein de.
pliego *m* - **1.** [hoja] feuille *f* (de papier) - **2.** [documento] pli *m* ; **~ de condiciones** cahier *m* des charges - **3.** IMPRENTA cahier *m*.
pliegue *m* pli *m (document)*.
plisado *m* [acción] plissage *m* ; [resultado] plissé *m*.
plomería *f Amer* plomberie *f*.
plomero *m Amer* plombier *m*.
plomizo, za *adj* de plomb ; **un cielo ~** un ciel de plomb.
plomo *m* - **1.** [gen] plomb *m* ; **caer a ~** *fam* tomber comme une masse - **2.** *fam* [pelmazo] casse-pieds *mf inv*.
plotter (*pl* **plotters**) *m* INFORM traceur *m*.
pluma *f* - **1.** [gen] plume *f* ; **(~) estilográfica** stylo *m* (à) plume - **2.** *fig* [escritor] homme *m* de plume - **3.** *Amer* [bolígrafo] stylo *m*.
plum-cake [pluŋ'keik] (*pl* **plum-cakes**) *m* cake *m*.
plumero *m* plumeau *m* ; **vérsele a alguien el ~** *fam fig* voir venir qqn.
plumier (*pl* **plumiers**) *m* plumier *m*.
plumilla *f* plume *f (de stylo)*.
plumón *m* - **1.** [de ave] duvet *m* - **2.** [anorak] doudoune *f*.
plural ◇ *adj* pluriel(elle). ◇ *m* pluriel *m*.
pluralidad *f* pluralité *f*.
pluralismo *m* pluralisme *m*.
pluralizar *vi* généraliser.
pluriempleo *m* cumul *m* d'emplois.
plus (*pl* **pluses**) *m* prime *f (gratification)*.
pluscuamperfecto *m* plus-que-parfait *m*.
plusmarca *f* DEP record *m*.
plusvalía *f* plus-value *f*.
pluvial *adj* pluvial(e).
p.m. (*abrev de* **post meridiem**) p.m.
PM (*abrev de* **policía militar**) *f police militaire espagnole*.
PNB (*abrev de* **producto nacional bruto**) *m* PNB *m*.
PNV (*abrev de* **Partido Nacionalista Vasco**) *m parti nationaliste basque*.
población *f* - **1.** [gen] population *f* - **2.** [acción] peuplement *m* - **3.** [ciudad pequeña] localité *f*.
poblado, da *adj* - **1.** [habitado] peuplé(e) - **2.** *fig* [barba, cejas] fourni(e). ◆ **poblado** *m* village *m*.
poblador, ra ◇ *adj* : **los indios ~es de América** les Indiens qui peuplent l'Amérique. ◇ *m, f* habitant *m*, -e *f*.
poblar *vt* peupler. ◆ **poblarse** *vpr* se peupler.
pobre ◇ *adj* pauvre ; **¡~ hombre!** pauvre homme! ; **¡~ de mí/ti etc!** pauvre de moi/toi etc! ◇ *mf* pauvre *mf*.
pobreza *f* pauvreté *f* ; **~ de** [de cosas materiales] manque de.
pochismo *m Amer fam* spanglish *m*.
pocho, cha *adj* - **1.** [persona] patraque - **2.** [fruta] blet(ette) - **3.** *Amer fam* américanisé(e) *(se dit des Mexicains)*.
pocilga *f lit* & *fig* porcherie *f*.
pocillo *m Amer* [taza] tasse *f* ; [jarra] chope *f*.
pócima *f* - **1.** [brebaje] potion *f* - **2.** *despec* [bebida de mal sabor] : **este cóctel es una ~** ce cocktail est imbuvable.
poción *f* potion *f*.
poco, ca ◇ *adj* peu de ; **~ trabajo** peu de travail ; **de poca importancia** de peu d'importance ; **dame unos ~s días** donne-moi quelques jours ; **las vacantes son po-**

cas les places sont rares. ◇ *pron* peu ; **han aprobado ~s** il y en a peu qui ont réussi ; **tengo muy ~s** j'en ai très peu ; **tengo amigos, pero ~s** j'ai des amis, mais j'en ai peu ; **unos ~s** quelques-uns ; **un ~ (de)** un peu (de) ; **un ~ de paciencia** un peu de patience. ◆ **poco** *adv* **- 1.** [con escasez] peu ; **come ~** il ne mange pas beaucoup ; **está ~ salado** ce n'est pas très salé ; **por ~** pour un peu ; **por ~ lo consigo** j'ai failli réussir ; **por ~ se desmaya** pour un peu, il s'évanouissait **- 2.** [tiempo corto] : **tardaré ~** je ne serai pas long ; **al ~ de llegar** peu après son arrivée ; **dentro de ~** bientôt, sous peu ; **llegará dentro de ~** il arrivera bientôt ; **hace ~ (tiempo)** il n'y a pas longtemps ; **~ a ~** peu à peu ; **¡~ a ~!** doucement!

podar *vt* [árboles] élaguer ; [vides, rosales] tailler.

poder[1] ◇ *vt* **- 1.** [gen] pouvoir ; **puedo pagarme el viaje** je peux me payer le voyage ; **puede ejercer su carrera** il peut exercer son métier ; **no podemos abandonarlo** nous ne pouvons pas l'abandonner ; **puede estallar la guerra** la guerre peut éclater ; **podías habérmelo dicho** tu aurais pu me le dire **- 2.** [tener más fuerza que] battre ; **a mí no hay quien me pueda** je suis le plus fort. ◇ *vi* **- 1.** [ser capaz de dominar] : **~ con algo/con alguien** venir à bout de qqch/qqn **- 2.** [ser capaz de realizar] : **ella sola no podrá con la corrección de pruebas** elle ne pourra pas corriger les épreuves toute seule **- 3.** [soportar] : **no ~ con algo/con alguien** ne pas supporter qqch/qqn **- 4.** *loc* : **no puedo más** je n'en peux plus ; **¿se puede?** on peut entrer? ◇ *v impers* [ser posible] : **puede que llueva** il va peut-être pleuvoir ; **¿vendrás mañana? – puede** tu viendras demain? – peut-être.

poder[2] *m* **- 1.** [gen] pouvoir *m* ; **estar en el/hacerse con el ~** être au/prendre le pouvoir ; **~ adquisitivo** pouvoir d'achat ; **~ ejecutivo** pouvoir exécutif ; **~ judicial** pouvoir judiciaire ; **~ legislativo** pouvoir législatif **- 2.** [capacidad] puissance *f* ; **un detergente de un gran ~ limpiador** un détergent très puissant **- 3.** [posesión] : **estar en ~ de alguien** être entre les mains de qqn. ◆ **poderes** *mpl* **- 1.** POLÍT : **~es públicos** pouvoirs *mpl* publics **- 2.** [autorización] pouvoir *m*, procuration *f* ; **dar ~es a alguien** donner procuration à qqn ; **por ~es** par procuration.

poderío *m* **- 1.** [poder] puissance *f* **- 2.** [territorio] domaine *m*.

poderoso, sa *adj* puissant(e).

podio, podium *m* podium *m*.

podólogo, ga *m, f* podologue *mf*.

podrá ▷ **poder**.

podría ▷ **poder**.

podrido, da ◇ *pp irreg* ▷ **pudrir**. ◇ *adj* pourri(e).

poema *m* poème *m*.

poesía *f* poésie *f*.

poeta *m* poète *m*.

poético, ca *adj* poétique.

poetisa *f* poétesse *f*.

póker = **póquer**.

polaco, ca ◇ *adj* polonais(e). ◇ *m, f* Polonais *m*, -e *f*. ◆ **polaco** *m* [lengua] polonais *m*.

polar *adj* polaire.

polarizar *vt* **- 1.** [atención & FÍS] polariser **- 2.** *fig* [asunto, cuestión etc] centrer. ◆ **polarizarse** *vpr* : **~se en** se polariser sur ; [asunto, cuestión etc] être centré(e) sur.

polaroid® *f inv* Polaroid® *m*.

polca *f* polka *f*.

polea *f* poulie *f*.

polémico, ca *adj* polémique. ◆ **polémica** *f* polémique *f*.

polemizar *vi* : **~ (sobre)** polémiquer (sur).

polen *m* pollen *m*.

poleo *m* menthe *f* forte.

poli *fam* ◇ *mf* flic *m*. ◇ *f* : **la ~** les flics *mpl*.

poliamida *f* polyamide *m*.

polichinela *f* polichinelle *m*.

policía ◇ *mf* policier *m*, femme *f* policier. ◇ *f* police *f*.

policiaco, ca, policíaco, ca *adj* policier(ère).

policial *adj* policier(ère) ; [furgón, redada etc] de police.

polideportivo, va *adj* omnisports. ◆ **polideportivo** *m* palais *m* omnisports.

poliedro *m* polyèdre *m*.

poliéster *m inv* polyester *m*.

polietileno *m* polyéthylène *m*.

polifacético, ca *adj* éclectique.

poligamia *f* polygamie *f*.

polígamo, ma *adj* & *m, f* polygame.

poligloto, ta, políglota, ta *adj* & *m, f* polyglotte.

polígono *m* **- 1.** GEOM polygone *m* **- 2.** [superficie de terreno] zone *f* ; **~ industrial** zone industrielle.

polilla *f* mite *f*.

polio *f* polio *f*.

poliomielitis *f inv* poliomyélite *f*.
polipiel *f* similicuir *m*.
pólipo *m* polype *m*.
Polisario (*abrev de* **Frente Popular para la Liberación de Sakiet el Hamra y Río de Oro**) *m* Front Polisario *m (mouvement armé pour la création d'un État sahraoui indépendant dans le Sahara occidental)*.
politécnico, ca *adj* polytechnique ▷ **instituto.** ◆ **politécnica** *f école supérieure d'enseignement technique*.
politeísmo *m* polythéisme *m*.
política *f* ▷ **político.**
político, ca *adj* **- 1.** [gen] politique **- 2.** [pariente] : **el hermano ~** le beau-frère ; **la familia política** la belle-famille. ◆ **político** *m* homme *m* politique. ◆ **política** *f* politique *f*.
politizar *vt* politiser. ◆ **politizarse** *vpr* [debate, conflicto] se politiser ; [persona] participer à la vie politique.
polivalente *adj* polyvalent(e).
póliza *f* **- 1.** [de seguros] police *f* **- 2.** [sello] timbre *m* fiscal.
polizón *m* passager *m* clandestin.
polla *f* ▷ **pollo.**
pollera *f Amer* jupe *f*.
pollería *f* : **en la ~** chez le volailler.
pollito *m* poussin *m*.
pollo, lla *m, f* **- 1.** [cría de la gallina] poussin *m* **- 2.** *(gen m)* [joven] *fam* jeunot *m*. ◆ **pollo** *m* poulet *m*. ◆ **polla** *f vulg* bite *f*.
polo *m* **- 1.** [gen] pôle *m* ; **~ negativo/positivo** pôle négatif/positif ; **~ norte/sur** pôle Nord/Sud **- 2.** [helado] glace *f (à l'eau)* **- 3.** [camisa] polo *m* **- 4.** [DEP - con caballos] polo *m* ; [- acuático] water-polo *m*.
pololo, la *m, f Amer fam* copain *m*, copine *f*.
Polonia Pologne *f*.
poltrona *f* bergère *f (fauteuil)*.
polución *f* pollution *f*.
polvareda *f* nuage *m* de poussière.
polvera *f* poudrier *m*.
polvo *m* **- 1.** [partículas en el aire] poussière *f* ; **limpiar** o **quitar el ~** épousseter **- 2.** [de producto pulverizado] poudre *f* ; **en ~** en poudre **- 3.** *vulg* [coito] : **echar un ~** tirer un coup **- 4.** *loc* : **estar hecho ~** *fam* [cansado] être vanné ; [estropeado] être fichu ; [deprimido] ne pas aller fort ; **hacer ~ algo** *fam* bousiller qqch. ◆ **polvos** *mpl* [maquillaje] poudre *f*.
pólvora *f* poudre *f*.
polvoriento, ta *adj* poussiéreux(euse).
polvorín *m* poudrière *f*.
polvorón *m petit gâteau fait de pâte sablée, que l'on mange à Noël*.
pomada *f* pommade *f*.
pomelo *m* **- 1.** [árbol] pamplemoussier *m* **- 2.** [fruto] pamplemousse *m*.
pómez *adj* ▷ **piedra.**
pomo *m* [de puerta, cajón etc] bouton *m*.
pompa *f* pompe *f (cérémonial)*. ◆ **pompa de jabón** *f (gen pl)* bulle *f* de savon. ◆ **pompas fúnebres** *fpl* pompes *fpl* funèbres.
pompis *m inv fam* derrière *m*.
pompón *m* pompon *m*.
pomposo, sa *adj* pompeux(euse).
pómulo *m* [mejilla] pommette *f*.
ponchar *vt Amer* crever *(pneu)*. ◆ **poncharse** *vpr Amer* crever.
ponche *m* punch *m (boisson)*.
poncho *m* poncho *m*.
ponderar *vt* **- 1.** [alabar] porter aux nues **- 2.** [considerar] examiner **- 3.** [en estadística] pondérer.
ponedor, ra *adj* pondeur(euse).
ponencia *f* **- 1.** [conferencia] communication *f* ; [informe] rapport *m* **- 2.** [cargo] : **ocupa la ~ de la mesa sobre ...** il est le rapporteur de la table ronde sur ... **- 3.** [comisión] commission *f*.
poner ◇ *vt* **- 1.** [gen] mettre ; **¿dónde has puesto el libro?** où as-tu mis le livre? ; **pon vinagre en la ensalada** mets du vinaigre dans la salade ; **lo pones de mal humor** tu le mets de mauvaise humeur ; **puso toda su voluntad en ello** il y a mis toute sa volonté ; **pon la radio** mets la radio ; **ponle el abrigo** mets-lui son manteau ; **~ a régimen** mettre au régime ; **~ impedimentos** mettre des bâtons dans les roues **- 2.** [cambiar el humor de] rendre ; **~ triste** rendre triste **- 3.** [mostrar] faire ; **¡no pongas esa cara!** ne fais pas cette tête **- 4.** [contribuir] : **ya he puesto mi parte** j'ai déjà payé ma part ; **~ algo de su parte** y mettre du sien **- 5.** [calificar, tratar] : **~ a alguien de** traiter qqn de **- 6.** [deberes] donner **- 7.** [telegrama, fax] envoyer ; **~ una conferencia** faire un appel à l'étranger ; **¿me pones con él?** tu me le passes? **- 8.** CIN & TELE passer ; TEATR donner **- 9.** [instalar] : **están poniendo el gas y la luz** on installe le gaz et l'électricité ; **han puesto su casa con mucho gusto** ils ont arrangé leur maison avec beaucoup de goût **- 10.** [montar] ouvrir ; **han puesto una tienda** ils ont ouvert un magasin **- 11.** [llamar] appeler ; **le pusieron Mario**

ils l'ont appelé Mario - **12.** [suponer] : **pon** o **pongamos que ...** mettons o admettons que ... - **13.** [suj : ave] pondre. ◇ *vi* [ave] pondre. ◆ **ponerse** *vpr* - **1.** [colocarse] se mettre ; **~se de pie** se mettre debout - **2.** [ropa, galas, maquillaje] mettre - **3.** [estar de cierta manera] devenir ; **se puso rojo de ira** il est devenu rouge de colère - **4.** [iniciar acción] : **~se a hacer algo** se mettre à faire qqch - **5.** [de salud] : **~se bien** se rétablir ; **~se malo** o **enfermo** tomber malade - **6.** [llenarse] : **se ha puesto de barro hasta las rodillas** il s'est couvert de boue jusqu'aux genoux - **7.** [suj : astro] se coucher - **8.** *Amer fam* [tener la impresión de que] : **se me pone que ...** j'ai l'impression que ... - **9.** *Amer fam* [emborracharse] : **ponérselas, ponérsela** prendre une cuite.

poni, poney ['poni] *m* poney *m*.

poniente *m* - **1.** [occidente] couchant *m* - **2.** [viento] vent *m* d'ouest.

pontífice *m* pontife *m* ; **sumo ~** souverain *m* pontife.

pop *adj* pop.

popa *f* poupe *f*.

popote *m Amer* paille *f (pour boire)*.

populacho *m despec* populace *f*.

popular *adj* populaire.

popularidad *f* popularité *f*.

popularizar *vt* populariser. ◆ **popularizarse** *vpr* devenir populaire.

popurrí (*pl* **popurrís**) *m* pot-pourri *m*.

póquer, póker *m* poker *m*.

por *prep* - **1.** [causa] à cause de ; **se enfadó ~ tu culpa** elle s'est fâchée à cause de toi - **2.** [finalidad] pour ; **lo hizo ~ complacerte** il l'a fait pour te faire plaisir ; **lo hizo ~ ella** il l'a fait pour elle - **3.** [medio, modo, agente] par ; **~ escrito** par écrit ; **~ mensajero/fax** par coursier/fax ; **lo cogieron ~ el brazo** ils l'ont pris par le bras ; **huevos ~ docenas** des œufs à la douzaine ; **el récord fue batido ~ el atleta** le record a été battu par l'athlète - **4.** [tiempo aproximado] : **~ abril** en avril, dans le courant du mois d'avril - **5.** [tiempo concreto] : **~ la mañana/tarde/noche** le matin/l'après-midi/la nuit ; **~ unos días** pour quelques jours - **6.** [lugar] : **había papeles ~ el suelo** il y avait des papiers par terre ; **entramos en África ~ Tánger** nous sommes entrés en Afrique par Tanger ; **¿~ dónde vive?** où habite-t-il? ; **pasar ~ la aduana** passer la douane - **7.** [a cambio de] : **lo ha comprado ~ poco dinero** il l'a acheté pour une petite somme ; **cambió el coche ~ la moto** il a échangé sa voiture contre une moto - **8.** [en lugar de] pour ; **él lo hará ~ mí** il le fera pour moi - **9.** [valor distributivo] : **tocan a dos ~ cabeza** il y en a deux par personne ; **20 km ~ hora** 20 km à l'heure - **10.** [elección] pour ; **votó ~ mí** elle a voté pour moi - **11.** MAT fois ; **tres ~ tres ...** trois fois trois ... - **12.** [en busca de] : **baja ~ tabaco** descends chercher des cigarettes ; **vino a ~ los libros** il est venu chercher les livres - **13.** [aún sin] : **la mesa está ~ poner** la table n'est pas (encore) mise - **14.** [a punto de] : **estar ~ hacer algo** être sur le point de faire qqch ; **estuvo ~ llamarte** elle a failli t'appeler - **15.** [concesión] : **~ mucho que llores, no arreglarás nada** tu auras beau pleurer, cela ne changera rien.

porcelana *f* porcelaine *f*.

porcentaje *m* pourcentage *m*.

porche *m* porche *m*.

porcino, na *adj* porcin(e).

porción *f* portion *f* ; [de botín, pastel etc] part *f*.

pordiosero, ra ◇ *adj* qui demande l'aumône. ◇ *m, f* mendiant *m*, -e *f*.

porfía *f* - **1.** [disputa] discussion *f* - **2.** [insistencia] obstination *f*.

porfiar *vi* - **1.** [disputar] : **siempre está porfiando** il faut toujours qu'il discute - **2.** [insistir] insister lourdement - **3.** [empeñarse] : **~ en** s'obstiner à.

pormenor *m (gen pl)* détail *m*.

porno *adj fam* porno.

pornografía *f* pornographie *f*.

pornográfico, ca *adj* pornographique.

poro *m* pore *m*.

poroso, sa *adj* poreux(euse).

poroto *m Amer* haricot *m*.

porque *conj* - **1.** [ya que] parce que - **2.** [para que] pour que.

porqué *m* : **el ~ de ...** le pourquoi de ...

porquería *f* cochonnerie *f*.

porra ◇ *f* - **1.** [palo] massue *f* ; [de policía] matraque *f* - **2.** CULIN beignet *m*, ≃ chichi *m* - **3.** *loc* : **irse** o **mandar a la ~** *fam* envoyer balader. ◇ *interj (gen pl)* : **¡porras!** *fam* mince!, nom d'un chien!

porrada *f fam* : **una ~ de** un tas de.

porrazo *m* coup *m*.

porro *m fam* joint *m*.

porrón *m flacon en verre pour boire le vin à la régalade.*

portaaviones = **portaviones**.

portada *f* - **1.** [de libro, revista] couverture *f* ; [de periódico] une *f* - **2.** ARQUIT façade *f*.

portador, ra ◇ *adj* porteur(euse). ◇ *m, f* porteur *m*, -euse *f* ; **al ~** au porteur.

portaequipajes *m inv* - **1.** [maletero] coffre *m* à bagages - **2.** [soporte] galerie *f*.

portafolios *m inv*, **portafolio** *m* porte-document *m*.

portal *m* - **1.** [pieza] entrée *f* - **2.** [puerta] portail *m* - **3.** [belén] crèche *f*.

portalámparas *m inv* douille *f*.

portamaletas *m inv Amer* coffre *m* à bagages.

portamonedas *m inv* porte-monnaie *m inv*.

portar *vt* porter. ◆ **portarse** *vpr* se comporter ; **¡pórtate bien!** sois sage! ; **los niños se han portado bien** les enfants se sont bien tenus ; **siempre se ha portado bien conmigo** il a toujours été très correct avec moi.

portarrollos *m inv* [de baño] porte-papier *m* ; [de cocina] dérouleur *m* d'essuie-tout.

portátil *adj* portatif(ive) ; [ordenador] portable.

portaviones, portaaviones *m inv* porte-avions *m inv*.

portavoz *mf* porte-parole *m inv*.

portazo *m* : **dar un ~** claquer la porte.

porte *m* - **1.** *(gen pl)* [transporte] port *m* ; **~(s) debido(s)/pagado(s)** port dû/payé - **2.** [prestancia] allure *f*.

portento *m* prodige *m*.

portentoso, sa *adj* prodigieux(euse).

portería *f* - **1.** [de edificio] loge *f (de concierge)* ; **se ocupa de la ~** c'est la gardienne de l'immeuble - **2.** DEP buts *mpl*.

portero, ra *m, f* - **1.** [de edificio] gardien *m*, -enne *f* ; **~ electrónico** Interphone® *m* - **2.** DEP gardien *m* de but.

pórtico *m* portique *m*.

portillo *m* - **1.** [abertura] brèche *f* - **2.** [puerta pequeña] guichet *m*.

portuario, ria *adj* portuaire.

Portugal Portugal *m*.

portugués, esa ◇ *adj* portugais(e). ◇ *m, f* Portugais *m*, -e *f*. ◆ **portugués** *m* [lengua] portugais *m*.

porvenir *m* avenir *m*.

posada *f* - **1.** [fonda] auberge *f* - **2.** [hospedaje] : **dar ~** héberger.

posaderas *fpl fam* fesses *fpl*.

posar *vt* & *vi* poser. ◆ **posarse** *vpr* - **1.** [pájaro, insecto, avión] se poser - **2.** [partículas, polvo etc] se déposer.

posavasos *m inv* dessous *m* de verre.

posdata, postdata *f* post-scriptum *m inv*.

pose *f* pose *f (attitude)*.

poseedor, ra ◇ *adj* : **ser ~ de algo** posséder qqch. ◇ *m, f* possesseur *m* ; [de récord, armas etc] détenteur *m*, -trice *f*.

poseer *vt* posséder.

poseído, da *adj* & *m, f* possédé(e).

posesión *f* possession *f*.

posesivo, va *adj* possessif(ive).

poseso, sa *adj* & *m, f* possédé(e).

posgraduado, da, postgraduado, da *adj* & *m, f titulaire d'un diplôme de troisième cycle*.

posguerra, postguerra *f* après-guerre *m* o *f*.

posibilidad *f* possibilité *f* ; **hay ~es de que ...** il est possible que ... ; **tiene ~es de éxito** il a des chances de réussir.

posibilitar *vt* permettre.

posible *adj* possible ; **hacer ~** rendre possible ; **haré (todo) lo ~** je ferai (tout) mon possible ; **lo antes ~** le plus tôt possible.

posición *f* position *f* ; **tiene una buena ~** il a une belle situation.

posicionarse *vpr* se prononcer ; **~ a favor del aborto** se prononcer en faveur de l'avortement.

positivo, va *adj* positif(ive).

posmoderno, na *adj* & *m, f* postmoderne.

poso *m* dépôt *m (d'un liquide)* ; **~ de café** marc *m* de café.

posponer *vt* - **1.** [relegar] faire passer après - **2.** [aplazar] reporter.

pospuesto, ta *pp irreg* ▷ **posponer**.

posta ◆ **a posta** *loc adv* exprès.

postal ◇ *adj* postal(e). ◇ *f* carte *f* postale.

postdata = **posdata**.

poste *m* poteau *m*.

póster (*pl* **pósters**) *m* poster *m*.

postergar *vt* - **1.** [retrasar] repousser - **2.** [relegar] reléguer ; [en empresa] rétrograder.

posteridad *f* postérité *f*.

posterior *adj* - **1.** [en el espacio] arrière ; **la puerta ~** la porte de derrière - **2.** [en el tiempo] ultérieur(e).

posteriori ◆ **a posteriori** *loc adv* a posteriori.

posterioridad *f* : **con ~** par la suite.

postgraduado, da = **posgraduado.**
postguerra = **posguerra.**
postigo *m* **- 1.** [contraventana] volet *m* **- 2.** [puerta pequeña] guichet *m*.
postín *m* ostentation *f* ; **de ~** luxueux(euse).
postizo, za *adj* faux (fausse). ◆ **postizo** *m* postiche *m*.
postor, ra *m, f* enchérisseur *m*, -euse *f*.
postrar *vt* abattre. ◆ **postrarse** *vpr* se prosterner.
postre ◇ *m* dessert *m*. ◇ *f* : **a la ~** *fig* en définitive.
postrero, ra *adj* dernier(ère).
postrimerías *fpl* fin *f* ; **en las ~ de** à la fin de.
postulado *m* postulat *m*.
postular *vt* [exigir] réclamer ; [donativos, fondos] collecter.
póstumo, ma *adj* posthume.
postura *f* **- 1.** [posición] posture *f* ; **en una ~ incómoda** en mauvaise posture **- 2.** [actitud] attitude *f* **- 3.** [en subasta] offre *f* ; [en ruleta etc] mise *f*.
potable *adj* potable.
potaje *m* **- 1.** [caldo] potage *m* **- 2.** [guiso] *plat de légumes secs*.
potasio *m* potassium *m*.
pote *m* **- 1.** [olla] pot *m* **- 2.** *fam* [maquillaje] maquillage *m*.
potencia *f* puissance *f*.
potencial ◇ *adj* potentiel(elle). ◇ *m* **- 1.** [gen & ELECTR] potentiel *m* **- 2.** GRAM conditionnel *m*.
potenciar *vt* favoriser ; **el clima potencia la agricultura** le climat est favorable à l'agriculture.
potentado, da *m, f* potentat *m*.
potente *adj* puissant(e).
potra *f* ▷ **potro.**
potrero *m Amer* [prado] herbage *m*.
potro, tra *m, f* poulain *m*, pouliche *f*. ◆ **potro** *m* cheval-d'arçons *m inv*. ◆ **potra** *f mfam* pot *m* ; **tener potra** avoir de la veine o du pot.
pozo *m* [hoyo] puits *m*.
PP (*abrev de* **Partido Popular**) *m parti politique espagnol de droite*.
práctica *f* ▷ **práctico.**
practicante ◇ *adj* pratiquant(e). ◇ *mf* **- 1.** RELIG pratiquant *m*, -e *f* **- 2.** [auxiliar médico] aide-soignant *m*, -e *f*.
practicar ◇ *vt* DEP faire ; **~ la natación** faire de la natation. ◇ *vi* s'exercer.
práctico, ca *adj* pratique. ◆ **práctico** *m* NÁUT pilote *m*. ◆ **práctica** *f* **- 1.** [gen] pratique *f* ; **en la práctica** dans la pratique **- 2.** [no teoría] : **las prácticas** les travaux pratiques **- 3.** [en empresa] stage *m*.
pradera *f* prairie *f*.
prado *m* pré *m*.
Praga Prague.
pragmático, ca *adj* pragmatique.
pral. *abrev de* **principal.**
praliné *m* [bombón] chocolat *m* praliné ; [crema] praliné *m*.
preacuerdo *m* accord *m* de principe.
preámbulo *m* préambule *m*.
precalentar *vt* **- 1.** CULIN préchauffer **- 2.** DEP s'échauffer.
precario, ria *adj* précaire.
precaución *f* précaution *f* ; **tomar precauciones** prendre des précautions.
precaver *vt* prévenir.
precavido, da *adj* prévoyant(e).
precedente ◇ *adj* précédent(e). ◇ *m* précédent *m*.
preceptivo, va *adj* obligatoire. ◆ **preceptiva** *f* précepte *m*.
precepto *m* **- 1.** [norma] précepte *m* **- 2.** [mandato] disposition *f*.
preciado, da *adj* précieux(euse).
preciar *vt* apprécier. ◆ **preciarse** *vpr* se vanter ; **para cualquier médico que se precie ...** pour un médecin qui se respecte ...
precintar *vt* sceller.
precinto *m* DER scellé *m* ; [acción] pose *f* des scellés ; **un ~ de garantía** un emballage scellé.
precio *m lit & fig* prix *m* ; **al ~ de** au prix de ; **~ de fábrica** o **coste** prix coûtant, prix de revient ; **~ de venta (al público)** prix (public) de vente.
preciosidad *f* **- 1.** [cualidad] beauté *f* **- 2.** [cosa o persona] merveille *f*.
precioso, sa *adj* **- 1.** [valioso] précieux(euse) **- 2.** [bonito] ravissant(e), adorable.
precipicio *m* précipice *m*.
precipitación *f* précipitation *f*.
precipitado, da *adj* précipité(e).
precipitar *vt* précipiter. ◆ **precipitarse** *vpr* se précipiter.
precisar *vt* **- 1.** [determinar] préciser **- 2.** [necesitar] avoir besoin de ; **precisa tu colaboración** il a besoin de ta collaboration.
precisión *f* précision *f*.
preciso, sa *adj* **- 1.** [determinado, conciso] précis(e) **- 2.** [necesario] : **es ~ que vengas** il faut que tu viennes.

precocinado, da *adj* précuit(e) ; **un plato ~** un plat cuisiné.

preconcebido, da *adj* préconçu(e).

preconcebir *vt* concevoir à l'avance.

preconizar *vt* préconiser.

precoz *adj* précoce.

precursor, ra ◇ *adj* précurseur ; **un signo ~** un signe avant-coureur. ◇ *m, f* précurseur *m*.

predecesor, ra *m, f* prédécesseur *m*.

predecir *vt* prédire.

predestinado, da *adj* prédestiné(e).

predestinar *vt* prédestiner.

predeterminación *f* prédétermination *f*.

predeterminar *vt* prédéterminer.

prédica *f* prêche *m*.

predicado *m* GRAM prédicat *m*.

predicador, ra *m, f* prédicateur *m*, -trice *f*.

predicar *vt* & *vi* prêcher.

predicción *f* prédiction *f* ; **la ~ del tiempo** les prévisions météorologiques.

predicho, cha *pp irreg* ▻ **predecir**.

predilección *f* prédilection *f*.

predilecto, ta *adj* préféré(e).

predisponer *vt* prédisposer.

predisposición *f* : **~ (a)** prédisposition *f* (à).

predispuesto, ta ◇ *pp irreg* ▻ **predisponer**. ◇ *adj* prédisposé(e) ; **ser ~ a** avoir une prédisposition à.

predominante *adj* prédominant(e).

predominio *m* prédominance *f*.

preelectoral *adj* préélectoral(e).

preeminente *adj* prééminent(e).

preescolar ◇ *adj* préscolaire. ◇ *m* maternelle *f (cycle)*.

prefabricado, da *adj* préfabriqué(e).

prefabricar *vt* préfabriquer.

prefacio *m* préface *f*.

preferencia *f* - **1.** [predilección] préférence *f* - **2.** [ventaja] priorité *f* ; **tener ~** [vehículos] avoir (la) priorité.

preferente *adj* préférentiel(elle).

preferible *adj* préférable ; **es ~ echar limón a vinagre** il vaut mieux mettre du citron que du vinaigre.

preferir *vt* préférer ; **~ algo a algo** préférer qqch à qqch ; **prefiere el calor al frío** elle préfère la chaleur au froid ; **prefiero aburrirme a salir con ella** je préfère m'ennuyer plutôt que de sortir avec elle.

prefijo *m* - **1.** GRAM préfixe *m* - **2.** TELECOM : **~ (telefónico)** indicatif *m* (téléphonique).

pregón *m* - **1.** [discurso] discours *m* - **2.** [anuncio] avis *m* (au public).

pregonar *vt* - **1.** [anunciar] rendre public - **2.** *fig* [contar] crier sur les toits.

pregunta *f* question *f* ; **hacer una ~** poser une question.

preguntar ◇ *vt* demander. ◇ *vi* : **~ por alguien** [interesarse] demander des nouvelles de qqn ; **~ por algo/alguien** [solicitar] demander qqch/qqn. ◆ **preguntarse** *vpr* se demander.

prehistoria *f* préhistoire *f*.

prehistórico, ca *adj* préhistorique.

prejubilación *f* préretraite *f*.

prejubilado, da *m, f* préretraité *m*, - e *f*.

prejubilarse *vpr* partir en préretraite.

prejuicio *m* préjugé *m*.

preliminar *adj* & *m* préliminaire.

preludio *m* prélude *m*.

prematrimonial *adj* prénuptial(e).

prematuro, ra *adj* prématuré(e).

premeditación *f* préméditation *f*.

premeditar *vt* préméditer.

premiar *vt* récompenser.

premier (*pl* **premiers**) *m* Premier ministre *m* britannique.

premio *m* - **1.** [recompensa] prix *m* - **2.** [en lotería] lot *m* ; **~ gordo** gros lot.

premisa *f* [supuesto] hypothèse *f*.

premonición *f* prémonition *f*.

premura *f* - **1.** [urgencia] : **con ~** à la hâte - **2.** [escasez] manque *m*.

prenatal *adj* prénatal(e).

prenda *f* - **1.** [vestido] vêtement *m* ; **~ de abrigo** vêtement chaud - **2.** [garantía] gage *m* - **3.** *(gen pl)* [virtud] qualité *f* - **4.** [apelativo cariñoso] : **este niño es una ~** cet enfant est un amour.

prendar *vt* charmer. ◆ **prendarse** *vpr* : **~se de** s'éprendre de.

prender ◇ *vt* - **1.** [objeto, brazo etc] saisir ; [persona] arrêter - **2.** [sujetar] accrocher, attacher ; [con alfiler] épingler - **3.** [encender] allumer ; **~ fuego a** mettre le feu à. ◇ *vi* - **1.** [gen] prendre - **2.** *fig* [propagarse] : **~ en** gagner ; **el desaliento prendió en el equipo** le découragement a gagné l'équipe. ◆ **prenderse** *vpr* prendre feu.

prendido, da *adj* accroché(e) ; **quedar ~ de** être sous le charme de.

prensa *f* presse *f* ; **~ del corazón** presse du cœur.

prensar *vt* presser.

preñado, da *adj fig* [lleno] rempli(e) ; **~ de** empreint de. ◆ **preñada** *adj f fam* [hembra] pleine ; [mujer] enceinte.

preocupación *f* souci *m*.

preocupado, da *adj* inquiet(ète) ; **~ por su hijo** inquiet pour son fils ; **~ por saber los resultados** inquiet de connaître les résultats.

preocupar *vt* **- 1.** [inquietar] inquiéter **- 2.** [importar] : **no le preocupa lo que piensen los demás** il se moque de ce que pensent les autres. ◆ **preocuparse** *vpr* **- 1.** [inquietarse] s'inquiéter ; **~se por alguien** s'inquiéter pour qqn ; **~se por algo** se préoccuper o s'inquiéter de qqch ; **¡no te preocupes!** ne t'en fais pas! **- 2.** [encargarse] : **~se de** veiller à.

preparación *f* **- 1.** [gen] préparation *f* **- 2.** [conocimientos, cultura] bagage *m*.

preparado, da *adj* **- 1.** [dispuesto] prêt(e) **- 2.** [entendido] compétent(e). ◆ **preparado** *m* FARMACIA préparation *f*.

preparar *vt* préparer. ◆ **prepararse** *vpr* : **~se (a** o **para)** se préparer (à).

preparativo, va *adj* préparatoire. ◆ **preparativo** *m (gen pl)* préparatifs *mpl*.

preparatorio, ria *adj* préparatoire.

preponderar *vi* être prépondérant(e).

preposición *f* préposition *f*.

prepotente *adj* **- 1.** [engreido] arrogant(e) **- 2.** [poderoso] tout-puissant (toute-puissante).

prerrogativa *f* prérogative *f*.

presa *f* **- 1.** [gen] proie *f* **- 2.** [dique] barrage *m*.

presagiar *vt* [futuro, felicidad] prédire ; [tormenta, problemas] présager.

presagio *m* présage *m*.

presbítero *m* prêtre *m*.

prescindir *vi* : **~ de** [renunciar a] se passer de ; [omitir] faire abstraction de.

prescribir ◇ *vt* prescrire. ◇ *vi* DER se prescrire ; **prescribe** il y a prescription.

prescripción *f* **- 1.** DER prescription *f* **- 2.** MED : **~ (facultativa)** prescription *f* médicale.

prescrito, ta *pp irreg* ▷ **prescribir**.

presencia *f* **- 1.** [gen] présence *f* ; **en ~ de** en présence de **- 2.** [aspecto] allure *f*. ◆ **presencia de ánimo** *f* présence *f* d'esprit.

presenciar *vt* assister à ; [crimen, delito] être témoin de.

presentación *f* présentation *f* ; **tiene buena ~** c'est bien présenté.

presentador, ra *m, f* présentateur *m*, -trice *f*.

presentar *vt* présenter ; **me presentó sus excusas** il m'a présenté ses excuses ; **~ a alguien** présenter qqn. ◆ **presentarse** *vpr* se présenter.

presente ◇ *adj* présent(e) ; **el ~ mes** le mois courant ; **tener algo ~** ne pas oublier qqch. ◇ *mf* [en un lugar] personne *f* présente. ◇ *m* présent *m*. ◇ *f* [carta] présente *f*.

presentimiento *m* pressentiment *m*.

presentir *vt* pressentir.

preservar *vt* préserver.

preservativo, va *adj* de protection. ◆ **preservativo** *m* préservatif *m*.

presidencia *f* présidence *f*.

presidencial *adj* présidentiel(elle).

presidente, ta *m, f* président *m*, -e *f*.

presidiario, ria *m, f* prisonnier *m*, -ère *f*.

presidio *m* prison *f*.

presidir *vt* **- 1.** [ser presidente] présider **- 2.** *culto* [suj : sentimiento] présider à.

presión *f* pression *f* ; **hacer ~ sobre** faire pression sur ; **a ~** [envase, spray etc] sous pression ; **~ arterial** o **sanguínea** pression artérielle ; **~ fiscal** pression fiscale, poids *m* de l'impôt.

presionar *vt* **- 1.** [apretar] : **~ algo** appuyer sur qqch **- 2.** *fig* [coaccionar] : **~ a alguien** faire pression sur qqn.

preso, sa *adj* & *m, f* prisonnier(ère).

prestación *f* prestation *f* ; **prestaciones de paro** *allocations de chômage et aide à la formation*. ◆ **prestaciones** *fpl* [de coche, máquina etc] performances *fpl*.

prestado, da *adj* prêté(e) ; **de ~** [ropa] emprunté(e) ; [situación] précaire ; **pedir** o **tomar ~** emprunter.

prestamista *mf* prêteur *m*, -euse *f* (sur gages).

préstamo *m* prêt *m* ; **pedir un ~** faire un emprunt.

prestar *vt* prêter ; **~ crédito a** croire à ; **~ oídos** prêter l'oreille ; **~ servicio** rendre service. ◆ **prestarse** *vpr* **- 1.** [ofrecerse] se proposer ; **se prestó a ayudarme** il s'est proposé pour m'aider **- 2.** [participar] : **~se a** se prêter à **- 3.** [dar motivo] : **esto se presta a confusión** cela prête à confusion.

presteza *f* : **con ~** promptement.

prestidigitador, ra *m, f* prestidigitateur *m*, -trice *f*.

prestigio *m* prestige *m*.
prestigioso, sa *adj* prestigieux(euse).
presto, ta *adj* **- 1.** [dispuesto] prêt(e) **- 2.** [rápido] prompt(e).
presumible *adj* : **es ~ que ...** il est probable que ...
presumido, da *adj* & *m, f* prétentieux(euse).
presumir ◇ *vt* [suponer] présumer. ◇ *vi* **- 1.** [jactarse] s'afficher ; **presume de guapa** elle se croit belle **- 2.** [ser vanidoso] être prétentieux(euse).
presunción *f* présomption *f*.
presunto, ta *adj* présumé(e) ; **el ~ asesino** l'assassin présumé.
presuntuoso, sa *adj* & *m, f* prétentieux(euse).
presuponer *vt* présupposer.
presupuesto, ta *pp irreg* ▷ **presuponer.** ◆ **presupuesto** *m* **- 1.** [estimación] devis *m* ; [de costo] budget *m* **- 2.** [suposición] presupposé *m*.
pretencioso, sa, pretensioso, sa *adj* & *m, f* prétentieux(euse).
pretender *vt* **- 1.** [intentar] : **~ hacer algo** chercher à faire qqch **- 2.** [aspirar a] : **~ algo** aspirer à qqch ; **~ hacer algo** avoir l'intention de faire qqch **- 3.** [afirmar] prétendre **- 4.** [solicitar - plaza, cargo etc] postuler à o pour **- 5.** [cortejar] : **~ a alguien** faire la cour à qqn.
pretendido, da *adj* prétendu(e).
pretendiente ◇ *mf* **- 1.** [aspirante] : **~ (a)** candidat *m*, -e *f* (à) **- 2.** [a un trono] : **~ (a)** prétendant *m*, -e *f* (à). ◇ *m* [de una mujer] prétendant *m*.
pretensión *m* prétention *f* ; **sus pretensiones son excesivas** ses prétentions sont exagérées.
pretensioso, sa = **pretencioso.**
pretérito, ta *adj* passé(e). ◆ **pretérito** *m* GRAM passé *m* ; **~ indefinido/perfecto** passé simple/composé.
pretexto *m* prétexte *m*.
prevalecer *vi* prévaloir ; **~ sobre** l'emporter sur.
prevaler *vi* : **~ (sobre)** prévaloir (sur).
prevención *f* **- 1.** [impedimento] prévention *f* **- 2.** [medida] disposition *f*.
prevenido, da *adj* **- 1.** [previsor] : **ser ~** être prévoyant ; **hombre ~ vale por dos** un homme averti en vaut deux **- 2.** [avisado] : **estar ~** être prévenu.
prevenir *vt* **- 1.** [tratar de evitar, avisar] prévenir ; **~ de** prévenir de ; **~ a alguien contra algo/alguien** mettre qqn en garde contre qqch/qqn **- 2.** [preparar] préparer ; [prever] prévoir.
preventivo, va *adj* préventif(ive).
prever *vt* prévoir.
previo, via *adj* préalable ; **previa consulta del médico** après consultation du médecin.
previsible *adj* prévisible.
previsión *f* prévision *f*.
previsor, ra *adj* prévoyant(e).
previsto, ta ◇ *pp irreg* ▷ **prever.** ◇ *adj* prévu(e).
prieto, ta *adj* **- 1.** [gen] serré(e) **- 2.** *Amer fam* [moreno] brun(e).
prima ▷ **primo.**
primacía *f* **- 1.** [superioridad] primauté *f* **- 2.** [prioridad] priorité *f*.
primar ◇ *vi* : **~ (sobre)** primer (sur). ◇ *vt* primer.
primario, ria *adj* primaire. ◆ **primarias** *fpl* (élections) primaires *fpl*.
primates *mpl* primates *mpl*.
primavera *f lit* & *fig* printemps *m*.
primaveral *adj* printanier(ère).
primer = **primero.**
primera *f* ▷ **primero.**
primerizo, za ◇ *adj* **- 1.** [principiante] débutant(e) **- 2.** [embarazada] : **ser primeriza** attendre son premier enfant. ◇ *m, f* débutant *m*, -e *f*.
primero, ra ◇ *adj* (*antes de sust masculino sg :* **primer**) premier(ère) ; **lo ~** le plus important ; **lo ~ es lo ~** procédons par ordre. ◇ *m, f* premier *m*, -ère *f* ; **es el ~ de la clase** c'est le premier de la classe ; **a ~s de** au début de ; **a ~s de año** en début d'année. ◆ **primero** ◇ *adv* **- 1.** [en primer lugar] d'abord ; **~ acaba y luego ya veremos** finis d'abord et on verra après **- 2.** [antes] : **~ ... que ...** plutôt ... que ... ; **~ morir que traicionar** plutôt mourir que trahir. ◇ *m* **- 1.** [piso] premier (étage) *m* **- 2.** [curso] première année *f*. ◆ **primera** *f* [velocidad, clase] première *f* ; **de primera** *fam* de première ; **en este restaurante se come de primera** on mange super bien dans ce restaurant.
primicia *f* [de noticia] primeur *f*.
primitivo, va *adj* primitif(ive).
primo, ma *m, f* **- 1.** [pariente] cousin *m*, -e *f* **- 2.** *fam* [tonto] poire *f* ; **hacer el ~** se faire avoir. ◆ **prima** *f* [gen] prime *f*. ◆ **prima donna** *f* prima donna *f*.
primogénito, ta *adj* & *m, f* aîné(e).
primor *m* [niño] merveille *f* ; **¡tu bebé es un ~!** ton bébé est un amour!

primordial *adj* primordial(e).
primoroso, sa *adj* - **1.** [delicado] ravissant(e) - **2.** [diestro] habile.
princesa *f* princesse *f*.
principado *m* [territorio] principauté *f*.
principal ◇ *adj* principal(e). ◇ *m* - **1.** [piso] *étage situé entre le rez-de-chaussée et le premier* - **2.** [jefe] chef *m*.
príncipe *m* prince *m*. ◆ **príncipe azul** *m* prince *m* charmant.
principiante, ta *adj* & *m, f* débutant(e).
principio *m* - **1.** [comienzo] début *m* ; **al ~** au début ; **a ~s de** au début de ; **en un ~** à l'origine - **2.** [fundamento, ley] principe *m* ; **en ~** en principe - **3.** [origen] : **la falta de organización fue el ~ de la quiebra** le manque d'organisation a été à l'origine de la faillite. ◆ **principios** *mpl* principes *mpl*.
pringar ◇ *vt* - **1.** [ensuciar] tacher (de graisse) - **2.** *fam fig* [comprometer] : **~ a alguien en un asunto** faire tremper qqn dans une affaire. ◇ *vi fam* trimer. ◆ **pringarse** *vpr* - **1.** [ensuciarse] se tacher (de graisse) - **2.** *fig* [comprometerse] se salir les mains.
pringoso, sa *adj* graisseux(euse).
pringue ◇ *v* ▷ **pringar**. ◇ *m* - **1.** [grasa] graisse *f* - **2.** [suciedad] crasse *f*.
priorato *m* - **1.** RELIG prieuré *m* - **2.** [vino] *vin du Priorat* (*Tarragone*).
priori ◆ **a priori** *loc adv* a priori.
prioridad *f* priorité *f*.
prioritario, ria *adj* prioritaire.
prisa *f* hâte *f* ; **a** ○ **de ~** vite ; **darse ~** se dépêcher ; **meter ~ a alguien** bousculer ○ faire se dépêcher qqn ; **tener ~** être pressé(e).
prisión *f* - **1.** [cárcel] prison *f* - **2.** [encarcelamiento] emprisonnement *m*.
prisionero, ra *m, f* prisonnier *m*, -ère *f*.
prisma *m* - **1.** GEOM & FÍS prisme *m* - **2.** *fig* [punto de vista] angle *m*.
prismático, ca *adj* prismatique. ◆ **prismáticos** *mpl* jumelles *fpl*.
privación *f* privation *f*.
privado, da *adj* privé(e) ; **en ~** en privé.
privar ◇ *vt* - **1.** [quitar] : **~ a alguien/algo de algo** priver qqn/qqch de qqch - **2.** [prohibir] : **~ a alguien de hacer algo** interdire à qqn de faire qqch. ◇ *vi* - **1.** [gustar] raffoler de ; **le privan los bombones** il raffole des chocolats - **2.** [estar de moda] être à la mode - **3.** *fam* [beber] picoler. ◆ **privarse** *vpr* : **~se de** se priver de.
privativo, va *adj* DER privatif(ive).
privilegiado, da ◇ *adj* - **1.** [favorecido] privilégié(e) - **2.** [extraordinario] exceptionnel(elle). ◇ *m, f* - **1.** [afortunado] privilégié *m*, -e *f* - **2.** [muy dotado] surdoué *m*, -e *f*.
privilegiar *vt* privilégier.
privilegio *m* privilège *m*.
pro ◇ *prep* pour. ◇ *m* pour *m* ; **el ~ y el contra, los ~s y los contras** le pour et le contre ; **en ~ de** pour, en faveur de.
proa *f* - **1.** NÁUT proue *f* - **2.** AERON nez *m*.
probabilidad *f* probabilité *f*.
probable *adj* probable.
probador *m* cabine *f* d'essayage.
probar ◇ *vt* - **1.** [demostrar, indicar] prouver - **2.** [ensayar] essayer - **3.** [degustar, catar] goûter. ◇ *vi* : **~ a hacer algo** essayer de faire qqch. ◆ **probarse** *vpr* [ropa] essayer.
probeta *f* éprouvette *f*.
problema *m* problème *m*.
problemático, ca *adj* problématique. ◆ **problemática** *f* problématique *f*.
procedencia *f* - **1.** [origen] origine *f* - **2.** [punto de partida] provenance *f* - **3.** [pertinencia] bien-fondé *m*.
procedente *adj* - **1.** [originario] : **~ de** [gente] originaire de ; [tren etc] en provenance de - **2.** [oportuno] : **no ser ~** être malvenu(e) ; [comentario] être déplacé(e).
proceder ◇ *m* façon *f* d'agir. ◇ *vi* - **1.** [derivarse] : **~ de** venir de - **2.** [tener origen] : **~ de** [persona] être originaire de ; [cosas] provenir de - **3.** [actuar] : **~ (con)** procéder (avec) - **4.** [empezar] : **~ a** procéder à - **5.** [ser oportuno] convenir.
procedimiento *m* - **1.** [método] procédé *m* - **2.** DER procédure *f*.
procesado, da *m, f* accusé *m*, -e *f*.
procesador *m* INFORM processeur *m*, système *m* de traitement ; **~ de textos** système de traitement de texte.
procesar *vt* - **1.** DER poursuivre - **2.** INFORM traiter.
procesión *f* - **1.** RELIG & *fig* procession *f* - **2.** [transcurso] : **la ~ de los días** les jours qui s'écoulent.
proceso *m* - **1.** [desarrollo] processus *m* - **2.** [método] procédé *m* - **3.** [intervalo] espace *m* ; **en el ~ de** en l'espace de - **4.** DER procédure *f*.
proclama *f* proclamation *f*.
proclamar *vt* proclamer. ◆ **proclamarse** *vpr* - **1.** [nombrarse] se proclamer - **2.** [conseguir un título] être proclamé(e).

proclive *adj* : **~ a** enclin(e) à.
procreación *f* procréation *f*.
procrear ◇ *vi* se reproduire. ◇ *vt* engendrer.
procurador, ra *m, f* DER procureur *m*.
procurar *vt* - **1.** [intentar] s'efforcer de, essayer de - **2.** [proporcionar] procurer. ◆ **procurarse** *vpr* [conseguir] se procurer.
prodigar *vt* prodiguer. ◆ **prodigarse** *vpr* - **1.** [exhibirse] se montrer - **2.** [excederse] : **~se en** [atenciones, regalos etc] se répandre en.
prodigio *m* prodige *m*.
prodigioso, sa *adj* prodigieux(euse).
pródigo, ga *adj* & *m, f* prodigue.
producción *f* production *f* ; **~ en serie** production en série.
producir *vt* produire. ◆ **producirse** *vpr* [ocurrir] se produire.
productividad *f* productivité *f*.
productivo, va *adj* productif(ive).
producto *m* produit *m*.
productor, ra *adj* & *m, f* producteur(trice). ◆ **productora** *f* CIN maison *f* de production.
proeza *f* prouesse *f*.
prof. (*abrev de* **profesor**) Pr.
profanar *vt* profaner.
profano, na *adj* & *m, f* profane.
profecía *f* [predicción] prophétie *f*.
proferir *vt* proférer.
profesar ◇ *vt* professer ; RELIG pratiquer. ◇ *vi* RELIG prononcer ses vœux.
profesión *f* profession *f*.
profesional *adj* & *mf* professionnel(elle).
profesionalizar *vt* professionnaliser.
profesionista *adj* & *mf Amer* professionnel(elle).
profesor, ra *m, f* professeur *m*.
profesorado *m* - **1.** [conjunto] corps *m* enseignant - **2.** [cargo] professorat *m*.
profeta *m* prophète *m*.
profetisa *f* prophétesse *f*.
profetizar *vt* prophétiser.
prófugo, ga *adj* & *m, f* fugitif(ive).
profundidad *f* profondeur *f*.
profundizar ◇ *vt* approfondir. ◇ *vi* : **~ en algo** [cuestión, tema] approfondir qqch.
profundo, da *adj* profond(e).
profusión *f* profusion *f*.
progenitor, ra *m, f* géniteur *m*, -trice *f*. ◆ **progenitores** *mpl* géniteurs *mpl*.
programa *m* - **1.** [gen & INFORM] programme *m* - **2.** TELE émission *f*.
programación *f* programmation *f*.
programador, ra *m, f* INFORM programmeur *m*, -euse *f*. ◆ **programador** *m* programmateur *m*.
programar *vt* programmer.
progre *adj* & *mf fam* progressiste, ≃ baba (cool).
progresar *vi* progresser.
progresión *f* - **1.** [gen & MAT] progression *f* - **2.** [mejora] progrès *m* ; **su ~ en matemáticas ...** ses progrès en mathématiques ...
progresista *adj* & *mf* progressiste.
progresivo, va *adj* progressif(ive).
progreso *m* progrès *m* ; **hacer ~s** faire des progrès.
prohibición *f* interdiction *f*.
prohibido, da *adj* interdit(e) ; '**~ aparcar**' 'défense de stationner' ; '**~ fumar**' 'défense de fumer' ; '**prohibida la entrada**' 'entrée interdite' ; '**dirección prohibida**' 'sens interdit'.
prohibir *vt* interdire ; '**se prohibe el paso**' 'accès interdit'.
prohibitivo, va *adj* - **1.** [señal etc] d'interdiction - **2.** [precio etc] prohibitif(ive).
prójimo *m* prochain *m*.
prole *f* progéniture *f*.
proletariado *m* prolétariat *m*.
proletario, ria *adj* & *m, f* prolétaire.
proliferación *f* prolifération *f*.
proliferar *vi* proliférer.
prolífico, ca *adj* prolifique.
prolijo, ja *adj* [persona] prolixe ; [explicación, descripción etc] interminable.
prólogo *m* prologue *m* ; [de una obra] préface *f*, avant-propos *m*.
prolongación *f* - **1.** [gen] prolongation *f* ; [de carretera, calle etc] prolongement *m* - **2.** DER prorogation *f*.
prolongado, da *adj* prolongé(e).
prolongar *vt* prolonger.
promedio *m* moyenne *f*.
promesa *f* - **1.** [compromiso] promesse *f* - **2.** *fig* [persona] espoir *m*.
prometer ◇ *vt* promettre ; **prometió venir** il a promis de venir. ◇ *vi* promettre. ◆ **prometerse** *vpr* se fiancer.
prometido, da ◇ *m, f* fiancé *m*, -e *f*. ◇ *adj* [dicho] : **lo ~** ma/ta etc promesse.
prominente *adj* - **1.** [abultado] proéminent(e) - **2.** *fig* [ilustre] éminent(e).
promiscuo, cua *adj* dissolu(e).

promoción *f* - **1.** [gen] promotion *f* - **2.** DEP : **de ~** [partido] de barrage.

promocionar *vt* - **1.** [en publicidad] faire la promotion de - **2.** [en empresa] promouvoir. ◆ **promocionarse** *vpr* se faire valoir.

promotor, ra ◇ *adj* : **la empresa promotora** le sponsor. ◇ *m, f* promoteur *m*, -trice *f*.

promover *vt* - **1.** [iniciar] promouvoir - **2.** [ocasionar] être à l'origine de.

promulgar *vt* promulguer.

pronombre *m* pronom *m*.

pronosticar *vt* pronostiquer ; [el tiempo] prévoir.

pronóstico *m* - **1.** [gen & MED] pronostic *m* ; **~ reservado** pronostic réservé - **2.** [del tiempo] prévision *f*.

pronto, ta *adj* prompt(e) ; **una pronta curación** un prompt rétablissement. ◆ **pronto** ◇ *adv* - **1.** [rápidamente] vite ; [dentro de poco] bientôt ; **ven ~** viens vite ; **¡hasta ~!** à bientôt! ; **tan ~ como** dès que - **2.** [temprano] tôt ; **salimos ~** nous sommes partis tôt. ◇ *m fam* saute *f* d'humeur. ◆ **de pronto** *loc adv* soudain. ◆ **por lo pronto** *loc adv* pour le moment.

pronunciación *f* prononciation *f*.

pronunciado, da *adj* prononcé(e).

pronunciamiento *m* - **1.** [sublevación] putsch *m* - **2.** DER prononcé *m*.

pronunciar *vt* - **1.** [gen & DER] prononcer - **2.** [realzar] souligner. ◆ **pronunciarse** *vpr* - **1.** [definirse] : **~se (sobre)** se prononcer (sur) - **2.** [sublevarse] se soulever.

propagación *f* propagation *f*.

propaganda *f* - **1.** [gen] propagande *f* - **2.** [prospectos, anuncios] publicité *f*.

propagar *vt* propager. ◆ **propagarse** *vpr* se propager.

propalar *vt* divulguer.

propano *m* propane *m*.

propasarse *vpr* - **1.** [excederse] dépasser les bornes - **2.** [faltar al respeto] : **~ (con alguien)** profiter de qqn.

propensión *f* propension *f*, tendance *f* ; [a enfermar] prédisposition *f*.

propenso, sa *adj* : **~ a** [enfermedad] sujet à ; **ser ~ a creer que ...** être porté à croire que ...

propiciar *vt* favoriser.

propicio, cia *adj* propice.

propiedad *f* - **1.** [gen] propriété *f* ; **~ privada/pública** propriété privée/publique - **2.** [exactitud] justesse *f* ; **con ~** correctement.

propietario, ria *m, f* - **1.** [de bienes] propriétaire *mf* - **2.** [de cargo] titulaire *mf*.

propina *f* pourboire *m*.

propinar *vt* [golpes, paliza] administrer.

propio, pia *adj* - **1.** [gen & GRAM] propre ; **tiene coche ~** il a sa propre voiture ; **por tu ~ bien** pour ton bien ; **~ de** propre à ; **no es ~ de él** ça ne lui ressemble pas - **2.** [apropiado] : **~ para** approprié à - **3.** [natural] vrai(e) - **4.** [mismo] : **el garaje está en la propia casa** le garage est dans la maison même - **5.** [en persona] lui-même, elle-même ; **el ~ compositor** le compositeur lui-même - **6.** [semejante] ressemblant(e) ; **es el ~ retrato de su padre** c'est tout le portrait de son père.

proponer *vt* proposer. ◆ **proponerse** *vpr* se proposer.

proporción *f* proportion *f*.

proporcionado, da *adj* proportionné(e).

proporcionar *vt* - **1.** [ajustar] proportionner - **2.** [información, datos etc] fournir - **3.** [alegría, tristeza] apporter, donner.

proposición *f* proposition *f*.

propósito *m* - **1.** [intención] intention *f* ; **tener el ~ de** avoir l'intention de - **2.** [objetivo] but *m*. ◆ **a propósito** ◇ *loc adj* [adecuado] approprié(e). ◇ *loc adv* - **1.** [adrede] exprès - **2.** [por cierto] à propos. ◆ **a propósito de** *loc prep* à propos de.

propuesta *f* proposition *f*.

propuesto, ta *pp irreg* ▷ **proponer**.

propugnar *vt* soutenir, défendre ; **~ una reforma** défendre une réforme.

propulsar *vt* - **1.** [impeler] propulser - **2.** *fig* [promover] encourager.

propulsión *f* propulsion *f*.

propulsor, ra ◇ *adj* AERON [hélice, rueda] propulsif(ive) ; [gas, mecanismo] propulseur ; [fuerza] de propulsion. ◇ *m, f* promoteur *m*, -trice *f*. ◆ **propulsor** *m* AERON propulseur *m*.

prórroga *f* - **1.** [gen] prorogation *f* ; [de servicio militar] report *m* d'appel - **2.** DEP prolongation *f*.

prorrogar *vt* [contrato, término] proroger ; [plazo, decisión] reporter.

prorrumpir *vi* : **~ en** [sollozos] éclater en ; [lágrimas] fondre en.

prosa *f* - **1.** LITER prose *f* - **2.** *fig* [aspecto aburrido] monotonie *f*.

proscrito, ta *adj* & *m, f* proscrit(e).

prosecución *f* poursuite *f*.
proseguir ◇ *vt* poursuivre. ◇ *vi* continuer.
proselitismo *m* prosélytisme *m*.
prospección *f* prospection *f*.
prospecto *m* prospectus *m* ; [de medicamento] notice *f*.
prosperar *vi* **- 1.** [mejorar] prospérer ; [en el trabajo] réussir **- 2.** [propuesta, idea] être retenu(e).
prosperidad *f* prospérité *f* ; [éxito] réussite *f*.
próspero, ra *adj* prospère.
próstata *f* prostate *f*.
prostíbulo *m* maison *f* close.
prostitución *f* prostitution *f*.
prostituir *vt* prostituer. ◆ **prostituirse** *vpr* se prostituer.
prostituta *f* prostituée *f*.
protagonismo *m* rôle *m* principal.
protagonista *mf* **- 1.** [gen] protagoniste *mf* **- 2.** LITER héros *m*, héroïne *f* ; TEATR & CIN acteur *m* principal, actrice *f* principale ; [papel] personnage *m* principal.
protagonizar *vt* **- 1.** [obra, película] jouer le rôle principal dans **- 2.** *fig* [suceso] faire la une de ; [personas] être l'acteur(trice) de.
protección *f* protection *f*.
proteccionismo *m* protectionnisme *m*.
protector, ra *adj* & *m, f* protecteur(trice). ◆ **protector** *m* DEP protège-dents *m inv*.
proteger *vt* protéger. ◆ **protegerse** *vpr* se protéger.
protege-slips *m inv* protège-slip *m*.
protegido, da *adj* & *m, f* protégé(e).
proteína *f* protéine *f*.
prótesis *f inv* MED prothèse *f*.
protesta *f* protestation *f*.
protestante *adj* & *mf* protestant(e).
protestar *vi* : **~ (contra** o **por)** protester (contre) ; **~ una letra** COM dresser un protêt.
protocolo *m* **- 1.** [gen & INFORM] protocole *m* **- 2.** DER : **~ (notarial)** minute *f*.
prototipo *m* **- 1.** [modelo] archétype *m* **- 2.** [primer ejemplar] prototype *m*.
protuberancia *f* protubérance *f*.
provecho *m* **- 1.** [gen] profit *m* ; **¡buen ~!** bon appétit! ; **de ~** [persona] valable ; [lectura, consejo] utile ; **sacar ~** tirer profit, profiter **- 2.** [rendimiento] efficacité *f*.
provechoso, sa *adj* profitable.
proveedor, ra *m, f* fournisseur *m*, -euse *f*.
proveer *vt* **- 1.** [gen] fournir **- 2.** [puesto, vacante] pourvoir. ◆ **proveerse** *vpr* : **~se de** se fournir en ; [de víveres] s'approvisionner en.
provenir *vi* provenir ; **~ de** [en el espacio] provenir de ; [en el tiempo] dater de.
proverbial *adj* proverbial(e).
proverbio *m* proverbe *m*.
providencia *f* **- 1.** *(gen pl)* [medida] dispositions *fpl* **- 2.** DER décision *f* judiciaire ; [orden] ordonnance *f*. ◆ **Providencia** *f* Providence *f*.
providencial *adj lit* & *fig* providentiel(elle).
provincia *f* province *f* ; [división administrativa] ≃ département *m*. ◆ **provincias** *fpl* [campo] province *f*.
provinciano, na *adj* & *m, f despec* provincial(e).
provisión *f* **- 1.** *(gen pl)* [suministro] provision *f* **- 2.** [disposición] mesure *f*.
provisional *adj* provisoire ; [presidente, alcalde] par intérim.
provisto, ta *pp irreg* ▷ **proveer**.
provocación *f* **- 1.** [hostigamiento] provocation *f* **- 2.** [ocasionamiento] déclenchement *m*.
provocar *vt* **- 1.** [gen] provoquer **- 2.** *Amer fig* [apetecer] : **¿te provoca hacerlo?** ça te dit de le faire?
provocativo, va *adj* provocant(e).
proximidad *f* proximité *f*. ◆ **proximidades** *fpl* environs *mpl*.
próximo, ma *adj* **- 1.** [gen] proche **- 2.** [siguiente] prochain(e) ; **el domingo ~** dimanche prochain ; **el ~ año** l'année prochaine.
proyección *f* **- 1.** [gen] projection *f* **- 2.** *fig* [alcance, trascendencia] rayonnement *m* ; **de ~ internacional** d'envergure internationale.
proyectar *vt* projeter.
proyectil *m* projectile *m*.
proyecto *m* projet *m* ; **~ de investigación** [de un grupo] projet de recherche ; [de una persona] mémoire *m*.
proyector, ra *adj* [aparato] de projection. ◆ **proyector** *m* projecteur *m*.
prudencia *f* prudence *f* ; **con ~** [comer, beber] avec modération.
prudente *adj* prudent(e) ; **a una hora ~** à une heure raisonnable.
prueba ◇ *v* ▷ **probar**. ◇ *f* **- 1.** [demostración, manifestación] preuve *f* **- 2.** [trance, examen & DEP] épreuve *f* ; **a ~ de** à l'épreuve de ; **a toda ~** à toute

épreuve ; **poner a ~** [persona] mettre à l'épreuve ; [cosa] tester ; **~ de acceso a la universidad** examen *m* d'entrée à l'université **- 3.** [comprobación] essai *m* **- 4.** MED analyse *f* ; **~ del embarazo/del sida** test *m* de grossesse/du sida.

PS = **PD**.

PSC (*abrev de* **Partit dels Socialistes de Catalunya**) *m parti socialiste catalan*.

pseudónimo, seudónimo *m* pseudonyme *m*.

psicoanálisis *m inv* psychanalyse *f*.

psicoanalista *mf* psychanalyste *mf*.

psicodélico, ca *adj* psychédélique.

psicología *f* psychologie *f*.

psicológico, ca *adj* psychologique.

psicólogo, ga *m, f* psychologue *mf*.

psicomotor, ra *adj* psychomoteur(trice).

psicópata *mf* psychopathe *mf*.

psicosis *f inv* psychose *f*.

psicosomático, ca *adj* psychosomatique.

psicotécnico, ca ◇ *adj* psychotechnique. ◇ *m, f* psychotechnicien *m*, -enne *f*. ◆ **psicotécnico** *m* [prueba] test *m* psychotechnique.

psiquiatra *mf* psychiatre *mf*.

psiquiátrico, ca *adj* psychiatrique. ◆ **psiquiátrico** *m* hôpital *m* psychiatrique.

psíquico, ca *adj* psychique.

PSOE (*abrev de* **Partido Socialista Obrero Español**) *m* PSOE *m*, ≃ PS *m*.

pta. (*abrev de* **peseta**) pta.

púa *f* **- 1.** [de planta, erizo] piquant *m* **- 2.** [de peine] dent *f* **- 3.** MÚS médiator *m*.

pub [paβ] (*pl* **pubs**) *m* bar *m*.

pubertad *f* puberté *f*.

pubis *m inv* pubis *m*.

publicación *f* publication *f*.

publicar *vt* publier.

publicidad *f* publicité *f*.

publicitario, ria *adj* & *m, f* publicitaire.

público, ca *adj* public(ique) ; **en ~** en public ; **hacer ~** [escándalo, noticia] rendre public(ique). ◆ **público** *m* public *m*.

publirreportaje *m* [anuncio de televisión] film *m* publicitaire ; [en una revista] publireportage *m*.

pucha *interj Amer fam* : **¡pucha(s)!** punaise!

puchero *m* **- 1.** [para guisar] marmite *f* **- 2.** [comida] ≃ pot-au-feu *m*. ◆ **pucheros** *mpl* : **hacer ~s** faire la moue.

pucho *m Amer* mégot *m*.

pudding = **pudin**.

púdico, ca *adj* pudique.

pudiente *adj* & *mf* nanti(e).

pudin (*pl* **púdines**), **pudding** ['puðin] (*pl* **puddings**) *m* pudding *m* ; **~ de pescado** terrine *f* de poisson.

pudor *m* pudeur *f* ; [timidez] retenue *f*.

pudoroso, sa *adj* pudique ; [tímido] réservé(e).

pudrir *vt* pourrir. ◆ **pudrirse** *vpr* pourrir.

pueblerino, na *adj* & *m, f* [de pueblo] villageois(e) ; *despec* [paleto] plouc.

pueblo *m* **- 1.** [población] village *m* **- 2.** [nación, proletariado] peuple *m*.

pueda *etc* ▷ **poder**.

puente *m* **- 1.** [gen & ARQUIT] pont *m* ; **hacer ~** faire le pont *(congé)* **- 2.** [aparato dental] bridge *m*. ◆ **puente aéreo** *m* pont *m* aérien.

puenting *m* saut *m* à l'élastique.

puerco, ca ◇ *adj* dégoûtant(e). ◇ *m, f* **- 1.** [animal] porc *m*, truie *f* **- 2.** *fam fig* [persona - sucia] cochon *m*, -onne *f* ; [- malintencionada] goujat *m*.

puercoespín *m* porc-épic *m*.

puericultor, ra *m, f* puériculteur *m*, -trice *f*.

pueril *adj fig* puéril(e).

puerro *m* poireau *m*.

puerta *f* **- 1.** [gen] porte *f* **- 2.** DEP buts *mpl* **- 3.** *loc* : **a las ~s de** à deux doigts de ; **a ~ cerrada** à huis clos.

puerto *m* **- 1.** [gen & INFORM] port *m* ; **~ deportivo** port de plaisance **- 2.** [de montaña] col *m*.

Puerto Rico Porto Rico *m*, Puerto Rico *m*.

pues *conj* **- 1.** [dado que, porque] car **- 2.** [así que] donc ; **te decía, ~, que ...** je te disais donc que ... **- 3.** [enfático] eh bien ; **¡~ ya está!** eh bien voilà! ; **¡~ claro!** mais bien sûr!

puesto, ta ◇ *pp irreg* ▷ **poner**. ◇ *adj* : **ir muy ~** être bien habillé. ◆ **puesto** *m* **- 1.** [gen & MIL] poste *m* ; **~ (de trabajo)** poste (de travail) **- 2.** [en fila, clasificación] place *f* **- 3.** [tenderete] étal *m* ; **~ de periódicos** kiosque *m* à journaux. ◆ **puesta** *f* **- 1.** [acción] mise *f* ; **puesta al día/a punto/en marcha** mise à jour/au point/en marche ; **puesta en escena** mise en scène **- 2.** [de ave] ponte *f*. ◆ **puesta de sol** *f* coucher *m* de soleil. ◆ **puesto que** *loc conj* puisque.

puf (*pl* **pufs**) *m* pouf *m*.

púgil *m* pugiliste *m*.

pugna *f lit* & *fig* lutte *f*.
pugnar *vi lit* & *fig* se battre.
puja *f* [en subasta - acción] enchère *f* ; [- cantidad] mise *f*.
pujar *vi* - **1.** [subastar] enchérir - **2.** *fig* [esforzarse] lutter.
pulcro, cra *adj* soigné(e).
pulga *f* puce *f*.
pulgada *f* pouce *m (mesure)*.
pulgar *m* ▷ **dedo**.
pulgón *m* puceron *m*.
pulimentar *vt* polir.
pulir *vt* - **1.** [alisar] polir - **2.** [perfeccionar] peaufiner. ◆ **pulirse** *vpr* [gastarse] engloutir.
pulmón *m* poumon *m*. ◆ **pulmones** *mpl fam fig* : **tener pulmones** avoir du coffre.
pulmonía *f* pneumonie *f*.
pulpa *f* pulpe *f*.
púlpito *m* chaire *f*.
pulpo *m* - **1.** [animal] poulpe *m* - **2.** *fam* [persona] : **ser un ~** avoir les mains baladeuses - **3.** [correa elástica] tendeur *m*.
pulque *m Amer boisson alcoolisée à base de jus d'agave fermenté*.
pulsación *f* pulsation *f*.
pulsador *m* bouton *m (de mécanisme, appareil)*.
pulsar *vt* - **1.** [botón, tecla etc] appuyer sur ; [cuerdas] gratter - **2.** [asunto, opinión etc] sonder.
pulsera *f* bracelet *m*.
pulso *m* - **1.** [latido] pouls *m* - **2.** [de fuerza] bras *m* de fer - **3.** [firmeza] : **tener buen ~** avoir la main sûre ; **a ~** à la force du poignet - **4.** *fig* [prudencia] doigté *m*.
pulular *vi* pulluler.
pulverizador, ra *adj* : **un aparato ~** un pulvérisateur. ◆ **pulverizador** *m* pulvérisateur *m*.
pulverizar *vt lit* & *fig* pulvériser.
puma *m* puma *m*.
punción *f* ponction *f*.
punición *f* punition *f*.
punk [paŋk, puŋk] (*pl* **punks** o **punkis**) *adj* & *mf* punk.
punta *f* - **1.** [gen & GEOGR] pointe *f* ; **sacar ~ a un lápiz** tailler un crayon - **2.** [de lengua, dedos] bout *m* ; [del pan] croûton *m* ; **a ~ de pistola** sous la menace du revolver - **3.** *loc* : **a ~ pala** *fam* à la pelle ; **tener algo en la ~ de la lengua** avoir qqch sur le bout de la langue.
puntada *f* - **1.** [pespunte] point *m* - **2.** [agujero] trou *m (d'aiguille)*.
puntal *m* - **1.** [madero] étai *m* - **2.** *fig* [apoyo] soutien *m* ; **~ de familia** soutien de famille.
puntapié *m* coup *m* de pied.
puntear *vt* MÚS : **~ la guitarra** pincer les cordes de la guitare.
puntera *f* ▷ **puntero**.
puntería *f* - **1.** [destreza] adresse *f (au tir)* - **2.** [orientación] visée *f*.
puntero, ra ◇ *adj* : **~ en** spécialisé dans. ◇ *m, f* leader *m* ; **ser el ~** être en tête. ◆ **puntera** *f* [de zapato, calcetín] bout *m*.
puntiagudo, da *adj* pointu(e).
puntilla *f* dentelle *f* rapportée. ◆ **de puntillas** *loc adv* sur la pointe des pieds.
puntilloso, sa *adj* pointilleux(euse).
punto *m* - **1.** [gen] point *m* ; **dar unos ~s a** [en costura] faire un point à ; **estar a ~** être au point ; **llegar a ~** arriver à point ; **dos ~s** deux points ; **~ cardinal** point cardinal ; **~ culminante** point culminant ; **~ de confluencia** point de rencontre ; **~ de partida** point de départ ; **~ (de sutura)** point (de suture) ; **~ de venta** point de vente ; **~ de vista** point de vue ; **~ muerto** point mort ; **~s suspensivos** points de suspension ; **~ y coma** point-virgule *m* - **2.** [lugar] lieu *m* ; **~ de reunión** lieu de rencontre ; [en aeropuerto, estación] point *m* de rencontre - **3.** [estado] stade *m* ; **estando las cosas en este ~ ...** les choses en étant arrivées là ... - **4.** [grado de color] nuance *f* - **5.** [tejido] : **hacer ~** tricoter - **6.** [pizca, toque] pointe *f* - **7.** [objetivo] but *m* - **8.** *loc* : **al ~** immédiatement ; **poner ~ final** mettre un point final. ◆ **en punto** *loc adv* pile ; **a las cinco en ~** à cinq heures pile. ◆ **hasta cierto punto** *loc adv* jusqu'à un certain point.
puntuación *f* - **1.** [calificación] note *f* ; [en concurso, competiciones] classement *m* - **2.** [ortográfica] ponctuation *f*.
puntual *adj* - **1.** [gen] ponctuel(elle) - **2.** [exacto, detallado] circonstancié(e).
puntualidad *f* - **1.** [en el tiempo] ponctualité *f* - **2.** [exactitud] précision *f*.
puntualizar *vt* préciser.
puntuar ◇ *vt* - **1.** [calificar] noter - **2.** [escrito] ponctuer. ◇ *vi* - **1.** [calificar] noter - **2.** [entrar en el cómputo] : **~ (para)** compter (pour).
punzada *f* - **1.** [pinchazo] piqûre *f* ; **darse una ~** se piquer - **2.** [dolor intenso] élancement *m*.
punzante *adj* - **1.** [objeto] pointu(e)

- **2.** [dolor, herida] lancinant(e) - **3.** *fig* [humor, broma etc] caustique.

punzar *vt* - **1.** [pinchar] piquer - **2.** [doler] élancer ; **~ el corazón** pincer le cœur.

punzón *m* poinçon *m*.

puñado *m* poignée *f*.

puñal *m* poignard *m*.

puñalada *f* coup *m* de poignard.

puñeta ◇ *f* - **1.** *mfam* [tontería] connerie *f* - **2.** [bocamanga] manchette *f* - **3.** *loc* : **mandar a hacer ~s** *fam* envoyer balader. ◇ *interj fam* : **¡puñeta!** crotte!

puñetazo *m* coup *m* de poing.

puñetero, ra ◇ *adj fam* [persona, cosa] fichu(e) ; **tu ~ marido** ton fichu mari. ◇ *m, f mfam* emmerdeur *m*, -euse *f*.

puño *m* - **1.** [mano cerrada] poing *m* - **2.** [de manga] poignet *m* - **3.** [empuñadura] poignée *f* - **4.** *loc* : **de su ~ y letra** de sa propre main ; **morderse los ~s de hambre** avoir l'estomac dans les talons ; **morderse los ~s de rabia** écumer de rage.

pupa *f* - **1.** [erupción] bouton *m* - **2.** [daño] : **hacerse ~** se faire bobo.

pupila *f* ANAT pupille *f*.

pupilaje *m* [de alumnos] pension *f* ; [de coche] location *f* d'un box.

pupilo, la *m, f* - **1.** [discípulo] élève *mf* - **2.** [huérfano] pupille *mf*.

pupitre *m* pupitre *m*.

puré *m* purée *f*.

pureza *f* - **1.** [gen] pureté *f* - **2.** [integridad] droiture *f*.

purga *f lit* & *fig* purge *f*.

purgante ◇ *adj* purgatif(ive). ◇ *m* purgatif *m*.

purgar *vt* purger ; [alma] purifier ; [pecados] expier. ◆ **purgarse** *vpr* se purger.

purgatorio *m* purgatoire *m*.

purificar *vt* purifier.

puritano, na *adj* & *m, f* puritain(e).

puro, ra *adj* - **1.** [gen] pur(e) - **2.** [íntegro] droit(e). ◆ **puro** *m* cigare *m*.

púrpura *adj inv* & *m* pourpre.

purpúreo, a *adj culto* pourpré(e).

purpurina *f* paillettes *fpl (poudre)*.

purria *f fam* [escoria] racaille *f*.

pus *m* pus *m*.

pusilánime *adj* pusillanime.

putear *vulg* ◇ *vt* [fastidiar] faire chier. ◇ *vi* [ir de putas] aller voir les putes.

puto, ta *vulg* ◇ *adj* : **este ~ ...** ce putain de ... ◇ *m, f* pute *f*.

puzle = **puzzle**.

puzzle ['puθle], **puzle** *m* puzzle *m*.

PVP (*abrev de* **precio de venta al público**) *m* ppv *m*.

PYME (*abrev de* **Pequeña y Mediana Empresa**) *f* PME *f*.

pyrex® = **pírex**.

pza. (*abrev de* **plaza**) Pl., pl.

Q

q, Q [ku] *f* [letra] q *m inv*, Q *m inv*.

q.e.p.d. (*abrev de* **que en paz descanse**) RIP.

que ◇ *pron relat* - **1.** [sujeto] qui ; **la moto ~ me gusta** la moto qui me plaît ; **ese hombre es el ~ me lo compró** c'est cet homme qui me l'a acheté - **2.** [complemento directo] que ; **el hombre ~ conociste ayer ...** l'homme que tu as rencontré hier ... ; **no ha leído el libro ~ le regalé** il n'a pas lu le livre que je lui ai offert - **3.** [complemento indirecto] : **ése es el chico al ~ hablé** c'est le jeune homme à qui j'ai parlé ; **la señora a la ~ fuiste a ver** la dame que tu es allé voir - **4.** [complemento circunstancial] : **la playa a la ~ fui de vacaciones** la plage où j'ai passé mes vacances ; **(en) ~** où ; **el día en ~ fui era soleado** il faisait beau le jour où j'y suis allé. ◇ *conj* - **1.** [gen] que ; **es importante ~ me escuches** il est important que tu m'écoutes ; **me ha confesado ~ me quiere** il m'a avoué qu'il m'aime ; **es más rápido ~ tú** il est plus rapide que toi ; **me lo pidió tantas veces ~ se lo di** il me l'a demandé tant de fois que je le lui ai donné ; **ven aquí ~ te vea** viens ici que je te voie ; **espero ~ te diviertas** j'espère que tu t'amuseras ; **quiero ~ lo hagas** je veux que tu le fasses - **2.** [expresa causa] : **déjalo ~ está durmiendo** laisse-le, il dort - **3.** [en oraciones exclamativas] : **¡~ te diviertas!** amuse-toi bien! - **4.** [expresa hipótesis] : **~ no quieres, pues no pasa nada** si tu ne veux pas, ce n'est pas grave - **5.** [expresa reiteración] : **estaban charla ~ charla** ils ne faisaient que bavarder.

qué ◇ *adj* quel, quelle ; **¿~ hora es?** quelle heure est-il? ; **¿~ libros?** quels livres? ; **¡~ día!** quelle journée! ◇ *pron* que ; **¿~ quieres?** que veux-tu? ; **no sé ~ hacer** je ne sais pas quoi faire ; **¿~ te dijo?** qu'est-ce qu'il t'a dit? ; **¿qué?** [¿cómo?] quoi? ◇ *adv* - **1.** que ; **¡~ tonto eres!** que tu es bête! ; **¡y ~!** et alors! - **2.** [expresa gran cantidad] : **~ de** que de ; **¡~ de gente hay aquí!** que de monde il y a ici!

quebradero ◆ **quebradero de cabeza** *m (gen pl)* tracas *m*.

quebradizo, za *adj* cassant(e) ; *fig* [débil] fragile.

quebrado, da *adj* - **1.** [camino, terreno] accidenté(e) ; **la voz quebrada** la voix cassée ; **una línea quebrada** une ligne brisée - **2.** MAT [número] fractionnaire - **3.** LITER : **un verso de pie ~** un vers court.

quebrantahuesos *m inv* gypaète *m*.

quebrantar *vt* - **1.** [incumplir - ley] enfreindre ; [- palabra, compromiso] ne pas tenir ; [- obligación] ne pas remplir - **2.** [romper] casser - **3.** *fig* [debilitar] briser. ◆ **quebrantarse** *vpr* - **1.** [romperse] se casser - **2.** [debilitarse] décliner, s'affaiblir.

quebranto *m* - **1.** [pérdida] perte *f* - **2.** [debilitamiento] affaiblissement *m* - **3.** [pena] détresse *f*.

quebrar ◇ *vt* - **1.** [romper] casser - **2.** [color] pâlir. ◇ *vi* ECON faire faillite. ◆ **quebrarse** *vpr* - **1.** [romperse] se casser ; **~se una pierna** se casser une jambe - **2.** [color] pâlir - **3.** [voz] se briser ; **se le quebró la voz** il avait la voix brisée.

quechua ◇ *adj* quechua. ◇ *mf* : **los ~s** les Quechuas *mpl*. ◇ *m* [lengua] quechua *m*.

quedar ◇ *vi* - **1.** [permanecer, haber aún, faltar] rester ; **el cuadro quedó sin acabar** le tableau est resté inachevé ; **quedan tres manzanas** il reste trois pommes ; **nos quedan dos días para ...** il nous reste deux jours pour ... ; **queda mucho por hacer** il reste beaucoup à faire - **2.** [mostrarse] : **quedó como un imbécil** il s'est comporté comme un imbécile ; **~ bien/mal (con alguien)** faire bonne/mauvaise impression (à qqn) ; **~ en ridículo** se ridiculiser - **3.** [llegar a ser, resultar] : **la fiesta ha quedado perfecta** la fête a très bien tourné - **4.** [sentar] : **~ bien/mal a alguien** aller bien/mal à qqn - **5.** [citarse] : **~ con alguien** prendre rendez-vous avec qqn ; **hemos quedado para el lunes** nous nous sommes mis d'accord pour lundi - **6.** *fam* [estar situado] : **¿por dónde queda eso?** ça se trouve où ça? - **7.** [acordar] : **~ en** convenir de ; **~ en que** convenir que ; **¿en qué quedamos?** alors, qu'est-ce qu'on décide? ◇ *v impers* : **por mí que no quede** je ferai tout mon possible ; **que no quede por falta de dinero** il ne faut pas que l'argent soit un problème. ◆ **quedarse** *vpr* - **1.** [permanecer] rester - **2.** [llegar a ser] devenir ; **se quedó ciego** il est devenu aveugle - **3.** [retener] garder ; **quédese con el cambio** gardez la monnaie.

quedo, da *adj* tranquille ; **con voz queda** posément. ◆ **quedo** *adv* doucement ; **hablar ~** parler tout bas.

quehacer *m (gen pl)* travail *m* ; **~es domésticos** travaux *mpl* ménagers.

queja *f* plainte *f*.

quejarse *vpr* : **~ (de/a)** [lamentarse] se plaindre (de/à).

quejica *mf despec* [que llora] pleurnichard *m*, -e *f* ; [que se queja] : **ser un ~** se plaindre sans arrêt.

quejido *m* gémissement *m*.

quejoso, sa *adj* mécontent(e) ; **estar ~ de** se plaindre de.

quemado, da *adj* - **1.** [gen] brûlé(e) - **2.** [fusible] grillé(e) - **3.** *loc* : **estar ~** [harto] en avoir assez ; [agotado] être mort de fatigue.

quemador *m* brûleur *m*.

quemadura *f* brûlure *f* ; **~ solar** coup *m* de soleil.

quemar ◇ *vt* - **1.** [gen] brûler ; [comida] faire brûler - **2.** [fusible] fondre ; [motor] griller - **3.** *fig* [malgastar] dilapider. ◇ *vi* - **1.** [tener fiebre] brûler - **2.** *fig* [desgastar] user. ◆ **quemarse** *vpr* - **1.** [gen] brûler ; **se le quemó el arroz** il a fait brûler le riz - **2.** [persona] se brûler ; [por el sol] prendre un coup de soleil ; [fusible] être grillé(e) - **3.** *fig* [hartarse] en avoir assez - **4.** *fig* [desgastarse] s'user.

quemarropa ◆ **a quemarropa** *loc adv* - **1.** [disparar] à bout portant - **2.** [preguntar, contestar] à brûle-pourpoint.

quemazón *f* brûlure *f* ; [picor] démangeaison *f*.

quepa ▷ **caber**.

quepo ▷ **caber**.

querella *f* - **1.** DER [acusación] plainte *f* ; **presentar una ~** déposer une plainte - **2.** [discordia] querelle *f*.

querer ◇ *vt* - **1.** [gen] vouloir ; **quiero pan** je veux du pain ; **quiere hacerse abogado** il veut devenir avocat ; **¿cuánto**

quiere por el coche? combien voulez-vous pour la voiture? ; **¿tú quieres que me enfade?** tu veux vraiment que je me fâche? ; **~ que alguien haga algo** vouloir que qqn fasse qqch **- 2.** [amar] aimer **- 3.** *loc* : **como quien no quiere la cosa** mine de rien ; **queriendo** [con intención] exprès ; **sin ~** sans faire exprès ; **~ es poder** vouloir c'est pouvoir ; **quien bien te quiere te hará llorar** qui aime bien châtie bien. ◇ *v impers* [haber atisbos] : **hace días que quiere llover** depuis plusieurs jours, on dirait qu'il va pleuvoir. ◇ *m* amour *m*. ◆ **quererse** *vpr* s'aimer.

querido, da ◇ *adj* cher(ère). ◇ *m, f* amant *m*, maîtresse *f* ; **¡ven querida!** viens, chérie!

quesera *f* ▷ **quesero.**

quesería *f* fromagerie *f*.

quesero, ra *adj* & *m, f* fromager(ère). ◆ **quesera** *f* cloche *f* à fromage.

queso *m* fromage *m* ; **~ de bola** fromage de Hollande ; **~ manchego** manchego *m (fromage de brebis de la Manche)* ; **~ rallado** fromage râpé.

quibutz [ki'βuts, ki'βuθ] (*pl* **quibutzs**), **kibutz** (*pl* **kibutzim**) *m* kibboutz *m*.

quicio *m* encadrement *m (de porte, fenêtre)* ; **estar fuera de ~** *fig* être hors de soi ; **sacar de ~ a alguien** *fig* mettre qqn hors de soi, faire sortir qqn de ses gonds.

quiebra ◇ *v* ▷ **quebrar.** ◇ *f* **- 1.** [ruina] faillite *f* **- 2.** *fig* [pérdida] effondrement *m*.

quiebro *m* **- 1.** [ademán] écart *m* ; DEP feinte *f* **- 2.** MÚS trille *m*.

quien ◇ *pron relat* **- 1.** [sujeto] qui ; **fue mi hermano ~ me lo explicó** c'est mon frère qui me l'a expliqué ; **eran sus hermanas ~es le ayudaron** ce sont ses sœurs qui l'ont aidé **- 2.** [complemento] : **son ellos a ~es quiero conocer** ce sont eux que je voudrais connaître ; **era de Pepe de ~ no me fiaba** c'est à Pepe que je ne faisais pas confiance. ◇ *pron indef* **- 1.** [sujeto] celui qui, celle qui ; **~ lo quiera que luche por ello** que celui qui le veut se batte pour l'avoir ; **~es quieran verlo que se acerquen** que ceux qui veulent le voir s'approchent **- 2.** [complemento] : **apoyaré a ~es considere oportuno** je soutiendrai ceux que je jugerai bon de soutenir ; **vaya con ~ quiera** allez avec qui bon vous semble **- 3.** *loc* : **~ más ~ menos** tout un chacun.

quién *pron* **- 1.** [interrogativo] qui ; **¿~ es ese hombre?** qui est cet homme? ; **no sé ~ viene** je ne sais pas qui vient ; **¿a ~es has invitado?** qui as-tu invité? ; **dime con ~ vas a ir** dis-moi avec qui tu vas y aller ; **¿~ es?** [en la puerta] qui est là? ; [al teléfono] qui est à l'appareil? **- 2.** [exclamativo] : **¡~ pudiera verlo!** si seulement je pouvais le voir!

quienquiera (*pl* **quienesquiera**) *pron* quiconque ; **~ que venga ...** quiconque viendra ...

quieto, ta *adj* tranquille ; **¡estate ~!** tiens-toi tranquille!, sois sage! ; **¡~ todo el mundo!** que personne ne bouge!

quietud *f* tranquillité *f* ; [sosiego] quiétude *f*.

quijada *f* mâchoire *f*.

quijote *m despec* doux rêveur *m*. ◆ **Don Quijote** *m* don Quichotte *m*.

quijotesco, ca *adj* chimérique.

quilate *m* carat *m*.

quilla *f* **- 1.** NÁUT quille *f* **- 2.** [de ave] bréchet *m*.

quilo = **kilo.**

quilogramo = **kilogramo.**

quilometraje = **kilometraje.**

quilométrico, ca = **kilométrico.**

quilómetro = **kilómetro.**

quimbambas *fpl* : **vete a las ~** va voir ailleurs si j'y suis.

quimera *f* chimère *f*.

quimérico, ca *adj* chimérique.

químico, ca ◇ *adj* chimique. ◇ *m, f* chimiste *mf*. ◆ **química** *f* chimie *f*.

quimono, kimono *m* kimono *m*.

quina *f* quinquina *m* ; **tragar ~** *fig* avaler des couleuvres.

quincalla *f* quincaillerie *f (objets)*.

quince ◇ *adj num inv* quinze ; **el siglo ~** le quinzième siècle. ◇ *m inv* quinze *m inv* ; *ver también* **seis.**

quinceañero, ra ◇ *adj* : **un chico ~** un garçon de quinze ans. ◇ *m, f* adolescent *m*, -e *f*, garçon *m*, fille *f* (de quinze ans).

quinceavo, va *adj num* quinzième.

quincena *f* quinzaine *f*.

quincenal *adj* bimensuel(elle).

quiniela *f* **- 1.** [boleto] bulletin *m (de loterie)* **- 2.** [combinación] combinaison *f (au loto)* ; **la ~** ≃ le loto sportif. ◆ **quiniela hípica** *f* ≃ PMU *m*.

quinientos, tas *adj num inv* cinq cents ; *ver también* **seiscientos.**

quinina *f* quinine *f*.

quinqué *m* quinquet *m*.

quinquenio *m* - **1.** [periodo] quinquennat *m* - **2.** [paga] *augmentation de salaire quinquennale*.

quinqui *mf fam* voyou *m*.

quinta *f* ▻ **quinto**.

quintaesencia *f inv* quintessence *f*.

quintal *m* quintal *m*.

quinteto *m* - **1.** MÚS quintette *m* ; [de jazz] quintet *m* - **2.** LITER *strophe de cinq vers*.

quinto, ta *adj num* cinquième. ◆ **quinto** *m* - **1.** [parte] cinquième *m* - **2.** MIL appelé *m*. ◆ **quinta** *f* - **1.** [finca] maison *f* de campagne - **2.** MIL promotion *f* ; [curso, edad] : **somos de la misma quinta** nous sommes de la même année.

quintuplicar *vt* [multiplicar] quintupler ; [rebasar] être cinq fois supérieur(e) à. ◆ **quintuplicarse** *vpr* quintupler.

quiosco, kiosco *m* kiosque *m* ; ~ **de periódicos** kiosque à journaux.

quiosquero, ra *m, f* marchand *m*, -e *f* de journaux.

quiquiriquí (*pl* **quiquiriquíes**) *m* cocorico *m*.

quirófano *m* bloc *m* opératoire.

quiromancia *f* chiromancie *f*.

quiromasaje *m* chiropractie *f*.

quirúrgico, ca *adj* chirurgical(e).

quisque *m fam* : **cada** o **todo** ~ chacun(e) ; **que cada ~ se las arregle** que chacun se débrouille.

quisquilloso, sa *adj* - **1.** [detallista] pointilleux(euse) - **2.** [susceptible] chatouilleux(euse).

quiste *m* kyste *m*.

quitaesmalte *m* dissolvant *m (pour ongles)*.

quitamanchas *m inv* détachant *m*.

quitanieves *m inv* chasse-neige *m inv (machine)*.

quitar *vt* - **1.** [gen] enlever ; [desconectar] éteindre ; ~ **algo a alguien** [despojar, robar] prendre qqch à qqn ; ~ **tiempo** prendre du temps ; **de quita y pon** amovible - **2.** [impedir] empêcher ; ~ **el sueño** empêcher de dormir ; **esto no quita que ...** il n'empêche que ... - **3.** [exceptuar] : **quitando el queso me gusta todo** à part le fromage, j'aime tout. ◆ **quitarse** *vpr* - **1.** [apartarse] se pousser - **2.** [ropa] enlever, retirer ; **me quito la chaqueta** j'enlève ma veste - **3.** [suj : mancha] partir.

quitasol *m* parasol *m*.

quite *m* DEP [en esgrima] parade *f* ; **estar al ~** *fig* se tenir prêt(e) *(à aider qqn)*.

Quito Quito.

quizá, quizás *adv* peut-être ; ~ **llueva mañana** peut-être pleuvra-t-il demain ; ~ **no lo sepas** tu ne le sais peut-être pas ; ~ **sí/no** peut-être que oui/non.

R

r, R ['erre] *f* [letra] r *m inv*, R *m inv*.

rábano *m* radis *m* ; **importar un ~** *fig* s'en ficher comme de l'an quarante.

rabí (*pl inv* o **rabíes**) *m* rabbin *m*.

rabia *f* rage *f* ; **me da ~** ça m'énerve ; **tenerle ~ a alguien** *fig* en vouloir à qqn.

rabiar *vi* - **1.** [sufrir] : **está rabiando de dolor** il souffre le martyre - **2.** [enfadarse] enrager, se mettre en colère ; **no me hagas ~** ne m'oblige pas à me mettre en colère.

rabieta *f fam* : **tener una ~** piquer une crise.

rabillo *m* : **mirar con el ~ del ojo** *fig* regarder du coin de l'œil.

rabioso, sa *adj* - **1.** [gen] enragé(e) ; [tono, voz] rageur(euse) - **2.** [excesivo] furieux(euse) - **3.** [chillón] criard(e).

rabo *m* queue *f*.

rácano, na *adj* & *m, f* pingre.

RACE (*abrev de* **Real Automóvil Club de España**) *m club automobile espagnol*.

racha *f* - **1.** [ráfaga] rafale *f* - **2.** [época] vague *f* ; **estar de ~** *fig* avoir la chance de son côté ; **mala ~** mauvaise passe *f* ; **a ~s** *fig* par à-coups.

racial *adj* racial(e).

racimo *m* [de uva] grappe *f* ; [de dátiles, plátanos] régime *m*.

raciocinio *m* - **1.** [facultad] raison *f* - **2.** [razonamiento] raisonnement *m*.

ración *f* - **1.** [porción] part *f* ; [cantidad fija] ration *f* - **2.** [en bar, restaurante] *assiette de « tapas »*.

racional *adj* - **1.** [ser] doué(e) de raison - **2.** [método, número] rationnel(elle).

racionalizar *vt* rationaliser.

racionar *vt* rationner.

racismo *m* racisme *m*.
racista *adj* & *mf* raciste.
radar (*pl* **radares**) *m* radar *m*.
radiación *f* - **1.** FÍS radiation *f* - **2.** [acción] rayonnement *m*.
radiactividad, radioactividad *f* radioactivité *f*.
radiactivo, va, radioactivo, va *adj* radioactif(ive).
radiador *m* radiateur *m*.
radiante *adj* - **1.** [sol, persona] radieux(euse) ; **~ de alegría** rayonnant(e) de joie - **2.** FÍS radiant(e).
radiar *vt* - **1.** [noticias etc] radiodiffuser - **2.** [luz, calor] émettre (par radiations) - **3.** FÍS irradier.
radical ◇ *adj* radical(e). ◇ *m* radical *m*.
radicalizar *vt* radicaliser. ◆ **radicalizarse** *vpr* se radicaliser.
radicar *vi* : **~ en** [problema, dificultad etc] résider dans.
radio ◇ *m* - **1.** [rayon & GEOM] rayon *m* - **2.** ANAT radius *m* - **3.** QUÍM radium *m*. ◇ *f* radio *f* ; **oír algo por la ~** entendre qqch à la radio ; **por ~ macuto** *fam fig* par le téléphone arabe.
radioactividad = **radiactividad**.
radioactivo, va = **radiactivo**.
radioaficionado, da *m, f* radioamateur *m*.
radiocasete, radiocassette *m* radiocassette *f*.
radiocontrol *m* radiocommande *f*.
radiodespertador *m* radioréveil *m*.
radiodifusión *f* radiodiffusion *f*.
radioescucha *mf inv* auditeur *m*, -trice *f* ; [en barco etc] radio *m*.
radiofónico, ca *adj* radiophonique.
radiografía *f* radiographie *f*.
radionovela *f* feuilleton *m* radiodiffusé.
radiorreloj *m* radioréveil *m*.
radiotaxi *m* radio-taxi *m*.
radioteléfono *m* radiotéléphone *m*.
radioterapia *f* radiothérapie *f*.
radioyente *mf* auditeur *m*, -trice *f*.
RAE (*abrev de* **Real Academia Española**) *f Académie royale de la langue espagnole*, ≃ Académie *f* française.
raer *vt* racler.
ráfaga *f* rafale *f* ; [con los faros] appel *m* de phares.
rafting *m* DEP rafting *m*.
raído, da *adj* râpé(e) *(vêtement)*.
raigambre *f* - **1.** [tradición] tradition *f* ; **de profunda ~** profondément ancré(e) - **2.** [estirpe] souche *f* - **3.** BOT racines *fpl*.
raíl, rail *m* rail *m*.
raíz (*pl* **raíces**) *f* - **1.** [gen, MAT & GRAM] racine *f* ; **~ cuadrada** racine carrée - **2.** [causa] origine *f* ; **a ~ de** à la suite de - **3.** *loc* : **echar raíces** prendre racine.
raja *f* - **1.** [de melón, sandía etc] tranche *f* ; [de limón, salchichón] rondelle *f* - **2.** [grieta - en madera, pared] fissure *f* ; [- en cristal etc] fêlure *f*.
rajado, da *adj* & *m, f fam* dégonflé(e).
rajar *vt* - **1.** [partir - madera, pared] fissurer ; [- cristal etc] fêler ; **el mármol está rajado** le marbre est fendu ; **tiene el labio rajado** il a la lèvre fendue - **2.** *mfam* [apuñalar] étriper. ◆ **rajarse** *vpr* - **1.** [partirse - madera, pared] se fissurer ; [- cristal etc] se fêler ; [- mármol] se fendre - **2.** *fam* [echarse atrás] se dégonfler.
rajatabla ◆ **a rajatabla** *loc adv* à la lettre.
ralea *f despec* engeance *f* ; **de su misma ~** du même acabit.
ralentí *m* ralenti *m*.
rallado, da *adj* râpé(e). ◆ **rallado** *m* râpage *m*.
rallador *m* râpe *f*.
ralladura *f (gen pl)* râpure *f*.
rallar *vt* râper.
rally ['rali] (*pl* **rallys**) *m* rallye *m*.
RAM (*abrev de* **random access memory**) *f* RAM *f*.
rama *f* branche *f*.
ramaje *m* branchage *m*.
ramal *m* - **1.** [de carretera, ferrocarril] embranchement *m* - **2.** [de escalera] volée *f*.
ramalazo *m* - **1.** *fam* [afeminamiento] : **se le ve el ~** il est de la jaquette - **2.** [ataque] crise *f*.
rambla *f* [avenida] promenade *f*.
ramera *f fam* catin *f*.
ramificación *f* ramification *f*.
ramificarse *vpr* : **~ (en)** se ramifier (en).
ramillete *m* bouquet *m*.
ramo *m* - **1.** [gen & ECON] branche *f* - **2.** [de flores] bouquet *m*.
rampa *f* - **1.** [para subir y bajar] rampe *f* - **2.** [cuesta] côte *f* - **3.** [calambre] crampe *f*.
rana *f* grenouille *f*.
ranchero, ra *m, f* fermier *m*, -ère *f*.

◆ **ranchera** *f* - **1.** MÚS *chanson populaire mexicaine* - **2.** AUTOM break *m*.

rancho *m* - **1.** [comida] popote *f* - **2.** [granja] ranch *m*.

rancio, cia *adj* - **1.** [pasado - gen] rance ; [- vino] aigre - **2.** [antiguo] ancien(enne) ; **de ~ abolengo** de vieille souche.

rango *m* rang *m*.

ranking ['raŋkin] *m* classement *m*.

ranura *f* rainure *f* ; [para monedas] fente *f*.

rap *m* rap *m*.

rapar *vt* raser.

rapaz, za *m, f desus* garçonnet *m*, fillette *f*. ◆ **rapaz** *adj* [que roba] voleur(euse). ◆ **rapaces** *fpl* ZOOL rapaces *mpl*.

rape *m* - **1.** [pez] baudroie *f* ; CULIN lotte *f* - **2.** [corte de pelo] : **al ~** (à) ras.

rapero, ra *m, f* rappeur *m*, -euse *f*.

rapé *m (en aposición inv)* tabac *m* à priser.

rapidez *f* rapidité *f*.

rápido, da *adj* rapide. ◆ **rápido** ◇ *adv* vite ; **¡no tan ~!** pas si vite! ◇ *m* [tren] rapide *m*. ◆ **rápidos** *mpl* [de río] rapides *mpl*.

rapiña *f* - **1.** [robo] rapine *f* - **2.** ▷ **ave.**

rappel ['rapel] *m* - **1.** DEP rappel *m* - **2.** COM rabais *m* sur achats.

rapsodia *f* rhapsodie *f*.

raptar *vt* enlever *(personne)*.

rapto *m* - **1.** [secuestro] enlèvement *m* - **2.** [ataque] accès *m*.

raqueta *f* - **1.** [gen] raquette *f* - **2.** [de croupier] râteau *m*.

raquítico, ca ◇ *adj* - **1.** MED rachitique - **2.** [sueldo etc] maigre. ◇ *m, f* MED rachitique *mf*.

rareza *f* - **1.** [cosa poco común, poco frecuente] rareté *f* - **2.** [curiosidad] curiosité *f* - **3.** [extravagancia] bizarrerie *f*.

raro, ra *adj* - **1.** [extraño, extravagante] bizarre ; **¡qué animal más ~!** quel drôle d'animal! - **2.** [excepcional, escaso] rare ; **lo veo rara vez** je le vois rarement.

ras *m* : **a** o **al ~** à ras bord ; **a ~ de** au ras de ; **a ~ de tierra** à ras de terre.

rasante ◇ *adj* [luz, tiro] rasant(e) ; [vuelo] en rase-mottes. ◇ *f* inclinaison *f* ; **en cambio de ~** en haut d'une côte.

rascacielos *m inv* gratte-ciel *m inv*.

rascador *m* - **1.** [herramienta] grattoir *m* - **2.** [para cerillas] frottoir *m*.

rascar ◇ *vt* - **1.** [gen] gratter ; **rasca un poco la guitarra** *fam* il gratte un peu - **2.** [con espátula] racler. ◇ *vi* gratter. ◆ **rascarse** *vpr* se gratter.

rasera *f* écumoire *f*.

rasgar *vt* déchirer. ◆ **rasgarse** *vpr* se déchirer.

rasgo *m* - **1.** [gen] trait *m* - **2.** [de heroísmo etc] acte *m*. ◆ **rasgos** *mpl* [de rostro, letra] traits *mpl*.

rasguear *vt* gratter *(la guitare)*.

rasguñar *vt* égratigner ; [con uñas] griffer. ◆ **rasguñarse** *vpr* s'égratigner ; [con uñas] se griffer.

rasguño *m* égratignure *f*.

raso, sa *adj* - **1.** [mano] plat(e) ; **en campo ~** en rase campagne - **2.** [lleno] plein(e) ; [cucharada etc] ras(e) - **3.** [cielo] dégagé(e) - **4.** [vuelo] en rase-mottes ; **muy ~** très bas - **5.** MIL ▷ **soldado.** ◆ **raso** *m* satin *m*.

raspa *f* arête *f (de poisson)*.

raspadura *f* - **1.** *(gen pl)* [brizna] raclure *f* - **2.** [señal] éraflure *f* - **3.** [acción] grattage *m*.

raspar ◇ *vt* - **1.** [rascar] racler ; [suj : vino] râper - **2.** [rasar] frôler. ◇ *vi* gratter.

rasposo, sa *adj* râpeux(euse) ; [piel, prenda] rêche.

rastras ◆ **a rastras** *loc adv* : **llevar algo/a alguien a ~** *lit* & *fig* traîner qqch/qqn.

rastreador, ra *adj* : **un perro ~** un limier.

rastrear ◇ *vt* - **1.** [seguir las huellas de] suivre à la trace - **2.** *fig* [buscar pistas en - suj : persona] ratisser ; [- suj : reflector, foco] balayer. ◇ *vi fig* [indagar] enquêter.

rastrero, ra *adj* [planta] rampant(e) ; [persona] vil(e).

rastrillo *m* - **1.** [en jardinería] râteau *m* - **2.** [mercado] petit marché *m* aux puces ; [benéfico] vente *f* de charité.

rastro *m* - **1.** [gen] trace *f* ; **sin dejar ~** sans laisser de traces - **2.** [mercado] marché *m* aux puces.

rastrojo *m* chaume *m*.

rasurar *vt* raser. ◆ **rasurarse** *vpr* se raser.

rata ◇ *adj* & *mf fam* radin(e). ◇ *f* rat *m*.

ratero, ra *m, f* voleur *m*, -euse *f*.

ratificar *vt* ratifier. ◆ **ratificarse** *vpr* : **~se en** s'en tenir à.

rato *m* moment *m* ; **al (poco) ~ (de)** juste

après ; **hace un ~** ça fait un moment ; **mucho ~** longtemps ; **pasar el ~** passer le temps ; **pasar un mal ~** passer un mauvais moment ; **a ~s** *fig* par moments.

ratón *m* [gen & INFORM] souris *f*.

ratonera *f* **- 1.** [gen] souricière *f* **- 2.** [madriguera] trou *m* de souris.

raudal *m* **- 1.** [de agua] torrent *m* **- 2.** *fig* [montón] flot *m* ; **correr a ~es** couler à flots ; **gana dinero a ~es** il gagne énormément d'argent.

ravioli *m (gen pl)* ravioli *m*.

raya *f* **- 1.** [gen & ZOOL] raie *f* ; [raspadura, de color] rayure *f* ; [de animal] zébrure *f* ; **a ~s** à rayures **- 2.** [de pantalón] pli *m* **- 3.** [de cocaína] ligne *f* **- 4.** *fig* [límite] limite *f* ; **pasarse de la ~** dépasser les bornes o les limites **- 5.** [guión] tiret *m*.

rayado, da *adj* rayé(e). ◆ **rayado** *m* **- 1.** [rayas] rayures *fpl* **- 2.** [acción] tracé *m*.

rayar ◇ *vt* **- 1.** [gen] rayer **- 2.** [trazar rayas] tirer des traits sur. ◇ *vi* **- 1.** [aproximarse] : **~ en algo** friser qqch ; **raya en lo ridículo** ça frise le ridicule **- 2.** [amanecer] : **al ~ el alba** à l'aube. ◆ **rayarse** *vpr* se rayer.

rayo ◇ *v* ▷ **raer.** ◇ *m* **- 1.** [gen & FÍS] rayon *m* ; **~ láser/X** rayon laser/X ; **~s infrarrojos/ultravioleta** rayons infrarouges/ultraviolets ; **~s uva** UV, rayons UV **- 2.** METEOR foudre *f* ; **ser un ~** être rapide comme l'éclair.

rayón *m* rayonne *f*.

rayuela *f* marelle *f*.

raza *f* **- 1.** [gen] race *f* ; **de ~** de race **- 2.** *Amer fam* [cara] culot *m*.

razón *f* **- 1.** [gen & MAT] raison *f* ; **dar la ~ a alguien** donner raison à qqn ; **en ~ de** o **a** en raison de ; **tener ~** avoir raison ; **y con ~** non sans raison ; **~ de ser** raison d'être **- 2.** [información] renseignements *mpl* ; '**~ aquí**' 'renseignements'. ◆ **a razón de** *loc prep* à raison de.

razonable *adj* raisonnable.

razonamiento *m* raisonnement *m*.

razonar ◇ *vt* [argumentar] justifier. ◇ *vi* [pensar] raisonner.

re *m* ré *m*.

reacción *f* réaction *f*.

reaccionar *vi* réagir.

reaccionario, ria *adj* & *m, f* réactionnaire.

reacio, cia *adj* réticent(e) ; **~ a algo** réfractaire à ; **~ a** o **en hacer algo** peu enclin à faire qqch ; **un caballo ~** un cheval rétif.

reactivación *f* réactivation *f* ; ECON relance *f*.

reactor *m* **- 1.** [propulsor] réacteur *m* **- 2.** [avión] avion *m* à réaction.

readmitir *vt* réadmettre ; [a despedidos] reprendre.

reafirmar *vt* réaffirmer. ◆ **reafirmarse** *vpr* s'affirmer ; **~se en** [opinión, creencia] être conforté(e) dans.

reajuste *m* **- 1.** [cambio] réaménagement *m* ; **~ ministerial** remaniement *m* ministériel **- 2.** ECON rajustement *m*.

real *adj* **- 1.** [verdadero] réel(elle) **- 2.** [de monarquía] royal(e).

realce *m* **- 1.** [esplendor] éclat *m* ; **dar ~ a** donner de l'éclat à **- 2.** [en pintura] rehaut *m* **- 3.** [en arquitectura, escultura] relief *m*.

realeza *f* **- 1.** [monarcas] royauté *f* **- 2.** [magnificencia] faste *m*.

realidad *f* réalité *f* ; **en ~** en réalité ; **~ virtual** réalité virtuelle.

realista *adj* & *mf* réaliste ; POLÍT royaliste.

realización *f* réalisation *f*.

realizador, ra *m, f* CIN & TELE réalisateur *m*, -trice *f*.

realizar *vt* réaliser ; [esfuerzo, inversión] faire. ◆ **realizarse** *vpr* **- 1.** [gen] se réaliser **- 2.** [en un trabajo] s'épanouir.

realmente *adv* réellement ; **está ~ enfadado** il est vraiment fâché.

realquilado, da ◇ *adj* sous-loué(e). ◇ *m, f* sous-locataire *mf*.

realquilar *vt* sous-louer.

realzar *vt* rehausser.

reanimar *vt* **- 1.** [físicamente] revigorer **- 2.** [moralmente] réconforter **- 3.** MED réanimer.

reanudar *vt* [amistad, conversación] renouer ; [trabajo, clases] reprendre. ◆ **reanudarse** *vpr* [amistad] se renouer ; [trabajo, clases] reprendre.

reaparición *f* réapparition *f*.

rearme *m* réarmement *m*.

reaseguro *m* COM réassurance *f*.

reavivar *vt* raviver.

rebaja *f* réduction *f*. ◆ **rebajas** *fpl* soldes *mpl* ; **comprar algo de ~s** acheter qqch en solde ; **estar de ~s** solder ; **ir de ~s** faire les soldes.

rebajado, da *adj* **- 1.** [precio] réduit(e) ; [mercancía] soldé(e), en solde **- 2.** [humillado] rabaissé(e) **- 3.** ARQUIT surbaissé(e).

rebajar *vt* **- 1.** [precio] réduire ; [mercancía] solder ; **le rebajo 100 pesetas** je vous fais une réduction de 100 pesetas - **2.** [persona] rabaisser - **3.** [intensidad] atténuer - **4.** [altura] abaisser. ◆ **rebajarse** *vpr* se rabaisser ; **~se a hacer algo** s'abaisser à faire qqch.

rebanada *f* tranche *f (de pain)* ; [con mantequilla etc] tartine *f*.

rebanar *vt* - **1.** [pan] couper (en tranches) - **2.** [cortar] sectionner.

rebañar *vt* [con pan] saucer ; **siempre rebaña la cazuela** il finit toujours les restes dans la casserole.

rebaño *m* troupeau *m*.

rebasar *vt* dépasser.

rebatir *vt* réfuter.

rebeca *f* cardigan *m*.

rebelarse *vpr* se rebeller.

rebelde ◇ *adj* [gen] rebelle. ◇ *mf* - **1.** [sublevado] rebelle *mf* - **2.** DER condamné(e) par contumace.

rebeldía *f* - **1.** [gen] révolte *f* - **2.** DER : **en ~** par contumace.

rebelión *f* rébellion *f*.

rebenque *m Amer* fouet *m*.

reblandecer *vt* ramollir. ◆ **reblandecerse** *vpr* se ramollir.

rebobinar *vt* rembobiner.

rebosante *adj* : **~ (de)** débordant(e) (de).

rebosar ◇ *vt* [abundar] déborder. ◇ *vi* déborder ; **~ de** déborder de.

rebotar *vi* rebondir.

rebote *m* rebond *m* ; **de ~** par ricochet.

rebozado, da *adj* CULIN pané(e).

rebozar *vt* CULIN paner *(enrober de pâte à frire)*.

rebuscado, da *adj* - **1.** [complicado] recherché(e) - **2.** [fingido] affecté(e).

rebuznar *vi* braire.

recabar *vt* - **1.** [pedir] réclamer - **2.** [conseguir] obtenir.

recadero, ra *m, f* coursier *m*, -ère *f*.

recado *m* - **1.** [mensaje] message *m* - **2.** [encargo, diligencia] course *f*.

recaer *vi* - **1.** [gen] retomber - **2.** [enfermo] rechuter ; **~ en** [vicio, error etc] retomber dans ; **~ sobre** [culpa, responsabilidad etc] retomber sur.

recaída *f* rechute *f*.

recalcar *vt* insister sur ; **no hace falta que me lo recalques ...** tu n'as pas besoin de me le répéter ...

recalcitrante *adj* récalcitrant(e).

recalentar *vt* - **1.** [volver a calentar] réchauffer - **2.** [motor] surchauffer.

recámara *f* - **1.** [habitación] dressing *m* - **2.** [de arma de fuego] magasin *m* - **3.** *Amer* [dormitorio] chambre *f*.

recamarera *f Amer* bonne *f (domestique)*.

recambio *m* pièce *f* de rechange ; **de ~** de rechange ; **una rueda de ~** une roue de secours.

recapacitar *vi* réfléchir.

recapitulación *f* récapitulation *f*.

recapitular *vt* récapituler.

recargado, da *adj* surchargé(e).

recargar *vt* - **1.** [gen] : **~ (algo/a alguien de algo)** surcharger (qqch/qqn de qqch) ; **~ el café de azúcar** mettre trop de sucre dans le café - **2.** [volver a cargar] recharger - **3.** [aumentar] majorer.

recargo *m* [de deuda, impuesto etc] majoration *f*.

recatado, da *adj* [decente] honnête ; [pudoroso] réservé(e).

recato *m* - **1.** [decencia] pudeur *f* - **2.** [miramiento] prudence *f* ; **no tener ~ en** n'avoir aucun scrupule à.

recauchutar *vt* rechaper.

recaudación *f* - **1.** [acción] recouvrement *m* - **2.** [cantidad] recette *f*.

recaudador, ra *m, f* receveur *m*, -euse *f* ; [de impuestos] percepteur *m*.

recaudar *vt* [impuestos, pagos] recouvrer ; [donativos] collecter.

recelar *vi* : **~ (de)** se méfier (de).

recelo *m* [suspicacia] méfiance *f*.

receloso, sa *adj* [suspicaz] méfiant(e).

recepción *f* réception *f*.

recepcionista *mf* réceptionniste *mf*.

receptáculo *m* réceptacle *m*.

receptivo, va *adj* réceptif(ive).

receptor, ra ◇ *adj* récepteur(trice). ◇ *m, f* receveur *m*, -euse *f*. ◆ **receptor** *m* [aparato] récepteur *m*.

recesión *f* ECON récession *f*.

receta *f* - **1.** CULIN & *fig* recette *f* - **2.** MED ordonnance *f*.

rechazar *vt* - **1.** [gen & MIL] repousser - **2.** [propuesta, petición & MED] rejeter.

rechazo *m* - **1.** [negativa] refus *m* - **2.** MED & *fig* rejet *m*.

rechinar *vi* grincer.

rechistar *vi* rechigner.

rechoncho, cha *adj fam* rondouillard(e).

rechupete ◆ **de rechupete** *loc adj fam* [comida] : **está de ~** on s'en lèche les babines.

recibidor *m* [vestíbulo] entrée *f*.

recibimiento *m* accueil *m*.

recibir *vt* - **1.** [gen] recevoir ; **~ una carta/invitados** recevoir une lettre/des invités - **2.** [dar la bienvenida, acoger] accueillir ; **el médico recibe los lunes** le médecin reçoit le lundi.

recibo *m* - **1.** [acción] réception *f* - **2.** [documento] reçu *m* ; [de alquiler, luz etc] quittance *f*.

reciclaje *m* recyclage *m*.

reciclar *vt* recycler.

recién *adv* récemment ; **~ edificado** récemment construit ; **los ~ casados** les jeunes mariés ; **los ~ llegados** les nouveaux venus ; **un ~ nacido** un nouveau-né.

reciente *adj* - **1.** [gen] récent(e) - **2.** [pan, pintura, sangre etc] frais (fraîche).

recinto *m* enceinte *f*.

recio, cia *adj* - **1.** [persona] robuste - **2.** [viga, pared etc] solide ; [voz, tela] fort(e) ; **un tiempo ~** un temps rigoureux.

recipiente *m* récipient *m*.

reciprocidad *f* réciprocité *f* ; **en ~ a** en remerciement de.

recíproco, ca *adj* réciproque.

recital *m* récital *m* ; [de rock] concert *m*.

recitar *vt* réciter.

reclamación *f* réclamation *f*.

reclamar ◇ *vt* réclamer. ◇ *vi* [protestar] : **~ (contra)** déposer une réclamation (contre).

reclamo *m* - **1.** [publicidad] réclame *f* - **2.** [ave, pito] appeau *m*.

reclinar *vt* [asiento] incliner ; **~ algo contra** appuyer qqch contre. ◆ **reclinarse** *vpr* s'incliner ; **~se sobre** s'appuyer sur.

recluir *vt* enfermer. ◆ **recluirse** *vpr* s'enfermer, se cloîtrer.

reclusión *f* - **1.** [encarcelamiento] réclusion *f* - **2.** *fig* [encierro] prison *f*.

recluso, sa *m, f* prisonnier *m*, -ère *f*.

recluta *m* recrue *f*.

reclutamiento *m* recrutement *m* ; **~ (obligatorio)** conscription *f*.

recobrar *vt* [dinero, salud] recouvrer ; **~ el aliento/conocimiento** reprendre haleine/connaissance. ◆ **recobrarse** *vpr* récupérer ; **~se de** se remettre de.

recochineo *m fam* : **me roba y encima, con ~** il me vole, et par-dessus le marché, il se fiche de moi.

recodo *m* [de camino] détour *m* ; [de río] coude *m*.

recogedor *m* pelle *f (à poussière)*.

recoger *vt* - **1.** [gen] ramasser ; [habitación] ranger ; **~ la mesa** débarrasser la table - **2.** [reunir, albergar] recueillir - **3.** [ir a buscar] : **pasó a ~me** il est passé me prendre - **4.** [cosechar, obtener] récolter - **5.** [acortar - falda, vestido etc] retrousser. ◆ **recogerse** *vpr* - **1.** [retirarse] aller se coucher - **2.** [meditar] se recueillir - **3.** [cabello] attacher.

recogido, da *adj* - **1.** [lugar] tranquille - **2.** [cabello] attaché(e). ◆ **recogida** *f* [de frutas, cereales] récolte *f* ; [de basuras] ramassage *m*.

recogimiento *m* - **1.** [concentración] recueillement *m* - **2.** [retiro] retraite *f* ; **vivir en total ~** vivre complètement retiré(e).

recolección *f* - **1.** [de frutas, cereales] récolte *f* - **2.** [de fondos] collecte *f*.

recolector, ra ◇ *adj* : **país ~** pays producteur *(de fruits, céréales)*. ◇ *m, f* cueilleur *m*, -euse *f*.

recomendación *f* - **1.** [gen] recommandation *f* - **2.** *(gen pl)* [informes] références *fpl*.

recomendado, da *m, f* : **es un ~ de** il a été recommandé par.

recomendar *vt* recommander.

recompensa *f* récompense *f*.

recompensar *vt* récompenser.

recomponer *vt* réparer.

recompuesto, ta *pp irreg* ▷ **recomponer**.

reconciliación *f* réconciliation *f*.

reconciliar *vt* réconcilier. ◆ **reconciliarse** *vpr* se réconcilier.

reconcomerse *vpr* : **~se de** se consumer de.

recóndito, ta *adj* - **1.** [escondido] retiré(e) - **2.** [íntimo] : **lo más ~ de** le tréfonds de.

reconfortar *vt* réconforter.

reconocer *vt* - **1.** [gen] reconnaître - **2.** MED examiner. ◆ **reconocerse** *vpr* se reconnaître.

reconocido, da *adj* - **1.** [admitido] reconnu(e) - **2.** [agradecido] reconnaissant(e).

reconocimiento *m* - **1.** [gen & MIL] reconnaissance *f* - **2.** MED : **~ (médico)** examen *m* médical.

reconquista *f* reconquête *f*. ◆ **Reconquista** *f* HIST **la Reconquista** la Reconquista *f*.

reconstituyente *m* reconstituant *m*.

reconstruir *vt* **- 1.** [gen] reconstruire **- 2.** [suceso] reconstituer.

reconversión *f* reconversion *f*.

recopilación *f* **- 1.** [de documentos] compilation *f* ; [de datos] rassemblement *m* **- 2.** [libro] recueil *m*.

recopilar *vt* [documentos] compiler ; [datos] rassembler.

récord (*pl* **récords**) *m* record *m* ; **batir/establecer un ~** battre/établir un record.

recordar *vt* **- 1.** [gen] rappeler ; **te recuerdo que tienes que madrugar** je te rappelle que tu dois te lever tôt ; **me recuerda a un amigo mío** il me rappelle un ami à moi **- 2.** [acordarse de] se rappeler, se souvenir de ; **recuerdo mis primeras vacaciones** je me rappelle mes premières vacances ; **si mal no recuerdo** si je me souviens bien.

recordatorio *m* **- 1.** [aviso] rappel *m* **- 2.** [estampa] image *f* commémorative.

recordman [re'korman, 'rekorman] (*pl* **recordmans**) *m* recordman *m*.

recorrer *vt* parcourir.

recorrida *f* *Amer* [recorrido] parcours *m*.

recorrido *m* [trayecto] parcours *m*.

recortado, da *adj* découpé(e).

recortar *vt* **- 1.** [cortar - lo que sobra] couper ; [- figura] découper **- 2.** *fig* [sueldo, presupuesto etc] réduire. ◆ **recortarse** *vpr* [perfilarse] se découper.

recorte *m* **- 1.** [pieza cortada] coupure *f* ; **~ de prensa** coupure de presse **- 2.** *fig* [de gastos etc] réduction *f* **- 3.** DEP dribble *m* ; **hacer un ~** dribbler.

recostar *vt* appuyer. ◆ **recostarse** *vpr* s'allonger ; [en sillón etc] se caler.

recoveco *m* **- 1.** [rincón] recoin *m* **- 2.** [curva] détour *m* **- 3.** *fig* [del alma, corazón] repli *m*.

recrear *vt* **- 1.** [entretener] amuser, distraire **- 2.** [reproducir] recréer. ◆ **recrearse** *vpr* **- 1.** [entretenerse] se distraire **- 2.** [regodearse] se délecter.

recreativo, va *adj* [velada, momento] agréable ; [sociedad, centro] de loisirs ; **una máquina recreativa** un jeu d'arcade.

recreo *m* **- 1.** [entretenimiento] loisir *m* **- 2.** EDUC récréation *f*.

recriminar *vt* [acusar] récriminer ; [reprender] : **~ a alguien por algo** reprocher qqch à qqn.

recrudecer *vi* redoubler. ◆ **recrudecerse** *vpr* s'intensifier.

recta *f* ▷ **recto**.

rectal *adj* rectal(e).

rectángulo, la *adj* rectangle. ◆ **rectángulo** *m* rectangle *m*.

rectificar *vt* rectifier ; [enmendar] corriger.

rectitud *f* rectitude *f* ; *fig* [moral] droiture *f*.

recto, ta *adj* **- 1.** [gen] droit(e) **- 2.** [justo, verdadero] juste **- 3.** [no figurado] propre. ◆ **recto** ◇ *m* ANAT rectum *m*. ◇ *adv* tout droit. ◆ **recta** *f* droite *f* ; **la recta final** la dernière ligne droite.

rector, ra ◇ *adj* directeur(trice). ◇ *m, f* EDUC recteur *m*. ◆ **rector** *m* RELIG recteur *m*.

recuadro *m* encadré *m*.

recubrir *vt* recouvrir.

recuento *m* dénombrement *m*, décompte *m* ; **~ de votos** dépouillement *m* du scrutin.

recuerdo *m* souvenir *m*. ◆ **recuerdos** *mpl* : **¡(dale) ~s a tu hermano!** bien des choses à ton frère!

recular *vi* **- 1.** [retroceder] reculer ; **~ un metro** reculer d'un mètre **- 2.** *fam fig* [ceder] se dégonfler.

recuperable *adj* récupérable.

recuperación *f* **- 1.** [de lo perdido] récupération *f* ; [de la salud] rétablissement *m* ; [de la economía] redressement *m* **- 2.** MED rééducation *f* **- 3.** EDUC rattrapage *m*.

recuperar *vt* récupérer ; [horas de trabajo, examen] rattraper ; **~ fuerzas** reprendre des forces. ◆ **recuperarse** *vpr* **- 1.** [enfermo] : **~se de** se remettre de **- 2.** [de una crisis] se relever.

recurrente *adj* **- 1.** DER appelant(e) **- 2.** [repetido] récurrent(e).

recurrir *vi* **- 1.** [buscar ayuda] : **~ a algo/alguien** avoir recours à qqch/qqn **- 2.** DER faire appel.

recurso *m* **- 1.** [medio] recours *m* **- 2.** DER pourvoi *m* ; **~ (de apelación)** appel *m*. ◆ **recursos** *mpl* ressources *fpl* ; **~s propios** fonds *mpl* propres.

red *f* **- 1.** [gen & INFORM] réseau *m* ; **~ de carreteras** O **viaria** réseau routier ; **~ de tiendas** chaîne *f* de magasins ; **~ de ventas** réseau commercial **- 2.** [malla] filet *m*.

redacción *f* rédaction *f*.

redactar *vt* rédiger.

redactor, ra *m, f* rédacteur *m*, -trice *f*.
redada *f* coup *m* de filet.
redención *f* - **1.** [rescate] rachat *m* - **2.** RELIG rédemption *f*.
redil *m* enclos *m*.
redimir *vt* - **1.** [gen & RELIG] racheter - **2.** [librar] libérer. ◆ **redimirse** *vpr* [de un castigo] se racheter ; [de una obligación] se dispenser.
rédito *m* ECON intérêt *m*.
redoblar ◇ *vt* redoubler ; **~ la vigilancia** redoubler d'attention. ◇ *vi* battre le tambour ; [campanas] sonner.
redomado, da *adj* fieffé(e) ; **un mentiroso ~** un fieffé menteur.
redondear *vt* - **1.** [gen] arrondir - **2.** [rematar] : **~ con** achever par.
redondel *m* rond *m* ; TAUROM arène *f*.
redondo, da *adj* - **1.** [circular, esférico] rond(e) ; **a la redonda** à la ronde - **2.** [ventajoso] excellent(e) - **3.** [rotundo] catégorique - **4.** [cantidad] tout rond.
reducción *f* réduction *f*.
reducido, da *adj* réduit(e) ; [rendimiento] faible ; [casa, espacio] petit(e).
reducir ◇ *vt* - **1.** [gen] réduire - **2.** [tropas, rebeldes etc] soumettre. ◇ *vi* AUTOM ralentir. ◆ **reducirse** *vpr* - **1.** [limitarse] : **~se a** se réduire à - **2.** [equivaler] : **tanta palabrería se reduce a que ...** tout ce verbiage revient à dire que ...
reducto *m fig* [refugio] bastion *m* ; [de grupo, ideología] fief *m*.
redundancia *f* redondance *f*.
redundante *adj* redondant(e).
redundar *vi* : **~ en beneficio/perjuicio de alguien** tourner à l'avantage/au désavantage de qqn.
reeditar *vt* rééditer.
reelección *f* réélection *f*.
reembolsar, rembolsar *vt* rembourser. ◆ **reembolsarse** *vpr* être remboursé(e).
reembolso, rembolso *m* remboursement *m*.
reemplazar, remplazar *vt* remplacer.
reemplazo, remplazo *m* remplacement *m* ; MIL contingent *m*.
reemprender *vt* reprendre.
reencarnación *f* réincarnation *f*.
reencuentro *m* retrouvailles *fpl*.
reestreno *m* TEATR & CIN reprise *f*.
reestructurar *vt* restructurer.
refacción *f (gen pl) Amer* - **1.** [reparación] réparation *f* - **2.** [recambio] pièce *f* détachée.
refaccionar *vt Amer* réparer.
refaccionaria *f Amer* magasin *m* de pièces détachées.
referencia *f* référence *f* ; [a una palabra] renvoi *m* ; **con ~ a** en ce qui concerne. ◆ **referencias** *fpl* [informes] références *fpl*.
referéndum (*pl* **referéndums**) *m* référendum *m*.
referente *adj* : **~ a algo** concernant qqch.
referir *vt* [narrar] rapporter. ◆ **referirse** *vpr* : **~se a** [aludir] parler de ; [remitirse] se référer à ; [relacionarse] se rapporter à ; **¿a qué te refieres?** de quoi parles-tu? ; **por lo que se refiere a ...** en ce qui concerne ...
refilón ◆ **de refilón** *loc adv* - **1.** [de lado] de biais ; **dar de ~** frôler - **2.** *fig* [de pasada] en passant.
refinado, da *adj* raffiné(e).
refinamiento *m* raffinement *m*.
refinar *vt* raffiner.
refinería *f* raffinerie *f*.
reflejar *vt lit & fig* refléter. ◆ **reflejarse** *vpr lit & fig* se refléter.
reflejo, ja *adj* - **1.** [gen & FÍS] réfléchi(e) - **2.** [dolor, movimiento] réflexe. ◆ **reflejo** *m* - **1.** [gen] reflet *m* - **2.** [reacción & MED] réflexe *m*. ◆ **reflejos** *mpl* [tinte de pelo] balayage *m*.
reflexión *f* réflexion *f*.
reflexionar *vi* réfléchir.
reflexivo, va *adj* réfléchi(e).
reflexoterapia *f* réflexothérapie *f*.
reflujo *m* reflux *m*.
reforma *f* - **1.** [gen] réforme *f* ; **~ agraria** réforme agraire - **2.** [de local, habitación etc] rénovation *f* ; **'cerrado por ~s'** 'fermé pour travaux'. ◆ **Reforma** *f* : **la Reforma** RELIG la Réforme.
reformar *vt* - **1.** [gen] réformer - **2.** [local, casa etc] rénover. ◆ **reformarse** *vpr* changer *(de comportement)*.
reformatorio *m* centre *m* d'éducation surveillée.
reforzar *vt* renforcer.
refractario, ria *adj* réfractaire.
refrán *m* proverbe *m*.
refregar *vt* - **1.** [frotar] frotter ; [cacerolas, cacharros] récurer - **2.** *fig* [restregar] narguer - **3.** *fig* [reprochar] : **~ algo a**

alguien por las narices jeter qqch à la figure de qqn.

refrescante *adj* rafraîchissant(e).

refrescar ◇ *vt* rafraîchir. ◇ *vi* se rafraîchir. ◆ **refrescarse** *vpr* [beber, mojarse] se rafraîchir ; [salir] prendre le frais.

refresco *m* [bebida] rafraîchissement *m*.

refriega ◇ *v* ▷ **refregar**. ◇ *f* [pelea] bagarre *f* ; MIL échauffourée *f*.

refrigeración *f* - **1.** [de alimentos] réfrigération *f* ; [de máquinas] refroidissement *m* - **2.** [aire acondicionado] climatisation *f*.

refrigerador, ra *adj* réfrigérant(e). ◆ **refrigerador** *m* - **1.** [de alimentos] réfrigérateur *m* - **2.** [de máquinas] refroidisseur *m*.

refrigerar *vt* - **1.** [alimentos] réfrigérer - **2.** [máquina] refroidir - **3.** [local] climatiser.

refrigerio *m* - **1.** [refresco] rafraîchissement *m* - **2.** [tentempié] collation *f*.

refrito, ta ◇ *pp irreg* ▷ **refreír**. ◇ *adj* réchauffé(e). ◆ **refrito** *m* CULIN : **hacer un ~ de algo** faire revenir qqch.

refuerzo *m* - **1.** [pieza] renfort *m* - **2.** [acción] renforcement *m*. ◆ **refuerzos** *mpl* MIL renforts *mpl*.

refugiado, da *adj* & *m, f* réfugié(e).

refugiar *vt* donner refuge à. ◆ **refugiarse** *vpr* se réfugier ; **~se de** se mettre à l'abri de.

refugio *m* refuge *m* ; [contra un ataque] abri *m* ; **~ antiaéreo/atómico** abri antiaérien/antiatomique.

refulgir *vi* resplendir.

refunfuñar *vi* ronchonner.

refutar *vt* réfuter.

regadera *f* - **1.** [gen] arrosoir *m* - **2.** *Amer* [ducha] douche *f*.

regadío *m* terres *fpl* irriguées.

regalado, da *adj* - **1.** [barato] donné(e) ; **precio ~** prix sacrifié - **2.** [agradable] agréable.

regalar *vt* offrir ; **le regaló flores** il lui a offert des fleurs ; **~ a alguien con algo** offrir qqch à qqn ; **nos regaló con sus últimos poemas** il nous a offert ses derniers poèmes. ◆ **regalarse** *vpr* : **~se con algo** s'offrir qqch.

regaliz *m* réglisse *f*.

regalo *m* - **1.** [obsequio] cadeau *m* - **2.** [placer] régal *m*.

regalón, ona *adj Amer fam* gâté(e).

regañadientes ◆ **a regañadientes** *loc adv fam* en rechignant.

regañar ◇ *vt* [reprender] gronder. ◇ *vi* [pelearse] se disputer.

regañina *f* - **1.** [reprensión] réprimande *f* - **2.** [enfado] dispute *f*.

regañón, ona *adj* & *m, f* rabat-joie *(inv)*.

regar *vt lit* & *fig* arroser.

regata *f* - **1.** NÁUT régate *f* - **2.** [reguera] rigole *f*.

regatear ◇ *vt* - **1.** [mercancía] marchander - **2.** DEP dribbler. ◇ *vi* - **1.** [discutir el precio] marchander - **2.** NÁUT participer à une régate.

regateo *m* marchandage *m*.

regazo *m* giron *m*.

regeneración *f* - **1.** [de tejido, órgano] régénération *f* - **2.** [de persona] transformation *f (morale)*.

regenerar *vt* - **1.** [tejido, órgano] régénérer - **2.** [persona] transformer.

regentar *vt* diriger ; [almacén, café etc] tenir.

regente ◇ *adj* régent(e). ◇ *mf* - **1.** [de un país] régent *m*, -e *f* - **2.** [administrador] gérant *m*, -e *f*. ◇ *m Amer* [alcalde] maire *m*.

reggae ['reɣe] *m* reggae *m*.

regidor, ra *m, f* - **1.** [concejal] conseiller *m* municipal, conseillère *f* municipale - **2.** TEATR, CIN & TELE régisseur *m*.

régimen (*pl* **regímenes**) *m* régime *m* ; [de colegio, instituto etc] règlement *m* ; **estar a ~** être au régime ; **Antiguo ~** Ancien Régime.

regimiento *m* régiment *m*.

regio, gia *adj lit* & *fig* royal(e).

región *f* région *f*.

regir ◇ *vt* - **1.** [gen] régir - **2.** [país, nación] diriger ; [negocio] tenir. ◇ *vi* - **1.** [ley] être en vigueur - **2.** *fig* [persona] : **~ muy bien** avoir toute sa tête. ◆ **regirse** *vpr* : **~se por** se fier à, suivre.

registrado, da *adj* - **1.** [grabado] enregistré(e) - **2.** [patentado] déposé(e).

registrador, ra ◇ *adj* enregistreur(euse). ◇ *m, f* préposé *m*, -e *f* à un registre.

registrar ◇ *vt* - **1.** [gen] enregistrer ; [nacimiento, defunción etc] déclarer ; [patente] déposer - **2.** [inspeccionar] fouiller. ◇ *vi* fouiller. ◆ **registrarse** *vpr* [matricularse] s'inscrire ; [suceder] se produire.

registro *m* - **1.** [gen, INFORM & MÚS] registre *m* ; **inscribir en el ~ civil** inscrire à l'état civil - **2.** [inspección] fouille *f* ; [de la policía] perquisition *f* - **3.** [señal] signet *m*.

regla *f* - **1.** [gen] règle *f* ; **en ~** en règle ; **por ~ general** en règle générale - **2.** MAT opération *f* - **3.** *fam* [menstruación] règles *fpl*.

reglamentación *f* réglementation *f*.

reglamentar *vt* réglementer.

reglamentario, ria *adj* réglementaire.

reglamento *m* règlement *m*.

reglar *vt* régler.

regocijar *vt* réjouir. ◆ **regocijarse** *vpr* : **~se (con** o **de)** se réjouir (de).

regocijo *m* joie *f*.

regodeo *m* délectation *f*.

regordete *adj* rondelet(ette).

regresar ◇ *vi* rentrer, retourner. ◇ *vt Amer* [devolver] rendre. ◆ **regresarse** *vpr Amer* [volver] rentrer, retourner.

regresión *f* régression *f* ; [de exportaciones, ventas] recul *m*.

regresivo, va *adj* régressif(ive).

regreso *m* retour *m*.

reguero *m* [de agua, sangre] flot *m* ; [de pólvora] traînée *f*.

regulación *f* contrôle *m* ; [de mecanismo, reloj] réglage *m*.

regulador, ra *adj* régulateur(trice).

regular[1] ◇ *adj* - **1.** [reglado, uniforme] régulier(ère) - **2.** [mediocre] moyen(enne) - **3.** [moderado] raisonnable. ◇ *adv* [de salud] comme ci comme ça. ◆ **por lo regular** *loc adv* habituellement.

regular[2] *vt* - **1.** [gen] régler - **2.** [reglamentar] contrôler.

regularidad *f* régularité *f* ; **con ~** régulièrement.

regularizar *vt* régulariser. ◆ **regularizarse** *vpr* se mettre en règle.

regusto *m* arrière-goût *m* ; *fig* [semejanza] air *m*.

rehabilitación *f* - **1.** [gen] réhabilitation *f* - **2.** MED rééducation *f*.

rehabilitar *vt* - **1.** [gen] réhabiliter - **2.** MED rééduquer.

rehacer *vt* refaire. ◆ **rehacerse** *vpr* [recuperarse] se remettre.

rehén (*pl* **rehenes**) *m* otage *m*.

rehogar *vt* CULIN faire revenir.

rehuir *vt* fuir ; **rehuyó contestarme** il a refusé de me répondre.

rehusar *vt* refuser.

reimpresión *f* réimpression *f*.

reina *f* - **1.** [monarca] reine *f* - **2.** [en naipes] ≃ dame *f*.

reinado *m* règne *m*.

reinante *adj* - **1.** [persona, monarquía] régnant(e) - **2.** *fig* [frío, calor] qui règne.

reinar *vi* régner.

reincidir *vi* récidiver ; **~ en** [falta, error] retomber dans.

reincorporar *vt* [MIL & puesto] réintégrer. ◆ **reincorporarse** *vpr* : **~se a** [servicio militar] être réincorporé dans ; [trabajo] reprendre.

reino *m* - **1.** [gen] royaume *m* - **2.** BIOL règne *m*.

Reino Unido *m* : **el ~** le Royaume-Uni.

reinserción *f* réinsertion *f*.

reintegrar *vt* - **1.** [dinero] restituer - **2.** [timbrar] mettre un timbre fiscal sur. ◆ **reintegrarse** *vpr* : **~se a** [puesto] réintégrer ; [sociedad] se réinsérer dans.

reintegro *m* - **1.** [reincorporación] réintégration *f* - **2.** [en banco] retrait *m* - **3.** [de gastos, préstamos] remboursement *m* - **4.** [en lotería] remboursement *m* du billet - **5.** [póliza] timbre *m* fiscal.

reír ◇ *vi* rire. ◇ *vt* rire de ; **le ríe todas las gracias** il rit de toutes ses plaisanteries. ◆ **reírse** *vpr* rire ; **~se con** o **de algo** rire de qqch ; **~se de alguien** se moquer de qqn.

reiterar *vt* réaffirmer ; [solicitud] réitérer.

reiterativo, va *adj* répétitif(ive) ; **un discurso ~** un discours plein de répétitions.

reivindicación *f* revendication *f*.

reivindicar *vt* revendiquer.

reivindicativo, va *adj* revendicatif(ive).

reja *f* grille *f*.

rejego, ga *adj Amer fam* [indomable, reacio] récalcitrant(e), qui rechigne.

rejilla *f* - **1.** [enrejado] grillage *m* ; [de cocina, horno] grille *f* - **2.** [de silla] cannage *m*.

rejoneador, ra *m, f* TAUROM *torero à cheval*.

rejoneo *m* TAUROM corrida *f* à cheval.

rejuntarse *vpr fam* se mettre à la colle.

rejuvenecer *vt* & *vi* rajeunir. ◆ **rejuvenecerse** *vpr* rajeunir.

relación *f* - **1.** [gen] relation *f* ; **con ~ a, en ~ con** en ce qui concerne ; **tener ~ con**

alguien fréquenter qqn ; **relaciones públicas** relations publiques ; **~ precio-calidad** rapport *m* qualité-prix **- 2.** [enumeración] liste *f* **- 3.** [descripción] récit *m* **- 4.** [informe] rapport *m*. ◆ **relaciones** *fpl* [contactos] relations *fpl*.

relacionar *vt* **- 1.** [vincular] mettre en relation **- 2.** [relatar] rapporter. ◆ **relacionarse** *vpr* : **~se con alguien** fréquenter qqn.

relajación *f* **- 1.** [reposo] relaxation *f* **- 2.** *fig* [depravación] relâchement *m*.

relajar *vt* **- 1.** [músculo] décontracter **- 2.** *fig* [depravar] relâcher. ◆ **relajarse** *vpr* [descansar] se détendre.

relajo *m Amer fam* [alboroto] foire *f*.

relamer *vt* lécher. ◆ **relamerse** *vpr* **- 1.** [los labios] se pourlécher **- 2.** *fig* [deleitarse] se réjouir.

relamido, da *adj* **- 1.** [artificial] affecté(e) **- 2.** [pulcro] soigné(e).

relámpago *m* éclair *m*.

relampaguear *vi* étinceler.

relatar *vt* [suceso] relater ; [historia] raconter.

relatividad *f* relativité *f*.

relativo, va *adj* [no absoluto] relatif(ive) ; [concerniente] : **~ a algo** concernant qqch.

relato *m* [exposición] rapport *m* ; [narración] récit *m*.

relax *m inv* **- 1.** [relajación] relaxation *f* **- 2.** [bienestar] détente *f* **- 3.** [sección de periódico] petites annonces *fpl* spécialisées.

relegar *vt* : **~ (a)** reléguer (à).

relente *m* fraîcheur *f* nocturne.

relevante *adj* éminent(e) ; [información] important ; **de importancia ~** de première importance.

relevar *vt* **- 1.** [eximir] : **~ a alguien de** [trabajo, obligación] dispenser qqn de ; **~ a alguien de su cargo** relever qqn de ses fonctions **- 2.** [sustituir & DEP] relayer.

relevo *m* **- 1.** MIL relève *f* **- 2.** DEP [acción] relais *m*. ◆ **relevos** *mpl* DEP [carrera] course *f* de relais.

relieve *m* relief *m* ; **bajo ~** bas-relief *m* ; **poner de ~** *fig* mettre en relief.

religión *f* religion *f*.

religioso, sa *adj* & *m, f* religieux(euse).

relinchar *vi* hennir.

reliquia *f* relique *f* ; *fig* [recuerdo] souvenir *m*.

rellano *m* [de escalera] palier *m*.

rellenar *vt* **- 1.** [gen] remplir ; [agujeros] boucher **- 2.** CULIN farcir.

relleno, na *adj* CULIN [aceituna, pimiento] farci(e) ; [tarta, pastel] fourré(e) ; **estar ~** [persona] être enveloppé. ◆ **relleno** *m* CULIN farce *f* ; [de tarta, pastel] garniture *f* ; *fig* remplissage *m*.

reloj *m* horloge *f* ; [de pulsera] montre *f* ; **~ de arena** sablier *m* ; **~ (de pared)** pendule *f* ; **~ de pulsera** montre-bracelet *f* ; **~ despertador** réveil *m* ; **hacer algo contra ~** *fig* faire qqch dans l'urgence.

relojería *f* horlogerie *f*.

relojero, ra *m, f* horloger *m*, -ère *f*.

reluciente *adj* brillant(e).

relucir *vi* briller ; **sacar algo a ~** *fam fig* remettre qqch sur le tapis.

remachar *vt* **- 1.** [machacar] river **- 2.** *fig* [recalcar] appuyer.

remache *m* **- 1.** [remachado] rivetage *m* **- 2.** [roblón] rivet *m*.

remanente *m* reste *m* ; [de cuenta bancaria] solde *m* positif.

remangar = **arremangar**.

remanso *m* nappe *f* d'eau dormante.

remar *vi* ramer.

rematado, da *adj* **- 1.** [acabado] achevé(e) **- 2.** *fig* [incurable] fini(e) ; **ser un loco ~** être fou à lier.

rematar ◇ *vt* **- 1.** [acabar, matar] achever **- 2.** [adjudicar] adjuger **- 3.** [vender] liquider **- 4.** DEP : **~ el pase** tirer au but. ◇ *vi* DEP tirer au but.

remate *m* **- 1.** [fin] fin *f* **- 2.** *fig* [colofón] couronnement *m* **- 3.** [en subasta] adjudication *f* **- 4.** DEP tir *m* au but. ◆ **de remate** *loc adv* complètement ; **loco de ~** fou à lier.

rembolsar = **reembolsar**.

rembolsarse = **reembolsarse**.

rembolso = **reembolso**.

remedar *vt* [imitar] imiter ; *fig* [por burla] singer.

remediar *vt* **- 1.** [mal, problema] remédier à ; [daño] réparer **- 2.** [peligro] éviter.

remedio *m* **- 1.** [gen] solution *f* ; **como último ~** en dernier recours ; **no hay** o **queda más ~ que ...** il n'y a pas d'autre solution que de ... ; **no tiene más ~** il n'a pas le choix ; **sin ~** [inevitablemente] forcément **- 2.** [consuelo] réconfort *m* **- 3.** [medicina] remède *m*.

rememorar *vt* remémorer.

remendar *vt* raccommoder *(à l'aide d'une pièce)*, rapiécer ; [zapato] réparer.

remero, ra *m, f* rameur *m*, -euse *f*. ◆ **remera** *f Amer* [prenda] tee-shirt *m*.

remesa *f* COM envoi *m*.

remeter *vt* remettre ; **~ las sábanas** border le lit.

remezón *m Amer* secousse *f* (sismique).

remiendo *m* **- 1.** [parche] pièce *f* **- 2.** [acción] raccommodage *m* ; [con parches] rapiéçage *m* **- 3.** *fam* [apaño] rafistolage *m* ; **hacer un ~ en algo** rafistoler qqch.

remilgado, da *adj* minaudier(ère) ; **ser ~ comiendo** faire la fine bouche.

remilgo *m* minauderie *f*.

reminiscencia *f* réminiscence *f*.

remiso, sa *adj* réticent(e) ; **ser ~ a hacer algo** n'avoir guère envie de faire qqch.

remite *m* : **el ~** le nom et l'adresse de l'expéditeur.

remitente *mf* expéditeur *m*, -trice *f*.

remitir ◇ *vt* **- 1.** [enviar] expédier **- 2.** [perdonar] remettre **- 3.** [traspasar] transmettre. ◇ *vi* **- 1.** [en texto] : **~ a** renvoyer à **- 2.** [disminuir] s'apaiser ; [fiebre] baisser. ◆ **remitirse** *vpr* : **~se a** [atenerse a] s'en remettre à ; [referirse a] se reporter à.

remo *m* **- 1.** [pala] rame *f* **- 2.** DEP aviron *m* **- 3.** *(gen pl)* [extremidad - de hombre] membres *mpl* ; [- de cuadrúpedo] pattes *fpl* ; [- de ave] ailes *fpl*.

remodelar *vt* [edificio] rénover ; [ley, gabinete] remanier.

remojar *vt* **- 1.** [humedecer] faire tremper ; [pan] tremper **- 2.** *fam* [festejar] arroser.

remojo *m* : **poner en ~** faire tremper.

remolacha *f* betterave *f*.

remolcador, ra *adj* remorqueur(euse) ; **un barco ~** un remorqueur ; **un coche ~** une dépanneuse. ◆ **remolcador** *m* remorqueur *m*.

remolcar *vt* remorquer.

remolino *m* **- 1.** [gen] tourbillon *m* ; [de agua] remous *m* ; *fig* [de gente] foule *f* **- 2.** [de pelo] épi *m*.

remolón, ona ◇ *adj* lambin(e). ◇ *m, f* : **hacerse el ~** lambiner.

remolque *m* **- 1.** [acción] remorquage *m* **- 2.** [vehículo] remorque *f*.

remontar *vt* **- 1.** [pendiente, montaña] gravir ; [río, posiciones] remonter **- 2.** [obstáculo, desgracia] surmonter **- 3.** [elevar en el aire] faire monter. ◆ **remontarse** *vpr* **- 1.** [aves, aviones] s'élever ; **~se a** [gastos] s'élever à **- 2.** *fig* [datar] : **~se a** remonter à.

remonte *m* remontée *f* mécanique.

rémora *f fam fig* [obstáculo] handicap *m*.

remorder *vt fig* [atormentar, inquietar] : **~le algo a alguien** ronger qqn ; **me remuerde haberle reprendido** je m'en veux de l'avoir grondé.

remordimiento *m* remords *m*.

remoto, ta *adj* **- 1.** [en el tiempo, espacio] lointain(e) **- 2.** *fig* [improbable] minime ; **no tengo ni la más remota idea de ello** je n'en ai pas la moindre idée.

remover *vt* **- 1.** [gen] remuer **- 2.** [muebles, objetos] déplacer **- 3.** [pasado] fouiller dans. ◆ **removerse** *vpr* s'agiter.

remplazar = **reemplazar**.

remplazo = **reemplazo**.

remuneración *f* rémunération *f*.

remunerar *vt* **- 1.** [pagar] rémunérer **- 2.** [recompensar] récompenser.

renacer *vi* renaître.

renacimiento *m* renaissance *f*. ◆ **Renacimiento** *m* : **el Renacimiento** la Renaissance.

renacuajo *m* **- 1.** ZOOL têtard *m* **- 2.** *fam fig* [niño] bout de chou *m*.

renal *adj* rénal(e).

rencilla *f* querelle *f*.

rencor *m* rancune *f*.

rencoroso, sa *adj* & *m, f* rancunier(ère).

rendición *f* reddition *f*.

rendido, da *adj* **- 1.** [agotado] épuisé(e) **- 2.** *fig* [sumiso] : **caer ~ ante** tomber à genoux devant ; **un ~ admirador** un fervent admirateur.

rendija *f* fente *f*.

rendimiento *m* rendement *m*.

rendir ◇ *vt* **- 1.** [vencer] soumettre **- 2.** [ofrecer] rendre ; **~ homenaje/culto a** rendre hommage/un culte à **- 3.** [cansar] épuiser. ◇ *vi* [tener rendimiento] être performant(e) ; [negocio] rapporter, être rentable. ◆ **rendirse** *vpr* **- 1.** [gen] : **~se (a)** se rendre (à) ; **~se ante la evidencia** se rendre à l'évidence **- 2.** [desanimarse] abandonner.

renegado, da ◇ *adj* apostat(e). ◇ *m, f* renégat *m*, -e *f*.

renegar ◇ *vt* : **negar y ~ algo** nier fermement qqch. ◇ *vi* - **1.** [repudiar & RELIG] : **~ de algo/alguien** renier qqch/qqn - **2.** *fam* [gruñir] ronchonner.

Renfe (*abrev de* **Red Nacional de los Ferrocarriles Españoles**) *f réseau public espagnol des chemins de fer,* ≃ SNCF *f*.

renglón *m* [línea] ligne *f* ; [del presupuesto] poste *m*.

reno *m* renne *m*.

renombrar *vt* INFORM renommer.

renombre *m* renom *m*.

renovación *f* - **1.** [gen] renouvellement *m* - **2.** [reforma, actualización] rénovation *f*.

renovar *vt* - **1.** [gen] renouveler ; [carné, pasaporte] faire renouveler - **2.** [reformar, actualizar] rénover - **3.** [innovar] donner une nouvelle dimension à.

renquear *vi* clopiner ; *fig* vivoter.

renta *f* - **1.** [ingresos] revenu *m* ; **~ fija/variable** revenu fixe/variable ; **~ per cápita** o **por habitante** revenu par habitant - **2.** [pensión] rente *f* ; **vivir de las ~s** vivre de ses rentes - **3.** [alquiler] loyer *m*. ◆ **renta pública** *f* dette *f* publique.

rentable *adj* rentable.

rentar ◇ *vt* - **1.** [rendir] rapporter - **2.** *Amer* [alquilar] louer. ◇ *vi* rapporter.

rentista *mf* rentier *m*, -ère *f*.

renuncia *f* renoncement *m*.

renunciar *vi* renoncer ; **~ a algo** renoncer à qqch ; [rechazar] refuser qqch.

reñido, da *adj* - **1.** [desavenido] brouillé(e) ; **están ~s** ils sont brouillés - **2.** [batalla, lucha] serré(e) - **3.** [opuesto] : **estar ~ con algo** être incompatible avec qqch.

reñir ◇ *vt* - **1.** [persona, perro] gronder - **2.** [batalla, combate] livrer. ◇ *vi* [enfadarse] se disputer.

reo, a *m, f* inculpé *m*, -e *f*.

reojo *m* : **mirar de ~** regarder du coin de l'œil.

repantingarse *vpr* se vautrer *(dans un fauteuil)*.

reparación *f* réparation *f*.

reparador, ra *adj* [descanso, sueño] réparateur(trice).

reparar ◇ *vt* réparer. ◇ *vi* [advertir] : **~ en algo** remarquer qqch ; **no ~ en gastos** ne pas regarder à la dépense.

reparo *m* - **1.** [pega] objection *f* - **2.** [apuro] : **no tener ~s en** ne pas avoir de scrupules à.

repartición *f* répartition *f*.

repartidor, ra ◇ *adj* distributeur(trice). ◇ *m, f* livreur *m*, -euse *f*.

repartir *vt* - **1.** [dividir] partager - **2.** [entregar] livrer ; [correo, cartas, órdenes] distribuer ; **~ justicia** rendre la justice - **3.** [esparcir] étaler - **4.** [asignar] répartir.

reparto *m* - **1.** [gen, CIN & TEATR] distribution *f* - **2.** [división] partage *m* ; **~ de beneficios** partage des bénéfices - **3.** [de mercancía] livraison *f* - **4.** [asignación] répartition *f* - **5.** [adjudicación de papeles] casting *m*.

repasador *m Amer* [trapo] torchon *m*.

repasar *vt* - **1.** [revisar] réviser, revoir - **2.** [recoser] recoudre.

repaso *m* - **1.** [revisión] révision *f* - **2.** *fam* [reprimenda] savon *m*.

repatear *vt fam* : **me repatea ...** ça me dégoûte ...

repatriar *vt* rapatrier.

repecho *m* raidillon *m*.

repelente *adj* repoussant(e) ; [niño] odieux(euse).

repeler *vt* - **1.** [rechazar] repousser - **2.** [repugnar] dégoûter.

repelús *m* : **dar ~** donner le frisson.

repente ◆ **de repente** *loc adv* tout à coup.

repentino, na *adj* soudain(e).

repercusión *f* répercussion *f* ; **su película tuvo gran ~ en el público** son film a eu un grand retentissement dans le public.

repercutir *vi* : **~ en** se répercuter sur.

repertorio *m* répertoire *m*.

repesca *f fam* EDUC repêchage *m*.

repetición *f* répétition *f*.

repetidor, ra ◇ *adj* : **un alumno ~** un redoublant. ◇ *m, f* EDUC redoublant *m*, -e *f*. ◆ **repetidor** *m* ELECTR relais *m*.

repetir ◇ *vt* - **1.** [gen] répéter - **2.** EDUC : **~ curso** redoubler - **3.** [en comida] : **~ algo** reprendre de qqch. ◇ *vi* - **1.** EDUC redoubler - **2.** [alimento] donner des renvois - **3.** [comensal] reprendre de. ◆ **repetirse** *vpr* se répéter.

repicar ◇ *vt* [campanas] faire sonner ; [tambor] battre. ◇ *vi* [campanas] carillonner ; [tambor] battre.

repique ◇ *v* ▷ **repicar**. ◇ *m* [de campanas] carillon *m*.

repiqueteo *m* - **1.** [de campanas, timbre] carillon *m* ; [de tambor] roulement *m* - **2.** *fig* [de persona, lluvia] tambourinement *m*.

repisa *f* - **1.** [estante] tablette *f* - **2.** ARQUIT console *f*.
replantear *vt* réexaminer.
replegar *vt* replier. ◆ **replegarse** *vpr* MIL se replier.
repleto, ta *adj* : **~ de** plein de ; **estoy ~** je suis repu ; **el autobús estaba ~** l'autobus était plein à craquer.
réplica *f* - **1.** [gen] réplique *f* - **2.** [respuesta] réponse *f* ; **el derecho de ~** le droit de réponse.
replicar *vt* répliquer.
repliegue *m* repli *m*.
repoblación *f* repeuplement *m* ; **~ forestal** reboisement *m*.
repoblar *vt* repeupler.
repollo *m* chou *m* (pommé).
reponer *vt* - **1.** [volver a poner] remettre ; [en empleo, cargo] rétablir - **2.** [sustituir] remplacer - **3.** TEATR & CIN reprendre - **4.** CIN repasser ; TELE rediffuser - **5.** [replicar] répondre. ◆ **reponerse** *vpr* : **~se (de)** se remettre (de) ; **tardó en ~se** il a mis du temps à s'en remettre.
reportaje *m* reportage *m*.
reportar *vt* - **1.** [gen] apporter - **2.** ECON rapporter - **3.** *Amer* [informar] faire un rapport à.
reporte *m Amer* rapport *m*.
reportero, ra, *m, f* **repórter** *m* reporter *m*.
reposado, da *adj* posé(e) ; [decisión] réfléchi(e).
reposar *vi* - **1.** [gen] reposer - **2.** [descansar] se reposer.
reposera *f Amer* chaise *f* longue.
reposición *f* - **1.** TEATR, CIN & TELE reprise *f* - **2.** TELE rediffusion *f*.
reposo *m* repos *m*.
repostar *vt* : **~ combustible** [suj : avión] se ravitailler en carburant ; **~ gasolina** [suj : coche] prendre de l'essence.
repostería *f* pâtisserie *f*.
reprender *vt* réprimander.
reprensión *f* réprimande *f*.
represa *f* [embalse] retenue *f* d'eau.
represalia *f (gen pl)* représailles *fpl*.
representación *f* représentation *f* ; **en ~ de** en tant que représentant de.
representante ◇ *adj* : **ser ~ de algo** être représentatif(ive) de qqch. ◇ *mf* - **1.** [gen & COM] représentant *m*, -e *f* - **2.** [de artista] agent *m*.
representar *vt* - **1.** [gen & COM] représenter - **2.** [aparentar] paraître ; **no ~ su edad** ne pas faire son âge - **3.** TEATR [obra] jouer.
representativo, va *adj* - **1.** [gen] représentatif(ive) ; **~ de** représentatif de - **2.** [que simboliza] : **ser ~ de algo** représenter qqch.
represión *f* - **1.** [política] répression *f* - **2.** [psicológica] refoulement *m*.
reprimenda *f* réprimande *f*.
reprimir *vt* réprimer ; [grito] retenir. ◆ **reprimirse** *vpr* réprimer ses envies.
reprobar *vt* réprouver.
reprochar *vt* reprocher. ◆ **reprocharse** *vpr* se reprocher.
reproche *m* reproche *m*.
reproducción *f* reproduction *f*.
reproducir *vt* reproduire ; [discurso] restituer. ◆ **reproducirse** *vpr* se reproduire.
reproductor, ra *adj* BIOL reproducteur(trice).
reprografía *f* reprographie *f*.
reptil *m* reptile *m*.
república *f* république *f* ; **~s bálticas** pays *mpl* Baltes.
República Checa *f* République *f* tchèque.
República Dominicana *f* République *f* dominicaine.
republicano, na *adj* & *m, f* républicain(e).
repudiar *vt* repousser ; [suj : marido] répudier.
repudio *m* répudiation *f*.
repuesto, ta ◇ *pp irreg* ▷ **reponer**. ◇ *adj* remis(e) *(d'une maladie etc)*. ◆ **repuesto** *m* pièce *f* de rechange.
repugnancia *f* répugnance *f*.
repugnante *adj* répugnant(e).
repugnar *vt* : **este olor me repugna** cette odeur me répugne ; **me repugna este tipo de película** j'ai horreur de ce genre de film.
repujar *vt* repousser *(graver)*.
repulsa *f* : **~ ante algo** [medidas, política] rejet *m* ; [violencia, crimen] réprobation *f*.
repulsión *f* [aversión] répulsion *f*.
repulsivo, va *adj* repoussant(e).
reputación *f* réputation *f* ; **tener buena/mala ~** avoir bonne/mauvaise réputation.
requemado, da *adj* brûlé(e).
requerimiento *m* - **1.** [demanda] requê-

te *f* - **2.** DER [orden] sommation *f* ; [aviso] mise *f* en demeure.

requerir *vt* [necesitar] exiger, demander. ◆ **requerirse** *vpr* [ser necesario] falloir ; **se requiere la nacionalidad española** la nationalité espagnole est exigée.

requesón *m fromage frais,* ≃ fromage *m* blanc.

requisa *f* - **1.** [requisición] réquisition *f* - **2.** [inspección] : **pasar ~ a** faire l'inspection de.

requisito *m* condition *f* requise.

res *f* tête *f* de bétail.

resabio *m* - **1.** [sabor] arrière-goût *m* - **2.** *fig* [costumbre] mauvaise habitude *f*.

resaca *f* - **1.** *fam* [de borrachera] gueule *f* de bois - **2.** [de las olas] ressac *m*.

resalado, da *adj fam* qui a du piquant ; [niño] très gracieux(euse).

resaltar ◇ *vi* - **1.** [destacar] ressortir ; [persona] se distinguer - **2.** [balcón, cornisa etc] faire saillie. ◇ *vt* [destacar] faire ressortir.

resarcir *vt* : **~ a alguien (de algo)** dédommager qqn (de qqch). ◆ **resarcirse** *vpr* : **~se de** se dédommager de.

resbalada *f Amer* glissade *f*.

resbaladizo, za *adj* - **1.** [gen] glissant(e) - **2.** *fig* [asunto, cuestión etc] délicat(e).

resbalar *vi* glisser ; [suelo, calzada] être glissant(e). ◆ **resbalarse** *vpr* glisser.

resbalón *m* : **dar** o **pegar un ~** glisser.

rescatar *vt* sauver ; [objeto] récupérer ; [rehén, secuestrado] délivrer ; [mediante pago] racheter.

rescate *m* - **1.** [de persona en peligro] sauvetage *m* - **2.** [de rehén, secuestrado] délivrance *f*, libération *f* - **3.** [dinero] rançon *f*.

rescindir *vt* résilier.

rescisión *f* résiliation *f*.

rescoldo *m* - **1.** [brasa] dernières braises *fpl* - **2.** *fig* [de un sentimiento] restes *mpl*.

resecar *vt* dessécher. ◆ **resecarse** *vpr* se dessécher.

reseco, ca *adj* desséché(e) ; [piel, pan] très sec (sèche).

resentido, da ◇ *adj* : **estar ~ con alguien** en vouloir à qqn. ◇ *m, f* : **es un ~** il est aigri.

resentimiento *m* ressentiment *m*.

resentirse *vpr* - **1.** [sentir molestias] : **~ de** se ressentir de ; **su salud se resiente** sa santé s'en ressent - **2.** [ofenderse] s'offenser.

reseña *f* compte rendu *m*.

reseñar *vt* faire le compte rendu de.

reserva ◇ *f* - **1.** [gen, MIL & ECON] réserve *f* ; **con ~s** sous toutes réserves ; **~ natural** réserve naturelle - **2.** [de hotel, tren etc] réservation *f* - **3.** [discreción] discrétion *f*. ◇ *mf* DEP remplaçant *m*, -e *f*. ◇ *m* [vino] : **un ~ del 81** un millésime 81. ◆ **reservas** *fpl* [energía, recursos] réserves *fpl*.

reservado, da *adj* réservé(e). ◆ **reservado** *m* [en tren] compartiment *m* réservé ; [en restaurante] salon *m* particulier.

reservar *vt* réserver. ◆ **reservarse** *vpr* se réserver ; **me reservo para el postre** je me réserve pour le dessert.

resfriado, da *adj* enrhumé(e). ◆ **resfriado** *m* rhume *m*.

resfriar *vt* refroidir. ◆ **resfriarse** *vpr* [constiparse] prendre froid.

resfrío *m Amer* rhume *m*.

resguardar *vt* : **~ de** protéger de. ◆ **resguardarse** *vpr* : **~se de** se mettre à l'abri de.

resguardo *m* - **1.** [documento] reçu *m* ; [de envío certificado] récépissé *m* - **2.** [protección] abri *m*.

residencia *f* - **1.** [lugar] lieu *m* de résidence - **2.** [casa, establecimiento] résidence *f* ; **~ universitaria** résidence universitaire - **3.** [hospital] hôpital *m* - **4.** [periodo de formación] internat *m* - **5.** [permiso para extranjeros] permis *m* de séjour.

residencial *adj* résidentiel(elle).

residente ◇ *adj* : **los extranjeros ~s en España** les étrangers résidant en Espagne. ◇ *mf* - **1.** [gen] résident *m*, -e *f* - **2.** [médico] interne *m*.

residir *vi* - **1.** [vivir] : **~ en** [país] résider en ; [ciudad] résider à ; **reside en la calle Sargenta, número 1** il réside au numéro 1 de la rue Sargenta - **2.** [radicar] : **~ en** résider dans.

residuo *m* résidu *m* ; **~s radiactivos** déchets *mpl* radioactifs.

resignación *f* résignation *f*.

resignarse *vpr* : **~ (a hacer algo)** se résigner (à faire qqch).

resina *f* résine *f*.

resistencia *f* résistance *f* ; **oponer gran ~ a** opposer une grande résistance à.

resistente *adj* résistant(e).

resistir ◇ *vt* - **1.** [gen] : **~ (algo)** résister (à qqch) - **2.** [tolerar] supporter. ◇ *vi* : **~ (a)** résister (à). ◆ **resistirse** *vpr* : **~se**

(a) résister (à) ; **no hay hombre que se le resista** aucun homme ne lui résiste ; **me resisto a creerlo** je me refuse à le croire ; **se le resisten las matemáticas** il a beaucoup de mal en mathématiques.

resma *f* rame *f (de papier)*.

resol *m* réverbération *f* du soleil.

resollar *vi* souffler.

resolución *f* - **1.** [solución] résolution *f* ; **para la ~ de algo** pour résoudre qqch - **2.** [firmeza] détermination *f* ; **de mucha ~** résolu(e) - **3.** [decisión & DER] décision *f*.

resolver *vt* - **1.** [solucionar] résoudre ; **con ese gol el partido estaba resuelto** avec ce but le match était gagné - **2.** [decidir] : **~ hacer algo** résoudre de faire qqch. ◆ **resolverse** *vpr* - **1.** [solucionarse] être résolu(e) - **2.** [decidirse] : **~se a hacer algo** se résoudre à faire qqch.

resonancia *f* - **1.** [gen & FÍS] résonance *f* - **2.** *fig* [de noticia etc] retentissement *m*.

resonar *vi* résonner.

resoplar *vi* être essoufflé(e) ; *fig* [por enfado] grogner.

resoplido *m* essoufflement *m* ; **dar ~s** grogner.

resorte *m* ressort *m* ; **los ~s del poder** les rênes du pouvoir.

respaldar *vt* soutenir, appuyer. ◆ **respaldarse** *vpr* : **~se en** [un asiento] s'adosser à ; *fig* [apoyarse] reposer sur.

respaldo *m* - **1.** [de asiento] dossier *m* - **2.** *fig* [apoyo] soutien *m*.

respectar *v impers* : **por lo que respecta a alguien/a algo, en lo que respecta a alguien/a algo** en ce qui concerne qqn/qqch.

respectivo, va *adj* respectif(ive) ; **sus ~s padres** leurs parents respectifs.

respecto *m* : **al ~, a este ~** à ce sujet ; **(con) ~ a, ~ de** au sujet de, en ce qui concerne.

respetable *adj* respectable.

respetar *vt* respecter.

respeto *m* respect *m* ; **por ~ a** par respect pour.

respetuoso, sa *adj* respectueux(euse).

respingo *m* [de animal] : **dar un ~** ruer.

respingón, ona *adj* : **una nariz respingona** un nez en trompette.

respiración *f* respiration *f* ; **~ asistida** respiration assistée.

respirar ◇ *vt* respirer. ◇ *vi* respirer ; **no dejar ~ a alguien** *fig* ne pas laisser respirer qqn.

respiratorio, ria *adj* respiratoire.

respiro *m* - **1.** [descanso] répit *m* ; **necesitar un ~** avoir besoin de souffler - **2.** [alivio] soulagement *m*.

resplandecer *vi* - **1.** [brillar] resplendir - **2.** *fig* [destacar] briller.

resplandeciente *adj* resplendissant(e).

resplandor *m* éclat *m*.

responder ◇ *vt* [contestar] répondre à. ◇ *vi* [replicar] répondre ; **~ a** [contestar, corresponder] répondre à ; [tratamiento] réagir à ; **~ a alguien** répondre à qqn ; **~ a una pregunta** répondre à une question ; **~ a una necesidad** répondre à un besoin ; **~ de algo/por alguien** répondre de qqch/de qqn.

respondón, ona *adj* & *m, f* insolent(e).

responsabilidad *f* responsabilité *f*.

responsabilizar *vt* rendre responsable ; [culpar] faire porter la responsabilité à. ◆ **responsabilizarse** *vpr* : **~se de algo** assumer la responsabilité de.

responsable ◇ *adj* : **~ (de)** responsable (de). ◇ *mf* responsable *mf*.

respuesta *f* réponse *f* ; **en ~ a** en réponse à.

resquebrajar *vt* fendiller ; [pared] fissurer ; [vajilla, hielo etc] fêler. ◆ **resquebrajarse** *vpr* se fendiller ; [vajilla, hielo etc] se fêler.

resquicio *m* - **1.** [abertura] fente *f* ; [de puerta] entrebâillement *m* - **2.** *fig* [de esperanza] lueur *f*.

resta *f* soustraction *f*.

restablecer *vt* rétablir. ◆ **restablecerse** *vpr* - **1.** [curarse] se rétablir - **2.** [reimplantarse] être rétabli(e).

restallar ◇ *vt* faire claquer. ◇ *vi* claquer.

restante *adj* restant(e) ; **los ~s años de mi vida** les années qu'il me reste à vivre ; **lo ~** le reste.

restar ◇ *vt* - **1.** MAT soustraire - **2.** *fig* [disminuir - importancia, méritos] ôter, enlever ; [- autoridad] affaiblir ; **~ dramatismo** dédramatiser - **3.** [en tenis] retourner. ◇ *vi* [faltar] rester.

restauración *f* restauration *f*.

restaurante *m* restaurant *m*.

restaurar *vt* restaurer.

restitución *f* restitution *f*.

restituir *vt* - **1.** [devolver] restituer ; **~ la**

salud remettre sur pied **- 2.** [restaurar] : **~ algo** a rétablir qqch dans.

resto *m* reste *m.* ◆ **restos** *mpl* restes *mpl.*

restregar *vt* frotter. ◆ **restregarse** *vpr* [manos] se frotter ; **~se por el suelo** se traîner par terre.

restricción *f* **- 1.** [reducción] restriction *f* **- 2.** *(gen pl)* [de agua, alimentos etc] rationnement *m.*

restrictivo, va *adj* restrictif(ive).

restringir *vt* restreindre ; [agua, alimentos etc] rationner.

resucitar *vt* & *vi* ressusciter.

resuello *m* souffle *m* ; **llegó sin un ~** il est arrivé complètement essoufflé.

resuelto, ta ◇ *pp irreg* ▷ **resolver.** ◇ *adj* résolu(e).

resulta ◆ **de resultas de** *loc prep* à la suite de.

resultado *m* résultat *m.*

resultante ◇ *adj* résultant(e) ; **~ de** qui résulte de. ◇ *f* FÍS résultante *f.*

resultar ◇ *vi* **- 1.** [tener como consecuencia] résulter ; **¿qué resultará de todo esto?** que ressortira-t-il de tout cela? **- 2.** [ser] : **me resulta difícil** ça m'est difficile ; **~ un éxito** être réussi(e) ; **nuestro equipo resultó vencedor** finalement, notre équipe a gagné ; **el viaje resultó largo** le voyage a été long ; **resultó ser su primo** il s'est avéré que c'était son cousin ; **resultó ser inexacto** on a découvert que c'était faux ; **dos personas resultaron heridas** deux personnes ont été blessées **- 3.** [salir bien] réussir ; **el experimento ha resultado** l'expérience a réussi **- 4.** [costar] revenir ; **nos resultó caro** ça nous est revenu cher. ◇ *v impers* [suceder] : **resulta que ...** il se trouve que ...

resumen *m* résumé *m.*

resumir *vt* résumer. ◆ **resumirse** *vpr* : **~se en** se résumer à.

resurgir *vi* ressurgir.

resurrección *f* résurrection *f.*

retablo *m* retable *m.*

retaguardia *f* [tropa] arrière-garde *f* ; [parte trasera] arrière *m.*

retahíla *f* kyrielle *f.*

retal *m* coupon *m (de tissu).*

retar *vt* lancer un défi à ; **~ a alguien a hacer algo** défier qqn de faire qqch.

retardar *vt* retarder.

rete *adv Amer fam* très.

retén *m* : **~ (de bomberos)** piquet *m* d'incendie.

retención *f* **- 1.** [gen & MED] rétention *f* **- 2.** [en el sueldo] retenue *f* ; **~ fiscal** prélèvement *m* fiscal **- 3.** *(gen pl)* [de tráfico] embouteillage *m.*

retener *vt* retenir ; **la empresa me retiene parte del salario** l'entreprise me retient une partie de mon salaire ; **los piratas del aire retienen a 24 pasajeros** les pirates de l'air retiennent 24 passagers en otage.

reticente *adj* réticent(e).

retina *f* rétine *f.*

retintín *m* **- 1.** [ironía] ton *m* moqueur **- 2.** [ruido] tintement *m.*

retirado, da ◇ *adj* **- 1.** [gen] retiré(e) **- 2.** [jubilado] retraité(e). ◇ *m, f* [jubilado] retraité *m*, -e *f.* ◆ **retirada** *f* retrait *m* ; [de ejército vencido] retraite *f* ; **batirse en retirada** battre en retraite.

retirar *vt* **- 1.** [gen] retirer ; **~ su candidatura** retirer sa candidature ; **retiro lo dicho** je retire ce que j'ai dit **- 2.** [jubilar] mettre à la retraite. ◆ **retirarse** *vpr* **- 1.** [aislarse, marcharse] se retirer **- 2.** [jubilarse] prendre sa retraite **- 3.** MIL battre en retraite **- 4.** [apartarse] s'écarter.

retiro *m* retraite *f.*

reto *m* défi *m.*

retocar *vt* **- 1.** [gen] retoucher **- 2.** [dar el último toque a] mettre la dernière main à.

retoño *m* rejeton *m.*

retoque *m* retouche *f.*

retorcer *vt* **- 1.** [torcer] tordre **- 2.** *fig* [tergiversar] déformer. ◆ **retorcerse** *vpr* [contraerse] : **~se (de)** se tordre (de).

retorcido, da *adj* **- 1.** [torcido] tordu(e) **- 2.** *fig* [rebuscado] alambiqué(e) **- 3.** *fig* [malintencionado] retors(e).

retórico, ca ◇ *adj* rhétorique ; **una figura retórica** une figure de rhétorique. ◇ *m, f* rhétoricien *m*, -enne *f.*

retornar ◇ *vt* [devolver] rendre. ◇ *vi* [regresar] : **~ a** retourner à.

retorno *m* [gen & INFORM] retour *m* ; **~ de carro** retour chariot.

retortijón *m (gen pl)* crampe *f (d'estomac).*

retozar *vi* batifoler.

retractarse *vpr* se rétracter ; **~ de** [lo dicho] revenir sur.

retraer *vt* [encoger] rétracter. ◆ **retraerse** *vpr* **- 1.** [encogerse] se rétracter **- 2.** [aislarse, apartarse] : **~se de** se retirer de, s'écarter de **- 3.** [retroceder] se replier.

retraído, da *adj* [tímido] renfermé(e).

retransmisión *f* retransmission *f*.

retransmitir *vt* retransmettre.

retrasado, da ◇ *adj* - **1.** [gen] en retard - **2.** [mental] attardé(e). ◇ *m, f* : **~ (mental)** attardé *m*, -e *f*.

retrasar ◇ *vt* - **1.** [gen] retarder - **2.** [aplazar - hora, fecha] reculer ; [- viaje, proyecto etc] repousser. ◇ *vi* [reloj] retarder. ◆ **retrasarse** *vpr* - **1.** [llegar tarde] être en retard - **2.** [no estar al día] prendre du retard - **3.** [aplazarse] être retardé(e) - **4.** [reloj] retarder.

retraso *m* retard *m* ; **llegar con ~** arriver en retard.

retratar *vt* - **1.** [fotografiar] photographier - **2.** [dibujar] faire le portrait de - **3.** *fig* [reflejar] dépeindre.

retrato *m* - **1.** [gen] portrait *m* ; **ser alguien el vivo ~ de alguien** être le portrait vivant de qqn ; **~ robot** portrait-robot *m* - **2.** *fig* [reflejo] : **su novela es un ~ de la sociedad de la época** son roman est une photographie de la société de l'époque.

retrete *m* toilettes *fpl*.

retribución *f* rétribution *f*.

retribuir *vt* rétribuer.

retro *adj* rétro.

retroactivo, va *adj* rétroactif(ive).

retroceder *vi* reculer ; **no retrocede ante nada** il ne recule devant rien ; **~ en el tiempo** remonter le temps.

retroceso *m* - **1.** [gen] recul *m* - **2.** [en enfermedad] aggravation *f*.

retrógrado, da *adj* rétrograde.

retrospectivo, va *adj* rétrospectif(ive). ◆ **retrospectiva** *f* rétrospective *f*.

retrotraer *vt* [relato] faire remonter.

retrovisor ◇ *adj* ▷ **espejo**. ◇ *m* rétroviseur *m*.

retumbar *vi* - **1.** [hacer ruido] retentir ; [trueno] gronder ; [cañón] tonner - **2.** [resonar] résonner.

reuma, reúma *m* o *f* rhumatisme *m*.

reumatismo *m* rhumatisme *m*.

reunificación *f* réunification *f*.

reunificar *vt* réunifier. ◆ **reunificarse** *vpr* être réunifié(e).

reunión *f* réunion *f*.

reunir *vt* réunir ; [datos etc] rassembler. ◆ **reunirse** *vpr* [congregarse] se réunir.

revalidar *vt* DEP : **~ su título** confirmer son titre.

revalorar = revalorizar.

revalorizar, revalorar *vt* revaloriser. ◆ **revalorizarse** *vpr* - **1.** [aumentarse el valor] prendre de la valeur - **2.** [restituirse el valor] reprendre de la valeur.

revancha *f* revanche *f*.

revelación *f* révélation *f*.

revelado *m* FOT développement *m*.

revelador, ra *adj* révélateur(trice).

revelar *vt* - **1.** [gen] révéler - **2.** FOT développer. ◆ **revelarse** *vpr* se révéler ; **se reveló como un gran músico** il s'est révélé être un grand musicien.

reventa *f* revente *f*.

reventar ◇ *vt* - **1.** [explotar] faire éclater, crever ; **revientas el vestido** cette robe te boudine - **2.** [con explosivos] faire sauter - **3.** *fam* [cansar] crever - **4.** *fam* [destrozar] démolir - **5.** *fam* [fastidiar] : **su manera de hablar me revienta** il a une façon de parler qui me tue. ◇ *vi* - **1.** [explotar] éclater - **2.** [desear] : **~ por hacer algo** mourir d'envie de faire qqch - **3.** *fam fig* [estallar] exploser - **4.** *fam* [morir] crever. ◆ **reventarse** *vpr* - **1.** [explotar] éclater - **2.** *fam* [cansarse] se crever ; **me reviento a trabajar** je me tue au travail.

reventón *m* éclatement *m* ; **tuve un ~** mon pneu a éclaté ; **darse** o **pegarse un ~** *fam* se crever.

reverberar *vi* - **1.** [luz, calor] : **~ sobre** se réverbérer sur - **2.** [sonido] résonner.

reverdecer *vi* - **1.** [planta, campo] reverdir - **2.** *fig* [renacer] se ranimer.

reverencia *f* révérence *f*.

reverenciar *vt* révérer.

reverendo, da *adj* : **~ padre** mon révérend père. ◆ **reverendo** *m* révérend *m*.

reverente *adj* révérencieux(euse) ; **un ~ silencio** un silence recueilli.

reversible *adj* réversible.

reverso *m* revers *m* ; **el ~ de la hoja** le verso.

revertir *vi* - **1.** [devolver] restituer - **2.** [resultar] : **~ en beneficio de** tourner à l'avantage de.

revés *m* revers *m* ; [de papel] dos *m* ; [de tela] envers *m* ; **los reveses de la vida** les revers de fortune ; **al ~** à l'envers ; **comemos primero y luego vamos al cine o lo hacemos al ~** nous mangeons d'abord et nous allons au cinéma après ou nous faisons l'inverse ; **lo entiende todo al ~** il comprend tout de travers ; **al ~ de lo que**

piensas ... contrairement à ce que tu penses ... ; **del ~** à l'envers.

revestimiento *m* revêtement *m*.

revestir *vt* - **1.** [gen] : **~ (de)** revêtir (de) ; **~ importancia** revêtir de l'importance - **2.** *fig* [falta, defecto etc] camoufler.

revisar *vt* réviser ; [cuentas] vérifier ; [salud, vista] faire un bilan de ; [coche] faire réviser.

revisión *f* révision *f* ; [de cuentas] vérification *f* ; **~ médica** visite *f* médicale.

revista ◇ *v* ▷ **revestir**. ◇ *f* - **1.** [gen & TEATR] revue *f* ; **pasar ~ a algo** passer qqch en revue ; **~s del corazón** presse *f* du cœur - **2.** [sección de periódico] rubrique *f* ; **~ de libros/música** rubrique littéraire/musicale.

revistero, ra *m, f* chroniqueur *m*, -euse *f*. ◆ **revistero** *m* porte-revues *m inv*.

revivir ◇ *vi* - **1.** [resucitar] revivre - **2.** *fig* [sentimiento] se ranimer. ◇ *vt* [recordar] revivre.

revocar *vt* révoquer ; [sentencia] casser.

revolcar *vt* rouler ; [persona] faire tomber ; **el niño revolcó sus juguetes en el barro** l'enfant a traîné ses jouets dans la boue. ◆ **revolcarse** *vpr* se rouler.

revolotear *vi* [pájaro] voleter ; [hoja, papel etc] voltiger.

revoltijo, revoltillo *m* fouillis *m*.

revoltoso, sa *adj* turbulent(e).

revolución *f* - **1.** [gen & ASTRON] révolution *f* - **2.** TECNOL tour *m*.

revolucionar *vt* - **1.** [perturbar] bouleverser - **2.** [transformar] révolutionner.

revolucionario, ria *adj & m, f* révolutionnaire.

revolver ◇ *vt* - **1.** [dar vueltas a] remuer - **2.** [desorganizar] mettre sens dessus dessous - **3.** *fig* [irritar] : **~ el estómago** o **las tripas** soulever le cœur ; **~ la sangre** retourner les sangs. ◇ *vi* : **~ en** fouiller dans.

revólver *m* revolver *m*.

revuelo *m* - **1.** [de ave] : **mirar el ~ de los gorriones** regarder les moineaux voleter - **2.** *fig* [agitación] trouble *m*.

revuelto, ta ◇ *pp irreg* ▷ **revolver**. ◇ *adj* - **1.** [desordenado] sens dessus dessous - **2.** [alborotado] troublé(e) - **3.** [clima] instable - **4.** [aguas, mar] agité(e) - **5.** [alterado] : **tengo el estómago ~** j'ai l'estomac barbouillé. ◆ **revuelta** *f* - **1.** [disturbio] révolte *f* - **2.** [curva] détour *m*.

revulsivo, va *adj fig* stimulant(e). ◆ **revulsivo** *m fig* : **servir de ~ a** donner un coup de fouet à.

rey *m* roi *m*. ◆ **Reyes** *mpl* : **los Reyes** le roi et la reine. ◆ **Reyes Magos** *mpl* : **los Reyes Magos** les Rois mages.

reyerta *f* rixe *f*.

rezagado, da ◇ *adj* : **andar** o **ir ~** être à la traîne. ◇ *m, f* retardataire *mf*.

rezar ◇ *vt* réciter, dire ; **~ su oración** faire sa prière. ◇ *vi* [orar] prier.

rezo *m* prière *f*.

rezumar ◇ *vt* - **1.** [transpirar] laisser filtrer - **2.** *fig* [manifestar] déborder de. ◇ *vi* suinter.

ría ◇ *v* ▷ **reír**. ◇ *f* ria *f*.

riachuelo *m* ruisseau *m*.

riada *f* - **1.** [crecida] crue *f* ; [inundación] inondation *f* - **2.** *fig* [multitud] flot *m*.

ribera *f* rive *f* ; [de mar] rivage *m*.

ribete *m* liseré *m* ; *fig* [atisbo] touche *f* ; **tiene ~s de artista** il a un côté artiste.

ricino *m* ricin *m*.

rico, ca ◇ *adj* - **1.** [gen] : **~ (en)** riche (en) - **2.** [sabroso] délicieux(euse) - **3.** [simpático] adorable - **4.** *fam* [apelativo] : **¡oye ~!** écoute, mon vieux! ◇ *m, f* riche *mf* ; **los ~s** les riches.

rictus *m* rictus *m*.

ridiculez *f* - **1.** [tontería] chose *f* ridicule - **2.** [nimiedad] bêtise *f*, rien *m*.

ridiculizar *vt* ridiculiser.

ridículo, la *adj* ridicule. ◆ **ridículo** *m* ridicule *m* ; **hacer el ~** se ridiculiser.

riego *m* arrosage *m* ; [de campos] irrigation *f*.

riel *m* rail *m*.

rienda *f* - **1.** [de caballería] rêne *f* ; **dar ~ suelta a** *fig* laisser libre cours à - **2.** [moderación] retenue *f*. ◆ **riendas** *fpl fig* [dirección] rênes *fpl*.

riesgo *m* risque *m* ; **a todo ~** [seguro, póliza] tous risques.

rifa *f* tombola *f*.

rifar *vt* tirer au sort. ◆ **rifarse** *vpr* : **~se algo** se disputer qqch.

rifle *m* carabine *f*.

rigidez *f* - **1.** [gen] rigidité *f* - **2.** [severidad] rigueur *f* - **3.** [inexpresividad] impassibilité *f*.

rígido, da *adj* - **1.** [gen] rigide ; **volverse ~** [cera, sustancia etc] se solidifier - **2.** [inexpresivo] figé(e).

rigor *m* rigueur *f*. ◆ **de rigor** *loc adj* de rigueur.

riguroso, sa *adj* rigoureux(euse).

rimar ◇ *vi* rimer. ◇ *vt* faire rimer.

rimbombante *adj* - **1.** [grandilocuente] ronflant(e) - **2.** [ostentoso] tapageur(euse).

rímel, rimmel *m* Rimmel® *m*.

rincón *m* - **1.** [gen] coin *m* - **2.** [lugar alejado] recoin *m*.

rinconera *f* meuble *m* d'angle.

ring *m* ring *m*.

rinoceronte *m* rhinocéros *m*.

riña ◇ *v* ▷ **reñir.** ◇ *f* dispute *f*.

riñón *m* rein *m*.

riñonera *f* [pequeño bolso] banane *f*.

río *m* - **1.** [con desembocadura - en mar] fleuve *m* ; [- en río] rivière *f* ; ~ **abajo** en aval ; ~ **arriba** en amont - **2.** *fig* [abundancia] flot *m*.

rioja *m vin de la région espagnole de La Rioja*.

riojano, na ◇ *adj* de La Rioja. ◇ *m, f* habitant *m*, -e *f* de La Rioja.

riqueza *f* richesse *f* ; **tener ~ vitamínica** être riche en vitamines.

risa *f* rire *m*.

risotada *f* éclat *m* de rire.

ristra *f* chapelet *m* ; ~ **de ajos** chapelet d'ail ; ~ **de insultos** chapelet d'injures.

risueño, ña *adj* - **1.** [alegre] rieur(euse) - **2.** [próspero] souriant(e).

ritmo *m* rythme *m*.

rito *m* rite *m*.

ritual ◇ *adj* rituel(elle). ◇ *m* rituel *m*.

rival *adj* & *mf* rival(e).

rivalidad *f* rivalité *f*.

rivalizar *vi* : ~ **con alguien** rivaliser avec qqn ; ~ **en algo** [generosidad, belleza etc] rivaliser de qqch.

rizado, da *adj* - **1.** [pelo] frisé(e) - **2.** [mar] moutonneux(euse). ◆ **rizado** *m* frisure *f* ; **hacerse un ~** se faire friser les cheveux.

rizar *vt* friser. ◆ **rizarse** *vpr* [pelo] se (faire) friser ; [mar] moutonner.

rizo, za *adj* [pelo] frisé(e). ◆ **rizo** *m* - **1.** [de pelo] boucle *f* ; **tener ~s en el pelo** avoir les cheveux bouclés - **2.** [tela] : ~ **(esponjoso)** tissu-éponge *m* - **3.** AERON looping *m*.

RNE (*abrev de* **Radio Nacional de España**) *f radio nationale espagnole*.

robar *vt* - **1.** [hurtar] voler - **2.** [embelesar] ravir - **3.** [en cartas, dominó, damas] piocher - **4.** [cobrar caro] : **en ese restaurante te roban** ce sont des voleurs dans ce restaurant.

roble *m* chêne *m* (rouvre) ; **estar hecho un ~** *fig* être fort comme un chêne.

robo *m* vol *m*.

robot *m* [gen & INFORM] robot *m*.

robótica *f* robotique *f*.

robustecer *vt* fortifier. ◆ **robustecerse** *vpr* [persona] prendre des forces.

robusto, ta *adj* robuste.

roca *f* roche *f*.

rocalla *f* rocaille *f*.

roce ◇ *v* ▷ **rozar.** ◇ *m* - **1.** [rozamiento] frottement *m* ; [ligero] frôlement *m* - **2.** [marca] éraflure *f* ; [en la piel] égratignure *f* - **3.** FÍS friction *f* - **4.** [trato] : ~ **(entre)** fréquentation (de) - **5.** [desavenencia] heurt *m* ; **tener un ~ con alguien** s'accrocher avec qqn.

rociar ◇ *vt* - **1.** [con gotas] asperger - **2.** [con cosas] arroser. ◇ *v impers* : **ha rociado** il y a eu de la rosée.

rocío *m* rosée *f*.

rock (*pl* **rocks**), **rock and roll** (*pl* **rocks and roll**) *m* rock *m*.

rockero, ra, roquero, ra ◇ *adj* rock. ◇ *m, f* rockeur *m*, -euse *f*.

rocódromo *m* - **1.** [para conciertos] *espace à l'air libre réservé aux concerts de rock* - **2.** [para escalar] centre *m* d'escalade.

rocoso, sa *adj* rocheux(euse).

rodaballo *m* turbot *m*.

rodado, da *adj* - **1.** [tráfico, tránsito] routier(ère) - **2.** [piedra] ▷ **canto**.

rodaja *f* tranche *f* ; [de limón, salchichón] rondelle *f*.

rodaje *m* - **1.** [gen & AUTOM] rodage *m* ; **en ~** en rodage - **2.** CIN tournage *m*.

rodapié *m* plinthe *f*.

rodar ◇ *vi* - **1.** [gen] rouler - **2.** CIN tourner - **3.** [caer] : **rodó escaleras abajo** il a dégringolé l'escalier - **4.** [deambular] : ~ **por** errer dans ; ~ **por medio mundo** rouler sa bosse. ◇ *vt* - **1.** CIN tourner - **2.** AUTOM roder.

rodear *vt* - **1.** [gen] : ~ **(con)** entourer (de) - **2.** [con tropas, policías etc] cerner - **3.** [dar la vuelta a] faire le tour de - **4.** [eludir] : ~ **un tema** tourner autour du sujet. ◆ **rodearse** *vpr* : **~se de** s'entourer de.

rodeo *m* - **1.** [gen] détour *m* ; **no andar** o **ir con ~s** ne pas y aller par quatre chemins ;

dar ~s *fig* tergiverser - **2.** [espectáculo, reunión de ganado] rodéo *m*.

rodilla *f* genou *m* ; **de ~s** à genoux.

rodillera *f* genouillère *f*.

rodillo *m* rouleau *m* ; [de máquina de escribir] chariot *m*.

rodríguez *m fam* : **en agosto, me quedo de ~** au mois d'août, je suis célibataire.

roedor, ra *adj* rongeur(euse). ◆ **roedores** *mpl* rongeurs *mpl*.

roer *vt* - **1.** [con dientes] ronger - **2.** *fig* [atormentar] : **los remordimientos le roen la conciencia** il est rongé de remords.

rogar *vt* : **~ a alguien (que) haga algo** prier qqn de faire qqch.

rogativa *f (gen pl)* rogations *fpl*.

rojizo, za *adj* rougeâtre.

rojo, ja ◇ *adj* [gen & POLÍT] rouge ; **el color ~** le rouge. ◇ *m, f* POLÍT rouge *mf*. ◆ **rojo** *m* [color] rouge *m* ; **al ~ vivo** [incandescente] chauffé(e) au rouge ; *fig* [ánimos, persona] chauffé(e) à blanc.

rol (*pl* **roles**) *m* - **1.** [papel] rôle *m* - **2.** NÁUT rôle *m* d'équipage.

rollizo, za *adj* potelé(e).

rollo *m* - **1.** [cilindro] rouleau *m* - **2.** CIN bobine *f* - **3.** *fam* [discurso] : **~ (patatero)** baratin *m*, tchatche *f* ; **cascar** o **soltar un ~ a alguien** tenir la jambe à qqn ; **tener mucho ~** être un moulin à paroles ; **cortar el ~ a alguien** couper le sifflet à qqn - **4.** *fam* [embuste] bobard *m* - **5.** *fam* [pelmazo] casse-pieds *mf inv* - **6.** *fam* [asunto] : **no sé de qué va el ~** je ne sais pas de quoi ça cause - **7.** *fam* [ambiente] : **hay buen ~ aquí** c'est sympa ici ; **meterse en el ~** se mettre dans le coup - **8.** *fam* [pesadez] : **ser un ~** être gonflant(e) ; **¡qué ~!** quelle barbe!

roll-on *m inv* déodorant *m* à bille.

ROM (*abrev de* **read only memory**) *f* ROM *f*.

Roma Rome.

romance ◇ *adj* roman(e). ◇ *m* - **1.** LING roman *m* - **2.** LITER romance *m* - **3.** [aventura] idylle *f*.

románico, ca *adj* roman(e). ◆ **románico** *m* roman *m*.

romano, na ◇ *adj* romain(e). ◇ *m, f* Romain *m*, -e *f*.

romanticismo *m* romantisme *m*.

romántico, ca *adj* romantique.

rombo *m* losange *m*.

romería *f* - **1.** [peregrinación] pèlerinage *m* - **2.** [fiesta] fête *f* patronale - **3.** *fig* [multitud] procession *f*.

romero, ra *m, f* pèlerin *m*. ◆ **romero** *m* BOT romarin *m*.

romo, ma *adj* - **1.** [punta] émoussé(e) - **2.** [de nariz] : **ser ~** avoir le nez camus.

rompecabezas *m inv* - **1.** [juego] puzzle *m* - **2.** *fig* [problema] casse-tête *m inv*.

rompeolas *m inv* brise-lames *m inv*.

romper ◇ *vt* - **1.** [partir] casser ; *fig* briser ; **~ el hielo** *fig* briser la glace - **2.** [papel, tela] déchirer - **3.** [desgastar - zapato] abîmer ; [- camisa] user - **4.** [relaciones, compromiso, contrato] rompre ; **¡rompan filas!** rompez les rangs! ; **~ el silencio** rompre le silence. ◇ *vi* - **1.** [terminar relación] : **~ (con alguien)** rompre (avec qqn) - **2.** [olas] se briser - **3.** [empezar] : **~ a hacer algo** se mettre à faire qqch ; **~ a llorar** éclater en sanglots. ◆ **romperse** *vpr* - **1.** [partirse] se casser ; **se ha roto una pierna** il s'est cassé une jambe ; **se rompió el jarrón** le vase s'est cassé - **2.** [desgastarse - ropa] s'user.

rompimiento *m* rupture *f*.

ron *m* rhum *m*.

roncar *vi* ronfler.

roncha *f* [en la piel] bouton *m* ; [de insecto] piqûre *f*.

ronco, ca *adj* - **1.** [afónico] enroué(e) ; **me he quedado ~** je me suis cassé la voix - **2.** [bronco] rauque.

ronda *f* - **1.** [de vigilancia] ronde *f* - **2.** [calle] boulevard *m* périphérique - **3.** *fam* [de bebidas etc] tournée *f* - **4.** [en ciclismo, el juego] tour *m*.

rondar ◇ *vt* - **1.** [vigilar] faire une ronde dans - **2.** [desgracia, enfermedad etc] guetter - **3.** [rayar en] avoisiner - **4.** [cortejar] faire la cour à. ◇ *vi* [dar vueltas, vagar] rôder.

ronquera *f* enrouement *m*.

ronquido *m* ronflement *m*.

ronronear *vi* ronronner.

ronroneo *m* ronronnement *m*.

roña ◇ *adj* & *mf fam* radin(e). ◇ *f* - **1.** [suciedad] crasse *f* - **2.** *fam* [tacañería] radinerie *f* - **3.** [del ganado] gale *f*.

roñoso, sa ◇ *adj* - **1.** [sucio] crasseux(euse) - **2.** [tacaño] radin(e). ◇ *m, f* radin *m*, -e *f*.

ropa *f* vêtements *mpl* ; **quitarse la ~** se déshabiller ; **~ blanca** linge *m* (blanc) ; **~ interior** sous-vêtements *mpl* ; [femenina] dessous *mpl* ; **~ sucia** linge *m* sale.

ropaje *m* [vestidura] tenue *f*.

ropero *m* penderie *f*.

roquero, ra = rockero.

rosa ◇ *f* [flor] rose *f* ; **estar (fresco) como una ~** être frais comme une rose. ◇ *adj inv* [color] rose. ◇ *m* [color] rose *m*. ◆ **rosa de los vientos** *f* rose *f* des vents.

rosado, da *adj* - **1.** [gen] rose - **2.** ▻ **vino.** ◆ **rosado** *m* rosé *m*.

rosal *m* rosier *m*.

rosario *m* - **1.** [gen] chapelet *m* ; [de desgracias] suite *f* - **2.** [rezo] rosaire *m*.

rosca *f* - **1.** [de tornillo] filet *m* - **2.** [forma cilíndrica] anneau *m* - **3.** CULIN couronne *f* - **4.** *loc* : **pasarse de ~** *fig* dépasser les bornes.

rosco *m* couronne *f (de pain, brioche etc)*.

roscón *m* brioche *f* en couronne ; **~ de Reyes** *brioche aux fruits que l'on mange pour la fête des Rois,* ≃ galette *f* des Rois.

rosetón *m* rosace *f*.

rosquilla *f petit gâteau sec en forme d'anneau*.

rostro *m* visage *m*.

rotación *f* - **1.** [giro] rotation *f* - **2.** [alternancia] roulement *m*.

rotativo, va *adj* rotatif(ive). ◆ **rotativo** *m* journal *m*. ◆ **rotativa** *f* rotative *f*.

roto, ta ◇ *pp irreg* ▻ **romper**. ◇ *adj* - **1.** [gen] cassé(e) ; [tela, papel] déchiré(e) - **2.** *fig* [vida, corazón] brisé(e) - **3.** *fig* [exhausto] éreinté(e). ◇ *m, f Amer* ouvrier *m*, -ère *f*. ◆ **roto** *m* [en tela] accroc *m*.

rotonda *f* ARQUIT rotonde *f* ; [plaza] rond-point *m*.

rotoso, sa *adj Amer fam* déguenillé(e).

rótula *f* rotule *f*.

rotulador *m* feutre *m* ; [grueso] marqueur *m* ; [fluorescente] surligneur *m*.

rótulo *m* [letrero] écriteau *m* ; [comercial] enseigne *f*.

rotundo, da *adj* - **1.** [gen] catégorique - **2.** [fracaso, éxito] total(e).

rotura *f* rupture *f* ; [de hueso] fracture *f* ; [en tela] déchirure *f*.

roulotte [ru'lot] *f* caravane *f*.

rozadura *f* - **1.** [señal] éraflure *f* - **2.** [herida] écorchure *f*.

rozamiento *m* - **1.** [fricción] frottement *m* - **2.** *fig* [enfado] friction *f*.

rozar ◇ *vt* - **1.** [tocar] frôler - **2.** [raspar] érafler ; [herir] écorcher ; **roza los cuarenta** il n'est pas loin des 40 ans - **3.** *fig* [aproximarse a] friser. ◇ *vi* : **~ con** toucher ; **esa cuestión roza con lo jurídico** *fig* cette question touche au juridique. ◆ **rozarse** *vpr* - **1.** [gen] se frôler - **2.** [herirse] s'écorcher - **3.** *fig* [tener trato] : **~se con alguien** fréquenter qqn.

Rte. (*abrev de* **remitente**) exp.

RTVE (*abrev de* **Radiotelevisión Española**) *f organisme public de radiodiffusion et de télévision d'Espagne*.

rubeola, rubéola *f* rubéole *f*.

rubí (*pl* **rubís** o **rubíes**) *m* rubis *m*.

rubio, bia *adj* & *m, f* blond(e).

rubor *m* - **1.** [vergüenza] honte *f* ; **causar ~** faire rougir - **2.** [sonrojo] rougeur *f* ; **el ~ encendió su rostro** son visage s'empourpra.

ruborizar *vt* faire rougir. ◆ **ruborizarse** *vpr* rougir.

rúbrica *f* - **1.** [de firma] paraphe *m* - **2.** [título] rubrique *f* - **3.** *fig* [final] conclusion *f* ; **poner ~ a algo** mettre le point final à qqch.

rubricar *vt* - **1.** [firmar] parapher - **2.** *fig* [confirmar] confirmer - **3.** *fig* [finalizar] conclure.

rudeza *f* - **1.** [tosquedad] rudesse *f* - **2.** [grosería] grossièreté *f*.

rudimentario, ria *adj* rudimentaire.

rudimentos *mpl* rudiments *mpl*.

rudo, da *adj* - **1.** [tosco, brusco] rude - **2.** [grosero] grossier(ère).

rueda ◇ *v* ▻ **rodar**. ◇ *f* - **1.** [pieza] roue *f* ; **~ delantera/trasera** roue avant/arrière ; **~ de repuesto** roue de secours - **2.** [corro] cercle *m* ; [para bailar] ronde *f* - **3.** [rodaja] tranche *f* ; [de limón, salchichón] rondelle *f*. ◆ **rueda de prensa** *f* conférence *f* de presse. ◆ **rueda de reconocimiento** *f présentation de suspects en vue d'identification*.

ruedo *m* - **1.** TAUROM arène *f* - **2.** [esterilla] paillasson *m*.

ruego *m* prière *f (demande)*.

rufián *m* [bribón] crapule *f*.

rugby *m* rugby *m*.

rugido *m* rugissement *m* ; *fig* [de persona] hurlement *m*.

rugir *vi* rugir ; [tripas] gargouiller.

rugoso, sa *adj* - **1.** [áspero] rugueux(euse) - **2.** [con arrugas] fripé(e).

ruido *m* bruit *m* ; **mucho ~ y pocas nueces** beaucoup de bruit pour rien.

ruidoso, sa *adj* bruyant(e) ; *fig* tapageur(euse).

ruin *adj* - **1.** [vil] vil(e) - **2.** [avaro] pingre.

ruina *f* - **1.** [gen] ruine *f* ; **dejar en la ~** ruiner ; **estar en la ~** être ruiné(e) - **2.** [perdición] : **ser la ~ de alguien** mener qqn à sa perte - **3.** [desastre - persona] : **estar hecho una ~** être une loque. ◆ **ruinas** *fpl* [históricas] ruines *fpl* ; [escombros] décombres *mpl*.

ruinoso, sa *adj* - **1.** [poco rentable] ruineux(euse) - **2.** [edificio] en ruine.

ruiseñor *m* rossignol *m*.

ruleta *f* roulette *f (jeu)*.

ruletear *vi Amer* conduire un taxi.

ruletero *m Amer* chauffeur *m* de taxi.

rulo *m* [para el pelo] bigoudi *m*.

ruma *f Amer* tas *m*.

Rumanía, Rumania Roumanie *f*.

rumano, na ◇ *adj* roumain(e). ◇ *m, f* Roumain *m*, -e *f*. ◆ **rumano** *m* [lengua] roumain *m*.

rumba *f* rumba *f*.

rumbo *m* - **1.** NÁUT cap *m* ; **ir con ~ a** faire route vers - **2.** *fig* [orientación] direction *f* ; [de los acontecimientos] tournure *f* ; **con ~ a** en direction de.

rumiante ◇ *adj* ruminant(e). ◇ *m* ruminant *m*.

rumiar *vt* & *vi* ruminer.

rumor *m* - **1.** [chisme] rumeur *f* ; **circula el ~ de que ...** le bruit court que ... - **2.** [ruido - de voces] brouhaha *m* ; [- de agua] grondement *m*.

rumorearse *vpr* : **se rumorea que ...** le bruit court que ...

runrún *m* - **1.** [ruido] ronflement *m* - **2.** [chisme] bruit *m*.

rupestre *adj* rupestre.

ruptura *f* rupture *f*.

rural *adj* rural(e) ; [médico, cura] de campagne.

Rusia Russie *f*.

ruso, sa ◇ *adj* russe. ◇ *m, f* Russe *mf*. ◆ **ruso** *m* [lengua] russe *m*.

rústico, ca *adj* - **1.** [del campo] de campagne ; [finca, propiedad] rural(e) ; [mobiliario] rustique - **2.** [tosco] fruste. ◆ **en rústica** *loc adj* broché(e).

ruta *f* route *f* ; *fig* chemin *m*.

rutina *f* routine *f*.

rutinario, ria *adj* routinier(ère).

S

s[1], S [ese] *f* [letra] s *m inv*, S *m inv*.

s[2] (*abrev de* **segundo**) s.

s., sig. *abrev de* **siguiente**.

S (*abrev de* **san**) St.

SA (*abrev de* **sociedad anónima**) *f* SA *f*.

sábado *m* samedi *m* ; **¿qué día es hoy? – (es) ~** quel jour sommes-nous, aujourd'hui? – (nous sommes) samedi ; **cada dos ~s, un ~ sí y otro no** un samedi sur deux ; **cada ~, todos los ~s** tous les samedis ; **caer en ~** tomber un samedi ; **te llamo el ~** je t'appelle samedi ; **el próximo ~, el ~ que viene** samedi prochain ; **el ~ pasado** samedi dernier ; **el ~ por la mañana/la tarde/la noche** samedi matin/après-midi/soir ; **en ~** le samedi ; **nací en ~** je suis né un samedi ; **este ~** [pasado] samedi dernier ; [próximo] samedi prochain ; **¿trabajas los ~s?** tu travailles le samedi? ; **trabajar un ~** travailler un samedi ; **un ~ cualquiera** n'importe quel samedi.

sábana *f* drap *m*.

sabandija *f* - **1.** [animal] bestiole *f* - **2.** *fam fig* [persona] minable *mf*.

sabañón *m* engelure *f*.

sabático, ca *adj* sabbatique.

saber ◇ *m* savoir *m*. ◇ *vt* - **1.** [gen] savoir ; **ya lo sé** je le sais bien ; **lo supe ayer** je l'ai su hier ; **~ hacer algo** savoir faire qqch ; **sabe montar en bici** il sait faire du vélo ; **hacer ~ algo a alguien** faire savoir qqch à qqn ; **a ~** à savoir - **2.** [entender de] s'y connaître en ; **sabe mucha física** il s'y connaît en physique - **3.** *loc* : **que yo sepa** que je sache ; **¡vete a ~!** *fam* va savoir! ; **¡y yo que sé!** je n'en sais rien, moi! ◇ *vi* - **1.** [tener sabor] : **~ a** avoir un goût de ; **no ~ a nada** n'avoir aucun goût ; **~ bien/mal** avoir bon/mauvais goût ; **~ mal a alguien** *fig* [disgustar] ne pas plaire à qqn ; [entristecer] faire de la peine à qqn - **2.** [entender] : **~ de algo** s'y connaître en qqch - **3.** [tener noticias] : **~ de alguien** avoir des nouvelles de qqn ; **~ de algo** être au courant de qqch - **4.** [parecer] : **eso me sabe a disculpa** j'ai l'impression que c'est une excuse. ◆ **saberse** *vpr* savoir ; **me lo sé de memoria** je le sais par cœur.

sabiduría *f* - **1.** [conocimientos] savoir *m* - **2.** [prudencia] sagesse *f*.

sabiendas ◆ **a sabiendas** *loc adv* sciemment.

sabihondo, da, sabiondo, da ◇ *adj* pédant(e). ◇ *m, f* grosse tête *f*.

sabio, bia *adj* savant(e) ; **una sabia decisión** une sage décision. ◇ *m, f* savant *m* -e *f*.

sabiondo, da = **sabihondo.**

sablazo *m* - **1.** [gen] coup *m* de sabre - **2.** *fam fig* [de dinero] : **dar un ~ a alguien** taper (de l'argent à) qqn.

sable *m* sabre *m*.

sablear *vi fam* taper *(de l'argent)*.

sabor *m* - **1.** [gusto] goût *m* ; **un ~ a** un goût de - **2.** *fig* [estilo] saveur *f*.

saborear *vt* savourer.

sabotaje *m* sabotage *m*.

sabotear *vt* saboter.

sabrá *etc* ▷ **saber.**

sabroso, sa *adj* - **1.** [gustoso] délicieux(euse) - **2.** *fig* [propuesta, negocio] intéressant(e) ; [cantidad] substantiel(elle) - **3.** *fig* [malicioso] savoureux(euse).

sabueso *m lit* & *fig* limier *m*.

saca *f* sac *m* ; **~ de correos** sac postal.

sacacorchos *m inv* tire-bouchon *m*.

sacapuntas *m inv* taille-crayon *m*.

sacar ◇ *vt* - **1.** [gen] sortir ; [lengua, conclusión] tirer ; **sacó el coche del garaje** il a sorti la voiture du garage ; **nos sacó algo de comer** il nous a donné quelque chose à manger ; **~ a bailar** inviter à danser ; **~ adelante** [hijos] élever ; [negocio] faire prospérer ; **~ el pecho** bomber le torse - **2.** [quitar] enlever, retirer ; **~ una muela** arracher une dent - **3.** [obtener - buenas notas] avoir ; [- premio] gagner ; [- foto, billete] prendre ; [- dinero] retirer ; [- copia] faire ; [- carné, pasaporte] se faire faire - **4.** [sonsacar] soutirer - **5.** [extraer - aceite, vino] tirer - **6.** [resolver - ecuación etc] résoudre - **7.** [deducir] déduire, conclure ; **~ en claro** o **limpio** tirer au clair - **8.** [mostrar] : **lo sacaron en televisión** il est passé à la télévision - **9.** [prenda - de largo] rallonger ; [- de ancho] élargir - **10.** [aventajar] : **sacó tres minutos a su rival** il a pris une avance de trois minutes sur son rival - **11.** DEP lancer ; **~ de banda** faire la remise en jeu. ◇ *vi* DEP lancer ; [con la raqueta] servir. ◆ **sacarse** *vpr* [conseguir] avoir ; **~se el carné (de conducir)** passer son permis (de conduire).

sacarina *f* saccharine *f*.

sacerdote, tisa *m, f* [pagano] prêtre *m*, prêtresse *f*. ◆ **sacerdote** *m* [cristiano] prêtre *m*.

saciar *vt* assouvir ; [aspiraciones] répondre à ; **~ la sed** étancher sa soif.

saco *m* - **1.** [gen] sac *m* ; **~ de dormir** sac de couchage - **2.** *Amer* [chaqueta] veste *f*.

sacramento *m* sacrement *m*.

sacrificar *vt* - **1.** [gen] sacrifier - **2.** [animal] abattre. ◆ **sacrificarse** *vpr* : **~se (por alguien)** se sacrifier (pour qqn).

sacrificio *m lit* & *fig* sacrifice *m*.

sacrilegio *m lit* & *fig* sacrilège *m*.

sacristán, ana *m, f* sacristain *m*, sacristine *f*.

sacristía *f* sacristie *f*.

sacro, cra *adj* [sagrado] sacré(e).

sacudida *f* secousse *f* ; *fig* choc *m* ; **~ eléctrica** décharge *f* (électrique).

sacudir *vt* - **1.** [gen] secouer - **2.** *fam* [pegar] donner une rouste à. ◆ **sacudirse** *vpr fig* [librarse de] chasser, se débarrasser de.

sádico, ca *adj* & *m, f* sadique.

sadismo *m* sadisme *m*.

sadomasoquismo *m* sadomasochisme *m*.

saeta *f* - **1.** [arma] flèche *f* - **2.** [de reloj] aiguille *f* - **3.** MÚS *courte pièce chantée lors des processions de la semaine sainte*.

safari *m* - **1.** [expedición] safari *m* - **2.** [parque] parc *m* animalier.

saga *f* saga *f*.

sagacidad *f* sagacité *f*.

sagaz *adj* sagace.

Sagitario ◇ *m inv* [zodiaco] Sagittaire *m inv*. ◇ *mf inv* [persona] sagittaire *m inv*.

sagrado, da *adj* sacré(e).

Sahara, Sáhara *m* : **el (desierto del) ~** le Sahara.

sal *f* - **1.** [gen] sel *m* - **2.** *fig* [garbo] charme *m* ; [en el habla] piquant *m*. ◆ **sales** *fpl* [para reanimar, para baño] sels *mpl*.

sala *f* - **1.** [gen] salle *f* ; **~ de audio** auditorium *m* ; **~ de espera** salle d'attente ; **~ de fiestas** salle de bal ; [en ayuntamiento] salle des fêtes - **2.** [salón] : **~ (de estar)** salle *f* de séjour, séjour *m* - **3.** [DER - lugar] salle *f* (d'audience) ; [- conjunto de magistrados] chambre *f*.

salado, da *adj* - **1.** [con sal] salé(e) ; [con demasiada sal] trop salé(e) - **2.** *fig* [gracioso] drôle - **3.** *Amer* [desgraciado] malchanceux(euse).

salamandra *f* salamandre *f*.

salami, salame *m* salami *m*.

salar *vt* saler.

salarial *adj* salarial(e) ; [aumento] de salaire.

salario *m* salaire *m* ; **~ mínimo (interprofesional)** salaire minimum, ≃ SMIC *m*.

salchicha *f* saucisse *f*.

salchichón *m* saucisson *m*.

saldar *vt* - **1.** [cuenta, producto] solder - **2.** [deuda] s'acquitter de - **3.** *fig* [diferencias, cuestión] régler. ◆ **saldarse** *vpr* [acabar] : **~se con** se solder par.

saldo *m* - **1.** [de cuenta] solde *m* ; [de deudas] règlement *m* ; **~ acreedor/deudor** solde créditeur/débiteur - **2.** *(gen pl)* [restos de mercancías] soldes *mpl* - **3.** *fig* [resultado] bilan *m*.

saledizo, za *adj* ARQUIT en saillie.

salero *m* - **1.** [recipiente] salière *f* - **2.** *fig* [gracia] charme *m*.

salida *f* - **1.** [gen & INFORM] sortie *f* ; [del sol] lever *m* ; **~ de emergencia** o **de incendios** sortie o issue de secours - **2.** [de tren, avión & DEP] départ *m* - **3.** [de carrera & COM] débouchés *mpl* ; **tener mucha ~** [productos] s'écouler facilement - **4.** [solución] issue *f* - **5.** [pretexto] échappatoire *f* - **6.** [ocurrencia] trait *m* d'esprit.

salido, da ◇ *adj* - **1.** [saliente] saillant(e) ; **tener los ojos ~s** avoir les yeux globuleux - **2.** [animal] en chaleur. ◇ *m, f fam* [persona] chaud lapin *m*.

saliente ◇ *adj* - **1.** [que sobresale] saillant(e) ; *fig* principal(e) - **2.** POLÍT sortant(e). ◇ *m* ARQUIT saillie *f*.

salino, na *adj* salin(e).

salir *vi* - **1.** [gen] sortir ; **salió a la calle** il est sorti ; **Juan sale mucho con sus amigos** Juan sort souvent avec ses amis ; **~ de** sortir de ; **salgo del hospital** je sors de l'hôpital ; **~ de la crisis** sortir de la crise - **2.** [tren, barco] partir ; [avión] décoller - **3.** [marcharse] : **~ (de/para)** partir (de/pour) ; **~ corriendo** partir en courant ; **~ de viaje** partir en voyage - **4.** [ser novios] : **~ con alguien** sortir avec qqn ; **María y Pedro están saliendo** María et Pedro sortent ensemble - **5.** [resultar] : **~ elegido/premiado** être élu/recompensé ; **salió elegida mejor actriz** elle a été élue meilleure actrice ; **~ bien/mal** réussir/échouer ; **el pastel te ha salido muy bien** ton gâteau est très réussi ; **el plan les ha salido mal** leur plan a échoué ; **el postre me ha salido mal** mon dessert est raté ; **~ ganando** bien s'en tirer ; [con dinero] y gagner ; **~ perdiendo** être désavantagé(e) ; [con dinero] y perdre - **6.** [en sorteo] être tiré(e) - **7.** [resolver] : **el problema no me sale** je n'arrive pas à résoudre ce problème ; **nunca me salen los crucigramas** je n'arrive jamais à faire les mots croisés - **8.** [costar] : **~ a** o **por** revenir à, en avoir pour ; **~ caro** revenir cher ; *fig* coûter cher - **9.** [proceder] : **~ de** venir de ; **de la uva sale el vino** le raisin donne le vin - **10.** [surgir - sol] se lever ; [- planta, diente] pousser - **11.** [aparecer - publicación] paraître ; [- producto] sortir - **12.** [en imagen, prensa] : **¡qué bien sales en la foto!** tu es très bien sur la photo! ; **mi vecina salió en la tele** ma voisine est passée à la télé ; **la noticia sale en los periódicos** la nouvelle est dans les journaux - **13.** [presentarse - ocasión, oportunidad] se présenter - **14.** INFORM [de un programa] quitter - **15.** [decir inesperadamente] : **nunca se sabe por dónde va a salir** on ne sait jamais ce qu'il va sortir - **16.** [parecerse] : **~ a alguien** ressembler à qqn - **17.** [sobresalir] ressortir - **18.** *loc* : **~ adelante** s'en sortir ; [proyecto] aboutir, se réaliser. ◆ **salirse** *vpr* - **1.** [marcharse] : **~se (de)** [lugar] sortir (de) ; [asociación] quitter - **2.** [gas, líquido] : **~se (por)** s'échapper (par) - **3.** [rebosar] déborder ; **el agua se salió de la bañera** la baignoire a débordé - **4.** [tener un escape] fuir - **5.** [desviarse] : **~se de** [vía] dérailler ; [carretera] quitter ; **~se del tema** s'écarter du sujet - **6.** *loc* : **~se con la suya** arriver à ses fins.

salitre *m* salpêtre *m*.

saliva *f* salive *f*.

salmo *m* psaume *m*.

salmón ◇ *m* [pez] saumon *m*. ◇ *adj* & *m inv* [color] (rose) saumon.

salmonete *m* rouget *m*.

salmuera *f* saumure *f*.

salobre *adj* saumâtre.

salón *m* - **1.** [gen] salon *m* ; **~ de belleza** institut *m* de beauté - **2.** [local] salle *f* ; **~ de actos** salle de conférences.

salpicadera *f Amer* garde-boue *m inv*.

salpicadero *m* tableau *m* de bord.

salpicadura *f* éclaboussure *f*.

salpicar *vt* - **1.** [rociar] éclabousser - **2.** *fig* [diseminar] parsemer.

salpimentar *vt* saupoudrer de sel et de poivre.

salpullido = **sarpullido.**

salsa *f* - **1.** CULIN sauce *f* ; [de carne] jus *m* ; ~ **bechamel** O **besamel** sauce béchamel ; ~ **mayonesa** O **mahonesa** sauce mayonnaise ; ~ **rosa** sauce cocktail - **2.** *fig* [interés] attrait *m* - **3.** MÚS salsa *f*.

salsera *f* saucière *f*.

saltamontes *m inv* sauterelle *f*.

saltar ◇ *vt* - **1.** [gen & DEP] sauter ; [al agua] plonger - **2.** [hacer estallar] faire sauter. ◇ *vi* - **1.** [gen & DEP] sauter ; [botón] tomber ; ~ **sobre algo/alguien** [abalanzarse] sauter sur qqch/qqn ; ~ **de un tema a otro** passer du coq à l'âne - **2.** [arrojarse, caer] : ~ **de 10 metros** faire un saut de 10 mètres - **3.** [levantarse, reaccionar bruscamente] bondir - **4.** [desparramarse] jaillir - **5.** [estallar] exploser - **6.** [romperse] se casser - **7.** [salir] : ~ **a** [terreno, pista etc] arriver sur. ◆ **saltarse** *vpr* - **1.** [gen] sauter ; **se me ha saltado un botón** j'ai perdu un bouton - **2.** [no respetar] ignorer ; [semáforo, stop] brûler.

salteado, da *adj* - **1.** CULIN sauté(e) - **2.** [espaciado] : **la falda tiene lunares ~s** la jupe est parsemée de pois.

salteador, ra *m, f* : ~ **(de caminos)** bandit *m* (de grand chemin).

saltear *vt* - **1.** [asaltar] attaquer - **2.** CULIN faire sauter.

saltimbanqui *mf* saltimbanque *m*.

salto *m* - **1.** [gen & DEP] saut *m* ; [al agua] plongeon *m* ; **dar** O **pegar un** ~ faire un saut ; *fig* [asustarse] faire un bond ; [progresar] faire un bond en avant ; ~ **de altura/de longitud** saut en hauteur/en longueur - **2.** *fig* [diferencia] écart *m* - **3.** *fig* [omisión] trou *m* - **4.** [despeñadero] précipice *m* - **5.** *loc* : **vivir a ~ de mata** vivre au jour le jour. ◆ **salto de agua** *m* chute *f* d'eau.

saltón, ona *adj* [diente] en avant ; **tener los ojos saltones** avoir les yeux globuleux.

salubre *adj* salubre.

salud ◇ *f* santé *f* ; **estar bien/mal de ~** être en bonne/mauvaise santé ; **beber a la ~ de alguien** boire à la santé de qqn. ◇ *interj* : **¡salud!** [para brindar] à la tienne/vôtre! ; [tras estornudo] à tes/vos souhaits!

saludable *adj* - **1.** [gen] sain(e) - **2.** *fig* [provechoso] salutaire.

saludar *vt* [a una persona] saluer ; **saluda a Ana de mi parte** dis bonjour à Ana de ma part ; **le saluda atentamente** recevez l'expression de mes sentiments distingués. ◆ **saludarse** *vpr* se saluer ; **no ~se** [estar enemistados] ne plus se dire bonjour.

saludo *m* salut *m* ; **Ana te manda ~s** [en cartas] je te transmets le bonjour d'Ana ; [al teléfono] tu as le bonjour d'Ana ; **dirigir un ~ a alguien** saluer qqn ; **un ~ afectuoso** [en cartas] affectueusement.

salva *f* MIL salve *f* ; **una ~ de aplausos** *fig* une salve d'applaudissements.

salvación *f* - **1.** [remedio] : **no tener ~** [enfermo] être perdu(e) ; [enfermedad] être incurable - **2.** [rescate] secours *m* - **3.** RELIG salut *m*.

salvado *m* BOT son *m*.

salvador, ra ◇ *adj* salvateur(trice). ◇ *m, f* sauveur *m*.

salvadoreño, ña ◇ *adj* salvadorien(enne). ◇ *m, f* Salvadorien *m*, -enne *f*.

salvaguardar *vt* sauvegarder.

salvaje ◇ *adj* - **1.** [gen] sauvage - **2.** [brutal] violent(e). ◇ *mf* sauvage *mf*.

salvamanteles *m inv* dessous-de-plat *m inv*.

salvamento *m* sauvetage *m*.

salvar *vt* - **1.** [gen] sauver - **2.** [superar - obstáculo] franchir ; [- dificultad] surmonter - **3.** [exceptuar] : **salvando algunos detalles ...** excepté quelques détails ... - **4.** INFORM [un fichero] sauvegarder. ◆ **salvarse** *vpr* - **1.** [librarse] : **~se de** réchapper de - **2.** RELIG sauver son âme.

salvaslip *m* protège-slip *m*.

salvavidas ◇ *adj inv* de sauvetage. ◇ *m inv* bouée *f* de sauvetage.

salvedad *f* exception *f* ; **con la ~ de que ...** excepté que ...

salvia *f* sauge *f*.

salvo, va *adj* sauf (sauve) ; **estar a ~** être en sûreté ; **su honor está a ~** son honneur est sauf ; **poner algo a ~** mettre qqch à l'abri. ◆ **salvo** *adv* sauf ; ~ **que llueva** sauf s'il pleut ; **hablaron todos, ~ él** ils ont tous parlé sauf lui.

salvoconducto *m* sauf-conduit *m*.

samba *f* samba *f*.

san *adj* saint ; ~ **José** saint Joseph.

sanar ◇ *vt* guérir. ◇ *vi* guérir ; **no he sanado del todo** je ne suis pas totalement guéri.

sanatorio *m* clinique *f* ; [en la montaña] sanatorium *m*.
sanción *f* sanction *f*.
sancionar *vt* sanctionner.
sandalia *f* sandale *f*.
sándalo *m* santal *m*.
sandez *f* sottise *f*.
sandía *f* pastèque *f*.
sándwich ['sanwitʃ] (*pl* **sándwiches** o **sandwichs**) *m* sandwich *m* (de pain de mie).
saneamiento *m* assainissement *m*.
sanear *vt* assainir.
sangrar ◇ *vi* saigner ; **~ por la nariz** saigner du nez. ◇ *vt* **- 1.** [gen] saigner **- 2.** [árbol] gemmer **- 3.** IMPRENTA renfoncer.
sangre *f* **- 1.** [gen] sang *m* **- 2.** *loc* : **llevar algo en la ~** avoir qqch dans le sang ; **no llegó la ~ al río** ça n'a pas été plus loin. ◆ **sangre fría** *f* sang-froid *m*.
sangría *f* **- 1.** [gen] saignée *f* **- 2.** [bebida] sangria *f* **- 3.** IMPRENTA alinéa *m* ; INFORM retrait *m*, renfoncement *m*.
sangriento, ta *adj* **- 1.** [gen] sanglant(e) **- 2.** [despiadado, cruel] sanguinaire.
sanguijuela *f* [gusano] sangsue *f* ; **ser una ~ para alguien** *fam fig* saigner qqn à blanc.
sanguinario, ria *adj* sanguinaire.
sanguíneo, a *adj* sanguin(e).
sanidad *f* **- 1.** [servicio] santé *f* ; **trabajar en ~** travailler dans le secteur médical ; **el ministerio de ~** le ministère de la Santé **- 2.** [salubridad] hygiène *f*.
sanitario, ria ◇ *adj* sanitaire. ◇ *m, f* [persona] professionnel *m*, -elle *f* de la santé. ◆ **sanitarios** *mpl* [instalación] sanitaires *mpl*.
San Juan San Juan.
sano, na *adj* **- 1.** [gen] sain(e) ; **~ y salvo** sain et sauf **- 2.** [entero] intact(e).
San Salvador San Salvador.
Santiago de Chile Santiago (du Chili).
Santiago de Compostela Saint-Jacques-de-Compostelle.
santiamén ◆ **en un santiamén** *loc adv fam* en un clin d'œil.
santidad *f* sainteté *f* ; **una vida de ~** une vie de saint(e).
santificar *vt* sanctifier.
santiguar *vt* faire le signe de la croix sur. ◆ **santiguarse** *vpr* se signer.
santo, ta ◇ *adj* **- 1.** [gen] saint(e) ; **todo el ~ día** toute la sainte journée ; **hace su santa voluntad** il fait ses quatre volontés **- 2.** *fam* [beneficioso] miraculeux(euse). ◇ *m, f lit* & *fig* saint *m*, -e *f*. ◆ **santo** *m* **- 1.** [onomástica] fête *f* **- 2.** *fam fig* [ilustración, foto] image *f* **- 3.** *loc* : **¿a ~ de qué?** en quel honneur? ; **írsele a alguien el ~ al cielo** perdre le fil (de ses pensées). ◆ **santo y seña** *m* MIL mot *m* de passe.
Santo Domingo Saint-Domingue.
santoral *m* **- 1.** [libro de vidas de santos] *recueil sur la vie des saints* **- 2.** [onomástica] martyrologe *m*.
santuario *m* sanctuaire *m*.
saña *f* **- 1.** [furor] rage *f* **- 2.** [insistencia] acharnement *m*.
sapo *m* crapaud *m*.
saque ◇ *v* ▷ **sacar.** ◇ *m* DEP coup *m* d'envoi ; [en tenis, bádminton etc] service *m*.
saquear *vt* **- 1.** [rapiñar] piller, mettre à sac **- 2.** *fam* [vaciar] faire une razzia sur.
saqueo *m* pillage *m*.
sarampión *m* rougeole *f*.
sarao *m* [fiesta] fête *f*.
sarcasmo *m* sarcasme *m*.
sarcástico, ca *adj* sarcastique.
sarcófago *m* sarcophage *m*.
sardana *f* sardane *f*.
sardina *f* sardine *f* ; **ir como ~s en canasta** o **en lata** *fig* être serrés comme des sardines.
sardónico, ca *adj* sardonique.
sargento ◇ *mf* **- 1.** MIL sergent *m* **- 2.** *despec* [persona autoritaria] gendarme *m*. ◇ *m* [herramienta] serre-joint *m*.
sarna *f* gale *f* ; **~ con gusto no pica** *fig* quand on aime ça ... (on n'en voit pas les inconvénients).
sarpullido, salpullido *m* éruption *f* cutanée.
sarro *m* tartre *m*.
sarta *f* chapelet *m (d'objets)* ; [de desdichas] série *f*.
sartén *f* **- 1.** [utensilio] poêle *f* ; **tener la ~ por el mango** tenir les rênes **- 2.** [cantidad] poêlée *f*.
sastre, tra *m, f* tailleur *m*, couturière *f*.
sastrería *f* : **ir a la ~** aller chez le tailleur.
Satanás *m* Satan *m*.
satélite *adj* & *m* satellite *m*.
satén *m* satin *m*.
satinado, da *adj* satiné(e).
sátira *f* satire *f*.

satírico, ca ◇ *adj* satirique. ◇ *m, f* persifleur *m*, -euse *f* ; [escritor] satiriste *mf*.

satirizar *vt* railler, faire la satire de.

satisfacción *f* - **1.** [gen] satisfaction *f* ; **tener cara de ~** avoir un air satisfait - **2.** *fig* [gustazo] luxe *m* ; **darse la ~ de** s'offrir le luxe de.

satisfacer *vt* - **1.** [gen] satisfaire - **2.** [deuda] honorer - **3.** [pregunta] répondre à ; **~ una duda** lever un doute - **4.** [requisitos] remplir.

satisfactorio, ria *adj* satisfaisant(e).

satisfecho, cha ◇ *pp irreg* ▻ **satisfacer.** ◇ *adj* - **1.** [complacido] satisfait(e) ; [al comer] repu(e) ; **darse por ~** s'estimer heureux - **2.** [engreído] fier (fière) de soi.

saturar *vt* saturer. ◆ **saturarse** *vpr* être saturé(e) ; **~se de trabajo** travailler comme un fou.

sauce *m* saule *m* ; **~ llorón** saule pleureur.

sauna *f* sauna *m*.

savia *f* - **1.** BOT sève *f* - **2.** *fig* [de juventud, amor] fougue *f*.

saxofón, saxófono, saxo ◇ *m* saxophone *m*. ◇ *mf* saxophoniste *mf*.

saxofonista *mf* saxophoniste *mf*.

saxófono = **saxofón**.

sazón *f* - **1.** [madurez] maturité *f* ; **estar en ~** être mûr(e) - **2.** [sabor] goût *m*. ◆ **a la sazón** *loc adv* à ce moment-là, à cette époque.

sazonado, da *adj* assaisonné(e).

sazonar *vt* assaisonner.

scanner = **escáner**.

scout [es'kaut] (*pl* **scouts**) *m* scout *m*, -e *f*.

se *pron pers* - **1.** [reflexivo] se, s' *(delante de vocal)* ; [usted mismo, ustedes mismos] vous ; **~ pasea** il se promène ; **~ divierte** il s'amuse ; **~ están bañando, están bañándo~** ils se baignent ; **hay que lavar~ todos los días** il faut se laver tous les jours ; **siénte~** asseyez-vous ; **¡que ~ diviertan!** amusez-vous bien! - **2.** [recíproco] se, s' *(delante de vocal)* ; **~ tutean** ils se tutoient ; **~ quieren** ils s'aiment - **3.** [construcción pasiva] : **~ ha suspendido la reunión** la réunion a été suspendue - **4.** [impersonal] on ; '**~ habla inglés**' 'on parle anglais' ; **desde aquí ~ ve bien** on voit bien d'ici ; '**~ prohíbe fumar**' 'interdiction de fumer' - **5.** *(en vez de 'le' o 'les' antes de 'lo', 'la', 'los' o 'las')* [complemento indirecto - a él, ella] lui ; [- a ellos, ellas] leur ; [- a usted, ustedes] vous ; **cómpraselo** achète-le-lui ; **~ lo dije, pero no me hicieron caso** je le leur ai dit, mais ils ne m'ont pas écouté ; **si usted quiere, yo ~ las mandaré** si vous voulez, je vous les enverrai.

sé - **1.** ▻ **saber** - **2.** ▻ **ser**.

sebo *m* graisse *f* ; ANAT sébum *m* ; [para jabón, velas] suif *m*.

secador *m* séchoir *m* ; **~ (de pelo)** sèche-cheveux *m inv*.

secadora *f* séchoir *m* ; **~ de ropa** sèche-linge *m inv*.

secante ◇ *adj* - **1.** [secador] siccatif(ive) - **2.** ▻ **papel** - **3.** GEOM sécant(e). ◇ *f* GEOM sécante *f*.

secar *vt* - **1.** [ropa, lágrimas] sécher ; [planta, piel] dessécher - **2.** [enjugar] essuyer. ◆ **secarse** *vpr* sécher ; [río, fuente] s'assécher ; [planta, piel] se dessécher ; **~se el pelo** se sécher les cheveux.

sección *f* - **1.** [departamento - en almacén] rayon *m* ; [- en empresa] service *m* - **2.** PRENSA pages *fpl* ; **~ deportiva** pages sportives - **3.** MIL & GEOM section *f* - **4.** [dibujo] coupe *f*.

seccionar *vt* sectionner.

secesión *f* sécession *f*.

seco, ca *adj* - **1.** [gen] sec (sèche) - **2.** [río, lago] à sec ; **lavar en ~** nettoyer à sec - **3.** *loc* : **parar en ~** s'arrêter net. ◆ **a secas** *loc adv* tout court ; **se llama Juan a secas** il s'appelle Juan tout court.

secretaría *f* secrétariat *m*.

secretariado *m* - **1.** [gen] secrétariat *m* - **2.** POLÍT secrétariat *m* d'État.

secretario, ria *m, f* secrétaire *mf*.

secreto, ta *adj* secret(ète) ; **en ~** en secret. ◆ **secreto** *m* secret *m*.

secta *f* secte *f*.

sector *m* secteur *m* ; [de partido] courant *m* ; **un ~ de la opinión pública** une partie de l'opinion publique.

secuaz *mf despec* acolyte *m*.

secuela *f* séquelle *f*.

secuencia *f* séquence *f* ; [de temas] série *f*.

secuestrador, ra *m, f* ravisseur *m*, -euse *f* ; [de avión] pirate *m* de l'air.

secuestrar *vt* - **1.** [persona] enlever - **2.** [barco, avión] détourner - **3.** [periódico, publicación, bienes] saisir.

secuestro *m* - **1.** [de persona] enlèvement *m* - **2.** [de avión, barco] détournement *m* - **3.** [de periódico, publicación] saisie *f*.

secular ◇ *adj* - **1.** [seglar] séculier(ère) - **2.** [centenario] séculaire. ◇ *m* séculier *m*.

secundar *vt* [respaldar] appuyer, soutenir ; **~ a alguien** seconder qqn.

secundario, ria *adj* secondaire.

sed ◇ *v* ▷ **ser**. ◇ *f lit* & *fig* soif *f*.

seda *f* soie *f* ; **como una ~** comme sur des roulettes.

sedal *m* ligne *f (pour pêcher)*.

sedante ◇ *adj* apaisant(e) ; MED sédatif(ive). ◇ *m* sédatif *m*.

sede *f* siège *m (résidence, diocèse)*. ◆ **Santa Sede** *f* : **la Santa Sede** le Saint-Siège.

sedentario, ria *adj* sédentaire.

sedición *f* sédition *f*.

sediento, ta *adj* assoiffé(e).

sedimentar *vt* déposer. ◆ **sedimentarse** *vpr* se déposer.

sedimento *m* - **1.** [poso] dépôt *m* - **2.** GEOL sédiment *m* - **3.** *(gen pl) fig* [huella] traces *fpl*.

sedoso, sa *adj* soyeux(euse).

seducción *f* séduction *f*.

seducir *vt* - **1.** [atraer] séduire - **2.** [persuadir] enjôler.

seductor, ra ◇ *adj* séduisant(e). ◇ *m, f* séducteur *m*, -trice *f*.

segador, ra *m, f* [agricultor] moissonneur *m*, -euse *f*. ◆ **segadora** *f* [máquina] moissonneuse *f* ; [herramienta] faucheuse *f*.

segar *vt* - **1.** [AGRIC - mieses] moissonner ; [- hierba] faucher - **2.** *fig* [cortar - cabezas] couper ; [- vidas] faucher ; [- ilusiones] briser.

seglar *adj* & *m* séculier.

segmentar *vt* segmenter.

segmento *m* segment *m*.

Segovia Ségovie.

segregación *f* - **1.** [discriminación] ségrégation *f* - **2.** [secreción] sécrétion *f*.

segregar *vt* - **1.** [separar] séparer - **2.** [discriminar] discriminer - **3.** [secretar] sécréter.

seguidilla *f* - **1.** LITER *strophe de quatre ou sept vers, utilisée dans les chansons populaires* - **2.** MÚS séguedille *f*.

seguido, da *adj* [continuo] continu(e) ; [consecutivo] de suite, d'affilée ; **diez años ~s** dix ans de suite ; **se comió 15 pasteles ~s** il a mangé 15 gâteaux d'affilée ; **tener hijos ~s** avoir des enfants rapprochés. ◆ **seguido** *adv* tout droit. ◆ **en seguida** *loc adv* tout de suite.

seguidor, ra *m, f* adepte *mf* ; DEP supporter *m*.

seguimiento *m* suivi *m*.

seguir ◇ *vt* - **1.** [gen] suivre ; **alguien nos seguía** quelqu'un nous suivait ; **seguí tus instrucciones** j'ai suivi tes instructions ; **sigue unos cursos de ...** elle suit des cours de ... ; **la enfermedad sigue su curso** la maladie suit son cours - **2.** [reanudar, continuar] poursuivre. ◇ *vi* - **1.** [sucederse] : **~ a algo** suivre qqch ; **la primavera sigue al invierno** le printemps suit l'été - **2.** [continuar] continuer ; **sigue por este camino** continue dans cette voie ; **sigue haciendo frío** il continue à faire froid - **3.** [estar todavía] : **sigue enferma/soltera** elle est toujours malade/célibataire. ◆ **seguirse** *vpr* [deducirse] s'ensuivre.

según ◇ *prep* - **1.** [de acuerdo con] selon, d'après ; **~ ella, ha sido un éxito** selon elle, ça a été un succès ; **~ yo/tú etc** d'après moi/toi etc - **2.** [dependiendo de] suivant, selon ; **~ la hora que sea** suivant l'heure (qu'il sera) ; **~ los casos** selon les cas. ◇ *adv* - **1.** [como] comme ; **todo permanecía ~ lo había dejado** tout était comme il l'avait laissé - **2.** [a medida que] (au fur et) à mesure que ; **~ nos acercábamos, el ruido aumentaba** à mesure que nous approchions, le bruit s'amplifiait - **3.** [dependiendo] : **¿te gusta la música? — ~** tu aimes la musique? — ça dépend ; **lo intentaré ~ esté de tiempo** j'essaierai en fonction du temps que j'aurai ; **~ parece (...)** à ce qu'il paraît (...).

segunda *f* ▷ **segundo**.

segundero *m* trotteuse *f (d'une montre)*.

segundo, da *adj num* deuxième, second(e) ; **primos ~s** cousins au second degré ; *ver también* **sexto**. ◆ **segundo** *m* seconde *f*. ◆ **segunda** *f* [velocidad, clase] seconde *f*. ◆ **con segundas** *loc adv* : **ir con segundas** [discurso, palabras etc] être plein(e) de sous-entendus.

seguramente *adv* sûrement *(probablement)*.

seguridad *f* - **1.** [protección] sécurité *f* ; [fiabilidad] sûreté *f* ; **de ~** [cinturón, cerradura etc] de sécurité - **2.** [certidumbre, confianza] assurance *f* ; **con ~** avec certitude ; **~ en sí mismo** confiance en soi. ◆ **Seguridad Social** *f* Sécurité *f* sociale.

seguro, ra *adj* sûr(e) ; **tener por ~ que** être sûr(e) o certain(e) que. ◆ **seguro** ◇ *m* **- 1.** [contrato] assurance *f* ; **~ de vida** assurance-vie *f* **- 2.** [dispositivo] sûreté *f* ; [de pistola] cran *m* de sûreté **- 3.** *fam* [Seguridad Social] Sécu *f* **- 4.** *Amer* [imperdible] épingle *f* de nourrice. ◇ *adv* sûrement.

seis ◇ *adj num inv* six ; **~ personas** six personnes ; **tiene ~ años** il a six ans ; **página ~** page six ; **estamos a día ~** nous sommes le six. ◇ *m inv* six *m* ; **el ~ de agosto** le six août ; **calle Mayor (número) ~** six, calle Mayor ; **~ por ~** [en multiplicación] six fois six ; **el ~ de diamantes** le six de carreau. ◇ *pron num* six ; **somos ~** nous sommes six ; **vinieron ~** ils sont venus à six ; **los ~** tous les six. ◇ *fpl* : **las ~** six heures ; **son las ~** il est six heures.

seiscientos, tas *adj num inv* **- 1.** [para contar] six cents ; **~ hombres** six cents hommes ; **~ veinte** six cent vingt **- 2.** [para ordenar] six cent ; **página ~** page six cent.

seísmo, sismo *m* séisme *m*.

selección *f* **- 1.** [gen] sélection *f* ; [de personal] recrutement *m* **- 2.** DEP équipe *f* nationale.

seleccionador, ra ◇ *adj* de sélection. ◇ *m, f* DEP sélectionneur *m*, -euse *f*.

seleccionar *vt* sélectionner.

selectividad *f* EDUC *examen d'entrée à l'université*, ≃ baccalauréat *m*.

selectivo, va *adj* sélectif(ive).

selecto, ta *adj* **- 1.** [excelente] de choix **- 2.** [escogido] choisi(e) ; **la gente selecta** les gens bien.

selfservice (*pl* **selfservices**) *m* self-service *m*.

sellar *vt* **- 1.** [estampar] tamponner **- 2.** [timbrar] timbrer **- 3.** [lacrar, precintar] sceller.

sello *m* **- 1.** [de correos] timbre *m* **- 2.** [tampón] tampon *m* **- 3.** [sortija] chevalière *f* **- 4.** [lacre, impresión] sceau *m* **- 5.** *fig* [carácter] : **tener un ~ personal** avoir un certain cachet ; **tener el ~ de** porter la marque de.

selva *f* jungle *f* ; [bosque] forêt *f*.

semáforo *m* [de tráfico urbano] feu *m*.

semana *f* semaine *f* ; **entre ~** en semaine ; **~ laboral** semaine de travail. ◆ **Semana Santa** *f* Pâques *m* ; **la Semana Santa** la semaine sainte.

semanal *adj* hebdomadaire.

semanario, ria *adj* hebdomadaire. ◆ **semanario** *m* [publicación semanal] hebdomadaire *m*.

semántico, ca *adj* sémantique. ◆ **semántica** *f* sémantique *f*.

semblante *m* mine *f (expression du visage)*.

semblanza *f* [descripción] portrait *m* ; [reseña] notice *f* biographique.

sembrado, da *adj fig* [lleno] : **~ de trampas** semé d'embûches. ◆ **sembrado** *m* semis *m*.

sembrador, ra ◇ *adj* [técnica, procedimiento] d'ensemencement. ◇ *m, f* semeur *m*, -euse *f*. ◆ **sembradora** *f* semoir *m*.

sembrar *vt* **- 1.** [gen] semer **- 2.** *fig* [llenar] : **~ (de** o **con)** couvrir (de).

semejante ◇ *adj* **- 1.** [parecido] : **~ (a)** semblable (a) ; **dos casos ~s** deux cas semblables **- 2.** [tal] pareil(eille) ; **nunca ha habido ~ cola** il n'y a jamais eu une queue pareille. ◇ *m (gen pl)* semblable *m*.

semejanza *f* ressemblance *f*.

semejar *vi* ressembler. ◆ **semejarse** *vpr* se ressembler.

semen *m* sperme *m*.

semental ◇ *adj* : **un toro/burro ~** un taureau/âne étalon ; **un caballo ~** un étalon. ◇ *m* étalon *m*.

semestral *adj* semestriel(elle).

semestre *m* semestre *m*.

semidirecto ◇ *adj* semi-direct(e). ◇ *m* semi-direct *m*.

semifinal *f* demi-finale *f*.

semilla *f* **- 1.** [simiente] graine *f* **- 2.** *fig* [motivo] : **ser la ~ de algo** être à l'origine de qqch ; **ser la ~ de la discordia** semer la discorde.

seminario *m* séminaire *m*.

sémola *f* semoule *f*.

Sena *m* : **el ~** la Seine.

senado *m* sénat *m*. ◆ **Senado** *m* : **el Senado** le Sénat.

senador, ra *m, f* sénateur *m*.

sencillez *f* simplicité *f*.

sencillo, lla *adj* simple. ◆ **sencillo** *m* *Amer fam* [cambio] petite monnaie *f*.

senda *f* **- 1.** [camino] sentier *m* **- 2.** [medio, método] voie *f*.

senderismo *m* randonnée *f*.

sendero *m* sentier *m*.

sendos, das *adj* chacun un, chacun une, chacune un, chacune une ; **Pedro y**

Juan llevaban ~ paquetes Pedro et Juan portaient chacun un paquet.

senectud *f culto* vieillesse *f*.

Senegal : (el) ~ (le) Sénégal.

senil *adj* sénile.

sénior (*pl* **séniors**) ◇ *adj* **- 1.** [mayor de dos] : **¿está el Señor López ~?** monsieur López père est-il là? **- 2.** DEP senior. ◇ *m* senior *mf*.

seno *m* **- 1.** [gen] sein *m* ; **tiene grandes ~s** elle a une poitrine opulente ; **en el ~ de** *fig* au sein de **- 2.** [concavidad] poche *f* **- 3.** MAT & ANAT sinus *m*.

sensación *f* **- 1.** [gen] sensation *f* **- 2.** [efecto, premonición] impression *f*.

sensacional *adj* sensationnel(elle).

sensacionalista *adj* à sensation.

sensatez *f* bon sens *m*.

sensato, ta *adj* sensé(e).

sensibilidad *f* sensibilité *f*.

sensibilizar *vt* sensibiliser.

sensible *adj* **- 1.** [gen & FOT] sensible **- 2.** [delicado] délicat(e).

sensiblero, ra *adj despec* mièvre ; [persona] trop sensible.

sensitivo, va *adj* sensitif(ive).

sensor *m* capteur *m*.

sensorial *adj* sensoriel(elle).

sensual *adj* sensuel(elle).

sentado, da *adj* [prudente] réfléchi(e) ; **dar algo por ~** considérer qqch comme acquis.

sentar ◇ *vt lit & fig* asseoir. ◇ *vi* **- 1.** [ropa, peinado] aller ; **ese vestido te sienta bien** cette robe te va bien ; **el negro le sienta fatal** le noir ne lui va pas du tout **- 2.** [clima, vacaciones, comida etc] : **~ bien/mal a alguien** réussir/ne pas réussir à qqn ; **un descanso te sentará bien** ça te fera du bien de te reposer ; **el clima húmedo me sienta mal** le climat humide ne me réussit pas ; **las espinacas me han sentado mal** je n'ai pas digéré les épinards **- 3.** [comentario, acción] : **~ bien** plaire ; **~ mal** déplaire. ◆ **sentarse** *vpr* [en asiento] s'asseoir.

sentencia *f* sentence *f*.

sentenciar *vt* **- 1.** DER : **~ (a)** condamner (à) **- 2.** *fig* [juzgar de antemano] : **antes de entrar al examen ya estaba sentenciado** avant même de commencer l'examen il savait qu'il n'avait aucune chance ; **estar sentenciado al fracaso** être voué à l'échec.

sentido, da *adj* [sentimiento] sincère ; **ser muy ~** être très susceptible. ◆ **sentido** *m* **- 1.** [gen] sens *m* ; **no tiene ~ que ...** ça ne sert à rien de ... ; **de ~ único** à sens unique ; **doble ~** double sens ; **~ común** sens commun ; **~ del humor** sens de l'humour ; **sexto ~** sixième sens **- 2.** [conocimiento] connaissance *f* ; **quedarse sin ~, perder el ~** perdre connaissance. ◆ **sin sentido** *m* non-sens *m inv*.

sentimental *adj* sentimental(e).

sentimentaloide ◇ *adj* à l'eau de rose. ◇ *mf* : **ser un ~** être fleur bleue.

sentimiento *m (gen pl)* **- 1.** [gen] sentiment *m* **- 2.** [pena] : **le acompaño en el ~** croyez à toute ma sympathie.

sentir ◇ *m* sentiment *m*. ◇ *vt* **- 1.** [percibir, apreciar] sentir ; [ruido] entendre **- 2.** [experimentar - hambre, calor] avoir ; [- cariño, lástima etc] éprouver, ressentir ; **~ vergüenza** éprouver de la honte **- 3.** [lamentar] regretter ; **lo siento (mucho)** je suis (vraiment) désolé(e) **- 4.** [creer] penser ; **te lo digo como lo siento** je te le dis comme je le pense. ◆ **sentirse** *vpr* se sentir ; **~se cansado** se sentir fatigué ; **~se superior** se croire supérieur(e) ; **~se forzado a hacer algo** se sentir obligé de faire qqch.

seña *f* **- 1.** [gesto] signe *m* ; **hacer(le) ~s (a alguien)** faire des signes (à qqn) **- 2.** [contraseña] consigne *f*. ◆ **señas** *fpl* [dirección] adresse *f*, coordonnées *fpl*.

señal *f* **- 1.** [gen] signe *m* ; **en ~ de** en signe de ; **dar ~es de vida** *fig* donner signe de vie **- 2.** [aviso] signal *m* ; [del teléfono - línea] tonalité *f* ; **~ sonora** signal sonore **- 3.** [huella, cicatriz] marque *f* **- 4.** [adelanto] acompte *m*, arrhes *fpl* **- 5.** AUTOM : **~ (de tráfico)** panneau *m* (de signalisation) ; **la ~ de stop** le stop.

señalado, da *adj* important(e) ; **un día ~** un grand jour.

señalar *vt* **- 1.** [marcar, decir] signaler **- 2.** [apuntar] montrer ; **no señales al señor con el dedo** ne montre pas le monsieur du doigt **- 3.** [indicar, anunciar] indiquer ; [con marcas] marquer **- 4.** [determinar] fixer ; **hemos señalado la fecha de ...** nous avons fixé la date de ...

señalización *f* signalisation *f* ; **las señalizaciones son poco claras** la signalisation n'est pas très claire.

señalizar *vt* signaliser.

señor, ra *adj* **- 1.** [refinado] distingué(e) **- 2.** *(en aposición) fam* [gran] beau (belle).

◆ **señor** *m* - **1.** [tratamiento] monsieur *m* ; **el ~ Pérez** M. Pérez ; **los ~es Pérez** M. et Mme Pérez ; **el ~ presidente** M. le président ; **Muy ~ mío** [en cartas] Cher Monsieur ; **~es siéntense** asseyez-vous messieurs - **2.** [hombre] monsieur *m* - **3.** [caballero] gentleman *m* ; **es todo un ~** c'est un vrai gentleman - **4.** [de feudo] seigneur *m* - **5.** [amo] : **como el ~ no está ...** comme Monsieur n'est pas là ... ; **el ~ de la casa** le maître de maison. ◆ **señora** *f* - **1.** [tratamiento] madame *f* ; **la señora Pérez** Mme Pérez ; **la señora presidenta** Mme le président ; **¡señoras y ~es!** mesdames, mesdemoiselles, messieurs ; **Estimada señora** [en cartas] Chère Madame ; **¿señora o señorita?** madame ou mademoiselle? - **2.** [esposa] femme *f* - **3.** [ama] : **como la señora no está ...** comme Madame n'est pas là ... ; **la señora de la casa** la maîtresse de maison.

señorial *adj* - **1.** [majestuoso] majestueux(euse) - **2.** [del señorío] seigneurial(e).

señorío *m* - **1.** [dominio] autorité *f* - **2.** [distinción] distinction *f*.

señorito, ta *adj despec* : **es muy ~** il aime bien se faire servir. ◆ **señorito** *m* - **1.** *desus* [hijo del amo] *fils de propriétaires terriens* - **2.** *fam despec* [niñato] fils *m* à papa ; **el ~** monsieur. ◆ **señorita** *f* - **1.** [soltera] demoiselle *f* - **2.** [tratamiento] mademoiselle *f* ; **la señorita Pérez** mademoiselle Pérez - **3.** [maestra] : **¡señorita!** maîtresse!

señuelo *m* - **1.** [reclamo] appeau *m* - **2.** *fig* [trampa] leurre *m*.

sep., sept. (*abrev de* **septiembre**) sept.

sepa ▷ **saber**.

separación *f* - **1.** [gen] séparation *f* - **2.** [espacio] écart *m*.

separado, da ◇ *adj* - **1.** [alejado] : **estar ~ de** être loin de - **2.** [divorciado] séparé(e). ◇ *m, f* personne *f* séparée.

separar *vt* - **1.** [gen] séparer ; **los pantalones están separados por tallas** les pantalons sont rangés par taille - **2.** [apartar] : **~ algo de** éloigner qqch de - **3.** [reservar] mettre de côté. ◆ **separarse** *vpr* : **~se (de)** [gen] se séparer (de) ; [apartarse] s'éloigner (de).

separatismo *m* séparatisme *m*.

separo *m Amer* cellule *f (de prison)*.

sepelio *m* obsèques *fpl*.

sepia *f* [molusco] seiche *f*.

septentrional ◇ *adj* septentrional(e). ◇ *mf* habitant *m*, -e *f* du Nord.

septiembre, setiembre *m* septembre *m* ; **el 1 de ~** le 1 er septembre ; **uno de los ~s más lluviosos de la última década** l'un des mois de septembre les plus pluvieux de la dernière décennie ; **a mediados de ~** à la mi-septembre ; **a principios/finales de ~** au début/à la fin du mois de septembre ; **el pasado/próximo (mes de) ~** en septembre dernier/prochain ; **en pleno ~** en plein mois de septembre ; **en ~** en septembre ; **este ~ (pasado/próximo)** en septembre (dernier/prochain) ; **para ~** en septembre ; **entrará en el colegio para ~** il fera sa rentrée scolaire en septembre ; **lo quiero para ~** je le veux pour le mois de septembre.

séptimo, ma, sétimo, ma *adj num* septième.

sepulcral *adj* - **1.** [del sepulcro] funéraire - **2.** *fig* [voz] sépulcral(e).

sepulcro *m* tombeau *m*.

sepultar *vt* inhumer ; *fig* ensevelir.

sepultura *f* - **1.** [enterramiento] inhumation *f* ; **dar ~** inhumer ; **recibir ~** être inhumé(e) - **2.** [fosa] sépulture *f*.

sepulturero, ra *m, f* fossoyeur *m*.

sequedad *f* sécheresse *f*.

sequía *f* sécheresse *f*.

séquito *m* - **1.** [comitiva] suite *f* - **2.** [secuela] conséquence *f*.

ser ◇ *v aux (antes de participio forma la voz pasiva)* être ; **fue visto por un testigo** il a été vu par un témoin. ◇ *v copulativo* - **1.** [gen] être ; **es muy guapo** il est très beau ; **soy abogado** je suis avocat ; **es un amigo** c'est un ami ; **es de la familia** il est de la famille ; **él es del Consejo Superior** il est membre du Conseil supérieur - **2.** [servir, ser adecuado] : **este trapo es para limpiar los cristales** c'est le chiffon qui sert à nettoyer les vitres ; **este libro no es para niños** ce n'est pas un livre pour les enfants - **3.** : **~ de** [estar hecho de] être en ; [ser originario de] être de ; [pertenecer a] être à ; **el reloj es de oro** la montre est en or ; **yo soy de Madrid** je suis de Madrid ; **es de mi hermano** c'est à mon frère. ◇ *vi* - **1.** [gen] être ; **¿cuánto es?** c'est combien? ; **somos tres** nous sommes trois ; **lo importante es decidirse** l'important c'est de se décider ; **es la tercera vez que ...** c'est la troisième fois que ... ; **hoy es martes** aujourd'hui on est mardi ; **mañana es 15 de julio** demain c'est le 15 juillet ; **¿qué hora es?** quelle heure est-il? ; **son las tres de la tarde** il est trois heures de l'après-midi - **2.** [evolucionar] devenir ; **¿qué es de ti?** qu'est-ce que tu deviens? - **3.** [suceder, ocurrir] être, avoir lieu ; **la conferencia era esta mañana** la conférence a eu lieu ce matin ; **¿cómo fue el accidente?** comment l'accident est-il arrivé? ; **allí fue donde nació** c'est là qu'il est né - **4.** MAT : **dos y dos son cuatro** deux et deux font quatre - **5.** *loc* : **a no ~ que** à moins que ; **de no ~ por ti me hubiera ahogado** si tu n'avais pas été là je me serais noyé ; **no es nada** ce n'est rien ; **se ha dado un golpe, pero no es nada** il s'est cogné, mais ce n'est rien ; **no es para menos** il y a de quoi ; **pinchamos y por si fuera poco nos quedamos sin gasolina** nous avons crevé et comme si ça ne suffisait pas nous sommes tombés en panne d'essence. ◇ *v impers* - **1.** [expresa tiempo] : **es de día** il fait jour ; **es muy tarde** il est très tard - **2.** *(antes de infin)* [expresa necesidad, posibilidad] : **es de desear que ...** il est souhaitable que ... ; **era de esperar** on pouvait s'y attendre ; **es de suponer que ...** on peut supposer que ... - **3.** *(antes de 'que')* [expresa motivo] : **es que ayer no vine porque estaba enfermo** je ne suis pas venu hier parce que j'étais malade - **4.** *loc* : **como sea** coûte que coûte. ◇ *m* [ente] être *m*.

SER (*abrev de* **Sociedad Española de Radiodifusión**) *f société espagnole de radiodiffusion.*

Serbia Serbie *f*.

serbio, bia ◇ *adj* serbe. ◇ *m, f* Serbe *mf*.

serenar *vt* [persona] apaiser. ◆ **serenarse** *vpr* se calmer ; [tiempo] s'améliorer.

serenata *f* - **1.** MÚS sérénade *f* - **2.** [fastidio] : **dar ~** ne pas laisser fermer l'œil de la nuit.

serenidad *f* - **1.** [de persona] sérénité *f* - **2.** [de noche, mar etc] calme *m*.

sereno, na *adj* - **1.** [persona] serein(e) - **2.** [atmósfera, cielo] clair(e) - **3.** [mar] calme. ◆ **sereno** *m* [vigilante] *personne qui était chargée de surveiller les rues et d'ouvrir les portes des immeubles la nuit à Madrid en particulier.*

serial *m* feuilleton *m*.

serie *f* série *f*; **fuera de ~** hors série. ◆ **en serie** *loc adv* en série ; INFORM série.

seriedad *f* sérieux *m* ; **con ~** sérieusement.

serio, ria *adj* - **1.** [gen] sérieux(euse) - **2.** [color] sévère ; [ropa] strict(e). ◆ **en serio** *loc adv* sérieusement.

sermón *m* sermon *m*.

seropositivo, va *adj* & *m, f* séropositif(ive).

serpentear *vi* serpenter.

serpentina *f* serpentin *m*.

serpiente *f* serpent *m*.

serranía *f* région *f* montagneuse.

serrano, na ◇ *adj* - **1.** [de la sierra] montagnard(e) ; **una tierra serrana** un pays montagneux - **2.** ▷ **jamón**. ◇ *m, f* montagnard *m*, -e *f*.

serrar *vt* scier.

serrín *m* sciure *f*.

serrucho *m* scie *f* (égoïne).

servicial *adj* serviable.

servicio *m* - **1.** [gen & DEP] service *m* ; **prestar un ~** rendre un service ; **~ de té/de mesa** service à thé/de table ; **~ de urgencias** service des urgences ; **~ militar** service militaire ; **~ público** service public - **2.** [servidumbre] : **~ (doméstico)** domestiques *mpl* - **3.** [turno] garde *f* - **4.** *(gen pl)* [aseos] toilettes *fpl*.

servidor, ra ◇ *m, f* - **1.** [yo] : **este pastel lo ha hecho un ~** ce gâteau c'est moi qui l'ai fait - **2.** [en cartas] : **su seguro ~** votre dévoué serviteur. ◇ *interj* : **¡servidor!** présent! *(à l'appel)*. ◆ **servidor** *m* INFORM serveur *m*.

servidumbre *f* - **1.** [criados] domestiques *mpl* - **2.** [de vicio, pasión etc] dépendance *f* - **3.** [condición de siervo] servitude *f*.

servil *adj* servile.

servilleta *f* serviette *f (de table)*.

servilletero *m* porte-serviettes *m inv* ; [aro] rond *m* de serviette.

servir ◇ *vt* - **1.** [comida, bebida] servir ; **sírvanos dos cervezas** deux bières s'il vous plaît ; **¿te sirvo más?** je t'en ressers? - **2.** [ser útil a] être utile à ; **¿en qué puedo ~le?** en quoi puis-je vous être utile? ◇ *vi* servir ; **una tabla le servía de mesa** une planche lui servait de table ; **~ para** servir à ; **no sirve para nada** ça ne sert à rien ; **no sirve para estudiar** il n'est pas fait pour les études. ◆ **servirse** *vpr* - **1.** [comida, bebida] se servir ; **sírvete ...** sers-toi ... - **2.** [aprovecharse] : **~se de** se servir de

- **3.** [fórmula de cortesía] : **sírvase sentarse** veuillez vous asseoir.

sésamo *m* sésame *m*.

sesenta ◇ *adj num inv* soixante ; **los (años) ~** les années soixante. ◇ *m inv* soixante *m inv*.

sesentavo, va *adj num* soixantième.

sesera *f* - **1.** *fam* [cabeza] caboche *f* - **2.** *fam fig* [inteligencia] jugeote *f*.

sesión *f* séance *f* ; TEATR représentation *f* ; **un cine de ~ continua** un cinéma permanent.

seso *m (gen pl)* - **1.** [gen & CULIN] cervelle *f* - **2.** *fam* [sensatez] jugeote *f* ; **sorber el ~ o los ~s a alguien** *fam* tourner la tête à qqn.

sesudo, da *adj fam* : **es ~** c'est une tête.

set (*pl* **sets**) *m* DEP set *m*.

seta *f* champignon *m*.

setecientos, tas *adj num inv* sept cents ; *ver también* **seiscientos**.

setenta *adj num inv & m inv* soixante-dix ; *ver también* **sesenta**.

setentavo, va *adj num* soixante-dixième.

setiembre = **septiembre**.

sétimo, ma = **séptimo**.

seto *m* haie *f (clôture)*.

seudónimo = **pseudónimo**.

Seúl Séoul.

severidad *f* sévérité *f*.

severo, ra *adj* sévère.

Sevilla Séville.

sevillano, na ◇ *adj* sévillan(e). ◇ *m, f* Sévillan *m*, -e *f*. ◆ **sevillana** *f danse populaire andalouse*.

sex-appeal [seksa'pil] *m inv* sex-appeal *m inv*.

sexi (*pl* **sexis**), **sexy** (*pl* **sexys**) *adj* sexy.

sexista *adj & mf* sexiste.

sexo *m* sexe *m* ; **~ débil** sexe faible.

sexólogo, ga *m, f* sexologue *mf*.

sex-shop [sek'ʃop] (*pl* **sex-shops**) *m* sex-shop *m*.

sexteto *m* - **1.** MÚS sextuor *m* - **2.** LITER sizain *m*.

sexto, ta *adj num* sixième ; **Carlos ~** Charles six ; **el ~ piso** le sixième étage ; **el ~ de la clase** le sixième de la classe ; **llegó el ~** il est arrivé sixième.

sexual *adj* sexuel(elle).

sexualidad *f* sexualité *f*.

sexy = **sexi**.

sha [sa, ʃa] *m* chah *m*.

shetland ['ʃedlan] (*pl* **shetlands**) *m* shetland *m*.

shock = **choc**.

short ['ʃort] *m* [pantalón corto] short *m*.

shorts ['ʃorts] *m* [calzoncillos] caleçon *m*.

show ['ʃou] (*pl* **shows**) *m* show *m* ; **montar un ~** *fam* faire tout un cirque.

si[1] (*pl* **sís**) *m* MÚS si *m*.

si[2] *conj* - **1.** [gen] si, s' *(delante de 'i')* ; **¿y ~ fuéramos a verlo?** et si on allait le voir ; **~ viene, me voy** s'il vient je m'en vais ; **me pregunto ~ lo sabe** je me demande s'il le sait - **2.** [expresa insistencia] : **¡pero ~ no he hecho nada!** mais je n'ai rien fait! ; **~ ya sabía yo que ...** je savais bien que ...

sí[1] (*pl* **síes**) *m* oui *m* ; **dar el ~** donner son approbation.

sí[2] ◇ *adv* - **1.** [afirmación] oui ; *(tras pregunta negativa)* si ; **¿vendrás? — ~, iré** tu viendras? — oui, je viendrai ; **¿no te lo dijo? — ~, acaba de hacerlo** il ne te l'a pas dit? — si, il vient de le faire ; **¡claro que ~!** mais bien sûr! - **2.** [uso enfático] : **~ que me gusta** elle me plaît vraiment - **3.** *loc* : **¡a que no lo haces! — ¡a que ~!** je parie que tu ne le fais pas! — chiche! ; **¿por qué lo quieres? — porque ~** pourquoi tu le veux? — parce que ; **me voy de viaje — ¡(ah) ~ ...!** je pars en voyage — ah bon! ◇ *pron pers* [él] lui ; [ella] elle ; [ellos] eux ; [ellas] elles ; [usted, ustedes] vous ; **cuando uno piensa en ~ mismo** quand on pense à soi ; **decir para ~ (mismo)** se dire ; **de por ~** en soi.

siamés, esa ◇ *adj* siamois(e). ◇ *m, f* - **1.** [de Siam] Siamois *m*, -e *f* - **2.** [gemelo] siamois *m*, -e *f*. ◆ **siamés** *m* [gato] siamois *m*.

sibarita *adj & mf* sybarite.

Siberia Sibérie *f*.

Sicilia Sicile *f*.

sicoanálisis *etc* = **psicoanálisis**.

sicodélico, ca = **psicodélico**.

sicología *etc* = **psicología**.

sicomotor, ra = **psicomotor**.

sicópata = **psicópata**.

sicosis = **psicosis**.

sicosomático, ca = **psicosomático**.

sicotécnico, ca = **psicotécnico**.

sida (*abrev de* **síndrome de inmunodeficiencia adquirida**) *m* sida *m*.

sidecar *m* side-car *m*.

siderurgia *f* sidérurgie *f*.

siderúrgico, ca *adj* sidérurgique.

sidra *f* cidre *m*.

siega *f* moisson *f*.

siembra *f* semailles *fpl*.

siempre *adv* - **1.** [gen] toujours ; **como/desde ~** comme/depuis toujours ; **de ~** habituel(elle) ; **lo de ~** comme d'habitude ; **somos amigos de ~** nous sommes amis depuis toujours ; **para ~** pour toujours ; **para ~ jamás** à jamais - **2.** *Amer* [sin duda] vraiment ; **¿~ nos vemos mañana?** on se voit toujours demain? ◆ **siempre que** *loc conj* - **1.** [cada vez que] chaque fois que ; **~ que vengo** chaque fois que je viens - **2.** [con tal de que] pourvu que, à condition que ; **~ que seas bueno** à condition que tu sois gentil. ◆ **siempre y cuando** *loc conj* pourvu que.

sien *f* tempe *f*.

sierra ◇ *v* ▷ **serrar.** ◇ *f* - **1.** [herramienta] scie *f* - **2.** GEOGR sierra *f*, chaîne *f* de montagnes - **3.** [región montañosa] montagne *f* ; **en la ~** à la montagne.

siervo, va *m, f* - **1.** [esclavo] serf *m*, serve *f* - **2.** RELIG serviteur *m*, servante *f*.

siesta *f* sieste *f*.

siete ◇ *adj num inv* & *m inv* sept ; *ver también* **seis.** ◇ *f* : **¡la gran ~!** *Amer fam fig* purée!

sífilis *f inv* syphilis *f*.

sifón *m* - **1.** [gen] siphon *m* - **2.** [agua carbónica] eau *f* de Seltz.

sig. = **s.**

sigilo *m* discrétion *f* ; **con mucho ~** [en secreto] en grand secret ; [en silencio] très discrètement.

sigiloso, sa *adj* discret(ète).

sigla *f* sigle *m*.

siglo *m* siècle *m* ; **hace ~s que no te veo** ça fait des siècles que je ne t'ai pas vu ; **por los ~s de los ~s** pour la vie.

signatura *f* [en biblioteca] cote *f*.

significación *f* - **1.** [gen] signification *f* - **2.** [importancia] portée *f*.

significado, da *adj* important(e). ◆ **significado** *m* [sentido] signification *f*.

significar ◇ *vt* signifier. ◇ *vi* [tener importancia] : **significa mucho para mí** cela représente beaucoup pour moi.

significativo, va *adj* - **1.** [revelador] significatif(ive) ; [mirada, gesto etc] éloquent(e) - **2.** [importante] important(e).

signo *m* signe *m* ; **~ de exclamación** o **de admiración** point *m* d'exclamation ; **~ de interrogación** point d'interrogation.

siguiente ◇ *adj* suivant(e) ; **a la mañana ~** le lendemain matin ; **al día ~** le lendemain. ◇ *mf* suivant *m*, -e *f* ; **¡el ~!** au suivant! ; **lo ~** la chose suivante.

sílaba *f* syllabe *f*.

silabear ◇ *vt* prononcer en détachant les syllabes ; [un verso] scander. ◇ *vi* détacher les syllabes.

silbar *vt* & *vi* siffler.

silbato *m* sifflet *m*.

silbido, silbo *m* - **1.** [gen] sifflement *m* - **2.** [para abuchear] sifflet *m* - **3.** [con silbato] coup *m* de sifflet.

silenciador *m* silencieux *m*.

silenciar *vt* passer sous silence ; [escándalo] étouffer.

silencio *m* silence *m* ; **estar en ~** être silencieux(euse) ; **guardar ~ (sobre algo)** garder le silence (sur qqch) ; **romper el ~** rompre le silence.

silencioso, sa *adj* silencieux(euse).

silicona *f* silicone *f*.

silicosis *f inv* silicose *f*.

silla *f* - **1.** [asiento] chaise *f* ; **~ de ruedas** fauteuil *m* roulant ; **~ eléctrica** chaise électrique - **2.** [de caballo] : **~ (de montar)** selle *f* - **3.** [de prelado] siège *m*.

sillín *m* selle *f* *(de bicyclette etc)*.

sillón *m* fauteuil *m*.

silueta *f* silhouette *f*.

silvestre *adj* sauvage *(plante etc)*.

simbólico, ca *adj* symbolique.

simbolizar *vt* symboliser.

símbolo *m* symbole *m*.

simetría *f* symétrie *f*.

simiente *f culto* semence *f*.

símil *m* similitude *f*.

similar *adj* : **~ (a)** semblable (à).

similitud *f* similitude *f*.

simio, mia *m, f* singe *m*, guenon *f*.

simpatía *f* sympathie *f* ; **tener** o **sentir ~ por** avoir de la sympathie pour.

simpático, ca *adj* sympathique.

simpatizante *adj* & *mf* sympathisant(e).

simpatizar *vi* sympathiser ; **~ con** [persona] sympathiser avec ; [teoría etc] adhérer à ; **enseguida simpaticé con ellos** nous avons tout de suite sympathisé.

simple ◇ *adj* - **1.** [gen] simple - **2.** [bobo]

simplet(ette). ◇ *mf* niais *m*, -e *f*. ◇ *m* DEP simple *m*.

simplemente *adv* simplement.

simpleza *f* simplicité *f* d'esprit ; [tontería] bêtise *f*.

simplicidad *f* simplicité *f*.

simplificar *vt* simplifier.

simplista *adj* & *mf* simpliste.

simposio, simposium *m* symposium *m*.

simulacro *m* simulacre *m*.

simulador, ra *adj* simulateur(trice). ◆ **simulador** *m* simulateur *m*.

simular *vt* simuler ; **~ hacer algo** feindre de faire qqch.

simultáneo, a *adj* simultané(e).

sin *prep* sans ; **~ sal** sans sel ; **~ parar** sans arrêt ; **~ alcohol** non alcoolisé(e) ; **estamos ~ vino** nous n'avons plus de vin ; **está ~ terminar/hacer** ce n'est pas fini/fait ; **~ que nadie se enterara** sans que personne ne le sache. ◆ **sin embargo** *loc conj* cependant.

sinagoga *f* synagogue *f*.

sincerarse *vpr* : **~ (con)** se confier (à).

sinceridad *f* sincérité *f* ; **con ~** sincèrement.

sincero, ra *adj* sincère.

síncope *m* syncope *f*.

sincronía *f* **- 1.** [simultaneidad] synchronisme *m* ; [sincronización] synchronisation *f* **- 2.** LING synchronie *f*.

sincronización *f* synchronisation *f*.

sincronizar *vt* synchroniser.

sindical *adj* syndical(e).

sindicalismo *m* syndicalisme *m*.

sindicalista *adj* & *mf* syndicaliste.

sindicato *m* syndicat *m*.

síndrome *m* syndrome *m* ; **~ de abstinencia** syndrome de sevrage ; **~ de Down** trisomie *f* 21, syndrome de Down.

sine ◆ **sine die** *loc adv* indéfiniment.

sinfín *m* : **un ~ de** une infinité de ; **un ~ de problemas** des problèmes à n'en plus finir.

sinfonía *f* symphonie *f*.

sinfónico, ca *adj* symphonique.

Singapur Singapour.

singladura *f* **- 1.** [NÁUT - rumbo] route *f* ; [- distancia] *parcours d'un bateau en 24 heures* **- 2.** *fig* [desarrollo] : **empezar la ~ de algo** [curso, año] entamer qqch.

single ['siŋgel] *m* 45-tours *m inv*.

singular ◇ *adj* **- 1.** [gen & GRAM] singulier(ère) **- 2.** [único] unique. ◇ *m* GRAM singulier *m* ; **en ~** au singulier.

singularidad *f* singularité *f* ; **tener la ~ de** avoir la particularité de.

singularizar *vt* singulariser ; **no quiero ~** je ne veux nommer personne. ◆ **singularizarse** *vpr* se singulariser.

siniestro, tra *adj* **- 1.** [perverso] sinistre **- 2.** [desgraciado] funeste. ◆ **siniestro** *m* sinistre *m* ; [en carretera] accident *m*.

sinnúmero *m* : **un ~ de** un nombre incalculable de.

sino *conj* **- 1.** [para contraponer] mais ; **no es azul, ~ verde** ce n'est pas bleu mais vert ; **no sólo es listo, ~ también trabajador** non seulement il est intelligent, mais en plus il est travailleur **- 2.** [para exceptuar] sauf ; **nadie lo sabe ~ él** personne ne le sait sauf lui ; **no podemos hacer nada ~ esperar** nous ne pouvons rien faire d'autre que d'attendre ; **no hace ~ hablar** il ne fait que parler ; **no quiero ~ que se haga justicia** je veux seulement que justice soit faite.

sinónimo, ma *adj* synonyme. ◆ **sinónimo** *m* synonyme *m*.

sinopsis *f inv* résumé *m* ; [de película] synopsis *m*.

sinóptico, ca *adj* synoptique.

síntesis *f inv* synthèse *f* ; **en ~** en résumé.

sintético, ca *adj* synthétique.

sintetizador, ra *adj* de synthèse. ◆ **sintetizador** *m* synthétiseur *m*.

sintetizar *vt* synthétiser.

síntoma *m* symptôme *m*.

sintonía *f* **- 1.** [música] indicatif *m* **- 2.** [de radio - ajuste] réglage *m* ; [- estación] fréquence *f* **- 3.** *fig* [compenetración] entente *f* ; **estamos en ~** nous sommes sur la même longueur d'onde.

sintonizar ◇ *vt* : **sintoniza Radio Nacional** mets Radio Nacional. ◇ *vi* **- 1.** [conectar] : **sintonizan con Radio Nacional** vous écoutez Radio Nacional **- 2.** *fig* [compenetrarse] être sur la même longueur d'onde ; **~ con alguien en algo** s'entendre avec qqn sur qqch.

sinuoso, sa *adj* **- 1.** [camino etc] sinueux(euse) **- 2.** *fig* [maniobras, conducta] tortueux(euse).

sinvergüenza ◇ *adj* effronté(e). ◇ *mf* crapule *f*.

sionismo *m* sionisme *m*.

siquiatra = **psiquiatra**.

siquiátrico, ca = **psiquiátrico**.

síquico, ca = **psíquico**.

siquiera ◇ *conj* [aunque] même si ; **hazme este favor, ~ sea el último** rends-moi ce service, même si c'est le dernier ; **ven ~ por pocos días** viens ne serait-ce que quelques jours. ◇ *adv* [por lo menos] au moins ; **dime ~ su nombre** dis-moi au moins son nom. ◆ **ni (tan) siquiera** *loc conj* même pas ; **ni (tan) ~ me saludaron** ils ne m'ont même pas dit bonjour.

sirena *f* sirène *f*.

Siria Syrie *f*.

sirimiri *m* bruine *f*.

sirviente, ta *m, f* domestique *mf*.

sisa *f* - **1.** [de dinero] : **hacer ~** grappiller (à droite à gauche) - **2.** [de prenda] emmanchure *f*.

sisar ◇ *vt* - **1.** [dinero] grappiller (à droite à gauche) - **2.** [prenda] échancrer. ◇ *vi* grappiller.

sisear *vt* & *vi* siffler ; [para imponer silencio] dire « chut ».

siseo *m* [abucheo] sifflets *mpl*.

sísmico, ca *adj* sismique.

sismo = **seísmo**.

sistema *m* [gen & INFORM] système *m* ; **proceder/trabajar con ~** procéder/travailler avec méthode ; **~ operativo** système d'exploitation ; **~ planetario** o **solar** système solaire. ◆ **por sistema** *loc adv* systématiquement.

Sistema Ibérico *m* : **el Sistema Ibérico** les chaînes Ibériques.

sistemático, ca *adj* systématique.

sistematizar *vt* systématiser.

sitiar *vt* - **1.** [cercar] assiéger - **2.** *fig* [acorralar] traquer.

sitio *m* - **1.** [lugar] endroit *m* - **2.** [asiento, hueco] place *f* ; **hacer ~ a alguien** faire de la place à qqn - **3.** [cerco] siège *m* - **4.** [en Internet] : **~ web** site *m* Web - **5.** *Amer* [de taxi] station *f*.

situación *f* situation *f* ; **no estar en ~ de pedir nada** ne pas être en position de demander quoi que ce soit.

situado, da *adj* - **1.** [ubicado] situé(e) - **2.** [acomodado] : **estar bien ~** avoir une bonne situation.

situar *vt* - **1.** [gen] situer - **2.** [colocar] placer. ◆ **situarse** *vpr* - **1.** [gen] se situer - **2.** [colocarse] se placer - **3.** [enriquecerse] se faire une situation.

skateboard [es'keiðβor] (*pl* **skateboards**) *m* skateboard *m*.

skater [es'keiter] *mf* *personne qui pratique le skateboard*.

skay = **escay**.

ski = **esquí**.

SL (*abrev de* **sociedad limitada**) *f* SARL *f*.

slip = **eslip**.

slogan = **eslogan**.

SME (*abrev de* **sistema monetario europeo**) *m* SME *m*.

smoking = **esmoquin**.

s/n (*abrev de* **sin número**) *indique qu'il n'y a pas de numéro dans une adresse*.

snack-bar *m inv* snack-bar *m*.

snob = **esnob**.

snowboard [es'nouβord] *m* surf *m* des neiges.

so ◇ *prep* : **~ pena/pretexto de** sous peine/prétexte de. ◇ *adv fam* : **¡~ tonto!** espèce d'idiot! ◇ *interj* : **¡so!** ho! *(pour arrêter un cheval)*.

sobaco *m* aisselle *f*.

sobado, da *adj* - **1.** [ropa, tejido] élimé(e) - **2.** *fig* [tema, argumento etc] rebattu(e) - **3.** CULIN [bollo] à l'huile. ◆ **sobado** *m* CULIN *brioche à l'huile*.

sobar ◇ *vt* - **1.** [gen] tripoter - **2.** [ablandar - masa] pétrir ; [- pieles] fouler. ◇ *vi* *mfam* pioncer.

soberanía *f* souveraineté *f*.

soberano, na ◇ *adj* souverain(e) ; *fig* [paliza] magistral(e). ◇ *m, f* souverain *m*, -e *f*.

soberbio, bia ◇ *adj* - **1.** [arrogante] prétentieux(euse) - **2.** *fig* [magnífico] superbe - **3.** *fig* [grande] énorme. ◇ *m, f* prétentieux *m*, -euse *f*. ◆ **soberbia** *f* - **1.** [arrogancia] orgueil *m* - **2.** [magnificencia] splendeur *f*.

sobón, ona *adj fam* collant(e).

sobornar *vt* soudoyer.

soborno *m* - **1.** [acción] corruption *f* - **2.** [dinero, regalo] pot-de-vin *m*.

sobra *f* excédent *m* ; **estar de ~** être en trop ; **lo sabes de ~** tu le sais parfaitement ; **tengo motivos de ~ para** je n'ai que trop de raisons de. ◆ **sobras** *fpl* restes *mpl*.

sobrado, da *adj* en trop ; **tener sobrada paciencia** avoir de la patience à revendre ; **tener tiempo ~** avoir largement le temps ; **andar** o **estar ~ (de dinero)** être très à l'aise financièrement.

sobrante ◇ *adj* restant(e). ◇ *m* excédent *m*.

sobrar *vi* **- 1.** [gen] rester ; **nos sobra comida** il nous reste à manger **- 2.** [haber de más] : **sobra algo** il y a quelque chose en trop **- 3.** [estar de más] être de trop ; **tú te callas porque aquí sobras** toi tais-toi parce que tu es de trop ici.

sobrasada *f* CULIN *saucisson pimenté typique de Majorque.*

sobre[1] *m* **- 1.** [para cartas] enveloppe *f* **- 2.** [de alimentos] sachet *m* **- 3.** *fam* [cama] pieu *m* ; **irse al ~** se pieuter.

sobre[2] *prep* **- 1.** [encima de, acerca de] sur ; **el libro está ~ la mesa** le livre est sur la table ; **una conferencia ~ el desarme** une conférence sur le désarmement ; **fracaso ~ fracaso** échec sur échec **- 2.** [por encima de] au-dessus de ; **el pato vuela ~ el lago** le canard vole au-dessus du lac **- 3.** [alrededor de] vers ; **llegarán ~ las diez** ils arriveront vers dix heures.

sobreático *m* [piso] ≃ chambre *f* de bonne.

sobrecarga *f* surcharge *f*.

sobrecargar *vt* surcharger.

sobrecargo *m* NÁUT subrécargue *m*.

sobrecoger *vt* [noticia etc] saisir d'effroi ; [ruido etc] faire sursauter. ◆ **sobrecogerse** *vpr* [sobresaltar] sursauter ; [asustarse] être saisi(e) d'effroi.

sobredosis *f inv* overdose *f*.

sobreentender = **sobrentender**.

sobremesa *f* : **en la ~** après le repas ; **de ~** INFORM de bureau.

sobrenatural *adj* surnaturel(elle).

sobrenombre *m* surnom *m*.

sobrentender, sobreentender *vt* sous-entendre. ◆ **sobrentenderse** *vpr* être sous-entendu(e).

sobrepasar *vt* dépasser.

sobrepeso *m* excédent *m* de bagages.

sobreponer, superponer *vt* superposer ; **la estantería está sobrepuesta** l'étagère n'est pas fixée ; **~ a** *fig* [anteponer] faire passer avant. ◆ **sobreponerse** *vpr* : **~se a algo** *fig* [dificultad etc] surmonter qqch.

sobreproteger *vt* surprotéger.

sobrepuesto, ta, superpuesto, ta *pp irreg* ▻ **sobreponer**.

sobresaliente ◇ *adj* saillant(e) ; *fig* [destacado] remarquable. ◇ *m* mention *f* très bien.

sobresalir *vi* **- 1.** [en tamaño] dépasser **- 2.** *fig* [en importancia] : **~ (entre los demás)** se distinguer (des autres) **- 3.** ARQUIT faire saillie.

sobresaltar *vt* : **~ a alguien** faire sursauter qqn. ◆ **sobresaltarse** *vpr* sursauter.

sobresalto *m* sursaut *m*.

sobrestimar *vt* surestimer.

sobresueldo *m* : **sacar un ~** arrondir ses fins de mois.

sobretodo *m* pardessus *m*.

sobrevenir *vi* survenir.

sobrevivir *vi* : **~ (a)** survivre (à).

sobrevolar *vt* survoler.

sobriedad *f* sobriété *f*.

sobrino, na *m, f* neveu *m*, nièce *f*.

sobrio, bria *adj* sobre ; [comida] frugal(e).

socarrón, ona *adj* sournois(e) ; [cara, sonrisa] narquois(e).

socavar *vt* [excavar] creuser ; *fig* [debilitar] saper.

socavón *m* [en la carretera] nid-de-poule *m*.

sociable *adj* sociable.

social *adj* social(e).

socialdemócrata *adj* & *mf* social-démocrate (sociale-démocrate).

socialismo *m* socialisme *m*.

socialista *adj* & *mf* socialiste.

sociedad *f* société *f* ; **de ~** mondain(e) ; **~ anónima** société anonyme ; **~ de consumo** société de consommation ; **~ (de responsabilidad) limitada** société à responsabilité limitée.

socio, cia *m, f* **- 1.** COM associé *m*, -e *f* ; **~ capitalista** commanditaire *m* **- 2.** [de club, asociación] membre *m*.

sociología *f* sociologie *f*.

sociólogo, ga *m, f* sociologue *mf*.

socorrer *vt* secourir.

socorrismo *m* secourisme *m*.

socorrista *mf* secouriste *mf*.

socorro ◇ *m* secours *m* ; **venir en ~ de** venir au secours de. ◇ *interj* : **¡socorro!** au secours!

soda *f* soda *m*.

sodio *m* sodium *m*.

soez *adj* grossier(ère).

sofá (*pl* **sofás**) *m* canapé *m* ; **~ cama** canapé-lit *m*.

sofisticación *f* sophistication *f*.

sofisticado, da *adj* sophistiqué(e).

sofocar *vt* - **1.** [gen] étouffer - **2.** *fig* [avergonzar] faire rougir. ◆ **sofocarse** *vpr* - **1.** [ahogarse] étouffer - **2.** *fig* [avergonzarse] rougir ; [irritarse] être rouge de colère.

sofoco *m* - **1.** [ahogo] étouffement *m* - **2.** *fig* [vergüenza] honte *f* - **3.** *fig* [disgusto] : **se llevó un ~** il était vert de rage.

sofreír *vt* faire revenir.

sofrito, ta *pp irreg* ▷ **sofreír.** ◆ **sofrito** *m friture d'oignons et de tomates.*

software ['sofwer] *m inv* logiciel *m*.

soga *f* corde *f*.

sois ▷ **ser.**

soja *f* soja *m*.

sol[1] *m* MÚS sol *m*.

sol[2] *m* - **1.** [gen] soleil *m* ; **hace ~** il fait beau ; **tomar el ~** prendre le soleil ; **de ~ a ~** *fam* du matin au soir ; **no dejar a alguien ni a ~ ni a sombra** ne pas lâcher qqn d'une semelle - **2.** *fig* [ángel, ricura] amour *m* - **3.** TAUROM *place côté soleil dans l'arène* - **4.** [moneda] sol *m*.

solamente *adv* seulement.

solapa *f* - **1.** [de prenda] revers *m* - **2.** [de sobre, libro] rabat *m*.

solapar *vt fig* dissimuler.

solar ◇ *adj* solaire. ◇ *m* terrain *m* (à bâtir).

solario, solárium (*pl* **soláriums**) *m* solarium *m*.

solaz *m* - **1.** [recreo] distraction *f* - **2.** [alivio] soulagement *m*.

solazar *vt* - **1.** [divertir] distraire - **2.** [aliviar] soulager.

soldada *f* MIL solde *f*.

soldado *m* soldat *m* ; **~ raso** simple soldat.

soldador, ra *m, f* soudeur *m*, -euse *f*. ◆ **soldador** *m* fer *m* à souder.

soldar *vt* souder.

soleado, da *adj* ensoleillé(e).

soledad *f* solitude *f*.

solemne *adj* - **1.** [gen] solennel(elle) - **2.** *fig* [enorme] monumental(e).

solemnidad *f* solennité *f*.

soler *vi* : **suele cenar tarde** en général il dîne tard ; **aquí suele hacer mucho frío** il fait généralement très froid ici ; **solíamos ir a la playa todos los días** nous allions à la plage tous les jours.

solera *f* - **1.** [tradición] cachet *m* - **2.** [del vino] lie *f* ; **de ~** élevé en fût.

solfeo *m* solfège *m*.

solicitar *vt* - **1.** [pedir] demander ; [por escrito] solliciter - **2.** [persona] : **estar muy solicitado** être très sollicité.

solícito, ta *adj* prévenant(e).

solicitud *f* - **1.** [gen] demande *f* ; [de admisión, inscripción] dossier *m* - **2.** [atención] empressement *m*.

solidaridad *f* solidarité *f*.

solidario, ria *adj* solidaire.

solidarizarse *vpr* se solidariser.

solidez *f* solidité *f*.

solidificar *vt* solidifier. ◆ **solidificarse** *vpr* se solidifier.

sólido, da *adj* solide. ◆ **sólido** *m* solide *m*.

soliloquio *m* soliloque *m*.

solista *adj* & *mf* soliste.

solitario, ria *adj* & *m, f* solitaire. ◆ **solitario** *m* - **1.** [diamante] solitaire *m* - **2.** [juego de naipes] réussite *f*.

sollozar *vi* sangloter.

sollozo *m* sanglot *m*.

solo, la *adj* seul(e) ; **lo haré yo ~** je le ferai tout seul ; **a solas** tout seul (toute seule). ◆ **solo** ◇ *m* MÚS solo *m*. ◇ *adv* = **sólo.**

sólo *adv* seulement ; **~ te pido que me ayudes** je te demande seulement de m'aider ; **~ quiere verte a ti** il ne veut voir que toi ; **no ~ ... sino (también) ...** non seulement ... mais encore ... ; **~ con oírlo, me saca de quicio** rien que de l'entendre, ça me met hors de moi ; **quisiera ir, ~ que no puedo** j'aimerais y aller, seulement je ne peux pas.

solomillo *m* [de vaca] aloyau *m* ; [de cerdo] filet *m*.

soltar *vt* - **1.** [gen] lâcher ; **no sueltes la cuerda** ne lâche pas la corde ; **~ un perro** lâcher un chien ; **suelta cada palabrota ...** il sort de ces gros mots ... ; **no suelta ni un duro** *fam* il ne lâche pas un centime ; **~ las amarras** larguer les amarres - **2.** [dejar libre - pájaro] libérer ; [- preso] relâcher - **3.** [desatar - pelo] détacher ; [- nudo] défaire. ◆ **soltarse** *vpr* - **1.** [de la mano] : **el niño se soltó de la mano de su madre** l'enfant a lâché la main de sa mère - **2.** [desatarse] se détacher - **3.** [adquirir habilidad] : **~se en** se débrouiller en ; **se va soltando en inglés** il commence à se débrouiller en anglais - **4.** *(antes de infin)* [empezar] : **~se a hacer algo** commencer à faire qqch.

soltero, ra *adj* & *m, f* célibataire.

solterón, ona ◇ *adj* : **es un viejo ~** il

est vieux garçon. ◇ *m, f* vieux garçon *m*, vieille fille *f*.

soltura *f* aisance *f* ; **hablar con ~** s'exprimer avec aisance.

soluble *adj* soluble.

solución *f* solution *f*.

solucionar *vt* résoudre.

solvencia *f* [económica] solvabilité *f*.

solventar *vt* **- 1.** [pagar] acquitter **- 2.** [resolver] venir à bout de.

solvente *adj* [económicamente] solvable.

Somalia Somalie *f*.

sombra *f* **- 1.** [gen] ombre *f* ; **dar ~** faire de l'ombre ; **no hay ni ~ de ...** *fig* il n'y a pas l'ombre de ... ; **permanecer en la ~** *fig* rester dans l'ombre ; **~ de ojos** ombre à paupières **- 2.** [suerte] : **buena ~** chance *f* ; **tiene mala ~** il n'a pas de chance **- 3.** [genio] : **tener buena ~** être avenant(e) ; **tener mala ~** avoir mauvais esprit **- 4.** TAUROM *place située à l'ombre dans l'arène.* ◆ **sombras** *fpl* [inquietudes] : **sólo ve ~s y problemas** il ne voit que le mauvais côté des choses.

sombrero *m* chapeau *m*.

sombrilla *f* ombrelle *f* ; [grande] parasol *m*.

sombrío, a *adj* sombre.

somero, ra *adj* sommaire.

someter *vt* soumettre. ◆ **someterse** *vpr* se soumettre ; **~se a algo** [conformarse] se soumettre à qqch ; [operación, interrogatorio] subir qqch.

somier (*pl* **somieres** o **somiers**) *m* sommier *m*.

somnífero, ra *adj* somnifère. ◆ **somnífero** *m* somnifère *m*.

somos ▷ **ser.**

son ◇ *v* ▷ **ser.** ◇ *m* **- 1.** [sonido] son *m* **- 2.** [estilo] façon *f* ; **a su ~** comme ça lui chante ; **vengo en ~ de paz** *fig* je ne suis pas là pour me battre.

sonado, da *adj* **- 1.** [éxito, escándalo] retentissant(e) ; **un evento muy ~** un événement dont on a beaucoup parlé **- 2.** *fam* [loco] timbré(e) **- 3.** [atontado] sonné(e).

sonajero *m* hochet *m*.

sonambulismo *m* somnambulisme *m*.

sonámbulo, la *adj* & *m, f* somnambule.

sonar[1] *m* sonar *m*.

sonar[2] ◇ *vi* **- 1.** [gen] sonner ; **así** o **tal como suena** comme je vous le dis **- 2.** [letra] se prononcer ; **tal como suena** comme ça se prononce **- 3.** [ser conocido] être connu(e) **- 4.** *fam* [parecer] avoir l'air ; **suena raro** ça a l'air bizarre ; **suena a falso** ça sonne faux **- 5.** [ser familiar] dire quelque chose ; **me suena** ça me dit quelque chose ; **no me suena su nombre** son nom ne me dit rien **- 6.** [rumorearse] : **suena por ahí que ...** le bruit court que ... ◇ *vt* [niños etc] moucher. ◆ **sonarse** *vpr* se moucher.

sonda *f* sonde *f*.

sondear *vt* sonder.

sondeo *m* sondage *m*.

sonido *m* son *m*.

sonoridad *f* sonorité *f*.

sonoro, ra *adj* sonore ▷ **banda.**

sonreír *vi* sourire. ◆ **sonreírse** *vpr* sourire ; [dos personas] se sourire.

sonriente *adj* souriant(e).

sonrisa *f* sourire *m*.

sonrojar *vt* faire rougir. ◆ **sonrojarse** *vpr* rougir.

sonrojo *m* honte *f*.

sonrosado, da *adj* [mejilla] rose.

sonsacar *vt* **- 1.** [conseguir] soutirer **- 2.** [hacer decir] faire avouer.

sonso, sa, zonzo, za *adj Amer fam* crétin(e).

soñador, ra *adj* & *m, f* rêveur(euse).

soñar ◇ *vt* rêver ; **soñé que te ibas** j'ai rêvé que tu t'en allais ; **¡ni ~lo!** aucune chance! ◇ *vi* : **~ (con)** rêver (de).

soñoliento, ta *adj* somnolent(e).

sopa *f* **- 1.** [guiso] soupe *f* **- 2.** [pedazo de pan en sopa] *morceau de pain que l'on trempe dans la soupe* ; [en huevo] mouillette *f* **- 3.** *loc* : **encontrarse a alguien hasta en la ~** tomber sur qqn à tous les coins de rue ; **estar como una ~** être trempé(e) comme une soupe.

sopapo *m fam* claque *f*.

sopero, ra *adj* **- 1.** [cuchara] à soupe ; [plato] creux(euse) **- 2.** *fig* [persona] : **ser muy ~** aimer beaucoup la soupe. ◆ **sopero** *m* assiette *f* à soupe. ◆ **sopera** *f* soupière *f*.

sopesar *vt* **- 1.** [calcular el peso de] soupeser **- 2.** *fig* [valorar] peser.

sopetón ◆ **de sopetón** *loc adv* brutalement ; [decir, contestar] de but en blanc.

soplar ◇ *vt* **- 1.** [gen] souffler **- 2.** [apartar] souffler sur **- 3.** [hinchar] gonfler **- 4.** *fam fig* [denunciar] donner **- 5.** *fam fig* [hurtar] faucher. ◇ *vi* - **1.** [gen] souffler - **2.** *fam* [beber] descendre. ◆ **soplarse** *vpr fam* se siffler.

soplete *m* chalumeau *m*.

soplido *m* souffle *m*.

soplo *m* - **1.** [gen & MED] souffle *m* - **2.** *fig* [instante] : **en un ~** en un instant ; [pasar] à toute vitesse - **3.** *fam* [chivatazo] : **dar el ~** vendre la mèche.

soplón, ona *m, f fam* mouchard *m*, -e *f*.

soponcio *m fam* : **le ha dado un ~** ça lui a fichu un coup.

sopor *m* torpeur *f*.

soporífero, ra *adj* soporifique.

soportar *vt* supporter. ◆ **soportarse** *vpr* se supporter.

soporte *m* - **1.** [gen & INFORM] support *m* - **2.** *fig* soutien *m*.

soprano *mf* soprano *mf*.

sor *f* RELIG : **~ Ana** sœur Ana.

sorber *vt* - **1.** [gen] boire ; **~ las palabras de alguien** *fig* boire les paroles de qqn - **2.** [tragar] absorber.

sorbete *m* sorbet *m*.

sorbo *m* gorgée *f* ; **(beber) a ~s** (boire) à petites gorgées.

sordera *f* surdité *f*.

sórdido, da *adj* sordide.

sordo, da ◇ *adj* sourd(e). ◇ *m, f* sourd *m*, -e *f* ; **no hay peor ~ que el que no quiere oír** il n'est pire sourd que celui qui ne veut pas entendre.

sordomudo, da *adj & m, f* sourd-muet (sourde-muette).

sorna *f* : **con ~** sur un ton sarcastique.

sorprendente *adj* surprenant(e).

sorprender *vt* surprendre ; **me sorprende que ...** ça m'étonne que ... ; **lo sorprendimos robando** on l'a surpris en train de voler. ◆ **sorprenderse** *vpr* être surpris(e) ; **no se sorprende con nada** elle ne s'étonne de rien.

sorpresa *f* surprise *f* ; **de** o **por ~** par surprise.

sorpresivo, va *adj Amer* inattendu(e).

sortear *vt* - **1.** [rifar] tirer au sort - **2.** *fig* [obstáculo] éviter ; [dificultad] surmonter.

sorteo *m* tirage *m* au sort.

sortija *f* bague *f*.

sortilegio *m* sortilège *m*.

SOS (*abrev de* **save our souls**) *m* SOS *m*.

sosa *f* soude *f*.

sosegado, da *adj* calme.

sosegar *vt* calmer. ◆ **sosegarse** *vpr* se calmer.

soseras *mf fam* godichon *m*, -onne *f*.

sosería *f* gaucherie *f*.

sosias *m inv* sosie *m*.

sosiego *m* calme *m*.

soslayo ◆ **de soslayo** *loc adv* de biais, de côté ; [mirar] du coin de l'œil.

soso, sa *adj* - **1.** [sin sal] fade - **2.** [sin gracia] insipide.

sospecha *f* soupçon *m*.

sospechar ◇ *vt* : **~ (que)** soupçonner (que) ; **~ algo** se douter de qqch. ◇ *vi* : **~ de alguien** soupçonner qqn.

sospechoso, sa *adj & m, f* suspect(e).

sostén *m* - **1.** [gen] soutien *m* - **2.** [sujetador] soutien-gorge *m*.

sostener *vt* soutenir ; [conversación] tenir ; [familia, correspondencia] entretenir. ◆ **sostenerse** *vpr* se tenir ; **~se en pie** tenir debout.

sostenido, da *adj* - **1.** [persistente] soutenu(e) - **2.** MÚS dièse.

sota *f* ≃ valet *m (carte à jouer)*.

sotabarba *f* double menton *m*.

sotana *f* soutane *f*.

sótano *m* [piso] sous-sol *m* ; [pieza] cave *f*.

soterrar *vt lit & fig* enterrer, enfouir.

soufflé [su'fle] (*pl* **soufflés**) *m* soufflé *m*.

soviético, ca ◇ *adj* soviétique. ◇ *m, f* Soviétique *mf*.

soy ▷ **ser**.

spaghetti = **espagueti**.

sport = **esport**.

spot = **espot**.

spray = **espray**.

sprint = **esprint**.

squash [es'kuaʃ] *m inv* squash *m*.

Sr. (*abrev de* **señor**) M.

Sra. (*abrev de* **señora**) Mme.

Sres. (*abrev de* **señores**) MM.

Srta. (*abrev de* **señorita**) Mlle.

s.s.s. *abrev de* **su seguro servidor**.

Sta. (*abrev de* **santa**) Ste.

staff = **estaf**.

stand = **estand**.

standarizar = **estandarizar**.

standing = **estanding**.

starter = **estárter**.

status = **estatus**.

Sto. (*abrev de* **santo**) St.

stock = estoc.

stop, estop *m* stop *m*.

stress = estrés.

strip-tease [es'triptis] *m inv* strip-tease *m*.

su (*pl* **sus**) *adj poses* [de él, de ella] son, sa ; [de ellos, de ellas] leur ; [de usted, de ustedes] votre ; **~s libros** [de él, ella] ses livres ; [de ellos, ellas] leurs livres ; [de usted, ustedes] vos livres.

suave *adj* doux (douce).

suavidad *f* douceur *f*.

suavizante ◇ *adj* adoucissant(e). ◇ *m* [de ropa] adoucissant *m* ; [de pelo] après-shampooing *m*.

suavizar *vt* adoucir.

subacuático, ca *adj* sous-marin(e).

subalquilar *vt* sous-louer.

subalterno, na *adj* & *m, f* subalterne.

subasta *f* - **1.** [venta pública] vente *f* aux enchères - **2.** [contrata pública] appel *m* d'offres.

subastar *vt* vendre aux enchères.

subcampeón, ona *adj* & *m, f* second(e) *(dans un championnat)*.

subconsciente ◇ *adj* subconscient(e). ◇ *m* subconscient *m*.

subcutáneo, a *adj* sous-cutané(e).

subdesarrollado, da *adj* sous-développé(e).

subdesarrollo *m* sous-développement *m*.

subdirector, ra *m, f* sous-directeur *m*, -trice *f*.

subdirectorio *m* INFORM sous-répertoire *m*.

súbdito, ta *m, f* - **1.** [subordinado] sujet *m*, -ette *f* - **2.** [ciudadano] ressortissant *m*, -e *f*.

subdividir *vt* subdiviser. ◆ **subdividirse** *vpr* se subdiviser.

subestimar *vt* sous-estimer. ◆ **subestimarse** *vpr* se sous-estimer.

subido, da *adj* - **1.** [fuerte - sabor, olor] fort(e) ; [- color] vif (vive) - **2.** *fam* [en cantidad] : **estar de un imbécil ~** avoir de la bêtise à revendre ; **tener el guapo ~** être en beauté ; *irón* se croire beau (belle) - **3.** *fam* [atrevido] : **ser ~ (de tono)** être osé. ◆ **subida** *f* - **1.** [gen] montée *f* - **2.** [ascensión] ascension *f* - **3.** [aumento] hausse *f*.

subir ◇ *vi* - **1.** [gen] monter ; **~ a** monter à ; [montaña] faire l'ascension de ; [avión, coche] monter dans - **2.** [precio, calidad] augmenter - **3.** [cuenta, importe] s'élever à. ◇ *vt* - **1.** [gen] monter ; **~ el tono** hausser le ton - **2.** [aumentar - precio, peso etc] augmenter ; [- producto] augmenter le prix de - **3.** [alzar, levantar] remonter. ◆ **subirse** *vpr* - **1.** [montarse] : **~se a** [caballo, silla etc] monter sur ; [árbol] grimper à ; [coche, tren, avión] monter dans ; **el taxi paró y me subí** le taxi s'est arrêté et je suis monté - **2.** *fam* [emborrachar] monter à la tête - **3.** [alzarse - calcetines etc] remonter ; [- jersey, camisa] relever ; **~se los pantalones** remonter son pantalon.

súbito, ta *adj* soudain(e).

subjetividad *f* subjectivité *f*.

subjetivo, va *adj* subjectif(ive).

subjuntivo, va *adj* subjonctif(ive). ◆ **subjuntivo** *m* subjonctif *m*.

sublevación *f*, **sublevamiento** *m* soulèvement *m*.

sublevar *vt* - **1.** [amotinar] soulever - **2.** [indignar] révolter. ◆ **sublevarse** *vpr* [amotinarse] se soulever.

sublimación *f* sublimation *f*.

sublimar *vt* sublimer ; [exaltar] encenser.

sublime *adj* sublime.

submarinismo *m* plongée *f* sous-marine.

submarinista ◇ *adj* [técnica, lenguaje] de plongée sous-marine. ◇ *mf* plongeur *m* (sous-marin), plongeuse *f* (sous-marine).

submarino, na *adj* sous-marin(e). ◆ **submarino** *m* sous-marin *m*.

subnormal *adj* & *mf fig* & *despec* débile.

suboficial *m* sous-officier *m*.

subordinado, da *adj* & *m, f* subordonné(e).

subordinar *vt* subordonner. ◆ **subordinarse** *vpr* se subordonner.

subproducto *m* sous-produit *m*.

subrayar *vt* souligner.

subsanar *vt* - **1.** [solucionar] résoudre - **2.** [corregir] réparer.

subscribir = suscribir.

subscripción = suscripción.

subscriptor, ra = suscriptor.

subsecretario, ria *m, f* - **1.** [de secretario] secrétaire *m* adjoint, secrétaire *f* adjointe - **2.** [de ministro] sous-secrétaire *m*.

subsidiario, ria *adj* - **1.** [ayuda] subventionnel(elle) ; [medida] complémentaire - **2.** DER subsidiaire.

subsidio *m* subvention *f* ; [de desempleo, familiar] allocation *f*.

subsiguiente *adj* : **~ a** consécutif(ive) à.

subsistencia *f* **- 1.** [vida] subsistance *f* **- 2.** [conservación] survie *f*. ◆ **subsistencias** *fpl* **- 1.** [medios] moyens *mpl* de subsistance **- 2.** [reservas] vivres *mpl*.

subsistir *vi* subsister.

substancia = **sustancia.**

substancial = **sustancial.**

substancioso, sa = **sustancioso.**

substantivo = **sustantivo.**

substitución = **sustitución.**

substituir = **sustituir.**

substituto, ta = **sustituto.**

substracción = **sustracción.**

substraer = **sustraer.**

substrato = **sustrato.**

subsuelo *m* sous-sol *m*.

subterráneo, a *adj* souterrain(e). ◆ **subterráneo** *m* souterrain *m*.

subtítulo *m (gen pl)* sous-titre *m*.

suburbio *m* [extrarradio] banlieue *f* ; [barrio pobre] : **los ~s** les banlieues défavorisées.

subvencionar *vt* subventionner.

subversión *f* subversion *f*.

subversivo, va *adj* subversif(ive).

subyacer *vi* être sous-jacent(e).

subyugar *vt* **- 1.** [someter] soumettre **- 2.** *fig* [cautivar] subjuguer.

succionar *vt* [suj : raíces] absorber ; [suj : bebé] sucer.

sucedáneo, a *adj* de remplacement. ◆ **sucedáneo** *m* succédané *m*, ersatz *m*.

suceder ◇ *v impers* [ocurrir] arriver ; **¿qué le sucede?** qu'est-ce qu'il vous arrive? ◇ *vi* [venir después] : **~ a** succéder à ; **a la guerra sucedieron años terribles** des années terribles suivirent la guerre.

sucesión *f* **- 1.** [gen] succession *f* **- 2.** MAT suite *f*.

sucesivamente *adv* successivement ; **y así ~** et ainsi de suite.

sucesivo, va *adj* successif(ive) ; **en lo ~** à l'avenir.

suceso *m* **- 1.** [acontecimiento] événement *m* **- 2.** *(gen pl)* [hecho delictivo] fait *m* divers.

sucesor, ra *m, f* successeur *m*.

suciedad *f* saleté *f*.

sucinto, ta *adj* **- 1.** [explicación, relato etc] succinct(e) **- 2.** *fam fig* [taparrabos, biquini] riquiqui.

sucio, cia *adj* **- 1.** [gen] sale ; **en ~** au brouillon **- 2.** [color, trabajo] salissant(e) **- 3.** [negocio] malhonnête.

suculento, ta *adj* succulent(e).

sucumbir *vi* : **~ (a)** succomber (à).

sucursal *f* succursale *f*.

sudadera *f* **- 1.** [sudor] : **le ha entrado una ~** il a pris une suée **- 2.** [prenda] sweat-shirt *m*.

Sudáfrica Afrique *f* du Sud.

sudafricano, na ◇ *adj* sud-africain(e), d'Afrique du Sud. ◇ *m, f* Sud-Africain *m*, -e *f*.

sudamericano, na, suramericano, na ◇ *adj* sud-américain(e), d'Amérique du Sud. ◇ *m, f* Sud-Américain *m*, -e *f*.

Sudán Soudan *m*.

sudar ◇ *vi* **- 1.** [transpirar] suer **- 2.** [pared] suinter. ◇ *vt* **- 1.** [empapar] tremper de sueur **- 2.** *fam* [trabajar mucho] : **para ganar esta carrera, vas a tener que ~la** tu vas en baver pour gagner cette course.

sudeste, sureste *adj* & *m* sud-est. ◆ **Sudeste asiático** *m* Asie *f* du Sud-Est.

sudoeste, suroeste *adj* & *m* sud-ouest.

sudor *m* **- 1.** [transpiración] sueur *f* **- 2.** *fam* [trabajo] : **le costó muchos ~es** il en a bavé.

sudoroso, sa, sudoriento, ta *adj* en sueur.

Suecia Suède *f*.

sueco, ca ◇ *adj* suédois(e). ◇ *m, f* Suédois *m*, -e *f*. ◆ **sueco** *m* [lengua] suédois *m*.

suegro, gra *m, f* beau-père *m*, belle-mère *f*. ◆ **suegros** *mpl* beaux-parents *mpl*.

suela *f* semelle *f*.

sueldo *m* salaire *m* ; [de funcionario] traitement *m* ; **a ~** [asesino] à gages.

suelo *m* **- 1.** [gen] sol *m* ; **caer al ~** tomber par terre ; **por el ~** par terre **- 2.** *loc* : **echar por el ~ un plan** faire tomber un projet à l'eau ; **estar por los ~s** *fam* [producto] être donné(e) ; [persona] avoir le moral à zéro ; **poner** o **tirar a alguien por los ~s** traîner qqn dans la boue.

suelto, ta *adj* **- 1.** [no sujeto - pelo] détaché(e) ; [- cordones] défait(e) ; [- hoja] volant(e) ; [- ropa] ample ; **andar ~** [fiera] être en liberté ; [ladrón, preso] courir - **2.** [dinero] : **¿tienes algo ~?** est-ce que tu as de la monnaie? - **3.** [separado] à l'unité, à la pièce ; **la chaqueta y la falda se venden sueltas** la veste et la jupe sont vendues séparément ; **tengo unos ejemplares ~s de la revista** j'ai quelques numéros de cette revue - **4.** [no pegado] : **el arroz salió ~** le riz n'a pas collé - **5.** [nudo] lâche - **6.** [estilo] qui coule ; [lenguaje] : **está muy ~ en inglés** il parle couramment anglais - **7.** [con diarrea] : **tener el estómago ~** avoir la courante. ◆ **suelto** *m* [dinero] (petite) monnaie *f*.

sueño *m* - **1.** [gen] sommeil *m* ; **coger el ~** s'endormir ; **tener ~** avoir sommeil - **2.** [fantasía, ambición] rêve *m* ; **en ~s** en rêve ; **tener un ~** faire un rêve - **3.** *fam* [cosa bonita] bijou *m*.

suero *m* sérum *m* ; [de la leche] petit-lait *m*.

suerte *f* - **1.** [fortuna] chance *f* ; **por ~** heureusement ; **tener ~** avoir de la chance ; **tener mala ~** ne pas avoir de chance - **2.** [azar] hasard *m* ; **de ~** par hasard - **3.** [destino] sort *m* - **4.** *culto* [clase, manera] sorte *f* ; **de esa ~** de la sorte ; **de ~ que** de sorte que - **5.** TAUROM *nom donné aux actions exécutées au cours des « tercios » ou étapes de la corrida*.

suéter (*pl* **suéteres**), **sweater** ['sweter] (*pl* **sweaters**) *m* pull *m*.

suficiencia *f* - **1.** [capacidad] aptitude *f* - **2.** [presunción] suffisance *f*.

suficiente ◇ *adj* suffisant(e). ◇ *m* [nota] mention *f* passable.

sufragar *vt* [gastos] supporter ; [campaña] financer.

sufragio *m* suffrage *m*.

sufrido, da *adj* - **1.** [resignado] : **hacerse el ~** faire le martyr - **2.** [tejido] résistant(e) ; [color] peu salissant(e).

sufrimiento *m* souffrance *f*.

sufrir ◇ *vt* - **1.** [padecer - enfermedad] souffrir de ; [- accidente, heridas] être victime de - **2.** [penalidades, desgracias] supporter - **3.** [operación, pérdida] subir. ◇ *vi* [padecer] : **~ (de)** souffrir (de) ; **~ del corazón** être malade du cœur.

sugerencia *f* suggestion *f*.

sugerente *adj* suggestif(ive).

sugerir *vt* suggérer.

sugestión *f* suggestion *f*.

sugestionar *vt* - **1.** [influir] persuader - **2.** [obsesionar] faire peur à. ◆ **sugestionarse** *vpr* - **1.** [obsesionarse] prendre peur - **2.** PSICOL faire de l'autosuggestion.

sugestivo, va *adj* suggestif(ive) ; [atractivo] séduisant(e).

suiche *m Amer* interrupteur *m*.

suicida ◇ *adj* suicidaire ; **una operación ~** une opération suicide. ◇ *mf* suicidaire *mf*.

suicidarse *vpr* se suicider.

suicidio *m* suicide *m*.

suite [swit] *f* suite *f (d'hôtel)*.

Suiza Suisse *f*.

suizo, za ◇ *adj* suisse. ◇ *m, f* Suisse *mf (le féminin est aussi Suissesse)*.

sujeción *f* - **1.** [atadura] fixation *f* - **2.** [sometimiento] assujettissement *m*.

sujetador *m* soutien-gorge *m*.

sujetar *vt* - **1.** [gen] tenir ; [sostener] retenir - **2.** [someter] assujettir, soumettre ; [dominar] maîtriser - **3.** [atar] attacher. ◆ **sujetarse** *vpr* - **1.** [agarrarse] : **~se de o a** se tenir à - **2.** [someterse] : **~se a** se soumettre à ; [dieta] s'astreindre à.

sujeto, ta *adj* - **1.** [agarrado] fixé(e) - **2.** [expuesto] : **~ a** exposé à. ◆ **sujeto** *m* - **1.** [gen & GRAM] sujet *m* - **2.** [persona] individu *m*.

sulfamida *f* sulfamide *m*.

sulfatar *vt* sulfater.

sulfato *m* sulfate *m*.

sulfurar *vt* [encolerizar] mettre hors de soi. ◆ **sulfurarse** *vpr* être hors de soi.

sulfuro *m* sulfure *m*.

sultán *m* sultan *m*.

sultana *f* sultane *f*.

suma *f* - **1.** [gen] somme *f* ; **en ~** en somme - **2.** MAT addition *f*.

sumamente *adv* extrêmement.

sumando *m* terme *m (d'une addition)*.

sumar *vt* - **1.** MAT additionner ; **tres y dos suman cinco** trois plus deux font cinq - **2.** [costar] s'élever à. ◆ **sumarse** *vpr* - **1.** [añadirse] : **~se (a)** s'ajouter (à) - **2.** [incorporarse] : **~se a** se joindre à.

sumario, ria *adj* sommaire. ◆ **sumario** *m* - **1.** DER instruction *f* - **2.** [índice] sommaire *m* - **3.** [resumen] résumé *m*.

sumergible *adj* submersible ; [reloj, cámara] étanche.

sumergir *vt* submerger ; [con fuerza] plonger. ◆ **sumergirse** *vpr* - **1.** [hundirse] plonger - **2.** *fig* [sumirse] : **~se en** se plonger dans.

sumidero *m* puisard *m* ; [de alcantarilla] bouche *f* d'égout.
suministrador, ra *adj* & *m, f* fournisseur(euse).
suministrar *vt* fournir.
suministro *m* fourniture *f*; [de agua, electricidad] distribution *f*.
sumir *vt* plonger. ◆ **sumirse** *vpr* : **~se en** se plonger dans.
sumisión *f* soumission *f*.
sumiso, sa *adj* soumis(e).
sumo, ma *adj* **- 1.** [supremo] suprême **- 2.** [gran] extrême ; **con ~ cuidado** avec le plus grand soin.
suntuoso, sa *adj* somptueux(euse).
supeditar *vt* faire dépendre de ; **estar supeditado a** dépendre de. ◆ **supeditarse** *vpr* : **~se a** se soumettre à.
súper ◇ *adj fam* super. ◇ *m fam* supermarché *m*. ◇ *f* [gasolina] super *m*.
superar *vt* **- 1.** [aventajar] surpasser **- 2.** [adelantar] dépasser **- 3.** [problema, dificultad] surmonter. ◆ **superarse** *vpr* [mejorar] se surpasser ; [lucirse] se dépasser.
superávit (*pl* **superávits** *o inv*) *m* excédent *m*.
superdotado, da *adj* & *m, f* surdoué(e).
superficial *adj* superficiel(elle).
superficie *f* **- 1.** [gen & GEOM] surface *f* **- 2.** [extensión, apariencia] superficie *f*.
superfluo, a *adj* superflu(e).
superior, ra RELIG ◇ *adj* supérieur(e). ◇ *m, f* père supérieur *m*, mère supérieure *f*. ◆ **superior** ◇ *adj* **- 1.** [gen] supérieur(e) **- 2.** *fig* [excelente] de premier ordre. ◇ *m (gen pl)* [jefe] supérieur *m* (hiérarchique).
superioridad *f* supériorité *f*.
superlativo, va *adj* **- 1.** [belleza, grado] extrême **- 2.** GRAM superlatif(ive).
supermercado *m* supermarché *m*.
superpoblación *f* surpeuplement *m*.
superponer = **sobreponer**.
superpotencia *f* superpuissance *f*.
superpuesto, ta *pp irreg* ▷ **superponer**.
superrealismo = **surrealismo**.
supersónico, ca *adj* supersonique.
superstición *f* superstition *f*.
supersticioso, sa *adj* superstitieux(euse).
superventas *m inv* [libro] best-seller *m* ; [disco] : **su album ha sido el ~ de los últimos meses** son album est classé premier au hit-parade des ventes des trois derniers mois.
supervisar *vt* superviser ; [empresa, cuentas] contrôler, inspecter.
supervisor, ra *m, f* [de examen] surveillant *m*, -e *f*; [que supervisa] superviseur *m* ; [que inspecciona] inspecteur *m*, -trice *f*.
supervivencia *f* survie *f* ; [de usos y costumbres] survivance *f*.
superviviente, sobreviviente *adj* & *mf* survivant(e), rescapé(e).
supiera *etc* ▷ **saber**.
suplementario, ria *adj* supplémentaire.
suplemento *m* **- 1.** [gen & PRENSA] supplément *m* **- 2.** [en el vestir] accessoire *m*.
suplente ◇ *adj* suppléant(e) ; **un jugador ~** DEP un remplaçant. ◇ *mf* suppléant *m*, -e *f* ; TEATR doublure *f* ; DEP remplaçant *m*, -e *f*.
supletorio, ria *adj* d'appoint. ◆ **supletorio** *m* [teléfono] deuxième poste *m*.
súplica *f* **- 1.** [ruego] supplication *f* **- 2.** [escrito & DER] requête *f*.
suplicar *vt* **- 1.** [rogar] supplier ; **~ a alguien que haga algo** supplier qqn de faire qqch **- 2.** DER : **~ (a un tribunal)** se pourvoir (devant un tribunal).
suplicio *m lit* & *fig* supplice *m* ; **su vida es un ~** sa vie est un calvaire.
suplir *vt* **- 1.** [substituir] remplacer **- 2.** [compensar] suppléer à ; **su generosidad suple su mal genio** sa générosité compense son mauvais caractère.
supo ▷ **saber**.
suponer ◇ *vt* **- 1.** [gen] supposer ; **supongamos que ...** supposons *o* admettons que ... **- 2.** [significar] représenter **- 3.** [conjeturar] imaginer ; **lo suponía** je m'en doutais ; **le supongo 50 años** je lui donne 50 ans. ◇ *m* : **es un ~** c'est une simple supposition. ◆ **suponerse** *vpr* s'imaginer, supposer.
suposición *f* supposition *f*.
supositorio *m* suppositoire *m*.
supremacía *f* suprématie *f*.
supremo, ma *adj* **- 1.** [gen] suprême **- 2.** *fig* [momento, situación etc] décisif(ive).
supresión *f* suppression *f*.
suprimir *vt* supprimer.
supuesto, ta ◇ *pp irreg* ▷ **suponer**.

◇ *adj* prétendu(e) ; [culpable, asesino] présumé(e) ; **un nombre ~** un faux nom ; **por ~** bien sûr. ◆ **supuesto** *m* hypothèse *f* ; **en el ~ de que ...** en supposant o admettant que ...

supurar *vi* suppurer.

sur ◇ *m* sud *m* ; **el ~ de Europa** le sud de l'Europe. ◇ *adj* [zona, frontera etc] sud *(inv)* ; [viento] du sud. ◆ **Sur** *m* : **el Sur** [punto cardinal] le sud.

suramericano, na = sudamericano.

surcar *vt* - **1.** [recorrer] sillonner - **2.** [tierra] creuser des sillons dans.

surco *m* - **1.** [gen & MÚS] sillon *m* - **2.** [en camino] ornière *f* - **3.** [en piel] ride *f*.

sureño, ña ◇ *adj* du sud. ◇ *m, f* habitant *m*, -e *f* du Sud.

sureste = sudeste.

surf, surfing *m* surf *m*.

surgir *vi* - **1.** [gen] surgir - **2.** [brotar] jaillir.

suroeste = sudoeste.

surrealismo, superrealismo *m* surréalisme *m*.

surtido, da *adj* - **1.** [abastecido] approvisionné(e) ; **~ en** qui offre un grand choix de - **2.** [variado] : **unas pastas surtidas** un assortiment de petits gâteaux. ◆ **surtido** *m* [de prendas, tejidos] choix *m* ; [de pastas, bombones] assortiment *m*.

surtidor *m* [de fuente] jet *m* d'eau ; **~ (de gasolina)** pompe *f* (à essence).

surtir ◇ *vt* [proveer] : **~ a alguien en** fournir qqn en ; **~ efecto** avoir de l'effet. ◇ *vi* jaillir. ◆ **surtirse** *vpr* [proveerse] : **~se de** se fournir en.

susceptible *adj* susceptible.

suscitar *vt* susciter.

suscribir *vt* - **1.** [gen] souscrire - **2.** [acuerdo, pacto] souscrire à. ◆ **suscribirse** *vpr* : **~se a** [publicación] s'abonner à ; COM souscrire à.

suscripción *f* - **1.** [a publicación] abonnement *m* - **2.** COM souscription *f*.

suscriptor, ra *m, f* - **1.** [de publicación] abonné *m*, -e *f* - **2.** COM souscripteur *m*.

susodicho, cha *adj* susdit(e).

suspender *vt* - **1.** [gen] suspendre - **2.** EDUC : **~ a alguien en un examen** refuser qqn à un examen ; **~ un examen** rater un examen.

suspense *m* suspense *m*.

suspensión *f* [gen & AUTOM] suspension *f* ; [ECON - de empleos] suppression *f*.

suspenso, sa *adj* - **1.** [colgado] : **~ de** suspendu à - **2.** [no aprobado] refusé(e) - **3.** *fig* [desconcertado] interloqué(e). ◆ **en suspenso** *loc adv* en suspens. ◆ **suspenso** *m* EDUC : **tener un ~** ne pas avoir la moyenne, être recalé(e).

suspensores *mpl Amer* bretelles *fpl*.

suspicacia *f* méfiance *f*.

suspicaz *adj* soupçonneux(euse).

suspirar *vi* soupirer ; **~ por** *fig* [persona] soupirer après ; [coche, viaje etc] avoir une folle envie de.

suspiro *m* - **1.** [aspiración] soupir *m* - **2.** [instante] : **en un ~** en un clin d'œil.

sustancia *f* substance *f*. ◆ **sustancia gris** *f* matière *f* grise.

sustancial *adj* substantiel(elle) ; [medidas, cambio] important(e).

sustancioso, sa *adj* substantiel(elle).

sustantivo, va *adj* GRAM nominal(e). ◆ **sustantivo** *m* GRAM substantif *m*.

sustentar *vt* - **1.** [gen] soutenir - **2.** [persona, familia] nourrir.

sustento *m* - **1.** [alimento] nourriture *f* - **2.** [apoyo] soutien *m*.

sustitución *f* [cambio] remplacement *m*.

sustituir *vt* : **~ (por)** remplacer (par).

sustituto, ta *m, f* remplaçant *m*, -e *f*.

susto *m* peur *f*.

sustracción *f* - **1.** [robo] vol *m* - **2.** MAT soustraction *f*.

sustraer *vt* - **1.** [gen & MAT] soustraire - **2.** [robar] voler, subtiliser. ◆ **sustraerse** *vpr* : **~se (a** o **de)** se soustraire (à).

sustrato *m* substrat *m*.

susurrar ◇ *vt* chuchoter. ◇ *vi fig* [viento, agua] murmurer.

susurro *m* chuchotement *m*.

sutil *adj* subtil(e) ; [tejido, línea] fin(e).

sutileza *f* subtilité *f*.

sutura *f* suture *f*.

suyo, ya ◇ *adj poses* [de él] à lui ; [de ella] à elle ; [de ellos] à eux ; [de ellas] à elles ; [de usted, de ustedes] à vous ; **este libro es ~** ce livre est à lui/à elle etc ; **un amigo ~** un de ses/vos etc amis ; **no es asunto ~** ça ne le/la etc regarde pas ; **no es culpa suya** ce n'est pas (de) sa/votre etc faute ; **es muy ~** *fam fig* il est spécial. ◇ *pron poses* - **1.** *(después de art)* : **el ~** [de él, de ella] le sien ; [de usted] le vôtre ; [de ellos, de ellas] le leur ; **la suya** [de él, de ella] la sienne ; [de usted] la vôtre ; [de ellos, de ellas] la leur - **2.** *loc* : **de ~** en soi ; **hacer de las suyas** *fam* faire des siennes ; **hacer ~/suya** faire sien/sienne ; **lo ~ es el teatro** *fam* son truc c'est le théâtre ; **los ~s** [su familia] les siens.

svástica = **esvástica.**

sweater = **suéter.**

T

t¹, T [te] *f* [letra] t *m inv*, T *m inv*.

t² - **1.** (*abrev de* **tonelada**) t. - **2.** *abrev de* **tomo.**

tabacalero, ra *adj* du tabac ; **un establecimiento ~** un magasin d'articles pour fumeurs. ◆ **Tabacalera** *f régie espagnole des tabacs,* ≃ SEITA *f*.

tabaco ◇ *m* - **1.** [gen] tabac *m* - **2.** [cigarrillos] cigarettes *fpl* ; **¿tienes ~?** tu as une cigarette? ◇ *adj inv* [color] tabac.

tábano *m* taon *m*.

tabarra *f fam* barbe *f* ; **dar la ~ a alguien** tanner qqn.

taberna *f* bistrot *m*.

tabernero, ra *m, f* patron *m*, -onne *f* de bistrot.

tabique *m* cloison *f*.

tabla *f* - **1.** [de madera & NÁUT] planche *f* ; [de metal etc] plaque *f* ; [de estantería] étagère *f* ; **~ de planchar** planche à repasser - **2.** [de falda, camisa] pli *m* - **3.** [esquema, gráfico] tableau *m* ; [lista, catálogo] table *f* ; **~ de materias** table des matières - **4.** CULIN *assiette de charcuterie ou de fromages.* ◆ **tablas** *fpl* - **1.** [en ajedrez] : **quedar en** o **hacer ~s** faire partie nulle - **2.** TEATR planches *fpl* - **3.** TAUROM barrières *fpl*.

tablado *m* TEATR scène *f* ; [de baile] plancher *m* ; [tarima] estrade *f*.

tablao *m sorte de cabaret où sont données des représentations de flamenco.*

tablero *m* - **1.** [tabla] planche *f* ; **~ de anuncios** tableau *m* d'affichage - **2.** [de juego] : **~ (de ajedrez)** échiquier *m* ; **~ (de damas)** damier *m* - **3.** DEP panneau *m* - **4.** AERON & AUTOM : **~ (de mandos)** tableau *m* de bord.

tableta *f* - **1.** [de chocolate] tablette *f* - **2.** MED comprimé *m*.

tablón *m* planche *f* ; **~ (de anuncios)** panneau *m* d'affichage.

tabú (*pl* **tabúes** o **tabús**) ◇ *adj* tabou(e). ◇ *m* tabou *m*.

tabulador *m* tabulateur *m*.

tabular ◇ *vt* - **1.** [valores, cifras etc] disposer en tableau - **2.** [texto] tabuler. ◇ *vi* [con máquina, ordenador] mettre des tabulations.

taburete *m* tabouret *m*.

tacañería *f* avarice *f*.

tacaño, ña *adj* & *m, f* avare.

tacha *f* - **1.** [defecto] défaut *m* ; **sin ~** irréprochable - **2.** [clavo] punaise *f*.

tachar *vt* - **1.** [lo escrito] barrer ; **~ lo que no proceda** rayer la mention inutile - **2.** *fig* [acusar] : **~ a alguien de algo** taxer qqn de qqch.

tacho *m Amer* seau *m*.

tachón *m* - **1.** [tachadura] rature *f* - **2.** [clavo] clou *m* de tapissier.

tachuela *f* punaise *f*.

tácito, ta *adj* tacite.

taciturno, na *adj* taciturne.

taco *m* - **1.** [espiche] taquet *m* - **2.** [cuña] cale *f* - **3.** [de billetes] liasse *f* - **4.** *fam fig* [palabrota] gros mot *m* - **5.** *fam fig* [montón] tas *m* - **6.** [de billar] queue *f* - **7.** [de papel etc] pile *f* - **8.** [de jamón, queso] cube *m* - **9.** [de bota de fútbol] crampon *m* - **10.** *Amer* [tacón] talon *m* - **11.** *Amer* CULIN *crêpe de maïs farcie.* ◆ **tacos** *mpl mfam* [años] : **tiene treinta ~s** il a trente balais.

tacón *m* talon *m (de chaussure).*

táctico, ca ◇ *adj* tactique. ◇ *m, f* tacticien *m*, -enne *f*. ◆ **táctica** *f* tactique *f*.

táctil *adj* tactile.

tacto *m* - **1.** [gen] toucher *m* - **2.** *fig* [delicadeza] tact *m*.

tafetán *m* taffetas *m*.

Tailandia Thaïlande *f*.

taimado, da *adj* [astuto] rusé(e) ; [disimulado] sournois(e).

Taiwán [tai'wan] Taïwan.

tajada *f* - **1.** [rodaja] tranche *f* - **2.** *fam fig* [borrachera] cuite *f*.

tajante *adj fig* [tono, decisión etc] catégorique.

tajar *vt* trancher.

tajo *m* - **1.** [corte, herida] estafilade *f* - **2.** *fam* [trabajo] turbin *m* - **3.** [acantilado] ravin *m*.

Tajo *m* : **el ~** le Tage.

tal <> *adj* - **1.** [gen] tel, telle - **2.** [semejante] tel, telle, pareil, pareille ; **~ cosa jamás se ha visto** on n'a jamais vu une chose pareille ; **en ~es condiciones** dans de telles conditions ; **lo dijo con ~ seguridad que ...** il l'a dit avec une telle assurance que ... ; **mañana a ~ hora** demain à telle heure - **3.** [poco conocido] : **te ha llamado un ~ Pérez** un certain o dénommé Pérez t'a appelé. <> *pron loc* : **que si ~ que si cual**, **~ y cual**, **~ y ~** ceci, cela ; **ser ~ para cual** être faits l'un pour l'autre ; **y ~** [coletilla] et ainsi de suite. <> *adv* : **¿qué ~?** comment ça va? ; **~ cual** tel quel (telle quelle). ◆ **con tal (de) que** *loc conj* pourvu que, du moment que ; **con ~ de que volvamos pronto llegaré a tiempo** pourvu que l'on revienne tôt, je serai à l'heure. ◆ **tal (y) como** *loc conj* comme.

tala *f* [de árboles] abattage *m*.

taladradora *f* perceuse *f*; [de papel] perforeuse *f*.

taladrar *vt* percer.

taladro *m* - **1.** [taladradora] perceuse *f* - **2.** [agujero] trou *m*.

talante *m* - **1.** [humor] humeur *f* - **2.** [disposición] : **de buen ~** de bonne grâce.

talar *vt* [árboles] abattre.

talco *m* talc *m*.

talego *m* - **1.** [de tela] sac *m* - **2.** *mfam* [dinero] 1 000 pesetas - **3.** *vulg* [cárcel] tôle *f*.

talento *m* talent *m* ; **ser un ~ de la música** être doué(e) en musique.

Talgo (*abrev de* **tren articulado ligero de Goicoechea Oriol**) *m* *train espagnol aux essieux à écartement variable*.

talismán *m* talisman *m*.

talla *f* - **1.** [gen & ARTE] taille *f*; **¿qué ~ usas?** quelle taille fais-tu? - **2.** *fig* [importancia] envergure *f*; **dar la ~** être à la hauteur.

tallado, da *adj* [madera] sculpté(e) ; [piedras preciosas] taillé(e).

tallar *vt* - **1.** [esculpir - piedra] tailler ; [- madera] sculpter - **2.** [persona] mesurer.

tallarín *m (gen pl)* tagliatelle *f*.

talle *m* - **1.** [cintura] taille *f* - **2.** [figura, cuerpo] silhouette *f*.

taller *m* - **1.** [gen] atelier *m* - **2.** AUTOM garage *m* ; **llevar el coche al ~** amener la voiture au garage.

tallo *m* tige *f*; [brote] pousse *f*; [de hierba] brin *m*.

talón *m* - **1.** [gen & ANAT] talon *m* ; **un zapato sin ~** une chaussure ouverte ; **~ de Aquiles** *fig* talon d'Achille - **2.** [cheque] chèque *m* ; **~ bancario/conformado** chèque bancaire/certifié ; **~ en blanco** chèque en blanc.

talonario *m* [de cheques] carnet *m* de chèques, chéquier *m*.

Tamagotchi® *m* Tamagotchi® *m*.

tamaño, ña *adj* [semejante] pareil(eille) ; **nunca he visto ~ atrevimiento** je n'ai jamais vu (une) pareille audace. ◆ **tamaño** *m* taille *f*; **de ~ natural** grandeur nature.

tambalearse *vpr* chanceler ; [borracho] tituber ; [barco] tanguer.

también *adv* aussi ; [además] de plus.

tambor *m* [gen] tambour *m* ; [de pistola] barillet *m*.

tamiz *m* tamis *m*.

tamizar *vt* - **1.** [cribar] tamiser - **2.** *fig* [seleccionar] trier.

tampoco *adv* non plus ; **no quiere salir, yo ~** il ne veut pas sortir, moi non plus ; **no quiere ir al cine ni ~ comer fuera** il ne veut ni aller au cinéma ni aller au restaurant.

tampón *m* tampon *m*.

tan *adv* - **1.** [mucho] si ; **~ grande/deprisa** si grand/vite ; **¡qué película ~ larga!** qu'est-ce qu'il est long ce film! ; **~ ... que ...** tellement ... que ... ; **es ~ tonto que no se entera** il est tellement bête qu'il ne comprend rien - **2.** [en comparaciones] : **~ ... como ...** aussi ... que ... ; **es ~ listo como su hermano** il est aussi intelligent que son frère - **3.** = **tanto.** ◆ **tan sólo** *loc adv* seulement.

tanda *f* - **1.** [grupo] groupe *m* ; [de trabajo] équipe *f* - **2.** [serie] série *f*; **~ de palos** volée *f* de coups.

tándem (*pl* **tándemes**) *m* - **1.** [bicicleta] tandem *m* - **2.** [pareja - de actores etc] duo *m* ; [- de bueyes] paire *f*.

tanga *m* string *m*.

tangente <> *adj* tangent(e). <> *f* tangente *f*.

tangible *adj* tangible.

tango *m* tango *m*.

tanque *m* - **1.** MIL tank *m* - **2.** [vehículo cisterna] citerne *f* - **3.** [depósito] réservoir *m*.

tantear <> *vt* - **1.** [sopesar] évaluer ; [proyectos, soluciones] examiner de près ; **~ el terreno** tâter le terrain - **2.** *fig* [persona] sonder - **3.** [contrincante, rival] mesurer. ◇ *vi* - **1.** [andar a tientas] tâtonner - **2.** [en juego] compter les points.

tanteo *m* - **1.** [prueba] essai *m* - **2.** [puntuación] score *m*.

tanto, ta ◇ *adj* - **1.** [gran cantidad, cantidad indeterminada] tant de, tellement de ; **¡tiene ~s libros!** il a tant de livres! ; **tiene tantas ganas de verte que ...** il a tellement envie de te voir que ... ; **nos daban tantas pesetas al día** on nous donnait tant de pesetas par jour ; **y ~s** et quelques ; **tiene cincuenta y ~s años** elle a cinquante ans et quelques - **2.** [en comparaciones] : **~ ... como ...** autant de ... que ... ◇ *pron* - **1.** [gran cantidad] autant ; **tienes muchos vestidos, yo no ~s** tu as beaucoup de robes, moi je n'en ai pas autant ; **había mucha gente aquí, allí no tanta** il y avait beaucoup de monde ici, il n'y en avait pas autant là-bas ; **otro ~** autant ; **le ocurrió otro ~** il lui est arrivé la même chose - **2.** [cantidad por determinar] tant ; **supongamos que vengan ~s ...** supposons qu'il en vienne tant ... ; **a ~s de** [mes] le tant. ◆ **tanto** ◇ *m* - **1.** : **marcar un ~** [punto] marquer un point ; [gol] marquer un but - **2.** *fam fig* [situación favorable] avantage *m* ; **es un ~ a su favor** c'est un avantage qu'il a ; **apuntarse un ~ (a favor)** marquer des points ; **márcate un ~ y déjame salir** sois sympa et laisse-moi sortir - **3.** [cantidad indeterminada] : **un ~ por página** tant par page ; **~ por ciento** pourcentage *m* - **4.** *loc* : **estar al ~** [al corriente] être au courant ; [atento] surveiller. ◇ *adv* - **1.** [gran cantidad] autant ; **no me sirvas ~** ne m'en sers pas autant ; **~ que** tant que, tellement que ; **lo quiere ~ que ...** elle l'aime tant que ... ; **de eso hace ~ que ...** il y a si longtemps de cela que ... - **2.** [en comparaciones] : **~ como** autant que - **3.** *loc* : **¡y ~!** et comment! ◆ **tantas** *fpl fam* : **llegar a las tantas** arriver très tard. ◆ **en tanto (que)** *loc conj* pendant que. ◆ **por (lo) tanto** *loc conj* par conséquent. ◆ **tanto (es así) que** *loc conj* tant et si bien que. ◆ **un tanto** *loc adv* quelque peu.

tañido *m* MÚS son *m* ; [de campana] tintement *m*.

tapa *f* - **1.** [para cerrar] couvercle *m* - **2.** CULIN *petite quantité d'olives, d'anchois, de « tortilla » etc servie en apéritif* - **3.** [de libro] couverture *f* - **4.** [de tacón] talon *m* - **5.** *Amer* [de botella] bouchon *m*.

tapadera *f* - **1.** [tapa] couvercle *m* - **2.** *fig* [para encubrir] couverture *f*.

tapar *vt* - **1.** [gen] couvrir - **2.** [cerrar - botella, agujero] boucher ; [- baúl, boca] fermer - **3.** [no dejar ver] cacher. ◆ **taparse** *vpr* se couvrir ; **~se la boca** mettre la main devant sa bouche.

taparrabos, taparrabo *m inv* cache-sexe *m*.

tapete *m* napperon *m* ; [de juegos] tapis *m*.

tapia *f* mur *m* (de clôture).

tapiar *vt* - **1.** [obstruir] murer - **2.** [cercar] clôturer.

tapicería *f* - **1.** [tela, oficio] tapisserie *f* - **2.** [tienda] : **en la ~** chez le tapissier - **3.** [tapices] tapisseries *fpl*.

tapiz *m* [para la pared] tapisserie *f* ; [para el suelo] tapis *m*.

tapizado *m* tapisserie *f*.

tapizar *vt* - **1.** [mueble] recouvrir - **2.** [pared] tapisser.

tapón *m* - **1.** [gen] bouchon *m* - **2.** *fam* [persona] nabot *m*, -e *f* - **3.** DEP lancer *m* tapé.

taponar *vt* boucher. ◆ **taponarse** *vpr* se boucher.

tapujo *m* : **hablar sin ~s** parler clair.

taquicardia *f* tachycardie *f*.

taquigrafía *f* sténographie *f*.

taquilla *f* - **1.** [ventanilla] guichet *m* - **2.** [casillero] casier *m* - **3.** [recaudación] recette *f*.

taquillero, ra ◇ *adj* [artista, espectáculo] qui fait recette ; [película] qui fait beaucoup d'entrées. ◇ *m, f* guichetier *m*, -ère *f*.

tara *f* tare *f*.

tarado, da ◇ *adj* - **1.** [defectuoso] défectueux(euse) - **2.** [tonto] taré(e). ◇ *m, f* taré *m*, -e *f*.

tarántula *f* tarentule *f*.

tararear *vt* fredonner.

tardanza *f* retard *m*.

tardar *vi* - **1.** [llevar tiempo] : **~ en hacer algo** mettre du temps à faire qqch ; **tardó un año en hacerlo** il a mis un an à le faire ; **tardo dos minutos** j'en ai pour deux minutes - **2.** [retrasarse] : **~ en hacer algo** tarder à faire qqch ; **no tardaron en venir** ils n'ont pas tardé à venir.

tarde ◇ *f* [hasta las siete] après-midi *m* o *f* ; [después de las siete] soir *m* ; **vendré por la ~** [hasta las siete] je viendrai dans l'après-midi ; [después de las siete] je viendrai dans la soirée. ◇ *adv* - **1.** [gen] tard ; **hoy saldré ~** aujourd'hui, je sortirai tard ; **~ o temprano** tôt ou tard **- 2.** [en demasía] trop tard ; **ya es ~ para ...** il est trop tard pour ... ◆ **buenas tardes** *interj* : **¡buenas ~s!** [hasta las siete] bonjour! ; [después de las siete] bonsoir! ◆ **de tarde en tarde** *loc adv* de temps à autre ; **muy de ~ en ~** très rarement.

tardío, a *adj* tardif(ive).

tarea *f* **- 1.** [trabajo] travail *m* ; [misión] tâche *f* ; **~s domésticas** tâches ménagères **- 2.** EDUC devoirs *mpl*.

tarifa *f* tarif *m* ; **~ nocturna** tarif de nuit ; **~ plana** [para Internet] forfait *m* mensuel *(avec connexions illimitées)*.

tarima *f* estrade *f*.

tarjeta *f* carte *f* ; **~ de crédito** carte de crédit ; **~ monedero** porte-monnaie *m* électronique ; **~ postal** carte postale.

tarot *m* tarot *m*.

Tarragona Tarragone.

tarrina *f* barquette *f*.

tarro *m* **- 1.** [recipiente] pot *m* **- 2.** *mfam* [cabeza] : **estar mal del ~** être complètement fêlé(e).

tarta *f* gâteau *m* ; [plana] tarte *f* ; **una ~ de chocolate** un gâteau au chocolat.

tartaleta *f* tartelette *f*.

tartamudear *vi* bégayer.

tartamudeo *m* bégaiement *m*.

tartamudo, da *adj* & *m, f* bègue.

tartana *f fam* [coche] guimbarde *f*.

tartera *f* [fiambrera] gamelle *f*.

tarugo *m* **- 1.** *fam* [necio] abruti *m* **- 2.** [de madera] gros morceau *m* de bois ; [de pan] quignon *m* de pain.

tarumba *adj fam* : **estar ~** être dingue.

tasa *f* **- 1.** [índice] taux *m* ; **~ de desempleo** o **paro** taux de chômage **- 2.** [precio, impuesto] taxe *f* ; **~ de importación** taxe à l'importation ; **~s académicas** droits *mpl* d'inscription (à l'université) **- 3.** [tasación] taxation *f*.

tasación *f* taxation *f*.

tasar *vt* **- 1.** [valorar] expertiser **- 2.** [fijar precio] taxer.

tasca *f* bistrot *m*.

tatarabuelo, la *m, f* trisaïeul *m*, -e *f*.

tatuaje *m* tatouage *m*.

tatuar *vt* & *vi* tatouer. ◆ **tatuarse** *vpr* se faire tatouer.

taurino, na *adj* taurin(e).

Tauro ◇ *m inv* [zodiaco] Taureau *m inv*. ◇ *mf inv* [persona] taureau *m inv*.

tauromaquia *f* tauromachie *f*.

TAV (*abrev de* **tren de alta velocidad**) *m* *train à grande vitesse espagnol,* ≃ TGV *m*.

taxativo, va *adj* strict(e).

taxi *m* taxi *m*.

taxidermista *mf* taxidermiste *mf*.

taxímetro *m* compteur *m (de taxi)*.

taxista *mf* chauffeur *m* de taxi.

taza *f* **- 1.** [para beber] tasse *f* **- 2.** [de retrete] cuvette *f*.

tazón *m* bol *m*.

te[1] *f* [letra] t *m inv*.

te[2] *pron pers* **- 1.** [gen] te, t' *(delante de vocal)* ; **vengo a verte** je viens te voir ; **~ quiero** je t'aime ; **~ lo dio** il te l'a donné ; **~ tiene miedo** il a peur de toi ; **¡mírate!** regarde-toi! ; **¡no ~ pierdas!** ne te perds pas! ; **~ gusta leer** tu aimes lire ; **~ crees muy listo** tu te crois très malin **- 2.** *fam* [impersonal] on ; **si ~ dejas pisar, estás perdido** si on se laisse marcher sur les pieds, on est perdu.

té *m* thé *m*.

tea *f* torche *f*.

teatral *adj* théâtral(e).

teatro *m* **- 1.** [gen] théâtre *m* **- 2.** [fingimiento] : **es todo ~** c'est de la comédie.

tebeo® *m* bande *f* dessinée.

techo *m* **- 1.** [cara interior, tope] plafond *m* ; **~ artesonado** plafond à caissons **- 2.** [tejado, hogar] toit *m* ; **bajo ~** sous un toit ; **~ corredizo** toit ouvrant.

techumbre *f* toiture *f*.

tecla *f* [gen & INFORM] touche *f*.

teclado *m* [gen & INFORM] clavier *m* ; **~ expandido** clavier étendu ; **~ numérico** pavé *m* numérique.

teclear *vi* [en máquina etc] taper.

tecleo *m* [en máquina etc] frappe *f*.

técnico, ca ◇ *adj* technique. ◇ *m, f* technicien *m*, -enne *f*. ◆ **técnica** *f* technique *f*.

Tecnicolor® *m* Technicolor® *m*.

tecnócrata ◇ *adj* technocratique. ◇ *mf* technocrate *mf*.

tecnología *f* technologie *f* ; **~ punta** technologie de pointe.

tecnológico, ca *adj* technologique.

tecolote *m Amer* hibou *m*.

tedio *m* ennui *m*.

tedioso, sa *adj* ennuyeux(euse).

Tegucigalpa Tegucigalpa.

teja *f* tuile *f*.

tejado *m* toit *m*.

tejano, na *adj* [tela] en jean. ◆ **tejanos** *mpl* [pantalones] jean *m*.

tejemaneje *m fam* - **1.** [maquinación] manigance *f* - **2.** [ajetreo] remue-ménage *m inv*.

tejer ◇ *vt* - **1.** [gen] tisser ; [labor de punto] tricoter ; [labor de ganchillo] faire au crochet - **2.** [mimbre, esparto] tresser - **3.** *fig* [idear] tramer. ◇ *vi* [hacer punto] tricoter ; [hacer ganchillo] faire du crochet.

tejido *m* tissu *m*.

tejo *m* - **1.** [disco] palet *m* - **2.** BOT if *m*.

tejón *m* ZOOL blaireau *m*.

tel., teléf. (*abrev de* **teléfono**) tél.

tela *f* - **1.** [gen] tissu *m* - **2.** [tejido basto, cuadro] toile *f* - **3.** *fam* [cosa complicada] : **tener (mucha) ~** donner du fil à retordre ; **¡vaya ~!** c'est coton! - **4.** *loc* : **tener ~ de trabajo** *fam* avoir du pain sur la planche ; **poner en ~ de juicio** remettre en cause. ◆ **tela metálica** *f* grillage *m*.

telar *m* [máquina] métier *m* à tisser. ◆ **telares** *mpl* [fábrica] usine *f* textile.

telaraña *f* toile *f* d'araignée ; **la ~** [en Internet] la Toile.

tele *f fam* télé *f*.

telearrastre *m* remonte-pente *m*.

telebanca *f* télébanque *f*.

telecabina *m* o *f* télécabine *f*.

telecomedia *f* sitcom *m* o *f*.

telecompra *f* téléachat *m*.

telecomunicación *f* [medio] télécommunication *f*. ◆ **telecomunicaciones** *fpl* [red] télécommunications *fpl*.

telediario *m* journal *m* télévisé.

teledirigido, da *adj* téléguidé(e).

teléf. = **tel.**

telefax *m* télécopieur *m*.

teleférico *m* téléphérique *m*.

telefilme, telefilm (*pl* **telefilms**) *m* téléfilm *m*.

telefonear *vi* téléphoner. ◆ **telefonearse** *vpr* s'appeler *(au téléphone)*.

telefónico, ca *adj* téléphonique. ◆ **Telefónica** *f compagnie nationale espagnole des Téléphones,* ≃ France Télécom.

telefonista *mf* standardiste *mf*.

teléfono *m* téléphone *m* ; **colgar el ~** raccrocher le téléphone ; **hablar a alguien por ~** avoir qqn au téléphone ; **llamar por ~** téléphoner ; **~ inalámbrico** téléphone sans fil ; **~ móvil** téléphone portable ; **~ público** téléphone public ; **~ sin manos** appareil *m* « mains-libres ».

telegrafía *f* télégraphie *f*.

telegráfico, ca *adj* télégraphique.

telégrafo *m* [medio, aparato] télégraphe *m*.

telegrama *m* télégramme *m*.

telejuego *m* jeu *m* vidéo.

telele *m fam* : **le dio un ~** [se desmayó] il a tourné de l'œil ; [se sorprendió] ça lui a fichu un coup.

telemando *m* télécommande *f*.

telemática *f* télématique *f*.

telenovela *f* feuilleton *m* télévisé.

telepatía *f* télépathie *f*.

telescópico, ca *adj* télescopique.

telescopio *m* télescope *m*.

telesilla *m* télésiège *m*.

telespectador, ra *m, f* téléspectateur *m*, -trice *f*.

telesquí (*pl* **telesquís** o **telesquíes**) *m* téléski *m*.

teletexto *m* télétexte *m*.

teletipo *m* Télétype® *m*.

teletrabajador, ra *m, f* télétravailleur *m*, - euse *f*.

teletrabajo *m* télétravail *m*.

televidente *mf* téléspectateur *m*, -trice *f*.

televisar *vt* téléviser.

televisión *f* télévision *f* ; **ver la ~** regarder la télévision ; **~ en color** télévision couleur.

televisor *m* téléviseur *m*.

télex *m inv* télex *m*.

telón *m* TEATR & CIN rideau *m* ; **~ de fondo** *fig* toile *f* de fond.

telonero, ra *adj* : **ser ~** passer en première partie *(d'un spectacle, d'un concert)*.

tema *m* - **1.** [gen] sujet *m* - **2.** MÚS thème *m*.

temario *m* EDUC programme *m*.

temático, ca *adj* thématique. ◆ **temática** *f* thème *m*.

temblar *vi* trembler ; **~ de frío/de miedo** trembler de froid/de peur.

tembleque *m* tremblement *m*.

temblor *m* tremblement *m*.

tembloroso, sa *adj* tremblant(e).

temer ◇ *vt* : **~ (algo/a alguien)** craindre (qqch/qqn) ; **teme el agua/a su madre** il a peur de l'eau/de sa mère ; **temo que se vaya** je crains qu'il ne s'en aille. ◇ *vi* avoir peur, craindre ; **teme por sus hijos** il a peur pour ses enfants ; **no temas** ne crains rien. ◆ **temerse** *vpr* craindre ; **me temo lo peor** je crains le pire.

temerario, ria *adj* téméraire ; [juicio, acusación] hâtif(ive).

temeridad *f* - **1.** [valor] témérité *f* - **2.** [insensatez] : **es una ~** c'est de l'inconscience.

temeroso, sa *adj* - **1.** [receloso] peureux(euse) - **2.** [temible] effrayant(e).

temible *adj* redoutable.

temor *m* crainte *f* ; **por ~ a** o **de** par crainte de.

temperamental *adj* - **1.** [con carácter] qui a du tempérament - **2.** [impulsivo] lunatique.

temperamento *m* tempérament *m*.

temperatura *f* température *f* ; **tomar la ~ a alguien** prendre la température à qqn.

tempestad *f* tempête *f*.

tempestuoso, sa *adj* orageux(euse) ; [persona] tempétueux(euse).

templado, da *adj* - **1.** [tibio - agua, bebida, comida] tiède - **2.** [clima, zona & MÚS] tempéré(e) - **3.** [persona, carácter - moderado] modéré(e) ; [- sereno] calme.

templanza *f* - **1.** [moderación] tempérance *f* ; [serenidad] : **tener ~** savoir garder son calme - **2.** [del clima] douceur *f*.

templar ◇ *vt* - **1.** [entibiar] faire tiédir - **2.** [calmar - ánimos, nervios] calmer - **3.** TECNOL [metal etc] tremper - **4.** [café, whisky etc] couper - **5.** MÚS accorder - **6.** [tornillo, bisagra etc] resserrer. ◇ *vi* [tiempo, temperatura] s'adoucir. ◆ **templarse** *vpr* [tiempo, temperatura] se radoucir ; [líquido] tiédir.

temple *m* - **1.** [serenidad] : **tener ~** savoir garder son calme - **2.** ARTE détrempe *f*.

templete *m* kiosque *m (à musique)*.

templo *m* temple *m* ; [católico] église *f*.

temporada *f* [gen] saison *f* ; [de exámenes] période *f* ; **de ~** [fruta] de saison ; [trabajo, actividad] saisonnier(ère) ; **~ alta/baja** haute/basse saison ; **~ media** intersaison *f* ; **una ~** [periodo indefinido] un certain temps, quelque temps.

temporal ◇ *adj* - **1.** [gen & RELIG] temporel(elle) - **2.** [provisional] temporaire. ◇ *m* [tormenta] tempête *f*.

temporero, ra ◇ *adj* temporaire. ◇ *m, f* travailleur *m*, -euse *f* temporaire.

temporizador *m* minuterie *f*.

temprano, na *adj* précoce ; **a horas tempranas** de bonne heure ; **frutas/verduras tempranas** primeurs *fpl*. ◆ **temprano** *adv* tôt.

ten ▷ **tener**. ◆ **ten con ten** *m fam* doigté *m*.

tenacidad *f* ténacité *f*.

tenacillas *fpl* pincettes *fpl* ; [para el pelo] fer *m* à friser ; [para el azúcar] pince *f* à sucre.

tenaz *adj* tenace.

tenaza *f (gen pl)* - **1.** [herramienta] tenailles *fpl* - **2.** [de crustáceos] pince *f*.

tendedero *m* étendoir *m*.

tendencia *f* : **~ (a)** tendance *f* (à).

tendencioso, sa *adj* tendancieux(euse).

tender ◇ *vt* - **1.** [gen] étendre ; **~ la ropa** étendre le linge - **2.** [extender, tramar] tendre ; **~ la mano** tendre la main ; **~ una trampa** tendre un piège - **3.** [puente, vía férrea] construire. ◇ *vi* : **~ a** tendre à ; [color] tirer sur. ◆ **tenderse** *vpr* s'étendre.

tenderete *m* étalage *m*.

tendero, ra *m, f* petit commerçant *m*, petite commerçante *f* ; [de comestibles] épicier *m*, -ère *f*.

tendido, da *adj* - **1.** [gen] étendu(e) - **2.** [extendido] tendu(e). ◆ **tendido** *m* - **1.** [instalación] pose *f* - **2.** TAUROM gradins *mpl*.

tendón *m* tendon *m*.

tendrá *etc* ▷ **tener**.

tenebroso, sa *adj* sombre ; *fig* ténébreux(euse).

tenedor[1] *m* fourchette *f*.

tenedor[2], ra *m, f* COM détenteur *m*, -trice *f* ; **~ de libros** comptable *m*.

teneduría *f* COM comptabilité *f*.

tenencia *f* détention *f* ; **~ ilícita de armas** détention d'armes.

tener ◇ *v aux* - **1.** *(antes de participio)* [haber] avoir ; **teníamos pensado ir al teatro** nous avions pensé aller au théâtre ; **tengo leído medio libro** j'ai lu la moitié du livre - **2.** *(antes de participio o adj)* [mantener] : **me tuvo despierto** ça m'a tenu éveillé ; **eso la tiene entretenida** ça l'occupe - **3.** *(antes de infin)* [expresa obligación] : **~ que** devoir ; **tengo que irme** je dois partir, il faut que je parte - **4.** [expresa propósito] : **tenemos que salir a cenar juntos** il faut que nous allions dîner ensemble. ◇ *vt* - **1.** [gen] avoir ; **tiene mucho dinero** il a beaucoup d'argent ; **tengo**

un hermano mayor j'ai un frère aîné ; **¿cuántos años tienes?** quel âge as-tu? ; **tengo hambre** j'ai faim ; **tiene buen corazón** il a bon cœur ; **le tiene lástima** il a pitié de lui ; **tendrá una sorpresa** il aura une surprise ; **~ un niño** avoir un enfant ; **~ huéspedes** avoir des invités ; **hoy tengo clase** j'ai cours aujourd'hui ; **tiene algo que decirnos** il a quelque chose à nous dire **- 2.** [medir] faire ; **la sala tiene cuatro metros de largo** le salon fait quatre mètres de long **- 3.** [sujetar, coger] tenir **- 4.** [estar] : **aquí tiene su cambio** voici votre monnaie ; **aquí me tienes** me voici **- 5.** [para desear] : **¡que tengas un buen viaje!** bon voyage! ; **que tengan unas felices Navidades** joyeux Noël! **- 6.** [valorar, considerar] : **~ a alguien por** o **como** prendre qqn pour ; **~ algo por** o **como** considérer qqch comme ; **ten por seguro que lloverá** tu peux être sûr qu'il pleuvra **- 7.** *loc* : **conque ¿esas tenemos? ¿te niegas a hacerlo?** alors comme ça, tu ne veux pas le faire? ; **no las tiene todas consigo** il n'en mène pas large ; **le ruego tenga a bien mandarme ...** je vous prie de bien vouloir m'envoyer ... ; **~ lugar** avoir lieu ; **~ presente algo/alguien** se souvenir de qqch/qqn ; **~ que ver con algo/alguien** avoir à voir avec qqch/qqn. ◆ **tenerse** *vpr* **- 1.** [sostenerse] : **~se de pie** [borracho] tenir debout ; [niño] se tenir debout **- 2.** [considerarse] : **~se por algo/alguien** se croire qqch/qqn.

Tenerife Tenerife, Ténériffe.

tenia *f* ténia *m*.

teniente *m* lieutenant *m*.

tenis ◇ *m inv* tennis *m* ; **~ de mesa** tennis de table. ◇ *fpl* tennis *mpl* o *fpl*.

tenista *mf* joueur *m*, -euse *f* de tennis.

tenor *m* MÚS ténor *m*. ◆ **a tenor de** *loc prep* compte tenu de.

tensar *vt* tendre.

tensión *f* tension *f* ; **alta ~** haute tension ; **~ (arterial)** tension (artérielle).

tenso, sa *adj* tendu(e).

tensor, ra *adj* : **los músculos tensores** les muscles tenseurs.

tentación *f* tentation *f* ; **ser una ~** être tentant(e) ; **tener la ~ de** être tenté(e) de.

tentáculo *m* tentacule *m*.

tentador, ra *adj* tentant(e).

tentar *vt* **- 1.** [gen] tenter **- 2.** [tocar] tâter.

tentativa *f* tentative *f* ; DEP essai *m* ; **~ de asesinato** tentative de meurtre.

tentempié *m* en-cas *m inv* ; [juguete] culbuto *m*.

tenue *adj* [lluvia, tela] fin(e) ; [voz] faible ; [dolor] léger(ère) ; [hilo, luz] ténu(e).

teñir *vt* : **~ (de rojo etc)** teindre (en rouge etc). ◆ **teñirse** *vpr* : **~se el pelo** se teindre les cheveux ; **~se de rubio/moreno** se teindre en blond/brun.

teología *f* théologie *f*.

teólogo, ga *m, f* théologien *m*, -enne *f*.

teorema *m* théorème *m*.

teoría *f* théorie *f* ; **en ~** en théorie.

teórico, ca ◇ *adj* théorique. ◇ *m, f* [persona] théoricien *m*, -enne *f*. ◆ **teórica** *f* [teoría] théorie *f* ; [del examen de conducir] code *m*.

teorizar *vi* théoriser.

tequila *m* o *f* tequila *f*.

terapéutico, ca *adj* thérapeutique.

terapia *f* thérapie *f*.

tercer ▷ **tercero**.

tercera *f* ▷ **tercero**.

tercermundista *adj* du tiers-monde ; [política, actitud] tiers-mondiste.

tercero, ra *adj num* (*antes de sust masculino sg :* **tercer**) troisième. ◆ **tercero** *m* **- 1.** [piso] troisième *m* **- 2.** [curso - escolar] ≃ quatrième *f* ; [- universitario] troisième année *f* **- 3.** [mediador] tiers *m*, tierce personne *f*. ◆ **tercera** *f* AUTOM troisième *f*.

terceto *m* MÚS trio *m*.

terciar ◇ *vt* **- 1.** [colocar en diagonal] mettre en travers ; [arma] mettre en bandoulière **- 2.** [dividir] couper en trois. ◇ *vi* **- 1.** [mediar] intervenir, s'interposer **- 2.** [participar] : **~ (en)** prendre part (à). ◆ **terciarse** *vpr* se présenter ; **si se tercia** si l'occasion se présente.

terciario, ria *adj* tertiaire. ◆ **terciario** *m* GEOL tertiaire *m*.

tercio *m* **- 1.** [tercera parte] tiers *m* **- 2.** TAUROM *nom donné à chacune des trois étapes de la corrida*.

terciopelo *m* velours *m*.

terco, ca *adj* & *m, f* entêté(e).

tergal® *m* Tergal® *m*.

tergiversación *f* déformation *f (de propos)*.

tergiversar *vt* déformer *(les propos de qqn)*.

termal *adj* thermal(e).

termas *fpl* thermes *mpl*.

termes = **termita**.

térmico, ca *adj* thermique.

terminación *f* - **1.** [finalización] achèvement *m* - **2.** [parte final] extrémité *f* - **3.** GRAM terminaison *f*.

terminal ◇ *adj* final(e) ; **en fase ~** MED en phase terminale. ◇ *m* INFORM terminal *m*. ◇ *f* [de aeropuerto] terminal *m* ; [de autobuses] terminus *m*. ◆ **terminal videotex** *m* terminal *m* vidéotex.

terminante *adj* - **1.** [tajante] catégorique, formel(elle) - **2.** [prueba] concluant(e).

terminar ◇ *vt* terminer, finir ; **~ un trabajo** terminer un travail ; **~ la carrera** finir ses études. ◇ *vi* - **1.** [acabar] se terminer, finir ; **las vacaciones terminan** les vacances se terminent ; **~ con** en finir avec ; **hemos terminado con este tema** nous en avons fini avec ce sujet ; **terminó de conserje en ...** il a fini concierge dans ... ; **~ de/por hacer algo** finir de/par faire qqch ; **~ en** se terminer en ; **terminó en pelea** ça s'est terminé en bagarre - **2.** [pareja] rompre. ◆ **terminarse** *vpr* - **1.** [finalizarse] se terminer - **2.** [agotarse] : **se ha terminado el butano** il n'y a plus de gaz.

término *m* - **1.** [fin] fin *f* ; **poner ~ a algo** mettre un terme à qqch - **2.** [territorio] : **~ (municipal)** ≃ commune *f* - **3.** [plazo] délai *m* ; **en el ~ de** dans un délai de - **4.** [lugar, posición] plan *m* ; **en primer ~** ARTE & FOT au premier plan ; **en último ~** *fig* en dernier recours - **5.** [elemento] : **considerar algo ~ por ~** étudier qqch point par point - **6.** LING & MAT terme *m* - **7.** [de transportes] : **la estación de ~** le terminus. ◆ **término medio** *m* juste milieu *m* ; **por ~ medio** en moyenne. ◆ **términos** *mpl* [palabras] termes *mpl* ; **los ~s del contrato** les termes du contrat ; **en ~s generales** en règle générale.

terminología *f* terminologie *f*.

termita *f*, **termes** *m inv* termite *m*.

termo *m* Thermos® *f*.

termómetro *m* thermomètre *m*.

termostato *m* thermostat *m*.

terna *f* POLÍT *groupe de trois candidats*.

ternasco *m* agneau *m* de lait.

ternero, ra *m, f* [animal] veau *m*, génisse *f*. ◆ **ternera** *f* [carne] veau *m*.

terno *m* - **1.** *fam* [trío] : **son el ~ infernal** c'est le trio infernal - **2.** [traje] complet *m*.

ternura *f* tendresse *f*.

terquedad *f* entêtement *m*.

terracota *f* terre *f* cuite.

terrado *m* terrasse *f (toit)*.

terral, tierral *m Amer* nuage *m* de poussière.

terraplén *m* terre-plein *m*.

terráqueo, a *adj* [globo] terrestre.

terrateniente *mf* propriétaire *m* terrien, propriétaire *f* terrienne.

terraza *f* terrasse *f* ; [balcón] balcon *m*.

terremoto *m* tremblement *m* de terre.

terrenal *adj* terrestre.

terreno, na *adj* terrestre. ◆ **terreno** *m* - **1.** [gen & DEP] terrain *m* - **2.** *fig* [ámbito] domaine *m*.

terrestre ◇ *adj* terrestre. ◇ *mf* [habitante] terrien *m*, -enne *f*.

terrible *adj* terrible.

territorial *adj* territorial(e).

territorio *m* territoire *m*.

terrón *m* - **1.** [de tierra] motte *f* - **2.** [de azúcar] morceau *m*.

terror *m* terreur *f* ; CIN horreur *f* ; **dar ~** terrifier.

terrorífico, ca *adj* terrifiant(e).

terrorismo *m* terrorisme *m*.

terrorista *adj* & *mf* terroriste.

terroso, sa *adj* terreux(euse).

terso, sa *adj* [piel, superficie] lisse.

tersura *f* [de piel] douceur *f*.

tertulia *f réunion informelle au cours de laquelle un thème particulier est abordé*.

tesina *f* EDUC ≃ mémoire *m (de maîtrise)*.

tesis *f inv* thèse *f*.

tesón *m* persévérance *f*.

tesorería *f* trésorerie *f*.

tesorero, ra *m, f* trésorier *m*, -ère *f*.

tesoro *m* - **1.** [gen] trésor *m* ; **ven aquí, ~** *fig* [apelativo] viens ici, mon trésor - **2.** [persona valiosa] perle *f*. ◆ **Tesoro Público** *m* Trésor *m* public.

test (*pl* **tests**) *m* test *m*.

testamentario, ria ◇ *adj* testamentaire. ◇ *m, f* exécuteur *m*, -trice *f* testamentaire.

testamento *m* testament *m*. ◆ **Antiguo Testamento** *m* Ancien Testament *m*. ◆ **Nuevo Testamento** *m* Nouveau Testament *m*.

testar ◇ *vi* DER faire un testament. ◇ *vt* [probar] tester.

testarudo, da *adj* & *m, f* têtu(e).

testículo *m* testicule *m*.

testificar ◇ *vt* témoigner ; **su contes-**

tación testifica su buena fe sa réponse témoigne de sa bonne foi. ◇ *vi* témoigner.

testigo ◇ *mf* témoin *m* ; **~ ocular** o **presencial** témoin oculaire. ◇ *m* DEP témoin *m*.

testimonial *adj* DER testimonial(e).

testimoniar *vt* & *vi* témoigner.

testimonio *m* témoignage *m* ; **como ~ de** *fig* en témoignage de ; **dar ~ de algo** témoigner de qqch.

teta *f* - **1.** *fam* [de mujer] nichon *m* - **2.** [de hembra] tétine *f*.

tétanos *m inv* tétanos *m*.

tetera *f* théière *f*.

tetilla *f* - **1.** [de macho] mamelon *m* - **2.** [de biberón] tétine *f*.

tetina *f* tétine *f (de biberon)*.

tetrapléjico, ca *adj* & *m, f* tétraplégique.

tétrico, ca *adj* lugubre.

textil *adj* & *m* textile.

texto *m* texte *m*.

textual *adj* textuel(elle).

textura *f* texture *f*.

tez *f* teint *m*.

ti *pron pers (después de prep)* toi ; **pienso en ~** je pense à toi ; **me acordaré de ~** je me souviendrai de toi.

tianguis *m inv Amer* marché *m*.

Tíbet *m* : **el ~** le Tibet.

tibia *f* tibia *m*.

tibieza *f* tiédeur *f* ; *fig* froideur *f*.

tibio, bia *adj* - **1.** [agua, infusión etc] tiède - **2.** *fig* [relaciones, sentimiento etc] froid(e).

tiburón *m* - **1.** ZOOL requin *m* - **2.** FIN raider *m*.

tic *m* tic *m*.

ticket = **tíquet**.

tictac *m* tic-tac *m inv*.

tiempo *m* - **1.** [gen & GRAM] temps *m* ; **al poco ~** peu de temps après ; **a ~** à temps ; **aún estás a ~ de hacerlo** tu as encore le temps de le faire ; **a un ~** en même temps ; **con el ~** avec le temps ; **con ~** à l'avance ; **del ~** [fruta] de saison ; [bebida] à température ; **fuera de ~** trop tard ; **ganar ~** gagner du temps ; **perder el ~** perdre son temps ; **hace buen/mal ~** il fait beau/mauvais ; **hace ~ que ...** il y a longtemps que ... ; **tener ~ para** avoir le temps de ; **todo el ~** tout le temps ; **tomarse alguien su ~** prendre son temps ; **~ libre** temps libre - **2.** [edad] âge *m* ; **¿qué ~ tiene tu hijo?** quel âge a ton fils? - **3.** DEP mi-temps *f*.

tienda ◇ *v* ▷ **tender**. ◇ *f* - **1.** [establecimiento] magasin *m* - **2.** [para acampar] tente *f* ; **~ (de campaña)** tente (de camping).

tiene ▷ **tener**.

tierno, na *adj* tendre ; **pan ~** du pain frais.

tierra *f* - **1.** [gen & ELECTR] terre *f* ; **caer a ~** tomber à terre ; **tomar ~** atterrir ; **~ firme** terre ferme - **2.** [patria] pays *m*, terre *f* natale. ◆ **Tierra** *f* : **la Tierra** la Terre. ◆ **Tierra Santa** *f* Terre *f* sainte. ◆ **Tierra del Fuego** *f* Terre de Feu *f*.

tierral = **terral**.

tieso, sa *adj* - **1.** [gen] raide - **2.** *fig* [engreído] guindé(e).

tiesto *m* - **1.** [maceta] pot *m* ; [con flores] pot *m* de fleurs - **2.** [trasto] vieillerie *f*.

tifoideo, a *adj* typhoïde.

tifón *m* typhon *m*.

tifus *m inv* typhus *m*.

tigre *m* tigre *m*.

tigresa *f* tigresse *f*.

tijera *f (gen pl)* ciseaux *mpl* ; **unas ~s** une paire de ciseaux.

tijereta *f* - **1.** ZOOL perce-oreille *m* - **2.** DEP saut *m* en ciseaux.

tila *f* [infusión] tilleul *m*.

tildar *vt* : **~ de** taxer de.

tilde *f* - **1.** [signo ortográfico] tilde *m* - **2.** [acento gráfico] accent *m* écrit.

tiliches *mpl Amer* attirail *m*.

tilín *m* : **~** dring dring ; **hacer ~** *fam fig* taper dans l'œil.

tilo *m* BOT tilleul *m*.

timar *vt* - **1.** [estafar] : **~ diez mil pesetas** escroquer de dix mille pesetas - **2.** *fam* [engañar] arnaquer, rouler.

timbal *m* [de orquesta] timbale *f*.

timbrar *vt* timbrer.

timbre *m* - **1.** [aparato] sonnette *f* ; **tocar el ~** sonner - **2.** [de documentos, voz] timbre *m* ; [de impuestos] timbre *m* fiscal.

timidez *f* timidité *f*.

tímido, da *adj* & *m, f* timide.

timo *m* - **1.** [estafa] escroquerie *f* - **2.** *fam* [engaño] arnaque *f*.

timón *m* - **1.** NÁUT & AERON gouvernail *m* ; [del piloto] manche *m* (à balai) - **2.** *fig* [gobierno] : **llevar el ~ de** diriger - **3.** *Amer* [volante] volant *m*.

timonel, timonero *m* timonier *m*.

timorato, ta *adj* timoré(e).

tímpano *m* ANAT & ARQUIT tympan *m*.

tina *f* - **1.** [tinaja] jarre *f* - **2.** [recipiente grande] bac *m* - **3.** *Amer* [bañera] baignoire *f*.

tinaja *f* jarre *f*.

tinglado *m* - **1.** [cobertizo] hangar *m* - **2.** [armazón] estrade *f* - **3.** *fig* [lío] pagaille *f* ; **armar un ~** *fam* faire la foire.

tinieblas *fpl* ténèbres *fpl* ; **estar en las ~** être dans le noir ; *fig* être dans le brouillard.

tino *m* - **1.** [puntería, habilidad] adresse *f* ; **tener ~** avoir l'œil - **2.** *fig* [moderación] modération *f* ; **sin ~** sans mesure - **3.** *fig* [juicio] discernement *m*.

tinta *f* encre *f* ; **~ china** encre de Chine. ◆ **medias tintas** *fpl fig* demi-mesures *fpl*.

tinte *m* - **1.** [gen] teinture *f* - **2.** [tintorería] teinturerie *f* - **3.** *fig* [tono] teinte *f*.

tintero *m* encrier *m*.

tintinear *vi* tinter.

tinto, ta *adj fig* [teñido] : **~ en sangre** taché de sang. ◆ **tinto** *m* [vino] rouge *m*.

tintorera *f* requin *m* bleu.

tintorería *f* teinturerie *f*.

tiña ◇ *v* ▷ **teñir**. ◇ *f* MED teigne *f*.

tío, a *m, f* - **1.** [familiar] oncle *m*, tante *f* - **2.** *fam* [individuo] mec *m*, nana *f* ; **oye, ~, ¿tienes un cigarro?** eh, t'aurais pas une cigarette?.

tiovivo *m* manège *m*.

tipazo *m fam* : **¡vaya ~ que tiene!** elle est sacrément bien foutue!

típico, ca *adj* typique ; **el ~ español** l'Espagnol type.

tipificar *vt* - **1.** [normalizar] classer - **2.** [simbolizar] être caractéristique de ; **esa chica tipifica la mujer moderna** cette fille est le type même de la femme moderne.

tiple *mf* [cantante] soprano *mf*.

tipo, pa *m, f mfam* type *m*, nana *f*. ◆ **tipo** *m* - **1.** [clase] type *m* ; **todo ~ de** toute(s) sorte(s) de - **2.** [cuerpo] : **tener buen ~** être bien fait(e) - **3.** ECON taux *m* - **4.** IMPRENTA caractère *m*.

tipografía *f* [procedimiento] typographie *f*.

tipográfico, ca *adj* typographique.

tipógrafo, fa *m, f* typographe *mf*.

tíquet (*pl* **tíquets**), **ticket** ['tiket] (*pl* **tickets**) *m* ticket *m* ; [de espectáculo] billet *m*.

tiquismiquis ◇ *adj inv* & *mf inv fam* [maniático] pinailleur(euse). ◇ *mpl* - **1.** [escrúpulos] chichis *mpl* - **2.** [bagatelas] broutilles *fpl*.

tira *f* - **1.** [banda] bande *f* ; [de cuero] lanière *f* - **2.** [de viñetas] bande *f* dessinée - **3.** *loc* : **la ~ de ...** *fam* une tripotée de ...

tirabuzón *m* - **1.** [rizo] anglaise *f* - **2.** [sacacorchos] tire-bouchon *m*.

tirachinas *m inv* lance-pierre *m*.

tiradero *m Amer* - **1.** [vertedero] décharge *f* publique - **2.** *fig* [desorden] bazar *m*.

tirado, da *adj fam* - **1.** [barato] donné(e) - **2.** [fácil] fastoche. ◆ **tirada** *f* - **1.** [lanzamiento] lancer *m* - **2.** IMPRENTA tirage *m* - **3.** [de versos] tirade *f* - **4.** [distancia] : **hay una tirada** ça fait un bout de chemin ; **de** o **en una tirada** d'une (seule) traite.

tirador, ra *m, f* [persona] tireur *m*, -euse *f*. ◆ **tirador** *m* [de cajón, puerta] poignée *f* ; [de campanilla] cordon *m*. ◆ **tiradores** *mpl Amer* [tirantes] bretelles *fpl*.

tiranía *f* tyrannie *f*.

tirano, na ◇ *adj* tyrannique. ◇ *m, f* tyran *m*.

tirante ◇ *adj* tendu(e) ; **estar ~s** [personas] être en froid. ◇ *m* - **1.** [de delantal, vestido] cordon *m* - **2.** ARQUIT tirant *m*. ◆ **tirantes** *mpl* [de pantalones] bretelles *fpl*.

tirantez *f* tension *f*.

tirar ◇ *vt* - **1.** [gen] jeter ; [lanzar] lancer ; **~ papeles al suelo/a la basura** jeter des papiers par terre/à la poubelle ; **~ cohetes/piedras** lancer des pétards/des pierres - **2.** [dejar caer] faire tomber ; [líquido] renverser - **3.** [malgastar - dinero] dilapider - **4.** [disparar, DEP & IMPRENTA] tirer ; **~ un cañonazo** tirer un coup de canon - **5.** [derribar] abattre ; **~ abajo** [edificio] abattre ; [puerta] enfoncer - **6.** [atraer] attirer ; **me tira la vida en el campo** j'irais bien vivre à la campagne. ◇ *vi* - **1.** [gen] tirer ; **~ del pelo** tirer les cheveux ; **~ de la cuerda** tirer sur la corde ; **el ciclista tiraba del pelotón** le cycliste menait le peloton ; **la chaqueta me tira de la manga** cette veste me serre aux manches ; **el juego del tira y afloja** le marchandage - **2.** [gustar] : **la patria/familia tira mucho** on aime toujours son pays/sa famille - **3.** [funcionar] marcher ; **el coche no tira** la voiture n'avance pas - **4.** [dirigirse] : **~ a la derecha** prendre à droite ; **tira por este camino**

prends ce chemin - 5. *fam* [apañárselas] : **¡vamos tirando!** on fait aller! - 6. [parecerse] : **tira a su abuela** elle ressemble à sa grand-mère ; **un marrón tirando a gris** un marron qui tire sur le gris - 7. [tender] : **este programa tira a hortera** cette émission est un peu ringarde ; **el tiempo tira a mejorar** le temps semble s'améliorer - 8. DEP shooter. ◆ **tirarse** *vpr* - 1. [lanzarse, arrojarse] se jeter ; **~se de cabeza al agua** plonger la tête la première ; **se tiró del cuarto piso** il a sauté du quatrième étage - 2. [tumbarse] s'étendre - 3. [el tiempo] passer ; **se tiró el día leyendo** il a passé sa journée à lire.

tirita® *f* pansement *m*.

tiritar, titiritar *vi* grelotter.

tiritera, tiritona *f* grelottement *m*.

tiro *m* - 1. [acción & DEP] tir *m* ; **pegar un ~ a alguien** tirer sur qqn ; **~ al blanco** tir à la cible - 2. [disparo, estampido] coup *m* (de feu) ; **un fusil de cinco ~s** un fusil à cinq coups - 3. [balazo, herida] balle *f* ; **un ~ en el corazón** une balle dans le cœur ; **pegarse un ~** se tirer une balle - 4. [alcance] portée *f* ; **a ~ de bala** à portée de tir - 5. [de chimenea] tirage *m* - 6. [de pantalón] entrejambe *m* - 7. [de caballos] attelage *m* - 8. *loc* : **ni a ~s** pour rien au monde ; **vestirse** o **ponerse de ~s largos** se mettre sur son trente et un.

tiroides *m inv* thyroïde *f*.

tirón *m* - 1. [estirón] : **dar un ~** tirer ; **dar tirones** [en el pelo] tirer les cheveux - 2. [muscular] crampe *f* - 3. [robo] vol *m* à l'arraché. ◆ **de un tirón** *loc adv* d'un trait.

tirotear ◇ *vt* tirer sur. ◇ *vi* tirailler.

tiroteo *m* fusillade *f*.

tirria *f fam* : **tenerle ~ a alguien** ne pas pouvoir blairer qqn.

tisana *f* tisane *f*.

titánico, ca *adj* [trabajo] de titan.

títere *m* - 1. [marioneta] marionnette *f* - 2. *fig* [monigote] pantin *m*. ◆ **títeres** *mpl* [guiñol] spectacle *m* de marionnettes.

titilar, titilear *vi* - 1. [temblar] trembloter - 2. [estrella, luz] scintiller.

titipuchal *m Amer fam* ribambelle *f*.

titiritar = tiritar.

titiritero, ra *m, f* - 1. [de títeres] marionnettiste *mf* - 2. [de circo] acrobate *mf*.

titubeante *adj* hésitant(e).

titubear *vi* [dudar] hésiter ; [al hablar] bafouiller.

titubeo *m (gen pl)* hésitation *f* ; **sin ~s** sans hésiter.

titulado, da *adj* & *m, f* diplômé(e) ; **~ en** diplômé en.

titular[1] ◇ *adj* & *mf* titulaire. ◇ *m (gen pl)* PRENSA gros titre *m*.

titular[2] *vt* [llamar] intituler. ◆ **titularse** *vpr* - 1. [llamarse] s'intituler - 2. [licenciarse] : **~se (en)** obtenir un diplôme (de).

título *m* - 1. [gen, DER & ECON] titre *m* ; **a ~ de** à titre de - 2. EDUC diplôme *m* ; **~ de bachillerato** ≃ baccalauréat *m*.

tiza *f* craie *f* ; [de billar] bleu *m*.

tiznar *vt* tacher de noir. ◆ **tiznarse** *vpr* se tacher de noir.

tizne *m* o *f* suie *f*.

tizón *m* tison *m*.

tlapalería *f Amer* quincaillerie *f*.

toalla *f* serviette *f (de toilette, de plage)* ; [tejido] tissu-éponge *m*.

toallero *m* porte-serviette *m*.

tobillera *f* chevillère *f*.

tobillo *m* cheville *f*.

tobogán *m* toboggan *m*.

toca *f* [de monja] coiffe *f*.

tocadiscos *m inv* tourne-disque *m*.

tocado, da *adj* - 1. [chiflado] timbré(e) - 2. [fruta] gâté(e). ◆ **tocado** *m* [prenda, peinado] coiffure *f*.

tocador *m* - 1. [mueble] coiffeuse *f* - 2. [habitación] cabinet *m* de toilette.

tocar ◇ *vt* - 1. [gen] toucher ; **no toques eso** ne touche pas à ça - 2. MÚS jouer de ; **toca la guitarra/el piano** il joue de la guitare/du piano - 3. [campana, hora] sonner ; **el reloj tocó las doce** midi a sonné à l'horloge - 4. [asunto, tema etc] aborder - 5. *fig* [dignidad, honor] porter atteinte à ; **~ el amor propio de alguien** blesser qqn dans son amour-propre. ◇ *vi* - 1. [estar próximo] : **~ a** o **con (algo)** toucher qqch ; **~ a su fin** toucher à sa fin - 2. [corresponder - en reparto] revenir ; [- obligación] : **te toca hacerlo** c'est à toi de le faire - 3. [concernir] : **por lo que a mí me toca** en ce qui me concerne ; **~ de cerca** toucher de près - 4. [caer en suerte] gagner ; **le ha tocado la lotería** il a gagné à la loterie ; **le ha tocado sufrir mucho** il a beaucoup souffert - 5. [llegar el momento] : **hemos comido y ahora nos toca pagar** maintenant que nous avons mangé, il faut payer. ◆ **tocarse** *vpr* [casas, cables etc] se toucher ; **~se el pelo** se passer la main dans les cheveux.

tocayo, ya *m, f* homonyme *mf*.

tocho *m* - **1.** [de hierro] lingot *m* - **2.** *fam* [libro] pavé *m*.

tocinería *f* charcuterie *f*.

tocino *m* lard *m*. ◆ **tocino de cielo** *m* CULIN *flan riche en jaunes d'œuf*.

todavía *adv* - **1.** [aún] encore ; ~ **no** pas encore ; ~ **no lo sabe** il ne le sait pas encore - **2.** [con todo, encima] pourtant ; **es malo y ~ le quiere** il est méchant et pourtant elle l'aime ; **... y ~ se queja** ... et par-dessus le marché, il se plaint.

todo, da ◇ *adj* - **1.** [gen] tout(e) ; ~ **el mundo** tout le monde ; **toda España** toute l'Espagne ; ~ **el día** toute la journée ; **~s los días/los lunes** tous les jours/les lundis ; **un vestido ~ sucio** une robe toute sale ; **está ~ preocupado** il est très inquiet - **2.** [para enfatizar] : **es ~ un hombre** c'est un homme, un vrai ; **ya es toda una mujer** c'est une vraie femme maintenant ; **es ~ un éxito** c'est un vrai succès. ◇ *pron* - **1.** [todas las cosas] tout(e) ; **lo ha vendido ~** il a tout vendu ; **~ es culpa mía** c'est entièrement ma faute ; **no del ~** pas tout à fait - **2.** *(gen pl)* [todas las personas] tous (toutes) ; **han venido todas** elles sont toutes venues ; **~s me lo dicen** tout le monde me le dit. ◆ **todo** ◇ *m* tout *m*. ◇ *adv* tout, entièrement ; ~ **lana** pure laine. ◆ **con todo** *loc adv* malgré tout, néanmoins. ◆ **sobre todo** *loc adv* surtout. ◆ **todo terreno** *m* véhicule *m* tout-terrain.

todopoderoso, sa *adj* tout-puissant (toute-puissante).

toga *f* - **1.** [gen] toge *f* - **2.** [en el pelo] : **hacerse la ~** se faire un tourbillon.

Tokio Tokyo.

toldo *m* store *m* ; [de camión] bâche *f*.

Toledo Tolède.

tolerancia *f* tolérance *f*.

tolerante *adj* tolérant(e).

tolerar *vt* tolérer.

toma *f* - **1.** [gen] prise *f* ; ~ **de corriente** prise de courant - **2.** CIN prise *f* de vues. ◆ **toma de posesión** *f* [de cargo] prise *f* de possession ; [de gobierno, presidente] investiture *f*.

tomadura *f* : **es una ~ de pelo** *fam* on se fout de nous.

tomar ◇ *vt* prendre ; **¿qué quieres ~?** qu'est-ce que tu prends? ; ~ **por imbécil** prendre pour un imbécile ; **me tomó por mi hermano** il m'a pris pour mon frère ; ~ **cariño a alguien** prendre qqn en affection ; ~ **prestado** emprunter ; **¡toma!** [al dar algo] tiens! ; [expresa sorpresa] ah, bon! ; **~la** o **~las con alguien** *fam* prendre qqn en grippe. ◇ *vi* [encaminarse] : ~ **a la derecha/izquierda** prendre à droite/à gauche. ◆ **tomarse** *vpr* prendre ; **~se una cerveza** prendre une bière.

tomate *m* - **1.** [fruto] tomate *f* - **2.** [en calcetín] trou *m* - **3.** *fam* [jaleo] pagaille *f*.

tómbola *f* tombola *f*.

tomillo *m* thym *m*.

tomo *m* [volumen] tome *m*.

ton ◆ **sin ton ni son** *loc adv* sans rime ni raison.

tonada *f* MÚS air *m*.

tonalidad *f* - **1.** MÚS tonalité *f* - **2.** [de color] teinte *f*.

tonel *m* [recipiente] tonneau *m*.

tonelada *f* tonne *f*.

tonelaje *m* [de buque] tonnage *m*.

tónico, ca *adj* tonique. ◆ **tónico** *m* - **1.** [reconstituyente] fortifiant *m* - **2.** [cosmético] lotion *f* tonique. ◆ **tónica** *f* - **1.** [tendencia] ton *m* ; **marcar la tónica** donner le ton - **2.** MÚS tonique *f* - **3.** [bebida] ≃ Schweppes® *m*.

tonificador, ra, tonificante *adj* tonifiant(e).

tonificar *vt* tonifier.

tono *m* - **1.** [gen & MÚS] ton *m* - **2.** MED tonus *m* - **3.** *loc* : **darse ~** *fam* rouler des mécaniques ; **fuera de ~** hors de propos.

tonsura *f* tonsure *f*.

tontear *vi* - **1.** [hacer el tonto] faire l'idiot(e) - **2.** [coquetear] : ~ **(con alguien)** flirter (avec qqn).

tontería *f* - **1.** [estupidez] bêtise *f* ; **decir cuatro ~s** dire trois mots ; **hacer una ~** faire une bêtise - **2.** [cosa sin valor] bricole *f*.

tonto, ta ◇ *adj* bête, idiot(e). ◇ *m, f* imbécile *mf* ; **hacer el ~** faire l'idiot ; **hacerse el ~** faire l'innocent ; **ser un ~** être bête. ◆ **a tontas y a locas** *loc adv* à tort et à travers.

tontorrón, ona *adj & m, f* bêta(asse).

top (*pl* **tops**) *m* [prenda de vestir] haut *m*.

topacio *m* topaze *f*.

topadora *f Amer* bulldozer *m*.

topar *vi* [encontrarse] : ~ **con** tomber sur.

tope ◇ *adj inv* [límite] maximal(e) ; **la fecha ~** la date butoir. ◇ *adv m fam* [muy] super. ◇ *m* - **1.** [pieza] butoir *m* - **2.** [punto máximo] limite *f* - **3.** [obstáculo] frein *m* ; **poner ~ a algo** mettre un frein à qqch. ◆ **a tope** ◇ *loc adv* [de velocidad, intensidad] à fond ◇ *loc adj fam* [lleno] plein(e) à craquer.

topetazo *m* [colisión] choc *m* ; **le dio un ~ con el coche** il l'a tamponné.

tópico, ca *adj* **- 1.** [manido] banal(e) **- 2.** MED topique, à usage local. ◆ **tópico** *m* banalité *f*, cliché *m*.

topo *m lit* & *fig* taupe *f*.

topografía *f* topographie *f*.

topógrafo, fa *m, f* topographe *mf*.

topónimo *m* toponyme *m*.

toque ◇ *v* ▷ **tocar**. ◇ *m* **- 1.** [gen] coup *m* ; **~ de diana** coup de clairon ; **~ de difuntos** glas *m* ; **~ de queda** couvre-feu *m inv* **- 2.** [matiz] touche *f* ; **dar los últimos ~s a algo** mettre la dernière main à qqch **- 3.** [aviso] : **dar un ~ a alguien** *fam* [llamar] appeler qqn ; [por teléfono] passer un coup de fil à qqn ; [amonestar] mettre qqn en garde.

toquetear *vt fam* tripoter.

toquilla *f* châle *m*.

torácico, ca *adj* thoracique.

tórax *m inv* thorax *m*.

torbellino *m* tourbillon *m*.

torcedura *f* **- 1.** [torsión] torsion *f* **- 2.** MED entorse *f*.

torcer ◇ *vt* **- 1.** [doblar] tordre **- 2.** [girar] : **~ la esquina** tourner au coin de la rue. ◇ *vi* [girar] tourner. ◆ **torcerse** *vpr* **- 1.** [dislocarse] se tordre ; **me torcí el dedo** je me suis tordu le doigt ; **me tuerzo al escribir** je n'écris pas droit **- 2.** [ir mal] mal tourner.

torcido, da *adj* [doblado] tordu(e) ; [mal colocado] de travers.

tordo, da ◇ *adj* pommelé(e). ◇ *m, f* cheval *m* pommelé, jument *f* pommelée. ◆ **tordo** *m* [ave] grive *f*.

torear ◇ *vt* **- 1.** [lidiar] combattre **- 2.** *fig* [eludir - persona] éviter ; [- peligro] esquiver **- 3.** *fig* [burlarse de] : **~ a alguien** taquiner qqn. ◇ *vi* [lidiar] toréer.

toreo *m* [arte] tauromachie *f*.

torero, ra *m, f* [persona] torero *m* ; **saltarse algo a la torera** *fig* faire fi de qqch. ◆ **torera** *f* [prenda] boléro *m*.

tormenta *f* orage *m* ; **acabar en ~** *fig* mal tourner.

tormento *m* **- 1.** [congoja] tourment *m* **- 2.** [castigo] torture *f*.

tormentoso, sa *adj* orageux(euse).

tornado *m* tornade *f*.

tornar *culto* ◇ *vt* [convertir] transformer. ◇ *vi* [regresar] : **~ a** retourner à. ◆ **tornarse** *vpr* [convertirse] devenir.

torneado, da *adj* **- 1.** [cerámica] fait(e) au tour **- 2.** [forma] bien fait(e) ; **tener las piernas torneadas** avoir les jambes galbées. ◆ **torneado** *m* [de cerámica] tournage *m*.

torneo *m* tournoi *m*.

tornillo *m* vis *f* ; **le falta un ~** *fam fig* il lui manque une case.

torniquete *m* **- 1.** MED garrot *m* **- 2.** [en entrada] tourniquet *m*.

torno *m* **- 1.** [de alfarero] tour *m* **- 2.** [de carpintero] toupie *f* **- 3.** [de dentista] roulette *f* **- 4.** [para pesos] treuil *m*. ◆ **en torno a** *loc prep* **- 1.** [alrededor de] autour de **- 2.** [aproximadamente] environ.

toro *m* taureau *m*. ◆ **toros** *mpl* [lidia] corrida *f*.

toronja *f* pamplemousse *m*.

torpe *adj* **- 1.** [gen] maladroit(e) **- 2.** [poco hábil] : **ser ~ para algo** ne pas être très doué(e) pour qqch **- 3.** [necio] lent(e).

torpedear *vt* torpiller.

torpedero *m* torpilleur *m*.

torpedo *m* torpille *f*.

torpeza *f* **- 1.** [gen] maladresse *f* **- 2.** [necedad] lenteur *f*.

torre *f* **- 1.** [gen] tour *f* ; [de iglesia] clocher *m* ; **~ de control** tour de contrôle **- 2.** [chalé] pavillon *m*.

torrefacto, ta *adj* torréfié(e).

torrencial *adj* torrentiel(elle).

torrente *m* torrent *m* ; *fig* [de gente, palabras] flot *m*.

torreta *f* **- 1.** MIL tourelle *f* **- 2.** ELECTR pylône *m*.

torrezno *m* lardon *m*.

tórrido, da *adj* torride.

torrija *f* CULIN pain *m* perdu.

torsión *f* torsion *f*.

torso *m culto* torse *m*.

torta *f* **- 1.** CULIN galette *f* **- 2.** *fam* [bofetada] baffe *f* ; **dar** o **pegar una ~ a alguien** donner une baffe à qqn. ◆ **ni torta** *loc adv fam* que dalle ; **no veo ni ~** je n'y vois que dalle.

tortazo *m fam* **- 1.** [bofetada] baffe *f* **- 2.** [golpe] : **darse** o **pegarse un ~** prendre une gamelle ; [con el coche] se planter.

tortícolis *f inv* torticolis *m*.

tortilla *f* **- 1.** [de huevos] omelette *f* ; **~ a**

la española o **de patatas** omelette espagnole ; **~ a la francesa** omelette nature - **2.** *Amer crêpe de maïs épaisse servant de base à la cuisine mexicaine.*

tórtola *f* tourterelle *f.*

tortolito, ta *m, f* - **1.** [inexperto] novice *mf* - **2.** *(gen pl) fam* [enamorado] tourtereau *m.*

tortuga *f* tortue *f.*

tortuoso, sa *adj* tortueux(euse).

tortura *f* torture *f.*

torturar *vt* torturer. ◆ **torturarse** *vpr* se tourmenter.

tos *f* toux *f* ; **~ ferina = tosferina.**

tosco, ca *adj* - **1.** [gen] grossier(ère) ; [utensilio, construcción] rudimentaire - **2.** *fig* [inculto] rustre.

toser *vi* tousser.

tosferina *f* coqueluche *f.*

tostada *f* ⊳ **tostado.**

tostado, da *adj* grillé(e) ; [color] foncé(e) ; [tez] hâlé(e). ◆ **tostada** *f* toast *m.*

tostador *m*, **tostadora** *f* grille-pain *m.*

tostar *vt* - **1.** [dorar, calentar] faire griller - **2.** [broncear] brunir. ◆ **tostarse** *vpr* se faire bronzer.

tostón *m* - **1.** CULIN [picatoste] croûton *m* frit - **2.** *fam fig* [aburrimiento, rollo] plaie *f.*

total ◇ *adj* total(e). ◇ *m* - **1.** [suma] total *m* ; **en ~** au total - **2.** [totalidad, conjunto] totalité *f* ; **el ~ del grupo** la totalité du groupe. ◇ *adv fam* [en conclusión] bref ; [de todas formas] de toute manière ; **~ que me fui** bref, je suis parti ; **~ no podemos hacer nada** de toute manière, on ne peut rien y faire.

totalidad *f* totalité *f.*

totalitario, ria *adj* totalitaire.

totalizar *vt* - **1.** [persona] faire le total de, totaliser - **2.** [cifras] se monter à ; **los gastos totalizan 10.000 pesetas** les frais se montent à 10 000 pesetas.

tótem (*pl* **tótems** o **tótemes**) *m* totem *m.*

tóxico, ca *adj* toxique. ◆ **tóxico** *m* produit *m* toxique, toxique *m.*

toxicómano, na *adj* & *m, f* toxicomane.

toxina *f* toxine *f.*

tozudo, da *adj* & *m, f* têtu(e).

traba *f fig* [estorbo] obstacle *m* ; **poner ~s a alguien** mettre des bâtons dans les roues à qqn.

trabajador, ra ◇ *adj* travailleur(euse). ◇ *m, f* travailleur *m*, -euse *f* ; **~ eventual/temporal** travailleur occasionnel/temporaire.

trabajar ◇ *vi* - **1.** [gen] travailler ; **trabaja de** o **como camarero** il est garçon de café - **2.** CIN & TEATR jouer. ◇ *vt* travailler.

trabajo *m* - **1.** [gen] travail *m* ; [empleo] emploi *m* ; **hacer un buen ~** faire du bon travail ; **~s manuales** travaux manuels ; **~ temporal** travail temporaire - **2.** *fig* [esfuerzo] efforts *mpl* ; **costar mucho ~** demander beaucoup d'efforts.

trabajoso, sa *adj* - **1.** [difícil] laborieux(euse) - **2.** [molesto] pénible.

trabalenguas *m inv mot ou phrase difficile à prononcer.*

trabar *vt* - **1.** [sujetar] attacher ; [unir] assembler - **2.** [iniciar - lucha, conversación] engager ; **~ amistad con** se lier d'amitié avec - **3.** [obstaculizar] entraver - **4.** CULIN [salsa] lier. ◆ **trabarse** *vpr* - **1.** [enredarse] s'emmêler - **2.** *loc* : **se le trabó la lengua** sa langue a fourché.

trabazón *f fig* [de ideas, argumentos etc] enchaînement *m.*

traca *f* chapelet *m* de pétards.

tracción *f* traction *f* ; **~ delantera** traction avant.

tractor, ra *adj* moteur(trice). ◆ **tractor** *m* tracteur *m.*

tradición *f* tradition *f.*

tradicional *adj* traditionnel(elle) ; [persona] traditionaliste.

tradicionalismo *m* traditionalisme *m.*

traducción *f* traduction *f* ; **~ automática** traduction automatique ; **~ directa** version *f* ; **~ inversa** thème *m.*

traducir *vt* : **~ de/a** traduire (de/en). ◆ **traducirse** *vpr* [a otro idioma] : **~se (por)** se traduire (par).

traductor, ra *m, f* traducteur *m*, -trice *f.*

traer *vt* - **1.** [trasladar - cosa] apporter ; [- persona] amener ; [de un sitio - cosa] rapporter ; [- persona] ramener - **2.** [provocar] causer - **3.** [incluir] : **el periódico trae un artículo interesante** il y a un article intéressant dans le journal - **4.** [llevar puesto] porter - **5.** *loc* : **~ algo entre manos** manigancer qqch ; **~ de cabeza a alguien** mener la vie impossible à qqn. ◆ **traerse** *vpr* : **el examen se las trae** *fam fig* l'examen n'est pas piqué des vers ; **este niño se las trae** *fam fig* cet enfant est impossible.

traficar *vi* : **~ (con o en algo)** faire du trafic (de qqch).

tráfico *m* **- 1.** [circulación] circulation *f* **- 2.** [comercio ilegal] trafic *m*.

tragaluz *m* lucarne *f*.

traganíqueles *f inv Amer fam* ▷ **máquina.**

tragaperras *m* o *f inv* machine *f* à sous.

tragar *vt* **- 1.** [ingerir, creer] avaler **- 2.** [absorber] engloutir **- 3.** *fam fig* [soportar - cosa] se taper ; [- persona] : **no (poder) ~ a alguien** ne pas pouvoir encadrer qqn **- 4.** *fam* [consumir mucho - coche] pomper ; [- persona] avaler. ◆ **tragarse** *vpr* **- 1.** [ingerir, creer] avaler **- 2.** [absorber] engloutir **- 3.** *fam fig* [soportarse] : **no se tragan** ils ne peuvent pas s'encadrer **- 4.** [orgullo, lágrimas] ravaler.

tragedia *f* tragédie *f*.

trágico, ca ◇ *adj* tragique. ◇ *m, f* [autor] tragique *m* ; [actor] tragédien *m*, -enne *f*.

trago *m* **- 1.** [de líquido] gorgée *f* ; **de un ~** d'un trait **- 2.** *fam* [copa] verre *m* **- 3.** *fam fig* [disgusto] : **pasar un mal ~** passer un mauvais quart d'heure.

tragón, ona *adj* & *m, f fam* goinfre.

traición *f* trahison *f*.

traicionar *vt* trahir.

traicionero, ra *adj* & *m, f* traître(esse).

traidor, ra *adj* & *m, f* traître(esse).

trailer ['trailer] (*pl* **trailers**) *m* **- 1.** CIN bande-annonce *f* **- 2.** AUTOM semi-remorque *m*.

traje *m* **- 1.** [vestido de mujer] robe *f* **- 2.** [prenda] : **~ (de chaqueta)** [de mujer] tailleur *m* ; [de hombre] costume *m* ; **~ de baño** maillot *m* de bain ; **~ de luces** habit *m* de lumière.

trajeado, da *adj* **- 1.** [vestido] habillé(e) **- 2.** *fam* [arreglado] sapé(e).

trajín *m fam fig* [ajetreo] remue-ménage *m*.

trajinar *vi fam fig* s'activer.

trama *f* **- 1.** [de hilos] trame *f* **- 2.** [de obra] intrigue *f* **- 3.** *fig* [confabulación] machination *f*.

tramar *vt* tramer.

tramitar *vt* : **~ algo** [pasaporte, permiso, solicitud] faire des démarches pour obtenir qqch ; [venta, préstamo] s'occuper de qqch.

trámite *m* [diligencia] démarche *f* ; [papeleo] formalité *f* ; **de ~** de routine.

tramo *m* [de carretera] tronçon *m* ; [de pared] pan *m* ; [de escalera] volée *f*.

tramoya *f* TEATR machinerie *f*.

trampa *f* **- 1.** [gen] piège *m* ; **hacer ~s** tricher **- 2.** [en suelo] trappe *f* **- 3.** *fig* [deuda] dette *f*.

trampear *vi fam* **- 1.** [estafar] magouiller **- 2.** [ir tirando] vivoter.

trampilla *f* trappe *f*.

trampolín *m* tremplin *m* ; [de piscina] plongeoir *m*.

tramposo, sa *adj* & *m, f* **- 1.** [en el juego] tricheur(euse) **- 2.** [moroso] mauvais payeur (mauvaise payeuse).

tranca *f* **- 1.** [de puerta, ventana] barre *f* de fer **- 2.** [palo] trique *f* **- 3.** *fam* [borrachera] cuite *f* **- 4.** *loc* : **a ~s y barrancas** tant bien que mal.

trance *m* **- 1.** [apuro] mauvais pas *m* ; **pasar (por) un mal ~** passer un mauvais moment **- 2.** [estado hipnótico] transe *f* **- 3.** *loc* : **estar en ~ de muerte** être à l'article de la mort.

tranquilidad *f* tranquillité *f*, calme *m*.

tranquilizante ◇ *adj* **- 1.** [relajante] apaisant(e) **- 2.** MED tranquillisant(e). ◇ *m* MED tranquillisant *m*.

tranquilizar *vt* **- 1.** [calmar] tranquilliser, calmer **- 2.** [dar confianza] rassurer. ◆ **tranquilizarse** *vpr* **- 1.** [calmarse] se tranquilliser **- 2.** [tomar confianza] se rassurer.

tranquillo *m fam* : **coger el ~ a algo** prendre le coup.

tranquilo, la *adj* **- 1.** [gen] tranquille ; [mar, viento, negocio] calme ; **(tú) ~** *fam* (ne) t'inquiète pas **- 2.** [despreocupado] insouciant(e).

transacción *f* transaction *f*.

transar *vi Amer* trouver un compromis ; [transigir] céder.

transatlántico, ca *adj* transatlantique. ◆ **transatlántico** *m* NÁUT transatlantique *m*.

transbordador *m* **- 1.** NÁUT ferry *m* **- 2.** AERON : **~ (espacial)** navette *f* spatiale.

transbordar ◇ *vt* transborder. ◇ *vi* changer *(de train etc)*.

transbordo *m* changement *m* ; **hacer ~** changer *(de train etc)*.

transcendencia *f fig* importance *f* ; **tener una gran ~** être d'une grande importance.

transcendental *adj* **- 1.** [importante] : **de ~ importancia** très important(e) ; **una**

decisión ~ une décision capitale - **2.** [meditación] transcendantal(e).

transcendente *adj* - **1.** [hecho, suceso] marquant(e) - **2.** FILOSOFÍA transcendant(e).

transcender *vi* - **1.** [extenderse] se propager ; ~ **a** s'étendre à ; [descontento] gagner - **2.** [oler] : ~ **a** exhaler une odeur de - **3.** [ir más allá] : ~ **de** dépasser.

transcribir *vt* transcrire.

transcurrir *vi* - **1.** [tiempo] s'écouler - **2.** [acontecimiento, acción] se passer.

transcurso *m* : **en el ~ de** [cena, reunión] au cours de ; [día, año] dans le courant de.

transeúnte *mf* - **1.** [paseante] passant *m*, -e *f* - **2.** [transitorio] personne *f* de passage.

transexual *adj* & *mf* transsexuel(elle).

transferencia *f* - **1.** FIN virement *m* - **2.** [cesión] transfert *m*.

transferir *vt* - **1.** FIN virer - **2.** [ceder] transférer.

transfigurar *vt* transfigurer.

transformación *f* transformation *f*.

transformador, ra *adj* transformateur(trice) ; [industria, sistema] de transformation. ◆ **transformador** *m* ELECTR transformateur *m*.

transformar *vt* : ~ **algo/alguien en** transformer qqch/qqn en. ◆ **transformarse** *vpr* - **1.** [cambiar] se transformer - **2.** [mejorar] être transformé(e).

tránsfuga *mf* transfuge *mf*.

transfusión *f* transfusion *f*.

transgénico, ca *adj* transgénique.

transgredir *vt* transgresser.

transgresor, ra *m, f* contrevenant *m*, -e *f*.

transición *f* - **1.** [gen] transition *f* - **2.** POLÍT *nom donné à la période de l'histoire espagnole qui a suivi le franquisme.*

transido, da *adj* [de frío] transi(e) ; [de dolor, pena] accablé(e).

transigente *adj* tolérant(e).

transigir *vi* : ~ **(con)** transiger (sur).

transistor *m* transistor *m*.

transitar *vi* passer ; [coche] circuler.

tránsito *m* - **1.** [circulación] circulation *f*, passage *m* - **2.** [transporte] transit *m*.

transitorio, ria *adj* transitoire.

translúcido, da *adj* translucide.

transmisible *adj* transmissible.

transmisión *f* transmission *f*.

transmisor, ra *adj* [aparato] de transmission ; [estación] émetteur(trice). ◆ **transmisor** *m* RADIO émetteur *m*.

transmitir *vt* transmettre ; RADIO & TELE diffuser. ◆ **transmitirse** *vpr* se transmettre.

transoceánico, ca *adj* transocéanique.

transparencia *f* - **1.** [claridad] transparence *f* - **2.** [para una exposición] transparent *m*.

transparentarse *vpr* - **1.** [gen] être transparent(e) - **2.** *fig* [manifestarse] transparaître.

transparente *adj* - **1.** [gen] transparent(e) - **2.** *fig* [manifiesto, evidente] clair(e).

transpiración *f* transpiration *f*.

transpirar *vi* transpirer.

transplantar *vt* transplanter.

transplante *m* greffe *f*.

transponer *vt* [cambiar] déplacer. ◆ **transponerse** *vpr* - **1.** [adormecerse] s'assoupir - **2.** [ocultarse] disparaître ; [sol] se coucher.

transportador, ra *adj* [cinta] transporteur(euse). ◆ **transportador** *m* - **1.** [para transportar] transporteur *m* - **2.** [para medir ángulos] rapporteur *m*.

transportar *vt* transporter. ◆ **transportarse** *vpr* [embelesarse] : **~se (con)** être transporté(e) (de).

transporte *m* transport *m* ; ~ **público** o **colectivo** transports *mpl* en commun.

transportista *mf* transporteur *m*.

transvase *m* - **1.** [de líquido] transvasement *m* - **2.** [de río] dérivation *f*.

transversal ◇ *adj* transversal(e). ◇ *f* GEOM transversale *f*.

tranvía *m* tramway *m*.

trapecio *m* trapèze *m*.

trapecista *mf* trapéziste *mf*.

trapero, ra *m, f* chiffonnier *m*, -ère *f*.

trapío *m* - **1.** TAUROM fougue *f* - **2.** *culto* [garbo] allure *f*.

trapisonda *f fam* [enredo] embrouille *f*.

trapo *m* - **1.** [gen] chiffon *m* ; ~ **(de cocina)** torchon *m* - **2.** TAUROM muleta *f* - **3.** *loc* : **poner a alguien como un ~** traiter qqn de tous les noms. ◆ **trapos** *mpl fam* [ropa] : **hablar de ~s** parler chiffons.

tráquea *f* trachée *f*.

traqueteo *m* [de tren] secousses *fpl*.

tras *prep* - **1.** [después de] après ; ~ **su intervención ...** suite à son intervention ... ; **día ~ día** jour après jour ; **una mentira**

~ **otra** mensonge sur mensonge - **2.** [detrás de, en pos de] derrière ; **andar ~ alguien** être à la recherche de qqn ; **andar ~ algo** courir après qqch.

trasatlántico, ca = **transatlántico.**

trasbordador, ra = **transbordador.**

trasbordar = **transbordar.**

trasbordo = **transbordo.**

trascendencia = **transcendencia.**

trascendental = **transcendental.**

trascendente = **transcendente.**

trascender = **transcender.**

trascribir = **transcribir.**

trascurrir = **transcurrir.**

trascurso = **transcurso.**

trasegar *vt* - **1.** [desordenar] déranger - **2.** [transvasar] transvaser.

trasero, ra *adj* de derrière ; [asiento, rueda etc] arrière. ◆ **trasero** *m fam* derrière *m*.

trasferencia = **transferencia.**

trasferir = **transferir.**

trasfigurar = **transfigurar.**

trasfondo *m* fond *m* ; [de palabras, obra] sens *m* profond ; POLÍT arrière-plan *m*.

trasformación = **transformación.**

trasformador, ra = **transformador.**

trasformar = **transformar.**

trásfuga = **tránsfuga.**

trasfusión = **transfusión.**

trasgredir = **transgredir.**

trasgresor, ra = **transgresor.**

trashumante *adj* transhumant(e).

trasiego *m* [movimiento] remue-ménage *m inv*.

traslación *f* - **1.** ASTRON translation *f* - **2.** [cambio de lugar] déplacement *m*.

trasladar *vt* - **1.** [desplazar] déplacer ; [viajeros, herido etc] transporter - **2.** [empleado, funcionario] muter ; [empresa, local, preso] transférer - **3.** [reunión, fecha] reporter. ◆ **trasladarse** *vpr* - **1.** [desplazarse] se déplacer ; [empresa, local] être transféré(e) - **2.** [mudarse] : **~se (de piso)** déménager.

traslado *m* - **1.** [desplazamiento] déplacement *m* ; [de viajeros, víveres, herido etc] transport *m* ; [de preso] transfert *m* - **2.** [mudanza] déménagement *m* - **3.** [de empleado, funcionario] mutation *f*.

traslúcido, da = **translúcido.**

trasluz *m* : **al ~** par transparence.

trasmisión = **transmisión.**

trasmisor, ra = **transmisor.**

trasmitir = **transmitir.**

trasnochar *vi* se coucher à pas d'heure.

trasoceánico, ca = **transoceánico.**

traspapelar *vt* égarer *(papier)*. ◆ **traspapelarse** *vpr* s'égarer *(papier)*.

trasparencia = **transparencia.**

trasparentarse = **transparentarse.**

trasparente = **transparente.**

traspasar *vt* - **1.** [atravesar] transpercer - **2.** [cruzar - camino, río] traverser ; [- puerta] franchir - **3.** [negocio] céder ; **'se traspasa'** 'bail à céder' - **4.** DEP [jugador] transférer - **5.** *fig* [límite] dépasser ; [ley, precepto] transgresser.

traspaso *m* - **1.** [de negocio] cession *f* - **2.** [precio] reprise *f* ; [de comercio] pas-de-porte *m inv* - **3.** DEP [de jugador] transfert *m*.

traspié (*pl* **traspiés**) *m* faux pas *m* ; **dar un ~** *lit* & *fig* faire un faux pas.

traspiración = **transpiración.**

traspirar = **transpirar.**

trasplantar = **transplantar.**

trasplante = **transplante.**

trasponer = **transponer.**

trasportar *etc* = **transportar.**

trasquilar *vt* - **1.** [esquilar] tondre - **2.** [el pelo] couper n'importe comment.

trastabillar *vi Amer* chanceler.

trastada *f* [travesura] mauvais tour *m*.

traste *m* - **1.** MÚS [de guitarra] touchette *f* - **2.** *Amer fam* [trasero] derrière *m* - **3.** *loc* : **irse al ~** *fig* tomber à l'eau. ◆ **trastes** *mpl Amer* affaires *fpl* ; **fregar los ~s** faire la vaisselle.

trastero *m* débarras *m*.

trastienda *f* arrière-boutique *f*.

trasto *m* - **1.** [utensilio inútil] vieillerie *f* - **2.** *fam fig* [persona traviesa] polisson *m*. ◆ **trastos** *mpl* - **1.** [pertenencias] affaires *fpl* ; **tirarse los ~s a la cabeza** *fam* s'engueuler - **2.** [equipo] matériel *m* ; [de torero] accessoires *mpl*.

trastocar *vt* [desordenar] déranger *(papiers etc)*. ◆ **trastocarse** *vpr* [enloquecer] perdre la tête.

trastornado, da *adj* bouleversé(e) ; **tener la mente trastornada** être dérangé(e).

trastornar *vt* - **1.** [volver loco] faire perdre la tête à - **2.** [inquietar] tourmenter ; [alterar] bouleverser - **3.** [molestar] déranger. ◆ **trastornarse** *vpr* [volverse loco] perdre la tête.

trastorno *m* - **1.** [gen] trouble *m* - **2.** [alteración] bouleversement *m* - **3.** [molestia] dérangement *m*.

trastrocar *vt* - **1.** [cambiar de orden - papeles] mélanger ; [cambiar - planes] modifier - **2.** [cambiar de sentido] déformer.

trasvase = **transvase**.

trasversal = **transversal**.

tratable *adj* [persona] aimable.

tratado *m* traité *m*.

tratamiento *m* - **1.** [gen, MED & INFORM] traitement *m* ; **~ de textos** traitement de texte - **2.** [título] titre *m*.

tratar ◇ *vt* - **1.** [gen, MED & INFORM] traiter - **2.** [dirigirse a] : **~ a alguien de tú** tutoyer qqn ; **~ a alguien de usted** vouvoyer qqn - **3.** [discutir - convenio, acuerdo] négocier. ◇ *vi* - **1.** [versar] : **~ de** o **sobre** traiter de - **2.** [tener relación] : **~ con alguien** fréquenter qqn - **3.** [intentar] : **~ de hacer algo** essayer de faire qqch - **4.** [utilizar] : **~ con algo** manipuler qqch. ◆ **tratarse** *vpr* - **1.** [relacionarse] se fréquenter ; **~se con alguien** fréquenter qqn - **2.** [versar] : **¿de qué se trata?** de quoi s'agit-il? ; **se trata de ...** il s'agit de ...

tratativas *fpl Amer* formalités *fpl* ; **estar en ~ con** être en négociations avec.

trato *m* - **1.** [comportamiento, conducta] traitement *m* ; **de ~ agradable** (d'un commerce) agréable - **2.** [relación] fréquentation *f* ; **no quiero ~s con ellos** je ne veux pas avoir affaire à eux - **3.** [acuerdo] : **cerrar** o **hacer un ~** conclure un marché ; **¡~ hecho!** marché conclu! - **4.** [tratamiento] : **dar un ~ a alguien** s'adresser à qqn.

trauma *m* traumatisme *m*.

traumatizar *vt* traumatiser. ◆ **traumatizarse** *vpr* être traumatisé(e).

través ◆ **a través de** *loc prep* - **1.** [de un lado a otro de] en travers de - **2.** [por entre] à travers, au travers de - **3.** [por medio de] par l'intermédiaire de. ◆ **de través** *loc adv* de travers.

travesaño *m* - **1.** [pieza] traverse *f* - **2.** DEP barre *f* transversale.

travesía *f* - **1.** [viaje] traversée *f* - **2.** [calle] passage *m*.

travestido, da, *m, f* **travestí** *mf* (*pl* **travestís**) travesti *m*.

travesura *f* espièglerie *f*.

traviesa *f* traverse *f*.

travieso, sa *adj* espiègle.

trayecto *m* trajet *m*.

trayectoria *f* [de proyectil etc] trajectoire *f* ; [de persona] parcours *m*.

traza *f* - **1.** [aspecto] air *m* - **2.** (*gen pl*) [habilidad] : **darse buenas/malas ~s (para algo)** être/ne pas être doué(e) (pour qqch).

trazado *m* tracé *m*.

trazar *vt* - **1.** [dibujar] tracer - **2.** [indicar, describir] évoquer ; **~ un paralelo entre** établir un parallèle entre - **3.** [idear] concevoir.

trazo *m* trait *m*.

trébol *m* trèfle *m*. ◆ **tréboles** *mpl* [palo de baraja] trèfle *m*.

trece ◇ *adj num inv* treize. ◇ *m inv* treize *m inv* ; *ver también* **seis**.

treceavo, va *adj num* treizième.

trecho *m* : **un buen ~** [espacio] un bon bout de chemin ; [tiempo] un bon bout de temps.

tregua *f* trêve *f*.

treinta *adj num inv* & *m inv* trente ; *ver también* **sesenta**.

trekking ['trekin] *m* trekking *m*, trek *m*.

tremendo, da *adj* terrible ; **tomar(se) algo a la tremenda** prendre qqch au tragique.

tremolar *vi culto* ondoyer *(drapeau)*.

trémulo, la *adj* : **una luz trémula** une lumière vacillante ; **una voz trémula** une voix chevrotante.

tren *m* - **1.** FERROC & TECNOL train *m* ; **~ de alta velocidad** train à grande vitesse ; **~ de aterrizaje** train d'atterrissage ; **~ de carga** train de marchandises ; **~ de lavado** portique *m* de lavage automatique ; **~ expreso/semidirecto** train express/semi-direct - **2.** [estilo] : **~ (de vida)** train *m* de vie - **3.** *loc* : **estar como un ~** *mfam* être canon.

trenza *f* tresse *f*.

trenzar *vt* tresser.

trepa *mf fam* : **ser un ~** avoir les dents qui rayent le parquet.

trepador, ra ◇ *adj* : **una planta trepadora** une plante grimpante. ◇ *m, f fam* : **ser un ~** avoir les dents longues.

trepar *vi* - **1.** [subir] grimper ; **~ a los árboles** grimper aux arbres - **2.** *fam fig* [medrar] grimper dans l'échelle sociale.

trepidar *vi* trépider.

tres ◇ *adj num inv* trois ; **ni a la de ~** *fig* pour rien au monde. ◇ *m inv* trois *m* ; *ver* *también* **seis.** ◆ **tres cuartos** *m inv* [abrigo] trois-quarts *m.* ◆ **tres en raya** *m* [juego] marelle *f.*

trescientos, tas *adj num inv* trois cents ; *ver también* **seiscientos.**

tresillo *m* **- 1.** [sofá] *salon comprenant un canapé et deux fauteuils assortis* **- 2.** MÚS triolet *m.*

treta *f* [engaño] ruse *f.*

triangular *adj* triangulaire.

triángulo *m* GEOM & MÚS triangle *m.*

tribu *f* **- 1.** [de pueblos] tribu *f* **- 2.** *fam fig* [familia numerosa] smala *f* ; **~ urbana** faune *f.*

tribulación *f* tribulation *f.*

tribuna *f* tribune *f.*

tribunal *m* **- 1.** [gen] tribunal *m* ; [de orden superior] cour *f* ; **llevar a alguien a los ~es** traîner qqn devant les tribunaux **- 2.** [de examen] jury *m.*

tributar *vt* [respeto, admiración] témoigner ; **~ un homenaje a** rendre hommage a.

tributo *m* **- 1.** [impuesto] contribution *f* **- 2.** *fig* [contrapartida] tribut *m* **- 3.** [sentimiento favorable] : **dedicar un ~ de admiración a alguien** témoigner de l'admiration à qqn.

triciclo *m* tricycle *m.*

tricornio *m* tricorne *m.*

tricot *m inv* tricot *m.*

tricotar *vt* & *vi* tricoter.

tricotosa *f* machine *f* à tricoter.

tridimensional *adj* tridimensionnel(elle).

trifulca *f fam* bagarre *f.*

trigésimo, ma *adj num* trentième.

trigo *m* blé *m.*

trigonometría *f* trigonométrie *f.*

trillado, da *adj fig* rebattu(e).

trillar *vt* AGRIC battre.

trillizos, zas *m, f pl* triplés *mpl*, triplées *fpl.*

trilogía *f* trilogie *f.*

trimestral *adj* trimestriel(elle).

trimestre *m* trimestre *m.*

trinar *vi* faire des trilles ; **está que trina** *fig* il est fou furieux.

trincar *fam* ◇ *vt* [detener] pincer. ◇ *vi* [beber] picoler.

trincha *f* patte *f (de vêtement).*

trinchante *m* [cuchillo] couteau *m* à découper ; [tenedor] fourchette *f* à découper.

trinchar *vt* découper.

trinchera *f* tranchée *f.*

trineo *m* [pequeño] luge *f* ; [grande] traîneau *m.*

Trinidad *f* RELIG : **la (Santísima) ~** la (Sainte) Trinité.

Trinidad y Tobago Trinité-et-Tobago.

trío *m* **- 1.** [gen & MÚS] trio *m* **- 2.** [de naipes] brelan *m.*

tripa *f* **- 1.** [intestino] tripes *fpl* **- 2.** *fam* [barriga] ventre *m.* ◆ **tripas** *fpl fig* [de máquina, objeto] intérieur *m.*

tripi *m fam* acide *m.*

triple ◇ *adj* triple ◇ *m* triple *m* ; **el ~ de gente** trois fois plus de gens.

triplicado *m* triplicata *m* ; **por ~** en triple exemplaire.

triplicar *vt* tripler. ◆ **triplicarse** *vpr* tripler.

trípode *m* trépied *m.*

tríptico *m* **- 1.** ARTE triptyque *m* **- 2.** [folleto] dépliant *m.*

tripulación *f* équipage *m.*

tripulante *mf* membre *m* de l'équipage.

tripular *vt* [conducir] piloter.

tris *m inv* : **estar en un ~ de ...** *fig* être à deux doigts de ...

triste *adj* **- 1.** [gen] triste **- 2.** *(antes de sust)* [humilde - persona] pauvre ; [- sueldo] maigre **- 3.** [menor] : **ni un ~ regalo** même pas un malheureux cadeau.

tristeza *f* tristesse *f.*

triturador *m* [de basura] broyeur *m* ; [de papeles] déchiqueteuse *f* (de bureau).

triturar *vt* broyer ; [almendras] piler ; [ajo] hacher menu.

triunfador, ra ◇ *adj* victorieux(euse). ◇ *m, f* **- 1.** [en competición] vainqueur *m* **- 2.** [en la vida] gagneur *m*, -euse *f.*

triunfal *adj* triomphal(e).

triunfar *vi* **- 1.** [vencer] : **~ (sobre)** triompher (de) **- 2.** [tener éxito] réussir.

triunfo *m* **- 1.** [gen] triomphe *m* ; [en encuentro, elecciones] victoire *f* ; [en la vida] réussite *f* **- 2.** [en juegos de naipes] atout *m.*

trivial *adj* banal(e).

trivialidad *f* banalité *f.*

trivializar *vt* banaliser.

triza *f (gen pl)* morceau *m* ; **hacer ~s** [cosa] casser en mille morceaux ; [persona] mettre dans tous ses états.

trocar *vt* **- 1.** [intercambiar] échanger **- 2.** [transformar] : **~ algo en algo** transformer qqch en qqch.

trocear *vt* couper en morceaux.

troche ◆ **a troche y moche** *loc adv* **- 1.** [sin orden] à tort et à travers **- 2.** [en abundancia] généreusement.

trofeo *m* trophée *m*.

troglodita ◇ *mf* **- 1.** [cavernícola] troglodyte *mf* ◇ *m fam* [bárbaro, tosco] ours *m* mal léché.

trola *f fam* : **meter ~s** raconter des salades.

trolebús *m* trolleybus *m*.

trolero, ra *m, f fam* menteur *m*, -euse *f*.

tromba *f* trombe *f* ; **~ de agua** trombe d'eau.

trombón *m* trombone *m*.

trombosis *f inv* thrombose *f*.

trompa *f* **- 1.** [gen, MÚS & ANAT] trompe *f* **- 2.** *fam* [borrachera] cuite *f* ; **coger** o **pillar una ~** prendre une cuite.

trompazo *m* coup *m*.

trompear *vt Amer fam* cogner. ◆ **trompearse** *vpr Amer fam* se bagarrer.

trompeta *f* trompette *f*.

trompetista *mf* trompettiste *mf*.

trompicón *m* [tropezón] faux pas *m* ; **a trompicones** *fig* par à-coups.

trompo *m* [juego] toupie *f*.

tronado, da *adj fam* [persona] cinglé(e) ; [radio, télé] pété(e). ◆ **tronada** *f* coups *mpl* de tonnerre.

tronar ◇ *v impers* tonner. ◇ *vi* [resonar] tonner ; [gritos] résonner. ◇ *vt Amer fam* flinguer.

tronchar *vt* casser ; *fig* briser. ◆ **troncharse** *vpr fam* : **~se (de risa)** être plié(e) en quatre.

tronco *m* tronc *m* ; **dormir como un ~, estar hecho un ~** dormir comme une souche.

tronco, ca *m, f fam* pote *m*.

tronera ◇ *f* **- 1.** ARQUIT embrasure *f* **- 2.** [en billar] blouse *f*. ◇ *mf fam* noceur *m*, -euse *f*.

trono *m* trône *m*.

tropa *f* **- 1.** MIL troupe *f* **- 2.** *fig* [multitud] armée *f*.

tropel *m* **- 1.** [de personas] cohue *f* **- 2.** [de cosas] tas *m*.

tropero *m Amer* gardien *m* de vaches.

tropezar *vi* [al caminar] trébucher. ◆ **tropezarse** *vpr fam* [encontrarse] se retrouver ; **~se con alguien** tomber sur qqn.

tropezón *m* faux pas *m*. ◆ **tropezones** *mpl* CULIN *morceaux de viande, de pain, de fromage etc mélangés à la soupe.*

tropical *adj* tropical(e).

trópico *m* tropique *m* ; **~ de Cáncer/de Capricornio** tropique du Cancer/du Capricorne.

tropiezo *m* **- 1.** [tropezón, falta] faux pas *m* **- 2.** *fig* [impedimento] difficulté *f*, embûche *f*.

troquel *m* **- 1.** [molde] coin *m*, étampe *f* **- 2.** [cuchilla] massicot *m*.

trotamundos *mf inv* globe-trotter *mf*.

trotar *vi* **- 1.** [caballo] trotter **- 2.** *fam fig* [andar mucho] cavaler.

trote *m* **- 1.** [de caballo] trot *m* **- 2.** *fam* [actividad intensa] : **ya no estoy para (esos) ~s** j'ai passé l'âge.

troupe ['trup, 'trupe] *f* TEATR troupe *f*.

trovador *m* troubadour *m*.

trozo *m* bout *m* ; **cortar algo en ~s** couper qqch en morceaux.

trucar *vt* truquer ; [motor, mecanismo] trafiquer.

trucha *f* [pez] truite *f*.

truco *m* truc *m* ; **coger el ~** prendre le coup.

truculento, ta *adj* terrifiant(e).

trueno *m* METEOR tonnerre *m* ; [estampido] coup *m* de tonnerre.

trueque ◇ *v* ▷ **trocar.** ◇ *m* troc *m*.

trufa *f* truffe *f*.

truhán, ana *m, f* truand *m*.

truncar *vt* **- 1.** *fig* [carrera, ilusiones] briser ; [planes] faire échouer **- 2.** [frase, texto etc] tronquer.

trusa *f Amer* maillot *m* de bain.

tu (*pl* **tus**) *adj poses* ton, ta ; **~s libros** tes livres.

tú *pron pers* [sujeto] tu ; [predicado] toi ; **~ te llamas Juan** tu t'appelles Juan ; **el culpable eres ~** c'est toi le coupable ; **de ~ a ~** d'égal à égal ; **hablar** o **tratar de ~ a alguien** tutoyer qqn.

tubérculo *m* tubercule *m*.

tuberculosis *f inv* tuberculose *f*.

tubería *f* **- 1.** [cañerías] tuyauterie *f* ; [cañería] tuyau *m* **- 2.** [tubo] conduite *f*.

tubo *m* **- 1.** [de desagüe] tuyau *m* **- 2.** [recipiente] tube *m* ; **~ de ensayo** tube à essai ;

~ **digestivo** tube digestif. ◆ **tubo de escape** *m* AUTOM pot *m* d'échappement.

tuerca *f* écrou *m*.

tuerto, ta *adj* & *m, f* borgne.

tuétano *m* moelle *f* ; **calarse hasta los ~s** être trempé(e) jusqu'aux os ; **hasta los ~s** profondément.

tufillo *m* mauvaise odeur *f* ; CULIN fumet *m*.

tufo *m* - **1.** [mal olor] puanteur *f* - **2.** [emanación] relent *m*.

tugurio *m* boui-boui *m* ; [vivienda] taudis *m*.

tul *m* tulle *m*.

tulipa *f* tulipe *f (lampe)*.

tulipán *m* tulipe *f (fleur)*.

tullido, da *adj* & *m, f* [viejo] impotent(e) ; [minusválido] infirme.

tumba *f* tombe *f* ; **ser una ~** *fig* être muet(ette) comme une tombe.

tumbar *vt* - **1.** [derribar] faire tomber - **2.** [extender] allonger - **3.** *fam fig* [en examen] coller ; [en competición] battre. ◆ **tumbarse** *vpr* s'allonger.

tumbo *m* cahot *m* ; **dando ~s** *fig* cahin-caha.

tumbona *f* [de colchoneta] transat *m* ; [de tela] chaise *f* longue.

tumor *m* tumeur *f*.

tumulto *m* - **1.** [disturbio] tumulte *m* - **2.** [alboroto] cohue *f*.

tumultuoso, sa *adj* - **1.** [conflictivo] tumultueux(euse) - **2.** [turbulento] houleux(euse).

tuna *f* ▷ **tuno**.

tunante, ta *m, f* canaille *f*.

tunda *f fam* raclée *f* ; *fig* galère *f*.

tunecino, na ◇ *adj* tunisien(enne). ◇ *m, f* Tunisien *m*, -enne *f*.

túnel *m* tunnel *m*. ◆ **túnel de lavado** *m* AUTOM station *f* de lavage automatique.

Túnez - **1.** [capital] Tunis - **2.** [país] Tunisie *f*.

túnica *f* tunique *f*.

tuno, na *m, f* filou *m*. ◆ **tuna** *f petit orchestre d'étudiants*.

tuntún ◆ **al (buen) tuntún** *loc adv* au petit bonheur.

tupé *m* toupet *m* ; [de roquero] banane *f*.

tupido, da *adj* [bosque, follaje] dense.

turba *f* - **1.** [carbón] tourbe *f* - **2.** *despec* [muchedumbre] peuple *m*.

turbación *f* - **1.** [desconcierto] trouble *m* - **2.** [azoramiento] embarras *m*.

turbante *m* turban *m*.

turbar *vt* troubler. ◆ **turbarse** *vpr* se troubler.

turbina *f* turbine *f*.

turbio, bia *adj* - **1.** [gen] trouble - **2.** *fig* [negocio etc] louche.

turbodiésel ◇ *adj* turbodiesel *inv*. ◇ *m* turbodiesel *m*.

turbulencia *f* - **1.** [gen] turbulence *f* - **2.** [alboroto] tumulte *m*.

turbulento, ta *adj* - **1.** [gen] turbulent(e) - **2.** [confuso] agité(e).

turco, ca ◇ *adj* turc (turque). ◇ *m, f* Turc *m*, Turque *f*. ◆ **turco** *m* [lengua] turc *m*.

turismo *m* - **1.** [gen] tourisme *m* ; ~ **rural** tourisme vert - **2.** AUTOM voiture *f* de tourisme.

turista *mf* touriste *mf*.

turístico, ca *adj* touristique.

turnarse *vpr* se relayer.

turno *m* - **1.** [tanda] tour *m* - **2.** [de trabajo] équipe *f*.

turquesa ◇ *f* [mineral] turquoise *f*. ◇ *adj inv* [color] turquoise. ◇ *m* [color] turquoise *m*.

Turquía Turquie *f*.

turrón *m* touron *m (confiserie de Noël semblable au nougat)*.

tururú *interj fam* : **¡tururú!** taratata!

tute *m* - **1.** [juego de naipes] *jeu de cartes semblable au whist* - **2.** *fam fig* [trabajo] boulot *m* ; **darse un ~** donner un coup de collier.

tutear *vt* tutoyer. ◆ **tutearse** *vpr* se tutoyer.

tutela *f* tutelle *f* ; **tener la ~ de alguien** avoir qqn sous sa tutelle.

tutelar ◇ *adj* tutélaire. ◇ *vt* [persona] avoir la tutelle de ; [obra etc] encourager.

tutor, ra *m, f* - **1.** [gen & DER] tuteur *m*, -trice *f* - **2.** [profesor - privado] précepteur *m*, -trice *f* ; [- de un curso] professeur *m* principal.

tutoría *f* tutelle *f*.

tutti frutti, tuttifrutti *m* tutti frutti *m*.

tutú (*pl* **tutús**) *m* tutu *m*.

tuviera *etc* ▷ **tener**.

tuyo, ya ◇ *adj poses* à toi ; **este libro es ~** ce livre est à toi ; **un amigo ~** un de tes amis ; **no es asunto ~** ça ne te regarde pas ; **no es culpa tuya** ce n'est pas (de) ta faute. ◇ *pron poses* - **1.** *(después de art)* : **el** ~ le tien ; **la tuya** la tienne - **2.** *loc* : **ésta es la tuya** *fam* à toi de jouer ; **lo ~ es el teatro** *fam* ton truc c'est le théâtre ; **tú a lo ~** occupe-toi de tes affaires ; **los ~s** [tu familia] les tiens.

TV (*abrev de* **televisión**) *f* TV *f*.

TV3 (*abrev de* **Televisión de Cataluña, SA**) *f chaîne régionale de télévision catalane.*

TVE (*abrev de* **Televisión Española**) *f chaîne de télévision publique espagnole.*

TVG (*abrev de* **Televisión de Galicia**) *f chaîne régionale de télévision de Galice.*

TVV (*abrev de* **Televisión Valenciana, SA**) *f chaîne régionale de télévision de Valence.*

U

u[1] (*pl* **úes**), **U** [u] *f* [letra] u *m inv*, U *m inv*.

u[2] *conj* ou ; *ver también* **o**[2].

ubicación *f* emplacement *m*.

ubicar *vt* placer ; [edificio etc] situer. ◆ **ubicarse** *vpr* se situer.

ubre *f* mamelle *f* ; [de vaca] pis *m*.

Ucrania Ukraine *f*.

Ud., Vd. *abrev de* **usted**.

Uds., Vds. *abrev de* **ustedes**.

UE (*abrev de* **Unión Europea**) *f* UE *f*.

UEFA (*abrev de* **Unión de Asociaciones Europeas de Fútbol**) *f* UEFA *f*.

uf *interj* : **¡uf!** oh là là!

ufanarse *vpr* : **~ de** se targuer de.

ufano, na *adj* - **1.** [persona] fier(ère) - **2.** [planta] beau (belle).

Uganda Ouganda *m*.

UGT (*abrev de* **Unión General de los Trabajadores**) *f syndicat espagnol proche du PSOE.*

ujier *m* huissier *m* ; [portero] portier *m*.

újule *interj Amer* : **¡újule!** c'est malin!

UK (*abrev de* **United Kingdom**) *m* UK.

úlcera *f* ulcère *m*.

ulcerar *vt* MED ulcérer. ◆ **ulcerarse** *vpr* s'ulcérer.

ulterior *adj* ultérieur(e).

ultimador, ra *m, f Amer* assassin *m*.

ultimar *vt* - **1.** [preparativos etc] mettre la dernière main à - **2.** [tratado etc] conclure - **3.** *Amer* [matar] assassiner.

ultimátum (*pl* **ultimátums**) *m* ultimatum *m*.

último, ma ◇ *adj* dernier(ère) ; **su última película** son dernier film ; **el ~ piso** le dernier étage. ◇ *m, f* : **el ~** le dernier ; **la última** la dernière ; **llegar el ~** arriver dernier ; **este ~** ce dernier. ◆ **última** *f* : **estar en las últimas** [muriéndose] être à l'article de la mort ; [de dinero, provisiones] ne plus avoir beaucoup de ... ; **ir a la última** *fam* être à la dernière mode. ◆ **por último** *loc adv* enfin, finalement.

ultra ◇ *adj* d'extrême droite. ◇ *mf* POLÍT : **es un ~** il est d'extrême droite.

ultraderecha *f* extrême droite *f*.

ultraizquierda *f* extrême gauche *f*.

ultrajar *vt* outrager.

ultraje *m* outrage *m*.

ultramar *m* pays *mpl* d'outre-mer ; **de ~** d'outre-mer.

ultramarino, na *adj* d'outre-mer. ◆ **ultramarinos** *mpl* épicerie *f*.

ultranza ◆ **a ultranza** ◇ *loc adj* convaincu(e). ◇ *loc adv* à outrance.

ultrarrojo = **infrarrojo**.

ultrasonido *m* ultrason *m*.

ultratumba *f* : **de ~** d'outre-tombe.

ultravioleta *adj inv* ultraviolet(ette).

ulular *vi* [búho] ululer ; [viento] hurler.

umbilical *adj* ombilical(e).

umbral *m* seuil *m* ; **en el ~** O **los ~es de** au seuil de.

un, una ◇ *art (antes de sust femenino que empiece por 'a' o 'ha' tónica :* **un***)* : **~ hombre/amor** un homme/amour ; **una mujer/mesa** une femme/table ; **~ águila** un aigle ; **~ hacha** une hache. ◇ *adj* ▷ **uno**.

unánime *adj* unanime.

unanimidad *f* unanimité *f* ; **por ~** à l'unanimité.

unción *f* onction *f*.

undécimo, ma *adj num* onzième ; *ver también* **sexto**.

UNED (*abrev de* **Universidad Nacional de Educación a Distancia**) *f université nationale espagnole d'enseignement à distance.*

Unesco (*abrev de* **United Nations Educational, Scientific and Cultural Organization**) *f* Unesco *f*.

ungüento *m* onguent *m*.

únicamente *adv* uniquement.

Unicef (*abrev de* **United Nations Children's Fund**) *m* Unicef *m*.

único, ca *adj* **- 1.** [solo] seul(e) ; **es lo ~ que deseo** c'est la seule chose que je souhaite ; **es hijo ~** il est fils unique **- 2.** [excepcional] unique.

unicornio *m* licorne *f*.

unidad *f* unité *f* ; **~ central (de proceso)** unité centrale (de traitement) ; **~ de disco** lecteur *m* de disquette.

unido, da *adj* uni(e).

unifamiliar *adj* [empresa] familial(e) ; [vivienda] individuel(elle).

unificar *vt* **- 1.** [juntar] unir **- 2.** [equiparar] unifier.

uniformar *vt* **- 1.** [igualar] uniformiser **- 2.** [personal] mettre un uniforme à.

uniforme *adj* & *m* uniforme.

uniformidad *f* uniformité *f*.

uniformizar *vt* uniformiser.

unión *f* **- 1.** [gen] union *f* **- 2.** [suma, adherimiento] jonction *f*.

unir *vt* **- 1.** [gen] unir **- 2.** [piezas] assembler **- 3.** [comunicar - ciudades etc] relier **- 4.** [salsa, problemas] lier **- 5.** [acercar] rapprocher. ◆ **unirse** *vpr* **- 1.** [gen] s'unir **- 2.** [carreteras, ríos] se rejoindre **- 3.** [amigo, invitado] : **~se a** se joindre à.

unisexo, unisex *adj inv* unisexe.

unísono ◆ **al unísono** *loc adv* à l'unisson.

unitario, ria *adj* unitaire.

universal *adj* universel(elle).

universidad *f* université *f*.

universitario, ria ◇ *adj* universitaire. ◇ *m, f* [estudiante] étudiant *m*, -e *f* à l'université ; [graduado] diplômé *m*, -e *f* de l'université.

universo *m* univers *m*.

unívoco, ca *adj* univoque.

uno, una ◇ *adj* (*antes de sust masculino sg :* **un**) **- 1.** [indefinido] un, une ; **un día volveré** je reviendrai un jour ; **había ~s coches mal aparcados** il y avait des voitures mal garées ; **me voy ~s días a Madrid** je vais passer quelques jours à Madrid ; **vinieron unas diez personas** une dizaine de personnes sont venues **- 2.** (*sólo en sg*) [numeral] un, une ; **un hombre, un voto** un homme, une voix. ◇ *pron* **- 1.** [indefinido] un, une ; **coge ~** prends-en un ; **tienes muchas manzanas, dame unas** tu as beaucoup de pommes, donne-m'en quelques-unes ; **~/una de** l'un/l'une de ; **~ de ellos** l'un d'eux ; **unas son buenas, otras malas** certaines sont bonnes, d'autres mauvaises **- 2.** *fam* [cierta persona] : **ayer hablé con ~ que te conoce** hier j'ai parlé à un type qui te connaît ; **lo sé porque me lo han contado ~s** je le sais parce que certaines personnes me l'ont raconté **- 3.** [yo] on ; **entonces es cuando se da ~ cuenta de ...** c'est alors qu'on se rend compte de ... **- 4.** *loc* : **a una** [en armonía] comme un seul homme ; [a la vez] en chœur ; **como ~ más** comme tout le monde ; **de ~ en ~, ~ por ~** un par un ; **más de ~** plus d'un ; **una de dos** de deux choses l'une ; **una que otra vez** de temps à autre ; **~ a otro** l'un l'autre ; **~ a ~** un à un ; **~ de tantos** un parmi tant d'autres ; **~s cuantos** quelques-uns ; **~ tras otro** l'un après l'autre. ◆ **uno** *m* un *m* ; *ver también* **seis.** ◆ **una** *f* [hora] : **la una** une heure.

untar *vt* **- 1.** [gen] : **~ con** [pan, tostadas etc] tartiner de ; [cuerpo] enduire de ; **~ una tostada con mantequilla** étaler du beurre sur une tartine **- 2.** *fam fig* [sobornar] graisser la patte à.

untuoso, sa *adj* **- 1.** [graso] gras (grasse) **- 2.** [cremoso] onctueux(euse).

uña *f* **- 1.** [de persona] ongle *m* **- 2.** [de animal] griffe *f* **- 3.** [de caballo] sabot *m* **- 4.** *loc* : **ser ~ y carne** *fig* être comme les deux doigts de la main.

uperizado, da *adj* UHT.

UPG (*abrev de* **Unión del Pueblo Gallego**) *f parti nationaliste galicien.*

UPN (*abrev de* **Unión del Pueblo Navarro**) *f parti nationaliste navarrais.*

uralita® *f* Fibrociment® *m*.

uranio *m* uranium *m*.

urbanidad *f* civilité *f*.

urbanismo *m* urbanisme *m*.

urbanización *f* **- 1.** [acción] urbanisation *f* **- 2.** [zona residencial] lotissement *m*.

urbanizar *vt* urbaniser.

urbano, na ◇ *adj* urbain(e). ◇ *m, f* agent *m* de police.

urbe *f* grande ville *f*.

urdir *vt* tramer.

urgencia *f* urgence *f* ; **con ~** d'urgence ; **una ~ de** un besoin urgent de. ◆ **urgencias** *fpl* MED urgences *fpl*.

urgente *adj* urgent(e).

urgir *vi* : **urge que** il est urgent que ; **me urge** j'en ai besoin rapidement ; **me urge hacerlo** il faut que je le fasse le plus vite possible.

urinario, ria *adj* urinaire. ◆ **urinario** *m* urinoirs *mpl*.

urna *f* urne *f* ; [de museo etc] vitrine *f*.

urólogo, ga *m, f* urologue *mf*.

urraca *f* pie *f*.

urticaria *f* urticaire *f*.

Uruguay : (el) ~ (l') Uruguay *m*.

uruguayo, ya ◇ *adj* uruguayen(enne). ◇ *m, f* Uruguayen *m*, -enne *f*.

USA (*abrev de* **United States of America**) *mpl* USA *mpl*.

usado, da *adj* **- 1.** [utilizado] usagé(e) ; [coche] d'occasion ; [palabra] usité(e) **- 2.** [gastado] usé(e).

usar *vt* **- 1.** [gen] utiliser, se servir de **- 2.** [prenda, gafas] porter ; **en invierno usa medias** en hiver, elle porte des collants. ◆ **usarse** *vpr* **- 1.** [gen] s'utiliser ; [palabra, expresión etc] s'employer **- 2.** [prenda] se porter.

uso *m* **- 1.** [gen & LING] usage *m* **- 2.** [empleo] utilisation *f* **- 3.** *(gen pl)* [costumbre] : **~s y costumbres** les us et coutumes.

usted *pron pers* vous ; **me gustaría hablar con ~** j'aimerais vous parler ; **¿cómo están ~es?** comment allez-vous? ; **de ~, de ~es** [posesivo] à vous ; **hablar** O **tratar de ~ a alguien** vouvoyer qqn.

usual *adj* habituel(elle).

usuario, ria *m, f* [de transportes, servicios etc] usager *m* ; [de máquina, ordenador etc] utilisateur *m*, -trice *f*.

usufructo *m* usufruit *m*.

usufructuario, ria *adj* & *m, f* usufruitier(ère).

usura *f* usure *f*.

usurero, ra *m, f* usurier *m*, -ère *f*.

usurpar *vt* usurper.

utensilio *m* ustensile *m*.

útero *m* utérus *m*.

útil ◇ *adj* utile. ◇ *m (gen pl)* outils *mpl*.

utilidad *f* **- 1.** [cualidad] utilité *f* **- 2.** [beneficio] profit *m*.

utilitario, ria *adj* fonctionnel(elle). ◆ **utilitario** *m* **- 1.** AUTOM petite voiture *f* **- 2.** INFORM utilitaire *m*.

utilización *f* utilisation *f*.

utilizar *vt* utiliser.

utopía *f* utopie *f*.

utópico, ca *adj* utopique.

uva *f* raisin *m* ; **tener mala ~** *fig* avoir un sale caractère. ◆ **uvas** *fpl* : **~s de la suerte** *grains de raisin que l'on mange le soir du 31 décembre*.

UVI (*abrev de* **unidad de vigilancia intensiva**) *f* unité *f* de soins intensifs ; **estar en la ~** être en réanimation.

uy *interj* : **¡uy!** [dolor] aïe! ; [sorpresa] oh!

V

v, V ['uβe] *f* [letra] v *m inv*, V *m inv*. ◆ **v doble** *f* [letra] w *m inv*.

v. = **vid**.

va ▷ **ir**.

vaca *f* **- 1.** [animal] vache *f* **- 2.** [carne] bœuf *m*.

vacaciones *fpl* vacances *fpl* ; **estar/irse de ~** être/partir en vacances.

vacante ◇ *adj* vacant(e). ◇ *f* poste *m* vacant.

vaciar *vt* **- 1.** [recipiente] vider **- 2.** [dejar hueco] évider **- 3.** ARTE mouler.

vacilación *f* **- 1.** [duda] hésitation *f* **- 2.** [oscilación, tambaleo] vacillement *m*.

vacilante *adj* **- 1.** [que duda] hésitant(e) **- 2.** [luz] vacillant(e) ; [paso] chancelant(e).

vacilar ◇ *vi* **- 1.** [dudar] hésiter **- 2.** [luz] vaciller **- 3.** [tambalearse] chanceler **- 4.** *fam* [chulear] crâner. ◇ *vt fam* [tomar el pelo a] faire marcher ; **¡no me vaciles!** ne te fiche pas de moi!

vacilón, ona *adj* & *m, f fam* **- 1.** [chulo] crâneur(euse) **- 2.** [bromista] farceur(euse). ◆ **vacilón** *m Amer* [fiesta] fête *f*.

vacío, a *adj* **- 1.** [gen] vide ; [frase, discurso etc] creux(euse) ; [persona] superficiel(elle) **- 2.** [no ocupado] libre. ◆ **vacío** *m* vide *m* ; **al ~** sous vide ; **caer al ~** tomber dans le vide.

vacuna *f* vaccin *m*.

vacunar *vt* vacciner. ◆ **vacunarse** *vpr* se faire vacciner.

vacuno, na *adj* bovin(e). ◆ **vacuno** *m* : **el ~** les bovins *mpl*.

vadear *vt* [río, arroyo etc] passer à gué.

vado *m* **- 1.** [en acera] bateau *m* ; '**~ permanente**' 'sortie de véhicules' **- 2.** [de río] gué *m*.

vagabundear *vi* vagabonder ; **~ (por)** errer (dans).

vagabundo, da *m, f* vagabond *m*, -e *f*.

vagancia *f* - **1.** [holgazanería] fainéantise *f* - **2.** [vagabundeo] vagabondage *m*.

vagar *vi* - **1.** [errar] : **~ (por)** errer (dans) - **2.** [pasear] : **~ (por)** flâner (dans).

vagina *f* vagin *m*.

vago, ga ◇ *adj* - **1.** [holgazán] feignant(e) - **2.** [impreciso] flou(e), vague. ◇ *m, f* [holgazán] feignant *m*, -e *f*.

vagón *m* wagon *m*.

vagoneta *f* wagonnet *m*.

vaguedad *f* - **1.** [imprecisión] imprécision *f* - **2.** [divagación] : **responder con ~es** rester dans le vague.

vahído *m* étourdissement *m*.

vaho *m* [vapor] vapeur *f* ; [en cristales] buée *f*.

vaina *f* - **1.** [funda] étui *m* ; [de espada, sable] fourreau *m* - **2.** BOT [de guisantes etc] cosse *f* - **3.** *Amer fam fig* [molestia] embêtement *m*.

vainilla *f* - **1.** [fruto] vanille *f* - **2.** [planta] vanillier *m*.

vaivén *m* - **1.** [balanceo] va-et-vient *m inv* - **2.** *fig* [altibajo] : **los vaivenes** les hauts et les bas.

vajilla *f* vaisselle *f*.

vale ◇ *m* - **1.** [gen] bon *m* ; **~ de regalo** chèque-cadeau *m* - **2.** [entrada gratuita] billet *m* gratuit - **3.** [comprobante] reçu *m* - **4.** *Amer fam* [amigo] pote *m*. ◇ *interj* ▷ **valer.**

valedero, ra *adj* valable.

Valencia Valence.

valenciano, na ◇ *adj* valencien(enne). ◇ *m, f* Valencien *m*, -enne *f*.

valentía *f* - **1.** [valor] courage *m* - **2.** [hazaña] haut fait *m*.

valer ◇ *vi* - **1.** [gen] valoir ; [precio] coûter ; **¿cuánto vale?** combien ça coûte? ; **no vale nada** ça ne vaut rien ; **este libro vale por mil** ce livre en vaut mille ; **más vale que te vayas** il vaut mieux que tu t'en ailles ; **hacerse ~** se faire valoir ; **es un chico que vale** c'est un garçon bien - **2.** [servir, ser útil] : **~ para algo** servir à qqch ; **¿para qué vale?** à quoi ça sert? - **3.** [ser válido] être valable ; **eso aún vale** c'est encore valable - **4.** *loc* : **¿vale?** d'accord? ; **¡vale!** d'accord!, OK! ◇ *vt* valoir ; **vale la pena** ça (en) vaut la peine. ◆ **valerse** *vpr* - **1.** [servirse] : **~se de algo/de alguien** se servir de qqch/de qqn - **2.** [desenvolverse] : **~se por sí mismo** se débrouiller tout seul.

valeroso, sa *adj* courageux(euse).

valía *f* valeur *f*.

validar *vt* valider.

validez *f* validité *f* ; **dar ~ a algo** valider qqch.

válido, da *adj* valable.

valiente ◇ *adj* - **1.** [valeroso] courageux(euse) - **2.** *irón* [menudo] : **¡~ jefe!** tu parles d'un chef! ◇ *mf* [valeroso] brave *mf*.

valija *f* valise *f* ; **~ diplomática** valise diplomatique.

valioso, sa *adj* précieux(euse).

valla *f* - **1.** [cerca] clôture *f* - **2.** DEP haie *f*.

vallar *vt* clôturer *(un terrain)*.

valle *m* vallée *f*.

valor *m* - **1.** [gen] valeur *f* - **2.** [valentía] courage *m* - **3.** *fam* [promesa] : **un joven ~** un jeune talent. ◆ **valores** *mpl* [FIN & principios] valeurs *fpl*.

valoración *f* évaluation *f*.

valorar *vt* - **1.** [gen] évaluer ; **estar valorado en** être estimé à - **2.** [mérito, cualidad] apprécier.

vals (*pl* **valses**) *m* valse *f*.

valuar *vt* évaluer, estimer.

válvula *f* - **1.** [gen & ELECTR] valve *f* - **2.** TECNOL soupape *f*. ◆ **válvula de escape** *f fig* soupape *f* de sécurité.

vampiresa *f fam* vamp *f*.

vampiro *m* vampire *m*.

vanagloriarse *vpr* : **~ (de)** se vanter (de).

vandalismo *m* vandalisme *m*.

vanguardia *f* avant-garde *f*.

vanidad *f* vanité *f*.

vanidoso, sa *adj* & *m, f* vaniteux(euse).

vano, na *adj* - **1.** [gen] vain(e) ; **en ~** en vain - **2.** [presuntuoso] vaniteux(euse).

vapor *m* - **1.** [gen] vapeur *f* ; **al ~** CULIN à la vapeur ; **de ~** [máquina, barco] à vapeur ; [baño] de vapeur - **2.** [barco] bateau *m* à vapeur, vapeur *m*.

vaporizador *m* vaporisateur *m*.

vaporoso, sa *adj* - **1.** [fino] vaporeux(euse) - **2.** [baño etc] de vapeur.

vapulear *vt* - **1.** [golpear] rouer de coups - **2.** [zarandear] houspiller - **3.** [reñir, criticar] fustiger.

vaquero, ra ◇ *adj* [ropa] en jean. ◇ *m, f* vacher *m*, -ère *f*. ◆ **vaqueros** *mpl* [pantalón] jean *m*.

vara *f* - **1.** [gen] bâton *m* - **2.** [tallo] tige *f* - **3.** MÚS [de trombón] coulisse *f* - **4.** TAUROM pique *f*.
variable *adj* variable ; [carácter, humor] changeant(e).
variación *f* - **1.** [gen & MÚS] variation *f* - **2.** *fig* [cambio] changement *m*.
variante ◇ *adj* variable. ◇ *f* - **1.** [diferencia, versión] variante *f* - **2.** [de carretera etc] déviation *f* - **3.** [en quiniela] *pari sur un match nul ou sur la victoire de l'équipe adverse*.
variar ◇ *vt* - **1.** [modificar] changer - **2.** [dar variedad] varier. ◇ *vi* [cambiar] varier ; **para ~** *irón* pour changer.
varicela *f* varicelle *f*.
varicoso, sa *adj* variqueux(euse).
variedad *f* variété *f*. ◆ **variedades** *fpl* variétés *fpl*.
varilla *f* - **1.** [barra larga] baguette *f* ; AUTOM jauge *f* - **2.** [tira larga - de paraguas, corsé] baleine *f*.
varillaje *m* [de paraguas, corsé] baleines *fpl*.
vario, ria *adj* [variado] varié(e). ◆ **varios, rias** ◇ *adj pl* - **1.** [diferentes] divers(es) - **2.** [algunos] plusieurs. ◇ *pron pl* [algunos] plusieurs.
variopinto, ta *adj* bigarré(e) ; *fig* varié(e).
varita *f* baguette *f* ; **~ mágica** baguette magique.
variz *f* *(gen pl)* varice *f* ; **tener varices** avoir des varices.
varón *m* [hombre] homme *m* ; [chico] garçon *m*.
varonil *adj* viril(e) ; [prenda, colonia] pour homme.
Varsovia Varsovie.
vasallaje *m* vassalité *f*.
vasallo, lla *m, f* vassal *m*, -e *f*.
vasco, ca ◇ *adj* basque. ◇ *m, f* Basque *mf*. ◆ **vasco, vascuence** *m* [lengua] basque *m*.
vascular *adj* vasculaire.
vasectomía *f* vasectomie *f*.
vaselina *f* vaseline *f*.
vasija *f* pot *m*.
vaso *m* - **1.** [gen] verre *m* - **2.** ANAT & BOT vaisseau *m* ; **~s capilares/sanguíneos** vaisseaux capillaires/sanguins.
vástago *m* - **1.** [descendiente] descendant *m* - **2.** [brote] rejet *m* - **3.** [varilla] tige *f*.
vasto, ta *adj* vaste.
váter = **wáter**.
vaticano, na *adj* du Vatican. ◆ **Vaticano** *m* : **el Vaticano** le Vatican.
vaticinar *vt* prédire.
vatio, watio ['batjo] *m* watt *m*.
vaya ◇ *v* ▷ **ir**. ◇ *interj* - **1.** [sorpresa] : **¡vaya!** ça alors! - **2.** [contrariedad] : **¡~ con las huelgas otra vez!** zut! encore des grèves! - **3.** [énfasis] : **¡~ moto!** ouah! la moto! ; **¡~ tontería!** quelle idiotie!
VB *abrev de* **visto bueno**.
Vd. = **Ud.**
Vda. (*abrev de* **viuda**) vve.
Vds. = **Uds.**
ve ▷ **ir**.
véase ▷ **ver**.
vecinal *adj* [relaciones, trato etc] de voisinage ; **un camino ~** un chemin vicinal.
vecindad *f* voisinage *m*.
vecindario *m* - **1.** [vecindad] voisins *mpl*, voisinage *m* - **2.** [habitantes] habitants *mpl*.
vecino, na ◇ *adj* - **1.** [gen] voisin(e) - **2.** [habitante] : **ser ~ de** être domicilié à. ◇ *m, f* - **1.** [de casa, calle] voisin *m*, -e *f* - **2.** [de barrio, localidad] habitant *m*, -e *f*.
vector *m* vecteur *m*.
vectorial *adj* vectoriel(elle).
veda *f* - **1.** [prohibición] interdiction *f*, défense *f (de chasser, pêcher)* - **2.** [temporada] fermeture *f (de la chasse, pêche)* ; **levantar la ~** [de caza] déclarer l'ouverture de la chasse ; [de pesca] déclarer l'ouverture de la pêche.
vedado, da *adj* interdit(e). ◆ **vedado** *m* : **~ (de caza)** réserve *f* de chasse.
vedar *vt* interdire.
vedette [be'det] *f* vedette *f (du spectacle)*.
vega *f* plaine *f* fertile.
vegetación *f* végétation *f*.
vegetal ◇ *adj* végétal(e). ◇ *m* végétal *m*.
vegetar *vi* végéter.
vegetariano, na *adj & m, f* végétarien(enne).
vehemencia *f* - **1.** [pasión] véhémence *f* - **2.** [irreflexión] impulsion *f*.
vehemente *adj* - **1.** [apasionado] véhément(e) - **2.** [irreflexivo] impulsif(ive).
vehículo *m* véhicule *m*.
veinte ◇ *adj num inv* vingt ; **el siglo ~** le vingtième siècle. ◇ *m inv* vingt *m inv* ; *ver también* **sesenta**.
veinteavo, va *adj num* vingtième.
veintena *f* vingtaine *f*.

veinticinco *adj num inv* & *m inv* vingt-cinq.

veinticuatro *adj num inv* & *m inv* vingt-quatre.

veintidós *adj num inv* & *m inv* vingt-deux.

veintinueve *adj num inv* & *m inv* vingt-neuf.

veintiocho *adj num inv* & *m inv* vingt-huit.

veintiséis *adj num inv* & *m inv* vingt-six.

veintisiete *adj num inv* & *m inv* vingt-sept.

veintitrés *adj num inv* & *m inv* vingt-trois.

veintiuno, na *adj num* (*antes de sust :* **veintiún**) vingt et un(e) ; **el siglo ~** le vingt et unième siècle. ◆ **veintiuno** *m inv* vingt et un *m inv*.

vejación *f*, **vejamen** *m* humiliation *f*.

vejestorio *m despec* vieux fossile *m*.

vejez *f* vieillesse *f*.

vejiga *f* vessie *f*.

vela *f* - **1.** [para dar luz] bougie *f* - **2.** NÁUT voile *f* - **3.** [vigilia] veille *f* ; **estar en ~** être éveillé(e) ; **pasar la noche en ~** passer une nuit blanche. ◆ **velas** *fpl fam* [mocos] chandelles *fpl* ; **estar a dos ~s** *fig* être fauché(e).

velada *f* veillée *f* ; [social] soirée *f*.

velado, da *adj* voilé(e).

velar ◇ *vi* : **~ (por)** veiller (sur). ◇ *vt* - **1.** [enfermo, muerto] veiller - **2.** [ocultar & FOT] voiler. ◆ **velarse** *vpr* FOT être voilé(e).

velcro® *m* Velcro® *m*.

veleidad *f* - **1.** [inconstancia] inconstance *f* - **2.** [antojo, capricho] velléité *f*.

velero, ra *adj* à voiles. ◆ **velero** *m* NÁUT voilier *m*.

veleta ◇ *f* girouette *f*. ◇ *mf fam* girouette *f*.

vello *m* duvet *m*.

velloso, sa *adj* duveteux(euse).

velo *m* voile *m* ; **correr** o **echar un (tupido) ~ sobre** jeter un voile sur. ◆ **velo del paladar** *m* voile *m* du palais.

velocidad *f* vitesse *f* ; **de alta ~** à grande vitesse ; **~ punta** vitesse de pointe.

velódromo *m* vélodrome *m*.

veloz *adj* rapide.

ven ▷ **venir.**

vena *f* veine *f* ; **tener ~ de pintor** avoir des dispositions pour la peinture ; **si le da la ~ lo hará** si ça lui chante, il le fera.

vencedor, ra ◇ *adj* victorieux(euse). ◇ *m, f* vainqueur *m*.

vencer ◇ *vt* - **1.** [gen] vaincre ; [dificultad, obstáculo] surmonter - **2.** [aventajar] battre ; DEP mener ; **~ por tres puntos** mener par trois points ; **~ a alguien a algo** battre qqn à qqch. ◇ *vi* [terminar - contrato, plazo] expirer ; [- deuda, pago] arriver à échéance. ◆ **vencerse** *vpr* : **~se (con el peso)** s'affaisser (sous le poids).

vencido, da ◇ *adj* - **1.** [derrotado] vaincu(e) ; **darse por ~** s'avouer vaincu - **2.** [caducado] périmé(e) ; COM arrivé(e) à échéance. ◇ *m, f* vaincu *m*, -e *f*.

vencimiento *m* - **1.** [término - de contrato, plazo] expiration *f* ; [- de pago, deuda] échéance *f* - **2.** [inclinación] affaissement *m*.

venda *f* bandage *m*.

vendaje *m* bandage *m*.

vendar *vt* bander.

vendaval *m* vent *m* violent.

vendedor, ra *m, f* vendeur *m*, -euse *f*.

vender *vt* vendre. ◆ **venderse** *vpr* se vendre ; '**se vende**' 'à vendre'.

vendimia *f* [cosecha] vendange *f* ; [periodo] vendanges *fpl*.

vendrá *etc* ▷ **venir.**

Venecia Venise.

veneno *m* poison *m* ; [de animales] venin *m*.

venenoso, sa *adj* [seta] vénéneux(euse) ; [serpiente] venimeux(euse).

venerable *adj* vénérable.

veneración *f* vénération *f*.

venerar *vt* vénérer.

venéreo, a *adj* vénérien(enne).

venezolano, na ◇ *adj* vénézuélien(enne). ◇ *m, f* Vénézuélien *m*, -enne *f*.

Venezuela Venezuela *m*.

venga ▷ **venir.**

venganza *f* vengeance *f*.

vengar *vt* venger. ◆ **vengarse** *vpr* : **~se (de)** se venger (de).

vengativo, va *adj* vindicatif(ive).

vengo ▷ **venir.**

venia *f* permission *f*.

venial *adj* [pecado] véniel(elle) ; [falta, delito] mineur(e).

venida *f* venue *f*.

venidero, ra *adj* à venir.

venir ◇ *vi* - **1.** [gen] venir ; **vino a las doce** il est venu à midi ; **esta palabra viene del latín** ce mot vient du latin ; **no me vengas con historias** ne viens pas me raconter d'histoires - **2.** [llegar] arriver ; **ya vienen los turistas** les touristes arrivent - **3.** [seguir en el tiempo] : **el año que viene** l'année prochaine - **4.** [hallarse, estar] être ; **su foto viene en primera página** sa photo est en première page ; **el texto viene en inglés** le texte est en anglais - **5.** [acometer] : **me viene sueño** je commence à avoir sommeil ; **le vinieron ganas de reír** il eut envie de rire - **6.** [ropa, zapato] : **~ a alguien** aller à qqn ; **¿qué tal te viene?** comment ça te va? ; **el abrigo le viene pequeño** ce manteau est trop petit pour lui ; **~ clavado a alguien** aller comme un gant à qqn - **7.** *(antes de adv)* [convenir] : **me viene bien/mal** ça m'arrange/ne m'arrange pas ; **me viene mejor mañana** ça m'arrange mieux demain - **8.** *(antes de infin)* [aproximarse] : **viene a ser lo mismo** ça revient au même ; **nos vino a costar/salir ...** ça nous est revenu à ... - **9.** *loc* : **¿a qué viene esto?** qu'est-ce que c'est que ça? ; **~ al pelo, ~ rodado** *fam* tomber à pic ; **~ a menos** [negocio] couler ; [persona] déchoir ; **~ a parar en** se solder par ; **~ a ser** revenir à. ◇ *v aux* - **1.** *(antes de gerundio)* [persistir] : **las peleas vienen sucediéndose desde hace tiempo** les bagarres se succèdent depuis un certain temps déjà - **2.** *(antes de participio)* [estar] : **los cambios vienen motivados por la presión de la oposición** les changements sont dus aux pressions exercées par l'opposition. ◆ **venirse** *vpr* - **1.** [llegar] venir ; **se ha venido solo** il est venu tout seul - **2.** *loc* : **~se abajo** [edificio] s'écrouler ; [negocio] couler ; [proyectos] tomber à l'eau.

venta *f* - **1.** [gen] vente *f* ; **estar a la** o **en ~** être en vente ; **~ al contado/a plazos** vente au comptant/à crédit - **2.** [posada] auberge *f*.

ventaja *f* avantage *m* ; **llevar ~ a alguien** avoir de l'avance sur qqn.

ventajoso, sa *adj* avantageux(euse).

ventana *f* - **1.** [gen & INFORM] fenêtre *f* - **2.** ANAT : **las ~s (de la nariz)** les narines *fpl*.

ventanal *m* baie *f* vitrée.

ventanilla *f* - **1.** [taquilla] guichet *m* - **2.** [de tren, sobre] fenêtre *f* ; [de coche] vitre *f* ; [de avión] hublot *m*.

ventilación *f* aération *f*, ventilation *f*.

ventilador *m* ventilateur *m*.

ventilar *vt* - **1.** [airear] aérer, ventiler - **2.** [resolver] tirer au clair. ◆ **ventilarse** *vpr* - **1.** [airearse] être aéré(e) - **2.** *fam* [terminar] liquider.

ventisca *f* tempête *f* de neige.

ventolera *f* [viento] rafale *f*.

ventosa *f* ventouse *f*.

ventosidad *f (gen pl)* vents *mpl*.

ventoso, sa *adj* venteux(euse).

ventrílocuo, cua *m, f* ventriloque *mf*.

ventura *f* - **1.** [suerte] chance *f* ; **buena/mala ~** bonne/mauvaise fortune - **2.** [casualidad] hasard *m* ; **a la (buena) ~** au hasard - **3.** [dicha] félicité *f*.

Venus ASTRON & MITOL Vénus.

ver ◇ *vi* voir ; **¿a ~?** [mirar con interés] fais/faites voir? ; **¡a ~!** [llamar la atención] allez! ; [confirmación] évidemment! ; **a ~ qué pasa** on verra bien ; **dejarse ~** se montrer ; **eso está por ~** ça reste à voir ; **ya veremos** on verra. ◇ *vt* - **1.** [gen] voir ; **desde casa vemos el mar** depuis chez nous on voit la mer ; **¿has visto esa película?** as-tu vu ce film? ; **fue a ~ a unos amigos** il est allé voir des amis ; **ya veo que estás de mal humor** je vois bien que tu es de mauvaise humeur ; **ya veo lo que quieres decir** je vois ce que tu veux dire ; **veo que tendré que irme sola** je vois qu'il faudra que je parte seule ; **cada cual tiene su manera de ~ las cosas** chacun a sa façon de voir les choses ; **esto lo veremos más adelante** nous verrons ça plus tard - **2.** [televisión] regarder - **3.** *loc* : **¡hay que ~ lo tonto que es!** qu'est-ce qu'il peut être bête! ; **no poder ~ algo/a alguien (ni en pintura)** *fam* ne pas pouvoir voir qqch/qqn (en peinture) ; **por lo visto** o **que se ve** apparemment ; **~ venir a alguien** voir venir qqn. ◇ *m* : **estar de buen ~** avoir belle allure. ◆ **verse** *vpr* - **1.** [gen] se voir ; **nos vemos a veces** on se voit de temps en temps ; **ya me veo haciendo su maleta** je me vois déjà en train de faire sa valise ; **él ya se ve en la cumbre de su carrera** il se voit déjà au sommet de sa carrière - **2.** [percibir, suceder] voir ; **nunca se ha visto nada igual** on n'a jamais vu une chose pareille - **3.** *loc* : **véase anexo 1** voir annexe 1.

vera *f* - **1.** [orilla] bord *m* - **2.** *fig* [lado] : **a la ~ de** aux côtés de, auprès de.

veracidad *f* véracité *f*.

veraneante ◇ *adj* en vacances. ◇ *mf* estivant *m*, -e *f*.

veranear *vi* : **~ (en)** passer ses grandes vacances (à).

veraneo *m* grandes vacances *fpl*, vacances *fpl* d'été.

veraniego, ga *adj* [clima, temporada etc] estival(e) ; [vestido, traje] d'été.

verano *m* été *m*.

veras ◆ de veras *loc adv* [verdaderamente] vraiment ; [en serio] sérieusement.

veraz *adj* véridique.

verbal *adj* verbal(e).

verbena *f* - **1.** [fiesta] *fête populaire nocturne* ; **la ~ de San Juan** la fête de la Saint-Jean - **2.** [planta] verveine *f*.

verbo *m* verbe *m*.

verdad *f* vérité *f* ; **a decir ~, la ~ es que** à vrai dire, en fait ; **es ~ que ...** c'est vrai que ... ; **está bueno, ¿~?** c'est bon, n'est-ce pas? ◆ **verdades** *fpl* : **cantarle** o **decirle a alguien cuatro ~es** *fig* dire ses quatre vérités à qqn. ◆ **de verdad** ◇ *loc adv* - **1.** [en serio] sérieusement - **2.** [realmente] vraiment. ◇ *loc adj* [auténtico] vrai(e).

verdadero, ra *adj* - **1.** [gen] vrai(e) - **2.** [auténtico] véritable.

verde ◇ *adj* - **1.** [gen & POLÍT] vert(e) - **2.** *fig* [obsceno] cochon(onne) - **3.** *fig* [inexperto] jeune ; [proyecto] prématuré(e) - **4.** *loc* : **poner ~ a alguien** descendre qqn (en flammes). ◇ *m* [color] vert *m*. ◆ **Verde** *m* : **los Verdes** POLÍT les Verts *mpl*.

verdor *m* - **1.** [color] couleur *f* verte, verdure *f* - **2.** [vigor] verdeur *f*.

verdoso, sa *adj* verdâtre.

verdugo *m* - **1.** [gen] bourreau *m* - **2.** [pasamontañas] cagoule *f*.

verdulería *f* : **ir a la ~** aller chez le marchand de légumes.

verdulero, ra *m, f* marchand *m*, -e *f* de légumes. ◆ **verdulero** *m* [de nevera] bac *m* à légumes.

verdura *f* légume *m*.

vereda *f* - **1.** [sendero] sentier *m* - **2.** *Amer* [acera] trottoir *m*.

veredicto *m* verdict *m*.

vergonzoso, sa ◇ *adj* - **1.** [deshonroso] honteux(euse) - **2.** [tímido] timide. ◇ *m, f* timide *mf*.

vergüenza *f* - **1.** [gen] honte *f* ; **¿no te da ~ hacer eso?** tu n'as pas honte de faire cela? ; **me da ~ cantar** j'ai honte de chanter ; **sentir ~ ajena** avoir honte pour qqn - **2.** [dignidad] dignité *f*. ◆ **vergüenzas** *fpl* [genitales] parties *fpl* honteuses.

verídico, ca *adj* - **1.** [cierto] véridique - **2.** *fig* [verosímil] réel(elle) ; **un hecho ~** un fait réel.

verificar *vt* - **1.** [gen] vérifier - **2.** [aparato, máquina etc] tester. ◆ **verificarse** *vpr* - **1.** [tener lugar] avoir lieu - **2.** [llevar a cabo] effectuer - **3.** [resultar cierto - predicción etc] se réaliser.

verja *f* grille *f*.

vermú (*pl* **vermús**), **vermut** (*pl* **vermuts**) *m* - **1.** [licor] vermouth *m* - **2.** [aperitivo] apéritif *m* - **3.** *Amer* CIN & TEATR matinée *f*.

vernáculo, la *adj* vernaculaire.

verosímil *adj* vraisemblable.

verruga *f* verrue *f*.

versado, da *adj* : **~ (en)** versé (dans).

versar *vi* : **~ sobre** traiter de, porter sur.

versátil *adj* - **1.** [persona] versatile - **2.** [máquina] polyvalent(e).

versículo *m* - **1.** RELIG verset *m* - **2.** LITER vers *m* libre.

versión *f* version *f* ; **en ~ original** en version originale.

verso *m* - **1.** [género] vers *m* - **2.** [poema] poème *m*.

vértebra *f* vertèbre *f*.

vertebrado, da *adj* vertébré(e). ◆ **vertebrados** *mpl* ZOOL vertébrés *mpl*.

vertebral *adj* vertébral(e).

vertedero *m* [de basura] décharge *f* ; [de agua, pantano] déversoir *m*.

verter ◇ *vt* - **1.** [derramar] renverser - **2.** [vaciar] verser - **3.** [traducir] : **~ (a)** traduire (en) - **4.** *fig* [decir - ideas, pensamientos] exprimer ; [- calumnias, infundios] débiter. ◇ *vi* : **~ a** se jeter dans *(rivière)*. ◆ **verterse** *vpr* [derramarse] se renverser.

vertical ◇ *adj* vertical(e). ◇ *f* GEOM verticale *f*.

vértice *m* sommet *m*.

vertido *m* déchet *m*.

vertiente *f* - **1.** [de montaña] versant *m* ; [de tejado] pente *f* - **2.** *fig* [de problema etc] aspect *m* - **3.** *Amer* [manantial] source *f*.

vertiginoso, sa *adj* vertigineux(euse).

vértigo *m* - **1.** [mareo] vertige *m* ; **dar ~** *lit & fig* donner le vertige - **2.** *fig* [de ciudad, vida etc] rythme *m* effréné.

vesícula *f* vésicule *f*.

vespertino, na *adj* vespéral(e) ; [diario] du soir.

vestíbulo *m* [de edificio, hotel] hall *m* ; [de oficina] entrée *f*.

vestido, da *adj* habillé(e). ◆ **vestido** *m* - **1.** [indumentaria] vêtement *m* - **2.** [prenda femenina] robe *f*.

vestidura *f (gen pl)* vêtement *m* ; RELIG habit *m* ; **se rasga las ~s** *fam fig* il en fait tout un plat.

vestigio *m* - **1.** [resto, señal] vestige *m* - **2.** *fig* [huella] trace *f*.

vestimenta *f* vêtements *mpl*.

vestir ◇ *vt* - **1.** [gen] habiller - **2.** [llevar puesto] porter - **3.** *fig* [sentimiento, defecto] : **vestía su maldad de ingenuidad** il cachait sa méchanceté sous le masque de l'innocence. ◇ *vi* - **1.** [llevar ropa] : **~ (de)** être habillé(e) (en) - **2.** [ser elegante] : **~ mucho** faire très habillé - **3.** *fig* [estar bien visto] faire bien. ◆ **vestirse** *vpr* [gen] s'habiller ; **~se de hada** se déguiser en fée.

vestuario *m* - **1.** [gen & DEP] vestiaire *m* ; [de actores] loge *f* - **2.** [vestimenta] garde-robe *f* ; TEATR costumes *mpl*.

veta *f* veine *f (filon, marbrure)*.

vetar *vt* mettre son veto à.

veteranía *f* ancienneté *f (d'une personne)*.

veterano, na ◇ *adj* [que tiene ancianidad] ancien(enne) ; [soldado etc] vieux (vieille) ; [experto] chevronné(e). ◇ *m, f* MIL & DEP vétéran *m*.

veterinario, ria *adj* & *m, f* vétérinaire. ◆ **veterinaria** *f* [ciencia] médecine *f* vétérinaire.

veto *m* veto *m* ; **poner ~ a algo** mettre son veto à qqch.

vez *f* - **1.** [gen] fois *f* ; **¿has estado allí alguna ~?** tu y es déjà allé? ; **a la ~ (que)** en même temps (que) ; **cada ~ (que)** chaque fois (que) ; **cada ~ más** de plus en plus ; **cada ~ menos** de moins en moins ; **cada ~ la veo más feliz** je la trouve de plus en plus heureuse ; **de una ~** d'un seul coup ; **de una ~ para siempre** o **por todas** une (bonne) fois pour toutes ; **muchas veces** [repetidamente] plusieurs fois ; [con frecuencia] souvent ; **otra ~** encore une fois ; **pocas veces, rara ~** rarement ; **por última ~** une dernière fois ; **una ~** une fois ; **una ~ más** une fois de plus ; **una y otra ~** à plusieurs reprises - **2.** [turno] tour *m* ; **pedir la ~** demander son tour - **3.** *loc* : **érase una ~...** il était une fois ... ◆ **a veces** *loc adv* parfois. ◆ **de vez en cuando** *loc adv* de temps en temps. ◆ **en vez de** *loc prep* au lieu de. ◆ **tal vez** *loc adv* peut-être. ◆ **una vez que** *loc conj* une fois que.

VHF (*abrev de* **very high frequency**) *f* VHF *f*.

VHS (*abrev de* **video home system**) *m* VHS *m*.

vía ◇ *f* voie *f* ; **por ~ aérea** par avion ; **por ~ marítima** par bateau ; **por ~ terrestre** par voie de terre ; **~ de comunicación** voie de communication ; **~ férrea** voie ferrée ; **~ pública** voie publique ; **~ única** voie à sens unique ; **~s respiratorias** voies respiratoires ; **dar ~ libre** laisser le champ libre. ◇ *prep* - **1.** [pasando por] via ; **~ Bruselas** via Bruxelles - **2.** [por] par ; **~ satélite** par satellite ; **~ fax** par fax. ◆ **Vía Láctea** *f* Voie *f* lactée. ◆ **en vías de** *loc prep* [de desarrollo, extinción] en voie de ; [de negociación etc] en cours de.

viabilidad *f* viabilité *f* ; [de proyecto] faisabilité *f*.

viable *adj fig* [posible] viable.

viaducto *m* viaduc *m*.

viajante *mf* voyageur *m* de commerce.

viajar *vi* voyager.

viaje *m* - **1.** [gen] voyage *m* ; **¡buen ~!** bon voyage! ; **ir de ~** partir en voyage ; **~ de ida** aller *m* ; **~ de vuelta** retour *m* ; **~ de ida y vuelta** voyage aller-retour ; **~ de novios** voyage de noces - **2.** *fam fig* [golpe] beigne *f*.

viajero, ra ◇ *adj* : **una persona viajera** un grand voyageur ; **un ave viajera** un oiseau migrateur. ◇ *m, f* voyageur *m*, -euse *f* ; **¡~s al tren!** en voiture!

vial *adj* routier(ère).

viario, ria *adj* routier(ère).

víbora *f* vipère *f*.

vibración *f* vibration *f*.

vibrante *adj* - **1.** [oscilante] vibrant(e) - **2.** *fig* [escena, espectáculo] émouvant(e) ; [voz, público] ému(e).

vibrar *vi* vibrer.

vibratorio, ria *adj* vibratoire.

vicaría *f* - **1.** [gen] vicariat *m* - **2.** [residencia] presbytère *m*.

vicario *m* vicaire *m*.

vicepresidente, ta *m, f* vice-président *m*, -e *f*.

viceversa *adv* : **y ~** et vice versa.

viciado, da *adj* [aire, atmósfera etc] vicié(e).

viciar *vt* - **1.** [pervertir] corrompre ; [niño] gâter - **2.** *fig* [adulterar - texto, aire] vicier ; [- alimento] frelater - **3.** [deformar] déformer. ◆ **viciarse** *vpr* - **1.** [habituarse] :

~se (con algo) être dépendant(e) (de qqch) - **2.** [deformarse] se déformer.

vicio *m* - **1.** [perversión & DER] vice *m* - **2.** [mala costumbre] manie *f* - **3.** [defecto físico] défaut *m* - **4.** *fam fig* [mimo] : **tener mucho ~** être très gâté(e).

vicioso, sa ◇ *adj* - **1.** [defectuoso] défectueux(euse) - **2.** [pervertido] vicieux(euse). ◇ *m, f* vicieux *m*, -euse *f*.

vicisitud *f* instabilité *f*. ◆ **vicisitudes** *fpl* [avatares] vicissitudes *fpl*.

víctima *f* victime *f* ; **ser ~ de** être victime de.

victoria *f* victoire *f* ; **cantar alguien ~** *fig* crier victoire.

victorioso, sa *adj* victorieux(euse).

vid *f* vigne *f*.

vid., v. *abrev de* **véase**.

vida *f* - **1.** [gen] vie *f* ; **de por ~** à vie ; **en ~ de** du vivant de ; **¡en mi ~ he visto cosa igual!** je n'ai jamais vu une chose pareille! ; **estar con ~** être en vie ; **ganarse la ~** gagner sa vie ; **pasar a mejor ~** quitter ce monde ; **perder la ~** perdre la vie - **2.** [duración] durée *f* de vie.

vidente *mf* voyant *m*, -e *f*.

vídeo, video ◇ *m* - **1.** [técnica] vidéo *f* - **2.** [filmación] film *m* vidéo ; **~ doméstico** film vidéo amateur - **3.** [aparato - reproductor] magnétoscope *m* ; [- filmador] caméra *f* vidéo - **4.** [cinta] bande *f* vidéo. ◇ *adj inv* vidéo.

videoarte *m* art *m* vidéo.

videocámara *f* Caméscope® *m*.

videocasete *m* cassette *f* vidéo, vidéocassette *f*.

videoclip *m* vidéo-clip *m*.

videoclub (*pl* **videoclubs** o **videoclubes**) *m* vidéoclub *m*.

videoconferencia *f* vidéoconférence *f*, visioconférence *f*.

videojuego *m* jeu *m* vidéo.

videotexto, videotex *m inv* vidéotex *m*.

vidriero, ra *m, f* vitrier *m*. ◆ **vidriera** *f* - **1.** [ventana] baie *f* vitrée ; [puerta] porte *f* vitrée - **2.** [de iglesia] vitrail *m*.

vidrio *m* - **1.** [material] verre *m* - **2.** *(gen pl)* [objetos] objet *m* en verre - **3.** [cristal] carreau *m*.

vidrioso, sa *adj* - **1.** [material, aspecto] fragile - **2.** *fig* [tema, asunto] épineux(euse) - **3.** *fig* [ojos] vitreux(euse).

vieira *f* coquille *f* Saint-Jacques.

viejo, ja ◇ *adj* vieux (vieille) ; **un hombre ~** un vieil homme ; **hacerse ~** se faire vieux. ◇ *m, f* - **1.** [anciano] (petit) vieux *m*, (petite) vieille *f* ; **~ verde** vieux cochon *m* - **2.** *fam* [padres] : **mis ~s** mes vieux - **3.** *Amer fam* [palabra cariñosa] : **¡viejo!** mon vieux! ◆ **Viejo de Pascua** *m Amer* Père *m* Noël.

Viena Vienne.

viene ▷ **venir**.

viento *m* - **1.** [aire] vent *m* ; **hace ~** il y a du vent ; **contra ~ y marea** contre vents et marées ; **ir ~ en popa** marcher merveilleusement bien - **2.** [cuerda] câble *m* - **3.** *loc* : **beber los ~s por** brûler de désir pour ; **gritar algo a los cuatro ~s** crier qqch sur tous les toits ; **irse** o **largarse con ~ fresco** *fam* débarrasser le plancher ; **mis esperanzas se las llevó el ~** mes espoirs se sont envolés.

vientre *m* ventre *m*.

viera ▷ **ver**.

viernes *m inv* vendredi *m* ; *ver también* **sábado**. ◆ **Viernes Santo** *m* vendredi *m* saint.

Vietnam : (el) ~ (le) Viêt Nam.

viga *f* poutre *f*.

vigencia *f* validité *f (d'une loi etc)* ; **estar/entrar en ~** être entrer en vigueur.

vigente *adj* [ley] en vigueur ; [uso, moda] actuel(elle).

vigésimo, ma *adj num* vingtième.

vigía ◇ *f* tour *f* de guet. ◇ *mf* guetteur *m* ; NÁUT vigie *f*.

vigilancia *f* - **1.** [cuidado] surveillance *f* - **2.** [servicio] service *m* de surveillance.

vigilante ◇ *mf* gardien *m*, -enne *f* ; **~ nocturno** veilleur *m* de nuit. ◇ *adj* vigilant(e).

vigilar ◇ *vt* surveiller ; [banco, museo etc] assurer la surveillance de. ◇ *vi* faire attention.

vigilia *f* - **1.** [gen] veille *f* ; **las preocupaciones lo tienen en continua ~** les soucis l'empêchent de dormir - **2.** RELIG vigile *f* ; **comer de ~** faire maigre.

vigor *m* - **1.** [gen] vigueur *f* ; **estar en ~** [ley etc] être en vigueur - **2.** [fuerza - moral] courage *m* ; [- física] énergie *f*.

vigorizar *vt* - **1.** [fortalecer] fortifier - **2.** *fig* [animar] réconforter.

vigoroso, sa *adj* vigoureux(euse).

vikingo, ga ◇ *adj* viking. ◇ *m, f* : **los ~s** les Vikings *mpl*.

vil *adj* - **1.** [despreciable] méprisable - **2.** [sin valor] vil(e).

vileza *f* bassesse *f*.

villa *f* - **1.** [población] ville *f* - **2.** [casa] villa *f*.

villancico *m* chant *m* de Noël.

villano, na *m, f* - **1.** [plebeyo] roturier *m*, -ère *f* - **2.** [malvado] scélérat *m*, -e *f*.

vilo ◆ **en vilo** *loc adv* [suspendido] en l'air ; **estar en ~** être sur des charbons ardents ; **estar en ~ por saber algo** mourir d'impatience de savoir qqch ; **pasar la noche en ~** ne pas fermer l'œil de la nuit.

vinagre *m* vinaigre *m*.

vinagrera *f* vinaigrier *m (flacon)*. ◆ **vinagreras** *fpl* huilier *m*.

vinagreta *f* CULIN vinaigrette *f*.

vinculación *f* lien *m*.

vincular *vt* - **1.** [enlazar] lier - **2.** DER rendre inaliénable. ◆ **vincularse** *vpr* se lier.

vínculo *m* [lazo] lien *m*.

vinícola *adj* vinicole.

vinicultura *f* viniculture *f*.

viniera *etc* ▷ **venir**.

vino ◇ *v* ▷ **venir**. ◇ *m* vin *m* ; **~ blanco/rosado/tinto** vin blanc/rosé/rouge ; **~ dulce/seco** vin doux/sec.

viña *f* vigne *f*.

viñedo *m* vignoble *m*.

viñeta *f* - **1.** [de tebeo] dessin *m* - **2.** [de libro] illustration *f*.

viola *f* viole *f*.

violación *f* - **1.** [de ley, derechos] violation *f* - **2.** [abuso sexual] viol *m*.

violador, ra *m, f* violeur *m*, -euse *f*.

violar *vt* violer.

violencia *f* - **1.** [agresividad, fuerza] violence *f* - **2.** [incomodidad] : **me causa ~ pedirle dinero** cela me gêne de lui demander de l'argent.

violentar *vt* [incomodar] gêner. ◆ **violentarse** *vpr* [incomodarse] être gêné(e).

violento, ta *adj* - **1.** [gen] violent(e) - **2.** [incómodo] : **estar/sentirse ~** être/se sentir gêné ; **ser ~** être gênant.

violeta ◇ *f* [flor] violette *f*. ◇ *adj inv* [color] violet(ette). ◇ *m* [color] violet *m*.

violín *m* [instrumento] violon *m*.

violinista *mf* violoniste *mf*.

violón *m* [instrumento] contrebasse *f*.

violoncelista = **violonchelista**.

violoncelo = **violonchelo**.

violonchelista, violoncelista *mf* violoncelliste *mf*.

violonchelo, violoncelo *m* [instrumento] violoncelle *m*.

viperino, na *adj* de vipère ; [crítica, comentario] venimeux(euse).

viraje *m* virage *m* ; *fig* [cambio] tournant *m*.

virar *vt* & *vi* virer.

virgen *adj* & *f* vierge. ◆ **Virgen** *f* : **la Virgen** la Vierge.

virginidad *f* virginité *f*.

virgo *m* [virginidad] virginité *f*. ◆ **Virgo** ◇ *m inv* [zodiaco] Vierge *f inv*. ◇ *mf inv* [persona] vierge *f inv*.

virguería *f fam* : **ser una ~** être du cousu main.

viril *adj* viril(e).

virilidad *f* virilité *f*.

virrey *m* vice-roi *m*.

virtual *adj* virtuel(elle) ; [posible] potentiel(elle).

virtud *f* vertu *f* ; **tener la ~ de** [capacidad] avoir la vertu de ; [don] avoir le don de. ◆ **en virtud de** *loc prep* en vertu de.

virtuoso, sa ◇ *adj* [honrado] vertueux(euse). ◇ *m, f* [genio] virtuose *mf*.

viruela *f* - **1.** [enfermedad] variole *f* - **2.** [pústula] pustule *f*.

virulé ◆ **a la virulé** *loc adj* [torcido] de travers ; **ojo a la ~** œil au beurre noir.

virulencia *f* virulence *f*.

virus *m inv* [gen & INFORM] virus *m*.

viruta *f* copeau *m*.

visado *m* visa *m*.

víscera *f* viscère *m*.

visceral *adj* viscéral(e) ; [carácter] impulsif(e).

viscoso, sa *adj* visqueux(euse). ◆ **viscosa** *f* viscose *f*.

visera *f* - **1.** [gen] visière *f* - **2.** [gorra] casquette *f* - **3.** [de automóvil] pare-soleil *m*.

visibilidad *f* visibilité *f*.

visible *adj* visible.

visigodo, da ◇ *adj* wisigothique. ◇ *m, f* Wisigoth *m*, -e *f*.

visillo *m (gen pl)* rideau *m*.

visión *f* - **1.** [gen] vision *f* ; [de santo, Virgen etc] apparition *f* ; **ver visiones** avoir des visions - **2.** [vista] vue *f* ; **~ de conjunto** vue d'ensemble - **3.** [lucidez] sens *m*.

visionar *vt* visionner.

visionario, ria *adj* & *m, f* visionnaire.

visita *f* - **1.** [gen] visite *f* ; **tener ~s** avoir de la visite - **2.** [visitante] visiteur *m*, -euse *f* - **3.** MED : **~ (médica)** consultation *f* ; **pasar ~** examiner (les malades).

visitante *adj* & *mf* visiteur(euse).

visitar *vt* - **1.** [amigo, pariente etc] rendre visite à ; [cliente, lugar] visiter - **2.** [suj : médico] examiner.

vislumbrar *vt* apercevoir, distinguer ; *fig* entrevoir.

vislumbre *m* o *f* - **1.** [de luz] lueur *f* - **2.** [indicio] signe *m*.

visón *m* vison *m*.

visor *m* - **1.** [FOT & de arma] viseur *m* - **2.** [en fichero] onglet *m*.

víspera *f* - **1.** [día anterior] veille *f* ; **en ~s de** à la veille de - **2.** *(gen pl)* RELIG vêpres *fpl*.

vista ◇ *v* ▷ **ver.** ◇ *f* - **1.** [gen] vue *f* ; [ojos] yeux *mpl* ; **a primera** o **simple ~** à première vue ; **estar a la ~** être en vue ; **operar a alguien de la ~** opérer qqn des yeux - **2.** [mirada] regard *m* ; **fijar la ~ en algo** fixer qqch - **3.** DER audience *f* - **4.** *loc* : **conocer a alguien de ~** connaître qqn de vue ; **hacer la ~ gorda** *fig* fermer les yeux ; **¡hasta la ~!** à la prochaine! ; **perder de ~** perdre de vue ; **saltar a la ~** sauter aux yeux. ◆ **vistas** *fpl* [panorama] vue *f* ; **con ~s al mar** avec vue sur la mer. ◆ **a la vista** *loc adj* [en evidencia] en vue ; *fig* [intenciones] clair(e) ; FIN à vue. ◆ **con vistas a** *loc prep* dans l'intention de ; **una reforma con ~s a ...** une réforme visant à ... ◆ **en vista de** *loc prep* vu, compte tenu de. ◆ **en vista de que** *loc conj* étant donné que.

vistazo *m* coup *m* d'œil ; **echar** o **dar un ~** jeter un coup d'œil.

visto, ta ◇ *pp irreg* ▷ **ver.** ◇ *adj* : **estar bien/mal ~** être bien/mal vu. ◆ **visto bueno** *m* : '**~ bueno (y conforme)**' 'lu et approuvé'. ◆ **por lo visto** *loc adv* apparemment. ◆ **visto que** *loc conj* vu que, puisque.

vistoso, sa *adj* voyant(e).

visual ◇ *adj* visuel(elle). ◇ *f* ligne *f* de mire.

visualizar *vt* - **1.** [gen] visualiser - **2.** [imaginar] imaginer - **3.** INFORM afficher.

vital *adj* vital(e) ; [persona] plein(e) de vitalité.

vitalicio, cia *adj* [renta, pensión] viager(ère) ; [cargo etc] à vie. ◆ **vitalicio** *m* - **1.** [pensión] viager *m* - **2.** [seguro de vida] assurance-vie *f*.

vitalidad *f* vitalité *f*.

vitamina *f* vitamine *f*.

vitaminado, da *adj* vitaminé(e).

vitamínico, ca *adj* : **un complejo ~** un complexe vitaminé.

viticultor, ra *m, f* viticulteur *m*, -trice *f*.

viticultura *f* viticulture *f*.

vitorear *vt* acclamer.

vítreo, a *adj* vitreux(euse) *(matière)*.

vitrina *f* vitrine *f (meuble)*.

vitro ◆ **in vitro** *loc adv* in vitro.

vituperar *vt* blâmer ; [obras etc] décrier.

viudedad *f* - **1.** [viudez] veuvage *m* - **2.** [pensión] pension *f* de veuve.

viudo, da *adj* & *m, f* veuf (veuve).

viva ◇ *m* vivat *m*. ◇ *interj* : **¡viva!** hourra! ; **¡~ España!** vive l'Espagne!

vivac = **vivaque.**

vivacidad *f* vivacité *f*.

vivales *mf inv* petit malin *m*, petite maligne *f*.

vivamente *adv* vivement ; [relatar, describir] de façon vivante.

vivaque, vivac *m* bivouac *m*.

vivaz *adj* - **1.** [despierto] vif (vive) - **2.** [planta] vivace.

vivencia *f (gen pl)* expérience *f* (vécue), vécu *m*.

víveres *mpl* vivres *mpl*.

vivero *m* - **1.** [de plantas] pépinière *f* - **2.** [de peces, moluscos] vivier *m*.

viveza *f* vivacité *f*.

vividor, ra *m, f despec* bon vivant *m* ; [a expensas de otros] parasite *m*.

vivienda *f* logement *m*.

viviente *adj* vivant(e).

vivir ◇ *vt* [experimentar] vivre. ◇ *vi* - **1.** [gen] vivre - **2.** [residir] habiter ; **vivo en Barcelona** j'habite à Barcelone - **3.** *loc* : **~ para ver** qui vivra verra.

vivito *adj* : **estar ~ y coleando** *fam fig* se porter comme un charme.

vivo, va ◇ *adj* - **1.** [gen] vif (vive) ; **un olor ~** une odeur forte ; **una ciudad viva** une ville pleine de vie - **2.** [existente, expresivo] vivant(e) ; **estar ~** être en vie. ◇ *m, f (gen pl)* vivant *m*. ◆ **en vivo** *loc adv* [en directo] en direct ; [en persona] en chair et en os.

vizconde, desa *m, f* vicomte *m*, vicomtesse *f*.

vocablo *m* mot *m*.

vocabulario *m* vocabulaire *m*.

vocación *f* vocation *f*.

vocacional *adj* : **ser ~** être une vocation.

vocal ◇ *adj* vocal(e). ◇ *mf* [de junta, consejo etc] membre *m*. ◇ *f* LING voyelle *f*.

vocalizar *vi* **- 1.** [al hablar] articuler **- 2.** MÚS faire des vocalises, vocaliser.

vocativo *m* vocatif *m*.

vocear ◇ *vt* **- 1.** [gritar] crier ; [anunciar] proclamer **- 2.** [mercancía] vendre à la criée **- 3.** [pregonar] crier sur les toits. ◇ *vi* [gritar] crier.

vociferar *vi* vociférer.

vodka ['boθka] *m* o *f* vodka *f*.

vol. (*abrev de* **volumen**) vol.

volado, da *adj fam* : **estar ~** être dingue. ◆ **volada** *f* [de ave] vol *m*.

volador, ra *adj* volant(e).

volandas ◆ **en volandas** *loc adv* : **coger en ~** soulever.

volante ◇ *adj* volant(e). ◇ *m* **- 1.** [gen] volant *m* ; **estar** o **ir al ~** être au volant **- 2.** [del médico] lettre *f*.

volar ◇ *vt* [hacer explotar] faire sauter. ◇ *vi* **- 1.** [gen] voler ; **~ a** [una altura] voler à ; [un lugar] voler vers ; **echar(se) a ~** s'envoler **- 2.** *fam* [desaparecer] s'évaporer ; **el tiempo vuela** on ne voit pas passer le temps **- 3.** *fig* [correr] se dépêcher ; **me voy volando** je me dépêche ; **hacer algo volando** faire qqch en vitesse. ◆ **volarse** *vpr* s'envoler ; **se me voló el sombrero** mon chapeau s'est envolé.

volátil *adj* **- 1.** [inconstante] versatile **- 2.** [que se evapora] volatil(e).

volatilizar *vt* volatiliser. ◆ **volatilizarse** *vpr* se volatiliser.

vol-au-vent = **volován**.

volcán *m* volcan *m*.

volcánico, ca *adj* volcanique.

volcar ◇ *vt* renverser ; [vaciar] vider ; [verter] verser. ◇ *vi* [vehículo] se retourner ; [barco] chavirer. ◆ **volcarse** *vpr* **- 1.** [caerse] se renverser ; [barco] chavirer **- 2.** [esforzarse] se démener ; **~se con** o **en** se dévouer à.

volea *f* DEP volée *f*.

voleibol *m* volley-ball *m*.

voleo *m* volée *f* ; **a** o **al ~** DEP à la volée ; *fam* [arbitrariamente] au petit bonheur.

volován, vol-au-vent [bolo'βan] (*pl* **vol-au-vents**) *m* vol-au-vent *m*.

volquete *m* camion *m* à benne.

voltaje *m* voltage *m*.

voltear *vt* **- 1.** [gen] retourner **- 2.** [niño] faire sauter en l'air **- 3.** [campanas] faire sonner à toute volée **- 4.** *Amer* [derribar] renverser. ◆ **voltearse** *vpr Amer* **- 1.** [volverse] se retourner **- 2.** [volcarse] se renverser.

voltereta *f* culbute *f* ; [en gimnasia] roulade *f* ; **dar ~s** faire des galipettes.

voltio *m* volt *m*.

voluble *adj* [persona] versatile ; BOT volubile.

volumen *m* volume *m* ; **a todo ~** à fond ; **subir/bajar el ~** monter/baisser le son ; **~ de negocios** o **ventas** chiffre *m* d'affaires.

voluminoso, sa *adj* volumineux(euse).

voluntad *f* volonté *f*; **a ~** à volonté ; **buena/mala ~** bonne/mauvaise volonté ; **contra la ~ de alguien** contre la volonté de qqn ; **por mi/tu etc propia ~** de mon/ton etc plein gré ; **por ~ propia** selon sa volonté ; **~ de hierro** volonté de fer.

voluntariado *m* bénévolat *m*.

voluntario, ria *adj* & *m, f* volontaire. ◆ **voluntario** *m* MIL volontaire *m*.

voluntarioso, sa *adj* : **ser ~** avoir de la volonté.

voluptuoso, sa *adj* voluptueux(euse).

volver ◇ *vt* **- 1.** [dar la vuelta a] retourner **- 2.** [cabeza, espalda] tourner **- 3.** [convertir] rendre ; **lo volvió loco** il l'a rendu fou. ◇ *vi* **- 1.** [regresar] revenir ; **vuelve, no te vayas** reviens, ne t'en va pas ; **volvamos a nuestro tema** revenons à notre sujet ; **~ en sí** revenir à soi **- 2.** [ir de nuevo] retourner ; **no pienso ~ allí** je n'ai pas l'intention de retourner là-bas **- 3.** [hacer otra vez] : **~ a hacer/leer** refaire/relire ; **vuelve a llover** il recommence à pleuvoir ; **no vuelvas a pronunciar esa palabra** ne prononce plus jamais ce mot. ◆ **volverse** *vpr* **- 1.** [darse la vuelta] se retourner **- 2.** [ir de vuelta] : **~se a** retourner à **- 3.** [venir de vuelta] : **~se de** revenir de **- 4.** [convertirse en] devenir ; **se ha vuelto muy cursi** elle est devenue très snob **- 5.** *loc* : **~se atrás** [desdecirse] faire machine arrière ; **~se contra** o **en contra de alguien** se retourner contre qqn.

vomitar *vt* & *vi* vomir.

vomitera *f* vomi *m* ; **entrarle a alguien una ~** avoir des vomissements.

vómito *m* **- 1.** [acción] vomissement *m* **- 2.** [sustancia] vomi *m*.

voraz *adj* vorace ; [pasión etc] dévorant(e).

vos *pron pers* **-1.** *Amer* [tú] tu. **-2.** *desus* vous.

vosotros, tras *pron pers* vous.

votación *f* - **1.** [acción] vote *m* ; **por ~** par voie de scrutin - **2.** [efecto] élection *f*.

votante *mf* votant *m*, -e *f*.

votar ◇ *vt* voter. ◇ *vi* voter ; **~ en blanco** voter blanc ; **~ por** [emitir un voto] voter pour ; [estar a favor] être pour.

voto *m* - **1.** [sufragio] voix *f* ; [consulta] vote *m* ; **contar los ~s** faire le décompte des voix ; **~ de censura/de confianza** vote de censure/de confiance ; **tiene mi ~ de confianza** j'ai toute confiance en lui - **2.** [derecho a votar] droit *m* de vote - **3.** [ruego & RELIG] vœu *m*.

voy ▷ **ir**.

voz *f* - **1.** [gen & GRAM] voix *f* ; **alzar** o **levantar la ~ a alguien** élever la voix devant qqn ; **a media ~** à mi-voix ; **en ~ alta/baja** à voix haute/basse ; **no tener ni ~ ni voto** ne pas avoir voix au chapitre ; **~ de la conciencia** voix de la conscience ; **~ en off** voix off - **2.** [grito] cri *m* ; **a voces** en criant ; **dar voces** pousser des cris - **3.** [rumor] rumeur *f* ; **corre la ~ de que ...** le bruit court que ... - **4.** [vocablo] mot *m* - **5.** *loc* : **llevar la ~ cantante** mener la danse.

vudú *m (en aposición inv)* vaudou *m*.

vuelco *m* chute *f* ; *fig* revirement *m* ; **dar un ~** [coche] se retourner ; **le dio un ~ el corazón** *fig* ça lui a fait un coup au cœur.

vuelo *m* - **1.** [gen & AERON] vol *m* ; **al ~** [coger] au vol ; *fig* [captar] du premier coup ; **alzar** o **emprender** o **levantar el ~** [despegar] s'envoler ; *fig* [independizarse] voler de ses propres ailes ; **~ chárter/regular** vol charter/régulier ; **~ libre/sin motor** vol libre/sans moteur - **2.** [de vestido] : **una falda con (mucho) ~** une jupe (très) large.

vuelta *f* - **1.** [gen & DEP] tour *m* ; **dar media ~** faire demi-tour ; **dar la ~ al mundo** faire le tour du monde ; **dar ~s** tourner ; **dar una ~** faire un tour ; **~ ciclista** tour cycliste - **2.** [regreso] retour *m* ; **a la ~** au retour ; **estar de ~** être de retour - **3.** [dinero sobrante] monnaie *f* ; **dar la ~** rendre la monnaie - **4.** [curva] tournant *m* - **5.** [cara opuesta] dos *m* ; **dar la ~ a algo** retourner qqch ; **darle la ~ a la página** tourner la page ; **dar(se) la ~** se retourner - **6.** [cambio, avatar] renversement *m* - **7.** [de pantalón etc] revers *m* - **8.** *loc* : **a la ~ de la esquina** au coin de la rue ; **a ~ de correo** par retour du courrier ; **dar la ~ a la tortilla** *fam* renverser la vapeur ; **darle ~s a algo** tourner et retourner qqch dans sa tête ; **no tiene ~ de hoja** c'est comme ça et pas autrement ; **poner a alguien de ~ y media** [insultar] traiter qqn de tous les noms ; [reñir] sonner les cloches à qqn. ◆ **vuelta de campana** *f* AUTOM tonneau *m*.

vuelto, ta ◇ *pp irreg* ▷ **volver**. ◇ *adj* : **de cuello ~** [jersey etc] à col roulé. ◆ **vuelto** *m Amer* [vuelta] monnaie *f*.

vuestro, tra ◇ *adj poses* votre ; **~s libros** vos livres ; **un amigo ~** un de vos amis ; **no es asunto ~** ça ne vous regarde pas ; **no es culpa vuestra** ce n'est pas (de) votre faute. ◇ *pron poses* : **el ~** le vôtre ; **la vuestra** la vôtre ; **ésta es la vuestra** *fam* à vous de jouer ; **lo ~ es el teatro** *fam* votre truc c'est le théâtre ; **los ~s** [vuestra familia] les vôtres.

vulgar *adj* - **1.** [gen] vulgaire - **2.** [común] banal(e) ; [día, objeto] ordinaire.

vulgaridad *f* vulgarité *f* ; **decir ~es** [groserías] dire des grossièretés ; [trivialidades] dire des banalités.

vulgarizar *vt* vulgariser.

vulgo *m despec* : **el ~** [plebe] le peuple ; [no expertos] le commun des mortels.

vulnerable *adj* vulnérable.

vulnerar *vt* - **1.** [nombre, reputación etc] porter atteinte à - **2.** [ley, norma etc] violer.

vulva *f* vulve *f*.

VV *abrev de* **ustedes**.

W

w, W ['uβe'doble, 'doble'uβe] *f* [letra] w *m inv*, W *m inv*.

walkie-talkie ['walki'talki] (*pl* **walkie-talkies**) *m* talkie-walkie *m*.

walkman® ['walman] (*pl* **walkmans**) *m* Walkman® *m*.

Washington ['waʃiŋton] Washington.

wáter ['bater] (*pl* **wáteres**), **váter** (*pl* **váteres**) *m* W-C *mpl*.

waterpolo [water'polo] *m* water-polo *m*.

watio = **vatio**.

WC (*abrev de* **water closet**) *m* W-C *mpl*.

whisky = **güisqui**.

windsurf ['winsurf], **windsurfing** ['winsurfin] *m* : **hacer ~** faire de la planche à voile.

WWW (*abrev de* **World Wide Web**) *f* WWW *f*.

X

x, X ['ekis] *f* [letra] x *m inv*, X *m inv*. ◆ **X** *f* X *m* ; **la señora X** madame X.

xenofobia *f* xénophobie *f*.

xilofón, xilófono *m* xylophone *m*.

Y

y[1], Y [i'ɣrjeɣa] *f* [letra] y *m inv*, Y *m inv*.

y[2] *conj* [gen] et ; **un café y un pastel** un café et un gâteau ; **sabía que no lo conseguiría y seguía intentándolo** il savait qu'il n'y parviendrait pas et pourtant il continuait à essayer ; **¡hay restaurantes y restaurantes!** il y a restaurant et restaurant! ; **tras horas y horas de espera** après des heures et des heures d'attente ; **¿y tu mujer? ¿dónde está?** et ta femme, où est-elle?

ya ◇ *adv* - **1.** [denota pasado] déjà ; **~ en 1950** en 1950, déjà ; **~ me lo habías contado** tu me l'avais déjà raconté - **2.** [ahora] maintenant ; [inmediatamente] tout de suite ; **¿nos vamos ~ o dentro de un rato?** on part tout de suite ou dans un moment? ; **hay que hacer algo ~** il faut faire quelque chose tout de suite ; **~ no** plus maintenant - **3.** [denota futuro] : **~ te llamaré** je t'appellerai ; **~ nos habremos ido** nous serons déjà partis - **4.** [finalmente] : **~ hay que hacer algo** il est temps de faire quelque chose - **5.** [refuerza al verbo] : **~ entiendo** je comprends ; **~ lo sé** je sais bien ; **¡~ era hora!** il était temps! ; **¡~ está!** ça y est! ; **~ veremos** on verra bien ; **¡~ voy!** j'arrive! ◇ *conj* [distributiva] : **~ llegue tarde, ~ llegue temprano ...** que j'arrive tôt ou que j'arrive tard ... ◇ *interj* : **¡ya!** [asentimiento] je sais! ; [es suficiente] merci ; [por fin] enfin! ; [por supuesto] évidemment! ; **¡ya, ya!** bon, bon! ◆ **ya que** *loc conj* puisque ; **~ que has venido ...** puisque tu es venu ...

yacer *vi* - **1.** [estar tumbado] être étendu(e) - **2.** [estar enterrado] gésir ; **aquí yace** ci-gît.

yacimiento *m* - **1.** [minero] gisement *m* - **2.** [histórico] : **~ (arqueológico)** site *m* archéologique.

yanqui ◇ *adj* - **1.** HIST yankee - **2.** *fam* amerloque. ◇ *mf* - **1.** HIST Yankee *mf* - **2.** *fam* Amerloque *mf*.

yate *m* yacht *m*.

yedra = **hiedra**.

yegua *f* jument *f*.

yema *f* - **1.** [de huevo] jaune *m* - **2.** [de planta] bourgeon *m* - **3.** [de dedo] bout *m* - **4.** CULIN *confiserie au jaune d'œuf et au sucre*.

Yemen : (el) ~ (le) Yémen.

yen *m* yen *m*.

yerba = **hierba**.

yerbatero *m Amer* guérisseur *m*.

yermo, ma *adj* - **1.** [estéril] inculte - **2.** [despoblado] désert(e).

yerno *m* gendre *m*.

yeso *m* - **1.** [mineral] gypse *m* - **2.** [polvo, escultura] plâtre *m*.

yeyé (*pl* **yeyés**) *adj* yé-yé.

yo ◇ *pron pers* [sujeto] je, j' *(delante de vocal)* ; [predicado] moi ; **~ me llamo Juan** je m'appelle Juan ; **el culpable soy ~** c'est moi le coupable ; **~ que tú/él/etc** à ta/sa/etc place. ◇ *m* PSICOL : **el ~** le moi.

yodo, iodo *m* iode *m*.

yoga *m* yoga *m*.

yogur (*pl* **yogures**), **yogurt** (*pl* **yogurts**) *m* yaourt *m* ; **~ enriquecido con bifidus** yaourt au bifidus.

yogurtera *f* yaourtière *f*.

yonqui *mf fam* junkie *mf*.

yóquey (*pl* **yoqueys**), **jockey** ['jokei] (*pl* **jockeys**) *m* jockey *mf*.

yoyó *m* Yo-Yo® *m inv*.

yuca *f* - **1.** [planta] yucca *m* - **2.** [mandioca] manioc *m*.

yudo, judo ['juðo] *m* judo *m*.

yudoka, judoka [ju'ðoka] *mf* judoka *mf*.

yugo *m* joug *m*.

Yugoslavia Yougoslavie *f*; **la ex ~** l'ex-Yougoslavie *f*.

yugular *adj* & *f* jugulaire.

yunque *m* enclume *f*.

yuppie (*pl* **yuppies**) *mf* yuppie *mf*.

yuxtaponer *vt* juxtaposer.

yuxtaposición *f* juxtaposition *f*.

yuxtapuesto, ta *pp irreg* ▷ **yuxtaponer.**

Z

z, Z ['θeta] *f* [letra] z *m inv*, Z *m inv*.

zafarrancho *m* NÁUT branle-bas *m inv* ; **~ de combate** MIL branle-bas de combat.

zafiro *m* saphir *m*.

zaga *f* DEP arrières *mpl* ; **ir a la ~** être à la traîne ; **no irle a la ~ a alguien** *fig* n'avoir rien à envier à qqn.

zaguán *m* entrée *f*.

Zaire Zaïre *m*.

zalamería *f (gen pl)* flatterie *f*.

zalamero, ra *adj* & *m, f* enjôleur(euse).

zamarra *f* blouson *m* (fourré).

zambo, ba *adj* & *m, f* cagneux(euse).

zambomba *f* MÚS *tambour percé d'une baguette*.

zambullir *vt* plonger. ◆ **zambullirse** *vpr* : **~se en** [agua] plonger dans ; [actividad] se plonger dans.

zampar *vt fam* bouffer. ◆ **zamparse** *vpr fam* s'enfiler.

zanahoria *f* carotte *f*.

zanca *f* [de ave] patte *f*.

zancada *f* enjambée *f*.

zancadilla *f* : **poner una** o **la ~ a alguien** [hacer tropezar] faire un croche-pied à qqn ; *fig* [engañar] tendre un piège à qqn ; [dificultar] mettre des bâtons dans les roues à qqn.

zancadillear *vt* : **~ a alguien** faire un croche-pied à qqn ; *fig* tirer dans les pattes de qqn.

zanco *m* échasse *f*.

zancudo, da *adj* **- 1.** [persona] qui a de longues jambes **- 2.** [animal] haut(e) sur pattes ; **un ave zancuda** un échassier. ◆ **zancudo** *m Amer* ZOOL moustique *m*.

zángano, na *m, f fam* flemmard *m*, -e *f*. ◆ **zángano** *m* ZOOL faux bourdon *m*.

zanja *f* tranchée *f*.

zanjar *vt* [asunto, discusión] trancher ; [dificultad, problema] résoudre.

zapallo *m Amer* [calabacín] courgette *f* ; [calabaza] calebasse *f*.

zapata *f* **- 1.** [cuña] taquet *m* **- 2.** [de freno] mâchoire *f*.

zapateado *m* zapateado *m*, *danse espagnole rythmée par des coups de talon*.

zapatear *vi* taper des pieds ; MÚS *marquer le rythme en donnant des coups de talon*.

zapatería *f* **- 1.** [taller] cordonnerie *f* **- 2.** [tienda] magasin *m* de chaussures.

zapatero, ra *m, f* **- 1.** [fabricante, vendedor] chausseur *m* **- 2.** [reparador] : **~ (de viejo** o **remendón)** cordonnier *m*, -ère *f*.

zapatilla *f* **- 1.** [gen] chausson *m* **- 2.** [calzado] : **~ de ballet** chausson de danse ; **~ (de deporte)** chaussure *f* de sport, tennis *m* o *f*.

zapato *m* chaussure *f*.

zapear *vi* zapper.

zapping *m inv* zapping *m* ; **hacer ~** zapper.

zar *m* tsar *m*.

zarandear *vt* secouer.

zarcillo *m (gen pl)* boucle *f* d'oreille.

zarina *f* tsarine *f*.

zarpa *f* griffe *f*.

zarpar *vi* appareiller.

zarpazo *m* coup *m* de griffe.

zarza *f* ronce *f*.

zarzal *m* ronces *fpl*.

zarzamora *f* [fruto] mûre *f* ; [arbusto] mûrier *m*.

zarzuela *f* **- 1.** MÚS zarzuela *f (opérette espagnole)* **- 2.** CULIN *plat de poisson et coquillages en sauce*.

zas *interj* : **¡zas!** vlan!

zenit, cenit *m* **- 1.** ASTRON zénith *m* **- 2.** *fig* [apogeo] : **en el ~ de** au sommet de.

zepelín *m* zeppelin *m*.

zigzag (*pl* **zigzags**) *m* zigzag *m*.

zigzaguear *vi* zigzaguer.

zinc = **cinc**.

zíngaro = **cíngaro**.

zíper *m Amer* fermeture *f* Éclair®.

zipizape *m fam* grabuge *m*.
zócalo *m* - **1.** [de pared] plinthe *f* - **2.** [de pedestal] socle *m* - **3.** [de edificio] soubassement *m*.
zoco *m* souk *m*.
zodiacal *adj* zodiacal(e).
zodiaco, zodíaco *m* zodiaque *m*.
zombi, zombie *mf lit* & *fig* zombie *m*.
zona *f* zone *f* ; ~ **azul** AUTOM zone bleue ; ~ **euro** zone euro ; ~ **verde** espace *m* vert.
zonzo = **sonso**.
zoo *m* zoo *m*.
zoología *f* zoologie *f*.
zoológico, ca *adj* zoologique ; [tratado, tema] de zoologie. ◆ **zoológico** *m* ▷ **parque**.
zoólogo, ga *m, f* zoologiste *mf*.
zopenco, ca *adj* & *m, f* crétin(e).
zoquete ◇ *adj* & *mf* abruti(e). ◇ *m* *Amer* [calcetín] chaussette *f*.
zorro, rra ◇ *adj* : **ser** ~ être rusé comme un renard. ◇ *m, f* renard *m*, -e *f* ; **un ~ viejo** *fig* un vieux renard. ◆ **zorro** *m* [piel] renard *m*.
zozobra *f fig* angoisse *f*.
zozobrar *vi* - **1.** NÁUT sombrer, faire naufrage - **2.** *fig* [fracasar] échouer ; [negocio] couler.
zueco *m* [zapato] sabot *m*.
zulo *m* planque *f*, cache *f*.
zulú (*pl* **zulúes**) ◇ *adj* zoulou(e). ◇ *mf* Zoulou *m*, -e *f*.
zumbar ◇ *vi* - **1.** [abeja] bourdonner ; [motor] ronfler - **2.** *fam fig* [correr] filer. ◇ *vt fam* [pegar] : ~ **a alguien** flanquer une raclée à qqn.
zumbido *m* [de abeja] bourdonnement ; [de motor] ronflement *m*.
zumo *m* jus *m* ; ~ **de naranja** jus d'orange.
zurcido *m* - **1.** [acción] reprisage *m* - **2.** [remiendo] reprise *f*.
zurcir *vt* repriser.
zurdo, da ◇ *adj* - **1.** [mano, ojo etc] gauche - **2.** [persona] gaucher(ère). ◇ *m, f* [persona] gaucher *m*, -ère *f*. ◆ **zurda** *f* - **1.** [mano] main *f* gauche - **2.** [pie] pied *m* gauche.
zurra *f fam* raclée *f*.
zurrar *vt* - **1.** [piel] tanner - **2.** *fam* [pegar] : ~ **a alguien** flanquer une raclée à qqn.
zurrón *m* gibecière *f*.
zutano, na *m, f* Untel *m*, Untelle *f*.

FRANÇAIS-ESPAGNOL

FRANCÉS-ESPAÑOL

A

a[1], **A** [a] *nm inv* [lettre] a *f*, A *f* ; **prouver par a + b** demostrar matemáticamente ; **de a à z** de pe a pa. ◆ **a** (*abr de* **are**) a. ◆ **A** - **1.** (*abr de* **anticyclone**) A - **2.** (*abr de* **ampère**) A - **3.** (*abr de* **autoroute**) A.

a[2] [a] ▷ **avoir.**

à [a] *prép* (**au** [o], *forme contractée de à+le,* **aux** [o], *forme contractée de à+les*) - **1.** [introduit un complément d'objet indirect] : **parler à qqn** hablar a alguien ; **penser à qqch** pensar en algo ; **donner qqch à qqn** dar algo a alguien - **2.** [introduit un complément de lieu - situation] en ; [- direction] a ; **il a une maison à la campagne** tiene una casa en el campo ; **il habite à Paris** vive en París ; **aller à Paris** ir a París ; **un voyage à Londres/aux Seychelles** un viaje a Londres/a las Seychelles ; **de Paris à Londres** de París a Londres - **3.** [introduit un complément de temps] : **à lundi!** ¡hasta el lunes! ; **à plus tard!** ¡hasta luego! ; **de 8 à 10 heures** de (las) 8 a (las) 10 ; **à haute voix** en voz alta ; **au mois de février** en el mes de febrero - **4.** [introduit la manière] : **à pied** a pie ; **à bicyclette** en bicicleta - **5.** [introduit un chiffre] : **ils sont venus à dix** han venido diez ; **un livre à 10 francs** un libro a 10 francos ; **la vitesse est limitée à 50 km/h** la velocidad está limitada a 50 km/h - **6.** [indique l'appartenance] : **à moi** mío/mía ; **un ami à lui** un amigo suyo - **7.** [introduit une caractéristique] : **des chaussures à talons** zapatos de tacón - **8.** [introduit le but] : **une machine à écrire** una máquina de escribir ; **le courrier à poster** el correo que hay que mandar.

Å (*abr de* **angström**) Å.

AB (*abr de* **assez bien**) ≃ B.

abaisser [abese] *vt* - **1.** [rideau, voile] bajar - **2.** [taux, prix] reducir - **3.** *sout* [humilier] degradar. ◆ **s'abaisser** *vp* - **1.** [vitre, barrière] bajarse - **2.** [s'humilier] rebajarse ; **s' ~ à faire qqch** rebajarse a hacer algo.

abandon [abɑ̃dɔ̃] *nm* - **1.** [d'une personne, d'une maison etc] abandono *m* ; **à l'~** abandonado(da) - **2.** [d'un droit] renuncia *f* - **3.** [d'un bien] cesión *f* - **4.** [confiance] : **avec ~** con toda confianza.

abandonné, e [abɑ̃dɔne] *adj* abandonado(da).

abandonner [abɑ̃dɔne] ◇ *vt* - **1.** [quitter, négliger] abandonar - **2.** [renoncer à] renunciar a - **3.** [céder] : **~ qqch à qqn** ceder algo a alguien. ◇ *vi* [laisser tomber] rendirse ; **j'abandonne!** ¡me rindo!

abasourdi, e [abazurdi] *adj* [stupéfait] atónito(ta).

abat-jour [abaʒur] *nm inv* [en toile, en papier] pantalla *f*.

abats [aba] *nmpl* [de volaille] menudillos *mpl* ; [de bétail] asaduras *fpl*.

abattement [abatmɑ̃] *nm* - **1.** [physique et moral] abatimiento *m* - **2.** [déduction] deducción *f* ; **~ fiscal** deducción fiscal.

abattis [abati] *nmpl* despojos *mpl*.

abattoir [abatwar] *nm* matadero *m*.

abattre [abatr] *vt* - **1.** [arbre] talar - **2.** [tuer] matar - **3.** [avion, mur] derribar - **4.** *fig* [épuiser] agotar - **5.** [démoraliser] desmoralizar.

abbaye [abei] *nf* abadía *f*.

abbé [abe] *nm* [d'église] padre *m* ; [de couvent] abad *m*.

abbesse [abɛs] *nf* abadesa *f*.

abc [abese] *nm* abecé *m*.

abcès [apsɛ] *nm* absceso *m*.

abdication [abdikasjɔ̃] *nf* abdicación *f*.

abdiquer [abdike] ◇ *vt* renunciar a. ◇ *vi* - **1.** [roi] abdicar - **2.** [abandonner] claudicar.

abdomen [abdɔmɛn] *nm* abdomen *m*.

abeille [abɛj] *nf* abeja *f*.

aberrant, e [abɛrɑ̃, ɑ̃t] *adj* aberrante.

abîme [abim] *nm* abismo *m*.
abîmer [abime] *vt* estropear. ◆ **s'abîmer** *vp* [se détériorer] estropearse.
abject, e [abʒɛkt] *adj* abyecto(ta).
abnégation [abnegasjɔ̃] *nf* abnegación *f*.
aboiement [abwamɑ̃] *nm* ladrido *m*.
abolir [abɔlir] *vt* abolir.
abominable [abɔminabl] *adj* **- 1.** [fait] abominable **- 2.** [temps] horrible.
abondance [abɔ̃dɑ̃s] *nf* abundancia *f* ; **en ~** en abundancia.
abondant, e [abɔ̃dɑ̃, ɑ̃t] *adj* **- 1.** [gén] abundante **- 2.** [végétation] frondoso(sa).
abonder [abɔ̃de] *vi* abundar ; **la région abonde en fruits** la fruta es abundante en la región ; **~ dans le sens de qqn** abundar en la misma opinión que alguien.
abonné, e [abɔne] *nm, f* **- 1.** [à un journal] suscriptor *m*, -ra *f* **- 2.** [à un service, théâtre] abonado *m*, -da *f* **- 3.** [à une bibliothèque] socio *m*, -cia *f*.
abonnement [abɔnmɑ̃] *nm* **- 1.** [à un journal] suscripción *f* **- 2.** [à un service, un théâtre] abono *m* **- 3.** [à une bibliothèque] carné *m* de socio.
abonner [abɔne] *vt* : **~ qqn à qqch** [à un journal] suscribir a alguien a algo ; [à un service, un théâtre] abonar a alguien a algo ; [à une bibliothèque] hacer socio(cia) a alguien de algo. ◆ **s'abonner** *vp* abonarse ; **s'~ à qqch** [journal] suscribirse a algo ; [service, théâtre] abonarse a algo ; [bibliothèque] hacerse socio(cia) de algo.
abord [abɔr] *nm* : **être d'un ~ difficile/agréable** mostrarse inaccesible/accesible. ◆ **abords** *nmpl* inmediaciones *fpl*. ◆ **d'abord** *loc adv* en primer lugar, primero. ◆ **tout d'abord** *loc adv* ante todo.
abordable [abɔrdabl] *adj* **- 1.** [prix, produit] asequible **- 2.** [personne, lieu] accesible.
abordage [abɔrdaʒ] *nm* abordaje *m*.
aborder [abɔrde] ◇ *vi* NAVIG atracar. ◇ *vt* **- 1.** [personne, question] abordar **- 2.** [virage] entrar en.
aborigène [abɔriʒɛn] *adj* aborigen.
aboutir [abutir] *vi* **- 1.** [réussir] llegar a un resultado **- 2.** [mener] : **~ à** OU **dans** desembocar en **- 3.** *fig* [déboucher] : **~ à qqch** conducir a algo.
aboyer [abwaje] *vi* **- 1.** [chien] ladrar **- 2.** *fam* [personne] berrear.
abrasif, ive [abrazif, iv] *adj* abrasivo(va). ◆ **abrasif** *nm* abrasivo *m*.
abrégé, e [abreʒe] *adj* abreviado(da).
abréger [abreʒe] *vt* [conversation] acortar ; [texte] resumir ; [mot] abreviar.
abreuvoir [abrœvwar] *nm* abrevadero *m*.
abréviation [abrevjasjɔ̃] *nf* abreviatura *f*.
abri [abri] *nm* abrigo *m* ; **être à l'~ de qqch** [des intempéries] estar al abrigo de algo ; *fig* [de menaces, de soupçons] estar libre de algo ; **~ antiatomique** refugio *m* atómico.
abricot [abriko] *nm* albaricoque *m*.
abricotier [abrikɔtje] *nm* albaricoquero *m*.
abriter [abrite] *vt* **- 1.** [protéger] proteger **- 2.** [héberger] alojar. ◆ **s'abriter** *vp* resguardarse ; **s'~ de qqch** resguardarse de algo.
abrupt, e [abrypt] *adj* **- 1.** [chemin, pente] abrupto(ta) **- 2.** [tons, manières] brusco(ca).
abruti, e [abryti] *adj* & *nm, f fam* estúpido(da).
abrutir [abrytir] *vt* **- 1.** [abêtir] embrutecer **- 2.** [étourdir] aturdir.
abrutissant, e [abrytisɑ̃, ɑ̃t] *adj* **- 1.** [travail] agotador(ra) **- 2.** [jeu, feuilleton] embrutecedor(ra) **- 3.** [bruit] ensordecedor(ra).
abscisse [apsis] *nf* MATHS abscisa *f*.
absence [apsɑ̃s] *nf* **- 1.** [de personne] ausencia *f* ; **en l'~ de qqn** en ausencia de alguien **- 2.** [carence] falta *f*.
absent, e [apsɑ̃, ɑ̃t] ◇ *adj* ausente ; **être ~ de** estar ausente de. ◇ *nm, f* ausente *mf*.
absenter [apsɑ̃te] ◆ **s'absenter** *vp* : **s'~ (de)** ausentarse (de).
absinthe [apsɛ̃t] *nf* **- 1.** [plante] ajenjo *m* **- 2.** [boisson] ajenjo *m*, absenta *f*.
absolu, e [apsɔly] *adj* absoluto(ta).
absolument [apsɔlymɑ̃] *adv* **- 1.** [à tout prix] sin falta ; **il faut ~ qu'il vienne** tiene que venir sin falta ; **il veut ~ sortir** por fuerza quiere salir **- 2.** [totalement] totalmente ; **c'est ~ vrai** es totalmente cierto ; **vous avez ~ raison** tiene usted toda la razón **- 3.** [oui] por supuesto ; **~ pas** en absoluto.
absolutisme [apsɔlytism] *nm* absolutismo *m*.
absorbant, e [apsɔrbɑ̃, ɑ̃t] *adj* absorbente.
absorber [apsɔrbe] *vt* **- 1.** [gén & ÉCON] absorber **- 2.** [ingérer] ingerir.
abstenir [apstənir] ◆ **s'abstenir** *vp*

abstenerse ; **s'~ de faire qqch** abstenerse de hacer algo.

abstention [apstɑ̃sjɔ̃] *nf* abstención *f*.

abstentionnisme [apstɑ̃sjɔnism] *nm* abstencionismo *m*.

abstenu, e [apstəny] *pp* ▻ **abstenir**.

abstinence [apstinɑ̃s] *nf* abstinencia *f*.

abstraction [apstraksjɔ̃] *nf* abstracción *f*.

abstrait, e [apstrɛ, ɛt] *adj* abstracto(ta).

absurde [apsyrd] ◇ *adj* absurdo(da). ◇ *nm* : **l'~** lo absurdo ; **par l'~** por reducción al absurdo.

absurdité [apsyrdite] *nf* - **1.** [illogisme] absurdo *m* ; **l'~ de** [situation, attitude etc] lo absurdo de - **2.** [parole, action] disparate *m*.

abus [aby] *nm* abuso *m* ; **~ de confiance** abuso de confianza ; **~ de pouvoir** abuso de poder.

abuser [abyze] *vi* [exagérer] abusar ; **~ de** [tabac, alcool, pouvoir] abusar de. ◆ **s'abuser** *vp sout* engañarse.

abusif, ive [abyzif, iv] *adj* abusivo(va).

acabit [akabi] *nm* : **de cet ~, du même ~** *péj* de esta calaña, de la misma calaña.

acacia [akasja] *nm* acacia *f*.

académicien, enne [akademisjɛ̃, ɛn] *nm, f* académico *m*, -ca *f*.

académie [akademi] *nf* - **1.** [gén] academia *f* - **2.** SCOL & UNIV *distrito educativo en Francia*.

acajou [akaʒu] *adj inv* & *nm* caoba.

acariâtre [akarjatr] *adj* desabrido(da).

acarien [akarjɛ̃] *nm* ácaro *m*.

accablant, e [akablɑ̃, ɑ̃t] *adj* abrumador(ra) ; [travail] agobiante.

accabler [akable] *vt* - **1.** [surcharger] : **~ qqn de qqch** [de travail] agobiar a alguien de algo ; [d'injures, de reproches] colmar a alguien de algo - **2.** [accuser] confundir.

accalmie [akalmi] *nf* calma *f*.

accéder [aksede] *vi* : **~ à** acceder a.

accélérateur [akseleratœr] *nm* acelerador *m*.

accélération [akselerasjɔ̃] *nf* - **1.** [d'un mouvement, d'un véhicule] aceleración *f* - **2.** [d'un processus] aceleramiento *m*.

accélérer [akselere] *vt* & *vi* acelerar.

accent [aksɑ̃] *nm* acento *m* ; **mettre l'~ sur** *fig* poner énfasis en.

accentuation [aksɑ̃tɥasjɔ̃] *nf* acentuación *f*.

accentuer [aksɑ̃tɥe] *vt* - **1.** [gén] acentuar - **2.** [intensifier] aumentar. ◆ **s'accentuer** *vp* acentuarse.

acceptable [aksɛptabl] *adj* aceptable.

acceptation [aksɛptasjɔ̃] *nf* aceptación *f*.

accepter [aksɛpte] *vt* aceptar ; [permettre] admitir ; **~ de faire qqch** aceptar hacer algo ; **~ que** *(+ subjonctif)* consentir que *(+ subjuntivo)*.

acception [aksɛpsjɔ̃] *nf* acepción *f*.

accès [aksɛ] *nm* - **1.** [entrée] entrada *f* ; '**~ interdit**' 'prohibida la entrada' - **2.** [voie, crise] acceso *m* ; **avoir ~ à qqch** tener acceso a algo ; **cette porte donne ~ au jardin** esta puerta da al jardín ; **cette formation donne ~ à ...** esta carrera da acceso a ... ; **~ de colère** arrebato *m* de cólera ; **~ de fièvre** acceso de fiebre.

accessible [aksesibl] *adj* - **1.** [gén] accesible - **2.** [prix, produit] asequible.

accession [aksɛsjɔ̃] *nf* acceso *m* ; **~ à qqch** acceso a algo.

accessoire [akseswar] ◇ *adj* accesorio(ria). ◇ *nm* - **1.** [de théâtre, de cinéma] atrezo *m* - **2.** [de machine] accesorio *m* - **3.** [de mode] complemento *m* - **4.** [chose peu importante] : **l'~** lo accesorio.

accident [aksidɑ̃] *nm* accidente *m* ; **~ de la circulation** accidente de tráfico ; **~ du travail** accidente laboral ; **~ de voiture** accidente de coche. ◆ **par accident** *loc adv* por casualidad.

accidenté, e [aksidɑ̃te] *adj* & *nm, f* accidentado(da).

accidentel, elle [aksidɑ̃tɛl] *adj* - **1.** [rencontre] accidental, casual - **2.** [mort] por accidente.

acclamation [aklamasjɔ̃] *nf* aclamación *f*.

acclamer [aklame] *vt* aclamar.

acclimatation [aklimatasjɔ̃] *nf* aclimatación *f*.

acclimater [aklimate] *vt* [animal, végétal] aclimatar.

accolade [akɔlad] *nf* - **1.** [signe graphique] llave *f* - **2.** [embrassade] abrazo *m*.

accommodant, e [akɔmɔdɑ̃, ɑ̃t] *adj* - **1.** [personne] complaciente - **2.** [caractère] conciliador(ra).

accommodement [akɔmɔdmɑ̃] *nm* acomodamiento *m*.

accommoder [akɔmɔde] *vt* - **1.** [viande, poisson] preparar - **2.** [adapter] : **~ qqch à qqch** adecuar algo a algo.

accompagnateur, trice [akɔ̃paɲatœr, tris] *nm, f* acompañante *mf*.

accompagnement [akɔ̃paɲmɑ̃] *nm*

- 1. MUS acompañamiento *m* - 2. CULIN guarnición *f* - 3. [escorte] escolta *f*.

accompagner [akɔ̃paɲe] *vt* acompañar ; ~ **qqch de qqch** acompañar algo con algo.

accompli, e [akɔ̃pli] *adj* consumado(da).

accomplir [akɔ̃plir] *vt* cumplir. ◆ **s'accomplir** *vp* cumplirse.

accomplissement [akɔ̃plismɑ̃] *nm* cumplimiento *m*.

accord [akɔr] *nm* - 1. [entente, traité] acuerdo *m* - 2. [acceptation] aprobación *f* ; **donner son ~ à** dar su aprobación a - 3. MUS acorde *m* - 4. GRAM concordancia *f*. ◆ **d'accord** *loc adv* de acuerdo ; **être d'~ avec qqn/qqch** estar de acuerdo con alguien/algo ; **tomber** OU **se mettre d'~** ponerse de acuerdo.

accordéon [akɔrdeɔ̃] *nm* acordeón *m*.

accorder [akɔrde] *vt* - 1. [attribuer] : ~ **qqch à qqn** conceder algo a alguien ; ~ **de l'importance/de la valeur à qqch** conceder importancia/valor a algo - 2. [harmoniser] combinar - 3. GRAM : ~ **qqch avec** concordar algo con - 4. [instrument] afinar.

accoster [akɔste] ◇ *vt* - 1. NAVIG atracar - 2. [personne] abordar. ◇ *vi* NAVIG atracar.

accotement [akɔtmɑ̃] *nm* arcén *m Esp*, acotamiento *m Amér*.

accouchement [akuʃmɑ̃] *nm* parto *m* ; ~ **sans douleur** parto sin dolor.

accoucher [akuʃe] ◇ *vi* dar a luz ; ~ **de** dar a luz a. ◇ *vt* asistir al parto.

accouder [akude] ◆ **s'accouder** *vp* : **s'~ à** apoyar los codos en.

accoudoir [akudwar] *nm* brazo *m (de sillón)*.

accouplement [akupləmɑ̃] *nm* - 1. [d'animaux] apareamiento *m* - 2. TECHNOL acoplamiento *m*.

accoupler [akuple] *vt* - 1. [animaux] aparear, acoplar - 2. TECHNOL acoplar. ◆ **s'accoupler** *vp* [animaux] aparearse.

accourir [akurir] *vi* acudir.

accouru, e [akury] *pp* ▷ **accourir**.

accoutré, e [akutre] *adj péj* ataviado(da).

accoutrement [akutrəmɑ̃] *nm* atavío *m*.

accoutumer [akutyme] *vt* : ~ **qqn à qqch/à faire qqch** acostumbrar a alguien a algo/a hacer algo. ◆ **s'accoutumer** *vp* : **s'~ à qqn/à qqch** acostumbrarse a alguien/a algo.

accréditation [akreditasjɔ̃] *nf* acreditación *f*.

accréditer [akredite] *vt* acreditar ; ~ **qqn auprès de** acreditar a alguien ante.

accroc [akro] *nm* - 1. [déchirure] desgarrón *m* - 2. [incident] contratiempo *m*.

accrochage [akrɔʃaʒ] *nm* - 1. [accident] choque *m Esp*, estrellón *m Amér* - 2. [d'un tableau] colocación *f* - 3. *fam* [dispute] agarrada *f*.

accroche [akrɔʃ] *nf* COMM eslogan *m*.

accrocher [akrɔʃe] *vt* - 1. [suspendre] colgar ; ~ **qqch à** colgar algo en - 2. [déchirer] engancharse ; ~ **qqch à** engancharse algo en OU con - 3. [heurter] chocar con - 4. [attacher] enganchar ; ~ **qqch à** enganchar algo a - 5. [retenir l'attention de] impactar. ◆ **s'accrocher** *vp* - 1. [s'agripper] agarrarse ; **s'~ à qqn/à qqch** agarrarse a alguien/a algo ; *fig* aferrarse a alguien/a algo - 2. *fam* [se disputer] agarrarse - 3. *fam* [persévérer] trabajar duro.

accroissement [akrwasmɑ̃] *nm* incremento *m*.

accroître [akrwatr] *vt* incrementar. ◆ **s'accroître** *vp* incrementarse.

accroupir [akrupir] ◆ **s'accroupir** *vp* ponerse en cuclillas.

accru, e [akry] *pp* ▷ **accroître**.

accueil [akœj] *nm* - 1. [d'hôtel etc] recepción *f* - 2. [action] acogida *f*.

accueillant, e [akœjɑ̃, ɑ̃t] *adj* acogedor(ra).

accueillir [akœjir] *vt* - 1. [recevoir] acoger - 2. [héberger] alojar, albergar.

accumulateur [akymylatœr] *nm* acumulador *m*.

accumulation [akymylasjɔ̃] *nf* acumulación *f*.

accumuler [akymyle] *vt* acumular. ◆ **s'accumuler** *vp* acumularse.

accusateur, trice [akyzatœr, tris] *adj* & *nm, f* acusador(ra).

accusation [akyzasjɔ̃] *nf* acusación *f*.

accusé, e [akyze] *nm, f* acusado *m*, -da *f*. ◆ **accusé de réception** *nm* acuse *m* de recibo.

accuser [akyze] *vt* - 1. [gén] acusar ; ~ **qqn de qqch** acusar a alguien de algo - 2. [accentuer] resaltar. ◆ **s'accuser** *vp* - 1. [se rendre coupable] culparse - 2. [mutuellement] acusarse.

acerbe [asɛrb] *adj* hiriente.

acéré, e [asere] *adj* - 1. [lame] acerado(da) - 2. [esprit] incisivo(va).

achalandé, e [aʃalɑ̃de] *adj* [approvisionné] : **bien ~** bien surtido.

acharné, e [aʃarne] *adj* **- 1.** [combat] encarnizado(da) **- 2.** [joueur] empedernido(da) **- 3.** [travail] intenso(sa).

acharnement [aʃarnəmɑ̃] *nm* **- 1.** [obstination] empeño *m* **- 2.** [rage] ensañamiento *m*.

acharner [aʃarne] ◆ **s'acharner** *vp* **- 1.** [attaquer] : **s'~ contre** OU **sur** [ennemi, victime] ensañarse con ; [suj : malheur, sort] perseguir **- 2.** [s'obstiner à] : **s'~ à** obstinarse en.

achat [aʃa] *nm* compra *f* ; **faire des ~s** ir de compras.

acheminer [aʃmine] *vt* transportar. ◆ **s'acheminer** *vp* : **s' ~ vers** encaminarse hacia ; *fig* ir camino de.

acheter [aʃte] *vt* comprar ; **~ qqch à qqn** OU **pour qqn** comprar algo a OU para alguien ; **~ qqn** *fig* comprar a alguien.

acheteur, euse [aʃtœr, øz] *nm, f* comprador *m*, -ra *f*.

achevé, e [aʃve] *adj sout* rematado(da).

achèvement [aʃɛvmɑ̃] *nm* terminación *f*.

achever [aʃve] *vt* **- 1.** [terminer] acabar **- 2.** [tuer, accabler] acabar con. ◆ **s'achever** *vp* acabarse.

acide [asid] <> *adj* ácido(da). <> *nm* ácido *m*.

acidité [asidite] *nf* **- 1.** [gén] acidez *f* **- 2.** [de propos] acritud *f*.

acidulé, e [asidyle] *adj* [saveur] ácido(da).

acier [asje] *nm* acero *m* ; **~ inoxydable** acero inoxidable.

aciérie [asjeri] *nf* acería *f*.

acné [akne] *nf* acné *m* ; **~ juvénile** acné juvenil.

acolyte [akɔlit] *nm péj* acólito *m*.

acompte [akɔ̃t] *nm* anticipo *m*.

à-côté (*pl* **à-côtés**) *nm* **- 1.** [point accessoire] pormenores *mpl* **- 2.** *(gén pl)* [gain d'appoint] extras *mpl*.

à-coup (*pl* **à-coups**) *nm* sacudida *f* ; **par ~s** a trompicones.

acoustique [akustik] <> *adj* acústico(ca). <> *nf* acústica *f*.

acquéreur [akerœr] *nm* adquisidor *m*, -ra *f*.

acquérir [akerir] *vt* **- 1.** [gén] adquirir **- 2.** [procurer] granjear. ◆ **s'acquérir** *vp* granjearse.

acquiescement [akjɛsmɑ̃] *nm* consentimiento *m*.

acquiescer [akjese] *vi* asentir ; **~ à** consentir en.

acquis, e [aki, iz] <> *pp* ▻ **acquérir**. <> *adj* adquirido(da) ; **être ~ à** ser adicto a ; **tenir qqch pour ~** [pour évident] dar algo por sabido ; [pour décidé] dar algo por hecho. ◆ **acquis** *nm* experiencia *f* ; [savoir] conocimientos *mpl*.

acquisition [akizisjɔ̃] *nf* adquisición *f*.

acquit [aki] *nm* **- 1.** [reçu] recibo *m* ; **pour ~** COMM recibí **- 2.** *loc* : **par ~ de conscience** para mayor tranquilidad.

acquittement [akitmɑ̃] *nm* **- 1.** [d'une dette] pago *m* **- 2.** [d'accusé] absolución *f*.

acquitter [akite] *vt* **- 1.** [régler] pagar **- 2.** [accusé] absolver.

âcre [akr] *adj* agrio(gria).

acrobate [akrɔbat] *nmf* acróbata *mf*.

acrobatie [akrɔbasi] *nf* acrobacia *f*.

acrylique [akrilik] <> *nm* acrílico *m*. <> *adj* acrílico(ca).

acte [akt] *nm* **- 1.** [action] acto *m* **- 2.** COMM escritura *f* **- 3.** JUR acta *f* ; **~ d'accusation** acta de acusación ; **~ de mariage** certificado *m* de matrimonio ; **~ de naissance** partida *f* de nacimiento **- 4.** *loc* : **faire ~ de présence** hacer acto de presencia ; **prendre ~ de qqch** tomar nota de algo. ◆ **actes** *nmpl* actas *fpl*.

acteur, trice [aktœr, tris] *nm, f* actor *m*, -triz *f*.

actif, ive [aktif, iv] *adj* activo(va). ◆ **actif** *nm* FIN activo *m* ; **avoir qqch à son ~** *fig* tener algo en su haber.

action [aksjɔ̃] *nf* acción *f* ; **bonne/mauvaise ~** buena/mala acción.

actionnaire [aksjɔnɛr] *nmf* accionista *mf*.

actionner [aksjɔne] *vt* accionar.

activement [aktivmɑ̃] *adv* activamente.

activer [aktive] *vt* **- 1.** [travaux, processus] acelerar **- 2.** [feu] avivar, atizar. ◆ **s'activer** *vp* [s'affairer] afanarse ; [se dépêcher] apresurarse.

activiste [aktivist] *adj* & *nmf* activista.

activité [aktivite] *nf* actividad *f* ; **en ~** [volcan] en actividad.

actrice ▻ **acteur**.

actualisation [aktɥalizasjɔ̃] *nf* actualización *f*.

actualiser [aktɥalize] *vt* actualizar. ◆ **s'actualiser** *vp* actualizarse.

actualité [aktɥalite] *nf* actualidad *f* ; **l'~ politique/sportive** la actualidad

política/deportiva. ◆ **actualités** *nfpl* : **les ~s** el noticiario.
actuel, elle [aktɥɛl] *adj* actual.
actuellement [aktɥɛlmɑ̃] *adv* actualmente, en la actualidad.
acuité [akɥite] *nf* - **1.** [intensité] gravedad *f* - **2.** [sensibilité] agudeza *f*.
acupuncture, acuponcture [akypɔ̃ktyr] *nf* acupuntura *f*.
adage [adaʒ] *nm* adagio *m*.
adaptateur, trice [adaptatœr, tris] *nm, f* [personne] adaptador *m*, -ra *f*. ◆ **adaptateur** *nm* ÉLECTR adaptador *m*.
adaptation [adaptasjɔ̃] *nf* adaptación *f*.
adapter [adapte] *vt* - **1.** [gén] : ~ **qqch à qqn/à qqch** adaptar OU adecuar algo a alguien/a algo - **2.** [fixer] acoplar - **3.** [œuvre] adaptar. ◆ **s'adapter** *vp* : **s'~ (à qqch)** adaptarse (a algo).
additif, ive [aditif, iv] *adj* aditivo(va). ◆ **additif** *nm* - **1.** [à un texte] cláusula *f* adicional - **2.** [substance] aditivo *m*.
addition [adisjɔ̃] *nf* - **1.** [ajout] adición *f* - **2.** [calcul] suma *f* - **3.** [note] cuenta *f*.
additionner [adisjɔne] *vt* - **1.** [calculer] sumar - **2.** [ajouter] añadir ; ~ **qqch d'eau** aguar algo.
adepte [adɛpt] *nmf* adepto *m*, -ta *f*.
adéquat, e [adekwa, at] *adj* adecuado(da).
adéquation [adekwasjɔ̃] *nf* adecuación *f*.
adhérence [aderɑ̃s] *nf* adherencia *f*.
adhérent, e [aderɑ̃, ɑ̃t] ◇ *adj* adherente. ◇ *nm, f* [membre - d'une association] miembro *m* ; [- de parti] afiliado *m*, -da *f*.
adhérer [adere] *vi* - **1.** [coller] adherirse - **2.** [devenir membre de] : ~ **à** [une association] hacerse miembro de ; [un parti] afiliarse a - **3.** [être d'accord avec] : ~ **à** adherirse a.
adhésif, ive [adezif, iv] *adj* adhesivo(va). ◆ **adhésif** *nm* adhesivo *m*.
adhésion [adezjɔ̃] *nf* - **1.** [à une idée] adhesión *f* - **2.** [à un parti] afiliación *f*.
adieu [adjø] ◇ *interj* ¡adiós! ; **dire ~ à qqch** despedirse de algo. ◇ *nm (gén pl)* adiós *m* ; **faire ses ~x à** despedirse de.
adipeux, euse [adipø, øz] *adj* adiposo(sa).
adjectif [adʒɛktif] *nm* adjetivo *m* ; ~ **attribut/épithète** adjetivo atributivo/epíteto.
adjoindre [adʒwɛ̃dr] *vt* agregar ; ~ **qqn à qqn** asignar alguien a alguien.
adjoint, e [adʒwɛ̃, ɛ̃t] ◇ *adj* adjunto(ta). ◇ *nm, f* adjunto *m*, -ta *f* ; ~ **au maire** teniente *m* de alcalde.
adjonction [adʒɔ̃ksjɔ̃] *nf* agregación *f*.
adjudant [adʒydɑ̃] *nm* ≃ brigada *m*.
adjuger [adʒyʒe] *vt* - **1.** [aux enchères] adjudicar ; **adjugé!** ¡adjudicado! - **2.** [décerner] : ~ **qqch à qqn** otorgar algo a alguien.
admettre [admɛtr] *vt* - **1.** [accepter, recevoir] admitir - **2.** [supposer] suponer ; **admettons que cela soit vrai** supongamos que sea cierto - **3.** [autoriser] autorizar ; **être admis à faire qqch** tener derecho a hacer algo.
administrateur, trice [administratœr, tris] *nm, f* administrador *m*, -ra *f*.
administratif, ive [administratif, iv] *adj* administrativo(va).
administration [administrasjɔ̃] *nf* administración *f*.
administrer [administre] *vt* administrar.
admirable [admirabl] *adj* - **1.** [personne, comportement] admirable - **2.** [paysage, spectacle] maravilloso(sa).
admiratif, ive [admiratif, iv] *adj* [regard, remarque] de admiración.
admiration [admirasjɔ̃] *nf* admiración *f*.
admirer [admire] *vt* admirar.
admis, e [admi, iz] *pp* ▷ **admettre**.
admissible [admisibl] *adj* - **1.** [acceptable] admisible - **2.** SCOL & UNIV *admitido a la última parte de un examen*.
admission [admisjɔ̃] *nf* admisión *f*.
ADN (*abr de* **acide désoxyribonucléique**) *nm* ADN *m*.
ado [ado] *nmf fam* adolescente *mf*.
adolescence [adɔlesɑ̃s] *nf* adolescencia *f*.
adolescent, e [adɔlesɑ̃, ɑ̃t] *adj* & *nm, f* adolescente.
adopter [adɔpte] *vt* - **1.** [gén] adoptar - **2.** [loi] aprobar.
adoptif, ive [adɔptif, iv] *adj* adoptivo(va).
adoption [adɔpsjɔ̃] *nf* - **1.** [d'enfant] adopción *f* ; **d'~** [famille, pays] adoptivo(va) - **2.** [de loi] aprobación *f*.
adorable [adɔrabl] *adj* adorable.
adoration [adɔrasjɔ̃] *nf* adoración *f*.
adorer [adɔre] *vt* adorar ; ~ **qqch/faire qqch** encantarle a uno algo/hacer algo.
adoucir [adusir] *vt* - **1.** [gén] suavizar - **2.** [eau] descalcificar. ◆ **s'adoucir** *vp* - **1.** [climat] suavizarse - **2.** [personne] serenarse.

adoucissant, e [adusisɑ̃, ɑ̃t] *adj* suavizante. ◆ **adoucissant** *nm* suavizante *m*.

adoucisseur [adusisœr] *nm* : **~ (d'eau)** descalcificador *m*.

adresse [adrɛs] *nf* **- 1.** [domicile] dirección *f* ; **partir sans laisser d'~** irse sin dejar señas **- 2.** [habileté - physique] maña *f* ; [- intellectuelle] ingenio *m* **- 3.** INFORM dirección *f* ; **~ électronique** dirección de correo electrónico **- 4.** [intention] : **à l'~ de qqn** a la atención de alguien.

adresser [adrese] *vt* **- 1.** [envoyer] remitir ; **~ qqch à qqn** remitir algo a alguien **- 2.** [reproche, compliment] hacer ; **~ la parole à qqn** dirigir la palabra a alguien **- 3.** [recommander] : **~ qqn à qqn** mandar OU enviar alguien a alguien. ◆ **s'adresser** *vp* : **s'~ à qqn** [parler à qqn] dirigirse a alguien ; [être destiné à qqn] estar destinado(da) a alguien.

adroit, e [adrwa, at] *adj* **- 1.** [habile] diestro(tra) **- 2.** [ingénieux] hábil.

adroitement [adrwatmɑ̃] *adv* **- 1.** [avec dextérité] con destreza **- 2.** [avec finesse] con habilidad.

aduler [adyle] *vt* adular.

adulte [adylt] *adj* & *nmf* adulto(ta).

adultère [adyltɛr] ◇ *nm* adulterio *m*. ◇ *adj* adúltero(ra).

advenir [advənir] *vi* pasar ; **qu'adviendra-t-il de ce projet?** ¿qué será de este proyecto?

advenu, e [advəny] *pp* ▷ **advenir**.

adverbe [advɛrb] *nm* adverbio *m*.

adversaire [advɛrsɛr] *nmf* adversario *m*, -ria *f*.

adverse [advɛrs] *adj* **- 1.** [opposé] opuesto(ta) **- 2.** JUR ▷ **partie**.

adversité [advɛrsite] *nf* adversidad *f*.

advient ▷ **advenir**.

aération [aerasjɔ̃] *nf* ventilación *f*.

aérer [aere] *vt* **- 1.** [pièce] ventilar ; [linge] airear, orear **- 2.** *fig* [texte] airear.

aérien, enne [aerjɛ̃, ɛn] *adj* aéreo(rea).

aérobic [aerobik] *nm* aerobic *m*.

aérodrome [aerodrom] *nm* aeródromo *m*.

aérodynamique [aerodinamik] ◇ *nf* aerodinámica *f*. ◇ *adj* aerodinámico(ca).

aérogare [aerogar] *nf* **- 1.** [aéroport] terminal *f* **- 2.** [gare] *estación de autobuses con destino a un aeropuerto*.

aéroglisseur [aeroglisœr] *nm* aerodeslizador *m*.

aérogramme [aerogram] *nm* aerograma *m*.

aéronautique [aeronotik] ◇ *nf* aeronáutica *f*. ◇ *adj* aeronáutico(ca).

aéronaval, e, als [aeronaval] *adj* aeronaval.

aérophagie [aerofaʒi] *nf* aerofagia *f*.

aéroport [aeropɔr] *nm* aeropuerto *m*.

aéroporté, e [aeropɔrte] *adj* aerotransportado(da).

aérosol [aerosɔl] ◇ *nm* aerosol *m*. ◇ *adj inv* en aerosol.

aérospatial, e, aux [aerospasjal, o] *adj* aeroespacial. ◆ **aérospatiale** *nf* tecnología *f* aeroespacial.

affable [afabl] *adj* afable.

affaiblir [afeblir] *vt* debilitar. ◆ **s'affaiblir** *vp* debilitarse.

affaire [afɛr] *nf* **- 1.** [gén] asunto *m* **- 2.** [question] cuestión *f* **- 3.** [marché avantageux] ganga *f* **- 4.** COMM negocio *m* **- 5.** [polémique] caso *m* **- 6.** *loc* : **avoir ~ à qqn** [traiter avec qqn] tener que tratar con alguien ; **il aura ~ à moi** tendrá que vérselas conmigo ; **ça fera l'~** con esto me apaño. ◆ **affaires** *nfpl* **- 1.** COMM negocios *mpl* **- 2.** [objets personnels] cosas *fpl* **- 3.** [activités publiques et privées] asuntos *mpl* ; **les Affaires étrangères** Asuntos exteriores.

affairé, e [afere] *adj* atareado(da).

affairer [afere] ◆ **s'affairer** *vp* atarearse.

affairisme [aferism] *nm* mercantilismo *m*.

affaisser [afese] ◆ **s'affaisser** *vp* **- 1.** [se creuser] hundirse **- 2.** [tomber] desplomarse.

affaler [afale] ◆ **s'affaler** *vp* repantingarse.

affamé, e [afame] *adj* hambriento(ta).

affecté, e [afɛkte] *adj* afectado(da).

affecter [afɛkte] *vt* **- 1.** [consacrer] destinar **- 2.** [nommer] : **~ qqn à** [poste, lieu] destinar a alguien a **- 3.** [feindre] fingir ; **~ d'être heureux** fingir ser feliz.

affectif, ive [afɛktif, iv] *adj* afectivo(va).

affection [afɛksjɔ̃] *nf* **- 1.** [sentiment] afecto *m* **- 2.** [maladie] afección *f*.

affectionner [afɛksjɔne] *vt* [chose] adorar.

affectueux, euse [afɛktɥø, øz] *adj* afectuoso(sa).

affichage [afiʃaʒ] *nm* **- 1.** [action d'afficher] fijación *f* **- 2.** INFORM visualización *f* ; **~ numérique** visualización numérica.

affiche [afiʃ] *nf* cartel *m Esp*, afiche *m Amér*.

afficher [afiʃe] *vt* **- 1.** [liste, affiche] fijar **- 2.** *fig* [montrer] hacer alarde de **- 3.** INFORM visualizar.

affilée [afile] ◆ **d'affilée** *loc adv* de un tirón.

affiler [afile] *vt* afilar.

affiner [afine] *vt* refinar.

affinité [afinite] *nf* afinidad *f* ; **avoir des ~s avec qqn** tener afinidades con alguien.

affirmatif, ive [afirmatif, iv] *adj* **- 1.** [réponse] afirmativo(va) **- 2.** [ton] categórico(ca). ◆ **affirmatif** *adv* sí. ◆ **affirmative** *nf* afirmación *f* ; **dans l'affirmative** en caso afirmativo ; **répondre par l'affirmative** responder afirmativamente.

affirmation [afirmasjɔ̃] *nf* afirmación *f*.

affirmer [afirme] *vt* afirmar.

affleurer [aflœre] *vi* aflorar.

affliction [afliksjɔ̃] *nf sout* aflicción *f*.

affligé, e [afliʒe] *adj* afligido(da).

affligeant, e [afliʒɑ̃, ɑ̃t] *adj* penoso(sa).

affliger [afliʒe] *vt* **- 1.** *sout* [attrister] afligir **- 2.** [accabler] : **être affligé de qqch** estar aquejado de algo. ◆ **s'affliger** *vp* : **s'~ de qqch** *sout* afligirse por algo.

affluence [aflyɑ̃s] *nf* afluencia *f*.

affluent [aflyɑ̃] *nm* afluente *m*.

affluer [aflye] *vi* afluir.

afflux [afly] *nm* **- 1.** [gén] afluencia *f* **- 2.** MÉD aflujo *m*.

affoler [afɔle] *vt* **- 1.** [inquiéter] alarmar **- 2.** [troubler] turbar. ◆ **s'affoler** *vp* [paniquer] perder la calma.

affranchir [afrɑ̃ʃir] *vt* **- 1.** [timbrer] franquear **- 2.** [esclave] libertar.

affranchissement [afrɑ̃ʃismɑ̃] *nm* **- 1.** [timbrage] franqueo *m* **- 2.** [libération] liberación *f*.

affreux, euse [afrø, øz] *adj* horrible.

affriolant, e [afrijɔlɑ̃, ɑ̃t] *adj* provocativo(va).

affront [afrɔ̃] *nm* afrenta *f*.

affrontement [afrɔ̃tmɑ̃] *nm* enfrentamiento *m*.

affronter [afrɔ̃te] *vt* **- 1.** [personne] enfrentarse a OU con **- 2.** [situation] afrontar.

affubler [afyble] *vt péj* : **~ qqn de qqch** ataviar a alguien con algo.

affût [afy] *nm* : **être à l'~ (de qqch)** *fig* estar al acecho (de algo).

affûter [afyte] *vt* afilar.

afin [afɛ̃] ◆ **afin de** *loc prép* a fin de, con el fin de. ◆ **afin que** *loc conj* con el fin de que ; **écris lisiblement ~ que l'on puisse te lire** escribe de manera legible con el fin de que se pueda leer lo que escribes.

africain, e [afrikɛ̃, ɛn] *adj* africano(na). ◆ **Africain, e** *nm, f* africano *m*, -na *f*.

Afrique [afrik] *nf* : **l'~** África ; **l'~ noire** el África negra ; **l'~ du Nord** África del Norte ; **l'~ du Sud** Sudáfrica.

afro [afro] *adj inv* afro.

after-shave [aftœrʃɛv] ◇ *nm inv* aftershave *m*. ◇ *adj inv* para después del afeitado.

AG (*abr de* **assemblée générale**) *nf* J/G *f*.

agaçant, e [agasɑ̃, ɑ̃t] *adj* irritante.

agacer [agase] *vt* irritar.

âge [aʒ] *nm* edad *f* ; **d'~ mûr** de edad madura ; **d'un ~ avancé** de edad avanzada ; **l'~ ingrat** la edad del pavo ; **prendre de l'~** hacerse mayor ; **quel ~ as-tu?** ¿cuántos años tienes? ; **~ d'or** edad de oro ; **~ mental** edad mental ; **le troisième ~** la tercera edad.

âgé, e [aʒe] *adj* mayor ; **être ~ de 20 ans** tener 20 años.

agence [aʒɑ̃s] *nf* agencia *f* ; **~ immobilière/matrimoniale** agencia inmobiliaria/matrimonial ; **~ de publicité** agencia de publicidad ; **~ de voyages** agencia de viajes.

agencer [aʒɑ̃se] *vt* **- 1.** [éléments] disponer **- 2.** [espace] distribuir **- 3.** [texte] estructurar.

agenda [aʒɛ̃da] *nm* agenda *f* ; **~ électronique** agenda electrónica.

agenouiller [aʒnuje] ◆ **s'agenouiller** *vp* arrodillarse.

agent [aʒɑ̃] *nm* agente *mf* ; **~ de change** agente de cambio y bolsa ; **~ de police** ≃ guardia *m*, agente *m* de policía ; **~ secret** agente secreto.

agglomération [aglɔmerasjɔ̃] *nf* **- 1.** [amas] aglomeración *f* **- 2.** [ville] núcleo *m* de población.

aggloméré [aglɔmere] *nm* conglomerado *m*.

agglomérer [aglɔmere] *vt* aglomerar, conglomerar.

agglutiner [aglytine] *vt* aglutinar. ◆ **s'agglutiner** *vp* aglutinarse.

aggraver [agrave] *vt* agravar. ◆ **s'aggraver** *vp* agravarse.

agile [aʒil] *adj* ágil.
agilité [aʒilite] *nf* agilidad *f.*
agir [aʒir] *vi* - **1.** [faire] actuar - **2.** [se comporter] comportarse - **3.** [influer] : **~ sur qqn/qqch** influir sobre alguien/algo - **4.** [être efficace] surtir efecto. ◆ **s'agir** *v impers* : **il s'agit de faire qqch** se trata de hacer algo ; **il s'agit de qqn/de qqch** se trata de alguien/de algo ; **de quoi s'agit-il?** ¿de qué se trata?
agissements [aʒismɑ̃] *nmpl* artimañas *fpl.*
agitateur, trice [aʒitatœr, tris] *nm, f* POLIT agitador *m*, -ra *f.* ◆ **agitateur** *nm* CHIM agitador *m.*
agitation [aʒitasjɔ̃] *nf* agitación *f.*
agité, e [aʒite] *adj* agitado(da).
agiter [aʒite] *vt* agitar. ◆ **s'agiter** *vp* - **1.** [bouger] moverse - **2.** *fam* [se dépêcher] espabilar.
agneau [aɲo] *nm* - **1.** [animal, viande] cordero *m* - **2.** [fourrure] piel *f* de cordero.
agonie [agɔni] *nf* - **1.** [de personne] agonía *f* - **2.** *fig* [déclin] declive *m.*
agoniser [agɔnize] *vi* agonizar.
agrafe [agraf] *nf* grapa *f Esp*, grampa *f Amér.*
agrafer [agrafe] *vt* - **1.** [papiers] grapar - **2.** [vêtement] abrochar.
agrafeuse [agraføz] *nf* grapadora *f Esp*, corchetera *f Amér.*
agraire [agrɛr] *adj* agrario(ria).
agrandir [agrɑ̃dir] *vt* ampliar. ◆ **s'agrandir** *vp* crecer.
agrandissement [agrɑ̃dismɑ̃] *nm* ampliación *f.*
agréable [agreabl] *adj* agradable.
agréer [agree] *vt sout* [accepter] : **~ une demande** admitir una demanda ; **Veuillez ~ mes salutations distinguées** OU **l'expression de mes sentiments distingués** le saluda atentamente.
agrégation [agregasjɔ̃] *nf oposiciones para profesores de enseñanza secundaria y superior.*
agrégé, e [agreʒe] *nm, f* ≃ catedrático *m*, -ca *f.*
agrément [agremɑ̃] *nm sout* - **1.** [caractère agréable] encanto *m* ; **d'~** [voyage] de placer - **2.** [approbation] consentimiento *m.*
agrès [agrɛ] *nmpl* aparatos *mpl* de gimnasia.
agresser [agrese] *vt* agredir.
agressif, ive [agrɛsif, iv] *adj* agresivo(va).
agression [agrɛsjɔ̃] *nf* agresión *f.*
agressivité [agrɛsivite] *nf* agresividad *f.*
agricole [agrikɔl] *adj* agrícola.
agriculteur, trice [agrikyltœr, tris] *nm, f* agricultor *m*, -ra *f.*
agriculture [agrikyltyr] *nf* agricultura *f.*
agripper [agripe] *vt* agarrar.
agroalimentaire [agroalimɑ̃tɛr] *adj* [industrie, produit] agroalimentario(ria).
agronome [agrɔnɔm] *adj* agrónomo(ma).
agrumes [agrym] *nmpl* cítricos *mpl.*
aguets [agɛ] ◆ **aux aguets** *loc adv* al acecho ; **être aux ~** estar al acecho.
ahuri, e [ayri] ◇ *adj* [abasourdi] asombrado(da). ◇ *nm, f* [idiot] atolondrado *m*, -da *f.*
ahurissant, e [ayrisɑ̃, ɑ̃t] *adj* pasmoso(sa).
ai [ɛ] ▷ **avoir.**
aide [ɛd] ◇ *nf* ayuda *f* ; **venir en ~ à qqn** venir en ayuda de alguien ; **~ sociale** asistencia *f* social. ◇ *nmf* ayudante *mf.* ◆ **à l'aide de** *loc prép* con ayuda de. ◆ **aide familiale** *nf asistenta social que ayuda en las tareas del hogar y a cuidar a los niños de familias de recursos moderados.* ◆ **aide ménagère** *nf asistenta social que ayuda en las tareas del hogar de personas mayores.*
aide-comptable [ɛdkɔ̃tabl] *nmf* auxiliar *mf* de contabilidad.
aide-mémoire [ɛdmemwar] *nm inv* cuaderno *m* de notas.
aider [ede] *vt* ayudar ; **~ qqn à faire qqch** ayudar a alguien a hacer algo. ◆ **s'aider** *vp* - **1.** [s'assister mutuellement] ayudarse - **2.** [avoir recours] : **s'~ de qqch** valerse de algo.
aide-soignant, e [ɛdswaɲɑ̃, ɑ̃t] *nm, f* auxiliar *mf* de clínica.
aie *etc* ▷ **avoir.**
aïe [aj] *interj* - **1.** [de douleur] ¡ay! - **2.** [de désagrément] ¡vaya!
aïeul, e [ajœl] *nm, f sout* abuelo *m*, -la *f Esp*, papá grande *m*, mamá grande *f Amér.*
aïeux [ajø] *nmpl sout* antepasados *mpl.*
aigle [ɛgl] *nm* águila *f.*
aigre [ɛgr] ◇ *adj* - **1.** [saveur, propos] agrio(gria) - **2.** [odeur] acre. ◇ *nm* : **tourner à l'~** [discussion, débat] subir de tono.
aigre-doux, aigre-douce [ɛgrədu, dus] *adj* agridulce.
aigrelet, ette [ɛgrəlɛ, ɛt] *adj* - **1.** [vin] ligeramente agrio(gria) - **2.** [voix] agudo(da).
aigreur [ɛgrœr] *nf* - **1.** [d'aliment] agrura *f* - **2.** [de propos] acritud *f.* ◆ **aigreurs d'estomac** *nfpl* acidez *f* de estómago.

aigri, e [egri] *adj* & *nm, f* amargado(da).
aigu, uë [egy] *adj* - **1.** [gén] agudo(da) - **2.** [lame] afilado(da) *Esp*, filoso(sa) *Amér*. ◆ **aigu** *nm* MUS agudo *m*.
aiguillage [egɥijaʒ] *nm* RAIL cambio *m* de agujas ; **c'est une erreur d'~** *fig* no era el buen camino.
aiguille [egɥij] *nf* - **1.** [gén] aguja *f* ; **~ à coudre** aguja de coser ; **~ de pin** aguja de pino ; **~ à tricoter** aguja de punto - **2.** GÉOGR pico *m*.
aiguiller [egɥije] *vt litt* & *fig* encarrilar.
aiguilleur [egɥijœr] *nm* RAIL guardagujas *m inv*. ◆ **aiguilleur du ciel** *nm* controlador aéreo *m*, controladora aérea *f*.
aiguiser [egize] *vt* - **1.** [outil] afilar - **2.** [sensation] aguzar.
ail [aj] (*pl* **ails** ou **aulx** [o]) *nm* ajo *m*.
aile [ɛl] *nf* - **1.** [gén] ala *f* - **2.** [de moulin] aspa *f* - **3.** [de voiture, de nez] aleta *f*.
aileron [ɛlrɔ̃] *nm* - **1.** [de requin] aleta *f* - **2.** [d'avion] alerón *m*.
ailier [ɛlje] *nm* extremo *m*.
aille *etc* ▷ **aller**.
ailleurs [ajœr] ◇ *adv* en otro lugar, en otra parte. ◇ *nm* otro lugar *m*. ◆ **d'ailleurs** *loc adv* - **1.** [de plus] además ; **il ne me plaît pas ; d'~, c'est réciproque** no me gusta y además yo a él tampoco - **2.** [du reste] por cierto ; **il est très jeune, et très compétent d'~** es muy joven y, por cierto, muy competente. ◆ **par ailleurs** *loc adv* por otro lado, por otra parte.
aimable [ɛmabl] *adj* amable.
aimablement [ɛmabləmɑ̃] *adv* amablemente, con amabilidad.
aimant, e [ɛmɑ̃, ɑ̃t] *adj* cariñoso(sa). ◆ **aimant** *nm* imán *m*.
aimer [eme] *vt* - **1.** [affectionner] amar, querer - **2.** [apprécier] gustar ; **~ faire qqch** gustarle a alguien hacer algo ; **j'aime peindre** me gusta pintar ; **~ que** *(+ subjonctif)* gustarle a alguien que *(+ subjuntivo)* ; **j'aime qu'il fasse chaud** me gusta que haga calor ; **~ bien qqch/faire qqch** gustarle a alguien algo/hacer algo ; **j'aime bien cuisiner** me gusta cocinar - **3.** [préférer] : **~ mieux qqch/faire qqch** preferir algo/hacer algo ; **j'aime mieux lire que regarder la télévision** prefiero leer que ver televisión. ◆ **s'aimer** *vp* - **1.** [s'affectionner] amarse, quererse - **2.** [se plaire] gustarse.
aine [ɛn] *nf* ingle *f*.
aîné, e [ene] ◇ *adj* mayor. ◇ *nm, f* mayor *mf* ; **elle est mon ~e de deux ans** es dos años mayor que yo.
ainsi [ɛ̃si] *adv* - **1.** [de cette manière] así ; **pour ~ dire** por así decirlo ; **~ soit-il** así sea - **2.** [par conséquent] así ; **~ donc** así pues. ◆ **ainsi que** *loc conj* - **1.** *litt* [comme] como - **2.** [de même que, et] así como.
air [ɛr] *nm* aire *m* ; **il a l'~ sérieux** tiene cara de serio ; **il a l'~ de pleurer** parece que está llorando ; **en l'~** [paroles, promesses] vano(na) ; **en plein ~** al aire libre ; **prendre l'~** tomar el aire ; **regarder en l'~** mirar hacia arriba ; **~ conditionné** aire acondicionado. ◆ **airs** *nmpl* : **prendre de grands ~s** darse muchos aires.
Airbag® [ɛrbag] *nm* Airbag® *m*.
aire [ɛr] *nf* - **1.** [gén] área *f* ; **~ de jeux/de repos** área de juegos/de descanso - **2.** [nid] aguilera *f*.
aisance [ɛzɑ̃s] *nf* - **1.** [facilité] facilidad *f* - **2.** [richesse] desahogo *m* ; **vivre dans l'~** vivir desahogadamente.
aise [ɛz] ◇ *nf* : **être à l'~, être à son ~** estar cómodo(da) ; **mettre qqn mal à l'~** hacer que alguien se sienta a disgusto. ◇ *adj* : **j'en suis bien ~!** *sout* ¡cuánto me alegro! ◆ **aises** *nfpl* : **aimer ses ~s** ser comodón ; **prendre ses ~s** instalarse a sus anchas.
aisé, e [eze] *adj* - **1.** [facile] fácil - **2.** [riche] acomodado(da).
aisément [ezemɑ̃] *adv* fácilmente.
aisselle [ɛsɛl] *nf* axila *f*.
ajonc [aʒɔ̃] *nm* aulaga *f*.
ajourner [aʒurne] *vt* - **1.** [reporter] aplazar - **2.** [recaler] suspender.
ajout [aʒu] *nm* añadido *m*.
ajouter [aʒute] *vt* - **1.** añadir - **2.** *loc* : **~ foi à qqch** dar crédito a algo. ◆ **s'ajouter** *vp* : **s'~ à qqch** sumarse a algo.
ajuster [aʒyste] *vt* - **1.** [pièce, vêtement] ajustar - **2.** [coiffure, cravate] arreglar - **3.** [tir] apuntar. ◆ **s'ajuster** *vp* ajustarse.
ajusteur [aʒystœr] *nm* ajustador *m*.
alangui, e [alɑ̃gi] *adj* lánguido(da).
alarme [alarm] *nf* alarma *f* ; **donner l'~** dar la alarma.
alarmer [alarme] *vt* alarmar. ◆ **s'alarmer** *vp* alarmarse.
Albanie [albani] *nf* : **l'~** Albania.
albâtre [albatr] *nm* alabastro *m*.
albatros [albatros] *nm* albatros *m inv*.
albinos [albinos] *adj inv* & *nmf* albino(na).
album [albɔm] *nm* álbum *m* ; **~ (de) photos** álbum de fotos.
alchimiste [alʃimist] *nm* alquimista *mf*.

alcool [alkɔl] *nm* alcohol *m* ; **~ à 90/à brûler** alcohol de 90/de quemar.
alcoolique [alkɔlik] *adj & nmf* alcohólico(ca).
alcoolisé, e [alkɔlize] *adj* alcohólico(ca).
alcoolisme [alkɔlism] *nm* alcoholismo *m*.
Alcootest®, Alcotest® [alkɔtɛst] *nm* alcohómetro *m* ; **passer un ~** pasar la prueba de alcoholemia.
alcôve [alkov] *nf* alcoba *f* de nicho.
aléatoire [aleatwar] *adj* aleatorio(ria).
alentour [alɑ̃tur] *adv sout* alrededor. ◆ **alentours** *nmpl* [abords] alrededores *mpl* ; **aux ~s de** [spatial] cerca de ; [temporel] alrededor de.
alerte [alɛrt] ◇ *adj* - **1.** [gén] ágil - **2.** [esprit] vivo(va). ◇ *nf* alarma *f* ; **donner l'~** dar la alarma ; **~ à la bombe** alarma de bomba.
alerter [alɛrte] *vt* - **1.** [alarmer] alertar - **2.** [informer - police, pompiers] avisar ; [- presse] poner sobre alerta.
algèbre [alʒɛbr] *nf* álgebra *f*.
Alger [alʒe] *n* Argel.
Algérie [alʒeri] *nf* : **l'~** Argelia.
algérien, enne [alʒerjɛ̃, ɛn] *adj* argelino(na). ◆ **Algérien, enne** *nm, f* argelino *m*, -na *f*.
algue [alg] *nf* alga *f Esp*, huiro *m Amér*.
alibi [alibi] *nm* coartada *f*.
aliénation [aljenasjɔ̃] *nf* - **1.** [asservissement] alienación *f* - **2.** JUR & MÉD enajenación *f* ; **~ mentale** enajenación mental.
aliéné, e [aljene] ◇ *adj* - **1.** [asservi] alienado(da) - **2.** JUR & MÉD enajenado(da). ◇ *nm, f* enajenado *m*, -da *f*.
aliéner [aljene] *vt* - **1.** [asservir] alienar - **2.** [renoncer à] renunciar a. ◆ **s'aliéner** *vp* enajenarse.
alignement [aliɲmɑ̃] *nm* [disposition] alineación *f*.
aligner [aliɲe] *vt* - **1.** [disposer en ligne] alinear - **2.** [présenter] exponer - **3.** [adapter] : **~ qqch sur qqch** ajustar algo a algo. ◆ **s'aligner** *vp* - **1.** [élèves, soldats] ponerse en fila - **2.** [se conformer à] : **s'~ sur qqch** alinearse con algo.
aliment [alimɑ̃] *nm* alimento *m*.
alimentaire [alimɑ̃tɛr] *adj* [produit] alimenticio(cia) ; [industrie] alimentario(ria) ; **c'est un travail purement ~** trabajo en eso porque tengo que comer.
alimentation [alimɑ̃tasjɔ̃] *nf* - **1.** [nourriture] alimentación *f* - **2.** [approvisionnement] abastecimiento *m*, suministro *m*.
alimenter [alimɑ̃te] *vt* - **1.** [nourrir] alimentar - **2.** [approvisionner] : **~ qqch en qqch** abastecer algo de algo, suministrar algo a algo - **3.** *fig* [entretenir] dar pie a.
alinéa [alinea] *nm* - **1.** [retrait de ligne] sangría *f* - **2.** [paragraphe] párrafo *m*.
aliter [alite] *vt* : **être alité** guardar cama. ◆ **s'aliter** *vp* encamarse.
allaitement [alɛtmɑ̃] *nm* lactancia *f*.
allaiter [alete] *vt* amamantar.
alléchant, e [aleʃɑ̃, ɑ̃t] *adj* - **1.** [gâteau] apetitoso(sa) - **2.** [proposition] tentador(ra).
allécher [aleʃe] *vt* - **1.** [appâter] atraer - **2.** [séduire] tentar.
allée [ale] *nf* - **1.** [de parc] paseo *m* ; [de jardin] camino *m* - **2.** [de cinéma, d'avion] pasillo *m (entre sillas o butacas)* - **3.** [trajet] : **~s et venues** idas y venidas.
allégé, e [aleʒe] *adj* [aliment] light ; [régime] bajo(ja) en calorías.
alléger [aleʒe] *vt* - **1.** [poids] aligerar - **2.** *fig* [impôts] reducir ; [douleur] aliviar.
allégorie [alegɔri] *nf* alegoría *f*.
allègre [alɛgr] *adj* vivo(va) ; [humor] jovial.
allégresse [alegrɛs] *nf* júbilo *m*.
alléguer [alege] *vt* alegar ; **~ que** alegar que.
Allemagne [almaɲ] *nf* : **l'~** Alemania.
allemand, e [almɑ̃, ɑ̃d] *adj* alemán(ana). ◆ **allemand** *nm* LING alemán *m*. ◆ **Allemand, e** *nm, f* alemán *m*, -ana *f*.
aller [ale] ◇ *nm* ida *f*. ◇ *vi* - **1.** [gén] ir ; **~ avec qqch** [s'accorder avec qqch] ir con algo ; **~ faire qqch** ir a hacer algo ; **~ chercher les enfants à l'école** ir a buscar a los niños a la escuela ; **allez!** ¡venga! ; **allons-y!** ¡vamos! ; **cette robe te va bien** este vestido te va OU sienta bien - **2.** [indiquant un état] estar ; **~ mieux** estar mejor ; **comment ça va?** ¿qué tal? ; **ça va** [réponse] bien ; **je vais bien** estoy bien - **3.** *loc* : **cela va de soi** eso cae por su propio peso ; **cela va sans dire** no hay ni que decirlo ; **il en va de même pour ...** pasa lo mismo con ... ; **il en va de même pour lui que pour elle** lo que vale para ella vale para él ; **il y va de votre vie** su vida está en juego. ◇ *v aux* [exprime le futur proche] : **je vais arriver en retard** voy a llegar tarde. ◆ **s'en aller** *vp* irse ; **allez-vous-en!** ¡iros!, ¡marchaos!
allergie [alɛrʒi] *nf* alergia *f* ; **~ à qqch** alergia a algo.

allergique [alɛrʒik] *adj* alérgico(ca) ; **~ à qqch** alérgico(ca) a algo.

aller-retour [alerətur] *nm* ida y vuelta *f*.

alliage [aljaʒ] *nm* aleación *f*.

alliance [aljɑ̃s] *nf* **- 1.** [union] alianza *f* **- 2.** [anneau] anillo *m* de boda **- 3.** [mariage] enlace *m* ; **par ~** [parent] político(ca). ◆ **Alliance française** *nf* : **l'Alliance française** la Alianza francesa *(institución encargada de la enseñanza y promoción de la lengua y cultura francesas en el extranjero)*.

allié, e [alje] *nm, f* aliado *m*, -da *f*.

allier [alje] *vt* **- 1.** [métaux] alear **- 2.** *fig* [personne, groupe] aliar. ◆ **s'allier** *vp* aliarse ; **s'~ à** aliarse con.

alligator [aligatɔr] *nm* aligátor *m*.

allô [alo] *interj* [en décrochant] ¿diga? ; [sollicitant une réponse] ¿oiga?

allocation [alɔkasjɔ̃] *nf* subsidio *m* ; **accorder/verser une ~** conceder/dar un subsidio ; **~ (de) chômage** subsidio de desempleo ; **~s familiales** prestación *f* familiar ; **~ (de) logement** *ayuda económica estatal para la vivienda*.

allocution [alɔkysjɔ̃] *nf* alocución *f*.

allonger [alɔ̃ʒe] ◇ *vt* **- 1.** [vêtement, silhouette] alargar **- 2.** [étendre - membre] estirar ; [- personne] tender **- 3.** *fam* [argent] apoquinar **- 4.** *fam* [coup] largar **- 5.** CULIN [sauce] aclarar. ◇ *vi* [jours] alargarse. ◆ **s'allonger** *vp* **- 1.** [se coucher] echarse **- 2.** [devenir plus long] alargarse.

allopathique [alɔpatik] *adj* alopático(ca).

allumage [alymaʒ] *nm* encendido *m*.

allume-cigares [alymsigar] *nm inv* encendedor *m (de coche)*.

allume-gaz [alymgaz] *nm inv* encendedor *m (de cocina)*.

allumer [alyme] *vt* **- 1.** [gén] encender **- 2.** [éclairer] encender la luz de **- 3.** *fam* [exciter] poner caliente.

allumette [alymɛt] *nf* cerilla *f Esp*, cerillo *m Amér*.

allumeuse [alymøz] *nf fam péj* calientabraguetas *f inv*.

allure [alyr] *nf* **- 1.** [vitesse] velocidad *f* ; **à toute ~** a toda marcha **- 2.** [prestance] porte *m* ; **avoir de l'~** tener clase **- 3.** [apparence] aspecto *m*.

allusion [alyzjɔ̃] *nf* alusión *f* ; **faire ~ à qqch/à qqn** referirse a algo/a alguien.

alluvions [alyvjɔ̃] *nfpl* aluviones *mpl*.

almanach [almana] *nm* almanaque *m*.

aloès [alɔɛs] *nm* áloe *m*.

aloi [alwa] *nm* : **de bon/de mauvais ~** de buen/mal gusto.

alors [alɔr] *adv* entonces ; **et ~, qu'est-ce qui s'est passé?** y, ¿qué pasó? ; **il va se mettre en colère -- et ~?** se va a enfadar -- ¿y qué? ; **ou ~** o si no ; **~, qu'est-ce qu'on fait?** bueno ¿qué hacemos? ; **ça ~!** ¡vaya! ◆ **jusqu'alors** *loc adv* hasta entonces ; **il n'avait rien dit jusqu'~** no había dicho nada hasta entonces. ◆ **alors que** *loc conj* **- 1.** [exprimant le temps] cuando, mientras que ; **l'orage éclata ~ que nous étions dehors** la tormenta estalló cuando estábamos fuera **- 2.** [exprimant l'opposition] aunque ; **on m'accuse ~ que je suis innocent** me acusan aunque soy inocente.

alouette [alwɛt] *nf* alondra *f*.

alourdir [alurdir] *vt* **- 1.** [véhicule, paquet] volver pesado(da) **- 2.** *fig* [impôts, charges] incrementar **- 3.** [phrase, style] recargar.

aloyau, x [alwajo] *nm* solomillo *m*.

Alpes [alp] *nfpl* : **les ~** los Alpes.

alphabet [alfabɛ] *nm* alfabeto *m* ; **~ braille** alfabeto Braille ; **~ Morse** alfabeto Morse.

alphabétique [alfabetik] *adj* alfabético(ca).

alphabétiser [alfabetize] *vt* alfabetizar.

alpin, e [alpɛ̃, in] *adj* alpino(na).

alpinisme [alpinism] *nm* alpinismo *m*.

alter ego [alterego] *nm inv* alter ego *m inv*.

altérer [altere] *vt* alterar. ◆ **s'altérer** *vp* alterarse.

alternance [altɛrnɑ̃s] *nf* alternancia *f* ; **en ~** alternativamente.

alternatif, ive [altɛrnatif, iv] *adj* **- 1.** [périodique] alterno(na) **- 2.** [parallèle] alternativo(va). ◆ **alternative** *nf* alternativa *f*.

alternativement [altɛrnativmɑ̃] *adv* alternativamente.

alterner [altɛrne] ◇ *vt* alternar ; **faire ~ qqch et qqch** alternar algo con algo. ◇ *vi* alternarse ; **~ avec qqch** alternarse con algo.

altier, ère [altje, ɛr] *adj sout* altanero(ra).

altitude [altityd] *nf* altura *f*, altitud *f* ; **le village est situé à 1 500 m d'~** el pueblo está a 1.500 m de altitud.

alto [alto] *nm* **- 1.** [voix] contralto *m* **- 2.** [instrument] viola *f*.

alu [aly] *fam* ◇ *nm* Albal® *m*. ◇ *adj* : **papier ~** papel *m* Albal®.

aluminium [alyminjɔm] *nm* aluminio *m*.
alvéole [alveɔl] *nm* OU *nf* - **1.** [cavité] celdilla *f* - **2.** ANAT alvéolo *m*.
amabilité [amabilite] *nf* amabilidad *f* ; **avoir l'~ de faire qqch** tener la amabilidad de hacer algo.
amadouer [amadwe] *vt* engatusar.
amaigrir [amegrir] *vt* enflaquecer.
amaigrissant, e [amegrisɑ̃, ɑ̃t] *adj* adelgazante.
amaigrissement [amegrismɑ̃] *nm* adelgazamiento *m*.
amalgame [amalgam] *nm* amalgama *f* ; **il ne faut pas faire l' ~ entre ces deux situations** no hay que mezclar las dos situaciones.
amalgamer [amalgame] *vt* amalgamar.
amande [amɑ̃d] *nf* almendra *f*.
amandier [amɑ̃dje] *nm* almendro *m*.
amant [amɑ̃] *nm* amante *m* ; **avoir/prendre un ~** tener/echarse un amante.
amarre [amar] *nf* amarra *f*.
amarrer [amare] *vt* amarrar.
amas [ama] *nm* montón *m*.
amasser [amase] *vt* amontonar *Esp*, arrumar *Amér*.
amateur [amatœr] *nm* - **1.** [par plaisir] aficionado *m*, -da *f* ; **en ~** como afición ; **être ~ de qqch** ser aficionado a algo - **2.** SPORT amateur *mf* - **3.** *péj* [dilettante] : **c'est un travail d'~** es un trabajo de aficionados.
Amazonie [amazɔni] *nf* : **l'~** la Amazonia.
amazonien, enne [amazɔnjɛ̃, ɛn] *adj* amazónico(ca).
ambassade [ɑ̃basad] *nf* embajada *f*.
ambassadeur, drice [ɑ̃basadœr, dris] *nm, f* embajador *m*, -ra *f*.
ambiance [ɑ̃bjɑ̃s] *nf* ambiente *m*.
ambiant, e [ɑ̃bjɑ̃, ɑ̃t] *adj* ambiente.
ambidextre [ɑ̃bidɛkstr] *adj* & *nmf* ambidextro(tra).
ambigu, uë [ɑ̃bigy] *adj* ambiguo(gua).
ambiguïté [ɑ̃bigɥite] *nf* ambigüedad *f*.
ambitieux, euse [ɑ̃bisjø, øz] *adj* & *nm, f* ambicioso(sa).
ambition [ɑ̃bisjɔ̃] *nf* - **1.** [désir de réussite] ambición *f* - **2.** [souhait] ilusión *f* ; **avoir l'~ de faire qqch** tener la ilusión de hacer algo.
ambivalent, e [ɑ̃bivalɑ̃, ɑ̃t] *adj* ambivalente.
ambre [ɑ̃br] *nm* ámbar *m*.
ambré, e [ɑ̃bre] *adj* ambarino(na).
ambulance [ɑ̃bylɑ̃s] *nf* ambulancia *f*.
ambulant, e [ɑ̃bylɑ̃, ɑ̃t] *adj* ambulante.
âme [am] *nf* alma *f* ; **~ sœur** alma gemela.
amélioration [ameljɔrasjɔ̃] *nf* mejora *f*.
améliorer [ameljɔre] *vt* mejorar. ◆ **s'améliorer** *vp* mejorarse.
amen [amɛn] *adv* amén.
aménagement [amenaʒmɑ̃] *nm* - **1.** [de lieu] habilitación *f*, acondicionamiento *m* - **2.** [de programme] planificación *f*.
aménager [amenaʒe] *vt* - **1.** [lieu] habilitar, acondicionar - **2.** [programme] planificar.
amende [amɑ̃d] *nf* multa *f*.
amender [amɑ̃de] *vt* - **1.** [projet de loi] enmendar - **2.** [sol] abonar. ◆ **s'amender** *vp* enmendarse.
amener [amne] *vt* - **1.** [emmener] llevar ; [faire venir avec soi] traer - **2.** [inciter] : **~ qqn à faire qqch** inducir a alguien a hacer algo - **3.** [occasionner] acarrear - **4.** *fig* [conclusion, dénouement] planificar.
amenuiser [amənɥize] *vt* - **1.** [amoindrir] achicar - **2.** [économies, espoir] disminuir. ◆ **s'amenuiser** *vp* reducirse.
amer, ère [amɛr] *adj* amargo(ga) *Esp*, amargoso(sa) *Amér*.
américain, e [amerikɛ̃, ɛn] *adj* americano(na), norteamericano(na). ◆ **américain** *nm* LING (inglés) americano *m*. ◆ **Américain, e** *nm, f* americano *m*, -na *f*, norteamericano *m*, -na *f*.
Amérique [amerik] *nf* : **l'~** América ; **l'~ centrale** América Central, Centroamérica ; **l'~ latine** América Latina, Latinoamérica ; **l'~ du Nord** América del Norte, Norteamérica ; **l'~ du Sud** América del Sur, Sudamérica.
amertume [amɛrtym] *nf* - **1.** [goût] amargor *m* - **2.** [rancœur] amargura *f*.
améthyste [ametist] *nf* amatista *f*.
ameublement [amœbləmɑ̃] *nm* mobiliario *m*.
ami, e [ami] ◇ *adj* amigo(ga) *Esp*, compa *Amér*. ◇ *nm, f* amigo *m*, -ga *f* ; **petit ~** novio *m*.
amiable [amjabl] ◆ **à l'amiable** *loc adv* : **régler qqch à l'~** solventar algo amistosamente.
amiante [amjɑ̃t] *nm* amianto *m*.
amibe [amib] *nf* ameba *f*.
amical, e, aux [amikal, o] *adj* amistoso(sa). ◆ **amicale** *nf* asociación *f*.
amidon [amidɔ̃] *nm* almidón *m*.
amidonner [amidɔne] *vt* almidonar.
amincissant, e [amɛ̃sisɑ̃, ɑ̃t] *adj* adelgazante.

amiral, aux [amiral, o] *nm* almirante *m*.
amitié [amitje] *nf* - **1.** [rapports amicaux] amistad *f* - **2.** [affection] afecto *m*. ◆ **amitiés** *nfpl* : **faire ses ~s à qqn** dar recuerdos a alguien.
ammoniac [amɔnjak] *nm* [gaz] amoníaco *m*.
ammoniaque [amɔnjak] *nf* amoníaco *m*.
amnésie [amnezi] *nf* amnesia *f*.
amniocentèse [amnjosɛ̃tɛz] *nf* amniocentesis *f inv*.
amnistie [amnisti] *nf* amnistía *f*.
amnistier [amnistje] *vt* amnistiar.
amoindrir [amwɛ̃drir] *vt* disminuir.
amonceler [amɔ̃sle] *vt* amontonar.
amont [amɔ̃] *nm* curso *m* alto ; **en ~** [d'une rivière] río arriba ; *fig* antes.
amoral, e, aux [amɔral, o] *adj* - **1.** [qui ignore la morale] amoral - **2.** [débauché] inmoral.
amorce [amɔrs] *nf* - **1.** [d'explosif, d'hameçon] cebo *m* - **2.** *fig* [commencement] inicio *m*.
amorcer [amɔrse] *vt* - **1.** [explosif, hameçon] cebar - **2.** *fig* [commencer] iniciar.
amorphe [amɔrf] *adj* - **1.** [personne] amuermado(da) - **2.** [matériau] amorfo(fa).
amortir [amɔrtir] *vt* - **1.** [choc, bruit] amortiguar - **2.** [dette, achat] amortizar.
amour [amur] *nm* [gén] amor *m* ; **faire l'~** hacer el amor.
amoureux, euse [amurø, øz] ◇ *adj* - **1.** [personne] enamorado(da) ; **tomber ~ de qqn** enamorarse de alguien - **2.** [geste] amoroso(sa) ; [regard] de amor. ◇ *nm, f* enamorado *m*, -da *f* ; **~ de qqch** amante *mf* de algo. ◆ **amoureux** *nm* novio *m Esp*, enamorado *m Amér*.
amour-propre [amurprɔpr] *nm* amor propio *m*.
amovible [amɔvibl] *adj* amovible.
ampère [ɑ̃pɛr] *nm* amperio *m*.
amphétamine [ɑ̃fetamin] *nf* anfetamina *f*.
amphi [ɑ̃fi] *nm fam* anfiteatro *m*.
amphibie [ɑ̃fibi] ◇ *adj* anfibio(bia). ◇ *nm* anfibio *m*.
amphithéâtre [ɑ̃fiteatr] *nm* anfiteatro *m*.
ample [ɑ̃pl] *adj* amplio(plia) ; **pour de plus ~s informations** para más información.
amplement [ɑ̃pləmɑ̃] *adv* [largement] ampliamente ; **~ suffisant** más que suficiente.
ampleur [ɑ̃plœr] *nf* - **1.** [de vêtement] holgura *f* - **2.** [de mouvement] amplitud *f* - **3.** [de voix] potencia *f* - **4.** *fig* [d'événement] importancia *f*.
ampli [ɑ̃pli] *nm fam* ampli *m*.
amplificateur, trice [ɑ̃plifikatœr, tris] *adj* amplificador(ra). ◆ **amplificateur** *nm* amplificador *m*.
amplifier [ɑ̃plifje] *vt* - **1.** [mouvement, image] ampliar - **2.** [son, problème] amplificar - **3.** [fait] exagerar.
amplitude [ɑ̃plityd] *nf* amplitud *f*.
ampoule [ɑ̃pul] *nf* - **1.** [de lampe] bombilla *f Esp*, bombillo *m Amér* - **2.** [de peau, de médicament] ampolla *f*.
amputation [ɑ̃pytasjɔ̃] *nf* amputación *f*.
amputer [ɑ̃pyte] *vt* - **1.** MÉD amputar - **2.** *fig* [couper] recortar.
Amsterdam [amstɛrdam] *n* Amsterdam.
amulette [amylɛt] *nf* amuleto *m*.
amusant, e [amyzɑ̃, ɑ̃t] *adj* divertido(da).
amuse-gueule [amyzgøl] *nm inv fam* pinchito *m*.
amusement [amyzmɑ̃] *nm* diversión *f*.
amuser [amyze] *vt* divertir. ◆ **s'amuser** *vp* - **1.** [se distraire] divertirse ; **tu t'es bien amusé?** ¿te lo has pasado bien? ; **il s'amusait à regarder les gens qui passaient** se dedicaba a mirar a la gente que pasaba - **2.** *fam* [perdre son temps] : **je ne vais pas m'~ à tout recompter** no voy a ponerme ahora a contarlo todo de nuevo.
amygdale [amidal] *nf* amígdala *f*.
an [ɑ̃] *nm* año *m* ; **avoir sept ~s** tener siete años ; **le nouvel ~** el año nuevo.
anabolisant [anabɔlizɑ̃] *nm* anabolizante *m*.
anachronique [anakrɔnik] *adj* anacrónico(ca).
anachronisme [anakrɔnism] *nm* anacronismo *m*.
anagramme [anagram] *nf* anagrama *m*.
anal, e, aux [anal, o] *adj* anal.
analgésique [analʒezik] ◇ *adj* analgésico(ca). ◇ *nm* analgésico *m*.
anallergique [analɛrʒik] *adj* hipoalergénico(ca).
analogie [analɔʒi] *nf* analogía *f*.
analogique [analɔʒik] *adj* analógico(ca).
analogue [analɔg] ◇ *nm* equivalente *m*. ◇ *adj* análogo(ga).

analphabète [analfabɛt] *adj* & *nmf* analfabeto(ta).
analphabétisme [analfabetism] *nm* analfabetismo *m*.
analyse [analiz] *nf* - **1.** [gén] análisis *m inv* - **2.** PSYCHANALYSE psicoanálisis *m inv*.
analyser [analize] *vt* - **1.** [gén] analizar - **2.** PSYCHANALYSE psicoanalizar.
analyste [analist] *nmf* - **1.** [gén] analista *mf* - **2.** PSYCHANALYSE psicoanalista *mf*.
analyste-programmeur, euse [analistprɔgramœr, øz] *nm, f* analista programador *m*, analista programadora *f*.
analytique [analitik] *adj* - **1.** [gén] analítico(ca) - **2.** PSYCHANALYSE psicoanalítico(ca).
ananas [anana(s)] *nm* piña *f*.
anarchie [anarʃi] *nf* anarquía *f*.
anarchique [anarʃik] *adj* anárquico(ca).
anarchiste [anarʃist] *adj* & *nmf* anarquista.
anatomie [anatɔmi] *nf* anatomía *f*.
anatomique [anatɔmik] *adj* anatómico(ca).
ancestral, e, aux [ɑ̃sɛstral, o] *adj* ancestral.
ancêtre [ɑ̃sɛtr] *nm* - **1.** [ascendant] antepasado *m* - **2.** *fig* [initiateur] precursor *m* - **3.** [forme première] predecesor *m*. ◆ **ancêtres** *nmpl* [aïeux] ancestros *mpl*.
anchois [ɑ̃ʃwa] *nm* [frais] boquerón *m* ; [mariné] anchoa *f*.
ancien, enne [ɑ̃sjɛ̃, ɛn] ◇ *adj* - **1.** [gén] antiguo(gua) ; **la Grèce ~ne** la antigua Grecia - **2.** *(avant n)* [précédent] ex. ◇ *nm, f* antiguo alumno *m*, antigua alumna *f*.
anciennement [ɑ̃sjɛnmɑ̃] *adv* antiguamente.
ancienneté [ɑ̃sjɛnte] *nf* antigüedad *f*.
ancrage [ɑ̃kraʒ] *nm* - **1.** NAVIG anclaje *m* - **2.** *fig* [enracinement] arraigamiento *m*.
ancre [ɑ̃kr] *nf* ancla *f*; **jeter/lever l'~** echar/levar anclas.
Andalousie [ɑ̃daluzi] *nf* : **l'~** Andalucía.
Andes [ɑ̃d] *nfpl* : **les ~** los Andes.
Andorre [ɑ̃dɔr] *nf* : **(la principauté d')~** (el principado de) Andorra.
andouille [ɑ̃duj] *nf* - **1.** [charcuterie] *embutido a base de tripas de cerdo* - **2.** *fam* [personne] imbécil *mf Esp*, huevón *m*, -ona *f Amér*.
âne [an] *nm* - **1.** ZOOL asno *m*, burro *m* - **2.** *fam* [personne] burro *m*.
anéantir [aneɑ̃tir] *vt* - **1.** [ville, efforts] aniquilar - **2.** [démoraliser] asolar.
anecdote [anɛkdɔt] *nf* anécdota *f*.
anecdotique [anɛkdɔtik] *adj* anecdótico(ca).
anémie [anemi] *nf* - **1.** MÉD anemia *f* - **2.** *fig* [affaiblissement] debilitamiento *m*.
anémique [anemik] *adj* - **1.** MÉD anémico(ca) - **2.** *fig* [faible] débil.
anémone [anemɔn] *nf* anémona *f*.
ânerie [anri] *nf fam* burrada *f*.
ânesse [anɛs] *nf* asna *f*, burra *f*.
anesthésie [anɛstezi] *nf* anestesia *f* ; **~ locale/générale** anestesia local/general.
anesthésier [anɛstezje] *vt* - **1.** MÉD anestesiar - **2.** *fig* [opinion, population] neutralizar.
anesthésique [anɛstezik] ◇ *nm* anestésico *m*. ◇ *adj* anestésico(ca).
anesthésiste [anɛstezist] *nmf* anestesista *mf*.
anfractuosité [ɑ̃fraktɥozite] *nf* anfractuosidad *f*.
ange [ɑ̃ʒ] *nm* ángel *m* ; **~ gardien** ángel de la guarda ; **être aux ~s** *fig* estar en la gloria.
angélique [ɑ̃ʒelik] ◇ *adj* angelical. ◇ *nf* - **1.** BOT angélica *f* - **2.** [confiserie] *hojas de angélica confitadas*.
angélus [ɑ̃ʒelys] *nm* ángelus *m inv*.
angine [ɑ̃ʒin] *nf* angina *f*.
anglais, e [ɑ̃glɛ, ɛz] *adj* inglés(esa). ◆ **anglais** *nm* LING inglés *m*. ◆ **Anglais, e** *nm, f* inglés *m*, -esa *f*. ◆ **à l'anglaise** *loc adv* CULIN al vapor ; **filer à l'~e** *fig* despedirse a la francesa. ◆ **anglaises** *nfpl* [boucles] tirabuzones *mpl*.
angle [ɑ̃gl] *nm* - **1.** [gén] ángulo *m* - **2.** [coin] esquina *f*.
Angleterre [ɑ̃glətɛr] *nf* : **l'~** Inglaterra.
anglican, e [ɑ̃glikɑ̃, an] *adj* & *nm, f* anglicano(na).
anglophone [ɑ̃glɔfɔn] *adj* & *nmf* anglófono(na).
anglo-saxon, onne [ɑ̃glosaksɔ̃, ɔn] *adj* anglosajón(ona). ◆ **Anglo-Saxon, onne** *nm, f* anglosajón *m*, -ona *f*.
angoissant, e [ɑ̃gwasɑ̃, ɑ̃t] *adj* angustioso(sa).
angoisse [ɑ̃gwas] *nf* angustia *f*.
angoisser [ɑ̃gwase] *vt* angustiar. ◆ **s'angoisser** *vp* - **1.** [être anxieux] angustiarse - **2.** *fam* [s'inquiéter] agobiarse.
Angola [ɑ̃gɔla] *nm* : **l'~** Angola.
anguille [ɑ̃gij] *nf* ZOOL anguila *f*.
anguleux, euse [ɑ̃gylø, øz] *adj* anguloso(sa).

anicroche [anikrɔʃ] *nf* obstáculo *m*.
animal, e, aux [animal, o] *adj* - **1.** [propre à l'animal] animal - **2.** *fig* [instinctif] instintivo(va). ◆ **animal** *nm* - **1.** [bête] animal *m* ; ~ **sauvage/domestique** animal salvaje/doméstico - **2.** *fam* [personne] animal *m*.
animateur, trice [animatœr, tris] *nm, f* - **1.** [gén] animador *m*, -ra *f* - **2.** RADIO & TÉLÉ presentador *m*, -ra *f*.
animation [animasjɔ̃] *nf* - **1.** [gén] animación *f* - **2.** [spectacle] actuación *f*.
animatrice ▷ **animateur**.
animé, e [anime] *adj* animado(da).
animer [anime] *vt* - **1.** [conversation, fête] animar - **2.** [émission] presentar. ◆ **s'animer** *vp* animarse.
animosité [animozite] *nf* animosidad *f*.
anis [ani(s)] *nm* anís *m*.
ankyloser [ɑ̃kiloze] ◆ **s'ankyloser** *vp* anquilosarse.
annales [anal] *nfpl* anales *mpl* ; ~ **du bac** *manual que recopila anualmente temas y modelos de ejercicios del examen final del bachillerato francés*.
anneau, x [ano] *nm* - **1.** [de rideau] anilla *f* - **2.** [bague, de reptile] anillo *m* - **3.** [de chaîne] eslabón *m*.
année [ane] *nf* año *m* ; ~ **fiscale/lumière** año fiscal/luz ; ~ **scolaire** curso *m* escolar.
annexe [anɛks] ◇ *adj* adicional. ◇ *nf* anexo *m*.
annexer [anekse] *vt* - **1.** [pays] anexionar - **2.** [joindre] adjuntar ; ~ **qqch à qqch** adjuntar algo a algo.
annexion [anɛksjɔ̃] *nf* anexión *f*.
annihiler [aniile] *vt* aniquilar.
anniversaire [anivɛrsɛr] ◇ *nm* [de naissance] cumpleaños *m inv* ; [d'un autre événement] aniversario *m*. ◇ *adj* [de naissance] de cumpleaños ; [d'un autre événement] de aniversario.
annonce [anɔ̃s] *nf* anuncio *m* ; ~ **commerciale** anuncio (comercial) ; **petite** ~ anuncio por palabras.
annoncer [anɔ̃se] *vt* anunciar.
annonceur, euse [anɔ̃sœr, øz] *nm, f* locutor *m*, -ra *f*. ◆ **annonceur** *nm* COMM anunciante *mf*.
annonciateur, trice [anɔ̃sjatœr, tris] *adj* que presagia.
Annonciation [anɔ̃sjasjɔ̃] *nf inv* Anunciación *f*.
annoter [anɔte] *vt* anotar.
annuaire [anɥɛr] *nm* anuario *m* ; ~ **téléphonique** guía *f* telefónica.
annuel, elle [anɥɛl] *adj* anual.
annuité [anɥite] *nf* - **1.** [paiement] anualidad *f* - **2.** [année de service] año *m*.
annulaire [anylɛr] *adj* & *nm* anular.
annulation [anylasjɔ̃] *nf* anulación *f*.
annuler [anyle] *vt* anular. ◆ **s'annuler** *vp* anularse.
anoblir [anɔblir] *vt* ennoblecer.
anode [anɔd] *nf* ánodo *m*.
anodin, e [anɔdɛ̃, in] *adj* anodino(na).
anomalie [anɔmali] *nf* anomalía *f*.
ânon [anɔ̃] *nm* borriquillo *m*, borriquito *m*.
ânonner [anɔne] ◇ *vi* balbucear. ◇ *vt* murmurar.
anonymat [anɔnima] *nm* anonimato *m*.
anonyme [anɔnim] *adj* - **1.** [sans nom] anónimo(ma) - **2.** [impersonnel] impersonal.
anorak [anɔrak] *nm* anorak *m*.
anorexie [anɔrɛksi] *nf* anorexia *f*.
anormal, e, aux [anɔrmal, o] ◇ *adj* - **1.** [gén] anormal - **2.** MÉD subnormal - **3.** [intolérable] : **il est ~ que** no es normal que. ◇ *nm, f* subnormal *mf*.
ANPE (*abr de* **Agence nationale pour l'emploi**) *nf instituto nacional de empleo francés*, ≃ INEM *m* ; **s'inscrire à l'~** ≃ darse de alta en el INEM.
anse [ɑ̃s] *nf* - **1.** [d'ustensile] asa *f (de un objeto redondo)* - **2.** GÉOGR ensenada *f*.
antagoniste [ɑ̃tagɔnist] *adj* & *nmf* antagonista.
antarctique [ɑ̃tarktik] *adj* antártico(ca). ◆ **Antarctique** *nm* : **l'Antarctique** [continent] la Antártida ; [océan] el Antártico.
antécédent [ɑ̃tesedɑ̃] *nm* antecedente *m*.
antenne [ɑ̃tɛn] *nf* - **1.** [d'insecte, de télévision, de radio] antena *f* ; ~ **parabolique** antena parabólica - **2.** [succursale] delegación *f*.
antérieur, e [ɑ̃terjœr] *adj* anterior.
antérieurement [ɑ̃terjœrmɑ̃] *adv* anteriormente.
antériorité [ɑ̃terjɔrite] *nf* anterioridad *f*.
anthologie [ɑ̃tɔlɔʒi] *nf* antología *f*.
anthracite [ɑ̃trasit] ◇ *nm* antracita *f*. ◇ *adj inv* gris antracita.
anthropologie [ɑ̃trɔpɔlɔʒi] *nf* antropología *f*.
anthropophage [ɑ̃trɔpɔfaʒ] *adj* & *nmf* antropófago(ga).
anti-âge [ɑ̃tiaʒ] ▷ **crème**.
antialcoolique [ɑ̃tialkɔlik] ▷ **ligue**.

ardemment [ardamɑ̃] *adv* ardientemente.
ardent, e [ardɑ̃, ɑ̃t] *adj* [gén] ardiente.
ardeur [ardœr] *nf* - **1.** [gén] ardor *m* - **2.** [au travail] dinamismo *m*.
ardoise [ardwaz] *nf* pizarra *f*.
ardu, e [ardy] *adj* arduo(dua).
are [ar] *nm* área *f*.
arène [arɛn] *nf* ruedo *m*. ◆ **arènes** *nfpl* plaza *f* de toros.
arête [arɛt] *nf* - **1.** [de poisson] espina *f* - **2.** [de toit] caballete *m* - **3.** [de montagne] cresta *f* - **4.** [du nez] línea *f*.
argent [arʒɑ̃] *nm* - **1.** [métal, couleur] plata *f* - **2.** [monnaie] dinero *m* ; **~ liquide** dinero en metálico ; **~ de poche** dinero de bolsillo, dinero para gastos menudos ; [que donnent les parents] paga *f*.
argenté, e [arʒɑ̃te] *adj* plateado(da).
argenterie [arʒɑ̃tri] *nf* plata *f (vajilla y cubertería)*.
argentin, e [arʒɑ̃tɛ̃, in] *adj* argentino(na). ◆ **Argentin, e** *nm, f* argentino *m*, -na *f*.
Argentine [arʒɑ̃tin] *nf* : **l'~** (la) Argentina.
argile [arʒil] *nf* arcilla *f*.
argileux, euse [arʒilø, øz] *adj* arcilloso(sa).
argot [argo] *nm* - **1.** [langue populaire] argot *m* - **2.** [jargon] jerga *f*.
argotique [argɔtik] *adj* de argot.
argument [argymɑ̃] *nm* argumento *m* ; **~ de vente** argumento (de venta).
argumentaire [argymɑ̃tɛr] *nm* COMM argumentación *f*.
argumentation [argymɑ̃tasjɔ̃] *nf* argumentación *f*.
argumenter [argymɑ̃te] *vi* & *vt* argumentar.
argus [argys] *nm* : **être coté à l'~ (de l'automobile)** *aparecer en la lista oficial de precios de los coches de ocasión*.
aride [arid] *adj* - **1.** [terre] árido(da) - **2.** [cœur, esprit] insensible.
aridité [aridite] *nf* - **1.** [sécheresse, difficulté] aridez *f* - **2.** [froideur] insensibilidad *f*.
aristocrate [aristɔkrat] *nmf* aristócrata *mf*.
aristocratie [aristɔkrasi] *nf* aristocracia *f*.
aristocratique [aristɔkratik] *adj* aristocrático(ca).
arithmétique [aritmetik] ◇ *nf* aritmética *f*. ◇ *adj* aritmético(ca).
armateur [armatœr] *nm* armador *m*.
armature [armatyr] *nf* - **1.** [gén] armazón *m* - **2.** *fig* [base] estructura *f*.
arme [arm] *nf* arma *f* ; **~ à feu/blanche** arma de fuego/blanca. ◆ **armes** *nfpl* - **1.** [armée] : **les ~s** la milicia - **2.** [blason] armas *fpl* - **3.** *loc* : **faire ses premières ~s** hacer sus pinitos ; **fourbir ses ~s** velar las armas.
armée [arme] *nf* - **1.** [troupes] ejército *m* ; **l'~ de l'air/de terre** el ejército del aire/de tierra - **2.** [service militaire] servicio *m* militar ; **être à l'~** hacer la mili - **3.** [unité militaire] cuerpo *m* de ejército. ◆ **Armée du Salut** *nf* : **l'Armée du Salut** el Ejército de Salvación.
armement [armәmɑ̃] *nm* - **1.** [gén] armamento *m* ; **l'industrie de l'~** la industria armamentista - **2.** [d'un appareil photo] arrastre *m*.
Arménie [armeni] *nf* : **l'~** Armenia.
armer [arme] *vt* - **1.** [personne, groupe] armar ; **être armé pour qqch/pour faire qqch** *fig* estar preparado para algo/para hacer algo - **2.** [fusil] cargar - **3.** [appareil photo] arrastrar.
armistice [armistis] *nm* armisticio *m*.
armoire [armwar] *nf* armario *m* ; **c'est une ~ à glace!** *fig* ¡está cuadrado!
armoiries [armwari] *nfpl* escudo *m* de armas.
armure [armyr] *nf* armadura *f*.
armurier [armyrje] *nm* armero *m*.
arnaque [arnak] *nf fam* estafa *f Esp*, calote *m Amér*.
arnaquer [arnake] *vt fam* estafar.
aromate [arɔmat] *nm* especia *f*.
arôme [arom] *nm* - **1.** [odeur - de plat] olor *m* ; [- du vin] bouquet *m* ; [- de fleur] fragancia *f* - **2.** [goût] aroma *m*.
arpège [arpɛʒ] *nm* arpegio *m*.
arpenter [arpɑ̃te] *vt* - **1.** [marcher] ir y venir *(por una habitación)* - **2.** [mesurer] apear.
arqué, e [arke] *adj* arqueado(da) ; **avoir les jambes ~es** tener las piernas arqueadas.
arr. *abr de* **arrondissement**.
arrache-pied [araʃpje] ◆ **d'arrache-pied** *loc adv* sin descanso.
arracher [araʃe] *vt* - **1.** [gén] arrancar ; **~ qqch des mains** quitar algo de las manos - **2.** [sortir] : **~ qqn à qqch** [pensées, occupations] sacar a alguien de algo.
arrangeant, e [arɑ̃ʒɑ̃, ɑ̃t] *adj* acomodaticio(cia).
arrangement [arɑ̃ʒmɑ̃] *nm* - **1.** [enten-

te & MUS] arreglo *m* - **2.** [disposition] colocación *f*.

arranger [arɑ̃ʒe] *vt* - **1.** [gén] arreglar - **2.** [organiser] concertar - **3.** [convenir à] convenir ; **ça ne m'arrange pas** *fam* no me viene bien - **4.** MUS hacer arreglos. ◆ **s'arranger** *vp* - **1.** [dispute, situation] arreglarse - **2.** [se mettre d'accord] ponerse de acuerdo - **3.** [se débrouiller] : **s'~ pour faire qqch** arreglárselas para hacer algo.

arrestation [arɛstasjɔ̃] *nf* detención *f* ; **être en état d'~** estar detenido(da).

arrêt [arɛ] *nm* - **1.** [de mouvement, station] parada *f* ; **être à l'~** [véhicule] estar parado(da) ; **tomber en ~ devant qqch** quedarse parado(da) ante algo - **2.** [interruption] interrupción *f*, suspensión *f* ; **sans ~** sin cesar ; **~ maladie** baja *f* por enfermedad ; **~ de travail** baja *f* (laboral) - **3.** JUR fallo *m*.

arrêté [arete] *nm* - **1.** ADMIN orden *f* gubernativa - **2.** FIN liquidación *f* de deuda.

arrêter [arete] ◇ *vt* - **1.** [véhicule, machine] parar ; **on n'arrête pas le progrès** el progreso es imparable - **2.** [date] fijar - **3.** [voleur] detener - **4.** [études etc] dejar - **5.** [compte, dette] liquidar. ◇ *vi* [cesser] parar ; **~ de** dejar de. ◆ **s'arrêter** *vp* pararse ; **s'~ à qqch** [prêter attention à] fijarse en algo ; **s'~ de faire qqch** dejar de hacer algo.

arrhes [ar] *nfpl* paga *f* y señal.

arrière [arjɛr] ◇ *adj inv* trasero(ra) ; **la marche ~** la marcha atrás ; **les roues ~** las ruedas traseras. ◇ *nm* - **1.** [de véhicule] parte *f* de atrás ; **à l'~** en la parte de atrás, detrás ; **assurer ses ~s** protegerse las espaldas - **2.** SPORT defensa *m*. ◆ **en arrière** *loc adv* atrás. ◆ **en arrière de** *loc prép* detrás de.

arriéré, e [arjere] *adj péj* - **1.** [personne] retrasado(da) - **2.** [idées] anticuado(da) - **3.** [pays, région] atrasado(da). ◆ **arriéré** *nm* atraso *m*.

arrière-boutique (*pl* **arrière-boutiques**) *nf* trastienda *f*.

arrière-garde (*pl* **arrière-gardes**) *nf* retaguardia *f* ; **un combat d'~** una última tentativa.

arrière-goût (*pl* **arrière-goûts**) *nm* regusto *m*.

arrière-grand-mère (*pl* **arrière-grands-mères**) *nf* bisabuela *f*.

arrière-grand-père (*pl* **arrière-grands-pères**) *nm* bisabuelo *m*.

arrière-pensée (*pl* **arrière-pensées**) *nf* segunda intención *f* ; **sans ~** de buena fe.

arrière-plan (*pl* **arrière-plans**) *nm* segundo plano *m*.

arrière-saison (*pl* **arrière-saisons**) *nf* final *m* del otoño.

arrière-train (*pl* **arrière-trains**) *nm* trasero *m*.

arrimer [arime] *vt* estibar.

arrivage [arivaʒ] *nm* - **1.** [de marchandises] arribada *f* - **2.** *iron* [de touristes] hornada *f*.

arrivée [arive] *nf* - **1.** [venue] llegada *f* - **2.** [d'air, essence] entrada *f*.

arriver [arive] ◇ *vi* - **1.** [venir] llegar ; **~ à** [lieu, heure] llegar a ; **~ de** [provenance] llegar de ; **~ en** OU **par** [moyen] llegar en ; **~ jusqu'à** llegar hasta, alcanzar ; **quoi qu'il arrive** pase lo que pase - **2.** [réussir] triunfar ; **~ à faire qqch** conseguir hacer algo. ◇ *v impers* pasar, suceder ; **il arrive à tout le monde de se tromper** todos podemos equivocarnos ; **il m'est arrivé une drôle d'aventure** me ha pasado una cosa curiosa ; **il arrive qu'en mai il fasse frais** puede (suceder) que en mayo haga frío.

arrivisme [arivism] *nm péj* arribismo *m*.

arrobas, arobas [arɔbas] *nf* arroba *f*.

arrogance [arɔgɑ̃s] *nf* arrogancia *f*.

arrogant, e [arɔgɑ̃, ɑ̃t] *adj* arrogante.

arroger [arɔʒe] ◆ **s'arroger** *vp* arrogarse.

arrondi [arɔ̃di] *nm* redondeo *m*.

arrondir [arɔ̃dir] *vt* redondear.

arrondissement [arɔ̃dismɑ̃] *nm* - **1.** ADMIN distrito *m* - **2.** [de somme] redondeo *m*.

arroser [aroze] *vt* - **1.** [jardin] regar - **2.** [suj : rivière] bañar - **3.** *fam* [repas] regar - **4.** *fam* [célébrer] remojar ; **il faut ~ ça!** ¡esto hay que remojarlo! - **5.** *fam* [mélanger] : **~ son café** echar unas gotas en el café - **6.** *fam* [soudoyer] untar.

arrosoir [arozwar] *nm* regadera *f*.

arsenal, aux [arsənal, o] *nm* arsenal *m*.

arsenic [arsənik] *nm* arsénico *m*.

art [ar] *nm* arte *m* OU *f* ; **avoir l'~ de** *iron* tener el don de ; **~ dramatique** arte dramático ; **~s et métiers** artes y oficios ; **~s plastiques** artes plásticas ; **le septième ~** el séptimo arte.

art. (*abr de* **article**) art., arto.

Arte [arte] *n* Arte *(canal cultural franco alemán)*.

artère [artɛr] *nf* arteria *f* ; **grande ~** [rue] gran arteria.

artériel, elle [arterjɛl] *adj* arterial.

artériosclérose [arterjɔskleroz] *nf* arteriosclerosis *f inv*.
arthrite [artrit] *nf* artritis *f inv*.
arthrose [artroz] *nf* artrosis *f inv*.
artichaut [artiʃo] *nm* alcachofa *f Esp*, alcaucil *m Amér*.
article [artikl] *nm* artículo *m* ; **~ de fond** artículo de fondo ; **à l'~ de la mort** in articulo mortis.
articulation [artikylasjɔ̃] *nf* **- 1.** [gén] articulación *f* **- 2.** JUR exposición *f* **- 3.** [liaison] estructuración *f*.
articuler [artikyle] *vt* **- 1.** [gén] articular ; **articulez!** ¡vocalice! **- 2.** JUR exponer.
artifice [artifis] *nm* artimaña *f*.
artificiel, elle [artifisjɛl] *adj* artificial.
artificiellement [artifisjɛlmɑ̃] *adv* de manera artificial.
artillerie [artijri] *nf* artillería *f* ; **~ lourde** *fig* artillería pesada.
artilleur [artijœr] *nm* artillero *m*.
artisan, e [artizɑ̃, an] *nm, f* artesano *m*, -na *f*.
artisanal, e, aux [artizanal, o] *adj* artesanal.
artisanat [artizana] *nm* **- 1.** [art] artesanía *f* **- 2.** [ensemble des artisans] artesanado *m*.
artiste [artist] ◇ *nmf* artista *mf* ; **~ peintre** pintor *m*, -ra *f*. ◇ *adj* artístico(ca).
artistique [artistik] *adj* artístico(ca).
as[1] [a] ⊳ **avoir**.
as[2] [as] *nm* **- 1.** [gén] as *m* ; **~ de carreau/de cœur/de pique/de trèfle** as de diamantes/de corazones/de picas/de trébol **- 2.** [au tiercé] uno *m*.
AS *abr de* **association sportive**.
ascendant, e [asɑ̃dɑ̃, ɑ̃t] *adj* ascendente. ◆ **ascendant** *nm* ascendiente *m*.
ascenseur [asɑ̃sœr] *nm* ascensor *m Esp*, elevador *m Amér*.
ascension [asɑ̃sjɔ̃] *nf* **- 1.** [montée] ascensión *f* ; **l'~ d'une montagne** la ascensión a una montaña **- 2.** [réussite] ascenso *m*. ◆ **Ascension** *nf* : **l'Ascension** la Ascensión.
ascète [asɛt] *nmf* asceta *mf*.
aseptisé, e [asɛptize] *adj* aséptico(ca).
aseptiser [asɛptize] *vt* aseptizar.
asiatique [azjatik] *adj* asiático(ca). ◆ **Asiatique** *nmf* asiático *m*, -ca *f*.
Asie [azi] *nf* : **l'~** Asia ; **l'~ centrale** Asia central ; **l'~ du Sud-Est** (el) Sureste asiático.
asile [azil] *nm* **- 1.** [refuge] asilo *m* **- 2.** [psychiatrique] manicomio *m*.
asocial, e, aux [asɔsjal, o] ◇ *adj* antisocial. ◇ *nm, f* inadaptado *m*, -da *f*.
aspect [aspɛ] *nm* aspecto *m* ; **à l'~ de qqch** *sout* [à la vue de] por el cariz de algo.
asperge [aspɛrʒ] *nf* espárrago *m*.
asperger [aspɛrʒe] *vt* : **~ qqn de qqch** salpicar a alguien con algo.
aspérité [asperite] *nf* aspereza *f*.
aspersion [aspɛrsjɔ̃] *nf* aspersión *f*.
asphalte [asfalt] *nm* asfalto *m*.
asphyxie [asfiksi] *nf* asfixia *f*.
asphyxier [asfiksje] *vt* asfixiar.
aspic [aspik] *nm* áspid *m*.
aspirant, e [aspirɑ̃, ɑ̃t] *adj* aspirante. ◆ **aspirant** *nm* *grado inmediatamente inferior al de alférez en la milicia francesa* ; [dans la marine] ≃ guardiamarina *m*.
aspirateur [aspiratœr] *nm* aspirador *m*.
aspiration [aspirasjɔ̃] *nf* aspiración *f*. ◆ **aspirations** *nfpl* [désirs] aspiraciones *fpl*.
aspirer [aspire] ◇ *vt* aspirar. ◇ *vi* : **~ à qqch/à faire qqch** aspirar a algo/a hacer algo.
aspirine [aspirin] *nf* aspirina® *f*.
assagir [asaʒir] *vt* **- 1.** [personne] volver juicioso(sa) **- 2.** [passion] moderar. ◆ **s'assagir** *vp* sentar la cabeza.
assaillant, e [asajɑ̃, ɑ̃t] *adj* & *nm, f* asaltante.
assaillir [asajir] *vt* asaltar ; **~ qqn de qqch** [questions etc] acosar a alguien con algo.
assainir [asenir] *vt* sanear.
assaisonnement [asɛzɔnmɑ̃] *nm* aliño *m*.
assaisonner [asezɔne] *vt* **- 1.** CULIN aliñar ; **~ de** *fig* amenizar con **- 2.** *fam* [gronder] reñir.
assassin, e [asasɛ̃, in] *adj* [regard] asesino(na) ; [critique] mordaz. ◆ **assassin** *nm* asesino *m*, -na *f*.
assassinat [asasina] *nm* asesinato *m*.
assassiner [asasine] *vt* asesinar.
assaut [aso] *nm* asalto *m* ; **donner l'~ à** asaltar ; **monter à l'~ de** lanzarse al asalto de ; **prendre qqch d'~** tomar algo por asalto.
assécher [aseʃe] *vt* **- 1.** [terre] desecar **- 2.** [réserve d'eau] desaguar.
ASSEDIC, Assedic [asedik] (*abr de* **Association pour l'emploi dans l'industrie et le commerce**) *nfpl* *asociación francesa que asigna los subsidios de desempleo* ; **toucher les ~** cobrar el paro.
assemblage [asɑ̃blaʒ] *nm* **- 1.** [montage]

montaje *m* - **2.** [réunion] combinación *f* - **3.** TECHNOL ensamblaje *m*.

assemblée [asɑ̃ble] *nf* - **1.** [public] reunión *f* - **2.** ADMIN junta *f* - **3.** POLIT asamblea *f*. ◆ **Assemblée nationale** *nf* : **l'Assemblée nationale** ≃ el Congreso de los diputados.

assembler [asɑ̃ble] *vt* - **1.** [monter] montar - **2.** [réunir] reunir - **3.** TECHNOL ensamblar. ◆ **s'assembler** *vp* [personnes] congregarse.

assener, asséner [asene] *vt* asestar.

assentiment [asɑ̃timɑ̃] *nm* consentimiento *m*.

asseoir [aswar] *vt* - **1.** [sur un siège] sentar ; **faire ~ qqn** hacer sentar a alguien - **2.** [fondations] asentar - **3.** [réputation] basar - **4.** [impôt] establecer. ◆ **s'asseoir** *vp* sentarse ; **asseyez-vous!** [messieurs] ¡siéntense! ; [monsieur] ¡siéntese! ; **s'~ sur qqch** sentarse en algo.

assermenté, e [asɛrmɑ̃te] *adj* - **1.** [fonctionnaire, traducteur] jurado(da) - **2.** [témoin] juramentado(da).

assertion [asɛrsjɔ̃] *nf* aserción *f*.

asservir [asɛrvir] *vt* esclavizar.

assesseur [asesœr] *nm* asesor *m*, -ra *f*.

assez [ase] *adv* - **1.** [suffisamment] suficiente ; **~ de** suficiente ; **~ de chaises** suficientes sillas ; **~ de lait** suficiente leche ; **en avoir ~ de qqch/de qqn** estar harto(ta) de algo/de alguien - **2.** [plutôt] bastante ; **il roule ~ vite** conduce bastante rápido ; **~ bien** bastante bien.

assidu, e [asidy] *adj* - **1.** [élève] asiduo(dua) - **2.** [travail] constante.

assiduité [asidɥite] *nf* - **1.** [zèle] perseverancia *f* - **2.** [fréquence] asiduidad *f* ; **avec ~** con asiduidad, asiduamente. ◆ **assiduités** *nfpl péj* & *sout* [attentions] atenciones *fpl*.

assiéger [asjeʒe] *vt* asediar.

assiette [asjɛt] *nf* - **1.** [gén] plato *m* ; **~ anglaise** ≃ entremeses *mpl* variados ; **~ creuse** OU **à soupe** plato hondo OU sopero ; **~ à dessert** plato de postre ; **ne pas être dans son ~** *fam* no encontrarse bien - **2.** [de cavalier] equilibrio *m* - **3.** [d'impôt] base *f* imponible.

assigner [asiɲe] *vt* - **1.** [fonds, tâche] asignar - **2.** JUR : **~ qqn en justice** citar a alguien a juicio.

assimiler [asimile] *vt* - **1.** [aliment, connaissance] asimilar - **2.** [confondre] confundir ; **~ qqch à qqch** confundir algo con algo - **3.** [intégrer] integrar.

assis, e [asi, iz] ◇ *pp* ▷ **asseoir**. ◇ *adj* sentado(da). ◆ **assise** *nf* [base] cimientos *mpl*. ◆ **assises** *nfpl* - **1.** JUR ≃ sala *f* de lo penal - **2.** [congrès] congreso *m*.

assistance [asistɑ̃s] *nf* - **1.** [gén] asistencia *f* ; **prêter ~ à qqn** prestar asistencia a alguien - **2.** [auditoire] audiencia *f*. ◆ **Assistance publique** *nf* : **l'Assistance publique** la Asistencia social.

assistant, e [asistɑ̃, ɑ̃t] *nm, f* - **1.** [auxiliaire] asistente *mf* ; **~e sociale** asistente *f* social - **2.** [enseignant] auxiliar *mf* de conversación.

assister [asiste] ◇ *vi* : **~ à qqch** asistir a algo. ◇ *vt* : **~ qqn** [le seconder] ayudar a alguien ; [lui porter secours] prestar asistencia a alguien.

association [asɔsjasjɔ̃] *nf* asociación *f* ; **~ sportive** asociación deportiva.

associé, e [asɔsje] ◇ *adj* asociado(da). ◇ *nm, f* socio *m*, -cia *f*.

associer [asɔsje] *vt* - **1.** [personnes, idées] asociar ; **~ qqch à qqch** asociar algo con algo - **2.** [faire participer] : **~ qqn à qqch** hacer participar a alguien en algo. ◆ **s'associer** *vp* - **1.** [collaborer] asociarse ; **s'~ à** OU **avec qqn** asociarse con alguien - **2.** [participer] : **s'~ à qqch** participar en algo - **3.** [se combiner] : **s'~ à qqch** combinarse con algo.

assoiffé, e [aswafe] *adj* [d'eau] sediento(ta) ; [de pouvoir, d'argent] ávido(da).

assombrir [asɔ̃brir] *vt* - **1.** [plonger dans l'obscurité] oscurecer - **2.** *fig* [attrister] ensombrecer. ◆ **s'assombrir** *vp* - **1.** [devenir sombre] oscurecerse - **2.** *fig* [s'attrister] ensombrecerse.

assommer [asɔme] *vt* - **1.** [frapper] tumbar - **2.** *fam* [ennuyer] aburrir - **3.** [accabler] agobiar.

Assomption [asɔ̃psjɔ̃] *nf* : **l'~** la Asunción.

assorti, e [asɔrti] *adj* - **1.** [coordonné] combinado(da) ; **~ à** combinado con ; **bien/mal ~** bien/mal combinado - **2.** [complémentaire] : **ce couple est bien ~** hacen buena pareja - **3.** [approvisionné] surtido(da).

assortir [asɔrtir] *vt* - **1.** [objets] combinar ; **~ qqch à qqch** combinar algo con algo - **2.** [magasin] surtir.

assoupi, e [asupi] *adj* - **1.** [endormi] adormilado(da) - **2.** [affaibli] adormecido(da).

assoupir [asupir] *vt* adormecer, dormir. ◆ **s'assoupir** *vp* adormilarse.

assouplir [asuplir] *vt* - **1.** [corps] dar

flexibilidad - **2.** [matière] ablandar - **3.** [règlement] hacer flexible - **4.** [caractère] suavizar. ◆ **s'assouplir** *vp* - **1.** [physiquement] adquirir flexibilidad - **2.** [moralement] suavizarse.

assourdir [asurdir] *vt* - **1.** [personne] ensordecer - **2.** [bruit] amortiguar.

assouvir [asuvir] *vt sout* - **1.** [appétit] saciar - **2.** [passions] satisfacer.

assujettir [asyʒetir] *vt* - **1.** [soumettre] someter ; **~ qqn à qqch** someter a alguien a algo - **2.** [fixer] fijar.

assumer [asyme] *vt* asumir.

assurance [asyrɑ̃s] *nf* - **1.** [gén] seguridad *f* ; **j'ai reçu l'~ qu'on m'aiderait** me han asegurado que me ayudarían ; **veuillez recevoir l'~ de mes sentiments distingués** le saluda atentamente - **2.** [contrat] seguro *m* ; **~ maladie/tous risques** seguro de enfermedad/a todo riesgo. ◆ **assurance-vie** *nf* seguro *m* de vida.

assuré, e [asyre] *nm, f* asegurado *m*, -da *f* ; **~ social** beneficiario *m* de la Seguridad Social.

assurément [asyremɑ̃] *adv sout* ciertamente.

assurer [asyre] ◇ *vt* - **1.** [gén] asegurar ; **il m'a assuré de sa bonne foi** me aseguró que era de buena fe ; **il m'a assuré qu'il viendrait** me aseguró que vendría - **2.** [garantir] garantizar ; **~ des revenus fixes** garantizar ingresos fijos. ◇ *vi fam* dar la talla. ◆ **s'assurer** *vp* asegurarse ; **s'~ de qqch/que** [confirmer] asegurarse de algo/de que ; **s'~ qqch** [obtenir] asegurarse algo ; **s'~ contre qqch** asegurarse contra algo.

astérisque [asterisk] *nm* asterisco *m*.

asthme [asm] *nm* asma *m*.

asticot [astiko] *nm* gusano *m* blanco.

astiquer [astike] *vt* sacar brillo.

astre [astr] *nm* astro *m*.

astreignant, e [astrɛɲɑ̃, ɑ̃t] *adj* esclavizante.

astreindre [astrɛ̃dr] *vt* : **~ qqn à qqch/à faire qqch** obligar a alguien a algo/a hacer algo.

astreint, e [astrɛ̃, ɛ̃t] *pp* ▷ **astreindre.**

astringent, e [astrɛ̃ʒɑ̃, ɑ̃t] *adj* astringente. ◆ **astringent** *nm* astringente *m*.

astrologie [astrɔlɔʒi] *nf* astrología *f*.

astrologue [astrɔlɔg] *nmf* astrólogo *m*, -ga *f*.

astronaute [astrɔnot] *nmf* astronauta *mf*.

astronautique [astrɔnotik] *nf* astronáutica *f*.

astronome [astrɔnɔm] *nmf* astrónomo *m*, -ma *f*.

astronomie [astrɔnɔmi] *nf* astronomía *f*.

astronomique [astrɔnɔmik] *adj* astronómico(ca).

astuce [astys] *nf* - **1.** [ingéniosité] astucia *f* - **2.** [ruse] truco *m* - **3.** [plaisanterie] broma *f*.

astucieux, euse [astysjø, øz] *adj* - **1.** [personne] astuto(ta) *Esp*, abusado(da) *Amér* - **2.** [idée] ingenioso(sa).

asymétrique [asimetrik] *adj* asimétrico(ca).

atelier [atəlje] *nm* - **1.** [d'artisan] taller *m* - **2.** [de peintre] estudio *m*.

athée [ate] *adj* & *nmf* ateo(a).

athéisme [ateism] *nm* ateísmo *m*.

Athènes [atɛn] *n* Atenas.

athlète [atlɛt] *nmf* atleta *mf*.

athlétisme [atletism] *nm* atletismo *m*.

atlantique [atlɑ̃tik] *adj* atlántico(ca). ◆ **Atlantique** *nm* : **l'Atlantique** el Atlántico.

atlas [atlas] *nm* atlas *m*.

atmosphère [atmɔsfɛr] *nf* - **1.** GÉOGR atmósfera *f* - **2.** [air] aire *m* - **3.** [ambiance] ambiente *m*.

atmosphérique [atmɔsferik] *adj* atmosférico(ca).

atome [atom] *nm* átomo *m* ; **ne pas avoir un ~ de** *fig* no tener ni pizca de.

atomique [atɔmik] *adj* atómico(ca).

atomiseur [atɔmizœr] *nm* pulverizador *m*.

atone [atɔn] *adj* - **1.** [voyelle] átono(na) - **2.** [regard] inexpresivo(va).

atours [atur] *nmpl litt* atavío *m*.

atout [atu] *nm* - **1.** [carte] triunfo *m* ; **~ carreau/cœur/pique/trèfle** triunfo de diamantes/corazones/picas/trébol - **2.** *fig* [ressource] ventaja *f*, baza *f*.

âtre [atr] *nm litt* hogar *m (chimenea)*.

atroce [atrɔs] *adj* - **1.** [crime] atroz - **2.** [souffrance, temps] espantoso(sa).

atrocité [atrɔsite] *nf* - **1.** [horreur] atrocidad *f* - **2.** [calomnie] calumnia *f*.

atrophie [atrɔfi] *nf* atrofia *f*.

atrophier [atrɔfje] *vt* atrofiar. ◆ **s'atrophier** *vp* atrofiarse.

attabler [atable] ◆ **s'attabler** *vp* sentarse a la mesa.

attachant, e [ataʃɑ̃, ɑ̃t] *adj* entrañable.

attache [ataʃ] *nf* atadura *f*. ◆ **atta-**

ches *nfpl* - **1.** [relations] vínculos *m* - **2.** [parenté] lazos *m* - **3.** [poignets et chevilles] *muñecas y tobillos.*

attaché, e [ataʃe] *nm, f* agregado *m*, -da *f* ; **~ culturel** agregado cultural ; **~ de presse** responsable *mf* de prensa.

attaché-case [ataʃekɛz] *nm* maletín *m.*

attachement [ataʃmɑ̃] *nm* apego *m.*

attacher [ataʃe] ◇ *vt* - **1.** [animal, paquet] atar ; **~ qqch à qqch** atar algo a algo - **2.** [ceinture, manteau] abrochar. ◇ *vi* pegarse. ◆ **s'attacher** *vp* - **1.** [se prendre d'affection] : **s'~ à qqn/à qqch** encariñarse con alguien/con algo - **2.** [se fermer] : **s'~ avec** OU **par qqch** abrocharse con algo - **3.** [s'appliquer] : **s'~ à qqch/à faire qqch** esmerarse en algo/en hacer algo.

attaquant, e [atakɑ̃, ɑ̃t] *adj* & *nm, f* atacante.

attaque [atak] *nf* ataque *m* ; **avoir une ~** tener un ataque.

attaquer [atake] *vt* - **1.** [gén] atacar - **2.** JUR [jugement] impugnar ; **~ qqn en justice** llevar a alguien a los tribunales - **3.** *fam* [commencer] liarse con algo ; **on attaque?** ¿vamos al lío? ◆ **s'attaquer** *vp* : **s'~ à qqn** [le combattre] atreverse con alguien ; *fig* atacar a alguien ; **s'~ à qqch** [problème, dossier] enfrentarse a algo.

attardé, e [atarde] ◇ *adj* retrasado(da). ◇ *nm, f* retrasado *m*, -da *f* (mental).

attarder [atarde] ◆ **s'attarder** *vp* : **s'~ à qqch** detenerse en algo ; **s'~ à faire qqch** entretenerse haciendo algo.

atteindre [atɛ̃dr] *vt* - **1.** [toucher, attraper] alcanzar - **2.** [affecter] afectar - **3.** [arriver] llegar a.

atteint, e [atɛ̃, ɛ̃t] *adj* - **1.** [malade] afectado(da) - **2.** *fam* [fou] tocado(da). ◆ **atteinte** *nf* [portée] : **hors d'~e** fuera de alcance.

attelage [atlaʒ] *nm* - **1.** [chevaux] tiro *m* - **2.** [harnachement] arreos *mpl.*

atteler [atle] *vt* - **1.** [animal] uncir - **2.** [véhicule] enganchar.

attelle [atɛl] *nf* tablilla *f.*

attenant, e [atnɑ̃, ɑ̃t] *adj* contiguo(gua) ; **~ à qqch** lindante con algo.

attendre [atɑ̃dr] ◇ *vt* esperar ; **j'attends que la pluie cesse** espero que deje de llover ; **~ qqch de qqn/de qqch** esperar algo de alguien/de algo. ◇ *vi* esperar. ◆ **s'attendre** *vp* : **s'~ à qqch** esperarse algo ; **s'~ à ce que** esperarse que ; **il s'attendait à ce qu'elle lui donne cette réponse** se esperaba que le diera esa respuesta. ◆ **en attendant** *loc adv* mientras tanto.

attendrir [atɑ̃drir] *vt* - **1.** *fig* [personne] enternecer, ablandar - **2.** [viande] macerar. ◆ **s'attendrir** *vp* enternecerse ; **s'~ sur qqn/sur qqch** enternecerse por alguien/por algo.

attendrissant, e [atɑ̃drisɑ̃, ɑ̃t] *adj* - **1.** [personne] enternecedor(ra) - **2.** [geste] conmovedor(ra).

attendu, e [atɑ̃dy] ◇ *pp* ▻ **attendre.** ◇ *adj* esperado(da). ◆ **attendu** ◇ *nm* JUR considerando *m.* ◇ *prép* en vista de. ◆ **attendu que** *loc conj* en vista de que.

attentat [atɑ̃ta] *nm* atentado *m* ; **~ à la bombe** atentado con bomba ; **~ à la pudeur** atentado contra la moral.

attente [atɑ̃t] *nf* - **1.** [action d'attendre] espera *f* - **2.** [espoir] expectativa *f* ; **contre toute ~** contra todo pronóstico ; **répondre à l'~ de qqn** responder a las expectativas de alguien.

attenter [atɑ̃te] *vt* : **~ à qqch** atentar contra algo ; **~ à ses jours** atentar contra su vida.

attentif, ive [atɑ̃tif, iv] *adj* atento(ta).

attention [atɑ̃sjɔ̃] ◇ *nf* atención *f* ; **à l'~ de** a la atención de ; **faire ~ que** vigilar que ; **faire ~ à qqch** tener cuidado con algo ; [à un détail] poner atención en algo. ◇ *interj* ¡cuidado!

attentionné, e [atɑ̃sjɔne] *adj* considerado(da) ; **~ avec qqn** atento con alguien.

attentisme [atɑ̃tism] *nm* política *f* de espera.

attentivement [atɑ̃tivmɑ̃] *adv* atentamente ; [avec soin] detenidamente.

atténuante [atenɥɑ̃t] ▻ **circonstance.**

atténuation [atenɥasjɔ̃] *nf* atenuación *f.*

atténuer [atenɥe] *vt* atenuar. ◆ **s'atténuer** *vp* atenuarse.

atterrir [aterir] *vi* - **1.** [avion] aterrizar - **2.** *fam* [personne] parar.

atterrissage [aterisaʒ] *nm* aterrizaje *m.*

attestation [atɛstasjɔ̃] *nf* - **1.** [certificat] certificado *m* ; **~ médicale** certificado médico - **2.** [preuve] prueba *f.*

attester [atɛste] *vt* - **1.** [confirmer] atestiguar - **2.** [certifier] testificar.

attique [atik] ◇ *adj* HIST ático(ca). ◇ *nm* ARCHIT ático *m.*

attirail [atiraj] *nm fam* trastos *mpl.*

attirance [atirɑ̃s] *nf* atracción *f.*

attirant, e [atirɑ̃, ɑ̃t] *adj* atractivo(va).
attirer [atire] *vt* - **1.** [gén] atraer ; **~ qqn à** OU **vers soi** atraer a alguien hacia sí - **2.** [provoquer] : **~ des ennuis à qqn** acarrear problemas a alguien. ◆ **s'attirer** *vp* [l'estime, le soutien, la critique etc] ganarse.
attiser [atize] *vt* - **1.** [feu] atizar - **2.** *fig* & *sout* [sentiment] avivar.
attitré, e [atitre] *adj* - **1.** [représentant, fournisseur] acreditado(da) - **2.** [place] reservado(da) - **3.** *iron* [habituel] habitual.
attitude [atityd] *nf* - **1.** [posture] postura *f* - **2.** [comportement] actitud *f*.
attouchements [atuʃmɑ̃] *nmpl* caricias *fpl*.
attractif, ive [atraktif, iv] *adj* atractivo(va).
attraction [atraksjɔ̃] *nf* - **1.** [gén] atracción *f* - **2.** [centre d'intérêt] (centro *m* de) atracción.
attrait [atrɛ] *nm* atracción *f*. ◆ **attraits** *nmpl* - **1.** *sout* [séduction] encantos *mpl* - **2.** [intérêt] atractivos *mpl*.
attrape-nigaud [atrapnigo] (*pl* **attrape-nigauds**) *nm* engañabobos *m inv*.
attraper [atrape] *vt* - **1.** [gén] coger - **2.** [prendre au piège] atrapar - **3.** *fam* [train, avion] coger por los pelos - **4.** *fam* [gronder] reñir - **5.** [surprendre] pillar - **6.** *fam* [tromper] engañar ; **il m'a bien attrapé!** ¡me ha engañado!
attrayant, e [atrɛjɑ̃, ɑ̃t] *adj* atrayente.
attribuer [atribɥe] *vt* - **1.** [qualité, mérite] atribuir - **2.** [prix, privilège] otorgar. ◆ **s'attribuer** *vp* atribuirse.
attribut [atriby] *nm* atributo *m*.
attribution [atribysjɔ̃] *nf* - **1.** [de prix, rôle] adjudicación *f* - **2.** [d'une tâche, place] asignación *f* - **3.** [d'un fait, mérite] atribución *f*. ◆ **attributions** *nfpl* [compétences] atribuciones *fpl* ; **ne pas entrer dans les ~s de qqn** no entrar dentro de las atribuciones de alguien.
attrister [atriste] *vt* entristecer. ◆ **s'attrister** *vp* : **s'~ (de)** entristecerse (por).
attroupement [atrupmɑ̃] *nm* - **1.** [de badauds] aglomeración *f* - **2.** [de manifestants] concentración *f*.
attrouper [atrupe] ◆ **s'attrouper** *vp* aglomerarse.
au ▷ à.
aubade [obad] *nf* alborada *f*.
aubaine [obɛn] *nf* ganga *f*.
aube [ob] *nf* alba *f* ; **à l'~** de madrugada ; **à l'~ de** [au matin de] en la madrugada de ; *fig* [au commencement de] en los albores de.
aubépine [obepin] *nf* espino *m* blanco.
auberge [obɛrʒ] *nf* hostal *m*, posada *f* (*vieilli*) ; **~ de jeunesse** albergue *m* juvenil.
aubergine [obɛrʒin] ◇ *nf* berenjena *f*. ◇ *adj inv* [couleur] berenjena *(en aposición)*.
aubergiste [obɛrʒist] *nmf* posadero *m*, -ra *f*.
auburn [obœrn] *adj inv* trigueño(ña).
aucun, e [okœ̃, yn] ◇ *adj* - **1.** [sens négatif] ninguno(na) ; **il n'y a ~ bus dans la rue** no hay ningún autobus en la calle ; **il n'y a ~e boutique ici** no hay ninguna tienda aquí - **2.** [sens positif] cualquier ; **il lit plus qu'~ autre enfant** lee más que cualquier otro niño. ◇ *pron* - **1.** [sens négatif] ninguno(na) ; **il n'en veut ~** no quiere ninguno ; **~ d'entre nous** ninguno de nosotros - **2.** [sens positif] cualquiera ; **il parle mieux qu'~ de nous** habla mejor que cualquiera de nosotros ; **d'~s** *sout* algunos.
audace [odas] *nf* - **1.** [hardiesse] audacia *f* - **2.** [insolence] osadía *f* - **3.** [innovation] atrevimiento *m*.
audacieux, euse [odasjø, øz] ◇ *adj* - **1.** [hardi] audaz - **2.** [insolent] atrevido(da). ◇ *nm, f* atrevido *m*, -da *f*.
au-dedans [odədɑ̃] *loc adv* dentro, por dentro. ◆ **au-dedans de** *loc prép* dentro de.
au-dehors [odəɔr] *loc adv* (por) fuera. ◆ **au-dehors de** *loc prép* fuera de.
au-delà [odəla] ◇ *loc adv* - **1.** [plus loin] más allá - **2.** [davantage] mucho más. ◇ *nm* : **l'~** RELIG el más allá. ◆ **au-delà de** *loc prép* más allá de ; **~ du pont** pasado el puente.
au-dessous [odsu] *loc adv* debajo. ◆ **au-dessous de** *loc prép* debajo de.
au-dessus [odsy] *loc adv* encima. ◆ **au-dessus de** *loc prép* por encima de ; **~ de sept ans** de más de siete años.
au-devant [odəvɑ̃] *loc adv* delante. ◆ **au-devant de** *loc prép* : **aller ~ de** ir al encuentro de.
audience [odjɑ̃s] *nf* audiencia *f*.
Audimat® [odimat] *nm* - **1.** [audimètre] *audímetro televisivo francés* - **2.** [taux d'audience] audiencia *f*.
audionumérique [odjonymerik] *adj* audionumérico(ca).
audiovisuel, elle [odjovizɥɛl] *adj* audiovisual. ◆ **audiovisuel** *nm*

- **1.** [secteur] imagen *f* y sonido **- 2.** [techniques] medios *mpl* audiovisuales.

audit [odit] *nm* auditoría *f.*

auditeur, trice [oditœr, tris] *nm, f* [gén] oyente *mf* ; [de conférence] asistente *mf* ; [de radio] radioyente *mf.* ◆ **auditeur** *nm* FIN auditor *m*, -ra *f.* ◆ **auditeur libre** *nm* UNIV oyente *mf.*

audition [odisjɔ̃] *nf* **- 1.** [gén] audición *f* ; **~ de témoins** audición de los testigos **- 2.** THÉÂTRE prueba *f.*

auditionner [odisjɔne] *vt* escuchar.

auditoire [oditwar] *nm* auditorio *m.*

auditorium [oditɔrjɔm] *nm* auditórium *m*, auditorio *m.*

auditrice ▷ **auditeur.**

auge [oʒ] *nf* comedero *m.*

augmentation [ogmɑ̃tasjɔ̃] *nf* **- 1.** [gén] aumento *m* **- 2.** [de taux] incremento *m* **- 3.** [de prix] subida *f.*

augmenter [ogmɑ̃te] ◇ *vt* **- 1.** [gén] aumentar **- 2.** [durée] alargar **- 3.** [prix, salaire] subir ; **~ qqn** conceder un aumento (de sueldo) a alguien, subirle el sueldo a alguien. ◇ *vi* aumentar.

augure [ogyr] *nm* augurio *m* ; **de bon/mauvais ~** de buen/mal augurio.

auguste [ogyst] *adj litt* augusto(ta).

aujourd'hui [oʒurdɥi] *adv* **- 1.** [ce jour] hoy **- 2.** [à notre époque] hoy (en día).

aulx ▷ **ail.**

aumône [omon] *nf* limosna *f* ; **faire l'~ à qqn** dar limosna a alguien ; **elle lui a fait l'~ d'un regard** se dignó mirarle.

auparavant [oparavɑ̃] *adv* antes.

auprès [oprɛ] ◆ **auprès de** *loc prép* **- 1.** [près de] junto a **- 2.** [comparé à] al lado de **- 3.** [dans l'opinion de, en s'adressant à] ante.

auquel [okɛl] ▷ **lequel.**

aurai *etc* ▷ **avoir.**

auréole [oreɔl] *nf* aureola *f.*

auriculaire [orikylɛr] ◇ *adj* auricular. ◇ *nm* (dedo) meñique *m.*

aurore [orɔr] *nf* **- 1.** [aube] aurora *f* ; **se lever aux ~s** levantarse de madrugada **- 2.** *fig* & *sout* [commencement] albores *mpl.*

ausculter [oskylte] *vt* auscultar.

auspice [ospis] *nm (gén pl)* auspicio *m* ; **sous les ~s de qqn** bajo los auspicios de alguien.

aussi [osi] *adv* **- 1.** [pareillement, en plus] también ; **moi ~** yo también ; **il parle anglais et ~ espagnol** habla inglés y también español **- 2.** [dans une comparaison] : **il n'est pas ~ intelligent que son frère** no es tan inteligente como su hermano ; **je n'ai jamais rien vu d'~ beau** nunca he visto nada tan bonito ; **~ incroyable que cela puisse paraître** por muy increíble que parezca **- 3.** *sout* [introduisant une explication] por lo tanto. ◆ **(tout) aussi bien** *loc adv* también ; **j'aurais pu (tout) ~ bien refuser** también habría podido negarme. ◆ **aussi bien ... que** *loc conj* tanto ... como, tan ... como ; **cela peut être ~ bien lui qu'elle** puede ser tanto él como ella ; **tu le sais ~ bien que moi** lo sabes tan bien como yo.

aussitôt [osito] *adv* en seguida. ◆ **aussitôt que** *loc conj* tan pronto como.

austère [ostɛr] *adj* austero(ra).

austérité [osterite] *nf* austeridad *f.*

austral, e [ostral] (*pl* **australs** OU **austraux** [ostro]) *adj* austral.

Australie [ostrali] *nf* : **l'~** Australia.

australien, enne [ostraljɛ̃, ɛn] *adj* australiano(na). ◆ **Australien, enne** *nm, f* australiano *m*, -na *f.*

autant [otɑ̃] *adv* **- 1.** [comparatif] : **~ que** tanto como ; **je l'aime ~ que toi** lo quiero tanto como tú ; **~ de ... que** tanto ... como ; **il y a ~ de femmes que d'hommes** hay tantas mujeres como hombres **- 2.** [à un tel point, en si grande quantité] tanto(ta) ; **je ne pensais pas qu'ils seraient ~** no pensaba que fueran tantos ; **~ d'hommes, ~ d'avis** tantos hombres, tantas opiniones ; **~ de** tanto(ta) ; **~ de patience** tanta paciencia ; **en dire ~** decir lo mismo ; **en faire ~** hacer igual **- 3.** [il vaut mieux] más vale, mejor ; **~ dire la vérité** mejor decir la verdad. ◆ **autant que** *loc conj* : **~ que possible** en la medida de lo posible ; **(pour) ~ que je sache** que yo sepa. ◆ **d'autant** *loc adv* otro tanto ; **cela augmente d'~ nos intérêts** esto aumenta nuestros intereses otro tanto. ◆ **d'autant que** *loc conj* más aún cuando ; **d'~ moins que/plus que** menos/más aún cuando. ◆ **d'autant mieux** *loc adv* mucho mejor ; **d'~ mieux que** tanto más cuanto que. ◆ **pour autant** *loc adv* sin embargo.

autarcie [otarsi] *nf* autarquía *f.*

autel [otɛl] *nm* altar *m.*

auteur [otœr] *nm* autor *m*, -ra *f.*

authentique [otɑ̃tik] *adj* **- 1.** [document, œuvre] auténtico(ca) **- 2.** [sentiment] verdadero(ra) **- 3.** [événement] real ; **c'est une histoire ~** es una historia real.

autisme [otism] *nm* autismo *m*.
autistique [otistik] *adj* autístico(ca).
auto [oto] *nf* coche *m Esp*, carro *m Amér*.
autobiographie [otɔbjɔgrafi] *nf* autobiografía *f*.
autobronzant, e [otɔbrɔ̃zɑ̃, ɑ̃t] *adj* autobronceador(ra). ◆ **autobronzant** *nm* autobronceador *m*.
autobus [otɔbys] *nm* autobús *m Esp*, camión *m Amér*.
autocar [otɔkar] *nm* autocar *m*, autobús *m (de línea regular)*.
autochtone [otɔktɔn] *adj* & *nmf* autóctono(na).
autocollant, e [otɔkɔlɑ̃, ɑ̃t] *adj* adhesivo(va). ◆ **autocollant** *nm* pegatina *f*.
autocouchette [otɔkuʃɛt] ⊳ **train**.
autocritique [otɔkritik] *nf* autocrítica *f*.
autocuiseur [otɔkɥizœr] *nm* olla *f* a presión.
autodéfense [otɔdefɑ̃s] *nf* autodefensa *f*.
autodétruire [otɔdetrɥir] ◆ **s'autodétruire** *vp* autodestruirse.
autodidacte [otɔdidakt] *adj* & *nmf* autodidacta.
auto-école [otɔekɔl] (*pl* **auto-écoles**) *nf* autoescuela *f*.
autofinancement [otɔfinɑ̃smɑ̃] *nm* autofinanciación *f*.
autofocus [otɔfɔkys] ◇ *adj* autofocus *(inv)*. ◇ *nm* [appareil] autofocus *m inv*.
autogestion [otɔʒɛstjɔ̃] *nf* autogestión *f*.
autographe [otɔgraf] ◇ *adj* autógrafo(fa). ◇ *nm* autógrafo *m*.
automate [otɔmat] *nm* robot *m*.
automatique [otɔmatik] ◇ *adj* automático(ca). ◇ *nm* (pistola) automática *f*.
automatisation [otɔmatizasjɔ̃] *nf* automatización *f*.
automatiser [otɔmatize] *vt* automatizar.
automatisme [otɔmatism] *nm* **- 1.** [de machine] automatismo *m* **- 2.** *fig* [réflexe] reflejo *m*.
automne [otɔn] *nm* otoño *m*.
automobile [otɔmɔbil] *adj* & *nf* automóvil.
automobiliste [otɔmɔbilist] *nmf* automovilista *mf*.
autonettoyant, e [otɔnɛtwajɑ̃, ɑ̃t] *adj* autolimpiable.
autonome [otɔnɔm] *adj* [gén] autónomo(ma) ; [personne] independiente.
autonomie [otɔnɔmi] *nf* autonomía *f*.
autonomiste [otɔnɔmist] *adj* & *nmf* autonomista.
autopropulsé, e [otɔprɔpylse] *adj* autopropulsado(da).
autopsie [otɔpsi] *nf* autopsia *f*.
autoradio [otɔradjo] *nm* autorradio *m*.
autorail [otɔraj] *nm* autovía *f (tren)*.
auto-reverse [otɔrivœrs] *adj* & *nm* autorreverse.
autorisation [otɔrizasjɔ̃] *nf* autorización *f* ; **avoir l'~ de faire qqch** tener la autorización para hacer algo.
autorisé, e [otɔrize] *adj* autorizado(da).
autoriser [otɔrize] *vt* **- 1.** [donner la permission à] : **~ qqn à faire qqch** autorizar a alguien a hacer algo **- 2.** [donner la possibilité de] dar cabida a.
autoritaire [otɔritɛr] *adj* & *nmf* autoritario(ria).
autorité [otɔrite] *nf* autoridad *f* ; **faire ~** sentar cátedra ; **~ parentale** patria potestad *f*.
autoroute [otɔrut] *nf* autopista *f* ; **~ de l'information** autopista de la información.
auto-stop [otɔstɔp] *nm* autostop *m*, autoestop *m* ; **faire de l'~** hacer autostop.
autostoppeur, euse [otɔstɔpœr, øz] *nm, f* autostopista *mf*, autoestopista *mf*.
autour [otur] *adv* alrededor. ◆ **autour de** *loc prép* **- 1.** [en cercle] en torno a **- 2.** [près de] alrededor de.
autre [otr] ◇ *adj indéf* otro(tra) ; **un ~ homme** otro hombre ; **l'un et l'~ projet** uno y otro proyecto ; **ni l'une ni l'~ maison** ni una casa ni la otra ; **c'est un (tout) ~ homme que son père** es un hombre totalmente distinto a su padre. ◇ *pron indéf* el otro, la otra ; **ce livre ou l'~** este libro o el otro ; **l'un et l'~ sont venus** han venido uno y otro ; **nul ~** nadie más ; **quelqu'un d'~** otra persona ; **rien d'~** nada más. ◆ **entre autres** *loc adv* entre otras cosas.
autrefois [otrəfwa] *adv* en otro tiempo, antes.
autrement [otrəmɑ̃] *adv* **- 1.** [différemment] de otro modo ; **~ dit** dicho de otro modo ; **je n'ai pas pu faire ~ que d'y aller** no tuve más remedio que ir **- 2.** [sinon] si no ; **obéis! ~ tu seras puni** obedece si no te van a castigar **- 3.** *sout* [beaucoup plus] mucho más ; **c'est ~ mieux** es mucho mejor.
Autriche [otriʃ] *nf* : **l'~** Austria.
autrichien, enne [otriʃjɛ̃, ɛn] *adj*

austríaco(ca). ◆ **Autrichien, enne** *nm, f* austríaco *m*, -ca *f*.

autruche [otryʃ] *nf* avestruz *m*.

autrui [otrɥi] *pron* el prójimo.

auvent [ovɑ̃] *nm* [en toile] toldo *m* ; [en dur] tejadillo *m*.

aux ▷ **à**.

auxiliaire [oksiljɛr] ◇ *adj* auxiliar. ◇ *nmf* [assistant] ayudante *mf*. ◇ *nm* GRAM auxiliar *m*.

auxquelles [okɛl] ▷ **lequel**.

auxquels [okɛl] ▷ **lequel**.

av. (*abr de* **avenue**) Avda.

avachi, e [avaʃi] *adj* **- 1.** [vêtement, chaussure] deformado(da) **- 2.** *fam* [traits, visage] molido(da).

avais, avait [avɛ] ▷ **avoir**.

aval[1] [aval] *nm inv* curso *m* bajo ; **en ~** [d'une rivière] río abajo ; *fig* después.

aval[2]**, als** [aval] *nm* [caution] aval *m* ; **donner son ~ à qqn/à qqch** avalar a alguien/a algo.

avalanche [avalɑ̃ʃ] *nf* **- 1.** [en montagne] alud *m* **- 2.** *fig* [profusion] : **~ de qqch** avalancha *f* de algo.

avaler [avale] *vt* **- 1.** [manger] engullir **- 2.** *fam* [croire] tragarse **- 3.** *fam* [supporter] tragar.

avance [avɑ̃s] *nf* **- 1.** [progression] avance *m* **- 2.** [distance - dans l'espace] ventaja *f* ; [- dans le temps] adelanto *m* **- 3.** [somme d'argent] adelanto *m*, anticipo *m*. ◆ **avances** *nfpl* : **faire des ~s à qqn** hacer proposiciones a alguien. ◆ **à l'avance** *loc adv* por adelantado ; **une heure à l'~** una hora antes. ◆ **d'avance** *loc adv* **- 1.** [dans le temps] de adelanto ; **une heure d'~** una hora de adelanto ; **payer d'~** pagar por adelantado **- 2.** [dans l'espace] de ventaja ; **3 km d'~** 3 km por delante. ◆ **en avance** *loc adv* : **être en ~** ir adelantado(da) ; **être en ~ sur qqch** [époque, concurrence] ir por delante de algo ; [horaire, programme] ir adelantado(da) en algo. ◆ **par avance** *loc adv sout* de antemano.

avancement [avɑ̃smɑ̃] *nm* **- 1.** [développement] progreso *m* **- 2.** [promotion] ascenso *m*.

avancer [avɑ̃se] ◇ *vt* **- 1.** [dans l'espace, dans le temps] adelantar **- 2.** [tête, main] alargar **- 3.** [faire progresser] avanzar **- 4.** [argent] : **~ qqch à qqn** adelantar algo a alguien. ◇ *vi* **- 1.** [progresser] avanzar **- 2.** [faire saillie] sobresalir ; **~ dans/sur qqch** adentrarse en algo **- 3.** [montre, horloge] adelantar **- 4.** [servir] : **ça ne t'avance à rien** con eso no adelantas nada. ◆ **s'avancer** *vp* **- 1.** [s'approcher] acercarse ; **s'~ vers qqn/vers qqch** acercarse a alguien/a algo **- 2.** [prendre de l'avance] adelantarse **- 3.** [s'engager] comprometerse.

avanies [avani] *nfpl sout* vejaciones *fpl*.

avant [avɑ̃] ◇ *prép* antes de, antes que ; **~ les vacances** antes de las vacaciones ; **~ moi** antes que yo. ◇ *adv* antes ; **d'~** anterior ; **la semaine d'~** la semana anterior ; **bien ~** mucho antes. ◇ *adj inv* delantero(ra) ; **les roues ~** las ruedas delanteras. ◇ *nm* **- 1.** [d'un véhicule] delantera *f* **- 2.** SPORT delantero *m*. ◆ **avant de** *loc prép* : **~ de faire qqch** antes de hacer algo. ◆ **avant que** *loc conj* antes de que. ◆ **en avant** *loc adv* hacia adelante. ◆ **en avant de** *loc prép* por delante de. ◆ **avant tout** *loc adv* ante todo.

avantage [avɑ̃taʒ] *nm* ventaja *f*; **se montrer à son ~** mostrarse en su mejor aspecto.

avantager [avɑ̃taʒe] *vt* favorecer.

avantageux, euse [avɑ̃taʒø, øz] *adj* **- 1.** [profitable, économique] ventajoso(sa) **- 2.** [flatteur] favorecedor(ra) **- 3.** *sout* [présomptueux] presuntuoso(sa).

avant-bras [avɑ̃bra] *nm inv* antebrazo *m*.

avant-centre [avɑ̃sɑ̃tr] *nm* delantero *m* centro.

avant-coureur *adj m* (*pl* **avant-coureurs**) ▷ **signe**.

avant-dernier, ère (*mpl* **avant-derniers**, *fpl* **avant-dernières**) *adj* penúltimo(ma).

avant-garde (*pl* **avant-gardes**) *nf* vanguardia *f* ; **d'~** [technique] de vanguardia ; [idée] vanguardista.

avant-goût (*pl* **avant-goûts**) *nm* anticipo *m*.

avant-hier [avɑ̃tjɛr] *adv* anteayer.

avant-première (*pl* **avant-premières**) *nf* preestreno *m*.

avant-projet (*pl* **avant-projets**) *nm* anteproyecto *m*.

avant-propos *nm inv* prólogo *m*.

avant-veille (*pl* **avant-veilles**) *nf* antevíspera *f*.

avare [avar] ◇ *adj* **- 1.** [pingre] avaro(ra) **- 2.** [peu prodigue] : **être ~ de qqch** ser parco(ca) en algo. ◇ *nmf* avaro *m*, -ra *f*.

avarice [avaris] *nf* avaricia *f*.

avarie [avari] *nf* avería *f*.

avatar [avatar] *nm* [transformation] avatar *m.* ◆ **avatars** *nmpl* [mésaventures] avatares *mpl.*

avec [avɛk] ◇ *prép* con. ◇ *adv* con él/ella etc ; **tiens mon sac, je ne peux pas courir ~** toma mi bolso, no puedo correr con él.

Ave (Maria) [ave(marja)] *nm inv* Avemaría *m.*

avenant, e [avnɑ̃, ɑ̃t] *adj* **- 1.** *sout* [personne] afable **- 2.** [comportement] agradable **- 3.** [maison] bonito(ta). ◆ **avenant** *nm* JUR cláusula *f* adicional. ◆ **à l'avenant** *loc adv* al paso.

avènement [avɛnmɑ̃] *nm* **- 1.** [de roi] llegada *f* al trono **- 2.** *fig* & RELIG advenimiento *m.*

avenir [avnir] *nm* **- 1.** [futur] futuro *m* ; **d'~** [domaine, métier] con futuro **- 2.** [de personne] porvenir *m.* ◆ **à l'avenir** *loc adv* en lo sucesivo.

avent [avɑ̃] *nm* RELIG adviento *m.*

aventure [avɑ̃tyr] *nf* aventura *f.*

aventureux, euse [avɑ̃tyrø, øz] *adj* **- 1.** [personne, caractère] aventurado(da) **- 2.** [projet] arriesgado(da) **- 3.** [vie] azaroso(sa).

aventurier, ère [avɑ̃tyrje, ɛr] *nm, f* aventurero *m* -a *f.*

avenu, e [avny] *adj* : **nul et non ~** nulo y sin valor.

avenue [avny] *nf* avenida *f.*

avéré, e [avere] *adj* probado(da).

avérer [avere] ◆ **s'avérer** *vp* [se révéler] revelarse ; **la situation s'avère difficile** la situación resulta difícil.

averse [avɛrs] *nf* chaparrón *m.*

aversion [avɛrsjɔ̃] *nf* aversión *f.*

averti, e [avɛrti] *adj* **- 1.** [expérimenté] sagaz **- 2.** [connaisseur] iniciado(da) ; **être ~ de qqch** estar al corriente de algo.

avertir [avɛrtir] *vt* **- 1.** [mettre en garde] advertir **- 2.** [prévenir] avisar ; **~ qqn de qqch** avisar a alguien de algo.

avertissement [avɛrtismɑ̃] *nm* **- 1.** [menace de sanction - SPORT] amonestación *f* ; [- école] aviso *m* **- 2.** [signe] advertencia *f* **- 3.** [conseil] consejo *m* **- 4.** [préambule] preámbulo *m* **- 5.** [avis] aviso *m.*

avertisseur, euse [avɛrtisœr, øz] *adj* de aviso. ◆ **avertisseur** *nm* claxon *m.* ◆ **avertisseur d'incendie** *nm* alarma *f* de incendios.

aveu, x [avø] *nm* confesión *f* ; **de l'~ de** según el testimonio de ; **faire un ~ à qqn** confesarle algo a alguien.

aveugle [avœgl] *adj* & *nmf* ciego(ga).

aveuglement [avœgləmɑ̃] *nm fig* obcecación *f.*

aveuglément [avœglemɑ̃] *adv* ciegamente.

aveugler [avœgle] *vt* **- 1.** [personne, fenêtre] cegar **- 2.** [éblouir] deslumbrar **- 3.** *fig* [troubler] ofuscar.

aveuglette [avœglɛt] ◆ **à l'aveuglette** *loc adv* a ciegas.

avez [ave] ▷ **avoir.**

aviateur, trice [avjatœr, tris] *nm, f* aviador *m,* -ra *f.*

aviation [avjasjɔ̃] *nf* aviación *f.*

avide [avid] *adj* ávido(da) ; **~ de qqch** ávido(da) de algo ; **~ de faire qqch** ansioso por hacer algo.

avidité [avidite] *nf* avidez *f.*

avilir [avilir] *vt* envilecer. ◆ **s'avilir** *vp* envilecerse.

aviné, e [avine] *adj* **- 1.** *sout* [personne] achispado(da) **- 2.** [haleine] que huele a vino.

avion [avjɔ̃] *nm* avión *m* ; **en ~** en avión ; **par ~** [courrier] por vía aérea ; **~ à réaction** avión a reacción, reactor *m.*

aviron [avirɔ̃] *nm* remo *m.*

avis [avi] *nm* **- 1.** [opinion] opinión *f,* parecer *m* ; **changer d'~** cambiar de opinión ; **donner un ~ défavorable** no dar la aprobación ; **donner un ~ favorable** dar el visto bueno ; **être d'~ que** ser del parecer OU de la opinión que ; **à mon ~** a mi parecer, en mi opinión **- 2.** [annonce, message] aviso *m* ; **sauf ~ contraire** salvo objeciones ; **~ de décès** notificación *f* de defunción ; **~ de virement** aviso de transferencia.

avisé, e [avize] *adj* prudente ; **être bien/mal ~ de faire qqch** hacer bien/mal en hacer algo.

aviser [avize] ◇ *vt* : **~ qqn de qqch** informar a alguien de algo. ◇ *vi* decidir. ◆ **s'aviser** *vp* **- 1.** *sout* [s'apercevoir] : **s'~ de qqch** percatarse de algo ; **s'~ que** percatarse de que **- 2.** [oser] : **s'~ de faire qqch** atreverse a hacer algo ; **ne t'avise pas de rentrer tard** no se te ocurra volver tarde.

aviver [avive] *vt* avivar.

av. J-C (*abr de* **avant Jésus-Christ**) a. de JC, a. JC.

avocat, e [avɔka, at] *nm, f* **- 1.** JUR abogado *m,* -da *f* ; **~ d'affaires/de la défense** abogado de empresa/de la defensa ; **~ général** ≃ fiscal *mf* del Tribunal Supremo **- 2.** [défenseur] defensor *m,* -ra *f.* ◆ **avo-**

cat *nm* [fruit] aguacate *m Esp,* palta *f Amér.*

avoine [avwan] *nf* avena *f.*

avoir [avwar] ◇ *nm* haber. ◇ *v aux* haber. ◇ *vt* - **1.** [gén] tener ; **il a deux enfants/une belle maison** tiene dos hijos/una casa bonita ; **elle a vingt ans** tiene veinte años ; **~ du chagrin** sentir dolor ; **~ de la sympathie pour qqn** tenerle simpatía a alguien ; **~ faim** tener hambre ; **~ sommeil** tener sueño ; **j'ai mal à la tête** me duele la cabeza - **2.** [obtenir] obtener ; **~ son permis de conduire** sacarse el carnet de conducir ; **~ sa licence** licenciarse - **3.** *loc* : **en ~ après qqn** tener algo contra alguien ; **j'en ai pour cinq minutes** sólo serán cinco minutos ; **se faire ~** *fam* dejarse engañar. ◆ **avoir à** *v + prép* [devoir] tener que ; **tu n'avais pas à lui parler sur ce ton** no tenías que haberle hablado en este tono ; **tu n'avais qu'à me le demander** no tenías más que preguntármelo ; **tu n'as qu'à y aller toi-même** ve tú mismo. ◆ **il y a** *v impers* - **1.** [présentatif] hay ; **il y a des problèmes** hay problemas ; **qu'est-ce qu'il y a?** ¿qué pasa? - **2.** [temporel] hace ; **il y a dix ans** hace diez años.

avoisinant, e [avwazinɑ̃, ɑ̃t] *adj* - **1.** [lieu, maison] próximo(ma) - **2.** [sens, couleur] parecido(da).

avortement [avɔrtəmɑ̃] *nm* - **1.** MÉD aborto *m* - **2.** *fig* [de projet] fracaso *m.*

avorter [avɔrte] *vi* - **1.** MÉD abortar - **2.** *fig* [échouer] fracasar.

avorton [avɔrtɔ̃] *nm* - **1.** *péj* [nabot] engendro *m* - **2.** [animal, plante] abortón *m.*

avouer [avwe] *vt* - **1.** [confesser] confesar - **2.** [admettre, reconnaître] reconocer, admitir. ◆ **s'avouer** *vp* - **1.** [coupable] declararse - **2.** [vaincu] darse por.

avril [avril] *nm* abril *m* ; *voir aussi* **septembre.**

axe [aks] *nm* - **1.** [gén] eje *m* ; **dans l'~ de** [dans le prolongement de] en la misma línea de OU que - **2.** [de politique] línea *f.*

axer [akse] *vt* : **~ qqch sur qqch** centrar algo en algo.

axiome [aksjom] *nm* axioma *m.*

ayant [ɛjɑ̃] ▷ **avoir.**

ayant droit [ɛjɑ̃drwa] (*pl* **ayants droit**) *nm* derechohabiente *m.*

ayez [ɛje] ▷ **avoir.**

ayons [ɛjɔ̃] ▷ **avoir.**

azalée [azale] *nf* azalea *f.*

azimut [azimyt] ◆ **tous azimuts** *loc adv fam* [offensive] en todos los frentes ; [débat, arrestations, négociations] a todos los niveles.

azote [azɔt] *nm* nitrógeno *m.*

aztèque [aztɛk] *adj* azteca. ◆ **Aztèque** *nmf* azteca *mf.*

azur [azyr] *nm* azur *m.*

B

b, B [be] *nm inv* [lettre] b *f,* B *f.* ◆ **B** (*abr de* **bien**) ≃ N.

BA [bea] *nf fam abr de* **bonne action.**

babiller [babije] *vi* balbucear.

babines [babin] *nfpl* belfos *mpl.*

bâbord [babɔr] *nm* babor *m* ; **à ~** a babor.

babouin [babwɛ̃] *nm* zambo *m (mono).*

baby-sitter [bebisitœr] (*pl* **baby-sitters**) *nmf* canguro *mf.*

baby-sitting [bebisitiŋ] (*pl* **baby-sittings**) *nm* : **faire du ~** hacer de canguro.

bac [bak] *nm* - **1.** *fam abr de* **baccalauréat** ; **~ blanc** *examen de prueba previo al examen oficial de estudios secundarios* ; **passer son ~** ≃ examinarse de selectividad - **2.** [bateau] transbordador *m* - **3.** [de réfrigérateur] bandeja *f* ; **~ à glace** bandeja para los cubitos de hielo ; **~ à légumes** verdulero *m* - **4.** [d'évier] pila *f.*

baccalauréat [bakalɔrea] *nm examen y/o título de enseñanza secundaria que permite el acceso a los estudios superiores,* ≃ selectividad *f.*

bâche [baʃ] *nf* cubierta *f* de lona.

bachelier, ère [baʃəlje, ɛr] *nm, f persona que ha aprobado el examen de enseñanza secundaria.*

bachot [baʃo] *nm vieilli abr de* **baccalauréat.**

bacille [basil] *nm* bacilo *m.*

bâcler [bakle] *vt* hacer deprisa y corriendo ; **c'est du travail bâclé** es una chapuza.

bactérie [bakteri] *nf* bacteria *f.*

badaud, e [bado, od] *nm, f* curioso *m,* -sa *f,* mirón *m,* -ona *f.*

badge [badʒ] *nm* - **1.** [de fantaisie] chapa *f* - **2.** [d'identification] tarjeta *f.*

badigeonner [badiʒɔne] *vt* - **1.** [mur] encalar - **2.** [plaie] cubrir - **3.** [tarte] recubrir.

badiner [badine] *vi sout* bromear ; **ne pas ~ avec qqch** no jugar con algo.

badminton [badmintɔn] *nm* bádminton *m*.

BAFA, Bafa [bafa] (*abr de* **brevet d'aptitude aux fonctions d'animation**) *nm diploma que da acceso a la función de animador.*

baffe [baf] *nf fam* torta *f (bofetada).*

baffle [bafl] *nm* bafle *m*.

bafouiller [bafuje] *vi & vt* farfullar.

bâfrer [bafre] *fam* ◇ *vi* engullir. ◇ *vt* zamparse.

bagage [bagaʒ] *nm* **- 1.** [valise, sac] equipaje *m* ; **~ à main** equipaje de mano **- 2.** [connaissances] bagaje *m* ; **~ intellectuel/culturel** bagaje intelectual/cultural.

bagagiste [bagaʒist] *nm* mozo *m* de equipajes.

bagarre [bagar] *nf* pelea *f*.

bagarrer [bagare] *vi* pelear. ◆ **se bagarrer** *vp* pelearse.

bagatelle [bagatɛl] *nf* **- 1.** [objet sans valeur] bagatela *f* **- 2.** [petite somme d'argent] cuatro perras *fpl* ; **coûter la ~ de 10 000 francs** *iron* costar la friolera de 10.000 francos **- 3.** *fig* [chose futile] tontería *f*.

bagnard [baɲar] *nm* presidiario *m*.

bagne [baɲ] *nm* **- 1.** [prison] presidio *m* **- 2.** *fig* [situation] muermo *m*.

bagnole [baɲɔl] *nf fam* coche *m*.

bague [bag] *nf* **- 1.** [bijou, anneau] anillo *m*, sortija *f* ; **~ de fiançailles** sortija de compromiso **- 2.** [de cigare] vitola *f* **- 3.** [de roulement, de serrage] manguito *m* **- 4.** [d'oiseau] anilla *f*.

baguer [bage] *vt* anillar.

baguette [bagɛt] *nf* **- 1.** [pain] ≃ barra *f* (de pan) **- 2.** [petit bâton] varilla *f* ; **~ magique** varita *f* mágica **- 3.** [pour manger] palillo *m* **- 4.** [de chef d'orchestre] batuta *f*.

bahut [bay] *nm* **- 1.** [buffet] aparador *m* **- 2.** [coffre] arca *f* **- 3.** *arg scol* [lycée] cole *m*.

baie [bɛ] *nf* **- 1.** [fruit] baya *f* **- 2.** GÉOGR bahía *f*. ◆ **baie vitrée** *nf* ventanal *m*.

baignade [bɛɲad] *nf* **- 1.** [action] baño *m* ; '**~ interdite**' 'prohibido bañarse' **- 2.** [lieu] *lugar donde uno puede bañarse.*

baigner [beɲe] ◇ *vt* **- 1.** [gén] bañar **- 2.** [remplir] : **~ qqch de qqch** inundar algo de algo. ◇ *vi* [être immergé dans] nadar. ◆ **se baigner** *vp* bañarse.

baigneur, euse [bɛɲœr, øz] *nm, f* bañista *mf*. ◆ **baigneur** *nm* [poupée] muñeco *m*.

baignoire [bɛɲwar] *nf* **- 1.** [de salle de bains] bañera *f Esp*, tina *f Amér* **- 2.** THÉÂTRE palco *m* de platea.

bail [baj] (*pl* **baux** [bo]) *nm* JUR contrato *m* de arrendamiento ; **ça fait un ~ que ...** *fam fig* hace un siglo que ...

bâillement [bajmɑ̃] *nm* bostezo *m*.

bâiller [baje] *vi* **- 1.** [personne] bostezar **- 2.** [vêtement] dar de sí.

bailleur, eresse [bajœr, bajrɛs] *nm, f* arrendador *m*, -ra *f*. ◆ **bailleur de fonds** *nm* socio *m* capitalista.

bâillon [bajɔ̃] *nm* mordaza *f*.

bâillonner [bajɔne] *vt* **- 1.** [mettre un bâillon] amordazar **- 2.** *fig* [réduire au silence] acallar.

bain [bɛ̃] *nm* baño *m* ; **prendre un ~** tomar un baño, bañarse ; **~ de mer** baño de mar ; **~ moussant** baño de espuma ; **~ à remous** baño de burbujas ; **prendre un ~ de soleil** tomar el sol.

bain-marie [bɛ̃mari] (*pl* **bains-marie**) *nm* baño *m* María ; **au ~** al baño María.

baïonnette [bajɔnɛt] *nf* bayoneta *f*.

baisemain [bɛzmɛ̃] *nm* besamanos *m inv*.

baiser [beze] ◇ *nm* beso *m*. ◇ *vt* **- 1.** [embrasser] besar **- 2.** *vulg* [coucher avec] follar **- 3.** *vulg* [tromper] dar por el culo. ◇ *vi vulg* follar.

baisse [bɛs] *nf* **- 1.** [gén] bajada *f* ; **à la ~** a la baja ; **en ~** en baja **- 2.** [de température] descenso *m*.

baisser [bese] ◇ *vt* bajar. ◇ *vi* [diminuer - température, prix] descender, bajar ; [- vue, talent] debilitarse ; **le jour baisse** anochece. ◆ **se baisser** *vp* agacharse.

bajoue [baʒu] *nf* **- 1.** [d'animal] carrillada *f* **- 2.** *péj* [de personne] moflete *m*.

bal [bal] *nm* baile *m* ; **~ populaire** OU **musette** baile popular ; **~ masqué** OU **costumé** baile de máscaras OU de disfraces.

balade [balad] *nf fam* paseo *m*.

balader [balade] *fam vt* **- 1.** [traîner avec soi] cargar con **- 2.** [emmener en promenade] pasear. ◆ **se balader** *vp fam* darse una vuelta.

baladeur, euse [baladœr, øz] *adj* [lampe] portable. ◆ **baladeur** *nm* Walkman® *m*.

balafre [balafr] *nf* cuchillada *f (en la cara).*

balafré, e [balafre] *adj* marcado(da).

balai [balɛ] *nm* **- 1.** [de nettoyage] escoba *f* **- 2.** [d'essuie-glace] limpiaparabrisas *m* *inv* - **3.** *fam* [an] taco *m* ; **il a cinquante ~s** tiene cincuenta tacos.

balai-brosse *nm* cepillo *m (para fregar).*

balance [balɑ̃s] *nf* - **1.** [gén] balanza *f* - **2.** [état d'équilibre] equilibrio *m* - **3.** *arg* [dénonciateur] soplón *m*, -ona *f*, chivato *m*, -ta *f*. ◆ **Balance** *nf* ASTROL Libra *f*.

balancer [balɑ̃se] ◇ *vt* - **1.** [bouger] balancear - **2.** *fam* [lancer] tirar - **3.** *fam* [jeter] tirar a la basura - **4.** *arg* [dénoncer] chivar. ◇ *vi sout* - **1.** [hésiter] vacilar - **2.** [osciller] oscilar. ◆ **se balancer** *vp* - **1.** [sur une chaise] balancearse - **2.** [sur une balançoire] columpiarse - **3.** *fam* : **se ~ de qqch** [s'en moquer] importarle a uno un bledo algo.

balancier [balɑ̃sje] *nm* - **1.** [de pendule] péndulo *m* - **2.** [de funambule] balancín *m*.

balançoire [balɑ̃swar] *nf* columpio *m*.

balayer [baleje] *vt* - **1.** [nettoyer] barrer - **2.** *fig* [écarter] desechar - **3.** [suj : caméra, projecteur] dar una pasada por OU entre ; [suj : radar] barrer.

balayette [balɛjɛt] *nf* escobilla *f*.

balayeur, euse [balɛjœr, øz] *nm, f* barrendero *m*, -ra *f*. ◆ **balayeuse** *nf* barredora *f*.

balayures [balɛjyr] *nfpl* basuras *fpl*.

balbutier [balbysje] ◇ *vi* - **1.** [bafouiller] balbucear - **2.** *fig* [débuter] estar en sus primeros balbuceos. ◇ *vt* [excuses] murmurar.

balcon [balkɔ̃] *nm* - **1.** [de maison] balcón *m* - **2.** [de théâtre] palco *m* - **3.** [de cinéma] anfiteatro *m*.

baldaquin [baldakɛ̃] *nm* dosel *m*, baldaquino *m*.

Baléares [balear] *nfpl* : **les ~** (las) Baleares.

baleine [balɛn] *nf* ballena *f*.

balise [baliz] *nf* - **1.** [marque, dispositif] baliza *f* - **2.** INFORM etiqueta *f*.

baliser [balize] ◇ *vt* balizar. ◇ *vi fam* [avoir peur] tener canguelo.

baliverne [balivɛrn] *nf (gén pl)* pamplina *f*.

Balkans [balkɑ̃] *nmpl* : **les ~** los Balcanes.

ballade [balad] *nf* balada *f*.

ballant, e [balɑ̃, ɑ̃t] *adj* : **les bras ~s** con los brazos colgando.

ballast [balast] *nm* - **1.** [chemin de fer] balasto *m* - **2.** NAVIG lastre *m*.

balle [bal] *nf* - **1.** [d'arme, de marchandises] bala *f* ; **~ perdue** bala perdida - **2.** [de jeu, de sport] pelota *f* - **3.** *fam* [franc] ≃ pela *f* - **4.** *loc* : **la ~ est dans ton camp** te toca a ti.

ballerine [balrin] *nf* - **1.** [danseuse] bailarina *f* - **2.** [chaussure] zapatilla *f* de ballet.

ballet [balɛ] *nm* - **1.** [gén] ballet *m* - **2.** *fig* [activité intense] baile *m*.

ballon [balɔ̃] *nm* - **1.** SPORT balón *m* ; **~ de football/de basket/de rugby** balón de fútbol/de baloncesto/de rugby - **2.** [jouet, montgolfière] globo *m* - **3.** [réservoir] : **~ d'eau chaude** termo *m* de agua caliente ; **~ d'oxygène** botella *f* de oxígeno ; *fig* balón *m* de oxígeno - **4.** *fam* [verre de vin] vaso *m*.

ballonné, e [balɔne] *adj* hinchado(da) ; **avoir le ventre ~** tener el vientre hinchado.

ballot [balo] *nm* - **1.** [de marchandises] fardo *m* - **2.** *vieilli* [imbécile] memo *m*, -ma *f*.

ballottage [balɔtaʒ] *nm* POLIT *empate entre candidatos en la primera vuelta de una votación* ; **en ~** *que no ha obtenido la mayoría.*

ballotter [balɔte] ◇ *vt* [secouer] sacudir. ◇ *vi* traquetear.

balluchon = **baluchon**.

balnéaire [balneɛr] *adj* costero(ra) ; **une station ~** una ciudad costera.

balourd, e [balur, urd] *adj* & *nm, f* palurdo(da).

balte [balt] *adj* báltico(ca). ◆ **Balte** *nmf* báltico *m*, -ca *f*.

Baltique [baltik] *nf* : **la ~** el Báltico.

baluchon, balluchon [balyʃɔ̃] *nm* petate *m* ; **faire son ~** *fam* liar el petate.

balustrade [balystrad] *nf* - **1.** ARCHIT balaustrada *f* - **2.** [rambarde] barandilla *f*.

bambin [bɑ̃bɛ̃] *nm* chiquillo *m*, -lla *f*.

bambou [bɑ̃bu] *nm* bambú *m*.

ban [bɑ̃] *nm* - **1.** [applaudissements] aplauso *m* - **2.** *loc* : **mettre qqn au ~ de la société** marginar a alguien de la sociedad. ◆ **bans** *nmpl* [de mariage] amonestaciones *fpl* ; **publier** OU **afficher les ~s** publicar las amonestaciones.

banal, e, als [banal] *adj* - **1.** [ordinaire] trivial ; **c'est pas ~!** *fam* ¡es extraordinario! - **2.** [sans originalité] corriente.

banaliser [banalize] *vt* trivializar ; [véhicule] camuflar.

banalité [banalite] *nf* - **1.** [caractère] trivialidad *f* - **2.** [lieu commun] tópico *m*.

banane [banan] *nf* - **1.** [fruit] plátano *m* - **2.** [sac] riñonera *f* - **3.** [coiffure] tupé *m*.

bananier, ère [bananje, ɛr] *adj* bana-

nero(ra). ◆ **bananier** *nm* - **1.** [arbre] plátano *m* - **2.** [cargo] bananero *m*.
banc [bɑ̃] *nm* banco *m* ; **le ~ des accusés** el banquillo de los acusados. ◆ **banc d'essai** *nm* banco *m* de pruebas. ◆ **banc de poissons** *nm* banco *m* de peces. ◆ **banc de sable** *nm* banco *m* de arena.
bancaire [bɑ̃kɛr] *adj* bancario(ria).
bancal, e, als [bɑ̃kal] *adj* - **1.** [personne] patituerto(ta) - **2.** [meuble] cojo(ja) - **3.** *fig* [raisonnement, idée] errado(da) - **4.** *fig* [phrase] mal estructurado *m*, mal estructurada *f*.
bandage [bɑ̃daʒ] *nm* - **1.** [de blessé] vendaje *m* - **2.** [de roue] llanta *f*.
bande [bɑ̃d] *nf* - **1.** [de tissu, de papier] tira *f* - **2.** [de film, d'enregistrement] cinta *f* ; **~ magnétique/vidéo** cinta magnética/de vídeo - **3.** [bandage] venda *f* ; **~ Velpeau®** venda *f* - **4.** [groupe] pandilla *f* ; **en ~** en pandilla - **5.** NAVIG escora *f* - **6.** [INFORM, RADIO de billard] banda *f* ; **~ de fréquence** banda de frecuencia. ◆ **bande dessinée** *nf* cómic *m*. ◆ **bande d'arrêt d'urgence** *nf* carril *m* de emergencia.
bande-annonce *nf* trailer *m*, avances *mpl*.
bandeau [bɑ̃do] *nm* - **1.** [sur les yeux] venda *f* ; **avoir un ~ sur les yeux** *fig* tener una venda en los ojos - **2.** [dans les cheveux] cinta *f*.
bander [bɑ̃de] ◇ *vt* - **1.** [plaie] vendar ; **~ les yeux de qqn** vendar los ojos a alguien - **2.** [arc] tensar. ◇ *vi vulg* empalmarse.
banderole [bɑ̃drɔl] *nf* banderola *f*.
bande-son [bɑ̃dsɔ̃] (*pl* **bandes-son**) *nf* banda *f* sonora.
bandit [bɑ̃di] *nm* - **1.** [hors-la-loi] bandido *m*, -da *f* - **2.** [escroc] estafador *m*, -ra *f*.
bandoulière [bɑ̃duljɛr] *nf* bandolera *f* ; **en ~** en bandolera.
banlieue [bɑ̃ljø] *nf* afueras *fpl* ; **la proche ~** *municipios limítrofes con una ciudad*.
banlieusard, e [bɑ̃ljøzar, ard] *nm, f habitante de las afueras de París*.
bannière [banjɛr] *nf* estandarte *m*.
bannir [banir] *vt* desterrar.
banque [bɑ̃k] *nf* - **1.** [gén] banco *m* ; **~ d'affaires** banco de negocios ; **~ de données** banco de datos ; **~ d'organes/du sang/du sperme** banco de órganos/de sangre/de esperma - **2.** [activité, somme au jeu] banca *f*. ◆ **Banque centrale européenne** *nf* : **la Banque centrale européene** el Banco central europeo. ◆ **Banque de France** *nf* : **la Banque de France** *el banco nacional de Francia*.
banqueroute [bɑ̃krut] *nf* [faillite] bancarrota *f* ; **faire ~** quebrar.
banquet [bɑ̃kɛ] *nm* banquete *m*.
banquette [bɑ̃kɛt] *nf* banqueta *f* ; **~ arrière** asiento *m* trasero.
banquier, ère [bɑ̃kje, ɛr] *nm, f* - **1.** FIN banquero *m*, -ra *f* - **2.** [au jeu] banca *f*.
banquise [bɑ̃kiz] *nf* banco *m* de hielo.
baptême [batɛm] *nm* bautismo *m* ; **~ de l'air** bautismo del aire.
baptiser [batize] *vt* bautizar.
baquet [bakɛ] *nm* cubeta *f*.
bar [bar] *nm* - **1.** [café, unité de pression] bar *m* ; **~ à café** *Helv* cafetería *f* - **2.** [poisson] lubina *f*.
baraque [barak] *nf* - **1.** [cabane] barraca *f* - **2.** *fam* [maison] casa *f*.
baraqué, e [barake] *adj fam* : **être ~** estar cachas.
baraquement [barakmɑ̃] *nm* zona *f* de barracas.
baratin [baratɛ̃] *nm fam* charlatanería *f*.
baratiner [baratine] *fam* ◇ *vt* camelar. ◇ *vi* contar cuentos.
barbare [barbar] ◇ *adj* - **1.** *péj* [invasion, peuple] bárbaro(ra) - **2.** [crime, mœurs] salvaje. ◇ *nm* bárbaro *m*, -ra *f*.
barbarie [barbari] *nf* barbarie *f*.
barbe [barb] *nf* barba *f* ; **faire qqch au nez et à la ~ de qqn** hacer algo en las barbas de alguien ; **quelle** OU **la ~!** *fam* ¡qué lata! ◆ **barbe à papa** *nf* algodón *m* (de azúcar).
barbelé, e [barbəle] *adj* espinoso(sa). ◆ **barbelé** *nm* alambrada *f* de espino.
barbiche [barbiʃ] *nf* perilla *f*.
barbiturique [barbityrik] *nm* barbitúrico *m*.
barboter [barbɔte] ◇ *vi* [se baigner] chapotear. ◇ *vt fam* [voler] birlar.
barboteuse [barbɔtøz] *nf* pelele *m (prenda)*.
barbouiller [barbuje] *vt* - **1.** [salir] embadurnar - **2.** *péj* [peindre, écrire] pintarrajear - **3.** [donner la nausée à] revolver el estómago ; **être barbouillé, avoir l'estomac barbouillé** tener el estómago revuelto.
barbu, e [barby] *adj* barbudo(da). ◆ **barbu** *nm* [personne] barbudo *m*.
barder [barde] ◇ *vt* CULIN enalbardar ; **être bardé de qqch** *fig* [décorations, diplômes] estar cargado de algo. ◇ *vi fam* : **ça va ~!** ¡se va a armar (una)!

barème [barɛm] *nm* baremo *m*.
baril [baril] *nm* barril *m*.
bariolé, e [barjɔle] *adj* abigarrado(da).
barmaid [barmɛd] *nf* camarera *f Esp*, moza *f Amér*.
barman [barman] (*pl* **barmans** OU **barmen** [barmɛn]) *nm* camarero *m Esp*, barman *m Esp*, mozo *m Amér*.
baromètre [barɔmɛtr] *nm* barómetro *m*.
baron, onne [barɔ̃, ɔn] *nm, f* barón *m*, -onesa *f*.
baroque [barɔk] *adj* - **1.** [style] barroco(ca) - **2.** [idée] extravagante.
barque [bark] *nf* barca *f*.
barquette [barkɛt] *nf* - **1.** [tartelette] tartaleta *f* - **2.** [de fruits] cestita *f* ; [de beurre] tarrina *f* - **3.** [de congélation] bandeja *f*.
barrage [baraʒ] *nm* - **1.** [de rivière] presa *f*, embalse *m Esp*, represa *f Amér* - **2.** [de rue] barrera *f* ; ~ **de police** cordón *m* policial.
barre [bar] *nf* - **1.** [morceau - de bois] vara *f* ; [- de métal, chocolat] barra *f* ; ~ **fixe** barra fija ; **~s parallèles** (barras) paralelas - **2.** [gouvernail] timón *m* ; **être à la ~** estar al timón ; *fig* [diriger] llevar la batuta - **3.** [trait] raya *f* ; **la ~ du t** el palote de la t - **4.** INFORM : ~ **d'espacement** espaciador *m* ; ~ **de menu** barra *f* de menús ; ~ **d'outils** barra *f* de herramientas - **5.** JUR barra *f* ; **appeler à la ~** llamar al estrado (a declarar).
barreau [baro] *nm* - **1.** [de métal, de bois] barrote *m* - **2.** JUR : **le ~** el Colegio de Abogados.
barrer [bare] *vt* - **1.** [rue, route] cortar - **2.** [mot, phrase] tachar - **3.** [chèque] barrar - **4.** [bateau] llevar el timón de. ◆ **se barrer** *vp fam* [partir] abrirse.
barrette [barɛt] *nf* [à cheveux] pasador *m*.
barreur, euse [barœr, øz] *nm, f* timonel *mf*.
barricade [barikad] *nf* barricada *f*.
barrière [barjɛr] *nf* barrera *f* ; ~ **douanière** barrera arancelaria.
barrique [barik] *nf* barrica *f* ; **être gros comme une ~** estar gordo como un tonel.
bar-tabac [bartaba] *nm bar con estanco*.
baryton [baritɔ̃] *nm* barítono *m*.
bas, basse [ba, bas] *adj* bajo(ja). ◆ **bas** ◇ *nm* - **1.** [partie inférieure] parte *f* de abajo, parte *f* inferior - **2.** [vêtement] media *f*. ◇ *adv* bajo ; **parler ~** hablar bajo ; **mettre ~** parir. ◆ **à bas** *loc adv* : **à ~ la dictature!** ¡abajo la dictadura! ◆ **en bas de** *loc prép* abajo ; **il l'attend en ~ de chez elle** la espera abajo. ◆ **en bas** *loc adv* abajo ; **la voiture est en ~** el coche está abajo.
basalte [bazalt] *nm* basalto *m*.
basané, e [bazane] *adj* moreno(na).
bas-côté *nm* arcén *m Esp*, acotamiento *m Amér*.
bascule [baskyl] *nf* - **1.** [balance] báscula *f* - **2.** [balançoire] balancín *m*.
basculer [baskyle] ◇ *vi* - **1.** [tomber à la renverse] volcar *Esp*, voltear *Amér* - **2.** *fig* [vie, film] : ~ **dans qqch** dar un vuelco hacia OU a algo. ◇ *vt* - **1.** [renverser] tumbar - **2.** [appel] pasar.
base [baz] *nf* - **1.** [gén] base *f* ; **de ~** [connaissances] básico(ca) ; [salaire] base ; **à ~ de qqch** a base de algo ; **sur la ~ de 80 F de l'heure** sobre una base de 80 francos la hora - **2.** [de colonne] basa *f*. ◆ **base de données** *nf* INFORM base *f* de datos.
baser [baze] *vt* MIL : **être basé à** estar destacado en. ◆ **se baser** *vp* : **se ~ sur qqch** basarse en algo.
bas-fond *nm* [de l'océan] bajío *m*, bajo *m*. ◆ **bas-fonds** *nmpl* - **1.** [de société] bajos fondos *mpl* - **2.** [quartiers pauvres] barrios *mpl* bajos.
basilic [bazilik] *nm* [plante] albahaca *f*.
basilique [bazilik] *nf* basílica *f*.
basique [bazik] *adj* básico(ca).
basket [baskɛt] *nf* zapatilla *f* de deporte ; **lâche-moi les ~s!** *fam* ¡déjame en paz!
basket-ball [baskɛtbol] *nm* baloncesto *m*.
basque [bask] ◇ *adj* vasco(ca). ◇ *nm* LING vasco *m*, euskera *m*. ◇ *nf* [de vêtement] faldón *m* ; **être toujours pendu aux ~s de qqn** estar siempre pegado a las faldas de alguien. ◆ **Basque** *nmf* vasco *m*, -ca *f*.
bas-relief *nm* bajorrelieve *m*.
basse [bas] ◇ *adj* ▭ **bas**. ◇ *nf* [MUS - personne, voix] bajo *m* ; [- instrument] contrabajo *m*.
basse-cour *nf* - **1.** [volaille] aves *fpl* de corral - **2.** [partie de ferme] corral *m*.
bassement [basmɑ̃] *adv* vilmente.
bassin [basɛ̃] *nm* - **1.** [cuvette] barreño *m* - **2.** [pièce d'eau] estanque *m* - **3.** [de piscine] piscina *f Esp*, pileta *f Amér* ; **grand ~** piscina para adultos ; **petit ~** piscina para niños - **4.** ANAT pelvis *f inv* - **5.** GÉOL cuenca *f*. ◆ **Bassin parisien** *nm* : **le Bassin parisien** la depresión parisina.

bassine [basin] *nf* barreño *m*.
bassiste [basist] *nmf* - **1.** [contrebassiste] contrabajo *m* - **2.** [de rock ou de jazz] bajo *m*.
basson [basɔ̃] *nm* [MUS - instrument] bajón *m*, fagot *m* ; [- personne] bajonista *mf*.
bastingage [bastɛ̃gaʒ] *nm* borda *f*.
bastion [bastjɔ̃] *nm* bastión *m*.
baston [bastɔ̃] *nf tfam* palos *mpl*.
bas-ventre *nm* bajo vientre *m*.
bât [ba] *nm* albarda *f* ; **c'est là que le ~ blesse** *fig* ése es su punto débil.
bataille [bataj] *nf* - **1.** MIL batalla *f* ; **en ~** [cheveux] desgreñado(da) - **2.** [bagarre] riña *f* - **3.** [jeu de cartes] ≃ guerrilla *f*.
bataillon [batajɔ̃] *nm* batallón *m*.
bâtard, e [batar, ard] ◇ *adj* - **1.** [gén] bastardo(da) - **2.** *péj* [hybride] híbrido(da). ◇ *nm, f péj* [enfant illégitime] bastardo *m*, -da *f*. ◆ **bâtard** *nm* - **1.** [pain] ≃ barra *f* de cuarto corta - **2.** [chien] chucho *m*.
bateau [bato] ◇ *nm* - **1.** [embarcation - petite] barca *f* ; [- grande] barco *m* ; **~ à moteur** [petit] barca a motor ; [grand] barco a motor ; **~ de pêche** [petit] barca de pesca ; [grand] (barco) pesquero *m* ; **~ à voile** barco de vela ; **mener qqn en ~** *fam fig* quedarse con alguien - **2.** [de trottoir] vado *m*. ◇ *adj inv* - **1.** [encolure, lit] barco - **2.** [sujet, thème] trillado(da).
bâti, e [bati] *adj* edificado(da) ; **bien/mal ~** [personne] bien/mal proporcionado. ◆ **bâti** *nm* - **1.** COUT hilván *m* - **2.** CONSTR armazón *m* OU f.
batifoler [batifɔle] *vi* retozar.
bâtiment [batimɑ̃] *nm* - **1.** [édifice] edificio ; **il est** OU **travaille dans le ~** trabaja en la construcción - **2.** [navire] navío *m*.
bâtir [batir] *vt* - **1.** [construire] construir - **2.** COUT hilvanar - **3.** [théorie] elaborar ; [fortune] labrarse.
bâtisse [batis] *nf* caserón *m*.
bâton [batɔ̃] *nm* - **1.** [canne] bastón *m* - **2.** [morceau - de bois] palo *m* ; [- de rouge à lèvres, de craie] barra *f* ; **~ de réglisse** barra de regaliz ; **mettre des ~s dans les roues à qqn** poner trabas a alguien ; **à ~s rompus** sin orden ni concierto - **3.** *fam fig* [million de centimes] *suma de dinero equivalente a 10.000 francos*.
bâtonnet [batɔnɛ] *nm* bastoncillo *m*.
batracien [batrasjɛ̃] *nm* batracio *m*.
battant, e [batɑ̃, ɑ̃t] ◇ *adj* que bate, que golpea ; **sous une pluie ~e** bajo un chaparrón ; **le cœur ~** con el corazón palpitante. ◇ *nm, f* [personne] luchador *m*, -ra *f*. ◆ **battant** *nm* - **1.** [de porte, de fenêtre] batiente *m* - **2.** [de cloche] badajo *m*.
battement [batmɑ̃] *nm* - **1.** [mouvement, bruit] golpeteo *m* ; **~ d'ailes** aleteo *m* ; **~ de cils** OU **de paupières** parpadeo *m* ; **~ de cœur** latido *m* - **2.** [intervalle de temps] tiempo *m* libre ; **une heure de ~** una hora libre.
batterie [batri] *nf* batería *f* ; **~ de cuisine** batería de cocina ; **recharger ses ~s** *fig* cargar las pilas.
batteur, euse [batœr, øz] *nm, f* - **1.** MUS [personne] batería *mf* - **2.** AGRIC trillador *m*, -ra *f* - **3.** SPORT bateador *m*, -ra *f*. ◆ **batteur** *nm* CULIN batidora *f*. ◆ **batteuse** *nf* AGRIC trilladora *f*.
battre [batr] ◇ *vt* - **1.** [frapper - personne] pegar ; [- tapis] sacudir - **2.** [vaincre - SPORT] ganar ; [- en politique] derrotar - **3.** CULIN batir ; **~ les blancs en neige** batir las claras a punto de nieve - **4.** [cartes] barajar. ◇ *vi* - **1.** [cœur, pouls] latir - **2.** [porte] golpetear - **3.** [frapper] : **~ des mains** tocar palmas - **4.** *loc* : **~ de l'aile** ir OU andar de capa caída ; **~ son plein** estar en su apogeo ; **~ en retraite** batirse en retirada. ◆ **se battre** *vp* - **1.** [combattre] pelearse ; **se ~ contre qqn** pelearse con alguien - **2.** [s'acharner] luchar ; **se ~ pour/contre qqch** luchar por/contra algo.
battu, e [baty] *pp* ▷ **battre**.
battue [baty] *nf* batida *f*.
baume [bom] *nm* bálsamo *m* ; **mettre du ~ au cœur de qqn** ser (como) un bálsamo para las penas de alguien.
baux ▷ **bail**.
bavard, e [bavar, ard] *adj* & *nm, f* charlatán(ana).
bavardage [bavardaʒ] *nm* - **1.** [papotage] charloteo *m* ; **puni pour ~** castigado por hablar - **2.** *(gén pl)* [racontar] habladuría *f*.
bavarder [bavarde] *vi* - **1.** [parler] charlar - **2.** *péj* [jaser] cotillear.
bave [bav] *nf* baba *f*.
baver [bave] *vi* - **1.** [personne, animal] babear ; **en ~** *fam* pasarlas canutas - **2.** [stylo] chorrear.
bavette [bavɛt] *nf* - **1.** [viande] lomo *m* bajo - **2.** [de tablier] peto *m* - **3.** [bavoir] babero *m* - **4.** *loc fam* : **tailler une ~ (avec qqn)** pegar la hebra (con alguien), estar de palique (con alguien).
baveux, euse [bavø, øz] *adj* - **1.** [qui bave] baboso(sa) - **2.** [peu cuit] : **une omelette baveuse** una tortilla poco hecha.

bavoir [bavwar] *nm* babero *m*.

bavure [bavyr] *nf* - **1.** [tache] tinta *f* corrida - **2.** [erreur] error *m*.

bazar [bazar] *nm* - **1.** [boutique] bazar *m* - **2.** *fam* [attirail] bártulos *mpl* - **3.** *loc* : **quel ~!** ¡vaya leonera!

bazarder [bazarde] *vt fam* quitar de en medio.

BCBG *abr de* **bon chic bon genre.**

BCE (*abr de* **Banque centrale européenne**) *nf* BCE *m*.

BCG (*abr de* **bacille Calmette-Guérin**) *nm* BCG *f*.

bcp *abr de* **beaucoup.**

bd *abr de* **boulevard.**

BD, bédé [bede] (*abr de* **bande dessinée**) *nf* : **une ~** un tebeo OU cómic ; **la ~** el cómic.

béant, e [beɑ̃, ɑ̃t] *adj* muy abierto(ta).

béat, e [bea, at] *adj* - **1.** [content de soi] plácido(da) - **2.** [niaisement heureux] beatífico(ca).

beau, belle, beaux [bo, bɛl] *adj* (**bel** [bɛl] *devant voyelle ou h muet*) - **1.** [esthétique - objet] hermoso(sa) ; [- personne] guapo(pa) - **2.** [joli] bonito(ta) - **3.** [important] imponente - **4.** [noble] admirable - **5.** *iron* [mauvais] menudo(da) ; **j'ai attrapé une belle grippe!** ¡menuda gripe he pillado! - **6.** [à valeur indéfinie] : **un ~ jour** un buen día ; **un ~ matin/soir** una buena mañana/noche - **7.** *loc* : **avoir ~ jeu de faire qqch** resultarle a alguien fácil hacer algo ; **c'est la belle vie!** ¡esto es vida! ◆ **beau** ◇ *adv* : **il fait ~** hace buen tiempo ; **j'ai ~ essayer, je n'y arrive pas** por más OU mucho que lo intente, no lo consigo. ◇ *nm* : **le ~** lo hermoso ; **être** OU **rester au ~ fixe** [temps] mantenerse ; [conjoncture] estar en un buen momento ; **faire le ~** [chien] ponerse a cuatro patas ; [paon, personne] pavonearse. ◆ **belle** *nf* - **1.** [femme] amada *f* - **2.** [dans un jeu] desempate *m* - **3.** *loc* : **se faire la belle** tomar las de Villadiego. ◆ **de plus belle** *loc adv* con más fuerza que antes ; **je lui ai dit de se taire, mais il a recommencé à crier de plus belle** le he dicho que se callara, pero ha vuelto a gritar con más fuerza que antes.

Beaubourg [bobur] *n Centro nacional de arte y de cultura Georges-Pompidou.*

beaucoup [boku] ◇ *adv* - **1.** [grand nombre, grande quantité] : **~ de** mucho(cha) ; **~ de gens** mucha gente ; **il n'a pas ~ de temps** no tiene mucho tiempo ; **~ d'accidents** muchos accidentes - **2.** [modifiant un verbe, un adjectif comparatif] mucho ; **il boit ~** bebe mucho ; **c'est ~ mieux** es mucho mejor. ◇ *pron inv* muchos(chas) ; **nous sommes ~ à penser que** somos muchos los que pensamos que. ◆ **de beaucoup** *loc adv* con diferencia.

beauf [bof] *nm péj* - **1.** [Français moyen] *ciudadano medio, conservador y sin amplitud de miras*, hortera *mf* - **2.** *fam* [beau-frère] cuñado *m*.

beau-fils *nm* - **1.** [gendre] yerno *m* - **2.** [de remariage] hijastro *m*.

beau-frère *nm* cuñado *m*.

beau-père *nm* - **1.** [père du conjoint] suegro *m* - **2.** [par remariage] padrastro *m*.

beauté [bote] *nf* belleza *f* ; **de toute ~** bellísimo(ma) ; **en ~** [magnifiquement] triunfalmente ; **être en ~** estar guapísima ; **se faire une ~** arreglarse.

beaux-arts [bozar] *nmpl* bellas artes *fpl*.

beaux-parents *nmpl* suegros *mpl*.

bébé [bebe] ◇ *nm* - **1.** [enfant] bebé *m* - **2.** [animal - de mammifère] cachorro *m* ; [- d'oiseau] polluelo *m* - **3.** *fam* [personne immature] crío *m*, -a *f*. ◇ *adj inv* crío(a) *(en aposición)*.

bébé-éprouvette (*pl* **bébés-éprouvette**) *nm* bebé probeta *m*.

bec [bɛk] *nm* - **1.** [d'oiseau] pico *m* ; **ouvrir le ~** *fam* [pour parler] abrir el pico ; **clouer le ~ à qqn** *fam* cerrar el pico a alguien - **2.** [d'instrument de musique] boquilla *f* - **3.** [d'objet] pitorro *m* ; **~ verseur** pitorro - **4.** GÉOGR lengua *f* de tierra. ◆ **bec de gaz** *nm* farol *m* de gas.

bécane [bekan] *nf fam* - **1.** [bicyclette] bici *f* - **2.** [moto] moto *f* - **3.** [machine] máquina *f* - **4.** [ordinateur] ordenador *m*.

bécasse [bekas] *nf* - **1.** [oiseau] becada *f* - **2.** *fam* [femme sotte] pava *f*.

bec-de-lièvre [bɛkdəljɛvr] (*pl* **becs-de-lièvre**) *nm* labio *m* leporino.

bêche [bɛʃ] *nf* laya *f*.

bêcher [beʃe] ◇ *vt* [terrain] layar. ◇ *vi fam* [personne] fardar.

bécoter [bekɔte] *vt fam* besuquear. ◆ **se bécoter** *vp fam* besuquearse.

becquée [beke] *nf* bocado *m* ; **donner la ~** dar de comer.

becqueter, béqueter [bɛkte] *vt* [oiseau] picotear.

bedaine [bədɛn] *nf fam* barrigón *m*.

bédé = **BD.**

bedonnant, e [bədɔnɑ̃, ɑ̃t] *adj* barrigón(ona).

bée [be] ▻ **bouche**.
bégayer [begeje] ◇ *vi* tartamudear. ◇ *vt* [excuses] mascullar.
bègue [bɛg] *adj* & *nmf* tartamudo(da).
béguin [begɛ̃] *nm fam* : **avoir le ~ pour qqn/qqch** estar encaprichado(da) con alguien/algo.
beige [bɛʒ] *adj* & *nm* beige.
beignet [bɛɲɛ] *nm* CULIN buñuelo *m*.
bel ▻ **beau**.
bêler [bele] *vi* balar.
belette [bəlɛt] *nf* comadreja *f*.
belge [bɛlʒ] *adj* belga. ◆ **Belge** *nmf* belga *mf*.
Belgique [bɛlʒik] *nf* : **la ~** Bélgica.
Belgrade [bɛlgrad] *n* Belgrado.
bélier [belje] *nm* - **1.** [animal] carnero *m* - **2.** [poutre] ariete *m*. ◆ **Bélier** *nm* Aries *m*.
belle ▻ **beau**.
belle-famille *nf* familia *f* política.
belle-fille *nf* - **1.** [épouse du fils] nuera *f* - **2.** [de remariage] hijastra *f*.
belle-mère *nf* - **1.** [mère du conjoint] suegra *f* - **2.** [de remariage] madrastra *f*.
belle-sœur *nf* cuñada *f*.
belligérant, e [beliʒerɑ̃, ɑ̃t] *adj* & *nm, f* beligerante.
belliqueux, euse [belikø, øz] *adj* belicoso(sa).
belvédère [bɛlvedɛr] *nm* mirador *m*.
bémol [bemɔl] *adj* & *nm* bemol.
bénédiction [benediksjɔ̃] *nf* - **1.** RELIG bendición *f* - **2.** [assentiment] beneplácito *m*.
bénéfice [benefis] *nm* beneficio *m* ; **au ~ de** [au profit de] a beneficio de.
bénéficiaire [benefisjɛr] ◇ *adj* [marge] de beneficio. ◇ *nmf* [personne] beneficiario *m*, -ria *f*.
bénéficier [benefisje] *vt* : **~ de qqch** beneficiarse de algo.
bénéfique [benefik] *adj* beneficioso(sa).
Benelux [benelyks] *nm* : **le ~** el Benelux.
benêt [bənɛ] *adj* & *nm* bendito.
bénévole [benevɔl] ◇ *adj* benévolo(la), benevolente. ◇ *nmf* [personne] voluntario *m*, -ria *f*.
bénin, igne [benɛ̃, iɲ] *adj* - **1.** [maladie, accident] leve - **2.** [tumeur] benigno(na) - **3.** *sout* [bienveillant] apacible.
bénir [benir] *vt* bendecir.
bénitier [benitje] *nm* pila *f* (del agua bendita).
benjamin, e [bɛ̃ʒamɛ̃, in] *nm, f* benjamín *m*, -ina *f*.
benne [bɛn] *nf* - **1.** [de camion] volquete *m* - **2.** [de grue] pala *f* - **3.** [de téléphérique] cabina *f* - **4.** [wagonnet] vagoneta *f*.
benzine [bɛ̃zin] *nf* bencina *f*.
BEP, Bep (*abr de* **brevet d'études professionnelles**) *nm diploma de estudios profesionales*.
BEPC, Bepc (*abr de* **brevet d'études du premier cycle**) *nm diploma que antiguamente se concedía tras los cuatro primeros años de estudios secundarios*.
béqueter = **becqueter**.
béquille [bekij] *nf* - **1.** [pour marcher] muleta *f* - **2.** [de deux-roues] patilla *f*.
berceau, x [bɛrso] *nm* - **1.** [lit d'enfant, lieu d'origine] cuna *f* - **2.** ARCHIT bóveda *f* de cañón.
bercer [bɛrse] *vt* [bébé] acunar.
berceuse [bɛrsøz] *nf* - **1.** [MUS - chanson] nana *f*, canción *f* de cuna ; [- morceau de musique] nana *f* - **2.** *Can* [fauteuil] mecedora *f*.
béret [berɛ] *nm* boina *f*.
berge [bɛrʒ] *nf* - **1.** [bord] orilla *f* - **2.** *fam* [année d'âge] taco *m*.
berger, ère [bɛrʒe, ɛr] *nm, f* [personne] pastor *m*, -ra *f*. ◆ **bergère** *nf* [canapé] poltrona *f*. ◆ **berger allemand** *nm* pastor *m* alemán.
bergerie [bɛrʒəri] *nf* aprisco *m*.
Berlin [bɛrlɛ̃] *n* Berlín.
berline [bɛrlin] *nf* berlina *f*.
berlingot [bɛrlɛ̃go] *nm* - **1.** [bonbon] *caramelo en forma de rombo* - **2.** [emballage] bolsa *f*.
berlinois, e [bɛrlinwa, az] *adj* berlinés(esa). ◆ **Berlinois, e** *nm, f* berlinés *m*, -esa *f*.
berlue [bɛrly] *nf* : **avoir la ~** ver visiones.
bermuda [bɛrmyda] *nm* bermudas *fpl*.
berne [bɛrn] *nf* : **en ~** a media asta.
berner [bɛrne] *vt* engañar.
besogne [bəzɔɲ] *nf* trabajo *m*.
besoin [bəzwɛ̃] *nm* - **1.** [gén] necesidad ; **avoir ~ de qqch** necesitar algo ; **avoir ~ de faire qqch** necesitar hacer algo ; **au ~** en caso de necesidad - **2.** [dénuement] : **être dans le ~** estar en la indigencia.
bestial, e, aux [bɛstjal, o] *adj* bestial.
bestiole [bɛstjɔl] *nf* bicho *m*.
bétail [betaj] *nm* ganado *m*.
bête [bɛt] ◇ *adj* - **1.** [stupide] tonto(ta) - **2.** [simple] : **c'est tout ~** es muy fácil

- 3. [regrettable] : **c'est ~!** ¡qué tonto!, ¡qué tontería! <> *nf* bestia *f*.

bêtise [betiz] *nf* tontería *f Esp*, babosada *f Amér*.

béton [betɔ̃] *nm* hormigón *m* ; **~ armé** hormigón armado.

betterave [betrav] *nf* remolacha *f* ; **~ fourragère** remolacha forrajera ; **~ sucrière** OU **à sucre** remolacha azucarera.

beugler [bøgle] *vi* - **1.** [bovin] mugir - **2.** *fam* [personne, radio] berrear.

beurre [bœr] *nm* mantequilla *f* ; **au ~ noir** [œil] morado(da) ; **compter pour du ~** [être sans importance] ser pan y manteca ; **faire son ~** *fam* [s'enrichir] hacer su agosto ; **mettre du ~ dans les épinards** *fam* redondear el presupuesto ; **vouloir le ~ et l'argent du ~** *fam* querer el oro y el moro.

beurrer [bœre] *vt* untar con mantequilla.

beuverie [bœvri] *nf* cogorza *f*.

bévue [bevy] *nf* metedura *f* de pata.

biais [bjɛ] *nm* - **1.** [ligne oblique] sesgo *m* ; **de** OU **en ~** en diagonal ; COUT al sesgo ; **regarder de ~** mirar de reojo - **2.** COUT bies *m inv* - **3.** [point de vue] ángulo *m* - **4.** [moyen détourné] truco *m*. ◆ **par le biais de** *loc prép* por medio de ; **il a obtenu cette promotion par le ~ d'un ami** ha conseguido el ascenso por medio de un amigo.

biaiser [bjeze] *vi* - **1.** *fam* [agir, parler indirectement] andarse con rodeos - **2.** [être de travers] estar sesgado(da).

bibelot [biblo] *nm* bibelot *m*.

biberon [bibrɔ̃] *nm* biberón *m Esp*, mamadera *f Amér* ; **donner le ~** dar el biberón.

bibi [bibi] *pron fam* mi menda.

bible [bibl] *nf* biblia *f*. ◆ **Bible** *nf* : **la Bible** la Biblia.

bibliographie [biblijɔgrafi] *nf* bibliografía *f*.

bibliothécaire [biblijɔtekɛr] *nmf* bibliotecario *m*, -ria *f*.

bibliothèque [biblijɔtɛk] *nf* - **1.** [meuble] librería *f*, biblioteca *f* - **2.** [édifice & INFORM] biblioteca *f*.

biblique [biblik] *adj* bíblico(ca).

bicarbonate [bikarbɔnat] *nm* bicarbonato *m* ; **~ de soude** bicarbonato sódico.

biceps [bisɛps] *nm* bíceps *m inv*.

biche [biʃ] *nf* ZOOL cierva *f*.

bicolore [bikɔlɔr] *adj* bicolor.

bicoque [bikɔk] *nf fam* casucha *f*.

bicyclette [bisiklɛt] *nf* bicicleta *f*.

bide [bid] *nm fam* - **1.** [ventre] barriga *f* - **2.** [échec] fracaso *m*.

bidet [bidɛ] *nm* bidé *m*.

bidon [bidɔ̃] <> *nm* - **1.** [récipient] bidón *m* - **2.** *fam* [ventre] barriga *f*. <> *adj inv fam* [faux] falso(sa).

bidonville [bidɔ̃vil] *nm* barrio *m* de chabolas.

bielle [bjɛl] *nf* biela *f*.

Biélorussie [bjelɔrysi] *nf* : **la ~** Bielorrusia.

bien [bjɛ̃] <> *adj inv* bien ; **il est ~, ce bureau** está bien este despacho ; **il est ~ comme prof** es buen profesor. <> *nm* bien *m* ; **le ~ et le mal** el bien y el mal ; **dire du ~ de qqn/de qqch** hablar bien de alguien/de algo ; **en tout ~ tout honneur** con buenas intenciones ; **faire du ~** ir bien. <> *adv* - **1.** [de manière satisfaisante] bien ; **on mange ~ ici** se come bien aquí ; **c'est ~ fait pour toi** te lo has merecido - **2.** [sens intensif] muy, mucho ; **~ de** mucho(cha) ; **il a ~ de la chance** tiene mucha suerte ; **~ souvent** muy a menudo ; **elle est ~ jolie** es muy bonita ; **en es-tu ~ sûr?** ¿estás completamente seguro? ; **on a ~ ri** nos hemos reído mucho - **3.** [au moins] : **il y a ~ trois heures que j'attends** hace por lo menos tres horas que espero - **4.** [renforçant un comparatif] mucho ; **il est parti ~ plus tard** se fue mucho más tarde - **5.** [servant à conclure ou à introduire] : **~, c'est fini pour aujourd'hui** bueno, se acabó por hoy ; **~, je t'écoute** bien OU bueno, te escucho ; **très ~, je vais avec toi** muy bien, voy contigo - **6.** [en effet] : **c'est ~ lui** efectivamente es él ; **c'est ~ ce que je disais** es justo lo que yo decía. <> *interj* : **eh ~!** ¡(muy) bien! ; **eh ~, qu'en penses-tu?** y bien, ¿tú qué opinas? ◆ **biens** *nmpl* bienes *mpl*. ◆ **bien entendu** *loc adv* desde luego, por supuesto. ◆ **bien mieux** *loc adv* es más. ◆ **bien que** *loc conj (+ subjonctif)* aunque *(+ subjuntivo)* ; **~ qu'il ait terminé son travail, il ne sortira pas** aunque haya terminado su trabajo, no saldrá. ◆ **bien sûr** *loc adv* desde luego, por supuesto.

bien-aimé, e [bjɛ̃neme] (*mpl* **bien-aimés**, *fpl* **bien-aimées**) <> *adj* querido(da). <> *nm, f* amado *m*, -da *f*.

bien-être [bjɛ̃nɛtr] *nm inv* bienestar *m*.

bienfaisance [bjɛ̃fəzɑ̃s] *nf* beneficencia *f*.

bienfaisant, e [bjɛ̃fəzɑ̃, ɑ̃t] *adj* beneficioso(sa).

bienfait [bjɛ̃fɛ] *nm* **- 1.** [faveur] favor *m* **- 2.** [effet bénéfique] efecto *m* benéfico.
bienfaiteur, trice [bjɛ̃fɛtœr, tris] *nm, f* benefactor *m*, -ra *f*.
bien-fondé [bjɛ̃fɔ̃de] (*pl* **bien-fondés**) *nm* pertinencia *f*.
bienheureux, euse [bjɛ̃nørø, øz] *adj* dichoso(sa).
bientôt [bjɛ̃to] *adv* pronto ; **à ~** hasta pronto.
bienveillance [bjɛ̃vejɑ̃s] *nf* benevolencia *f*.
bienveillant, e [bjɛ̃vejɑ̃, ɑ̃t] *adj* benevolente.
bienvenu, e [bjɛ̃vəny] ◇ *adj* [qui arrive à propos] oportuno(na). ◇ *nm, f* : **un café serait le ~** un café sería bienvenido ; **soyez la ~e** sea usted bienvenida. ◆ **bienvenue** *nf* bienvenida *f* ; **souhaiter la ~e à qqn** dar la bienvenida a alguien.
bière [bjɛr] *nf* **- 1.** [boisson] cerveza *f* ; **~ blonde/brune** cerveza rubia/negra ; **~ pression** cerveza de barril **- 2.** [cercueil] ataúd *m*.
bifidus [bifidys] *nm* bífidus *m* ; **yaourt au ~** yogur *m* con bífidus.
bifteck [biftɛk] *nm* bistec *m*.
bifurcation [bifyrkasjɔ̃] *nf* bifurcación *f*.
bifurquer [bifyrke] *vi* **- 1.** [route, voie ferrée] bifurcarse **- 2.** [voiture] girar **- 3.** *fig* [personne] orientarse hacia.
bigamie [bigami] *nf* bigamia *f*.
bigarré, e [bigare] *adj* abigarrado(da).
bigoudi [bigudi] *nm* bigudí *m*.
bijou, x [biʒu] *nm* joya *f*.
bijouterie [biʒutri] *nf* joyería *f*.
bijoutier, ère [biʒutje, ɛr] *nm, f* joyero *m*, -ra *f*.
bikini [bikini] *nm* bikini *m*.
bilan [bilɑ̃] *nm* balance *m* ; **déposer son ~** declararse en quiebra ; **faire le ~ de qqch** hacer (el) balance de algo.
bilatéral, e, aux [bilateral, o] *adj* **- 1.** [contrat, décision] bilateral **- 2.** [stationnement] a ambos lados *(de la calzada)*.
bile [bil] *nf* MÉD bilis *f inv*.
biliaire [biljɛr] *adj* biliar.
bilingue [bilɛ̃g] *adj* & *nmf* bilingüe.
billard [bijar] *nm* **- 1.** [jeu] billar *m* **- 2.** [table de jeu] mesa *f* de billar.
bille [bij] *nf* **- 1.** [d'enfant] canica *f Esp*, bolita *f Amér* **- 2.** [de billard] bola *f* **- 3.** [de bois] madero *m* **- 4.** *fam* [tête] careto *m*.
billet [bijɛ] *nm* billete *m* ; **~ d'avion/de train** billete de avión/de tren ; **~ (de banque)** billete (de banco) ; **~ de loterie** billete de lotería.
billetterie [bijɛtri] *nf* **- 1.** [de banque] cajero *m* automático **- 2.** [de gare, théâtre] taquilla *f Esp*, boletería *f Amér*.
billion [biljɔ̃] *nm* billón *m*.
bimensuel, elle [bimɑ̃sɥɛl] *adj* bimensual. ◆ **bimensuel** *nm* bimensual *m*.
bimoteur [bimɔtœr] *adj* & *nm* bimotor.
binaire [binɛr] *adj* binario(ria).
biner [bine] *vt* binar.
binocles [binɔkl] *nmpl fam* lentes *mpl*.
binôme [binom] *nm* MATHS binomio *m*.
bio [bjo] *adj inv* biológico(ca).
biocarburant [bjɔkarbyrɑ̃] *nm* biocarburante *m*.
biochimie [bjɔʃimi] *nf* bioquímica *f*.
biodégradable [bjɔdegradabl] *adj* biodegradable.
biographie [bjɔgrafi] *nf* biografía *f*.
biologie [bjɔlɔʒi] *nf* biología *f*.
biologique [bjɔlɔʒik] *adj* biológico(ca).
biomasse [bjɔmas] *nf* biomasa *f*.
biopsie [bjɔpsi] *nf* biopsia *f*.
biorythme [bjɔritm] *nm* biorritmo *m*.
biper [bipe] *vt* llamar al busca.
biréacteur [bireaktœr] *nm* birreactor *m*.
bis[1], e [bi, biz] *adj* **- 1.** [pain, toile] bazo(za) **- 2.** [teint] moreno(na).
bis[2] [bis] ◇ *adv* **- 1.** [numéro] bis **- 2.** [à la fin d'un spectacle] : **crier ~** gritar ¡otra! ; **bis! bis!** ¡otra! ¡otra! ◇ *nm* [répétition] bis *m*.
bisannuel, elle [bizanɥɛl] *adj* bienal.
biscornu, e [biskɔrny] *adj* **- 1.** [maison] de forma irregular **- 2.** [idée] retorcido(da).
biscotte [biskɔt] *nf* biscote *m*.
biscuit [biskɥi] *nm* **- 1.** [gâteau sec] galleta *f* **- 2.** [porcelaine] porcelana *f* sin esmaltar.
bise [biz] *nf* **- 1.** [vent] cierzo *m* **- 2.** *fam* [baiser] beso *m*.
biseau, x [bizo] *nm* bisel *m* ; **en ~** [vitre] biselado(da).
bison [bizɔ̃] *nm* bisonte *m*.
bisou [bizu] *nm fam* [baiser] besito *m* ; **gros ~** [formule d'adieu] un beso muy fuerte.
bistouri [bisturi] *nm* bisturí *m*.
bistrot, bistro [bistro] *nm fam* [café] bar *m* ; [restaurant] restaurante *m*.
bit [bit] *nm* INFORM bit *m*.
bivouac [bivwak] *nm* vivaque *m*.
bivouaquer [bivwake] *vi* acampar.

bizarre [bizar] *adj* extraño(ña), raro(ra).
bizutage [bizytaʒ] *nm* novatada *f*.
black-out [blakaut] *nm* **- 1.** [panne de courant] apagón *m* **- 2.** *fig* [censure] : **faire le ~** correr un tupido velo.
blafard, e [blafar, ard] *adj* pálido(da).
blague [blag] *nf* **- 1.** [plaisanterie] chiste *m* **- 2.** [farce] broma *f* **- 3.** [maladresse] metedura *f* de pata.
blaguer [blage] *fam* ◇ *vi* [plaisanter] bromear. ◇ *vt* [taquiner] burlarse de.
blagueur, euse [blagœr, øz] *adj* & *nm, f fam* bromista.
blaireau [blɛro] *nm* **- 1.** [animal] tejón *m* **- 2.** [de rasage] brocha *f* de afeitar.
blâme [blam] *nm* **- 1.** [désapprobation] censura *f* **- 2.** [sanction] sanción *f*.
blâmer [blame] *vt* **- 1.** [désapprouver] censurar **- 2.** [sanctionner] sancionar.
blanc, blanche [blɑ̃, blɑ̃ʃ] *adj* **- 1.** [gén] blanco(ca) **- 2.** [page, nuit] en blanco. ◆ **blanc** *nm* **- 1.** [couleur, linge] blanco *m* **- 2.** [linge de maison] : **le ~** *mantería, toallas y ropa de cama* **- 3.** [sur papier] espacio *m* en blanco **- 4.** [dans conversation] silencio *m* **- 5.** [de volaille] pechuga *f* ; [d'œuf] clara *f* **- 6.** [vin] vino *m* blanco **- 7.** *loc* : **à ~** [chauffer] al rojo blanco ; [tirer] al blanco. ◆ **blanche** *nf* MUS blanca *f*.
blanc-bec *nm péj* & *vieilli* mocoso *m*.
blanche ▷ **blanc**.
blancheur [blɑ̃ʃœr] *nf* blancura *f*.
blanchir [blɑ̃ʃir] ◇ *vt* **- 1.** [mur, tissu, argent] blanquear **- 2.** [linge] lavar **- 3.** [légumes] escaldar **- 4.** *fig* [accusé] exculpar. ◇ *vi* [cheveux] encanecer.
blanchissage [blɑ̃ʃisaʒ] *nm* **- 1.** [du linge] lavado *m* **- 2.** [du sucre] refinado *m (del azúcar)*.
blanchisserie [blɑ̃ʃisri] *nf* lavandería *f*.
blanchisseur, euse [blɑ̃ʃisœr, øz] *nm, f* lavandero *m*, -ra *f*.
blasé, e [blaze] ◇ *adj* hastiado(da). ◇ *nm, f* desganado *m*, -da *f* ; **faire le ~** hacerse el desganado.
blason [blazɔ̃] *nm* blasón *m*.
blasphème [blasfɛm] *nm* blasfemia *f*.
blasphémer [blasfeme] ◇ *vt* blasfemar contra. ◇ *vi* blasfemar.
blatte [blat] *nf* cucaracha *f*.
blazer [blazɛr] *nm* blazer *m*, americana *f Esp*, saco *m Amér*.
blé [ble] *nm* **- 1.** [céréale] trigo *m* ; **~ en herbe** trigo en ciernes **- 2.** *fam* [argent] pasta *f*.
blême [blɛm] *adj* pálido(da).
blennorragie [blenɔraʒi] *nf* blenorragia *f*, blenorrea *f*.
blessant, e [blɛsɑ̃, ɑ̃t] *adj* hiriente.
blessé, e [blese] *nm, f* herido *m*, -da *f*.
blesser [blese] *vt* **- 1.** [physiquement] herir ; **être blessé au bras** ser herido en el brazo **- 2.** [suj : souliers] hacer daño **- 3.** [moralement] ofender.
blessure [blesyr] *nf* herida *f*.
blet, blette [blɛ, blɛt] *adj* pasado(da).
bleu, e [blø] *adj* **- 1.** [couleur] azul **- 2.** CULIN poco hecho, poco hecha. ◆ **bleu** *nm* **- 1.** [couleur] azul *m* **- 2.** [meurtrissure] cardenal *m*, morado *m* **- 3.** [colorant] azulete *m* **- 4.** [novice] recluta *m* **- 5.** [fromage] queso *m* azul. ◆ **bleu de travail** *nm* mono *m* de trabajo.
bleuet [bløɛ] *nm* aciano *m*.
bleuir [bløir] ◇ *vt* **- 1.** [chose] azular **- 2.** [partie du corps] amoratarse. ◇ *vi* [devenir bleu] volverse azul.
bleuté, e [bløte] *adj* azulado(da) *Esp*, azuloso(sa) *Amér*.
blindé, e [blɛ̃de] *adj* **- 1.** [véhicule, porte] blindado(da) **- 2.** *fam fig* [personne] curtido(da). ◆ **blindé** *nm* vehículo *m* blindado.
blinder [blɛ̃de] *vt* **- 1.** [véhicule, porte] blindar **- 2.** *fam fig* [personne] curtir.
blizzard [blizar] *nm ventisca en América del Norte*.
bloc [blɔk] *nm* **- 1.** [gén] bloque *m* ; **en ~** en bloque ; **~ d'alimentation** INFORM bloque de alimentación ; **~ d'habitations** bloque de viviendas **- 2.** [groupe] coalición *f* **- 3.** [ensemble d'éléments] módulo *m* ; **~ opératoire** quirófano *m*.
blocage [blɔkaʒ] *nm* **- 1.** [des prix, salaires] congelación *f* **- 2.** [de roue] bloqueo *m* **- 3.** PSYCHOL bloqueo *m* (mental).
blockhaus [blɔkos] *nm* blocao *m*.
bloc-moteur *nm* bloque *m* del motor.
bloc-notes [blɔknɔt] *nm* bloc *m* de notas.
blocus [blɔkys] *nm* bloqueo *m*.
blond, e [blɔ̃, blɔ̃d] *adj* & *nm, f* rubio(bia) *Esp*, güero(ra) *Amér*. ◆ **blond** *nm* rubio *m* ; **~ cendré/platine/vénitien** rubio ceniza/platino/bermejo. ◆ **blonde** *nf* **- 1.** [cigarette] rubio *m* **- 2.** [bière] rubia *f*.
blondeur [blɔ̃dœr] *nf* rubio *m*.
bloquer [blɔke] *vt* **- 1.** [gén] bloquear **- 2.** [prix, salaires] congelar **- 3.** [jours] juntar. ◆ **se bloquer** *vp* bloquearse.

blottir [blɔtir] ◆ **se blottir** *vp* acurrucarse.

blouse [bluz] *nf* **- 1.** [de travail, d'écolier] bata *f* **- 2.** [chemisier] blusa *f*.

blouson [bluzɔ̃] *nm* cazadora *f Esp*, campera *f Amér*.

blue-jean [bludʒin] (*pl* **blue-jeans** [bludʒins]) *nm* vaqueros *mpl*.

blues [bluz] *nm inv* **- 1.** MUS blues *m inv* **- 2.** *fam* [mélancolie] depre *f*.

bluff [blœf] *nm* fantasmada *f*.

bluffer [blœfe] *fam* ◇ *vi* tirarse un farol. ◇ *vt* embaucar.

blush [blœʃ] *nm* colorete *m*.

BNF *nf abr de* **Bibliothèque nationale de France**.

boa [bɔa] *nm* boa *f*; **~ constricteur** boa constrictor.

boat people [botpipœl] *nmpl* boat people *mpl*.

bobard [bɔbar] *nm fam* trola *f*.

bobine [bɔbin] *nf* **- 1.** [de fil] bobina *f*; [de ruban] carrete *m* **- 2.** *fam* [visage] jeta *f*.

bobonne [bɔbɔn] *nf péj* maruja *f*.

bobsleigh [bɔbslɛg] *nm* bobsleigh *m*.

bocage [bɔkaʒ] *nm paisaje típico de Normandía*.

bocal, aux [bɔkal, o] *nm* tarro *m*.

body-building [bɔdibɥildiŋ] *nm* body-building *m*.

bœuf [bœf *pl* bø] *nm* **- 1.** [animal] buey *m* **- 2.** [viande] vaca *f*.

bof [bɔf] *interj fam* ¡bah!

bogue [bɔg], **bug** [bʌg] *nm* bug *m*.

bohème [bɔɛm] *adj* & *nmf* bohemio(mia).

bohémien, enne [bɔemjɛ̃, ɛn] ◇ *adj* bohemio(mia) *(de la Bohemia)*. ◇ *nm, f* [gitan] gitano *m*, -na *f*.

boire [bwar] ◇ *vt* **- 1.** [avaler] beber; **~ de l'eau/du vin** beber agua/vino **- 2.** [absorber] chupar. ◇ *vi* beber.

bois [bwa] ◇ *nm* **- 1.** [forêt] bosque *m* **- 2.** [matériau - de construction] madera *f*; [- de chauffage] leña *f*; **en ~** de madera; **chèque en ~** *fig* sin fondos. ◇ *nmpl* **- 1.** MUS instrumentos *mpl* de viento **- 2.** [cornes] cornamenta *f*.

boisé, e [bwaze] *adj* poblado(da) de árboles.

boiserie [bwazri] *nf* carpintería *f*.

boisson [bwasɔ̃] *nf* bebida *f*; **s'adonner à la ~** darse a la bebida; **~ alcoolisée** bebida alcohólica.

boîte [bwat] *nf* **- 1.** [récipient] caja *f*; **en ~** [en conserve] en lata; **~ de conserve** lata *f* de conservas; **~ à gants** guantera *f*; **~ aux lettres** buzón *m*; **~ aux lettres électronique** INFORM buzón *m* de correo electrónico; **~ à musique** caja de música; **~ postale** apartado *m* de correos; **~ de vitesses** caja de cambios; **~ vocale** INFORM buzón *m* de voz **- 2.** *fam* [entreprise] empresa *f* **- 3.** *fam* [discothèque] discoteca *f*.

boiter [bwate] *vi* cojear.

boiteux, euse [bwatø, øz] *adj* & *nm, f* cojo(ja).

boîtier [bwatje] *nm* **- 1.** [gén] caja *f* **- 2.** [d'appareil photo] cuerpo *m*.

bol [bɔl] *nm* tazón *m*, bol *m*; **~ alimentaire** bolo *m* alimenticio; **prendre un ~ d'air** tomar el aire.

bolet [bɔlɛ] *nm* boleto *m (seta)*.

bolide [bɔlid] *nm* bólido *m*.

Bolivie [bɔlivi] *nf*: **la ~** Bolivia.

bolivien, enne [bɔlivjɛ̃, ɛn] *adj* boliviano(na). ◆ **Bolivien, enne** *nm, f* boliviano *m*, -na *f*.

bombance [bɔ̃bɑ̃s] *nf fam vieilli*: **faire ~** ir de francachela OU de cuchipanda.

bombardement [bɔ̃bardəmɑ̃] *nm* bombardeo *m*.

bombarder [bɔ̃barde] *vt* **- 1.** MIL bombardear; **~ qqn/qqch de qqch** bombardear a alguien/algo con algo **- 2.** *fam fig* [accabler]: **~ qqn de qqch** bombardear a alguien de algo **- 3.** *fam fig* [nommer] nombrar de sopetón *(para un cargo)*.

bombardier [bɔ̃bardje] *nm* bombardero *m*.

bombe [bɔ̃b] *nf* **- 1.** [projectile, scandale] bomba *f*; **~ atomique/incendiaire/à retardement** bomba atómica/incendiaria/de efecto retardado **- 2.** [de cavalier] gorra *f (de jinete)* **- 3.** [atomiseur] espray *m*.

bombé, e [bɔ̃be] *adj* abombado(da).

bon, bonne [bɔ̃, bɔn] (*compar* & *superl* **meilleur**) *adj* **- 1.** [gén] bueno(na) **- 2.** [dans l'expression d'un souhait] feliz; **~ anniversaire!** ¡feliz cumpleaños!; **bonne année!** ¡feliz año nuevo! **- 3.** [sens intensif] largo(ga); **deux bonnes heures** dos horas largas **- 4.** [réponse, solution, etc] correcto(ta) **- 5.** *loc*: **être ~ à** servir para; **être ~ pour qqch/pour faire qqch** *fam* no escaparse de algo/de hacer algo. ◆ **bon** ◇ *adv*: **il fait ~** hace buen tiempo; **sentir ~** oler bien; **tenir ~** aguant[illegible] ◇ *interj* [marque de satisfaction] bueno. ◇ *nm* **- 1.** [coupon] bono *m*; **~ de commande** nota *f* de pedido, orden *f*; **~ du Trésor** bono del Tesoro, obligación *f* del Estado

- **2.** *(gén pl)* [personne] : **les ~s et les méchants** los buenos y los malos.

bonasse [bɔnas] *adj* bonachón(ona).

bonbon [bɔ̃bɔ̃] *nm* - **1.** [friandise] caramelo *m* - **2.** *Belg* [gâteau sec] galleta *f*.

bonbonne [bɔ̃bɔn] *nf* bombona *f*.

bonbonnière [bɔ̃bɔnjɛr] *nf* bombonera *f*.

bond [bɔ̃] *nm* brinco *m* ; **faire un ~** [bondir] dar un brinco ; [progresser] dar un salto ; **faire faux ~ à qqn** fallarle a alguien.

bonde [bɔ̃d] *nf* - **1.** [d'évier] desagüe *m* - **2.** [bouchon] tapón *m* - **3.** [trou] piquera *f*.

bondé, e [bɔ̃de] *adj* abarrotado(da).

bondir [bɔ̃dir] *vi* - **1.** [sauter] brincar - **2.** [s'élancer] abalanzarse ; **~ sur qqch/sur qqn** saltar sobre algo/sobre alguien - **3.** *fig* [réagir violemment] saltar.

bonheur [bɔnœr] *nm* - **1.** [félicité] felicidad *f* ; **faire le ~ de qqn** [le rendre heureux] hacer feliz a alguien ; [lui être utile] resolver la papeleta a alguien - **2.** [chance] suerte *f* ; **par ~** por suerte ; **porter ~** dar suerte.

bonhomme [bɔnɔm] (*pl* **bonshommes**) <> *adj* bonachón(ona). <> *nm* - **1.** *fam péj* [homme] tío *m* - **2.** [petit garçon] hombrecito *m* - **3.** [représentation] muñeco *m* ; **~ de neige** muñeco de nieve.

bonification [bɔnifikasjɔ̃] *nf* - **1.** [de terre, vin] mejora *f* - **2.** SPORT prima *f*.

bonjour [bɔ̃ʒur] *nm* - **1.** [le matin] buenos días *m Esp*, buen día *m Amér* - **2.** [salut] ¡hola! ; **dire ~** saludar.

bonne [bɔn] <> *adj* ▻ **bon.** <> *nf* criada *f Esp*, mucama *f Amér*.

bonnement [bɔnmɑ̃] *adv* : **tout ~** lisa y llanamente.

bonnet [bɔnɛ] *nm* - **1.** [coiffure] gorro *m* ; **~ de bain** gorro de baño - **2.** [de soutien-gorge] copa *f*.

bonneterie [bɔnɛtri] *nf* - **1.** [industrie] industria *f* de géneros de punto - **2.** [marchandise] géneros *mpl* de punto - **3.** [magasin] tienda *f* de géneros de punto, mercería *f*.

bonsoir [bɔ̃swar] *nm* [dans l'après-midi] buenas tardes *fpl* ; [la nuit] buenas noches *fpl*.

bonté [bɔ̃te] *nf* - **1.** [bienveillance] bondad *f* ; **avoir la ~ de faire qqch** *sout* tener la bondad de hacer algo - **2.** *(gén pl)* [acte d'amabilité] atención *f*.

bonus [bɔnys] *nm* - **1.** [supplément] plus *m* - **2.** [assurance automobile] bonificación *f*.

bord [bɔr] *nm* - **1.** [extrémité, côté] borde *m* ; **à ras ~** hasta el borde ; **au ~ de** [très près de] al borde de ; [sur le point de] a punto de - **2.** [rivage] orilla *f* ; **au ~ de la mer** a orillas del mar ; [vacances] en la playa, en la costa - **3.** [lisière] lindero *m* - **4.** [bordure - de vêtement] ribete *m* ; [- de chapeau] ala *f* - **5.** [dans un moyen de transport] : **à ~ de qqch** a bordo de algo ; **passer par-dessus ~** caer por la borda.

bordeaux [bɔrdo] <> *adj inv* [couleur] burdeos *(en aposición)*. <> *nm* [vin] burdeos *m inv*.

bordel [bɔrdɛl] *nm tfam* - **1.** [maison close] burdel *m* - **2.** *fig* [désordre] follón *m*.

bordélique [bɔrdelik] *adj fam* caótico(ca).

border [bɔrde] *vt* - **1.** [être en bordure de] bordear - **2.** [vêtement] ribetear - **3.** [lit] remeter ; [personne au lit] arropar - **4.** NAVIG costear.

bordereau [bɔrdəro] *nm* - **1.** [liste] relación *f* detallada - **2.** [formulaire] impreso *m* - **3.** [facture] albarán *m*.

bordure [bɔrdyr] *nf* - **1.** [bord] borde *m* ; **en ~ de qqch** al borde de algo - **2.** [de fleurs] bordura *f* - **3.** [de vêtement] ribete *m*.

borgne [bɔrɲ] <> *adj* - **1.** [personne] tuerto(ta) - **2.** *fig* [hôtel] de mala muerte. <> *nmf* [personne] tuerto *m*, -ta *f*.

borne [bɔrn] *nf* - **1.** [marque] mojón *m* - **2.** *fam* [kilomètre] kilómetro *m* - **3.** *fig* [limite] límite *m* ; **dépasser les ~s** pasarse de la raya ; **sans ~s** sin límites - **4.** INFORM : **~ interactive** terminal *m* interactivo.

borné, e [bɔrne] *adj* - **1.** [restreint] limitado(da) - **2.** [obtus] corto(ta) de alcances.

borner [bɔrne] *vt* limitar. ◆ **se borner** *vp* : **se ~ à faire qqch** limitarse a hacer algo ; **se ~ à qqch** limitarse a algo.

bosniaque [bɔsnjak] *adj* bosnio(nia). ◆ **Bosniaque** *nmf* bosnio *m*, -nia *f*.

Bosnie [bɔsni] *nf* : **la ~** Bosnia.

bosquet [bɔskɛ] *nm* bosquecillo *m*.

bosse [bɔs] *nf* - **1.** [à la suite d'un coup] chichón *m* - **2.** ANAT [de bossu, chameau] giba *f*, joroba *f* ; [du crâne] protuberancia *f* - **3.** [de terrain] montículo *m*.

bosser [bɔse] *vi fam* currar.

bossu, e [bɔsy] *adj* & *nm, f* jorobado(da).

botanique [bɔtanik] <> *adj* botánico(ca). <> *nf* botánica *f*.

botte [bɔt] *nf* - **1.** [chaussure] bota *f* ; **~ de** OU **en caoutchouc** bota de goma - **2.** [de lé-

gumes] manojo *m* - **3.** [d'escrime] estocada *f*.
botter [bɔte] *vt fam* - **1.** [donner un coup de pied à] dar una patada a - **2.** *vieilli* [plaire à] chiflar.
bottier [bɔtje] *nm* zapatero *m*.
Bottin® [bɔtɛ̃] *nm fam* guía *f* telefónica.
bottine [bɔtin] *nf* botín *m*.
bouc [buk] *nm* - **1.** [animal] macho *m* cabrío ; ~ **émissaire** *fig* chivo *m* expiatorio - **2.** [barbe] perilla *f*.
boucan [bukɑ̃] *nm fam* jaleo *m*.
bouche [buʃ] *nf* boca *f* ; ~ **d'incendie/de métro** boca de incendios/de metro ; **rester ~ bée** quedarse boquiabierto(ta).
bouché, e [buʃe] *adj* - **1.** [obstrué] atascado(da) - **2.** [vin] embotellado(da) - **3.** [oreille] taponado(da).
bouche-à-bouche [buʃabuʃ] *nm* boca a boca *m* ; **faire du ~ à qqn** hacer el boca a boca a alguien.
bouchée [buʃe] *nf* bocado *m*.
boucher[1] [buʃe] *vt* - **1.** [bouteille, trou] tapar - **2.** [obstruer - passage] interceptar ; [- vue] tapar.
boucher[2]**, ère** [buʃe, ɛr] *nm, f* carnicero *m*, -ra *f*.
boucherie [buʃri] *nf* carnicería *f*.
bouche-trou [buʃtru] (*pl* **bouche-trous**) *nm* - **1.** [personne] figurante *m*, -ta *f* - **2.** [objet] relleno *m*.
bouchon [buʃɔ̃] *nm* - **1.** [de bouteille, flacon] tapón *m Esp*, tapa *f Amér* - **2.** [de canne à pêche] flotador *m* - **3.** [embouteillage] atasco *m Esp*, atorón *m Amér*.
boucle [bukl] *nf* - **1.** [de ceinture, soulier] hebilla *f* - **2.** [de cheveux, d'avion] rizo *m* - **3.** [de fleuve] meandro *m* - **4.** INFORM bucle *m*. ◆ **boucle d'oreille** *nf* pendiente *m Esp*, aro *m Amér*.
bouclé, e [bukle] *adj* rizado(da) ; **cet enfant est tout ~** ese niño tiene el pelo rizadito.
boucler [bukle] *vt* - **1.** [attacher] abrocharse - **2.** *fam* [fermer] cerrar ; **boucle-la!** ¡cierra el pico! - **3.** *fam* [enfermer] encerrar - **4.** [quartier] acordonar - **5.** [cheveux] rizar *Esp*, enchinar *Amér* - **6.** *fam* [terminer] acabar ; **la boucle est bouclée** *fig* estamos en el punto de partida.
bouclier [buklije] *nm* escudo *m* ; **se faire un ~ de qqch** *fig* escudarse en algo.
bouddhiste [budist] *adj* & *nmf* budista.
bouder [bude] ◇ *vi* [être renfrogné] enfurruñarse. ◇ *vt* [personne] esquivar ; [chose] pasar de.
bouderie [budri] *nf* enfurruñamiento *m*.
boudeur, euse [budœr, øz] ◇ *adj* enfurruñado(da). ◇ *nm, f* gruñón *m*, -ona *f*.
boudin [budɛ̃] *nm* - **1.** CULIN morcilla *f* - **2.** *fam péj* [personne] feto *m*.
boue [bu] *nf* - **1.** [terre] barro *m* - **2.** *fig* [infamie] lodo *m*.
bouée [bwe] *nf* boya *f* ; ~ **de sauvetage** salvavidas *m inv*.
boueux, euse [bwø, øz] *adj* fangoso(sa).
bouffe [buf] *nf fam* manduca *f*.
bouffée [bufe] *nf* - **1.** [d'air] bocanada *f* ; [de parfum] tufarada *f* - **2.** [de cigarette] calada *f* - **3.** [accès] arrebato *m*.
bouffer [bufe] ◇ *vi* ahuecarse. ◇ *vt fam* [manger] papear.
bouffi, e [bufi] *adj* [yeux, visage] abotargado(da).
bouge [buʒ] *nm* - **1.** [taudis] cuchitril *m* - **2.** [café] antro *m*.
bougeoir [buʒwar] *nm* palmatoria *f*.
bougeotte [buʒɔt] *nf* : **avoir la ~** *fam* ser (un) culo de mal asiento.
bouger [buʒe] ◇ *vt* [déplacer] mover. ◇ *vi* - **1.** [remuer, sortir] moverse - **2.** [vêtement] alterarse, deformarse - **3.** [changer] agitarse.
bougie [buʒi] *nf* - **1.** [chandelle] vela *f Esp*, veladora *f Amér* - **2.** [de moteur] bujía *f*.
bougon, onne [bugɔ̃, ɔn] *adj* & *nm, f* gruñón(ona).
bougonner [bugɔne] *vi fam* refunfuñar.
bouillant, e [bujɑ̃, ɑ̃t] *adj* - **1.** [eau, café] hirviendo, hirviente - **2.** *fig* [tempérament, personne] ardiente.
bouillie [buji] *nf* [de bébé] papilla *f* ; **réduire en ~** [légumes] hacer puré de ; [personne] hacer papilla.
bouillir [bujir] *vi* [liquide] hervir ; **faire ~ qqch** hervir algo.
bouilloire [bujwar] *nf* hervidora *f*.
bouillon [bujɔ̃] *nm* - **1.** [soupe] caldo *m* - **2.** [bouillonnement] borbotón *m* ; **à gros ~s** a borbotones.
bouillonner [bujɔne] *vi* - **1.** [liquide, torrent] borbotear, borbollar - **2.** *fig* [s'agiter] hervir.
bouillotte [bujɔt] *nf* bolsa *f* de agua caliente.
boul. *abr de* **boulevard**.
boulanger, ère [bulɑ̃ʒe, ɛr] *adj* & *nm, f* panadero(ra).
boulangerie [bulɑ̃ʒri] *nf* panadería *f*.

boule [bul] *nf* - **1.** [de billard, de pétanque] bola *f* ; [de loto] ficha *f* ; **~ de neige** bola de nieve ; **faire ~ de neige** *fig* hacerse una bola de nieve - **2.** INFORM: **~ de commande** bola *f* de seguimiento.
bouleau [bulo] *nm* abedul *m*.
bouledogue [buldɔg] *nm* buldog *m*.
boulet [bulɛ] *nm* - **1.** [de canon] bala *f* - **2.** [de forçat] grillete *m* - **3.** *fig* [fardeau] cruz *f*.
boulette [bulɛt] *nf* - **1.** [de pain, papier] bolita *f* - **2.** [de viande] albóndiga *f* - **3.** *fam fig* [bévue] : **faire une ~** meter la pata.
boulevard [bulvar] *nm* - **1.** [rue] bulevar *m* - **2.** THÉÂTRE comedia *f* ligera.
bouleversant, e [bulvɛrsɑ̃, ɑ̃t] *adj* conmovedor(ra).
bouleversé, e [bulvɛrse] *adj* emocionado(da).
bouleversement [bulvɛrsəmɑ̃] *nm* - **1.** [émotion] conmoción *f* - **2.** [changement] alteración *f*.
bouleverser [bulvɛrse] *vt* - **1.** [émouvoir] conmocionar, trastornar - **2.** [modifier] perturbar - **3.** [mettre en désordre] revolver.
boulier [bulje] *nm* ábaco *m*.
boulimie [bulimi] *nf* bulimia *f*.
boulon [bulɔ̃] *nm* perno *m*.
boulonner [bulɔne] ◇ *vt* [visser] empernar. ◇ *vi fam* [travailler] currar.
boulot [bulo] *nm fam* trabajo *m*.
bouquet [bukɛ] *nm* - **1.** [de fleurs] ramo *m* - **2.** [du vin] buqué *m* - **3.** [de feu d'artifice] castillo *m (de fuegos artificiales)* - **4.** TÉLÉ : **~ de programmes** paquete *m* de programas - **5.** [crevette] langostino *m*.
bouquin [bukɛ̃] *nm fam* libro *m*.
bouquiner [bukine] *vt* & *vi fam* leer.
bouquiniste [bukinist] *nmf librero de viejo en los muelles del Sena*.
bourbier [burbje] *nm* - **1.** [lieu] barrizal *m* - **2.** *fig* [situation] lodazal *m*.
bourde [burd] *nf* - **1.** [baliverne] bola *f (mentira)* - **2.** *fam* [erreur] : **faire une ~** meter la pata.
bourdon [burdɔ̃] *nm* - **1.** [insecte] abejorro *m* - **2.** [cloche] campana *f* mayor - **3.** *loc* : **avoir le ~** *fam* tener morriña.
bourdonnement [burdɔnmɑ̃] *nm* - **1.** [d'insecte, de moteur] zumbido *m* - **2.** [de voix] murmullo *m*.
bourdonner [burdɔne] *vi* zumbar.
bourgeois, e [burʒwa, az] ◇ *adj* - **1.** [gén] burgués(esa) - **2.** [cuisine] casero(ra). ◇ *nm, f* burgués *m*, -esa *f*.
bourgeoisie [burʒwazi] *nf* burguesía *f*.
bourgeon [burʒɔ̃] *nm* yema *f*.
bourlinguer [burlɛ̃ge] *vi fam fig* correr mundo.
bourrade [burad] *nf* empujón *m*.
bourrage [buraʒ] *nm* [de coussin] relleno *m*.
bourrasque [burask] *nf* borrasca *f*.
bourratif, ive [buratif, iv] *adj fam* pesado(da).
bourreau [buro] *nm* verdugo *m* ; **~ des cœurs** rompecorazones *m inv*.
bourrelet [burlɛ] *nm* - **1.** [de graisse] michelín *m* - **2.** [de porte] burlete *m*.
bourrer [bure] *vt* - **1.** [coussin] rellenar - **2.** [valise] abarrotar ; [fusil, pipe] cargar - **3.** *fam* [gaver] atiborrar ; **ça bourre!** ¡llena!
bourrique [burik] *nf* - **1.** [ânesse] burra *f* - **2.** *fam* [personne] burro *m*, -rra *f*.
bourru, e [bury] *adj fig* huraño(ña).
bourse [burs] *nf* - **1.** [porte-monnaie] monedero *m* - **2.** [d'études] beca *f*. ◆ **Bourse** *nf* FIN Bolsa *f* ; **Bourse de commerce** bolsa de comercio, lonja *f* ; **Bourse des valeurs** bolsa de valores.
boursier, ère [bursje, ɛr] ◇ *adj* - **1.** [élève] becario(ria) - **2.** FIN bursátil. ◇ *nm, f* - **1.** [étudiant] becario *m*, -ria *f* - **2.** FIN bolsista *mf*.
boursouflé, e [bursufle] *adj* hinchado(da).
boursoufler [bursufle] *vt* abotargar.
bousculade [buskylad] *nf* - **1.** [cohue] avalancha *f* - **2.** [précipitation] prisa *f*.
bousculer [buskyle] *vt* - **1.** [pousser] empujar, dar un empujón a - **2.** [presser] meter prisa a - **3.** *fig* [idées reçues, habitudes] tirar, hacer caer.
bouse [buz] *nf* : **~ (de vache)** boñiga *f* (de vaca).
bousiller [buzije] *vt fam* - **1.** [bâcler] chapucear - **2.** [casser] cargarse.
boussole [busɔl] *nf* brújula *f*.
bout [bu] *nm* - **1.** [extrémité] punta *f* - **2.** [fin] final *m* ; **au ~ de qqch** al cabo de algo ; **d'un ~ à l'autre** de punta a punta, de cabo a rabo ; **jusqu'au ~** hasta el final ; **être à ~ d'arguments** quedarse sin argumentos ; **pousser qqn à ~** sacar a alguien de sus casillas ; **venir à ~ de** acabar con - **3.** [morceau] trozo *m*.
boutade [butad] *nf* broma *f*.
boute-en-train [butɑ̃trɛ̃] *nm inv* alma *f* ; **le ~ de la soirée** el alma de la fiesta.
bouteille [butɛj] *nf* botella *f*.
boutique [butik] *nf* tienda *f*.

bouton [butɔ̃] *nm* - **1.** COUT & ÉLECTR botón *m* ; **~ de manchette** gemelo *m* - **2.** [sur la peau] grano *m* - **3.** [de porte] tirador *m* - **4.** [bourgeon] botón *m*, yema *f*.
bouton-d'or [butɔ̃dɔr] (*pl* **boutons-d'or**) *nm* botón *m* de oro.
boutonner [butɔne] *vt* abotonar.
boutonneux, euse [butɔnø, øz] *adj* lleno(na) de granos.
boutonnière [butɔnjɛr] *nf* ojal *m*.
bouton-pression (*pl* **boutons-pression**) *nm* cierre *m*, presilla *f*.
bouture [butyr] *nf* esqueje *m*.
bouvier [buvje] *nm* [chien] perro *m* pastor belga.
bovin, e [bɔvɛ̃, in] *adj* - **1.** [animal] bovino(na), vacuno(na) - **2.** *fig* [regard] bovino(na). ◆ **bovin** *nm* bovino *m*.
bowling [buliŋ] *nm* - **1.** [jeu] bolos *mpl* - **2.** [lieu] bolera *f*.
box [bɔks] (*pl* **boxes**) *nm* box *m* ; [pour voiture] cochera *f*, garaje *m* ; **le ~ des accusés** el banquillo de los acusados.
boxe [bɔks] *nf* boxeo *m Esp*, box *m Amér*.
boxer[1] [bɔkse] ◇ *vi* boxear. ◇ *vt* dar puñetazos a.
boxer[2] [bɔksɛr] *nm* [chien] bóxer *m*.
boxeur [bɔksœr] *nm* boxeador *m*.
boyau [bwajo] *nm* - **1.** [chambre à air] tubular *m* - **2.** [corde] cuerda *f* *(de tripa)* - **3.** [galerie] galería *f* estrecha. ◆ **boyaux** *nmpl* [intestins] tripas *fpl*.
boycotter [bɔjkɔte] *vt* boicotear.
BP (*abr de* **boîte postale**) *nf* Apdo.
bracelet [braslɛ] *nm* - **1.** [bijou] pulsera *f* - **2.** [de montre] correa *f*.
bracelet-montre *nm* reloj *m* de pulsera.
braconner [brakɔne] *vi* [chasser] practicar la caza furtiva ; [pêcher] practicar la pesca furtiva.
braconnier, ère [brakɔnje, ɛr] *nm* - **1.** [chasseur] cazador furtivo *m*, cazadora furtiva *f* - **2.** [pêcheur] pescador furtivo *m*, pescadora furtiva *f*.
brader [brade] *vt* liquidar ; **on brade!** ¡rebajamos las rebajas!
braderie [bradri] *nf* liquidación *f*.
braguette [bragɛt] *nf* bragueta *f*.
braille [braj] *nm* braille *m*.
braillement [brajmɑ̃] *nm péj* berrido *m*.
brailler [braje] ◇ *vi* berrear. ◇ *vt* cantar a grito pelado.
braire [brɛr] *vi* rebuznar.
braise [brɛz] *nf* brasa *f*.
bramer [brame] *vi* bramar.
brancard [brɑ̃kar] *nm* - **1.** [civière] camilla *f* - **2.** [d'attelage] varal *m*.
brancardier, ère [brɑ̃kardje, ɛr] *nm, f* camillero *m*, -ra *f*.
branchage [brɑ̃ʃaʒ] *nm* ramaje *m*.
branche [brɑ̃ʃ] *nf* - **1.** [d'arbre] rama *f* ; **en ~s** [épinards, céleri] en rama - **2.** [de lunettes] patilla *f* - **3.** [de compas] pierna *f* - **4.** [secteur, discipline] ramo *m*.
branché, e [brɑ̃ʃe] *adj fam* [à la mode] moderno(na).
branchement [brɑ̃ʃmɑ̃] *nm* conexión *f*.
brancher [brɑ̃ʃe] *vt* - **1.** [à une prise] enchufar - **2.** [à un réseau] conectar - **3.** *fam* [orienter] : **~ qqn sur qqch** orientar a alguien hacia algo - **4.** *fam* [plaire à] molar ; **ça te branche de venir au ciné?** ¿te molaría venir al cine?
branchies [brɑ̃ʃi] *nfpl* branquias *fpl*.
brandir [brɑ̃dir] *vt* blandir.
branlant, e [brɑ̃lɑ̃, ɑ̃t] *adj* [meuble] cojo(ja).
branle-bas [brɑ̃lba] *nm inv* trajín *m*.
braquage [brakaʒ] *nm* - **1.** AUTOM giro *m* *(del volante)* - **2.** [attaque] atraco *m*.
braquer [brake] ◇ *vt* - **1.** [diriger] : **~ qqch sur qqch/sur qqn** [arme] apuntar a algo/a alguien con algo ; [lampe] dirigir algo hacia algo/hacia alguien ; [regard] fijar algo en algo/en alguien - **2.** [contrarier] llevar la contraria a - **3.** *fam* [attaquer] atracar. ◇ *vi* girar. ◆ **se braquer** *vp* [personne] rebotarse.
bras [bra] *nm* brazo *m* ; **~ droit** *fig* brazo derecho, mano *f* derecha ; **~ de fer** [jeu] pulso *m* ; **~ de mer** brazo de mar ; **à ~ ouverts** con los brazos abiertos ; **avoir le ~ long** tener mucha influencia.
brasier [brazje] *nm* hoguera *f*.
bras-le-corps [bralkɔr] ◆ **à bras-le-corps** *loc adv* por la cintura.
brassage [brasaʒ] *nm* - **1.** [de bière] braceado *m* - **2.** *fig* [mélange] mezcla *f*.
brassard [brasar] *nm* brazalete *m*.
brasse [bras] *nf* [nage] braza *f* ; **~ papillon** mariposa *f*.
brassée [brase] *nf* brazada *f*.
brasser [brase] *vt* - **1.** [mélanger] remover ; **~ la bière** elaborar cerveza - **2.** *fig* [manipuler] : **~ de l'argent** manejar dinero.
brasserie [brasri] *nf* - **1.** [café-restaurant] café restaurante *m* - **2.** [usine de bière] cervecería *f*.
brasseur, euse [brasœr, øz] *nm, f* - **1.** [de bière] cervecero *m*, -ra *f* - **2.** [na-

geur] bracista *mf.* ◆ **brasseur d'affaires** *nm* hombre *m* de negocios.

brassière [brasjɛr] *nf* - **1.** [de bébé] camisita *f* - **2.** [gilet de sauvetage] chaleco *m* salvavidas - **3.** *Can* [soutien-gorge] sujetador *m.*

bravade [bravad] *nf* bravata *f.*

brave [brav] ◇ *adj* - **1.** [courageux] valiente - **2.** [naïf] inocentón(ona) ; **un ~ homme** un buen hombre. ◇ *nm* : **mon ~** amigo mío.

braver [brave] *vt* - **1.** [défier] desafiar - **2.** [mépriser] afrontar.

bravo [bravo] ◇ *interj* [approbation] ¡bravo! ◇ *nm* [applaudissement] bravo *m.*

bravoure [bravur] *nf* valentía *f.*

break [brɛk] *nm* break *m.*

brebis [brəbi] *nf* oveja *f* ; **~ galeuse** *fig* oveja negra.

brèche [brɛʃ] *nf* brecha *f.*

bredouille [brəduj] *adj* : **être/rentrer ~** tener/volver con las manos vacías.

bredouiller [brəduje] *vi* & *vt* balbucear.

bref, brève [brɛf, brɛv] *adj* breve. ◆ **bref** *adv* resumiendo, en resumen ; **en ~** en pocas palabras. ◆ **brève** *nf* - **1.** PRESSE noticia *f* breve - **2.** MUS breve *f.*

brème [brɛm] *nf* - **1.** [poisson] brema *f* - **2.** *fam* [carte à jouer] naipe *m.*

Brésil [brezil] *nm* : **le ~** (el) Brasil.

brésilien, enne [breziljɛ̃, ɛn] *adj* brasileño(ña) *Esp*, brasilero(ra) *Amér.* ◆ **Brésilien, enne** *nm, f* brasileño *m*, -ña *f Esp*, brasilero *m*, -ra *f Amér.*

Bretagne [brətaɲ] *nf* : **la ~** (la) Bretaña.

bretelle [brətɛl] *nf* - **1.** *(gén pl)* [de vêtement] tirante *m Esp*, breteles *mpl Amér* - **2.** [de fusil] bandolera *f* - **3.** [d'autoroute] enlace *m.*

breton, onne [brətɔ̃, ɔn] *adj* bretón(ona). ◆ **breton** *nm* LING bretón *m.* ◆ **Breton, onne** *nm, f* bretón *m*, -ona *f.*

breuvage [brœvaʒ] *nm* brebaje *m.*

brève ▷ **bref.**

brevet [brəvɛ] *nm* - **1.** [certificat, diplôme] diploma *m* ; [au collège] *diploma de primer ciclo de secundaria* ; **~ de technicien** diploma técnico - **2.** [d'invention] patente *f.*

breveter [brəvte] *vt* patentar.

bréviaire [brevjɛr] *nm* breviario *m.*

bribe [brib] *nf (gén pl)* fragmento *m* ; **saisir des ~s de conversation** oír una conversación a medias.

bric-à-brac [brikabrak] *nm inv* batiburrillo *m.*

bricolage [brikɔlaʒ] *nm* - **1.** [travail manuel] bricolaje *m* - **2.** [réparation provisoire, travail bâclé] chapuza *f.*

bricole [brikɔl] *nf* - **1.** [objet] tontería *f* - **2.** *fig* [fait insignifiant] menudencia *f.*

bricoler [brikɔle] ◇ *vi* - **1.** [faire des travaux manuels] hacer bricolaje - **2.** *fam* [faire toute espèce de métiers] hacer un poco de todo. ◇ *vt fam* - **1.** [réparer] arreglar - **2.** [fabriquer] hacer.

bricoleur, euse [brikɔlœr, øz] ◇ *adj* mañoso(sa). ◇ *nm, f* manitas *mf.*

bride [brid] *nf* - **1.** [de cheval] brida *f* - **2.** [de chapeau] cinta *f* - **3.** COUT [boutonnière] presilla *f* - **4.** TECHNOL brida *f.*

brider [bride] *vt* - **1.** [cheval] embridar - **2.** *fig* [contenir] refrenar.

bridge [bridʒ] *nm* - **1.** [jeu de cartes] bridge *m* - **2.** [prothèse dentaire] puente *m.*

briefer [brife] *vt* poner al tanto.

briefing [brifiŋ] *nm* briefing *m.*

brièvement [brijɛvmɑ̃] *adv* brevemente.

brièveté [brijɛvte] *nf* brevedad *f.*

brigade [brigad] *nf* - **1.** MIL destacamento *m* ; **~ antigang** *unidad de policía encargada de la lucha contra el crimen organizado* - **2.** [d'ouvriers, d'employés] brigada *f.*

brigand [brigɑ̃] *nm* - **1.** [bandit] bandolero *m* - **2.** [homme malhonnête] sinvergüenza *mf.*

brillamment [brijamɑ̃] *adv* brillantemente.

brillant, e [brijɑ̃, ɑ̃t] *adj* brillante *Esp*, brilloso(sa) *Amér.* ◆ **brillant** *nm* - **1.** [diamant] brillante *m* - **2.** [éclat] brillo *m.*

briller [brije] *vi* brillar.

brimer [brime] *vt* humillar.

brin [brɛ̃] *nm* - **1.** [de paille, muguet] brizna *f* ; **~ d'herbe** brizna de hierba - **2.** [fil] hilo *m* - **3.** *fam* [petite quantité] : **un ~ (de)** una pizca (de) ; **faire un ~ de toilette** lavarse un poco por encima ; **ne pas avoir un ~ de jugeote** no tener dos dedos de frente.

brindille [brɛ̃dij] *nf* ramita *f.*

bringuebaler, brinquebaler [brɛ̃gbale] *vi* bambolearse.

brio [brijo] *nm* [talent] ingenio *m* ; **avec ~** brillantemente.

brioche [brijɔʃ] *nf* - **1.** [pâtisserie] brioche *m*, bollo *m* - **2.** *fam* [gros ventre] barriga *f.*

brioché, e [brijɔʃe] *adj* de brioche.

brique [brik] ◇ *adj inv* [couleur] teja *(en*

aposición). <> *nf* **- 1.** [pierre] ladrillo *m* **- 2.** [emballage] tetrabrik® *m* **- 3.** *fam* [un million de centimes] *10.000 francos.*

briquer [brike] *vt* dar lustre a, sacar brillo a.

briquet [brikɛ] *nm* encendedor *m*, mechero *m*.

brisant [brizɑ̃] *nm* [écueil] rompiente *m*. ◆ **brisants** *nmpl* [vagues] *espuma que se forma en los rompientes.*

brise [briz] *nf* brisa *f*.

brise-glace, brise-glaces [brizglas] *nm inv* **- 1.** [navire] rompehielos *m inv* **- 2.** [de pont] espolón *m*, tajamar *m*.

brise-jet [brizʒɛ] *nm inv* alcachofa *f (de ducha)*.

brise-lames [brizlam] *nm inv* rompeolas *m inv*.

briser [brize] *vt* **- 1.** [objet, grève] romper **- 2.** [carrière, espoir] destrozar **- 3.** [résistance, orgueil] vencer **- 4.** [cœur] romper. ◆ **se briser** *vp* **- 1.** [gén] romperse **- 2.** [espoir] venirse abajo **- 3.** [effort] fracasar.

briseur, euse [brizœr, øz] *nm, f* : **~ de grève** esquirol *m*.

bristol [bristɔl] *nm* **- 1.** [papier] bristol *m* **- 2.** *vieilli* [carte de visite] tarjeta *f* (de visita).

britannique [britanik] *adj* británico(ca). ◆ **Britannique** *nmf* británico *m*, -ca *f*.

broc [bro] *nm* jarra *f*.

brocante [brɔkɑ̃t] *nf* antigüedades *fpl*.

brocanteur, euse [brɔkɑ̃tœr, øz] *nm, f* anticuario *m*, -ria *f*.

broche [brɔʃ] *nf* **- 1.** [bijou] broche *m* **- 2.** CULIN pincho *m* ; **cuire à la ~** asar en el espetón **- 3.** MÉD clavo *m* **- 4.** ÉLECTR enchufe *m* macho **- 5.** [de métier à filer] broca *f*.

broché, e [brɔʃe] *adj* **- 1.** [tissu] briscado(da) **- 2.** [livre] en rústica.

brochet [brɔʃɛ] *nm* lucio *m*.

brochette [brɔʃɛt] *nf* **- 1.** [ustensile, couvert] pincho *m* **- 2.** *fam fig* [groupe] ramillete *m*.

brochure [brɔʃyr] *nf* **- 1.** [imprimé] folleto *m* **- 2.** [de livre] encuadernación *f (en rústica)* **- 3.** [de tissu] briscado *m*.

brocoli [brɔkɔli] *nm* brécol *m*.

broder [brɔde] <> *vt* **- 1.** [tissu] bordar **- 2.** *fig* [histoire] adornar. <> *vi fig* [exagérer] exagerar.

broderie [brɔdri] *nf* bordado *m*.

bromure [brɔmyr] *nm* bromuro *m*.

bronche [brɔ̃ʃ] *nf* bronquio *m*.

broncher [brɔ̃ʃe] *vi* rechistar ; **sans ~** sin rechistar.

bronchite [brɔ̃ʃit] *nf* bronquitis *f inv*.

bronzage [brɔ̃zaʒ] *nm* bronceado *m*.

bronze [brɔ̃z] *nm* bronce *m*.

bronzé, e [brɔ̃ze] *adj* bronceado(da), moreno(na).

bronzer [brɔ̃ze] *vi* broncearse.

brosse [brɔs] *nf* **- 1.** [ustensile] cepillo *m Esp*, escobilla *f Amér* ; **~ à cheveux/à dents/à habits** cepillo para el pelo/de dientes/para la ropa ; **en ~** [coiffure] al cepillo **- 2.** [pinceau] brocha *f*.

brosser [brɔse] *vt* **- 1.** [cheveux, habits] cepillar **- 2.** [paysage, portrait] bosquejar. ◆ **se brosser** *vp* **- 1.** [se nettoyer] cepillarse ; **se ~ les cheveux/les dents** cepillarse el pelo/los dientes **- 2.** *loc* : **tu peux toujours te ~** *fam* puedes esperar sentado(da).

brouette [bruɛt] *nf* carretilla *f*.

brouhaha [bruaa] *nm* guirigay *m*.

brouillard [brujar] *nm* niebla *f* ; **être dans le ~** *fig* no enterarse.

brouille [bruj] *nf* desavenencia *f*.

brouillé, e [bruje] *adj* **- 1.** [fâché] : **il est ~ avec son père** ha reñido con su padre ; **il est ~ avec les mathématiques** no le entran las matemáticas **- 2.** [teint] turbado(da).

brouiller [bruje] *vt* **- 1.** [désunir] separar ; **~ qqn avec qqch** hacer odiar a alguien algo ; **~ qqn avec qqn** enfrentar a alguien con alguien **- 2.** [troubler - vue] nublar ; [- teint] turbar **- 3.** [rendre confus] confundir **- 4.** [émission] interferir. ◆ **se brouiller** *vp* **- 1.** [se fâcher] pelearse ; **se ~ avec qqn** pelearse con alguien **- 2.** [vue] nublarse **- 3.** [devenir confus] confundirse.

brouillon, onne [brujɔ̃, ɔn] *adj* **- 1.** [élève] desordenado(da) **- 2.** [travail] sucio(cia). ◆ **brouillon** *nm* borrador *m* ; **au ~** en sucio.

broussaille [brusaj] *nf* maleza *f* ; **en ~** [cheveux] enmarañado(da).

brousse [brus] *nf* sabana *f*.

brouter [brute] <> *vt* [herbe] pacer. <> *vi* **- 1.** [animal] pacer **- 2.** [embrayage] vibrar.

broutille [brutij] *nf* tontería *f*.

broyer [brwaje] *vt* moler.

bru [bry] *nf sout* nuera *f*.

brugnon [bryɲɔ̃] *nm* nectarina *f*.

bruine [brɥin] *nf* llovizna *f Esp*, garúa *f Amér*.
bruissement [brɥismɑ̃] *nm* murmullo *m*, susurro *m*.
bruit [brɥi] *nm* - **1.** [son, vacarme] ruido *m* ; **faire du ~** hacer ruido ; **sans ~** sin hacer ruido ; **~ de fond** ruido de fondo - **2.** [rumeur] rumor *m* ; **le ~ court que ...** corre el rumor de que ... - **3.** [retentissement] : **faire du ~** *fig* dar mucho de que hablar.
bruitage [brɥitaʒ] *nm* THÉÂTRE, CIN & RADIO efectos *mpl* de sonido.
brûlant, e [brylɑ̃, ɑ̃t] *adj* - **1.** [objet] ardiendo ; [soleil] abrasador(ra) - **2.** [main, front] que arde - **3.** [amour] ardiente - **4.** [question] candente.
brûle-pourpoint [brylpurpwɛ̃] ◆ **à brûle-pourpoint** *loc adv* a quemarropa.
brûler [bryle] ◇ *vt* - **1.** [détruire] quemar ; [suj : soleil] abrasar - **2.** [irriter] irritar - **3.** [feu rouge] saltarse ; [étape] quemar - **4.** [café] tostar. ◇ *vi* - **1.** [être détruit] quemarse - **2.** *fig* [se consumer] arder ; **~ de** [désir, impatience] arder de ; **~ de faire qqch** arder en deseos de hacer algo. ◆ **se brûler** *vp* quemarse.
brûlure [brylyr] *nf* - **1.** [lésion, marque] quemadura *f* ; **~ au premier/troisième degré** quemadura de primer/tercer grado - **2.** [sensation] ardor *m* ; **avoir des ~s d'estomac** tener ardor de estómago.
brume [brym] *nf* bruma *f*.
brumeux, euse [brymø, øz] *adj* - **1.** [temps] nuboso(sa) - **2.** *fig* [pensée] sombrío(a).
brun, e [brœ̃, bryn] ◇ *adj* - **1.** [cheveux] moreno(na) *Esp*, morocho(cha) *Amér* - **2.** [bière, tabac] negro(gra). ◇ *nm, f* [personne] moreno *m*, -na *f*. ◆ **brun** *nm* [couleur] castaño *m*. ◆ **brune** *nf* - **1.** [cigarette] cigarrillo *m* negro - **2.** [bière] cerveza *f* negra.
brunir [brynir] ◇ *vt* - **1.** [peau] tostar - **2.** [métal] bruñir. ◇ *vi* [cheveux] oscurecerse ; [personne] tostarse.
Brushing® [brœʃiŋ] *nm* marcado *m*.
brusque [brysk] *adj* - **1.** [gén] brusco(ca) - **2.** [départ] precipitado(da).
brusquement [bryskəmɑ̃] *adv* - **1.** [soudainement] precipitadamente - **2.** [avec brusquerie] bruscamente.
brusquer [bryske] *vt* - **1.** [presser] precipitar - **2.** [traiter sans ménagement] ser duro(ra) con.
brusquerie [bryskəri] *nf* brusquedad *f*.
brut, e [bryt] *adj* - **1.** [pétrole, toile] crudo(da) - **2.** [pierre, minerai] en bruto - **3.** *fig* [donnée, fait] desnudo(da) - **4.** ÉCON bruto(ta). ◆ **brute** *nf* [personne violente] animal *m*.
brutal, e, aux [brytal, o] *adj* - **1.** [violent] brutal, violento(ta) ; **être ~ avec qqn** comportarse como un animal con alguien - **2.** [soudain] repentino(na).
brutaliser [brytalise] *vt* maltratar.
brutalité [brytalite] *nf* - **1.** [violence] brutalidad *f* - **2.** [soudaineté] brusquedad *f*.
Bruxelles [brysɛl] *n* Bruselas.
bruyamment [brɥijamɑ̃] *adv* ruidosamente.
bruyant, e [brɥijɑ̃, ɑ̃t] *adj* ruidoso(sa).
bruyère [brɥijɛr] *nf* - **1.** [plante] brezo *m* - **2.** [lande] brezal *m*.
BT ◇ *nm abr de* **brevet de technicien**. ◇ *nf* (*abr de* **basse tension**) BT *f*.
BTP (*abr de* **bâtiment et travaux publics**) *nm sector de la construcción y obras públicas*.
BTS (*abr de* **brevet de technicien supérieur**) *nm diploma de técnico superior que se realiza en dos años de estudios después del bachillerato*.
bu, e [by] *pp* ▷ **boire**.
BU (*abr de* **bibliothèque universitaire**) *nf* biblioteca *f* universitaria.
buanderie [byɑ̃dri] *nf* lavadero *m*.
Bucarest [bykarɛst] *n* Bucarest.
buccal, e, aux [bykal, o] *adj* [cavité] bucal ; [voie] oral.
bûche [byʃ] *nf* - **1.** [bois] tronco *m* - **2.** *fam* [chute] : **prendre** OU **ramasser une ~** pegarse un batacazo - **3.** *fam* [lourdaud] pasmarote *m*. ◆ **bûche de Noël** *nf* tronco *m* de Navidad, ≃ brazo *m* de gitano.
bûcher[1] [byʃe] *nm* - **1.** [supplice] : **le ~** la hoguera - **2.** [funéraire] pira *f*.
bûcher[2] [byʃe] *vt* & *vi* empollar.
bûcheron, onne [byʃrɔ̃, ɔn] *nm, f* leñador *m*, -ra *f*.
bûcheur, euse [byʃœr, øz] *adj* & *nm, f* empollón(ona).
bucolique [bykɔlik] ◇ *adj* bucólico(ca). ◇ *nf* poesía *f* bucólica.
Budapest [bydapɛst] *n* Budapest.
budget [bydʒɛ] *nm* presupuesto *m*.
budgétaire [bydʒetɛr] *adj* presupuestario(ria).
buée [bɥe] *nf* vaho *m*.
Buenos Aires [bɥenozɛr] *n* Buenos Aires.
buffet [byfɛ] *nm* - **1.** [meuble] aparador *m* - **2.** [réception] bufé *m* - **3.** [café-

restaurant] bar-restaurante *m* ; ~ **de gare** bar-restaurante de estación.
buffle [byfl] *nm* búfalo *m*.
bug [bœg] *nm* = **bogue**.
buis [bɥi] *nm* boj *m*.
buisson [bɥisɔ̃] *nm* matorral *m*.
buissonnière [bɥisɔnjɛr] ▷ **école**.
bulbe [bylb] *nm* bulbo *m*.
bulgare [bylgar] ◇ *adj* búlgaro(ra). ◇ *nm* LING búlgaro *m*. ◆ **Bulgare** *nmf* búlgaro *m*, -ra *f*.
Bulgarie [bylgari] *nf* : **la** ~ Bulgaria.
bulldozer [byldozɛr] *nm* bulldozer *m* *Esp*, topadora *f Amér*.
bulle [byl] *nf* - **1.** [d'air, de gaz & MÉD] burbuja *f* ; ~ **de savon** pompa *f* de jabón - **2.** *fam* SCOL [zéro] rosco *m* - **3.** [de bande dessinée] bocadillo *m* - **4.** RELIG bula *f*.
bulletin [byltɛ̃] *nm* - **1.** [gén & SCOL] boletín *m* ; ~ **(de la) météo/de santé** parte *m* meteorológico/médico - **2.** [certificat] recibo *m* ; ~ **de salaire** OU **de paie** nómina *f*. ◆ **bulletin de vote** *nm* papeleta *f*.
bulletin-réponse (*pl* **bulletins-réponse**) *nm* cupón *m* de respuesta.
buraliste [byralist] *nmf* estanquero *m*, -ra *f*.
bureau, x [byro] *nm* - **1.** [lieu de travail] oficina *f* - **2.** [meuble] mesa *f* de despacho - **3.** [pièce] despacho *m* - **4.** [service] oficina *f* ; ~ **d'aide sociale** centro *m* de asistencia social ; ~ **de poste** oficina de correos ; ~ **de vote** colegio *m* electoral - **5.** [de direction] comité *m*. ◆ **bureau d'études** *nm* gabinete *m* de estudios. ◆ **bureau de tabac** *nm* estanco *m*.
bureaucrate [byrokrat] *nmf péj* burócrata *mf*.
bureaucratie [byrokrasi] *nf* burocracia *f*.
bureaucratique [byrokratik] *adj péj* burocrático(ca).
bureautique [byrotik] *nf* ofimática *f*.
burette [byrɛt] *nf* - **1.** [de mécanicien] aceitera *f* - **2.** [de chimiste] bureta *f*.
burin [byrɛ̃] *nm* - **1.** [outil] buril *m* - **2.** [gravure] grabado *m* con buril.
buriné, e [byrine] *adj* - **1.** [objet] grabado(da) con buril - **2.** *fig* [visage, traits] surcado(da) por las arrugas.
burlesque [byrlɛsk] ◇ *adj* - **1.** [comique, ridicule] grotesco(ca) - **2.** THÉÂTRE burlesco(ca). ◇ *nm* : **le** ~ el género burlesco.
bus [bys] *nm* bus *m*.
buste [byst] *nm* busto *m*.
bustier [bystje] *nm* bustier *m*.
but [byt] *nm* - **1.** [gén] objetivo *m*, meta *f* ; **aller droit au** ~ ir directo al grano ; **toucher au** ~ alcanzar la meta - **2.** [intention] fin *m* ; **à** ~ **non lucratif** con fines no lucrativos ; **dans le** ~ **de faire qqch** con el fin de hacer algo - **3.** [destination] destino *m* - **4.** SPORT gol *m* ; **marquer un** ~ marcar OU meter un gol - **5.** *loc* : **de** ~ **en blanc** de golpe y porrazo.
butane [bytan] *nm* butano *m*.
buté, e [byte] *adj* terco(ca).
buter [byte] ◇ *vi* [se heurter] : ~ **sur** OU **contre qqch** [pierre] tropezar con algo ; *fig* [difficulté] encallarse en algo. ◇ *vt tfam* [tuer] cargarse a.
butin [bytɛ̃] *nm* botín *m*.
butiner [bytine] *vt* & *vi* libar.
butte [byt] *nf* - **1.** [colline] loma *f* ; ~ **de tir** espaldón *m* de tiro - **2.** *loc* : **être en** ~ **à qqch** ser el blanco de algo.
buvard [byvar] *nm* - **1.** [papier] papel *m* secante - **2.** [sous-main] secafirmas *m inv*.
buvette [byvɛt] *nf* - **1.** [de gare, théâtre] bar *m* - **2.** [de station thermale] fuente *f* de aguas termales.
buveur, euse [byvœr, øz] *nm, f* bebedor *m*, -ra *f*.

C

c, C [se] *nm inv* [lettre] c *f*, C *f*. ◆ **c'** ▷ **ce**. ◆ **c** - **1.** (*abr de* **centime**) cent - **2.** (*abr de* **centi**) c. ◆ **C** - **1.** (*abr de* **Celsius, centigrade**) C - **2.** (*abr de* **coulomb**) C - **3.** (*abr de* **code**) cód.
ça [sa] *pron dém* - **1.** [pour désigner un objet] esto ; [le plus proche du locuteur] eso - **2.** [sujet indéterminé] : ~ **ira comme** ~ así está bien ; ~ **y est** ya está ; ~ **vaut mieux** más vale ; **c'est** ~ eso es ; **comment** ~ **va?** ¿qué tal? - **3.** [emploi expressif] : **où** ~**?** ¿dónde? ; **quand** ~**?** ¿cuándo? ; **qui** ~**?** ¿quién?
çà [sa] ◆ **çà et là** *loc adv* aquí y allá.
cabale [kabal] *nf* - **1.** [science, intrigue] cábala *f* - **2.** [groupe] camarilla *f*.
caban [kabɑ̃] *nm* - **1.** [de marin] impermeable *m* - **2.** [longue veste] chaquetón *m*.
cabane [kaban] *nf* - **1.** [abri] cabaña *f Esp*,

bohío *m Amér* ; ~ **à lapins** conejera *f* - **2.** [remise] caseta *f* - **3.** *fam* [prison] chirona *f*.

cabanon [kabanɔ̃] *nm* cabañita *f*.

cabaret [kabarɛ] *nm* cabaret *m*.

cabas [kaba] *nm* capacho *m*.

cabillaud [kabijo] *nm* bacalao *m* fresco.

cabine [kabin] *nf* - **1.** [de navire] camarote *m* - **2.** [d'avion, de fusée] cabina *f* - **3.** [de véhicule] habitáculo *m* - **4.** [petit local] caseta *f* ; ~ **d'essayage** probador *m* ; ~ **téléphonique** cabina *f* telefónica.

cabinet [kabinɛ] *nm* - **1.** [petite pièce & POLIT] gabinete *m* ; ~ **de toilette** cuarto *m* de baño ; ~ **de travail** despacho *m* - **2.** [toilettes] retrete *m Esp*, excusado *m Amér* - **3.** [local professionnel] consultorio *m* ; ~ **d'avocat** bufete *m*, consultorio jurídico ; ~ **dentaire/médical** consultorio del dentista/del médico.

câble [kabl] *nm* cable *m*.

câblé, e [kable] *adj que dispone de televisión por cable*.

câbler [kable] *vt* TÉLÉCOM & TÉLÉ conectar por cable.

cabosser [kabɔse] *vt* abollar.

cabotage [kabɔtaʒ] *nm* cabotaje *m*.

caboteur [kabɔtœr] *nm* barco *m* de cabotaje.

cabrer [kabre] ◆ **se cabrer** *vp* - **1.** [cheval, avion] encabritarse - **2.** *fig* [s'irriter] saltar.

cabri [kabri] *nm* cabrito *m*.

cabriole [kabrijɔl] *nf* cabriola *f* ; **faire des ~s** hacer cabriolas.

cabriolet [kabrijɔlɛ] *nm* cabriolé *m*.

caca [kaka] *nm fam* caca *f* ; **faire ~** hacer caca.

cacahouète [kakawɛt], **cacahuète** [kakaɥɛt] *nf* cacahuete *m Esp*, maní *m Amér*.

cacao [kakao] *nm* cacao *m*.

cachalot [kaʃalo] *nm* cachalote *m*.

cache [kaʃ] ◇ *nf* [cachette] escondite *m*. ◇ *nm* - **1.** [masque] *protector de una superficie sobre la que se pinta* - **2.** CIN ocultador *m* - **3.** PHOT palomita *f*.

cache-cache *nm inv* : **jouer à ~** jugar al escondite.

cachemire [kaʃmir] *nm* cachemira *f*.

cache-nez *nm inv* bufanda *f*.

cache-pot *nm inv* macetero *m*.

cacher [kaʃe] *vt* - **1.** [dissimuler] esconder ; **je ne vous cache pas que ...** no le niego que ... - **2.** [masquer] tapar. ◆ **se cacher** *vp* esconderse.

cachet [kaʃɛ] *nm* - **1.** [comprimé] tableta *f* - **2.** [sceau] sello *m* ; **avoir du ~** tener carácter ; ~ **de la poste** matasellos *m inv* - **3.** [rétribution] cachet *m*.

cacheter [kaʃte] *vt* - **1.** [enveloppe] cerrar - **2.** [bouteille] precintar.

cachette [kaʃɛt] *nf* escondite *m* ; **en ~ (de qqn)** a escondidas (de alguien).

cachot [kaʃo] *nm* calabozo *m*.

cachotterie [kaʃɔtri] *nf* tapujo *m* ; **faire des ~s (à qqn)** andarse con tapujos (con alguien).

cachottier, ère [kaʃɔtje, ɛr] ◇ *adj* que anda con tapujos. ◇ *nm, f* persona que anda con tapujos.

cactus [kaktys] *nm* cactus *m inv*.

c.-à-d. (*abr de* **c'est-à-dire**) v. g., v. gr.

cadastre [kadastr] *nm* catastro *m*.

cadavérique [kadaverik] *adj* cadavérico(ca).

cadavre [kadavr] *nm* cadáver *m*.

cadeau, x [kado] ◇ *nm* regalo *m* ; **faire ~ de qqch à qqn** regalar algo a alguien. ◇ *adj inv* de regalo.

cadenas [kadna] *nm* candado *m*.

cadenasser [kadnase] *vt* cerrar con candado.

cadence [kadɑ̃s] *nf* - **1.** [de musique] cadencia *f* ; **en ~** al compás - **2.** [de travail] ritmo *m*.

cadencé, e [kadɑ̃se] *adj* acompasado(da).

cadet, ette [kadɛ, ɛt] ◇ *adj* menor. ◇ *nm, f* - **1.** [plus jeune] menor *mf* ; **être le ~ de qqn** ser más joven que alguien ; **il est mon ~ de deux ans** tiene dos años menos que yo - **2.** SPORT juvenil *mf*.

cadran [kadrɑ̃] *nm* - **1.** [de montre, de baromètre] esfera *f* ; ~ **solaire** reloj *m* de sol - **2.** [de téléphone] disco *m* - **3.** [de compteur] frontal *m* de datos y lectura.

cadre [kadr] *nm* - **1.** [bordure, contexte] marco *m* - **2.** [décor, milieu] ambiente *m* - **3.** [responsable] ejecutivo *m* ; ~ **moyen** cargo *m* intermedio ; ~ **supérieur** ejecutivo ; **être rayé des ~s** ser despedido - **4.** [sur formulaire] recuadro *m*.

cadrer [kadre] ◇ *vi* [concorder] concordar ; **ne pas ~ avec qqch** no concordar con algo. ◇ *vt* PHOT, CIN & TÉLÉ encuadrar.

caduc, caduque [kadyk] *adj* - **1.** [feuille] caduco(ca) - **2.** [périmé] obsoleto(ta).

CAF ◇ *nf abr de* **caisse d'allocations familiales**. ◇ *adj inv* (*abr de* **coût, assurance, fret**) CIF *m*.

cafard [kafar] *nm* - **1.** [insecte] cucaracha *f* - **2.** *fig* [mélancolie] : **avoir le ~** estar deprimido(da).
café [kafe] ◇ *nm* - **1.** [plante, boisson] café *m* ; **~ crème** café con leche ; **~ en grains/moulu/soluble** café en grano/molido/soluble ; **~ au lait/noir** café con leche/solo - **2.** [lieu] bar *m Esp*, confitería *f Amér*. ◇ *adj inv* [couleur] café *(en aposición)*.
caféine [kafein] *nf* cafeína *f*.
cafetière [kaftjɛr] *nf* cafetera *f*.
cafouiller [kafuje] *vi fam* - **1.** [s'embrouiller] no dar pie con bola - **2.** [moteur] fallar.
cage [kaʒ] *nf* - **1.** [pour animaux] jaula *f* ; **mettre en ~** enjaular - **2.** ARCHIT : **~ d'escalier/d'ascenseur** hueco *m* de la escalera/del ascensor. ◆ **cage thoracique** *nf* caja *f* torácica.
cageot [kaʒo] *nm* - **1.** [caisse] banasta *f* - **2.** *péj* [femme] retaco *m*.
cagibi [kaʒibi] *nm* cuartito *m*.
cagneux, euse [kaɲø, øz] *adj* - **1.** [jambes, genoux] torcido(da) - **2.** [cheval] patizambo(ba).
cagnotte [kaɲɔt] *nf* bote *m*.
cagoule [kagul] *nf* - **1.** [passe-montagne] pasamontañas *m inv* - **2.** [de pénitent] capirote *m* - **3.** [de voleur] verdugo *m*.
cahier [kaje] *nm* cuaderno *m* ; **~ de brouillon** cuaderno de sucio ; **~ de textes** cuaderno de ejercicios. ◆ **cahier des charges** *nm* pliego *m* de condiciones.
cahin-caha [kaɛ̃kaa] *adv* : **aller ~** ir tirando.
cahot [kao] *nm* bache *m*.
cahoter [kaɔte] ◇ *vi* [véhicule] renquear. ◇ *vt* [secouer] sacudir *Esp*, remecer *Amér*.
cahute [kayt] *nf* choza *f Esp*, mediagua *f Amér*.
caille [kaj] *nf* codorniz *f*.
caillé, e [kaje] *adj* - **1.** [lait] cuajado(da) - **2.** [sang] coagulado(da). ◆ **caillé** *nm* CULIN requesón *m*.
caillot [kajo] *nm* coágulo *m*.
caillou, x [kaju] *nm* - **1.** [gén] piedra *f* - **2.** *fam* [crâne] coco *m*.
caillouteux, euse [kajutø, øz] *adj* pedregoso(sa).
caïman [kaimɑ̃] *nm* caimán *m*.
caisse [kɛs] *nf* - **1.** [gén] caja *f* ; **~ enregistreuse** caja registradora ; **~ d'épargne/de retraite** caja de ahorros/de pensiones ; **~ à outils** caja de herramientas - **2.** [organisme] : **~ d'allocations familiales** *organismo francés encargado de las ayudas familiares* ; **~ primaire d'assurance maladie** *organismo francés de gestión de la Seguridad Social*.
caissier, ère [kesje, ɛr] *nm, f* - **1.** [de banque, de magasin] cajero *m*, -ra *f* - **2.** [au cinéma] taquillero *m*, -ra *f Esp*, boletero *m*, -ra *f Amér*.
caisson [kɛsɔ̃] *nm* - **1.** TECHNOL & NAVIG campana *f* - **2.** ARCHIT artesón *m* - **3.** *fam* [tête] : **se faire sauter le ~** saltarse la tapa de los sesos.
cajoler [kaʒɔle] *vt* mimar *Esp*, apapachar *Amér*.
cajou [kaʒu] ▷ **noix**.
cake [kɛk] *nm* bizcocho *m*.
cal[1] (*abr de* **calorie**) cal.
cal[2] [kal] *nm* callo *m*.
calamar [kalamar], **calmar** [kalmar] *nm* calamar *m*.
calaminé, e [kalamine] *adj* calaminado(da).
calamité [kalamite] *nf* catástrofe *f*.
calandre [kalɑ̃dr] *nf* calandria *f*.
calanque [kalɑ̃k] *nf* cala *f*.
calcaire [kalkɛr] ◇ *adj* calcáreo(a). ◇ *nm* caliza *f*.
calciner [kalsine] *vt* calcinar.
calcium [kalsjɔm] *nm* calcio *m*.
calcul [kalkyl] *nm* - **1.** [gén] cálculo *m* ; **~ mental** cálculo mental ; **~ rénal** MÉD cálculo renal - **2.** *fig* [plan] intenciones *fpl* ; **par ~** intencionadamente.
calculateur, trice [kalkylatœr, tris] *adj* & *nm, f* calculador(ra). ◆ **calculateur** *nm* INFORM ordenador *m*. ◆ **calculatrice** *nf* calculadora *f* ; **calculatrice de poche** calculadora de bolsillo.
calculer [kalkyle] ◇ *vt* calcular ; **mal/bien ~ qqch** calcular mal/bien algo. ◇ *vi* - **1.** [faire des calculs] calcular - **2.** [dépenser avec parcimonie] llevar las cuentas.
calculette [kalkylɛt] *nf* minicalculadora *f*.
cale [kal] *nf* - **1.** [de navire] cala *f* ; **en ~ sèche** en dique seco - **2.** [pour immobiliser] taco *m* - **3.** [pour mettre d'aplomb] cuña *f*.
calé, e [kale] *adj fam* [personne] empollado(da).
caleçon [kalsɔ̃] *nm* - **1.** [d'homme] calzoncillos *mpl Esp*, interiores *mpl Amér* - **2.** [de femme] mallas *fpl*.
calembour [kalɑ̃bur] *nm* retruécano *m* ; **faire** OU **dire des ~s** hacer juegos de palabras.

calendrier [kalɑ̃drije] *nm* - **1.** [planning, carnet] agenda *f* ; [à accrocher] almanaque *m* - **2.** [système] calendario *m*.
cale-pied [kalpje] (*pl* **cale-pieds**) *nm* calapiés *m inv*.
calepin [kalpɛ̃] *nm* bloc *m* de notas.
caler [kale] ◇ *vt* - **1.** [immobiliser] calzar - **2.** [installer] instalar - **3.** *fam* [estomac] llenar. ◇ *vi* - **1.** [moteur, véhicule] calarse - **2.** *fam* [être bloqué] rendirse - **3.** *fam* [être rassasié] estar lleno(na).
calfeutrer [kalføtre] *vt* [porte, fenêtre] tapar con burletes.
calibre [kalibr] *nm* - **1.** [de fusil, fruit] calibre *m* - **2.** TECHNOL calibrador *m* - **3.** *fig* [importance] tamaño *m* ; **du même ~** de la misma medida - **4.** *arg* [arme] pipa *f*.
calibrer [kalibre] *vt* - **1.** [balle, arme] calibrar - **2.** [classer] clasificar.
califourchon [kalifurʃɔ̃] ◆ **à califourchon** *loc adv* a horcajadas ; **à ~ sur qqch** a horcajadas en OU sobre algo.
câlin, e [kalɛ̃, in] *adj* [personne] mimoso(sa) ; [regard, ton] acariciador(ra). ◆ **câlin** *nm* mimo *m*.
câliner [kaline] *vt* mimar.
calleux, euse [kalø, øz] *adj* calloso(sa).
call-girl [kɔlgœrl] (*pl* **call-girls**) *nf prostituta con quien se concierta una cita por teléfono*.
calligraphie [kaligrafi] *nf* caligrafía *f*.
calmant, e [kalmɑ̃, ɑ̃t] *adj* [piqûre] calmante ; [infusion] tranquilizante. ◆ **calmant** *nm* [pour la douleur] calmante *m* ; [pour l'anxiété] tranquilizante *m*.
calmar = **calamar**.
calme [kalm] ◇ *adj* tranquilo(la). ◇ *nm* calma *f* ; **garder/perdre son ~** conservar/perder la calma.
calmer [kalme] *vt* calmar. ◆ **se calmer** *vp* - **1.** [gén] calmarse - **2.** [s'immobiliser - mer] calmarse ; [- vent] amainar.
calomnie [kalɔmni] *nf* calumnia *f*.
calomnier [kalɔmnje] *vt* calumniar.
calorie [kalɔri] *nf* caloría *f*.
calorique [kalɔrik] *adj* calórico(ca).
calot [kalo] *nm* - **1.** [de militaire] gorra *f* militar - **2.** [bille] canica *f* grande.
calotte [kalɔt] *nf* - **1.** [bonnet] bonete *m* - **2.** *fam* [gifle] torta *f*. ◆ **calotte crânienne** *nf* bóveda *f* craneal. ◆ **calotte glaciaire** *nf* casquete *m* glaciar.
calque [kalk] *nm* - **1.** [copie & LING] calco *m* - **2.** [papier] papel *m* de calco - **3.** *fig* [imitation] copia *f*.
calquer [kalke] *vt* - **1.** [dessin] calcar - **2.** *fig* [imiter] copiar ; **il a calqué son attitude sur celle de ses parents** ha imitado la actitud de sus padres.
calvaire [kalvɛr] *nm* calvario *m*.
calvitie [kalvisi] *nf* calvicie *f*.
camaïeu [kamajø] *nm mezcla de varios tonos de un mismo color*.
camarade [kamarad] *nmf* - **1.** [ami] compañero *m*, -ra *f* ; **~ d'école** OU **de classe** compañero de escuela OU de clase - **2.** POLIT camarada *mf*.
camaraderie [kamaradri] *nf* - **1.** [familiarité, entente] camaradería *f* - **2.** [solidarité] compañerismo *m*.
Cambodge [kɑ̃bɔdʒ] *nm* : **le ~** Camboya.
cambouis [kɑ̃bwi] *nm* grasa *f (de coche etc)*.
cambré, e [kɑ̃bre] *adj* [dos, reins] arqueado(da) ; [pieds] con mucho puente.
cambriolage [kɑ̃brijɔlaʒ] *nm* robo *m*.
cambrioler [kɑ̃brijɔle] *vt* robar ; **j'ai été cambriolé** han robado en mi casa.
cambrioleur, euse [kɑ̃brijɔlœr, øz] *nm, f* ladrón *m*, -ona *f*.
camée [kame] *nm* [bijou] camafeo *m*.
caméléon [kameleɔ̃] *nm* camaleón *m*.
camélia [kamelja] *nm* camelia *f*.
camelote [kamlɔt] *nf péj* baratija *f*.
caméra [kamera] *nf* cámara *f*.
cameraman [kameraman] (*pl* **cameramen** [kameramɛn], **cameramans**) *nm* cámara *m*.
Caméscope® [kameskɔp] *nm* cámara *f* de vídeo, videocámara *f*.
camion [kamjɔ̃] *nm* camión *m* ; **~ de déménagement** camión de mudanzas.
camion-citerne *nm* camión *m* cisterna.
camionnage [kamjɔnaʒ] *nm* camionaje *m*.
camionnette [kamjɔnɛt] *nf* camioneta *f*.
camionneur [kamjɔnœr] *nm* - **1.** [conducteur] camionero *m*, -ra *f* - **2.** [entrepreneur] transportista *mf*.
camisole [kamizɔl] ◆ **camisole de force** *nf* camisa *f* de fuerza.
camomille [kamɔmij] *nf* manzanilla *f*.
camouflage [kamuflaʒ] *nm* - **1.** [déguisement & MIL] camuflaje *m* - **2.** *fig* [de preuves, d'intentions] ocultación *f*.
camoufler [kamufle] *vt fig* - **1.** [déguiser] disimular ; **~ un crime en suicide** hacer que un asesinato parezca un suicidio - **2.** [preuves, intentions] ocultar.

camp [kɑ̃] *nm* - **1.** [lieu où l'on campe] campamento *m* - **2.** [lieu d'internement] campo *m* de prisioneros ; **~ de concentration** campo *m* de concentración - **3.** SPORT campo *m* - **4.** [parti] bando *m*.

campagnard, e [kɑ̃paɲar, ard] ◇ *adj* - **1.** [de la campagne] campesino(na) - **2.** *péj* [rustique] del campo. ◇ *nm, f* campesino *m*, -na *f*.

campagne [kɑ̃paɲ] *nf* - **1.** [région rurale] campo *m* - **2.** MIL, COMM & POLIT campaña *f* ; **faire ~ pour qqch** hacer campaña a favor de algo ; **~ d'affichage** campaña de publicidad exterior ; **~ électorale/ publicitaire** campaña electoral/ publicitaria ; **~ de presse** campaña de prensa ; **~ de vente** campaña de ventas.

campement [kɑ̃pmɑ̃] *nm* campamento *m*.

camper [kɑ̃pe] ◇ *vi* - **1.** [faire du camping] hacer camping - **2.** *fig* [s'installer provisoirement] quedarse, parar ; **~ sur ses positions** seguir en sus trece. ◇ *vt* - **1.** *fig* [personnage, scène] describir - **2.** [poser solidement] plantar.

campeur, euse [kɑ̃pœr, øz] *nm, f* campista *mf*.

camphre [kɑ̃fr] *nm* alcanfor *m*.

camping [kɑ̃piŋ] *nm* camping *m* ; **faire du ~** hacer camping.

Canada [kanada] *nm* : **le ~** (el) Canadá.

canadien, enne [kanadjɛ̃, ɛn] *adj* canadiense. ◆ **Canadien, enne** *nm, f* canadiense *mf*. ◆ **canadienne** *nf* [veste] *chaqueta forrada de piel*.

canaille [kanaj] ◇ *adj* [coquin] pícaro(ra). ◇ *nf* [personne malhonnête] canalla *m*.

canal, aux [kanal, o] *nm* canal *m*.

Canal + *n* ≃ Canal +.

canalisation [kanalizasjɔ̃] *nf* [conduit] canalización *f*.

canaliser [kanalize] *vt* - **1.** [cours d'eau] canalizar - **2.** *fig* [foule, énergie] encauzar.

canapé [kanape] *nm* - **1.** [siège] sofá *m* - **2.** CULIN canapé *m*.

canapé-lit *nm* sofá cama *m*.

canard [kanar] *nm* - **1.** [oiseau] pato *m* ; **~ laqué** CULIN *pato recubierto de una salsa agridulce* - **2.** *fam* [journal] periodicucho *m*.

canari [kanari] ◇ *nm* canario *m*. ◇ *adj inv* [jaune] canario *(en aposición)*.

Canaries [kanari] *nfpl* : **les ~** (las) Canarias.

cancan [kɑ̃kɑ̃] *nm* cotilleo *m* ; **colporter des ~s sur qqn** cotillear de alguien. ◆ **(french) cancan** *nm* cancán *m*.

cancer [kɑ̃sɛr] *nm* MÉD cáncer *m*. ◆ **Cancer** *nm* ASTROL Cáncer *m*.

cancéreux, euse [kɑ̃serø, øz] *adj* & *nm, f* canceroso(sa).

cancérigène [kɑ̃seriʒɛn] *adj* cancerígeno(na).

cancérologue [kɑ̃serɔlɔg] *nmf* cancerólogo *m*, -ga *f*.

cancre [kɑ̃kr] *nm fam* mal estudiante *m*, mala estudiante *f*.

cancrelat [kɑ̃krəla] *nm* cucaracha *f*.

candélabre [kɑ̃delabr] *nm* candelabro *m*.

candeur [kɑ̃dœr] *nf* candor *m*.

candidat, e [kɑ̃dida, at] *nm, f* candidato *m*, -ta *f*.

candidature [kɑ̃didatyr] *nf* candidatura *f* ; **poser sa ~ pour qqch** presentar una candidatura para algo.

candide [kɑ̃did] *adj* cándido(da).

cane [kan] *nf* pata *f (hembra del pato)*.

caneton [kantɔ̃] *nm* anadón *m*.

canette [kanɛt] *nf* - **1.** [de boisson] botellín *m* - **2.** [petite cane] anadina *f* - **3.** [de machine à coudre] canilla *f*.

canevas [kanva] *nm* - **1.** COUT cañamazo *m* - **2.** [de livre, discours] esquema *m*.

caniche [kaniʃ] *nm* caniche *m*.

canicule [kanikyl] *nf* canícula *f*.

canif [kanif] *nm* navaja *f*.

canin, e [kanɛ̃, in] *adj* canino(na).

canine [kanin] *nf* canino *m*.

caniveau [kanivo] *nm* alcantarilla *f*.

canne [kan] *nf* - **1.** [bâton] bastón *m* ; **~ à pêche** caña *f* de pescar - **2.** *fam* [jambe] pata *f*. ◆ **canne à sucre** *nf* caña *f* de azúcar.

canné, e [kane] *adj* de rejilla.

cannelle [kanɛl] ◇ *nf* [aromate] canela *f*. ◇ *adj inv* [couleur] canela *(en aposición)*.

cannelure [kanlyr] *nf* acanaladura *f*.

cannibale [kanibal] *adj* & *nmf* caníbal.

canoë [kanɔe] *nm* canoa *f*.

canoë-kayak *nm* kayak *m* ; SPORT piragüismo *m*.

canon [kanɔ̃] *nm* - **1.** [gén] cañón *m* - **2.** *fam* [verre de vin] : **boire un ~** tomar un chato - **3.** [modèle, MUS & RELIG] canon *m* ; **chanter en ~** cantar en canon.

canoniser [kanɔnize] *vt* canonizar.

canot [kano] *nm* bote *m*, lancha *f* ; **~ pneumatique** bote neumático, lancha neumática ; ~ **de sauvetage** bote salvavidas, lancha salvavidas.

cantatrice [kɑ̃tatris] *nf* cantante *f* (de ópera).

cantine [kɑ̃tin] *nf* - **1.** [réfectoire] comedor *m* - **2.** [malle] baúl *m*.

cantique [kɑ̃tik] *nm* cántico *m*.

canton [kɑ̃tɔ̃] *nm* - **1.** [en France] *división administrativa de un distrito, en Francia* - **2.** [en Suisse] cantón *m*.

cantonade [kɑ̃tɔnad] ◆ **à la cantonade** *loc adv* al foro.

cantonnier [kɑ̃tɔnje] *nm* peón *m* caminero.

canular [kanylar] *nm* broma *f* ; **monter un ~** gastar una broma.

canyoning [kaɲɔniŋ] *nm* canyoning *m*.

caoutchouc [kautʃu] *nm* - **1.** [plante, substance] caucho *m* - **2.** [matériau] goma *f*. ◆ **caoutchoucs** *mpl* zapatos *mpl* de goma.

cap [kap] *nm* - **1.** GÉOGR cabo *m* ; **passer le ~ de qqch** *fig* pasar el umbral de algo - **2.** [direction] rumbo *m* ; **mettre le ~ sur** poner rumbo a ; **changer de ~** *fig* cambiar de rumbo.

CAP *abr de* **certificat d'aptitude professionnelle.**

capable [kapabl] *adj* - **1.** [compétent] competente - **2.** [apte] : ~ **de faire qqch** capaz de hacer algo ; **il est ~ de gentillesse** puede ser amable - **3.** [susceptible] capaz.

capacité [kapasite] *nf* capacidad *f*. ◆ **capacité en droit** *nf* [diplôme] *diploma universitario de derecho al que pueden acceder los estudiantes que no aprobaron el examen final del bachillerato.*

cape [kap] *nf* capa *f* ; **rire sous ~** *fig* reír para sus adentros.

CAPES, Capes [kapɛs] (*abr de* **Certificat d'aptitude au professorat de l'enseignement du second degré**) *nm título de profesor de enseñanza secundaria obtenido tras un examen del mismo nombre.*

capharnaüm [kafarnaɔm] *nm* leonera *f*.

capillaire [kapilɛr] <> *adj* capilar. <> *nm* - **1.** BOT [fougère] culantrillo *m* - **2.** ANAT [vaisseau capillaire] capilar *m*.

capillarité [kapilarite] *nf* capilaridad *f*.

capitaine [kapitɛn] *nm* capitán *m*.

capitainerie [kapitɛnri] *nf* capitanía *f*.

capital, e, aux [kapital, o] *adj* capital. ◆ **capital** *nm* capital *m* ; ~ **social** capital social. ◆ **capitale** *nf* - **1.** [ville] capital *f* - **2.** [lettre majuscule] mayúscula *f*. ◆ **capitaux** *nmpl* FIN capital *m*.

capitaliser [kapitalize] <> *vt* - **1.** FIN capitalizar - **2.** *fig* [accumuler] adquirir. <> *vi* [thésauriser] capitalizar.

capitalisme [kapitalism] *nm* capitalismo *m*.

capitaliste [kapitalist] *adj* & *nmf* capitalista.

capiteux, euse [kapitø, øz] *adj* - **1.** [vin, parfum] embriagador(ra) - **2.** [charme] seductor(ra).

capitonner [kapitɔne] *vt* acolchar.

capituler [kapityle] *vi* capitular ; ~ **devant qqn/devant qqch** capitular ante alguien/ante algo.

caporal, aux [kapɔral, o] *nm* - **1.** MIL cabo *m* - **2.** [tabac] tabaco *m*.

capot [kapo] *nm* - **1.** [de voiture] capó *m* - **2.** [de machine] tapa *f*.

capote [kapɔt] *nf* - **1.** [de voiture, landau] capota *f* - **2.** [manteau de soldat] capote *m* - **3.** *fam* [préservatif] : ~ **(anglaise)** condón *m*.

câpre [kapr] *nf* alcaparra *f*.

caprice [kapris] *nm* capricho *m*.

capricieux, euse [kaprisjø, øz] <> *adj* - **1.** [personne] caprichoso(sa) - **2.** *fig* [temps, moteur] inestable. <> *nm, f* caprichoso *m*, -sa *f*.

capricorne [kaprikɔrn] *nm* ZOOL algavaro *m*. ◆ **Capricorne** *nm* ASTROL Capricornio *m*.

capsule [kapsyl] *nf* - **1.** [gén] cápsula *f* - **2.** [de bouteille] chapa *f*.

capter [kapte] *vt* captar.

captif, ive [kaptif, iv] <> *adj* cautivo(va). <> *nm, f* prisionero *m*, -ra *f*.

captivant, e [kaptivɑ̃, ɑ̃t] *adj* cautivador(ra).

captiver [kaptive] *vt* cautivar.

captivité [kaptivite] *nf* cautividad *f* ; **en ~** en cautividad.

capture [kaptyr] *nf* - **1.** [action] captura *f* - **2.** [prise] presa *f*.

capturer [kaptyre] *vt* capturar.

capuche [kapyʃ] *nf* capucha *f*.

capuchon [kapyʃɔ̃] *nm* capuchón *m*.

capucine [kapysin] *nf* [fleur] capuchina *f*.

caquet [kakɛ] *nm* - **1.** [de poule] cacareo *m* - **2.** *péj* [bavardage] parloteo *m* ; **rabattre le ~ à qqn** cerrarle el pico a alguien.

caqueter [kakte] *vi* - **1.** [poule] cacarear - **2.** *péj* [personne] chismorrear.

car[1] [kar] *nm* autocar *m*.

car[2] [kar] *conj* puesto que ; **je ne peux pas venir ~ je suis malade** no puedo ir puesto que estoy enfermo.
carabine [karabin] *nf* carabina *f*.
Caracas [karakas] *n* Caracas.
caractère [karaktɛr] *nm* **- 1.** [tempérament, cachet] carácter *m* ; **avoir du ~** tener carácter ; **avoir mauvais ~** tener mal carácter OU mal genio **- 2.** [caractéristique] rasgo *m* **- 3.** [d'écriture] carácter *m*, letra *f* ; **en petits ~s** en letra pequeña ; **en gros ~s** en grandes letras ; **~ d'imprimerie** letra de imprenta.
caractériel, elle [karakterjɛl] ◇ *adj* caracterial, del carácter. ◇ *nm, f* caracterópata *mf*.
caractérisé, e [karakterize] *adj* evidente.
caractériser [karakterize] *vt* caracterizar. ◆ **se caractériser** *vp* : **se ~ par qqch** caracterizarse por algo.
caractéristique [karakteristik] ◇ *adj* característico(ca). ◇ *nf* característica *f*.
carafe [karaf] *nf* [récipient] jarra *f*.
Caraïbes [karaib] *nfpl* : **les ~** el Caribe.
carambolage [karɑ̃bɔlaʒ] *nm* colisión *f* en cadena.
caramel [karamɛl] *nm* **- 1.** [sucre fondu] caramelo *m* (líquido) **- 2.** [bonbon] caramelo *m (golosina)*.
carapace [karapas] *nf* caparazón *m*.
carat [kara] *nm* quilate *m* ; **à 18 ~s** de dieciocho quilates.
caravane [karavan] *nf* **- 1.** [de camping, du désert] caravana *f* **- 2.** [cortège] comitiva *f*.
caravaning [karavaniŋ] *nm* caravaning *m* ; **faire du ~** hacer caravaning.
caravelle [karavɛl] *nf* **- 1.** [bateau] carabela *f* **- 2.** [avion] caravelle *m*.
carbone [karbɔn] *nm* carbono *m* ; **(papier) ~** papel *m* carbón.
carbonique [karbɔnik] *adj* carbónico(ca).
carboniser [karbɔnize] *vt* carbonizar.
carburant [karbyrɑ̃] *adj* & *nm* carburante.
carburateur [karbyratœr] *nm* carburador *m*.
carcan [karkɑ̃] *nm* **- 1.** *fig* [contrainte] cortapisa *f* **- 2.** [collier de fer] argolla *f*.
carcasse [karkas] *nf* **- 1.** [d'animal] huesos *mpl* **- 2.** [de bateau] esqueleto *m* **- 3.** *fam* [de personne] esqueleto *m* ; **sauver sa ~** salvar el pellejo.
carder [karde] *vt* cardar.
cardiaque [kardjak] ◇ *adj* **- 1.** [crise] cardíaco(ca) **- 2.** [personne] enfermo(ma) del corazón. ◇ *nmf* enfermo *m*, -ma *f* del corazón.
cardigan [kardigɑ̃] *nm* chaqueta *f* de punto, cárdigan *m*.
cardinal, e, aux [kardinal, o] *adj* **- 1.** [nombre, point] cardinal **- 2.** [principal] fundamental. ◆ **cardinal** *nm* **- 1.** RELIG cardenal *m* **- 2.** MATHS cardinal *m*.
cardiologue [kardjolɔg] *nmf* cardiólogo *m*, -ga *f*.
cardio-vasculaire [kardjovaskylɛr] (*pl* **cardio-vasculaires**) *adj* cardiovascular.
carême [karɛm] *nm* : **faire ~** hacer ayuno. ◆ **Carême** *nm* Cuaresma *f*.
carence [karɑ̃s] *nf* **- 1.** MÉD carencia *f* ; **~ en qqch** carencia de algo **- 2.** [d'une administration] incompetencia *f*.
carène [karɛn] *nf* carena *f*.
caressant, e [karɛsɑ̃, ɑ̃t] *adj* **- 1.** [personne] cariñoso(sa) **- 2.** *fig* [voix, regard] acariciador(ra).
caresse [karɛs] *nf* caricia *f Esp*, apapachos *mpl Amér*.
caresser [karese] *vt* acariciar.
cargaison [kargɛzɔ̃] *nf* cargamento *m*.
cargo [kargo] *nm* carguero *m*.
caricature [karikatyr] *nf* caricatura *f*.
carie [kari] *nf* caries *f inv*.
carié, e [karje] *adj* cariado(da).
carillon [karijɔ̃] *nm* **- 1.** [de cloche] repique *m* **- 2.** [d'horloge] toque *m* **- 3.** [de porte] timbre *m*.
carlingue [karlɛ̃g] *nf* **- 1.** [d'avion] carlinga *f* **- 2.** [de navire] sobrequilla *f*.
carmin [karmɛ̃] *adj inv* & *nm* carmín.
carnage [karnaʒ] *nm* matanza *f*, masacre *f*.
carnassier [karnasje] *nm* carnívoro *m*.
carnaval [karnaval] *nm* carnaval *m*.
carnet [karnɛ] *nm* **- 1.** [cahier] cuadernillo *m*, libreta *f* ; **~ d'adresses** agenda *f* de direcciones ; **~ de notes** boletín *m* (escolar) **- 2.** [à feuilles détachables] bloc *m* ; **~ de chèques** talonario *m* de cheques ; **~ de tickets** bono *m* de metro.
carnivore [karnivɔr] ◇ *adj* carnívoro(ra). ◇ *nm* carnívoro *m*.
carotte [karɔt] ◇ *nf* zanahoria *f*. ◇ *adj inv* [couleur] zanahoria *(en aposición)*.
carpe [karp] *nf* [poisson] carpa *f*.
carpette [karpɛt] *nf* **- 1.** [tapis] alfombrilla *f* **- 2.** *fam fig* [personne] gusano *m*.
carquois [karkwa] *nm* aljaba *f*.
carré, e [kare] *adj* **- 1.** [gén] cuadrado(da)

- **2.** [franc] sincero(ra) ; **être ~ en affaires** ser honesto en los negocios. ◆ **carré** *nm* - **1.** [quadrilatère & MATHS] cuadrado *m* ; **élever un nombre au ~** elevar un número al cuadrado ; **~ blanc** *cuadrado blanco que aparece en la parte inferior de la pantalla del televisor para indicar que una película no está autorizada para todos los públicos* - **2.** NAVIG & MIL comedor *m* de oficiales - **3.** [cartes] póker *m* - **4.** [petit terrain] parcela *f*.

carreau, x [karo] *nm* - **1.** [carrelage] azulejo *m* - **2.** [sol] baldosa *f* - **3.** [vitre] cristal *m* - **4.** [motif carré] cuadro *m* ; **à ~x** a cuadros - **5.** [aux cartes] diamante *m*.

carrefour [karfur] *nm* - **1.** [de routes] cruce *m* - **2.** [forum] encuentro *m* - **3.** *fig* [situation charnière] encrucijada *f*.

carrelage [karlaʒ] *nm* - **1.** [action de carreler] embaldosado *m* - **2.** [surface carrelée - sur un mur] azulejos *mpl* ; [- par terre] baldosas *fpl*.

carrément [karemɑ̃] *adv* - **1.** *fam* [dire, agir] claramente - **2.** [complètement] totalmente ; **c'est ~ du vol!** ¡es un robo descarado!

carrière [karjɛr] *nf* - **1.** [profession] carrera *f* ; **faire ~ dans qqch** hacer carrera en algo - **2.** [de pierre, de marbre] cantera *f*.

carriériste [karjerist] *nmf péj* arribista *mf*.

carriole [karjɔl] *nf* - **1.** [charrette] carreta *f* - **2.** *Can* [traîneau] trineo *m*.

carrossable [karɔsabl] *adj* abierto(ta) al tránsito rodado.

carrosse [karɔs] *nm* carroza *f*.

carrosserie [karɔsri] *nf* carrocería *f*.

carrossier [karɔsje] *nm* carrocero *m*, -ra *f*.

carrure [karyr] *nf* - **1.** [de personne] anchura *f* de espaldas - **2.** [de vêtement] anchura *f* de hombros - **3.** *fig* [personnalité] envergadura *f*.

cartable [kartabl] *nm* cartera *f*.

carte [kart] *nf* - **1.** [de jeu] carta *f*, naipe *m* ; **jouer ~s sur table** poner las cartas boca arriba ; **tirer les ~s à qqn** echar las cartas a alguien - **2.** GÉOGR mapa *m* ; **~ d'état-major** *mapa de Francia elaborado por el estado mayor del Ejército* ; **~ routière** mapa de carreteras - **3.** [au restaurant] carta *f* ; **à la ~** a la carta ; **~ des vins** carta de vinos - **4.** [document] tarjeta *f*, carné *m* ; **~ bancaire/de crédit** tarjeta bancaria/de crédito ; **~ d'étudiant** carné de estudiante ; **~ graphique** INFORM tarjeta gráfica ; **~ grise/de séjour** permiso *m* de circulación/de residencia ; **~ d'identité** carné de identidad, documento *m* nacional de identidad ; **~ à mémoire** OU **à puce** tarjeta inteligente ; **~ mère** INFORM placa *f* madre ; **~ postale** (tarjeta) postal ; **~ privative** tarjeta intransferible ; **~ son** INFORM tarjeta de sonido ; **donner ~ blanche à qqn** dar carta blanca a alguien. ◆ **Carte Bleue** *nf* [nationale] tarjeta *f* bancaria ; [internationale] Visa® *f*. ◆ **Carte Orange** *nf abono mensual para los transportes públicos de París.* ◆ **Carte Vermeil** *nf en Francia, tarjeta de reducción para mayores de 60 años, en el transporte público, los cines, etc.*

cartilage [kartilaʒ] *nm* cartílago *m*.

cartomancien, enne [kartɔmɑ̃sjɛ̃, ɛn] *nm, f* echador *m*, -ra *f* de cartas.

carton [kartɔ̃] *nm* - **1.** [matière] cartón *m* - **2.** [emballage] caja *f* de cartón ; **~ à chapeaux** sombrerera *f* ; **~ à dessin** carpeta *f* de dibujos - **3.** [cible] blanco *m* ; **faire un ~** *fam* [sur une cible] tirar al blanco ; *fig* [réussir] tener gran éxito - **4.** [d'invitation, de sanction] tarjeta *f*.

cartonné, e [kartɔne] *adj* [gén] de cartón ; [livre] en cartoné.

carton-pâte *nm* cartón *m* piedra ; **de** OU **en ~** de cartón piedra.

cartouche [kartuʃ] *nf* - **1.** [de fusil, dynamite & INFORM] cartucho *m* - **2.** [de stylo, briquet] recambio *m* - **3.** [de cigarettes] cartón *m*.

cas [ka] *nm* caso *m* ; **au ~ où** *(+ conditionnel)* por si *(+ presente indicativo)* ; **prends un parapluie, au ~ où il pleuvrait** llévate un paraguas, por si llueve ; **au ~ où** *fam* [on ne sait jamais] por si acaso ; **en aucun ~** en ningún caso ; **en ~ de besoin** en caso de necesidad ; **en tout ~** en todo caso ; **le ~ échéant** llegado el caso ; **~ de conscience** caso de conciencia ; **~ social** *persona que vive en un entorno psicológicamente o socialmente desfavorable.*

casanier, ère [kazanje, ɛr] *adj & nm, f* hogareño(ña), casero(ra).

casaque [kazak] *nf* casaca *f*.

cascade [kaskad] *nf* - **1.** [chute d'eau] cascada *f* - **2.** CIN escena *f* de riesgo.

cascadeur, euse [kaskadœr, øz] *nm, f* - **1.** [au cirque] acróbata *mf* - **2.** CIN doble *mf*, especialista *mf*.

case [kaz] *nf* - **1.** [habitation] cabaña *f* - **2.** [de boîte, tiroir] compartimento *m* ; **il lui manque une ~** le falta un tornillo - **3.** [sur un échiquier, un formulaire] casilla *f* ; **retourner à la ~ départ** *fig* volver a las mismas.

caser [kaze] *vt fam* - **1.** [placer] poner - **2.** [loger] alojar - **3.** [trouver un emploi pour] colocar - **4.** [marier] casar. ◆ **se caser** *vp fam* - **1.** [se marier] casarse - **2.** [se placer, trouver un emploi] colocarse - **3.** [se loger] alojarse.

caserne [kazɛrn] *nf* cuartel *m*.

cash [kaʃ] ◇ *adv* al contado ; **payer ~** pagar al contado. ◇ *nm* dinero *m* en metálico.

casier [kazje] *nm* - **1.** [de rangement] casillero *m* - **2.** [pour la pêche] nasa *f*. ◆ **casier à bouteilles** *nm* botellero *m*. ◆ **casier judiciaire** *nm* JUR (certificado *m* de) antecedentes *mpl* penales ; **avoir un ~ judiciaire vierge** no tener antecedentes penales.

casino [kazino] *nm* casino *m*.

casque [kask] *nm* - **1.** [de protection, à écouteurs] casco *m* - **2.** [séchoir à cheveux] secador *m*.

casquette [kaskɛt] *nf* gorra *f*.

cassant, e [kasɑ̃, ɑ̃t] *adj* - **1.** [matière] quebradizo(za) - **2.** [voix, ton] tajante.

cassation [kasasjɔ̃] ▷ **cour**.

casse [kas] ◇ *nm fam* [cambriolage] robo *m (en un establecimiento)*. ◇ *nf* - **1.** [bris, dommage] destrozos *mpl* - **2.** *fam* [bagarre] : **il va y avoir de la ~** va a armarse la gorda OU la marimorena - **3.** [de voitures] desguace *m* - **4.** [en typographie] caja *f*.

casse-cou *nm inv fam* atrevido *m*, -da *f*.

casse-croûte *nm inv* tentempié *m*.

casse-noisettes *nm inv* cascanueces *m inv*.

casse-pieds *adj* & *nmf inv* peñazo.

casser [kase] ◇ *vt* - **1.** [gén] romper ; **ça ne casse rien** *fam* no mola nada - **2.** JUR anular. ◇ *vi* romperse.

casserole [kasrɔl] *nf* [ustensile] cacerola *f*.

casse-tête *nm inv* - **1.** [jeu] rompecabezas *m inv* - **2.** [problème] quebradero *m* de cabeza - **3.** [bruit] estruendo *m*.

cassette [kasɛt] *nf* - **1.** [de magnétophone, magnétoscope] casete *f* - **2.** [coffret] cofrecillo *m*. ◆ **cassette audionumérique** *nf* casete *f* digital.

cassis [kasis] *nm* - **1.** [arbuste, liqueur] casis *m inv* - **2.** [fruit] grosella *f* negra - **3.** [sur la route] bache *m*.

cassure [kasyr] *nf* - **1.** [brisure] rotura *f* - **2.** *fig* [rupture] ruptura *f*.

caste [kast] *nf* casta *f*.

casting [kastiŋ] *nm* CIN & TÉLÉ reparto *m* ; [sélection] casting *m* ; THÉÂTRE audición *f* ; **aller à un ~** presentarse a un casting/a una audición.

castor [kastɔr] *nm* castor *m*.

castrer [kastre] *vt* castrar.

cataclysme [kataklism] *nm* cataclismo *m*.

catalan, e [katalɑ̃, an] *adj* catalán(ana). ◆ **catalan** *nm* catalán *m*. ◆ **Catalan, e** *nm, f* catalán *m*, -ana *f*.

Catalogne [katalɔɲ] *nf* : **la ~** Cataluña.

catalogue [katalɔg] *nm* catálogo *m*.

cataloguer [katalɔge] *vt* catalogar ; **~ comme** *péj* catalogar de.

catalyseur [katalizœr] *nm* catalizador *m*.

catalytique [katalitik] ▷ **pot**.

catamaran [katamarɑ̃] *nm* catamarán *m*.

cataplasme [kataplasm] *nm* cataplasma *f*.

catapulter [katapylte] *vt* catapultar.

cataracte [katarakt] *nf* catarata *f*.

catarrhe [katar] *nm* catarro *m*.

catastrophe [katastrɔf] *nf* catástrofe *f*.

catastrophé, e [katastrɔfe] *adj* destrozado(da).

catastrophique [katastrɔfik] *adj* catastrófico(ca).

catch [katʃ] *nm* lucha *f* libre.

catéchisme [kateʃism] *nm* catecismo *m*.

catégorie [kategɔri] *nf* categoría *f* ; **~ socioprofessionnelle** categoría socioprofesional.

catégorique [kategɔrik] *adj* categórico(ca).

cathédrale [katedral] *nf* catedral *f*.

cathode [katɔd] *nf* cátodo *m*.

catholicisme [katɔlisism] *nm* catolicismo *m*.

catholique [katɔlik] *adj* RELIG católico(ca).

catimini [katimini] ◆ **en catimini** *loc adv* a escondidas, a hurtadillas.

cauchemar [koʃmar] *nm* pesadilla *f*.

cauchemardesque [koʃmardɛsk] *adj* de pesadilla.

cause [koz] *nf* causa *f* ; **être en ~** estar en juego ; **pour ~ de qqch** por algo ; **remettre en ~** poner en tela de juicio. ◆ **à cause de** *loc prép* a causa de, debido a ; [par la faute de] por culpa de.

causer [koze] *vt* - **1.** [provoquer, occasionner] causar - **2.** *fam* [cancaner] murmurar.

causerie [kozri] *nf* charla *f Esp*, conversada *f Amér*.

caustique [kostik] ◇ *adj* cáustico(ca). ◇ *nm* sustancia *f* cáustica.

cautériser [koterize] *vt* cauterizar.

caution [kosjɔ̃] *nf* - **1.** [somme d'argent] paga y señal *f* ; **verser une ~** dejar paga y señal - **2.** [personne] fiador *m*, -ra *f* ; **se porter ~ pour qqn** salir fiador(ra) de alguien - **3.** [garantie morale] garantía *f* ; [soutien] aval *m*.

cautionner [kosjɔne] *vt* - **1.** JUR [se porter garant] salir fiador(ra) de - **2.** *fig* [soutenir] avalar.

cavalcade [kavalkad] *nf* - **1.** [de cavaliers] cabalgata *f* - **2.** *fam* [d'enfants] correteo *m*.

cavalerie [kavalri] *nf* caballería *f*.

cavalièrement [kavaljɛrmɑ̃] *adv* con insolencia.

cave [kav] ◇ *nf* - **1.** [sous-sol] sótano *m* - **2.** [à vin] bodega *f* - **3.** [cabaret] cabaret *m*. ◇ *nm arg* primo *m*, -ma *f (ingenuo)*. ◇ *adj* - **1.** [yeux, joues] hundido(da) - **2.** ANAT [veine] cava.

caveau, x [kavo] *nm* - **1.** [sépulture] panteón *m* - **2.** [cabaret] cabaret *m*.

caverne [kavɛrn] *nf* caverna *f*.

caviar [kavjar] *nm* caviar *m*.

cavité [kavite] *nf* cavidad *f*.

CB [sibi] (*abr de* **citizen's band, canaux banalisés**) *nf* CB *f*.

cc - **1.** *abr de* **cuillère à café** - **2.** *abr de* **charges comprises.**

CCP (*abr de* **compte chèque postal, compte courant postal**) *nm* CCP *f*.

CD *nm* - **1.** (*abr de* **chemin départemental**) carretera *f* comarcal - **2.** (*abr de* **Compact Disc**) CD *m* - **3.** (*abr de* **comité directeur**) comité *m* directivo - **4.** (*abr de* **corps diplomatique**) CD *m*.

CDD *abr de* **contrat à durée déterminée.**

CDI *nm* - **1.** (*abr de* **centre de documentation et d'information**) *biblioteca de un centro de enseñanza secundaria* - **2.** *abr de* **contrat à durée indéterminée.**

ce [sə] (*m* **cet** [sɛt] *devant voyelle ou h muet*, *f* **cette** [sɛt], *pl* **ces** [se]) ◇ *adj dém* [proche] este (esta) ; [éloigné] ese (esa) ; **~ mois-ci** este mes ; **cette année-là** aquel año. ◇ *pron dém* (**c'** *devant voyelle*) **c'est** es ; **~ sont** son ; **c'est mon bureau** es mi despacho ; **~ sont mes enfants** son mis hijos ; **qui est-ce?** ¿quién es? ; **tu sais ~ à quoi je pense** ya sabes en lo que pienso ; **~ dont je me souviens** aquello de lo que me acuerdo ; **faites ~ pour quoi on vous paye** haga aquello por lo que le pagan ; **~ que/qui** lo que ; **ils ont obtenu ~ qui leur revenait** han obtenido lo que les correspondía ; **c'est ~ que je lui ai dit** es lo que le he dicho ; **~ qui est étonnant** lo asombroso.

CE ◇ *nm* - **1.** *abr de* **comité d'entreprise** - **2.** (*abr de* **cours élémentaire**) : **CE1** ≃ 2° de EGB ; **CE2** ≃ 3° de EGB. ◇ *nf* (*abr de* **Communauté européenne**) CE *f*.

ceci [səsi] *pron dém* esto ; **~ (étant) dit** dicho esto ; **à ~ près que** excepto que.

cécité [sesite] *nf* ceguera *f*.

céder [sede] ◇ *vt* - **1.** [donner] ceder ; **~ la parole à qqn** ceder la palabra a alguien ; **~ sa place à qqn** dejar el sitio a alguien - **2.** [vendre] traspasar. ◇ *vi* - **1.** [se soumettre, se rompre] ceder ; **~ à qqch** [à une demande, une menace] ceder a OU ante algo ; [à la tentation] caer en algo ; [à la colère] dejarse llevar por algo - **2.** [s'abandonner] : **~ à qqn** entregarse a alguien.

CEDEX, Cedex (*abr de* **courrier d'entreprise à distribution exceptionnelle**) *nm correo de empresa con reparto especial.*

cédille [sedij] *nf* cedilla *f (virgulilla)*.

cèdre [sɛdr] *nm* cedro *m*.

CEE (*abr de* **Communauté économique européenne**) *nf* CEE *f*.

CEI (*abr de* **Communauté d'États indépendants**) *nf* CEI *f*.

ceinture [sɛ̃tyr] *nf* - **1.** [gén] cinturón *m* ; **~ à enrouleur** cinturón de seguridad retráctil ; **~ de sécurité** cinturón de seguridad - **2.** ANAT & COUT [taille] cintura *f*.

ceinturer [sɛ̃tyre] *vt* - **1.** [adversaire] inmovilizar agarrando por la cintura - **2.** [espace, lieu] rodear.

ceinturon [sɛ̃tyrɔ̃] *nm* cinto *m*.

cela [səla] *pron dém* eso, aquello ; **il y a des années de ~** hace años de aquello ; **prenez ~** coja eso ; **après ~** después de eso ; **~ dit** dicho esto ; **malgré ~** a pesar de eso.

célèbre [selɛbr] *adj* famoso(sa), célebre.

célébrer [selebre] *vt* - **1.** [anniversaire, messe] celebrar - **2.** *sout* [faire l'éloge de] alabar.

célébrité [selebrite] *nf* - **1.** [renommée] fama *f* - **2.** [personne] celebridad *f*.

céleri [sɛlri] *nm* apio *m* ; **~ (branche)** apio ; **~ rave** apio-nabo *(raíz)*.

célérité [selerite] *nf* celeridad *f*.

céleste [selɛst] *adj* - **1.** [du ciel] celeste - **2.** *fig* [merveilleux] celestial.

célibat [seliba] *nm* celibato *m*.

célibataire [selibatɛr] *adj* & *nmf* soltero(ra).
celle ▻ **celui.**
celle-ci ▻ **celui-ci.**
celle-là ▻ **celui-là.**
celles ▻ **celui.**
celles-ci ▻ **celui-ci.**
celles-là ▻ **celui-là.**
cellier [selje] *nm* bodega *f*.
Cellophane® [selɔfan] *nf* celofán® *m*.
cellulaire [selylɛr] *adj* celular.
cellule [selyl] *nf* - **1.** [de prisonnier, moine & INFORM] celda *f* - **2.** SCIENCES & POLIT célula *f* - **3.** [groupe] comisión *f*. ◆ **cellule familiale** *nf* unidad *f* familiar.
cellulite [selylit] *nf* celulitis *f inv*.
celui [səlɥi], **celle** [sɛl] (*mpl* **ceux** [sø], *fpl* **celles** [sɛl]) *pron dém* el, la ; **celle de devant** la de delante ; **ceux d'entre nous** aquellos de entre nosotros ; **~ que vous voyez** el que usted ve ; **c'est celle qui te va le mieux** es la que mejor te sienta ; **ceux que je connais** los que conozco.
celui-ci [səlɥisi], **celle-ci** [sɛlsi] (*mpl* **ceux-ci** [søsi], *fpl* **celles-ci** [sɛlsi]) *pron dém* éste (ésta) ; **ceux-ci/celles-ci** éstos/éstas.
celui-là [səlɥila], **celle-là** [sɛlla] (*mpl* **ceux-là** [søla], *fpl* **celles-là** [sɛlla]) *pron dém* ése (ésa), aquél (aquella) ; **ceux-là/celles-là** ésos, aquellos/ésas, aquellas.
cendre [sɑ̃dr] *nf* ceniza *f*. ◆ **cendres** *nfpl* cenizas *fpl* ; **renaître de ses ~s** renacer de sus cenizas. ◆ **Cendres** *nfpl* : **le mercredi des Cendres** el Miércoles de Ceniza.
cendré, e [sɑ̃dre] *adj* ceniciento(ta).
cendrier [sɑ̃drije] *nm* cenicero *m*.
Cène [sɛn] *nf* : **la ~** la Última Cena.
censé, e [sɑ̃se] *adj* : **il est ~ être à Paris** se supone que está en París ; **elle n'est pas ~e le savoir** no tiene por qué saberlo.
censeur [sɑ̃sœr] *nm* - **1.** [gén] censor *m*, -ra *f* - **2.** [de lycée] director *m*, -ra *f* de instituto.
censure [sɑ̃syr] *nf* censura *f*.
censurer [sɑ̃syre] *vt* censurar.
cent[1] [sɑ̃] ◇ *adj num* - **1.** [gén] ciento ; **~ deux francs** ciento dos francos ; **quatre ~s pages** cuatrocientas páginas - **2.** [devant substantif] cien ; **~ personnes** cien personas ; **~ mille francs** cien mil francos. ◇ *adj inv* [centième] ciento. ◇ *nm* [chiffre] cien *m inv*.
cent[2] [sɛnt] *nm* [monnaie du Canada et des États-Unis] centavo *m*.
centaine [sɑ̃tɛn] *nf* centena *f*.
centenaire [sɑ̃tnɛr] ◇ *adj* & *nmf* centenario(ria). ◇ *nm* [centième anniversaire] centenario *m*.
centième [sɑ̃tjɛm] ◇ *adj* centésimo(ma). ◇ *nm* centésima parte *f*. ◇ *nf* THÉÂTRE centésima representación *f*.
centigrade [sɑ̃tigrad] ▻ **degré.**
centigramme [sɑ̃tigram] *nm* centígramo *m*.
centilitre [sɑ̃tilitr] *nm* centilitro *m*.
centime [sɑ̃tim] *nm* céntimo *m*.
centimètre [sɑ̃timɛtr] *nm* - **1.** [mesure] centímetro *m* - **2.** [ruban, règle] cinta *f* métrica.
central, e, aux [sɑ̃tral, o] *adj* central, céntrico(ca) ; **un quartier très ~** un barrio muy céntrico. ◆ **central** *nm* - **1.** [tennis] pista *f* central - **2.** [de réseau] central *f* ; **~ téléphonique** central telefónica. ◆ **centrale** *nf* central *f* ; **~e d'achat** central de compras ; **~e hydroélectrique/nucléaire** central hidroeléctrica/nuclear ; **~e (syndicale)** central sindical.
centraliser [sɑ̃tralize] *vt* centralizar.
centre [sɑ̃tr] *nm* centro *m* ; **~ aéré** *centro de esparcimiento infantil, gestionado por los ayuntamientos* ; **~ antipoison** *servicio de información toxicológica* ; **~ d'appels** central *f* de llamadas ; **~ commercial/culturel** centro comercial/cultural ; **~ de gravité** centro de gravedad ; **~ hospitalier régional** centro hospitalario regional ; **~ hospitalo-universitaire** hospital *m* clínico.
centrer [sɑ̃tre] *vt* centrar.
centre-ville *nm* centro *m* urbano.
centrifugeuse [sɑ̃trifyʒøz] *nf* - **1.** CULIN licuadora *f* - **2.** TECHNOL centrifugadora *f*.
centuple [sɑ̃typl] *nm* céntuplo *m* ; **au ~** centuplicado(da).
cep [sɛp] *nm* cepa *f*.
cèpe [sɛp] *nm* seta *f* comestible.
cependant [səpɑ̃dɑ̃] *conj* sin embargo.
céramique [seramik] *nf* cerámica *f*.
cerceau [sɛrso] *nm* - **1.** [de tonneau] cerco *m* - **2.** [jouet] aro *m* - **3.** [de robe] polisón *m*.
cercle [sɛrkl] *nm* - **1.** [gén] círculo *m* ; **~ vicieux** círculo vicioso - **2.** [disposition en cercle] corro *m*.
cercueil [sɛrkœj] *nm* ataúd *m*.
céréale [sereal] *nf* cereal *m*.
cérémonial, als [seremɔnjal] *nm* ceremonial *m*.
cérémonie [seremɔni] *nf* - **1.** [manifestation] ceremonia *f*, acto *m* - **2.** *fig* [politesse]

cumplido *m* ; **faire des ~s** hacer cumplidos.

cérémonieux, euse [seremɔnjø, øz] *adj* ceremonioso(sa).

cerf [sɛr] *nm* ciervo *m*.

cerfeuil [sɛrfœj] *nm* perifollo *m*.

cerf-volant *nm* **- 1.** [jouet] cometa *f* **- 2.** [insecte] ciervo *m* volante.

cerise [səriz] ◇ *nf* cereza *f*. ◇ *adj inv* [couleur] cereza *(en aposición)*.

cerisier [sərizje] *nm* cerezo *m*.

cerne [sɛrn] *nm* **- 1.** [sous les yeux] ojera *f* **- 2.** [d'arbre] anillo *m*.

cerner [sɛrne] *vt* **- 1.** [encercler] rodear **- 2.** *fig* [problème, question] delimitar, acotar.

certain, e [sɛrtɛ̃, ɛn] ◇ *adj* seguro(ra) ; **c'est sûr et ~** segurísimo ; **être ~ de** estar seguro de ; **être ~ que** estar seguro de que. ◇ *adj indéf (avant n)* **- 1.** [gén] cierto(ta) ; **dans ~s cas** en ciertos casos ; **un ~ temps** algún tiempo ; **d'un ~ âge** de cierta edad **- 2.** [devant nom de personne] tal ; **un ~ Juan** un tal Juan. ◆ **certains** (*fpl* **certaines**) *pron indéf pl* algunos(nas).

certainement [sɛrtɛnmɑ̃] *adv* por supuesto ; **c'est ~ un garçon intelligent** sin duda alguna es un chico inteligente ; **mais ~** pues claro.

certes [sɛrt] *adv* **- 1.** [indique une concession] en efecto, claro **- 2.** [en vérité] desde luego.

certificat [sɛrtifika] *nm* **- 1.** [attestation] certificado *m* **- 2.** [diplôme] diploma *m* ; **~ d'études** SCOL *certificado de fin de estudios primarios*.

certifier [sɛrtifje] *vt* **- 1.** [assurer] : **~ qqch à qqn** asegurar algo a alguien **- 2.** ADMIN [document] compulsar.

certitude [sɛrtityd] *nf* certeza *f* ; **avoir la ~ que** tener la certeza de que.

cerveau [sɛrvo] *nm* cerebro *m*.

cervelle [sɛrvɛl] *nf* **- 1.** ANAT & CULIN sesos *mpl* **- 2.** [facultés mentales] cerebro *m*.

cervical, e, aux [sɛrvikal, o] *adj* cervical.

ces ▷ **ce.**

CES[1] (*abr de* **collège d'enseignement secondaire**) *nm antiguo nombre de los centros de enseñanza secundaria de primer ciclo*.

CES[2] *abr de* **Contrat emploi-solidarité**.

césarienne [sezarjɛn] *nf* cesárea *f*.

césium [sezjɔm] *nm* cesio *m*.

cesse [sɛs] *nf* : **n'avoir de ~ que** *sout* no descansar hasta que ; **je n'aurai de ~ qu'il n'admette qu'il a tort** no descansaré hasta que admita que se ha equivocado. ◆ **sans cesse** *loc adv* sin cesar, sin parar.

cesser [sese] ◇ *vi* cesar, terminar ; **ne pas ~ de faire qqch** no parar de hacer algo. ◇ *vt* suspender.

cessez-le-feu [seselfø] *nm inv* alto *m* el fuego.

cession [sɛsjɔ̃] *nf* cesión *f*.

c'est-à-dire [setadir] *conj* **- 1.** [introduit une explication] o sea, es decir **- 2.** [introduit une restriction] (la cosa) es que ; **tu es libre ce soir? – ~ que je suis déjà invitée ailleurs** ¿tienes la noche libre? – (la cosa) es que ya me han invitado.

cet ▷ **ce.**

cétacé [setase] *nm* cetáceo *m*.

cette ▷ **ce.**

ceux ▷ **celui.**

ceux-ci ▷ **celui-ci.**

ceux-là ▷ **celui-là.**

cf. (*abr de* **confer**) cf.

CFDT (*abr de* **Confédération française démocratique du travail**) *nf organización sindical francesa de orientación socialdemócrata*.

CFTC (*abr de* **Confédération française des travailleurs chrétiens**) *nf organización sindical francesa que defiende los principios de la doctrina social cristiana*.

CGC (*abr de* **Confédération générale des cadres**) *nf organización sindical francesa de directivos*.

CGT (*abr de* **Confédération générale du travail**) *nf organización sindical francesa de orientación marxista*.

chacun, e [ʃakœ̃, yn] *pron indéf* cada uno, cada una ; **~ de nous/de vous/d'eux** cada uno de nosotros/de vosotros/de ellos ; **~ pour soi** cada cual a lo suyo ; **tout un ~** todos y cada uno.

chagrin, e [ʃagrɛ̃, in] *adj* triste. ◆ **chagrin** *nm* pena *f* ; **avoir du ~** estar triste.

chagriner [ʃagrine] *vt* apenar.

chahut [ʃay] *nm* jaleo *m* ; **faire du ~** armar jaleo.

chahuter [ʃayte] ◇ *vi* armar jaleo. ◇ *vt* **- 1.** [importuner] abuchear **- 2.** [bousculer] incordiar.

chaîne [ʃɛn] *nf* **- 1.** [gén] cadena *f* ; **à la ~** en cadena ; **~ de montage** cadena de montaje ; **~ de montagnes** cadena montañosa, cordillera *f* **- 2.** [appareil] equipo *m*, cadena *f* ; **~ hi-fi/stéréo** equipo de alta fidelidad/estéreo **- 3.** TÉLÉ canal *m* ; **~ à péage** canal codificado ; **~ de télévision**

canal de televisión ; ~ **thématique** canal temático. ◆ **chaînes** *nfpl* - **1.** [pour pneus] cadenas *fpl* - **2.** *fig* [servitude] lazos *mpl*.

chaînon [ʃɛnɔ̃] *nm* - **1.** [maillon] eslabón *m* ; ~ **manquant** eslabón perdido - **2.** *fig* [élément] paso *m*.

chair [ʃɛr] ◇ *nf* - **1.** [d'homme] carne *f* ; **avoir la ~ de poule** tener la carne de gallina - **2.** [de fruit] pulpa *f*. ◇ *adj inv* [couleur] carne *(en aposición)*.

chaire [ʃɛr] *nf* - **1.** [estrade - de prédicateur] púlpito *m* ; [- de professeur] tarima *f* - **2.** UNIV [poste de professeur] cátedra *f*.

chaise [ʃɛz] *nf* silla *f* ; ~ **électrique** silla eléctrica ; ~ **longue** tumbona *f*.

châle [ʃal] *nm* chal *m*, mantón *m*.

chalet [ʃalɛ] *nm* - **1.** [de montagne] chalet *m*, chalé *m* - **2.** *Can* [maison de campagne] casa *f* de campo.

chaleur [ʃalœr] *nf* - **1.** [température, enthousiasme] calor *m* - **2.** ZOOL celo *m*.

chaleureux, euse [ʃalœrø, øz] *adj* caluroso(sa).

chaloupe [ʃalup] *nf* bote *m*, chalupa *f*.

chalumeau, x [ʃalymo] *nm* soplete *m*.

chalut [ʃaly] *nm* [filet] traína *f* ; **au ~** [pêche] de arrastre.

chalutier [ʃalytje] *nm* - **1.** [bateau] trainera *f* - **2.** [pêcheur] pescador *m*, -ra *f* de trainera.

chamailler [ʃamaje] ◆ **se chamailler** *vp fam* pelearse.

chambranle [ʃɑ̃brɑ̃l] *nm* [de porte, fenêtre] marco *m* ; [de cheminée] faldón *m*.

chambre [ʃɑ̃br] *nf* - **1.** [de maison, d'hôtel] cuarto *m*, habitación *f* ; ~ **d'amis** cuarto de invitados ; ~ **à coucher** dormitorio *m* ; ~ **double/individuelle** habitación doble/individual - **2.** [local] cámara *f* ; ~ **à air/de combustion** cámara de aire/de combustión ; ~ **forte** cámara acorazada ; ~ **froide** cámara frigorífica ; ~ **à gaz** cámara de gas ; ~ **noire** cámara oscura - **3.** JUR sala *f*. ◆ **Chambre de commerce et d'industrie** *nf* : **la Chambre de commerce et d'industrie** la Cámara de Comercio e Industria. ◆ **Chambre des députés** *nf* : **la Chambre des députés** la Cámara de los diputados.

chambrée [ʃɑ̃bre] *nf* dormitorio *m* (colectivo).

chambrer [ʃɑ̃bre] *vt* - **1.** [vin] poner del tiempo - **2.** *fam* [se moquer de] cachondearse de.

chameau, x [ʃamo] *nm* - **1.** [mammifère] camello *m* - **2.** *fam péj* [personne] mal bicho *m*.

chamois [ʃamwa] ◇ *nm* gamuza *f*. ◇ *adj inv* [couleur] gamuzado(da).

champ [ʃɑ̃] *nm* campo *m* ; ~ **de bataille** campo de batalla ; ~ **de courses** hipódromo *m*.

champagne [ʃɑ̃paɲ] *nm* champán *m* (francés).

champêtre [ʃɑ̃pɛtr] *adj* campestre.

champignon [ʃɑ̃piɲɔ̃] *nm* - **1.** [à manger] seta *f* - **2.** BIOL & MÉD hongo *m* - **3.** *fam* [accélérateur] acelerador *m*.

champion, onne [ʃɑ̃pjɔ̃, ɔn] *nm, f* - **1.** SPORT campeón *m*, -ona *f* - **2.** *fig* [défenseur] paladín *m*. ◆ **champion** *adj inv fam* [personne] campeón(ona).

championnat [ʃɑ̃pjɔna] *nm* campeonato *m*.

chance [ʃɑ̃s] *nf* - **1.** [sort] suerte *f* ; **avoir de la ~** tener suerte ; **porter ~** traer suerte, dar (buena) suerte - **2.** [probabilité, possibilité] posibilidad *f*, probabilidad *f* ; **avoir des ~s de faire qqch** tener probabilidades de hacer algo.

chanceler [ʃɑ̃sle] *vi* [personne, gouvernement] tambalearse.

chancelier [ʃɑ̃səlje] *nm* canciller *m*.

chanceux, euse [ʃɑ̃sø, øz] *adj* afortunado(da).

chancre [ʃɑ̃kr] *nm* - **1.** MÉD chancro *m* - **2.** BOT cancro *m*.

chandail [ʃɑ̃daj] *nm* jersey *m*.

Chandeleur [ʃɑ̃dlœr] *nf* Candelaria *f*.

chandelier [ʃɑ̃dəlje] *nm* candelabro *m*.

chandelle [ʃɑ̃dɛl] *nf* vela *f Esp*, veladora *f Amér* ; **dîner aux ~s** cenar a la luz de las velas.

change [ʃɑ̃ʒ] *nm* - **1.** FIN cambio *m* - **2.** [couche de bébé] pañal *m*.

changeant, e [ʃɑ̃ʒɑ̃, ɑ̃t] *adj* - **1.** [variable - temps] variable ; [- humeur] cambiante - **2.** [couleur, étoffe] tornasolado(da).

changement [ʃɑ̃ʒmɑ̃] *nm* - **1.** [gén] cambio *m* - **2.** [en train, métro] transbordo *m*, trasbordo *m*.

changer [ʃɑ̃ʒe] ◇ *vt* - **1.** [gén] cambiar ; **~ qqch en qqch** [monnaie] cambiar algo en algo ; **~ qqch contre qqch** cambiar algo por algo - **2.** [transformer] : **~ en** convertir en. ◇ *vi* - **1.** [gén & TRANSPORT] cambiar ; **~ de** [adresse, vêtement etc] cambiar de - **2.** [apporter un changement] variar ; **pour ~** *iron* para variar.

changeur [ʃɑ̃ʒœr] *nm* FIN cambista *mf*.

chanson [ʃɑ̃sɔ̃] *nf* canción *f* ; **c'est toujours la même ~** *fig* siempre la misma canción OU historia.
chansonnier, ère [ʃɑ̃sɔnje, ɛr] *nm, f* cantautor *m*, -ra *f*.
chant [ʃɑ̃] *nm* canto *m* ; **apprendre le ~** estudiar canto.
chantage [ʃɑ̃taʒ] *nm* chantaje *m* ; **faire du ~** hacer chantaje.
chanter [ʃɑ̃te] ◇ *vt* - **1.** [chanson] cantar - **2.** *fam* [raconter] contar ; **qu'est-ce que tu me chantes?** ¿qué me cuentas? ◇ *vi* cantar ; **faire ~ qqn** *fig* hacerle chantaje a alguien.
chanteur, euse [ʃɑ̃tœr, øz] *nm, f* cantante *mf*.
chantier [ʃɑ̃tje] *nm* - **1.** [de construction] obra *f* ; **~ naval** astillero *m* - **2.** *fam* [désordre] leonera *f*.
chantonner [ʃɑ̃tɔne] ◇ *vt* [air] tararear. ◇ *vi* [personne] canturrear.
chanvre [ʃɑ̃vr] *nm* cáñamo *m*.
chaos [kao] *nm* caos *m inv*.
chap. (*abr de* **chapitre**) C.
chaparder [ʃaparde] *vt* sisar.
chapeau, x [ʃapo] *nm* - **1.** [couvre-chef] sombrero *m* - **2.** [de texte, d'article] encabezamiento *m*.
chapeauter [ʃapote] *vt* [superviser] controlar.
chapelet [ʃaplɛ] *nm* - **1.** RELIG rosario *m* - **2.** [d'aliments] ristra *f* - **3.** *fig* [d'injures, insultes] retahíla *f*.
chapelle [ʃapɛl] *nf* - **1.** [petite église] capilla *f* - **2.** [clan] camarilla *f*.
chapelure [ʃaplyr] *nf* pan *m* rallado.
chapiteau, x [ʃapito] *nm* - **1.** [de colonne] capitel *m* - **2.** [de cirque] carpa *f*.
chapitre [ʃapitr] *nm* - **1.** [de livre] capítulo *m* - **2.** FIN [de budget] partida *f*, asiento *m* - **3.** RELIG [assemblée] cabildo *m* - **4.** [sujet] tema *m*.
chaque [ʃak] *adj indéf* cada ; **~ personne** cada persona.
char [ʃar] *nm* - **1.** [véhicule] carro *m* ; **~ d'assaut** carro de combate - **2.** [de carnaval] carroza *f* - **3.** *Can* [voiture] coche *m*.
charabia [ʃarabja] *nm* galimatías *m inv*.
charade [ʃarad] *nf* charada *f*.
charbon [ʃarbɔ̃] *nm* carbón *m* ; **~ de bois** carbón de leña.
charcuterie [ʃarkytri] *nf* - **1.** [magasin] charcutería *f*, tienda *f* de embutidos - **2.** [produits] embutidos *mpl*.
charcutier, ère [ʃarkytje, ɛr] *nm, f* charcutero *m*, -ra *f*.
chardon [ʃardɔ̃] *nm* - **1.** [plante] cardo *m* - **2.** [sur un mur] púas *fpl* de hierro.
charge [ʃarʒ] *nf* - **1.** [gén] cargo *m* ; **être à la ~ de qqn** [frais, travaux] correr a cargo de alguien ; [personne] estar a cargo de alguien ; **prendre qqch/qqn en ~** hacerse cargo de algo/de alguien - **2.** [fardeau, attaque] carga *f*. ◆ **charges** *nfpl* - **1.** [d'appartement] gastos *mpl* de comunidad ; '**~s comprises**' 'gastos de comunidad incluidos' - **2.** ÉCON costes *mpl* ; **~s sociales** cargas *fpl* sociales.
chargé, e [ʃarʒe] ◇ *adj* - **1.** [personne, véhicule] cargado(da) - **2.** [responsable] encargado(da) - **3.** [journée, emploi du temps] ocupado(da), cargado(da) - **4.** [décoration, tissu] recargado(da). ◇ *nm, f* encargado *m*, -da *f* ; **~ d'affaires** encargado de negocios ; **~ de mission** delegado *m*.
chargement [ʃarʒəmɑ̃] *nm* - **1.** [de marchandises] cargamento *m* - **2.** [d'arme, appareil photo] carga *f*.
charger [ʃarʒe] *vt* - **1.** [gén & INFORM] cargar - **2.** [attaquer] cargar contra - **3.** [donner une mission à] : **~ qqn de qqch/de faire qqch** encargar a alguien de algo/que haga algo - **4.** JUR [déposer contre] declarar en contra de. ◆ **se charger** *vp* - **1.** [porter une charge] cargarse - **2.** [s'occuper de] : **se ~ de qqn/de qqch** ocuparse de alguien/de algo ; **se ~ de faire qqch** encargarse de hacer algo.
chargeur [ʃarʒœr] *nm* [d'arme] cargador *m*.
chariot [ʃarjo] *nm* - **1.** [charrette] carretilla *f* - **2.** [table roulante] carrito *m* - **3.** [de machine à écrire] carro *m*.
charisme [karism] *nm* carisma *m*.
charitable [ʃaritabl] *adj* caritativo(va).
charité [ʃarite] *nf* - **1.** RELIG caridad *f* - **2.** [bonté] bondad *f*.
charlatan [ʃarlatɑ̃] *nm péj* [vendeur] charlatán *m*, -ana *f* ; [médecin] matasanos *mf inv*.
charmant, e [ʃarmɑ̃, ɑ̃t] *adj* - **1.** [séduisant, ravissant] encantador(ra) - **2.** [agréable] agradable ; **c'est ~!** *iron* ¡muy bonito!
charme [ʃarm] *nm* - **1.** [attrait] atracción *f* - **2.** [enchantement] hechizo *m* - **3.** [arbre] carpe *m*.
charmer [ʃarme] *vt* cautivar ; **être charmé de faire qqch** estar encantado de hacer algo.
charmeur, euse [ʃarmœr, øz] ◇ *adj* encantador(ra). ◇ *nm, f* seductor *m*, -ra *f*. ◆ **charmeur de serpents** *nm* encantador *m* de serpientes.

charnel, elle [ʃarnɛl] *adj* carnal.
charnier [ʃarnje] *nm* osario *m*.
charnière [ʃarnjɛr] ◇ *nf* bisagra *f*. ◇ *adj inv* decisivo(va).
charnu, e [ʃarny] *adj* carnoso(sa).
charogne [ʃarɔɲ] *nf* **- 1.** [d'animal] carroña *f* **- 2.** *tfam* [crapule] crápula *mf*.
charpente [ʃarpɑ̃t] *nf* **- 1.** [de bâtiment] armazón *m* ; [de personne] osamenta *f* **- 2.** *fig* [de roman] estructura *f*.
charpentier [ʃarpɑ̃tje] *nm* carpintero *m*, -ra *f* de obra, carpintero *m*, -ra *f* de blanco.
charretier, ère [ʃartje, ɛr] *nm, f* carretero *m*, -ra *f*.
charrette [ʃarɛt] *nf* carreta *f*.
charrier [ʃarje] ◇ *vt* **- 1.** [entraîner] arrastrar **- 2.** [transporter] acarrear **- 3.** *fam* [se moquer de] pitorrearse de, chotearse de. ◇ *vi fam* [exagérer] pasarse.
charrue [ʃary] *nf* arado *m*.
charte [ʃart] *nf* carta *f*.
charter [ʃartɛr] *nm* chárter *m*.
chas [ʃa] *nm* ojo *m (de aguja)*.
chasse [ʃas] *nf* **- 1.** [action] caza *f* ; **~ à courre** montería *f* **- 2.** [période] temporada *f* de caza ; **la ~ est ouverte** la veda está levantada **- 3.** [poursuite] caza *f*, persecución *f* ; **faire la ~ à qqch** dar caza a algo ; *fig* perseguir algo ; **prendre qqn en ~** perseguir a alguien **- 4.** [des toilettes] cadena *f* ; **tirer la ~** tirar de la cadena ; **~ d'eau** cisterna *f*. ◆ **chasse gardée** *nf* **- 1.** [terrain] coto *m* privado de caza **- 2.** *fig* [sujet réservé] terreno *m* reservado.
chassé-croisé [ʃasekrwaze] *nm* cruce *m*.
chasse-neige *nm inv* **- 1.** [véhicule] quitanieves *m inv* **- 2.** [position des skis] cuña *f*.
chasser [ʃase] ◇ *vt* **- 1.** [animal] cazar **- 2.** [faire partir - personne] expulsar ; [- idées noires, soucis] desechar **- 3.** [employé] despedir. ◇ *vi* **- 1.** [aller à la chasse] cazar **- 2.** [roues] patinar.
chasseur, euse [ʃasœr, øz] *nm, f* cazador *m*, -ra *f*. ◆ **chasseur** *nm* **- 1.** [d'hôtel] botones *m inv* **- 2.** [avion] avión *m* de caza. ◆ **chasseur alpin** *nm* MIL cazador *m* de montaña.
châssis [ʃasi] *nm* **- 1.** [de fenêtre, porte] contramarco *m* **- 2.** [de véhicule] chasis *m inv* **- 3.** [de tableau, machine] bastidor *m*.
chaste [ʃast] *adj* casto(ta).
chasteté [ʃastəte] *nf* castidad *f*.
chasuble [ʃazybl] *nf* casulla *f*.
chat, chatte [ʃa, ʃat] *nm, f* gato *m*, -ta *f*.
châtaigne [ʃatɛɲ] *nf* castaña *f*.
châtaignier [ʃateɲe] *nm* castaño *m*.
châtain [ʃatɛ̃] ◇ *adj* [couleur] castaño(ña). ◇ *nm* castaño *m*.
château, x [ʃato] *nm* **- 1.** [gén] castillo *m* ; **le ~ de Versailles** el palacio de Versalles ; **~ fort** fortaleza *f* ; **~ de sable** castillo de arena **- 2.** [vignoble] viñedo *m*. ◆ **château d'eau** *nm* arca *f* de agua.
châtiment [ʃatimɑ̃] *nm* castigo *m*.
chaton [ʃatɔ̃] *nm* **- 1.** [petit chat] gatito *m* **- 2.** BOT amento *m*, candelilla *f* **- 3.** [de bague] engaste *m*.
chatouiller [ʃatuje] *vt* **- 1.** [faire des chatouilles à] hacer cosquillas a **- 2.** *fig* [titiller] cosquillear.
chatoyant, e [ʃatwajɑ̃, ɑ̃t] *adj* tornasolado(da).
châtrer [ʃatre] *vt* castrar, capar.
chatte ▷ **chat**.
chaud, e [ʃo, ʃod] *adj* **- 1.** [chose] caliente ; [temps, voix] cálido(da) **- 2.** *fig* [enthousiaste] entusiasta ; **ne pas être très ~ pour** *(+ infinitif)* no tener ánimos para *(+ infinitivo)* **- 3.** [sensuel] ardiente **- 4.** *fig* [animé] caliente. ◆ **chaud** ◇ *adv* : **avoir ~** tener calor ; **il fait ~** hace calor. ◇ *nm* calor *m*.
chaudement [ʃodmɑ̃] *adv* **- 1.** [pour avoir chaud] : **être ~ vêtu** vestirse con ropa de abrigo **- 2.** [chaleureusement] calurosamente.
chaudière [ʃodjɛr] *nf* caldera *f*.
chaudron [ʃodrɔ̃] *nm* caldero *m*.
chauffage [ʃofaʒ] *nm* **- 1.** [appareil] calefacción *f* ; **~ central** calefacción central **- 2.** [action de chauffer] calentamiento *m*.
chauffant, e [ʃofɑ̃, ɑ̃t] *adj* eléctrico(ca).
chauffard [ʃofar] *nm péj* : **c'est un ~** conduce como un loco.
chauffe-eau [ʃofo] *nm inv* calentador *m* de agua.
chauffer [ʃofe] ◇ *vt* calentar. ◇ *vi* **- 1.** [devenir chaud] calentarse **- 2.** [moteur] calentar **- 3.** *fam* [devenir houleux] armarse una buena.
chauffeur [ʃofœr] *nm* conductor *m*, -ra *f* *Esp*, motorista *mf* *Amér* ; [domestique] chófer *m*, chofer *m*.
chaume [ʃom] *nm* paja *f*.
chaumière [ʃomjɛr] *nf* choza *f* *Esp*, mediagua *f* *Amér*.
chaussée [ʃose] *nf* calzada *f*.
chausse-pied [ʃospje] (*pl* **chausse-pieds**) *nm* calzador *m*.
chausser [ʃose] ◇ *vt* **- 1.** [souliers, skis]

calzarse ; ~ **un enfant** calzar a un niño - **2.** [lunettes] calarse. ◇ *vi* : ~ **bien/mal/large** irle bien/pequeño/grande ; ~ **du 40** calzar un cuarenta. ◆ **se chausser** *vp* calzarse.

chaussette [ʃosɛt] *nf* calcetín *m*.

chausseur [ʃosœr] *nm* zapatero *m*, -ra *f*.

chausson [ʃosɔ̃] *nm* - **1.** [pantoufle, chaussure de danse] zapatilla *f* - **2.** [de bébé] peúco *m* - **3.** CULIN [pâtisserie] ≃ empanadilla *f* ; ~ **aux pommes** *pastel de manzana*.

chaussure [ʃosyr] *nf* - **1.** [soulier] zapato *m* ; ~ **basse** zapato plano ; ~ **de marche** calzado *m* de marcha ; ~ **montante** botín *m* ; ~**s à scratch** zapatos con velcro ; ~ **de ski** bota *f* de esquí - **2.** [industrie] industria *f* del calzado.

chauve [ʃov] *adj* & *nmf* calvo(va).

chauve-souris *nf* murciélago *m*.

chauvin, e [ʃovɛ̃, in] *adj* & *nm, f* chovinista.

chauvinisme [ʃovinism] *nm* chovinismo *m*.

chaux [ʃo] *nf* cal *f* ; **blanchi à la** ~ encalado.

chavirer [ʃavire] ◇ *vi* [bateau, projet] irse a pique. ◇ *vt* - **1.** [bateau] hundir - **2.** [meuble] poner patas arriba - **3.** *fig* [bouleverser] emocionar.

chef [ʃɛf] *nm* - **1.** [dirigeant] jefe *m*, -fa *f* ; **en** ~ [gén] jefe ; MIL en jefe ; ~ **d'entreprise** empresario *m* ; ~ **de famille** cabeza *mf* de familia ; ~ **de file** jefe de filas ; ~ **de gare** jefe de estación ; ~ **d'orchestre** director *m*, -ra *f* de orquesta ; ~ **de service** ADMIN ≃ director *m*, -ra *f* de departamento ; [dans un hôpital] director *m*, -ra *f* de servicio - **2.** [cuisinier] jefe *m* de cocina, chef *m* - **3.** *fam* [champion] campeón *m*, -ona *f*. ◆ **chef d'accusation** *nm* JUR cargo *m*.

chef-d'œuvre [ʃɛdœvr] (*pl* **chefs-d'œuvre**) *nm* obra *f* maestra.

chef-lieu [ʃɛfljø] *nm* ≃ capital *f* (de provincia).

chemin [ʃəmɛ̃] *nm* camino *m* ; **en** ~ por el camino ; **se frayer un** ~ **dans** OU **à travers qqch** abrirse camino OU paso por OU a través de algo. ◆ **chemin de fer** *nm* ferrocarril *m*.

cheminée [ʃəmine] *nf* - **1.** [gén] chimenea *f* - **2.** ALPINISME *paso estrecho entre dos peñascos*.

cheminement [ʃəminmɑ̃] *nm* - **1.** [progression - de marcheurs] marcha *f* ; [- d'eau] flujo *m* - **2.** *fig* [d'idée, de pensée] evolución *f*.

cheminer [ʃəmine] *vi* - **1.** [personne] caminar - **2.** *fig* [idée, pensée] abrirse camino.

cheminot [ʃəmino] *nm* ferroviario *m*.

chemise [ʃəmiz] *nf* - **1.** [vêtement] camisa *f* ; ~ **de nuit** camisón *m* - **2.** [dossier] carpeta *f*.

chemisette [ʃəmizɛt] *nf* - **1.** [d'homme] camiseta *f* - **2.** [d'enfant] camisita *f*, camisola *f*.

chemisier [ʃəmizje] *nm* [vêtement] blusa *f*.

chenal, aux [ʃənal, o] *nm* canal *m*.

chêne [ʃɛn] *nm* roble *m*.

chenet [ʃənɛ] *nm* morillo *m*.

chenil [ʃənil] *nm* - **1.** [pour chiens] perrera *f* - **2.** *Helv* [désordre] leonera *f*.

chenille [ʃənij] *nf* - **1.** [gén] oruga *f* - **2.** [tissu] felpilla *f*.

chèque [ʃɛk] *nm* cheque *m*, talón *m* ; ~ **bancaire** cheque OU talón bancario ; ~ **barré** cheque OU talón cruzado ; ~ **en bois** OU **sans provision** cheque OU talón sin fondos ; ~ **au porteur** cheque OU talón al portador ; ~ **postal/de voyage** cheque postal/de viaje.

chèque-restaurant (*pl* **chèques-restaurant**) *nm* ticket-restaurante *m*.

chéquier [ʃekje] *nm* talonario *m* de cheques *Esp*, chequera *f Amér*.

cher, chère [ʃɛr] ◇ *adj* - **1.** [aimé] querido(da) - **2.** [coûteux] caro(ra) - **3.** [dans une lettre] estimado(da), querido(da). ◇ *nm, f* : **mon** ~ querido ; **ma chère** querida. ◆ **cher** *adv* caro ; **coûter** ~ costar caro.

chercher [ʃɛrʃe] ◇ *vt* [gén] buscar ; **aller** ~ **qqn/qqch** ir a buscar a alguien/algo ; **venir** ~ **qqn/qqch** venir a buscar a alguien/algo. ◇ *vi* : ~ **à faire qqch** procurar hacer algo. ◆ **se chercher** *vp* buscarse.

chercheur, euse [ʃɛrʃœr, øz] ◇ *adj* - **1.** [esprit] curioso(sa) - **2.** TECHNOL [tête] buscador(ra). ◇ *nm, f* [scientifique] investigador *m*, -ra *f*. ◆ **chercheur d'or** *nm* buscador *m* de oro.

chéri, e [ʃeri] ◇ *adj* [aimé] querido(da). ◇ *nm, f* - **1.** [terme d'affection] : **mon** ~, **ma** ~**e** cariño - **2.** [favori] preferido *m*, -da *f*.

chérir [ʃerir] *vt* - **1.** [personne] querer - **2.** [chose, idée] amar.

chétif, ive [ʃetif, iv] *adj* - **1.** [enfant] enclenque - **2.** [arbre] raquítico(ca).
cheval, aux [ʃəval, o] *nm* - **1.** [animal] caballo *m* ; **être à ~ sur qqch** [être assis sur] sentarse a horcajadas en algo ; *fig* [tenir à] ser estricto(ta) con respecto a OU en algo ; *fig* [siècles, époques] estar a caballo entre dos cosas - **2.** [équitation] equitación *f* ; **faire du ~** hacer equitación, practicar la equitación. ◆ **cheval-d'arçons** *nm* potro *m*.
chevalerie [ʃəvalri] *nf* caballería *f*.
chevalet [ʃəvalɛ] *nm* - **1.** [de peintre] caballete *m* - **2.** [de violon] puente *m* - **3.** [de tisserand] bastidor *m* - **4.** [de menuisier] banco *m*.
chevalier [ʃəvalje] *nm* - **1.** [gén] caballero *m* - **2.** [oiseau] chorlito *m*.
chevalière [ʃəvaljɛr] *nf* sello *m (sortija)*.
cheval-vapeur *nm* AUTOM caballo *m* de vapor.
chevauchée [ʃəvoʃe] *nf* cabalgada *f*.
chevaucher [ʃəvoʃe] *vt* montar. ◆ **se chevaucher** *vp* [tuiles, dents] encabalgarse, solaparse.
chevelu, e [ʃəvly] *adj* melenudo(da).
chevelure [ʃəvlyr] *nf* - **1.** [cheveux] cabellera *f* - **2.** [de comète] cola *f*.
chevet [ʃəvɛ] *nm* cabecera *f* ; **être au ~ de qqn** estar a la cabecera de alguien.
cheveu, x [ʃəvø] *nm* pelo *m*, cabello *m*.
cheville [ʃəvij] *nf* - **1.** ANAT tobillo *m* - **2.** [pour consolider] clavija *f*.
chèvre [ʃɛvr] ◇ *nf* cabra *f*. ◇ *nm* queso *m* de cabra.
chevreau, x [ʃəvro] *nm* - **1.** [animal] cabrito *m* - **2.** [peau] cabritilla *f*.
chèvrefeuille [ʃɛvrəfœj] *nm* madreselva *f*.
chevreuil [ʃəvrœj] *nm* - **1.** [animal] corzo *m* - **2.** CULIN ciervo *m*.
chevronné, e [ʃəvrɔne] *adj* veterano(na).
chevrotine [ʃəvrɔtin] *nf* posta *f*, perdigón *m*.
chewing-gum [ʃwiŋgɔm] (*pl* **chewing-gums**) *nm* chicle *m*.
chez [ʃe] *prép* - **1.** [dans la demeure de] en casa de ; **il est ~ lui** está en su casa ; **il va ~ lui** va a su casa ; **je reste ~ moi** me quedo en casa - **2.** [commerçant] : **aller ~ le coiffeur/~ le médecin** ir a la peluquería/al médico - **3.** [en ce qui concerne] : **~ lui** en él ; **ce que j'aime ~ lui** lo que me gusta de él.
chez-soi [ʃeswa] *nm inv* hogar *m*.
chic [ʃik] ◇ *adj (inv en genre)* - **1.** [élégant] elegante *Esp*, elegantoso(sa) *Amér* - **2.** [serviable] amable. ◇ *nm* [élégance, bon goût] : **avoir du ~** tener estilo. ◇ *interj* : **~ (alors)!** ¡qué bien!
chicorée [ʃikɔre] *nf* - **1.** [racine, boisson] achicoria *f* - **2.** [salade] escarola *f*.
chien, chienne [ʃjɛ̃, ʃjɛn] *nm, f* - **1.** [animal] perro *m*, -rra *f* ; **~ de chasse/de garde** perro de caza/guardián - **2.** [d'arme] gatillo *m* ; **en ~ de fusil** acurrucado(da).
chiendent [ʃjɛ̃dɑ̃] *nm* grama *f*.
chien-loup *nm* perro *m* lobo.
chienne ▷ **chien**.
chiffon [ʃifɔ̃] *nm* trapo *m*. ◆ **chiffons** *nmpl fam* [vêtements] trapos *mpl*.
chiffonné, e [ʃifɔne] *adj* - **1.** [tissu] arrugado(da) - **2.** [contrarié] preocupado(da) - **3.** [fatigué] cansado(da).
chiffre [ʃifr] *nm* - **1.** [caractère] cifra *f* ; **~s arabes/romains** números *mpl* arábigos/romanos - **2.** [montant] importe *m* ; **~ rond** número *m* redondo - **3.** [code secret] clave *f*. ◆ **chiffre d'affaires** *nm* volumen *m* de negocios.
chiffrer [ʃifre] ◇ *vt* - **1.** [évaluer] calcular - **2.** [numéroter] numerar - **3.** [message] cifrar. ◇ *vi fam* subir.
chignole [ʃiɲɔl] *nf* taladradora *f*.
chignon [ʃiɲɔ̃] *nm* moño *m Esp*, chongo *m Amér*.
Chili [ʃili] *nm* : **le ~** Chile.
chilien, enne [ʃiljɛ̃, ɛn] *adj* chileno(na). ◆ **Chilien, enne** *nm, f* chileno *m*, -na *f*.
chimère [ʃimɛr] *nf* quimera *f*.
chimie [ʃimi] *nf* química *f*.
chimiothérapie [ʃimjɔterapi] *nf* quimioterapia *f*.
chimique [ʃimik] *adj* químico(ca).
chimiste [ʃimist] *nmf* químico *m*, -ca *f*.
chimpanzé [ʃɛ̃pɑ̃ze] *nm* chimpancé *m*.
Chine [ʃin] *nf* : **la ~** China.
chiné, e [ʃine] *adj* de mezclilla.
chiner [ʃine] *vi* buscar gangas.
chinois, e [ʃinwa, az] *adj* chino(na). ◆ **chinois** *nm* LING chino *m*. ◆ **Chinois, e** *nm, f* chino *m*, -na *f*.
chiot [ʃjo] *nm* cachorro *m*.
chipie [ʃipi] *nf fam* pillina *f*.
chips [ʃips] *nfpl* patatas *fpl* fritas.
chiquenaude [ʃiknod] *nf* capirotazo *m*.
chiquer [ʃike] *vt* mascar *(tabaco)*.
chirurgical, e, aux [ʃiryrʒikal, o] *adj* quirúrgico(ca).
chirurgie [ʃiryrʒi] *nf* cirugía *f*.

chirurgien [ʃiryrʒjɛ̃] *nm* cirujano *m*, -na *f*.
chiure [ʃjyr] *nf* : **~ de mouche** cagada *f* de mosca.
ch.-l. *abr de* **chef-lieu.**
chlore [klɔr] *nm* cloro *m*.
chloroforme [klɔrɔfɔrm] *nm* cloroformo *m*.
chlorophylle [klɔrɔfil] *nf* clorofila *f*.
choc [ʃɔk] *nm* **- 1.** [coup, conflit] choque *m* **- 2.** *(en apposition)* [images] de choque ; **mesures(-)~s** medidas de choque ; **prix ~** ganga *f*.
chocolat [ʃɔkɔla] ◇ *nm* **- 1.** [gén] chocolate *m* ; **~ chaud** chocolate a la taza ; **~ glacé** helado *m* de chocolate **- 2.** [bonbon] bombón *m*. ◇ *adj inv* [couleur] chocolate *(en aposición)*.
chœur [kœr] *nm* coro *m*.
choisi, e [ʃwazi] *adj* **- 1.** [morceau, œuvre] escogido(da) **- 2.** [langage, style] rebuscado(da) **- 3.** [société, assemblée] selecto(ta).
choisir [ʃwazir] ◇ *vt* elegir, escoger. ◇ *vi* **- 1.** [se prononcer pour] elegir, escoger **- 2.** [décider de] : **~ de faire qqch** decidir hacer algo.
choix [ʃwa] *nm* **- 1.** [décision] elección *f* ; **avoir le ~** poder elegir ; **il n'y a pas le ~** no hay más remedio ; **au ~** a elegir ; **laisser le ~ à qqn** dejar a alguien escoger **- 2.** [d'articles] selección *f* **- 3.** [qualité] : **de premier/second ~** de primera/segunda calidad.
choléra [kɔlera] *nm* cólera *m*.
cholestérol [kɔlɛsterɔl] *nm* colesterol *m*.
chômage [ʃomaʒ] *nm* paro *m*, desempleo *m Esp*, cesantía *f Amér*.
chômer [ʃome] ◇ *vt* festejar, celebrar. ◇ *vi* **- 1.** [être sans travail] estar en paro **- 2.** [être inactif] descansar.
chômeur, euse [ʃomœr, øz] *nm, f* parado *m*, -da *f*.
chope [ʃɔp] *nf* jarra *f*.
choper [ʃɔpe] *vt fam* **- 1.** [voleur, rhume] pescar ; **il s'est fait ~** lo han pescado **- 2.** [voler] mangar, chorizar.
choquant, e [ʃɔkɑ̃, ɑ̃t] *adj* chocante.
choquer [ʃɔke] *vt* **- 1.** [scandaliser] chocar **- 2.** [traumatiser] afectar.
choral, e [kɔral] *(pl* **chorals** ou **choraux** [kɔro]) *adj* coral. ◆ **choral, als** *nm* [chant liturgique] coral *f*. ◆ **chorale** *nf* coral *f*.
chorégraphie [kɔregrafi] *nf* coreografía *f*.
choriste [kɔrist] *nmf* corista *mf*.
chose [ʃoz] *nf* cosa *f* ; **c'est (bien) peu de ~** es poca cosa ; **de deux ~s l'une** una de dos. ◆ **quelque chose** *pron indéf* algo.
chou[1], x [ʃu] *nm* **- 1.** [légume] col *f* **- 2.** [pâtisserie] ≃ petisú *m* ; **~ à la crème** bocadito *m* de nata. ◆ **chou** *adj inv fam* mono(na).
chou[2], choute [ʃu, ʃut] *nm, f fam* [personne] : **mon ~** cielito mío.
chouchou, oute [ʃuʃu, ut] *nm, f fam* ojito *m* derecho. ◆ **chouchou** *nm* [pour les cheveux] coletero *m*.
choucroute [ʃukrut] *nf* choucroute *f*.
chouette [ʃwɛt] ◇ *nf* [oiseau] lechuza *f*. ◇ *adj fam* **- 1.** [personne] majo(ja) **- 2.** [chose] guay. ◇ *interj* ¡(qué) guay!
chou-fleur *nm* coliflor *f*.
chou-rave *nm* colinabo *m*.
choyer [ʃwaje] *vt sout* mimar.
CHR *abr de* **centre hospitalier régional.**
chrétien, enne [kretjɛ̃, ɛn] *adj & nm, f* cristiano(na).
chrétienté [kretjɛ̃te] *nf* cristiandad *f*.
christ [krist] *nm* [crucifix] cristo *m*. ◆ **Christ** *nm* Cristo *m*.
christianisme [kristjanism] *nm* cristianismo *m*.
chrome [krom] *nm* cromo *m*. ◆ **chromes** *nmpl* cromado *m*.
chromé, e [krome] *adj* cromado(da).
chromosome [krɔmozom] *nm* cromosoma *m*.
chronique [krɔnik] ◇ *adj* crónico(ca). ◇ *nf* crónica *f*.
chronologie [krɔnolɔʒi] *nf* cronología *f*.
chronomètre [krɔnomɛtr] *nm* cronómetro *m*.
chronométrer [krɔnometre] *vt* cronometrar.
chrysalide [krizalid] *nf* crisálida *f*.
chrysanthème [krizɑ̃tɛm] *nm* crisantemo *m*.
chuchotement [ʃyʃɔtmɑ̃] *nm* cuchicheo *m*.
chuchoter [ʃyʃɔte] *vt & vi* cuchichear.
chut [ʃyt] *interj* ¡chitón!
chute [ʃyt] *nf* **- 1.** [gén] caída *f* ; **~ de neige** nevada *f* ; **la ~ du mur de Berlin** la caída del muro de Berlín **- 2.** [cascade] catarata *f* ; **~ d'eau** salto *m* de agua ; **~s du Niagara** cataratas del Niágara **- 3.** [de température, de tension] bajada *f* **- 4.** [de tissu] jirón *m*.
Chypre [ʃipr] *n* Chipre.
ci [si] ◇ *adv (après un nom)* : **cet hom-**

me-~ este hombro. ◇ *pron dém* éste ; **comme ~, comme ça** *fam* regular.

CIA (*abr de* **Central Intelligence Agency**) *nf* CIA *f*.

ci-après [siaprɛ] *adv* siguiente.

cible [sibl] *nf* - **1.** [de tir] blanco *m* - **2.** [publicité] objetivo *m*.

ciblé, e [sible] *adj* COMM *dirigido a un sector de población restringido*.

ciboulette [sibulɛt] *nf* cebolleta *f*.

cicatrice [sikatris] *nf* cicatriz *f*.

cicatriser [sikatrize] *vt* cicatrizar.

ci-contre *adv* adjunto(ta).

ci-dessous *adv* más abajo.

ci-dessus *adv* más arriba.

CIDJ (*abr de* **Centre d'information et de documentation de la jeunesse**) *nm centro de información y documentación para los jóvenes*.

cidre [sidr] *nm* sidra *f* ; **~ brut** sidra seca.

Cie (*abr de* **compagnie**) Cª.

ciel, cieux [sjɛl, sjø] *nm* cielo *m* ; **à ~ ouvert** a cielo abierto. ◆ **cieux** *nmpl* [paradis] cielos *mpl*.

cierge [sjɛrʒ] *nm* cirio *m*.

cigale [sigal] *nf* cigarra *f*.

cigare [sigar] *nm* cigarro *m* puro, puro *m*.

cigarette [sigarɛt] *nf* cigarrillo *m*.

ci-gît [siʒi] *adv* aquí yace.

cigogne [sigɔɲ] *nf* cigüeña *f*.

ciguë [sigy] *nf* cicuta *f*.

ci-inclus, e *adj* adjunto(ta). ◆ **ci-inclus** *adv* adjunto.

ci-joint, e *adj* adjunto(ta). ◆ **ci-joint** *adv* : **veuillez trouver ~** le adjunto.

cil [sil] *nm* pestaña *f*.

ciller [sije] *vi* pestañear.

cime [sim] *nf* [sommet - d'arbre] copa *f* ; [- de montagne] cima *f*.

ciment [simɑ̃] *nm* - **1.** [matériau] cemento *m* - **2.** *fig* [lien] cimientos *mpl*.

cimenter [simɑ̃te] *vt* - **1.** CONSTR cimentar - **2.** *fig* [consolider] consolidar.

cimetière [simtjɛr] *nm* cementerio *m*.

ciné [sine] *nm fam* cine *m*.

cinéaste [sineast] *nmf* cineasta *mf*.

ciné-club (*pl* **ciné-clubs**) *nm* cine-club *m*.

cinéma [sinema] *nm* cine *m*.

cinémathèque [sinematɛk] *nf* cinemateca *f*. ◆ **Cinémathèque** *nf* : **la Cinémathèque française** *la filmoteca francesa*.

cinématographique [sinematɔgrafik] *adj* cinematográfico(ca).

cinéphile [sinefil] *nmf* cinéfilo *m*, -la *f*.

cinglé, e [sɛ̃gle] *adj* & *nm, f fam* chiflado(da).

cingler [sɛ̃gle] ◇ *vt* - **1.** [cheval] fustigar, azotar - **2.** *fig* [suj : pluie, vent] azotar. ◇ *vi sout* [naviguer] navegar.

cinq [sɛ̃k] *adj num inv* & *nm inv* cinco ; **~ cents élèves** quinientos alumnos.

cinquantaine [sɛ̃kɑ̃tɛn] *nf* - **1.** [nombre] cincuentena *f* - **2.** [âge] : **la ~** los cincuenta (años).

cinquante [sɛ̃kɑ̃t] *adj num inv* & *nm inv* cincuenta ; *voir aussi* **soixante**.

cinquantième [sɛ̃kɑ̃tjɛm] *adj num* & *nmf* quincuagésimo(ma) ; *voir aussi* **sixième**.

cinquième [sɛ̃kjɛm] ◇ *adj num* & *nmf* quinto(ta). ◇ *nf* SCOL ≃ séptimo *m* de EGB. ◇ *nm* quinta parte *f* ; *voir aussi* **sixième**.

cintre [sɛ̃tr] *nm* - **1.** [pour les vêtements] percha *f* - **2.** ARCHIT cimbra *f* - **3.** [de théâtre] telar *m*.

cintré, e [sɛ̃tre] *adj* - **1.** COUT entallado(da) - **2.** ARCHIT cimbrado(da).

cirage [siraʒ] *nm* - **1.** [action de cirer] encerado *m* - **2.** [produit] betún *m*.

circoncis, e [sirkɔ̃si, iz] *adj* circunciso(sa).

circoncision [sirkɔ̃sizjɔ̃] *nf* circuncisión *f*.

circonférence [sirkɔ̃ferɑ̃s] *nf* circunferencia *f*.

circonscription [sirkɔ̃skripsjɔ̃] *nf* circunscripción *f*.

circonscrire [sirkɔ̃skrir] *vt* - **1.** [incendie, épidémie] localizar - **2.** [sujet] delimitar - **3.** GÉOM circunscribir.

circonspect, e [sirkɔ̃spɛ, ɛkt] *adj* circunspecto(ta).

circonstance [sirkɔ̃stɑ̃s] *nf* circunstancia *f* ; **~s atténuantes** circunstancias atenuantes.

circonstancié, e [sirkɔ̃stɑ̃sje] *adj* detallado(da).

circonstanciel, elle [sirkɔ̃stɑ̃sjɛl] *adj* circunstancial.

circuit [sirkɥi] *nm* - **1.** [gén] circuito *m* ; **~ d'alimentation** circuito de alimentación - **2.** [parcours] ruta *f* ; **en ~ fermé** [en boucle] en circuito cerrado ; *fig* [en restant confiné] a puerta cerrada - **3.** ÉCON canal *m* ; **~ de distribution** canal de distribución.

circulaire [sirkylɛr] *adj* & *nf* circular.

circulation [sirkylasjɔ̃] *nf* - **1.** [gén] circulación *f* ; **mettre en ~** poner en circulación - **2.** [trafic] circulación *f*, tráfico *m*.

circuler [sirkyle] *vi* circular.

cire [sir] *nf* cera *f*.

ciré, e [sire] *adj* [parquet] encerado(da). ◆ **ciré** *nm* impermeable *m*.

cirer [sire] *vt* - **1.** [meuble, parquet] encerar - **2.** [chaussures] limpiar - **3.** *loc fam* : **j'en ai rien à ~ (de ce qu'elle pense)** me la suda (lo que piensa).

cirque [sirk] *nm* - **1.** [gén] circo *m* - **2.** *fam fig* [désordre, chahut] jaleo *m*.

cirrhose [siroz] *nf* cirrosis *f inv*.

cisaille [sizaj] *nf* - **1.** [à métaux] cizalla *f* - **2.** [de jardinier] podadora *f*, podadera *f*.

cisailler [sizaje] *vt* - **1.** [métal] cizallar - **2.** [branches] podar.

ciseau, x [sizo] *nm* cincel *m*. ◆ **ciseaux** *nmpl* - **1.** [instrument] tijeras *fpl* - **2.** SPORT : **faire des ~x** [en gymnastique] hacer tijeretas ; **sauter en ~x** saltar de tijeras.

ciseler [sizle] *vt* - **1.** [pierre, métal] cincelar - **2.** [bijou] tallar.

citadelle [sitadɛl] *nf* ciudadela *f*.

citadin, e [sitadɛ̃, in] ◇ *adj* urbano(na). ◇ *nm, f* ciudadano *m*, -na *f*.

citation [sitasjɔ̃] *nf* - **1.** [d'écrit, de propos] cita *f* - **2.** JUR & MIL citación *f*.

cité [site] *nf* - **1.** [ville] ciudad *f* - **2.** [résidence, lotissement] residencia *f* ; **~ universitaire** ciudad *f* universitaria.

citer [site] *vt* citar.

citerne [sitɛrn] *nf* - **1.** [réservoir d'eau] cisterna *f*, aljibe *m* - **2.** [cuve] cuba *f*.

cité U [sitey] *nf fam* ciudad *f* universitaria.

citoyen, enne [sitwajɛ̃, ɛn] *nm, f* ciudadano *m*, -na *f*.

citoyenneté [sitwajɛnte] *nf* ciudadanía *f*.

citron [sitrɔ̃] ◇ *nm* limón *m* ; **~ pressé** zumo *m* de limón natural ; **~ vert** limón verde. ◇ *adj inv* [couleur] amarillo limón, amarilla limón.

citronnade [sitrɔnad] *nf* limonada *f*.

citronnier [sitrɔnje] *nm* limonero *m*.

citrouille [sitruj] *nf* calabaza *f*.

civet [sivɛ] *nm* encebollado *m*.

civière [sivjɛr] *nf* camilla *f*.

civil, e [sivil] ◇ *adj* civil *mf* ; **en ~** de paisano. ◇ *nm, f* civil *mf* ; **dans le ~** en la vida civil.

civilisation [sivilizasjɔ̃] *nf* civilización *f*.

civilisé, e [sivilize] *adj* civilizado(da).

civiliser [sivilize] *vt* civilizar.

civique [sivik] *adj* cívico(ca).

civisme [sivism] *nm* civismo *m*.

cl (*abr de* **centilitre**) cl.

clair, e [klɛr] *adj* claro(ra) ; **c'est ~ et net** está bien claro. ◆ **clair** *adv* : **en ~** TÉLÉ no codificado(da) ; **voir ~** ver claro ; **tirer qqch au ~** sacar algo en claro. ◆ **clair de lune** (*pl* **clairs de lune**) *nm* claro *m* de luna.

clairement [klɛrmɑ̃] *adv* claramente.

claire-voie [klɛrvwa] ◆ **à claire-voie** *loc adj* [persienne, volet] enrejado(da).

clairière [klɛrjɛr] *nf* claro *m*.

clairon [klɛrɔ̃] *nm* corneta *f*, clarín *m*.

claironner [klɛrɔne] ◇ *vi* tocar la corneta, tocar el clarín. ◇ *vt fig* [nouvelle] pregonar.

clairsemé, e [klɛrsəme] *adj* [cheveux] ralo(la) ; [arbres] poco frondoso(sa).

clairvoyant, e [klɛrvwajɑ̃, ɑ̃t] *adj* clarividente.

clamer [klame] *vt* proclamar.

clameur [klamœr] *nf* clamor *m*.

clan [klɑ̃] *nm* clan *m*.

clandestin, e [klɑ̃dɛstɛ̃, in] ◇ *adj* clandestino(na). ◇ *nm, f* [résident] ilegal *mf* ; [passager] polizón *m*.

clapier [klapje] *nm* conejera *f*.

clapoter [klapɔte] *vi* chapotear.

claquage [klakaʒ] *nm* MÉD distensión *f*.

claque [klak] *nf* - **1.** [gifle] bofetada *f Esp*, cachetada *f Amér* - **2.** [public] : **la ~** la claque.

claquer [klake] ◇ *vt* - **1.** [fermer brusquement] cerrar de un golpe ; **~ la porte** dar un portazo ; **~ la porte au nez de qqn** dar a alguien con la puerta en las narices - **2.** *fam* [gifler] pegar - **3.** *fam* [dépenser] pulirse - **4.** *fam* [fatiguer] reventar. ◇ *vi* - **1.** [provoquer un claquement] restallar ; **la porte a claqué** han dado un portazo ; **faire ~ ses doigts/sa langue** chasquear los dedos/la lengua ; **~ des dents** titiritar, castañear - **2.** *fam* [mourir] palmarla.

claquettes [klakɛt] *nfpl* claqué *m*.

clarifier [klarifje] *vt* clarificar.

clarinette [klarinɛt] *nf* clarinete *m*.

clarté [klarte] *nf* - **1.** [lumière] luz *f* - **2.** [transparence] transparencia *f* - **3.** *fig* [d'un raisonnement] claridad *f*.

classe [klas] ◇ *nf* - **1.** [gén] clase *f* ; **aller en ~** ir a clase ; **avoir de la ~** tener clase ; **~ de neige** ≃ semana *f* blanca ; **~ verte** *colonia escolar en el campo* ; **première/seconde ~** [en train] primera/segunda clase - **2.** [qualité] categoría *f* - **3.** MIL [contingent] reemplazo *m* ; **de deuxième ~** raso ; **de première ~** de primera ; **faire ses ~s** hacer la instrucción militar. <> *adj fam* guay.

classement [klasmɑ̃] *nm* - **1.** [rangement, classification] clasificación *f* - **2.** [liste] lista *f*.

classer [klase] *vt* - **1.** [ranger, classifier] clasificar ; [dossier, affaire] archivar - **2.** [monument] : **~ qqch** declarar algo monumento nacional.

classeur [klasœr] *nm* - **1.** [meuble] archivador *m* - **2.** [dossier compartimenté] carpeta *f (con separadores)* - **3.** [à feuillets mobiles] carpeta *f* de anillas.

classification [klasifikasjɔ̃] *nf* clasificación *f*.

classique [klasik] <> *nm* clásico *m*. <> *adj* clásico(ca).

claudication [klodikasjɔ̃] *nf* claudicación *f*.

clause [kloz] *nf* cláusula *f*.

claustrophobie [klostrɔfɔbi] *nf* claustrofobia *f*.

clavecin [klavsɛ̃] *nm* clavicordio *m*.

clavicule [klavikyl] *nf* clavícula *f*.

clavier [klavje] *nm* teclado *m*.

clé, clef [kle] *nf* - **1.** [gén] llave *f* ; **sous ~** bajo llave ; **mettre sous ~** poner bajo llave ; **~ anglaise** OU **à molette** llave inglesa ; **~ de contact** llave de contacto - **2.** MUS clave *f* ; **~ de sol/de fa** clave de sol/de fa - **3.** *(en apposition)* [position, rôle] clave ; **mots(-)~s** palabras clave. ◆ **clé de voûte** *nf* clave *f* de bóveda.

clémence [klemɑ̃s] *nf* - **1.** *sout* [indulgence] clemencia *f* - **2.** *fig* [de climat, saison] suavidad *f*.

clément, e [klemɑ̃, ɑ̃t] *adj* - **1.** [indulgent] clemente - **2.** *fig* [climat, saison] suave.

clémentine [klemɑ̃tin] *nf* clementina *f*.

cleptomane = **kleptomane**.

clerc [klɛr] *nm* - **1.** RELIG clérigo *m* - **2.** [employé] primer oficial *m* ; **~ de notaire** pasante de notario.

clergé [klɛrʒe] *nm* clero *m*.

Clic-Clac® [klikklak] *nm* [sofá] Clic-Clac® *m*.

cliché [kliʃe] *nm* - **1.** PHOT negativo *m*, cliché *m* - **2.** *fig* [lieu commun] cliché *m*.

client, e [klijɑ̃, ɑ̃t] *nm, f* cliente *mf*.

clientèle [klijɑ̃tɛl] *nf* clientela *f*.

cligner [kliɲe] *vi* : **~ de l'œil** guiñar el ojo.

clignotant, e [kliɲɔtɑ̃, ɑ̃t] *adj* parpadeante. ◆ **clignotant** *nm* - **1.** [de voiture] intermitente *m Esp*, direccional *m Amér* - **2.** ÉCON [signal de danger] señal *f* de alarma.

clignoter [kliɲɔte] *vi* parpadear.

climat [klima] *nm* clima *m*.

climatisation [klimatizasjɔ̃] *nf* climatización *f*.

climatisé, e [klimatize] *adj* climatizado(da).

clin [klɛ̃] ◆ **clin d'œil** *nm* : **faire un ~ d'œil (à qqn)** hacer un guiño (a alguien), guiñar el ojo (a alguien). ◆ **en un clin d'œil** *loc adv* en un abrir y cerrar de ojos.

clinique [klinik] <> *nf* clínica *f*. <> *adj* clínico(ca).

clip [klip] *nm* - **1.** [vidéo] videoclip *m*, clip *m* - **2.** [bijou] broche *m* ; [boucle d'oreille] pendiente *m* de clip.

cliquer [klike] *vi* INFORM hacer clic.

cliqueter [klikte] *vi* tintinear.

clitoris [klitɔris] *nm* clítoris *m inv*.

clivage [klivaʒ] *nm* - **1.** *fig* [division] división *f* - **2.** GÉOL [fracture] hendidura *f*.

clochard, e [klɔʃar, ard] *nm, f* vagabundo *m*, -da *f*.

cloche [klɔʃ] <> *nf* - **1.** [d'église] campana *f* - **2.** [couvercle] tapadera *f* - **3.** *fam* [personne stupide] lelo *m*, -la *f* - **4.** *(en apposition)* [jupe] abombado(da) ; [chapeau] de campana. <> *adj fam* [idiot] lelo(la).

cloche-pied ◆ **à cloche-pied** *loc adv* a la pata coja.

clocher[1] [klɔʃe] *nm* campanario *m*.

clocher[2] [klɔʃe] *vi* : **il y a quelque chose qui cloche** hay algo que no encaja.

clochette [klɔʃɛt] *nf* campanilla *f*.

cloison [klwazɔ̃] *nf* tabique *m*.

cloisonner [klwazɔne] *vt* - **1.** [pièce, maison] tabicar, separar con tabiques - **2.** *fig* [fonctions, services] compartimentar.

cloître [klwatr] *nm* claustro *m*.

clope [klɔp] *nf fam* pito *m (cigarrillo)*.

cloporte [klɔpɔrt] *nm* cochinilla *f*.

cloque [klɔk] *nf* - **1.** [ampoule - sur la peau] ampolla *f* ; [- de peinture] vejiga *f* - **2.** *loc* : **être en ~** *fam* estar preñada.

clore [klɔr] *vt* - **1.** [gén] cerrar ; **~ un débat** concluir un debate - **2.** [entourer] cercar.

clos, e [klo, kloz] *adj* cerrado(da). ◆ **clos** *nm* - **1.** [terrain] cercado *m* - **2.** [vignoble] viñedo *m*.

clôture [klotyr] *nf* - **1.** [enceinte - haie] valla *f* ; [- en fil de fer] alambrada *f* - **2.** [fermeture - de scrutin] cierre *m* ; [- de

compte] liquidación *f* ; [- de débat] clausura *f*.
clôturer [klotyre] *vt* **- 1.** [terrain] cercar **- 2.** *fig* [débat] clausurar.
clou [klu] *nm* **- 1.** [pointe] clavo *m* ; **~ de girofle** clavo de especia **- 2.** [de spectacle, de fête] atracción *f* principal.
clouer [klue] *vt* clavar ; **cloué sur place** [stupéfait] clavado en el sitio.
clouté, e [klute] *adj* de clavos.
clown [klun] *nm* payaso *m* ; **faire le ~** *fig* hacer el payaso.
club [klœb] *nm* **- 1.** [groupe] club *m* ; **les ~s de sport** los clubes deportivos **- 2.** [de golf] palo *m*.
cm (*abr de* **centimètre**) cm.
CM ◇ *abr de* **chambre des métiers**). ◇ *nm* (*abr de* **cours moyen**) : **CM1** ≃ 4° de EGB ; **CM2** ≃ 5° de EGB.
CNRS (*abr de* **Centre national de la recherche scientifique**) *nm centro nacional de investigación científica,* ≃ CSIC *m*.
coactionnaire [kɔaksjɔnɛr] *nmf* accionista *mf*.
coaguler [kɔagyle] ◇ *vt* **- 1.** [sang] coagular **- 2.** [lait] cuajar. ◇ *vi* **- 1.** [sang] coagularse **- 2.** [lait] cuajarse. ◆ **se coaguler** *vp* **- 1.** [sang] coagularse **- 2.** [lait] cuajarse.
coaliser [kɔalize] *vt* aliarse. ◆ **se coaliser** *vp* aliarse.
coalition [kɔalisjɔ̃] *nf* **- 1.** MIL alianza *f* **- 2.** POLIT coalición *f*.
coasser [kɔase] *vi* croar.
cobaye [kɔbaj] *nm* **- 1.** [animal] cobaya *f*, conejillo *m* de Indias **- 2.** *fig* [personne] conejillo *m* de Indias.
cobra [kɔbra] *nm* cobra *f*.
cocaïne [kɔkain] *nf* cocaína *f*.
cocaïnomane [kokainɔman] *nmf* cocainómano *m*, -na *f*.
cocarde [kɔkard] *nf* **- 1.** [sur un avion, une voiture] divisa *f* **- 2.** [sur un vêtement] escarapela *f*.
cocardier, ère [kɔkardje, ɛr] ◇ *adj* [propos] chauvinista. ◇ *nm, f* [personne] patriotero *m*, -ra *f*.
cocasse [kɔkas] *adj fam* gracioso(sa).
coccinelle [kɔksinɛl] *nf* **- 1.** [insecte] mariquita *f* **- 2.** [voiture] escarabajo *m*.
coccyx [kɔksis] *nm* coxis *f inv*.
cocher[1] [kɔʃe] *nm* cochero *m*.
cocher[2] [kɔʃe] *vt* marcar con una cruz.
cochon, onne [kɔʃɔ̃, ɔn] ◇ *adj* [obscène] guarro(rra). ◇ *nm, f péj* cerdo *m*, -da *f*, marrano *m*, -na *f* ; **jouer un tour de ~ à qqn** *fam fig* hacer una jugarreta a alguien. ◆ **cochon** *nm* [animal] cerdo *m Esp*, chancho *m Amér*.
cochonnerie [kɔʃɔnri] *nf fam* **- 1.** [gén] porquería *f*, guarrería *f* **- 2.** [obscénité] guarrada *f*.
cochonnet [kɔʃɔnɛ] *nm* **- 1.** [petit cochon] cochinillo *m* **- 2.** [au jeu de boules] boliche *m*.
cocktail [kɔktɛl] *nm* cóctel *m*.
coco [koko] *nm* **- 1.** ▷ **noix - 2.** [terme d'affection] : **mon ~** cariñín **- 3.** *fam péj* [individu] tipejo *m* **- 4.** *péj* [communiste] rojo *m*.
cocon [kɔkɔ̃] *nm* **- 1.** ZOOL capullo *m (de gusano)* **- 2.** *fig* [nid] caparazón *m*.
cocorico [kɔkɔriko] *nm* quiquiriquí *m*.
cocotier [kɔkɔtje] *nm* cocotero *m*.
cocotte [kɔkɔt] *nf* **- 1.** [marmite] olla *f* **- 2.** [poule] gallina *f* **- 3.** *péj* [courtisane] mujer *f* galante.
Cocotte-Minute® [kɔkɔtminyt] *nf* olla *f* a presión.
cocu, e [kɔky] *adj* & *nm, f fam* cornudo(da).
code [kɔd] *nm* código *m* ; **~ (à) barres** código de barras ; **~ postal** código postal ; **~ de la route** código de (la) circulación ; **~ secret** código secreto. ◆ **codes** *nmpl* AUTOM luces *fpl* de cruce.
coder [kɔde] *vt* codificar.
coefficient [kɔefisjɑ̃] *nm* MATHS & SCOL coeficiente *m*.
cœur [kœr] *nm* **- 1.** [gén] corazón *m* ; **au ~ de** en pleno(na) ; **avoir bon ~** tener buen corazón **- 2.** *loc* : **apprendre/savoir qqch par ~** aprender/saber algo de memoria ; **avoir mal au ~** estar mareado(da) ; **faire qqch de bon ~** hacer algo de buena gana. ◆ **cœur de palmier** *nm* palmito *m*.
coexister [kɔɛgziste] *vi* coexistir.
coffre [kɔfr] *nm* **- 1.** [meuble] baúl *m* **- 2.** [de voiture] maletero *m Esp*, cajuela *f Amér* **- 3.** [de banque] caja *f* fuerte.
coffre-fort *nm* caja *f* fuerte.
coffret [kɔfrɛ] *nm* **- 1.** [petit coffre] cofrecito *m* ; **~ à bijoux** joyero *m* **- 2.** [de disques, livres] estuche *m*.
cogner [kɔɲe] ◇ *vt fam* [battre] sacudir. ◇ *vi* **- 1.** [frapper] : **~ à la porte** aporrear la puerta ; **~ contre/sur qqch** golpear contra algo **- 2.** *fam* [user de violence] sacudir ; **~ sur qqn** sacudir a alguien **- 3.** *fam* [soleil] : **ça cogne** (el sol) pica. ◆ **se cogner** *vp* **- 1.** [se heurter] darse contra ; **se**

~ **à** OU **contre qqch** darse un golpe contra algo - **2.** *fam* [se battre] sacudirse.

cohabiter [kɔabite] *vi* - **1.** [habiter ensemble] convivir - **2.** POLIT cohabitar.

cohérence [kɔerɑ̃s] *nf* coherencia *f*.

cohérent, e [kɔerɑ̃, ɑ̃t] *adj* coherente.

cohésion [kɔezjɔ̃] *nf* cohesión *f*.

cohorte [kɔɔrt] *nf* cohorte *f*.

cohue [kɔy] *nf* - **1.** [foule] tropel *m* - **2.** [bousculade] barullo *m*.

coi, coite [kwa, kwat] *adj sout* : **rester ~** no decir esta boca es mía.

coiffe [kwaf] *nf* [coiffure - régionale] cofia *f* ; [- de religieuse] toca *f*.

coiffer [kwafe] *vt* - **1.** [peigner] peinar - **2.** [mettre sur la tête de] : **~ qqn de qqch** [casquette, chapeau] poner algo en la cabeza de alguien - **3.** *sout* [recouvrir] cubrir - **4.** [diriger] dirigir. ◆ **se coiffer** *vp* - **1.** [se peigner] peinarse - **2.** [mettre sur sa tête] : **se ~ de qqch** tocarse con algo.

coiffeur, euse [kwafœr, øz] *nm, f* peluquero *m*, -ra *f* ; **aller chez le ~** ir a la peluquería. ◆ **coiffeuse** *nf* [meuble] tocador *m*.

coiffure [kwafyr] *nf* - **1.** [coupe de cheveux] peinado *m* - **2.** [chapeau] sombrero *m* - **3.** [profession] peluquería *f*.

coin [kwɛ̃] *nm* - **1.** [angle - rentrant] rincón *m* ; [- saillant] esquina *f* ; **au ~ du feu** junto al fuego - **2.** [commissure] comisura *f* ; **~ de l'œil** rabillo *m* del ojo - **3.** [parcelle] trozo *m* - **4.** [endroit retiré, recoin] rincón *m* ; **le petit ~** *fam* el retrete - **5.** [outil - pour caler] calzo *m* ; [- pour fendre] cuña *f* - **6.** [matrice pour monnaie] troquel *m*.

coincer [kwɛ̃se] *vt* - **1.** [bloquer] atrancar, atascar - **2.** *fam* [attraper, mettre en difficulté] acorralar.

coïncidence [kɔɛ̃sidɑ̃s] *nf* coincidencia *f*.

coïncider [kɔɛ̃side] *vi* coincidir.

coing [kwɛ̃] *nm* [fruit] membrillo *m*.

coït [kɔit] *nm* coito *m*.

col [kɔl] *nm* - **1.** [gén] cuello *m* ; **~ du fémur/de l'utérus** cuello del fémur/del útero ; **~ en V** cuello de pico ; **~ roulé** cuello vuelto - **2.** GÉOGR puerto *m*.

coléoptère [kɔleɔptɛr] *nm* coleóptero *m*.

colère [kɔlɛr] *nf* - **1.** [mauvaise humeur] cólera *f*, ira *f* ; **être en ~** estar enfadado(da) OU enojado(da) ; **se mettre en ~** enfadarse, enojarse - **2.** [crise] rabieta *f* ; **piquer une ~** coger una rabieta.

coléreux, euse [kɔlerø, øz], **colérique** [kɔlerik] *adj* colérico(ca).

colimaçon [kɔlimasɔ̃] ◆ **en colimaçon** *loc adv* de caracol.

colin [kɔlɛ̃] *nm* merluza *f*.

colique [kɔlik] *nf* cólico *m* ; **avoir la ~** tener un cólico.

colis [kɔli] *nm* paquete *m Esp*, encomienda *f Amér*.

collaborateur, trice [kɔlabɔratœr, tris] *nm, f* - **1.** [gén] colaborador *m*, -ra *f* - **2.** HIST [sous l'Occupation] colaboracionista *mf*.

collaboration [kɔlabɔrasjɔ̃] *nf* - **1.** [gén] colaboración *f* - **2.** HIST [sous l'Occupation] colaboracionismo *m*.

collaborer [kɔlabɔre] *vi* colaborar ; **~ à qqch** colaborar en algo.

collant, e [kɔlɑ̃, ɑ̃t] *adj* - **1.** [étiquette] adhesivo(va) - **2.** [vêtement] ceñido(da) - **3.** *fam* [personne] pesado(da). ◆ **collant** *nm* - **1.** [sous-vêtement féminin] medias *fpl*, panty *m Esp*, pantymedias *fpl Amér* - **2.** [de danse] malla *f*.

colle [kɔl] *nf* - **1.** [substance] cola *f*, pegamento *m* - **2.** *fam* [question difficile] pregunta *f* difícil - **3.** SCOL [retenue] castigo *m*.

collecte [kɔlɛkt] *nf* colecta *f* ; **~ de vêtements** recogida *f* de ropa.

collectif, ive [kɔlɛktif, iv] *adj* colectivo(va). ◆ **collectif** *nm* colectivo *m*. ◆ **collectif budgétaire** *nm* presupuestos *mpl* adicionales.

collection [kɔlɛksjɔ̃] *nf* colección *f*.

collectionner [kɔlɛksjɔne] *vt* coleccionar.

collectionneur, euse [kɔlɛksjɔnœr, øz] *nm, f* coleccionista *mf*.

collectivité [kɔlɛktivite] *nf* comunidad *f* ; **les ~s locales** *las administraciones locales y regionales en Francia*.

collège [kɔlɛʒ] *nm* - **1.** [établissement scolaire] *colegio donde se imparten los cursos equivalentes a la segunda etapa de EGB* - **2.** [de personnes] colegio *m*. ◆ **Collège de France** *nm* : **le Collège de France** el Collège de France.

collégien, enne [kɔleʒjɛ̃, ɛn] *nm, f* colegial *m*, -la *f*.

collègue [kɔlɛg] *nmf* colega *mf*.

coller [kɔle] ◇ *vt* - **1.** [gén & INFORM] pegar - **2.** *fam fig* [suivre partout] : **~ qqn** pegarse a alguien - **3.** *fam* [mettre] apalancar - **4.** *fam fig* [donner] : **~ qqch à qqn** [gifle, punition etc] soltar algo a alguien - **5.** *fam* [avec une question] pillar - **6.** [SCOL - punir] castigar ; [- refuser] : **être collé à un examen** suspender un examen. ◇ *vi* - **1.** [adhérer] pegarse - **2.** [être adapté] : **~ à qqch** [réalité] adecuarse a algo - **3.** *fam* [bien se passer] ir bien - **4.** *fam* [suivre de près] pegarse. ◆ **se coller** *vp* - **1.** *fam* [subir] cargar con - **2.** [se plaquer] : **se ~ contre qqch/qqn** arrimarse a algo/a alguien.

collerette [kɔlrɛt] *nf* - **1.** [de vêtement] cuello *m* - **2.** [de tuyau] brida *f*.

collet [kɔlɛ] *nm* - **1.** [de vêtement] cuello *m* ; **être ~ monté** ser estirado(da) - **2.** [piège] lazo *m*.

collier [kɔlje] *nm* - **1.** [gén] collar *m* - **2.** [barbe] sotabarba *f*.

colline [kɔlin] *nf* colina *f*.

collision [kɔlizjɔ̃] *nf* colisión *f* ; **entrer en ~ avec qqch/avec qqn** chocar contra algo/contra alguien.

colloque [kɔlɔk] *nm* coloquio *m*.

colmater [kɔlmate] *vt* - **1.** [fuite] taponar - **2.** [brèche] tapar.

colo [kɔlo] *nf fam* colonia *f* de vacaciones.

colombe [kɔlɔ̃b] *nf* paloma *f*.

Colombie [kɔlɔ̃bi] *nf* : **la ~** Colombia.

colombien, enne [kɔlɔ̃bjɛ̃, ɛn] *adj* colombiano(na). ◆ **Colombien, enne** *nm, f* colombiano *m*, -na *f*.

colon [kɔlɔ̃] *nm* colono *m*.

côlon [kolɔ̃] *nm* colon *m*.

colonel [kɔlɔnɛl] *nm* coronel *m*.

colonelle [kɔlɔnɛl] *nf* coronela *f (esposa de coronel)*.

colonial, e, aux [kɔlɔnjal, o] *adj* colonial.

colonialisme [kɔlɔnjalism] *nm* colonialismo *m*.

colonie [kɔlɔni] *nf* colonia *f*. ◆ **colonie de vacances** *nf* colonia *f* de verano.

colonisation [kɔlɔnizasjɔ̃] *nf* colonización *f*.

coloniser [kɔlɔnize] *vt* - **1.** [occuper] colonizar - **2.** *fig* [envahir] invadir.

colonne [kɔlɔn] *nf* - **1.** [gén] columna *f* - **2.** [file] fila *f* ; **en ~** en fila. ◆ **colonne vertébrale** *nf* columna *f* vertebral.

colorant, e [kɔlɔrɑ̃, ɑ̃t] *adj* colorante. ◆ **colorant** *nm* colorante *m*.

colorer [kɔlɔre] *vt* dar color a ; **~ de qqch** teñir de algo.

colorier [kɔlɔrje] *vt* colorear.

coloris [kɔlɔri] *nm* colorido *m*.

colorisation [kɔlɔrizasjɔ̃] *nf* coloración *f*.

coloriser [kɔlɔrize] *vt* colorear.

colossal, e, aux [kɔlɔsal, o] *adj* colosal.

colporter [kɔlpɔrte] *vt* - **1.** [marchandises] vender *(de manera ambulante)* - **2.** [bruits, nouvelles] divulgar.

coma [kɔma] *nm* coma *m* ; **être dans le ~** estar en coma.

comateux, euse [kɔmatø, øz] ◇ *adj* comatoso(sa). ◇ *nm, f* persona en coma.

combat [kɔ̃ba] *nm* - **1.** [bataille] combate *m* ; **~ de boxe** combate de boxeo - **2.** *fig* [lutte] lucha *f* ; **engager le ~ contre qqch** emprender la lucha contra algo.

combatif, ive [kɔ̃batif, iv] *adj* combativo(va).

combattant, e [kɔ̃batɑ̃, ɑ̃t] ◇ *adj* combatiente. ◇ *nm, f* combatiente *mf* ; **ancien ~** ex combatiente.

combattre [kɔ̃batr] ◇ *vt* - **1.** [adversaire] combatir contra OU con - **2.** [chose, idée] combatir. ◇ *vi* combatir, luchar. ◆ **se combattre** *vp* vencerse.

combattu, e [kɔ̃baty] *pp* ▷ **combattre.**

combien [kɔ̃bjɛ̃] ◇ *adv* cuánto ; **~ coûte ce livre?** ¿cuánto cuesta este libro? ; **~ de** cuánto(ta) ; **~ de temps vous faut-il?** ¿cuánto tiempo necesita? ; **~ de pilules prenez-vous?** ¿cuántas pastillas toma? ; **~ cela a changé!** ¡cuánto ha cambiado! ◇ *nm inv* : **le ~?** [jour] ¿qué día? ; **le ~ sommes-nous?** ¿a qué día estamos? ; **tous les ~?** ¿cada cuánto?

combinaison [kɔ̃binɛzɔ̃] *nf* - **1.** [gén] combinación *f* - **2.** [sous-vêtement] combinación *f Esp*, fustán *m Amér* - **3.** [vêtement] mono *m* ; **~ de plongée** traje *m* de submarinismo ; **~ de ski** mono de esquí.

combine [kɔ̃bin] *nf fam* chanchullo *m*.

combiné [kɔ̃bine] *nm* - **1.** [de téléphone] auricular *m* - **2.** [au ski] combinado *m*.

combiner [kɔ̃bine] *vt* combinar. ◆ **se combiner** *vp fam* resolverse.

comble [kɔ̃bl] ◇ *nm* colmo *m* ; **c'est un** OU **le ~!** ¡es el colmo! ◇ *adj* abarrotado(da), atestado(da). ◆ **combles** *nmpl* desván *m*, buhardilla *f*.

combler [kɔ̃ble] *vt* - **1.** [personne] colmar ; **~ qqn de qqch** [joie, honneurs] colmar a alguien de algo - **2.** [trou, fossé] llenar - **3.** [déficit, lacune] subsanar.

combustible [kɔ̃bystibl] *adj* & *nm* combustible.

combustion [kɔ̃bystjɔ̃] *nf* combustión *f*.

comédie [kɔmedi] *nf* THÉÂTRE & CIN comedia *f* ; **~ musicale** comedia musical.

comédien, enne [kɔmedjɛ̃, ɛn] *adj* & *nm, f* comediante(ta).

comestible [kɔmɛstibl] *adj* comestible. ◆ **comestibles** *nmpl* comestibles *mpl*.

comète [kɔmɛt] *nf* ASTRON cometa *m*.

comique [kɔmik] ◇ *nm* [acteur] cómico *m*, -ca *f*. ◇ *adj* cómico(ca).

comité [kɔmite] *nm* comité *m* ; ~ **d'entreprise** comité de empresa.

commandant [kɔmɑ̃dɑ̃] *nm* MIL [dans les armées de terre et de l'air] comandante *m* ; [dans la marine] capitán *m*.

commande [kɔmɑ̃d] *nf* - **1.** [de marchandises] pedido *m* ; **passer une** ~ pasar un pedido ; **sur** ~ por encargo - **2.** [de machine] mando *m* ; **prendre les ~s de qqch** tomar las riendas de algo ; ~ **à distance** mando a distancia - **3.** INFORM comando *m* ; ~ **numérique** comando numérico.

commander [kɔmɑ̃de] ◇ *vt* - **1.** [donner des ordres à] mandar ; ~ **qqn** dar órdenes a alguien - **2.** [plat] pedir ; [livre, meuble] encargar - **3.** [opération] dirigir - **4.** [contrôler] controlar. ◇ *vi* mandar ; ~ **à qqn de faire qqch** mandar a alguien que haga algo.

commanditaire [kɔmɑ̃ditɛr] *adj* & *nm* comanditario(ria).

commando [kɔmɑ̃do] *nm* comando *m*.

comme [kɔm] ◇ *conj* - **1.** [gén] como ; **il est médecin ~ son père** es médico como su padre ; **fais ~ il te plaira** haz como te plazca, haz lo que te plazca ; **il était ~ fou** estaba como loco ; ~ **prévu/convenu** como estaba OU habíamos previsto/acordado ; **les arbres ~ le châtaignier** los árboles como el castaño - **2.** [ainsi que] tanto ... como ; **les filles ~ les garçons jouent au foot** tanto las chicas como los chicos juegan al fútbol - **3.** [introduisant une cause] como ; ~ **il pleuvait, nous sommes rentrés** como llovía, hemos vuelto. ◇ *adv* cómo, qué ; ~ **c'est long!** ¡qué largo es! ; ~ **il nage bien!** ¡qué bien nada! ; ~ **tu as grandi!** ¡cómo has crecido!

commémoration [kɔmemɔrasjɔ̃] *nf* conmemoración *f*.

commémorer [kɔmemɔre] *vt* conmemorar.

commencement [kɔmɑ̃smɑ̃] *nm* principio *m*.

commencer [kɔmɑ̃se] ◇ *vt* empezar, comenzar. ◇ *vi* empezar, comenzar ; ~ **à faire qqch** empezar OU comenzar a hacer algo ; ~ **mal/bien** empezar mal/bien ; **ça commence bien!** *iron* ¡empezamos bien!

comment [kɔmɑ̃] *adv* cómo ; ~ **vas-tu?** ¿cómo estás? ; ~ **cela?** ¿cómo es eso? ; ~ **mais ...!** ¡pero cómo ...!

commentaire [kɔmɑ̃tɛr] *nm* comentario *m*. ◆ **commentaires** *nmpl* [critiques] comentarios *mpl*.

commentateur, trice [kɔmɑ̃tatœr, tris] *nm, f* comentarista *mf*.

commenter [kɔmɑ̃te] *vt* comentar.

commérage [kɔmeraʒ] *nm* comadreo *m*, cotilleo *m*.

commerçant, e [kɔmɛrsɑ̃, ɑ̃t] ◇ *adj* comercial. ◇ *nm, f* comerciante *mf*.

commerce [kɔmɛrs] *nm* - **1.** [activité, magasin] comercio *m* ; ~ **électronique** comercio electrónico ; ~ **extérieur/intérieur** comercio exterior/interior - **2.** *sout* [fréquentation] trato *m*.

commercial, e, aux [kɔmɛrsjal, o] ◇ *adj* comercial ; [droit] mercantil. ◇ *nm, f* comercial *mf*.

commercialiser [kɔmɛrsjalize] *vt* comercializar.

commère [kɔmɛr] *nf péj* cotilla *f*.

commettre [kɔmɛtr] *vt* cometer.

commis, e [kɔmi, iz] *pp* ▷ commettre. ◆ **commis** *nm* dependiente *m* ; ~ **voyageur** viajante *m* (de comercio).

commisération [kɔmizerasjɔ̃] *nf sout* conmiseración *f*.

commissaire [kɔmisɛr] *nm* comisario *m*.

commissaire-priseur [kɔmisɛrprizœr] *nm* perito tasador *m*, perita tasadora *f*.

commissariat [kɔmisarja] *nm* comisaría *f* ; [organisme] comisariado *m*.

commission [kɔmisjɔ̃] *nf* - **1.** [délégation, rémunération] comisión *f* ; **travailler à la** ~ trabajar a comisión - **2.** [message] recado *m*. ◆ **commissions** *nfpl* [achats] compra *f* ; **faire les ~s** hacer la compra.

commissionnaire [kɔmisjɔnɛr] *nm* comisionista *mf*.

commissure [kɔmisyr] *nf* comisura *f* ; ~ **des lèvres** comisura de los labios.

commode [kɔmɔd] ◇ *adj* - **1.** [gén] cómodo(da) - **2.** [aimable] amable ; **il n'est pas** ~ no es nada fácil. ◇ *nf* [meuble] cómoda *f*.

commodité [kɔmɔdite] *nf* comodidad *f*.

commotion [kɔmɔsjɔ̃] *nf* conmoción *f* ; ~ **cérébrale** conmoción cerebral.

commun, e [kɔmœ̃, yn] *adj* - **1.** [collectif, semblable] común ; **en ~** en común ; **avoir/mettre qqch en ~** tener/poner algo en común - **2.** [répandu] corriente - **3.** *péj* [banal] vulgar - **4.** *péj* [manières] basto(ta). ◆ **commune** *nf* municipio *m*.

communal, e, aux [kɔmynal, o] *adj* municipal.

communauté [kɔmynote] *nf* - **1.** [gén] comunidad *f* ; **vivre en ~** vivir en comunidad ; **~ de biens** comunidad de bienes ; **~ réduite aux acquêts** bienes *mpl* gananciales - **2.** [de sentiments, de pensée] afinidad *f*. ◆ **Communauté** *nf* : **la Communauté européenne** la Comunidad Europea.

communément [kɔmynemɑ̃] *adv* comúnmente.

communiant, e [kɔmynjɑ̃, ɑ̃t] *nm, f* comulgante *mf* ; **premier ~** *niño que hace la primera comunión*.

communication [kɔmynikasjɔ̃] *nf* - **1.** [gén] comunicación *f* ; **~ d'entreprise** imagen *f* corporativa - **2.** [message] noticia *f* ; **avoir ~ de qqch** tener noticia de algo - **3.** TÉLÉCOM llamada *f Esp*, llamado *m Amér* ; **être en ~ avec qqn** estar hablando con alguien por teléfono ; **recevoir/prendre une ~** recibir/aceptar una llamada ; **~ locale** llamada urbana OU local.

communier [kɔmynje] *vi* comulgar.

communion [kɔmynjɔ̃] *nf* comunión *f* ; **~ solennelle** comunión solemne ; **première ~** primera comunión ; **être en ~ avec qqn** estar en comunión con alguien.

communiqué [kɔmynike] *nm* comunicado *m* ; **~ de presse** comunicado de prensa.

communiquer [kɔmynike] *vt* - **1.** [gén] comunicar - **2.** [chaleur] transmitir - **3.** [énergie, rire] contagiar.

communisme [kɔmynism] *nm* comunismo *m*.

communiste [kɔmynist] *adj* & *nmf* comunista.

commutateur [kɔmytatœr] *nm* conmutador *m*.

compact, e [kɔ̃pakt] *adj* compacto(ta). ◆ **compact** *nm* disco *m* compacto, compact *m*.

compagne ▻ **compagnon**.

compagnie [kɔ̃paɲi] *nf* - **1.** [gén & COMM] compañía *f* ; **en ~ de qqn** en compañía de alguien ; **tenir ~ à qqn** hacer compañía a alguien - **2.** [assemblée] concurrencia *f*.

compagnon, compagne [kɔ̃paɲɔ̃, kɔ̃paɲ] *nm, f* compañero *m*, -ra *f* ; **~ d'infortune** compañero de fatigas. ◆ **compagnon** *nm* [artisan] oficial *m*.

comparable [kɔ̃parabl] *adj* comparable.

comparaison [kɔ̃parɛzɔ̃] *nf* comparación *f* ; **en ~ de qqch** en comparación con algo ; **par ~ avec qqch** en comparación con algo.

comparaître [kɔ̃parɛtr] *vi* JUR comparecer.

comparatif, ive [kɔ̃paratif, iv] *adj* comparativo(va). ◆ **comparatif** *nm* GRAM comparativo *m*.

comparé, e [kɔ̃pare] *adj* comparado(da).

comparer [kɔ̃pare] *vt* comparar ; **~ qqn/qqch à** OU **avec qqn/qqch** comparar a alguien/algo con alguien/algo.

comparse [kɔ̃pars] *nmf péj* compinche *mf*.

compartiment [kɔ̃partimɑ̃] *nm* compartimento *m*.

comparution [kɔ̃parysjɔ̃] *nf* JUR comparecencia *f*.

compas [kɔ̃pa] *nm* compás *m* ; **avoir le ~ dans l'œil** *fig* tener buen ojo.

compassion [kɔ̃pasjɔ̃] *nf* compasión *f* ; **avoir de la ~ pour qqn** sentir compasión por alguien.

compatible [kɔ̃patibl] *adj* compatible ; **~ avec qqch** compatible con algo.

compatir [kɔ̃patir] *vt* compadecer ; **~ à la douleur de qqn** compadecerse de alguien.

compatriote [kɔ̃patrijɔt] *nmf* compatriota *mf*.

compensation [kɔ̃pɑ̃sasjɔ̃] *nf* compensación *f*.

compensé, e [kɔ̃pɑ̃se] *adj* compensado(da).

compenser [kɔ̃pɑ̃se] *vt* compensar.

compère [kɔ̃pɛr] *nm* compinche *m*.

compétence [kɔ̃petɑ̃s] *nf* competencia *f*.

compétent, e [kɔ̃petɑ̃, ɑ̃t] *adj* competente.

compétitif, ive [kɔ̃petitif, iv] *adj* competitivo(va).

compétition [kɔ̃petisjɔ̃] *nf* competición *f* ; **être en ~** competir.

compil [kɔ̃pil] *nf fam* grandes éxitos *mpl*.

complainte [kɔ̃plɛ̃t] *nf* endecha *f*.

complaisant, e [kɔ̃plɛzɑ̃, ɑ̃t] *adj* complaciente.

complément [kɔ̃plemɑ̃] *nm* complemento *m* ; **pour obtenir un ~ d'informa-**

tion ... para más información ... ; ~ **d'agent** complemento agente ; ~ **d'objet direct/indirect** complemento directo/indirecto.

complémentaire [kɔ̃plemɑ̃tɛr] *adj* - **1.** [caractère, couleur] complementario(ria) - **2.** [supplémentaire] suplementario(ria).

complet, ète [kɔ̃plɛ, ɛt] *adj* - **1.** [gén] completo(ta) ; [pain, riz] integral - **2.** [hôtel, théâtre] lleno(na). ◆ **complet** *nm* traje *m*.

compléter [kɔ̃plete] *vt* completar. ◆ **se compléter** *vp* complementarse.

complexe [kɔ̃plɛks] ◇ *nm* complejo *m* ; ~ **hospitalier/scolaire** complejo hospitalario/escolar ; ~ **multisalle** multicine *m* ; ~ **sportif** polideportivo *m* ; ~ **d'Œdipe** complejo de Edipo. ◇ *adj* complejo(ja).

complexé, e [kɔ̃plɛkse] *adj* acomplejado(da).

complexification [kɔ̃plɛksifikasjɔ̃] *nf* complicación *f*.

complexifier [kɔ̃plɛksifje] *vt* complicar.

complexité [kɔ̃plɛksite] *nf* complejidad *f*.

complication [kɔ̃plikasjɔ̃] *nf* - **1.** [complexité] complejidad *f* - **2.** [aggravation] complicación *f*.

complice [kɔ̃plis] *adj* & *nmf* cómplice.

complicité [kɔ̃plisite] *nf* complicidad *f*.

compliment [kɔ̃plimɑ̃] *nm* cumplido *m* ; **faire ses ~s à qqn** [le féliciter] felicitar a alguien.

complimenter [kɔ̃plimɑ̃te] *vt* : ~ **qqn sur qqch** felicitar a alguien por algo.

compliqué, e [kɔ̃plike] *adj* complicado(da).

compliquer [kɔ̃plike] *vt* complicar.

complot [kɔ̃plo] *nm* complot *m*.

comploter [kɔ̃plɔte] ◇ *vt* [manigancer] tramar. ◇ *vi* - **1.** [conspirer] conspirar - **2.** *fig* [intriguer] maquinar.

comportement [kɔ̃pɔrtəmɑ̃] *nm* comportamiento *m*.

comportemental, e, aux [kɔ̃pɔrtəmɑ̃tal, o] *adj* conductista.

comporter [kɔ̃pɔrte] *vt* - **1.** [inclure] conllevar - **2.** [être composé de] constar de. ◆ **se comporter** *vp* - **1.** [se conduire] comportarse - **2.** [fonctionner] funcionar.

composant, e [kɔ̃pozɑ̃, ɑ̃t] *adj* componente. ◆ **composant** *nm* componente *m*. ◆ **composante** *nf* componente *f*.

composé, e [kɔ̃poze] *adj* compuesto(ta). ◆ **composé** *nm* - **1.** [mélange] mezcla *f* - **2.** CHIM & LING compuesto *m*.

composer [kɔ̃poze] ◇ *vt* - **1.** [gén] componer, formar - **2.** [numéro de téléphone] marcar *Esp*, discar *Amér*. ◇ *vi* [trouver un compromis] transigir. ◆ **se composer** *vp* [être constitué] : **se ~ de** componerse de, constar de.

composite [kɔ̃pozit] ◇ *nm* compuesto *m*. ◇ *adj* - **1.** [disparate] heterogéneo(nea) - **2.** [matériau] compuesto(ta).

compositeur, trice [kɔ̃pozitœr, tris] *nm, f* - **1.** MUS compositor *m*, -ra *f* - **2.** TYPOGRAPHIE cajista *mf*.

composition [kɔ̃pozisjɔ̃] *nf* - **1.** [gén] composición *f* ; **être de bonne ~** [personne] ser de buena pasta - **2.** SCOL redacción *f*.

composter [kɔ̃pɔste] *vt* [billet de train] picar.

compote [kɔ̃pɔt] *nf* CULIN compota *f*.

compréhensible [kɔ̃preɑ̃sibl] *adj* comprensible.

compréhensif, ive [kɔ̃preɑ̃sif, iv] *adj* comprensivo(va).

compréhension [kɔ̃preɑ̃sjɔ̃] *nf* comprensión *f*.

comprendre [kɔ̃prɑ̃dr] ◇ *vt* - **1.** [gén] comprender, entender - **2.** [comporter, inclure] comprender. ◇ *vi* comprender, entender.

compresse [kɔ̃prɛs] *nf* compresa *f*.

compresseur [kɔ̃presœr] ▻ **rouleau**.

compression [kɔ̃presjɔ̃] *nf* - **1.** [de l'air] compresión *f* - **2.** *fig* [réduction] reducción *f* ; ~ **de personnel** reducción de plantilla.

comprimé, e [kɔ̃prime] *adj* comprimido(da). ◆ **comprimé** *nm* comprimido *m* ; ~ **effervescent** comprimido efervescente.

comprimer [kɔ̃prime] *vt* - **1.** [gén] comprimir - **2.** *fig* [dépenses] reducir - **3.** [serrer] apretar.

compris, e [kɔ̃pri, iz] ◇ *pp* ▻ **comprendre**. ◇ *adj* - **1.** [situé] comprendido(da) - **2.** [inclus] incluido(da) ; **non ~** aparte ; [page, date] exclusive ; **y ~** incluido(da) ; [page, date] inclusive.

compromettre [kɔ̃prɔmɛtr] *vt* comprometer.

compromis, e [kɔ̃prɔmi, iz] *pp* ▻ **compromettre**. ◆ **compromis** *nm* compromiso *m (acuerdo)*.

compromission [kɔ̃prɔmisjɔ̃] *nf* compromiso *m*.

comptabilité [kɔ̃tabilite] *nf* - **1.** [technique] contabilidad *f* - **2.** [service] departamento *m* de contabilidad.

comptable [kɔ̃tabl] ◇ *nmf* contable *mf Esp*, contador *m*, -ra *f Amér*. ◇ *adj sout* : **être ~ de qqch** ser responsable de algo.

comptant [kɔ̃tɑ̃] ◇ *adj inv* al contado. ◇ *adv* : **payer** OU **régler ~** pagar OU abonar al contado. ◇ *nm* : **au ~** al contado.

compte [kɔ̃t] *nm* - **1.** [gén] cuenta *f* ; **être/se mettre à son ~** trabajar/establecerse por su cuenta OU por cuenta propia ; **faire le ~ de qqch** hacer el recuento de algo ; **ouvrir un ~** abrir una cuenta ; **~ bancaire** OU **en banque** cuenta bancaria ; **~ courant/d'épargne** cuenta corriente/de ahorros ; **~ créditeur/débiteur** cuenta acreedora/deudora ; **~ de dépôt** cuenta de depósito ; **~ d'exploitation** cuenta de explotación ; **~ postal** cuenta de la caja postal ; **~ à rebours** cuenta atrás - **2.** *loc* : **prendre qqch en ~, tenir ~ de qqch** tener en cuenta algo ; **rendre ~ de qqch** dar cuenta de algo ; **se rendre ~ de qqch/que** darse cuenta de algo/de que. ◆ **comptes** *nmpl* [comptabilité] cuentas *fpl* ; **faire ses ~s** hacer cuentas.

compte-chèques *nm cuenta corriente con talonario.*

compte-gouttes *nm inv* cuentagotas *m inv*.

compter [kɔ̃te] ◇ *vt* - **1.** [dénombrer] contar - **2.** [avoir l'intention de] pensar ; **je compte m'installer à Paris** pienso instalarme en París. ◇ *vi* contar ; **~ sur qqn/sur qqch** contar con alguien/con algo ; **~ parmi** contarse entre.

compte rendu, compte-rendu (*pl* **comptes-rendus**) *nm* [gén] informe *m* ; [de livre, de spectacle] reseña *f* ; [de séance] acta *f*.

compte-tours *nm inv* cuentarrevoluciones *m inv*.

compteur [kɔ̃tœr] *nm* contador *m*.

comptine [kɔ̃tin] *nf* canción *f* infantil.

comptoir [kɔ̃twar] *nm* - **1.** [de bar] barra *f* - **2.** [de magasin] mostrador *m* - **3.** *Helv* [foire] feria *f* de muestras.

compulser [kɔ̃pylse] *vt* consultar.

comte, comtesse [kɔ̃t, kɔ̃tɛs] *nm, f* conde *m*, -desa *f*.

con, conne [kɔ̃, kɔn] *tfam péj* ◇ *adj* - **1.** [personne] gilipollas *Esp*, gil(la) *Amér* - **2.** [chose] tonto(ta). ◇ *nm, f* gilipollas *mf inv*.

concave [kɔ̃kav] *adj* cóncavo(va).

concéder [kɔ̃sede] *vt* - **1.** [donner] conceder - **2.** *sout* : **~ qqch à qqn** admitir algo ante alguien.

concentration [kɔ̃sɑ̃trasjɔ̃] *nf* concentración *f*.

concentré, e [kɔ̃sɑ̃tre] *adj* - **1.** [gén] concentrado(da) - **2.** [esprit, personne] centrado(da). ◆ **concentré** *nm* concentrado *m*.

concentrer [kɔ̃sɑ̃tre] *vt* concentrar.

concentrique [kɔ̃sɑ̃trik] *adj* concéntrico(ca).

concept [kɔ̃sɛpt] *nm* concepto *m*.

conception [kɔ̃sɛpsjɔ̃] *nf* [d'un projet, d'un enfant] concepción *f* ; [d'une machine] diseño *m* ; **~ assistée par ordinateur** diseño asistido por ordenador.

concerner [kɔ̃sɛrne] *vt* concernir ; **être concerné par qqch** concernirle algo a uno ; **se sentir concerné par qqch** afectarle algo a uno ; **en ce qui concerne** en lo que se refiere a, en lo que concierne a ; **en ce qui me concerne** por lo que a mí respecta.

concert [kɔ̃sɛr] *nm* concierto *m*.

concertation [kɔ̃sɛrtasjɔ̃] *nf* concertación *f*.

concerter [kɔ̃sɛrte] *vt* concertar. ◆ **se concerter** *vp* ponerse de acuerdo.

concerto [kɔ̃sɛrto] *nm* concerto *m*.

concession [kɔ̃sesjɔ̃] *nf* concesión *f* ; **~ à perpétuité** concesión a perpetuidad.

concessionnaire [kɔ̃sesjɔnɛr] *adj* & *nm* concesionario(ria).

concevable [kɔ̃səvabl] *adj* concebible.

concevoir [kɔ̃səvwar] *vt* concebir.

concierge [kɔ̃sjɛrʒ] *nmf* portero *m*, -ra *f*.

conciliateur, trice [kɔ̃siljatœr, tris] *nm, f* conciliador *m*, -ra *f*.

conciliation [kɔ̃siljasjɔ̃] *nf* conciliación *f*.

concilier [kɔ̃silje] *vt* - **1.** [mettre d'accord] conciliar - **2.** [faire coïncider] : **~ qqch et** OU **avec qqch** compaginar algo y OU con algo.

concis, e [kɔ̃si, iz] *adj* conciso(sa).

concision [kɔ̃sizjɔ̃] *nf* concisión *f*.

concitoyen, enne [kɔ̃sitwajɛ̃, ɛn] *nm, f* conciudadano *m*, -na *f*.

conclu, e [kɔ̃kly] *pp* ▷ **conclure**.

concluant, e [kɔ̃klyɑ̃, ɑ̃t] *adj* concluyente.

conclure [kɔ̃klyr] ◇ *vt* - **1.** [affaire, marché] cerrar - **2.** [discours, écrit] concluir - **3.** [déduire] : **en ~ que** deducir que.

◇ *vi* : **~ à qqch** [innocence, culpabilité] pronunciarse por OU sobre algo.

conclusion [kɔ̃klyzjɔ̃] *nf* - **1.** [fin, déduction] conclusión *f* ; **en ~** en conclusión - **2.** [d'un traité] firma *f*.

concombre [kɔ̃kɔ̃br] *nm* pepino *m*.

concordance [kɔ̃kɔrdɑ̃s] *nf* concordancia *f* ; **~ des temps** concordancia de tiempos.

concorde [kɔ̃kɔrd] *nf* concordia *f*.

concorder [kɔ̃kɔrde] *vi* concordar ; **~ avec qqch** concordar con algo.

concourir [kɔ̃kurir] *vi* - **1.** [contribuer] : **~ à qqch** contribuir a algo - **2.** [à un concours] presentarse.

concours [kɔ̃kur] *nm* - **1.** [dans l'administration] oposición *f* - **2.** UNIV examen *m* de selección - **3.** [compétition] concurso *m* ; **~ hippique** concurso hípico - **4.** [collaboration] colaboración *f*. ◆ **concours de circonstances** *nm* cúmulo *m* de circunstancias.

concret, ète [kɔ̃krɛ, ɛt] *adj* concreto(ta).

concrétiser [kɔ̃kretize] *vt* [projet, souhait] materializar ; [accord, offre] concretar. ◆ **se concrétiser** *vp* [projet, souhait] materializarse ; [accord, offre] concretarse.

concubinage [kɔ̃kybinaʒ] *nm* concubinato *m*.

concupiscent, e [kɔ̃kypisɑ̃, ɑ̃t] *adj* concupiscente.

concurremment [kɔ̃kyramɑ̃] *adv* conjuntamente.

concurrence [kɔ̃kyrɑ̃s] *nf* competencia *f*.

concurrent, e [kɔ̃kyrɑ̃, ɑ̃t] *adj* & *nm, f* competidor(ra).

concurrentiel, elle [kɔ̃kyrɑ̃sjɛl] *adj* competitivo(va).

condamnation [kɔ̃danasjɔ̃] *nf* condena *f*.

condamné, e [kɔ̃dane] ◇ *adj* - **1.** JUR condenado(da) - **2.** [malade] desahuciado(da). ◇ *nm, f* JUR condenado *m*, -da *f*.

condamner [kɔ̃dane] *vt* - **1.** [gén & JUR] condenar ; **~ qqn à qqch** condenar a alguien a algo - **2.** [malade] desahuciar - **3.** [interdire] prohibir - **4.** [blâmer, dénoncer] denunciar, condenar - **5.** [fermer] condenar, tapiar.

condensateur [kɔ̃dɑ̃satœr] *nm* condensador *m*.

condensation [kɔ̃dɑ̃sasjɔ̃] *nf* condensación *f*.

condensé, e [kɔ̃dɑ̃se] *adj* condensado(da). ◆ **condensé** *nm* resumen *m*.

condenser [kɔ̃dɑ̃se] *vt* - **1.** [gaz] condensar - **2.** [récit, pensée] resumir.

condiment [kɔ̃dimɑ̃] *nm* condimento *m*.

condisciple [kɔ̃disipl] *nmf* condiscípulo *m*, -la *f*.

condition [kɔ̃disjɔ̃] *nf* - **1.** [gén] condición *f* ; **sans ~** sin condiciones - **2.** [état physique] condiciones *fpl* físicas ; **être en bonne/mauvaise ~** estar en buenas/malas condiciones físicas. ◆ **conditions** *nfpl* condiciones *fpl* ; **~s atmosphériques** condiciones atmosféricas ; **~s de vie** condiciones de vida. ◆ **à condition de** *loc prép* con la condición de, a condición de que. ◆ **à condition que** *loc conj* a condición de que.

conditionné, e [kɔ̃disjɔne] *adj* - **1.** [produit] envasado(da) - **2.** ▷ **air.**

conditionnel, elle [kɔ̃disjɔnɛl] *adj* condicional. ◆ **conditionnel** *nm* GRAM condicional *m*.

conditionnement [kɔ̃disjɔnmɑ̃] *nm* - **1.** [emballage] envase *m* - **2.** [opérations d'emballage] envasado *m* - **3.** PSYCHOL condicionamiento *m*.

conditionner [kɔ̃disjɔne] *vt* - **1.** [influencer & PSYCHOL] condicionar - **2.** [produit] envasar - **3.** [climatiser] acondicionar.

condoléances [kɔ̃dɔleɑ̃s] *nfpl* pésame *m* ; **présenter ses ~ à qqn** dar el pésame a alguien.

conducteur, trice [kɔ̃dyktœr, tris] ◇ *adj* ÉLECTR conductor(ra). ◇ *nm, f* [chauffeur] conductor *m*, -ra *f Esp*, motorista *mf Amér*. ◆ **conducteur** *nm* ÉLECTR conductor *m*.

conduire [kɔ̃dɥir] ◇ *vt* - **1.** [gén] conducir - **2.** [en voiture] llevar en coche. ◇ *vi* : **~ à qqch** conducir OU llevar a algo. ◆ **se conduire** *vp* portarse.

conduit, e [kɔ̃dɥi, it] *pp* ▷ **conduire.** ◆ **conduit** *nm* conducto *m*.

conduite [kɔ̃dɥit] *nf* - **1.** [de véhicule] conducción *f* - **2.** [d'une entreprise, d'un projet] dirección *f* - **3.** [comportement] conducta *f* - **4.** [canalisation] conducto *m* ; **~ d'eau** conducto de agua ; **~ de gaz** conducto de gas.

cône [kon] *nm* cono *m*.

confection [kɔ̃fɛksjɔ̃] *nf* confección *f*.

confectionner [kɔ̃fɛksjɔne] *vt* confeccionar.

confédération [kɔ̃federasjɔ̃] *nf* confederación *f*.
conférence [kɔ̃ferɑ̃s] *nf* conferencia *f* ; **~ de presse** rueda *f* de prensa.
conférencier, ère [kɔ̃ferɑ̃sje, ɛr] *nm, f* conferenciante *mf*.
conférer [kɔ̃fere] *vt* : **~ qqch à qqn** conferir algo a alguien.
confesser [kɔ̃fese] *vt* confesar. ◆ **se confesser** *vp* confesarse.
confession [kɔ̃fesjɔ̃] *nf* confesión *f*.
confessionnal, aux [kɔ̃fesjɔnal, o] *nm* confesionario *m*.
confetti [kɔ̃feti] *nm* confeti *m*.
confiance [kɔ̃fjɑ̃s] *nf* confianza *f* ; **avoir ~ en qqn/en qqch** tener confianza en alguien/en algo, confiar en alguien/en algo ; **avoir ~ en soi** tener confianza en uno mismo ; **faire ~ à qqn/à qqch** fiarse de alguien/de algo.
confiant, e [kɔ̃fjɑ̃, ɑ̃t] *adj* confiado(da).
confidence [kɔ̃fidɑ̃s] *nf* confidencia *f*.
confident, e [kɔ̃fidɑ̃, ɑ̃t] *nm, f* confidente *mf*.
confidentiel, elle [kɔ̃fidɑ̃sjɛl] *adj* confidencial.
confier [kɔ̃fje] *vt* : **~ qqn/qqch à qqn** [donner] confiar a alguien/algo a alguien ; **~ qqch à qqn** [dire] confiar algo a alguien. ◆ **se confier** *vp* : **se ~ à qqn** confiarse a alguien.
confins [kɔ̃fɛ̃] ◆ **aux confins de** *loc prép* en los confines de.
confirmation [kɔ̃firmasjɔ̃] *nf* confirmación *f*.
confirmer [kɔ̃firme] *vt* confirmar ; **~ que** confirmar que ; **~ qqn dans qqch** confirmar a alguien en algo. ◆ **se confirmer** *vp* confirmarse.
confiserie [kɔ̃fizri] *nf* **-1.** [activité, magasin] confitería *f* **-2.** [sucrerie] dulce *m*.
confiseur, euse [kɔ̃fizœr, øz] *nm, f* confitero *m*, -ra *f*.
confisquer [kɔ̃fiske] *vt* **-1.** [biens] confiscar, decomisar **-2.** [objet] quitar.
confiture [kɔ̃fityr] *nf* mermelada *f*.
conflit [kɔ̃fli] *nm* conflicto *m*.
confondre [kɔ̃fɔ̃dr] *vt* confundir.
confondu, e [kɔ̃fɔ̃dy] *pp* ▷ **confondre**.
conformation [kɔ̃fɔrmasjɔ̃] *nf* conformación *f*.
conforme [kɔ̃fɔrm] *adj* : **~ à qqch** conforme a OU con algo.
conformément [kɔ̃fɔrmemɑ̃] *adv* : **~ à qqch** conforme a algo.
conformer [kɔ̃fɔrme] *vt* : **~ qqch à qqch** ajustar algo a algo. ◆ **se conformer** *vp* : **se ~ à qqch** [s'adapter à] adaptarse a algo ; [obéir à] someterse a algo.
conformiste [kɔ̃fɔrmist] *adj* & *nmf* conformista.
conformité [kɔ̃fɔrmite] *nf* conformidad *f* ; **~ à qqch** conformidad con algo ; **être en ~ avec qqch** estar en conformidad con algo.
confort [kɔ̃fɔr] *nm* comodidad *f* ; **tout ~** con todas las comodidades.
confortable [kɔ̃fɔrtabl] *adj* **-1.** [fauteuil] cómodo(da), confortable **-2.** [vie] desahogado(da) **-3.** [avance] cómodo(da).
confrère, consœur [kɔ̃frɛr, kɔ̃sœr] *nm, f* colega *mf*.
confrontation [kɔ̃frɔ̃tasjɔ̃] *nf* **-1.** [face à face] careo *m* **-2.** [comparaison] confrontación *f*, cotejo *m*.
confronter [kɔ̃frɔ̃te] *vt* **-1.** [mettre face à face] : **être confronté à qqch** enfrentarse a algo **-2.** [comparer] confrontar, cotejar.
confus, e [kɔ̃fy, yz] *adj* **-1.** [embrouillé] confuso(sa) **-2.** [désolé] : **je suis ~ de ce retard** lamento este retraso ; **je suis vraiment ~** lo siento mucho.
confusion [kɔ̃fyzjɔ̃] *nf* confusión *f*.
congé [kɔ̃ʒe] *nm* **-1.** [vacances] vacaciones *fpl* ; **en ~** de vacaciones **-2.** [arrêt de travail] baja *f* laboral ; **~ (de) maladie/de maternité** baja por enfermedad/por maternidad **-3.** [renvoi] despido *m* ; **donner son ~ à qqn** despedir a alguien ; **prendre ~** despedirse.
congédier [kɔ̃ʒedje] *vt sout* despedir *Esp*, cesantear *Amér*.
congé-formation *nm permiso concedido a un empleado para seguir un curso de formación a cargo de la empresa.*
congélateur [kɔ̃ʒelatœr] *nm* congelador *m*.
congeler [kɔ̃ʒle] *vt* congelar.
congénital, e, aux [kɔ̃ʒenital, o] *adj* congénito(ta).
congère [kɔ̃ʒɛr] *nf nieve amontonada por el viento.*
congestion [kɔ̃ʒɛstjɔ̃] *nf* congestión *f* ; **~ pulmonaire** congestión pulmonar.
Congo [kɔ̃go] *nm* : **le ~** el Congo.
congratuler [kɔ̃gratyle] *vt sout* congratular.
congrégation [kɔ̃gregasjɔ̃] *nf* congregación *f*.
congrès [kɔ̃grɛ] *nm* congreso *m*.

conifère [kɔnifɛr] *nm* conífera *f*.
conjecture [kɔ̃ʒɛktyr] *nf* conjetura *f*.
conjecturer [kɔ̃ʒɛktyre] *vt sout* : **~ qqch** hacer conjeturas sobre algo.
conjoint, e [kɔ̃ʒwɛ̃, ɛ̃t] ◇ *adj* **- 1.** [note] adjunto(ta) **- 2.** [demande] conjunto(ta). ◇ *nm, f* cónyuge *mf*.
conjonctif, ive [kɔ̃ʒɔ̃ktif, iv] *adj* conjuntivo(va).
conjonction [kɔ̃ʒɔ̃ksjɔ̃] *nf* conjunción *f*.
conjonctivite [kɔ̃ʒɔ̃ktivit] *nf* conjuntivitis *f inv*.
conjoncture [kɔ̃ʒɔ̃ktyr] *nf* coyuntura *f*.
conjugaison [kɔ̃ʒygɛzɔ̃] *nf* conjugación *f*.
conjugal, e, aux [kɔ̃ʒygal, o] *adj* conyugal.
conjuguer [kɔ̃ʒyge] *vt* conjugar.
conjuration [kɔ̃ʒyrasjɔ̃] *nf* **- 1.** [conspiration] conjura *f* **- 2.** [exorcisme] conjuro *m*.
connaissance [kɔnɛsɑ̃s] *nf* **- 1.** [savoir, conscience] conocimiento *m* ; **à ma ~** que yo sepa ; **en ~ de cause** con conocimiento de causa ; **perdre/reprendre ~** perder/recobrar el conocimiento ; **prendre ~ de qqch** enterarse de algo **- 2.** [relation] conocido *m*, -da *f* ; **faire ~ (avec qqn)** conocerse (con alguien).
connaisseur, euse [kɔnɛsœr, øz] *adj* & *nm, f* entendido(da).
connaître [kɔnɛtr] *vt* conocer.
connecter [kɔnɛkte] *vt* ÉLECTR conectar.
connexion [kɔnɛksjɔ̃] *nf* conexión *f*.
connu, e [kɔny] ◇ *pp* ▷ **connaître**. ◇ *adj* conocido(da).
conquérant, e [kɔ̃kerɑ̃, ɑ̃t] *adj* & *nm, f* conquistador(ra).
conquérir [kɔ̃kerir] *vt* conquistar.
conquête [kɔ̃kɛt] *nf* conquista *f*.
conquis, e [kɔ̃ki, iz] *pp* ▷ **conquérir**.
consacrer [kɔ̃sakre] *vt* **- 1.** [église] consagrar **- 2.** [employer] : **~ qqch à qqch** dedicar algo a algo. ◆ **se consacrer** *vp* : **se ~ à** [se vouer à] consagrarse a ; [s'occuper de] dedicarse a.
consanguin, e [kɔ̃sɑ̃gɛ̃, in] *adj* & *nm, f* consanguíneo(a).
conscience [kɔ̃sjɑ̃s] *nf* **- 1.** [gén] conciencia *f* ; **avoir ~ de qqch** tener conciencia de algo, ser consciente de algo ; **avoir bonne ~** tener la conciencia tranquila ; **avoir mauvaise ~** tener mala conciencia ; **~ professionnelle** ética *f* profesional **- 2.** [connaissance] : **perdre/reprendre ~** perder/recobrar el conocimiento.
consciencieux, euse [kɔ̃sjɑ̃sjø, øz] *adj* concienzudo(da).
conscient, e [kɔ̃sjɑ̃, ɑ̃t] *adj* consciente ; **être ~ de qqch** ser consciente de algo.
conscription [kɔ̃skripsjɔ̃] *nf* reclutamiento *m*.
conscrit [kɔ̃skri] *nm* recluta *m*.
consécration [kɔ̃sekrasjɔ̃] *nf* consagración *f*.
consécutif, ive [kɔ̃sekytif, iv] *adj* **- 1.** [successif & GRAM] consecutivo(va) **- 2.** [résultant] : **~ à qqch** provocado por algo.
conseil [kɔ̃sɛj] *nm* **- 1.** [avis, assemblée] consejo *m* ; **donner un ~/des ~s** dar un consejo/(unos) consejos ; **~ d'administration** consejo de administración ; **~ de classe** ≃ junta *f* de evaluación ; **~ de discipline** consejo de disciplina ; **~ des ministres** consejo de ministros **- 2.** [conseiller] asesor *m*, -ra *f*.
conseiller, ère [kɔ̃seje, ɛr] *nm, f* consejero *m*, -ra *f* ; **~ matrimonial** consejero matrimonial ; **~ municipal** concejal *m*.
consensuel, elle [kɔ̃sɑ̃sɥɛl] *adj* [contrat] consensual ; [politique] consensuado(da).
consentement [kɔ̃sɑ̃tmɑ̃] *nm* consentimiento *m*.
consentir [kɔ̃sɑ̃tir] *vi* [accepter] : **~ à qqch** consentir algo ; **je consens à ce qu'il parte** consiento que se marche.
conséquence [kɔ̃sekɑ̃s] *nf* consecuencia *f* ; **ça ne porte pas à ~** no tiene importancia.
conservateur, trice [kɔ̃sɛrvatœr, tris] *adj* & *nm, f* conservador(ra). ◆ **conservateur** *nm* [produit] conservante *m*.
conservation [kɔ̃sɛrvasjɔ̃] *nf* conservación *f*.
conservatoire [kɔ̃sɛrvatwar] *nm* conservatorio *m* ; **~ d'art dramatique** escuela *f* de arte dramático ; **~ de musique** conservatorio (de música).
conserve [kɔ̃sɛrv] *nf* conserva *f* ; **mettre en ~** poner en conserva.
conserver [kɔ̃sɛrve] *vt* conservar ; **être bien conservé** conservarse bien, estar bien conservado.
considérable [kɔ̃siderabl] *adj* considerable.
considération [kɔ̃siderasjɔ̃] *nf* consideración *f* ; **en ~ de qqch** en consideración a algo ; **prendre qqch en ~** tomar algo en consideración. ◆ **considéra-**

tions *nfpl* : **se perdre en ~s** perderse en consideraciones.

considérer [kɔ̃sidere] *vt* **- 1.** [envisager] considerar **- 2.** [observer] mirar **- 3.** [juger] : **~ que** considerar que ; **il considère qu'il est trop jeune pour se marier** considera que es demasiado joven para casarse ; **on le considère comme le meilleur** está considerado (como) el mejor **- 4.** [apprécier] apreciar.

consigne [kɔ̃siɲ] *nf* **- 1.** *(gén pl)* [ordre] consigna *f* **- 2.** [à bagages] consigna *f* **- 3.** [d'une bouteille] importe *m* del casco.

consigner [kɔ̃siɲe] *vt* **- 1.** [bagage] dejar en consigna **- 2.** [bouteille] *cobrar el importe del casco de una botella* **- 3.** *sout* [relater] anotar **- 4.** MIL acuartelar.

consistance [kɔ̃sistɑ̃s] *nf* consistencia *f*.

consistant, e [kɔ̃sistɑ̃, ɑ̃t] *adj* consistente.

consister [kɔ̃siste] *vi* : **~ en qqch** [se composer de] constar de algo ; **~ à faire qqch** consistir en hacer algo.

consœur ▻ **confrère.**

consolation [kɔ̃sɔlasjɔ̃] *nf* consuelo *m*.

console [kɔ̃sɔl] *nf* **- 1.** [table & INFORM] consola *f* ; **~ de jeux** INFORM consola de juegos **- 2.** ARCHIT ménsula *f*.

consoler [kɔ̃sɔle] *vt* : **~ qqn (de qqch)** consolar a alguien (de algo).

consolider [kɔ̃sɔlide] *vt* consolidar.

consommateur, trice [kɔ̃sɔmatœr, tris] *nm, f* **- 1.** [acheteur] consumidor *m*, -ra *f* **- 2.** [client] cliente *m*, -ta *f*.

consommation [kɔ̃sɔmasjɔ̃] *nf* **- 1.** [de papier, d'essence etc] consumo *m* ; **la société de ~** la sociedad de consumo **- 2.** [boisson] consumición *f* **- 3.** [accomplissement] consumación *f*.

consommé, e [kɔ̃sɔme] *adj sout* [accompli] consumado(da). ◆ **consommé** *nm* consomé *m*, caldo *m* (de carne).

consommer [kɔ̃sɔme] ◇ *vt* **- 1.** [gén] consumir **- 2.** *sout* [accomplir] consumar. ◇ *vi* consumir.

consonance [kɔ̃sɔnɑ̃s] *nf* **- 1.** [rime & MUS] consonancia *f* **- 2.** [ensemble de sons] resonancia *f*, sonido *m*.

consonne [kɔ̃sɔn] *nf* consonante *f*.

conspirateur, trice [kɔ̃spiratœr, tris] *nm, f* conspirador *m*, -ra *f*.

conspiration [kɔ̃spirasjɔ̃] *nf* conspiración *f*.

conspirer [kɔ̃spire] ◇ *vt* maquinar. ◇ *vi* conspirar ; **~ contre qqn/contre qqch** conspirar contra alguien/contra algo.

constamment [kɔ̃stamɑ̃] *adv* constantemente.

constant, e [kɔ̃stɑ̃, ɑ̃t] *adj* constante.

constat [kɔ̃sta] *nm* **- 1.** [procès-verbal - par un officiel] atestado *m*, acta *f* ; [- par un particulier] parte *m* **- 2.** [constatation] constatación *f*.

constatation [kɔ̃statasjɔ̃] *nf* constatación *f*.

constater [kɔ̃state] *vt* **- 1.** [se rendre compte de] constatar **- 2.** [consigner] hacer constar.

constellation [kɔ̃stelasjɔ̃] *nf* constelación *f*.

constellé, e [kɔ̃stele] *adj* : **~ de** [parsemé de] salpicado de ; [maculé de] cubierto de.

consternation [kɔ̃stɛrnasjɔ̃] *nf* consternación *f*.

consterner [kɔ̃stɛrne] *vt* consternar.

constipation [kɔ̃stipasjɔ̃] *nf* estreñimiento *m*.

constipé, e [kɔ̃stipe] *adj* estreñido(da) ; **avoir l'air ~** *fam fig* tener cara de pito.

constituer [kɔ̃stitɥe] *vt* constituir.

constitution [kɔ̃stitysjɔ̃] *nf* constitución *f*.

constructeur, trice [kɔ̃stryktœr, tris] *nm, f* **- 1.** [fabricant] fabricante *mf* **- 2.** [bâtisseur] constructor *m*, -ra *f*.

construction [kɔ̃stryksjɔ̃] *nf* construcción *f*.

construire [kɔ̃strɥir] *vt* construir.

construit, e [kɔ̃strɥi, it] *pp* ▻ **construire.**

consul [kɔ̃syl] *nm* cónsul *m*.

consultation [kɔ̃syltasjɔ̃] *nf* consulta *f*.

consulter [kɔ̃sylte] ◇ *vt* **- 1.** [gén] consultar **- 2.** [spécialiste - médecin] consultar a ; [- avocat] consultar con. ◇ *vi* [médecin] tener consulta, visitar.

contact [kɔ̃takt] *nm* contacto *m*.

contacter [kɔ̃takte] *vt* ponerse en contacto con, contactar con.

contagieux, euse [kɔ̃taʒjø, øz] ◇ *adj* contagioso(sa). ◇ *nm, f* enfermo contagioso *m*, enferma contagiosa *f*.

contagion [kɔ̃taʒjɔ̃] *nf* contagio *m*.

contaminer [kɔ̃tamine] *vt* **- 1.** [infecter] contaminar **- 2.** *fig* [gagner] contagiar.

conte [kɔ̃t] *nm* cuento *m* ; **~ de fées** cuento de hadas.

contemplation [kɔ̃tɑ̃plasjɔ̃] *nf* contemplación *f*.

contempler [kɔ̃tɑ̃ple] *vt* contemplar.

contemporain, e [kɔ̃tɑ̃pɔrɛ̃, ɛn] *adj* & *nm, f* contemporáneo(a).

contenance [kɔ̃tnɑ̃s] *nf* - **1.** [de bouteille, réservoir] capacidad *f* - **2.** *fig* [attitude] compostura *f*; **perdre ~** perder la compostura.

contenir [kɔ̃tnir] *vt* - **1.** [suj : récipient, salle] tener (una) capacidad para - **2.** [inclure, retenir] contener. ◆ **se contenir** *vp* contenerse.

content, e [kɔ̃tɑ̃, ɑ̃t] *adj* contento(ta) ; **~ de qqn/de qqch/de faire qqch** contento con alguien/con algo/de hacer algo.

contentement [kɔ̃tɑ̃tmɑ̃] *nm* contento *m*.

contenter [kɔ̃tɑ̃te] *vt* - **1.** [clientèle] contentar - **2.** [caprice, besoin] satisfacer. ◆ **se contenter** *vp* : **se ~ de qqch/de faire qqch** contentarse con algo/con hacer algo.

contentieux [kɔ̃tɑ̃sjø] *nm* contencioso *m*.

contenu, e [kɔ̃tny] *pp* ▷ **contenir.** ◆ **contenu** *nm* contenido.

conter [kɔ̃te] *vt* contar *(relatar)*.

contestable [kɔ̃tɛstabl] *adj* discutible.

contestation [kɔ̃tɛstasjɔ̃] *nf* contestación *f* ; **sans ~ possible** indiscutible.

conteste [kɔ̃tɛst] ◆ **sans conteste** *loc adv* sin lugar a dudas.

contester [kɔ̃tɛste] ◇ *vt* discutir. ◇ *vi* protestar.

conteur, euse [kɔ̃tœr, øz] *nm, f* narrador *m*, -ra *f* ; [écrivain] cuentista *mf*.

contexte [kɔ̃tɛkst] *nm* contexto *m*.

contigu, uë [kɔ̃tigy] *adj* contiguo(gua) ; **~ à qqch** contiguo a algo.

continent [kɔ̃tinɑ̃] *nm* continente *m*.

continental, e, aux [kɔ̃tinɑ̃tal, o] *adj* continental.

contingence [kɔ̃tɛ̃ʒɑ̃s] *nf (gén pl)* contingencia *f*.

contingent, e [kɔ̃tɛ̃ʒɑ̃, ɑ̃t] *adj* contingente. ◆ **contingent** *nm* - **1.** MIL contingente *m* - **2.** [de marchandises] cupo *m*, contingente *m*.

continu, e [kɔ̃tiny] *adj* continuo(nua).

continuation [kɔ̃tinɥasjɔ̃] *nf* continuación *f* ; **bonne ~!** ¡que la cosa siga bien!

continuel, elle [kɔ̃tinɥɛl] *adj* continuo(nua).

continuer [kɔ̃tinɥe] ◇ *vt* continuar. ◇ *vi* continuar, seguir ; **~ à** OU **de faire qqch** continuar OU seguir haciendo algo. ◆ **se continuer** *vp* seguir.

continuité [kɔ̃tinɥite] *nf* continuidad *f*.

contorsionner [kɔ̃tɔrsjɔne] ◆ **se contorsionner** *vp* contorsionarse.

contour [kɔ̃tur] *nm* - **1.** [limite, silhouette] contorno *m* - **2.** *(gén pl)* [de route] curva *f* ; [de cours d'eau] meandro *m*.

contourner [kɔ̃turne] *vt* - **1.** [obstacle] rodear, salvar - **2.** *fig* [difficulté] salvar, esquivar.

contraceptif, ive [kɔ̃trasɛptif, iv] *adj* anticonceptivo(va). ◆ **contraceptif** *nm* anticonceptivo *m*.

contraception [kɔ̃trasɛpsjɔ̃] *nf* anticoncepción *f*, contracepción *f*.

contracter [kɔ̃trakte] *vt* contraer.

contraction [kɔ̃traksjɔ̃] *nf* [de muscle] contracción *f*.

contradiction [kɔ̃tradiksjɔ̃] *nf* contradicción *f*.

contradictoire [kɔ̃tradiktwar] *adj* - **1.** [idées] contradictorio(ria) - **2.** [débat] polémico(ca).

contraignant, e [kɔ̃trɛɲɑ̃, ɑ̃t] *adj* [devoir, travail] apremiante ; [horaire] exigente.

contraindre [kɔ̃trɛ̃dr] *vt* : **~ qqn à faire qqch/à qqch** obligar a alguien a algo/a hacer algo.

contraint, e [kɔ̃trɛ̃, ɛ̃t] *pp* ▷ **contraindre.** ◆ **contrainte** *nf* [violence] coacción *f* ; [obligation] obligación *f* ; **obtenir qqch sous la ~e** obtener algo por coacción.

contraire [kɔ̃trɛr] ◇ *nm* contrario *m*. ◇ *adj* - **1.** [opposé] contrario(ria) ; **~ à qqch** contrario(ria) a algo - **2.** [nuisible] : **~ à qqch/à qqn** perjudicial para algo/para alguien. ◆ **au contraire** *loc adv* al contrario. ◆ **au contraire de** *loc prép* al contrario de.

contrairement [kɔ̃trɛrmɑ̃] ◆ **contrairement à** *loc prép* contrariamente a.

contrarier [kɔ̃trarje] *vt* - **1.** [irriter] contrariar - **2.** [contrecarrer] oponerse a.

contrariété [kɔ̃trarjete] *nf* contrariedad *f*.

contraste [kɔ̃trast] *nm* contraste *m*.

contraster [kɔ̃traste] ◇ *vt* hacer contrastar. ◇ *vi* contrastar ; **~ avec qqn/avec qqch** contrastar con alguien/con algo.

contrat [kɔ̃tra] *nm* - **1.** [acte, convention] contrato *m* ; **être sous ~** estar bajo contrato ; **~ d'apprentissage** contrato en prácticas ; **~ à durée déterminée/indéterminée** contrato temporal/indefinido ; **contrat emploi-solidarité** *contrato financiado en* *parte por el gobierno francés, creado para reducir el número de desempleados* - **2.** [entente] trato *m.*

contravention [kɔ̃travɑ̃sjɔ̃] *nf* multa *f.*

contre [kɔ̃tr] ◇ *prép* - **1.** [gén] contra ; **élu à 15 voix ~ 9** elegido por 15 votos a favor y 9 en contra - **2.** [comparaison] frente a - **3.** [échange] por ; **troquer une bille ~ une gomme** cambiar una canica por una goma. ◇ *adv* - **1.** [opposition] contra - **2.** [juxtaposition] : **consultez le tableau ci-~** véase cuadro adjunto. ◆ **par contre** *loc adv* en cambio.

contre-attaque [kɔ̃tratak] (*pl* **contre-attaques**) *nf* contraataque *m.*

contrebalancer [kɔ̃trəbalɑ̃se] *vt sout* contrarrestar.

contrebande [kɔ̃trəbɑ̃d] *nf* contrabando *m.*

contrebandier, ère [kɔ̃trebɑ̃dje, ɛr] *nm, f* contrabandista *mf.*

contrebas [kɔ̃trəba] ◆ **en contrebas** *loc adv* más abajo. ◆ **en contrebas de** *loc prép* más abajo de.

contrebasse [kɔ̃trəbas] *nf* contrabajo *m.*

contrecarrer [kɔ̃trəkare] *vt* oponerse a.

contrecœur [kɔ̃trəkœr] ◆ **à contrecœur** *loc adv* a regañadientes.

contrecoup [kɔ̃trəku] *nm* consecuencia *f.*

contre-courant [kɔ̃trəkurɑ̃] ◆ **à contre-courant** *loc adv* a contracorriente. ◆ **à contre-courant de** *loc prép* a contracorriente de.

contredire [kɔ̃trədir] *vt* contradecir. ◆ **se contredire** *vp* contradecirse.

contrée [kɔ̃tre] *nf* tierra *f.*

contre-espionnage [kɔ̃trɛspjɔnaʒ] (*pl* **contre-espionnages**) *nm* contraespionaje *m.*

contre-exemple [kɔ̃trɛgzɑ̃pl] (*pl* **contre-exemples**) *nm* excepción *f* a la regla.

contre-expertise [kɔ̃trɛkspɛrtiz] (*pl* **contre-expertises**) *nf* peritaje *m* de comprobación.

contrefaçon [kɔ̃trəfasɔ̃] *nf* - **1.** COMM [de marque] imitación *f* - **2.** [de billets, signature] falsificación *f.*

contrefort [kɔ̃trəfɔr] *nm* contrafuerte *m.*

contre-indication [kɔ̃trɛ̃dikasjɔ̃] (*pl* **contre-indications**) *nf* contraindicación *f.*

contre-jour [kɔ̃trəʒur] (*pl* **contre-jours**) *nm* contraluz *f.* ◆ **à contre-jour** *loc adv* a contraluz.

contremaître [kɔ̃trəmɛtr] *nm* capataz *m.*

contremarque [kɔ̃trəmark] *nf* - **1.** THÉÂTRE & CIN contraseña *f (tíquet)* - **2.** COMM contramarca *f*, contraseña *f.*

contre-offensive [kɔ̃trɔfɑ̃siv] (*pl* **contre-offensives**) *nf* contraofensiva *f.*

contrepartie [kɔ̃trəparti] *nf* - **1.** [compensation] contrapartida *f* - **2.** [contraire] : **la ~** lo contrario. ◆ **en contrepartie** *loc adv* en contrapartida.

contre-performance [kɔ̃trəpɛrfɔrmɑ̃s] (*pl* **contre-performances**) *nf* mal resultado *m.*

contrepèterie [kɔ̃trəpɛtri] *nf* retruécano *m.*

contre-pied [kɔ̃trəpje] *nm inv* : **prendre le ~ de qqch** defender lo contrario de algo.

contreplaqué [kɔ̃trəplake] *nm* contrachapado *m.*

contre-plongée [kɔ̃trəplɔ̃ʒe] (*pl* **contre-plongées**) *nf* CIN & PHOT contrapicado *m.*

contrepoids [kɔ̃trəpwa] *nm* contrapeso *m.*

contre-pouvoir [kɔ̃trəpuvwar] (*pl* **contre-pouvoirs**) *nm* contrapoder *m.*

contrer [kɔ̃tre] ◇ *vt* - **1.** [s'opposer à] oponerse a - **2.** [aux cartes] doblar. ◇ *vi* [aux cartes] jugar a la contra.

contresens [kɔ̃trəsɑ̃s] *nm* contrasentido *m.*

contresigner [kɔ̃trəsiɲe] *vt* refrendar.

contretemps [kɔ̃trətɑ̃] *nm* contratiempo *m.* ◆ **à contretemps** *loc adv* MUS a contratiempo ; *fig* a destiempo.

contrevenir [kɔ̃trəvnir] *vi* : **~ à qqch** contravenir algo.

contribuable [kɔ̃tribɥabl] *nmf* contribuyente *mf.*

contribuer [kɔ̃tribɥe] *vi* : **~ à qqch/à faire qqch** contribuir en algo/a hacer algo.

contribution [kɔ̃tribysjɔ̃] *nf* - **1.** [somme d'argent] contribución *f* - **2.** *(gén pl)* [impôt] impuesto *m* ; **~s directes/indirectes** impuestos directos/indirectos - **3.** [collaboration, participation] colaboración *f*, contribución *f* ; **mettre qqn à ~** recurrir a alguien, echar mano de alguien.

contrit, e [kɔ̃tri, it] *adj sout* contrito(ta).

contrôle [kɔ̃trol] *nm* control *m* ; **perdre le ~ de qqch** perder el control de algo ; **~ d'identité** control de identidad ; **~ judi-**

ciaire vigilancia *f* judicial ; **~ des naissances** control de natalidad.

contrôler [kɔ̃trole] *vt* **- 1.** [maîtriser, diriger] controlar **- 2.** [vérifier] comprobar.

contrôleur, euse [kɔ̃trolœr, øz] *nm, f* [de bus, train etc] revisor *m*, -ra *f*, interventor *m*, -ra *f* ; **~ aérien** controlador *m* aéreo.

contrordre [kɔ̃trɔrdr] *nm* contraorden *f* ; **sauf ~** salvo contraorden.

controverse [kɔ̃trɔvɛrs] *nf* controversia *f*.

controversé, e [kɔ̃trɔvɛrse] *adj* controvertido(da).

contumace [kɔ̃tymas] *nf* JUR : **condamné par ~** condenado en rebeldía.

contusion [kɔ̃tyzjɔ̃] *nf* contusión *f*.

convaincre [kɔ̃vɛ̃kr] *vt* **- 1.** [persuader] : **~ qqn de qqch/de faire qqch** convencer a alguien de algo/de que haga algo **- 2.** JUR [reconnaître coupable] probar la culpabilidad de.

convaincu, e [kɔ̃vɛ̃ky] ◇ *pp* ▷ **convaincre**. ◇ *adj* convencido(da) ; **~ de qqch** [d'un crime etc] convicto de algo.

convalescence [kɔ̃valesɑ̃s] *nf* convalecencia *f* ; **être en ~** estar en período de convalecencia.

convalescent, e [kɔ̃valesɑ̃, ɑ̃t] *adj* & *nm, f* convaleciente.

convenable [kɔ̃vnabl] *adj* **- 1.** [tenue, manières] decente **- 2.** [approprié] conveniente **- 3.** [acceptable, normal] aceptable.

convenance [kɔ̃vnɑ̃s] *nf* conveniencia *f* ; **à ma/à sa ~** a mi/a su conveniencia. ◆ **convenances** *nfpl* reglas *fpl* de urbanidad.

convenir [kɔ̃vnir] ◇ *vi* **- 1.** [se mettre d'accord] : **~ de qqch/de faire qqch** acordar algo/hacer algo **- 2.** [satisfaire] : **~ à qqn** convenir a alguien **- 3.** [être approprié] : **~ à** OU **pour qqch** ser adecuado(da) para algo **- 4.** *sout* [admettre] : **~ que/de qqch** admitir OU reconocer que/algo. ◇ *v impers* [être utile] : **il convient d'y réfléchir** convendría pensárselo.

convention [kɔ̃vɑ̃sjɔ̃] *nf* **- 1.** [accord] convenio *m* ; **~ collective** convenio colectivo **- 2.** [assemblée] convención *f*. ◆ **conventions** *nfpl* convencionalismos *mpl* ; **les ~s sociales** los convencionalismos sociales.

conventionné, e [kɔ̃vɑ̃sjɔne] *adj* [médecin] *que aplica la tarifa establecida por la Seguridad Social en Francia.*

conventionnel, elle [kɔ̃vɑ̃sjɔnɛl] *adj* convencional.

convenu, e [kɔ̃vny] *adj* **- 1.** [décidé] convenido(da) ; **comme ~** según lo acordado **- 2.** *péj* [stéréotypé] convencional.

convergent, e [kɔ̃vɛrʒɑ̃, ɑ̃t] *adj* convergente.

converger [kɔ̃vɛrʒe] *vi* converger.

conversation [kɔ̃vɛrsasjɔ̃] *nf* conversación *f*.

converser [kɔ̃vɛrse] *vi sout* conversar ; **~ avec qqn** conversar con alguien.

conversion [kɔ̃vɛrsjɔ̃] *nf* conversión *f* ; **~ de qqch en qqch** conversión de algo en algo.

converti, e [kɔ̃vɛrti] *nm, f* converso *m*, -sa *f*.

convertir [kɔ̃vɛrtir] *vt* convertir ; **~ qqch en qqch** convertir algo en algo ; **~ qqn à qqch** convertir a alguien a algo. ◆ **se convertir** *vp* : **se ~ à qqch** convertirse a algo.

convexe [kɔ̃vɛks] *adj* convexo(xa).

conviction [kɔ̃viksjɔ̃] *nf* convicción *f*. ◆ **convictions** *nfpl* convicciones *fpl*.

convier [kɔ̃vje] *vt* : **~ qqn à qqch** [inviter] convidar a alguien a algo ; *fig* & *sout* [inciter] invitar a alguien a algo.

convive [kɔ̃viv] *nmf* comensal *mf*.

convivial, e, aux [kɔ̃vivjal, o] *adj* **- 1.** [réunion, assemblée] distendido(da) **- 2.** INFORM de fácil manejo.

convocation [kɔ̃vɔkasjɔ̃] *nf* convocatoria *f*.

convoi [kɔ̃vwa] *nm* **- 1.** [de véhicules, de train] convoy *m* **- 2.** [cortège funèbre] cortejo *m*.

convoiter [kɔ̃vwate] *vt* codiciar.

convoitise [kɔ̃vwatiz] *nf* codicia *f*.

convoquer [kɔ̃vɔke] *vt* convocar.

convoyer [kɔ̃vwaje] *vt* escoltar.

convoyeur, euse [kɔ̃vwajœr, øz] ◇ *adj* de escolta. ◇ *nm, f* escolta *m* ; **~ de fonds** guarda *m* jurado.

convulsé, e [kɔ̃vylse] *adj* convulso(sa).

convulsion [kɔ̃vylsjɔ̃] *nf* convulsión *f*.

coopération [kɔɔperasjɔ̃] *nf* cooperación *f*.

coopérer [kɔɔpere] *vi* : **~ à qqch** cooperar en algo.

coordination [kɔɔrdinasjɔ̃] *nf* coordinación *f*.

coordonnée [kɔɔrdɔne] *nf* **- 1.** LING coordinada *f* **- 2.** MATHS coordenada *f*. ◆ **coordonnées** *nfpl* **- 1.** *fam* [adresse] señas *fpl* **- 2.** GÉOGR coordenadas *fpl*.

coordonner [kɔɔrdɔne] *vt* coordinar.
copain, copine [kɔpɛ̃, kɔpin] ◇ *adj* amigo(ga). ◇ *nm, f fam* colega *mf Esp*, viejo *m*, -ja *f Amér.*
copeau, x [kɔpo] *nm* viruta *f*.
Copenhague [kɔpɛnag] *n* Copenhague.
copie [kɔpi] *nf* - **1.** [double, reproduction] copia *f* - **2.** SCOL [d'examen] examen *m* ; **rendre ~ blanche** entregar el examen en blanco.
copier [kɔpje] ◇ *vt* [gén & INFORM] copiar. ◇ *vi* : **~ sur qqn** copiar de alguien.
copieux, euse [kɔpjø, øz] *adj* copioso(sa).
copilote [kɔpilɔt] *nmf* copiloto *m*.
copine ▷ **copain.**
coproducteur, trice [kɔprɔdyktœr, tris] *nm, f* coproductor *m*, -ra *f*.
coproduction [kɔprɔdyksjɔ̃] *nf* coproducción *f*.
copropriété [kɔprɔprijete] *nf* copropiedad *f*.
copulation [kɔpylasjɔ̃] *nf* cópula *f*.
coq [kɔk] *nm* - **1.** ZOOL gallo *m* - **2.** CULIN pollo *m Esp*, ave *f Amér.* - **3.** *loc* : **sauter** OU **passer du ~ à l'âne** saltar de un tema a otro.
coque [kɔk] *nf* - **1.** [de noix, amande] cáscara *f* - **2.** [de navire] casco *m* - **3.** ZOOL berberecho *m*.
coquelicot [kɔkliko] *nm* amapola *f*.
coqueluche [kɔklyʃ] *nf* tos *f* ferina.
coquet, ette [kɔkɛ, ɛt] *adj* - **1.** [élégant] coqueto(ta) - **2.** *(avant le nom) hum* [important] bonito(ta). ◆ **coquette** *nf* mantenida *f*.
coquetier [kɔktje] *nm* huevera *f*.
coquetterie [kɔkɛtri] *nf* coquetería *f*.
coquillage [kɔkijaʒ] *nm* - **1.** [mollusque] marisco *m (que tiene concha)* - **2.** [coquille] concha *f*.
coquille [kɔkij] *nf* - **1.** [de mollusque] concha *f* ; **~ Saint-Jacques** [animal] vieira *f* ; [enveloppe] concha *f* - **2.** [d'œuf] cáscara *f* - **3.** [typographique] gazapo *m*, errata *f*.
coquin, e [kɔkɛ̃, in] ◇ *adj* pícaro(ra). ◇ *nm, f* - **1.** [malicieux] pícaro *m*, -ra *f* - **2.** [malhonnête] tunante *m*, -ta *f*.
cor [kɔr] *nm* - **1.** [instrument] trompa *f* - **2.** [au pied] callo *m*. ◆ **à cor et à cri** *loc adv* a voz en grito.
corail, aux [kɔraj, o] *nm* [animal, calcaire] coral *m* ◆ **corail** ◇ *adj inv* - **1.** [couleur] de color coral - **2.** RAIL [train] estrella *(en aposición)*. ◇ *nm inv* [couleur] color *m* coral.
Coran [kɔrɑ̃] *nm* Corán *m*.
corbeau [kɔrbo] *nm* - **1.** [oiseau] cuervo *m* - **2.** *fig* [délateur] autor *m*, -ra *f* de anónimos.
corbeille [kɔrbɛj] *nf* - **1.** [panier] cesta *f* - **2.** THÉÂTRE palco *m* - **3.** [Bourse] corro *m*.
corbillard [kɔrbijar] *nm* coche *m* fúnebre.
cordage [kɔrdaʒ] *nm* - **1.** [de bateau] jarcias *fpl*, cordaje *m* - **2.** [de raquette] cordaje *m*.
corde [kɔrd] *nf* cuerda *f* ; **~s vocales** cuerdas vocales ; **être sur la ~ raide** estar en la cuerda floja ; **toucher la ~ sensible** tocar la fibra sensible.
cordée [kɔrde] *nf* - **1.** [alpinisme] cordada *f* - **2.** [pêche] espinel *m*.
cordial, e, aux [kɔrdjal, o] *adj* cordial.
cordillère [kɔrdijɛr] *nf* : **la ~ des Andes** la cordillera de los Andes.
cordon [kɔrdɔ̃] *nm* - **1.** [lien] cordón *m* ; **~ ombilical** cordón umbilical ; **~ de police** cordón policial - **2.** [insigne] banda *f*.
cordon-bleu *nm* cocinero *m*, -ra *f* excelente.
cordonnerie [kɔrdɔnri] *nf* zapatería *f*.
cordonnier, ère [kɔrdɔnje, ɛr] *nm, f* zapatero *m*, -ra *f*.
Cordoue [kɔrdu] *n* Córdoba.
Corée [kɔre] *nf* Corea ; **la ~ du Nord/du Sud** Corea del Norte/del Sur.
coriace [kɔrjas] *adj* - **1.** [viande] correoso(sa) - **2.** *fig* [caractère] tenaz.
cormoran [kɔrmɔrɑ̃] *nm* cormorán *m*.
corne [kɔrn] *nf* - **1.** [gén] cuerno *m* ; **~ de brume** sirena *f* de niebla - **2.** [matière] asta *f* - **3.** [callosité] callosidad *f*, dureza *f*.
cornée [kɔrne] *nf* córnea *f*.
corneille [kɔrnɛj] *nf* corneja *f*.
cornemuse [kɔrnəmyz] *nf* gaita *f*.
corner[1] [kɔrne] ◇ *vi* [sonner] tocar la bocina. ◇ *vt* [page] doblar.
corner[2] [kɔrnɛr] *nm* SPORT córner *m*.
cornet [kɔrnɛ] *nm* cucurucho *m* ; **~ à dés** cubilete *m* ; **~ à pistons** MUS cornetín *m*.
corniche [kɔrniʃ] *nf* cornisa *f*.
cornichon [kɔrniʃɔ̃] *nm* - **1.** [condiment] pepinillo *m* - **2.** *fam péj* [imbécile] burro *m*, -rra *f*.
corollaire [kɔrɔlɛr] *nm* corolario *m*.
corolle [kɔrɔl] *nf* corola *f*.
coron [kɔrɔ̃] *nm grupo de viviendas para mineros.*
corporation [kɔrpɔrasjɔ̃] *nf* gremio *m*.
corporel, elle [kɔrpɔrɛl] *adj* - **1.** [be-

soins, exercice] corporal - **2.** JUR [bien] material.

corps [kɔr] *nm* cuerpo *m* ; **~ d'armée** cuerpo de ejército ; **~ diplomatique/enseignant** cuerpo diplomático/docente ; **~ expéditionnaire** cuerpo expedicionario ; **faire ~ avec** formar cuerpo con.

corpulent, e [kɔrpylɑ̃, ɑ̃t] *adj* corpulento(ta).

correct, e [kɔrɛkt] *adj* correcto(ta).

correcteur, trice [kɔrɛktœr, tris] *adj* & *nm, f* corrector(ra). ◆ **correcteur orthographique** *nm* corrector *m* ortográfico.

correction [kɔrɛksjɔ̃] *nf* - **1.** [gén] corrección *f* - **2.** [punition] correctivo *m*.

corrélation [kɔrelasjɔ̃] *nf* correlación *f*.

correspondance [kɔrɛspɔ̃dɑ̃s] *nf* - **1.** [gén] correspondencia *f* ; **lire sa ~** leer la correspondencia ; **par ~** por correo - **2.** TRANSPORT [train, bus] enlace *m* ; [avion] correspondencia *f*.

correspondant, e [kɔrɛspɔ̃dɑ̃, ɑ̃t] ◇ *adj* correspondiente. ◇ *nm, f* - **1.** [par lettres] correspondiente *mf* - **2.** [au téléphone] interlocutor *m*, -ra *f* - **3.** PRESSE corresponsal *mf*.

correspondre [kɔrɛspɔ̃dr] *vi* - **1.** [être conforme] : **~ à qqch** corresponder a algo - **2.** [par lettres] cartearse ; **~ avec qqn** cartearse con alguien.

correspondu, e [kɔrɛspɔ̃dy] *pp* ▷ **correspondre**.

corridor [kɔridɔr] *nm* - **1.** [couloir] pasillo *m*, corredor *m* - **2.** GÉOGR corredor *m*.

corrigé [kɔriʒe] *nm* corrección *f* ; **le ~ de l'examen** el examen modelo.

corriger [kɔriʒe] *vt* corregir.

corroborer [kɔrɔbɔre] *vt* corroborar.

corroder [kɔrɔde] *vt* corroer.

corrompre [kɔrɔ̃pr] *vt* corromper.

corrompu, e [kɔrɔ̃py] ◇ *pp* ▷ **corrompre**. ◇ *adj* corrupto(ta).

corrosion [kɔrozjɔ̃] *nf* - **1.** [des métaux] corrosión *f* - **2.** [des sols] erosión *f*.

corruption [kɔrypsjɔ̃] *nf* corrupción *f*.

corsage [kɔrsaʒ] *nm* - **1.** [chemisier] blusa *f* - **2.** [de robe] cuerpo *f*.

corsaire [kɔrsɛr] *nm* - **1.** [marin] corsario *m* - **2.** [navire] barco *m* corsario - **3.** [pantalon] pantalón *m* (de) pirata.

corse [kɔrs] ◇ *adj* corso(sa). ◇ *nm* LING corso *m*. ◆ **Corse** ◇ *nmf* corso *m*, -sa *f*. ◇ *nf* : **la Corse** Córcega.

corsé, e [kɔrse] *adj* [café] fuerte ; [problema] arduo(a).

corset [kɔrsɛ] *nm* corsé *m*.

cortège [kɔrtɛʒ] *nm* - **1.** [défilé] cortejo *m*, séquito *m* - **2.** *fig* [suite] séquito *m*.

corvée [kɔrve] *nf* faena *f*.

cosmétique [kɔsmetik] ◇ *nm* cosmético *m*. ◇ *adj* cosmético(ca).

cosmique [kɔsmik] *adj* cósmico(ca).

cosmonaute [kɔsmɔnot] *nmf* cosmonauta *mf*.

cosmopolite [kɔsmɔpɔlit] *adj* cosmopolita.

cosmos [kɔsmos] *nm* cosmos *m*.

cossu, e [kɔsy] *adj* - **1.** [maison, intérieur] señorial - **2.** [personne] acomodado(da).

Costa Rica [kɔstarika] *nm* : **le ~** Costa Rica.

costaud [kɔsto] (*f inv* OU **costaude** [kɔstod]) *adj fam* - **1.** [personne] forzudo(da) - **2.** [exercice, problème] recio(cia). ◆ **costaud** *nm* forzudo *m*.

costume [kɔstym] *nm* - **1.** [vêtement d'homme] traje *m* - **2.** THÉÂTRE vestuario *m*.

cotation [kɔtasjɔ̃] *nf* FIN cotización *f*.

cote [kɔt] *nf* - **1.** [niveau] cota *f*, nivel *m* ; **~ d'alerte** [de cours d'eau] nivel OU cota de alerta ; *fig* [de situation] punto *m* crítico ; **~ de popularité** cota OU nivel de popularidad - **2.** [de livres] signatura *f* - **3.** FIN cotización *f* - **4.** [de voiture] valoración *f* - **5.** [de cheval] apuesta.

coté, e [kɔte] *adj* - **1.** [estimé] cotizado(da) - **2.** FIN : **être ~ en Bourse** cotizar en Bolsa.

côte [kot] *nf* - **1.** ANAT costilla *f* - **2.** [CULIN - de bœuf] chuletón *m* ; [- d'agneau, de porc] chuleta *f* - **3.** [pente] cuesta *f* - **4.** [littoral] costa *f*. ◆ **côte à côte** *loc adv* uno al lado del otro.

côté [kote] *nm* - **1.** [gén] lado *m* ; **de l'autre ~ de qqch** al otro lado de algo ; **~ opposé** lado opuesto OU contrario ; **être aux ~s de qqn** estar al lado de alguien ; **les bons/mauvais ~s de** [personne, situation] el lado bueno/malo de - **2.** [flanc] costado *m*, lado *m* ; **sur le ~** de costado, de lado.

coteau [kɔto] *nm* - **1.** [petite colline] cerro *m* - **2.** [versant] ladera *f*.

Côte d'Ivoire [kotdivwar] *nf* : **la ~** Costa de Marfil.

côtelé, e [kotle] *adj* acanalado(da) ▷ **velours**.

côtelette [kotlɛt] *nf* chuleta *f*.

coter [kɔte] *vt* - **1.** [livres] numerar, poner

la signatura en - **2.** FIN cotizar - **3.** [plan, carte] acotar.

côtier, ère [kotje, ɛr] *adj* costero(ra).

cotisation [kɔtizasjɔ̃] *nf* - **1.** [quote-part - à un club, parti] cuota *f* ; [- à la Sécurité sociale] cotización *f* - **2.** [collecte d'argent] colecta *f*.

cotiser [kɔtize] *vi* - **1.** [payer une cotisation - à un club, un parti] pagar una cuota ; [- à la Sécurité sociale] cotizar - **2.** [participer] : **~ pour qqch** dar dinero para. ◆ **se cotiser** *vp* hacer una colecta.

coton [kɔtɔ̃] *nm* algodón *m* ; **~ à démaquiller** algodón para desmaquillar ; **~ hydrophile** algodón hidrófilo.

Coton-Tige® [kɔtɔ̃tiʒ] *nm* bastoncillo *m* (de algodón).

côtoyer [kotwaje] *vt* [fréquenter] frecuentar.

cou [ku] *nm* cuello *m*.

couchant [kuʃɑ̃] ▭ **soleil.** ◆ **couchant** *nm* poniente *m*.

couche [kuʃ] *nf* - **1.** [gén] capa *f* ; **~ d'ozone** capa de ozono - **2.** [de bébé] pañal *m* - **3.** [classe sociale] clase *f*. ◆ **couches** *nfpl* parto *m* ; **être en ~s** ir de parto. ◆ **fausse couche** *nf* aborto *m* natural, aborto *m* espontáneo.

couche-culotte *nf* braga *f* pañal, pañal *m*.

coucher[1] [kuʃe] ◇ *vt* - **1.** [enfant] acostar - **2.** [objet] tumbar - **3.** [blessé] tender - **4.** *sout* [sur un testament] incluir. ◇ *vi* - **1.** [dormir] dormir - **2.** *fam* [avoir des rapports sexuels] : **~ avec qqn** acostarse con alguien. ◆ **se coucher** *vp* - **1.** [s'allonger] tumbarse - **2.** [se mettre au lit] acostarse - **3.** [se courber] inclinarse - **4.** [soleil] ponerse.

coucher[2] [kuʃe] *nm* puesta *f* ; **~ de soleil** puesta de sol.

couchette [kuʃɛt] *nf* litera *f*.

coucou [kuku] ◇ *nm* - **1.** [oiseau] cuco *m*, cuclillo *m* - **2.** [fleur] primavera *f* silvestre - **3.** [pendule] cucú *m*, reloj *m* de cuco. ◇ *interj* ¡cucú!

coude [kud] *nm* - **1.** [gén] codo *m* - **2.** [de chemin, de rivière] recodo *m*.

cou-de-pied [kudpje] (*pl* **cous-de-pied**) *nm* empeine *m*.

coudre [kudr] *vt* & *vi* coser.

couette [kwɛt] *nf* - **1.** [édredon] funda *f* nórdica, plumón *m* - **2.** [coiffure] coleta *f*.

couffin [kufɛ̃] *nm* - **1.** [berceau] cuco *m*, capacho *m* - **2.** [cabas] serón *m*.

couille [kuj] *nf vulg* cojón *m*, huevo *m*.

couiner [kwine] *vi* - **1.** [animal] chillar - **2.** *péj* [personne] lloriquear - **3.** [porte, fenêtre] rechinar.

coulant, e [kulɑ̃, ɑ̃t] *adj* - **1.** [matière, style] fluido(da) - **2.** *fam* [personne] : **être ~ (avec qqn)** enrollarse bien (con alguien).

coulée [kule] *nf* - **1.** [de lave, boue] río *m* - **2.** [de métal] colada *f*.

couler [kule] ◇ *vt* - **1.** [navire, entreprise, personne] hundir - **2.** [métal, béton] vaciar, colar. ◇ *vi* - **1.** [liquide] correr - **2.** [beurre, cire] derretirse - **3.** [robinet] gotear - **4.** [bateau, personne] hundirse ; **~ à pic** irse a pique - **5.** [jours] transcurrir.

couleur [kulœr] *nf* - **1.** [gén] color *m* ; **en ~s** en color - **2.** [linge] ropa *f* de color - **3.** [aux cartes] palo *m*.

couleuvre [kulœvr] *nf* culebra *f*.

coulisse [kulis] *nf* - **1.** [glissière] riel *m* - **2.** COUT jareta *f*. ◆ **coulisses** *nfpl* - **1.** THÉÂTRE bastidores *mpl* - **2.** *fig* [dessous] entresijos *mpl*.

coulisser [kulise] *vi* correr.

couloir [kulwar] *nm* - **1.** [corridor, passage] pasillo *m* - **2.** GÉOGR corredor *m* - **3.** SPORT calle *f*.

coup [ku] *nm* - **1.** [gén] golpe *m* ; **~ dur** duro golpe ; **~ franc** golpe franco ; **~ de grâce** golpe de gracia ; **sale ~** golpe bajo - **2.** [avec instrument, arme, partie du corps] : **passer un ~ de balai** pasar la escoba ; **~ de ciseaux** tijeretazo *m* ; **~ de coude** codazo *m* ; **~ de crayon** trazo *m* ; **~ de feu** disparo *m* ; **~ de fouet** latigazo *m* ; *fig* empujón *m* ; **~ de marteau** martillazo *m* ; **~ de pied** patada *f*, puntapié *m* ; **~ de poing** puñetazo *m* - **3.** *fam* [fois] vez *f* - **4.** [manifestation soudaine] acceso *m*, arrebato *m* ; **~ de barre** bajón *m* ; **~ de colère** arrebato de cólera ; **~ de tonnerre** trueno *m* - **5.** [action spectaculaire] jugada *f* ; **préparer un mauvais ~** preparar una mala pasada - **6.** *loc* : **avoir un ~ dans l'aile** OU **dans le nez** *fam* estar un poco contentillo(lla) ; **boire un ~** *fam* tomar una copa ; **donner un ~ de main à qqn** echar una mano a alguien ; **tenir le ~** aguantar (el tipo) ; **valoir le ~** valer la pena. ◆ **coup d'État** *nm* golpe *m* de Estado. ◆ **coup de fil** *nm* llamada *f* ; **passer un ~ de fil (à qqn)** dar un telefonazo (a alguien). ◆ **coup de foudre** *nm* flechazo *m*. ◆ **coup de téléphone** *nm* llamada *f* (telefónica) *Esp*, llamado *m Amér* ; **donner** OU **passer un ~ de téléphone** llamar por teléfono. ◆ **coup de théâtre** *nm* golpe *m* de efecto. ◆ **à coup sûr** *loc adv* seguro ; **il l'aura oublié, à ~ sûr** seguro que se le habrá olvidado. ◆ **du coup** *loc adv* resulta que. ◆ **du premier coup** *loc adv* a la primera. ◆ **coup sur coup** *loc adv* uno tras otro, una tras otra. ◆ **sous le coup de** *loc prép* - **1.** [sous l'action de] bajo el peso de - **2.** [sous l'effet de] bajo el efecto de. ◆ **tout à coup** *loc adv* de repente.

coupable [kupabl] ◇ *adj* - **1.** [personne] culpable - **2.** [action, pensée] censurable. ◇ *nmf* culpable *mf*.

coupant, e [kupɑ̃, ɑ̃t] *adj* cortante.

coupe [kup] *nf* - **1.** [verre & SPORT] copa *f* - **2.** [coiffure & COUT] corte *m* - **3.** [d'arbres] tala *f* - **4.** [plan] sección *f* - **5.** [aux cartes] corte *m* - **6.** [de mot] partición *f* de palabras - **7.** [réduction] recorte *m*.

coupé, e [kupe] *adj* cortado(da). ◆ **coupé** *nm* cupé *m*.

coupe-ongles [kupɔ̃gl] *nm inv* cortaúñas *m inv*.

coupe-papier [kuppapje] (*pl* **coupe-papiers** OU *inv*) *nm* abrecartas *m inv*.

couper [kupe] ◇ *vt* - **1.** [gén & INFORM] cortar - **2.** [blé, herbe] segar - **3.** [traverser] cruzar - **4.** [vin] aguar - **5.** [aux cartes] matar. ◇ *vi* cortar ; **tu ne vas pas ~ à la vaisselle** *fam* no te vas a escaquear de lavar los platos.

couper-coller *nm inv* INFORM : **faire un ~** hacer un corta pega.

couperet [kuprɛ] *nm* cuchilla *f*.

couperose [kuproz] *nf* acné *f* rosácea.

couple [kupl] *nm* - **1.** [de personnes, d'oiseaux] pareja *f* - **2.** PHYS & MATHS par *m*.

coupler [kuple] *vt* TECHNOL acoplar.

couplet [kuplɛ] *nm* estrofa *f* ; *fig* cantinela *f*.

coupole [kupɔl] *nf* cúpula *f*.

coupon [kupɔ̃] *nm* - **1.** [de tissu] retal *m* - **2.** [billet & FIN] cupón *m*.

coupon-réponse (*pl* **coupons-réponse**) *nm* cupón *m* respuesta.

coupure [kupyr] *nf* - **1.** [gén] corte *m* ; **~ de courant** apagón *m* ; TECHNOL corte de corriente - **2.** [extrait de journal] recorte *m* - **3.** [billet de banque] billete *m* ; **grosses/petites ~s** billetes grandes/pequeños - **4.** *fig* [rupture] interrupción *f*.

cour [kur] *nf* - **1.** [espace] patio *m* - **2.** [entourage] corte *f* - **3.** [tribunal] tribunal *m* ; **~ d'assises** ≃ audiencia *f* provincial ; **~ martiale** tribunal militar. ◆ **Cour de cassation** *nf* : **la Cour de cassation** ≃ el Tribunal Supremo. ◆ **Cour des comptes** *nf* : **la Cour des comptes** ≃ el Tribunal de Cuentas.

courage [kuraʒ] *nm* - **1.** [bravoure] valor *m*, valentía *f* - **2.** [énergie] ánimo *m*.

courageux, euse [kuraʒø, øz] *adj* - **1.** [brave] valiente - **2.** [travailleur] animoso(sa) - **3.** [audacieux] audaz.

courant, e [kurɑ̃, ɑ̃t] *adj* corriente. ◆ **courant** *nm* - **1.** [gén] corriente *f* ; **~ d'air** corriente de aire ; **~ de pensée** corriente de pensamiento - **2.** [de personnes] movimiento *m*. ◆ **au courant** *loc adv* : **être au ~ (de qqch)** estar al corriente (de algo) ; **mettre/tenir qqn au ~ (de qqch)** poner/mantener a alguien al corriente (de algo) ; **se mettre/se tenir au ~ (de qqch)** ponerse/mantenerse al corriente (de algo).

courbature [kurbatyr] *nf* agujetas *fpl*.

courbaturé, e [kurbatyre] *adj* : **être ~** tener agujetas.

courbe [kurb] ◇ *nf* curva *f* ; **~ de niveau** curva de nivel. ◇ *adj* curvo(va).

courber [kurbe] ◇ *vt* - **1.** [branche, tige] curvar - **2.** [tête, front] inclinar. ◇ *vi* [ployer] encorvarse. ◆ **se courber** *vp* - **1.** [branche, tige] curvarse - **2.** [se baisser] inclinarse.

courbette [kurbɛt] *nf* zalema *f* ; **faire des ~s à** OU **devant qqn** *fig* hacer zalemas a OU ante alguien.

coureur, euse [kurœr, øz] *nm, f* corredor *m*, -ra *f* ; **~ cycliste** ciclista *mf*.

courge [kurʒ] *nf* - **1.** [légume] calabaza *f* - **2.** *fam* [imbécile] cabeza hueca *mf*.

courgette [kurʒɛt] *nf* calabacín *m*.

courir [kurir] ◇ *vt* - **1.** [course, risque] correr - **2.** [parcourir] recorrer - **3.** [fréquenter] frecuentar ; **~ les magasins** ir de tiendas - **4.** *fig* [rechercher] buscar. ◇ *vi* correr.

couronne [kurɔn] *nf* - **1.** [gén] corona *f* - **2.** [pain] rosco *m*.

couronnement [kurɔnmɑ̃] *nm* coronación *f*.

couronner [kurɔne] *vt* coronar.

courre [kur] ▷ **chasse**.

courrier [kurje] *nm* correo *m* ; **~ du cœur** consultorio *m* sentimental ; **~ électronique** correo electrónico.

courroie [kurwa] *nf* correa *f* ; **~ de transmission** correa de transmisión.

courroucé, e [kuruse] *adj sout* enfurecido(da).

courroucer [kuruse] *vt sout* enojar.

cours [kur] *nm* - **1.** [gén] curso *m* ; **~ d'eau**

[grand] río *m* ; [petit] riachuelo *m* ; **en ~** [année] en curso ; [affaire] pendiente ; **en ~ de route** por el camino ; **donner** OU **laisser libre ~ à** dar rienda suelta a **- 2.** FIN cotización *f* ; **avoir ~** [monnaie] tener curso legal ; *fig* practicarse **- 3.** [leçon] clase *f* **- 4.** [classe] : **~ élémentaire 1** ≃ segundo de EGB ; **~ élémentaire 2** ≃ tercero de EGB ; **~ moyen 1** ≃ cuarto de EGB ; **~ moyen 2** ≃ quinto de EGB ; **~ préparatoire** ≃ primero de EGB **- 5.** [établissement] academia *f* **- 6.** [notes de cours] apuntes *mpl* **- 7.** [avenue] paseo *m*.

course [kurs] *nf* **- 1.** [action de courir, compétition] carrera *f* ; **~ contre la montre** carrera contrarreloj **- 2.** [de projectile] trayectoria *f* **- 3.** [achat] compra *f* ; **faire les ~s** hacer la compra.

coursier, ère [kursje, ɛr] *nm, f* mensajero *m*, -ra *f*.

court, e [kur, kurt] *adj* corto(ta). ◆ **court** *adv* : **être à ~ d'argent/d'idées/d'arguments** andar corto(ta) de dinero/de ideas/de argumentos ; **prendre qqn de ~** pillar desprevenido(da) ; **tourner ~** acabarse antes de tiempo.

court-bouillon *nm* caldo *m*.

court-circuit *nm* cortocircuito *m*.

courtier, ère [kurtje, ɛr] *nm, f* corredor *m*, -ra *f*.

courtisan, e [kurtizɑ̃, an] *nm, f* **- 1.** HIST cortesano *m*, -na *f* **- 2.** *fig* [flatteur] adulador *m*, -ra *f*.

courtiser [kurtize] *vt* **- 1.** [flatter] adular **- 2.** *vieilli* [femme] cortejar.

court-métrage *nm* cortometraje *m*.

courtois, e [kurtwa, az] *adj* cortés.

courtoisie [kurtwazi] *nf* cortesía *f*.

couru, e [kury] ◇ *pp* ▷ **courir**. ◇ *adj* concurrido(da).

cousin, e [kuzɛ̃, in] *nm, f* primo *m*, -ma *f*.

coussin [kusɛ̃] *nm* cojín *m*.

cousu, e [kuzy] ◇ *pp* ▷ **coudre**. ◇ *adj* cosido(da).

coût [ku] *nm* coste *m* ; **~s de distribution** costes de distribución.

coûtant [kutɑ̃] ▷ **prix**.

couteau, x [kuto] *nm* **- 1.** [gén] cuchillo *m* ; **~ à cran d'arrêt** navaja *f* de muelle **- 2.** [outil] espátula *f* **- 3.** [coquillage] navaja *f*.

coûter [kute] ◇ *vi* costar. ◇ *vt* costar ; **ça coûte combien?** ¿cuánto cuesta?, ¿cuánto es? ◆ **coûte que coûte** *loc adv* cueste lo que cueste.

coûteux, euse [kutø, øz] *adj* costoso(sa).

coutume [kutym] *nf* costumbre *f*.

couture [kutyr] *nf* costura *f*.

couturier, ère [kutyrje, ɛr] *nm, f* modisto *m*, -ta *f*.

couvée [kuve] *nf* nidada *f*.

couvent [kuvɑ̃] *nm* convento *m*.

couver [kuve] ◇ *vt* **- 1.** [œuf, maladie] incubar **- 2.** [enfant] mimar *Esp*, papachar *Amér*. ◇ *vi* **- 1.** [complot] cocerse **- 2.** [feu] quedar rescoldos.

couvercle [kuvɛrkl] *nm* tapadera *f*.

couvert, e [kuvɛr, ɛrt] ◇ *pp* ▷ **couvrir**. ◇ *adj* **- 1.** [habillé] abrigado(da) **- 2.** [ciel, temps] nublado(da) **- 3.** [plein] : **~ de qqch** lleno de algo. ◆ **couvert** *nm* **- 1.** [abri] refugio *m*, abrigo *m* ; **se mettre à ~** ponerse a cubierto **- 2.** [à table] cubierto *m* ; **mettre le ~** poner la mesa. ◆ **couverts** *nmpl* cubiertos *mpl*.

couverture [kuvɛrtyr] *nf* **- 1.** [de lit] manta *f Esp*, cobija *f Amér* ; **~ chauffante** manta eléctrica **- 2.** [de livre] encuadernación *f*, cubierta *f*, tapa *f* ; [de magazine] portada *f* **- 3.** [protection & PRESSE] cobertura *f* ; **~ sociale** cobertura de la Seguridad Social **- 4.** [d'activité secrète] tapadera *f* **- 5.** [toit] cubierta *f*.

couveuse [kuvøz] *nf* **- 1.** [pour œuf, bébé] incubadora *f* **- 2.** [poule] clueca *f*.

couvre-chef [kuvrəʃɛf] (*pl* **couvre-chefs**) *nm* sombrero *m*.

couvre-feu [kuvrəfø] (*pl* **couvre-feux**) *nm* toque *m* de queda.

couvreur [kuvrœr] *nm* techador *m*.

couvrir [kuvrir] *vt* **- 1.** [gén & PRESSE] cubrir ; **~ qqn de qqch** [combler de] cubrir a alguien de algo **- 2.** [vêtir] abrigar **- 3.** [livre] forrar **- 4.** [récipient, bruit] tapar **- 5.** [recouvrir] : **~ qqch de qqch** llenar algo de algo. ◆ **se couvrir** *vp* **- 1.** [gén] cubrirse **- 2.** [se vêtir] abrigarse.

CP (*abr de* **cours préparatoire**) *nm* ≃ 1° de EGB.

CPAM (*abr de* **Caisse primaire d'assurance maladie**) *nf institución pública que reembolsa los gastos médicos del ciudadano,* ≃ INSALUD *m*.

cpt *abr de* **comptant**.

crabe [krab] *nm* cangrejo *m*.

crachat [kraʃa] *nm* escupitajo *m*.

cracher [kraʃe] ◇ *vi* **- 1.** [personne] escupir ; **ne pas ~ sur qqch** *fam fig* no hacer ascos a algo **- 2.** [crépiter] chisporrotear. ◇ *vt* escupir.

crachin [kraʃɛ̃] *nm* calabobos *m inv*.
crachoir [kraʃwar] *nm* escupidera *f Esp*, salivadera *f Amér*.
craie [krɛ] *nf* - **1.** [roche] roca *f* caliza - **2.** [pour écrire] tiza *f Esp*, gis *m Amér*.
craindre [krɛ̃dr] *vt* - **1.** [redouter] temer, tener miedo de ; **elle craint de prendre froid** teme pasar frío, tiene miedo de pasar frío ; **elle craint que vous (n')ayez oublié quelque chose** teme que os hayáis olvidado algo, tiene miedo de que os hayáis olvidado algo - **2.** [être sensible à] alterarse con.
craint, e [krɛ̃, ɛ̃t] *pp* ▻ **craindre.**
crainte [krɛ̃t] *nf* temor *m*. ◆ **de crainte de** *loc prép* por temor a. ◆ **de crainte que** *loc conj* por temor a que ; **de ~ qu'il (ne) parte** por temor a que se vaya.
craintif, ive [krɛ̃tif, iv] *adj* temeroso(sa).
cramoisi, e [kramwazi] *adj* rojo(ja) carmesí.
crampe [krɑ̃p] *nf* calambre *m* ; **~ d'estomac** retortijón *m* de estómago.
crampon [krɑ̃pɔ̃] *nm* - **1.** [crochet] gancho *m* - **2.** [de chaussures] taco *m* - **3.** *fam* [personne] lapa *f*.
cramponner [krɑ̃pɔne] ◆ **se cramponner** *vp* - **1.** [s'agripper] : **se ~ (à qqch/à qqn)** agarrarse (a algo/a alguien) - **2.** *fig* [s'attacher] aferrarse ; **se ~ à qqch** [vie, espoir] aferrarse a algo.
cran [krɑ̃] *nm* - **1.** [de ceinture] agujero *m* - **2.** [entaille] muesca *f* ; **~ d'arrêt** muelle *m* ; **~ de sûreté** seguro *m* - **3.** *fig* [degré] : **baisser/monter d'un ~** bajar/subir un punto - **4.** *fam* [audace] agallas *fpl*.
crâne [kran] *nm* cráneo *m*.
crâner [krane] *vi fam* fardar.
crânien, enne [kranjɛ̃, ɛn] *adj* craneal.
crapaud [krapo] *nm* sapo *m*.
crapule [krapyl] *nf* crápula *f*.
craquelure [kraklyr] *nf* grieta *f*.
craquement [krakmɑ̃] *nm* crujido *m*.
craquer [krake] ◇ *vi* - **1.** [parquet, branches] crujir - **2.** [se déchirer] reventar - **3.** [être séduit] : **il craque pour le chocolat/sa voisine** le chifla el chocolate/su vecina - **4.** [perdre le contrôle] : **il n'en peut plus, il va ~** no puede más, le va a dar algo - **5.** [être effrondré] hundirse - **6.** *fam* [au jeu] fundirse. ◇ *vt* - **1.** [allumette] frotar - **2.** [couture] desgarrar, romper.
crasse [kras] ◇ *nf* - **1.** [saleté] mugre *f* - **2.** *fam* [mauvais tour] jugarreta *f*. ◇ *adj* [bêtise, ignorance] craso(sa).
crasseux, euse [krasø, øz] *adj* mugriento(ta).
cratère [kratɛr] *nm* cráter *m*.
cravache [kravaʃ] *nf* fusta *f*.
cravate [kravat] *nf* corbata *f*.
crawl [krol] *nm* crol *m*.
crayon [krɛjɔ̃] *nm* lápiz *m* ; **~ à bille** bolígrafo *m* ; **~ de couleur** lápiz de color.
créancier, ère [kreɑ̃sje, ɛr] *nm, f* acreedor *m*, -ra *f*.
créateur, trice [kreatœr, tris] *adj* & *nm, f* creador(ra).
créatif, ive [kreatif, iv] *adj* & *nm, f* creativo(va).
création [kreasjɔ̃] *nf* creación *f*.
créativité [kreativite] *nf* creatividad *f*.
créature [kreatyr] *nf* criatura *f*.
crécelle [kresɛl] *nf* carraca *f*, matraca *f*.
crèche [krɛʃ] *nf* - **1.** [garderie] guardería *f* infantil - **2.** [de Noël] belén *m*.
crédibiliser [kredibilize] *vt* dar credibilidad a.
crédit [kredi] *nm* crédito *m* ; **faire ~ à qqn** dar crédito a alguien ; **acheter/vendre (qqch) à ~** comprar/vender (algo) a crédito.
crédit-bail *nm* leasing *m*.
créditeur, trice [kreditœr, tris] *adj* & *nm, f* acreedor(ra).
crédule [kredyl] *adj* crédulo(la).
crédulité [kredylite] *nf* credulidad *f*.
créer [kree] *vt* crear ; **~ des ennuis à qqn** crear problemas a alguien.
crémaillère [kremajɛr] *nf* - **1.** [de cheminée] llares *fpl* ; **pendre la ~** *fig* inaugurar la casa con una fiesta - **2.** TECHNOL cremallera *f*.
crémation [kremasjɔ̃] *nf* cremación *f*.
crème [krɛm] ◇ *nf* - **1.** [gén] crema *f* ; **~ anglaise** crema inglesa ; **~ anti-âge** crema contra el envejecimiento ; **~ hydratante** crema hidratante ; **~ à raser** crema de afeitar - **2.** [du lait] nata *f* ; **~ fouettée** nata batida ; **~ fraîche** nata. ◇ *adj inv* [couleur] crema *(en aposición)*.
crémerie [kremri] *nf* mantequería *f*, lechería *f*.
crémier, ère [kremje, ɛr] *nm, f* mantequero *m*, -ra *f*.
créneau, x [kreno] *nm* - **1.** [pour se garer] aparcamiento *m* ; **faire un ~** aparcar - **2.** [horaire] hueco *m* - **3.** COMM segmento *m* de mercado - **4.** [de fortification] almena *f*.
créole [kreɔl] ◇ *nm* LING criollo *m*. ◇ *adj* criollo(lla).

crêpe [krɛp] ◇ *nf* crepe *f*. ◇ *nm* - **1.** [tissu] crespón *m* - **2.** [caoutchouc] crepé *m*.

crêperie [krɛpri] *nf* crepería *f*.

crépi [krepi] *nm* enlucido *m*.

crépir [krepir] *vt* enlucir.

crépiter [krepite] *vi* crepitar.

crépon [krepɔ̃] *nm* crespón *m*.

crépu, e [krepy] *adj* crespo(pa).

crépuscule [krepyskyl] *nm* - **1.** [tombée du jour] anochecer *m* - **2.** *fig* & *sout* [fin] crepúsculo *m*.

crescendo [kreʃɛndo, kreʃɛ̃do] ◇ *adv* crescendo ; **aller ~** ir in crescendo. ◇ *nm inv* crescendo *m*.

cresson [kresɔ̃] *nm* berro *m*.

Crète [krɛt] *nf* : **la ~** Creta.

crête [krɛt] *nf* cresta *f*.

crétin, e [kretɛ̃, in] *adj* & *nm, f fam* cretino(na).

creuse ▷ **creux.**

creuser [krøze] ◇ *vt* - **1.** [trou, sol, tunnel] cavar - **2.** *fig* [sujet, idée] profundizar en, ahondar en - **3.** [front, visage] : **creusé de rides** lleno de arrugas ; **creusé par la fatigue** marcado por el cansancio - **4.** *fig* [écart, différence] aumentar. ◇ *vi* [donner faim] : **ça creuse!** *fam* ¡esto abre el estómago!

creuset [krøzɛ] *nm* crisol *m*.

creux, euse [krø, krøz] *adj* - **1.** [vide] hueco(ca) - **2.** [assiette] hondo(da) - **3.** [période] bajo(ja) - **4.** [raisonnement] vacío(cía). ◆ **creux** *nm* hueco *m*.

crevaison [krəvɛzɔ̃] *nf* pinchazo *m*.

crevasse [krəvas] *nf* grieta *f*.

crève-cœur [krɛvkœr] *nm inv* desconsuelo *m*.

crever [krəve] ◇ *vi* - **1.** [éclater] reventar ; [pneu] pinchar - **2.** *fam fig* [déborder] : **~ de qqch** [jalousie, rage] reventar de algo - **3.** *fam* [mourir] palmarla. ◇ *vt* reventar. ◆ **se crever** *vp fam* reventarse.

crevette [krəvɛt] *nf* gamba *f Esp*, camarón *m Amér*.

cri [kri] *nm* - **1.** [de personne, animal] grito *m* ; **pousser un ~** dar OU pegar un grito ; **c'est du dernier ~** *fig* es el último grito - **2.** [appel] voz *f*.

criant, e [krijɑ̃, ɑ̃t] *adj* patente, flagrante.

criard, e [krijar, ard] *adj* chillón(ona).

crible [kribl] *nm* criba *f* ; **passer qqch au ~** *fig* pasar algo por la criba.

criblé, e [krible] *adj* : **~ de** [troué de] acribillado de ; [parsemé de] picado de ; **être ~ de dettes** estar acribillado de deudas.

cric [krik] *nm* gato *m (herramienta)*.

crier [krije] ◇ *vi* - **1.** [hurler] gritar - **2.** [protester] clamar ; **~ contre** OU **après qqn** clamar contra alguien. ◇ *vt* gritar.

crime [krim] *nm* - **1.** [homicide, faute] crimen *m* ; **~s contre l'humanité** crímenes *mpl* contra la humanidad - **2.** JUR [infraction à la loi] delito *m*.

criminalité [kriminalite] *nf* criminalidad *f*.

criminel, elle [kriminɛl] ◇ *adj* criminal. ◇ *nm, f* criminal *mf* ; **~ de guerre** criminal de guerra.

crin [krɛ̃] *nm* crin *f* ; **à tous ~s** de tomo y lomo.

crinière [krinjɛr] *nf* - **1.** [de lion, personne] melena *f* - **2.** [de cheval] crines *fpl*.

crique [krik] *nf* cala *f*.

criquet [krikɛ] *nm* langosta *f Esp*, chapulín *m Amér*.

crise [kriz] *nf* - **1.** [accès] ataque *m*, crisis *f inv* ; **~ cardiaque/de foie** ataque cardíaco/hepático, crisis cardíaca/hepática ; **~ de nerfs** ataque de nervios - **2.** [phase critique] crisis *f inv*.

crispation [krispasjɔ̃] *nf* crispación *f*.

crisper [krispe] *vt* - **1.** [visage] crispar - **2.** [personne] crisparle los nervios a. ◆ **se crisper** *vp* crisparse.

crisser [krise] *vi* rechinar.

cristal, aux [kristal, o] *nm* cristal *m* ; **~ de roche** cristal de roca.

cristallin, e [kristalɛ̃, in] *adj* cristalino(na). ◆ **cristallin** *nm* ANAT cristalino *m*.

critère [kritɛr] *nm* criterio *m*.

critique [kritik] ◇ *nmf* crítico *m*, -ca *f*. ◇ *nf* crítica *f*. ◇ *adj* crítico(ca).

critiquer [kritike] *vt* - **1.** [personne, action] criticar - **2.** [film, livre] hacer la crítica de.

croasser [krɔase] *vi* graznar.

croate [krɔat] *adj* croata. ◆ **Croate** *nmf* croata *mf*.

Croatie [krɔasi] *nf* : **la ~** Croacia.

croc [kro] *nm* - **1.** [crochet] gancho *m* - **2.** [canine de chien] colmillo *m*.

croche [krɔʃ] *nf* corchea *f*.

croche-pied [krɔʃpje] (*pl* **croche-pieds**) *nm* zancadilla *f* ; **faire un ~ à qqn** poner la zancadilla a alguien.

crochet [krɔʃɛ] *nm* - **1.** [gén] gancho *m* ; **vivre aux ~s de qqn** vivir a expensas de alguien - **2.** [ouvrage de tricot] ganchillo *m*

- **3.** [signe graphique] corchete *m* - **4.** [détour] rodeo *m*.

crochu, e [krɔʃy] *adj* [doigts, nez, bec] ganchudo(da) ; [ongles] curvado(da).

crocodile [krɔkɔdil] *nm* cocodrilo *m*.

croire [krwar] ◇ *vt* creer ; **~ que** [penser que] creer que ; **je le crois honnête** creo que es honrado ; **j'ai cru l'apercevoir hier** me pareció verle ayer. ◇ *vi* creer ; **~ à qqch** creer en algo ; **~ en qqn** creer en alguien.

croisade [krwazad] *nf* cruzada *f*.

croisé, e [krwaze] *adj* - **1.** [veste] cruzado(da) - **2.** [rime] alterno(na). ◆ **croisé** *nm* cruzado *m*. ◆ **croisée** *nf* - **1.** [fenêtre] ventana *f* - **2.** *fig* [croisement] : **à la ~e des chemins** en la encrucijada.

croisement [krwazmɑ̃] *nm* cruce *m*.

croiser [krwaze] ◇ *vt* - **1.** [jambes, bras] cruzar - **2.** [chemin, route] atravesar - **3.** [passer à côté de] cruzarse con - **4.** BIOL cruzar. ◇ *vi* NAVIG patrullar. ◆ **se croiser** *vp* cruzarse.

croisière [krwazjɛr] *nf* crucero *m* ; **faire une ~** hacer un crucero.

croisillons [krwazijɔ̃] *nmpl* celosía *f* ; **à ~** de celosía.

croissance [krwasɑ̃s] *nf* crecimiento *m* ; **~ économique** crecimiento económico.

croissant, e [krwasɑ̃, ɑ̃t] *adj* creciente. ◆ **croissant** *nm* - **1.** [lune] media luna *f* - **2.** CULIN croissant *m*.

croître [krwatr] *vi* crecer ; **ne faire que ~ et embellir** *iron* ir de mal en peor.

croix [krwa] *nf* - **1.** [gén] cruz *f* ; **~ de guerre** ≃ medalla *f* al mérito militar - **2.** [signe graphique] cruz *m*, aspa *f* ; **en ~** en cruz. ◆ **Croix-Rouge** *nf* : **la Croix-Rouge** la Cruz Roja.

croquant, e [krɔkɑ̃, ɑ̃t] *adj* crujiente. ◆ **croquant** *nm vieilli* labriego *m*.

croque-mitaine [krɔkmitɛn] (*pl* **croque-mitaines**) *nm* coco *m (para asustar)*.

croque-monsieur [krɔkməsjø] *nm inv* *sandwich caliente de jamón y queso*.

croque-mort [krɔkmɔr] (*pl* **croque-morts**) *nm fam* enterrador *m*.

croquer [krɔke] ◇ *vt* - **1.** [manger] comer a mordiscos - **2.** [dessiner] bosquejar. ◇ *vi* crujir.

croquette [krɔkɛt] *nf* croqueta *f*.

croquis [krɔki] *nm* croquis *m inv*.

cross [krɔs] *nm* SPORT cross *m inv*.

crotte [krɔt] ◇ *nf* caca *f*. ◇ *interj fam* ¡córcholis!

crottin [krɔtɛ̃] *nm* [de cheval] cagajón *m*.

crouler [krule] *vi* venirse abajo ; **~ sous qqch** [poids] hundirse por algo ; *fig* [travail, responsabilités] estar agobiado(da) por algo.

croupe [krup] *nf* grupa *f* ; **monter en ~** ir a la grupa ; [en moto] ir de paquete.

croupier [krupje] *nm* croupier *m*, crupier *m*.

croupir [krupir] *vi* - **1.** [eaux] estancarse - **2.** *fig* [personne] pudrirse.

croustillant, e [krustijɑ̃, ɑ̃t] *adj* - **1.** [biscuit, pain] crujiente - **2.** [détail] picante.

croustiller [krustije] *vi* crujir.

croûte [krut] *nf* - **1.** [de pain, fromage etc] corteza *f* ; **~ terrestre** corteza terrestre - **2.** CULIN pastel *m* hojaldrado - **3.** [de plaie] costra *f* - **4.** *fam péj* [tableau] mamarracho *m*.

croûton [krutɔ̃] *nm* - **1.** [bout du pain] pico *m* - **2.** [pain frit] picatoste *m* - **3.** *fam* [vieillard] : **un vieux ~** un carroza.

croyance [krwajɑ̃s] *nf* creencia *f*.

croyant, e [krwajɑ̃, ɑ̃t] *adj* & *nm, f* creyente.

CRS (*abr de* **Compagnie républicaine de sécurité**) *nm* ≃ antidisturbios *mpl* ; **on a fait appel aux ~** ≃ llamaron a los antidisturbios.

cru, e [kry] ◇ *pp* ▻ **croire**. ◇ *adj* - **1.** [aliment] crudo(da) - **2.** [lumière, couleur] vivo(va) - **3.** [réponse] directo(ta) - **4.** [histoire] verde. ◆ **à cru** *loc adv* : **monter à ~** montar a pelo.

crû [kry] *pp* ▻ **croître**.

cruauté [kryote] *nf* crueldad *f*.

cruche [kryʃ] *nf* - **1.** [objet] cántaro *m* - **2.** *fam* [personne] zoquete *m*.

crucial, e, aux [krysjal, o] *adj* crucial.

crucifix [krysifi] *nm* crucifijo *m*.

crue [kry] *nf* crecida *f*.

cruel, elle [kryɛl] *adj* cruel.

crûment [krymɑ̃] *adv* crudamente.

crustacé [krystase] *nm* crustáceo *m*.

crypter [kripte] *vt* codificar ; **chaîne cryptée** canal *m* codificado.

cs *abr de* **cuillère à soupe**.

Cuba [kyba] *n* Cuba.

cubain, e [kybɛ̃, ɛn] *adj* cubano(na). ◆ **Cubain, e** *nm, f* cubano *m*, -na *f*.

cube [kyb] ◇ *nm* cubo *m*. ◇ *adj* cúbico(ca).

cueillette [kœjɛt] *nf* cosecha *f*.

cueillir [kœjir] *vt* - **1.** [fruits, fleurs] coger - **2.** *fam* [personne] pillar.

cuillère, cuiller [kɥijɛr] *nf* cuchara *f* ;

~ à café cucharilla *f* de café ; **~ à dessert** cuchara de postre ; **~ à soupe** cuchara sopera ; **petite ~** cucharilla *f*.

cuillerée [kɥijere] *nf* cucharada *f*.

cuir [kɥir] *nm* cuero *m*, piel *f* ; **~ véritable** piel genuina. ◆ **cuir chevelu** *nm* cuero *m* cabelludo.

cuirasse [kɥiras] *nf* coraza *f*.

cuirassé [kɥirase] *nm* NAVIG acorazado *m*.

cuire [kɥir] ◇ *vt* cocer. ◇ *vi* [aliment] cocer.

cuisine [kɥizin] *nf* **- 1.** [gén] cocina *f* ; **faire la ~** cocinar **- 2.** *fam* [combine] artimaña *f* ; **faire sa petite ~** montárselo a su forma.

cuisiné, e [kɥizine] *adj* precocinado(da).

cuisiner [kɥizine] ◇ *vt* **- 1.** [aliments] cocinar **- 2.** *fam* [personne] tirar de la lengua a. ◇ *vi* cocinar.

cuisinier, ère [kɥizinje, ɛr] *nm, f* cocinero *m*, -ra *f*. ◆ **cuisinière** *nf* [appareil] cocina *f* ; **cuisinière électrique/à gaz** cocina eléctrica/de gas.

cuisse [kɥis] *nf* muslo *m*.

cuisson [kɥisɔ̃] *nf* cocción *f*.

cuit, e [kɥi, kɥit] ◇ *pp* ▷ **cuire**. ◇ *adj* CULIN cocido(da) ; **bien ~** muy hecho.

cuivre [kɥivr] *nm* [métal] cobre *m*.

cuivré, e [kɥivre] *adj* cobrizo(za).

cul [ky] *nm vulg* culo *m*.

culbute [kylbyt] *nf* **- 1.** [saut] voltereta *f* **- 2.** [chute] costalada *f*.

cul-de-sac [kydsak] (*pl* **culs-de-sac**) *nm* callejón *m* sin salida.

culinaire [kylinɛr] *adj* culinario(ria).

culminant [kylminɑ̃] ▷ **point**.

culminer [kylmine] *vi* [surplomber] culminar.

culot [kylo] *nm* **- 1.** *fam* [toupet] morro *m* ; **avoir du ~** tener morro **- 2.** [d'ampoule] casquillo *m* **- 3.** [de bouteille] casco *m* **- 4.** [dépôt] residuo *m*.

culotte [kylɔt] *nf* **- 1.** [vêtement d'enfant] pantalón *m*, pantalones *mpl* **- 2.** [sous-vêtement féminin] bragas *fpl*.

culotté, e [kylɔte] *adj* **- 1.** *fam* [personne] : **être ~** tener jeta **- 2.** [pipe] ennegrecido(da).

culpabilité [kylpabilite] *nf* culpabilidad *f*.

culte [kylt] *nm* culto *m*.

cultivateur, trice [kyltivatœr, tris] *nm, f* labrador *m*, -ra *f*.

cultivé, e [kyltive] *adj* **- 1.** [plante, terre] cultivado(da) **- 2.** [personne] culto(ta).

cultiver [kyltive] *vt* cultivar.

culture [kyltyr] *nf* **- 1.** [gén] cultura *f* ; **~ physique** cultura física **- 2.** AGRIC cultivo *m* ; **~s vivrières** cultivo de plantas comestibles.

culturel, elle [kyltyrɛl] *adj* cultural.

culturisme [kyltyrism] *nm* culturismo *m*.

cumin [kymɛ̃] *nm* comino *m*.

cumuler [kymyle] *vt* acumular.

cupide [kypid] *adj* codicioso(sa).

cure [kyr] *nf* MÉD cura *f* ; **faire une ~ de qqch** *fig* darse un hartón de algo ; **~ de désintoxication/de sommeil** cura de desintoxicación/de sueño ; **~ thermale** cura termal.

curé [kyre] *nm* cura *m*.

cure-dents [kyrdɑ̃] *nm inv* mondadientes *m inv*, palillo *m* (de dientes).

curée [kyre] *nf fig* arrebatiña *f*.

curer [kyre] *vt* **- 1.** [puits] mondar **- 2.** [pipe] limpiar.

curieux, euse [kyrjø, øz] ◇ *adj* curioso(sa) ; **être ~ de qqch/de faire qqch** tener curiosidad por algo/por hacer algo. ◇ *nm, f* curioso *m*, -sa *f*.

curiosité [kyrjozite] *nf* curiosidad *f*.

curriculum vitae [kyrikylɔmvite] *nm inv* currículum *m* vitae.

curry [kyri], **carry** [kari], **cari** [kari] *nm* curry *m*.

curseur [kyrsœr] *nm* cursor *m*.

cutané, e [kytane] *adj* cutáneo(a).

cuti-réaction [kytireaksjɔ̃] *nf* cutirreacción *f*, dermorreacción *f*.

cuve [kyv] *nf* cuba *f*.

cuvée [kyve] *nf* **- 1.** [récolte de vin] cosecha *f* **- 2.** [contenu de cuve] cuba *f*.

cuvette [kyvɛt] *nf* **- 1.** [récipient] palangana *f* **- 2.** [partie creuse - de lavabo] lavabo *m* ; [- de WC] taza *f* **- 3.** GÉOGR depresión *f*.

CV *nm* **- 1.** (*abr de* **curriculum vitae**) currículum *m* **- 2.** (*abr de* **cheval-vapeur**) [puissance fiscale] CV *m*.

cyanure [sjanyr] *nm* cianuro *m*.

cybercafé [sibɛrkafe] *nm* cibercafé *m*.

cybernaute [sibɛrnot] *nm* cibernauta *mf*.

cyclable [siklabl] ▷ **piste**.

cycle [sikl] *nm* ciclo *m* ; **premier ~** SCOL ≃ segunda etapa *f* de EGB ; UNIV ≃ primer ciclo ; **second ~** SCOL ≃ BUP *m* ; UNIV ≃ segundo ciclo ; **troisième ~** UNIV ≃ tercer ciclo.

cyclique [siklik] *adj* cíclico(ca).

cyclisme [siklism] *nm* ciclismo *m*.
cycliste [siklist] *adj* & *nmf* ciclista.
cyclone [siklon] *nm* ciclón *m*.
cygne [siɲ] *nm* cisne *m*.
cylindre [silɛ̃dr] *nm* cilindro *m*.
cymbale [sɛ̃bal] *nf* címbalo *m*, platillo *m*.
cynique [sinik] *adj* & *nmf* cínico(ca).
cynisme [sinism] *nm* cinismo *m*.
cyprès [siprɛ] *nm* ciprés *m*.
cyrillique [sirilik] *adj* cirílico(ca).

D

d, D [de] *nm inv* [lettre] d *f*, D *f*. ◆ **d** (*abr de* **déci**) d.
d' ▷ **de**.
d'abord ▷ **abord**.
d'accord ▷ **accord**.
dactylo [daktilo] ◇ *nmf* [personne] mecanógrafo *m*, -fa *f*. ◇ *nf* [procédé] mecanografía *f*.
dactylographier [daktilɔgrafje] *vt* mecanografiar.
dada [dada] *nm* **- 1.** [cheval] caballito *m* **- 2.** *fam* [occupation favorite] hobby *m* **- 3.** *fam* [idée favorite] tema *m* predilecto **- 4.** ART dadaísmo *m*.
daigner [deɲe] *vi sout* : **~ faire qqch** dignarse a hacer algo.
daim [dɛ̃] *nm* **- 1.** [animal] gamo *m* **- 2.** [peau] ante *m*.
dallage [dalaʒ] *nm* enlosado *m*.
dalle [dal] *nf* losa *f*.
daltonien, enne [daltɔnjɛ̃, ɛn] *adj* & *nm, f* daltónico(ca).
dame [dam] *nf* **- 1.** [femme] señora *f* **- 2.** [aux cartes] reina *f*.
damier [damje] *nm* **- 1.** [de jeu de dames] tablero *m* de damas, damero *m* **- 2.** [motif] : **à ~** de cuadros.
damné, e [dane] ◇ *adj fam* [satané] condenado(da). ◇ *nm, f* RELIG condenado *m*, -da *f*.
damner [dane] *vt* RELIG condenar.
dancing [dɑ̃siŋ] *nm* sala *f* de baile.
dandiner [dɑ̃dine] ◆ **se dandiner** *vp* **- 1.** [canard] balancearse **- 2.** *péj* [personne] contonearse.
Danemark [danmark] *nm* : **le ~** Dinamarca.
danger [dɑ̃ʒe] *nm* peligro *m* ; **en ~** en peligro.
dangereux, euse [dɑ̃ʒrø, øz] *adj* peligroso(sa).
danois, e [danwa, az] *adj* danés(esa). ◆ **danois** *nm* LING danés *m*. ◆ **Danois, e** *nm, f* danés *m*, -esa *f*.
dans [dɑ̃] *prép* **- 1.** [le temps] en ; **~ un mois** dentro de un mes **- 2.** [l'espace] en ; **~ la chambre** en la habitación **- 3.** [indiquant l'état, la manière] en ; **vivre ~ la misère** vivir en la miseria ; **il est ~ le commerce** se dedica al comercio **- 4.** [environ] unos(nas) ; **ça coûte ~ les 100 francs** cuesta unos 100 francos.
dansant, e [dɑ̃sɑ̃, ɑ̃t] *adj* **- 1.** [musique, air] para bailar, bailable **- 2.** [soirée, thé] con baile, dansant.
danse [dɑ̃s] *nf* baile *m*.
danser [dɑ̃se] *vi* & *vt* bailar.
danseur, euse [dɑ̃sœr, øz] *nm, f* bailarín *m*, -ina *f*.
dard [dar] *nm* aguijón *m*.
date [dat] *nf* fecha *f* ; **à quelle ~?** ¿qué día? ; **en ~ du** con fecha de ; **~ de naissance** fecha de nacimiento.
dater [date] ◇ *vt* **- 1.** [lettre] fechar **- 2.** [objet ancien] datar. ◇ *vi* **- 1.** [faire date] ser un hito **- 2.** [être démodé] estar anticuado(da) **- 3.** [remonter à] : **~ de** datar de. ◆ **à dater de** *loc prép* a partir de.
datte [dat] *nf* dátil *m*.
dattier [datje] *nm* palmera *f* datilera.
dauphin [dofɛ̃] *nm* HIST & ZOOL delfín *m*.
daurade, dorade [dɔrad] *nf* dorada *f*.
davantage [davɑ̃taʒ] *adv* más ; **nous n'attendrons pas ~** no esperaremos más.
DDASS, Ddass [das] (*abr de* **Direction départementale d'action sanitaire et sociale**) *nf organismo que se encarga de la política sanitaria y social provincial y de la protección de la infancia* ; **un enfant de la ~** *un niño abandonado o maltratado recogido por la DDASS*.
de [də], **d'** (*devant voyelle ou h muet*) (*contraction de de+le* = **du** [dy], *contraction de de+les* = **des** [de]) ◇ *prép* **- 1.** [provenance] de ; **il est sorti ~ la maison** ha salido de casa ; **revenir ~ Paris** volver de París **- 2.** [avec à] : **~ ... à** de ... a ; **d'une ville à l'autre** de una ciudad a otra ; **du début à la fin** de principio a fin **- 3.** [appartenance] de ; **la porte du salon** la puerta del salón

- 4. [indique la détermination, la qualité] de ; **un verre d'eau** un vaso de agua ; **une ville ~ 500 000 habitants** una ciudad de 500.000 habitantes. ◇ *art partitif* : **je prendrai du fromage** tomaré queso ; **boire ~ l'eau** beber agua ; **ils n'ont pas d'enfants** no tienen hijos ; **avez-vous du pain?** ¿tiene pan?
DE (*abr de* **diplômé d'État**) *que tiene un diploma oficial.*
dé [de] *nm* **- 1.** [à jouer, morceau] dado *m* **- 2.** COUT : **~ à coudre** dedal *m.*
DEA (*abr de* **diplôme d'études approfondies**) *nm diploma de tercer ciclo universitario,* ≃ diploma *m* de postgrado.
dealer[1] [dile] *vi* hacer de camello.
dealer[2] [dilœr] *nm* camello *m (de droga).*
déambuler [deɑ̃byle] *vi* deambular.
débâcle [debakl] *nf* **- 1.** [débandade] desbandada *f* **- 2.** *fig* [ruine] debacle *f.*
déballer [debale] *vt* **- 1.** [marchandises] desembalar **- 2.** *fam fig* [confier] desembuchar.
débandade [debɑ̃dad] *nf* desbandada *f.*
débarbouiller [debarbuje] *vt* lavar la cara a. ◆ **se débarbouiller** *vp* lavarse la cara.
débarcadère [debarkadɛr] *nm* desembarcadero *m.*
débardeur [debardœr] *nm* **- 1.** [vêtement] camiseta *f* de tirantes **- 2.** [ouvrier] descargador *m.*
débarquement [debarkəmɑ̃] *nm* desembarco *m.*
débarquer [debarke] ◇ *vt* desembarcar. ◇ *vi* **- 1.** [d'un bateau & MIL] desembarcar **- 2.** *fam fig* [ne pas être au courant] estar en babia **- 3.** *fam* [arriver à l'improviste] encajarse.
débarras [debara] *nm* trastero *m.*
débarrasser [debarase] *vt* **- 1.** [nettoyer - pièce] despejar ; [- table] quitar **- 2.** [ôter] : **~ qqn de qqch** ayudar a alguien a quitarse algo ; **je vous débarrasse de votre manteau?** ¿me permite su abrigo? ◆ **se débarrasser** *vp* : **se ~ de qqn/de qqch** deshacerse de alguien/de algo ; **il s'est débarrassé de l'arme du crime** se deshizo del arma del crimen ; **il s'est débarrassé de son manteau** se quitó el abrigo.
débat [deba] *nm* debate *m.* ◆ **débats** *nmpl* POLIT debate *m.*
débattre [debatr] ◇ *vt* discutir. ◇ *vi* : **~ de qqch** discutir sobre algo. ◆ **se débattre** *vp* debatirse ; **se ~ contre qqch** *fig* luchar contra algo.
débattu, e [debaty] *pp* ▷ **débattre.**
débauche [deboʃ] *nf* desenfreno *m.*
débauché, e [deboʃe] *adj* & *nm, f* libertino(na).
débaucher [deboʃe] *vt* **- 1.** [corrompre] corromper, pervertir **- 2.** [licencier] despedir **- 3.** *fam* [détourner de son travail] distraer.
débile [debil] ◇ *nmf* **- 1.** MÉD retrasado *m*, -da *f* ; **un ~ mental** un retrasado mental **- 2.** *fam* [idiot] subnormal *mf.* ◇ *adj fam péj* [personne] subnormal ; [film] para subnormales.
débit [debi] *nm* **- 1.** [de marchandises] salida *f* **- 2.** [d'un arbre] corte *m* **- 3.** [de fleuve, robinet] caudal *m* **- 4.** [de compte bancaire] débito *m*, debe *m* **- 5.** [élocution] modo *m* de hablar.
débiter [debite] *vt* **- 1.** [marchandises] despachar **- 2.** [couper] cortar **- 3.** [suj : robinet] tener un caudal de **- 4.** [compte bancaire] cargar **- 5.** *fam fig* [prononcer] soltar.
débiteur, trice [debitœr, tris] *adj* & *nm, f* deudor(ra).
déblaiement [deblɛmɑ̃], **déblayage** [deblɛjaʒ] *nm* [de décombres] desescombro *m* ; [des obstacles] retirada *f.*
déblayer [debleje] *vt* [passage, route] despejar ; [décombres] desescombrar ; **~ le terrain** *fig* despejar el terreno.
débloquer [deblɔke] ◇ *vt* **- 1.** [machine] desbloquear **- 2.** [salaire, prix] descongelar. ◇ *vi fam* [perdre la tête] delirar.
déboires [debwar] *nmpl* desengaños *mpl.*
déboiser [debwaze] *vt* talar.
déboîter [debwate] ◇ *vt* **- 1.** [porte] desencajar **- 2.** [épaule] dislocar. ◇ *vi* desviarse. ◆ **se déboîter** *vp* **- 1.** [épaule] dislocarse **- 2.** [porte] desencajarse.
débonnaire [debɔnɛr] *adj* bonachón(ona).
déborder [debɔrde] *vi* **- 1.** [gén] desbordarse **- 2.** *fig* [être plein de] : **~ de qqch** rebosar de algo.
débouché [debuʃe] *nm* **- 1.** [issue - de vallée] desembocadura *f* ; [- de rue] salida *f* **- 2.** *(gén pl)* [de carrière & COMM] salida *f.*
déboucher [debuʃe] ◇ *vt* **- 1.** [bouteille] destapar, abrir **- 2.** [lavabo, conduite] desatascar **- 3.** [nez] despejar. ◇ *vi* desembocar ; **~ sur qqch** desembocar en algo.
débourser [deburse] *vt* desembolsar.
debout [dəbu] ◇ *adv* **- 1.** [verticalement] de pie **- 2.** *loc* : **tenir ~** [bâtiment] mantenerse en pie ; [argument] tener

fundamento ; **ne pas tenir** ~ no tenerse en pie. ◇ *interj* ¡arriba!
déboutonner [debutɔne] *vt* desabotonar.
débraillé, e [debraje] *adj* descamisado(da).
débrayage [debrɛjaʒ] *nm* - **1.** AUTOM desembrague *m* - **2.** [du travail] paro *m (huelga)*.
débrayer [debreje] *vi* - **1.** AUTOM desembragar - **2.** [cesser le travail] hacer un paro.
débris [debri] *nm* - **1.** [fragment] pedazo *m* - **2.** *fig* [d'État, d'armée] vestigios *mpl*.
débrouillard, e [debrujar, ard] *adj* & *nm, f* espabilado(da).
débrouiller [debruje] *vt* - **1.** [fils, cheveux] desenredar - **2.** [affaire, mystère] esclarecer. ◆ **se débrouiller** *vp fam* - **1.** [réussir] defenderse, espabilarse - **2.** [s'arranger] arreglárselas ; **se ~ pour** arreglárselas para.
débroussailler [debrusaje] *vt* - **1.** [terrain] desbrozar - **2.** *fig* [sujet, problème] preparar.
début [deby] *nm* comienzo *m*, principio *m* ; **au ~** al principio. ◆ **au début de** *loc prép* [gén] al principio de ; [d'année, de mois, de semaine] a principios de.
débutant, e [debytɑ̃, ɑ̃t] *adj* & *nm, f* debutante.
débuter [debyte] *vi* - **1.** [commencer] empezar, comenzar ; **~ par qqch** comenzar OU empezar con algo - **2.** [faire ses débuts - dans une activité] dar los primeros pasos ; [- dans une carrière] debutar.
déca [deka] *nm fam* descafeinado *m*.
deçà [dəsa] ◆ **en deçà de** *loc prép* de este lado de ; *fig* [en dessous de] por debajo de.
décacheter [dekaʃte] *vt* abrir *(una carta)*.
décadence [dekadɑ̃s] *nf* decadencia *f*.
décadent, e [dekadɑ̃, ɑ̃t] *adj* decadente.
décaféiné, e [dekafeine] *adj* descafeinado(da). ◆ **décaféiné** *nm* descafeinado *m*.
décalage [dekalaʒ] *nm* - **1.** [dans le temps] desfase *m* ; **~ horaire** diferencia *f* horaria - **2.** [dans l'espace] desajuste *m* - **3.** *fig* [différence] distancia *f*.
décaler [dekale] *vt* - **1.** [dans le temps] aplazar - **2.** [dans l'espace] desplazar ; **~ qqch d'un mètre** desplazar algo un metro.
décalitre [dekalitr] *nm* decalitro *m*.
décalquer [dekalke] *vt* calcar.
décamper [dekɑ̃pe] *vi* salir corriendo.
décapant, e [dekapɑ̃, ɑ̃t] *adj* - **1.** [produit] decapante - **2.** *fig* [texte, humour] corrosivo(va). ◆ **décapant** *nm* decapante *m*.
décaper [dekape] *vt* decapar.
décapiter [dekapite] *vt* - **1.** [personne] decapitar - **2.** [arbre] desmochar.
décapotable [dekapɔtabl] *nf* & *adj* descapotable.
décapsuler [dekapsyle] *vt* abrir *(botella)*.
décapsuleur [dekapsylœr] *nm* abrebotellas *m inv*, abridor *m* (de botellas).
décati, e [dekati] *adj* decrépito(ta).
décédé, e [desede] *adj* fallecido(da).
décéder [desede] *vi* fallecer.
déceler [desle] *vt* - **1.** [repérer] descubrir - **2.** *sout* [révéler] revelar.
décembre [desɑ̃br] *nm* diciembre *m* ; *voir aussi* **septembre**.
décemment [desamɑ̃] *adv* - **1.** [convenablement] decentemente - **2.** [raisonnablement] razonablemente.
décence [desɑ̃s] *nf* decencia *f*.
décennie [deseni] *nf* decenio *m*.
décent, e [desɑ̃, ɑ̃t] *adj* decente.
décentralisation [desɑ̃tralizasjɔ̃] *nf* descentralización *f*.
décentraliser [desɑ̃tralize] *vt* descentralizar.
décentrer [desɑ̃tre] *vt* descentrar.
déception [desɛpsjɔ̃] *nf* decepción *f*.
décerner [desɛrne] *vt* conceder.
décès [desɛ] *nm* fallecimiento *m* ; JUR defunción *f*.
décevant, e [desəvɑ̃, ɑ̃t] *adj* decepcionante.
décevoir [desəvwar] *vt* - **1.** [personne] decepcionar - **2.** [confiance, espérance] frustrar.
déchaîné, e [deʃene] *adj* desatado(da) ; [mer] encrespado(da).
déchaîner [deʃene] *vt* desatar. ◆ **se déchaîner** *vp* - **1.** [tempête, cyclone etc] desatarse - **2.** *fig* [personne] enfurecerse *Esp*, enchilarse *Amér* ; **se ~ contre qqn/contre qqch** ensañarse con alguien/con algo.
déchanter [deʃɑ̃te] *vi* desilusionarse.
décharge [deʃarʒ] *nf* - **1.** [d'arme à feu & ÉLECTR] descarga *f* ; **~ électrique** descarga eléctrica - **2.** JUR [action] descargo *m* - **3.** [dépotoir] vertedero *m*.
déchargement [deʃarʒəmɑ̃] *nm* descarga *f*.
décharger [deʃarʒe] *vt* - **1.** [véhicule,

marchandises] descargar - 2. [arme] disparar - 3. *fig* [libérer] : ~ **qqn de qqch** descargar ou eximir a alguien de algo.
déchaussé, e [deʃose] *adj* [dent] descarnado(da).
déchausser [deʃose] *vt* [enfant] descalzar. ◆ **se déchausser** *vp* - 1. [personne] descalzarse - 2. [dent] descarnarse.
déchéance [deʃeɑ̃s] *nf* - 1. [déclin] decadencia *f* - 2. JUR [d'un droit] privación *f* ; [de souverain] destronamiento *m*.
déchet [deʃɛ] *nm* - 1. [perte] desecho *m* - 2. *fig* & *péj* [personne] escoria *f*. ◆ **déchets** *nmpl* restos *mpl*, residuos *mpl*.
déchiffrer [deʃifre] *vt* - 1. [énigme, inscription] descifrar - 2. MUS repentizar.
déchiqueter [deʃikte] *vt* [gén] desmenuzar ; [viande] despedazar.
déchirant, e [deʃirɑ̃, ɑ̃t] *adj* desgarrador(ra).
déchirement [deʃirmɑ̃] *nm fig* - 1. [souffrance morale] dolor *m* - 2. [division] división *f*.
déchirer [deʃire] *vt* - 1. [mettre en morceaux - tissu] desgarrar ; [- papier] rasgar - 2. *fig* [percer] romper - 3. *fig* [diviser] dividir - 4. [causer une douleur à - physique] desgarrar ; [- morale] destrozar. ◆ **se déchirer** *vp* - 1. [personnes] enfrentarse continuamente - 2. [tissu] rasgarse ; **ma robe s'est déchirée** mi vestido se ha desgarrado - 3. MÉD desgarrarse.
déchirure [deʃiryr] *nf* - 1. [gén] desgarradura *f* ; ~ **musculaire** desgarro *m* muscular - 2. *fig* [douleur] dolor *m*.
déchu, e [deʃy] *adj* [ange] caído(da) ; [souverain] destronado(da).
décibel [desibɛl] *nm* decibelio *m*.
décidé, e [deside] *adj* decidido(da) ; ~ **à faire qqch** resuelto a hacer algo.
décidément [desidemɑ̃] *adv* decididamente.
décider [deside] ◇ *vt* - 1. [gén] decidir ; ~ **que** decidir que - 2. [convaincre] : ~ **qqn à faire qqch** convencer a alguien para que haga algo. ◇ *vi* - 1. [prendre une décision] decidir ; ~ **de faire qqch** decidir hacer algo - 2. [se prononcer] : ~ **de qqch** determinar algo - 3. [être la cause] : ~ **de qqch** decidir algo. ◆ **se décider** *vp* decidirse ; **se ~ à faire qqch** decidirse a hacer algo ; **se ~ pour qqch** decidirse por algo.
décigramme [desigram] *nm* decigramo *m*.
décilitre [desilitr] *nm* decilitro *m*.
décimal, e, aux [desimal, o] *adj* decimal. ◆ **décimale** *nf* decimal *m*.
décimer [desime] *vt* diezmar.
décimètre [desimɛtr] *nm* - 1. [dixième de mètre] decímetro *m* - 2. [règle] regla *f* ; **double ~** *regla de veinte centímetros*.
décisif, ive [desizif, iv] *adj* decisivo(va).
décision [desizjɔ̃] *nf* decisión *f*.
décisionnaire [desizjɔnɛr] *nmf* : **les ~s** los que tienen el poder decisorio.
déclamer [deklame] *vt* declamar.
déclaration [deklarasjɔ̃] *nf* declaración *f* ; ~ **de guerre** declaración de guerra ; ~ **d'impôts** declaración de la renta.
déclarer [deklare] *vt* - 1. [annoncer] declarar ; ~ **que** declarar que - 2. [vol, perte] denunciar. ◆ **se déclarer** *vp* declararse ; **se ~ pour/contre qqch** declararse a favor/en contra de algo.
déclenchement [deklɑ̃ʃmɑ̃] *nm* [de mécanisme] activación *f* ; [d'événement, de phénomène] desencadenamiento *m*.
déclencher [deklɑ̃ʃe] *vt* [mécanisme] activar ; [conflit, crise, grève] desencadenar. ◆ **se déclencher** *vp* [mécanisme] activarse ; [conflit, crise] desencadenarse.
déclic [deklik] *nm* - 1. [de mécanisme] disparador *m* - 2. [bruit] clic *m*.
déclin [deklɛ̃] *nm* - 1. [de pays] decadencia *f* - 2. [de population] descenso *m* - 3. [de jour, âge] ocaso *m*.
déclinaison [deklinɛzɔ̃] *nf* GRAM declinación *f*.
décliner [dekline] ◇ *vi* - 1. [pays] estar en decadencia - 2. [santé] debilitarse - 3. [jour] declinar. ◇ *vt* - 1. [gén & GRAM] declinar - 2. [identité] dar a conocer.
déclouer [deklue] *vt* desclavar.
décoction [dekɔksjɔ̃] *nf* decocción *f*.
décoder [dekɔde] *vt* descodificar.
décoiffer [dekwafe] *vt* despeinar.
décoincer [dekwɛ̃se] *vt* - 1. [mécanisme] desbloquear - 2. *fam fig* [personne] relajar.
décollage [dekɔlaʒ] *nm* despegue *m*.
décollé, e [dekɔle] *adj* despegado(da).
décoller [dekɔle] *vt* & *vi* despegar.
décolleté, e [dekɔlte] *adj* escotado(da). ◆ **décolleté** *nm* escote *m*.
décolonisation [dekɔlɔnizasjɔ̃] *nf* descolonización *f*.
décoloration [dekɔlɔrasjɔ̃] *nf* decoloración *f*.
décolorer [dekɔlɔre] *vt* descolorar.
décombres [dekɔ̃br] *nmpl* escombros *m*.
décommander [dekɔmɑ̃de] *vt* cancelar. ◆ **se décommander** *vp* cancelar una cita.

décomposé, e [dekɔ̃poze] *adj* descompuesto(ta).
décomposer [dekɔ̃poze] *vt* **- 1.** [gén] descomponer **- 2.** [raisonnement, problème] analizar. ◆ **se décomposer** *vp* **- 1.** [gén] descomponerse **- 2.** [se diviser] : **se ~ en** dividirse en.
décomposition [dekɔ̃pozisjɔ̃] *nf* **- 1.** [gén] descomposición *f* **- 2.** [de raisonnement, de problème] análisis *m inv*.
décompresser [dekɔ̃prese] ◇ *vt* descomprimir. ◇ *vi fam* relajarse.
décompression [dekɔ̃presjɔ̃] *nf* descompresión *f*.
décompte [dekɔ̃t] *nm* descuento *m*.
déconcentrer [dekɔ̃sɑ̃tre] *vt* desconcentrar. ◆ **se déconcentrer** *vp* desconcentrarse.
déconcerter [dekɔ̃sɛrte] *vt* desconcertar.
déconfiture [dekɔ̃fityr] *nf fam* descalabro *m*.
décongélation [dekɔ̃ʒelasjɔ̃] *nf* descongelación *f*.
décongeler [dekɔ̃ʒle] *vt* descongelar.
décongestionner [dekɔ̃ʒɛstjɔne] *vt* descongestionar.
déconnecter [dekɔnɛkte] *vt* desconectar. ◆ **se déconnecter** *vp* INFORM desconectarse.
déconseiller [dekɔ̃seje] *vt* desaconsejar ; **~ à qqn de faire qqch** desaconsejar a alguien que haga algo.
déconsidérer [dekɔ̃sidere] *vt* desacreditar.
décontenancer [dekɔ̃tnɑ̃se] *vt* confundir.
décontracté, e [dekɔ̃trakte] *adj* **- 1.** [muscle] relajado(da) **- 2.** [détendu - personne] tranquilo(la) ; [- allure, ambiance] distendido(da).
décontracter [dekɔ̃trakte] *vt* relajar. ◆ **se décontracter** *vp* relajarse.
déconvenue [dekɔ̃vny] *nf* desengaño *m*.
décor [dekɔr] *nm* **- 1.** [cadre] marco *m (fondo)* **- 2.** [décoration] decoración *f* **- 3.** CIN & THÉÂTRE decorado *m*.
décorateur, trice [dekɔratœr, tris] *nm, f* decorador *m*, -ra *f*.
décoratif, ive [dekɔratif, iv] *adj* decorativo(va).
décoration [dekɔrasjɔ̃] *nf* **- 1.** [gén] decoración *f* **- 2.** [insigne] condecoración *f*.
décorer [dekɔre] *vt* **- 1.** [pièce] decorar **- 2.** [personne] condecorar.
décortiquer [dekɔrtike] *vt* **- 1.** [fruit] pelar **- 2.** *fig* [texte] desmenuzar.
découcher [dekuʃe] *vi* dormir fuera de casa.
découdre [dekudr] ◇ *vt* COUT descoser. ◇ *vi loc* : **en ~** llegar a las manos.
découler [dekule] *vi* : **~ de qqch** derivarse de algo.
découpage [dekupaʒ] *nm* **- 1.** [action de découper] recorte *m* **- 2.** [jeu d'enfants] recortable *m* **- 3.** CIN guión *m* técnico **- 4.** ADMIN : **~ électoral** *división en circunscripciones electorales*.
découper [dekupe] *vt* **- 1.** [viande, tissu] cortar ; '**~ suivant le pointillé**' 'cortar por la línea de puntos' **- 2.** [article, texte] recortar.
découpure [dekupyr] *nf* **- 1.** [chose découpée] : **~s** recortes *mpl* **- 2.** [d'une côte etc] silueta *f* ; [d'un tissu] festón *m*.
découragement [dekuraʒmɑ̃] *nm* desaliento *m*, desánimo *m*.
décourager [dekuraʒe] *vt* **- 1.** [démoraliser] desalentar, desanimar **- 2.** [dissuader] disuadir ; **~ qqn de faire qqch** disuadir a alguien de hacer algo. ◆ **se décourager** *vp* desanimarse.
décousu, e [dekuzy] *adj* **- 1.** COUT descosido(da) **- 2.** *fig* [conversation] deshilvanado(da).
découvert, e [dekuvɛr, ɛrt] ◇ *pp* ▷ **découvrir**. ◇ *adj* descubierto(ta). ◆ **découvert** *nm* FIN descubierto *m* ; **être à ~** tener un descubierto, estar en números rojos. ◆ **découverte** *nf* descubrimiento *m*.
découvrir [dekuvrir] *vt* **- 1.** [gén] descubrir **- 2.** [casserole] destapar **- 3.** [paysage] divisar **- 4.** [projet, plan] revelar.
décrasser [dekrase] *vt fam* quitar la roña a.
décrépitude [dekrepityd] *nf* decrepitud *f*.
décret [dekrɛ] *nm* decreto *m* ; **~ ministériel** decreto ministerial.
décréter [dekrete] *vt* **- 1.** ADMIN decretar **- 2.** [décider] : **~ que** decidir que.
décrire [dekrir] *vt* describir.
décrocher [dekrɔʃe] ◇ *vt* **- 1.** [détacher] desenganchar **- 2.** [tableau, téléphone] descolgar **- 3.** *fam* [obtenir] conseguir. ◇ *vi fam* desconectar.
décroître [dekrwatr] *vi* decrecer.
décru, e [dekry] *pp* ▷ **décroître**.
décrypter [dekripte] *vt* descifrar.
déçu, e [desy] ◇ *pp* ▷ **décevoir**.

◇ *adj* - **1.** [personne] decepcionado(da) - **2.** [espoir] frustrado(da).
déculotter [dekylɔte] *vt* : ~ **qqn** quitar los pantalones a alguien.
dédaigner [dedeɲe] ◇ *vt* [mépriser] desdeñar. ◇ *vi sout* [refuser] : ~ **de faire qqch** no dignarse hacer algo ; **ne pas ~ de faire qqch** no hacerle ascos a hacer algo.
dédaigneux, euse [dedɛɲø, øz] *adj* desdeñoso(sa).
dédain [dedɛ̃] *nm* desdén *m*.
dédale [dedal] *nm* laberinto *m*.
dedans [dədɑ̃] ◇ *adv* dentro. ◇ *nm* interior *m*. ◆ **de dedans** *loc adv* de dentro. ◆ **en dedans** *loc adv* por dentro.
dédicace [dedikas] *nf* dedicatoria *f*.
dédicacer [dedikase] *vt* [livre, photo] dedicar.
dédier [dedje] *vt* dedicar.
dédire [dedir] ◆ **se dédire** *vp* desdecirse.
dédommagement [dedɔmaʒmɑ̃] *nm* - **1.** [indemnité] indemnización *f* - **2.** [compensation] compensación *f*.
dédommager [dedɔmaʒe] *vt* - **1.** [indemniser] indemnizar - **2.** [récompenser] compensar.
dédouanement [dedwanmɑ̃], **dédouanage** [dedwanaʒ] *nm* despacho *m* de aduanas.
dédoubler [deduble] *vt* desdoblar. ◆ **se dédoubler** *vp* - **1.** PSYCHOL desdoblarse - **2.** *fig* & *hum* [être partout] multiplicarse.
déduction [dedyksjɔ̃] *nf* deducción *f*.
déduire [dedɥir] *vt* deducir.
déduit, e [dedɥi, it] *pp* ▷ **déduire**.
déesse [deɛs] *nf* diosa *f*.
défaillance [defajɑ̃s] *nf* [de machine] fallo *m*, avería *f* ; [d'organisation] incapacidad *f*.
défaillir [defajir] *vi* - **1.** *sout* [s'évanouir] desfallecer - **2.** [mémoire] fallar.
défaire [defɛr] *vt* - **1.** [gén] deshacer - **2.** *sout* [vaincre] derrotar. ◆ **se défaire** *vp* deshacerse ; **se ~ de qqn/de qqch** deshacerse de alguien/de algo.
défait, e [defɛ, ɛt] ◇ *pp* ▷ **défaire**. ◇ *adj fig* [air, mine] descompuesto(ta). ◆ **défaite** *nf* derrota *f*.
défaitiste [defetist] *adj* & *nmf* derrotista .
défaut [defo] *nm* - **1.** [imperfection] defecto *m* - **2.** [manque] falta *f* ; **à ~ de** a falta de ; **faire (cruellement) ~** hacer (mucha) falta ; **par ~** [valeur etc] predefinido(da).
défaveur [defavœr] *nf* : **être/tomber en ~** estar/caer en desgracia.
défavorable [defavɔrabl] *adj* desfavorable.
défavoriser [defavɔrize] *vt* desfavorecer.
défection [defɛksjɔ̃] *nf* deserción *f*.
défectueux, euse [defɛktɥø, øz] *adj* - **1.** [machine, produit] defectuoso(sa) - **2.** *fig* [raisonnement, démonstration] incompleto(ta).
défendre [defɑ̃dr] *vt* - **1.** [personne, opinion, accusé] defender - **2.** [interdire] prohibir ; ~ **qqch à qqn** prohibir algo a alguien ; ~ **à qqn de faire qqch** prohibir a alguien que haga algo ; ~ **que** prohibir que. ◆ **se défendre** *vp* - **1.** [gén] defenderse ; **se ~ de** negar que ; **il se défend d'être avare** niega que sea avaro - **2.** [idée] sostenerse ; **ça se défend** se sostiene.
défendu, e [defɑ̃dy] *pp* ▷ **défendre**.
défenestrer [defənɛstre] *vt* defenestrar.
défense [defɑ̃s] *nf* - **1.** [gén] defensa *f* ; **prendre la ~ de qqn/de qqch** defender a alguien/algo ; **légitime ~** legítima defensa - **2.** [interdiction] prohibición *f* - **3.** [d'éléphant] colmillo *m*.
défenseur [defɑ̃sœr] *nm* defensor *m*, -ra *f*.
défensif, ive [defɑ̃sif, iv] *adj* defensivo(va). ◆ **défensive** *nf* : **être sur la défensive** estar a la defensiva.
déférence [deferɑ̃s] *nf* deferencia *f*.
déferlante [deferlɑ̃t] ▷ **vague**.
déferlement [defɛrləmɑ̃] *nm* - **1.** [des vagues] rompimiento *m* - **2.** *fig* [d'enthousiasme, de colère] explosión *f* ; [de gens] invasión *f*.
déferler [defɛrle] *vi* - **1.** [vagues] romperse - **2.** *fig* [personnes] invadir.
défi [defi] *nm* desafío *m*, reto *m*.
défiance [defjɑ̃s] *nf* desconfianza *f*.
déficit [defisit] *nm* déficit *m* ; **être en ~** tener déficit.
déficitaire [defisitɛr] *adj* deficitario(ria).
défier [defje] *vt* - **1.** [mettre au défi de] desafiar, retar ; ~ **qqn de faire qqch** desafiar OU retar a alguien a que haga algo - **2.** [résister à la comparaison de] desafiar. ◆ **se défier** *vp sout* : **se ~ de qqn/de qqch** desconfiar de alguien/de algo.
défigurer [defigyre] *vt* - **1.** [visage] desfi-

gurar - **2.** [paysage] afear - **3.** *fig* [fait, vérité] deformar.

défilé [defile] *nm* - **1.** GÉOL desfiladero *m* - **2.** [parade] desfile *m*.

défiler [defile] *vi* desfilar. ◆ **se défiler** *vp fam* largarse.

défini, e [defini] *adj* definido(da).

définir [definir] *vt* definir.

définitif, ive [definitif, iv] *adj* definitivo(va). ◆ **en définitive** *loc adv* en definitiva.

définition [definisjɔ̃] *nf* definición *f*; **haute ~** alta definición.

définitivement [definitivmɑ̃] *adv* definitivamente.

défiscaliser [defiskalize] *vt* eximir de impuestos.

déflation [deflasjɔ̃] *nf* deflación *f*.

déflationniste [deflasjɔnist] *adj* deflacionista.

déflecteur [deflɛktœr] *nm* deflector *m*.

déflorer [deflɔre] *vt* desflorar.

défoncer [defɔ̃se] *vt* [sommier, fauteuil] desfondar ; [porte] echar abajo.

déformation [defɔrmasjɔ̃] *nf* deformación *f*; **~ professionnelle** deformación profesional.

déformer [defɔrme] *vt* deformar. ◆ **se déformer** *vp* deformarse.

défraîchi, e [defreʃi] *adj* ajado(da).

défrayer [defreje] *vt* - **1.** *sout* [indemniser] : **~ qqn de qqch** retribuir a alguien algo - **2.** *loc* : **~ la chronique** ser noticia.

défunt, e [defœ̃, œ̃t] ◇ *adj* - **1.** [personne] difunto(ta) - **2.** *sout* [amour] pasado(da). ◇ *nm, f* difunto *m*, -ta *f*.

dégagé, e [degaʒe] *adj* - **1.** [ciel, vue] despejado(da) - **2.** [ton, air] desenvuelto(ta).

dégager [degaʒe] ◇ *vt* - **1.** [odeur] desprender, soltar - **2.** [crédits] liberar - **3.** [idée, blessé] sacar, extraer - **4.** [épaule] dejar libre - **5.** [pièce, vue] despejar - **6.** [libérer] : **~ qqn de qqch** [responsabilités, obligations] liberar a alguien de algo. ◇ *vi fam* largarse. ◆ **se dégager** *vp* - **1.** [se libérer] : **se ~ de qqch** liberarse de algo - **2.** [ciel, nez] despejarse - **3.** [odeur, idée] desprenderse.

dégât [dega] *nm* daño *m*, estrago *m* ; **faire des ~s** causar estragos.

dégel [deʒɛl] *nm* - **1.** [fonte des glaces] deshielo *m* - **2.** ÉCON & POLIT desbloqueo *m*.

dégeler [deʒle] ◇ *vt* - **1.** [produit surgelé & ÉCON] descongelar - **2.** *fig* [atmosphère] caldear. ◇ *vi* descongelarse.

dégénéré, e [deʒenere] *adj* & *nm, f* degenerado(da).

dégénérer [deʒenere] *vi* degenerar ; **~ en qqch** degenerar en algo.

dégivrer [deʒivre] *vt* descongelar.

dégivreur [deʒivrœr] *nm* [de voiture] luneta *f* térmica ; [de réfrigérateur] descongelador *m*.

déglutir [deglytir] *vi* deglutir.

dégonfler [degɔ̃fle] ◇ *vt* desinflar. ◇ *vi* desinflarse ; **faire ~ qqch** deshinchar algo. ◆ **se dégonfler** *vp* - **1.** [objet] desinflarse - **2.** *fam* [personne] rajarse.

dégouliner [deguline] *vi* gotear.

dégoupiller [degupije] *vt* [grenade] quitar el pasador a.

dégourdi, e [degurdi] *adj* & *nm, f* despabilado(da).

dégoût [degu] *nm* - **1.** [gén] asco *m* ; **~ pour qqch** asco por algo ; **ravaler son ~** reprimir su asco - **2.** [lassitude] hastío *m* ; **le ~ de la vie** el hastío de la vida.

dégoûtant, e [degutɑ̃, ɑ̃t] ◇ *adj* - **1.** [sale] asqueroso(sa) - **2.** [révoltant, grossier] repugnante. ◇ *nm, f* asqueroso *m*, -sa *f* ; **un vieux ~** un viejo verde.

dégoûter [degute] *vt* dar asco ; **~ qqn de qqch** hacer aborrecer a alguien algo.

dégoutter [degute] *vi* gotear.

dégrader [degrade] *vt* - **1.** [officier, situation, personne] degradar - **2.** [édifice, site] deteriorar. ◆ **se dégrader** *vp* - **1.** [situation, personne] degradarse - **2.** [santé] empeorar.

dégrafer [degrafe] *vt* desabrochar.

dégraisser [degrese] ◇ *vt* - **1.** [vêtement] limpiar *(las manchas de grasa)* - **2.** CULIN retirar la capa de grasa. ◇ *vi fam* [personnel] hacer reducción de personal.

degré [dəgre] *nm* - **1.** [gén] grado *m* ; **~ centigrade** OU **Celsius** grado centígrado OU Celsius ; **prendre qqch au premier ~** interpretar algo al pie de la letra - **2.** *sout* [marche] peldaño *m*.

dégressif, ive [degresif, iv] *adj* decreciente.

dégringoler [degrɛ̃gɔle] *fam* ◇ *vt* [escalier] bajar corriendo. ◇ *vi* - **1.** [personne] caer rodando - **2.** FIN hundirse.

déguenillé, e [degənije] *adj* andrajoso(sa).

déguerpir [degɛrpir] *vi* salir corriendo.

dégueulasse [degœlas] *tfam* ◇ *adj* guarro(rra) ; **c'est ~, ce qu'il t'a fait** ¡vaya putada te ha hecho! ◇ *nmf* guarro *m*, -rra *f*.

dégueuler [degœle] *vi tfam* echar las papas.

déguisement [degizmɑ̃] *nm* disfraz *m*.

déguiser [degize] *vt* - **1.** [personne] disfrazar - **2.** [voix, écriture] disimular. ◆ **se déguiser** *vp* : **se ~ en** disfrazarse de.

dégustation [degystasjɔ̃] *nf* [de mets] degustación *f* ; [de vin] cata *f*.

déguster [degyste] ◇ *vt* [savourer - mets] saborear ; [- vin] catar. ◇ *vi fam* [souffrir] pasarlas canutas ; **qu'est-ce que je vais ~ si je rentre tard!** ¡la que me espera si vuelvo tarde!

déhancher [deɑ̃ʃe] ◆ **se déhancher** *vp* contonearse.

dehors [dəɔr] ◇ *adv* fuera ; **jeter** OU **mettre qqn ~** echar a alguien. ◇ *nm* exterior *m*. ◇ *nmpl* : **les ~** las apariencias. ◆ **en dehors** *loc adv* hacia fuera. ◆ **en dehors de** *loc prép* aparte de.

déjà [deʒa] *adv* - **1.** [gén] ya ; **je l'ai ~ vu** ya lo he visto - **2.** [au fait] : **comment tu t'appelles, ~?** ¿cómo me has dicho que te llamas?

déjeuner [deʒœne] ◇ *vi* - **1.** [le matin] desayunar - **2.** [à midi] comer, almorzar. ◇ *nm* - **1.** [repas du midi] comida *f*, almuerzo *m* - **2.** *Can* [dîner] cena *f*.

déjouer [deʒwe] *vt* desbaratar.

delà [dəla] ◆ **par-delà** *loc prép* al otro lado de, más allá de.

délabré, e [delabre] *adj* ruinoso(sa).

délacer [delase] *vt* desatar.

délai [delɛ] *nm* - **1.** [temps accordé] plazo *m* ; **sans ~** sin demora ; **~ de livraison** plazo de entrega - **2.** [sursis] prórroga *f*.

délaisser [delese] *vt* abandonar.

délassant, e [delasɑ̃, ɑ̃t] *adj* relajante.

délasser [delase] *vt* relajar. ◆ **se délasser** *vp* relajarse.

délation [delasjɔ̃] *nf* delación *f*.

délavé, e [delave] *adj* descolorido(da).

délayer [deleje] *vt* - **1.** [diluer] desleír, diluir - **2.** *fig* [exposer longuement] diluir.

délecter [delɛkte] ◆ **se délecter** *vp sout* : **se ~ de qqch/de faire qqch** deleitarse con algo/haciendo algo.

délégation [delegasjɔ̃] *nf* delegación *f*.

délégué, e [delege] ◇ *adj* delegado(da). ◇ *nm, f* delegado *m*, -da *f*.

déléguer [delege] *vt* delegar.

délester [delɛste] *vt* - **1.** [navire, ballon] deslastrar - **2.** [circulation routière] descongestionar - **3.** *fig* & *hum* [voler] : **~ qqn de qqch** aligerar a alguien de algo.

délibération [deliberasjɔ̃] *nf* deliberación *f*.

délibéré, e [delibere] *adj* - **1.** [intentionnel] deliberado(da) - **2.** [résolu] resuelto(ta).

délibérer [delibere] *vi* deliberar.

délicat, e [delika, at] *adj* delicado(da).

délicatement [delikatmɑ̃] *adv* delicadamente, con delicadeza.

délicatesse [delikatɛs] *nf* delicadeza *f*.

délice [delis] *nm* delicia *f*.

délicieux, euse [delisjø, øz] *adj* delicioso(sa).

délié, e [delje] *adj* - **1.** [écriture] menudo(da) - **2.** [doigts] ágil.

délier [delje] *vt* desatar.

délimiter [delimite] *vt* delimitar.

délinquance [delɛ̃kɑ̃s] *nf* delincuencia *f* ; **~ juvénile** delincuencia juvenil.

délinquant, e [delɛ̃kɑ̃, ɑ̃t] ◇ *adj* delincuente. ◇ *nm, f* delincuente *mf*.

délirant, e [delirɑ̃, ɑ̃t] *adj* delirante.

délire [delir] *nm* delirio *m* ; **en ~** [public, foule] delirante ; **c'est du ~!** *fig* ¡es una locura!

délirer [delire] *vi* delirar.

délit [deli] *nm* delito *m* ; **en flagrant ~** in fraganti.

délivrance [delivrɑ̃s] *nf* - **1.** [de prisonnier] liberación *f* - **2.** [soulagement] alivio *m* - **3.** [de passeport, de certificat] expedición *f*.

délivrer [delivre] *vt* - **1.** [prisonnier, pays] liberar ; **~ de** *fig* [débarrasser] librar de - **2.** [certificat, passeport] expedir - **3.** [marchandise] entregar.

déloger [delɔʒe] *vt* desalojar.

déloyal, e, aux [delwajal, o] *adj* desleal.

delta [dɛlta] *nm* delta *m*.

delta-plane (*pl* **delta-planes**), **deltaplane** [dɛltaplan] *nm* ala *f* delta.

déluge [delyʒ] *nm* diluvio *m*. ◆ **Déluge** *nm* RELIG : **le Déluge** el Diluvio.

déluré, e [delyre] *adj* - **1.** [malin] avispado(da) - **2.** *péj* [dévergondé] desvergonzado(da).

démagogie [demagɔʒi] *nf* demagogia *f*.

démagogique [demagɔʒik] *adj* demagógico(ca).

démagogue [demagɔg] *nmf* demagogo *m*, -ga *f*.

demain [dəmɛ̃] ◇ *adv* mañana ; **~ matin** mañana por la mañana. ◇ *nm*

- 1. [jour suivant] mañana *m* ; **à ~!** ¡hasta mañana! - 2. [avenir] el día de mañana.
demande [dəmɑ̃d] *nf* - 1. [souhait] petición *f* - 2. [démarche, candidature] solicitud *f* ; **~ d'emploi** solicitud de empleo ; **~ en mariage** petición *f* de mano - 3. [commande] encargo *m* - 4. ÉCON & JUR demanda *f*.
demandé, e [dəmɑ̃de] *adj* solicitado(da) ; **très ~** muy solicitado.
demander [dəmɑ̃de] ◇ *vt* - 1. [gén] pedir ; **ne pas ~ mieux** no desear otra cosa - 2. [interroger] preguntar - 3. [nécessiter] requerir - 4. [chercher] buscar. ◇ *vi* - 1. [réclamer] : **~ à qqn de faire qqch** pedir a alguien que haga algo ; **ne ~ qu'à** sólo pedir que - 2. [nécessiter] : **~ à** requerir. ◆ **se demander** *vp* : **se ~ qqch** preguntarse algo ; **se ~ si** preguntarse si.
demandeur¹, euse [dəmɑ̃dœr, øz] *nm, f* solicitante *mf* ; **~ d'asile** solicitante de asilo ; **~ d'emploi** desempleado *m*.
demandeur², eresse [dəmɑ̃dœr, drɛs] *nm, f* JUR demandante *mf*.
démangeaison [demɑ̃ʒɛzɔ̃] *nf* - 1. [irritation] comezón *f* - 2. *fig* [grande envie] ganas *fpl*.
démanger [demɑ̃ʒe] *vt* - 1. [gratter] picar - 2. *fig* [donner envie] : **ça me démange de** tengo unas ganas de.
démanteler [demɑ̃tle] *vt* desmantelar.
démaquillant, e [demakijɑ̃, ɑ̃t] *adj* desmaquillador(ra), desmaquillante. ◆ **démaquillant** *nm* desmaquillador *m*, desmaquillante *m*.
démaquiller [demakije] *vt* desmaquillar. ◆ **se démaquiller** *vp* desmaquillarse.
démarchage [demarʃaʒ] *nm* : **~ (à domicile)** venta *f* a domicilio.
démarche [demarʃ] *nf* - 1. [manière de marcher] andares *mpl* - 2. [raisonnement] enfoque *m* - 3. [requête] gestión *f*, trámite *m Esp*, tratativas *fpl Amér*.
démarcheur, euse [demarʃœr, øz] *nm, f* vendedor *m*, -ra *f* a domicilio.
démarque [demark] *nf* rebaja *f*.
démarquer [demarke] *vt* - 1. [solder] *cambiar o quitar la marca de un artículo para venderlo más barato* - 2. [enlever la marque de] quitar la marca de - 3. SPORT desmarcar. ◆ **se démarquer** *vp* - 1. SPORT desmarcarse - 2. **se ~ (de)** [se distinguer] desmarcarse (de).
démarrage [demaraʒ] *nm* arranque *m* ; **~ en côte** arranque en una cuesta.
démarrer [demare] ◇ *vi* - 1. [gén] arrancar ; **faire ~** arrancar - 2. NAVIG zarpar. ◇ *vt* - 1. [voiture] arrancar - 2. *fig* [affaire, projet] poner en marcha.
démarreur [demarœr] *nm* arranque *m (mecanismo)*.
démasquer [demaske] *vt* desenmascarar.
démêlant, e [demɛlɑ̃, ɑ̃t] *adj* suavizante.
démêlé [demele] *nm* altercado *m* ; **avoir des ~s avec la justice** tener líos con la justicia.
démêler [demele] *vt* - 1. [cheveux, fils] desenredar - 2. *fig* [affaire, mystère] desembrollar. ◆ **se démêler** *vp* : **se ~ de qqch** *fig* desembarazarse de algo.
déménagement [demenaʒmɑ̃] *nm* mudanza *f*.
déménager [demenaʒe] ◇ *vt* [meuble] trasladar. ◇ *vi* [changer d'adresse] mudarse.
déménageur [demenaʒœr] *nm* [entrepreneur] empresa *f* de mudanzas ; [employé] mozo *m* de mudanzas.
démence [demɑ̃s] *nf* - 1. MÉD demencia *f* - 2. *fig* [bêtise] locura *f*.
démener [demne] ◆ **se démener** *vp* - 1. [s'agiter] forcejear - 2. *fig* [se donner du mal] moverse.
dément, e [demɑ̃, ɑ̃t] ◇ *adj* - 1. MÉD demente - 2. *fam* [incroyable, extravagant] alucinante. ◇ *nm, f* MÉD demente *mf*.
démenti [demɑ̃ti] *nm* mentís *m inv*.
démentiel, elle [demɑ̃sjɛl] *adj* demencial.
démentir [demɑ̃tir] *vt* desmentir.
démesure [deməzyr] *nf* desmesura *f*.
démesuré, e [deməzyre] *adj* desmesurado(da).
démettre [demɛtr] *vt* - 1. MÉD dislocar - 2. [destituer] : **~ qqn de ses fonctions** destituir a alguien de sus funciones. ◆ **se démettre** *vp* - 1. MÉD dislocarse - 2. [démissionner] : **se ~ de ses fonctions** dimitir (de) su cargo.
demeurant [dəmœrɑ̃] ◆ **au demeurant** *loc adv* por lo demás.
demeure [dəmœr] *nf* - 1. [maison] mansión *f* - 2. *sout* [domicile] residencia *f*. ◆ **à demeure** *loc adv* para siempre.
demeuré, e [dəmœre] *adj* & *nm, f* retrasado(da) mental.
demeurer [dəmœre] *vi* - 1. *(aux être)* [rester] quedarse, permanecer - 2. *(aux avoir)* [habiter] residir.
demi, e [dəmi] *adj* - 1. [qui est la moitié

de] medio(dia) ; **et ~** y medio **- 2.** [incomplet] : **un ~-succès** un éxito a medias. ◆ **demi** *nm* **- 1.** [bière] caña *f* **- 2.** SPORT medio *m.* ◆ **demie** *nf* **- 1.** [demi-heure] media *f* ; **à la ~e** a la media, a y media **- 2.** [demi-bouteille] botella *f* de medio. ◆ **à demi** *loc adv* **- 1.** [à moitié] medio ; **à ~ nu** medio desnudo **- 2.** [en partie] a medias ; **faire les choses à ~** hacer las cosas a medias.

demi-cercle (*pl* **demi-cercles**) *nm* semicírculo *m* ; **en ~** en semicírculo.

demi-douzaine (*pl* **demi-douzaines**) *nf* media docena *f*.

demi-finale (*pl* **demi-finales**) *nf* semifinal *f*.

demi-frère (*pl* **demi-frères**) *nm* hermanastro *m*.

demi-heure (*pl* **demi-heures**) *nf* media hora *f*.

demi-journée (*pl* **demi-journées**) *nf* media jornada *f*.

démilitariser [demilitarize] *vt* desmilitarizar.

demi-litre (*pl* **demi-litres**) *nm* medio litro *m*.

demi-mesure (*pl* **demi-mesures**) *nf* **- 1.** [quantité] media medida *f* **- 2.** [compromis] parche *m*.

demi-mot [dəmimo] ◆ **à demi-mot** *loc adv* : **comprendre à ~** entender sin necesidad de palabras.

déminer [demine] *vt* retirar las minas de.

demi-pension (*pl* **demi-pensions**) *nf* media pensión *f*.

demi-pensionnaire (*pl* **demi-pensionnaires**) *nmf* medio pensionista *mf*.

démis, e [demi, iz] *pp* ▷ **démettre**.

demi-saison (*pl* **demi-saisons**) *nf* entretiempo *m*.

demi-sœur (*pl* **demi-sœurs**) *nf* hermanastra *f*.

démission [demisjɔ̃] *nf* dimisión *f*.

démissionner [demisjɔne] ◇ *vi* [quitter son emploi] dimitir. ◇ *vt fam* [renvoyer] dimitir.

demi-tarif (*pl* **demi-tarifs**) *nm* medio billete *m*.

demi-tour (*pl* **demi-tours**) *nm* media vuelta *f* ; **faire ~** dar media vuelta.

démocrate [demɔkrat] *adj* & *nmf* demócrata.

démocratie [demɔkrasi] *nf* democracia *f*.

démocratique [demɔkratik] *adj* democrático(ca).

démocratiser [demɔkratize] *vt* democratizar.

démodé, e [demɔde] *adj* **- 1.** [vêtement] pasado(da) de moda **- 2.** [technique, théorie] anticuado(da).

démographie [demɔgrafi] *nf* demografía *f*.

démographique [demɔgrafik] *adj* demográfico(ca).

demoiselle [dəmwazɛl] *nf* **- 1.** [jeune fille] señorita *f* ; **~ d'honneur** dama *f* de honor **- 2.** [libellule] libélula *f*.

démolir [demɔlir] *vt* **- 1.** [édifice] demoler **- 2.** [casser] destrozar **- 3.** *fam* [personne] moler a palos **- 4.** *fig* [projet, réputation] arruinar.

démolition [demɔlisjɔ̃] *nf* demolición *f*.

démon [demɔ̃] *nm* **- 1.** [diable & MYTH] demonio *m* **- 2.** [enfant] diablo *m*.

démoniaque [demɔnjak] *adj* **- 1.** *fig* [diabolique] demoníaco(ca) **- 2.** [possédé du démon] endemoniado(da).

démonstrateur, trice [demɔ̃stratœr, tris] *nm, f* demostrador *m*, -ra *f*.

démonstratif, ive [demɔ̃stratif, iv] *adj* demostrativo(va). ◆ **démonstratif** *nm* GRAM demostrativo *m*.

démonstration [demɔ̃strasjɔ̃] *nf* demostración *f*.

démonter [demɔ̃te] *vt* **- 1.** [appareil] desmontar ; [meuble] desarmar **- 2.** *fig* [troubler] desmoronar.

démontrer [demɔ̃tre] *vt* demostrar.

démoralisant, e [demɔralizɑ̃, ɑ̃t] *adj* desmoralizador(ra).

démoraliser [demɔralize] *vt* desmoralizar.

démordre [demɔrdr] *vi* : **ne pas ~ de qqch** no dar su brazo a torcer en algo.

démordu [demɔrdy] *pp inv* ▷ **démordre**.

démotiver [demɔtive] *vt* desmotivar.

démouler [demule] *vt* [statue] vaciar ; [gâteau, pâté] desmoldar.

démunir [demynir] *vt* despojar. ◆ **se démunir** *vp* : **se ~ de qqch** despojarse de algo.

démythifier [demitifje] *vt* desmitificar.

dénationaliser [denasjɔnalize] *vt* desnacionalizar.

dénaturer [denatyre] *vt* **- 1.** [goût] alterar **- 2.** [paroles] deformar **- 3.** [produit] desnaturalizar.

dénégation [denegasjɔ̃] *nf* **- 1.** [néga-

tion & PSYCHOL] negación *f* - **2.** JUR denegación *f*.
dénicher [deniʃe] *vt* [objet rare] topar con ; [voleur] descubrir.
dénigrer [denigre] *vt* denigrar.
dénivellation [denivɛlasjɔ̃] *nf* - **1.** [de route] desnivel *m* - **2.** [de montagne] pendiente *f*.
dénombrer [denɔ̃bre] *vt* - **1.** [compter] contar - **2.** [recenser] censar.
dénominateur [denɔminatœr] *nm* denominador *m* ; ~ **commun** denominador común.
dénomination [denɔminasjɔ̃] *nf* denominación *f*.
dénoncer [denɔ̃se] *vt* - **1.** [gén] denunciar - **2.** *fig* [trahir] revelar.
dénonciation [denɔ̃sjasjɔ̃] *nf* denuncia *f*.
dénoter [denɔte] *vt* denotar.
dénouement [denumɑ̃] *nm* desenlace *m*.
dénouer [denwe] *vt* - **1.** [nœud] desanudar - **2.** *fig* [affaire] desenmarañar.
dénoyauter [denwajote] *vt* deshuesar.
denrée [dɑ̃re] *nf* comestible *m* ; **~s alimentaires** productos *mpl* alimenticios.
dense [dɑ̃s] *adj* denso(sa).
densité [dɑ̃site] *nf* densidad *f* ; **double/haute ~** INFORM doble/alta densidad.
dent [dɑ̃] *nf* - **1.** [gén] diente *m* ; ~ **de lait** diente de leche ; ~ **de sagesse** muela *f* del juicio - **2.** GÉOGR pico *m*.
dentaire [dɑ̃tɛr] *adj* dental.
dentelé, e [dɑ̃tle] *adj* dentado(da).
dentelle [dɑ̃tɛl] *nf* encaje *m*.
dentier [dɑ̃tje] *nm* dentadura *f* postiza.
dentifrice [dɑ̃tifris] *nm* dentífrico *m*.
dentiste [dɑ̃tist] *nmf* dentista *mf*.
dentition [dɑ̃tisjɔ̃] *nf* - **1.** [dents] dentadura *f* - **2.** [croissance] dentición *f*.
dénuder [denyde] *vt* - **1.** [partie du corps] dejar al descubierto - **2.** [fil électrique] pelar.
dénué, e [denɥe] *adj* : ~ **de** desprovisto de.
dénuement [denymɑ̃] *nm* indigencia *f*.
déodorant, e [deɔdɔrɑ̃, ɑ̃t] *adj* desodorante. ◆ **déodorant** *nm* desodorante *m*.
déontologie [deɔ̃tɔlɔʒi] *nf* deontología *f*.
dép. *abr de* **départ, département**.
dépannage [depanaʒ] *nm* reparación *f*.
dépanner [depane] *vt* - **1.** [réparer] reparar *Esp*, refaccionar *Amér* - **2.** *fam fig* [aider] echar una mano a.
dépareillé, e [depareje] *adj* - **1.** [service] dispar - **2.** [chaussettes, gants] desparejado(da).
départ [depar] *nm* - **1.** [de personne] partida *f* - **2.** [de train, avion, course] salida *f* - **3.** [d'employé] marcha *f* - **4.** [début] punto *m* de partida.
départager [departaʒe] *vt* - **1.** [concurrents, candidats] desempatar - **2.** [opinions] terciar - **3.** [séparer] dividir.
département [departəmɑ̃] *nm* - **1.** [territoire] *división territorial en Francia*, ≃ provincia *f* ; ~ **d'outre-mer** *provincia francesa de ultramar* - **2.** ADMIN departamento *m*.
dépassé, e [depase] *adj* - **1.** [périmé] anticuado(da) - **2.** *fam* [déconcerté] desbordado(da).
dépassement [depasmɑ̃] *nm* - **1.** [en voiture] adelantamiento *m* - **2.** FIN rebasamiento *m*.
dépasser [depase] ◇ *vt* - **1.** [voiture] adelantar - **2.** [surpasser - en hauteur, importance, temps] sobrepasar ; [- en qualité] superar - **3.** [prévision, attente] superar - **4.** [limite, cap] rebasar, sobrepasar. ◇ *vi* sobresalir ; ~ **de** sobresalir de.
dépaysement [depeizmɑ̃] *nm* cambio *m* de aires.
dépayser [depeize] *vt* - **1.** [désorienter] desorientar - **2.** [changer de cadre] cambiar de ambiente.
dépecer [depəse] *vt* - **1.** [volaille] descuartizar - **2.** [proie] despedazar.
dépêche [depɛʃ] *nf* - **1.** PRESSE comunicado *m* ; ~ **d'agence** comunicado de agencia - **2.** [correspondance officielle] despacho *m*.
dépêcher [depeʃe] *vt litt* [envoyer] mandar. ◆ **se dépêcher** *vp* darse prisa ; **se ~ de faire qqch** apresurarse a hacer algo.
dépendance [depɑ̃dɑ̃s] *nf* dependencia *f*. ◆ **dépendances** *nfpl* dependencias *fpl*.
dépendre [depɑ̃dr] ◇ *vi* [être soumis] : ~ **de** depender de. ◇ *vt* [décrocher] descolgar.
dépendu, e [depɑ̃dy] *pp* ▷ **dépendre**.
dépens [depɑ̃] *nmpl* JUR costas *fpl* ; **aux ~ de qqn** a costa de alguien ; **à mes ~** a mi costa.
dépense [depɑ̃s] *nf* gasto *m* ; **les ~s publiques** el gasto público.
dépenser [depɑ̃se] *vt* - **1.** [argent] gastar - **2.** [temps, efforts] dedicar. ◆ **se dé-**

penser *vp* - **1.** [se fatiguer] cansarse - **2.** *fig* [s'investir] desvivirse.
dépensier, ère [depɑ̃sje, ɛr] *adj* gastador(ra), derrochador(ra).
déperdition [depɛrdisjɔ̃] *nf* pérdida *f*.
dépérir [deperir] *vi* - **1.** [personne] depauperarse - **2.** [santé, affaire] decaer - **3.** [plante] marchitarse.
déphasé, e [defaze] *adj* desfasado(da).
dépilatoire [depilatwar] *adj* depilatorio(ria).
dépistage [depistaʒ] *nm* [de maladie] reconocimiento *m* ; ~ **du sida** prueba *f* del sida.
dépister [depiste] *vt* - **1.** [maladie] detectar - **2.** [voleur] descubrir el rastro de - **3.** [gibier] rastrear - **4.** [déjouer] despistar.
dépit [depi] *nm* despecho *m*. ◆ **en dépit de** *loc prép* a pesar de.
dépité, e [depite] *adj* disgustado(da).
déplacé, e [deplase] *adj* - **1.** [remarque, attitude] fuera de lugar - **2.** [population] desplazado(da).
déplacement [deplasmɑ̃] *nm* - **1.** [gén] desplazamiento *m* - **2.** [voyage] viaje *m*, desplazamiento *m*.
déplacer [deplase] *vt* - **1.** [objet, meuble] desplazar - **2.** *fig* [problème] desviar - **3.** [fonctionnaire] trasladar. ◆ **se déplacer** *vp* desplazarse.
déplaire [deplɛr] *vi* - **1.** [ne pas plaire] desagradar - **2.** [irriter] disgustar.
déplaisant, e [deplɛzɑ̃, ɑ̃t] *adj* desagradable.
dépliant [deplijɑ̃] *nm* folleto *m*.
déplier [deplije] *vt* desplegar, abrir.
déploiement [deplwamɑ̃] *nm* despliegue *m*.
déplorer [deplɔre] *vt sout* deplorar.
déployer [deplwaje] *vt* - **1.** [déplier & MIL] desplegar - **2.** *fig* [montrer] dar muestra de.
déportation [depɔrtasjɔ̃] *nf* deportación *f*.
déporté, e [depɔrte] *nm, f* deportado *m*, -da *f*.
déporter [depɔrte] *vt* - **1.** [prisonnier] deportar - **2.** [voiture, avion] desviar.
déposé, e [depoze] *adj* [marque] registrado(da) ; [modèle] patentado(da).
déposer [depoze] ◇ *vt* - **1.** [personne, objet] dejar - **2.** [sédiments] depositar ; [argent] ingresar - **3.** [marque, brevet] registrar - **4.** JUR : ~ **une plainte** presentar una denuncia ; ~ **son bilan** declararse en suspensión de pagos - **5.** [monarque] destituir. ◇ *vi* - **1.** JUR deponer - **2.** [liquide] depositar. ◆ **se déposer** *vp* depositarse.
dépositaire [depozitɛr] *nm* - **1.** COMM concesionario *m* - **2.** [d'objet] depositario *m*.
déposition [depozisjɔ̃] *nf* - **1.** JUR declaración *f* - **2.** [de monarque] deposición *f*.
déposséder [depɔsede] *vt* : ~ **qqn de qqch** desposeer a alguien de algo.
dépôt [depo] *nm* - **1.** [gén] depósito *m* ; ~ **de garantie** depósito en garantía ; ~ **légal** depósito legal ; ~ **d'ordures** vertedero *m* - **2.** [prison] calabozo *m*.
dépotoir [depɔtwar] *nm* - **1.** [décharge] vertedero *m* - **2.** *péj* [lieu en désordre] leonera *f* - **3.** TECHNOL [usine] planta *f* de transformación de residuos.
dépouille [depuj] *nf* - **1.** [peau] piel *f* - **2.** [humaine] : ~ **(mortelle)** restos *mpl* (mortales).
dépouillement [depujmɑ̃] *nm* - **1.** [sobriété] austeridad *f* - **2.** [examen minutieux] escrutinio *m*.
dépouiller [depuje] *vt* - **1.** [voler] : ~ **qqn de qqch** despojar a alguien de algo - **2.** [examiner] escrutar.
dépourvu, e [depurvy] *adj* : ~ **de** desprovisto de. ◆ **au dépourvu** *loc adv* : **prendre qqn au ~** pillar a alguien desprevenido(da).
dépoussiérer [depusjere] *vt* - **1.** [nettoyer] limpiar el polvo de - **2.** *fig* [rajeunir] renovar.
dépravation [depravasjɔ̃] *nf* depravación *f*.
dépréciation [depresjasjɔ̃] *nf* depreciación *f*.
dépressif, ive [depresif, iv] *adj* & *nm, f* depresivo(va).
dépression [depresjɔ̃] *nf* depresión *f* ; ~ **nerveuse** depresión nerviosa.
déprimant, e [deprimɑ̃, ɑ̃t] *adj* deprimente.
déprime [deprim] *nf fam* depre *f* ; **faire une ~** tener una depre.
déprimé, e [deprime] *adj* deprimido(da).
déprimer [deprime] ◇ *vt* deprimir. ◇ *vi fam* estar depre.
déprogrammer [deprɔgrame] *vt* desprogramar.
dépuceler [depysle] *vt fam* desvirgar.
depuis [dəpɥi] ◇ *prép* - **1.** [à partir de] desde ; ~ ... **jusqu'à** desde ... hasta ; ~ **la**

route, on pouvait voir la mer desde la carretera se podía ver el mar ; **il est parti ~ hier** se marchó ayer - **2.** [exprimant la durée] desde hace ; **~ 10 ans** desde hace 10 años ; **~ combien de temps est-il là?** ¿cuánto tiempo hace que está aquí? ; **~ longtemps** desde hace tiempo ; **~ toujours** desde siempre. ◇ *adv* desde entonces ; **~, nous ne l'avons pas vu** desde entonces no lo hemos visto. ◆ **depuis que** *loc conj* desde que.

député, e [depyte] *nm, f* diputado *m*, -da *f* ; **~ européen** eurodiputado *m*.

déraciner [derasine] *vt* - **1.** [arbre] arrancar de cuajo, arrancar de raíz - **2.** *fig* [personne] desarraigar.

déraillement [derajmɑ̃] *nm* descarrilamiento *m*.

dérailler [deraje] *vi* - **1.** [train] descarrilar - **2.** *fam* [montre, radio] funcionar mal - **3.** *fam* [personne] desvariar.

dérailleur [derajœr] *nm* cambio *m* de marchas *(de bicicleta)*.

déraisonnable [derɛzɔnabl] *adj sout* poco razonable.

dérangement [derɑ̃ʒmɑ̃] *nm* - **1.** [gêne] molestia *f* ; **~ intestinal** trastorno *m* estomacal - **2.** [déplacement] viaje *m* - **3.** [dérèglement] : **en ~** [téléphone] averiado(da).

déranger [derɑ̃ʒe] ◇ *vt* - **1.** [objets, pièce] desordenar - **2.** [personne] molestar, importunar ; **ça vous dérange si ...?** ¿le molesta si ...? - **3.** [esprit] perturbar. ◇ *vi* molestar. ◆ **se déranger** *vp* - **1.** [se déplacer] moverse - **2.** [être gêné] molestarse.

dérapage [derapaʒ] *nm* - **1.** [gén] derrape *m* - **2.** *fig* [erreur] desliz *m*.

déraper [derape] *vi* - **1.** [voiture] derrapar - **2.** *fig* [économie, prix] descontrolarse.

déréglé, e [deregle] *adj* [vie, mœurs] desordenado(da).

déréglementer [dereglәmɑ̃te] *vt* ÉCON desregular, liberalizar.

dérégler [deregle] *vt* - **1.** [mécanisme] estropear - **2.** [estomac] destrozar. ◆ **se dérégler** *vp* [mécanisme] estropearse.

dérision [derizjɔ̃] *nf* escarnio *m* ; **tourner qqch en ~** hacer escarnio de algo.

dérisoire [derizwar] *adj* irrisorio(ria).

dérivatif, ive [derivatif, iv] *adj* LING derivativo(va). ◆ **dérivatif** *nm* : **~ (à qqch)** distracción *f* (para algo).

dérive [deriv] *nf* - **1.** [mouvement] deriva *f* ; **aller** OU **être à la ~** *fig* ir a la deriva - **2.** [de bateau] orza *f*.

dérivé [derive] *nm* LING & CHIM derivado *m*.

dériver [derive] ◇ *vt* derivar. ◇ *vi* - **1.** [aller à la dérive] derivar - **2.** *fig* [découler] : **~ de qqch** derivar OU provenir de algo.

dermatologie [dɛrmatɔlɔʒi] *nf* dermatología *f*.

dermatologue [dɛrmatɔlɔg], **dermatologiste** [dɛrmatɔlɔʒist] *nmf* dermatólogo *m*, -ga *f*.

dernier, ère [dɛrnje, ɛr] ◇ *adj* - **1.** [gén] último(ma) - **2.** *(après le nom)* [semaine, année etc] pasado(da). ◇ *nm, f* - **1.** [dans une série] último *m*, -ma *f* ; **ce ~** éste, este último - **2.** [benjamin] pequeño *m*, -ña *f*. ◆ **en dernier** *loc adv* en último lugar.

dernièrement [dɛrnjɛrmɑ̃] *adv* últimamente.

dernier-né, dernière-née *nm, f* - **1.** [bébé] hijo *m* menor, hija *f* menor - **2.** *fig* [dernier modèle] : **la dernière-née de la gamme** el último modelo de la gama.

dérobade [derɔbad] *nf* espantada *f*.

dérobé, e [derobe] *adj* [escalier, porte] secreto(ta).

dérober [derobe] *vt sout* hurtar. ◆ **se dérober** *vp sout* [s'effondrer] hundirse.

dérogation [derɔgasjɔ̃] *nf* derogación *f*.

déroulement [derulmɑ̃] *nm* - **1.** *fig* [d'événement] desarrollo *m* - **2.** [de bobine de fil, câble] desenrollamiento *m*.

dérouler [derule] *vt* [bobine de fil, câble] desenrollar. ◆ **se dérouler** *vp fig* [événement] desarrollarse.

déroute [derut] *nf* - **1.** MIL espantada *f* ; **mettre en ~** poner en fuga - **2.** *fig* [échec] desastre *m*.

dérouter [derute] *vt* - **1.** *fig* [personne] desconcertar - **2.** [avion, navire] desviar.

derrière [dɛrjɛr] ◇ *adv* detrás. ◇ *prép* - **1.** [en arrière de] detrás de - **2.** [au-delà de] más allá de, detrás de. ◇ *nm* - **1.** [partie arrière] parte *f* de atrás - **2.** [fesses] trasero *m*.

des [dɛ] ◇ *art indéf* ▷ **un**. ◇ *prép* ▷ **de**.

dès [dɛ] *prép* - **1.** [depuis] desde ; **~ l'enfance** desde niño ; **~ maintenant** desde ahora, a partir de ahora ; **~ demain** a partir de mañana - **2.** [aussitôt que] en cuanto ; **~ mon retour, j'irai te voir** en cuanto vuelva, iré a verte. ◆ **dès lors** *loc adv* desde entonces. ◆ **dès lors que** *loc conj* ya que. ◆ **dès que** *loc conj* en cuanto ;

~ **que j'arriverai, je l'informerai** en cuanto llegue, le pondré al corriente ; ~ **que possible** cuanto antes.

désabusé, e [dezabyze] *adj* desengañado(da).

désaccord [dezakɔr] *nm* desacuerdo *m*, discrepancia *f*.

désaccordé, e [dezakɔrde] *adj* desafinado(da).

désaffecté, e [dezafɛkte] *adj* abandonado(da).

désaffection [dezafɛksjɔ̃] *nf* desafecto *m*.

désagréable [dezagreabl] *adj* desagradable.

désagrément [dezagremɑ̃] *nm* disgusto *m*.

désaltérant, e [dezalterɑ̃, ɑ̃t] *adj* : **une boisson ~e** una bebida que quita la sed.

désaltérer [dezaltere] *vt* quitar la sed (a alguien). ◆ **se désaltérer** *vp* beber.

désamorcer [dezamɔrse] *vt* - **1.** [arme] descebar - **2.** *fig* [complot] desarticular.

désappointer [dezapwɛ̃te] *vt* decepcionar.

désapprobation [dezaprɔbasjɔ̃] *nf* desaprobación *f*.

désapprouver [desapruve] ◇ *vt* desaprobar. ◇ *vi* protestar.

désarmement [dezarməmɑ̃] *nm* desarme *m*.

désarmer [dezarme] ◇ *vt* - **1.** [gén] desarmar - **2.** [fusil] desmontar. ◇ *vi* - **1.** [pays] desarmarse - **2.** *fig* : **ne pas ~** *sout* [personne] no rendirse ; [haine] no ceder.

désarroi [desarwa] *nm* desconcierto *m*.

désarticulé, e [dezartikyle] *adj* - **1.** [pantin] desarticulado(da) - **2.** [corps] descoyuntado(da).

désastre [dezastr] *nm* desastre *m*.

désastreux, euse [dezastrø, øz] *adj* desastroso(sa).

désavantage [dezavɑ̃taʒ] *nm* desventaja *f*.

désavantager [dezavɑ̃taʒe] *vt* perjudicar.

désavantageux, euse [dezavɑ̃taʒø, øz] *adj* desventajoso(sa).

désavouer [dezavue] *vt* - **1.** [renier] negar - **2.** [désapprouver] desaprobar. ◆ **se désavouer** *vp* [se rétracter] retractarse.

désaxé, e [dezakse] *adj* & *nm, f* desequilibrado(da).

désaxer [dezakse] *vt* descentrar.

descendance [desɑ̃dɑ̃s] *nf* descendencia *f*.

descendant, e [desɑ̃dɑ̃, ɑ̃t] ◇ *adj* [lignée] descendente. ◇ *nm, f* [héritier] descendiente *mf*.

descendre [desɑ̃dr] ◇ *vt (aux avoir)* - **1.** [gén] bajar ; ~ **une rivière** ir río abajo ; ~ **à terre** ir a tierra - **2.** *fam* [abattre - homme] liquidar ; [- avion] derribar. ◇ *vi (aux être)* - **1.** [gén] bajar - **2.** [de véhicule] bajarse, apearse *Esp*, desembarcarse *Amér* - **3.** [être en pente] ser empinado(da), estar en cuesta - **4.** [séjourner] alojarse - **5.** [être issu] : ~ **de** descender de.

descendu, e [desɑ̃dy] *pp* ▷ **descendre**.

descente [desɑ̃t] *nf* - **1.** [action] descenso *m*, bajada *f* - **2.** [au ski] descenso *m* - **3.** *fam* [de boisson] : **ce type a une bonne ~** ese tipo es una esponja. ◆ **descente de lit** *nf* alfombrilla *f* de cama.

descriptif, ive [dɛskriptif, iv] *adj* descriptivo(va). ◆ **descriptif** *nm* descripción *f* detallada.

description [dɛskripsjɔ̃] *nf* descripción *f*.

désemparé, e [dezɑ̃pare] *adj* desamparado(da).

désenchanté, e [dezɑ̃ʃɑ̃te] *adj* desencantado(da).

désendettement [dezɑ̃dɛtmɑ̃] *nm* reducción *f* de una deuda.

désenfler [dezɑ̃fle] *vi* deshincharse, desinflarse.

désensibiliser [desɑ̃sibilize] *vt* insensibilizar.

déséquilibre [dezekilibr] *nm* desequilibrio *m*.

déséquilibré, e [dezekilibre] *nm, f* desequilibrado *m*, -da *f*.

déséquilibrer [dezekilibre] *vt* desequilibrar.

désert, e [dezɛr, ɛrt] *adj* desierto(ta). ◆ **désert** *nm* desierto *m*.

déserter [dezɛrte] ◇ *vt* - **1.** [endroit] abandonar - **2.** *fig* [cause] desertar de. ◇ *vi* MIL desertar.

déserteur [dezɛrtœr] *nm* desertor *m*.

désertion [dezɛrsjɔ̃] *nf* deserción *f*.

désertique [dezɛrtik] *adj* desértico(ca).

désespéré, e [dezɛspere] ◇ *adj* - **1.** [regard] de desesperación - **2.** [situation] desesperado(da). ◇ *nm, f* desesperado *m*, -da *f*.

désespérément [dezɛsperemɑ̃] *adv*

- **1.** [sans espoir] con desesperación, desesperadamente - **2.** [avec acharnement] desesperadamente.

désespérer [dezɛspere] ◇ *vt* desesperar ; ~ **que qqch arrive** desesperar de que algo pase. ◇ *vi* perder la esperanza ; ~ **de faire qqch** perder toda esperanza de hacer algo. ◆ **se désespérer** *vp* desesperarse.

désespoir [dezɛspwar] *nm* desesperación *f* ; **faire le ~ de qqn** ser la desesperación de alguien ; **en ~ de cause** en último extremo.

déshabillé [dezabije] *nm* deshabillé *m*, salto *m* de cama.

déshabiller [dezabije] *vt* desnudar. ◆ **se déshabiller** *vp* desnudarse.

déshabituer [dezabitɥe] *vt* : ~ **qqn de qqch/de faire qqch** desacostumbrar a alguien de algo/de hacer algo.

désherbant, e [dezɛrbɑ̃, ɑ̃t] *adj* herbicida. ◆ **désherbant** *nm* herbicida *m*.

déshérité, e [dezerite] *adj* & *nm, f* desheredado(da).

déshériter [dezerite] *vt* desheredar.

déshonneur [dezɔnœr] *nm* deshonor *m*, deshonra *f*.

déshonorer [dezɔnɔre] *vt* deshonrar.

déshydrater [dezidrate] *vt* deshidratar. ◆ **se déshydrater** *vp* deshidratarse.

designer [dizajnœr] *nm* diseñador *m*, -ra *f*.

désigner [deziɲe] *vt* - **1.** [choisir] designar, nombrar - **2.** [montrer] señalar - **3.** [signifier] significar.

désillusion [dezilyzjɔ̃] *nf* desilusión *f*.

désincarné, e [dezɛ̃karne] *adj* desencarnado(da).

désindustrialisation [dezɛ̃dystrijalizasjɔ̃] *nf* desindustrialización *f*.

désinfectant, e [dezɛ̃fɛktɑ̃, ɑ̃t] *adj* desinfectante. ◆ **désinfectant** *nm* desinfectante *m*.

désinfecter [dezɛ̃fɛkte] *vt* desinfectar.

désinflation [dezɛ̃flasjɔ̃] *nf* deflación *f*.

désintégrer [dezɛ̃tegre] *vt* desintegrar. ◆ **se désintégrer** *vp* desintegrarse.

désintéressé, e [dezɛ̃terese] *adj* desinteresado(da).

désintéresser [dezɛ̃terese] ◆ **se désintéresser** *vp* : **se ~ de qqch/de qqn** desentenderse de algo/de alguien.

désintoxication [dezɛ̃tɔksikasjɔ̃] *nf* desintoxicación *f*.

désintoxiquer [dezɛ̃tɔksike] *vt* desintoxicar.

désinvolte [dezɛ̃vɔlt] *adj* - **1.** [à l'aise] desenvuelto(ta) - **2.** *péj* [sans gêne] atrevido(da).

désinvolture [dezɛ̃vɔltyr] *nf* atrevimiento *m*.

désir [dezir] *nm* deseo *m*.

désirable [dezirabl] *adj* - **1.** [chose] apetecible - **2.** [personne] deseable.

désirer [dezire] *vt* desear ; **vous désirez?** [dans un magasin] ¿en qué puedo servirle?

désistement [dezistəmɑ̃] *nm* renuncia *f*.

désister [deziste] ◆ **se désister** *vp* [retirer sa candidature] desistir, retirarse ; **se ~ de qqch** JUR [renoncer à] renunciar a algo.

désobéir [dezɔbeir] *vi* desobedecer ; ~ **à qqch/à qqn** desobedecer algo/a alguien.

désobéissance [dezɔbeisɑ̃s] *nf* desobediencia *f*.

désobéissant, e [dezɔbeisɑ̃, ɑ̃t] *adj* desobediente.

désobligeant, e [dezɔbliʒɑ̃, ɑ̃t] *adj sout* descortés.

désodorisant, e [dezɔdɔrizɑ̃, ɑ̃t] *adj* desodorante. ◆ **désodorisant** *nm* ambientador *m*.

désœuvré, e [dezœvre] *adj* ocioso(sa).

désœuvrement [dezœvrəmɑ̃] *nm* ociosidad *f*.

désolation [dezɔlasjɔ̃] *nf* desolación *f*.

désolé, e [dezɔle] *adj* : **être ~** sentirlo (mucho) ; **je suis ~, mais je dois m'en aller** lo siento (mucho) pero tengo que irme.

désopilant, e [dezɔpilɑ̃, ɑ̃t] *adj* desternillante.

désordonné, e [dezɔrdɔne] *adj* desordenado(da).

désordre [dezɔrdr] *nm* - **1.** [fouillis] desorden *m* ; **en ~** desordenado(da) - **2.** *(gén pl)* [trouble] disturbio *m*, desorden *m* - **3.** *fig* [confusion] confusión *f*.

désorganiser [dezɔrganize] *vt* desorganizar.

désorienté, e [dezɔrjɑ̃te] *adj* desorientado(da).

désormais [dezɔrmɛ] *adv* a partir de ahora, de ahora en adelante.

désosser [dezɔse] *vt* - **1.** [viande] deshuesar - **2.** [voiture] desguazar ; [machine] destripar.

despote [dɛspɔt] *adj* & *nm* déspota.

despotique [dɛspɔtik] *adj* despótico(ca).

despotisme [dɛspɔtism] *nm* despotismo *m*.
desquels, desquelles [dekɛl] ▻ **lequel**.
dessaler [desale] ◇ *vt* - **1.** [poisson] desalar - **2.** *fam* [personne] espabilar. ◇ *vi fam* NAVIG irse a pique.
dessécher [deseʃe] *vt* - **1.** [peau] resecar - **2.** *fig* [cœur] endurecer. ◆ **se dessécher** *vp* - **1.** [se déshydrater] resecarse - **2.** [maigrir] secarse - **3.** *fig* [s'endurcir] endurecerse.
desserrer [desere] *vt* aflojar.
dessert [desɛr] *nm* postre *m*.
desserte [desɛrt] *nf* - **1.** [meuble] mesa *f* auxiliar - **2.** [service d'autobus] servicio *m* de transporte.
desservir [desɛrvir] *vt* - **1.** [désavantager] perjudicar - **2.** [table] quitar - **3.** TRANSPORT comunicar.
dessin [desɛ̃] *nm* - **1.** [graphique] dibujo *m* ; ~ **animé** dibujos *mpl* animados - **2.** *fig* [contour - de chose] contorno *m* ; [- de visage] perfil *m*.
dessinateur, trice [desinatœr, tris] *nm, f* dibujante *mf*.
dessiner [desine] ◇ *vt* - **1.** [gén] dibujar - **2.** [souligner] resaltar. ◇ *vi* dibujar.
dessous [dəsu] ◇ *adv* debajo. ◇ *prép* debajo de. ◇ *nm* [partie inférieure] parte *f* de abajo ; **les voisins du** ~ los vecinos de abajo. ◇ *nmpl* - **1.** [sous-vêtements féminins] ropa *f* interior femenina - **2.** *fig* [secrets] : **les** ~ **de qqch** los entresijos de algo. ◆ **en dessous** *loc adv* abajo ; **agir par en** ~ actuar de manera subrepticia ; **regarder qqn par en** ~ mirar a alguien de soslayo OU por el rabillo del ojo. ◆ **en dessous de** *loc prép* debajo de ; **en** ~ **de zéro** bajo cero ; **vous êtes très en** ~ **de la vérité** está usted muy lejos de la verdad.
dessous-de-plat [dəsudpla] *nm inv* salvamanteles *m inv*.
dessus [dəsy] ◇ *adv* encima, arriba. ◇ *nm* - **1.** [partie supérieure] parte *f* de encima ; **les voisins du** ~ los vecinos de arriba - **2.** *loc* : **avoir le** ~ ganar ; **reprendre le** ~ recuperarse. ◆ **en dessus** *loc adv* encima, arriba.
dessus-de-lit [dəsydli] *nm inv* colcha *f*, cubrecama *m*.
déstabilisateur, trice [destabilizatœr, tris] *adj* desestabilizador(ra).
déstabilisation [destabilizasjɔ̃] *nf* desestabilización *f*.
destin [dɛstɛ̃] *nm* destino *m*.
destinataire [dɛstinatɛr] *nmf* destinatario *m*, -ria *f*.
destination [dɛstinasjɔ̃] *nf* destino *m* ; **à** ~ **de** con destino a.
destinée [dɛstine] *nf* destino *m*.
destiner [dɛstine] *vt* : ~ **qqch à qqn/à qqch** destinar algo a alguien/a algo ; ~ **qqn à qqch** destinar a alguien a algo.
destituer [dɛstitɥe] *vt* destituir.
destructeur, trice [dɛstryktœr, tris] *adj* & *nm, f* destructor(ra).
destruction [dɛstryksjɔ̃] *nf* destrucción *f*.
déstructuration [destryktyrasjɔ̃] *nf* desestructuración *f*.
désuet, ète [dezɥɛ, ɛt] *adj* anticuado(da).
désuni, e [dezyni] *adj* desunido(da).
détachable [detaʃabl] *adj* amovible ; [supplément, coupon] recortable.
détachant, e [detaʃɑ̃, ɑ̃t] *adj* quitamanchas. ◆ **détachant** *nm* quitamanchas *m inv*.
détaché, e [detaʃe] *adj* - **1.** [feuille] suelto(ta) - **2.** [air] indiferente.
détachement [detaʃmɑ̃] *nm* - **1.** [indifférence] indiferencia *f* - **2.** [mission] traslado *m* temporal ; **en** ~ **auprès de qqn** destinado(da) al servicio de alguien - **3.** MIL destacamento *m*.
détacher [detaʃe] *vt* - **1.** [cheveux, chien] soltar - **2.** [liens] desatar - **3.** [découper] recortar - **4.** [nettoyer] quitar las manchas de - **5.** ADMIN [fonctionnaire] destinar provisionalmente - **6.** *fig* [éloigner] : ~ **qqn de qqch** apartar a alguien de algo. ◆ **se détacher** *vp* - **1.** [se libérer] librarse ; **se** ~ **de** librarse de - **2.** [défaire ses liens] desatarse - **3.** [ressortir] : **se** ~ **sur** recortarse en - **4.** *fig* [se désintéresser] : **se** ~ **de qqn** apartarse de alguien.
détail [detaj] *nm* detalle *m*. ◆ **au détail** *loc adv* [vente] al por menor, al detalle. ◆ **en détail** *loc adv* con todo detalle.
détaillant, e [detajɑ̃, ɑ̃t] ◇ *adj* al por menor, al detalle. ◇ *nm, f* minorista *mf*, detallista *mf*.
détaillé, e [detaje] *adj* detallado(da).
détailler [detaje] *vt* - **1.** [récit, facture] detallar - **2.** [vendre au détail] vender al por menor, vender al detalle.
détaler [detale] *vi* - **1.** [personne] salir pitando, irse por piernas - **2.** [animal] huir velozmente.
détartrant, e [detartrɑ̃, ɑ̃t] *adj* antical. ◆ **détartrant** *nm* antical *m*.

détaxe [detaks] *nf* desgravación *f*.

détecter [detɛkte] *vt* detectar.

détecteur, trice [detɛktœr, tris] *adj* detector(ra). ◆ **détecteur** *nm* detector *m*.

détection [detɛksjɔ̃] *nf* detección *f*.

détective [detɛktiv] *nm* detective *mf* ; ~ **privé** detective privado.

déteindre [detɛ̃dr] ◇ *vt* desteñir. ◇ *vi* - **1.** [changer de couleur] desteñir - **2.** *fig* [influencer] contagiar.

déteint, e [detɛ̃, ɛ̃t] *pp* ▷ **déteindre**.

détendre [detɑ̃dr] *vt* - **1.** [personne] relajar - **2.** *fig* [atmosphère] hacer menos tenso(sa). ◆ **se détendre** *vp* - **1.** [personne] relajarse - **2.** [corde, ressort] aflojarse - **3.** [atmosphère, relations] volverse menos tenso(sa), volverse menos tirante.

détendu, e [detɑ̃dy] *adj* - **1.** [personne] relajado(da) - **2.** [corde, ressort] flojo(ja).

détenir [detnir] *vt* - **1.** [objet, record] poseer - **2.** [secret, vérité] detentar - **3.** [garder en captivité] retener *(en prisión)*.

détente [detɑ̃t] *nf* - **1.** [repos] descanso *m* - **2.** [de ressort & POLIT] distensión *f* - **3.** [d'athlète] estiramiento *m*.

détenteur, trice [detɑ̃tœr, tris] *nm, f* poseedor *m*, -ra *f*.

détention [detɑ̃sjɔ̃] *nf* - **1.** [possession] posesión *f* - **2.** [emprisonnement] detención *f*.

détenu, e [detny] ◇ *pp* ▷ **détenir**. ◇ *adj* & *nm, f* detenido(da).

détergent, e [detɛrʒɑ̃, ɑ̃t] *adj* detergente. ◆ **détergent** *nm* detergente *m*.

détérioration [deterjɔrasjɔ̃] *nf* deterioro *m*.

détériorer [deterjɔre] *vt* estropear. ◆ **se détériorer** *vp* deteriorarse.

déterminant, e [determinɑ̃, ɑ̃t] *adj* determinante. ◆ **déterminant** *nm* determinante *m*.

détermination [determinasjɔ̃] *nf* - **1.** [définition] determinación *f* - **2.** [résolution, fermeté] determinación *f*, decisión *f*.

déterminé, e [determine] *adj* - **1.** [fixé] determinado(da) - **2.** [résolu] determinado(da), decidido(da).

déterminer [determine] *vt* determinar. ◆ **se déterminer** *vp* : **se ~ à faire qqch** decidirse a hacer algo.

déterrer [detere] *vt* desenterrar.

détestable [detɛstabl] *adj* odioso(sa), detestable.

détester [detɛste] *vt* odiar, detestar ; [plat] aborrecer.

détonateur [detɔnatœr] *nm* - **1.** TECHNOL detonador *m* - **2.** *fig* [de crise] detonante *m*.

détonation [detɔnasjɔ̃] *nf* detonación *f*.

détonner [detɔne] *vi* desentonar.

détour [detur] *nm* - **1.** [déviation] rodeo *m* ; **sans ~** sin rodeos - **2.** [méandre] recodo *m*.

détourné, e [deturne] *adj* indirecto(ta).

détournement [deturnəmɑ̃] *nm* desvío *m* ; ~ **d'avion** secuestro *m* aéreo ; ~ **de fonds** malversación *f* ; ~ **de mineur** corrupción *f* de menores.

détourner [deturne] *vt* - **1.** [gén] desviar - **2.** [avion] secuestrar - **3.** [regard] desviar ; [tête] volver - **4.** [fonds] malversar - **5.** *fig* [écarter] : ~ **qqn de** distraer a alguien de. ◆ **se détourner** *vp* - **1.** [tourner la tête] apartar la vista - **2.** *fig* [se désintéresser] : **se ~ de qqn/de qqch** apartarse de alguien/de algo.

détraquer [detrake] *vt* estropear. ◆ **se détraquer** *vp fam* estropearse *Esp*, descomponerse *Amér*.

détrempe [detrɑ̃p] *nf* - **1.** [de l'acier] destemple *m* - **2.** ART temple *m*.

détresse [detrɛs] *nf* - **1.** [sentiment] desamparo *m* - **2.** [situation] miseria *f*.

détriment [detrimɑ̃] ◆ **au détriment de** *loc prép* en detrimento de.

détritus [detrity(s)] *nm* detritus *m inv*.

détroit [detrwa] *nm* estrecho *m*.

détromper [detrɔ̃pe] *vt* - **1.** [personne] sacar del error - **2.** [soupçons, prévisions] echar por tierra.

détrôner [detrone] *vt* destronar.

détruire [detrɥir] *vt* destruir. ◆ **se détruire** *vp* destrozarse.

détruit, e [detrɥi, it] *pp* ▷ **détruire**.

dette [dɛt] *nf* deuda *f*.

DEUG, Deug [dœg] (*abr de* **diplôme d'études universitaires générales**) *nm diploma que se obtiene tras dos años de estudios universitarios generales*.

deuil [dœj] *nm* - **1.** [mort] deceso *m*, defunción *f* - **2.** [tenue, période] luto *m* ; **en ~** de luto ; **porter le ~** llevar luto - **3.** [douleur] duelo *m*.

DEUST, Deust [dœst] (*abr de* **diplôme d'études universitaires scientifiques et techniques**) *nm diploma que se obtiene tras cursar dos años de estudios técnicos universitarios*.

deux [dø] ◇ *adj num* dos ; **tous les**

~ **jours** cada dos días. ◇ *nm* dos *m inv* ; **les** ~ ambos(as).

deuxième [døzjɛm] *adj* & *nmf* segundo(da) ; *voir aussi* **sixième.**

deux-pièces [døpjɛs] *nm inv* - **1.** [appartement] piso *m* con un dormitorio y salón - **2.** [maillot de bain] bikini *m*.

deux-roues [døru] *nm inv* vehículo *m* de dos ruedas.

dévaler [devale] ◇ *vt* bajar a toda prisa por. ◇ *vi* bajar a toda prisa.

dévaliser [devalize] *vt* - **1.** [cambrioler] desvalijar - **2.** *fam fig* [vider] saquear.

dévaloriser [devalɔrize] *vt* - **1.** [gén] desvalorizar - **2.** [personne] menospreciar. ◆ **se dévaloriser** *vp* - **1.** [monnaie] desvalorizarse - **2.** [personne] menospreciarse.

dévaluation [devalɥasjɔ̃] *nf* devaluación *f*.

dévaluer [devalɥe] ◇ *vt* devaluar. ◇ *vi* devaluar la moneda. ◆ **se dévaluer** *vp* devaluarse.

devancer [dəvɑ̃se] *vt* - **1.** [précéder] adelantar - **2.** [surpasser] aventajar - **3.** [anticiper] anticiparse a.

devancier, ère [dəvɑ̃sje, ɛr] *nm, f* antecesor *m*, -ra *f*.

devant [dəvɑ̃] ◇ *adv* delante. ◇ *prép* - **1.** [en face de, en avant de] delante de ; ~ **qqch** delante de algo ; ~ **moi/toi** delante de mí/de ti - **2.** [en présence de, face à] ante. ◇ *nm* parte *f* de delante, delantera *f* ; **prendre les ~s** tomar la delantera, adelantarse. ◆ **de devant** *loc adj* [pattes, roues] de delante.

devanture [dəvɑ̃tyr] *nf* escaparate *m*.

dévaster [devaste] *vt* devastar.

développement [devlɔpmɑ̃] *nm* - **1.** [gén] desarrollo *m* - **2.** PHOT revelado *m* - **3.** [exposé] exposición *f*. ◆ **développements** *nmpl* consecuencias *fpl*.

développer [devlɔpe] *vt* - **1.** [gén] desarrollar - **2.** PHOT revelar. ◆ **se développer** *vp* desarrollarse.

devenir [dəvnir] *vi* [changer d'état - sans volonté propre] volverse ; [- après des efforts] llegar a ser ; **il est devenu sourd** se ha vuelto sordo ; **il est devenu président** ha llegado a ser presidente ; **que devient-elle?** ¿qué es de ella?, ¿qué ha sido de ella?

devenu, e [dəvny] *pp* ▷ **devenir.**

dévergondé, e [devɛrgɔ̃de] *adj* & *nm, f* desvergonzado(da).

déverser [devɛrse] *vt* - **1.** [répandre] verter - **2.** [décharger] tirar - **3.** *fig* [sentiment, humeur] desahogar.

déviation [devjasjɔ̃] *nf* - **1.** [de trajectoire] desviación *f* - **2.** [de circulation] desvío *m* - **3.** [de doctrine] desviacionismo *m*.

dévier [devje] ◇ *vi* : ~ **de** [s'écarter de] desviarse de ; *fig* apartarse de. ◇ *vt* desviar.

devin, devineresse [dəvɛ̃, dəvinrɛs] *nm, f* adivino *m*, -na *f*.

deviner [dəvine] *vt* adivinar.

devinette [dəvinɛt] *nf* adivinanza *f*, acertijo *m*.

devis [dəvi] *nm* presupuesto *m* ; **faire un** ~ hacer un presupuesto.

dévisager [devizaʒe] *vt* mirar de hito en hito.

devise [dəviz] *nf* divisa *f*.

dévisser [devise] ◇ *vt* desatornillar, destornillar. ◇ *vi* ALPINISME despeñarse.

dévitaliser [devitalize] *vt* desvitalizar.

dévoiler [devwale] *vt* - **1.** [gén] desvelar - **2.** [secret, intentions] revelar ; ~ **ses charmes** evidenciar sus encantos.

devoir [dəvwar] ◇ *nm* deber *m*. ◇ *vt* - **1.** [argent, respect] deber ; ~ **qqch à qqn** deber algo a alguien - **2.** [marque l'obligation - matérielle] deber, tener que ; [- morale] haber de ; **je dois le faire** debo hacerlo ; **je dois partir** tengo que irme ; **tu dois travailler davantage** has de trabajar más - **3.** [marque la probabilité] deber de ; **ça doit coûter cher** esto debe (de) costar caro - **4.** [marque le futur] : **il doit commencer bientôt** empezará dentro de poco.

dévolu, e [devɔly] *adj sout* correspondiente por derecho. ◆ **dévolu** *nm* : **jeter son ~ sur qqn/sur qqch** echar el ojo a alguien/a algo.

dévorer [devɔre] *vt* devorar.

dévotion [devɔsjɔ̃] *nf* devoción *f*.

dévoué, e [devwe] *adj* abnegado(da).

dévouement [devumɑ̃] *nm* abnegación *f*.

dévouer [devwe] ◆ **se dévouer** *vp* - **1.** [se consacrer] : **se ~ à** consagrarse a - **2.** *fig* [se sacrifier] sacrificarse.

dévoyé, e [devwaje] *adj* & *nm, f* descarriado(da).

devrai *etc* ▷ **devoir.**

dextérité [dɛksterite] *nf* - **1.** [manuelle] destreza *f*, habilidad *f* - **2.** [de l'esprit] soltura *f*.

dg (*abr de* **décigramme**) dg.

DGSE (*abr de* **Direction générale de la sécurité extérieure**) *nf servicio de inteligencia*

encargado de la seguridad del territorio francés, ≃ CESID *m.*
diabète [djabɛt] *nm* diabetes *f inv.*
diabétique [djabetik] *adj* & *nmf* diabético(ca).
diable [djabl] *nm* **- 1.** [gén] diablo *m* **- 2.** [outil] carretilla *f.*
diabolique [djabɔlik] *adj* diabólico(ca).
diadème [djadɛm] *nm* diadema *f.*
diagnostic [djagnɔstik] *nm* diagnóstico *m.*
diagnostiquer [djagnɔstike] *vt* diagnosticar.
diagonal, e, aux [djagɔnal, o] *adj* diagonal. ◆ **diagonale** *nf* diagonal *f* ; **en ~e** en diagonal.
dialecte [djalɛkt] *nm* dialecto *m.*
dialogue [djalɔg] *nm* diálogo *m.*
dialoguer [djalɔge] *vi* dialogar.
diamant [djamɑ̃] *nm* **- 1.** [pierre] diamante *m* **- 2.** [de tête de lecture] aguja *f.*
diamètre [djamɛtr] *nm* diámetro *m.*
diapason [djapazɔ̃] *nm* diapasón *m.*
diapositive [djapozitiv] *nf* diapositiva *f.*
diapré, e [djapre] *adj sout* tornasolado(da).
diarrhée [djare] *nf* diarrea *f.*
dictateur [diktatœr] *nm* dictador *m.*
dictature [diktatyr] *nf* dictadura *f.*
dictée [dikte] *nf* dictado *m.*
dicter [dikte] *vt* dictar.
diction [diksjɔ̃] *nf* dicción *f.*
dictionnaire [diksjɔnɛr] *nm* diccionario *m.*
dicton [diktɔ̃] *nm* dicho *m*, refrán *m.*
dièse [djɛz] ◇ *adj* sostenido(da). ◇ *nm* sostenido *m.*
diesel [djezɛl] *adj inv* & *nm* diesel.
diète [djɛt] *nf* [régime] dieta *f* ; **être à la ~** estar a dieta.
diététicien, enne [djetetisjɛ̃, ɛn] *nm, f* dietista *mf.*
diététique [djetetik] *nf* dietética *f.*
dieu, x [djø] *nm* dios *m.* ◆ **Dieu** *nm* Dios *m.*
diffamation [difamasjɔ̃] *nf* difamación *f.*
diffamer [difame] *vt* difamar.
différé, e [difere] *adj* diferido(da). ◆ **différé** *nm* TÉLÉ programa *m* en diferido ; **en ~** en diferido.
différence [diferɑ̃s] *nf* diferencia *f.*
différencier [diferɑ̃sje] *vt* : **~ qqch de qqch** diferenciar algo de algo. ◆ **se différencier** *vp* : **se ~ de qqn** diferenciarse de alguien.
différend [diferɑ̃] *nm* diferencia *f (desacuerdo)* ; **avoir un ~ avec qqn** tener diferencias con alguien.
différent, e [diferɑ̃, ɑ̃t] *adj* **- 1.** [distinct] diferente **- 2.** [divers] vario(ria).
différer [difere] ◇ *vt* [retarder] aplazar. ◇ *vi* **- 1.** [être différent] : **~ de qqch** diferir de algo **- 2.** [varier] variar **- 3.** [ne pas être d'accord] : **~ sur** discrepar en.
difficile [difisil] ◇ *adj* difícil. ◇ *nmf* : **faire le/la ~** hacerse el/la difícil.
difficilement [difisilmɑ̃] *adv* difícilmente.
difficulté [difikylte] *nf* dificultad *f* ; **en ~** en dificultades, en apuros.
difforme [difɔrm] *adj* deforme.
diffuser [difyze] *vt* **- 1.** [gén] difundir **- 2.** [émission] emitir.
diffuseur [difyzœr] *nm* difusor *m.*
diffusion [difyzjɔ̃] *nf* **- 1.** [gén] difusión *f* **- 2.** [d'émission] emisión *f.*
digérer [diʒere] *vi* digerir.
digestif, ive [diʒɛstif, iv] *adj* digestivo(va). ◆ **digestif** *nm* digestivo *m.*
digestion [diʒɛstjɔ̃] *nf* digestión *f.*
digital, e, aux [diʒital, o] *adj* **- 1.** [code, affichage] digital **- 2.** ▷ **empreinte.**
digne [diɲ] *adj* digno(na) ; **~ de qqn/de qqch** digno(na) de alguien/de algo.
dignité [diɲite] *nf* dignidad *f.*
digression [digresjɔ̃] *nf* digresión *f.*
dilapider [dilapide] *vt* dilapidar.
dilater [dilate] *vt* dilatar.
dilemme [dilɛm] *nm* dilema *m.*
diligence [diliʒɑ̃s] *nf* diligencia *f.*
diluant [dilɥɑ̃] *nm* diluyente *m.*
diluer [dilɥe] *vt* diluir. ◆ **se diluer** *vp* diluirse.
diluvien, enne [dilyvjɛ̃, ɛn] *adj* diluviano(na).
dimanche [dimɑ̃ʃ] *nm* domingo *m.*
dîme [dim] *nf* diezmo *m.*
dimension [dimɑ̃sjɔ̃] *nf* **- 1.** [taille] dimensión *f* **- 2.** *(gén pl)* [mesure] medida *f* ; **prendre les ~s de** tomar las medidas de **- 3.** *fig* [ampleur] magnitud *f* **- 4.** *fig* [aspect, composante] aspecto *m.*
diminuer [diminɥe] ◇ *vt* reducir. ◇ *vi* disminuir. ◆ **se diminuer** *vp* rebajarse.
diminutif, ive [diminytif, iv] *adj* LING diminutivo(va). ◆ **diminutif** *nm* diminutivo *m.*
diminution [diminysjɔ̃] *nf* disminución *f.*

dinde [dɛ̃d] *nf litt* & *fig* pava *f*.
dindon [dɛ̃dɔ̃] *nm* pavo *m Esp*, guajolote *m Amér*.
dîner [dine] ◇ *vi* cenar. ◇ *nm* cena *f*.
dingue [dɛ̃g] *fam* ◇ *adj* - **1**. [fou] chalado(da), chiflado(da) - **2**. [incroyable] de locos. ◇ *nmf* chalado *m*, -da *f*, chiflado *m*, -da *f*.
dinosaure [dinozɔr] *nm* dinosaurio *m*.
diphtongue [diftɔ̃g] *nf* diptongo *m*.
diplomate [diplɔmat] ◇ *adj* diplomático(ca). ◇ *nmf* [ambassadeur] diplomático *m*, -ca *f*. ◇ *nm* [gâteau] *pudding a base de bizcochos con licor, frutas confitadas y crema inglesa*.
diplomatique [diplɔmatik] *adj* diplomático(ca).
diplôme [diplom] *nm* diploma *m*.
diplômé, e [diplome] *adj* & *nm, f* diplomado(da).
dire [dir] *vt* - **1**. [gén] decir ; **~ qqch à qqn** decir algo a alguien ; **~ à qqn de** decirle a alguien que ; **dis-lui de venir** dile que venga ; **(et) ~ que je n'étais pas là!** ¡y pensar que no estaba allí! ; **on dirait que** parece que ; **on dit que** se dice que, dicen que ; **que dirais-tu de déjeuner à la campagne?** ¿qué me dices de una comida en el campo? ; **qu'en dis-tu?** ¿qué te parece? ; **vouloir ~** querer decir - **2**. [plaire] : **ça te dit/dirait de ...?** te apetece ...? ; **ça ne me dit rien** no me apetece nada - **3**. [rappeler] sonar ; **ça te dit quelque chose?** ¿te suena de algo? ◆ **se dire** *vp* decirse. ◆ **au dire de** *loc prép* al decir de. ◆ **cela dit** *loc adv* dicho esto. ◆ **pour ainsi dire** *loc adv* digamos, por así decirlo. ◆ **à vrai dire** *loc adv* a decir verdad.
direct, e [dirɛkt] *adj* directo(ta). ◆ **direct** *nm* SPORT & TÉLÉ directo *m* ; **en ~** en directo.
directement [dirɛktəmɑ̃] *adv* directamente.
directeur, trice [dirɛktœr, tris] ◇ *adj* - **1**. [comité] director(ra) - **2**. [ligne, roue] director(triz). ◇ *nm, f* [responsable] director *m*, -ra *f* ; **~ de thèse** director de tesis.
direction [dirɛksjɔ̃] *nf* dirección *f* ; **en ~ de** [train] con destino a ; **dans la ~ de** en dirección de ; **sous la ~ de** bajo la dirección de ; **~ des ressources humaines** dirección de recursos humanos.
directive [dirɛktiv] *nf* directriz *f*.
dirigeable [diriʒabl] *adj* & *nm* dirigible.
dirigeant, e [diriʒɑ̃, ɑ̃t] ◇ *adj* dirigente. ◇ *nm, f* dirigente *nmf* ; [d'une entreprise] directivo *m*, -va *f*.
diriger [diriʒe] *vt* - **1**. [entreprise, regard] dirigir - **2**. [véhicule] conducir. ◆ **se diriger** *vp* : **se ~ vers** dirigirse hacia.
dis *etc* ▷ **dire**.
disais *etc* ▷ **dire**.
discernement [disɛrnəmɑ̃] *nm* discernimiento *m*.
discerner [disɛrne] *vt* - **1**. [distinguer] discernir - **2**. [deviner] distinguir.
disciple [disipl] *nm* discípulo *m*, -la *f*.
disciplinaire [disiplinɛr] *adj* disciplinario(ria).
discipline [disiplin] *nf* disciplina *f*.
discipliner [discipline] *vt* disciplinar.
discontinu, e [diskɔ̃tiny] *adj* discontinuo(nua).
discordance [diskɔrdɑ̃s] *nf* discordancia *f*.
discorde [diskɔrd] *nf* discordia *f*.
discothèque [diskɔtɛk] *nf* discoteca *f*.
discourir [diskurir] *vi* extenderse *(hablando)* ; **~ sur qqch** extenderse sobre algo.
discours [diskur] *nm* discurso *m*.
discréditer [diskredite] *vt* desacreditar.
discret, ète [diskrɛ, ɛt] *adj* discreto(ta).
discrètement [diskrɛtmɑ̃] *adv* discretamente, con discreción.
discrétion [diskresjɔ̃] *nf* discreción *f*.
discrimination [diskriminasjɔ̃] *nf* discriminación *f*.
discriminatoire [diskriminatwar] *adj* discriminatorio(ria).
disculper [diskylpe] *vt* probar la inocencia de. ◆ **se disculper** *vp* probar su inocencia.
discussion [diskysjɔ̃] *nf* - **1**. [conversation] conversación *f* - **2**. [débat] debate *m* - **3**. [contestation, altercation] discusión *f*.
discutable [diskytabl] *adj* discutible.
discuté, e [diskyte] *adj* discutido(da).
discuter [diskyte] ◇ *vt* - **1**. [débattre] debatir - **2**. [contester] discutir. ◇ *vi* - **1**. [converser] hablar ; **~ de qqch** hablar de algo - **2**. [contester] discutir.
disgrâce [disgras] *nf* desgracia *f (pérdida de favor)*.
disgracieux, euse [disgrasjø, øz] *adj* - **1**. [geste, démarche] falto(ta) de gracia - **2**. [visage] poco agraciado(da).
disjoncter [disʒɔ̃kte] *vi* - **1**. ELECTR saltar (los plomos) - **2**. *fam* : **il a disjoncté** se le fue la alla.
disjoncteur [disʒɔ̃ktœr] *nm* disyuntor *m*.

disloquer [dislɔke] *vt* - **1.** MÉD dislocar - **2.** [famille, empire] desmembrar.
disparaître [disparɛtr] *vi* desaparecer ; **faire ~** [gén] hacer desaparecer ; [difficulté, obstacle] salvar.
disparate [disparat] *adj* discordante.
disparité [disparite] *nf* - **1.** [d'âge, de salaire] disparidad *f* - **2.** [d'éléments, de couleurs] discordancia *f*.
disparition [disparisjɔ̃] *nf* desaparición *f*.
disparu, e [dispary] ◇ *pp* ▷ **disparaître**. ◇ *nm, f* desaparecido *m*, -da *f* ; [mort] difunto *m*, -ta *f*.
dispatcher [dispatʃe] *vt* repartir, distribuir.
dispensaire [dispɑ̃sɛr] *nm* dispensario *m*.
dispense [dispɑ̃s] *nf* dispensa *f*.
dispenser [dispɑ̃se] *vt* - **1.** *sout* [soin] dispensar - **2.** [exempter] : **~ qqn de qqch** dispensar a alguien de algo ; **je te dispense de tes réflexions** puedes ahorrarte tus comentarios.
disperser [dispɛrse] *vt* dispersar. ◆ **se disperser** *vp* dispersarse.
dispersion [dispɛrsjɔ̃] *nf* dispersión *f*.
disponibilité [disponibilite] *nf* - **1.** [gén] disponibilidad *f* - **2.** [de fonctionnaire] excedencia *f*.
disponible [disponibl] *adj* - **1.** [place, personne] disponible - **2.** [fonctionnaire] en excedencia, excedente.
disposé, e [dispoze] *adj* dispuesto(ta) ; **être ~ à** estar dispuesto a ; **être bien ~ envers qqn** tener buena disposición hacia alguien, estar bien dispuesto hacia alguien.
disposer [dispoze] ◇ *vt* [arranger] disponer, poner. ◇ *vi* disponer ; **~ de qqch/de qqn** disponer de algo/de alguien.
dispositif [dispozitif] *nm* dispositivo *m* ; **~ d'alarme** dispositivo de alarma ; **~ antibuée** dispositivo antivaho.
disposition [dispozisjɔ̃] *nf* - **1.** [arrangement] distribución *f*, disposición *f* - **2.** [disponibilité] : **à la ~ de** a disposición de - **3.** JUR disposición *f*.
disproportionné, e [disprɔpɔrsjɔne] *adj* desproporcionado(da).
dispute [dispyt] *nf* disputa *f*, discusión *f*.
disputer [dispyte] *vt* disputar ; **~ qqch à qqn** *sout* disputar algo a alguien. ◆ **se disputer** *vp* - **1.** [se quereller] pelearse - **2.** SPORT disputarse - **3.** [lutter pour] : **se ~ qqch** disputarse algo.
disquaire [diskɛr] *nmf* vendedor *m*, -ra *f* de discos.
disqualification [diskalifikasjɔ̃] *nf* descalificación *f*.
disqualifier [diskalifje] *vt* descalificar.
disque [disk] *nm* disco *m* ; **~ compact** compact disc *m*, disco compacto ; **~ dur** disco duro ; **~ laser** disco láser.
disquette [diskɛt] *nf* disquete *m* ; **~ système** disquete sistema.
dissection [disɛksjɔ̃] *nf* disección *f*.
dissemblable [disɑ̃blabl] *adj* dispar.
disséminer [disemine] *vt* diseminar.
disséquer [diseke] *vt* - **1.** [cadavre, animal] disecar - **2.** *fig* [ouvrage] desmenuzar.
dissertation [disɛrtasjɔ̃] *nf* disertación *f*.
dissident, e [disidɑ̃, ɑ̃t] *adj* & *nm, f* disidente.
dissimulateur, trice [disimylatœr, tris] *adj* disimulador(ra).
dissimulation [disimylasjɔ̃] *nf* - **1.** [de la vérité] ocultación *f* - **2.** [hypocrisie] disimulo *m*.
dissimuler [disimyle] *vt* - **1.** [cacher] disimular - **2.** [taire] ocultar. ◆ **se dissimuler** *vp* - **1.** [se cacher] ocultarse, esconderse - **2.** [refuser de voir] : **se ~ qqch** cerrar los ojos a algo.
dissipation [disipasjɔ̃] *nf* - **1.** [gén] disipación *f* - **2.** [d'élève, de classe] alboroto *m*.
dissiper [disipe] *vt* - **1.** [gén] disipar - **2.** [distraire] distraer. ◆ **se dissiper** *vp* - **1.** [brouillard, doute] disiparse - **2.** [être inattentif] distraerse.
dissocier [disɔsje] *vt* disociar.
dissolution [disɔlysjɔ̃] *nf* disolución *f*.
dissolvant, e [disɔlvɑ̃, ɑ̃t] *adj* disolvente. ◆ **dissolvant** *nm* [à ongles] quitaesmalte *m*.
dissoudre [disudr] *vt* disolver. ◆ **se dissoudre** *vp* disolverse.
dissous, oute [disu, ut] *pp* ▷ **dissoudre**.
dissuader [disɥade] *vt* : **~ qqn de faire qqch** disuadir a alguien de hacer algo.
dissuasion [disɥazjɔ̃] *nf* disuasión *f*.
distance [distɑ̃s] *nf* distancia *f* ; **à ~** a distancia.
distancer [distɑ̃se] *vt* - **1.** [personne, véhicule] adelantar ; **il a largement ~ son rival** le ha sacado una amplia ventaja a su rival - **2.** *fig* [concurrence] dejar atrás.
distant, e [distɑ̃, ɑ̃t] *adj* distante.
distillation [distilasjɔ̃] *nf* destilación *f*.

distillé, e [distile] *adj* destilado(da).
distiller [distile] *vt* destilar.
distinct, e [distɛ̃, ɛ̃kt] *adj* **- 1.** [séparé] distinto(ta) **- 2.** [clair] claro(ra).
distinctement [distɛ̃ktəmɑ̃] *adv* con claridad.
distinctif, ive [distɛ̃ktif, iv] *adj* distintivo(va).
distinction [distɛ̃ksjɔ̃] *nf* distinción *f.*
distingué, e [distɛ̃ge] *adj* distinguido(da).
distinguer [distɛ̃ge] *vt* distinguir. ◆ **se distinguer** *vp* distinguirse.
distraction [distraksjɔ̃] *nf* distracción *f.*
distraire [distrɛr] *vt* distraer. ◆ **se distraire** *vp* distraerse.
distrait, e [distrɛ, ɛt] ◇ *pp* ⊳ **distraire.** ◇ *adj* distraído(da).
distribuer [distribɥe] *vt* **- 1.** [gén] repartir, distribuir **- 2.** [eau, gaz] suministrar **- 3.** [produit, film] distribuir.
distributeur, trice [distribytœr, tris] *nm, f* repartidor *m*, -ra *f.* ◆ **distributeur** *nm* **- 1.** COMM distribuidor *m*, -ra *f* **- 2.** [machine] máquina *f* expendedora ; **~ automatique** distribuidor automático.
distribution [distribysjɔ̃] *nf* **- 1.** [répartition, CIN & THÉÂTRE] reparto *m* **- 2.** [d'eau, de gaz] suministro *m* **- 3.** [disposition & COMM] distribución *f.*
district [distrikt] *nm* distrito *m.*
dit, e [di, dit] ◇ *pp* ⊳ **dire.** ◇ *adj* **- 1.** [appelé] llamado(da) **- 2.** JUR dicho(cha) **- 3.** [fixé] previsto(ta).
divagation [divagasjɔ̃] *nf* divagación *f.* ◆ **divagations** *nfpl* desvaríos *mpl*, delirio *m.*
divaguer [divage] *vi* divagar.
divan [divɑ̃] *nm* diván *m.*
divergence [divɛrʒɑ̃s] *nf* divergencia *f*, discrepancia *f.*
diverger [divɛrʒe] *vi* **- 1.** [lignes, rayons] divergir **- 2.** *fig* [opinions] divergir, discrepar.
divers, e [divɛr, ɛrs] *adj* **- 1.** [différent] diverso(sa) **- 2.** [varié] variopinto(ta).
diversifier [divɛrsifje] *vt* diversificar. ◆ **se diversifier** *vp* **- 1.** [varier] variar **- 2.** COMM diversificarse.
diversion [divɛrsjɔ̃] *nf* diversión *f* ; **créer une** OU **faire ~** desviar la atención.
diversité [divɛrsite] *nf* diversidad *f.*
divertir [divɛrtir] *vt* divertir. ◆ **se divertir** *vp* divertirse.
divertissement [divɛrtismɑ̃] *nm* **- 1.** [passe-temps] diversión *f* **- 2.** MUS intermedio *m.*
divin, e [divɛ̃, in] *adj* divino(na).
divinité [divinite] *nf* divinidad *f.*
diviser [divize] *vt* dividir.
division [divizjɔ̃] *nf* división *f* ; **~ blindée** división blindada.
divorce [divɔrs] *nm* divorcio *m.*
divorcé, e [divɔrse] *adj* & *nm, f* divorciado(da).
divorcer [divɔrse] *vi* divorciarse.
divulguer [divylge] *vt* divulgar.
dix ([dis] *en fin de phrase,* [di] *devant consonne ou h aspiré,* [diz] *devant voyelle ou h muet*) ◇ *adj num* **- 1.** [gén] diez **- 2.** [nombre indéterminé] cien ; **je te l'ai répété ~ fois!** ¡te lo he repetido cien veces! ◇ *nm* diez *m* ; *voir aussi* **six.**
dixième [dizjɛm] ◇ *adj num* & *nmf* décimo(ma). ◇ *nm* décimo *m*, décima parte *f* ; *voir aussi* **sixième.**
dizaine [dizɛn] *nf* **- 1.** MATHS decena *f* **- 2.** [environ dix] unos diez *m*, unas diez *f.*
dm (*abr de* **décimètre**) dm.
DM (*abr de* **deutsche Mark**) DM.
do [do] *nm inv* MUS do *m inv.*
doc *abr de* **documentation.**
doc. (*abr de* **document**) doc., docum.
docile [dɔsil] *adj* dócil.
dock [dɔk] *nm* **- 1.** [bassin] dársena *f* **- 2.** [hangar] almacén *m*, depósito *m.*
docker [dɔkɛr] *nm* descargador *m* de muelle.
docteur [dɔktœr] *nm* doctor *m*, -ra *f.*
doctorat [dɔktɔra] *nm* **- 1.** [titre] doctorado *m* **- 2.** [épreuve] ≃ licenciatura *f* en medicina.
doctrine [dɔktrin] *nf* doctrina *f.*
document [dɔkymɑ̃] *nm* documento *m.*
documentaire [dɔkymɑ̃tɛr] *adj* & *nm* documental.
documentation [dɔkymɑ̃tasjɔ̃] *nf* **- 1.** [gén] documentación *f* **- 2.** [documents] papeles *mpl.*
documenter [dɔkymɑ̃te] *vt* documentar. ◆ **se documenter** *vp* documentarse.
dodo [dodo] *nm (langage enfantin)* camita *f* ; **faire ~** mimir.
dodu, e [dɔdy] *adj* **- 1.** [animal] cebado(da) **- 2.** *fam* [enfant, bras] regordete(ta).
dogme [dɔgm] *nm* dogma *m.*
dogue [dɔg] *nm* dogo *m.*
doigt [dwa] *nm* dedo *m* ; **un ~ de** [vin, alcool] un dedo de ; **~ de pied** dedo del pie ;

petit ~ dedo meñique, meñique *m* ; **à deux ~s de** a un paso de.

dois *etc* ▷ **devoir**.

doive *etc* ▷ **devoir**.

dollar [dɔlar] *nm* dólar *m*.

domaine [dɔmɛn] *nm* - **1.** [propriété] dominio *m* ; ~ **skiable** pistas *fpl* esquiables - **2.** [secteur] campo *m* - **3.** [compétence] competencia *f*.

dôme [dom] *nm* - **1.** ARCHIT cúpula *f* - **2.** GÉOGR cerro *m*.

domestique [dɔmɛstik] ◇ *adj* doméstico(ca). ◇ *nmf* criado *m*, -da *f Esp*, mucamo *m*, -ma *f Amér*.

domestiquer [dɔmɛstike] *vt* - **1.** [animal] domesticar - **2.** [vent, marées] dominar.

domicile [dɔmisil] *nm* domicilio *m* ; **à ~** a domicilio.

domiciliation [dɔmisiljasjɔ̃] *nf* domiciliación *f* ; ~ **bancaire** domiciliación bancaria.

domicilié, e [dɔmisilje] *adj* domiciliado(da).

dominant, e [dɔminɑ̃, ɑ̃t] *adj* dominante.

domination [dɔminasjɔ̃] *nf* - **1.** [autorité] dominación *f* - **2.** [influence] dominio *m*.

dominer [dɔmine] ◇ *vt* dominar. ◇ *vi* - **1.** [régner] dominar - **2.** [prédominer] predominar - **3.** [triompher] ganar.

domino [dɔmino] *nm* dominó *m*.

dommage [dɔmaʒ] *nm* - **1.** [préjudice] daño *m* ; **~s et intérêts** daños y perjuicios - **2.** [dégât] daño *m*, desperfecto *m* - **3.** *loc* : **(c'est) ~!** ¡qué pena!, ¡qué lástima!

dompter [dɔ̃te] *vt* - **1.** [animal] domar - **2.** [éléments] domeñar - **3.** *sout* [colère] dominar.

dompteur, euse [dɔ̃tœr, øz] *nm, f* domador *m*, -ra *f*.

DOM-TOM [dɔmtɔm] (*abr de* **départements d'outre-mer et territoires d'outre-mer**) *nmpl provincias y territorios franceses de ultramar*.

don [dɔ̃] *nm* - **1.** [cadeau] donación *f* - **2.** [talent, aptitude] don *m*.

donateur, trice [dɔnatœr, tris] *nm, f* donante *mf*.

donation [dɔnasjɔ̃] *nf* donación *f*.

donc [dɔ̃k] *conj* - **1.** [marque la conséquence] así pues, así que ; **elle est malade et ne pourra ~ pas venir** está enferma así que no podrá venir - **2.** [après une digression, pour renforcer] pues ; **je disais ~ que ...** pues como decía ...

donjon [dɔ̃ʒɔ̃] *nm* torreón *m*.

donné, e [dɔne] *adj* [lieu, date, distance] dado(da). ◆ **étant donné que** *loc conj* dado que.

donner [dɔne] ◇ *vt* - **1.** [gén] dar ; **elle m'a donné un livre à lire** me ha dado un libro para que lo lea ; **ça n'a rien donné** no ha dado resultado - **2.** [attribuer - nom] poner ; [- âge] echar - **3.** *fam* [complice] delatar - **4.** [maladie, passion] : ~ **qqch à qqn** contagiar algo a alguien. ◇ *vi* - **1.** [inciter] : ~ **à penser que** dar a pensar que - **2.** [s'adonner] : ~ **dans qqch** darse a algo - **3.** *loc* : **ne plus savoir où ~ de la tête** no saber por donde cogerlo.

donneur, euse [dɔnœr, øz] *nm, f* - **1.** [de cartes] repartidor *m*, -ra *f* - **2.** [d'organe, de sang] donante *mf*.

dont [dɔ̃] *pron relat* - **1.** [complément de verbe ou d'adjectif - relatif à un objet] del que, de la que ; [- relatif à une personne] de quien ; **l'accident ~ il est responsable** el accidente del que es responsable ; **les corvées ~ il a été dispensé** las faenas de las que se ha liberado ; **c'est quelqu'un ~ on dit le plus grand bien** es una persona de quien se dicen muchas cosas buenas ; **les personnes ~ je parle ...** las personas de quienes hablo ... - **2.** [complément de nom ou de pronom] cuyo(ya) ; **un meuble ~ le bois est vermoulu** un mueble cuya madera está carcomida ; **c'est quelqu'un ~ j'apprécie l'honnêteté** es alguien cuya honradez admiro ; **celui ~ les parents sont divorcés** aquél cuyos padres están divorciados - **3.** [indiquant la partie d'un tout] de los cuales, de las cuales ; **j'ai vu plusieurs films, ~ deux étaient intéressants** he visto varias películas, dos de las cuales eran interesantes - **4.** [parmi eux] uno de ellos, una de ellas ; **plusieurs personnes ont téléphoné, ~ ton frère** han llamado varias personas, una de ellas (era) tu hermano.

dopage [dɔpaʒ] *nm* doping *m*.

doper [dɔpe] *vt* dopar. ◆ **se doper** *vp* doparse.

dorade = **daurade**.

doré, e [dɔre] *adj* dorado(da). ◆ **doré** *nm* dorado *m*.

dorénavant [dɔrenavɑ̃] *adv* en adelante, en lo sucesivo.

dorer [dɔre] *vt* dorar.

dorloter [dɔrlɔte] *vt* mimar *Esp*, papachar *Amér*.

dormeur, euse [dɔrmœr, øz] *nm, f* dormilón *m*, -ona *f*.
dormir [dɔrmir] *vi* dormir.
dortoir [dɔrtwar] *nm* dormitorio *m* común.
dorure [dɔryr] *nf* - **1.** [processus] doradura *f*, dorado *m* - **2.** [ornement] dorados *mpl*.
dos [do] *nm* - **1.** [d'homme, de vêtement] espalda *f* ; **de ~** por detrás ; **tourner le ~ à** dar la espalda a - **2.** [de siège] respaldo *m* - **3.** [de livre, d'animal] lomo *m* - **4.** [verso] dorso *m* ; **'voir au ~'** 'véase al dorso'.
DOS, Dos [dɔs] (*abr de* **Disc Operating System**) *nm* DOS *m*.
dosage [dozaʒ] *nm* dosificación *f*.
dos-d'âne [dodan] *nm inv* badén *m*.
dose [doz] *nf* - **1.** [de médicament] dosis *f inv* - **2.** [quantité] ración *f*, dosis *f inv*.
doser [doze] *vt* dosificar.
dossard [dosar] *nm* dorsal *m*.
dossier [dosje] *nm* - **1.** [de fauteuil] respaldo *m* - **2.** [documents] dossier *m* - **3.** [classeur] carpeta *f*.
dot [dɔt] *nf* dote *f*.
doté, e [dɔte] *adj* : **~ de** dotado de.
doter [dɔte] *vt* dotar.
douane [dwan] *nf* aduana *f*.
douanier, ère [dwanje, ɛr] *adj* & *nm, f* aduanero(ra).
doublage [dublaʒ] *nm* - **1.** [de vêtement, de paroi] forro *m* - **2.** CIN [de film] doblaje *m* - **3.** THÉÂTRE & CIN [d'acteur] substitución *f*.
double [dubl] ◇ *adj* doble. ◇ *adv* doble. ◇ *nm* - **1.** [gén] doble *m* - **2.** [copie] copia *f* ; **en ~** por duplicado ; [image] repetido(da) - **3.** [au tennis] dobles *m inv*.
doublé, e [duble] *adj* - **1.** [vêtement] forrado(da) - **2.** [film] doblado(da) - **3.** [consonne, lettre] doble. ◆ **doublé** *nm* - **1.** [orfèvrerie] chapado *m* - **2.** [réussite] doble triunfo *m* - **3.** [à la chasse] doblete *m*.
doublement [dubləmɑ̃] ◇ *adv* doblemente. ◇ *nm* [de consonne] duplicación *f*.
doubler [duble] ◇ *vt* - **1.** [gén & CIN] doblar - **2.** [vêtement, sac] forrar - **3.** [véhicule] adelantar - **4.** *fam* [trahir] engañar - **5.** [augmenter] redoblar. ◇ *vi* - **1.** [véhicule] adelantar - **2.** [être multiplié par deux] duplicarse.
doublure [dublyr] *nf* - **1.** [de vêtement, sac] forro *m* - **2.** THÉÂTRE & CIN doble *mf*.
douce ▷ **doux**.
doucement [dusmɑ̃] *adv* - **1.** [sans violence] con suavidad - **2.** [avec douceur] con dulzura - **3.** [bas] bajo.
douceur [dusœr] *nf* - **1.** [gén] suavidad *f* ; **la ~ de vivre** los placeres de la vida - **2.** [de saveur] dulzor *m* - **3.** [de caractère] dulzura *f*. ◆ **douceurs** *nfpl* [friandises] dulces *mpl*.
douche [duʃ] *nf* ducha *f Esp*, regadera *f Amér*.
doucher [duʃe] *vt* duchar, dar una ducha a. ◆ **se doucher** *vp* ducharse.
doué, e [dwe] *adj* dotado(da) ; **être ~ pour qqch** estar dotado para algo.
douillet, ette [dujɛ, ɛt] ◇ *adj* - **1.** [lit, canapé] mullido(da) - **2.** [personne] delicado(da). ◇ *nm, f* delicado *m*, -da *f*.
douleur [dulœr] *nf* dolor *m*.
douloureux, euse [dulurø, øz] *adj* - **1.** [blessure, événement] doloroso(sa) - **2.** [partie du corps] dolorido(da) - **3.** [regard, expression] dolorido(da), doliente.
doute [dut] *nm* duda *f* ; **sans aucun ~** sin duda alguna, sin ninguna duda. ◆ **sans doute** *loc adv* seguramente.
douter [dute] *vi* dudar ; **~ de qqch/de qqn** dudar de algo/de alguien ; **~ que** dudar que.
douteux, euse [dutø, øz] *adj* - **1.** [gén] dudoso(sa) - **2.** [sale] sucio(cia).
doux, douce [du, dus] *adj* - **1.** [gén] suave - **2.** [souvenir] grato(ta) - **3.** [personne, caractère] dulce - **4.** [climat] templado(da).
douzaine [duzɛn] *nf* - **1.** [douze] docena *f* - **2.** [environ douze] unos doce (unas doce).
douze [duz] *adj num inv* & *nm inv* doce ; *voir aussi* **six**.
douzième [duzjɛm] ◇ *adj num* doceavo(va), duodécimo(ma). ◇ *nmf* doceavo *m*, duodécima parte *f* ; *voir aussi* **sixième**.
doyen, enne [dwajɛ̃, ɛn] *nm, f* decano *m*, -na *f*.
Dr (*abr de* **Docteur**) Dr., Dra.
draconien, enne [drakɔnjɛ̃, ɛn] *adj* draconiano(na).
dragée [draʒe] *nf* - **1.** [confiserie] peladilla *f* - **2.** [comprimé] gragea *f*.
dragon [dragɔ̃] *nm* - **1.** [monstre] dragón *m* - **2.** *péj* [personne autoritaire] sargento *mf*.
draguer [drage] *vt* - **1.** [lac, fleuve] dragar - **2.** *fam* [personne] ligar con.
dragueur, euse [dragœr, øz] *nm, f fam* [personne] ligón *m*, -ona *f*. ◆ **dragueur de mines** *nm* dragaminas *m inv*.

drainage [drɛnaʒ] *nm* drenaje *m*.
drainer [drene] *vt* - **1.** [terrain, plaie] drenar - **2.** *fig* [capitaux, main-d'œuvre] atraer.
dramatique [dramatik] ◇ *adj* dramático(ca). ◇ *nf* TÉLÉ dramático *m*.
dramatiser [dramatize] *vt* dramatizar.
dramaturge [dramatyrʒ] *nmf* dramaturgo *m*, -ga *f*.
drame [dram] *nm* drama *m*.
drap [dra] *nm* - **1.** [de lit] sábana *f* - **2.** [étoffe] paño *m*. ◆ **drap de bain** *nm* toalla *f* de baño.
drapeau, x [drapo] *nm* bandera *f*; **être sous les ~x** *fig* servir a la bandera.
draper [drape] *vt* - **1.** [couvrir] cubrir (con un paño) - **2.** [tissu] drapear.
draperie [drapri] *nf* - **1.** [tenture] colgaduras *fpl* - **2.** [industrie] fábrica *f* de paños.
drapier, ère [drapje, ɛr] ◇ *adj* pañero(ra). ◇ *nm, f* - **1.** [fabricant] fabricante *mf* de paños - **2.** [marchand] pañero *m*, -ra *f*.
dresser [drese] *vt* - **1.** [tête, échelle, tente] levantar - **2.** [liste, procès-verbal] elaborar - **3.** *sout* [statue, monument] erigir - **4.** [animal] adiestrar ; **être bien dressé** estar bien enseñado - **5.** [opposer] : **~ qqn contre qqn** poner a alguien en contra de alguien. ◆ **se dresser** *vp* - **1.** [se mettre debout] levantarse *Esp*, pararse *Amér* - **2.** [s'élever] erguirse - **3.** [apparaître] surgir - **4.** *fig* [s'insurger] : **se ~ contre qqch** levantarse contra algo.
dresseur, euse [drɛsœr, øz] *nm, f* domador *m*, -ra *f*.
dribbler [drible] *vt* & *vi* regatear, driblar.
drogue [drɔg] *nf* droga *f*.
drogué, e [drɔge] ◇ *adj* drogado(da). ◇ *nm, f* drogadicto *m*, -ta *f*.
droguer [drɔge] *vt* drogar. ◆ **se droguer** *vp* drogarse.
droguerie [drɔgri] *nf* droguería *f*.
droguiste [drɔgist] *nmf* droguero *m*, -ra *f*.
droit, e [drwa, drwat] *adj* - **1.** [situé à droite, vertical] derecho(cha) - **2.** [rectiligne, honnête] recto(ta). ◆ **droit** ◇ *adv* - **1.** [selon une ligne droite] recto ; **tout ~** todo recto - **2.** [directement] derecho, directo. ◇ *nm* derecho *m* ; **avoir ~ à** tener derecho a ; **de ~ commun** de derecho común ; **être dans son ~** estar en su derecho ; **être en ~ de** estar en el derecho de ; **~ de vote** derecho al voto. ◆ **droite** *nf* derecha *f*.
droitier, ère [drwatje, ɛr] *adj* & *nm, f* diestro(tra) *(que usa la mano derecha)*.
drôle [drol] *adj* - **1.** [amusant] divertido(da) - **2.** [bizarre] raro(ra) - **3.** *fam* [remarquable] menudo(da) ; **elle a fait de ~s de progrès!** ¡menudos progresos ha hecho!
dromadaire [drɔmadɛr] *nm* dromedario *m*.
dru, e [dry] *adj* abundante.
drugstore [drœgstɔr] *nm* drugstore *m*.
D.T.COQ. [detekɔk] (*abr de* **diphtérie, tétanos, coqueluche**) *nm* vacuna *f* triple.
du ▷ **de**.
dû, due [dy] ◇ *pp* ▷ **devoir**. ◇ *adj* debido(da). ◆ **dû** *nm* lo que se debe.
Dublin [dyblɛ̃] *n* Dublín.
duc [dyk] *nm* duque *m*.
duchesse [dyʃɛs] *nf* duquesa *f*.
duel [dɥɛl] *nm* duelo *m*.
dûment [dymɑ̃] *adv* debidamente.
dumping [dœmpiŋ] *nm* dumping *m*.
dune [dyn] *nf* duna *f*.
duo [dyo] *nm* dúo *m*.
dupe [dyp] ◇ *adj* engañado(da). ◇ *nf* : **être la ~ de qqn** ser víctima de alguien.
duper [dype] *vt sout* embancar.
duplex [dyplɛks] *nm* dúplex *m inv*.
duplicata [dyplikata] *nm inv* duplicado *m*.
duplicité [dyplisite] *nf* duplicidad *f*.
dupliquer [dyplike] *vt* duplicar.
duquel [dykɛl] ▷ **lequel**.
dur, e [dyr] ◇ *adj* - **1.** [gén] duro(ra) - **2.** [difficile] difícil. ◇ *nm, f* duro *m*, -ra *f*. ◆ **dur** *adv* - **1.** [avec force] fuerte - **2.** [avec ténacité] duro.
durable [dyrabl] *adj* duradero(ra).
durant [dyrɑ̃] *prép* durante.
durcir [dyrsir] ◇ *vt* endurecer. ◇ *vi* endurecerse. ◆ **se durcir** *vp* endurecerse.
durée [dyre] *nf* duración *f*.
durement [dyrmɑ̃] *adv* - **1.** [violemment] con fuerza - **2.** [péniblement] con rigor, con crudeza - **3.** [sévèrement] duramente.
durer [dyre] *vi* durar.
dureté [dyrte] *nf* - **1.** [gén] dureza *f* - **2.** [d'exercice] dificultad *f*.
dus *etc* ▷ **devoir**.
DUT (*abr de* **diplôme universitaire de technologie**) *nm diploma técnico universitario obtenido tras dos años de estudios*.
duvet [dyvɛ] *nm* - **1.** [plumes] plumón *m*

- 2. [sac de couchage] saco *m* de dormir *(de plumón)* **- 3.** [poils fins] bozo *m*.

DVD-ROM [devederɔm] (*abr de* **Digital Video ou Versatile Disc Read Only Memory**) *nm* DVD-ROM *m*.

dynamique [dinamik] ◇ *adj* dinámico(ca). ◇ *nf* dinámica *f*.

dynamisme [dynamism] *nm* dinamismo *m*.

dynamite [dinamit] *nf* dinamita *f*.

dynamiter [dinamite] *vt* dinamitar.

dynastie [dinasti] *nf* dinastía *f*.

E

e, E [ə] *nm inv* [lettre] e *f*, E *f*. ◆ **E** (*abr de* **est**) E.

eau, x [o] *nf* agua *f* ; **~ de Cologne** agua de Colonia ; **~ douce/de mer** agua dulce/salada ; **~ gazeuse/plate** agua con gas/sin gas ; **~ minérale** agua mineral ; **~ de toilette** (agua de) colonia *f* ; **tomber à l'~** *fig* irse a pique, aguarse.

eau-de-vie [odvi] (*pl* **eaux-de-vie**) *nf* [alcool] aguardiente *m*.

ébahi, e [ebai] *adj* atónito(ta), boquiabierto(ta).

ébats [eba] *nmpl sout* retozos *mpl*.

ébauche [eboʃ] *nf* **- 1.** [esquisse] boceto *m* **- 2.** *fig* [commencement] esbozo *m*.

ébaucher [eboʃe] *vt* **- 1.** [œuvre, plan] bosquejar **- 2.** *fig* [geste, sourire] esbozar.

ébène [ebɛn] *nf* ébano *m*.

ébéniste [ebenist] *nmf* ebanista *mf*.

éberlué, e [ebɛrlɥe] *adj* atónito(ta).

éblouir [ebluir] *vt* deslumbrar.

éblouissement [ebluismɑ̃] *nm* **- 1.** [gén] deslumbramiento *m* **- 2.** [vertige] mareo *m*.

éborgner [ebɔrɲe] *vt* dejar tuerto(ta).

éboueur [ebwœr] *nm* basurero *m*, -ra *f*.

ébouillanter [ebujɑ̃te] *vt* escaldar.

éboulement [ebulmɑ̃] *nm* desprendimiento *m*.

éboulis [ebuli] *nm* desprendimiento *m*.

ébouriffé, e [eburife] *adj* alborotado(da).

ébranler [ebrɑ̃le] *vt* **- 1.** [faire trembler] estremecer, sacudir **- 2.** [santé, moral] quebrantar **- 3.** [gouvernement] hacer tambalear **- 4.** [opinion, conviction] hacer temblar.

ébrécher [ebreʃe] *vt* **- 1.** [verre, assiette] picar ; [lame, couteau] mellar **- 2.** *fam fig* [fortune] mermar.

ébriété [ebrijete] *nf* embriaguez *f*.

ébruiter [ebrɥite] *vt* divulgar.

ébullition [ebylisjɔ̃] *nf* ebullición *f* ; **en ~** [en effervescence] en plena ebullición.

écaille [ekaj] *nf* **- 1.** [de poisson, reptile] escama *f* **- 2.** [de plâtre, peinture, vernis] desconchón *m* **- 3.** [matière] concha *f* ; **en ~** de concha.

écailler [ekaje] *vt* **- 1.** [poisson] escamar **- 2.** [huîtres] abrir. ◆ **s'écailler** *vp* [peinture, vernis] desconcharse.

écarlate [ekarlat] *adj* & *nf* escarlata.

écarquiller [ekarkije] *vt* : **~ les yeux** abrir los ojos de par en par.

écart [ekar] *nm* **- 1.** [dans l'espace] distancia *f*, separación *f* **- 2.** [dans le temps] intervalo *m* **- 3.** [différence] diferencia *f* **- 4.** [mouvement] extraño *m* ; **faire un ~ à son régime** *fig* saltarse el régimen.

écarteler [ekartəle] *vt* **- 1.** [torturer] descuartizar **- 2.** *fig* [tirailler] dividir.

écartement [ekartəmɑ̃] *nm* [gén] distancia *f* ; [de rails] ancho *m*.

écarter [ekarte] *vt* **- 1.** [bras, jambes, rideaux] abrir **- 2.** [éloigner] apartar **- 3.** [obstacle, danger] eliminar ; [solution] desechar. ◆ **s'écarter** *vp* apartarse.

ecchymose [ekimoz] *nf* equimosis *f inv*.

ecclésiastique [eklezjastik] ◇ *adj* eclesiástico(ca). ◇ *nm* eclesiástico *m*.

écervelé, e [esɛrvəle] *adj* & *nm, f* atolondrado(da).

échafaud [eʃafo] *nm* cadalso *m*.

échafaudage [eʃafodaʒ] *nm* **- 1.** CONSTR andamio *m*, andamiaje *m* **- 2.** [amas] montón *m*, pila *f* **- 3.** *fig* [de plan] elaboración *f*.

échalote [eʃalɔt] *nf* chalote *m*.

échancrure [eʃɑ̃kryr] *nf* [de robe] escote *m*.

échange [eʃɑ̃ʒ] *nm* intercambio *m* ; **en ~ (de)** a cambio (de). ◆ **échanges** *nmpl* ÉCON intercambios *mpl*.

échanger [eʃɑ̃ʒe] *vt* **- 1.** [troquer] : **~ qqch contre qqch** cambiar algo por algo **- 2.** [sourires, lettres, impressions] intercambiar.

échangisme [eʃɑ̃ʒism] *nm* **- 1.** [de partenaire sexuel] intercambio *m* de parejas **- 2.** ÉCON librecambio *m*.

échantillon [eʃɑ̃tijɔ̃] *nm* muestra *f*.

échappatoire [eʃapatwar] *nf* escapatoria *f*.

échappement [eʃapmɑ̃] *nm* - **1.** AUTOM escape *m* ▭ **pot** - **2.** [d'horloge] rueda *f* catalina.

échapper [eʃape] ◇ *vi* [gén] : ~ **à** escapar OU escaparse de ; [détail, nom] escapársele ; **laisser** ~ [occasion] dejar escapar ; [mot] soltar ; [erreur, faute] escapársele. ◇ *vt* : **l'~ belle** salvarse por los pelos. ◆ **s'échapper** *vp* : **s'~ (de)** escaparse (de), escapar (de).

écharde [eʃard] *nf* astilla *f*.

écharpe [eʃarp] *nf* bufanda *f* ; **en ~** [bras] en cabestrillo.

écharper [eʃarpe] *vt* despedazar.

échasse [eʃas] *nf* - **1.** [de berger] zanco *m* - **2.** [oiseau] zancuda *f*.

échassier [eʃasje] *nm* zancuda *f*.

échauffement [eʃofmɑ̃] *nm* - **1.** [de moteur & SPORT] calentamiento *m* - **2.** *fig* [surexcitation] caldeamiento *m*.

échauffer [eʃofe] *vt* - **1.** [gén] calentar - **2.** [énerver] irritar. ◆ **s'échauffer** *vp* calentarse.

échéance [eʃeɑ̃s] *nf* - **1.** [délai] plazo *m* ; **à longue ~** a largo plazo ; **arriver à ~** vencer un plazo - **2.** [date de paiement] vencimiento *m* - **3.** [somme d'argent] desembolso *m*.

échéant [eʃeɑ̃] ▭ **cas**.

échec [eʃɛk] *nm* fracaso *m* ; **~ et mat** jaque mate. ◆ **échecs** *nmpl* ajedrez *m*.

échelle [eʃɛl] *nf* - **1.** [objet] escalera *f* - **2.** [ordre de grandeur] escala *f*.

échelon [eʃlɔ̃] *nm* - **1.** [barreau] escalón *m*, peldaño *m* - **2.** *fig* [niveau] grado *m*.

échelonner [eʃlɔne] *vt* escalonar.

écheveau, x [eʃvo] *nm* madeja *f*.

échevelé, e [eʃəvle] *adj* - **1.** [personne] despeinado(da) - **2.** [course, rythme] desenfrenado(da).

échine [eʃin] *nf* ANAT espinazo *m* ; [de porc] lomo *m*.

échiquier [eʃikje] *nm* - **1.** [jeu] tablero *m* de ajedrez - **2.** *fig* [scène] tablero *m*.

écho [eko] *nm* eco *m*.

échographie [ekografi] *nf* ecografía *f*.

échoir [eʃwar] *vi sout* - **1.** [être dévolu] : **~ à qqn** tocarle a alguien - **2.** [terme] vencer.

échoppe [eʃɔp] *nf* puesto *m*, tenderete *m*.

échouer [eʃwe] *vi* - **1.** [ne pas réussir] fracasar ; **~ à un examen** suspender un examen - **2.** [navire] encallar - **3.** *fam fig* [aboutir] ir a parar.

échu, e [eʃy] *pp* ▭ **échoir**.

éclabousser [eklabuse] *vt* salpicar.

éclair [eklɛr] ◇ *nm* - **1.** [de lumière] relámpago *m Esp*, refusilo *m Amér* - **2.** *fig* [instant] chispa *f* - **3.** [gâteau] *pastelito alargado relleno de crema de chocolate o de café.* ◇ *adj inv* relámpago *(en aposición)*.

éclairage [eklɛraʒ] *nm* - **1.** [lumière - des rues] alumbrado *m* ; [- de local] iluminación *f* - **2.** *fig* [point de vue] enfoque *m*.

éclairagiste [eklɛraʒist] *nmf* ingeniero *m*, -ra *f* de luces.

éclaircie [eklɛrsi] *nf* claro *m (entre nubes)*.

éclaircir [eklɛrsir] *vt* aclarar. ◆ **s'éclaircir** *vp* - **1.** [gén] aclararse - **2.** [cheveux] enrarecer.

éclaircissement [eklɛrsismɑ̃] *nm* aclaración *f*.

éclairer [eklere] *vt* - **1.** [illuminer] alumbrar, iluminar - **2.** *sout* [renseigner] : **~ qqn sur qqch** aclarar a alguien sobre algo. ◆ **s'éclairer** *vp* - **1.** [avec de la lumière] alumbrarse - **2.** *fig* [visage] iluminarse - **3.** [situation, idées] aclararse.

éclaireur, euse [eklɛrœr, øz] *nm, f* explorador *m*, -ra *f*.

éclat [ekla] *nm* - **1.** [de lumière] resplandor *m* - **2.** [de couleur, des yeux] brillo *m* - **3.** [de verre, pierre] fragmento *m* - **4.** [faste] esplendor *m* - **5.** [bruit] estampido *m* ; **~ de rire** carcajada *f* ; **~s de voix** gritos *mpl* ; **rire aux ~s** reír a carcajadas.

éclatant, e [eklatɑ̃, ɑ̃t] *adj* - **1.** [lumière, couleur, succès] brillante - **2.** [beauté] resplandeciente - **3.** [rire, voix] estridente.

éclater [eklate] *vi* estallar ; **faire ~ qqch** hacer estallar algo. ◆ **s'éclater** *vp fam* pasárselo de miedo.

éclectique [eklɛktik] *adj* & *nmf* ecléctico(ca).

éclipse [eklips] *nf* eclipse *m* ; **~ de Lune/Soleil** eclipse lunar/solar.

éclipser [eklipse] *vt* eclipsar. ◆ **s'éclipser** *vp fam* eclipsarse.

éclopé, e [eklɔpe] *adj* & *nm, f* cojo(ja).

éclore [eklɔr] *vi* [fleur, œuf] hacer eclosión.

éclos, e [eklo, oz] *pp* ▭ **éclore**.

écluse [eklyz] *nf* esclusa *f*.

écœurant, e [ekœrɑ̃, ɑ̃t] *adj* - **1.** [gén] repugnante, asqueroso(sa) - **2.** *fam* [démoralisant] asqueroso(sa).

écœurer [ekœre] *vt* - **1.** [dégoûter, indigner] dar asco - **2.** *fam* [décourager] desmoralizar.

école [ekɔl] *nf* - **1.** [gén] escuela *f*, colegio *m* ; **faire ~** hacer OU crear escuela ; **~ maternelle** parvulario *m* ; **~ primaire** ≃ escuela de EGB ; **l'École nationale d'administration** *la escuela nacional de administración en Francia* ; **l'École nationale de la magistrature** *la escuela nacional de la magistratura en Francia* ; **l'École normale** *la antigua escuela de magisterio* ; **l'École normale supérieure** *la institución de enseñanza superior especializada en humanidades* ; **faire l'~ buissonnière** hacer novillos - **2.** [éducation] enseñanza *f* ; **~ privée** enseñanza privada.

écolier, ère [ekɔlje, ɛr] *nm, f* - **1.** [élève] escolar *mf*, colegial *m*, -la *f* - **2.** *fig* [novice] principiante *mf*.

écolo [ekɔlɔ] *nmf fam* ecologista *mf* ; **les ~s** los verdes.

écologie [ekɔlɔʒi] *nf* ecología *f*.

écologiste [ekɔlɔʒist] *nmf* ecologista *mf*.

éconduire [ekɔ̃dɥir] *vt sout* rechazar.

économat [ekɔnɔma] *nm* economato *m*.

économe [ekɔnɔm] ◇ *adj* ahorrador(ra) ; **être ~ de qqch** ahorrarse algo. ◇ *nmf* ecónomo *m*, -ma *f*.

économie [ekɔnɔmi] *nf* - **1.** [science & POLIT] economía *f* - **2.** *fig* [épargne] ahorro *m* ; **faire des ~s** ahorrar. ◆ **économies** *nfpl* - **1.** [pécule] ahorros *mpl* - **2.** ÉCON : **~s d'échelle** economías *fpl* de escala.

économique [ekɔnɔmik] *adj* económico(ca).

économiser [ekɔnɔmize] *vt* ahorrar.

économiste [ekɔnɔmist] *nmf* economista *mf*.

écoper [ekɔpe] ◇ *vt* NAVIG achicar. ◇ *vi fam* [être puni] pagar el pato ; **~ de qqch** [sanction, corvée] cargar con algo.

écoproduit [ekɔprɔdɥi] *nm* ecoproducto *m*.

écorce [ekɔrs] *nf* corteza *f* ; **~ terrestre** corteza terrestre.

écorché, e [ekɔrʃe] *adj* & *nm, f* quisquilloso(sa) ; **un ~ vif** un quisquilloso. ◆ **écorché** *nm* - **1.** ANAT *figura sin piel para el estudio de la anatomía* - **2.** [schéma] corte *m*, sección *f*.

écorcher [ekɔrʃe] *vt* - **1.** [égratigner] arañar - **2.** [langue, nom] destrozar - **3.** [lapin] despellejar.

écorchure [ekɔrʃyr] *nf* arañazo *m*.

écossais, e [ekɔsɛ, ɛz] *adj* escocés(esa). ◆ **écossais** *nm* - **1.** LING escocés *m* - **2.** [tissu] tela *f* escocesa. ◆ **Écossais, e** *nm, f* escocés *m*, -esa *f*.

Écosse [ekɔs] *nf* : **l'~** Escocia.

écosser [ekɔse] *vt* desgranar.

écosystème [ekɔsistɛm] *nm* ecosistema *m*.

écot [eko] *nm* escote *m*.

écotourisme [ekɔturism] *nm* turismo *m* ecológico.

écouler [ekule] *vt* deshacerse de. ◆ **s'écouler** *vp* - **1.** [liquide] escurrirse - **2.** [temps] pasar.

écourter [ekurte] *vt* [durée] acortar.

écouter [ekute] *vt* escuchar.

écouteur [ekutœr] *nm* auricular *m*.

écoutille [ekutij] *nf* escotilla *f*.

écran [ekrɑ̃] *nm* pantalla *f* ; **le petit ~** la pequeña pantalla.

écrasant, e [ekrazɑ̃, ɑ̃t] *adj* aplastante.

écraser [ekraze] ◇ *vt* - **1.** [comprimer, vaincre] aplastar - **2.** [accabler] agobiar, abrumar - **3.** [piétiner, marcher sur] pisar - **4.** INFORM suprimir - **5.** [renverser] atropellar ; **il s'est fait ~ par une voiture** lo ha atropellado un coche. ◇ *vi* : **écrase!** *fam* ¡cállate ya! ◆ **s'écraser** *vp* - **1.** [avion, véhicule] estrellarse - **2.** *fam* [se taire] morderse la lengua.

écrémer [ekreme] *vt* - **1.** [lait] descremar - **2.** *fig* [prendre le meilleur de] escoger lo mejor de.

écrevisse [ekrəvis] *nf* cangrejo *m* de río ; **~s à la nage** CULIN *caldo de cangrejo de río con nata* ; **être rouge comme une ~** estar más rojo que un cangrejo.

écrier [ekrije] ◆ **s'écrier** *vp* exclamar.

écrin [ekrɛ̃] *nm* joyero *m (estuche)*.

écrire [ekrir] *vt* escribir.

écrit, e [ekri, it] ◇ *pp* ▷ **écrire**. ◇ *adj* escrito(ta). ◆ **écrit** *nm* - **1.** [ouvrage, document] escrito *m* - **2.** [examen] examen *m* escrito. ◆ **par écrit** *loc adv* por escrito.

écriteau, x [ekrito] *nm* letrero *m*, cartel *m Esp*, afiche *m Amér*.

écriture [ekrityr] *nf* - **1.** [système de signes] escritura *f* - **2.** [de personne] letra *f* - **3.** *sout* [style] estilo *m*. ◆ **écritures** *nfpl* COMM : **tenir les ~s** llevar los libros.

écrivain [ekrivɛ̃] *nm* escritor *m*, -ra *f*.

écrou [ekru] *nm* tuerca *f*.

écrouer [ekrue] *vt* encarcelar.

écrouler [ekrule] ◆ **s'écrouler** *vp* derrumbarse, desplomarse.

écru, e [ekry] *adj* crudo(da).

ecstasy [ɛkstazi] *nm* éxtasis *m inv (droga)*.

écu [eky] *nm* **- 1.** [gén] escudo *m* **- 2.** = **ECU**.

écueil [ekœj] *nm* escollo *m*.

écuelle [ekɥɛl] *nf* escudilla *f*.

éculé, e [ekyle] *adj* gastado(da).

écume [ekym] *nf* **- 1.** [de mer, de bière] espuma *f* **- 2.** [de personne, d'animal] baba *f*, espumarajo *m* **- 3.** *fig* [rebut] escoria *f*.

écumoire [ekymwar] *nf* espumadera *f*.

écureuil [ekyrœj] *nm* ardilla *f*.

écurie [ekyri] *nf* **- 1.** [bâtiment] cuadra *f*, caballeriza *f* **- 2.** *fig* [chevaux de courses] cuadra *f* **- 3.** AUTOM escudería *f*.

écusson [ekysɔ̃] *nm* **- 1.** [d'armoiries] escudo *m* **- 2.** MIL distintivo *m (del cuerpo del ejército)*.

écuyer, ère [ekɥije, ɛr] *nm, f* [de cirque] caballista *mf*. ◆ **écuyer** *nm* [de chevalier] escudero *m*.

eczéma [ɛgzema] *nm* eczema *m*.

éden [edɛn] *nm* edén *m*.

édenté, e [edɑ̃te] *adj* desdentado(da).

EDF (*abr de* **Électricité de France**) *nf empresa nacional de electricidad francesa*.

édifice [edifis] *nm* **- 1.** [construction] edificio *m* **- 2.** *fig* [ensemble organisé] entramado *m*.

édifier [edifje] *vt* **- 1.** [bâtiment] construir, edificar **- 2.** [théorie] elaborar **- 3.** *iron* [personne] edificar.

Édimbourg [edɛ̃bur] *n* Edimburgo.

éditer [edite] *vt* editar.

éditeur, trice [editœr, tris] *nm, f* editor *m*, -ra *f*.

édition [edisjɔ̃] *nf* edición *f*.

éditorial, aux [editɔrjal, o] *nm* editorial *m*.

édredon [edrədɔ̃] *nm* edredón *m*.

éducateur, trice [edykatœr, tris] ◇ *adj* educador(ra). ◇ *nm, f* educador *m*, -ra *f* ; **~ spécialisé** *profesor en educación especial*.

éducatif, ive [edykatif, iv] *adj* educativo(va).

éducation [edykasjɔ̃] *nf* educación *f*. ◆ **Éducation nationale** *nf* : **l'Éducation nationale** ≃ la Educación Nacional.

édulcorant [edylkɔrɑ̃] *nm* edulcorante *m* ; **~ de synthèse** edulcorante sintético.

édulcorer [edylkɔre] *vt* **- 1.** *sout* [sucrer] endulzar, edulcorar **- 2.** *fig* [adoucir] suavizar.

éduquer [edyke] *vt* educar.

effacé, e [efase] *adj* **- 1.** [personne, rôle] discreto(ta) **- 2.** [teinte] apagado(da).

effacer [efase] *vt* **- 1.** [gén & INFORM] borrar **- 2.** *fig* [éclipser] eclipsar. ◆ **s'effacer** *vp* **- 1.** [s'estomper] borrarse **- 2.** *sout* [s'écarter] apartarse **- 3.** *fig* [s'incliner] inclinarse *(en señal de respeto)*.

effarant, e [efarɑ̃, ɑ̃t] *adj* espantoso(sa).

effarer [efare] *vt* espantar, asustar.

effaroucher [efaruʃe] *vt* asustar.

effectif, ive [efɛktif, iv] *adj* efectivo(va). ◆ **effectif** *nm* **- 1.** MIL efectivos *mpl* **- 2.** SCOL alumnado *m*.

effectivement [efɛktivmɑ̃] *adv* **- 1.** [réellement] realmente **- 2.** [pour confirmer] efectivamente.

effectuer [efektɥe] *vt* efectuar.

efféminé, e [efemine] *adj* afeminado(da).

effervescent, e [efɛrvesɑ̃, ɑ̃t] *adj* efervescente.

effet [efɛ] *nm* **- 1.** [gén] efecto *m* ; **sous l'~ de** bajo el efecto de ; **~ de serre** efecto (de) invernadero **- 2.** [impression produite] efecto *m*, impresión *f*. ◆ **en effet** *loc adv* en efecto, efectivamente.

effeuiller [efœje] *vt* deshojar.

efficace [efikas] *adj* **- 1.** [remède, mesure] eficaz **- 2.** [personne] eficaz, eficiente.

efficacité [efikasite] *nf* eficacia *f*.

effigie [efiʒi] *nf* efigie *f*.

effiler [efile] *vt* **- 1.** [tissu] deshilachar **- 2.** [lame, couteau] afilar **- 3.** [cheveux] atusar.

effilocher [efilɔʃe] *vt* deshilachar. ◆ **s'effilocher** *vp* deshilacharse.

efflanqué, e [eflɑ̃ke] *adj* flaco(ca).

effleurer [eflœre] *vt* **- 1.** [surface, visage] rozar **- 2.** [problème, affaire] tratar superficialmente **- 3.** [suj : idée, pensée] ocurrirse ; **cette pensée ne l'a jamais effleuré** nunca se le ha ocurrido esta idea.

effluves [eflyv] *nmpl* efluvios *mpl*.

effondrement [efɔ̃drəmɑ̃] *nm* **- 1.** [de mur, toit, projet] hundimiento *m*, desmoronamiento *m* **- 2.** [de personne] desfondamiento *m*.

effondrer [efɔ̃dre] *vt fig* [personne] hundir, desmoronar. ◆ **s'effondrer** *vp* hundirse, desmoronarse.

efforcer [efɔrse] ◆ **s'efforcer** *vp* : **s'~ de faire qqch** esforzarse en hacer algo.

effort [efɔr] *nm* **- 1.** [de personne] esfuerzo *m* **- 2.** PHYS fuerza *f*.

effraction [efraksjɔ̃] *nf* JUR fractura *f*.

effrayant, e [efrɛjɑ̃, ɑ̃t] *adj* espantoso(sa).

effrayer [efreje] *vt* asustar. ◆ **s'effrayer** *vp* asustarse.

effréné, e [efrene] *adj* desenfrenado(da).

effriter [efrite] *vt* pulverizar. ◆ **s'effriter** *vp* - **1.** [mur, pierre] reducirse a polvo - **2.** *fig* [majorité] desmoronarse.

effroi [efrwa] *nm* pavor *m*.

effronté, e [efrɔ̃te] *adj* & *nm, f* descarado(da).

effronterie [efrɔ̃tri] *nf* descaro *m*.

effroyable [efrwajabl] *adj* espantoso(sa).

effusion [efyzjɔ̃] *nf* - **1.** [de sang] derramamiento *m* - **2.** [de sentiments] efusión *f* ; **avec ~** efusivamente.

égal, e, aux [egal, o] ◇ *adj* - **1.** [équivalent] igual - **2.** [régulier] regular. ◇ *nm, f* igual *mf*.

également [egalmɑ̃] *adv* - **1.** [avec égalité] con igualdad - **2.** [aussi] también.

égaler [egale] *vt* - **1.** MATHS ser, dar ; **deux plus trois égale cinq** dos y tres son cinco - **2.** [être à la hauteur de] igualar.

égaliser [egalize] *vt* - **1.** [rendre égal] igualar - **2.** SPORT empatar, igualar.

égalité [egalite] *nf* - **1.** [gén] igualdad *f* - **2.** [d'humeur] regularidad *f*.

égard [egar] *nm* respeto *m*. ◆ **à l'égard de** *loc prép* respecto a.

égarement [egarmɑ̃] *nm* extravío *m*.

égarer [egare] *vt* extraviar. ◆ **s'égarer** *vp* - **1.** [objet, personne] extraviarse - **2.** [discussion] desviarse - **3.** *fig* & *sout* [sortir du bon sens] divagar.

égayer [egeje] *vt* alegrar, animar.

égide [eʒid] *nf* égida *f* ; **sous l'~ de** bajo la égida de, bajo los auspicios de.

églantine [eglɑ̃tin] *nf* gavanza *f*.

église [egliz] *nf* iglesia *f*.

égocentrique [egɔsɑ̃trik] *adj* & *nmf* egocéntrico(ca).

égoïsme [egɔism] *nm* egoísmo *m*.

égoïste [egɔist] *adj* & *nmf* egoísta.

égorger [egɔrʒe] *vt* degollar.

égosiller [egɔzije] ◆ **s'égosiller** *vp* desgañitarse.

égout [egu] *nm* alcantarilla *f* ; **les ~s** el alcantarillado.

égoutter [egute] *vt* - **1.** [linge, vaisselle, légumes] escurrir - **2.** [fromage] desuerar. ◆ **s'égoutter** *vp* escurrirse.

égouttoir [egutwar] *nm* - **1.** [à légumes] escurridor *m* - **2.** [à vaisselle] escurridor *m*, escurreplatos *m inv*.

égratigner [egratiɲe] *vt* - **1.** [érafler] arañar - **2.** *fig* [blesser] afectar. ◆ **s'égratigner** *vp* [s'érafler] arañarse.

égratignure [egratiɲyr] *nf* - **1.** [éraflure] arañazo *m*, rasguño *m* - **2.** *fig* [blessure] rasguño *m*.

égrener [egrəne] *vt* desgranar.

égrillard, e [egrijar, ard] *adj* chocarrero(ra).

Égypte [eʒipt] *nf* : **l'~** Egipto.

égyptien, enne [eʒipsjɛ̃, ɛn] *adj* egipcio(cia). ◆ **égyptien** *nm* LING egipcio *m*. ◆ **Égyptien, enne** *nm, f* egipcio *m*, -cia *f*.

égyptologie [eʒiptɔlɔʒi] *nf* egiptología *f*.

eh [e] *interj* eh ; **~ bien** bueno.

éhonté, e [eɔ̃te] *adj* & *nm, f* sinvergüenza.

éjaculation [eʒakylasjɔ̃] *nf* eyaculación *f* ; **~ précoce** eyaculación precoz.

éjectable [eʒɛktabl] *adj* eyectable.

éjecter [eʒɛkte] *vt* - **1.** [rejeter] eyectar - **2.** *fam* [personne] echar ; **il s'est fait ~** lo han echado.

élaboration [elabɔrasjɔ̃] *nf* elaboración *f*.

élaboré, e [elabɔre] *adj* elaborado(da) *(sofisticado)*.

élaborer [elabɔre] *vt* elaborar.

élaguer [elage] *vt* - **1.** [arbre] podar - **2.** *fig* [texte, exposé] recortar, expurgar.

élan [elɑ̃] *nm* - **1.** ZOOL alce *m* - **2.** [mouvement physique] impulso *m* ; **prendre son ~** coger impulso - **3.** *fig* [de joie, de générosité] arrebato *m*.

élancé, e [elɑ̃se] *adj* esbelto(ta).

élancer [elɑ̃se] *vi* MÉD dar punzadas. ◆ **s'élancer** *vp* - **1.** [se précipiter] lanzarse - **2.** SPORT coger impulso.

élargir [elarʒir] *vt* - **1.** [route, jupe] ensanchar - **2.** *fig* [connaissances] ampliar. ◆ **s'élargir** *vp* - **1.** [route] ensancharse - **2.** *fam* [personne] engordar - **3.** *fig* [idées, connaissances] ampliar.

élasticité [elastisite] *nf* elasticidad *f*.

élastique [elastik] ◇ *adj* elástico(ca). ◇ *nm* elástico *m*, goma *f*.

électeur, trice [elɛktœr, tris] *nm, f* elector *m*, -ra *f*.

élection [elɛksjɔ̃] *nf* elección *f* ; **d'~** de elección ; **~ présidentielle** elecciones presidenciales ; **~s municipales** elecciones municipales.

électoral, e, aux [elɛktɔral, o] *adj* electoral.
électricien, enne [elɛktrisjɛ̃, ɛn] *nm, f* electricista *mf*.
électricité [elɛktrisite] *nf* PHYS electricidad *f*.
électrifier [elɛktrifje] *vt* electrificar.
électrique [elɛktrik] *adj* - **1.** PHYS eléctrico(ca) - **2.** *fig* [impression] electrizante.
électroaimant [elɛktrɔɛmɑ̃] *nm* electroimán *m*.
électrocardiogramme [elɛktrokardjɔgram] *nm* electrocardiograma *m*.
électrochoc [elɛktrɔʃɔk] *nm* electrochoque *m*.
électrocuter [elɛktrɔkyte] *vt* electrocutar.
électrode [elɛktrɔd] *nf* electrodo *m*.
électroencéphalogramme [elɛktroɑ̃sefalɔgram] *nm* electroencefalograma *m*.
électrogène [elɛktrɔʒɛn] *adj* electrógeno(na).
électrolyse [elɛktrɔliz] *nf* electrólisis *f inv*.
électromagnétique [elɛktrɔmaɲetik] *adj* electromagnético(ca).
électron [elɛktrɔ̃] *nm* electrón *m*.
électronicien, enne [elɛktrɔnisjɛ̃, ɛn] *nm, f* técnico *mf* electrónico.
électronique [elɛktrɔnik] ◇ *adj* electrónico(ca). ◇ *nf* electrónica *f*.
élégance [elegɑ̃s] *nf* elegancia *f*.
élégant, e [elegɑ̃, ɑ̃t] *adj* elegante *Esp*, elegantoso(sa) *Amér*.
élément [elemɑ̃] *nm* elemento *m* ; **les bons/mauvais ~s** los buenos/malos elementos ; **être dans son ~** *fig* estar en su elemento ; **les quatre ~s** los cuatro elementos.
élémentaire [elemɑ̃tɛr] *adj* elemental.
éléphant [elefɑ̃] *nm* elefante *m*.
éléphanteau, x [elefɑ̃to] *nm* cría *f* de elefante.
élevage [ɛlvaʒ] *nm* [activité] cría *f* ; [installation] criadero *m*.
élévateur, trice [elevatœr, tris] *adj* elevador(ra).
élève [elɛv] *nmf* - **1.** [gén] alumno *m*, -na *f* - **2.** MIL ≃ cadete *mf*.
élever [ɛlve] *vt* - **1.** [enfant] educar - **2.** [animaux] criar - **3.** [statue, protestations] levantar - **4.** [prix, niveau de vie] subir - **5.** [esprit] elevar. ◆ **s'élever** *vp* - **1.** [gén] elevarse - **2.** [protester] : **s'~ contre qqn/contre qqch** levantarse contra alguien/contra algo.
éleveur, euse [ɛlvœr, øz] *nm, f* criador *m*, -ra *f*.
elfe [ɛlf] *nm* elfo *m*.
éligible [eliʒibl] *adj* elegible.
élimination [eliminasjɔ̃] *nf* eliminación *f* ; **procéder par ~** proceder por eliminación.
éliminer [elimine] *vt* eliminar.
élire [elir] *vt* elegir.
élite [elit] *nf* elite *f* ; **d'~** de elite.
élitiste [elitist] *nmf* elitista *mf*.
elle [ɛl] *pron pers* ella ; **il a fait ça pour ~** lo ha hecho por ella ; **~ est jolie, Marie** es guapa, María ; **c'est à ~** es suyo/suya. ◆ **elle-même** *pron pers* ella misma.
ellipse [elips] *nf* - **1.** GÉOM elipse *f* - **2.** LING elipsis *f inv*.
élocution [elɔkysjɔ̃] *nf* elocución *f*.
éloge [elɔʒ] *nm* elogio *m* ; **couvrir qqn d'~s** deshacerse en elogios con alguien ; **faire l'~ de qqn/de qqch** elogiar a alguien/algo.
élogieux, euse [elɔʒjø, øz] *adj* elogioso(sa).
éloignement [elwaɲmɑ̃] *nm* - **1.** [gén] alejamiento *m* - **2.** [recul] distanciamiento *m*.
éloigner [elwaɲe] *vt* alejar. ◆ **s'éloigner** *vp* alejarse.
élongation [elɔ̃gasjɔ̃] *nf* elongación *f*.
éloquence [elɔkɑ̃s] *nf* elocuencia *f*.
éloquent, e [elɔkɑ̃, ɑ̃t] *adj* elocuente.
élu, e [ely] ◇ *pp* ▷ **élire**. ◇ *adj* POLIT electo(ta). ◇ *nm, f* POLIT & RELIG elegido *m*, -da *f* ; **l'~ de son cœur** su media naranja.
élucider [elyside] *vt* dilucidar.
éluder [elyde] *vt* eludir.
Élysée [elize] *n* : **l'~** el Elíseo *(residencia oficial del presidente de la República Francesa)*.
émacié, e [emasje] *adj* sout demacrado(da).
émail, aux [emaj, emo] *nm* esmalte *m* ; **en ~** esmaltado(da).
e-mail [imɛl] (*pl* **e-mails**) *nm* e-mail *m*.
émaillé, e [emaje] *adj* : **~ de** salpicado de.
émanation [emanasjɔ̃] *nf* emanación *f*.
émancipé, e [emɑ̃sipe] *adj* emancipado(da).
émanciper [emɑ̃sipe] *vt* emancipar. ◆ **s'émanciper** *vp* - **1.** [se libérer] emanciparse - **2.** *fam* [se dévergonder] espabilarse.

émaner [emane] *vi* emanar.
émarger [emarʒe] *vt* firmar en el margen.
émasculer [emaskyle] *vt* emascular.
emballage [ɑ̃balaʒ] *nm* embalaje *m.*
emballer [ɑ̃bale] *vt* - **1.** [objet, moteur] embalar - **2.** [cadeau] envolver - **3.** *fam* [plaire] entusiasmar. ◆ **s'emballer** *vp* - **1.** [personne, moteur] embalarse - **2.** [cheval] desbocarse.
embarcadère [ɑ̃barkadɛr] *nm* embarcadero *m.*
embarcation [ɑ̃barkasjɔ̃] *nf* embarcación *f.*
embardée [ɑ̃barde] *nf* bandazo *m* ; **faire une ~** dar un bandazo.
embargo [ɑ̃bargo] *nm* embargo *m.*
embarquement [ɑ̃barkəmɑ̃] *nm* - **1.** [de marchandises] embarque *m* - **2.** [de passagers] embarco *m* ; **~ immédiat** embarco inmediato.
embarquer [ɑ̃barke] ◇ *vt* - **1.** [marchandises, passagers] embarcar - **2.** *fam* [malfaiteur] trincar - **3.** *fam* [emporter] llevarse - **4.** *fam fig* [engager] : **~ qqn dans qqch** embarcar a alguien en algo. ◇ *vi* : **~ (pour)** embarcarse (para). ◆ **s'embarquer** *vp* embarcarse ; **s'~ dans** *fam fig* embarcarse en.
embarras [ɑ̃bara] *nm* - **1.** [incertitude, situation difficile] aprieto *m*, apuro *m* ; **avoir l'~ du choix** tener mucho donde escoger ; **être dans l'~** estar en un aprieto OU apuro ; **mettre qqn dans l'~** poner a alguien en un compromiso ; **tirer qqn d'~** sacar a alguien de un aprieto OU apuro - **2.** [souci] problema *m* - **3.** [gêne] molestia *f.*
embarrassé, e [ɑ̃barase] *adj* - **1.** [chargé] cargado(da) - **2.** [perplexe] apurado(da) - **3.** [timide] apocado(da) - **4.** [confus] confuso(sa).
embarrasser [ɑ̃barase] *vt* - **1.** [encombrer] atestar - **2.** [gêner] estorbar - **3.** [déconcerter] poner en un compromiso, poner en un aprieto. ◆ **s'embarrasser** *vp* - **1.** [s'encombrer] : **s'~ de qqch** cargar con algo ; **il ne s'embarrasse pas de scrupules** no tiene ningún escrúpulo - **2.** *fig* [s'empêtrer] : **s'~ dans** liarse con.
embauche [ɑ̃boʃ] *nf* contratación *f.*
embaucher [ɑ̃boʃe] *vt* - **1.** [employer] contratar - **2.** *fam* [occuper] reclutar.
embaumer [ɑ̃bome] ◇ *vt* embalsamar. ◇ *vi* desprender buen olor.
embellir [ɑ̃belir] ◇ *vt* - **1.** [agrémenter] embellecer - **2.** *fig* [enjoliver] adornar. ◇ *vi* embellecerse.
embellissement [ɑ̃belismɑ̃] *nm* embellecimiento *m.*
embêtant, e [ɑ̃bɛtɑ̃, ɑ̃t] *adj fam* molesto(ta) ; [personne] pesado(da).
embêtement [ɑ̃bɛtmɑ̃] *nm fam* problema *m.*
embêter [ɑ̃bete] *vt fam* - **1.** [embarrasser] : **être bien embêté** estar en un buen aprieto - **2.** [importuner, contrarier] molestar. ◆ **s'embêter** *vp fam* [s'ennuyer] aburrirse.
emblée [ɑ̃ble] ◆ **d'emblée** *loc adv* en seguida.
emblème [ɑ̃blɛm] *nm* emblema *m.*
emboîter [ɑ̃bwate] *vt* [ajuster] : **~ qqch dans qqch** encajar algo en algo. ◆ **s'emboîter** *vp* encajar.
embonpoint [ɑ̃bɔ̃pwɛ̃] *nm* gordura *f.*
embouché, e [ɑ̃buʃe] *adj* : **mal ~** *fam* mal hablado.
embouchure [ɑ̃buʃyr] *nf* - **1.** [de fleuve] desembocadura *f* - **2.** [d'instrument] boquilla *f*, embocadura *f.*
embourber [ɑ̃burbe] *vt* atascar. ◆ **s'embourber** *vp* - **1.** [s'enliser] atascarse - **2.** *fig* [s'embrouiller] liarse.
embourgeoiser [ɑ̃burʒwaze] *vt* aburguesar. ◆ **s'embourgeoiser** *vp* aburguesarse.
embout [ɑ̃bu] *nm* contera *f.*
embouteillage [ɑ̃butɛjaʒ] *nm* - **1.** [de véhicules] atasco *m*, embotellamiento *m* *Esp*, atorón *m Amér* - **2.** [mise en bouteille] embotellado *m.*
emboutir [ɑ̃butir] *vt* - **1.** [voiture] chocar contra - **2.** TECHNOL embutir.
embranchement [ɑ̃brɑ̃ʃmɑ̃] *nm* - **1.** [de chemins] cruce *m* - **2.** [d'arbre] ramificación *f.*
embraser [ɑ̃braze] *vt* - **1.** [incendier] abrasar - **2.** [éclairer] iluminar - **3.** *fig* [d'amour] inflamar. ◆ **s'embraser** *vp* - **1.** [prendre feu] abrasarse - **2.** *sout* [s'éclairer] incendiarse - **3.** *fig & sout* [d'amour] inflamarse.
embrassade [ɑ̃brasad] *nf* abrazo *m.*
embrasser [ɑ̃brase] *vt* - **1.** [donner un baiser à] besar - **2.** *vieilli* [étreindre] abrazar - **3.** *fig* [saisir] abarcar - **4.** *fig* [religion, carrière] abrazar. ◆ **s'embrasser** *vp* besarse.
embrasure [ɑ̃brazyr] *nf* [de fenêtre, de porte] hueco *m.*
embrayage [ɑ̃brɛjaʒ] *nm* embrague *m.*

embrayer [ɑ̃breje] *vi* AUTOM embragar.
embrocher [ɑ̃brɔʃe] *vt* ensartar.
embrouillamini [ɑ̃brujamini] *nm fam* maraña *f*, embrollo *m*.
embrouiller [ɑ̃bruje] *vt* embrollar.
embruns [ɑ̃brœ̃] *nmpl* salpicaduras *fpl (de las olas)*.
embryon [ɑ̃brijɔ̃] *nm* embrión *m*.
embûches [ɑ̃byʃ] *nfpl* obstáculos *mpl*.
embué, e [ɑ̃bɥe] *adj* empañado(da).
embuer [ɑ̃bɥe] *vt* empañar.
embuscade [ɑ̃byskad] *nf* emboscada *f* ; **tomber dans une ~** caer en una emboscada.
embusquer [ɑ̃byske] *vt* emboscar. ◆ **s'embusquer** *vp* emboscarse.
éméché, e [emeʃe] *adj fam* piripi.
émeraude [emrod] *nf* esmeralda *f*.
émerger [emɛrʒe] *vi* - **1.** [sortir de l'eau] emerger - **2.** *fig* [apparaître] surgir - **3.** *fig* [se distinguer] sobresalir - **4.** *fam* [se réveiller] despertarse.
émérite [emerit] *adj* emérito(ta).
émerveiller [emɛrveje] *vt* maravillar.
émetteur, trice [emetœr, tris] *adj* emisor(ra). ◆ **émetteur** *nm* emisor *m*.
émettre [emɛtr] *vt* emitir.
émeute [emøt] *nf* motín *m*.
émietter [emjete] *vt* - **1.** [pain] desmigar - **2.** *fig* [disperser] dispersar.
émigrant, e [emigrɑ̃, ɑ̃t] *adj* & *nm, f* emigrante.
émigré, e [emigre] *adj* & *nm, f* emigrado(da).
émigrer [emigre] *vi* emigrar.
émincé, e [emɛ̃se] *adj* [viande] en lonchas, en lonjas ; [légumes] en rodajas. ◆ **émincé** *nm* CULIN *lonchas de carne asada o hervida, cubiertas de salsa.*
éminemment [eminamɑ̃] *adv* eminentemente.
éminence [eminɑ̃s] *nf* eminencia *f*.
éminent, e [eminɑ̃, ɑ̃t] *adj* eminente.
émir [emir] *nm* emir *m*.
émirat [emira] *nm* emirato *m*. ◆ **Émirats arabes unis** *nmpl* : **les Émirats arabes unis** los Emiratos Árabes Unidos.
émis, e [emi, iz] *pp* ▷ **émettre**.
émissaire [emisɛr] ◇ *nm* emisario *m*, -ria *f*. ◇ *adj* ▷ **bouc**.
émission [emisjɔ̃] *nf* - **1.** [gén] emisión *f* - **2.** [programme] programa *m*.
emmagasiner [ɑ̃magazine] *vt* almacenar.
emmailloter [ɑ̃majɔte] *vt* - **1.** [bébé] poner los pañales a - **2.** [membre blessé] vendar.
emmanchure [ɑ̃mɑ̃ʃyr] *nf* sisa *f*.
emmêler [ɑ̃mele] *vt* - **1.** [fils] enredar - **2.** *fig* [idées, affaire] embrollar.
emménagement [ɑ̃menaʒmɑ̃] *nm* mudanza *f*.
emménager [ɑ̃menaʒe] *vi* mudarse.
emmener [ɑ̃mne] *vt* llevar ; **~ qqn à** llevar a alguien a.
emmerder [ɑ̃mɛrde] *vt tfam* joder *(molestar)*. ◆ **s'emmerder** *vp tfam* aburrirse como una ostra.
emmitoufler [ɑ̃mitufle] *vt* abrigar. ◆ **s'emmitoufler** *vp* abrigarse.
émoi [emwa] *nm* - **1.** *sout* [agitation] conmoción *f* - **2.** *vieilli* [émotion] emoción *f*.
émoluments [emɔlymɑ̃] *nmpl* emolumentos *mpl*.
émotif, ive [emɔtif, iv] *adj* & *nm, f* emotivo(va).
émotion [emosjɔ̃] *nf* emoción *f*.
émotionnel, elle [emosjɔnel] *adj* emocional.
émousser [emuse] *vt fig* embotar.
émouvant, e [emuvɑ̃, ɑ̃t] *adj* emocionante.
émouvoir [emuvwar] *vt* - **1.** [attendrir] emocionar - **2.** [troubler] conmover. ◆ **s'émouvoir** *vp* conmoverse, emocionarse.
empailler [ɑ̃paje] *vt* - **1.** [animal] disecar - **2.** [chaise] empajar.
empaler [ɑ̃pale] *vt* : **~ sur** empalar en.
empaqueter [ɑ̃pakte] *vt* empaquetar.
empâter [ɑ̃pate] *vt* - **1.** [visage, traits] abotargar - **2.** [bouche, langue] ponerse pastoso(sa). ◆ **s'empâter** *vp* engordar.
empêchement [ɑ̃pɛʃmɑ̃] *nm* impedimento *m*.
empêcher [ɑ̃peʃe] *vt* impedir ; **~ que** impedir que ; **j'empêcherai qu'elle sorte** le impediré que salga ; **~ qqn de faire qqch** impedir a alguien que haga algo ; **~ qqch de faire qqch** impedir que algo haga algo ; **(cela) n'empêche que** eso no quita que.
empereur [ɑ̃prœr] *nm* emperador *m*.
empesé, e [ɑ̃pəze] *adj* - **1.** [linge] almidonado(da) - **2.** *fig* [style] afectado(da).
empester [ɑ̃pɛste] *vt* & *vi* apestar.
empêtrer [ɑ̃petre] *vt* liar. ◆ **s'empêtrer** *vp* liarse.
emphase [ɑ̃faz] *nf péj* énfasis *m inv*.
empiéter [ɑ̃pjete] *vi* : **~ sur qqch** [déborder] invadir algo ; *fig* inmiscuirse en algo.

empiffrer [ɑ̃pifre] ◆ **s'empiffrer** *vp fam* atiborrarse.
empiler [ɑ̃pile] *vt* apilar.
empire [ɑ̃pir] *nm* - **1.** [gén] imperio *m* - **2.** *sout* [contrôle, emprise] dominio *m*.
empirer [ɑ̃pire] *vi* empeorar.
emplacement [ɑ̃plasmɑ̃] *nm* situación *f (localización)*.
emplâtre [ɑ̃platr] *nm* - **1.** [pommade] emplasto *m* - **2.** *fam péj* [incapable] pasmarote *m*.
emplette [ɑ̃plɛt] *nf (gén pl)* compra *f*.
emplir [ɑ̃plir] *vt* llenar ; ~ **qqch de** llenar algo de ; ~ **qqn de** [de sentiments] llenar a alguien de.
emploi [ɑ̃plwa] *nm* empleo *m* ; ~ **du temps** horario *m*.
employé, e [ɑ̃plwaje] ◇ *adj* empleado(da). ◇ *nm, f* empleado *m*, -da *f* ; ~ **de bureau** oficinista *m*.
employer [ɑ̃plwaje] *vt* - **1.** [utiliser] emplear - **2.** [salarier] dar empleo, emplear.
employeur, euse [ɑ̃plwajœr, øz] *nm, f* jefe *m*, -fa *f* ; COMM empresa *f*.
empocher [ɑ̃pɔʃe] *vt fam* embolsarse.
empoignade [ɑ̃pwaɲad] *nf fam* agarrada *f*.
empoigner [ɑ̃pwaɲe] *vt* [saisir] empuñar. ◆ **s'empoigner** *vp* - **1.** [se battre] llegar a las manos - **2.** [se quereller] discutir.
empoisonnement [ɑ̃pwazɔnmɑ̃] *nm* - **1.** [intoxication] envenenamiento *m* - **2.** *fam fig* [souci] engorro *m*.
empoisonner [ɑ̃pwazɔne] *vt* - **1.** [gén] envenenar - **2.** *fam* [ennuyer] dar la lata - **3.** [empuantir] apestar.
emporté, e [ɑ̃pɔrte] *adj* arrebatado(da).
emportement [ɑ̃pɔrtəmɑ̃] *nm* arrebato *m*.
emporter [ɑ̃pɔrte] *vt* - **1.** [gén] llevarse ; **à** ~ [plat] para llevar - **2.** [entraîner] arrastrar - **3.** [surpasser] : **l'~ sur** [adversaire] superar a ; *fig* prevalecer sobre. ◆ **s'emporter** *vp* dejarse llevar.
empoté, e [ɑ̃pɔte] *adj* & *nm, f fam* zoquete.
empreint, e [ɑ̃prɛ̃, ɛ̃t] *adj* : ~ **de** impregnado de.
empreinte [ɑ̃prɛ̃t] *nf* huella *f* ; **~s digitales** huellas digitales OU dactilares.
empressement [ɑ̃prɛsmɑ̃] *nm* diligencia *f*.
empresser [ɑ̃prese] ◆ **s'empresser** *vp* : **s'~ de faire qqch** apresurarse en hacer algo ; **s'~ auprès de qqn** mostrarse atento con alguien.
emprise [ɑ̃priz] *nf* influencia *f* ; **sous l'~ de** bajo la influencia de.
emprisonnement [ɑ̃prizɔnmɑ̃] *nm* encarcelamiento *m*.
emprisonner [ɑ̃prizɔne] *vt* - **1.** [incarcérer] encarcelar - **2.** [immobiliser] aprisionar.
emprunt [ɑ̃prœ̃] *nm* - **1.** [gén & ÉCON] préstamo *m* - **2.** *fig* [imitation] copia *f*, imitación *f*.
emprunté, e [ɑ̃prœ̃te] *adj* - **1.** [gauche] forzado(da) - **2.** [artificiel] artificioso(sa).
emprunter [ɑ̃prœ̃te] *vt* - **1.** [objet, argent] pedir prestado(da) ; ~ **qqch à qqn** [argent] pedir prestado algo a alguien ; *fig* [expression] tomar algo de alguien - **2.** [route] coger, tomar - **3.** LING : ~ **qqch à** [mot] tomar prestado algo de.
ému, e [emy] ◇ *pp* ▷ **émouvoir**. ◇ *adj* emocionado(da).
émulation [emylasjɔ̃] *nf* emulación *f*.
émule [emyl] *nmf* émulo *m*, -la *f*.
émulsion [emylsjɔ̃] *nf* emulsión *f*.
en [ɑ̃] ◇ *prép* - **1.** [gén] en ; ~ **1994** en 1994 ; **arbres ~ fleur** árboles en flor ; **sucre ~ morceaux** azúcar en terrones ; **lait ~ poudre** leche en polvo ; **dire qqch ~ anglais** decir algo en inglés ; ~ **vacances** de vacaciones ; **agir ~ traître** actuar a traición ; **il parle ~ expert** habla como experto ; **je la préfère ~ vert** la prefiero (en) verde ; ~ **avion/bateau/train** en avión/barco/tren ; **compter ~ dollars** contar en dólares - **2.** [matière] de ; ~ **métal** de metal ; **une théière ~ argent** una tetera de plata - **3.** [devant un participe présent] : ~ **arrivant à Paris** al llegar a París ; ~ **mangeant** mientras comía ; ~ **faisant un effort** haciendo un esfuerzo ; **elle répondit ~ souriant** respondió con una sonrisa. ◇ *pron* : **nous ~ avons déjà parlé** ya hemos hablado (de ello) ; **j'ai du chocolat, tu ~ veux?** tengo chocolate, ¿quieres? ; **j'~ connais un/plusieurs** conozco uno/varios. ◇ *adv* de allí ; **j'~ viens à l'instant** acabo de llegar de allí.
ENA, Ena [ena] *nf abr de* **École nationale d'administration**.
encablure [ɑ̃kablyr] *nf* cable *m (medida)*.
encadrement [ɑ̃kadrəmɑ̃] *nm* - **1.** [de tableau, de porte] marco *m* - **2.** [responsables - d'entreprise] directivos *mpl* ; [- de groupe] responsables *mpl* - **3.** ÉCON [des prix] contención *f*.
encadrer [ɑ̃kadre] *vt* - **1.** [photo, visage]

enmarcar **- 2.** [équipe, groupe] dirigir **- 3.** MIL [soldats] encuadrar **- 4.** [détenu] flanquear **- 5.** *loc* : **ne pas pouvoir ~ qqn** *fam* no tragar a alguien.
encaissé, e [ɑ̃kese] *adj* encajonado(da).
encaisser [ɑ̃kese] *vt* **- 1.** [argent] cobrar ; **~ un chèque** cobrar OU hacer efectivo un cheque **- 2.** *fam* [critique, coup] encajar.
encanailler [ɑ̃kanaje] ◆ **s'encanailler** *vp* encanallarse.
encart [ɑ̃kar] *nm* encarte *m*.
encastrer [ɑ̃kastre] *vt* empotrar, encajar. ◆ **s'encastrer** *vp* empotrarse.
encaustique [ɑ̃kostik] *nf* **- 1.** [cire] encáustico *m* **- 2.** [peinture] encausto *m*, encauste *m*.
enceinte [ɑ̃sɛ̃t] ◇ *adj f* embarazada. ◇ *nf* **- 1.** [muraille] muralla *f* **- 2.** [salle] recinto *m* **- 3.** [baffle] : **~ (acoustique)** altavoz *m*.
encens [ɑ̃sɑ̃] *nm* incienso *m*.
encenser [ɑ̃sɑ̃se] *vt* incensar.
encensoir [ɑ̃sɑ̃swar] *nm* incensario *m*.
encercler [ɑ̃sɛrkle] *vt* **- 1.** [lieu] rodear **- 2.** [avec un stylo] : **~ qqch** rodear algo con un círculo.
enchaînement [ɑ̃ʃɛnmɑ̃] *nm* **- 1.** [gén & MUS] encadenamiento *m* **- 2.** [liaison] enlace *m*.
enchaîner [ɑ̃ʃene] ◇ *vt* **- 1.** [gén] encadenar **- 2.** [idées] enlazar. ◇ *vi* : **~ sur qqch** proseguir con algo. ◆ **s'enchaîner** *vp* enlazarse.
enchanté, e [ɑ̃ʃɑ̃te] *adj* encantado(da) ; **~ (de faire votre connaissance)** encantado (de conocerle).
enchantement [ɑ̃ʃɑ̃tmɑ̃] *nm* **- 1.** [sortilège] encantamiento *m* ; **comme par ~** como por arte de magia **- 2.** *sout* [ravissement] encanto *m* **- 3.** [merveille] maravilla *f*.
enchanter [ɑ̃ʃɑ̃te] *vt* encantar.
enchâsser [ɑ̃ʃase] *vt* engarzar.
enchère [ɑ̃ʃɛr] *nf* **- 1.** [offre] puja *f* **- 2.** [au jeu] apuesta *f*.
enchevêtrer [ɑ̃ʃəvɛtre] *vt* enredar.
enclave [ɑ̃klav] *nf* enclave *m*.
enclencher [ɑ̃klɑ̃ʃe] *vt* poner en marcha. ◆ **s'enclencher** *vp* **- 1.** TECHNOL engranar **- 2.** *fig* [affaire, processus] iniciarse.
enclin, e [ɑ̃klɛ̃, in] *adj* : **~ à qqch/à faire qqch** propenso a algo/a hacer algo.
enclore [ɑ̃klɔr] *vt* cercar.
enclos, e [ɑ̃klo, oz] *pp* ▻ **enclore.** ◆ **enclos** *nm* cercado *m*.
enclume [ɑ̃klym] *nf* yunque *m*.
encoche [ɑ̃kɔʃ] *nf* muesca *f*.
encoignure [ɑ̃kɔɲyr, ɑ̃kwaɲyr] *nf* **- 1.** [coin] rincón *m* **- 2.** [meuble] rinconera *f*.
encolure [ɑ̃kɔlyr] *nf* **- 1.** [gén] cuello *m* **- 2.** [de vêtement] escote *m*.
encombrant, e [ɑ̃kɔ̃brɑ̃, ɑ̃t] *adj* **- 1.** [colis] voluminoso(sa) **- 2.** *fig* [personne] : **être ~** ser un estorbo.
encombre [ɑ̃kɔ̃br] ◆ **sans encombre** *loc adv* sin tropiezos.
encombré, e [ɑ̃kɔ̃bre] *adj* atestado(da).
encombrement [ɑ̃kɔ̃brəmɑ̃] *nm* **- 1.** [embouteillage] atasco *m*, embotellamiento *m* **- 2.** [volume] volumen *m* **- 3.** [entassement] amontonamiento *m* **- 4.** *fig* [de réseau] saturación *f*.
encombrer [ɑ̃kɔ̃bre] *vt* **- 1.** [couloir, passage] obstruir, estorbar **- 2.** [mémoire] : **~ de** sobrecargar con.
encontre [ɑ̃kɔ̃tr] ◆ **à l'encontre de** *loc prép* en contra de.
encore [ɑ̃kɔr] *adv* **- 1.** [toujours] todavía, aún ; **~ un mois** un mes más ; **pas ~** todavía no, aún no **- 2.** [de nouveau] : **tu manges ~!** ¡estás comiendo otra vez! ; **il m'a ~ menti** ha vuelto a mentirme ; **l'ascenseur est ~ en panne!** ¡otra vez está el ascensor estropeado! ; **~ une fois** una vez más **- 3.** [marque le renforcement] todavía más, aún más ; **baissez-le ~** bájelo aún más ; **~ mieux/pire** aún mejor/peor **- 4.** [marque une restriction, opposition] : **il ne suffit pas d'être beau, ~ faut-il être intelligent** no basta con ser guapo, además hay que ser inteligente ; **mais ~?** ¿y qué más? ; **si ~** si al menos ; **si ~ tu conduisais, tu pourrais m'y emmener** si al menos condujeras, podrías llevarme. ◆ **encore que** *loc conj* aunque ; **j'aimerais y aller, ~ qu'il soit trop tard** me gustaría ir aunque es muy tarde.
encouragement [ɑ̃kuraʒmɑ̃] *nm* **- 1.** [parole] palabras *fpl* de aliento **- 2.** [action] aliento *m*, apoyo *m*.
encourager [ɑ̃kuraʒe] *vt* **- 1.** [personne] alentar, animar ; **~ qqn à faire qqch** alentar a alguien a hacer algo OU a que haga algo, animar a alguien a hacer algo OU a que haga algo **- 2.** [activité] fomentar.
encourir [ɑ̃kurir] *vt sout* exponerse a.
encouru, e [ɑ̃kury] *pp* ▻ **encourir.**
encrasser [ɑ̃krase] *vt* **- 1.** [appareil] atascarse **- 2.** *fam* [salir] ensuciar *Esp*, enchastrar *Amér*.
encre [ɑ̃kr] *nf* tinta *f*.

encrer [ɑ̃kre] *vt* entintar.
encrier [ɑ̃krije] *nm* tintero *m*.
encroûter [ɑ̃krute] *vt* encostrar. ◆ **s'encroûter** *vp fig* anquilosarse.
encyclique [ɑ̃siklik] *nf* encíclica *f*.
encyclopédie [ɑ̃siklɔpedi] *nf* enciclopedia *f*.
encyclopédique [ɑ̃siklɔpedik] *adj* enciclopédico(ca).
endémique [ɑ̃demik] *adj* endémico(ca).
endetter [ɑ̃dete] *vt* endeudar. ◆ **s'endetter** *vp* endeudarse.
endeuiller [ɑ̃dœje] *vt* enlutar.
endiablé, e [ɑ̃djable] *adj* endiablado(da).
endiguer [ɑ̃dige] *vt litt* & *fig* encauzar.
endimancher [ɑ̃dimɑ̃ʃe] ◆ **s'endimancher** *vp* endomingarse.
endive [ɑ̃div] *nf* endibia *f*, endivia *f*.
endoctriner [ɑ̃dɔktrine] *vt* adoctrinar.
endolori, e [ɑ̃dɔlɔri] *adj* dolorido(da).
endommager [ɑ̃dɔmaʒe] *vt* dañar, deteriorar.
endormi, e [ɑ̃dɔrmi] *adj* **- 1.** [gén] dormido(da) **- 2.** *fig* [paysage] sosegado(da).
endormir [ɑ̃dɔrmir] *vt* **- 1.** [gén] dormir **- 2.** [ennuyer, affaiblir] adormecer. ◆ **s'endormir** *vp* **- 1.** [gén] dormirse ; **s'~ sur qqch** [se contenter de] dormirse en algo **- 2.** [s'affaiblir] adormecerse.
endosser [ɑ̃dose] *vt* **- 1.** [vêtement] ponerse **- 2.** JUR & FIN endosar ; **~ un chèque** endosar un cheque.
endroit [ɑ̃drwa] *nm* **- 1.** [lieu, point] sitio *m* ; **à quel ~?** ¿dónde? **- 2.** [côté] derecho *m* ; **mettre à l'~** poner del derecho. ◆ **à l'endroit de** *loc prép sout* [à l'égard de] para con, respecto a.
enduire [ɑ̃dɥir] *vt* untar ; **~ qqch de** untar algo con. ◆ **s'enduire** *vp* : **s'~ de** untarse con.
enduit, e [ɑ̃dɥi, it] *pp* ▷ **enduire**. ◆ **enduit** *nm* capa *f*, mano *f*.
endurance [ɑ̃dyrɑ̃s] *nf* **- 1.** [physique] resistencia *f* **- 2.** [morale] resistencia *f*, aguante *m*.
endurcir [ɑ̃dyrsir] *vt* **- 1.** [rendre dur, moins sensible] curtir **- 2.** [aguerrir] : **~ qqn à** volver a alguien insensible a. ◆ **s'endurcir** *vp* : **s'~ (à)** volverse insensible (a).
endurer [ɑ̃dyre] *vt* aguantar.
énergie [enɛrʒi] *nf* energía *f* ; **~ éolienne/nucléaire/solaire** energía eólica/nuclear/solar ; **~ renouvelable** energía renovable.
énergique [enɛrʒik] *adj* enérgico(ca).
énergumène [enɛrgymɛn] *nmf* energúmeno *m*, -na *f*.
énerver [enɛrve] *vt* poner nervioso(sa). ◆ **s'énerver** *vp* : **ne vous énervez pas!** ¡no se ponga nervioso! ; [s'irriter] ¡no se enfade!
enfance [ɑ̃fɑ̃s] *nf* **- 1.** [âge] infancia *f*, niñez *f* **- 2.** [enfants] niños *mpl*.
enfant [ɑ̃fɑ̃] *nmf* **- 1.** [personne à l'âge de l'enfance] niño *m*, -ña *f* **- 2.** [fils ou fille] hijo *m*, -ja *f* ; **attendre un ~** esperar un hijo.
enfanter [ɑ̃fɑ̃te] *vt litt* & *fig* alumbrar.
enfantin, e [ɑ̃fɑ̃tɛ̃, in] *adj* **- 1.** [qui se rapporte à l'enfance] infantil **- 2.** [facile] para niños.
enfer [ɑ̃fɛr] *nm* infierno *m*. ◆ **Enfers** *nmpl* infiernos *mpl*.
enfermer [ɑ̃fɛrme] *vt* **- 1.** [gén] encerrar **- 2.** [ranger] guardar. ◆ **s'enfermer** *vp* encerrarse.
enfilade [ɑ̃filad] *nf* fila *f*, hilera *f*.
enfiler [ɑ̃file] *vt* **- 1.** [aiguille] enhebrar ; [perles] ensartar **- 2.** *fam* [vêtement] ponerse. ◆ **s'enfiler** *vp fam* [avaler] echarse entre pecho y espalda.
enfin [ɑ̃fɛ̃] *adv* **- 1.** [en dernier lieu] por fin, al fin **- 2.** [dans une liste] finalmente, por último **- 3.** [pour récapituler] en fin **- 4.** [pour rectifier] en fin, bueno.
enflammer [ɑ̃flame] *vt* **- 1.** [bois] incendiar **- 2.** *fig* [cœur, esprit] encender. ◆ **s'enflammer** *vp* **- 1.** [bois] incendiarse **- 2.** *fig* [cœur, esprit] encenderse.
enflé, e [ɑ̃fle] *adj* hinchado(da).
enfler [ɑ̃fle] ◇ *vi* hincharse, inflarse. ◇ *vt* hinchar, inflar.
enfoncer [ɑ̃fɔ̃se] *vt* **- 1.** [clou, écharde] : **~ qqch (dans)** clavar algo (en) **- 2.** [enfouir] : **~ qqch dans** hundir algo en **- 3.** [défoncer] derribar **- 4.** *fam fig* [humilier] hundir. ◆ **s'enfoncer** *vp* **- 1.** [entrer] : **s'~ dans** [eau, boue] hundirse en ; [forêt, ville] adentrarse en ; [suj : clou] clavarse en **- 2.** [s'affaisser] hundirse **- 3.** *fig* [s'enferrer] enredarse.
enfouir [ɑ̃fwir] *vt* **- 1.** [ensevelir] sepultar, enterrar **- 2.** [cacher] esconder.
enfourcher [ɑ̃furʃe] *vt* montar (a horcajadas) en.
enfourner [ɑ̃furne] *vt* **- 1.** [pain] hornear **- 2.** *fam* [avaler] zamparse.
enfreindre [ɑ̃frɛ̃dr] *vt* infringir.
enfreint, e [ɑ̃frɛ̃, ɛ̃t] *pp* ▷ **enfreindre**.
enfuir [ɑ̃fɥir] ◆ **s'enfuir** *vp* **- 1.** [fuir] huir **- 2.** *fig* [temps] pasar.

enfumer [ɑ̃fyme] *vt* llenar de humo.
engageant, e [ɑ̃gaʒɑ̃, ɑ̃t] *adj* atrayente, atractivo(va).
engagement [ɑ̃gaʒmɑ̃] *nm* - **1.** [gén & POLIT] compromiso *m* - **2.** MIL alistamiento *m* - **3.** SPORT saque *m*.
engager [ɑ̃gaʒe] ◇ *vt* - **1.** [lier, impliquer] comprometer - **2.** [embaucher] contratar - **3.** [faire entrer] meter - **4.** [capitaux] invertir - **5.** [négociation, débat] entablar - **6.** [inciter] : ~ **qqn à faire qqch** animar a alguien a hacer algo. ◇ *vi* SPORT sacar. ◆ **s'engager** *vp* - **1.** [commencer] emprender - **2.** POLIT comprometerse - **3.** MIL : **s'~ (dans)** alistarse (en) - **4.** [s'avancer] : **s'~ dans** entrar en - **5.** [promettre] : **s'~ à qqch/à faire qqch** comprometerse a algo/a hacer algo.
engelure [ɑ̃ʒlyr] *nf* sabañón *m*.
engendrer [ɑ̃ʒɑ̃dre] *vt sout* engendrar.
engin [ɑ̃ʒɛ̃] *nm* - **1.** [machine] artefacto *m* - **2.** MIL [projectile] misil *m* - **3.** *péj* [objet] trasto *m*.
englober [ɑ̃glɔbe] *vt* englobar.
engloutir [ɑ̃glutir] *vt* - **1.** [gén] engullir - **2.** [fortune] enterrar.
engoncé, e [ɑ̃gɔ̃se] *adj* : ~ **dans** embutido en.
engorger [ɑ̃gɔrʒe] *vt* - **1.** [obstruer] atascar - **2.** MÉD obstruir. ◆ **s'engorger** *vp* [s'obstruer] atascarse.
engouement [ɑ̃gumɑ̃] *nm* entusiasmo *m*.
engouffrer [ɑ̃gufre] *vt* - **1.** *fam* [dévorer] tragar - **2.** [dilapider] enterrar. ◆ **s'engouffrer** *vp* [pénétrer] : **s'~ dans** meterse en.
engourdi, e [ɑ̃gurdi] *adj* - **1.** [membre] entumecido(da) - **2.** *fig* [esprit] aletargado(da).
engourdir [ɑ̃gurdir] *vt* - **1.** [membre] entumecer - **2.** *fig* [esprit] aletargar. ◆ **s'engourdir** *vp* entumecerse.
engrais [ɑ̃grɛ] *nm* abono *m*.
engraisser [ɑ̃grɛse] ◇ *vt* - **1.** [animal] cebar - **2.** [terre] abonar. ◇ *vi* engordar.
engrenage [ɑ̃grənaʒ] *nm* engranaje *m*.
engueulade [ɑ̃gœlad] *nf fam* bronca *f*.
engueuler [ɑ̃gœle] *vt fam* echar una bronca ; **si je rentre tard, je vais me faire ~ par ma mère** si vuelvo tarde, mi madre me echará una bronca. ◆ **s'engueuler** *vp fam* tener una bronca.
enhardir [ɑ̃ardir] *vt* animar. ◆ **s'enhardir** *vp* : **s'~ à faire qqch** atreverse a hacer algo.
énième [enjɛm] *adj* enésimo(ma) ; **la ~ fois** *fam* la enésima vez.
énigmatique [enigmatik] *adj* enigmático(ca).
énigme [enigm] *nf* - **1.** [mystère] enigma *f* - **2.** [jeu] adivinanza *f*.
enivrant, e [ɑ̃nivrɑ̃, ɑ̃t] *adj* embriagador(ra).
enivrer [ɑ̃nivre] *vt* embriagar. ◆ **s'enivrer** *vp* - **1.** [se saouler] embriagarse - **2.** *fig* [être transporté] : **s'~ de** embriagarse con.
enjambée [ɑ̃ʒɑ̃be] *nf* zancada *f*.
enjamber [ɑ̃ʒɑ̃be] *vt* - **1.** [obstacle] pasar por encima de - **2.** *fig* [vallée, cours d'eau] atravesar.
enjeu [ɑ̃ʒø] *nm* - **1.** [mise] apuesta *f* - **2.** *fig* [but] lo que está en juego.
enjoindre [ɑ̃ʒwɛ̃dr] *vt sout* : ~ **à qqn de faire qqch** ordenar a alguien que haga algo.
enjoint [ɑ̃ʒwɛ̃] *pp inv* ▷ **enjoindre**.
enjôler [ɑ̃ʒole] *vt* engatusar.
enjoliver [ɑ̃ʒɔlive] *vt* adornar.
enjoliveur [ɑ̃ʒɔlivœr] *nm* embellecedor *m*.
enjoué, e [ɑ̃ʒwe] *adj* jovial.
enlacer [ɑ̃lase] *vt* abrazar. ◆ **s'enlacer** *vp* [s'embrasser] abrazarse.
enlaidir [ɑ̃ledir] *vt* afear.
enlèvement [ɑ̃lɛvmɑ̃] *nm* - **1.** [rapt] rapto *m* - **2.** [de bagages, d'ordures] recogida *f*.
enlever [ɑ̃lve] *vt* - **1.** [ôter, supprimer] quitar ; ~ **qqch à qqn** llevarse algo de alguien - **2.** [emporter - gén] llevarse ; [- ordures] recoger - **3.** [kidnapper] raptar.
enliser [ɑ̃lize] *vt* atascar. ◆ **s'enliser** *vp* - **1.** [s'enfoncer] hundirse - **2.** *fig* [stagner] estancarse - **3.** *fig* [s'embrouiller] enredarse.
enluminure [ɑ̃lyminyr] *nf* iluminación *f*.
enneigement [ɑ̃nɛʒmɑ̃] *nm* : **bulletin d'~** estado *m* de la nieve.
ennemi, e [ɛnmi] ◇ *adj* enemigo(ga). ◇ *nm, f* enemigo *m*, -ga *f*.
ennui [ɑ̃nɥi] *nm* - **1.** [lassitude] aburrimiento *m* - **2.** [problème] problema *m* ; **avoir des ~s** tener problemas ; **créer des ~s à qqn** crear problemas a alguien ; **l'~ c'est que ...** el problema es que ...
ennuyé, e [ɑ̃nɥije] *adj* en un aprieto.
ennuyer [ɑ̃nɥije] *vt* - **1.** [lasser] aburrir - **2.** [contrarier] fastidiar *Esp*, embromar *Amér* - **3.** [inquiéter] preocupar. ◆ **s'ennuyer** *vp* aburrirse.

ennuyeux, euse [ɑ̃nɥijø, øz] *adj* - **1.** [lassant] aburrido(da) - **2.** [gênant] molesto(ta).

énoncé [enɔ̃se] *nm* - **1.** [gén] enunciado *m* - **2.** [de jugement] lectura *f*.

énoncer [enɔ̃se] *vt* - **1.** [proposition, faits] enunciar - **2.** [jugement] leer.

enorgueillir [ɑ̃nɔrgœjir] *vt sout* enorgullecer.

énorme [enɔrm] *adj* - **1.** [immense] enorme - **2.** *fig* [incroyable] exagerado(da).

énormément [enɔrmemɑ̃] *adv* muchísimo ; **~ de** muchísimo(ma) ; **~ de gens** muchísima gente.

énormité [enɔrmite] *nf* - **1.** [gigantisme] enormidad *f* - **2.** [absurdité] barbaridad *f*.

enquête [ɑ̃kɛt] *nf* - **1.** [recherche & JUR] investigación *f* - **2.** [sondage] encuesta *f*.

enquêter [ɑ̃kete] *vi* - **1.** [policier] investigar - **2.** [sonder] encuestar.

enragé, e [ɑ̃raʒe] *adj* - **1.** [chien] rabioso(sa) - **2.** *fig* [joueur] empedernido(da).

enrager [ɑ̃raʒe] *vi* : **~ de faire qqch** dar rabia hacer algo ; **faire ~ qqn** hacer rabiar a alguien.

enrayer [ɑ̃rɛje] *vt* - **1.** [épidémie] detener - **2.** [inflation, crise] frenar. ◆ **s'enrayer** *vp* [arme] encasquillarse.

enregistrement [ɑ̃rəʒistrəmɑ̃] *nm* - **1.** [de son, d'images] grabación *f* - **2.** [à l'aéroport] facturación *f* ; **~ des bagages** facturación de equipajes - **3.** [ADMIN - formalité] inscripción *f* ; [- lieu] registro *m* - **4.** [consignation] anotación *f*.

enregistrer [ɑ̃rəʒistre] *vt* - **1.** [son, images & INFORM] grabar - **2.** [constater, inscrire] registrar - **3.** [bagage] facturar.

enregistreur, euse [ɑ̃rəʒistrœr, øz] *adj* registrador(ra).

enrhumé, e [ɑ̃ryme] *adj* resfriado(da).

enrhumer [ɑ̃ryme] *vt* resfriar. ◆ **s'enrhumer** *vp* resfriarse.

enrichir [ɑ̃riʃir] *vt* enriquecer. ◆ **s'enrichir** *vp* enriquecerse.

enrobé, e [ɑ̃rɔbe] *adj* - **1.** [bonbon] : **~ de** bañado de - **2.** *fam* [personne] rellenito(ta).

enrober [ɑ̃rɔbe] *vt* - **1.** [recouvrir] : **~ de** bañar con - **2.** *fig* [déguiser] disimular. ◆ **s'enrober** *vp* [grossir] entrar en carnes.

enrôler [ɑ̃role] *vt* alistar, enrolar. ◆ **s'enrôler** *vp* alistarse, enrolarse.

enroué, e [ɑ̃rwe] *adj* ronco(ca) ; **être ~** estar ronco.

enrouer [ɑ̃rwe] *vt* enronquecer. ◆ **s'enrouer** *vp* enronquecerse.

enrouler [ɑ̃rule] *vt* enrollar ; **~ qqch autour de qqch** enrollar algo alrededor de algo. ◆ **s'enrouler** *vp* - **1.** [entourer] : **s'~ sur/autour de qqch** enrollarse en/alrededor de algo - **2.** [se pelotonner] : **s'~ dans qqch** envolverse en algo.

ensabler [ɑ̃sable] *vt* encallar. ◆ **s'ensabler** *vp* encallar ; [port] enarenarse.

enseignant, e [ɑ̃sɛɲɑ̃, ɑ̃t] ◇ *adj* docente. ◇ *nm, f* profesor *m*, -ra *f*.

enseigne [ɑ̃sɛɲ] *nf* - **1.** [de commerce] letrero *m* - **2.** MIL bandera *f*, estandarte *m*.

enseignement [ɑ̃sɛɲmɑ̃] *nm* - **1.** [gén] enseñanza *f* ; **~ primaire/secondaire** enseñanza primaria/secundaria - **2.** *fig* [leçon] lección *f*.

enseigner [ɑ̃seɲe] ◇ *vt* enseñar ; **~ qqch à qqn** enseñar algo a alguien. ◇ *vi* enseñar.

ensemble [ɑ̃sɑ̃bl] ◇ *adv* - **1.** [en collaboration] juntos(tas) - **2.** [en même temps] a la vez - **3.** [en harmonie] : **aller ~** ir bien, pegar. ◇ *nm* - **1.** [gén] conjunto *m* ; **dans l'~** en conjunto - **2.** [harmonie] : **avec un bel ~** al unísono.

ensemblier [ɑ̃sɑ̃blije] *nm* - **1.** [décorateur] decorador *m*, -ra *f* - **2.** CIN & TÉLÉ ayudante *mf* de decoración.

ensemencer [ɑ̃səmɑ̃se] *vt* - **1.** [terre] sembrar - **2.** [rivière] repoblar.

enserrer [ɑ̃sere] *vt* ceñir.

ensevelir [ɑ̃səvlir] *vt litt & fig* sepultar.

ensoleillé, e [ɑ̃sɔleje] *adj* soleado(da).

ensoleillement [ɑ̃sɔlɛjmɑ̃] *nm* insolación *f (horas de sol)*.

ensommeillé, e [ɑ̃sɔmeje] *adj* soñoliento(ta).

ensorceler [ɑ̃sɔrsəle] *vt* hechizar.

ensuite [ɑ̃sɥit] *adv* - **1.** [après, plus tard] después - **2.** [plus loin] a continuación - **3.** [en second lieu] y además.

ensuivre [ɑ̃sɥivr] ◆ **s'ensuivre** *v impers* : **il s'en est suivi ...** ha provocado ... ; **il s'ensuit que ...** se deduce que ...

entaille [ɑ̃taj] *nf* - **1.** [encoche] muesca *f* - **2.** [blessure] corte *m*.

entailler [ɑ̃taje] *vt* cortar.

entamer [ɑ̃tame] *vt* - **1.** [nourriture, boisson] empezar - **2.** [commencer - conversation, négociations] entablar ; [- travail] empezar, comenzar - **3.** [économies, réputation] mermar - **4.** [écorcher] cortar.

entartrer [ɑ̃tartre] *vt* cubrir de sarro. ◆ **s'entartrer** *vp* cubrirse de sarro.

entassement [ɑ̃tasmɑ̃] *nm* amontonamiento *m.*
entasser [ɑ̃tase] *vt* - **1.** [objets] amontonar - **2.** [personnes] apiñar. ◆ **s'entasser** *vp* - **1.** [objets] amontonarse - **2.** [personnes] apiñarse.
entendement [ɑ̃tɑ̃dmɑ̃] *nm* PHILOSOPHIE raciocinio *m.*
entendre [ɑ̃tɑ̃dr] *vt* - **1.** [percevoir] oír ; ~ **parler de qqch** oír hablar de algo - **2.** [écouter] escuchar. ◆ **s'entendre** *vp* - **1.** [sympathiser] : **s'~ avec qqn** entenderse con alguien, llevarse bien con alguien - **2.** [se mettre d'accord] ponerse de acuerdo.
entendu, e [ɑ̃tɑ̃dy] ◇ *pp* ▷ entendre. ◇ *adj* - **1.** [compris] claro(ra) - **2.** [sourire, air] cómplice *(en aposición).*
entente [ɑ̃tɑ̃t] *nf* - **1.** [harmonie] armonía *f* ; POLIT alianza *f* - **2.** [accord] acuerdo *m.*
entériner [ɑ̃terine] *vt* ratificar.
enterrement [ɑ̃tɛrmɑ̃] *nm* entierro *m.*
enterrer [ɑ̃tere] *vt* enterrar.
en-tête [ɑ̃tɛt] (*pl* **en-têtes**) *nm* membrete *m.*
entêté, e [ɑ̃tete] ◇ *adj* terco(ca). ◇ *nm, f* cabezota *mf.*
entêter [ɑ̃tete] ◆ **s'entêter** *vp* empeñarse ; **s'~ à** empeñarse en.
enthousiasme [ɑ̃tuzjasm] *nm* entusiasmo *m.*
enthousiasmer [ɑ̃tuzjasme] *vt* entusiasmar. ◆ **s'enthousiasmer** *vp* : **s'~ pour** entusiasmarse por.
enticher [ɑ̃tiʃe] ◆ **s'enticher** *vp* : **s'~ de qqch/de qqn** encapricharse por algo/por alguien.
entier, ère [ɑ̃tje, ɛr] *adj* entero(ra). ◆ **en entier** *loc adv* en su totalidad.
entièrement [ɑ̃tjɛrmɑ̃] *adv* totalmente.
entité [ɑ̃tite] *nf* entidad *f.*
entonner [ɑ̃tɔne] *vt* [chant] entonar.
entonnoir [ɑ̃tɔnwar] *nm* - **1.** [instrument] embudo *m* - **2.** [cavité] hoyo *m.*
entorse [ɑ̃tɔrs] *nf* MÉD esguince *m.*
entortiller [ɑ̃tɔrtije] *vt* enredar.
entourage [ɑ̃turaʒ] *nm* - **1.** [clôture] cerca *f,* cercado *m* - **2.** *fig* [milieu - gén] entorno *m* ; [- famille] entorno *m* familiar.
entourer [ɑ̃ture] *vt* - **1.** [gén] rodear - **2.** *fig* [soutenir] apoyar, acompañar.
entourloupette [ɑ̃turlupɛt] *nf fam* jugarreta *f.*
entracte [ɑ̃trakt] *nm* entreacto *m.*
entraide [ɑ̃trɛd] *nf* ayuda *f* mutua.
entrailles [ɑ̃traj] *nfpl* entrañas *fpl.*
entrain [ɑ̃trɛ̃] *nm* ánimo *m,* animación *f.*
entraînement [ɑ̃trɛnmɑ̃] *nm* - **1.** [de mécanisme] arrastre *m* - **2.** SPORT entrenamiento *m* - **3.** [préparation] práctica *f.*
entraîner [ɑ̃trene] *vt* - **1.** [emmener & TECHNOL] arrastrar - **2.** [provoquer] suponer - **3.** SPORT entrenar. ◆ **s'entraîner** *vp* - **1.** SPORT entrenarse - **2.** [se préparer] practicar ; **s'~ à faire qqch** practicar algo.
entraîneur, euse [ɑ̃trɛnœr, øz] *nm, f* SPORT entrenador *m,* -ra *f.*
entrave [ɑ̃trav] *nf* traba *f.*
entraver [ɑ̃trave] *vt* - **1.** [animal] trabar - **2.** *fig* [action] poner trabas a.
entre [ɑ̃tr] *prép* entre ; ~ **nous** entre nosotros.
entrechoquer [ɑ̃trəʃɔke] *vt* entrechocar. ◆ **s'entrechoquer** *vp* entrechocarse.
entrecôte [ɑ̃trəkot] *nf* entrecot *m.*
entrecouper [ɑ̃trəkupe] *vt* entrecortar.
entrecroiser [ɑ̃trəkrwaze] *vt* entrecruzar. ◆ **s'entrecroiser** *vp* entrecruzarse.
entre-deux [ɑ̃trədø] *nm inv* hueco *m.*
entrée [ɑ̃tre] *nf* - **1.** [gén] entrada *f* ; '**~ libre**' 'entrada libre' ; '**~ interdite**' 'entrada prohibida' - **2.** [plat] entrante *m,* primer plato *m* - **3.** [début] principio *m.*
entrefaites [ɑ̃trəfɛt] *nfpl* : **sur ces ~** en esto, en estas.
entrefilet [ɑ̃trəfilɛ] *nm* suelto *m.*
entrejambe [ɑ̃trəʒɑ̃b] *nm* entrepierna *f.*
entrelacer [ɑ̃trəlase] *vt* entrelazar. ◆ **s'entrelacer** *vp* entrelazarse.
entrelarder [ɑ̃trəlarde] *vt* : ~ **de** mezclar con.
entremêler [ɑ̃trəmele] *vt* entremezclar, mezclar *Esp,* entreverar *Amér* ; ~ **de** mezclar con.
entremets [ɑ̃trəmɛ] *nm* postre *m.*
entremetteur, euse [ɑ̃trəmɛtœr, øz] *nm, f* intermediario *m,* -ria *f.*
entremettre [ɑ̃trəmɛtr] ◆ **s'entremettre** *vp* intervenir.
entremis, e [ɑ̃trəmi, iz] *pp* ▷ entremettre.
entremise [ɑ̃trəmiz] *nf* mediación *f* ; **par l'~ de** por mediación de.
entrepont [ɑ̃trəpɔ̃] *nm* entrepuente *m.*
entreposer [ɑ̃trəpoze] *vt* depositar.
entrepôt [ɑ̃trəpo] *nm* almacén *m.*
entreprendre [ɑ̃trəprɑ̃dr] *vt* [commencer] emprender ; ~ **de faire qqch** proponerse a hacer algo.

entrepreneur, euse [ɑ̃trəprənœr, øz] *nm, f* - **1.** CONSTR contratista *mf* - **2.** [patron] empresario *m*, -ria *f*.
entrepris, e [ɑ̃trəpri, iz] *pp* ▻ **entreprendre.**
entreprise [ɑ̃trəpriz] *nf* empresa *f*.
entrer [ɑ̃tre] ◇ *vi* - **1.** [pénétrer] entrar ; **~ dans** [gén] entrar en ; [bain] meterse en ; **~ par** [porte, fenêtre] entrar por - **2.** [être admis, devenir membre] : **~ à** [club, parti] entrar en, ingresar en ; **~ dans** [affaires] meterse en ; [enseignement] entrar en ; **~ à l'hôpital** ingresar en el hospital ; **~ à l'université** entrar en la universidad. ◇ *vt* introducir ; **faire ~ qqch** introducir algo ; **faire ~ qqn** hacer entrar a alguien.
entresol [ɑ̃trəsɔl] *nm* entresuelo *m*.
entre-temps [ɑ̃trətɑ̃] *adv* mientras tanto.
entretenir [ɑ̃trətnir] *vt* - **1.** [faire durer - paix] mantener ; [- feu] alimentar ; [- amitié, relation] cultivar - **2.** [soigner - maison, jardin, etc] mantener ; **~ qqn** [personne, famille] mantener a alguien - **3.** [parler] : **~ qqn de qqch** conversar con alguien sobre algo. ◆ **s'entretenir** *vp* - **1.** [se parler] : **s'~ (avec qqn)** conversar (con alguien) - **2.** [prendre soin de soi] cuidarse.
entretenu, e [ɑ̃trətny] *pp* ▻ **entretenir.**
entretien [ɑ̃trətjɛ̃] *nm* - **1.** [soins] cuidado *m*, mantenimiento *m* - **2.** [conversation] conversación *f*.
entre-tuer [ɑ̃trətɥe] ◆ **s'entre-tuer** *vp* matarse (unos a otros).
entrevoir [ɑ̃trəvwar] *vt* entrever. ◆ **s'entrevoir** *vp* entreverse.
entrevu, e [ɑ̃trəvy] *pp* ▻ **entrevoir.**
entrevue [ɑ̃trəvy] *nf* entrevista *f*.
entrouvert, e [ɑ̃truvɛr, ɛrt] ◇ *pp* ▻ **entrouvrir.** ◇ *adj* entreabierto(ta).
entrouvrir [ɑ̃truvrir] *vt* entreabrir. ◆ **s'entrouvrir** *vp* entreabrirse.
énumération [enymerasjɔ̃] *nf* enumeración *f*.
énumérer [enymere] *vt* enumerar.
env. *abr de* **environ.**
envahir [ɑ̃vair] *vt* - **1.** [gén] invadir - **2.** [accaparer] absorber.
envahissant, e [ɑ̃vaisɑ̃, ɑ̃t] *adj* - **1.** [herbes] invasor(ra) - **2.** *fam* [personne] avasallador(ra).
envahisseur [ɑ̃vaisœr] *nm* invasor *m*.
enveloppe [ɑ̃vlɔp] *nf* - **1.** [de lettre] sobre *m* - **2.** [d'emballage] envoltura *f* - **3.** [de graine] vaina *f* - **4.** [budget] suma *f* (de dinero).
envelopper [ɑ̃vlɔpe] *vt* envolver. ◆ **s'envelopper** *vp* : **s'~ dans** envolverse en.
envenimer [ɑ̃vnime] *vt* - **1.** [blessure] infectar - **2.** *fig* [querelle] enconar. ◆ **s'envenimer** *vp* - **1.** [blessure] infectarse - **2.** *fig* [atmosphère, relations] degradarse, emponzoñarse.
envergure [ɑ̃vɛrgyr] *nf* envergadura *f*.
envers[1] [ɑ̃vɛr] *prép* [à l'égard de] (para) con ; **~ et contre tout** contra viento y marea.
envers[2] [ɑ̃vɛr] *nm* - **1.** [de vêtement] revés *m* - **2.** [face cachée] cara *f* oculta. ◆ **à l'envers** *loc adv* al revés, del revés.
envi [ɑ̃vi] ◆ **à l'envi** *loc adv sout* a porfía.
envie [ɑ̃vi] *nf* - **1.** [désir] ganas *fpl* ; **avoir ~ de qqch/de faire qqch** tener ganas de algo/de hacer algo - **2.** [jalousie] envidia *f* ; **faire ~ à qqn** apetecer a alguien.
envier [ɑ̃vje] *vt* envidiar.
envieux, euse [ɑ̃vjø, øz] *adj & nm, f* envidioso(sa).
environ [ɑ̃virɔ̃] *adv* aproximadamente, alrededor de.
environnement [ɑ̃virɔnmɑ̃] *nm* - **1.** [nature] medio ambiente *m* - **2.** [entourage] entorno *m*.
environnemental, e, aux [ɑ̃virɔnmɑ̃tal, o] *adj* medioambiental.
environs [ɑ̃virɔ̃] *nmpl* alrededores *mpl* ; **aux ~ de** [lieu] en los alrededores de ; [époque] alrededor de, por ; [heure] a eso de.
envisager [ɑ̃vizaʒe] *vt* - **1.** [considérer] considerar - **2.** [projeter] proyectar ; **~ de faire qqch** tener previsto hacer algo.
envoi [ɑ̃vwa] *nm* envío *m*.
envol [ɑ̃vɔl] *nm* - **1.** [d'oiseau] vuelo *m* ; **prendre son ~** levantar el vuelo - **2.** [d'avion] despegue *m* - **3.** *fig* [essor] desarrollo *m*.
envolée [ɑ̃vɔle] *nf* [poétique] vena *f* ; FIN subida *f* estrepitosa.
envoler [ɑ̃vɔle] ◆ **s'envoler** *vp* - **1.** [oiseau] echar a volar, levantar el vuelo - **2.** [avion] despegar - **3.** *fam* [disparaître] esfumarse.
envoûter [ɑ̃vute] *vt* embrujar, hechizar.
envoyé, e [ɑ̃vwaje] ◇ *adj fam* : **bien ~** [remarque] bien dirigido. ◇ *nm, f* enviado *m*, -da *f*.
envoyer [ɑ̃vwaje] *vt* - **1.** [paquet, lettre]

enviar ; ~ **qqch à qqn** enviar algo a alguien - **2.** [personne] : ~ **qqn faire qqch** mandar a alguien a hacer algo. ◆ **s'envoyer** *vp fam* - **1.** [bouteille, gâteau] : **s'~ qqch** meterse algo entre pecho y espalda - **2.** [corvée] cargar con.
épagneul [epaɲœl] *nm* podenco *m*.
épais, aisse [epɛ, ɛs] *adj* - **1.** [chose, personne, plaisanterie] grueso(sa) - **2.** [brouillard, sauce] espeso(sa).
épaisseur [epɛsœr] *nf* - **1.** [largeur] grosor *m* - **2.** [densité] espesura *f* - **3.** *fig* [consistance] profundidad *f*.
épaissir [epesir] ◇ *vt* espesar. ◇ *vi* - **1.** [sauce] espesarse - **2.** [taille] ensanchar. ◆ **s'épaissir** *vp* - **1.** [liquide, brouillard] espesarse - **2.** [taille] engordar - **3.** [mystère] oscurecerse.
épanchement [epɑ̃ʃmɑ̃] *nm* - **1.** [effusion] desahogo *m* - **2.** MÉD derrame *m*.
épancher [epɑ̃ʃe] *vt sout* dar rienda suelta a ; ~ **son cœur** desahogarse. ◆ **s'épancher** *vp* desahogarse.
épanoui, e [epanwi] *adj* - **1.** [personne] realizado(da) - **2.** [visage] risueño(ña), alegre - **3.** [corps] generoso(sa).
épanouir [epanwir] *vt* - **1.** [personne] hacer feliz - **2.** [fleur] abrir. ◆ **s'épanouir** *vp* - **1.** [fleur] abrirse - **2.** [visage] iluminarse - **3.** [corps] desarrollarse - **4.** [personnalité] realizarse.
épanouissement [epanwismɑ̃] *nm* - **1.** [de fleur] florecimiento *m* - **2.** [de visage] felicidad *f* - **3.** [de corps, de personnalité] plenitud *f*.
épargnant, e [eparɲɑ̃, ɑ̃t] ◇ *adj* ahorrativo(va), ahorrador(ra). ◇ *nm, f* ahorrador *m*, -ra *f*.
épargne [eparɲ] *nf* ahorro *m*.
épargner [eparɲe] *vt* - **1.** [argent, explications] ahorrar ; ~ **qqch à qqn** ahorrar algo a alguien - **2.** [personne] perdonar la vida - **3.** [ne pas détruire] respetar.
éparpiller [eparpije] *vt* dispersar. ◆ **s'éparpiller** *vp* dispersarse.
épars, e [epar, ars] *adj sout* disperso(sa).
épatant, e [epatɑ̃, ɑ̃t] *adj fam* estupendo(da) *Esp*, padre *Amér*.
épaté, e [epate] *adj* - **1.** [nez] chato(ta) *Esp*, ñato(ta) *Amér* - **2.** *fam* [étonné] pasmado(da).
épater [epate] *vt fam* dejar pasmado(da).
épaule [epol] *nf* - **1.** ANAT hombro *m* - **2.** CULIN paletilla *f*.
épauler [epole] *vt* - **1.** [fusil] encararse - **2.** CONSTR contener - **3.** *fig* [personne] respaldar.
épaulette [epolɛt] *nf* - **1.** MIL charretera *f* - **2.** [rembourrage] hombrera *f*.
épave [epav] *nf* - **1.** [de navire] restos *mpl* - **2.** [voiture] chatarra *f* - **3.** *fig* [personne] ruina *f*.
épée [epe] *nf* espada *f*.
épeler [eple] *vt* deletrear.
éperdu, e [epɛrdy] *adj* [sentiment] apasionado(da) ; **être ~ de** [personne] estar loco de.
éperon [eprɔ̃] *nm* - **1.** [gén] espolón *m* - **2.** [de cavalier] espuela *f*.
éperonner [eprɔne] *vt* espolear.
épervier [epɛrvje] *nm* gavilán *m*.
éphèbe [efɛb] *nm* efebo *m*.
éphémère [efemɛr] ◇ *adj* efímero(ra). ◇ *nm* efímera *f*.
éphéméride [efemerid] *nf* efeméride *f* ; [calendrier] calendario *m*.
épi [epi] *nm* - **1.** BOT espiga *f* - **2.** [de cheveux] remolino *m*.
épice [epis] *nf* especia *f*.
épicé, e [epise] *adj* - **1.** [plat] sazonado(da) - **2.** [récit] picante.
épicéa [episea] *nm* picea *f*.
épicer [epise] *vt* - **1.** [plat] sazonar - **2.** [récit] salpimentar.
épicerie [episri] *nf* - **1.** [magasin] tienda *f* de comestibles *Esp*, abarrotería *f Amér* - **2.** [denrées] comestibles *mpl*.
épidémie [epidemi] *nf* epidemia *f*.
épiderme [epidɛrm] *nm* epidermis *f inv*.
épier [epje] *vt* - **1.** [espionner] espiar - **2.** [observer] atisbar.
épieu [epjø] *nm* - **1.** [de guerre] chuzo *m* - **2.** [de chasse] venablo *m*.
épilation [epilasjɔ̃] *nf* depilación *f*.
épilepsie [epilɛpsi] *nf* epilepsia *f*.
épiler [epile] *vt* depilar. ◆ **s'épiler** *vp* depilarse.
épilogue [epilɔg] *nm* epílogo *m*.
épiloguer [epilɔge] *vi* : ~ **sur** hacer comentarios sobre.
épinard [epinar] *nm* espinaca *f*.
épine [epin] *nf* - **1.** [piquant] espina *f* - **2.** [arbrisseau] espino *m*.
épineux, euse [epinø, øz] *adj* espinoso(sa).
épingle [epɛ̃gl] *nf* [gén] alfiler *m*.
épingler [epɛ̃gle] *vt* - **1.** [fixer] prender con alfileres - **2.** *fam* [arrêter] pescar ; **il s'est fait ~ par la police** lo ha pescado la policía.
épinière [epinjɛr] ▷ **moelle**.
Épiphanie [epifani] *nf* Epifanía *f*.
épique [epik] *adj* épico(ca).

épiscopal, e, aux [episkɔpal, o] *adj* episcopal.
épisode [epizɔd] *nm* - **1.** [de film] capítulo *m* - **2.** [événement] episodio *m*.
épisodique [epizɔdik] *adj* episódico(ca).
épistolaire [epistɔlɛr] *adj* epistolar.
épitaphe [epitaf] *nf* epitafio *m*.
épithète [epitɛt] *adj* & *nf* epíteto.
épître [epitr] *nf* RELIG epístola *f*.
éploré, e [eplɔre] *adj* - **1.** [personne] desconsolado(da) - **2.** [visage, air, voix] afligido(da).
épluche-légumes [eplyʃlegym] *nm inv* pelador *m*.
éplucher [eplyʃe] *vt* - **1.** [légumes] pelar - **2.** *fig* [texte, comptes] espulgar.
épluchure [eplyʃyr] *nf* mondadura *f*.
éponge [epɔ̃ʒ] *nf* esponja *f*.
éponger [epɔ̃ʒe] *vt* enjugar.
épopée [epɔpe] *nf* epopeya *f*.
époque [epɔk] *nf* época *f*.
épouiller [epuje] *vt* despiojar.
époumoner [epumɔne] ◆ **s'époumoner** *vp* desgañitarse.
épouse ▷ **époux**.
épouser [epuze] *vt* - **1.** [se marier avec] casarse con - **2.** [suivre - forme] adaptarse ; [- idées, principes] abrazar.
épousseter [epuste] *vt* quitar el polvo de.
époustouflant, e [epustuflɑ̃, ɑ̃t] *adj* *fam* pasmoso(sa).
épouvantable [epuvɑ̃tabl] *adj* espantoso(sa).
épouvantail [epuvɑ̃taj] *nm* espantajo *m*.
épouvante [epuvɑ̃t] *nf* terror *m*.
épouvanter [epuvɑ̃te] *vt* aterrorizar.
époux, épouse [epu, epuz] *nm, f* esposo *m*, -sa *f*.
éprendre [eprɑ̃dr] ◆ **s'éprendre** *vp* : **s'~ de qqn/de qqch** prendarse de alguien/de algo.
épreuve [eprœv] *nf* prueba *f* ; **à l'~ de** a prueba de ; **~ de force** *fig* prueba de fuerza.
épris, e [epri, iz] ◇ *pp* ▷ **éprendre**. ◇ *adj* : **~ de** [amoureux de] prendado de ; [passionné de] apasionado por.
éprouver [epruve] *vt* - **1.** [tester] probar - **2.** [faire souffrir] afectar ; **être éprouvé par** estar afectado por - **3.** [ressentir] sentir - **4.** [difficulté] sufrir.
éprouvette [epruvɛt] *nf* probeta *f*.
EPS (*abr de* **éducation physique et sportive**) *nf educación física*.
épuisé, e [epɥize] *adj* agotado(da).
épuisement [epɥizmɑ̃] *nm* agotamiento *m*.
épuiser [epɥize] *vt* agotar.
épuisette [epɥizɛt] *nf* salabre *m*, sacadera *f*.
épurer [epyre] *vt* depurar.
équarrir [ekarir] *vt* - **1.** [poutre] escuadrar - **2.** [animal] descuartizar.
équateur [ekwatœr] *nm* ecuador *m*.
Équateur [ekwatœr] *nm* : **l'~** Ecuador.
équation [ekwasjɔ̃] *nf* ecuación *f* ; **~ du premier/second degré** ecuación de primer/segundo grado.
équatorial, e, aux [ekwatɔrjal, o] *adj* ecuatorial.
équerre [ekɛr] *nf* escuadra *f*.
équestre [ekɛstr] *adj* ecuestre.
équidistant, e [ekɥidistɑ̃, ɑ̃t] *adj* equidistante.
équilatéral, e, aux [ekɥilateral, o] *adj* equilátero(ra).
équilibre [ekilibr] *nm* - **1.** [gén] equilibrio *m* - **2.** [d'une situation] balance *m*.
équilibré, e [ekilibre] *adj* equilibrado(da).
équilibrer [ekilibre] *vt* equilibrar. ◆ **s'équilibrer** *vp* equilibrarse.
équilibriste [ekilibrist] *nmf* equilibrista *mf*.
équipage [ekipaʒ] *nm* tripulación *f*.
équipe [ekip] *nf* equipo *m*.
équipé, e [ekipe] *adj* equipado(da). ◆ **equipée** *nf* - **1.** [aventure] aventura *f* - **2.** *hum* [promenade] escapada *f*.
équipement [ekipmɑ̃] *nm* - **1.** [matériel] equipo *m* - **2.** [aménagement] equipamiento *m* ; **~s sportifs/scolaires** equipamiento deportivo/escolar.
équiper [ekipe] *vt* equipar ; **~ qqch de qqch** equipar algo con algo. ◆ **s'équiper** *vp* equiparse ; **s'~ de** equiparse con.
équipier, ère [ekipje, ɛr] *nm, f* SPORT compañero *m*, -ra *f* de equipo.
équitable [ekitabl] *adj* equitativo(va).
équitation [ekitasjɔ̃] *nf* equitación *f*.
équité [ekite] *nf* equidad *f*.
équivalent, e [ekivalɑ̃, ɑ̃t] *adj* equivalente. ◆ **équivalent** *nm* equivalente *m*.
équivaloir [ekivalwar] *vt* equivaler.
équivalu [ekivaly] *pp inv* ▷ **équivaloir**.
équivoque [ekivɔk] ◇ *adj* equívo-

co(ca). ◇ *nf* [ambiguïté] equívoco *m* ; **sans ~** inequívoco(ca).
érable [erabl] *nm* arce *m*.
éradiquer [eradike] *vt* erradicar.
érafler [erafle] *vt* arañar. ◆ **s'érafler** *vp* arañarse.
éraflure [eraflyr] *nf* arañazo *m*.
éraillé, e [eraje] *adj* [voix] cascado(da).
ère [ɛr] *nf* era *f*.
érection [erɛksjɔ̃] *nf* erección *f*.
éreintant, e [erɛ̃tɑ̃, ɑ̃t] *adj* extenuante.
éreinté, e [erɛ̃te] *adj* extenuado(da).
éreinter [erɛ̃te] *vt* - **1.** [fatiguer] extenuar - **2.** [critiquer] vapulear.
érémiste [eremist] = **RMiste.**
ergonomique [ɛrgɔnɔmik] *adj* ergonómico(ca).
ergot [ɛrgo] *nm* - **1.** [d'animal] espolón *m* - **2.** [de blé] tizón *m*.
ériger [eriʒe] *vt* - **1.** [monument] erigir - **2.** *fig* [tribunal] constituir - **3.** *fig* [élever] : **~ qqn en** elevar a alguien a la categoría de.
ermite [ɛrmit] *nm* ermitaño *m*, -ña *f*.
éroder [erɔde] *vt* erosionar.
érogène [erɔʒɛn] *adj* erógeno(na).
érosion [erozjɔ̃] *nf* erosión *f*.
érotique [erɔtik] *adj* erótico(ca).
érotisme [erɔtism] *nm* erotismo *m*.
errance [ɛrɑ̃s] *nf* vagabundeo *m*.
erratum [eratɔm] (*pl* **errata** [erata]) *nm* errata *f*. ◆ **errata** *nm inv* fe *f* de erratas.
errer [ɛre] *vi* errar, vagar.
erreur [ɛrœr] *nf* error *m*, equivocación *f* ; **induire en ~** inducir a error ; **par ~** por error.
erroné, e [ɛrɔne] *adj* erróneo(a).
ersatz [ɛrzats] *nm* sucedáneo *m*.
éructer [erykte] ◇ *vi* eructar. ◇ *vt fig* [injures] proferir.
érudit, e [erydi, it] *adj* & *nm, f* erudito(ta).
éruption [erypsjɔ̃] *nf* - **1.** [gén] erupción *f* - **2.** [de joie, de colère] acceso *m*.
es [ɛ] ▷ **être.**
ès [ɛs] *prép* en.
escabeau, x [ɛskabo] *nm* [échelle] escalerilla *f*.
escadre [ɛskadr] *nf* escuadra *f*.
escadrille [ɛskadrij] *nf* escuadrilla *f*.
escadron [ɛskadrɔ̃] *nm* escuadrón *m*.
escalade [ɛskalad] *nf* escalada *f*.
escalader [ɛskalade] *vt* escalar.
escale [ɛskal] *nf* escala *f* ; **faire ~ à** hacer escala en.
escalier [ɛskalje] *nm* escalera *f* ; **~ roulant** OU **mécanique** escalera mecánica.
escalope [ɛskalɔp] *nf* filete *m Esp*.
escamotable [ɛskamɔtabl] *adj* plegable.
escamoter [ɛskamɔte] *vt* - **1.** [gén] escamotear - **2.** AÉRON replegar - **3.** [mot, son] comerse.
escapade [ɛskapad] *nf* escapada *f*.
escargot [ɛskargo] *nm* caracol *m*.
escarmouche [ɛskarmuʃ] *nf* escaramuza *f*.
escarpé, e [ɛskarpe] *adj* escarpado(da).
escarpement [ɛskarpəmɑ̃] *nm* escarpamiento *m*.
escarpin [ɛskarpɛ̃] *nm* zapato *m* de tacón.
escarre [ɛskar] *nf* escara *f*.
escient [ɛsjɑ̃] *nm* : **à bon ~** oportunamente ; **à mauvais ~** inoportunamente.
esclaffer [ɛsklafe] ◆ **s'esclaffer** *vp* partirse de risa.
esclandre [ɛsklɑ̃dr] *nm sout* escándalo *m*.
esclavage [ɛsklavaʒ] *nm* esclavitud *f*.
esclave [ɛsklav] *adj* & *nmf* esclavo(va).
escompte [ɛskɔ̃t] *nm* descuento *m*.
escompter [ɛskɔ̃te] *vt* - **1.** [prévoir] contar con - **2.** FIN descontar.
escorte [ɛskɔrt] *nf* escolta *f*.
escorter [ɛskɔrte] *vt* escoltar.
escouade [ɛskwad] *nf* - **1.** MIL escuadra *f* - **2.** [groupe] cuadrilla *f*.
escrime [ɛskrim] *nf* esgrima *f*.
escrimer [ɛskrime] ◆ **s'escrimer** *vp* : **s'~ à** empeñarse en.
escroc [ɛskro] *nm* estafador *m*.
escroquer [ɛskrɔke] *vt* - **1.** [tromper] estafar - **2.** [extorquer] : **~ qqch à qqn** sacar algo a alguien.
escroquerie [ɛskrɔkri] *nf* estafa *f*.
eskimo = **esquimau.**
espace [ɛspas] *nm* espacio *m* ; **~ aérien** espacio aéreo ; **~ vert** zona *f* verde.
espacer [ɛspase] *vt* espaciar.
espadon [ɛspadɔ̃] *nm* [poisson] pez *m* espada.
espadrille [ɛspadrij] *nf* alpargata *f*.
Espagne [ɛspaɲ] *nf* : **l'~** España.
espagnol, e [ɛspaɲɔl] *adj* español(la). ◆ **espagnol** *nm* LING español *m*. ◆ **Espagnol, e** *nm, f* español *m*, -la *f*.
espèce [ɛspɛs] *nf* - **1.** [minérale, animale, végétale] especie *f* - **2.** [sorte] clase *f* ; **une ~ de** una especie de ; **~ d'idiot!** ¡so imbécil!, ¡pedazo de imbécil! ◆ **espèces**

nfpl FIN : **payer en ~s** pagar en efectivo OU en metálico.
espérance [ɛsperɑ̃s] *nf* esperanza *f* ; **~ de vie** esperanza de vida.
espérer [ɛspere] ◇ *vt* esperar ; **~ faire qqch** esperar hacer algo ; **~ que** esperar que. ◇ *vi* tener confianza ; **~ en qqn/en qqch** confiar en alguien/en algo.
espiègle [ɛspjɛgl] *adj* & *nmf* travieso(sa).
espion, onne [ɛspjɔ̃, ɔn] *nm, f* espía *mf*.
espionner [ɛspjɔne] *vt* espiar.
esplanade [ɛsplanad] *nf* esplanada *f*.
espoir [ɛspwar] *nm* - **1.** [gén] esperanza *f* - **2.** [personne] promesa *f*.
esprit [ɛspri] *nm* - **1.** [attitude, fantôme] espíritu *m* ; **~ de compétition** espíritu de competición ; **~ critique** espíritu crítico - **2.** [entendement] mente *f* ; **reprendre ses ~s** volver en sí - **3.** [humour] ingenio *m*.
esquimau, aude, x [ɛskimo, od] *adj*, **eskimo** [ɛskimo] *adj inv* esquimal. ◆ **esquimau, eskimo** *nm* LING esquimal *m*. ◆ **Esquimau, aude** *nm, f*, **Eskimo** *nmf* esquimal *mf*.
Esquimau® [ɛskimo] *nm* [glace] bombón *m*.
esquinter [ɛskɛ̃te] *vt fam* - **1.** [abîmer] escacharrar - **2.** [critiquer] poner de vuelta y media - **3.** [fatiguer] dejar molido(da). ◆ **s'esquinter** *vp fam* - **1.** [se blesser] jorobarse - **2.** [se fatiguer] matarse ; **s'~ à faire qqch** matarse haciendo algo.
esquisse [ɛskis] *nf* - **1.** [croquis] apunte *m*, bosquejo *m* - **2.** [projet] esbozo *m* - **3.** *fig* [de geste, de sourire] esbozo *m*, amago *m*.
esquiver [ɛskive] *vt* esquivar. ◆ **s'esquiver** *vp* escabullirse.
essai [esɛ] *nm* - **1.** [test] prueba *f* ; **à l'~** a prueba - **2.** [tentative] intento *m* - **3.** [étude & SPORT] ensayo *m*.
essaim [esɛ̃] *nm* enjambre *m*.
essayage [esɛjaʒ] *nm* prueba *f*.
essayer [eseje] *vt* - **1.** [tester] probar - **2.** [tenter] probar (con) ; **~ de faire qqch** intentar hacer algo, tratar de hacer algo - **3.** [vêtement] probarse.
essence [esɑ̃s] *nf* - **1.** [carburant] gasolina *f Esp*, nafta *f Amér* - **2.** [nature, concentré] esencia *f* ; **par ~** por definición - **3.** [d'arbre] especie *f*.
essentiel, elle [esɑ̃sjɛl] *adj* esencial. ◆ **essentiel** *nm* : **l'~** lo esencial.
esseulé, e [esœle] *adj sout* abandonado(da).
essieu [esjø] *nm* eje *m*.
essor [esɔr] *nm* - **1.** [développement] desarrollo *m* - **2.** [envol] vuelo *m* ; **prendre son ~** levantar el vuelo.
essorer [esɔre] *vt* [manuellement] escurrir ; [à la machine] centrifugar.
essoreuse [esɔrøz] *nf* secadora *f*.
essouffler [esufle] *vt* dejar sin aliento. ◆ **s'essouffler** *vp* - **1.** [être hors d'haleine] perder el aliento - **2.** *fig* [artiste] perder la inspiración ; [industrie, économie] debilitarse.
essuie-glace [esɥiglas] (*pl* **essuie-glaces**) *nm* limpiaparabrisas *m inv*.
essuie-mains [esɥimɛ̃] *nm inv* toalla *f* de manos.
essuie-tout [esɥitu] *nm inv* bayeta *f*.
essuyer [esɥije] *vt* - **1.** [vaisselle, mains] secar - **2.** [poussière] limpiar - **3.** [échec] sufrir. ◆ **s'essuyer** *vp* secarse ; [fesses] limpiarse.
est[1] [ɛst] ◇ *adj inv* este. ◇ *nm inv* este *m* ; **à l'~** en el este ; **à l'~ de** al este de. ◆ **Est** *nm* : **l'Est** el Este.
est[2] [ɛ] ▷ **être**.
estafette [ɛstafɛt] *nf* furgoneta *f*.
estafilade [ɛstafilad] *nf* chirlo *m*.
estampe [ɛstɑ̃p] *nf* estampa *f*.
estampille [ɛstɑ̃pij] *nf* estampilla *f*.
est-ce que [ɛskə] *loc adv interr* : **~ tu viens?** ¿vienes? ; **où ~ tu es?** ¿dónde estás?
esthète [ɛstɛt] *adj* & *nmf* esteta.
esthétique [ɛstetik] ◇ *adj* estético(ca). ◇ *nf* estética *f*.
estimation [ɛstimasjɔ̃] *nf* estimación *f*.
estime [ɛstim] *nf* estima *f*.
estimer [ɛstime] *vt* - **1.** [objet d'art] valorar - **2.** [résultat, somme] calcular - **3.** [respecter] apreciar - **4.** [penser] considerar ; **~ que** considerar que.
estivant, e [ɛstivɑ̃, ɑ̃t] *nm, f* veraneante *mf*.
estomac [ɛstɔma] *nm* estómago *m*.
estomaqué, e [ɛstɔmake] *adj* pasmado(da).
estomper [ɛstɔ̃pe] *vt* - **1.** [contour] difuminar - **2.** [douleur] atenuar. ◆ **s'estomper** *vp* - **1.** [contour] difuminarse - **2.** [douleur] atenuarse.
Estonie [ɛstɔni] *nf* : **l'~** Estonia.
estrade [ɛstrad] *nf* estrado *m* ; [à l'école] tarima *f*.
estragon [ɛstragɔ̃] *nm* estragón *m*.
estropié, e [ɛstrɔpje] *adj* & *nm, f* lisiado(da).
estuaire [ɛstɥɛr] *nm* estuario *m*.

esturgeon [ɛstyrʒɔ̃] *nm* esturión *m.*
et [e] *conj* y, e *(delante de 'i' átona)* ; **~ moi?** ¿y yo?
ét. *abr de* **étage.**
ETA (*abr de* **Euskadi Ta Askatasuna**) *nf* ETA *f.*
étable [etabl] *nf* establo *m.*
établi [etabli] *nm* banco *m.*
établir [etablir] *vt* **- 1.** [installer, fonder] establecer **- 2.** [liste, facture etc] fijar **- 3.** [vérité, culpabilité] asentar. ◆ **s'établir** *vp* establecerse.
établissement [etablismɑ̃] *nm* establecimiento *m* ; **~ hospitalier/public/scolaire** establecimiento hospitalario/público/escolar.
étage [etaʒ] *nm* **- 1.** [de bâtiment] piso *m* ; **au premier/troisième ~** en el primer/tercer piso **- 2.** [de fusée] cuerpo *m.*
étagère [etaʒɛr] *nf* **- 1.** [meuble] estantería *f Esp*, librero *m Amér* **- 2.** [rayon] estante *m.*
étain [etɛ̃] *nm* **- 1.** [métal] estaño *m* **- 2.** [objet] objeto *m* de estaño.
étais *etc* ▷ **être.**
étal [etal] (*pl* **étals** ou **étaux** [eto]) *nm* **- 1.** [éventaire] puesto *m* **- 2.** [de boucher] tabla *f* de carnicero.
étalage [etalaʒ] *nm* **- 1.** [marchandises] muestrario *m* **- 2.** [devanture] escaparate *m* **- 3.** [ostentation] alarde *m* ; **faire ~ de qqch** hacer alarde de algo.
étalagiste [etalaʒist] *nmf* escaparatista *mf.*
étale [etal] *adj* quieto(ta).
étaler [etale] *vt* **- 1.** [marchandises] exponer **- 2.** [papiers, journal] desplegar **- 3.** [peinture] extender ; [beurre, confiture] untar **- 4.** *péj* [exhiber] ostentar **- 5.** [échelonner] escalonar. ◆ **s'étaler** *vp* **- 1.** [peinture, beurre] extenderse **- 2.** [dans le temps] escalonarse **- 3.** *fam* [s'avachir] tumbarse **- 4.** *fam* [tomber] caerse al suelo **- 5.** *fam* [échouer] catear.
étalon [etalɔ̃] *nm* **- 1.** [cheval] semental *m* **- 2.** [mesure] patrón *m.*
étamine [etamin] *nf* **- 1.** [de fleur] estambre *m* **- 2.** [tissu] estameña *f* **- 3.** [filtre] cedazo *m.*
étanche [etɑ̃ʃ] *adj* [cloison] estanco(ca) ; [toiture] impermeable ; [montre] sumergible.
étancher [etɑ̃ʃe] *vt* **- 1.** [larmes] secar **- 2.** [tonneau] cerrar herméticamente **- 3.** [soif] apagar.
étang [etɑ̃] *nm* estanque *m.*
étape [etap] *nf* **- 1.** [distance, phase] etapa *f* **- 2.** [halte] parada *f* ; **faire ~ à** parar en.
état [eta] *nm* **- 1.** [gén] estado *m* ; **en bon/mauvais ~** en buen/mal estado ; [appartement, etc] en buenas/malas condiciones ; **être en ~/hors d'~ de faire qqch** estar/no estar en condiciones de hacer algo ; **~ civil** estado civil ; **~ d'esprit** estado de ánimo ; **~ des lieux** *en Francia, descripción del estado en que se encuentran los locales en el momento de arrendarlos* **- 2.** *sout* [condition sociale] condición *f.* ◆ **État** *nm* Estado *m.* ◆ **en tout état de cause** *loc adv* en todo caso.
état-major [etamaʒɔr] *nm* estado *m* mayor.
États-Unis [etazyni] *nmpl* : **les ~ (d'Amérique)** los Estados Unidos (de América).
étau, x [eto] *nm* torno *m.*
étayer [eteje] *vt* **- 1.** [mur, plafond] apuntalar **- 2.** *fig* [démonstration] apoyar.
etc. (*abr de* **et cetera**) etc.
été [ete] ◇ *pp inv* ▷ **être.** ◇ *nm* verano *m.*
éteindre [etɛ̃dr] *vt* **- 1.** [gén] apagar **- 2.** JUR [annuler - droit] anular ; [- dette] liquidar. ◆ **s'éteindre** *vp* **- 1.** [feu, appareil] apagarse **- 2.** [bruit, souvenir] extinguirse **- 3.** [mourir] apagarse.
éteint, e [etɛ̃, ɛ̃t] *pp* ▷ **éteindre.**
étendard [etɑ̃dar] *nm* estandarte *m.*
étendre [etɑ̃dr] *vt* **- 1.** [bras, aile, enduit] extender **- 2.** [linge, blessé] tender **- 3.** [vocabulaire, pouvoir] extender, ampliar **- 4.** *fam* [élève] catear. ◆ **s'étendre** *vp* **- 1.** [personne] tenderse **- 2.** [plaine, paysage, épidémie] extenderse **- 3.** [s'attarder] : **s'~ sur qqch** extenderse sobre algo *(hablando).*
étendu, e [etɑ̃dy] ◇ *pp* ▷ **étendre.** ◇ *adj* **- 1.** [bras, aile] extendido(da) **- 2.** [plaine, pouvoirs] extenso(sa). ◆ **étendue** *nf* extensión *f.*
éternel, elle [etɛrnɛl] *adj* eterno(na).
éterniser [etɛrnize] *vt* eternizar. ◆ **s'éterniser** *vp* eternizarse.
éternité [etɛrnite] *nf* eternidad *f.*
éternuer [etɛrnɥe] *vi* estornudar.
êtes [ɛt] ▷ **être.**
étêter [etete] *vt* [arbre] desmochar ; [clou, poisson] descabezar.
éther [etɛr] *nm* éter *m.*
Éthiopie [etjɔpi] *nf* : **l'~** Etiopía.
éthique [etik] ◇ *nf* ética *f.* ◇ *adj* ético(ca).
ethnie [ɛtni] *nf* etnia *f.*

ethnique [ɛtnik] *adj* étnico(ca).
ethnologie [ɛtnɔlɔʒi] *nf* etnología *f*.
éthylisme [etilism] *nm* etilismo *m*.
étiez [etje], **étions** [etjɔ̃] ▭ être.
étincelant, e [etɛ̃slɑ̃, ɑ̃t] *adj* **- 1.** [couleur, lumière] relumbrante **- 2.** [regard, œil] brillante.
étinceler [etɛ̃sle] *vi* **- 1.** [étoile] relumbrar **- 2.** *sout* [yeux, conversation] brillar.
étincelle [etɛ̃sɛl] *nf* **- 1.** [gén] chispa *f* **- 2.** *fig* [d'intelligence] destello *m*.
étioler [etjɔle] *vt* **- 1.** [plante] marchitar **- 2.** [personne, faculté] debilitar. ◆ **s'étioler** *vp* **- 1.** [plante] marchitarse **- 2.** [personne, faculté] debilitarse.
étique [etik] *adj sout* hético(ca) *(débil)*.
étiqueter [etikte] *vt* etiquetar.
étiquette [etikɛt] *nf* etiqueta *f*.
étirer [etire] *vt* estirar. ◆ **s'étirer** *vp* estirarse.
étoffe [etɔf] *nf* **- 1.** [tissu] tela *f* **- 2.** [personnalité] madera *f* ; **avoir l'~ de** tener madera de.
étoffer [etɔfe] *vt* dar cuerpo a.
étoile [etwal] *nf* estrella *f* ; **~ filante** estrella fugaz ; **à la belle ~** al raso. ◆ **étoile de mer** *nf* estrella *f* de mar.
étoilé, e [etwale] *adj* estrellado(da).
étole [etɔl] *nf* estola *f*.
étonnant, e [etɔnɑ̃, ɑ̃t] *adj* asombroso(sa).
étonnement [etɔnmɑ̃] *nm* asombro *m*.
étonner [etɔne] *vt* : **~ qqn** asombrar a alguien. ◆ **s'étonner** *vp* asombrarse ; **s'~ que** extrañarse que ; **ça m'étonne qu'elle soit venue** me extraña que haya venido ; **rien ne m'étonne** nada me sorprende.
étouffant, e [etufɑ̃, ɑ̃t] *adj* sofocante.
étouffée [etufe] ◆ **à l'étouffée** *loc adj* estofado(da).
étouffer [etufe] ◇ *vt* **- 1.** [asphyxier] ahogar **- 2.** [feu] sofocar **- 3.** [bruit] amortiguar **- 4.** [sentiment] disimular **- 5.** *fig* [scandale, affaire] acallar ; [révolte] sofocar. ◇ *vi* **- 1.** [suffoquer] sofocar **- 2.** *fig* [être mal à l'aise] ahogarse. ◆ **s'étouffer** *vp* [s'étrangler] atragantarse.
étourderie [eturdəri] *nf* despiste *m*.
étourdi, e [eturdi] *adj* & *nm, f* despistado(da).
étourdir [eturdir] *vt* **- 1.** [assommer] aturdir **- 2.** [fatiguer] atontar.
étourdissement [eturdismɑ̃] *nm* mareo *m*.
étourneau, x [eturno] *nm* estornino *m*.
étrange [etrɑ̃ʒ] *adj* extraño(ña).
étranger, ère [etrɑ̃ʒe, ɛr] ◇ *adj* **- 1.** [personne, langue] extranjero(ra) **- 2.** [affaires, politique] exterior **- 3.** [différent, isolé] extraño(ña) ; **être ~ à qqn** ser desconocido para alguien ; **être ~ à qqch** [insensible à] ser insensible a algo ; [extérieur à] ser ajeno a algo. ◇ *nm, f* **- 1.** [d'un autre pays] extranjero *m*, -ra *f* **- 2.** [inconnu] desconocido *m*, -da *f*. ◆ **étranger** *nm* : **à l'~** en el extranjero.
étrangeté [etrɑ̃ʒte] *nf* extrañeza *f*.
étranglé, e [etrɑ̃gle] *adj* sofocado(da).
étranglement [etrɑ̃gləmɑ̃] *nm* **- 1.** [strangulation] estrangulación *f* **- 2.** [rétrécissement] estrechamiento *m*.
étrangler [etrɑ̃gle] *vt* **- 1.** [stranguler, comprimer] estrangular **- 2.** [émouvoir, ruiner] ahogar **- 3.** *fig* [museler - presse] amordazar ; [- libertés] atropellar. ◆ **s'étrangler** *vp* **- 1.** [s'étouffer] atragantarse **- 2.** [voix, sanglots] quebrarse.
étrave [etrav] *nf* estrave *m*.
être [ɛtr] ◇ *nm* ser *m* ; **les ~s vivants/humains** los seres vivos/humanos. ◇ *v aux* **- 1.** [forme les temps composés] haber ; **il est arrivé tard** ha llegado tarde ; **il est parti ce matin** se ha ido esta mañana ; **il est né en 1952** ha nacido en 1952 **- 2.** [forme le passif] ser ; **il a été vu par un témoin** fue visto por un testigo. ◇ *v attr* **- 1.** [indique l'état, la matière] ser ; **il est grand/heureux** es alto/feliz ; **il est médecin** es médico ; **ma montre est en argent** mi reloj es de plata ; **sois sage!** ¡pórtate bien! **- 2.** [appartenir] : **ce livre est à mon frère** este libro es de mi hermano ; **c'est à vous, cette voiture?** ¿es vuestro este coche? **- 3.** [indique une situation] estar ; **il est à Paris** está en París ; **nous sommes au printemps/en été** estamos en primavera/en verano ; **je suis bien ici** estoy bien aquí **- 4.** [indique l'origine] ser ; **il est de Paris** es de París. ◇ *v impers* **- 1.** [exprimant le temps] ser ; **quelle heure est-il?** ¿qué hora es? ; **il est dix heures dix** son las diez y diez **- 2.** [suivi d'un adjectif] ser ; **il est inutile de ...** es inútil ... ; **il serait bon de lui écrire** sería conveniente escribirle ; **il serait bon que tu viennes** sería conveniente que vengas. ◇ *vi* [exister] ser ; **il n'est plus** *sout* dejó de existir. ◆ **être à** *v + prép* **- 1.** [indique une obligation] : **c'est à vérifier** hay que comprobarlo ; **cette chemise est à laver** esta camisa es para lavar ; **c'est à voir** habrá que verlo **- 2.** [indi-

que une continuité] : **il est toujours à ne rien faire** está todo el día sin hacer nada.

étreindre [etrɛ̃dr] *vt* - **1.** [serrer, embrasser] abrazar - **2.** *fig* [tenailler] oprimir, atenazar. ◆ **s'étreindre** *vp* abrazarse.

étreinte [etrɛ̃t] *nf* - **1.** [enlacement] abrazo *m* - **2.** [pression] asedio *m*.

étrenner [etrene] *vt* estrenar.

étrennes [etrɛn] *nfpl regalo o aguinaldo que se ofrece el primer día del año.*

étrier [etrije] *nm* estribo *m*.

étriller [etrije] *vt* - **1.** [cheval] almohazar - **2.** [adversaire, film] criticar duramente.

étriper [etripe] *vt* destripar. ◆ **s'étriper** *vp fam* destriparse.

étriqué, e [etrike] *adj* [vêtement] apretado(da) ; [local] exiguo(gua) ; [esprit] limitado(da).

étroit, e [etrwa, at] *adj* - **1.** [rue, chaussures, relation] estrecho(cha) - **2.** *péj* [esprit, vues] limitado(da). ◆ **à l'étroit** *loc adj* : **être à l'~** quedar pequeño(ña).

étroitesse [etrwatɛs] *nf* estrechez *f*.

étude [etyd] *nf* - **1.** [gén] estudio *m* ; **à l'~** en estudio ; **~ de marché** estudio de mercado - **2.** [local, charge de notaire] notaría *f*. ◆ **études** *nfpl* estudios *mpl* ; **faire des ~s** estudiar.

étudiant, e [etydjɑ̃, ɑ̃t] ◇ *adj* estudiantil. ◇ *nm, f* estudiante *mf*.

étudié, e [etydje] *adj* estudiado(da).

étudier [etydje] *vt* estudiar.

étui [etɥi] *nm* estuche *m* ; **~ à cigarettes** pitillera *f* ; **~ à lunettes** estuche de gafas.

étuve [etyv] *nf* - **1.** [local] sauna *f* - **2.** [appareil] estufa *f*.

étuvée [etyve] ◆ **à l'étuvée** *loc adj* estofado(da).

étymologie [etimɔlɔʒi] *nf* etimología *f*.

eu, e [y] *pp* ▷ **avoir.**

É-U, É-U A (*abr de* **États-Unis (d'Amérique)**) *nmpl* EUA *mpl*, EE UU *mpl*.

eucalyptus [økaliptys] *nm* eucalipto *m*.

euh [ø] *interj* pues ; **viendras-tu demain? — ~, je ne sais pas** ¿vendrás mañana? — pues no lo sé.

eûmes [ym] ▷ **avoir.**

eunuque [ønyk] *nm* eunuco *m*.

euphémisme [øfemism] *nm* eufemismo *m*.

euphorie [øfɔri] *nf* euforia *f*.

eurasien, enne [ørazjɛ̃, ɛn] *adj* eurasiático(ca). ◆ **Eurasien, enne** *nm, f* eurasiático *m*, -ca *f*.

eurent [yr] ▷ **avoir.**

euro [ørɔ] *nm* euro *m* ; **zone ~** zona *f* euro.

eurodevise [ørɔdəviz] *nf* eurodivisa *f*.

eurodollar [ørɔdɔlar] *nm* eurodólar *m*.

euromissile [ørɔmisil] *nm* euromisil *m*.

Europe [ørɔp] *nf* : **l'~** Europa.

européen, enne [ørɔpeɛ̃, ɛn] *adj* europeo(a). ◆ **Européen, enne** *nm, f* europeo *m*, -a *f*.

eus *etc* ▷ **avoir.**

eusse *etc* ▷ **avoir.**

eût [y] ▷ **avoir.**

eûtes [yt] ▷ **avoir.**

euthanasie [øtanazi] *nf* eutanasia *f*.

eux [ø] *pron pers* ellos ; **ce sont ~ qui me l'ont dit** me lo han dicho ellos ; **je veux les voir, ~** quiero verlos ; **c'est à ~** es de ellos. ◆ **eux-mêmes** *pron pers* ellos mismos.

évacuer [evakɥe] *vt* - **1.** [lieu, personnes] evacuar - **2.** [eau] verter - **3.** MÉD [éliminer] eliminar.

évadé, e [evade] *nm, f* evadido *m*, -da *f*.

évader [evade] ◆ **s'évader** *vp* : **s'~ (de)** evadirse (de).

évaluation [evalɥasjɔ̃] *nf* evaluación *f*.

évaluer [evalɥe] *vt* - **1.** [distance, risque] evaluar - **2.** [objet d'art] valorar, evaluar.

évangélique [evɑ̃ʒelik] *adj* evangélico(ca).

évangéliser [evɑ̃ʒelize] *vt* evangelizar.

évangile [evɑ̃ʒil] *nm* evangelio *m*.

évanouir [evanwir] ◆ **s'évanouir** *vp* [personne] desmayarse ; *fig* [espoirs etc] desvanecerse.

évanouissement [evanwismɑ̃] *nm* desmayo *m*, desvanecimiento *m*.

évaporer [evapɔre] ◆ **s'évaporer** *vp* - **1.** [liquide] evaporarse - **2.** [disparaître] evaporarse, esfumarse.

évasé, e [evaze] *adj* [vase] de boca ancha ; [vêtement] acampanado(da).

évaser [evaze] *vt* ensanchar. ◆ **s'évaser** *vp* ensancharse.

évasif, ive [evazif, iv] *adj* evasivo(va).

évasion [evazjɔ̃] *nf* evasión *f*.

évêché [eveʃe] *nm* obispado *m*.

éveil [evɛj] *nm* despertar *m* ; **en ~** en vilo.

éveillé, e [eveje] *adj* - **1.** [qui ne dort pas] desvelado(da) - **2.** [esprit, enfant] despierto(ta).

éveiller [eveje] *vt* - **1.** [gén] despertar - **2.** *sout* [tirer du sommeil] desvelar. ◆ **s'éveiller** *vp* - **1.** [gén] despertarse - **2.** *sout* [s'ouvrir à] : **~ à qqch** despertar a algo.

événement [evɛnmɑ̃] *nm* acontecimiento *m.*
événementiel [evɛnmɑ̃sjɛl] *adj* cronológico(ca).
éventail [evɑ̃taj] *nm* abanico *m* ; **en ~** en abanico.
éventaire [evɑ̃tɛr] *nm* [étalage] puesto *m.*
éventer [evɑ̃te] *vt* **- 1.** [personne] abanicar **- 2.** [secret] airear. ◆ **s'éventer** *vp* **- 1.** [personne] abanicarse **- 2.** [parfum] desvanecerse.
éventrer [evɑ̃tre] *vt* destripar.
éventualité [evɑ̃tɥalite] *nf* eventualidad *f.*
éventuel, elle [evɑ̃tɥɛl] *adj* eventual.
éventuellement [evɑ̃tɥɛlmɑ̃] *adv* eventualmente.
évêque [evɛk] *nm* obispo *m.*
évertuer [evɛrtɥe] ◆ **s'évertuer** *vp* : **s'~ à faire qqch** esforzarse en hacer algo.
évidemment [evidamɑ̃] *adv* evidentemente.
évidence [evidɑ̃s] *nf* evidencia *f* ; **mettre en ~** poner en evidencia, evidenciar.
évident, e [evidɑ̃, ɑ̃t] *adj* evidente.
évider [evide] *vt* [gén] vaciar ; [arbre] recortar ; [fruit] quitar el corazón a.
évier [evje] *nm* fregadero *m.*
évincer [evɛ̃se] *vt* : **~ qqn (de qqch)** excluir a alguien (de algo).
évocateur, trice [evɔkatœr, tris] *adj* evocador(ra).
évocation [evɔkasjɔ̃] *nf* evocación *f.*
évolué, e [evɔlɥe] *adj* **- 1.** [société, pays] evolucionado(da) **- 2.** [personne] moderno(na).
évoluer [evɔlɥe] *vi* **- 1.** [se transformer, se déplacer] evolucionar **- 2.** [personne] cambiar.
évolution [evɔlysjɔ̃] *nf* evolución *f.* ◆ **évolutions** *nfpl* [mouvements] evoluciones *fpl.*
évoquer [evɔke] *vt* evocar.
ex [ɛks] *nmf fam* ex *mf.*
exacerber [ɛgzasɛrbe] *vt* exacerbar.
exact, e [ɛgzakt] *adj* **- 1.** [gén] exacto(ta) **- 2.** [ponctuel] puntual.
exactement [ɛgzaktəmɑ̃] *adv* exactamente.
exaction [ɛgzaksjɔ̃] *nf* exacción *f.*
exactitude [ɛgzaktityd] *nf* **- 1.** [gén] exactitud *f* **- 2.** [ponctualité] puntualidad *f.*
ex aequo [ɛgzeko] *adj inv* & *adv* ex aequo.
exagération [ɛgzaʒèrasjɔ̃] *nf* exageración *f.*
exagéré, e [ɛgzaʒere] *adj* exagerado(da).
exagérer [ɛgzaʒere] *vt* & *vi* exagerar.
exalté, e [ɛgzalte] *adj* & *nm, f* exaltado(da).
exalter [ɛgzalte] *vt* exaltar. ◆ **s'exalter** *vp* exaltarse.
examen [ɛgzamɛ̃] *nm* examen *m* ; **~ médical** examen OU reconocimiento *m* médico ; **mise en ~** JUR *acto del procedimiento en el que el juez de instrucción da a conocer a alguien las imputaciones de las que se le acusan.*
examinateur, trice [ɛgzaminatœr, tris] *nm, f* examinador *m*, -ra *f.*
examiner [ɛgzamine] *vt* examinar.
exaspération [ɛgzasperasjɔ̃] *nf* exasperación *f.*
exaspérer [ɛgzaspere] *vt* exasperar.
exaucer [ɛgzose] *vt* [personne] oír ; [vœu, demande] atender.
excédent [ɛksedɑ̃] *nm* **- 1.** [surplus] exceso *m* ; **en ~** en exceso **- 2.** ÉCON excedente *m.*
excéder [ɛksede] *vt* **- 1.** [dépasser] exceder a **- 2.** [exaspérer] exasperar.
excellence [ɛkselɑ̃s] *nf* excelencia *f* ; **par ~** por excelencia.
excellent, e [ɛkselɑ̃, ɑ̃t] *adj* excelente.
exceller [ɛksele] *vi* : **~ en** OU **dans qqch** destacar en algo ; **~ à faire qqch** ser muy bueno(na) haciendo algo.
excentré, e [ɛksɑ̃tre] *adj* : **c'est très ~** queda muy alejado del centro.
excentrique [ɛksɑ̃trik] ◇ *adj* **- 1.** [gén] excéntrico(ca) **- 2.** [quartier] periférico(ca). ◇ *nmf* excéntrico *m*, -ca *f.*
excepté, e [ɛksɛpte] *adj* exceptuado(da). ◆ **excepté** *prép* excepto.
exception [ɛksɛpsjɔ̃] *nf* excepción *f* ; **faire ~** ser una excepción ; **à l'~ de** con OU a excepción de.
exceptionnel, elle [ɛksɛpsjɔnɛl] *adj* excepcional.
excès [ɛksɛ] ◇ *nm* exceso *m* ; **~ de vitesse** exceso de velocidad. ◇ *nmpl* excesos *mpl.*
excessif, ive [ɛksesif, iv] *adj* [prix, rigueur] excesivo(va) ; [personne, caractère] exagerado(da).
excitant, e [ɛksitɑ̃, ɑ̃t] *adj* excitante. ◆ **excitant** *nm* excitante *m.*
excitation [ɛksitasjɔ̃] *nf* excitación *f.*

excité, e [ɛksite] ◇ *adj* excitado(da). ◇ *nm, f* exaltado *m*, -da *f*.

exciter [ɛksite] *vt* **- 1.** [gén] excitar ; [chien] azuzar **- 2.** [inciter] : **~ qqn à qqch/à faire qqch** incitar a alguien a algo/a hacer algo.

exclamation [ɛksklamasjɔ̃] *nf* exclamación *f*.

exclamer [ɛksklame] ◆ **s'exclamer** *vp* exclamar.

exclu, e [ɛkskly] ◇ *adj* excluido(da) ; **c'est ~!** ¡ni hablar! ; **il n'est pas ~ que ...** es posible que ... ◇ *nm, f* marginado *m*, -da *f*.

exclure [ɛksklyr] *vt* **- 1.** [expulser, être incompatible avec] excluir ; **~ qqn (de qqch)** excluir a alguien (de algo) **- 2.** [rejeter] excluir, descartar.

exclusion [ɛksklyzjɔ̃] *nf* exclusión *f* ; **à l'~ de** con exclusión de.

exclusivement [ɛksklyzivmɑ̃] *adv* **- 1.** [uniquement] exclusivamente **- 2.** [non inclus] exclusive.

exclusivité [ɛksklyzivite] *nf* **- 1.** [gén] exclusiva *f* ; **en ~** en exclusiva **- 2.** [de sentiment] exclusividad *f*.

excommunier [ɛkskɔmynje] *vt* excomulgar.

excrément [ɛkskremɑ̃] *nm (gén pl)* excremento *m*.

excroissance [ɛkskrwasɑ̃s] *nf* excrecencia *f*.

excursion [ɛkskyrsjɔ̃] *nf* excursión *f*.

excursionniste [ɛkskyrsjɔnist] *nmf* excursionista *mf*.

excuse [ɛkskyz] *nf* excusa *f*.

excuser [ɛkskyze] *vt* **- 1.** [gén] disculpar, excusar ; **excusez-moi** disculpe, perdone **- 2.** [dispenser] excusar. ◆ **s'excuser** *vp* disculparse, excusarse ; **s'~ de qqch/de faire qqch** disculparse OU excusarse por algo/por hacer algo.

exécrable [ɛgzekrabl] *adj* **- 1.** [humeur, temps] terrible **- 2.** *sout* [crime] execrable.

exécrer [ɛgzekre] *vt* execrar.

exécutant, e [ɛgzekytɑ̃, ɑ̃t] *nm, f* **- 1.** [personne] mandado *m*, -da *f* **- 2.** MUS ejecutante *mf*.

exécuter [ɛgzekyte] *vt* **- 1.** [projet] llevar a cabo ; [tableau] pintar **- 2.** [mettre à mort & MUS] ejecutar. ◆ **s'exécuter** *vp* obedecer.

exécutif, ive [ɛgzekytif, iv] *adj* ejecutivo(va). ◆ **exécutif** *nm* ejecutivo *m*.

exécution [ɛgzekysjɔ̃] *nf* [gén] ejecución *f* ; [de promesse] cumplimiento *m*.

exemplaire [ɛgzɑ̃plɛr] ◇ *adj* ejemplar. ◇ *nm* ejemplar *m* ; **en trois ~s** por triplicado.

exemple [ɛgzɑ̃pl] *nm* ejemplo *m* ; **par ~** por ejemplo.

exempté, e [ɛgzɑ̃(p)te] *adj* exento(ta) ; **être ~ de qqch** estar exento de algo.

exempter [ɛgzɑ̃(p)te] *vt* : **~ qqn de** eximir a alguien de.

exercer [ɛgzɛrse] *vt* **- 1.** [métier, activité] ejercer **- 2.** [droit] ejercitar. ◆ **s'exercer** *vp* **- 1.** [s'entraîner] ejercitarse ; **s'~ à qqch** ejercitarse en algo ; **s'~ à faire qqch** ejercitar algo **- 2.** [se manifester] ejercerse.

exercice [ɛgzɛrsis] *nm* ejercicio *m* ; **en ~** en ejercicio.

exhaler [ɛgzale] *vt* **- 1.** [odeur, soupir] exhalar ; [plainte] proferir **- 2.** [sentiment] desahogar. ◆ **s'exhaler** *vp* [odeur, soupir] desprenderse.

exhaustif, ive [ɛgzostif, iv] *adj* exhaustivo(va).

exhiber [ɛgzibe] *vt* exhibir. ◆ **s'exhiber** *vp* exhibirse.

exhibitionniste [ɛgzibisjɔnist] *nmf* exhibicionista *mf*.

exhumer [ɛgzyme] *vt* **- 1.** [déterrer - cadavre] exhumar ; [- trésor] desenterrar **- 2.** *fig* [passé] desenterrar.

exigeant, e [ɛgziʒɑ̃, ɑ̃t] *adj* exigente.

exigence [ɛgziʒɑ̃s] *nf* exigencia *f*.

exiger [ɛgziʒe] *vt* exigir ; **~ que** exigir que ; **j'exige que tu rentres tôt** exijo que vuelvas temprano ; **~ qqch de qqn** exigir algo de alguien.

exigible [ɛgziʒibl] *adj* exigible.

exigu, ë [ɛgzigy] *adj* exiguo(gua).

exil [ɛgzil] *nm* exilio *m* ; **en ~** en el exilio.

exilé, e [ɛgzile] *nm, f* exiliado *m*, -da *f*.

exiler [ɛgzile] *vt* exilar. ◆ **s'exiler** *vp* **- 1.** POLIT exiliarse **- 2.** *fig* [partir] retirarse.

existence [ɛgzistɑ̃s] *nf* existencia *f*.

exister [ɛgziste] *vi* existir.

exode [ɛgzɔd] *nm* éxodo *m*.

exonération [ɛgzɔnerasjɔ̃] *nf* exoneración *f* ; **~ d'impôts** exención *f* tributaria.

exorbitant, e [ɛgzɔrbitɑ̃, ɑ̃t] *adj* exorbitante.

exorciser [ɛgzɔrsize] *vt* exorcizar.

exorde [ɛgzɔrd] *nm* exordio *m*.

exotique [ɛgzɔtik] *adj* exótico(ca).

exotisme [ɛgzɔtism] *nm* exotismo *m*.

expansif, ive [ɛkspɑ̃sif, iv] *adj* expansivo(va).

expansion [ɛkspɑ̃sjɔ̃] *nf* expansión *f*.

expansionniste [ɛkspɑ̃sjɔnist] *adj* & *nmf* expansionista.
expatrié, e [ɛkspatrije] *adj* & *nm, f* expatriado(da).
expatrier [ɛkspatrije] *vt* expatriar. ◆ **s'expatrier** *vp* expatriarse.
expédier [ɛkspedje] *vt* - **1.** [lettre, marchandise, bagages] expedir - **2.** [se débarrasser de - personne] librarse de ; [- travail, affaire] despachar.
expéditeur, trice [ɛkspeditœr, tris] ◇ *adj* expedidor(ra). ◇ *nm, f* remitente *mf*.
expéditif, ive [ɛkspeditif, iv] *adj* expeditivo(va).
expédition [ɛkspedisjɔ̃] *nf* expedición *f*.
expérience [ɛksperjɑ̃s] *nf* - **1.** [gén] experiencia *f* ; **avoir de l'~** tener experiencia - **2.** [essai & SCIENCES] experimento *m*.
expérimental, e, aux [ɛksperimɑ̃tal, o] *adj* experimental.
expérimenté, e [ɛksperimɑ̃te] *adj* experimentado(da).
expert, e [ɛkspɛr, ɛrt] *adj* experto(ta). ◆ **expert** *nm* perito *m*.
expert-comptable *nm* ≃ censor *m* jurado de cuentas.
expertise [ɛkspɛrtiz] *nf* peritaje *m*.
expertiser [ɛkspɛrtize] *vt* peritar, realizar un examen pericial.
expier [ɛkspje] *vt* expiar.
expiration [ɛkspirasjɔ̃] *nf* - **1.** [d'air] espiración *f* - **2.** [de contrat, de bail] expiración *f*.
expirer [ɛkspire] ◇ *vt* espirar. ◇ *vi* expirar.
explicatif, ive [ɛksplikatif, iv] *adj* explicativo(va).
explication [ɛksplikasjɔ̃] *nf* explicación *f* ; ~ **de texte** comentario *m* de texto.
explicite [ɛksplisit] *adj* explícito(ta).
expliciter [ɛksplisite] *vt* explicitar.
expliquer [ɛksplike] *vt* - **1.** [gén] explicar - **2.** [texte] comentar. ◆ **s'expliquer** *vp* - **1.** [gén] explicarse - **2.** [devenir compréhensible] explicarse, aclararse.
exploit [ɛksplwa] *nm* hazaña *f*.
exploitant, e [ɛksplwatɑ̃, ɑ̃t] *nm, f* explotador *m*, -ra *f* ; ~ **agricole** agricultor *m*.
exploitation [ɛksplwatasjɔ̃] *nf* explotación *f* ; ~ **agricole** explotación agrícola.
exploiter [ɛksplwate] *vt* explotar.
explorateur, trice [ɛksplɔratœr, tris] *nm, f* explorador *m*, -ra *f*.
exploration [ɛksplɔrasjɔ̃] *nf* exploración *f*.
explorer [ɛksplɔre] *vt* explorar.
exploser [ɛksploze] *vi* - **1.** [bombe, personne] explotar - **2.** [colère, joie] estallar.
explosif, ive [ɛksplozif, iv] *adj* explosivo(va). ◆ **explosif** *nm* explosivo *m*.
explosion [ɛksplozjɔ̃] *nf* [de bombe] explosión *f*.
expo [ɛkspo] *nf fam* expo *f*.
exportateur, trice [ɛkspɔrtatœr, tris] *adj* & *nm, f* exportador(ra).
exportation [ɛkspɔrtasjɔ̃] *nf* exportación *f*.
exporter [ɛkspɔrte] *vt* exportar.
exposé [ɛkspoze] *nm* - **1.** [compte-rendu] informe *m* - **2.** SCOL exposición *f*.
exposer [ɛkspoze] *vt* - **1.** [gén] exponer - **2.** [orienter] orientar. ◆ **s'exposer** *vp* exponerse ; **s'~ à qqch** exponerse a algo.
exposition [ɛkspozisjɔ̃] *nf* - **1.** [de peinture, récit] exposición *f* - **2.** [orientation] orientación *f*.
exprès[1], esse [ɛksprɛs, ɛs] *adj* [ordre, défense] expreso(sa). ◆ **exprès** *adj inv* [lettre, colis] urgente.
exprès[2] [ɛksprɛ] *adv* aposta, adrede ; **faire qqch ~** hacer algo a propósito OU aposta.
express [ɛksprɛs] ◇ *adj inv* [train, voie] exprés. ◇ *nm inv* [train, café] expreso *m*.
expressément [ɛksprɛsemɑ̃] *adv* expresamente.
expressif, ive [ɛkspresif, iv] *adj* expresivo(va).
expression [ɛksprɛsjɔ̃] *nf* expresión *f*.
exprimer [ɛksprime] *vt* expresar. ◆ **s'exprimer** *vp* expresarse.
expropriation [ɛksprɔprijasjɔ̃] *nf* expropiación *f*.
exproprier [ɛksprɔprije] *vt* expropiar.
expulser [ɛkspylse] *vt* [gén] expulsar ; [locataire] desahuciar.
expulsion [ɛkspylsjɔ̃] *nf* [gén] expulsión *f* ; [de locataire] desahucio *m*.
expurger [ɛkspyrʒe] *vt* expurgar.
exquis, e [ɛkski, iz] *adj* - **1.** [gén] exquisito(ta) - **2.** [agréable] delicioso(sa).
exsangue [ɛksɑ̃g] *adj* exangüe.
extase [ɛkstaz] *nf* éxtasis *m inv*.
extasier [ɛkstazje] ◆ **s'extasier** *vp* extasiarse ; **s'~ devant qqn/devant qqch** extasiarse ante alguien/ante algo.
extensible [ɛkstɑ̃sibl] *adj* extensible.
extension [ɛkstɑ̃sjɔ̃] *nf* extensión *f* ; **par ~** por extensión.

exténuer [ɛkstenɥe] *vt* extenuar.

extérieur, e [ɛksterjœr] *adj* - **1.** [gén] exterior - **2.** [apparent] aparente. ◆ **extérieur** *nm* [dehors] exterior *m* ; **à l'~ de qqch** por fuera de algo.

extérieurement [ɛksterjœrmɑ̃] *adv* - **1.** [à l'extérieur] exteriormente - **2.** [en apparence] en apariencia.

extérioriser [ɛksterjɔrize] *vt* exteriorizar.

exterminer [ɛkstɛrmine] *vt* exterminar.

externat [ɛkstɛrna] *nm* - **1.** [lycée] externado *m* - **2.** [en médecine] rotatorio *m*.

externe [ɛkstɛrn] ◇ *adj* externo(na). ◇ *nmf* - **1.** [élève] externo *m*, -na *f* - **2.** [étudiant en médecine] rotatorio *m*, -ria *f*.

extincteur [ɛkstɛ̃ktœr] *nm* extintor *m*.

extinction [ɛkstɛ̃ksjɔ̃] *nf* extinción *f*. ◆ **extinction de voix** *nf* afonía *f*.

extirper [ɛkstirpe] *vt* - **1.** [plante, secret] arrancar - **2.** MÉD extirpar - **3.** [sortir avec difficulté] : **~ qqn/qqch de qqch** sacar a alguien/algo de algo.

extorquer [ɛkstɔrke] *vt* : **~ qqch à qqn** sacar algo a alguien.

extra [ɛkstra] ◇ *adj inv* - **1.** [de qualité supérieure] extra - **2.** *fam* [génial] guay. ◇ *nm inv* - **1.** [service occasionnel] trabajito *m* - **2.** [chose inhabituelle] extra *m*.

extraction [ɛkstraksjɔ̃] *nf* extracción *f*.

extrader [ɛkstrade] *vt* extraditar.

extradition [ɛkstradisjɔ̃] *nf* extradición *f*.

extraire [ɛkstrɛr] *vt* extraer.

extrait [ɛkstrɛ] *nm* extracto *m* ; **~ de naissance** partida *f* de nacimiento.

extraordinaire [ɛkstraɔrdinɛr] *adj* extraordinario.

extrapoler [ɛkstrapɔle] *vt* & *vi* extrapolar.

extraterrestre [ɛkstratɛrɛstr] *adj* & *nmf* extraterrestre.

extravagance [ɛkstravagɑ̃s] *nf* extravagancia *f*.

extravagant, e [ɛkstravagɑ̃, ɑ̃t] *adj* - **1.** [idée, propos] extravagante - **2.** [prix, exigence] desorbitado(da).

extraverti, e [ɛkstravɛrti] *adj* & *nm, f* extrovertido(da), extravertido(da).

extrême [ɛkstrɛm] ◇ *adj* - **1.** [gén] extremo(ma) ; **les sports extrêmes** los deportes extremos - **2.** [solution, opinion] extremado(da). ◇ *nm* extremo *m* ; **d'un ~ à l'autre** de un extremo al otro.

extrêmement [ɛkstrɛmmɑ̃] *adv* extremadamente.

extrême-onction [ɛkstrɛmɔ̃ksjɔ̃] *nf* extremaunción *f*.

Extrême-Orient [ɛkstrɛmɔrjɑ̃] *nm* : **l'~** el Extremo Oriente.

extrémiste [ɛkstremist] *adj* & *nmf* extremista.

extrémité [ɛkstremite] *nf* - **1.** [bout] extremidad *f* - **2.** [situation critique] extremo *m*.

exubérant, e [ɛgzyberɑ̃, ɑ̃t] *adj* exuberante.

exulter [ɛgzylte] *vi* exultar.

eye-liner [ajlajnœr] (*pl* **eye-liners**) *nm* perfilador *m* de ojos.

F

f, F [ɛf] *nm inv* [lettre] f *f*, F *f*. ◆ **F** - **1.** (*abr de* **femme**) M - **2.** (*abr de* **féminin**) f - **3.** (*abr de* **Fahrenheit**) F - **4.** (*abr de* **franc**) F.

fa [fa] *nm inv* MUS fa *m*.

fable [fabl] *nf* fábula *f*.

fabricant, e [fabrikɑ̃, ɑ̃t] *nm, f* fabricante *mf*.

fabrication [fabrikasjɔ̃] *nf* fabricación *f*.

fabrique [fabrik] *nf* fábrica *f*.

fabriquer [fabrike] *vt* - **1.** [confectionner] fabricar - **2.** *fam* [faire] hacer - **3.** [inventer] inventar.

fabulation [fabylasjɔ̃] *nf* fabulación *f*.

fabuleux, euse [fabylø, øz] *adj* fabuloso(sa).

fac [fak] *nf fam* facul *f*.

façade [fasad] *nf* fachada *f*.

face [fas] *nf* - **1.** [de personne, d'objet] cara *f* - **2.** [aspect] aspecto *m* - **3.** *loc* : **de ~** de frente ; **d'en ~** de enfrente ; **en ~ de qqn/de qqch** frente a alguien/a algo ; **~ à ~** cara a cara ; **faire ~ à qqch** [être devant] dar a algo ; [affronter] hacer frente a algo.

face-à-face *nm inv* debate *m* cara a cara.

facétie [fasesi] *nf* gracia *f* (*broma*).

facette [fasɛt] *nf* faceta *f*.

fâché, e [faʃe] *adj* - **1.** [gén] enfadado(da) - **2.** [contrarié] disgustado(da).

fâcher [faʃe] *vt* enfadar. ◆ **se fâcher** *vp* enfadarse ; **se ~ avec** OU **contre qqn** enfadarse con alguien.

fâcheusement [faʃøzmɑ̃] *adv* desagradablemente.
fâcheux, euse [faʃø, øz] *adj* enojoso(sa).
facial, e, aux [fasjal, o] *adj* facial.
faciès [fasjɛs] *nm péj* facciones *fpl*.
facile [fasil] *adj* fácil.
facilement [fasilmɑ̃] *adv* - **1.** [avec facilité] fácilmente - **2.** [au moins] tranquilamente.
facilité [fasilite] *nf* facilidad *f* ; **avoir de la ~ pour qqch** tener facilidad para algo. ◆ **facilités** *nfpl* [de transport] servicio *m* ; **~s de caisse** crédito *m* ; **~s de paiement** facilidades *fpl* de pago.
faciliter [fasilite] *vt* facilitar.
façon [fasɔ̃] *nf* - **1.** [manière] manera *f* - **2.** [travail] trabajo *m* - **3.** [imitation] : **~ soie** imitación seda. ◆ **de façon à** *loc prép* con el fin de. ◆ **de façon (à ce) que** *loc conj* con el fin de que. ◆ **de toute façon** *loc adv* de todos modos.
fac-similé [faksimile] (*pl* **fac-similés**) *nm* facsímil *m*, facsímile *m*.
facteur, trice [faktœr, tris] *nm, f* cartero *m*, -ra *f*. ◆ **facteur** [faktœr] *nm* - **1.** [gén] factor *m* ; **le ~ chance/temps** el factor suerte/tiempo - **2.** [des postes] cartero *m*, -ra *f*.
factice [faktis] *adj* facticio(cia).
faction [faksjɔ̃] *nf* - **1.** [groupe] facción *f* - **2.** MIL : **être en** OU **de ~** estar de guardia.
factotum [faktɔtɔm] *nm* factótum *m*.
facture [faktyr] *nf* factura *f*.
facturer [faktyre] *vt* facturar.
facultatif, ive [fakyltatif, iv] *adj* facultativo(va).
faculté [fakylte] *nf* facultad *f* ; **~ de droit/de lettres/de médecine** facultad de derecho/de letras/de medicina.
fadaises [fadɛz] *nfpl* sandeces *fpl*.
fade [fad] *adj* soso(sa).
fagot [fago] *nm* gavilla *f*.
fagoté, e [fagɔte] *adj* mal vestido(da).
faible [fɛbl] ◇ *adj* - **1.** [gén] débil - **2.** [élève] flojo(ja) - **3.** [quantité] pequeño(ña). ◇ *nmf* débil *mf* ; **~ d'esprit** simple *mf*. ◇ *nm* [préférence] debilidad *f*.
faiblement [fɛbləmɑ̃] *adv* débilmente.
faiblesse [fɛblɛs] *nf* - **1.** [gén] debilidad *f* - **2.** [insignifiance] escasez *f*.
faiblir [feblir] *vi* - **1.** [gén] debilitarse - **2.** [vent] amainar.
faïence [fajɑ̃s] *nf* loza *f*.
faignant, e = **feignant**.
faille [faj] ◇ *v* ▷ **falloir**. ◇ *nf* - **1.** GÉOL falla *f* - **2.** [défaut] fallo *m*.
faillir [fajir] *vi* - **1.** [manquer] : **~ à qqch** faltar a algo - **2.** [être sur le point de] estar a punto de ; **j'ai failli tomber** casi me caigo.
faillite [fajit] *nf* - **1.** FIN quiebra *f* ; **en ~** en quiebra ; **faire ~** quebrar - **2.** [échec] fracaso *m*.
faim [fɛ̃] *nf* - **1.** [besoin de manger] hambre *f* ; **avoir ~** tener hambre - **2.** [désir] ganas *fpl*.
fainéant, e [feneɑ̃, ɑ̃t] *adj* & *nm, f* holgazán(ana).
faire [fɛr] ◇ *vt* - **1.** [gén] hacer ; **~ une maison** hacer una casa ; **~ un gâteau/du café/un film** hacer un pastel/café/una película ; **que fais-tu dimanche?** ¿qué haces este domingo? ; **qu'est-ce qu'il fait dans la vie?** ¿a qué se dedica? ; **qu'est-ce que je peux ~ pour t'aider?** ¿qué puedo hacer para ayudarte? ; **~ qqch de qqch** hacer algo de algo ; **~ qqch de qqn** *fig* hacer algo de alguien ; **il veut en ~ un avocat** quiere hacer de él un abogado ; **~ son droit/de l'anglais/des maths** hacer derecho/inglés/matemáticas ; **~ le ménage** hacer la limpieza ; **~ la lessive** hacer la colada ; **~ la cuisine** cocinar - **2.** [pratiquer - sport] jugar ; [- musique] tocar - **3.** [occasionner] : **~ de la peine** dar pena ; **~ du mal à qqn** hacer daño a alguien ; **~ mal** [suj : blessure] doler ; **~ du bruit** hacer ruido ; **~ plaisir** complacer ; **ça ne fait rien** no importa - **4.** [imiter] hacerse ; **~ le sourd/l'innocent/le malin** hacerse el sordo/el inocente/el listo - **5.** [calcul, mesure] : **un et un font deux** uno y uno son dos ; **ça fait combien de kilomètres jusqu'à la mer?** ¿cuántos kilómetros hay hasta el mar? ; **la table fait deux mètres de long** la mesa tiene dos metros de largo - **6.** *loc* : **ne ~ que** [faire sans cesse] no parar de ; [faire juste] no hacer más que ; **je ne faisais que jeter un coup d'œil** sólo estaba echando un vistazo. ◇ *vi* [agir] : **tu ferais bien d'aller voir ce qui se passe** más vale que vayas a ver qué pasa. ◇ *v attr* [avoir l'air] hacer ; **ça fait jeune/vulgaire** hace joven/vulgar. ◇ *v substitutif* hacer ; **je lui ai dit de prendre une échelle mais il ne l'a pas fait** le dije que cogiera una escalera pero no lo hizo. ◇ *v impers* - **1.** [climat, temps] : **il fait beau/froid** hace buen tiempo/frío ; **il fait jour/nuit** es de día/de noche ; **il fait 20 degrés** estamos a 20 grados - **2.** [exprime la durée, la distance] : **ça fait six mois que ...** hace seis meses que ... ; **ça fait 30 kilomètres que ...** hace 30 kilómetros que ... ◇ *v aux* hacer ; **~ dé-**

marrer une voiture arrancar un coche ; ~ tomber qqch caer algo ; ~ travailler qqn hacer trabajar a alguien ; ~ réparer sa voiture llevar el coche a arreglar ; ~ nettoyer ses vitres mandar a limpiar los cristales. ◆ se faire *vp* - 1. [gén] hacerse ; se ~ couper les cheveux cortarse el pelo ; se ~ vieux hacerse viejo ; se ~ mal hacerse daño ; se ~ des amis hacerse amigos ; se ~ une idée sur qqch hacerse una idea de algo - 2. [être à la mode] llevarse - 3. *(+ infinitif)* : il s'est fait écraser lo han atropellado ; elle s'est fait opérer la han operado. ◆ se faire à *vp + prép* acostumbrarse a.

faire-part *nm inv* participación *f*.

fais *etc* ▷ faire.

faisable [fəzabl] *adj* factible.

faisais *etc* ▷ faire.

faisan, e [fəzɑ̃, an] *nm, f* faisán *m*.

faisandé, e [fəzɑ̃de] *adj* [viande] manido(da).

faisceau, x [fɛso] *nm* - 1. [fagot] manojo *m* - 2. [rayon] haz *m* - 3. MIL pabellón *m*.

faisons [fəzɔ̃] ▷ faire.

fait, e [fɛ, fɛt] ◇ *pp* ▷ faire. ◇ *adj* hecho(cha) ; bien/mal ~ bien/mal hecho ; être ~ pour estar hecho para ; ils sont ~s l'un pour l'autre están hechos el uno para el otro ; c'en est ~ de lui *sout* está perdido. ◆ fait *nm* hecho *m* ; le ~ de faire qqch el hecho de hacer algo ; être au ~ de qqch estar al corriente de algo ; prendre qqn sur le ~ coger a alguien in fraganti, coger a alguien con las manos en la masa ; ~s et gestes hechos y milagros ; ~s divers sucesos *mpl*, miscelania *f*. ◆ au fait *loc adv* a propósito. ◆ en fait *loc adv* de hecho. ◆ en fait de *loc prép* en materia de.

faîte [fɛt] *nm* - 1. [de toit] techumbre *f* - 2. [d'arbre] copa *f* - 3. *fig* [sommet] cima *f*.

faites [fɛt] ▷ faire.

fait-tout *nm inv*, **faitout** *nm* [fɛtu] olla *f*.

fakir [fakir] *nm* faquir *m*, fakir *m*.

falaise [falɛz] *nf* acantilado *m*.

fallacieux, euse [falasjø, øz] *adj* falaz.

falloir [falwar] *v impers* - 1. [exprime une nécessité, une obligation] hacer falta, necesitar ; il me faut du temps necesito tiempo ; il te faut un peu de repos te hace falta un poco de descanso ; il faut que tu partes tienes que irte ; s'il le faut si no queda más remedio - 2. [exprime une supposition] : il n'est pas venu? il faut qu'il soit malade! ¿no ha venido? ¡debe de estar enfermo! ◆ s'en falloir *v impers* : il s'en faut de peu pour qu'il puisse acheter cette maison no puede comprarse la casa por poco ; il s'en faut de 20 centimètres pour que cette armoire tienne dans le coin el armario no cabe en este rincón por 20 centímetros ; il s'en faut de beaucoup pour qu'il puisse passer son examen le falta mucho para poder aprobar este examen ; peu s'en est fallu qu'il démissionne ha estado a punto de dimitir.

fallu [faly] *pp inv* ▷ falloir.

fallut [faly] ▷ falloir.

falot, e [falo, ɔt] *adj* insulso(sa). ◆ falot *nm* farol *m*.

falsifier [falsifje] *vt* - 1. [document, comptes] falsificar - 2. [fait, pensée] falsear.

famé, e [fame] *adj* : mal ~ de mala fama.

famélique [famelik] *adj* famélico(ca).

fameux, euse [famø, øz] *adj* - 1. [personne] famoso(sa) - 2. *fam* [bon] estupendo(da) *Esp*, padre *Amér* - 3. *fam* [remarquable] bestial.

familial, e, aux [familjal, o] *adj* familiar.

familiariser [familjarize] *vt* : ~ qqn avec qqch familiarizar a alguien con algo.

familiarité [familjarite] *nf* - 1. [intimité] intimidad *f* - 2. [désinvolture] familiaridad *f*. ◆ familiarités *nfpl* familiaridades *fpl*.

familier, ère [familje, ɛr] *adj* familiar. ◆ familier *nm* parroquiano *m*.

famille [famij] *nf* familia *f* ; ~ d'accueil familia de acogida.

famine [famin] *nf* hambruna *f*.

fan [fan] *nmf fam* fan *mf*.

fanal, aux [fanal, o] *nm* - 1. [de phare] faro *m* - 2. [de train, lanterne] farol *m*.

fanatique [fanatik] *adj* & *nmf* fanático(ca).

fanatisme [fanatism] *nm* fanatismo *m*.

faner [fane] *vt* - 1. [fleur] marchitar - 2. [couleur] ajar. ◆ se faner *vp* - 1. [gén] marchitarse - 2. [couleur] ajarse.

fanfare [fɑ̃far] *nf* fanfarria *f*.

fanfaron, onne [fɑ̃farɔ̃, ɔn] *adj* fanfarrón(ona).

fange [fɑ̃ʒ] *nf sout* fango *m*.

fanion [fanjɔ̃] *nm* banderín *m*.

fantaisie [fɑ̃tezi] *nf* - 1. [gén] fantasía *f* - 2. [extravagance] extravagancia *f* - 3. [gré] antojo *m*.

fantaisiste [fɑ̃tezist] *adj* & *nmf* fantasioso(sa).

fantasme, phantasme [fɑ̃tasm] *nm* fantasma *m*.
fantasque [fɑ̃task] *adj* - **1.** [personne] lunático(ca) - **2.** [humeur] caprichoso(sa).
fantassin [fɑ̃tasɛ̃] *nm* infante *m*, soldado *m* de infantería.
fantastique [fɑ̃tastik] ◇ *adj* fantástico(ca). ◇ *nm* : **le ~** [genre artistique] el fantástico.
fantoche [fɑ̃tɔʃ] ◇ *adj* POLIT títere. ◇ *nm* fantoche *mf*.
fantôme [fɑ̃tom] *adj* & *nm* fantasma.
FAO *nf* - **1.** (*abr de* **fabrication assistée par ordinateur**) CAM *f* - **2.** (*abr de* **Food and Agricultural Organization**) FAO *f*.
faon [fɑ̃] *nm* [de cerf] cervatillo *m* ; [de daim] gamezno *m* ; [de chevreuil] corcino *m*.
farce [fars] *nf* - **1.** CULIN relleno *m* - **2.** [blague] broma *f* ; **~s et attrapes** artículos *mpl* de broma - **3.** [genre littéraire] farsa *f*.
farceur, euse [farsœr, øz] *nm, f* bromista *mf*.
farci, e [farsi] *adj* - **1.** CULIN relleno(na) - **2.** *fig* [plein] atiborrado(da).
farcir [farsir] *vt* - **1.** CULIN rellenar - **2.** [remplir] : **~ qqch de** atiborrar algo de.
fard [far] *nm* maquillaje *m* ; **~ à paupières** sombra *f* de ojos.
fardeau, x [fardo] *nm* carga *f*.
farder [farde] *vt* - **1.** [visage] maquillar - **2.** [vérité] disfrazar. ◆ **se farder** *vp* maquillarse.
farfelu, e [farfəly] *adj* estrafalario(ria).
farfouiller [farfuje] *vi fam* revolver.
farine [farin] *nf* harina *f*.
farouche [faruʃ] *adj* - **1.** [animal] salvaje - **2.** [personne] arisco(ca).
fart [fart] *nm* cera *f* (*para los esquíes*).
farter [farte] *vt* encerar (*los esquíes*).
fascicule [fasikyl] *nm* fascículo *m*.
fascination [fasinasjɔ̃] *nf* fascinación *f*.
fasciner [fasine] *vt* fascinar.
fascisme [faʃism] *nm* fascismo *m*.
fasciste [faʃist] *adj* & *nmf* fascista.
fasse *etc* ▷ **faire**.
faste [fast] ◇ *nm* fasto *m*, fastuosidad *f*. ◇ *adj* [jour] de suerte.
fastidieux, euse [fastidjø, øz] *adj* fastidioso(sa).
fastueux, euse [fastɥø, øz] *adj* fastuoso(sa).
fatal, e [fatal] *adj* - **1.** [coup, erreur] fatal - **2.** [inévitable] inevitable.
fataliste [fatalist] *adj* & *nmf* fatalista.
fatalité [fatalite] *nf* fatalidad *f*.
fatigant, e [fatigɑ̃, ɑ̃t] *adj* - **1.** [activité] cansado(da) - **2.** [personne] cansino(na).
fatigue [fatig] *nf* cansancio *m*, fatiga *f*.
fatigué, e [fatige] *adj* - **1.** [personne] cansado(da) *Esp*, fané *Amér* ; **être ~ de qqch** estar cansado de algo - **2.** [vue] cansado(da) - **3.** *fam* [vêtement] gastado(da).
fatiguer [fatige] ◇ *vt* cansar. ◇ *vi* - **1.** [personne] cansarse - **2.** [moteur] resentirse. ◆ **se fatiguer** *vp* cansarse ; **se ~ de qqch** cansarse de algo ; **se ~ à faire qqch** cansarse haciendo algo.
fatras [fatra] *nm* fárrago *m*.
fatuité [fatɥite] *nf* fatuidad *f*.
faubourg [fobur] *nm* arrabal *m*.
fauché, e [foʃe] *adj fam* pelado(da).
faucher [foʃe] *vt* - **1.** [couper] segar - **2.** *fam* [voler] : **~ qqch à qqn** birlar algo a alguien - **3.** [renverser] arrollar - **4.** [atteindre par balle] abatir.
faucille [fosij] *nf* hoz *f*.
faucon [fokɔ̃] *nm* halcón *m*.
faudra [fodra] ▷ **falloir**.
faufiler [fofile] *vt* hilvanar. ◆ **se faufiler** *vp* - **1.** [entrer, passer discrètement] colarse - **2.** [se frayer un chemin] : **se ~ entre** deslizarse entre.
faune [fon] ◇ *nf litt* & *péj* fauna *f*. ◇ *nm* fauno *m*.
faussaire [fosɛr] *nm* falsificador *m*, -ra *f*.
fausse ▷ **faux**.
faussement [fosmɑ̃] *adv* - **1.** [à tort, de façon erronée] erróneamente - **2.** [de façon affectée] falsamente.
fausser [fose] *vt* - **1.** [objet] torcer - **2.** [résultat, calcul] falsear. ◆ **se fausser** *vp* [voix, instrument] destemplarse.
fausseté [foste] *nf* falsedad *f*.
faut [fo] ▷ **falloir**.
faute [fot] *nf* - **1.** [erreur] falta *f*, error *m* ; **~ de frappe** error de máquina ; **~ d'orthographe** falta de ortografía - **2.** [méfait, infraction] falta *f* ; **prendre en ~** coger in fraganti ; **~ professionnelle** falta profesional - **3.** [responsabilité] culpa *f* ; **c'est de sa ~** es culpa suya ; **par la ~ de qqn** por culpa de alguien. ◆ **faute de** *loc prép* por falta de. ◆ **faute de mieux** *loc adv* a falta de algo mejor. ◆ **sans faute** *loc adv* sin falta.
fauteuil [fotœj] *nm* - **1.** [siège] sillón *m*, butaca *f* ; **~ roulant** silla *f* de ruedas - **2.** [de théâtre] butaca *f* ; **~ d'orchestre** butaca de patio OU de platea - **3.** [d'académicien] silla *f*.
fautif, ive [fotif, iv] ◇ *adj* - **1.** [coupa-

ble] culpable - 2. [erroné] erróneo(a), equivocado(da). ◇ *nm, f* culpable *mf*.
fauve [fov] ◇ *nm* - 1. [animal] fiera *f* - 2. [couleur] leonado *m* - 3. ART [peintre] fauvista *mf*. ◇ *adj* - 1. [cheveux, couleur] leonado(da) - 2. ART fauvista.
fauvette [fovɛt] *nf* curruca *f*.
faux, fausse [fo, fos] *adj* - 1. [gén] falso(sa) - 2. [barbe, dent] postizo(za). ◆ **faux** ◇ *adv* : **chanter ~** desafinar. ◇ *nm* - 1. [ce qui est faux] falso *m* - 2. [contrefaçon, imitation] falsificación *f*. ◇ *nf* guadaña *f*.
faux-filet *nm* solomillo *m* bajo.
faux-fuyant *nm* evasiva *f*.
faux-monnayeur [fomɔnɛjœr] *nm* falsificador *m* (de dinero).
faux-sens [fosɑ̃s] *nm inv* error *m* de interpretación *(en un texto)*.
faveur [favœr] *nf* favor *m* ; **avoir la ~ du public** gozar del favor del público. ◆ **à la faveur de** *loc prép* [grâce à] aprovechando.
favorable [favɔrabl] *adj* - 1. [gén] favorable - 2. [personne] : **être ~ (à)** estar a favor (de).
favori, ite [favɔri, it] *adj* & *nm, f* favorito(ta). ◆ **favori** *nm* HIST valido *m*, privado *m*.
favoriser [favɔrize] *vt* favorecer.
faxer [fakse] *vt* enviar por fax.
FBI [ɛfbiaj] (*abr de* **Federal Bureau of Investigation**) *nm* FBI *m*.
fébrile [febril] *adj* febril.
fécond, e [fekɔ̃, ɔ̃d] *adj* fecundo(da).
fécondation [fekɔ̃dasjɔ̃] *nf* fecundación *f* ; **~ in vitro** fecundación in vitro.
féconder [fekɔ̃de] *vt* fecundar.
fécondité [fekɔ̃dite] *nf* fecundidad *f*.
fécule [fekyl] *nf* fécula *f*.
féculent, e [fekylɑ̃, ɑ̃t] *adj* feculento(ta). ◆ **féculent** *nm* alimento *m* feculento ; **les ~s** las féculas.
fédéral, e, aux [federal, o] *adj* federal.
fédération [federasjɔ̃] *nf* federación *f*.
fée [fe] *nf* hada *f*.
féerie [fe(e)ri] *nf* - 1. THÉÂTRE comedia *f* fantástica - 2. [d'un lieu, d'un spectacle] magia *f*.
féerique [fe(e)rik] *adj* mágico(ca).
feignant, e, faignant, e [fɛɲɑ̃, ɑ̃t] *adj* & *nm, f fam* gandul(la).
feindre [fɛ̃dr] ◇ *vt* fingir. ◇ *vi* fingir ; **~ de faire qqch** fingir hacer algo.
feint, e [fɛ̃, fɛ̃t] *pp* ▷ **feindre**.
feinte [fɛ̃t] *nf* finta *f*.
fêlé, e [fele] ◇ *adj* - 1. [assiette] resquebrajado(da) - 2. *fam* [personne] chiflado(da). ◇ *nm, f fam* chiflado *m*, -da *f*.
fêler [fele] *vt* resquebrajar.
félicitations [felisitasjɔ̃] *nfpl* felicidades *fpl*.
féliciter [felisite] *vt* felicitar. ◆ **se féliciter** *vp* : **se ~ de qqch** alegrarse de algo.
félin, e [felɛ̃, in] *adj* felino(na). ◆ **félin** *nm* felino *m*.
félon, onne [felɔ̃, ɔn] *adj* & *nm, f sout* felón(ona).
fêlure [felyr] *nf* raja *f*.
femelle [fəmɛl] ◇ *adj* - 1. [animal & TECHNOL] hembra *(en aposición)* - 2. BOT femenina. ◇ *nf* hembra *f*.
féminin, e [feminɛ̃, in] *adj* femenino(na). ◆ **féminin** *nm* GRAM femenino *m*.
féminisme [feminism] *nm* feminismo *m*.
féministe [feminist] *adj* & *nmf* feminista.
féminité [feminite] *nf* feminidad *f*.
femme [fam] *nf* mujer *f* ; **~ d'affaires** mujer de negocios ; **~ de chambre** ayuda *f* de cámara ; [d'hôtel] camarera *f* ; **~ de ménage** asistenta *f*.
fémur [femyr] *nm* fémur *m*.
FEN [fɛn] (*abr de* **Fédération de l'Éducation nationale**) *nf organización sindical francesa de los profesores y maestros de la enseñanza pública*.
fenaison [fənɛzɔ̃] *nf* siega *f* del heno.
fendre [fɑ̃dr] *vt* - 1. [bois] partir - 2. [crevasser] agrietar - 3. *fig* [traverser - foule] abrirse paso entre ; [- flots, air] surcar. ◆ **se fendre** *vp* [se fêler] agrietarse.
fendu, e [fɑ̃dy] *pp* ▷ **fendre**.
fenêtre [fənɛtr] *nf* [gén & INFORM] ventana *f* ; **~ borgne** claraboya *f*.
fenouil [fənuj] *nm* hinojo *m*.
fente [fɑ̃t] *nf* - 1. [fissure] grieta *f* - 2. [interstice] ranura *f* - 3. [de vêtement] abertura *f*.
féodal, e, aux [feɔdal, o] *adj* feudal. ◆ **féodal, aux** *nm* señor *m* feudal.
féodalité [feɔdalite] *nf* feudalismo *m*.
fer [fɛr] *nm* hierro *m* ; **~ à cheval** herradura *f* ; **~ forgé** hierro forjado ; **~ à repasser** plancha *f (para la ropa)* ; **~ à souder** soldador *m*.
ferai *etc* ▷ **faire**.
fer-blanc *nm* hojalata *f*.
ferblanterie [fɛrblɑ̃tri] *nf* - 1. [ustensi-

les] objetos *mpl* de hojalata - **2.** [commerce] hojalatería *f*.

férié, e [ferje] *adj* festivo(va).

ferme[1] [fɛrm] ◇ *adj* - **1.** [gén] firme - **2.** [consistant] duro(ra) - **3.** [stable] seguro(ra) - **4.** [achat, vente] en firme. ◇ *adv* - **1.** [s'ennuyer] mucho - **2.** [définitivement] en firme.

ferme[2] [fɛrm] *nf* granja *f Esp*, chacra *f Amér*.

ferment [fɛrmɑ̃] *nm* - **1.** [levure] fermento *m* - **2.** *fig* [germe] germen *m*.

fermentation [fɛrmɑ̃tasjɔ̃] *nf* - **1.** CHIM fermentación *f* - **2.** *fig* [agitation] efervescencia *f*.

fermer [fɛrme] ◇ *vt* - **1.** [gén] cerrar ; [rideau] correr ; **~ qqch à qqn** [carrière, possibilité] cerrar las puertas de algo a alguien - **2.** [vêtement] abrocharse - **3.** [télévision, radio] apagar. ◇ *vi* - **1.** [gén] cerrar - **2.** [vêtement] abrocharse. ◆ **se fermer** *vp* - **1.** [gén] cerrarse - **2.** [vêtement] abrocharse.

fermeté [fɛrməte] *nf* - **1.** [dureté] consistencia *f*, dureza *f* - **2.** *fig* [force, autorité] firmeza *f*.

fermeture [fɛrmətyr] *nf* cierre *m* ; '**~ annuelle**' 'cerrado por vacaciones' ; **~ Éclair®** cremallera *f* ; **~ hebdomadaire** cierre semanal.

fermier, ère [fɛrmje, ɛr] ◇ *nm, f* granjero *m*, -ra *f Esp*, chacarero *m*, -ra *f Amér*. ◇ *adj* de granja.

fermoir [fɛrmwar] *nm* cierre *m*.

féroce [ferɔs] *adj* - **1.** [animal] feroz, fiero(ra) - **2.** [personne, appétit, désir] feroz.

ferraille [fɛraj] *nf* - **1.** [morceaux de fer] chatarra *f Esp*, grisalla *f Amér* ; **bon à mettre à la ~** servir sólo para chatarra - **2.** *fam* [petite monnaie] calderilla *f Esp*, sencillo *m Amér*.

ferronnerie [fɛrɔnri] *nf* - **1.** [objet] objeto *m* de hierro forjado - **2.** [métier] fabricación *f* de objetos de hierro forjado - **3.** [atelier] fragua *f*.

ferroviaire [fɛrɔvjɛr] *adj* ferroviario(ria).

ferry-boat [fɛribot] (*pl* **ferry-boats**) *nm* transbordador *m*, ferry *m*.

fertile [fɛrtil] *adj* - **1.** [gén] fértil - **2.** *fig* [esprit, imagination] fecundo(da), fértil ; **~ en** [rebondissements etc] rico(ca) en.

fertiliser [fɛrtilize] *vt* fertilizar.

fertilité [fɛrtilite] *nf* fertilidad *f*.

féru, e [fery] *adj sout* : **être ~ de qqch** ser un apasionado de algo.

fervent, e [fɛrvɑ̃, ɑ̃t] ◇ *adj* ferviente. ◇ *nm, f* entusiasta *mf*.

ferveur [fɛrvœr] *nf* fervor *m*.

fesse [fɛs] *nf* nalga *f* ; **les ~s** el culo.

fessée [fese] *nf* zurra *f*.

festin [fɛstɛ̃] *nm* festín *m*.

festival [fɛstival] *nm* festival *m*.

festivités [fɛstivite] *nfpl* fiestas *fpl*.

feston [fɛstɔ̃] *nm* festón *m*.

festoyer [fɛstwaje] *vi* celebrar una fiesta.

fêtard, e [fɛtar, ard] *nm, f* juerguista *mf*.

fête [fɛt] *nf* - **1.** [gén] fiesta *f* ; **les ~s (de fin d'année)** las vacaciones de Navidad ; **~ nationale** fiesta nacional - **2.** [kermesse] verbena *f*, fiesta *f* popular ; **~ foraine** feria *f* - **3.** [jour du saint] santo *m* - **4.** *loc* : **faire ~ à qqn** hacerle fiestas a alguien ; **faire la ~** estar de juerga.

fêter [fete] *vt* - **1.** [événement] celebrar - **2.** [personne] festejar.

fétiche [fetiʃ] *nm* - **1.** [objet de culte] fetiche *m* - **2.** [mascotte] mascota *f*.

fétichisme [fetiʃism] *nm* fetichismo *m*.

fétide [fetid] *adj* fétido(da).

fétu [fety] *nm* : **~ (de paille)** brizna *f* de paja.

feu[1], e [fø] *adj* : **~ M. X** el difunto señor X.

feu[2], x [fø] *nm* - **1.** [flammes, décharges] fuego *m Esp*, candela *f Amér* ; **à ~ doux/vif** a fuego lento/vivo ; **à petit ~** a fuego lento ; **au ~!** ¡fuego! ; **avez-vous du ~?** ¿tiene fuego? ; **être en ~** estar en llamas ; **faire ~** abrir fuego ; **mettre le ~ à qqch** prender fuego a algo ; **prendre ~** prenderse ; **~ de camp** fuego de campamento ; **~ de cheminée** lumbre *f* - **2.** [signal lumineux] semáforo *m* ; **~ rouge/vert** semáforo en rojo/verde - **3.** AUTOM luz *f* ; **~x de position/de croisement** luces *fpl* de posición/de cruce ; **~x de route/de détresse** luces *fpl* de carretera/de emergencia - **4.** CIN & THÉÂTRE candilejas *fpl* - **5.** *loc* : **le ~ couve sous la cendre** aún quedan rescoldos ; **ne pas faire long ~** no durar mucho. ◆ **feu d'artifice** *nm* fuegos *mpl* artificiales.

feuillage [fœjaʒ] *nm* follaje *m*.

feuille [fœj] *nf* hoja *f* ; **~ morte** hoja seca ; **~ de papier/de vigne** hoja de papel/de parra ; **~ de soins** *impreso para solicitar a la Seguridad Social el reembolso de gastos médicos* ; **~ volante** hoja suelta.

feuillet [fœjɛ] *nm* hoja *f*.

feuilleté, e [fœjte] *adj* - **1.** [pâte] de hojaldre - **2.** [roche] estratificado(da).
feuilleter [fœjte] *vt* hojear.
feuilleton [fœjtɔ̃] *nm* - **1.** RADIO serial *m* - **2.** [dans un journal] folletín *m*.
feutre [føtr] *nm* - **1.** [crayon] rotulador *m* - **2.** [étoffe] fieltro *m* - **3.** [chapeau] sombrero *m* de fieltro.
feutré, e [føtre] *adj* - **1.** [garni de feutre] cubierto(ta) con fieltro - **2.** [abîmé] apelmazado(da) - **3.** [bruit, pas] amortiguado(da), sordo(da).
feutrine [føtrin] *nf* fieltro *m* flexible.
fève [fɛv] *nf* haba *f*; [de la galette des Rois] sorpresa *f*.
février [fevrije] *nm* febrero *m* ; *voir aussi* **septembre**.
fg *abr de* **faubourg**.
fi [fi] *interj sout* : **faire ~ de** desdeñar.
fiable [fjabl] *adj* fiable.
fiacre [fjakr] *nm* simón *m*, coche *m* de punto.
fiançailles [fijɑ̃saj] *nfpl* [cérémonie] pedida *f* ; [période] noviazgo *m*.
fiancé, e [fijɑ̃se] *nm, f* novio *m*, -via *f*.
fiancer [fijɑ̃se] *vt* conceder la mano de. ◆ **se fiancer** *vp* prometerse.
fibre [fibr] *nf* fibra *f* ; **~ de verre** fibra de vidrio.
ficeler [fisle] *vt* atar.
ficelle [fisɛl] *nf* - **1.** [fil] cordel *m* ; **tirer les ~s** *fig* mover los hilos - **2.** [pain] *barra de pan muy delgada de 125 gramos* - **3.** *(gén pl)* [truc] truco *m*.
fiche [fiʃ] *nf* - **1.** [carte] ficha *f* - **2.** ÉLECTR enchufe *m*. ◆ **fiche de paie** *nf* nómina *f (documento)*.
ficher [fiʃe] *vt* (*pp sens 1 et 2* **fiché**, *pp sens 3, 4 et 5* **fichu**) - **1.** [enfoncer] clavar - **2.** [inscrire] fichar - **3.** *fam* [faire] hacer ; **ne rien ~** no dar golpe - **4.** *fam* [mettre] meter - **5.** *fam* [donner] dar. ◆ **se ficher** *vp* (*pp sens 1* **fiché**, *pp sens 2 et 3* **fichu**) - **1.** [s'enfoncer] clavarse - **2.** *fam* [se moquer] : **se ~ de qqn** tomar el pelo a alguien - **3.** *fam* [ignorer] : **se ~ de** pasar de.
fichier [fiʃje] *nm* fichero *m* ; INFORM archivo *m*.
fichu, e [fiʃy] *adj fam* - **1.** [cassé, détruit] escacharrado(da) - **2.** *(avant le nom)* [désagréable] puñetero(ra) - **3.** *loc* : **être mal ~** [santé] estar pachucho ; [fabrication] estar mal hecho ; **ne pas être ~ de faire qqch** no ser capaz de hacer algo. ◆ **fichu** *nm* pañoleta *f*.
fictif, ive [fiktif, iv] *adj* ficticio(cia).
fiction [fiksjɔ̃] *nf* - **1.** [en littérature] ficción *f* - **2.** [monde imaginaire] mundo *m* de ficción.
fidèle [fidɛl] ◇ *adj* - **1.** [gén] fiel ; **~ à qqch/à qqn** fiel a algo/a alguien - **2.** [client] asiduo(dua). ◇ *nmf* - **1.** RELIG fiel *mf* - **2.** [adepte] incondicional *mf*.
fidéliser [fidelize] *vt* saber conservar.
fidélité [fidelite] *nf* fidelidad *f*.
fief [fjɛf] *nm* feudo *m*.
fiel [fjɛl] *nm* hiel *f*.
fier[1], **fière** [fjɛr] *adj* - **1.** [orgueilleux] orgulloso(sa) ; **~ de qqch/de qqn/de faire qqch** orgulloso de algo/de alguien/de hacer algo - **2.** [allure, âme] noble.
fier[2] [fje] ◆ **se fier** *vp* : **se ~ à qqn/à qqch** fiarse de alguien/de algo.
fierté [fjɛrte] *nf* - **1.** [dignité] dignidad *f* - **2.** [arrogance] arrogancia *f* - **3.** [satisfaction] orgullo *m*.
fièvre [fjɛvr] *nf* fiebre *f* ; **avoir 40 de ~** tener 40 de fiebre.
fiévreux, euse [fjevrø, øz] *adj* febril.
fig. *abr de* **figure**.
figer [fiʒe] *vt* [pétrifier] paralizar. ◆ **se figer** *vp* - **1.** [s'immobiliser] helarse - **2.** [se solidifier] cuajarse.
fignoler [fiɲɔle] *vt* perfilar.
figue [fig] *nf* higo *m* ; **~ de Barbarie** higo chumbo.
figuier [figje] *nm* higuera *f*.
figurant, e [figyrɑ̃, ɑ̃t] *nm, f* CIN extra *mf* ; THÉÂTRE figurante *mf*, comparsa *mf*.
figuratif, ive [figyratif, iv] *adj* figurativo(va).
figuration [figyrasjɔ̃] *nf* - **1.** ART figuración *f* - **2.** CIN extras *mpl* - **3.** THÉÂTRE figurantes *mpl*, comparsa *f*.
figure [figyr] *nf* - **1.** [gén] figura *f* - **2.** [visage] cara *f* ; **faire ~ de** pasar por.
figuré, e [figyre] *adj* - **1.** [sens] figurado(da) - **2.** [art, plan] figurativo(va). ◆ **figuré** *nm* : **au ~** en sentido figurado.
figurer [figyre] ◇ *vt* representar. ◇ *vi* : **~ dans** figurar en ; **~ parmi** figurar entre. ◆ **se figurer** *vp* - **1.** [croire] figurarse - **2.** [imaginer] fijarse ; **il est parti, figure-toi!** ¡se ha ido, fíjate!
figurine [figyrin] *nf* figurilla *f*.
fil [fil] *nm* - **1.** [textile, enchaînement] hilo *m* - **2.** [métallique] : **~ (de fer)** alambre *m* ; **~ de fer barbelé** alambre de espino ; **~ à plomb** plomada *f* ; **perdre le ~ (de qqch)** perder el hilo (de algo) - **3.** [cours] curso *m* ; **au ~ de** a lo largo de.

filament [filamɑ̃] *nm* - **1.** [gén] filamento *m* - **2.** [de bave, de colle] rebaba *f*.

filandreux, euse [filɑ̃drø, øz] *adj* [viande] fibroso(sa).

filasse [filas] ◇ *adj inv* de estopa. ◇ *nf* estopa *f*.

filature [filatyr] *nf* - **1.** [usine] hilandería *f*, hilatura *f* - **2.** [fabrication] hilado *m* - **3.** [poursuite] vigilancia *f (de la policía)*.

file [fil] *nf* fila *f*, hilera *f* ; **à la ~** en fila ; **~ d'attente** cola *f*.

filer [file] ◇ *vt* - **1.** [textile] hilar ; [métal] tirar ; [toile d'araignée] tejer - **2.** [suivre] seguir la pista a - **3.** *fam* [donner] : **~ qqch à qqn** pasar algo a alguien. ◇ *vi* - **1.** [bas] hacerse una carrera - **2.** [aller vite] volar - **3.** [temps] pasar volando - **4.** *fam* [partir] salir pitando - **5.** [sirop, miel] fluir - **6.** *loc* : **~ doux** estar suavísimo(ma).

filet [filɛ] *nm* - **1.** [tissu à larges mailles] red *f* ; **~ à cheveux** redecilla *f* ; **~ de pêche** red de pesca ; **~ à provisions** bolsa *f* de malla - **2.** *fig* [piège] trampa *f* - **3.** CULIN & TYPOGRAPHIE filete *m* ; **~ de bœuf** solomillo *m* ; **~ de porc** solomillo *m*, filete de lomo ; **faux ~** solomillo *m* bajo - **4.** [petite quantité - de liquide] chorrito *m* ; [- de lumière] rayito *m* - **5.** [de vis] filete *m*, rosca *f* - **6.** [nervure - de feuille] nervio *m* ; [- de langue] frenillo *m*.

filial, e, aux [filjal, o] *adj* filial. ◆ **filiale** *nf* filial *f*.

filiation [filjasjɔ̃] *nf* - **1.** [lien de parenté] filiación *f* - **2.** *fig* [enchaînement] ilación *f*.

filière [filjɛr] *nf* - **1.** [procédure] trámites *mpl* ; **passer par la ~** seguir el escalafón - **2.** [de trafiquants etc] red *f* - **3.** SCOL carrera *f*.

filiforme [filifɔrm] *adj* como un palillo.

filigrane [filigran] *nm* filigrana *f* ; **en ~** *fig* con un fondo de ; **lire en ~** *fig* leer entre líneas.

filin [filɛ̃] *nm* cabo *m*.

fille [fij] *nf* - **1.** [enfant] hija *f* ; **~ adoptive** hija adoptiva - **2.** [femme] chica *f* ; **~ mère** madre *f* soltera ; **jeune ~** chica (joven), muchacha *f* ; **petite ~** niña *f* ; **vieille ~** solterona *f*.

fillette [fijɛt] *nf* chiquilla *f Esp*, chamaca *f Amér*.

filleul, e [fijœl] *nm, f* ahijado *m*, -da *f*.

film [film] *nm* - **1.** [gén] película *f* ; **~ catastrophe** película de catástrofes ; **~ culte** película de culto - **2.** *fig* [déroulement] transcurso *m*.

filmer [filme] *vt* filmar.

filmographie [filmɔgrafi] *nf* filmografía *f*.

filon [filɔ̃] *nm* - **1.** [de cuivre, d'argent] filón *m* - **2.** *fam* [situation lucrative] chollo *m*.

fils [fis] *nm* hijo *m* ; **~ cadet** hijo menor ; **~ de famille** niño *m* bien.

filtrant, e [filtrɑ̃, ɑ̃t] *adj* filtrante.

filtre [filtr] *nm* filtro *m* ; **~ à air/à café** filtro de aire/de café.

filtrer [filtre] ◇ *vt* filtrar. ◇ *vi* - **1.** [gén] filtrarse - **2.** [vérité] triunfar.

fin, e [fɛ̃, fin] *adj* - **1.** [gén] fino(na) - **2.** [vin, épicerie] selecto(ta) - **3.** [esprit, personne] agudo(da) - **4.** *(avant le nom)* [connaisseur] gran ; [gourmet] fino(na). ◆ **fin** ◇ *adv* [couper, moudre] finamente ; **être ~ prêt** estar listo. ◇ *nf* - **1.** [terme] fin *m*, final *m* ; **mettre ~ à qqch** poner fin a algo ; **prendre ~** acabar ; **tirer** OU **toucher à sa ~** tocar a su fin ; **au ~ fond de** en lo más recóndito de - **2.** [but] fin *m* ; **arriver** OU **parvenir à ses ~s** cumplir sus propósitos. ◆ **fin de série** *nf* restos *mpl* de serie. ◆ **à la fin** *loc adv* al fin, por fin. ◆ **à la fin de** *loc prép* [gén] al final de ; [mois, année] a finales de. ◆ **en fin de** *loc prép* al final de. ◆ **sans fin** *loc adj* sin fin.

final, e [final] (*pl* **finals** OU **finaux**) *adj* final. ◆ **final** *nm* [d'opéra] final *m*. ◆ **finale** *nf* - **1.** [dernière épreuve] final *f* - **2.** [syllabe] sílaba *f* final.

finalement [finalmɑ̃] *adv* finalmente.

finaliste [finalist] *nmf* finalista *mf*.

finalité [finalite] *nf* finalidad *f*.

finance [finɑ̃s] *nf* finanzas *fpl*. ◆ **finances** *nfpl* - **1.** [ressources pécuniaires] fondos *mpl* - **2.** *fam* [situation financière] finanzas *fpl*.

financer [finɑ̃se] *vt* financiar.

financier, ère [finɑ̃sje, ɛr] *adj* financiero(ra). ◆ **financier** *nm* financiero *m Esp*, financista *m Amér*.

finaud, e [fino, od] *adj* ladino(na).

finesse [finɛs] *nf* - **1.** [délicatesse, minceur, légèreté] finura *f* - **2.** [perspicacité] agudeza *f* - **3.** *(gén pl)* [subtilité] sutileza *f*, sutilidad *f*.

fini, e [fini] *adj* - **1.** [travail, personne] acabado(da) ; **ce politicien est un homme ~** ese político está acabado - **2.** *péj* [fieffé] rematado(da) ; **un menteur ~** un mentiroso consumado - **3.** MATHS finito(ta). ◆ **fini** *nm* - **1.** [d'une œuvre] acabado *m* - **2.** [ce qui est limité] finito *m*.

finir [finir] ◇ *vt* acabar ; **nous avons fini**

la bouteille nos hemos acabado la botella. ◇ *vi* - **1.** [gén] acabarse, acabar ; **mal ~** acabar mal ; **en ~ (avec qqch)** acabar de una vez (con algo) - **2.** [arrêter] : **~ de faire qqch** dejar de hacer algo - **3.** [parvenir] : **~ par faire qqch** acabar OU terminar por hacer algo.

finition [finisjɔ̃] *nf* - **1.** [action] último toque *m* - **2.** [résultat] acabado *m*.

Finlande [fɛ̃lɑ̃d] *nf* : **la ~** Finlandia.

fiole [fjɔl] *nf* frasco *m*.

fioriture [fjɔrityr] *nf* floritura *f*.

fioul [fjul] *nm inv* fuel-oil *m*.

firent [fir] ▷ **faire**.

firmament [firmamɑ̃] *nm sout* firmamento *m*.

firme [firm] *nf* firma *f (empresa)*.

fis *etc* ▷ **faire**.

fisc [fisk] *nm* fisco *m*.

fiscal, e, aux [fiskal, o] *adj* fiscal.

fiscalité [fiskalite] *nf* fiscalidad *f*.

fissure [fisyr] *nf* fisura *f*.

fissurer [fisyre] *vt* - **1.** [fendre] agrietar - **2.** *fig* [groupe] dividir. ◆ **se fissurer** *vp* agrietarse.

fiston [fistɔ̃] *nm fam* chaval *m*.

fît *etc* ▷ **faire**.

fixation [fiksasjɔ̃] *nf* fijación *f*.

fixe [fiks] ◇ *adj* fijo(ja). ◇ *nm* sueldo *m* fijo.

fixement [fiksəmɑ̃] *adv* fijamente.

fixer [fikse] *vt* - **1.** [gén] fijar ; [tableau] colgar ; **~ son choix sur qqch** decidirse por algo - **2.** [regarder] : **~ qqn/qqch** mirar fijamente a alguien/algo - **3.** [renseigner] : **~ qqn sur qqch** informar a alguien de algo ; **être fixé sur qqch** tener las ideas claras sobre algo. ◆ **se fixer** *vp* - **1.** [s'arrêter] : **se ~ sur qqn/sur qqch** [choix] decidirse por alguien/por algo ; [regard] detenerse en alguien/en algo - **2.** [s'installer] establecerse.

fjord [fjɔrd] *nm* fiordo *m*.

flacon [flakɔ̃] *nm* frasco *m*.

flageller [flaʒɛle] *vt* flagelar.

flageoler [flaʒɔle] *vi* flaquear.

flageolet [flaʒɔlɛ] *nm* - **1.** [haricot] judía *f* blanca - **2.** MUS flautín *m*.

flagrant, e [flagrɑ̃, ɑ̃t] *adj* flagrante ▷ **délit**.

flair [flɛr] *nm* olfato *m*.

flairer [flɛre] *vt* - **1.** [odeur] oler - **2.** *fig* [mensonge] olerse.

flamant [flamɑ̃] *nm* flamenco *m* ; **~ rose** flamenco rosa.

flambant, e [flɑ̃bɑ̃, ɑ̃t] *adj* : **~ neuf** flamante.

flambé, e [flɑ̃be] *adj* CULIN flameado(da).

flambeau, x [flɑ̃bo] *nm* antorcha *f*.

flamber [flɑ̃be] ◇ *vi* - **1.** [brûler] arder - **2.** *fam* [dépenser] pulirse. ◇ *vt* - **1.** [crêpe] flamear - **2.** [volaille] soflamar.

flamboyant, e [flɑ̃bwajɑ̃, ɑ̃t] *adj* - **1.** [étincelant] brillante *Esp*, brilloso(sa) *Amér* - **2.** ARCHIT flamígero(ra).

flamboyer [flɑ̃bwaje] *vi* - **1.** [incendie] arder - **2.** *fig* [regard] brillar.

flamingant, e [flamɛ̃gɑ̃, ɑ̃t] ◇ *adj* - **1.** [de langue] de habla flamenca - **2.** [nationaliste] nacionalista flamenco(ca) ◇ *nm, f* - **1.** [de langue] *persona de habla flamenca* - **2.** [nationaliste] nacionalista *m* flamenco, nacionalista *f* flamenca.

flamme [flam] *nf* - **1.** [de bougie] llama *f* - **2.** *fig* [ardeur] ardor *m* - **3.** *iron* & *vieilli* [amour] pasión *f*. ◆ **flammes** *nfpl* llamas *fpl*.

flan [flɑ̃] *nm* flan *m*.

flanc [flɑ̃] *nm* - **1.** [de personne, d'animal] costado *m* - **2.** [de navire] flanco *m* - **3.** [de montagne] ladera *f*, falda *f*.

flancher [flɑ̃ʃe] *vi fam* flaquear.

flanelle [flanɛl] *nf* franela *f*.

flâner [flane] *vi* - **1.** [se promener] pasear - **2.** [perdre son temps] pasar el rato.

flâneur, euse [flanœr, øz] *nm, f* paseante *mf*.

flanquer [flɑ̃ke] *vt* - **1.** *fam* [lancer, jeter] tirar *Esp*, botar *Amér* ; **~ qqn dehors** largar a alguien - **2.** *fam* [donner - gifle, coup] soltar, arrear ; [- peur] meter - **3.** [accompagner] flanquear ; **être flanqué de qqn** ir flanqueado por alguien ; **être flanqué de qqch** estar flanqueado por algo.

flapi, e [flapi] *adj fam* reventado(da).

flaque [flak] *nf* charco *m*.

flash [flaʃ] *nm* - **1.** PHOT flash *m* - **2.** [publicité] cuña *f* ; **~ d'information** flash *m* informativo.

flash-back [flaʃbak] *nm inv* flash-back *m*.

flasher [flaʃe] *vi fam* : **~ sur qqch/sur qqn** flipar con algo/con alguien ; **faire ~ qqn** alucinar a alguien.

flasque [flask] ◇ *adj* fláccido(da). ◇ *nf* petaca *f*.

flatter [flate] *vt* - **1.** [caresser] acariciar - **2.** [complimenter, faire plaisir à] halagar - **3.** *sout* [encourager] fomentar. ◆ **se**

flatter *vp* vanagloriarse ; **se ~ de faire qqch** vanagloriarse de hacer algo.
flatterie [flatri] *nf* halago *m* ; [qualité] adulación *f*.
flatteur, euse [flatœr, øz] ◇ *adj* - **1.** [compliment, comparaison] halagüeño(ña) - **2.** [portrait] favorecedor(ra). ◇ *nm, f* adulador *m*, -ra *f*.
fléau, x [fleo] *nm* - **1.** [calamité, personne] plaga *f* - **2.** [de balance] astil *m* - **3.** AGRIC mayal *m*.
flèche [flɛʃ] *nf* - **1.** [arme, signe graphique] flecha *f* - **2.** *fig* [critique] dardo *m* - **3.** [d'église] aguja *f*.
fléchette [fleʃɛt] *nf* dardo *m*. ◆ **fléchettes** *nfpl* [jeu] dardos *mpl*.
fléchir [fleʃir] ◇ *vt* - **1.** [membre, articulation] doblar - **2.** *fig* [personne] ablandar. ◇ *vi* - **1.** [branche, membre] doblarse - **2.** *fig* [détermination] flaquear, aflojar - **3.** [Bourse] bajar.
fléchissement [fleʃismɑ̃] *nm* - **1.** [flexion] flexión *f* - **2.** [faiblesse] aflojamiento *m* - **3.** [baisse] baja *f*.
flegmatique [flɛgmatik] *adj* & *nmf* flemático(ca).
flegme [flɛgm] *nm* flema *f*.
flemmard, e [flɛmar, ard] *adj* & *nm, f* *fam* vago(ga) *Esp*, atorrante *Amér*.
flemme [flɛm] *nf fam* vagancia *f*, pereza *f* ; **avoir la ~ de faire qqch** darle pereza a alguien hacer algo.
flétrir [fletrir] *vt* - **1.** [fleur] marchitar - **2.** *fig* [personne, réputation] censurar. ◆ **se flétrir** *vp* - **1.** [fleur] marchitarse - **2.** *fig* [visage] ajarse.
fleur [flœr] *nf* flor *f* ; **à ~s** de flores ; **en ~(s)** en flor.
fleuret [flœrɛ] *nm* florete *m*.
fleuri, e [flœri] *adj* - **1.** [jardin, pré, style] florido(da) ; [vase] con flores - **2.** [tissu] floreado(da), de flores - **3.** [table, appartement] adornado(da) con flores.
fleurir [flœrir] ◇ *vi* - **1.** [arbre] florecer - **2.** *fig* [se multiplier] proliferar. ◇ *vt* adornar con flores.
fleuriste [flœrist] *nmf* florista *mf* ; **chez le ~** en la floristería.
fleuron [flœrɔ̃] *nm* florón *m*.
fleuve [flœv] *nm* río *m*.
flexible [flɛksibl] *adj* flexible.
flexion [flɛksjɔ̃] *nf* flexión *f*.
flibustier [flibystje] *nm* filibustero *m*.
flic [flik] *nm fam* poli *m* ; **les ~s** la pasma, la poli.
flinguer [flɛ̃ge] *vt fam* freír a tiros. ◆ **se flinguer** *vp fam* pegarse un tiro.
flirter [flœrte] *vi* flirtear, tontear ; **~ avec qqn** flirtear OU tontear con alguien ; **~ avec qqch** *fig* coquetear con algo.
flocon [flɔkɔ̃] *nm* copo *m*.
flonflons [flɔ̃flɔ̃] *nmpl* tachín tachín *m*.
flop [flɔp] *nm fam* fracaso *m*.
floraison [flɔrɛzɔ̃] *nf* - **1.** [éclosion] floración *f* - **2.** *fig* [prolifération] proliferación *f*.
floral, e, aux [flɔral, o] *adj* floral.
flore [flɔr] *nf* flora *f*.
Florence [flɔrɑ̃s] *n* Florencia.
florissant, e [flɔrisɑ̃, ɑ̃t] *adj* - **1.** [santé] espléndido(da) - **2.** [économie] floreciente.
flot [flo] *nm* - **1.** *(gén pl)* [vagues] oleaje *m* ; **être à ~** [flotter] estar a flote - **2.** *sout* [mer] mar *f* - **3.** [afflux] raudal *m* ; **~ de gens** multitud *f* de gente.
flottage [flɔtaʒ] *nm* armadía *f*.
flottaison [flɔtɛzɔ̃] *nf* flotación *f*.
flottant, e [flɔtɑ̃, ɑ̃t] *adj* - **1.** [objet, capitaux, dette] flotante - **2.** [cheveux] ondeante - **3.** [robe] con vuelo - **4.** [indécis] fluctuante.
flotte [flɔt] *nf* - **1.** AÉRON & NAVIG flota *f* - **2.** *fam* [eau] agua *f* - **3.** *fam* [pluie] lluvia *f*.
flottement [flɔtmɑ̃] *nm* - **1.** [de drapeau] ondeo *m* - **2.** [relâchement] aflojamiento *m* - **3.** [indécision] vacilación *f* - **4.** ÉCON [de monnaie] fluctuación *f*.
flotter [flɔte] *vi* - **1.** [sur l'eau, dans l'air] flotar ; **~ sur qqch** flotar en algo - **2.** [drapeau] ondear - **3.** [dans un vêtement] bailar - **4.** *fam* [pleuvoir] llover.
flotteur [flɔtœr] *nm* - **1.** [de canne à pêche] corcho *m* - **2.** [d'hydravion] flotador *m* - **3.** [de chasse d'eau] boya *f*.
flou, e [flu] *adj* - **1.** [photo] borroso(sa), desenfocado(da) - **2.** [pensée] confuso(sa), impreciso(sa). ◆ **flou** *nm* imprecisión *f*.
flouer [flue] *vt* timar.
fluctuer [flyktɥe] *vi* fluctuar.
fluet, ette [flyɛ, ɛt] *adj* - **1.** [personne] endeble - **2.** [voix] débil.
fluide [flɥid] ◇ *adj* - **1.** [gén] fluido(da) - **2.** [matière] terso(sa). ◇ *nm* fluido *m*.
fluidifier [flɥidifje] *vt* [trafic] dar fluidez a.
fluidité [flɥidite] *nf* fluidez *f*.
fluor [flyɔr] *nm* flúor *m*.
fluorescent, e [flyɔresɑ̃, ɑ̃t] *adj* fluorescente.
flûte [flyt] ◇ *nf* - **1.** MUS flauta *f* - **2.** [ver-

re] copa *f* alta **- 3.** [pain] barra *f.* ◇ *interj fam* ¡jolín!
flûtiste [flytist] *nmf* flautista *mf.*
fluvial, e, aux [flyvjal, o] *adj* fluvial.
flux [fly] *nm* flujo *m.*
fluxion [flyksjɔ̃] *nf* fluxión *f.*
FM (*abr de* **frequency modulation**) *nf* FM *f.*
FMI (*abr de* **Fonds monétaire international**) *nm* FMI *m.*
FN (*abr de* **Front national**) *nm partido francés a la extrema derecha del espectro político.*
FO (*abr de* **Force ouvrière**) *nf sindicato obrero francés.*
foc [fɔk] *nm* foque *m.*
focal, e, aux [fɔkal, o] *adj* focal.
fœtal, e, aux [fetal, o] *adj* fetal.
fœtus [fetys] *nm* feto *m.*
foi [fwa] *nf* fe *f* ; **avoir ~ en qqn/en qqch** tener fe en alguien/en algo ; **être de bonne/mauvaise ~** ser de buena/mala fe.
foie [fwa] *nm* [gén] hígado *m.*
foin [fwɛ̃] *nm* heno *m.*
foire [fwar] *nf* **- 1.** [gén] feria *f* **- 2.** *fam* [agitation] guirigay *m.*
fois [fwa] *nf* **- 1.** [marque la réitération] vez *f* ; **cette ~** esta vez ; **il était une ~** érase una vez ; **une autre ~** otra vez **- 2.** [marque la multiplication] por ; **deux ~ trois** dos por tres. ◆ **à la fois** *loc adv* a la vez. ◆ **une fois que** *loc conj* una vez que.
foison [fwazɔ̃] ◆ **à foison** *loc adv* en abundancia.
foisonner [fwazɔne] *vi* abundar ; **~ en** OU **de** rebosar de.
folâtre [fɔlatr] *adj* juguetón(ona).
folâtrer [fɔlatre] *vi* juguetear.
folie [fɔli] *nf* locura *f.*
folklore [fɔlklɔr] *nm* folclor *m.*
folklorique [fɔlklɔrik] *adj* folclórico(ca).
folle ▷ **fou.**
follement [fɔlmɑ̃] *adv* **- 1.** [de manière déraisonnable] locamente **- 2.** [extrêmement] tremendamente.
fomenter [fɔmɑ̃te] *vt sout* fomentar.
foncé, e [fɔ̃se] *adj* oscuro(ra).
foncer [fɔ̃se] ◇ *vt* oscurecer. ◇ *vi* **- 1.** [teinte] oscurecerse **- 2.** [se ruer] : **~ sur qqch/sur qqn** arremeter contra algo/contra alguien ; **~ dans un mur** chocar contra una pared **- 3.** *fam* [se dépêcher] darle caña.
foncier, ère [fɔ̃sje, ɛr] *adj* **- 1.** [impôt] territorial ; [crédit] hipotecario(ria) **- 2.** [fondamental] innato(ta).
foncièrement [fɔ̃sjɛrmɑ̃] *adv* en el fondo.
fonction [fɔ̃ksjɔ̃] *nf* **- 1.** [rôle] función *f* ; **faire ~ de** hacer las veces de **- 2.** [profession] cargo *m* ; **entrer en ~** tomar posesión de un cargo. ◆ **en fonction de** *loc prép* con arreglo a.
fonctionnaire [fɔ̃ksjɔnɛr] *nmf* funcionario *m*, -ria *f.*
fonctionnel, elle [fɔ̃ksjɔnɛl] *adj* funcional.
fonctionnement [fɔ̃ksjɔnmɑ̃] *nm* funcionamiento *m.*
fonctionner [fɔ̃ksjɔne] *vi* funcionar.
fond [fɔ̃] *nm* [gén] fondo *m.* ◆ **à fond** *loc adv* a fondo. ◆ **au fond** *loc adv* en el fondo. ◆ **au fond de** *loc prép* en el fondo de. ◆ **dans le fond** *loc adv* en el fondo. ◆ **fond d'artichaut** *nm* corazón *m* de alcachofa. ◆ **fond de teint** *nm* maquillaje *m*, crema *f* de base.
fondamental, e, aux [fɔ̃damɑ̃tal, o] *adj* fundamental.
fondant, e [fɔ̃dɑ̃, ɑ̃t] *adj* que se derrite ; [poire] que se deshace ▷ **chocolat.** ◆ **fondant** *nm* [bonbon] caramelo *m* relleno.
fondateur, trice [fɔ̃datœr, tris] *nm, f* fundador *m*, -ra *f.*
fondation [fɔ̃dasjɔ̃] *nf* fundación *f.* ◆ **fondations** *nfpl* CONSTR cimientos *mpl.*
fondé, e [fɔ̃de] *adj* [justifié] fundado(da) ; **non ~** infundado. ◆ **fondé de pouvoir** *nm* apoderado *m.*
fondement [fɔ̃dmɑ̃] *nm* **- 1.** [base] cimientos *mpl* **- 2.** [motif] fundamento *m* ; **sans ~** sin fundamento.
fonder [fɔ̃de] *vt* **- 1.** [créer] fundar **- 2.** [baser] basar, cimentar ; **~ qqch sur qqch** basar algo en algo ; **~ des espoirs sur qqn** fundar esperanzas en alguien. ◆ **se fonder** *vp* : **se ~ sur qqch** basarse en algo.
fonderie [fɔ̃dri] *nf* [usine] fundición *f.*
fondre [fɔ̃dr] ◇ *vt* **- 1.** [métaux] fundir ; **faire ~** [neige, beurre] derretir ; [sucre, sel] disolver **- 2.** [couleurs] mezclar. ◇ *vi* **- 1.** [neige, beurre] derretirse ; [sucre, sel] disolverse **- 2.** [s'attendrir] derretirse **- 3.** [maigrir] adelgazar **- 4.** [argent] irse de las manos **- 5.** [se ruer] : **~ sur qqch** abatirse sobre algo.
fonds [fɔ̃] ◇ *v* ▷ **fondre.** ◇ *nm* **- 1.** [bien immobilier] finca *f* ; **~ de commerce** comercio *m* **- 2.** [capital placé, ressources] fondo *m.* ◇ *nmpl* fondos *mpl.*

fondu, e [fɔ̃dy] *pp* ▭ **fondre.** ◆ **fondue** *nf* fondue *f.*
font [fɔ̃] ▭ **faire.**
fontaine [fɔ̃tɛn] *nf* fuente *f.*
fonte [fɔ̃t] *nf* - **1.** [de neige] deshielo *m* - **2.** [de métal] fundición *f* - **3.** [de statue] vaciado *m* - **4.** [alliage] hierro *m* colado, fundición *f.*
foot [fut] *nm fam* fútbol *m.*
football [futbol] *nm* fútbol *m.*
footballeur, euse [futbolœr, øz] *nm, f* futbolista *mf.*
footing [futiŋ] *nm* footing *m.*
for [fɔr] *nm* : **dans mon ~ intérieur** en mi fuero interno.
forage [fɔraʒ] *nm* perforación *f.*
forain, e [fɔrɛ̃, ɛn] *adj* ▭ **fête.** ◆ **forain** *nm* feriante *m.*
forçat [fɔrsa] *nm presidiario condenado a trabajos forzados.*
force [fɔrs] *nf* fuerza *f* ; **avoir ~ de loi** tener fuerza de ley ; **de ~** a la fuerza ; **de toutes mes ~s** con todas mis fuerzas ; **être de ~ à** ser capaz de ; **~ de vente** fuerza de venta. ◆ **à force de** *loc prép* a fuerza de.
forcément [fɔrsemɑ̃] *adv* forzosamente ; [bien sûr] lógicamente.
forceps [fɔrsɛps] *nm* fórceps *m inv.*
forcer [fɔrse] ◇ *vt* - **1.** [gén] forzar ; **~ qqn à qqch/à faire qqch** forzar a alguien a algo/a hacer algo - **2.** *fig* [admiration, respect] inspirar. ◇ *vi* - **1.** [insister] forzarse - **2.** *fam* [abuser] : **~ sur qqch** pasarse con algo. ◆ **se forcer** *vp* : **se ~ à faire qqch** forzarse a hacer algo.
forcir [fɔrsir] *vi* engordar.
forer [fɔre] *vt* perforar.
forestier, ère [fɔrɛstje, ɛr] *adj* forestal. ◆ **forestier** *nm* guarda *mf* forestal.
foret [fɔrɛ] *nm* broca *f.*
forêt [fɔrɛ] *nf* bosque *m* ; **la ~ amazonienne** la selva amazónica ; **~ vierge** selva *f* virgen ; **une ~ de** *fig* un bosque de.
forfait [fɔrfɛ] *nm* - **1.** [prix fixe] tanto *m* alzado - **2.** *sout* [crime] crimen *m* atroz - **3.** SPORT : **déclarer ~** abandonar ; *fig* [renoncer] decir basta.
forge [fɔrʒ] *nf* fragua *f.*
forger [fɔrʒe] *vt* - **1.** [métal, caractère] forjar - **2.** [excuse] inventar. ◆ **se forger** *vp* [réputation, idéal] forjarse.
forgeron [fɔrʒərɔ̃] *nm* herrero *m.*
formaliser [fɔrmalize] *vt* formalizar. ◆ **se formaliser** *vp* : **se ~ (de qqch)** molestarse (por algo).
formaliste [fɔrmalist] *adj* formalista.
formalité [fɔrmalite] *nf* trámite *m*, formalidad *f.*
format [fɔrma] *nm* formato *m.*
formatage [fɔrmataʒ] *nm* formateo *m.*
formater [fɔrmate] *vt* formatear.
formateur, trice [fɔrmatœr, tris] ◇ *adj* formativo(va). ◇ *nm, f* instructor *m*, -ra *f.*
formation [fɔrmasjɔ̃] *nf* formación *f.*
forme [fɔrm] *nf* forma *f* ; **en (pleine) ~** en (plena) forma ; **en ~ de** en forma de. ◆ **formes** *nfpl* - **1.** [silhouette] formas *fpl* - **2.** [manières] modales *mpl.*
formel, elle [fɔrmɛl] *adj* - **1.** [refus] categórico(ca) - **2.** [amabilité, politesse] formal.
former [fɔrme] *vt* - **1.** [fonder, composer, instruire] formar - **2.** [plan, projet] concebir - **3.** [goût, sensibilité] cultivar. ◆ **se former** *vp* formarse.
Formica® [fɔrmika] *nm* formica® *f.*
formidable [fɔrmidabl] *adj* - **1.** [admirable] formidable, estupendo(da) *Esp*, chévere *Amér* - **2.** [invraisemblable] increíble.
formol [fɔrmɔl] *nm* formol *m.*
formulaire [fɔrmylɛr] *nm* formulario *m Esp*, planilla *f Amér* ; **remplir un ~** rellenar un formulario.
formule [fɔrmyl] *nf* fórmula *f* ; **~ de politesse** fórmula de cortesía.
formuler [fɔrmyle] *vt* formular.
fort, e [fɔr, fɔrt] *adj* - **1.** [gén] fuerte ; **être ~ en qqch** ser bueno en algo - **2.** [corpulent] grueso(sa) - **3.** [quantité, somme] importante ; **il y a de ~es chances que ...** es muy posible que ... ◆ **fort** ◇ *nm* - **1.** [château] fuerte *m* - **2.** [personne] forzudo *m.* ◇ *adv* - **1.** [avec force, avec intensité] fuerte - **2.** *sout* [conseiller] vivamente - **3.** *sout* [espérer] ansiosamente ; **il aura ~ à faire pour se mettre à jour** le va a costar mucho trabajo ponerse al día.
forteresse [fɔrtərɛs] *nf* fortaleza *f.*
fortifiant, e [fɔrtifjɑ̃, ɑ̃t] *adj* reconstituyente. ◆ **fortifiant** *nm* reconstituyente *m.*
fortification [fɔrtifikasjɔ̃] *nf* fortificación *f.*
fortifier [fɔrtifje] *vt* - **1.** [physiquement] fortalecer - **2.** [confirmer] : **~ qqn dans qqch** reafirmar a alguien en algo - **3.** [ville] fortificar.
fortiori [fɔrsjɔri] ◆ **a fortiori** *loc adv* con más razón.
fortuit, e [fɔrtɥi, it] *adj* fortuito(ta).

fortune [fɔrtyn] *nf* fortuna *f*.

fortuné, e [fɔrtyne] *adj* **- 1.** [riche] adinerado(da) **- 2.** [chanceux] afortunado(da).

forum [fɔrɔm] *nm* foro *m*.

fosse [fos] *nf* fosa *f*.

fossé [fose] *nm* **- 1.** [ravin] cuneta *f* **- 2.** *fig* [écart] abismo *m*.

fossette [fosɛt] *nf* hoyuelo *m*.

fossile [fosil] *adj* & *nm* fósil.

fossoyeur, euse [foswajœr, øz] *nm, f* sepulturero *m*, -ra *f*.

fou, folle [fu, fɔl] ◇ *adj* (**fol** *devant voyelle ou h muet*) **- 1.** [gén] loco(ca) **- 2.** [succès, charme] tremendo(da). ◇ *nm, f* loco *m*, -ca *f*.

foudre [fudr] *nf* rayo *m*.

foudroyant, e [fudrwajɑ̃, ɑ̃t] *adj* fulminante.

foudroyer [fudrwaje] *vt* fulminar.

fouet [fwɛ] *nm* **- 1.** [en cuir] látigo *m* **- 2.** CULIN batidor *m*.

fouetter [fwete] *vt* **- 1.** [gén] azotar ; [cheval] fustigar **- 2.** *fig* [stimuler] estimular.

fougère [fuʒɛr] *nf* helecho *m*.

fougue [fug] *nf* fogosidad *f*.

fougueux, euse [fugø, øz] *adj* fogoso(sa).

fouille [fuj] *nf* **- 1.** [de personne] cacheo *m* ; [de maison] registro *m* **- 2.** [du sol] excavación *f* **- 3.** *fam* [poche] bolsillo *m*.

fouiller [fuje] ◇ *vt* **- 1.** [maison, bagages] registrar ; [personne] cachear, registrar **- 2.** [sol, chantier archéologique] excavar, hacer excavaciones en **- 3.** *fig* [description] detallar. ◇ *vi* : **~ dans qqch** hurgar en algo.

fouillis [fuji] *nm* batiborrillo *m*.

fouine [fwin] *nf* garduña *f*.

fouiner [fwine] *vi* husmear.

foulard [fular] *nm* pañuelo *m*, fular *m*.

foule [ful] *nf* **- 1.** [de gens] muchedumbre *f*, multitud *f* **- 2.** *péj* [peuple] masa *f*.

foulée [fule] *nf* [de coureur] zancada *f*.

fouler [fule] *vt* **- 1.** [raisin] prensar **- 2.** [sol] pisar. ◆ **se fouler** *vp* MÉD : **se ~ qqch** torcerse algo.

foulure [fulyr] *nf* esguince *m*.

four [fur] *nm* **- 1.** [de cuisson] horno *m* ; **~ électrique/à micro-ondes** horno eléctrico/microondas **- 2.** [échec] fracaso *m*.

fourbe [furb] *adj* & *nmf sout* bribón(ona).

fourbu, e [furby] *adj* rendido(da).

fourche [furʃ] *nf* **- 1.** [outil, pièce de vélo] horquilla *f* **- 2.** [de route] bifurcación *f* **- 3.** [de cheveux] punta *f* abierta **- 4.** *Belg* SCOL [temps libre] hora *f* libre.

fourchette [furʃɛt] *nf* **- 1.** [couvert] tenedor *m* **- 2.** *fig* [écart] horquilla *f* **- 3.** [de prix] gama *f*.

fourgon [furgɔ̃] *nm* furgón *m*.

fourgonnette [furgɔnɛt] *nf* furgoneta *f Esp*, guayín *m Amér*.

fourmi [furmi] *nf* hormiga *f*.

fourmilière [furmiljɛr] *nf litt* & *fig* hormiguero *m*.

fourmiller [furmije] *vi* **- 1.** [pulluler] pulular **- 2.** *fig* [être nombreux] abundar **- 3.** [être plein] : **~ de qqch** estar plagado(da) de algo.

fournaise [furnɛz] *nf* **- 1.** [incendie] hoguera *f* **- 2.** *fig* [endroit] horno *m*.

fourneau, x [furno] *nm* **- 1.** [cuisinière, de fonderie] horno *m* **- 2.** [de pipe] cazoleta *f*.

fournée [furne] *nf* hornada *f*.

fourni, e [furni] *adj* **- 1.** [barbe, chevelure] poblado(da) **- 2.** [magasin] surtido(da).

fournil [furnil] *nm* amasadero *m*.

fournir [furnir] *vt* **- 1.** [procurer] : **~ qqch à qqn** proporcionar algo a alguien **- 2.** [effort] realizar **- 3.** [commerçant, magasin] proveer.

fournisseur, euse [furnisœr, øz] *nm, f* proveedor *m*, -ra *f*. ◆ **fournisseur d'accès** *nm* INFORM proveedor *m* de acceso.

fourniture [furnityr] *nf* **- 1.** [approvisionnement] suministro *m* **- 2.** *(gén pl)* [matériel] material *m*.

fourrage [furaʒ] *nm* forraje *m*.

fourrager, ère [furaʒe, ɛr] *adj* forrajero(ra).

fourré, e [fure] *adj* **- 1.** CULIN relleno(na) **- 2.** [manteau, bottes] forrado(da). ◆ **fourré** *nm* espesura *f (de arbustos)*.

fourreau, x [furo] *nm* **- 1.** [de parapluie] funda *f* ; [d'épée] vaina *f* **- 2.** [robe] vestido *m* tubo.

fourrer [fure] *vt* **- 1.** CULIN rellenar **- 2.** *fam* [mettre] meter. ◆ **se fourrer** *vp fam* meterse.

fourre-tout [furtu] *nm inv* **- 1.** [pièce] trastero *m* **- 2.** [sac] bolso *m* **- 3.** *fig* & *péj* [d'idées] cajón *m* de sastre.

fourreur, euse [furœr, øz] *nm, f* peletero *m*, -ra *f*.

fourrière [furjɛr] *nf* **- 1.** [pour chiens]

perrera *f* - **2.** [pour voitures] depósito *m* ; [camion] grúa *f*.
fourrure [furyr] *nf* piel *f*.
fourvoyer [furvwaje] ◆ **se fourvoyer** *vp sout* - **1.** [s'égarer] : **se ~ dans qqch** extraviarse en algo - **2.** [se tromper] equivocarse.
foutre [futr] *vt* - **1.** *tfam* [faire] : **ne rien ~** no pegar golpe ; **n'en avoir rien à ~ de qqch** importar un carajo algo ; **qu'est-ce que tu veux que ça me foute?** y a mí, ¿qué? - **2.** *tfam* [mettre] poner - **3.** *fam* [gifle] meter - **4.** *loc* : **va te faire ~!** *vulg* ¡vete a la mierda! ; **ça la fout mal** *tfam* queda fatal.
foyer [fwaje] *nm* - **1.** [cheminée, maison] hogar *m* - **2.** [d'étudiants, de travailleurs] residencia *f* - **3.** [point central] foco *m*.
fracas [fraka] *nm* estrépito *m*.
fracasser [frakase] *vt* estrellar.
fraction [fraksjɔ̃] *nf* fracción *f*.
fractionner [fraksjɔne] *vt* fraccionar.
fracture [fraktyr] *nf* fractura *f*.
fracturer [fraktyre] *vt* - **1.** MÉD fracturar - **2.** [serrure] forzar.
fragile [fraʒil] *adj* frágil.
fragiliser [fraʒilize] *vt* debilitar.
fragilité [fraʒilite] *nf* fragilidad *f*.
fragment [fragmɑ̃] *nm* fragmento *m*.
fragmenter [fragmɑ̃te] *vt* fragmentar.
fraîche ▷ **frais.**
fraîcheur [frɛʃœr] *nf* - **1.** [d'air] frescor *m* - **2.** *fig* [d'accueil] frialdad *f* - **3.** [de teint, d'aliment] frescura *f*.
frais, fraîche [frɛ, frɛʃ] *adj* - **1.** [gén] fresco(ca) ; **'servir ~'** 'servir frío' - **2.** *fig* [accueil] frío(a) - **3.** [teint, couleur] vivo(va). ◆ **frais** ◇ *nm* : **mettre qqch au ~** poner algo al fresco. ◇ *nmpl* gastos *mpl* ; **faire des ~** tener muchos gastos.
fraise [frɛz] *nf* - **1.** [fruit] fresa *f Esp*, frutilla *f Amér* - **2.** [outil - de dentiste] fresa *f* ; [- de menuisier] lengüeta *f*.
fraiser [freze] *vt* fresar.
fraiseuse [frɛzøz] *nf* fresadora *f*.
fraisier [frɛzje] *nm* - **1.** [plante] fresa *f* - **2.** [gâteau] *bizcocho de dos capas empapadas en kirsch y separadas por crema y fresas.*
framboise [frɑ̃bwaz] *nf* frambuesa *f*.
framboisier [frɑ̃bwazje] *nm* - **1.** [plante] frambueso *m* - **2.** [gâteau] *bizcocho de dos capas empapadas en kirsch y separadas por crema y frambuesas.*
franc, franche [frɑ̃, frɑ̃ʃ] *adj* franco(ca) ; [coupure] limpio(pia) ; [couleur] puro(ra). ◆ **franc** *nm* franco *m*.
français, e [frɑ̃sɛ, ɛz] *adj* francés(esa). ◆ **français** *nm* LING francés *m*. ◆ **Français, e** *nm, f* francés *m*, -esa *f*.
France [frɑ̃s] *nf* : **la ~** Francia.
France 2 *n segunda cadena televisiva pública francesa.*
France 3 *n tercera cadena televisiva pública francesa con vocación regional.*
franche ▷ **franc.**
franchement [frɑ̃ʃmɑ̃] *adv* - **1.** [gén] francamente ; **franchement!** ¡no veas! - **2.** [carrément] con decisión.
franchir [frɑ̃ʃir] *vt* - **1.** [gén] salvar - **2.** [porte] atravesar.
franchise [frɑ̃ʃiz] *nf* - **1.** [gén] franquicia *f* - **2.** [sincérité] franqueza *f*.
francilien, enne [frɑ̃siljɛ̃, ɛn] *adj* de la región Île-de-France. ◆ **Francilien, enne** *nm, f persona que vive en la región Île-de-France.*
franciscain, e [frɑ̃siskɛ̃, ɛn] *adj* & *nm, f* franciscano(na).
franciser [frɑ̃size] *vt* afrancesar.
franc-jeu *nm* : **jouer ~** jugar limpio.
franc-maçon, onne (*mpl* **francs-maçons**, *fpl* **franc-maçonnes**) *nm, f* masón *m*, -ona *f*.
franc-maçonnerie (*pl* **franc-maçonneries**) *nf* - **1.** [association] masonería *f*, francmasonería *f* - **2.** *fig* [solidarité] compañerismo *m*.
franco [frɑ̃ko] *adv* COMM franco ; **~ de port** franco de porte.
francophone [frɑ̃kɔfɔn] *adj* & *nmf* francófono(na).
francophonie [frɑ̃kɔfɔni] *nf* francofonía *f*.
franc-parler *nm* : **avoir son ~** hablar sin rodeos.
franc-tireur *nm* francotirador *m*.
frange [frɑ̃ʒ] *nf* - **1.** [de cheveux] flequillo *m Esp*, cerquillo *m Amér* - **2.** [de vêtement] fleco *m* - **3.** [bordure, limite] franja *f*.
frangipane [frɑ̃ʒipan] *nf* crema *f* de almendras.
franglais [frɑ̃glɛ] *nm lengua francesa que incluye gran cantidad de palabras y construcciones de origen inglés.*
franquette [frɑ̃kɛt] ◆ **à la bonne franquette** *loc adv* sin ceremonia.
frappant, e [frapɑ̃, ɑ̃t] *adj* impresionante.
frappe [frap] *nf* - **1.** [de monnaie] acuñación *f* - **2.** [à la machine] tecleo *m* ; [à la minute] pulsación *f* - **3.** SPORT [de boxeur] pegada *f* - **4.** *péj* [voyou] golfo *m*, -fa *f*.

frapper [frape] <> *vt* - **1.** [cogner] golpear - **2.** [concerner] afectar - **3.** [impressionner] impresionar - **4.** [boisson] enfriar - **5.** [monnaie] acuñar. <> *vi* llamar ; '**~ avant d'entrer**' 'llamar antes de entrar'.
frasques [frask] *nfpl* locuras *fpl*.
fraternel, elle [fraternɛl] *adj* fraternal.
fraterniser [fraternize] *vi* : **~ avec qqn** fraternizar con alguien.
fraternité [fraternite] *nf* fraternidad *f*.
fratricide [fratrisid] *adj* & *nmf* fratricida.
fraude [frod] *nf* fraude *m*.
frauder [frode] <> *vt* defraudar. <> *vi* cometer fraude.
frauduleux, euse [frodylø, øz] *adj* fraudulento(ta).
frayer [frɛje] *vi* : **~ avec qqn** *sout* [le fréquenter] relacionarse con alguien. ◆ **se frayer** *vp* : **se ~ un chemin (à travers)** abrirse camino (a través).
frayeur [frɛjœr] *nf* pavor *m*.
fredaines [frədɛn] *nfpl* locuras *fpl*.
fredonner [frədɔne] <> *vt* tararear. <> *vi* canturrear.
freezer [frizœr] *nm* congelador *m*.
frégate [fregat] *nf* fragata *f*.
frein [frɛ̃] *nm* freno *m* ; **sans ~** [passion, imagination] desenfrenado(da).
freinage [frɛnaʒ] *nm* frenado *m*.
freiner [frene] *vt* & *vi* frenar.
frelaté, e [frəlate] *adj* - **1.** [vin] adulterado(da) - **2.** *fig* [corrompu] corrompido(da).
frêle [frɛl] *adj* - **1.** [construction] frágil - **2.** [personne] endeble - **3.** *fig* [espoir, voix] débil.
frelon [frəlɔ̃] *nm* abejorro *m*.
frémir [fremir] *vi* - **1.** [personne] estremecerse - **2.** [eau] romper a hervir.
frémissement [fremismɑ̃] *nm* - **1.** [de personne] estremecimiento *m* - **2.** [des lèvres] temblor *m* - **3.** [d'eau chaude] borboteo *m*.
frêne [frɛn] *nm* fresno *m*.
frénésie [frenezi] *nf* frenesí *m*.
frénétique [frenetik] *adj* frenético(ca).
fréquence [frekɑ̃s] *nf* frecuencia *f*.
fréquent, e [frekɑ̃, ɑ̃t] *adj* frecuente.
fréquentation [frekɑ̃tasjɔ̃] *nf* - **1.** [d'endroit] frecuentación *f* - **2.** [de personne] trato *m*. ◆ **fréquentations** *nfpl* relaciones *fpl*.
fréquenté, e [frekɑ̃te] *adj* frecuentado(da) ; **mal ~** de mala fama ; **peu/très ~** poco/muy concurrido.
fréquenter [frekɑ̃te] *vt* frecuentar. ◆ **se fréquenter** *vp* verse.
frère [frɛr] <> *nm* hermano *m* ; **~s siamois** hermanos siameses. <> *adj* [parti, peuple] hermano.
fresque [frɛsk] *nf* fresco *m (pintura)*.
fret [frɛ(t)] *nm* flete *m*.
frétiller [fretije] *vi* - **1.** [poisson] colear - **2.** *fig* [personne] : **~ de qqch** [joie etc] bullir de algo.
fretin [frətɛ̃] *nm* : **le menu ~** la morralla.
friable [frijabl] *adj* desmenuzable.
friand, e [frijɑ̃, ɑ̃d] *adj* : **être ~ de qqch** ser un apasionado de algo. ◆ **friand** *nm* CULIN *empanada hecha con masa de hojaldre.*
friandise [frijɑ̃diz] *nf* golosina *f*.
fric [frik] *nm fam* pasta *f*, pelas *fpl*.
fric-frac [frikfrak] *nm inv fam* robo *m* (con fractura).
friche [friʃ] *nf* baldío *m* ; **en ~** [champ] baldío(a) ; *fig* [intelligence, capacités] sin cultivar.
friction [friksjɔ̃] *nf* - **1.** [massage] friega *f* - **2.** PHYS fricción *f* - **3.** *fig* [désaccord] roce *m*, fricción *f*.
frictionner [friksjɔne] *vt* friccionar.
Frigidaire® [friʒidɛr] *nm* nevera *f*.
frigide [friʒid] *adj* frígido(da).
frigidité [friʒidite] *nf* frigidez *f*.
frigo [frigo] *nm fam* nevera *f*.
frigorifié, e [frigɔrifje] *adj fam* helado(da).
frileux, euse [frilø, øz] *adj* - **1.** [craignant le froid] friolero(ra) *Esp*, friolento(ta) *Amér* - **2.** [prudent] timorato(ta).
frimas [frima] *nm sout* escarcha *f*.
frimeur, euse [frimœr, øz] *nm, f fam* chulo *m*, -la *f*, vacilón *m*, -ona *f*.
frimousse [frimus] *nf fam* carita *f*.
fringale [frɛ̃gal] *nf fam* hambre *f* canina.
fringant, e [frɛ̃gɑ̃, ɑ̃t] *adj* - **1.** [cheval] fogoso(sa) - **2.** [personne] apuesto(ta).
fripes [frip] *nfpl* ropa *f* de segunda mano.
fripon, onne [fripɔ̃, ɔn] <> *nm, f fam* bribón *m*, -ona *f*. <> *adj* pícaro(ra).
fripouille [fripuj] *nf péj* golfo *m*, -fa *f*.
frire [frir] <> *vt* freír. <> *vi* freírse.
frise [friz] *nf* ARCHIT friso *m*.
friser [frize] <> *vt* - **1.** [cheveux] rizar *Esp*, enchinar *Amér* - **2.** [frôler] rozar. <> *vi* rizarse.
frisson [frisɔ̃] *nm* - **1.** [gén] estremecimiento *m* - **2.** [de fièvre] escalofrío *m*.
frissonner [frisɔne] *vi* - **1.** [gén] estreme-

cerse - **2.** [de fièvre] tener escalofríos - **3.** [eau, feuillage] agitarse.

frit, e [fri, frit] *pp* ▷ **frire.**

frite [frit] *nf* patata *f* frita.

friteuse [fritøz] *nf* freidora *f.*

friture [frityr] *nf* - **1.** CULIN [à l'huile] fritura *f* - **2.** [poisson] pescado *m* frito - **3.** [interférences] interferencia *f.*

frivole [frivɔl] *adj* frívolo(la).

frivolité [frivɔlite] *nf* frivolidad *f.*

froid, e [frwa, frwad] *adj* frío(a). ◆ **froid** ◇ *nm* - **1.** [température] frío *m* ; **avoir ~** tener frío ; **prendre ~** coger frío - **2.** [dans les relations] distanciamiento *m.* ◇ *adv* frío.

froidement [frwadmɑ̃] *adv* - **1.** [gén] fríamente - **2.** [sans émotion] a sangre fría.

froisser [frwase] *vt* - **1.** [tissu] arrugar - **2.** *fig* [personne] ofender, herir. ◆ **se froisser** *vp* - **1.** [tissu] arrugarse - **2.** [muscle] lesionarse - **3.** *fig* [personne] ofenderse.

frôler [frole] *vt* rozar.

fromage [frɔmaʒ] *nm* queso *m.*

fromager, ère [frɔmaʒe, ɛr] *adj* & *nm, f* quesero(ra).

fromagerie [frɔmaʒri] *nf* - **1.** [magasin] quesería *f* - **2.** [industrie] industria *f* quesera.

froment [frɔmɑ̃] *nm* trigo *m* candeal.

froncer [frɔ̃se] *vt* fruncir ; **~ les sourcils** fruncir el ceño.

frondaison [frɔ̃dɛzɔ̃] *nf* - **1.** [période] foliación *f* - **2.** [feuillage] frondosidad *f.*

fronde [frɔ̃d] *nf* - **1.** [arme] honda *f* - **2.** [jouet] tirachinas *m inv*, tirador *m* - **3.** [révolte] revuelta *f.*

front [frɔ̃] *nm* - **1.** [gén] frente *m* - **2.** ANAT frente *f* - **3.** *fig* [audace] cara *f.*

frontal, e, aux [frɔ̃tal, o] *adj* frontal.

frontalier, ère [frɔ̃talje, ɛr] ◇ *adj* - **1.** [zone] fronterizo(za) - **2.** [travailleur] *que trabaja al otro lado de la frontera.* ◇ *nm, f persona que trabaja al otro lado de la frontera.*

frontière [frɔ̃tjɛr] ◇ *adj* fronterizo(za). ◇ *nf* frontera *f.*

fronton [frɔ̃tɔ̃] *nm* frontón *m.*

frottement [frɔtmɑ̃] *nm* - **1.** [contact] fricción *f* - **2.** *fig* [conflit] roce *m.*

frotter [frɔte] ◇ *vt* - **1.** [mettre en contact] frotar - **2.** [astiquer, enduire] restregar ; **~ qqch de qqch** restregar algo con algo. ◇ *vi* rozar.

frottis [frɔti] *nm* - **1.** MÉD citología *f* ; **~ vaginal** citología vaginal - **2.** ART pincelada *f.*

fructifier [fryktifje] *vi* fructificar.

fructueux, euse [fryktɥø, øz] *adj* fructífero(ra).

frugal, e, aux [frygal, o] *adj* frugal.

fruit [frɥi] *nm* - **1.** [d'arbre] fruta *f* - **2.** *fig* [résultat, profit] fruto *m.* ◆ **fruits de mer** *nmpl* marisco *m.*

fruité, e [frɥite] *adj* afrutado(da).

fruitier, ère [frɥitje, ɛr] ◇ *adj* [arbre] frutal. ◇ *nm, f* frutero *m*, -ra *f.* ◆ **fruitier** *nm* - **1.** [local] frutería *f* - **2.** *Helv* [fromager] quesero *m*, -ra *f.*

fruste [fryst] *adj* basto(ta).

frustration [frystrasjɔ̃] *nf* frustración *f.*

frustrer [frystre] *vt* - **1.** [décevoir] frustrar - **2.** [priver] : **~ qqn de qqch** privar a alguien de algo.

fuchsia [fyʃja] *nm* fucsia *f.*

fugace [fygas] *adj* fugaz.

fugitif, ive [fyʒitif, iv] ◇ *adj* fugaz. ◇ *nm, f* fugitivo *m*, -va *f.*

fugue [fyg] *nf* fuga *f.*

fui [fɥi] *pp inv* ▷ **fuir.**

fuir [fɥir] *vi* - **1.** [personne] huir - **2.** [gaz, eau] escaparse - **3.** *fig* [temps] irse.

fuite [fɥit] *nf* - **1.** [de personne] huida *f* - **2.** [de gaz, d'eau] escape *m* - **3.** *fig* [indiscrétion] filtración *f.*

fulgurant, e [fylgyrɑ̃, ɑ̃t] *adj* fulgurante.

fulminer [fylmine] ◇ *vi* estallar ; **~ contre qqn** montar en cólera contra alguien. ◇ *vt sout* espetar.

fumé, e [fyme] *adj* ahumado(da).

fumée [fyme] *nf* humo *m.*

fumer [fyme] ◇ *vi* - **1.** [cheminée, bouilloire etc] humear - **2.** *fam* [personne] echar humo. ◇ *vt* - **1.** [cigarette] fumar - **2.** [saumon] ahumar - **3.** AGRIC abonar.

fûmes [fym] ▷ **être.**

fumeur, euse [fymœr, øz] *nm, f* fumador *m*, -ra *f.*

fumier [fymje] *nm* - **1.** AGRIC estiércol *m* - **2.** *tfam* [salaud] cabrón *m Esp*, concha *f* de su madre *Amér.*

fumiste [fymist] *nmf fam* gandul *m*, -la *f.*

fumisterie [fymistəri] *nf fam* camelo *m.*

fumoir [fymwar] *nm* - **1.** [pour poisson] ahumadero *m* - **2.** [salon] fumadero *m.*

funambule [fynɑ̃byl] *nmf* funámbulo *m*, -la *f.*

funèbre [fynɛbr] *adj* fúnebre.

funérailles [fyneraj] *nfpl* funerales *mpl.*

funéraire [fynerɛr] *adj* funerario(ria).

funeste [fynɛst] *adj* funesto(ta).

funiculaire [fynikylɛr] *nm* funicular *m.*

fur [fyr] ◆ **au fur et à mesure** *loc adv* poco a poco. ◆ **au fur et à mesure que** *loc conj* a medida que, conforme.
furent [fyr] ▷ **être.**
furet [fyrɛ] *nm* **- 1.** [animal] hurón *m* **- 2.** *péj* [personne] fisgón *m* **- 3.** [jeu] anillito *m*.
fureter [fyrte] *vi* **- 1.** [fouiller] fisgonear **- 2.** [chasser] huronear.
fureur [fyrœr] *nf* furor *m*.
furibond, e [fyribɔ̃, ɔ̃d] *adj* furibundo(da).
furie [fyri] *nf* **- 1.** [gén] furia *f* ; **mettre qqn en ~** enfurecer a alguien ; **en ~** enfurecido(da) **- 2.** *fig* [femme] harpía *f*.
furieux, euse [fyrjø, øz] *adj* **- 1.** [personne, acte, air] furioso(sa) **- 2.** [haine, appétit] terrible.
furoncle [fyrɔ̃kl] *nm* forúnculo *m*.
furtif, ive [fyrtif, iv] *adj* furtivo(va).
fus *etc* ▷ **être.**
fusain [fyzɛ̃] *nm* **- 1.** [arbre] bonetero *m* **- 2.** [crayon] carboncillo *m* **- 3.** [dessin] dibujo *m* al carbón.
fuseau, x [fyzo] *nm* **- 1.** [outil] huso *m* **- 2.** [vêtement] pitillo *m* ; [de ski] fuseau *m*. ◆ **fuseau horaire** *nm* huso *m* horario.
fusée [fyze] *nf* **- 1.** [gén] cohete *m* **- 2.** [d'un essieu] mangueta *f*, manga *f*.
fuselage [fyzlaʒ] *nm* fuselaje *m*.
fuselé, e [fyzle] *adj* fino(na).
fuser [fyze] *vi* [rires, applaudissements] llover.
fusible [fyzibl] *nm* fusible *m*.
fusil [fyzi] *nm* **- 1.** [arme - gén] fusil *m* ; [- de chasse] escopeta *f* **- 2.** [tireur] tirador *m*, -ra *f* **- 3.** [outil] máquina *f* afiladora.
fusillade [fyzijad] *nf* **- 1.** [combat] tiroteo *m Esp*, balacera *f Amér* **- 2.** [exécution] fusilamiento *m*.
fusiller [fyzije] *vt* **- 1.** [exécuter] fusilar **- 2.** *fam* [abîmer] cargarse.
fusion [fyzjɔ̃] *nf* **- 1.** [gén & ÉCON] fusión *f* **- 2.** [de races, de peuples] mezcla *f*.
fusionner [fyzjɔne] ◇ *vt* fusionar. ◇ *vi* : **~ (avec qqch)** fusionarse (con algo).
fustiger [fystiʒe] *vt sout* fustigar.
fût [fy] ◇ *v* ▷ **être.** ◇ *nm* **- 1.** [d'arbre] tronco *m* **- 2.** [tonneau] tonel *m* **- 3.** [d'arme] caña *f* **- 4.** [de colonne] fuste *m*.
futaie [fytɛ] *nf* monte *m* alto.
fûtes [fyt] ▷ **être.**
futile [fytil] *adj* **- 1.** [insignifiant] fútil **- 2.** [frivole] frívolo(la).
futon [fytɔ̃] *nm* futón *m*.
futur, e [fytyr] ◇ *adj* futuro(ra). ◇ *nm, f* [fiancé] futuro *m*, -ra *f*. ◆ **futur** *nm* futuro *m*.
futuriste [fytyrist] *adj & nmf* futurista.
fuyant, e [fɥijɑ̃, ɑ̃t] *adj* **- 1.** [perspective] lejano(na) ; [lignes] de fuga **- 2.** [front, menton] deprimido(da) **- 3.** [regard] huidizo(za).
fuyard, e [fɥijar, ard] *nm, f* fugitivo *m*, -va *f*.

G

g, G [ʒe] *nm inv* [lettre] g *f*, G *f*. ◆ **g** **- 1.** (*abr de* **gauche**) izda., izqda. **- 2.** (*abr de* **gramme**) g. ◆ **G** **- 1.** (*abr de* **gauss**) G **- 2.** (*abr de* **giga**) G.
gabardine [gabardin] *nf* gabardina *f*.
gabarit [gabari] *nm* **- 1.** [modèle] gálibo *m* **- 2.** *fam* [importance] calaña *f* ; [carrure] cuerpo *m*.
Gabon [gabɔ̃] *nm* : **le ~** Gabón.
gâcher [gaʃe] *vt* **- 1.** [gaspiller - argent, talent] malgastar ; [- vie] arruinar ; [- occasion] perder ; [- nourriture] echar a perder **- 2.** [plaisir] estropear **- 3.** [plâtre, mortier] amasar.
gâchette [gaʃɛt] *nf* gatillo *m*.
gâchis [gaʃi] *nm* **- 1.** [gaspillage] derroche *m* **- 2.** [désordre] desastre *m* **- 3.** CONSTR mortero *m*.
gadget [gadʒɛt] *nm* chisme *m*.
gadoue [gadu] *nf fam* barro *m*.
gaffe [gaf] *nf* **- 1.** [outil] bichero *m* **- 2.** *fam* [maladresse] plancha *f*, metedura *f* de pata.
gaffer [gafe] ◇ *vt* aferrar con el bichero. ◇ *vi fam* meter la pata.
gag [gag] *nm* CIN & THÉÂTRE gag *m* ; [plaisanterie] broma *f*.
gage [gaʒ] *nm* **- 1.** [dépôt] prenda *f* ; **mettre qqch en ~** empeñar algo **- 2.** [assurance, preuve] testimonio *m*, prueba *f* **- 3.** [au jeu] prenda *f*.
gager [gaʒe] *vt* : **~ que** apostar que.
gageure [gaʒyr] *nf fam* apuesta *f*.
gagnant, e [gaɲɑ̃, ɑ̃t] *adj & nm, f* ganador(ra).

gagne-pain [gaɲpɛ̃] *nm inv* sustento *m*.
gagner [gaɲe] <> *vt* - **1.** [gén] ganar - **2.** [estime] ganarse. <> *vi* - **1.** [s'améliorer] : **~ à** ganar al ; **ce vin gagne à vieillir** este vino gana al envejecer ; **~ en** ganar en - **2.** [se propager] extenderse.
gai, e [gɛ] *adj* alegre.
gaieté [gete] *nf* alegría *f*.
gaillard, e [gajar, ard] <> *adj* - **1.** [alerte] ágil - **2.** [grivois] atrevido(da). <> *nm, f* buen mozo *m*, buena moza *f*. ◆ **gaillard** *nm* NAVIG castillo *m*.
gain [gɛ̃] *nm* - **1.** [gén] ganancia *f* ; **il a obtenu ~ de cause** le han dado la razón - **2.** [économie] ahorro *m*.
gaine [gɛn] *nf* - **1.** [gén] funda *f* - **2.** [sous-vêtement] faja *f*.
gaine-culotte *nf* faja-pantalón *f*.
gainer [gene] *vt* enfundar.
gala [gala] *nm* gala *f*.
galant, e [galɑ̃, ɑ̃t] *adj* galante. ◆ **galant** *nm vieilli* & *hum* galán *m*.
galanterie [galɑ̃tri] *nf* galantería *f*.
galaxie [galaksi] *nf* galaxia *f*.
galbe [galb] *nm* línea *f (perfil)*.
gale [gal] *nf* sarna *f*.
galère [galɛr] *nf* - **1.** NAVIG galera *f* - **2.** *fam* [situation désagréable] berenjenal *m* ; **quelle ~!** ¡qué rollo!
galerie [galri] *nf* - **1.** [gén] galería *f* - **2.** [porte-bagages] baca *f*.
galet [galɛ] *nm* - **1.** [caillou] canto *m* rodado, guijarro *m* - **2.** TECHNOL ruedecilla *f*.
galette [galɛt] *nf* - **1.** [gâteau] torta *f* ; [crêpe] crepe *f* salada - **2.** *fam* [argent] pasta *f*, pelas *fpl*.
galipette [galipɛt] *nf fam* voltereta *f*.
Galles [gal] *n* ▷ **pays**.
gallicisme [galisism] *nm* galicismo *m*.
galon [galɔ̃] *nm* - **1.** COUT pasamano *m* - **2.** MIL galón *m*.
galop [galo] *nm* galope *m* ; **au ~** [cheval] al galope ; *fig* rápido.
galoper [galɔpe] *vi* - **1.** [gén] galopar - **2.** [personne] trotar.
galopin [galɔpɛ̃] *nm fam* galopín *m*, pilluelo *m*.
galvaniser [galvanize] *vt* galvanizar.
galvauder [galvode] *vt* - **1.** [nom, gloire, réputation] manchar - **2.** [talent, dons] prostituir.
gambader [gɑ̃bade] *vi* saltar.
gamelle [gamɛl] *nf* [plat] escudilla *f*.
gamin, e [gamɛ̃, in] <> *adj* - **1.** [espiègle] travieso(sa) - **2.** *péj* [infantile] crío(a). <> *nm, f* - **1.** *fam* [enfant] crío *m*, -a *f* - **2.** [des rues] pilluelo *m*, -la *f*.
gamme [gam] *nf* - **1.** MUS escala *f*, gama *f* - **2.** [série] gama *f* ; **~ de produits** gama de artículos.
gang [gɑ̃g] *nm* banda *f*.
ganglion [gɑ̃glijɔ̃] *nm* ganglio *m*.
gangrène [gɑ̃grɛn] *nf* gangrena *f*.
gangue [gɑ̃g] *nf* - **1.** [de minerai] ganga *f* - **2.** *fig* [carcan] tenaza *f*.
gant [gɑ̃] *nm* guante *m*.
garage [garaʒ] *nm* - **1.** [abri] garage *m* - **2.** [atelier] taller *m Esp*, refaccionaria *f Amér*.
garagiste [garaʒist] *nmf* mecánico *m* ; **chez le ~** al taller.
garant, e [garɑ̃, ɑ̃t] *nm, f* - **1.** JUR [responsable] garante *mf* ; **se porter ~ de qqn/de qqch** responder de alguien/de algo - **2.** ÉCON [de dette] avalador *m*, -ra *f* ; **se porter ~ de qqn** avalar a alguien. ◆ **garant** *nm* garantía *f*.
garantie [garɑ̃ti] *nf* garantía *f*.
garantir [garɑ̃tir] *vt* - **1.** [gén] garantizar ; **~ à qqn que** garantizar a alguien que - **2.** [protéger] proteger ; **~ qqn/qqch de qqch** proteger a alguien/algo de algo.
garçon [garsɔ̃] *nm* - **1.** [jeune homme] chico *m*, muchacho *m* - **2.** [assistant] dependiente *m* ; **~ boucher** dependiente de carnicería - **3.** [serveur] camarero *m Esp*, mozo *m Amér*.
garçonnet [garsɔnɛ] *nm* niñito *m*.
garçonnière [garsɔnjɛr] *nf* apartamento *m* de soltero.
garde [gard] <> *nf* - **1.** [gén] guardia *f* ; **monter la ~** montar guardia ; **être/se tenir sur ses ~s** estar sobre aviso ; **mettre qqn en ~ contre qqch** poner a alguien en guardia contra algo - **2.** JUR [charge] custodia *f*. <> *nm* [gardien] guarda *mf*.
garde-à-vous [gardavu] *nm inv* posición *f* de firmes ; **se mettre au ~** ponerse firme.
garde-boue [gardəbu] *nm inv* guardabarros *m inv Esp*, salpicadera *f Amér*.
garde-chasse [gardəʃas] (*pl* **gardes-chasse** ou **gardes-chasses**) *nm* guarda *m* de caza.
garde-fou [gardəfu] (*pl* **garde-fous**) *nm* pretil *m*.
garde-malade [gardmalad] *nmf* enfermero *m*, -ra *f*.
garde-manger [gardmɑ̃ʒe] *nm inv* despensa *f*.

garde-meuble [gardəmœbl] (*pl* **garde-meubles**) *nm* guardamuebles *m inv*.
garde-pêche [gardəpɛʃ] (*pl* **gardes-pêche**) *nm* [personne] guarda *m* de pesca. ◆ **garde-pêche** *nm inv* [bateau] guardapesca *m*.
garder [garde] *vt* - **1.** [secret, silence, place] guardar - **2.** [enfant, entrée, porte] vigilar - **3.** [prisonnier] detener - **4.** [conserver - denrées] conservar ; [- paquet, vêtement] quedarse con - **5.** [invité] retener. ◆ **se garder** *vp* - **1.** [se conserver] conservarse - **2.** [s'abstenir] : **se ~ de faire qqch** guardarse de hacer algo - **3.** [se méfier] : **se ~ de qqch/de qqn** guardarse de algo/de alguien.
garderie [gardəri] *nf* guardería *f*.
garde-robe [gardərɔb] (*pl* **garde-robes**) *nf* - **1.** [armoire] ropero *m* - **2.** [vêtements] guardarropa *m*, vestuario *m*.
gardien, enne [gardjɛ̃, ɛn] *nm, f* [gén] guarda *mf*, vigilante *mf* ; [d'immeuble] portero *m*, -ra *f* ; **~ de nuit** vigilante nocturno.
gare[1] [gar] *nf* estación *f*.
gare[2] [gar] *interj* - **1.** [attention] ¡cuidado! ; **~ à** cuidado con - **2.** [exprime la menace] ¡ya verás!
garer [gare] *vt* aparcar *Esp*, parquear *Amér*. ◆ **se garer** *vp* - **1.** [automobiliste] aparcar - **2.** [se ranger de côté] apartarse - **3.** [éviter] : **se ~ (de qqch)** protegerse (de algo).
gargariser [gargarize] ◆ **se gargariser** *vp* - **1.** [se rincer] hacer gárgaras - **2.** *péj* [se délecter] : **se ~ de qqch** regodearse en algo.
gargouiller [garguje] *vi* - **1.** [eau] gorgotear - **2.** [intestins] hacer ruido.
garnement [garnəmɑ̃] *nm* diablillo *m*.
garnir [garnir] *vt* - **1.** [équiper] equipar - **2.** [couvrir] : **~ qqch de** cubrir algo de - **3.** [orner] : **~ qqch de** guarnecer algo con - **4.** [approvisionner, remplir] llenar.
garnison [garnizɔ̃] *nf* guarnición *f*.
garniture [garnityr] *nf* - **1.** [de lit] juego *m* - **2.** CULIN guarnición *f* - **3.** AUTOM accesorios *mpl*.
garrigue [garig] *nf* garriga *f*.
garrot [garo] *nm* - **1.** [de cheval] cruz *f* - **2.** MÉD torniquete *m* - **3.** [de torture] garrote *m*.
gars [ga] *nm fam* tipo *m*.
Gascogne [gaskɔɲ] *n* ▷ **golfe**.
gas-oil [gazɔjl, gazwal], **gazole** [gazɔl] *nm* gasoil *m*.
gaspillage [gaspijaʒ] *nm* despilfarro *m*.
gaspiller [gaspije] *vt* despilfarrar.
gastrique [gastrik] *adj* gástrico(ca).
gastro-entérite [gastroɑ̃terit] (*pl* **gastro-entérites**) *nf* gastroenteritis *f inv*.
gastronome [gastrɔnɔm] *nmf* gastrónomo *m*, -ma *f*.
gastronomie [gastrɔnɔmi] *nf* gastronomía *f*.
gâteau, x [gato] *nm* pastel *m* ; **~ marbré** *pastel de aspecto jaspeado por el contraste entre el chocolate y el bizcocho*.
gâter [gate] *vt* - **1.** [avarier, gâcher] estropear - **2.** [affaire] arruinar - **3.** [enfant] mimar *Esp*, papachar *Amér* - **4.** *iron* [combler] : **on est gâtés!** ¡lo que faltaba! ◆ **se gâter** *vp* - **1.** [gén] estropearse - **2.** [situation] ponerse feo(a).
gâteux, euse [gatø, øz] ◇ *adj* chocho(cha). ◇ *nm, f* viejo chocho *m*, vieja chocha *f*.
gauche [goʃ] ◇ *adj* - **1.** [côté] izquierdo(da) - **2.** [personne] torpe. ◇ *nm* ou *nf* [en boxe] izquierda *f*. ◇ *nf* izquierda *f*.
gaucher, ère [goʃe, ɛr] *adj* & *nm, f* zurdo(da).
gauchiste [goʃist] *adj* & *nmf* izquierdista.
gaufre [gofr] *nf* gofre *m*.
gaufrer [gofre] *vt* gofrar.
gaufrette [gofrɛt] *nf* barquillo *m*.
gaule [gol] *nf* - **1.** [perche] vara *f* - **2.** [canne à pêche] caña *f* (de pescar).
gauler [gole] *vt* varear.
gaulliste [golist] *adj* & *nmf* gaullista.
gaulois, e [golwa, az] *adj* - **1.** [de Gaule] galo(la) - **2.** [osé] picaresco(ca). ◆ **Gaulois, e** *nm, f* galo *m*, -la *f*.
gausser [gose] ◆ **se gausser** *vp sout* : **se ~ de qqn/de qqch** mofarse de alguien/de algo.
gaver [gave] *vt* cebar.
gay [gɛ] *adj* & *nmf* gay.
gaz [gaz] *nm inv* gas *m*.
gaze [gaz] *nf* gasa *f*.
gazelle [gazɛl] *nf* gacela *f*.
gazer [gaze] *vt* gasear.
gazette [gazɛt] *nf* gaceta *f*.
gazeux, euse [gazø, øz] *adj* - **1.** CHIM gaseoso(sa) - **2.** [boisson] con gas.
gazoduc [gazɔdyk] *nm* gasoducto *m*, gaseoducto *m*.
gazole = **gas-oil**.
gazon [gazɔ̃] *nm* césped *m* ; **sur ~** SPORT sobre hierba.

gazouiller [gazuje] *vi* - **1.** [oiseau] trinar, gorjear - **2.** [bébé] balbucear.
GB, G-B (*abr de* **Grande-Bretagne**) GB.
gd (*abr de* **grand**) g.
geai [ʒɛ] *nm* arrendajo *m*.
géant, e [ʒeɑ̃, ɑ̃t] ◇ *adj* gigante, gigantesco(ca). ◇ *nm, f* gigante *m*, -ta *f*.
geindre [ʒɛ̃dr] *vi* gemir.
gel [ʒɛl] *nm* - **1.** MÉTÉOR helada *f* - **2.** [cosmétique] gel *m* - **3.** *fig* [des salaires, activités] congelación *f*.
gélatine [ʒelatin] *nf* gelatina *f*.
gelée [ʒəle] *nf* - **1.** MÉTÉOR helada *f* - **2.** CULIN [de viandes] gelatina *f* ; [de fruits] jalea *f*, gelatina *f*.
geler [ʒəle] ◇ *vt* - **1.** [gén] helar - **2.** [salaires, activité] congelar. ◇ *vi* helarse. ◇ *v impers* helar ; **il gèle** hiela.
gélule [ʒelyl] *nf* cápsula *f (medicamento)*.
Gémeaux [ʒemo] *nmpl* Géminis *m inv*.
gémir [ʒemir] *vi* gemir.
gémissement [ʒemismɑ̃] *nm* gemido *m*.
gemme [ʒɛm] *nf* gema *f*.
gênant, e [ʒenɑ̃, ɑ̃t] *adj* molesto(ta).
gencive [ʒɑ̃siv] *nf* encía *f*.
gendarme [ʒɑ̃darm] *nm* gendarme *m*, ≃ guardia *m* civil.
gendarmerie [ʒɑ̃darməri] *nf* gendarmería *f*, ≃ Guardia *f* Civil.
gendre [ʒɑ̃dr] *nm* yerno *m*.
gène [ʒɛn] *nm* gen *m*.
gêne [ʒɛn] *nf* [physique, psychologique] molestia *f* ; **éprouver de la ~ à faire qqch** costarle a uno hacer algo ; **mettre qqn dans la ~** molestar a alguien.
généalogie [ʒenealɔʒi] *nf* genealogía *f*.
généalogique [ʒenealɔʒik] *adj* genealógico(ca).
gêner [ʒene] *vt* - **1.** [embarrasser, incommoder] molestar - **2.** [encombrer, entraver] molestar, estorbar.
général, e, aux [ʒeneral, o] *adj* general ; **en ~** en general. ◆ **général** *nm* MIL general *m*. ◆ **générale** *nf* - **1.** THÉÂTRE ensayo *m* general - **2.** MIL generala *f*.
généralisation [ʒeneralizasjɔ̃] *nf* generalización *f*.
généraliser [ʒeneralize] *vt* generalizar. ◆ **se généraliser** *vp* generalizarse.
généraliste [ʒeneralist] ◇ *adj* de medicina general. ◇ *nmf* médico *m*, -ca *f* de medicina general.
généralité [ʒeneralite] *nf* generalidad *f*. ◆ **généralités** *nfpl* generalidades *fpl*.
générateur, trice [ʒeneratœr, tris] *adj* generador(ra). ◆ **générateur** *nm* generador *m*. ◆ **génératrice** *nf* generador *m*.
génération [ʒenerasjɔ̃] *nf* generación *f* ; **~ spontanée** generación espontánea.
générer [ʒenere] *vt* generar.
généreux, euse [ʒenerø, øz] *adj* generoso(sa).
générique [ʒenerik] *adj* - **1.** LING genérico(ca) - **2.** MÉD : **médicament ~** medicamento *m* genérico.
générosité [ʒenerozite] *nf* generosidad *f*.
genèse [ʒənɛz] *nf* génesis *f inv*. ◆ **Genèse** *nf* : **la Genèse** el Génesis.
genêt [ʒənɛ] *nm* retama *f*.
génétique [ʒenetik] ◇ *adj* genético(ca). ◇ *nf* genética *f*.
Genève [ʒənɛv] *n* Ginebra.
génial, e, aux [ʒenjal, o] *adj* genial.
génie [ʒeni] *nm* - **1.** [gén] genio *m* - **2.** TECHNOL ingeniería *f* - **3.** MIL [corps] cuerpo *m* de ingenieros militares.
genièvre [ʒənjɛvr] *nm* enebro *m*.
génisse [ʒenis] *nf* becerra *f*.
génital, e, aux [ʒenital, o] *adj* genital.
génitif [ʒenitif] *nm* genitivo *m*.
génocide [ʒenɔsid] *nm* genocidio *m*.
genou, x [ʒənu] *nm* rodilla *f* ; **se mettre à ~x** arrodillarse.
genouillère [ʒənujɛr] *nf* rodillera *f*.
genre [ʒɑ̃r] *nm* - **1.** [gén] género *m* - **2.** [style] estilo *m*.
gens [ʒɑ̃] *nmpl* gente *f*.
gentiane [ʒɑ̃sjan] *nf* genciana *f*.
gentil, ille [ʒɑ̃ti, ij] *adj* - **1.** [sage] bueno(na) ; **un enfant très ~** un niño muy bueno - **2.** [aimable] amable.
gentillesse [ʒɑ̃tijɛs] *nf* - **1.** [qualité] amabilidad *f* - **2.** [geste] atención *f*.
gentiment [ʒɑ̃timɑ̃] *adv* - **1.** [aimablement] amablemente - **2.** *Helv* [tranquillement] tranquilamente.
génuflexion [ʒenyflɛksjɔ̃] *nf* genuflexión *f*.
géographe [ʒeɔgraf] *nmf* geógrafo *m*, -fa *f*.
géographie [ʒeɔgrafi] *nf* geografía *f*.
geôlier, ère [ʒolje, ɛr] *nm, f sout* carcelero *m*, -ra *f*.
géologie [ʒeɔlɔʒi] *nf* geología *f*.
géologue [ʒeɔlɔg] *nmf* geólogo *m*, -ga *f*.
géomètre [ʒeɔmɛtr] *nmf* - **1.** [spécialiste de géométrie] geómetra *mf* - **2.** [technicien] topógrafo *m*, -fa *f*.
géométrie [ʒeɔmetri] *nf* geometría *f*.
géosphère [ʒeɔsfɛr] *nf* geosfera *f*.

gérance [ʒerɑ̃s] *nf* gerencia *f*.
géranium [ʒeranjɔm] *nm* geranio *m*.
gérant, e [ʒerɑ̃, ɑ̃t] *nm, f* gerente *mf*.
gerbe [ʒɛrb] *nf* - **1.** [de fleurs] ramo *m* ; [de blé] gavilla *f*, haz *m* - **2.** [d'étincelles] haz *m* - **3.** [d'eau] chorro *m*.
gercé, e [ʒɛrse] *adj* cortado(da).
gerçure [ʒɛrsyr] *nf* grieta *f*.
gérer [ʒere] *vt* administrar.
gériatrie [ʒerjatri] *nf* geriatría *f*.
germain, e [ʒɛrmɛ̃, ɛn] *adj* hermano(na).
germanique [ʒɛrmanik] *adj* germánico(ca).
germe [ʒɛrm] *nm* germen *m*.
germer [ʒɛrme] *vi* germinar.
gésier [ʒezje] *nm* molleja *f*.
gésir [ʒezir] *vi sout* yacer.
gestation [ʒɛstasjɔ̃] *nf* gestación *f*.
geste [ʒɛst] *nm* gesto *m*.
gesticuler [ʒɛstikyle] *vi* gesticular.
gestion [ʒɛstjɔ̃] *nf* administración *f*, gestión *f*.
geyser [ʒezɛr] *nm* géiser *m*.
Ghana [gana] *nm* : **le ~** Ghana.
ghetto [gɛto] *nm* gueto *m*.
ghettoïsation [gɛtɔizasjɔ̃] *nf confinamiento en guetos*.
gibet [ʒibɛ] *nm* horca *f*.
gibier [ʒibje] *nm* caza *f*.
giboulée [ʒibule] *nf* chubasco *m*.
Gibraltar [ʒibraltar] *n* Gibraltar.
gicler [ʒikle] *vi* salpicar con fuerza.
gifle [ʒifl] *nf* bofetada *f Esp*, cachetada *f Amér*.
gifler [ʒifle] *vt* - **1.** [suj : personne] dar una bofetada - **2.** [suj : vent, pluie] golpear.
gigantesque [ʒigɑ̃tɛsk] *adj* gigantesco(ca).
GIGN (*abr de* **Groupe d'intervention de la gendarmerie nationale**) *nm cuerpo de élite de la gendarmería francesa*, ≃ GEO *mpl*.
gigolo [ʒigɔlo] *nm* gigoló *m*.
gigot [ʒigo] *nm* CULIN pierna *f*.
gigoter [ʒigɔte] *vi* patalear ; **arrête de ~!** ¡estáte quieto!
gilet [ʒilɛ] *nm* - **1.** [cardigan] chaqueta *f* de punto - **2.** [sans manches] chaleco *m*.
gin [dʒin] *nm* ginebra *f*.
gingembre [ʒɛ̃ʒɑ̃br] *nm* jengibre *m*.
girafe [ʒiraf] *nf* jirafa *f*.
giratoire [ʒiratwar] *adj* giratorio(ria).
girofle [ʒirɔfl] *nm* ⊳ **clou**.
girouette [ʒirwɛt] *nf* veleta *f* ; **cet enfant est une ~** *fig* este niño es un veleta.
gisement [ʒizmɑ̃] *nm* yacimiento *m*.
gît [ʒi] ⊳ **gésir**.
gitan, e [ʒitɑ̃, an] *adj* gitano(na). ◆ **Gitan, e** *nm, f* gitano *m*, -na *f*. ◆ **gitane®** *nf* [cigarette] *marca francesa de cigarrillos*.
gîte [ʒit] *nm* - **1.** [du lièvre] madriguera *f* - **2.** CULIN redondo *m*.
givre [ʒivr] *nm* escarcha *f*.
glabre [glabr] *adj* lampiño(ña).
glace [glas] *nf* - **1.** [eau congelée] hielo *m* - **2.** [crème glacée] helado *m* - **3.** [plaque de verre] luna *f* - **4.** [de voiture - avant et arrière] luneta *f* ; [- de côté] ventanilla *f* - **5.** [miroir] espejo *m*.
glacé, e [glase] *adj* - **1.** [gén] helado(da) - **2.** CULIN [au sucre] glaseado(da).
glacer [glase] *vt* - **1.** [gén] helar - **2.** CULIN [au sucre] glasear.
glacial, e, aux [glasjal, o] *adj* glacial.
glacier [glasje] *nm* - **1.** GÉOGR glaciar *m* - **2.** [marchand de glaces] vendedor *m* de helados.
glaçon [glasɔ̃] *nm* - **1.** [glace naturelle] témpano *m* (de hielo) - **2.** [cube de glace] cubito *m* de hielo - **3.** *fig* [personne] témpano *m*.
gladiateur [gladjatœr] *nm* gladiador *m*.
glaïeul [glajœl] *nm* gladiolo *m*.
glaire [glɛr] *nf* flema *f*.
glaise [glɛz] *nf* arcilla *f*.
glaive [glɛv] *nm* espada *f*.
gland [glɑ̃] *nm* - **1.** [fruit du chêne] bellota *f* - **2.** [ornement] borla *f* - **3.** ANAT glande *m*.
glande [glɑ̃d] *nf* glándula *f*.
glaner [glane] *vt* espigar.
glapir [glapir] *vi* gañir.
glas [gla] *nm* doble *m*.
glauque [glok] *adj* - **1.** [eau, yeux] glauco(ca) - **2.** *fam* [ambiance] sórdido(da).
glissade [glisad] *nf* deslizamiento *m*.
glissant, e [glisɑ̃, ɑ̃t] *adj* - **1.** [route, chaussée] resbaladizo(za) - **2.** [savon] escurridizo(za).
glissement [glismɑ̃] *nm* - **1.** [action de glisser] deslizamiento *m* - **2.** *fig* [déplacement] desplazamiento *m*.
glisser [glise] ◇ *vi* - **1.** [patineur, skieur] deslizarse ; **~ sur qqch** [se déplacer] deslizarse sobre algo ; [déraper] resbalar sobre algo ; *fig* [ne pas insister] tratar por encima OU superficialmente algo - **2.** [surface] resbalar - **3.** *fig* [progresser] desplazarse ; **~ vers qqch** desplazarse hacia algo. ◇ *vt*

- **1.** [introduire] deslizar - **2.** [donner] pasar ; **~ qqch à qqn** pasar algo a alguien - **3.** [regard] lanzar ; [mots] susurrar. ◆ **se glisser** *vp* [se faufiler] colarse ; **se ~ dans qqch** [personne] deslizarse en algo ; [erreur] colarse en algo.
glissière [glisjɛr] *nf* corredera *f*.
global, e, aux [glɔbal, o] *adj* global.
globalement [glɔbalmɑ̃] *adv* globalmente.
globalisation [glɔbalizasjɔ̃] *nf* [d'un marché] globalización *f*, internacionalización *f*.
globe [glɔb] *nm* globo *m*.
globule [glɔbyl] *nm* glóbulo *m* ; **~ blanc/rouge** glóbulo blanco/rojo.
gloire [glwar] *nf* - **1.** [renommée] gloria *f* - **2.** [mérite] mérito *m* - **3.** [fierté] orgullo *m*.
glorieux, euse [glɔrjø, øz] *adj* glorioso(sa).
glossaire [glɔsɛr] *nm* glosario *m*.
glousser [gluse] *vi* - **1.** [poule] cloquear - **2.** *péj* [rire] reír ahogadamente.
glouton, onne [glutɔ̃, ɔn] *adj* & *nm, f* glotón(ona).
glu [gly] *nf* liga *f (cola)*.
gluant, e [glyɑ̃, ɑ̃t] *adj* pegajoso(sa).
glucide [glysid] *nm* glúcido *m*.
glycémie [glisemi] *nf* glucemia *f*.
glycine [glisin] *nf* glicina *f*.
GMT (*abr de* **Greenwich Mean Time**) GMT.
go [go] ◆ **tout de go** *loc adv* directamente.
goal [gol] *nm* portero *m (en fútbol)*.
gobelet [gɔblɛ] *nm* [en métal, pour les dés] cubilete *m* ; **~ en plastique/carton** vaso *m* de plástico/papel.
gober [gɔbe] *vt* - **1.** [avaler] sorber - **2.** *fam* [croire] tragarse.
godet [gɔdɛ] *nm* - **1.** [récipient] cortadillo *m* - **2.** COUT pliegue *m* ; **à ~s** plegado(da).
godiller [gɔdije] *vi* - **1.** [embarcation] cinglar - **2.** [skieur] hacer bédel.
goéland [gɔelɑ̃] *nm* gaviota *f*.
goélette [gɔelɛt] *nf* goleta *f*.
goguenard, e [gɔgnar, ard] *adj* guasón(ona), burlón(ona).
goinfre [gwɛ̃fr] *nmf fam* tragón *m*, -ona *f*, tragaldabas *mf inv*.
goitre [gwatr] *nm* bocio *m*.
golf [gɔlf] *nm* golf *m*.
golfe [gɔlf] *nm* golfo *m* ; **le ~ de Gascogne** el golfo de Vizcaya ; **le ~ Persique** el golfo Pérsico.
gomme [gɔm] *nf* - **1.** [substance, pour effacer] goma *f* - **2.** [bonbon] pastilla *f* de goma, gominola *f*.
gommer [gɔme] *vt* - **1.** [gén] borrar - **2.** [enduire de gomme] engomar.
gond [gɔ̃] *nm* gozne *m*.
gondole [gɔ̃dɔl] *nf* góndola *f*.
gondoler [gɔ̃dɔle] *vi* combarse.
gonflé, e [gɔ̃fle] *adj* - **1.** [déformé] hinchado(da) - **2.** *fam* [culotté] : **être ~** tener morro.
gonfler [gɔ̃fle] ◇ *vt* hinchar, inflar. ◇ *vi* hincharse.
gonflette [gɔ̃flɛt] *nf* : **faire de la ~** *fam* sacar bola.
gong [gɔ̃g] *nm* gong *m*.
gorge [gɔrʒ] *nf* - **1.** [gosier] garganta *f* - **2.** [cou] cuello *m* - **3.** *sout* [de femme] pecho *m* - **4.** GÉOGR garganta *f*.
gorgée [gɔrʒe] *nf* trago *m*.
gorger [gɔrʒe] *vt* : **~ qqn de qqch** [gaver] cebar a alguien con algo ; **~ qqch de qqch** saturar algo de algo.
gorille [gɔrij] *nm* gorila *m*.
gosier [gozje] *nm* gaznate *m*.
gosse [gɔs] *nmf fam* chaval *m*, -la *f Esp*, chamaco *m*, -ca *f Amér*.
gothique [gɔtik] *adj* gótico(ca).
gouache [gwaʃ] *nf* guache *m*, aguada *f*.
goudron [gudrɔ̃] *nm* alquitrán *m*.
goudronner [gudrɔne] *vt* alquitranar.
gouffre [gufr] *nm* - **1.** [gén] abismo *m* - **2.** [ruine] pozo *m* sin fondo.
goujat [guʒa] *nm* patán *m*.
goulet [gulɛ] *nm* bocana *f*.
goulot [gulo] *nm* gollete *m*.
goulu, e [guly] *adj* & *nm, f* tragón(ona).
goupillon [gupijɔ̃] *nm* - **1.** RELIG hisopo *m* - **2.** [à bouteille] escobilla *f (para limpiar botellas)*.
gourd, e [gur, gurd] *adj* entumecido(da).
gourde [gurd] ◇ *adj fam* zoquete. ◇ *nf* - **1.** [bouteille] cantimplora *f* - **2.** *fam* [personne] zoquete *mf*.
gourdin [gurdɛ̃] *nm* porra *f*.
gourmand, e [gurmɑ̃, ɑ̃d] ◇ *adj* goloso(sa). ◇ *nm, f* goloso *m*, -sa *f*.
gourmandise [gurmɑ̃diz] *nf* - **1.** [défaut] glotonería *f* - **2.** [sucrerie] golosina *f*.
gourmet [gurmɛ] *nm* gourmet *m*.
gourmette [gurmɛt] *nf* esclava *f*.
gousse [gus] *nf* vaina *f*.
goût [gu] *nm* - **1.** [sens, jugement esthétique] gusto *m* - **2.** [saveur] gusto *m*, sabor *m* - **3.** [style] estilo *m* - **4.** [penchant] afición *f*, inclinación *f*.

goûter [gute] ◇ *vt* - **1.** [aliment, boisson] probar - **2.** [musique, sensation] disfrutar de - **3.** *sout* [auteur, plaisanterie] apreciar. ◇ *vi* - **1.** [gén] probar - **2.** [prendre une collation] merendar. ◇ *nm* merienda *f*.

goutte [gut] ◇ *nf* - **1.** [gén] gota *f* - **2.** *fam* [alcool] chupito *m*. ◇ *adv (de négation) sout* : **ne ... ~** ni gota. ◆ **gouttes** *nfpl* [médicament] gotas *fpl*.

goutte-à-goutte *nm inv* gota a gota *m*.

gouttelette [gutlɛt] *nf* gotita *f*.

gouttière [gutjɛr] *nf* - **1.** CONSTR canalón *m* - **2.** MÉD entablillado *m*.

gouvernail [guvɛrnaj] *nm* timón *m*.

gouvernante [guvɛrnɑ̃t] *nf* - **1.** [d'enfants] aya *f* - **2.** [dame de compagnie] ama *f* de llaves, gobernanta *f*.

gouvernement [guvɛrnəmɑ̃] *nm* gobierno *m*.

gouverner [guvɛrne] *vt* gobernar.

gouverneur [guvɛrnœr] *nm* gobernador *m*.

grâce [gras] *nf* gracia *f*; **de bonne/mauvaise ~** de buena/mala gana. ◆ **grâce à** *loc prép* gracias a.

gracier [grasje] *vt* indultar.

gracieusement [grasjøzmɑ̃] *adv* - **1.** [avec grâce] con gracia - **2.** [gratuitement] graciosamente.

gracieux, euse [grasjø, øz] *adj* [danseuse, bébé] lleno(na) de gracia, grácil.

gradation [gradasjɔ̃] *nf* gradación *f*.

grade [grad] *nm* grado *m*.

gradé, e [grade] *adj* & *nm, f* suboficial.

gradin [gradɛ̃] *nm* - **1.** [d'amphithéâtre, de stade] grada *f* - **2.** [de terrain] escalón *m*.

graduation [gradɥasjɔ̃] *nf* graduación *f*.

graduel, elle [gradɥɛl] *adj* gradual.

graduer [gradɥe] *vt* graduar.

graffiti [grafiti] *nm* pintada *f*, graffiti *m*.

grain [grɛ̃] *nm* [gén] grano *m*.

graine [grɛn] *nf* semilla *f*, simiente *f*.

graisse [grɛs] *nf* - **1.** [gén] grasa *f* - **2.** [pour cuisiner] manteca *f*.

graisser [grɛse] *vt* - **1.** [machine] engrasar - **2.** [salir] manchar de grasa.

grammaire [gramɛr] *nf* gramática *f*.

grammatical, e, aux [gramatikal, o] *adj* gramatical.

gramme [gram] *nm* [unité de poids] gramo *m*.

grand, e [grɑ̃, grɑ̃d] ◇ *adj* - **1.** [gén] grande, gran ; **un ~ volume** un volumen grande, un gran volumen ; **prendre de ~s airs** darse aires de grandeza ; **~ âge** edad avanzada ; **~s mots** palabras mayores - **2.** [en hauteur] alto(ta) - **3.** [en âge] mayor. ◇ *nm, f* - **1.** [adulte] persona *f* mayor - **2.** [personnalité] gran figura *f* - **3.** [terme d'affection] : **mon ~** grandullón *m*, -ona *f*.

grand-angle [grɑ̃tɑ̃gl], **grand-angulaire** [grɑ̃tɑ̃gylɛr] *nm* gran angular *m*.

grand-chose *pron indéf* : **ce n'est pas ~** no es gran cosa, es poca cosa.

Grande-Bretagne [grɑ̃dbrətaɲ] *nf* : **la ~** Gran Bretaña.

grandeur [grɑ̃dœr] *nf* - **1.** [dimension] tamaño *m* - **2.** [splendeur] grandeza *f* - **3.** *fig* [morale] grandeza *f*, magnitud *f*.

grandir [grɑ̃dir] ◇ *vt* - **1.** [rehausser] hacer (parecer) más alto - **2.** *fig* [moralement] engrandecer. ◇ *vi* crecer.

grand-mère (*pl* **grand-mères** OU **grands-mères**) *nf* abuela *f* *Esp*, mamá *f* grande *Amér*.

grand-père *nm* abuelo *m* *Esp*, papá *m* grande *Amér*.

grands-parents [grɑ̃parɑ̃] *nmpl* abuelos *mpl*.

grange [grɑ̃ʒ] *nf* granero *m*.

granit, granite [granit] *nm* granito *m*.

granuleux, euse [granylø, øz] *adj* granuloso(sa).

graphique [grafik] ◇ *adj* gráfico(ca). ◇ *nm* gráfico *m*, gráfica *f*.

graphisme [grafism] *nm* grafismo *m*.

graphologie [grafɔlɔʒi] *nf* grafología *f*.

grappe [grap] *nf* racimo *m*.

grappiller [grapije] ◇ *vt* - **1.** [fruits] recoger - **2.** *fig* [renseignements, argent] sacar. ◇ *vi fig* rebuscar.

grappin [grapɛ̃] *nm* rezón *m*.

gras, grasse [gra, gras] *adj* - **1.** [gén] graso(sa) - **2.** [personne, animal] gordo(da) - **3.** [vulgaire - plaisanterie] grosero(ra) ; [- rire] cazalloso(sa) - **4.** [crayon, toux] blando(da) - **5.** [plante] carnoso(sa) - **6.** [sol, terre] fértil. ◆ **gras** ◇ *nm* - **1.** [du jambon] tocino *m* - **2.** [de partie du corps] grasa *f* - **3.** TYPOGRAPHIE negrita *f*, negrilla *f*. ◇ *adv* : **manger ~** comer mucha grasa ; **tousser ~** tener la tos blanda.

grassement [grasmɑ̃] *adv* - **1.** [vulgairement] : **parler/rire ~** hablar/reír con la voz aguardentosa - **2.** [largement] generosamente.

gratifier [gratifje] *vt* gratificar ; **~ qqn de qqch** [d'un sourire, d'une récompense] gratificar a alguien con algo ; *iron* obsequiar a alguien con algo.

gratin [gratɛ̃] *nm* - **1.** [plat] gratén *m*, gratinado *m* - **2.** *fam* [haute société] flor y nata *f*.

gratiné, e [gratine] *adj* - **1.** CULIN gratinado(da) - **2.** *fam* [épreuve, examen] de aúpa *Esp*, de la gran siete *Amér* - **3.** *fam* [plaisanterie, histoire] fuerte.

gratis [gratis] *adv* gratis.

gratitude [gratityd] *nf* gratitud *f*, agradecimiento *m*.

gratte-ciel [gratsjɛl] *nm inv* rascacielos *m inv*.

grattement [gratmɑ̃] *nm* rascadura *f*.

gratter [grate] ◇ *vt* - **1.** [surface, tache, peinture] rascar - **2.** [suj : vêtement] picar - **3.** *fam* [concurrent] ganar - **4.** *fam* [économiser] sacar. ◇ *vi* - **1.** [frapper] : **~ à la porte** llamar suavemente a la puerta - **2.** [démanger] picar - **3.** *fam* [écrire] garrapatear - **4.** *fam* [travailler] currar - **5.** *fam* [jouer] : **~ d'un instrument** tocar mediocremente un instrumento. ◆ **se gratter** *vp* rascarse.

gratuit, e [gratɥi, it] *adj* gratuito(ta).

gratuitement [gratɥitmɑ̃] *adv* - **1.** [sans payer] gratis, gratuitamente - **2.** [sans raison] gratuitamente.

gravats [grava] *nmpl* escombros *mpl*, cascotes *mpl*.

grave [grav] *adj* & *nm* grave.

gravement [gravmɑ̃] *adv* - **1.** [parler] con gravedad - **2.** [blesser] de gravedad, gravemente.

graver [grave] *vt* - **1.** [gén] grabar - **2.** [papier] imprimir.

gravier [gravje] *nm* grava *f Esp*, pedregullo *m Amér*.

gravillon [gravijɔ̃] *nm* gravilla *f*.

gravir [gravir] *vt* subir dificultosamente.

gravité [gravite] *nf* gravedad *f*.

graviter [gravite] *vi* - **1.** [astre] gravitar - **2.** *fig* [évoluer] : **~ autour de qqn/de qqch** girar alrededor de alguien/de algo.

gravure [gravyr] *nf* grabado *m*.

gré [gre] *nm* : **contre mon ~** en contra de mi voluntad ; **de ~ ou de force** por las buenas o por las malas.

grec, grecque [grɛk] *adj* griego(ga). ◆ **grec** *nm* LING griego *m*. ◆ **Grec, Grecque** *nm, f* griego *m*, -ga *f*.

Grèce [grɛs] *nf* : **la ~** Grecia.

gréement [gremɑ̃] *nm* NAVIG aparejo *m*.

greffe [grɛf] ◇ *nf* - **1.** MÉD trasplante *m* - **2.** BOT injerto *m*. ◇ *nm* JUR ≃ secretaría *f* del juzgado.

greffer [grefe] *vt* - **1.** [organe] trasplantar ; **~ qqch à qqn** trasplantar algo a alguien - **2.** BOT injertar. ◆ **se greffer** *vp* : **se ~ sur qqch** sumarse a algo.

greffier [grefje] *nm* JUR ≃ secretario *m*, -ria *f* judicial.

grégaire [gregɛr] *adj* gregario(ria).

grêle [grɛl] ◇ *adj* - **1.** [jambe] delgaducho(cha) - **2.** [son] agudo(da). ◇ *nf* - **1.** [précipitation] granizo *m* - **2.** *fig* [grande quantité] lluvia *f*.

grêler [grele] ◇ *v impers* granizar ; **il grêle** está granizando. ◇ *vt* dañar.

grêlon [grɛlɔ̃] *nm* granizo *m*.

grelot [grəlo] *nm* cascabel *m*.

grelotter [grəlɔte] *vi* tiritar ; **~ de froid** tiritar de frío.

grenade [grənad] *nf* granada *f*.

Grenade [grənad] ◇ *nf* [île] : **la ~** la Granada. ◇ *n* [ville d'Espagne] Granada.

grenadier [grənadje] *nm* - **1.** [arbre] granado *m* - **2.** MIL [soldat] granadero *m*.

grenat [grəna] *adj* & *nm* granate.

grenier [grənje] *nm* - **1.** [de maison] desván *m* - **2.** [à grain, région] granero *m*.

grenouille [grənuj] *nf* rana *f*.

grès [grɛ] *nm* - **1.** [roche] arenisca *f* - **2.** [poterie] gres *m*.

grésiller [grezije] *vi* chisporrotear ; [grillon] cantar.

grève [grɛv] *nf* - **1.** [protestation] huelga *f* ; **faire (la) ~** hacer huelga - **2.** [rivage] arenal *m*.

grever [grəve] *vt* gravar ; **~ qqch de qqch** gravar algo con algo.

gréviste [grevist] *adj* & *nmf* huelguista.

gribouiller [gribuje] *vt* - **1.** [écrire] garabatear - **2.** [dessiner] garabatear, pintarrajear.

grief [grijɛf] *nm* queja *f* ; **faire ~ de qqch à qqn** echar en cara algo a alguien.

grièvement [grijɛvmɑ̃] *adv* gravemente.

griffe [grif] *nf* - **1.** [de fauve etc] garra *f*, zarpa *f* ; [de chat] uña *f* - **2.** *Belg* [éraflure] arañazo *m*.

griffé, e [grife] *adj* [vêtement] de marca.

griffer [grife] *vt* - **1.** [suj : chat] arañar - **2.** [suj : créateur] firmar.

grignoter [griɲɔte] ◇ *vt* - **1.** [du bout des dents] mordisquear ; [en dehors du repas] picar - **2.** [capital, fortune] pulirse. ◇ *vi* comisquear.

gril [gril] *nm* parrilla *f*.

grillade [grijad] *nf* parrillada *f*.
grillage [grijaʒ] *nm* - **1.** [de porte, de fenêtre] rejilla *f* - **2.** [clôture] alambrada *f*.
grille [grij] *nf* - **1.** [portail] cancela *f* - **2.** [de fenêtre, de ventilation] reja *f* - **3.** [de guichet] rejilla *f* - **4.** [de mots croisés, de loto] encasillado *m* - **5.** [tableau] cuadro *m*.
grille-pain [grijpɛ̃] *nm inv* tostadora *f*, tostador *m*.
griller [grije] ◇ *vt* - **1.** [viande, marron] asar - **2.** [pain, café, amande] tostar - **3.** [végétation, moteur] quemar - **4.** [ampoule] fundir - **5.** *fam* [cigarette] fumarse - **6.** *fam* [feu rouge, étape] saltarse - **7.** *fam* [concurrents] pasar delante de - **8.** *fam* [compromettre] quemar. ◇ *vi* [viande] asarse.
grillon [grijɔ̃] *nm* grillo *m*.
grimace [grimas] *nf* mueca *f*.
grimer [grime] *vt* caracterizar *(maquillar)*. ◆ **se grimer** *vp* caracterizarse *(maquillarse)*.
grimper [grɛ̃pe] ◇ *vt* trepar a. ◇ *vi* - **1.** [personne, animal, plante] trepar ; **~ sur qqch** [arbre] trepar a algo ; [échelle, table] subirse a algo - **2.** [route] estar en cuesta - **3.** *fig* [prix] subir.
grincement [grɛ̃smɑ̃] *nm* chirrido *m*.
grincer [grɛ̃se] *vi* rechinar, chirriar.
grincheux, euse [grɛ̃ʃø, øz] *adj* & *nm, f* gruñón(ona).
grippe [grip] *nf* MÉD gripe *f Esp*, gripa *f Amér*.
grippé, e [gripe] *adj* griposo(sa).
gripper [gripe] *vi* atrancarse.
gris, e [gri, griz] *adj* - **1.** [gén] gris - **2.** [saoul] achispado(da). ◆ **gris** *nm* - **1.** [couleur] gris *m* - **2.** [tabac] *tabaco picado fuerte que se vende envuelto en un papel de color gris*.
grisaille [grizaj] *nf* - **1.** [du ciel] tono *m* gris - **2.** *fig* [de vie] monotonía *f*.
grisant, e [grizɑ̃, ɑ̃t] *adj* embriagador(ra).
griser [grize] *vt* embriagar.
grisonner [grizɔne] *vi* encanecerse.
grisou [grizu] *nm* grisú *m*.
grive [griv] *nf* tordo *m*.
grivois, e [grivwa, az] *adj* verde *(picante)*.
Groenland [grɔɛnlɑ̃d] *nm* : **le ~** Groenlandia.
grog [grɔg] *nm* grog *m*.
grognement [grɔɲmɑ̃] *nm* gruñido *m*.
grogner [grɔɲe] *vi* gruñir.
groin [grwɛ̃] *nm* morro *m (del cerdo)*.
grommeler [grɔmle] *vt* & *vi* mascullar.
grondement [grɔ̃dmɑ̃] *nm* - **1.** [de tonnerre, de torrent] rugido *m* - **2.** [d'animal] gruñido *m*.
gronder [grɔ̃de] ◇ *vi* - **1.** [canon, tonnerre] rugir - **2.** [animal] gruñir. ◇ *vt* regañar.
gros, grosse [gro, gros] ◇ *adj (gén avant le nom)* - **1.** [volumineux, important] gran, grande ; **une grosse boîte** una caja grande - **2.** *(avant ou après le nom)* [corpulent] gordo(da) - **3.** [grossier] grueso(sa) - **4.** [fort, sonore] fuerte. ◇ *nm, f* [personne corpulente] gordo *m*, -da *f*. ◆ **gros** ◇ *adv* [beaucoup] mucho. ◇ *nm* COMM : **le ~** los negocios al por mayor *Esp*, el mayoreo *Amér*. ◆ **grosse** *nf* [douze douzaines] gruesa *f*.
groseille [grozɛj] ◇ *nf* grosella *f*. ◇ *adj inv* [couleur] grosella *(en aposición)*.
grosse ▷ **gros**.
grossesse [grosɛs] *nf* embarazo *m*.
grosseur [grosœr] *nf* - **1.** [grandeur, corpulence] tamaño *m* - **2.** [épaisseur] grosor *m* - **3.** MÉD bulto *m*.
grossier, ère [grosje, ɛr] *adj* - **1.** [gén] grosero(ra) - **2.** [matière] basto(ta) - **3.** [approximatif] aproximado(da) ; [erreur] burdo(da).
grossièrement [grosjɛrmɑ̃] *adv* groseramente.
grossir [grosir] ◇ *vi* - **1.** [prendre du poids] engordar - **2.** [augmenter, s'intensifier] crecer. ◇ *vt* - **1.** [suj : microscope, verre] agrandar - **2.** [suj : vêtement] hacer parecer más gordo(da) - **3.** [importance, danger] exagerar - **4.** [cours d'eau] hacer crecer.
grossissant, e [grosisɑ̃, ɑ̃t] *adj* [verre, lentille] de aumento.
grossiste [grosist] *nmf* mayorista *mf*.
grosso modo [grosomɔdo] *adv* grosso modo.
grotte [grɔt] *nf* gruta *f*.
grouiller [gruje] *vi* hormiguear ; **~ de** hervir de.
groupe [grup] *nm* grupo *m* ; **~ armé** banda *f* armada. ◆ **groupe sanguin** *nm* grupo *m* sanguíneo.
groupement [grupmɑ̃] *nm* agrupación *f*, agrupamiento *m*.
grouper [grupe] *vt* agrupar. ◆ **se grouper** *vp* agruparse.
grue [gry] *nf* - **1.** [appareil de levage] grúa *f* - **2.** ZOOL grulla *f* - **3.** *péj* [prostituée] zorra *f*.

grumeau, x [grymo] *nm* grumo *m.*
grunge [grœnʒ] *adj* grunge.
Guadeloupe [gwadlup] *nf* : **la ~** Guadalupe.
Guatemala [gwatemala] ◇ *nm* : **le ~** Guatemala. ◇ *n* [ville] Guatemala.
gué [ge] *nm* vado *m* ; **passer à ~** vadear.
guenille [gənij] *nf* andrajo *m.*
guenon [gənɔ̃] *nf* mona *f.*
guépard [gepar] *nm* guepardo *m.*
guêpe [gɛp] *nf* avispa *f.*
guêpier [gepje] *nm* avispero *m.*
guère [gɛr] *adv* [peu] no mucho ; **ne ... ~** no ... mucho ; **elle ne l'aime ~** no le gusta mucho ; **elle n'est ~ anxieuse** no está muy preocupada.
guéridon [geridɔ̃] *nm* velador *m.*
guérilla [gerija] *nf* guerrilla *f.*
guérir [gerir] ◇ *vt* curar. ◇ *vi* curarse.
guérison [gerizɔ̃] *nf* curación *f.*
guerre [gɛr] *nf* guerra *f.*
guerrier, ère [gɛrje, ɛr] *adj* guerrero(ra). ◆ **guerrier** *nm* guerrero *m.*
guet-apens [gɛtapɑ̃] *nm* - **1.** [embuscade] emboscada *f* - **2.** *fig* [machination] encerrona *f.*
guêtre [gɛtr] *nf* polaina *f.*
guetter [gete] *vt* acechar *Esp,* aguaitar *Amér.*
gueulard, e [gœlar, ard] *adj* & *nm, f fam* gritón(ona).
gueule [gœl] *nf* - **1.** [gén] boca *f* - **2.** *tfam* [bouche] pico *m* - **3.** *fam* [visage] careto *m.*
gueuleton [gœltɔ̃] *nm fam* comilona *f.*
gui [gi] *nm* muérdago *m.*
guichet [giʃɛ] *nm* taquilla *f Esp,* boletería *f Amér.* ◆ **guichet automatique** *nm* cajero *m* automático.
guichetier, ère [giʃtje, ɛr] *nm, f* taquillero *m,* -ra *f.*
guide [gid] ◇ *nm* - **1.** [personne] guía *mf* - **2.** [livre] guía *f.* ◇ *nf* [scoutisme] guía *f.*
guider [gide] *vt* guiar.
guidon [gidɔ̃] *nm* manillar *m.*
guignol [giɲɔl] *nm* - **1.** [marionnette] títere *m* - **2.** [théâtre] guiñol *m.*
guillemet [gijmɛ] *nm* comilla *f.*
guilleret, ette [gijrɛ, ɛt] *adj* vivaracho(cha).
guillotine [gijɔtin] *nf* guillotina *f.*
guindé, e [gɛ̃de] *adj* - **1.** [attitude, personne] estirado(da) - **2.** [style] ampuloso(sa).
Guinée [gine] *nf* : **la ~** Guinea.
guirlande [girlɑ̃d] *nf* guirnalda *f.*
guise [giz] *nf* : **à ma ~** a mi manera.
guitare [gitar] *nf* guitarra *f.*
guitariste [gitarist] *nmf* guitarrista *mf.*
guttural, e, aux [gytyral, o] *adj* gutural.
Guyane [gɥijan] *nf* : **la ~** (la) Guayana.
gymnastique [ʒimnastik] *nf* gimnasia *f.*
gynéco [ʒineko] *nmf fam* ginecólogo *m,* -ga *f.*
gynécologie [ʒinekɔlɔʒi] *nf* ginecología *f.*
gynécologue [ʒinekɔlɔg] *nmf* ginecólogo *m,* -ga *f.*

H

h, H [aʃ] *nm inv* [lettre] h *f,* H *f.* ◆ **h** - **1.** (*abr de* **heure**) h - **2.** (*abr de* **hecto**) h. ◆ **H** - **1.** (*abr de* **homme**) H - **2.** (*abr de* **hydrogène**) H.
ha (*abr de* **hectare**) ha.
hab. (*abr de* **habitant**) hab.
habile [abil] *adj* hábil.
habileté [abilte] *nf* habilidad *f.*
habiller [abije] *vt* - **1.** [gén] vestir ; **~ qqn de qqch** vestir a alguien de algo - **2.** [fauteuil] poner una funda a. ◆ **s'habiller** *vp* vestirse.
habit [abi] *nm* - **1.** [costume] traje *m* - **2.** RELIG hábito *m.* ◆ **habits** *nmpl* ropa *f.*
habitacle [abitakl] *nm* cabina *f (de avión).*
habitant, e [abitɑ̃, ɑ̃t] *nm, f* - **1.** [gén] habitante *mf* - **2.** *Can* [paysan] campesino *m,* -na *f.*
habitation [abitasjɔ̃] *nf* vivienda *f.*
habité, e [abite] *adj* habitado(da).
habiter [abite] ◇ *vt* - **1.** [suj : personne] vivir en - **2.** [suj : sentiment] embargar. ◇ *vi* vivir.
habitude [abityd] *nf* costumbre *f* ; **avoir l'~ de qqch/de faire qqch** tener la costumbre de algo/de hacer algo.
habituel, elle [abitɥɛl] *adj* habitual.
habituer [abitɥe] *vt* : **~ qqn à qqch/à faire qqch** acostumbrar a alguien a algo/a hacer algo. ◆ **s'habituer** *vp* : **s'~ à**

qqch/à faire qqch acostumbrarse a algo/a hacer algo.
hache ['aʃ] *nf* hacha *f.*
hacher ['aʃe] *vt* **- 1.** [viande] picar **- 2.** *fig* [style, discours] entrecortar.
hachisch, haschich, haschisch ['aʃiʃ] *nm* hachís *m.*
hachoir ['aʃwar] *nm* **- 1.** [appareil] picadora *f* **- 2.** [couteau] tajadera *f* **- 3.** [planche] tabla *f* de picar.
hachure ['aʃyr] *nf (gén pl)* plumeado *m.*
hacker [akœr] *nm* hacker *m.*
hagard, e ['agar, ard] *adj* azorado(da).
haï, e ['ai] *pp* ▷ **haïr**.
haie ['ɛ] *nf* **- 1.** [d'arbustes] seto *m* **- 2.** [de personnes] fila *f* **- 3.** SPORT [obstacle] obstáculo *m.*
haine ['ɛn] *nf* odio *m.*
haïr ['air] *vt* odiar.
Haïti [aiti] *n* Haití.
hâle ['al] *nm* tostado *m.*
hâlé, e ['ale] *adj* tostado(da).
haleine [alɛn] *nf* [souffle] aliento *m.*
haleter ['alte] *vi* jadear.
hall ['ol] *nm* vestíbulo *m,* hall *m.*
halle ['al] *nf* mercado *m.*
hallucination [alysinasjɔ̃] *nf* alucinación *f.*
halo ['alo] *nm* halo *m.*
halogène [alɔʒɛn] ◇ *adj* halógeno(na). ◇ *nm* halógeno *m.*
halte ['alt] *nf* **- 1.** [pause] alto *m* **- 2.** [étape] meta *f.*
halte-garderie ['altəgardəri] *nf* guardería *f* infantil.
haltère [altɛr] *nm* pesa *f.*
haltérophile [alterɔfil] *adj & nmf* halterófilo(la).
hamac ['amak] *nm* hamaca *f.*
hamburger ['ɑ̃bœrgœr] *nm* hamburguesa *f.*
hameau, x ['amo] *nm* aldea *f.*
hameçon [amsɔ̃] *nm* anzuelo *m.*
hamster ['amstɛr] *nm* hámster *m.*
hanche ['ɑ̃ʃ] *nf* cadera *f.*
handball ['ɑ̃dbal] *nm* balonmano *m.*
handicap ['ɑ̃dikap] *nm* **- 1.** [infirmité] minusvalía *f* ; *fig* [désavantage] handicap *m* **- 2.** SPORT handicap *m.*
handicapé, e ['ɑ̃dikape] ◇ *adj* [physique] minusválido(da). ◇ *nm, f* minusválido *m,* -da *f.*
handicaper ['ɑ̃dikape] *vt* **- 1.** *fig* [désavantager] dificultar **- 2.** SPORT handicapar.
hangar ['ɑ̃gar] *nm* hangar *m.*
hanneton ['antɔ̃] *nm* abejorro *m.*
hanter ['ɑ̃te] *vt* **- 1.** [suj : fantôme] aparecerse en **- 2.** *fig* [obséder] acosar **- 3.** *fam* [bar, quartier] frecuentar.
happer ['ape] *vt* **- 1.** [saisir] atrapar de un bocado **- 2.** [accrocher] arrollar.
haranguer ['arɑ̃ge] *vt* arengar.
haras ['ara] *nm* acaballadero *m.*
harassant, e ['arasɑ̃, ɑ̃t] *adj* agotador(ra).
harceler ['arsəle] *vt* **- 1.** [gén] acosar **- 2.** *fig* [assaillir] : **~ qqn de** [questions] acribillar a alguien con.
hardes ['ard] *nfpl* harapos *mpl.*
hardi, e ['ardi] *adj* audaz.
hardware ['ardwɛr] *nm* hardware *m.*
harem ['arɛm] *nm* harén *m.*
hareng ['arɑ̃] *nm* arenque *m.*
hargne ['arɲ] *nf* hosquedad *f.*
haricot ['ariko] *nm* judía *f,* alubia *f.*
harmonica [armɔnika] *nm* armónica *f.*
harmonie [armɔni] *nf* **- 1.** [gén] armonía *f* **- 2.** MUS [fanfare] banda *f.*
harmonieux, euse [armɔnjø, øz] *adj* armonioso(sa).
harmoniser [armɔnize] *vt* armonizar.
harnacher ['arnaʃe] *vt* [cheval] enjaezar.
harnais ['arnɛ] *nm* **- 1.** [de cheval] arneses *mpl,* arreos *mpl* **- 2.** SPORT equipo *m* **- 3.** TECHNOL tren *m* de engranajes.
harpe ['arp] *nf* arpa *f.*
harpon ['arpɔ̃] *nm* arpón *m.*
harponner ['arpɔne] *vt* **- 1.** [poisson] arponear **- 2.** *fam* [personne] echar el guante.
hasard ['azar] *nm* **- 1.** [événement imprévu] casualidad *f* **- 2.** [cause imprévisible] azar *m* ; **au ~** al azar.
hasarder ['azarde] *vt* **- 1.** [conseil] aventurar **- 2.** *sout* [vie, réputation] arriesgar. ◆ **se hasarder** *vp* : **se ~ à faire qqch** aventurarse a hacer algo.
haschich, haschisch = **hachisch**.
hâte ['at] *nf* prisa *f.*
hâter ['ate] *vt* **- 1.** [pas] apresurar **- 2.** [départ, mariage etc] adelantar. ◆ **se hâter** *vp* darse prisa ; **se ~ de faire qqch** darse prisa en hacer algo.
hausse ['os] *nf* alza *f* ; **~ des températures** subida *f* de las temperaturas.
hausser ['ose] *vt* alzar ; **~ les épaules** encogerse de hombros.
haut, e ['o, 'ot] *adj* alto(ta). ◆ **haut** ◇ *adv* alto ; **parler ~** hablar alto. ◇ *nm*

- **1.** [hauteur] alto *m* ; **cette pièce fait deux mètres de ~** esta habitación tiene dos metros de alto **- 2.** [sommet] : **le ~ de qqch** lo alto de algo **- 3.** [vêtement] top *m*. ◆ **de haut en bas** *loc adv* de arriba abajo. ◆ **du haut de** *loc prép* desde lo alto de. ◆ **en haut de** *loc prép* en lo alto de.

hautain, e ['otɛ̃, ɛn] *adj* altivo(va), altanero(ra).

hautbois ['obwa] *nm* oboe *m*.

haute-fidélité *nf* alta fidelidad *f*.

hautement ['otmɑ̃] *adv* altamente.

hauteur ['otœr] *nf* **- 1.** [gén] altura *f* **- 2.** [colline] alto *m*.

Haute-Volta [otvɔlta] *nf* : **la ~** el Alto Volta.

haut-fourneau *nm* alto horno *m*.

haut-parleur ['oparlœr] (*pl* **haut-parleurs**) *nm* altavoz *m Esp*, altoparlante *m Amér*.

havre ['avr] *nm sout* remanso *m*.

hayon ['ajɔ̃] *nm* puerta *f* del maletero.

hebdomadaire [ɛbdɔmadɛr] ◇ *adj* semanal. ◇ *nm* semanario *m*, revista *f* semanal.

héberger [ebɛrʒe] *vt* alojar, hospedar.

hébété, e [ebete] *adj* alelado(da).

hébraïque [ebraik] *adj* hebraico(ca).

hécatombe [ekatɔ̃b] *nf* **- 1.** [massacre] hecatombe *f* **- 2.** *fig* [à un examen] escabechina *f*.

hectare [ɛktar] *nm* hectárea *f*.

hectolitre [ɛktɔlitr] *nm* hectolitro *m*.

hégémonie [eʒemɔni] *nf* hegemonía *f*.

hein ['ɛ̃] *interj fam* **- 1.** [indiquant la surprise] ¿qué? **- 2.** [indiquant l'incompréhension] ¿eh?, ¿cómo? **- 3.** [pour susciter l'approbation] ¿eh?, ¿verdad?

hélas ['elas] *interj sout* desgraciadamente.

héler ['ele] *vt* [taxi, personne] llamar.

hélice [elis] *nf* hélice *f*.

hélicoptère [elikɔptɛr] *nm* helicóptero *m*.

héliport [elipɔr] *nm* helipuerto *m*.

hélium [eljɔm] *nm* helio *m*.

Helsinki ['ɛlsiŋki] *n* Helsinki.

hématome [ematom] *nm* hematoma *m*.

hémicycle [emisikl] *nm* hemiciclo *m* ; **l'~** POLIT el hemiciclo.

hémisphère [emisfɛr] *nm* hemisferio *m*.

hémophile [emɔfil] *adj* & *nmf* hemofílico(ca).

hémophilie [emɔfili] *nf* hemofilia *f*.

hémorragie [emɔraʒi] *nf* **- 1.** MÉD hemorragia *f* **- 2.** *fig* [de capitaux] fuga *f*.

hémorroïdes [emɔrɔid] *nfpl* hemorroides *fpl*.

hennir ['enir] *vi* relinchar.

hépatite [epatit] *nf* hepatitis *f inv*.

herbe [ɛrb] *nf* **- 1.** [gén] hierba *f* **- 2.** *fam* [drogue] hierba *f*.

herbicide [ɛrbisid] *adj* & *nm* herbicida.

herboriste [ɛrbɔrist] *nmf* herbolario *m*, -ria *f*, herborista *mf*.

héréditaire [ereditɛr] *adj* hereditario(ria).

hérédité [eredite] *nf* herencia *f*.

hérésie [erezi] *nf* herejía *f*.

hérisser ['erise] *vt* **- 1.** [poil] erizar **- 2.** *fig* [personne] indignar.

hérisson ['erisɔ̃] *nm* erizo *m*.

héritage [eritaʒ] *nm* herencia *f*.

hériter [erite] ◇ *vi* heredar ; **~ de qqch** heredar algo. ◇ *vt* : **~ qqch de qqn** heredar algo de alguien.

héritier, ère [eritje, ɛr] *nm, f* heredero *m*, -ra *f*.

hermétique [ɛrmetik] *adj* hermético(ca).

hermine [ɛrmin] *nf* armiño *m*.

hernie ['ɛrni] *nf* hernia *f*.

héroïne [erɔin] *nf* heroína *f*.

héroïque [erɔik] *adj* heroico(ca).

héroïsme [erɔism] *nm* heroísmo *m*.

héron ['erɔ̃] *nm* garza *f*.

héros ['ero] *nm* héroe *m* ; **~ national** héroe nacional.

herse ['ɛrs] *nf* **- 1.** AGRIC rastra *f* **- 2.** [grille] rastrillo *m*.

hésitant, e [ezitɑ̃, ɑ̃t] *adj* indeciso(sa).

hésitation [ezitasjɔ̃] *nf* indecisión *f*.

hésiter [ezite] *vi* vacilar, dudar ; **~ sur qqch/entre qqch et qqch** dudar sobre algo/entre algo y algo ; **~ à faire qqch** dudar si hacer algo.

hétéroclite [eterɔklit] *adj* heteróclito(ta).

hétérogène [eterɔʒɛn] *adj* heterogéneo(a).

hétérosexuel, elle [eterɔsɛksɥɛl] *adj* & *nm, f* heterosexual.

hêtre ['ɛtr] *nm* haya *f*.

heure [œr] *nf* hora *f* ; **c'est l'~** es la hora ; **être à l'~** llegar a la hora OU puntual ; **faire des ~s supplémentaires** hacer horas extraordinarias ; **il est une ~** es la una ; **il est deux ~s** son las dos ; **quelle ~ est-il?** ¿qué hora es? ; **tout à l'~** luego ; **~ de fer-**

meture hora de cierre ; **~s de bureau** horas OU horario de oficina.

heureusement [œrøzmɑ̃] *adv* **- 1.** [par chance] afortunadamente **- 2.** [favorablement] felizmente.

heureux, euse [œrø, øz] *adj* [gén] feliz ; **être ~ de faire qqch** estar contento de hacer algo ; **~ de faire votre connaissance** encantado de conocerle ; **encore ~ (que)** *fam* menos mal (que).

heurt ['œr] *nm* **- 1.** [choc] choque *m*, golpe *m* **- 2.** *fig* [désaccord, friction] choque *m*.

heurté, e ['œrte] *adj* entrecortado(da).

heurter ['œrte] ◇ *vt* **- 1.** [rentrer dans] tropezar con **- 2.** [sentiments, sensibilité] herir **- 3.** [bon sens] ofender ; [convenances] desafiar. ◇ *vi* : **~ contre qqch** chocar contra algo. ◆ **se heurter** *vp* **- 1.** [se cogner] : **se ~ à qqch** chocar contra algo **- 2.** [se quereller] reñir **- 3.** *fig* [rencontrer] : **se ~ à** [opposition, difficulté] enfrentarse a.

hexagonal, e, aux [ɛgzagɔnal, o] *adj* [français] francés(esa).

hexagone [ɛgzagɔn] *nm* hexágono *m*.

hiatus [jatys] *nm* LING hiato *m*.

hiberner [ibɛrne] *vi* hibernar.

hibou, x ['ibu] *nm* búho *m Esp*, tecolote *m Amér*.

hideux, euse ['idø, øz] *adj* repugnante.

hier [ijɛr] *adv* ayer.

hiérarchie ['jerarʃi] *nf* jerarquía *f*.

hiéroglyphe [jerɔglif] *nm* jeroglífico *m*.

hilare [ilar] *adj* risueño(ña).

hindou, e [ɛ̃du] *adj* & *nm, f* hindú.

hippie, hippy ['ipi] (*pl* **hippies**) *adj* & *nmf* hippy.

hippique [ipik] *adj* hípico(ca).

hippodrome [ipɔdrom] *nm* hipódromo *m*.

hippopotame [ipopɔtam] *nm* hipopótamo *m*.

hippy = **hippie**.

hirondelle [irɔ̃dɛl] *nf* golondrina *f*.

hirsute [irsyt] *adj* hirsuto(ta).

hispanique [ispanik] *adj* **- 1.** [gén] hispánico(ca) **- 2.** [aux États-Unis] hispano(na). ◆ **Hispanique** *nmf* [aux États-Unis] hispano *m*, -na *f*.

hisser ['ise] *vt* **- 1.** [drapeau, voile] izar **- 2.** [charge] subir. ◆ **se hisser** *vp* **- 1.** [grimper] : **se ~ (sur qqch)** subirse (a algo) **- 2.** *fig* [s'élever] : **se ~ à qqch** ascender a algo.

histoire [istwar] *nf* **- 1.** [gén] historia *f* **- 2.** [récit, mensonge] cuento *m* **- 3.** (*gén pl*) *fam* [ennuis] historias *fpl*, malos rollos *mpl*.

historique [istɔrik] *adj* histórico(ca).

hiver [ivɛr] *nm* invierno *m*.

hl (*abr de* **hectolitre**) hl.

HLM (*abr de* **habitation à loyer modéré**) *nm* OU *nf* ≃ vivienda *f* de protección oficial, ≃ VPO *f*.

hochet ['ɔʃɛ] *nm* sonajero *m*.

hockey ['ɔkɛ] *nm* hockey *m*.

holding ['ɔldiŋ] *nm* OU *nf* holding *m*.

hold-up ['ɔldœp] *nm inv* atraco *m* a mano armada.

Hollande ['ɔlɑ̃d] *nf* : **la ~** Holanda.

holocauste [ɔlokost] *nm* holocausto *m*.

homard ['ɔmar] *nm* bogavante *m*.

homéopathe [ɔmeɔpat] ◇ *nmf* homeópata *mf*. ◇ *adj* homeopático(ca).

homéopathie [ɔmeɔpati] *nf* homeopatía *f*.

homicide [ɔmisid] ◇ *nm* homicidio *m*. ◇ *adj* homicida.

hommage [ɔmaʒ] *nm* homenaje *m* ; **rendre ~ à qqn/à qqch** rendir homenaje a alguien/a algo.

homme [ɔm] *nm* hombre *m* ; **~ d'affaires** hombre de negocios ; **~ de plume** hombre de letras.

homme-grenouille *nm* hombre *m* rana.

homogène [ɔmɔʒɛn] *adj* homogéneo(a).

homologue [ɔmɔlɔg] *adj* & *nmf* homólogo(ga).

homonyme [ɔmɔnim] *nm* homónimo *m*.

homosexualité [ɔmɔsɛksɥalite] *nf* homosexualidad *f*.

homosexuel, elle [ɔmɔsɛksɥɛl] *adj* & *nm, f* homosexual.

Honduras ['ɔ̃dyras] *nm* : **le ~** Honduras.

hondurien, enne ['ɔ̃dyrjɛ̃, ɛn] *adj* hondureño(ña). ◆ **Hondurien, enne** *nm, f* hondureño *m*, -ña *f*.

Hongkong, Hong Kong ['ɔ̃gkɔ̃g] *n* Hong Kong.

Hongrie ['ɔ̃gri] *nf* : **la ~** Hungría.

honnête [ɔnɛt] *adj* **- 1.** [gén] honesto(ta) **- 2.** [satisfaisant] satisfactorio(ria).

honnêtement [ɔnɛtmɑ̃] *adv* **- 1.** [franchement] sinceramente **- 2.** [loyalement] honestamente **- 3.** [convenablement] satisfactoriamente.

honnêteté [ɔnɛtte] *nf* honestidad *f*.

honneur [ɔnœr] *nm* - **1.** [gén] honor *m* ; **à qui ai-je l'~?** *sout* ¿con quién tengo el honor? - **2.** [dignité, fierté] honor *m*, honra *f* ; **faire ~ à qqch/à qqn** hacer honor a algo/a alguien ; **faire ~ à un repas** hacer los honores a una comida.
honorable [ɔnɔrabl] *adj* - **1.** [personne, profession] honorable - **2.** [somme] razonable.
honorablement [ɔnɔrabləmɑ̃] *adv* honradamente.
honoraire [ɔnɔrɛr] *adj* honorario(ria). ◆ **honoraires** *nmpl* honorarios *mpl*.
honorer [ɔnɔre] *vt* - **1.** [gén] honrar - **2.** [dette] liquidar ; [chèque, paiement] hacer efectivo.
honte ['ɔ̃t] *nf* vergüenza *f Esp*, pena *f Amér* ; **avoir ~ de qqch/de faire qqch** tener vergüenza OU avergonzarse de algo/de hacer algo ; **avoir ~ de qqn** avergonzarse de alguien.
hooligan, houligan ['uligan] *nm* ultra *m*, hooligan *m (hincha del fútbol británico)*.
hôpital, aux [ɔpital, o] *nm* hospital *m*.
hoquet ['ɔkɛ] *nm* hipo *m*.
horaire [ɔrɛr] ◇ *nm* horario *m*. ◇ *adj* [tarif] por horas.
horizon [ɔrizɔ̃] *nm* horizonte *m*.
horizontal, e, aux [ɔrizɔ̃tal, o] *adj* horizontal. ◆ **horizontale** *nf* MATHS horizontal *f*.
horloge [ɔrlɔʒ] *nf* reloj *m*.
horloger, ère [ɔrlɔʒe, ɛr] *adj* & *nm, f* relojero(ra).
hormis ['ɔrmi] *prép sout* menos, excepto.
hormone [ɔrmɔn] *nf* hormona *f*.
horodateur [ɔrɔdatœr] *nm* parquímetro *m*.
horoscope [ɔrɔskɔp] *nm* horóscopo *m*.
horreur [ɔrœr] *nf* horror *m* ; **avoir ~ de qqch/de qqn/de faire qqch** dar horror algo/alguien/hacer algo ; **j'ai ~ de me lever tôt** odio levantarme temprano.
horrible [ɔribl] *adj* - **1.** [laid] horrible - **2.** *fig* [terrible] terrible.
horrifier [ɔrifje] *vt* horrorizar.
horripiler [ɔripile] *vt* poner los nervios de punta.
hors ['ɔr] ◆ **hors de** *loc prép* fuera de.
hors-bord *nm inv* fueraborda *m*.
hors-d'œuvre *nm inv* entremés *m*.
hors-jeu *nm inv* fuera de juego *m*.
hors-la-loi *nm inv* fuera de la ley *m*, forajido *m*.
hors-piste, hors-pistes *nm inv* esquí *m* fuera de pista.
hortensia [ɔrtɑ̃sja] *nm* hortensia *f*.
horticulture [ɔrtikyltyr] *nf* horticultura *f*.
hospice [ɔspis] *nm* hospicio *m*.
hospitalier, ère [ɔspitalje, ɛr] *adj* hospitalario(ria).
hospitalisation [ɔspitalizasjɔ̃] *nf* hospitalización *f*.
hospitaliser [ɔspitalize] *vt* hospitalizar.
hospitalité [ɔspitalite] *nf* hospitalidad *f*.
hostie [ɔsti] *nf* hostia *f*.
hostile [ɔstil] *adj* hostil ; **~ à qqn/à qqch** hostil a alguien/a algo.
hostilité [ɔstilite] *nf* hostilidad *f*. ◆ **hostilités** *nfpl* hostilidades *fpl*.
hôte, hôtesse [ot, otɛs] *nm, f* anfitrión *m*, -ona *f*. ◆ **hôte** *nmf* [invité] huésped *mf*. ◆ **hôtesse** *nf* azafata *f*.
hôtel [otɛl] *nm* - **1.** [hébergement] hotel *m* - **2.** [demeure] : **~ particulier** palacete *m*.
hôtelier, ère [otəlje, ɛr] *adj* & *nm, f* hotelero(ra).
hot line ['ɔtlajn] (*pl* **hot lines**) *nf* hot line *f*.
hotte ['ɔt] *nf* - **1.** [panier] cuévano *m* - **2.** [d'aération] campana *f*.
houblon ['ublɔ̃] *nm* lúpulo *m*.
houille ['uj] *nf* hulla *f*.
houiller, ère ['uje, ɛr] *adj* hullero(ra). ◆ **houillère** *nf* yacimiento *m* de hulla.
houle ['ul] *nf* marejadilla *f*.
houlette ['ulɛt] *nf sout* : **sous la ~ de qqn** bajo la dirección de alguien.
houligan *nm* = **hooligan**.
houppe ['up] *nf* - **1.** [à poudre] borla *f (de maquillar)* - **2.** [de cheveux] hopo *m*.
hourra, hurrah ['ura] ◇ *nm* hurra *m*. ◇ *interj* ¡hurra!
house [aws], **house music** [awsmjuzik] (*pl* **house musics**) *nf* música *f* house.
houspiller ['uspije] *vt* reprender.
housse ['us] *nf* funda *f*.
houx ['u] *nm* acebo *m*.
HS *abr de* **hors service**.
HT ◇ *adj* (*abr de* **hors taxe**) IVA no incluido, sin IVA ; **300 F ~** 300 F, sin IVA. ◇ *nf* (*abr de* **haute tension**) AT.
hublot ['yblo] *nm* - **1.** [de bateau] ojo *m* de buey ; [d'avion] ventanilla *f* - **2.** [de four] puerta *f*.
huche ['yʃ] *nf* arca *f*.

huées ['ɥe] *nfpl* abucheo *m*.
huer ['ɥe] *vt* abuchear.
huile [ɥil] *nf* - **1.** [gén] aceite *m* - **2.** [peinture] óleo *m* - **3.** *fam* [personnalité] pez *m* gordo.
huis [ɥi] *nm* : **à ~ clos** a puerta cerrada.
huissier [ɥisje] *nm* - **1.** JUR ≃ alguacil *m* judicial - **2.** [appariteur] bedel *m*.
huit ['ɥit] <> *adj num inv* ocho. <> *nm inv* ocho *m*.
huitième ['ɥitjɛm] <> *adj num* & *nmf* octavo(va). <> *nm* octavo *m*, octava parte *f*. <> *nf* - **1.** [championnat] : **~ de finale** octavos *mpl* de final - **2.** [classe] ≃ cuarto de EGB ; *voir aussi* **sixième**.
huître [ɥitr] *nf* ostra *f*.
humain, e [ymɛ̃, ɛn] *adj* humano(na). ◆ **humain** *nm* humano *m*.
humanitaire [ymanitɛr] <> *adj* humanitario(ria). <> *nm* : **l'~** *las organizaciones humanitarias*.
humanité [ymanite] *nf* humanidad *f*.
humble [œ̃bl] *adj* humilde.
humecter [ymɛkte] *vt* humedecer. ◆ **s'humecter** *vp* humedecerse.
humer ['yme] *vt* aspirar *(oler)*.
humérus [ymerys] *nm* húmero *m*.
humeur [ymœr] *nf* - **1.** [caractère, disposition] humor *m* ; **être d'~ à faire qqch** estar de humor para hacer algo ; **être d'une ~ massacrante** estar de un humor de perros - **2.** [irritation] mal humor *m*.
humide [ymid] *adj* húmedo(da).
humidité [ymidite] *nf* humedad *f*.
humiliation [ymiljasjɔ̃] *nf* humillación *f*.
humilier [ymilje] *vt* humillar. ◆ **s'humilier** *vp* : **s'~ devant qqn** humillarse ante alguien.
humilité [ymilite] *nf* humildad *f*.
humoristique [ymɔristik] *adj* humorístico(ca).
humour [ymur] *nm* humor *m*.
humus [ymys] *nm* humus *m inv*, mantillo *m*.
huppé, e ['ype] *adj* de alto copete.
hurlement ['yrləmɑ̃] *nm* alarido *m*, aullido *m*.
hurler ['yrle] *vi* aullar.
hurrah = **hourra**.
hutte ['yt] *nf* choza *f Esp*, mediagua *f Amér*.
hybride [ibrid] *adj* & *nmf* híbrido(da).
hydratant, e [idratɑ̃, ɑ̃t] *adj* hidratante.
hydrater [idrate] *vt* hidratar.
hydraulique [idrolik] <> *adj* hidráulico(ca). <> *nf* [science] hidráulica *f*.
hydravion [idravjɔ̃] *nm* hidroavión *m*.
hydrocarbure [idrokarbyr] *nm* hidrocarburo *m*.
hydrocution [idrokysjɔ̃] *nf* hidrocución *f*.
hydroélectrique [idroelɛktrik] *adj* hidroeléctrico(ca).
hydrogène [idroʒɛn] *nm* hidrógeno *m*.
hydroglisseur [idroglisœr] *nm* hidroplano *m*.
hydrophile [idrofil] *adj* [absorbant] hidrófilo(la).
hyène [jɛn] *nf* hiena *f*.
hygiène [iʒjɛn] *nf* higiene *f*.
hygiénique [iʒjenik] *adj* higiénico(ca).
hymen [imɛn] *nm* - **1.** ANAT himen *m* - **2.** *sout* [mariage] himeneo *m*.
hymne [imn] *nm* himno *m*.
hypermarché [ipɛrmarʃe] *nm* hipermercado *m*.
hypermétrope [ipɛrmetrɔp] *adj* & *nmf* hipermétrope.
hypernerveux, euse [ipɛrnɛrvø, øz] *adj* & *nm, f* hipernervioso(sa).
hypertendu, e [ipɛrtɑ̃dy] *adj* & *nm, f* hipertenso(sa).
hypertension [ipɛrtɑ̃sjɔ̃] *nf* hipertensión *f*.
hypertrophié, e [ipɛrtrɔfje] *adj* hipertrofiado(da).
hypnotiser [ipnɔtize] *vt* hipnotizar ; **être hypnotisé par qqch** estar hipnotizado por algo.
hypocondriaque [ipɔkɔ̃drijak] *adj* & *nmf* hipocondríaco(ca).
hypocrisie [ipɔkrizi] *nf* hipocresía *f*.
hypocrite [ipɔkrit] *adj* & *nmf* hipócrita.
hypoglycémie [ipɔglisemi] *nf* hipoglucemia *f*.
hypophyse [ipɔfiz] *nf* hipófisis *f inv*.
hypotension [ipɔtɑ̃sjɔ̃] *nf* hipotensión *f*.
hypothèque [ipɔtɛk] *nf* hipoteca *f*.
hypothéquer [ipɔteke] *vt* hipotecar.
hypothèse [ipɔtɛz] *nf* hipótesis *f inv*.
hystérie [isteri] *nf* histeria *f*.
hystérique [isterik] *adj* & *nmf* histérico(ca).

I

i, I [i] *nm inv* [lettre] i *f*, I *f*.
iceberg [ajsbɛrg] *nm* iceberg *m*.
ici [isi] *adv* **- 1.** [lieu, temps] aquí ; **d'~ là** para entonces ; **par ~** por aquí **- 2.** [au téléphone] : **~ Charles** soy Charles.
ici-bas [isiba] *adv* [sur la terre] en este mundo.
icône [ikon] *nf* icono *m*.
iconographie [ikɔnɔgrafi] *nf* iconografía *f*.
idéal, e [ideal] (*pl* **idéals** ou **idéaux** [ideo]) *adj* ideal. ◆ **idéal** *nm* ideal *m*.
idéalisme [idealism] *nm* idealismo *m*.
idée [ide] *nf* idea *f*.
identification [idɑ̃tifikasjɔ̃] *nf* identificación *f* ; **~ à qqn/à qqch** identificación con alguien/con algo.
identifier [idɑ̃tifje] *vt* identificar ; **~ qqn à qqch/à qqn** identificar a alguien con algo/con alguien. ◆ **s'identifier** *vp* : **s'~ à qqn/à qqch** identificarse con alguien/con algo.
identique [idɑ̃tik] *adj* idéntico(ca) ; **~ à qqch/à qqn** idéntico(ca) a algo/a alguien.
identité [idɑ̃tite] *nf* [gén] identidad *f*.
idéologie [ideɔlɔʒi] *nf* ideología *f*.
idiomatique [idjɔmatik] *adj* idiomático(ca).
idiot, e [idjo, ɔt] ◇ *nm, f* idiota *mf*, tonto *m*, -ta *f Esp*, sonso *m*, -sa *f Amér*. ◇ *adj* **- 1.** [chose, histoire] tonto(ta) **- 2.** [personne] idiota, tonto(ta) *Esp*, sonso(sa) *Amér* **- 3.** *vieilli* & MÉD idiota.
idiotie [idjɔsi] *nf* **- 1.** [stupidité & MÉD] idiotez *f* **- 2.** [action, parole] idiotez *f*, tontería *f*.
idolâtrer [idɔlatre] *vt* idolatrar.
idole [idɔl] *nf* ídolo *m*.
idylle [idil] *nf* idilio *m*.
idyllique [idilik] *adj* idílico(ca).
if [if] *nm* tejo *m*.
igloo, iglou [iglu] *nm* iglú *m*.
ignare [iɲar] *adj* & *nmf* ignorante.
ignoble [iɲɔbl] *adj* **- 1.** [abject] innoble **- 2.** [hideux] inmundo(da).
ignominie [iɲɔmini] *nf* **- 1.** [gén] ignominia *f* **- 2.** [chose ignoble] infamia *f*.
ignorance [iɲɔrɑ̃s] *nf* ignorancia *f*.
ignorant, e [iɲɔrɑ̃, ɑ̃t] ◇ *nm, f* ignorante *mf*. ◇ *adj* [inculte] ignorante.
ignorer [iɲɔre] *vt* ignorar ; **~ que** ignorar que.
il [il] *pron pers* él *(n'est pas toujours exprimé)* ; **~ n'est jamais chez lui** nunca está en casa ; **~ voyage beaucoup** viaja mucho ; **~ pleut** llueve ; **~ fait beau** hace buen tiempo.
île [il] *nf* isla *f* ; **~ de Pâques** isla de Pascua ; **~ Maurice** isla Mauricio.
illégal, e, aux [ilegal, o] *adj* ilegal.
illégalité [ilegalite] *nf* ilegalidad *f*.
illégitime [ileʒitim] *adj* **- 1.** [union, enfant] ilegítimo(ma) **- 2.** [crainte, prétention] infundado(da).
illettré, e [iletre] *adj* & *nm, f* iletrado(da).
illicite [ilisit] *adj* ilícito(ta).
illimité, e [ilimite] *adj* **- 1.** [sans limite] ilimitado(da) **- 2.** [indéterminé] indeterminado(da).
illisible [ilizibl] *adj* ilegible.
illogique [ilɔʒik] *adj* ilógico(ca).
illumination [ilyminasjɔ̃] *nf* **- 1.** [gén] iluminación *f* **- 2.** [idée] inspiración *f*.
illuminer [ilymine] *vt* iluminar. ◆ **s'illuminer** *vp* : **s'~ de qqch** iluminarse de algo.
illusion [ilyzjɔ̃] *nf* ilusión *f*.
illusoire [ilyzwar] *adj* ilusorio(ria).
illustration [ilystrasjɔ̃] *nf* ilustración *f*.
illustre [ilystr] *adj* ilustre.
illustré, e [ilystre] *adj* ilustrado(da). ◆ **illustré** *nm* revista *f* ilustrada.
illustrer [ilystre] *vt* ilustrar. ◆ **s'illustrer** *vp* destacar.
îlot [ilo] *nm* **- 1.** [petite île] islote *m* **- 2.** [de maisons] manzana *f Esp*, cuadra *f Amér* **- 3.** *fig* [de verdure, de calme] oasis *m inv* **- 4.** *fig* [groupe isolé] foco *m*.
image [imaʒ] *nf* **- 1.** [gén] imagen *f* **- 2.** [reproduction] estampa *f*.
imaginaire [imaʒinɛr] ◇ *adj* imaginario(ria). ◇ *nm* imaginario *m*.
imagination [imaʒinasjɔ̃] *nf* **- 1.** [gén] imaginación *f* **- 2.** *(gén pl) sout* [chimère] capricho *m*.
imaginer [imaʒine] *vt* **- 1.** [gén] imaginar **- 2.** [trouver] idear. ◆ **s'imaginer** *vp* imaginarse.
imam [imam] *nm* imán *m*.
imbattable [ɛ̃batabl] *adj* **- 1.** [champion] invencible **- 2.** [record, prix] insuperable.
imbécile [ɛ̃besil] *adj* & *nmf* imbécil.

imberbe [ɛ̃bɛrb] *adj* barbilempiño, imberbe.

imbiber [ɛ̃bibe] *vt* : **~ qqch de qqch** empapar algo en algo ; **être imbibé** *fam* estar como una cuba.

imbriqué, e [ɛ̃brike] *adj* imbricado(da).

imbroglio [ɛ̃brɔglijo] *nm* embrollo *m*.

imbu, e [ɛ̃by] *adj* : **être ~ de qqch** [de préjugés] estar lleno de algo ; [de sa supériorité] estar convencido de algo ; **être ~ de soi-même** tenérselo muy creído.

imbuvable [ɛ̃byvabl] *adj* - **1.** [eau] imbebible ; **c'est ~** no hay quien se lo beba - **2.** *fam* [personne] insoportable.

imitateur, trice [imitatœr, tris] *nm, f* imitador *m*, -ra *f*.

imitation [imitasjɔ̃] *nf* imitación *f*.

imiter [imite] *vt* - **1.** [style, conduite] imitar - **2.** [signature] falsificar.

immaculé, e [imakyle] *adj* inmaculado(da).

immangeable [ɛ̃mɑ̃ʒabl] *adj* incomible.

immanquable [ɛ̃mɑ̃kabl] *adj* infalible.

immatriculation [imatrikylasjɔ̃] *nf* [de véhicule] matrícula *f*.

immédiat, e [imedja, at] *adj* - **1.** [dans le temps] inmediato(ta) - **2.** [dans l'espace] más cercano(na).

immédiatement [imedjatmɑ̃] *adv* inmediatamente.

immense [im(m)ɑ̃s] *adj* inmenso(sa).

immerger [imɛrʒe] *vt* sumergir. ◆ **s'immerger** *vp* sumergirse.

immérité, e [imerite] *adj* inmerecido(da).

immeuble [imœbl] *adj* & *nm* inmueble.

immigration [imigrasjɔ̃] *nf* inmigración *f*.

immigré, e [imigre] *adj* & *nm, f* inmigrado(da).

immigrer [imigre] *vi* inmigrar.

imminent, e [iminɑ̃, ɑ̃t] *adj* inminente.

immiscer [imise] ◆ **s'immiscer** *vp* : **s'~ dans qqch** inmiscuirse en algo.

immobile [im(m)ɔbil] *adj* - **1.** [personne, mécanisme] inmóvil ; [visage] imperturbable - **2.** *fig* [figé] arraigado(da).

immobilier, ère [imɔbilje, ɛr] *adj* - **1.** JUR [bien] inmueble - **2.** [transaction, agent] inmobiliario(ria).

immobiliser [imɔbilize] *vt* inmovilizar. ◆ **s'immobiliser** *vp* - **1.** [personne] quedarse inmóvil - **2.** [mécanisme] inmovilizarse.

immobilité [imɔbilite] *nf* - **1.** [gén] inmovilidad *f* - **2.** [d'un paysage] quietud *f*.

immodéré, e [imɔdere] *adj* - **1.** [dépense] desmesurado(da) - **2.** [désir, goût] desmedido(da).

immoler [imɔle] *vt* - **1.** RELIG inmolar - **2.** *sout* [sacrifier] : **~ qqch à qqn/à qqch** sacrificar algo por alguien/por algo ; **~ qqn au nom de qqch** inmolar a alguien en aras de algo. ◆ **s'immoler** *vp* inmolarse.

immonde [im(m)ɔ̃d] *adj* inmundo(da).

immondices [imɔ̃dis] *nfpl* inmundicias *fpl*.

immoral, e, aux [im(m)ɔral, o] *adj* inmoral.

immortaliser [imɔrtalize] *vt* inmortalizar.

immortel, elle [imɔrtɛl] *adj* inmortal.

immuable [imɥabl] *adj* - **1.** [loi] inmutable - **2.** [personne, attitude] inflexible.

immuniser [im(m)ynize] *vt* inmunizar ; **~ qqn contre qqch** inmunizar a alguien contra algo.

immunité [im(m)ynite] *nf* inmunidad *f* ; **~ diplomatique/parlementaire** inmunidad diplomática/parlamentaria.

impact [ɛ̃pakt] *nm* impacto *m* ; **avoir de l'~ sur qqch** tener (un) impacto sobre algo.

impair, e [ɛ̃pɛr] *adj* impar. ◆ **impair** *nm* [faux pas] : **commettre un ~** cometer una torpeza.

imparable [ɛ̃parabl] *adj* - **1.** [coup] imparable - **2.** [argument] irrefutable.

impardonnable [ɛ̃pardɔnabl] *adj* imperdonable.

imparfait, e [ɛ̃parfɛ, ɛt] *adj* imperfecto(ta). ◆ **imparfait** *nm* GRAM pretérito *m* imperfecto.

impartial, e, aux [ɛ̃parsjal, o] *adj* imparcial.

impartir [ɛ̃partir] *vt* conceder ; **~ qqch à qqn** conceder algo a alguien.

impasse [ɛ̃pas] *nf* - **1.** [rue, difficulté] callejón *m* sin salida - **2.** SCOL & UNIV *temas que un alumno no ha estudiado de un temario* - **3.** [aux cartes] impasse *m*.

impassible [ɛ̃pasibl] *adj* impasible.

impatience [ɛ̃pasjɑ̃s] *nf* impaciencia *f*.

impatient, e [ɛ̃pasjɑ̃, ɑ̃t] *adj* impaciente.

impatienter [ɛ̃pasjɑ̃te] *vt* impacientar. ◆ **s'impatienter** *vp* impacientarse.

impayé, e [ɛ̃pɛje] *adj* impagado(da). ◆ **impayé** *nm* impagado *m*.

impeccable [ɛ̃pekabl] *adj* impecable.
impénétrable [ɛ̃penetrabl] *adj* impenetrable.
impensable [ɛ̃pɑ̃sabl] *adj* impensable.
impératif, ive [ɛ̃peratif, iv] *adj* imperativo(va). ◆ **impératif** *nm* imperativo *m*.
impératrice [ɛ̃peratris] *nf* emperatriz *f*.
imperceptible [ɛ̃pɛrsɛptibl] *adj* imperceptible.
imperfection [ɛ̃pɛrfɛksjɔ̃] *nf* imperfección *f*.
impérialisme [ɛ̃perjalism] *nm* **- 1.** POLIT imperialismo *m* **- 2.** *fig* [domination] imperio *m*.
impérieux, euse [ɛ̃perjø, øz] *adj* imperioso(sa).
impérissable [ɛ̃perisabl] *adj* imperecedero(ra).
imperméabiliser [ɛ̃pɛrmeabilize] *vt* impermeabilizar.
imperméable [ɛ̃pɛrmeabl] ◇ *adj* impermeable ; **être ~ à qqch** *fig* [insensible] ser insensible a algo. ◇ *nm* impermeable *m*.
impersonnel, elle [ɛ̃pɛrsɔnɛl] *adj* impersonal.
impertinence [ɛ̃pɛrtinɑ̃s] *nf* impertinencia *f*.
impertinent, e [ɛ̃pɛrtinɑ̃, ɑ̃t] *adj* & *nm, f* impertinente.
imperturbable [ɛ̃pɛrtyrbabl] *adj* imperturbable.
impétueux, euse [ɛ̃petɥø, øz] *adj* impetuoso(sa).
impie [ɛ̃pi] *adj* & *nmf sout* & *vieilli* impío(a).
impitoyable [ɛ̃pitwajabl] *adj* despiadado(da).
implacable [ɛ̃plakabl] *adj* implacable.
implanter [ɛ̃plɑ̃te] *vt* implantar. ◆ **s'implanter** *vp* [personne] establecerse ; [usine, entreprise] implantarse.
implication [ɛ̃plikasjɔ̃] *nf* implicación *f*.
implicite [ɛ̃plisit] *adj* implícito(ta).
impliquer [ɛ̃plike] *vt* implicar ; **~ qqn dans qqch** implicar a alguien en algo. ◆ **s'impliquer** *vp* : **s'~ dans qqch** implicarse en algo.
implorer [ɛ̃plɔre] *vt sout* implorar.
implosion [ɛ̃plozjɔ̃] *nf* implosión *f*.
impoli, e [ɛ̃pɔli] *adj* **- 1.** [personne] maleducado(da) **- 2.** [remarque, attitude] descortés.
impopulaire [ɛ̃pɔpylɛr] *adj* impopular.
impopularité [ɛ̃pɔpylarite] *nf* impopularidad *f*.
importance [ɛ̃pɔrtɑ̃s] *nf* importancia *f* ; **sans ~** sin importancia ; **se donner de l'~** darse importancia.
important, e [ɛ̃pɔrtɑ̃, ɑ̃t] *adj* importante.
importation [ɛ̃pɔrtasjɔ̃] *nf* importación *f*.
importer [ɛ̃pɔrte] ◇ *vt* importar. ◇ *vi* importar ; **il importe de ...** es importante ... ; **il importe d'arriver à l'heure** es importante llegar a la hora ; **il importe que ...** es importante que ... ; **il importe qu'il parle espagnol** es importante que hable español ; **~ à qqn** importar a alguien ; **n'importe lequel** cualquiera ; **n'importe qui** cualquiera, quien sea ; **n'importe quoi** cualquier cosa, lo que sea ; **peu importe!** ¡importa poco!, ¡da igual! ; **qu'importe!** ¡no importa!, ¡da igual! ; **qu'importe que** qué importa que, da igual que.
import-export *nm* importación y exportación *f*.
importuner [ɛ̃pɔrtyne] *vt* importunar.
imposable [ɛ̃pozabl] *adj* imponible.
imposant, e [ɛ̃pozɑ̃, ɑ̃t] *adj* **- 1.** [gén] imponente **- 2.** [somme] considerable.
imposé, e [ɛ̃poze] ◇ *adj* **- 1.** [revenu] impuesto(ta) **- 2.** SPORT obligatorio(ria). ◇ *nm, f* [contribuable] contribuyente *mf*.
imposer [ɛ̃poze] ◇ *vt* **- 1.** [gén] imponer ; **~ qqch à qqn** imponer algo a alguien **- 2.** [taxer] gravar. ◇ *vi* : **en ~ à qqn** [l'impressionner] imponer a alguien. ◆ **s'imposer** *vp* **- 1.** [gén] imponerse **- 2.** [avoir pour règle] : **s'~ de faire qqch** obligarse a hacer algo.
impossibilité [ɛ̃pɔsibilite] *nf* **- 1.** [incapacité] imposibilidad *f* ; **être dans l'~ de** encontrarse en la imposibilidad de **- 2.** [chose impossible] imposible *m*.
impossible [ɛ̃pɔsibl] ◇ *adj* imposible. ◇ *nm* : **l'~** lo imposible ; **tenter l'~** intentar lo imposible.
imposteur [ɛ̃pɔstœr] *nm* impostor *m*, -ra *f*.
impôt [ɛ̃po] *nm* impuesto *m* ; **~ sur le revenu** impuesto sobre la renta.
impotent, e [ɛpɔtɑ̃, ɑ̃t] *adj* impedido(da).
impraticable [ɛ̃pratikabl] *adj* impracticable.
imprécation [ɛ̃prekasjɔ̃] *nf sout* imprecación *f*.

imprécis, e [ɛ̃presi, iz] *adj* impreciso(sa).

imprégner [ɛ̃preɲe] *vt* impregnar ; **~ qqch/qqn de qqch** impregnar algo/a alguien de algo. ◆ **s'imprégner** *vp* : **s'~ de qqch** impregnarse de algo.

imprenable [ɛ̃prənabl] *adj* [forteresse, vue] inexpugnable.

imprésario, impresario [ɛ̃presarjo] *nm* agente *m (de un artista).*

impression [ɛ̃presjɔ̃] *nf* **- 1.** [gén] impresión *f* ; **avoir l'~ que** tener la impresión de que ; **faire ~** causar impresión **- 2.** [de livre] impresión *f* ; [d'étoffe] estampado *m.*

impressionner [ɛ̃presjɔne] *vt* impresionar.

impressionnisme [ɛ̃presjɔnism] *nm* impresionismo *m.*

imprévisible [ɛ̃previzibl] *adj* imprevisible.

imprévu, e [ɛ̃prevy] *adj* imprevisto(ta). ◆ **imprévu** *nm* imprevisto *m.*

imprimante [ɛ̃primɑ̃t] *nf* impresora *f.*

imprimer [ɛ̃prime] *vt* **- 1.** [gén] imprimir **- 2.** [tissu] estampar **- 3.** *sout* [sentiment] infundir.

imprimerie [ɛ̃primri] *nf* imprenta *f.*

improbable [ɛ̃prɔbabl] *adj* improbable.

improductif, ive [ɛ̃prɔdyktif, iv] *adj* & *nm, f* improductivo(va).

impromptu, e [ɛ̃prɔ̃pty] *adj* improvisado(da).

impropre [ɛ̃prɔpr] *adj* **- 1.** GRAM [mot, tournure] impropio(pia) **- 2.** [inadapté] : **~ à qqch** no apto(ta) para algo.

improvisé, e [ɛ̃prɔvize] *adj* improvisado(da).

improviser [ɛ̃prɔvize] *vt* improvisar. ◆ **s'improviser** *vp* **- 1.** [s'organiser] improvisarse **- 2.** [devenir] hacer las veces de.

improviste [ɛ̃prɔvist] ◆ **à l'improviste** *loc adv* de improviso.

imprudence [ɛ̃prydɑ̃s] *nf* imprudencia *f.*

imprudent, e [ɛ̃prydɑ̃, ɑ̃t] *adj* & *nm, f* imprudente.

impubère [ɛ̃pybɛr] *adj* & *nmf* impúber.

impudent, e [ɛ̃pydɑ̃, ɑ̃t] *adj* & *nm, f* impudente.

impudique [ɛ̃pydik] *adj* impúdico(ca).

impuissant, e [ɛ̃pɥisɑ̃, ɑ̃t] *adj* **- 1.** [gén] impotente **- 2.** [incapable] : **~ à faire qqch** incapaz de hacer algo. ◆ **impuissant** *nm* impotente *m.*

impulsif, ive [ɛ̃pylsif, iv] *adj* & *nm, f* impulsivo(va).

impulsion [ɛ̃pylsjɔ̃] *nf* impulso *m* ; **sous l'~ de qqch/de qqn** bajo el impulso de algo/de alguien.

impunément [ɛ̃pynemɑ̃] *adv* impunemente.

impunité [ɛ̃pynite] *nf* impunidad *f* ; **en toute ~** con toda impunidad.

impur, e [ɛ̃pyr] *adj* impuro(ra).

impureté [ɛ̃pyrte] *nf* impureza *f.*

imputer [ɛ̃pyte] *vt* : **~ qqch à qqn/qqch** imputar algo a alguien/a algo.

imputrescible [ɛ̃pytresibl] *adj* imputrescible.

inabordable [inabɔrdabl] *adj* **- 1.** [prix] prohibitivo(va) **- 2.** [île, personne] inaccesible, inabordable.

inacceptable [inaksɛptabl] *adj* inaceptable.

inaccessible [inaksesibl] *adj* **- 1.** [gén] inaccesible **- 2.** [insensible] : **~ à qqch** insensible a algo.

inaccoutumé, e [inakutyme] *adj* inusual.

inaction [inaksjɔ̃] *nf* inacción *f.*

inactivité [inaktivite] *nf* **- 1.** [oisiveté] inactividad *f* **- 2.** ADMIN [congé] excedencia *f.*

inadapté, e [inadapte] ◇ *adj* **- 1.** [inadéquat] : **~ à qqch** inadecuado para algo **- 2.** [personne] inadaptado(da). ◇ *nm, f* inadaptado *m*, -da *f.*

inadmissible [inadmisibl] *adj* inadmisible.

inadvertance [inadvɛrtɑ̃s] *nf sout* inadvertencia *f* ; **par ~** por inadvertencia.

inaliénable [inaljenabl] *adj* inalienable.

inaltérable [inalterabl] *adj* inalterable.

inamovible [inamɔvibl] *adj* fijo(ja).

inanimé, e [inanime] *adj* inanimado(da) ; [sans vie] inánime.

inanité [inanite] *nf* inanidad *f.*

inanition [inanisjɔ̃] *nf* : **tomber/mourir d'~** desfallecer/morirse de inanición.

inaperçu, e [inapɛrsy] *adj* inadvertido(da).

inappliqué, e [inaplike] *adj* **- 1.** [élève] desaplicado(da) **- 2.** [méthode] no aplicado(da).

inappréciable [inapresjabl] *adj* inapreciable.

inapprochable [inaproʃabl] *adj* inaccesible.

inapte [inapt] *adj* **- 1.** [incapable] : **~ à**

qqch/à faire qqch inepto(ta) para algo/para hacer algo - **2.** MIL no apto, inútil.
inattaquable [inatakabl] *adj* - **1.** [forteresse] inatacable - **2.** [réputation] irreprochable - **3.** [argument, preuve] irrefutable.
inattendu, e [inatɑ̃dy] *adj* inesperado(da).
inattention [inatɑ̃sjɔ̃] *nf* falta *f* de atención, desatención *f*.
inaudible [inodibl] *adj* inaudible.
inauguration [inogyrasjɔ̃] *nf* inauguración *f*.
inaugurer [inogyre] *vt* inaugurar.
inavouable [inavwabl] *adj* inconfesable.
inca [ɛ̃ka] *adj* inca.
incalculable [ɛ̃kalkylabl] *adj* incalculable.
incandescence [ɛ̃kɑ̃desɑ̃s] *nf* incandescencia *f*.
incantation [ɛ̃kɑ̃tasjɔ̃] *nf* encantamiento *m*.
incapable [ɛ̃kapabl] ◇ *adj* : **~ de faire qqch** incapaz de hacer algo. ◇ *nmf* incapaz *mf*.
incapacité [ɛ̃kapasite] *nf* incapacidad *f* ; **~ à faire qqch** incapacidad para hacer algo.
incarcération [ɛ̃karserasjɔ̃] *nf* encarcelamiento *m*.
incarner [ɛ̃karne] *vt* encarnar.
incartade [ɛ̃kartad] *nf* extravagancia *f*.
incassable [ɛ̃kasabl] *adj* irrompible.
incendie [ɛ̃sɑ̃di] *nm* incendio *m*.
incendier [ɛ̃sɑ̃dje] *vt* - **1.** [mettre le feu à] incendiar - **2.** *fam* [réprimander] echar una bronca - **3.** *sout* [faire rougir] sonrojar.
incertain, e [ɛ̃sɛrtɛ̃, ɛn] *adj* - **1.** [pronostic, réussite, durée] incierto(ta) - **2.** [personne] inseguro(ra) - **3.** [temps] inestable - **4.** [lumière, contour] borroso(sa).
incertitude [ɛ̃sɛrtityd] *nf* - **1.** [gén] incertidumbre *f* - **2.** MATHS & PHYS indeterminación *f*.
incessamment [ɛ̃sesamɑ̃] *adv* en breve.
incessant, e [ɛ̃sesɑ̃, ɑ̃t] *adj* incesante.
inceste [ɛ̃sɛst] *nm* incesto *m*.
inchangé, e [ɛ̃ʃɑ̃ʒe] *adj* igual *(sin cambiar)*.
incidence [ɛ̃sidɑ̃s] *nf* incidencia *f*.
incident, e [ɛ̃sidɑ̃, ɑ̃t] *adj* - **1.** [gén] incidental - **2.** PHYS incidente. ◆ **incident** *nm* incidente *m*.
incinérer [ɛ̃sinere] *vt* incinerar.
inciser [ɛ̃size] *vt* hacer una incisión en.
incisif, ive [ɛ̃sizif, iv] *adj* incisivo(va). ◆ **incisive** *nf* incisivo *m*.
inciter [ɛ̃site] *vt* : **~ qqn à qqch/à faire qqch** incitar a alguien a algo/a hacer algo.
inclassable [ɛ̃klasabl] *adj* inclasificable.
inclinable [ɛ̃klinabl] *adj* abatible.
inclinaison [ɛ̃klinɛzɔ̃] *nf* inclinación *f*.
inclination [ɛ̃klinasjɔ̃] *nf* inclinación *f*.
incliner [ɛ̃kline] *vt* [pencher] inclinar. ◆ **s'incliner** *vp* [se pencher] inclinarse ; **s'~ devant qqch** [respecter, céder à] inclinarse ante algo ; **s'~ devant qqn** [se soumettre] inclinarse ante alguien.
inclure [ɛ̃klyr] *vt* incluir ; **~ qqch dans qqch** incluir algo en algo.
inclus, e [ɛ̃kly, yz] *pp* ▻ **inclure**.
incoercible [ɛ̃kɔɛrsibl] *adj sout* incoercible.
incognito [ɛ̃kɔɲito] ◇ *adv* de incógnito. ◇ *nm* incógnito *m*.
incohérence [ɛ̃kɔerɑ̃s] *nf* incoherencia *f*.
incohérent, e [ɛ̃kɔerɑ̃, ɑ̃t] *adj* incoherente.
incollable [ɛ̃kɔlabl] *adj* - **1.** [riz] que no se pega - **2.** *fam* [personne] : **il est ~** no hay quien lo pille.
incolore [ɛ̃kɔlɔr] *adj* incoloro(ra).
incomber [ɛ̃kɔ̃be] *vi* : **~ à qqn** incumbir a alguien.
incombustible [ɛ̃kɔ̃bystibl] *adj* incombustible.
incommensurable [ɛ̃kɔmɑ̃syrabl] *adj* inconmensurable.
incommodant, e [ɛ̃kɔmɔdɑ̃, ɑ̃t] *adj* incómodo(da).
incommoder [ɛ̃kɔmɔde] *vt sout* incomodar.
incomparable [ɛ̃kɔ̃parabl] *adj* - **1.** [sans pareil] incomparable - **2.** [différent] distinto(ta).
incompatible [ɛ̃kɔ̃patibl] *adj* incompatible.
incompétent, e [ɛ̃kɔ̃petɑ̃, ɑ̃t] *adj* incompetente.
incomplet, ète [ɛ̃kɔ̃plɛ, ɛt] *adj* incompleto(ta).
incompréhensible [ɛ̃kɔ̃preɑ̃sibl] *adj* incomprensible.
incompréhensif, ive [ɛ̃kɔ̃preɑ̃sif, iv] *adj* poco comprensivo(va).
incompris, e [ɛ̃kɔ̃pri, iz] *adj* & *nm, f* incomprendido(da).
inconcevable [ɛ̃kɔ̃svabl] *adj* inconcebible.

inconciliable [ɛ̃kɔ̃siljabl] *adj* irreconciliable.

inconditionnel, elle [ɛ̃kɔ̃disjɔnɛl] *adj* & *nm, f* incondicional.

inconfortable [ɛ̃kɔ̃fɔrtabl] *adj* incómodo(da).

incongru, e [ɛ̃kɔ̃gry] *adj* incongruente.

inconnu, e [ɛ̃kɔny] ◇ *adj* desconocido(da) ; **~ de qqn** desconocido para alguien. ◇ *nm, f* desconocido *m*, -da *f*. ◆ **inconnue** *nf* MATHS & *fig* incógnita *f*.

inconsciemment [ɛ̃kɔ̃sjamɑ̃] *adv* inconscientemente.

inconscient, e [ɛ̃kɔ̃sjɑ̃, ɑ̃t] *adj* & *nm, f* inconsciente. ◆ **inconscient** *nm* inconsciente *m*.

inconsidéré, e [ɛ̃kɔ̃sidere] *adj* desconsiderado(da).

inconsistant, e [ɛ̃kɔ̃sistɑ̃, ɑ̃t] *adj* inconsistente.

inconsolable [ɛ̃kɔ̃sɔlabl] *adj* inconsolable.

incontestable [ɛ̃kɔ̃tɛstabl] *adj* incontestable, indiscutible.

incontinent, e [ɛ̃kɔ̃tinɑ̃, ɑ̃t] *adj* & *nm, f* incontinente.

incontournable [ɛ̃kɔ̃turnabl] *adj* ineludible ; **ce livre est ~** este libro hay que leerlo.

incontrôlable [ɛ̃kɔ̃trolabl] *adj* incontrolable.

inconvenant, e [ɛ̃kɔ̃vnɑ̃, ɑ̃t] *adj* inconveniente.

inconvénient [ɛ̃kɔ̃venjɑ̃] *nm* inconveniente *m*.

incorporé, e [ɛ̃kɔrpɔre] *adj* incorporado(da).

incorporer [ɛ̃kɔrpɔre] *vt* : **~ qqch à qqch** [mêler] incorporar algo a algo ; **~ qqch dans qqch** [insérer] incorporar algo a algo.

incorrect, e [ɛ̃kɔrɛkt] *adj* incorrecto(ta).

incorrectement [ɛ̃kɔrɛktəmɑ̃] *adv* incorrectamente.

incorrection [ɛ̃kɔrɛksjɔ̃] *nf* incorrección *f*.

incorrigible [ɛ̃kɔriʒibl] *adj* incorregible.

incorruptible [ɛ̃kɔryptibl] *adj* incorruptible.

incrédule [ɛ̃kredyl] *adj* & *nmf* incrédulo(la).

increvable [ɛ̃krəvabl] *adj* **- 1.** [ballon, pneu] que no se pincha **- 2.** *fam* [mécanisme] a prueba de bombas **- 3.** *fam* [personne] duro(ra) como una roca.

incriminer [ɛ̃krimine] *vt* incriminar.

incroyable [ɛ̃krwajabl] *adj* increíble.

incroyant, e [ɛ̃krwajɑ̃, ɑ̃t] *adj* & *nm, f* no creyente.

incruster [ɛ̃kryste] *vt* : **~ qqch dans qqch** incrustar algo en algo. ◆ **s'incruster** *vp* **- 1.** [gén] : **s'~ dans qqch** incrustarse en algo **- 2.** *fam péj* [s'inviter] colarse, apalancarse.

incubation [ɛ̃kybasjɔ̃] *nf* incubación *f*.

inculpation [ɛ̃kylpasjɔ̃] *nf* inculpación *f* ; **sous l'~ de qqch** bajo acusación de algo.

inculpé, e [ɛ̃kylpe] *nm, f* inculpado *m*, -da *f*.

inculper [ɛ̃kylpe] *vt* inculpar ; **~ qqn de qqch** inculpar a alguien de algo.

inculquer [ɛ̃kylke] *vt* : **~ qqch à qqn** inculcar algo a alguien.

inculte [ɛ̃kylt] *adj* **- 1.** [terre, personne] inculto(ta) **- 2.** [barbe] descuidado(da).

incurable [ɛ̃kyrabl] ◇ *adj* incurable ; *fig* irremediable. ◇ *nmf* desahuciado *m*, -da *f*.

incursion [ɛ̃kyrsjɔ̃] *nf* incursión *f*.

incurvé, e [ɛ̃kyrve] *adj* curvado(da).

Inde [ɛ̃d] *nf* : **l'~** (la) India.

indéboulonnable [ɛ̃debulonabl] *adj* : **il est ~** de ahí no hay quien lo saque.

indécent, e [ɛ̃desɑ̃, ɑ̃t] *adj* indecente.

indéchiffrable [ɛ̃deʃifrabl] *adj* indescifrable.

indécis, e [ɛ̃desi, iz] ◇ *adj* **- 1.** [gén] indeciso(sa) **- 2.** [résultat] incierto(ta). ◇ *nm, f* indeciso *m*, -sa *f*.

indécision [ɛ̃desizjɔ̃] *nf* indecisión *f*.

indécrottable [ɛ̃dekrɔtabl] *adj fam* incorregible.

indéfendable [ɛ̃defɑ̃dabl] *adj* indefendible.

indéfini, e [ɛ̃defini] *adj* indefinido(da).

indéfinissable [ɛ̃definisabl] *adj* indefinible.

indéformable [ɛ̃defɔrmabl] *adj* indeformable.

indélébile [ɛ̃delebil] *adj* indeleble.

indélicat, e [ɛ̃delika, at] *adj* poco delicado(da).

indemne [ɛ̃dɛmn] *adj* indemne.

indemniser [ɛ̃dɛmnize] *vt* : **~ qqn de qqch** indemnizar a alguien por algo.

indemnité [ɛ̃dɛmnite] *nf* indemnización *f*.

indémodable [ɛ̃demɔdabl] *adj* que no pasa de moda ; **c'est un style ~** es un estilo que nunca pasará de moda.

indéniable [ɛ̃denjabl] *adj* innegable.
indépendance [ɛ̃depɑ̃dɑ̃s] *nf* independencia *f*.
indépendant, e [ɛ̃depɑ̃dɑ̃, ɑ̃t] *adj* **- 1.** [gén] independiente ; **~ de qqch** [sans rapport avec] independiente de algo **- 2.** [travailleur] autónomo(ma).
indéracinable [ɛ̃derasinabl] *adj* que no se puede desarraigar.
indescriptible [ɛ̃dɛskriptibl] *adj* indescriptible.
indestructible [ɛ̃dɛstryktibl] *adj* indestructible.
indéterminé, e [ɛ̃detɛrmine] *adj* indeterminado(da).
indétrônable [ɛ̃detronabl] *adj* inamovible.
index [ɛ̃dɛks] *nm* índice *m*.
indexer [ɛ̃dɛkse] *vt* **- 1.** [livre] indexar, indizar **- 2.** ÉCON : **~ qqch sur qqch** ajustar algo a algo.
indicatif, ive [ɛ̃dikatif, iv] *adj* indicativo(va). ◆ **indicatif** *nm* **- 1.** RADIO & TÉLÉ sintonía *f* **- 2.** [code] prefijo *m*.
indication [ɛ̃dikasjɔ̃] *nf* indicación *f*.
indice [ɛ̃dis] *nm* **- 1.** [gén] índice *m* **- 2.** [signe] indicio *m*.
indicible [ɛ̃disibl] *adj sout* indecible.
indien, enne [ɛ̃djɛ̃, ɛn] *adj* indio(dia). ◆ **Indien, enne** *nm, f* [d'Amérique] indio *m*, -dia *f* ; [d'Inde] hindú *mf*.
indifféremment [ɛ̃diferamɑ̃] *adv* **- 1.** [avec froideur] con indiferencia **- 2.** [sans faire de différence] sin distinción.
indifférent, e [ɛ̃diferɑ̃, ɑ̃t] ◇ *adj* : **~ à qqch** indiferente a algo. ◇ *nm, f* indiferente *mf*.
indigence [ɛ̃diʒɑ̃s] *nf* **- 1.** [pauvreté] indigencia *f* **- 2.** *fig* [intellectuelle, morale] pobreza *f*.
indigène [ɛ̃diʒɛn] *adj* & *nmf* indígena.
indigent, e [ɛ̃diʒɑ̃, ɑ̃t] ◇ *adj* **- 1.** [pauvre] indigente **- 2.** *fig* [intellectuellement] pobre. ◇ *nm, f* indigente *mf*.
indigeste [ɛ̃diʒɛst] *adj* indigesto(ta).
indigestion [ɛ̃diʒɛstjɔ̃] *nf* indigestión *f*.
indignation [ɛ̃diɲasjɔ̃] *nf* indignación *f*.
indigne [ɛ̃diɲ] *adj* indigno(na).
indigné, e [ɛ̃diɲe] *adj* indignado(da).
indigner [ɛ̃diɲe] *vt* indignar. ◆ **s'indigner** *vp* : **s'~ de** OU **contre qqch** indignarse por algo ; **il s'indigne qu'on le fasse tant travailler** le indigna que le hagan trabajar tanto.
indigo [ɛ̃digo] *adj* & *nm* índigo.
indiquer [ɛ̃dike] *vt* indicar, señalar.
indirect, e [ɛ̃dirɛkt] *adj* indirecto(ta).
indiscipliné, e [ɛ̃disipline] *adj* **- 1.** [écolier, soldat] indisciplinado(da) **- 2.** [cheveux] rebelde.
indiscret, ète [ɛ̃diskrɛ, ɛt] *adj* & *nm, f* indiscreto(ta).
indiscrétion [ɛ̃diskresjɔ̃] *nf* indiscreción *f*.
indiscutable [ɛ̃diskytabl] *adj* indiscutible.
indispensable [ɛ̃dispɑ̃sabl] *adj* indispensable, imprescindible ; **~ à qqch/à qqn** indispensable OU imprescindible para algo/para alguien ; **il est ~ de faire ...** es indispensable OU imprescindible hacer ...
indisponible [ɛ̃dispɔnibl] *adj* : **il est ~** no está disponible.
indisposer [ɛ̃dispoze] *vt* indisponer.
indistinct, e [ɛ̃distɛ̃, ɛ̃kt] *adj* confuso(sa).
individu [ɛ̃dividy] *nm* individuo *m*.
individualisme [ɛ̃dividɥalism] *nm* individualismo *m*.
individuel, elle [ɛ̃dividɥɛl] *adj* individual.
indivisible [ɛ̃divizibl] *adj* indivisible.
indolent, e [ɛ̃dɔlɑ̃, ɑ̃t] *adj* indolente.
indolore [ɛ̃dɔlɔr] *adj* indoloro(ra).
indomptable [ɛ̃dɔ̃tabl] *adj* indomable.
Indonésie [ɛ̃dɔnezi] *nf* : **l'~** Indonesia.
indu, e [ɛ̃dy] *adj* indebido(da).
indubitable [ɛ̃dybitabl] *adj* indudable ; **il est ~ que** es indudable que.
induire [ɛ̃dɥir] *vt* **- 1.** [gén] inducir ; **en ~ que** inducir (de ello) que ; **~ en erreur** inducir a error **- 2.** [entraîner] comportar.
induit, e [ɛ̃dɥi, it] *pp* ▷ **induire**.
indulgence [ɛ̃dylʒɑ̃s] *nf* indulgencia *f*.
indulgent, e [ɛ̃dylʒɑ̃, ɑ̃t] *adj* indulgente ; **~ pour** OU **envers** indulgente con.
indûment [ɛ̃dymɑ̃] *adv* indebidamente.
industrialisé, e [ɛ̃dystrijalize] *adj* industrializado(da) ; **pays ~** país *m* industrializado.
industrialiser [ɛ̃dystrijalize] *vt* industrializar. ◆ **s'industrialiser** *vp* industrializarse.
industrie [ɛ̃dystri] *nf* industria *f*.
industriel, elle [ɛ̃dystrijɛl] *adj* industrial. ◆ **industriel** *nm* industrial *m*.
inébranlable [inebrɑ̃labl] *adj* inquebrantable.
inédit, e [inedi, it] *adj* inédito(ta). ◆ **inédit** *nm* texto *m* inédito.
ineffable [inefabl] *adj* inefable.

ineffaçable [inefasabl] *adj* imborrable.
inefficace [inefikas] *adj* ineficaz.
inefficacité [inefikasite] *nf* ineficacia *f*.
inégal, e, aux [inegal, o] *adj* - **1.** [gén] desigual - **2.** [surface, rythme] irregular.
inégalé, e [inegale] *adj* inigualado(da).
inégalité [inegalite] *nf* - **1.** [différence] desigualdad *f* - **2.** [de terrain, de rythme] irregularidad *f*.
inélégant, e [inelegɑ̃, ɑ̃t] *adj* poco elegante.
inéluctable [inelyktabl] *adj* ineluctable.
inénarrable [inenarabl] *adj* inenarrable.
inepte [inɛpt] *adj* - **1.** [personne] inepto(ta) - **2.** [théorie] estúpido(da).
ineptie [inɛpsi] *nf* sandez *f*.
inépuisable [inepɥizabl] *adj* - **1.** [gén] inagotable - **2.** [personne] infatigable.
inerte [inɛrt] *adj* inerte.
inertie [inɛrsi] *nf* inercia *f*.
inespéré, e [inɛspere] *adj* inesperado(da) *Esp*, sorpresivo(va) *Amér*.
inesthétique [inɛstetik] *adj* antiestético(ca).
inestimable [inɛstimabl] *adj* - **1.** [valeur] incalculable - **2.** *fig* [soutien] inestimable.
inévitable [inevitabl] *adj* inevitable.
inexact, e [inɛgza(kt), akt] *adj* - **1.** [faux, incomplet] inexacto(ta) - **2.** [en retard] impuntual.
inexactitude [inɛgzaktityd] *nf* - **1.** [erreur, imprécision] inexactitud *f* - **2.** [retard] impuntualidad *f*.
inexcusable [inɛkskyzabl] *adj* inexcusable.
inexistant, e [inɛgzistɑ̃, ɑ̃t] *adj* inexistente.
inexorable [inɛgzɔrabl] *adj* inexorable.
inexpérience [inɛksperjɑ̃s] *nf* inexperiencia *f*.
inexplicable [inɛksplikabl] *adj* inexplicable.
inexpliqué, e [inɛksplike] *adj* inexplicado(da).
inexpressif, ive [inɛkspresif, iv] *adj* inexpresivo(va).
inexprimable [inɛksprimabl] *adj* inexpresable.
inexprimé, e [inɛksprime] *adj* inexpresado(da).
inextensible [inɛkstɑ̃sibl] *adj* inextensible.
in extremis [inɛkstremis] *loc adv* in extremis.
inextricable [inɛkstrikabl] *adj* inextricable.
infaillible [ɛ̃fajibl] *adj* infalible.
infâme [ɛ̃fam] *adj* infame.
infanterie [ɛ̃fɑ̃tri] *nf* infantería *f*.
infanticide [ɛ̃fɑ̃tisid] ◇ *adj* & *nmf* infanticida. ◇ *nm* infanticidio *m*.
infantile [ɛ̃fɑ̃til] *adj* infantil.
infarctus [ɛ̃farktys] *nm* infarto *m* ; **~ du myocarde** infarto de miocardio.
infatigable [ɛ̃fatigabl] *adj* infatigable, incansable.
infect, e [ɛ̃fɛkt] *adj* infecto(ta).
infectieux, euse [ɛ̃fɛksjø, øz] *adj* infeccioso(sa).
infection [ɛ̃fɛksjɔ̃] *nf* - **1.** MÉD infección *f* - **2.** *péj* [puanteur] peste *f*.
inféoder [ɛ̃feɔde] *vt* [soumettre] : **être inféodé à qqn/à qqch** estar sometido a alguien/a algo.
inférer [ɛ̃fere] *vt sout* : **~ qqch de qqch** inferir algo de algo.
inférieur, e [ɛ̃ferjœr] ◇ *adj* inferior ; **~ à qqch** inferior a algo. ◇ *nm, f* inferior *mf*.
infériorité [ɛ̃ferjɔrite] *nf* inferioridad *f*.
infernal, e, aux [ɛ̃fɛrnal, o] *adj* infernal.
infester [ɛ̃fɛste] *vt* infestar ; **être infesté de qqch** estar plagado de algo.
infidèle [ɛ̃fidɛl] ◇ *adj* infiel ; **~ à qqn** infiel a alguien. ◇ *nmf* RELIG infiel *mf*.
infidélité [ɛ̃fidelite] *nf* infidelidad *f*.
infiltration [ɛ̃filtrasjɔ̃] *nf* infiltración *f*.
infiltrer [ɛ̃filtre] *vt* infiltrar. ◆ **s'infiltrer** *vp* : **s'~ par/dans qqch** infiltrarse por/en algo.
infime [ɛ̃fim] *adj* ínfimo(ma).
infini, e [ɛ̃fini] *adj* infinito(ta). ◆ **infini** *nm* infinito *m*. ◆ **à l'infini** *loc adv* - **1.** MATHS al infinito - **2.** [indéfiniment, à perte de vue] hasta el infinito.
infiniment [ɛ̃finimɑ̃] *adv* infinitamente.
infinité [ɛ̃finite] *nf* : **une ~ de** una infinidad de.
infinitif, ive [ɛ̃finitif, iv] *adj* [GRAM - mode] infinitivo(va) ; [- construction] en infinitivo ; [- proposition] de infinitivo. ◆ **infinitif** *nm* GRAM infinitivo *m*.
infirme [ɛ̃firm] ◇ *adj* impedido(da). ◇ *nmf* impedido *m*, -da *f*.
infirmer [ɛ̃firme] *vt* invalidar.
infirmerie [ɛ̃firməri] *nf* enfermería *f*.
infirmier, ère [ɛ̃firmje, ɛr] *nm, f* enfermero *m*, -ra *f*.

infirmité [ɛ̃firmite] *nf* invalidez *f*.
inflammable [ɛ̃flamabl] *adj* inflamable.
inflammation [ɛ̃flamasjɔ̃] *nf* inflamación *f*.
inflation [ɛ̃flasjɔ̃] *nf* inflación *f*.
inflationniste [ɛ̃flasjɔnist] *adj* inflacionista.
infléchir [ɛ̃fleʃir] *vt* [politique] modificar.
inflexible [ɛ̃flɛksibl] *adj* inflexible.
inflexion [ɛ̃flɛksjɔ̃] *nf* inflexión *f*.
infliger [ɛ̃fliʒe] *vt* : **~ qqch à qqn** [défaite, punition] infligir algo a alguien ; [présence] imponer algo a alguien.
influençable [ɛ̃flyɑ̃sabl] *adj* influenciable.
influence [ɛ̃flyɑ̃s] *nf* influencia *f*.
influencer [ɛ̃flyɑ̃se] *vt* influir en, influenciar.
influer [ɛ̃flye] *vi* : **~ sur qqch** influir en algo.
infographie [ɛ̃fografi] *nf* infografía *f*.
informaticien, enne [ɛ̃fɔrmatisjɛ̃, ɛn] *nm, f* informático *m*, -ca *f*.
information [ɛ̃fɔrmasjɔ̃] *nf* **- 1.** [gén] información *f* **- 2.** [nouvelle] noticia *f*. ◆ **informations** *nfpl* RADIO & TÉLÉ informativo *m*.
informatique [ɛ̃fɔrmatik] ◇ *adj* informático(ca). ◇ *nf* informática *f*.
informatiser [ɛ̃fɔrmatize] *vt* informatizar.
informe [ɛ̃fɔrm] *adj* **- 1.** [sans forme] informe **- 2.** *fig* [projet] sin pies ni cabeza.
informé, e [ɛ̃fɔrme] *adj* informado(da).
informel, elle [ɛ̃fɔrmɛl] *adj* informal.
informer [ɛ̃fɔrme] ◇ *vt* informar ; **~ qqn que** informar a alguien de que ; **~ qqn de/sur qqch** informar a alguien de/sobre algo. ◇ *vi* JUR : **~ sur/contre qqch** abrir una instrucción sobre/contra algo. ◆ **s'informer** *vp* informarse ; **s'~ de/sur qqch** informarse de/sobre algo.
infortune [ɛ̃fɔrtyn] *nf* infortunio *m*.
infos [ɛ̃fo] *nfpl fam abr de* **informations**.
infraction [ɛ̃fraksjɔ̃] *nf* : **être en ~** cometer una infracción.
infranchissable [ɛ̃frɑ̃ʃisabl] *adj* infranqueable.
infrarouge [ɛ̃fraruʒ] ◇ *adj* infrarrojo(ja). ◇ *nm* infrarrojo *m*.
infrastructure [ɛ̃frastryktyr] *nf* infraestructura *f*.
infroissable [ɛ̃frwasabl] *adj* inarrugable.
infructueux, euse [ɛ̃fryktɥø, øz] *adj* infructuoso(sa).
infuser [ɛ̃fyze] *vt* hacer una infusión de.
infusion [ɛ̃fyzjɔ̃] *nf* infusión *f*.
ingénier [ɛ̃ʒenje] ◆ **s'ingénier** *vp* : **s'~ à faire qqch** ingeniárselas para hacer algo.
ingénieur [ɛ̃ʒenjœr] *nm* ingeniero *m*, -ra *f*.
ingénieux, euse [ɛ̃ʒenjø, øz] *adj* ingenioso(sa).
ingéniosité [ɛ̃ʒenjozite] *nf* ingeniosidad *f*.
ingénu, e [ɛ̃ʒeny] *adj* & *nm, f* ingenuo(nua).
ingérable [ɛ̃ʒerabl] *adj* imposible de administrar.
ingrat, e [ɛ̃gra, at] ◇ *adj* **- 1.** [personne] ingrato(ta), desagradecido(da) **- 2.** [métier, sol] ingrato(ta) **- 3.** [physique] ingrato(ta), poco agraciado(da). ◇ *nm, f* ingrato *m*, -ta *f*.
ingratitude [ɛ̃gratityd] *nf* ingratitud *f*.
ingrédient [ɛ̃gredjɑ̃] *nm* ingrediente *m*.
inguérissable [ɛ̃gerisabl] *adj* incurable.
ingurgiter [ɛ̃gyrʒite] *vt* engullir.
inhabitable [inabitabl] *adj* inhabitable.
inhabité, e [inabite] *adj* deshabitado(da), inhabitado(da).
inhabituel, elle [inabitɥɛl] *adj* inusual.
inhalateur, trice [inalatœr, tris] *adj* inhalador(ra). ◆ **inhalateur** *nm* inhalador *m*.
inhalation [inalasjɔ̃] *nf* inhalación *f*.
inhaler [inale] *vt* inhalar.
inhérent, e [inerɑ̃, ɑ̃t] *adj* : **~ à qqch** inherente a algo.
inhibition [inibisjɔ̃] *nf* inhibición *f*.
inhospitalier, ère [inɔspitalje, ɛr] *adj* **- 1.** [personne] poco hospitalario(ria) **- 2.** [lieu] inhóspito(ta).
inhumain, e [inymɛ̃, ɛn] *adj* inhumano(na).
inhumation [inymasjɔ̃] *nf* inhumación *f*.
inhumer [inyme] *vt* inhumar.
inimaginable [inimaʒinabl] *adj* inimaginable.
inimitable [inimitabl] *adj* inimitable.
ininflammable [inɛ̃flamabl] *adj* ininflamable.
inintelligible [inɛ̃teliʒibl] *adj* ininteligible.
inintéressant, e [inɛ̃terɛsɑ̃, ɑ̃t] *adj* sin interés.

ininterrompu, e [inɛ̃tɛrɔ̃py] *adj* ininterrumpido(da).
inique [inik] *adj sout* inicuo(cua).
initial, e, aux [inisjal, o] *adj* inicial. ◆ **initiale** *nf* inicial *f*.
initiateur, trice [inisjatœr, tris] *adj* & *nm, f* iniciador(ra).
initiation [inisjasjɔ̃] *nf* iniciación *f*; ~ **à qqch** iniciación a algo.
initiative [inisjativ] *nf* iniciativa *f*; **prendre l'~ de qqch/de faire qqch** tomar la iniciativa de algo/de hacer algo.
initié, e [inisje] *adj* & *nm, f* iniciado(da).
initier [inisje] *vt* : ~ **qqn à qqch** iniciar a alguien en algo.
injecté, e [ɛ̃ʒɛkte] *adj* inyectado(da).
injecter [ɛ̃ʒɛkte] *vt* inyectar.
injection [ɛ̃ʒɛksjɔ̃] *nf* inyección *f*.
injoignable [ɛ̃ʒwaɲabl] *adj* ilocalizable.
injonction [ɛ̃ʒɔ̃ksjɔ̃] *nf* conminación *f*.
injure [ɛ̃ʒyr] *nf* **-1.** [mot] insulto *m* **-2.** [affront] afrenta *f*.
injurier [ɛ̃ʒyrje] *vt* insultar.
injurieux, euse [ɛ̃ʒyrjø, øz] *adj* insultante.
injuste [ɛ̃ʒyst] *adj* injusto(ta) ; ~ **envers qqn** injusto(ta) con alguien.
injustice [ɛ̃ʒystis] *nf* injusticia *f*.
inlassable [ɛ̃lasabl] *adj* **-1.** [personne] incansable **-2.** [patience, énergie] infinito(ta).
inlassablement [ɛ̃lasabləmɑ̃] *adv* incansablemente.
inné, e [ine] *adj* innato(ta).
innocence [inɔsɑ̃s] *nf* inocencia *f*.
innocent, e [inɔsɑ̃, ɑ̃t] ◇ *adj* inocente. ◇ *nm, f* **-1.** [gén] inocente *mf* **-2.** *vieilli* [idiot] tonto *m*, -ta *f Esp*, sonso *m*, -sa *f Amér*.
innocenter [inɔsɑ̃te] *vt* **-1.** JUR [disculper] declarar inocente **-2.** *fig* [excuser] justificar.
innombrable [inɔ̃brabl] *adj* innumerable.
innover [inɔve] *vi* innovar.
inobservation [inɔpsɛrvasjɔ̃] *nf* incumplimiento *m*.
inoccupé, e [inɔkype] *adj* desocupado(da).
inoculer [inɔkyle] *vt* inocular.
inodore [inɔdɔr] *adj* inodoro(ra).
inoffensif, ive [inɔfɑ̃sif, iv] *adj* inofensivo(va).
inondable [inɔ̃dabl] *adj* inundable.
inondation [inɔ̃dasjɔ̃] *nf* **-1.** [gén] inundación *f* **-2.** *fig* [afflux] invasión *f*.
inonder [inɔ̃de] *vt litt* & *fig* inundar.
inopérable [inɔperabl] *adj* inoperable.
inopérant, e [inɔperɑ̃, ɑ̃t] *adj* **-1.** [mesure, méthode] inoperante **-2.** [médicament] ineficaz.
inopiné, e [inɔpine] *adj* inopinado(da).
inopportun, e [inɔpɔrtœ̃, yn] *adj* inoportuno(na).
inoubliable [inublijabl] *adj* inolvidable.
inouï, e [inwi] *adj* increíble.
inoxydable [inɔksidabl] ◇ *adj* inoxidable. ◇ *nm* acero *m* inoxidable.
inqualifiable [ɛ̃kalifjabl] *adj* incalificable.
inquiet, ète [ɛ̃kjɛ, ɛt] ◇ *adj* **-1.** [préoccupé] preocupado(da) ; ~ **pour qqn/pour qqch** preocupado por alguien/por algo **-2.** [anxieux de nature] inquieto(ta). ◇ *nm, f* inquieto *m*, -ta *f*.
inquiéter [ɛ̃kjete] *vt* **-1.** [alarmer] inquietar, preocupar **-2.** [harceler] acosar. ◆ **s'inquiéter** *vp* preocuparse ; **s'~ de** [s'intéresser à] preocuparse por ; [se soucier de] preocuparse de.
inquiétude [ɛ̃kjetyd] *nf* inquietud *f*, preocupación *f*.
insaisissable [ɛ̃sezisabl] *adj* **-1.** JUR [biens] inembargable **-2.** [nuance, différence] imperceptible **-3.** [caractère] huidizo(za).
insalubre [ɛ̃salybr] *adj* insalubre.
insanité [ɛ̃sanite] *nf* locura *f*.
insatiable [ɛ̃sasjabl] *adj* insaciable.
insatisfait, e [ɛ̃satisfɛ, ɛt] *adj* & *nm, f* insatisfecho(cha).
inscription [ɛ̃skripsjɔ̃] *nf* **-1.** [gén] inscripción *f* **-2.** [à un cours] matriculación *f*.
inscrire [ɛ̃skrir] *vt* **-1.** [gén] inscribir **-2.** [noter - renseignements] apuntar ; [- dépenses] asentar ; ~ **qqn sur** OU **dans qqch** [sur une liste, dans un registre] inscribir a alguien en algo ; ~ **qqn à qqch** [cours] matricular a alguien en algo. ◆ **s'inscrire** *vp* : **s'~ à qqch** [cours] matricularse en algo.
insecte [ɛ̃sɛkt] *nm* insecto *m*.
insecticide [ɛ̃sɛktisid] *adj* & *nm* insecticida.
insécurité [ɛ̃sekyrite] *nf* inseguridad *f*.
insémination [ɛ̃seminasjɔ̃] *nf* inseminación *f*; ~ **artificielle** inseminación artificial.
insensé, e [ɛ̃sɑ̃se] *adj* **-1.** [personne, pro-

pos] insensato(ta) - **2.** [rêve, désir] imposible - **3.** [incroyable, immense] increíble - **4.** [architecture, décoration] delirante.

insensibiliser [ɛ̃sɑ̃sibilize] *vt* insensibilizar ; **~ qqn à qqch** insensibilizar a alguien a OU contra algo.

insensible [ɛ̃sɑ̃sibl] *adj* - **1.** [gén] insensible - **2.** [imperceptible] imperceptible.

inséparable [ɛ̃separabl] *adj* inseparable ; **~ de qqch/de qqn** inseparable de algo/de alguien.

insérer [ɛ̃sere] *vt* : **~ qqch dans qqch** insertar algo en algo. ◆ **s'insérer** *vp* : **s'~ dans qqch** [se situer dans] inscribirse dentro de algo.

insidieusement [ɛ̃sidjøzmɑ̃] *adv* insidiosamente.

insidieux, euse [ɛ̃sidjø, øz] *adj* insidioso(sa).

insigne [ɛ̃siɲ] ◇ *adj* insigne. ◇ *nm* insignia *f*.

insignifiant, e [ɛ̃siɲifjɑ̃, ɑ̃t] *adj* insignificante.

insinuation [ɛ̃sinɥasjɔ̃] *nf* insinuación *f*.

insinuer [ɛ̃sinɥe] *vt* insinuar. ◆ **s'insinuer** *vp* : **s'~ dans qqch** [eau, humidité] penetrar en algo ; *fig* [personne] insinuarse con algo.

insipide [ɛ̃sipid] *adj* insípido(da).

insistance [ɛ̃sistɑ̃s] *nf* insistencia *f*.

insister [ɛ̃siste] *vi* insistir ; **~ sur qqch** insistir en OU sobre algo ; **~ pour faire qqch** insistir en hacer algo.

insolation [ɛ̃sɔlasjɔ̃] *nf* insolación *f*.

insolence [ɛ̃sɔlɑ̃s] *nf* insolencia *f*.

insolent, e [ɛ̃sɔlɑ̃, ɑ̃t] *adj* & *nm, f* insolente.

insolite [ɛ̃sɔlit] *adj* insólito(ta).

insoluble [ɛ̃sɔlybl] *adj* insoluble.

insolvable [ɛ̃sɔlvabl] *adj* & *nmf* insolvente.

insomnie [ɛ̃sɔmni] *nf* insomnio *m*.

insondable [ɛ̃sɔ̃dabl] *adj* insondable.

insonore [ɛ̃sɔnɔr] *adj* insonoro(ra).

insonoriser [ɛ̃sɔnɔrize] *vt* insonorizar.

insouciance [ɛ̃susjɑ̃s] *nf* despreocupación *f*.

insouciant, e [ɛ̃susjɑ̃, ɑ̃t] *adj* despreocupado(da).

insoumis, e [ɛ̃sumi, iz] *adj* insumiso(sa).

insoumission [ɛ̃sumisjɔ̃] *nf* - **1.** [gén] insumisión *f* - **2.** [d'un enfant] desobediencia *f*.

insoupçonné, e [ɛ̃supsɔne] *adj* insospechado(da).

insoutenable [ɛ̃sutnabl] *adj* - **1.** [gén] insostenible - **2.** [douleur, violence] insufrible.

inspecter [ɛ̃spɛkte] *vt* inspeccionar.

inspecteur, trice [ɛ̃spɛktœr, tris] *nm, f* inspector *m*, -ra *f*.

inspection [ɛ̃spɛksjɔ̃] *nf* inspección *f*.

inspiration [ɛ̃spirasjɔ̃] *nf* inspiración *f* ; **avoir de l'~** tener inspiración.

inspiré, e [ɛ̃spire] *adj* inspirado(da).

inspirer [ɛ̃spire] *vt* - **1.** [gén] inspirar ; **~ qqch à qqn** inspirar algo a alguien - **2.** *hum* [plaire à] emocionar. ◆ **s'inspirer** *vp* : **s'~ de qqch/de qqn** inspirarse en algo/en alguien.

instable [ɛ̃stabl] *adj* & *nmf* inestable.

installation [ɛ̃stalasjɔ̃] *nf* - **1.** [gén] instalación *f* - **2.** [dans une fonction] toma *f* de posesión.

installer [ɛ̃stale] *vt* - **1.** [gén] instalar - **2.** [fonctionnaire, magistrat] nombrar. ◆ **s'installer** *vp* - **1.** [gén] instalarse ; **s'~ dans qqch** [maladie, routine] instalarse en algo - **2.** [médecin, commerçant] establecerse.

instamment [ɛ̃stamɑ̃] *adv* encarecidamente.

instance [ɛ̃stɑ̃s] *nf* instancia *f*. ◆ **en instance de** *loc prép* pendiente de.

instant, e [ɛ̃stɑ̃, ɑ̃t] *adj sout* apremiante. ◆ **instant** *nm* instante *m* ; **à l'~** [il y a peu de temps] hace un momento ; [tout de suite] al instante ; **à tout ~** [en permanence] en todo momento ; [d'un moment à l'autre] en cualquier momento ; **pour l'~** por el momento, de momento.

instantané, e [ɛ̃stɑ̃tane] *adj* instantáneo(a). ◆ **instantané** *nm* instantánea *f*.

instar [ɛ̃star] ◆ **à l'instar de** *loc prép* a semejanza de.

instaurer [ɛ̃stɔre] *vt* instaurar.

instigateur, trice [ɛ̃stigatœr, tris] *nm, f* instigador *m*, -ra *f*.

instigation [ɛ̃stigasjɔ̃] *nf* instigación *f*. ◆ **à l'instigation de** *loc prép* a instigación de.

instinct [ɛ̃stɛ̃] *nm* instinto *m* ; **~ maternel** instinto maternal.

instinctif, ive [ɛ̃stɛ̃ktif, iv] *adj* & *nm, f* instintivo(va).

instituer [ɛ̃stitɥe] *vt* instituir.

institut [ɛ̃stity] *nm* instituto *m*.

instituteur, trice [ɛ̃stitytœr, tris] *nm, f* ≃ profesor *m*, -ra *f* de EGB.

institution [ɛ̃stitysjɔ̃] *nf* institución *f*. ◆ **institutions** *nfpl* POLIT instituciones *fpl*.
instructif, ive [ɛ̃stryktif, iv] *adj* instructivo(va).
instruction [ɛ̃stryksjɔ̃] *nf* **- 1.** [gén] instrucción *f* **- 2.** [enseignement] enseñanza *f* **- 3.** INFORM orden *f*. ◆ **instructions** *nfpl* instrucciones *fpl*.
instruit, e [ɛ̃strɥi, it] *adj* instruido(da).
instrument [ɛ̃strymɑ̃] *nm* instrumento *m* ; **~ de musique** instrumento musical.
insu [ɛ̃sy] ◆ **à l'insu de** *loc prép* a espaldas de ; **à mon/son ~** a mis/a sus espaldas.
insubmersible [ɛ̃sybmɛrsibl] *adj* insumergible.
insubordination [ɛ̃sybɔrdinasjɔ̃] *nf* insubordinación *f*.
insuccès [ɛ̃syksɛ] *nm* fracaso *m*.
insuffisance [ɛ̃syfizɑ̃s] *nf* insuficiencia *f*.
insuffisant, e [ɛ̃syfizɑ̃, ɑ̃t] *adj* insuficiente.
insuffler [ɛ̃syfle] *vt* **- 1.** MÉD [air] insuflar **- 2.** *fig* [sentiment] : **~ qqch à qqn** infundir algo a alguien.
insulaire [ɛ̃sylɛr] ◇ *adj* insular, isleño(ña). ◇ *nmf* isleño *m*, -ña *f*.
insuline [ɛ̃sylin] *nf* insulina *f*.
insulte [ɛ̃sylt] *nf* insulto *m*.
insulter [ɛ̃sylte] *vt* insultar.
insupportable [ɛ̃sypɔrtabl] *adj* insoportable, inaguantable.
insurgé, e [ɛ̃syrʒe] ◇ *adj* insurrecto(ta), insurgente. ◇ *nm, f* insurrecto *m*, -ta *f*.
insurger [ɛ̃syrʒe] ◆ **s'insurger** *vp* sublevarse ; **s'~ contre qqn/contre qqch** sublevarse contra alguien/contra algo.
insurmontable [ɛ̃syrmɔ̃tabl] *adj* **- 1.** [difficulté, obstacle] insalvable **- 2.** [peur, répulsion] invencible.
insurrection [ɛ̃syrɛksjɔ̃] *nf* insurrección *f*.
intact, e [ɛ̃takt] *adj* **- 1.** [objet] intacto(ta) **- 2.** [réputation] intachable.
intangible [ɛ̃tɑ̃ʒibl] *adj* **- 1.** [impalpable] intangible **- 2.** [secret, principe] inviolable.
intarissable [ɛ̃tarisabl] *adj* inagotable ; [bavard] incansable ; **il est ~ sur ...** es incansable cuando habla de ...
intégral, e, aux [ɛ̃tegral, o] *adj* **- 1.** [paiement, texte] íntegro(gra) **- 2.** [calcul, bronzage] integral.
intégralement [ɛ̃tegralmɑ̃] *adv* íntegramente.
intégrante [ɛ̃tegrɑ̃t] ▭ **partie.**
intègre [ɛ̃tɛgr] *adj* **- 1.** [personne] íntegro(gra) **- 2.** [vie] recto(ta).
intégré, e [ɛ̃tegre] *adj* integrado(da).
intégrer [ɛ̃tegre] *vt* **- 1.** [incorporer & MATHS] integrar ; **~ qqch à** OU **dans qqch** integrar algo en algo ; **~ qqn dans qqch** integrar a alguien en algo **- 2.** [grande école] ingresar en. ◆ **s'intégrer** *vp* integrarse ; **s'~ dans** OU **à qqch** integrarse en algo.
intégrisme [ɛ̃tegrism] *nm* integrismo *m*.
intégriste [ɛ̃tegrist] *adj* & *nmf* integrista.
intégrité [ɛ̃tegrite] *nf* **- 1.** [honnêteté] integridad *f* **- 2.** [totalité] totalidad *f*.
intellectuel, elle [ɛ̃telɛktɥɛl] *adj* & *nm, f* intelectual.
intelligence [ɛ̃teliʒɑ̃s] *nf* **- 1.** [entendement] inteligencia *f* ; **~ artificielle** inteligencia artificial **- 2.** [personne] cerebro *m* **- 3.** [complicité, harmonie] armonía *f* ; **vivre en bonne ~** vivir en armonía ; **vivre en mauvaise ~** vivir en mala armonía. ◆ **intelligences** *nfpl* contactos *mpl*.
intelligent, e [ɛ̃teliʒɑ̃, ɑ̃t] *adj* inteligente.
intelligible [ɛ̃teliʒibl] *adj* inteligible.
intello [ɛ̃telo] *adj* & *nmf péj* intelectualoide.
intempérie [ɛ̃tɑ̃peri] *nf* : **les ~s** las inclemencias climáticas.
intempestif, ive [ɛ̃tɑ̃pɛstif, iv] *adj* intempestivo(va).
intenable [ɛ̃tənabl] *adj* **- 1.** [chaleur] insoportable **- 2.** [enfant] imposible **- 3.** MIL [position] insostenible.
intendance [ɛ̃tɑ̃dɑ̃s] *nf* intendencia *f*.
intendant, e [ɛ̃tɑ̃dɑ̃, ɑ̃t] *nm, f* administrador *m*, -ra *f*. ◆ **intendant** *nm* MIL intendente *m*.
intense [ɛ̃tɑ̃s] *adj* intenso(sa).
intensif, ive [ɛ̃tɑ̃sif, iv] *adj* intensivo(va).
intensité [ɛ̃tɑ̃site] *nf* intensidad *f*.
intenter [ɛ̃tɑ̃te] *vt* : **~ un procès contre** OU **à qqn** entablar un juicio contra alguien.
intention [ɛ̃tɑ̃sjɔ̃] *nf* intención *f* ; **avoir l'~ de faire qqch** tener la intención de hacer algo ; **à l'~ de** en honor a.
intentionné, e [ɛ̃tɑ̃sjɔne] *adj* : **être bien/mal ~** tener buena/mala intención.
interactif, ive [ɛ̃tɛraktif, iv] *adj* interactivo(va).

intercalaire [ɛ̃tɛrkalɛr] ◇ *adj* - **1.** [feuillet] separador(ra) - **2.** [jour] intercalar. ◇ *nm* separador *m*.

intercaler [ɛ̃tɛrkale] *vt* : **~ qqch dans qqch** intercalar algo en algo.

intercéder [ɛ̃tɛrsede] *vi* : **~ pour** OU **en faveur de qqn** interceder por OU en favor de alguien.

intercepter [ɛ̃tɛrsɛpte] *vt* interceptar.

interchangeable [ɛ̃tɛrʃɑ̃ʒabl] *adj* intercambiable.

interclasse [ɛ̃tɛrklas] *nm* descanso *m* *(entre dos clases)*.

interconnexion [ɛ̃tɛrkɔnɛksjɔ̃] *nf* interconexión *f*.

interdiction [ɛ̃tɛrdiksjɔ̃] *nf* - **1.** [défense] prohibición *f* ; '**~ de fumer**' 'prohibido fumar' - **2.** [de fonctionnaire, de prêtre] suspensión *f*.

interdire [ɛ̃tɛrdir] *vt* - **1.** [défendre, prohiber] prohibir ; **~ qqch à qqn** prohibir algo a alguien ; **~ à qqn de faire qqch** prohibir a alguien hacer algo - **2.** [fonctionnaire, prêtre] suspender.

interdit, e [ɛ̃tɛrdi, it] ◇ *pp* ▻ **interdire**. ◇ *adj* [défendu] prohibido(da) ; '**~ aux moins de 18 ans**' 'no autorizado a menores de 18 años'.

intéressant, e [ɛ̃terɛsɑ̃, ɑ̃t] *adj* interesante.

intéressé, e [ɛ̃terese] ◇ *adj* interesado(da) ; **être ~ par qqch** tener interés por algo. ◇ *nm, f* interesado *m*, -da *f*.

intéresser [ɛ̃terese] *vt* interesar ; **~ qqn à qqch** interesar a alguien en OU por algo. ◆ **s'intéresser** *vp* : **s'~ à qqn/à qqch** interesarse por alguien/por algo.

intérêt [ɛ̃terɛ] *nm* interés *m* ; **l'~ de** [avantage, originalité] lo interesante de ; **~ pour qqn/pour qqch** interés por alguien/por algo ; **avoir ~ à faire qqch** interesar a alguien hacer algo ; **tu as ~ à te taire!** ¡más vale que te calles! ◆ **intérêts** *nmpl* FIN intereses *mpl*.

interface [ɛ̃tɛrfas] *nf* - **1.** INFORM interfaz *f* ; **~ graphique** interfaz gráfica - **2.** [intermédiaire] intermediario *m*, -ria *f*.

interférer [ɛ̃tɛrfere] *vi* interferir ; **~ avec** interferir en.

intérieur, e [ɛ̃terjœr] *adj* interior. ◆ **intérieur** *nm* - **1.** [gén] interior *m* ; **à l'~** dentro ; **à l'~ de qqch** dentro de algo, en el interior de algo ; **d'~** [veste etc] de estar por casa - **2.** [foyer] hogar *m*.

intérim [ɛ̃terim] *nm* [travail temporaire] trabajo *m* temporal, trabajo *m* eventual ; **société d'~** empresa *f* de subcontratación.

intérimaire [ɛ̃terimɛr] ◇ *adj* - **1.** [employé] temporal - **2.** [fonction] interino(na). ◇ *nmf* - **1.** [ministre, directeur] interino *m*, -na *f* - **2.** [employé] substituto *m*, -ta *f*.

intérioriser [ɛ̃terjɔrize] *vt* interiorizar.

interjection [ɛ̃tɛrʒɛksjɔ̃] *nf* - **1.** LING interjección *f* - **2.** JUR interposición *f* de un recurso de apelación.

interligne [ɛ̃tɛrliɲ] *nm* interlineado *m*.

interlocuteur, trice [ɛ̃tɛrlɔkytœr, tris] *nm, f* interlocutor *m*, -ra *f*.

interloquer [ɛ̃tɛrlɔke] *vt* desconcertar.

interlude [ɛ̃tɛrlyd] *nm* - **1.** MUS interludio *m* - **2.** TÉLÉ intermedio *m*.

intermède [ɛ̃tɛrmɛd] *nm* - **1.** THÉÂTRE entremés *m* - **2.** [interruption] intermedio *m*.

intermédiaire [ɛ̃tɛrmedjɛr] ◇ *nmf* [personne] intermediario *m*, -ria *f*. ◇ *adj* intermedio(dia). ◇ *nm* [entremise] : **par l'~ de qqch** a través de algo ; **par l'~ de qqn** por alguien, por mediación de alguien.

interminable [ɛ̃tɛrminabl] *adj* interminable.

intermittence [ɛ̃tɛrmitɑ̃s] *nf* intermitencia *f* ; **par ~** con intermitencias.

intermittent, e [ɛ̃tɛrmitɑ̃, ɑ̃t] *adj* intermitente.

internat [ɛ̃tɛrna] *nm* - **1.** [établissement scolaire, système] internado *m* - **2.** UNIV [concours] ≃ MIR *m* - **3.** [période de stage & MÉD] internado *m*.

international, e, aux [ɛ̃tɛrnasjɔnal, o] ◇ *adj* internacional. ◇ *nm, f* SPORT internacional *mf*.

internaute [ɛ̃tɛrnot] *nmf* internauta *mf*.

interne [ɛ̃tɛrn] ◇ *adj* interno(na). ◇ *nmf* interno *m*, -na *f*.

interner [ɛ̃tɛrne] *vt* - **1.** [dans une prison, un camp] recluir - **2.** [dans un hôpital psychiatrique] internar.

Internet [ɛ̃tɛrnɛt] *nm* Internet *f* ; **je l'ai trouvé sur ~** lo he encontrado en Internet.

interpeller [ɛ̃tɛrpəle] *vt* - **1.** [apostropher, interroger] interpelar - **2.** [susciter l'intérêt de] reclamar.

Interphone® [ɛ̃tɛrfɔn] *nm* interfono *m*, telefonillo *m*.

interposer [ɛ̃tɛrpoze] *vt* - **1.** [placer entre] : **~ qqch entre qqch et qqch** interponer algo entre algo y algo - **2.** *fig* [faire intervenir] interponer, hacer valer. ◆ **s'interposer** *vp* [intervenir] :

s'~ dans qqch interponerse en algo ; **s'~ entre qqn et qqn** interponerse entre alguien y alguien.
interprétation [ɛ̃tɛrpretasjɔ̃] *nf* interpretación *f* ; **~ simultanée** interpretación simultánea.
interprète [ɛ̃tɛrprɛt] *nmf* **- 1.** [gén] intérprete *mf* **- 2.** [porte-parole] portavoz *mf*.
interpréter [ɛ̃tɛrprete] *vt* interpretar.
interrogatif, ive [ɛ̃terɔgatif, iv] *adj* interrogativo(va).
interrogation [ɛ̃terɔgasjɔ̃] *nf* **- 1.** [question] interrogación *f* **- 2.** SCOL examen *m* **- 3.** GRAM oración *f* interrogativa **- 4.** INFORM consulta *f*.
interrogatoire [ɛ̃terɔgatwar] *nm* interrogatorio *m*.
interrogeable [ɛ̃terɔʒabl] ▷ **répondeur**.
interroger [ɛ̃terɔʒe] *vt* **- 1.** [témoin, candidat] interrogar ; **~ qqn sur qqch** interrogar a alguien sobre algo **- 2.** INFORM [base de données] consultar **- 3.** [conscience, faits] examinar. ◆ **s'interroger** *vp* : **s'~ sur qqch** preguntarse sobre algo.
interrompre [ɛ̃tɛrɔ̃pr] *vt* interrumpir ; **~ qqn dans qqch** interrumpir a alguien en algo. ◆ **s'interrompre** *vp* interrumpirse.
interrompu, e [ɛ̃tɛrɔ̃py] *pp* ▷ **interrompre**.
interruption [ɛ̃terypsjɔ̃] *nf* interrupción *f* ; **~ volontaire de grossesse** interrupción voluntaria del embarazo.
intersection [ɛ̃tɛrsɛksjɔ̃] *nf* intersección *f*.
interstice [ɛ̃tɛrstis] *nm* intersticio *m*.
intervalle [ɛ̃tɛrval] *nm* intervalo *m* ; **à deux jours d'~** con dos días de intervalo.
intervenant, e [ɛ̃tɛrvənɑ̃, ɑ̃t] *nm, f* **- 1.** [orateur] conferenciante *mf* **- 2.** JUR parte *f* interesada.
intervenir [ɛ̃tɛrvənir] *vi* **- 1.** [gén] intervenir ; **~ dans qqch** intervenir en algo ; **faire ~ qqn** hacer intervenir a alguien **- 2.** [se produire] ocurrir.
intervention [ɛ̃tɛrvɑ̃sjɔ̃] *nf* intervención *f*.
interventionnisme [ɛ̃tɛrvɑ̃sjɔnism] *nm* intervencionismo *m*.
intervenu, e [ɛ̃tɛrvəny] *pp* ▷ **intervenir**.
intervertir [ɛ̃tɛrvɛrtir] *vt* invertir.
interview [ɛ̃tɛrvju] *nf* entrevista *f*.
interviewer¹ [ɛ̃tɛrvjuve] *vt* entrevistar.
interviewer² [ɛ̃tɛrvjuvœr] *nm* entrevistador *m*, -ra *f*.
intestinal, e, aux [ɛ̃tɛstinal, o] *adj* intestinal.
intime [ɛ̃tim] *adj* & *nmf* intimo(ma).
intimider [ɛ̃timide] *vt* intimidar.
intimiste [ɛ̃timist] *adj* intimista.
intimité [ɛ̃timite] *nf* intimidad *f*.
intitulé [ɛ̃tityle] *nm* título *m*.
intituler [ɛ̃tityle] *vt* titular. ◆ **s'intituler** *vp* titularse.
intolérable [ɛ̃tɔlerabl] *adj* intolerable.
intolérance [ɛ̃tɔlerɑ̃s] *nf* intolerancia *f*.
intolérant, e [ɛ̃tɔlerɑ̃, ɑ̃t] *adj* intolerante.
intonation [ɛ̃tɔnasjɔ̃] *nf* entonación *f*.
intouchable [ɛ̃tuʃabl] *adj* & *nmf* intocable.
intoxication [ɛ̃tɔksikasjɔ̃] *nf* **- 1.** MÉD intoxicación *f* **- 2.** *fig* [propagande] comecocos *m inv*.
intoxiquer [ɛ̃tɔksike] *vt* intoxicar. ◆ **s'intoxiquer** *vp* intoxicarse.
intraduisible [ɛ̃tradɥizibl] *adj* **- 1.** [texte] intraducible **- 2.** [sentiment] inexplicable.
intraitable [ɛ̃trɛtabl] *adj* inflexible ; **être ~ sur qqch** ser inflexible en algo.
intransigeance [ɛ̃trɑ̃ziʒɑ̃s] *nf* intransigencia *f*.
intransigeant, e [ɛ̃trɑ̃ziʒɑ̃, ɑ̃t] *adj* intransigente.
intransitif, ive [ɛ̃trɑ̃zitif, iv] *adj* intransitivo(va).
intransportable [ɛ̃trɑ̃spɔrtabl] *adj* intransportable.
intraveineux, euse [ɛ̃travɛnø, øz] *adj* intravenoso(sa). ◆ **intraveineuse** *nf* intravenosa *f*.
intrépide [ɛ̃trepid] *adj* intrépido(da).
intrigue [ɛ̃trig] *nf* **- 1.** [gén] intriga *f* **- 2.** *sout* [liaison amoureuse] aventura *f*.
intriguer [ɛ̃trige] *vt* & *vi* intrigar.
introduction [ɛ̃trɔdyksjɔ̃] *nf* introducción *f*.
introduire [ɛ̃trɔdɥir] *vt* introducir. ◆ **s'introduire** *vp* introducirse.
introduit, e [ɛ̃trɔdɥi, it] *pp* ▷ **introduire**.
introspection [ɛ̃trɔspɛksjɔ̃] *nf* introspección *f*.
introuvable [ɛ̃truvabl] *adj* **- 1.** [personne, objet] : **il est ~** no hay quien lo encuentre ; [voleur] se halla en paradero desconocido **- 2.** [rare] imposible de encontrar.

introverti, e [ɛ̃trɔvɛrti] *adj & nm, f* introvertido(da).
intrus, e [ɛ̃try, yz] *adj & nm, f* intruso(sa).
intrusion [ɛ̃tryzjɔ̃] *nf* intrusión *f.*
intuitif, ive [ɛ̃tɥitif, iv] *adj & nm, f* intuitivo(va).
intuition [ɛ̃tɥisjɔ̃] *nf* intuición *f.*
inusable [inyzabl] *adj* [chaussures] resistente ; [pneus] duradero(ra).
inusité, e [inyzite] *adj* inusitado(da).
inutile [inytil] *adj* inútil.
inutilisable [inytilizabl] *adj* inservible.
inutilité [inytilite] *nf* inutilidad *f.*
inv. (*abr de* **invariable**) inv., invar.
invaincu, e [ɛ̃vɛ̃ky] *adj* - **1.** SPORT invicto(ta) - **2.** [peuple] imbatido(da).
invalide [ɛ̃valid] ◇ *adj* inválido(da). ◇ *nmf* inválido *m*, -da *f.*
invalidité [ɛ̃validite] *nf* - **1.** MÉD invalidez *f* - **2.** JUR nulidad *f.*
invariable [ɛ̃varjabl] *adj* invariable.
invasion [ɛ̃vazjɔ̃] *nf* invasión *f.*
invendable [ɛ̃vɑ̃dabl] *adj* invendible.
invendu, e [ɛ̃vɑ̃dy] *adj* sin vender. ◆ **invendu** *nm* artículo *m* sin vender.
inventaire [ɛ̃vɑ̃tɛr] *nm* inventario *m.*
inventer [ɛ̃vɑ̃te] *vt* - **1.** [histoire, mensonge] inventarse - **2.** [machine, engin] inventar.
invention [ɛ̃vɑ̃sjɔ̃] *nf* - **1.** [découverte, mensonge] invención *f* - **2.** [imagination] inventiva *f.*
inventorier [ɛ̃vɑ̃tɔrje] *vt* inventariar.
inverse [ɛ̃vɛrs] ◇ *adj* inverso(sa). ◇ *nm* : **l'~** lo contrario ; **à l'~** al contrario ; **dans le** OU **en sens ~** en el sentido contrario.
inversement [ɛ̃vɛrsəmɑ̃] *adv* - **1.** [gén] a la inversa - **2.** MATHS inversamente.
inverser [ɛ̃vɛrse] *vt* invertir *(el orden).*
invertébré, e [ɛ̃vɛrtebre] *adj* invertebrado(da). ◆ **invertébré** *nm* invertebrado *m.*
investigation [ɛ̃vɛstigasjɔ̃] *nf* investigación *f.*
investir [ɛ̃vɛstir] *vt* - **1.** MIL sitiar - **2.** [fonctionnaire, évêque] investir - **3.** [argent, efforts] invertir ; **~ qqch dans qqch** invertir algo en algo.
investissement [ɛ̃vɛstismɑ̃] *nm* - **1.** FIN inversión *f* - **2.** MIL sitio *m.*
investiture [ɛ̃vɛstityr] *nf* investidura *f.*
invétéré, e [ɛ̃vetere] *adj* empedernido(da).
invincible [ɛ̃vɛ̃sibl] *adj* invencible.
inviolable [ɛ̃vjɔlabl] *adj* - **1.** [gén] inviolable - **2.** [citadelle] inexpugnable.
invisible [ɛ̃vizibl] *adj* - **1.** [impossible à voir] invisible - **2.** [caché] oculto(ta).
invitation [ɛ̃vitasjɔ̃] *nf* invitación *f.*
invité, e [ɛ̃vite] *adj & nm, f* invitado(da).
inviter [ɛ̃vite] *vt* invitar ; **~ qqn à qqch/à faire qqch** [inciter] invitar a alguien a algo/a hacer algo.
in vitro [invitro] ▭ **fécondation.**
invivable [ɛ̃vivabl] *adj* - **1.** [personne, situation] insoportable - **2.** [lieu] inhabitable.
involontaire [ɛ̃vɔlɔ̃tɛr] *adj* involuntario(ria).
invoquer [ɛ̃vɔke] *vt* - **1.** [gén] invocar - **2.** [excuse] alegar.
invraisemblance [ɛ̃vrɛsɑ̃blɑ̃s] *nf* inverosimilitud *f.*
invulnérable [ɛ̃vylnerabl] *adj* invulnerable.
iode [jɔd] *nm* yodo *m.*
ion [jɔ̃] *nm* ion *m.*
IRA (*abr de* **Irish Republican Army**) *nf* IRA *m.*
irai *etc* ▭ **aller.**
Irak, Iraq [irak] *nm* : **l'~** Irak, Iraq.
Iran [irɑ̃] *nm* : **l'~** Irán.
Iraq = **Irak.**
irascible [irasibl] *adj* irascible.
iris [iris] *nm* - **1.** BOT lirio *m* - **2.** ANAT iris *m inv.*
Irlande [irlɑ̃d] *nf* : **l'~** Irlanda ; **l'~ du Nord** Irlanda del Norte ; **l'~ du Sud** República de Irlanda.
ironie [irɔni] *nf* ironía *f.*
ironique [irɔnik] *adj* irónico(ca).
ironiser [irɔnize] *vi* : **~ sur qqch** ironizar sobre algo.
irradier [iradje] ◇ *vi* - **1.** [lumière, douleur] irradiar - **2.** *fig* [sentiment] manifestarse. ◇ *vt* irradiar.
irraisonné, e [irɛzɔne] *adj* [crainte] infundado(da) ; [geste] automático(ca).
irrationnel, elle [irasjɔnɛl] *adj* irracional.
irréalisable [irealizabl] *adj* irrealizable.
irrécupérable [irekyperabl] *adj* irrecuperable.
irrécusable [irekyzabl] *adj* irrecusable.
irréductible [iredyktibl] *adj & nmf* irreductible.
irréel, elle [ireɛl] *adj* irreal.
irréfléchi, e [irefleʃi] *adj* irreflexivo(va).
irréfutable [irefytabl] *adj* irrefutable.

irrégularité [iregylarite] *nf* irregularidad *f*.
irrégulier, ère [iregylje, ɛr] *adj* irregular.
irrémédiable [iremedjabl] *adj* irremediable.
irremplaçable [irɑ̃plasabl] *adj* irremplazable, insustituible.
irréparable [ireparabl] *adj* irreparable.
irrépressible [irepresibl] *adj* irreprimible.
irréprochable [ireprɔʃabl] *adj* intachable, irreprochable.
irrésistible [irezistibl] *adj* - **1.** [gén] irresistible - **2.** [amusant] desternillante.
irrésolu, e [irezɔly] *adj* - **1.** [personne] irresoluto(ta) - **2.** [problème] sin resolver.
irrespirable [irɛspirabl] *adj* irrespirable.
irresponsable [irɛspɔ̃sabl] ◇ *adj* - **1.** [gén] irresponsable - **2.** JUR no responsable ante la ley. ◇ *nmf* irresponsable *mf*.
irréversible [ireversibl] *adj* irreversible.
irrévocable [irevɔkabl] *adj* irrevocable.
irrigation [irigasjɔ̃] *nf* irrigación *f*.
irriguer [irige] *vt* irrigar.
irritation [iritasjɔ̃] *nf* irritación *f*.
irriter [irite] *vt* irritar. ◆ **s'irriter** *vp* irritarse ; **s'~ contre qqn** enfadarse con alguien ; **s'~ de qqch** irritarse por algo.
irruption [irypsjɔ̃] *nf* - **1.** [invasion, entrée] irrupción *f* - **2.** [débordement] desbordamiento *m* ; **~ des eaux** desbordamiento de las aguas.
islam [islam] *nm* RELIG islam *m*. ◆ **Islam** *nm* : **l'Islam** el Islam.
islamique [islamik] *adj* islámico(ca).
Islande [islɑ̃d] *nf* : **l'~** Islandia.
isocèle [izɔsɛl] *adj* isósceles *(inv)*.
isolant, e [izɔlɑ̃, ɑ̃t] *adj* aislante. ◆ **isolant** *nm* aislante *m*.
isolation [izɔlasjɔ̃] *nf* aislamiento *m*.
isolé, e [izɔle] *adj* aislado(da).
isolément [izɔlemɑ̃] *adv* aisladamente.
isoler [izɔle] *vt* aislar. ◆ **s'isoler** *vp* aislarse ; **s'~ de qqch** aislarse de algo.
isoloir [izɔlwar] *nm* cabina *f* electoral.
isotherme [izɔtɛrm] ◇ *adj* isotermo(ma). ◇ *nf* isoterma *f*.
Israël [israɛl] *n* Israel.
israélite [israelit] *adj* israelita. ◆ **Israélite** *nmf* israelita *mf*.
issu, e [isy] *adj* : **~ de qqch** [résultat] resultante de algo ; [descendant] descendiente de algo. ◆ **issue** *nf* - **1.** [sortie] salida *f* ; **~e de secours** salida de emergencia - **2.** [résultat] resultado *m* ; **~e fatale** desenlace *m* fatal ; **heureuse ~e** desenlace *m* feliz - **3.** [terme] final *m*.
Istanbul [istɑ̃bul] *n* Estanbul.
isthme [ism] *nm* istmo *m*.
Italie [itali] *nf* : **l'~** Italia.
italien, enne [italjɛ̃, ɛn] *adj* italiano(na). ◆ **italien** *nm* LING italiano *m*. ◆ **Italien, enne** *nm, f* italiano *m*, -na *f*.
italique [italik] *nm* cursiva *f*.
itinéraire [itinerɛr] *nm* itinerario *m*.
itinérant, e [itinerɑ̃, ɑ̃t] *adj* - **1.** [spectacle, troupe] itinerante - **2.** [ambassadeur] ambulante.
IUFM (*abr de* **institut universitaire de formation des maîtres**) *nm escuela de prácticas para la formación de profesores.*
IUP (*abr de* **institut universitaire professionnel**) *nm escuela universitaria de formación profesional a la cual se accede tras haber cursado un año universitario.*
IUT (*abr de* **institut universitaire de technologie**) *nm escuela técnica universitaria.*
IVG *abr de* **interruption volontaire de grossesse**.
ivoire [ivwar] *nm* - **1.** [gén] marfil *m* - **2.** [objet] objeto *m* de marfil.
ivre [ivr] *adj* borracho(cha).
ivresse [ivrɛs] *nf* [ébriété] embriaguez *f*.
ivrogne [ivrɔɲ] *adj* & *nmf* borracho(cha).

J

j, J [ʒi] *nm inv* [lettre] j *f*, J *f*. ◆ **J** - **1.** (*abr de* **joule**) J - **2.** (*abr de* **jour**) d.
j' ▷ **je**.
jabot [ʒabo] *nm* - **1.** [d'oiseau] buche *m* - **2.** [de chemise] chorrera *f*, pechera *f*.
jacasser [ʒakase] *vi* - **1.** [pie] chirriar - **2.** *péj* [personne] cotorrear.
jacinthe [ʒasɛ̃t] *nf* jacinto *m*.
jacquard [ʒakar] *nm* [pull] jersey *m* de rombos ; [motif] jacquard *m*.
Jacuzzi® [ʒakuzi] *nm* jacuzzi *m*.
jade [ʒad] *nm* jade *m*.
jadis [ʒadis] *adv* antaño.
jaguar [ʒagwar] *nm* jaguar *m*.

jaillir [ʒajir] *vi* : **~ de** [gén] surgir de ; [liquide] brotar de.
jais [ʒɛ] *nm* azabache *m*.
jalon [ʒalɔ̃] *nm* jalón *m*.
jalonner [ʒalɔne] *vt* [chemin, route] jalonar, amojonar.
jalousie [ʒaluzi] *nf* **- 1.** [envie] envidia *f* **- 2.** [en amour] celos *mpl* **- 3.** [store] celosía *f*.
jaloux, ouse [ʒalu, uz] *adj* celoso(sa) ; **~ de** [envieux] envidioso de ; [en amour, attaché] celoso de.
jamais [ʒamɛ] *adv* **- 1.** [sens négatif] nunca ; **ne ... ~** no ... nunca ; **je ne reviendrai ~** no volveré nunca ; **ne ... plus ~** no ... nunca más ; **je ne reviendrai plus ~** no volveré nunca más ; **plus ~!** ¡nunca más! ; **sans ~** *(+ infinitif)* sin *(+ infinitivo)* ; **il travaille sans ~ s'arrêter** trabaja sin parar **- 2.** [sens positif] alguna vez ; **as-tu ~ rien vu de pareil?** ¿has visto alguna vez una cosa igual? ; **je doute de ~ y parvenir** dudo que lo consiga alguna vez ; **si ~** si alguna vez ; **si ~ tu le vois** si llegas a verlo. ◆ **à jamais** *loc adv sout* para siempre. ◆ **pour jamais** *loc adv sout* para siempre.
jambage [ʒɑ̃baʒ] *nm* palo *m (de una letra)*.
jambe [ʒɑ̃b] *nf* pierna *f Esp*, canilla *f Amér*.
jambières [ʒɑ̃bjɛr] *nfpl* espinilleras *fpl*.
jambon [ʒɑ̃bɔ̃] *nm* jamón *m* ; **~ cru** OU **de Bayonne** jamón serrano.
jante [ʒɑ̃t] *nf* llanta *f*.
janvier [ʒɑ̃vje] *nm* enero *m* ; *voir aussi* **septembre**.
japper [ʒape] *vi* ladrar.
jaquette [ʒakɛt] *nf* **- 1.** [vêtement - d'homme] chaqué *m* ; [- de femme] chaqueta *f Esp*, saco *m Amér* **- 2.** [de livre] sobrecubierta *f*.
jardin [ʒardɛ̃] *nm* jardín *m* ; **~ d'agrément** jardín.
jardinage [ʒardinaʒ] *nm* jardinería *f*.
jardinier, ère [ʒardinje, ɛr] *nm, f* jardinero *m*, -ra *f*. ◆ **jardinière** *nf* [bac à fleurs] jardinera *f*. ◆ **jardinière de légumes** *nf* ≃ menestra *f* de verduras.
jargon [ʒargɔ̃] *nm* jerga *f*.
jarret [ʒarɛ] *nm* **- 1.** ANAT corva *f* **- 2.** CULIN jarrete *m*.
jarretelle [ʒartɛl] *nf* liga *f*.
jarretière [ʒartjɛr] *nf* liga *f*.
jars [ʒar] *nm* ganso *m*.
jaser [ʒaze] *vi* **- 1.** [médire] cotillear **- 2.** [bavarder] charlar.
jasmin [ʒasmɛ̃] *nm* jazmín *m*.
jaspé, e [ʒaspe] *adj* jaspeado(da).
jatte [ʒat] *nf* cuenco *m*.
jauge [ʒoʒ] *nf* indicador *m*.
jauger [ʒoʒe] *vt* juzgar.
jaune [ʒon] ◇ *adj* amarillo(lla). ◇ *nm* **- 1.** [couleur] amarillo *m* **- 2.** *péj* [briseur de grève] esquirol *m*. ◆ **jaune d'œuf** *nm* yema *f* de huevo.
jaunir [ʒonir] ◇ *vi* amarillear. ◇ *vt* poner amarillo.
jaunisse [ʒonis] *nf* MÉD ictericia *f*.
java [ʒava] *nf* [danse] java *f*.
javelot [ʒavlo] *nm* jabalina *f*.
jazz [dʒaz] *nm* jazz *m*.
J-C (*abr de* **Jésus-Christ**) J.C., JC.
je [ʒə], **j'** *(devant voyelle ou h muet) pron pers* yo ; **~ viendrai demain** vendré mañana ; **que dois-~ faire?** ¿qué debo hacer?
jean [dʒin], **jeans** [dʒins] *nm* vaqueros *mpl*, tejanos *mpl*.
Jeep® [dʒip] *nf* jeep® *m*.
jérémiades [ʒeremjad] *nfpl* lloriqueos *mpl*, jeremiadas *fpl*.
jerrycan, jerrican [ʒerikan] *nm* bidón *m*.
jersey [ʒɛrzɛ] *nm* punto *m (tela)*.
Jérusalem [ʒeryzalɛm] *n* Jerusalén.
jésuite [ʒezɥit] ◇ *nm* **- 1.** RELIG jesuita *m* **- 2.** *péj* [hypocrite] hipócrita *m*. ◇ *adj* RELIG jesuita.
Jésus-Christ [ʒezykri] *n* Jesucristo.
jet[1] [ʒɛ] *nm* **- 1.** [jaillissement] chorro *m* ; **premier ~** *fig* primer bosquejo *m* **- 2.** [de javelot] lanzamiento *m*.
jet[2] [dʒɛt] *nm* jet *m*.
jeté [ʒəte] ◆ **jeté de lit** *nm* colcha *f*. ◆ **jeté de table** *nm* tapete *m*.
jetée [ʒəte] *nf* espigón *m*.
jeter [ʒəte] *vt* **- 1.** [gén] tirar ; **~ qqch à qqn** tirar algo a alguien **- 2.** [mettre rapidement] echarse ; **~ un manteau sur ses épaules** echarse un abrigo sobre los hombros. ◆ **se jeter** *vp* : **se ~ dans** [suj : rivière] desembocar en ; [suj : personne] echarse en ; **se ~ à l'eau** tirarse al agua ; *fig* [se décider] liarse la manta a la cabeza ; **se ~ sur qqn/sur qqch** lanzarse sobre alguien/sobre algo.
jeton [ʒətɔ̃] *nm* [de jeu, de téléphone] ficha *f*.
jeu, x [ʒø] *nm* **- 1.** [gén] juego *m* ; **par ~** para divertirse ; **~ de cartes** [divertissement] juego de cartas OU de naipes ; [paquet] baraja *f* ; **~ de hasard/de l'oie/de société** juego de azar/de la oca/de sociedad ; **~ vi-**

déo videojuego *m* ; **c'est un ~ d'enfant** es un juego de niños ; **jouer le ~** seguir el juego - **2.** MUS ejecución *f* ; THÉÂTRE actuación *f*, interpretación *f*. ◆ **jeu d'échecs** *nm* ajedrez *m*. ◆ **jeu d'écriture** *nm* traspaso *m* de cuentas.

jeudi [ʒødi] *nm* jueves *m inv* ; *voir aussi* **samedi**.

jeun [ʒœ̃] ◆ **à jeun** *loc adv* en ayunas.

jeune [ʒœn] ◇ *nmf* joven *mf* ; **les ~s** la juventud. ◇ *adj* joven.

jeûne [ʒøn] *nm* ayuno *m*.

jeunesse [ʒœnɛs] *nf* juventud *f*.

JF, jf (*abr de* **jeune fille**) Srta.

JH *abr de* **jeune homme**.

jingle [dʒingœl] *nm* sintonía *f*.

JO ◇ *nm* (*abr de* **Journal officiel**) ≃ BOE *m*. ◇ *nmpl* (*abr de* **jeux Olympiques**) JJOO *mpl*.

joaillier, ère [ʒɔaje, ɛr] *nm, f* joyero *m*, -ra *f*.

job [dʒɔb] *nm fam* curro *m*.

jockey [ʒɔkɛ] *nm* jockey *m*.

jogging [dʒɔgiŋ] *nm* - **1.** [sport] jogging *m*, footing *m* - **2.** [vêtement] chándal *m* *Esp*, buzo *m Amér*.

joie [ʒwa] *nf* alegría *f*.

joindre [jwɛ̃dr] *vt* - **1.** [rapprocher] juntar - **2.** [adjoindre] adjuntar - **3.** [par téléphone] localizar. ◆ **se joindre** *vp* : **se ~ à qqn** unirse a alguien.

joli, e [ʒɔli] *adj* - **1.** [gén] bonito(ta) *Esp*, lindo(da) *Amér* - **2.** [situation, somme] bueno(na).

joliment [ʒɔlimɑ̃] *adv* - **1.** [agréablement] muy bien - **2.** *iron* [emploi expressif] : **elle les a ~ eus!** ¡qué bien los ha engañado! - **3.** *fam* [beaucoup] maravillosamente.

jonc [ʒɔ̃] *nm* junco *m*.

joncher [ʒɔ̃ʃe] *vt* cubrir ; **être jonché de** estar cubierto de.

jonction [ʒɔ̃ksjɔ̃] *nf* [de routes] confluencia *f*.

jongler [ʒɔ̃gle] *vi* hacer malabarismos ; **~ avec qqch** *fig* hacer malabarismos con algo.

jongleur, euse [ʒɔ̃glœr, øz] *nm, f* malabarista *mf*.

jonquille [ʒɔ̃kij] *nf* junquillo *m*.

joue [ʒu] *nf* mejilla *f Esp*, cachete *m Amér*.

jouer [ʒwe] ◇ *vi* - **1.** [s'amuser] jugar ; **~ à qqch** jugar a algo ; **~ avec qqn/avec qqch** jugar con alguien/con algo - **2.** CIN & THÉÂTRE actuar - **3.** MUS tocar ; **~ du piano/de la guitare** tocar el piano/la guitarra - **4.** *fig* [feindre] : **~ à** dárselas de ; **~ au dur** dárselas de valiente - **5.** [bois] hincharse - **6.** [pièce] tener holgura. ◇ *vt* - **1.** [carte] jugar - **2.** [hasarder, risquer] : **~ qqch** [vie, réputation] jugarse algo - **3.** [pièce, rôle] representar - **4.** [film] dar, poner. ◆ **se jouer** *vp* - **1.** [gén] jugarse ; [auteur, pièce] representarse ; [film] pasar ; *fig* [drame] tener lugar - **2.** *sout* : **se ~ de qqn** reírse de alguien ; **se ~ de qqch** pasar algo por alto.

jouet [ʒwɛ] *nm* juguete *m* ; **être le ~ de qqn** *fig* ser el juguete de alguien.

joueur, euse [ʒwœr, øz] *nm, f* jugador *m*, -ra *f* ; **~ de tennis** tenista *m*.

joufflu, e [ʒufly] *adj* mofletudo(da).

joug [ʒu] *nm* yugo *m*.

jouir [ʒwir] *vi* - **1.** [apprécier, bénéficier] : **~ de qqch** disfrutar de algo - **2.** [sexuellement] gozar.

jouissance [ʒwisɑ̃s] *nf* - **1.** JUR [de bien] disfrute *m* - **2.** [sexuelle] goce *m*.

joujou, x [ʒuʒu] *nm* juguete *m*.

jour [ʒur] *nm* día *m* ; **au petit ~** al amanecer ; **de ~ en ~** de día en día ; **de nos ~s** hoy en día ; **d'un ~ à l'autre** de un día para otro ; **en plein ~** a plena luz del día ; **~ après ~** día tras día ; **~ et nuit** día y noche ; **le ~ de l'an** el día de Año Nuevo ; **~ de congé** día de descanso OU libre ; **~ de fête** día de fiesta ; **~ férié** día festivo ; **être à ~** estar al día ; **donner le ~ à** dar a luz a ; **mettre qqch à ~** poner algo al día.

journal, aux [ʒurnal, o] *nm* - **1.** [publication] periódico *m* - **2.** TÉLÉ : **~ (télévisé)** telediario *m* - **3.** [carnet] diario *m* ; **~ intime** diario íntimo. ◆ **Journal officiel** *nm* : **le Journal officiel de la République française** *el boletín oficial del Estado francés*.

journalier, ère [ʒurnalje, ɛr] *adj* diario(ria).

journalisme [ʒurnalism] *nm* periodismo *m*.

journaliste [ʒurnalist] *nmf* periodista *mf*.

journée [ʒurne] *nf* día *m* ; [de travail] jornada *f*.

joute [ʒut] *nf* justa *f*.

jovial, e, aux [ʒɔvjal, o] *adj* jovial.

joyau, x [ʒwajo] *nm* joya *f*.

joyeux, euse [ʒwajø, øz] *adj* alegre.

jubilé [ʒybile] *nm* [anniversaire] cincuenta aniversario *m* ; RELIG jubileo *m*.

jubiler [ʒybile] *vi fam* entusiasmarse.

jucher [ʒyʃe] *vt* : **~ qqn sur qqch** encaramar a alguien a algo. ◆ **se jucher** *vp* : **se ~ sur qqch** encaramarse a OU sobre algo.

judaïque [ʒydaik] *adj* judaico(ca).

judaïsme [ʒydaism] *nm* judaísmo *m*.
judas [ʒyda] *nm* [de porte] mirilla *f*.
judéo-chrétien, enne [ʒydeɔkretjɛ̃, ɛn] (*mpl* **judéo-chrétiens**, *fpl* **judéo-chrétiennes**) *adj* judeocristiano(na).
judiciaire [ʒydisjɛr] *adj* judicial.
judicieux, euse [ʒydisjø, øz] *adj* juicioso(sa).
judo [ʒydo] *nm* judo *m*.
juge [ʒyʒ] *nm* juez *m*, jueza *f*; **~ d'instruction/de paix** juez de instrucción/de paz.
jugé [ʒyʒe] ◆ **au jugé** *loc adv* a ojo de buen cubero.
jugement [ʒyʒmɑ̃] *nm* juicio *m*.
jugeote [ʒyʒɔt] *nf fam* coco *m*.
juger [ʒyʒe] ◇ *vt* juzgar ; **~ que** estimar OU considerar que ; **~ qqch inutile/indispensable** juzgar algo inútil/indispensable. ◇ *vi* : **~ de qqch** apreciar algo.
juif, juive [ʒɥif, ʒɥiv] *adj* judío(a). ◆ **Juif, Juive** *nm, f* judío *m*, -a *f*.
juillet [ʒɥijɛ] *nm* julio *m* ; **la fête du 14 Juillet** *fiestas del 14 de julio, día de la República que celebra la Toma de la Bastilla* ; *voir aussi* **septembre**.
juin [ʒɥɛ̃] *nm* junio *m* ; *voir aussi* **septembre**.
juive ▷ **juif**.
juke-box [dʒukbɔks] *nm inv* juke-box *m*.
jumeau, elle, x [ʒymo, ɛl] ◇ *adj* gemelo(la). ◇ *nm, f* gemelo *m*, -la *f*. ◆ **jumelles** *nfpl* [en optique] gemelos *mpl*.
jumelage [ʒymlaʒ] *nm* hermanamiento *m*.
jumelé, e [ʒymle] *adj* - **1.** [villes] hermanado(da) - **2.** [roues] acoplado(da).
jumeler [ʒymle] *vt* hermanar.
jumelle ▷ **jumeau**.
jument [ʒymɑ̃] *nf* yegua *f*.
jungle [ʒœ̃gl] *nf* jungla *f*.
junior [ʒynjɔr] *adj* SPORT júnior.
junte [ʒœ̃t] *nf* junta *f (asamblea)*.
jupe [ʒyp] *nf* falda *f Esp*, pollera *f Amér*.
jupe-culotte *nf* falda *f* pantalón.
jupon [ʒypɔ̃] *nm* enagua *f*.
juré¹ [ʒyre] *nm* miembro *m* del jurado.
juré², e [ʒyre] *adj* [ennemi] jurado(da).
jurer [ʒyre] ◇ *vt* jurar ; **~ (à qqn) que ...** jurar (a alguien) que ... ; **~ qqch à qqn** jurar algo a alguien ; **~ de faire qqch** jurar hacer algo ; **je le jure** lo juro ; **je vous le jure!** ¡se lo juro! ; **quel idiot, je te jure!** *fam* ¡joder, qué tonto! ; **ne plus ~ que par qqch** sólo creer en algo. ◇ *vi* - **1.** [blasphémer] jurar - **2.** [couleurs] no pegar ; **~ avec qqch** no pegar con algo. ◆ **se jurer** *vp* : **se ~ qqch** jurarse algo.
juridiction [ʒyridiksjɔ̃] *nf* jurisdicción *f*.
juridique [ʒyridik] *adj* jurídico(ca).
jurisprudence [ʒyrisprydɑ̃s] *nf* jurisprudencia *f*.
juriste [ʒyrist] *nmf* jurista *mf*.
juron [ʒyrɔ̃] *nm* juramento *m*.
jury [ʒyri] *nm* - **1.** JUR jurado *m (asamblea)* - **2.** SCOL tribunal *m*.
jus [ʒy] *nm* - **1.** [de fruits] zumo *m* ; **~ de raisin** mosto *m* - **2.** [de légumes] caldo *m* ; [de viande] salsa *f*.
jusque, jusqu' *(devant voyelle ou h muet)* [ʒysk(ə)] ◆ **jusqu'à** *loc prép* - **1.** [sens temporel] hasta ; **jusqu'à nouvel ordre** hasta nueva orden ; **jusqu'à présent** hasta ahora - **2.** [sens spatial] hasta ; **jusqu'au bout** hasta el final - **3.** [même] hasta, incluso. ◆ **jusqu'à ce que** *loc conj* hasta que. ◆ **jusqu'en** *loc prép* hasta. ◆ **jusqu'ici** *loc adv* [sens spatial] hasta aquí ; [sens temporel] hasta ahora. ◆ **jusque-là** *loc adv* [sens spatial] hasta allí ; [sens temporel] hasta aquel momento.
justaucorps [ʒystokɔr] *nm* body *m*, mallas *fpl*.
juste [ʒyst] *adj* - **1.** [gén] justo(ta) - **2.** [exact] exacto(ta).
justement [ʒystəmɑ̃] *adv* - **1.** [gén] precisamente, justo - **2.** [avec raison] con razón.
justesse [ʒystɛs] *nf* precisión *f*. ◆ **de justesse** *loc adv* por poco.
justice [ʒystis] *nf* justicia *f* ; **poursuivre qqn en ~** llevar a alguien ante la justicia OU a los tribunales ; **passer en ~** ir a juicio.
justicier, ère [ʒystisje, ɛr] *nm, f* justiciero *m*, -ra *f*.
justifiable [ʒystifjabl] *adj* justificable.
justificatif, ive [ʒystifikatif, iv] *adj* justificativo(va), justificante. ◆ **justificatif** *nm* justificante *m*.
justification [ʒystifikasjɔ̃] *nf* justificación *f*.
justifier [ʒystifje] *vt* justificar. ◆ **se justifier** *vp* justificarse.
jute [ʒyt] *nm* yute *m*.
juter [ʒyte] *vi* dar jugo.
juteux, euse [ʒytø, øz] *adj* jugoso(sa).
juvénile [ʒyvenil] *adj* juvenil.
juxtaposer [ʒykstapoze] *vt* yuxtaponer.

K

k, K [ka] *nm inv* [lettre] k *f*, K *f*.
K7 [kasɛt] *nf abr de* **cassette.**
kaki [kaki] *adj inv* & *nm* caqui, kaki.
kaléidoscope [kaleidɔskɔp] *nm* calidoscopio *m*.
kamikaze [kamikaz] *nm* kamikaze *m*.
kangourou [kɑ̃guru] *nm* canguro *m*.
Karaoké [karaɔke] *nm* karaoke *m*.
karaté [karate] *nm* kárate *m*.
karting [kartiŋ] *nm* karting *m*.
kasher, casher, cachère [kaʃɛr] *adj inv permitido por la religión judía (alimento)*.
kayak [kajak] *nm* kayac *m*.
Kenya [kenja] *nm* : **le ~** Kenia.
képi [kepi] *nm* quepis *m inv*.
kératine [keratin] *nf* queratina *f*.
kermesse [kɛrmɛs] *nf* kermesse *f*.
kérosène [kerɔzɛn] *nm* keroseno *m*.
ketchup [kɛtʃœp] *nm* ketchup *m*.
keuf [kœf] *nm fam* pasma *f*.
keum [kœm] *nm fam* pive *m*.
kg (*abr de* **kilogramme**) kg.
KGB (*abr de* **Komitet Gossoudarstvennoï Bezopasnosti**) *nm* KGB *m*.
kibboutz [kibuts] *nm* kibutz *m inv*.
kidnapper [kidnape] *vt* secuestrar *Esp*, plagiar *Amér*.
kilo [kilo] *nm* kilo *m*.
kilogramme [kilɔgram] *nm* kilogramo *m*.
kilométrage [kilɔmetraʒ] *nm* kilometraje *m*.
kilomètre [kilɔmɛtr] *nm* kilómetro *m*.
kilowatt [kilowat] *nm* kilovatio *m*.
kilt [kilt] *nm* kilt *m*, falda *f* escocesa.
kimono [kimɔno] ◇ *nm* kimono *m*. ◇ *adj inv* japonés(esa).
kinésithérapeute [kineziterapøt] *nmf* kinesiterapeuta *mf*.
kiosque [kjɔsk] *nm* **- 1.** [gén] quiosco *m* **- 2.** [de navire] caseta *f*, casetón *m*.
kirsch [kirʃ] *nm* kirsch *m*.
kitchenette [kitʃənɛt] *nf* kitchenette *f*.
kitsch [kitʃ] *adj inv* kitsch.
kiwi [kiwi] *nm* kiwi *m*.
Klaxon® [klaksɔn] *nm* claxon *m*, bocina *f*.
klaxonner [klaksɔne] *vi* pitar, tocar el claxon.
kleptomane, cleptomane [klɛptɔman] *adj* & *nmf* cleptómano(na).
km (*abr de* **kilomètre**) km.
km/h (*abr de* **kilomètre par heure**) km/h.
K-O (*abr de* **knock-out**) *nm inv* & *adj inv* KO *m*.
Koweït [kɔwɛjt] *nm* : **le ~** Kuwait.
krach [krak] *nm* crac *m* ; **~ boursier** crac bursátil.
kung-fu [kuŋfu] *nm* kung-fu *m*.
kyrielle [kirjɛl] *nf* sarta *f*.
kyste [kist] *nm* quiste *m*.

L

l, L [ɛl] *nm inv* [lettre] l *f*, L *f*. ◆ **l** (*abr de* **litre**) l.
la¹ [la] *art déf* & *pron déf* ▷ **le.**
la² [la] *nm inv* MUS la *m*.
là [la] *adv* **- 1.** [lieu] aquí, ahí ; **c'est ~ que je travaille** ahí es donde trabajo ; **passe par ~** pasa por aquí ; **~ est le problème** ahí está el problema **- 2.** [temps] entonces ; **~, il a allumé une cigarette** entonces encendió un cigarrillo.
là-bas [laba] *adv* allí.
label [labɛl] *nm* **- 1.** [étiquette] etiqueta *f* **- 2.** [commerce] marca *f* de fábrica.
labeur [labœr] *nm sout* labor *f*.
labo [labo] *nm fam* laboratorio *m*.
laborantin, e [labɔrɑ̃tɛ̃, in] *nm, f* auxiliar *mf* de laboratorio.
laboratoire [labɔratwar] *nm* laboratorio *m*.
laborieux, euse [labɔrjø, øz] *adj* **- 1.** [travail] laborioso(sa) **- 2.** [travailleur] trabajador(ra).
labourer [labure] *vt* **- 1.** [terre - travailler] labrar, trabajar ; [- creuser] hacer surcos en **- 2.** [griffer] señalar.
laboureur [laburœr] *nm* labrador *m*.
labyrinthe [labirɛ̃t] *nm* laberinto *m*.
lac [lak] *nm* lago *m* ; **le ~ Léman** el lago Lemán ; **le ~ Majeur** el lago Mayor.
lacer [lase] *vt* atar.

lacérer [lasere] *vt* - **1.** [papier, vêtement] desgarrar - **2.** [corps] rajar.
lacet [lasɛ] *nm* - **1.** [cordon] cordón *m* - **2.** [de route] zigzag *m* - **3.** [piège] lazo *m*.
lâche [laʃ] ◇ *adj* - **1.** [nœud] flojo(ja) - **2.** [personne] cobarde - **3.** [action] vil. ◇ *nmf* cobarde *mf*.
lâcher [laʃe] ◇ *vt* - **1.** [gén] soltar - **2.** [desserrer] aflojar - **3.** *fam* [abandonner] plantar. ◇ *vi* aflojarse.
lâcheté [laʃte] *nf* - **1.** [couardise] cobardía *f* - **2.** [acte indigne] vileza *f*.
lacis [lasi] *nm* - **1.** ANAT plexo *m* - **2.** *sout* [labyrinthe] laberinto *m*.
laconique [lakɔnik] *adj* lacónico(ca).
lacrymogène [lakrimɔʒɛn] *adj* lacrimógeno(na).
lacté, e [lakte] *adj* - **1.** [à base de lait - régime] lácteo(a) ; [- farine] lacteado(da) - **2.** *sout* [pareil au lait] lechoso(sa).
lacune [lakyn] *nf* [manque] laguna *f*.
lacustre [lakystr] *adj* lacustre.
lad [lad] *nm* mozo *m* de cuadras.
là-dedans [ladədɑ̃] *adv* ahí dentro ; **quel est son rôle ~?** ¿qué hace en todo esto?
là-dessous [ladsu] *adv* ahí abajo ; **il y a quelque chose ~** algo se esconde detrás de todo esto.
là-dessus [ladsy] *adv* - **1.** [sur ce] en eso, después de eso ; **~, il est parti** después de eso, se fue - **2.** [à ce sujet] sobre esto ; **je n'ai rien à dire ~** no tengo nada que decir al respecto.
ladite ▷ **ledit.**
lagon [lagɔ̃] *nm* lago *m*.
lagune [lagyn] *nf* laguna *f*.
là-haut [lao] *adv* allí arriba.
La Havane [laavan] *n* La Habana.
La Haye [laɛ] *n* La Haya.
laïc, laïque [laik] *adj* & *nm, f* laico(ca).
laid, e [lɛ, lɛd] *adj* feo(a).
laideron [lɛdrɔ̃] *nm* callo *m (mujer fea)*.
laideur [lɛdœr] *nf* fealdad *f*.
laie [lɛ] *nf* - **1.** ZOOL jabalina *f* - **2.** [sentier] vereda *f*.
lainage [lɛnaʒ] *nm* - **1.** [étoffe] lana *f* - **2.** [vêtement] prenda *f* de lana.
laine [lɛn] *nf* lana *f* ; **~ polaire** forro *m* polar.
laineux, euse [lɛnø, øz] *adj* - **1.** [étoffe] lanudo(da) - **2.** [cheveux, plante] lanoso(sa).
laïque ▷ **laïc.**
laisse [lɛs] *nf* correa *f*.
laisser [lɛse] ◇ *v aux (+ infinitif)* dejar ; **~ faire (qqch)** dejar hacer (algo) ; **~ faire qqn** dejar hacer a alguien ; **~ tomber qqch** dejar caer algo ; **laisse tomber!** *fam* ¡déjalo! ◇ *vt* dejar ; **~ qqch à qqn** [confier, léguer] dejar algo a alguien ; **~ qqn à qqn** dejar a alguien con alguien. ◆ **se laisser** *vp* : **se ~ aller** [se relâcher] dejarse ir ; **se ~ faire** dejarse avasallar.
laisser-aller *nm inv* dejadez *f*.
laisser-faire, laissez-faire *nm inv* ÉCON laisser-faire *m*, laissez-faire *m*.
laissez-passer [lɛsepase] *nm inv* pase *m*, credencial *f*.
lait [lɛ] *nm* leche *f* ; **~ entier/écrémé/maternel** leche entera/desnatada/materna. ◆ **lait de poule** *nm* CULIN yema *f* mejida.
laitage [lɛtaʒ] *nm* producto *m* lácteo.
laiterie [lɛtri] *nf* [usine] central *f* lechera ; [ferme] lechería *f*.
laitier, ère [lɛtje, ɛr] ◇ *adj* - **1.** [produit, industrie] lácteo(a) - **2.** [vache] lechero(ra). ◇ *nm, f* lechero *m*, -ra *f*.
laiton [lɛtɔ̃] *nm* latón *m*.
laitue [lety] *nf* lechuga *f*.
laïus [lajys] *nm fam* rollo *m (discurso)* ; **faire un ~** soltar un rollo.
lambeau, x [lɑ̃bo] *nm* - **1.** [morceau] pedazo *m* - **2.** *fig* [fragment] triza *f*.
lambris [lɑ̃bri] *nm* friso *m*.
lame [lam] *nf* - **1.** [d'épée, de couteau] hoja *f* ; **~ de rasoir** hoja OU cuchilla *f* de afeitar - **2.** [de parquet] tabla *f* - **3.** [vague] ola *f*.
lamé, e [lame] *adj* laminado(da). ◆ **lamé** *nm* lamé *m*.
La Mecque [lamɛk] *n* La Meca.
lamelle [lamɛl] *nf* - **1.** [de métal, de plastique, de champignon] lámina *f* ; **en ~s** CULIN en lonchas - **2.** [de microscope] cubreobjetos *m inv*.
lamentable [lamɑ̃tabl] *adj* lamentable.
lamentation [lamɑ̃tasjɔ̃] *nf* lamentación *f*, lamento *m*.
lamenter [lamɑ̃te] ◆ **se lamenter** *vp* lamentarse.
laminer [lamine] *vt* - **1.** [métal] laminar - **2.** *fig* [santé, espoir, revenus] mermar.
lampadaire [lɑ̃padɛr] *nm* - **1.** [d'intérieur] lámpara *f* de pie - **2.** [de rue] farola *f* *Esp*, foco *m Amér*.
lampe [lɑ̃p] *nf* - **1.** [d'éclairage] lámpara *f* ; **~ de chevet** lámpara de mesa ; **~ halogène** lámpara halógena ; **~ de poche** linterna *f* - **2.** [ampoule] bombilla *f*.
lampion [lɑ̃pjɔ̃] *nm* farolillo *m*.

lampiste [lɑ̃pist] *nm fam* [subalterne] último mono *m*.

lance [lɑ̃s] *nf* - **1.** [arme] lanza *f* - **2.** [de tuyau] lanza *f* ; **~ à eau** manga *f* de riego ; **~ d'incendie** manga *f* de incendio.

lance-flammes [lɑ̃sflam] *nm inv* lanzallamas *m inv*.

lancement [lɑ̃smɑ̃] *nm* - **1.** [gén & COMM] lanzamiento *m* - **2.** [de navire] botadura *f*.

lance-pierres [lɑ̃spjɛr] *nm inv* tirachinas *m inv*.

lancer [lɑ̃se] ◇ *vt* - **1.** [gén] lanzar ; **~ qqch à qqn** lanzar OU tirar algo a alguien - **2.** [plaisanterie, cri] soltar - **3.** [moteur] poner en marcha - **4.** INFORM [programme] arrancar - **5.** [navire] botar - **6.** [faire connaître] : **~ qqn dans qqch** meter a alguien en algo - **7.** [inciter à parler] : **~ qqn (sur qqch)** darle pie a alguien (para que hable de algo). ◇ *nm* - **1.** [pêche] : **au ~** al lanzado - **2.** SPORT lanzamiento *m*. ◆ **se lancer** *vp* - **1.** [se précipiter] lanzarse - **2.** *fig* [s'engager] meterse.

lancinant, e [lɑ̃sinɑ̃, ɑ̃t] *adj* - **1.** [douleur, souvenir] lancinante - **2.** [refrain, musique] cargante.

landau [lɑ̃do] *nm* cochecito *m (de bebé)*.

lande [lɑ̃d] *nf* landa *f*.

langage [lɑ̃gaʒ] *nm* lenguaje *m*.

lange [lɑ̃ʒ] *nm* mantilla *f*.

langer [lɑ̃ʒe] *vt* envolver en una mantilla.

langoureux, euse [lɑ̃gurø, øz] *adj* lánguido(da).

langouste [lɑ̃gust] *nf* langosta *f*.

langoustine [lɑ̃gustin] *nf* cigala *f*.

langue [lɑ̃g] *nf* - **1.** [gén] lengua *f* ; **~ maternelle/morte/vivante** lengua materna/muerta/viva - **2.** [style] lenguaje *m*.

langue-de-chat [lɑ̃gdəʃa] (*pl* **langues-de-chat**) *nf* lengua *f* de gato.

languette [lɑ̃gɛt] *nf* lengüeta *f*.

langueur [lɑ̃gœr] *nf* languidez *f*.

languir [lɑ̃gir] *vi* - **1.** *sout* [manquer d'énergie] languidecer - **2.** [attendre] : **faire ~ qqn** tener a alguien en suspenso.

lanière [lanjɛr] *nf* correa *f*.

lanterne [lɑ̃tɛrn] *nf* - **1.** [d'éclairage] farolillo *m* - **2.** [de voiture] faro *m Esp*, foco *m Amér* - **3.** [de projection & ARCHIT] linterna *f*.

Laos [laos] *nm* : **le ~** Laos.

La Paz [lapaz] *n* La Paz.

laper [lape] *vt & vi* beber a lengüetadas.

lapider [lapide] *vt* - **1.** [gén] lapidar - **2.** *fig* [critiquer] vapulear.

lapin, e [lapɛ̃, in] *nm, f* - **1.** [animal] conejo *m*, -ja *f* - **2.** *fam* [personne] : **mon ~!** ¡mi vida!

lapsus [lapsys] *nm* lapsus *m inv*.

laquais [lakɛ] *nm* lacayo *m*.

laque [lak] *nf & nm* laca *f*.

laqué, e [lake] *adj* - **1.** [meuble] lacado(da) - **2.** [cheveux] con laca.

laquelle ▷ **lequel**.

larbin [larbɛ̃] *nm fam péj* - **1.** [domestique] criado *m* - **2.** [personne servile] esclavo *m*.

larcin [larsɛ̃] *nm sout* - **1.** [vol] hurto *m* - **2.** [butin] botín *m*.

lard [lar] *nm* - **1.** [graisse de porc] tocino *m* - **2.** [viande] panceta *f* - **3.** *fam* [graisse de l'homme] : **(se) faire du ~** echar barriga.

lardon [lardɔ̃] *nm* - **1.** CULIN taquito *m* de tocino - **2.** *fam* [enfant] mocoso *m*.

large [larʒ] ◇ *adj* - **1.** [de mensuration] ancho(cha) - **2.** [vêtement] holgado(da) - **3.** [étendu, important, non borné] amplio(plia) - **4.** [généreux] espléndido(da). ◇ *nm* - **1.** [largeur] ancho *m* - **2.** [mer] : **le ~** alta mar *f* ; **au ~ de** a la altura de. ◇ *adv* [amplement] de sobra.

largement [larʒəmɑ̃] *adv* - **1.** [gén] ampliamente ; [ouvrir] de par en par - **2.** [généreusement] generosamente - **3.** [au moins] con mucho - **4.** [amplement] de sobra.

largeur [larʒœr] *nf* - **1.** [dimension] anchura *f* - **2.** *fig* [de vues, d'esprit] amplitud *f*.

larguer [large] *vt* - **1.** NAVIG [amarres, voile] largar - **2.** [bombe, parachutiste] tirar - **3.** *fam fig* [personne] plantar.

larme [larm] *nf* - **1.** [pleur] lágrima *f* ; **être en ~s** llorar ; **les ~s lui montèrent aux yeux** se le humedecieron los ojos - **2.** *fig* [très peu] : **une ~ de** una gota de.

larmoyant, e [larmwajɑ̃, ɑ̃t] *adj* - **1.** [personne] lloroso(sa) - **2.** [ton, histoire] lacrimógeno(na).

larron [larɔ̃] *nm* - **1.** *vieilli* [voleur] ladrón *m*, -ona *f* - **2.** *fam* [compère] : **le troisième ~** el tercero en discordia.

larve [larv] *nf* - **1.** ZOOL larva *f* - **2.** *péj* [être inférieur] desecho *m* - **3.** *fam* [personne molle] muermo *m*.

laryngite [larɛ̃ʒit] *nf* laringitis *f inv*.

larynx [larɛ̃ks] *nm* laringe *f*.

las, lasse [la, las] *adj sout* - **1.** [fatigué] fatigado(da) - **2.** [dégoûté, ennuyé] hastiado(da) ; **~ de qqch/de faire qqch** harto de algo/de hacer algo.

lascar [laskar] *nm* - **1.** [homme rusé] zorro *m* - **2.** *fam* [enfant] golfillo *m*.

lascif, ive [lasif, iv] *adj* lascivo(va).

laser [lazɛr] ◇ *nm* láser *m*. ◇ *adj inv* láser *(en aposición)*.

lasse ▻ **las.**

lasser [lase] *vt sout* - **1.** [gén] fatigar - **2.** [patience] colmar. ◆ **se lasser** *vp sout* fatigarse.

lassitude [lasityd] *nf sout* - **1.** [fatigue] lasitud *f* - **2.** [découragement] hastío *m*.

lasso [laso] *nm* lazo *m*.

latent, e [latɑ̃, ɑ̃t] *adj* latente.

latéral, e, aux [lateral, o] *adj* lateral.

latex [latɛks] *nm inv* látex *m inv*.

latin, e [latɛ̃, in] *adj* latino(na). ◆ **latin** *nm* LING latín *m*. ◆ **Latin, e** *nm, f* latino *m*, -na *f*.

latiniste [latinist] *nmf* latinista *mf*.

latitude [latityd] *nf* - **1.** GÉOGR latitud *f* - **2.** [liberté] libertad *f*.

latrines [latrin] *nfpl* letrinas *fpl*.

latte [lat] *nf* listón *m*, lámina *f*.

lauréat, e [lɔrea, at] *adj* & *nm, f* galardonado(da).

laurier [lɔrje] *nm* laurel *m*. ◆ **lauriers** *nmpl* laureles *mpl*.

lavable [lavabl] *adj* lavable.

lavabo [lavabo] *nm* lavabo *m*. ◆ **lavabos** *nmpl* lavabo *m*.

lavage [lavaʒ] *nm* [nettoyage - gén] lavado *m* ; [- des vitres] limpieza *f*.

lavande [lavɑ̃d] ◇ *nf* lavanda *f*. ◇ *adj inv* lavanda *(en aposición)*.

lave [lav] *nf* lava *f*.

lave-glace [lavglas] (*pl* **lave-glaces**) *nm* limpiaparabrisas *m inv*.

lave-linge [lavlɛ̃ʒ] *nm inv* lavadora *f*.

laver [lave] ◇ *vt* - **1.** [nettoyer - personne, linge] lavar ; [- vaisselle] fregar ; [- vitres] limpiar - **2.** *fig* [disculper] : **~ qqn d'une accusation** desagraviar a alguien. ◇ *vi* lavar. ◆ **se laver** *vp* lavarse ; **se ~ les mains** lavarse las manos.

laverie [lavri] *nf* lavandería *f* ; **~ automatique** lavandería automática.

lavette [lavɛt] *nf* - **1.** [tissu-éponge] bayeta *f* - **2.** *fam* [personne] pelele *m*.

laveur, euse [lavœr, øz] *nm, f* limpiador *m*, -ra *f* ; **~ de carreaux** limpiacristales *m inv* ; **~ de voitures** limpiacoches *m inv*.

lave-vaisselle [lavvesɛl] *nm inv* lavavajillas *m inv*, lavaplatos *m inv*.

lavoir [lavwar] *nm* - **1.** [lieu] lavadero *m* - **2.** [bac] pilón *m*.

laxatif, ive [laksatif, iv] *adj* laxante. ◆ **laxatif** *nm* laxante *m*.

laxisme [laksism] *nm* laxismo *m*.

laxiste [laksist] *adj* & *nmf* laxista.

layette [lɛjɛt] *nf* canastilla *f (ropa de bebé)*.

le [lə], **l'** *(devant voyelle ou h muet)* (*f* **la** [la], *pl* **les** [lɛ]) ◇ *art déf* - **1.** [gén] el (la) ; **~ lac** el lago ; **la fenêtre** la ventana ; **l'amour** el amor ; **les enfants** los niños - **2.** [devant les noms géographiques] el (la) ; **la Seine** el Sena ; **la France** Francia - **3.** [temps] : **~ 15 janvier 1993** [date] el 15 de enero de 1993 ; [dans une lettre] a 15 de enero de 1993 ; **tout est fermé ~ dimanche** los domingos todo está cerrado - **4.** [distributif] el (la) ; **10 francs ~ mètre** a 10 francos el metro. ◇ *pron pers* - **1.** [personne, animal, chose] lo (la) ; **je ~/la/les connais bien** lo/la/los/las conozco bien ; **tu dois avoir la clé, donne-la-moi** debes de tener la llave, dámela - **2.** [représente une proposition] lo ; **je ~ sais bien** lo sé ; **je te l'avais bien dit!** ¡te lo había dicho!

LEA (*abr de* **langues étrangères appliquées**) *nfpl carrera en la que se compagina el estudio de dos lenguas extranjeras con su aplicación en el campo comercial o de la traducción.*

leader [lidœr] *nm* líder *m*.

leadership [lidœrʃip] *nm* liderazgo *m*.

lèche-bottes [lɛʃbɔt] *nmf inv fam* pelota *mf*.

lécher [leʃe] *vt* - **1.** [gén] lamer - **2.** *fam* [peaufiner] repulir.

leçon [ləsɔ̃] *nf* - **1.** [gén] lección *f* ; **faire la ~ à qqn** *fig* sermonear a alguien - **2.** [cours] clase *f* ; **~s particulières** clases particulares.

lecteur, trice [lɛktœr, tris] *nm, f* [de livres & UNIV] lector *m*, -ra *f*. ◆ **lecteur** *nm* lector *m* ; **~ de cassettes/de CD** lector de casetes/de CD ; **~ laser** lector láser.

lecture [lɛktyr] *nf* lectura *f*.

ledit, ladite [lədi, ladit] (*mpl* **lesdits** [ledi], *fpl* **lesdites** [ledit]) *adj* el susodicho (la susodicha).

légal, e, aux [legal, o] *adj* legal ; [monnaie] de curso legal.

légalement [legalmɑ̃] *adv* legalmente.

légaliser [legalize] *vt* legalizar.

légalité [legalite] *nf* legalidad *f*.

légataire [legatɛr] *nmf* legatario *m*, -ria *f*.
légendaire [leʒɑ̃dɛr] *adj* legendario(ria).
légende [leʒɑ̃d] *nf* - **1.** [fable, d'illustration] leyenda *f* - **2.** *péj* [invention] cuento *m*.
léger, ère [leʒe, ɛr] *adj* - **1.** [gén] ligero(ra) ; **à la légère** a la ligera - **2.** [tabac, alcool] suave - **3.** [anecdote, histoire] picante.
légèrement [leʒɛrmɑ̃] *adv* - **1.** [peu, délicatement] ligeramente - **2.** [avec agilité] con ligereza - **3.** [inconsidérément] a la ligera - **4.** [sans gravité] levemente.
légèreté [leʒɛrte] *nf* - **1.** [gén] ligereza *f* - **2.** [de vin, de tabac] suavidad *f* - **3.** [d'une blessure, d'un coup] levedad *f*.
légiférer [leʒifere] *vi* legislar.
légion [leʒjɔ̃] *nf* - **1.** MIL legión *f* - **2.** *sout* [grand nombre] batallón *m*.
légionnaire [leʒjɔnɛr] *nm* legionario *m*.
législatif, ive [leʒislatif, iv] *adj* legislativo(va). ◆ **législatif** *nm* legislativo *m*. ◆ **législatives** *nfpl* : **les législatives** las legislativas.
législation [leʒislasjɔ̃] *nf* legislación *f*.
légiste [leʒist] ◇ *nm* legista *m*. ◇ *adj* ▷ **médecin**.
légitime [leʒitim] *adj* legítimo(ma).
légitimité [leʒitimite] *nf* legitimidad *f*.
legs [lɛg] *nm* legado *m*.
léguer [lege] *vt* : ~ **qqch à qqn** legar algo a alguien.
légume [legym] *nm* verdura *f* ; ~ **sec** legumbre *f*.
leitmotiv [lajtmɔtif, lɛtmɔtiv] *nm* leitmotiv *m*.
Léman [lemɑ̃] ▷ **lac**.
lendemain [lɑ̃dmɛ̃] *nm* - **1.** [jour suivant] día *m* siguiente ; **le ~ de** el día siguiente a - **2.** [avenir] futuro *m*.
lénifiant, e [lenifjɑ̃, ɑ̃t] *adj* lenitivo(va).
lent, e [lɑ̃, ɑ̃t] *adj* lento(ta). ◆ **lente** *nf* liendre *f*.
lenteur [lɑ̃tœr] *nf* lentitud *f*.
lentille [lɑ̃tij] *nf* - **1.** BOT & CULIN lenteja *f* - **2.** [d'optique] lentilla *f* ; **~s de contact** lentes *fpl* de contacto.
léopard [leɔpar] *nm* leopardo *m*.
LEP, Lep (*abr de* **lycée d'enseignement professionnel**) *nm antiguo nombre de los institutos de formación profesional*.
lèpre [lɛpr] *nf* - **1.** MÉD lepra *f* - **2.** *fig* [mal] plaga *f*.
lequel [ləkɛl] (*f* **laquelle** [lakɛl], *mpl* **lesquels** [lekɛl], *fpl* **lesquelles** [lekɛl]) (*contraction de à* + *lequel* = **auquel**, *de* + *lequel* = **duquel**, *à* + *lesquels/lesquelles* = **auxquels/auxquelles**, *de* + *lesquels/lesquelles* = **desquels/desquelles**) ◇ *pron relatif* - **1.** [complément] el cual (la cual) - **2.** [sujet - personne] el cual (la cual), quien ; [- chose] el cual (la cual). ◇ *pron interr* cuál.
les ▷ **le**.
lesbienne [lɛsbjɛn] *nf* lesbiana *f*.
léser [leze] *vt* lesionar.
lésiner [lezine] *vi* escatimar ; **ne pas ~ sur qqch** no escatimar algo.
lésion [lezjɔ̃] *nf* lesión *f*.
lesquelles ▷ **lequel**.
lesquels ▷ **lequel**.
lessive [lesiv] *nf* - **1.** [produit] detergente *m* - **2.** [nettoyage] limpieza *f* - **3.** [linge] colada *f* ; **faire la ~** hacer la colada.
lessivé, e [lesive] *adj fam* hecho(cha) polvo.
lest [lɛst] *nm* lastre *m*.
leste [lɛst] *adj* - **1.** [personne, mouvement] ligero(ra) - **2.** [histoire, propos] picante.
lester [lɛste] *vt* - **1.** [garnir de lest] lastrar - **2.** [charger] atiborrar.
léthargie [letarʒi] *nf* letargo *m*.
léthargique [letarʒik] *adj* - **1.** [état, sommeil] letárgico(ca) - **2.** *fig* [personne] alelado(da).
Lettonie [lɛtɔni] *nf* : **la ~** Letonia.
lettre [lɛtr] *nf* - **1.** [caractère] letra *f* ; **en toutes ~s** con todas las OU sus letras - **2.** [courrier] carta *f* ; **~ d'amour** carta de amor ; **~ recommandée (avec avis de réception)** carta certificada (con acuse de recibo) - **3.** [sens strict] : **à la ~, au pied de la ~** al pie de la letra. ◆ **lettres** *nfpl* - **1.** [culture & UNIV] letras *fpl* ; **~s classiques/modernes** letras clásicas/modernas - **2.** [titre] : **~s de noblesse** carta *f* ejecutoria OU de hidalguía.
lettré, e [lɛtre] *adj* & *nm, f* letrado(da).
leucémie [løsemi] *nf* leucemia *f*.
leucocyte [løkɔsit] *nm* leucocito *m*.
leur [lœr] ◇ *pron pers inv* les ; **je ~ ai donné la lettre** les he dado la carta ; **je voudrais ~ parler** desearía hablar con ellos. ◇ *adj poss* (*pl* **leurs**) su ; **ils ont vendu ~ maison** han vendido la casa ; **ce sont ~s enfants** son sus hijos. ◆ **le leur** (*f* **la leur**, *pl* **les leurs**) *pron poss* el suyo (la suya) ; **c'est notre problème, pas le ~** es

nuestro problema, no el suyo ; **il faudra qu'ils y mettent du ~** tendrán que poner algo de su parte ; **c'est un des ~s** es uno de los suyos.

leurrer [lœre] *vt* engañar, embaucar. ◆ **se leurrer** *vp* engañarse.

leurs ▻ **leur.**

levain [ləvɛ̃] *nm* levadura *f* (láctica).

levant [ləvɑ̃] ◇ *nm* levante *m.* ◇ *adj* ▻ **soleil.**

lever [ləve] ◇ *vt* - **1.** [gén] levantar *Esp,* parar *Amér* - **2.** [tirer vers le haut - gén] subir ; [- ancre] levar - **3.** [troupes, armée] reclutar - **4.** [impôts, taxes] recaudar. ◇ *vi* [fermenter] subir. ◇ *nm* - **1.** [d'astre] salida *f* ; **~ du jour** amanecer *m* ; **~ du soleil** salida del sol - **2.** [de personne] : **au ~** al levantarse - **3.** THÉÂTRE : **~ de rideau** subida *f* del telón. ◆ **se lever** *vp* - **1.** [gén] levantarse *Esp,* pararse *Amér* - **2.** [astre] salir.

lève-tard [lɛvtar] *nmf inv* dormilón *m,* -ona *f.*

lève-tôt [lɛvto] *nmf inv* madrugador *m,* -ra *f.*

levier [ləvje] *nm* palanca *f* ; **~ de vitesses** palanca de cambios.

lévitation [levitasjɔ̃] *nf* levitación *f.*

lèvre [lɛvr] *nf* labio *m* ; **du bout des ~s** a penas ; **manger du bout des ~s** comer como un pajarito.

lévrier, levrette [levrije, ləvrɛt] *nm, f* galgo *m,* -ga *f.*

levure [ləvyr] *nf* levadura *f* ; **~ de bière** levadura de cerveza ; **~ chimique** levadura química.

lexicographe [lɛksikɔgraf] *nmf* lexicógrafo *m,* -fa *f.*

lexicographie [lɛksikɔgrafi] *nf* lexicografía *f.*

lexique [lɛksik] *nm* léxico *m.*

lézard [lezar] *nm* lagarto *m.*

lézarder [lezarde] ◇ *vt* [fissurer] agrietar. ◇ *vi fam* [paresser] gandulear. ◆ **se lézarder** *vp* agrietarse.

liaison [ljɛzɔ̃] *nf* - **1.** [jonction] conexión *f* - **2.** LING *en la lengua francesa, acción de pronunciar la consonante final de una palabra unida a la vocal inicial de la palabra siguiente* - **3.** [communication] contacto *m* - **4.** [relation] relación *f* ; **être/entrer en ~ avec qqn** estar en/establecer contacto con alguien - **5.** [transport] enlace *m.*

liane [ljan] *nf* liana *f,* bejuco *m.*

liant, e [ljɑ̃, ɑ̃t] *adj* comunicativo(va). ◆ **liant** *nm* argamasa *f.*

Liban [libɑ̃] *nm* : **le ~** (el) Líbano.

libeller [libele] *vt* - **1.** [chèque] extender - **2.** [lettre] redactar - **3.** JUR redactar, formular.

libellule [libelyl] *nf* libélula *f.*

libéral, e, aux [liberal, o] *adj* & *nm, f* liberal.

libéraliser [liberalize] *vt* liberalizar.

libéralisme [liberalism] *nm* liberalismo *m.*

libération [liberasjɔ̃] *nf* - **1.** [gén] liberación *f* - **2.** [d'engagement] exención *f* - **3.** [des prix] liberalización *f.*

libérer [libere] *vt* - **1.** [gén] liberar, libertar ; **~ qqn de qqch** *fig* [d'un poids] liberar OU libertar a alguien de algo - **2.** [passage] dejar libre. ◆ **se libérer** *vp* - **1.** [se rendre disponible] escaparse - **2.** [se dégager] : **se ~ de** [obligation] librarse de - **3.** [pays, ville] liberarse - **4.** [prisonnier, gaz] escaparse.

liberté [libɛrte] *nf* - **1.** [gén] libertad *f* ; **en ~** en libertad ; **~ d'expression/d'opinion** libertad de expresión/de opinión - **2.** [loisir] tiempo *m* libre.

libertin, e [libɛrtɛ̃, in] *adj* & *nm, f* libertino(na).

libidineux, euse [libidinø, øz] *adj* libidinoso(sa).

libido [libido] *nf* libido *f.*

libraire [librɛr] *nmf* librero *m,* -ra *f.*

librairie [librɛri] *nf* librería *f.*

libre [libr] *adj* - **1.** [gén] libre ; **être ~ de qqch/de faire qqch** ser libre de algo/de hacer algo - **2.** [école, secteur] privado(da).

libre-échange *nm* librecambio *m,* libre cambio *m.*

librement [librəmɑ̃] *adv* libremente.

libre-service [librəsɛrvis] (*pl* **libres-services**) *nm* autoservicio *m.*

Libye [libi] *nf* : **la ~** Libia.

licence [lisɑ̃s] *nf* - **1.** [gén] licencia *f* - **2.** UNIV *diploma universitario que se concede a los alumnos que han aprobado los tres primeros cursos de una carrera universitaria* ; **~ de lettres/en droit** *diploma universitario que se concede a los alumnos de letras/de derecho que han superado los tres primeros años de la carrera* - **3.** SPORT ficha *f.*

licencié, e [lisɑ̃sje] ◇ *adj* - **1.** UNIV *que ha superado los exámenes correspondientes al tercer curso de una carrera universitaria* - **2.** SPORT federado(da). ◇ *nm, f* - **1.** UNIV *persona que ha superado los exámenes corres-*

pondientes al tercer curso de una carrera universitaria - **2.** SPORT federado *m*, -da *f*.
licenciement [lisɑ̃simɑ̃] *nm* despido *m*.
licencier [lisɑ̃sje] *vt* [employé] despedir *Esp*, cesantear *Amér*.
lichen [likɛn] *nm* liquen *m*.
licite [lisit] *adj* lícito(ta).
licorne [likɔrn] *nf* unicornio *m*.
lie [li] *nf* - **1.** [de vin] hez *f*, heces *fpl* - **2.** *fig* & *sout* [rebut] hez *f*.
lié, e [lje] *adj* unido(da).
lie-de-vin [lidvɛ̃] *adj inv* [couleur] burdeos *(en aposición)*.
liège [ljɛʒ] *nm* corcho *m*.
lien [ljɛ̃] *nm* - **1.** [sangle] atadura *f* - **2.** [relation] lazo *m*, vínculo *m* ; **~ de parenté** lazo de parentesco - **3.** [rapport] relación *f*.
lier [lje] *vt* - **1.** [attacher] atar ; **~ qqch/qqn à qqch** atar algo/a alguien a algo - **2.** [joindre, unir] unir - **3.** CULIN [sauce] ligar - **4.** *fig* [relier] relacionar ; **~ qqch à qqch** relacionar algo con algo - **5.** [commencer] : **~ amitié/conversation** entablar amistad/conversación - **6.** [astreindre - contrat] vincular ; [- mariage] unir. ◆ **se lier** *vp* - **1.** [s'attacher] atarse - **2.** [entrer en relation] : **se ~ avec qqn** relacionarse con alguien - **3.** [s'astreindre] ligarse ; **se ~ par qqch** ligarse por algo.
lierre [ljɛr] *nm* hiedra *f*, yedra *f*.
liesse [ljɛs] *nf* : **en ~** alborozado(da).
lieu, x [ljø] *nm* lugar *m*, sitio *m* ; **en ~ sûr** en lugar OU sitio seguro ; **~ de naissance** lugar de nacimiento ; **en premier/second/dernier ~** en primer/segundo/último lugar ; **au ~ de qqch/de faire qqch** en lugar de algo/de hacer algo ; **avoir ~** tener lugar. ◆ **lieux** *nmpl* lugar *m* ; **sur les ~x de qqch** en lugar de algo. ◆ **lieu commun** *nm* lugar *m* común.
lieu-dit [ljødi] *nm* lugar *m*.
lieue [ljø] *nf* legua *f*.
lieutenant [ljøtnɑ̃] *nm* ≃ teniente *m*.
lièvre [ljɛvr] *nm* ZOOL liebre *f*.
lifter [lifte] *vt* [au tennis] cortar.
lifting [liftiŋ] *nm* lifting *m*.
ligament [ligamɑ̃] *nm* ligamento *m*.
ligaturer [ligatyre] *vt* MÉD ligar.
light [lajt] *adj* light.
ligne [liɲ] *nf* - **1.** [gén] línea *f* ; **à la ~** punto y aparte ; **en ~ droite** en línea recta ; **~ aérienne** línea aérea ; **~ d'arrivée/de départ** línea de llegada/de salida ; **~ blanche** AUTOM línea continua ; **~ de commande** INFORM línea de comando ; **~ de conduite** línea de conducta ; **~ de démarcation** línea de demarcación ; **~ de flottaison** línea de flotación ; **~s de la main** líneas de la mano ; **dans les grandes ~s** a grandes rasgos ; **entrer en ~ de compte** ser tenido(da) en cuenta ; **garder la ~** guardar la línea ; **surveiller sa ~** vigilar la línea - **2.** [de pêche] caña *f* ; **pêcher à la ~** pescar con caña - **3.** [file] fila *f*, hilera *f* ; **en ~** [personnes] en fila ; INFORM en línea.
lignée [liɲe] *nf* linaje *m*.
ligoter [ligɔte] *vt* atar ; **~ qqn à qqch** atar a alguien a algo.
ligue [lig] *nf* liga *f* ; **~ antialcoolique** liga antialcohólica.
lilas [lila] ◇ *nm* lila *f*. ◇ *adj inv* [couleur] lila *(en aposición)*.
limace [limas] *nf* babosa *f*.
limaille [limaj] *nf* limaduras *fpl*.
limande [limɑ̃d] *nf* gallo *m (pez)*.
lime [lim] *nf* lima *f* ; **~ à ongles** lima de uñas.
limer [lime] *vt* limar.
limier [limje] *nm* sabueso *m*.
liminaire [liminɛr] *adj* preliminar, liminar.
limitation [limitasjɔ̃] *nf* limitación *f*, límite *m* ; **~ de vitesse** limitación OU límite de velocidad.
limite [limit] ◇ *nf* - **1.** [gén] límite *m* - **2.** [terme, échéance] fecha *f* límite ; **~ d'âge** límite de edad. ◇ *adj inv* límite *(en aposición)* ◆ **à la limite** *loc adv* en última instancia, en el peor de los casos.
limiter [limite] *vt* limitar. ◆ **se limiter** *vp* - **1.** [se restreindre] : **se ~ à qqch/à faire qqch** limitarse a algo/a hacer algo - **2.** [avoir pour limites] : **se ~ à qqch/à qqn** limitarse a algo/a alguien.
limitrophe [limitrɔf] *adj* - **1.** [pays] limítrofe ; **être ~ de** ser limítrofe de OU con - **2.** [situé à la frontière - maison, terre] colindante.
limoger [limɔʒe] *vt* destituir.
limon [limɔ̃] *nm* - **1.** GÉOL limo *m* - **2.** BOT & CONSTR limón *m*.
limonade [limɔnad] *nf* gaseosa *f*.
limpide [lɛ̃pid] *adj* - **1.** [eau, ciel, regard] límpido(da) - **2.** [explication, style] nítido(da).
lin [lɛ̃] *nm* lino *m*.
linceul [lɛ̃sœl] *nm* sudario *m*, mortaja *f*.
linéaire [lineɛr] *adj* lineal.
linge [lɛ̃ʒ] *nm* - **1.** [de maison] ropa *f* blanca - **2.** [sous-vêtements] lencería *f*, ropa *f*

interior - **3.** [lessive] colada *f* - **4.** [morceau de tissu] trapo *m*.
lingerie [lɛ̃ʒri] *nf* - **1.** [local] lavandería *f* - **2.** [sous-vêtements] lencería *f*.
lingot [lɛ̃go] *nm* lingote *m* ; **~ d'or** lingote de oro.
linguistique [lɛ̃gɥistik] ◇ *adj* lingüístico(ca). ◇ *nf* lingüística *f*.
linoléum [linɔleɔm] *nm* linóleo *m*.
lion, lionne [ljɔ̃, ljɔn] *nm, f* león *m*, -ona *f*. ◆ **Lion** *nm* ASTROL Leo.
lionceau, x [ljɔ̃so] *nm* cachorro *m* de león.
lipide [lipid] *nm* lípido *m*.
liquéfier [likefje] *vt* licuar, licuefacer. ◆ **se liquéfier** *vp* - **1.** [gaz] licuarse - **2.** *fig* [personne] entrarle a alguien flojera.
liqueur [likœr] *nf* licor *m*.
liquidation [likidasjɔ̃] *nf* liquidación *f*.
liquide [likid] ◇ *adj* líquido(da). ◇ *nm* - **1.** [substance] líquido *m* - **2.** [argent] dinero *m* en efectivo, efectivo *m* ; **en ~** en efectivo ; **retirer du ~** sacar dinero. ◇ *nf* LING líquida *f*.
liquider [likide] *vt* - **1.** [gén] liquidar - **2.** *fam* [se débarrasser de] deshacerse de.
liquidité [likidite] *nf* liquidez *f*. ◆ **liquidités** *nfpl* FIN liquidez *f*.
lire¹ [lir] *vt* leer ; **'lu et approuvé'** 'visto bueno (y conforme)'.
lire² [lir] *nf* lira *f*.
lis, lys [lis] *nm* lirio *m* blanco, azucena *f*.
Lisbonne [lizbɔn] *n* Lisboa.
liseré [lizre], **liséré** [lizere] *nm* ribete *m*.
liseron [lizrɔ̃] *nm* correhuela *f*.
liseuse [lizøz] *nf* - **1.** [vêtement] mañanita *f* - **2.** [lampe] lámpara *f* de lectura.
lisible [lizibl] *adj* legible.
lisière [lizjɛr] *nf* - **1.** [limite] linde *m*, lindero *m* - **2.** COUT orilla *f*, orillo *m*.
lisse [lis] *adj* liso(sa).
lisser [lise] *vt* alisar.
liste [list] *nf* lista *f* ; **~ électorale** lista electoral ; **~ de mariage** lista de boda ; **~ rouge** lista secreta.
lister [liste] *vt* - **1.** [faire une liste de] hacer una lista de - **2.** INFORM listar.
listing [listiŋ] *nm* listado *m*.
lit [li] *nm* - **1.** [meuble] cama *f* ; **faire son ~** hacerse la cama ; **se mettre au ~** meterse en la cama ; **~ de camp** catre *m*, cama de tijera ; **~ d'enfant** cama de niño - **2.** JUR [mariage] matrimonio *m* - **3.** [de feuilles, de cours d'eau] lecho *m*.
litanie [litani] *nf* letanía *f*.
literie [litri] *nf* *somier, colchón y ropa de cama.*
lithographie [litɔgrafi] *nf* litografía *f*.
litière [litjɛr] *nf* - **1.** [paille] jergón *m* - **2.** [pour chat] lecho *m* - **3.** HIST [palanquin] litera *f*.
litige [litiʒ] *nm* litigio *m*.
litigieux, euse [litiʒjø, øz] *adj* litigioso(sa).
litre [litr] *nm* - **1.** [mesure] litro *m* - **2.** [bouteille] botella *f* de litro.
littéraire [literɛr] ◇ *adj* literario(ria). ◇ *nmf* hombre de letras *m*, mujer de letras *f*.
littéral, e, aux [literal, o] *adj* literal.
littérature [literatyr] *nf* literatura *f*.
littoral, e, aux [litɔral, o] *adj* litoral. ◆ **littoral** *nm* litoral *m*.
Lituanie [litɥani] *nf* : **la ~** Lituania.
liturgie [lityrʒi] *nf* liturgia *f*.
livide [livid] *adj* lívido(da).
livraison [livrɛzɔ̃] *nf* entrega *f*, reparto *m* ; **~ à domicile** entrega OU reparto a domicilio.
livre [livr] ◇ *nm* libro *m* ; **~ de bord** libro de a bordo ; **~ de cuisine** libro de cocina ; **~ d'images** álbum *m* ; **~ d'or/de poche** libro de oro/de bolsillo ; **à ~ ouvert** de corrido. ◇ *nf* libra *f*.
livré, e [livre] *adj* : **être ~ à** estar entregado a ; **être ~ à soi-même** verse abandonado a su suerte.
livre-cassette [livrəkasɛt] *nm* libro cassette *m*.
livrée [livre] *nf* librea *f*.
livrer [livre] *vt* - **1.** [gén] entregar ; **~ qqch à qqn** [donner, confier] entregar algo a alguien ; **~ qqn à** [dénoncer] entregar alguien a - **2.** [abandonner] : **~ qqch à qqch** librar algo a algo. ◆ **se livrer** *vp* : **se ~ à qqn** [se rendre, se donner] entregarse a alguien ; [se confier] confiarse a alguien ; **se ~ à qqch** [se consacrer] entregarse a algo.
livret [livrɛ] *nm* - **1.** [carnet] libreta *f*, cartilla *f* ; **~ de caisse d'épargne** libreta OU cartilla de ahorros ; **~ de famille** libro *m* de familia ; **~ scolaire** libro *m* de escolaridad - **2.** MUS libreto *m*.
livreur, euse [livrœr, øz] *nm, f* repartidor *m*, -ra *f*.
lob [lɔb] *nm* lob *m*, globo *m*.
lobby [lɔbi] (*pl* **lobbies**) *nm* lobby *m*, grupo *m* de presión.

lobe [lɔb] *nm* lóbulo *m*.
lober [lɔbe] *vt* hacer un lob OU un globo a.
local, e, aux [lɔkal, o] *adj* local. ◆ **local** *nm* local *m*. ◆ **locaux** *nmpl* [bureaux] locales *mpl*.
localiser [lɔkalize] *vt* [gén & INFORM] localizar.
localité [lɔkalite] *nf* localidad *f*.
locataire [lɔkatɛr] *nmf* inquilino *m*, -na *f*.
location [lɔkasjɔ̃] *nf* - **1.** [gén] alquiler *m* ; ~ **de voitures/de vélos** alquiler de coches/de bicicletas - **2.** [maison] casa *f* de alquiler ; [appartement] piso *m* de alquiler - **3.** [réservation] reserva *f*.
location-vente *nf* alquiler *m* con opción a compra.
locomotion [lɔkɔmɔsjɔ̃] *nf* locomoción *f*.
locomotive [lɔkɔmɔtiv] *nf* locomotora *f*.
locution [lɔkysjɔ̃] *nf* locución *f*.
loft [lɔft] *nm* loft *m (antiguo almacén o taller convertido en vivienda)*.
logarithme [lɔgaritm] *nm* logaritmo *m*.
loge [lɔʒ] *nf* - **1.** [de concierge] portería *f*, recepción *f* - **2.** [d'acteur] camerino *m* - **3.** [de spectacle] palco *m* ; **être aux premières ~s** estar en primera línea - **4.** [de francs-maçons & ARCHIT] logia *f*.
logement [lɔʒmɑ̃] *nm* vivienda *f* ; ~ **de fonction** *vivienda proporcionada por la administración o por las grandes empresas a sus ejecutivos*.
loger [lɔʒe] ◇ *vi* alojarse. ◇ *vt* - **1.** [héberger - suj : personne] alojar ; [- suj : salle, hôtel] albergar - **2.** [introduire] meter. ◆ **se loger** *vp* - **1.** [trouver un logement] encontrar vivienda - **2.** [balle, ballon] ir a parar.
logiciel [lɔʒisjɛl] *nm* programa *m*, software *m* ; ~ **intégré** programa integrado.
logique [lɔʒik] ◇ *adj* lógico(ca). ◇ *nf* lógica *f*.
logiquement [lɔʒikmɑ̃] *adv* lógicamente.
logis [lɔʒi] *nm* vivienda *f*.
logistique [lɔʒistik] ◇ *adj* logístico(ca). ◇ *nf* logística *f*.
logo [logo] *nm* logo *m*.
loi [lwa] *nf* ley *f* ; **nul n'est censé ignorer la ~** la ignorancia de la ley no excusa su cumplimiento ; ~ **de l'offre et de la demande** ley de la oferta y la demanda.
loin [lwɛ̃] *adv* [dans le temps, l'espace] lejos ; **aller trop ~** [exagérer] ir demasiado lejos. ◆ **au loin** *loc adv* a lo lejos. ◆ **de loin** *loc adv* - **1.** [à distance] de lejos - **2.** [assez peu] poco ; **je m'y intéresse de ~** no me interesa mucho - **3.** [de beaucoup] con mucho. ◆ **loin de** *loc prép* [gén] lejos de ; ~ **de là!** ¡ni mucho menos! ; **être ~ du compte** estar muy lejos de la realidad.
lointain, e [lwɛ̃tɛ̃, ɛn] *adj* lejano(na). ◆ **lointain** *nm* : **dans le ~** a lo lejos.
loir [lwar] *nm* lirón *m*.
Loire [lwar] *nf* : **la ~** el Loira.
loisir [lwazir] *nm* ocio *m*. ◆ **loisirs** *nmpl* distracciones *fpl*.
lombago = **lumbago**.
Londres [lɔ̃dr] *n* Londres.
long, longue [lɔ̃, lɔ̃g] *adj* - **1.** [gén] largo(ga) - **2.** [lent] lento(ta) ; **être ~ à faire qqch** [personne] ser lento haciendo algo ; [chose] tardar en hacer algo ; **il est ~ à se décider** es lento para decidirse. ◆ **long** ◇ *nm* - **1.** [longueur] : **de ~** de largo ; **(tout) le ~ de qqch** [espace] a lo largo de algo ; [temps] durante todo algo - **2.** [vêtements longs] : **le ~** los vestidos largos. ◇ *adv* [beaucoup] mucho ; **en dire ~ sur qqch** decir mucho de algo. ◆ **à la longue** *loc adv* a la larga. ◆ **de long en large** *loc adv* de un lado a otro. ◆ **en long, en large et en travers** *loc adv* con pelos y señales.
longe [lɔ̃ʒ] *nf* - **1.** [courroie] cabestro *m* - **2.** [viande] lomo *m*.
longer [lɔ̃ʒe] *vt* bordear.
longévité [lɔ̃ʒevite] *nf* longevidad *f*.
longiligne [lɔ̃ʒiliɲ] *adj* longilíneo(a).
longitude [lɔ̃ʒityd] *nf* longitud *f*.
longtemps [lɔ̃tɑ̃] *adv* mucho tiempo ; **depuis ~** desde hace mucho (tiempo) ; **il y a ~ que** hace mucho (tiempo) que.
longue ▻ **long**.
longueur [lɔ̃gœr] *nf* - **1.** [dimension] longitud *f*, largo *m* ; **en ~** de largo - **2.** [durée] duración *f* ; **à ~ de** durante todo(da) ; **à ~ d'année** durante todo el año ; **à ~ de temps** continuamente - **3.** [à la piscine] largo *m*. ◆ **longueurs** *nfpl péj* lentitud *f*.
longue-vue [lɔ̃gvy] *nf* catalejo *m*.
look [luk] *nm* look *m* ; **changer de ~** cambiar de look.
looping [lupiŋ] *nm* looping *m*, rizo *m*.
lopin [lɔpɛ̃] *nm* pedazo *m* ; ~ **de terre** parcela *f*.

loquace [lɔkas] *adj* locuaz ; **peu ~** poco locuaz.
loque [lɔk] *nf* andrajo *m* ; **~ humaine** *fig* pingajo *m*.
loquet [lɔkɛ] *nm* pestillo *m*.
lorgner [lɔrɲe] *vt fam* **- 1.** [observer] mirar de reojo **- 2.** [convoiter] echar el ojo a.
lors [lɔr] *adv* : **~ de** durante ; **pour ~** de momento, por ahora ; **depuis ~** desde entonces.
lorsque [lɔrskə], **lorsqu'** [lɔrsk] *(devant voyelle ou h muet) conj* cuando ; **~ je chante** cuando canto ; **lorsqu'il pleut** cuando llueve.
losange [lɔzɑ̃ʒ] *nm* rombo *m*.
lot [lo] *nm* **- 1.** [part, stock] lote *m* **- 2.** [prix] premio *m* **- 3.** *fig* [destin] sino *m*.
loterie [lɔtri] *nf* lotería *f*.
loti, e [lɔti] *adj* : **être bien/mal ~** verse favorecido/desfavorecido.
lotion [losjɔ̃] *nf* loción *f*.
lotir [lɔtir] *vt* parcelar.
lotissement [lɔtismɑ̃] *nm* **- 1.** [terrain] urbanización *f* **- 2.** [partage] parcelación *f*.
loto [lɔto] *nm* **- 1.** [jeu de société] bingo *m* casero **- 2.** [loterie] ≃ (lotería) primitiva *f*.
lotte [lɔt] *nf* rape *m*.
lotus [lɔtys] *nm* loto *m*.
louange [lwɑ̃ʒ] *nf* alabanza *f*.
louche [luʃ] ◇ *adj* **- 1.** [acte] turbio(bia) **- 2.** [individu] sospechoso(sa). ◇ *nf* cazo *m*.
loucher [luʃe] *vi* **- 1.** MÉD bizquear **- 2.** *fig* [lorgner] : **~ sur qqch/sur qqn** tener echado el ojo a algo/a alguien.
louer [lwe] *vt* **- 1.** [maison, appartement] alquilar *Esp*, rentar *Amér* ; **~ qqch à qqn** alquilar algo a alguien ; **'à ~'** 'se alquila' **- 2.** [place] reservar **- 3.** [glorifier] alabar. ◆ **se louer** *vp* **- 1.** [maison, appartement] alquilarse **- 2.** *sout* [se féliciter] : **se ~ de qqch/de faire qqch** congratularse de algo/de hacer algo.
loufoque [lufɔk] *adj* & *nmf fam* guillado(da).
loup [lu] *nm* **- 1.** [mammifère] lobo *m* **- 2.** [poisson] lubina *f*, róbalo *m* **- 3.** [masque] antifaz *m*, máscara *f*.
loupe [lup] *nf* **- 1.** [optique] lupa *f* **- 2.** MÉD lupia *f* **- 3.** BOT nudo *m*.
louper [lupe] *vt fam* **- 1.** [travail] hacer mal ; [recette] salir mal ; [examen] catear **- 2.** [train, avion] perder.
loup-garou [lugaru] *nm* hombre *m* lobo.
lourd, e [lur, lurd] *adj* **- 1.** [pesant, maladroit] pesado(da) **- 2.** [parfum] fuerte **- 3.** [faute] grave **- 4.** [temps] bochornoso(sa) **- 5.** *fig* [rempli] : **~ de** lleno de. ◆ **lourd** *adv* : **peser ~** pesar mucho ; **il n'en fait pas ~** *fam* no pega ni sello.
loutre [lutr] *nf* nutria *f*.
louve [luv] *nf* loba *f*.
louveteau, x [luvto] *nm* **- 1.** ZOOL lobezno *m* **- 2.** [scout] lobato *m*.
louvoyer [luvwaje] *vi* **- 1.** NAVIG bordear **- 2.** *fig* [biaiser] andar con rodeos.
loyal, e, aux [lwajal, o] *adj* leal.
loyauté [lwajote] *nf* lealtad *f*.
loyer [lwaje] *nm* alquiler *m*.
LP *abr de* **lycée professionnel**.
LSD (*abr de* **Lyserg Säure Diäthylamid**) *nm* LSD *m*.
lu, e [ly] *pp* ▻ **lire**.
lubie [lybi] *nf* antojo *m*.
lubrifier [lybrifje] *vt* lubrificar, lubricar.
lubrique [lybrik] *adj* lúbrico(ca).
lucarne [lykarn] *nf* **- 1.** [fenêtre] tragaluz *m* **- 2.** [au football] escuadra *f*.
lucide [lysid] *adj* lúcido(da).
lucidité [lysidite] *nf* lucidez *f*.
lucratif, ive [lykratif, iv] *adj* lucrativo(va).
ludique [lydik] *adj* lúdico(ca).
lueur [lɥœr] *nf* **- 1.** [lumière] luz *f*, resplandor *m* ; **à la ~ de** a la luz de **- 2.** *fig* [éclat] chispa *f* ; **~ d'espoir** rayo *m* de esperanza.
luge [lyʒ] *nf* **- 1.** [gén] trineo *m* ; **faire de la ~** montar en trineo **- 2.** SPORT luge *m*.
lugubre [lygybr] *adj* lúgubre.
lui[1] [lɥi] *pp inv* ▻ **luire**.
lui[2] [lɥi] *pron pers* **- 1.** [complément d'objet indirect] le ; **je ~ ai parlé** le he hablado ; **qui le ~ a dit?** ¿quién se lo ha dicho? **- 2.** [sujet] él **- 3.** [complément d'objet direct] : **elle est plus jeune que ~** ella es más joven que él **- 4.** [après une préposition] él ; **sans/avec ~** sin/con él **- 5.** [remplaçant soi en fonction de pronom réfléchi] sí mismo ; **il est content de ~** está contento de sí mismo. ◆ **lui-même** *pron pers* él mismo.
luire [lɥir] *vi* **- 1.** [soleil, espoir] brillar **- 2.** [objet] relucir.
lumbago [lœ̃bago], **lombago** [lɔ̃bago] *nm* lumbago *m*.
lumière [lymjɛr] *nf* **- 1.** [éclairage, clarté] luz *f* **- 2.** *fig* [personne] lumbrera *f*.
lumineux, euse [lyminø, øz] *adj*

- **1.** [gén] luminoso(sa) - **2.** [visage, regard] resplandeciente.
luminosité [lyminozite] *nf* luminosidad *f*.
lump [lœ̃p] *nm* lumpo *m*.
lunaire [lynɛr] *adj* - **1.** [gén] lunar - **2.** *fig* [visage] mofletudo(da).
lunatique [lynatik] *adj* & *nmf* lunático(ca).
lunch [lœ̃ʃ] *nm* lunch *m*.
lundi [lœ̃di] *nm* lunes *m inv*.
lune [lyn] *nf* luna *f* ; ~ **de miel** luna de miel ; **pleine ~** luna llena. ◆ **Lune** *nf* : **la Lune** la Luna.
lunette [lynɛt] *nf* - **1.** [fenêtre] luneta *f*, ventanilla *f* - **2.** ASTRON anteojo *m* - **3.** [des toilettes] agujero *m*. ◆ **lunettes** *nfpl* gafas *fpl* ; **~s de vue** gafas graduadas.
lurette [lyrɛt] *nf* : **il y a belle ~ que** hace un siglo que.
luron, onne [lyrɔ̃, ɔn] *nm, f fam* : **un joyeux ~** un vivalavirgen, un vivales.
lustre [lystr] *nm* - **1.** [luminaire] araña *f Esp*, candil *m Amér* - **2.** [éclat] lustre *m*.
lustrer [lystre] *vt* - **1.** [faire briller] dar brillo a - **2.** [user] deslucir.
luth [lyt] *nm* laúd *m*.
lutin [lytɛ̃] *nm* duende *m*.
lutte [lyt] *nf* lucha *f* ; ~ **des classes** lucha de clases.
lutter [lyte] *vi* luchar ; ~ **contre qqch/qqn** luchar contra algo/alguien ; ~ **pour qqch/pour qqn** luchar por algo/por alguien.
lutteur, euse [lytœr, øz] *nm, f* luchador *m*, -ra *f*.
luxation [lyksasjɔ̃] *nf* luxación *f*.
luxe [lyks] *nm* lujo *m* ; **de ~** de lujo ; **s'offrir** OU **se payer le ~ de** permitirse el lujo de.
Luxembourg [lyksɑ̃bur] *nm* - **1.** [pays] : **le ~** Luxemburgo - **2.** [ville] Luxemburgo.
luxueux, euse [lyksɥø, øz] *adj* lujoso(sa).
luxure [lyksyr] *nf* lujuria *f*.
luzerne [lyzɛrn] *nf* alfalfa *f*.
lycée [lise] *nm* instituto *m* ; ~ **technique/professionnel** ≃ instituto de formación profesional.
lycéen, enne [liseɛ̃, ɛn] *nm, f* alumno *m*, -na *f (de instituto)*.
Lycra® [likra] *nm* lycra® *f*.
lymphatique [lɛ̃fatik] *adj* linfático(ca).
lyncher [lɛ̃ʃe] *vt* linchar.
lynx [lɛ̃ks] *nm* lince *m*.
lyophilisé, e [ljofilize] *adj* liofilizado(da).
lyre [lir] *nf* lira *f*.
lyrique [lirik] *adj* - **1.** [gén] lírico(ca) - **2.** [enthousiaste] emocionado(da).
lys = **lis**.

M

m, M [ɛm] *nm inv* [lettre] m *f*, M *f*. ◆ **m** - **1.** (*abr de* **mètre**) m - **2.** (*abr de* **milli**) m. ◆ **M** - **1.** (*abr de* **méga**) M - **2.** (*abr de* **major**) M - **3.** (*abr de* **monsieur**) Sr. - **4.** (*abr de* **masculin**) m - **5.** (*abr de* **maxwell**) Mx - **6.** (*abr de* **mille (marin)**) m - **7.** (*abr de* **million**) M.
m² (*abr de* **mètre carré**) m^2.
m³ (*abr de* **mètre cube**) m^3.
m' ▷ **me**.
ma ▷ **mon**.
macabre [makabr] *adj* macabro(bra).
macadam [makadam] *nm* macadán *m*, macadam *m*.
macaron [makarɔ̃] *nm* - **1.** [pâtisserie] ≃ macarrón *m* - **2.** [coiffure] rodete *m* - **3.** [autocollant] *pegatina oficial que se pega en el parabrisas del coche*.
macaroni [makarɔni] *nmpl* macarrones *mpl*.
macédoine [masedwan] *nf* macedonia *f* ; ~ **de fruits** macedonia de frutas.
macérer [masere] ◇ *vt* macerar. ◇ *vi* macerar ; **faire ~** macerar.
mâche [maʃ] *nf* milamores *fpl*.
mâcher [maʃe] *vt* masticar, mascar.
machiavélique [makjavelik] *adj* maquiavélico(ca).
Machin, e [maʃɛ̃, in] *nm, f* fulano *m*, -na *f*.
machinal, e, aux [maʃinal, o] *adj* mecánico(ca), maquinal.
machination [maʃinasjɔ̃] *nf* maquinación *f*.
machine [maʃin] *nf* máquina *f* ; ~ **à coudre/à écrire** máquina de coser/de escribir ; ~ **à laver** lavadora *f*.
machine-outil *nf* máquina *f* herramienta.
machiniste [maʃinist] *nmf* - **1.** THÉÂTRE

tramoyista *mf* - **2.** CIN & TRANSPORT maquinista *mf*.
machisme [matʃism] *nm péj* machismo *m*.
mâchoire [maʃwar] *nf* - **1.** ANAT mandíbula *f* - **2.** [d'étau] mordaza *f* ; [de pinces, de tenailles] boca *f*.
mâchonner [maʃɔne] *vt* - **1.** [mâcher lentement] mascar - **2.** [mordiller] mordisquear - **3.** *fig* [marmonner] mascullar.
maçon [masɔ̃] *nm* - **1.** [ouvrier] albañil *m* - **2.** [franc-maçon] masón *m*.
maçonnerie [masɔnri] *nf* - **1.** [activité] albañilería *f* - **2.** [construction] obra *f* - **3.** [franc-maçonnerie] masonería *f*.
macramé [makrame] *nm* macramé *m*.
macrobiotique [makrɔbjɔtik] ◇ *adj* macrobiótico(ca). ◇ *nf* macrobiótica *f*.
macroéconomie [makrɔekɔnɔmi] *nf* macroeconomía *f*.
maculer [makyle] *vt* manchar.
madame [madam] (*pl* **mesdames** [medam]) *nf* señora *f* ; **bonjour ~** buenos días señora ; **~ ou mademoiselle?** ¿señora o señorita? ; **Madame n'est pas là** la señora no está ; **mesdames, mesdemoiselles, messieurs!** ¡señoras y señores! ; **Chère Madame** [dans une lettre] Estimada señora.
madeleine [madlɛn] *nf* magdalena *f*.
mademoiselle [madmwazɛl] (*pl* **mesdemoiselles** [medmwazɛl]) *nf* señorita *f* ▷ **madame**.
madère [madɛr] *nm* madeira *m*.
madone [madɔn] *nf* madona *f*.
Madrid [madrid] *n* Madrid.
madrier [madrije] *nm* madero *m*.
madrilène [madrilɛn] *adj* madrileño(ña). ◆ **Madrilène** *nmf* madrileño *m*, -ña *f*.
maestria [maɛstrija] *nf* maestría *f* ; **avec ~** con maestría.
mafia, maffia [mafja] *nf* mafia *f*.
magasin [magazɛ̃] *nm* - **1.** [boutique] tienda *f* ; **faire les ~s** ir de tiendas ; **grand ~** gran almacén *m* - **2.** [entrepôt] almacén *m* - **3.** [compartiment - d'arme à feu] recámara *f* ; [- de machine] almacén *m* ; [- d'appareil photo] carga *f*.
magazine [magazin] *nm* - **1.** [revue] revista *f* - **2.** TÉLÉ & RADIO magazine *m*.
mage [maʒ] *nm* mago *m*.
magicien, enne [maʒisjɛ̃, ɛn] *nm, f* mago *m*, -ga *f*.
magie [maʒi] *nf* magia *f*.
magique [maʒik] *adj* mágico(ca).
magistral, e, aux [maʒistral, o] *adj* magistral.
magistrat [maʒistra] *nm* magistrado *m*.
magistrature [maʒistratyr] *nf* magistratura *f* ; **~ assise** ≃ jueces y magistrados *mpl* ; **~ debout** ≃ fiscalía *f*.
magma [magma] *nm* magma *m*.
magnanime [maɲanim] *adj sout* magnánimo(ma).
magnat [maɲa] *nm* magnate *m*.
magnésium [maɲezjɔm] *nm* magnesio *m*.
magnétique [maɲetik] *adj* magnético(ca).
magnétisme [maɲetism] *nm* magnetismo *m*.
magnéto [maɲeto] *nm fam* casete *m*.
magnétocassette [maɲetɔkasɛt] *nm* casete *m (aparato)*.
magnétophone [maɲetɔfɔn] *nm* magnetófono *m*.
magnétoscope [maɲetɔskɔp] *nm* vídeo *m*.
magnificence [maɲifisɑ̃s] *nf* magnificencia *f*.
magnifique [maɲifik] *adj* magnífico(ca).
magnum [magnɔm] *nm* magnum *m*.
magot [mago] *nm fam* pasta *f* ; [économies] hucha *f*.
mai [mɛ] *nm* mayo *m*.
maigre [mɛgr] ◇ *nmf* flaco *m*, -ca *f*. ◇ *adj* - **1.** [personne, animal] flaco(ca) - **2.** [non gras - laitage] sin grasa ; [- viande] magro(gra) - **3.** [peu important - repas, végétation] escaso(sa) ; [- salaire, récolte, consolation] pobre.
maigreur [mɛgrœr] *nf* delgadez *f*.
maigrichon, onne [megriʃɔ̃, ɔn] *adj* flacucho(cha).
maigrir [megrir] *vi* adelgazar.
mailing [meliŋ] *nm* mailing *m*.
maille [maj] *nf* - **1.** [de tricot] punto *m* - **2.** [de filet] malla *f*.
maillet [majɛ] *nm* mazo *m*.
maillon [majɔ̃] *nm* eslabón *m*.
maillot [majo] *nm* [de sport] maillot *m* ; **~ de bain** bañador *m*, traje *m* de baño ; **~ de corps** camiseta *f (prenda interior)*.
main [mɛ̃] *nf* mano *f* ; **à ~ armée** a mano armada ; **à la ~** a mano ; **donner la ~ à qqn** dar la mano a alguien ; **haut les ~s!** ¡manos arriba! ; **tomber sous la ~ de qqn** *fig* ir a parar a manos de alguien. ◆ **main courante** *nf* pasamanos *m inv*.

main-d'œuvre [mɛ̃dœvr] (*pl* **mains-d'œuvre**) *nf* mano *f* de obra.

mainmise [mɛ̃miz] *nf* control *m*.

maint, e [mɛ̃, mɛ̃t] *adj sout* : **~es fois** repetidas veces.

maintenance [mɛ̃tnɑ̃s] *nf* mantenimiento *m*.

maintenant [mɛ̃tnɑ̃] *adv* ahora. ◆ **maintenant que** *loc conj* ahora que.

maintenir [mɛ̃tnir] *vt* mantener. ◆ **se maintenir** *vp* mantenerse.

maintenu, e [mɛ̃tny] *pp* ▷ **maintenir**.

maintien [mɛ̃tjɛ̃] *nm* **- 1.** [conservation] mantenimiento *m* **- 2.** [tenue] porte *m*.

maire [mɛr] *nm* alcalde *m*, -sa *f Esp*, regente *m Amér*.

mairie [meri] *nf* **- 1.** [bâtiment, administration] ayuntamiento *m* **- 2.** [poste] alcaldía *f*.

mais [mɛ] ◇ *conj* **- 1.** [introduisant une opposition] sino ; **non seulement ... ~ aussi** no sólo ... sino también **- 2.** [introduisant une objection, une précision, une restriction] pero ; **~ non!** ¡pues claro que no! ; **non ~!** ¡pero bueno! **- 3.** [introduisant une transition] : **~ alors** pero (bueno) ; **~ alors, tu l'as vu ou non?** pero (bueno) ¿lo has visto o no? **- 4.** [servant à intensifier] : **il a pleuré, ~ pleuré!** lloró, ¡y de qué manera! **- 5.** [exprimant la colère, l'indignation, la joie] : **~ c'est génial!** ¡pero si es genial! ; **~ je vais me fâcher, moi!** ¡ya está bien! ¡me voy a enfadar! ; **~ tu saignes!** ¡pero si estás sangrando! ◇ *adv* : **vous êtes prêts? — ~ bien sûr!** ¿estáis listos? — ¡pues claro! ◇ *nm* pero *m*.

maïs [mais] *nm* maíz *m Esp*, choclo *m Amér*.

maison [mɛzɔ̃] ◇ *nf* [gén] casa *f* ; **être à la ~** estar en casa. ◇ *adj inv (en apposition)* [artisanal] de la casa, casero(ra) ; **confiture ~** mermelada casera.

Maison-Blanche [mɛzɔ̃blɑ̃ʃ] *nf* : **la ~** la Casa Blanca.

maisonnée [mɛzɔne] *nf* habitantes *mpl* (de una casa).

maisonnette [mɛzɔnɛt] *nf* casita *f*.

maître, maîtresse [mɛtr, mɛtrɛs] ◇ *adj* [idée, qualité, poutre] principal ; **le ~ mot** el lema ; **une maîtresse femme** una mujer de armas tomar ; **une œuvre maîtresse** una obra maestra ; **être ~ de** [son destin, une décision] ser dueño(ña) de ; [émotions, situation, véhicule] controlar, dominar ; **être ~ de soi** ser dueño(ña) de sí mismo. ◇ *nm, f* **- 1.** SCOL maestro *m*, -tra *f*, profesor *m*, -ra *f* ; **~ auxiliaire** profesor auxiliar ; **~ d'école** maestro de escuela, profesor de magisterio **- 2.** [d'animal] dueño *m*, -ña *f* **- 3.** [de maison] dueño y señor *m*, dueña y señora *f* ; **la maîtresse de maison** el ama de casa. ◆ **maître** *nm* **- 1.** [chef] dueño *m* ; **~ d'hôtel** maître *m*, jefe *m* de comedor ; **~ d'œuvre** capataz *m* **- 2.** [expert] genio *m* ; **coup de ~** toque *m* de maestría **- 3.** [guide, professeur] : **~ (à penser)** maestro *m* ; **~ nageur** profesor *m* de natación **- 4.** [titre] : **~ X** el Licenciado X ; **se rendre ~ de** tomar las riendas de. ◆ **maître chanteur** *nm* chantajista *mf*. ◆ **maîtresse** *nf* amante *f*.

maître-assistant, e [mɛtrasistɑ̃, ɑ̃t] (*mpl* **maîtres-assistants**, *fpl* **maîtres-assistantes**) *nm, f* ≃ profesor *m* asociado profesora *f* asociada.

maître-autel *nm* altar *m* mayor.

maîtresse ▷ **maître**.

maîtrise [metriz] *nf* **- 1.** [contrôle, connaissance] dominio *m*, control *m* **- 2.** [habileté] habilidad *f* **- 3.** UNIV *diploma obtenido al final del segundo ciclo universitario después de cuatro años de estudio* **- 4.** [catégorie professionnelle] capataces *mpl*.

maîtriser [metrize] *vt* dominar ; [dépenses] controlar. ◆ **se maîtriser** *vp* dominarse.

majesté [maʒɛste] *nf* **- 1.** [dignité] majestad *f* **- 2.** [splendeur] majestuosidad *f*. ◆ **Majesté** *nf* : **Sa/VotreMajesté** Su/Vuestra Majestad.

majestueux, euse [maʒɛstɥø, øz] *adj* majestuoso(sa).

majeur, e [maʒœr] *adj* **- 1.** [personne] mayor de edad **- 2.** [principal & MUS] mayor **- 3.** [important] importante. ◆ **majeur** *nm* dedo *m* medio, dedo *m* corazón.

Majeur [maʒœr] ▷ **lac**.

major [maʒɔr] *nm* **- 1.** MIL mayor *m* **- 2.** SCOL primero *m*, -ra *f* de la clase.

majordome [maʒɔrdɔm] *nm* mayordomo *m*.

majorer [maʒɔre] *vt* recargar.

majorette [maʒɔrɛt] *nf* majorette *f*.

majoritaire [maʒɔritɛr] *adj* mayoritario(ria) ; **être ~** estar en mayoría, ser mayoría.

majorité [maʒɔrite] *nf* **- 1.** [âge] mayoría *f* de edad **- 2.** [majeure partie & POLIT] mayoría *f* ; **en (grande) ~** mayoritariamente ; ~ **absolue/relative** mayoría absoluta/relativa.

Majorque [maʒɔrk] *n* Mallorca.

majuscule [maʒyskyl] ◇ *adj* mayúsculo(la). ◇ *nf* mayúscula *f*.

mal, maux [mal, mo] *nm* - **1.** [physique] dolor *m* ; **avoir ~ à la tête** OU **des maux de tête** tener dolor de cabeza ; **avoir le ~ de mer** estar mareado(da) ; **faire ~ à qqn** hacerle daño a alguien ; **se faire ~** hacerse daño - **2.** [moral] mal *m* ; **être en ~ de qqch** faltarle a alguien algo ; **faire du ~ (à qqn)** hacer daño (a alguien) - **3.** [difficulté] trabajo *m*. ◆ **mal** *adv* mal ; ~ **prendre qqch** tomar algo a mal ; ~ **tourner** acabar mal ; **aller ~** ir mal ; **ça n'est pas ~** no está mal ; **ça n'est pas ~ du tout** no está nada mal ; **de ~ en pis** de mal en peor ; **être au plus ~** estar fatal ; **pas ~ de** bastante ; **pas ~ de choses** bastantes cosas ; **se sentir ~** encontrarse mal.

malade [malad] ◇ *adj* enfermo(ma) ; **tomber ~** ponerse enfermo(ma). ◇ *nmf* enfermo *m*, -ma *f* ; **un ~ mental** un enfermo mental.

maladie [maladi] *nf* - **1.** MÉD enfermedad *f* ; ~ **d'Alzheimer** enfermedad de Alzheimer ; ~ **de Creutzfeldt-Jakob** enfermedad de Creutzfeldt-Jakob ; ~ **de Parkinson** enfermedad de Parkinson ; ~ **de la vache folle** enfermedad de las vacas locas - **2.** [passion, manie] obsesión *f*.

maladresse [maladrɛs] *nf* torpeza *f*.

maladroit, e [maladrwa, at] *adj* & *nm, f* torpe.

malaise [malɛz] *nm* malestar *m*.

malaisé, e [maleze] *adj* difícil.

Malaisie [malɛzi] *nf* : **la ~** Malasia.

malappris, e [malapri, iz] *adj* & *nm, f* maleducado(da).

malaria [malarja] *nf* malaria *f*.

malavisé, e [malavize] *adj* desacertado(da).

malaxer [malakse] *vt* amasar.

malchance [malʃɑ̃s] *nf* mala suerte *f*.

malchanceux, euse [malʃɑ̃sø, øz] *adj* & *nm, f* desafortunado(da).

malcommode [malkɔmɔd] *adj* incómodo(da).

mâle [mal] ◇ *adj* - **1.** [masculin - enfant] varón ; [- fleur, animal] macho ; [- hormone] masculino(na) - **2.** [voix, assurance] varonil, viril - **3.** TECHNOL [prise] macho. ◇ *nm* [homme, enfant] varón *m* ; [animal, végétal] macho *m*.

malédiction [malediksjɔ̃] *nf* maldición *f*.

maléfique [malefik] *adj sout* maléfico(ca).

malencontreux, euse [malɑ̃kɔ̃trø, øz] *adj* poco afortunado(da), desafortunado(da).

malentendant, e [malɑ̃tɑ̃dɑ̃, ɑ̃t] *adj* & *nm, f* sordo(da).

malentendu [malɑ̃tɑ̃dy] *nm* malentendido *m*.

malfaçon [malfasɔ̃] *nf* tara *f*.

malfaiteur, trice [malfɛtœr, tris] *nm, f* malhechor *m*, -ra *f*.

malfamé, e, mal famé, e [malfame] *adj* de mala fama.

malformation [malfɔrmasjɔ̃] *nf* malformación *f*.

malfrat [malfra] *nm* maleante *m*.

malgré [malgre] *prép* a pesar de ; ~ **moi/toi/lui** a pesar mío/tuyo/suyo ; ~ **tout** a pesar de todo.

malhabile [malabil] *adj* inhábil.

malheur [malœr] *nm* - **1.** [événement, adversité] desgracia *f* ; **avoir des ~s** tener desgracias - **2.** [malchance] : **par ~** por desgracia ; **porter ~ à qqn** traer mala suerte a alguien.

malheureusement [malœrøzmɑ̃] *adv* desgraciadamente.

malheureux, euse [malœrø, øz] ◇ *adj* - **1.** [vie, amour, victime] desgraciado(da) - **2.** [air, mine] desdichado(da) - **3.** [rencontre, réaction, mot] desafortunado(da) ; **c'est bien ~!** ¡qué lástima! - **4.** *(avant le nom)* [sans valeur] mísero(ra). ◇ *nm, f* desgraciado *m*, -da *f*.

malhonnête [malɔnɛt] *adj* & *nmf* deshonesto(ta).

malhonnêteté [malɔnɛtte] *nf* deshonestidad *f*.

Mali [mali] *nm* : **le ~** Malí.

malice [malis] *nf* malicia *f*.

malicieux, euse [malisjø, øz] *adj* & *nm, f* malicioso(sa).

malin, igne [malɛ̃, iɲ] ◇ *adj* - **1.** [personne] astuto(ta) *Esp*, abusado(da) *Amér* ; **c'est ~!** ¡vaya por Dios! - **2.** [regard, sourire] malicioso(sa) - **3.** [plaisir] malévolo(la) - **4.** [difficile] difícil *Esp*, embromado(da) *Amér* ; **ça n'est pas bien ~** no es nada difícil - **5.** MÉD [tumeur] maligno(na). ◇ *nm, f* astuto *m*, -ta *f*.

malingre [malɛ̃gr] *adj* enclenque.

malle [mal] *nf* - **1.** [caisse] baúl *m* - **2.** *vieilli* [de voiture] maletero *m Esp*, baúl *m Amér*.

construcción - **2.** *fig* [éléments] material *m*.

matériel, elle [materjɛl] *adj* - **1.** [gén] material - **2.** [prosaïque] materialista. ◆ **matériel** *nm* - **1.** [équipement] material *m*, equipamiento *m*, equipo *m* - **2.** INFORM hardware *m*.

maternel, elle [matɛrnɛl] *adj* - **1.** [lait, grand-mère, langue] materno(na) - **2.** [amour, instinct] maternal. ◆ **maternelle** *nf* parvulario *m*.

maternité [matɛrnite] *nf* maternidad *f*.

mathématicien, enne [matematisjɛ̃, ɛn] *nm, f* matemático *m*, -ca *f*.

mathématique [matematik] *adj* matemático(ca). ◆ **mathématiques** *nfpl* matemáticas *fpl*.

maths [mat] *nfpl fam* mates *fpl*.

matière [matjɛr] *nf* - **1.** [substance, produit, sujet] materia *f* ; **en ~ de** en materia de ; **~ grasse** materia grasa ; **~ grise/plastique** materia gris/plástica ; **~s premières** materias primas - **2.** [discipline] asignatura *f* - **3.** [motif] pretexto *m*, motivo *m*.

matin [matɛ̃] *nm* mañana *f* ; **le ~** por la mañana ; **ce ~** esta mañana ; **du ~ au soir** de la mañana a la noche.

matinal, e, aux [matinal, o] *adj* - **1.** [du matin] matinal, matutino(na) - **2.** [personne] madrugador(ra).

matinée [matine] *nf* - **1.** [partie de la journée] mañana *f* - **2.** [spectacle] matiné *f*.

matou [matu] *nm* gato *m*.

matraque [matrak] *nf* porra *f*.

matraquer [matrake] *vt* - **1.** [frapper] aporrear - **2.** *fig* [slogan, chanson] bombardear.

matriarcat [matrijarka] *nm* matriarcado *m*.

matrice [matris] *nf* matriz *f*.

matricule [matrikyl] ◇ *nm* número *m* (de registro). ◇ *nf* registro *m*.

matrimonial, e, aux [matrimɔnjal, o] *adj* matrimonial.

matrone [matrɔn] *nf péj* verdulera *f*.

mature [matyr] *adj* maduro(ra).

mâture [matyr] *nf* arboladura *f*.

maturité [matyrite] *nf* madurez *f*.

maudire [modir] *vt* maldecir.

maudit, e [modi, it] ◇ *pp* ▷ **maudire.** ◇ *adj* & *nm, f* maldito(ta).

maugréer [mogree] ◇ *vt* mascullar. ◇ *vi* refunfuñar ; **~ contre qqn/contre qqch** echar pestes contra alguien/contra algo.

maure [mɔr] *adj* moro(ra). ◆ **Maure** *nmf* moro *m*, -ra *f*.

Mauritanie [mɔritani] *nf* : **la ~** Mauritania.

mausolée [mozɔle] *nm* mausoleo *m*.

maussade [mosad] *adj* - **1.** [personne] alicaído(da) - **2.** [temps] desapacible.

mauvais, e [mɔvɛ, ɛz] *adj* malo(la), mal *(delante de substantivo masculino)* ◆ **mauvais** *adv* : **il fait ~** hace mal tiempo ; **sentir ~** oler mal.

mauve [mov] *nm* & *adj* malva.

mauviette [movjɛt] *nf fam* - **1.** [personne faible] alfeñique *m* - **2.** [poltron] gallina *mf*.

maux ▷ **mal.**

max [maks] (*abr de* **maximum**) *nm fam* mogollón *m* ; **un ~ de fric** una pasta gansa ; **s'éclater un ~** divertirse (un) mogollón.

max. *abr de* **maximum.**

maxillaire [maksilɛr] *nm* maxilar *m*.

maxime [maksim] *nf* máxima *f*.

maximum [maksimɔm] (*pl* **maximums** OU **maxima** [maksima]) ◇ *adj* máximo(ma). ◇ *nm* : **le ~ de qqch/de personnes** el máximo de algo/de personas ; **au ~** como máximo.

mayonnaise [majɔnɛz] *nf* mayonesa *f*.

mazout [mazut] *nm* fuel-oil *m*.

me [mə], **m'** *(devant voyelle ou h muet) pron pers* - **1.** [gén] me - **2.** [avec un présentatif] : **~ voilà** aquí estoy ; **~ voilà prêt** ya estoy listo.

méandre [meɑ̃dr] *nm* - **1.** [d'une rivière] meandro *m* - **2.** *fig* [d'un raisonnement] entresijos *mpl*.

mec [mɛk] *nm fam* tío *m*.

mécanicien, enne [mekanisjɛ̃, ɛn] ◇ *adj* mecánico(ca). ◇ *nm, f* - **1.** [de garage] mecánico *mf* - **2.** [conducteur de train] maquinista *mf*.

mécanique [mekanik] ◇ *adj* mecánico(ca). ◇ *nf* - **1.** [gén] mecánica *f* - **2.** [mécanisme] maquinaria *f*.

mécanisme [mekanism] *nm* mecanismo *m*.

mécène [mesɛn] *nm* mecenas *m inv*.

méchanceté [meʃɑ̃ste] *nf* - **1.** [attitude] maldad *f* - **2.** [parole, actes] : **se dire des ~s** decirse cosas desagradables.

méchant, e [meʃɑ̃, ɑ̃t] ◇ *adj* - **1.** [malveillant, cruel - personne] malo(la) ; [- animal] peligroso(sa) ; [- attitude] malévolo(la) - **2.** [désobéissant] malo(la). ◇ *nm, f* malo *m*, -la *f*.

mèche [mɛʃ] *nf* - **1.** [de bougie] mecha *f*, pábilo *m* - **2.** [de cheveux] mechón *m* - **3.** [d'arme à feu, de pétard] mecha *f* - **4.** [de perceuse] broca *f*.
méchoui [meʃwi] *nm* mechuí *m (cordero asado)*.
méconnaissable [mekɔnɛsabl] *adj* irreconocible.
méconnu, e [mekɔny] *adj* desconocido(da).
mécontent, e [mekɔ̃tɑ̃, ɑ̃t] *adj* & *nm, f* descontento(ta).
mécontenter [mekɔ̃tɑ̃te] *vt* disgustar.
mécréant, e [mekreɑ̃, ɑ̃t] *nm, f* [irreligieux] pagano *m*, -na *f*; [infidèle] infiel *mf*.
médaille [medaj] *nf* medalla *f*.
médaillon [medajɔ̃] *nm* [bijou & CULIN] medallón *m*.
médecin [medsɛ̃] *nm* médico *m* ; **~ de garde** médico de guardia ; **~ légiste** médico forense ; **~ traitant** OU **de famille** médico de cabecera.
médecine [medsin] *nf* medicina *f* ; **~ générale** medicina general.
Medef [medɛf] (*abr de* **Mouvement des entreprises de France**) *nm asociación empresarial francesa*, ≃ CEOE *f*.
média [medja] *nm* : **les ~s** los medios de comunicación.
médian, e [medjɑ̃, an] *adj* mediano(na). ◆ **médiane** *nf* - **1.** [ligne] mediana *f* - **2.** [valeur statistique] media *f*.
médiateur, trice [medjatœr, tris] *adj* & *nm, f* mediador(ra). ◆ **médiateur** *nm* ADMIN ≃ defensor *m* del pueblo. ◆ **médiatrice** *nf* GÉOM mediatriz *f*.
médiathèque [medjatɛk] *nf* mediateca *f*.
médiatique [medjatik] *adj* - **1.** [personnalité] muy presente en los medios de comunicación - **2.** [événement] muy esperado(da) por los medios de comunicación - **3.** [retentissement] en los medios de comunicación - **4.** [exploitation] por parte de los medios de comunicación.
médiatiser [medjatize] *vt* mediatizar.
médical, e, aux [medikal, o] *adj* médico(ca).
médicament [medikamɑ̃] *nm* medicamento *m*.
médicinal, e, aux [medisinal, o] *adj* medicinal.
médico-légal, e, aux [medikɔlegal, o] *adj* médicolegal.
médiéval, e, aux [medjeval, o] *adj* medieval.
médiocre [medjɔkr] ◇ *adj* - **1.** [gén] mediocre - **2.** [ressources, résultats] escaso(sa). ◇ *nmf* mediocre *mf*.
médiocrité [medjɔkrite] *nf* mediocridad *f*.
médire [medir] *vi* hablar mal ; **~ de qqn** hablar mal de alguien.
médisant, e [medizɑ̃, ɑ̃t] ◇ *adj* murmurador(ra). ◇ *nm, f* mala lengua *mf*.
médit [medi] *pp inv* ▷ **médire**.
méditation [meditasjɔ̃] *nf* meditación *f*.
méditer [medite] ◇ *vt* meditar ; **~ qqch/de faire qqch** [projeter] meditar algo/hacer algo. ◇ *vi* meditar ; **~ sur qqch** meditar sobre algo.
Méditerranée [mediterane] *nf* : **la ~** el Mediterráneo.
médium¹ [medjɔm] *nmf* [personne] médium *mf*.
médium² MUS registro *m* intermedio de la voz.
médius [medjys] *nm* dedo *m* corazón, dedo *m* medio.
méduse [medyz] *nf* medusa *f*.
méduser [medyze] *vt* dejar pasmado(da).
meeting [mitiŋ] *nm* - **1.** [politique] mitin *m* - **2.** [sportif] encuentro *m*.
méfait [mefɛ] *nm* - **1.** [acte] mala acción *f* - **2.** *fig* [du tabac] perjuicio *m*.
méfiance [mefjɑ̃s] *nf* recelo *m*.
méfiant, e [mefjɑ̃, ɑ̃t] *adj* receloso(sa).
méfier [mefje] ◆ **se méfier** *vp* desconfiar ; **se ~ de qqn/de qqch** desconfiar de alguien/de algo ; **méfie-toi!** ¡ten cuidado!, ¡no te fíes!
méga- [mega] *adv fam* super-.
mégalo [megalo] *adj* & *nmf fam* : **il est complètement ~** es un creído.
mégalomane [megalɔman] *adj* & *nmf* megalómano *m*, -na *f*.
mégapole [megapɔl] *nf* megápolis *f inv*.
mégarde [megard] ◆ **par mégarde** *loc adv* por descuido.
mégère [meʒɛr] *nf* harpía *f*.
mégot [mego] *nm fam* colilla *f Esp*, pucho *m Amér*.
meilleur, e [mɛjœr] ◇ *adj* mejor. ◇ *nm, f* mejor *mf*. ◆ **meilleur** *nm* : **le ~** lo mejor ; **pour le ~ et pour le pire** para lo bueno y para lo malo.
méjuger [meʒyʒe] ◇ *vt* juzgar mal. ◇ *vi* : **~ de qqn/de qqch** infravalorar a alguien/algo.
mélancolie [melɑ̃kɔli] *nf* melancolía *f*.
mélancolique [melɑ̃kɔlik] *adj* melancólico(ca).

mélange [melɑ̃ʒ] *nm* mezcla *f*.
mélanger [melɑ̃ʒe] *vt* mezclar *Esp*, entreverar *Amér*. ◆ **se mélanger** *vp* mezclarse *Esp*, entreverarse *Amér*.
mêlée [mele] *nf* - **1.** [combat] pelea *f* - **2.** [au rugby] melé *f*.
mêler [mele] *vt* - **1.** [mélanger] mezclar *Esp*, entreverar *Amér* - **2.** [emmêler] enredar - **3.** [impliquer] : ~ **qqn à qqch** meter a alguien en algo - **4.** [joindre] : ~ **qqch à qqch** unir algo a algo. ◆ **se mêler** *vp* - **1.** [se joindre] : **se ~ à** [groupe] unirse a ; [foule] confundirse con - **2.** [s'occuper] : **se ~ de qqch** meterse en algo.
mélèze [melɛz] *nm* alerce *m*.
mélo [melo] *nm fam* dramón *m*.
mélodie [melɔdi] *nf* melodía *f*.
mélodieux, euse [melɔdjø, øz] *adj* melodioso(sa).
mélodrame [melɔdram] *nm* melodrama *m*.
mélomane [melɔman] *adj* & *nmf* melómano(na).
melon [məlɔ̃] *nm* - **1.** BOT melón *m* - **2.** [chapeau] sombrero *m* hongo, bombín *m*.
melting-pot [mɛltiŋpɔt] *nm* (*pl* **melting-pots**) mezcla *f* de razas.
membrane [mɑ̃bran] *nf* membrana *f*.
membre [mɑ̃br] *nm* - **1.** [de corps, d'organisation] miembro *m* ; **~s antérieurs/postérieurs** [des animaux] extremidades anteriores/posteriores ; **~s supérieurs/inférieurs** [de l'homme] extremidades superiores/inferiores - **2.** [de phrase] elemento *m*.
même [mɛm] ◇ *adj indéf* - **1.** [gén] mismo(ma) ; **c'est cela ~** eso mismo - **2.** [sert à souligner] : **ce sont ses paroles ~s** son sus propias palabras ; **elle est la bonté ~** es la bondad personificada. ◇ *pron indéf* : **le/la ~** el mismo/la misma. ◇ *adv* - **1.** [précisément] : **aujourd'hui ~** hoy mismo ; **ici ~** aquí mismo - **2.** [positif] incluso ; **elle est ~ riche!** ¡incluso es rica! - **3.** [négatif] : **~ pas** ni siquiera. ◆ **à même** *loc prép* : **s'asseoir à ~ le sol** sentarse en el mismo suelo. ◆ **de même** *loc adv* del mismo modo ; **il en va de ~ pour lui** lo mismo le ocurre a él. ◆ **de même que** *loc conj* igual que. ◆ **même quand** *loc conj* incluso cuando. ◆ **même si** *loc conj* aunque.
mémento [memɛ̃to] *nm* - **1.** [agenda] agenda *f* - **2.** [aide-mémoire] compendio *m*.
mémoire [memwar] ◇ *nf* [gén & INFORM] memoria *f* ; **avoir une bonne/mauvaise ~** tener buena/mala memoria ; **à la ~ de** en memoria de ; **de ~** de memoria ; **perdre la ~** perder la memoria ; **~ tampon** INFORM búfer *m* ; **~ virtuelle** INFORM memoria virtual ; **~ vive** INFORM memoria viva OU RAM. ◇ *nm* - **1.** [rapport] memoria *f* - **2.** UNIV tesina *f*. ◆ **Mémoires** *nmpl* memorias *fpl*.
mémorable [memɔrabl] *adj* memorable.
mémorandum [memɔrɑ̃dɔm] *nm* memorándum *m*.
mémorial, aux [memɔrjal, o] *nm* monumento *m* conmemorativo.
mémorisable [memɔrizabl] *adj* memorizable.
menaçant, e [mənasɑ̃, ɑ̃t] *adj* amenazador(ra).
menace [mənas] *nf* amenaza *f*.
menacer [mənase] ◇ *vt* amenazar ; **~ qqn de qqch/de faire qqch** amenazar a alguien con algo/con hacer algo. ◇ *vi* : **la pluie menace** amenaza lluvia.
ménage [menaʒ] *nm* - **1.** [nettoyage] limpieza *f (de la casa)* ; **faire le ~** hacer la limpieza - **2.** [couple] pareja *f* ; **faire bon ~** llevarse bien - **3.** ÉCON unidad *f* familiar.
ménagement [menaʒmɑ̃] *nm* miramientos *mpl* ; **sans ~** sin miramientos.
ménager¹, ère [menaʒe, ɛr] *adj* doméstico(ca). ◆ **ménagère** *nf* - **1.** [femme] ama *f* de casa - **2.** [couverts] cubertería *f* de plata.
ménager² [menaʒe] *vt* - **1.** [bien traiter - personne] tratar con consideración ; [- susceptibilité] no herir - **2.** [utiliser avec modération - gén] emplear bien ; [- santé] cuidar de - **3.** [surprise] preparar. ◆ **se ménager** *vp* cuidarse.
ménagerie [menaʒri] *nf* casa *f* de fieras.
mendiant, e [mɑ̃djɑ̃, ɑ̃t] *nm, f* mendigo *m*, -ga *f*.
mendier [mɑ̃dje] *vt* mendigar.
mener [məne] ◇ *vt* - **1.** [emmener, conduire] llevar - **2.** [diriger, être en tête de] dirigir. ◇ *vi* ir ganando.
meneur, euse [mənœr, øz] *nm, f* cabecilla *m* ; **~ d'hommes** líder *mf*.
menhir [menir] *nm* menhir *m*.
méningite [menɛ̃ʒit] *nf* meningitis *f inv*.
ménisque [menisk] *nm* menisco *m*.
ménopause [menɔpoz] *nf* menopausia *f*.
menotte [mənɔt] *nf* manita *f*. ◆ **me-**

nottes *nfpl* esposas *fpl* ; **passer les ~s à qqn** poner las esposas a alguien.
mensonge [mɑ̃sɔ̃ʒ] *nm* mentira *f*.
menstruel, elle [mɑ̃stryɛl] *adj* menstrual.
mensualiser [mɑ̃sɥalize] *vt* **- 1.** [salarié] pagar mensualmente **- 2.** [paiement] mensualizar.
mensualité [mɑ̃sɥalite] *nf* mensualidad *f*.
mensuel, elle [mɑ̃sɥɛl] ◇ *adj* mensual. ◇ *nm, f asalariado que cobra un sueldo mensual.* ◆ **mensuel** *nm* publicación *f* mensual.
mensuration [mɑ̃syrasjɔ̃] *nf* medida *f*.
mental, e, aux [mɑ̃tal, o] *adj* mental.
mentalité [mɑ̃talite] *nf* mentalidad *f*.
menteur, euse [mɑ̃tœr, øz] *adj* & *nm, f* mentiroso(sa).
menthe [mɑ̃t] *nf* menta *f*.
menti [mɑ̃ti] *pp inv* ▷ **mentir**.
mention [mɑ̃sjɔ̃] *nf* **- 1.** [citation] mención *f* ; **faire ~ de qqch** hacer mención de algo **- 2.** [note] dato *m* **- 3.** SCOL & UNIV : **avec ~** con nota.
mentionner [mɑ̃sjɔne] *vt* mencionar.
mentir [mɑ̃tir] *vi* mentir ; **~ à qqn** mentirle a alguien.
menton [mɑ̃tɔ̃] *nm* barbilla *f*, mentón *m*.
menu, e [məny] *adj* menudo(da). ◆ **menu** *nm* [gén & INFORM] menú *m* ; **~ déroulant** INFORM menú desplegable.
menuiserie [mənɥizri] *nf* carpintería *f*.
menuisier [mənɥizje] *nm* carpintero *m*.
méprendre [meprɑ̃dr] ◆ **se méprendre** *vp sout* : **se ~ sur qqch/sur qqn** confundirse respecto a algo/a alguien.
mépris, e [mepri, iz] *pp* ▷ **méprendre.** ◆ **mépris** *nm* **- 1.** [dédain] desprecio *m*, menosprecio *m* ; **~ pour qqn/pour qqch** desprecio por alguien/por algo **- 2.** [indifférence] : **~ de qqch** desprecio de algo. ◆ **au mépris de** *loc prép* sin tener en cuenta.
méprisable [meprizabl] *adj* despreciable.
méprisant, e [meprizɑ̃, ɑ̃t] *adj* despectivo(va).
mépriser [meprize] *vt* despreciar.
mer [mɛr] *nf* mar *m* OU *f* ; **la ~ Baltique** el mar Báltico ; **la ~ Méditerranée** el mar Mediterráneo ; **la ~ Morte** el mar Muerto ; **la ~ Noire** el mar Negro ; **la ~ du Nord** el mar del Norte ; **prendre la ~** hacerse a la mar ; **haute** OU **pleine ~** alta mar *f*, pleamar *f*.
mercantile [mɛrkɑ̃til] *adj péj* negociante.
mercenaire [mɛrsənɛr] ◇ *adj* mercenario(ria). ◇ *nmf* mercenario *m*, -ria *f*.
mercerie [mɛrsəri] *nf* mercería *f*.
merci [mɛrsi] ◇ *interj* gracias ; **~ beaucoup** muchas gracias. ◇ *nm* gracias *fpl* ; **dire ~ à qqn** darle las gracias a alguien.
mercier, ère [mɛrsje, ɛr] *nm, f* mercero *m*, -ra *f*.
mercredi [mɛrkrədi] *nm* miércoles *m inv*.
mercure [mɛrkyr] *nm* mercurio *m*.
merde [mɛrd] ◇ *nf tfam* mierda *f*. ◇ *interj* ¡mierda!
mère [mɛr] *nf* madre *f* ; **~ de famille** madre de familia.
merguez [mɛrgɛz] *nf inv salchicha picante que acompaña al cuscús*.
méridien, enne [meridjɛ̃, ɛn] *adj* meridiano(na). ◆ **méridien** *nm* meridiano *m*. ◆ **méridienne** *nf* tumbona *f Esp*, reposera *f Amér*.
méridional, e, aux [meridjɔnal, o] *adj* **- 1.** [du sud] meridional **- 2.** [du sud de la France] del sur de Francia.
meringue [mərɛ̃g] *nf* merengue *m*.
merisier [mərizje] *nm* cerezo *m* silvestre.
mérite [merit] *nm* mérito *m* ; **avoir du ~ (à faire qqch)** tener mérito (hacer algo).
mériter [merite] *vt* merecer *Esp*, ameritar *Amér*.
merlan [mɛrlɑ̃] *nm* pescadilla *f*.
merle [mɛrl] *nm* mirlo *m*.
merveille [mɛrvɛj] *nf* maravilla *f* ; **à ~** de maravilla.
merveilleux, euse [mɛrvɛjø, øz] *adj* maravilloso(sa). ◆ **merveilleux** *nm* : **le ~** lo maravilloso.
mes ▷ **mon**.
mésalliance [mezaljɑ̃s] *nf* mal casamiento *m*.
mésange [mezɑ̃ʒ] *nf* paro *m*.
mésaventure [mezavɑ̃tyr] *nf* desventura *f*.
mesdemoiselles ▷ **mademoiselle**.
mésentente [mezɑ̃tɑ̃t] *nf* desacuerdo *m*.
mesquin, e [mɛskɛ̃, in] *adj* mezquino(na).
mesquinerie [mɛskinri] *nf* mezquindad *f*.
mess [mɛs] *nm* comedor *m* (de oficiales y suboficiales).
message [mesaʒ] *nm* mensaje *m* ; **laisser**

un ~ à qqn dejarle un mensaje OU un recado a alguien ; **~ publicitaire** anuncio *m*, mensaje publicitario.

messager, ère [mesaʒe, ɛr] *nm, f* mensajero *m*, -ra *f*.

messagerie [mesaʒri] *nf* **- 1.** [transport de marchandises] mensajería *f* **- 2.** INFORM : **~ électronique** mensajería *f* electrónica.

messe [mɛs] *nf* RELIG & MUS misa *f* ; **aller à la ~** ir a misa.

messie [mesi] *nm* mesías *m inv*. ◆ **Messie** *nm* : **le Messie** el Mesías.

messieurs ▷ **monsieur**.

mesure [məzyr] *nf* **- 1.** [gén] medida *f* ; **prendre des ~s** tomar medidas ; **prendre les ~s de qqch/de qqn** tomarle las medidas a algo/a alguien ; **~ disciplinaire** medida disciplinaria **- 2.** MUS compás *m* ; **~ à deux temps** compás *m* de dos por cuatro **- 3.** [modération] mesura *f*, medida *f* **- 4.** *loc* : **à la ~ de** a la medida de ; **dans la ~ du possible** en la medida de lo posible ; **être en ~ de** estar en condiciones de ; **outre ~** desmesuradamente ; **sur ~** a medida. ◆ **à mesure que** *loc conj* a medida que.

mesurer [məzyre] *vt* **- 1.** [gén] medir **- 2.** [limiter] escatimar **- 3.** [proportionner] : **~ qqch à qqch** ajustar algo a algo. ◆ **se mesurer** *vp* : **se ~ avec** OU **à qqn** medirse con alguien.

métabolisme [metabɔlism] *nm* metabolismo *m*.

métal, aux [metal, o] *nm* metal *m*.

métallique [metalik] *adj* metálico(ca).

métallisé, e [metalize] *adj* metalizado(da).

métallurgie [metalyrʒi] *nf* metalurgia *f*.

métamorphose [metamɔrfoz] *nf* metamorfosis *f inv*.

métaphore [metafɔr] *nf* metáfora *f*.

métaphysique [metafizik] ◇ *adj* metafísico(ca). ◇ *nf* metafísica *f*.

métastase [metastaz] *nf* metástasis *f inv*.

métayer, ère [meteje, ɛr] *nm, f* aparcero *m*, -ra *f*.

météo [meteo] *nf fam* : **la ~** el tiempo.

météore [meteɔr] *nm* meteoro *m*.

météorologie [meteɔrɔlɔʒi] *nf* meteorología *f*.

météorologique [meteɔrɔlɔʒik] *adj* meteorológico(ca).

météorologue [meteɔrɔlɔg], **météorologiste** [meteɔrɔlɔʒist] *nmf* meteorólogo *m*, -ga *f*, meteorologista *mf*.

méthane [metan] *nm* metano *m*.

méthode [metɔd] *nf* método *m*.

méthodologie [metɔdɔlɔʒi] *nf* metodología *f*.

méthylène [metilɛn] *nm* metileno *m*.

méticuleux, euse [metikylø, øz] *adj* meticuloso(sa).

métier [metje] *nm* **- 1.** [profession] oficio *m* ; **avoir du ~** tener oficio ; **de son ~** de profesión ; **être du ~** ser del oficio **- 2.** [machine] bastidor *m*.

métis, isse [metis] *adj* & *nm, f* mestizo(za). ◆ **métis** *nm* [tissu] mezcla *f*.

métrage [metraʒ] *nm* **- 1.** [mesure] medición *f* **- 2.** COUT metros *mpl* ; **quel ~ vous faut-il?** ¿cuántos metros necesita? **- 3.** CIN : **court ~** cortometraje *m* ; **long ~** largometraje *m* ; **moyen ~** mediometraje *m*.

mètre [mɛtr] *nm* metro *m* ; **~ carré/cube** metro cuadrado/cúbico.

métro [metro] *nm* metro *m*.

métronome [metrɔnɔm] *nm* metrónomo *m*.

métropole [metrɔpɔl] *nf* metrópoli *f*.

métropolitain, e [metrɔpɔlitɛ̃, ɛn] *adj* metropolitano(na).

mets [mɛ] ◇ *v* ▷ **mettre**. ◇ *nm sout* manjar *m*.

metteur [metœr] ◆ **metteur en scène** *nm* THÉÂTRE & CIN director *m*, -ra *f*.

mettre [mɛtr] *vt* **- 1.** [gén] poner ; **faire ~ l'électricité** hacer instalar la electricidad **- 2.** [vêtement, lunettes] ponerse **- 3.** [temps, argent, énergie] emplear. ◆ **se mettre** *vp* [se placer] ponerse ; **se ~ à faire qqch** [commencer à] ponerse a hacer algo ; **se ~ d'accord** ponerse de acuerdo ; **s'y ~** ponerse a ello.

meuble [mœbl] ◇ *nm* mueble *m*. ◇ *adj* **- 1.** [terre] blando(da) **- 2.** JUR mueble.

meublé, e [mœble] *adj* amueblado(da). ◆ **meublé** *nm* piso *m* amueblado.

meubler [mœble] ◇ *vt* **- 1.** [gén] amueblar **- 2.** *fig* [occuper - temps, loisirs] llenar ; [- conversation] entretener. ◇ *vi* adornar, ser decorativo(va). ◆ **se meubler** *vp* amueblar la casa.

meuf [mœf] *nf fam* parienta *f*, pivita *f*.

meugler [møgle] *vi* mugir.

meule [møl] *nf* **- 1.** [à moudre, à aiguiser] muela *f* **- 2.** [de fromage] rueda *f* **- 3.** [de foin] almiar *m*.

meunier, ère [mønje, ɛr] *adj* & *nm, f* molinero(ra).
meurtre [mœrtr] *nm* asesinato *m*.
meurtrier, ère [mœrtrije, ɛr] ◇ *adj* mortal. ◇ *nm, f* asesino *m*, -na *f*.
meurtrir [mœrtrir] *vt* - **1.** [physiquement] magullar - **2.** *fig* [moralement] herir.
meute [møt] *nf* jauría *f*.
mexicain, e [mɛksikɛ̃, ɛn] *adj* mejicano(na). ◆ **Mexicain, e** *nm, f* mejicano *m*, -na *f*.
Mexico [mɛksiko] *n* México, Méjico.
Mexique [mɛksik] *nm* : **le ~** México, Méjico.
mezzanine [mɛdzanin] *nf* - **1.** THÉÂTRE principal *m (palco)* - **2.** ARCHIT tragaluz *m*.
mezzo-soprano [mɛdzosɔprano] (*pl* **mezzo-sopranos**) *nm* OU *nf* mezzosoprano *f*.
mg (*abr de* **milligramme**) mg.
Mgr (*abr de* **Monseigneur**) Mons.
mi [mi] *nm* MUS mi *m*.
mi- [mi] ◇ *adj inv* medio(dia) ; **à la ~-janvier** a mediados de enero. ◇ *adv* medio ; **~-mort** medio muerto.
miasme [mjasm] *nm* miasma *m*.
miaulement [mjolmɑ̃] *nm* maullido *m*.
miauler [mjole] *vi* maullar.
mi-bas *nm inv* ejecutivo *m*.
mi-carême *nf tercer jueves de cuaresma que se celebra con fiestas*.
mi-chemin ◆ **à mi-chemin** *loc adv* a medio camino, a mitad de camino.
mi-clos, e *adj* entornado(da).
micro [mikro] *nm* - **1.** [microphone] micro *m* - **2.** *fam* [micro-ordinateur] micro *m*.
microbe [mikrɔb] *nm* microbio *m*.
microbiologie [mikrɔbjɔlɔʒi] *nf* microbiología *f*.
microclimat [mikrɔklima] *nm* microclima *m*.
microcosme [mikrɔkɔsm] *nm* microcosmos *m inv*.
microfiche [mikrɔfiʃ] *nf* microficha *f*.
microfilm [mikrɔfilm] *nm* microfilm *m*.
micro-ondes [mikrɔɔ̃d] *nm inv* microondas *m inv*.
micro-ordinateur (*pl* **micro-ordinateurs**) *nm* microordenador *m*.
microphone [mikrɔfɔn] *nm* micrófono *m*.
microprocesseur [mikrɔprɔsesœr] *nm* microprocesador *m*.
microscope [mikrɔskɔp] *nm* microscopio *m* ; **~ électronique** microscopio electrónico.
midi [midi] *nm* - **1.** [période du déjeuner] mediodía *m* - **2.** [heure] : **il est ~** son las doce *(de la mañana)* - **3.** [sud] sur *m*, mediodía *m*.
mie [mi] *nf* miga *f*.
miel [mjɛl] *nm* miel *f*.
mielleux, euse [mjɛlø, øz] *adj* meloso(sa).
mien, mienne [mjɛ̃, mjɛn] *adj poss* mío, mía. ◆ **le mien** (*f* **la mienne** [lamjɛn], *mpl* **les miens** [lemjɛ̃], *fpl* **les miennes** [lemjɛn]) *pron poss* el mío (la mía) ; **j'y mets du ~** yo hago (todo) lo que puedo.
miette [mjɛt] *nf* migaja *f* ; **faire des ~s** hacer migas.
mieux [mjø] ◇ *adv* - **1.** [comparatif] mejor ; **elle pourrait ~ faire** podría hacerlo mejor ; **il ferait ~ de travailler** sería mejor que trabajara, más le valdría trabajar ; **il vaut ~ commencer** más vale empezar - **2.** [superlatif] : **il est le ~ payé du service** es el mejor pagado del departamento ; **le ~ qu'il peut** lo mejor que puede. ◇ *adj* mejor. ◇ *nm* - **1.** *(sans déterminant)* algo mejor ; **j'attendais ~** esperaba algo mejor - **2.** *(avec déterminant)* : **il y a du** OU **un ~** va mejor ; **il fait de son ~** hace (todo) lo mejor que puede. ◆ **au mieux** *loc adv* en el mejor de los casos. ◆ **de mieux en mieux** *loc adv* cada vez mejor. ◆ **pour le mieux** *loc adv* a pedir de boca. ◆ **tant mieux** *loc adv* tanto mejor.
mièvre [mjɛvr] *adj* remilgado(da).
mignon, onne [miɲɔ̃, ɔn] ◇ *adj* - **1.** [joli] mono(na) - **2.** [gentil] bueno(na), amable. ◇ *nm, f* monada *f*. ◆ **mignon** *nm* HIST favorito *m*.
migraine [migrɛn] *nf* jaqueca *f*, migraña *f*.
migrant, e [migrɑ̃, ɑ̃t] *adj* & *nm, f* emigrante.
migrateur, trice [migratœr, tris] *adj* migratorio(ria). ◆ **migrateur** *nm* [oiseau] ave *f* migratoria.
migration [migrasjɔ̃] *nf* migración *f*.
mijoter [miʒɔte] ◇ *vt* - **1.** CULIN guisar - **2.** [tramer] tramar. ◇ *vi* cocer a fuego lento.
mi-journée *nf* : **les informations de la ~** las noticias de mediodía.
mil[1] [mil] *nm* mijo *m*.
mil[2] = **mille**.
milan [milɑ̃] *nm* milano *m*.
milice [milis] *nf* milicia *f*.

milicien, enne [milisjɛ̃, ɛn] *nm, f* miliciano *m*, -na *f*.

milieu, x [miljø] *nm* - **1.** [centre - spatial] medio *m*, centro *m* ; [- temporel] mitad *f* - **2.** [intermédiaire] término *m* medio - **3.** [environnement, groupe social] medio *m* - **4.** [pègre] : **le ~** el hampa. ◆ **au milieu de** *loc prép* - **1.** [sens spatial] en medio de - **2.** [sens temporel] en mitad de - **3.** [parmi] entre. ◆ **en plein milieu de** *loc prép* - **1.** [sens spatial] justo en medio de - **2.** [sens temporel] en pleno(na) ; **en plein ~ de la réunion** en plena reunión.

militaire [militɛr] *adj* & *nm* militar.

militant, e [militɑ̃, ɑ̃t] *adj* & *nm, f* militante.

militer [milite] *vi* militar ; **~ pour/contre qqch** militar a favor/en contra de algo.

milk-shake [milkʃɛk] (*pl* **milk-shakes**) *nm* batido *m*.

mille, mil [mil] *adj inv* mil. ◆ **mille** ◇ *nm inv* - **1.** [unité] millar *m* - **2.** [de cible] blanco *m* ; **dans le ~** en el blanco. ◇ *nm* - **1.** NAVIG milla *f* ; **un ~ marin** una milla marina - **2.** *Can* [unité de mesure] milla *f*.

mille-feuille (*pl* **mille-feuilles**) ◇ *nm* CULIN milhojas *m inv*. ◇ *nf* BOT milenrama *f*.

millénaire [milenɛr] ◇ *adj* milenario(ria). ◇ *nm* milenario *m*.

mille-pattes [milpat] *nm inv* ciempiés *m inv*.

millésime [milezim] *nm* - **1.** [de vin] reserva *m* - **2.** [de pièce] fecha *f* de acuñación.

millésimé, e [milezime] *adj* de reserva.

millet [mijɛ] *nm* mijo *m*.

milliard [miljar] *nm* : **un ~ de** [chiffre] mil millones de ; [beaucoup de] un millar de.

milliardaire [miljardɛr] *adj* & *nmf* millonario(ria).

millier [milje] *nm* millar *m* ; **par ~s** a millares OU miles ; **un ~ de** un millar de.

milligramme [miligram] *nm* miligramo *m*.

millilitre [mililitr] *nm* mililitro *m*.

millimètre [milimɛtr] *nm* milímetro *m*.

millimétré, e [milimetre] *adj* milimetrado(da).

million [miljɔ̃] *nm* millón *m* ; **un ~ de** un millón de.

millionnaire [miljɔnɛr] *adj* & *nmf* millonario(ria).

mime [mim] ◇ *nm* [spectacle] mimo *m*. ◇ *nmf* [acteur] mimo *mf*.

mimer [mime] *vt* - **1.** [exprimer sans parler] expresar con mímica - **2.** [imiter] imitar.

mimétisme [mimetism] *nm* mimetismo *m*.

mimique [mimik] *nf* - **1.** [grimace] mueca *f* - **2.** [expression] mímica *f*.

mimosa [mimɔza] *nm* mimosa *f*.

min. (*abr de* **minimum**) mín.

minable [minabl] *adj* miserable, lamentable.

minaret [minarɛ] *nm* minarete *m*, alminar *m*.

minauder [minode] *vi* hacer melindres.

mince [mɛ̃s] *adj* - **1.** [gén] delgado(da) - **2.** *fig* [preuve, revenu] insuficiente.

minceur [mɛ̃sœr] *nf* - **1.** [gén] delgadez *f* - **2.** *fig* [insuffisance] insuficiencia *f*.

mincir [mɛ̃sir] *vi* adelgazar.

mine [min] *nf* - **1.** [physionomie] cara *f* ; **avoir bonne/mauvaise ~** tener buena/mala cara ; **avoir une ~ boudeuse** poner cara larga - **2.** [apparence] aspecto *m* - **3.** [de crayon & GÉOL] mina *f* ; **~ de charbon** mina de carbón ; **être une ~ de** *fig* ser una mina de.

miner [mine] *vt* minar.

minerai [minrɛ] *nm* mineral *m*.

minéral, e, aux [mineral, o] *adj* mineral. ◆ **minéral** *nm* mineral *m*.

minéralogie [mineralɔʒi] *nf* mineralogía *f*.

minet, ette [minɛ, ɛt] *nm, f* - **1.** [chat] minino *m*, -na *f* - **2.** [personne] pichoncito *m*, -ta *f* ; **mon ~** pichoncito mío ; **un (petit) ~** un pijo.

mineur, e [minœr] *adj* & *nm, f* menor. ◆ **mineur** *nm* minero *m* ; **~ de fond** minero de extracción.

mini *abr de* **minimum**.

miniature [minjatyr] ◇ *nf* miniatura *f*. ◇ *adj* miniatura *(en aposición)*.

miniaturiser [minjatyrize] *vt* miniaturizar.

minibus [minibys] *nm* minibús *m*.

Minicassette® [minikasɛt] *nf* & *nm* minicasete *mf*.

minichaîne [miniʃɛn] *nf* minicadena *f*.

minier, ère [minje, ɛr] *adj* minero(ra).

minigolf [minigɔlf] *nm* minigolf *m*.

minijupe [miniʒyp] *nf* minifalda *f*.

minimal, e, aux [minimal, o] *adj* mínimo(ma).

minimaliste [minimalist] *adj* minimalista.

minime [minim] ◇ *nmf* SPORT infantil *mf.* ◇ *adj* mínimo(ma).
minimiser [minimize] *vt* minimizar.
minimum [minimɔm] (*pl* **minimums** OU **minima** [minima]) ◇ *adj* mínimo(ma). ◇ *nm* mínimo *m* ; **au ~** como mínimo ; **le strict ~** lo mínimo.
ministère [ministɛr] *nm* ministerio *m.*
ministériel, elle [ministerjɛl] *adj* ministerial.
ministre [ministr] *nm* ministro *m,* -tra *f* ; **~ délégué à qqch** ministro delegado de algo ; **~ d'État** ≃ ministro sin cartera ; **Premier ~** Primer ministro.
Minitel® [minitɛl] *nm terminal de consulta de bancos de datos.*
minitéliste [minitelist] *nmf* usuario *m,* -ria *f* del Minitel®.
minois [minwa] *nm* carita *f.*
minoritaire [minɔritɛr] *adj* & *nmf* minoritario(ria).
minorité [minɔrite] *nf* minoría *f* ; **une/la ~ de qqch** una/la minoría de algo ; **en ~** en minoría.
Minorque [minɔrk] *n* Menorca.
minuit [minɥi] *nm* medianoche *f.*
minuscule [minyskyl] ◇ *adj* minúsculo(la). ◇ *nf* minúscula *f.*
minute [minyt] ◇ *nf* - **1.** [gén] minuto *m* ; **dans une ~** dentro de un minuto ; **d'une ~ à l'autre** de un momento a otro - **2.** JUR original *m.* ◇ *interj fam* ¡un minuto!
minuter [minyte] *vt* minutar *(cronometrar).*
minuterie [minytri] *nf* - **1.** [d'horloge] minutero *m* - **2.** [d'éclairage] temporizador *m.*
minuteur [minytœr] *nm* minutero *m.*
minutie [minysi] *nf* minuciosidad *f* ; **avec ~** minuciosamente.
minutieux, euse [minysjø, øz] *adj* minucioso(sa).
mioche [mjɔʃ] *nmf fam* crío *m,* -a *f.*
mirabelle [mirabɛl] *nf* - **1.** [fruit] ciruela *f* mirabel - **2.** [alcool] aguardiente *m* de ciruela mirabel.
miracle [mirakl] *nm* milagro *m* ; **croire aux ~s** creer en milagros ; **par ~** de milagro.
miraculeux, euse [mirakylø, øz] *adj* milagroso(sa).
mirador [miradɔr] *nm* MIL torre *f* de observación.
mirage [miraʒ] *nm* espejismo *m.*
mire [mir] *nf* TÉLÉ carta *f* de ajuste.
mirer [mire] ◆ **se mirer** *vp sout* - **1.** [se regarder] contemplarse - **2.** [se refléter] reflejarse.
mirifique [mirifik] *adj hum* grandioso(sa).
mirobolant, e [mirɔbɔlɑ̃, ɑ̃t] *adj hum* fantasioso(sa).
miroir [mirwar] *nm* espejo *m.*
miroiter [mirwate] *vi* espejear ; **faire ~ qqch à qqn** tentar a alguien con algo.
mis, e [mi, miz] *pp* ▷ **mettre.**
misanthrope [mizɑ̃trɔp] *adj* & *nmf* misántropo(pa).
mise [miz] *nf* - **1.** [action de mettre] puesta *f* ; **~ à jour** puesta al día ; **~ en page** compaginación *f* ; **~ au point** PHOT enfoque *m* ; TECHNOL puesta a punto ; *fig* [rectification] aclaración *f* ; **~ en scène** CIN & THÉÂTRE dirección *f* ; *fig* [d'événement] escenificación *f* - **2.** [d'argent] apuesta *f* - **3.** *sout* [tenue] vestimenta *f.*
miser [mize] *vt* - **1.** [parier] apostar - **2.** [compter] : **~ sur qqch/sur qqn** contar con algo/con alguien.
misérable [mizerabl] *adj* & *nmf* miserable.
misère [mizɛr] *nf* miseria *f* ; **ça coûte une ~** cuesta una miseria.
miséricorde [mizerikɔrd] ◇ *nf* misericordia *f.* ◇ *interj vieilli* ¡piedad!
misogyne [mizɔʒin] *adj* & *nmf* misógino(na).
missel [misɛl] *nm* misal *m.*
missile [misil] *nm* misil *m.*
mission [misjɔ̃] *nf* misión *f* ; **en ~** en misión.
missionnaire [misjɔnɛr] *adj* & *nmf* misionero(ra).
missive [misiv] *nf* misiva *f.*
mitaine [mitɛn] *nf* mitón *m.*
mite [mit] *nf* polilla *f.*
mité, e [mite] *adj* apolillado(da).
mi-temps ◇ *nf inv* [SPORT - période] tiempo *m* ; [- pause] descanso *m* ; **première/seconde ~** primer/segundo tiempo. ◇ *nm* trabajo *m* a media jornada. ◆ **à mi-temps** ◇ *loc adv* a media jornada ; **travailler à ~** trabajar a media jornada. ◇ *loc adj* : **travail à ~** trabajo de media jornada.
miteux, euse [mitø, øz] *adj* & *nm, f fam* miserable.
mitigé, e [mitiʒe] *adj* [tempéré, nuancé] moderado(da).
mitonner [mitɔne] ◇ *vt* - **1.** CULIN cocer

a fuego lento - **2.** *fig* [préparer] preparar. ◇ *vi* cocer a fuego lento.
mitoyen, enne [mitwajɛ̃, ɛn] *adj* medianero(ra) ; [maison] adosado(da).
mitrailler [mitraje] *vt* - **1.** MIL ametrallar - **2.** *fam* [photographier] acribillar (con los flashes) - **3.** *fig* [assaillir] acosar ; ~ **qqn de questions** acosar a alguien con preguntas.
mitraillette [mitrajɛt] *nf* metralleta *f*.
mitre [mitr] *nf* mitra *f*.
mi-voix ◆ **à mi-voix** *loc adv* a media voz.
mixage [miksaʒ] *nm* mezcla *f*.
mixer¹ [mikse] *vt* - **1.** [gén] mezclar - **2.** CULIN triturar.
mixer², mixeur [miksœr] *nm* batidora *f*.
mixte [mikst] *adj* mixto(ta).
mixture [mikstyr] *nf* mixtura *f*.
MJC (*abr de* **maison des jeunes et de la culture**) *nf casa de la juventud y la cultura*.
ml (*abr de* **millilitre**) ml.
Mlle (*abr de* **mademoiselle**) Srta.
mm (*abr de* **millimètre**) mm.
MM (*abr de* **messieurs**) Sres., Srs.
Mme (*abr de* **madame**) Sra.
mn (*abr de* **minute**) min.
mnémotechnique [mnemotɛknik] *adj* mnemotécnico(ca).
mobile [mɔbil] ◇ *adj* - **1.** [gén] móvil - **2.** [visage, regard] vivaz. ◇ *nm* móvil *m*.
mobilier, ère [mɔbilje, ɛr] *adj* mobiliario(ria). ◆ **mobilier** *nm* mobiliario *m*.
mobilisation [mɔbilizasjɔ̃] *nf* movilización *f*.
mobiliser [mɔbilize] *vt* movilizar. ◆ **se mobiliser** *vp* movilizarse.
mobilité [mɔbilite] *nf* - **1.** [aptitude à se déplacer] movilidad *f* - **2.** [vivacité] expresividad *f*.
Mobylette® [mɔbilɛt] *nf* mobylette® *f*.
mocassin [mɔkasɛ̃] *nm* mocasín *m*.
moche [mɔʃ] *adj fam* - **1.** [laid] feo (fea) - **2.** [méprisable] chungo(ga).
modalité [mɔdalite] *nf* - **1.** [convention & JUR] modalidad *f* ; **~s de paiement** modalidades de pago - **2.** GRAM modo *m*.
mode [mɔd] ◇ *nf* - **1.** [gén] moda *f* ; **à la ~** de moda ; **lancer une ~** lanzar OU sacar una moda - **2.** [coutume] : **à la ~ de** a la manera de. ◇ *nm* - **1.** [gén] modo *m* ; **~ de vie** modo de vida ; **~ majeur/mineur** modo mayor/menor - **2.** [méthode] método *m* ; **~ d'emploi** modo de empleo.
modèle [mɔdɛl] *nm* modelo *m* ; **sur le ~ de qqch/de qqn** según el modelo de algo/de alguien ; **~ déposé** modelo registrado.
modeler [mɔdle] *vt* modelar ; **~ qqch sur qqch** *fig* amoldar algo a algo.
modélisme [mɔdelism] *nm* modelismo *m*.
modem [mɔdɛm] *nm* modem *m*.
modération [mɔderasjɔ̃] *nf* moderación *f*.
modéré, e [mɔdere] *adj* & *nm, f* moderado(da).
modérer [mɔdere] *vt* moderar. ◆ **se modérer** *vp* moderarse.
moderne [mɔdɛrn] *adj* moderno(na).
moderniser [mɔdɛrnize] *vt* modernizar. ◆ **se moderniser** *vp* modernizarse.
modeste [mɔdɛst] *adj* - **1.** [gén] modesto(ta) - **2.** [simple] sencillo(lla).
modestement [mɔdɛstəmɑ̃] *adv* con modestia, modestamente.
modestie [mɔdɛsti] *nf* modestia *f* ; **fausse ~** falsa modestia.
modification [mɔdifikasjɔ̃] *nf* modificación *f*.
modifier [mɔdifje] *vt* modificar. ◆ **se modifier** *vp* modificarse.
modique [mɔdik] *adj* módico(ca).
modiste [mɔdist] *nf* sombrerera *f*.
modulation [mɔdylasjɔ̃] *nf* modulación *f*.
module [mɔdyl] *nm* módulo *m*.
moduler [mɔdyle] *vt* - **1.** [chanter & RADIO] modular - **2.** [adapter] adaptar.
modus vivendi [mɔdysvivɛ̃di] *nm inv* modus vivendi *m inv*.
moelle [mwal] *nf* médula *f* ; **~ osseuse** médula ósea ; **~ épinière** médula espinal.
moelleux, euse [mwalø, øz] *adj* - **1.** [lit, canapé] blando(da), mullido(da) - **2.** [fromage] blando(da) ; [voix] meloso(sa).
moellon [mwalɔ̃] *nm* morrillo *m*.
mœurs [mœr(s)] *nfpl* - **1.** [usages, habitudes] costumbres *fpl* ; **de ~ légères** de costumbres ligeras - **2.** [morale] moralidad *f* - **3.** ZOOL [mode de vie] comportamiento *m*.
mohair [mɔɛr] *nm* mohair *m*.
moi [mwa] ◇ *pron pers* - **1.** [avec impératif] me ; **aide-~** ayúdame ; **donne-le-~** dámelo - **2.** [sujet, pour renforcer, dans un comparatif] yo ; **c'est ~ !** ¡soy yo! ; **~ aussi/non plus** yo también/tampoco ; **plus âgé que ~** mayor que yo - **3.** [complément d'objet, après une préposition] mí ; **avec ~** conmigo ; **après ~** después de mí ; **pour ~**

para mí ; **il me l'a dit, à ~** me lo dijo a mí **- 4.** [possessif] : **à ~** mío (mía). ◇ *nm* [en philosophie] : **le ~** el yo. ◆ **moi-même** *pron pers* yo mismo.

moignon [mwaɲɔ̃] *nm* **- 1.** [de membre] muñón *m* **- 2.** [d'arbre] garrón *m*.

moindre [mwɛ̃dr] ◇ *adj superl* : **les ~s détails** los más mínimos detalles ; **c'est la ~ des choses!** ¡qué menos! ◇ *adj compar* menor.

moine [mwan] *nm* monje *m*, fraile *m*.

moineau, x [mwano] *nm* gorrión *m*.

moins [mwɛ̃] ◇ *adv* **- 1.** [quantité] menos ; **~ dix degrés** diez grados bajo cero ; **~ de** menos (de) ; **~ de 300 calories** menos de 300 calorías ; **~ de travail/de verres** menos trabajo/vasos **- 2.** [comparatif] : **~ que** menos que ; **~ il mange, ~ il travaille** cuanto menos come, menos trabaja **- 3.** [superlatif] : **le ~** el menos ; **le restaurant le ~ cher** el restaurante menos caro ; **le ~ possible** lo menos posible. ◇ *prép* menos. ◇ *nm* **- 1.** [signe] signo *m* menos **- 2.** *loc* : **le ~ qu'on puisse dire, c'est que ...** lo menos que se puede decir es que ... ◆ **à moins de** *loc prép* a no ser que, a menos que. ◆ **à moins que** *loc conj (+ subjonctif)* a no ser que *(+ subjuntivo)*, a menos que *(+ subjuntivo)* ◆ **au moins** *loc adv* por lo menos. ◆ **de moins en moins** *loc adv* cada vez menos. ◆ **du moins** *loc adv* por lo menos, al menos. ◆ **en moins** *loc adv* (de) menos. ◆ **en moins de** *loc prép* en menos de. ◆ **on ne peut moins** *loc adv* : **être on ne peut ~ ...** no poder estar menos... ◆ **pour le moins** *loc adv* por lo menos. ◆ **tout au moins** *loc adv* por lo menos, al menos.

moiré, e [mware] *adj* **- 1.** [tissu] de moaré, de muaré **- 2.** [aspect] tornasolado(da).

mois [mwa] *nm* **- 1.** [gén] mes *m* ; **le ~ du blanc** el mes blanco **- 2.** [salaire] mensualidad *f*.

moisi, e [mwazi] *adj* mohoso(sa), enmohecido(da). ◆ **moisi** *nm* moho *m*.

moisir [mwazir] *vi* **- 1.** [fruit, bois] enmohecerse **- 2.** *fam* [personne] pudrirse **- 3.** *fam* [argent, fortune] cubrirse de moho.

moisissure [mwazisyr] *nf* moho *m*.

moisson [mwasɔ̃] *nf* **- 1.** [récolte] siega *f* ; *fig* cosecha *f* **- 2.** [travail] : **faire la ~** OU **les ~s** segar.

moissonner [mwasɔne] *vt* segar.

moissonneuse-batteuse [mwasɔnøzbatøz] *nf* cosechadora *f*.

moite [mwat] *adj* húmedo(da).

moiteur [mwatœr] *nf* humedad *f*.

moitié [mwatje] *nf* [gén] mitad *f* ; **à ~ fou** medio loco ; **faire qqch à ~** hacer algo a medias ; **~-~** mitad y mitad.

moka [mɔka] *nm* **- 1.** [café] moka *m*, moca *m* **- 2.** [gâteau] pastel *m* de moka.

mol ▷ **mou**.

molaire [mɔlɛr] *nf* molar *m*.

molécule [mɔlekyl] *nf* molécula *f*.

molester [mɔlɛste] *vt sout* maltratar.

molle ▷ **mou**.

mollement [mɔlmɑ̃] *adv* **- 1.** [faiblement] débilmente **- 2.** [paresseusement] indolentemente.

mollesse [mɔlɛs] *nf* **- 1.** [d'une chose] blandura *f* **- 2.** *fig* [d'une personne] apatía *f*.

mollet [mɔlɛ] ◇ *nm* pantorrilla *f*. ◇ *adj* ▷ **œuf**.

mollir [mɔlir] *vi* **- 1.** [gén] flojear **- 2.** [matière] reblandecerse **- 3.** [vent] amainar.

mollusque [mɔlysk] *nm* molusco *m*.

molosse [mɔlɔs] *nm* moloso *m*.

môme [mom] *fam* ◇ *nmf* crío *m*, -a *f*. ◇ *nf* [jeune fille] chavala *f*.

moment [mɔmɑ̃] *nm* **- 1.** [gén] momento *m* ; **à tout ~** en cualquier momento ; **au ~ de/où** en el momento de/en que ; **à un ~ donné** en un momento dado ; **ce n'est pas le ~ (de faire qqch)** no es el momento (de hacer algo) ; **dans un ~** en OU dentro de un momento ; **d'un ~ à l'autre** de un momento a otro ; **en ce ~** ahora mismo, en este momento ; **n'avoir pas un ~ à soi** no tener ni un momento libre ; **par ~s** de vez en cuando, a ratos ; **pour le ~** de momento, por el momento **- 2.** [période] rato *m* ; **passer un mauvais ~** pasar un mal rato.

momentané, e [mɔmɑ̃tane] *adj* momentáneo(a).

momentanément [mɔmɑ̃tanemɑ̃] *adv* momentáneamente.

momie [mɔmi] *nf* momia *f*.

mon [mɔ̃] (*f* **ma** [ma], *pl* **mes** [me]) *adj poss* mi.

monacal, e, aux [mɔnakal, o] *adj* monacal.

Monaco [mɔnako] *n* : **(la principauté de) ~** (el principado de) Mónaco.

monarchie [mɔnarʃi] *nf* monarquía *f* ; **~ absolue/constitutionnelle** monarquía absoluta/constitucional.

monarque [mɔnark] *nm* monarca *m*.

monastère [mɔnastɛr] *nm* monasterio *m*.

monceau, x [mõso] *nm* montón *m Esp*, ruma *f Amér*.

mondain, e [mõdɛ̃, ɛn] ◇ *adj* mundano(na). ◇ *nm, f* hombre *m* de mundo, mujer *f* de mundo.

mondanités [mõdanite] *nfpl* - **1.** [événements] ecos *mpl* de sociedad - **2.** [politesses] convencionalismos *mpl*.

monde [mõd] *nm* - **1.** [gén] mundo *m* ; **l'autre ~** RELIG el otro mundo ; **le/la plus** *(+ adjectif)* **au** OU **du ~** el/la más *(+ adjetivo)* del mundo ; **mettre un enfant au ~** traer al mundo un niño ; **pour rien au ~** por nada del mundo ; **venir au ~** venir al mundo ; **quart ~** cuarto mundo - **2.** [gens] gente *f* ; **beaucoup/peu de ~** mucha/poca gente ; **tout le ~** todo el mundo, todos ; **noir de ~** abarrotado - **3.** [milieu social] mundillo *m* - **4.** *loc* : **c'est un ~!** ¡es el colmo! ; **se faire un ~ de qqch** hacer una montaña de algo.

mondial, e, aux [mõdjal, o] *adj* mundial.

mondialement [mõdjalmɑ̃] *adv* mundialmente.

mondialisation [mõdjalizasjõ] *nf* universalización *f*.

monétaire [mɔnetɛr] *adj* monetario(ria).

Monétique® [mɔnetik] *nf* banca *f* electrónica.

mongolien, enne [mõgɔljɛ̃, ɛn] *adj* & *nm, f* mongólico(ca).

mongolisme [mõgɔlism] *nm* mongolismo *m*.

moniteur, trice [mɔnitœr, tris] *nm, f* monitor *m*, -ra *f* ; **~ d'auto-école** profesor *m*, -ra *f* de auto-escuela.

monitorat [mɔnitɔra] *nm* - **1.** [formation] formación *f* de monitor - **2.** [fonction] puesto *m* de monitor.

monnaie [mɔnɛ] *nf* - **1.** [argent, devise] moneda *f* ; **~ unique** moneda única ; **fausse ~** moneda falsa - **2.** [ferraille] suelto *m Esp*, morralla *f Amér* ; **avoir de la ~** tener suelto - **3.** [appoint, petite unité] cambio *m* ; **avoir la ~** tener cambio ; **faire (de) la ~** cambiar ; **rendre la ~ à qqn** dar el cambio a alguien.

monnayer [mɔneje] *vt* - **1.** [changer en argent] canjear - **2.** *fig* [vendre] sacar dinero de.

monochrome [mɔnokrom] *adj* monocromo(ma).

monocle [mɔnɔkl] *nm* monóculo *m*.

monocoque [mɔnɔkɔk] *adj* & *nm* monocasco.

monocorde [mɔnɔkɔrd] *adj* monocorde.

monoculture [mɔnokyltyr] *nf* monocultivo *m*.

monologue [mɔnɔlɔg] *nm* monólogo *m*.

monôme [mɔnom] *nm* monomio *m*.

monoparental, e, aux [mɔnoparɑ̃tal, o] *adj* monoparental.

monoplace [mɔnoplas] *adj, nm* & *nf* monoplaza.

monopole [mɔnɔpɔl] *nm* monopolio *m*, monopolización *f* ; **avoir le ~ de qqch** tener el monopolio de algo ; **~ d'État** monopolio del Estado.

monopoliser [mɔnɔpɔlize] *vt* monopolizar.

monoski [mɔnoski] *nm* monoesquí *m*.

monospace [mɔnɔspas] *nm* monovolumen *m*.

monosyllabe [mɔnɔsilab] ◇ *adj* monosílabo(ba). ◇ *nm* monosílabo *m*.

monotone [mɔnɔtɔn] *adj* monótono(na).

monotonie [mɔnɔtɔni] *nf* monotonía *f*.

monseigneur [mõsɛɲœr] (*pl* **messeigneurs** [mesɛɲœr]) *nm* monseñor *m*.

monsieur [məsjø] (*pl* **messieurs** [mesjø]) *nm* señor *m* ; **Cher Monsieur** [dans une lettre] Muy señor mío, Estimado señor ; **~ Tout-le-Monde** el ciudadano de a pie ; **asseyez-vous, messieurs** señores, siéntense.

monstre [mõstr] ◇ *nm* monstruo *m*. ◇ *adj fam* [énorme] bárbaro(ra).

monstrueux, euse [mõstryø, øz] *adj* monstruoso(sa).

monstruosité [mõstryozite] *nf* - **1.** [sauvagerie] monstruosidad *f* - **2.** [énormité] barbaridad *f*.

mont [mõ] *nm* monte *m*.

montage [mõtaʒ] *nm* montaje *m*.

montagnard, e [mõtaɲar, ard] *adj* & *nm, f* montañés(esa).

montagne [mõtaɲ] *nf* montaña *f* ; **en haute ~** en alta montaña ; **faire de la haute ~** hacer alta montaña ; **vivre à la ~** vivir en la montaña.

montant, e [mõtɑ̃, ɑ̃t] *adj* - **1.** [mouvement, marée] creciente ; *fig* [phase] creciente, ascendente - **2.** [encolure] cerrado(da) ; **un col ~** un cuello alto. ◆ **montant** *nm* - **1.** [d'échelle, de porte] montante *m* - **2.** [somme] importe *m*.

mont-de-piété [mɔ̃dpjete] (*pl* **monts-de-piété**) *nm* monte *m* de piedad.

monte-charge [mɔ̃tʃarʒ] *nm inv* montacargas *m inv*.

montée [mɔ̃te] *nf* - **1.** [gén] subida *f* - **2.** [intensification] aumento *m*.

monte-plats [mɔ̃tpla] *nm inv* montaplatos *m inv*.

monter [mɔ̃te] ◇ *vi (gén auxiliaire être)* - **1.** [gén] subir ; **~ à** OU **dans qqch** subir a algo ; **ça monte** vaya cuesta ; **~ sur qqch** subirse a algo - **2.** [chevaucher] montar ; **~ à cheval** montar a caballo - **3.** *fam* [se déplacer] ir - **4.** [augmenter en intensité] crecer. ◇ *vt (auxiliaire avoir)* - **1.** [gén] montar ; [meuble] armar - **2.** [gravir, élever, porter] subir. ◆ **se monter** *vp* - **1.** [s'assembler] montarse - **2.** [atteindre] : **se ~ à** ascender a.

monteur, euse [mɔ̃tœr, øz] *nm, f* montador *m*, -ra *f*.

Montevideo [mɔ̃tevideo] *n* Montevideo.

monticule [mɔ̃tikyl] *nm* montículo *m*.

montre [mɔ̃tr] *nf* reloj *m* ; **~ à quartz** reloj de cuarzo ; **course contre la ~** carrera contra reloj, contrarreloj *f* ; **~ en main** reloj en mano.

montre-bracelet [mɔ̃trəbraslɛ] *nf* reloj *m* de pulsera.

montrer [mɔ̃tre] *vt* - **1.** [exhiber, expliquer] enseñar ; **~ qqch à qqn** enseñar algo a alguien - **2.** [démontrer, désigner] mostrar ; **~ du doigt** señalar con el dedo - **3.** [manifester] demostrar - **4.** [dépeindre] reflejar. ◆ **se montrer** *vp* - **1.** [se faire voir] dejarse ver - **2.** [se présenter, se révéler] mostrarse.

monture [mɔ̃tyr] *nf* - **1.** [gén] montura *f* - **2.** [de bijou] engaste *m*.

monument [mɔnymɑ̃] *nm* monumento *m* ; **~ à qqch/à qqn** monumento a algo/a alguien ; **~ aux morts** *monumento a los soldados muertos durante la Primera y Segunda Guerra Mundial.*

monumental, e, aux [mɔnymɑ̃tal, o] *adj* - **1.** [gén] monumental - **2.** *fig* [impressionnant] impresionante.

moquer [mɔke] ◆ **se moquer** *vp* - **1.** [plaisanter] burlarse ; **se ~ de qqch/de qqn** burlarse de algo/de alguien - **2.** [ne pas se soucier] : **se ~ de qqch** pasar de algo ; **je m'en moque** me da igual.

moquerie [mɔkri] *nf* - **1.** [ironie] guasa *f* - **2.** *sout* [raillerie] broma *f*, mofa *f*.

moquette [mɔkɛt] *nf* moqueta *f*.

moquetter [mɔkete] *vt* enmoquetar.

moqueur, euse [mɔkœr, øz] *adj* burlón(ona).

moral, e, aux [mɔral, o] *adj* - **1.** [gén] moral - **2.** [honnête] ético(ca). ◆ **moral** *nm* moral *f* ; **avoir bon/mauvais ~** tener la moral alta/baja ; **avoir/ne pas avoir le ~** tener/no tener ánimos ; **remonter le ~ (à qqn)** levantar la moral OU el ánimo (a alguien). ◆ **morale** *nf* - **1.** [gén] moral *f* - **2.** [leçon] moraleja *f* ; **faire la ~e à qqn** echar un sermón a alguien.

moralisateur, trice [mɔralizatœr, tris] *adj* & *nm, f* moralizador(ra).

moralité [mɔralite] *nf* - **1.** [gén] moralidad *f* - **2.** [leçon] moraleja *f*.

moratoire [mɔratwar] ◇ *adj* moratorio(ria). ◇ *nm* moratoria *f*.

morbide [mɔrbid] *adj* morboso(sa).

morceau, x [mɔrso] *nm* - **1.** [gén] trozo *m* - **2.** [de poème, de musique] fragmento *m*.

morceler [mɔrsəle] *vt* parcelar. ◆ **se morceler** *vp* dividirse.

mordant, e [mɔrdɑ̃, ɑ̃t] *adj* - **1.** [froid] cortante - **2.** *fig* [ironie] mordaz. ◆ **mordant** *nm* mordacidad *f*.

mordiller [mɔrdije] *vt* mordisquear.

mordoré, e [mɔrdɔre] *adj* doradillo(lla).

mordre [mɔrdr] ◇ *vt* - **1.** [suj : animal, personne] morder - **2.** [suj : scie, vis] corroer - **3.** *fig* [empiéter sur] invadir. ◇ *vi* - **1.** [croquer] : **~ dans qqch** dar un mordisco a algo - **2.** [poisson] picar ; **~ à l'hameçon** morder el anzuelo - **3.** SPORT : **~ sur qqch** [ligne] pisar algo.

mordu, e [mɔrdy] ◇ *pp* ▷ **mordre**. ◇ *adj* [amoureux] prendado(da). ◇ *nm, f* [passionné] forofo *m*, -fa *f*.

morfondre [mɔrfɔ̃dr] ◆ **se morfondre** *vp* languidecer en la espera.

morgue [mɔrg] *nf* - **1.** [attitude] altivez *f* - **2.** [lieu] morgue *f*, depósito *m* de cadáveres.

moribond, e [mɔribɔ̃, ɔ̃d] *adj* & *nm, f* moribundo(da).

morille [mɔrij] *nf* morilla *f*, colmenilla *f*.

morne [mɔrn] *adj* - **1.** [personne] taciturno(na) - **2.** [style, ville] apagado(da).

morose [mɔroz] *adj* melancólico(ca) ; *fig* moroso(sa).

morphine [mɔrfin] *nf* morfina *f*.

morphologie [mɔrfɔlɔʒi] *nf* morfología *f*.

mors [mɔr] *nm* bocado *m*.

morse [mɔrs] *nm* - **1.** ZOOL morsa *f* - **2.** [code] morse *m*.

morsure [mɔrsyr] *nf* mordedura *f*.
mort, e [mɔr, mɔrt] ◇ *pp* ▷ **mourir**. ◇ *adj* - **1.** [gén] muerto(ta) ; **~ de peur/de fatigue** muerto de miedo/de cansancio - **2.** *fam* [appareil] hecho(cha) polvo. ◇ *nm, f* muerto *m*, -ta *f*. ◆ **mort** ◇ *nm* [aux cartes] muerto *m*. ◇ *nf* muerte *f* ; **condamner qqn à ~** condenar a alguien a muerte ; **se donner la ~** acabar con su vida.
mortadelle [mɔrtadɛl] *nf* mortadela *f*.
mortalité [mɔrtalite] *nf* mortalidad *f*.
mort-aux-rats [mɔrora] *nf inv* matarratas *m inv*.
mortel, elle [mɔrtɛl] *adj* & *nm, f* mortal.
morte-saison *nf* temporada *f* baja.
mortier [mɔrtje] *nm* mortero *m* *Esp*, molcajete *m* *Amér*.
mortification [mɔrtifikasjɔ̃] *nf* mortificación *f*.
mortuaire [mɔrtɥɛr] *adj* mortuorio(ria).
morue [mɔry] *nf* - **1.** ZOOL bacalao *m* - **2.** *péj* [prostituée] zorra *f*.
mosaïque [mɔzaik] *nf* mosaico *m*.
Moscou [mɔsku] *n* Moscú.
mosquée [mɔske] *nf* mezquita *f*.
mot [mo] *nm* - **1.** LING palabra *f* ; **faire du ~ à ~** traducir literalmente - **2.** [court énoncé] palabras *fpl* ; **dire un ~ à qqn** decirle dos palabras a alguien ; **~ de passe** [gén] contraseña *f*, santo y seña *m* ; INFORM clave *f* OU código *m* de acceso - **3.** [message] nota *f* - **4.** *loc* : **en un ~** en una palabra.
motard [mɔtar] *nm* - **1.** [motocycliste] motorista *mf* - **2.** [policier] motorista *mf* (de la policía).
motel [mɔtɛl] *nm* motel *m*.
moteur, trice [mɔtœr, tris] *adj* motor(triz). ◆ **moteur** *nm* motor *m* ; **~ de recherche** INFORM buscador *m*.
motif [mɔtif] *nm* motivo *m*.
motion [mɔsjɔ̃] *nf* moción *f* ; **~ de censure** moción de censura.
motivation [mɔtivasjɔ̃] *nf* motivación *f*.
motiver [mɔtive] *vt* motivar.
moto [mɔto] *nf* moto *f*.
motocross [mɔtɔkrɔs] *nm* motocross *m*.
motoculteur [mɔtɔkyltœr] *nm* motocultor *m*.
motocycliste [mɔtɔsiklist] *nmf* motociclista *mf*.
motoneige [mɔtɔnɛʒ] *nf* moto *f* de nieve.
motorisé, e [mɔtɔrize] *adj* motorizado(da) ; **être ~** *fam* ir motorizado.
motrice ▷ **moteur**.
motricité [mɔtrisite] *nf* motricidad *f*.
mou, molle [mu, mɔl] *adj* (**mol** [mɔl] *devant voyelle ou h muet*) - **1.** [pâte, beurre] blando(da) - **2.** [chapeau, col] flexible - **3.** [jambes, personne] flojo(ja) - **4.** *fam* [sans caractère] blandengue. ◆ **mou** *nm* - **1.** *fam* [personne] blandengue *m* - **2.** [poumon de bétail] bofe *m*.
mouchard, e [muʃar, ard] *nm, f fam* chivato *m*, -ta *f*. ◆ **mouchard** *nm* [appareil] chivato *m*.
mouche [muʃ] *nf* - **1.** ZOOL mosca *f* ; **~ tsé-tsé** mosca tsé-tsé - **2.** [accessoire féminin] lunar *m* postizo.
moucher [muʃe] *vt* - **1.** [nez, enfant] sonar - **2.** [chandelle] despabilar, espabilar - **3.** *fam* [réprimander] dar una lección a. ◆ **se moucher** *vp* sonarse.
moucheron [muʃrɔ̃] *nm* mosquilla *f*.
moucheté, e [muʃte] *adj* moteado(da).
mouchoir [muʃwar] *nm* pañuelo *m*.
moudre [mudr] *vt* moler.
moue [mu] *nf* mohín *m* de disgusto ; **faire la ~** poner mala cara.
mouette [mwɛt] *nf* gaviota *f*.
moufle [mufl] *nf* manopla *f*.
mouflon [muflɔ̃] *nm* muflón *m*.
mouillage [mujaʒ] *nm* - **1.** [NAVIG - emplacement] fondeadero *m* ; [- manœuvre] fondeo *m* - **2.** [coupage] aguaje *m*.
mouiller [muje] ◇ *vt* - **1.** [humidifier] mojar ; **se faire ~** mojarse - **2.** [vin, lait] aguar - **3.** CULIN : **~ qqch avec qqch** añadir algo a algo - **4.** NAVIG [ancre] echar - **5.** LING palatalizar. ◇ *vi* NAVIG fondear. ◆ **se mouiller** *vp* mojarse.
moulage [mulaʒ] *nm* - **1.** [action] moldeado *m* - **2.** [objet] molde *m*.
moule [mul] ◇ *nm* molde *m* ; **~ à gâteau/à gaufre/à tarte** molde para pastel/para gofre/para tartas. ◇ *nf* mejillón *m*.
mouler [mule] *vt* moldear.
moulin [mulɛ̃] *nm* - **1.** [appareil] molinillo *m* ; **~ à café/à poivre** molinillo de café/de pimienta - **2.** [bâtiment] molino *m*.
moulinet [mulinɛ] *nm* - **1.** [de canne à pêche] carrete *m* - **2.** [mouvement] : **faire des ~s** hacer molinetes.
Moulinette® [mulinɛt] *nf* minipimer® *m* ; **passer qqch à la ~** pasar algo por el minipimer.
moulu, e [muly] ◇ *pp* ▷ **moudre**. ◇ *adj* molido(da).

moulure [mulyr] *nf* moldura *f*.

mourant, e [murɑ̃, ɑ̃t] ◇ *adj* **- 1.** [personne] moribundo(da) **- 2.** *fig* [voix, lumière] languideciente. ◇ *nm, f* moribundo *m*, -da *f*.

mourir [murir] *vi* morir, morirse.

mousquetaire [muskətɛr] *nm* mosquetero *m*.

moussant, e [musɑ̃, ɑ̃t] *adj* espumoso(sa).

mousse [mus] ◇ *nf* **- 1.** BOT musgo *m* **- 2.** [de bière, de matelas] espuma *f* ; **~ à raser** espuma de afeitar **- 3.** CULIN mousse *f inv*. ◇ *nm* grumete *m*.

mousseline [muslin] *nf* muselina *f*.

mousser [muse] *vi* hacer espuma.

mousseux, euse [musø, øz] *adj* [vin, cidre] espumoso(sa). ◆ **mousseux** *nm* (vino) espumoso *m*.

mousson [musɔ̃] *nf* monzón *m*.

moussu, e [musy] *adj* musgoso(sa).

moustache [mustaʃ] *nf* bigote *m*.

moustiquaire [mustikɛr] *nf* mosquitera *f*.

moustique [mustik] *nm* mosquito *m Esp*, zancudo *m Amér*.

moutarde [mutard] ◇ *nf* mostaza *f*. ◇ *adj inv* mostaza *(en aposición)*.

mouton [mutɔ̃] *nm* **- 1.** ZOOL carnero *m* **- 2.** [viande] cordero *m* **- 3.** *fam* [personne] corderito *m* **- 4.** *fam* [de poussière] pelusa *f* **- 5.** [vague] cabrilla *f*.

mouture [mutyr] *nf* **- 1.** [de céréales, de café] molienda *f*, moltura *f* **- 2.** [de thème, d'œuvre] refrito *m*.

mouvance [muvɑ̃s] *nf* : **dans la ~ du parti** en la esfera de influencia del partido.

mouvant, e [muvɑ̃, ɑ̃t] *adj* **- 1.** [sable] movedizo(za) **- 2.** [situation] inestable.

mouvement [muvmɑ̃] *nm* **- 1.** [gén] movimiento *m* ; **en ~** en movimiento **- 2.** [de colère, de joie] arrebato *m* **- 3.** [d'horloge] mecanismo *m*.

mouvementé, e [muvmɑ̃te] *adj* agitado(da).

mouvoir [muvwar] *vt* mover. ◆ **se mouvoir** *vp* moverse.

moyen, enne [mwajɛ̃, ɛn] *adj* **- 1.** [gén] medio(dia) **- 2.** [médiocre] mediano(na). ◆ **moyen** *nm* medio *m* ; **au ~ de** por medio de, mediante ; **~ de communication/d'expression** medio de comunicación/de expresión ; **~ de locomotion/de transport** medio de locomoción/de transporte. ◆ **moyenne** *nf* media *f* ; **en moyenne** por término medio, un promedio de ; **la moyenne d'âge** la media de edad. ◆ **moyens** *nmpl* **- 1.** [ressources] medios *mpl* **- 2.** [capacités] fuerzas *fpl*.

Moyen Âge [mwajɛnaʒ] *nm* : **le ~** la Edad Media.

Moyen-Orient [mwajɛnɔrjɑ̃] *nm* : **le ~** el Oriente medio.

MST *nf* **- 1.** (*abr de* **maladie sexuellement transmissible**) ETS *f* **- 2.** (*abr de* **maîtrise de sciences et techniques**) *licenciatura de carreras universitarias técnicas y de ciencias.*

mû, mue [my] *pp* ▷ **mouvoir.**

mue [my] *nf* muda *f*.

muer [mɥe] *vi* mudar.

muet, ette [mɥɛ, ɛt] ◇ *adj* mudo(da) ; **~ de** [étonnement, admiration] mudo de. ◇ *nm, f* mudo *m*, -da *f*.

mufle [myfl] *nm* **- 1.** [d'animal] morro *m*, hocico *m* **- 2.** *fig* [goujat] zafio *m*.

muflerie [myfləri] *nf* zafiedad *f*.

mugir [myʒir] *vi* **- 1.** [bovidé] mugir **- 2.** [vent, sirène] bramar.

muguet [mygɛ] *nm* muguete *m*.

mule [myl] *nf* **- 1.** [animal] mula *f* **- 2.** [pantoufle] chinela *f*.

mulet [mylɛ] *nm* **- 1.** [âne] mulo *m* **- 2.** [poisson] mújol *m*.

mulot [mylo] *nm* ratón *m* de campo.

multicolore [myltikɔlɔr] *adj* multicolor.

multifonction [myltifɔ̃ksjɔ̃] *adj inv* multifunción.

multilatéral, e, aux [myltilateral, o] *adj* multilateral.

multinational, e, aux [myltinasjɔnal, o] *adj* multinacional. ◆ **multinationale** *nf* multinacional *f*.

multiple [myltipl] ◇ *nm* múltiplo *m*. ◇ *adj* múltiple.

multiplication [myltiplikasjɔ̃] *nf* multiplicación *f*.

multiplier [myltiplije] *vt* multiplicar ; **X multiplié par Y égale Z** X multiplicado por Y igual a Z. ◆ **se multiplier** *vp* multiplicarse.

multiracial, e, aux [myltirasjal, o] *adj* multirracial.

multirisque [myltirisk] *adj* multirriesgo.

multitude [myltityd] *nf* multitud *f* ; **une ~ de** una multitud de.

municipal, e, aux [mynisipal, o] *adj* municipal. ◆ **municipales** *nfpl* : **les ~es** *las elecciones municipales francesas.*

municipalité [mynisipalite] *nf* municipio *m*.
munir [mynir] *vt* : **~ qqch de qqch** equipar algo con algo ; **~ qqn de qqch** proveer a alguien de algo. ◆ **se munir** *vp* : **se ~ de qqch** proveerse de algo.
munitions [mynisjɔ̃] *nfpl* municiones *fpl*.
muqueuse [mykøz] *nf* mucosa *f*.
mur [myr] *nm* **- 1.** [cloison] pared *f* ; **~ de soutènement** muro *m* de contención ; **faire le ~** *fig* escaparse **- 2.** *fig* [obstacle] muro *m*. ◆ **mur du son** *nm* barrera *f* del sonido.
mûr, e [myr] *adj* maduro(ra). ◆ **mûre** *nf* mora *f*.
muraille [myraj] *nf* muralla *f*.
mûre ▷ **mûr**.
murène [myrɛn] *nf* morena *f*.
murer [myre] *vt* **- 1.** [porte, fenêtre] tapiar **- 2.** [personne] encerrar entre cuatro paredes. ◆ **se murer** *vp* [s'enfermer] encerrarse ; **se ~ dans qqch** *fig* encerrarse en algo.
muret [myrɛ] *nm* muro *m* bajo.
mûrier [myrje] *nm* morera *f*.
mûrir [myrir] *vi* madurar.
murmure [myrmyr] *nm* murmullo *m*, susurro *m*.
murmurer [myrmyre] *vt* & *vi* murmurar, susurrar.
musaraigne [myzarɛɲ] *nf* musaraña *f*.
musarder [myzarde] *vi fam* callejear.
muscade [myskad] *nf* nuez *f* moscada.
muscadet [myskadɛ] *nm* *vino blanco seco de la región de Nantes*.
muscat [myska] *nm* moscatel *m*.
muscle [myskl] *nm* músculo *m*.
musclé, e [myskle] *adj* **- 1.** [personne] musculoso(sa) **- 2.** *fig* [intervention, mesure] enérgico(ca).
muscler [myskle] *vt* desarrollar los músculos de. ◆ **se muscler** *vp* desarrollar los músculos ; **il se muscle les bras** desarrolla los músculos de los brazos.
muse [myz] *nf* musa *f*. ◆ **Muse** *nf* MYTH Musa *f*.
museau, x [myzo] *nm* morro *m*, hocico *m*.
musée [myze] *nm* museo *m*.
museler [myzle] *vt* **- 1.** [animal] poner un bozal a **- 2.** *fig* [presse, personne] amordazar.
muselière [myzəljɛr] *nf* bozal *m*.
musette [myzɛt] *nf* morral *m*.
musical, e, aux [myzikal, o] *adj* musical.
music-hall [myzikol] (*pl* **music-halls**) *nm* music-hall *m*.
musicien, enne [myzisjɛ̃, ɛn] *adj* & *nm, f* músico(ca).
musique [myzik] *nf* **- 1.** ART música *f* ; **~ de chambre/de film** música de cámara/de película ; **connaître la ~** *fam* saberse la canción **- 2.** *fig* [d'une phrase, d'une voix] musicalidad *f*.
musulman, e [myzylmɑ̃, an] *adj* & *nm, f* musulmán(ana).
mutant, e [mytɑ̃, ɑ̃t] *adj* & *nm, f* mutante.
mutation [mytasjɔ̃] *nf* **- 1.** BIOL mutación *f* **- 2.** *fig* [changement] transformación *f* **- 3.** [d'un employé] traslado *m*.
muter [myte] *vt* trasladar.
mutilation [mytilasjɔ̃] *nf* mutilación *f*.
mutilé, e [mytile] *nm, f* mutilado *m*, -da *f*.
mutiler [mytile] *vt* **- 1.** [membre, organe] amputar **- 2.** [statue, texte, vérité] mutilar.
mutin, e [mytɛ̃, in] *adj sout* travieso(sa). ◆ **mutin** *nm* amotinado *m*.
mutiner [mytine] ◆ **se mutiner** *vp* amotinarse.
mutinerie [mytinri] *nf* motín *m*.
mutisme [mytism] *nm* mutismo *m*.
mutualité [mytɥalite] *nf* mutualidad *f*.
mutuel, elle [mytɥɛl] *adj* mutuo(tua). ◆ **mutuelle** *nf* mutua *f*.
mycose [mikoz] *nf* micosis *f inv*.
myocarde [mjɔkard] *nm* miocardio *m*.
myopathie [mjɔpati] *nf* miopatía *f*.
myope [mjɔp] *adj* & *nmf* miope.
myosotis [mjɔzɔtis] *nm* miosota *f*.
myrtille [mirtij] *nf* arándano *m*.
mystère [mistɛr] *nm* misterio *m*. ◆ **Mystère®** *nm* CULIN *helado relleno de merengue y cubierto de praliné*.
mystérieux, euse [misterjø, øz] *adj* misterioso(sa).
mysticisme [mistisism] *nm* misticismo *m*.
mystification [mistifikasjɔ̃] *nf* mistificación *f*.
mystifier [mistifje] *vt* mistificar.
mystique [mistik] *adj* & *nmf* místico(ca).
mythe [mit] *nm* mito *m*.
mythique [mitik] *adj* mítico(ca).
mytho [mito] *adj fam* mitómano(na).
mythologie [mitɔlɔʒi] *nf* mitología *f*.
mythomane [mitɔman] *adj* & *nmf* mitómano(na).

N

n, N [ɛn] *nm inv* [lettre] n *f*, N *f*. ◆ **n** (*abr de* **nano**) n. ◆ **N - 1.** (*abr de* **newton**) N **- 2.** (*abr de* **nord**) N.
n' ▷ **ne.**
n° (*abr de* **numéro**) n°.
nacelle [nasɛl] *nf* [de montgolfière] barquilla *f*.
nacre [nakr] *nf* nácar *m*.
nage [naʒ] *nf* [natation - action] natación *f* ; [- façon] estilo *m* (de natación) ; **à la ~** a nado ; **être en ~** estar empapado(da) en sudor.
nageoire [naʒwar] *nf* aleta *f*.
nager [naʒe] ◇ *vi* **- 1.** [se déplacer dans l'eau, flotter] nadar **- 2.** *fig* : **~ dans qqch** [opulence] nadar en algo ; [joie] rebosar de algo ; *fam* [vêtements] nadar en algo ; **je nage** *fam* no me entero de nada. ◇ *vt* nadar.
naguère [nagɛr] *adv sout* antes.
naïf, ïve [naif, iv] ◇ *adj* **- 1.** [personne, air, remarque] ingenuo(nua) **- 2.** ART naif. ◇ *nm, f* **- 1.** [niais] ingenuo *m*, -nua *f* **- 2.** [peintre] pintor *m* naif, pintora *f* naif.
nain, e [nɛ̃, nɛn] *adj* & *nm, f* enano(na).
naissance [nɛsɑ̃s] *nf* nacimiento *m* ; **donner ~ à** dar a luz (a) ; *fig* dar origen a.
naissant, e [nɛsɑ̃, ɑ̃t] *adj* naciente.
naître [nɛtr] *vi* **- 1.** [enfant] nacer **- 2.** [commencer] : **faire ~ qqch** engendrar algo ; **~ de qqch** nacer de algo.
naïve ▷ **naïf.**
naïveté [naivte] *nf* ingenuidad *f*.
nana [nana] *nf fam* tía *f*.
nanti, e [nɑ̃ti] ◇ *adj* pudiente. ◇ *nm, f* pudiente *mf*.
nantir [nɑ̃tir] *vt sout* : **~ qqn de qqch** proveer a alguien de algo.
nappe [nap] *nf* **- 1.** [de table] mantel *m* **- 2.** [étendue, couche] capa *f*, napa *f* ; **~ phréatique** capa freática.
napper [nape] *vt* CULIN cubrir.
napperon [naprɔ̃] *nm* tapete *m*.
naquis *etc* ▷ **naître.**
narcisse [narsis] *nm* narciso *m*.
narcissisme [narsisism] *nm* narcisismo *m*.
narcodollars [narkodɔlar] *nmpl* narcodólares *mpl*.
narcotique [narkɔtik] ◇ *adj* narcótico(ca). ◇ *nm* narcótico *m*.
narguer [narge] *vt* burlarse de.
narine [narin] *nf* ventana *f* nasal.
narquois, e [narkwa, az] *adj* socarrón(ona).
narrateur, trice [naratœr, tris] *nm, f* narrador *m*, -ra *f*.
narrer [nare] *vt* narrar.
NASA, Nasa [naza] (*abr de* **National Aeronautics and Space Administration**) *nf* NASA *f*.
nasal, e, aux [nazal, o] *adj* nasal.
naseau, x [nazo] *nm* ollar *m*, nariz *f*.
nasiller [nazije] *vi* ganguear.
nasse [nas] *nf* nasa *f*.
natal, e [natal] *adj* natal.
natalité [natalite] *nf* natalidad *f*.
natation [natasjɔ̃] *nf* natación *f*.
natif, ive [natif, iv] ◇ *adj* **- 1.** [originaire] nativo(va), natural ; **~ de** natural de **- 2.** *sout* [inné] innato(ta). ◇ *nm, f* nativo *m*, -va *f*.
nation [nasjɔ̃] *nf* nación *f*.
national, e, aux [nasjɔnal, o] *adj* nacional. ◆ **nationale** *nf* nacional *f*.
nationaliser [nasjɔnalize] *vt* nacionalizar.
nationalisme [nasjɔnalism] *nm* nacionalismo *m*.
nationalité [nasjɔnalite] *nf* nacionalidad *f* ; **de ~ française/espagnole** de nacionalidad francesa/española.
nativité [nativite] *nf* ART natividad *f*.
natte [nat] *nf* **- 1.** [tresse] trenza *f* **- 2.** [tapis] estera *f*.
naturaliser [natyralize] *vt* **- 1.** [acclimater & JUR] naturalizar **- 2.** [animal] disecar.
naturaliste [natyralist] ◇ *adj* naturalista. ◇ *nmf* **- 1.** [zoologiste, romancier] naturalista *mf* **- 2.** [empailleur] disecador *m*, -ra *f*.
nature [natyr] ◇ *nf* naturaleza *f*. ◇ *adj inv* natural ; [café] solo(la).
naturel, elle [natyrɛl] *adj* natural. ◆ **naturel** *nm* **- 1.** [tempérament] naturaleza *f*, natural *m* ; **être d'un** OU **avoir un ~ calme** ser de OU tener una naturaleza tranquila **- 2.** [aisance, simplicité] naturalidad *f*.
naturellement [natyrɛlmɑ̃] *adv* **- 1.** [gén] naturalmente **- 2.** [de façon innée] por naturaleza.
naturisme [natyrism] *nm* naturismo *m*.
naturiste [natyrist] *adj* & *nmf* naturista.
naufrage [nofraʒ] *nm* **- 1.** [de navire]

naufragio *m* ; **faire ~** naufragar **- 2.** *fig* [d'entreprise] hundimiento *m*.
naufragé, e [nofraʒe] *adj* & *nm, f* náufrago(ga).
nauséabond, e [nozeabɔ̃, ɔ̃d] *adj* nauseabundo(da).
nausée [noze] *nf* náusea *f* ; **avoir la ~** tener náuseas.
nautique [notik] *adj* náutico(ca) ; [ski, sport] acuático(ca).
naval, e [naval] *adj* naval.
navet [navɛ] *nm* **- 1.** BOT nabo *m* **- 2.** *péj* [œuvre] birria *f*, churro *m*.
navette [navɛt] *nf* lanzadera *f* ; [car] autobús *m* ; **~ spatiale** lanzadera espacial ; **faire la ~** ir y venir.
navigable [navigabl] *adj* navegable.
navigateur, trice [navigatœr, tris] *nm, f* navegante *mf*.
navigation [navigasjɔ̃] *nf* **- 1.** [transport] navegación *f* **- 2.** [pilotage] náutica *f*, navegación *f*.
naviguer [navige] *vi* **- 1.** [en bateau & INFORM] navegar **- 2.** [en avion] volar.
navire [navir] *nm* buque *m*, navío *m*.
navrant, e [navrɑ̃, ɑ̃t] *adj* lamentable.
navrer [navre] *vt* afligir ; **être navré de qqch/de faire qqch** sentir mucho algo/hacer algo.
nazi, e [nazi] *adj* & *nm, f* nazi.
nazisme [nazism] *nm* nazismo *m*.
NB (*abr de* **nota bene**) NB.
nbreuses *abr de* **nombreuses**.
nbrx *abr de* **nombreux**.
NDLR (*abr de* **note de la rédaction**) NDRL.
ne [nə], **n'** *(devant voyelle ou h muet) adv* **- 1.** [négation] no ; **il ~ veut pas** no quiere **- 2.** [négation implicite] : **il se porte mieux que je ~ (le) croyais** se porta mejor de lo que (yo) creía **- 3.** [avec verbes ou expressions marquant le doute, la crainte etc] : **je crains qu'il n'oublie** temo que se olvide.
né, e [ne] ◇ *pp* ▷ **naître.** ◇ *adj* **- 1.** [venu au monde] nacido(da) ; **~ le 6 février** nacido el 6 de febrero ; **Mme X, ~e Y** la señora X, de soltera Y **- 2.** *fig* [de naissance] nato(ta) ; **un artiste-~** un artista nato.
néanmoins [neɑ̃mwɛ̃] *adv* sin embargo.
néant [neɑ̃] *nm* nada *f* ; **réduire qqch à ~** reducir algo a la nada.
nébuleux, euse [nebylø, øz] *adj* nebuloso(sa).
nécessaire [nesesɛr] ◇ *adj* necesario(ria) ; **~ à qqch** necesario para algo ; **il est ~ de faire qqch** es necesario hacer algo ; **il est ~ que** *(+ subjonctif)* es necesario que *(+ subjuntivo)*. ◇ *nm* **- 1.** [biens indispensables] : **le ~** lo necesario ; **faire le ~** hacer lo necesario ; **le strict ~** lo estrictamente necesario **- 2.** [trousse] : **~ (de toilette)** bolsa *f* de aseo, neceser *m*.
nécessité [nesesite] *nf* necesidad *f* ; **être dans la ~ de faire qqch** verse en la necesidad de hacer algo.
nécessiter [nesesite] *vt* exigir.
nec plus ultra [nɛkplysyltra] *nm inv* non plus ultra *m inv*.
nécrologique [nekrɔlɔʒik] *adj* necrológico(ca).
nectar [nɛktar] *nm* néctar *m*.
nectarine [nɛktarin] *nf* nectarina *f*.
nef [nɛf] *nf* **- 1.** [d'église] nave *f* **- 2.** *sout* [bateau] nao *f*.
néfaste [nefast] *adj* nefasto(ta).
négatif, ive [negatif, iv] *adj* negativo(va). ◆ **négatif** *nm* PHOT negativo *m*. ◆ **négative** *nf* negativa *f* ; **dans la négative** en caso negativo ; **répondre par la négative** responder negativamente.
négation [negasjɔ̃] *nf* negación *f*.
négligé, e [negliʒe] *adj* **- 1.** [tenue, personne, jardin] descuidado(da), dejado(da) **- 2.** [enfant] desatendido(da).
négligeable [negliʒabl] *adj* despreciable ; **non ~** nada despreciable.
négligence [negliʒɑ̃s] *nf* negligencia *f* ; **par ~** por negligencia.
négliger [negliʒe] *vt* **- 1.** [ignorer, délaisser] desatender **- 2.** [oublier] : **~ de faire qqch** olvidar hacer algo **- 3.** [jardin, tenue] descuidar. ◆ **se négliger** *vp* descuidarse, abandonarse.
négoce [negɔs] *nm* negocio *m*.
négociant, e [negɔsjɑ̃, ɑ̃t] *nm, f* negociante *mf*.
négociateur, trice [negɔsjatœr, tris] *nm, f* negociador *m*, -ra *f*.
négociation [negɔsjasjɔ̃] *nf* negociación *f* ; **~s de paix** negociaciones de paz.
négocier [negɔsje] *vt* **- 1.** [gén] negociar **- 2.** [virage] tomar bien.
nègre, négresse [nɛgr, negrɛs] *adj* & *nm, f péj* [noir] negro(gra). ◆ **nègre** *nm fam* [écrivain anonyme] negro *m*, -gra *f*.
neige [nɛʒ] *nf* nieve *f*.
neiger [neʒe] *vi* nevar ; **il neige** nieva, está nevando.
neigeux, euse [nɛʒø, øz] *adj* **- 1.** [lieu] nevado(da) **- 2.** [temps] nevoso(sa).
nénuphar [nenyfar] *nm* nenúfar *m*.

néologisme [neɔlɔʒism] *nm* neologismo *m*.
néon [neɔ̃] *nm* [lumière & CHIM] neón *m* ; [tube] fluorescente *m*.
néophyte [neɔfit] *adj & nmf* neófito(ta).
Népal [nepal] *nm* : **le ~** Nepal.
nerf [nɛr] *nm* nervio *m*. ◆ **nerfs** *nmpl* nervios *mpl*.
nerveux, euse [nɛrvø, øz] ◇ *adj* **- 1.** [gén] nervioso(sa) **- 2.** [voiture] con nervio. ◇ *nm, f* nervioso *m*, -sa *f*.
nervosité [nɛrvozite] *nf* nerviosismo *m*.
nervure [nɛrvyr] *nf* nervadura *f*.
n'est-ce pas [nɛspa] *loc adv* ¿verdad? ; **délicieux, ~?** delicioso ¿verdad? ; **~ que vous vous êtes bien amusés?** ¿a que os habéis divertido?
net, nette [nɛt] *adj* **- 1.** [propre, rangé, pur] limpio(pia) **- 2.** COMM & FIN neto(ta) ; **~ d'impôt** libre de impuestos **- 3.** [image, idée] nítido(da) **- 4.** [réponse, terme, différence] claro(ra). ◆ **net** *adv* **- 1.** [brutalement] : **s'arrêter ~** parar en seco **- 2.** [franchement] : **casser ~** romper de un golpe ; **refuser ~** negarse tajantemente.
Net [nɛt] *nm* : **le ~** la Red.
nettement [nɛtmɑ̃] *adv* **- 1.** [clairement] netamente **- 2.** [incontestablement] mucho ; **~ plus/moins** mucho más/menos.
netteté [nɛtte] *nf* **- 1.** [propreté] limpieza *f* **- 2.** [précision] nitidez *f*.
nettoyage [netwajaʒ] *nm* limpieza *f Esp*, limpia *f Amér* ; **~ à sec** limpieza en seco.
nettoyer [netwaje] *vt* limpiar.
neuf[1] [nœf] *adj num inv & nm inv* nueve ; *voir aussi* **six**.
neuf[2], **neuve** [nœf, nœv] *adj* nuevo(va). ◆ **neuf** *nm* : **vêtu de ~** con vestido nuevo ; **quoi de ~?** ¿qué hay de nuevo? ; **remettre à ~** renovar ; **rien de ~** nada nuevo.
neurasthénique [nørastenik] *adj & nmf* neurasténico(ca).
neurologie [nørɔlɔʒi] *nf* neurología *f*.
neutraliser [nøtralize] *vt* neutralizar.
neutralité [nøtralite] *nf* neutralidad *f*.
neutre [nøtr] ◇ *adj* **- 1.** [gén] neutro(tra) **- 2.** [pays] neutral. ◇ *nm* GRAM neutro *m*.
neutron [nøtrɔ̃] *nm* neutrón *m*.
neuve ▷ **neuf**[2].
neuvième [nœvjɛm] ◇ *adj num & nmf* noveno(na). ◇ *nm* noveno *m*, novena parte *f*. ◇ *nf* SCOL ≃ tercero *m* de EGB ; *voir aussi* **sixième**.
névé [neve] *nm* nevero *m*, ventisquero *m*.
neveu [nəvø] *nm* sobrino *m*.
névralgie [nevralʒi] *nf* neuralgia *f*.
névrose [nevroz] *nf* neurosis *f inv*.
névrosé, e [nevroze] *adj & nm, f* neurótico(ca).
New York [nujɔrk] *n* Nueva York.
new-yorkais, e [nujɔrkɛ, ɛz] *adj* neoyorquino(na). ◆ **New-Yorkais, e** *nm, f* neoyorquino *m*, -na *f*.
nez [ne] *nm* **- 1.** ANAT nariz *f* ; **saigner du ~** sangrar por la nariz **- 2.** [odorat] olfato *m* **- 3.** [d'avion, de fusée] morro *m* **- 4.** *loc* : **~ à ~** cara a cara.
ni [ni] *conj* ni ; **je ne peux ~ ne veux venir** no puedo ni quiero venir. ◆ **ni ... ni** *loc corrélative* ni ... ni ; **~ lui ~ moi** ni él ni yo ; **~ l'un ~ l'autre** ni el uno ni el otro ; **~ plus ~ moins** ni más ni menos.
niais, e [njɛ, njɛz] *adj & nm, f* bobo(ba).
Nicaragua [nikaragwa] *nm* : **le ~** Nicaragua.
nicaraguayen, enne [nikaragwɛjɛ̃, ɛn] *adj* nicaragüense. ◆ **Nicaraguayen, enne** *nm, f* nicaragüense *mf*.
niche [niʃ] *nf* **- 1.** [de chien] caseta *f* **- 2.** [de statue] hornacina *f*, nicho *m* **- 3.** *fam* [farce] diablura *f*.
nicher [niʃe] *vi* **- 1.** [oiseau] anidar **- 2.** *fam* [personne] vivir. ◆ **se nicher** *vp* meterse.
nickel [nikɛl] ◇ *nm* níquel *m*. ◇ *adj inv fam* impecable.
nicotine [nikɔtin] *nf* nicotina *f*.
nid [ni] *nm* nido *m*.
nid-d'abeilles [nidabɛj] *nm* nido *m* de abejas.
nid-de-poule [nidpul] (*pl* **nids-de-poule**) *nm* socavón *m*.
nièce [njɛs] *nf* sobrina *f*.
nième = **énième**.
nier [nje] *vt* negar.
nigaud, e [nigo, od] *adj & nm, f* atontado(da), negado(da).
Nigeria [niʒerja] *nm* : **le ~** Nigeria.
Nil [nil] *nm* : **le ~** el Nilo.
nippon, one [nipɔ̃, ɔn] *adj* nipón(ona). ◆ **Nippon, one** *nm, f* nipón *m*, -ona *f*.
nirvana [nirvana] *nm* nirvana *m*.
nitrate [nitrat] *nm* nitrato *m*.
nitroglycérine [nitrɔgliserin] *nf* nitroglicerina *f*.
niveau [nivo] *nm* **- 1.** [gén] nivel *m* ; **de même ~** del mismo nivel ; **le ~ de la mer** el nivel del mar ; **~ scolaire/de vie** nivel académico/de vida ; **au ~ de qqch** al nivel

de algo ; [à côté de] a la altura de - **2.** [étage] piso *m*.
niveler [nivle] *vt* nivelar.
noble [nɔbl] *adj* & *nmf* noble.
noblesse [nɔblɛs] *nf* nobleza *f*.
noce [nɔs] *nf* - **1.** [gén] boda *f* - **2.** *fam fig* [fête] parranda *f*. ◆ **noces** *nfpl* bodas *fpl* ; **~s d'argent/d'or** bodas de plata/de oro.
nocif, ive [nɔsif, iv] *adj* nocivo(va).
noctambule [nɔktɑ̃byl] *adj* & *nmf* noctámbulo(la).
nocturne [nɔktyrn] ◇ *adj* nocturno(na). ◇ *nm* - **1.** MUS nocturno *m* - **2.** ZOOL [rapace] ave *f* nocturna. ◇ *nf* [de magasin] apertura *f* nocturna ; '**~ le jeudi**' 'abierto los jueves hasta tarde'.
Noël [nɔɛl] *nm* Navidad *f*.
nœud [nø] *nm* - **1.** [gén] nudo *m* ; **filer à X ~s** navegar a X nudos ; **double ~** doble nudo - **2.** [ornement] lazo *m* ; **~ de cravate** nudo *m* de corbata ; **~ papillon** pajarita *f* - **3.** ASTRON nodo *m*.
noir, e [nwar] *adj* - **1.** [gén] negro(gra) ; **~ (de qqch)** [sale] negro (de algo) ; **~ de monde** abarrotado - **2.** [intention, regard] pérfido(da) - **3.** *fam* [ivre] ciego(ga). ◆ **Noir, e** *nm, f* negro *m*, -gra *f*. ◆ **noir** *nm* - **1.** [gén] negro *m* ; **en ~ et blanc** en blanco y negro ; **payer au ~** pagar en dinero negro ; **travailler au ~** trabajar de ilegal ; **~ sur blanc** por escrito - **2.** [obscurité] oscuridad *f*. ◆ **noire** *nf* MUS negra *f*.
noirceur [nwarsœr] *nf* - **1.** *sout* [couleur] negrura *f* - **2.** *fig* [méchanceté] perfidia *f*.
noircir [nwarsir] ◇ *vi* ennegrecerse. ◇ *vt* - **1.** [foncer] ennegrecer - **2.** *sout* [réputation] manchar.
noisetier [nwaztje] *nm* avellano *m*.
noisette [nwazɛt] ◇ *nf* - **1.** [fruit] avellana *f* - **2.** [petite quantité] nuez *f* ; **une ~ de beurre** una nuez de mantequilla. ◇ *adj inv* avellana *(en aposición)*.
noix [nwa] *nf* - **1.** [fruit] nuez *f* ; **~ de cajou** anacardo *m* ; **~ de coco** nuez de coco ; **~ (de) muscade** nuez moscada ; **à la ~** de tres al cuarto - **2.** *fam* [imbécile] papanatas *mf*.
nom [nɔ̃] *nm* - **1.** [gén] nombre *m* ; **~ propre/commun** nombre propio/común - **2.** [patronyme] apellido *m* ; **~ de famille** apellido ; **~ de jeune fille** apellido de soltera.
nomade [nɔmad] *adj* & *nmf* nómada.
nombre [nɔ̃br] *nm* número *m* ; **~ pair/impair** número par/impar.
nombreux, euse [nɔ̃brø, øz] *adj* numeroso(sa).
nombril [nɔ̃bril] *nm* ombligo *m*.
nomenclature [nɔmɑ̃klatyr] *nf* nomenclatura *f*.
nominal, e, aux [nɔminal, o] *adj* nominal.
nomination [nɔminasjɔ̃] *nf* nombramiento *m*.
nommé, e [nɔme] ◇ *adj* - **1.** [désigné par son nom] nombrado(da) - **2.** [choisi] designado(da). ◇ *nm, f* mencionado *m*, -da *f*.
nommément [nɔmemɑ̃] *adv* por el nombre.
nommer [nɔme] *vt* - **1.** [appeler, qualifier] llamar - **2.** [désigner, promouvoir] nombrar - **3.** [dénoncer] dar el nombre de, decir el nombre de. ◆ **se nommer** *vp* - **1.** [s'appeler] llamarse - **2.** [se désigner] decir su nombre.
non [nɔ̃] *adv* & *nm inv* no. ◆ **non (pas) ... mais** *loc corrélative* no ... sino. ◆ **non (pas) que ... mais** *loc corrélative* no es que ... sino que. ◆ **non plus** *loc adv* tampoco. ◆ **non plus ... mais** *loc corrélative* ya no ... sino. ◆ **non sans** *loc prép* no sin ; **~ sans mal** no sin dificultad ; **~ sans peine** no sin esfuerzo.
nonagénaire [nɔnaʒenɛr] *adj* & *nmf* nonagenario(ria).
non-agression [nɔnagrɛsjɔ̃] *nf* no agresión *f*.
non-assistance [nɔnasistɑ̃s] *nf* : **~ à personne en danger** omisión *f* de socorro a persona en peligro.
nonchalance [nɔ̃ʃalɑ̃s] *nf* indolencia *f*.
non-fumeur, euse *nm, f* no fumador *m*, -ra *f*.
non-lieu (*pl* **non-lieux**) *nm* sobreseimiento *m* ; **rendre un ~** dictar un auto de sobreseimiento.
nonne [nɔn] *nf* monja *f*.
non-sens *nm inv* - **1.** [absurdité] disparate *m*, absurdo *m* - **2.** [en traduction] frase *f* sin sentido.
non-violence *nf* no violencia *f*.
non-voyant, e [nɔ̃vwajɑ̃, ɑ̃t] *nm, f* invidente *mf*.
nord [nɔr] ◇ *adj inv* norte. ◇ *nm inv* norte *m* ; **le ~ de l'Europe** el norte de Europa. ◆ **Nord** *nm* : **le Nord** el Norte ; **les gens du Nord** la gente del Norte ; **le grand Nord** los países del mar del Norte.
nord-est [nɔrɛst] *adj inv* & *nm inv* nordeste, noreste.
nordique [nɔrdik] *adj* nórdico(ca).

◆ **Nordique** *nmf* - **1.** [du Nord] nórdico *m*, -ca *f* - **2.** *Can del norte de Canadá.*

nord-ouest [nɔrwɛst] *adj inv* & *nm inv* noroeste.

normal, e, aux [nɔrmal, o] *adj* normal. ◆ **normale** *nf* : **la ~e** lo normal.

normalement [nɔrmalmɑ̃] *adv* - **1.** [habituellement] normalmente - **2.** [selon les prévisions] en circunstancias normales.

normalisation [nɔrmalizasjɔ̃] *nf* normalización *f*.

normaliser [nɔrmalize] *vt* normalizar. ◆ **se normaliser** *vp* normalizarse.

normand, e [nɔrmɑ̃, ɑ̃d] *adj* normando(da).

Normandie [nɔrmɑ̃di] *nf* : **la ~** Normandía.

norme [nɔrm] *nf* norma *f*.

Norvège [nɔrvɛʒ] *nf* : **la ~** Noruega.

nos ▷ **notre**.

nostalgie [nɔstalʒi] *nf* - **1.** [mélancolie] nostalgia *f* - **2.** [mal du pays] morriña *f*.

notable [nɔtabl] *adj* & *nm* notable.

notaire [nɔtɛr] *nm* notario *m*, -ria *f*.

notamment [nɔtamɑ̃] *adv* especialmente, particularmente.

note [nɔt] *nf* - **1.** [gén] nota *f* ; **avoir une bonne/mauvaise ~** tener una buena/mala nota ; **prendre des ~s** tomar apuntes - **2.** [facture] cuenta *f*, nota *f*.

noté, e [nɔte] *adj* : **être bien/mal ~** estar bien/mal considerado ; SCOL estar bien/mal puntuado.

noter [nɔte] *vt* - **1.** [marquer d'un signe] señalar - **2.** [écrire] anotar, apuntar - **3.** [constater] notar - **4.** SCOL & UNIV calificar - **5.** MUS escribir.

notice [nɔtis] *nf* reseña *f*.

notifier [nɔtifje] *vt* : **~ qqch à qqn** notificar algo a alguien.

notion [nosjɔ̃] *nf* noción *f*.

notoire [nɔtwar] *adj* [célèbre] notorio(ria) ; [manifeste] evidente, claro(ra) ; [quantité etc] considerable.

notre [nɔtr] (*pl* **nos** [no]) *adj poss* nuestro(tra).

nôtre [notr] ◆ **le nôtre** (*f* **la nôtre**, *pl* **les nôtres**) *pron poss* el nuestro, la nuestra ; **serez-vous des ~s demain?** ¿podemos contar con vosotros para mañana?

nouer [nwe] *vt* - **1.** [corde, lacets] anudar ; **avoir la gorge nouée** tener un nudo en la garganta - **2.** [bouquet, cheveux] atar - **3.** *sout* [alliance, amitié, liens] trabar, entablar - **4.** [intrigue] tramar, urdir. ◆ **se nouer** *vp* - **1.** [gorge] hacerse un nudo - **2.** [alliance, amitié] entablarse - **3.** [intrigue] tramarse.

noueux, euse [nwø, øz] *adj* - **1.** [bois] nudoso(sa) - **2.** [main, doigt] huesudo(da).

nougat [nuga] *nm* ≃ turrón *m*.

nouille [nuj] ◇ *nf* - **1.** [pâte] pasta *f* - **2.** *fam* [imbécile] lelo *m*, -la *f*. ◇ *adj* [niais] inútil.

nourri, e [nuri] *adj* - **1.** [gén] alimentado(da) ; **~ logé blanchi** comido, vestido y calzado - **2.** [tir] graneado(da).

nourrice [nuris] *nf* - **1.** [qui allaite] nodriza *f*, ama *f* de cría - **2.** [garde d'enfant] niñera *f*.

nourrir [nurir] *vt* - **1.** [gén] alimentar - **2.** [projet] acariciar - **3.** [style, récit, esprit] enriquecer. ◆ **se nourrir** *vp* alimentarse ; **se ~ de qqch** alimentarse de algo.

nourrissant, e [nurisɑ̃, ɑ̃t] *adj* nutritivo(va).

nourrisson [nurisɔ̃] *nm* niño *m* de pecho.

nourriture [nurityr] *nf* alimento *m* ; [régime alimentaire] alimentación *f*.

nous [nu] *pron pers* - **1.** [gén] nosotros(tras) - **2.** [complément d'objet direct, de verbe pronominal] nos ; **dépêchons-~!** ¡démonos prisa! ; **il ~ l'a donné** nos lo ha dado ; **~ devons ~ occuper de lui** tenemos que ocuparnos de él - **3.** [possessif] : **c'est à ~** es nuestro(tra). ◆ **nous-mêmes** *pron pers* nosotros mismos, nosotras mismas.

nouveau, elle, x [nuvo, ɛl, o] ◇ *adj* (**nouvel** [nuvɛl] *devant voyelle ou h muet*) - **1.** [gén] nuevo(va) - **2.** [récent] recién ; **le ~ venu** el recién llegado. ◇ *nm, f* nuevo *m*, -va *f*. ◆ **nouveau** *nm* novedad *f*. ◆ **nouvelles** *nfpl* noticias *fpl* ; **donner de ses nouvelles** dar noticias ; **les nouvelles** [informations] el telediario, las noticias. ◆ **à nouveau** *loc adv* de nuevo. ◆ **de nouveau** *loc adv* de nuevo.

nouveau-né, e (*mpl* **nouveau-nés**, *fpl* **nouveau-nées**) *adj* & *nm, f* recién nacido(da).

nouveauté [nuvote] *nf* novedad *f*.

nouvelle ▷ **nouveau**.

Nouvelle-Calédonie [nuvɛlkaledɔni] *nf* : **la ~** Nueva Caledonia.

Nouvelle-Guinée [nuvɛlgine] *nf* : **la ~** Nueva Guinea.

Nouvelle-Zélande [nuvɛlzelɑ̃d] *nf* : **la ~** Nueva Zelanda.

novateur, trice [nɔvatœr, tris] *adj* & *nm, f* innovador(ra).

novembre [nɔvɑ̃br] *nm* noviembre *m* ; *voir aussi* **septembre**.
novice [nɔvis] ◇ *adj* novato(ta). ◇ *nmf* - **1.** [débutant] novato *m*, -ta *f* - **2.** RELIG novicio *m*, -cia *f*.
noyade [nwajad] *nf* ahogamiento *m*.
noyau [nwajo] *nm* - **1.** [gén] núcleo *m* - **2.** [de fruit] hueso *m Esp*, carozo *m Amér*. ◆ **noyau dur** *nm* : **le ~ dur** los duros *(dentro de un grupo)*.
noyauter [nwajote] *vt* infiltrar.
noyé, e [nwaje] ◇ *adj* - **1.** [personne] ahogado(da) - **2.** [inondé] anegado(da) ; **~ de larmes** inundado de lágrimas. ◇ *nm, f* ahogado *m*, -da *f*.
noyer[1] [nwaje] *nm* nogal *m*.
noyer[2] [nwaje] *vt* - **1.** [personne, sentiment, moteur] ahogar - **2.** [terrain] anegar - **3.** [estomper, diluer] difuminar. ◆ **se noyer** *vp* - **1.** [personne] ahogarse - **2.** *fig* [être submergé, se perdre] perderse.
nu, e [ny] *adj* - **1.** [gén] desnudo(da) - **2.** [arbre, paysage, région] yermo(ma) - **3.** [style] escueto(ta). ◆ **nu** *nm* desnudo *m*. ◆ **à nu** *loc adv* : **mettre à ~** dejar al descubierto ; **se mettre à ~** *fig* mostrarse al desnudo.
nuage [nɥaʒ] *nm* [gén] nube *f*.
nuageux, euse [nɥaʒø, øz] *adj* - **1.** [temps, ciel] nublado(da) - **2.** *fig* [esprit] confuso(sa).
nuance [nɥɑ̃s] *nf* matiz *m*.
nuancé, e [nɥɑ̃se] *adj* matizado(da).
nubile [nybil] *adj* núbil.
nucléaire [nykleɛr] ◇ *adj* nuclear. ◇ *nm* energía *f* nuclear.
nudisme [nydism] *nm* nudismo *m*.
nudité [nydite] *nf* desnudez *f*.
nue [ny] *nf (gén pl)* : **tomber des ~s** caérsele el alma al suelo a alguien.
nuée [nɥe] *nf* - **1.** [multitude] : **une ~ de** una nube de - **2.** *sout* [gros nuage] nubarrón *m*.
nui [nɥi] *pp inv* ▷ **nuire**.
nuire [nɥir] *vi* : **~ à qqch/à qqn** perjudicar algo/a alguien.
nuisible [nɥizibl] ◇ *adj* dañino(na) ; **~ à** perjudicial para. ◇ *nm* animal *m* dañino.
nuit [nɥi] *nf* noche *f* ; **de ~** de noche ; **la ~ des temps** *fig* la noche de los tiempos.
nuitée [nɥite] *nf* noche *f (de hotel)*.
nul, nulle [nyl] ◇ *adj indéf (avant nom) sout* ninguno(na) ; **nulle part** en ninguna parte ; [aller, mener] a ninguna parte. ◇ *adj (après nom)* nulo(la) ; **match ~** empate ; **être ~ en qqch** *fam* ser negado para algo. ◇ *nm, f péj* inútil *mf*, desastre *m*. ◇ *pron indéf sout* nadie.
nullement [nylmɑ̃] *adv* en absoluto.
nullité [nylite] *nf* nulidad *f*.
numéraire [nymerɛr] ◇ *adj* numerario(ria). ◇ *nm* numerario *m*.
numération [nymerasjɔ̃] *nf* - **1.** MATHS numeración *f* - **2.** MÉD recuento *m*.
numérique [nymerik] *adj* - **1.** [gén] numérico(ca) - **2.** INFORM digital, numérico(ca).
numériser [nymerize] *vt* digitalizar.
numéro [nymero] *nm* - **1.** [gén] número *m* ; **composer un ~** marcar un número ; **~ vert** *número de teléfono gratuito, en Francia*, ≃ llamada *f* gratuita ; **faux ~** número equivocado - **2.** *fam* [personne] : **c'est un sacré ~!** ¡es una buena pieza!
numéroter [nymerɔte] *vt* numerar.
nu-pieds *nm inv* sandalia *f*.
nuptial, e, aux [nypsjal, o] *adj* nupcial.
nuque [nyk] *nf* nuca *f*.
nurse [nœrs] *nf* nurse *f*.
nutritif, ive [nytritif, iv] *adj* nutritivo(va).
nutritionniste [nytrisjɔnist] *nmf* nutricionista *mf Esp*, dietista *mf Amér*.
Nylon® [nilɔ̃] *nm* nylon® *m*, nailon® *m*.
nymphe [nɛ̃f] *nf* ninfa *f*.
nymphomane [nɛ̃fɔman] ◇ *adj* ninfómano(na). ◇ *nf* ninfómana *f*.

O

o, O [o] *nm inv* [lettre] o *f*, O *f*. ◆ **O** *(abr de* **Ouest**) O.
ô [o] *interj sout* ¡oh!
oasis [ɔazis] *nf* oasis *m inv*.
obéir [ɔbeir] *vi* : **~ à qqn/à qqch** obedecer a alguien/a algo.
obéissance [ɔbeisɑ̃s] *nf* obediencia *f* ; **devoir ~ à qqn** deber obediencia a alguien.
obélisque [ɔbelisk] *nm* obelisco *m*.
obèse [ɔbɛz] *adj* & *nmf* obeso(sa).
obésité [ɔbezite] *nf* obesidad *f*.
objecteur [ɔbʒɛktœr] *nm* objetor *m* ; **~ de conscience** objetor de conciencia.
objectif, ive [ɔbʒɛktif, iv] *adj* objetivo(va). ◆ **objectif** *nm* objetivo *m*.

objection [ɔbʒɛksjɔ̃] *nf* objeción *f* ; **faire ~ à qqch/à qqn** poner objeciones a algo/a alguien.
objectivité [ɔbʒɛktivite] *nf* objetividad *f*.
objet [ɔbʒɛ] *nm* objeto *m* ; **~ d'art** objeto de arte.
obligation [ɔbligasjɔ̃] *nf* [gén & FIN] obligación *f* ; **être dans l'~ de faire qqch** estar en la obligación de hacer algo. ◆ **obligations** *nfpl* obligaciones *fpl* ; **avoir des ~s** tener obligaciones.
obligatoire [ɔbligatwar] *adj* - **1.** [imposé] obligatorio(ria) - **2.** [inéluctable] inevitable.
obligé, e [ɔbliʒe] ◇ *adj sout* agradecido(da). ◇ *nm, f* servidor *m*, -ra *f*.
obligeance [ɔbliʒɑ̃s] *nf sout* bondad *f* ; **avoir l'~ de faire qqch** tener la bondad de hacer algo.
obliger [ɔbliʒe] *vt* - **1.** [forcer] : **~ qqn à qqch/à faire qqch** obligar a alguien a algo/a hacer algo ; **être obligé de faire qqch** tener que hacer algo - **2.** JUR [lier] obligar - **3.** *sout* [rendre service] complacer. ◆ **s'obliger** *vp* : **s'~ à qqch/à faire qqch** obligarse a algo/a hacer algo.
oblique [ɔblik] ◇ *adj* [gén] oblicuo(cua) ; [regard] de soslayo. ◇ *nf* GÉOM oblicua *f*.
obliquer [ɔblike] *vi* torcer.
oblitérer [ɔblitere] *vt* - **1.** [billet] picar ; [timbre] matar - **2.** *sout* [effacer] borrar - **3.** MÉD obliterar.
obnubiler [ɔbnybile] *vt* obnubilar ; **être obnubilé par qqch/par qqn** estar obnubilado por algo/por alguien.
obole [ɔbɔl] *nf* óbolo *m*.
obscène [ɔpsɛn] *adj* obsceno(na).
obscénité [ɔpsenite] *nf* obscenidad *f*.
obscur, e [ɔpskyr] *adj* oscuro(ra), obscuro(ra).
obscurantisme [ɔpskyrɑ̃tism] *nm* oscurantismo *m*, obscurantismo *m*.
obscurcir [ɔpskyrsir] *vt* oscurecer, obscurecer. ◆ **s'obscurcir** *vp* oscurecerse, obscurecerse.
obscurité [ɔpskyrite] *nf* oscuridad *f*, obscuridad *f*.
obsédé, e [ɔpsede] ◇ *adj* obsesionado(da). ◇ *nm, f* obseso *m*, -sa *f*.
obséder [ɔpsede] *vt* obsesionar.
obsèques [ɔpsɛk] *nfpl* funerales *mpl*, exequias *fpl*.
obséquieux, euse [ɔpsekjø, øz] *adj* servil.
observateur, trice [ɔpsɛrvatœr, tris] *adj* & *nm, f* observador(ra).
observation [ɔpsɛrvasjɔ̃] *nf* - **1.** [gén] observación *f* ; **être en ~** estar en observación - **2.** [d'un règlement] observancia *f*.
observatoire [ɔpsɛrvatwar] *nm* observatorio *m*.
observer [ɔpsɛrve] *vt* - **1.** [gén] observar ; **faire ~ qqch à qqn** advertir algo a alguien - **2.** [adopter] guardar.
obsession [ɔpsesjɔ̃] *nf* obsesión *f*.
obsolète [ɔpsɔlɛt] *adj* obsoleto(ta).
obstacle [ɔpstakl] *nm* obstáculo *m* ; **faire ~ à qqch/à qqn** obstaculizar algo/a alguien ; **rencontrer un ~** encontrar un obstáculo.
obstétrique [ɔpstetrik] *nf* obstetricia *f*.
obstination [ɔpstinasjɔ̃] *nf* obstinación *f*.
obstiné, e [ɔpstine] *adj* & *nm, f* obstinado(da).
obstiner [ɔpstine] ◆ **s'obstiner** *vp* obstinarse ; **s'~ à faire qqch** obstinarse en hacer algo ; **s'~ dans qqch** obstinarse en algo.
obstruction [ɔpstryksjɔ̃] *nf* obstrucción *f*.
obstruer [ɔpstrye] *vt* obstruir. ◆ **s'obstruer** *vp* obstruirse.
obtempérer [ɔptɑ̃pere] *vi* : **~ à qqch** acatar algo.
obtenir [ɔptənir] *vt* obtener, conseguir ; **~ qqch de qqn** obtener OU conseguir algo de alguien ; **~ qqch à** OU **pour qqn** conseguir algo a OU para alguien.
obtention [ɔptɑ̃sjɔ̃] *nf* obtención *f*, consecución *f*.
obtenu, e [ɔptəny] *pp* ▷ **obtenir**.
obturer [ɔptyre] *vt* obturar.
obtus, e [ɔpty, yz] *adj* obtuso(sa).
obus [ɔby] *nm* obús *m*.
occasion [ɔkazjɔ̃] *nf* - **1.** [possibilité, chance] ocasión *f*, oportunidad *f* ; **à l'~** si llega el caso ; [un jour] un día de estos ; **rater une ~ de faire qqch** perder la ocasión de hacer algo ; **saisir l'~ (de faire qqch)** aprovechar la ocasión (de hacer algo) - **2.** [circonstance, motif] ocasión *f* ; **à la première ~** en la primera ocasión ; **à l'~ de qqch** con ocasión de algo - **3.** [seconde main] ganga *f* ; **d'~** de segunda mano, de ocasión.
occasionnel, elle [ɔkazjɔnɛl] *adj* ocasional.
occasionner [ɔkazjɔne] *vt* ocasionar.
occident [ɔksidɑ̃] *nm* occidente *m*.

◆ **Occident** *nm* : **l'Occident** (el) Occidente.
occidental, e, aux [ɔksidɑ̃tal, o] *adj* occidental. ◆ **Occidental, e aux** *nm, f* occidental *mf*.
occiput [ɔksipyt] *nm* occipucio *m*.
occlusion [ɔklyzjɔ̃] *nf* oclusión *f*.
occulte [ɔkylt] *adj* oculto(ta).
occulter [ɔkylte] *vt* ocultar.
occupation [ɔkypasjɔ̃] *nf* ocupación *f*.
occupé, e [ɔkype] *adj* ocupado(da) ; **être ~ à qqch** estar ocupado en algo ; **c'est ~** [au téléphone] está comunicando, comunica.
occuper [ɔkype] *vt* ocupar. ◆ **s'occuper** *vp* ocuparse ; **s'~ à qqch/à faire qqch** ocuparse de algo/de hacer algo ; **s'~ de qqch/de qqn** encargarse de algo/de alguien.
occurrence [ɔkyrɑ̃s] *nf* - **1.** [circonstance] caso *m* ; **en l'~** en este caso - **2.** LING ocurrencia *f*.
OCDE (*abr de* **Organisation de coopération et de développement économique**) *nf* OCDE *f*.
océan [ɔseɑ̃] *nm* océano *m* ; **l'~ Antarctique** el océano (glacial) Antártico ; **l'~ Arctique** el océano (glacial) Ártico ; **l'~ Atlantique** el océano Atlántico ; **l'~ Indien** el océano Índico ; **l'~ Pacifique** el océano Pacífico ; **un ~ de** *fig* un mar de.
Océanie [ɔseani] *nf* : **l'~** Oceanía.
océanique [ɔseanik] *adj* oceánico(ca).
océanographie [ɔseanɔgrafi] *nf* oceanografía *f*.
ocre [ɔkr] *adj inv* & *nf* ocre.
octave [ɔktav] *nf* - **1.** MUS & RELIG octava *f* - **2.** [à l'escrime] octava *f*, posición *f* octava.
octet [ɔktɛ] *nm* byte *m*, octeto *m*.
octobre [ɔktɔbr] *nm* octubre *m* ; *voir aussi* **septembre**.
octogénaire [ɔktɔʒenɛr] *adj* & *nmf* octogenario(ria).
octogone [ɔktɔgɔn] *nm* octógono *m*.
octroyer [ɔktrwaje] *vt* otorgar ; **~ qqch à qqn** otorgar algo a alguien. ◆ **s'octroyer** *vp* concederse.
oculaire [ɔkylɛr] *nm* & *adj* ocular.
oculiste [ɔkylist] *nmf* oculista *mf*.
ode [ɔd] *nf* oda *f*.
odeur [ɔdœr] *nf* olor *m*.
odieux, euse [ɔdjø, øz] *adj* odioso(sa).
odorant, e [ɔdɔrɑ̃, ɑ̃t] *adj* oloroso(sa).
odorat [ɔdɔra] *nm* olfato *m*.
œdème [edɛm] *nm* edema *m*.
œil [œj] (*pl* **yeux** [jø]) *nm* - **1.** ANAT ojo *m* ; **yeux bridés/exorbités/globuleux** ojos rasgados/desorbitados/saltones ; **avoir les yeux cernés** tener ojeras ; **baisser/lever les yeux** bajar/alzar la vista ; **écarquiller les yeux** poner unos ojos como platos ; **à l'~ nu** a simple vista ; **à vue d'~** a ojos vistas - **2.** *loc* : **avoir qqn à l'~** no perder de vista a alguien ; **n'avoir pas froid aux yeux** tener más valor que un torero ; **mon ~!** *fam* ¡y una porra! ; **sauter aux yeux** saltar a la vista.
œillade [œjad] *nf* guiño *m* ; **lancer une ~ à qqn** guiñar el ojo a alguien.
œillère [œjɛr] *nf* - **1.** [de cheval] anteojera *f* - **2.** MÉD lavaojos *m inv*.
œillet [œjɛ] *nm* - **1.** BOT clavel *m* - **2.** COUT ojete *m*.
œnologue [enɔlɔg] *nmf* enólogo *m*, -ga *f*.
œsophage [ezɔfaʒ] *nm* esófago *m*.
œuf [œf] *nm* huevo *m* ; **~ à la coque** huevo pasado por agua *(3 minutos)* ; **~ dur** huevo duro ; **~ mollet** huevo pasado por agua *(4 minutos)* ; **~ au** OU **sur le plat** huevo frito ; **~ poché** huevo escalfado.
œuvre [œvr] *nf* obra *f* ; **mettre tout en ~ pour** poner todos los medios para ; **bonnes ~s** obras de caridad ; **~ d'art** obra de arte.
off [ɔf] *adj inv* CIN en off.
offense [ɔfɑ̃s] *nf* ofensa *f*.
offenser [ɔfɑ̃se] *vt* ofender. ◆ **s'offenser** *vp* : **s'~ de qqch** ofenderse por algo.
offensif, ive [ɔfɑ̃sif, iv] *adj* ofensivo(va). ◆ **offensive** *nf* ofensiva *f* ; **passer à l'offensive** pasar a la ofensiva ; **prendre l'offensive** tomar la ofensiva ; **l'offensive de l'hiver** *fig* los primeros fríos.
offert, e [ɔfɛr, ɛrt] *pp* ▷ **offrir**.
office [ɔfis] *nm* - **1.** [bureau] oficina *f* ; **~ du tourisme** oficina de turismo - **2.** RELIG oficio *m*. ◆ **d'office** *loc adv* de entrada ; [autorité] de oficio ; **commis d'~** [avocat] de oficio.
officialiser [ɔfisjalize] *vt* oficializar, dar carácter oficial a.
officiel, elle [ɔfisjɛl] *adj* oficial. ◆ **officiel** *nm* : **les ~s** las autoridades.
officier[1] [ɔfisje] *vi* oficiar.
officier[2] [ɔfisje] *nm* oficial *m*.
officieux, euse [ɔfisjø, øz] *adj* oficioso(sa).
offrande [ɔfrɑ̃d] *nf* ofrenda *f*.

offre [ɔfr] ◇ *v* ▻ **offrir**. ◇ *nf* - **1.** [gén & COMM] oferta *f* ; **la loi de l'~ et de la demande** la ley de la oferta y la demanda ; **~ d'emploi** oferta de empleo ; **~ d'essai** oferta de prueba - **2.** POLIT [de paix] propuesta *f*.
offrir [ɔfrir] *vt* [donner] : **~ qqch à qqn** regalar algo a alguien. ◆ **s'offrir** *vp* - **1.** [se proposer] ofrecerse - **2.** [se faire cadeau de] regalarse.
offusquer [ɔfyske] *vt* ofender. ◆ **s'offusquer** *vp* ofenderse ; **s'~ de qqch** ofenderse por algo.
OGM (*abr de* **organisme génétiquement modifié**) *nm* OGM *m*.
ogre [ɔgr] *nm* ogro *m*.
oh [o] *interj* ¡oh!
ohé [ɔe] *interj* ¡eh!
oie [wa] *nf* - **1.** ZOOL oca *f* - **2.** *fam péj* [niais] gansa *f*.
oignon [ɔɲɔ̃] *nm* - **1.** [plante, bulbe] cebolla *f* ; **petits ~s** cebolletas *fpl* (en vinagre) - **2.** MÉD juanete *m*.
oiseau, x [wazo] *nm* - **1.** ZOOL ave *f*, pájaro *m* ; **~ de proie** ave de rapiña - **2.** *fam* [individu] : **un drôle d'~** *péj* ¡un buen pájaro! ; **un ~ rare** un bicho raro.
oisellerie [wazɛlri] *nf* pajarería *f*.
oisif, ive [wazif, iv] *adj* & *nm, f* ocioso(sa).
oisillon [wazijɔ̃] *nm* pajarillo *m*.
oisiveté [wazivte] *nf* ociosidad *f*.
OK [ɔke] *interj fam* ¡vale!
oléagineux, euse [ɔleaʒinø, øz] *adj* oleaginoso(sa). ◆ **oléagineux** *nm* planta *f* oleaginosa.
oléoduc [ɔleodyk] *nm* oleoducto *m*.
olfactif, ive [ɔlfaktif, iv] *adj* olfativo(va).
oligarchie [ɔligarʃi] *nf* oligarquía *f*.
olive [ɔliv] ◇ *nf* aceituna *f*, oliva *f*. ◇ *adj inv* de color verde oliva.
olivier [ɔlivje] *nm* olivo *m*.
OLP (*abr de* **Organisation de libération de la Palestine**) *nf* OLP *f*.
olympique [ɔlɛ̃pik] *adj* olímpico(ca).
ombilical, e, aux [ɔ̃bilikal, o] *adj* umbilical.
ombrage [ɔ̃braʒ] *nm* enramada *f*.
ombragé, e [ɔ̃braʒe] *adj* umbrío(a).
ombrageux, euse [ɔ̃braʒø, øz] *adj* - **1.** [caractère, esprit] desconfiado(da), receloso(sa) - **2.** [cheval] espantadizo(za).
ombre [ɔ̃br] *nf* sombra *f* ; **à l'~ de** [arbre] a la sombra de ; *fig* [personne] al amparo de.
ombrelle [ɔ̃brɛl] *nf* sombrilla *f*.
OMC (*abr de* **Organisation mondiale du commerce**) *nf* OMC *f*.
omelette [ɔmlɛt] *nf* tortilla *f*.
omettre [ɔmɛtr] *vt* omitir ; **~ de faire qqch** olvidarse de hacer algo.
omis, e [ɔmi, iz] *pp* ▻ **omettre**.
omission [ɔmisjɔ̃] *nf* - **1.** [action] omisión *f* ; **par ~** por omisión - **2.** [oubli] olvido *m*.
omnibus [ɔmnibys] *nm* ómnibus *m inv*.
omniprésent, e [ɔmniprezɑ̃, ɑ̃t] *adj* omnipresente.
omnivore [ɔmnivɔr] ◇ *adj* omnívoro(ra). ◇ *nm* omnívoro *m*.
omoplate [ɔmɔplat] *nf* omóplato *m*, omoplato *m*.
OMS (*abr de* **Organisation mondiale de la santé**) *nf* OMS *f*.
on [ɔ̃] *pron pers indéf* - **1.** [sujet indéterminé] se ; **~ n'a pas le droit de fumer ici** aquí no se puede fumar ; **~ ne sait jamais** nunca se sabe - **2.** [les gens, l'espèce humaine, groupe de personnes] : **en Espagne, ~ se couche tard** en España, la gente se acuesta tarde ; **~ raconte** OU **dit que ...** dicen que ... - **3.** [quelqu'un] : **~ t'a téléphoné ce matin** te ha llamado alguien esta mañana, esta mañana te han llamado ; **est-ce qu'~ t'a vu?** ¿te han visto? - **4.** *fam* [nous] nosotros, nosotras ; **~ s'en va** nos vamos ; **~ se voit demain** ¡nos vemos mañana!
oncle [ɔ̃kl] *nm* tío *m*.
onctueux, euse [ɔ̃ktɥø, øz] *adj* untuoso(sa).
onde [ɔ̃d] *nf* - **1.** PHYS onda *f* - **2.** *sout* [eau] agua *f*. ◆ **ondes** *nfpl* : **les ~s** [la radio] las ondas.
ondée [ɔ̃de] *nf* chaparrón *m*, aguacero *m*.
ondoyant, e [ɔ̃dwajɑ̃, ɑ̃t] *adj* - **1.** [blés, démarche] ondulante - **2.** *sout* [caractère, personne] voluble.
ondoyer [ɔ̃dwaje] *vi* ondear.
ondulation [ɔ̃dylasjɔ̃] *nf* - **1.** [mouvement] ondulación *f* - **2.** [de cheveux] ondulado *m*.
onduler [ɔ̃dyle] ◇ *vi* ondear. ◇ *vt* ondular.
ongle [ɔ̃gl] *nm* - **1.** [de personne] uña *f* ; **se faire les ~s** arreglarse OU hacerse las uñas ; **se ronger les ~s** comerse las uñas - **2.** [d'animal] garra *f*.
onglet [ɔ̃glɛ] *nm* - **1.** [de livre] uñero *m* - **2.** [de lame] muesca *f* - **3.** CULIN *carne de ternera de primera categoría*, ≃ solomillo *m*.

onguent [ɔ̃gɑ̃] *nm sout* ungüento *m*.
onomatopée [ɔnɔmatɔpe] *nf* onomatopeya *f*.
ont [ɔ̃] ▷ **avoir**.
ONU, Onu [ɔny] (*abr de* **Organisation des Nations unies**) *nf* ONU *f*.
onusien, enne [ɔnyzjɛ̃, ɛn] *adj* de la ONU.
onyx [ɔniks] *nm* ónice *m*.
onze [ɔ̃z] *adj num inv* & *nm inv* once ; *voir aussi* **six**.
onzième [ɔ̃zjɛm] ◇ *adj num* & *nmf* undécimo(ma). ◇ *nm* onceavo *m*, onceava *f* parte. ◇ *nf* [classe] ≃ primero *m* de EGB ; *voir aussi* **sixième**.
OPA (*abr de* **offre publique d'achat**) *nf* OPA *f*.
opacité [ɔpasite] *nf* opacidad *f*.
opale [ɔpal] ◇ *adj inv* opalino(na). ◇ *nf* ópalo *m*.
opaline [ɔpalin] *nf* opalina *f*.
opaque [ɔpak] *adj* opaco(ca) ; [brouillard etc] denso(sa).
OPEP, Opep [ɔpɛp] (*abr de* **Organisation des pays exportateurs de pétrole**) *nf* OPEP *f*.
opéra [ɔpera] *nm* ópera *f*.
opéra-comique *nm* ópera *f* cómica.
opérateur, trice [ɔperatœr, tris] *nm, f* operador *m*, -ra *f*.
opération [ɔperasjɔ̃] *nf* operación *f*.
opérationnel, elle [ɔperasjɔnɛl] *adj* **- 1.** [gén] operativo(va) **- 2.** MIL [base] operacional.
opérer [ɔpere] *vt* **- 1.** [gén] operar **- 2.** [choix] efectuar. ◆ **s'opérer** *vp* operarse.
opérette [ɔperɛt] *nf* opereta *f*.
ophtalmologie [ɔftalmɔlɔʒi] *nf* oftalmología *f*.
ophtalmologiste [ɔftalmɔlɔʒist] *nmf* oftalmólogo *m*, -ga *f*.
Opinel® [ɔpinɛl] *nm navaja con empuñadura de madera*.
opiniâtre [ɔpinjatr] *adj* **- 1.** [persévérant - caractère, personne] pertinaz, tenaz ; [- travail] oneroso(sa) **- 2.** [fièvre, toux] rebelde.
opinion [ɔpinjɔ̃] *nf* opinión *f* ; **avoir une bonne/mauvaise ~ de qqch/de qqn** tener (una) buena/mala opinión de algo/de alguien ; **donner son ~ sur qqch/sur qqn** dar su opinión sobre algo/sobre alguien ; **l'~ publique** la opinión pública.
opium [ɔpjɔm] *nm* opio *m*.
opportun, e [ɔpɔrtœ̃, yn] *adj* oportuno(na).
opportuniste [ɔpɔrtynist] *adj* & *nmf* oportunista.
opportunité [ɔpɔrtynite] *nf* oportunidad *f*.
opposant, e [ɔpozɑ̃, ɑ̃t] ◇ *adj* de la oposición, opositor(ra). ◇ *nm, f* opositor *m*, -ra *f*.
opposé, e [ɔpoze] *adj* **- 1.** [gén] opuesto(ta) **- 2.** [hostile] : **~ à qqch/à qqn** contrario a algo/a alguien. ◆ **opposé** *nm* [contraire] opuesto *m* ; **à l'~ de** [du côté opposé à] en el lado opuesto a ; [contrairement à] al contrario de.
opposer [ɔpoze] *vt* **- 1.** [objecter] objetar **- 2.** [diviser] separar **- 3.** [pression, résistance] oponer ; [comme obstacle, défense] interponer **- 4.** [confronter, comparer] contraponer **- 5.** [faire s'affronter] enfrentar. ◆ **s'opposer** *vp* **- 1.** [faire obstacle, être contraire] : **s'~ à qqch/à qqn** oponerse a algo/a alguien **- 2.** [se confronter] : **s'~ à qqn/à qqch** enfrentarse a alguien/a algo **- 3.** [contraster] contrastar.
opposition [ɔpozisjɔ̃] *nf* **- 1.** [gén] oposición *f* ; **faire ~ à qqch** oponerse a algo ; **faire ~ à un chèque** suspender el pago de un talón **- 2.** [conflit] enfrentamiento *m* **- 3.** [contraste] contraste *m* ; **par ~ à qqch** en contraste con algo.
oppresser [ɔprese] *vt* **- 1.** [suj : douleur, remords] oprimir **- 2.** [suj : chaleur] asfixiar.
oppresseur [ɔprɛsœr] *nm* opresor *m*.
oppression [ɔpresjɔ̃] *nf* **- 1.** [asservissement] opresión *f* **- 2.** [malaise] ahogo *m*.
opprimé, e [ɔprime] *adj* & *nm, f* oprimido(da).
opprimer [ɔprime] *vt* **- 1.** [asservir] oprimir **- 2.** [censurer] reprimir.
opter [ɔpte] *vi* : **~ pour qqch/pour qqn** optar por algo/por alguien.
opticien, enne [ɔptisjɛ̃, ɛn] *nm, f* óptico(ca).
optimal, e, aux [ɔptimal, o] *adj* óptimo(ma).
optimisation [ɔptimizasjɔ̃] *nf* optimización *f*, optimación *f*.
optimisme [ɔptimism] *nm* optimismo *m*.
optimiste [ɔptimist] *adj* & *nmf* optimista *m*.
option [ɔpsjɔ̃] *nf* **- 1.** [gén] opción *f* ; **prendre une ~ sur qqch** FIN tomar una opción sobre algo ; **être en ~** ser opcional **- 2.** UNIV optativa *f (asignatura)*.

optionnel, elle [ɔpsjɔnɛl] *adj* opcional ; [matière] optativo(va).
optique [ɔptik] ◇ *adj* óptico(ca). ◇ *nf* óptica *f*.
opulence [ɔpylɑ̃s] *nf* opulencia *f*.
opulent, e [ɔpylɑ̃, ɑ̃t] *adj* opulento(ta).
or[1] [ɔr] *nm* - **1.** [métal, richesse] oro *m* ; **en ~** de oro ; **~ blanc/massif** oro blanco/macizo ; **être en ~** [personne] ser una joya - **2.** [dorure] dorado *m*.
or[2] [ɔr] *conj* ahora bien.
oracle [ɔrakl] *nm* oráculo *m*.
orage [ɔraʒ] *nm* - **1.** [gén] tormenta *f* - **2.** *fig* [de la vie, de l'amour] revés *m*.
orageux, euse [ɔraʒø, øz] *adj* [mouvementé] tormentoso(sa), tempestuoso(sa) ; [chaleur] bochornoso(sa).
oraison [ɔrɛzɔ̃] *nf* oración *f* ; **~ funèbre** oración fúnebre.
oral, e, aux [ɔral, o] *adj* oral. ◆ **oral** *nm* oral *m (examen)* ; **par ~** oralmente ; **~ de rattrapage** oral de repesca.
oralement [ɔralmɑ̃] *adv* oralmente.
orange [ɔrɑ̃ʒ] ◇ *adj inv* naranja *(en aposición)*. ◇ *nf* naranja *f*. ◇ *nm* [couleur] naranja *m*.
orangé, e [ɔrɑ̃ʒe] *adj* anaranjado(da).
orangeade [ɔrɑ̃ʒad] *nf* naranjada *f*.
oranger [ɔrɑ̃ʒe] *nm* naranjo *m*.
orang-outan, orang-outang [ɔrɑ̃utɑ̃] *nm* orangután *m*.
orateur, trice [ɔratœr, tris] *nm, f* orador *m*, -ra *f*.
oratoire [ɔratwar] *nm* oratorio *m*.
orbital, e, aux [ɔrbital, o] *adj* orbital.
orbite [ɔrbit] *nf* órbita *f* ; **mettre sur ~** poner en órbita.
orchestre [ɔrkɛstr] *nm* - **1.** MUS orquesta *f* - **2.** CIN & THÉÂTRE patio *m* de butacas.
orchestrer [ɔrkɛstre] *vt* orquestar.
orchidée [ɔrkide] *nf* orquídea *f*.
ordinaire [ɔrdinɛr] ◇ *adj* ordinario(ria) ; [habituel] habitual. ◇ *nm* - **1.** [moyenne] media *f* - **2.** [repas] : **l'~** lo ordinario. ◆ **d'ordinaire** *loc adv* generalmente, habitualmente.
ordinal, e, aux [ɔrdinal, o] *adj* ordinal. ◆ **ordinal** *nm* ordinal *m*.
ordinateur [ɔrdinatœr] *nm* ordenador *m* ; **~ personnel** ordenador personal.
ordonnance [ɔrdɔnɑ̃s] *nf* - **1.** MÉD receta *f* - **2.** [document - de gouvernement] ordenanza *f* ; [- de juge] mandato *m*, mandamiento *m* - **3.** [agencement] disposición *f*.
ordonné, e [ɔrdɔne] *adj* ordenado(da).
ordonner [ɔrdɔne] *vt* - **1.** [gén] ordenar ; **~ à qqn de faire qqch** ordenar a alguien que haga algo - **2.** MÉD : **~ qqch à qqn** recetar OU prescribir algo a alguien. ◆ **s'ordonner** *vp* ordenarse.
ordre [ɔrdr] *nm* - **1.** [gén] orden *m* ; **à l'~ du jour** [d'actualité] al orden del día ; [d'une assemblée] en el orden del día ; **en ~** en orden ; **par ~ alphabétique** por orden alfabético ; **rétablir l'~** restablecer el orden - **2.** [corporation] colegio *m* - **3.** [commandement] orden *f* ; **donner un ~ à qqn** dar una orden a alguien ; **donner à qqn l'~ de faire qqch** dar a alguien la orden de hacer algo ; **être aux ~s de qqn** estar a las órdenes de alguien ; **jusqu'à nouvel ~** hasta nueva orden - **4.** RELIG orden *f*.
ordure [ɔrdyr] *nf* - **1.** [grossièreté] porquería *f* - **2.** *péj* [personne] canalla *m*. ◆ **ordures** *nfpl* basura *f*.
ordurier, ère [ɔrdyrje, ɛr] *adj* grosero(ra) *Esp*, guarango(ga) *Amér*.
orée [ɔre] *nf* : **à l'~ de qqch** en la linde de algo.
oreille [ɔrɛj] *nf* - **1.** ANAT oreja *f* ; **se boucher les ~s** taparse los oídos - **2.** [ouïe] oído *m* - **3.** [de marmite, tasse] asa *f*.
oreiller [ɔrɛje] *nm* almohada *f*.
oreillette [ɔrɛjɛt] *nf* - **1.** [du cœur] aurícula *f* - **2.** [de casquette] orejera *f*.
oreillons [ɔrɛjɔ̃] *nmpl* paperas *fpl*.
ores [ɔr] ◆ **d'ores et déjà** *loc adv* de aquí en adelante.
orfèvre [ɔrfɛvr] *nm* orfebre *m* ; **être ~ en la matière** estar ducho(cha) en la materia.
orfèvrerie [ɔrfɛvrəri] *nf* orfebrería *f*.
organe [ɔrgan] *nm* - **1.** [gén] órgano *m* - **2.** *sout* [voix] voz *f*.
organigramme [ɔrganigram] *nm* organigrama *m*.
organique [ɔrganik] *adj* orgánico(ca).
organisateur, trice [ɔrganizatœr, tris] *adj* & *nm, f* organizador(ra).
organisation [ɔrganizasjɔ̃] *nf* organización *f*. ◆ **Organisation mondiale du commerce** *nf* : **l'Organisation mondiale du commerce** la Organización Mundial del Comercio.
organisé, e [ɔrganize] *adj* organizado(da).
organiser [ɔrganize] *vt* organizar. ◆ **s'organiser** *vp* - **1.** [travail, temps] organizarse - **2.** [se clarifier] arreglarse.
organisme [ɔrganism] *nm* organismo *m*.
organiste [ɔrganist] *nmf* organista *mf*.
orgasme [ɔrgasm] *nm* orgasmo *m*.

orge [ɔrʒ] *nf* cebada *f*.
orgie [ɔrʒi] *nf* orgía *f*.
orgue [ɔrg] *nm* órgano *m*.
orgueil [ɔrgœj] *nm* orgullo *m*.
orgueilleux, euse [ɔrgœjø, øz] *adj* & *nm, f* orgulloso(sa).
orient [ɔrjɑ̃] *nm* oriente *m*. ◆ **Orient** *nm* : **l'Orient** (el) Oriente.
oriental, e, aux [ɔrjɑ̃tal, o] *adj* oriental.
orientation [ɔrjɑ̃tasjɔ̃] *nf* orientación *f*.
orienté, e [ɔrjɑ̃te] *adj* **- 1.** [exposé] orientado(da) **- 2.** [tendancieux] tendencioso(sa) ; **~ à droite/à gauche** de tendencia derechista/izquierdista.
orienter [ɔrjɑ̃te] *vt* orientar. ◆ **s'orienter** *vp* orientarse ; **s'~ vers qqch** orientarse hacia algo.
orifice [ɔrifis] *nm* orificio *m*.
originaire [ɔriʒinɛr] *adj* : **être ~ de** ser originario(ria) de, ser natural de.
original, e, aux [ɔriʒinal, o] *adj* & *nm, f* original. ◆ **original, aux** *nm* original *m*.
originalité [ɔriʒinalite] *nf* originalidad *f*.
origine [ɔriʒin] *nf* origen *m* ; **à l'~** al principio ; **d'~** de origen.
oripeaux [ɔripo] *nmpl* [vêtements] atavíos *mpl*.
ORL <> *nmf* (*abr de* **oto-rhino-laryngologiste**) ORL *mf*. <> *nf* (*abr de* **oto-rhino-laryngologie**) ORL *f*.
orme [ɔrm] *nm* olmo *m*.
orné, e [ɔrne] *adj* adornado(da) ; **~ de** adornado de.
ornement [ɔrnəmɑ̃] *nm* ornamento *m*.
orner [ɔrne] *vt* adornar ; **~ qqch de** adornar algo con OU de.
ornière [ɔrnjɛr] *nf* rodada *f* ; **sortir de l'~** *fig* salir de la rutina ; [situation difficile] salir del atolladero.
ornithologie [ɔrnitɔlɔʒi] *nf* ornitología *f*.
orphelin, e [ɔrfəlɛ̃, in] <> *adj* huérfano(na). <> *nm, f* huérfano *m*, -na *f*.
orphelinat [ɔrfəlina] *nm* orfanato *m*.
orteil [ɔrtɛj] *nm* dedo *m* del pie.
orthodontiste [ɔrtɔdɔ̃tist] *nmf* ortodontista *mf*.
orthodoxe [ɔrtɔdɔks] *adj* & *nmf* ortodoxo *m*, -xa *f*.
orthographe [ɔrtɔgraf] *nf* ortografía *f*.
orthopédique [ɔrtɔpedik] *adj* ortopédico(ca).
orthophoniste [ɔrtɔfɔnist] *nmf* ortofonista *mf*.
ortie [ɔrti] *nf* ortiga *f*.
os [ɔs *pl* o] *nm* hueso *m* ; **~ à moelle** hueso de espinazo ; **tomber sur un ~** *fig* dar con un hueso.
oscillation [ɔsilasjɔ̃] *nf* oscilación *f*.
osciller [ɔsile] *vi* oscilar.
osé, e [oze] *adj* atrevido(da).
oseille [ozɛj] *nf* **- 1.** BOT acedera *f* **- 2.** *fam* [argent] guita *f*.
oser [oze] *vt* : **~ qqch/faire qqch** atreverse a algo/a hacer algo.
osier [ozje] *nm* mimbre *m*.
Oslo [ɔslo] *n* Oslo.
ossature [ɔsatyr] *nf* **- 1.** ANAT osamenta *f* **- 2.** *fig* [structure] armazón *f*.
ossements [ɔsmɑ̃] *nmpl* osamenta *f*.
osseux, euse [ɔsø, øz] *adj* **- 1.** ANAT & MÉD óseo(a) **- 2.** [maigre] huesudo(da).
ossuaire [ɔsɥɛr] *nm* osario *m*.
ostensible [ɔstɑ̃sibl] *adj* ostensible.
ostensoir [ɔstɑ̃swar] *nm* custodia *f (vaso litúrgico)*.
ostentation [ɔstɑ̃tasjɔ̃] *nf* ostentación *f*.
ostéopathe [ɔsteɔpat] *nmf* osteópata *mf*.
ostréiculture [ɔstreikyltyr] *nf* ostricultura *f*.
otage [ɔtaʒ] *nm* rehén *mf* ; **prendre qqn en ~** tomar a alguien como rehén.
OTAN, Otan [ɔtɑ̃] (*abr de* **Organisation du traité de l'Atlantique Nord**) *nf* OTAN *f*.
otarie [ɔtari] *nf* león *m* marino, otaria *f*.
ôter [ote] *vt* **- 1.** [enlever] quitarse ; **~ qqch à qqn** quitar algo a alguien **- 2.** [soustraire] : **6 ôté de 10 égale 4** 10 menos 6 igual a 4.
otite [ɔtit] *nf* otitis *f inv*.
oto-rhino [ɔtɔrino] *nmf fam* otorrino *mf*.
oto-rhino-laryngologie [ɔtɔrinɔlarɛ̃gɔlɔʒi] *nf* otorrinolaringología *f*.
oto-rhino-laryngologiste [ɔtɔrinɔlarɛ̃gɔlɔʒist] *nmf* otorrinolaringólogo *mf*.
ou [u] *conj* o, u *(delante de o)* ; **c'est l'un ~ l'autre** o uno u otro. ◆ **ou (bien) ... ou (bien)** *loc corrélative* o ... o ; **~ (bien) c'est elle, ~ (bien) c'est moi!** o ella o yo.
où [u] <> *pron rel* **- 1.** [spatial - sans mouvement] donde ; [- avec mouvement] adonde ; **là ~ j'habite** donde vivo ; **~ que vous soyez** allí donde estéis ; **là ~ il allait** allí adonde iba ; **~ que vous alliez** vaya adonde vaya **- 2.** [temporel] (en) que ; **le**

jour ~ je suis venue el día (en) que vine. ◇ *adv* **- 1.** [spatial - sans mouvement] donde ; [- avec mouvement] adonde ; **d'~ j'étais** desde donde estaba ; **je vais ~ je veux** voy adonde quiero **- 2.** [temporel] cuando. ◇ *adv interr* [sans mouvement] dónde ; [avec mouvement] adónde ; **~ étais-tu?** ¿dónde estabas? ; **~ vas-tu?** ¿adónde vas? ◆ **d'où** *loc adv* [conséquence] de donde, de lo que ; **d'~ on conclut que ...** de lo que OU de donde se deduce que ... ; **d'~ ma surprise** de ahí mi sorpresa.

ouate [wat] *nf* guata *f*.

oubli [ubli] *nm* **- 1.** [perte de mémoire, étourderie] olvido *m* ; **tomber dans l'~** caer en el olvido **- 2.** [négligence] descuido *m*.

oublier [ublije] *vt* olvidar.

oubliette [ublijɛt] *nf (gén pl)* mazmorra *f* ; **tomber dans les ~s** *fig* caer en el olvido.

ouest [wɛst] ◇ *adj inv* oeste. ◇ *nm* oeste *m* ; **l'~ de l'Europe** el oeste de Europa. ◆ **Ouest** *nm* : **l'Ouest** el Oeste ; **les gens de l'Ouest** la gente del Oeste.

ouf [uf] *interj* ¡uf!

Ouganda [ugɑ̃da] *nm* : **l'~** Uganda.

oui [wi] *adv* & *nm inv* sí.

ouï-dire [widir] *nm inv* rumor *m Esp*, bola *f Amér* ; **par ~** de oídas.

ouïe [wi] *nf* [sens] oído *m* ; **avoir l'~ fine** tener el oído fino. ◆ **ouïes** *nfpl* agallas *fpl*.

ouragan [uragɑ̃] *nm* **- 1.** MÉTÉOR huracán *m* **- 2.** *fig* [tumulte] tormenta *f* ; **arriver comme un ~** llegar en tromba.

ourlet [urlɛ] *nm* **- 1.** COUT dobladillo *m* **- 2.** [d'oreille] hélice *f*.

ours [urs] *nm* **- 1.** [peluche & ZOOL] oso *m* ; **~ blanc/brun** oso blanco/pardo **- 2.** *péj* [misanthrope] hurón *m*.

ourse [urs] *nf* osa *f*.

oursin [ursɛ̃] *nm* erizo *m* de mar.

ourson [ursɔ̃] *nm* osezno *m*.

outil [uti] *nm* **- 1.** [instrument] herramienta *f*, útil *m* **- 2.** *fig* [aide] instrumento *m*.

outillage [utijaʒ] *nm* [équipement] utillaje *m*.

outrage [utraʒ] *nm* ultraje *m* ; **~ à magistrat** desacato *m* a un magistrado.

outrager [utraʒe] *vt* [offenser] ultrajar.

outrance [utrɑ̃s] *nf* exageración *f* ; **à ~** a ultranza.

outrancier, ère [utrɑ̃sje, ɛr] *adj* excesivo(va).

outre¹ [utr] *nf* odre *m*, pellejo *m*.

outre² [utr] ◇ *prép* además de. ◇ *adv* : **passer ~** [aller plus loin] ir más allá ; *fig* pasar por alto. ◆ **en outre** *loc adv* además.

outré, e [utre] *adj* **- 1.** [offusqué] indignado(da) **- 2.** [exagéré] exagerado(da).

outre-Atlantique *loc adv* al otro lado del Atlántico.

outre-Manche [utrəmɑ̃ʃ] *loc adv* más allá de la Mancha.

outremer [utrəmɛr] ◇ *adj inv* [bleu] ultramar. ◇ *nm* [pierre] lapislázuli *m* ; [couleur] azul *m* ultramar.

outre-mer [utrəmɛr] *adv* en ultramar.

outrepasser [utrəpase] *vt* extralimitarse en.

outrer [utre] *vt* **- 1.** [indigner] indignar **- 2.** [exagérer] exagerar.

outre-Rhin [utrərɛ̃] *loc adv* más allá del Rin.

outsider [awtsajdœr] *nm* outsider *m*.

ouvert, e [uvɛr, ɛrt] ◇ *pp* ▷ **ouvrir**. ◇ *adj* **- 1.** [gén] abierto(ta) ; **grand ~** abierto de par en par **- 2.** [visage] franco(ca).

ouvertement [uvɛrtəmɑ̃] *adv* abiertamente.

ouverture [uvɛrtyr] *nf* **- 1.** [action & PHOT] abertura *f* **- 2.** [de local, de débat, de relations] apertura *f* **- 3.** [entrée] boca *f* **- 4.** MUS obertura *f* **- 5.** [dans un jeu - aux cartes] salida *f* ; [- aux échecs] apertura *f* **- 6.** SPORT [au rugby] apertura *f* **- 7.** MIL [des hostilités] comienzo *m* **- 8.** *fig* [sortie] puerta *f*. ◆ **ouverture d'esprit** *nf* amplitud *f* de miras. ◆ **ouvertures** *nfpl* POLIT propuestas *fpl*.

ouvrable [uvrabl] *adj* laborable.

ouvrage [uvraʒ] *nm* **- 1.** [gén] labor *f* **- 2.** *sout* [travail] trabajo *m* ; **se mettre à l'~** ponerse manos a la obra **- 3.** [livre] obra *f* ; **~ de référence** obra de referencia.

ouvre-boîtes [uvrəbwat] *nm inv* abrelatas *m inv*.

ouvre-bouteilles [uvrəbutɛj] *nm inv* abrebotellas *m inv*.

ouvreuse [uvrøz] *nf* acomodadora *f*.

ouvrier, ère [uvrije, ɛr] ◇ *adj* obrero(ra). ◇ *nm, f* obrero *m*, -ra *f Esp*, roto *m*, -ta *f Amér* ; **~ qualifié/spécialisé** obrero cualificado/especializado. ◆ **ouvrière** *nf* [abeille] obrera *f*.

ouvrir [uvrir] ◇ *vt* **- 1.** [gén] abrir ; **~ qqch à qqn** abrir algo a alguien **- 2.** *fam* [radio, télé] poner ; [électricité] dar. ◇ *vi*

- 1. [donner accès] : ~ **sur qqch** abrirse a algo - 2. [magasin] abrir - 3. [commencer] : ~ **par** empezar con - 4. [aux cartes] : ~ **à** abrir con. ◆ **s'ouvrir** *vp* abrirse ; **s'~ à qqn** abrirse a OU con alguien ; **s'~ à qqch** abrirse a algo.

ovaire [ɔvɛr] *nm* ovario *m*.

ovale [ɔval] ◇ *adj* oval, ovalado(da). ◇ *nm* óvalo *m*.

ovation [ɔvasjɔ̃] *nf* ovación *f* ; **faire une ~ à qqn** ovacionar a alguien.

ovationner [ɔvasjɔne] *vt* ovacionar.

overdose [ɔvœrdoz] *nf* sobredosis *f inv* ; ~ **de qqch** *fam fig* sobredosis de algo.

OVNI, ovni [ɔvni] (*abr de* **objet volant non identifié**) *nm* OVNI *m*.

ovulation [ɔvylasjɔ̃] *nf* ovulación *f*.

oxydation [ɔksidasjɔ̃] *nf* oxidación *f*.

oxyde [ɔksid] *nm* óxido *m* ; ~ **de carbone** óxido de carbono.

oxygène [ɔksiʒɛn] *nm* oxígeno *m*.

oxygéné, e [ɔksiʒene] *adj* oxigenado(da).

ozone [ɔzon] *nm* ozono *m*.

P

p, P [pe] *nm inv* [lettre] p *f*, P *f*. ◆ **p** - 1. (*abr de* **pico**) p - 2. (*abr de* **page**) p - 3. (*abr de* **passable**) S, Suf - 4. (*abr de* **pièce**) h., hab.

pacage [pakaʒ] *nm* pastoreo *m*.

pacemaker [pɛsmekœr] *nm* marcapasos *m inv*.

pacha [paʃa] *nm* HIST [gouverneur] pachá *m* ; **mener une vie de ~** *fam* vivir como un pachá.

pachyderme [paʃidɛrm] *nm* paquidermo *m*.

pacifier [pasifje] *vt* - 1. [pays, peuple] pacificar - 2. *fig* [esprit] apaciguar.

pacifique [pasifik] *adj* pacífico(ca). ◆ **Pacifique** *nm* : **le Pacifique** el Pacífico.

pacifiste [pasifist] *adj* & *nmf* pacifista.

pack [pak] *nm* - 1. [de bouteilles] pack *m* - 2. SPORT [au rugby] delantera *f*.

packaging [pakadʒiŋ] *nm* embalaje *m*.

pacotille [pakɔtij] *nf* pacotilla *f* ; **de ~** de pacotilla.

PACS [paks] (*abr de* **Pacte civil de solidarité**) *nm pacto que pretende la igualdad de las parejas de hecho con las parejas casadas*.

pacte [pakt] *nm* pacto *m*.

pactiser [paktize] *vi* : ~ **avec qqch/avec qqn** pactar con algo/con alguien.

pactole [paktɔl] *nm* mina *f (de dinero)*.

pagaie [pagɛ] *nf* zagual *m*.

pagaille, pagaye, pagaïe [pagaj] *nf fam* follón *m* ; **en ~** [en quantité] a porrillo ; **être en ~** [chambre] estar manga por hombro.

pagayer [pagɛje] *vi* remar con zagual.

page [paʒ] ◇ *nf* página *f* ; **être à la ~** estar al día. ◇ *nm* paje *m*.

pagne [paɲ] *nm* taparrabos *m inv*.

pagode [pagɔd] *nf* pagoda *f*.

paie [pɛ], **paye** [pɛj] ◇ *v* ▷ **payer**. ◇ *nf* paga *f*.

paiement, payement [pɛmɑ̃] *nm* pago *m*.

païen, enne [pajɛ̃, ɛn] *adj* & *nm, f* pagano(na).

paillard, e [pajar, ard] ◇ *adj* verde *(obsceno)*. ◇ *nm, f* vividor *m*, -ra *f*.

paillasse [pajas] ◇ *nf* - 1. [matelas] jergón *m* - 2. [d'évier] escurridero *m*. ◇ *nm* payaso *m*.

paillasson [pajasɔ̃] *nm* - 1. [gén] felpudo *m* - 2. AGRIC pajote *m*.

paille [paj] *nf* paja *f* ; **être sur la ~** *fam* estar a dos velas. ◆ **paille de fer** *nf* estropajo *m* metálico.

pailleté, e [pajte] *adj* de lentejuelas.

paillette [pajɛt] *nf* - 1. [de vêtements] lentejuela *f* ; [poudre] purpurina *f* - 2. [d'or] chispa *f* - 3. [de lessive, de savon] escama *f*.

pain [pɛ̃] *nm* - 1. [aliment] pan *m* ; ~ **au lait** bollo *m* de leche ; ~ **d'épice** ≃ alajú *m* ; ~ **de mie** pan de molde - 2. [masse moulée - en pâtisserie] pudín *m* ; [- de poisson, de légumes] pastel *m* ; [- de cire] librillo *m* ; [- de savon] pastilla *f* - 3. *fam* [coup] puñetazo *m*. ◆ **Pain de Sucre** *nm* GÉOGR : **le Pain de Sucre** el Pan de Azúcar.

pair, e [pɛr] *adj* par. ◆ **pair** *nm* igual *m*. ◆ **paire** *nf* - 1. [de choses] par *m* - 2. [d'animaux - gén] pareja *f* ; [- de bœufs] yunta *f*. ◆ **au pair** *loc adv* FIN a la par ; **travailler au ~** trabajar de au pair. ◆ **de pair** *loc adv* : **aller de ~ avec** ir parejo(ja) con.

paisible [pezibl] *adj* apacible.
paître [pɛtr] ◇ *vt* pacer, pastar. ◇ *vi* : **faire ~** apacentar.
paix [pɛ] *nf* paz *f* ; **en ~** en paz ; **avoir la ~** estar tranquilo(la) ; **faire la ~ avec qqn** hacer las paces con alguien ; **fiche-moi la ~** *fam* déjame en paz.
Pakistan [pakistɑ̃] *nm* : **le ~** (el) Pakistán.
palace [palas] *nm* hotel *m* de lujo.
palais [palɛ] *nm* - **1.** [gén] palacio *m* - **2.** ANAT paladar *m*.
palan [palɑ̃] *nm* aparejo *m*.
pale [pal] *nf* - **1.** [d'hélice] pala *f*, aspa *f* - **2.** [de rame] pala *f*.
pâle [pal] *adj* pálido(da).
paléontologie [paleɔ̃tɔlɔʒi] *nf* paleontología *f*.
Palestine [palɛstin] *nf* : **la ~** Palestina.
palestinien, enne [palɛstinjɛ̃, ɛn] *adj* palestino(na). ◆ **Palestinien, enne** *nm, f* palestino *m*, -na *f*.
palet [palɛ] *nm* tejo *m*.
paletot [palto] *nm* gabán *m*.
palette [palɛt] *nf* - **1.** [de peintre, de chargement] paleta *f* - **2.** CULIN paletilla *f*.
pâleur [palœr] *nf* palidez *f*.
palier [palje] *nm* - **1.** [d'escalier] rellano *m* - **2.** *fig* [étape] escalón *m* - **3.** TECHNOL [de transmission] palier *m*.
pâlir [palir] ◇ *vt sout* hacer palidecer. ◇ *vi* palidecer.
palissade [palisad] *nf* empalizada *f*.
palissandre [palisɑ̃dr] *nm* palisandro *m*.
palliatif, ive [paljatif, iv] *adj* paliativo(va). ◆ **palliatif** *nm* paliativo *m*.
pallier [palje] *vt* paliar.
Palma [palma] *n* : **~ (de Majorque)** Palma (de Mallorca).
palmarès [palmarɛs] *nm* palmarés *m inv*.
palme [palm] *nf* - **1.** [feuille, insigne] palma *f* - **2.** [de nageur] aleta *f*.
palmé, e [palme] *adj* palmeado(da).
palmeraie [palmərɛ] *nf* palmar *m*, palmeral *m*.
palmier [palmje] *nm* palmera *f*.
palmipède [palmipɛd] ◇ *adj* palmípedo(da). ◇ *nm* palmípedo *m*.
palombe [palɔ̃b] *nf* paloma *f* torcaz.
pâlot, otte [palo, ɔt] *adj fam* paliducho(cha).
palourde [palurd] *nf* almeja *f*.
palper [palpe] *vt* - **1.** [toucher] palpar - **2.** *fam* [argent] embolsarse.
palpitant, e [palpitɑ̃, ɑ̃t] *adj* palpitante.
palpitation [palpitasjɔ̃] *nf* palpitación *f*.
palpiter [palpite] *vi* - **1.** [cœur] palpitar - **2.** *sout* [flamme] chisporrotear.
paludisme [palydism] *nm* paludismo *m*.
pâmer [pame] ◆ **se pâmer** *vp sout* [s'évanouir] desfallecer.
pamphlet [pɑ̃flɛ] *nm* panfleto *m*.
pamplemousse [pɑ̃pləmus] *nm* pomelo *m*.
pan [pɑ̃] ◇ *nm* - **1.** [de vêtement] faldón *m* - **2.** [morceau] parte *f* ; **~ de mur** lienzo *m* de pared - **3.** [d'écrou] cara *f*. ◇ *interj* ¡pum!
panache [panaʃ] *nm* - **1.** [de plumes] penacho *m* - **2.** [de fumée] bocanada *f* - **3.** [éclat] brillo *m* ; **avoir du ~** estar radiante.
panaché, e [panaʃe] *adj* - **1.** [de couleurs différentes] abigarrado(da) - **2.** [glace] combinado(da). ◆ **panaché** *nm* [bière] clara *f*.
Panama [panama] *nm* [pays] : **le ~** Panamá.
panaris [panari] *nm* panadizo *m*, uñero *m*.
pancarte [pɑ̃kart] *nf* - **1.** [de manifestant] pancarta *f* - **2.** [panneau de signalisation] letrero *m*.
pancréas [pɑ̃kreas] *nm* páncreas *m inv*.
pané, e [pane] *adj* empanado(da).
paner [pane] *vt* empanar.
panier [panje] *nm* - **1.** [gén] cesta *f* ; **le ~ de la ménagère** la cesta de la compra ; **~ à provisions** cesta de la compra ; **~ percé** *fig* manirroto *m*, -ta *f* - **2.** *loc* : **mettre au ~** tirar a la basura ; **mettre dans le même ~** meter en el mismo saco.
panini [panini] (*pl* **paninis**) *nm* panini *m*.
panique [panik] ◇ *adj* : **être pris d'une peur ~** ser presa del pánico. ◇ *nf* pánico *m*.
paniquer [panike] ◇ *vt* aterrorizar. ◇ *vi* entrarle el pánico a alguien.
panne [pan] *nf* avería *f Esp*, descompostura *f Amér* ; **tomber en ~** tener una avería ; **tomber en ~ d'essence** quedarse sin gasolina ; **~ de courant** OU **d'électricité** apagón *m*.
panneau, x [pano] *nm* - **1.** [pancarte] cartel *m Esp*, afiche *m Amér* ; **~ indicateur** señal *f* indicadora ; **~ publicitaire** valla *f* publicitaria - **2.** [élément] tablero *m*.
panoplie [panɔpli] *nf* - **1.** [jouet] disfraz *m* (de niño) - **2.** [d'armes, de mesures] panoplia *f*.
panorama [panɔrama] *nm* - **1.** [vue] pa-

norama *m* - **2.** *fig* [rétrospective] panorámica *f*.
panoramique [panɔramik] <> *adj* panorámico(ca). <> *nm* CIN panorámica *f*.
panse [pɑ̃s] *nf* panza *f*.
pansement [pɑ̃smɑ̃] *nm* - **1.** [compresse] venda *f* ; **~ (adhésif)** tirita® *f* - **2.** [dentaire] empaste *m Esp*, emplomadura *f Amér*.
panser [pɑ̃se] *vt* - **1.** [plaie] vendar - **2.** [cheval] almohazar.
pantalon [pɑ̃talɔ̃] *nm* pantalón *m*, pantalones *mpl*.
pantelant, e [pɑ̃tlɑ̃, ɑ̃t] *adj* palpitante ; [haletant] jadeante.
panthère [pɑ̃tɛr] *nf* pantera *f*.
pantin [pɑ̃tɛ̃] *nm* pelele *m*.
pantomime [pɑ̃tɔmim] *nf* pantomima *f*.
pantouflard, e [pɑ̃tuflar, ard] *fam* <> *adj* casero(ra). <> *nm, f* : **c'est un ~** es muy casero.
pantoufle [pɑ̃tufl] *nf* zapatilla *f*, pantufla *f*.
panure [panyr] *nf* pan *m* rallado.
paon [pɑ̃] *nm* pavo *m* real.
papa [papa] *nm* papá *m*.
papauté [papote] *nf* papado *m*.
pape [pap] *nm* papa *m* ; **le ~** el Papa.
paperasse [papras] *nf* - **1.** [papier sans importance] papelote *m* - **2.** *péj* [papiers administratifs] papeleo *m*.
papeterie [papɛtri] *nf* - **1.** [magasin] papelería *f* - **2.** [fabrique] papelera *f*.
papetier, ère [paptje, ɛr] *nm, f* papelero *m*, -ra *f*.
papier [papje] *nm* - **1.** [gén] papel *m* ; **~ alu** OU **aluminium** papel de plata OU aluminio ; **~ glacé** papel glaseado ; **~ à lettres** papel de cartas ; **~ peint** papel pintado ; **~ sulfurisé** papel vegetal ; **~ toilette** OU **hygiénique** papel higiénico - **2.** [article de journal] artículo *m*.
papier-calque [papjekalk] (*pl* **papiers-calque**) *nm* papel *m* de calco.
papille [papij] *nf* papila *f* ; **~s gustatives** papilas gustativas.
papillon [papijɔ̃] <> *adj inv* mariposa *(en aposición)*. <> *nm* - **1.** [insecte, écrou] mariposa *f* - **2.** *fam* [contravention] multa *f*.
papillonner [papijɔne] *vi* mariposear.
papillote [papijɔt] *nf* - **1.** [pour cheveux] papillote *f* - **2.** CULIN : **en ~** a la papillote - **3.** [bonbon] *bombón de Navidad envuelto en papel rizado*.
papilloter [papijɔte] *vi* - **1.** [personne, yeux] pestañear, parpadear - **2.** [lumière] parpadear.
papotage [papɔtaʒ] *nm fam* parloteo *m*.
papoter [papɔte] *vi fam* parlotear.
paprika [paprika] *nm* paprika *f*.
Pâque [pak] *nf* [fête juive] Pascua *f*.
paquebot [pakbo] *nm* paquebote *m*.
pâquerette [pakrɛt] *nf* margarita *f*.
Pâques [pak] <> *n* ▷ **île.** <> *nm* [fête chrétienne] Pascua *f* ; [période] Semana *f* Santa ; **les vacances de ~** las vacaciones de Semana Santa. <> *nfpl* Pascuas *fpl*.
paquet [pakɛ] *nm* paquete *m*. ◆ **paquet-cadeau** *nm* paquete *m* regalo.
paquetage [paktaʒ] *nm* impedimenta *f*.
par [par] *prép* - **1.** [spatial] por ; **~ ici/là** por aquí/allí - **2.** [temporel] : **~ un beau jour d'été** en un bonito día de verano - **3.** [moyen, manière] con ; **~ la douceur** con dulzura - **4.** [transport] en ; **~ avion/bateau** en avión/barco - **5.** [cause, origine] por ; **~ accident** por accidente - **6.** [introduisant le complément d'agent] por ; **faire faire qqch ~ qqn** hacer hacer algo por alguien - **7.** [sens distributif] : **deux ~ deux** de dos en dos ; **une heure ~ jour** una hora al día - **8.** [indique la motivation] por. ◆ **de par** *loc prép* : **de ~ la loi** de por ley. ◆ **par-ci par-là** *loc adv* por aquí por allá.
parabole [parabɔl] *nf* parábola *f*.
parabolique [parabɔlik] *adj* parabólico(ca).
parachever [paraʃve] *vt* dar el último toque a.
parachute [paraʃyt] *nm* paracaídas *m inv*.
parachutiste [paraʃytist] *nmf* paracaidista *mf*.
parade [parad] *nf* - **1.** [gén] parada *f* - **2.** [spectacle] desfile *m* - **3.** [étalage] ostentación *f*.
paradis [paradi] *nm* paraíso *m*.
paradoxal, e, aux [paradɔksal, o] *adj* paradójico(ca).
paradoxe [paradɔks] *nm* paradoja *f*.
parafe, paraphe [paraf] *nm* rúbrica *f*.
parafer, parapher [parafe] *vt* rubricar.
paraffine [parafin] *nf* parafina *f*.
parages [paraʒ] *nmpl* NAVIG aguas *fpl*.
paragraphe [paragraf] *nm* párrafo *m Esp*, acápite *m Amér*.
Paraguay [paragwɛ] *nm* : **le ~** Paraguay.
paraître [parɛtr] <> *v attr* parecer ; **il paraît fatigué** parece cansado. <> *vi*

- **1.** [apparaître, être publié] aparecer - **2.** [se faire remarquer] aparentar - **3.** [sentiment] manifestarse. ◇ *v impers* : **il paraît** OU **paraîtrait que** parece ser que.
parallèle [paralɛl] ◇ *adj* paralelo(la). ◇ *nm* paralelo *m*. ◇ *nf* MATHS paralela *f*.
parallélépipède [paralelepipɛd] *nm* paralelepípedo *m*.
parallélisme [paralelism] *nm* paralelismo *m*.
parallélogramme [paralelɔgram] *nm* paralelogramo *m*.
paralyser [paralize] *vt* paralizar.
paralysie [paralizi] *nf* parálisis *f inv*.
paramédical, e, aux [paramedikal, o] *adj* paramédico(ca).
paramètre [paramɛtr] *nm* parámetro *m*.
parano [parano] *adj fam* paranoico(ca).
paranoïa [paranɔja] *nf* paranoia *f*.
paranoïaque [paranɔjak] *adj* & *nmf* paranoico(ca).
parapente [parapɑ̃t] *nm* parapente *m* ; **faire du ~** hacer parapente.
parapet [parapɛ] *nm* parapeto *m*.
paraphe = **parafe**.
parapher = **parafer**.
paraphrase [parafraz] *nf* paráfrasis *f inv*.
paraplégique [parapleʒik] *adj* & *nmf* parapléjico(ca).
parapluie [paraplɥi] *nm* paraguas *m inv*.
parasite [parazit] ◇ *adj* parásito(ta). ◇ *nm* parásito *m*. ◆ **parasites** *nmpl* RADIO interferencias *fpl*.
parasol [parasɔl] *nm* sombrilla *f*, parasol *m*.
paratonnerre [paratɔnɛr] *nm* pararrayos *m inv*.
paravent [paravɑ̃] *nm* biombo *m*.
parc [park] *nm* - **1.** [gén] parque *m* ; **~ aquatique** parque acuático ; **~ d'attraction** parque de atracciones ; **~ automobile** [national] parque automovilístico ; [privé] parque móvil ; **~ national** parque nacional ; **~ à thème** parque temático - **2.** [enclos] redil *m* ; **~ de stationnement** aparcamiento *m Esp*, parqueadero *m Amér*.
parcelle [parsɛl] *nf* - **1.** [terrain] parcela *f* - **2.** [petite partie] ápice *f*.
parce que [parskə] *loc conj* porque.
parchemin [parʃəmɛ̃] *nm* pergamino *m*.
parcimonie [parsimɔni] *nf* parsimonia *f*.
parcimonieux, euse [parsimɔnjø, øz] *adj* parsimonioso(sa).
parcmètre [parkmɛtr] *nm* parquímetro *m*.
parcourir [parkurir] *vt* - **1.** [région, ville] recorrer - **2.** [journal] hojear.
parcours [parkur] ◇ *v* ▷ **parcourir**. ◇ *nm* - **1.** [itinéraire & SPORT] recorrido *m* - **2.** *fig* [trajectoire individuelle] trayectoria *f*.
parcouru, e [parkury] *pp* ▷ **parcourir**.
par-dedans [pardədɑ̃] *adv* por dentro.
par-dehors [pardəɔr] *adv* por fuera.
par-derrière [pardɛrjɛr] *adv* - **1.** [par l'arrière] por detrás - **2.** *fig* [en cachette] a espaldas de uno.
par-dessous [pardəsu] ◇ *adv* por debajo. ◇ *prép* por debajo de.
pardessus [pardəsy] *nm* sobretodo *m*.
par-dessus [pardəsy] ◇ *adv* por encima. ◇ *prép* por encima de.
par-devant [pardəvɑ̃] ◇ *adv* por delante. ◇ *prép* por delante de.
pardi [pardi] *interj fam* ¡pues claro!
pardon [pardɔ̃] ◇ *nm* perdón *m* ; **demander ~** pedir perdón. ◇ *interj* ¡perdón!
pardonner [pardɔne] *vt* perdonar ; **~ qqch à qqn** perdonar algo a alguien ; **~ à qqn** perdonar a alguien.
pare-balles [parbal] ◇ *adj inv* antibalas. ◇ *nm inv* chaleco *m* antibalas.
pare-boue [parbu] *nm inv* guardabarros *m inv*.
pare-brise [parbriz] *nm inv* parabrisas *m inv*.
pare-chocs [parʃɔk] *nm inv* parachoques *m inv*.
pareil, eille [parɛj] ◇ *adj* - **1.** [semblable] : **~ à qqch** igual a algo - **2.** [tel] semejante ; **je n'ai jamais vu une insolence pareille** nunca he visto semejante insolencia OU insolencia igual. ◇ *nm, f* : **ne pas avoir son ~** no tenér igual. ◆ **pareil** *adv fam* igual.
parent, e [parɑ̃, ɑ̃t] ◇ *adj* pariente(ta). ◇ *nm, f* pariente *mf*. ◆ **parents** *nmpl* - **1.** [père et mère] padres *mpl* - **2.** *sout* [ancêtres] antepasados *mpl*.
parenté [parɑ̃te] *nf* - **1.** [lien familial, ressemblance] parentesco *m* - **2.** [ensemble de la famille] parentela *f*.
parenthèse [parɑ̃tɛz] *nf* paréntesis *m inv* ; **entre ~s** entre paréntesis ; **ouvrir/fermer la ~** abrir/cerrar el paréntesis.
parer [pare] ◇ *vt* - **1.** *sout* [orner] engalanar - **2.** [vêtir] : **~ qqn de qqch** ataviar a

alguien con algo ; *fig* [qualité, vertu] atribuir a alguien algo - **3.** [coup] parar - **4.** NAVIG aparejar. ◇ *vi* [faire face] : **~ à qqch** precaverse contra algo ; **~ au plus pressé** solucionar lo más urgente. ◆ **se parer** *vp* [se vêtir] ataviarse.

pare-soleil [parsɔlɛj] *nm inv* parasol *m*.

paresse [parɛs] *nf* pereza *f*.

paresser [parɛse] *vi* holgazanear.

paresseux, euse [parɛsø, øz] *adj* & *nm, f* perezoso(sa). ◆ **paresseux** *nm* ZOOL perezoso *m*.

parfaire [parfɛr] *vt* perfeccionar.

parfait, e [parfɛ, ɛt] *adj* - **1.** [gén] perfecto(ta) - **2.** [calme] absoluto(ta). ◆ **parfait** *nm* - **1.** CULIN helado *m* - **2.** GRAM pretérito *m* perfecto.

parfaitement [parfɛtmɑ̃] *adv* - **1.** [admirablement] perfectamente - **2.** [totalement] completamente ; **vous avez ~ le droit** tiene todo el derecho - **3.** [certainement] seguro.

parfois [parfwa] *adv* a veces.

parfum [parfœ̃] *nm* - **1.** [gén] perfume *m* - **2.** [goût] sabor *m*.

parfumé, e [parfyme] *adj* - **1.** [gén] perfumado(da) - **2.** [aromatisé] : **~ à** con sabor a.

parfumer [parfyme] *vt* - **1.** [gén] perfumar - **2.** CULIN aromatizar. ◆ **se parfumer** *vp* perfumarse.

parfumerie [parfymri] *nf* perfumería *f*.

pari [pari] *nm* apuesta *f*.

paria [parja] *nm* paria *m*.

parier [parje] *vt* apostar ; **je l'aurais parié!** ¡lo habría jurado!

parieur [parjœr] *nm* apostante *mf*.

Paris [pari] *n* París.

parisien, enne [parizjɛ̃, ɛn] *adj* parisino(na). ◆ **Parisien, enne** *nm, f* parisino *m*, -na *f*.

parité [parite] *nf* paridad *f*.

parjure [parʒyr] ◇ *adj* & *nmf* perjuro(ra). ◇ *nm* perjurio *m*.

parjurer [parʒyre] ◆ **se parjurer** *vp* perjurar.

parka [parka] *nm* OU *nf* parka *f*.

parking [parkiŋ] *nm* parking *m*.

parlant, e [parlɑ̃, ɑ̃t] *adj* - **1.** [qui parle - horloge] parlante ; [- cinéma] sonoro(ra) - **2.** *fig* [chiffres, données] elocuente - **3.** [portrait] vívido(da).

parlé, e [parle] *adj* hablado(da).

parlement [parləmɑ̃] *nm* parlamento *m*. ◆ **Parlement** *nm* : **le Parlement européen** el Parlamento Europeo.

parlementaire [parləmɑ̃tɛr] *adj* & *nmf* parlamentario(ria).

parlementer [parləmɑ̃te] *vi* parlamentar.

parler [parle] ◇ *vi* hablar ; **~ à** OU **avec qqn** hablar con alguien OU a alguien ; **~ de faire qqch** hablar de hacer algo ; **~ de qqch/qqn (à qqn)** hablar de algo/de alguien (a alguien) ; **sans ~ de** sin hablar de, amén de ; **n'en parlons plus!** ¡no se hable más! ; **~ pour ne rien dire** hablar por hablar, hablar por no estar callado(da) ; **tu parles!** *fam* ¡qué va! ◇ *vt* [langue] hablar. ◇ *nm* - **1.** [manière de parler] manera *f* de hablar - **2.** LING [patois] habla *m*. ◆ **à proprement parler** *loc adv* propiamente dicho.

parloir [parlwar] *nm* locutorio *m*.

parmi [parmi] *prép* entre ; **~ d'autres** entre otros (entre otras).

parodie [parɔdi] *nf* parodia *f*.

parodier [parɔdje] *vt* parodiar.

paroi [parwa] *nf* pared *f* ; **~ rocheuse** pared rocosa.

paroisse [parwas] *nf* parroquia *f*.

paroissial, e, aux [parwasjal, o] *adj* parroquial.

paroissien, enne [parwasjɛ̃, ɛn] *nm, f* parroquiano *m*, -na *f*, feligrés *m*, -esa *f*.

parole [parɔl] *nf* - **1.** [faculté de parler] habla *m* - **2.** [propos, discours] palabra *f* ; **adresser la ~ à qqn** dirigir la palabra a alguien ; **couper la ~ à qqn** cortar a alguien ; **prendre la ~** tomar la palabra, hacer uso de la palabra. ◆ **paroles** *nfpl* [de chanson] letra *f*.

paroxysme [parɔksism] *nm* paroxismo *m*.

parquer [parke] *vt* - **1.** [animal] encerrar *(en un redil)* - **2.** [prisonniers] hacinar - **3.** [voiture] aparcar *Esp*, parquear *Amér*.

parquet [parkɛ] *nm* - **1.** [plancher] parquet *m*, parqué *m* - **2.** JUR ≃ ministerio *m* fiscal.

parqueter [parkəte] *vt* poner parquet a.

parrain [parɛ̃] *nm* padrino *m*.

parrainer [parɛne] *vt* apadrinar ; [un projet] patrocinar.

parricide [parisid] ◇ *adj* parricida. ◇ *nm* [meurtre] parricidio *m*. ◇ *nmf* [assassin] parricida *mf*.

parsemer [parsəme] *vt* - **1.** [recouvrir] sembrar ; **~ qqch de** sembrar algo de - **2.** *sout* [consteller - ciel] constelar ; [- texte] salpicar.

part [par] *nf* parte ; **à ~ entière** [membre] de pleno derecho ; [artiste] de pies a cabeza ; **c'est de la ~ de qui?** ¿de parte de quién? ; **faire ~ à qqn de qqch** hacer partícipe a alguien de algo ; **pour ma ~** por mi parte ; **pour une bonne ~** en gran medida ; **prendre ~ à qqch** tomar parte en algo ; [douleur] compartir algo. ◆ **à part** *loc adv* aparte. ◆ **autre part** *loc adv* [sans mouvement] en otra parte ; [avec mouvement] a otra parte. ◆ **d'autre part** *loc adv* por otra parte. ◆ **de part et d'autre** *loc adv* de una y otra parte. ◆ **d'une part ..., d'autre part** *loc corrélative* por una parte ..., por otra. ◆ **nulle part** *loc adv* [sans mouvement] en ninguna parte ; [avec mouvement] a ninguna parte. ◆ **quelque part** *loc adv* [sans mouvement] en alguna parte ; [avec mouvement] a alguna parte.

part. (*abr de* **particulier**) part.

partage [partaʒ] *nm* - **1.** [action] reparto *m*, repartición *f* - **2.** JUR partición *f*.

partagé, e [partaʒe] *adj* [opinions, torts] compartido(da) ; [tendresse] correspondido(da) ; [ambivalent] dividido(da) ; **être ~ sur** estar dividido acerca de.

partager [partaʒe] *vt* - **1.** [héritage] partir - **2.** *fig* [désunir] dividir ; [temps] repartir - **3.** [pouvoir, joie, repas] : **~ qqch avec qqn** compartir algo con alguien. ◆ **se partager** *vp* - **1.** [gén] repartirse - **2.** [personne, groupe] dividirse.

partance [partɑ̃s] *nf* : **en ~ pour** con destino a.

partant, e [partɑ̃, ɑ̃t] *adj* : **être ~ pour** estar dispuesto a OU para. ◆ **partant** *nm* SPORT participante *mf*.

partenaire [partənɛr] *nmf* - **1.** [gén] pareja *f* - **2.** COMM [pays] país *m* socio ; [entreprise] empresa *f* asociada. ◆ **partenaires sociaux** *mpl* agentes *mpl* sociales.

partenariat [partənarja] *nm* cooperación *f*.

parterre [partɛr] *nm* - **1.** [de fleurs] parterre *m* - **2.** THÉÂTRE patio *m* de butacas.

parti, e [parti] ◇ *pp* ▷ **partir**. ◇ *adj* *fam* [ivre] piripi. ◆ **parti** *nm* - **1.** [gén & POLIT] partido *m* ; **prendre ~** tomar partido ; **tirer ~** sacar partido ; **un beau ~** un buen partido - **2.** [choix] decisión *f* ; **prendre le ~ de qqch/faire qqch** decidir algo/hacer algo ; **prendre le ~ de qqn** ponerse a favor de alguien - **3.** *loc* : **être de ~ pris** tener prejuicios ; **j'en prends mon ~** habrá que resignarse. ◆ **partie** *nf* - **1.** [élément, portion & JUR] parte *f* ; **en grande/majeure ~e** en gran/en su mayor parte ; **faire ~e (intégrante) de qqch** formar parte de algo ; **la ~e adverse** la parte contraria - **2.** [domaine d'activité] especialidad *f* - **3.** SPORT partido *m* - **4.** [au jeu] partida *f* - **5.** *loc* : **prendre qqn à ~e** tomarla con alguien. ◆ **en partie** *loc adv* en parte.

partial, e, aux [parsjal, o] *adj* parcial.

partialité [parsjalite] *nf* parcialidad *f*.

participant, e [partisipɑ̃, ɑ̃t] ◇ *adj* participante. ◇ *nm, f* - **1.** SPORT [concurrent] participante *mf* - **2.** [adhérent] miembro *m*.

participation [partisipasjɔ̃] *nf* participación *f*.

participe [partisip] *nm* LING participio *m* ; **~ passé/présent** participio pasado/presente.

participer [partisipe] *vi* - **1.** [prendre part] : **~ à qqch** [réunion, fête] asistir a algo ; [bénéfices] participar en algo ; [frais] compartir algo - **2.** *sout* [relever] : **~ de qqch** participar de algo.

particularisme [partikylarism] *nm* particularismo *m*.

particularité [partikylarite] *nf* particularidad *f*.

particule [partikyl] *nf* partícula *f*.

particulier, ère [partikylje, ɛr] *adj* - **1.** [gén] particular ; **~ à qqn** característico de alguien - **2.** [remarquable] excepcional - **3.** [soin] especial. ◆ **en particulier** *loc adv* - **1.** [gén] en particular - **2.** [seul à seul] a solas.

particulièrement [partikyljɛrmɑ̃] *adv* - **1.** [surtout] en particular - **2.** [spécialement] particularmente ; **tout ~** muy particularmente.

partie ▷ **parti**.

partiel, elle [parsjɛl] *adj* parcial. ◆ **partiel** *nm* UNIV parcial *m*.

partir [partir] *vi* - **1.** [personne, tache] marcharse - **2.** [se mettre en marche - voiture] arrancar ; [- train, avion] salir - **3.** [commencer] partir - **4.** [bouchon] saltar - **5.** [coup de feu, éclat de rire] estallar - **6.** [prendre son point de départ] : **~ de** partir de. ◆ **à partir de** *loc prép* a partir de.

partisan, e [partizɑ̃, an] *adj* partidista. ◆ **partisan** ◇ *nm* - **1.** POLIT partidario *m*, -ria *f* - **2.** [combattant] guerrillero *m*. ◇ *adj* : **~ de** partidario(ria) de.

partition [partisjɔ̃] *nf* - **1.** [séparation] división *f* - **2.** MUS partitura *f*.

partout [partu] *adv* en todas partes ; ~ **où il allait** por dondequiera que iba.

paru, e [pary] *pp* ▷ **paraître.**

parure [paryr] *nf* - **1.** [de bijoux] juego *m* - **2.** [de lit] juego *m* de cama.

parution [parysjɔ̃] *nf* publicación *f*.

parvenir [parvənir] *vi* [réussir] : ~ **à qqch/à faire qqch** conseguir algo/hacer algo.

parvenu, e [parvəny] ◇ *pp* ▷ **parvenir.** ◇ *nm, f péj* nuevo rico *m*, nueva rica *f*.

pas¹ [pa] *nm* - **1.** [gén] paso *m* ; **allonger le ~** alargar la zancada ; **au ~ cadencé** marcando el paso ; **avancer d'un ~** avanzar un paso ; **faire un ~ en avant** dar un paso adelante ; **le ~ de l'oie** el paso de la oca - **2.** [d'une porte] umbral *m* - **3.** *loc* : **à ~ de loup** OU **feutrés** con paso sigiloso ; **c'est à deux ~ (d'ici)** está a dos pasos (de aquí) ; **emboîter le ~ à qqn** ir tras los pasos de alguien ; **faire le premier ~** dar el primer paso ; **faire les cent ~** pasear arriba y abajo ; **faire un faux ~** dar un paso en falso ; ~ **à ~** paso a paso ; **rouler au ~** circular lentamente ; **sauter le ~** dar el paso ; **tirer qqn d'un mauvais ~** sacar a alguien de un apuro. ◆ **pas de vis** *nm* paso *m* de rosca.

pas² [pa] *adv* no ; **ne ... ~** no ; **il ne mange ~** no come ; **absolument/vraiment ~** en absoluto ; ~ **assez** *(+ adjectif)* no lo suficientemente *(+ adjetivo)*, no lo bastante *(+ adjetivo)* ; ~ **encore** todavía no ; ~ **un de** ninguno de ; ~ *(+ adjectif)* nada *(+ adjetivo)* ; **ce n'est ~ drôle** no es nada divertido.

pascal, e, als OU **aux** [paskal, o] *adj* pascual, de Pascua. ◆ **pascal, als** *nm* PHYS pascal *m*.

pas-de-porte [padpɔrt] *nm inv* traspaso *m*.

passable [pasabl] *adj* pasable, aceptable ; SCOL suficiente.

passage [pasaʒ] *nm* - **1.** [gén] paso *m* ; **attraper qqch au ~** coger algo al vuelo ; **de ~** de paso ; ~ **pour piétons** paso de cebra OU de peatones ; ~ **à niveau** paso a nivel ; ~ **protégé** cruce *m* con prioridad ; ~ **souterrain** paso subterráneo - **2.** [de texte, de musique] pasaje *m*.

passager, ère [pasaʒe, ɛr] ◇ *adj* pasajero(ra). ◇ *nm, f* pasajero *m*, -ra *f*.

passant, e [pasɑ̃, ɑ̃t] ◇ *adj* concurrido(da). ◇ *nm, f* transeúnte *mf*. ◆ **passant** *nm* [de ceinture] presilla *f*.

passe [pas] *nf* - **1.** [col de montagne] paso *m* - **2.** SPORT pase *m* - **3.** NAVIG [chenal] pasaje *m* - **4.** [d'escrime] pase *m*, finta *f* - **5.** *fam* [de prostituée] cita *f (con prostituta)* - **6.** *loc* : **être en ~ de faire qqch** estar a punto de hacer algo.

passé, e [pase] *adj* pasado(da). ◆ **passé** ◇ *nm* pasado *m* ; ~ **antérieur/composé/simple** pretérito anterior/perfecto/indefinido. ◇ *prép* pasado(da).

passe-droit [pasdrwa] (*pl* **passe-droits**) *nm* favor *m* ilícito.

passe-montagne [pasmɔ̃taɲ] (*pl* **passe-montagnes**) *nm* pasamontañas *m inv*.

passe-partout [paspartu] *nm inv* - **1.** [clé] llave *f* maestra - **2.** *(en apposition)* [phrase, mot, réponse] comodín *m*.

passeport [paspɔr] *nm* pasaporte *m*.

passer [pase] ◇ *vi* - **1.** [gén] pasar ; ~ **de qqch à qqch** [changer d'activité] cambiar de algo a algo ; [changer d'état] pasar de algo a algo ; ~ **sur qqch** [se taire] pasar algo por alto ; ~ **pour** pasar por ; **se faire ~ pour qqn** hacerse pasar por alguien - **2.** [aller] : ~ **chez** pasar por ; **je dois ~ chez moi** tengo que pasar por mi casa - **3.** [être acceptable] : ~ **bien/mal** caer bien/mal ; ~ **difficilement** ser difícil de aceptar ; **passons ...** dejémoslo ... - **4.** [perdre son éclat] irse - **5.** TÉLÉ & CIN dar, poner ; **qu'est-ce qui passe, ce soir?** ¿qué dan OU ponen esta noche? ◇ *vt* - **1.** [obstacle, moment, objet] pasar ; ~ **qqch à qqn** pasar algo a alguien - **2.** [caprice] : ~ **qqch à qqn** consentir algo a alguien - **3.** [couche de peinture] dar - **4.** [café] colar - **5.** [mettre - film, disque] poner ; [- vêtement] ponerse - **6.** [vitesses] poner, meter - **7.** [contrat] otorgar - **8.** [examen] hacer. ◆ **se passer** *vp* - **1.** [gén] pasar ; **se ~ de qqch/de faire qqch** pasar sin algo/sin hacer algo - **2.** [scène] transcurrir - **3.** [se mettre] ponerse. ◆ **en passant** *loc adv* - **1.** [au passage] al pasar - **2.** *fig* [par la même occasion] de paso.

passerelle [pasrɛl] *nf* - **1.** [gén] pasarela *f* - **2.** [de bateau] puente *m* de mando.

passe-temps [pastɑ̃] *nm inv* pasatiempo *m*.

passif, ive [pasif, iv] *adj* pasivo(va). ◆ **passif** *nm* - **1.** GRAM pasiva *f*, voz *f* pasiva - **2.** FIN pasivo *m*.

passion [pasjɔ̃] *nf* pasión *f* ; **avoir la ~ de qqch** tener pasión por algo.

passionné, e [pasjɔne] ◇ *adj* apasionado(da). ◇ *nm, f* [de caractère] pasional *mf*.

passionnel, elle [pasjɔnɛl] *adj* pasional.
passionner [pasjɔne] *vt* - **1.** [personne] apasionar - **2.** [débat] animar, dar un tono apasionado a. ◆ **se passionner** *vp* : **se ~ pour qqch** apasionarse por algo.
passivité [pasivite] *nf* pasividad *f*.
passoire [paswar] *nf* colador *m*.
pastel [pastɛl] ◇ *nm* [crayon] pastel *m*. ◇ *adj inv* pastel *(en aposición)*.
pastèque [pastɛk] *nf* sandía *f*.
pasteur [pastœr] *nm* pastor *m*.
pasteuriser [pastœrize] *vt* pasteurizar.
pastille [pastij] *nf* - **1.** [bonbon - médicament] pastilla *f* ; [- confiserie] caramelo *m* - **2.** [motif] lunar *m*.
pastis [pastis] *nm* anís *m (bebida)*.
patate [patat] *nf fam* - **1.** [pomme de terre] patata *f Esp*, papa *f Amér* - **2.** [imbécile] burro *m*, -rra *f*. ◆ **patate douce** *nf* boniato *m*, batata *f*.
patauger [patoʒe] *vi* - **1.** [barboter] chapotear - **2.** *fam fig* [s'embrouiller] hacerse un taco.
patch [patʃ] *nm* MÉD parche *m*.
pâte [pat] *nf* - **1.** CULIN masa *f* ; **~ d'amandes** mazapán *m* ; **~ brisée** masa quebrada ; **~ de coings** carne *f* de membrillo ; **~ feuilletée** masa de hojaldre ; **~ de fruits** dulce *m* de frutas ; **~ à pain/à tarte** masa de pan/de tarta - **2.** [substance] pasta *f* ; **~ dentifrice** pasta dentífrica OU de dientes. ◆ **pâtes** *nfpl* pasta *f*.
pâté [pate] *nm* - **1.** CULIN paté *m* ; **~ de campagne** paté de campagne ; **~ en croûte** *paté envuelto en hojaldre* ; **~ de foie** paté de hígado, ≃ foie-gras *m inv* - **2.** [tache] borrón *m*.
patelin [patlɛ̃] *nm fam* pueblucho *m*.
patente [patɑ̃t] *nf* patente *f*.
patère [patɛr] *nf* colgador *m*.
paternalisme [patɛrnalism] *nm* paternalismo *m*.
paternel, elle [patɛrnɛl] *adj* - **1.** [gén] paternal - **2.** [autorité] paterno(na).
paternité [patɛrnite] *nf* paternidad *f*.
pâteux, euse [patø, øz] *adj* - **1.** [aliment] pastoso(sa) - **2.** [style] pesado(da).
pathétique [patetik] ◇ *adj* patético(ca). ◇ *nm* patético *m*.
pathologie [patɔlɔʒi] *nf* patología *f*.
patibulaire [patibylɛr] *adj péj* patibulario(ria).
patience [pasjɑ̃s] *nf* - **1.** [gén] paciencia *f* - **2.** [jeu de cartes] solitario *m*.
patient, e [pasjɑ̃, ɑ̃t] *adj* & *nm, f* paciente.
patienter [pasjɑ̃te] *vi* esperar (pacientemente).
patin [patɛ̃] *nm* patín *m* ; **~ à glace** patín de cuchilla ; **~ à roulettes** patín de ruedas.
patinage [patinaʒ] *nm* SPORT patinaje *m* ; **~ artistique/de vitesse** patinaje artístico/de velocidad.
patiner [patine] ◇ *vi* patinar. ◇ *vt* dar pátina a. ◆ **se patiner** *vp* cubrirse de pátina.
patinoire [patinwar] *nf* pista *f* de patinaje.
pâtisserie [patisri] *nf* - **1.** [gâteau] pastel *m* - **2.** [art, métier, industrie] pastelería *f*, repostería *f* - **3.** [commerce] pastelería *f*.
pâtissier, ère [patisje, ɛr] *adj* & *nm, f* pastelero(ra).
patois [patwa] *nm* dialecto *m*.
patriarche [patrijarʃ] *nm* patriarca *m*.
patrie [patri] *nf* patria *f*.
patrimoine [patrimwan] *nm* patrimonio *m*.
patriote [patrijɔt] *adj* & *nmf* patriota.
patriotique [patrijɔtik] *adj* patriótico(ca).
patron, onne [patrɔ̃, ɔn] *nm, f* - **1.** [chef d'entreprise] patrón *m*, -ona *f* - **2.** [chef] jefe *m* - **3.** RELIG patrón *m*, -ona *f*. ◆ **patron** *nm* COUT patrón *m*.
patronage [patrɔnaʒ] *nm* - **1.** [gén] patronato *m* - **2.** COMM patrocinio *m*.
patronal, e, aux [patrɔnal, o] *adj* patronal.
patronat [patrɔna] *nm* patronal *f*.
patronyme [patrɔnim] *nm sout* patronímico *m*.
patrouille [patruj] *nf* patrulla *f*.
patte [pat] *nf* - **1.** [d'animal] pata *f* ; **se mettre à quatre ~s devant qqn** *fig* doblegarse ante alguien - **2.** *fam* [d'homme - jambe, pied] pata *f* ; [- main] mano *f* - **3.** COUT [languette d'étoffe, attache] lengüeta *f* - **4.** [favori] patilla *f*.
pâturage [patyraʒ] *nm* pasto *m*.
pâture [patyr] *nf* pasto *m*.
paume [pom] *nf* - **1.** [de la main] palma *f* - **2.** [jeu] pelota *f* vasca.
paumé, e [pome] *fam* ◇ *adj* perdido(da) *(desorientado)*. ◇ *nm, f* colgado *m*, -da *f*.
paumer [pome] *vt fam* perder. ◆ **se paumer** *vp fam* perderse.
paupière [popjɛr] *nf* párpado *m*.
pause [poz] *nf* pausa *f*.

pauvre [povr] ◇ *adj* pobre ; **~ en qqch** pobre en algo. ◇ *nmf* pobre *mf*.

pauvreté [povrəte] *nf* pobreza *f*.

pavaner [pavane] ◆ **se pavaner** *vp* pavonearse.

pavé, e [pave] *adj* pavimentado(da). ◆ **pavé** *nm* - **1.** [bloc de pierre] adoquín *m* ; **jeter un ~ dans la mare** *fig* meter el lobo en el redil - **2.** [chaussée] adoquinado *m* ; **être sur le ~** *fig* estar en la calle - **3.** *fam* [gros livre] tocho *m* - **4.** CULIN entrecot *m* - **5.** PRESSE recuadro *m*. ◆ **pavé numérique** *nm* INFORM teclado *m* numérico.

pavillon [pavijɔ̃] *nm* - **1.** [gén] pabellón *m* - **2.** [drapeau] bandera *f*.

pavot [pavo] *nm* adormidera *f*.

payant, e [pɛjɑ̃, ɑ̃t] *adj* - **1.** [hôte, spectacle] de pago - **2.** *fam* [effort] provechoso(sa).

paye = paie.

payement = paiement.

payer [peje] ◇ *vt* pagar ; **faire ~** cobrar ; **~ qqch à qqn** pagar algo a alguien ; **~ par chèque/en liquide** pagar con cheque/en metálico. ◇ *vi* compensar ; [métier] estar bien pagado(da).

pays [pei] *nm* - **1.** [gén] país *m* - **2.** [région, province] región *f* - **3.** [terre natale] tierra *f* ; **rentrer au ~** volver a su tierra - **4.** [village] pueblo *m*. ◆ **pays Baltes** *nmpl* : **les ~ Baltes** los países Bálticos. ◆ **pays de Galles** *nm* : **le ~ de Galles** (País de) Gales.

paysage [peizaʒ] *nm* paisaje *m*.

paysagiste [peizaʒist] *adj* & *nmf* paisajista.

paysan, anne [peizɑ̃, an] *adj* & *nm, f* campesino(na).

Pays-Bas [peiba] *nmpl* : **les ~** los Países Bajos.

Pays basque [peibask] *nm* : **le ~** el País Vasco.

PC *nm* - **1.** (*abr de* **Parti communiste**) PC *m* - **2.** (*abr de* **personal computer**) PC *m* - **3.** (*abr de* **prêt conventionné**) *préstamo concertado que en general favorece al deudor* - **4.** (*abr de* **poste de commandement**) PM *m* - **5.** (*abr de* **petite ceinture**) *línea de autobuses de circunvalación de París* - **6.** (*abr de* **permis de construire**) permiso *m* de construcción.

péage [peaʒ] *nm* peaje *m*.

peau [po] *nf* - **1.** [gén] piel *f* ; **~ de chamois** gamuza *f* ; **~ d'orange** MÉD piel de naranja ; **~ de vache** *fam* hueso *m (persona dura)* - **2.** [de lait] nata *f*.

peccadille [pekadij] *nf sout* pequeñez *m*.

péché [peʃe] *nm* pecado *m*.

pêche [pɛʃ] *nf* - **1.** [fruit] melocotón *m Esp*, durazno *m Amér* - **2.** [activité, poissons pêchés] pesca *f* ; **~ à la ligne/sous-marine** pesca con caña/submarina.

pécher [peʃe] *vi* pecar.

pêcher[1] [peʃe] *vt* pescar.

pêcher[2] [peʃe] *nm* melocotonero *m*.

pécheur, eresse [peʃœr, peʃrɛs] *adj* & *nm, f* pecador(ra).

pêcheur, euse [pɛʃœr, øz] *nm, f* pescador *m*, -ra *f*.

pectoraux [pɛktɔro] *nmpl* pectorales *mpl*.

pécule [pekyl] *nm* peculio *m*.

pécuniaire [pekynjɛr] *adj* pecuniario(ria).

pédagogie [pedagɔʒi] *nf* pedagogía *f*.

pédagogue [pedagɔg] *adj* & *nmf* pedagogo(ga).

pédale [pedal] *nf* - **1.** [gén] pedal *m* - **2.** *vulg péj* [homosexuel] marica *m Esp*, joto *m Amér*.

pédaler [pedale] *vi* - **1.** [à bicyclette] pedalear - **2.** *loc* : **~ dans la choucroute** *fam* no entender ni papa.

pédalo [pedalo] *nm* patín *m (de pedales)*.

pédant, e [pedɑ̃, ɑ̃t] *adj* & *nm, f* pedante.

pédéraste [pederast] *nm* pederasta *m*.

pédestre [pedɛstr] *adj* pedestre ; **une randonnée ~** una marcha.

pédiatre [pedjatr] *nmf* pediatra *mf*.

pédiatrie [pedjatri] *nf* pediatría *f*.

pédicure [pedikyr] *nmf* pedicuro *m*, -ra *f*, callista *mf*.

pègre [pɛgr] *nf* hampa *f*.

peigne [pɛɲ] *nm* - **1.** [de cheveux - pour démêler] peine *m* ; [- barrette] peineta *f* - **2.** [de tissage] carda *f*, rastrillo *m*.

peigner [peɲe] *vt* - **1.** [cheveux] peinar - **2.** [fibres] cardar.

peignoir [pɛɲwar] *nm* - **1.** [sortie de bain] : **~ (de bain)** albornoz *m* (de baño) - **2.** [déshabillé] bata *f*.

peindre [pɛ̃dr] *vt* pintar.

peine [pɛn] *nf* - **1.** [châtiment, tristesse] pena *f* ; **avoir de la ~** estar triste ; **faire de la ~ à qqn** entristecer a alguien ; **sous ~ de qqch** bajo pena de algo ; **~ capitale** OU **de mort** pena capital OU de muerte ; **~ incompressible** *condena sin reducción de pena* - **2.** [effort] esfuerzo *m* ; **se donner de la ~** esforzarse ; **sans ~** sin esfuerzo ; **prendre la ~ de faire qqch** tomarse la molestia de hacer algo - **3.** [difficulté] trabajo *m* ; **à**

grand-~ a duras penas. ◆ **à peine** *loc adv* apenas.
peint, e [pɛ̃, pɛ̃t] *pp* ▷ **peindre.**
peintre [pɛ̃tr] *nm* pintor *m*, -ra *f*.
peinture [pɛ̃tyr] *nf* pintura *f* ; ~ **murale** mural *m*.
péjoratif, ive [peʒɔratif, iv] *adj* peyorativo(va).
Pékin [pekɛ̃] *n* Pekín.
pelage [pəlaʒ] *nm* pelaje *m*.
pêle-mêle [pɛlmɛl] *adv* en desorden.
peler [pəle] *vt* & *vi* pelar.
pèlerin [pɛlrɛ̃] *nm* peregrino *m*, -na *f*.
pèlerinage [pɛlrinaʒ] *nm* peregrinación *f*, peregrinaje *m*.
pélican [pelikɑ̃] *nm* pelícano *m*.
pelle [pɛl] *nf* pala *f*.
pelleter [pɛlte] *vt* remover con la pala.
pellicule [pelikyl] *nf* película *f*. ◆ **pellicules** *nfpl* caspa *f*.
pelote [pəlɔt] *nf* - **1.** [de fils] ovillo *m* ; ~ **de laine** ovillo de lana - **2.** COUT [à épingles] alfiletero *m*, acerico *m*. ◆ **pelote basque** *nf* pelota *f* vasca.
peloton [plɔtɔ̃] *nm* - **1.** [de soldats, de concurrents] pelotón *m* ; ~ **d'exécution** pelotón de ejecución - **2.** [de ficelle] ovillejo *m*.
pelotonner [pəlɔtɔne] ◆ **se pelotonner** *vp* acurrucarse ; **se ~ contre qqch/contre qqn** acurrucarse contra algo/contra alguien.
pelouse [pəluz] *nf* - **1.** [gén] césped *m* - **2.** [de champ de courses] entrada *f*.
peluche [pəlyʃ] *nf* - **1.** [gén] peluche *m* - **2.** *(gén pl)* [d'étoffe] bola *f*.
pelure [pəlyr] *nf* - **1.** [de fruit, de légume] monda *f*, peladura *f* ; [d'oignon] capa *f* - **2.** *fam* [vêtement] abrigo *m Esp*, tapado *m Amér*.
pénal, e, aux [penal, o] *adj* penal. ◆ **pénal** *nm* penal *m*.
pénaliser [penalize] *vt* penalizar.
penalty [penalti] (*pl* **penaltys** OU **penalties**) *nm* penalty *m*.
penaud, e [pəno, od] *adj* avergonzado(da) *Esp*, apenado(da) *Amér*.
penchant [pɑ̃ʃɑ̃] *nm* inclinación *f* ; **avoir un ~ pour qqch/pour qqn** tener inclinación por algo/por alguien.
penché, e [pɑ̃ʃe] *adj* inclinado(da).
pencher [pɑ̃ʃe] ◇ *vi* - **1.** [être incliné] estar inclinado(da) - **2.** [préférer] : ~ **pour** inclinarse por. ◇ *vt* inclinar. ◆ **se pencher** *vp* : **se ~ sur** OU **vers qqn/qqch** inclinarse hacia alguien/algo.
pendaison [pɑ̃dɛzɔ̃] *nf* ahorcamiento *m*.
pendant¹, e [pɑ̃dɑ̃, ɑ̃t] *adj* - **1.** [bras] colgando ; [langue] fuera - **2.** JUR [question] pendiente. ◆ **pendant** *nm* - **1.** [bijou] pendiente *m* - **2.** [équivalent] equivalente *mf* ; **il est le ~ de sa sœur** él y su hermana son tal para cual.
pendant² [pɑ̃dɑ̃] *prép* durante. ◆ **pendant que** *loc conj* mientras que ; ~ **que j'y suis, ...** ya que estoy aquí, ...
pendentif [pɑ̃dɑ̃tif] *nm* colgante *m*.
penderie [pɑ̃dri] *nf* ropero *m*.
pendre [pɑ̃dr] ◇ *vi* colgar. ◇ *vt* - **1.** [rideau, tableau] colgar - **2.** [personne] ahorcar, colgar. ◆ **se pendre** *vp* - **1.** [s'accrocher] : **se ~ à qqch** colgarse de algo - **2.** [se suicider] ahorcarse, colgarse.
pendule [pɑ̃dyl] ◇ *nm* péndulo *m*. ◇ *nf* reloj *m* de péndulo.
pendulette [pɑ̃dylɛt] *nf* reloj *m* pequeño.
pénétrer [penetre] ◇ *vi* - **1.** [chose] penetrar - **2.** [personne] entrar. ◇ *vt* - **1.** [suj : pluie] calar ; [suj : vent] penetrar - **2.** [mystère, intentions, secret] descubrir - **3.** [cœur, âme] llegar a.
pénible [penibl] *adj* - **1.** [gén] penoso(sa) - **2.** *fam* [personne] pesado(da).
péniblement [peniblәmɑ̃] *adv* a duras penas.
péniche [peniʃ] *nf* chalana *f*.
pénicilline [penisilin] *nf* penicilina *f*.
péninsule [penɛ̃syl] *nf* península *f*.
pénis [penis] *nm* pene *m*.
pénitence [penitɑ̃s] *nf* penitencia *f*.
pénitencier [penitɑ̃sje] *nm* penitenciaría *f*.
pénombre [penɔ̃br] *nf* penumbra *f*.
pensant, e [pɑ̃sɑ̃, ɑ̃t] *adj* pensante.
pense-bête [pɑ̃sbɛt] (*pl* **pense-bêtes**) *nm* señal *f (recordatorio)*.
pensée [pɑ̃se] *nf* - **1.** [gén] pensamiento *m* ; **en** OU **par la ~** con el pensamiento - **2.** [opinion] parecer *m* - **3.** [idée] idea *f*.
penser [pɑ̃se] ◇ *vi* pensar ; **faire ~ à qqch/à qqn** hacer pensar en algo/en alguien ; **~ à qqch/à qqn/à faire qqch** pensar en algo/en alguien/en hacer algo ; **n'y pensons plus!** ¡olvidemos eso! ◇ *vt* pensar ; ~ **faire qqch** pensar hacer algo ; **il n'en pense pas moins** en realidad lo piensa ; **pensez-vous!** ¡qué va!
pensif, ive [pɑ̃sif, iv] *adj* pensativo(va).
pension [pɑ̃sjɔ̃] *nf* - **1.** [allocation, hébergement] pensión *f* ; ~ **alimentaire** pensión

alimenticia ; ~ **de famille** casa *f* de huéspedes - **2.** [internat] internado *m*.

pensionnat [pɑ̃sjɔna] *nm* internado *m*.

pentagone [pɛ̃tagɔn] *nm* pentágono *m*.

pente [pɑ̃t] *nf* pendiente *f* ; **en ~** en pendiente.

Pentecôte [pɑ̃tkot] *nf* Pentecostés *m*.

pénurie [penyri] *nf* penuria *f*.

pépier [pepje] *vi* piar.

pépin [pepɛ̃] *nm* - **1.** [graine] pepita *f* - **2.** *fam* [ennui] contratiempo *m* - **3.** *fam* [parapluie] paraguas *m inv*.

pépinière [pepinjɛr] *nf* vivero *m*.

pépite [pepit] *nf* pepita *f*.

perçant, e [pɛrsɑ̃, ɑ̃t] *adj* - **1.** [vue, regard, froid] penetrante - **2.** [son] taladrante.

perce-neige [pɛrsənɛʒ] *nm* ou *nf inv* narciso *m* de las nieves.

percepteur [pɛrsɛptœr] *nm* inspector *m*, -ra *f* de Hacienda.

perception [pɛrsɛpsjɔ̃] *nf* - **1.** [action, emploi, bureau] inspección *f* - **2.** [sensation] percepción *f*.

percer [pɛrse] ◇ *vt* - **1.** [mur, planche] taladrar ; [trou] hacer - **2.** [fenêtre, tunnel, rue] abrir - **3.** [traverser - vêtement] calar ; [- foule, armée ennemie] atravesar - **4.** [secret, complot] descubrir. ◇ *vi* - **1.** [soleil, abcès] aparecer ; [dent] salir - **2.** [secret, conversation] filtrarse - **3.** [réussir] calar.

perceuse [pɛrsøz] *nf* taladradora *f*.

percevoir [pɛrsəvwar] *vt* - **1.** [intention, nuance, argent] percibir - **2.** [impôts] recaudar.

perche [pɛrʃ] *nf* - **1.** [poisson] perca *f* - **2.** [bâton] pértiga *f*.

percher [pɛrʃe] ◇ *vi* - **1.** [oiseau] posarse - **2.** *fam* [personne] vivir. ◇ *vt* [mettre] encaramar. ◆ **se percher** *vp* posarse.

perchoir [pɛrʃwar] *nm* - **1.** [d'oiseau] palo *m* - **2.** *fam* [lieu surélevé] pedestal *m* - **3.** [du président de l'Assemblée] *sillón del presidente de la Asamblea Nacional francesa*.

perclus, e [pɛrkly, yz] *adj* : **~ de** [rhumatismes, douleurs] baldado de.

percolateur [pɛrkɔlatœr] *nm* percolador *m*.

perçu, e [pɛrsy] *pp* ▷ **percevoir**.

percussion [pɛrkysjɔ̃] *nf* percusión *f*.

percutant, e [pɛrkytɑ̃, ɑ̃t] *adj* - **1.** [obus] percutiente - **2.** *fig* [argument] contundente.

percuter [pɛrkyte] ◇ *vt* chocar contra. ◇ *vi* : **~ contre qqch** chocar contra algo.

perdant, e [pɛrdɑ̃, ɑ̃t] *adj* & *nm, f* perdedor(ra).

perdition [pɛrdisjɔ̃] *nf* - **1.** [ruine morale] perdición *f* - **2.** [détresse] : **en ~** en peligro.

perdre [pɛrdr] *vt* & *vi* perder. ◆ **se perdre** *vp* - **1.** [gén] perderse - **2.** [pourrir] echarse a perder.

perdrix [pɛrdri] *nf* perdiz *f*.

perdu, e [pɛrdy] ◇ *pp* ▷ **perdre**. ◇ *adj* - **1.** [gén] perdido(da) - **2.** [malade] desahuciado(da) - **3.** [moments] libre.

perdurer [pɛrdyre] *vi sout* perdurar.

père [pɛr] *nm* - **1.** [gén] padre *m* ; **de ~ en fils** de padre a hijo ; **~ de famille** padre de familia - **2.** *fam* [homme mûr] : **le ~ Martin** el abuelo Martin. ◆ **pères** *nmpl sout* [ancêtres] padres *mpl*. ◆ **père Noël** *nm* Papá Noel *m* ; **croire au ~ Noël** creer en Papá Noel.

pérégrination [peregrinasjɔ̃] *nf (gén pl)* peregrinación *f*.

péremptoire [perɑ̃ptwar] *adj* perentorio(ria).

pérennité [perenite] *nf* perennidad *f*.

péréquation [perekwasjɔ̃] *nf* perecuación *f*.

perfection [pɛrfɛksjɔ̃] *nf* perfección *f*.

perfectionné, e [pɛrfɛksjɔne] *adj* perfeccionado(da).

perfectionner [pɛrfɛksjɔne] *vt* perfeccionar.

perfide [pɛrfid] *adj* pérfido(da).

perfidie [pɛrfidi] *nf sout* - **1.** [caractère] perfidia *f* - **2.** [action, propos] maldad *f*.

perforation [pɛrfɔrasjɔ̃] *nf* perforación *f*.

perforer [pɛrfɔre] *vt* perforar.

perforeuse [pɛrfɔrøz] *nf* perforadora *f*.

performance [pɛrfɔrmɑ̃s] *nf* - **1.** [résultat] resultado *m* - **2.** [exploit] hazaña *f* - **3.** *(gén pl)* [d'une machine] prestación *f*.

performant, e [pɛrfɔrmɑ̃, ɑ̃t] *adj* - **1.** [personne] competitivo(va) - **2.** [machine] con buenas prestaciones.

perfusion [pɛrfyzjɔ̃] *nf* perfusión *f* ; **être sous ~** tener puesto el gotero.

péridural, e, aux [peridyral, o] *adj* peridural. ◆ **péridurale** *nf* peridural *f*.

péril [peril] *nm sout* peligro *m*.

périlleux, euse [perijø, øz] *adj* peligroso(sa).

périmé, e [perime] *adj* - **1.** [passeport] caducado(da) - **2.** *fig* [idée] caduco(ca).

périmètre [perimɛtr] *nm* perímetro *m*.

période [perjɔd] *nf* período *m*, periodo *m*.

périodique [perjɔdik] ◇ *adj* periódico(ca). ◇ *nm* periódico *m*.
péripétie [peripesi] *nf (gén pl)* peripecia *f*.
périphérie [periferi] *nf* periferia *f*.
périphrase [perifraz] *nf* perífrasis *f inv*.
périple [peripl] *nm* periplo *m*.
périr [perir] *vi sout* **- 1.** [mourir] perecer **- 2.** *fig* [disparaître] desaparecer.
périssable [perisabl] *adj* perecedero(ra).
péritonite [peritɔnit] *nf* peritonitis *f inv*.
perle [pɛrl] *nf* **- 1.** [bille de nacre, goutte] perla *f* **- 2.** [de bois, de verre] cuenta *f* **- 3.** [personne parfaite] perla *f*, joya *f* **- 4.** *fam* [erreur] gazapo *m*.
perlé, e [pɛrle] *adj* **- 1.** [tissu] adornado(da) con perlas **- 2.** *fig* & ÉCON : **une grève ~e** una huelga intermitente.
perler [pɛrle] *vi* perlar.
permanence [pɛrmanɑ̃s] *nf* permanencia *f* ; **en ~** permanentemente ; **assurer la ~** estar de guardia.
permanent, e [pɛrmanɑ̃, ɑ̃t] ◇ *adj* [gén] permanente ; [cinéma] de sesión continua. ◇ *nm, f* miembro *m* permanente. ◆ **permanente** *nf* [coiffure] permanente *f*.
perméable [pɛrmeabl] *adj* permeable ; **~ à qqch** permeable a algo.
permettre [pɛrmɛtr] *vt* permitir ; **~ à qqn de faire qqch** permitir a alguien que haga algo OU hacer algo. ◆ **se permettre** *vp* permitirse ; **se ~ de faire qqch** permitirse hacer algo.
permis, e [pɛrmi, iz] *pp* ▻ **permettre.** ◆ **permis** *nm* permiso *m* ; **avoir son ~** *fam* sacarse el carné (de conducir) ; **~ de conduire** carné *m* OU permiso de conducir.
permission [pɛrmisjɔ̃] *nf* permiso *m* ; **avoir la ~ de faire qqch** tener permiso para hacer algo.
permuter [pɛrmyte] ◇ *vt* cambiar el orden de. ◇ *vi* hacer un cambio.
pernicieux, euse [pɛrnisjø, øz] *adj* pernicioso(sa).
pérorer [perɔre] *vi péj* perorar.
Pérou [peru] *nm* : **le ~** (el) Perú ; **c'est pas le ~** *fam* no es nada del otro jueves.
perpendiculaire [pɛrpɑ̃dikylɛr] ◇ *adj* perpendicular. ◇ *nf* perpendicular *f*.
perpète, perpette [pɛrpɛt] ◆ **à perpète** *loc adv fam* [loin] en el quinto pino ; [pour toujours] de por vida.
perpétrer [pɛrpetre] *vt* perpetrar.
perpette = **perpète**.
perpétuel, elle [pɛrpetɥɛl] *adj* perpetuo(tua).
perpétuer [pɛrpetɥe] *vt* perpetuar. ◆ **se perpétuer** *vp* perpetuarse.
perpétuité [pɛrpetɥite] *nf sout* perpetuidad *f* ; **à ~** [pour toujours] a perpetuidad ; [condamner] a cadena perpetua.
perplexe [pɛrplɛks] *adj* perplejo(ja).
perquisition [pɛrkizisjɔ̃] *nf* registro *m*.
perron [pɛrɔ̃] *nm* escalinata *f*.
perroquet [pɛrɔkɛ] *nm* **- 1.** [animal] loro *m*, papagayo *m* **- 2.** NAVIG [voile] juanete *m*.
perruche [pɛryʃ] *nf* cotorra *f*.
perruque [pɛryk] *nf* peluca *f*.
persécuter [pɛrsekyte] *vt* perseguir *(maltratar)*.
persécution [pɛrsekysjɔ̃] *nf* persecución *f*.
persévérant, e [pɛrseverɑ̃, ɑ̃t] *adj* perseverante.
persévérer [persevere] *vi* perseverar.
persienne [pɛrsjɛn] *nf* persiana *f (postigo)*.
persiflage [pɛrsiflaʒ] *nm* mofa *f*.
persifler [pɛrsifle] *vt sout* mofarse.
persil [pɛrsi] *nm* perejil *m*.
Persique [pɛrsik] ▻ **golfe**.
persistant, e [pɛrsistɑ̃, ɑ̃t] *adj* **- 1.** [fièvre, odeur] persistente **- 2.** BOT perenne.
persister [pɛrsiste] *vi* persistir ; **~ à faire qqch** persistir en hacer algo.
personnage [pɛrsɔnaʒ] *nm* **- 1.** [gén] personaje *m* **- 2.** [personnalité] figura *f*.
personnaliser [pɛrsɔnalize] *vt* personalizar.
personnalité [pɛrsɔnalite] *nf* personalidad *f*.
personne [pɛrsɔn] ◇ *nf* persona *f* ; **en ~** [en chair et en os] en persona ; [incarné] personificado(da) ; **par ~ interposée** a través de un intermediario ; **~ âgée** persona mayor, mayor *m* ; **~ morale/physique** persona jurídica/física. ◇ *pron indéf* **- 1.** [quelqu'un] alguien **- 2.** [aucune personne] nadie.
personnel, elle [pɛrsɔnɛl] *adj* **- 1.** [gén] personal **- 2.** *péj* [égoïste] suyo(ya). ◆ **personnel** *nm* personal *m* ; [domestiques] servidumbre *f* ; **~ navigant** tripulación *f*.
personnellement [pɛrsɔnɛlmɑ̃] *adv* personalmente.
personnifier [pɛrsɔnifje] *vt* personificar.

perspective [pɛrspɛktiv] *nf* perspectiva *f*; **en ~** en perspectiva.

perspicace [pɛrspikas] *adj* perspicaz.

persuader [pɛrsɥade] *vt* : **~ qqn de qqch/de faire qqch** persuadir a alguien de algo/de que haga algo. ◆ **se persuader** *vp* : **se ~ de qqch** persuadirse de algo ; **se ~ que** persuadirse de que.

persuasif, ive [pɛrsɥazif, iv] *adj* persuasivo(va).

persuasion [pɛrsɥazjɔ̃] *nf* persuasión *f*.

perte [pɛrt] *nf* **- 1.** [gén & COMM] pérdida *f*; **à ~ de vue** hasta el horizonte, hasta donde alcanza la vista **- 2.** [ruine, déchéance] ruina *f*. ◆ **pertes** *nfpl* MIL bajas *fpl*.

pertinent, e [pɛrtinɑ̃, ɑ̃t] *adj* pertinente.

perturber [pɛrtyrbe] *vt* perturbar.

pervenche [pɛrvɑ̃ʃ] ◇ *adj inv* [bleu] malva *(en aposición)*. ◇ *nf* **- 1.** BOT vincapervinca *f* **- 2.** *fam* [contractuelle] ≃ policía *f* municipal.

pervers, e [pɛrvɛr, ɛrs] ◇ *adj* **- 1.** [acte, goût] perverso(sa) **- 2.** [effet] negativo(va). ◇ *nm, f* perverso *m*, -sa *f*.

perversion [pɛrvɛrsjɔ̃] *nf* perversión *f*.

perversité [pɛrvɛrsite] *nf* perversidad *f*.

pervertir [pɛrvɛrtir] *vt* pervertir.

pesage [pəzaʒ] *nm* **- 1.** [pesée] peso *m* **- 2.** [de jockeys] pesaje *m*.

pesamment [pəzamɑ̃] *adv* [lourdement] pesadamente ; [gauchement] torpemente.

pesant, e [pəzɑ̃, ɑ̃t] *adj* pesado(da). ◆ **pesant** *nm* : **valoir son ~ d'or** valer su peso en oro.

pesanteur [pəzɑ̃tœr] *nf* **- 1.** PHYS gravedad *f* **- 2.** [lenteur, lourdeur] lentitud *f*.

pèse-bébé [pɛzbebe] (*pl inv* ou **pèse-bébés**) *nm* pesabebés *m inv*.

pesée [pəze] *nf* **- 1.** [pesage] pesaje *m* **- 2.** [pression] presión *f*.

pèse-lettre [pɛzlɛtr] (*pl inv* ou **pèse-lettres**) *nm* pesacartas *m inv*.

pèse-personne [pɛzpɛrsɔn] (*pl inv* ou **pèse-personnes**) *nm* báscula *f* de baño.

peser [pəze] ◇ *vt* **- 1.** [mesurer le poids de] pesar **- 2.** [considérer, examiner] sopesar. ◇ *vi* **- 1.** [avoir un certain poids] pesar ; **sa mort lui pèse sur la conscience** su muerte le pesa sobre la conciencia **- 2.** [appuyer] : **~ sur qqch** hacer fuerza sobre algo.

peseta [pezeta] *nf* peseta *f*.

pessimisme [pesimism] *nm* pesimismo *m*.

pessimiste [pesimist] *adj & nmf* pesimista.

peste [pɛst] *nf* peste *f*; **craindre qqch/qqn comme la ~** temer algo/a alguien como la peste ; **fuir qqch/qqn comme la ~** huir de algo/de alguien como de la peste.

pester [pɛste] *vi* echar pestes ; **~ contre qqch/contre qqn** echar pestes contra algo/contra alguien.

pestiféré, e [pɛstifere] *adj & nm, f* apestado(da) ; **être un ~** *iron* tener la peste.

pestilentiel, elle [pɛstilɑ̃sjɛl] *adj sout* pestilente.

pet [pɛ] *nm fam* pedo *m*.

pétale [petal] *nm* pétalo *m*.

pétanque [petɑ̃k] *nf* petanca *f*.

pétarader [petarade] *vi* pedorrear.

pétard [petar] *nm* **- 1.** [petit explosif] petardo *m* **- 2.** *fam* [cigarette de haschich] petardo *m* **- 3.** *fam* [revolver] pipa *f* **- 4.** *fam* [postérieur] trasero *m*.

péter [pete] ◇ *vi tfam* **- 1.** [faire un pet] tirarse un pedo **- 2.** [exploser] estallar **- 3.** [se rompre brusquement] reventar. ◇ *vt fam* [casser] cargarse.

pète-sec [pɛtsɛk] *fam* ◇ *adj inv* mandón(ona). ◇ *nmf inv* sargento *mf*.

pétiller [petije] *vi* **- 1.** [feu] chisporrotear **- 2.** [liquide] burbujear **- 3.** [yeux] chispear, brillar.

petit, e [pəti, it] ◇ *adj* **- 1.** [jeune, réduit, peu important] pequeño(ña) ; **une ~e maison** una casita, una casa pequeña **- 2.** [médiocre - esprit] pobre ; [- artiste] de segunda fila **- 3.** [gens] modesto(ta) **- 4.** *péj* [exprime le mépris] : **mon ~ monsieur** mi querido señor ; **~ crétin!** ¡cretino! ◇ *nm, f* pequeño *m*, -ña *f*. ◆ **petit** ◇ *nm* **- 1.** [gén] pequeño *m* **- 2.** [jeune animal] cachorro *m*. ◇ *adv* : **en ~** en pequeño.

petit-beurre [p(ə)tibœr] (*pl* **petits-beurre**) *nm* galletita *f* de mantequilla.

petit-bourgeois, petite-bourgeoise [p(ə)tiburʒwa, p(ə)titburʒwaz] (*mpl* **petits-bourgeois**, *fpl* **petites-bourgeoises**) *adj & nm, f* pequeñoburgués(esa).

petit déjeuner [p(ə)tideʒœne] (*pl* **petits déjeuners**) *nm* desayuno *m*.

petite-fille [p(ə)titfij] (*pl* **petites-filles**) *nf* nieta *f*.

petitement [p(ə)titmɑ̃] *adv* **- 1.** [à l'étroit] : **être ~ logé** vivir apretados

- **2.** [modestement] con estrecheces - **3.** [mesquinement] con mezquindad, mezquinamente.

petitesse [p(ə)titɛs] *nf* - **1.** [taille] pequeñez *f* - **2.** [modicité] escasez *f* - **3.** [mesquinerie] : **~ d'esprit** estrechez *f* de miras.

petit-fils [p(ə)tifis] (*pl* **petits-fils**) *nm* nieto *m*.

petit-four [p(ə)tifur] *nm* [salé] canapé *m* ; [sucré] pastelito *m*.

pétition [petisjɔ̃] *nf* petición *f*.

petit-lait [p(ə)tilɛ] (*pl* **petits-laits**) *nm* suero *m* de la leche.

petit-nègre [p(ə)tinɛgr] *nm inv fam péj* : **parler ~** hablar un francés macarrónico.

petits-enfants [p(ə)tizɑ̃fɑ̃] *nmpl* nietos *mpl*.

petit-suisse [p(ə)tisɥis] (*pl* **petits-suisses**) *nm* petit suisse *m*.

pétri, e [petri] *adj* : **~ de qqch** lleno de algo.

pétrifier [petrifje] *vt* - **1.** [changer en pierre] petrificar - **2.** *fig* [méduser] dejar petrificado(da).

pétrin [petrɛ̃] *nm* - **1.** [du boulanger] artesa *f* - **2.** *fam* [situation difficile] berenjenal *m* ; **se fourrer/être dans le ~** meterse/estar en un berenjenal.

pétrir [petrir] *vt* - **1.** [pâte] amasar ; [muscle] masajear - **2.** *fig* & *sout* [façonner] moldear.

pétrole [petrɔl] *nm* petróleo *m*.

pétrolier, ère [petrɔlje, ɛr] *adj* petrolero(ra). ◆ **pétrolier** *nm* petrolero *m*.

pétrolifère [petrɔlifɛr] *adj* petrolífero(ra).

P et T (*abr de* **postes et télécommunications**) *nfpl* ≃ CTT *mpl*.

pétulant, e [petylɑ̃, ɑ̃t] *adj* impetuoso(sa).

peu [pø] ◇ *adv* poco ; **~ de** poco(ca) ; **~ de travail** poco trabajo ; **~ d'élèves** pocos alumnos ; **~ souvent** de tarde en tarde. ◇ *nm* : **le ~ de** los pocos (las pocas) ; **le ~ de connaissances que j'ai** los pocos conocimientos que tengo ; **le ~ que** lo poco que ; **un ~** un poco ; **un (tout) petit ~** un poquito. ◆ **avant peu** *loc adv* dentro de poco. ◆ **de peu** *loc adv* por poco. ◆ **depuis peu** *loc adv* desde hace poco. ◆ **peu à peu** *loc adv* poco a poco. ◆ **pour peu que** *loc conj (+ subjonctif)* a poco que *(+ subjuntivo)* ; **pour ~ qu'il le veuille, il réussira** por poco que quiera, lo conseguirá. ◆ **pour un peu** *loc adv* casi. ◆ **sous peu** *loc adv* dentro de poco. ◆ **un tant soit peu** *loc adv* un poquito.

peuplade [pœplad] *nf* comunidad *f*.

peuple [pœpl] *nm* - **1.** [gén] pueblo *m* - **2.** *fam* [multitude] mogollón *m* de gente.

peuplement [pœpləmɑ̃] *nm* población *f*.

peupler [pœple] *vt* poblar. ◆ **se peupler** *vp* llenarse de gente.

peuplier [pøplije] *nm* álamo *m*.

peur [pœr] *nf* miedo *m* ; **avoir ~ de faire qqch/de qqch/de qqn** tener miedo de hacer algo/de algo/de alguien ; **avoir ~ que** *(+ subjonctif)* tener miedo de que *(+ subjuntivo)* ; **j'ai ~ qu'il (ne) pleuve** tengo miedo de que llueva ; **de** OU **par ~ de qqch** por miedo a OU de algo ; **de** OU **par ~ que** *(+ subjonctif)* por miedo a que *(+ subjuntivo)* ; **de** OU **par ~ qu'on (ne) le punisse** por miedo a que le castiguen ; **à faire ~** que asusta ; **il est laid à faire ~** es de un feo que asusta.

peureux, euse [pœrø, øz] *adj* & *nm, f* miedoso(sa).

peut-être [pøtɛtr] *adv* - **1.** [gén] quizás, quizá ; **~ que** quizás, quizá ; **~ qu'elle ne viendra pas, elle ne viendra ~ pas** quizás no venga - **2.** [alors] acaso ; **et moi, je ne sais pas conduire, ~?** ¿y yo? ¿acaso no sé conducir?

peux *etc* ▷ **pouvoir**.

p. ex. (*abr de* **par exemple**) p. ej.

pH (*abr de* **potentiel d'hydrogène**) *nm* pH *m*.

phalange [falɑ̃ʒ] *nf* falange *f*.

phallocrate [falɔkrat] *adj* & *nmf* falócrata.

phallus [falys] *nm* falo *m*.

phantasme = **fantasme**.

pharaon [faraɔ̃] *nm* faraón *m*.

phare [far] ◇ *nm* faro *m* ; **~ antibrouillard** faro antiniebla. ◇ *adj* emblemático(ca) ; **une industrie ~** una industria puntera.

pharmaceutique [farmasøtik] *adj* farmacéutico(ca).

pharmacie [farmasi] *nf* - **1.** [science, magasin] farmacia *f* - **2.** [armoire, trousse] botiquín *m*.

pharmacien, enne [farmasjɛ̃, ɛn] *nm, f* farmacéutico *m*, -ca *f*.

pharynx [farɛ̃ks] *nm* faringe *f*.

phase [faz] *nf* fase *f* ; **être en ~ avec qqn** estar en la misma onda con alguien.

phénoménal, e, aux [fenɔmenal, o] *adj* fenomenal.

phénomène [fenɔmɛn] *nm* fenómeno *m*.
philanthropie [filɑ̃trɔpi] *nf* filantropía *f*.
philatélie [filateli] *nf* filatelia *f*.
philatéliste [filatelist] *nmf* filatélico *m*, -ca *f*, filatelista *mf*.
philharmonique [filarmɔnik] *adj* filarmónico(ca).
philologie [filɔlɔʒi] *nf* filología *f*.
philosophe [filɔzɔf] *adj* & *nmf* filósofo *m*, -fa *f*.
philosophie [filɔzɔfi] *nf* filosofía *f*.
phobie [fɔbi] *nf* fobia *f*.
phonétique [fɔnetik] <> *adj* fonético(ca). <> *nf* fonética *f*.
phonographe [fɔnɔgraf] *nm* fonógrafo *m*.
phoque [fɔk] *nm* foca *f*.
phosphate [fɔsfat] *nm* fosfato *m*.
phosphore [fɔsfɔr] *nm* fósforo *m*.
phosphorescent, e [fɔsfɔresɑ̃, ɑ̃t] *adj* fosforescente.
photo [fɔto] <> *adj inv* fotográfico(ca). <> *nf* - **1.** [technique] fotografía *f* - **2.** [image] foto *f* ; ~ **d'identité** foto (de tamaño) carné ; **y'a pas** ~ *fam* no hay color.
photocomposition [fɔtɔkɔ̃pozisjɔ̃] *nf* fotocomposición *f*.
photocopie [fɔtɔkɔpi] *nf* fotocopia *f*.
photocopier [fɔtɔkɔpje] *vt* fotocopiar.
photocopieur [fɔtɔkɔpjœr] *nm* fotocopiadora *f*.
photocopieuse [fɔtɔkɔpjøz] *nf* fotocopiadora *f*.
photoélectrique [fɔtɔelɛktrik] *adj* fotoeléctrico(ca).
photogénique [fɔtɔʒenik] *adj* fotogénico(ca).
photographe [fɔtɔgraf] *nmf* fotógrafo *m*, -fa *f*.
photographie [fɔtɔgrafi] *nf* fotografía *f*.
photographier [fɔtɔgrafje] *vt* fotografiar.
Photomaton® [fɔtɔmatɔ̃] *nm* fotomatón *m*.
photoreportage [fɔtɔrəpɔrtaʒ] *nm* reportaje *m* fotográfico.
phrase [fraz] *nf* frase *f*.
physicien, enne [fizisjɛ̃, ɛn] *nm, f* físico *m*, -ca *f*.
physiologie [fizjɔlɔʒi] *nf* fisiología *f*.
physiologique [fizjɔlɔʒik] *adj* fisiológico(ca).
physionomie [fizjɔnɔmi] *nf* fisonomía *f*.
physionomiste [fizjɔnɔmist] *adj* & *nmf* fisonomista.
physique [fizik] <> *adj* físico(ca). <> *nf* SCIENCES física *f*. <> *nm* [constitution] físico *m*.
physiquement [fizikmɑ̃] *adv* físicamente.
piaffer [pjafe] *vi* - **1.** [cheval] piafar - **2.** *fig* [personne] saltar.
piailler [pjaje] *vi* - **1.** [oiseau] piar - **2.** [enfant] chillar.
pianiste [pjanist] *nmf* pianista *mf*.
piano [pjano] <> *nm* piano *m*. <> *adv* piano.
pianoter [pjanɔte] *vi* - **1.** [jouer du piano] aporrear el piano - **2.** [tapoter] tamborilear.
piaule [pjol] *nf fam* cuartucho *m*.
PIB (*abr de* **produit intérieur brut**) *nm* PIB *m*.
pic [pik] *nm* - **1.** [oiseau] pájaro *m* carpintero - **2.** [outil, montagne] pico *m* - **3.** *fig* [maximum] pico *m* ; ~ **d'audience** pico de audiencia ; ~ **de pollution** pico de polución. ◆ **à pic** *loc adv* - **1.** [verticalement] en picado ; **couler à** ~ irse a pique - **2.** *fam fig* [à point nommé] : **arriver à** ~ llegar en el momento justo ; **tomber à** ~ venir de perilla.
pichenette [piʃnɛt] *nf fam* palpi *m*.
pichet [piʃɛ] *nm* jarra *f*.
pickpocket [pikpɔkɛt] *nm* carterista *mf*.
pick-up [pikœp] *nm inv* - **1.** *vieilli* [tourne-disque] pick-up *m* - **2.** [camionnette] camioneta *f* descubierta.
picorer [pikɔre] *vt* & *vi* picotear, picar.
picotement [pikɔtmɑ̃] *nm* picor *m*.
pie [pi] <> *adj inv* [cheval] pío(a). <> *nf* - **1.** [oiseau] urraca *f* - **2.** *péj* [bavard] loro *m*, cotorra *f*.
pièce [pjɛs] *nf* - **1.** [élément] pieza *f* ; **en ~s détachées** desarmado(da) ; ~ **détachée** pieza de recambio - **2.** [unité] unidad *f* ; **acheter/vendre qqch à la** ~ comprar/vender algo por unidades ; **quinze francs** ~ quince francos la pieza - **3.** [document] documento *m* ; ~ **d'identité** documento de identidad ; **juger sur ~s** juzgar prueba en mano - **4.** [œuvre littéraire ou musicale] obra *f* ; ~ **de théâtre** obra de teatro - **5.** [argent] moneda *f* ; ~ **de monnaie** moneda - **6.** COUT remiendo *m*, pieza *f*.
pied [pje] *nm* - **1.** [gén] pie *m* ; **avoir** ~ hacer pie ; **faire du ~ à qqn** hacer piececitos

con alguien ; **à ~** a pie ; **sur ~** en pie - **2.** [de mouton, de veau] pata *f*.

pied-à-terre [pjetatɛr] *nm inv* apeadero *m (alojamiento de paso)*.

pied-de-biche [pjedbiʃ] (*pl* **pieds-de-biche**) *nm* - **1.** [outil] palanca *f* - **2.** COUT prensatelas *f inv*.

piédestal, aux [pjedɛstal, o] *nm* pedestal *m* ; **mettre qqn sur un ~** *fig* poner a alguien en un pedestal.

piedmont = **piémont**.

pied-noir, e [pjenwar] (*mpl* **pieds-noirs**, *fpl* **pieds-noires**) *nm, f francés que vivía en Argelia antes de su independencia*.

piège [pjɛʒ] *nm* trampa *f*.

piéger [pjeʒe] *vt* - **1.** [animal, personne] pillar OU coger en la trampa ; **se trouver piégé** estar metido en un atolladero - **2.** [voiture, valise] poner un explosivo en.

piémont, piedmont [pjemɔ̃] *nm* llanura *f*.

piercing [pirsiŋ] *nm* piercing *m*.

pierraille [pjɛraj] *nf* grava *f Esp*, pedregullo *m Amér*.

pierre [pjɛr] *nf* piedra *f*.

pierreries [pjɛrri] *nfpl* pedrería *f*.

piété [pjete] *nf* - **1.** RELIG piedad *f* - **2.** *vieilli* [filiale] amor *m*.

piétiner [pjetine] ◇ *vi* [ne pas avancer] estancarse. ◇ *vt* pisotear.

piéton, onne [pjetɔ̃, ɔn] ◇ *adj* peatonal. ◇ *nm, f* peatón *m*, -ona *f*.

piétonnier, ère [pjetɔnje, ɛr] *adj* peatonal.

piètre [pjɛtr] *adj (avant le nom)* pobre.

pieu, x [pjø] *nm* - **1.** [poteau] estaca *f* - **2.** *fam* [lit] sobre *m*.

pieuvre [pjœvr] *nf* pulpo *m*.

pieux, euse [pjø, øz] *adj* - **1.** [personne, livre] piadoso(sa) - **2.** [soins] devoto(ta).

pif [pif] *nm fam* napia *f*, napias *fpl* ; **au ~** a ojímetro.

pigeon [piʒɔ̃] *nm* - **1.** [oiseau] paloma *f* - **2.** *fam péj* [dupe] primo *m*.

pigeonnier [piʒɔnje] *nm* - **1.** [pour les pigeons] palomar *m* - **2.** *fig* & *vieilli* [petit logement] nido *m*.

pigment [pigmɑ̃] *nm* pigmento *m*.

pile [pil] ◇ *nf* - **1.** [gén] montón *m*, pila *f Esp*, ruma *f Amér* - **2.** [électrique] pila *f* - **3.** [côté d'une pièce] cruz *f* ; **~ ou face** cara o cruz. ◇ *adv fam* [heure] en punto ; **il est 7 h ~** son las 7 en punto ; **tomber** OU **arriver ~** [personne] llegar al pelo ; [chose] venir al pelo.

piler [pile] ◇ *vt* - **1.** [amandes] machacar - **2.** *fam fig* [battre] machacar. ◇ *vi fam* frenar en seco.

pileux, euse [pilø, øz] *adj* piloso(sa).

pilier [pilje] *nm* - **1.** [gén] pilar *m* - **2.** *fig* [habitué] habitual *mf*, asiduo *m*, -dua *f*.

pillard, e [pijar, ard] *adj* & *nm, f* saqueador(ra).

piller [pije] *vt* - **1.** [ville, magasin] saquear - **2.** *fig* [ouvrage, auteur] plagiar.

pilon [pilɔ̃] *nm* - **1.** [de mortier] maja *f* - **2.** [de poulet] pata *f* - **3.** [jambe de bois] pata *f* de palo.

pilonner [pilɔne] *vt* - **1.** [écraser] machacar - **2.** [livre] destruir la edición de - **3.** MIL bombardear.

pilori [pilɔri] *nm* picota *f* ; **clouer** OU **mettre qqn au ~** *fig* poner a alguien en la picota.

pilotage [pilɔtaʒ] *nm* pilotaje *m* ; **~ automatique** piloto automático.

pilote [pilɔt] ◇ *nm* - **1.** [conducteur] piloto *m* ; **~ de chasse/de course/d'essai** piloto de caza/de carreras/de pruebas ; **~ de ligne** piloto civil - **2.** [poisson] pez *m* piloto. ◇ *adj* piloto *(en aposición)*.

piloter [pilɔte] *vt* - **1.** [véhicule, avion] pilotar - **2.** [personne] guiar.

pilotis [pilɔti] *nm* pilote *m* ; **sur ~** sobre pilotes.

pilule [pilyl] *nf* píldora *f* ; **prendre la ~** tomar la píldora.

piment [pimɑ̃] *nm* - **1.** [plante] pimiento *m Esp*, ají *m Amér* ; **~ rouge** guindilla *f* - **2.** *fig* [piquant] sabor *m*.

pimpant, e [pɛ̃pɑ̃, ɑ̃t] *adj* peripuesto(ta).

pin [pɛ̃] *nm* pino *m* ; **~ parasol** pino piñonero.

pince [pɛ̃s] *nf* - **1.** [instrument] pinzas *fpl* ; **~ à cheveux** horquilla *f* ; **~ à épiler** pinzas de depilar ; **~ à linge** pinza (de la ropa) - **2.** [de crabe & COUT] pinza *f* - **3.** *fam* [main] zarpa *f*.

pinceau [pɛ̃so] *nm* - **1.** [pour peindre] pincel *m* - **2.** *fam* [jambe, pied] pata *f*.

pincée [pɛ̃se] *nf* pellizco *m* ; **une ~ de sel** un pellizco de sal.

pincer [pɛ̃se] ◇ *vt* - **1.** [entre les doigts - gén] pellizcar ; [- cordes d'instrument] puntear - **2.** [lèvres] fruncir - **3.** *fam fig* [arrêter] pillar ; **il s'est fait ~** lo han pillado - **4.** [suj : froid] azotar. ◇ *vi fam* [faire froid] : **ça pince drôlement aujourd'hui** hoy hace un frío que pela.

pincettes [pɛ̃sɛt] *nfpl* tenazas *fpl*.

pingouin [pɛ̃gwɛ̃] *nm* pingüino *m*.

ping-pong [piŋpɔ̃g] (*pl* **ping-pongs**) *nm* ping pong *m*.

pinson [pɛ̃sɔ̃] *nm* pinzón *m*.

pintade [pɛ̃tad] *nf* pintada *f*.

pin-up [pinœp] *nf inv* chica *f* de revista ; *fig* tía *f* buena.

pioche [pjɔʃ] *nf* pico *m*.

piocher [pjɔʃe] ◇ *vt* **- 1.** [terre] cavar **- 2.** [au jeu] robar **- 3.** [prendre au hasard] coger al azar. ◇ *vi* **- 1.** [creuser] cavar **- 2.** [au jeu] robar **- 3.** [choisir] : **~ dans qqch** rebuscar en algo.

pion, pionne [pjɔ̃, pjɔn] *nm, f arg persona joven, generalmente estudiante, encargada de la disciplina en un colegio.* ◆ **pion** *nm* **- 1.** [aux échecs] peón *m* **- 2.** *péj* [personne] peón *m*.

pionnier, ère [pjɔnje, ɛr] *nm, f* pionero *m*, -ra *f*.

pipe [pip] *nf* pipa *f (para fumar)*.

pipeline, pipe-line [pajplajn, piplin] (*pl* **pipe-lines**) *nm* [de pétrole] oleoducto *m* ; [de gaz] gasoducto *m*.

pipi [pipi] *nm fam* pipí *m* ; **faire ~** hacer pipí.

piquant, e [pikɑ̃, ɑ̃t] *adj* **- 1.** [barbe] rasposo(sa) **- 2.** [sauce] picante **- 3.** [froid] penetrante **- 4.** *fig* [détail] gracioso(sa). ◆ **piquant** *nm* **- 1.** [d'animal] pincho *m* ; [de végétal] pincho *m*, espina *f* **- 2.** *fig* [d'une histoire] gracia *f*.

pique [pik] ◇ *nf* **- 1.** [arme] pica *f* **- 2.** *fig* [mot blessant] puya *f* ; **lancer des ~s à qqn** soltar puyas a alguien. ◇ *nm* [aux cartes] picas *fpl*.

piqué, e [pike] *adj* **- 1.** [gén] picado(da) **- 2.** *fam* [personne] tocado(da) del ala.

pique-assiette [pikasjɛt] (*pl* **pique-assiettes**) *nmf péj* gorrón *m*, -ona *f*, gorrero *m*, -ra *f*.

pique-nique [piknik] (*pl* **pique-niques**) *nm* picnic *m*.

piquer [pike] ◇ *vt* **- 1.** [suj : animal, froid, fumée] picar ; [suj : barbe, tissu] rascar, picar **- 2.** [suj : aiguille, épine] pinchar **- 3.** [épingler] prender **- 4.** COUT coser **- 5.** *fam* [voler] birlar, levantar **- 6.** [curiosité] picar **- 7.** *fam* [attraper] pillar. ◇ *vi* **- 1.** [plante] pinchar **- 2.** [animal, aliment pimenté] picar **- 3.** *fam* [voler] levantar **- 4.** [avion] bajar en picado. ◆ **se piquer** *vp* **- 1.** [avec épingle, cactus, orties] pincharse **- 2.** *fam* [se droguer] picarse, pincharse **- 3.** *sout* [prétendre connaître] : **se ~ de qqch/de faire qqch** jactarse de algo/de hacer algo **- 4.** *sout* [se vexer] sentirse ofendido(da).

piquet [pikɛ] *nm* **- 1.** [petit pieu] estaca *f* **- 2.** [jeu de cartes] ≃ chinchón *m*.

piqûre [pikyr] *nf* **- 1.** [d'insecte, de plante] picadura *f* **- 2.** MÉD inyección *f* ; **faire une ~ de qqch à qqn** poner una inyección de algo a alguien **- 3.** COUT pespunte *m*.

piratage [pirataʒ] *nm* **- 1.** [gén] piratería *f* **- 2.** INFORM pirateo *m*.

pirate [pirat] ◇ *adj* pirata. ◇ *nm* pirata *m* ; **~ de l'air** pirata del aire.

pire [pir] ◇ *adj* peor ; **c'est ~ que jamais** es peor que nunca. ◇ *nm* : **le ~** lo peor.

pirogue [pirɔg] *nf* piragua *f*.

pirouette [pirwɛt] *nf* **- 1.** [gén] pirueta *f* **- 2.** *fig* [faux-fuyant] : **répondre** OU **s'en tirer par une ~** salirse por peteneras.

pis[1] [pi] ◇ *adj* peor. ◇ *adv* peor ; **de mal en ~** de mal en peor.

pis[2] [pi] *nm* ZOOL ubre *f*.

pis-aller [pizale] *nm inv* mal *m* menor.

pisciculture [pisikyltyr] *nf* piscicultura *f*.

piscine [pisin] *nf* piscina *f Esp*, alberca *f Amér* ; **~ couverte/découverte/olympique** piscina cubierta/descubierta/olímpica.

pissenlit [pisɑ̃li] *nm* diente *m* de león.

pisser [pise] *tfam* ◇ *vt* **- 1.** [suj : personne] mear **- 2.** [suj : plaie] : **~ le sang** sangrar (abundantemente). ◇ *vi* mear.

pissotière [pisɔtjɛr] *nf fam* meadero *m*.

pistache [pistaʃ] ◇ *adj inv* [couleur] pistacho *(en aposición)*. ◇ *nf* [fruit] pistacho *m*.

piste [pist] *nf* pista *f* ; **~ d'atterrissage** pista de aterrizaje ; **~ cyclable** circuito *m* para bicicletas.

pistil [pistil] *nm* pistilo *m*.

pistolet [pistɔlɛ] *nm* **- 1.** [gén] pistola *f* **- 2.** *fam* [urinal] orinal *m Esp*, bacinica *f Amér*.

piston [pistɔ̃] *nm* **- 1.** [de moteur, d'instrument] pistón *m* **- 2.** *fam* [appui] enchufe *m Esp*, cuña *f Amér*.

pistonner [pistɔne] *vt fam* enchufar ; **se faire ~** conseguir por enchufe.

pitance [pitɑ̃s] *nf vieilli* & *péj* pitanza *f*.

pitbull, pit-bull [pitbul] (*pl* **pit-bulls**) *nm* pitbull *m*.

piteux, euse [pitø, øz] *adj* penoso(sa).

pitié [pitje] *nf* lástima *f*, piedad *f* ; **avoir ~ de qqn** sentir lástima por alguien.

piton [pitɔ̃] *nm* **- 1.** [de montagne] pico *m*

- **2.** [clou - à anneau] cáncamo *m* ; [- à crochet] alcayata *f*.

pitoyable [pitwajabl] *adj* [triste] penoso(sa) ; [mauvais] lamentable.

pitre [pitr] *nm* payaso *m*, indio *m*.

pitrerie [pitrəri] *nf (gén pl)* payasada *f*.

pittoresque [pitɔrɛsk] *adj* pintoresco(ca).

pivot [pivo] *nm* **- 1.** [gén] pivote *m* **- 2.** SPORT [au basket] pívot *mf* **- 3.** *fig* [élément principal] eje *m*.

pivoter [pivɔte] *vi* girar ; TECHNOL pivotar.

pixel [piksɛl] *nm* pixel *m*.

pizza [pidza] *nf* pizza *f*.

Pl., pl. (*abr de* **place**) Pza.

placage [plakaʒ] *nm* chapeado *m*, chapado *m*.

placard [plakar] *nm* **- 1.** [armoire] armario *m* empotrado ; **mettre au ~** *fig* jubilar **- 2.** [affiche] cartel *m Esp*, afiche *m Amér*.

placarder [plakarde] *vt* fijar *(carteles)*.

place [plas] *nf* **- 1.** [espace] sitio *m* ; **prendre de la ~** coger OU ocupar sitio ; **faire ~ à qqch** dar paso a algo **- 2.** [emplacement, position] lugar *m*, sitio *m* ; **à la ~ de qqn** en lugar de alguien ; **à ta ~** en tu lugar ; **changer qqch de ~** cambiar algo de sitio ; **prendre la ~ de qqn** coger el sitio de alguien **- 3.** [siège] asiento *m* ; [au théâtre] localidad *f* ; [au cinéma] entrada *f* ; [dans les transports] billete *m* ; **~ assise** plaza *f* sentada **- 4.** [dans un classement] lugar *m*, posición *f* **- 5.** [de ville, MIL & COMM] plaza *f* ; **~ forte** plaza fuerte **- 6.** [emploi] empleo *m*, plaza *f (de funcionario)* ; **perdre sa ~** perder su empleo.

placé, e [plase] *adj* **- 1.** [gén] situado(da) **- 2.** [pour savoir, juger, obtenir etc] : **être bien/mal ~ pour faire qqch** ser el más/el menos indicado para hacer algo ; **il est mal ~ pour critiquer** es el menos indicado para criticar ; **il est bien ~ pour ce poste** es el más indicado para este puesto **- 3.** [fondé] : **c'est de l'orgueil mal ~** no tiene por qué estar orgulloso(sa).

placement [plasmɑ̃] *nm* **- 1.** [d'argent] inversión *f* **- 2.** [d'employé] colocación *f* **- 3.** [de malade] internamiento *m*.

placenta [plasɛ̃ta] *nm* placenta *f*.

placer [plase] *vt* **- 1.** [gén] colocar, poner ; **~ les petits devant** colocar a los niños delante ; **~ qqn comme secrétaire** colocar a alguien de secretaria ; **~ sous la protection de/la responsabilité de** poner bajo la protección de/la responsabilidad de ; **~ sa confiance en** poner su confianza en ; **~ ses espoirs dans** poner sus esperanzas en **- 2.** [mot, plaisanterie] soltar ; **je ne peux pas en ~ une** no puedo abrir la boca **- 3.** [argent - investir] invertir ; [- mettre en dépôt] meter. ◆ **se placer** *vp* situarse, colocarse ; **ça dépend de quel point de vue on se place** depende del punto de vista del que lo mires.

placide [plasid] *adj* plácido(da).

plafond [plafɔ̃] *nm* techo *m* ; **faux ~** falso techo.

plafonner [plafɔne] ◇ *vt* techar. ◇ *vi* [prix, salaire] tocar techo.

plage [plaʒ] *nf* **- 1.** [de sable] playa *f* **- 2.** [d'ombre] zona *f* ; [de prix] gama *f* **- 3.** [de disque] surco *m*. ◆ **plage arrière** *nf* bandeja *f*. ◆ **plage horaire** *nf* intervalo *m* horario.

plagiat [plaʒja] *nm* plagio *m*.

plagier [plaʒje] *vt* plagiar.

plaider [plede] ◇ *vt* JUR pleitear ▷ **coupable** ; **~ une affaire** pleitear un caso. ◇ *vi* defender ; **~ contre qqn** pleitear OU litigar contra alguien ; **~ pour qqn** JUR defender a alguien ; *fig* disculpar a alguien.

plaidoirie [plɛdwari] *nf* **- 1.** JUR informe *m* **- 2.** *fig* [art de plaider] alegato *m*.

plaidoyer [plɛdwaje] *nm* **- 1.** JUR informe *m* **- 2.** *fig* [défense] alegato *m*.

plaie [plɛ] *nf* **- 1.** [blessure] herida *f* **- 2.** *fig* [morale] llaga *f* **- 3.** *fam* [calamité] murga *f*.

plaindre [plɛ̃dr] *vt* compadecer. ◆ **se plaindre** *vp* quejarse ; **se ~ de qqch/de qqn** quejarse de algo/de alguien.

plaine [plɛn] *nf* planicie *f*, llanura *f*.

plain-pied [plɛ̃pje] ◆ **de plain-pied** *loc adv* **- 1.** [pièce] a la misma altura **- 2.** *fig* [directement] de lleno **- 3.** *fig* [au même niveau] al mismo nivel.

plaint, e [plɛ̃, plɛ̃t] *pp* ▷ **plaindre**.

plainte [plɛ̃t] *nf* **- 1.** [gémissement] quejido *m* **- 2.** [grief] queja *f* **- 3.** JUR denuncia *f* ; **porter ~** denunciar ; **~ contre X** denuncia contra persona(s) desconocida(s).

plaintif, ive [plɛ̃tif, iv] *adj* quejumbroso(sa).

plaire [plɛr] *vi* : **~ à qqn** gustarle a alguien ; **ça te plairait d'y aller?** ¿te gustaría ir? ; **il me plaît** me gusta ; **il plaît beaucoup** gusta mucho ; **s'il vous/te plaît** por favor.

plaisance [plɛzɑ̃s] ◆ **de plaisance** *loc adj* [bateau, navigation, port] deportivo(va).

plaisancier, ère [plɛzɑ̃sje, ɛr] *nm, f* aficionado *m*, -da *f* a la navegación.

plaisant, e [plɛzɑ̃, ɑ̃t] *adj* agradable.

plaisanter [plɛzɑ̃te] ◇ *vi* bromear ; **tu plaisantes?** ¿estás de broma?, ¿bromeas? ; **~ avec** OU **sur qqch** jugar con algo. ◇ *vt* tomar el pelo a.

plaisanterie [plɛzɑ̃tri] *nf* broma *f* ; **faire une ~** gastar una broma ; **c'était une ~** *fig* era muy fácil.

plaisantin [plɛzɑ̃tɛ̃] *nm* bromista *mf*.

plaisir [plezir] *nm* **- 1.** [joie] placer *m*, gusto *m* ; **avoir** OU **prendre ~ à faire qqch** hacer algo con gusto ; **faire ~ à qqn** complacer a alguien ; **avec ~** con (mucho) gusto ; **j'ai le ~ de vous annoncer qqch/que ...** tengo el placer de anunciaros algo/que ... **- 2.** [de la chair] placer *m* **- 3.** *(gén pl)* [distractions] placeres *mpl*.

plan, e [plɑ̃, plan] *adj* plano(na). ◆ **plan** *nm* **- 1.** [dessin & CIN] plano *m* ; **au premier/second ~** en primer/segundo plano OU término ; **gros ~** primer plano **- 2.** [projet] plan *m* ; **faire des ~s** hacer planes ; **avoir un ~** tener un plan **- 3.** [domaine, aspect] aspecto *m* ; **sur le ~ de** desde el punto de vista de ; **sur le ~ professionnel** en el terreno profesional ; **sur tous les ~s** en todos los aspectos **- 4.** [niveau] : **sur le même ~** al mismo nivel. ◆ **plan d'eau** *nm* estanque *m*. ◆ **plan social** *nm* plan *m* social. ◆ **plan de travail** *nm* encimera *f*. ◆ **de tout premier plan** *loc adj* excepcional. ◆ **en plan** *loc adv* : **laisser en ~** dejar colgado(da).

planche [plɑ̃ʃ] *nf* **- 1.** [en bois] tabla *f* ; **~ à découper** tabla de cocina ; **~ à dessin** tablero *m* de dibujo ; **~ à pain** tabla ; **~ à repasser** tabla de planchar ; **~ à voile** [objet] (tabla de) windsurf *m* ; SPORT windsurfing *m* ; **faire la ~** hacer el muerto *(en el agua)* **- 2.** [d'illustration] lámina *f*. ◆ **planches** *nfpl* **- 1.** [théâtre] tablas *fpl* **- 2.** [skis] esquís *mpl*.

plancher[1] [plɑ̃ʃe] *nm* **- 1.** [de maison, de voiture] suelo *m* **- 2.** *fig* [limite] nivel *m* mínimo.

plancher[2] [plɑ̃ʃe] *vi* : **~ sur qqch** *fam* currarse algo.

plancton [plɑ̃ktɔ̃] *nm* plancton *m*.

planer [plane] *vi* **- 1.** [voler - avion, oiseau] planear ; [- feuille] volar **- 2.** [fumée, vapeur] flotar **- 3.** *fig* [danger, mystère] rondar **- 4.** *fam* [être dans la lune] estar en las nubes.

planétaire [planetɛr] *adj* planetario(ria).

planétarium [planetarjɔm] *nm* planetario *m*, planetarium *m*.

planète [planɛt] *nf* planeta *m*.

planeur [planœr] *nm* planeador *m*.

planification [planifikasjɔ̃] *nf* planificación *f*.

planifier [planifje] *vt* planificar.

planning [planiŋ] *nm* planning *m*, plan *m* de trabajo ; **~ familial** planificación *f* familiar.

planque [plɑ̃k] *nf fam* **- 1.** [cachette] escondrijo *m*, escondite *m* **- 2.** [situation privilégiée] chollo *m*.

plant [plɑ̃] *nm* **- 1.** [jeune plante] plantón *m* **- 2.** [culture] plantación *f*, plantío *m*.

plantaire [plɑ̃tɛr] *adj* plantar.

plantation [plɑ̃tasjɔ̃] *nf* plantación *f*.

plante [plɑ̃t] *nf* planta *f* ; **~ d'appartement** OU **d'intérieur** OU **verte** planta de interior OU verde.

planter [plɑ̃te] ◇ *vt* **- 1.** [arbre, tente] plantar **- 2.** [clou, couteau, regard] clavar **- 3.** *fig* [décor] situar **- 4.** *fig* [chapeau] plantarse. ◇ *vi* INFORM *fam* colgarse.

plantureux, euse [plɑ̃tyrø, øz] *adj* [repas] copioso(sa) ; [femme, poitrine] generoso(sa).

plaque [plak] *nf* placa *f* ; **~ chauffante** OU **de cuisson** placa eléctrica ; **~ d'immatriculation** OU **minéralogique** matrícula *f* ; **être à côté de la ~** *fam* no enterarse (de nada).

plaquer [plake] *vt* **- 1.** [bijou] chapar **- 2.** [meuble] contrachapar **- 3.** [cheveux] alisar **- 4.** [coller] : **~ qqch/qqn contre qqch** aplastar algo/a alguien contra algo **- 5.** [au rugby] hacer un placaje a **- 6.** MUS [accord] *tocar simultáneamente* **- 7.** *fam* [abandonner] dejar colgado(da).

plaquette [plakɛt] *nf* **- 1.** [petite plaque] placa *f* **- 2.** [de beurre] pastilla *f* ; [de chocolat] tableta *f* **- 3.** [de comprimés] blister *m* **- 4.** *(gén pl)* MÉD : **~s sanguines** plaquetas *fpl* sanguíneas **- 5.** [petit livre] folleto *m*.

plasma [plasma] *nm* plasma *m*.

plastifié, e [plastifje] *adj* plastificado(da).

plastique [plastik] ◇ *adj* plástico(ca). ◇ *nf* **- 1.** [en sculpture] plástica *f* **- 2.** [beauté] belleza *f*. ◇ *nm* plástico *m*.

plastiquer [plastike] *vt* volar *(con explosivo plástico)*.

plat, e [pla, plat] *adj* **- 1.** [relief, terrain, toit] plano(na) **- 2.** [assiette] llano(na) **- 3.** *fig* [style] soso(sa). ◆ **plat** *nm* **- 1.** [de la main] palma *f* **- 2.** [récipient] fuente *f*

- 3. [mets] plato *m* ; ~ **du jour** plato del día ; ~ **de résistance** plato fuerte - 4. [plongeon] panzada *f*. ◆ **à plat** ◇ *loc adj* - 1. [pneu, roue] desinflado(da) - 2. *fam* [personne] reventado(da). ◇ *loc adv* [horizontalement] plano.

platane [platan] *nm* plátano *m (árbol)*.

plateau, x [plato] *nm* - 1. [de cuisine] bandeja *f Esp*, charola *f Amér* ; ~ **de fromages** tabla *f* de quesos - 2. [de balance] platillo *m* - 3. GÉOGR meseta *f* - 4. [de théâtre] escenario *m* ; [de télévision] plató *m* - 5. [de vélo] plato *m*.

plateau-repas [platorəpa] (*pl* **plateaux-repas**) *nm* bandeja *f* de comida preparada.

plate-bande [platbɑ̃d] (*pl* **plates-bandes**) *nf* arriate *m* ; **marcher sur les plates-bandes de qqn** *fig* meterse en el terreno de alguien.

platée [plate] *nf* - 1. [contenu d'un plat] plato *m* - 2. *fam* [grosse portion] platazo *m*.

plate-forme [platfɔrm] (*pl* **plates-formes**) *nf* plataforma *f* ; ~ **de forage** plataforma de perforación ; ~ **pétrolière** plataforma petrolífera.

platine [platin] ◇ *adj inv* [couleur] platino *(en aposición)*. ◇ *nm* [métal] platino *m*. ◇ *nf* [électrophone] platina *f* ; ~ **cassette** platina de cassette ; ~ **disque** plato *m* ; ~ **laser** reproductor *m* de disco compacto, platina láser.

platonique [platɔnik] *adj* - 1. [amour, relation] platónico(ca) - 2. *sout* [protestation, lutte] inútil.

plâtras [platra] *nm* cascote *m*.

plâtre [platr] *nm* - 1. [de construction] yeso *m* - 2. [de sculpture, de chirurgie] escayola *f* - 3. *péj* [nourriture indigeste] bazofia *f*.

plâtrer [platre] *vt* - 1. [mur] enyesar - 2. MÉD escayolar.

plausible [plozibl] *adj* plausible.

play-back [plɛbak] *nm inv* play-back *m*.

play-boy [plɛbɔj] (*pl* **play-boys**) *nm* play-boy *m*.

plébiscite [plebisit] *nm* plebiscito *m*.

plein, e [plɛ̃, plɛn] *adj* - 1. [rempli - gén] lleno(na) ; [- journée] apretado(da) ; ~ **de qqch** lleno de algo - 2. [confiance] total - 3. [femelle] preñada - 4. [non creux] macizo(za), relleno(na) - 5. *fam* [ivre] cargado(da) - 6. [en intensif] pleno(na) ; **en ~ ...** [au milieu de] en pleno ... ; **en ~ jour** en pleno día ; **en ~ soleil** a pleno sol ; **en ~e rue** en medio de la calle ; **en ~ milieu** en medio ; **en ~e mer** en altamar. ◆ **plein** ◇ *nm* [d'essence] lleno *m* ; **le ~, s'il vous plaît** lleno, por favor ; **faire le ~** THÉÂTRE llenar, llenarse. ◇ *adv fam* : **elle a de l'encre ~ les doigts** tiene los dedos llenos de tinta. ◆ **en plein dans** *loc adv* de lleno en, de pleno en. ◆ **en plein sur** *loc adv* de lleno sobre, de pleno sobre.

plein-temps [plɛ̃tɑ̃] *nm* jornada *f* completa. ◆ **à plein-temps** *loc adj* [poste, emploi, employé] a jornada completa.

plénitude [plenityd] *nf sout* plenitud *f*.

pléonasme [pleɔnasm] *nm* pleonasmo *m*.

pleur [plœr] *nm sout (gén pl)* llanto *m* ; **être en ~s** estar llorando.

pleurer [plœre] ◇ *vi* llorar ; ~ **de qqch** llorar de algo ; ~ **sur qqch/sur qqn** llorar por algo/por alguien. ◇ *vt* llorar.

pleuvoir [pløvwar] ◇ *v impers* llover ; **il pleut** llueve. ◇ *vi* [coups, insultes, invitations] llover.

Plexiglas® [plɛksiglas] *nm* plexiglás *m*.

plexus [plɛksys] *nm* plexo *m* ; ~ **solaire** plexo solar.

pli [pli] *nm* - 1. COUT [de tissu] pliegue *m* ; [de jupe] tabla *f*, pliegue *m* ; [de pantalon] raya *f* ; **faux ~** arruga *f* - 2. [marque, ride] arruga *f* - 3. *fig* [habitude] costumbre *f* - 4. [lettre] carta *f* - 5. [aux cartes] baza *f*.

pliant, e [plijɑ̃, ɑ̃t] *adj* plegable.

plier [plije] ◇ *vt* - 1. [papier, tissu, vêtement] doblar - 2. [chaise, lit, tente] plegar. ◇ *vi* - 1. [se courber] doblarse - 2. *fig* [personne] doblegarse. ◆ **se plier** *vp* - 1. [lit, table] plegarse - 2. [personne] : **se ~ à qqch** doblegarse a algo.

plinthe [plɛ̃t] *nf* zócalo *m*.

plissé, e [plise] *adj* - 1. [jupe] plisado(da), de tablas - 2. [peau] arrugado(da) - 3. [terrain] plegado(da).

plissement [plismɑ̃] *nm* - 1. [du front, des yeux] frunce *m* - 2. GÉOL plegamiento *m*.

plisser [plise] ◇ *vt* - 1. COUT [jupe] plisar, tablear - 2. [front, yeux, lèvres] fruncir. ◇ *vi* [étoffe] arrugar.

plomb [plɔ̃] *nm* - 1. [métal] plomo *m* - 2. [de chasse] perdigón *m* - 3. *(gén pl)* ÉLECTR : **les ~s** los plomos - 4. [de pêche] escandallo *m* - 5. ART [de vitrail] emplomado *m* - 6. *loc* : **ne pas avoir de ~ dans la tête** tener cabeza de chorlito.

plombage [plɔ̃baʒ] *nm* - 1. [scellement] precinto *m* - 2. [de dent] empaste *m*.

plomber [plɔ̃be] *vt* - 1. [ligne] emplomar

- 2. [sceller] precintar - 3. [dent] empastar *Esp*, emplomar *Amér*.

plombier [plɔ̃bje] *nm* fontanero *m Esp*, plomero *m Amér*.

plonge [plɔ̃ʒ] *nf* : **faire la ~** fregar los platos *(en un restaurante)*.

plongeant, e [plɔ̃ʒɑ̃, ɑ̃t] *adj* - 1. [vue] de pájaro - 2. [décolleté] escotado(da).

plongée [plɔ̃ʒe] *nf* - 1. [immersion] zambullida *f* - 2. [sans bouteilles] buceo *m* ; **~ sous-marine** submarinismo *m* - 3. PHOT & CIN picado *m*.

plongeoir [plɔ̃ʒwar] *nm* trampolín *m (de piscina)*.

plongeon [plɔ̃ʒɔ̃] *nm* - 1. [dans l'eau] zambullida *f* - 2. [chute] caída *f* - 3. SPORT [au football] palomita *f*.

plonger [plɔ̃ʒe] ◇ *vt* - 1. [immerger] sumergir - 2. [enfoncer] hundir - 3. [regard] fijar. ◇ *vi* - 1. [dans l'eau] zambullirse ; SPORT hacer submarinismo - 2. SPORT [gardien de but] lanzarse. ◆ **se plonger** *vp* - 1. [s'immerger] sumergirse - 2. *fig* [s'adonner à] : **se ~ dans qqch** sumirse en algo.

plongeur, euse [plɔ̃ʒœr, øz] *nm, f* - 1. SPORT buceador *m*, -ra *f* ; **~ (sous-marin)** submarinista *m* - 2. [dans un restaurant] lavaplatos *mf*.

ployer [plwaje] *sout* ◇ *vt* doblar. ◇ *vi* - 1. [plier] doblarse - 2. *fig* [céder] doblegarse.

plu [ply] *pp inv* ▷ **plaire, pleuvoir.**

pluie [plɥi] *nf* lluvia *f* ; **une ~ battante** una lluvia recia ; **~s acides** lluvia ácida.

plume [plym] ◇ *nf* pluma *f*. ◇ *nm fam* piltra *f*.

plumeau [plymo] *nm* plumero *m*.

plumer [plyme] *vt* desplumar.

plumier [plymje] *nm* plumier *m*, estuche *f* de lápices.

plupart [plypar] *nf* : **pour la ~** en su mayoría ; **la ~ des gens** la mayoría de la gente ; **la ~ du temps** la mayoría de las veces.

pluriel, elle [plyrjɛl] *adj* - 1. LING plural - 2. [société] pluralista. ◆ **pluriel** *nm* LING plural *m*.

plus [ply(s)] ◇ *adv* - 1. [quantité] más ; **je ne peux pas vous en dire ~** no puedo deciros más ; **beaucoup/un peu ~** mucho/un poco más ; **il y a (un peu) ~ de 15 ans** hace (poco) más de 15 años ; **~ j'y pense, ~ je me dis que ...** cuanto más lo pienso, más creo que ... - 2. [comparatif] más ; **c'est ~ court par là** es más corto por allí ; **viens ~ souvent** ven más a menudo ; **~ ... que** más ... que ; **il est ~ jeune que moi** es más joven que yo ; **c'est ~ simple qu'on (ne) le croit** es más sencillo de lo que se piensa - 3. [superlatif] : **le ~** el más ; **c'est lui qui travaille le ~** el que más trabaja es él ; **un de ses tableaux les ~ connus** uno de sus cuadros más conocidos ; **le ~ loin possible** lo más lejos posible - 4. [négation] no más ; **~ un mot!** ¡ni una palabra más! ; **ne ... ~** ya no ; **il n'y a ~ personne** ya no hay nadie ; **il n'a ~ d'amis** ya no tiene amigos. ◇ *nm* - 1. [signe] más *m* - 2. *fig* [atout] punto *m* (a favor). ◇ *prép* más ; **trois ~ trois font six** tres más tres igual a seis. ◆ **au plus** *loc adv* como mucho ; **tout au ~** como máximo. ◆ **de plus** *loc adv* - 1. [en supplément, en trop] de más ; **elle a cinq ans de ~ que moi** tiene cinco años más que yo - 2. [en outre] además. ◆ **de plus en plus** *loc adv* cada vez más. ◆ **en plus de** *loc prép* además de. ◆ **ni plus ni moins** *loc adv* ni más ni menos.

plusieurs [plyzjœr] *adj indéf pl* & *pron indéf mfpl* varios(rias).

plus-que-parfait [plyskəparfɛ] *nm* pluscuamperfecto *m*.

plus-value [plyvaly] *nf* - 1. [gén] plusvalía *f* - 2. FIN [excédent] superávit *m*.

plutôt [plyto] *adv* - 1. [de préférence, plus exactement] más bien ; **~** *(+ infinitif)* antes *(+ infinitivo)* ; **~ mourir que (de) céder** antes morir que ceder ; **ou ~** o mejor dicho - 2. [au lieu de] : **~ que de** en vez de - 3. [assez] bastante.

pluvieux, euse [plyvjø, øz] *adj* lluvioso(sa).

PME (*abr de* **petites et moyennes entreprises**) *nf* PYME *fpl*.

PMI *nf* - 1. (*abr de* **petites et moyennes industries**) PMI *f*. - 2. (*abr de* **protection maternelle et infantile**) *servicio de protección a la infancia*.

PMU (*abr de* **Pari mutuel urbain**) *nm quiniela hípica en Francia*, ≃ QH *f*.

pneu [pnø] *nm* - 1. [de véhicule] neumático *m* ; **~ avant/arrière** rueda *f* delantera/trasera - 2. *vieilli* [message] *misiva enviada a través de un tubo de aire comprimido*.

pneumatique [pnømatik] ◇ *adj* neumático(ca). ◇ *nm* - 1. [de véhicule] neumático *m* - 2. *vieilli* [message] *misiva enviada a través de un tubo de aire comprimido*.

pneumonie [pnømɔni] *nf* neumonía *f*, pulmonía *f*.

poche [pɔʃ] *nf* - 1. [de vêtement, de sac]

bolsillo *m* - **2.** [sac, cavité, déformation] bolsa *f.* ◆ **de poche** *loc adj* de bolsillo.

poché, e [pɔʃe] *adj* - **1.** CULIN escalfado(da) - **2.** [œil] a la funerala.

pocher [pɔʃe] *vt* CULIN escalfar.

pochette [pɔʃɛt] *nf* - **1.** [d'allumettes] caja *f* - **2.** [de disque] funda *f* - **3.** [mouchoir] pañuelo *m (para adornar un traje)*.

pochoir [pɔʃwar] *nm* plantilla *f* de estarcir.

podium [pɔdjɔm] *nm* podio *m*.

poêle [pwal] ◇ *nf* sartén *f Esp*, paila *f Amér* ; **~ à frire** sartén. ◇ *nm* [chauffage] estufa *f*.

poème [pɔɛm] *nm* poema *m*.

poésie [pɔezi] *nf* poesía *f*.

poète [pɔɛt] *adj* & *nm* poeta.

pogrom, pogrome [pɔgrɔm] *nm* pogrom *m*, pogromo *m*.

poids [pwa] *nm* - **1.** [gén] peso *m* ; **perdre/prendre du ~** perder/ganar peso ; **~ lourd** [boxeur] peso pesado ; [camion] vehículo *m* pesado ; **de ~** [important] de peso - **2.** [de balance] pesa *f*.

poignant, e [pwaɲɑ̃, ɑ̃t] *adj* desgarrador(ra).

poignard [pwaɲar] *nm* puñal *m*.

poigne [pwaɲ] *nf* - **1.** [force du poignet] fuerza *f* del puño - **2.** *fig* [autorité] mano *f* dura ; **~ de fer** mano *f* de hierro.

poignée [pwaɲe] *nf* - **1.** [contenu de la main, petit nombre] puñado *m* - **2.** [manche - d'épée, de sabre] puño *m* ; [- de valise, de couvercle, de tiroir] asa *f* ; [- de porte, de fenêtre] picaporte *m*. ◆ **poignée de main** *nf* apretón *m* de manos.

poignet [pwaɲɛ] *nm* puño *m*.

poil [pwal] *nm* pelo *m* ; **à ~** [animal] de pelo ; *fam* [tout nu] en pelotas.

poilu, e [pwaly] *adj* peludo(da).

poinçon [pwɛ̃sɔ̃] *nm* - **1.** [outil] punzón *m* - **2.** [marque] contraste *m*.

poinçonner [pwɛ̃sɔne] *vt* - **1.** [bijou] contrastar - **2.** [billet] picar - **3.** [tôle] perforar.

poing [pwɛ̃] *nm* puño *m*.

point [pwɛ̃] ◇ *nm* punto *m* ; **à ~** [cuit] a punto ; **au ~ mort** AUTOM en punto muerto ; **être sur le ~ de faire qqch** estar a punto de hacer algo ; **marquer un ~** SPORT marcar un tanto ; **mettre qqch au ~** poner algo a punto ; **~ d'appui** punto de apoyo ; **~ de chute** sitio *m* donde parar ; **~ de côté** punzada *f* (en el costado) ; **~ culminant** [de montagne] cumbre *f* ; *fig* punto culminante ; **~ d'exclamation/d'interrogation** signo *m* de exclamación/de interrogación ; **~ faible** punto débil ; **~ final** punto final ; **~ noir** [sur la peau] espinilla *f*, punto negro ; *fig* punto negro ; **~ de non-retour** punto sin retorno ; **~ de repère** punto de referencia ; **~ de vente** punto de venta ; **~ de vue** punto de vista ; **~s de suspension** puntos suspensivos ; **~s de suture** puntos de sutura ; **à ce ~** *(+ adjectif)* hasta tal punto ; **il se sent à ce ~ honteux qu'il ne m'appelle plus** se siente avergonzado hasta tal punto que ya no me llama ; **au ~ de faire qqch** hasta el punto de hacer algo ; **avoir un ~ commun avec qqn** tener algo en común con alguien. ◇ *adv vieilli* [pas] : **il n'a ~ d'argent** no tiene dinero ; **ne vous en faites ~** no se preocupe. ◆ **à tel point que** *loc conj* hasta tal punto que. ◆ **points cardinaux** *nmpl* puntos *mpl* cardinales.

pointe [pwɛ̃t] *nf* - **1.** [gén] punta *f* ; **en ~** en punta ; **faire des ~s** bailar de puntas ; **se hausser sur la ~ des pieds** ponerse de puntillas ; **~ d'asperge** punta OU cabeza *f* de espárrago ; **une ~ d'ironie** un punto de ironía - **2.** [sommet] pico *m* ; **à la ~ de** [technique, recherche] a la vanguardia de. ◆ **de pointe** *loc adj* punta *(en aposición)*.

pointer [pwɛ̃te] ◇ *vt* - **1.** [gén] apuntar - **2.** [employés] hacer recuento de - **3.** [diriger] : **~ qqch sur/vers** [arme] apuntar algo a/hacia ; **~ son doigt vers qqn/qqch** señalar a alguien/a algo. ◇ *vi* - **1.** [au travail] fichar - **2.** [être en pointe] ser puntiagudo(da) - **3.** [apparaître - jour] despuntar ; [- sentiment] asomarse - **4.** [à la pétanque] tirar.

pointillé [pwɛ̃tije] *nm* - **1.** [trait discontinu] punteado *m* ; **en ~** [ligne] de puntos ; [par sous-entendus] de manera velada - **2.** [perforations] línea *f* de puntos.

pointilleux, euse [pwɛ̃tijø, øz] *adj* puntilloso(sa).

pointu, e [pwɛ̃ty] *adj* - **1.** [chose] puntiagudo(da) ; [nez] afilado(da) - **2.** [voix, ton] agudo(da) - **3.** [approfondi - analyse] detallado(da) ; [- formation] muy especializado(da).

pointure [pwɛ̃tyr] *nf* número *m*.

point-virgule [pwɛ̃virgyl] (*pl* **points-virgules**) *nm* punto y coma *m*.

poire [pwar] *nf* - **1.** [fruit] pera *f* - **2.** *fam* [tête] jeta *f* - **3.** *fam* [naïf] primo *m*, -ma *f*.

poireau, x [pwaro] *nm* puerro *m*.

poirier [pwarje] *nm* [arbre] peral *m*.

pois [pwa] *nm* - **1.** [gén] guisante *m Esp*, arveja *f Amér* ; **petit ~** guisante ; **~ chiche**

garbanzo *m* - **2.** [motif] lunar *m* ; **à ~ de** lunares.

poison [pwazɔ̃] *nm* veneno *m* ; *fig* peste *f*.

poisse [pwas] *nf fam* mala pata *f* ; **porter la ~** gafar, ser gafe.

poisseux, euse [pwasø, øz] *adj* pegajoso(sa).

poisson [pwasɔ̃] *nm* [animal] pez *m* ; [mets] pescado *m* ; **~ d'avril** *fig* [poisson en papier] *figura de papel que representa un pez*, ≃ monigote *m* ; [calembour] *broma tradicional francesa que se hace el 1 de abril*, ≃ inocentada *f* ; **~ d'avril!** ≃ ¡inocente! ; **~ rouge** ciprino *m*. ◆ **Poissons** *nmpl* ASTROL Piscis *m inv*.

poissonnerie [pwasɔnri] *nf* - **1.** [boutique] pescadería *f* - **2.** [métier] pesca *f*.

poissonnier, ère [pwasɔnje, ɛr] *nm, f* pescadero *m*, -ra *f*.

poitrine [pwatrin] *nf* - **1.** [gén] pecho *m* - **2.** [viande] panceta *f (de cerdo)*.

poivre [pwavr] *nm* pimienta *f* ; **~ blanc/gris/noir** pimienta blanca/gris/negra.

poivron [pwavrɔ̃] *nm* pimiento *m* (morrón) *Esp*, ají *m Amér* ; **~ rouge/vert** pimiento rojo/verde.

poker [pɔkɛr] *nm* póker *m*, póquer *m*.

polaire [pɔlɛr] *adj* polar.

pôle [pol] *nm* polo *m* ; **le ~ Nord** el polo Norte ; **le ~ Sud** el polo Sur.

polémique [pɔlemik] ◇ *adj* polémico(ca). ◇ *nf* polémica *f*.

poli, e [pɔli] *adj* - **1.** [personne] educado(da) - **2.** [surface, marbre] pulido(da). ◆ **poli** *nm* [aspect] pulimento *m*.

police [pɔlis] *nf* - **1.** [force publique] policía *f* ; **être de** OU **dans la ~** estar en la policía ; **~ secours** *policía encargada de socorrer a los accidentados y enfermos de gravedad* - **2.** [assurance] : **~ (d'assurance)** póliza *f* (de seguros) - **3.** [de caractères] : **~ (de caractères)** fuente *f* (de caracteres).

polichinelle [pɔliʃinɛl] *nm* polichinela *m*.

policier, ère [pɔlisje, ɛr] ◇ *adj* - **1.** [régime, mesure] policial - **2.** [roman, film] policíaco(ca), policiaco(ca). ◇ *nm, f* policía *mf*.

poliomyélite [pɔljɔmjelit] *nf* poliomielitis *f inv*.

polir [pɔlir] *vt* pulir.

polisson, onne [pɔlisɔ̃, ɔn] ◇ *adj* pícaro(ra). ◇ *nm, f* pillo *m*, -lla *f*.

politesse [pɔlitɛs] *nf* - **1.** [qualité] cortesía *f* - **2.** [acte] cumplido *m*.

politicien, enne [pɔlitisjɛ̃, ɛn] ◇ *adj* : **la politique ~ne** el politiqueo. ◇ *nm, f* político *m*, -ca *f*.

politique [pɔlitik] ◇ *adj* - **1.** [pouvoir, doctrine, théorie] político(ca) - **2.** [personne] diplomático(ca). ◇ *nf* política *f*. ◇ *nm* : **le ~** lo político.

politiser [pɔlitize] *vt* politizar.

pollen [pɔlɛn] *nm* polen *m*.

polluer [pɔlɥe] *vt* contaminar.

pollution [pɔlysjɔ̃] *nf* contaminación *f*, polución *f*.

polo [pɔlo] *nm* [vêtement & SPORT] polo *m*.

Pologne [pɔlɔɲ] *nf* : **la ~** Polonia.

poltron, onne [pɔltrɔ̃, ɔn] *adj* & *nm, f* cobarde.

polychrome [pɔlikrom] *adj* polícromo(ma), policromo(ma).

polyclinique [pɔliklinik] *nf* policlínica *f*.

polycopier [pɔlikɔpje] *vt* policopiar, multicopiar.

polyester [pɔliɛstɛr] *nm* poliéster *m*.

polygamie [pɔligami] *nf* poligamia *f*.

polyglotte [pɔlyglɔt] *adj* & *nmf* políglota, poliglota.

polygone [pɔligɔn] *nm* polígono *m*.

polymère [pɔlimɛr] ◇ *adj* polímero(ra). ◇ *nm* polímero *m*.

Polynésie [pɔlinezi] *nf* : **la ~** Polinesia ; **la ~ française** la Polinesia francesa.

polysémique [pɔlisemik] *adj* polisémico(ca).

polystyrène [pɔlistirɛn] *nm* poliestireno *m*.

polytechnicien, enne [pɔlitɛknisjɛ̃, ɛn] *nm, f alumno de la Escuela Politécnica de París*.

polyvalent, e [pɔlivalɑ̃, ɑ̃t] *adj* polivalente.

pommade [pɔmad] *nf* pomada *f*.

pomme [pɔm] *nf* - **1.** [fruit] manzana *f* ; **~ de pin** piña *f* (piñonera) - **2.** [pomme de terre] : **~s allumettes/vapeur** patatas *fpl* paja/al vapor - **3.** *fam* [tête] : **ma/ta ~** mi/tu menda. ◆ **pomme d'Adam** *nf* nuez *f* de Adán.

pomme de terre [pɔmdətɛr] (*pl* **pommes de terre**) *nf* patata *f Esp*, papa *f Amér* ; **~s de terre frites** patatas fritas.

pommette [pɔmɛt] *nf* pómulo *m*.

pommier [pɔmje] *nm* manzano *m*.

pompe [pɔ̃p] *nf* - **1.** [appareil] bomba *f* ; **~ à essence** surtidor *m* de gasolina - **2.** [magnificence] pompa *f* - **3.** *fam* [chaussure] zapato *m*.

pomper [pɔ̃pe] *vt* - **1.** [air, eau] bombear - **2.** [avec éponge, buvard] chupar - **3.** *fam* [fatiguer] baldar.
pompeux, euse [pɔ̃pø, øz] *adj* pomposo(sa).
pompiste [pɔ̃pist] *nmf* dependiente *mf* de una gasolinera.
pompon [pɔ̃pɔ̃] *nm* pompón *m* ; **c'est le ~!** *fam* ¡es el colmo!
poncer [pɔ̃se] *vt* lijar.
ponceuse [pɔ̃søz] *nf* lijadora *f*.
ponction [pɔ̃ksjɔ̃] *nf* - **1.** MÉD punción *f* - **2.** *fig* [prélèvement] sangría *f*.
ponctualité [pɔ̃ktɥalite] *nf* puntualidad *f*.
ponctuation [pɔ̃ktɥasjɔ̃] *nf* puntuación *f*.
ponctuel, elle [pɔ̃ktɥɛl] *adj* puntual.
pondéré, e [pɔ̃dere] *adj* ponderado(da).
pondérer [pɔ̃dere] *vt* ponderar.
pondre [pɔ̃dr] *vt* - **1.** [œuf] poner - **2.** *fam* [projet, texte] gestar.
pondu, e [pɔ̃dy] *pp* ▷ **pondre**.
poney [pɔnɛ] *nm* poney *m*.
pont [pɔ̃] *nm* puente *m* ; **~ aérien** puente aéreo ; **~s et chaussées** ADMIN ≃ MOPU *m*.
ponte [pɔ̃t] ◇ *nf* puesta *f (de huevos)*. ◇ *nm* - **1.** [au jeu] punto *m (contra la banca)* - **2.** *fam* [autorité] eminencia *f* ; [de la mafia, du crime] capo *m*.
pont-levis [pɔ̃ləvi] *nm* puente *m* levadizo.
ponton [pɔ̃tɔ̃] *nm* pontón *m*.
pop [pɔp] *adj inv* & *nm* ou *nf* pop.
pop-corn [pɔpkɔrn] *nm inv* palomita *f* (de maíz).
populace [pɔpylas] *nf péj* populacho *m*.
populaire [pɔpylɛr] *adj* popular.
populariser [pɔpylarize] *vt* popularizar.
popularité [pɔpylarite] *nf* popularidad *f*.
population [pɔpylasjɔ̃] *nf* población *f* ; **~ active** población activa.
porc [pɔr] *nm* - **1.** [animal, viande] cerdo *m Esp*, chancho *m Amér* - **2.** [peau] piel *f* de cerdo - **3.** *péj* [personne] cochino *m*.
porcelaine [pɔrsəlɛn] *nf* [matière, objet] porcelana *f*.
porc-épic [pɔrkepik] *nm* puerco *m* espín.
porche [pɔrʃ] *nm* porche *m*.
porcherie [pɔrʃəri] *nf* pocilga *f*.
porcin, e [pɔrsɛ̃, in] *adj* - **1.** [élevage, race] porcino(na) - **2.** [regard, yeux] de cerdo degollado. ◆ **porcin** *nm* porcino *m*.
pore [pɔr] *nm* poro *m*.
poreux, euse [pɔrø, øz] *adj* poroso(sa).
porno [pɔrno] *adj* & *nm* porno.
pornographie [pɔrnɔgrafi] *nf* pornografía *f*.
port [pɔr] *nm* - **1.** [lieu] puerto *m* ; **~ de commerce/de pêche** puerto comercial/pesquero - **2.** [transport, allure] porte *m* ; **~ d'armes** tenencia *f* de armas.
portable [pɔrtabl] ◇ *adj* - **1.** [vêtement] llevable - **2.** [machine à écrire, ordinateur] portátil. ◇ *nm* - **1.** INFORM portátil *m* - **2.** [téléphone] móbil *m*.
portail [pɔrtaj] *nm* portal *m*.
portant, e [pɔrtɑ̃, ɑ̃t] *adj* : **être bien/mal ~** estar en buen/en mal estado de salud. ◆ **portant** *nm* [au théâtre] bastidor *m*.
portatif, ive [pɔrtatif, iv] *adj* portátil.
porte [pɔrt] *nf* puerta *f* ; **écouter aux ~s** escuchar detrás de las puertas ; **mettre qqn à la ~** poner a alguien de patitas en la calle ; **~ de communication** puerta comunicante ; **~ d'entrée/de secours** puerta de entrada/de emergencia.
porte-à-faux [pɔrtafo] *nm inv* : **en ~** CONSTR en falso ; *fig* en una situación incómoda.
porte-à-porte [pɔrtapɔrt] *nm inv* puerta a puerta *m* ; **faire du ~** hacer el puerta a puerta.
porte-avions [pɔrtavjɔ̃] *nm inv* portaviones *m inv*, portaaviones *m inv*.
porte-bagages [pɔrtbagaʒ] *nm inv* portaequipajes *m inv*.
porte-bonheur [pɔrtbɔnœr] *nm inv* amuleto *m*.
porte-clefs, porte-clés [pɔrtəkle] *nm inv* llavero *m*.
porte-documents [pɔrtdɔkymɑ̃] *nm inv* portafolios *m inv*.
portée [pɔrte] *nf* - **1.** [distance, importance] alcance *m* ; **à ~ de qqch** al alcance de algo ; **à la ~ de qqn** al alcance de alguien - **2.** MUS pentagrama *m* - **3.** [de chiots, chatons] camada *f*.
porte-fenêtre [pɔrtfənɛtr] (*pl* **portes-fenêtres**) *nf* puerta *f* vidriera.
portefeuille [pɔrtəfœj] *nm* - **1.** [étui] cartera *f* - **2.** FIN cartera *f* de valores.
porte-jarretelles [pɔrtʒartɛl] *nm inv* liguero *m*.
portemanteau, x [pɔrtmɑ̃to] *nm* perchero *m*.
porte-monnaie [pɔrtmɔnɛ] *nm inv* monedero *m*.

porte-parole [pɔrtparɔl] *nm inv* portavoz *mf*.

porter [pɔrte] ◇ *vt* - **1.** [gén] llevar - **2.** [soutenir] sostener - **3.** [inscrire] asentar ; **porté disparu** dado por desaparecido - **4.** [présenter] presentar - **5.** [diriger] dirigir. ◇ *vi* - **1.** [s'appuyer] : ~ **sur qqch** apoyarse en algo - **2.** [avoir un effet] surtir efecto - **3.** [voix, tir] alcanzar. ◆ **se porter** *vp* - **1.** [personne] encontrarse ; **il se porte bien/mal** se encuentra bien/mal - **2.** [vêtement] llevarse - **3.** [se présenter] presentarse ; **se ~ volontaire** presentarse voluntario(ria).

porte-savon [pɔrtsavɔ̃] (*pl inv* OU **porte-savons**) *nm* jabonera *f*.

porte-serviettes [pɔrtsɛrvjɛt] *nm inv* toallero *m*.

porteur, euse [pɔrtœr, øz] ◇ *adj* - **1.** [gén] portador(ra) - **2.** [marché, créneau] con salida. ◇ *nm, f* - **1.** [de maladie] portador *m*, -ra *f* - **2.** FIN [d'actions] tenedor *m*, -ra *f* ; **au ~** [chèque] al portador. ◆ **porteur** *nm* [de bagages] mozo *m* de equipajes.

portier, ère [pɔrtje, ɛr] *nm, f* portero *m*, -ra *f*.

portière [pɔrtjɛr] *nf* [de voiture] portezuela *f* ; [de train] puerta *f*.

portion [pɔrsjɔ̃] *nf* - **1.** [partie] porción *f* - **2.** [ration] ración *f*.

portique [pɔrtik] *nm* pórtico *m*.

porto [pɔrto] *nm* oporto *m*.

Porto Rico [pɔrtoriko], **Puerto Rico** [pwɛrtoriko] *n* : **le ~** Puerto Rico.

portrait [pɔrtrɛ] *nm* retrato *m*.

portraitiste [pɔrtretist] *nmf* retratista *mf*.

portrait-robot [pɔrtrɛrɔbo] *nm* retrato robot *m*.

portuaire [pɔrtɥɛr] *adj* portuario(ria).

Portugal [pɔrtygal] *nm* : **le ~** Portugal.

pose [poz] *nf* - **1.** [mise en place] colocación *f* - **2.** [attitude] pose *f* - **3.** PHOT exposición *f*.

posé, e [poze] *adj* pausado(da).

poser [poze] ◇ *vt* - **1.** [objet] poner - **2.** [question] hacer, plantear - **3.** [principe, hypothèse, problème] plantear. ◇ *vi* - **1.** [modèle] posar - **2.** [avoir une attitude affectée] presumir. ◆ **se poser** *vp* - **1.** [oiseau, avion] posarse - **2.** [objet, main] colocarse - **3.** [se présenter - problème] plantearse ; [- question] hacerse.

poseur, euse [pozœr, øz] *adj* & *nm, f* engreído(da).

positif, ive [pozitif, iv] *adj* positivo(va). ◆ **positif** *nm* positivo *m*.

position [pozisjɔ̃] *nf* - **1.** [gén] posición *f* ; **prendre ~** tomar partido - **2.** [du corps] postura *f*.

posologie [pozɔlɔʒi] *nf* posología *f*.

posséder [pɔsede] *vt* - **1.** [gén] poseer - **2.** [langue, art] dominar - **3.** *fam* [duper] : **il s'est fait ~** le han dado gato por liebre.

possesseur [pɔsesœr] *nm* poseedor *m*, -ra *f*.

possessif, ive [pɔsesif, iv] *adj* posesivo(va). ◆ **possessif** *nm* GRAM posesivo *m*.

possession [pɔsesjɔ̃] *nf* - **1.** [gén] posesión *f* ; **en ma/ta etc ~** en mi/tu etc posesión - **2.** [de soi, d'une langue] dominio *m*.

possibilité [pɔsibilite] *nf* posibilidad *f*.

possible [pɔsibl] ◇ *adj* - **1.** [gén] posible ; **c'est/ce n'est pas ~** [réalisable] es/no es posible ; [probable] puede/no puede ser - **2.** *fam* [supportable] soportable ; **ce n'est plus ~** es insoportable. ◇ *nm* posible *m*. ◆ **au possible** *loc adv* a más no poder.

postal, e, aux [pɔstal, o] *adj* postal.

poste [pɔst] ◇ *nf* correos *m inv* ; **envoyer/recevoir par la ~** enviar/recibir por correo ; **~ restante** lista *f* de correos. ◇ *nm* - **1.** [emplacement, emploi] puesto *m* ; **~ de police/de secours** puesto de policía/de socorro - **2.** [appareil] aparato *m* ; **~ de radio/de télévision** aparato de radio/de televisión.

poster [pɔste] *vt* - **1.** [lettre] echar al correo - **2.** [sentinelle] apostar. ◆ **se poster** *vp* apostarse.

postérieur, e [pɔsterjœr] *adj* posterior. ◆ **postérieur** *nm fam* trasero *m*.

posteriori [pɔsterjɔri] ◆ **a posteriori** *loc adv* a posteriori.

postérité [pɔsterite] *nf* posteridad *f*.

posthume [pɔstym] *adj* póstumo(ma).

postiche [pɔstiʃ] ◇ *adj* [cheveux, mèche] postizo(za). ◇ *nm* postizo *m*.

postier, ère [pɔstje, ɛr] *nm, f* empleado *m*, -da *f* de correos.

postillonner [pɔstijɔne] *vi* echar perdigones.

Post-it® [pɔstit] *nm inv* Post-it® *m*.

postmoderne [pɔstmɔdɛrn] *adj* posmoderno(na).

post-scriptum [pɔstskriptɔm] *nm inv* post scriptum *m*, posdata *f*.

postulant, e [pɔstylɑ̃, ɑ̃t] *nm, f* [candidat] solicitante *mf* ; RELIG postulante *mf*.

postuler [pɔstyle] ◇ *vi* : **~ à qqch** solicitar algo. ◇ *vt* postular.

posture [pɔstyr] *nf* postura *f* ; **être** OU **se trouver en mauvaise ~** *fig* estar OU hallarse en una mala situación.

pot [po] *nm* - **1.** [récipient] bote *m* ; **~ de chambre** orinal *m* ; **~ de fleurs** maceta *f* - **2.** *fam* [boisson] copa *f* ; **faire un ~** dar una copa - **3.** *fam* [chance] potra *f* ; **avoir du ~** tener chorra. ◆ **pot catalytique** *nm* catalizador *m.* ◆ **pot d'échappement** *nm* tubo *m* de escape.

potable [pɔtabl] *adj* potable.

potache [pɔtaʃ] *nm fam* colegial *m.*

potage [pɔtaʒ] *nm* sopa *f.*

potasser [pɔtase] *vt fam* empollar.

potassium [pɔtasjɔm] *nm* potasio *m.*

pot-au-feu [pɔtofø] *nm inv* - **1.** [plat] ≃ cocido *m Esp*, ≃ ajiaco *m Amér* - **2.** [viande] carne *f* del cocido.

pot-de-vin [podvɛ̃] (*pl* **pots-de-vin**) *nm* unto *m*, soborno *m Esp*, mordida *f Amér.*

poteau, x [pɔto] *nm* poste *m* ; **~ indicateur** poste indicador.

potelé, e [pɔtle] *adj* regordete(ta).

potence [pɔtɑ̃s] *nf* - **1.** CONSTR jabalcón *m* - **2.** [gibet] horca *f.*

potentiellement [pɔtɑ̃sjɛlmɑ̃] *adv* potencialmente.

poterie [pɔtri] *nf* - **1.** [art] alfarería *f*, cerámica *f* - **2.** [objet] cerámica *f*, objeto *m* de alfarería.

potiche [pɔtiʃ] *nf* - **1.** [vase] jarrón *m* de porcelana - **2.** *fam* [personne] : **être une ~** estar de adorno.

potier, ère [pɔtje, ɛr] *nm, f* alfarero *m*, -ra *f.*

potin [pɔtɛ̃] *nm fam* - **1.** [bruit] jaleo *m*, alboroto *m Esp*, mitote *m Amér* ; **faire du ~** armar jaleo - **2.** *(gén pl)* [ragot] chisme *m*, cotilleo *m.*

potion [posjɔ̃] *nf* poción *f*, pócima *f.*

potiron [pɔtirɔ̃] *nm* calabaza *f Esp*, guacal *m Amér.*

pot-pourri [popuri] *nm* - **1.** MUS popurrí *m* - **2.** [mélange odorant] saquito *m* de olor.

pou, x [pu] *nm* piojo *m.*

poubelle [pubɛl] *nf* cubo *m* de la basura ; **mettre qqch à la ~** tirar algo a la basura.

pouce [pus] ◇ *nm* - **1.** [doigt] pulgar *m* - **2.** [mesure] pulgada *f.* ◇ *interj* : **pouce!** ≃ ¡stop!

poudre [pudr] *nf* - **1.** [substance] polvo *m* - **2.** [explosif] pólvora *f* - **3.** [fard] polvos *mpl* - **4.** *loc* : **prendre la ~ d'escampette** tomar las de Villadiego.

poudreux, euse [pudrø, øz] *adj* en polvo. ◆ **poudreuse** *nf* nieve *f* en polvo.

poudrier [pudrije] *nm* - **1.** [boîte] polvera *f* - **2.** [fabricant d'explosifs] fabricante *mf* de pólvora.

poudrière [pudrijɛr] *nf* polvorín *m.*

pouf [puf] ◇ *nm* puf *m.* ◇ *interj* ¡paf!

pouffer [pufe] *vi* : **~ de rire** [une fois] reventar de risa ; [continuellement] tener la risa tonta.

pouilleux, euse [pujø, øz] ◇ *adj* - **1.** [qui a des poux] piojoso(sa) - **2.** [habitation, vêtement] asqueroso(sa). ◇ *nm, f* piojoso *m*, -sa *f.*

poulailler [pulaje] *nm* gallinero *m.*

poulain [pulɛ̃] *nm* - **1.** ZOOL potro *m* - **2.** *fig* [débutant] pupilo *m.*

poule [pul] *nf* - **1.** ZOOL gallina *f* - **2.** *fam péj* [femme] fulana *f* - **3.** SPORT liga *f.*

poulet [pulɛ] *nm* - **1.** [animal, viande] pollo *m Esp*, ave *f Amér* ; **~ rôti** pollo asado - **2.** *fam* [policier] madero *m.*

pouliche [puliʃ] *nf* potranca *f.*

poulie [puli] *nf* polea *f.*

poulpe [pulp] *nm* pulpo *m.*

pouls [pu] *nm* pulso *m* ; **tâter le ~ de qqn** tomar el pulso a alguien.

poumon [pumɔ̃] *nm* pulmón *m.*

poupe [pup] *nf* popa *f* ; **avoir le vent en ~** *fig* ir viento en popa.

poupée [pupe] *nf* - **1.** [jouet] muñeca *f* - **2.** *fam* [pansement] dedil *m.*

poupon [pupɔ̃] *nm* - **1.** [jouet] pepona *f* - **2.** [bébé] bebé *m.*

pouponnière [pupɔnjɛr] *nf* guardería *f.*

pour [pur] ◇ *prép* - **1.** [indique le but, la durée, un rapport] para ; **acheter un cadeau ~ qqn** comprar un regalo para alguien ; **partir ~ dix jours** irse para diez días ; **il faudra finir ce travail ~ lundi** habrá que terminar este trabajo para el lunes ; **~ ce qui est de** en lo que se refiere a - **2.** [indique l'intention] : **~** *(+ infinitif)* para *(+ infinitivo)* ; **j'ai pris le métro ~ aller plus vite** he cogido el metro para ir más deprisa - **3.** [indique la cause, l'équivalence] por ; **il est tombé malade ~ avoir mangé trop d'huîtres** se puso enfermo por haber comido demasiadas ostras ; **voyager ~ son plaisir** viajar por placer - **4.** [à l'égard de] por, hacia ; **son amour ~ lui** su amor hacia él. ◇ *adv* a favor ; **je suis ~** estoy a favor ; **n'être ni ~ ni contre** no estar ni a favor ni en contra. ◇ *nm* : **le ~ et le con-**

tre los pros y los contras. ◆ **pour que** *loc conj (+ subjonctif)* para que *(+ subjuntivo)*.
pourboire [purbwar] *nm* propina *f*.
pourcentage [pursɑ̃taʒ] *nm* porcentaje *m*.
pourchasser [purʃase] *vt* perseguir.
pourlécher [purleʃe] ◆ **se pourlécher** *vp* relamerse.
pourparlers [purparle] *nmpl* conversaciones *fpl*, negociaciones *fpl*.
pourpre [purpr] *adj, nm & nf* púrpura.
pourquoi [purkwa] ◇ *adv* por qué ; **~ es-tu venu?** ¿por qué has venido? ; **~ pas?** ¿por qué no? ; **je ne comprends pas ~ il est venu** no entiendo por qué ha venido ; **c'est ~ ...** por eso ... ◇ *nm inv* - **1.** [raison] : **le ~ (de)** el porqué (de) - **2.** [question] : **les ~** las preguntas.
pourri, e [puri] *adj* - **1.** [fruit, personne, milieu] podrido(da) - **2.** [enfant] mimado(da).
pourrir [purir] ◇ *vt* - **1.** [matière, aliment] pudrir - **2.** [enfant] mimar. ◇ *vi* pudrirse.
pourrissement [purismɑ̃] *nm* podredumbre *f*.
pourriture [purityr] *nf* - **1.** [gén] podredumbre *f* - **2.** *péj* [personne] canalla *m*.
poursuite [pursɥit] *nf* [recherche - d'une personne] persecución *f* ; [d'argent, de la vérité] afán *m*. ◆ **poursuites** *nfpl* JUR diligencias *fpl*.
poursuivi, e [pursɥivi] *pp* ▷ **poursuivre**.
poursuivre [pursɥivr] *vt* - **1.** [gén] perseguir ; **~ qqn de** [menaces, assiduités] acosar a uno con - **2.** [enquête, travail] proseguir ; **poursuivez, je vous écoute** prosiga, le escucho.
pourtant [purtɑ̃] *adv* sin embargo.
pourtour [purtur] *nm* perímetro *m*.
pourvoi [purvwa] *nm* recurso *m* ; **~ en cassation** recurso de casación.
pourvoir [purvwar] ◇ *vt* : **~ qqch/qqn de qqch** dotar algo/a alguien de algo. ◇ *vi* : **~ aux besoins de qqn** satisfacer las necesidades de alguien.
pourvu, e [purvy] *pp* ▷ **pourvoir**. ◆ **pourvu que** *loc conj (+ subjonctif)* - **1.** [à condition que] siempre que, con tal que - **2.** [espérons que] ojalá.
pousse [pus] *nf* - **1.** [croissance] crecimiento *m* - **2.** [bourgeon] brote *m*.
pousse-café [puskafe] *nm inv fam* copa *f* *(después del café)*.
poussée [puse] *nf* - **1.** [pression] empuje *m* - **2.** [de fièvre, de maladie] acceso *m* - **3.** [progression] subida *f*, ascenso *m*.
pousse-pousse [puspus] *nm inv* - **1.** [voiture] culí *m* - **2.** *Helv* [poussette] cochecito *m* de niño.
pousser [puse] ◇ *vt* - **1.** [personne, objet] empujar ; **~ qqn à faire qqch/à qqch** empujar a alguien a hacer algo/a algo - **2.** [moteur, voiture] forzar - **3.** [recherche, étude] proseguir - **4.** [cri, soupir] dar, lanzar. ◇ *vi* - **1.** [cheveux, plante, enfant] crecer - **2.** [poursuivre son chemin] : **~ jusqu'à ...** seguir hasta ... - **3.** *fam* [exagérer] pasarse. ◆ **se pousser** *vp* - **1.** [laisser la place] echarse a un lado, apartarse - **2.** [se donner des coups] empujarse.
poussette [pusɛt] *nf* cochecito *m* de niño.
poussière [pusjɛr] *nf* polvo *m* ; **avoir une ~ dans l'œil** tener una mota en el ojo.
poussiéreux, euse [pusjerø, øz] *adj* polvoriento(ta).
poussif, ive [pusif, iv] *adj* - **1.** [personne] que se ahoga con facilidad - **2.** [moteur] que se ahoga.
poussin [pusɛ̃] *nm* - **1.** ZOOL polluelo *m* - **2.** SPORT alevín *m*.
poutre [putr] *nf* - **1.** CONSTR viga *f* - **2.** SPORT potro *m*.
poutrelle [putrɛl] *nf* vigueta *f*.
pouvoir [puvwar] ◇ *nm* poder *m* ; **~ d'achat** poder adquisitivo. ◇ *vt* poder ; **pouvez-vous/peux-tu faire quelque chose?** ¿puede/puedes hacer algo? ; **je n'en peux plus** no puedo más ; **il est on ne peut plus sûr de lui** no puede estar más seguro de sí mismo. ◆ **se pouvoir** *v impers* : **il se peut que** puede que ; **il se peut qu'il arrive en retard** puede que llegue tarde.
PQ ◇ *nm tfam* (*abr de* **papier-cul**) papel *m* de wáter. ◇ - **1.** (*abr de* **province du Québec**) provincia *f* de Quebec - **2.** (*abr de* **premier quartier (de lune)**) cuarto *m* creciente.
PR ◇ *nm* (*abr de* **Parti républicain**) *partido político francés a la derecha del espectro político.* ◇ *abr de* **poste restante**.
pragmatique [pragmatik] *adj* pragmático(ca).
Prague [prag] *n* Praga.
prairie [preri] *nf* prado *m*, pradera *f*.
praliné [praline] *nm* praliné *m*.
praticable [pratikabl] ◇ *adj* practicable. ◇ *nm* - **1.** THÉÂTRE practicable *m* - **2.** CIN grúa *f* móvil.

praticien, enne [pratisjɛ̃, ɛn] *nm, f* médico *mf.*
pratiquant, e [pratikɑ̃, ɑ̃t] *adj* & *nm, f* practicante.
pratique [pratik] ◇ *adj* práctico(ca). ◇ *nf* práctica *f*; **mettre qqch en ~** poner algo en práctica.
pratiquement [pratikmɑ̃] *adv* **- 1.** [en fait] en la práctica **- 2.** [quasiment] prácticamente.
pratiquer [pratike] *vt* practicar.
pré [pre] *nm* prado *m.*
préado [preado] *nmf fam* preadolescente *mf.*
préalable [prealabl] ◇ *adj* previo(via). ◇ *nm* condición *f* previa. ◆ **au préalable** *loc adv* previamente.
préambule [preɑ̃byl] *nm* **- 1.** [introduction, propos] preámbulo *m* **- 2.** *fig* [prélude] preludio *m.*
préau, x [preo] *nm* patio *m.*
préavis [preavi] *nm* preaviso *m.*
précaire [prekɛr] *adj* precario(ria).
précaution [prekosjɔ̃] *nf* precaución *f.*
précédent, e [presedɑ̃, ɑ̃t] *adj* precedente, anterior. ◆ **précédent** *nm* JUR precedente *m*; **sans ~** sin precedentes.
précéder [presede] *vt* **- 1.** [gén] preceder **- 2.** [arriver avant] adelantarse a.
précepte [presɛpt] *nm* precepto *m.*
précepteur, trice [presɛptœr, tris] *nm, f* preceptor *m*, -ra *f.*
prêcher [preʃe] *vt* & *vi* predicar.
précieux, euse [presjø, øz] *adj* **- 1.** [objet, pierre, métal] precioso(sa) **- 2.** [collaborateur] preciado(da) **- 3.** [style] afectado(da) **- 4.** LITTÉR preciosista.
précipice [presipis] *nm* precipicio *m.*
précipitation [presipitasjɔ̃] *nf* precipitación *f.* ◆ **précipitations** *nfpl* MÉTÉOR precipitaciones *fpl.*
précipité [presipite] *nm* precipitado *m.*
précipiter [presipite] *vt* precipitar; **~ qqch/qqn du haut de** precipitar algo/a alguien desde lo alto de. ◆ **se précipiter** *vp* [gén] precipitarse.
précis, e [presi, iz] *adj* **- 1.** [rapport, mesure] preciso(sa) **- 2.** [heure] fijo(ja); **à 6 heures ~es** a las seis en punto. ◆ **précis** *nm* compendio *m.*
précisément [presizemɑ̃] *adv* **- 1.** [avec précision] con precisión **- 2.** [exactement] exactamente **- 3.** [justement] precisamente.
préciser [presize] *vt* precisar. ◆ **se préciser** *vp* precisarse, concretarse.
précision [presizjɔ̃] *nf* **- 1.** [exactitude] precisión *f* **- 2.** [détail] detalle *m.*
précoce [prekɔs] *adj* **- 1.** [plante, fruit] precoz, temprano(na) **- 2.** [enfant] precoz.
préconçu, e [prekɔ̃sy] *adj* preconcebido(da).
préconiser [prekɔnize] *vt* preconizar; **il préconise que vous pratiquiez un sport** le aconseja que practique un deporte.
précurseur [prekyrsœr] ◇ *adj m* precursor(ra). ◇ *nm* precursor *m.*
prédateur, trice [predatœr, tris] *adj* depredador(ra), predador(ra). ◆ **prédateur** *nm* depredador *m.*
prédécesseur [predesesœr] *nm* predecesor *m*, antecesor *m.*
prédestination [predɛstinasjɔ̃] *nf* predestinación *f.*
prédestiner [predɛstine] *vt* predestinar; **être prédestiné à faire qqch/à qqch** estar predestinado a hacer algo/a algo.
prédicateur, trice [predikatœr, tris] *nm, f* predicador *m*, -ra *f.*
prédiction [prediksjɔ̃] *nf* predicción *f.*
prédilection [predilɛksjɔ̃] *nf* predilección *f*; **avoir une ~ pour qqch/pour qqn** tener predilección por algo/por alguien.
prédire [predir] *vt* predecir.
prédisposition [predispozisjɔ̃] *nf*: **~ à qqch** predisposición a algo.
prédit, e [predi, it] *pp* ▷ **prédire.**
prédominer [predɔmine] *vi* predominar.
préencollé, e [preɑ̃kɔle] *adj* engomado(da).
préfabriqué, e [prefabrike] *adj* **- 1.** [maison, immeuble] prefabricado(da) **- 2.** [accusation] amañado(da). ◆ **préfabriqué** *nm* construcción *f* prefabricada.
préface [prefas] *nf* prólogo *m*, prefacio *m.*
préfacer [prefase] *vt* prologar.
préfectoral, e, aux [prefɛktɔral, o] *adj* de la prefectura.
préfecture [prefɛktyr] *nf* prefectura *f*, ≃ gobierno *m* civil; **~ de police** jefatura *f* de policía.
préférable [preferabl] *adj* preferible.
préféré, e [prefere] *adj* & *nm, f* preferido(da).
préférence [preferɑ̃s] *nf* **- 1.** [prédilection] preferencia *f*; **de ~** preferentemente, de preferencia **- 2.** [choix] elección *f*; **quelle est ta ~?** ¿cuál prefieres?

préférentiel, elle [preferɑ̃sjɛl] *adj* preferente.

préférer [prefere] *vt* preferir ; **~ qqch/qqn (à qqch/à qqn)** preferir algo/a alguien (a algo/a alguien) ; **je préfère ça!** ¡eso está mejor!

préfet [prefɛ] *nm* prefecto *m*.

préfixe [prefiks] *nm* prefijo *m*.

préhistoire [preistwar] *nf* prehistoria *f*.

préhistorique [preistɔrik] *adj* prehistórico(ca).

préinscription [preɛ̃skripsjɔ̃] *nf* preinscripción *f*.

préjudice [preʒydis] *nm* perjuicio *m* ; **porter ~ à qqn** perjudicar a alguien.

préjugé [preʒyʒe] *nm* prejuicio *m* ; **avoir un ~ contre qqch/qqn** tener un prejuicio contra algo/alguien.

préjuger [preʒyʒe] *vt* : **~ de qqch** *sout* prejuzgar algo.

prélasser [prelase] ◆ **se prélasser** *vp* repantigarse.

prélat [prela] *nm* prelado *m*.

prélavage [prelavaʒ] *nm* prelavado *m*.

prélèvement [prelɛvmɑ̃] *nm* **- 1.** MÉD extracción *f* **- 2.** FIN retención *f* ; **~ à la source** retención en la fuente ; **~ mensuel/automatique** transferencia *f* mensual/automática. ◆ **prélèvements obligatoires** *nmpl retención obligatoria de impuestos y cotizaciones sociales.*

prélever [prelve] *vt* **- 1.** MÉD extraer **- 2.** FIN retener ; **~ qqch sur qqch** retener algo de algo.

préliminaire [preliminɛr] *adj* preliminar. ◆ **préliminaires** *nmpl* preliminares *mpl*.

prélude [prelyd] *nm* preludio *m*.

prématuré, e [prematyre] *adj* & *nm, f* prematuro(ra).

préméditation [premeditasjɔ̃] *nf* premeditación *f* ; **avec ~** con premeditación.

prémices [premis] *nfpl sout* primicias *fpl*.

premier, ère [prəmje, ɛr] ◇ *adj* primero(ra), primer *(delante de substantivo masculino)*. ◇ *nm, f* : **le ~** el primero ; **jeune ~** THÉÂTRE & CIN galán *m* joven. ◆ **premier** *nm* primero *m*. ◆ **première** *nf* **- 1.** THÉÂTRE estreno *m* **- 2.** [exploit] innovación *f* **- 3.** [classe, vitesse] primera *f* **- 4.** SCOL ≃ tercero *m* de BUP. ◆ **en premier** *loc adv* en primer lugar.

premièrement [prəmjɛrmɑ̃] *adv* primero.

prémisse [premis] *nf* premisa *f*.

prémonition [premɔnisjɔ̃] *nf* premonición *f*.

prémunir [premynir] *vt* : **~ qqn contre qqch** prevenir a alguien de OU contra algo. ◆ **se prémunir** *vp* prevenirse ; **se ~ contre qqch** prevenirse contra algo.

prénatal, e [prenatal] (*pl* **prénatals** OU **prénataux** [prenato]) *adj* prenatal.

prendre [prɑ̃dr] ◇ *vt* **- 1.** [gén] coger *Esp*, agarrar *Amér* ; **il s'est fait ~** lo han cogido **- 2.** [aliment, décision, mesure] tomar ; **vous prendrez quelque chose?** ¿tomará algo? **- 3.** [temps] llevar ; **ce travail nous a pris une semaine** este trabajo nos ha llevado una semana **- 4.** [aller chercher] recoger **- 5.** [responsabilité] asumir **- 6.** *fam* [se faire réprimander] : **qu'est-ce que j'ai pris quand ...** la que me ha caído encima cuando ... **- 7.** [aborder - personne] : **~ qqn par qqch** ganarse a alguien con algo ; [- problème, question] plantear **- 8.** [interpréter] tomarse. ◇ *vi* **- 1.** [sauce, gelée] espesarse ; [colle] pegar **- 2.** [feu] prender **- 3.** [se diriger] : **~ à droite/à gauche** coger a la derecha/a la izquierda.

prénom [prenɔ̃] *nm* nombre *m*.

prénuptial, e, aux [prenypsjal, o] *adj* prenupcial.

préoccupation [preɔkypasjɔ̃] *nf* preocupación *f*.

préoccuper [preɔkype] *vt* preocupar. ◆ **se préoccuper** *vp* : **se ~ de qqch/de qqn** preocuparse por algo/por alguien.

préparatifs [preparatif] *nmpl* preparativos *mpl*.

préparation [preparasjɔ̃] *nf* **- 1.** [gén] preparación *f* **- 2.** CHIM preparado *m* **- 3.** [préparatifs] preparativos *mpl*.

préparatoire [preparatwar] *adj* preparatorio(ria).

préparer [prepare] *vt* preparar ; **~ qqn à qqch** preparar a alguien para algo. ◆ **se préparer** *vp* prepararse ; **se ~ à faire qqch/à qqch** prepararse para hacer algo/para algo.

prépondérant, e [prepɔ̃derɑ̃, ɑ̃t] *adj* preponderante.

préposé, e [prepoze] *nm, f* encargado *m*, -da *f*.

préposition [prepozisjɔ̃] *nf* preposición *f*.

préréglé, e [preregle] *adj* preajustado(da) ; [radio etc] presintonizado(da).

préretraite [prerətrɛt] *nf* jubilación *f* anticipada.

prérogative [prerɔgativ] *nf* prerrogativa *f*.

près [prɛ] *adv* cerca ; **il habite ~ de chez moi** vive cerca de mi casa ; **tout ~** al lado. ◆ **de près** *loc adv* de cerca ; **regarder qqch de ~** [à petite distance] mirar algo de cerca ; [avec attention] mirar algo detenidamente ; **de plus/de très ~** [regarder] de más/de muy cerca ; [connaître] mejor/muy bien. ◆ **près de** *loc prép* - **1.** [dans l'espace, dans le temps] cerca de ; **être ~ de qqn** estar junto a alguien - **2.** [sur le point de] a punto de - **3.** [presque] casi ; **il y a ~ d'une heure** hace casi una hora. ◆ **à peu près** *loc adv* aproximadamente, poco más o menos. ◆ **à peu de chose près** *loc adv* aproximadamente, poco más o menos. ◆ **à ceci près que, à cela près que** *loc conj* excepto por (el hecho que).

présage [prezaʒ] *nm* presagio *m*.

présager [prezaʒe] *vt* presagiar.

presbyte [prɛsbit] *adj* & *nmf* présbita, présbite.

presbytère [prɛsbitɛr] *nm* casa *f* parroquial, rectoral *m*.

prescription [prɛskripsjɔ̃] *nf* prescripción *f*.

prescrire [prɛskrir] *vt* - **1.** [mesures, conditions] prescribir - **2.** MÉD recetar, prescribir.

préséance [preseɑ̃s] *nf* prelación *f*.

présélection [preselɛksjɔ̃] *nf* preselección *f*.

présence [prezɑ̃s] *nf* - **1.** [gén] presencia *f* ; **en ~** presente ; **en sa ~** en su presencia ; **en ~ de qqn** en presencia de alguien ; **se trouver en ~ de qqch** encontrarse ante OU con algo - **2.** [à un cours] asistencia *f*. ◆ **présence d'esprit** *nf* presencia *f* de ánimo.

présent, e [prezɑ̃, ɑ̃t] *adj* presente ; **présent!** [à l'appel] ¡presente! ◆ **présent** *nm* [gén & GRAM] presente *m* ; **à ~ (que)** ahora (que) ; **dès à ~** desde ahora ; **jusqu'à ~** hasta ahora, hasta el momento.

présentable [prezɑ̃tabl] *adj* presentable.

présentateur, trice [prezɑ̃tatœr, tris] *nm, f* presentador *m*, -ra *f*.

présentation [prezɑ̃tasjɔ̃] *nf* - **1.** [gén] presentación *f* ; **faire les ~s** hacer las presentaciones ; **sur ~ de qqch** [document, facture] al presentar algo - **2.** [aspect extérieur] presencia *f*.

présentement [prezɑ̃tmɑ̃] *adv* actualmente.

présenter [prezɑ̃te] *vt* - **1.** [gén] presentar ; **~ qqch à qqn** [soumettre] presentar algo a alguien - **2.** [félicitations, condoléances] : **~ qqch à qqn** dar algo a alguien. ◆ **se présenter** *vp* presentarse ; **se ~ à qqn** presentarse a alguien ; **se ~ à qqch** presentarse a algo ; **se ~ bien/mal** presentarse bien/mal.

présentoir [prezɑ̃twar] *nm* expositor *m* *(objeto)*.

préservatif [prezɛrvatif] *nm* preservativo *m*.

préserver [prezɛrve] *vt* preservar. ◆ **se préserver** *vp* : **se ~ de qqch** preservarse de algo.

présidence [prezidɑ̃s] *nf* presidencia *f*.

président, e [prezidɑ̃, ɑ̃t] *nm, f* presidente *m*, -ta *f* ; **~ de la République** Presidente de la República. ◆ **président-directeur général** *nm* director *m* general.

présidentiable [prezidɑ̃sjabl] *adj* presidenciable.

présider [prezide] ◇ *vt* presidir. ◇ *vi* : **~ à qqch** [diriger] dirigir algo ; *fig* [régner sur] presidir algo.

présomption [prezɔ̃psjɔ̃] *nf* presunción *f*.

présomptueux, euse [prezɔ̃ptɥø, øz] *adj* & *nm, f* presuntuoso(sa).

presque [prɛsk] *adv* casi.

presqu'île [prɛskil] *nf* península *f*.

pressant, e [prɛsɑ̃, ɑ̃t] *adj* apremiante.

presse [prɛs] *nf* prensa *f*.

pressé, e [prese] *adj* - **1.** [travail] urgente - **2.** [personne] : **être ~** tener prisa ; **être ~ de faire qqch** tener prisa por hacer algo - **3.** [fruit] : **un citron ~** un zumo de limón natural.

pressentiment [presɑ̃timɑ̃] *nm* presentimiento *m*, corazonada *f*.

pressentir [presɑ̃tir] *vt* - **1.** [événement] presentir - **2.** [personne] sondear.

presse-papiers [prɛspapje] *nm inv* pisapapeles *m inv*.

presser [prese] *vt* - **1.** [écraser - agrumes] exprimir ; [- olives, raisin etc] prensar - **2.** [dans ses bras] apretar - **3.** [bouton] apretar, pulsar - **4.** [accélérer - opération] apresurar ; [- pas] apretar. ◆ **se presser** *vp* - **1.** [se dépêcher] darse prisa, apresurarse ; **pressons!** ¡deprisa! - **2.** [s'agglutiner, se serrer] apretujarse.

pressing [presiŋ] *nm* tintorería *f*.

pression [prɛsjɔ̃] *nf* - **1.** [gén] presión *f* ; **exercer une ~ sur qqch** ejercer una presión sobre algo ; **exercer une ~ sur qqn** *fig* ejercer una presión sobre alguien ; **sous ~** bajo presión **- 2.** [bouton] automático *m* **- 3.** [bière] cerveza *f* de barril, cerveza *f* a presión.

pressoir [prɛswar] *nm* lagar *m*.

pressurer [presyre] *vt* **- 1.** [presser] prensar **- 2.** *fig* [contribuable] ahogar.

pressurisé, e [presyrize] *adj* presurizado(da).

prestance [prɛstɑ̃s] *nf* prestancia *f* ; **avoir de la ~** tener prestancia.

prestataire [prɛstatɛr] *nmf* suministrador *m*, -ra *f* ; **~ de services** suministrador de servicios.

prestation [prɛstasjɔ̃] *nf* **- 1.** [gén] prestación *f* ; **~ de service** prestación de servicios **- 2.** *(gén pl)* [d'appartement] equipamiento *m*. ◆ **prestation de serment** *nf* juramento *m*, jura *f*.

preste [prɛst] *adj sout* presto(ta), pronto(ta).

prestidigitateur, trice [prɛstidiʒitatœr, tris] *nm, f* prestidigitador *m*, -ra *f*.

prestige [prɛstiʒ] *nm* prestigio *m*.

prestigieux, euse [prɛstiʒjø, øz] *adj* prestigioso(sa).

présumer [prezyme] ◇ *vt* suponer ; **être présumé coupable/innocent** ser presunto culpable/inocente. ◇ *vi* : **~ de qqch** presumir de algo.

prêt, e [prɛ, prɛt] *adj* listo(ta), preparado(da) ; **~ à faire qqch** dispuesto a hacer algo, preparado para hacer algo ; **être ~** estar listo ; **~s? partez!** ¿listos? ¡ya! ◆ **prêt** *nm* préstamo *m* ; **accorder un ~** conceder un préstamo.

prêt-à-porter [prɛtapɔrte] (*pl* **prêts-à-porter**) *nm* prêt-à-porter *m inv*.

prétendre [pretɑ̃dr] ◇ *vt* **- 1.** [faire semblant de] pretender ; **toi qui prétends tout connaître** tú que pretendes saberlo todo **- 2.** [affirmer] : **~ que** asegurar que **- 3.** [exiger de] : **~ faire qqch** querer hacer algo. ◇ *vi* : **~ à qqch** [aspirer à] pretender algo.

prétendu, e [pretɑ̃dy] ◇ *pp* ⊳ **prétendre**. ◇ *adj (avant le nom)* supuesto(ta).

prête-nom [prɛtnɔ̃] (*pl* **prête-noms**) *nm* testaferro *m*.

prétentieux, euse [pretɑ̃sjø, øz] *adj* & *nm, f* pretencioso(sa).

prétention [pretɑ̃sjɔ̃] *nf* pretensión *f* ; **avoir la ~ de faire qqch** tener la pretensión de hacer algo.

prêter [prete] *vt* : **~ qqch à qqn** [gén] prestar algo a alguien ; [attribuer] atribuir algo a alguien. ◆ **se prêter** *vp* : **se ~ à qqch** prestarse a algo.

prétérit [preterit] *nm* pretérito *m*.

prêteur, euse [prɛtœr, øz] *adj* generoso(sa). ◆ **prêteur sur gages** *nm* prestamista *mf*.

prétexte [pretɛkst] *nm* pretexto *m* ; **sous ~ de faire qqch/que** con el OU so pretexto de hacer algo/de que ; **sous aucun ~** bajo ningún pretexto.

prétexter [pretɛkste] *vt* pretextar.

prêtre [prɛtr] *nm* sacerdote *m*.

preuve [prœv] *nf* prueba *f* ; **faire ~ de qqch** dar prueba de algo.

prévaloir [prevalwar] *vi sout* prevalecer ; **~ sur qqch** prevalecer sobre algo. ◆ **se prévaloir** *vp* : **se ~ de** valerse de.

prévalu [prevaly] *pp inv* ⊳ **prévaloir**.

prévenance [prevnɑ̃s] *nf* **- 1.** [attitude] atención *f (amabilidad)* **- 2.** [acte] deferencia *f*.

prévenant, e [prevnɑ̃, ɑ̃t] *adj* atento(ta).

prévenir [prevnir] *vt* **- 1.** [personne] prevenir, advertir **- 2.** [police] avisar **- 3.** [danger, maladie] prevenir **- 4.** [désirs] adelantarse a.

préventif, ive [prevɑ̃tif, iv] *adj* preventivo(va).

prévention [prevɑ̃sjɔ̃] *nf* **- 1.** [protection] prevención *f* **- 2.** JUR [emprisonnement] prisión *f* preventiva.

prévenu, e [prevny] ◇ *pp* ⊳ **prévenir**. ◇ *nm, f* acusado *m*, -da *f*.

prévision [previzjɔ̃] *nf* [gén & FIN] previsión *f* ; **les ~s météorologiques** las previsiones meteorológicas. ◆ **en prévision de** *loc prép* en previsión de.

prévoir [prevwar] *vt* prever ; **comme prévu** (tal) como estaba previsto ; **ça n'était pas prévu** no estaba previsto.

prévoyant, e [prevwajɑ̃, ɑ̃t] *adj* previsor(ra).

prévu, e [prevy] *pp* ⊳ **prévoir**.

prier [prije] ◇ *vt* **- 1.** RELIG [Dieu] rezar a ; [ciel] rogar a **- 2.** [implorer, demander] rogar ; **je vous en prie** [s'il vous plaît] se lo ruego ; [de rien] no hay de qué ; **(ne pas) se faire ~ (pour faire qqch)** (no) hacerse de rogar (para hacer algo). ◇ *vi* rezar, orar.

prière [prijɛr] *nf* **- 1.** RELIG [recueillement, formule] oración *f* **- 2.** [demande] ruego *m* ; **~ de ne pas fumer** se ruega no fumar.

primaire [primɛr] *adj* - **1.** [gén] primario(ria) - **2.** SCOL [école] ≃ de EGB.

prime [prim] ◇ *nf* prima *f* ; **~ d'intéressement** prima de participación en los beneficios ; **~ d'objectif** prima incentivo. ◇ *adj* - **1.** MATHS primo(ma) - **2.** [premier] : **la ~ jeunesse** la tierna juventud ; **de ~ abord** a primera vista.

primer [prime] ◇ *vi* primar ; **~ sur qqch** primar sobre algo. ◇ *vt* - **1.** [dominer] primar - **2.** [récompenser] premiar.

primevère [primvɛr] *nf* primavera *f*, prímula *f*.

primitif, ive [primitif, iv] ◇ *adj* primitivo(va). ◇ *nm, f* hombre primitivo *m*, mujer primitiva *f*. ◆ **primitif** *nm* [peintre, sculpteur] primitivo *m*.

primordial, e, aux [primɔrdjal, o] *adj* primordial.

prince [prɛ̃s] *nm* príncipe *m*.

princesse [prɛ̃sɛs] *nf* princesa *f*.

princier, ère [prɛ̃sje, ɛr] *adj* principesco(ca).

principal, e, aux [prɛ̃sipal, o] ◇ *adj* principal. ◇ *nm, f* SCOL director *m*, -ra *f*. ◆ **principal** *nm* : **le ~** [l'important] lo principal.

principauté [prɛ̃sipote] *nf* principado *m*.

principe [prɛ̃sip] *nm* principio *m* ; **par ~** por principio. ◆ **en principe** *loc adv* en principio.

printanier, ère [prɛ̃tanje, ɛr] *adj* primaveral.

printemps [prɛ̃tɑ̃] *nm* primavera *f*.

priori [prijɔri] ◆ **a priori** ◇ *loc adv* & *loc adj inv* a priori. ◇ *nm inv* prejuicio *m*.

prioritaire [prijɔritɛr] *adj* prioritario(ria).

priorité [prijɔrite] *nf* prioridad *f*, preferencia *f* ; **~ à droite** prioridad a la derecha. ◆ **en priorité** *loc adv* en primer lugar ; **venir en ~** tener prioridad.

pris, e [pri, priz] ◇ *pp* ▷ **prendre**. ◇ *adj* - **1.** [personne, place] ocupado(da) - **2.** [envahi] : **~ de qqch** [doute, pitié] preso de algo - **3.** [nez] tapado(da) ; [gorge] tomado(da). ◆ **prise** *nf* - **1.** [saisie] agarre *m* ; **lâcher ~e** soltar ; *fig* ceder - **2.** [de médicament, de ville] toma *f* - **3.** SPORT llave *f* - **4.** [ce qui permet de saisir] asidero *m* - **5.** [pêche] presa *f* - **6.** ÉLECTR enchufe *m* ; **~e (de courant)** toma *f* (de corriente) ; **~e mâle/femelle** enchufe macho/hembra ; **~e multiple** ladrón *m* ; **~e Péritel** euroconector *m* ; **~e de terre** toma de tierra. ◆ **prise de conscience** *nf* toma *f* de conciencia. ◆ **prise d'otages** *nf* toma *f* de rehenes. ◆ **prise de sang** *nf* extracción *f* de sangre. ◆ **prise de son** *nf* toma *f* de sonido. ◆ **prise de vues** *nf* toma *f* de vistas.

prisme [prism] *nm* prisma *m*.

prison [prizɔ̃] *nf* cárcel *f*, prisión *f*.

prisonnier, ère [prizɔnje, ɛr] ◇ *adj* prisionero(ra). ◇ *nm, f* - **1.** [détenu] : **faire qqn ~** detener a alguien - **2.** *fig* [captif] prisionero *m*, -ra *f*.

privation [privasjɔ̃] *nf* JUR privación *f*. ◆ **privations** *nfpl* privaciones *fpl*.

privatisation [privatizasjɔ̃] *nf* privatización *f*.

privatiser [privatize] *vt* privatizar.

privé, e [prive] *adj* privado(da). ◆ **privé** *nm* - **1.** ÉCON sector *m* privado ; **dans le ~** en el sector privado, en la privada - **2.** [détective] detective *m* privado. ◆ **en privé** *loc adv* en privado.

priver [prive] *vt* : **~ qqn de qqch** [démunir, déposséder de] privar a alguien de algo ; [interdire de] castigar a alguien sin algo.

privilège [privilɛʒ] *nm* privilegio *m*.

privilégié, e [privileʒje] *adj* & *nm, f* [gén] privilegiado(da).

privilégier [privileʒje] *vt* privilegiar.

prix [pri] *nm* - **1.** [coût] precio *m* ; **à moitié ~** a mitad de precio ; **au ~ fort** al precio normal ; **hors de ~** muy caro (muy cara) ; **~ d'achat** precio de compra ; **~ de gros** precio al por mayor ; **~ libre** precio libre ; **~ net** precio neto ; **~ de revient** precio de coste - **2.** [importance] valor *m* ; **au ~ de** a costa de - **3.** [récompense, championnat, lauréat] premio *m* ; **~ de consolation** premio de consolación - **4.** *loc* : **à aucun ~** a ningún precio ; **à tout ~** a cualquier precio.

pro [pro] *adj* & *nmf fam* profesional.

probabilité [prɔbabilite] *nf* probabilidad *f*.

probable [prɔbabl] *adj* probable ; **il est ~ que** es probable que.

probant, e [prɔbɑ̃, ɑ̃t] *adj* concluyente, convincente.

probité [prɔbite] *nf* probidad *f*.

problème [prɔblɛm] *nm* problema *m* ; **il n'y a pas de ~** no hay ningún problema ; **est-ce que cela pose un ~ si je passe chez toi vers 10 heures?** ¿hay algún problema si paso por tu casa hacia las 10?

procédé [prɔsede] *nm* **- 1.** [méthode] proceso *m* **- 2.** [agissement] modo *m*.

procéder [prɔsede] *vi* proceder ; **~ à qqch** proceder a algo.

procédure [prɔsedyr] *nf* procedimiento *m*.

procès [prɔsɛ] *nm* proceso *m* ; **intenter un ~ à qqn** emprender un proceso contra alguien ; **faire le ~ de qqn** *fig* sentar a alguien en el banquillo ; **faire le ~ de qqch** *fig* juzgar algo.

processeur [prɔsesœr] *nm* procesador *m*.

procession [prɔsesjɔ̃] *nf* procesión *f* ; **en ~** en procesión.

processus [prɔsesys] *nm* proceso *m*.

procès-verbal (*pl* **procès-verbaux**) *nm* **- 1.** [contravention] multa *f* **- 2.** [compte rendu] acta *f*.

prochain, e [prɔʃɛ̃, ɛn] *adj* **- 1.** [imminent] próximo(ma), cercano(na) **- 2.** [suivant] próximo(ma), que viene. ◆ **prochain** *nm sout* prójimo *m*. ◆ **prochaine** *nf* : **à la ~e!** *fam* ¡hasta otra!, ¡hasta la próxima!

prochainement [prɔʃɛnmɑ̃] *adv* próximamente.

proche [prɔʃ] *adj* **- 1.** [gén] próximo(ma), cercano(na) **- 2.** [intime] unido(da) **- 3.** [semblable] parecido(da). ◆ **proches** *nmpl* : **les ~s** [famille] los familiares. ◆ **de proche en proche** *loc adv sout* poco a poco.

Proche-Orient [prɔʃɔrjɑ̃] *nm* : **le ~** el Oriente Próximo.

proclamation [prɔklamasjɔ̃] *nf* **- 1.** [action] proclamación *f* **- 2.** [discours] proclama *f*.

proclamer [prɔklame] *vt* proclamar.

procréer [prɔkree] *vt* procrear.

procuration [prɔkyrasjɔ̃] *nf* procuración *f*, poder *m* ; **par ~** por poderes OU procuración.

procurer [prɔkyre] *vt* : **~ qqch à qqn** proporcionar algo a alguien. ◆ **se procurer** *vp* procurarse.

procureur [prɔkyrœr] ◆ **procureur général** *nm* ≃ fiscal *mf* del Tribunal Supremo. ◆ **procureur de la République** *nm* ≃ fiscal *mf*.

prodige [prɔdiʒ] *nm* prodigio *m*.

prodigieux, euse [prɔdiʒjø, øz] *adj* prodigioso(sa).

prodigue [prɔdig] *adj* pródigo(ga).

prodiguer [prɔdige] *vt* prodigar ; **~ qqch à qqn** prodigar algo a alguien.

producteur, trice [prɔdyktœr, tris] *adj* & *nm, f* productor(ra).

productif, ive [prɔdyktif, iv] *adj* productivo(va).

production [prɔdyksjɔ̃] *nf* **- 1.** [gén] producción *f* **- 2.** [d'un document] presentación *f*.

productivité [prɔdyktivite] *nf* productividad *f*.

produire [prɔdɥir] *vt* **- 1.** [gén] producir **- 2.** [montrer] presentar. ◆ **se produire** *vp* **- 1.** [événement] producirse **- 2.** [artiste] actuar.

produit, e [prɔdɥi, it] *pp* ▻ **produire.** ◆ **produit** *nm* producto *m* ; **~ de beauté** producto de belleza ; **~ cartésien** producto cartesiano ; **~ de consommation** producto de consumo ; **~ de grande consommation** producto de gran consumo ; **~ industriel** producto industrial ; **~s chimiques** productos químicos ; **~s d'entretien** productos de limpieza.

proéminent, e [prɔeminɑ̃, ɑ̃t] *adj* prominente.

profane [prɔfan] ◇ *adj* **- 1.** [laïc] profano(na) **- 2.** [ignorant] profano(na), lego(ga). ◇ *nmf* profano *m*, -na *f*.

profaner [prɔfane] *vt* profanar.

proférer [prɔfere] *vt* proferir.

professeur [prɔfɛsœr] *nm* profesor *m*, -ra *f*.

profession [prɔfɛsjɔ̃] *nf* profesión *f* ; **de ~** de profesión.

professionnel, elle [prɔfɛsjɔnɛl] ◇ *adj* **- 1.** [gén] profesional **- 2.** [lycée] de formación profesional. ◇ *nm, f* profesional *mf Esp*, profesionista *mf Amér*.

professorat [prɔfɛsɔra] *nm* profesorado *m*.

profil [prɔfil] *nm* perfil *m* ; **de ~** de perfil.

profit [prɔfi] *nm* **- 1.** [avantage] provecho *m* ; **au ~ de qqch** en beneficio de algo ; **tirer ~ de qqch** sacar provecho de algo **- 2.** ÉCON beneficio *m*.

profitable [prɔfitabl] *adj* provechoso(sa) ; **être ~ à qqn** ser provechoso(sa) para alguien.

profiter [prɔfite] *vi* : **~ à qqn** ser útil a alguien ; **~ de qqch** aprovechar algo ; **~ de qqn** aprovecharse de alguien ; **~ de qqch pour faire qqch** aprovechar algo para hacer algo ; **en ~** sacar partido.

profond, e [prɔfɔ̃, ɔ̃d] *adj* profundo(da). ◆ **profond** ◇ *nm* : **au plus ~ de** en lo más profundo de. ◇ *adv* hondo.

profondeur [prɔfɔ̃dœr] *nf* profundidad *f*; **en ~** en profundidad. ◆ **profondeur de champ** *nf* profundidad *f* de campo.
profusion [prɔfyzjɔ̃] *nf*: **une ~ de qqch** una gran profusión de algo; **avoir qqch à ~** tener (gran) profusión de algo.
progéniture [prɔʒenityr] *nf* prole *f*.
programmable [prɔgramabl] *adj* programable.
programmation [prɔgramasjɔ̃] *nf* TÉLÉ & INFORM programación *f*.
programme [prɔgram] *nm* TÉLÉ & INFORM programa *m*.
programmer [prɔgrame] *vt* & *vi* TÉLÉ & INFORM programar.
programmeur, euse [prɔgramœr, øz] *nm, f* INFORM programador *m*, -ra *f*.
progrès [prɔgrɛ] *nm* progreso *m*; **faire des ~** hacer progresos, progresar.
progresser [prɔgrese] *vi* **- 1.** [avancer] avanzar **- 2.** [se développer, s'améliorer] progresar.
progressif, ive [prɔgresif, iv] *adj* progresivo(va).
progression [prɔgresjɔ̃] *nf* **- 1.** [gén] progresión *f* **- 2.** [avancée & MIL] avance *m*.
prohiber [prɔibe] *vt* prohibir.
proie [prwa] *nf* presa *f*; **être la ~ de qqch** [des flammes] ser pasto de algo; **être en ~ à qqch** ser presa de algo.
projecteur [prɔʒɛktœr] *nm* proyector *m*.
projectile [prɔʒɛktil] *nm* proyectil *m*.
projection [prɔʒɛksjɔ̃] *nf* proyección *f*.
projectionniste [prɔʒɛksjɔnist] *nmf* proyeccionista *mf*.
projet [prɔʒɛ] *nm* proyecto *m*; **~ de loi** proyecto de ley.
projeter [prɔʃte] *vt* proyectar; **~ qqch/de faire qqch** proyectar OU planear algo/hacer algo.
prolétaire [prɔletɛr] *adj* & *nmf* proletario(ria).
prolétariat [prɔletarja] *nm* proletariado *m*.
proliférer [prɔlifere] *vi* proliferar.
prolifique [prɔlifik] *adj* prolífico(ca).
prologue [prɔlɔg] *nm* prólogo *m*.
prolongation [prɔlɔ̃gasjɔ̃] *nf* **- 1.** [continuation] prolongación *f* **- 2.** SPORT prórroga *f*.
prolongement [prɔlɔ̃ʒmɑ̃] *nm* **- 1.** [allongement] prolongación *f*; **dans le ~ de qqch** en la prolongación de algo **- 2.** *(gén pl)* [conséquence] repercusión *f*.
prolonger [prɔlɔ̃ʒe] *vt* prolongar; **~ ses vacances d'une semaine** prolongar sus vacaciones una semana.
promenade [prɔmnad] *nf* paseo *m*; **faire une ~** dar un paseo.
promener [prɔmne] *vt* pasear. ◆ **se promener** *vp* pasear, pasearse.
promesse [prɔmɛs] *nf* **- 1.** [gén] promesa *f*; **faire une ~** hacer una promesa; **tenir sa ~** cumplir su promesa **- 2.** [engagement] compromiso *m*; **~ d'achat/de vente** compromiso de compra/de venta.
prometteur, euse [prɔmɛtœr, øz] *adj* prometedor(ra).
promettre [prɔmɛtr] *vt* prometer; **~ qqch à qqn** prometer algo a alguien; **~ à qqn de faire qqch** prometer a alguien hacer algo; **~ à qqn que** prometer a alguien que; **ça promet!** *iron* ¡empezamos bien!
promis, e [prɔmi, iz] ◇ *pp* ⊳ **promettre**. ◇ *adj* prometido(da); **être ~ à qqch** estar destinado a algo. ◇ *nm, f hum* prometido *m*, -da *f*.
promiscuité [prɔmiskɥite] *nf* promiscuidad *f*.
promontoire [prɔmɔ̃twar] *nm* promontorio *m*.
promoteur, trice [prɔmɔtœr, tris] *nm, f* promotor *m*, -ra *f*.
promotion [prɔmɔsjɔ̃] *nf* promoción *f*; **en ~** en oferta.
promouvoir [prɔmuvwar] *vt* promover.
prompt, e [prɔ̃, prɔ̃t] *adj* rápido(da); **~ à faire qqch** rápido en hacer algo.
promu, e [prɔmy] *pp* ⊳ **promouvoir**.
promulguer [prɔmylge] *vt* promulgar.
prôner [prone] *vt sout* preconizar.
pronom [prɔnɔ̃] *nm* pronombre *m*; **~ personnel/possessif/relatif** pronombre personal/posesivo/relativo.
pronominal, e, aux [prɔnɔminal, o] *adj* pronominal.
prononcé, e [prɔnɔ̃se] *adj* marcado(da).
prononcer [prɔnɔ̃se] *vt* pronunciar. ◆ **se prononcer** *vp* pronunciarse.
prononciation [prɔnɔ̃sjasjɔ̃] *nf* **- 1.** LING pronunciación *f* **- 2.** JUR lectura *f*.
pronostic [prɔnɔstik] *nm* pronóstico *m*.
propagande [prɔpagɑ̃d] *nf* propaganda *f*.
propane [prɔpan] *nm* propano *m*.
prophète [prɔfɛt], **prophétesse** [prɔfetɛs] *nm, f* profeta *m*, profetisa *f*.
prophétie [prɔfesi] *nf* profecía *f*.
prophétiser [prɔfetize] *vt* profetizar.
propice [prɔpis] *adj* propicio(cia).
proportion [prɔpɔrsjɔ̃] *nf* proporción *f*.

◆ **proportions** *nfpl* proporciones *fpl* ; **toutes ~s gardées** salvando las distancias.

proportionné, e [prɔpɔrsjɔne] *adj* proporcionado(da) ; **bien/mal ~** bien/mal proporcionado.

proportionnel, elle [prɔpɔrsjɔnɛl] *adj* proporcional ; **~ à qqch** proporcional a algo. ◆ **proportionnelle** *nf* : **la ~le** POLIT el sistema de representación proporcional.

propos [prɔpo] *nm* **- 1.** *(gén pl)* [parole] palabra *f* **- 2.** [but] propósito *m* ; **c'est à quel ~?** ¿de qué se trata? ; **hors de ~** fuera de lugar. ◆ **à propos** *loc adv* [opportunément] oportunamente ; [au fait] por cierto. ◆ **à propos de** *loc prép* a propósito de, con respecto a.

proposer [prɔpoze] *vt* **- 1.** [gén] proponer ; **~ qqch à qqn** proponer algo a alguien ; **~ à qqn de faire qqch** proponer a alguien hacer algo **- 2.** [offrir] ofrecer.

proposition [prɔpozisjɔ̃] *nf* **- 1.** [offre, suggestion] propuesta *f*, proposición *f* **- 2.** GRAM proposición *f*.

propre [prɔpr] ◇ *adj* **- 1.** [gén] limpio(pia) ; **nous voilà ~s!** *fig* & *hum* ¡estamos listos! **- 2.** [personnel] propio(pia) ; **~ à qqn** propio(pia) de alguien **- 3.** [mot] apropiado(da). ◇ *nm* **- 1.** [propreté] limpieza *f* ; **au ~** [recopier] a limpio **- 2.** [sens] sentido *m* literal.

proprement [prɔprəmɑ̃] *adv* **- 1.** [soigneusement] limpiamente **- 2.** [convenablement] decentemente **- 3.** [véritablement] verdaderamente ; **à ~ parler** propiamente dicho ; **~ dit** propiamente dicho **- 4.** [spécifiquement] propiamente.

propreté [prɔprəte] *nf* limpieza *f*.

propriétaire [prɔprijetɛr] *nmf* propietario *m*, -ria *f*, dueño *m*, -ña *f* ; **~ foncier** OU **terrien** terrateniente *m*.

propriété [prɔprijete] *nf* **- 1.** [gén] propiedad *f* ; **~ privée** propiedad privada **- 2.** [domaine, exploitation] finca *f Esp*, campito *m Amér*.

propulser [prɔpylse] *vt* **- 1.** [gén] propulsar **- 2.** *fig* [jeter] lanzar. ◆ **se propulser** *vp* propulsarse.

prorata [prɔrata] ◆ **au prorata de** *loc prép* a prorrata de.

prosaïque [prozaik] *adj* prosaico(ca).

proscrit, e [prɔskri, it] *adj* & *nm, f* proscrito(ta).

prose [proz] *nf* prosa *f* ; **en ~** en prosa.

prospecter [prɔspɛkte] *vt* prospectar.

prospection [prɔspɛksjɔ̃] *nf* prospección *f*.

prospectus [prɔspɛktys] *nm* prospecto *m*, folleto *m*.

prospère [prɔspɛr] *adj* próspero(ra).

prospérité [prɔsperite] *nf* prosperidad *f*.

prostate [prɔstat] *nf* próstata *f*.

prosterner [prɔstɛrne] ◆ **se prosterner** *vp* prosternarse ; **se ~ devant qqch/devant qqn** prosternarse ante algo/ante alguien.

prostituée [prɔstitɥe] *nf* prostituta *f*.

prostitution [prɔstitysjɔ̃] *nf* prostitución *f*.

prostré, e [prɔstre] *adj* postrado(da).

protagoniste [prɔtagɔnist] *nmf* protagonista *mf*.

protecteur, trice [prɔtɛktœr, tris] ◇ *adj* **- 1.** [gén] protector(ra) **- 2.** ÉCON proteccionista. ◇ *nm, f* protector *m*, -ra *f*.

protection [prɔtɛksjɔ̃] *nf* protección *f* ; **de ~** [écran, système] protector(ra) ; **prendre qqn sous sa ~** tomar a alguien bajo su protección ; **se mettre sous la ~ de qqn** ponerse bajo la protección de alguien.

protectionnisme [prɔtɛksjɔnism] *nm* proteccionismo *m*.

protégé, e [prɔteʒe] *adj* & *nm, f* protegido(da).

protège-cahier [prɔtɛʒkaje] (*pl* **protège-cahiers**) *nm* forro *m*.

protéger [prɔteʒe] *vt* proteger.

protège-slip [prɔtɛʒslip] (*pl* **protège-slips**) *nm* salva slip *m*.

protéine [prɔtein] *nf* proteína *f*.

protestant, e [prɔtɛstɑ̃, ɑ̃t] *adj* & *nm, f* protestante.

protestation [prɔtɛstasjɔ̃] *nf* protesta *f*.

protester [prɔtɛste] *vi* protestar ; **~ contre qqch** protestar contra algo.

prothèse [prɔtɛz] *nf* prótesis *f inv* ; **~ dentaire** prótesis dental.

protide [prɔtid] *nm* prótido *m*.

protocolaire [prɔtɔkɔlɛr] *adj* protocolario(ria).

protocole [prɔtɔkɔl] *nm* protocolo *m*.

proton [prɔtɔ̃] *nm* protón *m*.

prototype [prɔtɔtip] *nm* prototipo *m*.

protubérance [prɔtyberɑ̃s] *nf* protuberancia *f*.

proue [pru] *nf* proa *f*.

prouesse [pruɛs] *nf* proeza *f*.

prouver [pruve] *vt* - **1.** [établir] demostrar, probar - **2.** [témoigner de] demostrar.
provenance [prɔvnɑ̃s] *nf* procedencia *f* ; **en ~ de** procedente de.
provenir [prɔvnir] *vi* : **~ de** proceder de.
provenu, e [prɔvny] *pp* ⊳ **provenir**.
proverbe [prɔvɛrb] *nm* proverbio *m*, refrán *m*.
proverbial, e, aux [prɔvɛrbjal, o] *adj* proverbial.
providence [prɔvidɑ̃s] *nf* providencia *f*.
providentiel, elle [prɔvidɑ̃sjɛl] *adj* providencial.
province [prɔvɛ̃s] *nf* - **1.** [gén] provincia *f*, ≃ región *f* - **2.** *péj* [campagne] pueblo *m* - **3.** *Can Estado federado dotado de un gobierno propio* - **4.** *Belg unidad territorial dirigida por un gobernador nombrado por el rey*.
provincial, e, aux [prɔvɛ̃sjal, o] ◇ *adj* - **1.** [de province - personne, vie] de provincias ; [- administration] provincial - **2.** *péj* [de la campagne] provinciano(na). ◇ *nm, f* provinciano *m*, -na *f*.
proviseur [prɔvizœr] *nm* director *m*, -ra *f* *(de un instituto)*.
provision [prɔvizjɔ̃] *nf* - **1.** [réserve] provisión *f* - **2.** FIN : **sans ~** sin fondos. ◆ **provisions** *nfpl* provisiones *fpl* ; **faire ses ~s** [achats] hacer la compra.
provisoire [prɔvizwar] ◇ *adj* provisional. ◇ *nm* : **le ~** lo provisional ; **vivre dans le ~** vivir provisionalmente ; **c'est du ~** es provisional.
provocant, e [prɔvɔkɑ̃, ɑ̃t] *adj* provocador(ra).
provocation [prɔvɔkasjɔ̃] *nf* provocación *f*.
provoquer [prɔvɔke] *vt* provocar.
proxénète [prɔksenɛt] *nmf* proxeneta *mf*.
proximité [prɔksimite] *nf* proximidad *f*. ◆ **à proximité de** *loc prép* cerca de.
prude [pryd] *adj* mojigato(ta).
prudence [prydɑ̃s] *nf* prudencia *f*.
prudent, e [prydɑ̃, ɑ̃t] *adj* prudente ; **ce n'est pas ~** no es sensato.
prune [pryn] ◇ *adj inv* [couleur] ciruela *(en aposición)*. ◇ *nf* - **1.** [fruit] ciruela *f* - **2.** *fam* [contravention] multa *f*.
pruneau, x [pryno] *nm* - **1.** [fruit] ciruela *f* pasa - **2.** *arg* [balle] bala *f*.
prunelle [prynɛl] *nf* ANAT pupila *f*, niña *f*.
prunier [prynje] *nm* ciruelo *m*.
PS¹ (*abr de* **Parti socialiste**) *nm partido socialista francés*.
PS², P-S (*abr de* **post-scriptum**) *nm* PD *f*, PS *m*.
psalmodier [psalmɔdje] *vt* & *vi* salmodiar.
psaume [psom] *nm* salmo *m*.
pseudonyme [psødɔnim] *nm* seudónimo *m*, pseudónimo *m*.
psy [psi] *nmf fam* psiquiatra *mf*.
psychanalyse [psikanaliz] *nf* psicoanálisis *m inv*.
psychanalyste [psikanalist] *nmf* psicoanalista *mf*.
psychédélique [psikedelik] *adj* psicodélico(ca).
psychiatre [psikjatr] *nmf* psiquiatra *mf*.
psychiatrie [psikjatri] *nf* psiquiatría *f*.
psychique [psiʃik] *adj* psíquico(ca).
psychologie [psikɔlɔʒi] *nf* psicología *f*.
psychologique [psikɔlɔʒik] *adj* psicológico(ca).
psychologue [psikɔlɔg] *adj* & *nmf* psicólogo(ga).
psychose [psikoz] *nf* psicosis *f inv*.
psychosomatique [psikosɔmatik] *adj* psicosomático(ca).
psychothérapie [psikoterapi] *nf* psicoterapia *f*.
Pta (*abr de* **peseta**) Pta.
Pte - **1.** (*abr de* **porte**) pta. - **2.** *abr de* **pointe**.
PTT (*abr de* **Administration des Postes et Télécommunications et de la Télédiffusion**) *nfpl* ≃ CTT.
pu [py] *pp inv* ⊳ **pouvoir**.
puant, e [pɥɑ̃, ɑ̃t] *adj* - **1.** [odeur] fétido(da) - **2.** *fam fig* [personne] fantasma.
puanteur [pɥɑ̃tœr] *nf* peste *f*.
pub [pyb] *nf fam* anuncio *m* ; **la ~** los anuncios.
pubère [pybɛr] *adj* púber.
puberté [pybɛrte] *nf* pubertad *f*.
pubis [pybis] *nm* pubis *m inv*.
public, ique [pyblik] *adj* público(ca). ◆ **public** *nm* público *m* ; **en ~** en público ; **être bon ~** ser (un) buen público.
publication [pyblikasjɔ̃] *nf* publicación *f* ; **~ des bans** amonestaciones *fpl* (matrimoniales).
publiciste [pyblisist] *nmf* publicista *mf*.
publicitaire [pyblisitɛr] *adj* & *nmf* publicitario(ria).
publicité [pyblisite] *nf* - **1.** [gén] publicidad *f* ; **~ comparative** publicidad comparativa ; **~ institutionnelle** publicidad institucional ; **~ mensongère** publicidad

engañosa ; **~ sur le lieu de vente** publicidad en (el) punto de venta **- 2.** [annonce, spot] anuncio *m*.
publier [pyblije] *vt* publicar.
publireportage [pyblirəpɔrtaʒ] *nm* publirreportaje *m*.
puce [pys] *nf* **- 1.** [animal] pulga *f* **- 2.** INFORM chip *m* **- 3.** [terme affectueux] : **ma ~** cariño *m*.
puceau, x [pyso] *adj m* & *nm fam* virgen.
pucelle [pysɛl] *adj f* & *nf fam* virgen.
pudeur [pydœr] *nf* pudor *m*.
pudibond, e [pydibɔ̃, ɔ̃d] *adj sout* pudibundo(da).
pudique [pydik] *adj* púdico(ca).
puer [pɥe] ◇ *vi* apestar ; **ça pue!** *fam* ¡huele que apesta! ◇ *vt* apestar a.
puéricultrice [pɥerikyltris] *nf* puericultora *f*.
puériculture [pɥerikyltyr] *nf* puericultura *f*.
puéril, e [pɥeril] *adj* pueril.
Puerto Rico = **Porto Rico**.
pugilat [pyʒila] *nm* pugilato *m*.
puis¹ [pɥi] ⊳ **pouvoir**.
puis² [pɥi] *adv* después ; **et ~** y además.
puiser [pɥize] *vt* **- 1.** [liquide] sacar **- 2.** *fig* [extraire] : **~ qqch dans qqch** [référence, citation] sacar algo de algo ; [se servir] coger algo de algo.
puisque [pɥiskə], **puisqu'** (*devant voyelle ou h muet*) *conj* **- 1.** [gén] ya que **- 2.** [renforce une affirmation] : **mais ~ je te dis que je ne veux pas!** ¡ya te he dicho que no quiero! ; **tu vas vraiment y aller? — ~ je te le dis!** ¿de veras vas a ir? — ¡no te lo estoy diciendo!
puissance [pɥisɑ̃s] *nf* **- 1.** [gén] potencia *f* **- 2.** [pouvoir] poder *m*. ◆ **en puissance** *loc adj* en potencia.
puissant, e [pɥisɑ̃, ɑ̃t] *adj* **- 1.** [gén] poderoso(sa) **- 2.** [machine, ordinateur] potente. ◆ **puissant** *nm* : **les ~s** los poderosos.
puits [pɥi] *nm* pozo *m*.
pull [pyl], **pull-over** [pylɔvɛr] (*pl* **pull-overs**) *nm* jersey *m*.
pulluler [pylyle] *vi* **- 1.** [proliférer] pulular **- 2.** *péj* [grouiller] : **~ de** estar plagado(da) de.
pulmonaire [pylmɔnɛr] *adj* pulmonar.
pulpe [pylp] *nf* pulpa *f*.
pulsation [pylsasjɔ̃] *nf* pulsación *f*.
pulsion [pylsjɔ̃] *nf* pulsión *f*.
pulvérisation [pylverizasjɔ̃] *nf* pulverización *f*.
pulvériser [pylverize] *vt* pulverizar.
puma [pyma] *nm* puma *m*.
punaise [pynɛz] *nf* **- 1.** [insecte] chinche *m* **- 2.** [clou] chincheta *f*.
punch¹ [pɔ̃ʃ] *nm* [boisson] ponche *m*.
punch² [pœnʃ] *nm inv fam* [énergie] marcha *f*.
punching-ball [pœnʃiŋbol] (*pl* **punching-balls**) *nm* punching-ball *m*.
puni, e [pyni] *adj* castigado(da).
punir [pynir] *vt* [crime, personne] castigar ; **~ qqn de qqch** [criminel] condenar a alguien a algo.
punition [pynisjɔ̃] *nf* castigo *m*.
pupille [pypij] ◇ *nf* ANAT pupila *f*. ◇ *nmf* pupilo *m*, -la *f* ; **~ de l'État** hospiciano *m*, -na *f* ; **~ de la nation** huérfano *m*, -na *f* de guerra.
pupitre [pypitr] *nm* **- 1.** [d'orateur, de musicien] atril *m* **- 2.** TECHNOL [de machine] consola *f* **- 3.** SCOL [bureau] pupitre *m*.
pur, e [pyr] *adj* puro(ra) ; **~ coton** puro algodón ; **~e laine** pura lana ; **~ et simple** puro y duro.
purée [pyre] *nf* puré *m* ; **~ de pommes de terre** puré de patatas.
purement [pyrmɑ̃] *adv* puramente ; **~ et simplement** pura y simplemente.
pureté [pyrte] *nf* pureza *f*.
purgatif, ive [pyrgatif, iv] *adj* purgante. ◆ **purgatif** *nm* purgante *m*, purga *f*.
purgatoire [pyrgatwar] *nm* RELIG purgatorio *m* ; *fig* infierno *m*.
purge [pyrʒ] *nf* purga *f*.
purger [pyrʒe] *vt* purgar.
purifier [pyrifje] *vt* purificar.
purin [pyrɛ̃] *nm* estiércol *m*.
puritain, e [pyritɛ̃, ɛn] *adj* & *nm, f* puritano(na).
puritanisme [pyritanism] *nm* puritanismo *m*.
pur-sang [pyrsɑ̃] *nm inv* pura sangre *m inv*.
purulent, e [pyrylɑ̃, ɑ̃t] *adj* purulento(ta).
pus¹ *etc* ⊳ **pouvoir**.
pus² [py] *nm* pus *m*.
pusillanime [pyzilanim] *adj sout* pusilánime.
putain [pytɛ̃] *nf vulg* puta *f*.
putréfier [pytrefje] ◆ **se putréfier** *vp* pudrirse.
putsch [putʃ] *nm* golpe *m* de estado.
puzzle [pœzl] *nm* **- 1.** [jeu] puzzle *m* **- 2.** *fig* [problème] rompecabezas *m inv*.

pyjama [piʒama] *nm* pijama *m*.

pylône [pilon] *nm* poste *m*.

pyramide [piramid] *nf* - **1.** GÉOM & ARCHIT pirámide *f* - **2.** [tas] pila *f*, montón *m Esp*, ruma *f Amér*.

Pyrex® [pirɛks] *nm* pírex® *m*.

pyromane [pirɔman] *nmf* pirómano *m*, -na *f*.

python [pitɔ̃] *nm* pitón *m*.

Q

q, Q [ky] *nm inv* [lettre] q *f*, Q *f*. ◆ **q** (*abr de* **quintal**) q.

QCM (*abr de* **questionnaire à choix multiple**) *nm* examen *m* de tipo test.

QG (*abr de* **quartier général**) *nm* CG *m*.

QI (*abr de* **quotient intellectuel**) *nm* CI *m*.

qqch *abr de* **quelque chose**.

qqn *abr de* **quelqu'un**.

quadragénaire [kwadraʒenɛr] *adj* & *nmf* cuadragenario(ria).

quadrangulaire [kwadrɑ̃gylɛr] *adj* cuadrangular.

quadrichromie [kwadrikrɔmi] *nf* cuatricromía *f*.

quadrilatère [kwadrilatɛr] *nm* cuadrilátero *m*.

quadrillage [kadrijaʒ] *nm* - **1.** [de papier, de tissu] cuadriculado *m* - **2.** [policier] peinado *m*.

quadriller [kadrije] *vt* - **1.** [papier] cuadricular - **2.** [ville] peinar.

quadrimoteur [kwadrimɔtœr] *adj* & *nm* cuatrimotor, tetramotor.

quadrupède [k(w)adrypɛd] ◇ *adj* cuadrúpedo(da). ◇ *nm* cuadrúpedo *m*.

quadrupler [k(w)adryple] *vt* & *vi* cuadruplicar.

quadruplés, ées [k(w)adryple] *nm, f pl* cuatrillizos *mpl*, -zas *fpl*.

quai [kɛ] *nm* - **1.** [de port, de rivière] muelle *m* ; **être à ~** estar atracado(da) - **2.** [de gare] andén *m*.

qualificatif, ive [kalifikatif, iv] *adj* - **1.** GRAM calificativo(va) - **2.** SPORT [épreuve] puntuable. ◆ **qualificatif** *nm* calificativo *m*.

qualification [kalifikasjɔ̃] *nf* - **1.** [titre, GRAM & SPORT] calificación *f* - **2.** [compétence] cualificación *f*.

qualifier [kalifje] *vt* - **1.** [caractériser] calificar ; **~ qqch/qqn de qqch** calificar algo/a alguien de algo - **2.** [donner des compétences] : **être qualifié pour faire qqch/pour qqch** estar cualificado(da) para hacer algo/para algo. ◆ **se qualifier** *vp* SPORT calificarse.

qualitatif, ive [kalitatif, iv] *adj* cualitativo(va).

qualité [kalite] *nf* - **1.** [gén] calidad *f* ; **de bonne/mauvaise ~** de buena/mala calidad ; **~ de la vie** calidad de vida - **2.** [caractéristique, vertu] cualidad *f*.

quand [kɑ̃] ◇ *conj* - **1.** [lorsque, alors que] cuando ; **pourquoi rester ici ~ on pourrait partir en week-end?** ¿por qué quedarse aquí cuando podríamos irnos de fin de semana? - **2.** *sout* [introduit une hypothèse] aun cuando. ◇ *adv interr* cuándo. ◆ **quand même** ◇ *loc adv* a pesar de todo ; **c'était ~ même bien** a pesar de todo estuvo bien ; **tu pourrais faire attention ~ même!** ¡podrías tener más cuidado! (¿no?). ◇ *interj* [ça suffit] ¡por favor! ; **~ même, à son âge!** ¡a su edad! ◆ **quand bien même** *loc conj sout* aun cuando. ◆ **n'importe quand** *loc adv* : **tu peux venir n'importe ~** puedes venir cuando quieras.

quant [kɑ̃] ◆ **quant à** *loc prép* en cuanto a, por lo que se refiere a ; **~ à moi/toi** en cuanto a mí/ti se refiere.

quantifier [kɑ̃tifje] *vt* cuantificar.

quantitatif, ive [kɑ̃titatif, iv] *adj* cuantitativo(va).

quantité [kɑ̃tite] *nf* - **1.** [mesure, SCIENCES & LING] cantidad *f* - **2.** [abondance] : **(une) ~ de** (una) gran cantidad de ; **en ~** en cantidad.

quarantaine [karɑ̃tɛn] *nf* - **1.** [nombre] unos cuarenta ; **une ~ de personnes** unas cuarenta personas - **2.** [âge] : **avoir la ~** estar en los cuarenta - **3.** [isolement] cuarentena *f*.

quarante [karɑ̃t] *adj num inv* & *nm inv* cuarenta ; *voir aussi* **six**.

quarantième [karɑ̃tjɛm] ◇ *adj num* & *nmf* cuadragésimo(ma). ◇ *nm* cuadragésimo *m*, cuadragésima parte *f* ; *voir aussi* **sixième**.

quart [kar] ◇ *adj num* cuarto(ta). ◇ *nm* - **1.** [fraction] cuarto *m*, cuarta parte *f* ; **un ~ de qqch** un cuarto de algo ; **un ~ d'heure** un cuarto de hora ; **moins le ~** menos cuarto ; **~ de soupir** MUS silencio *m* de semicorchea - **2.** NAVIG [veille] cuarto *m* - **3.** [gobelet] tanque *m*.

quartier [kartje] *nm* - **1.** [de ville] barrio *m Esp*, colonia *f Amér* - **2.** [de viande] trozo *m* ; [de fruit] gajo *m* - **3.** ASTRON cuarto *m* - **4.** [héraldique & MIL] cuartel *m* - **5.** *Belg* estudio *m*.

quartier-maître *nm* NAVIG ≃ cabo *m* de la marina.

quart-monde [karmɔ̃d] (*pl* **quarts-mondes**) *nm* cuarto mundo *m*.

quartz [kwarts] *nm* cuarzo *m* ; **à ~** de cuarzo.

quasi [kazi] ◇ *adv* cuasi. ◇ *nm* [de veau] trozo *m* de pierna.

quasiment [kazimɑ̃] *adv fam* casi.

quaternaire [kwatɛrnɛr] ◇ *adj* cuaternario(ria). ◇ *nm* : **le ~** el cuaternario.

quatorze [katɔrz] *adj num inv & nm inv* catorce ; *voir aussi* **six**.

quatrain [katrɛ̃] *nm* [strophe] ≃ cuarteto *m*.

quatre [katr] ◇ *adj num inv* cuatro ; **~ à ~** de cuatro en cuatro ; **se mettre en ~ pour qqn** *fig* desvivirse por alguien. ◇ *nm inv* cuatro *m* ; *voir aussi* **six**.

quatre-vingt = **quatre-vingts**.

quatre-vingt-dix [katrəvɛ̃dis] *adj num inv & nm inv* noventa ; *voir aussi* **six**.

quatre-vingts, quatre-vingt [katrəvɛ̃] *adj num & nm inv* ochenta ; *voir aussi* **six**.

quatrième [katrijɛm] ◇ *adj num & nmf* cuarto(ta). ◇ *nf* - **1.** SCOL ≃ octavo *m* de EGB - **2.** [danse] cuarta *f*. ◇ *nm* cuarto *m*, cuarta parte *f* ; *voir aussi* **sixième**.

quatuor [kwatɥɔr] *nm* cuarteto *m*.

que [kə] ◇ *conj* - **1.** [introduit une subordonnée] que ; **je sais ~ ...** sé que ... ; **je ne tiens pas à ce ~ tout le monde le sache** no quiero que todo el mundo se entere - **2.** [introduisant une hypothèse] tanto si ; **~ vous le vouliez ou non** tanto si quieres como si no - **3.** [reprend une autre conjonction] : **s'il fait beau et ~ nous avons le temps** si hace bueno y tenemos tiempo - **4.** [indique un ordre, un souhait] que ; **qu'il entre** ¡que entre! - **5.** [avec un présentatif] : **voilà** OU **voici ~ ça recommence!** ¡ya empieza otra vez! ◇ *pron relatif* - **1.** [chose, animal] que - **2.** [personne] al que, a la que ; **la femme ~ j'aime** la mujer que quiero ; **ce ~** lo que. ◇ *pron interr* qué. ◇ *adv exclamatif* qué ; **~ de** cuánto(ta) ; **~ de monde!** ¡cuánta gente! ◆ **c'est que** *loc conj* es que ; **si je vais me coucher, c'est ~ j'ai sommeil** si me acuesto es que tengo sueño. ◆ **qu'est-ce que** *pron interr* qué ; **qu'est-ce ~ tu veux?** ¿qué quieres? ◆ **qu'est-ce qui** *pron interr* qué ; **qu'est-ce qui se passe?** ¿qué pasa?

Québec [kebɛk] *nm* - **1.** [province] : **le ~** (el) Quebec - **2.** [ville] Quebec.

québécois, e [kebekwa, az] *adj* quebequés(esa). ◆ **québécois** *nm* LING quebequés *m*. ◆ **Québécois, e** *nm, f* quebequés *m*, -esa *f*.

quel [kɛl] (*f* **quelle**, *mpl* **quels**, *fpl* **quelles**) ◇ *adj interr* qué ; **~le heure est-il?** ¿qué hora es? ; **~ homme?** ¿qué hombre? ◇ *adj exclamatif* qué ; **~ dommage!** ¡qué pena! ◇ *adj indéf* : **il se baigne, ~ que soit le temps** se baña haga el tiempo que haga ; **il refuse de voir les nouveaux arrivants, ~s qu'ils soient** se niega a ver a los recién llegados, sean quienes sean. ◇ *pron interr* [chose] cuál ; [personne] quién.

quelconque [kɛlkɔ̃k] ◇ *adj indéf* - **1.** *(après le nom)* cualquiera - **2.** *(avant le nom)* : **un/une ~ ...** algún(una) ... ◇ *adj (après le nom) péj* [ordinaire] del montón.

quelque [kɛlk(ə)] ◇ *adj indéf sout* [un certain, un peu de] algún(una) ; **~ peu** algo de ; **à ~ distance de là** a poca distancia de allí ; **il est allé voir ~ ami du club** ha ido a ver a algún amigo del club ; **~ chemin que je prenne** tome el camino que tome. ◇ *adv* [environ] unos(as) ; **~ 200 francs** unos 200 francos. ◆ **quelques** *adj indéf pl* unos cuantos (unas cuantas) ; **j'ai ~s lettres à écrire** tengo que escribir unas cuantas OU algunas cartas ; **tu n'as pas ~s photos à me montrer?** ¿no tienes fotos que enseñarme?, ¿no tienes ninguna foto que enseñarme? ; **les ~s fois que** las pocas veces que ; **et ~s** y pico ; **il est midi et ~s** son las doce y pico. ◆ **quelque ... que** *loc adv sout* [concessif] por muy *(+ adjectif)* que, por mucho(cha) *(+ nom)* que ; **~ amitié qu'il eût** por mucha amistad que hubiera ; **~ solide que fût notre amitié** por muy sólida que fuera nuestra amistad.

quelque chose [kɛlkəʃoz] *pron indéf* algo.

quelquefois [kɛlkəfwa] *adv* a veces.

quelques-uns, quelques-unes [kɛlkəzœ̃, yn] *pron indéf* algunos(nas) ; **~ de** algunos de ; **~ de ces spectateurs** algunos de estos espectadores.

quelqu'un [kɛlkœ̃] *pron indéf m* alguien ; **c'est ~ d'intelligent** es una persona inteligente.

quémander [kemɑ̃de] *vt* mendigar.

qu'en-dira-t-on [kɑ̃diratɔ̃] *nm inv fam* : **se moquer/se soucier/avoir peur du ~** burlarse/preocuparse/tener miedo del qué dirán.

quenelle [kənɛl] *nf especie de croqueta grande de ternera o lucio.*

querelle [kərɛl] *nf* pelea *f.*

querelleur, euse [kərɛlœr, øz] *adj* & *nm, f* pendenciero(ra).

question [kɛstjɔ̃] *nf* **- 1.** [interrogation] pregunta *f* ; **poser une ~ à qqn** hacer una pregunta a alguien ; **~ subsidiaire** pregunta de desempate **- 2.** [sujet de discussion] cuestión *f* ; **il est ~ de faire qqch** es cuestión de hacer algo ; **il n'en est pas ~!** ¡ni hablar! ; **mettre qqch/qqn en ~** poner algo/a alguien en duda **- 3.** HIST [torture] tormento *m.*

questionnaire [kɛstjɔnɛr] *nm* cuestionario *m.*

questionner [kɛstjɔne] *vt* interrogar.

quête [kɛt] *nf* **- 1.** *sout* [recherche] búsqueda *f* ; **se mettre en ~ de qqch/de qqn** ir en busca de algo/de alguien **- 2.** [d'aumône] colecta *f.*

quêter [kete] ◇ *vi* colectar. ◇ *vt fig* [solliciter] mendigar.

queue [kø] *nf* **- 1.** [d'animal] cola *f* ; [des quadrupèdes] rabo *m* **- 2.** [de fruit] rabillo *m* **- 3.** [d'objet] mango *m* **- 4.** [de groupe] cola *f* ; **à la ~ leu leu** en fila india ; **faire la ~** hacer cola **- 5.** *vulg* [sexe] rabo *m.*

queue-de-cheval [køtʃəval] (*pl* **queues-de-cheval**) *nf* cola *f* de caballo.

queue-de-pie [kødpi] (*pl* **queues-de-pie**) *nf* chaqué *m.*

qui [ki] ◇ *pron rel* **- 1.** [sujet] que ; **la maison ~ est là** la casa que está allí ; **je l'ai vu ~ passait** lo vi pasar ; **~ plus est** lo que es más **- 2.** [complément d'object direct] quien ; **invite ~ tu veux** invita a quien quieras ; **je ne sais pas ce ~ est arrivé** no sé lo que pasó **- 3.** [avec une préposition] : **à ~** a quien ; **avec ~** con quien **- 4.** [indéfini] quienquiera ; **~ que ce soit** quienquiera que sea. ◇ *pron interr* **- 1.** [sujet] quién ; **~ es-tu?** ¿quién eres? ; **je ne sais pas ~ tu es** no sé quién eres **- 2.** [complément d'object direct] : **~ préfères-tu?** ¿a quién prefieres? ; **à ~ est ce livre?** ¿de quién es ese libro? ; **à ~ le tour?** ¿a quién le toca? ; **à ~ parles-tu?** ¿con quién hablas? ; **à ~ penses-tu?** ¿en quién piensas? ; **avec ~?** ¿con quién? ◆ **qui est-ce qui** *pron interr* quién ; **~ est-ce ~ parle?** ¿quién habla? ◆ **qui est-ce que** *pron interr* a quién ; **~ est-ce que tu vois?** ¿a quién ves? ◆ **n'importe qui** *pron indéf* cualquiera ; **ce n'est pas n'importe ~** ¡no es un cualquiera!

quiche [kiʃ] *nf* quiche *f.*

quiconque [kikɔ̃k] ◇ *pron indéf* cualquiera ; **sans en avertir ~** sin avisar a nadie. ◇ *pron relatif indéf* quienquiera que ; **pour ~** para cualquiera ; **pour ~ a l'habitude de lire** para cualquiera que tenga costumbre de leer.

quidam [kidam] *nm fam* quídam *m.*

quiétude [kjetyd] *nf sout* quietud *f.*

quignon [kiɲɔ̃] *nm* mendrugo *m.*

quille [kij] *nf* **- 1.** [de bateau] quilla *f* **- 2.** [de jeu] bolo *m.* ◆ **quilles** *nfpl fam* [jambes] patas *fpl.*

quincaillerie [kɛ̃kajri] *nf* **- 1.** [ustensiles] quincalla *f* **- 2.** [industrie, commerce, magasin] ferretería *f* **- 3.** *fam* [bijoux] quincalla *f.*

quinconce [kɛ̃kɔ̃s] ◆ **en quinconce** *loc adj* & *loc adv* al trebolillo.

quinine [kinin] *nf* quinina *f.*

quinquagénaire [kɛ̃kaʒenɛr] *adj* & *nmf* quincuagenario(ria).

quinquennal, e, aux [kɛ̃kenal, o] *adj* quinquenal.

quintal, aux [kɛ̃tal, o] *nm* quintal *m.*

quinte [kɛ̃t] *nf* **- 1.** MUS quinta *f* **- 2.** [au poker] escalera *f.* ◆ **quinte de toux** *nf* ataque *m* de tos.

quintuple [kɛ̃typl] ◇ *adj* quíntuplo(pla). ◇ *nm* quíntuplo *m.*

quintuplés, ées [kɛ̃typle] *nm, f pl* quintillizos *mpl*, -zas *fpl.*

quinzaine [kɛ̃zɛn] *nf* **- 1.** [nombre] quincena *f* ; **une ~ de** unos quince **- 2.** [deux semaines] dos semanas *fpl.*

quinze [kɛ̃z] ◇ *adj num inv* quince ; **dans ~ jours** dentro de quince días OU dos semanas. ◇ *nm inv* - **1.** [chiffre] quince *m* ; *voir aussi* **six** - **2.** SPORT : **le ~ de France** *el equipo nacional de rugby francés.*

quiproquo [kiprɔko] *nm* quid pro quo *m.*

quittance [kitɑ̃s] *nf* recibo *m* ; **~ d'électricité/de loyer** recibo de la luz/del alquiler.

quitte [kit] *adj* : **être ~ (envers qqn)** estar en paz (con alguien) ; **en être ~ pour faire qqch/pour qqch** librarse con hacer algo/con algo ; **il en a été ~ pour une bonne peur** no ha sido más que el susto ; **~ à faire qqch** aunque tenga que hacer algo ; **~ à dormir sur place je préfère rester** aunque tenga que dormir aquí mismo prefiero quedarme.

quitter [kite] *vt* - **1.** [renoncer à, abandonner] dejar, abandonar ; **ne quittez pas!** [au téléphone] no cuelgue - **2.** [partir de] irse de, marcharse de - **3.** [vêtement] quitarse. ◆ **se quitter** *vp* separarse.

qui-vive [kiviv] *nm inv* : **être sur le ~** estar en vilo.

quoi [kwa] ◇ *pron relatif (après une préposition)* : **ce à ~ je me suis intéressée** aquello por lo que me interesé ; **c'est en ~ tu as tort** ahí es donde te equivocas ; **après ~** después de lo cual ; **avoir de ~ vivre** tener de qué vivir ; **avez-vous de ~ écrire?** ¿tiene con qué escribir? ; **merci — il n'y a pas de ~** gracias — no hay de qué, gracias — de nada. ◇ *pron interr* qué ; **à ~ bon?** ¿para qué? ; **à ~ penses-tu?** ¿en qué piensas? ; **je ne sais pas ~ dire** no sé qué decir ; **~ de neuf?** ¿qué hay de nuevo? ; **quoi?** *fam* [comment?] ¿qué? ; **... ou ~?** *fam* ¿... o no?, ¿... o qué? ; **tu viens ou ~?** *fam* ¿vienes o no? ; **décide-toi, ~!** *fam* ¿te decides o qué?, ¿te decides o no? ◆ **quoi que** *loc conj (+ subjonctif)* : **~ qu'il arrive** pase lo que pase ; **~ qu'il dise** diga lo que diga ; **~ qu'il en soit** sea como sea. ◆ **n'importe quoi** *pron indéf* cualquier cosa, lo que sea.

quoique [kwakə] *conj* aunque.

quolibet [kɔlibɛ] *nm sout* pulla *f.*

quota [k(w)ɔta] *nm* [gén] cuota *f* ; [d'importation] cupo *m.*

quotidien, enne [kɔtidjɛ̃, ɛn] *adj* diario(ria). ◆ **quotidien** *nm* - **1.** [vie quotidienne] cotidiano *m* - **2.** [journal] diario *m.*

quotient [kɔsjɑ̃] *nm* cociente *m* ; **~ intellectuel** coeficiente intelectual OU de inteligencia.

R

r, R [ɛr] *nm inv* [lettre] r *f*, R *f.* ◆ **r** *(abr de* **rue**) C/.

rabâcher [rabaʃe] *fam* ◇ *vi* machacar ; **tu rabâches!** ¡no seas machacón! ◇ *vt* machacar.

rabais [rabɛ] *nm* descuento *m*, rebaja *f.* ◆ **au rabais** ◇ *loc adj* de pacotilla. ◇ *loc adv* por poco dinero.

rabaisser [rabɛse] *vt* rebajar. ◆ **se rabaisser** *vp* rebajarse ; **se ~ à faire qqch** rebajarse a hacer algo.

rabat [raba] *nm* - **1.** [partie rabattue] carterilla *f* - **2.** [col - de magistrat] golilla *f* ; [- d'ecclésiastique] alzacuello *m.*

rabat-joie [rabaʒwa] *adj inv* & *nmf inv* aguafiestas.

rabatteur, euse [rabatœr, øz] *nm, f* - **1.** [de gibier] ojeador *m*, -ra *f* - **2.** *fig* & *péj* [de clientèle] gancho *m.*

rabattre [rabatr] *vt* - **1.** [abaisser - gén] abatir ; [- col] doblar ; [- couvercle] cerrar - **2.** [somme] rebajar - **3.** [gibier] ojear - **4.** [client] captar. ◆ **se rabattre** *vp* - **1.** [siège] abatirse - **2.** [voiture] cerrarse - **3.** [se contenter de] : **se ~ sur qqch/sur qqn** conformarse con algo/con alguien.

rabattu, e [rabaty] *pp* ▷ **rabattre.**

rabbin [rabɛ̃] *nm* rabino *m.*

râble [rabl] *nm* CULIN rabadilla *f.*

râblé, e [rable] *adj* fornido(da).

rabot [rabo] *nm* cepillo *m (de carpintería).*

raboter [rabɔte] *vt* cepillar.

rabougri, e [rabugri] *adj* - **1.** [plante] desmedrado(da) - **2.** [personne] canijo(ja).

rabrouer [rabrue] *vt* desairar.

raccommodage [rakɔmɔdaʒ] *nm* zurcido *m.*

raccommoder [rakɔmɔde] *vt* - **1.** [vêtement] zurcir - **2.** *fam* [personnes] : **~ qqn avec qqn** hacer que alguien haga las paces con alguien.

raccompagner [rakɔ̃paɲe] *vt* acompañar.

raccord [rakɔr] *nm* - **1.** [liaison] retoque *m* - **2.** CIN ajuste *m* - **3.** [pièce] empalme *m.*

raccordement [rakɔrdəmɑ̃] *nm* empalme *m.*

raccorder [rakɔrde] *vt* empalmar ; **~ qqch à qqch** empalmar algo a algo. ◆ **se raccorder** *vp* : **se ~ à qqch** conectar(se) con algo.

raccourci [rakursi] *nm* atajo *m* ; **prendre un ~** coger un atajo ; **en ~** *fig* en síntesis.

raccourcir [rakursir] ◇ *vt* [gén] acortar ; [texte] abreviar. ◇ *vi* [jour] menguar.

raccrocher [rakrɔʃe] ◇ *vt* volver a colgar. ◇ *vi* **- 1.** [au téléphone] colgar **- 2.** *fam* [abandonner] colgar la toalla. ◆ **se raccrocher** *vp* : **se ~ à qqch/à qqn** *fig* aferrarse a algo/a alguien.

race [ras] *nf* **- 1.** [humaine, animale] raza *f* ; **de ~** de raza **- 2.** *fig* [catégorie] raza *f*, casta *f.*

racé, e [rase] *adj* **- 1.** [animal] de raza **- 2.** [voiture] con clase.

rachat [raʃa] *nm* **- 1.** [de biens] nueva compra *f* **- 2.** *fig* [de péchés] redención *f* **- 3.** [de prisonniers] rescate *m.*

racheter [raʃte] *vt* **- 1.** [acheter à nouveau] volver a comprar **- 2.** [acheter d'occasion] comprar **- 3.** [péché, faute] redimir ; [défaut, lapsus] compensar **- 4.** [prisonnier, candidat] rescatar. ◆ **se racheter** *vp* hacer méritos.

rachitique [raʃitik] *adj* raquítico(ca).

racial, e, aux [rasjal, o] *adj* racial.

racine [rasin] *nf* raíz *f* ; **prendre ~** echar raíces.

racisme [rasism] *nm* racismo *m.*

raciste [rasist] *adj* & *nmf* racista.

racket [rakɛt] *nm* extorsión *f*, chantaje *m.*

raclée [rakle] *nf* tunda *f*, paliza *f Esp*, golpiza *f Amér.*

raclement [rakləmɑ̃] *nm* carraspeo *m.*

racler [rakle] *vt* rascar. ◆ **se racler** *vp* : **se ~ la gorge** rascarse la garganta.

racoler [rakɔle] *vt péj* enganchar *(prostituta).*

racoleur, euse [rakɔlœr, øz] *adj péj* [publicité] facilón(ona) ; [sourire] baboso(sa). ◆ **racoleur** *nm fam* [de clients] gancho *m.* ◆ **racoleuse** *nf fam péj* buscona *f.*

racontar [rakɔ̃tar] *nm (gén pl)* chisme *m*, habladuría *f.*

raconter [rakɔ̃te] *vt* contar ; **~ qqch à qqn** contar algo a alguien.

racorni, e [rakɔrni] *adj* [gén] reseco(ca) ; [papier] acartonado(da).

radar [radar] *nm* radar *m.*

rade [rad] *nf* rada *f.*

radeau, x [rado] *nm* **- 1.** [embarcation] balsa *f* **- 2.** [train de bois] armadía *f.*

radial, e, aux [radjal, o] *adj* radial.

radiateur [radjatœr] *nm* radiador *m* ; **~ électrique/à gaz** radiador eléctrico/de gas.

radiation [radjasjɔ̃] *nf* **- 1.** [rayonnement] radiación *f* **- 2.** [élimination] expulsión *f.*

radical, e, aux [radikal, o] *adj* radical. ◆ **radical** *nm* radical *m.*

radicaliser [radikalize] *vt* radicalizar. ◆ **se radicaliser** *vp* radicalizarse.

radier [radje] *vt* [exclure] excluir ; [d'une profession] expulsar.

radieux, euse [radjø, øz] *adj* radiante.

radin, e [radɛ̃, in] *adj* & *nm, f fam péj* rácano(na).

radio [radjo] ◇ *nf* **- 1.** [diffusion, transistor, station] radio *f* ; **allumer/éteindre/mettre la ~** encender/apagar/poner la radio **- 2.** [rayons X] : **passer une ~** hacerse una radiografía. ◇ *nm* radio *m.*

radioactif, ive [radjɔaktif, iv] *adj* radiactivo(va), radioactivo(va).

radioactivité [radjɔaktivite] *nf* radiactividad *f*, radioactividad *f.*

radiocassette [radjɔkasɛt] *nm* radiocasete *m.*

radiodiffuser [radjɔdifyze] *vt* radiar.

radiographie [radjɔgrafi] *nf* radiografía *f.*

radiologue [radjɔlɔg], **radiologiste** [radjɔlɔʒist] *nmf* radiólogo *m*, -ga *f.*

radioréveil (*pl* **radioréveils**), **radio-réveil** (*pl* **radios-réveils**) [radjɔrevɛj] *nm* radiodespertador *m.*

radiotélévisé, e [radjɔtelevize] *adj* radiotelevisado(da).

radis [radi] *nm* rábano *m.*

radium [radjɔm] *nm* radio *m (elemento radiactivo).*

radius [radjys] *nm* radio *m (hueso).*

radoucissement [radusismɑ̃] *nm* mejoramiento *m (del tiempo, la temperatura).*

rafale [rafal] *nf* **- 1.** [de vent] ráfaga *f*, racha *f* ; **souffler en ~** rachear **- 2.** [de coups de feu] ráfaga *f* **- 3.** *fig* [d'applaudissements] salva *f.*

raffinage [rafinaʒ] *nm* refinado *m.*

raffiné, e [rafine] *adj* refinado(da).

raffinement [rafinmɑ̃] *nm* refinamiento *m.*

raffiner [rafine] ◇ *vt* refinar. ◇ *vi* : **~ sur qqch** cuidar algo.

raffinerie [rafinri] *nf* refinería *f*.
raffoler [rafɔle] *vi* : ~ **de qqch/de qqn** volverse loco(ca) por algo/por alguien ; **il raffole des glaces** le chiflan los helados.
raffut [rafy] *nm fam* jaleo *m Esp*, despiole *m Amér* ; **faire du ~** armar jaleo.
rafistoler [rafistɔle] *vt fam* remendar.
rafle [rafl] *nf* - **1.** [vol] robo *m* - **2.** [de police] redada *f*.
rafler [rafle] *vt fam* - **1.** [s'emparer de] arramblar con - **2.** [piller, voler] birlar.
rafraîchir [rafrɛʃir] ◇ *vt* - **1.** [nourriture, vin] enfriar - **2.** [vêtement, appartement] reformar ; [tableau] restaurar ; [cheveux] igualar - **3.** *fig* [mémoire] refrescar. ◇ *vi* enfriar. ◆ **se rafraîchir** *vp* - **1.** [temps] refrescar - **2.** [personne] refrescarse.
rafraîchissant, e [rafrɛʃisɑ̃, ɑ̃t] *adj* refrescante.
rafraîchissement [rafrɛʃismɑ̃] *nm* - **1.** [de climat] enfriamiento *m* - **2.** [boisson] refresco *m* ; **prendre un ~** tomar un refresco - **3.** [de vêtement, d'appartement] reforma *f* ; [de tableau] restauración *f* ; [de coupe de cheveux] cambio *m*.
raft [raft], **rafting** [raftiŋ] *nm* rafting *m*.
ragaillardir [ragajardir] *vt fam* entonar.
rage [raʒ] *nf* - **1.** [fureur, maladie] rabia *f* - **2.** [manie, passion] pasión *f* - **3.** *loc* : **faire ~** [tempête] causar estragos. ◆ **rage de dents** *nf* dolor *m* de muelas.
rager [raʒe] *vi fam* : ~ **contre qqch/contre qqn** echar pestes contra algo/contra alguien ; **ça me fait ~** me da mucha rabia.
rageur, euse [raʒœr, øz] *adj* - **1.** *fam* [enfant] con malas pulgas - **2.** [ton] rabioso(sa).
raglan [raglɑ̃] ◇ *nm* prenda *f* con mangas raglán. ◇ *adj inv* raglán.
ragot [rago] *nm fam* cotilleo *m*.
ragoût [ragu] *nm* ragú *m*, guiso *m*.
rai [rɛ] *nm sout* rayo *m*.
raid [rɛd] *nm* - **1.** MIL & SPORT raid *m* - **2.** AÉRON incursión *f*, raid *m* ; ~ **aérien** incursión aérea, raid aéreo - **3.** FIN adquisición *f* hostil.
raide [rɛd] ◇ *adj* - **1.** [cheveux] lacio(cia) - **2.** [membre] rígido(da), tieso(sa) - **3.** [pente, escalier] empinado(da) - **4.** [attitude] envarado(da) - **5.** *fam* [incroyable] : **elle est ~!** ¡eso pasa de castaño oscuro! - **6.** *fam* [chanson, propos] verde - **7.** *fam* [pauvre] : **être ~** estar pelado(da). ◇ *adv* [abruptement] : **grimper ~** ser empinado(da).
raideur [rɛdœr] *nf* - **1.** [physique] rigidez *f* - **2.** [morale] rigidez *f*, inflexibilidad *f*.
raidir [rɛdir] *vt* estibar. ◆ **se raidir** *vp* [de froid] quedarse tieso(sa).
raie [rɛ] *nf* - **1.** [gén] raya *f* - **2.** [des fesses] raja *f*.
rail [raj] *nm* - **1.** [de voie ferrée] riel *m*, raíl *m* - **2.** [moyen de transport] ferrocarril *m*.
railler [raje] *vt sout* burlarse de.
railleur, euse [rajœr, øz] *adj* & *nm, f sout* burlón(ona).
rainure [rɛnyr] *nf* ranura *f*.
raisin [rɛzɛ̃] *nm* uva *f*.
raison [rɛzɔ̃] *nf* - **1.** [faculté de raisonner, sagesse] razón *f* ; **ramener qqn à la ~** hacer entrar a alguien en razones - **2.** [justesse] : **avoir ~** tener razón ; **avoir ~ de faire qqch** hacer bien en hacer algo ; **le froid a eu ~ de lui** el frío pudo más que él ; **donner ~ à qqn** dar la razón a alguien - **3.** [santé mentale] juicio *m* - **4.** [rationalité] raciocinio *m* - **5.** [motif, excuse] razón *f*, motivo *m* ; **à plus forte ~ quand** con mayor motivo cuando, máxime cuando ; **en ~ de qqch** debido a algo ; ~ **de plus** razón de más ; ~ **de vivre** razón de vivir. ◆ **à raison de** *loc prép* a razón de. ◆ **raison d'État** *nf* razón *f* de Estado. ◆ **raison sociale** *nf* razón *f* social.
raisonnable [rɛzɔnabl] *adj* - **1.** [décision, prix] razonable - **2.** [rationnel] racional.
raisonné, e [rɛzɔne] *adj* razonado(da).
raisonnement [rɛzɔnmɑ̃] *nm* - **1.** [faculté] raciocinio *m* - **2.** [argumentation] razonamiento *m*.
raisonner [rɛzɔne] ◇ *vi* - **1.** [penser] pensar - **2.** [discuter] razonar. ◇ *vt* hacer entrar en razón a.
rajeunir [raʒœnir] ◇ *vt* - **1.** [suj : couleur, vêtement, coiffure] rejuvenecer, hacer más joven - **2.** [suj : personne] echar menos años ; ~ **qqn de trois ans** echar a alguien tres años menos - **3.** [décoration, canapé] remozar - **4.** [population, profession] rebajar la media de edad de. ◇ *vi* rejuvenecer, rejuvenecerse.
rajouter [raʒute] *vt* volver a añadir ; **en ~** *fam* [exagérer] cargar las tintas.
rajuster [raʒyste], **réajuster** [reaʒyste] *vt* - **1.** [salaire, prix, tir] reajustar - **2.** [cravate] retocar. ◆ **se rajuster** *vp* retocarse.
râle [ral] *nm* estertor *m*.
ralenti, e [ralɑ̃ti] *adj* ralentizado(da). ◆ **ralenti** *nm* ralentí *m* ; **au ~** *fig* al ralentí.

ralentir [ralɑ̃tir] ◇ *vt* [allure, expansion, rythme] reducir ; [pas] aminorar. ◇ *vi* reducir la velocidad.
ralentissement [ralɑ̃tismɑ̃] *nm* - **1.** [freinage] disminución *f* de la velocidad - **2.** [embouteillage] retención *f* - **3.** [diminution] disminución *f*.
râler [rale] *vi* - **1.** [malade] tener estertores - **2.** *fam* [grogner] refunfuñar.
ralliement [ralimɑ̃] *nm* - **1.** MIL concentración *f* - **2.** [adhésion] adhesión *f*.
rallier [ralje] *vt* - **1.** [hommes] concentrar - **2.** [troupe] incorporarse a ; [parti] adscribirse a ; [majorité] sumarse a - **3.** [suffrages] agrupar. ◆ **se rallier** *vp* - **1.** [troupes, hommes] concentrarse - **2.** [souscrire] : **se ~ à qqch** [parti] adscribirse a algo ; [avis, cause] sumarse a algo.
rallonge [ralɔ̃ʒ] *nf* - **1.** [de table] larguero *m* - **2.** [électrique] prolongador *m*, alargo *m* - **3.** *fam* [de crédit] plus *m*.
rallonger [ralɔ̃ʒe] ◇ *vt* alargar. ◇ *vi* alargarse.
rallumer [ralyme] *vt* - **1.** [feu, lampe, cigarette] volver a encender - **2.** *fig* [querelle] reavivar.
rallye [rali] *nm* rallye *m*.
RAM [ram] (*abr de* **random access memory**) *nf* RAM *f*.
ramadan [ramadɑ̃] *nm* ramadán *m*.
ramassage [ramasaʒ] *nm* recogida *f* ; **~ scolaire** transporte *m* escolar.
ramasser [ramase] *vt* - **1.** [gén] recoger - **2.** [forces] reunir, aunar - **3.** [champignons, fleurs etc] coger - **4.** [personne] levantar del suelo - **5.** *fig* [pensée] condensar, resumir - **6.** *fam* [voleur, criminel] echar el guante a - **7.** *fam* [claque] llevarse. ◆ **se ramasser** *vp* - **1.** [se replier] encogerse - **2.** *fam* [tomber] medir el suelo - **3.** *fam* [échouer] catear.
rambarde [rɑ̃bard] *nf* barandilla *f*.
rame [ram] *nf* - **1.** [d'embarcation] remo *m* - **2.** [de train] tren *m* - **3.** [de papier] resma *f* - **4.** [de haricots, de pois] rodrigón *m*.
rameau, x [ramo] *nm* - **1.** [d'arbre, de végétal] ramo *m* - **2.** [d'un ensemble] rama *f*. ◆ **Rameaux** *nmpl* RELIG : **les Rameaux** el domingo de Ramos.
ramener [ramne] *vt* - **1.** [reconduire] acompañar - **2.** [amener de nouveau] volver a llevar - **3.** [rapporter] traer - **4.** [faire revenir] volver a traer, hacer volver ; **~ qqn à qqch** hacer volver a alguien a algo - **5.** [faire réapparaître - paix, ordre] restablecer ; [- inquiétudes, gaieté] hacer renacer - **6.** [réduire] : **~ qqch à qqch** reducir algo a algo.
ramer [rame] *vi* - **1.** [rameur] remar - **2.** *fam fig* [peiner] bregar.
rameur, euse [ramœr, øz] *nm, f* remero *m*, -ra *f*.
ramifications [ramifikasjɔ̃] *nfpl* ramificaciones *fpl*.
ramifier [ramifje] ◆ **se ramifier** *vp* ramificarse.
ramolli, e [ramɔli] ◇ *adj* - **1.** [beurre] reblandecido(da) - **2.** *fam fig* [cerveau] seco(ca). ◇ *nm, f fam* flojucho *m*, -cha *f*.
ramollir [ramɔlir] ◇ *vt* - **1.** [matière] reblandecer, ablandar - **2.** *fam fig* [personne] acabar con. ◇ *vi* reblandecerse, ablandarse. ◆ **se ramollir** *vp* - **1.** [matière] reblandecerse, ablandarse - **2.** *fam fig* [personne] : **il s'est ramolli** se le ha secado el cerebro.
ramoner [ramɔne] *vt* deshollinar.
ramoneur [ramɔnœr] *nm* deshollinador *m*.
rampant, e [rɑ̃pɑ̃, ɑ̃t] *adj* - **1.** [animal, plante] rastrero(ra) - **2.** *fig* [attitude, caractère] servil.
rampe [rɑ̃p] *nf* - **1.** [d'escalier] baranda *f*, barandilla *f* - **2.** [d'accès] rampa *f* ; **~ d'accès** rampa de acceso ; **~ de lancement** rampa OU plataforma *f* de lanzamiento - **3.** THÉÂTRE candilejas *fpl*.
ramper [rɑ̃pe] *vi* - **1.** [animal, personne] reptar - **2.** [plante] trepar.
rance [rɑ̃s] ◇ *adj* rancio(cia). ◇ *nm* rancio *m* ; **ça sent le ~** huele a rancio.
rancir [rɑ̃sir] *vi* volverse rancio(cia), enranciarse.
rancœur [rɑ̃kœr] *nf* rencor *m*.
rançon [rɑ̃sɔ̃] *nf* - **1.** [somme d'argent] rescate *m* - **2.** *fig* [compensation, contrepartie] tributo *m* ; **(c'est) la ~ de la gloire** (es) el precio de la gloria.
rancune [rɑ̃kyn] *nf* rencor *m* ; **garder** OU **tenir ~ à qqn de qqch** guardar rencor a alguien por algo ; **sans ~!** ¡sin rencores!
rancunier, ère [rɑ̃kynje, ɛr] *adj* & *nm, f* rencoroso(sa).
randonnée [rɑ̃dɔne] *nf* - **1.** [à pied] senderismo *m*, marcha *f* - **2.** [à bicyclette] paseo *m*, excursión *f*.
randonneur, euse [rɑ̃dɔnœr, øz] *nm, f* excursionista *mf*.
rang [rɑ̃] *nm* - **1.** [d'objets, de personnes & MIL] fila *f* ; **se mettre en ~ par deux** ponerse en fila de a dos ; **se mettre sur les ~s** *fig* presentar su candidatura - **2.** [de

perles, de tricot] vuelta *f* - **3.** [ordre] puesto *m* - **4.** [hiérarchie, classe sociale] rango *m* - **5.** *Can* [peuplement rural] *población rural dispersa con explotaciones agrícolas* - **6.** *Can* [chemin] *camino que comunica las explotaciones agrícolas de una población rural dispersa.*

rangé, e [rɑ̃ʒe] *adj* [personne] formal ; [vie] ordenado(da).

rangée [rɑ̃ʒe] *nf* : **une ~ de qqch** una hilera de algo.

rangement [rɑ̃ʒmɑ̃] *nm* - **1.** [gén] orden *m* ; **faire du ~** poner orden - **2.** [placard] alacena *f*.

ranger [rɑ̃ʒe] *vt* - **1.** [chambre, objets] ordenar - **2.** [élèves, soldats] poner en fila - **3.** *fig* [livre, auteur] : **~ parmi** colocar entre. ◆ **se ranger** *vp* - **1.** [élèves, soldats] ponerse en fila ; **se ~ par deux** ponerse en fila de a dos - **2.** [voiture] echarse a un lado - **3.** [piéton] apartarse, dejar paso - **4.** [devenir sage] sentar la cabeza - **5.** *fig* [se placer] : **se ~ parmi** situarse entre - **6.** [se soumettre, se rallier] : **se ~ à** plegarse a.

ranimer [ranime] *vt* - **1.** [personne] reanimar - **2.** [feu] avivar - **3.** *fig* [sentiment] despertar.

rap [rap] *nm* rap *m*.

rapace [rapas] ◇ *adj* codicioso(sa). ◇ *nm* rapaz *m*, ave *f* rapaz.

rapatrier [rapatrije] *vt* repatriar.

râpe [rap] *nf* - **1.** [de cuisine] rallador *m* - **2.** [de menuisier] escofina *f* - **3.** *Helv fam* [avare] rácano *m*, -na *f*.

râpé, e [rape] *adj* - **1.** CULIN rallado(da) - **2.** [vêtement] raído(da) - **3.** *fam* [raté] : **c'est ~!** ¡se acabó!, ¡olvídate!

râper [rape] *vt* - **1.** CULIN rallar - **2.** [bois, métal] limar - **3.** *fig* [gorge] raspar.

rapide [rapid] ◇ *adj* - **1.** [gén] rápido(da) - **2.** [intelligence] ágil. ◇ *nm* rápido *m*.

rapidement [rapidmɑ̃] *adv* rápidamente.

rapidité [rapidite] *nf* [de processus] rapidez *f* ; [de véhicule] velocidad *f*.

rapiécer [rapjese] *vt* remendar.

rappel [rapɛl] *nm* - **1.** [souvenir, vaccin] recuerdo *m* ; **~ à l'ordre** llamada *f* al orden - **2.** [de paiement] advertencia *f* - **3.** [au spectacle] llamada *f* a escena - **4.** [de réserviste] retirada *f* - **5.** SPORT rápel *m*, rappel *m*.

rappeler [raple] *vt* - **1.** [appeler de nouveau] volver a llamar - **2.** [faire penser à] recordar ; **~ qqch à qqn** recordar algo a alguien ; **je te rappelle que tu dois te lever tôt** te recuerdo que tienes que madrugar - **3.** [ressembler à] recordar a ; **il me rappelle un ami à moi** me recuerda a un amigo mío - **4.** [acteurs] llamar a escena - **5.** *loc* : **~ qqn à la vie** hacer volver a alguien en sí. ◆ **se rappeler** *vp* recordar, acordarse de ; **je me rappelle mes premières vacances** recuerdo mis primeras vacaciones.

rapport [rapɔr] *nm* - **1.** [corrélation] relación *f Esp*, atingencia *f Amér* - **2.** *(gén pl)* [relation] relación *f* - **3.** [compte rendu] informe *m* - **4.** [profit] rendimiento *m* - **5.** [ratio] razón *f*. ◆ **par rapport à** *loc prép* en relación a, con respecto a.

rapporter [rapɔrte] ◇ *vt* - **1.** [apporter avec soi] traer ; **~ qqch à qqn** traer algo a alguien - **2.** [apporter de nouveau] volver a traer - **3.** [rendre] devolver - **4.** [argent, profit] reportar - **5.** [fait] relatar, contar. ◇ *vi* - **1.** [être rentable] rendir - **2.** [enfant] chivarse. ◆ **se rapporter** *vp* : **se ~ à** referirse a.

rapporteur, euse [rapɔrtœr, øz] *adj & nm, f* chivato(ta). ◆ **rapporteur** *nm* - **1.** [de commission] ponente *m* - **2.** GÉOM transportador *m*.

rapproché, e [raprɔʃe] *adj* - **1.** [dans l'espace] cercano(na) - **2.** [dans le temps] seguido(da).

rapprochement [raprɔʃmɑ̃] *nm* - **1.** [gén] acercamiento *m* - **2.** [comparaison] relación *f*.

rapprocher [raprɔʃe] *vt* - **1.** [mettre plus près] : **~ qqch/qqn de qqch** acercar algo/a alguien a algo - **2.** *fig* [unir] unir - **3.** [comparer] cotejar. ◆ **se rapprocher** *vp* - **1.** [gén] : **se ~ de qqch/de qqn** acercarse a algo/a alguien - **2.** [se ressembler] parecerse.

rapt [rapt] *nm* rapto *m*.

raquette [rakɛt] *nf* raqueta *f*.

rare [rar] *adj* - **1.** [surprenant] raro(ra) - **2.** [peu fréquent] contado(da) - **3.** [peu nombreux] contado(da), escaso(sa) - **4.** [peu dense] ralo(la).

raréfier [rarefje] *vt* enrarecer. ◆ **se raréfier** *vp* enrarecerse.

rarement [rarmɑ̃] *adv* raramente.

rareté [rarte] *nf* - **1.** [gén] rareza *f* - **2.** [pénurie] escasez *f*.

ras, e [ra, raz] *adj* - **1.** [herbe, poil, barbe] corto(ta) - **2.** [cheveux] al rape - **3.** [mesure] raso(sa). ◆ **ras** *adv* al rape. ◆ **à ras de, au ras de** *loc prép* a ras de.

RAS (*abr de* **rien à signaler**) sin novedad.

rasade [razad] *nf* vaso *m* lleno, copa *f* llena.

rasage [razaʒ] *nm* afeitado *m*.

rasant, e [razɑ̃, ɑ̃t] *adj* - **1.** [tir, lumière] rasante - **2.** *fam* [ennuyeux] latoso(sa).

rasé, e [raze] *adj* [crâne] rapado(da) ; [barbe] afeitado(da) ; **être ~ de près** tener un afeitado apurado.

raser [raze] *vt* - **1.** [barbe] afeitar ; [cheveux] rapar - **2.** [mur, sol] pasar rozando - **3.** [village] arrasar - **4.** *fam* [ennuyer] ser un rollo para. ◆ **se raser** *vp* - **1.** [barbe] afeitarse - **2.** *fam* [s'ennuyer] aburrirse.

ras-le-bol [ralbɔl] *nm inv fam* : **en avoir ~** estar hasta las narices OU hasta el moño.

rasoir [razwar] ◇ *nm* navaja *f* de afeitar ; **~ électrique/mécanique** maquinilla *f* eléctrica/mecánica. ◇ *adj inv fam* [ennuyeux] rollo *m* ; **qu'est-ce qu'il est ~, ce film!** ¡qué rollo de película!

rassasier [rasazje] *vt* hartar, saciar.

rassemblement [rasɑ̃bləmɑ̃] *nm* - **1.** [d'objets] recolección *f* - **2.** [de personnes] concentración *f*, aglomeración *f* - **3.** [union, parti] agrupación *f* - **4.** MIL formación *f*.

rassembler [rasɑ̃ble] *vt* - **1.** [gén] reunir - **2.** [idées] poner en orden - **3.** [courage] hacer acopio de. ◆ **se rassembler** *vp* - **1.** [manifestants] concentrarse - **2.** [famille] reunirse.

rasseoir [raswar] ◆ **se rasseoir** *vp* volver a sentarse.

rasséréner [raserene] *vt sout* serenar.

rassis, e [rasi, iz] *adj* - **1.** [pain] duro(ra) - **2.** *sout* [esprit] sereno(na).

rassurant, e [rasyrɑ̃, ɑ̃t] *adj* tranquilizador(ra).

rassuré, e [rasyre] *adj* tranquilo(la) ; **ne pas être ~** no estar tranquilo.

rassurer [rasyre] *vt* tranquilizar.

rat [ra] ◇ *nm* rata *f* ; **petit ~** [danseuse] *joven bailarina de la escuela de danza de la Ópera de París*. ◇ *adj fam* rata.

ratatiné, e [ratatine] *adj* - **1.** [fruit, personne] arrugado(da) - **2.** *fam* [vélo, voiture] hecho polvo, hecha polvo.

rate [rat] *nf* - **1.** [animal] rata *f* - **2.** [organe] bazo *m*.

raté, e [rate] *adj* & *nm, f* fracasado(da). ◆ **raté** *nm* - **1.** *(gén pl)* AUTOM sacudida *f* - **2.** [difficulté] tropiezo *m*.

râteau, x [rato] *nm* rastrillo *m*.

rater [rate] ◇ *vt* - **1.** [manquer - train, occasion] perder ; [- cible] errar ; [- gibier] dejar escapar - **2.** [ne pas réussir - vie] malograr ; [- examen] suspender ; [- plat] : **j'ai raté le gâteau** me ha salido mal el pastel. ◇ *vi* fracasar.

ratification [ratifikasjɔ̃] *nf* ratificación *f*.

ratifier [ratifje] *vt* ratificar.

ration [rasjɔ̃] *nf* ración *f* ; **~ alimentaire** ración alimenticia.

rationaliser [rasjɔnalize] *vt* racionalizar.

rationnel, elle [rasjɔnɛl] *adj* racional.

rationnement [rasjɔnmɑ̃] *nm* racionamiento *m*.

rationner [rasjɔne] *vt* - **1.** [aliment] racionar - **2.** [personne] racionar la comida de, racionarle la comida a.

ratissage [ratisaʒ] *nm* - **1.** [de jardin] rastrillado *m* - **2.** [de zone, de quartier] rastreo *m*.

ratisser [ratise] *vt* - **1.** [jardin] rastrillar - **2.** [zone, quartier] peinar - **3.** *fam* [ruiner] dejar limpio(pia).

raton [ratɔ̃] *nm* ratita *f* ; **~ laveur** mapache *m*.

ratonnade [ratɔnad] *nf brutalidad ejercida contra magrebíes*.

RATP (*abr de* **Régie autonome des transports parisiens**) *nf empresa pública autónoma de transportes públicos parisinos*, ≃ EMT *f*.

rattachement [rataʃmɑ̃] *nm* incorporación *f*.

rattacher [rataʃe] *vt* - **1.** [attacher de nouveau] volver a atar - **2.** [relier] : **~ qqch à qqch** incorporar algo a algo ; *fig* relacionar algo con algo - **3.** [unir] : **~ qqn à qqch** unir a alguien a algo. ◆ **se rattacher** *vp* : **se ~ à qqch** relacionarse con algo.

rattrapage [ratrapaʒ] *nm* - **1.** SCOL recuperación *f* - **2.** [de salaires, de prix] reajuste *m*.

rattraper [ratrape] *vt* - **1.** [animal, prisonnier] coger - **2.** [temps perdu] recuperar - **3.** [bus] alcanzar - **4.** [personne qui tombe] agarrar - **5.** [erreur, malfaçon] reparar. ◆ **se rattraper** *vp* - **1.** [se retenir] : **se ~ à qqch/à qqn** agarrarse a algo/a alguien - **2.** [compenser une insuffisance] ponerse al nivel - **3.** [réparer une erreur] corregirse.

rature [ratyr] *nf* tachadura *f*.

raturer [ratyre] *vt* tachar.

rauque [rok] *adj* ronco(ca).

ravage [ravaʒ] *nm* estrago *m*.

ravagé, e [ravaʒe] *adj* - **1.** [gén] desfigurado(da) - **2.** *fam* [fou] : **être ~** estar chalado.

ravager [ravaʒe] *vt* asolar.

ravalement [ravalmɑ̃] *nm* revoque *m*.

ravaler [ravale] *vt* - **1.** [façade, immeuble] revocar - **2.** [salive] tragar - **3.** *fig* [larmes, colère] tragarse - **4.** [avilir] rebajar.

ravauder [ravode] *vt* remendar, zurcir.

rave [rav] *nf* naba *f*.

ravi, e [ravi] *adj* [personne] encantado(da) ; [air] radiante ; **~ de vous connaître** encantado de conocerle.

ravier [ravje] *nm* fuente *f (para entremeses)*.

ravigotant, e [ravigɔtɑ̃, ɑ̃t] *adj fam* que entona.

ravigoter [ravigɔte] *vt fam* entonar.

ravin [ravɛ̃] *nm* barranco *m*.

ravioli [ravjɔli] *nm* ravioli *m*.

ravir [ravir] *vt* - **1.** [charmer] encantar ; **être ravi de qqch/de faire qqch/que** estar encantado con algo/de hacer algo/de que ; **ravi de vous connaître** encantado de conocerle ; **être ravi de partir** estar encantado de marcharse ; **je suis ravie que tu puisses venir** estoy encantada de que puedas venir ; **à ~** [admirablement] a las mil maravillas, que ni pintado(da) - **2.** *sout* [arracher] : **~ qqch à qqn** arrebatar algo a alguien.

raviser [ravize] ◆ **se raviser** *vp* echarse atrás.

ravissant, e [ravisɑ̃, ɑ̃t] *adj* encantador(ra).

ravissement [ravismɑ̃] *nm* - **1.** [enchantement] maravilla *f* - **2.** *sout* [rapt] rapto *m*.

ravisseur, euse [ravisœr, øz] *nm, f* secuestrador *m*, -ra *f*.

ravitaillement [ravitajmɑ̃] *nm* abastecimiento *m*.

ravitailler [ravitaje] *vt* - **1.** [en denrées] abastecer - **2.** [en carburant] repostar.

raviver [ravive] *vt* reavivar.

ravoir [ravwar] *vt* recuperar.

rayé, e [rɛje] *adj* - **1.** [tissu] a rayas - **2.** [disque, vitre] rayado(da) - **3.** [canon] estriado(da).

rayer [rɛje] *vt* - **1.** [disque, vitre] rayar - **2.** [nom, mot] tachar ; **être rayé de la carte** desaparecer del mapa.

rayon [rɛjɔ̃] *nm* - **1.** [de lumière, radiation] rayo *m* ; **~ laser** rayo láser ; **~s X** rayos X - **2.** *fig* [d'espoir] viso *m*, resquicio *m* - **3.** [de roue, de cercle] radio *m* ; **dans un ~ de** en un radio de ; **~ d'action** radio de acción ; **~ de braquage** radio de giro - **4.** [de ruche] panal *m* - **5.** [étagère] estante *m* - **6.** [dans un magasin] sección *f*.

rayonnage [rɛjɔnaʒ] *nm* estantería *f*.

rayonnant, e [rɛjɔnɑ̃, ɑ̃t] *adj* radiante ; **~ de qqch** radiante de algo.

rayonne [rɛjɔn] *nf* rayón *m*.

rayonnement [rɛjɔnmɑ̃] *nm* - **1.** [gén] radiación *f* - **2.** *fig* [éclat] resplandor *m* - **3.** *fig* [de bonheur] brillo *m*.

rayonner [rɛjɔne] *vi* - **1.** [chaleur] irradiar ; [soleil] brillar - **2.** [culture, visage] resplandecer - **3.** [avenues, rues] tener una estructura radial.

rayure [rɛjyr] *nf* - **1.** [sur étoffe] raya *f* - **2.** [sur disque, sur meuble] rayadura *f* - **3.** [de fusil] estría *f*.

raz [ra] ◆ **raz de marée** [radmare] *nm* - **1.** [vague] maremoto *m* - **2.** *fig* [phénomène massif] epidemia *f*, plaga *f*.

razzia [razja] *nf* razia *f* ; **faire une ~ sur qqch** *fam* arramblar con algo.

RdC (*abr de* **rez-de-chaussée**) B.

ré [re] *nm inv* MUS re *m*.

réabonnement [reabɔnmɑ̃] *nm* renovación *f* de suscripción.

réac [reak] *adj* & *nmf fam* carca.

réacteur [reaktœr] *nm* reactor *m* ; **~ nucléaire** reactor nuclear.

réactif, ive [reaktif, iv] *adj* reactivo(va). ◆ **réactif** *nm* CHIM reactivo *m*.

réaction [reaksjɔ̃] *nf* reacción *f* ; **en ~ contre** como reacción contra ; **~ en chaîne** reacción en cadena.

réactionnaire [reaksjɔnɛr] *adj* & *nmf péj* reaccionario(ria).

réactiver [reaktive] *vt* reactivar.

réactualisation [reaktɥalizasjɔ̃] *nf* reactualización *f*.

réactualiser [reaktɥalize] *vt* reactualizar.

réadaptation [readaptasjɔ̃] *nf* readaptación *f*.

réadapter [readapte] *vt* - **1.** [adapter de nouveau] readaptar - **2.** [rééduquer] reeducar. ◆ **se réadapter** *vp* : **se ~ à qqch** readaptarse a algo.

réaffirmer [reafirme] *vt* ratificar, reafirmar.

réagir [reaʒir] *vi* reaccionar ; **~ à qqch** [à un médicament] reaccionar a algo ; *fig* [à la critique] reaccionar en contra de algo ; **~ contre qqch** reaccionar contra algo ; **~ sur qqch** repercutir en algo.

réajustement [reaʒystəmɑ̃] *nm* reajuste *m*.

réajuster = **rajuster**.

réalisable [realizabl] *adj* realizable.
réalisateur, trice [realizatœr, tris] *nm, f* realizador *m*, -ra *f*.
réalisation [realizasjɔ̃] *nf* realización *f*.
réaliser [realize] *vt* - **1.** [effectuer, TÉLÉ & CIN] realizar - **2.** [rêve] cumplir - **3.** [se rendre compte de] darse cuenta de. ◆ **se réaliser** *vp* realizarse.
réaliste [realist] *adj* & *nmf* realista.
réalité [realite] *nf* realidad *f* ; **en ~** en realidad.
reality-show, reality show [realitiʃo] (*pl* **reality(-)shows**) *nm* reality-show *m*, reality show *m*.
réaménagement [reamenaʒmɑ̃] *nm* - **1.** [projet] : **~ du territoire** reordenación *f* territorial - **2.** [de taux d'intérêt] reajuste *m*.
réamorcer [reamɔrse] *vt* reactivar.
réanimation [reanimasjɔ̃] *nf* reanimación *f* ; **être en ~** estar en cuidados intensivos.
réanimer [reanime] *vt* reanimar.
réapparaître [reaparɛtr] *vi* reaparecer.
réassort [reasɔr] *nm* - **1.** [action] renovación *f* de existencias - **2.** [marchandises] mercancía *f* repuesta.
réassortiment [reasɔrtimɑ̃] *nm* COMM renovación *f* de existencias.
rébarbatif, ive [rebarbatif, iv] *adj* - **1.** [aspect, personne] adusto(ta) - **2.** [travail] ingrato(ta) - **3.** [style] árido(da).
rebâtir [rəbatir] *vt* reedificar.
rebattu, e [rəbaty] *adj* trillado(da).
rebelle [rəbɛl] *adj* rebelde.
rebeller [rəbɛle] ◆ **se rebeller** *vp* rebelarse ; **se ~ contre qqn** rebelarse contra alguien.
rébellion [rebɛljɔ̃] *nf* rebelión *f*.
rebiffer [rəbife] ◆ **se rebiffer** *vp* resistirse.
reboiser [rəbwaze] *vt* repoblar *(con árboles)*.
rebond [rəbɔ̃] *nm* rebote *m*.
rebondir [rəbɔ̃dir] *vi* - **1.** [objet] rebotar - **2.** *fig* [affaire] volver a cobrar actualidad.
rebondissement [rəbɔ̃dismɑ̃] *nm* [de crise, d'affaire] resurgimiento *m*.
rebord [rəbɔr] *nm* reborde *m*.
reboucher [rəbuʃe] *vt* volver a tapar.
rebours [rəbur] ◆ **à rebours** ◇ *loc adj* [brossage, caresse] a contrapelo ; [compte] atrás. ◇ *loc adv* a contracorriente.
reboutonner [rəbutɔne] *vt* volver a abrochar.
rebrousse-poil [rəbruspwal] ◆ **à rebrousse-poil** *loc adv* a contrapelo.
rebrousser [rəbruse] *vt* cepillar a contrapelo.
rébus [rebys] *nm* jeroglífico *m (juego)*.
rebut [rəby] *nm* desecho *m* ; **mettre qqch au ~** deshacerse de algo.
rebuter [rəbyte] *vt* repeler.
récalcitrant, e [rekalsitrɑ̃, ɑ̃t] *adj* & *nm, f* recalcitrante.
recaler [rəkale] *vt fam* catear.
récapituler [rekapityle] *vt* recapitular.
recel [rəsɛl] *nm* [d'objet volé] receptación *f* ; [de personne] encubrimiento *m*.
receleur, euse [rəsəlœr, øz] *nm, f* [d'objet volé] receptador *m*, -ra *f* ; [de personne] encubridor *m*, -ra *f*.
récemment [resamɑ̃] *adv* recientemente.
recensement [rəsɑ̃smɑ̃] *nm* - **1.** [de population] censo *m* - **2.** [de biens] inventario *m*.
recenser [rəsɑ̃se] *vt* - **1.** [population] censar - **2.** [biens] inventariar.
récent, e [resɑ̃, ɑ̃t] *adj* reciente.
recentrer [rəsɑ̃tre] *vt* volver a centrar.
récépissé [resepise] *nm* resguardo *m*, recibo *m*.
récepteur, trice [resɛptœr, tris] *adj* receptor(ra). ◆ **récepteur** *nm* receptor *m*.
réception [resɛpsjɔ̃] *nf* recepción *f* ; **donner une ~** dar una recepción.
réceptionner [resɛpsjɔne] *vt* - **1.** [marchandises] verificar - **2.** SPORT recibir.
réceptionniste [resɛpsjɔnist] *nmf* recepcionista *mf*.
récession [resesjɔ̃] *nf* recesión *f*.
recette [rəsɛt] *nf* - **1.** ÉCON ingresos *mpl* - **2.** [méthode & CULIN] receta *f* - **3.** CIN & THÉÂTRE taquilla *f Esp*, boletería *f Amér*.
recevable [rəsəvabl] *adj* - **1.** [offre, excuse] admisible - **2.** JUR [plainte] admisible, válido(da).
receveur, euse [rəsəvœr, øz] *nm, f* - **1.** ADMIN inspector *m*, -ra *f* ; **~ des impôts** ≃ inspector de Hacienda ; **~ des postes** jefe *m* de correos - **2.** [des transports] cobrador *m*, -ra *f* - **3.** MÉD [de greffe, de sang] receptor *m*, -ra *f* ; **~ universel** receptor universal.
recevoir [rəsəvwar] *vt* - **1.** [gén] recibir - **2.** [à un examen] : **être reçu à qqch** aprobar algo. ◆ **se recevoir** *vp* [après un saut, une chute] caer.
rechange [rəʃɑ̃ʒ] ◆ **de rechange** *loc adj* de recambio, de repuesto.

réchapper [reʃape] *vi* : **~ à** OU **de qqch** escapar a OU de algo.
recharge [rəʃarʒ] *nf* recarga *f.*
rechargeable [rəʃarʒabl] *adj* recargable.
réchaud [reʃo] *nm* hornillo *m*, infiernillo *m.*
réchauffé, e [reʃofe] *adj* recalentado(da). ◆ **réchauffé** *nm* refrito *m* ; **c'est du ~** esto está más visto que el tebeo.
réchauffement [reʃofmɑ̃] *nm* recalentamiento *m.*
réchauffer [reʃofe] *vt* **- 1.** [nourriture] recalentar **- 2.** [personne] hacer entrar en calor. ◆ **se réchauffer** *vp* **- 1.** [personne] entrar en calor **- 2.** [climat, terre] recalentarse.
rêche [rɛʃ] *adj* áspero(ra).
recherche [rəʃɛrʃ] *nf* **- 1.** [quête] búsqueda *f* ; **être à la ~ de qqch/de qqn** estar buscando algo/a alguien ; **partir à la ~ de qqch/de qqn** ir en busca de algo/de alguien ; **se mettre à la ~ de qqch/de qqn** ponerse a buscar algo/a alguien **- 2.** [de police & SCIENCES] investigación *f* ; **faire** OU **effectuer des ~s** hacer OU efectuar investigaciones ; **faire de la ~** dedicarse a la investigación ; **~ fondamentale** investigación básica **- 3.** [raffinement] refinamiento *m.*
recherché, e [rəʃɛrʃe] *adj* [rare] codiciado(da) ; [style] rebuscado(da).
rechercher [rəʃɛrʃe] *vt* buscar.
rechigner [rəʃiɲe] *vi* : **~ à faire qqch** hacer algo a regañadientes.
rechute [rəʃyt] *nf* recaída *f.*
récidive [residiv] *nf* **- 1.** JUR reincidencia *f* **- 2.** MÉD recaída *f.*
récidiver [residive] *vi* **- 1.** JUR reincidir **- 2.** MÉD reaparecer.
récif [resif] *nm* arrecife *m.*
récipient [resipjɑ̃] *nm* recipiente *m.*
réciproque [resiprɔk] ◇ *adj* recíproco(ca). ◇ *nf* : **la ~** lo contrario ; **rendre la ~** pagar con la misma moneda.
réciproquement [resiprɔkmɑ̃] *adv* recíprocamente ; **et ~** y viceversa.
récit [resi] *nm* relato *m.*
récital, als [resital] *nm* recital *m.*
récitation [resitasjɔ̃] *nf* poesía *f.*
réciter [resite] *vt* recitar.
réclamation [reklamasjɔ̃] *nf* reclamación *f* ; **faire une ~** hacer una reclamación.
réclame [reklam] *nf* propaganda *f* ; **faire de la ~ pour qqch** hacer propaganda de algo ; **être en ~** estar de oferta.
réclamer [reklame] *vt* **- 1.** [gén] reclamar ; **~ qqch à qqn** reclamar algo a alguien **- 2.** [nécessiter] exigir, requerir.
reclasser [rəklase] *vt* **- 1.** [dossiers, fiches] volver a clasificar **- 2.** [chômeur] reciclar **- 3.** [fonctionnaire] recalificar.
réclusion [reklyzjɔ̃] *nf* reclusión *f* ; **~ à perpétuité** reclusión a perpetuidad.
recoiffer [rəkwafe] *vt* repeinar. ◆ **se recoiffer** *vp* repeinarse.
recoin [rəkwɛ̃] *nm* rincón *m.*
recoller [rəkɔle] *vt* volver a pegar.
récolte [rekɔlt] *nf* cosecha *f.*
récolter [rekɔlte] *vt* **- 1.** AGRIC cosechar **- 2.** *fam fig* [recueillir - renseignement, gain, ennuis] cosechar ; [- punition, gifle] ganarse.
recommandable [rəkɔmɑ̃dabl] *adj* recomendable ; **peu ~** poco recomendable.
recommandation [rəkɔmɑ̃dasjɔ̃] *nf* recomendación *f.*
recommandé, e [rəkɔmɑ̃de] *adj* **- 1.** [envoi] certificado(da) ; **envoyer qqch en ~** enviar algo certificado **- 2.** [conseillé] aconsejado(da).
recommander [rəkɔmɑ̃de] *vt* recomendar ; **~ à qqn de faire qqch** recomendar a alguien que haga algo ; **~ qqn à qqn** recomendar alguien a alguien.
recommencer [rəkɔmɑ̃se] ◇ *vt* **- 1.** [refaire] volver a empezar **- 2.** [reprendre] retomar, remprender ; **~ à faire qqch** volver a hacer algo **- 3.** [répéter] repetir. ◇ *vi* **- 1.** [récidiver] volver a hacerlo **- 2.** [se produire de nouveau] empezar de nuevo.
récompense [rekɔ̃pɑ̃s] *nf* recompensa *f.*
récompenser [rekɔ̃pɑ̃se] *vt* recompensar.
recompter [rəkɔ̃te] *vt* volver a contar.
réconciliation [rekɔ̃siljasjɔ̃] *nf* reconciliación *f.*
réconcilier [rekɔ̃silje] *vt* reconciliar.
reconduire [rəkɔ̃dɥir] *vt* **- 1.** [personne] acompañar **- 2.** [budget, politique] seguir con **- 3.** JUR reconducir.
reconduit, e [rəkɔ̃dɥi, it] *pp* ▻ **reconduire.**
réconfort [rekɔ̃fɔr] *nm* consuelo *m.*
réconfortant, e [rekɔ̃fɔrtɑ̃, ɑ̃t] *adj* reconfortante *Esp*, papachador(ra) *Amér.*
réconforter [rekɔ̃fɔrte] *vt* reconfortar.
reconnaissable [rəkɔnɛsabl] *adj* reconocible.
reconnaissance [rəkɔnɛsɑ̃s] *nf*

- **1.** [gén] reconocimiento *m* ; **aller** OU **partir en ~** ir a reconocer el terreno - **2.** [gratitude] agradecimiento *m* ; **exprimer sa ~ à qqn** expresar su agradecimiento a alguien.

reconnaissant, e [rəkɔnɛsɑ̃, ɑ̃t] *adj* agradecido(da) ; **je vous serais ~ de répondre rapidement** le agradecería que me respondiese rápidamente.

reconnaître [rəkɔnɛtr] *vt* reconocer ; **~ qqn/qqch à** [identifier] reconocer OU conocer a alguien/algo por.

reconnecter [rəkɔnɛkte] ◆ **se reconnecter** *vp* volver a conectar.

reconnu, e [rəkɔny] ◇ *pp* ⊳ **reconnaître.** ◇ *adj* reconocido(da).

reconquête [rəkɔ̃kɛt] *nf* reconquista *f.*

reconsidérer [rəkɔ̃sidere] *vt* reconsiderar.

reconstituer [rəkɔ̃stitɥe] *vt* reconstruir.

reconstitution [rəkɔ̃stitysjɔ̃] *nf* reconstitución *f* ; [de crime, de faits] reconstrucción *f.*

reconstruction [rəkɔ̃stryksjɔ̃] *nf* reconstrucción *f.*

reconstruire [rəkɔ̃strɥir] *vt* [gén] reconstruir ; [fortune] rehacer.

reconstruit, e [rəkɔ̃strɥi, it] *pp* ⊳ **reconstruire.**

reconversion [rəkɔ̃vɛrsjɔ̃] *nf* reconversión *f* ; **~ économique/technique** reconversión económica/técnica.

reconvertir [rəkɔ̃vɛrtir] *vt* [économie] reconvertir ; [employé] reciclar. ◆ **se reconvertir** *vp* reciclarse.

recopier [rəkɔpje] *vt* [texte] copiar ; [brouillon] pasar a limpio.

record [rəkɔr] ◇ *adj inv* récord *(en aposición).* ◇ *nm* récord *m* ; **battre/détenir un ~** batir/detentar un récord.

recoudre [rəkudr] *vt* recoser.

recoupement [rəkupmɑ̃] *nm* cotejo *m* ; **par ~** atando cabos.

recouper [rəkupe] ◇ *vt* - **1.** [couper de nouveau] volver a cortar - **2.** [coïncider avec] coincidir con. ◇ *vi* [aux cartes] cortar. ◆ **se recouper** *vp* - **1.** [ligne, cercle] recortarse - **2.** [coïncider] coincidir.

recourir [rəkurir] *vi* : **~ à qqch/à qqn** recurrir a algo/a alguien.

recours [rəkur] *nm* recurso *m* ; **avoir ~ à qqch/à qqn** recurrir a algo/a alguien ; **en dernier ~** como último recurso.

recouru [rəkury] *pp inv* ⊳ **recourir.**

recouvert, e [rekuvɛr, ɛrt] *pp* ⊳ **recouvrir.**

recouvrir [rəkuvrir] *vt* - **1.** [couvrir à nouveau] recubrir ; **~ de qqch** recubrir de algo - **2.** [surface] tapar, cubrir - **3.** [siège] tapizar ; [livre] forrar - **4.** *fig* [masquer] esconder - **5.** [thème, sens] abarcar. ◆ **se recouvrir** *vp* - **1.** [surface] recubrirse, cubrirse - **2.** [tuiles] superponerse.

recracher [rəkraʃe] *vt* escupir.

récréatif, ive [rekreatif, iv] *adj* recreativo(va).

récréation [rekreasjɔ̃] *nf* - **1.** [à l'école] recreo *m* - **2.** [détente] recreación *f.*

recréer [rəkree] *vt* recrear.

récrimination [rekriminasjɔ̃] *nf* recriminación *f.*

récrire [rekrir], **réécrire** [reekrir] *vt* reescribir.

recroqueviller [rəkrɔkvije] ◆ **se recroqueviller** *vp* - **1.** [se replier] acurrucarse ; *fig* encerrarse en sí mismo - **2.** [plante, papier] retorcerse.

recrudescence [rəkrydɛsɑ̃s] *nf* recrudecimiento *m.*

recrutement [rəkrytmɑ̃] *nm* - **1.** MIL reclutamiento *m* - **2.** [de personnel] contratación *f.*

recruter [rəkryte] *vt* - **1.** MIL reclutar - **2.** [personnel] contratar.

rectal, e, aux [rɛktal, o] *adj* rectal.

rectangle [rɛktɑ̃gl] *nm* rectángulo *m.*

rectangulaire [rɛktɑ̃gylɛr] *adj* rectangular.

recteur [rɛktœr] *nm* rector *m (de un distrito universitario).*

rectificatif, ive [rɛktifikatif, iv] *adj* rectificativo(va). ◆ **rectificatif** *nm* rectificativo *m.*

rectification [rɛktifikasjɔ̃] *nf* rectificación *f.*

rectifier [rɛktifje] *vt* rectificar.

rectiligne [rɛktiliɲ] *adj* rectilíneo(a).

recto [rɛkto] *nm* cara *f (de un folio)*, recto *m* ; **~ verso** por las dos caras.

rectorat [rɛktɔra] *nm* rectorado *m.*

rectum [rɛktɔm] *nm* recto *m.*

reçu, e [rəsy] *pp* ⊳ **recevoir.** ◆ **reçu** *nm* recibo *m.*

recueil [rəkœj] *nm* selección *f.*

recueillement [rəkœjmɑ̃] *nm* recogimiento *m.*

recueilli, e [rəkœji] ◇ *pp* ⊳ **recueillir.** ◇ *adj* recogido(da).

recueillir [rəkœjir] *vt* - **1.** [dons, fonds, enfant] recoger - **2.** [suffrages] obtener. ◆ **se recueillir** *vp* recogerse.

recul [rəkyl] *nm* - **1.** [gén] retroceso *m* - **2.** *fig* [distance] distancia *f*.
reculé, e [rəkyle] *adj* - **1.** [endroit] recóndito(ta) - **2.** [époque, temps] remoto(ta).
reculer [rəkyle] ◇ *vt* - **1.** [véhicule] mover hacia atrás - **2.** [date] retrasar. ◇ *vi* retroceder.
reculons [rəkylɔ̃] ◆ **à reculons** *loc adv* andando hacia atrás.
récupération [rekyperasjɔ̃] *nf* recuperación *f*.
récupérer [rekypere] ◇ *vt* recuperar. ◇ *vi* recuperarse.
récurer [rekyre] *vt* restregar.
récuser [rekyze] *vt* recusar.
recyclage [rəsiklaʒ] *nm* reciclaje *m*.
recycler [rəsikle] *vt* reciclar. ◆ **se recycler** *vp* reciclarse.
rédacteur, trice [redaktœr, tris] *nm, f* redactor *m*, -ra *f* ; ~ **en chef** redactor jefe.
rédaction [redaksjɔ̃] *nf* redacción *f*.
redécouvrir [rədekuvrir] *vt* redescubrir.
redéfinir [rədefinir] *vt* redefinir.
redéfinition [rədefinisjɔ̃] *nf* redefinición *f*.
redemander [rədəmɑ̃de] *vt* volver a pedir.
rédemption [redɑ̃psjɔ̃] *nf* redención *f*.
redescendre [rədesɑ̃dr] *vt* & *vi* volver a bajar.
redevable [rədəvabl] *adj* : **être ~ de qqch à qqn** deber algo a alguien.
redevance [rədəvɑ̃s] *nf* - **1.** [taxe] canon *m* ; [de télévision] *impuesto anual que se paga por tener una televisión* - **2.** [rente] renta *f*.
rédhibitoire [redibitwar] *adj* [prix] prohibitivo(va).
rediffusion [rədifyzjɔ̃] *nf* TÉLÉ reposición *f*.
rédiger [rediʒe] *vt* redactar.
redire [rədir] *vt* repetir ; **avoir** OU **trouver à ~ à qqch** tener algo que decir sobre algo.
redistribuer [rədistribɥe] *vt* redistribuir.
redit, e [rədi, it] *pp* ▻ **redire.** ◆ **redite** *nf* repetición *f*.
redondance [rədɔ̃dɑ̃s] *nf* redundancia *f*.
redoublant, e [rədublɑ̃, ɑ̃t] *nm, f* repetidor *m*, -ra *f (alumno)*.
redoubler [rəduble] ◇ *vt* - **1.** [répéter & SCOL] repetir - **2.** [efforts] redoblar. ◇ *vi* [augmenter - gén] aumentar ; [- tempête] arreciar.
redoutable [rədutabl] *adj* temible.
redouter [rədute] *vt* temer.
redoux [rədu] *nm* templanza *f*.
redressement [rədrɛsmɑ̃] *nm* recuperación *f*. ◆ **redressement fiscal** *nm* rectificación *f* fiscal.
redresser [rədrɛse] *vt* - **1.** [gén] enderezar - **2.** [pays, économie] recuperar, enderezar. ◆ **se redresser** *vp* - **1.** [personne] enderezarse ; [dans son lit] incorporarse - **2.** [pays, économie] recuperarse.
réducteur, trice [redyktœr, tris] *adj* - **1.** [limitatif] simplista - **2.** CHIM reductor(ra).
réduction [redyksjɔ̃] *nf* - **1.** [gén & MÉD] reducción *f* - **2.** [rabais] reducción *f*, rebaja *f*.
réduire [redɥir] ◇ *vt* - **1.** [gén & CULIN] reducir - **2.** *Helv* [ranger] colocar. ◇ *vi* CULIN reducirse.
réduit, e [redɥi, it] ◇ *pp* ▻ **réduire.** ◇ *adj* reducido(da). ◆ **réduit** *nm* - **1.** [local exigu] cuchitril *m* - **2.** [renfoncement] rincón *m*.
rééchelonner [reeʃlɔne] *vt* [dette] reprogramar el pago de.
réécrire = **récrire.**
réédition [reedisjɔ̃] *nf* reedición *f*.
rééducation [reedykasjɔ̃] *nf* rehabilitación *f*.
réel, elle [reɛl] *adj* real.
réélection [reelɛksjɔ̃] *nf* reelección *f*.
réellement [reɛlmɑ̃] *adv* realmente.
rééquilibrer [reekilibre] *vt* reequilibrar.
réévaluer [reevalɥe] *vt* revaluar.
réexaminer [reɛgzamine] *vt* reexaminar.
réf. (*abr de* **référence**) ref.
refaire [rəfɛr] *vt* rehacer.
refait, e [rəfɛ, ɛt] *pp* ▻ **refaire.**
réfection [refɛksjɔ̃] *nf* reparación *f Esp*, refacción *f Amér*.
réfectoire [refɛktwar] *nm* refectorio *m*.
référence [referɑ̃s] *nf* referencia *f* ; **faire ~ à qqch/à qqn** hacer referencia a algo/a alguien.
référendum [referɛ̃dɔm] *nm* referéndum *m*.
référer [refere] *vi* : **en ~ à qqn** consultarlo con alguien.
refermer [rəfɛrme] *vt* volver a cerrar.
réfléchi, e [refleʃi] *adj* [gén] reflexivo(va) ; [action] pensado(da) ; **c'est tout ~** está decidido.
réfléchir [refleʃir] ◇ *vt* reflejar. ◇ *vi* reflexionar ; ~ **à qqch** pensar en algo ;

~ **sur qqch** reflexionar sobre algo. ◆ **se réfléchir** *vp* reflejarse.
reflet [rəflɛ] *nm* reflejo *m*.
refléter [rəflete] *vt* reflejar. ◆ **se refléter** *vp* reflejarse.
refleurir [rəflœrir] *vi* volver a florecer.
réflexe [reflɛks] ◇ *adj* reflejo(ja). ◇ *nm* reflejo *m*.
réflexion [reflɛksjɔ̃] *nf* - **1.** [gén] reflexión *f* - **2.** [remarque] observación *f Esp*, atingencia *f Amér*.
refluer [rəflye] *vi* - **1.** [liquide] refluir - **2.** [foule] retroceder.
reflux [rəfly] *nm* reflujo *m*.
refonte [rəfɔ̃t] *nf* refundición *f*.
reforestation [rəfɔrɛstasjɔ̃] *nf* repoblación *f* forestal.
réformateur, trice [refɔrmatœr, tris] *adj* & *nm, f* reformador(ra).
réforme [refɔrm] *nf* reforma *f*.
réformé, e [refɔrme] ◇ *adj* - **1.** RELIG reformado(da) - **2.** MIL exento. ◇ *nm, f* RELIG reformado *m*, -da *f*. ◆ **réformé** *nm* MIL persona *f* exenta.
réformer [refɔrme] *vt* - **1.** [améliorer, corriger] reformar - **2.** MIL declarar exento.
refoulé, e [rəfule] *adj* & *nm, f* reprimido(da).
refouler [rəfule] *vt* - **1.** [envahisseur] rechazar - **2.** [sentiment] reprimir.
réfractaire [refraktɛr] *adj* refractario(ria).
réfraction [refraksjɔ̃] *nf* PHYS refracción *f*.
refrain [rəfrɛ̃] *nm* - **1.** MUS estribillo *m* - **2.** *fig* [rengaine] canción *f*.
refréner [rəfrene] *vt* refrenar. ◆ **se refréner** *vp* refrenarse.
réfrigérant, e [refriʒerɑ̃, ɑ̃t] *adj* - **1.** [liquide, fluide] refrigerante - **2.** *fig* [accueil] poco caluroso(sa) ; [attitude] frío(a).
réfrigérateur [refriʒeratœr] *nm* frigorífico *m*.
refroidir [rəfrwadir] ◇ *vt* - **1.** [rendre froid, décourager] enfriar - **2.** *arg* [tuer] cargarse. ◇ *vi* enfriar.
refroidissement [rəfrwadismɑ̃] *nm* enfriamiento *m*.
refuge [rəfyʒ] *nm* refugio *m*.
réfugié, e [refyʒje] *adj* & *nm, f* refugiado(da).
réfugier [refyʒje] ◆ **se réfugier** *vp* refugiarse ; **se ~ dans qqch** *fig* refugiarse en algo.
refus [rəfy] *nm inv* rechazo *m*.
refuser [rəfyze] *vt* - **1.** [repousser] rechazar - **2.** [contester] : **~ qqch à qqn** negar algo a alguien - **3.** [client, spectateur] dejar fuera - **4.** [dire non] decir que no ; **~ de faire qqch** negarse a hacer algo - **5.** [candidat] : **être refusé** suspender.
réfuter [refyte] *vt* refutar.
regagner [rəgaɲe] *vt* - **1.** [reprendre] recuperar, recobrar - **2.** [revenir à] volver a *Esp*, regresarse a *Amér*.
regain [rəgɛ̃] *nm* - **1.** [retour] recuperación *f* ; **~ d'énergie** recuperación de energía - **2.** [herbe] hierba *f* de segunda siega.
régal, als [regal] *nm* - **1.** [mets] delicia *f* - **2.** [plaisir] regalo *m*.
régalade [regalad] ◆ **à la régalade** *adv* : **boire à la ~** beber a chorro.
régaler [regale] *vt* obsequiar con *(una comida)* ; **c'est moi qui régale!** ¡invito yo! ◆ **se régaler** *vp* [manger, s'amuser] : **nous nous sommes régalés** nos ha encantado.
regard [rəgar] *nm* mirada *f*.
regardant, e [rəgardɑ̃, ɑ̃t] *adj* mirado(da) con el dinero ; **être très/peu ~ sur qqch** ser muy/poco mirado con algo.
regarder [rəgarde] *vt* - **1.** [gén] mirar ; **~ qqch/qqn faire qqch** mirar algo/a alguien hacer algo - **2.** [concerner] : **ça ne te regarde pas** eso no es cosa tuya.
régate [regat] *nf* regata *f*.
régénérer [reʒenere] *vt* regenerar. ◆ **se régénérer** *vp* regenerarse.
régent, e [reʒɑ̃, ɑ̃t] *nm, f* regente *mf*.
régenter [reʒɑ̃te] *vt péj* dirigir.
reggae [rege] *adj inv* & *nm* reggae.
régie [reʒi] *nf* - **1.** [gestion] concesión *f* administrativa ; [entreprise] empresa *f* estatal ; **~ des tabacs** compañía *f* arrendataria de tabacos - **2.** [de spectacle, de radio, de télévision] servicio *m* de producción ; [local] sala *f* de control.
regimber [rəʒɛ̃be] *vi* - **1.** [cheval] respingar - **2.** *fig* [personne] : **~ contre** rezongar contra.
régime [reʒim] *nm* - **1.** [gén] régimen *m* ; **~ carcéral** régimen carcelario ; **~ de Sécurité sociale** régimen de la Seguridad Social - **2.** [alimentaire] régimen *m*, dieta *f* ; **se mettre au ~** ponerse a régimen OU dieta ; **suivre un ~** seguir un régimen OU una dieta - **3.** [de bananes, de dattes] racimo *m*.
régiment [reʒimɑ̃] *nm* regimiento *m* ; **un ~ de qqch** *fam fig* un regimiento de algo.
région [reʒjɔ̃] *nf* - **1.** [gén] región *f* - **2.** [division administrative] ≃ provincia *f*.

régional, e, aux [reʒjɔnal, o] *adj* regional.

régir [reʒir] *vt* regir.

régisseur [reʒisœr] *nm* regidor *m*, -ra *f*.

registre [rəʒistr] *nm* registro *m*.

réglable [reglabl] *adj* - **1.** [adaptable] regulable - **2.** [payable] abonable.

réglage [reglaʒ] *nm* regulación *f*.

règle [rɛgl] *nf* regla *f* ; **être/se mettre en ~** estar/ponerse en regla ; **c'est la ~ du jeu** son las reglas del juego ; **dans les ~s de l'art** con todas las de la ley. ◆ **en règle générale** *loc adv* por regla general. ◆ **règles** *nfpl* [menstruations] regla *f*.

réglé, e [regle] *adj* - **1.** [vie] ordenado(da) - **2.** [papier] pautado(da).

règlement [rɛgləmɑ̃] *nm* - **1.** [d'affaire, de conflit] arreglo *m* ; **~ de comptes** ajuste *m* de cuentas - **2.** [règle] reglamento *m* - **3.** [paiement] pago *m*.

réglementaire [rɛgləmɑ̃tɛr] *adj* reglamentario(ria).

réglementation [rɛgləmɑ̃tasjɔ̃] *nf* reglamentación *f*.

régler [regle] *vt* - **1.** [détails, question, problème] arreglar - **2.** [mécanisme, machine] regular - **3.** [note, commerçant] pagar.

réglisse [reglis] *nf* regaliz *m*.

règne [rɛɲ] *nm* reinado *m* ; **sous le ~ de** bajo el reinado de.

régner [reɲe] *vi* reinar.

regonfler [rəgɔ̃fle] *vt* - **1.** [ballon, pneu] volver a hinchar - **2.** *fam* [personne] levantar el ánimo a.

regorger [rəgɔrʒe] *vi* : **~ de qqch** rebosar (de) algo.

régresser [regrese] *vi* experimentar una regresión.

régression [regresjɔ̃] *nf* regresión *f*.

regret [rəgrɛ] *nm* - **1.** [nostalgie] añoranza *f* ; **à ~** a disgusto ; **sans ~s** sin (ningún) pesar - **2.** [repentir] arrepentimiento *m* ; **tous mes ~s** sintiéndolo mucho - **3.** [chagrin] pena *f*, tristeza *f*.

regrettable [rəgrɛtabl] *adj* - **1.** [incident] lamentable - **2.** [dommage] : **c'est ~ que ...** es una pena que ...

regretter [rəgrɛte] *vt* - **1.** [passé] añorar - **2.** [se repentir de] arrepentirse de - **3.** [déplorer] sentir, lamentar ; **~ que** sentir OU lamentar que ; **il regrette que vous n'ayez pas pu vous rencontrer** siente mucho que no os hayáis podido conocer ; **~ de faire qqch** sentir OU lamentar hacer algo.

regrouper [rəgrupe] *vt* agrupar. ◆ **se regrouper** *vp* agruparse.

régulariser [regylarize] *vt* - **1.** [situation, documents] regularizar - **2.** [circulation, fonctionnement] regular.

régularité [regylarite] *nf* - **1.** [gén] regularidad *f* - **2.** [harmonie] proporción *f*.

réguler [regyle] *vt* regular.

régulier, ère [regylje, ɛr] *adj* - **1.** [gén] regular - **2.** [visage, traits] bien proporcionado(da) - **3.** *fam* [honnête] decente.

régulièrement [regyljɛrmɑ̃] *adv* - **1.** [uniformément, souvent] con regularidad - **2.** [légalement] de forma regular.

réhabilitation [reabilitasjɔ̃] *nf* rehabilitación *f (de una acusación)*.

réhabiliter [reabilite] *vt* rehabilitar.

rehausser [rəose] *vt* - **1.** [gén] levantar - **2.** [mettre en valeur] realzar.

rehausseur [rəosœr] *nm* elevador *m*.

rein [rɛ̃] *nm* riñón *m* ; **~ artificiel** riñón artificial. ◆ **reins** *nmpl* riñones *mpl*.

réincarnation [reɛ̃karnasjɔ̃] *nf* reencarnación *f*.

reine [rɛn] *nf* reina *f*.

réinsertion [reɛ̃sɛrsjɔ̃] *nf* reinserción *f*.

réintégrer [reɛ̃tegre] *vt* - **1.** [rejoindre] volver a *Esp*, regresarse a *Amér* - **2.** JUR reintegrar.

rejaillir [rəʒajir] *vi* salpicar.

rejet [rəʒɛ] *nm* - **1.** [refus & MÉD] rechazo *m* - **2.** BOT retoño *m*.

rejeter [rəʒte] *vt* - **1.** [balle] volver a lanzar - **2.** MÉD [vomir] echar ; [greffe] rechazar - **3.** *fig* [faire retomber] : **~ qqch sur qqn** hacer recaer algo sobre alguien - **4.** [offre, personne] rechazar.

rejeton [rəʒtɔ̃] *nm* retoño *m*.

rejoindre [rəʒwɛ̃dr] *vt* - **1.** [retrouver] reunirse con - **2.** [regagner] volver a, regresar a *Esp*, regresarse a *Amér* - **3.** [s'unir à] unirse a - **4.** [concorder avec] confirmar - **5.** [rattraper - personne] alcanzar ; [- route, sentier] llegar a. ◆ **se rejoindre** *vp* - **1.** [personnes] reunirse, encontrarse - **2.** [routes, chemins] encontrarse - **3.** [opinions] coincidir.

rejoint, e [rəʒwɛ̃, ɛ̃t] *pp* ▷ **rejoindre**.

réjoui, e [reʒwi] *adj* alegre.

réjouir [reʒwir] *vt sout* alegrar. ◆ **se réjouir** *vp* alegrarse ; **se ~ de qqch** alegrarse de algo.

relâche [rəlaʃ] *nf* descanso *m* ; **faire ~** descansar ; **sans ~** sin descanso.

relâchement [rəlaʃmɑ̃] *nm* relajación *f*, descuido *m*.

relâcher [rəlaʃe] *vt* - **1.** [étreinte, attention, efforts] relajar, descuidar ; [muscle] aflojar - **2.** [prisonnier, animal] soltar. ◆ **se relâcher** *vp* - **1.** [corde, muscle] aflojarse - **2.** [discipline, personne] relajarse, descuidarse.

relais [rəlɛ] *nm* - **1.** [auberge] albergue *m* - **2.** SPORT relevo *m* - **3.** TÉLÉ repetidor *m* ; **par ~ satellite** vía satélite.

relance [rəlɑ̃s] *nf* - **1.** ÉCON recuperación *f*, reactivación *f* - **2.** [au jeu] envite *m*.

relancer [rəlɑ̃se] *vt* - **1.** [balle] volver a lanzar - **2.** [économie, projet] reactivar - **3.** [personne] acosar - **4.** [au jeu] hacer un envite a.

relater [rəlate] *vt sout* relatar.

relatif, ive [rəlatif, iv] *adj* relativo(va) ; **~ à qqch** relativo a algo ; **tout est ~** todo es relativo. ◆ **relative** *nf* GRAM relativa *f*.

relation [rəlasjɔ̃] *nf* relación *f* ; **mettre qqn en ~ avec qqn** poner en contacto a alguien con alguien. ◆ **relations** *nfpl* relaciones *fpl* ; **avoir des ~s** tener relaciones.

relationnel, elle [rəlasjɔnɛl] *adj* relacional.

relativement [rəlativmɑ̃] *adv* - **1.** [par comparaison] : **~ à** en relación con - **2.** [de façon relative] relativamente.

relativiser [rəlativize] *vt* relativizar.

relativité [rəlativite] *nf* relatividad *f*.

relax, relaxe [rəlaks] *adj fam* tranqui.

relaxant, e [rəlaksɑ̃, ɑ̃t] *adj* relajante.

relaxation [rəlaksasjɔ̃] *nf* relajación *f*.

relaxe = **relax**.

relaxer [rəlakse] *vt* - **1.** [gén] relajar - **2.** [prévenu] poner en libertad. ◆ **se relaxer** *vp* relajarse.

relayer [rəlɛje] *vt* relevar. ◆ **se relayer** *vp* turnarse.

relecture [rəlɛktyr] *nf* relectura *f*.

reléguer [rəlege] *vt* relegar.

relent [rəlɑ̃] *nm* tufo *m*.

relevé, e [rəlve] *adj* [sauce] picante *Esp*, picoso(sa) *Amér*. ◆ **relevé** *nm* [de compteur] lectura *f* ; **~ de compte** extracto *m* de cuenta ; **~ d'identité bancaire** *certificado del banco donde se especifica el número de cuenta, código de sucursal, etc, del cliente*.

relève [rəlɛv] *nf* relevo *m* ; **prendre la ~** coger OU tomar el relevo.

relever [rəlve] ◇ *vt* - **1.** [gén] levantar - **2.** [remettre debout] poner de pie - **3.** [store, prix, salaire] subir - **4.** [cahiers, copies] recoger - **5.** CULIN [mettre en valeur] realzar ; [pimenter] sazonar - **6.** [adresse, recette] anotar, apuntar ; [erreur] señalar - **7.** [compteur] leer - **8.** [sentinelle, vigile] relevar ; **~ qqn de** [fonctions] relevar a alguien de. ◇ *vi* - **1.** [se rétablir] : **~ de qqch** restablecerse OU recuperarse de algo - **2.** [être du domaine] : **~ de qqch** atañer OU concernir a algo. ◆ **se relever** *vp* [gén] levantarse ; [après une chute] ponerse de pie *Esp*, pararse *Amér*.

relief [rəljɛf] *nm* relieve *m* ; **mettre qqch en ~** poner algo de relieve.

relier [rəlje] *vt* - **1.** [livre] encuadernar - **2.** [attacher, joindre] unir ; **~ qqch à qqch** unir algo a algo - **3.** *fig* [associer] relacionar.

religieux, euse [rəliʒjø, øz] *adj* & *nm, f* religioso(sa). ◆ **religieuse** *nf* RELIG religiosa *f*.

religion [rəliʒjɔ̃] *nf* religión *f*.

relique [rəlik] *nf (gén pl)* reliquia *f*.

relire [rəlir] *vt* releer. ◆ **se relire** *vp* releer *(lo que uno ha escrito)*.

reliure [rəljyr] *nf* encuadernación *f*.

reloger [rəlɔʒe] *vt* alojar.

relu, e [rəly] *pp* ▷ **relire**.

reluire [rəlɥir] *vi* relucir.

reluisant, e [rəlɥizɑ̃, ɑ̃t] *adj* reluciente ; **peu** OU **pas très ~** *fig* [avenir, acte] poco OU no muy brillante.

reluquer [rəlyke] *vt fam* echar el ojo a.

remake [rimɛk] *nm* CIN nueva versión *f*.

remaniement [rəmanimɑ̃] *nm* remodelación *f* ; **~ ministériel** reajuste *m* ministerial.

remanier [rəmanje] *vt* remodelar.

remarier [rəmarje] ◆ **se remarier** *vp* volver a casarse.

remarquable [rəmarkabl] *adj* notable.

remarque [rəmark] *nf* observación *f*, comentario *m Esp*, atingencia *f Amér* ; **faire une ~ à qqn** hacer una observación a alguien.

remarquer [rəmarke] *vt* - **1.** [noter] notar ; **~ que** notar que ; **se faire ~** *péj* hacerse notar - **2.** [signaler] señalar. ◆ **se remarquer** *vp* notarse.

rembarrer [rɑ̃bare] *vt fam* cortar.

remblai [rɑ̃blɛ] *nm* - **1.** [action] terraplenado *m* - **2.** [masse de terre] terraplén *m*.

rembobiner [rɑ̃bɔbine] *vt* rebobinar.

rembourrage [rɑ̃buraʒ] *nm* relleno *m*.

remboursement [rɑ̃bursəmɑ̃] *nm* reembolso *m*.

rembourser [rɑ̃burse] *vt* - **1.** [dette] pagar ; [montant] reembolsar - **2.** [personne] pagar a, devolver el dinero a ; ~ **qqn de qqch** reembolsar algo a alguien.

rembrunir [rɑ̃brynir] ◆ **se rembrunir** *vp* ensombrecerse *(entristecerse)*.

remède [rəmɛd] *nm* remedio *m*.

remédier [rəmedje] *vi* : ~ **à qqch** remediar algo.

remembrement [rəmɑ̃brəmɑ̃] *nm* concentración *f* parcelaria.

remerciement [rəmɛrsimɑ̃] *nm* agradecimiento *m* ; **avec tous mes ~s** con todo mi agradecimiento.

remercier [rəmɛrsje] *vt* - **1.** [exprimer sa gratitude à] dar las gracias a, agradecer ; ~ **qqn de** OU **pour qqch** agradecer a alguien algo, dar las gracias a alguien por algo ; **non, je vous remercie** no, gracias - **2.** [employé] despedir *Esp*, cesantear *Amér*.

remettre [rəmɛtr] *vt* - **1.** [replacer] volver a poner - **2.** [vêtement, accessoire] volver a ponerse - **3.** [ordre] restablecer ; [lumière] volver a encender - **4.** [donner] : ~ **qqch à qqn** entregar algo a alguien - **5.** [réunion, rendez-vous] : ~ **qqch (à plus tard)** aplazar algo (hasta más tarde) - **6.** *fam* [reconnaître] situar. ◆ **se remettre** *vp* - **1.** [recommencer] : **se ~ à qqch/à faire qqch** volver a algo/a hacer algo - **2.** [se rétablir] : **se ~ (de qqch)** reponerse (de algo) - **3.** *loc* : **je m'en remets à toi** cuento contigo.

réminiscence [reminisɑ̃s] *nf sout* reminiscencia *f*.

remis, e [rəmi, iz] *pp* ▷ **remettre**.

remise [rəmiz] *nf* - **1.** [réduction] rebaja *f* ; ~ **de peine** remisión *f* de condena - **2.** [de lettre, de colis] entrega *f* - **3.** [action de remettre] : ~ **en état** revisión *f* ; ~ **en jeu** saque *m* ; ~ **en question** OU **cause** replanteamiento *m* - **4.** [hangar] cobertizo *m Esp*, galpón *m Amér*.

rémission [remisjɔ̃] *nf* remisión *f* ; **sans ~** [condamner] irrevocablemente ; [pleuvoir etc] sin cesar.

remodeler [rəmɔdle] *vt* remodelar.

remonte-pente [rəmɔ̃tpɑ̃t] (*pl* **remonte-pentes**) *nm* telearrastre *m*.

remonter [rəmɔ̃te] ◇ *vt* - **1.** [escalier, étage, objet] volver a subir - **2.** [meuble, machine] volver a montar - **3.** [relever - vitre, store] subir ; [- col, chaussettes] subirse - **4.** [refaire - groupe, équipe] rehacer ; [- garde-robe, ménage] renovar - **5.** [horloge, montre] dar cuerda a - **6.** [malade, déprimé] reanimar. ◇ *vi* - **1.** [gén] subir - **2.** [dater] remontarse ; ~ **à** remontarse a.

remontoir [rəmɔ̃twar] *nm* cuerda *f*.

remontrer [rəmɔ̃tre] *vt* volver a mostrar, volver a enseñar.

remords [rəmɔr] *nm inv* remordimiento *m* ; **il est bourrelé de ~** lo atormentan los remordimientos.

remorque [rəmɔrk] *nf* remolque *m*.

remorquer [rəmɔrke] *vt* remolcar.

remorqueur [rəmɔrkœr] *nm* remolcador *m*.

remous [rəmu] *nm* - **1.** [tourbillon] remolino *m* - **2.** *fig* [bouleversement] agitación *f*.

rempailler [rɑ̃paje] *vt* remozar la paja de.

rempart [rɑ̃par] *nm (gén pl)* muralla *f*.

rempiler [rɑ̃pile] ◇ *vt* volver a apilar. ◇ *vi fam* reengancharse.

remplaçant, e [rɑ̃plasɑ̃, ɑ̃t] *nm, f* sustituto *m*, -ta *f*.

remplacement [rɑ̃plasmɑ̃] *nm* sustitución *f* ; **faire un ~/des ~s** hacer una sustitución/sustituciones.

remplacer [rɑ̃plase] *vt* - **1.** [gén] sustituir ; ~ **qqch/qqn (par)** sustituir algo/a alguien (por) - **2.** [renouveler] reemplazar, remplazar.

rempli, e [rɑ̃pli] *adj* [journée] ocupado(da) ; ~ **de** lleno de.

remplir [rɑ̃plir] *vt* - **1.** [gén] llenar ; ~ **qqch de qqch** llenar algo de algo ; ~ **qqn de qqch** [joie, colère etc] llenar a alguien de algo - **2.** [questionnaire] rellenar, completar - **3.** [fonction, promesse, condition] cumplir (con).

remplissage [rɑ̃plisaʒ] *nm* - **1.** [d'un récipient] llenado *m* - **2.** *fig* & *péj* [d'un texte] : **faire du ~** meter paja.

rempocher [rɑ̃pɔʃe] *vt* volver a embolsar.

remporter [rɑ̃pɔrte] *vt* [prix, coupe] ganar, llevarse ; [succès, victoire] conseguir.

remuant, e [rəmɥɑ̃, ɑ̃t] *adj* inquieto(ta).

remue-ménage [rəmymenaʒ] *nm inv* trajín *m*.

remuer [rəmɥe] ◇ *vt* - **1.** [meuble, bras, jambes] mover - **2.** [terre, café, salade] remover - **3.** [émouvoir] afectar. ◇ *vi* - **1.** [gesticuler] moverse - **2.** [bouger] mover. ◆ **se remuer** *vp* moverse.

rémunérer [remynere] *vt* remunerar.

renâcler [rənakle] *vi* refunfuñar ; ~ **devant** OU **à qqch** refunfuñar ante OU por algo.

renaissance [rənɛsɑ̃s] *nf* renacimiento *m*.

renaître [rənɛtr] *vi* renacer.

rénal, e, aux [renal, o] *adj* renal.
renard, e [rənar, ard] *nm, f* zorro *m*, -rra *f*.
renchérir [rɑ̃ʃerir] *vi* - **1.** [surenchérir] : **~ sur qqch** encarecer algo - **2.** *sout* [prix] encarecerse.
rencontre [rɑ̃kɔ̃tr] *nf* encuentro *m* ; **aller/marcher/venir à la ~ de qqn** ir/andar/venir al encuentro de alguien.
rencontrer [rɑ̃kɔ̃tre] *vt* - **1.** [par hasard] encontrarse con, encontrar - **2.** [avoir rendez-vous avec] reunirse con - **3.** [faire la connaissance de] conocer - **4.** [heurter] dar contra ; *fig* [obstacle, opposition] tropezar con. ◆ **se rencontrer** *vp* - **1.** [par hasard] encontrarse - **2.** [se réunir] reunirse - **3.** [faire connaissance] conocerse - **4.** [regards, opinions] coincidir.
rendement [rɑ̃dmɑ̃] *nm* rendimiento *m*.
rendez-vous [rɑ̃devu] *nm inv* - **1.** [rencontre - entre amis, amoureux] cita *f* ; [- chez le coiffeur, le médecin] hora *f* ; **j'ai ~ chez le dentiste** tengo hora con el dentista ; **prendre ~** pedir hora - **2.** [lieu] lugar *m* de encuentro.
rendormir [rɑ̃dɔrmir] *vt* volver a dormir. ◆ **se rendormir** *vp* volver a dormirse.
rendre [rɑ̃dr] ◇ *vt* - **1.** [restituer, donner en retour] : **~ qqch à qqn** devolver algo a alguien ; [honneurs, hommage] rendir algo a alguien - **2.** JUR pronunciar - **3.** *(+ adjectif)* [faire devenir] volver ; **~ heureux** hacer feliz ; **il me rendra folle** va a volverme loca - **4.** [exprimer, reproduire] reflejar - **5.** [produire] aportar - **6.** [vomir] devolver - **7.** MIL [céder] rendir. ◇ *vi* - **1.** [produire] rendir - **2.** [vomir] devolver. ◆ **se rendre** *vp* - **1.** [obéir, capituler] rendirse - **2.** [aller] : **se ~ à** acudir a ; [à l'étranger] irse a - **3.** *(+ adjectif)* [se faire tel] hacerse ; **se ~ malade** ponerse enfermo(ma) ; **se ~ utile** hacer algo útil.
rêne [rɛn] *nf (gén pl)* rienda *f*.
renégat, e [rənega, at] *nm, f sout* renegado *m*, -da *f*.
renégocier [rənegɔsje] *vt* renegociar.
renfermé, e [rɑ̃fɛrme] *adj* cerrado(da). ◆ **renfermé** *nm* : **ça sent le ~** huele a cerrado.
renfermer [rɑ̃fɛrme] *vt* - **1.** [contenir] encerrar - **2.** [secret] esconder. ◆ **se renfermer** *vp* [s'isoler] encerrarse.
renflé, e [rɑ̃fle] *adj* hinchado(da).
renflouer [rɑ̃flue] *vt* - **1.** [bateau] desencallar - **2.** *fig* [entreprise, personne] sacar a flote.
renfoncement [rɑ̃fɔ̃smɑ̃] *nm* hueco *m*.
renforcer [rɑ̃fɔrse] *vt* - **1.** [mur, équipe, armée] reforzar - **2.** [paix, soupçon] fortalecer - **3.** [couleur, expression, politique] intensificar.
renfort [rɑ̃fɔr] *nm* MIL & TECHNOL refuerzo *m* ; **en ~** de refuerzo.
renfrogner [rɑ̃frɔɲe] ◆ **se renfrogner** *vp* enfurruñarse.
rengaine [rɑ̃gɛn] *nf* - **1.** [formule répétée] : **toujours la même ~!** ¡siempre la misma canción! - **2.** [refrain populaire] cancioncilla *f*.
rengorger [rɑ̃gɔrʒe] ◆ **se rengorger** *vp* pavonearse.
renier [rənje] *vt* renegar de.
renifler [rənifle] ◇ *vi* sorberse los mocos. ◇ *vt* olfatear.
renne [rɛn] *nm* reno *m*.
renom [rənɔ̃] *nm* renombre *m* ; **de grand ~** de gran renombre.
renommé, e [rənɔme] *adj* reputado(da) ; **~ pour qqch** reputado por algo. ◆ **renommée** *nf* renombre *m*.
renoncement [rənɔ̃smɑ̃] *nm* renuncia *f* ; **~ à qqch** renuncia a algo.
renoncer [rənɔ̃se] ◇ *vt* renunciar ; **~ à qqch/à faire qqch** renunciar a algo/a hacer algo. ◇ *vi* renunciar.
renouer [rənwe] ◇ *vt* - **1.** [cravate, lacet] volver a anudar - **2.** [conversation, liaison] reanudar. ◇ *vi* : **~ avec qqch** restablecer algo ; **~ avec qqn** reconciliarse con alguien.
renouveau, x [rənuvo] *nm* - **1.** [transformation] renovación *f* - **2.** [regain] rebrote *m*.
renouvelable [rənuvlabl] *adj* renovable.
renouveler [rənuvle] *vt* - **1.** [gén] renovar - **2.** [demande] reiterar. ◆ **se renouveler** *vp* - **1.** [gén] renovarse - **2.** [recommencer] repetirse.
renouvellement [rənuvɛlmɑ̃] *nm* renovación *f*.
rénovation [renɔvasjɔ̃] *nf* reforma *f*.
rénover [renɔve] *vt* reformar.
renseignement [rɑ̃sɛɲəmɑ̃] *nm* información *f* ; **demander un ~** informarse. ◆ **renseignements** *nmpl* - **1.** [service d'information] información *f* - **2.** [espionnage] servicios *mpl* secretos.
renseigner [rɑ̃seɲe] *vt* informar ; **~ qqn sur qqch** informar a alguien sobre algo. ◆ **se renseigner** *vp* informarse.
rentabiliser [rɑ̃tabilize] *vt* rentabilizar.

rentabilité [rɑ̃tabilite] *nf* rentabilidad *f*.
rentable [rɑ̃tabl] *adj* - **1.** ÉCON rentable - **2.** *fam* [payant] productivo(va).
rente [rɑ̃t] *nf* - **1.** [gén] renta *f* ; **vivre de ses ~s** vivir de renta - **2.** [emprunt d'État] renta *f* de la deuda pública.
rentier, ère [rɑ̃tje, ɛr] *nm, f* rentista *mf*.
rentrée [rɑ̃tre] *nf* - **1.** [reprise des activités] reanudación *f* ; **la ~ des classes** la vuelta al colegio ; **la ~ parlementaire** la reanudación de las tareas parlamentarias - **2.** [retour à la scène] reaparición *f* - **3.** [mise à l'abri] recogida *f* - **4.** COMM [recette] entrada *f*.
rentrer [rɑ̃tre] ◇ *vi* - **1.** [entrer, pénétrer, être perçu] entrar ; **~ dans qqch** [s'emboîter dans] entrar dentro de algo ; [être compris dans] entrar en algo - **2.** [revenir] : **~ (à/de)** volver (a/de) ; **~ (chez soi)** volver (a su casa) - **3.** [élève] reanudar las clases ; [employé] volver a trabajar ; [tribunal] reanudar las sesiones - **4.** [voiture] : **~ dans qqch/dans qqn** estrellarse contra algo/contra alguien. ◇ *vt* - **1.** [mettre à l'abri] entrar ; [foins] recoger - **2.** [griffes] meter - **3.** [larmes, colère] tragarse.
renversant, e [rɑ̃vɛrsɑ̃, ɑ̃t] *adj* asombroso(sa).
renverse [rɑ̃vɛrs] ◆ **à la renverse** *loc adv* de espaldas.
renversement [rɑ̃vɛrsəmɑ̃] *nm* - **1.** [action de mettre à l'envers, changement complet] inversión *f* - **2.** [de régime] derrocamiento *m*.
renverser [rɑ̃vɛrse] *vt* - **1.** [mettre à l'envers, inverser] invertir - **2.** [faire tomber - objet] volcar *Esp*, voltear *Amér* ; [- piéton] atropellar ; [- liquide] derramar - **3.** [éliminer - ordre établi] derribar *Esp*, voltear *Amér* ; [- personne] destituir ; [- régime] derrocar - **4.** [tête] echar hacia atrás - **5.** [étonner] asombrar. ◆ **se renverser** *vp* - **1.** [se pencher en arrière] echarse hacia atrás - **2.** [objet] volcar *Esp*, voltearse *Amér* - **3.** [liquide] derramarse.
renvoi [rɑ̃vwa] *nm* - **1.** [licenciement] despido *m* - **2.** [à l'expéditeur] devolución *f* - **3.** [ajournement] aplazamiento *m* - **4.** [référence] llamada *f* - **5.** [éructation] : **il a eu des ~s** se le ha repetido.
renvoyer [rɑ̃vwaje] *vt* - **1.** [faire retourner] hacer volver - **2.** [employé] despedir *Esp*, cesantear *Amér* - **3.** [paquet, balle] devolver - **4.** [lumière] reflejar - **5.** [procès] aplazar - **6.** [référer] : **~ à qqch/à qqn** remitir a algo/a alguien.

réorganisation [reɔrganizasjɔ̃] *nf* reorganización *f*.
réorganiser [reɔrganize] *vt* reorganizar.
réorienter [reɔrjɑ̃te] *vt* reorientar.
réouverture [reuvɛrtyr] *nf* reapertura *f*.
repaire [rəpɛr] *nm* guarida *f*.
répandre [repɑ̃dr] *vt* - **1.** [liquide, larmes] derramar ; [graines, substance] esparcir - **2.** [odeur, chaleur] despedir ; [bienfaits] prodigar - **3.** [panique, effroi, terreur] sembrar - **4.** [mode, doctrine, nouvelle] difundir.
répandu, e [repɑ̃dy] ◇ *pp* ▷ **répandre**. ◇ *adj* extendido(da).
réparable [reparabl] *adj* reparable.
réparateur, trice [reparatœr, tris] *adj* & *nm, f* reparador(ra).
réparation [reparasjɔ̃] *nf* - **1.** [gén] reparación *f* - **2.** SPORT [au football] : **surface de ~** área *f* (de castigo).
réparer [repare] *vt* arreglar, reparar *Esp*, refaccionar *Amér*.
reparler [rəparle] *vi* [d'un sujet] : **~ de qqch/de qqn** volver a hablar de algo/de alguien.
repartie [rəparti, reparti] *nf* réplica *f* ; **avoir de la ~** tener respuesta para todo.
répartir [repartir] *vt* - **1.** [gén] repartir, distribuir - **2.** [somme] repartir. ◆ **se répartir** *vp* repartirse.
répartition [repartisjɔ̃] *nf* - **1.** [partage] reparto *m* - **2.** [dans un espace] distribución *f*.
repas [rəpa] *nm* comida *f* ; **prendre son ~** comer ; **~ d'affaires** comida de negocios.
repassage [rəpasaʒ] *nm* planchado *m*.
repasser [rəpase] ◇ *vi* - **1.** [passer à nouveau] volver a pasar - **2.** [film] volver a emitirse. ◇ *vt* - **1.** [linge] planchar - **2.** [leçon] repasar - **3.** [examen] volver a pasar.
repêchage [rəpeʃaʒ] *nm* - **1.** [hors de l'eau] rescate *m* - **2.** *fig* [rattrapage] repesca *f*.
repêcher [rəpeʃe] *vt* - **1.** [retirer de l'eau] rescatar - **2.** *fig* [élève, candidat] repescar.
repeindre [rəpɛ̃dr] *vt* repintar.
repeint, e [rəpɛ̃, ɛ̃t] *pp* ▷ **repeindre**.
repenser [rəpɑ̃se] *vt* replantearse.
repentir [rəpɑ̃tir] *nm* arrepentimiento *m*. ◆ **se repentir** *vp* arrepentirse ; **se ~ de qqch/d'avoir fait qqch** arrepentirse de algo/de haber hecho algo.
répercussion [repɛrkysjɔ̃] *nf* repercusión *f* ; **~ de qqch sur qqch** repercusión de algo en algo.

répercuter [reperkyte] *vt* - **1.** [son, taxe] repercutir ; ~ **qqch sur qqch** FIN repercutir algo en algo - **2.** [ordre] transmitir. ◆ **se répercuter** *vp* repercutir ; **se ~ sur qqch** repercutir en algo.

repère [rəpɛr] *nm* referencia *f*.

repérer [rəpere] *vt* - **1.** [situer] señalar - **2.** [sous-marin, bateau] localizar - **3.** *fam* [apercevoir, remarquer] localizar ; **on va se faire ~** nos van a calar.

répertoire [repɛrtwar] *nm* - **1.** [gén] repertorio *m* - **2.** [agenda] agenda *f* - **3.** INFORM directorio *m*.

répertorier [repɛrtɔrje] *vt* inscribir en un repertorio.

répéter [repete] *vt* - **1.** [gén] repetir ; ~ **que** repetir que ; **je ne te le répéterai pas deux fois** no pienso repetirlo (dos veces) - **2.** THÉÂTRE ensayar. ◆ **se répéter** *vp* repetirse.

répétitif, ive [repetitif, iv] *adj* repetitivo(va).

répétition [repetisjɔ̃] *nf* - **1.** [gén] repetición *f* - **2.** THÉÂTRE ensayo *m* ; ~ **générale** ensayo general.

repeupler [rəpœple] *vt* - **1.** [gén] repoblar - **2.** [forêt] reforestar.

répit [repi] *nm* respiro *m* ; **sans ~** sin parar.

replacer [rəplase] *vt* - **1.** [situer] situar - **2.** [remettre en place] volver a colocar.

replet, ète [rəplɛ, ɛt] *adj* rechoncho(cha).

repli [rəpli] *nm* - **1.** [gén] repliegue *m* - **2.** *(gén pl) sout* [partie dissimulée] recoveco *m*.

réplique [replik] *nf* - **1.** [gén] réplica *f* ; **sans ~** sin rechistar - **2.** THÉÂTRE entrada *f* ; **donner la ~ à qqn** dar la entrada a alguien.

répliquer [replike] ◇ *vt* replicar ; ~ **qqch à qqn** replicar algo a alguien. ◇ *vi* replicar.

replonger [rəplɔ̃ʒe] ◇ *vt* : ~ **qqch/qqn dans qqch** volver a sumergir algo/a alguien en algo ; *fig* volver a sumir algo/a alguien en algo. ◇ *vi* volver a sumergirse. ◆ **se replonger** *vp* : **se ~ dans qqch** *fig* [dans un livre etc] volver a sumirse en algo.

répondeur [repɔ̃dœr] *nm* contestador *m* ; ~ **automatique** OU **téléphonique** contestador automático ; ~ **interrogeable à distance** contestador interrogable a distancia.

répondeur-enregistreur (*pl* **répondeurs-enregistreurs**) *nm* contestador *m* automático.

répondre [repɔ̃dr] ◇ *vi* contestar, responder ; ~ **à qqch** [faire écho, correspondre] responder a algo ; ~ **à qqch/à qqn** contestar OU responder (a) algo/a alguien ; ~ **à qqch (par qqch)** responder a algo (con algo) ; ~ **de qqch/de qqn** responder de OU por algo/de OU por alguien. ◇ *vt* contestar, responder ; ~ **qqch à qqch** contestar OU responder con algo a algo ; ~ **qqch à qqn** contestar OU responder algo a alguien.

répondu, e [repɔ̃dy] *pp* ▷ **répondre**.

réponse [repɔ̃s] *nf* - **1.** [action de répondre] respuesta *f*, contestación *f* ; **en ~ à votre lettre ...** en respuesta a su carta ... - **2.** [solution, réaction] respuesta *f* - **3.** [réfutation, riposte] réplica *f*.

report [rəpɔr] *nm* - **1.** [d'un rendez-vous, d'une réunion] aplazamiento *m* - **2.** [d'écritures] transcripción *f*.

reportage [rəpɔrtaʒ] *nm* reportaje *m* *Esp*, reporte *m* *Amér*.

reporter[1] [rəpɔrtɛr] *nm* reportero *m*, -ra *f*.

reporter[2] [rəpɔrte] *vt* - **1.** [rapporter] volver a llevar - **2.** [réunion, céremonie] aplazar ; ~ **qqch à** aplazar algo hasta - **3.** [recopier, transférer] : ~ **qqch sur qqch/sur qqn** trasladar algo a algo/a alguien. ◆ **se reporter** *vp* : **se ~ à qqch** remitirse a algo.

repos [rəpo] *nm* - **1.** [gén] descanso *m* - **2.** [immobilité, sommeil] reposo *m*.

reposé, e [rəpoze] *adj* descansado(da) ; **à tête ~e** con calma.

reposer [rəpoze] ◇ *vt* - **1.** [poser à nouveau] volver a poner - **2.** [remettre en place] volver a colocar - **3.** [question] volver a plantear - **4.** [appuyer] : ~ **qqch sur qqch** apoyar algo sobre algo - **5.** [délasser] descansar. ◇ *vi* - **1.** [gén] descansar ; ~ **sur qqch** [être appuyé sur] descansar sobre algo ; *fig* [être fondé sur] apoyarse sobre algo - **2.** CULIN reposar. ◆ **se reposer** *vp* - **1.** [se délasser] descansar - **2.** [compter] : **se ~ sur qqn** contar con alguien.

repoussant, e [rəpusɑ̃, ɑ̃t] *adj* repulsivo(va).

repoussé, e [rəpuse] *adj* repujado(da).

repousser [rəpuse] ◇ *vi* [barbe, poil] volver a crecer ; [végétal] volver a brotar. ◇ *vt* - **1.** [déplacer] empujar - **2.** [dégoûter] repeler - **3.** [personne, offre, ennemi] rechazar - **4.** [date] aplazar.

répréhensible [repreɑ̃sibl] *adj* reprensible.

reprendre [rəprɑ̃dr] ◇ *vt* - **1.** [chose] volver a coger ; [ce qu'on avait donné] volver a llevarse - **2.** [revenir chercher] recoger - **3.** COMM [marchandise] devolver - **4.** [se resservir, répéter] repetir ; **~ de qqch** repetir algo ; **on ne l'y reprendra plus** no lo volverá a hacer - **5.** [travail, route, lutte] retomar - **6.** [vêtement] arreglar - **7.** [corriger] reprender - **8.** [haleine, courage, souffle] recobrar. ◇ *vi* - **1.** [retrouver la vie, la vigueur] recuperarse - **2.** [recommencer] reanudarse.

représailles [rəprezaj] *nfpl* represalias *fpl*.

représentant, e [rəprezɑ̃tɑ̃, ɑ̃t] *nm, f* representante *mf*.

représentatif, ive [rəprezɑ̃tatif, iv] *adj* representativo(va) ; **~ de qqch** representativo de algo.

représentation [rəprezɑ̃tasjɔ̃] *nf* representación *f* ; **donner une ~** dar una representación.

représentativité [rəprezɑ̃tativite] *nf* representatividad *f*.

représenter [rəprezɑ̃te] *vt* representar. ◆ **se représenter** *vp* - **1.** [s'imaginer] imaginarse - **2.** [occasion] volver a presentarse - **3.** [aux élections] : **se ~ à qqch** volver a presentarse a algo.

répression [represjɔ̃] *nf* represión *f*.

réprimande [reprimɑ̃d] *nf* reprimenda *f*.

réprimander [reprimɑ̃de] *vt* reprender.

réprimer [reprime] *vt* reprimir.

repris, e [rəpri, iz] *pp* ▷ **reprendre**. ◆ **repris de justice** *nm* reincidente *mf*.

reprise [rəpriz] *nf* - **1.** [recommencement] reanudación *f* - **2.** [de marchandises] recogida *f* - **3.** SPORT asalto *m* - **4.** [accélération] reprís *m* - **5.** COUT zurcido *m* - **6.** [entre locataires] traspaso *m*. ◆ **à plusieurs reprises** *loc adv* repetidas veces.

repriser [rəprize] *vt* zurcir.

réprobateur, trice [reprɔbatœr, tris] *adj* reprobador(ra).

réprobation [reprɔbasjɔ̃] *nf* reprobación *f*.

reproche [rəprɔʃ] *nm* reproche *m*.

reprocher [rəprɔʃe] *vt* : **~ qqch à qqn** reprochar algo a alguien. ◆ **se reprocher** *vp* : **se ~ qqch** reprocharse algo.

reproducteur, trice [rəprɔdyktœr, tris] *adj* reproductor(ra).

reproduction [rəprɔdyksjɔ̃] *nf* reproducción *f* ; '**~ interdite**' 'prohibida la reproducción'.

reproduire [rəprɔdɥir] *vt* reproducir. ◆ **se reproduire** *vp* reproducirse.

reproduit, e [rəprɔdɥi, it] *pp* ▷ **reproduire**.

réprouver [repruve] *vt* reprobar.

reptile [rɛptil] *nm* reptil *m*.

repu, e [rəpy] *adj* harto(ta).

républicain, e [repyblikɛ̃, ɛn] *adj* & *nm, f* republicano(na).

république [repyblik] *nf* república *f*. ◆ **République tchèque** *nf* República Checa *f*.

répudier [repydje] *vt* repudiar.

répugnance [repyɲɑ̃s] *nf* - **1.** [répulsion, horreur] repugnancia *f* - **2.** [réticence] desgana *f*.

répugnant, e [repyɲɑ̃, ɑ̃t] *adj* repugnante.

répugner [repyɲe] *vi* : **~ à qqn** repugnarle a alguien ; **~ à qqch/à faire qqch** odiar algo/hacer algo.

répulsion [repylsjɔ̃] *nf* repulsión *f*.

réputation [repytasjɔ̃] *nf* reputación *f* ; **avoir une ~ de** tener reputación de ; **avoir bonne/mauvaise ~** tener buena/mala reputación.

réputé, e [repyte] *adj* reputado(da).

requérir [rəkerir] *vt* - **1.** [gén] requerir - **2.** JUR [peine] solicitar.

requête [rəkɛt] *nf* - **1.** *sout* [prière] petición *f* - **2.** JUR requerimiento *m*.

requiem [rekɥijɛm] *nm inv* réquiem *m*.

requin [rəkɛ̃] *nm* tiburón *m*.

requis, e [rəki, iz] ◇ *pp* ▷ **requérir**. ◇ *adj* requerido(da).

réquisition [rekizisjɔ̃] *nf* [de personnes] movilización *f* ; [de biens] requisa *f*.

réquisitionner [rekizisjɔne] *vt* - **1.** [personnes] movilizar ; [biens] requisar - **2.** *fam* [embaucher] reclutar.

réquisitoire [rekizitwar] *nm* requisitoria *f*.

RER (*abr de* **réseau express régional**) *nm* *red de trenes de cercanías en París.*

rescapé, e [rɛskape] *adj* & *nm, f* superviviente.

rescousse [rɛskus] ◆ **à la rescousse** *loc adv* en ayuda de ; **appeler qqn à la ~** pedir socorro a alguien.

réseau, x [rezo] *nm* red *f* ; **~ ferroviaire** red ferroviaria ; **~ routier** red de carreteras.

réservation [rezɛrvasjɔ̃] *nf* reserva *f*.

réserve [rezɛrv] *nf* - **1.** [gén] reserva *f* ; **en**

~ en reserva ; **se tenir sur la ~** estar sobre aviso ; **sans ~** sin reserva ; **sous ~ de qqch** reservándose el derecho de algo ; **~ indienne** reserva india ; **~ naturelle** reserva natural **- 2.** [local] depósito *m* ; [garde-manger] despensa *f*.

réservé, e [rezɛrve] *adj* reservado(da) ; **~ à qqch/à qqn** reservado a algo/a alguien.

réserver [rezɛrve] *vt* reservar ; **~ qqch à qqn** [affecter, destiner] reservar algo a alguien ; [marchandise] apartar algo para alguien. ◆ **se réserver** *vp* reservarse ; **se ~ le droit de faire qqch** reservarse el derecho a hacer algo.

réservoir [rezɛrvwar] *nm* **- 1.** [d'eau] reserva *f* ; [d'essence] depósito *m* **- 2.** *fig* [réceptacle] cantera *f*.

résidence [rezidɑ̃s] *nf* **- 1.** [habitation] residencia *f* ; **~ principale** vivienda *f* habitual ; **~ secondaire** segunda residencia **- 2.** [groupe d'habitations] conjunto *m* residencial.

résident, e [rezidɑ̃, ɑ̃t] *nm, f* residente *mf*.

résidentiel, elle [rezidɑ̃sjɛl] *adj* residencial.

résider [rezide] *vi* residir.

résidu [rezidy] *nm* residuo *m*.

résignation [reziɲasjɔ̃] *nf* resignación *f*.

résigné, e [reziɲe] *adj* & *nm, f* resignado(da).

résigner [reziɲe] *vt sout* renunciar a. ◆ **se résigner** *vp* resignarse ; **se ~ à qqch/à faire qqch** resignarse a algo/a hacer algo.

résilier [rezilje] *vt* rescindir.

résine [rezin] *nf* resina *f*.

résineux, euse [rezinø, øz] *adj* resinoso(sa). ◆ **résineux** *nm* resinífero *m*.

résistance [rezistɑ̃s] *nf* resistencia *f* ; **opposer une ~ à qqch/à qqn** oponer resistencia a algo/a alguien.

résistant, e [rezistɑ̃, ɑ̃t] *adj* & *nm, f* resistente.

résister [reziste] *vi* resistir ; **~ à qqch** [supporter] resistir algo ; [lutter contre, s'opposer à] resistirse a algo.

résolu, e [rezɔly] ◇ *pp* ▷ **résoudre**. ◇ *adj* resuelto(ta) ; **être bien ~ à faire qqch** estar resuelto a hacer algo.

résolument [rezɔlymɑ̃] *adv* decididamente.

résolution [rezɔlysjɔ̃] *nf* resolución *f* ; **prendre de bonnes ~s** tener buenos propósitos ; **prendre la ~ de faire qqch** tomar la resolución de hacer algo.

résonance [rezɔnɑ̃s] *nf* resonancia *f*.

résonner [rezɔne] *vi* resonar.

résorber [rezɔrbe] *vt* **- 1.** [déficit, chômage] reabsorber **- 2.** MÉD [épanchement, abcès] resorber. ◆ **se résorber** *vp* **- 1.** [déficit, chômage] desaparecer **- 2.** MÉD [épanchement, abcès] resorberse.

résoudre [rezudr] ◇ *vt* [solutionner] resolver. ◇ *vi* : **~ de faire qqch** decidir hacer algo. ◆ **se résoudre** *vp* : **se ~ à faire qqch** decidirse a hacer algo.

respect [rɛspɛ] *nm* respeto *m* ; **~ de qqch** respeto de algo ; **avoir du ~ pour qqch/pour qqn** tener respeto por algo/por alguien ; **avec tout le ~ que je vous dois** con todo el respeto que le debo.

respectable [rɛspɛktabl] *adj* respetable.

respecter [rɛspɛkte] *vt* respetar.

respectif, ive [rɛspɛktif, iv] *adj* respectivo(va).

respectivement [rɛspɛktivmɑ̃] *adv* respectivamente.

respectueux, euse [rɛspɛktɥø, øz] *adj* respetuoso(sa) ; **~ de qqch** respetuoso con algo.

respiration [rɛspirasjɔ̃] *nf* respiración *f* ; **~ artificielle** respiración artificial.

respiratoire [rɛspiratwar] *adj* respiratorio(ria).

respirer [rɛspire] *vt* & *vi* respirar.

resplendissant, e [rɛsplɑ̃disɑ̃, ɑ̃t] *adj* resplandeciente ; **~ de qqch** resplandeciente de algo.

responsabilisation [rɛspɔ̃sabilizasjɔ̃] *nf* responsabilización *f*.

responsabiliser [rɛspɔ̃sabilize] *vt* responsabilizar.

responsabilité [rɛspɔ̃sabilite] *nf* responsabilidad *f* ; **assumer toute la ~ de qqch** asumir toda la responsabilidad de algo ; **avoir la ~ de qqch/de faire qqch** tener la responsabilidad de algo/de hacer algo ; **rejeter la ~ sur qqn** achacar la responsabilidad a alguien.

responsable [rɛspɔ̃sabl] ◇ *adj* responsable ; **~ de qqch** responsable de algo. ◇ *nmf* responsable *mf*.

resquiller [rɛskije] *vi fam* colarse.

resquilleur, euse [rɛskijœr, øz] *nm, f fam* colón *m*, -ona *f (que se cuela)*.

ressac [rəsak] *nm* resaca *f*.

ressaisir [rəsɛzir] ◆ **se ressaisir** *vp*

[se maîtriser] dominarse ; [élève, concurrent] recuperarse.
ressasser [rəsase] *vt* - **1.** [répéter] machacar - **2.** [penser sans cesse à] dar vueltas a.
ressemblance [rəsɑ̃blɑ̃s] *nf* parecido *m.*
ressemblant, e [rəsɑ̃blɑ̃, ɑ̃t] *adj* parecido(da).
ressembler [rəsɑ̃ble] *vi* : **~ à qqch/à qqn** parecerse a algo/a alguien ; **cela ne lui ressemble pas** eso no es normal en él.
ressemeler [rəsəmle] *vt* poner suelas nuevas a.
ressentiment [rəsɑ̃timɑ̃] *nm* resentimiento *m.*
ressentir [rəsɑ̃tir] *vt* sentir, experimentar.
resserrer [rəsere] *vt* - **1.** [ceinture, nœud] apretar - **2.** *fig* [liens] estrechar. ◆ **se resserrer** *vp* - **1.** [route, chemin, liens] estrecharse - **2.** [nœud, étreinte] apretarse.
resservir [rəsɛrvir] ◇ *vt* - **1.** [plat] volver a servir - **2.** *fig* [histoire] sacar a colación. ◇ *vi* volver a servir. ◆ **se resservir** *vp* : **se ~ de** [ustensile] volver a usar OU utilizar ; [plat] servirse más ; **se ~ de la viande/des légumes** servirse más carne/más verdura.
ressort [rəsɔr] *nm* - **1.** [mécanisme] resorte *m*, muelle *m* - **2.** [énergie] energía *f* - **3.** *(gén pl) sout* [cause] resorte *m* - **4.** [compétence] incumbencia *f* - **5.** *loc* : **en dernier ~** en última instancia.
ressortir[1] [rəsɔrtir] ◇ *vi* - **1.** [sortir à nouveau] volver a salir - **2.** [après être entré] salir - **3.** *fig* [se détacher] resaltar, destacar. ◇ *vt* volver a sacar. ◇ *v impers* : **il ressort que ...** se desprende que ...
ressortir[2] [rəsɔrtir] *vi* JUR : **~ à qqch** depender de algo ; *sout* [relever de] concernir a algo.
ressortissant, e [rəsɔrtisɑ̃, ɑ̃t] *nm, f* residente *mf (extranjero).*
ressource [rəsurs] *nf* [recours] recurso *m.* ◆ **ressources** *nfpl* recursos *mpl* ; **~s naturelles** recursos naturales.
ressusciter [resysite] *vt* & *vi* resucitar.
restant, e [rɛstɑ̃, ɑ̃t] *adj* restante ▷ **poste.**
restaurant [rɛstɔrɑ̃] *nm* restaurante *m* ; **~ d'entreprise** comedor *m* de empresa.
restaurateur, trice [rɛstɔratœr, tris] *nm, f* restaurador *m*, -ra *f.*
restauration [rɛstɔrasjɔ̃] *nf* restauración *f.*
restaurer [rɛstɔre] *vt* ART & POLIT restaurar ; [quartier] remodelar. ◆ **se restaurer** *vp* comer.
reste [rɛst] *nm* - **1.** [de lait, de temps] resto *m* - **2.** MATHS resta *f* - **3.** *loc* : **au** OU **du ~** por lo demás. ◆ **restes** *nmpl* - **1.** [de repas] sobras *fpl* - **2.** [d'un mort] restos *mpl* mortales.
rester [rɛste] *vi* - **1.** [dans un lieu] quedarse ; **en ~ à qqch** [s'arrêter] quedarse en algo ; **en ~ là** dejarlo ; **y ~** *fam* [mourir] quedarse en el sitio - **2.** [dans un état] permanecer - **3.** [durer, subsister] quedar - **4.** *loc* : **il reste que, il n'en reste pas moins que ...** eso no impide que.
restituer [rɛstitɥe] *vt* restituir.
restreindre [rɛstrɛ̃dr] *vt* restringir. ◆ **se restreindre** *vp* restringirse ; **se ~ dans qqch** [dépenses] restringir algo.
restrictif, ive [rɛstriktif, iv] *adj* restrictivo(va).
restriction [rɛstriksjɔ̃] *nf* - **1.** [limitation] restricción *f* - **2.** [condition] condición *f* ; **sans ~** sin condiciones. ◆ **restrictions** *nfpl* restricciones *fpl.*
restructuration [rəstryktyrasjɔ̃] *nf* reestructuración *f.*
restructurer [rəstryktyre] *vt* reestructurar.
résultat [rezylta] *nm* resultado *m.*
résulter [rezylte] *vi* : **il en résulte que** se deduce que.
résumé [rezyme] *nm* resumen *m* ; **en ~** en resumen, resumiendo.
résumer [rezyme] *vt* resumir. ◆ **se résumer** *vp* - **1.** [récapituler] resumir - **2.** [se réduire] : **se ~ à (faire) qqch** reducirse a (hacer) algo.
résurgence [rezyrʒɑ̃s] *nf* - **1.** GÉOL resurgencia *f* - **2.** *fig* [réapparition] resurgimiento *m.*
résurrection [rezyrɛksjɔ̃] *nf* resurrección *f.*
rétablir [retablir] *vt* [gén] restablecer ; [texte] restituir. ◆ **se rétablir** *vp* - **1.** [gén] restablecerse - **2.** [gymnaste] recuperar el equilibrio.
rétablissement [retablismɑ̃] *nm* restablecimiento *m.*
retard [rətar] *nm* - **1.** [gén] retraso *m* ; **être en ~** [sur un horaire] llegar tarde ; *fig* [sur une échéance] llevar retraso ; **prendre du ~** atrasarse - **2.** [retardement] demora *f* ; **sans ~** sin demora.
retardataire [rətardatɛr] ◇ *adj* que llega tarde. ◇ *nmf* tardón *m*, -ona *f.*

retardement [rətardəmɑ̃] *nm* : **à ~** de efectos retardados ; **comprendre à ~** ser de efectos retardados.

retarder [rətarde] ◇ *vt* - **1.** [gén] retrasar - **2.** [montre] atrasar. ◇ *vi* - **1.** [horloge, montre] atrasar, atrasarse - **2.** *fam* [ne pas être au courant] no estar al loro - **3.** [être en décalage] : **~ sur qqch** no vivir con algo.

retenir [rətənir] *vt* - **1.** [gén] retener - **2.** [objet] sujetar - **3.** [montant, impôt] deducir, retener - **4.** [chambre, table] reservar - **5.** [projet, idée] aceptar - **6.** MATHS llevar, llevarse - **7.** [cri, souffle, larmes] contener, reprimir - **8.** [attention, regard, chaleur] mantener - **9.** [personne] detener ; **~ qqn de faire qqch** impedir a alguien que haga algo. ◆ **se retenir** *vp* - **1.** [s'accrocher] : **se ~ à qqch/à qqn** agarrarse a algo/a alguien - **2.** [se contenir] aguantarse, contenerse ; **se ~ de faire qqch** contenerse de hacer algo.

rétention [retɑ̃sjɔ̃] *nf* MÉD retención *f*.

retentir [rətɑ̃tir] *vi* - **1.** [son] resonar - **2.** [fatigue, blessure] : **~ sur** repercutir en.

retentissant, e [rətɑ̃tisɑ̃, ɑ̃t] *adj* - **1.** [sonore] sonoro(ra) - **2.** [déclaration, succès] rotundo(da) ; [échec] estrepitoso(sa).

retentissement [rətɑ̃tismɑ̃] *nm* - **1.** [de mesures] repercusión *f* - **2.** [de spectacle] resonancia *f*.

retenue [rətny] *nf* - **1.** [prélèvement] deducción *f* ; **~ à la source** retención *f* a cuenta - **2.** MATHS cantidad *f* que se lleva ; **j'ai oublié la ~** he olvidado la que me llevo - **3.** SCOL [punition] castigo *m (sin salir)* - **4.** *fig* [réserve] discreción *f*, reserva *f* ; **sans ~** sin reservas.

réticence [retisɑ̃s] *nf* reticencia *f* ; **avec/sans ~** con/sin reticencias.

réticent, e [retisɑ̃, ɑ̃t] *adj* reticente.

rétine [retin] *nf* retina *f*.

retiré, e [rətire] *adj* retirado(da).

retirer [rətire] *vt* - **1.** [gén] sacar ; **~ qqch/qqn (de qqch)** sacar algo/a alguien (de algo) - **2.** [argent] sacar ; **~ qqch (de qqch)** quitar algo (de algo) - **3.** [vêtement] quitarse - **4.** [permis, candidature, parole] retirar ; **~ qqch à qqn** retirar algo a alguien. ◆ **se retirer** *vp* retirarse ; **se ~ de qqch** retirarse de algo.

retombées [rətɔ̃be] *nfpl* consecuencias *fpl*.

retomber [rətɔ̃be] *vi* - **1.** [tomber de nouveau] volver a caer ; **~ sur qqch/qqn** *fig* recaer sobre algo/alguien - **2.** *fig* [rechuter] recaer ; **~ dans qqch** volver a caer en - **3.** [redescendre, pendre] caer - **4.** *fig* [colère] aplacarse.

rétorquer [retɔrke] *vt* replicar ; **~ à qqn que** replicar OU contestar a alguien que.

retors, e [rətɔr, ɔrs] *adj* retorcido(da).

rétorsion [retɔrsjɔ̃] *nf* represalia *f*.

retouche [rətuʃ] *nf* retoque *m*.

retoucher [rətuʃe] *vt* retocar.

retour [rətur] *nm* - **1.** [gén] vuelta *f* ; **~ à qqch** [état habituel, antérieur] vuelta a algo ; **à mon ~** a mi regreso ; **être de ~ (de)** estar de vuelta (de) ; **~ en arrière** *fig* mirada *f* retrospectiva - **2.** [mouvement inverse] retorno *m* - **3.** [trajet] viaje *m* de vuelta - **4.** [réexpédition] devolución *f* - **5.** *loc* : **en ~** a cambio.

retourner [rəturne] ◇ *vt* - **1.** [matelas, carte] dar la vuelta a - **2.** [terre] remover - **3.** [poche, pull] volver del revés - **4.** [compliment, objet prêté, lettre] devolver - **5.** *fig* [émouvoir] trastornar. ◇ *vi* volver ; **~ à** [lieu, état antérieur] volver a ; **~ faire qqch** volver para hacer algo ; **~ à qqn** [être restitué] volver a alguien. ◆ **se retourner** *vp* - **1.** [voiture] volcar *Esp*, voltear *Amér* - **2.** [personne] volverse ; **s'en ~** [rentrer] volverse - **3.** *fig* [s'opposer] : **se ~ contre qqch/qqn** volverse contra algo/contra alguien - **4.** *fam* [s'adapter] acomodarse.

retracer [rətrase] *vt* - **1.** [ligne] volver a trazar - **2.** [événement] reconstituir.

rétracter [retrakte] *vt* - **1.** [contracter] retraer - **2.** *sout* [nier] : **~ qqch** retractarse de algo. ◆ **se rétracter** *vp* - **1.** [se contracter] retraerse - **2.** [se dédire] retractarse.

retrait [rətrɛ] *nm* [gén] retirada *f* ; [d'argent] reintegro *m* ; [de bagages] recuperación *f*. ◆ **en retrait** ◇ *loc adv* [en arrière] hacia atrás ; **rester en ~** *fig* quedarse en la retaguardia. ◇ *loc adj* [en arrière] retranqueado(da).

retraite [rətrɛt] *nf* - **1.** [cessation d'activité] jubilación *f*, retiro *m* ; **être à la ~** estar jubilado(da) OU retirado(da) - **2.** [revenu] pensión *f* - **3.** [fuite] retirada *f* - **4.** RELIG retiro *m*.

retraité, e [rətrɛte] ◇ *adj* - **1.** [personne] jubilado(da), retirado(da) - **2.** TECHNOL [déchets] reciclado(da). ◇ *nm, f* jubilado *m*, -da *f*, retirado *m*, -da *f*.

retraitement [rətrɛtmɑ̃] *nm* TECHNOL recuperación *f*.

retrancher [rətrɑ̃ʃe] *vt* [enlever - gén] suprimir ; [- d'un montant] restar. ◆ **se**

retrancher *vp* atrincherarse ; **se ~ derrière qqch/derrière qqn** *fig* parapetarse tras algo/tras alguien.

retranscrire [rətrɑ̃skrir] *vt* transcribir.

retransmission [rətrɑ̃smisjɔ̃] *nf* retransmisión *f*.

retravailler [rətravaje] *vt* & *vi* volver a trabajar.

rétrécir [retresir] ◇ *vt* estrechar. ◇ *vi* encoger. ◆ **se rétrécir** *vp* estrecharse.

rétrécissement [retresismɑ̃] *nm* - **1.** [de chaussée] estrechamiento *m* - **2.** [de vêtement] encogimiento *m* - **3.** MÉD constricción *f*.

rétribution [retribysjɔ̃] *nf* retribución *f*.

rétroactif, ive [retrɔaktif, iv] *adj* retroactivo(va).

rétrograde [retrɔgrad] *adj péj* retrógrado(da).

rétrograder [retrɔgrade] ◇ *vt* degradar. ◇ *vi* - **1.** [gén] retroceder - **2.** AUTOM reducir la marcha ; **~ de troisième en seconde** reducir de tercera a segunda.

rétroprojecteur [retrɔprɔʒɛktœr] *nm* retroproyector *m*.

rétrospective [retrɔspɛktiv] *nf* retrospectiva *f*.

rétrospectivement [retrɔspɛktivmɑ̃] *adv* a posteriori.

retrousser [rətruse] *vt* arremangar, remangar.

retrouvailles [rətruvaj] *nfpl* reencuentro *m*.

retrouver [rətruve] *vt* - **1.** [récupérer - gén] encontrar ; [- appétit] recobrar - **2.** [reconnaître] reconocer - **3.** [rencontrer] : **~ qqn** encontrarse con alguien. ◆ **se retrouver** *vp* - **1.** [se rencontrer de nouveau] reencontrarse - **2.** [être de nouveau] volver a encontrarse - **3.** [se rejoindre] encontrarse - **4.** [s'orienter] orientarse - **5.** [financièrement] : **s'y ~** *fam* recuperarse.

rétroviseur [retrɔvizœr] *nm* retrovisor *m*.

réunification [reynifikasjɔ̃] *nf* reunificación *f*.

réunifier [reynifje] *vt* reunificar.

réunion [reynjɔ̃] *nf* - **1.** [gén] reunión *f* - **2.** [jonction] unión *f*.

réunir [reynir] *vt* - **1.** [gén] reunir - **2.** [joindre] unir. ◆ **se réunir** *vp* - **1.** [gén] reunirse - **2.** [se joindre] juntarse.

réussi, e [reysi] *adj* logrado(da) *Esp*, exitoso(sa) *Amér* ; **c'est ~!** *iron* ¡vaya éxito!

réussir [reysir] ◇ *vi* - **1.** [affaire] salir bien - **2.** [personne] salir adelante ; **~ à faire qqch** conseguir hacer algo ; **~ à qqch** [examen, test] aprobar algo - **3.** [climat] : **~ à qqn** sentar bien a alguien. ◇ *vt* - **1.** [portrait, plat] : **~ qqch** salirle bien a uno algo - **2.** [examen] aprobar.

réussite [reysit] *nf* - **1.** [succès] éxito *m* - **2.** [jeu de cartes] solitario *m*.

réutiliser [reytilize] *vt* reutilizar.

revaloriser [rəvalɔrize] *vt* - **1.** [monnaie, salaires] revaluar - **2.** *fig* [idée, doctrine] revalorizar.

revanche [rəvɑ̃ʃ] *nf* revancha *f*, venganza *f* ; **prendre sa ~** tomarse la revancha. ◆ **en revanche** *loc adv* en cambio.

rêvasser [rɛvase] *vi* soñar despierto(ta).

rêve [rɛv] *nm* sueño *m* ; **de ~** de ensueño ; **faire un ~** tener un sueño.

rêvé, e [rɛve] *adj* ideal.

revêche [rəvɛʃ] *adj* arisco(ca).

réveil [revɛj] *nm* - **1.** [de personne, d'animal, de volcan] despertar *m* - **2.** [pendule] despertador *m* - **3.** *fig* [retour à la réalité] vuelta *f* a la realidad.

réveiller [reveje] *vt* - **1.** [gén] despertar - **2.** [sentiment, qualité] estimular. ◆ **se réveiller** *vp* despertarse.

réveillon [revɛjɔ̃] *nm* - **1.** [de Noël] cena *f* de Nochebuena - **2.** [de la Saint-Sylvestre] cena *f* de Nochevieja - **3.** [fête] cotillón *m*, revellón *m*.

réveillonner [revɛjɔne] *vi cenar el día de Nochebuena o el de Nochevieja.*

révélateur, trice [revelatœr, tris] *adj* revelador(ra). ◆ **révélateur** *nm* - **1.** PHOT revelador *m* - **2.** *fig* [ce qui révèle] dato *m* revelador.

révélation [revelasjɔ̃] *nf* - **1.** [gén] revelación *f* - **2.** [prise de conscience] conciencia *f*.

révéler [revele] *vt* - **1.** [gén] revelar - **2.** [artiste] dar a conocer. ◆ **se révéler** *vp* - **1.** [apparaître] revelarse - **2.** [s'avérer] resultar.

revenant, e [rəvnɑ̃, ɑ̃t] *nm, f* - **1.** [fantôme] aparecido *m*, -da *f* - **2.** *fam* [personne] resucitado *m*, -da *f*.

revendeur, euse [rəvɑ̃dœr, øz] *nm, f* revendedor *m*, -ra *f*.

revendication [rəvɑ̃dikasjɔ̃] *nf* reivindicación *f*.

revendiquer [rəvɑ̃dike] *vt* [gén] reivindicar ; [responsabilité] asumir.

revendre [rəvɑ̃dr] *vt* revender ; **avoir qqch à ~** *fig* tener algo para dar y tomar.

revenir [rəvnir] *vi* - **1.** [gén] volver ; **~ à qqch** volver a algo ; **~ à qqn** volver con alguien ; **~ sur qqch** volver sobre algo - **2.** [mot, sujet] salir - **3.** [à l'esprit] : **ça ne me revient pas** no me acuerdo - **4.** [être rapporté] : **~ à qqn/aux oreilles de qqn** llegar a alguien/a oídos de alguien - **5.** [coûter] : **~ à** salir por - **6.** [être équivalent] : **cela revient au même** eso viene a ser lo mismo - **7.** [honneur, tâche] : **~ à qqn (de faire qqch)** corresponder a alguien (hacer algo) - **8.** *fam* [plaire] : **ne pas ~ à qqn** no caer bien a alguien.

revente [rəvɑ̃t] *nf* reventa *f*.

revenu [rəvny] *nm* renta *f*. ◆ **revenus** *nmpl* ingresos *mpl*.

rêver [rɛve] ◇ *vi* - **1.** [gén] soñar ; **~ de qqn** soñar con alguien ; **~ de qqch/de faire qqch** soñar con algo/con hacer algo ; **~ que** soñar que - **2.** [rêvasser] soñar despierto(ta) ; **~ à qqch** soñar con algo. ◇ *vt* soñar.

réverbération [revɛrberasjɔ̃] *nf* reverberación *f*.

réverbère [revɛrbɛr] *nm* farola *f*.

révérence [reverɑ̃s] *nf* reverencia *f*.

révérer [revere] *vt sout* reverenciar.

rêverie [rɛvri] *nf* fantasía *f*, ensueño *m*.

revers [rəvɛr] *nm* - **1.** [de main] dorso *m* - **2.** [de pièce] reverso *m* - **3.** [de vêtement] solapa *f* - **4.** [de fortune, au tennis] revés *m*.

reverser [rəvɛrse] *vt* - **1.** [liquide] volver a verter - **2.** FIN transferir.

réversible [revɛrsibl] *adj* reversible.

revêtement [rəvɛtmɑ̃] *nm* [de paroi, sol] revestimiento *m* ; [de route] firme *m*.

revêtir [rəvɛtir] *vt* - **1.** [vêtement] vestir - **2.** [mur, surface, caractère] revestir ; **~ qqch de qqch** revestir algo con algo.

rêveur, euse [rɛvœr, øz] *adj* & *nm, f* soñador(ra).

revient [rəvjɛ̃] *nm* ▷ **prix**.

revigorer [rəvigɔre] *vt* tonificar.

revirement [rəvirmɑ̃] *nm* viraje *m*.

réviser [revize] *vt* - **1.** [gén] revisar - **2.** SCOL & UNIV repasar.

révision [revizjɔ̃] *nf* - **1.** [gén] revisión *f* - **2.** SCOL & UNIV repaso *m*.

révisionnisme [revizjɔnism] *nm* revisionismo *m*.

revisser [rəvise] *vt* volver a atornillar.

revivre [rəvivr] ◇ *vi* revivir ; **faire ~ qqch à qqn** hacer revivir algo a alguien. ◇ *vt* volver a vivir.

revoici [rəvwasi] *prép* : **me ~!** ¡aquí estoy otra vez!

revoir [rəvwar] *vt* - **1.** [voir à nouveau] volver a ver - **2.** [réviser] repasar. ◆ **se revoir** *vp* volver a verse. ◆ **au revoir** *interj* ¡adiós!

révoltant, e [revɔltɑ̃, ɑ̃t] *adj* indignante.

révolte [revɔlt] *nf* revuelta *f*.

révolter [revɔlte] *vt* sublevar. ◆ **se révolter** *vp* - **1.** [se soulever] rebelarse, sublevarse ; **se ~ contre qqch/contre qqn** rebelarse OU sublevarse contra algo/contra alguien - **2.** [s'indigner] sublevarse.

révolu, e [revɔly] *adj* - **1.** [époque] pasado(da) - **2.** [ans] cumplido(da).

révolution [revɔlysjɔ̃] *nf* revolución *f* ; **la Révolution (française)** la Revolución francesa.

révolutionnaire [revɔlysjɔnɛr] *adj* & *nmf* revolucionario(ria).

révolutionner [revɔlysjɔne] *vt* revolucionar.

revolver [revɔlvɛr] *nm* revólver *m*.

révoquer [revɔke] *vt* revocar.

revue [rəvy] *nf* - **1.** [gén] revista *f* ; **passer qqch en ~** pasar revista a algo ; **~ de presse** revista de prensa - **2.** [défilé] desfile *m*.

révulsé, e [revylse] *adj* [yeux] en blanco.

rez-de-chaussée [redʃose] *nm inv* planta *f* baja.

rez-de-jardin [redʒardɛ̃] *nm inv* planta *f* baja con jardín.

rhabiller [rabije] *vt* vestir de nuevo. ◆ **se rhabiller** *vp* vestirse de nuevo.

rhésus [rezys] *nm* MÉD Rh *m* ; **~ positif/négatif** Rh positivo/negativo.

rhétorique [retɔrik] *nf* retórica *f*.

Rhin [rɛ̃] *nm* : **le ~** el Rin.

rhinocéros [rinɔserɔs] *nm* rinoceronte *m*.

rhino-pharyngite [rinɔfarɛ̃ʒit] (*pl* **rhino-pharyngites**) *nf* rinofaringitis *f inv*.

Rhône [ron] *nm* : **le ~** el Ródano.

rhubarbe [rybarb] *nf* ruibarbo *m*.

rhum [rɔm] *nm* ron *m*.

rhumatisme [rymatism] *nm* reumatismo *m*.

rhume [rym] *nm* catarro *m*, resfriado *m Esp*, resfrío *m Amér* ; **attraper un ~** coger un catarro OU resfriado ; **~ des foins** fiebre *f* del heno.

riant, e [rijɑ̃, ɑ̃t] *adj* risueño(ña).

RIB, Rib [rib] (*abr de* **relevé d'identité bancaire**) *nm certificado de identificación bancaria que incluye el número de cuenta, la sucursal, etc.*

ribambelle [ribɑ̃bɛl] *nf* : **une ~ de qqch** una retahíla de algo.

ricaner [rikane] *vi* [avec méchanceté] reír sarcásticamente ; [bêtement] tener la risa tonta.

riche [riʃ] ◇ *adj* rico(ca) ; **~ d'enseignements** rico en enseñanzas ; **~ en vitamines** rico en vitaminas. ◇ *nmf* rico *m*, -ca *f*.

richesse [riʃɛs] *nf* riqueza *f* ; **~ en qqch** riqueza en algo. ◆ **richesses** *nfpl* **- 1.** [de personne] riquezas *fpl* **- 2.** [de pays] riqueza *f*.

ricochet [rikɔʃɛ] *nm* rebote *m* ; **faire des ~s** tirar piedras ; **par ~** *fig* de carambola.

rictus [riktys] *nm* rictus *m inv*.

ride [rid] *nf* **- 1.** [sur la peau] arruga *f* **- 2.** [sur l'eau] onda *f*.

rideau, x [rido] *nm* **- 1.** [gén] cortina *f* **- 2.** THÉÂTRE telón *m*.

rider [ride] *vt* **- 1.** [peau] arrugar **- 2.** [surface de l'eau] rizar. ◆ **se rider** *vp* arrugarse.

ridicule [ridikyl] ◇ *adj* ridículo(la). ◇ *nm* : **se couvrir de ~** hacer el ridículo ; **tourner qqch/qqn en ~** poner algo/a alguien en ridículo.

ridiculiser [ridikylize] *vt* ridiculizar. ◆ **se ridiculiser** *vp* hacer el ridículo.

rien [rjɛ̃] ◇ *pron indéf* nada ; **ne ... ~** no ... nada ; **il n'y a ~** no hay nada ; **je n'en sais ~** no sé nada ; **ça ne sert à ~** no sirve para nada ; **c'est ça ou ~!** o eso o nada ; **de ~!** ¡de nada! ; **~ à dire!** ¡no hay nada que decir! ; **~ à faire!** ¡no hay nada que hacer! ; **~ d'autre** nada más ; **~ de nouveau** nada nuevo, sin novedad ; **sans ~ dire** sin decir nada ; **tout ou ~** todo o nada ; **plus ~** nada más ; **pour ~** para nada ; **pour ~ au monde** por nada del mundo. ◇ *nm* : **pour un ~** [se fâcher, pleurer] por nada, por una tontería ; **en un ~ de temps** en un santiamén. ◆ **rien que** *loc adv* sólo ; **~ que l'idée des vacances le rend heureux** sólo con pensar en las vacaciones ya es feliz ; **la verité, ~ que la verité** la verdad y nada más que la verdad.

rieur, euse [rijœr, øz] *adj* risueño(ña).

rigide [riʒid] *adj* rígido(da).

rigidité [riʒidite] *nf* rigidez *f*.

rigole [rigɔl] *nf* acequia *f*.

rigoler [rigɔle] *vi fam* **- 1.** [rire] reírse ; **~ de qqch** reírse de algo **- 2.** [plaisanter] bromear.

rigolo, ote [rigɔlo, ɔt] *fam* ◇ *adj* **- 1.** [drôle] cachondo(da) **- 2.** [curieux] rarillo(lla). ◇ *nm, f* cachondo *m*, -da *f* *(guasón)*.

rigoureux, euse [rigurø, øz] *adj* riguroso(sa).

rigueur [rigœr] *nf* rigor *m*. ◆ **à la rigueur** *loc adv* en última instancia.

rime [rim] *nf* rima *f*.

rimer [rime] *vi* rimar ; **~ avec qqch** rimar con algo.

rinçage [rɛ̃saʒ] *nm* [de vaisselle] enjuague *m* ; [de linge, de cheveux] aclarado *m*.

rincer [rɛ̃se] *vt* [vaisselle] enjuagar ; [cheveux, linge] aclarar.

ring [riŋ] *nm* **- 1.** [de boxe] ring *m* **- 2.** *Belg* [rocade] circunvalación *f*.

riposte [ripɔst] *nf* **- 1.** [réponse] réplica *f* **- 2.** [contre-attaque] respuesta *f*.

riposter [ripɔste] ◇ *vt* [répondre] : **~ que** replicar que. ◇ *vi* **- 1.** [répondre] replicar **- 2.** [contre-attaquer] responder.

rire [rir] ◇ *nm* risa *f* ; **éclater de ~** echarse a reír ; **c'est à mourir de ~** es para morirse de risa. ◇ *vi* **- 1.** [s'esclaffer] reír ; **~ de qqch/de qqn** [se moquer] reírse de algo/de alguien **- 2.** [plaisanter] : **pour ~** *fam* en broma.

risée [rize] *nf* : **être la ~ de** ser el hazmerreír de.

risible [rizibl] *adj* risible.

risque [risk] *nm* riesgo *m* ; **à tes ~s et périls** por tu cuenta y riesgo ; **prendre des ~s** arriesgarse.

risqué, e [riske] *adj* **- 1.** [entreprise, expédition] arriesgado(da) **- 2.** [plaisanterie] atrevido(da).

risquer [riske] *vt* **- 1.** [gén] arriesgar ; **~ qqch** arriesgarse a algo ; **~ de faire qqch** correr el riesgo de hacer algo **- 2.** [tenter] aventurar. ◆ **se risquer** *vp* arriesgarse ; **se ~ à (faire) qqch** arriesgarse a (hacer) algo.

rite [rit] *nm* rito *m*.

rituel, elle [ritɥɛl] *adj* ritual. ◆ **rituel** *nm* ritual.

rivage [rivaʒ] *nm* orilla *f*, ribera *f*.

rival, e, aux [rival, o] *adj* & *nm, f* rival.

rivaliser [rivalize] *vi* : **~ avec qqch/avec qqn** rivalizar OU competir con algo/con alguien.

rivalité [rivalite] *nf* rivalidad *f*.

rive [riv] *nf* orilla *f*, ribera *f*.

river [rive] *vt* **- 1.** [rivet] remachar **- 2.** [fixer] : **être rivé à qqch** *fig* estar pegado a algo.

riverain, e [rivrɛ̃, ɛn] *adj* & *nm, f* [de ri-

vière] ribereño(ña) ; [de rue, de route] vecino(na).
rivet [rivɛ] *nm* remache *m*.
rivière [rivjɛr] *nf* río *m*.
rixe [riks] *nf* riña *f*.
riz [ri] *nm* arroz *m*.
rizière [rizjɛr] *nf* arrozal *m*.
RMI (*abr de* **revenu minimum d'insertion**) *nm ayuda estatal para la inserción social de personas sin ingresos.*
RMiste [ɛrɛmist] *nmf persona que cobra la ayuda estatal para la inserción social.*
RN (*abr de* **route nationale**) *nf* N.
robe [rɔb] *nf* - **1.** [de femme] vestido *m* - **2.** [de magistrat] toga *f* - **3.** [de cheval] pelaje *m* - **4.** [de vin] color *m*.
robinet [rɔbinɛ] *nm* - **1.** [d'évier] grifo *m Esp*, canilla *f Amér* ; ~ **mélangeur** grifo monobloc - **2.** [vanne d'eau, de gaz] llave *f*.
robinetterie [rɔbinɛtri] *nf* grifería *f*.
robot [rɔbo] *nm* robot *m*.
robotique [rɔbɔtik] *nf* robótica *f*.
robotisation [rɔbɔtizasjɔ̃] *nf* robotización *f*.
robuste [rɔbyst] *adj* robusto(ta).
robustesse [rɔbystɛs] *nf* robustez *f*.
roc [rɔk] *nm* roca *f*.
rocade [rɔkad] *nf* desvío *m*.
rocaille [rɔkaj] *nf* - **1.** [cailloux] guijarros *mpl* ; [terrain] pedregal *m* - **2.** [dans un jardin] rocalla *f* - **3.** [style] *estilo Luis XV*.
rocailleux, euse [rɔkajø, øz] *adj* - **1.** [terrain] pedregoso(sa) - **2.** *fig* [voix] ronco(ca).
rocambolesque [rɔkɑ̃bɔlɛsk] *adj* rocambolesco(ca).
roche [rɔʃ] *nf* roca *f*.
rocher [rɔʃe] *nm* - **1.** [bloc] peñasco *m* ; **le ~ de Gibraltar** el peñón de Gibraltar - **2.** *fig* [confiserie] : **~ au chocolat** *bombón con forma de roca.*
rocheux, euse [rɔʃø, øz] *adj* rocoso(sa).
rock [rɔk] *adj inv* & *nm* rock.
rodage [rɔdaʒ] *nm* rodaje *m* ; **en ~** en rodaje.
rodé, e [rɔde] *adj* rodado(da) ; [personne] puesto(ta).
rodéo [rɔdeo] *nm* - **1.** [sport] rodeo *m* - **2.** *fig* & *hum* [chose difficile] odisea *f*.
rôder [rode] *vi* merodear, rondar.
rôdeur, euse [rodœr, øz] *nm, f* merodeador *m*, -ra *f*.
rogne [rɔɲ] *nf fam* cabreo *m* ; **être en ~** estar cabreado(da) ; **se mettre en ~** cabrearse.
rogner [rɔɲe] *vt* - **1.** [livre, ongles] cortar - **2.** [montant] recortar ; **~ sur qqch** recortar algo.
roi [rwa] *nm* rey *m* ; **tirer les ~s** *comer el roscón de reyes dentro del cual una figurita designa "rey" al que le toca.*
rôle [rol] *nm* papel *m (personaje, función)*.
rôle-titre *nm* papel *m* protagonista.
roller [rɔlœr] *nm* roller *m inv* ; **faire du ~** hacer rolling.
ROM, Rom [rɔm] (*abr de* **read only memory**) *nf* ROM *f*.
roman, e [rɔmɑ̃, an] *adj* románico(ca). ◆ **roman** *nm* [gén] novela *f*.
romance [rɔmɑ̃s] *nf* romanza *f*.
romancier, ère [rɔmɑ̃sje, ɛr] *nm, f* novelista *mf*.
romanesque [rɔmanɛsk] *adj* novelesco(ca).
roman-feuilleton *nm* folletín *m*.
roman-photo *nm* fotonovela *f*.
romantique [rɔmɑ̃tik] *adj* & *nmf* romántico(ca).
romantisme [rɔmɑ̃tism] *nm* romanticismo *m*.
romarin [rɔmarɛ̃] *nm* romero *m*.
Rome [rɔm] *n* Roma.
rompre [rɔ̃pr] ◇ *vt sout* [gén] romper ; [pain] partir. ◇ *vi* - **1.** [casser] romperse - **2.** *fig* [se séparer] : **~ avec qqn** romper con alguien. ◆ **se rompre** *vp* romperse ; **se ~ qqch** romperse algo.
rompu, e [rɔ̃py] *pp* ▷ **rompre**.
ronce [rɔ̃s] *nf* - **1.** [arbuste] zarza *f* - **2.** [en ébénisterie] veta *f*.
rond, e [rɔ̃, rɔ̃d] *adj* - **1.** [gén] redondo(da) - **2.** *fam* [ivre] trompa. ◆ **rond** *nm* - **1.** [cercle] círculo *m* - **2.** [anneau] aro *m* - **3.** *fam* [argent] : **ne pas avoir un ~** no tener un duro.
ronde [rɔ̃d] *nf* - **1.** [de surveillance] ronda *f* - **2.** [danse] corro *m* - **3.** MUS [note] redonda *f*. ◆ **à la ronde** *loc adv* a la redonda.
rondelle [rɔ̃dɛl] *nf* - **1.** [de saucisson] rodaja *f* - **2.** [de métal] arandela *f*.
rondement [rɔ̃dmɑ̃] *adv* eficazmente.
rondeur [rɔ̃dœr] *nf* - **1.** [forme] redondez *f* - **2.** [partie charnue] curva *f* - **3.** [de caractère] franqueza *f*.
rond-point *nm* glorieta *f*.
ronflant, e [rɔ̃flɑ̃, ɑ̃t] *adj péj* rimbombante.
ronflement [rɔ̃fləmɑ̃] *nm* - **1.** [de dor-

meur] ronquido *m* - **2.** [de poêle, d'un moteur] zumbido *m*.

ronfler [rɔ̃fle] *vi* - **1.** [personne] roncar - **2.** [poêle, moteur] zumbar.

ronger [rɔ̃ʒe] *vt* - **1.** [os] roer ; [bois] carcomer - **2.** [détruire peu à peu, miner] corroer. ◆ **se ronger** *vp* : **se ~ les ongles** morderse las uñas.

ronronner [rɔ̃rɔne] *vi* - **1.** [chat] ronronear - **2.** [moteur] zumbar.

rosace [rozas] *nf* rosetón *m*.

rose [roz] ◇ *nf* [fleur] rosa *f*. ◇ *nm* [couleur] rosa *m*. ◇ *adj* rosa ; **~ bonbon** rosa fuerte.

rosé, e [roze] *adj* rosado(da). ◆ **rosé** *nm* [vin] rosado *m*. ◆ **rosée** *nf* rocío *m*.

roseau, x [rozo] *nm* caña *f (planta)*.

rosier [rozje] *nm* rosal *m*.

rosir [rozir] ◇ *vt* sonrosar. ◇ *vi* sonrosarse.

rosser [rɔse] *vt* vapulear.

rossignol [rɔsiɲɔl] *nm* - **1.** [oiseau] ruiseñor *m* - **2.** [passe-partout] ganzúa *f*.

rot [ro] *nm* eructo *m*.

rotatif, ive [rɔtatif, iv] *adj* rotativo(va).

rotation [rɔtasjɔ̃] *nf* rotación *f*.

roter [rɔte] *vi fam* eructar.

rôti, e [roti] *adj* asado(da). ◆ **rôti** *nm* asado *m*.

rotin [rɔtɛ̃] *nm* mimbre *m*.

rôtir [rɔtir] ◇ *vt* asar. ◇ *vi* asarse.

rôtisserie [rɔtisri] *nf* asador *m (establecimiento)*.

rotonde [rɔtɔ̃d] *nf* rotonda *f*.

rotule [rɔtyl] *nf* rótula *f*.

rouage [rwaʒ] *nm* rueda *f*. ◆ **rouages** *nmpl* engranajes *mpl*.

rouble [rubl] *nm* rublo *m*.

roucouler [rukule] ◇ *vt* tararear. ◇ *vi* arrullarse.

roue [ru] *nf* - **1.** [gén] rueda *f* ; **~ de secours** rueda de repuesto - **2.** [de loterie] ruleta *f*.

rouer [rwe] *vt* : **~ qqn de coups** moler a alguien a golpes.

rouge [ruʒ] ◇ *adj* rojo(ja). ◇ *nm* - **1.** [couleur] rojo *m* - **2.** [émotion] : **le ~ lui monta aux joues** se puso colorado(da) - **3.** *fam* [vin] tinto *m* - **4.** [fard] colorete *m* ; **~ à joues** colorete ; **~ à lèvres** barra *f* o lápiz *m* de labios. ◇ *nmf péj* [communiste] rojo *m*, -ja *f*.

rougeâtre [ruʒatr] *adj* rojizo(za).

rouge-gorge *nm* petirrojo *m*.

rougeole [ruʒɔl] *nf* sarampión.

rougeoyer [ruʒwaje] *vi* enrojecer.

rougeur [ruʒœr] *nf* [gén] rojez *f* ; [de honte] rubor *m*.

rougir [ruʒir] ◇ *vt* enrojecer. ◇ *vi* - **1.** [arbre, feuille, ciel] enrojecer - **2.** [personne] : **~ de qqch** ruborizarse por algo.

rougissant, e [ruʒisɑ̃, ɑ̃t] *adj* [gén] enrojecido(da) ; [de honte] ruborizado(da).

rouille [ruj] ◇ *nf* - **1.** [oxyde] herrumbre *f*, óxido *m* - **2.** CULIN *salsa roja a base de guindillas que acompaña la sopa de pescado y la bullabesa*. ◇ *adj inv* [couleur] rojizo(za).

rouiller [ruje] ◇ *vt* oxidar. ◇ *vi* oxidarse. ◆ **se rouiller** *vp* oxidarse.

roulade [rulad] *nf* - **1.** [galipette] voltereta *f* - **2.** CULIN rollo *m* de carne.

roulé, e [rule] *adj* - **1.** [col] vuelto(ta) - **2.** LING vibrante.

rouleau, x [rulo] *nm* - **1.** [cylindre] rollo *m* ; [de monnaie] cartucho *m* - **2.** [de peintre, de pâtissier] rodillo *m* - **3.** [bigoudi] rulo *m* - **4.** [vague] rompiente *f*. ◆ **rouleau compresseur** *nm* apisonadora *f*. ◆ **rouleau de printemps** *nm* CULIN rollito *m* de primavera.

roulement [rulmɑ̃] *nm* - **1.** [gén] rodamiento *m* - **2.** [de personnel, de hanches] rotación *f* - **3.** [de tambour] redoble *m* - **4.** FIN [circulation] circulación *f*. ◆ **roulement de tonnerre** *nm* trueno *m*.

rouler [rule] ◇ *vt* - **1.** [tonneau] rodar - **2.** [tapis] enrollar ; [cigarette] liar - **3.** LING hacer vibrar - **4.** *fig* [projets, pensées] darle vueltas a - **5.** *fam* [duper] timar. ◇ *vi* - **1.** [ballon] rodar - **2.** [véhicule, argent] circular - **3.** [automobiliste] conducir *Esp*, manejar *Amér* - **4.** [bateau] balancearse - **5.** [tonnerre] resonar - **6.** [conversation] : **~ sur qqch/sur qqn** girar sobre algo/sobre alguien. ◆ **se rouler** *vp* revolcarse.

roulette [rulɛt] *nf* - **1.** [petite roue] ruedecilla *f* - **2.** [de dentiste] torno *m* - **3.** [jeu] ruleta *f*.

roulis [ruli] *nm* balanceo *m*.

roulotte [rulɔt] *nf* - **1.** [de gitans] caravana *f* - **2.** [de tourisme] roulotte *f*, caravana *f*.

roumain, e [rumɛ̃, ɛn] *adj* rumano(na). ◆ **roumain** *nm* LING rumano *m*. ◆ **Roumain, e** *nm, f* rumano *m*, -na *f*.

rouquin, e [rukɛ̃, in] *adj* & *nm, f fam* pelirrojo(ja).

rousspéter [ruspete] *vi fam* refunfuñar.

rousseur [rusœr] *nf* rubicundez *f (del pelo).*
routage [rutaʒ] *nm* [de journaux] envío *m,* expedición *f.*
route [rut] *nf* - **1.** [gén] carretera *Esp,* carretero *m Amér* - **2.** [des épices, de la soie] ruta *f* - **3.** [itinéraire] camino *m* - **4.** NAVIG rumbo *m* - **5.** *loc* : **en ~!** ¡en marcha! ; **en cours de ~** a mitad de camino ; **mettre en ~** poner en marcha.
routier, ère [rutje, ɛr] *adj* [carte, relais] de carreteras ; [circulation] por carretera, viario(a). ◆ **routier** *nm* - **1.** [chauffeur] camionero *m,* -ra *f* - **2.** [restaurant] restaurante *m* de camioneros.
routine [rutin] *nf* rutina *f.*
routinier, ère [rutinje, ɛr] *adj* rutinario(ria).
rouvrir [ruvrir] *vt* [porte] volver a abrir ; [débat] reabrir. ◆ **se rouvrir** *vp* volverse a abrir.
roux, rousse [ru, rus] ◇ *adj* - **1.** [cheveux] pelirrojo(ja) - **2.** [feuille] rojizo(za) - **3.** [sucre] moreno(na). ◇ *nm, f* [personne] pelirrojo *m,* -ja *f.* ◆ **roux** *nm* - **1.** [couleur] rojizo *m* - **2.** CULIN salsa *f* dorada OU tostada.
royal, e, aux [rwajal, o] *adj* - **1.** [de roi] real - **2.** [magnifique] regio(gia).
royaliste [rwajalist] *adj & nmf* monárquico(ca).
royaume [rwajom] *nm* - **1.** [gén] reino *m* - **2.** *fig* [domaine] reino *m* personal.
Royaume-Uni [rwajomyni] *n* : **le ~** el Reino Unido.
royauté [rwajote] *nf* - **1.** [fonction] realeza *f* - **2.** [régime] monarquía *f.*
RPR (*abr de* **Rassemblement pour la République**) *nm partido político francés a la derecha del espectro político.*
RSVP (*abr de* **répondez s'il vous plaît**) SRC.
rte (*abr de* **route**) C.
ruade [ryad] *nf* coz *f.*
ruban [rybɑ̃] *nm* - **1.** [gén] cinta *f* - **2.** [décoration] condecoración *f.*
rubéole [rybeɔl] *nf* rubéola *f.*
rubis [rybi] ◇ *adj inv* [couleur] rubí *(en aposición).* ◇ *nm* rubí *m* ; **payer ~ sur l'ongle** *fig* pagar a tocateja.
rubrique [rybrik] *nf* - **1.** [chronique] sección *f* - **2.** [chapitre] rúbrica *f.*
ruche [ryʃ] *nf* - **1.** [d'abeilles] colmena *f* - **2.** *fig* [endroit animé] hormiguero *m.*
rude [ryd] *adj* - **1.** [étoffe, surface] rudo(da), basto(ta) - **2.** [voix, son] bronco(ca) - **3.** [personne, mot, manières] brusco(ca) - **4.** [épreuve, traits] duro(ra) ; [climat] riguroso(sa) - **5.** *fam* [appétit] imponente.
rudesse [rydɛs] *nf* rudeza *f.*
rudimentaire [rydimɑ̃tɛr] *adj* rudimentario(ria).
rudoyer [rydwaje] *vt* tratar rudamente.
rue [ry] *nf* calle *f.*
ruée [rɥe] *nf* estampida *f (carrera).*
ruelle [rɥɛl] *nf* callejón *m,* callejuela *f.*
ruer [rɥe] *vi* cocear. ◆ **se ruer** *vp* : **se ~ sur qqch/sur qqn** abalanzarse sobre algo/sobre alguien.
rugby [rygbi] *nm* rugby *m.*
rugir [ryʒir] ◇ *vi* rugir. ◇ *vt* [menaces, injures] proferir.
rugissement [ryʒismɑ̃] *nm* rugido *m.*
rugosité [rygozite] *nf* rugosidad *f.*
rugueux, euse [rygø, øz] *adj* rugoso(sa).
ruine [rɥin] *nf* ruina *f.*
ruiner [rɥine] *vt* arruinar. ◆ **se ruiner** *vp* arruinarse.
ruineux, euse [rɥinø, øz] *adj* ruinoso(sa).
ruisseau, x [rɥiso] *nm* - **1.** [cours d'eau] arroyo *m Esp,* quebrada *f Amér* - **2.** *sout* [de larmes] río *m.*
ruisseler [rɥisle] *vi* chorrear.
rumeur [rymœr] *nf* rumor *m Esp,* bola *f Amér* ; **~ publique** rumor general.
ruminer [rymine] *vt* - **1.** [suj : animal] rumiar - **2.** [projet, souvenirs] dar vueltas a.
rupture [ryptyr] *nf* - **1.** [cassure, panne] rotura *f* - **2.** *fig* [changement, annulation, brouille] ruptura *f.*
rural, e, aux [ryral, o] ◇ *adj* rural. ◇ *nm, f* campesino *m,* -na *f.*
ruse [ryz] *nf* - **1.** [habileté sournoise] astucia *f* - **2.** [subterfuge] ardid *m.*
rusé, e [ryze] *adj & nm, f* astuto(ta) *Esp,* abusado(da) *Amér.*
Russie [rysi] *nf* : **la ~** Rusia.
Rustine® [rystin] *nf* parche *m (para cámara de aire de bicicleta).*
rustique [rystik] ◇ *adj* rústico(ca). ◇ *nm* estilo *m* rústico.
rustre [rystr] *adj & nmf péj* patán(ana).
rutilant, e [rytilɑ̃, ɑ̃t] *adj* rutilante.
R-V *abr de* **rendez-vous**.
rythme [ritm] *nm* ritmo *m* ; **en ~** con ritmo.
rythmique [ritmik] *adj* rítmico(ca).

S

s¹, S [ɛs] *nm* [lettre] s *f*, S *f* ; **en S** en forma de S.

s² (*abr de* **seconde**) s. ◆ **S** (*abr de* **sud**) S.

s' ▷ **se.**

SA (*abr de* **société anonyme**) *nf* SA *f*.

sabbatique [sabatik] *adj* sabático(ca).

sable [sabl] ◇ *nm* arena *f* ; **~s mouvants** arenas movedizas. ◇ *adj inv* [couleur] arena *(en aposición)*.

sablé, e [sable] *adj* - **1.** [route] enarenado(da), arenado(da) - **2.** CULIN granulento(ta). ◆ **sablé** *nm* CULIN ≃ polvorón *m*.

sabler [sable] *vt* - **1.** [route] enarenar, arenar - **2.** [façade] arenar.

sablier [sablije] *nm* reloj *m* de arena.

sabot [sabo] *nm* - **1.** [chaussure] zueco *m* - **2.** [d'animal - gén] pezuña *f* ; [- de cheval] casco *m* - **3.** AUTOM : **~ (de Denver)** cepo *m*.

sabotage [sabɔtaʒ] *nm* - **1.** [destruction] sabotaje *m* - **2.** *fig* [bâclage] chapuza *f*.

saboter [sabɔte] *vt* - **1.** [faire échouer] sabotear - **2.** *fig* [bâcler] chapucear.

saboteur, euse [sabɔtœr, øz] *nm, f* - **1.** MIL saboteador *m*, -ra *f* - **2.** *fig* [bâcleur] chapucero *m*, -ra *f*.

sabre [sabr] *nm* sable *m*.

sac [sak] *nm* - **1.** [gén] saco *m* ; [en papier, en plastique] bolsa *f* ; **~ à main** bolso *m* (de mano) - **2.** *fam* [dix francs] diez francos *mpl* - **3.** *sout* [pillage] saqueo *m*. ◆ **sac de couchage** *nm* saco *m* de dormir *Esp*, bolsa *f Amér*.

saccade [sakad] *nf* tirón *m*.

saccadé, e [sakade] *adj* [respiration, bruit] entrecortado(da) ; [geste] brusco(ca).

saccage [sakaʒ] *nm* saqueo *m*.

saccager [sakaʒe] *vt* - **1.** [piller] saquear - **2.** [abîmer] destrozar.

sacerdoce [sasɛrdɔs] *nm* sacerdocio *m*.

sachet [saʃɛ] *nm* [de bonbons, de thé] bolsita *f* ; [de lavande] saquito *m*.

sacoche [sakɔʃ] *nf* - **1.** [d'écolier] cartera *f* ; [de médecin] maletín *m* - **2.** [de cycliste] serón *m*.

sac-poubelle (*pl* **sacs-poubelle**) *nm* bolsa *f* de basura.

sacre [sakr] *nm* - **1.** [de roi, d'empereur] coronación *f* - **2.** [d'évêque] consagración *f*.

sacré, e [sakre] *adj* - **1.** [gén] sagrado(da) - **2.** RELIG [art] sacro(cra) - **3.** *fam* [maudit] dichoso(sa), maldito(ta).

sacrement [sakrəmɑ̃] *nm* sacramento *m*.

sacrer [sakre] *vt* - **1.** [roi] coronar - **2.** [évêque] consagrar - **3.** *fig* [déclarer] proclamar.

sacrifice [sakrifis] *nm* sacrificio *m* ; **faire un ~/des ~s** hacer un sacrificio/sacrificios.

sacrifié, e [sakrifje] *adj* sacrificado(da) ; [prix] por los suelos.

sacrifier [sakrifje] *vt* sacrificar ; **~ qqch pour faire qqch** sacrificar algo para hacer algo ; **~ qqch/qqn à qqch/à qqn** sacrificar algo/a alguien a algo/a alguien. ◆ **se sacrifier** *vp* : **se ~ à** OU **pour qqch** sacrificarse por algo ; **se ~ pour qqn** sacrificarse por alguien.

sacrilège [sakrilɛʒ] ◇ *adj* & *nmf* sacrílego(ga). ◇ *nm* sacrilegio *m*.

sacristain [sakristɛ̃] *nm* sacristán *m*.

sacristie [sakristi] *nf* sacristía *f*.

sadique [sadik] *adj* & *nmf* sádico(ca).

sadisme [sadism] *nm* sadismo *m*.

safari [safari] *nm* safari *m*.

safari-photo *nm* safari *m* fotográfico.

safran [safrɑ̃] ◇ *nm* azafrán *m*. ◇ *adj inv* [couleur] azafrán *(en aposición)*.

saga [saga] *nf* saga *f*.

sage [saʒ] ◇ *adj* - **1.** [avisé] prudente, sensato(ta) - **2.** [docile] tranquilo(la) ; **sois ~!** ¡pórtate bien! - **3.** [chaste] decente - **4.** [discret] sensato(ta). ◇ *nm* sabio *m*, -bia *f*.

sage-femme *nf* comadrona *f*.

sagesse [saʒɛs] *nf* - **1.** [bon sens] sensatez *f* - **2.** [docilité] tranquilidad *f* - **3.** [connaissance] sabiduría *f*.

Sagittaire [saʒitɛr] *nm* ASTROL Sagitario *m*.

Sahara [saara] *nm* : **le ~** el Sáhara ; **le ~ occidental** el Sáhara Occidental.

saignant, e [sɛɲɑ̃, ɑ̃t] *adj* - **1.** [blessure] sanguinoliento(ta) - **2.** CULIN [viande] poco hecho(cha) - **3.** *fam fig* [critique, discussion] sangriento(ta).

saignement [sɛɲmɑ̃] *nm* hemorragia *f*.

saigner [seɲe] ◇ *vt* - **1.** [financièrement & MÉD] sangrar - **2.** [animal] degollar. ◇ *vi* sangrar.

saillant, e [sajɑ̃, ɑ̃t] *adj* - **1.** [pommettes, corniche] saliente ; [muscle] prominente ; [yeux] saltón(ona) - **2.** *fig* [événement] destacado(da).

sain, e [sɛ̃, sɛn] *adj* sano(na) ; **~ et sauf** sano y salvo.

saint, e [sɛ̃, sɛ̃t] ◇ *adj* - **1.** [gén] santo(ta) - **2.** [extrême] imponente, fabuloso(sa). ◇ *nm, f* santo *m*, -ta *f*.

sainteté [sɛ̃tte] *nf* santidad *f*.

Saint-Jacques-de-Compostelle [sɛ̃ʒakdəkɔ̃pɔstɛl] *n* Santiago de Compostela.

Saint-Père [sɛ̃pɛr] *nm* : **le ~** el Santo Padre.

Saint-Pétersbourg [sɛ̃petɛrsbur] *n* San Petersburgo.

saisie [sezi] *nf* - **1.** JUR embargo *m* - **2.** INFORM introducción *f* de datos, picado *m* ; **erreur de ~** error de picado.

saisir [sezir] *vt* - **1.** [attraper] coger - **2.** *fig* [occasion, prétexte] agarrarse a - **3.** JUR embargar - **4.** INFORM picar, introducir - **5.** [comprendre] captar - **6.** *sout* [suj : sensation, émotion] invadir - **7.** [surprendre] sorprender - **8.** CULIN cocinar a fuego vivo. ◆ **se saisir** *vp* : **se ~ de qqch/de qqn** coger algo/a alguien.

saisissant, e [sezisɑ̃, ɑ̃t] *adj* - **1.** [spectacle, ressemblance] sobrecogedor(ra) - **2.** [froid] penetrante.

saison [sɛzɔ̃] *nf* - **1.** [division de l'année] estación *f* - **2.** [époque] temporada *f* ; **hors ~** fuera de temporada ; **la basse** OU **morte ~** la temporada baja OU de calma ; **la haute ~** la temporada alta.

saisonnalité [sɛzɔnalite] *nf* carácter *m* estacional.

saisonnier, ère [sɛzɔnje, ɛr] ◇ *adj* de temporada. ◇ *nm, f* temporero *m*, -ra *f*.

salace [salas] *adj sout* salaz.

salade [salad] *nf* - **1.** [plante] lechuga *f* - **2.** [plat] ensalada *f* - **3.** *fam* [affaire confuse] follón *m* - **4.** *fam* [mensonge] bola *f*.

saladier [saladje] *nm* ensaladera *f*.

salaire [salɛr] *nm* - **1.** [rémunération] sueldo *m*, salario *m* ; **~ de base** sueldo OU salario base ; **~ brut/net** salario bruto/neto - **2.** [récompense] recompensa *f*, premio *m*.

salant [salɑ̃] ▷ **marais.**

salarial, e, aux [salarjal, o] *adj* salarial.

salarié, e [salarje] ◇ *adj* - **1.** [personne] asalariado(da) - **2.** [travail] remunerado(da). ◇ *nm, f* asalariado *m*, -da *f*.

salaud [salo] *vulg* ◇ *nm péj* cabrón *m Esp*, concha de su madre *m Amér*. ◇ *adj m* : **c'est ~ de faire ça** eso es hacer una putada.

sale [sal] *adj* - **1.** [gén] sucio(cia) - **2.** [déplaisant] desagradable - **3.** *péj* [maudit] dichoso(sa), maldito(ta) *Esp*, pinche *Amér* - **4.** *fam* [détestable] : **un ~ boulot** una mierda de trabajo ; **un ~ coup** una jugarreta ; **un ~ type** un cerdo.

salé, e [sale] *adj* - **1.** [gén] salado(da) - **2.** [histoire] picante - **3.** *fam* [addition, note] hinchado(da).

saler [sale] *vt* - **1.** [aliment, plat] salar - **2.** [route] echar sal a - **3.** *fam* [addition, note] cargar la mano en.

saleté [salte] *nf* - **1.** [gén] porquería *f* ; **faire des ~s** dejarlo todo hecho una porquería - **2.** [malpropreté] suciedad *f* - **3.** [méchanceté] perrería *f* ; **faire une ~ à qqn** hacer una perrería a alguien - **4.** *fam péj* [personne] puerco *m*, -ca *f*.

salir [salir] *vt* - **1.** [souiller] ensuciar *Esp*, enchastrar *Amér* - **2.** *fig* [réputation, honneur, personne] ensuciar, manchar.

salissant, e [salisɑ̃, ɑ̃t] *adj* sucio(cia).

salive [saliv] *nf* saliva *f*.

saliver [salive] *vi* salivar ; **il salive d'avance** se le hace la boca agua.

salle [sal] *nf* sala *f* ; **~ d'attente** sala de espera ; **~ de bains** OU **d'eau** cuarto *m* de baño OU de aseo ; **~ de cinéma** sala de cine ; **~ d'embarquement** sala de embarque ; **~ non-fumeurs** sala para no fumadores ; **~ d'opération** quirófano *m*, sala de operaciones.

salon [salɔ̃] *nm* salón *m*.

salope [salɔp] *nf vulg péj* puta *f*.

saloperie [salɔpri] *nf tfam* guarrada *f*.

salopette [salɔpɛt] *nf* [vêtement] (pantalón de) peto *m* ; [de travail] mono *m*.

saltimbanque [saltɛ̃bɑ̃k] *nmf* saltimbanqui *mf*.

salubre [salybr] *adj* salubre.

salubrité [salybrite] *nf* salubridad *f*.

saluer [salɥe] *vt* saludar. ◆ **se saluer** *vp* saludarse.

salut [saly] ◇ *nm* - **1.** [geste, révérence] saludo *m* - **2.** [sauvegarde & RELIG] salvación *f*. ◇ *interj fam* [bonjour] ¡hola! ; [au revoir] ¡adiós!

salutaire [salytɛr] *adj* saludable.

salutation [salytasjɔ̃] *nf* RELIG saludo *m*. ◆ **salutations** *nfpl* : **veuillez agréer**

mes ~s distinguées le saluda atentamente.
Salvador [salvadɔr] *nm* : **le ~** El Salvador.
salvadorien, enne [salvadɔrjɛ̃, ɛn] *adj* salvadoreño(ña). ◆ **Salvadorien, enne** *nm, f* salvadoreño *m*, -ña *f*.
salve [salv] *nf* salva *f*.
samedi [samdi] *nm* sábado *m* ; **~ dernier** el sábado pasado ; **~ prochain** el sábado que viene, el próximo sábado ; **~ en quinze** dentro de dos sábados.
SAMU, Samu [samy] (*abr de* **Service d'aide médicale d'urgence**) *nm servicio móvil de urgencias médicas.*
sanatorium [sanatɔrjɔm] *nm* sanatorio *m* antituberculoso.
sanctifier [sɑ̃ktifje] *vt* santificar.
sanction [sɑ̃ksjɔ̃] *nf* - **1.** [gén] sanción *f* ; **prendre des ~s contre qqn** sancionar a alguien - **2.** *fig* [conséquence] castigo *m*.
sanctionner [sɑ̃ksjɔne] *vt* sancionar.
sanctuaire [sɑ̃ktɥɛr] *nm* santuario *m*.
sandale [sɑ̃dal] *nf* sandalia *f*.
sandalette [sɑ̃dalɛt] *nf* sandalia *f*.
sandwich [sɑ̃dwitʃ] (*pl* **sandwiches** OU **sandwichs**) *nm* [gén] bocadillo *m* ; [de pain de mie] sandwich *m*.
sang [sɑ̃] *nm* [gén] sangre *f*.
sang-froid *nm inv* sangre fría *f* ; **de ~** a sangre fría ; **conserver** OU **garder son ~** conservar la calma ; **perdre son ~** perder los estribos OU la calma.
sanglant, e [sɑ̃glɑ̃, ɑ̃t] *adj* - **1.** [épée, surface] ensangrentado(da) - **2.** [combat, affront] sangriento(ta).
sangle [sɑ̃gl] *nf* [de selle] cincha *f* ; [de parachutiste, de siège, de lit] correa *f*.
sangler [sɑ̃gle] *vt* - **1.** [cheval] cinchar - **2.** [attacher] atar.
sanglier [sɑ̃glije] *nm* jabalí *m*.
sanglot [sɑ̃glo] *nm* sollozo *m* ; **éclater en ~s** romper OU prorrumpir en sollozos.
sangloter [sɑ̃glɔte] *vi* sollozar.
sangsue [sɑ̃sy] *nf* - **1.** ZOOL sanguijuela *f* - **2.** *fam fig* [personne] lapa *f*.
sanguin, e [sɑ̃gɛ̃, in] *adj* - **1.** [tempérament & ANAT] sanguíneo(a) - **2.** [visage] colorado(da) - **3.** [orange] sanguino(na).
sanguinaire [sɑ̃ginɛr] *adj* sanguinario(ria).
Sanisette® [sanizɛt] *nf aseos públicos automáticos.*
sanitaire [sanitɛr] *adj* sanitario(ria). ◆ **sanitaires** *nmpl* sanitarios *mpl*.
sans [sɑ̃] ◇ *prép* sin ; **~ faire d'effort** sin hacer ningún esfuerzo ; **être ~ ...** no tener ningún (ninguna) ... ; **elle est ~ charme** no tiene ningún encanto. ◇ *adv* : **passe-moi mon manteau, je ne peux pas sortir ~** dame mi abrigo, no puedo salir sin él. ◆ **sans plus** *loc adv* sin más. ◆ **sans quoi** *loc adv* : **prête-moi de l'argent, ~ quoi je ne pourrai pas payer** préstame dinero, si no no podré pagar. ◆ **sans que** *loc conj* : **~ que tu le saches** sin que lo sepas.
sans-abri [sɑ̃zabri] *nmf inv* : **les ~** los sin techo OU sin hogar.
San Salvador [sɑ̃salvadɔr] *n* San Salvador.
sans-emploi [sɑ̃zɑ̃plwa] *nmf inv* desempleado *m*, -da *f*.
sans-gêne ◇ *adj inv* & *nmf inv* descarado(da). ◇ *nm inv* descaro *m inv* ; **il est d'un ~!** ¡tiene una cara!
sans-plomb [sɑ̃plɔ̃] *nm inv* sin plomo *f inv*.
santé [sɑ̃te] *nf* - **1.** [gén] salud *f* ; **à ta ~!** ¡a tu salud! - **2.** ADMIN : **~ publique** sanidad *f* pública.
santon [sɑ̃tɔ̃] *nm* figurita *f* del belén.
saoul = **soûl**.
saouler = **soûler**.
sapeur-pompier [sapœrpɔ̃pje] *nm* bombero *m*.
saphir [safir] *nm* - **1.** [pierre] zafiro *m* - **2.** [de tourne-disque] aguja *f*.
sapin [sapɛ̃] *nm* - **1.** [arbre] abeto *m* ; **~ de Noël** árbol *m* de Navidad - **2.** [bois] pino *m*.
sarabande [sarabɑ̃d] *nf* - **1.** [danse & MUS] zarabanda *f* - **2.** *fam* [vacarme] estrépito *m*.
sarcasme [sarkasm] *nm* sarcasmo *m*.
sarcastique [sarkastik] *adj* sarcástico(ca).
sarcler [sarkle] *vt* escardar, sachar.
sarcophage [sarkɔfaʒ] *nm* sarcófago *m*.
Sardaigne [sardɛɲ] *nf* : **la ~** Cerdeña.
sardine [sardin] *nf* sardina *f*.
SARL, Sarl (*abr de* **société à responsabilité limitée**) *nf* SL *f* ; **Leduc, ~** Leduc, SL.
sarment [sarmɑ̃] *nm* - **1.** [de vigne] sarmiento *m* - **2.** [tige] zarcillo *m*.
sas [sas] *nm* - **1.** NAVIG & AÉRON cámara *f* estanca - **2.** [d'écluse] cámara *f* - **3.** [tamis] cedazo *m*, tamiz *m*.
satanique [satanik] *adj* satánico(ca).
satelliser [satelize] *vt* satelizar.
satellite [satelit] *nm* satélite *m* ; **par ~** vía satélite.

satiété [sasjete] *nf* : **à ~** hasta la saciedad.
satin [satɛ̃] *nm* satén *m*, raso *m*.
satiné, e [satine] *adj* [tissu] satinado(da), de raso ; [peau] terso(sa). ◆ **satiné** *nm* tersura *f*.
satire [satir] *nf* sátira *f*.
satirique [satirik] *adj* satírico(ca).
satisfaction [satisfaksjɔ̃] *nf* satisfacción *f*.
satisfaire [satisfɛr] *vt* satisfacer. ◆ **se satisfaire** *vp* : **se ~ de qqch** contentarse con algo.
satisfaisant, e [satisfəzɑ̃, ɑ̃t] *adj* satisfactorio(ria).
satisfait, e [satisfɛ, ɛt] *adj* satisfecho(cha) ; **être ~ de qqch** estar satisfecho de algo.
saturation [satyrasjɔ̃] *nf* saturación *f*.
saturé, e [satyre] *adj* saturado(da).
satyre [satir] *nm* sátiro *m*.
sauce [sos] *nf* salsa *f* ; **en ~** con salsa, en salsa.
saucisse [sosis] *nf* salchicha *f*.
saucisson [sosisɔ̃] *nm* salchichón *m*.
sauf[1], sauve [sof, sov] *adj* - **1.** [personne] ileso(sa) - **2.** *fig* [honneur] intacto(ta).
sauf[2] [sof] *prép* - **1.** [à l'exclusion de] salvo, excepto - **2.** [sous réserve] salvo ; **~ que** *fam* salvo OU excepto que.
sauf-conduit (*pl* **sauf-conduits**) *nm* salvoconducto *m*.
sauge [soʒ] *nf* - **1.** CULIN salvia *f* - **2.** BOT [plante ornementale] salvia *f* de jardín.
saugrenu, e [sogrəny] *adj* descabellado(da).
saule [sol] *nm* sauce *m* ; **~ pleureur** sauce llorón.
saumon [somɔ̃] ◇ *nm* ZOOL salmón *m*. ◇ *adj inv* [couleur] salmón *(en aposición)*.
saumoné, e [somɔne] *adj* asalmonado(da), salmonado(da).
sauna [sona] *nm* sauna *f*.
saupoudrer [sopudre] *vt* : **~ qqch de qqch** CULIN espolvorear algo con algo ; *fig* [discours] salpicar algo con algo.
saut [so] *nm* salto *m* ; **~ à l'élastique** goming *m* ; **faire du ~ à l'élastique** hacer goming.
sauté, e [sote] *adj* CULIN salteado(da).
saute-mouton [sotmutɔ̃] *nm inv* : **jouer à ~** jugar al salto de pídola.
sauter [sote] ◇ *vi* - **1.** [personne, plombs, bouchon] saltar - **2.** [se précipiter - au cou] tirarse ; [- dans les bras] echarse - **3.** [exploser] saltar, estallar - **4.** [chaîne de vélo] salirse - **5.** *fam* [employé] saltar - **6.** [être annulé] suspenderse. ◇ *vt* - **1.** [fossé, obstacle] saltar - **2.** [page, repas, classe] saltarse.
sauterelle [sotrɛl] *nf* [grande] langosta *f* *Esp*, chapulín *m* *Amér* ; [petite] saltamontes *m inv* *Esp*, chapulín *m* *Amér*.
sauteur, euse [sotœr, øz] ◇ *adj* [insecte] saltador(ra). ◇ *nm, f* [athlète] saltador *m*, -ra *f* *Esp*, clavadista *mf* *Amér*. ◆ **sauteur** *nm* [cheval] caballo *m* de saltos.
sautiller [sotije] *vi* dar saltitos.
sautoir [sotwar] *nm* - **1.** [bijou] collar *m* muy largo - **2.** SPORT zona *f* de salto.
sauvage [sovaʒ] ◇ *adj* - **1.** [gén] salvaje ; [plante, fleur, fruit] silvestre - **2.** [personne] huraño(ña) ; [concurrence] bestial. ◇ *nmf* salvaje *mf*.
sauvagerie [sovaʒri] *nf* - **1.** [férocité] salvajismo *m* - **2.** [insociabilité] huraña *f* - **3.** [acte] salvajada *f*.
sauve ▷ **sauf**.
sauvegarde [sovgard] *nf* - **1.** [protection] salvaguardia *f*, salvaguarda *f* - **2.** INFORM copia *f* de seguridad.
sauvegarder [sovgarde] *vt* - **1.** [protéger] salvaguardar - **2.** INFORM grabar, (salva)guardar.
sauve-qui-peut [sovkipø] *nm inv* desbandada *f*.
sauver [sove] *vt* - **1.** [gén] salvar ; **~ qqch/qqn de qqch** salvar algo/a alguien de algo - **2.** [racheter] compensar. ◆ **se sauver** *vp* [fuir] escaparse ; **se ~ de qqch** [s'échapper de] escaparse de algo.
sauvetage [sovtaʒ] *nm* rescate *m*, salvamento *m* ; **de ~** salvavidas.
sauveteur [sovtœr] *nm* salvador *m*.
sauvette [sovɛt] ◆ **à la sauvette** ◇ *loc adv* deprisa y corriendo. ◇ *loc adj* [vente] callejero(ra).
savamment [savamɑ̃] *adv* - **1.** [avec érudition] sabiamente - **2.** [avec habileté] hábilmente.
savane [savan] *nf* sabana *f*.
savant, e [savɑ̃, ɑ̃t] *adj* - **1.** [personne] erudito(ta), sabio(bia) ; [livre] erudito(ta) - **2.** [manœuvre] hábil - **3.** [animal] amaestrado(da). ◆ **savant** *nm* científico *m*.
saveur [savœr] *nf* sabor.
savoir [savwar] ◇ *vt* - **1.** [gén] saber ; **faire ~ qqch à qqn** hacer saber algo a alguien ; **~** *(+ infinitif)* [avoir le don, la force de] saber *(+ infinitivo)* ; **elle sait se faire respecter** sabe hacerse respetar ; **si j'avais su** si lo hubiera sabido, de haberlo

sabido - 2. [avoir en mémoire] saberse - 3. *loc* : **en ~ long sur qqn/sur qqch** saber un rato de alguien/de algo. ◇ *nm* saber *m*. ◆ **à savoir** *loc adv* a saber.

savoir-faire *nm inv* destreza *f*, habilidad *f*, savoir-faire *m*.

savoir-vivre *nm inv* modales *mpl*.

savon [savɔ̃] *nm* - 1. [matière] jabón *m* - 2. [pain] pastilla *f* de jabón - 3. *fam* [réprimande] rapapolvo *m*.

savonnette [savɔnɛt] *nf* pastilla *f* de jabón.

savourer [savure] *vt* saborear.

savoureux, euse [savurø, øz] *adj* sabroso(sa).

saxophone [saksɔfɔn] *nm* saxofón *m*.

saxophoniste [saksɔfɔnist] *nmf* saxofonista *mf*.

s/c (*abr de* **sous couvert de**) a/c.

scabreux, euse [skabrø, øz] *adj* escabroso(sa).

scalpel [skalpɛl] *nm* escalpelo *m*.

scalper [skalpe] *vt* escalpar.

scandale [skɑ̃dal] *nm* escándalo *m* ; **faire du ~** armar (un) escándalo.

scandaleux, euse [skɑ̃dalø, øz] *adj* escandaloso(sa).

scandaliser [skɑ̃dalize] *vt* escandalizar. ◆ **se scandaliser** *vp* escandalizarse.

scander [skɑ̃de] *vt* [vers] escandir ; [slogan] gritar.

scandinave [skɑ̃dinav] *adj* escandinavo(va). ◆ **Scandinave** *nmf* escandinavo *m*, -va *f*.

Scandinavie [skɑ̃dinavi] *nf* : **la ~** Escandinavia.

scanner¹ [skanɛr] *nm* escáner *m*.

scanner² [skane] *vt* - 1. MÉD hacer un escáner a - 2. INFORM escanear.

scaphandre [skafɑ̃dr] *nm* escafandra *f*.

scarabée [skarabe] *nm* escarabajo *m*.

scatologique [skatɔlɔʒik] *adj* escatológico(ca).

sceau, x [so] *nm* sello *m*.

scélérat, e [selera, at] ◇ *adj sout* canallesco(ca). ◇ *nm, f* canalla *mf*.

sceller [sele] *vt* - 1. CONSTR empotrar - 2. [acte, promesse] sellar - 3. [maison] precintar - 4. [lettre] lacrar.

scénario [senarjo] *nm* - 1. CIN, THÉÂTRE & LITTÉR argumento *m* - 2. CIN [script] guión *m Esp*, libreto *m Amér* - 3. *fig* [déroulement prévu] plan *m*.

scénariste [senarist] *nmf* guionista *mf*.

scène [sɛn] *nf* - 1. [gén] escena *f* ; **~ de ménage** riña *f* conyugal - 2. [estrade, décor de théâtre] escenario *m*.

scepticisme [sɛptisism] *nm* escepticismo *m*.

sceptique [sɛptik] *adj* & *nmf* escéptico(ca).

sceptre [sɛptr] *nm* cetro *m*.

schéma [ʃema] *nm* esquema *m*.

schématique [ʃematik] *adj* esquemático(ca).

schématiser [ʃematize] *vt* - 1. [faire un dessin de] hacer un esquema de - 2. [simplifier] esquematizar.

schisme [ʃism] *nm* cisma *m*.

schizophrène [skizɔfrɛn] *adj* & *nmf* esquizofrénico(ca).

schizophrénie [skizɔfreni] *nf* esquizofrenia *f*.

sciatique [sjatik] ◇ *adj* ciático(ca). ◇ *nf* ciática *f*.

scie [si] *nf* - 1. [outil] sierra *f* - 2. [rengaine] cantinela *f*.

sciemment [sjamɑ̃] *adv* a sabiendas, conscientemente.

science [sjɑ̃s] *nf* ciencia *f* ; **~s humaines/sociales** ciencias humanas/sociales.

science-fiction *nf* ciencia *f* ficción.

scientifique [sjɑ̃tifik] *adj* & *nmf* científico(ca).

scier [sje] *vt* - 1. [couper] aserrar, serrar - 2. *fam* [stupéfier] dejar de una pieza.

scierie [siri] *nf* aserradero *m*, serrería *f*.

scinder [sɛ̃de] *vt* dividir. ◆ **se scinder** *vp* escindirse.

scintillement [sɛ̃tijmɑ̃] *nm* centelleo *m*.

scintiller [sɛ̃tije] *vi* centellear.

scission [sisjɔ̃] *nf* escisión *f*.

sciure [sjyr] *nf* serrín *m*.

sclérose [skleroz] *nf* esclerosis *f inv* ; **~ en plaques** esclerosis múltiple OU en placas.

sclérosé, e [skleroze] *adj* - 1. MÉD esclerótico(ca) - 2. *fig* [paralyser] estancado(da).

scléroser [skleroze] ◆ **se scléroser** *vp* - 1. MÉD esclerosarse - 2. *fig* [se figer] anquilosarse.

scolaire [skɔlɛr] *adj* escolar.

scolarisable [skɔlarizabl] *adj* en edad escolar.

scolarité [skɔlarite] *nf* escolaridad *f*.

scooter [skutœr] *nm* scooter *m Esp*, motoneta *f Amér*.

score [skɔr] *nm* resultado *m*.

scorpion [skɔrpjɔ̃] *nm* escorpión *m*,

alacrán *m.* ◆ **Scorpion** *nm* ASTROL Escorpio *m.*

scotch [skɔtʃ] *nm* whisky *m* escocés.

Scotch® [skɔtʃ] *nm* celo *m.*

scotcher [skɔtʃe] *vt* pegar con celo.

scout, e [skut] *adj* scout. ◆ **scout** *nm* scout *nm.*

Scrabble® [skrabl] *nm* scrabble® *m.*

scratch [skratʃ] *nm* velcro *m.*

scribe [skrib] *nm* **- 1.** HIST escriba *m* **- 2.** *péj* [employé] chupatintas *m inv.*

script [skript] *nm* **- 1.** CIN [scénario] guión *m Esp,* libreto *m Amér* **- 2.** [écriture] letra *f* de imprenta.

scripte [skript] *nmf* script *mf.*

scrupule [skrypyl] *nm* **- 1.** [cas de conscience] escrúpulo *m* ; **sans ~s** sin escrúpulos **- 2.** [délicatesse] escrupulosidad *f.*

scrupuleux, euse [skrypylø, øz] *adj* escrupuloso(sa).

scrutateur, trice [skrytatœr, tris] *adj & nm, f* escrutador(ra).

scruter [skryte] *vt* **- 1.** [horizon, pénombre] escrutar **- 2.** [motif, intention] indagar.

scrutin [skrytɛ̃] *nm* **- 1.** [vote] escrutinio *m* **- 2.** [opérations] votación *f* **- 3.** [système] sistema *m* de votación ; **~ majoritaire/proportionnel** sistema mayoritario/(de representación) proporcional.

sculpter [skylte] *vt* esculpir.

sculpteur [skyltœr] *nm* escultor *m.*

sculpture [skyltyr] *nf* escultura *f.*

se [sə], **s'** *(devant voyelle ou h muet) pron pers réfléchi* se ; **~ couper** cortarse ; **s'aimer** quererse.

séance [seɑ̃s] *nf* **- 1.** [gén] sesión *f* **- 2.** *fam* [scène] escena *f.*

seau, x [so] *nm* cubo *m Esp,* tacho *m Amér* ; **~ à champagne** champañera *f.*

sec, sèche [sɛk, sɛʃ] *adj* **- 1.** [gén] seco(ca) ; **vol ~** sólo vuelo *m* **- 2.** [raisin, figue] paso(sa) **- 3.** [maigre] enjuto(ta). ◆ **sec** *nm* : **tenir au ~** guardar en un sitio seco ; **être à ~** [sans eau] estar seco(ca) ; *fam* [sans argent] estar pelado(da).

sécable [sekabl] *adj* divisible.

sécateur [sekatœr] *nm* tijeras *fpl* de podar, podadera *f.*

sécession [sesesjɔ̃] *nf* secesión *f* ; **faire ~** separarse.

sèche [sɛʃ] ◇ *adj* ▻ **sec.** ◇ *nf fam* pitillo *m.*

sèche-cheveux [sɛʃʃəvø] *nm inv* secador *m* (de pelo).

sèche-mains [sɛʃmɛ̃] *nm inv* secamanos *m inv* automático.

sèchement [sɛʃmɑ̃] *adv* secamente.

sécher [seʃe] ◇ *vt* **- 1.** [gén] secar **- 2.** SCOL [cours] fumarse. ◇ *vi* **- 1.** [gén] secarse **- 2.** SCOL [ne pas savoir répondre] estar pez.

sécheresse [sɛʃrɛs] *nf* **- 1.** [gén] sequedad *f* **- 2.** [absence de pluie] sequía *f.*

séchoir [seʃwar] *nm* **- 1.** [local] secadero *m* **- 2.** [appareil - à tringles] tendedero *m* ; [- électrique] secadora *f* ; **~ à cheveux** secador *m* (de pelo).

second, e [səgɔ̃, ɔ̃d] *adj num & nm, f* segundo(da). ◆ **seconde** *nf* **- 1.** [unité de temps] segundo *m* **- 2.** SCOL ≃ segundo *m* de BUP **- 3.** [classe de transport, vitesse] segunda *f.*

secondaire [səgɔ̃dɛr] ◇ *adj* secundario(ria). ◇ *nm* : **le ~** GÉOL & ÉCON el secundario ; SCOL la (enseñanza) secundaria.

seconder [səgɔ̃de] *vt* secundar.

secouer [səkwe] *vt* [gén] sacudir *Esp,* remecer *Amér* ; [flacon, bouteille] agitar ; [suj : malheur] afectar. ◆ **se secouer** *vp fam* [réagir] : **secoue-toi!** ¡espavila!, ¡muévete!

secourable [səkurabl] *adj* caritativo(va).

secourir [səkurir] *vt* socorrer.

secourisme [səkurism] *nm* socorrismo *m.*

secouriste [səkurist] *nmf* socorrista *mf.*

secours [səkur] ◇ *v* ▻ **secourir.** ◇ *nm* **- 1.** [aide] socorro *m,* auxilio *m* ; **appeler au ~** pedir socorro OU auxilio ; **au ~!** ¡socorro!, ¡auxilio! ; **être d'un grand ~** ser de gran ayuda **- 2.** [dons, renforts, soins] socorro *m* ; **les premiers ~** los primeros auxilios. ◆ **de secours** *loc adj* **- 1.** [poste] de socorro **- 2.** [issue, sortie, porte] de emergencia **- 3.** [roue] de recambio.

secouru, e [səkury] *pp* ▻ **secourir.**

secousse [səkus] *nf* sacudida *f.*

secret, ète [səkrɛ, ɛt] *adj* secreto(ta). ◆ **secret** *nm* **- 1.** [gén] secreto *m* ; **dont il a le ~** cuyo secreto sólo él conoce ; **dans le plus grand ~** con el más absoluto secreto **- 2.** [carcéral] : **mettre au ~** incomunicar.

secrétaire [səkretɛr] ◇ *nmf* secretario *m,* -ria *f* ; **~ général** secretario general. ◇ *nm* [meuble] escritorio *m,* secreter *m.*

secrétariat [səkretarja] *nm* **- 1.** [fonction] secretariado *m,* secretaría *f* **- 2.** [bureau, personnel] secretaría *f* - **3.** [métier] secretariado *m*.

sécréter [sekrete] *vt* - **1.** [substance] secretar, segregar - **2.** *fig* [ennui] rezumar.

sécrétion [sekresjɔ̃] *nf* secreción *f*.

sectaire [sɛktɛr] *adj* & *nmf* sectario(ria).

secte [sɛkt] *nf* secta *f*.

secteur [sɛktœr] *nm* - **1.** [gén] sector *m* ; **sur ~** ÉLECTR conectado(da) a la red ; **~ privé/public** sector privado/público ; **~ primaire/secondaire/tertiaire** sector primario/secundario/terciario - **2.** *fam* [endroit] zona *f* - **3.** ADMIN distrito *m*.

section [sɛksjɔ̃] *nf* - **1.** [gén] sección *f* - **2.** [électorale] distrito *m*.

sectionner [sɛksjɔne] *vt* - **1.** [trancher] seccionar - **2.** *fig* [diviser] dividir.

Sécu [seky] *nf fam* ≃ Seguridad *f* Social.

séculaire [sekylɛr] *adj* secular.

sécuriser [sekyrize] *vt* tranquilizar.

sécurité [sekyrite] *nf* seguridad *f* ; **en ~** seguro(ra) ; **en toute ~** con toda tranquilidad ; **la ~ routière** la seguridad vial. ◆ **Sécurité sociale** *nf* ≃ Seguridad *f* Social.

sédatif, ive [sedatif, iv] *adj* sedante, sedativo(va). ◆ **sédatif** *nm* sedante *m*.

sédentaire [sedɑ̃tɛr] *adj* & *nmf* sedentario(ria).

sédentariser [sedɑ̃tarize] ◆ **se sédentariser** *vp* volverse sedentario(ria).

sédiment [sedimɑ̃] *nm* sedimento *m*.

sédition [sedisjɔ̃] *nf sout* sedición *f*.

séduction [sedyksjɔ̃] *nf* seducción *f*.

séduire [sedɥir] *vt* seducir.

séduisant, e [sedɥizɑ̃, ɑ̃t] *adj* seductor(ra).

séduit, e [sedɥi, it] *pp* ▷ **séduire**.

segment [sɛgmɑ̃] *nm* segmento *m*.

segmenter [sɛgmɑ̃te] *vt* segmentar.

ségrégation [segregasjɔ̃] *nf* segregación *f*.

seigle [sɛgl] *nm* centeno *m*.

seigneur [sɛɲœr] *nm* HIST señor *m*. ◆ **Seigneur** *nm* : **le Seigneur** el Señor.

sein [sɛ̃] *nm* - **1.** [mamelle] seno *m*, pecho *m* ; **donner le ~** dar el pecho - **2.** [poitrine, milieu] seno *m*. ◆ **au sein de** *loc prép* en el seno de.

Seine [sɛn] *nf* : **la ~** el Sena.

séisme [seism] *nm* seísmo *m*.

seize [sɛz] *adj num inv* & *nm inv* dieciséis ; *voir aussi* **six**.

séjour [seʒur] *nm* - **1.** [durée] estancia *f* ; **être interdit de ~** tener prohibida la entrada al país ; **~ linguistique** estancia lingüística - **2.** [pièce] sala *f* de estar.

séjourner [seʒurne] *vi* pasar una temporada.

sel [sɛl] *nm* sal *f*.

sélection [selɛksjɔ̃] *nf* selección *f*.

sélectionner [selɛksjɔne] *vt* seleccionar.

self-service [sɛlfsɛrvis] (*pl* **self-services**) *nm* selfservice *m*, autoservicio *m*.

selle [sɛl] *nf* - **1.** [de cheval] silla *f* - **2.** [de bicyclette] sillín *m* - **3.** CULIN rabadilla *f*. ◆ **selles** *nfpl* MÉD heces *fpl* (fecales).

seller [sele] *vt* ensillar.

selon [səlɔ̃] *prép* - **1.** [gén] según - **2.** *loc* : **c'est ~** *fam* depende. ◆ **selon que** *loc conj* según, depende de si.

semaine [səmɛn] *nf* - **1.** [période] semana *f* ; **à la ~** semanalmente - **2.** [salaire] semana *f*, paga *f* semanal.

sémantique [semɑ̃tik] ◇ *adj* semántico(ca). ◇ *nf* semántica *f*.

semblable [sɑ̃blabl] ◇ *adj* - **1.** [analogue] semejante, parecido(da) ; **une voiture ~ à une autre** un coche parecido a otro - **2.** [tel] semejante ; **de ~s mensonges** semejantes mentiras. ◇ *nm* - **1.** [de même caractère] igual *m* - **2.** [prochain] semejante *m*.

semblant [sɑ̃blɑ̃] *nm* : **faire ~ de faire qqch** fingir OU simular hacer algo.

sembler [sɑ̃ble] ◇ *vi* parecer. ◇ *v impers* : **il (me/te) semble que** (me/te) parece que.

semelle [səmɛl] *nf* - **1.** [sous la chaussure] suela *f* - **2.** [à l'intérieur de la chaussure] plantilla *f* - **3.** CONSTR solera *f*.

semence [səmɑ̃s] *nf* - **1.** [graine] semilla *f* - **2.** [sperme] semen *m*.

semer [səme] *vt* - **1.** [gén] sembrar - **2.** [répandre] esparcir - **3.** *fam* [se débarrasser de, perdre] dar esquinazo a.

semestre [səmɛstr] *nm* semestre *m*.

semestriel, elle [səmɛstrijɛl] *adj* semestral.

séminaire [seminɛr] *nm* seminario *m*.

séminariste [seminarist] *nm* seminarista *m*.

semi-remorque [səmir(ə)mɔrk] (*pl* **semi-remorques**) *nm* camión *m* articulado.

semis [səmi] *nm* - **1.** [plant] semillero *m* - **2.** [méthode] siembra *f* - **3.** [terrain] sembrado *m*.

semoule [səmul] *nf* sémola *f*.

sempiternel, elle [sɑ̃pitɛrnɛl] *adj* perpetuo(tua).
sénat [sena] *nm* senado *m.* ◆ **Sénat** *nm* - **1.** [en France] Senado *m* (francés) - **2.** [aux USA] Senado *m* (de los Estados Unidos) - **3.** HIST [à Rome] Senado *m* (de Roma).
sénateur [senatœr] *nm* senador *m,* -ra *f.*
Sénégal [senegal] *nm* : **le ~** Senegal.
sénile [senil] *adj* - **1.** MÉD senil - **2.** *péj* [gâteux] chocho(cha).
sénilité [senilite] *nf* senilidad *f.*
sens [sɑ̃s] *nm* [gén] sentido *m* ; **~ figuré/propre** sentido figurado/propio ; **~ interdit/unique** dirección *f* prohibida/única ; **bon ~** sentido común.
sensass [sɑ̃sas] *adj inv fam* guay.
sensation [sɑ̃sasjɔ̃] *nf* sensación *f.*
sensationnel, elle [sɑ̃sasjɔnɛl] *adj* sensacional. ◆ **sensationnel** *nm* : **le ~** las sensaciones fuertes.
sensé, e [sɑ̃se] *adj* sensato(ta).
sensibiliser [sɑ̃sibilize] *vt* sensibilizar.
sensibilité [sɑ̃sibilite] *nf* sensibilidad *f.*
sensible [sɑ̃sibl] *adj* - **1.** [gén] sensible ; **~ à qqch** sensible a algo - **2.** [perceptible] perceptible.
sensiblement [sɑ̃sibləmɑ̃] *adv* - **1.** [approximativement] casi - **2.** [notablement] sensiblemente.
sensoriel, elle [sɑ̃sɔrjɛl] *adj* sensorial.
sensualité [sɑ̃sɥalite] *nf* sensualidad *f.*
sensuel, elle [sɑ̃sɥɛl] *adj* sensual.
sentence [sɑ̃tɑ̃s] *nf* sentencia *f.*
sentencieux, euse [sɑ̃tɑ̃sjø, øz] *adj péj* sentencioso(sa).
senteur [sɑ̃tœr] *nf sout* fragancia *f.*
sentier [sɑ̃tje] *nm* sendero *m,* senda *f* ; **~ de grande randonnée** *sendero especialmente hecho para excursionistas.*
sentiment [sɑ̃timɑ̃] *nm* - **1.** [affection, penchant] sentimiento *m* - **2.** [opinion] sentir *m* - **3.** [impression] impresión *f.*
sentimental, e, aux [sɑ̃timɑ̃tal, o] *adj* & *nm, f* sentimental.
sentinelle [sɑ̃tinɛl] *nf* centinela *m.*
sentir [sɑ̃tir] ◇ *vt* - **1.** [par l'odorat] oler ; [par le goût, par le toucher] notar - **2.** [exhaler] oler a - **3.** [pressentir] sentir ; **faire ~ qqch à qqn** dar a entender algo a alguien. ◇ *vi* oler ; **~ bon/mauvais** oler bien/mal. ◆ **se sentir** ◇ *vp* - **1.** [être perceptible] notarse ; **se faire ~** notarse, hacerse sentir ; **ça se sent!** ¡se nota! - **2.** *loc* : **ne pas pouvoir se ~** *fam* no poder tragarse. ◇ *v attr* sentirse ; **se ~ fatigué/malade/mal** sentirse cansado/enfermo/mal ; **se ~ la force/le courage de** sentirse con fuerzas/con ánimos para.
séparation [separasjɔ̃] *nf* separación *f.*
séparatiste [separatist] *nmf* separatista *mf.*
séparé, e [separe] *adj* - **1.** [distinct] distinto(ta) ; **des intérêts ~s** distintos intereses - **2.** [couple] separado(da).
séparer [separe] *vt* - **1.** [gén] separar ; **~ qqch de qqch** separar algo de algo ; **~ qqn de qqn** separar a alguien de alguien - **2.** [espace, lieu] dividir. ◆ **se séparer** *vp* - **1.** [gén] : **se ~ de qqch/de qqn** separarse de algo/de alguien - **2.** [route, fleuve] dividirse.
sept [sɛt] *adj num inv* & *nm inv* siete ; *voir aussi* **six.**
septembre [sɛptɑ̃br] *nm* septiembre *m,* setiembre *m* ; **au mois de** OU **en ~** en (el mes de) septiembre.
septennat [sɛptena] *nm periodo de siete años correspondiente al mandato del presidente de la República en Francia.*
septicémie [sɛptisemi] *nf* septicemia *f.*
sépulcre [sepylkr] *nm sout* sepulcro *m.*
sépulture [sepyltyr] *nf* sepultura *f.*
séquelle [sekɛl] *nf (gén pl)* secuela *f.*
séquence [sekɑ̃s] *nf* - **1.** CIN, TÉLÉ & SCIENCES secuencia *f* - **2.** [série de cartes] escalera *f.*
séquestrer [sekɛstre] *vt* - **1.** [personne] secuestrar *Esp,* plagiar *Amér* - **2.** JUR [bien] depositar.
Serbie [sɛrbi] *nf* : **la ~** Serbia.
serein, e [sərɛ̃, ɛn] *adj* sereno(na).
sérénade [serenad] *nf* serenata *f.*
sérénité [serenite] *nf* serenidad *f.*
serf, serve [sɛr(f), sɛrv] ◇ *adj* de servidumbre. ◇ *nm, f* siervo *m,* -va *f.*
sergent [sɛrʒɑ̃] *nm* sargento *m.*
série [seri] *nf* - **1.** [gén] serie *f* ; **hors ~** fuera de serie ; **~ noire** *fig* mala racha *f* ; [en littérature] serie negra - **2.** SPORT categoría *f.* ◆ **en série** *loc adv* & *loc adj* en serie.
sérieusement [serjøzmɑ̃] *adv* - **1.** [sans plaisanter, avec application] seriamente, en serio - **2.** [grièvement] seriamente.
sérieux, euse [serjø, øz] *adj* serio(ria). ◆ **sérieux** *nm* seriedad *f* ; **garder son ~** mantener la seriedad ; **prendre qqch/qqn au ~** tomarse algo/a alguien en serio.
serin, e [sərɛ̃, in] *nm, f* - **1.** [oiseau] canario *m* - **2.** *fam* [niais] merluzo *m,* -za *f.*
seringue [sərɛ̃g] *nf* jeringuilla *f.*
serment [sɛrmɑ̃] *nm* juramento *m* ; **faire**

le ~ de jurar que ; **sous ~** bajo juramento ; **~ d'Hippocrate** juramento de Hipócrates.
sermon [sɛrmɔ̃] *nm litt & fig* sermón *m*.
séronégatif, ive [seronegatif, iv] *adj* seronegativo(va).
séropositif, ive [seropozitif, iv] *adj* seropositivo(va).
séropositivité [seropozitivite] *nf* seropositividad *f*.
serpe [sɛrp] *nf* podadera *f*.
serpent [sɛrpɑ̃] *nm* serpiente *f*.
serpenter [sɛrpɑ̃te] *vi* serpentear.
serpillière [sɛrpijɛr] *nf* trapo *m*, bayeta *f*.
serre [sɛr] *nf* invernadero *m*. ◆ **serres** *nfpl* ZOOL garras *fpl*.
serré, e [sere] *adj* **- 1.** [nœud, poing] apretado(da) **- 2.** [masse, tissu, forêt] tupido(da) **- 3.** [style] conciso(sa) **- 4.** [vêtement, chaussures] ceñido(da) **- 5.** [discussion, match] reñido(da) **- 6.** [café] cargado(da).
serrer [sere] ◇ *vt* **- 1.** [poing, lèvres, vis] apretar ; *fig* [cœur] encoger **- 2.** [suj : vêtement] apretar **- 3.** [personne, main, rangs] estrechar **- 4.** [se tenir près de] pegarse a. ◇ *vi* AUTOM : **~ à droite/à gauche** pegarse a la derecha/a la izquierda. ◆ **se serrer** *vp* [cœur] encogerse.
serre-tête [sɛrtɛt] *nm inv* diadema *f*.
serrure [seryr] *nf* cerradura *f Esp*, chapa *f Amér*.
serrurier [seryrje] *nm* cerrajero *m*.
sertir [sɛrtir] *vt* engastar.
sérum [serɔm] *nm* suero *m*.
servage [sɛrvaʒ] *nm* servidumbre *f*.
servante [sɛrvɑ̃t] *nf* sirvienta *f*.
serve ▷ **serf.**
serveur, euse [sɛrvœr, øz] *nm, f* **- 1.** [employé] camarero *m*, -ra *f Esp*, mozo *m*, -za *f Amér* **- 2.** [aux cartes] jugador *m*, -ra *f* que reparte las cartas **- 3.** SPORT servidor *m*, -ra *f*. ◆ **serveur** *nm* INFORM servidor *m*.
servi, e [sɛrvi] *pp* ▷ **servir.**
serviable [sɛrvjabl] *adj* servicial.
service [sɛrvis] *nm* **- 1.** [gén] servicio *m* ; **être au ~ (militaire)** *fam* estar en la mili ; **être en ~** estar en servicio ; **être hors ~** estar fuera de servicio ; **~ compris** servicio incluido ; **~ après vente** servicio posventa ; **~ militaire/public** servicio militar/público **- 2.** [département] departamento *m* **- 3.** [aide] favor *m* ; **que puis-je faire pour votre ~?** ¿puedo ayudarle en algo? ; **rendre un ~ à qqn** hacer un favor a alguien **- 4.** [à café, de porcelaine] juego *m* **- 5.** RELIG oficio *m*.
serviette [sɛrvjɛt] *nf* **- 1.** [de table] servilleta *f* **- 2.** [de toilette] toalla *f* **- 3.** [porte-documents] cartera *f*. ◆ **serviette hygiénique** *nf* compresa *f*.
serviette-éponge *nf* toalla *f* de felpa.
servile [sɛrvil] *adj* servil.
servir [sɛrvir] ◇ *vt* **- 1.** [gén] servir ; [client] atender ; **~ qqch à qqn** servir algo a alguien **- 2.** [aider, travailler pour] servir a ; [suj : circonstances] favorecer. ◇ *vi* servir ; **~ à faire qqch** servir para hacer algo ; **~ de** servir de ; **ça peut toujours** OU **encore ~** aún puede servir ; **cela ne sert à rien** no sirve de OU para nada. ◆ **se servir** *vp* servirse ; **se ~ de qqch/de qqn** servirse de algo/de alguien.
serviteur [sɛrvitœr] *nm* servidor *m*, -ra *f*.
servitude [sɛrvityd] *nf* servidumbre *f*.
session [sesjɔ̃] *nf* **- 1.** [assemblée] sesión *f* **- 2.** UNIV [examen] convocatoria *f*.
set [sɛt] *nm* **- 1.** SPORT set *m* **- 2.** [napperon] mantel *m* individual ; **~s de table** juego *m* de manteles individuales.
seuil [sœj] *nm* umbral *m*.
seul, e [sœl] *adj* **- 1.** [isolé] solo(la) ; **~ à ~** a solas **- 2.** [unique] : **le ~/la ~e** el único/la única ; **un ~/une ~e** un solo/una sola **- 3.** [sans compagnie] solo(la) **- 4.** [sans aide] : **(tout) ~** por sí solo ; **je le ferai tout ~** lo haré yo solo.
seulement [sœlmɑ̃] *adv* **- 1.** [pas davantage, exclusivement] solamente, sólo ; **non ~ ... mais (encore)** no sólo ... sino (también) **- 2.** [toutefois] sólo que **- 3.** [pas plus tôt que] : **elle est arrivée ~ hier** no llegó hasta ayer ; **il vient ~ d'arriver** acaba de llegar ahora **- 4.** [même] ni siquiera.
sève [sɛv] *nf* savia *f*.
sévère [sevɛr] *adj* **- 1.** [gén] severo(ra) **- 2.** [décor, tenue] sobrio(bria).
sévérité [severite] *nf* severidad *f*.
sévices [sevis] *nmpl* malos tratos *mpl*.
Séville [sevij] *n* Sevilla.
sévir [sevir] *vi* **- 1.** [punir] castigar duramente ; **~ contre qqn** castigar duramente a alguien **- 2.** [faire des ravages] hacer estragos.
sevrer [səvre] *vt* **- 1.** [enfant, animal] destetar **- 2.** *fig* [priver de] : **~ qqn de qqch** privar a alguien de algo.
sexe [sɛks] *nm* sexo *m*.
sexiste [sɛksist] *adj & nmf* sexista.
sexologue [sɛksɔlɔg] *nmf* sexólogo(ga).

sex-shop [sɛksʃɔp] (*pl* **sex-shops**) *nm* sex-shop *m*.
sextant [sɛkstɑ̃] *nm* sextante *m*.
sexualité [sɛksɥalite] *nf* sexualidad *f*.
sexué, e [sɛksɥe] *adj* sexuado(da).
sexuel, elle [sɛksɥɛl] *adj* sexual.
sexy [sɛksi] *adj inv fam* sexy.
seyant, e [sɛjɑ̃, ɑ̃t] *adj* favorecedor(ra).
shampooing, shampoing [ʃɑ̃pwɛ̃] *nm* - **1.** [savon] champú *m* - **2.** [lavage] : **faire un ~ à qqn** lavarle la cabeza a alguien.
shérif [ʃerif] *nm* shérif *m*.
shopping [ʃɔpiŋ] *nm* : **faire du ~** ir de tiendas OU de compras.
short [ʃɔrt] *nm* pantalón *m* corto, short *m*.
show-business [ʃobiznɛs] *nm inv* show business *m*.
si [si] ◇ *adv* - **1.** [gén] tan ; **elle est ~ belle** es tan guapa ; **il roulait ~ vite qu'il a eu un accident** conducía tan rápido que tuvo un accidente ; **ce n'est pas ~ facile que ça** no es tan fácil (como parece) - **2.** [oui] sí ; **tu n'aimes pas sa maison? — ~** ¿no te gusta su casa? — sí ; **mais ~!** ¡que sí! ◇ *conj* si ; **~ tu veux, on y va** si quieres, vamos ; **je ne sais pas s'il est parti** no sé si se ha ido ; **~ seulement** si al menos, si por lo menos. ◇ *nm inv* - **1.** MUS si *m* - **2.** *loc* : **il y a toujours des ~ et des mais** siempre hay peros. ◆ **si bien que** *loc conj* de modo que. ◆ **si ce n'est** *loc prép* - **1.** [sinon] sino - **2.** [sauf] excepto. ◆ **si ce n'est que** *loc conj* excepto que. ◆ **si peu que** *loc conj* por poco que, a poco que. ◆ **si tant est que** *loc conj* si es que.
siamois, e [sjamwa, az] *adj* siamés(esa).
Sibérie [siberi] *nf* : **la ~** Siberia.
sibyllin, e [sibilɛ̃, in] *adj* sibilino(na).
Sicile [sisil] *nf* : **la ~** Sicilia.
SIDA, sida [sida] (*abr de* **syndrome immunodéficitaire acquis**) *nm* sida *m*.
side-car [sidkar] (*pl* **side-cars**) *nm* sidecar *m*.
sidéré, e [sidere] *adj* pasmado(da).
sidérer [sidere] *vt* dejar pasmado(da).
sidérurgie [sideryrʒi] *nf* siderurgia *f*.
siècle [sjɛkl] *nm* siglo *m* ; **la découverte du ~** el descubrimiento del siglo ; **ça fait des ~s que ...** hace siglos que ...
siège [sjɛʒ] *nm* - **1.** [meuble] asiento *m* ; **~ arrière/avant/éjectable** asiento trasero/delantero/eyectable - **2.** [d'élu] escaño *m* - **3.** MIL sitio *m* - **4.** [résidence] sede *f* ; **~ social** domicilio *m* social - **5.** [centre] foco *m* - **6.** ANAT nalgas *fpl* ; **se présenter par le ~** [bébé] venir de nalgas.
siéger [sjeʒe] *vi* - **1.** [faire partie d'une assemblée] ocupar un escaño - **2.** [tenir séance] reunirse - **3.** [se situer] tener la sede - **4.** *fig* [résider] residir.
sien, sienne [sjɛ̃, sjɛn] *adj poss* suyo (suya). ◆ **le sien** (*f* **la sienne**, *mpl* **les siens**, *fpl* **les siennes**) *pron poss* el suyo (la suya) ; **les ~s** [sa famille] los suyos.
sieste [sjɛst] *nf* siesta *f* ; **faire la ~** dormir OU echarse la siesta.
sifflement [sifləmɑ̃] *nm* - **1.** [gén] silbido *m Esp*, chiflido *m Amér* - **2.** [d'oiseau] canto *m*.
siffler [sifle] ◇ *vi* - **1.** [gén] silbar *Esp*, chiflar *Amér* ; [avec un instrument] pitar - **2.** [oiseau] cantar. ◇ *vt* - **1.** [air, chanson] silbar *Esp*, chiflar *Amér* - **2.** [chien] llamar con un silbido - **3.** *fam* [verre] soplarse.
sifflet [siflɛ] *nm* - **1.** [instrument] silbato *m* ; [jouet] pito *m* - **2.** [son] silbido *m*, pitido *m Esp*, chiflido *m Amér*. ◆ **sifflets** *nmpl* silbidos *mpl*, abucheos *mpl*.
siffloter [siflɔte] *vt* & *vi* silbar *Esp*, chiflar *Amér*.
sigle [sigl] *nm* sigla *f*.
signal, aux [siɲal, o] *nm* - **1.** [gén] señal *f* ; **donner le ~ (de qqch)** dar la señal (de algo) ; **~ d'alarme** señal de alarma - **2.** [geste] seña *f*.
signalement [siɲalmɑ̃] *nm* descripción *f*.
signaler [siɲale] *vt* - **1.** [gén] señalar ; **rien à ~** nada que señalar - **2.** [à la police] denunciar.
signalétique [siɲaletik] *adj* ▷ **fiche.**
signalisation [siɲalizasjɔ̃] *nf* señalización *f*.
signataire [siɲatɛr] *nmf* firmante *mf*, signatario *m*, -ria *f*.
signature [siɲatyr] *nf* firma *f*.
signe [siɲ] *nm* - **1.** [indice] señal *f* - **2.** [geste, trait, signal] seña *f* ; **~s particuliers** señas particulares - **3.** SCIENCES & ASTROL signo *m*.
signer [siɲe] *vt* firmar. ◆ **se signer** *vp* persignarse.
signet [siɲɛ] *nm* marcador *m*.
significatif, ive [siɲifikatif, iv] *adj* significativo(va).
signification [siɲifikasjɔ̃] *nf* - **1.** [sens] significado *m* - **2.** JUR notificación *f*.
signifier [siɲifje] *vt* - **1.** [avoir le sens de] significar - **2.** [faire connaître & JUR] notificar.

silence [silɑ̃s] *nm* silencio *m*.
silencieux, euse [silɑ̃sjø, øz] *adj* silencioso(sa). ◆ **silencieux** *nm* silenciador *m*.
silex [silɛks] *nm inv* sílex *m inv*.
silhouette [silwɛt] *nf* silueta *f*.
sillage [sijaʒ] *nm* estela *f* ; **laisser qqch dans son ~** *fig* dejar tras de sí una estela de algo.
sillon [sijɔ̃] *nm* surco *m*.
sillonner [sijɔne] *vt* surcar.
silo [silo] *nm* silo *m*.
simagrées [simagre] *nfpl péj* melindres *mpl*.
similaire [similɛr] *adj* similar.
similarité [similarite] *nf* similitud *f*.
similicuir [similikɥir] *nm* polipiel *f*.
similitude [similityd] *nf* **- 1.** [analogie] similitud *f* **- 2.** GÉOM semejanza *f*.
simple [sɛ̃pl] ◇ *adj* **- 1.** [gén] sencillo(lla), simple ; **c'est ~ comme bonjour** es coser y cantar **- 2.** CHIM simple. ◇ *nm* [personne] simple *m* ; [au tennis] individuales *mpl*.
simplicité [sɛ̃plisite] *nf* **- 1.** [facilité] sencillez *f*, simplicidad *f* **- 2.** *fig* [modestie, sobriété] sencillez *f* **- 3.** [naïveté] simplicidad *f*.
simplifier [sɛ̃plifje] *vt* simplificar.
simpliste [sɛ̃plist] *adj* & *nmf péj* simplista.
simulacre [simylakr] *nm* simulacro *m*.
simulateur, trice [simylatœr, tris] *nm, f* farsante *mf*. ◆ **simulateur** *nm* TECHNOL simulador *m*.
simulation [simylasjɔ̃] *nf* simulación *f*.
simuler [simyle] *vt* **- 1.** [feindre] simular, fingir **- 2.** TECHNOL simular.
simultané, e [simyltane] *adj* simultáneo(nea).
sincère [sɛ̃sɛr] *adj* sincero(ra).
sincèrement [sɛ̃sɛrmɑ̃] *adv* sinceramente ; [franchement] francamente.
sincérité [sɛ̃serite] *nf* sinceridad *f*.
sine qua non [sinekwanɔn] *loc adj inv* sine qua non.
Singapour [sɛ̃gapur] *n* Singapur.
singe [sɛ̃ʒ] *nm* mono *m*, -na *f*.
singer [sɛ̃ʒe] *vt* **- 1.** [imiter] remedar **- 2.** [feindre] fingir, simular.
singerie [sɛ̃ʒri] *nf (gén pl)* [grimace] mueca *f*, mojiganga *f*.
singulariser [sɛ̃gylarize] *vt* singularizar. ◆ **se singulariser** *vp* singularizarse.
singularité [sɛ̃gylarite] *nf* singularidad *f*.
singulier, ère [sɛ̃gylje, ɛr] *adj* singular. ◆ **singulier** *nm* GRAM singular *m*.
singulièrement [sɛ̃gyljɛrmɑ̃] *adv* **- 1.** [bizarrement] de forma singular **- 2.** [beaucoup] extraordinariamente **- 3.** [notamment] especialmente.
sinistre [sinistr] ◇ *adj* **- 1.** [gén] siniestro(tra) **- 2.** *péj* [stupide] pobre. ◇ *nm* **- 1.** [catastrophe] siniestro *m* **- 2.** JUR daño *m*.
sinistré, e [sinistre] *adj* & *nm, f* siniestrado(da).
sinon [sinɔ̃] *conj* **- 1.** [autrement] si no ; **obéis, ~ je me fâche** obedece, si no me enfado **- 2.** [sauf] sino ; **je ne sens rien, ~ une légère courbature** no siento sino unas ligeras agujetas.
sinueux, euse [sinɥø, øz] *adj* sinuoso(sa).
sinuosité [sinɥozite] *nf* sinuosidad *f*.
sinus [sinys] *nm* ANAT & MATHS seno *m*.
sinusite [sinyzit] *nf* sinusitis *f inv*.
sionisme [sjɔnism] *nm* sionismo *m*.
siphon [sifɔ̃] *nm* sifón *m*.
siphonner [sifɔne] *vt* trasegar con un sifón.
sirène [sirɛn] *nf* sirena *f*.
sirop [siro] *nm* jarabe *m* ; **au ~** en almíbar ; **~ d'érable** jarabe de arce ; **~ de grenadine** granadina *f* ; **~ de menthe** jarabe de menta.
siroter [sirɔte] *vt fam* beber a sorbitos.
sismique [sismik] *adj* sísmico(ca).
sitcom [sitkɔm] *nf* ou *nm* telecomedia *f*.
site [sit] *nm* **- 1.** [emplacement] emplazamiento *m* ; **~ archéologique/historique** emplazamiento arqueológico/histórico **- 2.** [paysage pittoresque] paraje *m* ; **~ naturel** paraje natural **- 3.** INFORM : **~ Web** sitio *m* Web.
sitôt [sito] *adv* tan pronto como, en cuanto ; **~ dit, ~ fait** dicho y hecho ; **~ après** inmediatamente después ; **il ne reviendra pas de ~** tardará en volver. ◆ **sitôt que** *loc conj* tan pronto como, en cuanto ; **je le lui dirai ~ qu'il reviendra** se lo diré tan pronto como ou en cuanto vuelva.
situation [sitɥasjɔ̃] *nf* **- 1.** [gén] situación *f* ; **~ de famille** estado *m* civil **- 2.** [emploi] puesto *m*.
situé, e [sitɥe] *adj* situado(da) ; **bien/mal ~** bien/mal situado.

situer [sitɥe] *vt* situar. ◆ **se situer** *vp* situarse.

six [sis] (*en fin de phrase,* [si] *devant consonne ou h aspiré,* [siz] *devant voyelle ou h muet*) ◇ *adj* - **1.** [gén] seis ; **il a ~ ans** tiene seis años ; **il est ~ heures** son las seis ; **le ~ janvier** el seis de enero - **2.** [roi, pape] sexto(ta). ◇ *nm inv* seis *m* ; **elle habite (au) ~ rue de Valois** vive en la calle Valois número seis. ◇ *pron* seis ; **~ par ~** de seis en seis ; **venir à ~** venir seis.

sixième [sizjɛm] ◇ *adj* sexto(ta) ; **le ~ siècle** el siglo sexto ; **arriver/se classer ~** llegar/clasificarse en sexto lugar OU el sexto. ◇ *nmf* sexto *m*, -ta *f*. ◇ *nf* SCOL ≃ sexto *m* de EGB ; **entrer en ~** ≃ pasar a sexto de EGB ; **être en ~** ≃ estar en sexto de EGB. ◇ *nm* - **1.** [part] : **le** OU **un ~ de qqch** el OU un sexto de algo, la OU una sexta parte de algo - **2.** [arrondissement] distrito *m* sexto, sexto distrito *m* - **3.** [étage] sexto *m*.

skateboard [skɛtbɔrd] *nm* monopatín *m*, skateboard *m*.

sketch [skɛtʃ] (*pl* **sketchs** OU **sketches**) *nm* esquech *m*, sketch *m*.

ski [ski] *nm* esquí *m* ; **~ acrobatique/alpin/nautique** esquí acrobático/alpino/náutico ; **~ de fond** esquí de fondo.

skier [skje] *vi* esquiar.

skieur, euse [skjœr, øz] *nm, f* esquiador *m*, -ra *f*.

skinhead [skinɛd] *nmf* cabeza *mf* rapada, skin head *mf*.

skipper [skipœr] *nm* - **1.** [de yacht] patrón *m*, capitán *m* - **2.** [barreur] timonel *m*.

slalom [slalɔm] *nm* - **1.** [de ski] eslálom *m* - **2.** [zigzags] zigzag *m*.

slip [slip] *nm* [d'homme] eslip *m* ; [de femme] bragas *fpl Esp*, calzones *mpl Amér*.

slogan [slɔgɑ̃] *nm* eslogan *m*.

Slovaquie [slɔvaki] *nf* : **la ~** Eslovaquia.

Slovénie [slɔveni] *nf* : **la ~** Eslovenia.

slow [slo] *nm* balada *f (canción)*, lenta *f*.

smala, smalah [smala] *nf fam* [famille nombreuse] tropa *f*.

smasher [smaʃe] *vi* dar un mate.

SME (*abr de* **Système monétaire européen**) *nm* SME *m*.

SMIC, smic [smik] (*abr de* **salaire minimum interprofessionnel de croissance**) *nm salario mínimo interprofesional en Francia,* ≃ SMI *m*.

smiley [smajli] *nm* cara *f* sonriente.

smoking [smɔkiŋ] *nm* esmoquin *m*, smoking *m*.

snack-bar [snakbar] (*pl* **snack-bars**), **snack** [snak] *nm* bar *m*, cafetería *f*.

SNCF (*abr de* **Société nationale des chemins de fer français**) *nf compañía nacional de ferrocarriles franceses,* ≃ RENFE *f*.

snob [snɔb] *adj* & *nmf* esnob.

snober [snɔbe] *vt* mirar por encima del hombro.

snobisme [snɔbism] *nm* esnobismo *m*.

soap opera [sopɔpera] (*pl* **soap operas**) *nm* serial *m*.

sobre [sɔbr] *adj* sobrio(bria).

sobriété [sɔbrijete] *nf* sobriedad *f*.

sobriquet [sɔbrikɛ] *nm* apodo *m*.

soc [sɔk] *nm* reja *f (del arado)*.

sociable [sɔsjabl] *adj* sociable.

social, e, aux [sɔsjal, o] ◇ *adj* social. ◇ *nm* : **le ~** el ámbito social.

socialisme [sɔsjalism] *nm* socialismo *m*.

socialiste [sɔsjalist] *adj* & *nmf* socialista.

sociétaire [sɔsjetɛr] ◇ *adj* asociado(da). ◇ *nmf* socio *m*, -cia *f*.

société [sɔsjete] *nf* sociedad *f* ; **en ~** en sociedad ; **~ anonyme** sociedad anónima ; **~ à responsabilité limitée** sociedad (de responsabilidad) limitada.

sociologie [sɔsjɔlɔʒi] *nf* sociología *f*.

sociologue [sɔsjɔlɔg] *nmf* sociólogo *m*, -ga *f*.

socioprofessionnel, elle [sɔsjɔprɔfɛsjɔnɛl] *adj* socioprofesional.

socle [sɔkl] *nm* zócalo *m*.

socquette [sɔkɛt] *nf* calcetín *m* corto.

soda [sɔda] *nm* soda *f*.

sodium [sɔdjɔm] *nm* sodio *m*.

sodomiser [sɔdɔmize] *vt* sodomizar.

sœur [sœr] *nf* hermana *f* ; **~s siamoises** hermanas siamesas ; **grande/petite ~** hermana mayor/pequeña.

sofa [sɔfa] *nm* sofá *m*.

software [sɔftwɛr] *nm* software *m*.

soi [swa] *pron pers* sí mismo, sí misma, uno mismo, una misma ; **parler de ~** hablar de sí mismo ; **être content de ~** estar contento con uno mismo ; **revenir à ~** volver en sí ; **cela va de ~ (que)** ni que decir tiene (que). ◆ **soi-même** *pron pers* uno mismo (una misma).

soi-disant [swadizɑ̃] ◇ *adj inv* supuesto(ta). ◇ *adv fam* se supone que ; **il était ~ malade** se supone que estaba enfermo.

soie [swa] *nf* - **1.** [textile] seda *f* - **2.** [poil] cerda *f*.

soierie [swari] *nf* - **1.** *(gén pl)* [textile] sedas *fpl* - **2.** [industrie] sedería *f*.

soif [swaf] *nf* sed *f* ; **avoir ~** tener sed.

soigné, e [swaɲe] *adj* [gén] cuidado(da).

soigner [swaɲe] *vt* - **1.** [blessure, malade] curar - **2.** [travail, jardin] cuidar. ◆ **se soigner** *vp* [malade] curarse.

soigneur [swaɲœr] *nm* SPORT cuidador *m*.

soigneusement [swaɲøzmɑ̃] *adv* cuidadosamente.

soigneux, euse [swaɲø, øz] *adj* cuidadoso(sa).

soin [swɛ̃] *nm* - **1.** [application] esmero *m* ; **avoir** OU **prendre le ~ de** tener el cuidado de ; **faire qqch avec ~** hacer algo con cuidado OU cuidadosamente ; **faire qqch sans ~** hacer algo de cualquier manera - **2.** [sollicitude] cuidado *m* ; **prendre ~ de qqch/de qqn** cuidar de algo/de alguien. ◆ **soins** *nmpl* asistencia *f* médica ; **être aux petits ~s pour qqn** colmar de atenciones a alguien.

soir [swar] *nm* [déclin du jour] tarde *f* ; [nuit] noche *f* ; **le ~** [au déclin du jour] por la tarde ; [la nuit] por la noche.

soirée [sware] *nf* - **1.** [soir] noche *f* ; [avec des amis] velada *f* - **2.** [réception] recepción *f* ; **de ~** [tenue, robe] de noche - **3.** [spectacle] función *f* de noche ; **~ de gala** función de gala ; **en ~** por la noche.

sois *etc* ▷ **être**.

soit[1] [swa] *conj* - **1.** [c'est-à-dire] o sea, es decir - **2.** MATHS [étant donné] dado(da) ; **~ une droite AB** dada una recta AB - **3.** *loc* : **~ dit en passant** dicho sea de paso. ◆ **soit ..., soit** *loc corrélative* o ... o. ◆ **soit que ..., soit que** *loc corrélative (+ subjonctif)* tanto si ... como si *(+ indicativo)* ; **~ que tu viennes chez moi, ~ que j'aille chez toi ...** tanto si tu vienes a mi casa como si yo voy a la tuya ...

soit[2] [swat] *adv sout* de acuerdo.

soixante [swasɑ̃t] *adj num inv* & *nm inv* sesenta ; *voir aussi* **six**.

soixante-dix [swasɑ̃tdis] *adj num inv* & *nm inv* setenta ; *voir aussi* **six**.

soixante-dixième [swasɑ̃tdizjɛm] ◇ *adj* & *nmf* septuagésimo(ma). ◇ *nm* setentavo *m*, setentava parte *f*.

soixantième [swasɑ̃tjɛm] ◇ *adj num* & *nmf* sexagésimo(ma). ◇ *nm* sesentavo *m*, sesentava parte *f*.

soja [sɔʒa] *nm* soja *f*.

sol [sɔl] ◇ *nm* suelo *m*. ◇ *nm inv* MUS sol *m*.

solaire [sɔlɛr] *adj* solar ; [cadran] de sol.

solarium [sɔlarjɔm] *nm* solárium *m*.

soldat [sɔlda] *nm* - **1.** [militaire] soldado *m* ; **le ~ inconnu** el soldado desconocido ; **simple ~** soldado raso - **2.** [jouet] soldadito *m*.

solde [sɔld] ◇ *nm* - **1.** [d'un compte, d'une facture] saldo *m* ; **~ créditeur/débiteur** saldo acreedor/deudor - **2.** COMM : **être en ~** estar rebajado(da). ◇ *nf* MIL sueldo *m*. ◆ **soldes** *nmpl* COMM rebajas *fpl*.

solder [sɔlde] *vt* [compte - régler] saldar ; [- fermer] liquidar ; [article] rebajar, saldar. ◆ **se solder** *vp* : **se ~ par qqch** FIN saldarse con algo ; *fig* [aboutir à] acabar en algo.

sole [sɔl] *nf* lenguado *m*.

soleil [sɔlɛj] *nm* - **1.** [gén] sol *m* ; **au ~** al sol ; **en plein ~** a pleno sol ; **~ couchant/levant** sol poniente/naciente - **2.** [tournesol] girasol *m* - **3.** SPORT giro *m* de apoyo libre.

solennel, elle [sɔlanɛl] *adj* solemne.

solennité [sɔlanite] *nf* solemnidad *f*.

solfège [sɔlfɛʒ] *nm* solfeo *m*.

solidaire [sɔlidɛr] *adj* solidario(ria) ; **être ~ de qqn** ser solidario(ria) con alguien.

solidarité [sɔlidarite] *nf* solidaridad *f* ; **par ~ avec** en solidaridad con.

solide [sɔlid] ◇ *adj* - **1.** [gén] sólido(da) - **2.** [personne] robusto(ta) ; **ne pas être ~ sur ses jambes** no tenerse en pie - **3.** [couple, relation] estable, sólido(da). ◇ *nm* - **1.** PHYS sólido *m* - **2.** *fig* [concret] : **c'est du ~** es algo tangible.

solidité [sɔlidite] *nf* solidez *f*.

soliloque [sɔlilɔk] *nm sout* soliloquio *m*.

soliste [sɔlist] *nmf* solista *mf*.

solitaire [sɔlitɛr] ◇ *adj* & *nmf* solitario(ria). ◇ *nm* solitario *m*.

solitude [sɔlityd] *nf* soledad *f*.

sollicitation [sɔlisitasjɔ̃] *nf (gén pl)* [requête] petición *f* ; [impulsion] señal *f*.

solliciter [sɔlisite] *vt* - **1.** [réclamer] solicitar ; **~ qqch de qqn** [audience, entretien] solicitar algo de alguien ; [curiosité, intérêt, attention] reclamar algo de alguien - **2.** [faire appel à] : **~ qqn pour faire qqch** reclamar a alguien para hacer algo.

sollicitude [sɔlisityd] *nf* solicitud *f (atención, amabilidad)*.

solo [sɔlo] *nm* MUS solo *m* ; **en ~** *fig* en solitario.

solstice [sɔlstis] *nm* solsticio *m*.

soluble [sɔlybl] *adj* - **1.** [matière] soluble - **2.** [problème] : **être ~** poder resolverse.

solution [sɔlysjɔ̃] *nf* solución *f*; **chercher/trouver la ~** buscar/encontrar la solución.
solvable [sɔlvabl] *adj* solvente.
solvant [sɔlvɑ̃] *nm* disolvente *m*.
Somalie [sɔmali] *nf* : **la ~** Somalia.
sombre [sɔ̃br] *adj* - **1.** [gén] oscuro(ra) - **2.** [avenir, air, pensées] sombrío(a) ; **une ~ brute** un pedazo de bruto.
sombrer [sɔ̃bre] *vi* - **1.** [bateau] zozobrar - **2.** *fig* [personne] : **~ dans qqch** [folie, oubli, alcoolisme] hundirse en algo ; [sommeil] sumergirse en algo.
sommaire [sɔmɛr] ◇ *adj* - **1.** [explication] somero(ra) - **2.** [exécution] sumario(ria) - **3.** [installation] sencillo(lla). ◇ *nm* índice *m*.
sommation [sɔmasjɔ̃] *nf* - **1.** JUR intimación *f*, requerimiento *m* - **2.** [ordre] orden *f* ; **rendez-vous, dernière ~!** ¡ríndanse!, ¡último aviso!
somme [sɔm] ◇ *nf* suma *f*. ◇ *nm* siesta *f* ; **faire un petit ~** echar una cabezada. ◆ **en somme** *loc adv* en suma. ◆ **somme toute** *loc adv* después de todo.
sommeil [sɔmɛj] *nm* sueño *m* ; **avoir ~** tener sueño.
sommeiller [sɔmɛje] *vi* - **1.** *sout* [personne] dormitar - **2.** *fig* [sentiment, qualité] latir, estar latente.
sommelier, ère [sɔməlje, ɛr] *nm, f* sumiller *mf*, sommelier *mf*.
sommes [sɔm] ⊳ **être.**
sommet [sɔmɛ] *nm* - **1.** [gén] cumbre *f* ; **au ~ de** en la cumbre de - **2.** GÉOM vértice *m*.
sommier [sɔmje] *nm* somier *m*.
sommité [sɔmite] *nf* eminencia *f*.
somnambule [sɔmnɑ̃byl] *adj* & *nmf* sonámbulo(la).
somnifère [sɔmnifɛr] *nm* somnífero *m*.
somnolent, e [sɔmnɔlɑ̃, ɑ̃t] *adj* - **1.** [personne] soñoliento(ta), somnoliento(ta) - **2.** *fig* [économie] aletargado(da).
somnoler [sɔmnɔle] *vi* dormitar.
somptueux, euse [sɔ̃ptɥø, øz] *adj* suntuoso(sa).
somptuosité [sɔ̃ptɥozite] *nf* suntuosidad *f*.
son[1] [sɔ̃] (*f* **sa** [sa], *pl* **ses** [se]) *adj poss* su.
son[2] [sɔ̃] *nm* sonido *m* ; **au ~ de** al son de.
son[3] [sɔ̃] *nm* salvado *m*.
sonate [sɔnat] *nf* sonata *f*.
sondage [sɔ̃daʒ] *nm* sondeo *m* ; **~ d'opinion** sondeo de opinión.
sonde [sɔ̃d] *nf* sonda *f*.
sondé, e [sɔ̃de] *nm, f* encuestado *m*, -da *f*.
sonder [sɔ̃de] *vt* - **1.** [gén] sondear - **2.** MÉD sondar.
songe [sɔ̃ʒ] *nm sout* sueño *m*.
songer [sɔ̃ʒe] ◇ *vt* : **~ que** pensar que. ◇ *vi* : **~ à qqch** pensar en algo ; **~ à faire qqch** pensar en hacer algo.
songeur, euse [sɔ̃ʒœr, øz] *adj* pensativo(va).
sonnant, e [sɔnɑ̃, ɑ̃t] *adj* [heure] en punto.
sonné, e [sɔne] *adj* - **1.** [heure] pasado(da) - **2.** *fam* [ans] cumplido(da) - **3.** [étourdi] atontado(da) *Esp*, ahuevado(da) *Amér* - **4.** *fam* [fou] sonado(da).
sonner [sɔne] ◇ *vt* - **1.** [cloche, retraite, angélus] tocar - **2.** [alarme] dar - **3.** [domestique, infirmière] llamar - **4.** *fam* [appeler] : **je ne t'ai pas sonné** ¡a ti nadie te ha dicho nada! ◇ *vi* - **1.** [cloche, réveil, téléphone] sonar - **2.** [appeler] llamar.
sonnerie [sɔnri] *nf* - **1.** [de téléphone, de réveil] timbre *m* - **2.** [de cloche] repique *m* - **3.** [de clairon] toque *m*.
sonnet [sɔnɛ] *nm* soneto *m*.
sonnette [sɔnɛt] *nf* - **1.** [électrique] timbre *m* ; **appuyer sur la ~** pulsar el timbre - **2.** [clochette] campanilla *f*.
sono [sɔno] *nf fam* sonorización *f*.
sonore [sɔnɔr] *adj* sonoro(ra).
sonorisation [sɔnɔrizasjɔ̃] *nf* sonorización *f*.
sonoriser [sɔnɔrize] *vt* sonorizar.
sonorité [sɔnɔrite] *nf* sonoridad *f*.
sophistiqué, e [sɔfistike] *adj* sofisticado(da).
soporifique [sɔpɔrifik] ◇ *adj* soporífero(ra), soporífico(ca). ◇ *nm* soporífero *m*.
soprano [sɔprano] *nm* & *nmf* soprano.
sorbet [sɔrbɛ] *nm* sorbete *m* ; **~ à la fraise/au citron** sorbete de fresa/de limón.
Sorbonne [sɔrbɔn] *nf* : **la ~** la Sorbona *(universidad)*.
sorcellerie [sɔrsɛlri] *nf* brujería *f*, hechicería *f*.
sorcier, ère [sɔrsje, ɛr] *nm, f* brujo *m*, -ja *f*, hechicero *m*, -ra *f*. ◆ **sorcier** *nm* [guérisseur] brujo *m*. ◆ **sorcière** *nf fam fig* bruja *f*.
sordide [sɔrdid] *adj* sórdido(da).
sornettes [sɔrnɛt] *nfpl* sandeces *fpl*.
sort [sɔr] *nm* - **1.** [maléfice] maldición *f* ;

jeter un ~ à qqn echar una maldición sobre alguien - 2. [destinée] destino *m* - 3. [hasard] suerte *f* ; **tirer au ~** echar a suertes.

sortant, e [sɔrtɑ̃, ɑ̃t] *adj* - 1. [numéro] premiado(da) - 2. POLIT saliente.

sorte [sɔrt] *nf* clase *f* ; **toutes ~s de** toda clase de ; **une ~ de** una especie de. ◆ **de telle sorte que** *loc conj* de manera que, de modo que.

sortie [sɔrti] *nf* - 1. [gén] salida *f* ; **à la ~** a la salida ; **être de** OU **faire une ~** salir ; **~ de secours** salida de emergencia - 2. [de livre] publicación *f* ; [de film] estreno *m* - 3. INFORM [impression] impresión *f* ; **~ papier** OU **imprimante** salida *f* de papel OU de impresora.

sortilège [sɔrtilɛʒ] *nm* sortilegio *m*.

sortir [sɔrtir] ◇ *vi* - 1. [gén] salir ; **~ de** [d'un endroit] salir de ; [table] levantarse de ; [famille, milieu social] venir de ; [de la tête] irse de ; [de l'ordinaire, de la norme, du commun] salirse de, estar fuera de ; **sortez!** ¡marchaos! - 2. [livre] publicarse ; [film] estrenarse ; [disque] aparecer. ◇ *vt* - 1. [gén] sacar - 2. [livre] publicar ; [film] estrenar ; [disque] editar - 3. *fam* [jeter dehors] echar (fuera) - 4. *fam* [dire] soltar. ◆ **se sortir** *vp* [se tirer] salir ; **s'en ~** salir del paso ; **ne pas s'en ~** no dar abasto.

SOS (*abr de* **save our souls**) *nm* SOS *m* ; **lancer un ~** lanzar un SOS.

sosie [sɔzi] *nm* sosia *m*, doble *mf*.

sot, sotte [so, sɔt] *adj* & *nm, f* tonto(ta) *Esp*, sonso(sa) *Amér*.

sottise [sɔtiz] *nf* tontería *f Esp*, babosada *f Amér*.

sou [su] *nm fam* perra *f (dinero)*. ◆ **sous** *nmpl fam* perras *fpl (dinero)*.

soubassement [subasmɑ̃] *nm* CONSTR cimientos *mpl* ; [de colonne] basamento *m*.

soubresaut [subrəso] *nm* - 1. [saccade] sacudida *f* - 2. [tressaillement] sobresalto *m*.

souche [suʃ] *nf* - 1. [d'arbre] tocón *m* - 2. [de famille, langue, mot] tronco *m* - 3. [talon] matriz *f*.

souci [susi] *nm* - 1. [tracas, préoccupation] preocupación *f* ; **se faire du ~** preocuparse - 2. BOT caléndula *f*, maravilla *f*.

soucier [susje] ◆ **se soucier** *vp* : **se ~ de qqch/de qqn** preocuparse por algo/por alguien.

soucieux, euse [susjø, øz] *adj* preocupado(da) ; **être ~ de qqch/de faire qqch** preocuparse por algo/por hacer algo ; **peu ~ de** poco cuidadoso de.

soucoupe [sukup] *nf* platillo *m*. ◆ **soucoupe volante** *nf* platillo *m* volante.

soudain, e [sudɛ̃, ɛn] *adj* repentino(na). ◆ **soudain** *adv* de repente.

Soudan [sudɑ̃] *nm* : **le ~** (el) Sudán.

soude [sud] *nf* sosa *f*.

souder [sude] *vt* - 1. TECHNOL & MÉD soldar - 2. *fig* [personnes] unir.

soudoyer [sudwaje] *vt* sobornar.

soudure [sudyr] *nf* soldadura *f*.

souffle [sufl] *nm* - 1. [respiration] respiración *f* ; **avoir du ~** tener fondo ; **avoir le ~ coupé** quedarse sin aliento - 2. [expiration] soplido *m*, soplo *m* - 3. [de vent & MÉD] soplo *m* - 4. [d'une explosion] onda *f* expansiva.

souffler [sufle] ◇ *vt* - 1. [bougie, verre] soplar - 2. [vitre, fenêtre] pulverizar - 3. [dire] : **~ qqch à qqn** [chuchoter] susurrar algo a alguien ; SCOL soplar algo a alguien ; THÉÂTRE apuntar algo a alguien - 4. [au jeu de dames] comer. ◇ *vi* - 1. [gén] soplar - 2. [respirer] respirar.

soufflet [suflɛ] *nm* - 1. [gén] fuelle *m* - 2. *sout* [claque] sopapo *m Esp*, cachetada *f Amér*.

souffleur, euse [suflœr, øz] *nm, f* THÉÂTRE apuntador *m*, -ra *f*. ◆ **souffleur** *nm* [de verre] soplador *m*.

souffrance [sufrɑ̃s] *nf* sufrimiento *m*.

souffrant, e [sufrɑ̃, ɑ̃t] *adj* indispuesto(ta).

souffre-douleur [sufrədulœr] *nm inv* cabeza *mf* de turco.

souffrir [sufrir] ◇ *vi* sufrir ; **~ de qqch** [physiquement] sufrir OU padecer (de) algo ; [psychologiquement] sufrir por algo. ◇ *vt* - 1. [ressentir, supporter] sufrir - 2. *fam fig* [personne] aguantar, sufrir. ◆ **se souffrir** *vp* sufrirse.

soufre [sufr] *nm* azufre *m*.

souhait [swɛ] *nm* deseo *m* ; **à tes/vos ~s!** ¡Jesús!, ¡salud! ◆ **à souhait** *loc adv* a pedir de boca.

souhaiter [swete] ◇ *vt* desear ; **~ qqch/faire qqch** desear algo/hacer algo ; **~ qqch à qqn** desear algo a alguien ; **~ un joyeux anniversaire/un joyeux Noël** felicitar el cumpleaños/las Navidades. ◇ *vi* : **~ à qqn de faire qqch** desear a alguien que haga algo.

souiller [suje] *vt* - 1. *sout* [salir] manchar - 2. *fig* [mémoire] mancillar.

souillon [sujɔ̃] *nf péj* fregona *f* ; *fig* guarra *f*.

soûl, e, saoul, e [su, sul] *adj* borracho(cha) ; **être ~ de qqch** *fig* estar borracho de algo. ◆ **soûl** *nm* : **tout mon/son ~** *fig* hasta más no poder.

soulagement [sulaʒmɑ̃] *nm* alivio *m*.

soulager [sulaʒe] *vt* **- 1.** [gén] aliviar **- 2.** *hum & fig* [voler] sustraer.

soûler, saouler [sule] *vt fam* **- 1.** [gén] emborrachar ; **~ qqn de qqch** *fig* emborrachar a alguien con algo **- 2.** *fig* [ennuyer] tener harto(ta). ◆ **se soûler** *vp fam* emborracharse ; **se ~ de qqch** *fig* emborracharse con algo.

soulèvement [sulɛvmɑ̃] *nm* levantamiento *m*.

soulever [sulve] *vt* **- 1.** [gén] levantar **- 2.** [question, problème] plantear **- 3.** [foule] : **~ qqn contre qqch/contre qqn** sublevar OU levantar a alguien contra algo/contra alguien **- 4.** [exalter] animar. ◆ **se soulever** *vp* **- 1.** [s'élever] levantarse **- 2.** [se révolter] sublevarse, levantarse.

soulier [sulje] *nm* zapato *m*.

souligner [suliɲe] *vt* **- 1.** [par un trait] subrayar **- 2.** [mettre l'accent sur] subrayar, recalcar **- 3.** [mettre en valeur] realzar.

soumettre [sumɛtr] *vt* someter ; **~ qqch/qqn à qqch/à qqn** someter algo/a alguien a algo/a alguien. ◆ **se soumettre** *vp* someterse ; **se ~ à qqch** someterse a algo.

soumis, e [sumi, iz] ◇ *pp* ▷ **soumettre.** ◇ *adj* sumiso(sa).

soumission [sumisjɔ̃] *nf* sumisión *f*.

soupape [supap] *nf* válvula *f* ; **~ de sûreté** OU **de sécurité** *litt & fig* válvula de seguridad.

soupçon [supsɔ̃] *nm* [gén] sospecha *f*.

soupçonner [supsɔne] *vt* sospechar ; **~ qqn de qqch** sospechar algo de alguien ; **~ qqn de faire qqch** sospechar de alguien que haya hecho algo ; **~ que** sospechar que.

soupçonneux, euse [supsɔnø, øz] *adj* suspicaz.

soupe [sup] *nf* **- 1.** CULIN sopa *f* **- 2.** *fam* [neige fondue] caldo *m*. ◆ **soupe populaire** *nf* comedor *m* de beneficencia.

souper [supe] ◇ *nm* cena *f*. ◇ *vi* cenar.

soupeser [supəze] *vt* sopesar.

soupière [supjɛr] *nf* sopera *f*.

soupir [supir] *nm* suspiro *m* ; **pousser un ~** lanzar OU dar un suspiro.

soupirail, aux [supiraj, o] *nm* tragaluz *m*, respiradero *m*.

soupirant [supirɑ̃] *nm* pretendiente *m*.

soupirer [supire] ◇ *vi* suspirar. ◇ *vt* replicar suspirando.

souple [supl] *adj* **- 1.** [gén] flexible ; [cheveux] con volumen **- 2.** [pas, démarche] ligero(ra) **- 3.** [consistance, emballage] blando(da).

souplesse [suplɛs] *nf* **- 1.** [agilité, flexibilité] flexibilidad *f* ; **faire qqch tout en ~** hacer algo con mucha soltura **- 2.** *fig* [habileté] tacto *m*.

source [surs] *nf* **- 1.** [gén] fuente *f* **- 2.** [d'eau] fuente *f*, manantial *m Esp*, vertiente *f Amér* ; **prendre sa ~ à** nacer en.

sourcil [sursi] *nm* ceja *f* ; **froncer les ~s** fruncir el ceño.

sourciller [sursije] *vi* pestañear ; **sans ~** sin pestañear.

sourcilleux, euse [sursijø, øz] *adj* puntilloso(sa).

sourd, e [sur, surd] ◇ *adj* sordo(da). ◇ *nm, f* sordo *m*, -da *f*.

sourdine [surdin] *nf* sordina *f* ; **en ~** en sordina.

sourd-muet, sourde-muette [surmɥɛ, surdmɥɛt] *adj & nm, f* sordomudo(da).

sourdre [surdr] *vi sout* **- 1.** [eau] manar, brotar **- 2.** *fig* [haine] brotar.

souriant, e [surjɑ̃, ɑ̃t] *adj* sonriente.

souricière [surisjɛr] *nf* ratonera *f*.

sourire [surir] ◇ *vi* sonreír ; **~ à qqn** [personne, futur] sonreír a alguien ; *fig* [plaire] ilusionar a alguien. ◇ *nm* sonrisa *f*.

souris [suri] *nf* **- 1.** [animal & INFORM] ratón *m* ; **~ blanche/grise** ratón blanco/gris **- 2.** [viande] *parte más exquisita de la pierna de cordero* **- 3.** *fam* [fille] chavala *f*.

sournois, e [surnwa, az] ◇ *adj* **- 1.** [personne] solapado(da) **- 2.** *fig* [maladie, catastrophe] imprevisible. ◇ *nm, f* hipócrita *mf*.

sous [su] *prép* **- 1.** [gén] bajo ; **nager ~ l'eau** nadar bajo el agua ; **~ la pluie** bajo la lluvia ; **~ la responsabilité/les ordres de** bajo la responsabilidad/las órdenes de ; **~ Louis XV** bajo Luis XV **- 2.** [dans un délai de] dentro de **- 3.** [marque la manière] : **~ cet aspect** OU **angle** desde este punto de vista.

sous-alimenté, e [suzalimɑ̃te] *adj* subalimentado(da).

sous-bois [subwa] *nm* monte *m* bajo.

souscription [suskripsjɔ̃] *nf* subscripción *f*, suscripción *f*.
souscrire [suskrir] ◇ *vt* subscribir, suscribir. ◇ *vi* : ~ **à** subscribirse a, suscribirse a.
sous-développé, e [sudevlɔpe] *adj* subdesarrollado(da).
sous-directeur, trice [sudirɛktœr, tris] (*mpl* **sous-directeurs**, *fpl* **sous-directrices**) *nm, f* subdirector *m*, -ra *f*.
sous-ensemble [suzɑ̃sɑ̃bl] (*pl* **sous-ensembles**) *nm* subconjunto *m*.
sous-entendu [suzɑ̃tɑ̃dy] (*pl* **sous-entendus**) *nm* sobreentendido *m*, sobrentendido *m*.
sous-équipé, e [suzekipe] *adj* mal equipado(da).
sous-estimer [suzɛstime] *vt* subestimar.
sous-évaluer [suzevalɥe] *vt* infravalorar.
sous-jacent, e [suʒasɑ̃, ɑ̃t] *adj* subyacente.
sous-louer [sulwe] *vt* realquilar, subarrendar.
sous-marin, e [sumarɛ̃, in] *adj* submarino(na). ◆ **sous-marin** (*pl* **sous-marins**) *nm* submarino *m*.
sous-officier [suzɔfisje] (*pl* **sous-officiers**) *nm* suboficial *m*.
sous-préfecture [suprefɛktyr] (*pl* **sous-préfectures**) *nf* subprefectura *f (subdivisión administrativa del gobierno civil francés)*.
soussigné, e [susiɲe] ◇ *adj* : **je, ~** yo, el abajo firmante ; **nous, ~s** nosotros, los abajo firmantes. ◇ *nm, f* : **le ~** el abajo firmante.
sous-sol [susɔl] (*pl* **sous-sols**) *nm* - **1.** [naturel] subsuelo *m* - **2.** [de bâtiment] sótano *m*.
sous-tasse [sutas] (*pl* **sous-tasses**) *nf* platillo *m*.
sous-titre [sutitr] (*pl* **sous-titres**) *nm* subtítulo *m*.
soustraction [sustraksjɔ̃] *nf* substracción *f*, sustracción *f*.
soustraire [sustrɛr] *vt* - **1.** [gén] substraer, sustraer - **2.** MATHS restar - **3.** [pour protéger] : ~ **qqch/qqn à qqch/à qqn** substraer OU sustraer algo/a alguien de algo/de alguien. ◆ **se soustraire** *vp* : **se ~ à** substraerse OU sustraerse de OU a.
soustrait, e [sustrɛ, ɛt] *pp* ▷ **soustraire**.
sous-traitance [sutrɛtɑ̃s] (*pl* **sous-traitances**) *nf* subcontratación *f*.
sous-traitant, e [sutrɛtɑ̃, ɑ̃t] *adj* subcontratante. ◆ **sous-traitant** (*pl* **sous-traitants**) *nm* subcontratista *mf*.
sous-vêtement [suvɛtmɑ̃] (*pl* **sous-vêtements**) *nm* prenda *f* interior ; **les ~s** la ropa interior.
soutane [sutan] *nf* sotana *f*.
soute [sut] *nf* - **1.** [d'avion] : ~ **(à bagages)** bodega *f* - **2.** [de bateau] pañol *m*.
soutenance [sutnɑ̃s] *nf* UNIV defensa *f (de una tesis)*.
souteneur [sutnœr] *nm* chulo *m*.
soutenir [sutnir] *vt* - **1.** [immeuble, poutre, infirme] sostener ; ~ **que** [affirmer que] sostener que - **2.** *fig* [personne & POLIT] apoyar - **3.** [effort, intérêt, opinion] mantener - **4.** UNIV [thèse] defender - **5.** [regard, assaut] aguantar.
soutenu, e [sutny] ◇ *pp* ▷ **soutenir**. ◇ *adj* - **1.** [style, langage] culto(ta) - **2.** [attention, rythme] sostenido(da) - **3.** [couleur] subido(da).
souterrain, e [sutɛrɛ̃, ɛn] *adj* - **1.** [sous terre] subterráneo(nea) - **2.** *fig* [organisation] secreto(ta). ◆ **souterrain** *nm* subterráneo *m*.
soutien [sutjɛ̃] *nm* - **1.** [appui, aide] apoyo *m* ; **apporter son ~ à qqch/à qqn** apoyar OU dar apoyo a algo/a alguien - **2.** [support] sostén *m*.
soutien-gorge [sutjɛ̃gɔrʒ] (*pl* **soutiens-gorge**) *nm* sujetador *m*, sostén *m Esp*, brasiers *mpl Amér*.
soutirer [sutire] *vt* - **1.** [argent, information] : ~ **qqch à qqn** sonsacar algo a alguien - **2.** [liquide] trasegar.
souvenir [suvnir] *nm* recuerdo *m* ; **en ~ de** como recuerdo de ; **perdre le ~ de qqch** olvidar algo. ◆ **se souvenir** *vp* : **se ~ de qqch/de qqn** acordarse de algo/de alguien ; **se ~ que** acordarse que ; **je me souviens que c'était en été** me acuerdo que era en verano ; **je m'en souviendrai!** ¡no se me olvidará!
souvent [suvɑ̃] *adv* a menudo, con frecuencia.
souverain, e [suvrɛ̃, ɛn] *adj* & *nm, f* soberano(na).
souveraineté [suvrɛnte] *nf* soberanía *f*.
soyeux, euse [swajø, øz] *adj* sedoso(sa).
SPA (*abr de* **Société protectrice des ani-**

maux) *nf* sociedad *f* protectora de animales.
spacieux, euse [spasjø, øz] *adj* espacioso(sa).
spaghetti [spagɛti] *nm* espagueti *m*.
sparadrap [sparadra] *nm* esparadrapo *m*.
spartiate [sparsjat] *adj* [éducation] espartano(na).
spasme [spasm] *nm* espasmo *m*.
spasmodique [spasmɔdik] *adj* espasmódico(ca).
spatial, e, aux [spasjal, o] *adj* espacial.
spatule [spatyl] *nf* **- 1.** [gén & de ski] espátula *f* **- 2.** CULIN paleta *f*.
speaker, speakerine [spikœr, spikrin] *nm, f* locutor *m*, -ra *f*.
spécial, e, aux [spesjal, o] *adj* especial.
spécialiser [spesjalize] *vt* especializar. ◆ **se spécialiser** *vp* especializarse ; **se ~ dans qqch** especializarse en algo.
spécialiste [spesjalist] *nmf* especialista *mf*.
spécialité [spesjalite] *nf* especialidad *f*.
spécificité [spesifisite] *nf* especificidad *f*.
spécifier [spesifje] *vt* especificar.
spécifique [spesifik] *adj* específico(ca).
spécimen [spesimɛn] *nm* espécimen *m*.
spectacle [spɛktakl] *nm* espectáculo *m*.
spectaculaire [spɛktakylɛr] *adj* espectacular.
spectateur, trice [spɛktatœr, tris] *nm, f* espectador *m*, -ra *f*.
spectre [spɛktr] *nm* espectro *m*.
spéculateur, trice [spekylatœr, tris] *nm, f* especulador *m*, -ra *f*.
spéculation [spekylasjɔ̃] *nf* especulación *f*.
spéculer [spekyle] *vi* : **~ sur qqch** especular con algo ; *fig* [miser sur] especular sobre algo.
speech [spitʃ] (*pl* **speechs** OU **speeches**) *nm* discurso *m*.
speeder [spide] *vi fam* espabilar.
spéléologie [speleɔlɔʒi] *nf* espeleología *f*.
spermatozoïde [spɛrmatozɔid] *nm* espermatozoide *m*.
sperme [spɛrm] *nm* esperma *m*.
spermicide [spɛrmisid] *adj* & *nm* espermicida *m*.
sphère [sfɛr] *nf* esfera *f*.
sphérique [sferik] *adj* esférico(ca).
spirale [spiral] *nf* espiral *f* ; **en ~** en espiral.
spiritualité [spiritɥalite] *nf* espiritualidad *f*.
spirituel, elle [spiritɥɛl] *adj* **- 1.** [vie, pouvoir] espiritual **- 2.** [personne] ingenioso(sa).
splendeur [splɑ̃dœr] *nf* **- 1.** [gén] esplendor *m* **- 2.** [merveille] : **c'est une ~** es una maravilla.
splendide [splɑ̃did] *adj* espléndido(da).
spongieux, euse [spɔ̃ʒjø, øz] *adj* esponjoso(sa).
sponsor [spɔ̃nsɔr] *nm* esponsor *m*, patrocinador *m*.
sponsorisation [spɔ̃sɔrizasjɔ̃] *nf* patrocinio *m*.
sponsoriser [spɔ̃sɔrize] *vt* patrocinar.
spontané, e [spɔ̃tane] *adj* espontáneo(a).
spontanéité [spɔ̃taneite] *nf* espontaneidad *f*.
sporadique [spɔradik] *adj* esporádico(ca).
sport [spɔr] ◇ *nm* deporte *m* ; **~s d'hiver** deportes de invierno. ◇ *adj inv* **- 1.** [vêtement] de sport **- 2.** [fair-play] : **être ~** ser deportivo(va).
sportif, ive [spɔrtif, iv] ◇ *adj* **- 1.** [gén] deportivo(va) **- 2.** [personne] deportista. ◇ *nm, f* deportista *mf*.
spot [spɔt] *nm* **- 1.** [lampe] foco *m* **- 2.** TÉLÉ spot *m*, anuncio *m* ; **~ publicitaire** spot publicitario.
sprint [sprint] *nm* esprint *m*.
sprinter [sprinte] *vi* esprintar.
square [skwar] *nm* parque *m*.
squash [skwaʃ] *nm* squash *m*.
squatter[1] [skwate] *vt* ocupar *(un local vacío)*.
squatter[2] [skwatœr] *nm* okupa *mf*.
squelette [skəlɛt] *nm* esqueleto *m*.
squelettique [skəletik] *adj* **- 1.** [corps] esquelético(ca) **- 2.** [schématique] escueto(ta).
St (*abr de* **saint**) S., Sto.
stabiliser [stabilize] *vt* estabilizar. ◆ **se stabiliser** *vp* estabilizarse.
stabilité [stabilite] *nf* estabilidad *f*.
stable [stabl] *adj* estable.
stade [stad] *nm* **- 1.** [terrain] estadio *m* **- 2.** [étape] fase *f* ; **en être au ~ où** llegar a un punto en el que ; **~ anal/oral** fase anal/oral.
stage [staʒ] *nm* [études pratiques] período *m* de prácticas.
stagiaire [staʒjɛr] ◇ *nmf* **- 1.** [en classe pratique, en entreprise] estudiante *mf* en

prácticas - **2.** [en formation intensive] cursillista *mf.* ◇ *adj* - **1.** [en classe pratique, en entreprise] en prácticas - **2.** [en formation intensive] cursillista.

stagnant, e [stagnɑ̃, ɑ̃t] *adj* estancado(da).

stagner [stagne] *vi* estancarse.

stalactite [stalaktit] *nf* estalactita *f.*

stalagmite [stalagmit] *nf* estalagmita *f.*

stand [stɑ̃d] *nm* - **1.** [d'exposition] estand *m* - **2.** [de foire] caseta *f.*

standard [stɑ̃dar] ◇ *adj inv* estándar. ◇ *nm* - **1.** [téléphonique] centralita *f Esp*, conmutador *m Amér* - **2.** [norme] : **le ~** el estándar.

standardiste [stɑ̃dardist] *nmf* telefonista *mf.*

standing [stɑ̃diŋ] *nm* estanding *m.*

star [star] *nf* estrella *f* de cine, star *f.*

starter [startɛr] *nm* estárter *m*, stárter *m.*

starting-block [startiŋblɔk] (*pl* **starting-blocks**) *nm* taco *m* de salida.

station [stasjɔ̃] *nf* - **1.** [gén] estación *f* ; [d'autobus, de taxi] parada *f Esp*, paradero *m Amér* ; **~ balnéaire** ciudad *f* costera ; **~ d'épuration** estación de depuración ; **~ de ski** OU **de sports d'hiver** estación de esquí OU de deportes de invierno ; **~ thermale** balneario *m* - **2.** [halte] parada *f*, alto *m.*

stationnaire [stasjɔnɛr] *adj* estacionario(ria).

stationnement [stasjɔnmɑ̃] *nm* estacionamiento *m* ; '**~ interdit**' 'prohibido aparcar'.

stationner [stasjɔne] *vi* - **1.** [voiture] estacionar - **2.** [troupe] permanecer.

station-service [stasjɔ̃sɛrvis] (*pl* **stations-service**) *nf* estación *f* de servicio.

statique [statik] *adj* estático(ca).

statisticien, enne [statistisjɛ̃, ɛn] *nm, f* estadista *mf.*

statistique [statistik] ◇ *adj* estadístico(ca). ◇ *nf* estadística *f.*

statue [staty] *nf* estatua *f.*

statuer [statɥe] *vi* : **~ sur qqch** decidir sobre algo.

statuette [statɥɛt] *nf* estatuilla *f.*

statu quo [statykwo] *nm inv* statu quo *m inv.*

stature [statyr] *nf* - **1.** [taille] estatura *f* - **2.** *fig* [valeur] talla *f.*

statut [staty] *nm* - **1.** [position] estatus *m inv* - **2.** JUR estatuto *m.* ◆ **statuts** *nmpl* estatutos *mpl.*

statutaire [statytɛr] *adj* estatutario(ria).

Ste (*abr de* **sainte**) Sta.

Sté (*abr de* **société**) Sdad.

steak [stɛk] *nm* bistec *m.*

stèle [stɛl] *nf* estela *f.*

sténo [steno] *fam* ◇ *nf* [sténographie] taquigrafía *f*, estenografía *f.* ◇ *nmf* [sténographe] taquígrafo *m*, -fa *f*, estenógrafo *m*, -fa *f.*

sténodactylo [stenɔdaktilo] *nmf* taquimecanógrafo *m*, -fa *f.*

sténodactylographie [stenɔdaktilɔgrafi] *nf* taquimecanografía *f.*

sténographie [stenɔgrafi] *nf* taquigrafía *f*, estenografía *f.*

steppe [stɛp] *nf* estepa *f.*

stéréo [stereo] ◇ *adj inv* estéreo. ◇ *nf* estereofonía *f* ; **en ~** en estéreo.

stéréotypé, e [stereɔtipe] *adj* estereotipado(da).

stérile [steril] *adj* estéril.

stérilet [sterilɛ] *nm* DIU *m*, dispositivo *m* intrauterino.

stériliser [sterilize] *vt* esterilizar.

stérilité [sterilite] *nf* esterilidad *f.*

sternum [stɛrnɔm] *nm* esternón *m.*

stéthoscope [stetɔskɔp] *nm* estetoscopio *m.*

steward [stiwart] *nm* [d'avion] auxiliar *m* de vuelo ; [de bateau] camarero *m.*

stigmate [stigmat] *nm litt* & *fig* estigma *f.* ◆ **stigmates** *nmpl* RELIG estigmas *mpl.*

stigmatiser [stigmatize] *vt* estigmatizar.

stimulant, e [stimylɑ̃, ɑ̃t] *adj* estimulante. ◆ **stimulant** *nm* - **1.** [remontant] estimulante *m* - **2.** [motivation] estímulo *m.*

stimulation [stimylasjɔ̃] *nf* - **1.** [encouragement] estímulo *m* - **2.** BIOL [excitation] estimulación *f.*

stimuler [stimyle] *vt* estimular.

stipuler [stipyle] *vt* : **~ qqch/que** estipular algo/que.

stock [stɔk] *nm* - **1.** COMM [de marchandises] stock *m*, existencias *fpl* ; [d'une entreprise] stock *m* ; **en ~** en stock, en depósito - **2.** *fig* [réserve] reserva *f.*

stocker [stɔke] *vt* almacenar.

stoïque [stɔik] *adj* & *nmf* estoico(ca).

stomacal, e, aux [stɔmakal, o] *adj* estomacal.

stop [stɔp] ◇ *interj* [arrêtez-vous] ¡alto! ; [j'en ai assez] ¡basta! ◇ *nm*

- 1. [feux] luz *f* de freno - 2. [panneau, signe télégraphique] estop *m* - 3. [auto-stop] autoestop *m* ; **j'y suis allé en ~** me fui a dedo.
stopper [stɔpe] <> *vt* detener ; COUT coser. <> *vi* detenerse.
store [stɔr] *nm* - 1. [de fenêtre] persiana *f* - 2. [de magasin] toldo *m*.
strabisme [strabism] *nm* estrabismo *m*.
strangulation [strɑ̃gylasjɔ̃] *nf* estrangulación *f*.
strapontin [strapɔ̃tɛ̃] *nm* [siège] asiento *m* plegable.
strass [stras] *nm* estrás *m*.
stratagème [stratazɛm] *nm* estratagema *f*.
stratège [stratɛʒ] *nm* estratega *m*.
stratégie [strateʒi] *nf* estrategia *f*.
stratégique [strateʒik] *adj* estratégico(ca).
stress [strɛs] *nm* estrés *m*.
stressé, e [strɛse] *adj* estresado(da).
stretching [strɛtʃiŋ] *nm* stretching *m*.
strict, e [strikt] *adj* estricto(ta).
strident, e [stridɑ̃, ɑ̃t] *adj* estridente.
strie [stri] *nf (gén pl)* - 1. [en relief] estría *f* - 2. [raie] raya *f*.
strier [strije] *vt* dibujar rayas en.
strip-tease [striptiz] (*pl* **strip-teases**) *nm* strip-tease *m*.
strophe [strɔf] *nf* estrofa *f*.
structure [stryktyr] *nf* estructura *f*.
structurer [stryktyre] *vt* estructurar.
studieux, euse [stydjø, øz] *adj* - 1. [personne] estudioso(sa) - 2. [vacances] dedicado(da) a estudiar.
studio [stydjo] *nm* estudio *m*.
stupéfaction [stypefaksjɔ̃] *nf* estupefacción *f*.
stupéfait, e [stypefɛ, ɛt] *adj* estupefacto(ta), asombrado(da).
stupéfiant, e [stypefjɑ̃, ɑ̃t] *adj* asombroso(sa). ◆ **stupéfiant** *nm* estupefaciente *m*.
stupeur [stypœr] *nf* estupor *m*, asombro *m*.
stupide [stypid] *adj* estúpido(da).
stupidité [stypidite] *nf* estupidez *f*.
style [stil] *nm* estilo *m* ; **~ direct/indirect** estilo directo/indirecto.
styliste [stilist] *nmf* estilista *mf*.
stylo [stilo] *nm* boli *m* ; **~ (à) plume** pluma *f*.
stylo-feutre [stiloføtr] *nm* rotulador *m*.
su, e [sy] *pp* ▷ **savoir**.
suave [sɥav] *adj* suave.
subalterne [sybaltɛrn] *adj* & *nmf* subalterno(na).
subconscient [sybkɔ̃sjɑ̃] *nm* subconsciente *m*.
subdiviser [sybdivize] *vt* subdividir.
subir [sybir] *vt* - 1. [gén] sufrir - 2. [examen] pasar - 3. *péj* [personne] soportar.
subit, e [sybi, it] *adj* súbito(ta).
subitement [sybitmɑ̃] *adv* súbitamente.
subjectif, ive [sybʒɛktif, iv] *adj* subjetivo(va).
subjonctif [sybʒɔ̃ktif, iv] *nm* subjuntivo *m*.
subjuguer [sybʒyge] *vt* subyugar.
sublime [syblim] <> *adj* sublime. <> *nm* : **le ~** lo sublime.
submergé, e [sybmɛrʒe] *adj* : **~ de** *fig* agobiado de.
submerger [sybmɛrʒe] *vt* - 1. [inonder] sumergir - 2. [déborder] agobiar - 3. [envahir] invadir.
subordination [sybɔrdinasjɔ̃] *nf* subordinación *f*.
subordonné, e [sybɔrdɔne] <> *adj* GRAM subordinado(da). <> *nm, f* subordinado *m*, -da *f*. ◆ **subordonnée** *nf* GRAM subordinada *f*.
subornation [sybɔrnasjɔ̃] *nf* soborno *m*.
subrepticement [sybrɛptismɑ̃] *adv* subrepticiamente.
subsidiaire [sybzidjɛr] *adj* subsidiario(ria).
subsistance [sybzistɑ̃s] *nf* subsistencia *f*.
subsister [sybziste] *vt* subsistir.
substance [sypstɑ̃s] *nf* sustancia *f*, substancia *f*.
substantiel, elle [sypstɑ̃sjɛl] *adj* - 1. [repas] sustancioso(sa) - 2. [avantage] sustancioso(sa), sustancial - 3. [essentiel] sustancial.
substantif, ive [sypstɑ̃tif, iv] *adj* sustantivo(va). ◆ **substantif** *nm* sustantivo *m*.
substituer [sypstitɥe] *vt* : **~ A à B** substituir B por A. ◆ **se substituer** *vp* : **se ~ à qqch/à qqn** substituir algo/a alguien.
substitut [sypstity] *nm* - 1. [gén] sustituto *m* - 2. JUR ≃ teniente *mf* fiscal.
substitution [sypstitysjɔ̃] *nf* sustitución *f*, substitución *f*.
subterfuge [sypterfyʒ] *nm* subterfugio *m*.

subtil, e [syptil] *adj* sutil.
subtiliser [syptilize] *vt* sustraer.
subtilité [syptilite] *nf* sutileza *f*, sutilidad *f*.
subvenir [sybvənir] *vi* : **~ aux besoins de qqn** satisfacer las necesidades de alguien.
subvention [sybvɑ̃sjɔ̃] *nf* subvención *f*.
subventionner [sybvɑ̃sjɔne] *vt* subvencionar.
subversif, ive [sybvɛrsif, iv] *adj* subversivo(va).
succédané [syksedane] *nm* sucedáneo *m*.
succéder [syksede] *vi* : **~ à qqch** suceder a algo ; **~ à qqn à qqch** suceder a alguien en algo. ◆ **se succéder** *vp* sucederse.
succès [syksɛ] *nm* **- 1.** [réussite, triomphe] éxito *m* ; **avec/sans ~** con/sin éxito ; **avoir du ~** tener éxito **- 2.** [conquête] conquista *f*.
successeur [syksesœr] *nm* sucesor *m*.
successif, ive [syksesif, iv] *adj* sucesivo(va).
succession [syksesjɔ̃] *nf* sucesión *f* ; **prendre la ~ (de)** suceder (a).
succinct, e [syksɛ̃, ɛ̃t] *adj* **- 1.** [résumé] sucinto(ta) **- 2.** [repas] poco abundante.
succion [sysjɔ̃, syksjɔ̃] *nf* succión *f*.
succomber [sykɔ̃be] *vi* sucumbir ; **~ à qqch** sucumbir a algo.
succulent, e [sykylɑ̃, ɑ̃t] *adj* [repas] suculento(ta).
succursale [sykyrsal] *nf* sucursal *f*.
sucer [syse] *vt* chupar.
sucette [sysɛt] *nf* pirulí *m*, piruleta *f* ; [de bébé] chupete *m*.
sucre [sykr] *nm* azúcar *m* OU *f* ; [morceau] azucarillo *m* ; **~ en morceaux** azúcar en terrones ; **~ en poudre** OU **semoule** azúcar en polvo.
sucrer [sykre] *vt* **- 1.** [café, thé] azucarar, echar azúcar en **- 2.** *fam* [supprimer] cargarse.
sucrerie [sykrəri] *nf* **- 1.** [friandise] dulce *m*, golosina *f* **- 2.** [usine] azucarera *f*.
sucrette [sykrɛt] *nf* pastilla *f* de sacarina.
sud [syd] *adj inv* & *nm inv* sur. ◆ **Sud** *nm* Sur *m*.
sudation [sydasjɔ̃] *nf* sudación *f*.
sud-est [sydɛst] *adj inv* & *nm inv* sudeste, sureste.
sud-ouest [sydwɛst] *adj inv* & *nm inv* sudoeste, suroeste.
Suède [sɥɛd] *nf* : **la ~** Suecia.
suer [sɥe] ◇ *vi* [transpirer] sudar. ◇ *vt sout* rezumar, destilar.
sueur [sɥœr] *nf* sudor *m* ; **avoir des ~s froides** *fig* tener sudores fríos.
Suez [sɥɛz] *n* : **le canal de ~** el canal de Suez.
suffire [syfir] *vi* bastar ; **il lui suffit de chanter pour être heureux** le basta con cantar para ser feliz ; **~ à qqch/à qqn** [satisfaire] bastar a algo/a alguien ; **~ pour qqch/pour faire qqch** [être assez] bastar para algo/para hacer algo. ◆ **se suffire** *vp* : **se ~ à soi-même** bastarse a sí mismo(ma).
suffisamment [syfizamɑ̃] *adv* suficientemente ; **avoir ~ pour** tener (lo) suficiente para ; **~ de livres** suficientes libros.
suffisant, e [syfizɑ̃, ɑ̃t] *adj* **- 1.** [quantité, somme] suficiente **- 2.** *péj* [air, ton] de suficiencia.
suffixe [syfiks] *nm* sufijo *m*.
suffocation [syfɔkasjɔ̃] *nf* sofocación *f*, sofoco *m* ; **avoir des ~s** tener sofocos.
suffoquer [syfɔke] ◇ *vt* **- 1.** [suj : chaleur] sofocar **- 2.** [suj : colère] dejar sin respiración **- 3.** [stupéfier] dejar impresionado(da). ◇ *vi* **- 1.** MÉD asfixiarse **- 2.** *fig* [de colère, d'indignation] : **~ de** encenderse de.
suffrage [syfraʒ] *nm* **- 1.** [élection] sufragio *m* ; **au ~ indirect/universel** por sufragio indirecto/universal **- 2.** [voix] voto *m*.
suggérer [sygʒere] *vt* sugerir ; **~ de** sugerir que ; **je te suggère d'agir rapidement** te sugiero que actúes con rapidez ; **~ qqch à qqn** sugerir algo a alguien.
suggestif, ive [sygʒɛstif, iv] *adj* sugestivo(va), sugerente.
suggestion [sygʒɛstjɔ̃] *nf* **- 1.** [conseil] sugerencia *f* **- 2.** PSYCHOL sugestión *f*.
suicidaire [sɥisidɛr] *adj* suicida.
suicide [sɥisid] *nm* suicidio *m* ; *(en apposition)* suicida.
suicider [sɥiside] ◆ **se suicider** *vp* suicidarse.
suie [sɥi] *nf* hollín *m*.
suinter [sɥɛ̃te] *vi* [gén] rezumar ; [plaie] supurar.
suis[1] [sɥi] ▷ **être**.
suis[2] *etc* ▷ **suivre**.
suite [sɥit] *nf* **- 1.** [ce qui vient après] continuación *f* ; **à la ~ de** después de ; **à la ~ de ce qui s'est passé ...** después de lo que ha pasado ... ; **~ à** [gén] como consecuencia de ; [lettre] en contestación a **- 2.** [série] serie *f*, sucesión *f* ; **une ~ de ca-**

ractères una sucesión de caracteres - **3.** [escorte] séquito *m* - **4.** [appartement & MUS] suite *f*. ◆ **suites** *nfpl* consecuencias *fpl*. ◆ **par suite de** *loc prép* a consecuencia de ; **par ~ des chutes de neige** a consecuencia de las precipitaciones de nieve.

suivant, e [sɥivɑ̃, ɑ̃t] ◇ *adj* siguiente. ◇ *nm, f* siguiente *mf* ; **au ~!** ¡(el) siguiente!

suivi, e [sɥivi] ◇ *pp* ▷ **suivre.** ◇ *adj* - **1.** [travail, qualité, relation] constante - **2.** [raisonnement] estructurado(da). ◆ **suivi** *nm* seguimiento *m*.

suivre [sɥivr] ◇ *vt* - **1.** [gén] seguir ; **faire ~** [lettre] remítase al destinatario - **2.** [succéder à] suceder a ; '**à ~**' [dans un feuilleton] 'continuará' - **3.** [longer] bordear - **4.** [malade] atender, llevar - **5.** [discours, conversation] escuchar ; [match] mirar. ◇ *vi* seguir. ◆ **se suivre** *vp* [se succéder - logiquement] seguirse ; [- dans le temps] sucederse.

sujet, ette [syʒɛ, ɛt] *nm, f* súbdito *m*, -ta *f*. ◆ **sujet** *nm* - **1.** [question, thème] tema *m* ; **à ce ~** al respecto ; **au ~ de** a propósito de ; **c'est à quel ~?** ¿de qué se trata? ; **~ de conversation** tema de conversación - **2.** [cobaye & GRAM] sujeto *m*.

sulfate [sylfat] *nm* sulfato *m*.

sulfurique [sylfyrik] *adj* sulfúrico(ca).

superbe [sypɛrb] ◇ *adj* - **1.** [femme] despampanante - **2.** [temps, situation, position] magnífico(ca). ◇ *nf sout* soberbia *f*.

supercherie [sypɛrʃəri] *nf* superchería *f*.

supérette [syperɛt] *nf* supermercado *m* *(entre 200 y 400 metros cuadrados)*.

superficie [sypɛrfisi] *nf* superficie *f*.

superficiel, elle [sypɛrfisjɛl] *adj* superficial.

superflu, e [sypɛrfly] *adj* superfluo(flua). ◆ **superflu** *nm* : **le ~** lo superfluo.

supérieur, e [syperjœr] ◇ *adj* - **1.** [gén] superior - **2.** *péj* [air] de superioridad. ◇ *nm, f* superior *m*, -ra *f*.

supériorité [syperjɔrite] *nf* superioridad *f*.

superlatif [sypɛrlatif] *nm* superlativo *m*.

supermarché [sypɛrmarʃe] *nm* supermercado *m*.

superposer [sypɛrpoze] *vt* superponer. ◆ **se superposer** *vp* superponerse.

superproduction [sypɛrprɔdyksjɔ̃] *nf* superproducción *f*.

superpuissance [sypɛrpɥisɑ̃s] *nf* superpotencia *f*.

supersonique [sypɛrsɔnik] *adj* supersónico(ca).

superstitieux, euse [sypɛrstisjø, øz] *adj* & *nm, f* supersticioso(sa).

superstition [sypɛrstisjɔ̃] *nf* superstición *f*.

superviser [sypɛrvize] *vt* supervisar.

supplanter [syplɑ̃te] *vt* - **1.** [personne] : **~ qqn** suplantar a alguien - **2.** [chose] : **~ qqch** substituir a algo.

suppléant, e [sypleɑ̃, ɑ̃t] *adj* & *nm, f* suplente.

suppléer [syplee] *vt* : **~ qqch/qqn** suplir algo/a alguien.

supplément [syplemɑ̃] *nm* suplemento *m*.

supplémentaire [syplemɑ̃tɛr] *adj* [gén] suplementario(ria) ; [train] especial ; [heure] extraordinario(ria).

supplication [syplikasjɔ̃] *nf* súplica *f*.

supplice [syplis] *nm* suplicio *m*.

supplier [syplije] *vt* : **~ qqn de faire qqch** suplicar a alguien que haga algo ; **je t'en/vous en supplie** te lo/se lo suplico.

support [sypɔr] *nm* soporte *m* ; **~ publicitaire** soporte publicitario.

supportable [sypɔrtabl] *adj* soportable.

supporter[1] [sypɔrte] *vt* - **1.** [gén] soportar ; **~ que** [tolérer que] soportar OU aguantar que - **2.** [soutenir] sostener, soportar que - **3.** [encourager] apoyar. ◆ **se supporter** *vp* soportarse.

supporter[2] [sypɔrtɛr] *nm* SPORT hincha *mf*.

supposer [sypoze] *vt* suponer ; **~ qqch/que** suponer algo/que ; **en supposant que** suponiendo que ; **à ~ que** en el supuesto de que.

supposition [sypozisjɔ̃] *nf* suposición *f*.

suppositoire [sypozitwar] *nm* supositorio *m*.

suppression [sypresjɔ̃] *nf* supresión *f*.

supprimer [syprime] *vt* - **1.** [gén] suprimir - **2.** [douleur] eliminar - **3.** [permis] : **~ qqch à qqn** retirar algo a alguien.

suprématie [sypremasi] *nf* supremacía *f*.

suprême [syprɛm] ◇ *adj* supremo(ma). ◇ *nm* CULIN suprema *f*.

sur [syr] *prép* - **1.** [position] en ; [au-dessus de] encima de, sobre ; **il est assis**

~ une chaise está sentado en una silla ; **~ la table** en OU encima de la mesa **- 2.** [dans la direction de] a, hacia ; **~ la droite/gauche** a la derecha/izquierda **- 3.** [sur une distance de] en ; **~ 10 kilomètres** en 10 kilómetros **- 4.** [temps] : **~ le tard** bastante tarde **- 5.** [d'après] por ; **juger qqn ~ les apparences** juzgar a alguien por las apariencias **- 6.** [grâce à] de ; **il vit ~ les revenus de ses parents** vive del dinero de sus padres **- 7.** [au sujet de] sobre ; **un débat ~ la drogue** un debate sobre la droga **- 8.** [proportion] : **~ douze invités, six sont venus** de doce invitados han venido seis ; **un mètre ~ deux** un metro por dos ; **une fois ~ deux** una de cada dos veces. ◆ **sur ce** *loc adv* en esto.

sûr, e [syr] *adj* **- 1.** [gén] seguro(ra) ; [goût, instinct] bueno(na) ; **être ~ de qqch/que** estar seguro de algo/que ; **être ~ et certain de qqch** estar convencido de algo ; **~ et certain!** ¡segurísimo! **- 2.** [personne] de confianza.

surcharge [syrʃarʒ] *nf* **- 1.** [excès de poids - d'un véhicule] sobrecarga *f* ; [- de bagages] exceso *m*, sobrepeso *m* **- 2.** [de travail, de décoration] exceso *m* **- 3.** [rature] enmienda *f*.

surcharger [syrʃarʒe] *vt* **- 1.** [véhicule] sobrecargar **- 2.** [d'impôts, de travail] abrumar **- 3.** [texte] enmendar.

surchauffé, e [syrʃofe] *adj* con la calefacción muy alta ; *fig* excitado(da).

surcroît [syrkrwa] *nm* aumento *m*.

surdité [syrdite] *nf* sordera *f*.

surdoué, e [syrdwe] *adj* superdotado(da).

sureffectif [syrefɛktif] *nm* exceso *m* de efectivos.

surélever [syrɛlve] *vt* sobrealzar.

sûrement [syrmɑ̃] *adv* **- 1.** [certainement, sans doute] seguramente ; **~ pas!** *fam* ¡ni hablar! **- 2.** [en sûreté] con seguridad.

surenchère [syrɑ̃ʃɛr] *nf* **- 1.** JUR sobrepuja *f* **- 2.** *fig* [exagération] demagogia *f*.

surenchérir [syrɑ̃ʃerir] *vi* **- 1.** JUR sobrepujar **- 2.** *fig* [renchérir] prometer más que nadie.

surendetté [syrɑ̃dɛte] *adj* sobreendeudado(da).

surendettement [surɑ̃dɛtmɑ̃] *nm* sobreendeudamiento *m*.

surestimer [syrɛstime] *vt* sobreestimar. ◆ **se surestimer** *vp* sobreestimarse.

sûreté [syrte] *nf* **- 1.** [gén] seguridad *f* ; **de ~** de seguridad ; **en ~** a salvo **- 2.** [d'une amitié, de renseignements] fiabilidad *f*.

surexposé, e [syrɛkspoze] *adj* sobreexpuesto(ta).

surf [sœrf] *nm* surf *m* ; **~ des neiges** surf de nieve.

surface [syrfas] *nf* superficie *f* ; **grande ~** hipermercado *m*, gran superficie *f* ; **refaire ~** *fig* [réapparaître] reaparecer ; [se remettre] salir a flote.

surfait, e [syrfɛ, ɛt] *adj* sobreestimado(da).

surfer [sœrfe] *vi* **- 1.** SPORT hacer surf **- 2.** INFORM navegar.

surgelé, e [syrʒəle] *adj* [produit] ultracongelado(da) ; [frites, haricots] congelado(da). ◆ **surgelé** *nm* congelado *m* ; **les ~s** los ultracongelados.

surgir [syrʒir] *vi* surgir.

surhomme [syrɔm] *nm* superhombre *m*.

surhumain, e [syrymɛ̃, ɛn] *adj* sobrehumano(na).

surimpression [syrɛ̃presjɔ̃] *nf* sobreimpresión *f*.

sur-le-champ [syrləʃɑ̃] *loc adv* en el acto.

surlendemain [syrlɑ̃dmɛ̃] *nm* : **le ~** a los dos días.

surligner [syrliɲe] *vt* marcar con rotulador fluorescente.

surligneur [syrliɲœr] *nm* marcador *m*, subrayador *m*.

surmenage [syrmənaʒ] *nm* agotamiento *m*, surmenaje *m*.

surmené, e [syrməne] *adj* agotado(da).

surmener [syrməne] *vt* agotar. ◆ **se surmener** *vp* agotarse.

surmonter [syrmɔ̃te] *vt* **- 1.** [être placé au-dessus de] coronar **- 2.** [obstacle, peur, colère] superar.

surnager [syrnaʒe] *vi* **- 1.** [flotter] sobrenadar **- 2.** *fig* [subsister] perdurar, pervivir.

surnaturel, elle [syrnatyrɛl] *adj* **- 1.** [phénomène, pouvoir, vie] sobrenatural **- 2.** [talent] prodigioso(sa). ◆ **surnaturel** *nm* : **le ~** lo sobrenatural.

surnom [syrnɔ̃] *nm* sobrenombre *m*, apodo *m*.

surnombre [syrnɔ̃br] ◆ **en surnombre** *loc adv* de más.

surpasser [syrpase] *vt* superar. ◆ **se surpasser** *vp* superarse.

surpeuplé, e [syrpœple] *adj* superpoblado(da).

surplomb [syrplɔ̃] *nm* desplome *m* ; **en ~** voladizo(za), salidizo(za).

surplomber [syrplɔ̃be] <> *vt* dominar. <> *vi* desaplomarse.
surplus [syrply] *nm* - **1.** [excédent] excedente *m* - **2.** [magasin] *tienda de ropa militar americana de segunda mano.*
surprenant, e [syrprənɑ̃, ɑ̃t] *adj* sorprendente.
surprendre [syrprɑ̃dr] *vt* - **1.** [gén] sorprender - **2.** [secret] descubrir.
surpris, e [syrpri, iz] *pp* ▷ **surprendre.**
surprise [syrpriz] *nf* sorpresa *f*; **faire une ~ à qqn** dar una sorpresa a alguien ; **par ~** por sorpresa.
surproduction [syrprɔdyksjɔ̃] *nf* superproducción *f.*
surréalisme [syrrealism] *nm* surrealismo *m.*
surréaliste [syrrealist] *nmf* surrealista *mf.*
sursaut [syrso] *nm* - **1.** [mouvement brusque] sobresalto *m* ; **en ~** de un sobresalto - **2.** [d'énergie] arranque *m.*
sursauter [syrsote] *vi* sobresaltarse.
sursis [syrsi] *nm* - **1.** [délai] aplazamiento *m* - **2.** JUR ≃ condena *f* condicional ; **6 mois avec ~** pena *f* de 6 meses con remisión condicional.
sursitaire [syrsitɛr] *nm estudiante al que se le concede una prórroga militar.*
surtaxe [syrtaks] *nf* sobretasa *f.*
surtout [syrtu] *adv* sobre todo ; **n'y touche ~ pas** no se te ocurra tocar esto. ◆ **surtout que** *loc conj fam* sobre todo porque.
survécu, e [syrveky] *pp* ▷ **survivre.**
surveillance [syrvɛjɑ̃s] *nf* vigilancia *f*; **~ médicale** observación *f* médica.
surveillant, e [syrvɛjɑ̃, ɑ̃t] *nm, f* - **1.** [gardien] vigilante *m Esp*, guachimán *m Amér* - **2.** SCOL *persona, generalmente un estudiante, encargada de la disciplina en un colegio.*
surveiller [syrvɛje] *vt* - **1.** [enfant, santé, suspect] vigilar - **2.** [études, travaux] supervisar - **3.** [langage, ligne] cuidar. ◆ **se surveiller** *vp* cuidarse.
survenir [syrvənir] *vi* sobrevenir.
survenu, e [syrvəny] *pp* ▷ **survenir.**
survêtement [syrvɛtmɑ̃] *nm* chandal *m.*
survie [syrvi] *nf* - **1.** [de malade] vida *f* - **2.** [de l'âme] supervivencia *f.*
survivant, e [syrvivɑ̃, ɑ̃t] *adj* & *nm, f* superviviente.
survivre [syrvivr] *vi* [continuer à vivre] sobrevivir ; **~ à qqch/à qqn** sobrevivir a algo/a alguien.
survol [syrvɔl] *nm* - **1.** [de territoire] vuelo *m* sobre - **2.** [de texte] : **faire un ~ de qqch** echar un vistazo a algo.
survoler [syrvɔle] *vt* - **1.** [territoire] sobrevolar - **2.** [texte] echar un vistazo a.
survolté, e [syrvɔlte] *adj* sobreexcitado(da).
sus [sy(s)] *adv* : **en ~ (de)** además (de).
susceptibilité [sysɛptibilite] *nf* susceptibilidad *f.*
susceptible [sysɛptibl] *adj* susceptible ; **~ de qqch/de faire qqch** susceptible de algo/de hacer algo.
susciter [sysite] *vt* suscitar.
suspect, e [syspɛ, ɛkt] <> *adj* - **1.** [personne] sospechoso(sa) ; **~ de qqch** sospechoso de algo - **2.** [douteux] dudoso(sa). <> *nm, f* sospechoso *m*, -sa *f.*
suspecter [syspɛkte] *vt* sospechar ; **~ qqn de qqch** sospechar algo de alguien ; **~ qqn de faire qqch** sospechar que alguien hace algo.
suspendre [syspɑ̃dr] *vt* - **1.** [gén] suspender - **2.** [accrocher] colgar.
suspendu, e [syspɑ̃dy] <> *pp* ▷ **suspendre.** <> *adj* [tableau, lampe] suspendido(da) ; **bien/mal ~** [véhicule] con buena/mala suspensión.
suspens [syspɛns] ◆ **en suspens** *loc adv* pendiente.
suspense [syspɛns] *nm* suspense *m.*
suspension [syspɑ̃sjɔ̃] *nf* - **1.** [gén] suspensión *f*; **en ~** en suspensión - **2.** [lustre] lámpara *f* de techo.
suspicion [syspisjɔ̃] *nf* suspicacia *f.*
susurrer [sysyre] *vt* & *vi* susurrar.
suture [sytyr] *nf* sutura *f.*
svelte [zvɛlt] *adj* esbelto(ta).
SVP *abr de* **s'il vous plaît.**
sweat-shirt [switʃœrt] (*pl* **sweat-shirts**) *nm* sudadera *f.*
syllabe [silab] *nf* sílaba *f.*
symbole [sɛ̃bɔl] *nm* - **1.** [représentation & CHIM] símbolo *m* - **2.** [personnification] : **être le ~ de qqch** ser estandarte de algo.
symbolique [sɛ̃bɔlik] <> *adj* simbólico(ca). <> *nf* simbología *f.*
symboliser [sɛ̃bɔlize] *vt* simbolizar.
symétrie [simetri] *nf* simetría *f.*
symétrique [simetrik] *adj* simétrico(ca).
sympa [sɛ̃pa] *adj fam* majo(ja).

sympathie [sɛ̃pati] *nf* - **1.** [entente, amitié] simpatía *f* - **2.** [compassion] : **témoigner sa ~ à qqn** expresar su simpatía a alguien.
sympathique [sɛ̃patik] *adj* [agréable - personne] simpático(ca) ; [- soirée, moment] agradable ; [- maison, lieu] acogedor(ra).
sympathiser [sɛ̃patize] *vi* simpatizar ; **~ avec qqn** simpatizar con alguien.
symphonie [sɛ̃fɔni] *nf* sinfonía *f*.
symphonique [sɛ̃fɔnik] *adj* sinfónico(ca).
symptomatique [sɛ̃ptɔmatik] *adj* sintomático(ca).
symptôme [sɛ̃ptom] *nm* síntoma *m*.
synagogue [sinagɔg] *nf* sinagoga *f*.
synchroniser [sɛ̃krɔnize] *vt* sincronizar.
syncope [sɛ̃kɔp] *nf* - **1.** [évanouissement] síncope *m* - **2.** MUS síncopa *f*.
syndic [sɛ̃dik] *nm* ≃ presidente *mf* de la comunidad de propietarios.
syndicaliste [sɛ̃dikalist] *adj* & *nmf* sindicalista.
syndicat [sɛ̃dika] *nm* sindicato *m*. ◆ **syndicat de communes** *nm* ≃ mancomunidad *f* de municipios. ◆ **syndicat de copropriétaires** *nm* ≃ comunidad *f* de propietarios. ◆ **syndicat d'initiative** *nm* ≃ oficina *f* de turismo.
syndiqué, e [sɛ̃dike] *adj* & *nm, f* sindicado(da).
syndrome [sɛ̃drom] *nm* síndrome *m*.
synergie [sinɛrʒi] *nf* sinergia *f*.
synonyme [sinɔnim] ◇ *adj* sinónimo(ma). ◇ *nm* sinónimo *m*.
syntaxe [sɛ̃taks] *nf* sintaxis *f inv*.
synthé [sɛ̃te] *nm fam* sintetizador *m*.
synthèse [sɛ̃tɛz] *nf* síntesis *f inv*.
synthétique [sɛ̃tetik] *adj* sintético(ca).
synthétiseur [sɛ̃tetizœr] *nm* sintetizador *m*.
syphilis [sifilis] *nf* sífilis *f inv*.
Syrie [siri] *nf* : **la ~** Siria.
systématique [sistematik] *adj* sistemático(ca).
systématiser [sistematize] ◇ *vt* sistematizar. ◇ *vi* generalizar.
système [sistɛm] *nm* [gén & INFORM] sistema *m* ; **~ bureautique** ofimática *f* ; **~ clé en main** sistema llave en mano ; **~ de conception et de fabrication** sistema de diseño y fabricación ; **~ expert** sistema experto ; **~ d'exploitation** sistema operativo ; **~ intégré** sistema integrado ; **~ intégré de gestion** sistema integrado de gestión ; **~ nerveux** sistema nervioso ; **~ de traitement transactionnel** sistema de transacciones.

T

t, T [te] *nm inv* [lettre] t *f*, T *f*. ◆ **t** (*abr de* **tonne**) t.
ta ▷ **ton.**
tabac [taba] *nm* - **1.** [plante] tabaco *m* ; **~ blond/brun** tabaco rubio/negro ; **~ à priser** rapé *m* - **2.** [magasin] estanco *m*.
tabagisme [tabaʒism] *nm* tabaquismo *m*.
tabernacle [tabɛrnakl] *nm* tabernáculo *m*.
table [tabl] *nf* [meuble] mesa *f* ; **à ~!** ¡a comer! ; **débarrasser/mettre la ~** quitar/poner la mesa ; **se mettre à ~** sentarse a la mesa ; **~ d'opération/de travail** mesa de operaciones/de trabajo. ◆ **table des matières** *nf* índice *m*. ◆ **table de multiplication** *nf* tabla *f* de multiplicar. ◆ **table ronde** *nf litt* & *fig* mesa *f* redonda.
tableau [tablo] *nm* - **1.** [gén] cuadro *m* ; **noircir le ~** *fig* pintarlo todo negro - **2.** [d'école] pizarra *f*, encerado *m* ; **~ noir** pizarra *f* - **3.** [panneau] tablón *m*, tablero *m* ; **~ d'affichage** [gén] tablón de anuncios ; SPORT marcador *m*. ◆ **tableau de bord** *nm* [de voiture] salpicadero *m* ; [d'avion] cuadro *m* de mandos.
tabler [table] *vi* : **~ sur qqch** contar con algo.
tablette [tablɛt] *nf* - **1.** [étagère] tabla *f* ; [de cheminée, de radiateur, de salle de bains] repisa *f* - **2.** [de chewing-gum, de chocolat] tableta *f*.
tableur [tablœr] *nm* hoja *f* de cálculo.
tablier [tablije] *nm* - **1.** [de cuisinière] delantal *m* - **2.** [d'écolier] bata *f* ; **rendre son ~** *fig* cortarse la coleta - **3.** [de cheminée] pantalla *f* ; [de magasin] persiana *f* (metálica) - **4.** [de pont] piso *m*.
tabloïde [tablɔid] *nm* tabloide *m*.
tabou, e [tabu] *adj* tabú. ◆ **tabou** *nm* tabú *m*.

tabouret [taburɛ] *nm* taburete *m*.
tabulateur [tabylatœr] *nm* tabulador *m*.
tac [tak] *nm* : **répondre** OU **riposter du ~ au ~** devolver la pelota.
tache [taʃ] *nf* **- 1.** [gén] mancha *f* ; **~s de rousseur** pecas *fpl* **- 2.** *sout* [souillure morale] tacha *f*.
tâche [taʃ] *nf* tarea *f*, labor *f* ; **faciliter la ~ à qqn** ponérselo fácil a alguien.
tacher [taʃe] *vt* manchar.
tâcher [taʃe] ◇ *vi* : **~ de faire qqch** procurar hacer algo. ◇ *vt* : **tâche que ça ne se reproduise plus** procura que no vuelva a ocurrir.
tacheté, e [taʃte] *adj* : **~ de** moteado de.
tacheter [taʃte] *vt* motear.
tacite [tasit] *adj* tácito(ta).
taciturne [tasityrn] *adj* taciturno(na).
tact [takt] *nm* tacto *m* ; **avoir du/manquer de ~** tener/no tener tacto ; **c'est manquer de ~** es una falta de tacto.
tactique [taktik] ◇ *adj* táctico(ca). ◇ *nf* táctica *f*.
taffe [taf] *nf fam* [de cigarette] calada *f*.
tag [tag] *nm* pintada *f*, graffiti *m*.
taguer [tage] *vt* hacer pintadas OU graffitis en.
tagueur, euse [tagœr, øz] *nm, f* autor *m*, -ra *f* de pintadas, graffitero *m*, -ra *f*.
taie [tɛ] *nf* **- 1.** [enveloppe] funda *f* ; **~ d'oreiller** funda de almohada **- 2.** MÉD nube *f (en la córnea)*.
taille [taj] *nf* **- 1.** [coupe - de pierre, de bois] talla *f* ; [- d'arbres] tala *f* **- 2.** [de personne] estatura *f* ; **quelle est ta ~?** ¿cuánto mides? **- 3.** [de vêtement] talla *f* ; **à ma ~** de mi talla **- 4.** [d'objet] tamaño *m* ; **de ~** [erreur] de bulto **- 5.** ANAT talle *m*, cintura *f*.
taillé, e [taje] *adj* **- 1.** [coupé] cortado(da) **- 2.** *fig* [fait] : **être ~ pour** estar hecho para.
taille-crayon [tajkrɛjɔ̃] (*pl* **taille-crayons**) *nm* sacapuntas *m inv*.
tailler [taje] *vt* **- 1.** [pierre, bois] tallar ; [arbres] talar ; [crayon] sacar punta a **- 2.** [vêtement] cortar.
tailleur [tajœr] *nm* **- 1.** [couturier] sastre *m* **- 2.** [vêtement] traje *m* (sastre OU de chaqueta).
taillis [taji] *nm* monte *m* bajo, bosquecillo *m*.
tain [tɛ̃] *nm* azogue *m*.
taire [tɛr] *vt* callar. ◆ **se taire** *vp* **- 1.** [ne pas parler] callarse ; **tais-toi!** ¡cállate! **- 2.** [bruit, son] dejar de oírse, cesar ; [orchestre] dejar de tocar.
Taïwan [tajwan] *n* Taiwan.
talc [talk] *nm* talco *m*.
talent [talɑ̃] *nm* talento *m* ; **avoir du ~** tener talento.
talentueux, euse [talɑ̃tɥø, øz] *adj* talentoso(sa) ; **être très ~** tener mucho talento.
talisman [talismɑ̃] *nm* talismán *m*.
talkie-walkie [tɔkiwɔki] *nm* walkie-talkie *m*.
talon [talɔ̃] *nm* **- 1.** [du pied, de chaussette] talón *m* **- 2.** [de chaussure] tacón *m Esp*, taco *m Amér* ; **~s hauts/plats/aiguilles** tacones altos/planos/de aguja **- 3.** [de jambon, de fromage] punta *f* **- 4.** [de chèque] matriz *f* **- 5.** [de jeu de cartes] montón *m*.
talonner [talɔne] *vt* **- 1.** [suivre de près] pisar los talones a **- 2.** *fig* [harceler] acosar.
talonnette [talɔnɛt] *nf* talonera *f*.
talquer [talke] *vt* espolvorear con talco.
talus [taly] *nm* talud *m*.
tambour [tɑ̃bur] *nm* **- 1.** [de machine à laver & MUS] tambor *m* ; **battre le ~** tocar el tambor **- 2.** COUT tambor *m*, bastidor *m*.
tambourin [tɑ̃burɛ̃] *nm* **- 1.** [cerceau à grelots] pandereta *f* **- 2.** [tambour] tamboril *m*.
tambouriner [tɑ̃burine] ◇ *vt* MUS : **~ qqch** tocar algo con el tambor. ◇ *vi* : **~ sur** OU **contre qqch** golpetear en OU sobre algo ; [pluie] repiquetear en OU sobre algo.
tamis [tami] *nm* **- 1.** [crible] tamiz *m* ; **passer au ~** pasar por el tamiz **- 2.** [de raquette de tennis] cordaje *m*.
tamisé, e [tamize] *adj* [lumière] tamizado(da).
tamiser [tamize] *vt* tamizar.
tampon [tɑ̃pɔ̃] *nm* **- 1.** [masse de tissu] bayeta *f*, paño *m* ; **~ hygiénique** OU **périodique** tampón *m* (higiénico) ; **~ à récurer** estropajo *m* **- 2.** [cachet] sello *m*, tampón *m* **- 3.** [bouchon] tapón *m Esp*, tapa *f Amér* **- 4.** [de locomotive] tope *m* **- 5.** *fig* [médiateur] : **servir de ~** servir de colchón.
tamponner [tɑ̃pɔne] *vt* **- 1.** [surface] frotar con un paño **- 2.** [plaie] limpiar **- 3.** [document] sellar **- 4.** [heurter] topar con.
tam-tam [tamtam] (*pl* **tam-tams**) *nm* tam-tam *m*.
tandem [tɑ̃dɛm] *nm* tándem *m* ; **en ~** a dúo.
tandis [tɑ̃di] ◆ **tandis que** *loc conj* mientras que.
tangage [tɑ̃gaʒ] *nm* cabeceo *m*.
tangent, e [tɑ̃ʒɑ̃, ɑ̃t] *adj* **- 1.** MATHS tangente **- 2.** *fam* [juste] : **c'était ~** (fue) por

los pelos. ◆ **tangente** *nf* MATHS tangente *f*.

tangible [tɑ̃ʒibl] *adj* tangible.

tango [tɑ̃go] *nm* tango *m*.

tanguer [tɑ̃ge] *vi* cabecear.

tanière [tanjɛr] *nf* **- 1.** [d'animal] guarida *f*, cubil *m* **- 2.** *fig* [de personne] guarida *f*.

tank [tɑ̃k] *nm* tanque *m*.

tanner [tane] *vt* **- 1.** [peau] curtir **- 2.** *fam* [personne] dar la tabarra.

tant [tɑ̃] *adv* **- 1.** [quantité] : **~ de** tanto(ta) ; **~ d'élèves** tantos alumnos ; **et ~ d'autres** y otros muchos (otras muchas) ; **~ que ça?** ¿tanto? **- 2.** [tellement] tanto ; **il l'aime ~** la quiere tanto ; **il a crié ~ il souffrait** le dolía tanto que gritó **- 3.** [quantité indéfinie] : **~ de** tanto(ta) ; **~ de grammes** tantos gramos **- 4.** [valeur indéfinie] tanto ; **ça coûte ~** esto cuesta tanto **- 5.** [jour indéfini] : **le ~** tal día **- 6.** [comparatif] : **~ ... que** tanto ... como ; **~ les premiers que les seconds** tanto los primeros como los segundos **- 7.** [valeur temporelle] : **~ que** mientras ; **amuse-toi ~ que tu peux** disfruta mientras puedas ; **~ que tu y es ...** ya que te pones ... ◆ **en tant que** *loc conj* como. ◆ **tant bien que mal** *loc adv* a trancas y barrancas, mal que bien. ◆ **tant pis** *loc adv* qué se le va a hacer ; **~ pis pour lui** peor para él. ◆ **tant et plus** *loc adv* el ciento y la madre. ◆ **tant qu'à** *loc conj* si, ya que ; **~ qu'à faire ...** ya que estamos ...

tante [tɑ̃t] *nf* **- 1.** [parente] tía *f* **- 2.** *tfam péj* [homosexuel] maricón *m*.

tantinet [tɑ̃tinɛ] *nm* : **un ~ radin** un poquito tacaño ; **un ~ trop long** un pelín largo.

tantôt [tɑ̃to] *adv* **- 1.** [notion d'alternance] : **~ ... ~** unas veces ... otras ; **~ il me déteste, ~ il m'adore** unas veces me odia, otras me adora **- 2.** *vieilli* [après-midi] por la tarde.

tapage [tapaʒ] *nm* **- 1.** [bruit] escándalo *m*, alboroto *m* **- 2.** *fig* [battage] : **faire du ~** dar que hablar.

tapageur, euse [tapaʒœr, øz] *adj* **- 1.** [hôte, enfant] escandaloso(sa), alborotador(ra) **- 2.** [luxe, liaison, publicité] escandaloso(sa).

tape [tap] *nf* cachete *m*.

tape-à-l'œil [tapalœj] ◇ *adj inv* llamativo(va). ◇ *nm inv* fachada *f (apariencia)* ; **ce n'est que du ~** es todo pura fachada.

taper [tape] ◇ *vt* **- 1.** [donner un coup à] golpear ; [à la porte] llamar **- 2.** [texte] pasar a máquina. ◇ *vi* **- 1.** [donner un coup] golpear **- 2.** [à la machine] escribir a máquina **- 3.** *fam* [soleil] pegar ; [vin] subir **- 4.** *fig* [dire du mal] : **~ sur qqn** poner como un trapo a alguien.

tapis [tapi] *nm* **- 1.** [pour le sol] alfombra *f* ; **~ de bain** alfombra de baño ; **~ de souris** INFORM alfombrilla *f* de ratón ; **dérouler le ~ rouge** *fig* recibir con todos los honores **- 2.** [de mur] tapiz *m* **- 3.** [de meuble] tapete *m* ; **~ vert** tapete verde ; **mettre qqch sur le ~** poner algo sobre el tapete. ◆ **tapis roulant** *nm* [de marchandises] cinta *f* transportadora ; [de voyageurs] tapiz *m* deslizante.

tapisser [tapise] *vt* **- 1.** [couvrir - meuble] tapizar ; [- mur] empapelar **- 2.** *fig* [recouvrir] cubrir.

tapisserie [tapisri] *nf* **- 1.** [tenture] colgadura *f* **- 2.** [papier peint] empapelado *m* **- 3.** ART [ouvrage] tapiz *m*.

tapissier, ère [tapisje, ɛr] *nm, f* **- 1.** [artiste, commerçant] tapicero *m*, -ra *f* **- 2.** [ouvrier] empapelador *m*, -ra *f*.

tapotement [tapɔtmɑ̃] *nm* [petite tape] golpeteo *m*.

tapoter [tapɔte] ◇ *vt* dar golpecitos en. ◇ *vi* : **~ sur qqch** dar golpecitos en algo ; [pianoter sur] aporrear algo.

taquin, e [takɛ̃, in] *adj* & *nm, f* guasón(ona).

taquiner [takine] *vt* pinchar.

tarabuster [tarabyste] *vt* **- 1.** [suj : personne] dar la tabarra **- 2.** [suj : idée] rondar.

tard [tar] *adv* tarde ; **au plus ~** a más tardar ; **plus ~** más tarde ; **sur le ~** [en fin de journée] al anochecer ; [vers la fin de la vie] muy tarde.

tarder [tarde] *vi* : **(ne pas) ~ à faire qqch** (no) tardar en hacer algo ; **il me tarde de** *(+ infinitif)*, **il me tarde que** *(+ subjonctif)* estoy impaciente por *(+ infinitivo)* ; **il me tarde de te revoir** estoy impaciente por verte.

tardif, ive [tardif, iv] *adj* tardío(a).

tare [tar] *nf* tara *f*.

tarif [tarif] *nm* **- 1.** [prix, tableau des prix] tarifa *f* ; **~ syndical** *tarifa fijada por un sindicato* **- 2.** [douanier] arancel *m*.

tarir [tarir] ◇ *vt* **- 1.** [source, ressource] agotar **- 2.** *fig* [larmes] enjugar. ◇ *vi* **- 1.** [source, ressources] agotarse **- 2.** *fig* [larmes] enjugarse **- 3.** *fig* [personne] : **ne pas ~ d'éloges sur qqch/sur qqn** hacerse lenguas de algo/de alguien. ◆ **se tarir** *vp* agotarse.

tarot [taro] *nm* tarot *m*. ◆ **tarots**

nmpl : **tirer les ~s** echar las cartas OU el tarot.

tartare [tartar] *adj* tártaro(ra).

tarte [tart] ◇ *nf* - **1.** [gâteau] tarta *f* - **2.** *fam* [gifle] torta *f.* ◇ *adj fam* estúpido(da).

tartine [tartin] *nf* - **1.** [de pain] rebanada *f* de pan con mantequilla - **2.** *fam* [laïus] rollo *m.*

tartiner [tartine] *vt* - **1.** [du pain] untar - **2.** *fam fig* [pages] llenar.

tartre [tartr] *nm* [de chaudière, des canalisations] cal *f* ; [du vin] tártaro *m* ; [des dents] sarro *m.*

tas [ta] *nm* montón *m Esp*, ruma *f Amér* ; **un ~ de** un montón de.

tasse [tas] *nf* taza *f* ; **~ à café/à thé** [vaisselle] taza de café/de té ; **~ de café/de thé** [à boire] taza de café/de té.

tassé, e [tase] *adj* : **bien ~** [fort] bien cargado ; [âge, ans] bien puesto.

tasseau, x [taso] *nm* codal *m.*

tasser [tase] *vt* - **1.** [neige, terre] apisonar - **2.** [choses, personnes] apretujar. ◆ **se tasser** *vp* - **1.** [mur, terrain] hundirse - **2.** [vieillard] achaparrarse - **3.** [se serrer] apiñarse, apretujarse - **4.** *fig* [se calmer] arreglarse ; **les choses se tassent** las cosas se van arreglando.

tâter [tate] *vt* - **1.** [toucher] tentar - **2.** *fig* [sonder] tantear. ◆ **se tâter** *vp fam* [hésiter] pensarlo.

tâte-vin = **taste-vin.**

tatillon, onne [tatijɔ̃, ɔn] *adj* & *nm, f* puntilloso(sa).

tâtonnement [tatɔnmɑ̃] *nm* - **1.** [action] marcha *f* a tientas - **2.** *(gén pl)* [tentative] tanteo *m.*

tâtonner [tatɔne] *vi* - **1.** [pour se diriger] tantear - **2.** *fig* [chercher] dar palos de ciego.

tâtons [tatɔ̃] ◆ **à tâtons** *loc adv* a tientas.

tatouage [tatwaʒ] *nm* tatuaje *m.*

tatouer [tatwe] *vt* tatuar.

taudis [todi] *nm* - **1.** [logement misérable] tugurio *m*, cuchitril *m* - **2.** *fig* & *péj* [maison ou pièce mal tenue] leonera *f.*

taupe [top] *nf* [animal, espion] topo *m.*

taureau, x [tɔro] *nm* toro *m.* ◆ **Taureau** *nm* ASTROL Tauro *m.*

tauromachie [tɔrɔmaʃi] *nf* tauromaquia *f.*

taux [to] *nm* - **1.** [cours] tasa *f*, tipo *m* ; **~ de change/d'escompte** tipo de cambio/de descuento ; **~ d'inflation** tasa de inflación ; **~ d'intérêt** tipo de interés - **2.** [de cholestérol, d'alcool etc] índice *m* ; **~ de natalité/de mortalité** índice de natalidad/de mortalidad.

taverne [tavɛrn] *nf* - **1.** [auberge, bar à bière] taberna *f* - **2.** [restaurant rustique] hostería *f* - **3.** *Can* [café] *café reservado a los hombres.*

taxe [taks] *nf* impuesto *m*, contribución *f* ; **hors ~** [prix] sin IVA ; [boutique] libre de impuestos.

taxer [takse] *vt* - **1.** [produit] tasar - **2.** [importations] gravar - **3.** *fam* [emprunter] : **~ qqch à qqn** sablear a alguien algo.

taxi [taksi] *nm* - **1.** [voiture] taxi *m* - **2.** [chauffeur] taxista *mf Esp*, ruletero *m Amér.*

TB, tb *(abr de* **très bien**) ≃ Sob.

Tchad [tʃad] *nm* : **le ~** (el) Chad.

tchadien, enne [tʃadjɛ̃, ɛn] *adj* chadiano(na). ◆ **tchadien** *nm* LING chadiano *m.* ◆ **Tchadien, enne** *nm, f* chadiano *m*, -na *f.*

tchatche [tʃaʃ] *nf fam* : **avoir la ~** tener la lengua floja.

tchatcher [tʃaʃe] *vi fam* estar de cháchara.

tchèque [tʃɛk] ◇ *adj* checo(ca). ◇ *nm* LING checo *m.* ◆ **Tchèque** *nmf* checo *m*, -ca *f.*

te [tə], **t'** *(devant voyelle ou h muet) pron pers* - **1.** [gén] te - **2.** [avec un présentatif] : **~ voilà** aquí estás ; **~ voici prêt** ya estás listo.

technicien, enne [tɛknisjɛ̃, ɛn] *nm, f* - **1.** [professionnel] técnico *mf* - **2.** [spécialiste] especialista *mf.*

technico-commercial, e [tɛknikokɔmɛrsjal] *(mpl* **technico-commerciaux**, *fpl* **technico-commerciales**) *adj* & *nm, f* técnico comercial.

technique [tɛknik] ◇ *adj* técnico(ca). ◇ *nf* técnica *f.*

techno [tɛkno] ◇ *adj* tecno. ◇ *nf* tecno *m.*

technocrate [tɛknɔkrat] *nm péj* tecnócrata *mf.*

technologie [tɛknɔlɔʒi] *nf* tecnología *f.*

technologique [tɛknɔlɔʒik] *adj* tecnológico(ca).

teckel [tekɛl] *nm* teckel *m.*

tee-shirt *(pl* **tee-shirts**), **T-shirt** *(pl* **T-shirts**) [tiʃœrt] *nm* camiseta *f Esp*, remera *f Amér.*

teigne [tɛɲ] *nf* - **1.** [mite] polilla *f* - **2.** MÉD tiña *f* - **3.** *fam* [personne] (mal) bicho *m*.
teindre [tɛ̃dr] *vt* teñir.
teint, e [tɛ̃, tɛ̃t] ◇ *pp* ▷ **teindre**. ◇ *adj* [cheveux] teñido(da). ◆ **teint** *nm* tez *f*. ◆ **teinte** *nf* [couleur] color *m*.
teinté, e [tɛ̃te] *adj* tintado(da) ; [verre] ahumado(da) ; **~ de** *fig* teñido de.
teinter [tɛ̃te] *vt* teñir.
teinture [tɛ̃tyr] *nf* - **1.** [action de teindre & BIOL] tintura *f* ; **~ d'iode** tintura de yodo - **2.** [colorant] tinte *m*.
teinturerie [tɛ̃tyrri] *nf* tintorería *f*, tinte *m*.
teinturier, ère [tɛ̃tyrje, ɛr] *nm, f* tintorero *m*, -ra *f* ; **chez le ~** al tinte.
tel [tɛl] (*f* **telle**, *mpl* **tels**, *fpl* **telles**) ◇ *adj* - **1.** [valeur indéterminée] tal ; **~ ou ~** tal o cual - **2.** [semblable] semejante ; **de telles personnes** semejantes personas ; **je n'ai rien dit de ~** no he dicho nada semejante ; **un ~ homme** un hombre semejante ; **une telle occasion** una oportunidad semejante - **3.** [reprend ce qui a été énoncé] éste, ésta ; **telle fut l'histoire qu'il nous raconta** ésta fue la historia que nos contó - **4.** [valeur emphatique ou intensive] tal ; **un ~ bonheur** una felicidad tal - **5.** [introduit un exemple ou une énumération] : **~ (que)** como ; **des métaux ~s que le cuivre** metales como el cobre - **6.** [introduit une comparaison] cual ; **il grondait ~ un lion** rugía como un león ; **~ que** tal (y) como ; **il est ~ que je l'avais toujours rêvé** es tal (y) como siempre lo soñé ; **~ quel** tal cual ; **tout est resté ~ quel depuis son départ** todo ha permanecido tal cual desde que se marchó. ◇ *pron indéf* - **1.** [personnes ou choses indéterminées] : **~ ... ~ autre** uno ... otro ; **~ veut travailler et ~ autre veut dormir** uno quiere trabajar y otro dormir - **2.** [une personne] : **un ~ ...** un tal ...
tél. (*abr de* **téléphone**) tel., teléf.
télé [tele] *nf fam* tele *f*.
téléachat [teleaʃa] *nm* telecompra *f*.
télécommande [telekɔmɑ̃d] *nf* mando *m* a distancia, telemando *m*.
télécommunication [telekɔmynikasjɔ̃] *nf* telecomunicación *f*.
télécopie [telekɔpi] *nf* fax *m (documento)*.
télécopieur [telekɔpjœr] *nm* fax *m (aparato)*.
télédétection [teledetɛksjɔ̃] *nf* teledetección *f*.
téléfilm [telefilm] *nm* telefilm *m*, telefilme *m*.
télégramme [telegram] *nm* telegrama *m*.
télégraphe [telegraf] *nm* telégrafo *m*.
télégraphier [telegrafje] *vt* telegrafiar.
téléguider [telegide] *vt* teledirigir.
télématique [telematik] ◇ *adj* telemático(ca). ◇ *nf* telemática *f*.
téléobjectif [teleɔbʒɛktif] *nm* teleobjetivo *m*.
télépathie [telepati] *nf* telepatía *f*.
téléphérique [teleferik] *nm* teleférico *m*.
téléphone [telefɔn] *nm* teléfono *m* ; **~ arabe** radio *f* macuto ; **~ cellulaire** teléfono celular ; **~ sans fil** teléfono inalámbrico.
téléphoner [telefɔne] ◇ *vt* decir por teléfono. ◇ *vi* llamar (por teléfono) ; **~ à qqn** llamar (por teléfono) a alguien.
téléphonique [telefɔnik] *adj* telefónico(ca).
télescope [telɛskɔp] *nm* telescopio *m*.
télescopique [telɛskɔpik] *adj* telescópico(ca).
téléscripteur [teleskriptœr] *nm* teletipo *m*.
télésiège [telesjɛʒ] *nm* telesilla *m*.
téléski [teleski] *nm* telesquí *m*.
téléspectateur, trice [telespɛktatœr, tris] *nm, f* telespectador *m*, -ra *f*.
télétraitement [teletrɛtmɑ̃] *nm* teleproceso *m*.
télétransmission [teletrɑ̃smisjɔ̃] *nf* teletransmisión *f*.
télétravail, aux [teletravaj, o] *nm* teletrabajo *m*.
téléviser [televize] *vt* televisar.
téléviseur [televizœr] *nm* televisor *m*.
télévision [televizjɔ̃] *nf* televisión *f* ; **~ numérique** televisión digital.
télex [telɛks] *nm* télex *m inv*.
tellement [tɛlmɑ̃] *adv* - **1.** [si] tan ; **elle est ~ gentille!** ¡es tan simpática! ; **~ mieux** mucho mejor - **2.** [tant] tanto ; **elle a ~ changé!** ¡ha cambiado tanto! ; **je ne comprends rien ~ il parle vite** habla tan de prisa que no entiendo nada ; **~ ... que** tanto ... que ; **~ de** tanto(ta) ; **j'ai ~ de choses à faire!** ¡tengo tantas cosas que hacer! ; **veux-tu un biscuit? — non, j'en ai mangé ~!** ¿quieres una galleta? — no, ¡ya he comido tantas!
téméraire [temerɛr] *adj* & *nmf* temerario(ria).
témérité [temerite] *nf* temeridad *f*.
témoignage [temwaɲaʒ] *nm* - **1.** [ré-

cit & JUR] testimonio *m* - **2.** [gage] muestra *f*, prueba *f* ; **en ~ de** como muestra OU prueba de.
témoigner [temwaɲe] ◇ *vt* - **1.** [sentiment] mostrar, manifestar - **2.** [révéler] demostrar ; **~ que** demostrar que - **3.** [attester] : **~ que** declarar que. ◇ *vi* JUR declarar, testificar ; **~ en faveur de/contre qqn** declarar a favor/en contra de alguien.
témoin [temwɛ̃] ◇ *nm* - **1.** [gén] testigo *mf* ; **être ~ de qqch** ser testigo de algo - **2.** INFORM indicador *m*. ◇ *adj* [appartement, lampe] piloto.
tempe [tɑ̃p] *nf* sien *f*.
tempérament [tɑ̃peramɑ̃] *nm* temperamento *m*.
température [tɑ̃peratyr] *nf* - **1.** [gén] temperatura *f* - **2.** [fièvre] fiebre *f* ; **avoir de la ~** tener fiebre ; **prendre sa ~** tomarse la temperatura.
tempéré, e [tɑ̃pere] *adj* - **1.** [climat] templado(da) - **2.** [caractère, personne] temperado(da).
tempérer [tɑ̃pere] *vt* temperar.
tempête [tɑ̃pɛt] *nf* - **1.** MÉTÉOR tormenta *f* ; **~ de neige/de sable** tormenta de nieve/de arena - **2.** *fig* [agitation, déchaînement] tempestad *f*.
tempêter [tɑ̃pete] *vi* vociferar.
temple [tɑ̃pl] *nm* templo *m*.
tempo [tɛmpo] *nm* tempo *m*.
temporaire [tɑ̃pɔrɛr] *adj* temporal.
temporairement [tɑ̃pɔrɛrmɑ̃] *adv* temporalmente.
temporel, elle [tɑ̃pɔrɛl] *adj* temporal.
temps [tɑ̃] *nm* - **1.** [durée] tiempo *m* ; **avoir le ~ de faire qqch** tener tiempo de hacer algo ; **avoir tout son ~** tener todo el tiempo del mundo ; **ces ~-ci, ces derniers ~** últimamente ; **chaque chose en son ~** cada cosa a su tiempo ; **faire qqch en un ~ record** hacer algo en un tiempo récord ; **perdre son ~** perder el tiempo ; **travailler à plein ~** trabajar a jornada completa ; **un certain ~** cierto tiempo ; **~ libre** tiempo libre - **2.** MÉTÉOR tiempo *m* ; **beau/mauvais ~** buen/mal tiempo ; **le ~ est à la pluie** parece que va a llover ; **par beau ~** cuando hace bueno ; **par ~ de pluie** cuando llueve - **3.** [de l'année, de l'histoire] época *f* ; **le ~ des vendanges** la época de la vendimia ; **au ~ des Romains** en la época de los romanos ; **les ~ glorieux de ...** los días gloriosos de ... ; **de mon ~** en mis tiempos OU mi época ; **au** OU **du ~ où** en el tiempo en el que - **4.** [moment] momento *m*. ◆ **à temps** *loc adv* a tiempo. ◆ **de temps à autre** *loc adv* de vez en cuando. ◆ **de temps en temps** *loc adv* de vez en cuando. ◆ **en même temps** *loc adv* al mismo tiempo. ◆ **tout le temps** *loc adv* todo el tiempo, todo el rato.
tenable [tənabl] *adj* : **ce n'est pas ~** es insoportable ; **ce n'est plus ~** ya es insoportable.
tenace [tənas] *adj* tenaz.
ténacité [tenasite] *nf* tenacidad *f*.
tenailler [tənaje] *vt* atenazar.
tenailles [tənaj] *nfpl* tenazas *fpl*.
tenancier, ère [tənɑ̃sje, ɛr] *nm, f* encargado *m*, -da *f*.
tendance [tɑ̃dɑ̃s] *nf* tendencia *f* ; **avoir ~ à qqch/à faire qqch** tener tendencia a algo/a hacer algo.
tendancieux, euse [tɑ̃dɑ̃sjø, øz] *adj* tendencioso(sa).
tendeur [tɑ̃dœr] *nm* - **1.** [courroie] pulpo *m* - **2.** [appareil] tensor *m* - **3.** [de tente] viento *m*.
tendinite [tɑ̃dinit] *nf* tendinitis *f inv*.
tendon [tɑ̃dɔ̃] *nm* tendón *m*.
tendre[1] [tɑ̃dr] ◇ *adj* - **1.** [aliment, personne] tierno(na) - **2.** [bois] blando(da) - **3.** [couleur] suave - **4.** [parole] cariñoso(sa). ◇ *nmf* persona *f* tierna.
tendre[2] [tɑ̃dr] *vt* - **1.** [corde] tensar - **2.** [étendre] tender ; **~ qqch à qqn** [donner] tender algo a alguien. ◆ **se tendre** *vp* tensarse.
tendresse [tɑ̃drɛs] *nf* - **1.** [sentiment] ternura *f*, cariño *m* - **2.** *(gén pl)* [expression] caricia *f Esp*, apapacho *m Amér* - **3.** [indulgence] simpatía *f*.
tendu, e [tɑ̃dy] ◇ *pp* ▻ **tendre**. ◇ *adj* - **1.** [fil, corde] tenso(sa), tirante - **2.** [pièce] : **~ de** [de tissu] tapizado de ; [de papier] empapelado con - **3.** [personne, atmosphère, rapports] tenso(sa) - **4.** [main] tendido(da).
ténèbres [tenɛbr] *nfpl* tinieblas *fpl*.
ténébreux, euse [tenebrø, øz] *adj* tenebroso(sa).
teneur [tənœr] *nf* - **1.** [d'une lettre, d'un article] contenido *m* - **2.** [pourcentage] proporción *f*, cantidad *f* ; **~ en** proporción OU cantidad de.
tenir [tənir] ◇ *vt* - **1.** [gén] tener ; **~ qqch dans ses mains** tener algo en las manos ; **je te tiens!** ¡te tengo! ; **~ qqn par la main/le bras** llevar a alguien de la mano/del brazo - **2.** [maintenir] sujetar ; **tiens-moi ça!** ¡sujétame esto! ; **~ fermement qqch** sujetar algo firmemente ; **~ son cheval** su-

jetar su caballo ; **~ ses élèves** controlar a sus alumnos **- 3.** [conserver] mantener ; **~ la porte ouverte** mantener la puerta abierta **- 4.** [occuper] ocupar ; **~ de la place** ocupar sitio **- 5.** [résister] aguantar ; **~ le coup** aguantar (la prueba) **- 6.** [promesse, engagement] cumplir **- 7.** [hôtel, commerce, restaurant] llevar **- 8.** [considérer] considerar ; **~ qqn pour responsable de** hacer a alguien responsable de **- 9.** [apprendre] : **~ qqch de qqn** saber algo OU enterarse de algo por alguien. ◇ *vi* **- 1.** [être solide] aguantar, resistir ; **~ jusqu'au bout** aguantar hasta el final **- 2.** [durer - gén] durar ; [- neige] cuajar ; [- colle] agarrarse ; [- couleur] ser sólido(da) **- 3.** [rentrer] caber **- 4.** [être attaché] : **~ à qqn** estar ligado(da) a alguien ; **~ à sa réputation** mirar por su reputación ; **il tient à venir** tiene interés en venir ; **il tient à vous parler** insiste en hablarle **- 5.** [avoir pour cause] : **~ à** deberse a **- 6.** [ressembler à] : **~ de** salir a ; **il tient de son père** sale a su padre **- 7.** [relever de] : **~ de** parecer ; **~ du miracle** parecer milagro **- 8.** *loc* : **ça ne tient pas debout** eso no se lo cree nadie ; **ça tient toujours pour ...?** ¿sigue en pie lo de ...? ; **je n'y tiens pas** no me apetece ; **tiens!** [prends] ¡toma! ; [justement] ¡anda! ; [pour attirer l'attention] ¡mira! ◇ *v impers* : **il ne tient qu'à lui de ...** depende de él que ... ◆ **se tenir** *vp* **- 1.** [se trouver] estar ; [avoir lieu] tener lugar, celebrarse **- 2.** [se mettre] ponerse ; **tiens-toi droit!** ¡ponte derecho! **- 3.** [se prendre] cogerse ; **se ~ par la main** ir de la mano **- 4.** [être cohérent] concordar **- 5.** [se conduire] portarse, comportarse ; **tiens-toi bien!** ¡pórtate bien! ; **tiens-toi tranquille!** ¡estate quieto! **- 6.** [s'agripper] agarrarse **- 7.** [se considérer] : **se ~ pour** darse por ; **je me tiens pour satisfait** me doy por satisfecho **- 8.** [se borner] : **s'en ~ à qqch** atenerse a algo ; **je m'en tiendrai là** lo dejamos ahí.

tennis [tenis] ◇ *nm* [sport] tenis *m inv* ; **~ de table** tenis de mesa. ◇ *nfpl* OU *nmpl* zapatillas *fpl* de deporte.

ténor [tenɔr] ◇ *adj* [instrument] tenor. ◇ *nm* **- 1.** [chanteur] tenor *m* **- 2.** *fig* [vedette] figura *f*.

tension [tɑ̃sjɔ̃] *nf* **- 1.** [contraction, MÉD & ÉLECTR] tensión *f* ; **avoir de la ~** tener la tensión alta ; **basse/haute ~** baja/alta tensión ; **~ artérielle** tensión arterial **- 2.** [concentration] concentración *f* **- 3.** [désaccord] tensión *f*, tirantez *f*.

tentaculaire [tɑ̃takylɛr] *adj* **- 1.** ZOOL tentacular **- 2.** *fig* [ville, firme] en expansión.

tentant, e [tɑ̃tɑ̃, ɑ̃t] *adj* tentador(ra).

tentation [tɑ̃tasjɔ̃] *nf* tentación *f* ; **résister à la ~** resistir la tentación.

tentative [tɑ̃tativ] *nf* intento *m*, tentativa *f* ; **~ d'homicide** tentativa de homicidio ; **~ de suicide** intento de suicidio.

tente [tɑ̃t] *nf* [de camping] tienda *f* de campaña ; [de cirque] carpa *f*. ◆ **tente à oxygène** *nf* cámara *f* de oxígeno.

tenter [tɑ̃te] *vt* [attirer] tentar ; **être tenté de faire qqch** estar tentado de hacer algo ; **être tenté par qqch/par qqn** estar tentado por OU a algo/por alguien.

tenture [tɑ̃tyr] *nf* colgadura *f*.

tenu, e [təny] *adj* [en ordre] : **bien/mal ~** bien/mal atendido.

ténu, e [teny] *adj* tenue.

tenue [təny] *nf* **- 1.** [entretien - d'école, d'établissement] dirección *f* ; [- de maison] cuidado *m* ; [- de comptabilité] teneduría *f* **- 2.** [manières] modales *mpl* ; **un peu de ~!** ¡compórtate! **- 3.** [maintien du corps] postura *f* **- 4.** [séance] sesión *f* **- 5.** [habillement] ropa *f* ; MIL uniforme *m* ; **~ de soirée** traje *m* de noche. ◆ **tenue de route** *nf* adherencia *f* (a la carretera).

ter [tɛr] ◇ *adj* ter. ◇ *adv* MUS tres veces.

Tergal® [tɛrgal] *nm* tergal® *m*.

tergiverser [tɛrʒivɛrse] *vi* vacilar ; **sans ~** sin vacilar.

terme [tɛrm] *nm* **- 1.** [fin, mot, élément] término *m* ; **mettre un ~ à qqch** poner término a algo **- 2.** [de grossesse] : **arriver à ~** salir de cuentas **- 3.** [délai] plazo *m* ; COMM vencimiento *m* ; **à ~** a plazos ; **à court/moyen/long ~** a corto/medio/largo plazo **- 4.** [de loyer] : **à ~ échu** a plazo vencido. ◆ **termes** *nmpl* [expression, formule] términos *mpl*.

terminaison [tɛrminɛzɔ̃] *nf* GRAM terminación *f*.

terminal, e, aux [tɛrminal, o] *adj* terminal. ◆ **terminal, aux** *nm* **- 1.** INFORM terminal *m* **- 2.** [dock, aérogare] terminal *f*. ◆ **terminale** *nf* SCOL *séptimo año de educación secundaria*, ≃ COU *m*.

terminer [tɛrmine] *vt* terminar, acabar. ◆ **se terminer** *vp* terminarse, acabarse ; **se ~ en/par qqch** terminarse OU acabarse en/con algo.

terminologie [tɛrminɔlɔʒi] *nf* terminología *f*.

terminus [tɛrminys] *nm* término *m*, final *m* (de línea).

termite [tɛrmit] *nm* termita *f*.
terne [tɛrn] *adj* **- 1.** [couleur, regard] apagado(da) **- 2.** [vie, journée, conversation] monótono(na) **- 3.** [personne] insignificante.
ternir [tɛrnir] *vt* [couleurs] desteñir ; *fig* [réputation] empañar.
terrain [tɛrɛ̃] *nm* **- 1.** [gén] terreno *m* ; **~ à bâtir** solar *m* ; **être sur son ~** *fig* estar en su (propio) terreno **- 2.** [de foot, d'aviation] campo *m* ; [de camping] terreno *m* **- 3.** MIL campo *m* de batalla.
terrasse [tɛras] *nf* **- 1.** [gén] terraza *f* **- 2.** [toit] terraza *f*, azotea *f*.
terrassement [tɛrasmɑ̃] *nm* excavación *f*.
terrasser [tɛrase] *vt* **- 1.** [adversaire] derribar **- 2.** [suj : maladie] abatir.
terre [tɛr] *nf* **- 1.** [gén] tierra *f* ; **~ battue** tierra batida ; **avoir les pieds sur ~** *fig* tener los pies en el suelo **- 2.** [sol] tierra *f*, suelo *m* ; **par ~** [sans mouvement] en el suelo ; [avec mouvement] al suelo.
terreau [tɛro] *nm* mantillo *m*.
terre-plein [tɛrplɛ̃] (*pl* **terre-pleins**) *nm* terraplén *m*.
terrer [tɛre] ◆ **se terrer** *vp* encerrarse.
terrestre [tɛrɛstr] *adj* **- 1.** [gén] terrestre ; [globe] terráqueo(a) **- 2.** [plaisir, paradis] terrenal.
terreur [tɛrœr] *nf* terror *m*.
terrible [tɛribl] *adj* **- 1.** [gén] terrible **- 2.** [appétit, travail] tremendo(da) **- 3.** *fam* [étonnant, excellent] bestial ; **le film n'était pas ~** la película estuvo regular.
terriblement [tɛribləmɑ̃] *adv* terriblemente ; **il a ~ grandi** ha crecido muchísimo.
terrien, enne [tɛrjɛ̃, ɛn] ◇ *adj* rural. ◇ *nm, f* **- 1.** [qui vit à l'intérieur des terres] persona *f* de tierra adentro **- 2.** [habitant de la Terre] terrícola *mf*.
terrier [tɛrje] *nm* **- 1.** [de lapin] madriguera *f* **- 2.** [chien] terrier *m*.
terrifier [tɛrifje] *vt* aterrorizar.
terrine [tɛrin] *nf* terrina *f*.
territoire [tɛritwar] *nm* territorio *m*.
territorial, e, aux [tɛritɔrjal, o] *adj* **- 1.** [intégrité] territorial ; [eaux] jurisdiccional **- 2.** MIL [armée] de reserva.
terroir [tɛrwar] *nm* región *m*.
terroriser [tɛrɔrize] *vt* aterrorizar.
terrorisme [tɛrɔrism] *nm* terrorismo *m*.
terroriste [tɛrɔrist] *adj* & *nmf* terrorista.
tertiaire [tɛrsjɛr] ◇ *adj* terciario(ria). ◇ *nm* sector *m* terciario.
tes ▷ **ton.**
tesson [tɛsɔ̃] *nm* casco *m* ; **~ de bouteille** casco de botella.
test [tɛst] *nm* test *m* ; **~ de grossesse** test OU prueba *f* de embarazo.
testament [tɛstamɑ̃] *nm* testamento *m*.
tester [tɛste] ◇ *vt* someter a un test. ◇ *vi* JUR testar.
testicule [tɛstikyl] *nm* testículo *m*.
tétaniser [tetanize] *vt* **- 1.** [muscle] tetanizar **- 2.** *fig* [personne] paralizar.
tétanos [tetanos] *nm* tétanos *m inv*.
têtard [tɛtar] *nm* renacuajo *m*.
tête [tɛt] *nf* **- 1.** [gén] cabeza *f* ; [d'arbre] copa *f* ; [de phrase, de liste] principio *m* ; **de la ~ aux pieds** de la cabeza a los pies ; **la ~ la première** de cabeza ; **~ de lit** cabecera *f* ; **de ~** mentalmente **- 2.** [visage] cara *f* **- 3.** [chef] cabecilla *f*.
tête-à-queue [tɛtakø] *nm inv* trompo *m*.
tête-à-tête [tɛtatɛt] *nm inv* [entrevue] mano a mano *m*.
tête-bêche [tɛtbɛʃ] *loc adv* pies contra cabeza.
tétée [tete] *nf* pecho *m* ; **prendre six ~s par jour** tomar el pecho seis veces al día.
téter [tete] *vt* mamar ; **donner à ~** dar de mamar.
tétine [tetin] *nf* **- 1.** [de biberon] tetina *f* **- 2.** [sucette] chupete *m* **- 3.** [mamelle] teta *f*.
Tetra Brik® [tetrabrik] *nm* tetrabrick®.
tétraplégique [tetrapleʒik] *adj* & *nmf* tetrapléjico(ca).
têtu, e [tety] *adj* testarudo(da).
tex mex [tɛksmɛks] *adj* & *nm* tex mex.
texte [tekst] *nm* texto *m*.
textile [tɛkstil] ◇ *adj* textil. ◇ *nm* **- 1.** [matière] tejido *m* **- 2.** [industrie] textil *m*.
textuel, elle [tɛkstɥɛl] *adj* textual.
texture [tɛkstyr] *nf* textura *f*.
TF1 (*abr de* **Télévision française 1**) *nf antigua cadena de televisión pública francesa, actualmente cadena privada.*
TGV (*abr de* **train à grande vitesse**) *nm tren de alta velocidad francés,* ≃ AVE *m*.
Thaïlande [tajlɑ̃d] *nf* : **la ~** Tailandia.
thalassothérapie [talasɔterapi] *nf* talasoterapia *f*.
thé [te] *nm* té *m*.
théâtral, e, aux [teatral, o] *adj* teatral.
théâtre [teatr] *nm* teatro *m*.
théière [tejɛr] *nf* tetera *f*.

thématique [tematik] ◇ *adj* temático(ca) ; **chaîne ~** canal *m* temático. ◇ *nf* temática *f*.
thème [tɛm] *nm* - **1.** [sujet & MUS] tema *m* - **2.** [traduction] traducción *f* inversa ; **~ grec** traducción inversa al griego.
théologie [teɔlɔʒi] *nf* teología *f*.
théorème [teɔrɛm] *nm* teorema *m*.
théoricien, enne [teɔrisjɛ̃, ɛn] *nm, f* teórico *m*, -ca *f*.
théorie [teɔri] *nf* teoría *f* ; **en ~** en teoría, teóricamente.
théorique [teɔrik] *adj* teórico(ca).
théoriser [teɔrize] *vt* & *vi* teorizar.
thérapeutique [terapøtik] ◇ *adj* terapéutico(ca). ◇ *nf* terapéutica *f*.
thérapie [terapi] *nf* terapia *f*.
thermal, e, aux [tɛrmal, o] *adj* termal ▷ **station**.
thermes [tɛrm] *nmpl* termas *fpl*.
thermique [tɛrmik] *adj* térmico(ca).
thermomètre [tɛrmɔmɛtr] *nm* termómetro *m*.
Thermos® [tɛrmos] *nf* termo *m*.
thermostat [tɛrmɔsta] *nm* termostato *m*.
thèse [tɛz] *nf* tesis *f inv* ; **~ de doctorat** tesis doctoral.
thon [tɔ̃] *nm* atún *m*.
thorax [tɔraks] *nm* tórax *m inv*.
thym [tɛ̃] *nm* tomillo *m*.
thyroïde [tirɔid] *nf* tiroides *m inv*.
Tibet [tibɛ] *nm* : **le ~** el Tíbet.
tibia [tibja] *nm* tibia *f*.
tic [tik] *nm* - **1.** [nerveux] tic *m* - **2.** [de langage] muletilla *f*.
ticket [tikɛ] *nm* billete *m* ; **~ de caisse** tíquet *m* de compra.
ticket-repas [tikɛrəpa] *nm* tiquet restaurante *m*.
tic-tac [tiktak] *nm inv* tictac *m inv*.
tiède [tjɛd] ◇ *adj* - **1.** [boisson, eau] templado(da), tibio(bia) - **2.** [vent] templado(da) - **3.** *fig* [amour, militant] tibio(bia). ◇ *adv* : **boire ~** beber cosas templadas OU tibias.
tiédir [tjedir] ◇ *vt* templar, entibiar. ◇ *vi* templar ; **faire ~ qqch** templar algo.
tien, tienne [tjɛ̃, tjɛn] *adj poss* tuyo, tuya. ◆ **le tien** (*f* **la tienne**, *mpl* **les tiens**, *fpl* **les tiennes**) *pron poss* el tuyo, la tuya ; **à la tienne!** ¡(a tu) salud!
tienne¹ ▷ **tien**.
tienne² *etc* ▷ **tenir**.
tiens *etc* ▷ **tenir**.
tierce [tjɛrs] ◇ *nf* - **1.** [à l'escrime & MUS] tercera *f* - **2.** [aux cartes] escalerilla *f* - **3.** TYPOGRAPHIE última prueba *f*. ◇ *adj* ▷ **tiers**.
tiercé [tjɛrse] *nm apuesta a los tres caballos ganadores de una carrera*.
tiers, tierce [tjɛr, tjɛrs] *adj* : **une tierce personne** una tercera persona, un tercero. ◆ **tiers** *nm* - **1.** [personne] tercero *m* - **2.** [portion] tercio *m*, tercera parte *f* ; **le ~ provisionnel** ≃ el pago fraccionado.
tiers-monde [tjɛrmɔ̃d] *nm* tercer mundo *m*.
tiers-mondisation [tjɛrmɔ̃dizasjɔ̃] *nf* tercermundización *f*.
tige [tiʒ] *nf* - **1.** [de plante] tallo *m* - **2.** [de métal, de bois] varilla *f*.
tignasse [tiɲas] *nf fam* pelambrera *f*.
tigre, esse [tigr, ɛs] *nm, f* ZOOL tigre *m*, -esa *f*. ◆ **tigresse** *nf* [femme jalouse] fiera *f*.
tilleul [tijœl] *nm* [arbre] tilo *m* ; [infusion] tila *f*.
timbale [tɛ̃bal] *nf* - **1.** [gobelet] cubilete *m* - **2.** CULIN timbal *m*.
timbre [tɛ̃br] *nm* - **1.** [de la poste, tampon] sello *m* ; ADMIN sello *m*, timbre *m* ; **~ fiscal** timbre fiscal - **2.** [d'instrument, de voix, de bicyclette] timbre *m*.
timbré, e [tɛ̃bre] *adj* - **1.** [lettre] sellado(da) - **2.** *fam* [personne] chalado(da) - **3.** [papier, voix] timbrado(da).
timbrer [tɛ̃bre] *vt* - **1.** [tamponner] timbrar, sellar - **2.** [lettre] sellar.
timide [timid] *adj* & *nmf* tímido(da).
timidité [timidite] *nf* timidez *f*.
timing [tajmiŋ] *nm* programa *m*, timing *m*.
timoré, e [timɔre] *adj* timorato(ta).
tins *etc* ▷ **tenir**.
tintamarre [tɛ̃tamar] *nm fam* guirigay *m*.
tintement [tɛ̃tmɑ̃] *nm* - **1.** [de cloche] tañido *m* ; [de clochette] campanilleo *m* - **2.** [de métal] tintineo *m* - **3.** MÉD [d'oreilles] zumbido *m*.
tinter [tɛ̃te] *vi* - **1.** [cloche] tañer ; [horloge, sonnette] sonar - **2.** [métal] tintinear.
tir [tir] *nm* - **1.** [gén] tiro *m* ; **~ au but** lanzamiento *m* de penalty - **2.** [salve] disparo *m*.
tirage [tiraʒ] *nm* - **1.** [d'un journal, d'un livre] tirada *f* ; **à grand ~** de gran tirada - **2.** PHOT positivado *m* - **3.** [du loto] sorteo *m* ; **~ au sort** sorteo - **4.** [d'une cheminée] tiro *m* - **5.** INFORM impresión *f*.

tiraillement [tirajmɑ̃] *nm* **- 1.** [sensation] retortijón *m* **- 2.** *fig* [conflit] tirantez *f*.

tirailler [tiraje] ◇ *vt* [tirer] tirar de ; **être tiraillé entre ...** debatirse entre ... ◇ *vi* [faire feu] tirotear.

tiré, e [tire] *adj* [traits] cansado(da).

tire-bouchon [tirbuʃɔ̃] (*pl* **tire-bouchons**) *nm* sacacorchos *m inv*. ◆ **en tire-bouchon** *loc adj* rizado(da).

tirelire [tirlir] *nf* hucha *f*.

tirer [tire] ◇ *vt* **- 1.** [charrette, remorque] tirar de ; [porte, tiroir] abrir ; [courroie] estirar ; [rideaux] correr **- 2.** [plan, trait] trazar **- 3.** [revue, livre] editar **- 4.** [avec une arme, cartes] tirar **- 5.** [faire sortir - langue, de la poche] sacar ; [- numéro] sacar, extraer **- 6.** [obtenir - argent, avantage] obtener ; [- profit, conclusion] sacar ; [- leçon] aprender **- 7.** [chèque] hacer. ◇ *vi* **- 1.** [gén] : **~ sur qqch** [corde] tirar de algo ; [couleur] tirar a algo **- 2.** [cheminée] tirar **- 3.** [avec une arme] disparar. ◆ **se tirer** *vp* **- 1.** [se sortir] : **se ~ de qqch** salir (bien) de algo ; **il s'en est bien tiré** [réussir] lo ha hecho bastante bien ; [profiter] ha escapado bien **- 2.** *fam* [s'en aller] abrirse **- 3.** *fam* [prendre fin] : **ça se tire!** ¡esto se acaba!

tiret [tirɛ] *nm* guión *m*.

tireur, euse [tirœr, øz] *nm, f* tirador *m*, -ra *f* ; **~ d'élite** tirador de élite.

tiroir [tirwar] *nm* cajón *m*.

tiroir-caisse [tirwarkɛs] *nm* caja *f* registradora.

tisane [tizan] *nf* infusión *f*, tisana *f*.

tisonnier [tizɔnje] *nm* atizador *m*.

tissage [tisaʒ] *nm* tejido *m (acción)*.

tisser [tise] *vt* tejer.

tissu [tisy] *nm* [étoffe & BIOL] tejido *m* ; *fig* [de mensonges] sarta *f*.

titiller [titije] *vt* cosquillear.

titre [titr] *nm* **- 1.** [gén] título *m* **- 2.** [de presse] titular *m* ; **gros ~** gran titular **- 3.** [de métal précieux] ley *f*. ◆ **à titre de** *loc prép* a título de. ◆ **titre de transport** *nm* título *m* de transporte.

tituber [titybe] *vi* tambalearse.

titulaire [titylɛr] *adj* & *nmf* titular ; **être ~ de** ser titular de.

titulariser [titylarize] *vt* titularizar.

TNP (*abr de* **traité de non-prolifération**) *nm* TNP *m*.

toast [tost] *nm* **- 1.** [pain grillé] tostada *f* **- 2.** [discours] brindis *m* ; **porter un ~ à qqch/à qqn** brindar por algo/por alguien.

toboggan [tɔbɔgɑ̃] *nm* tobogán *m*.

toc [tɔk] ◇ *interj* : **et ~!** ¡punto! ◇ *nm* *fam* bisutería *f* ; **en ~** de bisutería.

toi [twa] *pron pers* **- 1.** [avec impératif] te ; **réveille-~!** ¡despiértate! **- 2.** [sujet, pour renforcer, dans un comparatif] tú ; **c'est ~?** ¿eres tú? ; **tu t'amuses bien, ~!** ¡tú sí que te diviertes! **- 3.** [complément d'objet, après une préposition] ti ; **avec ~** contigo ; **après ~** después de ti ; **pour ~** para ti ; **il vous a invités, Pierre et ~** os invitó a Pierre y a ti ; **qui te l'a dit, à ~?** ¿quién te lo ha dicho a ti? **- 4.** [possessif] : **à ~** tuyo(ya). ◆ **toi-même** *pron pers* tú mismo, tú misma.

toile [twal] *nf* **- 1.** [étoffe] tela *f* ; [de lin] hilo *m* ; [de bâche] lona *f* **- 2.** [tableau] lienzo *m* **- 3.** NAVIG [voilure] lonas *fpl* **- 4.** *fam* [film] peli *f*. ◆ **toile d'araignée** *nf* telaraña *f*. ◆ **Toile** *nf* : **la Toile** INFORM la Web.

toilette [twalɛt] *nf* **- 1.** [soins de propreté] aseo *m* ; **faire sa ~** lavarse **- 2.** [parure, vêtements] vestuario *m* **- 3.** [de monument] restauración *f* **- 4.** [meuble] tocador *m*. ◆ **toilettes** *nfpl* servicios *mpl*.

toise [twaz] *nf* talla *f*, marca *f*.

toiser [twaze] *vt* mirar de arriba abajo.

toison [twazɔ̃] *nf* **- 1.** [pelage] vellón *m* **- 2.** [chevelure] melena *f*.

toit [twa] *nm* **- 1.** [toiture] tejado *m* **- 2.** *fig* [maison] techo *m* ; **dormir sous un ~** dormir bajo techo. ◆ **toit ouvrant** *nm* techo *m* corredizo.

toiture [twatyr] *nf* techumbre *f*, techado *m*.

Tokyo [tɔkjo] *n* Tokio.

tôle [tol] *nf* [de métal] chapa *f* ; **~ ondulée** chapa ondulada.

tolérable [tɔlerabl] *adj* tolerable.

tolérance [tɔlerɑ̃s] *nf* tolerancia *f*.

tolérant, e [tɔlerɑ̃, ɑ̃t] *adj* tolerante.

tolérer [tɔlere] *vt* tolerar ; **~ que** tolerar que. ◆ **se tolérer** *vp* tolerarse.

tollé [tɔle] *nm* protesta *f* airada.

tomate [tɔmat] *nf* [fruit] tomate *m* ; [plante] tomatera *f*.

tombant, e [tɔ̃bɑ̃, ɑ̃t] *adj* [moustaches, épaules] caído(da).

tombe [tɔ̃b] *nf* tumba *f*.

tombeau, x [tɔ̃bo] *nm* tumba *f*.

tombée [tɔ̃be] *nf* : **à la ~ du jour** al atardecer ; **à la ~ de la nuit** a la caída de la noche, al anochecer.

tomber [tɔ̃be] ◇ *vi* **- 1.** [gén] caer ; **~ sur qqn** [attaquer] caer encima de alguien ;

~ **bien/mal** [événement] venir bien/mal ; [personne] caer bien/mal - **2.** [choir] caer, caerse ; **faire ~ qqn** hacer caer OU tirar a alguien ; **~ de** [sommeil, fatigue] caerse de - **3.** [décliner - colère, enthousiasme] decaer ; [- vent] amainar ; [- fièvre] bajar - **4.** [rencontrer] : **~ sur qqch/sur qqn** encontrarse con algo/con alguien - **5.** [devenir] : **~ amoureux** enamorarse ; **~ malade** ponerse enfermo(ma). ◇ *vt fam* - **1.** [femme] conquistar - **2.** [veste] quitarse.

tombola [tɔ̃bɔla] *nf* tómbola *f*.

tome [tɔm] *nm* tomo *m*.

tommette [tɔmɛt] *nf* baldosín *m*.

ton¹ [tɔ̃] *nm* tono *m*.

ton² [tɔ̃] (*f* **ta** [ta], *pl* **tes** [te]) *adj poss* tu.

tonalité [tɔnalite] *nf* - **1.** tonalidad *f* - **2.** [au téléphone] línea *f*, señal *f* sonora.

tondeuse [tɔ̃døz] *nf* - **1.** [pour gazon] cortacéspedes *m inv* - **2.** [pour cheveux] maquinilla *f* - **3.** [pour animaux] esquiladora *f*.

tondre [tɔ̃dr] *vt* - **1.** [gazon] cortar - **2.** [cheveux] rapar - **3.** [animal] esquilar.

tondu, e [tɔ̃dy] *adj* - **1.** [gazon] cortado(da) - **2.** [animal] esquilado(da) - **3.** [cheveux] rapado(da).

tonicité [tɔnisite] *nf* tonicidad *f*.

tonifier [tɔnifje] *vt* tonificar.

tonique [tɔnik] ◇ *adj* tónico(ca). ◇ *nm* MÉD tónico *m*. ◇ *nf* MUS tónica *f*.

tonitruant, e [tɔnitryɑ̃, ɑ̃t] *adj* atronador(ra), estruendoso(sa).

tonnage [tɔnaʒ] *nm* tonelaje *m*, arqueo *m*.

tonnant, e [tɔnɑ̃, ɑ̃t] *adj* [voix] de trueno.

tonne [tɔn] *nf* - **1.** [gén] tonelada *f* - **2.** [tonneau] cuba *f*.

tonneau, x [tɔno] *nm* - **1.** [de vin, acrobatie] tonel *m* - **2.** [accident] vuelta *f* de campana.

tonnelle [tɔnɛl] *nf* cenador *m*.

tonner [tɔne] *vi* - **1.** [orage] tronar - **2.** [canon] retumbar - **3.** [personne] : **~ contre qqn** tronar contra alguien.

tonnerre [tɔnɛr] *nm* trueno *m*.

tonte [tɔ̃t] *nf* [d'animal] esquileo *m* ; [des cheveux] rapadura *f* ; [du gazon] corte *m*.

tonus [tɔnys] *nm* tono *m* ; **avoir du ~** estar entonado(da).

top [tɔp] *nm* señal *f*.

topographie [tɔpɔgrafi] *nf* topografía *f*.

toque [tɔk] *nf* [coiffure, chapeau] gorro *m* ; [de magistrat] birrete *m*, bonete *m*.

torche [tɔrʃ] *nf* antorcha *f*, tea *f* ; **~ électrique** linterna *f*.

torcher [tɔrʃe] *vt fam* - **1.** [essuyer - avec un linge, un papier] limpiar ; [- assiette] rebañar - **2.** [travail] chapucear - **3.** [bouteille] apurar.

torchon [tɔrʃɔ̃] *nm* - **1.** [serviette] trapo *m* ; [de cuisine] paño *m* - **2.** *péj* [texte] churro *m* - **3.** *péj* [journal] periodicucho *m*.

tordre [tɔrdr] *vt* - **1.** [gén] retorcer - **2.** [barre de fer] torcer - **3.** [visage] desfigurar - **4.** [le linge] escurrir. ◆ **se tordre** *vp* [membre] torcerse.

tordu, e [tɔrdy] ◇ *pp* ⊳ **tordre**. ◇ *adj fam* [esprit, idée] retorcido(da). ◇ *nm, f péj* chalado *m*, -da *f*.

torero [tɔrero] *nm* torero *m*.

tornade [tɔrnad] *nf* tornado *m*.

torpeur [tɔrpœr] *nf* torpeza *f*.

torpille [tɔrpij] *nf* torpedo *m*.

torpiller [tɔrpije] *vt* torpedear.

torréfaction [tɔrefaksjɔ̃] *nf* torrefacción *f*.

torrent [tɔrɑ̃] *nm* torrente *m* ; **des ~s de** [de lumière] chorros de ; [de larmes] ríos de ; [d'injures] una lluvia de.

torrentiel, elle [tɔrɑ̃sjɛl] *adj* torrencial.

torride [tɔrid] *adj* tórrido(da).

tors, e [tɔr, tɔrs] *adj* [jambes] torcido(da).

torsade [tɔrsad] *nf* - **1.** [de cheveux] trenzado *m* - **2.** ARCHIT : **à ~s** [colonne] salomónico(ca).

torsader [tɔrsade] *vt* retorcer.

torse [tɔrs] *nm* torso *m*.

torsion [tɔrsjɔ̃] *nf* [action] torsión *f* ; [résultat] retorcimiento *m*.

tort [tɔr] *nm* - **1.** [erreur] fallo *m* ; **avoir ~** no tener razón ; **avoir ~ de faire qqch** equivocarse al hacer algo ; **à ~** sin razón ; **être dans son ~** OU **en ~** tener la culpa - **2.** [préjudice] perjuicio *m*, daño *m*.

torticolis [tɔrtikɔli] *nm* tortícolis *m inv*.

tortillement [tɔrtijmɑ̃] *nm* retorcimiento *m* ; **~ des hanches** contoneo *m*.

tortiller [tɔrtije] *vt* retorcer. ◆ **se tortiller** *vp* retorcerse.

tortionnaire [tɔrsjɔnɛr] *adj & nmf* torturador(ra).

tortue [tɔrty] *nf* tortuga *f*.

tortueux, euse [tɔrtɥø, øz] *adj* tortuoso(sa).

torture [tɔrtyr] *nf* tortura *f*, tormento *m*.

torturer [tɔrtyre] *vt* torturar, atormentar.

tôt [to] *adv* - **1.** [de bonne heure] temprano - **2.** [vite] pronto, temprano. ◆ **au plus tôt** *loc adv* como muy pronto ; [dans les plus brefs délais] cuanto antes.
total, e, aux [tɔtal, o] *adj* total. ◆ **total, aux** *nm* total *m*.
totalement [tɔtalmɑ̃] *adv* totalmente.
totaliser [tɔtalize] *vt* totalizar.
totalitaire [tɔtalitɛr] *adj* totalitario(ria).
totalitarisme [tɔtalitarism] *nm* totalitarismo *m*.
totalité [tɔtalite] *nf* totalidad *f* ; **en ~** en total.
totem [tɔtɛm] *nm* tótem *m*.
toubib [tubib] *nmf fam* matasanos *mf*.
touchant, e [tuʃɑ̃, ɑ̃t] *adj* conmovedor(ra).
touche [tuʃ] *nf* - **1.** [de clavier] tecla *f* ; **~ alphanumérique** tecla alfanumérica ; **~ de fonction** tecla de función - **2.** [de peinture] pincelada *f* - **3.** *fig* [note] : **une ~ de qqch** un toque de algo - **4.** *fam* [allure] pinta *f*, facha *f* - **5.** [à la pêche] picada *f* - **6.** [au football] banda *f* ; [à l'escrime] toque *m*.
toucher [tuʃe] *vt* - **1.** [gén] tocar - **2.** [cible, but] dar en - **3.** [chèque, argent] cobrar - **4.** [gros lot, tiercé] ganar - **5.** [suj : crise, catastrophe] afectar - **6.** [concerner] atañer - **7.** [émouvoir] emocionar - **8.** [contacter] contactar con. ◆ **toucher à** *v + prep* - **1.** [gén] tocar - **2.** [être contigu à] lindar con - **3.** *fig* [être relatif à] rozar.
touffe [tuf] *nf* - **1.** [d'herbe] mata *f* - **2.** [de cheveux] mechón *m*.
touffu, e [tufy] *adj* - **1.** [barbe, forêt] tupido(da) ; [arbre] frondoso(sa) - **2.** *fig* [roman, discours] denso(sa).
toujours [tuʒur] *adv* - **1.** [exprime la continuité, la répétition] siempre ; **ils s'aimeront ~** se querrán siempre ; **elle est ~ malade** siempre está enferma ; **~ moins/plus** cada vez menos/más - **2.** [encore] todavía ; **il n'est ~ pas arrivé** todavía no ha llegado - **3.** [de toute façon] siempre ; **tu peux ~ lui écrire** siempre puedes escribirle. ◆ **de toujours** *loc adj* de siempre. ◆ **pour toujours** *loc adv* para siempre. ◆ **toujours est-il que** *loc conj* pero la verdad es que.
toupet [tupɛ] *nm* - **1.** [de cheveux] tupé *m* - **2.** *fam* [aplomb] caradura *f Esp*, patas *fpl Amér* ; **avoir du** OU **ne pas manquer de ~** tener cara.
toupie [tupi] *nf* peonza *f*, trompo *m*.
tour [tur] ◇ *nm* - **1.** [périmètre] contorno *m* ; **~ de poitrine/taille/tête** contorno de pecho/cintura/cabeza ; **faire le ~ de qqch** [lieu] dar la vuelta a algo ; [question, problème] ver algo en profundidad - **2.** [promenade] paseo *m* ; **faire un ~** dar una vuelta - **3.** [rotation, POLIT & SPORT] vuelta *f* ; **fermer qqch à double ~** cerrar algo con doble vuelta OU con dos vueltas ; **~ du monde** vuelta al mundo - **4.** [attraction, plaisanterie] número *m* ; **~ de force** hazaña *f*, proeza *f* - **5.** [succession, rang] turno *m*, vez *f* ; **~ à ~** por turno ; **à ~ de rôle** por turno - **6.** [des événements] giro *m*, cariz *m* - **7.** [machine-outil] torno *m* - **8.** AUTOM revolución *f*. ◇ *nf* torre *f* ; **~ de contrôle** torre de control ; **~ de guet** atalaya *f*.
tourbe [turb] *nf* turba *f*.
tourbillon [turbijɔ̃] *nm* - **1.** [gén] torbellino *m* ; **~ de poussière** polvareda *f* - **2.** [d'eau] remolino *m*.
tourbillonner [turbijɔne] *vi* arremolinarse.
tourelle [turɛl] *nf* [gén] torrecilla *f* ; [de char] torreta *f* ; [de bateau de guerre] torre *f*.
tourisme [turism] *nm* turismo *m* ; **faire du ~** hacer turismo.
touriste [turist] ◇ *nmf* turista *mf*.
touristique [turistik] *adj* turístico(ca).
tourment [turmɑ̃] *nm sout* tormento *m*.
tourmente [turmɑ̃t] *nf* tormenta *f*.
tourmenté, e [turmɑ̃te] *adj* - **1.** [personne] angustiado(da), atormentado(da) - **2.** [mer, période] agitado(da) - **3.** [paysage] escabroso(sa).
tourmenter [turmɑ̃te] *vt* atormentar. ◆ **se tourmenter** *vp* atormentarse.
tournage [turnaʒ] *nm* CIN rodaje *m*.
tournant, e [turnɑ̃, ɑ̃t] *adj* - **1.** [porte, fauteuil] giratorio(ria) - **2.** [mouvement & MIL] envolvente. ◆ **tournant** *nm* - **1.** [virage] curva *f* - **2.** *fig* [moment décisif] momento *m* crucial ; **un ~ dans sa vie** un giro en su vida.
tourne-disque [turnədisk] (*pl* **tourne-disques**) *nm* tocadiscos *m inv*.
tournée [turne] *nf* - **1.** [d'inspecteur] viaje *m* de inspección ; [de représentant] viaje *m* de negocios ; [de facteur] ronda *f* ; [d'artiste] gira *f* - **2.** *fam* [au café] ronda *f*.
tournemain [turnəmɛ̃] ◆ **en un tournemain** *loc adv* en un santiamén.
tourner [turne] ◇ *vt* - **1.** [clé, manivelle, poignée] girar, dar vueltas a ; [pages d'un livre] pasar ; **'tournez, s'il vous plaît'** 'véase al dorso' - **2.** [dos, tête] volver *Esp*, voltear *Amér* - **3.** [pas, pensées] dirigir

- **4.** [transformer] : **~ qqch en** convertir algo en ; **~ en ridicule** ridiculizar **- 5.** [obstacle] rodear ; *fig* [loi] eludir **- 6.** CIN rodar **- 7.** [pièce de bois, ivoire] tornear. ◇ *vi* **- 1.** [terre, roue] girar, dar vueltas ; [heure] avanzar ; **~ autour de qqch** girar alrededor de algo ; **~ autour de qqn** *fig* rondar a alguien **- 2.** [chemin, route] torcer, doblar ; [vent, chance] cambiar **- 3.** [lait, crème] cortarse ; [vin] avinagrarse **- 4.** [moteur, compteur] estar andando **- 5.** *fam* [entreprise] marchar.

tournesol [turnəsɔl] *nm* girasol *m*.

tournevis [turnəvis] *nm* destornillador *m Esp*, desarmador *m Amér*.

tourniquet [turnikɛ] *nm* torniquete *m* ; [du métro] molinete *m*.

tournis [turni] *nm* **- 1.** *fam* [vertige] : **avoir le ~** tener vértigo ; **donner le ~ à qqn** marear a alguien **- 2.** [maladie] modorra *f*.

tournoi [turnwa] *nm* torneo *m*.

tournoyer [turnwaje] *vi* arremolinarse.

tournure [turnyr] *nf* **- 1.** [apparence] cariz *m*, sesgo *m* ; **prendre mauvaise ~** tomar mal cariz ; **prendre ~** coger OU tomar forma **- 2.** [formulation] giro *m*.

tourteau, x [turto] *nm* **- 1.** [crabe] buey *m* de mar **- 2.** [pour bétail] torta *f* de orujo.

tourterelle [turtərɛl] *nf* tórtola *f*.

tous ▻ **tout**.

Toussaint [tusɛ̃] *nf* : **la ~** el día de Todos los Santos.

tousser [tuse] *vi* toser.

toussotement [tusɔtmɑ̃] *nm* tosiguera *f*.

toussoter [tusɔte] *vi* toser.

tout [tu] (*f* **toute** [tut], *mpl* **tous** [tus], *fpl* **toutes** [tut]) ◇ *adj qualificatif* [avec substantif singulier déterminé] todo(da) ; **~e la journée** todo el día. ◇ *adj indéf* **- 1.** [exprime la totalité] todos(das) ; **tous les hommes** todos los hombres ; **tous les trois** los tres **- 2.** [chaque] cada ; **tous les jours** cada día, todos los días **- 3.** [n'importe quel] cualquier ; **à ~e heure** a cualquier hora ; **~ autre** cualquier otro ; **~ autre que lui** cualquier otro en su lugar. ◇ *pron indéf* [gén] todo ; [personnes] todos(das) ; **je t'ai ~ dit** te lo he dicho todo ; **ils voulaient tous la voir** todos querían verla ; **c'est ~** (esto) es todo ; **~ est là** todo está ahí. ◇ *adv* **- 1.** [entièrement, tout à fait] muy ; **~ jeune/petit/triste** muy joven/pequeño/triste ; **~ nu** (completamente) desnudo ; **~ seuls** (completamente) solos ; **~ au début** al principio ; **~ en haut** arriba del todo ; **~ près** muy cerca ; **~ contre** contra **- 2.** [avec un gérondif] : **ils parlaient ~ en marchant** hablaban mientras andaban. ◇ *nm* : **un ~** un todo. ◆ **du tout au tout** *loc adv* completamente, de cabo a rabo. ◆ **pas du tout** *loc adv* en absoluto ; **je n'ai pas du ~ peur** no tengo ningún miedo ; **il ne fait pas du ~ froid** no hace nada de frío. ◆ **tout à fait** *loc adv* **- 1.** [complètement] completamente, totalmente **- 2.** [exactement] exactamente. ◆ **tout à l'heure** *loc adv* **- 1.** [dans le futur] ahora mismo, dentro de un momento ; **à ~ à l'heure!** ¡hasta luego! **- 2.** [dans le passé] ahora mismo, hace un momento. ◆ **tout de même** *loc adv* [quand même] desde luego ; [cependant] no obstante. ◆ **tout de suite** *loc adv* enseguida, inmediatamente.

tout-à-l'égout [tutalegu] *nm inv* sumidero *m*.

toutefois [tutfwa] *adv* sin embargo, no obstante ; **si ~** si (es que) ; **si ~ tu changeais d'avis** si (es que) cambias de idea.

tout-petit [tup(ə)ti] (*pl* **tout-petits**) *nm* : **les ~s** los pequeñines.

tout-puissant, toute-puissante [tupɥisɑ̃, tutpɥisɑ̃t] *adj* todopoderoso(sa).

toux [tu] *nf* tos *f*.

toxicité [tɔksisite] *nf* toxicidad *f*.

toxicomane [tɔksikɔman] *nmf* toxicómano *m*, -na *f*.

toxine [tɔksin] *nf* toxina *f*.

toxique [tɔksik] *adj* tóxico(ca).

tps (*abr de* **temps**) t.

trac [trak] *nm* nerviosismo *m (antes de examinarse o salir a escena)* ; **avoir le ~** estar nervioso(sa).

tracas [traka] *nm* preocupación *f*.

tracasserie [trakasri] *nf* molestia *f Esp*, vaina *f Amér*.

trace [tras] *nf* **- 1.** [empreinte] huella *f*, rastro *m* ; **marcher sur les ~s de qqn** *fig* seguir las huellas de alguien **- 2.** [marque] huella *f* **- 3.** *(gén pl)* [vestige] huella *f* **- 4.** [très petite quantité] huella *f*, traza *f*.

tracé [trase] *nm* trazado *m*.

tracer [trase] ◇ *vt* trazar. ◇ *vi fam* ir a todo gas.

trachéite [trakeit] *nf* traqueítis *f inv*.

tract [trakt] *nm* octavilla *f* ; [de propagande politique] panfleto *m*.

tractation [traktasjɔ̃] *nf (gén pl)* trato *m*.

tracter [trakte] *vt* remolcar.

tracteur [traktœr] *nm* tractor *m*.

traction [traksjɔ̃] *nf* tracción *f* ; **~ avant/arrière** tracción delantera/trasera.

tradition [tradisjɔ̃] *nf* tradición *f*.
traditionnel, elle [tradisjɔnɛl] *adj* tradicional.
traducteur, trice [tradyktœr, tris] *nm, f* traductor *m*, -ra *f*. ◆ **traducteur** *nm* INFORM traductor *m*.
traduction [tradyksjɔ̃] *nf* traducción *f*.
traduire [tradɥir] *vt* **- 1.** [gén] traducir ; **~ en** traducir al **- 2.** JUR : **~ qqn en justice** llevar a alguien a los tribunales.
trafic [trafik] *nm* tráfico *m*.
trafiquant, e [trafikɑ̃, ɑ̃t] *nm, f* traficante *mf*.
trafiquer [trafike] ◇ *vt* **- 1.** [falsifier] falsear ; [moteur] trucar **- 2.** *fam* [manigancer] tramar. ◇ *vi* traficar.
tragédie [traʒedi] *nf* tragedia *f*.
tragi-comédie [traʒikɔmedi] (*pl* **tragi-comédies**) *nf* tragicomedia *f*.
tragique [traʒik] ◇ *adj* trágico(ca). ◇ *nm* [auteur tragique] trágico *m*, -ca *f*.
tragiquement [traʒikmɑ̃] *adv* trágicamente.
trahir [trair] *vt* traicionar. ◆ **se trahir** *vp* traicionarse.
trahison [traizɔ̃] *nf* traición *f*.
train [trɛ̃] *nm* **- 1.** [chemin de fer & TECHNOL] tren *m* ; **~ d'atterrissage** tren de aterrizaje ; **~ autocouchettes** *tren con literas y transporte de coches* ; **~ avant/arrière** tren delantero/trasero **- 2.** [allure] marcha *f*, paso *m* **- 3.** *fam* [postérieur] trasero *m Esp*, traste *m Amér* **- 4.** *loc* : **aller bon ~** ir a buen paso ; **être en ~** [être en forme] estar en forma ; **mettre qqch en ~** poner algo en marcha. ◆ **train de vie** *nm* tren *m* de vida. ◆ **en train de** *loc prép* : **être en ~ de faire qqch** estar haciendo algo ; **je suis en ~ de lire** estoy leyendo.
traînant, e [trɛnɑ̃, ɑ̃t] *adj* **- 1.** [robe] que arrastra **- 2.** [voix] cansino(na), lánguido(da).
traîne [trɛn] *nf* **- 1.** [de robe] cola *f* **- 2.** [de pêche] traína *f* **- 3.** *loc* : **être à la ~** ir rezagado(da).
traîneau, x [trɛno] *nm* trineo *m*.
traînée [trene] *nf* **- 1.** [trace] reguero *m* ; [de comète] estela *f* **- 2.** *tfam péj* [prostituée] zorra *f*.
traîner [trene] ◇ *vt* **- 1.** [gén] arrastrar **- 2.** [forcer à aller] llevar a rastras. ◇ *vi* **- 1.** [s'attarder] rezagarse **- 2.** [errer] callejear, vagabundear **- 3.** [maladie, affaire] ir para largo ; **faire ~ qqch** dar largas a algo ; **ça n'a pas traîné!** ¡no ha tardado mucho! **- 4.** [pendre] colgar **- 5.** [ne pas être rangé] estar tirado(da). ◆ **se traîner** *vp* **- 1.** [marcher avec peine] arrastrarse **- 2.** [durer] hacerse largo(ga).
train-train [trɛ̃trɛ̃] *nm fam* rutina *f*.
traire [trɛr] *vt* ordeñar.
trait [trɛ] *nm* **- 1.** [ligne] trazo *m* ; **à grands ~s** a grandes rasgos ; **~ d'union** guión *m* **- 2.** [caractéristique] rasgo *m* ; **~ d'esprit** agudeza *f* **- 3.** [flèche] saeta *f*. ◆ **traits** *nmpl* [du visage] rasgos *mpl*, facciones *fpl* ; **avoir les ~s tirés** tener cara de cansado(da).
traitant, e [trɛtɑ̃, ɑ̃t] *adj* **- 1.** [shampooing, crème] tratante **- 2.** [médecin] de cabecera.
traite [trɛt] *nf* **- 1.** [de vache] ordeño *m* **- 2.** COMM letra *f* de cambio **- 3.** [d'esclaves] trata *f*. ◆ **d'une seule traite** *loc adv* de un tirón, de una tirada.
traité [trete] *nm* tratado *m* ; **~ de non-prolifération** tratado de no proliferación.
traitement [trɛtmɑ̃] *nm* **- 1.** [gén] tratamiento *m* ; **~ de l'information** procesamiento *m* de la información ; **~ des données** proceso *m* de datos ; **~ de texte** tratamiento de textos **- 2.** [envers quelqu'un] trato *m* **- 3.** [rémunération] paga *f*.
traiter [trete] ◇ *vt* **- 1.** [gén] tratar ; **~ qqn de** tratar a alguien de ; **bien/mal ~ qqn** tratar bien/mal a alguien **- 2.** INFORM [données] procesar. ◇ *vi* **- 1.** [négocier] tratar **- 2.** [livre] : **~ de** tratar de.
traiteur [trɛtœr] *nm tienda que vende comidas y platos preparados individuales o para banquetes*.
traître, esse [trɛtr, ɛs] ◇ *adj* traidor(ra). ◇ *nm, f* traidor *m*, -ra *f* ; **en ~** a traición.
traîtrise [trɛtriz] *nf sout* traición *f*.
trajectoire [traʒɛktwar] *nf* trayectoria *f*.
trajet [traʒɛ] *nm* trayecto *m*.
tralala [tralala] *nm péj* parafernalia *f*.
trame [tram] *nf* trama *f*.
tramer [trame] *vt sout* tramar. ◆ **se tramer** *vp* tramarse.
trampoline [trɑ̃pɔlin] *nm* cama *f* elástica.
tramway [tramwɛ] *nm* tranvía *m*.
tranchant, e [trɑ̃ʃɑ̃, ɑ̃t] *adj* **- 1.** [instrument] cortante, afilado(da) *Esp*, filoso(sa) *Amér* **- 2.** [personne] cortante **- 3.** [ton] tajante. ◆ **tranchant** *nm* filo *m*.
tranche [trɑ̃ʃ] *nf* **- 1.** [de pain] rebanada *f* ; [de jambon] loncha *f*, lonja *f* ; [de saucisson] rodaja *f* **- 2.** [de livre, de pièce] canto *m* **- 3.** [de loterie] sorteo *m* **- 4.** [période] intervalo *m* **- 5.** [partie] serie *f*.

trancher [trɑ̃ʃe] ◇ *vt* - **1.** [gén] cortar - **2.** [pain] rebanar - **3.** *fig* [question, difficulté] zanjar. ◇ *vi* - **1.** *fig* [décider] decidirse - **2.** [contraster] : ~ **avec** contrastar con.

tranquille [trɑ̃kil] *adj* tranquilo(la) ; **laisser qqch/qqn** ~ dejar algo/a alguien tranquilo OU en paz ; **rester** OU **se tenir** ~ quedarse OU estarse quieto(ta).

tranquillement [trɑ̃kilmɑ̃] *adv* tranquilamente.

tranquillisant, e [trɑ̃kilizɑ̃, ɑ̃t] *adj* - **1.** [nouvelle] tranquilizador(ra) - **2.** [médicament] tranquilizante. ◆ **tranquillisant** *nm* tranquilizante *m*.

tranquilliser [trɑ̃kilize] *vt* tranquilizar. ◆ **se tranquilliser** *vp* tranquilizarse.

tranquillité [trɑ̃kilite] *nf* tranquilidad *f* ; **en toute** ~ con toda tranquilidad.

transaction [trɑ̃zaksjɔ̃] *nf* transacción *f*.

transat [trɑ̃zat] ◇ *nm* tumbona *f Esp*, reposera *f Amér*. ◇ *nf* regata *f* transatlántica.

transatlantique [trɑ̃zatlɑ̃tik] ◇ *adj* transatlántico(ca). ◇ *nm* transatlántico *m*. ◇ *nf* regata *f* transatlántica.

transcription [trɑ̃skripsjɔ̃] *nf* transcripción *f*.

transcrire [trɑ̃skrir] *vt* transcribir.

transcrit, e [trɑ̃skri, it] *pp* ▷ **transcrire**.

transe [trɑ̃s] *nf sout* ansia *f* ; **être en** ~ estar en trance ; *fig* estar fuera de sí.

transférer [trɑ̃sfere] *vt* - **1.** [bureaux] transferir - **2.** [prisonnier, inculpé] trasladar.

transfert [trɑ̃sfɛr] *nm* - **1.** [de fonds, de marchandises & PSYCHOL] transferencia *f* - **2.** [de prisonnier, de population] traslado *m* - **3.** JUR [de biens immobiliers] transmisión *f*.

transfigurer [trɑ̃sfigyre] *vt* transfigurar.

transformateur, trice [trɑ̃sfɔrmatœr, tris] *adj* transformador(ra). ◆ **transformateur** *nm* transformador *m*.

transformation [trɑ̃sfɔrmasjɔ̃] *nf* - **1.** [changement, conversion] transformación *f* - **2.** SPORT [d'essai] transformación *f* (de ensayo).

transformer [trɑ̃sfɔrme] *vt* : ~ **qqch en qqch** transformar algo en algo. ◆ **se transformer** *vp* : **se** ~ **en** transformarse en.

transfuge [trɑ̃sfyʒ] *nmf* tránsfuga *mf*.

transfuser [trɑ̃sfyze] *vt* [du sang] hacer una transfusión a.

transfusion [trɑ̃sfyzjɔ̃] *nf* transfusión *f* ; ~ **sanguine** transfusión de sangre OU sanguínea.

transgénique [trɑ̃sʒenik] *adj* transgénico(ca).

transgresser [trɑ̃sgrese] *vt* transgredir, quebrantar.

transhumance [trɑ̃zymɑ̃s] *nf* trashumancia *f*.

transi, e [trɑ̃zi] *adj* : **être** ~ **de** [froid] estar aterido de ; [peur] estar transido de.

transistor [trɑ̃zistɔr] *nm* transistor *m*.

transit [trɑ̃zit] *nm* tránsito *m* ; **en** ~ en tránsito.

transiter [trɑ̃zite] *vi* transitar, estar en tránsito.

transitif, ive [trɑ̃zitif, iv] *adj* transitivo(va).

transition [trɑ̃zisjɔ̃] *nf* transición *f* ; **sans** ~ sin transición.

transitivité [trɑ̃zitivite] *nf* transitividad *f*.

transitoire [trɑ̃zitwar] *adj* transitorio(ria).

translucide [trɑ̃slysid] *adj* translúcido(da).

transmettre [trɑ̃smɛtr] *vt* : ~ **qqch à qqn** transmitir algo a alguien. ◆ **se transmettre** *vp* transmitirse.

transmis, e [trɑ̃smi, iz] *pp* ▷ **transmettre**.

transmissible [trɑ̃smisibl] *adj* transmisible.

transmission [trɑ̃smisjɔ̃] *nf* transmisión *f*.

transparaître [trɑ̃sparɛtr] *vi* transparentarse.

transparence [trɑ̃sparɑ̃s] *nf* transparencia *f*.

transparent, e [trɑ̃sparɑ̃, ɑ̃t] *adj* transparente. ◆ **transparent** *nm* transparencia *f*.

transpercer [trɑ̃spɛrse] *vt* traspasar.

transpiration [trɑ̃spirasjɔ̃] *nf* transpiración *f*, sudor *m*.

transpirer [trɑ̃spire] *vi* transpirar, sudar.

transplanter [trɑ̃splɑ̃te] *vt* - **1.** [arbre, organe] trasplantar - **2.** *fig* [population, usine] trasladar.

transport [trɑ̃spɔr] *nm* - **1.** [gén] transporte *m* ; [de personnes] traslado *m* ; **~s en commun** transportes públicos - **2.** [accès] arrebato *m*.

transportable [trɑ̃spɔrtabl] *adj* - **1.** [marchandise] transportable - **2.** [blessé] trasladable.

transporter [trɑ̃spɔrte] *vt* - **1.** [gén] llevar ; [voyageurs, marchandises] transportar - **2.** [personne] trasladar. ◆ **se transporter** *vp* trasladarse.

transporteur [trɑ̃spɔrtœr] *nm* - **1.** [personne] transportista *mf* ; ~ **routier** transportista *(camionero)* - **2.** [machine] transportador *m*.

transposer [trɑ̃spoze] *vt* - **1.** [mots] transponer - **2.** [situation, intrigue] trasladar - **3.** [à l'écran] llevar - **4.** MUS transportar.

transposition [trɑ̃spozisjɔ̃] *nf* - **1.** [de mots] transposición *f* - **2.** [de situation, d'intrigue] traslado *m* - **3.** MUS transporte *m*.

transsexuel, elle [trɑ̃ssɛksɥɛl] *adj* & *nm, f* transexual.

transvaser [trɑ̃svaze] *vt* transvasar, trasegar.

transversal, e, aux [trɑ̃svɛrsal, o] *adj* transversal.

trapèze [trapɛz] *nm* trapecio *m*.

trapéziste [trapezist] *nmf* trapecista *mf*.

trappe [trap] *nf* - **1.** [ouverture] trampa *f*, trampilla *f* - **2.** [piège] trampa *f*.

trapu, e [trapy] *adj* [personne] achaparrado(da).

traquenard [traknar] *nm* trampa *f*.

traquer [trake] *vt* - **1.** [animal] acorralar - **2.** [personne] acosar - **3.** *fig* [rechercher, être à l'affût de] ir a la busca y captura de.

traumatisant, e [tromatizɑ̃, ɑ̃t] *adj* traumatizante.

traumatiser [tromatize] *vt* traumatizar.

traumatisme [tromatism] *nm* - **1.** [psychique] trauma *m* - **2.** [physique] traumatismo *m*.

travail [travaj] *nm* - **1.** [gén] trabajo *m* ; **demander du** ~ [suj : projet] dar trabajo ; **se mettre au** ~ ponerse a trabajar ; ~ **intellectuel** trabajo intelectual ; ~ **à la chaîne** producción *f* en cadena ; ~ **au noir** trabajo clandestino - **2.** [de la mémoire, du souvenir] mecanismo *m* - **3.** [du temps, de la fermentation etc] obra *f*. ◆ **travaux** *nmpl* - **1.** [gén] trabajos *mpl* ; **travaux des champs** faenas *fpl* del campo - **2.** [d'aménagement] obras *fpl*, reformas *fpl* ; **travaux publics** obras públicas.

travaillé, e [travaje] *adj* - **1.** [matériau, style] trabajado(da) - **2.** [tourmenté] : **être ~ par** estar minado por.

travailler [travaje] ◇ *vi* - **1.** [gén] trabajar ; SCOL estudiar ; ~ **chez/dans** trabajar en ; ~ **sur** OU **à qqch** trabajar en algo ; ~ **à temps partiel** trabajar a tiempo parcial - **2.** [métal, bois] alabearse - **3.** [vin] fermentar. ◇ *vt* - **1.** [gén] trabajar ; ~ **son piano** ejercitarse en el piano - **2.** [tracasser] atormentar.

travailleur, euse [travajœr, øz] ◇ *adj* trabajador(ra). ◇ *nm, f* trabajador *m*, -ra *f* ; ~ **émigré/indépendant** trabajador emigrante/autónomo.

travelling [travliŋ] *nm* travelling *m*.

travers [travɛr] *nm* defecto *m*. ◆ **à travers** ◇ *loc adv* a través. ◇ *loc prép* : **à ~ qqch** a través de algo. ◆ **au travers** *loc adv* a través. ◆ **au travers de** *loc prép* a través de. ◆ **de travers** *loc adv* - **1.** [marcher] de través - **2.** [placer] torcido(da) ; **avaler de ~** atragantarse - **3.** [se garer] atravesado(da) - **4.** [comprendre] al revés - **5.** *loc* : **aller de ~** ir al revés ; **faire tout de ~** no hacer nada a derechas ; **regarder qqn de ~** mirar a alguien con malos ojos. ◆ **en travers** *loc adv* de través. ◆ **en travers de** *loc prép* : **être en ~ de** estar atravesado(da) en.

traverse [travɛrs] *nf* - **1.** [chemin] atajo *m* - **2.** [de chemin de fer] traviesa *f*.

traversée [travɛrse] *nf* travesía *f*.

traverser [travɛrse] *vt* [gén] atravesar ; [rue] cruzar.

traversin [travɛrsɛ̃] *nm* travesaño *m* *(almohada)*.

travestir [travɛstir] *vt* disfrazar. ◆ **se travestir** *vp* - **1.** [pour un bal] disfrazarse - **2.** [en femme] travestirse.

trébucher [trebyʃe] *vi* - **1.** [tomber] tropezar, dar un traspié ; ~ **sur** OU **contre qqch** tropezar con OU contra algo - **2.** *fig* [buter] : ~ **sur qqch** tropezar con algo.

trèfle [trɛfl] *nm* trébol *m* ; ~ **à quatre feuilles** trébol de cuatro hojas.

treille [trɛj] *nf* - **1.** [de vigne] parra *f* - **2.** [tonnelle] emparrado *m*.

treillis [trɛji] *nm* - **1.** [clôture] enrejado *m* - **2.** [toile] arpillera *f* - **3.** MIL traje *m* de faena.

treize [trɛz] *adj num inv* & *nm inv* trece ; *voir aussi* **six**.

trekking [trɛkiŋ] *nm* trekking *m*.

tréma [trema] *nm* diéresis *f inv*.

tremblant, e [trɑ̃blɑ̃, ɑ̃t] *adj* tembloroso(sa).

tremblement [trɑ̃bləmɑ̃] *nm* temblor *m* ; ~ **de terre** terremoto *m* ; **et tout le ~** *fam* y toda la pesca.

trembler [trɑ̃ble] *vi* - **1.** [gén] temblar

- 2. *fig* [avoir peur] : ~ **pour qqch/pour qqn** temblar por algo/por alguien ; ~ **de faire qqch** *sout* temer hacer algo.

trembloter [trɑ̃blɔte] *vi* - 1. [personne] temblequear - 2. [voix, lumière] temblar.

trémousser [tremuse] ◆ **se trémousser** *vp* menearse.

trempe [trɑ̃p] *nf* - 1. [caractère] temple *m* ; **de cette/sa** ~ de esta/su temple - 2. *fam* [coups] paliza *f Esp*, golpiza *f Amér.*

trempé, e [trɑ̃pe] *adj* [mouillé] calado(da) ; ~ **jusqu'aux os** calado hasta los huesos.

tremper [trɑ̃pe] ◇ *vt* - 1. [mouiller] mojar - 2. [plonger] : ~ **qqch dans** empapar algo en - 3. [métal] templar. ◇ *vi* [linge] estar en remojo, remojarse ; **faire** ~ poner en remojo.

tremplin [trɑ̃plɛ̃] *nm* trampolín *m.*

trentaine [trɑ̃tɛn] *nf* - 1. [nombre] : **une** ~ **de** una treintena de - 2. [âge] : **avoir la** ~ tener los treinta.

trente [trɑ̃t] ◇ *adj num inv* treinta. ◇ *nm inv* treinta *m inv.*

trente-trois-tours [trɑ̃ttrwatur] *nm inv* elepé *m*, long-play *m.*

trentième [trɑ̃tjɛm] ◇ *adj num* & *nmf* trigésimo(ma). ◇ *nm* treintavo *m*, treintava parte *f* ; *voir aussi* **sixième**.

trépasser [trepase] *vi sout* fallecer.

trépidant, e [trepidɑ̃, ɑ̃t] *adj* trepidante.

trépied [trepje] *nm* trípode *m.*

trépigner [trepiɲe] *vi* patalear.

très [trɛ] *adv* mucho(cha) *(delante de substantivo)*, muy *(delante de adjetivo, adverbio)* ; ~ **malade** muy enfermo ; ~ **bien** muy bien ; ~ **à l'aise** muy a gusto ; **arriver** ~ **en retard** llegar muy tarde OU con mucho retraso ; **avoir** ~ **envie de** tener muchas ganas de ; **avoir** ~ **peur/**~ **faim** tener mucho miedo/mucha hambre.

trésor [trezɔr] *nm* tesoro *m* ; **des ~s d'ingéniosité** ingeniosidad a raudales. ◆ **Trésor** *nm* : **le Trésor public** el Tesoro Público.

trésorerie [trezɔrri] *nf* tesorería *f.* ◆ **Trésorerie générale** *nf oficina de hacienda departamental o regional en Francia.*

trésorier, ère [trezɔrje, ɛr] *nm, f* tesorero *m*, -ra *f.*

tressaillement [tresajmɑ̃] *nm* estremecimiento *m.*

tressaillir [tresajir] *vi* estremecerse.

tressauter [tresote] *vi* bambolearse.

tresse [trɛs] *nf* trenza *f.*

tresser [trese] *vt* trenzar.

tréteau, x [treto] *nm* caballete *m.*

treuil [trœj] *nm* torno *m* elevador.

trêve [trɛv] *nf* tregua *f* ; ~ **de plaisanteries/de sottises** basta de bromas/de tonterías. ◆ **sans trêve** *loc adv* sin tregua.

tri [tri] *nm* [de lettres] clasificación *f* ; [de candidats] selección *f* ; **faire le** ~ **dans qqch** poner orden en algo.

triage [trijaʒ] *nm* [de lettres] clasificación *f.*

triangle [trijɑ̃gl] *nm* triángulo *m.*

triangulaire [trijɑ̃gylɛr] *adj* triangular.

triathlon [trijatlɔ̃] *nm* triatlón *m.*

tribal, e, aux [tribal, o] *adj* tribal.

tribord [tribɔr] *nm* estribor *m* ; **à** ~ a estribor.

tribu [triby] *nf* tribu *f.*

tribulations [tribylasjɔ̃] *nfpl* tribulaciones *fpl.*

tribunal, aux [tribynal, o] *nm* tribunal *m* ; ~ **correctionnel** ≃ sala *f* de lo penal ; ~ **d'instance** ≃ juzgado *m* municipal ; ~ **de grande instance** ≃ audiencia *f* provincial o regional.

tribune [tribyn] *nf* tribuna *f.*

tribut [triby] *nm sout* tributo *m.*

tributaire [tribytɛr] *adj* tributario(ria) ; **être** ~ **de qqch/de qqn** depender de algo/de alguien.

tricher [triʃe] *vi* - 1. [au jeu] hacer trampas - 2. [à un examen] copiar - 3. [mentir] : ~ **sur qqch** engañar sobre algo.

tricherie [triʃri] *nf* - 1. [gén] trampa *f* - 2. [tromperie] engaño *m.*

tricheur, euse [triʃœr, øz] *nm, f* - 1. [au jeu] tramposo *m*, -sa *f* - 2. [à un examen] copión *m*, -ona *f.*

tricolore [trikɔlɔr] *adj* tricolor.

tricot [triko] *nm* - 1. [étoffe] punto *m* ; **faire du** ~ hacer punto - 2. [vêtement] jersey *m.*

tricoter [trikɔte] ◇ *vt* : ~ **qqch** hacer algo de punto, tejer algo. ◇ *vi* hacer punto, tejer.

tricycle [trisikl] *nm* triciclo *m.*

trier [trije] *vt* - 1. [classer] clasificar - 2. [sélectionner] seleccionar.

trigonométrie [trigɔnɔmetri] *nf* trigonometría *f.*

trilingue [trilɛ̃g] *adj* & *nmf* trilingüe.

trimestre [trimɛstr] *nm* trimestre *m.*

trimestriel, elle [trimɛstrijɛl] *adj* trimestral.

tringle [trɛ̃gl] *nf* varilla *f* ; **~ à rideaux** riel *m*.
Trinité [trinite] *nf* Trinidad *f*.
trinquer [trɛ̃ke] *vi* **- 1.** [boire] brindar ; **~ à** [à la santé de] beber a **- 2.** *fam* [subir un dommage] pagar el pato.
trio [trijo] *nm* trío *m*.
triomphal, e, aux [trijɔ̃fal, o] *adj* triunfal.
triomphant, e [trijɔ̃fɑ̃, ɑ̃t] *adj* triunfante.
triomphe [trijɔ̃f] *nm* triunfo *m* ; **porter qqn en ~** llevar a alguien a hombros.
triompher [trijɔ̃fe] *vi* **- 1.** [gén] triunfar ; **~ de qqch/de qqn** triunfar sobre algo/sobre alguien **- 2.** [jubiler] cantar victoria.
tripes [trip] *nfpl* **- 1.** [d'animal] tripas *fpl* ; CULIN [plat] callos *mpl* **- 2.** *fam* [de personne] agallas *fpl* ; **rendre ~ et boyaux** echar las tripas.
triple [tripl] *adj* & *nm* triple.
triplé [triple] *nm* **- 1.** [au turf] *combinación de los tres caballos ganadores* **- 2.** SPORT triplete *m*. ◆ **triplés, ées** *nm, f pl* trillizos *mpl*, -zas *fpl Esp*, triates *mpl Amér*.
triste [trist] *adj* triste ; **être ~ de faire qqch** estar triste por hacer algo.
tristesse [tristɛs] *nf* tristeza *f*.
triturer [trityre] *vt* triturar.
trivial, e, aux [trivjal, o] *adj* **- 1.** [banal] trivial **- 2.** *péj* [vulgaire] grosero(ra) *Esp*, guarango(ga) *Amér*.
troc [trɔk] *nm* trueque *m*.
trois [trwa] ◇ *adj num* tres. ◇ *nm* tres *m inv* ; *voir aussi* **six**.
troisième [trwazjɛm] ◇ *adj* & *nmf* tercero(ra). ◇ *nm* tercero *m*, tercera parte *f*. ◇ *nf* **- 1.** SCOL *cuarto año de educación secundaria en Francia*, ≃ primero *m* de BUP **- 2.** [vitesse] tercera *f* ; *voir aussi* **sixième**.
trombe [trɔ̃b] *nf* tromba *f*.
trombone [trɔ̃bɔn] *nm* **- 1.** [agrafe] clip *m* **- 2.** MUS trombón *m*.
trompe [trɔ̃p] *nf* trompa *f*.
trompe-l'œil [trɔ̃plœj] *nm inv* **- 1.** [peinture] trampantojo *m* ; **en ~** de trampantojo **- 2.** *fig* [apparence] engañifa *f*.
tromper [trɔ̃pe] *vt* **- 1.** [gén] engañar **- 2.** [vigilance] burlar **- 3.** *sout* [espoir] frustrar. ◆ **se tromper** *vp* equivocarse ; **se ~ de** equivocarse de.
tromperie [trɔ̃pri] *nf* engaño *m*, engañifa *f*.
trompette [trɔ̃pɛt] *nf* trompeta *f*.
trompettiste [trɔ̃petist] *nmf* trompetista *mf*.
trompeur, euse [trɔ̃pœr, øz] ◇ *adj* **- 1.** [personne] embustero(ra) **- 2.** [chose] engañoso(sa) ; **c'est ~** eso engaña. ◇ *nm, f* embustero *m*, -ra *f*.
tronc [trɔ̃] *nm* **- 1.** [gén] tronco *m* **- 2.** [d'église] cepillo *m*. ◆ **tronc commun** *nm* tronco *m* común.
tronche [trɔ̃ʃ] *nf fam péj* pinta *f*.
tronçon [trɔ̃sɔ̃] *nm* **- 1.** [morceau] trozo *m* **- 2.** [de route, de chemin de fer] tramo *m*.
tronçonneuse [trɔ̃sɔnøz] *nf* sierra *f* eléctrica.
trône [tron] *nm* trono *m* ; **monter sur le ~** subir al trono.
trôner [trone] *vi* **- 1.** [gén] reinar **- 2.** *hum* [faire l'important] pavonearse.
trop [tro] *adv* **- 1.** *(avec adjectif, adverbe et verbe)* demasiado ; **~ loin/vieux** demasiado lejos/viejo **- 2.** *(devant un nom)* demasiado(da) ; **avoir ~ chaud** tener demasiado calor ; **avoir ~ faim** tener demasiada hambre **- 3.** *(avec complément)* : **~ de** demasiado(da) ; **~ d'argent** demasiado dinero ; **~ de tristesse** demasiada tristeza **- 4.** *(dans une négation)* : **pas ~** no mucho, no demasiado ; **sans ~ savoir pourquoi** sin saber muy bien por qué. ◆ **de trop, en trop** *loc adv* de más ; **être de ~** estar de más. ◆ **par trop** *loc adv sout* en demasía, demasiado.
trophée [trɔfe] *nm* trofeo *m*.
tropical, e, aux [trɔpikal, o] *adj* tropical.
tropique [trɔpik] *nm* trópico *m*. ◆ **tropiques** *nmpl* trópicos *mpl*.
trop-plein (*pl* **trop-pleins**) *nm* **- 1.** [de récipient] sobrante *m* **- 2.** [de barrage] rebosadero *m* **- 3.** [d'énergie] exceso *m*.
troquer [trɔke] *vt* : **~ qqch contre qqch** trocar algo por algo.
trot [tro] *nm* trote *m*.
trotter [trɔte] *vi* trotar.
trottiner [trɔtine] *vi* trotar.
trottoir [trɔtwar] *nm* acera *f Esp*, vereda *f Amér*.
trou [tru] *nm* **- 1.** [gén] agujero *m* ; [dans le sol] hoyo *m* ; **~ d'air** bolsa *f* de aire ; **~ de mémoire** laguna *f* ; **boire comme un ~** beber como una esponja **- 2.** [temps libre] hueco *m* **- 3.** *fam* [prison] trullo *m*.
troublant, e [trublɑ̃, ɑ̃t] *adj* **- 1.** [ressemblance, coïncidence] inquietante **- 2.** [sourire, femme] turbador(ra), perturbador(ra).
trouble [trubl] ◇ *adj* turbio(bia). ◇ *nm* **- 1.** [désordre] confusión *f* **- 2.** [émotion] turbación *m*, confusión *f*

- **3.** [dérèglement] trastorno *m.* ◆ **troubles** *nmpl* disturbios *mpl.*

trouble-fête [trubləfɛt] *nmf inv* aguafiestas *mf inv.*

troubler [truble] *vt* - **1.** [gén] turbar, perturbar - **2.** [eau] enturbiar - **3.** [vue] nublar. ◆ **se troubler** *vp* - **1.** [eau] enturbiarse - **2.** [personne] turbarse.

trouée [true] *nf* - **1.** [ouverture] boquete *m* - **2.** MIL & GÉOGR brecha *f.*

trouer [true] *vt* [percer] agujerear.

troupe [trup] *nf* - **1.** MIL tropa *f* - **2.** [d'amis] pandilla *f* - **3.** THÉÂTRE compañía *f*, troupe *f.*

troupeau, x [trupo] *nm* - **1.** [d'animaux domestiques] rebaño *m*, manada *f*; [de porcs] piara *f* - **2.** [d'animaux sauvages] manada *f* - **3.** *péj* [groupe de personnes] manada *f Esp*, titipuchal *m Amér.*

trousse [trus] *nf* estuche *m* ; ~ **de secours** botiquín *m* de primeros auxilios ; ~ **de toilette** bolsa *f* de aseo.

trousseau, x [truso] *nm* - **1.** [de mariée] ajuar *m* - **2.** [de clefs] manojo *m.*

trouvaille [truvaj] *nf* hallazgo *m.*

trouvé, e [truve] *adj* : **bien** ~ acertado ; **tout** ~ fácil.

trouver [truve] *vt* encontrar ; ~ **bon/mauvais que** encontrar mal/bien que ; **il trouve toujours quelque chose à dire** siempre encuentra algo que decir ; ~ **qqch à qqn** encontrarle algo a alguien ; ~ **que** creer que. ◆ **se trouver** ◇ *vp* encontrarse. ◇ *v impers* : **il se trouve que** resulta que.

truand [tryɑ̃] *nm* mafioso *m* ; *fam* timador *m.*

truc [tryk] *nm fam* - **1.** [combine] truco *m* - **2.** [chose] chisme *m Esp*, coso *m Amér* ; **le théâtre c'est mon** ~ *fam* lo mío es el teatro.

trucage = **truquage.**

truculent, e [trykylɑ̃, ɑ̃t] *adj* truculento(ta).

truelle [tryɛl] *nf* llana *f.*

truffe [tryf] *nf* - **1.** [champignon] trufa *f* - **2.** [museau] morro *m.*

truffer [tryfe] *vt* trufar ; **truffé de** repleto de.

truie [trɥi] *nf* cerda *f*, marrana *f.*

truite [trɥit] *nf* trucha *f.*

truquage, trucage [trykaʒ] *nm* [de dés & CIN] trucaje *m* ; [d'élections] amaño *m.*

truquer [tryke] *vt* [dés & CIN] trucar ; [élections] amañar.

trust [trœst] *nm* trust *m.*

tsar, tzar [tsar] *nm* zar *m.*

tsé-tsé [tsetse] *nf inv* ▷ **mouche.**

tsigane = **tzigane.**

tu[1], e [ty] *pp* ▷ **taire.**

tu[2] [ty] *pron pers* tú ; **dire** ~ **à qqn** tratar de tú a alguien, tutear a alguien.

tuba [tyba] *nm* - **1.** MUS tuba *f* - **2.** [de plongée] tubo *m.*

tube [tyb] *nm* - **1.** [gén] tubo *m* ; ~ **à essai** tubo de ensayo ; ~ **cathodique** tubo catódico - **2.** *fam* [chanson] éxito *m.* ◆ **tube digestif** *nm* tubo *m* digestivo.

tubercule [tybɛrkyl] *nm* tubérculo *m.*

tuberculose [tybɛrkyloz] *nf* tuberculosis *f inv.*

tuciste [tysist] *nmf persona que realiza un trabajo de utilidad pública.*

tue-mouches [tymuʃ] *adj inv* matamoscas.

tuer [tɥe] *vt* matar.

tuerie [tyri] *nf* matanza *f.*

tue-tête [tytɛt] ◆ **à tue-tête** *loc adv* [chanter] a voz en grito ; [crier] hasta desgañitarse.

tueur, euse [tɥœr, øz] *nm, f* - **1.** [meurtrier] asesino *m*, -na *f* ; ~ **en série** asesino en serie - **2.** [dans un abattoir] matarife *m.*

tuile [tɥil] *nf* - **1.** [sur un toit] teja *f* - **2.** *fam* [désagrément] marrón *m.*

tulipe [tylip] *nf* - **1.** BOT tulipán *m* - **2.** [abat-jour] tulipa *f.*

tulle [tyl] *nm* tul *m.*

tuméfié, e [tymefje] *adj* tumefacto(ta).

tumeur [tymœr] *nf* tumor *m.*

tumulte [tymylt] *nm* tumulto *m.*

tunique [tynik] *nf* túnica *f.*

Tunisie [tynizi] *nf* : **la** ~ Túnez.

tunnel [tynɛl] *nm* túnel *m.*

turban [tyrbɑ̃] *nm* turbante *m.*

turbine [tyrbin] *nf* turbina *f.*

turbo [tyrbo] *nm* turbo *m.*

turbulence [tyrbylɑ̃s] *nf* turbulencia *f.*

turbulent, e [tyrbylɑ̃, ɑ̃t] *adj* turbulento(ta) ; [enfant] revoltoso(sa).

turnover [tœrnɔvœr] *nm* rotación *f* de la mano de obra.

Turquie [tyrki] *nf* : **la** ~ Turquía.

turquoise [tyrkwaz] ◇ *nf* [pierre] turquesa *f.* ◇ *adj inv* [couleur] turquesa *(en aposición).*

tutelle [tytɛl] *nf* tutela *f.*

tuteur, trice [tytœr, tris] *nm, f* tutor *m*, -ra *f.* ◆ **tuteur** *nm* tutor *m*, rodrigón *m.*

tutoyer [tytwaje] *vt* tutear.

tuyau, x [tɥijo] *nm* - **1.** [conduit - gén] tubo *m* ; [- de plume, de cheminée, d'orgue] cañón *m* ; ~ **d'arrosage** manga *f* OU manguera *f* de riego ; ~ **d'échappement** tubo de escape - **2.** *fam* [renseignement] soplo *m*.
tuyauterie [tɥijotri] *nf* tubería *f*, cañería *f*.
TV (*abr de* **télévision**) *nf* TV *f*.
TVA (*abr de* **taxe sur la valeur ajoutée**) *nf* IVA *m*.
tweed [twid] *nm* tweed *m*.
tympan [tɛ̃pɑ̃] *nm* ANAT & ARCHIT tímpano *m*.
type [tip] *nm* tipo *m* ; **un chic/sale** ~ un tipo estupendo/asqueroso.
typhoïde [tifɔid] *nf* tifoidea *f*.
typhon [tifɔ̃] *nm* tifón *m*.
typhus [tifys] *nm* tifus *m inv*.
typique [tipik] *adj* típico(ca).
typographie [tipɔgrafi] *nf* tipografía *f*.
tyran [tirɑ̃] *nm* tirano *m*, -na *f*.
tyrannie [tirani] *nf* tiranía *f*.
tyrannique [tiranik] *adj* tiránico(ca).
tyranniser [tiranize] *vt* tiranizar.
tzar = **tsar**.
tzigane, tsigane [tsigan] *adj* cíngaro(ra), zíngaro(ra). ◆ **Tzigane, Tsigane** *nmf* cíngaro *m*, -ra *f*.

U

u, U [y] *nm inv* [lettre] u *f*, U *f*.
UDF (*abr de* **Union pour la démocratie française**) *nf* *partido político francés a la derecha del espectro político.*
UE (*abr de* **Union européenne**) *nf* UE *f*.
UER *nf* - **1.** (*abr de* **unité d'enseignement et de recherche**) *denominación de los departamentos universitarios franceses hasta 1985* - **2.** (*abr de* **Union européenne de radiodiffusion**) UER *f*.
Ukraine [ykrɛn] *nf* : **l'~** Ucrania.
ulcère [ylsɛr] *nm* úlcera *f*.
ulcérer [ylsere] *vt* - **1.** MÉD ulcerar - **2.** [indigner] afectar, indignar.
ULM (*abr de* **ultraléger motorisé**) *nm* ultraligero *m*.
ultérieur, e [ylterjœr] *adj* ulterior.
ultérieurement [ylterjœrmɑ̃] *adv* posteriormente.
ultimatum [yltimatɔm] *nm* ultimátum *m*.
ultime [yltim] *adj* último(ma).
ultramoderne [yltramɔdɛrn] *adj* ultramoderno(na).
ultrasensible [yltrasɑ̃sibl] *adj* ultrasensible.
ultrason [yltrasɔ̃] *nm* ultrasonido *m*.
ululement [ylylmɑ̃] *nm* ululación *f*. .
un [œ̃] (*f* **une** [yn]) ◇ *art indéf* un, una. ◇ *pron indéf* : **l'~ l'autre** el uno al otro ; **l'~ ... l'autre** (el) uno ... (el) otro ; **l'~ et/ou l'autre** uno y/u otro. ◇ *adj num* un, una. ◆ **un** *nm inv* uno *m* ; *voir aussi* **six**.
unanime [ynanim] *adj* unánime.
unanimité [ynanimite] *nf* unanimidad *f* ; **à l'~** por unanimidad.
UNESCO, Unesco [ynɛsko] (*abr de* **United Nations Educational, Scientific and Cultural Organization**) *nf* UNESCO *f*.
unetelle ▻ **untel**.
uni, e [yni] *adj* - **1.** [personnes, famille, couple] unido(da) - **2.** [surface, mer, route] llano(na) - **3.** [de couleur] liso(sa).
UNICEF, Unicef [ynisɛf] (*abr de* **United Nations International Children's Emergency Fund**) *nf* UNICEF *f*.
unifier [ynifje] *vt* unificar.
uniforme [ynifɔrm] *adj* & *nm* uniforme.
uniformiser [ynifɔrmize] *vt* uniformar.
unijambiste [yniʒɑ̃bist] *adj* & *nmf* cojo(ja).
unilatéral, e, aux [ynilateral, o] *adj* unilateral.
union [ynjɔ̃] *nf* unión *f* ; **l'~ fait la force** la unión hace la fuerza ; ~ **conjugale/libre** unión conyugal/libre. ◆ **Union européenne** *nf* Unión *f* Europea. ◆ **Union soviétique** *nf* Unión *f* Soviética.
unique [ynik] *adj* único(ca).
uniquement [ynikmɑ̃] *adv* - **1.** [exclusivement] únicamente - **2.** [seulement] sólo.
unir [ynir] *vt* unir ; ~ **qqch à qqch** unir algo a algo. ◆ **s'unir** *vp* unirse.
unitaire [ynitɛr] *adj* unitario(ria).
unité [ynite] *nf* unidad *f*. ◆ **unité centrale** *nf* INFORM unidad *f* central.
univers [ynivɛr] *nm* - **1.** [gén] universo *m* - **2.** *fig* [milieu] mundo *m*, universo *m*.
universel, elle [ynivɛrsɛl] *adj* universal.
universitaire [ynivɛrsitɛr] ◇ *adj* universitario(ria). ◇ *nmf* profesor *m*, -ra *f* de universidad.

université [yniversite] *nf* universidad *f.*

untel, unetelle, Untel, Unetelle [œ̃tɛl, yntɛl] *nm, f* fulano *m,* -na *f.*

uranium [yranjɔm] *nm* uranio *m.*

urbain, e [yrbɛ̃, ɛn] *adj* **- 1.** [de la ville] urbano(na) **- 2.** *sout* [poli] cortés.

urbaniser [yrbanize] *vt* urbanizar.

urbanisme [yrbanism] *nm* urbanismo *m.*

urbaniste [yrbanist] *nmf* urbanista *mf.*

urgence [yrʒɑ̃s] *nf* urgencia *f*; **les ~s** [d'un hôpital] urgencias. ◆ **d'urgence** *loc adv* urgentemente.

urgent, e [yrʒɑ̃, ɑ̃t] *adj* urgente.

urine [yrin] *nf* orina *f.*

uriner [yrine] *vi* orinar.

urinoir [yrinwar] *nm* urinario *m.*

urne [yrn] *nf* urna *f.*

URSSAF, Urssaf [yrsaf] (*abr de* **Union pour le recouvrement des cotisations de la Sécurité sociale et des Allocations familiales**) *nf organismo encargado de la recaudación de las cotizaciones a la Seguridad Social y los subsidios familiares.*

urticaire [yrtikɛr] *nf* urticaria *f.*

Uruguay [yrygwɛ] *nm* : **l'~** Uruguay.

USA (*abr de* **United States of America**) *nmpl* EE UU *mpl,* USA *mpl.*

usage [yzaʒ] *nm* uso *m* ; '**à ~ externe**' 'uso tópico' ; '**à ~ interne**' 'vía oral, rectal o parenteral' ; **faire de l'~** durar mucho ; **hors d'~** inservible ; **il est d'~ de ...** es costumbre ...

usagé, e [yzaʒe] *adj* usado(da).

usager [yzaʒe] *nm* usuario *m,* -ria *f.*

usé, e [yze] *adj* **- 1.** [vêtement] gastado(da) **- 2.** [eaux] residual **- 3.** [personne] estropeado(da) **- 4.** [plaisanterie] manido(da).

user [yze] *vt* **- 1.** [vêtement, santé, force] gastar **- 2.** [personne] estropear. ◆ **s'user** *vp* **- 1.** [chaussures, vêtement] gastarse, desgastarse **- 2.** [personne] agotarse **- 3.** [sentiment] debilitarse.

usine [yzin] *nf* fábrica *f.*

usiner [yzine] *vt* **- 1.** [façonner] mecanizar **- 2.** [fabriquer] fabricar.

usité, e [yzite] *adj* usado(da) ; **très/peu ~** muy/poco usado.

ustensile [ystɑ̃sil] *nm* utensilio *m.*

usufruit [yzyfrɥi] *nm* usufructo *m.*

usure [yzyr] *nf* **- 1.** [détérioration, affaiblissement] desgaste *m* **- 2.** [intérêt de prêt] usura *f.*

usurier, ère [yzyrje, ɛr] *nm, f* usurero *m,* -ra *f.*

usurpateur, trice [yzyrpatœr, tris] *adj* & *nm, f* usurpador(ra).

usurper [yzyrpe] *vt* usurpar.

ut [yt] *nm inv* ut *m.*

utérus [yterys] *nm* útero *m.*

utile [ytil] *adj* útil ; **être ~ à qqch/à qqn** ser útil para algo/a alguien.

utilisateur, trice [ytilizatœr, tris] *nm, f* usuario *m,* -ria *f.*

utiliser [ytilize] *vt* **- 1.** [employer] utilizar **- 2.** [tirer parti de] aprovechar.

utilitaire [ytilitɛr] ◇ *adj* utilitario(ria). ◇ *nm* INFORM programa *m* de utilidad.

utilité [ytilite] *nf* **- 1.** [usage] utilidad *f* **- 2.** [intérêt] interés *m* ; **d'~ publique** de interés público, de utilidad pública.

utopie [ytɔpi] *nf* utopía *f.*

utopiste [ytɔpist] *nmf* utópico *m,* -ca *f,* utopista *mf.*

UV ◇ *nf* (*abr de* **unité de valeur**) ≃ asignatura *f.* ◇ *nm* (*abr de* **ultraviolet**) rayo *m* UVA.

V

v, V [ve] *nm inv* [lettre] v *f,* V *f* ; **col en V** cuello de pico.

v.[1] **- 1.** (*abr de* **vers**) LITTÉR v **- 2.** (*abr de* **verset**) v.

v.[2]**, V.** (*abr de* **voir**) V, v.

va[1] [va] ⊳ **aller.**

va[2] [va] *interj* ¡venga! *Esp,* ¡ándele! *Amér* ; **~ pour cette fois** por esta vez pase.

vacance [vakɑ̃s] *nf* **- 1.** [de poste] vacante *f* **- 2.** [du pouvoir] vacío *m.* ◆ **vacances** *nfpl* vacaciones *fpl* ; **être en ~s** estar de vacaciones ; **les grandes ~s** las vacaciones de verano.

vacancier, ère [vakɑ̃sje, ɛr] ◇ *adj* vacacional, de vacaciones. ◇ *nm, f* persona *f* de vacaciones ; [d'été] veraneante *mf.*

vacant, e [vakɑ̃, ɑ̃t] *adj* **- 1.** [poste, emploi] vacante **- 2.** [logement] desocupado(da), vacío(a).

vacarme [vakarm] *nm* jaleo *m,* estrépito *m Esp,* despidole *m Amér.*

vacataire [vakatɛr] *adj* & *nmf* substituto(ta).

vacation [vakasjɔ̃] *nf* - **1.** [période] diligencia *f* - **2.** [rémunération] dietas *fpl.*
vaccin [vaksɛ̃] *nm* vacuna *f.*
vaccination [vaksinasjɔ̃] *nf* vacunación *f.*
vacciner [vaksine] *vt* vacunar.
vache [vaʃ] ◇ *nf* - **1.** ZOOL vaca *f* ; **manger de la ~ enragée** *fig* pasar las de Caín ; **~s grasses/maigres** *fig* vacas gordas/flacas - **2.** *fam* [personne méchante] hueso *m.* ◇ *adj fam* - **1.** [sévère] : **être ~** ser un hueso - **2.** [pénible] duro(ra). ◆ **vache à eau** *nf* bolsa *f* de agua.
vachement [vaʃmɑ̃] *adv fam* tope ; **c'est ~ bien** es tope guay ; **il y a ~ de monde** hay mogollón de gente.
vaciller [vasije] *vi* vacilar.
vadrouiller [vadruje] *vi fam* vagar.
va-et-vient [vaevjɛ̃] *nm inv* - **1.** [gén] vaivén *m* - **2.** [charnière] muelle *m.*
vagabond, e [vagabɔ̃, ɔ̃d] ◇ *adj* - **1.** [chien, personne] vagabundo(da) ; [vie] errante - **2.** [humeur, imagination] errabundo(da). ◇ *nm, f* vagabundo *m*, -da *f.*
vagabondage [vagabɔ̃daʒ] *nm* vagabundeo *m.*
vagin [vaʒɛ̃] *nm* vagina *f.*
vagissement [vaʒismɑ̃] *nm* - **1.** [de nouveau-né] vagido *m* - **2.** [d'animal] chillido *m.*
vague^1 [vag] *adj* - **1.** [idée, promesse] vago(ga) - **2.** [vêtement] amplio(plia) - **3.** *(avant le nom)* [cousin] lejano(na).
vague^2 [vag] *nf* ola *f* ; **~ déferlante** ola rompiente.
vaguement [vagmɑ̃] *adv* vagamente.
vaillant, e [vajɑ̃, ɑ̃t] *adj* - **1.** [vigoureux] fuerte - **2.** *sout* [courageux] valeroso(sa), valiente.
vaille *etc* ▷ **valoir.**
vain, e [vɛ̃, vɛn] *adj* vano(na) ; **en ~** en vano.
vaincre [vɛ̃kr] *vt* vencer.
vaincu, e [vɛ̃ky] ◇ *pp* ▷ **vaincre.** ◇ *adj* vencido(da). ◇ *nm, f* vencido *m*, -da *f.*
vainement [vɛnmɑ̃] *adv* vanamente.
vainqueur [vɛ̃kœr] ◇ *nm* vencedor *m*, -ra *f.* ◇ *adj m* [air] triunfante.
vais [vɛ] ▷ **aller.**
vaisseau, x [vɛso] *nm* - **1.** NAVIG & ARCHIT nave *f* ; **~ spatial** nave espacial ; **brûler ses ~x** *fig* & *sout* quemar sus naves - **2.** ANAT vaso *m.*
vaisselle [vɛsɛl] *nf* vajilla *f* ; **faire la ~** fregar los platos.
val [val] (*pl* **vals** OU **vaux** [vo]) *nm* valle *m.*
valable [valabl] *adj* - **1.** [carte, excuse, raison] válido(da) - **2.** [œuvre] de valor.
valet [valɛ] *nm* - **1.** [serviteur] sirviente *m* ; **~ d'écurie** mozo *m* de cuadra ; **~ de ferme** gañán *m* - **2.** *fig* & *péj* [homme servile] lacayo *m* - **3.** [aux cartes] ≃ sota *f.*
valeur [valœr] *nf* valor *m* ; **de (grande) ~** de (gran) valor, (muy) valioso(sa) ; **mettre en ~** poner de relieve.
valide [valid] *adj* válido(da) ; [personne] sano(na).
valider [valide] *vt* validar.
validité [validite] *nf* validez *f.*
valise [valiz] *nf* maleta *f Esp*, petaca *f Amér.*
vallée [vale] *nf* valle *m.*
vallon [valɔ̃] *nm* pequeño valle *m.*
vallonné, e [valɔne] *adj* ondulado(da).
valoir [valwar] ◇ *vi* - **1.** [gén] valer ; **à ~ sur** COMM a cuenta de ; **faire ~** [faire ressortir] hacer resaltar ; [faire produire] beneficiar ; [faire état de] hacer valer ; **ne rien ~** no valer nada - **2.** [équivaloir à] equivaler a. ◇ *v impers* : **il vaut mieux que** *(+ subjonctif)* más vale que *(+ subjuntivo)* ◆ **se valoir** *vp* ser tal para cual.
valse [vals] *nf* - **1.** [danse & MUS] vals *m* - **2.** *fam* [de personnel] baile *m.*
valser [valse] *vi* - **1.** [danser] valsear - **2.** *fam* [être projeté] ir a parar.
valu [valy] *pp inv* ▷ **valoir.**
valus *etc* ▷ **valoir.**
valve [valv] *nf* - **1.** [gén] válvula *f* - **2.** [de mollusque] valva *f.*
vampire [vɑ̃pir] *nm* vampiro *m.*
vandalisme [vɑ̃dalism] *nm* vandalismo *m.*
vanille [vanij] *nf* vainilla *f.*
vanité [vanite] *nf* vanidad *f.*
vaniteux, euse [vanitø, øz] *adj* & *nm, f* vanidoso(sa).
vanne [van] *nf* - **1.** [d'écluse] compuerta *f* - **2.** *fam* [remarque] pulla *f.*
vannerie [vanri] *nf* cestería *f.*
vantard, e [vɑ̃tar, ard] *adj* & *nm, f* jactancioso(sa).
vanter [vɑ̃te] *vt* alabar. ◆ **se vanter** *vp* jactarse *Esp*, compadrear *Amér* ; **se ~ de qqch/de faire qqch** jactarse de algo/de hacer algo.
va-nu-pieds [vanypje] *nmf inv* descamisado *m*, -da *f.*
vapeur [vapœr] ◇ *nf* vapor *m* ; **à la**

~ CULIN al vapor ; **à toute ~** *fig* a toda máquina. ◇ *nm* [bateau] vapor *m*.
vaporisateur [vapɔrizatœr] *nm* vaporizador *m*.
vaporiser [vapɔrize] *vt* vaporizar.
vaquer [vake] *vi* : **~ à qqch** ocuparse de algo.
variable [varjabl] *adj* & *nf* variable.
variante [varjɑ̃t] *nf* variante *f*.
variateur [varjatœr] *nm* variador *m*.
variation [varjasjɔ̃] *nf* variación *f*.
varice [varis] *nf* variz *f*.
varicelle [varisɛl] *nf* varicela *f*.
varié, e [varje] *adj* variado(da).
varier [varje] *vt* & *vi* variar.
variété [varjete] *nf* variedad *f*. ◆ **variétés** *nfpl* variedades *fpl*.
variole [varjɔl] *nf* viruela *f*, viruelas *fpl*.
Varsovie [varsɔvi] *n* Varsovia.
vase [vaz] ◇ *nm* florero *m*, jarrón *m*. ◇ *nf* cieno *m*.
vaseline [vazlin] *nf* vaselina *f*.
vaste [vast] *adj* vasto(ta), amplio(plia).
Vatican [vatikɑ̃] *nm* : **le ~** el Vaticano.
vaudrai *etc* ▷ **valoir**.
vaut [vo] ▷ **valoir**.
vautour [votur] *nm* buitre *m*.
vaux [vo] ▷ **valoir**.
veau, x [vo] *nm* **- 1.** [animal] ternero *m*, becerro *m* ; **tuer le ~ gras** *fig* tirar la casa por la ventana **- 2.** [viande] ternera *f* **- 3.** [peau] becerro *m* **- 4.** *fam péj* [personne] zángano *m* ; [voiture] cacharro *m*.
vecteur [vɛktœr] *nm* vector *m*.
vécu, e [veky] ◇ *pp* ▷ **vivre**. ◇ *adj* vivido(da).
vedette [vədɛt] *nf* **- 1.** NAVIG lancha *f* motora **- 2.** [star] estrella *f*, vedette *f* ; [personnalité] figura *f*.
végétal, e, aux [veʒetal, o] *adj* vegetal.
végétarien, enne [veʒetarjɛ̃, ɛn] *adj* & *nm, f* vegetariano(na).
végétation [veʒetasjɔ̃] *nf* vegetación *f*. ◆ **végétations** *nfpl* MÉD vegetaciones *fpl*.
végéter [veʒete] *vi péj* & *fig* vegetar.
véhémence [veemɑ̃s] *nf* vehemencia *f*.
véhément, e [veemɑ̃, ɑ̃t] *adj* vehemente.
véhicule [veikyl] *nm* vehículo *m*.
veille [vɛj] *nf* **- 1.** [jour précédent] día *m* anterior, víspera *f* **- 2.** [éveil, privation de sommeil] vigilia *f*, velo *f* **- 3.** MIL [garde de nuit] imaginaria *f*.
veillée [veje] *nf* **- 1.** [soirée] velada *f* **- 2.** [d'un mort] velatorio *m*.
veiller [veje] *vi* **- 1.** [rester éveillé] velar **- 2.** [être de garde] estar de guardia **- 3.** [rester vigilant] : **~ à qqch** cuidar de algo ; **~ à faire qqch** asegurarse de hacer algo ; **~ sur qqch/sur qqn** cuidar de algo/de alguien.
veilleur [vejœr] *nm* vigilante *m* nocturno *Esp*, nochero *m Amér*.
veilleuse [vejøz] *nf* **- 1.** [lampe] lamparilla *f*, mariposa *f* **- 2.** [d'allumage] piloto *m*. ◆ **veilleuses** *nfpl* AUTOM luces *fpl* de posición.
veinard, e [vɛnar, ard] ◇ *nm, f fam* : **quel ~!** ¡qué potra! ◇ *adj* : **il est vraiment ~!** ¡tiene una potra increíble!
veine [vɛn] *nf* **- 1.** [inspiration & ANAT] vena *f* **- 2.** [marque - du bois] vena *f* ; [- de la pierre] vena *f*, veta *f* **- 3.** *fam* [chance] potra *f*.
veineux, euse [venø, øz] *adj* **- 1.** ANAT venoso(sa) **- 2.** [bois] veteado(da).
véliplanchiste [veliplɑ̃ʃist] *nmf* windsurfista *mf*.
velléité [veleite] *nf* veleidad *f*.
vélo [velo] *nm fam* bici *f*.
vélocité [velɔsite] *nf* velocidad *f*.
vélodrome [velɔdrom] *nm* velódromo *m*.
vélomoteur [velɔmɔtœr] *nm* velomotor *m*.
velours [vəlur] *nm* terciopelo *m* ; **~ côtelé** pana *f*.
velouté, e [vəlute] *adj* [papier, peau, lumière] aterciopelado(da) ; [vin] suave ; [crème] untuoso(sa). ◆ **velouté** *nm* **- 1.** [douceur] terciopelo *m* **- 2.** [potage] crema *f*.
velu, e [vəly] *adj* velludo(da).
vénal, e, aux [venal, o] *adj* venal.
vendange [vɑ̃dɑ̃ʒ] *nf* vendimia *f*.
vendanger [vɑ̃dɑ̃ʒe] *vt* & *vi* vendimiar.
vendeur, euse [vɑ̃dœr, øz] *nm, f* [gén] vendedor *m*, -ra *f* ; [employé de magasin] dependiente *m*, -ta *f*.
vendre [vɑ̃dr] *vt* vender.
vendredi [vɑ̃drədi] *nm* viernes *m inv* ; *voir aussi* **samedi**.
vendu, e [vɑ̃dy] ◇ *pp* ▷ **vendre**. ◇ *adj* & *nm, f* vendido(da).
vénéneux, euse [venenø, øz] *adj* venenoso(sa).
vénérable [venerabl] *adj* venerable.
vénération [venerasjɔ̃] *nf* veneración *f*.
vénérer [venere] *vt* venerar.

vénérien, enne [venerjɛ̃, ɛn] *adj* venéreo(a).
Venezuela [venezɥela] *nm* : **le ~** Venezuela.
vengeance [vɑ̃ʒɑ̃s] *nf* venganza *f* ; **crier ~** clamar venganza.
venger [vɑ̃ʒe] *vt* vengar. ◆ **se venger** *vp* vengarse ; **se ~ de qqch/de qqn** vengarse de algo/de alguien.
vengeur, eresse [vɑ̃ʒœr, vɑ̃ʒrɛs] *adj* & *nm, f* vengador(ra).
venimeux, euse [vənimø, øz] *adj* venenoso(sa).
venin [vənɛ̃] *nm* veneno *m*.
venir [vənir] *vi* - **1.** [gén] venir ; [arriver] llegar ; **à ~** venidero(ra) ; **en ~ à** [aux insultes, aux mains] llegar a ; **si elle venait à mourir ...** si ella llegara a morir ... ; **~ de** [tenir son origine de] venir de ; **~ de faire qqch** acabar de hacer algo ; **elle vient d'arriver** acaba de llegar ; **où veux-tu en ~?** ¿dónde quieres ir a parar? - **2.** [plante, arbre] crecer, desarrollarse - **3.** *fig* [idée] : **~ à qqn** ocurrírsele a alguien.
Venise [vəniz] *n* Venecia.
vent [vɑ̃] *nm* - **1.** [air] viento *m* ; **bon ~!** ¡buen viaje! ; **quel bon ~ vous amène?** ¿qué le trae por aquí? - **2.** [gaz intestinal] ventosidad *f*, gas *m*.
vente [vɑ̃t] *nf* venta *f* ; **en ~ libre** [médicament] sin receta médica.
venteux, euse [vɑ̃tø, øz] *adj* ventoso(sa).
ventilateur [vɑ̃tilatœr] *nm* ventilador *m*.
ventilation [vɑ̃tilasjɔ̃] *nf* - **1.** [de pièce] ventilación *f* - **2.** FIN desglose *m*.
ventouse [vɑ̃tuz] *nf* ventosa *f*.
ventre [vɑ̃tr] *nm* - **1.** [abdomen] barriga *f*, estómago *m* ; ANAT vientre *m* ; **à plat ~** boca abajo ; **avoir/prendre du ~** tener/echar barriga ; **avoir mal au ~** tener dolor de estómago - **2.** [de bouteille, de cruche] panza *f*.
ventriloque [vɑ̃trilɔk] *adj* & *nmf* ventrílocuo(cua).
venu, e [vəny] *pp* ▷ **venir.** ◆ **venue** *nf* [arrivée] llegada *f*.
Vénus [venys] *n* ASTRON & MYTH Venus.
vêpres [vɛpr] *nfpl* vísperas *fpl*.
ver [vɛr] *nm* gusano *m* ; **~ solitaire** solitaria *f* ; **~s intestinaux** lombrices *fpl* intestinales.
véracité [verasite] *nf* veracidad *f*.
véranda [verɑ̃da] *nf* marquesina *f*.
verbal, e, aux [vɛrbal, o] *adj* verbal.
verbaliser [vɛrbalize] ◇ *vt* verbalizar. ◇ *vi* multar.
verbe [vɛrb] *nm* verbo *m*.
verdâtre [vɛrdatr] *adj* verdoso(sa).
verdeur [vɛrdœr] *nf* - **1.** [de fruit, de bois] verdor *m* - **2.** [vigueur] vigor *m* - **3.** [crudité] : **la ~** la rudeza - **4.** [du vin] verdor *m*.
verdict [vɛrdikt] *nm* - **1.** JUR sentencia *f* - **2.** *fig* [jugement] veredicto *m*.
verdir [vɛrdir] ◇ *vt* pintar de verde ◇ *vi* verdear.
verdoyant, e [vɛrdwajɑ̃, ɑ̃t] *adj* que verdece.
verdure [vɛrdyr] *nf* - **1.** [végétation, couleur] verdor *m* - **2.** [plantes potagères] verdura *f*.
véreux, euse [verø, øz] *adj* - **1.** [fruit] agusanado(da) - **2.** *fig* [affaire] sospechoso(sa) - **3.** *fig* [personne] podrido(da).
verge [vɛrʒ] *nf* - **1.** ANAT verga *f* - **2.** *sout* [baguette] fusta *f*.
verger [vɛrʒe] *nm* vergel *m*.
vergetures [vɛrʒətyr] *nfpl* estrías *fpl*.
verglas [vɛrgla] *nm* hielo *m (en la calzada)*.
véridique [veridik] *adj* - **1.** [témoignage, récit] verídico(ca) - **2.** *sout* [personne] veraz.
vérification [verifikasjɔ̃] *nf* comprobación *f*, verificación *f*.
vérifier [verifje] *vt* comprobar, verificar.
véritable [veritabl] *adj* - **1.** [gén] verdadero(ra) - **2.** [or, perle] auténtico(ca).
véritablement [veritabləmɑ̃] *adv* verdaderamente.
vérité [verite] *nf* - **1.** [gén] verdad *f* - **2.** [ressemblance - d'une reproduction] parecido *m* ; [- d'un personnage] credibilidad *f*. ◆ **en vérité** *loc adv* en realidad.
vermeil, eille [vɛrmɛj] *adj* bermejo(ja). ◆ **vermeil** *nm* corladura *f*.
vermicelle [vɛrmisɛl] *nm* fideo *m* ; **soupe au ~** sopa de fideos.
vermine [vɛrmin] *nf* - **1.** [parasites] miseria *f* - **2.** *fig* [canaille] chusma *f*.
vermoulu, e [vɛrmuly] *adj* carcomido(da).
verni, e [vɛrni] *adj* [chaussures] de charol ; **être ~** *fam* tener chiripa.
vernir [vɛrnir] *vt* barnizar.
vernis [vɛrni] *nm* [gén] barniz *m* ; [pour cuir] charol *m* ; **~ à ongles** esmalte *m* de uñas.
vernissage [vɛrnisaʒ] *nm* - **1.** [action de

vernir] barnizado *m* - **2.** [d'exposition] vernissage *m*.
vérole [verɔl] *nf* sífilis *f inv*.
verrai *etc* ▷ **voir.**
verre [vɛr] *nm* - **1.** [matière] vidrio *m* - **2.** [récipient, dose] vaso *m*, copa *f* - **3.** [de vue] cristal *m* ; **~s de contact** lentes *fpl* de contacto ; **~s progressifs** lentes *fpl* progresivas - **4.** [boisson alcoolisée] copa *f* ; **boire** OU **prendre un ~** tomar una copa.
verrière [vɛrjɛr] *nf* - **1.** [baie vitrée & ARCHIT] vidriera *f* - **2.** AÉRON cristalera *f*.
verrou [vɛru] *nm* cerrojo *m* ; **être sous les ~s** estar en la cárcel ; **mettre qqn sous les ~s** encerrar a alguien (en la cárcel).
verrouillage [vɛrujaʒ] *nm* cierre *m* (automático).
verrouiller [vɛruje] *vt* - **1.** [porte] cerrar con cerrojo - **2.** [prisonnier] encerrar.
verrue [vɛry] *nf* verruga *f*.
vers¹ [vɛr] *nm* verso *m*.
vers² [vɛr] *prép* - **1.** [en direction de] a, hacia - **2.** [aux environs de - temporel] hacia, sobre ; [- spatial] hacia.
Versailles [vɛrsaj] *n* Versalles ; **le château de ~** el palacio de Versalles.
versant [vɛrsɑ̃] *nm* vertiente *f*.
versatile [vɛrsatil] *adj* versátil.
verse [vɛrs] ◆ **à verse** *loc adv* : **pleuvoir à ~** llover a cántaros.
Verseau [vɛrso] *nm* ASTROL Acuario *m*.
versement [vɛrsəmɑ̃] *nm* pago *m* ; [sur un compte] abono *m*, ingreso *m* ; **~s échelonnés** pago a plazos OU fraccionado.
verser [vɛrse] ◇ *vt* - **1.** [eau, sang, larmes] derramar - **2.** [vin] echar - **3.** [payer] pagar ; **~ de l'argent sur son compte** ingresar dinero en su cuenta. ◇ *vi* [se renverser] volcar *Esp*, voltearse *Amér*.
verset [vɛrsɛ] *nm* versículo *m*.
verseur [vɛrsœr] *adj m* vertedor.
version [vɛrsjɔ̃] *nf* - **1.** [traduction] traducción *f* directa - **2.** [interprétation, variante] versión *f* ; **~ française/originale** versión francesa/original.
verso [vɛrso] *nm* verso *m*.
vert, e [vɛr, vɛrt] *adj* - **1.** [gén] verde ; [vin] agraz, verde - **2.** [vieillard] lozano(na) - **3.** *(avant le nom)* [réprimande] severo(ra).
vertébral, e, aux [vɛrtebral, o] *adj* vertebral.
vertèbre [vɛrtɛbr] *nf* vértebra *f*.
vertébré, e [vɛrtebre] *adj* vertebrado(da).
vertement [vɛrtəmɑ̃] *adv* severamente.
vertical, e, aux [vɛrtikal, o] *adj* vertical. ◆ **verticale** *nf* vertical *f* ; **à la ~e** en vertical.
vertige [vɛrtiʒ] *nm* vértigo *m* ; **avoir des ~s** tener mareos ; **donner le ~** dar vértigo.
vertigineux, euse [vɛrtiʒinø, øz] *adj* vertiginoso(sa).
vertu [vɛrty] *nf* virtud *f*.
vertueux, euse [vɛrtɥø, øz] *adj* virtuoso(sa).
verve [vɛrv] *nf* elocuencia *f*.
vésicule [vezikyl] *nf* vesícula *f* ; **~ biliaire** vesícula biliar.
vessie [vesi] *nf* vejiga *f*.
veste [vɛst] *nf* chaqueta *f Esp*, saco *m Amér* ; **~ croisée/droite** chaqueta cruzada/recta.
vestiaire [vɛstjɛr] *nm* - **1.** [gén] guardarropa *m* - **2.** *(gén pl)* [de sportifs] vestuario *m*.
vestibule [vɛstibyl] *nm* vestíbulo *m*.
vestige [vɛstiʒ] *nm (gén pl)* vestigio *m*.
vestimentaire [vɛstimɑ̃tɛr] *adj* indumentario(ria).
veston [vɛstɔ̃] *nm* chaqueta *f (de hombre) Esp*, saco *m Amér*.
vêtement [vɛtmɑ̃] *nm* prenda *f*, vestido *m* ; **les ~s** la ropa.
vétéran [veterɑ̃] *nm* veterano *m*.
vétérinaire [veterinɛr] *adj & nmf* veterinario(ria).
vêtir [vetir] *vt* vestir. ◆ **se vêtir** *vp* vestirse.
veto [veto] *nm* veto *m* ; **mettre son ~ à qqch** vetar algo.
vêtu, e [vɛty] ◇ *pp* ▷ **vêtir.** ◇ *adj* vestido(da) ; **chaudement ~** bien abrigado.
vétuste [vetyst] *adj* vetusto(ta).
veuf, veuve [vœf, vœv] *adj & nm, f* viudo(da).
veuille *etc* ▷ **vouloir.**
veut [vø] ▷ **vouloir.**
veuvage [vœvaʒ] *nm* viudez *f* ; **pension de ~** pensión *f* de viudedad.
veuve ▷ **veuf.**
veux [vø] ▷ **vouloir.**
vexation [vɛksasjɔ̃] *nf* vejación *f*.
vexer [vɛkse] *vt* ofender. ◆ **se vexer** *vp* ofenderse, molestarse.
VF *abr de* **version française.**
via [vja] *prép* vía.
viabiliser [vjabilize] *vt* [entreprise] hacer viable ; [terrain] acondicionar.
viable [vjabl] *adj* viable.
viaduc [vjadyk] *nm* viaducto *m*.

viager, ère [vjaʒe, ɛr] *adj* vitalicio(cia). ◆ **viager** *nm* vitalicio *m* ; **vendre qqch en ~** ≃ constituir un censo vitalicio.
viande [vjɑ̃d] *nf* carne *f*.
vibration [vibrasjɔ̃] *nf* vibración *f*.
vibrer [vibre] *vi* vibrar.
vice [vis] *nm* vicio *m*.
vice-président, e [visprezidɑ̃, ɑ̃t] (*mpl* **vice-présidents**, *fpl* **vice-présidentes**) *nm, f* vicepresidente *m*, -ta *f*.
vice versa [visvɛrsa] *loc adv* viceversa.
vicié, e [visje] *adj* viciado(da).
vicieux, euse [visjø, øz] *adj* - **1.** [personne, conduite, regard] vicioso(sa) - **2.** [animal] resabiado(da) - **3.** [attaque] traicionero(ra).
victime [viktim] *nf* víctima *f* ; **être ~ de** ser víctima de.
victoire [viktwar] *nf* victoria *f*.
victorieux, euse [viktɔrjø, øz] *adj* - **1.** [gén] victorioso(sa) - **2.** [mine, air] triunfante.
victuailles [viktɥaj] *nfpl* vituallas *fpl*.
vidange [vidɑ̃ʒ] *nf* - **1.** TECHNOL vaciado *m* - **2.** AUTOM cambio *m* de aceite - **3.** [mécanisme] desagüe *m*.
vidanger [vidɑ̃ʒe] *vt* vaciar.
vide [vid] ◇ *adj* vacío(a). ◇ *nm* vacío *m* ; **sous ~** al vacío.
vidé, e [vide] *adj* reventado(da).
vidéo [video] ◇ *nf* vídeo *m*. ◇ *adj inv* de vídeo.
vidéocassette [videɔkasɛt] *nf* cinta *f* de vídeo, videocasete *m*.
vidéoclub [videɔklœb] *nm* videoclub *m*.
vidéoconférence [videokɔ̃ferɑ̃s] = **visioconférence.**
vidéodisque [videɔdisk] *nm* videodisco *m*.
vide-ordures [vidɔrdyr] *nm inv* conducto *m* de basuras *Esp*, tiradero *m Amér*.
vidéothèque [videɔtɛk] *nf* videoteca *f*.
vidéotransmission [videɔtrɑ̃smisjɔ̃] *nf* videotransmisión *f*.
vide-poches [vidpɔʃ] *nm inv* - **1.** [corbeille] bandeja *f (para depositar objetos menudos)* - **2.** [de voiture] guantera *f*.
vider [vide] *vt* - **1.** [sac, poche, verre] vaciar - **2.** [lieu] abandonar - **3.** [salle, maison] desalojar - **4.** CULIN [poulet, poisson] limpiar - **5.** *fam* [personne - épuiser] agotar ; [- expulser] echar *Esp*, botar *Amér*. ◆ **se vider** *vp* - **1.** [gén] vaciarse - **2.** [eaux] evacuarse.
videur [vidœr] *m* segura *m*.
vie [vi] *nf* vida *f* ; **avoir la ~ sauve** salir ileso(sa) ; **en ~** con vida ; **être en ~** estar vivo(va) ; **gagner sa ~** ganarse la vida ; **avoir la ~ dure** [être résistant] tener más vidas que un gato.
vieil ▷ **vieux.**
vieillard [vjɛjar] *nm* anciano *m*.
vieille ▷ **vieux.**
vieillerie [vjɛjri] *nf* antigualla *f*.
vieillesse [vjejɛs] *nf* - **1.** [période de la vie] vejez *f* - **2.** [personnes âgées] tercera edad *f*.
vieillir [vjejir] ◇ *vi* - **1.** [personne] envejecer - **2.** [s'affiner - vin] envejecer ; [- fromage] curarse - **3.** [tradition, idée, mot] quedarse anticuado(da). ◇ *vt* envejecer.
vieillissement [vjejismɑ̃] *nm* - **1.** [de personne] envejecimiento *m* - **2.** [de vin] envejecimiento *m* ; [de fromage] curación *f* - **3.** [de mot, d'idée, de tradition] caída *f* en desuso.
viendrai *etc* ▷ **venir.**
vienne *etc* ▷ **venir.**
viens *etc* ▷ **venir.**
vierge [vjɛrʒ] ◇ *nf* virgen *f*. ◇ *adj* virgen ; [page] en blanco ; [casier judiciaire] limpio(pia). ◆ **Vierge** *nf* ASTROL Virgo *m*.
Viêt Nam [vjɛtnam] *nm* : **le ~** Vietnam.
vieux, vieille [vjø, vjɛj] ◇ *adj* (*au masculin* **vieil** [vjɛj] *devant une voyelle ou h muet*) - **1.** [gén] viejo(ja) - **2.** [vin] añejo(ja) - **3.** [client, connaissance] de toda la vida - **4.** [meuble, maison, histoire] antiguo(gua). ◇ *nm, f* - **1.** [personne âgée] viejo *m*, -ja *f* - **2.** *tfam* [parents] viejo *m*, -ja *f*.
vif, vive [vif, viv] *adj* - **1.** [gén] vivo(va) - **2.** [froid] intenso(sa) - **3.** [reproche, discussion] violento(ta) - **4.** [sensation, émotion] fuerte. ◆ **vif** *nm* - **1.** JUR vivo *m* - **2.** [de pêche] cebo *m* vivo - **3.** *loc* : **à ~** [blessure] en carne viva ; *fig* [nerfs] a flor de piel.
vigie [viʒi] *nf* - **1.** NAVIG [personne] vigía *m* ; [poste] atalaya *f* - **2.** [de chemin de fer] garita *f*.
vigilance [viʒilɑ̃s] *nf* vigilancia *f*.
vigilant, e [viʒilɑ̃, ɑ̃t] *adj* vigilante.
vigile [viʒil] *nm* [veilleur] vigilante *m* ; [policier privé] guardia *m* jurado.
vigne [viɲ] *nf* - **1.** [plante] vid *f* - **2.** [vignoble] viña *f*. ◆ **vigne vierge** *nf* viña *f* virgen.
vigneron, onne [viɲrɔ̃, ɔn] *nm, f* viñador *m*, -ra *f*.

vignette [viɲɛt] *nf* - **1.** ART [motif] viñeta *f* - **2.** [de médicament] etiqueta *f* - **3.** [d'automobile] *adhesivo que se coloca en el parabrisas para probar que se ha pagado el impuesto de circulación.*
vignoble [viɲɔbl] *nm* viñedo *m*.
vigoureux, euse [vigurø, øz] *adj* vigoroso(sa).
vigueur [vigœr] *nf* vigor *m*. ◆ **en vigueur** *loc adj* en vigor ; **être en ~** estar en vigor, estar vigente.
vilain, e [vilɛ̃, ɛn] *adj* - **1.** [mauvais, grossier] malo(la) - **2.** [laid, grave] feo(a).
vilebrequin [vilbrəkɛ̃] *nm* - **1.** [outil] berbiquí *m* - **2.** AUTOM cigüeñal *m*.
villa [vila] *nf* chalé *m*, villa *f*.
village [vilaʒ] *nm* pueblo *m*.
villageois, e [vilaʒwa, az] *adj* & *nm, f* aldeano(na), lugareño(ña).
ville [vil] *nf* ciudad *f* ; **~ champignon** ciudad hongo ; **~ dortoir** ciudad dormitorio.
villégiature [vileʒjatyr] *nf* veraneo *m* ; **aller en ~** ir de veraneo.
vin [vɛ̃] *nm* - **1.** [de raisin] vino *m* ; **cuver son ~** dormir la mona - **2.** [liqueur] licor *m*. ◆ **vin d'honneur** *nm* vino *m* de honor.
vinaigre [vinɛgr] *nm* vinagre *m*.
vinaigrette [vinɛgrɛt] *nf* vinagreta *f*.
vindicatif, ive [vɛ̃dikatif, iv] *adj* vindicativo(va).
vingt [vɛ̃] *adj num inv* & *nm inv* veinte ; *voir aussi* **six**.
vingtaine [vɛ̃tɛn] *nf* veintena *f*.
vingtième [vɛ̃tjɛm] ◇ *adj num* & *nmf* vigésimo(ma). ◇ *nm* vigésimo *m*, veinteava parte *f* ; *voir aussi* **sixième**.
vinicole [vinikɔl] *adj* vinícola.
vinification [vinifikasjɔ̃] *nf* vinificación *f*.
vinyle [vinil] *nm* vinilo *m*.
viol [vjɔl] *nm* violación *f*.
violacé, e [vjɔlase] *adj* violáceo(a).
violation [vjɔlasjɔ̃] *nf* violación *f*.
violence [vjɔlɑ̃s] *nf* violencia *f* ; **se faire ~** contenerse.
violent, e [vjɔlɑ̃, ɑ̃t] *adj* violento(ta).
violer [vjɔle] *vt* violar.
violet, ette [vjɔlɛ, ɛt] *adj* violeta. ◆ **violet** *nm* [couleur] violeta *m*.
violette [vjɔlɛt] *nf* violeta *f*.
violeur [vjɔlœr] *nm* violador *m*.
violon [vjɔlɔ̃] *nm* - **1.** MUS violín *m* - **2.** *arg* [prison] talego *m*.
violoncelle [vjɔlɔ̃sɛl] *nm* violoncelo *m*, violonchelo *m*.
violoniste [vjɔlɔnist] *nmf* violinista *mf*.
vipère [vipɛr] *nf* víbora *f*.
virage [viraʒ] *nm* - **1.** [sur la route] curva *f* ; '**~ dangereux**' 'curva peligrosa' - **2.** *fig* [changement de direction] viraje *m* - **3.** MÉD reacción *f* positiva.
viral, e, aux [viral, o] *adj* viral.
virée [vire] *nf fam* vuelta *f*.
virement [virmɑ̃] *nm* - **1.** FIN transferencia *f* ; **~ bancaire** transferencia bancaria ; **~ postal** giro *m* postal - **2.** NAVIG virada *f*.
virer [vire] ◇ *vi* - **1.** [véhicule] : **~ à droite/à gauche** girar a la derecha/a la izquierda ; **~ de bord** NAVIG virar de bordo - **2.** [étoffe] cambiar de color ; **~ à** [couleur] tirar a - **3.** PHOT virar. ◇ *vt* - **1.** FIN transferir - **2.** *fam* [renvoyer] echar *Esp*, botar *Amér*.
virevolter [virvɔlte] *vi* - **1.** [danseur] hacer piruetas ; [cheval] hacer escarceos - **2.** [voleter] revolotear.
virginité [virʒinite] *nf* virginidad *f*.
virgule [virgyl] *nf* coma *f*.
viril, e [viril] *adj* viril, varonil.
virilité [virilite] *nf* virilidad *f*.
virtuel, elle [virtɥɛl] *adj* virtual.
virtuose [virtɥoz] *nmf* virtuoso *m*, -sa *f*.
virulence [virylɑ̃s] *nf* virulencia *f*.
virulent, e [virylɑ̃, ɑ̃t] *adj* virulento(ta).
virus [virys] *nm* INFORM & MÉD virus *m inv*.
vis[1] *etc* ▷ **vivre**.
vis[2] [vis] *nf* tornillo *m* ; **~ sans fin** tornillo sin fin.
visa [viza] *nm* [cachet] visado *m* ; *fig* [approbation] visto *m* bueno.
visage [vizaʒ] *nm* rostro *m*.
vis-à-vis [vizavi] *nm* - **1.** [personne] vecino *m*, -na *f* de enfrente - **2.** [immeuble] edificio *m* de enfrente ; **sans ~** sin nada enfrente. ◆ **vis-à-vis de** *loc prép* - **1.** [en face de] enfrente de - **2.** [en comparaison de] en comparación con - **3.** [à l'égard de] con respecto a.
viscéral, e, aux [viseral, o] *adj* visceral.
viscère [visɛr] *nm (gén pl)* víscera *f*.
viscose [viskoz] *nf* viscosa *f*.
visé, e [vize] *adj* - **1.** [concerné] aludido(da) - **2.** [convoité] pretendido(da).
visée [vize] *nf* - **1.** [avec une arme] puntería *f* - **2.** *(gén pl)* [intention, dessein] intención *f*.
viser [vize] ◇ *vt* - **1.** [cible] apuntar a - **2.** *fig* [poste] aspirar a ; [personne] concernir - **3.** *fam* [fille, voiture] echar el ojo a - **4.** [document] visar. ◇ *vi* - **1.** [pour tirer] apuntar ; **~ à** [arme] apuntar a ; [avoir

pour but] pretender - **2.** [avoir des ambitions] : **~ haut** apuntar alto.
viseur [vizœr] *nm* PHOT visor *m* ; [d'arme] mira *f*.
visibilité [vizibilite] *nf* visibilidad *f*.
visible [vizibl] *adj* - **1.** [gén] visible - **2.** [évident] patente.
visiblement [viziblәmɑ̃] *adv* visiblemente.
visière [vizjɛr] *nf* visera *f*.
visioconférence [vizjokɔ̃ferɑ̃s], **vidéoconférence** [videokɔ̃ferɑ̃s] *nf* videoconferencia *f*, visioconferencia *f*.
vision [vizjɔ̃] *nf* visión *f*.
visionnaire [vizjɔnɛr] *adj* & *nmf* visionario(ria).
visionner [vizjɔne] *vt* visionar.
visite [vizit] *nf* - **1.** [gén] visita *f* ; **~ de politesse** visita de cumplido - **2.** [d'expert, de douane] inspección *f*. ◆ **visite médicale** *nf* revisión *f* médica.
visiter [vizite] *vt* visitar.
visiteur, euse [vizitœr, øz] *nm, f* [touriste] visitante *mf* ; **avoir un ~** [chez soi] tener visita.
vison [vizɔ̃] *nm* visón *m*.
visqueux, euse [viskø, øz] *adj* - **1.** [liquide, surface] viscoso(sa) - **2.** *péj* [personne, manières] repulsivo(va).
visser [vise] *vt* - **1.** [avec des vis] atornillar - **2.** [couvercle] apretar - **3.** *fam* [enfant] apretar los tornillos a.
visu [vizy] ◆ **de visu** *loc adv* con mis/tus *etc* propios ojos.
visualiser [vizɥalize] *vt* visualizar.
visuel, elle [vizɥɛl] *adj* visual.
vital, e, aux [vital, o] *adj* vital.
vitalité [vitalite] *nf* vitalidad *f*.
vitamine [vitamin] *nf* vitamina *f*.
vitaminé, e [vitamine] *adj* vitaminado(da).
vite [vit] *adv* - **1.** [rapidement] de prisa, deprisa ; **faire ~** apresurarse ; **vite!** ¡deprisa! - **2.** [tôt] pronto.
vitesse [vitɛs] *nf* - **1.** [gén] velocidad *f* ; **à toute ~** a toda velocidad ; **être en perte de ~** perder velocidad ; **~ de pointe** velocidad punta - **2.** [hâte] rapidez *f* - **3.** AUTOM : **changer de ~** cambiar de marcha.
viticole [vitikɔl] *adj* vitícola.
viticulteur, trice [vitikyltœr, tris] *nm, f* viticultor *m*, -ra *f*.
viticulture [vitikyltyr] *nf* viticultura *f*.
vitrail, aux [vitraj, o] *nm* vidriera *f (de iglesia)*.
vitre [vitr] *nf* - **1.** [carreau] cristal *m* - **2.** [glace - de voiture] luna *f* ; [- de train] ventanilla *f*.
vitreux, euse [vitrø, øz] *adj* - **1.** [qui contient du verre] vítreo(a) - **2.** *fig* [œil, regard] vidrioso(sa).
vitrifier [vitrifje] *vt* vitrificar.
vitrine [vitrin] *nf* - **1.** [de boutique] escaparate *m* - **2.** [meuble] vitrina *f*.
vivable [vivabl] *adj* [appartement] habitable ; [situation] soportable.
vivace [vivas] *adj* vivaz.
vivacité [vivasite] *nf* - **1.** [d'esprit, d'enfant] vivacidad *f* - **2.** [de coloris, de teint] viveza *f* - **3.** [de propos] violencia *f*.
vivant, e [vivɑ̃, ɑ̃t] *adj* - **1.** [gén] vivo(va) - **2.** [ville, quartier, rue] animado(da). ◆ **vivant** *nm* - **1.** [vie] : **du ~ de qqn** en vida de alguien - **2.** [personne] vivo *m*.
vive[1] [viv] *nf* peje *m* araña.
vive[2] [viv] *interj* : **vive ...!** ¡viva ...!
vivement [vivmɑ̃] ◇ *adv* - **1.** [agir] con presteza - **2.** [répondre, affecter] vivamente. ◇ *interj* : **~ les vacances!** ¡que lleguen pronto las vacaciones! ; **~ que** *(+ subjonctif) fam* que *(+ subjuntivo)* ya ; **~ qu'il s'en aille!** ¡que se vaya ya!
vivifiant, e [vivifjɑ̃, ɑ̃t] *adj* vivificante.
vivisection [vivisɛksjɔ̃] *nf* vivisección *f*.
vivre [vivr] ◇ *vi* vivir ; **~ pour qqch/qqn** vivir para algo/alguien ; **~ bien/mal** vivir bien/mal ; **qui vivra verra** vivir para ver. ◇ *vt* [faire l'expérience de] vivir. ◇ *nm* : **avoir le ~ et le couvert** tener casa y comida. ◆ **vivres** *nmpl* víveres *mpl*.
vizir [vizir] *nm* visir *m*.
VO (*abr de* **version originale**) *nf* VO *f*.
vocable [vɔkabl] *nm* - **1.** LING vocablo *m* - **2.** RELIG advocación *f*.
vocabulaire [vɔkabylɛr] *nm* vocabulario *m*.
vocale [vɔkal] ▻ **corde**.
vocation [vɔkasjɔ̃] *nf* vocación *f* ; **avoir la ~** tener vocación.
vociférations [vɔsiferasjɔ̃] *nfpl* vociferaciones *fpl*.
vociférer [vɔsifere] ◇ *vi* vociferar ; **~ contre qqn** vociferar contra alguien. ◇ *vt* vociferar.
vodka [vɔtka] *nf* vodka *m*.
vœu, x [vø] *nm* - **1.** [promesse & RELIG] voto *m* - **2.** [souhait] deseo *m* ; **former des ~x pour** hacer votos por - **3.** [requête] petición *f*. ◆ **vœux** *nmpl* felicidades *fpl*.
vogue [vɔg] *nf* fama *f* ; **en ~** en boga.
voguer [vɔge] *vi sout* bogar.
voici [vwasi] *prép* - **1.** [pour désigner] : **le**

~ aquí está ; **~ mon père** éste es mi padre ; **le ~ qui arrive** míralo, ahora OU aquí llega ; **vous cherchiez des allumettes? en ~** ¿buscabais cerillas? aquí hay ; **vous vouliez les clefs, les ~** queríais las llaves, aquí están **- 2.** [introduit ce dont on va parler] he aquí, esto es ; **~ ce qui s'est passé** he aquí lo que pasó, esto es lo que pasó **- 3.** [il y a] hace ; **~ trois mois/quelques années** hace tres meses/varios años.

voie [vwa] *nf* **- 1.** [gén] vía *f*; **par ~ buccale/rectale** por vía oral/rectal ; **~ d'eau** vía de agua ; **~ ferrée** vía férrea ; **~ de garage** vía muerta ; **~ maritime/navigable** vía marítima/navegable ; **~s de fait** vías de hecho ; **~s respiratoires** vías respiratorias **- 2.** [route] carril *m* ; **à plusieurs ~s** de varios carriles ; **la ~ publique** la vía pública **- 3.** *fig* [chemin] camino *m* ; **mettre qqn sur la ~** encaminar a alguien **- 4.** [filière, moyen] medio *m* ; **par la ~ hiérarchique** por el conducto reglamentario. ◆ **en voie de** *loc prép* en vías de ; **en ~ de développement** en vías de desarrollo. ◆ **Voie lactée** *nf* Vía *f* Láctea.

voilà [vwala] *prép* **- 1.** [pour désigner] : **le ~** ahí está ; **vous cherchiez de l'encre? en ~** ¿buscabais tinta? ahí hay ; **vous vouliez les clefs, les ~** queríais las llaves, ahí están **- 2.** [temporel] ya ; **le ~ endormi** ya se ha dormido ; **nous ~ arrivés** ya hemos llegado **- 3.** [reprend ce dont on a parlé] esto es ; [introduit ce dont on va parler] he ahí, esto es ; **~ ce qui s'est passé** esto es lo que pasó ; **~ où je voulais en venir** ahí es donde quería llegar **- 4.** [il y a] hace ; **~ trois mois/quelques années** hace tres meses/varios años.

voile [vwal] ◇ *nf* **- 1.** [de bateau] vela *f* ; **mettre à la ~** hacerse a la vela ; **toutes ~s dehors** a toda vela **- 2.** SPORT [de planeur] aleta *f*. ◇ *nm* **- 1.** [tissu, coiffure] velo *m* ; **jeter un ~ sur** correr un tupido velo sobre ; **prendre le ~** RELIG tomar el velo **- 2.** [brume] capa *f* **- 3.** PHOT veladura *f* **- 4.** MÉD [au poumon] mancha *f*. ◆ **voile du palais** *nm* ANAT velo *m* del paladar.

voilé, e [vwale] *adj* **- 1.** [femme, statue] con velo **- 2.** [allusion, regard, photo] velado(da) **- 3.** [ciel] brumoso(sa) **- 4.** [métal, roue] torcido(da) ; [bois] alabeado(da) **- 5.** [son, voix] tomado(da).

voiler [vwale] *vt* **- 1.** [avec un voile] tapar con un velo **- 2.** [vérité, regard, photo] velar **- 3.** [métal, roue] torcer ; [bois] alabear. ◆ **se voiler** *vp* **- 1.** [femme] ponerse un velo **- 2.** [yeux, voix, astre] velarse **- 3.** [métal, roue] torcerse ; [bois] alabearse.

voilier [vwalje] *nm* velero *m*.

voilure [vwalyr] *nf* **- 1.** [de bateau] velamen *m* **- 2.** [d'avion] planos *mpl* de sustentación **- 3.** [de parachute] tela *f* **- 4.** [de métal] torcedura *f* ; [de bois] alabeo *m*.

voir [vwar] ◇ *vt* ver ; **aller ~ qqn** ir a ver a alguien ; **faire ~ (qqch à qqn)** mostrar OU enseñar (algo a alguien) ; **je ne la vois pas en secrétaire** no la veo como secretaria ; **laisser ~ qqch** dejar ver algo ; **~ page ...** véase página ... ; **avoir assez vu qqn** *fam* haber visto bastante a alguien. ◇ *vi* ver. ◆ **se voir** *vp* verse.

voire [vwar] *adv* (e) incluso.

voirie [vwari] *nf* **- 1.** ADMIN ≃ ministerio *m* de transportes **- 2.** [décharge] servicios *mpl* municipales de limpieza.

vois *etc* ▷ **voir**.

voisin, e [vwazɛ̃, in] ◇ *adj* **- 1.** [pays, ville, maison] vecino(na) **- 2.** [idées] parecido(da). ◇ *nm, f* vecino *m*, -na *f*.

voisinage [vwazinaʒ] *nm* **- 1.** [entourage] vecindario *m* **- 2.** [voisins] vecindad *f* **- 3.** [environs] cercanía *f*.

voiture [vwatyr] *nf* coche *m Esp*, carro *m Amér* ; **~ banalisée** coche camuflado ; **~ de fonction** coche de servicio ; **~ de location/d'occasion** coche de alquiler/de segunda mano ; **~ de sport** coche deportivo.

voix [vwa] *nf* **- 1.** [gén & GRAM] voz *f* ; **à mi-~** a media voz ; **à ~ basse/haute** en voz baja/alta ; **de vive ~** de viva voz **- 2.** [suffrage] voto *m* ; **mettre aux ~** poner a votación.

vol [vɔl] *nm* **- 1.** [d'oiseau, d'avion] vuelo *m* ; **au ~** al vuelo ; **à ~ d'oiseau** en línea recta ; **en plein ~** en pleno vuelo **- 2.** [groupe d'oiseaux] bandada *f* **- 3.** [délit] robo *m* ; **~ à main armée** robo a mano armada.

vol. (*abr de* **volume**) vol.

volage [vɔlaʒ] *adj sout* voluble, veleidoso(sa).

volaille [vɔlaj] *nf* **- 1.** [collectif] aves *fpl* (de corral) **- 2.** [volatile] ave *f* (de corral).

volant, e [vɔlɑ̃, ɑ̃t] *adj* **- 1.** [animal, machine] volador(ra) **- 2.** [brigade, pont, escalier] volante **- 3.** [page] suelto(ta). ◆ **volant** *nm* volante *m Esp*, timón *m Amér*.

volatil, e [vɔlatil] *adj* volátil.

volatiliser [vɔlatilize] *vt* volatilizar. ◆ **se volatiliser** *vp* volatilizarse.

volcan [vɔlkɑ̃] *nm* volcán *m*.

volcanique [vɔlkanik] *adj* volcánico(ca).
volcanologue = **vulcanologue.**
volée [vɔle] *nf* - **1.** [d'oiseau] vuelo *m* ; **de haute ~** de altos vuelos - **2.** [de flèches] ráfaga *f* - **3.** SPORT volea *f* ; **à la ~** de volea - **4.** [de coups] paliza *f Esp*, golpiza *f Amér* - **5.** [de cloches] campanada *f* ; **sonner à la ~** repicar (campanas) - **6.** [de marches] tramo *m* - **7.** AGRIC : **semer à la ~** sembrar a voleo.
voler [vɔle] ◇ *vi* volar. ◇ *vt* robar.
volet [vɔlɛ] *nm* - **1.** [de maison] postigo *m* - **2.** [de dépliant] hoja *f* ; [d'émission] episodio *m* - **3.** [d'avion] flap *m* - **4.** INFORM pestaña *f* de seguridad.
voleur, euse [vɔlœr, øz] ◇ *adj* ladrón(ona). ◇ *nm, f* ladrón *m*, -ona *f* ; **~ de grand chemin** salteador *m* de caminos ; **~ à la tire** carterista *m*.
volière [vɔljɛr] *nf* pajarera *f*.
volley-ball [vɔlɛbol] (*pl* **volley-balls**) *nm* balonvolea *m*.
volontaire [vɔlɔ̃tɛr] ◇ *nmf* voluntario *m*, -ria *f*. ◇ *adj* - **1.** [activité, omission] voluntario(ria) - **2.** [caractère] voluntarioso(sa).
volontariat [vɔlɔ̃tarja] *nm* voluntariado *m*.
volonté [vɔlɔ̃te] *nf* voluntad *f* ; **à ~** a voluntad ; **bonne/mauvaise ~** buena/mala voluntad.
volontiers [vɔlɔ̃tje] *adv* - **1.** [avec plaisir] con mucho gusto - **2.** [naturellement, ordinairement] fácilmente.
volt [vɔlt] *nm* voltio *m*.
voltage [vɔltaʒ] *nm* voltaje *m*.
volte-face [vɔltəfas] *nf inv* - **1.** [demi-tour] media vuelta *f* ; **faire ~** dar media vuelta - **2.** *fig* [revirement] giro *m*.
voltige [vɔltiʒ] *nf* - **1.** [au trapèze] acrobacia *f* ; **haute ~** acrobacia ; *fam fig* malabarismo *m* - **2.** [à cheval] volteo *m* - **3.** [en avion] acrobacia *f* aérea.
voltiger [vɔltiʒe] *vi* - **1.** [acrobate] hacer acrobacias - **2.** [insectes, oiseaux] revolotear - **3.** [flotter] flotar.
volubile [vɔlybil] *adj* [bavard] locuaz.
volume [vɔlym] *nm* volumen *m*.
volumineux, euse [vɔlyminø, øz] *adj* voluminoso(sa).
volupté [vɔlypte] *nf* voluptuosidad *f*.
voluptueux, euse [vɔlyptɥø, øz] *adj & nm, f* voluptuoso(sa).
volute [vɔlyt] *nf* voluta *f*.
vomi [vɔmi] *nm fam* vomitona *f*.
vomir [vɔmir] *vi & vt* vomitar.
vorace [vɔras] *adj* voraz.
voracité [vɔrasite] *nf* - **1.** [gloutonnerie] voracidad *f* - **2.** *fig* [avidité] codicia *f*.
vos ▷ **votre.**
vote [vɔt] *nm* - **1.** [suffrage, voix] voto *m* ; **~ par correspondance/par procuration** voto por correo/por poder - **2.** [élection] votación *f*.
voter [vɔte] *vi & vt* votar.
votre [vɔtr] (*pl* **vos** [vo]) *adj poss* vuestro(tra).
vôtre [votr] ◆ **le vôtre** (*f* **la vôtre**, *pl* **les vôtres**) *pron poss* el vuestro (la vuestra).
voudrai *etc* ▷ **vouloir.**
vouer [vwe] *vt* - **1.** [promettre, jurer] : **~ qqch à qqn** profesar algo a alguien - **2.** [employer, consacrer] : **~ qqch à qqch** consagrar algo a algo - **3.** [condamner] : **être voué à** estar condenado a.
vouloir [vulwar] ◇ *vt* - **1.** [gén] querer ; **~ qqch (de qqch/de qqn)** querer algo (de algo /de alguien) ; **je veux qu'il parte maintenant** quiero que se vaya ahora ; **faire qqch sans le ~** hacer algo sin querer ; **Dieu le veuille!** ¡Dios lo quiera! - **2.** [souhaiter] : **~ qqch à qqn** desearle algo a alguien ; **voudriez-vous ...?** ¿le importaría ...? - **3.** [marque la résignation] : **que voulez-vous!** ¡qué le vamos a hacer! ; **si on veut** si tú lo dices - **4.** *loc* : **comme le veut la tradition** como manda la tradición ; **en ~ à qqn** estar resentido(da) contra alguien. ◇ *vi* : **ne pas ~ de qqch/de qqn** no querer algo/a alguien. ◆ **se vouloir** *vp* : **s'en ~ de qqch/de faire qqch** dolerle a alguien algo/hacer algo ; **elle s'est voulue compréhensive** se ha mostrado comprensiva. ◆ **bon vouloir** *nm* buena voluntad *f*.
voulu, e [vuly] ◇ *pp* ▷ **vouloir.** ◇ *adj* - **1.** [requis] debido(da) - **2.** [délibéré] deseado(da).
voulus *etc* ▷ **vouloir.**
vous [vu] *pron pers* - **1.** [plusieurs personnes - gén] vosotros(tras) ; [- complément d'objet direct, de verbe pronominal] os ; **dépêchez-~!** ¡daos prisa! ; **il ~ l'a donné** os lo ha dado ; **je ~ aime** os quiero ; **~ devez ~ occuper de lui** debéis ocuparos de él ; **à ~** [possessif] vuestro(tra) - **2.** [une seule personne - gén] usted ; [- complément d'objet direct] le (la) ; [- de verbe pronominal] se ; **dépêchez-~!** ¡dese prisa! ; **il ~ l'a donné** se lo ha dado ; **je ~ aime** la quiero, la amo ; **~ devez ~ occuper de**

lui debe ocuparse de él ; à ~ [possessif] suyo(ya). ◆ **vous-même** *pron pers* usted mismo (usted misma). ◆ **vous-mêmes** *pron pers* vosotros mismos (vosotras mismas).

voûte [vut] *nf* bóveda *f* ; ~ **plantaire** bóveda plantar.

voûter [vute] *vt* abovedar. ◆ **se voûter** *vp* encorvarse.

vouvoyer [vuvwaje] *vt* tratar de usted.

voyage [vwajaʒ] *nm* viaje *m* ; ~ **d'affaires/organisé/de noces** viaje de negocios/organizado/de novios.

voyager [vwajaʒe] *vi* **- 1.** [gén] viajar **- 2.** [marchandise] : ~ **bien/mal** viajar bien/mal.

voyageur, euse [vwajaʒœr, øz] *nm, f* viajero *m*, -ra *f* ; ~ **de commerce** viajante *mf* (de comercio).

voyais *etc* ▷ **voir.**

voyance [vwajɑ̃s] *nf* videncia *f*.

voyant, e [vwajɑ̃, ɑ̃t] ◇ *adj* vistoso(sa). ◇ *nm, f* vidente *mf*. ◆ **voyant** *nm* piloto *m*, indicador *m* luminoso ; ~ **d'essence/d'huile** indicador de nivel de gasolina/de aceite.

voyelle [vwajɛl] *nf* vocal *f*.

voyeur, euse [vwajœr, øz] *nm, f* mirón *m*, -ona *f*, voyeur *mf*.

voyou [vwaju] *nm* golfo *m*.

vrac [vrak] ◆ **en vrac** *loc adv* **- 1.** [sans emballage, au poids] a granel **- 2.** [en désordre] en desorden.

vrai, e [vrɛ] *adj* **- 1.** [gén] verdadero(ra) ; **c'est** OU **il est ~ que** es verdad OU cierto que **- 2.** [réel] auténtico(ca) **- 3.** [naturel] natural. ◆ **vrai** *nm* : **à ~ dire, à dire ~** a decir verdad.

vraiment [vrɛmɑ̃] *adv* **- 1.** [véritablement] verdaderamente **- 2.** [franchement] realmente.

vraisemblable [vrɛsɑ̃blabl] *adj* [plausible] verosímil ; [probable] probable.

vraisemblance [vrɛsɑ̃blɑ̃s] *nf* verosimilitud *f*.

vrille [vrij] *nf* **- 1.** BOT tijereta *f*, zarcillo *m* **- 2.** [outil & AÉRON] barrena *f* **- 3.** [spirale] caracol *m*.

vrombir [vrɔ̃bir] *vi* zumbar.

vrombissement [vrɔ̃bismɑ̃] *nm* zumbido *m*.

VTT (*abr de* **vélo tout terrain**) *nm* BTT *f*.

vu, e [vy] ◇ *pp* ▷ **voir.** ◇ *adj* **- 1.** [gén] visto(ta) **- 2.** [compris] : **(c'est bien) ~?** ¿lo has captado? ◆ **vu** *prép* en vista de. ◆ **vue** *nf* **- 1.** [sens] vista *f* ; **de ~e** de vista ; **à première ~e** a primera vista **- 2.** ▷ **prise - 3.** [idée] visión *f*. ◆ **vu que** *loc conj* dado que. ◆ **en vue de** *loc prép* con vistas a.

vulgaire [vylgɛr] *adj* vulgar.

vulgarisation [vylgarizasjɔ̃] *nf* vulgarización *f* ; [des connaissances] divulgación *f*.

vulgariser [vylgarize] *vt* vulgarizar ; [connaissances] divulgar.

vulgarité [vylgarite] *nf* vulgaridad *f*.

vulnérable [vylnerabl] *adj* vulnerable.

vulve [vylv] *nf* vulva *f*.

W

w, W [dubləve] *nm inv* [lettre] w *f*, W *f*.

wagon [vagɔ̃] *nm* vagón *m* ; ~ **fumeurs/non-fumeurs** vagón de fumadores/de no fumadores ; ~ **de première/de seconde classe** vagón de primera/de segunda clase.

wagon-citerne [vagɔ̃sitɛrn] *nm* vagón *m* cisterna.

wagon-lit [vagɔ̃li] *nm* coche *m* cama *Esp*, carro *m* dormitorio *Amér*.

wagon-restaurant [vagɔ̃rɛstɔrɑ̃] *nm* vagón *m* restaurante.

Walkman® [wɔkman] *nm* walkman *m*.

Washington [waʃiŋtɔn] *n* Washington.

water-polo [watɛrpɔlo] *nm* waterpolo *m*.

waterproof [watɛrpruf] *adj inv* **- 1.** [étanche] acuático(ca) **- 2.** [résistant à l'eau - gén] resistente al agua ; [- mascara] waterproof.

watt [wat] *nm* vatio *m*.

W-C [vese] (*abr de* **water closet**) *nmpl* WC *m*.

Web [wɛb] *nm* : **le ~** la Web *f*.

week-end [wikɛnd] (*pl* **week-ends**) *nm* fin *m* de semana.

western [wɛstɛrn] *nm* western *m*, película *f* de vaqueros OU del Oeste.

whisky [wiski] (*pl* **whiskys** OU **whiskies**) *nm* whisky *m*.

white-spirit [wajtspirit] (*pl* **white-spirits**) *nm* aguarrás *m*.

WWW (*abr de* **World Wide Web**) *nf* WWW *f.*
WYSIWYG [wiziwig] (*abr de* **what you see is what you get**) WYSIWYG.

X

x, X [iks] *nm inv* [lettre] x *f*, X *f.* ◆ **X** *nf*: **l'X** [École polytechnique] *la Escuela Politécnica de París.*
xénophobie [gzenɔfɔbi] *nf* xenofobia *f.*
xérès [gzerɛs, kserɛs] *nm* jerez *m.*
xylophone [ksilɔfɔn] *nm* xilófono *m.*

Y

y[1], Y [igrɛk] *nm inv* [lettre] y *f*, Y *f.*
y[2] [i] ◇ *adv* : **j'y vais demain** iré mañana ; **mets-y du sel** échale OU ponle sal ; **va voir sur la table si les clefs y sont** ve a ver si las llaves están encima de la mesa ; **on ne peut pas couper cet arbre, des oiseaux y font leur nid** no podemos talar este árbol porque algunos pájaros anidan en él ; **ils ont ramené des vases anciens et y ont fait pousser des fleurs exotiques** trajeron vasijas antiguas y plantaron flores exóticas (en ellas). ◇ *pron (la traduction varie selon la préposition utilisée avec le verbe)* : **pensez-y** piénseselo, piense en ello ; **n'y compte pas** no cuentes con ello ; **j'y suis!** [j'ai compris] ¡ya veo!
yacht [jot] *nm* yate *m.*
yaourt [jaurt], **yogourt**, **yoghourt** [jɔgurt] *nm* yogurt *m.*
yard [jard] *nm* yarda *f.*
yen [jɛn] *nm* yen *m.*
yeux ▻ œil.
yiddish [jidiʃ] ◇ *adj inv* judeoalemán(ana). ◇ *nm inv* yiddish *m.*
yoga [jɔga] *nm* yoga *m.*
yogourt, yoghourt = **yaourt**.
Yougoslavie [jugɔslavi] *nf* : **la ~** Yugoslavia ; **l'ex-~** la ex Yugoslavia.

Z

z, Z [zɛd] *nm inv* [lettre] z *f*, Z *f.*
Zaïre [zair] *nm* : **le ~** (el) Zaire.
zapper [zape] *vi* hacer zapping.
zapping [zapiŋ] *nm* zapping *m.*
zèbre [zɛbr] *nm* **- 1.** [animal] cebra *f* **- 2.** *fam* [individu] elemento *m.*
zébré, e [zebre] *adj* rayado(da).
zébrure [zebryr] *nf* **- 1.** [de pelage] rayado *m* **- 2.** [marque] varazo *m.*
zébu [zeby] *nm* cebú *m.*
zèle [zɛl] *nm* celo *m* ; **faire du ~** *péj* pasarse.
zélé, e [zele] *adj* celoso(sa) *(trabajador).*
zen [zɛn] *adj* & *nm* zen.
zénith [zenit] *nm* cenit *m.*
zéro [zero] ◇ *nm* **- 1.** [gén] cero *m* ; **deux buts à ~** dos goles a cero ; **à ~** [moral] por los suelos ; **repartir à** OU **de ~** volver a empezar desde cero **- 2.** *fam* [personne] cero *m* a la izquierda. ◇ *adj* cero *(en aposición).*
zeste [zɛst] *nm* corteza *f*, cáscara *f (de cítricos)* ; **~ de citron** corteza de limón.
zézayer [zezeje] *vi* cecear.
zigzag [zigzag] *nm* zigzag *m* ; **en ~** en zigzag.
zigzaguer [zigzage] *vi* zigzaguear.
zinc [zɛ̃g] *nm* **- 1.** [matière] cinc *m*, zinc *m* **- 2.** *fam* [comptoir] barra *f* **- 3.** *fam vieilli* [avion] cacharro *m.*
zizi [zizi] *nm fam* pajarito *m.*
zodiaque [zɔdjak] *nm* zodíaco *m.*
zona [zona] *nm* zona *f.*
zone [zon] *nf* **- 1.** [région] zona *f* ; **~ bleue** ≃ zona azul **- 2.** *fam péj* [faubourg] barriada *f* ; **c'est la ~!** ¡es un barrio chungo!
zoo [zo(o)] *nm* zoo *m.*
zoologie [zɔ(ɔ)lɔʒi] *nf* zoología *f.*
zoom [zum] *nm* zoom *m.*
zoophile [zɔ(ɔ)fil] *adj* & *nmf* zoófilo(la).
zut [zyt] *interj fam* ¡jolín!
zygomatique [zigɔmatik] *adj* zigomático(ca).